·经/济/科/学/译/丛·

Econometric Analysis of Cross Section and Panel Data

(Second Edition)

横截面与面板数据的计量经济分析

（第二版）上册

杰弗里·M·伍德里奇（Jeffrey M. Wooldridge） 著

胡棋智 胡江华 王忠玉 译

中国人民大学出版社

·北京·

《经济科学译丛》总序

中国是一个文明古国，有着几千年的辉煌历史。近百年来，中国由盛而衰，一度成为世界上最贫穷、落后的国家之一。1949 年中国共产党领导的革命，把中国从饥饿、贫困、被欺侮、被奴役的境地中解放出来。1978 年以来的改革开放，使中国真正走上了通向繁荣富强的道路。

中国改革开放的目标是建立一个有效的社会主义市场经济体制，加速发展经济，提高人民生活水平。但是，要完成这一历史使命绝非易事，我们不仅需要从自己的实践中总结教训，也要从别人的实践中获取经验，还要用理论来指导我们的改革。市场经济虽然对我们这个共和国来说是全新的，但市场经济的运行在发达国家已有几百年的历史，市场经济的理论亦在不断发展完善，并形成了一个现代经济学理论体系。虽然许多经济学名著出自西方学者之手，研究的是西方国家的经济问题，但他们归纳出来的许多经济学理论反映的是人类社会的普遍行为，这些理论是全人类的共同财富。要想迅速稳定地改革和发展我国的经济，我们必须学习和借鉴世界各国包括西方国家在内的先进经济学的理论与知识。

本着这一目的，我们组织翻译了这套经济学教科书系列。这套译丛的特点是：第一，全面系统。除了经济学、宏观经济学、微观经济学等基本原理之外，这套译丛还包括了产业组织理论、国际经济学、发展经济学、货币金融学、公共财政、劳动经济学、计量经济学等重要领域。第二，简明通俗。与经济学的经典名著不同，这套丛书都是国外大学通用的经济学教科书，大部分都已发行了几版或十几版。作者尽可能地用简明通俗的语言来阐述深奥的经济学原理，并附有案例与习题，对于初学者来说，更容易理解与掌握。

经济学是一门社会科学，许多基本原理的应用受各种不同的社会、政治或经济体制的影响，许多经济学理论是建立在一定的假设条件上的，假设条件不同，结论也就不一定成立。因此，正确理解掌握经济分析的方法而不是生搬硬套某些不同条件下产生的结论，才是我们学习当代经济学的正确方法。

本套译丛于 1995 年春由中国人民大学出版社发起筹备并成立了由许多经济学专家学者组织的编辑委员会。中国留美经济学会的许多学者参与了原著的推荐工作。中国人民大学出版社向所有原著的出版社购买了翻译版权。北京大学、中国人民大学、复旦大学以及中国社会科学院的许多专家教授参与了翻译工作。前任策划编辑梁晶女士为本套译丛的出版做出了重要贡献，在此表示衷心的感谢。在中国经济体制转轨的历史时期，我们把这套译丛献给读者，希望为中国经济的深入改革与发展作出贡献。

《经济科学译丛》编辑委员会

中文版序言

我想，对于一个学术工作者来说，最高荣誉莫过于他/她的著作能够得到广泛的阅读。对于我来说，这本教科书尤其如此。我写作本书是希望能够对将研究生训练成为经济学教授和专业经济学家的教育产生积极的影响。通过电子邮件，我收到了世界许多国家和地区各种背景人们的来信，这远远超过了我的预期。

就我而言，把本书翻译成中文是一件激动人心的事。在最近几年，我用这本书的英文版本教授一些杰出的中国学生，而且我知道，许多其他中国学生在世界各地的一些大学正在使用英文版本。当然，尽管如此，对于那些对研究高等计量经济学感兴趣的全部中国学生来说，这只是一小部分。我真是兴奋，因为我的书被选为重要教材而将翻译成中文，我希望它会成为许多中国学生学习计量经济方法的一个组成部分。我为此将尽最大努力。

非常感谢哈尔滨工业大学的王忠玉博士不知疲倦的、尽心尽责的工作。他曾向我询问书本中的一些问题，这表明他要保证使某些思想的翻译对中国学生来说都是可理解的。我要感谢他的努力，还有当我不能立刻回复电子邮件时他的耐心等待。

我希望得到一些学生和教师对本书内容的涵盖、组织以及水平的评论。遗憾的是，我们的交流将不得不以英文来实现。

J. M. 伍德里奇
密歇根州立大学
2006 年 8 月 8 日

序 言

自《横截面与面板数据的经济计量分析》第一版出版以来，已经过去了将近 10 年时间。大家对第一版的反响比我在 20 世纪 90 年代中期开始构思这项计划时所预想的还要积极。当然，正如你们当中一些读者朋友善意而富有建设性地指出的——也正如我第一次跳出本书反思时明显感觉到的——第一版远不完美。全书组织上的问题以及知识点覆盖上的缺口问题是我很早就想通过第二版加以解决的。另外，这些年来计量经济学又有了一些重要的发展，这些能够并且也应当被教给经济学专业的研究生。

我同样怀疑本书的第二版是否真的完美。但是，我相信它以实质性方式改进了第一版。这一版的结构与第一版相似，但是我做了一些改动，以帮助读者理解某些专题。例如，第 11 章涵盖了更多线性面板数据模型的高级专题，现已经被重新安排，把所需要的工具变量和用以解释不可观测异质性的方法相联系，突破了理解上的难关，逻辑发展得更加自然。数据问题——包括截取、样本选择、损耗以及分层抽样——现在都被推迟到第 19、20 章，在此之前本书先介绍随机抽样情形下的普通非线性模型。我认为这一改变将进一步强调我在第一版中试图阐明的一个观点：区分清楚总体模型设定和数据抽样方法是很关键的。举个例子，考虑一下 Tobit 模型。在第一版中，我分别通过两个单独的实例应用来介绍 Tobit 模型：(1) 一个响应变量是总体中的一个角点解结果（且角点通常为 0）；(2) 总体中潜变量为连续分布，但数据采集方案涉及以某种方式对响应变量进行截取。很多读者评论说他们很高兴我做了这样的区分，因为经验研究者通常容易把由于经济行为导致的角点解与通过数据截取机制任意创造的角点解混淆起来。然而，我仍然发现初学者不总是能完全理解这种区别，在解释估计结果方面的可怜实践仍然踟蹰不前。此外，把两类所谓“截取回归模型”的应用结合起来已导致了对真实数据截取的草率处理。在这一版中，我们将在第 17 章处理总体中的角点解模型，而在第 19 章中详细讲解各种数据截取方案。

像在第一版中那样，我采取了设定一个总体模型并对该模型进行假设限定的方式。在

第 19 章之前的全部章节中，我们都假定通过随机抽样生成数据。与传统处理线性回归模型的方式不同的是，我的方法要求学生设定所关注的总体、在总体中建立模型与假设，之后才关注数据问题。在随机抽样情形下，最后一部分很容易，因此学生可以集中精力，研究各类应用于不同特征总体的模型。在随机抽样情形下，学生可以清楚地理解：我们能够识别参数（以及所关注的其他量）是因为我们在总体中假设了模型。随后我们就将清楚认识到，偏离随机抽样的抽样方案可以清楚展示关于了解潜在总体的那种复杂性。

第二版继续省略了第一版没有涵盖的某些重要专题。主要的专题是估计的模拟方法和半参/非参估计。卡梅伦和特里维迪（Cameron and Trivedi，2005）的著作完成了这一令人羡慕的工作，提供了关于这些专题的介绍。

我给每一章添加了若干新习题。正如第一版中那样，这些习题是方法论问题——其中有些习题会将现有方法朝有用的方向拓展——和经验研究的综合体。我添加了几个数据集，帮助进一步阐明如何应用更多高级方法。可通过访问麻省理工学院出版社网站为本书做的链接使用这一数据集：http：//mitpress. mit. edu/9780262232586。

第二版新增的内容

之前我提到我在本书第一版的基础上重组了某些材料。我还增加了新材料，并扩展了某些现有的专题。例如，第 6 章（在第Ⅱ篇）在参数为线性的模型背景下介绍控制函数法，包括随机参数模型，讨论该方法与两阶段最小二乘何时相同、何时不同。控制函数法可以用于某些方程组（第 9 章），也可以正常地用于非线性模型以处理内生解释变量问题，或者异质性问题，或者同时处理两者（第Ⅳ篇）。控制函数法便于检验某些变量是否内生，全书还将介绍更多检验方法（实例包括第 15 章的二值响应模型以及第 18 章的计数数据）。第 6 章同样更详细地介绍了独立混合截面数据中所使用的倍差法。

第 7 章现在不再明确介绍不可观测异质性，而是直接介绍面板数据模型情境中所有不同的解释变量外生性概念。本章也详细讨论了当强加了一个不正确的方差—协方差结构时广义最小二乘的性质。在第 10 章中进行了这种一般性讨论，并将其应用于那些在方差—协方差矩阵上强加一个名义上的随机效应结构的模型。

在这一版中，第 8 章明确介绍和分析了所谓“广义工具变量”（GIV）估计量。这一隐含在第一版部分章节的估计量对于探讨有效估计是重要的。进而，第 11 章中某些用于面板数据模型的工具变量估计量是 GIV 估计量。这样有助于读者理解 GIV 背后的一般思想，也有助于读者看到它在多种重要模型上的应用。

第 10 章在集中介绍关于不可观测效应面板数据模型的传统估计方法时，还更清晰地论证了随机效应、固定效应以及“相关随机效应”（CRE）模型之间的关系。虽然第一版经常使用 CRE 方法——特别是对于非线性模型——但我从来没有使用过“相关随机效应”这一术语，这是我从卡梅伦和特里维迪（Cameron and Trivedi，2005）那里借鉴的。第 10 章同样详细探讨了用于比较随机效应与固定效应估计量的豪斯曼检验，包括论证了在包括总时间效应时计算自由度的传统做法是错误的，而且非常误导人。作为可用时期数的函数，粗估固定效应估计与一阶差分估计中的偏误是一个重要主题，在这一版中同样也被加以充实。

在第Ⅱ篇的八章中，第 11 章修改得最多，介绍了随机效应和固定效应工具变量估计量，并在某些细节上进行研究。这些估计量构成了估计含异质性与内生性的面板数据模型（诸如联立方程模型或含测量误差模型）以及含额外正交性约束的模型（诸如豪斯曼和泰勒模型）的基础。紧随工具变量，一阶差分法同样也被予以单独处理。这一兼收并蓄的方式可以用于估计含内生性的统计模型及动态模型，正如阿雷拉诺和邦德（Arellano and Bond，1991）所研究的方式。11.6 节现在讨论了阿雷拉诺和邦德法及若干拓展。11.7 节拓展了包含个体特有斜率模型的处理，包括分析何时传统估计量对于总体平均效应是一致的，以及关于个体特有斜率的一些新的检验。

如同在第一版中，教材的第Ⅲ篇是最为技术化的，并涵盖了计量估计的一般方法。第 12 章包括几个重要的附录。增加了对当两步程序的第一步估计被忽略时的推断的相关讨论。更详细地讨论了诸如自助法这样的再抽样方案，包括研究者在一个截面很大但时期数相对很少的微观计量经济学应用中如何使用自助法。最有实质意义的附录是在 12.9 节与 12.10 节中，这两节分别涵盖了多变量非线性最小二乘和分位数方法。12.9 节的一个重要特征是我在多变量加权非线性最小二乘——一种经济学家们熟悉的估计方法——与广义估计方程（GEE）方法之间建立了一个简单的联系。实际上，这些方法是相同的，它有希望使经济学家们能阅读其他使用了 GEE 术语的文献。

关于分位数估计的一节涵盖了不同的渐近方差估计量，并讨论比较它们违背稳健性假设的方式。当把分位数回归应用于面板数据时，关于估计与推断的新材料给研究者提供了一些简单方法，这些方法在提供了对于任意序列相关完全稳健推断的同时，还可考虑分位数估计中的不可观测效应。

第 13 章研究极大似然法，同样包括几个附录，一般性讨论了非线性不可观测效应模型和解释异质性的不同途径（大体上来说，即随机效应、“固定”效应以及相关随机效应），以及不同的估计方法（偏似然或全似然）。更详细地介绍了两步骤极大似然估计量，包括在某个第一阶段估计参数比简单地在第二阶段对已知总体插入数值更为有效的情形。13.11 节包括了关于准极大似然估计（QMLE）的新材料。该节认为对于一般性模型误设，仅有一个形式的渐近方差可以使用。QMLE 观点是有吸引力的，因为它准许模型几乎必然是错的，因此我们应该以一种有效方式对近似法进行推断。就嵌套模型而言，王光（Vuong，1988）的模型选择检验被明确当作一种在准许被误设的各竞争性模型中进行选择的方式。我演示了如何将王光的方法拓展到面板数据应用中（如通常一样，包含一个相对小的时期数）。

第 13 章同样讨论了在似然函数的线性指数族（LEF）中的 QMLE，其中条件均值是我们所关注的目标。一个一般性的处理允许我要求得到一致性结果，以及关于推断的方法，在第Ⅳ篇的若干要点中，我强调在 LEF 中的 QMLE 与所谓的“广义线性模型”（GLM）框架之间的联系。其结果是：GLM 只是 LEF 的一个特殊情形，而且这种认识将会有助于从 GLM 的观点进行探讨式研究。一个相关的主题是估计面板数据模型的 GEE 方法。面板数据中 GEE 的起点是在 LEF 中使用（对于一个通用的时间段）一个似然函数，但恢复一部分由于使用 GLS 方法而非实施完全极大似然估计而丧失了的有效性。

第 14 章研究广义矩法（GMM）和最小距离（MD）估计，本章稍微进行了重组以便可将面板数据应用到底。这些应用同样被拓展到可涵盖其异质性中含时变负荷的不可观测效应模型。

也许对于大多数读者而言，第Ⅳ篇的变动将是最显著的。有关离散响应模型的材料被分入两章（这与第一版中相当笨重的单独一章形成对照）。因为第 15 章是关于非线性模型的第一个应用导向篇章，我花了更多的时间讨论了测量在响应概率上的效应量的不同方式。讨论了两种首选方式的某些细节：在平均值上评估的偏效应与平均偏效应。这种讨论也保留在面板数据情形中。关于含不可观测异质性和一个内生的连续解释变量的不可观测效应面板数据模型增加了一个新的子节，该子节展示了研究者如何同时处理非线性模型中的这两个问题。这一章包括了很多比第一版更加经验化的实例。

第 16 章是全新的，涵盖了多项及有序响应。这些模型现在得到了比第一版更为深入细致的处理。特别是，设定问题被充实了，而且现在还探讨了内生性与不可观测异质性问题（在面板数据中）的某些细节。

第 17 章，实际上就是第一版的第 16 章，已经被赋予了一个新的名字：角点解响应，以反映该章的焦点所在。在研读托宾（Tobin，1958）的论文中，我被他真正地谈论角点解情形的方式所触动——数据截取与他的分析无关。因此，这一章回到了托宾模型的根基，且涵盖了若干拓展。一个重要的附录是一个关于两部模型更加宽泛的处理，现在该部分被放在 17.6 节中。但愿我在这一节中的统一方法将有助于阐明在所谓“栅栏”模型与“选择”模型之间的关系，并证明后者并不一定更优越。和第 15 章一样，这一章包括了一些更加经验化的应用。

第 18 章涵盖了其他几种受限因变量，特别是计数（非负整数）结果与分数响应。关于分数响应的面板数据方法的最新研究被吸收进了本章。

第 19 章是第一版中若干章材料的融合。第 19 章的主题是数据问题。数据截取问题——亦即从总体中获取一些单元的某个随机样本，而响应变量以某种方式被截取了——被给予了更为深入的处理。本章还包括二值截取、区间截取以及顶部加密等极端情形。读者可了解如何考虑面板数据中的内生解释变量和不可观测异质性。

第 19 章还包括完全不在总体的某部分中抽样（断尾抽样）或无法获取对于总体中某子集的一个响应的任何信息（从属断尾）的问题。关于非平衡面板数据集的材料、从属断尾问题以及面板数据中的损耗，包括用于修正缺失数据问题的逆概率加权法，都得到了更细致的研究。

第 20 章继续研究非随机抽样的材料，单设一章介绍分层抽样和整群抽样。分层和整群是调查数据集的通常特征，而且对于标准的计量经济方法而言，知道需要什么样的修正是很重要的。整群抽样的材料总结了关于含少量类的整群的最新研究。

关于处理效应估计的材料现在放在了第 21 章。尽管我从第一版里保留了其设定，但我还是添加了更多专题进来。首先，我拓展了匹配估计量的讨论，并用单独的一节涵盖了断点回归设计的内容。

最后一章，也就是第 22 章，现在包括了关于期限分析的导论，我增加了比第一版更多的经验性实例。

可能的课程大纲

在密歇根州，我给第二学年和某些第三学年的学生教一个两学期课程，该课程涵盖了我这本书的材料——还增加了一些附录性的材料。我假定研究生掌握了（或者他们会自学）第 2、3 章的材料。当学生乐于接受基础的概率代数（条件期望、条件方差及线性投影）以及基础的极限理论和运算时，会有助于将我的课程向前推进。我特别花了一些课时在第 4、5 以及 6 章上，用来在线性模型的一个更传统的处理和那些关注一个随机抽样假设下的总体线性模型之间提供一个初步的桥梁。第 6 章在一个简单的语境中介绍了控制函数法，所以值得花一些时间在上面。

在第一学期（15 周），我选择性地涵盖了第 17 章的材料。但同样在第一学期，我现在开始跳讲第 12 章关于多元非线性回归和分位数估计的材料。此外，我没有在很多细节上涵盖作为 M 估计的基础的渐近理论，且我相当多地跳过了整个第 14 章。实际上，通过提供用来证明大样本近似法的很多背景知识，第一学期涵盖了在随机抽样情境下的普通线性和非线性模型，既包括截面数据也包括面板数据。

在第二学期，我回到第 12 章涵盖分位数估计。在第 13 章，我还涵盖了一般准极大似然估计和广义估计方程的材料。在第 14 章，我发现最小距离法估计和一个更高级的估计法一样重要。在这一章我涵盖了一些面板数据的实例。接着我跳向第 18 章，该章涵盖了计数与分数响应。我花了相当一部分时间在第 19 章和第 20 章上，因为数据问题在实践中特别重要，而且理解这些互相竞争的方法的优点和不足也很重要。当我涵盖了第 21 章（包括断点回归设计）和第 22 章（期限分析）的主体部分之后，我有时还有额外的时间。（然而，如果我将涵盖第 21 章中某些更高级的专题——在面板数据语境下的多重估值或多重处理、动态处理效应等——我可能将会超时。）如果我的确有额外的时间，我愿意提供一个关于非参或半参法的引论。虽然李奇和拉辛（Li and Racine，2007）的著作做了全面的介绍，卡梅伦和特里维迪（Cameron and Trivedi，2005）的著作也可提供一些基本方法。使用第 21 章中的处理效应材料来讲解非参法似乎特别有效。

补充*

这里提供一本含奇数题答案的学生答题手册。（见 http://mitpress.mit.edu/9780262731836。）任何选择本书作为课程教材的教学者可获得全部答案。此外，我还制作了一套我教过的可用于两学期课程的幻灯片。它们以 Scientific World 5.5 版文档——可编辑——或 pdf 文档的形式可被提供。要找到这些教学辅助，请点击第二版的网页：http://mitpress.mit.edu/9780262232586。

说明：书末的参考文献和术语表已放网上，若读者需要，请联系出版社索取。

* 中国人民大学出版社并未购买学生答题手册和幻灯片的版权。——出版者注

致　谢

为改进第一版提供过调查或建议的人们名单太长，以至无法列举。（而且，我得抱歉地说，在过去 9 年间我没有小心地进行记录。）我的确想向圭多·因伯斯（哈佛大学）致谢，在过去三年里我曾和他一起教授过一些短期课程。和圭多一起为我的授课准备材料以及听圭多的授课都加深了我对某些专题的理解；我希望那些都反映在了这一版中。

我亏欠我在密歇根州的同事们，因为他们虽然不都同意但是鼓励我开展一个横截面与面板数据方法的第二学期课程。第二学期课程让我可以首次讲授一些材料且可以在重构教材内容中发挥作用。

约翰·考威尔，麻省理工学院出版社的高级编辑，自始至终都怀着极大的耐心，这对他而言一定是一段难熬的经历。在艰难时期，约翰的温和鼓励对我特别有帮助，我很感激他没有放弃我，甚至当我曾准备放弃我自己的时候依然如此。

我非常感激 P. M. 戈登联合公司的朋友们，他们被选中来编辑我的手稿，制作最终的文本。南希·伦巴蒂在一个非常混乱的手稿上完成了一项出色的工作。

最后，就像在第一版中那样，我把第二版献给我的妻子，莱斯利·帕克。正是因为莱斯利的早期研究激发了我在微观计量经济学方法上的兴趣，而且我们最近的共同研究也体现在第二版中。最重要地，我很珍惜莱斯利在完成这一版的漫长过程中所提供的支持。

目 录

第Ⅰ篇 引论与背景

第Ⅱ篇 线性模型

第Ⅰ篇 引论与背景

在这一篇，我们引入本书自始至终将要采用的基本计量经济方法，同时涵盖了对于学习本书其余内容来说十分重要的某些背景。对于已经具备条件期望、条件方差以及线性投影代数方面坚实基础的学生来说，他们可以略过第2章，只是在需要时才去参考它。第3章包括学习第Ⅱ篇和后面内容所需要的渐近分析的一个概括性阐述。在第Ⅲ篇中，我们引入研究非线性估计所需要的一些附加的渐近性工具。

第1章 引　论

1.1 因果关系与其余条件不变分析

经济学与其他社会科学中相当多的实证研究的目的，是去决定当前一个变量比如 w 变化时，是否会引起另外一个变量比如 y 变动。例如，多受一年教育会引起月工资增加吗？减少班级人数会引起学生成绩改进吗？降低商业财产税会引起城市经济活力的增强吗？由于经济变量完全被解释成随机变量，所以我们应该运用源自概率的思想去形式化由 w 上的变化而引起的 y 上变动的意义。

其余条件不变（ceteris paribus）的概念——也就是保持其他（相关的）因素固定不变，是建立**因果关系**（causal relationship）的核心。仅仅发现两个变量是相关的几乎不足以得出如下结论：一个变量的变化会引起另外一个变量的变动。毕竟，我们很少能够实施一种以简单相关分析去揭示因果关系的受控实验。相反，我们能够运用计量经济学方法去有效保持其他因素固定不变。

如果我们将注意力放在平均或期望的响应上，那么其余条件不变分析便需要估计 y 关于 w 与 $\mathbf{c}$ 的条件期望值 $\mathrm{E}(y \mid w,\mathbf{c})$。向量 $\mathbf{c}$ 表示一个**控制变量**（control variables）集合，它的维数对这个讨论来说无关紧要，在研究 w 对 y 的期望值的影响时，我们会很明确地保持这个控制变量集合固定不变。控制这些变量的缘由是，我们认为 w 同其他影响 y 的因素是相关的。如果 w 是连续的，那么关注的焦点会集中在通常被称为 w 对 $\mathrm{E}(y \mid w,\mathbf{c})$ 的**偏效应**（partial effect）* 即 $\partial\mathrm{E}(y|w,\mathbf{c})/\partial w$。如果 w 是离散的，那么我们会对以 w 的不同值估计而来的 $\mathrm{E}(y \mid w,\mathbf{c})$ 感兴趣，其中 $\mathbf{c}$ 的元素在某些相同的规定值上保持不变。或者，我们可能会在 $\mathbf{c}$ 的分布上求平均。

选定合适的控制变量表并不总是一件容易的事，而且运用不同的控制变量

---

* 又称为部分效应。——译者注

能够导致 y 与 w 之间因果关系的不同结果。这正是确立因果关系变得复杂的地方：由我们决定哪些因素需要保持不变。如果我们选定一个控制变量表，同时 $\mathbf{c}$ 的所有元素可以观测得到，那么估计 w 对 $\mathrm{E}(y \mid w,\mathbf{c})$ 的部分效应就变得相对容易。然而，遗憾的是，在经济学与其他社会科学中，$\mathbf{c}$ 的许多元素是不可观测的。例如，在估计受教育对工资的因果效应时，我们会关注 $\mathrm{E}(wage \mid educ,exper,abil)$，其中 *educ* 表示学校受教育年数，*exper* 表示劳动力经验年数，而 *abil* 表示天赋才能。在这种情形中，$\mathbf{c}=(exper,abil)$，其中 *exper* 是可观测的，然而，*abil* 是不可观测的。(为了获得受教育对工资的因果效应，经验与能力是两个我们应该保持不变的因素，这一点在劳动经济学家中广泛地得到认同。其他因素，比如当前就业者的就业年数，同样属于这种情形。我们应该承认，某些因素诸如某人的社会保障号码的最后一位数字不需要包括在控制变量表中，因为它与工资或者教育是毫无关联的。)

再举一个例子，用经济学的原理考虑在学生出勤与期末考试成绩之间建立一种因果关系。我们可能对 $\mathrm{E}(score \mid attend, SAT, priGPA)$ 感兴趣，其中 *score* 表示期末考试分数，*attend* 表示出席率，*SAT* 表示学术能力测验分数，而 *priGPA* 表示学期开始时的平均学分绩。我们能够从一大群学生中合理地收集有关这些变量的数据。这种设置就足以决定出席率对成绩具有因果效应吗？也许不能。尽管 *SAT* 与 *priGPA* 可以作为反映学生能力与学习习惯的一般测量，但是人们不一定能测量一个人对经济学的兴趣或者能力。如果我们推断出席率对成绩具有因果效应，那么这类难以量化的属性也许仍然包含在控制变量表中。

除了不能获得所有想要得到控制变量的数据之外，其他问题也能够妨碍对因果关系的估计。例如，即使我们拥有对 $\mathbf{c}$ 的元素适当的测量值，我们仍然没有 y 或 w 的适合的测量值。一个更为微妙的问题——我们将在第 9 章中详细地研究——是在决定变量 y 与 w 的同时，我们仅仅能够观测到 y 与 w 的均衡值。举一个例子就是，决定定罪率 (w) 对城市犯罪率 (y) 的因果效应。

计量经济学初级教程会教给学生如何应用多元回归分析去估计解释变量对响应变量的其余条件不变效应。在本书余下的内容中，我们将研究如何在各种情形中估计这种效应。与大多数介绍性阐述不同的是，我们极其依赖于条件期望值。在第 2 章里，我们提供了条件期望值性质的详细概述。

1.2 随机设置与渐近分析

1.2.1 数据结构

为了提供正确处理现代横截面与面板数据的方法，我们必须选择一个适应各种横截面与面板数据集的随机设置，这些数据集是为多数计量经济学应用而收集的。当然，这种设置是越简单越好，其他情形也是这样。应该允许我们在不必过多地担心技术正则条件的情形中，关注对含有经济内容的假设所进行的解释。（正则条件是关于诸如随机变量绝对矩的有限阶数的假设。）

我们对本书中相当多的内容采用**随机抽样**（random sampling）假设。更准确地说，我们假定（1）设定一个**总体模型**（population model）；同时（2）**独立同分布**（independent identically distributed，i. i. d.）样本可以从总体中抽取出来。设定一个总体模型——可以是类似 1.1 节中的 $E(y \mid w, \mathbf{c})$ 模型，要求我们首先清楚地定义感兴趣的总体。定义相关总体也许看起来是一个明显的要求。然而，正如我们在稍后章节中将会看到的那样，在一些情形中这可以变得很微妙。

随机抽样假设的一个重要优点是，它允许我们分离对总体模型所做的假设与抽样假设。除了适当强调对经济行为起作用的假设外，以总体术语陈述所有假设实际上比以完整数据矩阵术语陈述假设的传统方法要容易得多。

因为我们将紧密地依赖于随机抽样，所以知道随机抽样允许做什么以及不能做什么是重要的。对**横截面数据**（cross section data）来说，随机抽样经常是合情合理的，其中在给定时点上，一些单位是从总体中以随机方式抽取出来的。在这种结构中，任何解释变量都被当成关于响应变量数据的随机结果。固定回归元在观测值之间不能是相同分布，所以随机抽样假设在技术上排除了古典线性模型。这一结果实际上是我们所希望的。在 1.4 节中，我们简单地讨论了为什么对现代计量经济学分析来说，将解释变量看成是随机的是一件很重要的事。

我们不应该把随机抽样假设与所谓的**实验数据**（experimental data）混为一谈。实验数据会受到固定解释变量范式的影响。一旦具有实验数据，研究者就会设置解释变量的一些值，然后去观察响应变量的值。遗憾的是，真正的实验在经济学中是极为罕见的，而且把提前设置的解释变量看作随机的，实际上没有丢失什么重要内容。不妨说，通过假定随机抽样代替含有固定解释变量的独立抽样没有使人走入歧途。

随机抽样会排除横截面分析中一些有意思的情形。例如，相同分布假设对**混合横截面**（pooled cross section）不可能成立，其中随机抽样是从不同时点上的总体中抽取的。这种情形被**独立不相同分布**（independent，not identically distributed，i. n. i. d.）的观察值所涵盖。在独立抽样条件下，考虑不相同分布观察值并不是一件困难的事，同时很容易处理它的实际效应。在随机抽样条件下来分析，我们在本书中多处地方提及这种情形。我们不会以派生形式明显涵盖独立不相同分布的情况，因为在更复杂的情形中，我们几乎什么都得不到。

当横截面观测值之间是非独立的时候，需要特别考虑的情形便会产生。**空间相关**（spatial correlation）模型就是这样的一个例子。在一个大总体中，某些大的地理单位是不能假定成独立的，例如美国的 50 个州，在处理这些地理单位时就会出现这种情形。预期一个州的失业率与邻近州的失业率相关是合情合理的。当标准估计方法——诸如普通最小二乘法与两阶段最小二乘法——通常能够应用于这些情形时，渐近理论就需要做一些改变。关键的统计量经常（尽管并不总是）需要做些修正。我们将简要地讨论在单方程线性模型情形中所产生的一些问题，否则，这一论题就会超出本书的范围。不管怎样，空间相关经常在应用研究中被忽略，因为修正问题可不是一件容易的事。

整群抽样（cluster sampling）在横截面数据集合中也会导致相关性，但是在大多数情形中，以计量经济学方法处理起来相对容易。例如，一个厂商中雇员的退休存款，由于工人的普遍特性（通常是不可观测的）或者由于厂商本身的特色（例如退休项目的类型）而变得相关。每一个厂商代表一个集体或一个群体，我们可以从许多厂商中抽取一些工人做样本。正如我们稍后将要看到的那样，假如群体的数量相对于群体单位容量而言很大，标准方法就能够修正整群之内的相关性。

另外一个重要的问题是，横截面样本经常有意识或者无意识地被选中，因而它们不是出自关注总体的随机样本。在第 21 章中，我们将详尽地讨论这些问题，包括**样本选择**（sample selection）以及**分层抽样**（stratified sampling）。我们将要看到，即使在非随机样本情形中，关于总体模型的假设也起着核心作用。

面板数据（panel data）或**纵向数据**（longitudinal data）是由对同一横截面，比如说个人、家庭、厂商或者城市的反复观测而组成的。对这种数据来说，随着时间的流逝，随机抽样假设开始变得非常受限制。毕竟任何一个合理的随机设置都会随时间的推移而考虑个人或厂商行为中的相关性。但是，准确地说，随机抽样假设考虑了时间相关性。我们所要做的是，在横截面维数中假定随机抽样。时间序列维数中的相依性能够完全地无限制。如同我们将要看到的，这个方法在含有许多横截面观测值的面板数据应用中是合理的，其中横截面观测值张成了相对短的时间段。我们同样可以在这种范式下涵盖面板数据的样本选择问题以及分层问题。

当横截面维数与时间序列维数大致是同样数量级时，比如当样本是由第二次世界大战后期的一些国家所构成时，人们会发现我们并没有充分涉及的一个面板数据结构——尽管经常会用到我们涵盖的估计方法。在这种情形中，固定时间序列维数，并且增加横截面维数就会没有什么意义。对于含有这类面板数据集合的渐近分析研究还处于初级阶段，还需要特殊的极限理论。例如，可参阅奎（Quah，1994）、佩塞兰和史密斯（Pesaran and Smith，1995）、考（Kao，1999）、穆恩和菲利普斯（Moon and Phillips，2000）、菲利普斯和穆恩（Phillips and Moon，2000），以及艾尔瓦雷兹和阿雷拉诺（Alvarez and Arellano，2003）等人的著作。

1.2.2 渐近分析

在整本书中，我们将重点放在与有限样本性质相反的估计量的渐近性质。

这样做强调的主要原因是，有限样本对于我们本书中所要研究的大部分估计量来说是错综复杂的。事实上，我们所涉及的大多数估计量将不具有（例如无偏性等）人们所希望的有限样本性质。渐近分析允许对估计方法进行统一处理，并且它（连同随机抽样假设）允许我们以基本总体形式阐述所有假设。当然，渐近分析也并不是没有其缺点的。偶尔，当渐近分析能使人落入迷途时，我们将会提及。在有限样本性质可以被推导出来的那些情形中，有时候会要求你推导出同样的这类性质。

在横截面分析中，渐近性就像是趋向于无穷的观测值数目（在本书中记为 N）一样。通常，以这种表述所意指的内容是明显的。对于面板数据分析而言，当时间序列维数是固定的时候，渐近性像是变大了的横截面一样。

1.3 一些例子

在这一节里，我们提供两个例子来强调上面几节中的一些概念。我们以劳动经济学中的标准例子开始。

例 1.1（工资报价函数） 假定工资报价 $wage^0$ 的自然对数是由下式决定的：

$$\log(wage^0)=\beta_0+\beta_1\, educ+\beta_2\, exper+\beta_3\, married+u \tag{1.1}$$

其中，*educ* 表示受教育年数，*exper* 表示劳动力市场经验年数，而 *married* 表示说明婚姻状况的二值变量。变量 u 称为**误差项**（error term）或**扰动项**（disturbance)，它包含了影响工资报价的不可观测因素。关注的内容在于未知参数 β_j。

一旦设定方程（1.1），我们在头脑中应该有一个具体的总体模型。例如，方程（1.1）可以应用于全体工作妇女的总体模型。在这种情形中，从总体中获得随机抽样并不是件困难的事。

所有假设都可以用总体模型来表述。关键性假设涉及 u 与可观测解释变量 *educ*，*exper* 以及 *married* 之间的关系。例如，给定解释变量 *educ*，*exper* 以及 *married*，u 的期望值等于 0 吗？以解释变量为条件的 u 的方差是常数吗？我们有理由认为，这两个问题的答案都是“不”，在第 4 章和第 5 章中，我们将会相当详细地探讨一些内容。在此，提出它们的目的是要强调，所有这类问题都可以容易地用总体模型表达出来。

如果相关的总体是所有 18 岁以上的妇女，情形又将如何？会产生一个问题，因为来自这一总体的随机样本将包括工资报价不可观测的妇女，缘由是她们没有工作。然而，我们可以考虑一个可以获得的随机样本，但对于没有工作的妇女而言，$wage^0$ 是不可观测的。

为了推导出估计量的性质，把总体模型写成出自总体的一般形式常常是十

分有用的。方程（1.1）变成

$$\log(wage_i^0)=\beta_0+\beta_1\, educ_i+\beta_2\, exper_i+\beta_3\, married_i+u_i \tag{1.2}$$

其中，i 表示人。以 u_i 及 $\mathbf{x}_i\equiv(educ_i,\ exper_i,\ married_i)$ 表述的假设与以 u 及 $\mathbf{x}$ 表述的假设是相同的。在整本书中，下标 i 专门表示横截面单位，例如，个人、厂商、城市等等。诸如，j，g 以及 h 等字母用于表示变量、参数以及方程。

在结束这个例题之前，我们注意到，对所有 N 个观测值利用矩阵记号写出方程（1.2），对于我们理解模型或抽样方案没有什么帮助；实际上，它恰恰是多余的，因为它给出了错误的印象，即矩阵可以告诉我们有关基本总体的一些假设。比较好的是去关注总体模型（1.1）。

下面的一个例子是阐述面板数据应用的。

例 1.2（公司产出溢出效应） 假定这个总体表示一个国家中所有制造业厂商，这些厂商都在给定的三年期间经营。在厂商总体中，描述产出的生产函数是

$$\begin{aligned}\log(output_t)=&\delta_t+\beta_1\log(labor_t)+\beta_2\log(capital_t)\\&+\beta_3\, spillover_t+quality+u_t,\quad t=1,2,3\end{aligned} \tag{1.3}$$

其中，$spillover_t$ 表示在一个包括外国厂商在内的地区中，测量这类厂商集中度的方法；$quality$ 项包括了许多不可观测的因素——诸如，不可观测的管理或者工人素质——这些因素会影响生产率，并且随时间流逝保持不变。误差 u_t 表示每一年不可观测的冲击，参数 δ_t 的存在表示每一年中不同的截距，它允许总生产率随时间流逝而变化。假定 $labor_t$，$capital_t$ 以及 $spillover_t$ 上的系数在不同年份之间是常数。

当研究面板数据时，我们将会看到，在决定如何最佳地评估 β_j 中存在许多问题。最重要的一个问题是，不可观测的生产率因素（质量）是否与可观测的投入相关？此外，在所有的时间段中，我们可以假定 $spillover_t$ 在 $t=3$ 时与误差项是无关的吗？

对于面板数据而言，增加一个下标用来表示一般的横截面观测值是特别有用的——在这种情形中，为一个随机抽样厂商：

$$\begin{aligned}\log(output_{it})=&\delta_t+\beta_1\log(labor_{it})+\beta_2\log(capital_{it})\\&+\beta_3\, spillover_{it}+quality_i+u_{it},\quad t=1,2,3\end{aligned} \tag{1.4}$$

方程（1.4）清楚地表明：$quality_i$ 是厂商特有项，它随时间流逝固定不变，并且在每一个时间段里具有相同效应，u_{it} 是随时间以及公司的改变而变化的。然而，既然样本是假设从所有制造业厂商总体中随机抽取的，那么对于估计来说，我们必须要解决的主要问题可以看成是对一般的 i 的讨论。

方程（1.4）是我们整本书中所要使用的另外一个习惯例子：下标 t 专门用于表示时间，就像 i 专门用于表示横截面一样。

1.4　为什么不使用固定的解释变量?

我们已经看到两个例子，一般地说，方程中的误差可以与一个或者多个解释变量是相关的。这种可能性在社会科学应用中是非常盛行的，以至采用可以事先剔除这类相关性的假设——也就是，固定解释变量的假设——变得没有什么意义。

在计量经济学初级教程中，普通最小二乘法（OLS）及其扩展形式的方法，通常是在固定回归元假设下学习的。这适合于理解最小二乘法的结构以及获取统计推导的经验。遗憾的是，对固定回归元的信赖性，或者更一般地说，固定"外生"变量会有不希望得到的结果，尤其是在更高级的设置下。例如，在第 7～11 章中我们将看到，在面板数据模型中，假定固定回归元或固定工具变量经常把非现实的约束施加于动态经济行为之上。这不是一种技术性重点：当固定回归元假设以有意义的方式被放松时，在固定回归元假设条件下作为一致的估计方法，比如广义最小二乘法就不再是一致的。

为了在熟悉的上下文中阐述固定回归元假设的缺点，考察横截面数据的线性模型，对于每一个观测值 i，把其写成

$$y_i=\beta_0+\mathbf{x}_i\boldsymbol{\beta}+u_i,\quad i=1,2,\cdots,N \tag{1.5}$$

其中，$\mathbf{x}_i$表示 $1\times K$ 维向量，而$\boldsymbol{\beta}$表示 $K\times 1$ 维向量。通常，此模型的"理想"假设被表述成"误差 $\{u_i:\ i=1,2,\cdots,N\}$ 是 i. i. d. 的，满足 $\mathrm{E}(u_i)=0$ 且 $\mathrm{Var}(u_i)=\sigma^2$"。（有时候，$u_i$ 也被假定成是正态分布的。）这种表述的问题是，忽略了最需要考虑的事项：在 u_i 与 $\mathbf{x}_i$ 之间的关系上假定了什么？如果 $\mathbf{x}_i$ 被看成是非随机的——显然，它常常成为隐性假设——那么 u_i 与 $\mathbf{x}_i$ 是彼此独立的。在非实验环境下，这种假设剔除了许多关注的情形。一些重要的问题，比如，对于含有不同解释变量的模型之间的有效性进行比较，甚至在固定回归元的背景下也不能提出（参阅第 4 章中习题 4.5 与习题 4.15 的一些特殊例子）。

在随机抽样背景下，不论与 $\mathbf{x}_i$ 怎样相关的u_i 总是表示独立同分布的，当模型中包含截距时，假定总体误差均值是 0，这种假设就不失一般性。因而，在随机抽样背景下，"误差 $\{u_i:\ i=1,2,\cdots,N\}$ 是 i. i. d. 的，满足 $\mathrm{E}(u_i)=0$ 且 $\mathrm{Var}(u_i)=\sigma^2$"的表述就显得非常空洞。一旦把 $\mathbf{x}_i$ 与 y_i 看成是随机抽取的，我们就不得不考虑总体中误差与解释变量之间的关系。例如，在总体模型 $y=\beta_0+\mathbf{x}\boldsymbol{\beta}+u$ 中，给定 $\mathbf{x}$ 时 u 的期望值等于 0 吗？u 与 $\mathbf{x}$ 的一个或多个元素相关吗？给定 $\mathbf{x}$ 时 u 的方差是常数吗？或者它依赖于 $\mathbf{x}$ 吗？这些正是与估计 $\boldsymbol{\beta}$ 以及确定如何实施统计推断相关联的假设。

由于我们关注的内容是渐近分布，因此，不论设置是线性模型、非线性

模型、单方程分析，还是系统分析，我们将在全书中大量地考察随机解释变量。一个附带但并非无足轻重的好处是，与假定固定解释变量的框架相比，统一化的随机抽样专题实际上可以简化渐近分析。我们将不用完整的数据矩阵来表示假设，因为这类假设是不精确的，而且会把不希望有的约束施加到总体模型上。

第 2 章 计量经济学中条件期望与相关概念

2.1 条件期望在计量经济学中的作用

正如我们在 1.1 节中所认为的那样，条件期望在现代计量经济分析中起着极为重要的作用。尽管它并不总是以显性方式得以说明，但是绝大多数应用计量经济分析的研究目标是对一个变量的期望值进行估计或者假设检验——这一变量称为**被解释变量**（explained variable）、**因变量**（dependent variable）、**回归子**（regressand），或者**响应变量**（response variable），并且通常记为y——并且以一套**解释变量**（explanatory variable）、**自变量**（independent variable）、**回归元**（regressor）*、**控制变量**（control variable）或者**协变量**（covariate）——常常记为 $\mathbf{x}=(x_1,x_2,\cdots,x_K)$ 为条件。

计量经济方法论中，一个本质的研究内容可以解释成在经济应用中形成的各种设置中寻找估计条件期望的方法。正像我们在 1.1 节中所简要讨论的那样，大多数时候，我们对允许从一个或多个解释变量到响应变量去推断出因果关系的条件期望感兴趣。以来自 1.1 节中的结构而言，一旦保持控制向量 $\mathbf{c}$ 固定不变，我们对变量 w 对于 y 的期望值影响感兴趣。关注的条件期望是 $\mathrm{E}(y \mid w,\mathbf{c})$，我们把它称为**结构条件期望**（structural conditional expectation）。如果我们能够以随机抽样方式从关注的基本总体中收集到关于 y，w 以及 $\mathbf{c}$ 的数据，那么就可以直截了当地估计 $\mathrm{E}(y \mid w,\mathbf{c})$ ——特别地，如果我们愿意对其函数形式做出一个假设——其中，一旦保持 c 固定不变，就可以很容易地估计出 w 对于 $\mathrm{E}(y \mid w,\mathbf{c})$ 的影响。

遗憾的是，由于经济学的非实验特性，在收集与分析经济数据时会产生许

---

* 又称为回归量。——译者注

多错综复杂性。对于经济变量的观测值可以包括测量误差，或者观测值有时候被看成是同时进行过程的结果。有些时候，我们不能从总体中获得随机样本，这样就不允许我们去估计 $\mathrm{E}(y \mid w,\mathbf{c})$。也许相当多数的普遍问题是，我们希望控制的一些变量（$\mathbf{c}$ 的元素）不是可观测的。在所有这些情形中，存在着一个关注的条件期望（CE），但是通常它所包含的变量对于计量经济学家来说是不可能收集数据或者不可能要求完成的一种实验。

在附加假设下——通常称为**识别假设**（identification assumptions），有时候我们可以重新获得起初关注的结构条件期望，即使我们不能够观测到所有希望控制的变量，或者即使我们仅仅观测到变量的均衡结果。如同我们在全书中所看到的，许多细节依赖于内容而有所不同，但条件期望的概念是十分基本的。

此外，除了为解释经济模型提供统一的设置外，CE 算子作为把结构方程处理成可估计方程的工具是十分有用的。在接下来一节中，我们概述条件期望算子的一些重要特征。本章附录包括了一份比较详尽的性质列表。

2.2 条件期望的特征

2.2.1 定义与例子

设 y 表示一个随机变量，在这一节中我们称之为被解释变量，并且设 $\mathbf{x} \equiv (x_1, x_2, \cdots, x_K)$ 表示 $1\times K$ 维的解释变量的随机向量。如果 $\mathrm{E}(|y|)<\infty$，那么存在一个函数，比如说，μ：$\mathbb{R}^K \rightarrow \mathbb{R}$，使得

$$\mathrm{E}(y|x_1,x_2,\cdots,x_K)=\mu(x_1,x_2,\cdots,x_K) \tag{2.1}$$

或者 $\mathrm{E}(y|\mathbf{x})=\mu(\mathbf{x})$。函数 $\mu(\mathbf{x})$ 决定了 y 的平均值是怎样随 $\mathbf{x}$ 变化而变化的。例如，如果 y 是工资，并且 x 包括各种各样的个体特征，诸如教育、经历以及 IQ，那么 $\mathrm{E}(wage \mid educ, exper, IQ)$ 表示给定 $educ$ 值、$exper$ 值以及 IQ 值时工资 $wage$ 的平均值。从技术上讲，当 $\mathbf{x}$ 取一个特殊值，比如 $\mathbf{x}_0$：$\mathrm{E}(y \mid \mathbf{x}=\mathbf{x}_0)$ 时，我们应该把 $\mathrm{E}(y \mid \mathbf{x})$ 与条件期望值区分开，前者表示一个随机变量，因为 $\mathbf{x}$ 是总体中定义的随机向量。一旦做出这种区分立刻会带来麻烦，而且在大多数情形中，它不是特别重要，在很大程度上我们可以避免这样做。当讨论 $\mathrm{E}(y \mid \mathbf{x})$ 的概率特征时，$\mathbf{x}$ 必须被看成是一个随机变量。

由于 $\mathrm{E}(y \mid \mathbf{x})$ 是一个期望，它可以在给定 $\mathbf{x}$ 时从 y 的条件密度通过积分、求和或者两者的组合（依赖于 y 的性质）来获得。由此可知，条件期望算子具有与非条件期望算子相同的线性性质，同时具有作为 $\mu(\mathbf{x})$ 随机性结果的几个附加性质。我们给出的一些陈述在附录中有证明，但是其他陈述的一般性证明需要测度理论的概率。你可以参阅比林斯利（Billingsley，1979）的论述以得到

详细的表述。

计量经济学中最经常应用的条件期望模型被设定成以有限参数集合为条件，提供了 $\mathrm{E}(y \mid \mathbf{x})$ 的**参数模型**（parametric model）。这在很大程度上缩小了可行 $\mu(\mathbf{x})$ 的备选对象。

例 2.1 对于 $K=2$ 个解释变量，考察下列条件期望的例子：

$$\mathrm{E}(y|x_1,x_2)=\beta_0+\beta_1 x_1+\beta_2 x_2 \tag{2.2}$$

$$\mathrm{E}(y|x_1,x_2)=\beta_0+\beta_1 x_1+\beta_2 x_2+\beta_3 x_2^2 \tag{2.3}$$

$$\mathrm{E}(y|x_1,x_2)=\beta_0+\beta_1 x_1+\beta_2 x_2+\beta_3 x_1 x_2 \tag{2.4}$$

$$\mathrm{E}(y|x_1,x_2)=\exp[\beta_0+\beta_1\log(x_1)+\beta_2 x_2],\quad y\geqslant 0,\ x_1>0 \tag{2.5}$$

式（2.2）的模型关于解释变量 x_1 与 x_2 均是线性的。而式（2.3）关于 x_2 是条件期望非线性的例子，尽管关于 x_1 它是线性的。如同我们将要简要回顾的那样，从统计观点看，式（2.2）与式（2.3）能以相同的框架来处理，因为它们关于参数 β_j 是线性的。式（2.3）关于 x 是非线性的事实对于解释 β_j 具有重要含义，但是却不能估计它们。式（2.4）归入这种相同的类别之中：它关于 $\mathbf{x}=(x_1,x_2)$ 是非线性的，但关于 β_j 是线性的。

式（2.5）本质上不同于前三个例子的一点在于它是参数 β_j 以及 x_j 的非线性函数。参数的非线性对于估计 β_j 具有影响；当我们在第Ⅲ篇中涵盖非线性方法时，才会看到如何估计这种模型。现在，你应该记住，式（2.5）只有在 $y\geqslant 0$ 的时候才是合情合理的。

2.2.2 偏效应、弹性与半弹性

如果 y 与 $\mathbf{x}$ 以确定形式相关，比如说 $y=f(\mathbf{x})$，那么我们常常对 $\mathbf{x}$ 元素变化时 y 是如何变化的感兴趣。在随机设置中，我们不能假定 $y=f(\mathbf{x})$ 具有某种已知函数且是可观测向量 $\mathbf{x}$ 的形式，因为总有影响 y 的不可观测因素存在。然而，我们可以定义 x_j 对条件期望 $\mathrm{E}(y \mid \mathbf{x})$ 的部分效应。假定 $\mu(\cdot)$ 是适当可微的，而且 x_j 是连续变量，一旦 x_1，…，x_{j-1}，x_{j+1}，…，x_K 保持固定不变，且 x_j 的增量很小时，偏导数 $\partial\mu(\mathbf{x})/\partial x_j$ 允许我们去近似 $\mathrm{E}(y \mid \mathbf{x})$ 的边际变化：

$$\Delta\mathrm{E}(y|\mathbf{x})\approx\frac{\partial\mu(\mathbf{x})}{\partial x_j}\Delta x_j,\quad \text{当保持 } x_1,\cdots,x_{j-1},x_{j+1},\cdots,x_K \text{ 固定不变时} \tag{2.6}$$

$\mathrm{E}(y \mid \mathbf{x})$ 对 x_j 的偏导数通常称为 x_j 对 $\mathrm{E}(y \mid \mathbf{x})$ 的**偏效应**（partial effect）* （或者有点不准确地说，x_j 对 y 的偏效应）。在参数模型中，对系数数量大小的解释常常产生于式（2.6）的近似情形。

如果 x_j 是离散变量（比如二值变量），那么一旦其他变量保持不变，部分

* 又称为部分效应。——译者注

效应可以通过在 x_j 的不同设置中（例如，当 x_j 是二值变量时，0 或者 1）比较 $\mathrm{E}(y \mid \mathbf{x})$ 来计算。

例 2.1（续） 在式（2.2）中，我们得出

$$\frac{\partial \mathrm{E}(y|\mathbf{x})}{\partial x_1}=\beta_1, \quad \frac{\partial \mathrm{E}(y|\mathbf{x})}{\partial x_2}=\beta_2$$

正如所希望的那样，此模型中的偏效应是常数。在式（2.3）中，

$$\frac{\partial \mathrm{E}(y|\mathbf{x})}{\partial x_1}=\beta_1, \quad \frac{\partial \mathrm{E}(y|\mathbf{x})}{\partial x_2}=\beta_2+2\beta_3 x_2$$

因此，x_1 的偏效应是常数，然而，x_2 的偏效应依赖于 x_2 的水平。在式（2.4）中，

$$\frac{\partial \mathrm{E}(y|\mathbf{x})}{\partial x_1}=\beta_1+\beta_3 x_2, \quad \frac{\partial \mathrm{E}(y|\mathbf{x})}{\partial x_2}=\beta_2+\beta_3 x_1$$

因此，x_1 的偏效应依赖于 x_2，反之亦然。在式（2.5）中，

$$\frac{\partial \mathrm{E}(y|\mathbf{x})}{\partial x_1}=\exp(\cdot)(\beta_1/x_1), \quad \frac{\partial \mathrm{E}(y|\mathbf{x})}{\partial x_2}=\exp(\cdot)\beta_2 \tag{2.7}$$

其中，$\exp(\cdot)$ 表示式（2.5）中的函数 $\mathrm{E}(y \mid \mathbf{x})$。在这种情形中，$x_1$ 与 x_2 的偏效应均依赖于 $\mathbf{x}=(x_1, x_2)$。

有时候，我们对偏效应的特殊函数感兴趣，比如弹性。在 $y=f(\mathbf{x})$ 确定的情形中，我们定义 y 对 x_j 的弹性为

$$\frac{\partial y}{\partial x_j}\cdot\frac{x_j}{y}=\frac{\partial f(\mathbf{x})}{\partial x_j}\cdot\frac{x_j}{f(\mathbf{x})} \tag{2.8}$$

再一次假定 x_j 是连续的。式（2.8）的右边表明，弹性是 $\mathbf{x}$ 的函数。当 y 与 $\mathbf{x}$ 都是随机变量时，使用式（2.8）右边有其明确的意义，但是其中 $f(\mathbf{x})$ 表示条件均值 $\mu(\mathbf{x})$。因此，一旦 x_1，…，x_{j-1}，x_{j+1}，…，x_K 固定不变，$\mathrm{E}(y \mid \mathbf{x})$ 对 x_j 的（偏）**弹性**（elasticity）是

$$\frac{\partial \mathrm{E}(y|\mathbf{x})}{\partial x_j}\cdot\frac{x_j}{\mathrm{E}(y|\mathbf{x})}=\frac{\partial \mu(\mathbf{x})}{\partial x_j}\cdot\frac{x_j}{\mu(\mathbf{x})} \tag{2.9}$$

如果 $\mathrm{E}(y \mid \mathbf{x})>0$，且 $x_j>0$（经常是这样的情形），式（2.9）与

$$\frac{\partial \log[\mathrm{E}(y|\mathbf{x})]}{\partial \log(x_j)} \tag{2.10}$$

是相同的。后者则将弹性表示为当 x_j 增加 1%的时候，$\mathrm{E}(y \mid \mathbf{x})$ 中变化的近似百分比。

例 2.1（续） 在式（2.2）到式（2.5）中，大多数弹性都不是常数。例如，在式（2.2）中，$\mathrm{E}(y \mid \mathbf{x})$ 对 x_1 的弹性是 $(\beta_1 x_1)/(\beta_0+\beta_1 x_1+\beta_2 x_2)$，这显然要依赖 x_1 与 x_2。然而，在式（2.5）中，对 x_1 的弹性是常数且等于 β_1。

如果弹性的定义取自一个关于自然对数是线性的模型，那么式（2.10）是如何同这个定义相比较的呢？如果 $y>0$，$x_j>0$，我们可以将弹性定义为

$$\frac{\partial \mathrm{E}[\log(y)|\mathbf{x}]}{\partial \log(x_j)} \tag{2.11}$$

这是在诸如 $\log(y)=g(\mathbf{x})+u$ 的模型中一种自然而然的定义，其中 $g(\mathbf{x})$ 是 $\mathbf{x}$ 的某一函数，而 u 是不可观测的干扰项，u 在条件 $\mathbf{x}$ 下均值为 0。把式（2.10）与式（2.11）相比较又将如何呢？通常，它们是不同的（因为对数的期望值与期望值的对数是截然不同的）。如果 u 与 $\mathbf{x}$ 是独立的，那么式（2.10）与式（2.11）是相同的，因为

$$\mathrm{E}(y|\mathbf{x})=\delta\cdot\exp[g(\mathbf{x})]$$

其中 $\delta\equiv\mathrm{E}[\exp(u)]$。（如果 u 与 $\mathbf{x}$ 是独立的，那么 $\exp(u)$ 与 $\exp[g(\mathbf{x})]$ 也是独立的。）举一个特殊的例子，如果

$$\log(y)=\beta_0+\beta_1\log(x_1)+\beta_2 x_2+u \tag{2.12}$$

其中，u 具有零均值，且与（x_1，x_2）是相互独立的，那么 y 对 x_1 的弹性是 β_1，这里利用了任何一种弹性的定义。如果 $\mathrm{E}(y|\mathbf{x})=0$，但 u 与 $\mathbf{x}$ 不是独立的，那么那些定义通常是不同的。

在很多应用中，当 $y>0$ 时，把式（2.10）与式（2.11）处理成是相同的不会有什么损失，而且在以后的一些应用中我们将不加以区分。然而，如果在一个诸如（2.12）那样的模型中的误差 u 是异方差性的——也就是，$\mathrm{Var}(u\mid\mathbf{x})$ 取决于 $\mathbf{x}$——那么式（2.10）和式（2.11）会发生很大的偏离；参阅习题 2.8。尽管这部分地与偏好有关，但式（2.10）[或，甚至更好的是，式（2.9）] 是有吸引力的，因为它可应用到 $\mathrm{E}(y\mid\mathbf{x})$ 的任何模型，这样式（2.10）就允许在许多不同的函数形式之间进行比较。此外，甚至当 $\log(y)$ 未被定义时，式（2.10）也可以应用，这在第 17 和 18 章中是很重要的。定义（2.10）是更一般的，因为有时候甚至当 $\log(y)$ 未被定义时它也可以应用。（我们将需要在第 17 和 18 章中弹性的一般性定义。）

当 x_j 增加一个**单位**（unit）时，$\mathrm{E}(y\mid\mathbf{x})$ 变化的百分比可以近似写成

$$100\cdot\frac{\partial \mathrm{E}(y|\mathbf{x})}{\partial x_j}\cdot\frac{1}{\mathrm{E}(y|\mathbf{x})} \tag{2.13}$$

如果 $\mathrm{E}(y\mid\mathbf{x})>0$，那么式（2.13）等于

$$100\cdot\frac{\partial \log[\mathrm{E}(y|\mathbf{x})]}{\partial x_j} \tag{2.14}$$

有时候，把这也称为 $\mathrm{E}(y\mid\mathbf{x})$ 对 x_j 的**半弹性**（semielasticity）。

例 2.1（续） 在式（2.5）中，对 x_2 的半弹性是常数且等于 $100\cdot\beta_2$。在这些式子中，再也没有其他的常数半弹性了。

2.2.3 条件期望模型的误差形式

当 y 是一个随机变量时，我们愿意用可观测的变量 $\mathbf{x}$ 来解释它，把 y 分解为

$$y=\mathrm{E}(y|\mathbf{x})+u \tag{2.15}$$

$$\mathrm{E}(u|\mathbf{x})=0 \tag{2.16}$$

是有用的。换句话讲，式（2.15）与式（2.16）是**可定义的**（definitional）：我们总是可以把 y 写成它的条件期望 $\mathrm{E}(y\mid\mathbf{x})$，再加上一个具有零条件均值的**误差项**（error term）或**扰动项**（disturbance term）。

$\mathrm{E}(u\mid\mathbf{x})=0$ 的事实具有下述重要含义：(1) $\mathrm{E}(u)=0$；(2) u 与 x_1，x_2，…，x_K 的任何函数都是不相关的，特别地，u 与 x_1，x_2，…，x_K 中的每一个都是不相关的。u 具有零非条件期望，这是**期望迭代定律**（law of iterated expectations，LIE）的一个特例，我们在下一小节中会更一般地涉及这一定律。直观地说，$\mathrm{E}(u\mid\mathbf{x})=0$ 就蕴涵着 $\mathrm{E}(u)=0$，这一说法是很有道理的。第二个含义就不是非常明显，但却十分重要。u 与 $\mathbf{x}$ 的任何函数都是不相关的事实，这一说法比仅仅说 u 与 x_1，…，x_K 都是不相关的更强。

举一个例子，如果式（2.2）成立，那么我们可以写成

$$y=\beta_0+\beta_1x_1+\beta_2x_2+u,\quad \mathrm{E}(u|x_1,x_2)=0 \tag{2.17}$$

因此

$$\mathrm{E}(u)=0,\quad \mathrm{Cov}(x_1,u)=0,\quad \mathrm{Cov}(x_2,u)=0 \tag{2.18}$$

但是，我们还可以说：在式（2.17）下，u 还与我们可以考虑到的任何其他函数都是不相关的，诸如，x_1^2，x_2^2，x_1x_2，$\exp(x_1)$ 与 $\log(x_2^2+1)$。这个事实保证我们已经完全解释了 x_1 与 x_2 对 y 的期望值的效应问题；表述这个说法的另外一种方法是，我们正确设定了 $\mathrm{E}(y\mid\mathbf{x})$ 的函数形式。

如果我们仅仅假定式（2.18），那么 u 可以与 x_1 及 x_2 的非线性函数是相关的，例如，二次项、交互作用项等等。如果我们希望在 $\mathbf{x}$ 值大的变化范围上估计每一个 x_j 对 $\mathrm{E}(y\mid\mathbf{x})$ 的偏效应，那么我们想要 $\mathrm{E}(u\mid\mathbf{x})=0$。[在 2.3 节，我们会讨论比假设（2.18）稍弱一些的假设及其用法。]

例 2.2 假定住房价格是由下述简单模型来确定的：

$$hprice=\beta_0+\beta_1\,sqrft+\beta_2\,distance+u$$

其中 $sqrft$ 表示住房的平方英尺数，$distance$ 表示从城市垃圾焚烧炉到住房的距离。为了让 β_2 表示 $\partial\mathrm{E}(hprice\mid sqrft,distance)/\partial distance$，我们一定要假定 $\mathrm{E}(u|sqrft,distance)=0$。

2.2.4 条件期望的若干性质

处理条件期望最有效的工具之一就是我们前面提过的期望迭代法则。这里

我们提到了本书需要的最全面的表述。假设 $\mathbf{w}$ 是一个随机向量，y 是一个随机变量。设 $\mathbf{x}$ 是 $\mathbf{w}$ 某一函数的一个随机向量，比如说 $\mathbf{x}=\mathbf{f}(\mathbf{w})$。（向量 $\mathbf{x}$ 可以仅仅是 $\mathbf{w}$ 的一个子集。）这个表述意味着一旦知道 $\mathbf{w}$ 的结果，我们就可以得出 $\mathbf{x}$ 的结果。我们需要 LIE 最一般的表述是

$$\mathrm{E}(y|\mathbf{x})=\mathrm{E}[\mathrm{E}(y|\mathbf{w})|\mathbf{x}] \tag{2.19}$$

换句话讲，如果有 $\mu_1(\mathbf{w})\equiv\mathrm{E}(y|\mathbf{w})$，$\mu_2(\mathbf{x})\equiv\mathrm{E}(y|\mathbf{x})$，我们可以通过计算给定 $\mathbf{x}$ 时 $\mu_1(\mathbf{x})$的期望值，从而得到 $\mu_2(\mathbf{x})$：$\mu_1(\mathbf{x})=\mathrm{E}[\mu_1(\mathbf{w})|\mathbf{x}]$。

还有另一个结果看起来与式（2.19）相似，但是更容易验证。即

$$\mathrm{E}(y|\mathbf{x})=\mathrm{E}[\mathrm{E}(y|\mathbf{x})|\mathbf{x}] \tag{2.20}$$

注意与式（2.19）相比，$\mathbf{x}$ 与 $\mathbf{w}$ 在式（2.20）的右侧是怎样转换位置的。从期望值的条件方面可以很容易得出式（2.20）的含义：由于 $\mathbf{x}$ 是 $\mathbf{w}$ 的一个函数，知道 $\mathbf{w}$ 就意味着知道 $\mathbf{x}$；已知 $\mu_2(\mathbf{x})=\mathrm{E}(y|\mathbf{x})$是 $\mathbf{w}$ 的函数，给定 $\mathbf{w}$ 时，$\mu_2(\mathbf{x})$的期望值恰好是 $\mu_2(\mathbf{x})$。

一些人发现了一句便于记住式（2.19）与式（2.20）的话："总是比较小的信息集占优势。"这里，$\mathbf{x}$ 代表比 $\mathbf{w}$ 少的信息，知道 $\mathbf{w}$ 就蕴涵着知道 $\mathbf{x}$，但反过来却不一定成立。在整本书中，我们几乎都要例行公事地用到式（2.19）与式（2.20）。

出于多种目的考虑，我们需要下述一般形式的 LIE(2.19）的一种特例。如果 $\mathbf{x}$ 与 $\mathbf{z}$ 是任意的随机向量，那么

$$\mathrm{E}(y|\mathbf{x})=\mathrm{E}[\mathrm{E}(y|\mathbf{x},\mathbf{z})|\mathbf{x}] \tag{2.21}$$

或者，定义 $\mu_1(\mathbf{x},\mathbf{z})\equiv\mathrm{E}(y|\mathbf{x},\mathbf{z})$以及 $\mu_2(\mathbf{x})\equiv\mathrm{E}(y|\mathbf{x})$，

$$\mu_2(\mathbf{x})=\mathrm{E}[\mu_1(\mathbf{x},\mathbf{z})|\mathbf{x}] \tag{2.22}$$

对于大多数计量经济学应用来说，把 $\mu_1(\mathbf{x},\mathbf{z})=\mathrm{E}(y|\mathbf{x},\mathbf{z})$看成一个结构条件期望是很有用的，但是其中 $\mathbf{z}$ 是不可观测的。如果关注的内容包含在 $\mathrm{E}(y\mid\mathbf{x},\mathbf{z})$中，那么我们需要保持 $\mathbf{x}$ 与 $\mathbf{z}$ 的其他元素不变时 x_j 的效应。如果 $\mathbf{z}$ 是无法观测的，那么我们也不能直接估计 $\mathrm{E}(y\mid\mathbf{x},\mathbf{z})$。然而，既然 y 与 $\mathbf{x}$ 是可观测的，我们通常可以估计 $\mathrm{E}(y\mid\mathbf{x})$。于是，问题是我们能否将 $\mathrm{E}(y\mid\mathbf{x})$ 与最初关注的期望值联系起来（这是计量经济学中的"识别问题"）。LIE 提供了一种简便的可以将这两个期望值联系起来的方法。

要想求出 $\mathrm{E}[\mu_1(\mathbf{x},\mathbf{z})|\mathbf{x}]$，通常需要在给定 $\mathbf{x}$ 时 $\mathbf{z}$ 的条件密度上对 $\mu_1(\mathbf{x},\mathbf{z})$ 求积分（或者求和），但是在许多情形中，$\mathrm{E}(y\mid\mathbf{x},\mathbf{z})$ 的形式非常简单，不需要明显的积分。例如，假定我们以下述模型开始：

$$\mathrm{E}(y|x_1,x_2,z)=\beta_0+\beta_1x_1+\beta_2x_2+\beta_3z \tag{2.23}$$

其中 z 是不可观测的。根据 LIE 以及 CE 算子的线性：

$$\mathrm{E}(y|x_1,x_2)=\mathrm{E}(\beta_0+\beta_1x_1+\beta_2x_2+\beta_3z|x_1,x_2)$$

$$=\beta_0+\beta_1x_1+\beta_2x_2+\beta_3\mathrm{E}(z|x_1,x_2) \tag{2.24}$$

现在，如果对 $\mathrm{E}(z \mid x_1,x_2)$ 做一个假设，例如，它关于 x_1 与 x_2 是线性的，即

$$\mathrm{E}(z|x_1,x_2)=\delta_0+\delta_1x_1+\delta_2x_2 \tag{2.25}$$

那么我们可以把这个式子代入式（2.24）中，并重新整理：

$$\begin{aligned}&=\beta_0+\beta_1x_1+\beta_2x_2+\beta_3(\delta_0+\delta_1x_1+\delta_2x_2)\\&=(\beta_0+\beta_3\delta_0)+(\beta_1+\beta_3\delta_1)x_1+(\beta_2+\beta_3\delta_2)x_2\end{aligned}$$

最后一个表达式是 $\mathrm{E}(y \mid x_1,x_2)$；一旦给定我们的假设，关于（$x_1,x_2$）是线性的就成为必需的。

现在，假设式（2.23）包含 x_1 与 z 之间的一种交互作用项：

$$\mathrm{E}(y|x_1,x_2,z)=\beta_0+\beta_1x_1+\beta_2x_2+\beta_3z+\beta_4x_1z \tag{2.26}$$

于是，再一次由 LIE 知，

$$\mathrm{E}(y|x_1,x_2)=\beta_0+\beta_1x_1+\beta_2x_2+\beta_3\mathrm{E}(z|x_1,x_2)+\beta_4x_1\mathrm{E}(z|x_1,x_2)$$

如果在式（2.25）中再一次给定 $\mathrm{E}(z \mid x_1,x_2)$，你可以证明，$\mathrm{E}(y \mid x_1,x_2)$ 含有关于 x_1 与 x_2 是线性的项。此外，$\mathrm{E}(y \mid x_1,x_2)$ 还包含 x_1^2 以及 x_1x_2。在后面章节中，这种求导的有效性会变得非常明显。

LIE 的一般形式还有一些其他的有益应用。假定对某一个（向量）函数 $\mathbf{f}(\mathbf{x})$ 与一个实值函数 $g(\cdot)$ 来说，$\mathrm{E}(y|\mathbf{x})=g[\mathbf{f}(\mathbf{x})]$。于是，

$$\mathrm{E}[y|\mathbf{f}(\mathbf{x})]=\mathrm{E}(y|\mathbf{x})=g[\mathbf{f}(\mathbf{x})] \tag{2.27}$$

还有另外一种方法可以表述这种关系：如果我们定义 $\mathbf{z}\equiv\mathbf{f}(\mathbf{x})$，那么 $\mathrm{E}(y|\mathbf{z})=g(\mathbf{z})$。向量 $\mathbf{z}$ 可以有比 $\mathbf{x}$ 更小或者更大的维数。下面这个例子可以阐述这一事实。

例 2.3 如果一个工资方程是

$$\begin{aligned}\mathrm{E}(wage|educ,exper)=\beta_0+\beta_1educ+\beta_2exper+\beta_3exper^2\\+\beta_4educ\cdot exper\end{aligned}$$

那么

$$\begin{aligned}&\mathrm{E}(wage|educ,exper,exper^2,educ\cdot exper)\\&=\beta_0+\beta_1educ+\beta_2exper+\beta_3exper^2+\beta_4educ\cdot exper\end{aligned}$$

换句话讲，一旦以 $educ$ 与 $exper$ 为条件，那么以 $exper^2$ 以及 $educ\cdot exper$ 为条件就是多余的了。

由这个例题得出的结论非常具有普遍性，而且它对于分析条件期望关于参数是线性模型的内容是有帮助的。假定对某些函数 $g_1(z)$，$g_2(z)$，…，$g_M(z)$ 来说，

$$\mathrm{E}(y|\mathbf{x})=\beta_0+\beta_1g_1(\mathbf{x})+\beta_2g_2(\mathbf{x})+\cdots+\beta_Mg_M(\mathbf{x}) \tag{2.28}$$

由于自变量可以在各种非线性的情形中出现，使得这个模型含有实质上的灵活性；关键的约束条件是这个模型关于 β_j 是线性的。如果我们定义 $z_1 \equiv g_1(\mathbf{x})$，…，$z_M \equiv g_M(\mathbf{x})$，那么式（2.27）蕴涵着

$$\mathrm{E}(y|z_1,z_2,\cdots,z_M)=\beta_0+\beta_1 z_1+\beta_2 z_2+\cdots+\beta_M z_M \tag{2.29}$$

这个方程表示，任何关于参数是线性的条件期望都可以写成关于参数以及关于某些条件变量是线性的条件期望。如果我们把式（2.29）写成含有误差项的形式，$y=\beta_0+\beta_1 z_1+\beta_2 z_2+\cdots+\beta_M z_M+u$，那么由于 $\mathrm{E}(u \mid \mathbf{x})=0$ 以及 z_j 都是 $\mathbf{x}$ 的函数，因此，u 与 z_1，…，z_M（以及它们的任何函数）都是不相关的。我们在第 4 章中将会看到，这个结果允许我们把形如式（2.28）的模型同关于原始解释变量是线性的模型放在同一个体系之中。

我们还需要知道统计独立性的概念是如何同条件期望相联系的。如果 u 是独立于随机向量 $\mathbf{x}$ 的随机变量，那么 $\mathrm{E}(u|\mathbf{x})=\mathrm{E}(u)$，因此，如果 $\mathrm{E}(u)=0$，且 u 与 $\mathbf{x}$ 是独立的，那么 $\mathrm{E}(u \mid \mathbf{x})=0$。反之则不成立：$\mathrm{E}(u|\mathbf{x})=\mathrm{E}(u)$ 并不意味着 u 与 $\mathbf{x}$ 之间的统计独立（就像 u 与 $\mathbf{x}$ 之间的零相关并不意味着独立一样）。

2.2.5 平均偏效应

当我们以显性方式允许响应变量 y 的期望值依赖于不可观测因子——通常称为**不可观测异质性**（unobserved heterogeneity）时，我们必须小心地设定关注的偏效应。假设我们已经得到了（结构）条件均值 $\mathrm{E}(y|\mathbf{x},q)=\mu_1(\mathbf{x},q)$，其中 $\mathbf{x}$ 是一个可观测的自变量向量，q 是一个不可观测的随机变量——不可观测异质性。（为了简单起见，我们把 q 看成一个标量；关于向量的讨论基本上都是相同的。）对于连续的 x_j 来说，直接关注的偏效应是

$$\theta_j(\mathbf{x},q) \equiv \partial \mathrm{E}(y|\mathbf{x},q)/\partial x_j=\partial \mu_1(\mathbf{x},q)/\partial x_j \tag{2.30}$$

（对于离散的 x_j 来说，当 $\mathbf{x}$ 的其他元素与 q 保持不变时，我们在 x_j 的回归函数中直接考察两个不同值上的差异。）由于 $\theta_j(\mathbf{x},q)$ 通常依赖于 q，因此，我们不能在 q 的一些不同值上去估计偏效应。事实上，即使我们能够对所有的 $\mathbf{x}$，q 去估计 $\theta_j(\mathbf{x},q)$，我们也几乎无法在均值函数中插入 q 值。在许多情形中，我们可以标准化，例如，$\mathrm{E}(q)=0$，然后估计 $\theta_j(\mathbf{x},0)$，但是 $q=0$ 通常对应于总体中的一小部分。（从技术上来说，当 q 是连续分布时，$q=0$ 不对应于总体中的任何部分。）在多数情形中，关注的内容是在 q 的总体分布上被平均了的部分效应；这被称为**平均偏效应**（average partial effect，APE）*。

为了强调，设 $\mathbf{x}^0$ 表示协变量的一个固定值。在 $\mathbf{x}^0$ 处所估计的平均偏效应为

$$\delta_j(\mathbf{x}^0) \equiv \mathrm{E}_q[\theta_j(\mathbf{x}^0,q)] \tag{2.31}$$

* 又称为平均部分效应。——译者注

其中 $\mathrm{E}_q[\cdot]$ 表示对 q 的期望值。换句话讲，我们简单地在 q 的总体分布上平均了偏效应 $\theta_j(\mathbf{x}^0,q)$。对于 q 与 $\mathbf{x}$ 之间的任何总体关系来说，定义（2.31）成立；特别地，它们不必是不相关的。但要记住，在定义（2.31）中，$\mathbf{x}^0$ 是一个由数字组成的非随机向量。

为了具体起见，假设 q 服从连续分布，其密度函数为 $g(\cdot)$，因此，

$$\delta_j(\mathbf{x}^o)=\int_{\mathbb{R}}\theta_j(\mathbf{x}^o,\mathfrak{q})g(\mathfrak{q})\mathrm{d}\mathfrak{q} \tag{2.32}$$

其中 $\mathfrak{q}$ 仅仅表示积分中的虚拟自变量。这里我们要回答的问题是，能否从只依靠可观测条件变量的条件期望来估计 $\delta_j(\mathbf{x}^0)$？通常，回答是否定的，因为 q 与 $\mathbf{x}$ 可以是任意相关的。然而，如果适当地限定 q 与 $\mathbf{x}$ 的关系，我们就可以得到一个非常有用的等价性结果。

在含有不可观测异质性的非线性模型中，一个普遍假设为，q 与 $\mathbf{x}$ 是独立的。我们要做一个比较弱的假设，即 q 与 $\mathbf{x}$ 是以一个可观测向量 $\mathbf{w}$ 为条件独立的：

$$\mathrm{D}(q|\mathbf{x},\mathbf{w})=\mathrm{D}(q|\mathbf{w}) \tag{2.33}$$

其中 $\mathrm{D}(\cdot\mid\cdot)$ 表示条件分布。（如果我们取 $\mathbf{w}$ 为空的，那么我们就得到了在 q 与 $\mathbf{x}$ 之间独立的特殊情形。）在许多情形中，我们可以把式（2.33）解释成 $\mathbf{w}$ 是关于 q 的良好**代理变量**（proxy variable）的向量，而且，式（2.33）的应用范围非常广泛。我们还可以假定，$\mathbf{w}$ 在如下结构期望中是冗余的或是可以忽略的：

$$\mathrm{E}(y|\mathbf{x},q,\mathbf{w})=\mathrm{E}(y|\mathbf{x},q) \tag{2.34}$$

在接下来的章节中，我们将会看到许多计量经济学方法取决于能够把某个变量排除在关注的式子之外，式（2.34）使得这一假设变得更加明确。当然，如果取 $\mathbf{w}$ 为空的，那么式（2.34）显然是正确的。

假如某一导数可以与偏导数互换，那么由式（2.33）与式（2.34）可以得出下面的重要结论：

$$\delta_j(\mathbf{x}^0)=\mathrm{E}_w[\partial\mathrm{E}(y|\mathbf{x}^0,\mathbf{w})/\partial x_j] \tag{2.35}$$

其中 $\mathrm{E}_w[\cdot]$ 表示对 $\mathbf{w}$ 的分布的期望。对于连续的标量 q 的特殊情形来说，验证式（2.35）之前我们需要了解它的用途。关键是不可观测异质性 q 完全消失，而条件期望 $\mathrm{E}(y\mid\mathbf{x},\mathbf{w})$ 一般能够得到估计，因为我们假定从 $(y,\mathbf{x},\mathbf{w})$ 上可以获得随机样本。[如其不然，当我们写出计量经济学模型时，我们将可以推导出 $\mathrm{E}(y\mid\mathbf{x},\mathbf{w})$。] 于是，在任意选定的 $\mathbf{x}^0$ 处，估计平均偏效应等于在随机样本上对 $\partial\hat{\mu}_2(\mathbf{x}^0,\mathbf{w}_i)/\partial x_j$ 进行平均，其中 $\mu_2(\mathbf{x},\mathbf{w})\equiv\mathrm{E}(y|\mathbf{x},\mathbf{w})$。

证明式（2.35）是相当简单的。首先，我们有

$$\begin{aligned}\mu_2(\mathbf{x},\mathbf{w})&=\mathrm{E}[\mathrm{E}(y\mid\mathbf{x},q,w)\mid\mathbf{x},\mathbf{w}]=\mathrm{E}[\mu_1(\mathbf{x},q)\mid\mathbf{x},\mathbf{w}]\\&=\int_{\mathbb{R}}\mu_1(\mathbf{x},q)g(\mathfrak{q}\mid\mathbf{w})\mathrm{d}\mathfrak{q}\end{aligned}$$

其中第一个等式可以由期望迭代定律得出，第二个等式由式（2.34）可得，而第三个等式由式（2.33）可得。如果我们现在取等式

$$\mu_2(\mathbf{x},\mathbf{w}) = \int_{\mathbb{R}} \mu_1(\mathbf{x},q) g(q|\mathbf{w}) \mathrm{d}q \tag{2.36}$$

对 x_j 的偏导数，同时交换偏导数并且积分，那么对于任何（$\mathbf{x}$，$\mathbf{w}$）有

$$\partial \mu_2(\mathbf{x},\mathbf{w})/\partial x_j = \int_{\mathbb{R}} \theta_j(\mathbf{x},q) g(q|w) \mathrm{d}q \tag{2.37}$$

对于固定的 $\mathbf{x}^0$ 成立。式（2.37）的右边直接是 $\mathrm{E}[\theta_j(\mathbf{x}^0,q) \mid \mathbf{w}]$，所以对任意的 $\mathbf{x}^0$，期望迭代的应用给出了

$$\mathrm{E}_w[\partial \mu_2(\mathbf{x}^0,\mathbf{w})/\partial x_j] = \mathrm{E}\{\mathrm{E}[\theta_j(\mathbf{x}^0,q)|\mathbf{w}]\} = \delta_j(\mathbf{x}^0)$$

这就是我们所要证明的。

正像前面所提及的，式（2.35）在不可观测的异质性以非可加形式进入条件均值函数模型中有着许多应用。我们在第 4 章将利用这一结果（以简化形式出现），同时在第Ⅳ 篇里频繁出现。q 与 $\mathbf{x}$ 独立的特殊情形——因此我们不需要代理变量 $\mathbf{w}$——是非常简单的：x_j 关于 $\mathrm{E}(y \mid \mathbf{x},q)$ 的 APE 正是 x_j 关于 $\mu_2(\mathbf{x}) = \mathrm{E}(y|\mathbf{x})$ 的偏效应。换句话讲，如果我们关注平均偏效应，那么不需要引进异质性。如果我们对异质性独立于 $\mathbf{x}$ 的模型加以规定说明，那么我们直接通过在 q 的分布上对 $\mathrm{E}(y \mid \mathbf{x},q)$ 积分来得到 $\mathrm{E}(y \mid \mathbf{x})$。

我们关于平均偏效应的讨论与布伦德尔和鲍威尔（Blundell and Powell，2003）关于**平均结构函数**（average structural function，ASE）的分析紧密相关。布伦德尔和鲍威尔实质上将 ASE 在一个给定的值 $\mathbf{x}^0$ 上定义为 $\mathrm{E}_q[\mu_1(\mathbf{x}^0,q)]$，其中 $\mu_1(\mathbf{x},q) = \mathrm{E}(y \mid \mathbf{x},q)$。换言之，平均结构函数取了所关注的条件期望——一个"结构的"条件期望——并求平均消掉不可观测因子 q。给定求导与求期望值可以交换位置——其在非常一般的假设下成立，参阅巴特勒（Bartle，1966）——ASE 带领我们通往与 APE 相同的地方。如需了解更进一步的讨论，可参阅伍德里奇（Wooldridge，2005c）。我们将把式（2.35）应用到几个不同设定的非线性模型中，包括面板数据模型和含内生解释变量的模型。

2.3 线性投影

在前一节中，我们看到一些如何使用条件期望的例子。虽然结构方程通常以 CE 形式来表述，但是对涉及不可观测的或者辅助变量的 CE 所做出的假设是不合人意的，尤其是当这些假设很容易得以放松时。

通过利用线性投影的定义，我们经常在辅助条件期望中放松线性假设。一般首先借助于以一个 CE 形式写出结构模型，然后使用线性投影去获得一

个可估计方程。正如我们将在第 4 章和第 5 章中所看到的，这种方法具有许多应用。

通常，设 y，x_1，…，x_K 表示某一个总体的随机变量，使得 $\mathrm{E}(y^2)<\infty$，$\mathrm{E}(x_j^2)<\infty$，$j=1$，2，…，K。这些假设对于（$y, x_1, x_2, \cdots, x_K$）的联合分布而言是没有实际限制的：向量可以包含离散变量与连续变量，同时包含既是离散的又是连续的变量。在许多情形中，y 与 x_j 均是最初所关注的某些基本变量的非线性函数。

定义 $\mathbf{x}\equiv(x_1, \cdots, x_K)$ 为一个 $1\times K$ 向量，并且假定 $\mathbf{x}$ 的 $K\times K$ 维方差矩阵是非奇异的（正定的）。于是，y 在 1，x_1，x_2，…，x_K 上的**线性投影**（linear projection）总是存在的，且是唯一的：

$$\mathrm{L}(y|1, x_1, \cdots, x_K)=\mathrm{L}(y|1, \mathbf{x})=\beta_0+\beta_1 x_1+\cdots+\beta_K x_K=\beta_0+\mathbf{x}\boldsymbol{\beta} \quad (2.38)$$

其中，由定义知，

$$\boldsymbol{\beta}\equiv[\mathrm{Var}(\mathbf{x})]^{-1}\mathrm{Cov}(\mathbf{x}, y) \quad (2.39)$$

$$\beta_0\equiv\mathrm{E}(y)-\mathrm{E}(\mathbf{x})\boldsymbol{\beta}=\mathrm{E}(y)-\beta_1\mathrm{E}(x_1)-\cdots-\beta_K\mathrm{E}(x_K) \quad (2.40)$$

矩阵 $\mathrm{Var}(\mathbf{x})$ 表示 $K\times K$ 维对称矩阵，其中第（j，k）元素是由 $\mathrm{Cov}(x_j, x_k)$ 给出的，而 $\mathrm{Cov}(\mathbf{x}, y)$ 表示 $K\times 1$ 维向量，其中的第 j 个元素为 $\mathrm{Cov}(x_j, y)$。当 $K=1$ 时，我们得到了熟悉的结果 $\beta_1\equiv\mathrm{Cov}(x_1, y)/\mathrm{Var}(x_1)$，并且 $\beta_0\equiv\mathrm{E}(y)-\beta_1\mathrm{E}(x_1)$。正像其名称所揭示的那样，$\mathrm{L}(y \mid 1, x_1, x_2, \cdots, x_K)$ 总是 x_j 的线性函数。

其他一些作者对线性投影使用了不同的定义，最常见的是 $\mathrm{E}^*(\cdot \mid \cdot)$ 与 $\mathrm{P}(\cdot \mid \cdot)$。[例如，张伯伦（Chamberlain，1984）与戈德伯格（Goldberger，1991）使用 $\mathrm{E}^*(\cdot \mid \cdot)$。] 由于假设中包含截距，所以一些作者在线性投影定义中省略了 1。尽管这是通常情形，但是我们明确地设置了 1，以使方程（2.38）与人们打算中的零截距情形相区分。y 在 1，x_1，x_2，…，x_K 上的线性投影定义为

$$\mathrm{L}(y|\mathbf{x})=\mathrm{L}(y|x_1, x_2, \cdots, x_K)=\gamma_1 x_1+\gamma_2 x_2+\cdots+\gamma_K x_K=\mathbf{x}\boldsymbol{\gamma}$$

其中，$\boldsymbol{\gamma}\equiv(\mathrm{E}(\mathbf{x}'\mathbf{x}))^{-1}\mathrm{E}(\mathbf{x}'y)$。注意到 $\boldsymbol{\gamma}\neq\boldsymbol{\beta}$，除非 $\mathrm{E}(\mathbf{x})=0$。今后，我们将把 1 包含在 $\mathbf{x}$ 的元素中。此时，包含截距的线性投影可以写成 $\mathrm{L}(y \mid \mathbf{x})$。

线性投影仅是写出总体线性模型的另一种方法，其中扰动项具有某种性质。给定式（2.38）中的线性投影，我们总可以写成

$$y=\beta_0+\beta_1 x_1+\cdots+\beta_K x_K+u \quad (2.41)$$

其中误差项 u 具有下述性质（由线性投影定义知）：$\mathrm{E}(u^2)<\infty$ 且

$$\mathrm{E}(u)=0, \quad \mathrm{Cov}(x_j, u)=0, \quad j=1, 2, \cdots, K \quad (2.42)$$

换句话讲，u 具有零均值且与每一个 x_j 是互不相关的。反之，给定式（2.41）与式（2.42），式（2.41）中的参数 β_j 必是由定义（2.39）以及定义（2.40）所给定的 y 在 1，x_1，…，x_K 上线性投影中的参数。有时候，我们将以误差形

式写出线性投影，如同式（2.41）与式（2.42），但有时候定义（2.38）更为方便一些。

当式（2.41）表示线性投影时，我们关于 u 所知道的内容都包含在式（2.42）中，强调这一点是重要的。特别地，u 与 $\mathbf{x}$ 是独立的或者 $\mathrm{E}(u \mid \mathbf{x})=0$ 并不完全是正确的。另外一个等价的表述方式是，式（2.41）与式（2.42）均是可定义的。在 $\mathrm{E}(u \mid \mathbf{x})=0$ 下，式（2.41）是条件期望成为线性的假设。

有时候，线性投影称为**最小均方线性预测式**（minimum mean square linear predictor）或者**最小二乘法线性预测式**（least square linear predictor），因为可以证明，用 β_0 与 β 可求解下述问题：

$$\min_{b_0, \mathbf{b} \in \mathbb{R}^K} \mathrm{E}[(y-b_0-\mathbf{x}\mathbf{b})^2] \tag{2.43}$$

（参阅附录中性质 LP.6。）由于 CE 是最小均方预测式，也就是它给出了来自所有（可允许的）函数中的最小均方误差（参阅性质 CE.8），由此立刻可得，如果 $\mathrm{E}(y \mid \mathbf{x})$ 关于 $\mathbf{x}$ 是线性的，那么线性投影与条件期望是一致的。

与条件期望算子一样，线性投影算子满足一些重要的迭代性质。对于向量 $\mathbf{x}$ 与 $\mathbf{z}$ 而言，

$$\mathrm{L}(y|1,\mathbf{x})=\mathrm{L}[\mathrm{L}(y|1,\mathbf{x},\mathbf{z})|1,\mathbf{x}] \tag{2.44}$$

这一简单的事实被用来推导在一般设置下的遗漏变量偏误，还可以证明诸如二阶段最小二乘以及某些面板数据方法的估计方法的性质。

另外一个有用的迭代性质涉及取条件期望的线性投影：

$$\mathrm{L}(y|1,\mathbf{x})=\mathrm{L}[\mathrm{E}(y|\mathbf{x},\mathbf{z})|1,\mathbf{x}] \tag{2.45}$$

我们经常以条件期望 $\mathrm{E}(y \mid \mathbf{x}, \mathbf{z})$（常常是线性的）形式来设定一个结构模型，但是，由于诸多原因，估计方程是建立在线性投影 $\mathrm{L}(y \mid 1,\mathbf{x})$ 基础上的。如果 $\mathrm{E}(y \mid \mathbf{x},\mathbf{z})$ 关于 $\mathbf{x}$ 与 $\mathbf{z}$ 是线性的，那么式（2.45）与式（2.44）表述的内容相同。

例如，假定

$$\mathrm{E}(y|x_1,x_2)=\beta_0+\beta_1x_1+\beta_2x_2+\beta_3x_1x_2$$

且定义 $z_1 \equiv x_1x_2$。于是，由性质 CE.3 知，

$$\mathrm{E}(y|x_1,x_2,z_1)=\beta_0+\beta_1x_1+\beta_2x_2+\beta_3z_1 \tag{2.46}$$

式（2.46）的右边同样是 y 在 1，x_1，x_2 以及 z_1 上的线性投影；它通常不是 y 在 1，x_1，x_2 上的线性投影。

我们最初对线性投影的使用是为了获得可估计方程，而可估计方程包括了关注的基本条件期望的参数。习题 2.2 与习题 2.3 表明，线性投影如何可以用结构参数获得有趣的解释。

习　题

2.1　给定随机变量 y，x_1 以及 x_2，考察下面的模型：

$$E(y| x_1,x_2)=\beta_0+\beta_1 x_1+\beta_2 x_2+\beta_3 x_2^2+\beta_4 x_1 x_2$$

a. 求出 x_1 与 x_2 关于 $E(y \mid x_1,x_2)$ 的偏效应。

b. 把上述等式写成

$$y=\beta_0+\beta_1 x_1+\beta_2 x_2+\beta_3 x_2^2+\beta_4 x_1 x_2+u$$

对于 $E(u \mid x_1,x_2)$ 能说些什么呢？对于 $E(u \mid x_1,x_2,x_2^2,x_1x_2)$ 如何呢？

c. 在 b 部分的方程中，对于 $\text{Var}(u \mid x_1,x_2)$ 能说些什么？

2.2　假定设 y 和 x 为标量，则有：

$$E(y|x)=\delta_0+\delta_1(x_1-\mu)+\delta_2(x_1-\mu)^2$$

其中 $\mu=E(x)$。

a. 求 $\partial E(y|x)/\partial x$，并阐述它如何依赖于 x。

b. 证明 δ_1 等于 $\partial E(y|x)/\partial x$ 在 x 分布上的平均。

c. 假定 x 具有一个对称分布，所以 $E[(x-\mu)^3]=0$。证明对于某一个 α_0，$L(y \mid 1,x)=\alpha_0+\delta_1 x$。因此，$y$ 在 $(1,x)$ 上的线性投影中 x 的系数测量了 $E(y \mid x)$非线性模型中的一些有用信息：它是偏效应 $\partial E(y|x)/\partial x$ 在 x 分布上的平均。

2.3　假定

$$E(y|x_1,x_2)=\beta_0+\beta_1 x_1+\beta_2 x_2+\beta_3 x_1 x_2 \tag{2.47}$$

a. 以误差形式（称为误差 u）写出这一期望值，并且阐述 u 的性质。

b. 假定 x_1 与 x_2 具有零均值。证明，β_1 是 $\partial E(y|x_1,x_2)/\partial x_1$ 的期望值（其中，期望值是在 x_2 的总体分布上计算的）。给出 β_2 的类似解释。

c. 现在，增加 x_1 与 x_2 是相互独立的假设。证明，y 在 $(1,x_1,x_2)$ 上的线性投影是

$$L(y|1,x_1,x_2)=\beta_0+\beta_1 x_1+\beta_2 x_2 \tag{2.48}$$

（提示：在关于 x_1 与 x_2 的假设下证明，x_1x_2 具有零均值且与 x_1 以及 x_2 是不相关的。）

d. 式（2.47）为什么通常比式（2.48）更有用呢？

2.4　对于随机标量 u 与 v 以及一个随机向量 $\mathbf{x}$ 而言，假定 $E(u \mid \mathbf{x},v)$ 是 $(\mathbf{x},v)$ 的一个线性函数，并且 u 与 v 每一个均具有零均值，而且与 $\mathbf{x}$ 的元素都是不相关的。证明对于某一个 ρ_1，$E(u|\mathbf{x}, v)=E(u|v)=\rho_1 v$。

2.5　考察下述两个表达式：

$$y=\mu_1(\mathbf{x},\mathbf{z})+u_1,\quad \mathrm{E}(u_1|\mathbf{x},\mathbf{z})=0$$
$$y=\mu_2(\mathbf{x})+u_2,\quad \mathrm{E}(u_2|\mathbf{x})=0$$

假定 $\mathrm{Var}(y\mid\mathbf{x},\mathbf{z})$ 与 $\mathrm{Var}(y\mid\mathbf{x})$ 都是常数，你想对 $\mathrm{Var}(u_1)$ 与 $\mathrm{Var}(u_2)$ 之间的关系说些什么呢？（提示：使用附录中性质 CV. 4。）

2.6 设 $\mathbf{x}$ 表示一个 $1\times K$ 维随机向量，并且设 q 表示一个随机标量。假设 q 可以表示成 $q=q^*+e$，其中 $\mathrm{E}(e)=0$ 且 $\mathrm{E}(\mathbf{x}'e)=\mathbf{0}$。把 q^* 在 $(1,\mathbf{x})$ 上的线性投影写成 $q^*=\delta_0+\delta_1x_1+\cdots+\delta_Kx_K+r^*$，其中 $\mathrm{E}(r^*)=0$ 且 $\mathrm{E}(\mathbf{x}'r^*)=\mathbf{0}$。

a. 证明 $\mathrm{L}(q|1,\mathbf{x})=\delta_0+\delta_1x_1+\cdots+\delta_Kx_K$。

b. 求出以 r^* 与 e 表示的投影误差 $r\equiv q-\mathrm{L}(q\mid 1,\mathbf{x})$。

2.7 考察条件期望

$$\mathrm{E}(y|\mathbf{x},\mathbf{z})=g(\mathbf{x})+\mathbf{z}\boldsymbol{\beta}$$

其中 $g(\cdot)$ 表示 $\mathbf{x}$ 的一般函数，而 $\boldsymbol{\beta}$ 表示一个 $1\times M$ 向量。通常，这被称为**偏线性模型**（partial linear model）。证明

$$\mathrm{E}(\tilde{y}|\tilde{\mathbf{z}})=\tilde{\mathbf{z}}\boldsymbol{\beta}$$

其中 $\tilde{y}\equiv y-\mathrm{E}(y|\mathbf{x})$ 且 $\tilde{\mathbf{z}}\equiv\mathbf{z}-\mathrm{E}(\mathbf{z}|\mathbf{x})$。

罗宾逊（Robinson，1988）证明了在不用设定 $g(\cdot)$ 的情形中如何利用这个结果来估计 $\boldsymbol{\beta}$。

2.8 假定 y 是一个非负连续变量，并被生成为

$$\log(y)=g(\mathbf{x})+u$$

其中 $\mathrm{E}(u\mid\mathbf{x})=0$。定义 $a(\mathbf{x})=\mathrm{E}[\exp(u)\mid\mathbf{x}]$。

a. 证明，利用定义（2.9），$\mathrm{E}(y\mid\mathbf{x})$ 关于 x_j 的弹性是

$$\frac{\partial g(\mathbf{x})}{\partial x_j}\cdot x_j+\frac{\partial a(\mathbf{x})}{\partial x_j}\cdot\frac{x_j}{a(\mathbf{x})}$$

注意第二项是 $a(\mathbf{x})$ 关于 x_j 的弹性。

b. 如果 $x_j>0$，证明 a 部分中表达式的第一部分是 $\partial g(\mathbf{x})/\partial\log(x_j)$。

c. 如果你将式（2.11）应用到本模型，对于“y 关于 x 的弹性”，你会得出什么结论？这与 b 部分如何进行比较？

2.9 设 $\mathbf{x}$ 为一个 $1\times K$ 维向量且 $x_1\equiv1$（以简化标示），并定义 $\mu(\mathbf{x})\equiv\mathrm{E}(y\mid\mathbf{x})$。设 δ 为 y 对 $\mathbf{x}$ 的线性投影的 $K\times1$ 维系数向量，这样则有 $\delta=[\mathrm{E}(\mathbf{x}'\mathbf{x})]^{-1}\mathrm{E}(\mathbf{x}'y)$。证明 δ 也是 $\mu(\mathbf{x})$ 对 $\mathbf{x}$ 的线性投影的系数向量。

2.10 本问题对于使用跨两组之间的平均响应来分解差异是很有用的。在作出特定函数形式假设时，其通常被用来分解两个组之间的平均工资或收入；例如，可参阅奥克萨卡和兰森（Oaxaca and Ransom，1994）。设 y 为响应变量，$\mathbf{x}$ 为一套解释变量，而 s 为一个二值组指标变量。例如，s 可以表示性别、工会会员状态、大学毕业之于非大学毕业，等等。定义 $\mu_0(\mathbf{x})=\mathrm{E}(y\mid\mathbf{x},s=0)$ 以及 $\mu_1(\mathbf{x})=\mathrm{E}(y\mid\mathbf{x},s=1)$ 为关于两个组的回归函数。

a. 证明

$$\mathrm{E}(y|s=1)-\mathrm{E}(y|s=0)=\{\mathrm{E}[\mu_1(\mathbf{x})|s=1]-\mathrm{E}[\mu_0(\mathbf{x})|s=1]\}+\{\mathrm{E}[\mu_0(\mathbf{x})|s=1]-\mathrm{E}[\mu_0(\mathbf{x})|s=0]\}$$

（提示：首先写出 $\mathrm{E}(y|\mathbf{x},s)=(1-s)\cdot\mu_0(\mathbf{x})+s\cdot\mu_1(\mathbf{x})$并利用迭代期望法则。然后使用简单的代数运算。）

b. 假定两个期望都是线性的。$\mu_s(\mathbf{x})=\mathbf{x}\boldsymbol{\beta}_s,s=0,1$。证明

$$\mathrm{E}(y|s=1)-\mathrm{E}(y|s=0)=\mathrm{E}(\mathbf{x}|s=1)\cdot(\boldsymbol{\beta}_1-\boldsymbol{\beta}_0)+[\mathrm{E}(\mathbf{x}|s=1)-\mathrm{E}(\mathbf{x}|s=0)]\cdot\boldsymbol{\beta}_0$$

你能解释该分解吗?

附录 2A

2.A.1 条件期望的性质

性质 CE.1：设 $a_1(\mathbf{x})$，…，$a_G(\mathbf{x})$ 与 $b(\mathbf{x})$ 表示 $\mathbf{x}$ 的标量函数，并且设 y_1，…，y_G 表示随机标量。于是

$$\mathrm{E}\left(\sum_{j=1}^{G}a_j(\mathbf{x})y_j+b(\mathbf{x})\mid\mathbf{x}\right)=\sum_{j=1}^{G}a_j(\mathbf{x})\mathrm{E}(y_j\mid\mathbf{x})+b(\mathbf{x})$$

倘若 $\mathrm{E}(|y_j|)<\infty$，$\mathrm{E}[|a_j(\mathbf{x})y_j|]<\infty$，$\mathrm{E}[|b(\mathbf{x})|]<\infty$。这在条件期望意义上是一个线性算子。

性质 CE.2：$\mathrm{E}(y)=\mathrm{E}[\mathrm{E}(y|\mathbf{x})]\equiv\mathrm{E}[\mu(\mathbf{x})]$。

性质 CE.2 是期望迭代定律的最简单形式。作为一个说明，假定 $\mathbf{x}$ 表示以概率 p_1，p_2，…，p_M 取值 $\mathbf{c}_1$，$\mathbf{c}_2$，…，$\mathbf{c}_M$ 的离散随机向量。于是，LIE 表明，

$$\mathrm{E}(y)=p_1\mathrm{E}(y|\mathbf{x}=\mathbf{c}_1)+p_2\mathrm{E}(y|\mathbf{x}=\mathbf{c}_2)+\cdots+p_M\mathrm{E}(y|\mathbf{x}=\mathbf{c}_M) \qquad (2.49)$$

换句话讲，$\mathrm{E}(y)$ 只是 $\mathrm{E}(y\mid\mathbf{x}=\mathbf{c}_j)$ 的一个加权平均，其中权重 p_j 表示 $\mathbf{x}$ 取值 $\mathbf{c}_j$ 的概率。

性质 CE.3：(1) $\mathrm{E}(y|\mathbf{x})=\mathrm{E}[\mathrm{E}(y|\mathbf{w})|\mathbf{x}]$，其中 $\mathbf{x}$ 与 $\mathbf{w}$ 都表示向量，对于某个非随机函数 $\mathbf{f}(\cdot)$，满足 $\mathbf{x}=\mathbf{f}(\mathbf{w})$。（这是期望迭代定律的一般形式。）

(2) 作为第 (1) 部分的特殊情形，对于向量 $\mathbf{x}$ 与 $\mathbf{z}$，$\mathrm{E}(y|\mathbf{x})=\mathrm{E}[\mathrm{E}(y|\mathbf{x},\mathbf{z})|\mathbf{x}]$。

性质 CE.4：如果 $\mathbf{f}(\mathbf{x})\in\mathbf{R}^J$ 是 $\mathbf{x}$ 的一个函数，对于某一个标量函数$g(\cdot)$，使得 $\mathrm{E}(y|\mathbf{x})=g[\mathbf{f}(\mathbf{x})]$，那么 $\mathrm{E}[y|\mathbf{f}(\mathbf{x})]=\mathrm{E}(y|\mathbf{x})$。

性质 CE.5：如果向量 $(\mathbf{u},\mathbf{v})$ 与向量 $\mathbf{x}$ 是独立的，那么 $\mathrm{E}(\mathbf{u}|\mathbf{x},\mathbf{v})=\mathrm{E}(\mathbf{u}|\mathbf{v})$。

性质 CE.6：如果 $u\equiv y-\mathrm{E}(y\mid\mathbf{x})$，那么对于任何函数 $\mathbf{g}(\mathbf{x})$，$\mathrm{E}[\mathbf{g}(\mathbf{x})u]=$

$\mathbf{0}$，倘若 $\mathrm{E}[|g_j(\mathbf{x})u|]<\infty$，$j=1$，…，$J$，且 $\mathrm{E}(|u|)<\infty$。特别地，$\mathrm{E}(u)=0$，而且 $\mathrm{Cov}(x_j,u)=0$，$j=1$，…，K。

证明：首先，注意到

$$\begin{aligned}\mathrm{E}(u|\mathbf{x})&=\mathrm{E}[(y-\mathrm{E}(y|\mathbf{x}))|\mathbf{x}]\\&=\mathrm{E}[(y-\mu(\mathbf{x}))|\mathbf{x}]\\&=\mathrm{E}(y|\mathbf{x})-\mu(\mathbf{x})=0\end{aligned}$$

其次，由性质 CE.2，因为 $\mathrm{E}(u|\mathbf{x})=0$，所以 $\mathrm{E}[\mathbf{g}(\mathbf{x})u]=\mathrm{E}(\mathrm{E}[\mathbf{g}(\mathbf{x})u|\mathbf{x}])=\mathrm{E}[\mathbf{g}(\mathbf{x})\mathrm{E}(u|\mathbf{x})]$（由性质 CE.1）$=\mathbf{0}$。

性质 CE.7（条件詹森不等式）：如果 c：$\mathbb{R}\rightarrow\mathbb{R}$是定义在$\mathbb{R}$上的一个凸函数且 $\mathrm{E}[|y|]<\infty$，那么

$$c[\mathrm{E}(y|\mathbf{x})]\leqslant\mathrm{E}[c(y)|\mathbf{x}]$$

从技术上讲，我们应该增加表述"几乎必然 P_x"，它意味着对于所有 $\mathbf{x}$ 在概率等于 1 的集合上不等式都成立。作为一种特殊情形，$[\mathrm{E}(y)]^2\leqslant\mathrm{E}(y^2)$。同样地，如果 $y>0$，那么 $-\log[\mathrm{E}(y)]\leqslant\mathrm{E}[-\log(y)]$，或者 $\mathrm{E}[\log(y)]\leqslant\log[\mathrm{E}(y)]$。

性质 CE.8：如果 $\mathrm{E}(y^2)<\infty$且 $\mu(\mathbf{x})\equiv\mathrm{E}(y|\mathbf{x})$，那么 μ 是

$$\min_{m\in\mathcal{M}}\mathrm{E}[(y-m(\mathbf{x}))^2]$$

的解，其中 $\mathcal{M}$表示函数 m 的集合，m：$\mathbb{R}^K\rightarrow\mathbb{R}$，使得 $\mathrm{E}[m(\mathbf{x})^2]<\infty$。换句话讲，$\mu$ 是基于 $\mathbf{x}$ 中所包含信息的 y 的最佳均方预估式。

证明：由条件詹森不等式，如果 $\mathrm{E}(y^2)<\infty$ 蕴涵着 $\mathrm{E}[\mu(\mathbf{x})^2]<\infty$，那么 $\mu\in\mathcal{M}$。其次，对于任意 $m\in\mathcal{M}$，写成

$$\begin{aligned}\mathrm{E}[(y-m(\mathbf{x}))^2]&=\mathrm{E}[\{(y-\mu(\mathbf{x}))+(\mu(\mathbf{x})-m(\mathbf{x}))\}^2]\\&=\mathrm{E}[(y-\mu(\mathbf{x}))^2]+\mathrm{E}[(\mu(\mathbf{x})-m(\mathbf{x}))^2]\\&\quad+2\mathrm{E}[(\mu(\mathbf{x})-m(\mathbf{x}))u]\end{aligned}$$

其中 $u\equiv y-\mu(\mathbf{x})$。这样，由性质 CE.6，

$$\mathrm{E}[(y-m(\mathbf{x}))^2]=\mathrm{E}(u^2)+\mathrm{E}[(\mu(\mathbf{x})-m(\mathbf{x}))^2]$$

显然，右边在 $m\equiv\mu$ 上达到最小值。

2.A.2 条件方差与协方差的性质

给定 $\mathbf{x}$ 时 y 的**条件方差**（conditional variance）定义为

$$\mathrm{Var}(y|\mathbf{x})\equiv\sigma^2(\mathbf{x})\equiv\mathrm{E}[\{y-\mathrm{E}(y|\mathbf{x})\}^2|\mathbf{x}]=\mathrm{E}(y^2|\mathbf{x})-[\mathrm{E}(y|\mathbf{x})]^2$$

最后的表达式对于计算 $\mathrm{Var}(y|\mathbf{x})$ 来说经常是有用的。正如条件期望一样，当 $\mathbf{x}$ 被看成一个随机向量时，$\sigma^2(\mathbf{x})$ 是一个随机变量。

性质 CV.1：$\mathrm{Var}[a(\mathbf{x})y+b(\mathbf{x})|\mathbf{x}]=[a(\mathbf{x})]^2\mathrm{Var}(y|\mathbf{x})$。

性质 CV. 2：$\mathrm{Var}(y)=\mathrm{E}[\mathrm{Var}(y|\mathbf{x})]+\mathrm{Var}[\mathrm{E}(y|\mathbf{x})]=\mathrm{E}[\sigma^2(\mathbf{x})]+\mathrm{Var}[\mu(\mathbf{x})]$。

证明：

$$\begin{aligned}\mathrm{Var}(y)&\equiv\mathrm{E}[(y-\mathrm{E}(y))^2]=\mathrm{E}[(y-\mathrm{E}(y|\mathbf{x})+\mathrm{E}(y|\mathbf{x})-\mathrm{E}(y))^2]\\&=\mathrm{E}[(y-\mathrm{E}(y|\mathbf{x}))^2]+\mathrm{E}[(\mathrm{E}(y|\mathbf{x})-\mathrm{E}(y))^2]\\&\quad+2\mathrm{E}[(y-\mathrm{E}(y|\mathbf{x}))(\mathrm{E}(y|\mathbf{x})-\mathrm{E}(y))]\end{aligned}$$

由性质 CE. 6，$\mathrm{E}[(y-\mathrm{E}(y|\mathbf{x}))(\mathrm{E}(y|\mathbf{x})-\mathrm{E}(y))]=0$，所以

$$\begin{aligned}\mathrm{Var}(y)&=\mathrm{E}[(y-\mathrm{E}(y|\mathbf{x}))^2]+\mathrm{E}[(\mathrm{E}(y|\mathbf{x})-\mathrm{E}(y))^2]\\&=\mathrm{E}\{\mathrm{E}[(y-\mathrm{E}(y|\mathbf{x}))^2|\mathbf{x}]\}+\mathrm{E}[(\mathrm{E}(y|\mathbf{x})-\mathrm{E}[\mathrm{E}(y|\mathbf{x})]]^2\end{aligned}$$

由期望迭代定律

$$\equiv\mathrm{E}[\mathrm{Var}(y|\mathbf{x})]+\mathrm{Var}[\mathrm{E}(y|\mathbf{x})]$$

性质 CV. 2 的扩展形式常常是有用的，而且它的证明是类似的。

性质 CV. 3：$\mathrm{Var}(y|\mathbf{x})=\mathrm{E}[\mathrm{Var}(y|\mathbf{x},\mathbf{z})|\mathbf{x}]+\mathrm{Var}[\mathrm{E}(y|\mathbf{x},\mathbf{z})|\mathbf{x}]$。

因此，由期望迭代定律 CE. 2 知，

性质 CV. 4：$\mathrm{E}[\mathrm{Var}(y|\mathbf{x})]\geqslant\mathrm{E}[\mathrm{Var}(y|\mathbf{x},\mathbf{z})]$。

对于任何函数 $m(\cdot)$，定义均方误差为 $\mathrm{MSE}(y;m)\equiv\mathrm{E}[(y-m(\mathbf{x}))^2]$。于是，性质 CV. 4 可以不精确地表述成 $\mathrm{MSE}[y;\mathrm{E}(y|\mathbf{x})]\geqslant\mathrm{MSE}[y;\mathrm{E}(y|\mathbf{x},\mathbf{z})]$。换句话讲，当附加变量是有条件的时候，总体中对 y 的预测绝不会成为最差的。特别地，如果 $\mathrm{Var}(y|\mathbf{x})$ 与 $\mathrm{Var}(y|\mathbf{x},\mathbf{z})$ 都是常数，那么 $\mathrm{Var}(y|\mathbf{x})\geqslant\mathrm{Var}(y|\mathbf{x},\mathbf{z})$。

同样存在一个与条件协方差相关的重要结果。最有用的包括性质 CV. 3 作为一种特殊情形（当 $y_1=y_2$ 时）：

性质 CCOV. 1：$\mathrm{Cov}(y_1,y_2|\mathbf{x})=\mathrm{E}[\mathrm{Cov}(y_1,y_2|\mathbf{x},\mathbf{z})|\mathbf{x}]+\mathrm{Cov}[\mathrm{E}(y_1|\mathbf{x},\mathbf{z}),\mathrm{E}(y_2|\mathbf{x},\mathbf{z})|\mathbf{x}]$。

证明：由定义，$\mathrm{Cov}(y_1,y_2|\mathbf{x},\mathbf{z})=\mathrm{E}\{[y_1-\mathrm{E}(y_1|\mathbf{x},\mathbf{z})][y_2-\mathrm{E}(y_2|\mathbf{x},\mathbf{z})]|\mathbf{x},\mathbf{z}\}$。写出 $\mu_1(\mathbf{x})=\mathrm{E}(y_1|\mathbf{x}),v_1(\mathbf{x},\mathbf{z})=\mathrm{E}(y_1|\mathbf{x},\mathbf{z})$，且对于 y_2 做同样设置。那么通过简单的代数运算给出

$$\begin{aligned}&\mathrm{Cov}(y_1,y_2|\mathbf{x},\mathbf{z})\\&=\mathrm{E}\{[y_1-\mu_1(\mathbf{x})+\mu_1(\mathbf{x})-v_1(\mathbf{x},\mathbf{z})]\\&\quad\cdot[y_2-\mu_2(\mathbf{x})+\mu_2(\mathbf{x})-v_2(\mathbf{x},\mathbf{z})]|\mathbf{x},\mathbf{z}\}\\&=\mathrm{E}\{[y_1-\mu_1(\mathbf{x})][y_2-\mu_2(\mathbf{x})]|\mathbf{x},\mathbf{z}\}+[\mu_1(\mathbf{x})-v_1(\mathbf{x},\mathbf{z})][\mu_2(\mathbf{x})-v_2(\mathbf{x},\mathbf{z})]\\&\quad+\mathrm{E}\{[y_1-\mu_1(\mathbf{x})][\mu_2(\mathbf{x})-v_2(\mathbf{x},\mathbf{z})]|\mathbf{x},\mathbf{z}\}\\&\quad+\mathrm{E}\{[y_2-\mu_2(\mathbf{x})][\mu_1(\mathbf{x})-v_1(\mathbf{x},\mathbf{z})]|\mathbf{x},\mathbf{z}\}\\&=\mathrm{E}\{[y_1-\mu_1(\mathbf{x})][y_2-\mu_2(\mathbf{x})]|\mathbf{x},\mathbf{z}\}+[\mu_1(\mathbf{x})-v_1(\mathbf{x},\mathbf{z})][\mu_2(\mathbf{x})-v_2(\mathbf{x},\mathbf{z})]\\&\quad+[v_1(\mathbf{x},\mathbf{z})-\mu_1(\mathbf{x})][\mu_2(\mathbf{x})-v_2(\mathbf{x},\mathbf{z})]\\&\quad+[v_2(\mathbf{x},\mathbf{z})-\mu_2(\mathbf{x})][\mu_1(\mathbf{x})-v_1(\mathbf{x},\mathbf{z})]\\&=\mathrm{E}\{[y_1-\mu_1(\mathbf{x})][y_2-\mu_2(\mathbf{x})]|\mathbf{x},\mathbf{z}\}-[v_1(\mathbf{x},\mathbf{z})-\mu_1(\mathbf{x})][v_2(\mathbf{x},\mathbf{z})-\mu_2(\mathbf{x})]\end{aligned}$$

因为第二和第三项删除了。因此，利用迭代期望法则，

$$\begin{aligned}\mathrm{E}[\mathrm{Cov}(y_1,y_2|\mathbf{x},\mathbf{z})|\mathbf{x}]=&\mathrm{E}\{[y_1-\mu_1(\mathbf{x})][y_2-\mu_2(\mathbf{x})]|\mathbf{x}\}\\&-\mathrm{E}\{[v_1(\mathbf{x},\mathbf{z})-\mu_1(\mathbf{x})][v_2(\mathbf{x},\mathbf{z})-\mu_2(\mathbf{x})]|\mathbf{x}\}\end{aligned}$$

或

$$\mathrm{E}[\mathrm{Cov}(y_1,y_2|\mathbf{x},\mathbf{z})|\mathbf{x}]=\mathrm{Cov}(y_1,y_2|\mathbf{x})-\mathrm{Cov}[\mathrm{E}(y_1|\mathbf{x},\mathbf{z}),\mathrm{E}(y_2|\mathbf{x},\mathbf{z})|\mathbf{x}]$$

因为 $\mu_1(\mathbf{x})=\mathrm{E}[\mathrm{E}(y_1\mid\mathbf{x},\mathbf{z})\mid\mathbf{x}]$，且对于 $\mu_2(\mathbf{x})$ 同样如此。再进行简单的重新整理就完成了证明。

2.A.3 线性投影的性质

在下述内容中，y 表示一个标量，$\mathbf{x}$ 表示一个 $1\times K$ 维向量，而 $\mathbf{z}$ 表示一个 $1\times J$ 维向量。我们允许 $\mathbf{x}$ 的第一个元素是单位元，尽管在任意情形中下述性质成立。所有变量均假定具有有限二阶矩，同时适当的方差矩阵均假定是非奇异的。

性质 LP.1：如果 $\mathrm{E}(y\mid\mathbf{x})=\mathbf{x}\boldsymbol{\beta}$，那么 $\mathrm{L}(y\mid\mathbf{x})=\mathbf{x}\boldsymbol{\beta}$。更一般地，如果

$$\mathrm{E}(y|\mathbf{x})=\beta_1 g_1(\mathbf{x})+\beta_2 g_2(\mathbf{x})+\cdots+\beta_M g_M(\mathbf{x})$$

于是，

$$\mathrm{L}(y|w_1,\cdots,w_M)=\beta_1 w_1+\beta_2 w_2+\cdots+\beta_M w_M$$

其中 $w_j\equiv g_j(\mathbf{x})$，$j=1$，2，…，$M$。这一性质告诉我们，如果 $\mathrm{E}(y\mid\mathbf{x})$ 成为关于某些函数 $g_j(x)$ 的线性形式，那么此线性函数也可表示成一个线性投影。

性质 LP.2：定义 $u\equiv y-\mathrm{L}(y\mid\mathbf{x})=y-\mathbf{x}\boldsymbol{\beta}$。于是，$\mathrm{E}(\mathbf{x}'u)=\mathbf{0}$。

性质 LP.3：假设每一个 y_j，$j=1$，2，…，G 都是随机标量，而且 a_1，…，a_G 是常数。于是，

$$\mathrm{L}\left(\sum_{j=1}^{G}a_j y_j\mid\mathbf{x}\right)=\sum_{j=1}^{G}a_j\mathrm{L}(y_j\mid\mathbf{x})$$

因而，线性投影是一个线性算子。

性质 LP.4（迭代投影定律）：$\mathrm{L}(y|\mathbf{x})=\mathrm{L}[\mathrm{L}(y|\mathbf{x},\mathbf{z})|\mathbf{x}]$。更准确地讲，设

$$\mathrm{L}(y|\mathbf{x},\mathbf{z})\equiv\mathbf{x}\boldsymbol{\beta}+\mathbf{z}\boldsymbol{\gamma}\quad\text{且}\quad\mathrm{L}(y|\mathbf{x})=\mathbf{x}\boldsymbol{\delta}$$

对于 $\mathbf{z}$ 的每一个元素，记 $\mathrm{L}(z_j\mid\mathbf{x})=\mathbf{x}\boldsymbol{\pi}_j$，$j=1$，…，$J$，其中 $\boldsymbol{\pi}_j$ 表示 $K\times 1$ 维。于是，$\mathrm{L}(\mathbf{z}\mid\mathbf{x})=\mathbf{x}\boldsymbol{\Pi}$，其中 $\boldsymbol{\Pi}$ 表示 $K\times J$ 维矩阵，$\boldsymbol{\Pi}\equiv(\boldsymbol{\pi}_1,\boldsymbol{\pi}_2,\cdots,\boldsymbol{\pi}_J)$。性质 LP.4 蕴涵着

$$\begin{aligned}\mathrm{L}(y|\mathbf{x})&=\mathrm{L}(\mathbf{x}\boldsymbol{\beta}+\mathbf{z}\boldsymbol{\gamma}|\mathbf{x})=\mathrm{L}(\mathbf{x}|\mathbf{x})\boldsymbol{\beta}+\mathrm{L}(\mathbf{z}|\mathbf{x})\boldsymbol{\gamma}\quad\text{（由性质 LP.3）}\\&=\mathbf{x}\boldsymbol{\beta}+(\mathbf{x}\boldsymbol{\Pi})\boldsymbol{\gamma}=\mathbf{x}(\boldsymbol{\beta}+\boldsymbol{\Pi}\boldsymbol{\gamma})\end{aligned}\tag{2.50}$$

因而，我们证明了，$\boldsymbol{\delta}=\boldsymbol{\beta}+\boldsymbol{\Pi}\boldsymbol{\gamma}$。事实上，这是源自标准回归理论省略变量偏误公式的总体类似形式，我们将在第 4 章使用它们。

另外一个涉及线性投影与条件期望的迭代性质是：

性质 LP. 5：$\mathrm{L}(y|\mathbf{x})=\mathrm{L}[\mathrm{E}(y|\mathbf{x},\mathbf{z})|\mathbf{x}]$。

证明：记 $y=\mu(\mathbf{x},\mathbf{z})+u$，其中 $\mu(\mathbf{x},\mathbf{z})=\mathrm{E}(y\mid\mathbf{x},\mathbf{z})$。但是，$\mathrm{E}(u\mid\mathbf{x},\mathbf{z})=0$，因此 $\mathrm{E}(\mathbf{x}'u)=\mathbf{0}$，由性质 LP. 3，这蕴涵着

$$\mathrm{L}(y|\mathbf{x})=\mathrm{L}[\mu(\mathbf{x},\mathbf{z})|\mathbf{x}]+\mathrm{L}(u|\mathbf{x})=\mathrm{L}[\mu(\mathbf{x},\mathbf{z})|\mathbf{x}]=\mathrm{L}[\mathrm{E}(y|\mathbf{x},\mathbf{z})|\mathbf{x}]$$

当 $\mathbf{z}$ 是空的时候，性质 LP. 5 的一个有用的特殊情形出现了。于是，$\mathrm{L}(y|\mathbf{x})=\mathrm{L}[\mathrm{E}(y|\mathbf{x})|\mathbf{x}]$。

性质 LP. 6：$\boldsymbol{\beta}$ 是以下问题的解：

$$\min_{b\in\mathbb{R}^K}\mathrm{E}[(y-\mathbf{xb})^2] \tag{2.51}$$

如果 $\mathrm{E}(\mathbf{x}'\mathbf{x})$ 是正定的，那么 $\boldsymbol{\beta}$ 是这个问题的唯一解。

证明：对于任意的 $\mathbf{b}$，记 $y-\mathbf{xb}=(y-\mathbf{x}\boldsymbol{\beta})+(\mathbf{x}\boldsymbol{\beta}-\mathbf{xb})$。于是，

$$\begin{aligned}(y-\mathbf{xb})^2&=(y-\mathbf{x}\boldsymbol{\beta})^2+(\mathbf{x}\boldsymbol{\beta}-\mathbf{xb})^2+2(\mathbf{x}\boldsymbol{\beta}-\mathbf{xb})(y-\mathbf{x}\boldsymbol{\beta})\\&=(y-\mathbf{x}\boldsymbol{\beta})^2+(\boldsymbol{\beta}-\mathbf{b})'\mathbf{x}'\mathbf{x}(\boldsymbol{\beta}-\mathbf{b})+2(\boldsymbol{\beta}-\mathbf{b})'\mathbf{x}'(y-\mathbf{x}\boldsymbol{\beta})\end{aligned}$$

因此，

$$\begin{aligned}\mathrm{E}[(y-\mathbf{xb})^2]&=\mathrm{E}[(y-\mathbf{x}\boldsymbol{\beta})^2]+(\boldsymbol{\beta}-\mathbf{b})'\mathrm{E}(\mathbf{x}'\mathbf{x})(\boldsymbol{\beta}-\mathbf{b})+2(\boldsymbol{\beta}-\mathbf{b})'\mathrm{E}[\mathbf{x}'(y-\mathbf{x}\boldsymbol{\beta})]\\&=\mathrm{E}[(y-\mathbf{x}\boldsymbol{\beta})^2]+(\boldsymbol{\beta}-\mathbf{b})'\mathrm{E}(\mathbf{x}'\mathbf{x})(\boldsymbol{\beta}-\mathbf{b})\end{aligned} \tag{2.52}$$

因为由性质 LP. 2 知，$\mathrm{E}[\mathbf{x}'(y-\mathbf{x}\boldsymbol{\beta})]=\mathbf{0}$。当 $\mathbf{b}=\boldsymbol{\beta}$ 时，式（2.52）右边达到极小值。进一步地，如果 $\mathrm{E}(\mathbf{x}'\mathbf{x})$ 是正定的，倘若 $\mathbf{b}\neq\boldsymbol{\beta}$，那么 $(\boldsymbol{\beta}-\mathbf{b})'\mathrm{E}(\mathbf{x}'\mathbf{x})(\boldsymbol{\beta}-\mathbf{b})>0$，所以在这种情形中，$\boldsymbol{\beta}$ 是唯一极小解。

性质 LP. 6 表明，线性投影是最小均方预测式。它不一定是最小均方预测式：如果 $\mathrm{E}(y|\mathbf{x})=\mu(\mathbf{x})$ 关于 $\mathbf{x}$ 不是线性的，那么

$$\mathrm{E}[(y-\mu(\mathbf{x}))^2]<\mathrm{E}[(y-\mathbf{x}\boldsymbol{\beta})^2] \tag{2.53}$$

性质 LP. 7：这是一个分块投影公式，它在各种情形中都是十分有用的。写成

$$\mathrm{L}(y|\mathbf{x},\mathbf{z})=\mathbf{x}\boldsymbol{\beta}+\mathbf{z}\boldsymbol{\gamma} \tag{2.54}$$

定义出自 $\mathbf{x}$ 在 $\mathbf{z}$ 上投影的 $1\times K$ 维总体残差向量为 $\mathbf{r}\equiv\mathbf{x}-\mathrm{L}(\mathbf{x}\mid\mathbf{z})$。进一步地，定义出自 y 在 $\mathbf{z}$ 上投影的总体残差为 $v\equiv y-\mathrm{L}(y\mid\mathbf{z})$。于是，下述内容是正确的：

$$\mathrm{L}(v|\mathbf{r})=\mathbf{r}\boldsymbol{\beta} \tag{2.55}$$

并且

$$\mathrm{L}(y|\mathbf{r})=\mathbf{r}\boldsymbol{\beta} \tag{2.56}$$

此核心问题是，式（2.55）以及式（2.56）中的 $\boldsymbol{\beta}$ 与出现在式（2.54）中的 $\boldsymbol{\beta}$ 是相同的。表述此结果的另外一种方法是

$$\boldsymbol{\beta}=[\mathrm{E}(\mathbf{r}'\mathbf{r})]^{-1}\mathrm{E}(\mathbf{r}'v)=[\mathrm{E}(\mathbf{r}'\mathbf{r})]^{-1}\mathrm{E}(\mathbf{r}'y) \tag{2.57}$$

证明：由式（2.54），写成

$$y=\mathbf{x}\boldsymbol{\beta}+\mathbf{z}\boldsymbol{\gamma}+u,\quad \mathrm{E}(\mathbf{x}'u)=\mathbf{0},\quad \mathrm{E}(\mathbf{z}'u)=\mathbf{0} \tag{2.58}$$

取线性投影，得到

$$\mathrm{L}(y|\mathbf{z})=\mathrm{L}(\mathbf{x}|\mathbf{z})\boldsymbol{\beta}+\mathbf{z}\boldsymbol{\gamma} \tag{2.59}$$

式（2.58）减去式（2.59）得到，$y-\mathrm{L}(y|\mathbf{z})=[\mathbf{x}-\mathrm{L}(\mathbf{x}|\mathbf{z})]\boldsymbol{\beta}+u$，或者

$$v=\mathbf{r}\boldsymbol{\beta}+u \tag{2.60}$$

由于 $\mathbf{r}$ 是（$\mathbf{x},\mathbf{z}$）的线性组合，所以 $\mathrm{E}(\mathbf{r}'u)=\mathbf{0}$。用 $\mathbf{r}'$ 乘以式（2.60），并且取期望，由此可得，

$$\boldsymbol{\beta}=[\mathrm{E}(\mathbf{r}'\mathbf{r})]^{-1}\mathrm{E}(\mathbf{r}'v)$$

[我们假定 $\mathrm{E}(\mathbf{r}'\mathbf{r})$ 是非奇异的。] 最后，$\mathrm{E}(\mathbf{r}'v)=\mathrm{E}[\mathbf{r}'(y-\mathrm{L}(y|\mathbf{z}))]=\mathrm{E}(\mathbf{r}'y)$，因为 $\mathrm{L}(y\mid\mathbf{z})$ 关于 $\mathbf{z}$ 是线性的，而且 $\mathbf{r}$ 与 $\mathbf{z}$ 的任意线性函数是正交的。

第 3 章　基本渐近理论

这一章总结了一些对研究大样本理论起着重要作用的定义与极限定理。相当多的表述没有给出证明，因为一些证明需要用到乏味的 $\varepsilon-\delta$ 形式来论证。我们只证明一些建立在基本定义与定理之上的结论。渐近分析方面一本很优秀的参考书是怀特（White，2001）写的。在第 12 章，我们将进一步介绍研究非线性模型所需要的渐近方法。

3.1　确定性序列收敛

当样本量增大时，渐近分析涉及估计量的各种各样的序列收敛性。我们以数的非随机序列的一些定义开始。当我们把这些结果应用到计量经济学时，N 表示样本量，并且它可以取所有正整数。假定你对序列极限的概念比较熟悉。

定义 3.1　(1) 一个非随机数的序列 $\{a_N: N=1,2,\cdots\}$ 收敛于 a（存在极限 a），如果对于所有 $\varepsilon>0$，存在 N_ε 使得当 $N>N_\varepsilon$ 时，有 $|a_N-a|<\varepsilon$。我们记作当 $N\to\infty$时，$a_N\to a$。

(2) 一个序列 $\{a_N: N=1,2,\cdots\}$ 是有界的，当且仅当存在 $b<\infty$，使得 $|a_N|\leqslant b$ 对于所有 $N=1,2,\cdots$都成立。否则，我们就说 $\{a_N\}$ 是无界的。

这些定义可以通过逐个元素应用到向量与矩阵上。

例 3.1　(1) 如果 $a_N=2+1/N$，那么 $a_N\to 2$。(2) 如果 $a_N=(-1)^N$，那么 a_N没有极限，但它是有界的。(3) 如果 $a_N=N^{1/4}$，那么 a_N是无界的。由于 a_N 无限增大，我们记作 $a_N\to\infty$。

定义 3.2　(1) 一个序列 $\{a_N\}$ 是 $O(N^\lambda)$ 的（至多为 N^λ 阶），如果 $N^{-\lambda}a_N$是有界的。当 $\lambda=0$ 时，$\{a_N\}$ 是有界的，并且我们还记作 $a_N=O(1)$（大 O 一）。(2) 如果 $N^{-\lambda}a_N\to 0$，$\{a_N\}$ 是 $o(N^\lambda)$ 的。当 $\lambda=0$ 时，a_N收敛于 0，并且我们还记作 $a_N=o(1)$（小 o 一）。

由定义，显然可得，如果 $a_N=o(N^\lambda)$，那么 $a_N=O(N^\lambda)$；特别地，如果 $a_N=o(1)$，那么 $a_N=O(1)$。如果向量或者矩阵序列的每一个元素都是$O(N^\lambda)$的，那么我们称此向量或矩阵序列是 $O(N^\lambda)$ 的，同样，对 $o(N^\lambda)$ 可以进行类似的讨论。

例 3.2 （1）如果 $a_N=\log(N)$，那么对于任意 $\lambda>0$，$a_N=o(N^\lambda)$。

（2）如果 $a_N=10+\sqrt{N}$，那么 $a_N=O(N^{1/2})$ 且对于任意 $\lambda>0$，$a_N=o(N^{(1/2+\gamma)})$。

3.2 依概率收敛与依概率有界

定义 3.3 （1）一个随机序列 $\{x_N: N=1,2,\cdots\}$ **依概率收敛**（converges in probability）于常数 a，如果对于所有 $\varepsilon>0$，有

$$P[|x_N-a|>\varepsilon]\to 0,\ \text{当}\ N\to\infty\ \text{时}$$

我们记作 $x_N\xrightarrow{p}a$，并且称 a 是 x_N 的**概率极限**（probability limit，缩写成 plim）：$\operatorname{plim}x_N=a$。

（2）在特殊情形 $a=0$ 下，我们也称 $\{x_N\}$ 是 $o_p(1)$ 的（小 o*p* 一）。我们也记作 $x_N=o_p(1)$ 或者 $x_N\xrightarrow{p}0$。

（3）一个随机变量的序列 $\{x_N\}$ 是**依概率有界**（bounded in probability）的，当且仅当对于每一个 $\varepsilon>0$，存在一个 $b_\varepsilon<\infty$以及一个整数 N_ε，使得

$$P[|x_N|\geqslant b_\varepsilon]<\varepsilon,\ \text{对于所有}\ N\geqslant N_\varepsilon$$

我们记作 $x_N=O_p(1)$（大 O*P* 一）。

如果 c_N是一个非随机序列，那么 $c_N=O_p(1)$，当且仅当 $c_N=O(1)$；$c_N=o_p(1)$，当且仅当 $c_N=o(1)$。一个简单而有用的事实是，如果序列依概率收敛于任何实数，那么它是依概率有界的。

引理 3.1 如果 $x_N\xrightarrow{p}a$，那么 $x_N=O_p(1)$。此引理对于向量与矩阵的情形同样成立。

引理 3.1 的证明并不困难；可参阅习题 3.1。

定义 3.4 （1）一个随机序列 $\{x_N: N=1,2,\cdots\}$ 是 $o_p(a_N)$ 的，其中 $\{a_N\}$ 表示非随机的、正的序列，如果 $x_N/a_N=o_p(1)$。我们记作 $x_N=o_p(a_N)$。

（2）一个随机序列 $\{x_N: N=1,2,\cdots\}$ 是 $O_p(a_N)$ 的，其中 $\{a_N\}$ 表示非随机的、正的序列，如果 $x_N/a_N=O_p(1)$。我们记作 $x_N=O_p(a_N)$。

从定义序列 $\{x_N\}$ 成为 $o_p(N^\delta)$（对于 $\delta\in\mathbb{R}$，如果 $N^{-\delta}x_N\xrightarrow{p}0$）出发，在此情形中，当 $\delta=0$ 时我们可以获得 $o_p(1)$ 的定义。这正是 $o_p(1)$ 中 1 的由来。对 $O_p(1)$ 可以进行类似的讨论。

例 3.3 如果 z 是一个随机变量，那么 $x_N \equiv \sqrt{N}z$ 是 $O_p(N^{1/2})$ 的且 $x_N = o_p(N^\delta)$，对于任意 $\delta > \frac{1}{2}$。

引理 3.2 如果 $w_N = o_p(1)$，$x_N = o_p(1)$，$y_N = O_p(1)$，且 $z_N = O_p(1)$，那么 (1) $w_N + x_N = o_p(1)$；(2) $y_N + z_N = O_p(1)$；(3) $y_N z_N = O_p(1)$；(4) $x_N z_N = o_p(1)$。

在推导中，我们将把关系 1 到关系 4 分别记成 $o_p(1) + o_p(1) = o_p(1)$，$O_p(1) + O_p(1) = O_p(1)$，$O_p(1) \cdot O_p(1) = O_p(1)$ 及 $o_p(1) \cdot O_p(1) = o_p(1)$。由于$o_p(1)$序列是 $O_p(1)$的，所以引理 3.2 也蕴涵着 $o_p(1) + O_p(1) = O_p(1)$ 与 $o_p(1) \cdot o_p(1) = o_p(1)$。

前面所有定义都可以通过逐个元素应用到随机向量或矩阵序列上。例如，如果 $\{\mathbf{x}_N\}$ 是 $K \times 1$ 维随机向量的一个随机序列，$\mathbf{x}_N \xrightarrow{p} \mathbf{a}$，其中 $\mathbf{a}$ 表示一个$K \times 1$ 维非随机向量，当且仅当 $x_{Nj} \xrightarrow{p} a_j$，$j = 1, \cdots, K$。这等价于 $\| \mathbf{x}_N - \mathbf{a} \| \xrightarrow{p} 0$，其中 $\| \mathbf{b} \| \equiv (\mathbf{b}'\mathbf{b})^{1/2}$表示 $K \times 1$ 维向量 $\mathbf{b}$ 的欧几里得长度。同样地，$\mathbf{Z}_N \xrightarrow{p} \mathbf{B}$ 等价于 $\| \mathbf{Z}_N - \mathbf{B} \| \xrightarrow{p} 0$，其中 $\mathbf{Z}_N$ 与 $\mathbf{B}$ 都表示 $M \times K$ 维的矩阵，而 $\| \mathbf{A} \| \equiv [\mathrm{tr}(\mathbf{A}'\mathbf{A})]^{1/2}$且 $\mathrm{tr}(\mathbf{C})$表示方阵 $\mathbf{C}$ 的迹。

我们经常用于研究线性模型估计量的大样本性质的一个结果如下。这很容易通过反复利用引理 3.2 来得到证明（可参阅习题 3.2）。

引理 3.3 设 $\{\mathbf{Z}_N: N = 1, 2, \cdots\}$ 是一个 $J \times K$ 维矩阵的序列，使得 $\mathbf{Z}_N = o_p(1)$，并且设 $\{\mathbf{x}_N\}$ 是一个 $J \times 1$ 维随机向量的序列，使得 $\mathbf{x}_N = O_p(1)$。则 $\mathbf{Z}'_N \mathbf{x}_N = o_p(1)$。

以下引理通称为**斯拉茨基定理**（Slutsky theorem）。

引理 3.4 设 $\mathbf{g}: \mathbb{R}^K \to \mathbb{R}^J$ 在某一点 $\mathbf{c} \in \mathbb{R}^K$ 是一个连续函数。设 $\{\mathbf{x}_N: N = 1, 2, \cdots\}$ 是一个 $K \times 1$ 维随机向量序列，使得 $\mathbf{x}_N \xrightarrow{p} \mathbf{c}$。则当 $N \to \infty$时，$\mathbf{g}(\mathbf{x}_N) \xrightarrow{p} \mathbf{g}(\mathbf{c})$。换句话讲，如果 $\mathbf{g}(\cdot)$ 在 $\mathrm{plim}\ \mathbf{x}_N$是连续的，那么

$$\mathrm{plim}\ \mathbf{g}(\mathbf{x}_N) = \mathbf{g}(\mathrm{plim}\ \mathbf{x}_N) \tag{3.1}$$

斯拉茨基定理或许是概率极限（plim）算子最有用的特征：它表明概率极限可以通过非线性函数，倘若它们是连续的。期望算子就没有这个性质，而且这个缺陷造成了对许多估计量的有限样本分析的困难。引理 3.4 说明，当把连续函数应用到序列时，概率极限正像通常极限一样。

定义 3.5 设 $(\Omega, \mathcal{F}, \mathrm{P})$ 是一个概率空间。事件序列 $\{\Omega_N: N = 1, 2, \cdots\} \subset \mathcal{F}$ 称为**以概率接近于 1**（with probability approaching one，缩写成 w. p. a. 1）时而发生，当且仅当 $N \to \infty$ 时，$\mathrm{P}(\Omega_N) \to 1$。

定义 3.5 允许 Ω_N的补集 Ω_N^c对于每一个 N 发生，但是当 $N \to \infty$ 时，它发生的机会趋向 0。

推论 3.1 设 $\{\mathbf{Z}_N: N = 1, 2, \cdots\}$ 是一个随机的 $K \times K$ 维矩阵序列，且设 $\mathbf{A}$ 是一个非随机的、可逆的 $K \times K$ 维矩阵。如果 $\mathbf{Z}_N \xrightarrow{p} \mathbf{A}$，那么

(1) 以 w. p. a. 1 存在 $\mathbf{Z}_N^{-1}$;

(2) $\mathbf{Z}_N^{-1} \xrightarrow{p} \mathbf{A}^{-1}$或者 $\text{plim}\ \mathbf{Z}_N^{-1}=\mathbf{A}^{-1}$（在适当的意义下）。

证明：由于行列式在所有方阵空间上是一个连续函数，所以 $\det(\mathbf{Z}_N) \xrightarrow{p} \det(\mathbf{A})$。因为 $\mathbf{A}$ 是非奇异的，所以 $\det(\mathbf{A})\neq 0$。因此，由此可得，当 $N\to\infty$时，$\mathbf{P}[\det(\mathbf{Z}_N)\neq 0]\to 1$。这就完成了第一部分的证明。

第二部分的证明需要当 $\mathbf{Z}_N$是非奇异的时候，如何定义 $\mathbf{Z}_N^{-1}$的一个约定。设 Ω_N 表示ω(结果）的集合，使得对于 $\omega\in\Omega_N$，$\mathbf{Z}_N(\omega)$ 是非奇异的；我们只需证明当 $N\to\infty$ 时，$\mathrm{P}(\Omega_N)\to 1$。通过

$$\widetilde{\mathbf{Z}}_N(\omega)\equiv\mathbf{Z}_N(\omega),\text{当 }\omega\in\Omega_N\text{ 时};\widetilde{\mathbf{Z}}_N(\omega)\equiv I_K,\text{当 }\omega\notin\Omega_N\text{ 时}$$

定义一个新的矩阵序列。于是，当 $N\to\infty$时，$\mathrm{P}(\widetilde{\mathbf{Z}}_N=\mathbf{Z}_N)=\mathrm{P}(\Omega_N)\to 1$。从而，由于 $\mathbf{Z}_N \xrightarrow{p} \mathbf{A}$，所以 $\widetilde{\mathbf{Z}}_N \xrightarrow{p} \mathbf{A}$。由于逆算子在可逆矩阵空间上是连续的，所以 $\widetilde{\mathbf{Z}}_N^{-1} \xrightarrow{p} \mathbf{A}^{-1}$。这正是我们通过 $\mathbf{Z}_N^{-1} \xrightarrow{p} \mathbf{A}^{-1}$所要说明的内容；$\mathbf{Z}_N$以零概率是奇异的事实并不会影响渐近分析。

3.3 依分布收敛

定义 3.6 一个随机变量序列 $\{x_N: N=1,2,\cdots\}$ **依分布收敛**（converges in distribution）于连续随机变量 x，当且仅当

$$F_N(\xi)\to F(\xi),\text{当 }N\to\infty\text{对于所有 }\xi\in\mathbb{R}\text{都成立}$$

其中 F_N 表示 x_N 的**累积分布函数**（cumulative distribution function，c. d. f. ），并且 F 表示 x 的（连续的）c. d. f. 。我们记作 $x_N \xrightarrow{d} x$。

当 $x\sim\text{Normal}(\mu,\sigma^2)$ 时，我们记作 $x_N \xrightarrow{d} \text{Normal}(\mu,\sigma^2)$ 或者 $x_N \overset{a}{\sim} \text{Normal}(\mu,\sigma^2)$（$x_N$表示**渐近正态**（asymptotically normal））。

在定义 3.6 中，对于任意 N，x_N不要求是连续的。德莫费-拉普拉斯定理（Demoivre-Laplace theorem）（在 3.4 节中给出的中心极限定理的一种特殊情形）是关于对所有 N，x_N 是离散的且具有一个渐近正态分布的极限例子，它表明 $x_N\equiv(s_N-N_p)/[N_p(1-p)]^{1/2}$存在一个极限标准正态分布，其中 s_N 具有二项式（N，p）分布。

定义 3.7 一个 $K\times 1$ 维随机向量序列 $\{\mathbf{x}_N: N=1,2,\cdots\}$ 依分布收敛于连续随机向量 $\mathbf{x}$，当且仅当对于任意 $K\times 1$ 维非随机向量 $\mathbf{c}$，使得 $\mathbf{c}'\mathbf{c}=1$，$\mathbf{c}'\mathbf{x}_N \xrightarrow{d} \mathbf{c}'\mathbf{x}$，并且我们记作 $\mathbf{x}_N \xrightarrow{d} \mathbf{x}$。

当 $\mathbf{x}\sim\text{Normal}(\mathbf{m},\mathbf{V})$ 时，定义 3.7 中的要求是 $\mathbf{c}'\mathbf{x}_N \xrightarrow{d} \text{Normal}(\mathbf{c}'\mathbf{m},\mathbf{c}'\mathbf{V}\mathbf{c})$

对于每一个 $\mathbf{c}\in\mathbb{R}^K$，使得 $\mathbf{c}'\mathbf{c}=1$；在这种情形中，我们记为 $\mathbf{x}_N\xrightarrow{d}\text{Normal}(\mathbf{m},\mathbf{V})$ 或者 $\mathbf{x}_N\overset{a}{\sim}\text{Normal}(\mathbf{m},\mathbf{V})$。在本书中为了推导方便，$\mathbf{m}=\mathbf{0}$。

引理 3.5 如果 $\mathbf{x}_N\xrightarrow{d}\mathbf{x}$，其中 $\mathbf{x}$ 表示任意的 $K\times1$ 维随机向量，那么 $\mathbf{x}_N=\text{O}_p(1)$。

正如我们在全书中所看到的，对于得出一个序列是依概率有界的而言，引理 3.5 是非常有用的。运用它最容易对一个序列依分布收敛作初步检验。

引理 3.6 设 $\{\mathbf{x}_N\}$ 是 $K\times1$ 维随机向量的一个序列，使得 $\mathbf{x}_N\xrightarrow{d}\mathbf{x}$。如果 $\mathbf{g}:\mathbb{R}^K\to\mathbb{R}^J$ 是一个连续函数，那么 $\mathbf{g}(\mathbf{x}_N)\xrightarrow{d}\mathbf{g}(\mathbf{x})$。

引理 3.6 称为**连续映射定理**（continuous mapping theorem），它的作用不用过多阐述。它表明，一旦我们知道 $\mathbf{x}_N$ 的极限分布，我们就能求出 $\mathbf{x}_N$ 的许多有意思函数的极限分布。这一点对于知道估计量的极限分布来决定检验统计量的渐近分布是特别有用的，可参阅 3.5 节。

在引理 3.6 中 $\mathbf{g}$ 的连续性不是必需的，但是需要一些约束。我们仅需要引理 3.6 中所叙述的形式。

推论 3.2 如果 $\{\mathbf{z}_N\}$ 是一个 $K\times1$ 维随机向量序列，使得 $\mathbf{z}_N\xrightarrow{d}\text{Normal}(\mathbf{0},\mathbf{V})$，那么

（1）对于任意 $K\times M$ 维非随机矩阵 $\mathbf{A}$，$\mathbf{A}'\mathbf{z}_N\xrightarrow{d}\text{Normal}(\mathbf{0},\mathbf{A}'\mathbf{V}\mathbf{A})$。

（2）$\mathbf{z}_N'\mathbf{V}^{-1}\mathbf{z}_N\xrightarrow{d}\chi_K^2$（或者 $\mathbf{z}_N'\mathbf{V}^{-1}\mathbf{z}_N\overset{a}{\sim}\chi_K^2$）。

引理 3.7 设 $\{\mathbf{x}_N\}$ 与 $\{\mathbf{z}_N\}$ 是 $K\times1$ 维随机向量序列，如果 $\mathbf{z}_N\xrightarrow{d}\mathbf{z}$ 且 $\mathbf{x}_N-\mathbf{z}_N\xrightarrow{p}\mathbf{0}$，那么 $\mathbf{x}_N\xrightarrow{d}\mathbf{z}$。

引理 3.7 称为**渐近等价性引理**（asymptotic equivalence lemma）。在 3.5.1 节我们将一般地讨论引理 3.7 在计量经济学中是如何应用的。在渐近分析中，我们对渐近等价性引理使用得非常普遍，以后在我们用到它时将不再提及。

3.4 随机样本的极限定理

在这一节中，我们要阐述**独立同分布随机向量**（independent identically distributed，i. i. d. ）的两个经典极限定理。当从总体中进行随机抽样时，我们就可以应用它们。

定理 3.1 设 $\{\mathbf{w}_i: i=1,2,\cdots\}$ 是一个 $G\times1$ 维独立同分布随机向量序列，使得 $\text{E}(|w_{ig}|)<\infty$，$g=1$，…，$G$。则这个序列满足**弱大数定律**（weak law of large numbers，WLLN）：$N^{-1}\sum_{i=1}^N\mathbf{w}_i\xrightarrow{p}\boldsymbol{\mu}_w$，其中 $\boldsymbol{\mu}_w\equiv\text{E}(\mathbf{w}_i)$。

定理 3.2 （林德伯格-利维）(Lindeberg-Levy)：设 $\{\mathbf{w}_i: i=1,2,\cdots\}$ 是一个 $G\times 1$ 维独立同分布随机向量序列，使得 $E(w_{ig}^2)<\infty$，$g=1$，…，G，并且 $E(\mathbf{w}_i)=\mathbf{0}$。于是，$\{\mathbf{w}_i: i=1,2,\cdots\}$ 满足**中心极限定理**（central limit theorem，CLT），也就是

$$N^{-1/2}\sum_{i=1}^{N}\mathbf{w}_i \xrightarrow{d} \text{Normal}(\mathbf{0},\mathbf{B})$$

其中 $\mathbf{B}=\text{Var}(\mathbf{w}_i)=E(\mathbf{w}_i\mathbf{w}_i')$ 必须是半正定的。对于我们的目标而言，$\mathbf{B}$ 几乎总是正定的。

在本书的大部分地方，我们将仅需要关于独立同分布观测值的收敛结果。然而，有时候假定跨 i 的同分布将并不那么有道理。(整群抽样和某类分层抽样就是两个例子。) 重要的是要知道 WLLN 和 CLT 对于在相当弱假设下的独立但非同分布（i. n. i. d.）观测值是继续成立的。参阅关于一个大数法则的习题 3.11。(其包含了一个并非最弱可能性的条件；怀特（White，2001）包含了在更弱条件下的定理。) 关于回归的一致性和渐近正态性论断以及其他估计量是更复杂但仍然是相当直截了当的。

3.5 估计量与检验统计量的极限特性

在这一节中，我们把前面的一些概念应用到估计量的序列上。由于估计量依赖于数据的随机结果，所以它们被适当地看成是随机向量。

3.5.1 估计量的渐近性质

定义 3.8 设 $\{\hat{\boldsymbol{\theta}}_N: N=1,2,\cdots\}$ 是一个 $P\times 1$ 维向量 $\boldsymbol{\theta}\in\boldsymbol{\Theta}$ 的估计量序列，其中 N 表示样本量。如果

$$\hat{\boldsymbol{\theta}}_N \xrightarrow{p} \boldsymbol{\theta} \tag{3.2}$$

对于 $\boldsymbol{\theta}$ 的任意值成立，那么我们称 $\hat{\boldsymbol{\theta}}_N$ 是 $\boldsymbol{\theta}$ 的**一致估计量**（consistent estimator）。

由于存在收敛的其他概念，在理论文献中条件（3.2）经常称为**弱一致性**（weak consistency）。这是我们将要关注的唯一一种一致性，因而，我们直接称条件（3.2）为一致性。(其他类型的收敛请参阅怀特（White，1984，第 2 章)。) 由于我们不知道 $\boldsymbol{\theta}$，所以一致性定义要求条件（3.2）对 $\boldsymbol{\theta}$ 的任意可能值都成立。

定义 3.9 设 $\{\hat{\boldsymbol{\theta}}_N: N=1,2,\cdots\}$ 是一个 $P\times 1$ 维向量 $\boldsymbol{\theta}\in\boldsymbol{\Theta}$ 估计量的序列。假定

$$\sqrt{N}(\hat{\boldsymbol{\theta}}_N-\boldsymbol{\theta}) \xrightarrow{d} \text{Normal}(\mathbf{0},\mathbf{V}) \tag{3.3}$$

其中 $\mathbf{V}$ 表示一个 $P\times P$ 维半正定矩阵。于是，我们称 $\hat{\boldsymbol{\theta}}_N$ 是 **$\sqrt{N}$ 渐近正态分布**（$\sqrt{N}$- asymptotically normally distributed），而称 $\mathbf{V}$ 是 $\sqrt{N}(\hat{\boldsymbol{\theta}}_N-\boldsymbol{\theta})$ 的**渐近方差**（asymptotic variance），记作 $\text{Avar}\sqrt{N}(\hat{\boldsymbol{\theta}}_N-\boldsymbol{\theta})=\mathbf{V}$。

即使 $\mathbf{V}/N=\text{Var}(\hat{\boldsymbol{\theta}}_N)$ 只是在特殊情形下成立，而且 $\hat{\boldsymbol{\theta}}_N$ 很少具有准确的正态分布，但是我们处理 $\hat{\boldsymbol{\theta}}_N$ 时，就好像

$$\hat{\boldsymbol{\theta}}_N \sim \text{Normal}(\boldsymbol{\theta},\mathbf{V}/N) \tag{3.4}$$

而不论陈述（3.3）什么时候成立。由于这个缘故，$\mathbf{V}/N$ 称为 $\hat{\boldsymbol{\theta}}_N$ 的渐近方差，并且我们记作

$$\text{Avar}(\hat{\boldsymbol{\theta}}_N)=\mathbf{V}/N \tag{3.5}$$

然而，陈述（3.3）包含了唯一一种意义，即仅在 $\hat{\boldsymbol{\theta}}_N$ 是均值为 $\boldsymbol{\theta}$ 且方差为 $\mathbf{V}/N$ 的近似正态分布的意义，而这正是实施关于 $\boldsymbol{\theta}$ 的推断所必需的。陈述（3.4）是一种启发式的描述，它导致了适当的推断。

当我们讨论渐近方差的一致估计量——一个经常提及的论题时，应该从技术上关注 $\mathbf{V}\equiv\text{Avar}\sqrt{N}(\hat{\boldsymbol{\theta}}_N-\boldsymbol{\theta})$ 的估计。在大多数情形中，我们将会找到 $\mathbf{V}$ 的至少一个且通常多于一个的一致估计量 $\hat{\mathbf{V}}_N$。于是，$\text{Avar}(\hat{\boldsymbol{\theta}}_N)$ 的相对应估计是 $\hat{\mathbf{V}}_N/N$，并且我们记作

$$\widehat{\text{Avar}(\hat{\boldsymbol{\theta}}_N)}=\hat{\mathbf{V}}_N/N \tag{3.6}$$

式（3.6）中由 N 表示的除法是特别重要的。我们所谓的 $\hat{\boldsymbol{\theta}}_N$ 的渐近方差正如式（3.6）一样可以被估计出来。遗憾的是，在计量经济学中，“渐近方差”术语并不存在一种一致的使用方法。

照字面意义举一个例子，比如陈述“$\hat{\mathbf{V}}_N/N$ 关于 $\text{Avar}(\hat{\boldsymbol{\theta}}_N)$ 是一致的”就不是非常有意义的，因为当 $N\to\infty$ 时，$\mathbf{V}/N$ 收敛于 $\mathbf{0}$；通常，不管 $\hat{\mathbf{V}}_N$ 关于 $\mathbf{V}$ 是否为一致的，$\hat{\mathbf{V}}_N/N \xrightarrow{p} \mathbf{0}$。然而，拥有一种公认而不精确的简记表示是有用的。在下述内容中，如果我们说“$\hat{\mathbf{V}}_N/N$ 一致地估计出 $\text{Avar}(\hat{\boldsymbol{\theta}}_N)$”，那么我们意指 $\hat{\mathbf{V}}_N$ 一致地估计出 $\text{Avar}\sqrt{N}(\hat{\boldsymbol{\theta}}_N-\boldsymbol{\theta})$。

定义 3.10 如果 $\sqrt{N}(\hat{\boldsymbol{\theta}}_N-\boldsymbol{\theta}) \overset{a}{\sim} \text{Normal}$（0，$\mathbf{V}$），其中 $\mathbf{V}$ 是正定的，且满足第 j 个对角线元素为 v_{jj}，同时 $\hat{\mathbf{V}}_N \xrightarrow{p} \mathbf{V}$，那么 $\hat{\theta}_{Nj}$ 的**渐近标准误**（asymptotic standard error）记为 $\text{se}(\hat{\theta}_{Nj})$，它是 $(\hat{v}_{Njj}/N)^{1/2}$。

换句话讲，在应用研究中几乎总是报告的估计量的渐近标准误是 $\hat{\mathbf{V}}_N/N$ 的适当对角元素的平方根。渐近标准误可以粗略地看作估计 $\hat{\boldsymbol{\theta}}_N$ 元素的标准方差，并且当构造（渐近的）t 统计量与置信区间时，它们可供使用的合适的量。（在

验证了估计量是渐近正态分布之后）获得有效的渐近标准误是使用一个新估计量的最大挑战。

如果陈述（3.3）成立，那么由引理 3.5 可得，$\sqrt{N}(\hat{\boldsymbol{\theta}}_N-\boldsymbol{\theta})=\mathrm{O}_p(1)$，或者 $\hat{\boldsymbol{\theta}}_N-\boldsymbol{\theta}=\mathrm{O}_p(N^{-1/2})$，从而我们称 $\hat{\boldsymbol{\theta}}_N$ 是 **$\sqrt{N}$ 一致性估计量**（$\sqrt{N}$-consistent estimator）。$\sqrt{N}$一致性一定蕴涵着 $\operatorname{plim}\hat{\boldsymbol{\theta}}_N=\boldsymbol{\theta}$，但是它是相当强的，因为它告诉我们收敛率几乎是样本量 N 的平方根：对于任意 $0\leqslant c\leqslant\frac{1}{2}$，$\hat{\boldsymbol{\theta}}_N-\boldsymbol{\theta}=\mathrm{o}_p(N^{-c})$。在本书中，我们所要研究的几乎每一个一致性估计量——并且是我们仔细考虑的——是$\sqrt{N}$渐近正态的，因此，在合理的假设下，一致性估计量是$\sqrt{N}$一致性的。

如果一个$\sqrt{N}$渐近正态估计量具有一个比其他估计量的渐近方差更小的渐近方差（在矩阵意义下），那么基于渐近考虑在估计量之间进行选择就很容易。

定义 3.11 设 $\hat{\boldsymbol{\theta}}_N$ 与 $\tilde{\boldsymbol{\theta}}_N$ 是 $\boldsymbol{\theta}$ 的估计量，其中每一个都满足陈述（3.3），具有渐近方差 $\mathbf{V}=\operatorname{Avar}\sqrt{N}(\hat{\boldsymbol{\theta}}_N-\boldsymbol{\theta})$ 且 $\mathbf{D}=\operatorname{Avar}\sqrt{N}(\tilde{\boldsymbol{\theta}}_N-\boldsymbol{\theta})$（这些通常依赖于 $\boldsymbol{\theta}$ 的值，但是此处我们不予考虑）：（1）如果 $\mathbf{D}-\mathbf{V}$ 是半正定的，对于所有 θ，$\hat{\boldsymbol{\theta}}_N$ 相对于 $\tilde{\boldsymbol{\theta}}_N$ 是**渐近相关有效的**（asymptotically efficient relative to $\tilde{\boldsymbol{\theta}}_N$）；（2）如果 $\sqrt{N}(\hat{\boldsymbol{\theta}}_N-\tilde{\boldsymbol{\theta}}_N)=\mathrm{o}_p(1)$，那么 $\hat{\boldsymbol{\theta}}_N$ 与 $\tilde{\boldsymbol{\theta}}_N$ 是 **$\sqrt{N}$ 等价的**（$\sqrt{N}$-equivalent）。

当两个估计量是$\sqrt{N}$等价的时候，它们具有相同的极限分布（在这种情形中，多元正态具有相同的渐近方差）。这个结论立刻由渐近等价性引理（引理 3.7）可得。有时候，比如说为了找到 $\sqrt{N}(\hat{\boldsymbol{\theta}}_N-\boldsymbol{\theta})$ 的极限分布，最容易的是，首先求出 $\sqrt{N}(\tilde{\boldsymbol{\theta}}_N-\boldsymbol{\theta})$ 的极限分布，然后证明，$\hat{\boldsymbol{\theta}}_N$ 与 $\tilde{\boldsymbol{\theta}}_N$ 是$\sqrt{N}$等价的。在第 7 章中，我们提供了这种方法一个非常好的例子，在那里我们求出广义最小二乘法（GLS）估计量的极限分布之后，就可获得可行 GLS 估计量。

定义 3.12 把满足陈述（3.3）的 $\hat{\boldsymbol{\theta}}_N$ 分割成向量 $\hat{\boldsymbol{\theta}}_{N1}$ 与 $\hat{\boldsymbol{\theta}}_{N2}$。于是，$\hat{\boldsymbol{\theta}}_{N1}$ 与 $\hat{\boldsymbol{\theta}}_{N2}$ 是**渐近独立的**（asymptotically independent），如果

$$\mathbf{V}=\begin{pmatrix}\mathbf{V}_1 & \mathbf{0}\\ \mathbf{0} & \mathbf{V}_2\end{pmatrix}$$

其中 $\mathbf{V}_1$ 表示 $\sqrt{N}(\hat{\boldsymbol{\theta}}_{N1}-\boldsymbol{\theta}_1)$ 的渐近方差，而 $\mathbf{V}_2$ 类似地表示 $\sqrt{N}(\hat{\boldsymbol{\theta}}_{N2}-\boldsymbol{\theta}_2)$ 的渐近方差。换句话讲，$\sqrt{N}(\hat{\boldsymbol{\theta}}_N-\boldsymbol{\theta})$ 的渐近方差是分块对角的。

本节我们自始至终借助于样本量 N 来细致地指出一些估计量。这对于确定渐近分析的本质方面的思想是非常有用的，但是，当把渐近方法应用到特殊估计方法上时，这样做显得非常麻烦。在本章后面，$\boldsymbol{\theta}$ 的估计量将表示成 $\hat{\boldsymbol{\theta}}$，把它理解成是依赖于样本量 N 的。例如，当我们记作 $\hat{\boldsymbol{\theta}}\xrightarrow{p}\boldsymbol{\theta}$ 时，我们意指当样本量 N 趋于无穷大时的依概率收敛。

3.5.2 检验统计量的渐近性质

我们以检验统计量的大样本分析中的一些重要定义开始。

定义 3.13 （1）定义检验方法（procedure）* 的**渐近量**（asymptotic size）为拒绝 H_0 的极限概率，当 H_0 是真的时候，在数学上，我们可以将其记作 $\lim_{N\to\infty} P_N$(拒绝 $H_0 \mid H_0$)，其中下标 N 表示样本量。

（2）如果零假设以接近于 1 的概率被拒绝：$\lim_{N\to\infty} P_N$(拒绝 $H_0 \mid H_1$)$=1$，当 H_1 是真的时候，一个检验称为对应于备择假设 H_1（alternative H_1）是一致的。

实际上，一个检验的渐近量可以通过求出检验统计量的极限分布来获得——在我们这种情形中，正态分布或者卡方分布或它们的简单修正都可以用作 t 分布或 F 分布——然后基于此分布选择一个临界值。因而，利用渐近方法的检验与利用经典线性模型的检验实际上是相同的。

一个检验对应于备择假设 H_1 是一致的，如果拒绝 H_0 的概率随着样本量无限增大而趋于单位 1。正像估计量的一致性是最小要求一样，检验统计量的一致性也是最小要求。一致性很少允许我们在一些检验方法之间进行选择：大多数检验对应于备择假设是一致的，备择假设被指望**具有势**（power against）。对于带有相同渐近量的一致性检验而言，我们能够使用**局部势分析**（local power analysis）在一些检验方法之间进行选择。我们将在第 12 章非线性估计中概括地涉及这一内容，在那里我们会引入**局部备择假设**（local alternatives）的概念——也就是，对应于 H_0 的备择假设，它会以 $1/\sqrt{N}$ 的比率收敛于 H_0。通常，当检验统计量以含有良好的渐近性质（比如有效性）为基础时，它们将具有人们所希望的渐近性质。

现在，我们来推导在计量经济学中经常使用的检验统计量的极限分布。

引理 3.8 假定陈述（3.3）成立，其中 $\mathbf{V}$ 是正定的。于是，对于任意非随机 $Q\times P$ 维矩阵 $\mathbf{R}$，$Q\leqslant P$，满足秩($\mathbf{R}$)$=Q$，则

$$\sqrt{N}\mathbf{R}(\hat{\boldsymbol{\theta}}_N-\boldsymbol{\theta})\overset{a}{\sim}\text{Normal}(\mathbf{0},\mathbf{RVR}')$$

以及

$$[\sqrt{N}\mathbf{R}(\hat{\boldsymbol{\theta}}_N-\boldsymbol{\theta})]'[\mathbf{RVR}']^{-1}[\sqrt{N}\mathbf{R}(\hat{\boldsymbol{\theta}}_N-\boldsymbol{\theta})]\overset{a}{\sim}\chi_Q^2$$

此外，如果 $\text{plim}\,\hat{\mathbf{V}}_N=\mathbf{V}$，那么

$$[\sqrt{N}\mathbf{R}(\hat{\boldsymbol{\theta}}_N-\boldsymbol{\theta})]'[\mathbf{R}\,\hat{\mathbf{V}}_N\mathbf{R}']^{-1}[\sqrt{N}\mathbf{R}(\hat{\boldsymbol{\theta}}_N-\boldsymbol{\theta})]$$
$$=(\hat{\boldsymbol{\theta}}_N-\boldsymbol{\theta})'\mathbf{R}'[\mathbf{R}(\hat{\mathbf{V}}_N/N)\mathbf{R}']^{-1}\mathbf{R}(\hat{\boldsymbol{\theta}}_N-\boldsymbol{\theta})\overset{a}{\sim}\chi_Q^2$$

对检验零假设 H_0：$\mathbf{R}\boldsymbol{\theta}=\mathbf{r}$ 而言，其中 $\mathbf{r}$ 表示一个 $Q\times 1$ 维非随机向量，定义对立于 H_1 的检验 H_0：$\mathbf{R}\boldsymbol{\theta}\neq \boldsymbol{r}$ 的**瓦尔德统计量**（Wald statistic）为

$$W_N\equiv(\mathbf{R}\hat{\boldsymbol{\theta}}_N-\mathbf{r})'[\mathbf{R}(\hat{\mathbf{V}}_N/N)\mathbf{R}']^{-1}(\mathbf{R}\hat{\boldsymbol{\theta}}_N-\mathbf{r}) \tag{3.7}$$

* 又称为程序。——译者注

在 H_0 下，$W_N \overset{a}{\sim} \chi_Q^2$。如果我们滥用渐近性分析，并且像对待 Normal($\boldsymbol{\theta}$, $\hat{\mathbf{V}}_N/N$) 分布一样处理 $\hat{\boldsymbol{\theta}}_N$，那么我们就能准确地得到式（3.7）。

引理 3.9 假定陈述（3.3）成立，其中 $\mathbf{V}$ 是正定的。设 $\mathbf{c}$：$\boldsymbol{\Theta} \rightarrow \mathbb{R}^Q$ 是参数空间 $\boldsymbol{\Theta} \subseteq \mathbb{R}^P$ 上的一个连续可微函数，其中 $Q \leqslant P$，同时假定 $\boldsymbol{\theta}$ 位于参数空间的内部。定义 $\mathbf{C}(\boldsymbol{\theta}) \equiv \nabla_\theta \mathbf{c}(\boldsymbol{\theta})$ 为 $\mathbf{c}$ 的 $Q \times P$ 维雅可比(Jacobian)行列式。于是

$$\sqrt{N}[\mathbf{c}(\hat{\boldsymbol{\theta}}_N)-\mathbf{c}(\boldsymbol{\theta})] \overset{a}{\sim} \text{Normal}[\mathbf{0}, \mathbf{C}(\boldsymbol{\theta})\mathbf{V}\mathbf{C}(\boldsymbol{\theta})'] \tag{3.8}$$

以及

$$\{\sqrt{N}[\mathbf{c}(\hat{\boldsymbol{\theta}}_N)-\mathbf{c}(\boldsymbol{\theta})]\}'[\mathbf{C}(\boldsymbol{\theta})\mathbf{V}\mathbf{C}(\boldsymbol{\theta})']^{-1}\{\sqrt{N}[\mathbf{c}(\hat{\boldsymbol{\theta}}_N)-\mathbf{c}(\boldsymbol{\theta})]\} \overset{a}{\sim} \chi_Q^2$$

定义 $\hat{\mathbf{C}}_N \equiv \mathbf{C}(\hat{\boldsymbol{\theta}}_N)$。因而，$\text{plim}\, \hat{\mathbf{C}}_N = \mathbf{C}(\boldsymbol{\theta})$。如果 $\text{plim}\, \hat{\mathbf{V}}_N = \mathbf{V}$，那么

$$\begin{aligned}&\{\sqrt{N}[\mathbf{c}(\hat{\boldsymbol{\theta}}_N)-\mathbf{c}(\boldsymbol{\theta})]\}'[\hat{\mathbf{C}}_N \hat{\mathbf{V}}_N \hat{\mathbf{C}}_N']^{-1} \\ &\{\sqrt{N}[\mathbf{c}(\hat{\boldsymbol{\theta}}_N)-\mathbf{c}(\boldsymbol{\theta})]\} \overset{a}{\sim} \chi_Q^2\end{aligned} \tag{3.9}$$

对于从 $\hat{\boldsymbol{\theta}}_N$ 的非线性函数获得渐近标准误而言，式（3.8）是极为有用的。$\text{Avar}[\mathbf{c}(\hat{\boldsymbol{\theta}}_N)]$ 的适当估计量是 $\hat{\mathbf{C}}_N(\hat{\mathbf{V}}_N/N)\hat{\mathbf{C}}_N' = \hat{\mathbf{C}}_N[\text{Avar}(\hat{\boldsymbol{\theta}}_N)]\hat{\mathbf{C}}_N'$。因而，一旦获得了 $\text{Avar}(\hat{\boldsymbol{\theta}}_N)$ 与 $\mathbf{c}$ 所估计的雅可比行列式，我们可以容易得到

$$\text{Avar}[\mathbf{c}(\hat{\boldsymbol{\theta}}_N)] = \hat{\mathbf{C}}_N[\text{Avar}(\hat{\boldsymbol{\theta}}_N)]\hat{\mathbf{C}}_N' \tag{3.10}$$

所获得的标准误为式（3.10）的对角线元素的平方根。在数量情形 $\hat{\gamma}_N = c(\hat{\boldsymbol{\theta}}_N)$ 下，$\hat{\gamma}_N$ 的渐近标准误是 $[\nabla_\theta c(\hat{\boldsymbol{\theta}}_N)[\text{Avar}(\hat{\boldsymbol{\theta}}_N)]\nabla_\theta c(\hat{\boldsymbol{\theta}}_N)']^{1/2}$。

式(3.9)对检验对应于 H_1：$\mathbf{c}(\boldsymbol{\theta}) \neq \mathbf{0}$ 的形如 H_0：$\mathbf{c}(\boldsymbol{\theta}) = \mathbf{0}$ 的非线性假设来说是有用的。瓦尔德统计量是

$$\begin{aligned} W_N &= \sqrt{N}\mathbf{c}(\hat{\boldsymbol{\theta}}_N)'[\hat{\mathbf{C}}_N \hat{\mathbf{V}}_N \hat{\mathbf{C}}_N']^{-1}\sqrt{N}\mathbf{c}(\hat{\boldsymbol{\theta}}_N) \\ &= \mathbf{c}(\hat{\boldsymbol{\theta}}_N)'[\hat{\mathbf{C}}_N(\hat{\mathbf{V}}_N/N)\hat{\mathbf{C}}_N']^{-1}\mathbf{c}(\hat{\boldsymbol{\theta}}_N) \end{aligned} \tag{3.11}$$

在 H_0 下，$W_N \overset{a}{\sim} \chi_Q^2$。

给定陈述（3.3）成立，建立式（3.8）的方法经常称为 **δ 方法**（delta method），并且它在计量经济学中经常得到应用。它的称谓是从其演算运用中得来的。讨论如下。因为 $\boldsymbol{\theta}$ 位于 $\boldsymbol{\Theta}$ 的内部，同时由于 $\text{plim}\, \hat{\boldsymbol{\theta}}_N = \boldsymbol{\theta}$，$\hat{\boldsymbol{\theta}}_N$ 以概率接近 1 是 $\boldsymbol{\Theta}$ 的一个开的凸子集，因此以概率接近于 1(w. p. a. 1)。我们可以使用一个均值展开式 $\mathbf{c}(\hat{\boldsymbol{\theta}}_N) = \mathbf{c}(\boldsymbol{\theta}) + \ddot{\mathbf{C}}_N \cdot (\hat{\boldsymbol{\theta}}_N - \boldsymbol{\theta})$，其中 $\ddot{\mathbf{C}}_N$ 表示行所估计的均值处于 $\hat{\boldsymbol{\theta}}_N$ 与 $\boldsymbol{\theta}$ 之间的矩阵 $\mathbf{C}(\boldsymbol{\theta})$。由于这些均值处于 $\hat{\boldsymbol{\theta}}_N$ 与 $\boldsymbol{\theta}$ 之间，所以它们依概率收敛于 $\boldsymbol{\theta}$。因此，利用斯拉茨基定理，$\ddot{\mathbf{C}}_N \xrightarrow{p} \mathbf{C}(\boldsymbol{\theta})$，从而我们可以写成

$$\begin{aligned}\sqrt{N}[\mathbf{c}(\hat{\boldsymbol{\theta}}_N)-\mathbf{c}(\boldsymbol{\theta})] &= \ddot{\mathbf{C}}_N \cdot \sqrt{N}(\hat{\boldsymbol{\theta}}_N - \boldsymbol{\theta}) \\ &= \mathbf{C}(\boldsymbol{\theta})\sqrt{N}(\hat{\boldsymbol{\theta}}_N - \boldsymbol{\theta}) + [\ddot{\mathbf{C}}_N - \mathbf{C}(\boldsymbol{\theta})]\sqrt{N}(\hat{\boldsymbol{\theta}}_N - \boldsymbol{\theta})\end{aligned}$$

$$=\mathbf{C}(\boldsymbol{\theta})\sqrt{N}(\hat{\boldsymbol{\theta}}_N-\boldsymbol{\theta})+o_p(1)\cdot O_p(1)$$
$$=\mathbf{C}(\boldsymbol{\theta})\sqrt{N}(\hat{\boldsymbol{\theta}}_N-\boldsymbol{\theta})+o_p(1)$$

现在我们能够应用渐近等价性引理与引理 3.8［得到含有 $\mathbf{R}\equiv\mathbf{C}(\boldsymbol{\theta})$ 的式(3.8)］。

习　题

3.1　证明引理 3.1。

3.2　利用引理 3.2 证明引理 3.3。

3.3　解释在引理 3.4 的假设下为什么有 $\mathbf{g}(\mathbf{x}_N)=O_p(1)$。

3.4　证明推论 3.2。

3.5　设 $\{y_i: i=1,2,\cdots\}$ 是满足 $E(y_i^2)<\infty$ 的独立同分布序列。设 $\mu=E(y_i)$ 并且 $\sigma^2=\mathrm{Var}(y_i)$。

a. 设 $\bar{y}_N$ 表示基于样本量 N 的样本平均。求出 $\mathrm{Var}[\sqrt{N}(\bar{y}_N-\mu)]$。

b. $\sqrt{N}(\bar{y}_N-\mu)$ 的渐近方差是什么？

c. $\bar{y}_N$的渐近方差是什么？把它与 $\mathrm{Var}(\bar{y}_N)$ 进行比较。

d. $\bar{y}_N$的渐近标准方差是什么？

e. 你如何获得 $\bar{y}_N$的渐近标准误？

3.6　对于下述内容给出一个细致的（简短）证明：如果$\sqrt{N}(\hat{\boldsymbol{\theta}}_N-\boldsymbol{\theta})=O_p(1)$，那么对于任意 $0\leqslant c<\frac{1}{2}$，$\hat{\boldsymbol{\theta}}_N-\boldsymbol{\theta}=o_p(N^{-c})$。

3.7　对于数量 $\theta>0$，设 $\tilde{\theta}$ 是一个$\sqrt{N}$渐近正态的估计量。设$\hat{\gamma}=\log(\hat{\theta})$是 $\gamma=\log(\theta)$ 的一个估计量。

a. 为什么 $\hat{\gamma}$是 γ 的一致性估计量？

b. 求出以$\sqrt{N}(\hat{\theta}-\theta)$ 的渐近方差表示的$\sqrt{N}(\hat{\gamma}-\gamma)$ 的渐近方差。

c. 对于一个数据样本来说，假定$\hat{\theta}=4$ 且 $\mathrm{se}(\hat{\theta})=2$。$\hat{\gamma}$与其（渐近）标准误是什么？

d. 考察零假设 H_0：$\theta=1$。一旦给定出自 c 部分中的数据，检验 H_0 的渐近 t 统计量是什么？

e. 现在以 γ 形式等价地阐述出自 d 部分的内容，并且使用$\hat{\gamma}$与 $\mathrm{se}(\hat{\gamma})$ 来检验 H_0。你会得到什么结论？

3.8　设$\hat{\boldsymbol{\theta}}=(\hat{\theta}_1,\hat{\theta}_2)'$表示$\boldsymbol{\theta}=(\theta_1,\theta_2)'$的一个$\sqrt{N}$渐近正态估计量，其中 $\theta_2\neq0$。设$\hat{\gamma}=\hat{\theta}_1/\hat{\theta}_2$表示 $\gamma=\theta_1/\theta_2$的估计量。

a. 证明 $\mathrm{plim}\,\hat{\gamma}=\gamma$。

b. 利用 δ 方法，求出以 $\boldsymbol{\theta}$ 与 $\mathrm{Avar}(\hat{\theta})$ 表示的 $\mathrm{Avar}(\hat{\gamma})$。

c. 对于一个数据样本来说，如果 $\hat{\boldsymbol{\theta}}=(-1.5, 0.5)'$ 而 $\mathrm{Avar}(\hat{\boldsymbol{\theta}})$ 估计为 $\begin{pmatrix} 1 & -0.4 \\ -0.4 & 2 \end{pmatrix}$，求出 $\hat{\gamma}$ 的渐近标准误。

3.9 设 $\hat{\boldsymbol{\theta}}$ 与 $\tilde{\boldsymbol{\theta}}$ 是 $P\times 1$ 维参数向量 $\boldsymbol{\theta}$ 的两个一致的 $\sqrt{N}$ 渐近正态估计量，满足 $\mathrm{Avar}\sqrt{N}(\hat{\boldsymbol{\theta}}-\boldsymbol{\theta})=\mathbf{V}_1$ 而且 $\mathrm{Avar}\sqrt{N}(\tilde{\boldsymbol{\theta}}-\boldsymbol{\theta})=\mathbf{V}_2$。通过 $\gamma=\mathbf{g}(\boldsymbol{\theta})$ 定义一个 $Q\times 1$ 维参数向量，其中 $\mathbf{g}(\cdot)$ 表示一个连续可微函数。证明：如果 $\hat{\boldsymbol{\theta}}$ 比 $\tilde{\boldsymbol{\theta}}$ 是更为渐近有效的，那么 $\hat{\gamma}\equiv\mathbf{g}(\hat{\boldsymbol{\theta}})$ 与 $\tilde{\gamma}\equiv\mathbf{g}(\tilde{\boldsymbol{\theta}})$ 是渐近有效相关的。

3.10 设 $\{w_i: i=1, 2, \cdots\}$ 为一个独立同分布随机变量序列，且有 $\mathrm{E}(w_i^2)<\infty$ 以及 $\mathrm{E}(w_i)=0$。定义标准化部分和为 $x_N = N^{-1/2}\sum_{i=1}^{N} w_i$。使用切比雪夫不等式（例如，参阅凯瑟莱和伯杰（Casella and Berger，2002，p. 122））证明 $x_N=\mathrm{O}_p(1)$。因此，我们可以直接证明 i. i. d. 随机变量带有有限二阶矩的一个标准化部分和是 $\mathrm{O}_p(1)$，而不是必须诉诸中心极限定理。

3.11 设 $\{w_i: i=1, 2, \cdots\}$ 是一个独立、非（必然）同分布随机变量序列，且有 $\mathrm{E}(w_i^2)<\infty$，$i=1, 2, \cdots$ 以及 $\mathrm{E}(w_i)=\mu_1$，$i=1, 2, \cdots$。对于每个 i，定义 $\sigma_1^2=\mathrm{Var}(w_i)$。

a. 使用切比雪夫不等式证明当 $N\to\infty$ 时关于 $N^{-1}\sum_{i=1}^{N}(w_i-\mu_i)\xrightarrow{p}0$ 的一个充分条件是 $N^{-2}\sum_{i=1}^{N}\sigma_i^2\longrightarrow 0$。

b. 如果 $\sigma_i^2<b<\infty$，$i=1, 2, \cdots$，a 部分的条件可以满足吗？（参阅怀特（White，2001）了解更弱的条件，在该条件下 WLLN 对于 i. n. i. d. 序列成立。）

第Ⅱ篇
线性模型

在这一篇里，我们开始对横截面与面板数据的线性模型的计量经济进行分析。在第 4 章中，我们回顾了单方程线性模型，同时讨论了普通最小二乘法估计。尽管这些内容原则上是复习，但是，这里的方法可能与那些介绍线性模型的教程大相径庭。此外，我们所涵盖的几个专题在一些教材中并没有涉及，然而，这些论题在实证工作中被证明是十分有用的。第 5 章讨论了线性模型的工具变量估计，而第 6 章则包括了一些使我们对单方程模型处理更为圆满的其他论题。

第 7 章开始对方程组进行分析。普通的设置是，总体方程个数相对小于（横截面）样本量。这允许我们包括似无关回归模型横截面数据以及开始进行面板数据分析。第 8 章是建立在第 7 章框架之上的，但是却考察了一些解释变量可能与误差项是不相关的情形。广义矩方法是一个统一专题。第 9 章则把第 8 章中的一些方法应用于联立方程模型的估计上，并且强调了在应用这类模型中所产生的一些概念上的问题。

第 10 章以显性方式引入了不可观测效应的线性面板数据模型。在解释变量是以不可观测效应为条件的严格外生性假设下，我们探讨了几种估计方法，包括固定效应、一阶差分以及随机效应。最后的方法假定，不可观测效应在所有时间段与解释变量都是不相关的。第 11 章考察了基本面板数据模型的一些扩展形式，包括严格外生性假设不满足以及含有个体特有斜率的模型的情形。

第 4 章 单方程线性模型与普通最小二乘法估计

4.1 单方程线性模型概述

这一章和接下来的两章涵盖了实证经济学中仍旧广泛应用的工具：单方程线性模型。虽然你认为使用普通最小二乘法（OLS）估计只是为了舒服，但我们以它作为开始还是有一些理由的。首先，较为传统的计量经济学方法把解释变量处理成固定的，而现代方法则基于含有随机解释变量的随机抽样，OLS 在这二者之间架起了一座桥梁。其次，我们涵盖了在第一学期课本中十分粗略地涉及的一些专题。这些专题在应用研究工作中经常出现，例如，利用代理变量求解**遗漏变量**（omitted variable）问题。

我们所研究的总体模型是其参数的线性模型：

$$y=\beta_0+\beta_1 x_1+\beta_2 x_2+\cdots+\beta_K x_K+u \tag{4.1}$$

其中 y，x_1，x_2，x_3，…，x_K 都表示可观测的**随机标量**（random scalars）（也就是，我们可以在模型的随机样本中观测到它们），u 表示不可观测的随机扰动项或者误差，而 β_0，β_1，β_2，…，β_K 表示我们希望要估计的参数（常数）。

方程（4.1）中模型的误差项的形式对统一处理各种计量经济过程的统计性质是十分有用的。不过，为了得到方程（4.1）所使用的步骤同样十分重要。戈德伯格（Goldberger，1972）把**结构模型**（structural model）定义为表示因果关系的模型，而不是表示直接捕获**统计关联**（statistical associations）关系的模型。结构方程可以从一个经济模型中获得，它也可以通过非正式的推理来获得。有时候，可以直接估计结构方程。然而，有时候为了得到一个**可估计模型**（estimable model），我们必须把关于其他变量的辅助假设与代数处理结合起来。此外，有时候作为估计结构方程的一种先导，我们也时常有许多理由去估计非结构方程。

误差项 u 能够由形形色色的因素构成，它们包括遗漏变量与测量误差（我们不久会发现一些实例）。一般来说，参数 β_j 希望对应于关注的参数，也就是对应于基本结构方程中的参数。是不是这种情形还要依赖于应用以及所做出的假设。

如同我们将在 4.2 节中所看到的，OLS 一致地估计 β_j（假定我们从总体中可以获得随机样本）所需的关键性条件是，（总体中的）误差项具有零均值且与每一个回归元是不相关的：

$$E(u)=0, \quad Cov(x_j,u)=0, \quad j=1,2,\cdots,K \tag{4.2}$$

当包含截距时，零均值假设是自动满足的，同时我们应该把注意力限制在下述内容上。重要的是，u 对每一个 x_j 的协方差都为 0。由第 2 章我们知道，方程（4.1）与假设（4.2）等价于把 y 在（$1,x_1,x_2,\cdots,x_K$）上的线性投影定义为 $\beta_0+\beta_1x_1+\beta_2x_2+\cdots+\beta_Kx_K$。

假设（4.2）的充分性在于零条件均值假设

$$E(u|x_1,x_2,\cdots,x_K)=E(u|\mathbf{x})=0 \tag{4.3}$$

由方程（4.1）与假设（4.3），我们可以得到总体回归模型

$$E(y|x_1,x_2,\cdots,x_K)=\beta_0+\beta_1x_1+\beta_2x_2+\cdots+\beta_Kx_K \tag{4.4}$$

正如我们在第 2 章中所看到的，方程（4.4）包括了 x_j 作为基本解释变量的非线性函数这种情形，比如：

$$\begin{aligned}&E(savings|income,size,age,college)\\&=\beta_0+\beta_1\log(income)+\beta_2size+\beta_3age\\&\quad+\beta_4college+\beta_5college\cdot age\end{aligned}$$

首先，因为假设（4.2）弱于假设（4.3），所以我们主要在假设（4.2）下研究 OLS 的渐近性质。正如我们在第 2 章所讨论的，当可以直接估计一个结构方程时，假设（4.3）是非常自然的，因为假设（4.3）确保了没有额外的解释变量函数来帮助解释 y。

在方程（4.1）中，如果一个解释变量 x_j 与 u 是相关的，那么它被称为**内生的**（endogenous）。此处，你不能过多地依赖于“内生”在经济学中其他分支里的含义。在传统用法中，如果一个变量是由某一模型的前后关系所决定，那么它就是内生的。在计量经济学中，这种用法虽然同传统定义有关，但主要广泛用于描述一个解释变量同扰动相关的任何一种情形。如果 x_j 与 u 是不相关的，那么在方程（4.1）中，就称 x_j 是**外生的**（exogenous）。如果假设（4.3）成立，那么每一个解释变量必是外生的。

在应用计量经济学中，内生性的产生通常有下面三种情形：

遗漏变量（omitted variables） 当我们要控制一个或多个附加变量时，遗漏变量就会出现，然而，由于数据的不可利用性（unavailability），我们不能在一个回归模型中将它们包括在内。特别地，假定 $E(y\mid\mathbf{x},q)$ 表示关注的条件期

望，可以将它表示成参数的线性函数以及 q 的可加形式。如果 q 是不可观测的，我们总是可以估计 $\mathrm{E}(y \mid \mathbf{x})$，但是，当 q 与 $\mathbf{x}$ 是相关的时，这种需要就同 $\mathrm{E}(y \mid \mathbf{x},q)$ 没有特殊的关系。描述这种情形的一种方法是写出方程（4.1），其中 q 是误差项 u 的一部分。如果 q 与 x_j 是相关的，那么 x_j是内生的。含有不可观测量的解释变量的相关性经常归因于**自选择**（self-selection）：如果选择 x_j的值，那么这可能取决于那些对分析家来说是不可观测的因素（q）。一个非常典型的例子就是在工资方程中遗漏能力，其中个人受教育的年数可能同他不可观测的能力是相关的。我们将在 4.3 节中详细地讨论遗漏变量问题。

测量误差（measurement error） 此时我们要测量一个变量，例如 x_K^* 的（偏）效应，然而，我们仅仅能观测到它的**不完全测量**（imperfect measure），比如说 x_K。当我们用 x_K 代替 x_K^* 时——从而得到了可估计方程（4.1），我们必须把测量误差放入 u 中。u 与 x_K是否为相关的，取决于对 x_K^* 与 x_K如何相关所做出的假设。例如，x_K^* 可以表示边际税率，但是我们只能得到平均税率的数据。我们将在 4.4 节中研究测量误差问题。

联立性（simultaneity） 当解释变量中至少有一个连同 y 被联立确定时，联立性便产生了。比如说，如果 x_K被部分地确定为 y 的函数，那么 x_K 与 u 通常是相关的。例如，y 表示城市谋杀案件率，而 x_K 表示警力的大小，警力大小部分地由谋杀案件率来决定。直观上这种情形较难分析，因为我们必须考虑到我们能够外生地变动 x_K的情形，即使在我们收集的数据中，y 与 x_K是联立生成的。第 9 章将详细地阐述联立方程模型。

内生性三种可能形式之间的差异并不总是那么明显。事实上，一个方程内生性的来源不止一个。例如，考察酒消费对工人生产率（通常由工资来衡量）的影响时，我们会担心酒消费与不可观测因素之间是相关的，可能与家族背景相关，而家族背景也会影响到工资，这是一个遗漏变量问题。此外，对酒的需求通常依赖于收入，而绝大部分的收入取决于工资，这是一个联立性问题。而且，酒消费中可能总是存在测量误差。为了明确地讨论特殊领域中所产生的三种内生性，请参阅迪顿（Deaton，1995）关于发展经济学中计量经济问题的综述一章。

4.2 普通最小二乘法的渐近性质

现在，我们简要地回顾一下总体中随机样本的 OLS 渐近性质。重点放在推断上，把关注的总体方程写成类似

$$y=\mathbf{x}\boldsymbol{\beta}+u \tag{4.5}$$

的向量形式是很方便的，其中 $\mathbf{x}$ 表示一个 $1\times K$ 维回归元向量，而 $\boldsymbol{\beta}\equiv(\beta_1,\beta_2,\cdots,\beta_K)'$ 表示一个 $K\times 1$ 维向量。由于大多数方程均包含截距，所以我们仅仅假设

$x_1 \equiv 1$，因为这个假设使得对这些条件的解释变得容易。

假设我们可以从总体中获得一个大小为 N 的随机样本来估计 $\boldsymbol{\beta}$。于是，$\{(\mathbf{x}_i, y_i): i=1,2,\cdots,N\}$ 被处理成独立同分布的随机变量，其中 $\mathbf{x}_i$ 表示 $1 \times K$ 维向量，而 y_i 表示标量。对于每一个观测值 i，我们有

$$y_i = \mathbf{x}_i \boldsymbol{\beta} + u_i \tag{4.6}$$

这个方程对于推导估计量的统计性质而言是非常方便的。至于陈述假设与解释假设时，将注意力集中在总体模型（4.5）上是最容易的。

将解释变量向量 $\mathbf{x}_i$ 定义为一个行向量虽然不如将其定义为一个列向量那么普遍，但行向量标识在很多维度上都可以是很合理的，尤其是当我们致力于用多重方程或时间段来建模的时候。目前，我们通过思考最便利且远远最为普通的输入与存储数据的方法来使行向量标识具有合理性——使用表格形式，其中表格关于每个观测值都有一行。换句话说，如果（$\mathbf{x}_i, y_i$）是关于 i 单元的结果，那么将（$\mathbf{x}_i, y_i$）视为我们数据矩阵或表格的第 i 行就是有道理的。相同地，当我们致力于估计时，将 $\mathbf{x}_i$ 定义为解释变量矩阵的第 i 行就是有道理的。

4.2.1 一致性

正如 4.1 节中所讨论的，OLS 一致地估计出 $\boldsymbol{\beta}$ 所用的关键假设是**总体正交性条件**（population orthogonality condition）。

假设 OLS.1 $\mathrm{E}(\mathbf{x}'u)=0$。

由于 $\mathbf{x}$ 包括了常数，所以假设 OLS.1 就相当于说，u 是有零均值且与每一个回归元是不相关的，以后我们还会这样涉及 OLS.1 假设。OLS.1 假设的充分内容是零条件均值假设（4.3）。

理解假设 OLS.1 的总体性质是很关键的。（$\mathbf{x}, \mu$）代表了一个总体，而 OLS.1 是关于在该总体中联合分布上的一个约束。例如，如果 $\mathbf{x}$ 包含在校教育年数和工作经验，而且 μ 的主要组成部分是认知能力，那么 OLS.1 意味着在总体中能力与教育和经验是不相关的；它与在一个数据样本中的关系无关。

OLS 的一致性所需要的另一个假设是，$\mathbf{x}$ 的期望外积矩阵是满秩的，因此，总体中各个回归元之间不存在准确的线性关系。这可以简明地表述如下：

假设 OLS.2 秩 $\mathrm{E}(\mathbf{x}'\mathbf{x})=K$。

如同假设 OLS.1 一样，假设 OLS.2 也是关于总体的一个假设。由于 $\mathrm{E}(\mathbf{x}'\mathbf{x})$ 是一个对称的 $K \times K$ 维矩阵，假设 OLS.2 就等价于假定 $\mathrm{E}(\mathbf{x}'\mathbf{x})$ 是正定的。既然 $x_1=1$，那么假设 OLS.2 也就相当于说，$\mathbf{x}$ 中 $K-1$ 个非常数值元素的（总体）方差矩阵是非奇异的。这是一个标准的假设，当且仅当回归元中至少有一个能写成（总体中）其他回归元的一个线性函数时，该假设失效，假设 OLS.2 通常是成立的。但是，如果总体模型设定得不适当，该假设也会不满足［比如，在 $\mathbf{x}$ 中包含太多的虚拟变量，或者在同一方程中错误地使用了类似 $\log(age)$ 与 $\log(age^2)$ 的量］。

在假设 OLS. 1 与假设 OLS. 2 下，参数向量 $\boldsymbol{\beta}$ 是可识别的（identified）。在随机抽样下，有些模型关于参数是线性的，在这种情形中，$\boldsymbol{\beta}$ 的识别仅仅意味着 $\boldsymbol{\beta}$ 可以在可观测变量中以总体矩的形式表述出来。（稍后，当我们考察非线性模型时，识别的概念必定会变得更为一般化。同样地，如果我们不能从总体中获得随机样本，那么特殊问题便产生了，我们将在第 19 和 20 章中研究此类问题。）为了使 $\boldsymbol{\beta}$ 在假设 OLS. 1 及假设 OLS. 2 下是可识别的，用 $\mathbf{x}'$ 左乘方程 (4. 5)，取期望，然后求解得到

$$\boldsymbol{\beta}=[\mathrm{E}(\mathbf{x}'\mathbf{x})]^{-1}\mathrm{E}(\mathbf{x}'y)$$

由于 $(\mathbf{x}, y)$ 是可观测的，所以 $\boldsymbol{\beta}$ 是可识别的。选择一个估计量的类推原理（analogy principle）要求把总体问题转变成它的相应样本问题（参阅戈德伯格（Goldberger，1968）；曼斯基（Manski，1988））。在当前应用中，这一步骤引出了**矩方法**（method of moments）：用相应的样本平均数替代总体矩 $\mathrm{E}(\mathbf{x}'\mathbf{x})$ 与 $\mathrm{E}(\mathbf{x}'y)$。这种做法就产生了 OLS 估计量：

$$\begin{aligned}\hat{\boldsymbol{\beta}} &= \left(N^{-1}\sum_{i=1}^{N}\mathbf{x}_i'\mathbf{x}_i\right)^{-1}\left(N^{-1}\sum_{i=1}^{N}\mathbf{x}_i'y_i\right)\\ &=\boldsymbol{\beta}+\left(N^{-1}\sum_{i=1}^{N}\mathbf{x}_i'\mathbf{x}_i\right)^{-1}\left(N^{-1}\sum_{i=1}^{N}\mathbf{x}_i'u_i\right)\end{aligned}$$

它能以完全矩阵形式写成 $(\mathbf{X}'\mathbf{X})^{-1}\mathbf{X}'\mathbf{Y}$，其中 $\mathbf{X}$ 表示回归元的 $N\times K$ 维数据矩阵，其中第 i 行为 $\mathbf{x}_i$，而 $\mathbf{Y}$ 表示 $N\times 1$ 维数据向量，其中 y_i 为第 i 个元素。在假设 OLS. 2 下，$\mathbf{X}'\mathbf{X}$ 以接近 1 的概率是非奇异的且 $\operatorname{plim}\left[\left(N^{-1}\sum_{i=1}^{N}\mathbf{x}_i'\mathbf{x}_i\right)^{-1}\right]=\mathbf{A}^{-1}$，其中 $\mathbf{A}\equiv\mathrm{E}(\mathbf{x}'\mathbf{x})$（参阅推论 3. 1）。此外，在假设 OLS. 1 下，$\operatorname{plim}\left(N^{-1}\sum_{i=1}^{N}\mathbf{x}_i'u_i\right)=\mathrm{E}(\mathbf{x}'u)=0$。因此，由斯拉茨基定理（引理 3. 4），$\operatorname{plim}\hat{\boldsymbol{\beta}}=\boldsymbol{\beta}+\mathbf{A}^{-1}\cdot\mathbf{0}=\boldsymbol{\beta}$。我们以一个定理形式加以概括：

定理 4. 1（OLS 的一致性） 在假设 OLS. 1 与假设 OLS. 2 下，对于 $\boldsymbol{\beta}$ 而言，从总体模型（4. 5）的一个随机样本中所获得的 OLS 估计量 $\hat{\boldsymbol{\beta}}$ 是一致的。

定理 4. 1 证明的简单性不应该削弱它的效用。无论什么时候，一个方程可以写成形式（4. 5）且假设 OSL. 1 与 OSL. 2 均成立，使用随机样本的 OLS 就会一致地估计出 $\boldsymbol{\beta}$。这个方程来自何处以及 $\boldsymbol{\beta}_j$ 究竟代表什么都无关紧要，如同我们将在 4. 3 节与 4. 4 节所见到的，经常是在处理了一个基本结构方程之后才能得到一个可估计的方程。记住这个要点是，一旦（关于参数）线性方程以可加误差形式加以设定，而且假设 OLS. 1 与假设 OSL. 2 得以核实，则不需要再次证明定理 4. 1。

在定理 4. 1 的假设下，$\mathbf{x}\boldsymbol{\beta}$ 是 y 在 $\mathbf{x}$ 上的线性投影。于是，定理 4. 1 表明，在假设 OLS. 2 中的秩条件下，OLS 一致地估计线性投影中的参数。这是非常

一般的情形，因为它对 y 没有任何本质约束——例如，y 可能是一个二值变量或者某一个含有离散特性的其他变量。既然一个在参数上是线性的条件期望也是线性投影，那么定理 4.1 也证明了，OLS 一致地估计出在参数上是线性的条件期望。我们在后面一些章节中会经常使用这个事实。

最后要强调几点。首先，如果假设 OLS.1 与假设 OLS.2 中的一个不满足，那么 $\boldsymbol{\beta}$ 是不可识别的（除非我们做出其他一些假设，如同第 5 章一样）。通常，引起识别不足的 $\mathbf{x}$ 的一个或者多个元素同 u 相关。其次，即使在假设 OLS.1 与假设 OLS.2 下，OLS 估计量也不一定是无偏的。然而，如果我们利用零条件均值假设（4.3），并且如果 $\mathbf{X}'\mathbf{X}$ 是非奇异的，那么可以证明，$\mathrm{E}(\hat{\boldsymbol{\beta}} \mid \boldsymbol{X})=\boldsymbol{\beta}$，参阅习题 4.2。倘若期望值 $\mathrm{E}(\hat{\boldsymbol{\beta}})$ 存在，通过期望迭代，同样 $\hat{\boldsymbol{\beta}}$ 也是无条件无偏的。

最后，我们没有很严格地做出 u 与 $\mathbf{x}$ 是独立的这一假设。如果 $\mathrm{E}(u)=0$ 且 u 与 $\mathbf{x}$ 是独立的，那么假设（4.3）成立，但是反之不成立。例如，$\mathrm{Var}(u \mid \mathbf{x})$ 在假设（4.3）下是完全无限制的，但是如果 u 与 $\mathbf{x}$ 是独立的，那么 $\mathrm{Var}(u \mid \mathbf{x})$ 必是常数。

4.2.2 利用普通最小二乘法的渐近推断

通过写出

$$\sqrt{N}(\hat{\boldsymbol{\beta}}-\boldsymbol{\beta})=\left(N^{-1}\sum_{i=1}^{N}\mathbf{x}_i'\mathbf{x}_i\right)^{-1}\left(N^{-1/2}\sum_{i=1}^{N}\mathbf{x}_i'u_i\right)$$

可以推导出 OLS 估计量的渐近分布。如同我们在定理 4.1 中看到的，$\left(N^{-1}\sum_{i=1}^{N}\mathbf{x}_i'\mathbf{x}_i\right)^{-1}-\mathbf{A}^{-1}=\mathrm{o}_p(1)$。同样地，$\{(\mathbf{x}_i'u_i): i=1,2,\cdots\}$ 是均值为零的 i.i.d. 序列，并且我们假定，每一个元素具有有限方差。于是，由中心极限定理（定理 3.2），这意味着，$N^{-1/2}\sum_{i=1}^{N}\mathbf{x}_i'u_i \xrightarrow{d} \mathrm{Normal}(\mathbf{0},\mathbf{B})$，其中 $\mathbf{B}$ 表示 $K\times K$ 维矩阵。

$$\mathbf{B}\equiv\mathrm{E}(u^2\,\mathbf{x}'\mathbf{x}) \tag{4.7}$$

这表示 $N^{-1/2}\sum_{i=1}^{N}\mathbf{x}_i'u_i=\mathrm{O}_p(1)$，由于 $\mathrm{o}_p(1)\cdot\mathrm{O}_p(1)=\mathrm{o}_p(1)$，我们可以写出

$$\sqrt{N}(\hat{\boldsymbol{\beta}}-\boldsymbol{\beta})=\mathbf{A}^{-1}\left(N^{-1/2}\sum_{i=1}^{N}\mathbf{x}_i'u_i\right)+\mathrm{o}_p(1) \tag{4.8}$$

我们可以使用方程（4.8），立刻获得 $\sqrt{N}(\hat{\boldsymbol{\beta}}-\boldsymbol{\beta})$ 的渐近分布。**同方差性**（homoskedasticity）假设简化了 OLS 渐近方差的形式：

假设 OLS.3　$\mathrm{E}(u^2\,\mathbf{x}'\mathbf{x})=\sigma^2\mathrm{E}(\mathbf{x}'\mathbf{x})$，其中 $\sigma^2\equiv\mathrm{E}(u^2)$。

由于 $\mathrm{E}(u)=0$，所以 σ^2 也就等于 $\mathrm{Var}(u)$。假设 OLS.3 是同方差性假设中

最弱的形式。如果我们逐个元素地写出假设 OLS.3 中的 $K\times K$ 维矩阵，那么我们就会发现，假设 OLS.3 就相当于假设误差平方 u^2 与每一个 x_j，x_j^2 以及 $x_j x_k$ 形式的所有交叉乘积均是无关的。由期望迭代定律可知，假设 OLS.3 的充分条件是 $\mathrm{E}(u^2|\mathbf{x})=\sigma^2$。当 $\mathrm{E}(u|\mathbf{x})=0$ 时，它等同于 $\mathrm{Var}(u \mid \mathbf{x})=\sigma^2$。给定 $\mathbf{x}$ 关于 u 的常数条件方差假设是最容易理解的，但是它比所需要的条件更强一些。

定理 4.2 （OLS 的渐近正态性）：在假设 OLS.1 至假设 OLS.3 下，

$$\sqrt{N}(\hat{\boldsymbol{\beta}}-\boldsymbol{\beta})\overset{a}{\sim}\mathrm{Normal}\ (0,\sigma^2[\mathrm{E}(\mathbf{x}'\mathbf{x})]^{-1}) \tag{4.9}$$

证明：由方程（4.8）以及 $\mathbf{B}$ 的定义，从引理 3.7 与推论 3.2 可得

$$\sqrt{N}(\hat{\boldsymbol{\beta}}-\boldsymbol{\beta})\overset{a}{\sim}\mathrm{Normal}(0,\mathbf{A}^{-1}\mathbf{B}\mathbf{A}^{-1})$$

其中，$\mathbf{A}=\mathrm{E}(\mathbf{x}'\mathbf{x})$。在假设 OLS.3 下，$\mathbf{B}=\sigma^2\mathbf{A}$，这就证明了此结果。

从实用角度上讲，式（4.9）允许我们把 $\hat{\boldsymbol{\beta}}$ 处理成渐近正态的，它的均值为 $\boldsymbol{\beta}$ 且方差为 $\sigma^2[\mathrm{E}(\mathbf{x}'\mathbf{x})]^{-1}/N$。很容易证明，$\sigma^2$ 的通常估计量是一致的，$\hat{\sigma}^2\equiv \mathrm{SSR}/(N-K)$，其中 $\mathrm{SSR}=\sum_{i=1}^{N}\hat{u}_i^2$ 是 OLS 的残差平方和。（利用分母中的 N 或者 $N-K$ 不会影响一致性。）当用样本均值 $N^{-1}\sum_{i=1}^{N}\mathbf{x}_i'\mathbf{x}_i=(\mathbf{X}'\mathbf{X}/N)$ 代替 $\mathrm{E}(\mathbf{x}'\mathbf{x})$ 时，我们会得到

$$\widehat{\mathrm{Avar}(\hat{\beta})}=\hat{\sigma}^2(\mathbf{X}'\mathbf{X})^{-1} \tag{4.10}$$

式（4.10）的右边应该是人们熟悉的：在经典线性模型假设下，它是通常的 OLS 方差矩阵估计量。在假设 OLS.1 至假设 OLS.3 下，定理 4.2 表明通常 OLS 标准误、t 统计量与 F 统计量均是渐近有效的。通过推导 $\mathbf{R}\boldsymbol{\beta}=\mathbf{r}$ 形式（参阅第 3 章）线性约束的瓦尔德检验，可以证明，F 统计量大约是有效的。于是，F 统计量仅仅是一个自由度调整的瓦尔德统计量，F 分布（而不是卡方分布）也正是在瓦尔德统计量之中产生的。

4.2.3 异方差性稳健的推断

如果不满足假设 OLS.1，我们可能会陷入困境之中，因为 OLS 甚至不是一致的。在接下来的一章中，我们会讨论重要的工具变量法，当 OLS.1 假设不满足时，可以用这种方法获得 $\boldsymbol{\beta}$ 的一致估计量。假设 OLS.2 也需要一致性，但是几乎没有理由去检验它是否满足。

不满足假设 OLS.3 的情形并不像不满足假设 OLS.1 的情形那么严重。正如我们已经看到的，假设 OLS.3 与 $\hat{\boldsymbol{\beta}}$ 的一致性毫无关系。进一步地，在没有假设 OLS.3 的情形中，基于式（4.8）的渐近正态性的证明仍是有效的，但是最后的渐近方差是不相同的。我们为了推导极限分布而假定 OLS.3，因为假设 OLS.3 意味着 OLS 标准误与检验统计量的渐近有效性。所有回归软件包均将

假设 OLS. 3 假定成报告统计中的默认项。

通常会有许多原因去认为，假设 OLS. 3 会不满足，在这种情形中，方程(4.10) 甚至不再是渐近方差矩阵的一个有效估计值。如果我们做出零条件均值假设 (4.3)，那么解决妨碍假设 OLS. 3 成立的问题的一个方法是，对 $\mathrm{Var}(y \mid \mathbf{x})$ 设定一个模型，估计此模型，并且应用**加权最小二乘法**（weighted least squares，WLS)：因为对于观测值 i，y_i 与 x_i 的每一个元素（包含 1）均被条件标准差 $[\mathrm{Var}(y_i \mid \mathbf{x}_i)]^{1/2}$ 的估计值除，同时 OLS 被应用于加权数据上（详细情形，参阅伍德里奇（Wooldridge，2009a，第 8 章））。这一方法导致了 $\boldsymbol{\beta}$ 的不同估计量。在第 12 章，我们在非线性回归更一般的情形中讨论 WLS。最近，甚至在怀疑存在异方差的情形中，由 OLS 估计 $\boldsymbol{\beta}$ 已经变得十分流行了，只要调整标准误及检验统计量使得它们在任意异方差存在的情形中都是有效的。既然无论假设 OLS. 3 是否成立，这些标准误都是有效的，此方法比加权最小二乘法更容易。我们所失去的是由加权最小二乘法（WLS）（参阅第 14 章）所获得的潜在有效性（efficiency)。但是只有 $\mathrm{Var}(y \mid \mathbf{x})$ 是正确的时候，由 WLS 所取得的有效性才能得到保证。进一步地，如果 $\mathrm{E}(u \mid \mathbf{x}) \neq 0$，但假设 OLS. 1 成立，那么 WLS 通常是非一致性的，所以 WLS 对于估计线性投影而言是不适当的。特别地，对于大的样本量来说，异方差性的存在不一定会影响人们利用 OLS 实施准确推断的能力。但是，需要适当地计算标准误与检验统计量。

由定理 4.2 的证明可知，需要对渐近方差加以调整：如果没有假设 OLS. 3，$\hat{\boldsymbol{\beta}}$ 的渐近方差是 $\mathrm{Avar}(\hat{\boldsymbol{\beta}}) = \mathbf{A}^{-1}\mathbf{B}\mathbf{A}^{-1}/N$，其中 $K \times K$ 维矩阵 $\mathbf{A}$ 与 $\mathbf{B}$ 是前面已定义过的。我们已经知道如何一致地估计 $\mathbf{A}$。$\mathbf{B}$ 的估计也可以直接获得。首先，由大数定律，$N^{-1}\sum_{i=1}^{N} u_i^2 \mathbf{x}_i'\mathbf{x}_i \xrightarrow{p} \mathrm{E}(u^2\,\mathbf{x}'\mathbf{x}) = \mathbf{B}$。现在，由于 u_i 是不可观测的，所以我们用 OLS 残差 $\hat{u}_i = y_i - \mathbf{x}_i\hat{\boldsymbol{\beta}}$ 代替 u_i，这导致了一致估计量 $\hat{\mathbf{B}} \equiv N^{-1}\sum_{i=1}^{N} \hat{u}_i^2 \mathbf{x}_i'\mathbf{x}_i$，参阅怀特（White，2001）的论述以及习题 4.4。

$\hat{\boldsymbol{\beta}}$ 的异方差性稳健方差矩阵估计量是 $\hat{\mathbf{A}}^{-1}\hat{\mathbf{B}}\hat{\mathbf{A}}^{-1}/N$，或者相消之后，

$$\widehat{\mathrm{Avar}(\hat{\boldsymbol{\beta}})} = (\mathbf{X}'\mathbf{X})^{-1}\left(\sum_{i=1}^{N} \hat{u}_i^2 \mathbf{x}_i'\mathbf{x}_i\right)(\mathbf{X}'\mathbf{X})^{-1} \tag{4.11}$$

这一矩阵是由怀特（White，1980b）引入计量经济学中的，尽管某些人把它归功于发现稳健方差的两位统计学家艾克（Eicker，1967）或休伯（Huber，1967)。式（4.11）对角线元素的平方根经常被称为**怀特标准误**（White standard errors）或者**休伯标准误**（Huber standard errors)，或者用短横线把艾克、休伯以及怀特这三个名字组合起来。把它们称为**异方差性稳健标准误**(heteoskedasticity-robust standard errors）可能是最好的，因为这一术语描述了它们的目的。记住，在存在任意一种异方差性，包括同方差性存在的情形中，这些标准误都是渐近有效的。

在截横面应用研究中，稳健标准误经常被提出来，特别是当样本量很大

时。有些时候，稳健标准误连同通常的 OLS 标准误一起被提出来，而有些时候，稳健标准误则会代替通常的 OLS 标准误。目前，几种回归软件包将这些标准误当作一种选择，因而很容易获得异方差性稳健标准误。

有时候，作为对自由度修正的式（4.11）矩阵会用 $N/(N-K)$ 相乘。这个方法确保了，如果 $\hat{u}_i^2$ 相对于 i 是常数（一个实践中的不可能条件，但却是可能的同方差性最强的证据），那么将可以获得通常的 OLS 标准误。有证据表明，自由度调整改善了有限样本的性能。还有一些其他的方法可以用来调整式（4.11），以改善它的小样本性质——例如，参阅麦金农和怀特（MacKinnon and White，1985）—— 但是如果 N 与 K 极其相关，那么这些调整没有明显的不同。

一旦获得标准误，用通常方法就可计算出 t 统计量。这些对于未知形式的异方差性是稳健的，而且常常被用于检验单个约束。由异方差性稳健标准误计算出的 t 统计量是**异方差性稳健的 t 统计量**（heteroskedasticity-robust t statistics）。用通常的方法还可以获得置信区间。

当假设 OLS.3 不满足时，通常的 F 统计量对于检验多元线性约束而言，甚至对于渐近情形也是无效的。一些软件包允许稳健检验含有一个简单命令，而其他一些软件包则不允许。如果将假设写成

$$\mathrm{H}_0:\mathbf{R}\boldsymbol{\beta}=\mathbf{r} \tag{4.12}$$

其中 $\mathbf{R}$ 表示 $Q\times K$ 维矩阵且秩 $Q\leqslant K$，而 $\mathbf{r}$ 表示 $Q\times 1$ 维向量，那么检验方程（4.12）的异方差性稳健瓦尔德统计量就是

$$W=(\mathbf{R}\hat{\boldsymbol{\beta}}-\mathbf{r})'(\mathbf{R}\hat{\mathbf{V}}\mathbf{R}')^{-1}(\mathbf{R}\hat{\boldsymbol{\beta}}-\mathbf{r}) \tag{4.13}$$

其中，$\hat{\mathbf{V}}$ 是由方程（4.11）给定的。在 H_0 下，$W\overset{a}{\sim}\chi_Q^2$。瓦尔德统计量除以 Q（通常会把自由度调整到 $\hat{\mathbf{V}}$）就会得到一个近似 $\mathcal{F}_{Q,N-K}$ 的随机变量。但是，直接利用式（4.13）是没有任何问题的。

4.2.4 拉格朗日乘子（得分）检验

在分块模型

$$y=\mathbf{x}_1\boldsymbol{\beta}_1+\mathbf{x}_2\boldsymbol{\beta}_2+u \tag{4.14}$$

中，$\mathbf{x}_1$ 表示 $1\times K_1$ 维向量，而 $\mathbf{x}_2$ 表示 $1\times K_2$ 维向量，并且在假设 OLS.1 至假设 OLS.3 下，我们知道利用标准 F 检验，假设 H_0：$\boldsymbol{\beta}_2=\mathbf{0}$ 很容易得到渐近性检验。还有另外一个方法可以用来检验这些假设，它们在计算异方差性稳健检验与非线性模型方面尤其有用。

设 $\tilde{\boldsymbol{\beta}}_1$ 是在零假设 H_0：$\boldsymbol{\beta}_2=\mathbf{0}$ 下 $\boldsymbol{\beta}_1$ 的估计量，这被称为源自**约束模型**（restricted model）的统计量，将约束 OLS 残差定义为 $\tilde{u}_i=y_i-\mathbf{x}_{i1}\tilde{\boldsymbol{\beta}}_1$，$i=1, 2, \cdots, N$。在 H_0 下，根据**样本变差**（sample variation），$\mathbf{x}_{i2}$ 应该与样本中的 $\tilde{u}_i$

是无关的。拉格朗日乘子或得分原理就是基于这种观测值的。可以证明，一个有效检验统计量是这样获得的：实施

$$\tilde{u} \text{ 对 } \mathbf{x}_1, \mathbf{x}_2 \tag{4.15}$$

的 OLS 回归（其中观测值指标 i 被排除了）。假定 $\mathbf{x}_1$ 包括一个常数（也就是，零假设模型包括常数），设 R_u^2 表示来自回归（4.15）的通常 R 平方。那么，**拉格朗日乘子**（Lagrange multiplier，LM）* 或者**得分统计量**（score statistic）就是 $\mathrm{LM} \equiv NR_u^2$。这些名称源自约束最优化问题的不同特征，参阅拉奥（Rao，1948）、艾奇逊和西尔维（Aitchison and Silvey，1958）以及第 12 章。由于其形式独特，LM 被称为 N-R 平方检验（N-R-squared test）。在 H_0 下，$\mathrm{LM} \overset{a}{\sim} \chi^2_{K_2}$，其中 K_2 表示受到检验的约束数目。如果 NR_u^2 是充分大的，那么 $\tilde{u}$ 与 $\mathbf{x}_2$ 是显性相关的，而零假设将会被拒绝。

在回归（4.15）中包括 $\mathbf{x}_1$ 与 $\mathbf{x}_2$ 是非常重要的。换句话讲，在样本中，即使 $\tilde{u}$ 与 $\mathbf{x}_1$ 是正交的，出自零假设模型的 OLS 残差也应该在所有解释变量上做回归。如果 $\mathbf{x}_1$ 被排除，那么当 $\mathbf{x}_2$ 与 $\mathbf{x}_1$ 是相关的时候，所得到的统计量通常不具有卡方分布。如果 $\mathrm{E}(\mathbf{x}_1'\mathbf{x}_2)=\mathbf{0}$，那么我们能从回归（4.15）中排除 $\mathbf{x}_1$，但是这种正交性在应用中几乎不成立。如果 $\mathbf{x}_1$ 不包括一个常数，那么 R_u^2 应该是**非中心 R 平方**（uncentered R-squared）不用减去因变量 $\tilde{u}$ 的时间均值而得到的分母中全部的平方和。当 $\mathbf{x}_1$ 包括一个常数，通常中心 R 平方与非中心 R 平方是相同的，因为 $\sum_{i=1}^{N} \tilde{u}_i = 0$。

例 4.1（已婚工作妇女的工资方程） 考虑一个关于工作妇女的工资方程：

$$\begin{aligned}\log(wage) = &\beta_0 + \beta_1 exper + \beta_2 exper^2 + \beta_3 educ \\ &+ \beta_4 age + \beta_5 kidslt6 + \beta_6 kidsge6 + u\end{aligned} \tag{4.16}$$

其中，最后三个变量分别是妇女的年龄、6 岁以下孩子的数目以及至少 6 岁以上孩子的数目。我们能够检验，在生产力变量经历与教育得以控制之后，妇女们得到不同的工资是否取决于她们的年龄与孩子的多少。假设 H_0：$\beta_4=0$，$\beta_5=0$，$\beta_6=0$ 的 F 统计量是 $F=[(R_{ur}^2-R_r^2)/(1-R_{ur}^2)]\cdot[(N-7)/3]$，其中 R_{ur}^2 与 R_r^2 是无约束 R 平方与约束 R 平方，在 H_0（以及同方差性）下，$F \sim \mathscr{F}_{3,N-7}$。为了获得 LM 统计量，我们在不考虑 age，$kidslt6$，$kidsge6$ 的情形中估计方程，设 $\tilde{u}$ 表示 OLS 残差。于是，LM 统计量就是出自 $\tilde{u}$ 对 1，$exper$，$exper^2$，$educ$，age，$kidslt6$，$kidsge6$ 回归的 NR_u^2，其中 1 表示我们包含一个截距。在 H_0 与同方差性下，$NR_u^2 \overset{a}{\sim} \chi^2_3$。

使用 MROZ. RAW（源自 Morz，1987）中 428 个已婚职业妇女的数据，我们得到如下估计方程：

---

* 又称为拉格朗日乘数。——译者注

$$\log(\widehat{wage}) = -0.421 + 0.040\ exper - 0.000\,78\ exper^2 + 0.108\ educ$$
$$\quad (0.317) \quad (0.013) \quad (0.000\,40) \quad (0.014)$$
$$\quad [0.316] \quad [0.015] \quad [0.000\,41] \quad [0.014]$$
$$-0.001\,5\ age - 0.061\ kidslt6 - 0.015\ kidsge6, \quad R = 0.158$$
$$(0.005\,3) \quad (0.089) \quad (0.028)$$
$$[0.005\,9] \quad [0.105] \quad [0.029]$$

其中括号中的数表示异方差性稳健标准误。*age*，*kidslt6* 以及 *kidsge6* 联合显著性的 F 统计量大约是 0.24，它给出了 p 值≈0.87。有一些约束残差 $\tilde{u}$ 出自关于所有外生变量的约束模型，在这些残差上进行回归会得到 0.001 7 的 R 平方，所以 LM=428×0.001 7=0.728，而 p 值≈0.87。因而，F 检验与 LM 检验给出了实际上相同的结果。

正如通常的 F 检验一样，回归（4.15）的检验支持了 H_0 下假设 OLS.3。可以证明，获得异方差性稳健 LM 统计量变得很容易。为了理解如何获得这些结果，让我们更详细地看一下回归（4.15）中的 LM 统计量公式。在经过某种代数运算之后，我们可以写出

$$\text{LM} = \left(N^{-1/2}\sum_{i=1}^{N} \hat{\mathbf{r}}_i'\tilde{u}_i\right)'\left(\tilde{\sigma}^2 N^{-1}\sum_{i=1}^{N} \hat{\mathbf{r}}_i'\hat{\mathbf{r}}_i\right)^{-1}\left(N^{-1/2}\sum_{i=1}^{N} \hat{\mathbf{r}}_i'\tilde{u}_i\right)$$

其中 $\tilde{\sigma}^2 \equiv N^{-1}\sum_{i=1}^{N} \tilde{u}_i^2$，而且每一个 $\hat{\mathbf{r}}_i$ 都是 $\mathbf{x}_{i2}$ 在 $\mathbf{x}_{i1}(i=1,2,\cdots,N)$ 上（多变量）回归的 OLS 残差的 $1\times K_2$ 维向量。这个统计量对异方差性而言不是稳健的，因为中间矩阵不是异方差性下 $\left(N^{-1/2}\sum_{i=1}^{N} \hat{\mathbf{r}}_i'\tilde{u}_i\right)$ 渐近方差的一致估计量。沿着 4.2.3 节中的推理，一个异方差性稳健统计量是

$$\begin{aligned}\text{LM} &= \left(N^{-1/2}\sum_{i=1}^{N} \hat{\mathbf{r}}_i'\tilde{u}_i\right)'\left(N^{-1}\sum_{i=1}^{N}\tilde{u}_i^2\, \hat{\mathbf{r}}_i'\hat{\mathbf{r}}_i\right)^{-1}\left(N^{-1/2}\sum_{i=1}^{N} \hat{\mathbf{r}}_i'\tilde{u}_i\right)\\ &= \left(\sum_{i=1}^{N} \hat{\mathbf{r}}_i'\tilde{u}_i\right)'\left(\sum_{i=1}^{N}\tilde{u}_i^2\, \hat{\mathbf{r}}_i'\hat{\mathbf{r}}_i\right)^{-1}\left(\sum_{i=1}^{N} \hat{\mathbf{r}}_i'\tilde{u}_i\right)\end{aligned}$$

删去下标 i，就很容易得到 $N\text{-SSR}_0$，它出自

$$1 \text{ 对 } \tilde{u}\cdot\hat{\mathbf{r}} \tag{4.17}$$

的回归（无截距），其中 $\tilde{u}\cdot\hat{\mathbf{r}}=(\tilde{u}\cdot\hat{r}_1,\tilde{u}\cdot\hat{r}_2,\cdots,\tilde{u}\cdot\hat{r}_{K_2})$ 是利用 $\tilde{u}$ 乘以 $\hat{\mathbf{r}}$ 的每一个元素而获得的 $1\times K_2$ 维向量，而 SSR_0 刚好是回归（4.17）的通常残差平方和。因此，首先我们对 $\mathbf{x}_2$ 的每一个元素在 $\mathbf{x}_1$ 的所有元素上进行回归，并且收集 $\hat{\mathbf{r}}$ 上的残差。然后，我们形成了 $\tilde{u}\cdot\hat{\mathbf{r}}$（一个观察值接一个观察值），同时应用式（4.17）中的回归：此回归中 $N-\text{SSR}_0$ 的渐近分布为 $\chi^2_{K_2}$。（不要忘记这样一个事实，即回归（4.17）的因变量对每一个观测值来说是 1，当你应用一个没有截距的 OLS 时，就会出现非零的平方残差和。）更详细的内容，

参阅戴维森和麦金农（Davidson and MacKinnon，1985，1993）或者伍德里奇（Wooldridge，1991a，1995b）。

例 4.1（续） 为了获得方程（4.16）中 H_0：$\beta_4=0$，$\beta_5=0$，$\beta_6=0$ 的异方差性稳健 LM 统计量，我们可以像以前一样估计约束模型，而且获得 $\tilde{u}$。然后，我们实施下述回归：（1）*age* 对 1，*exper*，$exper^2$，*educ* 回归；（2）*kidslt6* 对 1，*exper*，$exper^2$，*educ* 回归；（3）*kidsge6* 对 1，*exper*，$exper^2$，*educ* 回归，并且分别获得残差 $\hat{r}_1$，$\hat{r}_2$ 以及 $\hat{r}_3$。LM 统计量是出自 1 对 $\tilde{u}\cdot\hat{r}_1$，$\tilde{u}\cdot\hat{r}_2$，$\tilde{u}\cdot\hat{r}_3$ 回归的 N-SSR_0，同时 $N-SSR_0\overset{a}{\sim}\chi_3^2$。

当我们把这一结果应用到 MROZ. RAW 中的数据上时，我们得到 LM＝0.51，这对于随机变量 χ_3^2 而言是非常小的：p 值≈0.92。为了比较，异方差性稳健瓦尔德统计量（由 Stata® 可以确定为一个近似的 F 分布）也得出 p 值≈0.92。

4.3 遗漏变量问题的普通最小二乘法解

4.3.1 忽略被遗漏变量的普通最小二乘法

由于遗漏变量问题在研究中非常普遍，所以我们现在详细地考虑这个问题。假定遗漏变量的一个可加效应的模型是

$$E(y|x_1,x_2,\cdots,x_K,q)=\beta_0+\beta_1x_1+\beta_2x_2+\cdots+\beta_Kx_K+\gamma q \tag{4.18}$$

其中 q 表示遗漏因素。特别地，我们对 β_j 感兴趣，β_j 是保持其他解释变量（包括不可观测的 q）不变的可观测解释变量的偏效应。在这种可加性模型的情形中，没有理由去考虑一个以上的不可观测值，任何遗漏因素都会汇集到 q 中，自此之后，我们直接称 q 为遗漏变量。

当 y 表示 $\log(wage)$ 且 q 包括能力时，你就会看到方程（4.18）一个很好的应用。如果 x_K 表示受教育的测量，方程（4.18）中 β_K 表示教育对控制——或者固定——能力水平的工资（以及其他可观测特征）的偏效应程度。从政策观点来看，这种效应是很有意义的，因为它为教育提供了一个因果关系的解释。如果来自工作总体中的某人外生地额外再受一年教育，那么 β_K 表示工资的期望比例增长。

若把方程（4.18）看成是一个结构模型，我们总能以误差形式把其写成

$$y=\beta_0+\beta_1x_1+\beta_2x_2+\cdots+\beta_Kx_K+\gamma q+v \tag{4.19}$$

$$E(v|x_1,x_2,\cdots,x_K,q)=0 \tag{4.20}$$

其中 v 表示**结构误差**（structured error）。处置 q 的不可观测性的一种方法是把它放进误差项中。假定 $E(q)=0$ 时，这样做不会损失什么。因为方程（4.19）

包括了截距。把 q 放入误差项中，这意味着我们把方程（4.19）写成

$$y=\beta_0+\beta_1x_1+\beta_2x_2+\cdots+\beta_Kx_K+u \tag{4.21}$$

$$u\equiv\gamma q+v \tag{4.22}$$

方程（4.21）中的误差 u 是由两部分构成的。在方程（4.20）下，v 具有零均值且与 x_1，x_2，…，x_K（以及 q）是无关的。利用标准化，则 q 也具有零均值。因而，$\mathrm{E}(u)=0$。然而，当且仅当 q 与可观测的回归元都无关时，u 与 x_1，x_2，…，x_K 是无关的。如果 q 与任一个回归元是相关的，那么 u 与任一个回归元是相关的，于是就产生了一个内生问题。我们不能指望 OLS 一致估计任何一个 β_j。尽管在方程（4.21）中 $\mathrm{E}(u|\mathbf{x})\neq\mathrm{E}(u)$，但 β_j 的确含结构性解释，因为 β_j 出现在方程（4.19）中。

当遗漏变量被忽略时，人们很容易刻画出 OLS 估计量的概率极限（plim）。我们将这称为 **OLS 遗漏变量的不一致性**（OLS omitted variable inconsistency）或 **OLS 遗漏变量偏误**（OLS omitted variable bias）（尽管后面的术语并不总是准确的）。把 q 在可观测解释变量上的线性投影写成

$$q=\delta_0+\delta_1x_1+\cdots+\delta_K x_K+r \tag{4.23}$$

其中，由线性投影的定义，$\mathrm{E}(r)=0$，$\mathrm{Cov}(x_j,r)=0$，$j=1, 2, \cdots, K$。于是，通过寻找一个方程满足假设 OLS.1 与假设 OLS.2，我们可以很容易地从 y 对 1，x_1，…，x_K 回归中推断出 OLS 估计量的概率极限。把方程（4.23）代入方程（4.19），并且做一些简单代数运算后得到

$$y=(\beta_0+\gamma\delta_0)+(\beta_1+\gamma\delta_1)x_1+(\beta_2+\gamma\delta_2)x_2+\cdots+(\beta_K+\gamma\delta_K)x_K+v+\gamma r$$

现在，误差 $v+\gamma r$ 具有零均值且与每一个回归元是无关的。由此可得，我们可以从 y 对 1，x_1，…，x_K 回归中迅速读取 OLS 估计量的概率极限：$\mathrm{plim}\,\hat{\beta}_j=\beta_j+\gamma\delta_j$。有时候，假定大部分的 δ_j 均是 0。当人们关注 q 与一个特殊变量，比如 x_K 之间的相关关系时，就会产生一个普遍的（通常隐含的）假设，也就是除了截距与 x_K 的系数之外，方程（4.23）里所有的 δ_j 都是 0。于是，$\mathrm{plim}\,\hat{\beta}_j=\beta_j$，$j=1, 2, \cdots, K-1$ 而且

$$\mathrm{plim}\,\hat{\beta}_K=\beta_K+\gamma[\mathrm{Cov}(x_K,q)/\mathrm{Var}(x_K)] \tag{4.24}$$

（由于在这种情形中，$\delta_K=\mathrm{Cov}(x_K, q)/\mathrm{Var}(x_K)$。）此公式为我们提供了一种简单的方法，可以用来确定 $\hat{\beta}_K$ 中不一致的符号或者是数量。如果 $\gamma>0$ 且 x_K 与 q 是正相关的，那么渐近偏误也是正的。很容易计算出其他一些组合。如果在总体中 x_K 具有涉及 x_K 与 q 之间协方差的实质变差，那么偏误可以很小。在方程（4.23）的一般情形中，给出 δ_K 的符号是很不容易的，因为它测度了偏相关关系，由于此种原因，当唯一的 x_K 是内生的时候，$\delta_j=0$，$j=1, 2, \cdots, K-1$ 经常保持不变，以确定 $\hat{\beta}_K$ 中可能的渐近偏误。

例 4.2（含有不可观测能力的工资方程） 把一个结构工资方程以显性方式写成

$$\log(wage)=\beta_0+\beta_1 exper+\beta_2 exper^2+\beta_3 educ+\gamma abil+v$$

其中 v 具有结构误差性质 $\mathrm{E}(v \mid exper, educ, abil)=0$。如果 $abily$ 与 $exper$ 及 $exper^2$ 是无关的，一旦排除了 $educ$ 的影响 —— 即含有 r 的 $abil=\delta_0+\delta_3 educ+r$ 与 $exper$ 及 $exper^2$ 是无关的，则 $\text{plim}\,\hat{\beta}_3=\beta_3+\gamma\delta_3$。在这些假设下，$exper$ 及 $exper^2$ 的系数就可由遗漏了能力的 OLS 回归一致地估计出来。如果 $\delta_3>0$，那么 $\hat{\beta}_3>\beta_3$（因为由定义 $\gamma>0$），而且在大样本里，教育的回报可能是被高估了。

4.3.2 代理变量——普通最小二乘法解

如果对于不可观测变量 q 来说，**代理变量**（proxy variable）是可以使用的，那么就可以消除或者至少减轻遗漏变量偏误。对于 q 的代理变量而言，存在两种正式要求。第一种是，代理变量在结构方程中应该是冗余的（有时候，称之为可忽视的）。如果 z 是 q 的一个代理变量，那么方程（4.18）中对 z 的冗余最自然的表述是

$$\mathrm{E}(y|\mathbf{x},q,z)=\mathrm{E}(y|\mathbf{x},q) \tag{4.25}$$

条件（4.25）很容易解释：在条件均值意义上，一旦 $\mathbf{x}$ 与 q 得以控制，z 对于解释 y 而言是无关的。关于代理变量的这种假设实际上总是可以做出的（有时仅仅以隐性形式出现），而且还几乎很少引起争议：首先我们担心 z 的唯一原因是我们不能得到关于 q 的数据。无论如何，离开了条件（4.25），我们也不会进行得很顺利。在工资—教育例题中，设 q 表示能力，而 z 表示 IQ 分数。由定义，能力会影响工资：如果真实能力是已知的，那么 IQ 就无关紧要。

当不可观测的变量如同在方程（4.18）中以可加的形式出现时，条件（4.25）比所需要的稍强一些。这样就可以假定方程（4.19）中 v 与 z 是完全无关的。但是，我们要关注的是条件（4.25），因为它是非人为的，并且我们需要它涵盖一些模型，在这些模型中 q 与某些可观测协变量会相互作用。

对一个好的代理变量的第二个要求是相当复杂的。一旦排除了 z 的影响，我们要求在省略变量 q 与每一个 x_j 之间的相关关系是 0。这很容易用线性投影术语表述成

$$\mathrm{L}(q|1,x_1,\cdots,x_K,z)=\mathrm{L}(q|1,z) \tag{4.26}$$

用含有不可观测误差的方程去理解这种关系也是十分有益的。把 q 写成含有 z 的线性函数及误差项的形式：

$$q=\theta_0+\theta_1 z+r \tag{4.27}$$

其中，由定义知，$\mathrm{E}(r)=0$ 且 $\mathrm{Cov}(z,r)=0$，因为 $\theta_0+\theta_1 z$ 是 q 在 1、z 上的线性投影。如果 z 是 q 的合理代理，那么 $\theta_1\neq 0$（同时我们在 $\theta_1>0$ 的情形中考虑）。但是，条件（4.26）会假定得更多：它相当于

$$\mathrm{Cov}(x_j,r)=0, j=1,2,\cdots,K$$

此条件要求 z 极其紧密地与 q 相关联，所以一旦 z 被包括在方程（4.27）中，x_j 与 q 就不是偏相关的。

在证明为什么这两种代理变量需要做一些处理之前，我们应该避免某种可能的混乱。此处的代理变量意义不是一种普遍形式。虽然一个代理变量总是假定满足冗余条件（4.25），但它并不是总假定具有第二个性质。在第 5 章中，我们将使用 q 的指示变量（indicator）这一概念，它满足条件（4.25），但是不满足第二个代理变量假设。

为了获得一个可估计方程，用式（4.27）代替方程（4.19）中的 q 得到

$$y=(\beta_0+\gamma\theta_0)+\beta_1 x_1+\cdots+\beta_K x_K+\gamma\theta_1 z+(\gamma r+v) \tag{4.28}$$

在假设成立的条件下，对所有的 j 来说 $u\equiv\gamma r+v$ 与 x_j 是不相关的；方程（4.18）中 z 的冗余性意味着 z 与 v 是不相关的，而且由定义知，z 与 r 也是不相关的。由定理 4.1 立刻可以得到，y 对 1，x_1，…，x_K 的 OLS 回归产生了 $(\beta_0+\gamma\theta_0)$，β_1，β_2，…，β_K 的一致估计量以及 $\gamma\theta_1$。因而，我们能够在代理变量的假设下估计方程（4.18）中每一个 x_j 的偏效应。

当 z 是一个**不完美代理**（imperfect proxy）时，那么式（4.27）中的 r 与一个或者多个 x_j 是相关的。一般地讲，我们不利用条件（4.26），而把线性投影写成

$$q=\theta_0+\rho_1 x_1+\cdots+\rho_K x_K+\theta_1 z+r$$

代理变量的回归给出了 $\text{plim}\,\hat{\beta}_j=\beta_j+\gamma\rho_j$。因而，含有不完美代理的 OLS 是不一致的。理想的情形是，就数值大小而言，ρ_j 要比 z 从线性投影中被省略时小得多，如果 z 是 q 的合理代理，那么经常要讨论这种情形；但要了解更进一步的讨论，可参阅本小节的结尾部分。

如果包含 z 会引起真实的共线性，那么使用没有代理变量的普通最小二乘法是比较好的。然而，在做出这些决策时我们必须认识到，如果 $\theta_1\neq 0$，那么一旦包含 z 就会减少误差方差：因为 $\text{Var}(r)<\text{Var}(q)$，同时 v 与 r 及 q 均是不相关的，所以 $\text{Var}(\gamma r+v)<\text{Var}(\gamma q+v)$。实际上，包含一个代理变量可以减少渐近方差并减轻偏误。

例 4.3（把 *IQ* 作为能力代理变量） 我们把代理变量方法应用到 NLS-80.RAW 中的工人数据上（这种数据曾由布莱克本和纽马克（Blackburn and Neumark，1992）使用过），来估计结构模型

$$\begin{aligned}\log(wage)=&\beta_0+\beta_1 exper+\beta_2 tenure+\beta_3 married\\&+\beta_4 south+\beta_5 urban+\beta_6 black+\beta_7 educ+\gamma abil+v\end{aligned} \tag{4.29}$$

其中 *exper* 表示劳动力市场经验；*married* 表示虚拟变量，如果已婚的话，那么 *married* 等于 1；*south* 表示关于来自南方地区的虚拟变量；*urban* 表示居住在 SMSA 的虚拟变量；*black* 表示种族标识；而 *educ* 表示受教育年数。我们假定 *IQ* 满足一些代理假设：在线性投影 $abil=\theta_0+\theta_1 IQ+r$ 中，r 具有零均值且与 *IQ* 是不相关的，我们还假定，r 与经验、职位任期、教育以及在方程

(4.29) 中出现的其他因素是不相关的。没有 IQ 的估计方程与含有 IQ 的估计方程分别是

$$\widehat{\log(wage)}=\underset{(0.11)}{5.40}+\underset{(0.003)}{0.014}\,exper+\underset{(0.002)}{0.012}\,tenure+\underset{(0.039)}{0.119}\,married$$

$$-\underset{(0.026)}{0.091}\,south+\underset{(0.027)}{0.184}\,urban-\underset{(0.038)}{0.188}\,black+\underset{(0.006)}{0.065}\,educ$$

$N=935$， $R^2=0.253$

$$\widehat{\log(wage)}=\underset{(0.13)}{5.18}+\underset{(0.003)}{0.014}\,exper+\underset{(0.002)}{0.011}\,tenure+\underset{(0.039)}{0.200}\,married$$

$$-\underset{(0.026)}{0.080}\,south+\underset{(0.027)}{0.182}\,urban-\underset{(0.039)}{0.143}\,black+\underset{(0.007)}{0.054}\,educ$$

$$+\underset{(0.0010)}{0.0036}\,IQ$$

$N=935$， $R^2=0.263$

请注意，当 IQ 被添加到回归中，受教育回报是如何从 6.5%下降到 5.4%的。如果能力与学校教育是（偏）正相关的，那么这正是我们所希望发生的。当然，这些只是一个样本中的发现。添加 IQ 解释了 $\log(wage)$ 上仅一个百分点变动的情形，而方程预测了多于 15 个 IQ 点（一个标准差）使工资增长了大约 5.4%。受教育回报的标准误增大了，而 95%的置信区间仍是相当紧密的。

通常，源自更早时间段因变量的结果可以当作有用的代理变量。

例 4.4（在职培训津贴对厂商工人生产率的影响） JTRAIN1.RAW 中的数据是关于 1987 年、1988 年及 1989 年 157 家密歇根制造业厂商的。这些数据是由霍尔泽、布洛克、奇塔姆与诺特（Holzer，Block，Cheathan，and Knott，1993）提供的。目的是为了确定在职培训津贴对厂商生产率的有效性。为了说明这个问题，我们仅使用在 1988 年所报告的废弃率非缺失值（100 多个产品中必须丢弃的产品个数）的 54 家厂商。在 1987 年，没有一家厂商给予津贴，在 1988 年里 54 家厂商中的 19 家给予了津贴。如果培训津贴具有所希望的影响，那么平均废弃率应该在接受津贴厂商之间是较低的。问题是津贴不是随机安排的：对于计量经济学家而言，一个厂商是否得到津贴可以与其他因素相关，这些因素对于计量经济学家来说是不可观测的，但它们的确会影响生产率。在最简单的情形中，我们（对于 1988 年的横截面）可以写成

$$\log(scrap)=\beta_0+\beta_1 grant+\gamma q+v$$

其中 v 与 $grant$ 是正交的，但是 q 包含了可能与 $grant$ 相关的不可观测的生产率因素，如果厂商接受了在职培训津贴，那么二值变量等于 1。由于我们具有前一年的废弃率，所以我们能把 $\log(scrap_{-1})$ 作为 q 的代理变量：

$$q=\theta_0+\theta_1\log(scrap_{-1})+r$$

其中 r 具有零均值，而且由定义，与 $\log(scrap_{-1})$ 是不相关的。我们希望 r 与

grant 没有相关关系或者有很小的相关关系。把 q 代入其中，得到可估计模型

$$\log(scrap)=\delta_0+\beta_1 grant+\gamma\theta_1\log(scrap_{-1})+r+v$$

由此方程，我们看到 β_1 测量了在前一年有着相同废弃率的两家公司，接受津贴者与不接受津贴者在废弃率上的比例差异，这在直观上很吸引人。估计方程是

$$\widehat{\log(scrap)}=\underset{(0.240)}{0.409}+\underset{(0.406)}{0.057}\ grant$$

$$N=54,\quad R^2=0.000\ 4$$

$$\widehat{\log(scrap)}=\underset{(0.089)}{0.021}-\underset{(0.147)}{0.254}\ grant+\underset{(0.044)}{0.831}\log(scrap_{-1})$$

$$N=54,\quad R^2=0.873$$

如果没有滞后的废弃率，我们看到，如果有什么区别的话，那么津贴似乎降低了生产力（通过增大废弃率），尽管系数在统计上是不显著的。当包含滞后因变量时，津贴系数改变了符号，在经济意义上变大了——给予津贴的厂商比没有津贴者小大约 25.4%——同时在对应于单边备择假设在 5%的水平其影响是显著的。（对百分比影响更准确的估计是 $100\%\cdot[\exp(-0.254)-1]=-22.4\%$，参阅习题 4.1a。）

我们总是可以使用多于一个的 x_K 的代理变量。例如，可能会有 $\mathrm{E}(q|\mathbf{x},z_1,z_2)=\mathrm{E}(q|z_1,z_2)=\theta_0+\theta_1z_1+\theta_2z_2$，其中包括了作为回归元的 z_1 与 z_2 以及 x_1，…，x_K，这样就解决了遗漏变量问题。方程 $q=\theta_0+\theta_1z_1+\theta_2z_2+r$ 中的误差 r 与 x_1，…，x_K 是不相关的这一比较弱的条件也是满足要求的。

数据集 NLS80.RAW 还包含了每个人在世界工作知识（knowledge of the world of work，KWW）测验的分数。习题 4.11 要求你在 *KWW* 以及 *IQ* 都作为能力的代理变量时，重新估计方程（4.29）。

在结束本小节之前，正式证明从把一些变量添加到一个回归中实际上可以使我们的境况比排除它们更糟这个意义看，为何并非所有变量都是合适的代理变量，这是很有用的。凭直觉看，那些与遗漏变量之间存在低相关性的变量制造出不良的代理变量。为了进行阐述，考虑一个简单的回归模型以及一个被推荐的代理变量与误差项不相关的极端情形：

$$y=\beta_0+\beta_1x+u$$

$$\mathrm{E}(u)=0,\ \mathrm{Cov}(z,u)=0$$

其中所有量都是标量且 u 包含遗漏变量。设 $\tilde{\beta}_1$ 表示来自 y 对 1，x 回归的 OLS 斜率估计量，且设 $\hat{\beta}$ 为来自 y 对 1，x，z 回归中 x 上的斜率（在每种情形中都使用一个样本量为 N 的随机样本）。从遗漏变量非一致性公式（4.24）中，我们知道 $\mathrm{plim}(\tilde{\beta}_1)=\beta_1+\mathrm{Cov}(x,u)/\mathrm{Var}(x)$。进而，从两步投影结果（第 2 章中的性质 LP.7）中，我们可以很容易求出 $\hat{\beta}$ 的概率极限。设 $a=x-\mathbf{L}(x\mid\mathbf{1},z)=x-\pi_0-\pi_1z$ 为来自 x 对 z 的线性投影的总体残差。那么 $\mathrm{plim}(\hat{\beta}_1)=\beta_1+\mathrm{Cov}(a,u)/\mathrm{Var}(a)$。因此，相应地，非一致性的绝对值是 $|\mathrm{Cov}(x,u)|/\mathrm{Var}(x)$ 和

$|\text{Cov}(a,u)|/\text{Var}(a)$。现在，由于 z 与 u 不相关，所以 $\text{Cov}(a,u)=\text{Cov}(x,u)$，这样则非一致性项的分子是相同的。进而，利用总体残差的一个标准性质，$\text{Var}(a)\leqslant\text{Var}(x)$，除非 z 也与 x 不相关时取严格不等号。我们已经证明了无论何时只要 $\text{Cov}(z,u)=0$ 且 $\text{Cov}(z,x)\neq 0$，就有 $|\text{plim}(\hat{\beta}_1)-\beta_1|>|\text{plim}(\tilde{\beta}_1)-\beta_1|$。换句话说，未使用代理变量的 OLS 具有比使用代理变量的 OLS 更少的非一致性（除非 x 也与 u 不相关）。代理变量估计量也有一个更大的渐近方差。

正如我们在第 5 章中将看到的，与 u 不相关且与 x 相关的变量对于识别 β_1 是非常有用的，但它们没有被当做额外回归元用在一个 OLS 回归中。

4.3.3 含有在不可观测项中存在的交互作用的模型：随机系数模型

在一些情形中，我们可能会关注不可观测的解释变量与可观测的解释变量之间的交互作用。在这种情形中，获得一致估计量是相当困难的，但是一个好的代理变量可以再次解决此类问题。

把含有不可观测 q 的结构模型写成

$$y=\beta_0+\beta_1x_1+\cdots+\beta_Kx_K+\gamma_1q+\gamma_2x_Kq+v \tag{4.30}$$

其中我们对结构误差 v 做出零条件均值假设：

$$\text{E}(v|\mathbf{x},q)=0 \tag{4.31}$$

为了简单起见，我们令 q 与唯一一个解释变量 x_K 交互作用。

在讨论方程（4.30）的估计之前，由于交互作用项 x_Kq 是不可观测的，我们应该给出此方程中参数的解释（我们已在 2.2.5 节更全面地讨论了这一专题）。如果 x_K 是一个本质连续的变量，那么 x_K 对 $\text{E}(y|\mathbf{x},q)$ 的偏效应是

$$\frac{\partial\text{E}(y|\mathbf{x},q)}{\partial x_K}=\beta_K+\gamma_2q \tag{4.32}$$

因而，x_K 的偏效应实质上依赖于 q 的水平。由于 q 不是对总体中任何元素都是可观测的，即使可以估计（一般而言，我们不能估计）γ_2，我们也不能估计方程（4.32）。但是，我们可以在 q 的总体分布上对方程（4.32）进行平均。假定 $\text{E}(q)=0$，x_K 的**平均偏效应**（average partial effect，APE）是

$$\text{E}(\beta_K+\gamma_2q)=\beta_K \tag{4.33}$$

对于离散的 x_K 而言，类似的解释成立。例如，如果 x_K 是二值的，那么 $\text{E}(y|x_1,\cdots,x_{K-1},1,q)-\text{E}(y|x_1,\cdots,x_{K-1},0,q)=\beta_K+\gamma_2q$，而且 β_K 是 q 分布上这一差异的平均。在这种情形中，β_K 称为**平均处理效应**（average treatment effect，ATE）。这一名称是由 x_K 表示接受某种“处理”的情形而来的，例如，参加一个在职培训项目或者参加一个收入维持费用项目。我们将在第 19 章更进一步地考察二值处理情形，在那里我们引入了估计平均处理效应的**反事实框架**（counterfactual framework）。

可以证明，假设 $E(q)=0$ 是不失一般性的。使用简单的代数运算，可以证明，如果 $\mu_q \equiv E(q) \neq 0$，那么我们能一致地估计 $\beta_K+\gamma_2\mu_q$，这就是平均偏效应。

式（4.30）中的模型有时被称作一个**随机系数模型**（random coefficient model），因为（在该情形中）斜率系数之一是“随机的”——那就是，其依赖于个体特有的不可观测异质性。写出关于一次随机抽取 i 的方程的方式是 $y_i=\beta_0+\beta_1 x_{i1}+\cdots+\beta_{K-1}x_{i,K-1}+b_{iK}x_{iK}+u_i$，其中 $b_{iK}=\beta_K+\gamma_2 q_i$ 是随机系数。注意所有其他斜率系数都被假定为常数。不管我们将模型贴上什么标签，我们通常都对估计 $\beta_K=E(b_{iK})$ 感兴趣。

如果 $\mathbf{x}$ 的元素在 $E(q \mid \mathbf{x})=0$ 的意义上均是外生的，那么我们通过 OLS 回归能一致地估计每一个 β_j，其中 q 与 $x_K q$ 都是误差项的一部分。这一结果是由应用于方程（4.30）的期望值迭代而得出的，这证明了如果 $E(q \mid \mathbf{x})=0$，那么 $E(y \mid \mathbf{x})=\beta_0+\beta_1 x_1+\cdots+\beta_K x_K$。结果，作为最终的方程可能具有异方差性，但是这很容易处理。顺便说一句，这种情形发生在仅仅假定 q 与 $\mathbf{x}$ 均是不相关的并不能足以确保 OLS 一致性的条件下：即使 q 与 $\mathbf{x}$ 是不相关的，但是 $x_K q$ 与 $\mathbf{x}$ 也可以是相关的。

如果 q 与 $\mathbf{x}$ 是相关的，倘若我们有 q 的一个合适代理变量，那么通过 OLS 就可以一致地估计 β_j。我们还假定代理变量 z 满足冗余条件（4.25）。在当前模型中，我们必须取比我们在 4.3.2 节中所做的更强一些的代理变量假设：

$$E(q|\mathbf{x},z)=E(q|z)=\theta_1 z \tag{4.34}$$

其中我们现在假定 z 在总体中具有零均值。在这两个代理变量假设下，由期望迭代，得到

$$E(y|\mathbf{x},z)=\beta_0+\beta_1 x_1+\cdots+\beta_K x_K+\gamma_1\theta_1 z+\gamma_2\theta_1 x_K z \tag{4.35}$$

而且参数可以通过 OLS 一致地估计出。

如果我们不去定义代理变量在总体中具有零均值，那么通过 OLS 估计方程（4.35）不会一致估计出 β_K。如果 $E(z)\neq 0$，那么我们只能写出 $E(q \mid z)=\theta_0+\theta_1 z$，在这种情形中，方程（4.35）中 x_K 的系数可以是 $\beta_K+\theta_0\gamma_2$。实际上，我们并不知道代理变量的总体均值，在这种情形中，在代理变量与 x_K 交互作用之前，代理变量应该减去样本时间均值。

如果我们在结构方程中保持同方差性，也就是 $\mathrm{Var}(y|\mathbf{x},q,z)=\mathrm{Var}(y|\mathbf{x},q)=\sigma^2$，那么在 $\mathrm{Var}(y \mid \mathbf{x},z)$ 中必存在异方差性。利用附录 2A 中的性质 CV.3，可以证明

$$\mathrm{Var}(y|\mathbf{x},z)=\sigma^2+(\gamma_1+\gamma_2 x_K)^2\,\mathrm{Var}(q|\mathbf{x},z)$$

即使 $\mathrm{Var}(q \mid \mathbf{x},z)$ 是常数，$\mathrm{Var}(y \mid \mathbf{x},z)$ 也依赖于 x_K。这种情形是最容易通过计算异方差性稳健统计量来处理的，它可以考虑任意形式的异方差性。

例 4.5（受教育回报依赖于能力） 考察工资方程（4.29）的扩展形式：

$$\begin{aligned}\log(wage)=&\beta_0+\beta_1 exper+\beta_2 tenure+\beta_3 married+\beta_4 south\\&+\beta_5 urban+\beta_6 black+\beta_7 educ+\gamma_1 abil\end{aligned}$$

$$+\gamma_2 educ \cdot abil + v \tag{4.36}$$

因而，*educ* 与 *abil* 具有独立的效应，但是也具有交互作用效应。在此模型中，受学校教育一年的回报依赖于 *abil*：$\beta_7+\gamma_2 abil$。把能力标准化为具有零总体均值的，我们就会看到受教育的平均回报仅仅是 β_7。我们在这样的假设下估计这个方程：方程（4.36）中的 *IQ* 是多余的且 $\mathrm{E}(abil \mid x, IQ)=\mathrm{E}(abil \mid IQ)=\theta_1(IQ-100)\equiv\theta_1 IQ_0$，其中 IQ_0 表示总体减去时间均值的 *IQ*（*IQ* 在总体中被设置为均值 100）。我们可以通过用 IQ_0 代替 *abil* 且 $educ \cdot IQ_0$ 代替 $educ \cdot abil$，进而实施 OLS 来估计方程（4.36）中的 β_j。

使用 NLS80.RAW 中的样本，得到下述结果：

$$\widehat{\log(wage)}=\cdots+\underset{(0.007)}{0.052}\, educ-\underset{(0.005\,16)}{0.000\,94}\, IQ_0+\underset{(0.000\,38)}{0.000\,34}\, educ \cdot IQ_0$$

$$N=935,\quad R^2=0.263$$

其中通常的 OLS 标准误可以得出（如果 $\gamma_2=0$，那么同方差性会是合情合理的）。交互作用项 $educ \cdot IQ_0$ 不是统计显著的，而且在平均 *IQ* 5.2%上的教育回报同教育回报被假定成常数的时候相类似。因而，在教育与能力之间存在很少的交互作用。顺便说一句，涉及 IQ_0 与 $educ \cdot IQ_0$ 联合显著性的 *F* 检验得出 *p* 值大约为0.001 1，但是不需要交互作用项。

在这种情形中，我们恰巧知道 *IQ* 的总体均值，但是在大多数情形中，我们不会知道代理变量的总体均值。于是，我们在代理变量与 x_K 交互作用之前，应该使用减去样本时间均值的代理变量，参阅习题 4.8。从技术上讲，使用样本平均估计总体平均应该在 OLS 标准误中有所反映。但是，像第 6 章习题 6.10 中要求你去证明的一样，调整通常对标准误的影响很小，并且很容易被忽略。

克鲁格（Krueger，1993）研究了计算机的使用对美国工资结构所产生的效应。在研究中，他把在家中使用计算机当作不可观测变量的代理，这可能与在单位使用计算机是相关的；他还包括了在两个计算机使用虚拟变量之间的交互作用项。克鲁格在构造交互作用之前，没有减去“在家中使用计算机”虚拟变量的时间均值，因此，他关于“在家中使用计算机”的估计不具有一个平均处理效应解释。然而，如同例题 4.5 一样，克鲁格发现了交互作用项是不显著的。

4.4 测量误差下普通最小二乘法的性质

如同我们在 4.1 节中所看到的，在经济学应用中，只有当模型中的一个或多个变量包含**测量误差**（measurement error）时，才会有另外一种方法来产生内生解释变量。在本节中，我们推导普通最小二乘法估计的测量误差结果。

测量误差问题具有类似于前面一节所讨论的遗漏变量—代理变量问题的统计结构。然而，两者在概念上迥然不同。在代理变量情形中，我们寻找以某种方式与不可观测变量之间相关的一个变量。在测量误差情形中，我们没有观测到的变量具有定义良好的、数量的含义（诸如边际税率或年收入），但是我们对它的测量中可能包含误差。例如，上报的年收入是实际年收入的测量，而 IQ 分数是能力的代理变量。

在代理变量问题与测量误差问题之间的另一个重要区别是，在后者的情形中，经常被误测的解释变量就是我们最初就关注其效应的那个变量。在代理变量的情形中，我们不能估计遗漏变量的效应。

在我们着手分析之前，重要的是记住，只有当那些我们可以在其上收集数据的变量不同于受个体、家庭、厂商影响决定的变量时测量误差才是一个问题。例如，假定我们要估计同龄群体行为对青少年使用毒品的效应，其中某一群体的行为是自我报告的。自我报告（self-reporting）可能是实际同龄群体行为的一个误测（mismeasure），但是那又会怎样呢？我们可能对一个青少年是如何感知她或他同龄群体的影响更感兴趣。

4.4.1 因变量的测量误差

我们以因变量作为唯一具有测量误差的变量这种情形作为开始。设 y^* 表示我们希望解释的变量（好像总在总体中一样）。例如，y^* 可以是家庭年储蓄。回归模型具有通常的线性形式：

$$y^* = \beta_0 + \beta_1 x_1 + \cdots + \beta_K x_K + v \tag{4.37}$$

同时，我们假定它至少满足假设 OLS. 1 以及假设 OLS. 2。很明显，我们对 $E(y^* \mid x_1, \cdots, x_K)$ 感兴趣。我们设 y 表示 y^* 的可观测测量，其中 $y \neq y^*$。

总体测量误差被定义成可观测值与实际值之间的差异：

$$e_0 - y - y^* \tag{4.38}$$

对于从总体中随机抽取的 i，我们可以写成 $e_{i0} = y - y_i^*$，但重要的是，总体中的测量误差是如何与其他因素相关联的。为了获得估计模型，我们写成 $y^* = y - e_0$，把它代入方程（4.37）并且重新整理：

$$y = \beta_0 + \beta_1 x_1 + \cdots + \beta_K x_K + v + e_0 \tag{4.39}$$

由于 y，x_1，x_2，…，x_K 都是可观测的，我们可以通过 OLS 估计这一模型。在效应上，我们刚好忽略了 y 是 y^* 的不完美测量以及像往常一样发生这一事实。

什么时候含有替代 y^* 的 y 的 OLS 会产生 β_j 的一致估计量呢？既然最初模型（4.37）满足假设 OLS. 1，那么 v 具有零均值且与每一个 x_j 是不相关的。只有假定测量误差具有零均值是唯一自然的；否则，这一事实仅仅影响到截距 β_0 的估计。我们对测量误差 e_0 与解释变量 x_j 之间关系所做的假设才是更为重要的。通常的假设是 y 中的测量误差对每一个解释变量均是统计独立的，这意味着 e_0 与 $\mathbf{x}$ 是不相关的。于是，出自方程（4.39）的 OLS 估计量是一致的（并且可能也是无偏的）。此外，在适当的同方差性假设下，通常 OLS 推断过程

(t 统计量、F 统计量、LM 统计量）是渐近有效的。

像通常所假定的那样，如果 e_0 与 v 是不相关的，那么 $\mathrm{Var}(v+e_0)=\sigma_v^2+\sigma_0^2>\sigma_v^2$。因此，在因变量中的测量误差导致了比因变量不带测量误差的情形有更大的误差方差。这个结果几乎不使人感到意外，并且如果我们能观测到 y^*，这个结果才能变成较大的 OLS 估计量的渐近方差。但是较大的误差方差并没有违背 OLS 估计具有期望大样本性质所需的假设。

例 4.6（含有测量误差的储蓄函数） 考察储蓄函数

$$E(sav^*|inc,size,educ,age)=\beta_0+\beta_1 inc+\beta_2 size+\beta_3 educ+\beta_4 age$$

但是其中实际储蓄（sav^*）会偏离上报的储蓄（sav）。问题是 sav 中测量误差的大小是否会系统地与其他变量是相关的。我们有理由假设，测量误差与 inc，$size$，$educ$ 与 age 是不相关的，但是我们希望具有较高收入的，或者受更多教育的家庭更准确地报告它们的储蓄。遗憾的是，没有更多的信息，我们也不知道测量误差是与 inc 相关，还是与 $educ$ 相关。

当因变量是对数形式时，$\log(y^*)$ 就是因变量，一个自然的测量误差方程是

$$\log(y)=\log(y^*)+e_0 \tag{4.40}$$

这是由关于 y：$y=y^*a_0$ 的**可乘测量误差**（multiplicative measurement error）得来的，其中 $a_0>0$ 且 $e_0=\log(a_0)$。

例 4.7（厂商废弃率中的测量误差） 在例题 4.4 中，我们会认为厂商废弃率是被误测了，这促使我们假定模型 $\log(scrap^*)=\beta_0+\beta_1 grant+v$，其中 $scrap^*$ 表示真实的废弃率。测量误差方程是 $\log(scrap)=\log(scrap^*)+e_0$。无论厂商接受津贴与否，测量误差 e_0 都是独立的吗？为了使其看起来好像津贴具有预期的效应，不太可能总有接受津贴的厂商会尽量少报它的废弃率。如果少报现象发生，那么在估计方程 $\log(scrap)=\beta_0+\beta_1 grant+v+e_0$ 中，误差 $u=v+e_0$ 与 $grant$ 是负相关的。为了便于使在职培训项目看起来比其实际做得更有效，这个结果会产生 β_1 中的一个向下偏差。

这些例子表明，如果测量误差与一个或多个解释变量是系统相关的，那么因变量中的测量会导致 OLS 中的偏差。如果测量误差与解释变量是不相关的，那么 OLS 完全是合适的。

4.4.2 解释变量的测量误差

从传统上讲，解释变量中的测量误差已经被看成是一个与响应变量中测量误差相比更为重要的问题。这一点已经被例题 4.2 所阐明，我们在这一小节里讨论一般情形。

我们考虑一个含误差测量的解释变量的模型：

$$y=\beta_0+\beta_1x_1+\beta_2x_2+\cdots+\beta_Kx_K^*+v \tag{4.41}$$

其中 y，x_1，…，x_{K-1} 均是可观测的，但是 x_K^* 是不可观测的。我们至少假定 v 具有零均值且与 x_1，x_2，…，x_{K-1}，x_K^* 都是不相关的；事实上，我们通常考虑结构模型 $\mathrm{E}(y|x_1,\cdots,x_{K-1},x_K^*)=\beta_0+\beta_1x_1+\beta_2x_2+\cdots+\beta_Kx_K^*$。如果 x_K^* 是可观测的，那么 OLS 估计会产生一些一致估计量。取而代之的是，我们有 x_K^* 的一个测量，称之为 x_K。所保持的假设是，v 还与 x_K 是不相关的。这可以在冗余性假设 $\mathrm{E}(y\mid x_1,\cdots,x_{K-1},x_K^*,x_K)$ 下获得，该假设是我们在代理变量求解遗漏变量问题中所使用的假设。这意味着，一旦其他解释变量包括 x_K^* 得以控制，x_K 对 y 没有影响。由于 x_K^* 被假定成是影响 y 的变量，这一假设是无可争辩的。

总体中测量误差仅仅是

$$e_K=x_K-x_K^* \tag{4.42}$$

并且这可以是正的、负的或者为零。我们假定总体中平均测量误差是零：$\mathrm{E}(e_K)=0$，由于我们在方程（4.41）中包含了一个截距，所以 $\mathrm{E}(e_K)=0$ 没有实践结果。由于 v 被假定成与 x_K^* 及 x_K 是不相关的，所以 v 与 e_K 也是不相关的。

如果我们直接用 x_K 代替 x_K^*，并且实施 y 对 1，x_1，x_2，…，x_K 回归，那么我们想要知道 OLS 的性质。这些会极其依赖于我们对测量误差所做的一些假设。e_K 与没有测量误差的解释变量是不相关的，这一假设几乎总是成立的：$\mathrm{E}(x_j e_K)=0$，$j=1$，…，$K-1$。

关键性假设包括了测量误差与 x_K^* 及 x_K 之间的关系。在计量经济学文献中有两个假设是人们关注的焦点，而且这两个假设表现出两种极端相反的性质。第一个假设是，e_K 与可观测的测量 x_K 是不相关的：

$$\mathrm{Cov}(x_K,e_K)=0 \tag{4.43}$$

由方程（4.42）可知，如果假设（4.43）是正确的，那么 e_K 与不可观测变量 x_K^* 必是相关的。为确定这种情形中的 OLS 性质，我们写出 $x_K^*=x_K-e_K$ 且把它代入方程（4.41）：

$$y=\beta_0+\beta_1x_1+\beta_2x_2+\cdots+\beta_Kx_K+(v-\beta_Ke_K) \tag{4.44}$$

现在，我们假定 v 与 e_K 都具有零均值且与每一个 x_j 包括 x_K 是不相关的；因此，$v-\beta_K e_K$ 具有零均值且与 x_j 是不相关的。由此可得，带有用 x_K 代替 x_K^* 的 OLS 估计产生了所有 β_j 的一致估计量（假定满足标准秩条件假设 OLS.2）。由于 v 与 e_K 是不相关的，所以方程（4.44）中的误差方差是 $\mathrm{Var}(v-\beta_Ke_K)=\sigma_v^2+\beta_K^2\sigma_{e_K}^2$。因此，除了 $\beta_K=0$ 之外，测量误差增大了误差方差，这并不是一个令人惊奇的发现，而且没有违背任何一个 OLS 假设。

e_K 与 x_K 是不相关的这一假设，类似于我们在 4.3.2 节中所做的代理变量假设。由于这一假设暗示着 OLS 具有这个假设所有的细致的性质，当提及解释变量中的测量误差时，这并不是计量经济学家经常考虑的内容。**经典的变量中误差**（classical errors-in-variables，CEV）假设使用测量误差与不可观测解释变量是不相关的这一假设代替假设（4.43）：

$$\mathrm{Cov}(x_K^*, e_K)=0 \tag{4.45}$$

这个假设来自把可观测变量写成真实解释变量与测量误差之和 $x_K=x_K^*+e_K$，然后假定 x_K 的两个分量是不相关的。（这与关于 v 的假设毫无关系，我们总是保持 v 与 x_K^* 及 x_K 是不相关的，因此与 e_K 也是不相关的。）

如果假设（4.45）成立，那么 x_K 与 e_K 必是相关的：

$$\mathrm{Cov}(x_K, e_K)=\mathrm{E}(x_K e_K)=\mathrm{E}(x_K^* e_K)+\mathrm{E}(e_K^2)=\sigma_{e_K}^2 \tag{4.46}$$

因而，在 CEV 假设下，x_K 与 e_K 之间的协方差等于测量误差的方差。

考虑方程（4.44），我们会看到 x_K 与 e_K 之间的相关性会引起 OLS 出现问题。因为 v 与 x_K 是不相关的，所以 x_K 与综合误差 $v-\beta_K e_K$ 之间的协方差是 $\mathrm{Cov}(x_K, v-\beta_K e_K)=-\beta_K \mathrm{Cov}(x_K, e_K)=-\beta_K\sigma_{e_K}^2$。由此可得，在 CEV 情形中，$y$ 对 x_1，x_2，…，x_K 的 OLS 回归通常给出了所有 β_j 的非一致估计量。

除了在特殊假设下，对于 $j\neq K$ 时 $\hat{\beta}_j$ 的概率极限是很难得以刻画的。如果 x_K^* 与 x_j 是不相关的，对于所有 $j\neq K$，那么 x_K^* 与 x_K 也是不相关的，并且由此可得，对于所有 $j\neq K$，$\hat{\beta}_j=\beta_j$。在任何情形中，都可以刻画出 $\hat{\beta}_K$ 的概率极限。习题 4.10 要求你证明

$$\mathrm{plim}(\hat{\beta}_K)=\beta_K\left(\frac{\sigma_{r_K^*}^2}{\sigma_{r_K^*}^2+\sigma_{e_K}^2}\right) \tag{4.47}$$

其中，r_K^* 表示

$$x_K^*=\delta_0+\delta_1x_1+\delta_2x_2+\cdots+\delta_{K-1}x_{K-1}+r_K^*$$

中的线性投影误差。式（4.47）的一个重要含义是，由于乘以 β_K 的项总是处于 0 与 1 之间，所以 $|\mathrm{plim}(\hat{\beta}_K)|<|\beta_K|$。这称为 OLS 中归因于古典变量误差的**衰减偏误**（attenuation bias）。平均而言（或者在大样本中），所估计的 OLS 效应将会衰减，这是由于存在古典变量误差的结果。如果 β_K 是正的，那么 $\hat{\beta}_K$ 将趋于低估 β_K；如果 β_K 是负的，那么 $\hat{\beta}_K$ 将趋于高估 β_K。

在含有误差测量的单一解释变量（$K=1$）情形中，式（4.47）成为

$$\mathrm{plim}\,\hat{\beta}_1=\beta_1\left(\frac{\sigma_{x_1^*}^2}{\sigma_{x_1^*}^2+\sigma_{e_1}^2}\right) \tag{4.48}$$

式（4.48）中乘以 β_1 的项是 $\mathrm{Var}(x_1^*)/\mathrm{Var}(x_1)$，在 CEV 假设（4.45）下，它总是小于 1。当 $\mathrm{Var}(e_1)$ 相对于 $\mathrm{Var}(x_1^*)$ 收缩时，衰减偏误则消失。

在含有多重解释变量的情形中，式（4.47）表明，影响 $\mathrm{plim}(\hat{\beta}_K)$ 的并不是 $\sigma_{x_K^*}^2$，而是在消除其他解释变量的影响之后 x_K^* 的方差。因而，x_K^* 同其他的解释变量越是共线性的（collinear），则衰减偏误就越小。

例 4.8（家庭收入的测量误差） 在控制高中年级平均分与 SAT 得分之后，考察家庭收入对大学年级平均分的因果效应进行估计的问题：

$$colGPA=\beta_0+\beta_1 faminc^*+\beta_2 hsGPA+\beta_3 SAT+v$$

其中 $faminc^*$ 表示真实的年家庭收入。从学校记录中相对很容易地获得 $colGPA$，$hsGPA$ 以及 SAT 的准确数据。但是，家庭收入特别是由学生上报的家庭收入可能是误测的。如果 $faminc = faminc^* + e_1$，且 CEV 假设成立，那么用上报的家庭收入代替真实家庭收入将会使 β_1 的 OLS 估计量偏向 0。一种后果是，H_0 的假设检验：$\beta_1 = 0$ 将具有第二类误差的较高概率。

如果测量估计出现在一个以上的解释变量中，那么在 CEV 假设的扩展下推导 OLS 估计中的一致性是复杂的，并且不会产生有用的结果。

在一些情形中，CEV 假设（4.45）显然不能成立。例如，假定使用大麻的频率被当成工资方程中的一个解释变量。设 $smoked^*$ 表示一个工人吸大麻的大数，它来自最近 30 天。变量 $smoked$ 是自我报告的天数。假定我们设定标准测量误差模型 $smoked = smoked^* + e_1$，同时甚至假定人们试图报告真实情形。很有可能看起来根本不吸大麻的人们——因而 $smoked^* = 0$，也将报告 $smoked = 0$。换句话讲，对于从不吸大麻的人们来说，测量误差是 0。当 $smoked^* > 0$ 时，很可能是某人误算了他或她吸大麻的天数。这种误算几乎一定意味着 e_1 与 $smoked^*$ 是相关的，这一发现违背了 CEV 假设（4.45）。

当可观测变量 x_K 含有比不可观测变量 x_K^* 更小的总体方差时，就会出现假设（4.45）一定失效这种一般的情形。当然，我们很少能确切地知道是否为这种情形，但是有时候，我们可以利用自省方法。例如，考察实际受学校教育年数与所报告的受学校教育年数。在许多情形中，对照真实受教育情形，所报告的学校教育将是实际学校教育的一个舍入版本。因此，所报告的受学校教育年数比实际受学校教育年数具有更小的变动性。

习　题

4.1　在所有解释变量均是外生的假设下，考察男人的标准工资方程 $\log(wage)$：

$$\log(wage) = \beta_0 + \beta_1 married + \beta_2 edu + \mathbf{z}\boldsymbol{\gamma} + u \tag{4.49}$$

$$E(u \mid married, educ, \mathbf{z}) = 0$$

其中 $\mathbf{z}$ 所包含的因素不同于那些可以影响工资的因素，例如，婚姻状况和教育等，当 β_1 很小时，在其他条件不变的情形中，$100 \cdot \beta_1$ 近似地表示已婚男人与未婚男人之间工资的百分比差异。当 β_1 很大时，使用 $E(wage \mid married, educ, \mathbf{z})$ 上的准确百分比差异是令人满意的，称之为 θ_1。

a. 证明，如果方程（4.49）中 u 与所有解释变量均是独立的，那么 $\theta_1 = 100 \cdot [\exp(\beta_1) - 1]$。［提示：求出 $married = 1$ 与 $married = 0$ 的 $E(wage \mid married, educ, \mathbf{z})$，然后求出百分比差异。］$\theta_1$ 的一个自然而然的一致估计量是 $\hat{\theta}_1 = 100 \cdot [\exp(\hat{\beta}_1) - 1]$，其中 $\hat{\beta}_1$ 表示出自方程（4.49）的 OLS 估计量。

b. 使用 δ 方法（参阅 3.5.2 节）证明 $\hat{\theta}_1$ 的渐近标准误是 $[100 \cdot \exp(\hat{\beta}_1)] \cdot$

se($\hat{\beta}_1$)。

c. 对于任意给定的 *educ* 中的变化 $\Delta educ$，重复 a 部分和 b 部分并通过求出 $\mathrm{E}(wage \mid married, educ, \mathbf{z})$ 中的准确百分数的变化，此量被称为 θ_2，来证明 a 部分与 b 部分。解释如何估计 θ_2，并且获得它的渐近标准误。

d. 使用 NLS80. RAW 中的数据估计方程（4.49），其中 $\mathbf{z}$ 包括了方程（4.29）余下的变量（当然，*ability* 除外）。求出 $\hat{\theta}_1$ 及其标准误；当 $\Delta educ=4$ 时，求出 $\hat{\theta}_2$ 及其标准误。

4.2 a. 证明，在随机抽样与零条件均值假设 $\mathrm{E}(u|\mathbf{x})=0$ 下，如果 $\mathbf{X}'\mathbf{X}$ 是非奇异的，那么 $\mathrm{E}(\hat{\boldsymbol{\beta}}|\mathbf{X})=\boldsymbol{\beta}$。[提示：使用第 2 章附录中的性质 CE. 5。]

b. 除了源自 a 部分中的假设之外，假定 $\mathrm{Var}(u \mid \mathbf{x})=\sigma_2$。证明，$\mathrm{Var}(\hat{\beta}|\mathbf{X})=\sigma^2(\mathbf{X}'\mathbf{X})^{-1}$。

4.3 假定线性模型（4.5）中的 $\mathrm{E}(\mathbf{x}'u)=\mathbf{0}$（其中 $\mathbf{x}$ 包含 1），$\mathrm{Var}(u \mid \mathbf{x})=\sigma^2$，但是 $\mathrm{E}(u \mid \mathbf{x})\neq \mathrm{E}(u)$。

a. $\mathrm{E}(u^2 \mid \mathbf{x})=\sigma^2$ 是否成立？

b. a 部分与 OLS 估计有何种关联呢？

4.4 通过证明 $N^{-1}\sum_{i=1}^{N}\hat{u}_i^2\mathbf{x}_i'\mathbf{x}_i=N^{-1}\sum_{i=1}^{N}u_i^2\mathbf{x}_i'\mathbf{x}_i+\mathrm{o}_p(1)$，来证明估计量 $\hat{\mathbf{B}}=N^{-1}\sum_{i=1}^{N}\hat{u}_i^2\mathbf{x}_i'\mathbf{x}_i$ 对于 $\mathbf{B}=\mathrm{E}(u^2\mathbf{x}'\mathbf{x})$ 来说是一致的。[提示：写出 $\hat{u}_i^2=u_i^2-2\mathbf{x}_iu_i(\hat{\boldsymbol{\beta}}-\boldsymbol{\beta})+[\mathbf{x}_i(\hat{\boldsymbol{\beta}}-\boldsymbol{\beta})]^2$，并且利用当期望值存在且 $\hat{\boldsymbol{\beta}}-\boldsymbol{\beta}=\mathrm{o}_p(1)$ 时，样本均值是 $\mathrm{O}_p(1)$ 这样的事实。假定所有必需的期望值均存在且都是有限的。]

4.5 设 y 与 z 表示随机标量，并且设 $\mathbf{x}$ 表示 $1\times K$ 维随机向量，其中为了考虑非零截距，$\mathbf{x}$ 的一个元素可以是 1。考察总体模型

$$\mathrm{E}(y|\mathbf{x},z)=\mathbf{x}\boldsymbol{\beta}+\gamma z \tag{4.50}$$

$$\mathrm{Var}(y|\mathbf{x},z)=\sigma^2 \tag{4.51}$$

其中关注的内容在于 $K\times 1$ 维向量 $\boldsymbol{\beta}$。为了排除一些琐碎性，假定 $\gamma\neq 0$。此外，假定在总体中 $\mathbf{x}$ 与 z 是正交的：$\mathrm{E}(\mathbf{x}'z)=0$。

考察基于 N 个独立同分布的观测值 $\boldsymbol{\beta}$ 的两个估计量：(1) $\hat{\boldsymbol{\beta}}$（与 $\hat{\gamma}$ 一起获得）是出自 y 对 $\mathbf{x}$ 与 z 的回归；(2) $\tilde{\boldsymbol{\beta}}$ 是出自 y 对 $\mathbf{x}$ 的回归。在方程（4.50）以及 $\mathrm{E}(\mathbf{x}'z)=\mathbf{0}$（连同标准的秩条件）下，这两个估计量关于 $\boldsymbol{\beta}$ 是一致的。

a. 证明，在没有任何附加假设（除了那些需要应用大数定律与中心极限定理的假设之外）下，$\mathrm{Avar}\sqrt{N}(\tilde{\boldsymbol{\beta}}-\boldsymbol{\beta})-\mathrm{Avar}\sqrt{N}(\hat{\boldsymbol{\beta}}-\boldsymbol{\beta})$ 总是半正定的（而且经常是正定的）。因此，从渐近分析的观点看，在方程（4.50）与方程（4.51）下，在回归模型里包含一些与关注变量不相关的变量总是更好一些。

b. 考察一个特殊情形，其中 $z=(x_K-\mu_K)^2$，$\mu_K\equiv\mathrm{E}(x_K)$，且 x_K 表示对称分布：$\mathrm{E}[(x_K-\mu_K)^3]=0$。于是，$\beta_K$ 表示 x_K 关于 $\mathrm{E}(y \mid \mathbf{x})$ 的偏效应，其中 $\mathrm{E}(y \mid \mathbf{x})$ 表示在 $x_K=\mu_K$ 处计算出来的。用包含回归元的 $(x_K-\mu_K)^2$ 估计平均偏效应好，还是不用为好？

c. 在习题 2.3 的设置下，具有 $\text{Var}(y \mid \mathbf{x})=\sigma^2$，在回归中利用 $x_1 x_2$ 估计 β_1 与 β_2 好，还是不利用好？

4.6　设变量 *nonwhite* 表示种族标示的二值变量：如果是非白种人的种族，那么 *nonwhite*=1。给定种族是在出生时被确定的，并且超越了个人的控制，解释 *nonwhite* 如何成为回归模型中的内生解释变量。特别地，考察 4.1 节所讨论的三种内生性的类型。

4.7　考察个人拥有计算机对学校 GPA 的影响，拥有权由二值变量 *PC* 表示，而学校 GPA 简记为 *col GPA*。利用 SAT 得分数据以及中学 GPA，你假定模型是

$$colGPA=\beta_0+\beta_1 hsGPA+\beta_2 SAT+\beta_3 PC+u$$

a. 为什么 u 与 *PC* 是正相关的？

b. 如果给定方程是由 OLS 使用学校学生随机抽样来估计的，那么 $\hat{\beta}_3$ 可能会有向上或向下的渐近偏误吗？

c. 哪些变量可以成为与 *PC* 相关的 u 中不可观测变量的合格代理变量？

4.8　考察含有两个解释变量的总体回归，但是它们有一个相互影响效应且 x_2 表现为二次的：

$$\text{E}(y|x_1,x_2)=\beta_0+\beta_1 x_1+\beta_2 x_2+\beta_3 x_1 x_2+\beta_4 x_2^2$$

设 $\mu_1 \equiv \text{E}(x_1)$ 与 $\mu_2 \equiv \text{E}(x_2)$ 表示解释变量的总体均值。

a. 设 α_1 表示 x_1 关于 $\text{E}(y \mid x_1,x_2)$ 的平均偏效应（跨越解释变量的分布），并且设 α_2 表示 x_2 关于 $\text{E}(y \mid x_1,x_2)$ 的平均偏效应。求出以 β_j 与 μ_j 表述的 α_1 与 α_2。

b. 重新写出回归函数，使得 α_1 与 α_2 直接表现出来。（注意到，μ_1 以及 μ_2 也将表现出来。）

c. 给定一个随机样本，你会用哪种回归来直接估计 α_1 与 α_2？如果你不知道 μ_1 以及 μ_2 又将如何呢？

d. 把 c 部分应用到 NLS80. RAM 中的数据上，其中 $y=\log(wage)$，$x_1=educ$ 以及 $x_2=exper$。（你将必须代入 *educ* 的样本均值与 *exper* 的样本均值。）当交互作用项由 *educ* • *exper* 所代替时，比较系数以及标准误，并且加以讨论。

4.9　考察一个线性模型，其中因变量以对数形式出现，而且 $\log(y)$ 的滞后项也是解释变量：

$$\log(y)=\beta_0+\mathbf{x}\boldsymbol{\beta}+\alpha_1\log(y_{-1})+u, \quad \text{E}(u|\mathbf{x},y_{-1})=0$$

其中 $\log(y_{-1})$ 所包含的内容可能是用来控制 $\mathbf{x}$ 中的政策变量与 y 的一个先前值之间的相关性，参阅例题 4.4。

a. 为了估计 $\boldsymbol{\beta}$，如果 y 中的 *growth*，$\log(y)-\log(y_{-1})$ 被用于替代因变量，那么为什么我们会获得相同的估计量？

b. 假设在方程中不存在协变量 $\mathbf{x}$。证明，如果 y 的分布与 y_{-1} 的分布是相同的，那么 $|\alpha_1|<1$。在动态设置下，这是**向均值回归**（regression-to-themean）现象。（提示：证明 $\alpha_1=\mathrm{Corr}[\log(y),\log(y_{-1})]$。）

4.10　使用第 2 章的性质 LP.7［特别是式（2.56）］以及习题 2.6 去推导方程（4.47）。（提示：首先，利用习题 2.6 证明，总体残差 r_K 在 1，x_1，…，x_{K-1} 上的线性投影是 $r_K^*+e_K$。然后，求出 y 在 r_K 上的投影且利用性质 LP.7。）

4.11　a. 在例题 4.3 中，同时使用 *KWW* 以及 *IQ* 作为方程（4.29）中的能力代理。比较没有能力代理的教育的估计收益与含有 *IQ* 作为唯一能力代理的教育的估计收益。

b. 检验 a 部分的估计方程中 *KWW* 与 *IQ* 的联合显著性。

c. 当用 *KWW* 及 *IQ* 作为 *abil* 的代理时，在非黑人（*nonblacks*）与黑人（*blacks*）之间的工资微分项会消失吗？所估计的微分是什么？

d. 把交互作用项 $educ(IQ-100)$ 以及 $educ(KWW-\overline{KWW})$ 添加到 a 部分的回归上，其中 $\overline{KWW}$ 表示样本中的平均得分。这些联合显著性项都在使用一个标准 F 检验吗？添加的两项会影响到一些重要结论吗？

4.12　把变量 *union* 作为添加解释变量，重新做例题 4.4，其中变量 *union* 表示一个虚拟变量，它表示工厂的工人是否成立工会。

4.13　使用 CORNWELL.RAM 中的数据（出自康韦尔和特朗布尔（Cornwell and Trumball，1994））估计郡层面的犯罪率模型，只利用 1987 年的数据。

a. 利用所有变量的对数形式，估计与犯罪率相关的威慑变量 *prbarr*，*prbconv*，*prbpris* 以及 *avgsen* 的模型。

b. 将 1986 年的 log(*crmrte*) 作为另外的解释变量添加进去，并且阐述所估计的弹性与 a 部分中的弹性如何不同。

c. 利用 b 部分中的约束模型，（再次以对数形式）计算所有 *wage* 变量联合显著性的 F 统计量。

d. 重新做 c 部分，但是做未知形式异方差的稳健性检验。

4.14　使用 ATTEND.RAW 中的数据求解下面的问题。

a. 为了确定参加上课时间对期末考试成绩的影响，估计与 *stndfnl*（标准化期末考试分数）相关的 *atndrte*（上课出勤的百分数）的模型。包括作为解释变量的二值变量 *frosh* 及 *soph*。解释 *atndrte* 的系数以及它的显著性。

b. 你有多确信 a 部分的 OLS 估计值对出勤的因果效应给予的估计？请解释。

c. 作为对学生能力的替代变量，给回归添加 *priGPA*（以前积累的 GPA）与 *ACT*（达到测验分数）。现在 *atndrte* 的效应是什么？讨论此效应与 a 部分中的效应有何不同。

d. 当与 a 部分比较时，c 部分中虚拟变量的显著性会发生什么变化？请解释。

e. 把 *priGPA* 与 *ACT* 的平方项添加到该方程之中。*atndrte* 的系数会发生怎样的变化？二次项是联合显著的吗？

f. 为了检验 *atndrte* 的非线性效应，把 *atndrte* 的平方项添加到 e 部分的方程之中。你会得出什么结论呢？

4.15　假定 y 与每一个 x_j 均具有有限二阶矩，并且将 y 在 $(1,x_1,\cdots,x_K)$ 上的线性投影写成

$$y=\beta_0+\beta_1x_1+\beta_2x_2+\cdots+\beta_Kx_K+u=\beta_0+\mathbf{x}\boldsymbol{\beta}+u$$
$$\mathrm{E}(u)=0,\ \mathrm{E}(x_j u)=0,\ j=1,2,\cdots,K$$

a. 证明 $\sigma_y^2=\mathrm{Var}(\mathbf{x}\boldsymbol{\beta})+\sigma_u^2$。

b. 对于从总体中随机抽取的 i，写出 $y_i=\beta_0+\mathbf{x}_i\boldsymbol{\beta}+u_i$。评价下述假设："对于所有 i，$\mathrm{Var}(u_i)=\sigma^2=\mathrm{Var}(y_i)$"，这在计量经济学课本中是人人皆知的。

c. 通过 $\rho^2\equiv1-\sigma_u^2/\sigma_y^2=\mathrm{Var}(\mathbf{x}\boldsymbol{\beta})/\sigma_y^2$ 定义总体 R 平方。证明 R 平方，即 $R^2=1-\mathrm{SSR}/\mathrm{SST}$ 是 ρ^2 的一致估计量，其中 SSR 表示 OLS 的残差平方和，而 $\mathrm{SST}=\sum_{i=1}^{N}(y_i-\bar{y})^2$ 表示总平方和。

d. 评价下面的陈述："在有异方差的情形中，OLS 回归的 R 平方是没有意义的"（这类陈述也容易出现在计量经济学教材中）。

4.16　设 $\{(x_i,u_i):i=1,2,\cdots\}$ 是一个独立、非同分布（i. n. i. d.）随机向量序列，其遵循线性模型 $y_i=\mathbf{x}_i\boldsymbol{\beta}+u_i$，$i=1,2,\cdots$。假定对于所有 i 有 $\mathrm{E}(\mathbf{x}_i'u_i)=0$，以及 $N^{-1}\sum_{i=1}^{N}\mathrm{E}(\mathbf{x}_i'\mathbf{x}_i)\to\mathbf{A}$，其中 $\mathbf{A}$ 是一个 $K\times K$ 维正定矩阵，且 $\{\mathbf{x}_i'\mathbf{x}_i\}$ 满足大数法则：$N^{-1}\sum_{i=1}^{N}[\mathbf{x}_i'\mathbf{x}_i-\mathrm{E}(\mathbf{x}_i'\mathbf{x}_i)]\xrightarrow{p}\mathbf{0}$。

a. 如果 $N^{-1}\sum_{i=1}^{N}\mathbf{x}_i'u_i$ 也满足大数法则，证明来自 y_i 对 $\mathbf{x}_i$，其中 $i=1,2,\cdots,N$ 的 OLS 估计量 $\hat{\boldsymbol{\beta}}$ 关于 $\boldsymbol{\beta}$ 是一致的。

b. 对每个 N 定义 $\mathbf{B}_N=N^{-1}\sum_{i=1}^{N}\mathrm{E}(u_i^2\mathbf{x}_i'\mathbf{x}_i)$ 并假定当 $N\to\infty$ 时 $\mathbf{B}_N\to\mathbf{B}$。进而，假定 $N^{-1/2}\sum_{i-1}^{N}\mathbf{x}_i'u_i\xrightarrow{d}\mathrm{Normal}(\mathbf{0},\mathbf{B})$。证明 $\sqrt{N}(\hat{\boldsymbol{\beta}}-\boldsymbol{\beta})$ 是渐近正态的并求出其渐近方差矩阵。

c. 建议 $\mathbf{A}$ 与 $\mathbf{B}$ 的一致估计量；你无须证明一致性。

d. 对 c 部分中的估计量如何与 i. i. d. 情形加以比较进行评论。

4.17　考虑在假设 OLS. 1 和 OLS. 2 下的标准线性模型 $y=\mathbf{x}\boldsymbol{\beta}+u$。定义 $h(\mathbf{x})\equiv\mathrm{E}(u^2\mid\mathbf{x})$。设 $\hat{\boldsymbol{\beta}}$ 为 OLS 估计量，并证明我们总是可以写出

$$\mathrm{Avar}\sqrt{N}(\hat{\boldsymbol{\beta}}-\boldsymbol{\beta})=[\mathrm{E}(\mathbf{x}'\mathbf{x})]^{-1}\mathrm{E}[h(\mathbf{x})\mathbf{x}'\mathbf{x}][\mathrm{E}(\mathbf{x}'\mathbf{x})]^{-1}$$

当 $\mathrm{E}(u\mid\mathbf{x})=0$ 时，对于比较 OLS 及加权最小二乘估计量的渐近方差而言，该表达式是有用的；例如，参阅伍德里奇（Wooldridge，1994b）。

4.18　描述以下两个表述什么地方错了：

a. "中心极限定理意味着，当样本量增加时，误差分布趋向正态性。"

b. "异方差性稳健标准误是一致的，因为 $\hat{u}_i^2$（OLS 残差平方）是对于每个 i 而言 $\mathrm{E}(u_i^2\mid\mathbf{x}_i)$ 的一致估计量。"

第 5 章 单方程线性模型的工具变量估计

在这一章，我们研究工具变量估计，就实证经济研究中所使用的一些方法而论，这个方法可能仅次于普通最小二乘法。基本总体模型与第 4 章中的相同，但是，我们以显性方式允许不可观测误差与解释变量是相关的。

5.1 工具变量与两阶段最小二乘法

5.1.1 工具变量估计的动机

为了理解需要工具变量方法的动机，考察一个线性总体模型

$$y=\beta_0+\beta_1x_1+\beta_2x_2+\cdots+\beta_Kx_K+u \tag{5.1}$$

$$\mathrm{E}(u)=0,\ \mathrm{Cov}(x_j,u)=0,j=1,2,\cdots,K-1 \tag{5.2}$$

但是，其中 x_K 可能与 u 是相关的。换句话讲，解释变量 x_1，x_2，…，x_{K-1} 都是外生的，但 x_K 有可能在方程（5.1）中是内生的。内生性源自我们在第 4 章曾讨论过的任何一种原因。为了确定思路，把 u 考虑成包含与所有解释变量不相关的一个省略变量是很有益处的，其中所有解释变量不包括 x_K。因此，我们对如同方程（4.18）的条件期望感兴趣，但是我们观测不到 q，而 q 与 x_K 是相关的。

正像我们在第 4 章中所看到的，如果 $\mathrm{Cov}(x_K,u)\neq0$，方程（5.1）的 OLS 估计一般会导致所有 β_j 的非一致估计量。进一步地，如果没有更多的信息，那么我们不能一致地估计方程（5.1）的任何一个参数。

工具变量（instrumental variables，IV）方法提供了内生解释变量问题的一般解决方法。为了利用含有 x_K 内生变量的 IV 方法，我们需要一个可观测变量 z_1，它不是方程（5.1）的变量，且满足下面两个条件。第一，z_1 与 u 必是不相关的：

$$\mathrm{Cov}(z_1,u)=0 \tag{5.3}$$

换句话讲，像 x_1，…，x_{K-1}那样，z_1 是方程（5.1）的外生变量。第二个要求涉及 z_1 与内生变量 x_K 之间的关系。一种准确的表述需要 x_K 在所有外生变量上的线性投影：

$$x_K=\delta_0+\delta_1 x_1+\delta_2 x_2+\cdots+\delta_{K-1}x_{K-1}+\theta_1 z_1+r_K \tag{5.4}$$

其中，由线性投影的误差定义可知，$\mathrm{E}(r_K)=0$，并且 r_K 与 x_1，x_2，…，x_{K-1} 以及 z_1 是不相关的。此线性投影的关键性假设是，z_1 的系数是非零的：

$$\theta_1\neq 0 \tag{5.5}$$

这个条件经常大致地被描述成"z_1 与 x_K 是相关的"，但是，此种说法并不是十分准确。一旦消除了其他外生变量 x_1，…，x_{K-1} 的影响，条件 $\theta_1\neq 0$ 意味着 z_1 与 x_K 是**偏相关的**（partially correlated）。如果 x_K 是方程（5.1）的唯一解释变量，那么线性投影是 $x_K=\delta_0+\theta_1 z_1+r_K$，其中 $\theta_1=\mathrm{Cov}(z_1,x_K)/\mathrm{Var}(z_1)$，因此，条件（5.5）与 $\mathrm{Cov}(z_1,x_K)\neq 0$ 是相同的。

这里，我们应该提及，对 x_K 或 z_1 的分布没有施加限制。在许多情形中，x_K 与 z_1 两者本质上均是连续的，但是，有时候 x_K，z_1 或者两者都是离散的。事实上，x_K 或 z_1 中的一个或者两个可以是一个二值变量，或者同时具有连续以及离散特性。方程（5.4）只是一个线性投影，而且当所有变量的二阶矩都是有限的时候，总是可以这样定义的。

当 z_1 满足条件（5.3）与条件（5.5）时，就说 z_1 是关于 x_K 的工具变量候选者。（有时候，z_1 直接被称为关于 x_K 的工具。）因为 x_1，…，x_{K-1} 与 u 已经是不相关的，它们都适用于方程（5.1）自己的工具变量。换句话讲，工具变量的完整目录表与外生变量的目录表是相同的，但是，我们经常称之为内生解释变量的工具。

方程（5.4）的线性投影被称为关于内生解释变量 x_K 的**约简型方程**（reduced form equation）。就单方程线性模型而言，约简型总是涉及把内生变量写成其在所有外生变量上的一个线性投影。"约简型"术语源自联立方程组分析，而且在那种背景下更有意义。我们在所有 IV 背景下使用"约简型"，因为它是表述内生变量在外生变量上具有线性投影的一种简明方法。此术语也传递了关于方程（5.4）所必需的结构信息。

由结构方程（5.1）以及 x_K 的约简型，我们通过把方程（5.4）代入方程（5.1），且重新整理得到 y 的约简型：

$$y=\alpha_0+\alpha_1 x_1+\cdots+\alpha_{K-1}x_{K-1}+\lambda_1 z_1+v \tag{5.6}$$

其中 $v=u+\beta_K r_K$ 表示约简型误差，$\alpha_j=\beta_j+\beta_K\delta_j$，而 $\lambda_1=\beta_K\theta_1$。由我们的假设，$v$ 与方程（5.6）的所有解释变量是不相关的，因此，OLS 一致地估计了约简型参数 α_j 以及 λ_1。

有时候，约简型参数的估计值以其自身特性而成为关注的内容，但是估计结构参数通常更为有用。例如，在厂商层面上，假定 x_K 表示每位工人在职培训小时数，而 y 表示工人平均生产率。假定在职培训津贴是随机地指派给一些厂商。于是，很自然的，用 z_1 表示说明一个厂商是否接受在职培训津贴，或者每位工人实际的津贴数目（虽然津贴数目会随厂商而变化）。方程（5.1）中参数 β_K 表示在职培训对工人生产率的影响。如果 z_1 表示接受一种在职培训津贴的二值变量，那么 λ_1 表示接受此在职培训津贴对工人生产率的影响，于是，λ_1 成为某种关注的内容。但是，估计通常在职培训每小时的影响是更有价值的，因为它在很多场合可以有意义。

现在，我们可以证明，我们对 IV z_1 所做出的假设可以用来求解关于方程（5.1）的 β_j **识别问题**（identification problem）。由识别含义，我们意指用可观测变量的总体矩写出 β_j。为了理解如何完成此过程，把方程（5.1）写成

$$y=\mathbf{x}\boldsymbol{\beta}+u \tag{5.7}$$

其中常数被并入 $\mathbf{x}$ 中，因此，$\mathbf{x}=(1,x_2,\cdots,x_K)$。把所有外生变量的 $1\times K$ 维向量写成

$$\mathbf{z}\equiv(1,x_2,\cdots,x_{K-1},z_1)$$

假设式（5.2）与式（5.3）蕴涵着 K 个总体正交性条件

$$\mathrm{E}(\mathbf{z}'u)=\mathbf{0} \tag{5.8}$$

通过用 $\mathbf{z}'$ 乘以方程（5.7），取期望，并且利用式（5.8）得到

$$[\mathrm{E}(\mathbf{z}'\mathbf{x})]\boldsymbol{\beta}=\mathrm{E}(\mathbf{z}'y) \tag{5.9}$$

其中 $\mathrm{E}(\mathbf{z}'\mathbf{x})$ 表示 $K\times K$ 维的，而 $\mathrm{E}(\mathbf{z}'y)$ 表示 $K\times 1$ 维的。方程（5.9）表述了 K 个未知的 β_1，β_2，…，β_K 的 K 个线性方程组。当且仅当 $K\times K$ 维矩阵 $\mathrm{E}(\mathbf{z}'\mathbf{x})$ 是满秩的，此方程组有唯一解；也就是

$$\text{秩 } \mathrm{E}(\mathbf{z}'\mathbf{x})=K \tag{5.10}$$

在此情形中，解是

$$\boldsymbol{\beta}=[\mathrm{E}(\mathbf{z}'\mathbf{x})]^{-1}\mathrm{E}(\mathbf{z}'y) \tag{5.11}$$

一旦利用关于（$\mathbf{x},y,z_1$）的随机样本，就可以一致地估计出期望值 $\mathrm{E}(\mathbf{z}'\mathbf{x})$ 以及 $\mathrm{E}(\mathbf{z}'y)$，因此，方程（5.11）识别了向量 $\boldsymbol{\beta}$。

显然，利用条件（5.3）可以获得式（5.11）。但是，我们在哪里可以使用条件（5.5）呢？让我们保持一些外生变量之间不存在线性相关，所以 $\mathrm{E}(\mathbf{z}'\mathbf{z})$ 具有满秩 K；这直接排除了总体 $\mathbf{z}$ 上的完全共线性。于是，可以证明，当且仅当 $\theta_1\neq 0$，式（5.10）成立。（习题 5.12 包括了我们在 5.1.2 节所涉及的更为一般的情形。）因此，假设（5.5）连同外生性条件（5.3）都是重要的识别条件。假设（5.10）是识别的**秩条件**（rank condition），而我们在 5.2.1 节中会更一般地讨论它。

给定出自总体的一个随机样本 $\{(\mathbf{x}_i,y_i,\mathbf{z}_{i1})：i=1,2,\cdots,N\}$，$\boldsymbol{\beta}$ **的工具变量估计量**（instrumental variables estimator）是

$$\hat{\boldsymbol{\beta}} = \left(N^{-1}\sum_{i=1}^{N}\mathbf{z}_i'\mathbf{x}_i\right)^{-1}\left(N^{-1}\sum_{i=1}^{N}\mathbf{z}_i'y_i\right) = (\mathbf{Z}'\mathbf{X})^{-1}\mathbf{Z}'\mathbf{Y}$$

其中 $\mathbf{Z}$ 与 $\mathbf{X}$ 都表示 $N\times K$ 维的数据矩阵，而 $\mathbf{Y}$ 表示关于 y_i 的 $N\times 1$ 维数据向量。由方程（5.11）与大数定律，立刻得出此估计量的一致性。我们在 5.2.1 节中将考虑更一般的情形。

当寻找一个内生解释变量的工具时，条件（5.3）与条件（5.5）在识别 $\boldsymbol{\beta}$ 时是同样重要的。然而，它们之间存在一个特别重要的差异。条件（5.5）能够得以检验，而条件（5.3）必须得以保持。这种不同的缘由是很简单的：条件（5.3）中的协方差涉及不可观测的 u，从而我们不能对 $\mathrm{Cov}(z_1, u)$ 进行检验。

对约简型（5.4）中的条件（5.5）进行检验是在 OLS 估计之后直接计算 t 检验的事情。无法确保 r_K 满足必不可少的同方差性假设（假设 OLS.3），因此，关于 $\hat{\theta}_1$ 的异方差性稳健 t 统计量经常是必要的。如果 x_K 表示一个二值变量或者某种含有离散特性的其他变量时，这个表述尤其正确。

在此，计量经济学家所熟知的一句话是，“检验识别是不可能的”。在含有单一内生变量与单一工具变量的模型中，我们恰好看到这一表述成立的意义：假设（5.3）不能得以检验。然而，条件（5.5）能够而且应该得以检验。实际上，最近的研究工作证明，尤其是对偏误来讲，对于确定 IV 估计量的有限样本性质来说，条件（5.5）中（在 p 值意义下）拒绝的强度是重要的。我们在 5.2.6 节转回到这一问题上。

在遗漏变量背景下，如同代理变量一样，工具变量必须是结构模型中冗余的［也就是，模型会以显性方式包含不可观测的因素，参阅条件（4.25）］。然而，与代理变量不同的是，x_K 的 IV 与遗漏变量应该是不相关的。记住，我们要求代理变量与其遗漏变量是高度相关的。一个代理变量制造了一个不良的 IV，而且如我们在 4.3.3 节中看到的那样，一个 IV 制造了一个不良的代理变量。

例 5.1（工资方程中教育的工具变量） 考察美国（US）工作人员总体的工资方程

$$\log(wage)=\beta_0+\beta_1 exper+\beta_2 exper^2+\beta_3 educ+u \tag{5.12}$$

其中由于遗漏了能力以及其他一些因素，诸如教育质量与家庭背景，所以 u 被看成与 $educ$ 相关的。假定我们能收集到关于母亲受教育的数据 $motheduc$。为了使这个量成为 $educ$ 的一个有效工具变量，在约简型

$$educ=\delta_0+\delta_1 exper+\delta_2 exper^2+\theta_1 motheduc+r$$

中，我们必须假定，$motheduc$ 与 u 是不相关的，且 $\theta_1\neq 0$。$educ$ 与 $motheduc$ 是偏相关的，这点很少有疑问，并且给定出自总体的一个随机样本，这种关系很容易得以检验。以 $motheduc$ 作为 $educ$ 工具变量的潜在问题是，$motheduc$ 与 u 中省略的一些因素可能是相关的，“母亲受教育可能与孩子的能力以及包含在

u 中的其他家庭背景特征是相关的”。

由于相反的原因，使得像人们的社会保障号码*最后一位这样的变量成为不适宜的 IV 候选者。因为最后数字是以随机形式得以确定的；它与影响工资的其他因素是不相关的。但是，它与教育也是不相关的。因此，尽管条件（5.3）成立，但条件（5.5）不成立。

更明智的方法是提供更有说服力的工具。安格里斯特和克鲁格（Angrist and Krueger，1991）建议使用出生季度作为教育的 IV。在最简单的情形中，设 $frstqrt$ 表示在一年中第一季度出生的取值等于 1，而在其他情形中则取值为 0 的虚拟变量。出生季度与影响工资能力的一些不可观测因素是无关的（尽管在这一点上存在着不同意见，参阅邦德、耶格和巴德（Bound，Jaeger，and Bader，1995））。此外，我们在约简型

$$educ=\delta_0+\delta_1 exper+\delta_2 exper^2+\theta_1 frstqrt+r$$

中必有 $\theta_1\neq 0$，出生季度如何能与受教育程度（偏）相关呢？安格里斯特和克鲁格（Angrist and Krueger，1991）讨论了义务上学法律导致了 $educ$ 与 $frstqrt$ 之间存在一种关系：由法律可知，至少有一些人被迫上学时间长于他们自己愿意上学时间，而且这个事实与出生季度是相关的。在特殊样本中，我们可以确定这种关联的强度，即通过估计约简型，并且得到关于 H_0：$\theta_1=0$ 的 t 统计量。

这个例题阐明了找到内生解释变量的一个好的工具变量是非常难的，因为该变量必须满足两个不同的、经常处于冲突的准则。例如，$motheduc$，我们拿不定主意条件（5.5）是否成立。对于 $frstqrt$ 而言，最初关注的是满足条件（5.5）。由于条件（5.5）能够得以检验，$frstqrt$ 作为一个工具更具有吸引力。然而，$educ$ 与 $frstqrt$ 之间的偏相关是很小的，并且这可以导致有限样本问题（参阅 5.2.6 节）。更微妙的问题涉及我们对于工作人员整个总体的受教育回报进行估计的意义。正如我们将在第 18 章中看到的，如果受教育回报对于不同人而言不是常数，那么用 $frstqrt$ 作为估计受教育回报的 IV 估计值的 IV 估计量，只有对那些接受更多的正规学校教育的人才是正确的，因为他们出生在一年中头一个季度里。这些人在总体中占了相对很小的一部分。

有时候，使人信服的工具产生在项目评估背景下，其中个体是被随机选来用作充当此项目的合适人选。许多例子，包括在职培训项目以及学校补助项目（school voucher programs），实际参与者几乎总是自愿的，而且实际参与者是内生的，因为实际参与者可以依赖于影响到响应的一些不可观测因素。然而，常常有理由假定，胜任性（eligibility）是外生的。由于参与和胜任性是相关的，后者能够用作前者的 IV。

一个有效的工具变量也可以源自所谓的**自然实验**（natural experiment）。当我们所研究的设置（经常不是有意的）特征可以在其他方面为内生解释变量

* 社会保障号码（social security number，SSN）：在美国，每一个人的社会保障号码是由 9 位数字构成的，它在人们的生活中特别重要。当人们第一次找工作、从一个地方搬家到另外一个地方都必须使用社会保障号码。前三位数字是地区号码，随后两位是分组号码，而最后四位是从 1 一直连续到 9 999 的数字。——译者注

的形式上产生外生变化时，就出现了自然实验。看起来安格里斯特和克鲁格的例题至少起初会成为一个好的自然实验。另外一个例子是由安格里斯特给出的，他研究了在越南战争中服役对人们工资的影响。甚至在对教育、非参军经历等方面加以控制，在军队参加服役对影响工资的不可观测因素未必是外生的，安格里斯特使用如下观测值去获得参加越南战争二值指示变量的一个工具变量：具有比较小的征兵抽签（draft lottery）* 号码的人更有可能在战争中服役。安格里斯特证实了，在越南战争中服役的概率实际上与征兵抽签号码是相关的。由于抽签号码是随机确定的，所以它看起来像是在越南战争服役的理想工具变量。然而，存在一些潜在的问题。可能的情形是，得到一个小抽签号码的人会去选择获得更多的教育作为延期征兵机会的一种方式。如果我们在工资方程中不对受教育加以控制，那么抽签号码会成为内生的。此外，雇主愿意在那些不太可能成为征兵对象的雇员身上投资培训。另外，除非我们在工资方程中可以得到在职培训的测量结果，否则条件（5.3）被违背。（这种推理假定，我们对估计在越南服役的纯效应感兴趣，作为对包括诸如减少在职培训直接影响的对立面。）

霍克比（Hoxby，2000）使用地形特征，特别是由河流造成的自然边界作为学区内公立学校集中性的 IV。她利用这些 IV 对公立学校在学生成绩方面之间竞争的效应进行估计。卡特勒和格莱泽（Cutler and Glaeser，1997）运用霍克比工具变量以及其他内容，估计黑人学校正规教育与失业结果的隔离效果。莱维特（Levitt，1997）提供了从自然实验中获得工具变量的另外一个例子。在估计警力对城市犯罪率的影响效果之中，他使用市长选举与地方长官选择的时间安排作为警力大小的工具。（莱维特实际上使用了**面板数据**（panel data），我们将在第 11 章中讨论一些面板数据的内容。）

一些切合实际的 IV 不一定出自自然实验。例如，埃文斯和施瓦布（Evans and Schwab，1995）研究了就读教会（Catholic）高中的各种结果。他们利用学生是否为天主教徒的一个二值变量作为就读教会高中的 IV，并且他们不遗余力地讨论了天主教在他们方程（5.7）中是外生的情形。（在这个应用中，条件（5.5）很容易得以证实。）经济学家经常把价格或税收的地区性差异作为出现在个体层面方程中内生解释变量的工具。例如，在估计学校里酒消费对成绩的影响时，倘若影响学校成绩的其他地区性因素可以近似地加以控制，酒的地区价格就可以作为酒消费的 IV。其思想是，对于每一个个体而言，包括税收的酒价格可以被假定成是外生的。

例 5.2（接近学校程度作为教育的 IV） 利用 1976 年的工资数据，卡德（Card，1995）使用一个虚拟变量来表示一个人是否生长在四年制学校周围地区作为学校正规教育年数的工具变量。他还包括几个其他控制因素。在含有经

* 征兵抽签（draft lottery）：美国在越南战争期间，在 1969 年 12 月 1 日举行征兵抽签来决定青年人是否服兵役参战。方法是，把一年 366 天，即从 1 到 366 分别写在纸条上，然后把纸条放在塑料容器里，再把塑料容器放在大的鞋盒里混合，最后把混合好的纸条倒入大玻璃罐中，每一次从大玻璃罐取出一个。而每一个抽到的号码数字对应于相应的生日所折算出来的数码。比如，抽到数字 258，其对应的日期是 9 月 14 日那天出生的人。在 1973 年，这种征兵抽签方式便停止使用。——译者注

历及其平方项、黑人指示变量、来自南方与城市指示变量以及关于 1996 年地区性和城市指示变量的方程中对受教育回报的工具变量估计值是 0.132 或 13.2%，而 OLS 估计值是 7.5%。因而，对于这个数据例题，IV 估计值几乎是 OLS 估计值的两倍大小。如果我们认为，OLS 分析遭受一个向上的遗漏变量偏误（bias）*，那么这个结果违背了人们的直觉。一种解释是，正如我们在 4.4.2 节所讨论的，OLS 估计量遭受作为测量误差的结果而减少了偏误。但是，对受教育的经典变量中误差的假设是有问题的。另外一种解释是，此工具变量在工资方程中不是外生的：位置并不是完全外生的。包括标准误以及 t 统计量的估计值的全部集合，都可以在卡德（Card，1995）的文章中找到。或者，你可以在习题 5.4 中重复卡德的结果。

5.1.2 多重工具：两阶段最小二乘法

再一次考察模型（5.1）与模型（5.2），其中 x_K 与 u 可以是相关的。然而，现在假定我们拥有多个关于 x_K 的工具变量。设 z_1，z_2，…，z_M 是一些变量，使得

$$\mathrm{Cov}(z_h, u)=0, \quad h=1,2,\cdots,M \tag{5.13}$$

所以每一个 z_h 在方程（5.1）中都是外生的。如果这些变量中的每一个与 x_K 是某种偏相关的，那么我们会有 M 个不同的 IV 估计量。实际上，由于 x_1，x_2，…，x_{K-1}，z_1，z_2，…，z_M 的任何一个线性组合与 u 都是不相关的，所以实际上比我们所知道的还要多一些。那么，我们应该使用哪个 IV 估计量呢？

在 5.2.3 节，我们证明，在某些假设下，**两阶段最小二乘法估计量**（two-stage least squares (2SLS) estimator）是最有效的 IV 估计量。现在，我们依靠直觉来加以考虑。

为了阐明 2SLS 的方法，再次通过 $\mathbf{z}\equiv(1,x_1,x_2,\cdots,x_{K-1},z_1,\cdots,z_M)$，即一个 $1\times L$ 维向量（$L=K+M$）来定义外生变量的向量。出自 $\mathbf{z}$ 的所有可能线性组合都可以成为 x_K 的一个工具，2SLS 方法就是选择与 x_K 最高度相关的那一个。如果 x_K 是外生的，那么这一选择蕴涵着 x_K 的最佳工具正是它自身。一旦剔除这种情形，$\mathbf{z}$ 的线性组合与 x_K 最高度相关的就是由 x_K 在 $\mathbf{z}$ 上的线性投影给出的。把 x_K 的约简型写成

$$x_K=\delta_0+\delta_1 x_1+\cdots+\delta_{K-1}x_{K-1}+\theta_1 z_1+\cdots+\theta_M z_M+r_K \tag{5.14}$$

其中，由定义知，r_K 具有零均值，且与右边每一个变量是不相关的。由于 $\mathbf{z}$ 的任何一个线性组合与 u 是不相关的，所以

$$x_K^*\equiv\delta_0+\delta_1 x_1+\cdots+\delta_{K-1}x_{K-1}+\theta_1 z_1+\cdots+\theta_M z_M \tag{5.15}$$

与 u 是不相关的。实际上，x_K^* 经常被解释成与 u 不相关的 x_K 的一部分。如果

* 又称为偏差。——译者注

x_K^* 是内生的，那么这种关系起因于 r_K 与 u 是相关的。

如果我们能够观测到 x_K^*，那么我们愿意使用它作为方程（5.1）中 x_K 的工具，并且使用出自前一小节中的 IV 估计量。由于 δ_j 与 θ_j 都是总体参数，所以 x_K^* 不是可用的工具。然而，只要我们做出标准假设，即在外生变量之间不存在准确的线性相关性，我们就能通过 OLS 一致地估计方程（5.14）中的参数。对于每一个观测值 i 而言，x_{iK}^* 的样本类推形式就是 OLS 的**拟合值**（fitted values）：

$$\hat{x}_{iK}=\hat{\delta}_0+\hat{\delta}_1 x_{i1}+\cdots+\hat{\delta}_{K-1}x_{i,K-1}+\hat{\theta}_1 z_{i1}+\cdots+\hat{\theta}_M z_{iM} \tag{5.16}$$

现在，对于每一个观察值 i，定义向量 $\hat{\mathbf{x}}_i\equiv(1,x_{i1},\cdots,x_{i,K-1},\hat{x}_{iK})$，$i=1,2,\cdots,N$。一旦利用 $\hat{\mathbf{x}}_i$ 作为 $\mathbf{x}_i$ 的工具，就可以得到 IV 估计量

$$\hat{\boldsymbol{\beta}}=\left(\sum_{i=1}^{N}\hat{\mathbf{x}}_i'\mathbf{x}_i\right)^{-1}\left(\sum_{i=1}^{N}\hat{\mathbf{x}}_i'y_i\right)=(\hat{\mathbf{X}}'\mathbf{X})^{-1}\hat{\mathbf{X}}'\mathbf{Y} \tag{5.17}$$

其中，1 还是 $\mathbf{x}_i$ 的第一个元素。

可以证明，方程（5.17）中的 IV 估计量是一个 OLS 估计量。为了理解这个事实，注意到，$N\times(K+1)$ 维矩阵 $\hat{\mathbf{X}}$ 可以写成 $\hat{\mathbf{X}}=\mathbf{Z}(\mathbf{Z}'\mathbf{Z})^{-1}\mathbf{Z}'\mathbf{X}=\mathbf{P}_Z\mathbf{X}$，其中投影矩阵 $\mathbf{P}_Z=\mathbf{Z}(\mathbf{Z}'\mathbf{Z})^{-1}\mathbf{Z}'$ 是幂等的且对称的。因此，$\hat{\mathbf{X}}'\mathbf{X}=\mathbf{X}'\mathbf{P}_Z\mathbf{X}=(\mathbf{P}_Z\mathbf{X})'\mathbf{P}_Z\mathbf{X}=\hat{\mathbf{X}}'\hat{\mathbf{X}}$。一旦把这个表达式代入方程（5.17），可以证明，利用工具 $\hat{\mathbf{x}}_i$ 的 IV 估计量可以写成 $\hat{\boldsymbol{\beta}}=(\hat{\mathbf{X}}'\hat{\mathbf{X}}')^{-1}\hat{\mathbf{X}}'\mathbf{Y}$。“两阶段最小二乘法”的名称就是由于这种方法而来的。

总结一下，$\hat{\boldsymbol{\beta}}$ 可以从下面的步骤中得到：

1. 从

$$x_K \text{ 对 } x_1,\cdots,x_{K-1},z_1,\cdots,z_M \tag{5.18}$$

回归中获得拟合值 $\hat{x}_K$，为了简单起见，其中下标 i 可以省略。这称为**第一阶段回归**（first-stage regression）。

2. 实施

$$y \text{ 对 } 1,x_1,\cdots,x_{K-1},\hat{x}_K \tag{5.19}$$

的 OLS 回归。这称为**第二阶段回归**（second-stage regression），从而得到 $\hat{\beta}_j$。

实际上，最好是使用含有 2SLS 命令的软件包，而不是以显性方式完成这两步骤程序。一旦以显性方式完成这两步骤程序，就会使人们遭受一些错误的影响。例如，下述似乎切合实际的两步骤程序通常是非一致的：（1）将 x_K 对 1，z_1，…，z_M 进行回归，并且得到拟合值，比如说，$\tilde{x}_K$；（2）实施对用 $\tilde{x}_K$ 代替 $\hat{x}_K$ 的回归（5.19）。习题 5.11 要求你证明，在第一阶段回归中遗漏了 x_1，…，x_{K-1}，然后以显性方式做出第二阶段回归，这就产生了 β_j 的非一致估计量。

避免两步骤实施的另外一个原因是，就回归（5.19）而言，所报告的 OLS 标准误是不正确的，稍后将会清晰地看到其缘由。有时候，对于假设检验而言，我们需要以显性方式完成第二阶段回归——参阅 5.2.4 节。

当仅仅存在唯一一个 x_K 的工具时，2SLS 估计量与源自 5.1.1 节的 IV 估计量是相同的。当我们谈论单方程的 IV 估计时，我们意指 2SLS，否则除非另做说明。

当有多于一个工具可以利用时，含有一个内生解释变量的条件（5.5）的类似形式是什么呢？习题 5.12 要求你证明，当且仅当式（5.14）中至少一个 θ_j 是非零的，$\mathrm{E}(\mathbf{z}'\mathbf{x})$ 是满秩的。这种要求所隐含的直觉是相当清楚的：我们需要至少一个不出现在等式（5.1）中的外生变量来引导出 x_K 上的变异，而这些变异是不能由 x_1，…，x_{K-1}来解释的。$\boldsymbol{\beta}$ 的识别不依赖于式（5.14）中 δ_h 的值。

对含有单个内生解释变量的秩条件以及多重工具进行检验是简单的。在式（5.14）中，我们只检验**零假设**（null hypothesis）*

$$\mathrm{H}_0: \theta_1=0, \theta_2=0, \cdots, \theta_M=0 \tag{5.20}$$

对应于备择假设：至少一个 θ_j 是非零的。这个检验给出了关于明确实施第一阶段回归的引人注目的理由。如果式（5.14）的 r_K 满足 OLS 的同方差性假设 OLS.3，那么标准的 F 统计量或者拉格朗日乘子统计量可以用于检验假设（5.20）。特别地，如果 x_K 具有离散特性，那么异方差性稳健统计量常常是更加合适的。如果我们不能在一个合理而充分小的显著水平上拒绝假设（5.20），对应于可选择情形：至少一个 θ_h 是异于 0 的，那么我们应该严格保留所提出的关于 2SLS 程序的条件：工具没有通过最低的要求。

当 $M>1$ 时，含有单一内生变量的模型称为**被过度识别的**（overidentified），而且存在 $M-1$ 个**过度识别约束**（overidentifying restrictions）。此术语出自下述事实：如果每一个 z_h 与 x_K 是某种偏相关的，那么我们具有 $M-1$ 个比所需要识别等式（5.1）中参数个数多的外生变量。例如，如果 $M=2$，那么我们可以放弃一个工具，从而仍是可以达到识别的。在第 6 章，我们将证明，如何去检验过度识别约束的有效性。

5.2 两阶段最小二乘法的一般处理

5.2.1 一致性

现在，我们概括单方程模型中 2SLS 的一些渐近结果，其中方程里解释变量之间或许会有几个内生变量。把总体模型写成如同等式（5.7），其中 $\mathbf{x}$ 表示 $1\times K$ 维向量，而且通常包含 1。$\mathbf{x}$ 的一些元素可能与 u 是相关的。与往常一样，我们假定从总体中可以抽取一个随机样本。

假设 2SLS.1：对于某一个 $1\times L$ 维向量 $\mathbf{z}$，$\mathrm{E}(\mathbf{z}'u)=\mathbf{0}$。

---

* 又称原假设。——译者注

这里我们没有设定 $\mathbf{z}$ 的元素是从哪里来，但是 $\mathbf{x}$ 的任何外生元素，包括常数都包含在 $\mathbf{z}$ 之中。除非 $\mathbf{x}$ 的每一个元素都是外生的，$\mathbf{z}$ 将一定包括从模型外面所得到的一些变量。零条件均值假设 $E(u \mid \mathbf{z})=0$ 蕴涵着假设 2SLS. 1。

接下来的假设包含了单方程分析的一般秩条件。

假设 2SLS. 2：(a) 秩 $E(\mathbf{z}'\mathbf{z})=L$；(b) 秩 $E(\mathbf{z}'\mathbf{x})=K$。

从技术上讲，这个假设的（a）部分是必需的，但它不是特别地重要，由于外生变量在总体中（以及在典型样本中）将是线性独立的，除非有一些不明智的选择。(b) 部分是关于识别的极为重要的**秩条件**（rank condition）。在准确意义上讲，它意味着 $\mathbf{z}$ 与 $\mathbf{x}$ 是充分线性相关的，所以秩 $E(\mathbf{z}'\mathbf{x})$ 是列满秩的。在 5.1 节，我们已讨论过 $\mathbf{x}$ 包括单个内生变量情形的这一概念。当 $\mathbf{x}$ 是外生的时候，因为 $\mathbf{z}=\mathbf{x}$，假设 2SLS. 1 简化成假设 OLS. 1，同时假设 2SLS. 2 简化成假设 OLS. 2。

阶条件（order condition）$L \geqslant K$ 是秩条件所必需的。换句话讲，我们必须拥有至少与我们所具有的解释变量个数一样多的工具。如果我们没有与右边变量个数一样多的工具，那么 $\boldsymbol{\beta}$ 就是不可识别的。然而，$L \geqslant K$ 并不能保证 2SLS. 2b 成立：$\mathbf{z}$ 的一些元素与 $\mathbf{x}$ 的一些元素不是适当相关的。

我们已经知道，如何去检验含有单个内生解释变量的假设 2SLS. 2（b）。在通常情形中，给定关于（$\mathbf{x}$,$\mathbf{z}$）的随机样本，检验假设 2SLS. 2（b）是可能的，本质上要实施一个类似于 $E(\mathbf{z}'\mathbf{x})$ 样本的 $\mathbf{Z}'\mathbf{X}/N$ 的检验。这些检验确实是有点复杂，参阅克拉格和唐纳德（Cragg and Donald，1996）。我们经常对每一个内生解释变量的约简型进行估计，来确定 $\mathbf{z}$ 的至少一个不在 $\mathbf{x}$ 中的元素是显著的。通常，对秩条件而言，这并不是充分的，但是它可以帮助我们去决定秩条件是否满足。

一旦利用线性投影，就存在一种理解假设 2SLS. 1 与假设 2SLS. 2 如何识别 $\boldsymbol{\beta}$ 的简单方法。首先，假定 $E(\mathbf{z}'\mathbf{z})$ 是非奇异的，我们总是可以把 $\mathbf{x}$ 在 $\mathbf{z}$ 上的线性投影写成 $\mathbf{x}^*=\mathbf{z}\boldsymbol{\Pi}$，其中 $\boldsymbol{\Pi}$ 表示 $L\times K$ 维矩阵，即 $\boldsymbol{\Pi}=[E(\mathbf{z}'\mathbf{z})^{-1}E(\mathbf{z}'\mathbf{x})]$。由于 $\boldsymbol{\Pi}$ 的每一个列可以通过把 $\mathbf{x}$ 的适当元素对 $\mathbf{z}$ 进行回归而一致地得到估计，所以对于 $\boldsymbol{\beta}$ 的识别来说，我们可以把 $\boldsymbol{\Pi}$ 处理成已知的。记 $\mathbf{x}=\mathbf{x}^*+\mathbf{r}$，其中 $E(\mathbf{z}'\mathbf{r})=0$，所以 $E(\mathbf{x}^{*\prime}\mathbf{r})=0$。现在，2SLS 估计量是利用工具 $\mathbf{x}^*$ 的有效 IV 估计量。如果用 $x^{*\prime}$ 乘以等式（5.7），取数学期望，并且重新整理，由于 $E(\mathbf{x}^{*\prime}u)=0$，得到

$$E(\mathbf{x}^{*\prime}\mathbf{x})\boldsymbol{\beta}=E(\mathbf{x}^{*\prime}y) \tag{5.21}$$

因此，倘若 $E(\mathbf{x}^{*\prime}\mathbf{x})$ 是非奇异的，借助于 $\boldsymbol{\beta}=[E(\mathbf{x}^{*\prime}\mathbf{x})]^{-1}E(\mathbf{x}^{*\prime}y)$，$\boldsymbol{\beta}$ 就是可识别的。但是

$$E(\mathbf{x}^{*\prime}\mathbf{x})=\boldsymbol{\Pi}'E(\mathbf{z}'\mathbf{x})=E(\mathbf{x}'\mathbf{z})[E(\mathbf{z}'\mathbf{z})]^{-1}E(\mathbf{z}'\mathbf{x})$$

而且，当且仅当 $E(\mathbf{z}'\mathbf{x})$ 具有秩 K；也就是，当且仅当假设 2SLS. 2（b）满足，这一矩阵是非奇异的。如果假设 2SLS. 2（b）不满足，那么 $E(\mathbf{x}^{*\prime}\mathbf{x})$ 是奇异的，从而，$\boldsymbol{\beta}$ 是不可识别的。[注意到，因为满足 $E(\mathbf{x}^{*\prime}\mathbf{r})=\mathbf{0}$ 的 $\mathbf{x}=\mathbf{x}^{*\prime}+\mathbf{r}$，所以

$\mathrm{E}(\mathbf{x}^{*\prime}\mathbf{x})=\mathrm{E}(\mathbf{x}^{*\prime}\mathbf{x}^{*})$。因此，当且仅当秩 $\mathrm{E}(\mathbf{x}^{*\prime}\mathbf{x}^{*})=K$，$\boldsymbol{\beta}$ 是可识别的。]

2SLS 估计量可以写成如同等式（5.17）一样，或者写成

$$\hat{\boldsymbol{\beta}} = \left[\left(\sum_{i=1}^{N}\mathbf{x}_i'\mathbf{z}_i\right)\left(\sum_{i=1}^{N}\mathbf{z}_i'\mathbf{z}_i\right)^{-1}\left(\sum_{i=1}^{N}\mathbf{z}_i'\mathbf{x}_i\right)\right]^{-1} \left(\sum_{i=1}^{N}\mathbf{x}_i'\mathbf{z}_i\right)\left(\sum_{i=1}^{N}\mathbf{z}_i'\mathbf{z}_i\right)^{-1}\left(\sum_{i=1}^{N}\mathbf{z}_i'y_i\right) \tag{5.22}$$

我们具有下述一致性结果。

定理 5.1（2SLS 的一致性） 在假设 2SLS.1 与假设 2SLS.2 下，从随机样本中所得到的 2SLS 估计量，对于 $\boldsymbol{\beta}$ 而言是一致的。

证明： 写成

$$\hat{\boldsymbol{\beta}} = \boldsymbol{\beta}+\left[\left(N^{-1}\sum_{i=1}^{N}\mathbf{x}_i'\mathbf{z}_i\right)\left(N^{-1}\sum_{i=1}^{N}\mathbf{z}_i'\mathbf{z}_i\right)^{-1}\left(N^{-1}\sum_{i=1}^{N}\mathbf{z}_i'\mathbf{x}_i\right)\right]^{-1} \cdot\left(N^{-1}\sum_{i=1}^{N}\mathbf{x}_i'\mathbf{z}_i\right)\left(N^{-1}\sum_{i=1}^{N}\mathbf{z}_i'\mathbf{z}_i\right)^{-1}\left(N^{-1}\sum_{i=1}^{N}\mathbf{z}_i'u_i\right)$$

而且利用假设 2SLS.1 与假设 2SLS.2，对每一项应用大数定律与斯拉茨基定理。

5.2.2 两阶段最小二乘法的渐近正态性

在假设 2SLS.1 与适当的有限二阶矩假设下，由中心极限定理可得出 $N^{-1/2}\sum_{i=1}^{N}\mathbf{z}_i'u_i$ 的渐近正态性，而由 $N^{-1/2}\sum_{i=1}^{N}\mathbf{z}_i'u_i$ 的渐近正态性可以得出$\sqrt{N}(\hat{\boldsymbol{\beta}}-\boldsymbol{\beta})$ 的渐近正态性。在同方差性假设下，渐近方差是最简单的。

假设 2SLS.3： $\mathrm{E}(u^2\mathbf{z}'\mathbf{z})=\sigma^2\mathrm{E}(\mathbf{z}'\mathbf{z})$，其中 $\sigma^2=\mathrm{E}(u^2)$。

除了出现的工具向量代替 $\mathbf{x}$ 之外，这个假设与假设 OLS.3 是相同的。借助于通常的 LIE 论述，假设 2SLS.3 的充分条件是假设

$$\mathrm{E}(u^2|\mathbf{z})=\sigma^2 \tag{5.23}$$

如果 $\mathrm{E}(u|\mathbf{z})=0$，那么它与 $\mathrm{Var}(u|\mathbf{z})=\sigma^2$ 是一样的。[当 $\mathbf{x}$ 包括一些内生变量时，做出关于 $\mathrm{Var}(u|\mathbf{x})$ 的假设是无意义的。]

定理 5.2（2SLS 的渐近正态性） 在假设 2SLS.1 至假设 2SLS.3 下，$\sqrt{N}(\hat{\boldsymbol{\beta}}-\boldsymbol{\beta})$ 是渐近正态分布的，具有零均值且方差矩阵为

$$\sigma^2\{\mathrm{E}(\mathbf{x}'\mathbf{z})[\mathrm{E}(\mathbf{z}'\mathbf{z})]^{-1}\mathrm{E}(\mathbf{z}'\mathbf{x})\}^{-1}=\sigma^2[\mathrm{E}(\mathbf{x}^{*\prime}\mathbf{x}^{*})]^{-1} \tag{5.24}$$

其中 $\mathbf{x}^{*}=\mathbf{z}\boldsymbol{\Pi}$ 是 $1\times K$ 维线性投影向量。方程（5.24）的右边是很方便的，因为

它具有与关于 OLS 估计量的表达式相同的形式——参阅方程（4.9）——但要用 $\mathbf{x}^*$ 替代 $\mathbf{x}$。特别是，我们可以很容易地获得关于单个系数的渐近方差的一个简单表达式：Avar $\sqrt{N}(\hat{\beta}_K-\beta_K)=\sigma^2/\mathrm{Var}(r_K^*)$，其中 r_K^* 是来自 x_K^* 对 x_1^*，…，x_{K-1}^* 回归的总体残差（其中，通常来说 $x_1^*=1$）。定理 5.2 的证明类似于 OLS 的定理 4.2 的证明，从而省略。

利用样本均值，很容易对表达式（5.24）的矩阵进行估计。为了估计 σ^2，我们将需要 u_i 的适当估计值。把**两阶段最小二乘法残差**（2SLS residuals）定义为

$$\hat{u}_i=y_i-\mathbf{x}_i\hat{\boldsymbol{\beta}},\quad i=1,2,\cdots,N \tag{5.25}$$

仔细一些会注意到，这些残差不是出自两阶段 OLS 回归的残差，而两阶段 OLS 回归残差可以用于获得 2SLS 的估计值。源自两阶段回归的残差是 $y_i-\hat{\mathbf{x}}_i\hat{\boldsymbol{\beta}}$。任何一种 2SLS 软件包程序的常规做法都会将计算式（5.25）作为 2SLS 的残差，而且这些正是我们所要估计 σ^2 的内容。

给定 2SLS 的残差，在假设 2SLS.1 至假设 2SLS.3 下，σ^2 的一致（尽管不是无偏的）估计量是

$$\hat{\sigma}^2\equiv(N-K)^{-1}\sum_{i=1}^{N}\hat{u}_i^2 \tag{5.26}$$

许多回归软件包利用调整自由度 $N-K$ 代替 N，但是这种用法不会影响到估计量的一致性。

在假设 2SLS.1 至假设 2SLS.3 下，$K\times K$ 维矩阵

$$\hat{\sigma}^2\left(\sum_{i=1}^{N}\hat{\mathbf{x}}_i'\hat{\mathbf{x}}_i\right)^{-1}=\hat{\sigma}^2(\hat{\mathbf{X}}'\hat{\mathbf{X}})^{-1} \tag{5.27}$$

是 $\hat{\boldsymbol{\beta}}$ 的渐近方差的有效估计量。$\hat{\beta}_j$ 的（渐近）标准误刚好是矩阵（5.27）第 j 个对角元素的平方根。渐近置信区间与 t 统计量都可以用通常方式来得到。

例 5.3（父母亲教育与丈夫教育作为 IV） 我们使用 MROZ.RAW 中关于 428 个工作的已婚妇女的数据来估计工资方程（5.12）。我们假定经历是外生变量，但是我们允许 $educ$ 与 u 是相关的。我们对 $educ$ 所使用的工具是 $motheduc$，$fatheduc$ 以及 $huseduc$。$educ$ 的约简型是

$$\begin{aligned}educ=&\delta_0+\delta_1 exper+\delta_2 exper^2+\theta_1 motheduc\\&+\theta_2 fatheduc+\theta_3 huseduc+r\end{aligned}$$

假定 $motheduc$，$fatheduc$ 以及 $huseduc$ 在 $\log(wage)$ 方程中是外生的（不重要的假设），如果 θ_1，θ_2 与 θ_3 中至少有一个是非零的，方程（5.12）是可识别的。我们利用 F 检验（在同方差性下）可以检验这个假设。可以证明，（具有 3 与 422 个自由度的）F 统计量是 104.29，而 p 值为一个四位小数。因而，正如所希望的，$educ$ 与 $motheduc$，$fatheduc$ 以及 $huseduc$ 具有相当强的关系。（三个 t 统计量的每一个也都是非常显著的。）

通过 2SLS 对方程 (5.12) 进行估计，我们得到下述方程：

$$\widehat{\log(wage)} = -0.187 + 0.043\, exper - 0.000\,86\, exper^2 + 0.080\, educ$$
$$\quad\quad (0.285)\quad (0.013)\quad\quad (0.000\,40)\quad\quad (0.022)$$

其中括号中的数字表示标准误。受教育回报的 2SLS 估计值大致是 8%，并且是统计显著的。为了对比方便，通过 OLS 对方程 (5.12) 进行估计时，关于 *educ* 的估计系数大致是 0.107，其标准误大致为 0.014。因而，2SLS 估计值显著地低于 OLS 估计值，同时具有较大的标准误。

5.2.3 两阶段最小二乘法的渐近有效性

对 2SLS 的兴趣起源于其在 IV 估计量类型中的有效性：

定理 5.3 (2SLS 的相对有效性) 在假设 2SLS.1 至假设 2SLS.3 下，2SLS 估计量在利用关于 $\mathbf{z}$ 为线性的工具的 IV 估计量类中是有效的。

证明： 设 $\hat{\boldsymbol\beta}$ 表示 2SLS 估计量，且设 $\tilde{\boldsymbol\beta}$ 表示利用关于 $\mathbf{z}$ 为线性的任何工具的其他 IV 估计量。设关于 $\tilde{\boldsymbol\beta}$ 的工具是 $\tilde{\mathbf{x}} \equiv \mathbf{z}\boldsymbol\Gamma$，其中 $\boldsymbol\Gamma$ 表示一个 $L\times K$ 维非随机矩阵。(注意到，$\mathbf{z}$ 在总体中是 $1\times L$ 维随机向量。) 我们假定，秩条件对于 $\tilde{\mathbf{x}}$ 是成立的。对于 2SLS 而言，对 IV 的有效选择是 $\mathbf{x}^* = \mathbf{z}\boldsymbol\Pi$，其中 $\boldsymbol\Pi = [\mathrm{E}(\mathbf{z}'\mathbf{z})]^{-1}\mathrm{E}(\mathbf{z}'\mathbf{x}) \equiv \mathbf{D}^{-1}\mathbf{C}$。(在这两种情形中，我们可以用 $\sqrt{N}$一致估计量代替 $\boldsymbol\Gamma$ 与 $\boldsymbol\Pi$，而没有改变渐近方差。) 现在，在假设 2SLS.1 至假设 2SLS.3 下，我们知道，$\sqrt{N}(\hat{\boldsymbol\beta}-\boldsymbol\beta)$ 的渐近方差是 $\sigma^2[\mathrm{E}(\mathbf{x}^{*\prime}\mathbf{x}^*)]^{-1}$，其中 $\mathbf{x}^* = \mathbf{z}\boldsymbol\Pi$。可以直接证明，$\mathrm{Avar}[\sqrt{N}(\tilde{\boldsymbol\beta}-\boldsymbol\beta)] = \sigma^2[\mathrm{E}(\tilde{\mathbf{x}}'\mathbf{x})]^{-1}[\mathrm{E}(\tilde{\mathbf{x}}'\tilde{\mathbf{x}})][\mathrm{E}(\mathbf{x}'\tilde{\mathbf{x}})]^{-1}$。为了证明 $\mathrm{Avar}[\sqrt{N}(\tilde{\boldsymbol\beta}-\boldsymbol\beta)] - \mathrm{Avar}[\sqrt{N}(\hat{\boldsymbol\beta}-\boldsymbol\beta)]$是**半正定的** (positive semidefinite，记为 p. s. d.)，只要证明$\mathrm{E}(\mathbf{x}^{*\prime}\mathbf{x}^*) - \mathrm{E}(\mathbf{x}'\tilde{\mathbf{x}})[\mathrm{E}(\tilde{\mathbf{x}}'\tilde{\mathbf{x}})]^{-1}\mathrm{E}(\tilde{\mathbf{x}}'\mathbf{x})$是半正定的就足够了。但是 $\mathbf{x} = \mathbf{x}^* + \mathbf{r}$，其中 $\mathrm{E}(\mathbf{z}'\mathbf{r}) = 0$，所以 $\mathrm{E}(\tilde{\mathbf{x}}'\mathbf{r}) = 0$。由此可得，$\mathrm{E}(\tilde{\mathbf{x}}'\mathbf{x}) = \mathrm{E}(\tilde{\mathbf{x}}'\mathbf{x}^*)$，因此

$$\begin{aligned}&\mathrm{E}(\mathbf{x}^{*\prime}\mathbf{x}^*) - \mathrm{E}(\mathbf{x}'\tilde{\mathbf{x}})[\mathrm{E}(\tilde{\mathbf{x}}'\tilde{\mathbf{x}})]^{-1}\mathrm{E}(\tilde{\mathbf{x}}'\mathbf{x})\\ =&\mathrm{E}(\mathbf{x}^{*\prime}\mathbf{x}^*) - \mathrm{E}(\mathbf{x}^{*\prime}\tilde{\mathbf{x}})[\mathrm{E}(\tilde{\mathbf{x}}'\tilde{\mathbf{x}})]^{-1}\mathrm{E}(\tilde{\mathbf{x}}'\mathbf{x}^*) = \mathrm{E}(\mathbf{s}^{*\prime}\mathbf{s}^*)\end{aligned}$$

其中，$\mathbf{s}^* = \mathbf{x}^* - \mathrm{L}(\mathbf{x}^* \mid \tilde{\mathbf{x}})$ 表示出自 $\mathbf{x}^*$ 在 $\tilde{\mathbf{x}}$ 上线性投影的总体残差。因为 $\mathrm{E}(\mathbf{s}^{*\prime}\mathbf{s}^*)$ 是半正定的，所以证明完成了。

当 $L=K$ 时，定理 5.3 是没有意义的。因为对 $\boldsymbol\Gamma$ 的任何一种 (非奇异) 选择都会导致相同的估计量：IV 估计量已经在 5.1.1 节推导。

当 $\mathbf{x}$ 是外生的时候，定理 5.3 蕴涵着，在假设 2SLS.1 至假设 2SLS.3 下，在利用关于外生变量 $\mathbf{z}$ 为线性的工具变量的所有估计量中，OLS 估计量是有效的。由于 $\mathbf{x}$ 是 $\mathbf{z}$ 的子集，这个表述是正确的，所以 $\mathrm{L}(\mathbf{x} \mid \mathbf{z}) = \mathbf{x}$。

定理 5.3 的另外一个重要含义是，至少在同方差性下，我们使用尽可能多的可利用工具变量能做得更好。由于使用 $\mathbf{z}$ 的子集作为工具对应于利用 $\mathbf{z}$ 的一个特殊线性组合，所以这个结论是一个必然结果。对于某些子集而言，一旦利

用了全部 $\mathbf{z}$，我们可达到与 2SLS 相同的有效性，但是，我们不能做得更好了。这个发现迫使人们增加一些工具，因此，L 比 K 更大一些。遗憾的是，基于许多过度识别约束的 2SLS 估计量会导致有限样本问题，参阅 5.2.6 节。

由于假设 2SLS.3 是为定理 5.3 而假定的，所以如果假设 2SLS.3 不满足，那么可以利用更有效的估计量，这点就不会令人感到惊奇。如果 $L>K$，如同由汉森（Hansen，1982）与怀特（White，1982b，1984）所证明的，那么存在着比 2SLS 更有效的估计量。事实上，即使 $\mathbf{x}$ 是外生的且假设 OLS.3 成立，如果对于 $\mathbf{x}\subset\mathbf{z}$，假设 2SLS.1 以及假设 2SLS.2 成立，但假设 2SLS.3 不成立，那么 OLS 通常不是渐近有效的。要获得有效估计就属于广义矩方法估计标题下的事了，其中的一些情形我们将在第 8 章研究。

5.2.4 使用两阶段最小二乘法的假设检验

我们已经看到，关于单个 β_j 的假设检验可以直接利用渐近 t 统计量，此 t 统计量在零假设下具有渐近正态分布，而当 N 很小时，一些人宁愿使用 t 分布。一般地讲，人们应该知道，如果 N 很小，那么正态与 t 近似都是很粗糙的。利用 t 统计量来完成涉及 β_j 的关于单个线性组合的一些假设是很容易的。最容易的程序是，定义所关注内容的线性组合，比如说，$\theta\equiv\alpha_1\beta_1+\alpha_2\beta_2+\cdots+\alpha_K\beta_K$，然后利用 θ 以及 $\boldsymbol{\beta}$ 的其他一些元素写出 β_j 的表达式。于是，将其代入关注方程之中，从而使 θ 直接出现，而且为了得到 θ 的标准误，通过 2SLS 去估计所得到的方程。参阅习题 5.9 的例子。

为了检验形如 H_0：$\mathbf{R}\boldsymbol{\beta}=\mathbf{r}$ 的多重线性约束，瓦尔德统计量正像等式（4.13）一样，但是，其中的 $\hat{\mathbf{V}}$ 是由等式（5.27）给出的。与以往一样，瓦尔德统计量是一个零假设极限 χ_Q^2 分布。一些计量经济学软件，例如，Stata 在 2SLS 估计之后，利用简单检验命令来计算瓦尔德统计量（实际上，它的 F 统计量是通过用 Q 除瓦尔德统计量来得到）。

多重约束的一个有效检验是利用基于残差的方法计算出来的，类似于源自 OLS 分析的通常 F 统计量。对任何类型的线性约束都可以重新写为排除约束，因此我们以显性方式涉及了排除约束。把模型写成

$$y=\mathbf{x}_1\boldsymbol{\beta}_1+\mathbf{x}_2\boldsymbol{\beta}_2+u \tag{5.28}$$

其中 $\mathbf{x}_1$ 为 $1\times K_1$ 维向量，而 $\mathbf{x}_2$ 为 $1\times K_2$ 维向量，并且关注的内容在于检验 K_2 个约束：

$$\mathrm{H}_0:\boldsymbol{\beta}_2=\mathbf{0}\quad 对应于\quad \mathrm{H}_1:\boldsymbol{\beta}_2\neq\mathbf{0} \tag{5.29}$$

$\mathbf{x}_1$ 与 $\mathbf{x}_2$ 两者都可以包含内生变量以及外生变量。

设 $\mathbf{z}$ 表示 $L\geqslant K_1+K_2$ 维工具的向量，而且我们假定识别的秩条件成立。在伍德里奇（Wooldridge，1995b）中，可以找到对下述统计量的证明。

设 $\hat{u}_i$ 表示出自利用 $\mathbf{z}_i$ 作为工具来估计无约束模型的 2SLS 的残差。一旦利

用这些残差，通过

$$\mathrm{SSR}_{ur}\equiv\sum_{i=1}^{N}\hat{u}_i^2 \tag{5.30}$$

定义 2SLS 残差平方的无约束和。为了定义 2SLS 的 F 统计量，我们需要出自第二阶段回归的残差平方和。因而，设 $\hat{\mathbf{x}}_{i1}$ 表示出自 $\mathbf{x}_{i1}$ 对 $\mathbf{z}_i$ 的第一阶段回归的 $1\times K$ 维拟合值。类似地，$\hat{\mathbf{x}}_{i2}$ 表示出自 $\mathbf{x}_{i2}$ 对 $\mathbf{z}_i$ 的第一阶段回归的拟合值。同时把 SSR_{ur} 定义成源自 y 对 $\hat{\mathbf{x}}_1$，$\hat{\mathbf{x}}_2$ 的无约束第二阶段回归的通常残差平方和。类似地，SSR_r 表示源自 y 对 $\hat{\mathbf{x}}_{i1}$ 的约束第二阶段回归的残差平方和。可以证明，在 H_0：$\boldsymbol{\beta}_2=\mathbf{0}$（以及假设 2SLS. 1 至假设 2SLS. 3）下，$N\cdot(\widehat{\mathrm{SSR}}_r-\widehat{\mathrm{SSR}}_{ur})/\mathrm{SSR}_{ur}\overset{a}{\sim}\chi^2_{K_2}$。可以证明,使用 F 统计量是合理的：

$$F\equiv\frac{(\widehat{\mathrm{SSR}}_r-\widehat{\mathrm{SSR}}_{ur})}{\mathrm{SSR}_{ur}}\cdot\frac{(N-K)}{K_2} \tag{5.31}$$

是像 $\mathscr{F}_{K_2,N-K}$ 一样的近似分布。

仔细观察注意到，$\widehat{\mathrm{SSR}}_r$ 与 $\widehat{\mathrm{SSR}}_{ur}$ 出现在式（5.31）的分子中。这些量通常需要从第二阶段回归中直接计算出。F 的分母是 SSR_{ur}，它是 2SLS 的残差平方和。在流行的回归软件中，这正是通过 2SLS 命令所报告出的内容。

对于 2SLS 而言，重要的是，不使用让 OLS 起作用的统计量形式，也就是

$$\frac{(\mathrm{SSR}_r-\mathrm{SSR}_{ur})}{\mathrm{SSR}_{ur}}\cdot\frac{(N-K)}{K_2} \tag{5.32}$$

其中 SSR_r 表示 2SLS 残差平方的约束和。表达式（5.32）不仅没有已知的极限分布，而且甚至当样本是趋于无穷大时，它也可以正概率成为负的。显然，这类统计量不具有一个适当的 F 分布或者任何其他的与多重假设检验（通常）相联系的分布。

例 5.4（父母亲教育与丈夫教育作为 IV，续） 我们把年幼孩子（*kidslt6*）与年龄较大孩子（*kidsge6*）数量添加到方程（5.12）之中，并利用姆罗兹（Mroz，1987）的数据检验它们的联合显著性。式（5.31）中的统计量是 $F=0.31$；具有 2 个与 422 个自由度的渐近 p 值大约是 0.737。没有证据表明，孩子数量会影响到工作妇女的工资。

与其关注式（5.31），我们不如计算检验假设（5.29）的 LM 统计量。设 $\tilde{u}_i$ 表示出自约束模型的 2SLS 残差。也就是，从利用工具 $\mathbf{z}$ 的模型 $y=\mathbf{x}_1\beta_1+u$ 中获得 $\boldsymbol{\beta}_1$，并且设 $\tilde{u}_i\equiv y_i-\mathbf{x}_{i1}\tilde{\boldsymbol{\beta}}_1$。一旦 $\hat{\mathbf{x}}_{i1}$ 与 $\hat{\mathbf{x}}_{i2}$ 如前定义，LM 统计量如同 NR_u^2 出自

$$\tilde{u}_i\quad\text{对}\quad\hat{\mathbf{x}}_{i1}\text{与}\hat{\mathbf{x}}_{i2},i=1,2,\cdots,N \tag{5.33}$$

的回归一样可以获得，其中 R_u^2 通常是非中心 R 平方。（也就是，R 平方分母中的总平方和并非离差形式（not demeaned）。）当 $\{\tilde{u}_i\}$ 的样本均值为零时，非中心 R 平方与通常的 R 平方是相同的。这正是下述情形：**当原始解释变量**

(the null explanatory variables) $\mathbf{x}_1$ 与工具变量 $\mathbf{z}$ 都包含 1 时的典型情形。在 H_0 以及假设 2SLS. 1 至假设 2SLS. 3 下，$LM \overset{a}{\sim} \chi^2_{K_2}$。无论人们是使用这个统计量还是使用式（5.31）中的 F 统计量主要取决于个人爱好；渐近而言，区分这两种情形并没有什么困难。

5.2.5 两阶段最小二乘法的异方差性稳健推断

假设 2SLS. 3 是有约束性的，所以在未知异方差性形式的情形中，我们应该具有作为稳健的一种方差矩阵估计量。与往常一样，我们需要估计 $\mathbf{B}$ 与 $\mathbf{A}$。仅仅在假设 SLS. 1 与假设 2SLS. 2 下，$\text{Avar}(\hat{\boldsymbol{\beta}})$ 可以估计为

$$(\hat{\mathbf{X}}'\hat{\mathbf{X}})^{-1}\left(\sum_{i=1}^{N}\hat{u}_i^2\hat{\mathbf{x}}_i'\hat{\mathbf{x}}_i\right)(\hat{\mathbf{X}}'\hat{\mathbf{X}})^{-1} \tag{5.34}$$

有时候，用 $N/(N-K)$ 去乘这个矩阵作为自由度调整。这个异方差性稳健估计量可以应用到估计量是 $\hat{\sigma}^2(\hat{\mathbf{X}}'\hat{\mathbf{X}})^{-1}$ 的任何地方。特别地，矩阵（5.34）对角元素的平方根是 2SLS 的异方差性稳健标准误。使用通常方法，这些误差可以用来构造（渐近）t 统计量。一些软件包利用简单的命令来计算这些标准误。例如，使用 Stata 对例题 5.3 中 *educ* 的异方差性稳健标准误进行三位小数的四舍五入计算是 0.022，这与通常标准误四舍五入到三位小数是相同的。*exper* 的稳健标准误是 0.015，稍微高于非稳健的标准误（0.013）。

有时候，利用任何一种软件包计算稳健标准误是十分有用的。伍德里奇（Wooldridge，1995b）证明了，这一程序是如何利用对每个参数的一种辅助线性回归来完成的。考察对 $\hat{\beta}_j$ 的稳健标准误的计算。设"$\text{se}(\hat{\beta}_j)$"表示利用通常的方差矩阵（5.27）所计算的标准误。我们把它放到引号之中，因为如果假设 2SLS. 3 不满足，那么它不再是合适的。$\hat{\sigma}$ 可以由方程（5.26）获得，而 $\hat{u}_i$ 是由式（5.25）所获得的 2SLS 残差。设 $\hat{r}_{ij}$ 表示出自

$$\hat{x}_{ij} \quad 对 \quad \hat{x}_{i1},\hat{x}_{i2},\cdots,\hat{x}_{i,j-1},\hat{x}_{i,j+1},\cdots,\hat{x}_{iK},i=1,2,\cdots,N$$

回归的残差，同时定义 $\hat{m}_j \equiv \sum_{i=1}^{N}\hat{r}_{ij}\hat{u}_i$。于是，可以计算出 $\hat{\beta}_j$ 的异方差性稳健标准误，表示成

$$\text{se}(\hat{\beta}_j)=[N/(N-K)]^{1/2}[\text{“se}(\hat{\beta}_j)\text{”}/\hat{\sigma}]^2/(\hat{m}_j)^{1/2} \tag{5.35}$$

许多计量经济学软件包可以为你计算式（5.35），但是直接计算它也是很容易的。

为了运用瓦尔德方法检验多重线性约束，我们可以使用通常统计量，但是却用到了矩阵（5.34）作为估计的方差。例如，例题 5.4 中所检验的异方差性稳健形式，得出 $F=0.25$；F 可以渐近地处理成为 $\mathscr{F}_{2,422}$ 变量。渐近的 p 值是 0.781。

遗漏变量的拉格朗日乘子检验很容易采用一种异方差性稳健的形式。此外，考察含有零假设（5.29）的模型（5.28），但是这时候没有同方差性假设。利用与前面一样的记号，设$\hat{\mathbf{r}}_i \equiv (\hat{r}_{i1}, \hat{r}_{i2}, \cdots, \hat{r}_{iK_2})$表示出自$\hat{\mathbf{x}}_{i2}$对$\hat{\mathbf{x}}_{i1}$的多元回归的$1\times K_2$维残差向量，$i=1, 2, \cdots, N$。（同样地，这个程序可以通过$\hat{\mathbf{x}}_{i2}$的每一个元素对$\hat{\mathbf{x}}_{i1}$进行回归来完成。）于是，对于每一个观测值，形成了$1\times K_2$维向量$\hat{\mathbf{r}}_i \equiv (\tilde{u}_i \cdot \hat{r}_{i1}, \cdots, \tilde{u}_i \cdot \hat{r}_{iK_2})$。因而，稳健的LM检验是出自1对$\tilde{u}_i \cdot \hat{r}_{i1}, \cdots, \tilde{u}_i \cdot \hat{r}_{iK_2}$回归的$N-\mathrm{SSR}_0$，$i=1, 2, \cdots, N$。在$H_0$下，$N-\mathrm{SSR}_0 \overset{a}{\sim} \chi^2_{K_2}$。这个程序可以类似于OLS内容中的检验方式而得以证明。你可以参阅伍德里奇（Wooldridge，1995b）的详细阐述。

5.2.6 使用两阶段最小二乘法的潜在陷阱

对于估计利用非实验数据的结构方程而言，恰当使用工具变量方法是一个有力的工具。然而，当将IV运用于实际应用中时，人们便会遇到许多问题。

一种要记住的情形是，不像OLS在零条件均值假设下那样，当至少一个解释变量是模型中内生的时候，IV方法永远不会是无偏的。实际上，在标准分布假设下，2SLS估计量的期望值是不存在的。如同由基纳尔（Kinal，1980）所证明的，在此情形中，当所有内生变量具有关于外生变量为线性的期望值同方差性正态分布时，2SLS估计量所存在的矩数目小于过度识别约束的数目。这一发现蕴涵着，当工具变量数目等于解释变量数目时，IV估计量不会有期望值。这是我们依赖大样本分析2SLS正确性的一个原因。

甚至在大样本中，如果工具是弱的，那么IV方法表现出不好的性质。考察一个简单模型$y=\beta_0+\beta_1 x_1+u_1$，其中我们使用$z_1$作为$x_1$的工具。假定$\mathrm{Cov}(z_1, x_1)\neq 0$，很容易证明，IV估计量的概率极限是

$$\mathrm{plim}\ \hat{\beta}_1=\beta_1+\mathrm{Cov}(z_1, u)/\mathrm{Cov}(z_1, x_1)$$

它可被写成

$$\mathrm{plim}\ \hat{\beta}_1=\beta_1+(\sigma_u/\sigma_{x_1})[\mathrm{Corr}(z_1, u)/\mathrm{Corr}(z_1, x_1)] \tag{5.36}$$

其中$\mathrm{Corr}(\cdot, \cdot)$表示相关。由此方程我们看到，如果$z_1$与$u$是相关的，那么IV估计量中的非一致性会随着$\mathrm{Corr}(z_1, x_1)$接近于0而变得任意大。因而，如果$z_1$与$x_1$仅仅是弱相关的，在$z_1$与$u$之间看似很小的相关关系可以引起严重的非一致性——从而具有严重的有限样本偏误。在这样一些情形中，使用OLS是更好的，即使我们仅仅关注估计量的非一致性。

为了解为什么这样，设$\tilde{\beta}_1$表示OLS估计量并将其概率极限写成

$$\mathrm{plim}(\tilde{\beta}_1)=\beta_1+(\sigma_u/\sigma_{x_1})\mathrm{Corr}(x_1, u) \tag{5.37}$$

比较方程（5.37）和（5.36），OLS和IV的非一致性的符号可以是不同的。进而，如果$|\mathrm{Corr}(x_1, u)|\cdot|\mathrm{Corr}(z_1, x_1)|<|\mathrm{Corr}(z_1, u)|$，则OLS的非一

致性的幅度比 IV 估计量的非一致性的幅度更小。这个简单不等式使得这样的情形变得很显然：一个弱工具——在这里由小的 $|\text{Corr}(z_1, x_1)|$ 所捕捉——可以很容易使得 IV 具有比 OLS 更大的渐近偏误。遗憾的是，我们从未观测到 u_1，所以我们无法知道 $|\text{Corr}(z_1, u)|$ 相对 $|\text{Corr}(x_1, u)|$ 来说有多大。但是可以确定的是，在 z_1 和 x_1 之间的一个较小相关性——我们可以估计出它——应当引起关注，即便我们认为 z_1 "几乎"是外生的。

应用 2SLS 与其他 IV 程序的另一个潜在问题是 2SLS 标准误具有一个变"大"的趋势。而这一陈述意味着要么 2SLS 系数在统计上不显著，要么 2SLS 标准误与 OLS 标准误相比更大一些。除了依赖于别的之外，2SLS 标准误的数值大小还依赖于估计中所使用工具的质量，这点并不使人感到惊奇。

对于下述讨论而言，我们在模型

$$y = \beta_0 + \beta_1 x_1 + \beta_2 x_2 + \cdots + \beta_K x_K + u \tag{5.38}$$

中保持标准的 2SLS 假设 2SLS. 1 至假设 2SLS. 3。设 $\hat{\boldsymbol{\beta}}$ 表示利用工具 z 的 2SLS 估计量的向量。为了具体阐述方便，我们关注 $\hat{\beta}_K$ 的渐近方差。从技术上讲，我们应该研究 $\text{Avar}\sqrt{N}(\hat{\beta}_K - \beta_K)$，但是，运用包含相同信息的表达式是比较容易的。特别地，我们使用

$$\text{Avar}(\hat{\beta}_K) \approx \frac{\sigma^2}{\widehat{\text{SSR}}_K} \tag{5.39}$$

的事实，其中 $\widehat{\text{SSR}}_K$ 表示出自

$$\hat{x}_K \text{ 对 } 1, \hat{x}_1, \cdots, \hat{x}_{K-1} \tag{5.40}$$

回归的残差平方和。(记住，如果对于任何一个 j 而言，x_j 都是外生的，那么 $\hat{x}_j = x_j$。) 如果我们在回归 (5.39) 中用 $\hat{\sigma}^2$ 代替 σ^2，那么表达式 (5.39) 就是通常 2SLS 方差估计量。就目前的讨论而言，我们对 $\widehat{\text{SSR}}_K$ 的性质感兴趣。

从 R 平方的定义可知，我们可以写成

$$\widehat{\text{SSR}}_K = \widehat{\text{SST}}_K(1 - \hat{R}_K^2) \tag{5.41}$$

其中 $\widehat{\text{SST}}_K$ 表示 $\hat{x}_K$ 在样本中的总平方和，$\widehat{\text{SST}}_K = \sum_{i=1}^{N}(\hat{x}_{iK} - \overline{\hat{x}}_K)$，而 $\hat{R}_K^2$ 表示出自式 (5.40) 的 R 平方。在 OLS 背景下，式 (5.41) 中的 $1 - \hat{R}_K^2$ 项被看成是对多重共线性的一个测量，其中 $\widehat{\text{SST}}_K$ 测量了 $\hat{x}_K$ 的**总变异** (total variation)。我们看到，除了传统的多重共线性之外，2SLS 可以具有一个附加的大方差来源：$\hat{x}_K$ 的总变异可能是很小的。

什么时候 $\widehat{\text{SST}}_K$ 会是很小的呢？记住，$\hat{x}_K$ 表示出自

$$x_K \quad \text{对} \quad \mathbf{z} \tag{5.42}$$

回归的拟合值。因此，$\widehat{\text{SST}}_K$ 与方程 (5.42) 的回归平方和是相同的。如果 x_K 与 IV 仅仅是弱相关的，那么方程 (5.42) 的回归平方和可以是非常小的，

并且导致 $\hat{\beta}_K$ 很大的渐近方差。如果 x_K 与 $\mathbf{z}$ 是高度相关的，那么 $\widehat{\text{SST}}_K$ 几乎与 x_K 的总平方和以及 SST_K 是一样大的，而这一事实减少了 2SLS 的方差估计值。

当 x_K 是外生的时候——即不管 $\mathbf{x}$ 的其他元素是否为外生的，则 $\widehat{\text{SST}}_K=\text{SST}_K$。当这个总变异是很小的时候，它仅仅是由 $\{x_{iK}: i=1,2,\cdots,N\}$ 中的样本变异来确定的。因此，对于出现在 $\mathbf{x}$ 中的外生元素，工具的质量不会依赖于式（5.41）中总平方和的项。这一事实有助于解释 2SLS 关于外生解释变量的估计值为什么经常比内生解释变量的系数更为准确。

除了使得 $\widehat{\text{SST}}_K$ 项很小之外，工具的不良质量会导致 $\hat{R}_K^2$ 接近于 1。举一个例子来阐述，考察下述模型，其中 x_K 作为唯一内生变量，而且除了外生变量 $(1,x_1,\cdots,x_{K-1})$ 之外存在一个工具 $\mathbf{z}_1$。因此，$\mathbf{z}\equiv(1,x_1,\cdots,x_{K-1},z_1)$。（对于多重工具情形而言，可以进行同样的讨论。）$\hat{x}_K$ 的拟合值出自

$$x_K \text{对} 1,x_1,\cdots,x_{K-1},z_1 \tag{5.43}$$

的回归。由于所有其他回归元都是外生的（也就是，它们包含在 $\mathbf{z}$ 中），$\hat{R}_K^2$ 出自

$$\hat{x}_K \text{对} 1,x_1,\cdots,x_{K-1} \tag{5.44}$$

的回归。现在，由基本最小二乘法原理知，如果回归（5.43）中关于 z_1 的系数恰好是 0，那么出自回归（5.44）的 R 平方正好是 1，在此情形中，2SLS 估计量甚至不存在。实际上，这种结果永远不会发生，但是一旦 x_1，…，x_{K-1} 得以控制，对于 x_K 而言，z_1 具有很小的解释值，在此情形中，$\hat{R}_K^2$ 可以接近于 1。我们是否可以一致地估计 $\boldsymbol{\beta}$ 仅仅需要 z_1 以非零系数出现在总体模拟回归（5.43）之中。但是，如果 z_1 的解释能力是很弱的，那么 2SLS 估计量的渐近方差可以是非常大的。这是另外一种解释 x_K 与 z_1 的非零相关关系并不足以使 2SLS 有效的方式：偏相关对于渐近方差而言是真正的影响因素。

谢伊（Shea，1997）使用方程（5.39）和 OLS 的模拟公式来定义 x_K（当它被处理成内生的时）的“工具相关性”，其简单测度就是 $\widehat{\text{SSR}}_K/\text{SSR}_K$，其中，$\text{SSR}_K$ 是来自 x_K 对 x_1，…，x_{K-1} 回归的残差平方和。换句话说，这个测度实质上是 OLS（当它是一致的）的渐近方差估计量与 2SLS 估计的渐近方差估计量的比例。谢伊（Shea，1997）指出，该测度也可以通过两套残差的相关系数的平方进行计算，第一套残差可通过 $\hat{x}_K$ 对 $\hat{x}_1$，…，$\hat{x}_{K-1}$ 回归获得，而第二套残差可通过 $\hat{x}_K$ 对 x_1，…，x_{K-1} 回归获得。进而 $\widehat{\text{SSR}}_K/\text{SSR}_K$ 的概率极限出现在当 2SLS 估计量（相对于 OLS 估计量）不一致性时，但会含有某些不可估计的其他项。

谢伊的测度对于使用单个数字来概括工具的强度是有用的。然而，诸如对多重共线性的测度方面，谢伊的工具相关性测度则有其不足。实际上，它使用 OLS 作为一个基准，且记录了 2SLS 的标准误比 OLS 标准误大多少。该测度没有直接表明 2SLS 估计量对于推断的目的是否足够精确，或关于 2SLS

的实际分布的渐近正态近似是否可接受。当然，它也无法表明工具是否实际上是外生的。

当2SLS标准误很大，足以使什么都不显著时，我们就会处于困难的境地。我们经常要在具有相对小的标准误（OLS）的可行非一致估计量与一个满足下述要求的一致性估计量（2SLS）之间进行选择，而该一致性估计量是不精确的，以致不能由2SLS得出什么内容。一种方法是使用OLS，除非我们能够拒绝解释变量的外生性。在6.2.1节，我们将证明，如何去检验一个或者多个解释变量的内生性。

最近，存在着有关2SLS有限样本性质的一些重要研究，这些研究强调2SLS潜在的、大的偏误（biases），即使当样本容量看起来非常大的时候。记住，倘若2SLS估计量至少有一个真正内生变量处于$\mathbf{x}$之中，2SLS估计量就永远不会是无偏的。但是，当我们希望拥有一个非常大的样本量时，我们要求仅仅弱一些的工具来获得含有小偏误的估计量。遗憾的是，这个希望不会实现。例如，邦德、耶格和贝克（Bound，Jaeger，and Baker，1995）证明，在安格里斯特和克鲁格（Angrist and Krueger，1991）设置的背景下，2SLS估计量可以被预测出十分不佳的性质，这是一个令人担心的发现，因为安格里斯特和克鲁格使用了300 000～500 000个观测值！问题是一些工具——作为出生季度以及出生季度和出生年份及出生州之间各种各样交互作用的代表——是非常弱的，而且相对于它们在解释受教育年限中的作用而言，它们太多了。一个教训是，甚至对于非常大的样本量以及工具与误差之间具有零相关的情形，我们不应该用太多的过度识别约束。

斯坦格和斯托克（Staiger and Stock，1997）提供了含有弱工具的2SLS估计量的讨论分析。正式地，他们将弱工具问题建模如下，即其中当样本以$1/\sqrt{N}$的速率增长时，外生变量的约简型中工具上的系数收敛到0；在极限上，模型是不可识别的。（该方法无意于捕捉数据实际上被生成的方式；它的有用性在于由此得到的对于IV估计量准确分布的近似。）例如，在带有单个工具的简单回归模型中，约简型被假定为$x_{i1}=\pi_0+(\rho_1/\sqrt{N})z_{i1}+v_{i1}$，$i=1, 2, \cdots, N_1$，其中，$\rho_1\neq 0$。因为$\rho_1/\sqrt{N}\to 0$，由此得到的渐近分析远远不同于我们在本章中涵盖的一阶渐近理论；事实上，2SLS估计量是非一致的且具有一个并非以总体参数值为中心的非正态极限分布。

从斯坦格和斯托克的研究中得到的一个经验是，我们应当总是计算来自第一阶段回归的F统计量（或者含有单个工具变量的t统计量）。斯坦格和斯托克（Staiger and Stock，1997）提供了为了使2SLS具有可接受的统计性质，该第一阶段F统计量应当有多大（等价地，相关联的p值应当有多小）的若干指导原则。这些指导原则一般来说应当是有帮助的，但它们是在假定内生解释变量具有线性条件期望以及以外生变量为条件的不变方差的情形下被推导出来的。

5.3 遗漏变量与测量误差问题的 IV 解

在这一节，我们简略地考察为了求解遗漏变量问题而提出所谓利用工具变量方法的一种不同方法。5.3.2 节还研究了应用于测量误差的一种方法。

5.3.1 误差项中的遗漏因素

再一次考察遗漏变量模型

$$y=\beta_0+\beta_1x_1+\cdots+\beta_Kx_K+\gamma q+v \tag{5.45}$$

其中 q 表示遗漏变量，且 $\mathrm{E}(v\mid\mathbf{x},q)=0$。由 5.1.1 节可知，求解是把 q 并入误差项中，然后寻找与 q 相关的 $\mathbf{x}$ 中的任何一个元素当成工具。想起工具满足下述要求是十分有用的：(1) 它们在结构模型 $\mathrm{E}(y\mid\mathbf{x},q)$ 中是冗余的；(2) 它们与省略变量 q 是不相关的；(3) 它们与 $\mathbf{x}$ 的内生元素是充分相关的（也就是，那些元素与 q 是相关的）。于是，2SLS 应用到含有 $u\equiv\gamma q+v$ 的方程（5.45）中，便会产生一致且渐近正态的估计量。

5.3.2 利用不可观测指示符求解

求解遗漏变量问题的一种可供选择的方法是类似于 OLS 的代理变量求解方法，但是需要 IV，而不是 OLS 估计。在 OLS 代理变量求解之中，假定我们拥有 z_1，使得 $q=\theta_0+\theta_1z_1+r_1$，其中 r_1 与 z_1 是不相关的（由定义），且与 x_1，…，x_K 是不相关的（代理变量的关键性假设）。假定我们具有 q 的两个指示符。像代理变量一样，q 的指示符在方程（5.45）中必是冗余的。其关键性差异是，指示符可写成

$$q_1=\delta_0+\delta_1q+a_1 \tag{5.46}$$

其中

$$\mathrm{Cov}(q,a_1)=0,\ \mathrm{Cov}(\mathbf{x},a_1)=\mathbf{0} \tag{5.47}$$

这一假设包括了经典变量中的误差模型作为一种特殊情形，其中 q 表示不可观测的测量，q_1 表示可观测的测量，$\delta_0=0$，并且 $\delta_1=1$，在这种情形中，方程（5.45）中的 γ 就是可识别的。

假设（5.47）与代理变量假设截然不同。假定 $\delta_1\neq0$——否则 q_1 与 q 是不相关的，我们可以把方程（5.46）重新整理成

$$q=-(\delta_0/\delta_1)+(1/\delta_1)q_1-(1/\delta_1)a_1 \tag{5.48}$$

其中，此方程中误差$-(1/\delta_1)a_1$与q必定是相关的；OLS代理变量求解是非一致的。

为了使用指示符假设（5.47），我们需要某种附加的信息。一种可能性是，拥有q的第二个指示符：

$$q_2=\rho_0+\rho_1 q+a_2 \tag{5.49}$$

其中a_2满足与a_1相同的假设，且$\rho_1\neq 0$。我们还需要另外一个假设：

$$\mathrm{Cov}(a_1,a_2)=0 \tag{5.50}$$

这蕴涵着q_1与q_2之间的任何相关都是由它们对q的共同依赖而产生的。

把q_1代入q中，并且重新整理，得出

$$y=\alpha_0+\mathbf{x}\boldsymbol{\beta}+\gamma_1 q_1+(v-\gamma_1 a_1) \tag{5.51}$$

其中$\gamma_1=\gamma/\delta_1$。现在，q_2与v是不相关的，因为q_2在方程（5.45）中是冗余的。进一步地，由假设，q_2与a_1是不相关的（a_1与q以及a_2都是不相关的）。由于q_1与q_2是相关的，所以q_2能够作为方程（5.51）中q_1的IV。当然，q_2与q_1的作用可以颠倒过来。有时候，这种对遗漏变量问题的求解被称为**多重指示变量解**（multiple indicator solution）。

重要的是看到，多重指示符IV求解与把q留置在误差项之中的IV求解是截然不同的。当我们把q留置为误差的一部分时，我们必须决定$\mathbf{x}$的哪一个元素与q是相关的，然后找到$\mathbf{x}$的那些元素的IV。对于q的多重指示符而言，我们并不需要知道$\mathbf{x}$的哪一个元素与q相关，它们所有元素都可以是相关的。在方程（5.51）中，$\mathbf{x}$的一些元素都可以作为它们自己的工具。在我们所做的假设下，我们仅仅需要q_1的工具，而q_2则附着于那个目的。

例5.5（*IQ*与*KWW*作为能力的指示符） 我们将指示符方法应用到例题4.3的模型上，利用NLS80.RAM中的935个观测值。除了*IQ*之外，我们拥有世界工作知识（*KWW*）的测验分数：如果我们写成$IQ=\delta_0+\delta_1\, abil+a_1$，$KWW=\rho_0+\rho_1\, abil+a_2$，同时前面的假设在方程（4.29）中得以满足，那么我们能把*IQ*添加到工资方程之中，而且用*KWW*作为*IQ*的工具。我们得到

$$\begin{aligned}\log(\widehat{wage})=\underset{(0.33)}{4.59}&+\underset{(0.003)}{0.014}\,exper+\underset{(0.003)}{0.010}\,tenure+\underset{(0.041)}{0.201}\,married\\&-\underset{(0.031)}{0.051}\,south+\underset{(0.028)}{0.177}\,urban-\underset{(0.074)}{0.023}\,black\\&+\underset{(0.017)}{0.025}\,educ+\underset{(0.005)}{0.013}\,IQ\end{aligned}$$

所估计出的受教育回报是2.5%，而且它在5%水平上不是统计显著的，甚至对于单边备择假设而言也是这样。如果我们对*KWW*与*IQ*的作用加以翻转，那么我们得到了甚至更小的受教育回报：大致为1.7%，而t统计量大致为1.07。一旦给定我们利用IV，统计显著性或许并不令人感到惊奇，但是估计值的大小则是小得惊人。也许，a_1与a_2相互之间或与$\mathbf{x}$的某些元素是相关的。

对于 CEV 测量误差模型而言，q_1 与 q_2 都是假定 q 具有不相关测量误差的测量值。由于 $\delta_0=\rho_0=0$ 且 $\delta_1=\rho_1=1$，所以 $\gamma_1=\gamma$。因此，一旦拥有两个测量值，倘若所有参数的一致测量处于 CEV 设置中，我们就会把一个代入方程中，而使用另外一个作为它的工具变量。

工具变量方法中存在使用遗漏变量（或者在测量误差背景下单个测量值）的指示符的另外一种方式。假定 q 的唯一指示符是可利用的。如果没有更进一步的信息，结构模型中的参数是不可识别的。然而，假定我们拥有这样的附加变量：它在结构方程中（与 v 是不相关的）是冗余的，且与指示符方程中的误差 a_1 是不相关的，而与 q 是相关的。于是，正如习题 5.7 要求你去证明的，利用这种附加变量集合作为 q_1 的工具估计方程（5.51）会产生一致估计量。这几乎是由格里切斯和梅森（Griliches and Mason，1972）所提出的方法。如卡德尔和霍普金斯（Cardell and Hopkins，1977）所讨论的，格里切斯和梅森对关于 q_1 的约简型施加了不正确的约束；可参阅习题 5.11。布莱克本和纽马克（Blackburn and Neumark，1992）正确地实施了 IV 方法。

习　题

5.1　在本题中，你要在包含附加回归元的方程 2SLS 与 OLS 估计之间建立一种代数等价性。尽管此结果完全是一般性的，但是为了简单起见，考察一个含有单个（疑似）(suspected) 内生变量的模型：

$$y_1=\mathbf{z}_1\boldsymbol{\delta}_1+\alpha_1 y_2+u_1$$
$$y_2=\mathbf{z}\boldsymbol{\pi}_2+v_2$$

为了记号清晰，我们使用 y_2 作为疑似内生变量，而 $\mathbf{z}$ 作为所有外生变量的向量。第二个方程是关于 y_2 的约简型。假定 $\mathbf{z}$ 的元素至少比 $\mathbf{z}_1$ 多一个。

我们知道，$(\boldsymbol{\delta}_1,\alpha_1)$ 的一个估计量是利用工具 $\mathbf{x}$ 的 2SLS 估计量。考察 $(\boldsymbol{\delta}_1,\alpha_1)$ 的一种可选择估计量：(a) 通过 OLS 估计约简型，并且保留残差 $\hat{v}_2$；(b) 通过 OLS 估计下述方程：

$$y_1=\mathbf{z}_1\boldsymbol{\delta}_1+\alpha_1 y_2+\rho_1\hat{v}_2+error \tag{5.52}$$

证明出自这一回归的 $\boldsymbol{\delta}_1$ 与 α_1 的 OLS 估计值与 2SLS 估计量（值）是相同的。[提示：使用 OLS 的分块回归代数（partitioned regression algebra）。特别地，如果 $\hat{y}=\mathbf{x}_1\hat{\boldsymbol{\beta}}_1+\mathbf{x}_2\hat{\boldsymbol{\beta}}_2$ 是一个 OLS 回归，$\hat{\boldsymbol{\beta}}_1$ 可以首先通过 $\mathbf{x}_1$ 对 $\mathbf{x}_2$ 回归得到，并且获得残差，比如说 $\ddot{\mathbf{x}}_1$，然后将 y 对 $\ddot{\mathbf{x}}_1$ 进行回归。例如，参阅戴维森和麦金农（Davidson and MacKinnon，1993，第 1.4 节）。你必须还使用 $\mathbf{z}_1$ 与 $\hat{v}_2$ 在样本中是正交的事实。]

5.2　考察个体的健康模型：

$$health=\beta_0+\beta_1 age+\beta_2 weight+\beta_3 height+\beta_4 male+\beta_5 work+\beta_6 exercise+u_1 \tag{5.53}$$

其中 *health* 表示个体健康的某种数量化测度，*age*，*weight*，*height* 以及 *male* 是自明的（self-explanatory），*work* 表示每周工作小时数，而 *exercise* 表示每周锻炼小时数。

a. 为什么你会担心 *exercise* 与误差项 u_1 是相关的？

b. 假定你能收集到两个附加变量 *disthome* 与 *distwork* 的数据，其中 *disthome* 与 *distwork* 分别表示从家庭与工作地点到最近的健身俱乐部体育馆的距离。讨论 *disthome* 以及 *distwork* 是否与 u_1 是不相关的。

c. 现在，假定 *disthome* 以及 *distwork* 实际上与 u_1 是不相关的，如同方程（5.53）中的所有变量一样，除了 *exercise* 以外。写出关于 *exercise* 的约简型，并且阐述方程（5.53）中参数是可识别下的条件。

d. 如何对 c 部分的识别假设进行检验？

5.3　考察下述估计几个变量影响的模型，包括吸烟对新生儿体重的影响：

$$\log(bwght)=\beta_0+\beta_1 male+\beta_2 parity \\ +\beta_3\log(faminc)+\beta_4 packs+u \tag{5.54}$$

其中 *male* 表示一个二值指示函数，如果小孩是男孩，那么其值取为 1；*parity* 表示这个小孩出生的次序；*faminc* 表示家庭收入；而 *packs* 表示在怀孕期间平均每天所吸的香烟包数。

a. 为什么你会预期 *packs* 与 u 是相关的？

b. 假定你已经获得每一位妇女居住环境里的香烟平均价格数据。讨论这种信息是否可能满足 *packs* 的一个好工具变量的性质。

c. 使用 BWGHT. RAW 中的数据估计方程（5.54）。首先，使用 OLS；然后，使用 2SLS，其中 *cigprice* 是表示 *packs* 的一个工具。讨论 OLS 估计与 2SLS 估计值之间的任何重要差异。

d. 估计关于 *packs* 的约简型。一旦使用 *cigprice* 作为 *packs* 的一个工具，你对方程（5.54）识别会得出什么结论呢？这个结论与你在 c 部分中的回答有什么关系呢？

5.4　本题使用 CARD. RAW 中的数据。

a. 通过 OLS 估计含有 *edu*，*exper*，$exper^2$，*black*，*south*，*smsa* 以及 *reg*661 的一个 log(*wage*) 方程，以 *reg*668 与 *smsa*66 作为解释变量。把你的结果与卡德（Card，1995）表格 2 中的第 2 列相比较。

b. 利用包括来自 a 部分的所有解释变量以及虚拟变量 *nearc*4，估计关于 *educ* 的一个约简型方程。*educ* 与 *nearc*4 具有实际及统计显著的偏相关吗？[参阅卡德（Card，1995，表格 3 第 1 列）。]

c. 一旦使用 *nearc*4 作为 *educ* 的工具变量，利用 IV 估计 log(*wage*) 方程。把受教育回报的 95%置信区间与从 a 部分中所得的结果相比较。[参阅卡德（Card，1995，表格 3 第 5 列）。]

d. 现在，使用 *nearc*2 以及 *nearc*4 作为 *educ* 的工具。首先估计 *educ* 的约简型，并且评述是 *nearc*2 还是 *nearc*4 与 *educ* 更为密切相关。把 2SLS 估计值

与前面的估计值进行比较会怎样呢？

e. 对于样本中男人子集合来说，*IQ* 得分是可以利用的。把 *IQ* 对 *nearc*4 进行回归。*IQ* 得分与 *nearc*4 是不相关的吗？

f. 现在把 *IQ* 对 *nearc*4，*smsa*66，*reg*661，*reg*662 以及 *reg*669 进行回归。*IQ* 与 *nearc*4 是偏相关的吗？当利用 *nearc*4 作为 *educ* 的 IV 时，你对 log(*wage*) 方程中 1966 的位置与地区虚拟变量实施控制的重要性会得到什么结论呢？

5.5　一个人偶然地看到，在遗漏变量背景下，选择工具变量应用研究里面运用了下述推理。此模型是

$$y_1 = \mathbf{z}_1\boldsymbol{\delta}_1 + \alpha_1 y_2 + \gamma q + a_1$$

其中 q 表示遗漏因素。我们假定，a_1 满足结构误差假设 $\mathrm{E}(a_1 \mid \mathbf{z}_1, y_2, q) = 0$，并且 $\mathbf{z}_1$ 在 $\mathrm{E}(q \mid \mathbf{z}_1) = 0$ 意义下是外生的，但是，y_2 与 q 是相关的。设 $\mathbf{z}_2$ 表示 y_2 的一个工具变量备选向量。假定知道，$\mathbf{z}_2$ 出现于 y_2 在（$\mathbf{z}_1, \mathbf{z}_2$）上的线性投影中，因此，$\mathbf{z}_2$ 与 y_2 是偏相关的要求得以满足。而且我们愿意假定 $\mathbf{z}_2$ 在结构方程中是冗余的，所以 a_1 与 $\mathbf{z}_2$ 是不相关的。在 $\mathbf{z}_2$ 不包含有效 IV 的情形中，我们所不能知道的内容是，$\mathbf{z}_2$ 是否与遗漏变量 q 是相关的。

为了"检验" $\mathbf{z}_2$ 实际上是否与 q 是不相关的，人们提议对方程

$$y_1 = \mathbf{z}_1\boldsymbol{\delta}_1 + \alpha_1 y_2 + \mathbf{z}_2\boldsymbol{\psi}_1 + u_1$$

使用 OLS，其中 $u_1 = \gamma q + a_1$，并且检验 H_0：$\boldsymbol{\psi}_1 = 0$。这个方法为什么行不通？

5.6　参阅 5.3.2 节中的多重指示符模型。

a. 证明，如果 q_2 与 $x_j (j = 1, 2, \cdots, K)$ 是不相关的，那么 q_1 的约简型仅仅依赖于 q_2。[提示：利用 q_1 的约简型是 q_1 在（$1, x_1, x_2, \cdots, x_K, q_2$）上的线性投影的事实，并且利用第 2 章的性质 LP.7，求出 $\mathbf{x}$ 的系数向量。]

b. 如果 q_2 与 $\mathbf{x}$ 是相关的，那么会出现什么结果？在这种设置下，假定 q_2 与 $\mathbf{x}$ 是不相关的，这点会是现实的吗？请解释。

5.7　考察模型（5.45），其中 v 具有零均值，且与 x_1，…，x_K 以及 q 是不相关的。不可观测的 q 被认为至少与某一个 x_j 是相关的。为了不失一般性，假定 $\mathrm{E}(q) = 0$。

你拥有 q 的单个指示符，它被写成 $q_1 = \delta_1 q + a_1$，$\delta_1 \neq 0$，其中 a_1 具有零均值，且与每一个 x_j，q 以及 v 都是不相关的。此外，z_1，z_2，…，z_M 表示满足下面两个条件的变量集合：(1) 在结构方程（5.45）中是冗余的；(2) 与 a_1 是不相关的。

a. 提出一个一致估计 β_j 的 IV 方法。讨论识别所需要的条件。

b. 如果方程（5.45）是 log(*wage*) 方程，q 表示能力，q_1 表示 *IQ* 或者某种其他测验得分，而 z_1，…，z_M 是家庭背景变量，诸如父母的教育以及兄弟姐妹数量，阐述 a 部分中 IV 程序一致性所需要的经济假设。

c. 使用 NLS80. RAM 中的数据完成这个程序，包括解释变量 *exper*，*tenure*，*educ*，*married*，*south*，*urban* 以及 *black*。首先，使用 *IQ* 作为 q_1，然后利用 *KWW*。z_h 中包括变量 *meduc*，*feduc* 以及 *sibs*。讨论结果。

5.8　考察含有不可观测异质性（q）且解释变量中含有测量误差的模型：

$$y=\beta_0+\beta_1x_1+\cdots+\beta_Kx_K^*+q+v$$

其中 $e_K=x_K-x_K^*$ 表示测量误差，并且为了不失一般性，我们设 q 的系数等于 1。变量 q 可能与任何一个解释变量都是相关的，但是存在一个可以利用的指示符 $q_1=\delta_0+\delta_1q+a_1$。测量误差 e_K 与可观测测量 x_K 是相关的。除了 q_1 之外，你还有 z_1，z_2，…，z_M，$M\geqslant2$，它们与 v，a_1 以及 e_K 是不相关的。

a. 提出一个一致估计 β_j 的 IV 方法。为什么需要 $M\geqslant2$ 呢？[提示：把 q_1 代入 q 中，并且把 x_K 代入 x_K^* 中，然后继续进行。]

b. 将这一方法应用到例题 5.5 中所估计的模型上，其中实际教育，比如说 $educ^*$ 起到 x_K^* 的作用。利用 IQ 作为 $q=ability$ 的指示符，而且 KWW，$meduc$，$feduc$ 以及 $sibs$ 作为 $\mathbf{z}$ 元素。

5.9　假定下面表示有工作的高中学生的工资方程：

$$\log(wage)=\beta_0+\beta_1exper+\beta_2exper^2+\beta_3twoyr+\beta_4fouryr+u$$

其中 $twoyr$ 表示上二年制学院的年数，而 $fouryr$ 表示上四年制学院所花费的年数。在中学教育时每一位成员到最近的二年制和四年制学院的距离作为 $twoyr$ 和 $fouryr$ 的工具。证明，为了检验 H_0：$\beta_3=\beta_4$ 对应于 H_1：$\beta_4>\beta_3$，如何重新写出这一方程，并且解释如何估计此方程。参阅凯恩和劳斯（Kane and Rouse，1995）以及劳斯（Rouse，1995）曾使用过的一个非常相似的方法。

5.10　考察一个含有单一的、可能内生解释变量与单一工具的简单线性模型的 IV 估计：

$$y=\beta_0+\beta_1x_1+u$$
$$\mathrm{E}(u)=0,\ \mathrm{Cov}(z,u)=0,\ \mathrm{Cov}(z,x)\neq0,\ \mathrm{E}(u^2|z)=\sigma^2$$

a. 在前面（标准）的假设下，证明 $\mathrm{Avar}\sqrt{N}(\hat{\beta}_1-\beta_1)$ 可以表示成 $\sigma^2/(\rho_{zx}^2\sigma_x^2)$，其中 $\sigma_x^2=\mathrm{Var}(x)$ 而 $\rho_{zx}=\mathrm{Corr}(z,x)$。把这一结果与假设 OLS.1 至假设 OLS.3 下 OLS 估计量的渐近方差相比较。

b. 评述每一个因素如何影响 IV 估计量的渐近方差。当 $\rho_{zx}\to0$ 时，会出现什么结果呢？

5.11　含有单一内生解释变量的模型可以写成

$$y_1=\mathbf{z}_1\boldsymbol{\delta}_1+\alpha_1y_2+u_1,\quad \mathrm{E}(\mathbf{z}'u_1)=\mathbf{0}$$

其中 $\mathbf{z}=(\mathbf{z}_1,\mathbf{z}_2)$。考虑下面的两步骤方法，目的是模仿 2SLS：

a. 把 y_2 对 $\mathbf{z}_2$ 进行回归，从而得到拟合值 $\tilde{y}_2$（也就是，z_1 从第一阶段回归中被遗漏）。

b. 把 y_1 对 $\mathbf{z}_1$，$\tilde{y}_2$ 进行回归，得到了 $\tilde{\boldsymbol{\delta}}_1$ 与 $\tilde{\alpha}_1$。证明，$\tilde{\boldsymbol{\delta}}_1$ 与 $\tilde{\alpha}_1$ 通常是不一致的。什么时候 $\tilde{\boldsymbol{\delta}}_1$ 与 $\tilde{\alpha}_1$ 会是一致的呢？[提示：设 y_2^0 表示 y_2 在 $\mathbf{z}_2$ 上的总体线性投影，并且设 a_2 表示投影误差：$y_2^0=\mathbf{z}_2\lambda_2+a_2$，$\mathrm{E}(\mathbf{z}_2'a_2)=\mathbf{0}$。为了简单起见，声称 λ_2 是已知的，而不是估计出来的；也就是，假定 $\tilde{y}_2$ 实际上是 y_2^0。于是，

写出

$$y_1=\mathbf{z}_1\boldsymbol{\delta}_1+\alpha_1 y_2^0+\alpha_1 a_2+u_1$$

并且检查综合误差 $\alpha_1 a_2+u_1$ 与解释变量是否为不相关的。]

5.12　在满足 $\mathbf{x}=(x_1,\cdots,x_K)$ 与 $\mathbf{z}\equiv(x_1,x_2,\cdots,x_{K-1},z_1,\cdots,z_M)$ 的 5.1.2 节设置下（为了允许出现截距，设 $x_1=1$），假定 $\mathrm{E}(\mathbf{z}'\mathbf{z})$ 是非奇异的。证明，当且仅当方程（5.15）中至少有一个 θ_j 是非零的，$\mathrm{E}(\mathbf{z}'\mathbf{x})$ 的秩为 K。[提示，把 $\mathbf{x}^*=(x_1,\cdots,x_{K-1},x_K^*)$ 写成 $\mathbf{x}$ 的每一个元素在 $\mathbf{z}$ 上的线性投影，其中 $x_K^*=\delta_1 x_1+\cdots+\delta_{K-1}x_{K-1}+\theta_1 z_1+\cdots+\theta_M z_M$。于是，$\mathbf{x}=\mathbf{x}^*+\mathbf{r}$，其中 $\mathrm{E}(\mathbf{z}'\mathbf{r})=\mathbf{0}$，因此，$\mathrm{E}(\mathbf{z}'\mathbf{x})=\mathrm{E}(\mathbf{z}'\mathbf{x}^*)$。现在，$\mathbf{x}=\mathbf{z}\boldsymbol{\Pi}$，其中 $\boldsymbol{\Pi}$ 表示 $L\times K$ 矩阵，它的前 $K-1$ 列是 $\mathbb{R}^L$ 中单位向量前 $K-1$ 列，即 $(1,0,0,\cdots,0)'$，$(0,1,0,\cdots,0)'$，…，$(0,0,\cdots,1,0,\cdots,0)'$，而它的最后一列是 $(\delta_1,\delta_2,\cdots,\delta_{K-1},\theta_1,\cdots,\theta_M)$。写出 $\mathrm{E}(\mathbf{z}'\mathbf{x}^*)=\mathrm{E}(\mathbf{z}'\mathbf{z})\boldsymbol{\Pi}$，因此，由于 $\mathrm{E}(\mathbf{z}'\mathbf{z})$ 是非奇异的，所以当且仅当 $\boldsymbol{\Pi}$ 具有秩 K，$\mathrm{E}(\mathbf{z}'\mathbf{x}^*)$ 具有秩 K。]

5.13　考察简单回归模型

$$y=\beta_0+\beta_1 x+u$$

并且设 z 表示关于 x 的二值工具变量。

a. 证明，$\hat{\beta}_1$ 的 IV 估计量可以写成

$$\hat{\beta}_1=(\bar{y}_1-\bar{y}_0)/(\bar{x}_1-\bar{x}_0)$$

其中 $\bar{y}_0$ 与 $\bar{x}_0$ 表示 y_i 与 x_i 在满足 $z_i=0$ 样本上的样本平均值，而 $\bar{y}_1$ 与 $\bar{x}_1$ 表示 y_i 与 x_i 在满足 $z_i=1$ 样本上的样本平均值。这个估计量首先是由瓦尔德（Wald，1940）提出的，它通称为分组估计量（grouping estimator）。

b. 如果 x 也表示一个二值工具变量，例如，它表示参与社会项目，那么对 $\hat{\beta}_1$ 的解释是什么呢？

5.14　考察式（5.1）与式（5.2）中的模型，其中我们拥有附加外生变量 z_1，$\cdots,z_M$。设 $\mathbf{z}=(1,x_1,\cdots,x_{K-1},z_1,\cdots,z_M)$ 表示所有外生变量的向量。这个习题是要求你利用线性投影去获得 2SLS 估计量。假定 $\mathrm{E}(\mathbf{z}'\mathbf{z})$ 是非奇异的。

a. 求出以 β_j，x_1，…，x_{K-1} 与 $x_K^*=\mathrm{L}(x_K\mid\mathbf{z})$ 来表示的 $\mathrm{L}(y\mid\mathbf{z})$。

b. 论证，倘若 x_1，…，x_{K-1}，x_K^* 不是完全共线性的，y 对 1，x_1，…，x_{K-1}，x_K^* 的 OLS 回归（使用了随机样本）会一致地估计出 β_j。

c. 阐述 x_K^* 不是 x_1，…，x_{K-1} 完全线性组合的必要且充分条件。这与什么样的 2SLS 假设是相同的呢？

5.15　考察模型 $y=\mathbf{x}\boldsymbol{\beta}+u$，其中 x_1，x_2，…，x_{K_1}，$K_1\leqslant K$，都是（潜在的）内生解释变量。（我们假定零截距刚好简化了记号，下述结果引申到含有未知截距的模型上。）设 z_1，…，z_{L_1} 表示出自模型以外的可以利用的工具变量。设 $\mathbf{z}=(z_1,\cdots,z_{L_1},x_{K_1+1},\cdots,x_K)$，且假定 $\mathrm{E}(\mathbf{z}'\mathbf{z})$ 是非奇异的，所以假设 2SLS.2（a）成立。

a. 证明秩条件的必要条件，假设 2SLS.2（b）表示对于每一个 $j=1$，…，

K_1 来说，至少有一个 z_h 必出现在 x_j 的约简型之中。

b. 对于 $K_1=2$，给出一个简单例子说明，出自 a 部分的条件对于秩条件而言不是充分的。

c. 如果 $L_1=K_1$，证明秩条件的一个充分条件是，唯一的 z_j 出现于 x_j 的约简型之中，$j=1$，…，K_1。[如同习题 5.12，研究 $\mathrm{L}(\mathbf{x}\mid\mathbf{z})=\mathbf{z}\boldsymbol{\Pi}$ 中的 $L\times K$ 维矩阵的秩就足够了。]

5.16　考虑总体模型

$$y=\alpha+\beta w+u$$

其中所有量都是标量。设 $\mathbf{g}$ 为一个 $1\times L$ 维向量，$L\geqslant2$，且有 $\mathrm{E}(\mathbf{g}'u)=0$；假定 $\mathbf{g}$ 的第一个元素为单位一。以下对于一个 $\mathbf{w}$ 的内生变量向量的情形是容易被预期到的。

a. 设 $\tilde{\beta}$ 表示 β 的使用工具 $\mathbf{g}$ 的 2SLS 估计量。(当然，截距项 α 连同 β 一起被估计。) 讨论，在秩条件 2SLS.2 以及同方差假设 2SLS.3 (且有 $\mathbf{z}=\mathbf{g}$) 下，

$$\mathrm{Avar}\sqrt{N}(\tilde{\beta}-\beta)=\sigma_u^2/\mathrm{Var}(w^*)$$

其中 $\sigma_u^2=\mathrm{Var}(u)$ 且 $w^*=\mathrm{L}(w\mid\mathbf{g})$。(提示：见方程 (5.24) 之后的讨论。)

b. 设 $\mathbf{h}$ 为一个 $1\times J$ 维向量 (带有零均值，以稍微简化论述)，其与 $\mathbf{g}$ 不相关但一般与 u 相关。写出 u 对 $\mathbf{h}$ 的线性投影为 $u=\mathbf{h}\gamma+v$，$\mathrm{E}(\mathbf{h}'v)=\mathbf{0}$。解释为何 $\mathrm{E}(\mathbf{g}'v)=\mathbf{0}$。

c. 写出方程

$$y=\alpha+\beta w+\mathbf{h}\gamma+v$$

并设 $\hat{\beta}$ 为 β 的使用工具 $\mathbf{z}=(\mathbf{g},\mathbf{h})$ 的 2SLS 估计量。假定关于工具的选择满足假设 2SLS.2 和 2SLS.3，证明

$$\mathrm{Avar}\sqrt{N}(\hat{\beta}-\beta)=\sigma_v^2/\mathrm{Var}(w^*)$$

其中 $\sigma_v^2=\mathrm{Var}(v)$。(提示：再次使用方程 (5.24) 之后的讨论，但现在使用 $\mathbf{x}^*=(1,\breve{w},\mathbf{h})$，其中 $\breve{w}=L(w\mid\mathbf{g},\mathbf{h})$。现在，渐近方差可写为 $\sigma_v^2/\mathrm{Var}(\breve{r})$，其中 $\breve{r}$ 为来自 $\breve{w}$ 对 1，$\mathbf{h}$ 回归的总体残差。证明当 $\mathrm{E}(\mathbf{g}'\mathbf{h})=\mathbf{0}$ 时有 $\breve{r}=w^*$。)

d. 讨论为估计一个内生解释变量上的系数，将那些对可用工具正交的外生变量包含进来总是更好的。要了解更一般的结果，可参阅钱和施密特 (Qian and Schmidt，1999)。习题 4.5 涵盖了 OLS 情形。

第 6 章　附加的单方程专题

6.1　使用生成回归元与工具的估计

在本节我们讨论当在第一步中估计出一些回归元或工具时，OLS 和 2SLS 估计量的大样本性质。

6.1.1　使用生成回归元的普通最小二乘法

当一个或多个**回归元**（regressor）* 可以由第一阶段**程序**（procedure）* 估计出来时，我们经常需要利用关于 OLS 估计的结果。为了阐明这一问题，考察模型

$$y=\beta_0+\beta_1 x_1+\cdots+\beta_K x_K+\gamma q+u \tag{6.1}$$

我们可以观测到 x_1，…，x_K。但是，q 是不可观测的。然而，假定 q 通过函数 $q=f(\mathbf{w},\boldsymbol{\delta})$ 与可观测数据是相关的，其中 f 表示已知函数，而 $\mathbf{w}$ 表示可观测的变量向量，但是参数向量 $\boldsymbol{\delta}$ 是未知的（这就是为什么 q 是不可观测的）。经常，但并不总是这样，q 将是 $\mathbf{w}$ 与 $\boldsymbol{\delta}$ 的一个线性函数。假定我们可以一致地估计 $\boldsymbol{\delta}$，并且设 $\hat{\boldsymbol{\delta}}$ 表示此估计量。对于每一个观测值而言，$\hat{q}_i=f(\mathbf{w}_i,\hat{\boldsymbol{\delta}})$ 可以有效地估计出 q_i。帕甘（Pagan，1984）称 $\hat{q}_i$ 为**生成回归元**（generated regressor）。用 $\hat{q}_i$ 代替 q_i，并且实施

$$y_i \quad 对 \quad 1,x_{i1},x_{i2}\cdots,x_{ik},\hat{q}_i,\quad i=1,2,\cdots,N \tag{6.2}$$

* 又称为回归因子。——译者注

** 又称为方法。——译者注

的 OLS 回归，这样应该会产生包括 γ 在内的所有参数的一致估计值，这点看起来是有道理的。问题是，什么样的假设是充分的？

尽管直到第 12 章（那里将研究非线性估计），我们才细致地证明所需要的渐近理论，但我们这里仍然能提供某种直觉。由于 $\text{plim}\,\hat{\delta}=\delta$，由大数定律，

$$N^{-1}\sum_{i=1}^{N}\hat{q}_i u_i\xrightarrow{p}\mathrm{E}(q_i u_i),\quad N^{-1}\sum_{i=1}^{N}x_{ij}\hat{q}_i\xrightarrow{p}\mathrm{E}(x_{ij}q_i)$$

这是合情合理的。从这些结果出发，很容易证明，总体中通常的 OLS 假设——即 u 与（$x_1,x_2,\cdots,x_K,q$）是不相关的——足以使两步骤程序成为一致的（以及假设 OSL. 2 的秩条件，可以应用到解释变量的扩展向量上）。换句话讲，对于一致性而言，用 $\hat{q}_i$ 代替 q_i 在 OLS 回归中不会产生什么问题。

当将上述想法用于推断时，事情就不那么简单了：从回归（6.2）所获得的标准误以及检验统计量通常是无效的，因为它们忽略了 $\hat{\boldsymbol{\delta}}$ 中的抽样变异。由于 $\hat{\boldsymbol{\delta}}$ 也是利用数据得到的——通常是相同的数据样本，估计值里的不确定性应该在第二步中得到解释。然而，至少存在一种重要情形，即至少在渐近意义上 $\hat{\boldsymbol{\delta}}$ 的抽样变异可以被忽略：如果

$$\mathrm{E}[\nabla_{\delta}f(\mathbf{w},\boldsymbol{\delta})'u]=\mathbf{0} \tag{6.3}$$

$$\gamma=0 \tag{6.4}$$

那么当 q 代替 $\hat{q}$ 时，出自回归（6.2）中 OLS 估计量的 $\sqrt{N}$ 极限分布与 OLS 估计量是相同的。条件（6.3）可以由零条件均值条件

$$\mathrm{E}(u|\mathbf{x},\mathbf{w})=0 \tag{6.5}$$

推出，在生成回归元背景下，这通常是成立的。

在最终回归中包括 $\hat{q}$ 之前，我们经常要检验零假设 H_0：$\gamma=0$。幸运的是，在 H_0 下，关于 $\hat{q}$ 的通常 t 统计量具有一个极限标准正态分布，因此，它可以用于检验 H_0。它直接要求通常同方差性假设 $\mathrm{E}(u^2\mid\mathbf{x},q)=\sigma^2$。在 H_0 下，如果 u 中出现异方差性，那么异方差性稳健统计量就起作用。

即使条件（6.3）成立，如果 $\gamma\neq0$，那么对于所有估计 $\boldsymbol{\delta}$ 的 OLS 估计量的渐近方差而言，进行调整是必需的。因而，当 $\gamma\neq0$ 时，标准的 t 统计量、F 统计量以及 LM 统计量将都不是渐近有效的。利用第 3 章的一些方法，不难推导出用来解释 $\hat{\boldsymbol{\delta}}$ 中变异性（以及同样考虑异方差性）的通常方差矩阵估计值的一个调整。用 $\hat{q}_i$ 代替 q_i 就相当于把异方差性引入误差项之中，这种认识未必正确；这不是考虑生成回归元问题的正确方法。$\hat{\boldsymbol{\delta}}$ 依赖于在第二阶段估计中使用的同样的随机样本，这种考虑与误差中存在异方差性的情形是迥然不同的。当然，为了检验 H_0：$\gamma=0$，我们想要使用异方差性稳健标准误，因为总体误差 u 的异方差性总是一个问题。然而，正像通常的 OLS 标准误一样，这通常只在 H_0：$\gamma=0$ 下才会得以证明是正确的。

在有生成回归元的情形中，2SLS 的渐近方差的一般方程在本章附录里给出；这涉及含有生成回归元的 OLS 法作为一种特殊情形。处理这些问题的一般框架已在纽韦（Newey，1984）以及纽韦和麦克法登（Newey and McFadden，1994）的

文献中给出，但是，我们必须一直等到第 14 章才能给出一个细致的处理。

6.1.2 使用生成工具的二阶段最小二乘法

当工具在最初时间段得以估计时，我们将在稍后一些章节中需要关于 2SLS 估计的结果。把总体模型写成

$$y=\mathbf{x}\boldsymbol{\beta}+u \tag{6.6}$$

$$\mathrm{E}(\mathbf{z}'u)=\mathbf{0} \tag{6.7}$$

其中 $\mathbf{x}$ 表示一个 $1\times K$ 维解释变量的向量，而 $\mathbf{z}$ 表示 $1\times L$ 维（$L\geqslant K$）工具变量的向量。假定 $\mathbf{z}=\mathbf{g}(\mathbf{w},\boldsymbol{\lambda})$。其中 $\mathbf{g}(\cdot,\boldsymbol{\lambda})$ 表示一个已知函数，但是，需要把 $\boldsymbol{\lambda}$ 估计出来。对于每一个 i，定义**生成工具**（generated instruments）$\hat{\mathbf{z}}_i\equiv\mathbf{g}(\mathbf{w}_i,\hat{\boldsymbol{\lambda}})$。当用 $\hat{z}_i$ 作为工具时，我们对 2SLS 估计怎么看待呢？

通过与含有生成回归元的 OLS 相同的推理方式，可以得出弱条件下的一致性。进一步地，在满足许多应用的条件下，我们可以忽略利用 2SLS 推断来估计工具的事实。充分条件是，$\hat{\lambda}$ 关于 λ $\sqrt{N}$一致，而且

$$\mathrm{E}[\nabla_{\lambda}\mathbf{g}(\mathbf{w},\lambda)'u]=\mathbf{0} \tag{6.8}$$

在条件（6.8）下，上式在 $\mathrm{E}(u\mid\mathbf{w})=0$ 时才成立，$\hat{\boldsymbol{\beta}}$ 的$\sqrt{N}$一致分布与我们在构造工具中是使用λ 还是使用$\hat{\lambda}$ 都是无关的。这个事实大大简化了渐近标准误与检验统计量的计算。因此，如果我们要进行选择，那么存在一个利用含有生成工具的 2SLS，而不是利用含有生成回归元的 OLS 的实践理由。我们在 6.4 节及第Ⅳ篇中将看到一些例子。

这种讨论的一个结果是，如果我们增加 2SLS 的同方差性假设（2SLS.3），那么通常 2SLS 标准误与检验统计量均是渐近有效的。如果不满足假设 2SLS.3，那么我们直接使用异方差性稳健标准误与检验统计量。当然，尤其是对于小样本量的情形来说，利用 $\hat{z}_i$ 作为工具的估计量的有限样本性质可以显著地不同于那些利用 z_i 作为工具的情形。这是否是需要更复杂的渐近近似，还是进行模拟，要由具体情形来决定。

6.1.3 生成工具与回归元

我们稍后将遇到一些那样的例子，其中一些工具与一些回归元都是在第一阶段中得以估计的。一般地讲，因为生成回归元的缘故，渐近方差需要进行调整，尽管存在通常方差矩阵估计量是有效的一些特殊情形。举个一般的例子，考察模型

$$y=\mathbf{x}\boldsymbol{\beta}+\gamma f(\mathbf{w},\boldsymbol{\delta})+u,\quad \mathrm{E}(u|\mathbf{z},\mathbf{w})=0$$

而且我们在第一阶段中估计了 $\boldsymbol{\delta}$。如果 $\gamma=0$，那么在

$$y_i=\mathbf{x}_i\boldsymbol{\beta}+\gamma\hat{f}_i+error_i$$

中，利用工具 $(\mathbf{z}_i, \hat{f}_i)$ 的 $(\boldsymbol{\beta}', \gamma)'$ 的 2SLS 估计量具有极限分布，它并不依赖于在条件（6.3）和条件（6.8）下得到的 $\sqrt{N}(\boldsymbol{\delta}'-\boldsymbol{\delta})$ 的极限分布。因此，关于 $\hat{\gamma}$ 的通常 2SLS t 统计量，或者它的异方差性稳健形式统计量都可以用于检验 H_0：$\gamma=0$。

6.2 处理内生性的控制函数法

出于某些原因，当涉及在非线性模型中处理内生性时——我们将在第Ⅳ篇经常遇到——选择一种不同的方法来处理内生解释变量是非常有用的。一般地，控制函数法即使用额外的回归元来打破内生解释变量和影响被解释变量的不可观测因子之间的相关性。正如我们将看到的，该方法仍然依赖于那些不出现在结构方程中的外生变量是否可得。为了符号表示的清晰性，我们令 y_1 表示响应变量，y_2 是内生解释变量（为简单起见，假定其为标量），而 z 是一个 $1\times L$ 维的外生变量向量（该向量把其第一个元素设为单元 1）。考虑模型：

$$y_1=\mathbf{z}_1\boldsymbol{\delta}_1+\alpha_1 y_2+u_1 \tag{6.9}$$

其中，$\mathbf{z}_1$ 是 $\mathbf{z}$ 的一个 $1\times L_1$ 维的严格子向量，它也包括一个常数。$\mathbf{z}$ 是外生的，系由 L 个正交性条件（零协方差）给出：

$$\mathrm{E}(\mathbf{z}'u_1)=\mathbf{0} \tag{6.10}$$

当然，这个外生性条件与我们为得到假设 2SLS 的一致性估计所使用的外生性条件是相同的，于是我们可以在假设（6.10）和秩条件（假设 2SLS.2）下通过 2SLS 一致地估计 δ_1 和 α_1。

正如使用假设 2SLS 一样，y_2 的约简型——即 y_2 在外生变量上的线性投影——起着十分关键的作用。写出一个含误差项的约简型如下：

$$y_2=\mathbf{z}\boldsymbol{\pi}_2+v_2 \tag{6.11}$$

$$\mathrm{E}(\mathbf{z}'v_2)=\mathbf{0} \tag{6.12}$$

其中，$\boldsymbol{\pi}_2$ 为 $L\times 1$ 维向量。从方程（6.11）和（6.12）可知，y_2 的内生性当且仅当 u_1 与 v_2 相关时产生。以误差形式写出 u_1 在 v_2 上的线性投影，如

$$u_1=\rho_1 v_2+e_1 \tag{6.13}$$

其中 $\rho_1=\mathrm{E}(v_2u_1)/\mathrm{E}(v_2^2)$ 是总体回归系数。根据定义，$\mathrm{E}(v_2e_1)=0$ 和 $\mathrm{E}(\mathbf{z}'e_1)=\mathbf{0}$，因为 u_1 和 V_2 都与 $\mathbf{z}$ 无关。

将方程（6.13）代入方程（6.9）得：

$$y_1=\mathbf{z}_1\boldsymbol{\delta}_1+\alpha_1 y_2+\rho_1 v_2+e_1 \tag{6.14}$$

其中，我们现在把 v_2 视为方程中的一个解释变量。正如刚才提到的，e_1 与 v_2

和 $\mathbf{z}$ 无关。此外，y_2 是 $\mathbf{z}$ 和 v_2 的一个线性函数，所以 e_1 与 y_2 也不相关。

由于 e_1 与 $\mathbf{z}_1$，y_2 不相关，方程（6.14）建议了一个一致估计 δ_1 和 α_1（以及 ρ_1）的简单程序：使用一个随机样本，进行 y_1 对 z_1，y_2 以及 v_2 的 OLS 回归。（记住，在误差项与右边变量不相关的任何方程中，OLS 可以一致估计参数。）这项建议的唯一的问题是，我们观测不到 v_2；它是 y_2 的约简型方程中的误差。不过，我们可以写出 $v_2=y_2-\mathbf{z}\boldsymbol{\pi}_2$，而且，因为我们在 y_2 和 $\mathbf{z}$ 上收集数据，我们可以通过 OLS 一致估计 π_2。因此，我们可以用 y_2 对 z 的第一阶段回归的 OLS 残差 $\hat{v}_2$ 替代 v_2。简单代换得出

$$y_1=\mathbf{z}_1\boldsymbol{\delta}_1+\alpha_1 y_2+\rho_1\hat{v}_2+error \tag{6.15}$$

其中，对于每个 i，$error_i=e_{i1}+\rho_1\mathbf{z}_i(\hat{\boldsymbol{\pi}}_2-\boldsymbol{\pi}_2)$，除非 $\rho_1=0$，否则其取决于在 $\hat{\boldsymbol{\pi}}_2$ 上的抽样误差。现在，我们可以使用关于 6.1.1 节生成回归元的一致性结果来总结，亦即：来自方程（6.15）的 OLS 估计量对于 δ_1，α_1 以及 ρ_1 将是一致的。

来自方程（6.15）的 OLS 估计量就是控制函数法（CF）估计量的一个例子。将残差 $\hat{v}_2$ 包括进来就“控制”了 y_2 在原方程中的内生性（虽然由于 $\hat{\boldsymbol{\pi}}_2\neq\boldsymbol{\pi}_2$，这样做会存在抽样误差）。

把 CF 方法与标准的工具变量（IV）法（其就目前而言即 2SLS）进行比较会怎样呢？有趣的是，正如你将在习题 5.1 被要求证明的那样（使用最小二乘代数），通过方程（6.15）对 δ_1 和 α_1 做 OLS 估计与 2SLS 估计是相同的。换句话说，这两种方法殊途同归。方程（6.15）包含一个生成的回归元，而要为 CF 估计量获得适当的标准误要求应用附录 6A 导出的校正方法。那么，当控制函数法与 2SLS 殊途同归时，为什么我们还介绍了控制函数法？

原因很多。首先，正如我们将在下一节中看到的，方程（6.15）引发了对 y_2 外生的原假设的一个直接检验。其次，也许更重要的是，当 2SLS 的模拟有一些不合意的特性时，CF 方法则可以适应那些非线性模型。事实上，在第Ⅳ篇，我们将在很大程度上依赖于 CF 方法来处理各种非线性模型的内生性。

您也许已经想通了 CF 方法依赖于至少有一个元素在 $\mathbf{z}$ 中但并不也在 $\mathbf{z}_1$ 中——就像也为 2SLS 所需的那样。从方程（6.15）和表达式 $\hat{v}_{i2}=y_{i2}-\mathbf{z}_i\hat{\boldsymbol{\pi}}_2$，$i=1,\cdots,N$ 中，我们可以很容易地看到这一点。如果 $\mathbf{z}_i=\mathbf{z}_{i1}$，那么 $\hat{v}_{i2}$ 就是 y_{i2} 和 z_{i1} 的精确线性函数，在这种情形中，方程（6.15）饱受完全的共线性问题之苦。如果 z_i 至少有一个元素不在 z_i 中*，这会打破完全的共线性（至少在样本中）。如果我们写出 $z=(z_1,z_2)$ 和 $\boldsymbol{\pi}_{22}=\mathbf{0}$，那么，渐近地，CF 方法遭受到完全的共线性问题，且 δ_1 和 α_1 无法识别，正如从我们的 2SLS 分析中已经知道的那样。

虽然我们确实认为，CF 方法在一个线性模型中与 2SLS 是相同的，但这种等价性不能照搬到包含 y_2 的多个函数的模型中。（6.9）的一个简单扩展是：

* 第二个 z_i 疑应为 z_1。——译者注

$$y_1=\mathbf{z}_1\boldsymbol{\delta}_1+\alpha_1 y_2+\gamma_1 y_2^2+u_1 \tag{6.16}$$

$$\mathrm{E}(u_1|\mathbf{z})=0 \tag{6.17}$$

为了简单起见，假设我们有一个标量，z_2，其也并不在 $\mathbf{z}_1$ 中。那么，根据假设（6.17），我们可以使用，比如说，z_2^2 作为 y_2^2 的工具，因为 z_2 的任何函数都与 u_1 不相关。（我们必须排除 z_2 为二值的情形，因为那样会使得 $z_2^2=z_2$。）换言之，我们可以通过解释变量（$\mathbf{z}_1, y_2, y_2^2$）以及工具（$\mathbf{z}_1, z_2, z_2^2$）应用标准 IV 估计量；注意，我们有两个内生解释变量，y_2 和 y_2^2。

在这种情形中，CF 方法会带来什么？为了用方程（6.16）来实施 CF 方法，我们获得条件期望 $\mathrm{E}(y_1 \mid \mathbf{z}, y_2)$ ——因为非线性的存在，一个线性投影论断不再起作用——而是需要一个关于 $\mathrm{E}(u_1 \mid \mathbf{z}, y_2)$ 的假设。一个标准的假设是

$$\mathrm{E}(u_1|\mathbf{z}, y_2)=\mathrm{E}(u_1|\mathbf{z}, v_2)=\mathrm{E}(u_1|v_2)=\rho_1 v_2 \tag{6.18}$$

其中，由于 y_2 和 v_2 是彼此一一对应的函数（给定 $\mathbf{z}$），第一个等式成立，而如果（u_1, v_2）与 $\mathbf{z}$ 独立——对于方程（6.11）的约简型误差的一个重要约束，更不用说结构性误差 u_1 了——则第二个等式将成立。最后一个假设是条件期望 $\mathrm{E}(u_1 \mid v_2)$的线性，这比简单地定义一个线性投影更为严格。根据式（6.18）有

$$\begin{aligned}\mathrm{E}(y_1|\mathbf{z}, y_2)&=\mathbf{z}_1\boldsymbol{\delta}_1+\alpha_1 y_2+\gamma_1 y_2^2+\mathrm{E}(u_1|\mathbf{z}, y_2)\\&=\mathbf{z}_1\boldsymbol{\delta}_1+\alpha_1 y_2+\gamma_1 y_2^2+\rho_1 v_2\end{aligned} \tag{6.19}$$

实施 CF 方法意味着用 y_1 对 $\mathbf{z}_1$，y_2，y_2^2 以及 $\hat{v}_2$ 进行 OLS 回归，其中 $\hat{v}_2$ 仍然代表着约简型残差。CF 估计量与使用了（y_2, y_2^2）工具的任何选择的 2SLS 估计不同。

我们将在第 9 章中更详细地研究诸如式（6.16）的模型——特别是，我们将要讨论工具的识别和选择——但按照程序要做一些评注。首先，如果标准 IV 和 CF 方法不再得出相同的估计，我们会喜欢其中一个更甚于另一个吗？毫无悬念，在稳健性与有效性之间存在一种权衡。对于使用工具（$\mathbf{z}_1, z_2, z_2^2$）的 2SLS 估计量，其关键假设是式（6.17），以及在 y_2 的约简型中存在于 y_2 和 z_2 之间的偏相关。（这几乎肯定会确保 y_2^2 和 z_2^2 恰当地偏相关，）但 CF 估计量需要这两个假设，此外，还需要式（6.18）的最后两个等式。正如在习题 6.13 中所证明的，方程（6.17）和（6.18）意味着 $\mathrm{E}(v_2 \mid \mathbf{z})=0$，这意味着 $\mathrm{E}(y_2 \mid \mathbf{z})=\mathbf{z}\boldsymbol{\pi}_2$。关于 y_2 的一个线性条件期望是一个对 y_2 条件分布的实质性约束。因此，在 2SLS 估计将是一致的情形中，CF 估计将会不一致。另一方面，因为 CF 估计量通过将标量 $\hat{v}_2$ 加入回归中解决了 y_2 和 y_2^2 的内生性，它一般会比 2SLS 估计量更精确（或许远远更精确）。但是，关于在诸如式（6.16）的模型中比较这两种方法的一个系统分析，仍有许多工作要做。如果可能的话，诸如式（6.18）的假设通常是可以避免的，但其代价是要做更多的推理。在 9.5 节中，我们将进一步探讨内生变量为非线性的模型。

6.3 一些设定检验

在第 4 章和第 5 章中，我们涉及通常所谓的 OLS 以及 2SLS 的古典假设检验。我们现在转向检验一些支撑 OLS 或是 2SLS 一致性的假设；这些通常被称为**设定检验**（specification test）。这些检验，包括对于任意异方差性稳健的检验，都很容易获得，而且以常规方式在应用中得以报告。

6.3.1 内生性检验

有多种方式可以用来检验某些解释变量是否为内生的。如果零假设是所有的解释变量都是外生的，在备择假设中我们允许一个或多个解释变量是内生的，那么我们可以在 2SLS 和 OLS 估计之间的差异上做一个检验，只要我们有足够多的外生工具变量来使用 2SLS 以识别参数。德宾（Durbin，1954）、吴德明（Wu，1973）和豪斯曼（Hausman，1978）已经分别独立导出了内生性检验方法。在含有工具变量 $\mathbf{z}$ 的一般方程中 $y=\mathbf{x}\boldsymbol{\beta}+u$，德宾-吴-豪斯曼（DWH）检验就是基于对差异 $\hat{\boldsymbol{\beta}}_{2SLS}-\hat{\boldsymbol{\beta}}_{OLS}$ 的检验。如果 x 的所有元素都是外生的（$\mathbf{z}$ 也是外生的——一个始终成立的假设），那么 2SLS 和 OLS 的不同之处应该仅仅由抽样误差导致。当然，要确定是否如此，我们需要估计渐近方差 $\sqrt{N}(\hat{\boldsymbol{\beta}}_{2SLS}-\hat{\boldsymbol{\beta}}_{OLS})$。一般来说，这样计算很烦琐，但如果我们维持在零假设下的同方差假设，它将大大简化。习题 6.12 要求你证明，在零假设 $\mathrm{E}(\mathbf{x}'u)=\mathbf{0}$ 以及适当的同方差性假设下，

$$\mathrm{Avar}[\sqrt{N}(\hat{\boldsymbol{\beta}}_{2SLS}-\hat{\boldsymbol{\beta}}_{OLS})]=\sigma^2[\mathrm{E}(\mathbf{x}^{*\prime}\mathbf{x}^{*})]^{-1}-\sigma^2[\mathrm{E}(\mathbf{x}'\mathbf{x})]^{-1} \tag{6.20}$$

这就是渐近方差之间的差异。（豪斯曼（Hausman，1978）证明了，如果一个估计（本文情形中是 OLS 量）在零假设下渐近有效，这种结果将在更宽泛的意义上成立。）

一旦我们估计式（6.20）中的每个部分，我们可以在 $\hat{\boldsymbol{\beta}}_{2SLS}-\hat{\boldsymbol{\beta}}_{OLS}$ 上构造一个具有渐近卡方分布的二次型。矩矩阵的估计量也是通常的估计量，像通常一样，第一阶段的拟合值 $\hat{\mathbf{x}}_i=\mathbf{z}_i\hat{\boldsymbol{\Pi}}$ 替换成 $\mathbf{x}_i^*$。对于 σ^2，有三种可能性。第一种是分别针对 2SLS 和 OLS 估计误差的方差，并将这些方差对应插入 σ^2 第一次和第二次出现的地方。或者，我们也可以在两个地方都使用 2SLS 估计或都使用 OLS 估计。使用后者，我们得到一个 DWH 版本的统计量：

$$(\hat{\boldsymbol{\beta}}_{2SLS}-\hat{\boldsymbol{\beta}}_{OLS})'[(\hat{\mathbf{X}}'\hat{\mathbf{X}})^{-1}-(\hat{\mathbf{X}}'\hat{\mathbf{X}})^{-1}]^{-}(\hat{\boldsymbol{\beta}}_{2SLS}-\hat{\boldsymbol{\beta}}_{OLS})/\hat{\sigma}_{OLS}^2 \tag{6.21}$$

其中，我们必须使用一个广义逆，除非在极少见的情形中，X 的所有元素允许在备择假设下为内生的。事实上 $\mathrm{Avar}[\sqrt{N}(\hat{\boldsymbol{\beta}}_{2SLS}-\hat{\boldsymbol{\beta}}_{OLS})]$ 的秩等于允许

其在备择假设下为内生时 X 的元素数量。表达式（6.21）中矩阵的奇异性使得统计量的计算非常烦琐。然而，可以使用几个流行的计量经济学软件包来常规地计算该统计量的某些变式。可参阅鲍姆、谢弗和斯蒂尔曼（Baum，Schaffer，and Stillman，2003）的一个详细文献回顾与最近编写的软件。

基于方程（6.20）的任何统计量一个更严重的缺点是，其对异方差不稳健。关于 $\text{Avar}[\sqrt{N}(\hat{\boldsymbol{\beta}}_{2SLS}-\hat{\boldsymbol{\beta}}_{OLS})]$ 是可以得到一个稳健的方差矩阵估计量的（见习题 6.12，鲍姆、谢弗和斯蒂尔曼（Baum，Schaffer，and Stillman，2003））。遗憾的是，计算稳健 DWH 统计的频率要比计算标准误以及对异方差性稳健的古典检验统计量的频率低得多。很少使用一个完全稳健的 DWH 统计的部分原因可能是因为对于何时应用在估计量间进行比较的原则存在误解。人们普遍认为，一个估计量在零假设下应该是渐近有效的，但这不是必需的——实际上，它本质上是不相关的。无论何时，只要两个估计量在零假设下是一致的，而一个估计量（本情形中是 2SLS）在备择假设中仍然是一致的，那么该原则就适用。渐近有效性仅仅简化了渐近方差的估计。事实上，尽管为了获得正确的渐近容量，DWH 检验的标准形式维持假设 OLS.3 和 2SLS.3，但它没有检验异方差性的系统势。

基于回归的内生性检验都非常方便，因为它们很容易计算，而且使对异方差性稳健的要求几乎变得微不足道。豪斯曼（Hausman，1978，1983）指出，有一个基于回归的统计量渐近地等价于方程（6.21）。假设最初，我们有一个单个的潜在内生解释变量，正如在方程（6.9）中那样。我们保持假设（6.10）——亦即 z 的每个元素都是外生的。我们要检验

$$H_0: \text{Cov}(y_2, u_1)=0 \tag{6.22}$$

对于备择假设 y_2 与 u_1 相关是成立的。给定约简型方程（6.11），方程（6.22）等价于 $\text{Cov}(v_2, u_1)=\text{E}(v_2u_1)=0$，或 H_0：$\rho_1=0$，其中 ρ_1 是方程（6.13）中定义的回归系数。即使 u_1 和 v_2 是不可观测的，我们仍可以使用公式（6.15）来检验 $\rho_1=0$。事实上，当我们通过 OLS 估计方程（6.15）时，我们获得了 $\hat{v}_2$，$\hat{\rho}_1$ 的 OLS 系数。很方便地，使用 6.1.1 节的结果，当 $\rho_1=0$ 时，我们不必对 $\hat{\rho}_1$ 的第一阶段估计调整 $\boldsymbol{\pi}_2$ 的标准误。因此，如果 $\text{E}(u_1^2 \mid \mathbf{z}, y_2)=\text{E}(u_1^2)$的同方差假设在 H_0 下成立，我们可以使用$\hat{\rho}_1$ 的通常的 t 统计量作为一个渐近有效的检验。很方便地，如果在 H_0 下怀疑有异方差时，我们可以仅使用一个异方差性稳健的 t 统计量。

我们应该记住，除非 $\rho_1=0$，否则在方程（6.15）中报告的 OLS 标准差是无效的，因为$\hat{v}_2$ 是一个生成回归元。在实践中，如果我们拒绝了 H_0：$\rho_1=0$，那么，为获得合适的标准误和其他检验统计量，我们要用 2SLS 估计方程（6.9）。

例 6.1（对工资方程中教育内生性的检验） 考察工资方程

$$\log(wage)=\delta_0+\delta_1 exper+\delta_2 exper^2+\alpha_1 educ+u_1 \tag{6.23}$$

对于工作妇女来说，我们认为 $educ$ 与 u_1 可能是相关的。$educ$ 的工具是父母亲的教育与丈夫教育。因此，我们首先把 $educ$ 对 1，$exper$，$exper^2$，$motheduc$， *fatheduc* 以及 *huseduc* 进行回归，并且得到残差 $\hat{v}_2$。然后，我们直接把 $\hat{v}_2$ 连同 1，*exper*，$exper^2$ 以及 *educ* 包含在 OLS 回归中，从而得到关于 $\hat{v}_2$ 的统计量。利用 MROZ. RAW 中的数据，得出结果 $\hat{\rho}_1=0.047$，而且 $t_{\hat{\rho}_1}=1.65$。我们发现了在 10% 的显著性水平上，*educ* 内生性的**双侧备择假设**（two-sided alternative）证据，所以 2SLS 可能是一个好的想法（假定我们信任工具）。正确的 2SLS 标准误在例题 5.3 中给出。

当只有一个单个的疑似内生解释变量时，可直接计算一个用来直接比较 2SLS 和 OLS 的豪斯曼（Hausman，1978）统计量，至少当同方差假设成立时（对于 2SLS 和 OLS）可如此。那么，$\text{Avar}(\hat{\alpha}_{1,2SLS}-\hat{\alpha}_{1,OLS})=\text{Avar}(\hat{\alpha}_{1,2SLS})-\text{Avar}(\hat{\alpha}_{1,OLS})$。因此，豪斯曼 t 统计量正是 $(\hat{\alpha}_{1,2SLS}-\hat{\alpha}_{1,OLS})/\{[\text{se}(\hat{\alpha}_{1,2SLS})]^2-[\text{se}(\hat{\alpha}_{1,OLS})]^2\}^{1/2}$，其中标准误是在同方差性下所计算的通常的标准误。$t$ 统计量中的分母是 $\hat{\alpha}_{1,2SLS}-\hat{\alpha}_{1,OLS}$ 的标准误。如果在 H_0 下存在异方差性，那么此标准误是无效的，因为差的渐近方差不再是渐近方差的差。

可以直接把基于回归的豪斯曼检验扩展到几个潜在内生解释变量的情形。设 y_2 表示总体模型中一个可能内生变量的 $1\times G_1$ 维向量：

$$y_1=\mathbf{z}_1\boldsymbol{\delta}_1+\mathbf{y}_2\boldsymbol{\alpha}_1+u_1,\quad \text{E}(\mathbf{z}'u_1)=\mathbf{0} \tag{6.24}$$

其中 $\boldsymbol{\alpha}_1$ 表示一个 $G_1\times 1$ 维的向量。我们再次假定出 2SLS 的秩条件。将约简型写成 $\mathbf{y}_2=\mathbf{z}\boldsymbol{\Pi}_2+\mathbf{v}_2$，其中 $\boldsymbol{\Pi}_2$ 表示一个 $L\times G_1$ 维矩阵，而 $\mathbf{v}_2$ 表示总体约简型误差的 $1\times G_1$ 维向量。对于一般的观察值来说，设 $\hat{\mathbf{v}}_2$ 表示从每一个约简型所得到的 OLS 残差 $1\times G_1$ 维向量。（换句话讲，取 y_2 的每一个元素并且将它对 $\mathbf{z}$ 进行回归，获得**约简型**（reduced form）残差；然后，把这些残差汇集成行向量 $\hat{\mathbf{v}}_2$。）现在，估计模型

$$y_1=\mathbf{z}_1\boldsymbol{\delta}_1+\mathbf{y}_2\boldsymbol{\alpha}_1+\hat{\mathbf{v}}_2\boldsymbol{\rho}_1+error \tag{6.25}$$

并且实施 H_0：$\boldsymbol{\rho}_1=\mathbf{0}$ 的一个标准 F 检验，它检验了无约束模型（6.25）中的 G_1 个约束。约束模型可以通过设置 $\boldsymbol{\rho}_1=\mathbf{0}$ 来得到，这意味着我们通过 OLS 估计最初模型（6.24）。通常应用第 4 章中异方差性稳健瓦尔德统计量，此检验是对 $\mathbf{u}_1$ 的（在 H_0 下，由于 $u_1=e_1$）异方差性做了一个稳健的检验。在一些回归软件包中，比如 Stata，稳健检验是以 F 类型检验来实施的。更精确地，稳健瓦尔德统计量（其有一个渐近卡方分布）除 G_1 后得到一个可与 F 临界值相比较的统计量。

对 F 检验的一种可选择方法是 LM 类型检验。设 $\hat{u}_1$ 表示 y_1 对 $\mathbf{z}_1$，$\mathbf{y}_2$ 进行回归的 OLS 残差（在 $\mathbf{y}_2$ 是外生的零假设下所获得的残差）。于是，从

$$\hat{u}_1 \quad 对 \quad \mathbf{z}_1,\mathbf{y}_2,\hat{\mathbf{v}}_2 \tag{6.26}$$

回归中得到通常的 R 平方（假定 $\mathbf{z}_1$ 包含常数），比如说 R_u^2，同时使用 NR_u^2 渐近地作为 $\chi^2_{G_1}$。这个检验在 H_0 下再次支持了同方差性，一旦利用式（4.17）所阐述的方法，此检验就可以成为异方差性稳健的，即取 $\mathbf{x}_1=(\mathbf{z}_1，\mathbf{y}_2)$ 且 $\mathbf{x}_2=\hat{\mathbf{v}}_2$。也可参阅伍德里奇（Wooldridge，1995b）。

例 6.2（工资方程中教育的内生性，续） 我们把交互作用项 $black \cdot educ$ 添加到由卡德（Card，1995）所估计的 $\log(wage)$ 方程之中，也可以参阅习题 5.4。把此模型写成

$$\log(wage)=\alpha_1 educ+\alpha_2 black \cdot educ+\mathbf{z}_1\boldsymbol{\delta}_1+u_1 \tag{6.27}$$

其中 $\mathbf{z}_1$ 包含了常数，$exper$，$exper^2$，$black$，$smsa$，1996 区域虚拟变量以及 1966 SMSA指示符。如果教育与 u_1 是相关的，那么我们还期望 $black \cdot educ$ 与 u_1 是相关的。如果 $nearc4$ 作为 $educ$ 的工具变量是有效的，其中 $nearc4$ 表示一个工人是否成长在四年制学院附近的二值指示符，那么 $black \cdot educ$ 的一个自然工具变量是 $black \cdot nearc4$。注意到，$black \cdot nearc4$ 在条件均值假设 $\mathrm{E}(u_1 \mid \mathbf{z})=0$ 下与 u_1 是不相关的，其中 $\mathbf{z}$ 包含了所有外生变量。

通过 OLS 所估计的方程是

$$\widehat{\log(wage)}=\underset{(0.75)}{4.81}+\underset{(0.004)}{0.071}\, educ+\underset{(0.006)}{0.018}\, black \cdot educ-\underset{(0.079)}{0.419}\, black+\cdots$$

因此，估计出来的黑人的受教育回报大致是 1.8%，比非黑人的稍高一些，即使黑人的工资本质上全部是较低的，除非具有不切实际的高水平的教育。（在一个黑人工人所赚的工资与非黑人工人一样多之前，得到了值为 23.3 的受教育年限的估计值。）

为了检验 $educ$ 是否为外生的，我们必须检验 $educ$ 以及 $black \cdot educ$ 与 u_1 是否相关。我们首先通过 $educ$ 对所有工具变量即 $\mathbf{z}_1$ 中的那些元素加上 $nearc4$ 与 $black \cdot near4$ 进行回归。（由于 $black \cdot nearc4$ 可能与 $educ$ 是偏相关的，所以交互作用项 $black \cdot nearc4$ 应该被包括进来。）设 $\hat{v}_{21}$是源于这种回归的 OLS 残差。类似地，$black \cdot educ$ 对 $\mathbf{z}_1$，$nearc4$ 进行回归，然后，记其残差为$\hat{v}_{22}$。顺便说一下，对于样本中大部分元素来说，第二个约简型回归中的因变量 $black \cdot educ$ 是零的事实，不会影响到我们如何对内生性进行检验。

把 $\hat{v}_{21}$ 与 $\hat{v}_{22}$ 添加到 OLS 回归中，并且计算联合 F 检验，得到 $F=0.54$ 以及 p 值$=0.581$；因而，我们不会拒绝 $educ$ 与 $black \cdot educ$ 的内生性。

顺便说一句，约简型回归证实了 $educ$ 与 $nearc4$ 是偏相关的（而不是 $black \cdot nearc4$），同时 $black \cdot educ$ 与 $black \cdot nearc4$ 是相关的（不是 $nearc4$）。容易看到，这些发现意味着，2SLS 的秩条件是满足的，参阅习题 5.15c。即使 $educ$ 不出现在方程（6.20）中，我们仍可以通过 2SLS 估计此方程：

$$\widehat{\log(wage)}=\underset{(0.97)}{3.84}+\underset{(0.057)}{0.127}\, educ-\underset{(0.040)}{0.011}\, black \cdot educ-\underset{(0.506)}{0.283}\, black+\cdots$$

2SLS 点估计值确实不同于 OLS 估计值，但是，其标准误非常大，以使 2SLS 估计值与 OLS 估计值在统计上并不是不同的。

有时候，我们可能想检验零假设：解释变量的一个子集是外生的，而允许解释变量的另一个子集为内生的。正如戴维森和麦金农（Davidson and MacKinnon，1993，第 7.9 节）所述，可以直接获得基于方程（6.25）的检验。写出

一个扩展模型为

$$y_1 = \mathbf{z}_1\boldsymbol{\delta}_1 + \mathbf{y}_2\boldsymbol{\alpha}_1 + \mathbf{y}_3\gamma_1 + u_1 \tag{6.28}$$

其中 $\boldsymbol{\alpha}_1$ 是一个 $G_1\times 1$ 维的列向量，γ_1 是一个 $J_1\times 1$ 维的列向量。我们允许 y_2 为内生的，并检验 H_0：$\mathrm{E}(\mathbf{y}_3'u_1)=\mathbf{0}$。现在相关的方程为 $y_1 = \mathbf{z}_1\boldsymbol{\delta}_1 + \mathbf{y}_2\boldsymbol{\alpha}_1 + \mathbf{y}_3\gamma_1 + \mathbf{v}_3\boldsymbol{\rho}_1 + e_1$，或者，我们让其更具可操作性：

$$y_1 = \mathbf{z}_1\boldsymbol{\delta}_1 + \mathbf{y}_2\boldsymbol{\alpha}_1 + \mathbf{y}_3\gamma_1 + \hat{\mathbf{v}}_3\boldsymbol{\rho}_1 + error \tag{6.29}$$

其中 $\boldsymbol{\rho}_1$ 现在代表从 u_1 对 $\mathbf{v}_3$ 回归的总体回归系数向量。由于在零假设下允许 y_2 为内生的，为检验 H_0：$\boldsymbol{\rho}_1=\mathbf{0}$，我们不能用 OLS 估计方程（6.29）。相反，我们利用工具变量（$\mathbf{z},\mathbf{y}_3,\hat{\mathbf{v}}_3$）对方程（6.29）应用 2SLS，记住，（$\mathbf{y}_3$，$\mathbf{v}_3$）在增广方程中是外生的。实际上，我们仍然为 $\mathbf{y}_2$ 找一个工具变量，而 $\mathbf{y}_3$ 和 $\hat{\mathbf{v}}_3$ 以它们自己作为自己的工具。使用在工具变量估计中含生成回归元的估计结果和 6.1.3 节的工具变量，通常关于检验 H_0：$\boldsymbol{\rho}_1=\mathbf{0}$ 的瓦尔德统计量（可能作为一个 F 统计量来实施）在零假设下是渐近有效的。像往常一样，允许在零假设下存在未知形式的异方差可能是审慎的，这通过使用计量经济软件来计算 2SLS 估计后排除约束的异方差性稳健检验，就很容易做到。

6.3.2 过度识别约束检验

当我们拥有比识别方程所需要的工具还要多的时候，就可以检验增加工具在其与 u_1 不相关的意义下是否为有效的。为了解释各种方法，以下述形式写出方程：

$$y_1 = \mathbf{z}_1\boldsymbol{\delta}_1 + \mathbf{y}_2\boldsymbol{\alpha}_1 + u_1 \tag{6.30}$$

其中 $\mathbf{z}_1$ 表示 $1\times L_1$ 维的向量，而 $\mathbf{y}_2$ 表示 $1\times G_1$ 维的向量。$\mathbf{z}$ 还表示所有外生变量的 $1\times L$ 维向量；将 $\mathbf{z}$ 分割成 $\mathbf{z}=(\mathbf{z}_1,\mathbf{z}_2)$，其中 $\mathbf{z}_2$ 表示 $1\times L_2$ 维的向量，且 $L=L_1+L_2$。由于模型是过度识别的，所以 $L_2>G_1$。在通常识别条件下，我们可以使用 $\mathbf{z}_2$ 的任意一个 $1\times G_1$ 维子集作为估计方程（6.30）中 y_2 的工具（记住 $\mathbf{z}_1$ 的元素作为它自己的工具）。按照豪斯曼的一般原则，他（Hausman，1978）建议，比较利用所有工具的 2SLS 与利用恰好识别方程（6.30）的一个子集的 2SLS。如果所有工具都是有效的，那么估计值的误差应该仅仅来自抽样误差。像检验内生性一样，构造最初的豪斯曼统计量在统计上是烦琐的。幸运的是，可以使用一个萨甘（Sargan，1958）原创的基于回归的检验：

萨甘检验维持在零假设下的同方差假设（假设 2SLS.3）。这可以很容易地以 NR_u^2 的形式从如下

$$\hat{u}_1 \text{ 对 } \mathbf{z} \tag{6.31}$$

的 OLS 回归中得到，其中 $\hat{u}_1$ 是使用了所有工具变量 $\mathbf{z}$ 的 2SLS 残差，是通常的 R 平方（假设 $\mathbf{z}_1$ 和 $\mathbf{z}$ 中包含一个常数，否则它就是非中心 R 平方）。换句话说，

用 2SLS 简单地估计回归（6.30），并获得 2SLS 残差。然后，将这个残差对所有外生变量（包括一个常数）进行回归。在零假设 $E(\mathbf{z}'u_1)=\mathbf{0}$ 和假设 2SLS. 3 中，$NR_u^2 \overset{a}{\sim} \chi^2 Q_1$，其中，$Q_1 \equiv L_2 - G_1$ 是过度识别约束的个数。

萨甘-豪斯曼检验的用处在于，如果我们拒绝零假设，那么，我们选择工具变量的逻辑必须重新进行审视。遗憾的是，该检验没有告诉我们哪个工具变量不能满足外生性要求；不能满足外生性要求的工具变量可能是其中之一或者其全部。（一种对称的途径，即所有外生变量都出现在式（6.31）的回归中，可以更清楚地看出该检验不能挑出有问题工具变量这一事实。）如果我们不能拒绝零假设，那么我们可以对所使用的工具变量集有一些信心——在一定程度上。即使我们不拒绝零假设，有可能不止一个工具变量是内生的，并且使用一个完全或约简的工具变量集进行的 2SLS 估计以同样的方式与可能是渐近有偏的。例如，假设我们有一个单一内生解释变量——学校教育（*educ*），在工资方程中，我们采用了两个工具变量——母亲的和父亲的学校受教育年数，*motheduc* 和 *fatheduc*。过度识别约束的检验类似于对两个学校教育回报之工具变量估计量进行比较：一个使用 *motheduc* 作为 *educ* 的唯一工具变量，而另一个则使用 *fatheduc* 作为 *educ* 的唯一工具变量。我们可以很容易地认为无论哪个工具变量都不是真正外生的，且每一个都可能与不可观测的认知能力正相关。因此，我们会期望这两个工具变量估计给出相同的估计结果（甚至与 OLS 估计相同）。但我们不应该将这种在估计上的相似性理解为工具变量肯定是外生的，两者都会导致我们在同一方向以大致相同的偏误幅度走偏。即使在点估计实际上是不同的情形中，仅仅由于两个工具变量估计的标准误是很大的，我们可能仍不能拒绝外生工具。

可以直接获得一个关于过度识别约束的异方差性稳健检验，但我们需要将工具变量分成两组。令 $\mathbf{z}_2$ 为一个从方程（6.24）中排除的 $1\times L_2$ 维外生变量向量，并将 $\mathbf{z}_2$ 写为 $\mathbf{z}_2=(\mathbf{g}_2,\mathbf{h}_2)$，其中 $\mathbf{g}_2$ 为 $1\times G_1$ 维——和 $\mathbf{y}_2$ 同一维度——而 $\mathbf{h}_2$ 为 $1\times Q_1$ 维——过度识别约束的个数。如果 $\mathbf{h}_2$ 有 Q_1 个元素，则我们怎样进行这样的划分就不再重要。伍德里奇（Wooldridge，1995b）证明如下程序是有效的。正如在方程（6.31）中，令 $\hat{u}_1$ 为从方程（6.24）中估计的 2SLS 残差，并令 $\hat{\mathbf{y}}_2$ 表示从第一阶段 $\mathbf{y}_2$ 对 $\mathbf{z}$（$\mathbf{y}_2$ 的每个元素对 $\mathbf{z}$）回归得到的拟合值。接着，用 $\mathbf{h}_2$ 的每个元素对 $(\mathbf{z}_1,\hat{\mathbf{y}}_2)$ 回归，并保存残差，比如说 $\hat{\mathbf{r}}$（对于每个观测值为 $1\times Q_1$）。然后可以获得 LM 统计量，为 $N-SSR_0$，其中 SSR_0 是 1 对 $\hat{u}_1\hat{\mathbf{r}}_2$ 回归得到的残差平方和。在零假设下，且未假设同方差性，$N-SSR_0 \overset{a}{\sim} \chi^2 Q_1$。或者，在如下辅助模型中人们可以使用一个异方差性稳健瓦尔德检验 H_0：$\boldsymbol{\eta}_1=\mathbf{0}$。

$$\hat{u}_1=\hat{\mathbf{r}}_2\hat{\boldsymbol{\eta}}_1+error \tag{6.32}$$

这一方法与 LM 统计量不同，在这种方法中，隐含的方差矩阵估计量中使用了残差 $\hat{e}_1=\hat{u}_1-\hat{\mathbf{r}}_2\hat{\boldsymbol{\eta}}_1$，而不是 $\hat{u}_1$。在零假设（和局部备择假设）下，$\hat{\boldsymbol{\eta}}_1 \xrightarrow{p} \mathbf{0}$，因此，统计量是渐近等价的。

例 6.3（工资方程中的过度识别约束） 在通过 2SLS 估计方程（6.23）中，我们使用（*motheduc*，*fatheduc*，*huseduc*）作为 *educ* 的工具。因此，存在两种过度识别约束。一旦设$\hat{u}_1$表示对方程（6.23）利用所有工具的 2SLS 的残差，检验统计量就是 N 乘以出自

$$\hat{u}_1 \quad 对 \quad 1, exper, exper^2, mothdeuc, fatheduc, huseduc$$

OLS 回归的 R 平方。在 H_0 以及同方差性下，$NR_u^2 \overset{a}{\sim} \chi_2^2$。利用 MROZ. RAM 中工作妇女的数据，就会得到 $R_u^2=0.002\ 6$，所以过度识别检验统计量大约是 1.11。p 值大约是 0.574，因此，在任何合理的水平上，过度识别约束没有被拒绝。

对于异方差性稳健形式而言，一种方法是从 *motheduc* 对 1，*exper*，$exper^2$，$\widehat{educ}$ 的 OLS 回归以及 *fatherednc* 对 1，*exper*，$exper^2$ 以及$\widehat{educ}$ 的回归中得到残差 $\hat{r}_1$ 和 $\hat{r}_2$，其中 $\widehat{educ}$ 表示从 *educ* 对 1，*exper*，$exper^2$，*motheduc*，*fatheduc* 以及 *huseduc* 的回归中所获得的第一阶段的拟合值。于是，从 1 对$\hat{u}_1\cdot\hat{r}_1$，$\hat{u}_1\cdot\hat{r}_2$的 OLS 回归中获得 N-SSR。为了得到 $\hat{r}_1$ 与 $\hat{r}_2$，仅利用工作妇女的 428 个观测值，得到稳健检验统计量的值大约是 1.04，p 值$=0.595$，这类似于非稳健的 p 值。

6.3.3 函数形式检验

有时候，我们需要检测在 OLS 或者 2SLS 所估计的模型中被忽略的非线性。常用的方法是把非线性函数，例如，平方项或交叉乘积添加到最初模型上。当所有解释变量均是外生的时候，这个方法很容易：容易得到排除约束的 F 统计量与 LM 统计量。对于含有内生解释变量的模型来说，就显得有点复杂，因为我们需要为新添加的外生变量的非线性函数选择工具。对此专题，我们一直等到讨论联立方程模型的第 9 章时才给予关注。参阅伍德里奇（Wooldridge，1995b）。

插入所有外生变量的平方项以及交叉乘积会消耗许多自由度。一种可供选择的方法是拉姆齐（Ramsey，1969）的 RESET，它具有不依赖于 K 的自由度。把模型写成

$$y=\mathbf{x}\boldsymbol{\beta}+u \tag{6.33}$$

$$\mathrm{E}(u|\mathbf{x})=0 \tag{6.34}$$

[你应该确信，如果我们仅仅假设 $\mathrm{E}(\mathbf{x}'u)=\mathbf{0}$，那么对函数形式进行检验就没有意义。如果方程（6.33）定义了一个线性投影，那么由定义，函数形式不是一个问题。] 在条件（6.34）下，我们知道 $\mathbf{x}$ 的任何函数与 u 都是不相关的（因此，前面设置 $\mathbf{x}$ 的平方项以及交叉乘积作为添加回归元的建议）。特别地，如果条件（6.34）成立，那么对于任意整数 p，$(\mathbf{x}\boldsymbol{\beta})^p$ 与 u 是不相关的。由于 $\boldsymbol{\beta}$ 是不可观测的，所以我们用 OLS 估计量 $\hat{\boldsymbol{\beta}}$ 代替 $\boldsymbol{\beta}$。把 $\hat{y}_i=\mathbf{x}_i\hat{\boldsymbol{\beta}}$ 定义为 OLS 拟合值，而把 $\hat{u}_i$ 定义为 OLS 残差。由 OLS 的定义知，在 $\hat{u}_i$ 与 $\hat{y}_i$ 之间的样本协方差是

0。但是，我们可以检验 $\hat{u}_i$ 是否与 $\hat{y}_i$ 的低阶多项（比如说 $\hat{y}_i^2$，$\hat{y}_i^3$ 以及 $\hat{y}_i^4$）是充分相关的作为对被忽略的非线性的检验。存在两种这样做的方法。拉姆奇建议，把这些项添加到方程（6.33）中，并且做一个标准的 F 检验［它在方程（6.33）与同方差性假设 $\mathrm{E}(u^2 \mid \mathbf{x})=\sigma^2$ 下，具有一个近似 $\mathscr{F}_{3,N-K-3}$ 分布］。另外一种可能性是使用 LM 检验：$\hat{u}_i$ 对 $\mathbf{x}_i$，$\hat{y}_i^2$，$\hat{y}_i^3$ 以及 $\hat{y}_i^4$ 进行回归，并且用 N 乘以来自此回归的 R 平方作为 χ_3^2。在第 4 章曾讨论的获得异方差性稳健统计量的方法，同样也可以在此处应用。拉姆齐的检验运用了生成回归元，但是，零假设是每一个生成回归元的总体系数为 0，从而可以应用通常的极限理论。（参阅 6.1.1 节。）

在检验文献中，存在着对 RESET 优点方面的一些误解。人们声称，RESET 可以用于对包括遗漏变量以及异方差性的大量设定问题的检验。实际上，RESET 对这些问题中的上述任何一种情形而言并不是一个好的检验。容易写出含有遗漏变量，比如说，q 与每一个 $\mathbf{x}$ 是高度相关的模型，但是，RESET 具有与其在 H_0 下所拥有的分布一样的分布。当 $\mathrm{E}(q \mid \mathbf{x})$ 关于 $\mathbf{x}$ 是线性的时候，会看到前面的情形。于是，$\mathrm{E}(y \mid \mathbf{x})$ 关于 $\mathbf{x}$ 是线性的［即使 $\mathrm{E}(y|\mathbf{x}) \neq \mathrm{E}(y|\mathbf{x},q)$］，从而 RESET 的渐近势（asymptotic power）* 等于其渐近容量（asymptotic size）。参阅

* 在统计假设检验中，拒绝零假设的概率称为检验势（test power）。如果数据是在零假设下的数据生成过程生成的，那么一个精确检验的势等于它的水平。

实际上，对零假设接受或拒绝是依据所观测到的随机变量的值做出的。由于观测值是随样本变化而变化的，而且所研究的总体值是未知的，因此，统计检验中做出的决策会遭遇到两种类型错误。第一类错误或类型Ⅰ错误是指当 H_0 正确时拒绝零假设 H_0 的错误。第二类错误或类型Ⅱ错误是指当 H_0 错误时接受零假设 H_0 的错误。统计检验中，四种可能结果总结如下：

两类错误表：统计检验中可能的结果

决　策	H_0 为正确（H_1 为错误）	H_0 为错误（H_1 为正确）
拒绝 H_0（接受 H_1）	第一类错误	正确决策
接受 H_0（拒绝 H_1）	正确决策	第二类错误

渐近势（*asymptotic power*）：在统计检验中，目前有几种类型不同的检验，比如精确检验、渐近检验、自助法检验等。在零假设下，检验统计量的分布是准确知道的，据此所进行的检验是所谓的精确检验。在计量经济学中，很多检验统计量并不严格服从任何已知的分布，许多情形只是在大样本下渐近服从某个已知分布，这时就可以进行所谓的大样本检验或渐近检验，利用渐近分布计算 p 值和临界值。名义检验水平是指采用统计量的渐近分布确定拒绝域时所犯的第一类错误概率。实际拒绝概率有可能与名义水平有很大的区别。一般来说，检验的势与数据生成过程和样本量有关。实际上，检验的显著性水平和势都是刻画假设检验的。

势较高的检验不能拒绝零假设，与势较低的检验不能拒绝零假设相比，前者能够告诉我们更多的信息。实际中，对于给定的零假设往往存在不止一种检验方法。对于同样可靠的两个检验，如果其中一个的势高于另一个，而所关注的又是备择假设，那么我们就会更加愿意采用势较高的检验。

检验的显著性水平与检验势表：统计检验中的概率

决　策	H_0 为正确（H_1 为错误）	H_0 为错误（H_1 为正确）
拒绝 H_0（接受 H_1）	显著性水平 $=\alpha$	检验的势 $=1-\beta$
接受 H_0（拒绝 H_1）	P（接受 $H_0 \mid H_0$）$=1-\alpha$	P（接受 $H_0 \mid H_1$）$=\beta$

——译者注

伍德里奇（Wooldridge，1995b）与习题 6.4a。下面给出一个实证例题加以说明。

例 6.4（检验工资方程中被忽略的非线性） 我们利用 OLS 与 NLS80.RAW 中的数据估计例题 4.3 中的方程：

$$\log(wage)=\beta_0+\beta_1 exper+\beta_2 tenure+\beta_3 married$$
$$+\beta_4 south+\beta_5 urban+\beta_6 black+\beta_7 educ+u$$

零假设是，给定方程中的解释变量，u 的期望值是 0。出自 $\hat{u}$ 对 $\mathbf{x}$，$\hat{y}^2$ 以及 $\hat{y}^3$ 回归的 R 平方是 $R_u^2=0.0004$，所以其卡方统计量是 0.374，其 p 值 ≈ 0.83（添加 $\hat{y}^4$ 仅仅增大了 p 值）。因此，RESET 没有提供函数形式误设的证据。

尽管我们已经知道，IQ 非常显著地出现在方程中（t 统计量 $=3.60$，参阅例题 4.2），但 RESET 没有而且不应该被期望能检验到遗漏变量问题。它仅仅可以检验给定回归变量时 y 的期望值关于那些变量是否为线性的。

6.3.4 异方差性检验

正如我们所看到的，对于 OLS 与 2SLS 两个方法来说，异方差性不会影响到估计量的一致性，同时它对推断仅仅是一种较小的损害。然而，有时候我们为了证明使用通常 OLS 或 2SLS 统计量的正确性，就要检验异方差性的存在。如果异方差性存在，那么进行更有效估计是可能的。

我们以下述情形开始，即在给定 $\mathbf{x}$ 时 u 具有零均值意义下，解释变量都是外生的情形：

$$y=\beta_0+\mathbf{x}\boldsymbol{\beta}+u,\quad \mathrm{E}(u|\mathbf{x})=0$$

我们没有假定比较弱的假设 $\mathrm{E}(\mathbf{x}'u)=\mathbf{0}$ 的理由是，我们所推导的下述一类检验——它包含了对异方差广泛使用的所有检验——不是有效的，除非在 H_0 下 $\mathrm{E}(u\mid\mathbf{x})=0$ 得以保持。因而，我们保持均值 $\mathrm{E}(y\mid\mathbf{x})$ 被正确地设定，然后检验不变条件方差假设。如果我们不对 $\mathrm{E}(y\mid\mathbf{x})=0$ 正确设定做假设，那么一个显著的异方差性检验就是仅仅对 $\mathrm{E}(y\mid\mathbf{x})=0$ 误设函数形式进行检测，参阅习题 6.4c。

由于 $\mathrm{E}(u\mid\mathbf{x})=0$，所以零假设可以表述成 H_0：$\mathrm{E}(u^2\mid\mathbf{x})=\sigma^2$。在备择假设下，$\mathrm{E}(u^2\mid\mathbf{x})$ 以某种方式依赖于 $\mathbf{x}$。因而，对于某一个 $1\times Q$ 维向量函数 $\mathbf{h}(\mathbf{x})$，通过考察协方差

$$\mathrm{Cov}[\mathbf{h}(\mathbf{x}),u^2] \tag{6.35}$$

检验 H_0 是有道理的。在 H_0 下，对 $\mathbf{h}(\cdot)$ 的任意选择来说，表达式（6.35）的协方差应该是 0。

当然，检验零相关的一般方法是使用回归。一旦对变量安排下标 i，可以把模型写成

$$u_i^2=\delta_0+\mathbf{h}_i\boldsymbol{\delta}+v_i \tag{6.36}$$

其中 $\mathbf{h}_i\equiv\mathbf{h}(\mathbf{x}_i)$；我们作标准秩条件假设即 $\mathrm{Var}(\mathbf{h}_i)$ 具有秩 Q，所以 $\mathbf{h}_i$ 中不会存在完全共线性。在 H_0 下，$\mathrm{E}(v_i|\mathbf{h}_i)=\mathrm{E}(v_i|\mathbf{x}_i)=0$，$\boldsymbol{\delta}=\mathbf{0}$ 且 $\delta_0=\sigma^2$。因而，我们可以把 F 检验或者 LM 检验应用到方程（6.36）的零假设 H_0：$\boldsymbol{\delta}=\mathbf{0}$ 上。值得注意的一种情形是，v_i 在 H_0 下不具有正态分布，因为 $v_i=u_i^2-\sigma^2$，所以 $v_i\geqslant-\sigma^2$。这对渐近分析而言不会起作用；源自式（6.36）的 OLS 回归给出了 $\boldsymbol{\delta}$ 的一致的、$\sqrt{N}$渐近正态估计量，而不论 H_0 是否为正确的。但是，为了应用标准的 F 检验或者 LM 检验，我们必须假定，在 H_0 下，$\mathrm{E}(v_i^2\mid\mathbf{x}_i)$ 是常数：也就是，式（6.36）的误差是同方差的。以初始误差 u_i 来表示，在 H_0 下，这个假设蕴涵着

$$\mathrm{E}(u_i^4|\mathbf{x}_i)=\text{常数}\equiv\kappa^2 \tag{6.37}$$

这称为**同峰态**（homokurtosis）（常数的条件四阶矩）假设。当 u 与 $\mathbf{x}$ 是不相关的时候，同峰态总是成立的，但是，对于 $\mathrm{E}(u|\mathbf{x})=0$ 以及 $\mathrm{Var}(u|\mathbf{x})=\sigma^2$ 然而 $\mathrm{E}(u^4|\mathbf{x})$依赖于 $\mathbf{x}$ 的情形来说，存在条件分布。

作为一种特殊情形，我们不能直接检验方程（6.36）的 $\boldsymbol{\delta}=\mathbf{0}$，因为 u_i 是不可观测的。由于 $u_i=y_i-\mathbf{x}_i\boldsymbol{\beta}$，并且我们拥有 $\boldsymbol{\beta}$ 的一致估计量，用 $\hat{u}_i^2$代替 u_i^2 是很自然的，其中 $\hat{u}_i$表示关于观测值 i 的 OLS 残差。实施这一步骤，同时比如说应用 LM 原理，我们可以从

$$\hat{u}_i^2 \quad \text{对} \quad 1,\mathbf{h}_i,\quad i=1,2,\cdots,N \tag{6.38}$$

回归中获得 NR_c^2，其中 R_c^2 表示通常的中心化 R 平方。现在，如果 u_i^2被 $\hat{u}_i^2$所代替，那么我们知道，在 H_0 与条件（6.37）下，$NR_c^2\overset{a}{\sim}\chi_Q^2$，其中 Q 表示 $\mathbf{h}_i$ 的维数。

由于我们已估计了 u_i^2，所以需要对什么进行调整呢？可以证明，由于这些检验的结构，对于渐近分析来说不需要作调整。（这一陈述对于在第一阶段因变量已被估计出来的回归来说通常是不成立的；当前设置作为所考察内容的一种特殊情形。）在经过冗长的代数运算后，可以证明

$$N^{-1/2}\sum_{i=1}^{N}\mathbf{h}_i'(\hat{u}_i^2-\hat{\sigma}^2)=N^{-1/2}\sum_{i=1}^{N}(\mathbf{h}_i-\boldsymbol{\mu}_h)'(u_i^2-\sigma^2)+\mathrm{o}_p(1) \tag{6.39}$$

参阅习题 6.5。这个方程连同条件（6.37）一起可以证明出自回归（6.38）的 NR_c^2 检验的正确性。

两种流行的检验可以作为特殊情形。布鲁茨和帕甘（Breusch and Pagan，1979）的科恩克（Koenker，1981）形式检验是通过取 $\mathbf{h}_i\equiv\mathbf{x}_i$ 而获得的，因此，$Q=K$。[布鲁茨-帕甘检验的最初形式紧密地依赖于 u_i 的正态性，尤其是 $\kappa^3=3\sigma^2$，所以基于回归（6.28）中 NR_c^2 的科恩克形式（Koenker' version）则被更多地采用。] 怀特（White，1980b）检验可以通过取 $\mathbf{h}_i$ 为 $\mathbf{x}_i$与 $\mathbf{x}_i'\mathbf{x}_i$ 的所有非常数、唯一的元素来获得，即条件均值中回归元的水平项、平方项以及交叉

乘积。

布鲁茨-帕甘检验与怀特检验有依赖于 $E(y \mid \mathbf{x})$ 中回归元个数的自由度。有时候，我们要保留此自由度。把布鲁茨-帕甘检验特征与怀特检验特征结合起来的检验取 $\hat{\mathbf{h}}_i \equiv (\hat{y}_i, \hat{y}_i^2)$，但是它仅有两个 df，其中 $\hat{y}_i$ 表示 OLS 拟合值。(回想起，这些都是 $\mathbf{x}_i$ 的线性函数。)为了证明这个检验的正确性，我们必须用 $\mathbf{h}(\mathbf{x}_i, \hat{\boldsymbol{\beta}})$ 代替 $\mathbf{h}(\mathbf{x}_i)$。在 6.1.1 节中，我们讨论了 OLS 的生成回归元问题，并且得出结论，对于检验目的而言，利用源自前面阶段的估计值不会引起麻烦。这也正是此处的情形：源自 $\hat{u}_i^2$ 对 1，$\hat{y}_i$，$\hat{y}_i^2$ 回归的 NR_c^2，在零假设以及条件 (6.37) 下，具有一个极限 χ_2^2 分布，$i=1, 2, \cdots, N$。容易看出，这是怀特检验的特殊情形，因为 $(\hat{y}_i, \hat{y}_i^2)$ 包括了 $\mathbf{x}_i$ 中所有元素的平方项与交叉乘积的线性组合。

对于放松辅助性的同峰态假设 (6.37) 来说，可以利用一种简单的修正检验。沿着伍德里奇 (Wooldridge, 1990) 的研究工作——或者像习题 6.5 那样直接从式 (6.39) 出发，可以证明，出自

$$1 \text{ 对} (\mathbf{h}_i - \bar{\mathbf{h}})(\hat{u}_i^2 - \hat{\sigma}^2), \quad i=1,2,\cdots,N \tag{6.40}$$

回归（不带常数）的 $N-SSR$ 在 H_0 下 [在回归 (6.40) 中存在 Q 个回归元] 渐近地服从 χ_Q^2 分布。这个检验非常类似于在第 4 章中所推导的异方差性稳健 LM 统计量。有时候，把它称为异方差性的**异峰态的稳健检验** (heterokurtosis-robust test)。

如果我们允许 $\mathbf{x}_i$ 的某些元素是内生的，但是我们却假定有工具 $\mathbf{z}_i$，使得 $E(u_i \mid \mathbf{z}_i)=0$ 且秩条件成立，那么我们可以检验 H_0：$E(u_i^2 \mid z_i)=\sigma^2$ (它蕴涵着假设 2SLS.3)。设 $\mathbf{h}_i \equiv \mathbf{h}(\mathbf{z}_i)$ 表示外生变量的 $1 \times Q$ 维函数。统计量可以像表达式 (6.38) 或者表达式 (6.40) 一样计算出来，它依赖于同峰态是否得到支持，其中 $\hat{u}_i$ 表示 2SLS 残差。然而，存在一种特殊情形。对于这些以隐性方式在回归中使用的渐近方差的有效性来说，在 H_0 下需要一个附加的假设：$\mathrm{Cov}(\mathbf{x}_i, u_i \mid \mathbf{z}_i)$ 必是常数。当 $\mathbf{z}_i = \mathbf{x}_i$ 时，此协方差是 0，因此，当回归元都是外生的时候就不存在附加的假设。如果没有不变条件协方差的假设，那么对异方差性的检验就要更复杂一些。详细内容参阅伍德里奇 (Wooldridge, 1990)。鲍姆、谢弗和斯蒂尔曼 (Baum, Schaffer, and Stillman, 2003) 回顾了不需要常数条件协方差假设的检验。

你应该记住，$\mathbf{h}_i$ (或者 $\hat{\mathbf{h}}_i$) 必须只是外生变量与被估计参数的函数；它不应该依赖于 $\mathbf{x}_i$ 的内生元素。因此，当 $\mathbf{x}_i$ 包括一些内生变量时，使用 $\mathbf{x}_i\hat{\boldsymbol{\beta}}$ 与 $(\mathbf{x}_i\hat{\boldsymbol{\beta}})^2$ 作为 $\hat{\mathbf{h}}_i$ 的元素不是有效的。使用 $\hat{\mathbf{x}}_i\hat{\boldsymbol{\beta}}$ 与 $(\hat{\mathbf{x}}_i\hat{\boldsymbol{\beta}})^2$ 作为 $\hat{\mathbf{h}}_i$ 的元素则是有效的，其中 $\hat{\mathbf{x}}_i$ 表示源自 $\mathbf{x}_i$ 对 $\mathbf{z}_i$ 回归的第一阶段拟合值。

6.4 相关的随机系数模型

在 4.3.3 节中，我们讨论了不可观测异质性与一个或多个解释变量相互作用的那些模型，并提到它们如何可以解释为“随机系数”模型。回想一下，如果异质性与协变量相互独立，那么通常的忽略了异质性的 OLS 估计会一致估计出平均偏效应（APE）。或者，如果对于不可观测异质性我们有合适的代理变量，我们可以在协变量和（中心化的）代理变量之间简单地添加交互作用项以估计 APE。

APE 的一致估计是更困难的，如果一个或多个解释变量是内生的（也没有代理变量来打破不可观测变量和内生变量之间的相关性）。在本节中，我们提供了一个相对简单的分析，该分析对于连续或大致连续的内生解释变量来说是较为合适的。对于此类模型，我们将在第Ⅳ篇继续这样处理，直到我们对离散响应模型的估计了解得更多为止。

6.4.1 何时一般的 IV 估计量是一致的?

我们研究伍德里奇（Wooldridge，2003b）的一个特殊实例，该实例中允许存在多个内生解释变量。对方程（6.9）稍作修改得：

$$y_1=\eta_1+\mathbf{z}_1\boldsymbol{\delta}_1+a_1y_2+u_1 \tag{6.41}$$

其中，$\mathbf{z}$ 是 $1\times L_1$ 维向量，y_2 是内生解释变量，而 a_1 是 y_2 的“系数”——一个不可观测的随机变量。（我们很快将明白现在在式（6.41）中加入截距项的理由。）我们将用一个随机向量比如说 $\mathbf{d}_1$ 来替代 $\boldsymbol{\delta}_1$，而不会实质性地改变下述分析，因为我们会假设对于外生变量 $\mathbf{z}$ 而言，$\mathrm{E}(\mathbf{d}_1\mid\mathbf{z})=\mathrm{E}(\mathbf{d}_1)=\boldsymbol{\delta}_1$。误差项的附加部分，$\mathbf{z}_1(\mathbf{d}_1-\boldsymbol{\delta}_1)$，有一个以 $\mathbf{z}$ 为条件的零均值，所以它的存在不会影响我们估计的方法。方程（6.41）的一个有趣特征是随机系数 a_1 可能与 y_2 相关。参阅赫克曼和维特拉希尔（Heckman and Vytlacil，1998），我们将式（6.41）称为一个相关的随机系数（CRC）模型。

可以方便地写出 $a_1=\alpha_1+v_1$，其中 $\alpha_1=\mathrm{E}(a_1)$ 是所关注的对象。我们可以将方程重写为

$$y_1=\eta_1+\mathbf{z}_1\boldsymbol{\delta}_1+\alpha_1y_2+v_1y_2+u_1=\eta_1+\mathbf{z}_1\boldsymbol{\delta}_1+\alpha_1y_2+e_1 \tag{6.42}$$

其中，$e_1=v_1y_2+u_1$。方程（6.42）明确显示了在 y_2 上的一个常系数（这是我们希望加以估计的），但该系数也是在不可观测异质性，如 v_1 与 y_2 之间的交互作用项。请记住，方程（6.42）是一个总体模型。对于一次随机抽取，我们会写出 $y_{i1}=\eta_1+\mathbf{z}_{i1}\delta_1+\alpha_1y_{i2}+v_{i1}y_{i2}+u_{i1}$，这清楚地表明，$\boldsymbol{\delta}_1$ 和 α_1 是待估参数，而 v_{i1} 是对于观测值 i 特有的。

正如伍德里奇（Wooldridge，1997b，2003b）所讨论的，应用工具变量（2SLS）到（6.42）上的潜在问题是误差项不必然与工具变量 $\mathbf{z}$ 无关，即使我们假设

$$E(u_1|\mathbf{z})=E(v_1|\mathbf{z})=0 \tag{6.43}$$

该假设我们将从这里开始一直保持。一般来说，对于 IV 估计，v_1y_2 项会导致问题，但重要的是要明确问题的性质。如果我们允许 Y_2 与 u_1 相关，那么我们也想允许 Y_2 和 v_1 相关。换句话说，$E(v_1y_2)=Cov(v_1,y_2)\equiv\tau_1\neq0$。但当应用 IV 方法到方程（6.42）上时，一个非零无条件协方差不是一个问题，它只是意味着，复合误差项 e_1 有一个（无条件）均值 τ_1，而不是零均值。正如我们所知，对于 e_1 一个非零均值意味着，原始截距项 η_1 将得不到一致估计，但是这很少成为一个关注事项。

因此，我们可以允许无条件方差 $Cov(v_1, y_2)$ 为无约束的。但如果 $E(v_1y_2 \mid \mathbf{z})$依赖于 $\mathbf{z}$，则通常的 IV 估计量一般是非一致的。(在另外一些情形中，如我们将在第Ⅳ篇所涵盖的，IV 估计量是一致的。）需要注意的是，因为 $E(v_1 \mid \mathbf{z})=0$，所以 $E(v_1y_2 \mid \mathbf{z})=Cov(v_1,y_2 \mid \mathbf{z})$。因此，正如伍德里奇（Wooldridge，2003b）所示，要使 IV 估计量应用于方程（6.42）时对于 $\boldsymbol{\delta}_1$ 和 α_1 是一致的，一个充分条件是

$$Cov(v_1,y_2|\mathbf{z})=Cov(v_1,y_2) \tag{6.44}$$

2SLS 截距项估计量对于 $\eta_1+\tau_1$ 是一致的。条件（6.44）意味着 v_1 与 y_2 之间的条件协方差不是 $\mathbf{z}$ 的一个函数，但无条件协方差是无约束的。

因为 v_1 是不可观测的，我们不能一般地验证条件（6.44）。但很容易找到其成立的情形。例如，如果我们写出

$$y_2=m_2(\mathbf{z})+v_2 \tag{6.45}$$

并假设 (v_1,v_2)（其均值为 0）与 $\mathbf{z}$ 独立，那么条件（6.44）是显而易见地成立的，因为 $Cov(v_1,y_2 \mid \mathbf{z})=Cov(v_1,v_2 \mid \mathbf{z})$，且在独立性条件下后者不能为 $\mathbf{z}$ 的函数。当然，方程（6.45）中的 v_2 与 $\mathbf{z}$ 独立，这是一个很强的假设，即使我们并不需要设定均值函数 $m_2(\mathbf{z})$。它比仅仅写下 y_2 对 $\mathbf{z}$ 的线性投影（这根本没有真正的假设）要强得多。正如我们将在第Ⅳ篇的各种模型中看到的，隐含着 v_2 与 z 相互独立的表达式（6.45）并不适合离散的 y_2，且当 y_2 有离散的特征时，(6.44）一般并不是一个好的假设。此外，正如卡德（Card，2001）所讨论的，即使 y_2 是（大致）连续的，条件（6.44）也可以被违反。伍德里奇（Wooldridge，2005c）在放宽条件（6.44）上取得了一些进展，但这种方法超出了本章的范围。

方程（6.41）一个有用的扩展是允许可观测外生变量与 y_2 交互作用。最方便的表述是

$$y_1=\eta_1+\mathbf{z}_1\boldsymbol{\delta}_1+\alpha_1y_2+(\mathbf{z}_1-\boldsymbol{\psi}_1)y_2\gamma_1+v_1y_2+u_1 \tag{6.46}$$

其中 $\boldsymbol{\psi}_1=\mathrm{E}(\mathbf{z}_1)$ 是一个 $1\times L_1$ 维的外生变量总体均值向量，而 γ_1 是 $L_1\times 1$ 维的参数向量。正如我们在第 4 章中看到的，在构造与 y_2 的交互作用之前从 $\mathbf{z}_1$ 中减去均值保证了 α_1 为平均偏效应。

如果我们保持条件（6.44）连同式（6.43）以及适当的秩条件，方程（6.46）的估计很简单。通常，我们将用样本平均值 $\bar{\mathbf{z}}_1$ 取代未知的 $\boldsymbol{\psi}_1$，然后利用工具变量估计

$$y_{i1}=\theta_1+\mathbf{z}_{i1}\boldsymbol{\delta}_1+\alpha_1 y_{i2}+(\mathbf{z}_{i1}-\bar{\mathbf{z}}_1)y_{i2}\gamma_1+error_i \tag{6.47}$$

且忽略总体均值中的估计误差（有关证明见习题 6.10）。唯一的问题是对工具变量的选择，该问题因交互作用项而变得复杂。一种可能性是使用 $\mathbf{z}_{i1}$ 和 $\mathbf{z}_i$ 的所有元素（包括 $\mathbf{z}_{i1}$）之间的交互作用项。这导致了许多过度识别约束，即使我们只有 y_{i2} 的一个工具变量 $\mathbf{z}_{i2}$。或者，我们可以从第一阶段 y_{i2} 对 $\mathbf{z}_i$ 的线性回归中获得拟合值 $\hat{y}_{i2}=\mathbf{z}_i\hat{\boldsymbol{\pi}}_2$，然后使用工具变量 $|1,\mathbf{z}_i,(\mathbf{z}_{i1}-\bar{\mathbf{z}}_1)\hat{y}_{i2}|$，这导致了与对无交互作用项模型一样多的过度识别约束。注意到将 $(\mathbf{z}_{i1}-\bar{\mathbf{z}}_1)\hat{y}_{i2}$ 用作 $(\mathbf{z}_{i1}-\bar{\mathbf{z}}_1)y_{i2}$ 的工具变量与使用工具变量 $(\mathbf{z}_{i1}-\boldsymbol{\psi}_1)\cdot(\mathbf{z}_i\boldsymbol{\pi}_2)$ 是渐近相同的，其中 $\mathrm{L}(y_2\mid\mathbf{z})=\mathbf{z}\boldsymbol{\pi}_2$ 是线性投影。换句话说，这一工具变量估计程序的一致性不以任何方式约束给定 $\mathbf{z}$ 时 y_2 的分布性质。加之，虽然我们已经生成了工具变量，但那些足以忽略工具变量估计的假设成立，所以推论是标准的（像往常一样，或许已被处理得对异方差性稳健）。在第 8 章中，我们将开发一些工具以使我们能够确定何时对工具变量的这种选择能产生渐近有效 IV 估计量。 123

通过对工具变量 $|1,\mathbf{z}_{i1},\hat{y}_{i2},(\mathbf{z}_{i1}-\bar{\mathbf{z}}_1)\hat{y}_{i2}|$ 进一步的约束性设置，我们可以恰好识别方程（6.46）的参数。如果这样，重要的是要将这些作为工具变量来使用，而不是作为回归元来使用。后述程序由赫克曼和维特拉希尔（Heckman and Vytlacil，1998）提出，我将加以参阅，称其为 HV（1998）。根据假设（6.43）和（6.44），以及

$$\mathrm{E}(y_2\mid\mathbf{z})=\mathbf{z}\boldsymbol{\pi}_2 \tag{6.48}$$

（其中 $\mathbf{z}$ 包括一个常数）。根据假设（6.43）、（6.44）和（6.48），很容易证明，

$$\mathrm{E}(y_1\mid\mathbf{z})=(\eta_1+\tau_1)+\mathbf{z}_1\boldsymbol{\delta}_1+\alpha_1(\mathbf{z}\boldsymbol{\pi}_2)+(\mathbf{z}_1-\boldsymbol{\psi}_1)\cdot(\mathbf{z}\boldsymbol{\pi}_2)\gamma_1 \tag{6.49}$$

HV（1998）使用该表达式提出一个两步法回归程序。第一步，像以前一样，y_{i2} 对 $\mathbf{z}_i$ 回归获得拟合值 $\hat{y}_{i2}$。在第二个步骤，通过 y_{i1} 对 1，$\mathbf{z}_{i1}$，$\hat{y}_{i2}$ 和 $(\mathbf{z}_{i1}-\bar{\mathbf{z}}_1)\hat{y}_{i2}$ 进行 OLS 回归估计出 $\eta_1+\tau_1$，δ_1，α_1 和 γ_1。一般地，本程序的一致性取决于假设（6.48），重要的是要看到，做这个回归与利用工具变量 $|1,\mathbf{z}_{i1},\hat{y}_{i2},(\mathbf{z}_{i1}-\bar{\mathbf{z}}_1)\hat{y}_{i2}|$ 对方程（6.47）进行工具变量回归是不同的。（使用工具变量方法进行的第一阶段回归实际上是 y_2 对 $|1,\mathbf{z}_1,\mathbf{z}\boldsymbol{\pi}_2,(\mathbf{z}_1-\boldsymbol{\psi}_1)\cdot(\mathbf{z}\boldsymbol{\pi}_2)|$ 的线性投影，以及 $(\mathbf{z}_1-\boldsymbol{\Psi}_1)y_2$ 对 $|1,\mathbf{z}_1,\mathbf{z}\boldsymbol{\pi}_2,(\mathbf{z}_1-\boldsymbol{\psi}_1)\cdot(\mathbf{z}\boldsymbol{\pi}_2)|$ 的线性投影；且对 $\mathrm{E}(y_2\mid\mathbf{z})$ 没有任何约束。）在实践中，工具变量估计与两步回归法可能会作出相同的估计，但即便如此，IV 标准误不需要调整，然而第二阶段的 OLS 标准误需要调整，这是由于生成回归元问题所致。

综上所述，当条件（6.44）成立时，对方程（6.47）使用标准工具变量法可以提供一个关于 APE 的一致性估计；不需要对给定 **Z** 时 y_2 的分布做进一步约束。

6.4.2 控制函数法

加伦（Garen，1984）研究方程（6.41）的模型（并同样允许 y_2 作为二次型出现，且与外生变量相互作用，但这并没有改变控制函数法）。他提出了一个控制函数法来估计参数。我们在此推导出控制函数法，并对比上面讨论的工具变量法，这样做是非常有益的。

和赫克曼与维特拉希尔（Heckman and Vytlacil，1998）一样，加伦对 $\mathrm{E}(y_2 \mid \mathbf{z})$ 使用一个特别的模型。事实上，加伦假设 $y_2=\mathbf{z}\boldsymbol{\pi}_2+v_2$，其中（$u_1, v_1, v_2$）与 $\mathbf{z}$ 独立，并服从零均值多元正态分布。正态性和独立性假设比我们所需要的更为强大。我们可以获得

$$\mathrm{E}(u_1 \mid \mathbf{z}, v_2)=\rho_1 v_2,\ \mathrm{E}(v_1 \mid \mathbf{z}, v_2)=\xi_1 v_2 \tag{6.50}$$

这与方程（6.18）相同。从式（6.41）可得，

$$\begin{aligned}\mathrm{E}(y_1 \mid \mathbf{z}, y_2)&=\eta_1+\mathbf{z}_1\boldsymbol{\delta}_1+\alpha_1 y_2+\mathrm{E}(v_1 \mid \mathbf{z}, y_2) y_2+\mathrm{E}(u_1 \mid \mathbf{z}, y_2)\\&=\eta_1+\mathbf{z}_1\boldsymbol{\delta}_1+\alpha_1 y_2+\xi_1 v_2 y_2+\rho_1 v_2\end{aligned} \tag{6.51}$$

而一旦我们估计了 $\boldsymbol{\pi}_2$，这个方程是可估计的。因此，加伦（Garen，1984）控制函数程序是先用 y_2 对 $\mathbf{z}$ 进行回归并获得约简型残差 $\hat{v}_2$，然后实施 y_1 对 1，$\mathbf{z}_1$，y_2，$\hat{v}_2 y_2$，$\hat{v}_2$的 OLS 回归。在所维持的假设下，加伦的方法一致估计出 $\boldsymbol{\delta}_1$ 和 α_1。因为第二步使用了生成回归元，对于 $\boldsymbol{\pi}_2$ 在第一阶段的估计，标准误需要进行调整。然而，关于 y_2 是外生的检验可以很容易从通常关于 H_0：$\xi_1=0$，$\rho_1=0$（或者一个异方差性稳健版本）的 F 检验中获得。在零假设下，无须调整生成的标准误。

为获得一致估计，加伦的假设比标准的 IV 估计所需假设更具约束性。举个例子，如果条件方差 $\mathrm{Cov}(v_1, y_2 \mid z)$ 与 z 不独立时假设（6.50）仍成立，这将是一次侥幸的成功。此外，像 HV（1998）一样，加伦依赖一个关于 $\mathrm{E}(y_2 \mid z)$的线性模型。进而，加伦添加了假设：$\mathrm{E}(u_1 \mid v_2)$ 和 $\mathrm{E}(v_1 \mid v_2)$ 是线性函数，这在工具变量法中不是必需的。

如果对于加伦的 CF 估计量所需要的假设一致地成立，它可能比 IV 估计量更有效，尽管在正确的渐近方差之间进行比较被复杂化了。正如我们在 6.2 节中所讨论的，当 IV 和控制函数法导致了不同的估计量，CF 估计量可能会更有效，但不够稳健。

6.5 混合的截面数据与倍差法*估计

到目前为止，我们对 OLS 与 2SLS 的研究是针对随机抽样的情形展开的。在这一节中，我们简要地讨论从时间中的不同点得到的随机样本，特别是对于政策分析而言，可以被如何利用起来。

6.5.1 跨时间混合横截面

对于各种目的而言，包括政策分析，一种十分有用的数据结构正是我们所谓的**跨时间混合横截面**（pooled cross sections over time）。其思想是，在每一年里都要从相关总体中抽取一个新的随机样本。由于变量的分布跨时间趋于变化，所以同分布假设通常是无效的，但独立假设是成立的。这个方法导致了一种**独立且不同分布**（independent，not identically distributed，i. n. i. d.）的观测值。重要的是，不要把我们在第 7 章中将要研究的不同数据结构（即面板数据）与混合独立横截面相混淆。简略地讲，在面板数据集合中，我们跟踪个体、厂商、城市等等跨越时间的相同集合，而在跨时间混合横截面中不存在跨时间的可复制性（replicability）。（或者，如果一些单元在多于一个时间段中出现，那么它们的重复出现被处理成一种巧合或者是可忽略的。）

在纯横截面分析中，我们所学习的每一种方法均可以应用到混合横截面上，包括异方差性的修正、设定检验、工具变量等等。但是，在利用混合横截面时，我们通常应该包括年度（或其他时间段）虚拟变量来解释跨时间的总变化。如果年度虚拟变量出现在模型中，而且它是通过 2SLS 估计出来的，那么年度虚拟变量就是它们自己的工具，因为时间流逝是外生的。例如，参阅习题 6.8。为了确定无条件误差方差是否跨时间而变化，时间虚拟变量也可以出现在异方差性检验之中。

有时候，我们将一些时间虚拟变量与一些解释变量交互作用来允许偏效应跨时间而变化。例如，使用在不同年份的采样数据估计工资方程，我们可能想允许对于学校教育或工会会员身份的回报随着时间而改变。或者，我们可能想确定工资中的性别差距如何随时间而改变。通过将适当的变量与一整套年度虚拟变量（正如通常那样，如果我们明确使用第一年作为基期，则应少一个虚拟变量）进行交互，这是很容易做到的。通常，人们会用一整套时间段虚拟变量自身来考虑长期变动，包括通货膨胀以及那些不是由可观测协变量所捕捉的生产率变化。习题 6.8 和 6.11 要求你完成一些经验例子，并重点关注如何解释其估计结果。

* 倍差法（DD）又称为双重差分法。——译者注

6.5.2 政策分析和倍差法估计

最近大多数使用**自然实验**（natural experiments）的政策分析文献可以被描述为带有被适当选定交互项的混合横截面回归。在最简单的情形中，我们具有两个时间段，比如说第 1 年度与第 2 年度。还存在两个组，我们称其中一个为**控制组**（control group），而称另一个为**实验组**或**处理组**（experiment group or treatment group）。在自然实验文献中，人们（或厂商、城市等）偶尔发现自己处于处理组中。例如，为了研究失业救济金上的非预期变化对失业期限的影响，我们从失业救济金上具有变化的一个州中选择失业个体作为处理组。控制组可以来自邻近州中的失业工人。所选择的两个时间段跨越政策变化。

举另外一个例子，处理组可以由城市中经历了非预期财产税改革的家庭构成，而控制组可以由邻近的类似城市没有实施财产税改革的家庭构成。同样，两个年度（或更多年度）的数据可以包含政策变动的时间段。处理意味着一个家庭处于经历制度改革的城市之中。

为了系统地讨论，称 A 是控制组，而设 B 表示处理组；对于那些在处理组之中的家庭而言，虚拟变量 dB 等于 1，否则等于 0。设 $d2$ 表示第 2 个时间段（政策变动之后），分析政策变动影响的最简单方程是

$$y=\beta_0+\beta_1 dB+\delta_0 d2+\delta_1 d2\cdot dB+u \tag{6.52}$$

其中 y 表示关注变量的结果。dB 捕获了在政策变动发生之前处理组与控制组之间的可能差异。时间段虚拟变量 $d2$ 捕获了跨时间影响 y 的两个组的汇总因素。关注的系数 δ_1 乘以交互作用项 $d2\cdot dB$（对于那些处于处理组中第 2 年度的观测值而言，该交互作用项相当于虚拟变量，其等于 1）。

OLS 估计量 $\hat{\delta}_1$ 具有一个非常有意思的解释。设 $\bar{y}_{A,1}$ 表示第 1 年度控制组 y 的样本平均，而设 $\bar{y}_{A,2}$ 表示第 2 年度控制组 y 的平均。类似地，可以定义 $\bar{y}_{B,1}$ 与 $\bar{y}_{B,2}$。于是，$\hat{\delta}_1$ 可以表示成

$$\hat{\delta}_1=(\bar{y}_{B,2}-\bar{y}_{B,1})-(\bar{y}_{A,2}-\bar{y}_{A,1}) \tag{6.53}$$

尽管这个估计量在方差分析中具有悠久的历史，但在最近的项目评估文献中，把它称为**倍差法**（difference-in-differences，DD）估计量。

为了了解 $\hat{\delta}_1$ 在评估政策影响方面有多有效，我们可以把它与某些可选择的估计量加以比较。一种可能性是，完全忽视控制组，仅使用处理组跨时间均值变化 $\bar{y}_{B,2}-\bar{y}_{B,1}$ 度量政策影响。与此估计量相联系的问题是，均值响应可以跨时间变化，因为它与政策变动不相关。另外一种可能性是，忽略第 1 个时间段，并且计算处理组与控制组在第 2 个时间段上的均值的差异 $\bar{y}_{B,2}-\bar{y}_{A,2}$。与这种纯横截面方法相关的问题是，存在与处理无关的控制组以及处理组方面系统的、非测量的差异；将平均值上的差异归功于特殊政策，这可能会导致错误。

通过比较处理组与控制组在均值上的时间变化，这使人们既可以考虑组特

有影响，又可以考虑时间特有影响。然而，倍差法估计量的无偏性还是要求，政策变动与影响 y 的（以及隐藏于 u 中的）其他因素不是系统相关的。

在大多数应用中，额外的协变量出现在方程（6.52）中，例如，失业人口的特征或者家庭特征。这些解释了组内随机样本在两个时间段里具有系统不同特征的可能性。δ_1 的 OLS 估计量不再具有式（6.53）中的简单表示，但是对它的解释基本上是没有变化的。

例 6.5（工人赔偿金的时间长度） 麦耶、维卡斯斯和德宾（Meyer，Viscusi，and Durbin（MVD），1995）研究了受伤工人接受工人赔偿金的时间长度（以周数计算）。在 1980 年 7 月 15 日，肯塔基州提出了由工人赔偿金所涉及的每周工资上限。上限的增加不会影响到低收入工人的津贴（benefit），但是这会使高收入工人较便宜地继续享有赔偿金。因此，控制组是低收入工人，而处理组是高收入工人；高收入工人被定义为那些先于政策变动津贴上限为固定的人。利用政策变动前后的随机样本，MVD 检验了更多的普通工人赔偿金是否会促使人们较长时间继续处于脱离工作状态（其他每一项情形都不变）。MVD 以倍差法分析开始，利用 $\log(durat)$ 作为因变量。变量 $afchnge$ 是政策变动之后观测值的虚拟变量，而 $highearn$ 是高工资者的虚拟变量。被估计的方程是

$$\begin{aligned}\widehat{\log(durat)} = & \underset{(0.031)}{1.126} + \underset{(0.0447)}{0.0077}\, afchnge + \underset{(0.047)}{0.256}\, highearn \\ & + \underset{(0.069)}{0.191}\, afchnge \cdot highearn \end{aligned} \tag{6.54}$$

$$N=5\,626,\ R^2=0.021$$

因此，$\hat{\delta}_1=0.191(t=2.77)$，它意味着工人接受赔偿金的平均持续期间增加了大约 19%，其缘由是较高的工资上限。$afchnge$ 的系数是很小的，而且在统计上是不显著的：正如人们所预料的，工资上限的增加并没有影响到低工资工人的持续期间。$highearn$ 的系数表明，甚至在工资上限没有任何变化的情形中，高收入者也会在工人赔偿金上花费相当多的时间——$100 \cdot [\exp(0.256)-1]=29.2\%$。

MVD 还增加了各种各样的控制变量，比如性别、婚姻状况、年龄、行业以及受伤类型。利用这些变量考察了人的类型与受伤类型在两年之中系统上的差异。或许并不令人感到惊讶的是，控制这些因素的控制对于 δ_1 的估计值有很小的影响；可参阅 MVD 的文章与习题 6.9。

有时候，由美国不同州的人或者城市所组成的两个组在地区上非常接近。例如，为评估变动酒税对酒消费的影响，我们两年从两个州中获得一些个体的随机样本。在 A 州中存在一个酒税不变动的控制组。在 B 州中两年之间的税率增加了。结果变量是酒消费的观测值，而为了求出税率对酒消费的影响，可以估计方程（6.52）。如果抽样在这两年之中且在这两个州里是随机抽取的，尽管这个方法（程序）不一定具有一致性，那么其他一些因素，诸如年龄、教育以及性别都能够得到控制。

人们很容易对基本方程（6.52）加以修改，以适应考虑连续的“处理”或

者至少是非二值的"处理"的情形。习题 6.7 给出了一个例子，其中对特别家庭的"处理"是从垃圾焚化炉到它的距离。换句话讲，实际上不存在一个控制组：每一个单元被安排上一个可能的处理的连续值。因为处理虚拟变量 dB 用非二值来代替，所以这种分析是相似的。

在某些情形中，通过进一步完善处理组和控制组的定义，可以得到一项政策改变的一个更有说服力的分析。例如，假设一个州实施了一项针对 65 岁及以上老人的医疗保健政策改变，而响应变量 y 是一项健康的产出。一种可能性是仅使用在那些发生了政策改变州的人们的数据，既包括之前又包括之后的变化，其中控制组包含年龄在 65 岁以下的人们，而处理组包含年龄在 65 岁及以上的人们。这个 DD 策略与 MVD（1995）项目类似。这个 DD 分析潜在的问题是：与该州新政策无关的其他因素可能会影响老人相对更年轻人口而言的健康水平，比如在联邦一级的健康护理重点的变化。而一个不同的 DD 分析将会使用另一个州作为控制组，并使用来自"无政策变动"州的老人作为控制组。这里的问题是，作为比如说收入和财富差异而非政策改变的一个结果，老人的健康状况变化可能会跨各州而系统地不同。

通过既使用一个不同的州又使用一个在处理州内的控制组，可以得到一个比上述无论哪个 DD 分析都更稳健的分析。如果我们再次将两个时间段标为 1 和 2，令 B 代表实施政策的州，并令 E 表示老年组，则方程（6.52）的一个扩展版本为

$$y=\beta_0+\beta_1 dB+\beta_2 dE+\beta_3 dB\cdot dE+\delta_0 d2+\delta_1 d2\cdot dB \\ +\delta_2 d2\cdot dE+\delta_3 d2\cdot dB\cdot dE+u \tag{6.55}$$

现在令我们感兴趣的系数是 δ_3，三重交互项 $d_2\cdot dB\cdot dE$ 的系数。则 $\hat{\delta}_3$ 的 OLS 估计可表示如下：

$$\hat{\delta}_3=(\bar{y}_{B,E,2}-\bar{y}_{B,E,1})-(\bar{y}_{A,E,2}-\bar{y}_{A,E,1})-(\bar{y}_{B,N,2}-\bar{y}_{B,N,1}) \tag{6.56}$$

其中下标 A 表示未实施政策的州，而 N 表示非老年人。出于很明显的原因，方程（6.56）的估计量被称为三重差分法（DDD）估计。（通过找出方程（6.56）中六个组的期望值，很容易从方程（6.55）中构造方程（6.56）的总体模拟。）如果我们舍弃中间项或舍弃最后项，则可得到前段所描述的 DD 估计之一。DDD 估计从处理组州中老人的平均时间变化开始，并止于控制组州中老人的平均变化和处理组州非老年人的平均变化。希望这样可以控制住两类潜在的混杂趋势：各州间老年人健康状况的改变（这与政策无关）以及生活在政策改变州所有人们的健康状况变化（可能由于其他州的影响每个人健康的政策，或某州特有的影响每个人健康的经济变化）。当把它作为一个回归实施时，可以很容易得到关于 $\hat{\delta}_3$ 的一个标准误，并含有一个异方差性稳健标准误。正如在 DD 的情形中那样，可以直接添加额外的协变量到方程（6.55）中。

DD 和 DDD 方法可以适用于两个以上时间段。在第一种情形中，将一整套时间虚拟变量添加到（6.53）中，并用一个政策虚拟变量代替 $d_2\cdot dB$；该政策虚拟变量可简单定义为受制于政策的各组和时间段上的单位 1。这强加了政策

在每年都有相同效应的约束，这是一项很容易被放松的假设。在一项 DDD 分析中，对于两组中的每一个以及所有时间段，以及对于所有成对的相互作用项，都包含了一整套的虚拟变量。然后，政策虚拟变量（或者有时为一个连续的政策变量）测量了政策的效果。参阅格鲁伯（Gruber，1994）关于一项对强制产假福利的应用。

有时处理组和控制组涉及多个地理或政治单元，诸如在美国的很多州那样。例如，卡彭特（Carpenter，2004）考虑了针对 21 岁以下人群在各类饮酒行为上的州一级酒精零容忍的法律效果（结果变量为 y）。在每一年，一个州被定义为一个零容忍州或非零容忍州（例如，*zerotol*）。卡彭特在 DDD 型分析中使用了年龄为 21～24 岁的青壮年作为一个额外的控制组。在卡彭特的回归中，包含了一整套的州虚拟变量、年度虚拟变量和月度虚拟变量（后者用于控制饮酒行为的季节性变化）。然后卡彭特又包含了 *zerotol* 虚拟变量和交互项（*zerotol* · *under*21），其中 *under*21 是关于 18～20 岁年龄组的虚拟变量。后者的系数测度了零容忍法律的影响。这项研究体现了一个 DDD 分析的精神，尽管卡彭特看上去不会将一项完整 DDD 法所提议的成对交互作用包括进来。

习　题

6.1　a. 在习题 5.4d 中，检验教育是外生的零假设。

b. 检验这个例子里的单一过度识别约束。

6.2　在习题 5.8b 中，检验零假设：在由 2SLS 所估计的方程中 *educ* 与 *IQ* 都是外生的。

6.3　为了检验营养是否影响（发展中国家的）生产率，考虑一个个体数据模型：

$$\log(produc)=\delta_0+\delta_1 exper+\delta_2 exper^2+\delta_3 educ + \alpha_1 calories+\alpha_2 protein+u_1 \tag{6.57}$$

其中 *produc* 表示工人生产率的某种测度，*calories* 表示每天摄入的卡路里，而 *protein* 表示每天摄入的蛋白质。这里，假定 *exper*，$exper^2$ 以及 *educ* 都是外生的。变量 *calories* 与 *protein* 可能与 u_1 是相关的，参阅斯特劳斯和托马斯的讨论（Strauss and Thomas，1995）。*calories* 与 *protein* 的可能的工具变量均是各种商品的某一地区内的价格，诸如谷物、肉、面包、日用品价格等等。

a. 在什么条件下，价格会成为 *calories* 与 *protein* 的良好 IV？如果价格反映出食品的质量将会如何呢？

b. 为了识别方程（6.57），需要多少个价格？

c. 假定我们拥有 M 个价格，p_1，…，p_M。解释如何检验零假设：*calories* 与 *protein* 是方程（6.57）的外生变量。

6.4　考察一个含有不可观测变量 q 的结构线性模型：

$$y=\mathbf{x}\boldsymbol{\beta}+q+v,\quad \mathrm{E}(v|\mathbf{x},q)=0$$

此外，假定对于某一个 $K\times1$ 维向量 $\boldsymbol{\delta}$，$\mathrm{E}(q\mid\mathbf{x})=\mathbf{x}\boldsymbol{\delta}$；$q$ 与 $\mathbf{x}$ 可能是相关的。

a. 证明 $\mathrm{E}(q\mid\mathbf{x})$ 关于 $\mathbf{x}$ 是线性的。这一事实对于检测 q 的存在的函数形式检验有什么后果？当 q 与 $\mathbf{x}$ 是强相关时，又会怎样呢？请解释。

b. 现在增加假设 $\mathrm{Var}(v|\mathbf{x},q)=\sigma_v^2$ 且 $\mathrm{Var}(q|\mathbf{x})=\sigma_q^2$。证明，$\mathrm{Var}(q\mid\mathbf{x})$ 是常数。[提示：由迭代期望可得 $\mathrm{E}(qv\mid\mathbf{x})=0$。] 这一事实对于使用异方差性检验与检测遗漏变量而言意味着什么？

c. 现在把方程写成 $y=\mathbf{x}\boldsymbol{\beta}+u$，其中 $\mathrm{E}(\mathbf{x}'u)=0$ 且 $\mathrm{Var}(u|\mathbf{x})=\sigma^2$。如果 $\mathrm{E}(u|\mathbf{x})\neq\mathrm{E}(u)$，那么证明至少在大样本中，式（6.28）的 LM 检验将会检测出 u 中的“异方差性”。

6.5　a. 在假设 $\mathrm{E}(u|\mathbf{x})=0$ 且 $\mathrm{E}(u^2|\mathbf{x})=\sigma^2$ 下，证明方程（6.29）。

b. 在附加假设（6.27）下，证明

$$\mathrm{E}[(u_i^2-\sigma^2)^2(\mathbf{h}_i-\boldsymbol{\mu}_h)'(\mathbf{h}_i-\boldsymbol{\mu}_h)]=\eta^2\mathrm{E}[(\mathbf{h}_i-\boldsymbol{\mu}_h)'(\mathbf{h}_i-\boldsymbol{\mu}_h)]$$

其中 $\eta^2=\mathrm{E}[(u^2-\sigma^2)^2]$。

c. 解释为什么 a 部分与 b 部分蕴涵着，出自回归（6.38）的 LM 统计量具有极限 χ_Q^2 分布。

d. 如果条件（6.37）不成立，那么求出一个 $\mathrm{E}[(u_i^2-\sigma^2)(\mathbf{h}_i-\boldsymbol{\mu}_h)'(\mathbf{h}_i-\boldsymbol{\mu}_h)]$的一致估计量。证明对于异方差性来说，这会如何导致异峰态稳健检验。

6.6　利用基于 $\hat{u}^2$ 对 $\hat{y}$、$\hat{y}^2$ 辅助回归的异方差性检验，检验例题 6.4 中 $\log(wage)$ 的异方差性。你在 5%的水平上检测到了异方差性吗？

6.7　对本题使用 HPRICE. RAW 中的数据，它是基尔和麦克莱恩（Kiel and McClain，1995）所用数据的一个子集。文件包括了在马萨诸塞州 North Andover 销售住房两年，1978 年与 1981 年的住房价格与特征。谣传焚化炉开始在 1979 年建立，因此，把 1978 年作为基准年。在 1981 年开始建造垃圾焚化炉。显然，到 1981 年底焚化炉会马上运营。

a. 利用 1981 年横截面，估计一个双变量的与住房价格与焚化炉距离相关的常弹性模型。这个回归对于确定焚化炉对住房价格因果效应是恰当的吗？请解释。

b. 混合两年数据，考察

$$\log(price)=\delta_0+\delta_1 y81+\delta_2\log(dist)+\delta_3 y81\cdot\log(dist)+u$$

如果焚化炉对靠近它的住房价格具有负面影响，那么 δ_3 的符号是什么？估计这一模型，并且检验零假设：建造焚化炉对住房价格没有影响。

c. 对于 b 部分中的模型增加一些变量 $\log(intst)$，$[\log(intst)]^2$，$\log(area)$，$\log(land)$，age，age^2，$rooms$，$baths$，进而检验焚化炉的影响。你会得出什么结论？

6.8　FERTIL1. RAW 中的数据是 1972—1984 年之间的 7 年美国妇女 1 000

人以上的混合横截面；此数据集类似于由桑德（Sander，1992）所使用的数据。这些数据可以用于研究妇女教育与生育力之间的关系。

a. 使用 OLS 估计妇女所生育孩子的数目与其受教育年限、年龄、地区、种族以及抚育环境类型相关的模型。你应该使用年龄的二次项，并且应包括年度的虚拟变量。所估计的生育力与受教育之间的关系是什么呢？保持其他因素不变，随时间段变化而存在任何在生育力上重要的世俗变化吗？

b. 重新估计 a 部分模型，但是使用 *motheduc* 与 *fatheduc* 作为教育的工具。首先，核实这些工具与 *educ* 是充分偏相关的。检验生育方程中 *educ* 是否为外生的。

c. 现在通过模型中包括诸如 $y74 \cdot educ$，$y76 \cdot educ$ 等等交互作用项，允许受教育影响随时间流逝而变化。使用时间虚拟变量与父母亲教育的交互作用项作为交互作用项的工具。检验生育力与受教育之间关系随时间流逝而没有变化。

6.9　对这个问题使用 INJURY. RAW 中的数据。

a. 利用肯塔基州数据，重新估计方程（6.54）。一旦增加解释变量 *male*，*married* 以及行业类型和受伤类型虚拟变量的全部集合，当这些其他因素得以控制时，$afchnge \cdot highearn$ 的估计值会如何变化？估计值还会是统计显著的吗？

b. 你对出自 a 部分的较小 R 平方得出什么解释呢？这会意味着此方程是无用的吗？

c. 利用密歇根州数据估计方程（6.54）。比较密歇根州与肯塔基州交互作用项的估计值以及它们的统计显著性。

6.10　考察含有交互作用项与某些解释变量的平方项的回归模型；$\mathrm{E}(y \mid \mathbf{x})=\mathbf{z}\boldsymbol{\beta}$，其中 $\mathbf{z}$ 包含一个常数、$\mathbf{x}$ 的元素、二次项以及 $\mathbf{x}$ 中的交互作用项。

a. 设 $\boldsymbol{\mu}=\mathrm{E}(\mathbf{x})$ 是 $\mathbf{x}$ 的总体均值，并且设 $\bar{\mathbf{x}}$ 是基于 N 个可用观测值的样本均值。设 $\hat{\boldsymbol{\beta}}$ 是利用 y 与 $\mathbf{z}$ 上的 N 个观测值所得到的 $\boldsymbol{\beta}$ 的 OLS 估计量。证明，$\sqrt{N}(\hat{\boldsymbol{\beta}}-\boldsymbol{\beta})$ 与 $\sqrt{N}(\bar{\mathbf{x}}-\boldsymbol{\mu})$ 是渐近不相关的。[提示：把 $\sqrt{N}(\hat{\boldsymbol{\beta}}-\boldsymbol{\beta})$ 写成如同方程（4.8）那样，同时忽略 $o_p(1)$ 项。你需要利用 $\mathrm{E}(u \mid \mathbf{x})=0$ 的事实。]

b. 在习题 4.8 的模型中，利用 a 部分去论证

$$\mathrm{Avar}(\hat{\alpha}_1)=\mathrm{Avar}(\tilde{\alpha}_1)+\beta_3^2\mathrm{Avar}(\bar{x}_2)=\mathrm{Avar}(\tilde{\alpha}_1)+\beta_3^2(\sigma_2^2/N)$$

其中 $\alpha_1=\beta_1+\beta_3\mu_2$，$\tilde{\alpha}_1$ 是 α_1 的估计量，如果我们知道 μ_2 且 $\sigma_2^2=\mathrm{Var}(x_2)$。

c. 一旦实施习题 4.8d 的回归，你会如何获得 $\hat{\alpha}_1$ 的正确渐近标准误呢？[提示：你从回归中得到的标准误确实是 $\mathrm{se}(\tilde{\alpha}_1)$。因而，为了估计 $\mathrm{Avar}(\tilde{\alpha}_1)$，你对此项进行平方，然后使用前面的公式。你还需要估计 σ_2^2。]

d. 把出自 c 部分的结果应用到习题 4.8 的模型上；特别地，求出 $\hat{\alpha}_1$ 的修正渐近标准误，而且将它与出自习题 4.8d 且没有修正的渐近标准误相比较（对于异方差性来说，这两种情形都不是稳健的）。你会得出什么结论？

6.11　下面的工资方程表示了在 1978 年与 1985 年工作人员的总体：

$$\log(wage) = \beta_0 + \delta_0 y85 + \beta_1 educ + \delta_1 y85 \cdot educ + \beta_2 exper + \beta_3 exper^2 + \beta_4 union + \beta_5 female + \delta_5 y85 \cdot female + u$$

其中解释变量都是标准的。变量 *union* 表示虚拟变量，如果此人属于工会组织，那么其值等于 1，否则为 0。变量 $y85$ 表示虚拟变量，如果此观测值源自 1985 年，那么其值等于 1，然而，如果此观测值源自 1978 年，那么其值为 0。在文件 CPS78 _ 85. RAW 中，在 1978 年的样本中存在 550 个工人，而在 1985 年的样本里存在不同的 534 个人。

a. 估计这个方程，并且检验受教育回报跨越 7 年时间段是否有变化。

b. 性别差异跨时间段会有什么情形发生？

c. 工资是以名义美元来测算的。如果我们在两年中都测量了 1978 年的美元工资，那么系数有什么变动？[提示：利用如下事实，对于所有 1985 年的观测值，$\log(wage_i/P85) = \log(wage_i) - \log(P85)$，其中 $P85$ 表示共同扣除通货膨胀因素的价格指数；按照消费者价格指数，$P85 = 1.65$。]

d. 存在误差方差随时间变化的证据吗？

e. 名义上测算工资，并且保持其他因素固定，受教育年限为 12 年的男性名义工资估计会增加多少？为了获得这种估计值的一个置信区间，请提出一个回归。(提示：你必须用另外的变量代替 $y85 \cdot educ$。)

6.12　在线性模型 $y = \mathbf{x}\boldsymbol{\beta} + u$ 中，首先，假定假设 2SLS.1 与假设 2SLS.3 用 $\mathbf{w}$ 代替 $\mathbf{z}$ 成立，其中 $\mathbf{w}$ 包含了 $\mathbf{x}$ 与 $\mathbf{z}$ 的所有非冗余元素。

a. 证明

$$\begin{aligned}\text{Avar}[\sqrt{N}(\hat{\boldsymbol{\beta}}_{2SLS} - \hat{\boldsymbol{\beta}}_{OLS})] &= \text{Avar}[\sqrt{N}(\hat{\boldsymbol{\beta}}_{2SLS} - \boldsymbol{\beta})] - \text{Avar}[\sqrt{N}(\hat{\boldsymbol{\beta}}_{OLS} - \boldsymbol{\beta})] \\ &= \sigma^2[\text{E}(\mathbf{x}^{*\prime}\mathbf{x}^*)]^{-1} - \sigma^2[\text{E}(\mathbf{x}'\mathbf{x})]^{-1}\end{aligned}$$

其中，$\mathbf{x}^* = \mathbf{z}\boldsymbol{\Pi}$ 是 $\mathbf{x}$ 在 $\mathbf{z}$ 上的线性投影。

[提示：写出：

$$\sqrt{N}(\hat{\boldsymbol{\beta}}_{2SLS} - \boldsymbol{\beta}) = A_1^{-1}\left(N^{-1/2}\sum_{i=1}^{N}\mathbf{x}_i^{*\prime}u_i\right) + o_p(1)$$

以及

$$\sqrt{N}(\hat{\boldsymbol{\beta}}_{OLS} - \boldsymbol{\beta}) = A_2^{-1}\left(N^{-1/2}\sum_{i=1}^{N}\mathbf{x}'_i u_i\right) + o_p(1)$$

将是有帮助的。其中，$A_1 = \text{E}(\mathbf{x}^{*\prime}\mathbf{x}^*)$ 且 $A_2 = \text{E}(\mathbf{x}'\mathbf{x})$。然后使用这两个获得在 H_0 下 $\sqrt{N}(\hat{\boldsymbol{\beta}}_{2SLS} - \boldsymbol{\beta})$ 和 $\sqrt{N}(\hat{\boldsymbol{\beta}}_{OLS} - \boldsymbol{\beta})$ 的联合渐近分布。一般来说，$\text{Avar}[\sqrt{N}(\hat{\boldsymbol{\beta}}_{2SLS} - \hat{\boldsymbol{\beta}}_{OLS})] = \mathbf{V}_1 + \mathbf{V}_2 - (\mathbf{C} + \mathbf{C}')$，其中 $\mathbf{V}_1 = \text{Avar}[\sqrt{N}(\hat{\boldsymbol{\beta}}_{2SLS} - \boldsymbol{\beta})]$，$\mathbf{V}_2 = \text{Avar}[\sqrt{N}(\hat{\boldsymbol{\beta}}_{OLS} - \boldsymbol{\beta})]$，而 $\mathbf{C}$ 表示 $\sqrt{N}(\hat{\boldsymbol{\beta}}_{2SLS} - \boldsymbol{\beta})$ 与 $\sqrt{N}(\hat{\boldsymbol{\beta}}_{OLS} - \boldsymbol{\beta})$ 之间的渐近协方差。在给定的假设下，你可以证明 $\mathbf{C} = \mathbf{V}_2$。]

b. 证明如果假设 2SLS.3（以及假设 OLS.3）在 H_0 下不成立，如何估计

$\text{Avar}[\sqrt{N}(\hat{\boldsymbol{\beta}}_{2SLS}-\hat{\boldsymbol{\beta}}_{OLS})]$？

6.13 参考方程（6.17）和（6.18），证明：如果 $\text{E}(u_1 \mid \mathbf{z})=0$ 且 $\text{E}(u_1 \mid \mathbf{z}, v_2)=\rho_1 v_2$，则 $\text{E}(v_2 \mid \mathbf{z})=0$。

6.14 设 y_1 和 y_2 为标量，并假设结构模型为

$$y_1=\mathbf{z}_1\boldsymbol{\delta}_1+\mathbf{g}(y_2)\boldsymbol{\alpha}_1+u_1, \ \text{E}(u_1|\mathbf{z})=0$$

其中 $\mathbf{g}(y_2)$ 是 1 个 $1\times G_1$ 维的 y_2 的函数向量，而 $\mathbf{z}$ 至少包含一个不在 $\mathbf{z}_1$ 的元素。例如，$\mathbf{g}(y_2)=(y_2, y_2^2)$ 允许有一项二次型。或 $\mathbf{g}(y_2)$ 可能是一个表明 y_2 落入不同时间区间的虚拟变量向量。

假设 y_2 有一个线性条件期望，写成

$$y_2=\mathbf{z}\boldsymbol{\pi}_2+v_2, \ \text{E}(v_2|\mathbf{z})=0$$

（请记住，这比简单写下一个线性投影强得多。）

进而，假设 (u_1, v_2) 与 $\mathbf{z}$ 独立（这在很大程度上排除了 y_2 的离散特征）。

a. 证明

$$\text{E}(y_1|\mathbf{z}, y_2)=\text{E}(y_1|\mathbf{z}_1, v_2)=\mathbf{z}_1\boldsymbol{\delta}_1+\mathbf{g}(y_2)\boldsymbol{\alpha}_1+\text{E}(u_1|v_2)$$

b. 现在添加假设 $\text{E}(u_1 \mid v_2)=\rho_1 v_2$。请提出一个关于 $\boldsymbol{\delta}_1$，$\boldsymbol{\alpha}_1$ 和 ρ_1 的一致控制函数估计量。

c. 你将如何检验 y_2 是外生的这一零假设？请写出非常具体的过程。

d. 如果 $\text{E}(u_1 \mid v_2)=\rho_1 v_2+\xi_1(v_2^2-\tau_2^2)$，你将如何修改 CF 方法，其中 $\tau_2^2=\text{E}(v_2^2)$？你会如何检验 y_2 是外生的零假设？

e. 如果我们用 $\mathbf{g}(\mathbf{z}_1, y_2)$ 替换 $\mathbf{g}(y_2)$，请问你的一般 CF 方法会改变吗？请解释。

f. 推荐一个估计 $\boldsymbol{\delta}_1$ 和 $\boldsymbol{\alpha}_1$ 的更稳健的方法。特别是，假设你只愿意假设 $\text{E}(u_1 \mid \mathbf{z})=0$。

6.15 展开习题 6.14 的模型为

$$y_1=\mathbf{z}_1\boldsymbol{\delta}_1+\mathbf{g}(\mathbf{z}_1, y_2)\boldsymbol{\alpha}_1+\mathbf{g}(\mathbf{z}_1, y_2)\mathbf{v}_1+u_1$$
$$\text{E}(u_1|\mathbf{z})=0, \ \text{E}(\mathbf{v}_1|\mathbf{z})=\mathbf{0}$$

其中 $\mathbf{g}(\mathbf{z}_1, y_2)$ 是一个 $1\times J_1$ 维的函数向量，$\boldsymbol{\alpha}_1$ 是一个 $J_1\times 1$ 维的参数向量，$\mathbf{v}_1$ 是一个 $J_1\times 1$ 维的不可观测异质性向量。对 y_2 的约简型做同样的假设。进而，假设 $\text{E}(u_1 \mid \mathbf{z}, v_2)=\rho_1 v_2$ 且对于一个 $J_1\times 1$ 维的向量 $\boldsymbol{\theta}_1$ 而言，$\text{E}(\mathbf{v}_1 \mid \mathbf{z}, v_2)=\boldsymbol{\theta}_1 v_2$。

a. 求 $\text{E}(y_1 \mid \mathbf{z}, y_2)$。

b. 对于一致估计 $\boldsymbol{\delta}_1$ 和 $\boldsymbol{\alpha}_1$，请提出一个控制函数法。

c. 你将如何检验 y_2 是外生的零假设？

d. 详细说明如何应用 CF 法到加伦（Garen，1984）的模型，其中，只有 y_2 与不可观测异质性交互作用：

$$y_1=\eta_1+\mathbf{z}_1\boldsymbol{\delta}_1+\alpha_1 y_2+\lambda_1 y_2^2+\mathbf{z}_1 y_2\boldsymbol{\gamma}_1+v_1 y_2+u_1$$

附录 6A

我们推导带生成回归元与生成工具方程的 2SLS 估计量的渐近分布。需要做出严谨证明的一些工具将在第 12 章引进，但是，这里证明的关键部分在线性模型背景下可以给出。把模型写成

$$y=\mathbf{x}\boldsymbol{\beta}+u,\quad \mathrm{E}(u|\mathbf{v})=0$$

其中 $\mathbf{x}=\mathbf{f}(\mathbf{w},\boldsymbol{\delta})$，$\boldsymbol{\delta}$ 表示 $Q\times1$ 维向量，而 $\boldsymbol{\beta}$ 表示 $K\times1$ 维向量。设 $\hat{\boldsymbol{\delta}}$ 是 $\boldsymbol{\delta}$ 的 $\sqrt{N}$一致估计量。对每一个 i 的工具是 $\hat{\mathbf{z}}_i=\mathbf{g}(\mathbf{v}_i,\hat{\boldsymbol{\lambda}})$，其中 $\mathbf{g}(\mathbf{v},\boldsymbol{\lambda})$ 表示一个 $1\times L$ 维向量，$\boldsymbol{\lambda}$ 表示一个 $S\times1$ 维参数向量，而 $\hat{\boldsymbol{\lambda}}$ 表示 $\boldsymbol{\lambda}$ 的 $\sqrt{N}$一致估计量。设 $\hat{\boldsymbol{\beta}}$ 表示出自以下方程的 2SLS 估计量：

$$y_i=\hat{\mathbf{x}}_i\boldsymbol{\beta}+error_i$$

其中 $\hat{\mathbf{x}}_i=\mathbf{f}(\mathbf{w}_i,\hat{\boldsymbol{\delta}})$，一旦利用工具 $\hat{\mathbf{z}}_i$，得到

$$\hat{\boldsymbol{\beta}}=\left[\left(\sum_{i=1}^{N}\hat{\mathbf{x}}_i'\hat{\mathbf{z}}_i\right)\left(\sum_{i=1}^{N}\hat{\mathbf{z}}_i'\hat{\mathbf{z}}_i\right)^{-1}\left(\sum_{i=1}^{N}\hat{\mathbf{z}}_i'\hat{\mathbf{x}}_i\right)\right]^{-1}\left(\sum_{i=1}^{N}\hat{\mathbf{x}}_i'\hat{\mathbf{z}}_i\right)\left(\sum_{i=1}^{N}\hat{\mathbf{z}}_i'\hat{\mathbf{z}}_i\right)^{-1}\left(\sum_{i=1}^{N}\hat{\mathbf{z}}_i'\mathbf{y}_i\right)$$

记 $y_i=\hat{\mathbf{x}}_i\boldsymbol{\beta}+(\mathbf{x}_i-\hat{\mathbf{x}}_i)\boldsymbol{\beta}+u_i$，其中 $\mathbf{x}_i=\mathbf{f}(\mathbf{w}_i,\boldsymbol{\delta})$。把这个式子代入，并且用 $\sqrt{N}$ 去乘，得到

$$\sqrt{N}(\hat{\boldsymbol{\beta}}-\boldsymbol{\beta})=(\hat{\mathbf{C}}'\hat{\mathbf{D}}^{-1}\hat{\mathbf{C}})^{-1}\hat{\mathbf{C}}'\hat{\mathbf{D}}^{-1}\left\{N^{-1/2}\sum_{i=1}^{N}\hat{\mathbf{z}}_i'[(\mathbf{x}_i-\hat{\mathbf{x}}_i)\boldsymbol{\beta}+u_i]\right\}$$

其中

$$\hat{\mathbf{C}}\equiv N^{-1}\sum_{i=1}^{N}\hat{\mathbf{z}}_i'\hat{\mathbf{x}}_i,\quad 而\hat{\mathbf{D}}\equiv N^{-1}\sum_{i=1}^{N}\hat{\mathbf{z}}_i'\hat{\mathbf{z}}_i$$

现在，利用第 12 章中得出的引理 12.1，$\hat{\mathbf{C}}\xrightarrow{p}\mathrm{E}(\mathbf{z}'\mathbf{x})$ 且 $\hat{\mathbf{D}}\xrightarrow{p}\mathrm{E}(\mathbf{z}'\mathbf{z})$。进一步地，在定理 12.3 中所使用的这类均值扩展式可以给出

$$N^{-1/2}\sum_{i=1}^{N}\hat{\mathbf{z}}_i'u_i=N^{-1/2}\sum_{i=1}^{N}\mathbf{z}_i'u_i+\left[N^{-1}\sum_{i=1}^{N}\nabla_{\lambda}\mathbf{g}(\mathbf{v}_i,\lambda)u_i\right]\sqrt{N}(\hat{\lambda}-\lambda)+o_p(1)$$

其中 $\nabla_{\lambda}\mathbf{g}(\mathbf{v}_i,\boldsymbol{\lambda})$ 表示 $\mathbf{g}(\mathbf{v}_i,\boldsymbol{\lambda})'$ 的 $L\times S$ 维雅可比行列式。因为 $\mathrm{E}(u_i\mid\mathbf{v}_i)=0$，

所以 $\mathrm{E}(\nabla_{\lambda}\mathbf{g}(\mathbf{v}_i,\boldsymbol{\lambda})'u_i)=\mathbf{0}$。由此可得，$N^{-1}\sum_{i=1}^{N}\nabla_{\lambda}\mathbf{g}(\mathbf{v}_i,\boldsymbol{\lambda})u_i=\mathrm{o}_p(1)$，同时由于 $\sqrt{N}(\hat{\lambda}-\lambda)=\mathrm{O}_p(1)$，由此可得

$$N^{-1/2}\sum_{i=1}^{N}\hat{\mathbf{z}}'_i u_i=N^{-1/2}\sum_{i=1}^{N}\mathbf{z}'_i u_i+\mathrm{o}_p(1)$$

其次，利用类似的推理，

$$\begin{aligned}&N^{-1/2}\sum_{i=1}^{N}\hat{\mathbf{z}}'_i(\mathbf{x}_i-\hat{x}_i)\boldsymbol{\beta}\\&=-\left[N^{-1}\sum_{i=1}^{N}(\boldsymbol{\beta}\otimes\mathbf{z}_i)'\nabla_{\delta}\mathbf{f}(\mathbf{w}_i,\delta)\right]\sqrt{N}(\hat{\boldsymbol{\delta}}-\boldsymbol{\delta})+\mathrm{o}_p(1)\\&=-\mathbf{G}\sqrt{N}(\hat{\boldsymbol{\delta}}-\boldsymbol{\delta})+\mathrm{o}_p(1)\end{aligned}$$

其中 $\mathbf{G}=\mathrm{E}[(\boldsymbol{\beta}\otimes\mathbf{z}_i)'\nabla_{\delta}\mathbf{f}(\mathbf{w}_i,\boldsymbol{\delta})]$，而 $\nabla_{\delta}\mathbf{f}(\mathbf{w}_i,\boldsymbol{\delta})$ 表示 $\mathbf{f}(\mathbf{w}_i,\delta)'$ 的 $K\times Q$ 维雅可比行列式。我们使用了均值扩展式，且 $\hat{\mathbf{z}}_i(\mathbf{x}_i-\hat{\mathbf{x}}_i)\boldsymbol{\beta}=(\boldsymbol{\beta}\otimes\hat{\mathbf{z}}_i)'(\mathbf{x}_i-\hat{\mathbf{x}}_i)'$。现在，假定

$$\sqrt{N}(\hat{\boldsymbol{\delta}}-\boldsymbol{\delta})=N^{-1/2}\sum_{i=1}^{N}\mathbf{r}_i(\boldsymbol{\delta})+\mathrm{o}_p(1)$$

其中 $\mathrm{E}[\mathbf{r}_i(\boldsymbol{\delta})]=\mathbf{0}$。到目前为止，对于所讨论的所有估计量来说，这个假设是成立的，并且在非线性模型中，对于相当多数的估计量也成立，参阅第 12 章。一旦汇总且整理所有项，得出

$$\sqrt{N}(\hat{\boldsymbol{\beta}}-\boldsymbol{\beta})=(\mathbf{C}'\mathbf{D}^{-1}\mathbf{C})^{-1}\mathbf{C}'\mathbf{D}^{-1}\left\{N^{-1/2}\sum_{i=1}^{N}[\mathbf{z}'_i u_i-\mathbf{G}\mathbf{r}_i(\boldsymbol{\delta})]\right\}+\mathrm{o}_p(1)$$

由中心极限定理，

$$\sqrt{N}(\hat{\boldsymbol{\beta}}-\boldsymbol{\beta})\overset{a}{\sim}\mathrm{Normal}[\mathbf{0},(\mathbf{C}'\mathbf{D}^{-1}\mathbf{C})^{-1}\mathbf{C}'\mathbf{D}^{-1}\mathbf{M}\mathbf{D}^{-1}\mathbf{C}(\mathbf{C}'\mathbf{D}^{-1}\mathbf{C})^{-1}]$$

其中

$$\mathbf{M}=\mathrm{Var}[\mathbf{z}'_i u_i-\mathbf{G}\mathbf{r}_i(\boldsymbol{\delta})]$$

$\hat{\boldsymbol{\beta}}$ 的渐近方差估计为

$$(\hat{\mathbf{C}}'\hat{\mathbf{D}}^{-1}\hat{\mathbf{C}})^{-1}\hat{\mathbf{C}}'\hat{\mathbf{D}}^{-1}\hat{\mathbf{M}}\hat{\mathbf{D}}^{-1}\hat{\mathbf{C}}(\hat{\mathbf{C}}'\hat{\mathbf{D}}^{-1}\hat{\mathbf{C}})^{-1}/N \tag{6.58}$$

其中

$$\hat{\mathbf{M}}=N^{-1}\sum_{i=1}^{N}(\hat{\mathbf{z}}'_i\hat{u}_i-\hat{\mathbf{G}}\hat{\mathbf{r}}_i)(\hat{\mathbf{z}}'_i\hat{u}_i-\hat{\mathbf{G}}\hat{\mathbf{r}}_i)' \tag{6.59}$$

$$\hat{\mathbf{G}}=N^{-1}\sum_{i=1}^{N}(\hat{\boldsymbol{\beta}}\otimes\hat{\mathbf{z}}_i)'\nabla_{\delta}\mathbf{f}(\mathbf{w}_i,\hat{\boldsymbol{\delta}}) \tag{6.60}$$

$$\hat{\mathbf{r}}_i=\mathbf{r}_i(\hat{\boldsymbol{\delta}}),\quad \hat{u}_i=y_i-\hat{\mathbf{x}}_i\hat{\boldsymbol{\beta}} \tag{6.61}$$

下面依次给出几个评述。首先，对 λ 的估计不会影响到 $\hat{\boldsymbol{\beta}}$ 的渐近分布。因此，如果不存在生成回归元，那么通常 2SLS 推断程序是有效的［在这种情形中，$\mathbf{G}=\mathbf{0}$，所以 $\mathbf{M}=\mathrm{E}[u_i^2\mathbf{z}_i'\mathbf{z}_i]$］。如果 $\mathbf{G}=\mathbf{0}$ 且 $\mathrm{E}(u^2\ \mathbf{z}'\mathbf{z})=\sigma^2\mathrm{E}(\mathbf{z}'\mathbf{z})$，那么通常 2SLS 标准误与检验统计量都是有效的。如果假设 2SLS.3 不满足，那么异方差性稳健统计量是有效的。

如果 $\mathbf{G}\neq\mathbf{0}$，那么 $\hat{\boldsymbol{\beta}}$ 的渐近方差依赖于 $\hat{\boldsymbol{\delta}}$ 的渐近方差［通过 $\mathbf{r}_i(\boldsymbol{\delta})$ 的存在］。在这种情形中，通常 2SLS 方差矩阵的估计量既不是有效的，异方差性稳健形式也不是有效的。矩阵 $\hat{\mathbf{M}}$ 应该如同式（6.59）一样可以计算出来。

在有些情形中，在我们希望检验的零假设下，$\mathbf{G}=\mathbf{0}$。$\mathbf{G}$ 的第 j 行可以写成 $\mathrm{E}[\mathbf{z}_{ij}\ \boldsymbol{\beta}'\nabla_\delta f(\mathbf{w}_i,\ \boldsymbol{\delta})]$。现在，假设 $\hat{x}_{ih}$ 是唯一的生成回归元，因此，$\nabla_\delta\mathbf{f}(\mathbf{w}_i,\ \boldsymbol{\delta})$ 的第 h 行才是非零的。但是，另一方面，如果 $\beta_h=0$，那么 $\boldsymbol{\beta}'\nabla_\delta\mathbf{f}(\mathbf{w}_i,\ \delta)=0$。由此可得，$\mathbf{G}=\mathbf{0}$ 且 $\mathbf{M}=\mathrm{E}(u_i^2\mathbf{z}_i'\mathbf{z}_i)$，因此，不需要对 $\boldsymbol{\delta}$ 的先前估计进行调整。对于包括 6.3.1 节中内生性检验的各种设定检验来说，这个观测值是非常有用的。我们稍后在样本选择内容中将要用到它。

第 7 章 利用普通最小二乘法与广义最小二乘法估计方程组

7.1 简介

这一章我们开始分析线性方程组。我们所涉及的第一个估计方法是系统最小二乘法，它是对单方程普通最小二乘法（OLS）的直接扩展。在一些重要的特殊情形中，根据单方程 OLS 估计量，系统普通最小二乘法的估计量被证明具有浅显易懂的解释。但是，此方法可以用于极普通的线性方程组。

然后，我们转而分析**广义最小二乘法**（generalized least squares，GLS）。在某些假设下，可以证明，GLS——或者 GLS 的操作形式，即可行的 GLS——在渐近形式上，比系统 OLS 更具有有效性。然而，在这一章里我们强调，要得到 GLS 的有效性是需要付出代价的：为了拥有一致性，它需要比系统 OLS 更强的假设。这一点极为重要，而在传统的线性方程组处理中经常忽视这一点，尤其是在假定解释变量是非随机的情形中。

如同我们对单方程的分析一样，我们假定随机样本是从总体中抽取的。观测值单位常常是显而易见的——诸如工人、家庭、厂商或城市。例如，如果我们收集一个横截面家庭样本各种日用品的消费数据，那么观测值单位是家庭（而不是日用品）。

这一章的框架足以普遍地应用到面板数据模型上。由于当横截面维数趋于无穷大时，人们可以做渐近分析，因而，在横截面维数相对于时间序列维数而言更大的情形中，其结果是很明确的。（例如，我们拥有 N 个厂商中的每一个厂商在相同 T 个时间段上的观测值。于是，我们假定拥有厂商的一个随机样本，这些厂商具有 T 个年份中的任一年数据。）此处所涉及的面板数据模型尽管具有众多有益的应用，但是仍没有完全利用随时间流逝的可复制性。在第 10 章与第 11 章中，我们以显性方式考察误差项中包含时变的、不可观测效应的面板数据模型。

7.2 一些例子

我们以两个方程组的例子开始。这些例子是相当一般的，而且稍后我们将看到由一般的线性方程组所构成的变种形式。

例 7.1（似无关回归） 总体模型是 G 个线性方程的集合

$$
\begin{aligned}
y_1 &= \mathbf{x}_1\boldsymbol{\beta}_1 + u_1 \\
y_2 &= \mathbf{x}_2\boldsymbol{\beta}_2 + u_2 \\
&\vdots \\
y_G &= \mathbf{x}_G\boldsymbol{\beta}_G + u_G
\end{aligned}
\tag{7.1}
$$

其中 $\mathbf{x}_g$ 表示 $1\times K_g$ 维向量，而 $\boldsymbol{\beta}_g$ 表示 $K_g\times 1$ 维向量，$g=1,2,\cdots,G$。在许多应用中，$\mathbf{x}_g$ 对所有 g 是相同的（在此情形中，$\boldsymbol{\beta}_g$ 必须具有相同的维数），但是一般模型允许 $\mathbf{x}_g$ 的元素与维数随方程不同而变化。记住，方程组（7.1）表示一般的人、厂商、城市或者出自总体的任何事物。方程组（7.1）经常被称为泽尔纳（Zellner，1962）**似无关回归（SUR）模型**（seemingly unrelated regressions（SUR）model）（适用于这种情形中的横截面数据）。这个名称源自下述事实，由于方程组（7.1）中每一个方程都拥有自己的向量 $\boldsymbol{\beta}_g$，所以这些方程看起来是不相关的。然而，不同方程误差之间的相关性能够提供估计研究中的联系，稍后我们将认识到这一点。

作为一个特殊的例子，方程组（7.1）可以表示一个国家家庭总体需求函数的集合：

$$
\begin{aligned}
housing &= \beta_{10} + \beta_{11}\,houseprc + \beta_{12}\,foodprc + \beta_{13}\,clothprc + \beta_{14}\,income \\
&\quad + \beta_{15}\,size + \beta_{16}\,age + u_1 \\
food &= \beta_{20} + \beta_{21}\,houseprc + \beta_{22}\,foodprc + \beta_{23}\,clothprc + \beta_{24}\,income \\
&\quad + \beta_{25}\,size + \beta_{26}\,age + u_2 \\
clothing &= \beta_{30} + \beta_{31}\,houseprc + \beta_{32}\,foodprc + \beta_{33}\,clothprc + \beta_{34}\,income \\
&\quad + \beta_{35}\,size + \beta_{36}\,age + u_3
\end{aligned}
$$

在这个例题中，$G=3$，而 $\mathbf{x}_g$（1×7 维向量）对于 $g=1,2,3$ 都是相同的。

当我们需要写出从总体中抽取的一个特定随机样本的方程组时，y_g，$\mathbf{x}_g$ 以及 u_g 同样包含下标 i：方程 g 变成 $y_{ig}=\mathbf{x}_{ig}\boldsymbol{\beta}_g+u_{ig}$。然而，为了叙述假设，我们是否包括 i 无关紧要。尽管关注总体，但方程组（7.1）的优点在于它有条理，它适合于应用。但是，出于推导的缘故，我们常常需要为一般横截面单位 i 标明方程。

当我们研究 $\boldsymbol{\beta}_g$ 的各种估计量的渐近性质时，渐近分析是在 G 固定而 N 趋于无穷大时展开的。在家庭需求例题中，我们对三个需求函数的集合感兴趣，观测值单位是家庭。因此，当样本中家庭数量趋向于无穷大时才给出推断。

我们对不可观测 u_g 与变量（$\mathbf{x}_1, \mathbf{x}_2, \cdots, \mathbf{x}_G$）如何相关做出的一些假设，对于确定 $\boldsymbol{\beta}_g$ 的哪一个估计量具有可接受的性质来说是极其重要的。当方程组（7.1）表示一个结构模型（不带省略变量、变量中误差或联立性）时，我们常常假定

$$\mathrm{E}(u_g \mid \mathbf{x}_1, \mathbf{x}_2, \cdots, \mathbf{x}_G)=0, \quad g=1, \cdots, G \tag{7.2}$$

假设（7.2）的一个重要含义是，u_g 与所有方程中解释变量以及解释这些变量的任何函数都是不相关的。当方程组可以依据经济理论推导出的时候，假设（7.2）通常显得非常自然。例如，在我们所描述的需求函数集合中，当 $\mathbf{x}_g \equiv \mathbf{x}$ 对于所有 g 都是相同的时，从而，假设（7.2）与 $\mathrm{E}(u_g \mid \mathbf{x}_g)=\mathrm{E}(u_g \mid \mathbf{x})=0$ 是一样的。

如果保持假设（7.2），而且如果各 $\mathbf{x}_g$ 跨 g 都是不相同的，那么一旦 $\mathbf{x}_g$ 得以控制，可以假定从方程 g 中排除的任何一个解释变量都不对期望 y_g 产生影响。也就是，

$$\mathrm{E}(y_g \mid \mathbf{x}_1, \mathbf{x}_2, \cdots, \mathbf{x}_G)=\mathrm{E}(y_g \mid \mathbf{x}_g)=\mathbf{x}_g \boldsymbol{\beta}_g, \quad g=1,2, \cdots, G \tag{7.3}$$

存在着一些 SUR 方程组，其中假设（7.3）显得太强了，但是标准的 SUR 分析不是以显性方式就是以隐性方式做出这个假设。

我们接下来的例子涉及面板数据。

例 7.2（面板数据模型） 假设对于每一个横截面单位，我们观测到 T 个时间段的相同变量集合的数据。设 $\mathbf{x}_t$ 表示 $1 \times K$ 维向量，对于 $t=1$，2，…，T，而设 $\boldsymbol{\beta}$ 表示 $K \times 1$ 维向量。总体模型是

$$y_t=\mathbf{x}_t \boldsymbol{\beta}+u_t, t=1,2, \cdots, T \tag{7.4}$$

其中 y_t 表示标量。例如，用于解释 5 年期间家庭年储蓄的简单方程是

$$sav_t=\beta_0+\beta_1 inc_t+\beta_2 age_t+\beta_3 educ_t+u_t, \quad t=1,2, \cdots, 5$$

其中 inc_t 表示年收入，$educ_t$ 表示家庭主人的受教育年数，而 age_t 表示家庭主人的年龄。这是一个**线性面板数据模型**（linear panel data model）的例子。它是**静态模型**（static model），因为所有解释变量与 sav_t 是同时间段发生的。

面板数据设置在概念上与 SUR 例子迥然不同。在例题 7.1 中，每一个方程解释了对于相同横截面单位来说不同的因变量。此处，我们仅有一个试图要解释的因变量——sav——但是，我们可以观测到在 5 年期间的 sav 以及解释变量。（因此，对于面板数据应用来说，“方程组”的称谓确实是用词不当。这里，我们使用该术语表示在任何上下文中多于一个方程的情形。）如同我们在下一节中将要看到的，在相同的结构下，可以对 SUR 与面板数据模型中估计量的统计性质进行分析。

当我们需要指出，一个方程对于特殊横截面单位 i 处于特殊时间段 t 内时，我们就写成 $y_{it}=\mathbf{x}_{it} \boldsymbol{\beta}+u_{it}$。不论什么时候，当 i 的省略不会引起混淆时，我们将省略下标 i。

为了进行面板数据分析，我们会做出什么样的外生性假设呢？一种可能性是，假定 u_t 与 $\mathbf{x}_t$ 在条件均值意义下是正交的：

$$E(u_t|\mathbf{x}_t)=0, \quad t=1,\cdots,T \tag{7.5}$$

我们把此条件称为 $\mathbf{x}_t$ 的**同期外生性**（contemporaneous exogeneity），因为它仅仅限制了在相同时间段内扰动变量与解释变量之间的关系。自然，假设（7.5）意味着 $\mathbf{x}_t$ 中每一个元素都与 u_t 不相关。关于解释变量的一个更强的假设是

$$E(u_t|\mathbf{x}_t,\mathbf{x}_{t-1},\cdots,x_1)=0,\ t=1,\ \cdots,\ T \tag{7.6}$$

（当然，该式意味着对于所有 $s\leqslant t$ 来说，$\mathbf{x}_s$ 与 u_t 都不相关。）当假设（7.6）成立时，我们说 $\{\mathbf{x}_t\}$ 是序贯外生的。我们将序贯外生性与式（7.4）联系起来，我们得到

$$E(y_t|\mathbf{x}_t,\ \mathbf{x}_{t-1},\ \cdots,\ \mathbf{x}_1)=E(y_t|\mathbf{x}_t)=\mathbf{x}_t\boldsymbol{\beta} \tag{7.7}$$

该式意味着无论我们在 $\mathbf{x}_t$ 中包含什么，解释 $\mathbf{y}_t$ 的期望值时无须 $\mathbf{x}_t$ 更远的滞后项。一旦在 $\mathbf{x}_t$ 中包含了滞后变量，则经常需要（尽管不是必需）假设（7.7）成立。举个例子，如果 y_t 是从公司层面对普通员工生产率的测度，而 $\mathbf{x}_t$ 包括一个关于员工培训的现有测度以及比如说两个滞后值，那么我们可能希望这两个滞后值足以捕捉到在培训上的生产率的分布滞后。然而，如果我们仅仅只有少量时间段可以利用，我们会不得不勉强满足于这两个捕捉到最多但不必然是全部滞后效应的滞后值。

外生性的一个甚至更强的形式是在所有时间段，以所有解释变量为条件，u_t 都有零均值：

$$E(u_t|\mathbf{x}_1,\ \mathbf{x}_2,\ \cdots,\ \mathbf{x}_T)=0,\ t=1,\ \cdots,\ T \tag{7.8}$$

根据假设（7.8），我们称 $\{\mathbf{x}_t\}$ 是**严格外生的**（strictly exogenous）。很明显，条件（7.8）意味着 u_t 与所有时间段的所有解释变量都不相关，包括未来的时间段。我们可以根据方程（7.4）将假设（7.8）写成 $E(y_t\mid\mathbf{x}_1,\mathbf{x}_2,\cdots,\mathbf{x}_T)=E(y_t\mid\mathbf{x}_t)=\mathbf{x}_t\boldsymbol{\beta}$。如果比如说 $\mathbf{x}_{t+1}$ 包含 y_t 的话，这个条件必然是错误的。

同期外生性完全没有提到对于任意 $s\neq t$ 时 $\mathbf{x}_s$ 与 u_t 的关系，序贯外生性使得对于 $s>t$ 时这一关系无约束，但是严格外生性排除了残差项与解释变量之间横跨所有时间段时的相关性。理解这三种假设对于不同估计量的统计性质而言可有不同的含义，这非常重要。

为了阐明假设（7.5），（7.6）与（7.8）之间的差异，设 $\mathbf{x}_t\equiv(1,y_{t-1})$。那么根据解释，假设（7.5）成立，如果 $E(y_t\mid y_{t-1})=\beta_0+\beta_1y_{t-1}$，这正好表示 $E(y_t\mid y_{t-1})$ 是关于 y_{t-1} 线性的。序贯外生性假设成立，如果我们进而假设 $E(y_t\mid y_{t-1},\ y_{t-2},\cdots,y_0)=E(y_t\mid y_{t-1})$，这表示仅仅一个被解释变量的滞后项出现在完全动态期望 $E(y_t\mid y_{t-1},y_{t-2},\cdots,y_0)$ 中（除了 $E(y_t\mid y_{t-1})$ 是关于 y_{t-1} 线性的之外）。对于一个动态模型而言，这经常是一个故意的假设，但它是一个与假设（7.5）相比额外的假设。在这个例子中，严格外生性条件（7.8）必然不满足，因为 $\mathbf{x}_{t+1}=(1,y_t)$，并因此对于 $t=1,\ 2,\ \cdots,\ T-1$，$E(u_t\mid\mathbf{x}_1,\mathbf{x}_2,\cdots,\mathbf{x}_T)=E(u_t\mid y_0,\cdots,y_{T-1})=u_t\neq0$（因为 $u_t=y_t-\beta_0-\beta_1y_{t-1}$）。顺带地，几乎不足以假设残差的无条件期望值为 0，这在回归模型中几乎总是对的。

即使 $\mathbf{x}_t$ 不包含滞后因变量，严格外生性仍无法满足。在城市层面上考察贫困率与人均福利开支的模型。**有限分布滞后模型**（finite distributed lag（FDL）model）是

$$poverty_t = \theta_t + \delta_0 welfare_t + \delta_1 welfare_{t-1} + \delta_2 welfare_{t-2} + u_t \tag{7.9}$$

参数 θ_t 只表示每一年中的不同综合时间效应。如果我们假设 $\mathrm{E}(poverty_t \mid welfare_t, welfare_{t-1}, welfare_{t-2})$ 是线性的，那么同期外生性假设成立。在本例中，我们可能也想要序贯外生性成立，但这是一个实证问题：一个两年滞后因子足以捕捉住福利支出对于贫困率的滞后效应吗？

即便支出的两个滞后因子足以捕获分布滞后动态，如果福利支出反作用于过去的贫困率，那么严格外生性假设一般会不成立。捕获到这种反馈的方程是

$$welfare_t = \eta_t + \rho_1 poverty_{t-1} + r_t \tag{7.10}$$

一般来说，如果 $\rho_1 \neq 0$，那么就违背严格外生性假设（7.8），因为 $welfare_{t+1}$ 依赖于 u_t（在将式（7.9）代入式（7.10）后），而 $\mathbf{x}_{t+1}$ 包含 $welfare_{t+1}$。

如我们在本章及接下来几章中将看到的那样，关于 $\boldsymbol{\beta}$ 估计我们如何行事关键取决于是严格外生性成立，还是仅更弱的假设之一成立。面板数据的普通最小二乘以及广义最小二乘的古典处理方式倾向于把 $\mathbf{x}_{it}$ 处理成重复样本中的固定变量；在实践中，这与严格外生性假设相同。

7.3 多变量线性方程组的系统普通最小二乘法估计

7.3.1 预备知识

现在，我们来分析一般多变量模型，它包括了 7.2 节中的一些例子以及许多其他例子作为特殊情形。假定我们有独立同分布的横截面观测值 $\{(\mathbf{X}_i, \mathbf{y}_i): i=1, 2, \cdots, N\}$，其中 $\mathbf{X}_i$ 表示一个 $G \times K$ 维矩阵，而 $\mathbf{y}_i$ 表示一个 $G \times 1$ 维向量。因而，$\mathbf{y}_i$ 包括了所有 G 个方程（或者在面板数据情形中的时间段）的因变量。矩阵 $\mathbf{X}_i$ 包括了可以在该方程组中任何一处出现的解释变量。为了避免符号混乱，我们在阐述一般模型以及假设时均包含下标 i。

从总体中随机抽取的一个多变量线性模型可以被表示成

$$\mathbf{y}_i = \mathbf{X}_i \boldsymbol{\beta} + \mathbf{u}_i \tag{7.11}$$

其中，$\boldsymbol{\beta}$ 表示所关注的 $K \times 1$ 维参数向量，而 $\mathbf{u}_i$ 表示不可观测的 $G \times 1$ 维向量。方程（7.11）是以 $\mathbf{X}_i$ 与不可观测的 $\mathbf{u}_i$ 解释了 G 个变量 y_{i1}，…，y_{iG}。由于随机抽样假设的缘故，所以我们能够以一个普通的观测值来表述所有的假设，在例题中，我们将经常省略下标 i。

在表述假设之前，我们证明在 7.2 节中引入的两个例子是如何适应这种框

架的。

例 7.1（SUR，续） SUR 模型（7.1）可以通过定义 $\mathbf{y}_i=(y_{i1},y_{i2},\cdots,y_{iG})'$，$\mathbf{u}_i=(u_{i1},u_{i2},\cdots,u_{iG})'$ 以及

$$\mathbf{X}_i=\begin{pmatrix}\mathbf{x}_{i1} & \mathbf{0} & \mathbf{0} & \cdots & \mathbf{0}\\ \mathbf{0} & \mathbf{x}_{i2} & & & \mathbf{0}\\ \mathbf{0} & \mathbf{0} & & & \vdots\\ \vdots & & & & \mathbf{0}\\ \mathbf{0} & \mathbf{0} & \mathbf{0} & \cdots & \mathbf{x}_{iG}\end{pmatrix},\quad \boldsymbol{\beta}=\begin{pmatrix}\boldsymbol{\beta}_1\\ \boldsymbol{\beta}_2\\ \vdots\\ \boldsymbol{\beta}_G\end{pmatrix} \tag{7.12}$$

表示成如同方程（7.11）的形式。注意到，$\mathbf{X}_i$ 的维数是 $G\times(K_1+K_2+\cdots+K_G)$ 维，因此，我们定义 $K\equiv K_1+\cdots+K_G$。

例 7.2（面板数据，续） 通过选取 $\mathbf{X}_i$ 成为 $T\times K$ 维矩阵 $\mathbf{X}_i=(\mathbf{x}'_{i1},\mathbf{x}'_{i2},\cdots\mathbf{x}'_{iT})'$，面板数据模型（7.6）可以表示成如同方程（7.11）一样的形式。

7.3.2 系统普通最小二乘法的渐近性质

给定方程（7.11）中的模型，我们可以借助于系统普通最小二乘法（SOLS）来表述 $\boldsymbol{\beta}$ 的一致估计的重要正交性条件。

假设 SOLS. 1： $\mathrm{E}(\mathbf{X}'_i\mathbf{u}_i)=\mathbf{0}$。

假设 SOLS. 1 看起来类似于单方程 OLS 分析中的正交性条件。由于方程（7.11）的多重方程特性，假设 SOLS. 1 所蕴涵的内容在许多例子中会有所不同。对于大多数的应用来说，$\mathbf{X}_i$ 具有足够多的元素等于 1，以使假设 SOLS. 1 蕴涵着 $\mathrm{E}(\mathbf{u}_i)=\mathbf{0}$，而且为了讨论方便，我们假定零均值。

了解前面例子中假设 SOLS. 1 中所承载的内容是很有价值的。

例 7.1（SUR，续） 在 SUR 情形中，$(\mathbf{X}'_i\mathbf{u}_i)=(\mathbf{x}_{i1}u_{i1},\cdots,\mathbf{x}_{iG}u_{iG})'$，因而，当且仅当

$$\mathrm{E}(\mathbf{x}'_{ig}u_{ig})=\mathbf{0},\quad g=1,2,\cdots,G \tag{7.13}$$

假设 SOLS. 1 成立，因此，当 $h\neq g$ 时，假设 SOLS. 1 并不要求 $\mathbf{x}_{ih}$ 与 u_{ig} 是相关的。

例 7.2（面板数据，续） 对于面板数据设置而言，$\mathbf{X}'_i\mathbf{u}_i=\sum_{t=1}^{T}\mathbf{x}'_{it}u_{it}$；因此，假设 SOLS. 1 的一个充分且非常自然的条件是

$$\mathrm{E}(\mathbf{x}'_{it}u_{it})=\mathbf{0},\quad t=1,2,\cdots,T \tag{7.14}$$

像假设（7.5）一样，当 $s\neq t$ 时，假设（7.14）允许 $\mathbf{x}_{is}$ 与 u_{it} 是相关的。实际上，假设（7.14）比假设（7.5）要弱一些。因此，在面板数据背景下，假设 SOLS. 1 并没有施加严格外生性。

假设 SOLS. 1 是我们在回归框架下为了获得 $\boldsymbol{\beta}$ 的一致估计量而做出的最弱假设。如同前面例题所证明的那样，SOLS. 1 允许 $\mathbf{X}_i$ 的一些元素与 $\mathbf{u}_i$ 的元素相

关，更强一些的假设是零均值条件假设

$$\mathrm{E}(\mathbf{u}_i|\mathbf{X}_i)=\mathbf{0} \tag{7.15}$$

或者 $\mathrm{E}(u_{ig}\mid\mathbf{X}_i)=0$，$g=1$，2，…，$G$。假设（7.15）意味着，在最低限度上，$\mathbf{X}_i$ 的每一个元素与 $\mathbf{u}_i$ 的每一个元素是不相关的。例如，在 SUR 模型中，对于 $g=h$ 以及 $g\neq h$ 而言，（7.15）意味着 x_{ih} 与 u_{ig} 不相关。在面板数据例题中，（7.15）是严格外生性假设（7.8）。正如我们稍后将看到的，对于大样本分析，假设（7.15）可以被放松为零相关假设——$\mathbf{X}_i$ 的所有元素都与 $\mathbf{u}_i$ 的所有元素不相关。更强的假设（7.15）被紧密连接到非随机回归元假设下方程组的传统处理上。

在假设 SOLS.1 下，向量 $\boldsymbol{\beta}$ 满足

$$\mathrm{E}[\mathbf{X}_i'(\mathbf{y}_i-\mathbf{X}_i\boldsymbol{\beta})]=\mathbf{0} \tag{7.16}$$

或者 $\mathrm{E}(\mathbf{X}_i'\mathbf{X}_i)\boldsymbol{\beta}=\mathrm{E}(\mathbf{X}_i'\mathbf{y}_i)$。对于每个 i，$\mathbf{X}_i'\mathbf{y}_i$ 表示一个 $K\times1$ 维的随机向量，而 $\mathbf{X}_i'\mathbf{X}_i$ 表示一个 $K\times K$ 维对称的、半正定的随机矩阵。

因此，$\mathrm{E}(\mathbf{X}_i'\mathbf{X}_i)$ 总是一个 $K\times K$ 维对称的、半正定的非随机矩阵（此处期望值是在 $\mathbf{X}_i$ 的总体分布上定义的）。为了估计出 $\boldsymbol{\beta}$，我们需要有满足假设（7.16）的唯一 $K\times1$ 维向量的假设。

假设 SOLS.2：$A\equiv\mathrm{E}(\mathbf{X}_i'\mathbf{X}_i)$ 是非奇异的（并且秩为 K）。

在假设 SOLS.1 与假设 SOLS.2 下，我们可以把 $\boldsymbol{\beta}$ 写成

$$\boldsymbol{\beta}=[\mathrm{E}(\mathbf{X}_i'\mathbf{X}_i)]^{-1}\mathrm{E}(\mathbf{X}_i'\mathbf{y}_i) \tag{7.17}$$

可以证明，假设 SOLS.1 与假设 SOLS.2 可以识别出向量 $\boldsymbol{\beta}$。类比原理建议，我们通过假设（7.17）的样本类似形式来估计 $\boldsymbol{\beta}$。将 $\boldsymbol{\beta}$ 的**系统普通最小二乘法估计量**（system ordinary least squares（SOLS）estimator）定义为

$$\hat{\boldsymbol{\beta}}=\left(N^{-1}\sum_{i=1}^{N}\mathbf{X}_i'\mathbf{X}_i\right)^{-1}\left(N^{-1}\sum_{i=1}^{N}\mathbf{X}_i'\mathbf{y}_i\right) \tag{7.18}$$

有时候，为了利用矩阵语言程序计算 $\hat{\boldsymbol{\beta}}$，写成 $\hat{\boldsymbol{\beta}}=(\mathbf{X}'\mathbf{X})^{-1}\mathbf{X}'\mathbf{Y}$ 是十分有益的，其中 $\mathbf{X}\equiv(\mathbf{X}_1',\mathbf{X}_2',\cdots,\mathbf{X}_N')'$ 表示 $\mathbf{X}$ 的 $NG\times K$ 维堆积矩阵，而 $\mathbf{Y}\equiv(\mathbf{y}_1'$，$\mathbf{y}_2'$，…，$\mathbf{y}_N')$ 表示 $\mathbf{Y}$ 的堆积观测值的 $NG\times1$ 维向量。对于推导渐近形式来说，方程（7.18）更为方便。实际上，通过取极限方式，可以从等式（7.18）中获得 $\hat{\boldsymbol{\beta}}$ 的一致性。我们以一个定理来总结归纳如下：

定理 7.1（系统 OLS 的一致性） 在假设 SOLS.1 与假设 SOLS.2 下，$\hat{\boldsymbol{\beta}}\xrightarrow{p}\boldsymbol{\beta}$。

研究对于 SUR 与面板数据的例子来说，系统 OLS 的估计量类似于何种形式是非常有意义的。

例 7.1（SUR，续） 对于 SUR 模型来说，

$$\sum_{i=1}^{N}\mathbf{X}_i'\mathbf{X}_i=\sum_{i=1}^{N}\begin{pmatrix}\mathbf{x}_{i1}'\mathbf{x}_{i1} & \mathbf{0} & \mathbf{0} & \cdots & \mathbf{0}\\ \mathbf{0} & \mathbf{x}_{i2}'\mathbf{x}_{i2} & & & \mathbf{0}\\ \mathbf{0} & \mathbf{0} & & & \vdots\\ \vdots & & & & \mathbf{0}\\ \mathbf{0} & \mathbf{0} & \mathbf{0} & \cdots & \mathbf{x}_{iG}'\mathbf{x}_{iG}\end{pmatrix}$$

$$\sum_{i=1}^{N}\mathbf{X}_i'\mathbf{y}_i=\sum_{i=1}^{N}\begin{pmatrix}\mathbf{x}_{i1}'y_{i1}\\ \mathbf{x}_{i2}'y_{i2}\\ \vdots\\ \mathbf{x}_{iG}'y_{iG}\end{pmatrix}$$

对分块对角矩阵直接求逆，可以证明，式（7.18）的 OLS 估计量可以写成$\hat{\boldsymbol{\beta}}=(\hat{\boldsymbol{\beta}}_1',\hat{\boldsymbol{\beta}}_2',\cdots,\hat{\boldsymbol{\beta}}_G')$，其中每一个$\hat{\boldsymbol{\beta}}_g$刚好是源自第 g 个方程的单方程 OLS 估计量，换句话讲，SUR 模型（对参数向量 $\boldsymbol{\beta}_g$ 没有限制）的系统 OLS 估计值等价于**逐个方程进行 OLS 估计**（OLS equation by equation）。如果 $\mathrm{E}(\mathbf{x}_{ig}'\mathbf{x}_{ig})$ 对于所有 g 是非奇异的，那么很容易看到，假设 SOLS. 2 成立。

例 7.2（面板数据，续） 在面板数据情形中，

$$\sum_{i=1}^{N}\mathbf{X}_i'\mathbf{X}_i=\sum_{i=1}^{N}\sum_{t=1}^{T}\mathbf{x}_{it}'\mathbf{x}_{it}\,;\quad \sum_{i=1}^{N}\mathbf{X}_i'\mathbf{y}_i=\sum_{i=1}^{N}\sum_{t=1}^{T}\mathbf{x}_{it}'y_{it}$$

因此，我们把 $\hat{\boldsymbol{\beta}}$ 写成

$$\hat{\boldsymbol{\beta}}=\left(\sum_{i=1}^{N}\sum_{t=1}^{T}\mathbf{x}_{it}'\mathbf{x}_{it}\right)^{-1}\left(\sum_{i=1}^{N}\sum_{t=1}^{T}\mathbf{x}_{it}'y_{it}\right)\tag{7.19}$$

此估计量被称为**混合普通最小二乘法估计量**（pooled ordinary least squares (POLS) estimator），因为它对应于跨越 i 与 t 的观测值上实施 OLS。我们已经在 6.5 节中的独立横截面背景下提到过这个估计量。在不同时间点上，式（7.19）估计量是对相同横截面样本单位而取得的。定理 7.1 证明，在假设（7.14）的正交性条件与弱的秩 $\mathrm{E}(\sum_{t=1}^{T}\mathbf{x}_{it}'\mathbf{x}_{it})=K$ 条件下，POLS 估计量是一致的。

在一般线性方程组（7.11）中，系统 OLS 估计量不一定具有像逐个方程进行的 OLS 或者像混合 OLS 那样的解释。如同我们将在 7.7 节中看到的 SUR 设置一样，有时候，我们想要对 $\boldsymbol{\beta}_g$ 施加方程之间的约束，在此情形中，系统 OLS 估计量没有简单的解释。

尽管 OLS 在假设 SOLS. 1 与假设 SOLS. 2 下是一致的，但它不一定是无偏的。假设（7.15）与有限样本假设秩$(\mathbf{X}'\mathbf{X})=K$ 确保了 OLS 以 X 为条件的无偏性。[这个结论成立，因为在独立样本抽样下，在假设（7.15）下 $\mathrm{E}(\mathbf{u}_i\mid\mathbf{X}_1,\mathbf{X}_2,\cdots,\mathbf{X}_N)=\mathrm{E}(\mathbf{u}_i\mid\mathbf{X}_i)=\mathbf{0}$。] 我们关注于比较弱的假设 SOLS. 1，是因为在经济应用中经常出现违背假设（7.15）的情形，有时候尤其是在面板数据分析中，我们会看到许多这种情形。

为了参考方便，我们需要求出在本质上相同的两个假设下 OLS 估计量的渐近方差；从技术上讲，下述推导要求 $\mathbf{X}_i'\mathbf{u}_i\mathbf{u}_i'\mathbf{X}_i$的元素具有有限期望绝对值。由式（7.18）与式（7.11）知，可以写成

$$\sqrt{N}(\hat{\boldsymbol{\beta}}-\boldsymbol{\beta})=\left(N^{-1}\sum_{i=1}^{N}\mathbf{X}_i'\mathbf{X}_i\right)^{-1}\left(N^{-1/2}\sum_{i=1}^{N}\mathbf{X}_i'\mathbf{u}_i\right)$$

因为在假设 SOLS. 1 下，$\mathrm{E}(\mathbf{X}_i'\mathbf{u}_i)=\mathbf{0}$，所以中心极限定理（CLT）蕴涵着

$$N^{-1/2}\sum_{i=1}^{N}\mathbf{X}_i'\mathbf{u}_i\xrightarrow{d}\mathrm{Normal}(\mathbf{0},\mathbf{B})\tag{7.20}$$

其中，

$$\mathbf{B}\equiv\mathrm{E}(\mathbf{X}_i'\mathbf{u}_i\mathbf{u}_i'\mathbf{X}_i)\equiv\mathrm{Var}(\mathbf{X}_i'\mathbf{u}_i)\tag{7.21}$$

特别地，$N^{-1/2}\sum_{i=1}^{N}\mathbf{X}_i'\mathbf{u}_i=\mathrm{O}_p(1)$。但是，$(\mathbf{X}'\mathbf{X}/N)^{-1}=\mathbf{A}^{-1}+\mathrm{o}_p(1)$，因而，

$$\begin{aligned}\sqrt{N}(\hat{\boldsymbol{\beta}}-\beta)&=\mathbf{A}^{-1}\left(N^{-1/2}\sum_{i=1}^{N}\mathbf{X}_i'\mathbf{u}_i\right)+[(\mathbf{X}'\mathbf{X}/N)^{-1}-\mathbf{A}^{-1}]\left(N^{-1/2}\sum_{i=1}^{N}\mathbf{X}_i'\mathbf{u}_i\right)\\&=\mathbf{A}^{-1}\left(N^{-1/2}\sum_{i=1}^{N}\mathbf{X}_i'\mathbf{u}_i\right)+\mathrm{o}_p(1)\cdot\mathrm{O}_p(1)\\&=\mathbf{A}^{-1}\left(N^{-1/2}\sum_{i=1}^{N}\mathbf{X}_i'\mathbf{u}_i\right)+\mathrm{o}_p(1)\end{aligned}\tag{7.22}$$

因此，如同单方程 OLS 与 2SLS 一样，我们得到了关于$\sqrt{N}(\hat{\boldsymbol{\beta}}-\boldsymbol{\beta})$ 的渐近表示，它是满足 CLT 的部分和的一个非随机线性组合。式（7.20）与式（7.22）以及渐近等价性引理一起蕴涵着

$$\sqrt{N}(\hat{\boldsymbol{\beta}}-\boldsymbol{\beta})\xrightarrow{d}\mathrm{Normal}(\mathbf{0},\mathbf{A}^{-1}\mathbf{B}\mathbf{A}^{-1})\tag{7.23}$$

我们以一个定理来概括总结如下：

定理 7.2（SOLS 的渐近正态性） 在假设 SOLS. 1 与假设 SOLS. 2 下，式（7.23）成立。

$\hat{\boldsymbol{\beta}}$ 的渐近方差是

$$\mathrm{Avar}(\hat{\boldsymbol{\beta}})=\mathbf{A}^{-1}\mathbf{B}\mathbf{A}^{-1}/N\tag{7.24}$$

因此，像人们所希望的那样，$\mathrm{Avar}(\hat{\boldsymbol{\beta}})$ 以速率 $1/N$ 收敛到 0。**A** 的一致估计是很简单的，即

$$\hat{\mathbf{A}}\equiv\mathbf{X}'\mathbf{X}/N=N^{-1}\sum_{i=1}^{N}\mathbf{X}_i'\mathbf{X}_i\tag{7.25}$$

利用类比原理，可以求出 **B** 的一致估计量。首先，由于 $\mathbf{B}=\mathrm{E}(\mathbf{X}_i'\mathbf{u}_i\mathbf{u}_i'\mathbf{X}_i)$，所

以 $N^{-1}\sum_{i=1}^{N}\mathbf{X}_i'\mathbf{u}_i\mathbf{u}_i'\mathbf{X}_i \xrightarrow{p} \mathbf{B}$。因为 $\mathbf{u}_i$ 是不可观测的，我们用 SOLS 残差代替它们：

$$\hat{\mathbf{u}}_i \equiv \mathbf{y}_i - \mathbf{X}_i\hat{\boldsymbol{\beta}} = \mathbf{u}_i - \mathbf{X}_i(\hat{\boldsymbol{\beta}} - \boldsymbol{\beta}) \tag{7.26}$$

利用矩阵代数以及大数定律，我们可以证明

$$\hat{\mathbf{B}} \equiv N^{-1}\sum_{i=1}^{N}\mathbf{X}_i'\hat{\mathbf{u}}_i\hat{\mathbf{u}}_i'\mathbf{X}_i \xrightarrow{p} \mathbf{B} \tag{7.27}$$

[为了建立式（7.27），我们需要假定涉及 $\mathbf{X}_i$ 与 $\mathbf{u}_i$ 的某些矩都是有限的。] 因此，通过 $\hat{\mathbf{A}}^{-1}\hat{\mathbf{B}}\hat{\mathbf{A}}^{-1}$ 可以一致地估计 Avar $\sqrt{N}(\hat{\boldsymbol{\beta}}-\boldsymbol{\beta})$，而 Avar($\hat{\boldsymbol{\beta}}$) 被估计成为

$$\hat{\mathbf{V}} \equiv \left(\sum_{i=1}^{N}\mathbf{X}_i'\mathbf{X}_i\right)^{-1}\left(\sum_{i=1}^{N}\mathbf{X}_i'\hat{\mathbf{u}}_i\hat{\mathbf{u}}_i'\mathbf{X}_i\right)\left(\sum_{i=1}^{N}\mathbf{X}_i'\mathbf{X}_i\right)^{-1} \tag{7.28}$$

在假设 SOLS.1 与假设 SOLS.2 下，我们对 $\boldsymbol{\beta}$ 实施推断，就仿佛 $\hat{\boldsymbol{\beta}}$ 是具有均值为 $\boldsymbol{\beta}$ 以及方差矩阵为式（7.28）的正态分布。矩阵（7.28）的对角元素的平方根被报告为渐近标准误。t 比率 $\hat{\beta}_j/\text{se}(\hat{\beta}_j)$ 在零假设 H_0：$\beta_j=0$ 下具有一个极限正态分布。有时候，t 统计量可以当作 t_{NG-K} 分布，由于 $NG-K$ 应该是很大的，所以 t_{NG-K} 是渐近地起作用的。

矩阵（7.28）估计量是**稳健方差矩阵估计量**（robust variance matrix estimator）的另一个例子，因为 $\boldsymbol{\beta}$ 在没有误差项 $\mathbf{u}_i$ 的二阶矩假设下（像以往一样，除非二阶矩已经被定义好了）也是有效的。在多变量设置下，重要的是要知道，这种稳健所允许的内容。首先，$G\times G$ 维**无条件方差矩阵**（unconditional variance matrix）$\boldsymbol{\Omega}\equiv\text{E}(\mathbf{u}_i\mathbf{u}_i')$ 是完全无约束的。这个事实使得 SUR 方程组之间**方程相关**（cross equation correlation）以及每一个方程中出现不同的误差方差。在面板数据模型中，无约束的 $\boldsymbol{\Omega}$ 会考虑到扰动中可以出现任意的**序列相关**（serial correlation）以及**时变方差**（time-varying variances）。第二个稳健性类型是**条件方差矩阵**（conditional variance matrix）$\text{Var}(\mathbf{u}_i\mid\mathbf{X}_i)$ 可以任意未知形式依赖于 $\mathbf{X}_i$。由于 $N\to\infty$ 的渐近特性，所以由式（7.28）所产生的一般性是可行的。

在一些特殊情形中，为了简化渐近方差的估计，而在施加 $\mathbf{u}_i$ 条件方差矩阵以及无条件方差矩阵上使用更多的结构是十分有用的。我们将在 7.5.2 节中提到一种重要情形。本质上，关键性约束是 $\mathbf{u}_i$ 的条件方差与无条件方差是相同的。

同样存在一些可以大为简化面板数据的混合 OLS 估计量分析的特殊假设。参阅 7.8 节。

7.3.3 多重假设检验

一旦获得矩阵（7.28）中的 $\hat{\mathbf{V}}$，很容易以非常稳健的方式检验多重假设。用于检验 H_0：$\mathbf{R}\boldsymbol{\beta}=\mathbf{r}$ 的稳健**瓦尔德统计量**（Wald statistics）具有一般的形式 $W=(\mathbf{R}\hat{\boldsymbol{\beta}}-\mathbf{r})'(\mathbf{R}\hat{\mathbf{V}}\mathbf{R}')^{-1}(\mathbf{R}\hat{\boldsymbol{\beta}}-\mathbf{r})$，其中 $\mathbf{R}$ 表示具有秩 Q 的 $Q\times K$ 维矩阵，而

$\mathbf{r}$表示 $Q\times1$ 维向量。在 H_0 下，$W\stackrel{a}{\sim}\chi^2_Q$。在 SUR 情形中，这是利用系统 OLS 检验关于不同方程参数的横截面方程约束最容易且最稳健的方法。在面板数据设置下，稳健的瓦尔德检验提供了一种方法，在没有假定同方差性以及误差项序列不相关的假设情形中，它可以对 $\boldsymbol{\beta}$ 的多重假设进行检验。

7.4 广义最小二乘法的一致性与渐近正态性

7.4.1 一致性

系统 OLS 在相当弱的假设下是一致的，并且我们看到了如何利用 OLS 去实施稳健推断。如果我们强化假设 SOLS. 1，而且在 $\mathbf{u}_i$ 的有条件方差矩阵上增加假设，那么我们就可以更好地利用广义最小二乘法程序。如同我们将要看到的，GLS 通常是不可行的，因为它需要知道取决于一个可乘常数的误差项的方差矩阵。然而，推导 GLS 估计量的一致性与渐近分布是值得的，因为可以证明，可行的 GLS 估计量渐近地等价于 GLS。

我们仍然对估计方程（7.9）中的参数向量 $\boldsymbol{\beta}$ 感兴趣，但是 GLS 的一致性通常需要比假设 SOLS. 1 更强一些的假设。尽管出于某些目的，我们可以使用一个更弱的假设对付下去，但是，最直接的分析是由假设 $\mathbf{u}_i$ 的每一个元素与 $\mathbf{X}_i$ 的每一个元素都是不相关的而得到的。我们利用**克罗内克积**（Kronecker product）可以最为容易地表述对假设 SOSL. 1 的强化。

假设 SGLS. 1： $E(\mathbf{X}_i\otimes\mathbf{u}_i)=\mathbf{0}$。

一般地讲，$\mathbf{X}_i$ 至少有一个元素是 1，因此，实际上假设 SGLS. 1 蕴涵着 $E(\mathbf{u}_i)=\mathbf{0}$。我们将假定 $\mathbf{u}_i$ 具有零均值只是为了讨论，而不是为了证明任何结果。

假设 SGLS. 1 的一个充分条件是零条件均值假设 $E(\mathbf{u}_i\mid\mathbf{X}_i)=\mathbf{0}$，其当然也意味着 $E(\mathbf{u}_i)=\mathbf{0}$。

对于方程组的 GLS 估计而言，$\mathbf{u}_i$ 的二阶矩——由随机抽样假设可知其跨 i 必然为常数——起着关键性作用。定义一个 $G\times G$ 维对称的、半正定矩阵

$$\boldsymbol{\Omega}\equiv E(\mathbf{u}_i\mathbf{u}_i') \tag{7.29}$$

因为在绝大多数应用中 $E(\mathbf{u}_i)=\mathbf{0}$，我们将把 $\boldsymbol{\Omega}$ 称为 $\mathbf{u}_i$ 的无条件方差矩阵。对于我们的一般处理，我们假设它实际上是正定的。在被解释变量满足一个加总的跨方程约束的应用中——比如支出份额加总为单位 1——必须去掉一个方程才能保证 $\boldsymbol{\Omega}$ 为非奇异的，这是我们将在 7.3.3 节中回到的一个专题。

定义了 $\boldsymbol{\Omega}$，且假设其为非奇异，我们可以表述假设 SGLS. 1 的一个更弱但足以保证 GLS（和可行 GLS）估计量的一致性的版本：

$$E(\mathbf{X}_i'\boldsymbol{\Omega}^{-1}\mathbf{u}_i)=\mathbf{0} \tag{7.30}$$

这仅表明 $\mathbf{X}_i$ 的线性组合 $\mathbf{\Omega}^{-1}\mathbf{X}_i$ 与 $\mathbf{u}_i$ 是不相关的。其结果是假设 SGLS.1 意味着（7.30）；使用矩阵代数的一个巧合的证据是：

$$\text{vec } \mathrm{E}(\mathbf{X}_i' \mid \mathbf{\Omega}^{-1}\mathbf{u}_i) = \mathrm{E}[\text{ves}(\mathbf{X}_i' \mid \mathbf{\Omega}^{-1}\mathbf{u}_i)] = \mathrm{E}[(\mathbf{u}_i' \otimes \mathbf{X}_i')\text{vec } \mathbf{\Omega}^{-1}] = \mathbf{0}$$

（回忆对于矩阵 **D**，**E** 和 **F**，$\text{vec}(\mathbf{DEF}) = (\mathbf{F}' \otimes \mathbf{D})\text{vec}(\mathbf{E})$，其中，$\text{vec}(\mathbf{C})$ 是矩阵 **C** 的向量化；参阅，例如，泰尔（Theil，1983）。）

如果（7.30）足以保证 GLS 的一致性，那么我们为什么要设定假设 SGLS.1？有很多原因。第一，SGLS.1 解释起来更加简单，并独立于 $\mathbf{\Omega}$ 的结构。第二——而且这是更微妙的——当我们致力于 7.5 节中的可行 GLS 估计，假设 SGLS.1 被用于建立 GLS 和可行 GLS 的 $\sqrt{N}$ 等价式。如果我们知道 $\mathbf{\Omega}$，（7.30）作为一个假设将会有吸引力，但是我们几乎从不知道 $\mathbf{\Omega}$（甚至由一个乘数性常量所决定的 $\mathbf{\Omega}$）。假设（7.30）在 7.5.3 节中将有重大作用，该节中我们讨论在方差矩阵上施加对角性约束。

为了代替假设 SOLS.2，我们假定 $\mathbf{X}_i$ 的**期望外积**（outer product）的加权形式是非奇异的。为了完整起见，我们这里插入一个非奇异方差矩阵的假设：

假设 SGLS.2：$\mathbf{\Omega}$ 是正定的，而且 $\mathrm{E}(\mathbf{X}_i' \mathbf{\Omega}^{-1}\mathbf{X}_i)$ 是非奇异的。

使用 GLS 估计量通常的动机是，把误差向量具有非标量的方差—协方差矩阵的方程组变换成误差向量具有标量的方差—协方差矩阵的方程组。我们通过用 $\mathbf{\Omega}^{-1/2}$ 乘方程（7.11）得到这个结论。

$$\mathbf{\Omega}^{-1/2}\mathbf{y}_i = (\mathbf{\Omega}^{-1/2}\mathbf{X}_i)\boldsymbol{\beta} + \mathbf{\Omega}^{-1/2}\mathbf{u}_i \quad \text{或者} \quad \mathbf{y}_i^* = \mathbf{X}_i^*\boldsymbol{\beta} + \mathbf{u}_i^* \tag{7.31}$$

经过简单代数计算，可以证明，$\mathrm{E}(\mathbf{u}_i^* \mathbf{u}_i^{*\prime}) = \mathbf{I}_G$。

现在，我们通过系统 OLS 估计式（7.31）。（到现在为止，对这一步我们没有确切的证据，但是，我们知道在某些假设下 SOLS 是一致的。）把此估计量称为 $\boldsymbol{\beta}^*$，于是

$$\begin{aligned}\boldsymbol{\beta}^* &\equiv \left(\sum_{i=1}^{N}\mathbf{X}_i^{*\prime}\mathbf{X}_i^*\right)^{-1}\left(\sum_{i=1}^{N}\mathbf{X}_i^{*\prime}\mathbf{y}_i^*\right)\\ &= \left(\sum_{i=1}^{N}\mathbf{X}_i'\mathbf{\Omega}^{-1}\mathbf{X}_i\right)^{-1}\left(\sum_{i=1}^{N}\mathbf{X}_i'\mathbf{\Omega}^{-1}\mathbf{y}_i\right)\end{aligned} \tag{7.32}$$

这是 $\boldsymbol{\beta}$ 的广义最小二乘法（GLS）估计量。在假设 SGLS.2 下，当 $N \to \infty$ 时，$\boldsymbol{\beta}^*$ 以接近于 1 的概率而存在。

我们可以用全部矩阵记号把 $\boldsymbol{\beta}^*$ 写成 $\boldsymbol{\beta}^* = [\mathbf{X}'(\mathbf{I}_N \otimes \mathbf{\Omega}^{-1})\mathbf{X}]^{-1} \cdot [\mathbf{X}'(\mathbf{I}_N \otimes \mathbf{\Omega}^{-1})\mathbf{Y}]$。**X** 与 **Y** 都表示在 7.3.2 节中已定义的数据矩阵，而 $\mathbf{I}_N$ 表示 $N \times N$ 维单位矩阵。要不是建立 $\boldsymbol{\beta}^*$ 的渐近性质，利用式（7.32）实施起来最方便。

在假设 SGLS.1 与假设 SGLS.2 下，我们可以通过写出

$$\boldsymbol{\beta}^* = \beta + \left(N^{-1}\sum_{i=1}^{N}\mathbf{X}_i'\mathbf{\Omega}^{-1}\mathbf{X}_i\right)^{-1}\left(N^{-1}\sum_{i=1}^{N}\mathbf{X}_i'\mathbf{\Omega}^{-1}\mathbf{u}_i\right) \tag{7.33}$$

来建立 $\boldsymbol{\beta}^*$ 的一致性。由弱大数定律（weak law of large numbers，记为 WLLN）得到 $N^{-1}\sum_{i=1}^{N}\mathbf{X}_i'\boldsymbol{\Omega}^{-1}\mathbf{X}_i \xrightarrow{p} \mathrm{E}(\mathbf{X}_i'\boldsymbol{\Omega}^{-1}\mathbf{X}_i)$。由假设 SGLS.2 以及斯拉茨基定理（引理 3.4），得到 $(N^{-1}\sum_{i=1}^{N}\mathbf{X}_i'\boldsymbol{\Omega}^{-1}\mathbf{X}_i)^{-1} \xrightarrow{p} \mathbf{A}^{-1}$，其中 $\mathbf{A}$ 现在被定义为

$$\mathbf{A}\equiv\mathrm{E}(\mathbf{X}_i'\boldsymbol{\Omega}^{-1}\mathbf{X}_i) \tag{7.34}$$

现在，我们必须证明，$\mathrm{plim}N^{-1}\sum_{i=1}^{N}\mathbf{X}_i'\boldsymbol{\Omega}^{-1}\mathbf{u}_i=\mathbf{0}$，该式因假设 SGLS.2 下的 WLLN 而成立。因此，我们已经证明，在 SGLS.1 和 SGLS.2 下 GLS 估计量是一致的。

如果仅仅做出假设 SOLS.1，那么我们所概述的一致性证明就会失败：$\mathrm{E}(\mathbf{X}_i'\mathbf{u}_i)=\mathbf{0}$ 并不蕴涵着 $\mathrm{E}(\mathbf{X}_i'\boldsymbol{\Omega}^{-1}\mathbf{u}_i)=\mathbf{0}$，除非 $\boldsymbol{\Omega}$ 与 $\mathbf{X}_i$ 具有特殊的结构。如果假设 SOLS.1 成立，但是不满足假设 SGLS.1，那么式（7.31）的变换通常会引起 $\mathbf{X}_i^*$ 与 $\mathbf{u}_i^*$ 之间的相关性。这是一个关键性的论点，特别是对于某些面板数据的应用而言，如果我们要想做出零条件均值假设（7.15），那么可以证明 $\boldsymbol{\beta}^*$ 是以 $\mathbf{X}$ 为条件无偏的。

7.4.2 渐近正态性

现在，我们在假设 SGLS.1 与假设 SGLS.2 以及某些弱的矩条件下，勾画出 GLS 估计量的渐近正态性。第一步是人们所熟悉的：

$$\sqrt{N}(\boldsymbol{\beta}^*-\boldsymbol{\beta})=\left(N^{-1}\sum_{i=1}^{N}\mathbf{X}_i'\boldsymbol{\Omega}^{-1}\mathbf{X}_i\right)^{-1}\left(N^{-1/2}\sum_{i=1}^{N}\mathbf{X}_i'\boldsymbol{\Omega}^{-1}\mathbf{u}_i\right) \tag{7.35}$$

由 CLT，$N^{-1/2}\sum_{i=1}^{N}\mathbf{X}_i'\boldsymbol{\Omega}^{-1}\mathbf{u}_i \xrightarrow{d} \mathrm{Normal}(\mathbf{0},\mathbf{B})$，其中

$$\mathbf{B}\equiv\mathrm{E}(\mathbf{X}_i'\boldsymbol{\Omega}^{-1}\mathbf{u}_i\mathbf{u}_i'\boldsymbol{\Omega}^{-1}\mathbf{X}_i) \tag{7.36}$$

进一步地，由于 $N^{-1/2}\sum_{i=1}^{N}\mathbf{X}_i'\boldsymbol{\Omega}^{-1}\mathbf{u}_i=\mathrm{O}_p(1)$ 且 $(N^{-1}\sum_{i=1}^{N}\mathbf{x}_i'\boldsymbol{\Omega}^{-1}\mathbf{X}_i)^{-1}-\mathbf{A}^{-1}=\mathrm{o}_p(1)$，我们可以写出，$\sqrt{N}(\boldsymbol{\beta}^*-\boldsymbol{\beta})=\mathbf{A}^{-1}(N^{-\frac{1}{2}}\sum_{i=1}^{N}\mathbf{x}_i'\boldsymbol{\Omega}^{-1}\mathbf{u}_i)+\mathrm{o}_p(1)$。由下述渐近等价性引理，可以得到

$$\sqrt{N}(\boldsymbol{\beta}^*-\boldsymbol{\beta})\overset{a}{\sim}\mathrm{Normal}(\mathbf{0},\mathbf{A}^{-1}\mathbf{B}\mathbf{A}^{-1}) \tag{7.37}$$

因而，

$$\mathrm{Avar}(\hat{\boldsymbol{\beta}})=\mathbf{A}^{-1}\mathbf{B}\mathbf{A}^{-1}/N \tag{7.38}$$

式（7.38）中的渐近方差并不是由通常方程组的 GLS 估计而得到的渐近方差。通常的公式被报告为 $\mathbf{A}^{-1}/N$。但是，在到目前为止所做的一些假设下，式（7.38）是一个适当的表达式。在假设 SGLS.1 与假设 SGLS.2 下，因为我们没有

对以 $\mathbf{X}_i$ 为条件 $\mathbf{u}_i$ 的方差矩阵假定什么，所以当 $\mathbf{B}=\mathbf{A}$ 时所产生的这个比较简单的形式通常是无效的。在 7.5.2 节，我们将做出简化等式（7.38）的一个假设。

7.5 可行的广义最小二乘法

7.5.1 渐近性质

要获得 GLS 估计量 $\boldsymbol{\beta}^*$，就需要知道由缩放因子所决定的 $\boldsymbol{\Omega}$（knowing $\boldsymbol{\Omega}$ up to scale）。也就是说，我们必须可以写成 $\boldsymbol{\Omega}=\sigma^2\mathbf{C}$，其中 $\mathbf{C}$ 表示一个已知的 $G\times G$ 维正定矩阵，而 σ^2 被允许是一个未知常数。有时候，$\mathbf{C}$ 是已知的（一种情形是 $\mathbf{C}=\mathbf{I}_G$）。然而，在大多数情形中，$\mathbf{C}$ 经常是未知的。因此，我们现在转而分析可行广义最小二乘法（FGLS）估计。

在 FGLS 估计中，我们用一致估计量来代替未知矩阵 $\boldsymbol{\Omega}$。由于 $\boldsymbol{\Omega}$ 的估计量在 FGLS 估计量的表达式中表现出极高的非线性，所以推导 FGLS 的有限样本性质通常是非常困难的。[然而，在基本假设（7.13）与一些附加假设下，包括 $\mathbf{u}_i$ 分布的对称性，凯克万尼（Kakwani，1967）证明了，FGLS 分布关于 $\boldsymbol{\beta}$ 是对称的，这一性质意味着如果 FGLS 期望值存在，那么 FGLS 是无偏的；也可参阅施密特（Schmidt，1976，第 2.5 节）。] 当 $N\to\infty$ 时，很容易建立 FGLS 估计量的渐近性质，因为如同我们将要证明的那样，它的一阶渐近性质等同于在假设 SGLS.1 与假设 SGLS.2 下 GLS 估计量的那些渐近性质。我们在 GLS 上花费些时间进行研究的目的就在于此。在建立渐近等价性之后，我们可以很容易地获得 FGLS 估计量的极限分布。当然，GLS 只是 FGLS 的特殊情形，其中不存在第一阶段估计误差。

假定我们有 $\boldsymbol{\Omega}$ 的一致估计量 $\hat{\boldsymbol{\Omega}}$：

$$\operatorname*{plim}_{N\to\infty}\hat{\boldsymbol{\Omega}}=\boldsymbol{\Omega} \tag{7.39}$$

[由于 $\hat{\boldsymbol{\Omega}}$ 的维数不依赖于 N，所以对其逐个元素进行定义时，方程（7.39）才有道理。] 当 $\boldsymbol{\Omega}$ 被允许成为一般的正定矩阵时，就可以使用下述估计方法。首先，在本节中为了避免混淆，我们将获得 $\boldsymbol{\beta}$ 的系统 OLS 估计量，记为 $\check{\boldsymbol{\beta}}$。我们已经证明，在假设 SOLS.1 与假设 SOLS.2 下，因而，在假设 SGLS.1 与假设 SGLS.2 下 $\check{\boldsymbol{\beta}}$ 是 $\boldsymbol{\beta}$ 的一致估计量。（在下述内容中，我们假定假设 SOLS.1 与假设 SOLS.2 都成立。）由 WLLN 知，$\text{plim}(N^{-1}\sum_{i=1}^{N}\mathbf{u}_i\mathbf{u}_i')=\boldsymbol{\Omega}$，所以 $\boldsymbol{\Omega}$ 的一个自然而然的估计量是

$$\hat{\boldsymbol{\Omega}}=N^{-1}\sum_{i=1}^{N}\check{\mathbf{u}}_i\check{\mathbf{u}}_i' \tag{7.40}$$

其中 $\check{\mathbf{u}}_i\equiv\mathbf{y}_i-\mathbf{X}_i\check{\boldsymbol{\beta}}$ 表示 SOLS 的残差。我们可以证明，在假设 SGLS.1 与假设

SGLS. 2 以及标准矩条件下，这个估计量是 $\mathbf{\Omega}$ 的一致估计量。首先，写出

$$\breve{\mathbf{u}}_i = \mathbf{u}_i - \mathbf{X}_i(\breve{\boldsymbol{\beta}} - \boldsymbol{\beta}) \tag{7.41}$$

因而

$$\breve{\mathbf{u}}_i \breve{\mathbf{u}}_i' = \mathbf{u}_i\mathbf{u}_i' - \mathbf{u}_i(\breve{\boldsymbol{\beta}} - \boldsymbol{\beta})'\mathbf{X}_i' - \mathbf{X}_i(\breve{\boldsymbol{\beta}} - \boldsymbol{\beta})\mathbf{u}_i' + \mathbf{X}_i(\breve{\boldsymbol{\beta}} - \boldsymbol{\beta})(\breve{\boldsymbol{\beta}} - \boldsymbol{\beta})'\mathbf{X}_i' \tag{7.42}$$

因此，只要证明最后三项的平均数依概率收敛于 0 即可。把第一项的向量平均值写成 $N^{-1}\sum_{i=1}^{N}(\mathbf{X}_i \otimes \mathbf{u}_i)\cdot(\breve{\boldsymbol{\beta}} - \boldsymbol{\beta})$，所以该项是 $\mathrm{o}_p(1)$，这是因为 $\mathrm{plim}(\breve{\boldsymbol{\beta}} - \boldsymbol{\beta}) = \mathbf{0}$ 且 $N^{-1}\sum_{i=1}^{N}(\mathbf{X}_i \otimes \mathbf{u}_i) \xrightarrow{p} \mathbf{0}$。第三项是第二项的转置。对于式（7.42）中的最后一项，注意到，它的向量平均值写成

$$N^{-1}\sum_{i=1}^{N}(\mathbf{X}_i \otimes \mathbf{X}_i)\cdot \mathrm{vec}\{(\breve{\boldsymbol{\beta}} - \boldsymbol{\beta})(\breve{\boldsymbol{\beta}} - \boldsymbol{\beta})'\} \tag{7.43}$$

现在 $\mathrm{vec}\{(\breve{\boldsymbol{\beta}} - \boldsymbol{\beta})(\breve{\boldsymbol{\beta}} - \boldsymbol{\beta})'\} = \mathrm{o}_p(1)$。进一步地，假定 $\mathbf{X}_i$ 的每一个元素具有有限二阶矩，由 WLLN 知，$N^{-1}\sum_{i=1}^{N}(\mathbf{X}_i \otimes \mathbf{X}_i) = \mathrm{O}_p(1)$。由于 $\mathrm{O}_p(1)\cdot \mathrm{o}_p(1) = \mathrm{o}_p(1)$，所以这一步处理了最后一项。我们已经证明，

$$\hat{\mathbf{\Omega}} = N^{-1}\sum_{i=1}^{N}\mathbf{u}_i\mathbf{u}_i' + \mathrm{o}_p(1) \tag{7.44}$$

因而，可以立刻得到式（7.39）。[事实上，更仔细地分析，可以证明，式（7.44）的 $\mathrm{o}_p(1)$ 可以用 $\mathrm{o}_p(N^{-1/2})$ 来代替，参阅习题 7.4。]

有时候，$\mathbf{\Omega}$ 的一些元素以某种方式受到限制。在这种情形中，$\mathbf{\Omega}$ 的不同估计量经常被用于探索这些约束。如同式（7.40）中的 $\hat{\mathbf{\Omega}}$，这样的估计量通常以某种形式使用系统 OLS 的残差，并且得到假定 $\mathbf{\Omega}$ 的结构被正确地设定下的一致估计量。式（7.40）的优点在于，对于相当一般的 $\mathbf{\Omega}$ 来说，它通常是一致的。然而，如果 N 相对于 G 来说不是非常大，那么式（7.40）就具有很差的有限样本性质。在 7.5.3 节中我们讨论使用 $\mathbf{\Omega}$ 的一个非一致估计量的后果。至于目前，我们假设（7.39）。

给定 $\hat{\mathbf{\Omega}}$，$\boldsymbol{\beta}$ **的可行广义最小二乘法（GLS）估计量**（feasible GLS（FGLS）estimator）是

$$\hat{\boldsymbol{\beta}} = \left(\sum_{i=1}^{N}\mathbf{X}_i'\hat{\mathbf{\Omega}}^{-1}\mathbf{X}_i\right)^{-1}\left(\sum_{i=1}^{N}\mathbf{X}_i'\hat{\mathbf{\Omega}}^{-1}\mathbf{y}_i\right) \tag{7.45}$$

或者用全部矩阵记号表示为 $\hat{\boldsymbol{\beta}} = [\mathbf{X}'(\mathbf{I}_N \otimes \hat{\mathbf{\Omega}}^{-1})\mathbf{X}]^{-1}[\mathbf{X}'(\mathbf{I}_N \otimes \hat{\mathbf{\Omega}}^{-1})\mathbf{Y}]$。

我们已经证明，在假设 SGLS. 1 与假设 SGLS. 2 下，（不可行的）GLS 估计量是一致的。因为 $\hat{\mathbf{\Omega}}$ 收敛于 $\mathbf{\Omega}$，所以 FGLS 也是一致的，这一点并不令人感到惊讶。与其独立证明这个结果，不如我们去验证 FGLS 拥有与 GLS 相同的极限分布这个比较强的结果。

FGLS 的极限分布可以通过写出

$$\sqrt{N}(\hat{\boldsymbol{\beta}}-\boldsymbol{\beta})=\left(N^{-1}\sum_{i=1}^{N}\mathbf{X}_i'\hat{\boldsymbol{\Omega}}^{-1}\mathbf{X}_i\right)^{-1}\left(N^{-1/2}\sum_{i=1}^{N}\mathbf{X}_i'\hat{\boldsymbol{\Omega}}^{-1}\mathbf{u}_i\right) \tag{7.46}$$

来获得。现在，

$$\begin{aligned}&N^{-1/2}\sum_{i=1}^{N}\mathbf{X}_i'\hat{\boldsymbol{\Omega}}^{-1}\mathbf{u}_i-N^{-1/2}\sum_{i=1}^{N}\mathbf{X}_i'\boldsymbol{\Omega}^{-1}\mathbf{u}_i\\&=\left[N^{-1/2}\sum_{i=1}^{N}(\mathbf{u}_i\otimes\mathbf{X}_i)'\right]\text{vec}(\hat{\boldsymbol{\Omega}}^{-1}-\boldsymbol{\Omega}^{-1})\end{aligned}$$

在假设 SGLS.1 下，CLT 蕴涵着 $N^{-1/2}\sum_{i=1}^{N}(\mathbf{u}_i\otimes\mathbf{X}_i)=\text{O}_p(1)$。因为 $\text{O}_p(1)\cdot\text{o}_p(1)=\text{o}_p(1)$，由此可得

$$N^{-1/2}\sum_{i=1}^{N}\mathbf{X}_i'\hat{\boldsymbol{\Omega}}^{-1}\mathbf{u}_i=N^{-1/2}\sum_{i=1}^{N}\mathbf{X}_i'\boldsymbol{\Omega}^{-1}\mathbf{u}_i+\text{o}_p(1)$$

通过类似推理，可以证明，$N^{-1}\sum_{i=1}^{N}\mathbf{X}_i'\hat{\boldsymbol{\Omega}}^{-1}\mathbf{X}_i=N^{-1}\sum_{i=1}^{N}\mathbf{X}_i'\boldsymbol{\Omega}^{-1}\mathbf{X}_i+\text{o}_p(1)$。因此，我们已经证明

$$\sqrt{N}(\hat{\boldsymbol{\beta}}-\boldsymbol{\beta})=\left(N^{-1}\sum_{i=1}^{N}\mathbf{X}_i'\boldsymbol{\Omega}^{-1}\mathbf{X}_i\right)^{-1}\left(N^{-1/2}\sum_{i=1}^{N}\mathbf{X}_i'\boldsymbol{\Omega}^{-1}\mathbf{u}_i\right)+\text{o}_p(1) \tag{7.47}$$

式（7.47）中的第一项正是 $\sqrt{N}(\boldsymbol{\beta}^*-\boldsymbol{\beta})$，其中 $\boldsymbol{\beta}^*$ 表示 GLS 估计量，我们可以把式（7.47）写成

$$\sqrt{N}(\hat{\boldsymbol{\beta}}-\boldsymbol{\beta}^*)=\text{o}_p(1) \tag{7.48}$$

这证明了 $\hat{\boldsymbol{\beta}}$ 与 $\boldsymbol{\beta}^*$ 都是 $\sqrt{N}$ 等价的。回想起第 3 章的内容，这种表述比仅仅说 $\boldsymbol{\beta}^*$ 与 $\hat{\boldsymbol{\beta}}$ 关于 $\boldsymbol{\beta}$ 都是一致的强得多。存在着许多关于 $\boldsymbol{\beta}$ 是一致的估计量，例如系统 OLS，但是它们对于 $\boldsymbol{\beta}^*$ 来说不都是 $\sqrt{N}$ 等价的。

实际上，$\hat{\boldsymbol{\beta}}$ 与 $\boldsymbol{\beta}^*$ 的渐近等价性具有一些非常重要的推论，这些推论之中最为重要的是，对于利用 $\hat{\boldsymbol{\beta}}$ 实施关于 $\boldsymbol{\beta}$ 的渐近推断来说，我们不用担心 $\hat{\boldsymbol{\Omega}}$ 作为 $\boldsymbol{\Omega}$ 的估计量。当然，很难说渐近逼近是否会给 $\hat{\boldsymbol{\beta}}$ 的真实分布一个合理逼近。随着 N 增大，逼近通常是相当好的。但是，如果 N 相对于 G 而言是很小的，那么在实施关于 $\boldsymbol{\beta}$ 的推断中忽略 $\boldsymbol{\Omega}$ 的估计将会导致错误结论。

我们以一个定理来概括 FGLS 的极限分布。

定理 7.3（FGLS 的渐近正态性） 在假设 SGLS.1 与假设 SGLS.2 下，

$$\sqrt{N}(\hat{\boldsymbol{\beta}}-\boldsymbol{\beta})\overset{a}{\sim}\text{Normal}(\mathbf{0},\mathbf{A}^{-1}\mathbf{B}\mathbf{A}^{-1}) \tag{7.49}$$

其中 $\mathbf{A}$ 是由式（7.34）所定义的，而 $\mathbf{B}$ 是由式（7.36）所定义的。

在 FGLS 内容背景下，**A** 的一致估计量是

$$\hat{\mathbf{A}} \equiv N^{-1}\sum_{i=1}^{N}\mathbf{X}_i'\hat{\mathbf{\Omega}}^{-1}\mathbf{X}_i \tag{7.50}$$

在 FGLS 估计之后，还可以利用 **B** 的一致估计量。通过

$$\hat{\mathbf{u}}_i \equiv \mathbf{y}_i - \mathbf{X}_i\hat{\boldsymbol{\beta}}, \quad i=1,2,\cdots,N \tag{7.51}$$

来定义 FGLS 的残差。[FGLS 残差与 SOLS 残差之间的唯一差别是，将 FGLS 估计量代替 SOLS 估计量在表达式中相应的位置，特别地，FGLS 的残差不是出自变换式（7.31）。] 利用标准推理，**B** 的一致估计量是

$$\hat{\mathbf{B}} \equiv N^{-1}\sum_{i=1}^{N}\mathbf{X}_i'\hat{\mathbf{\Omega}}^{-1}\hat{\mathbf{u}}_i\hat{\mathbf{u}}_i'\hat{\mathbf{\Omega}}^{-1}\mathbf{X}_i$$

$\text{Avar}(\hat{\boldsymbol{\beta}})$ 的估计量可以写成

$$\hat{\mathbf{A}}^{-1}\hat{\mathbf{B}}\hat{\mathbf{A}}^{-1}/N = \left(\sum_{i=1}^{N}\mathbf{X}_i'\hat{\mathbf{\Omega}}^{-1}\mathbf{X}_i\right)^{-1}\left(\sum_{i=1}^{N}\mathbf{X}_i'\hat{\mathbf{\Omega}}^{-1}\hat{\mathbf{u}}_i\hat{\mathbf{u}}_i'\hat{\mathbf{\Omega}}^{-1}\mathbf{X}_i\right)\left(\sum_{i=1}^{N}\mathbf{X}_i'\hat{\mathbf{\Omega}}^{-1}\mathbf{X}_i\right)^{-1} \tag{7.52}$$

这是怀特（White，1980b）针对方程组的异方差性稳健渐近方差估计量的扩展，同样可参阅怀特（White，2001）。在假设 SGLS.1 与假设 SGLS.2 下，这个估计量是有效的，也就是说，它是完全稳健的。

顺带地，如果系统 OLS 和可行的 GLS 都已经用来估计 β，且这两个估计量都被假定是一致的，那么比较完全稳健方差矩阵（7.28）以及（7.52）以相应确定 FGLS 是否看上去更加渐近有效的做法就是合理的——请记住：这些只是基于一个随机样本的估计。一般不应当考虑非稳健 OLS 方差矩阵的情形，因为它仅在约束性非常强的假设下才是有效的。

7.5.2 标准假设下可行的广义最小二乘法的渐近方差

在到目前为止的一些假设下，FGLS 确实没有什么胜过 SOLS 的内容。除了在计算上更加困难之外，FGLS 比 SOLS 的稳健性要差一些。那么为什么还要使用 FGLS 呢？回答是在一个额外的假设下，FGLS 比 SOLS（以及其他估计量）更为渐近有效。首先，我们表述出可以简化 FGLS 渐近方差估计的最弱条件。为使阐述理由简明扼要一些，我们把这个最弱条件称为**系统同方差假设**（system homoskedasticity assumption）。

假设 SGLS.3： $\mathrm{E}(\mathbf{X}_i'\mathbf{\Omega}^{-1}\mathbf{u}_i\mathbf{u}_i'\mathbf{\Omega}^{-1}\mathbf{X}_i)=\mathrm{E}(\mathbf{X}_i'\mathbf{\Omega}^{-1}\mathbf{X}_i)$，其中 $\mathbf{\Omega}\equiv\mathrm{E}(\mathbf{u}_i\mathbf{u}_i')$。

表述这个假设的另外一种方法是：$\mathbf{B}=\mathbf{A}$，它出自表达式（7.49），而且简化了渐近方差。如同所要阐述的那样，对假设 SGLS.3 进行解释显得有点困难。当 $G=1$ 时，它被简化成假设 OLS.3。当 $\mathbf{\Omega}$ 是对角的，而且 $\mathbf{X}_i$ 不是具有 SUR 结构就

是具有面板数据结构时，假设 SGLS.3 蕴涵着每一个方程（或者时间段）中的一类条件同方差性。一般地讲，假设 SGLS.3 对 $\mathbf{u}_i$ 元素的条件方差以及协方差施加了一些约束。假设 SGLS.3 的一个充分条件（尽管不是必要的）比较容易解释：

$$\mathrm{E}(\mathbf{u}_i\mathbf{u}_i'|\mathbf{X}_i)=\mathrm{E}(\mathbf{u}_i\mathbf{u}_i') \tag{7.53}$$

如果 $\mathrm{E}(\mathbf{u}_i \mid \mathbf{X}_i)=\mathbf{0}$，那么假设（7.53）与假定 $\mathrm{Var}(\mathbf{u}_i|\mathbf{X}_i)=\mathrm{Var}(\mathbf{u}_i)=\mathbf{\Omega}$ 是一样的，它意味着涉及 $\mathbf{u}_i$ 元素的每一个方差与每一个协方差必是以所有 $\mathbf{X}_i$ 为条件的常数的。这是表述系统同方差性假设的一种非常自然的方法，但是，有时候它显得太强了。

当 $G=2$ 时，$\mathbf{\Omega}$ 包括了三个不同的元素：$\sigma_1^2=\mathrm{E}(u_{i1}^2)$，$\sigma_2^2=\mathrm{E}(u_{i2}^2)$ 以及 $\sigma_{12}=\mathrm{E}(u_{i1}u_{i2})$。这些元素并没有被我们已做出的假设所约束。（为了使 $\mathbf{\Omega}$ 成为一个非奇异的协方差矩阵，不等式 $|\sigma_{12}|<\sigma_1\sigma_2$ 必须总是成立的。）然而，假设（7.53）要求 $\mathrm{E}(u_{i1}^2|\mathbf{X}_i)=\sigma_1^2$，$\mathrm{E}(u_{i2}^2|\mathbf{X}_i)=\sigma_2^2$ 以及 $\mathrm{E}(u_{i1}u_{i2}|\mathbf{X}_i)=\sigma_{12}$：条件方差与协方差必须不依赖于 $\mathbf{X}_i$。

假设（7.53）蕴涵着假设 SGLS.3 是迭代期望值的结果：

$$\begin{aligned}\mathrm{E}(\mathbf{X}_i'\mathbf{\Omega}^{-1}\mathbf{u}_i\mathbf{u}_i'\mathbf{\Omega}^{-1}\mathbf{X}_i)&=\mathrm{E}[\mathrm{E}(\mathbf{X}_i'\mathbf{\Omega}^{-1}\mathbf{u}_i\mathbf{u}_i'\mathbf{\Omega}^{-1}\mathbf{X}_i|\mathbf{X}_i)]\\&=\mathrm{E}[\mathbf{X}_i'\mathbf{\Omega}^{-1}\mathrm{E}(\mathbf{u}_i\mathbf{u}_i'|\mathbf{X}_i)\mathbf{\Omega}^{-1}\mathbf{X}_i]\\&=\mathrm{E}(\mathbf{X}_i'\mathbf{\Omega}^{-1}\mathbf{\Omega}\mathbf{\Omega}^{-1}\mathbf{X}_i)\\&=\mathrm{E}(\mathbf{X}_i'\mathbf{\Omega}^{-1}\mathbf{X}_i)\end{aligned}$$

尽管假设（7.53）更容易解释，但我们利用假设 SGLS.3 来表述下一个定理，因为存在着包括某些动态面板数据模型在内的使假设 SGLS.3 成立而假设（7.53）不成立的情形。

定理 7.4（FGLS 的通常方差矩阵） 在假设 SGLS.1 至假设 SGLS.3 下，FGLS 估计量的渐近方差是 $\mathrm{Avar}(\hat{\boldsymbol{\beta}})=\mathbf{A}^{-1}/N\equiv[\mathrm{E}(\mathbf{X}_i'\mathbf{\Omega}^{-1}\mathbf{X}_i)]^{-1}/N$。

我们通过利用 $\mathbf{A}$ 的一致估计量来获得 $\mathrm{Avar}(\hat{\boldsymbol{\beta}})$ 的估计量：

$$\widehat{\mathrm{Avar}(\hat{\boldsymbol{\beta}})}=\hat{\mathbf{A}}^{-1}/N=\left(\sum_{i=1}^{N}\mathbf{X}_i'\hat{\mathbf{\Omega}}^{-1}\mathbf{X}_i\right)^{-1} \tag{7.54}$$

对于 FGLS 渐近方差来说，等式（7.54）是“通常”的公式。由于依赖于假设 SGLS.1 与假设 SGLS.2 以及假设 SGLS.3，所以它是非稳健的。如果我们怀疑 $\mathbf{u}_i$ 存在异方差，那么就要利用稳健的估计量（7.52）。

假设（7.53）同样具有重要的有效性含义。习题 7.2 的一个结论是，在假设 SGLS.1、假设 SOLS.2、假设 SGLS.2 以及式（7.53）下，FGLS 估计量比系统 OLS 估计量更有效。事实上，我们可以说有效得多：FGLS 比任何其他使用正交条件 $\mathrm{E}(\mathbf{X}_i\otimes\mathbf{u}_i)=\mathbf{0}$ 的估计量更有效。这一结论将作为第 8 章中定理 8.4 的一个特殊情形而得出，在第 8 章中我们定义一类竞争性的估计量。如果我们用零条件均值假设（7.15）取代假设 SGLS.1，那么一个效率甚至更强的结果因 FGLS 而成立，这是我们在 8.6 节处理的内容。

7.5.3 含有对无条件方差矩阵（可能不正确）约束的可行广义最小二乘法的性质

有时，我们会希望对估计 $\mathbf{\Omega}$ 施加约束，这可能是因为 G（在面板数据的情形中，是 T）相对于 N 而言太大（这意味着 $\mathbf{\Omega}$ 的一个不受约束的估计量可能导致 FGLS 较差的有限样本性质），或者是因为 $\mathbf{\Omega}$ 的一个特定结构暗示应该这样做。例如，在一个含严格外生回归元的面板数据情形中，一个含非时变方差的序列相关的 AR(1) 模型，可能会貌似有理，并当 T 为适当大时，很好地保存在参数上。对于 $|\rho|<1$，$\mathbf{\Omega}$ 中的元素（t，s）具有形式 $\sigma_e^2\rho^{|t-s|}$；我们将在 7.8.6 节中对此做进一步描述。在第 10 章中，我们讨论一个重要的面板数据模型，该模型含非时变方差，即跨越任何两个不同的时间段的成对相关性是常数。

重要的是要知道，根据假设 SGLS.1，在 $\mathbf{\Omega}$ 上附加一个不正确的结构的可行 GLS 一般是一致的和 $\sqrt{N}$渐近正态的。要知道这是为什么，设$\hat{\mathbf{\Lambda}}$表示对 $\mathbf{\Omega}$ 的一个可能不一致的估计量，然而，$\hat{\mathbf{\Lambda}}$通常有一个定义良好的、非奇异的概率极限为：$\mathbf{\Lambda}\equiv\text{plim}\ \hat{\mathbf{\Lambda}}$。那么，使用$\hat{\mathbf{\Lambda}}$作为方差矩阵估计量时 $\boldsymbol{\beta}$ 的 FGLS 估计量是一致的，如果

$$\mathrm{E}(\mathbf{X}_i'\mathbf{\Lambda}^{-1}\mathbf{u}_i)=\mathbf{0} \tag{7.55}$$

（同时，插入$\mathbf{\Lambda}$代替 $\mathbf{\Omega}$ 以修改秩条件 SGLS.2。）如果假设 SGLS.1 成立，则条件（7.55）始终成立。因此，在每个方程（时间段）的 $\mathbf{X}_i$ 中每个元素外生，这确保了使用 $\mathbf{\Omega}$ 的一个不一致估计量不会导致 FGLS 的不一致。

在假设 SGLS.1 下，使用$\hat{\mathbf{\Lambda}}$和$\mathbf{\Lambda}$的估计量之间的$\sqrt{N}$渐近等价性继续成立，所以忽略对$\mathbf{\Lambda}$的第一阶段估计时，我们可以进行渐近推断。然而，即使在系统同方差假设（7.53）下，假设 SGLS.3 的模拟式：$\mathrm{E}(\mathbf{X}_i'\mathbf{\Lambda}^{-1}\mathbf{u}_i\mathbf{u}_i'\mathbf{\Lambda}^{-1}\mathbf{X}_i)=\mathrm{E}(\mathbf{X}_i'\mathbf{\Lambda}^{-1}\mathbf{X}_i)$一般不成立。（事实上，当式（7.53）成立时，很容易证明 $\mathrm{E}(\mathbf{X}_i'\mathbf{\Lambda}^{-1}\mathbf{u}_i\mathbf{u}_i'\mathbf{\Lambda}^{-1}\mathbf{X}_i)=\mathrm{E}(\mathbf{X}_i'\mathbf{\Lambda}^{-1}\mathbf{\Omega}\mathbf{\Lambda}^{-1}\mathbf{X}_i)$。）因此，如果我们容许在获取$\hat{\mathbf{\Lambda}}$时所施加的约束是错误的这一可能性——正如我们很可能会的——应该使用在（7.52）中完全稳健的方差矩阵（同时，因用$\hat{\mathbf{\Lambda}}$代替$\hat{\mathbf{\Omega}}$，符号会略有变化）。

我们将在第 10 章中使用本节的这些发现，我们将把这里得出的结论拓展到第 12 章中的非线性方程组估计。习题 7.14 要求你证明，给定适当的系统同方差假设成立时，使用 $\mathbf{\Omega}$ 的一个一致估计量总会使得到的估计量至少同使用一个不一致估计量一样有效。

在结束本节之前，指出这样一种情形是有用的：人们应该使用 $\mathbf{\Omega}$ 的一个约束的估计量，即便 $\mathrm{E}(\mathbf{u}_i\mathbf{u}_i')$ 不满足这些约束。一种主要情形是一个面板数据模型，其中回归元是同期外生的，但不是严格外生的，所以假设 SOLS.1 成立但假设 SGLS.1 不成立。在这种情形中，如果 $\mathbf{\Omega}$ 不是正交的，使用 $\mathbf{\Omega}$ 的一个无约束估计量一般会导致 FGLS 的不一致性。当然，在这种情形下我们可以一直应用混合 OLS，但 POLS 忽略了在不同时间段不同的残差方差。无论我们是否认

为 $\mathbf{\Omega}$ 是正交的，我们可能想在估计中利用这些不同的方差。

如果$\hat{\mathbf{\Lambda}}$是一个含有对沿着对角线的残差方差的一致估计量的对角矩阵，那么$\hat{\mathbf{\Lambda}}\to\mathbf{\Lambda}$，其中$\mathbf{\Lambda}=\mathrm{diag}(\sigma_1^2,\cdots,\sigma_T^2)$。很容易看到，在 $\mathrm{E}(\mathbf{x}_{it}'u_{it})=\mathbf{0}$，$t=1$，…，$T$ 的假设下，无论 $\mathbf{\Omega}$ 的实际结构如何，（7.55）成立。换句话说，同期外生性的假设足够了。如习题 7.7 所示，产生的 FGLS 估计量可通过加权最小二乘计算，其中，对不同时间段的权重是估计方差的逆。

根据同期外生性，可以证明基于对角$\hat{\mathbf{\Lambda}}$的 FGLS 估计量$\sqrt{N}$渐近等价于使用$\mathbf{\Lambda}$的（不可行）估计量，因此，渐近推断仍然是简单的。当然，如果没有更多假设，使用$\hat{\mathbf{\Lambda}}$的 FGLS 估计量不一定比混合的 OLS 估计量更有效。在习题 7.7 的一些附加的假设中，$\mathbf{\Omega}$ 为对角矩阵，因此和$\mathbf{\Lambda}$一样，可以证明使用$\mathbf{\Lambda}$的 FGLS 估计量比 POLS 估计量更渐近有效。

7.6 检验可行广义最小二乘法的使用

从渐近方差估计值中，以通常形式可以获得渐近标准误。我们可以利用式（7.54）的非稳健形式或者甚至更好的式（7.52）的稳健形式来构建 t 统计量与置信区间。利用瓦尔德检验对多重约束进行检验是相当容易的，这里的瓦尔德检验总是具有相同的一般形式，要重点考虑的是，选取渐近方差估计$\hat{\mathbf{V}}$。标准的瓦尔德统计量使用式（7.54），而且这一方法在同方差假设 SGLS. 3 下可以产生极限卡方统计量。完全稳健的瓦尔德统计量可以通过选取像式（7.52）中的$\hat{\mathbf{V}}$来获得。

如果在 H_0 下假设 SGLS. 3 成立，那么我们可以定义一个基于残差平方加权之和的统计量。为了获得此统计量，我们对 $\boldsymbol{\beta}$ 含有约束的模型以及对 $\boldsymbol{\beta}$ 无约束的模型进行估计，其中 $\mathbf{\Omega}$ 通常是基于无约束的 SOLS 残差的相同估计量，可以被用作获得含有约束的 FGLS 估计量与无约束 FGLS 估计量。设 $\tilde{\mathbf{u}}_i$表示利用方差矩阵 $\hat{\mathbf{\Omega}}$的从约束 FGLS（含有对$\tilde{\boldsymbol{\beta}}$上的$Q$ 个限制）中得到的残差。可以证明，在 H_0以及假设 SGLS. 1 至假设 SGLS. 3 下，

$$\left(\sum_{i=1}^{N}\tilde{\mathbf{u}}_i'\hat{\mathbf{\Omega}}^{-1}\tilde{\mathbf{u}}_i-\sum_{i=1}^{N}\hat{\mathbf{u}}_i'\hat{\mathbf{\Omega}}^{-1}\hat{\mathbf{u}}_i\right)\overset{a}{\sim}\chi_Q^2 \tag{7.56}$$

加兰特（Gallant，1987）证明，对于含有固定回归元的非线性模型的表达式（7.56），在假设 SGLS. 1 至假设 SGLS. 3 下成立的证明，本质上与我们将在第 12 章所作的更为一般的证明相同。

表达式（7.56）的统计量是约束模型残差平方的变换和与无约束模型残差平方的变换和之间的差，但是直接计算表达式（7.56）是非常容易的。加兰特（Gallant，1987，第 5 章）发现了一种 F 统计量可以具有更好的有限样本性质。在这种背景下，F 统计量可以定义为

$$F=\left[\left(\sum_{i=1}^{N}\tilde{\mathbf{u}}_i'\hat{\boldsymbol{\Omega}}^{-1}\tilde{\mathbf{u}}_i-\sum_{i=1}^{N}\hat{\mathbf{u}}_i'\hat{\boldsymbol{\Omega}}^{-1}\hat{\mathbf{u}}_i\right)\Big/\left(\sum_{i=1}^{N}\hat{\mathbf{u}}_i'\hat{\boldsymbol{\Omega}}^{-1}\hat{\mathbf{u}}_i\right)\right]$$
$$[(NG-K)]/Q \tag{7.57}$$

为什么我们可以把这个式子处理成具有一个近似 F 分布的呢？首先，$NK-K$很大时，$\mathcal{F}_{Q,NG-K}\overset{a}{\sim}\chi_Q^2/Q$。因此，用$Q$除表达式（7.56）为我们提供了一个近似 $\mathcal{F}_{Q,NG-K}$ 分布。式（7.53）的另外两项的存在会改进 F 近似值。由于$\mathrm{E}(\mathbf{u}_i'\boldsymbol{\Omega}^{-1}\mathbf{u}_i)=\mathrm{tr}\{\mathrm{E}(\boldsymbol{\Omega}^{-1}\mathbf{u}_i\mathbf{u}_i')\}=\mathrm{tr}\{\mathrm{E}(\boldsymbol{\Omega}^{-1}\boldsymbol{\Omega})\}=G$，由此可得，$(NG)^{-1}\sum_{i=1}^{N}\mathbf{u}_i'\boldsymbol{\Omega}^{-1}\mathbf{u}_i\xrightarrow{p}1$，而用$\hat{\mathbf{u}}_i\hat{\boldsymbol{\Omega}}^{-1}\hat{\mathbf{u}}_i$代替$\mathbf{u}_i\boldsymbol{\Omega}^{-1}\mathbf{u}_i$并不会影响到这个一致性结果。减去作为自由度调整的 K 在渐近形式上不会改变什么，从而 $(NG-K)^{-1}\sum_{i=1}^{N}\hat{\mathbf{u}}_i\hat{\boldsymbol{\Omega}}^{-1}\hat{\mathbf{u}}_i\xrightarrow{p}1$。用这个量的逆乘以表达式（7.56）不会影响到它的渐近分布。

7.7 似无关回归的再研究

现在，我们回到假设（7.2）中的 SUR 方程组上。我们在 7.3 节已看到，如果不存在关于 $\boldsymbol{\beta}_g$ 的方程间约束，该如何去用形式（7.11）写出这个方程组。我们也证明了，系统 OLS 估计量对应于用 OLS 对每一个方程分别进行估计。

正如前面所提及的，在相当多的 SUR 应用中，假定 $\mathrm{E}(\mathbf{x}_{ig}'u_{ih})=\mathbf{0}$，$g$，$h=1, 2, \cdots, G$ 是合情合理的。它正是关于 SUR 结构的假设 SGLS.1。在这个假设下，FGLS 将一致地估计出 $\boldsymbol{\beta}_g$。

在 OLS 同方差性假设 $\mathrm{E}(u_{ig}^2\mid\mathbf{x}_{ig})=\sigma_g^2$ 下，逐个方程进行 OLS 易于应用，并且对每个 $\boldsymbol{\beta}_g$ 都能得到标准推断，这是 SUR 背景下的标准情形。那么为什么还要这么麻烦地在此类应用中使用 FGLS 呢？对此存在两个答案。首先，如同 7.5.2 节中所提及的，如果我们除了假设 SGLS.1（以及假设 SGLS.2）之外，还能保持假设（7.53），那么 FGLS 至少在渐近形式上与系统 OLS 同样有效。其次，逐个方程进行 OLS 使我们可以很容易地对一个方程内的关于系数的假设进行检验，但是不会提供简便的方法来检验跨方程约束。对利用方差矩阵（7.28）来进行跨方程约束检验所使用的 OLS 是可行的，但是，如果我们不怕麻烦，那么只用 FGLS 就可以了。

7.7.1 关于似无关回归方程组的普通最小二乘法与可行广义最小二乘法之间的比较

在两种情形中，逐个方程进行 OLS 在代数上等于 FGLS。第一种情形是，在我们的设置下可以直接进行分析。

定理 7.5（FGLS 与 OLS.1 的等价性，Ⅰ） 如果$\hat{\mathbf{\Omega}}$是对角矩阵，那么对这个矩阵逐个方程进行 OLS 等同于 FGLS。

证明： 如果 $\hat{\mathbf{\Omega}}$是对角的，那么$\hat{\mathbf{\Omega}}^{-1}=\text{diag}(\hat{\sigma}_1^{-2},\cdots,\hat{\sigma}_G^{-2})$。把 $\mathbf{X}_i$ 定义成为如同矩阵（7.10）定义的那样，那么经过直接进行代数运算，可以证明

$$\mathbf{X}_i'\hat{\mathbf{\Omega}}^{-1}\mathbf{X}_i=\hat{\mathbf{\Psi}}^{-1}\mathbf{X}_i'\mathbf{X}_i \quad \text{且} \quad \mathbf{X}_i'\hat{\mathbf{\Omega}}^{-1}\mathbf{y}_i=\hat{\mathbf{\Psi}}^{-1}\mathbf{X}_i'\mathbf{y}_i$$

其中$\hat{\mathbf{\Psi}}$表示分块对角矩阵，它的第 g 个块为 $\hat{\sigma}_g^2\mathbf{I}_{k_g}$。由此可得，FGLS 估计量可以写成

$$\begin{aligned}\hat{\boldsymbol{\beta}} &= \left(\sum_{i=1}^{N}\hat{\mathbf{\Psi}}^{-1}\mathbf{X}'_i\mathbf{X}_i\right)^{-1}\left(\sum_{i=1}^{N}\hat{\mathbf{\Psi}}^{-1}\mathbf{X}'_i\mathbf{y}_i\right)\\ &= \left(\sum_{i=1}^{N}\mathbf{X}'_i\mathbf{X}_i\right)^{-1}\left(\sum_{i=1}^{N}\mathbf{X}'_i\mathbf{y}_i\right)\end{aligned}$$

它是系统 OLS 估计量。

在一些应用中，除非我们施加对角结构，否则$\hat{\mathbf{\Omega}}$不会是对角的。然而，当 $\mathbf{\Omega}$ 是对角的时候，我们可以使用定理 7.5 来获得渐近等价结果。如果 $\mathbf{\Omega}$ 是对角的，那么 GLS 与 OLS 在代数上是相同的（因为 GLS 使用了 $\mathbf{\Omega}$ ）。我们知道，对于任何 $\mathbf{\Omega}$ ，FGLS 与 GLS 都是$\sqrt{N}$渐近等价的。因此，如果 $\mathbf{\Omega}$ 是对角的，那么 OLS 与 FGLS 是$\sqrt{N}$渐近等价的，尽管它们在代数上并不等价（因为$\hat{\mathbf{\Omega}}$不是对角的）。

如果 $\hat{\mathbf{\Omega}}$上没有任何约束，那么第二个代数等价结果成立。这是一种特殊情形，因为它假定相同的回归元出现在每个方程之中。

定理 7.6（FGLS 与 OLS 的等价性，Ⅱ） 如果对于所有 i，$\mathbf{x}_{i1}=\mathbf{x}_{i2}=\cdots=\mathbf{x}_{iG}$，也就是说，每一个方程（对于所有观测值）中出现相同的回归元，那么逐个方程进行 OLS 与 FGLS 是一样的。

在实际应用中，当总体模型在每一个方程中都具有相同的解释变量时，定理 7.6 成立。这一结果的通常证明是，把附有第二个方程 N 个观测值的第一个方程全部的 N 个观测值进行分组等等。（例如，参阅格林（Greene，1997，第 17 章）。）习题 7.5 要求你在目前的设置下证明定理 7.6，在此设置中我们已经对一些观测值进行排序使其服从于渐近分布。

重要的是要知道，当每一个方程包含了 SUR 方程中相同的回归元时，在估计中使用一种 SUR 软件程序，这样做还是有一个好的理由，即我们可能对检验涉及不同方程中参数的联合假设感兴趣。为此，我们需要估计$\hat{\boldsymbol{\beta}}$ 的方差矩阵（而不仅仅是每个$\hat{\boldsymbol{\beta}}_g$的方差矩阵，这些只允许对一个方程之内的系数进行检验）。通过 OLS 估计每一个方程并不会直接产生出自不同方程估计量之间的协方差。任何一个 SUR 程序将会自动执行这种运算，然后计算如同等式（7.57）中的 F 统计量（或者可选择的卡方瓦尔德统计量）。

例 7.3（工资与附加福利的 SUR 方程组） 我们使用 FRINGE. RAW 中的关于工资与附加福利方面的数据去估计小时工资与小时福利的两个方程的方程组。在数据集中存在 616 名工人。FGLS 估计值以及估计系数下圆括号中的渐近标准误都已在表 7.1 中列出。

表 7.1 **小时工资与小时福利的 SUR 模型估计**

解释变量	*hrearn*	*hrbens*
educ	0.459	0.077
	(0.069)	(0.008)
exper	−0.007 6	0.023
	(0.057)	(0.007)
$exper^2$	0.004 0	−0.000 5
	(0.001 2)	(0.000 1)
tenure	0.110	0.054
	(0.084)	(0.010)
$tenure^2$	−0.005 1	−0.001 2
	(0.003 3)	(0.000 4)
union	0.808	0.366
	(0.408)	(0.049)
south	−0.457	−0.023
	(0.552)	(0.066)
northeast	−1.151	−0.057
	(0.606)	(0.072)
nrthcen	−0.636	−0.038
	(0.556)	(0.066)
married	0.642	0.058
	(0.418)	(0.050)
white	1.141	0.090
	(0.612)	(0.073)
male	1.785	0.268
	(0.398)	(0.048)
intercept	−2.632	−0.890
	(1.228)	(0.147)

通常被估计出的系数具有我们所希望的符号。如果其他条件都一样，那么受更多教育的人们拥有比较高的小时工资与福利，男性拥有比较高的预期工资与福利（分别高出 1.79 美元与 27 美分），而职位任期长的人们拥有比较高的工资与福利，尽管这种影响在两种情形中正在减少（*hrearn* 的转折点是在 10.8 年左右，而 *hrbens* 的转折点则在 22.5 年左右）。工作经验的系数是有意思的。尽管直到 9.5 年才会出现收入的估计好转，但工作经验还是被估计成对福利有越来越小的影响，而对收入则有越来越大的影响。

加入工会可能蕴涵着比较高的工资与福利，福利系数尤其是统计显著的($t\approx 7.5$)。

跨越两个方程的误差表现出正的相关关系，因为被估计的相关系数值为0.32左右。这一结果并不令人感到惊讶：相同的不可观测值，例如能力，也可以导致较高的福利。

显然，男性与女性之间的工资以及福利存在着显著差异。但是，在白人与非白人以及已婚与未婚人士之间如何呢？在两个方程中，已婚人士与白人联合显著性的 F 统计量是 $F=1.83$。我们对四个约束（$Q=4$），$N=616$，$G=2$ 以及 $K=2\times 13=26$ 进行了检验，所以 F 分布中的自由度是 4 与1 206。p 值为0.121左右，因此，这些变量在10%水平上是联合不显著的。

如果不同方程中的回归元都是不同的，$\mathbf{\Omega}$ 不是对角的，并且7.5.2节中的条件成立，那么FGLS通常比逐个方程进行OLS更为渐近有效。需要记住的是，FGLS的有效性是以假定每个方程的回归元与每个方程中的误差是不相关为代价的。为了使SOLS与FGLS不同，$\mathbf{x}_g$必须随着 g 而变化。如果 $\mathbf{x}_g$ 随 g 而变化，那么某些解释变量会从某些方程中被有意遗漏。比如说，如果我们对第一个方程感兴趣，但是我们在设定第二个方程时出现错误，那么FGLS通常将在所有方程中产生非一致参数估计量。然而，如果 $\mathrm{E}(\mathbf{x}_1'u_1)=\mathbf{0}$，那么第一个方程的OLS估计值是一致的。

前面的讨论反映了我们在估计问题中经常遇到的要在有效性与稳健性之间进行权衡的问题。

7.7.2 含有方程间约束的方程组

到目前为止，我们已经在 β_g 方程之间是不相关的假设下对SUR进行了研究。当经济学中使用方程组，尤其是对消费者与生产者理论建模利用方程组时，常常存在对参数的方程间约束。这类模型还可以写成我们已经提到过的一般形式。因此，它们可以由系统OLS与FGLS估计出来，我们还把这类方程组称为SUR方程组，尽管现在一些方程是明显相关的，而且系统OLS不再是逐个方程进行OLS。

例 7.4（含有方程间约束的SUR） 考虑两个方程的总体模型

$$y_1=\gamma_{10}+\gamma_{11}x_{11}+\gamma_{12}x_{12}+\alpha_1x_{13}+\alpha_2x_{14}+u_1 \tag{7.58}$$

$$y_2=\gamma_{20}+\gamma_{21}x_{21}+\alpha_1x_{22}+\alpha_2x_{23}+\gamma_{24}x_{24}+u_2 \tag{7.59}$$

其中由于 α_1 与 α_2 出现在每一个方程之中，所以我们已经对两个方程中的参数施加了方程间约束，我们可以通过适当地定义 $\mathbf{X}_i$ 以及 $\boldsymbol{\beta}$ 把这一模型变成方程(7.11)的形式。例如，定义 $\boldsymbol{\beta}=(\gamma_{10},\gamma_{11},\gamma_{12},\alpha_1,\alpha_2,\gamma_{20},\gamma_{21},\gamma_{24})'$，我们知道，它一定是一个 8×1 维的向量，因为在此方程组中存在8个参数。这些元素在 $\boldsymbol{\beta}$ 中出现的次序可以由我们安排，但是，一旦 $\boldsymbol{\beta}$ 被定义，必须相应地取选 $\mathbf{X}_i$。对于每一个观测值 i，定义一个 2×8 维矩阵

$$\mathbf{X}_i=\begin{pmatrix}1 & x_{i11} & x_{i12} & x_{i13} & x_{i14} & 0 & 0 & 0\\ 0 & 0 & 0 & x_{i22} & x_{i23} & 1 & x_{i21} & x_{i24}\end{pmatrix}$$

用$\boldsymbol{\beta}$乘以$\boldsymbol{X}_i$得到方程（7.58）以及方程（7.59）。

在诸如前面的一些例子应用中，对方程间约束进行检验是非常简单的，尤其是利用残差平方和统计量的时候［方程（7.56）或方程（7.57）］。无约束模型只是允许每一个方程中的每一个解释变量拥有自己的系数。我们会用无约束估计值去获得$\hat{\boldsymbol{\Omega}}$，然后，利用$\hat{\boldsymbol{\Omega}}$得到约束估计值。

7.7.3 似无关回归方程组中的奇异方差矩阵

在我们目前的研究中，我们已假定$\mathbf{u}_i$的方差矩阵$\boldsymbol{\Omega}$是非奇异的。在消费者与生产者理论的一些应用中，由于可加性约束，这个假设在最初的结构方程中并不总是成立的。

例 7.5（成本份额方程） 假定对于给定年份，在一个特殊行业中每一个厂商使用三种投入即资本（K）、劳动力（L）以及原材料（M）。由于地区差异以及各不相同的税收减让，美国各地的厂商可能会面对一些不同的投入价格：设p_{iK}表示厂商i的资本价格，p_{iL}表示厂商i的劳动力价格，而p_{iM}*表示厂商i的原材料价格。对于每一个厂商i来说，设s_{iK}表示其资本的成本份额，s_{iL}表示其劳动的成本份额，s_{iM}表示其原材料的成本份额，由定义可知，$s_{iK}+s_{iL}+s_{iM}=1$。

成本份额方程的通常集合是

$$s_{iK}=\gamma_{10}+\gamma_{11}\log(p_{iK})+\gamma_{12}\log(p_{iL})+\gamma_{13}\log(p_{iM})+u_{iK} \quad (7.60)$$

$$s_{iL}=\gamma_{20}+\gamma_{12}\log(p_{iK})+\gamma_{22}\log(p_{iL})+\gamma_{23}\log(p_{iM})+u_{iL} \quad (7.61)$$

$$s_{iM}=\gamma_{30}+\gamma_{13}\log(p_{iK})+\gamma_{23}\log(p_{iL})+\gamma_{33}\log(p_{iM})+u_{iM} \quad (7.62)$$

其中利用了源自生产理论的对称性约束，误差项u_{ig}可以被看成是经济学家无法观察到的影响生产的那些不可观测的因素。对于 SUR 分析来说，我们要假定

$$\mathrm{E}(\mathbf{u}_i|\mathbf{p}_i)=\mathbf{0} \quad (7.63)$$

其中$\mathbf{u}_i\equiv(u_{iK},u_{iL},u_{iM})'$，而$\mathbf{p}_i\equiv(p_{iK},p_{iL},p_{iM})$。由于对于每个$i$来说，成本份额之和必须为 1。所以$\gamma_{10}+\gamma_{20}+\gamma_{30}=1$，$\gamma_{11}+\gamma_{12}+\gamma_{13}=0$，$\gamma_{12}+\gamma_{22}+\gamma_{23}=0$，$\gamma_{13}+\gamma_{23}+\gamma_{33}=0$以及$u_{iK}+u_{iL}+u_{iM}=0$。最后一个约束蕴涵着$\boldsymbol{\Omega}\equiv\mathrm{Var}(\mathbf{u}_i)$的秩为 2。因此，我们可以舍弃其中一个方程——比如说原材料方程，进而分析劳动力与资本两个方程。我们在前两个方程中把γ上的约束表示成

$$\gamma_{13}=-\gamma_{11}-\gamma_{12} \quad (7.64)$$

$$\gamma_{23}=-\gamma_{12}-\gamma_{22} \quad (7.65)$$

* 原文为“s_{iM}”，疑为“p_{iM}”之误。——译者注

利用 $\log(a/b)=\log(a)-\log(b)$ 这一事实，我们可以把式（7.64）以及式（7.65）代入方程（7.60）以及方程（7.61）中，得到

$$s_{iK}=\gamma_{10}+\gamma_{11}\log(p_{iK}/p_{iM})+\gamma_{12}\log(p_{iL}/p_{iM})+u_{iK}$$
$$s_{iL}=\gamma_{20}+\gamma_{12}\log(p_{iK}/p_{iM})+\gamma_{22}\log(p_{iL}/p_{iM})+u_{iL}$$

现在，我们得到两个方程的方程组，其含有满秩的方差矩阵与未知参数 γ_{10}，γ_{20}，γ_{11}，γ_{12}以及 γ_{22}。为了用形式（7.11）写出这一方程组，要重新定义 $\mathbf{u}_i=(u_{iK},u_{iL})'$ 以及 $\mathbf{y}_i=(s_{iK},s_{iL})'$。取 $\boldsymbol{\beta}\equiv(\gamma_{10},\gamma_{11},\gamma_{12},\gamma_{20},\gamma_{22})'$，于是，$\mathbf{X}_i$必须是

$$\mathbf{X}_i\equiv\begin{pmatrix}1 & \log(p_{iK}/p_{iM}) & \log(p_{iL}/p_{iM}) & 0 & 0\\ 0 & 0 & \log(p_{iK}/p_{iM}) & 1 & \log(p_{iL}/p_{iM})\end{pmatrix} \tag{7.66}$$

这一公式施加了由生产理论所蕴涵的全部条件。

对这种模型可以用几种方式加以扩展，最简单的方式是允许截距依赖于厂商特征。对于每一个厂商 i，设 $\mathbf{z}_i$表示一个可以观测厂商特征的 $1\times J$ 维向量，其中 $\mathbf{z}_{i1}\equiv1$。于是，我们可以把此模型推广为

$$s_{iK}=\mathbf{z}_i\boldsymbol{\delta}_1+\gamma_{11}\log(p_{iK}/p_{iM})+\gamma_{12}\log(p_{iL}/p_{iM})+u_{iK} \tag{7.67}$$
$$s_{iL}=\mathbf{z}_i\boldsymbol{\delta}_2+\gamma_{12}\log(p_{iK}/p_{iM})+\gamma_{22}\log(p_{iL}/p_{iM})+u_{iL} \tag{7.68}$$

其中

$$\mathrm{E}(u_{ig}|\mathbf{z}_i,p_{iK},p_{iL},p_{iM})=0,\quad g=K,L \tag{7.69}$$

因为我们已经把方程组约简成两个方程，所以理论并没有蕴涵着对 $\boldsymbol{\delta}_1$与 $\boldsymbol{\delta}_2$的约束。作为一个练习，你应该用形式（7.11）写出这个方程组。例如，如果 $\boldsymbol{\beta}\equiv(\boldsymbol{\delta}_1',\gamma_{11},\gamma_{12},\boldsymbol{\delta}_2',\gamma_{22})'$是（$2J+3)\times1$ 维的，那么应该如何定义 $\mathbf{X}_i$呢？

在条件（7.69）下，系统 OLS 估计量与 FGLS 估计量都是一致的。（在此种设置下，因为 γ_{12}出现在两个方程之中，所以 OLS 并不是逐个方程进行 OLS 的。）如果 $\mathrm{Var}(\mathbf{u}_i\mid\mathbf{z}_i,\mathbf{p}_i)$ 是常数，那么 FGLS 是渐近有效的。如果 $\mathrm{Var}(\mathbf{u}_i\mid\mathbf{z}_i,\mathbf{p}_i)$ 依赖于（$\mathbf{z}_i,\mathbf{p}_i$）——参阅布朗和沃克（Brown and Walker，1995）对于我们为什么应该希望它是这样的讨论，那么我们应该至少使用关于 FGLS 的稳健方差矩阵估计量。在第 12 章中我们将讨论可更有效的多元加权最小二乘估计量。

我们可以很容易地对方程（7.67）与方程（7.68）中所施加的对称性假设进行检验。一种方法是，首先，估计不带对参数约束的方程组，在这种情形中，FGLS 约简为对每一个方程的 OLS 估计。然后，计算方程（7.67）$\log(p_{iL}/p_{iM})$的估计值与方程（7.67）$\log(p_{iK}/p_{iM})$ 的估计值之差的 t 统计量。或者，可以使用式（7.57）中的 F 统计量；$\hat{\boldsymbol{\Omega}}$可以从每一个方程的无约束 OLS 估计中获得。

在这种设置中，系统 OLS 在稳健性的优点上并没有超过 FGLS，因为我们不能以任何有益的方式放松假设（7.69）。

7.8 线性面板数据模型的再研究

现在，我们更详细地研究线性面板数据模型。一旦拥有相同横截面单位的跨时间数据是十分有用的，为此存在几个理由。其一，它允许我们考察一些动态关系，而这些关系是我们利用单一横截面所不能认识的。面板数据集合还允许我们去控制不可观测的横截面异质性，但是直到第 10 章我们才会开始探索面板数据的这种特征。

7.8.1 混合普通最小二乘法的假设

现在，我们总结面板数据线性模型

$$y_t = \mathbf{x}_t\boldsymbol{\beta} + u_t, \quad t = 1, 2, \cdots, T \tag{7.70}$$

的混合 OLS 与 FGLS 的性质。像以往一样，当我们需要表明一个特殊横截面观测值时，我们就标注下标 i，比如 y_{it}。

由于 $\boldsymbol{\beta}$ 在每一个时间段中都是相同的，所以这种模型看起来显得过度约束。然而，通过适当地选取 $\mathbf{x}_{it}$，我们可以考虑随时间而改变的参数。同样地，尽管我们写出 $\mathbf{x}_{it}$，但 $\mathbf{x}_{it}$ 的一些元素可能不是时变的，例如，当 i 表示个体时的性别虚拟变量，或者当 i 表示厂商时的行业虚拟变量，或者当 i 表示城市时的州虚拟变量。

例 7.6（含有面板数据的工资方程） 假定我们具有关于一些个体横截面的 1990 年、1991 年以及 1992 年的数据，我们要估计出电脑的使用对个体工资的影响。一种可能的静态模型是

$$\begin{aligned}\log(wage_{it}) = {} & \theta_0 + \theta_1 d91_t + \theta_2 d92_t + \delta_1 computer_{it} + \delta_2 educ_{it} \\ & + \delta_3 exper_{it} + \delta_4 female_{it} + u_{it}\end{aligned} \tag{7.71}$$

其中 $d91_t$ 与 $d92_t$ 表示 1991 年与 1992 年的虚拟指示符，而 $computer_{it}$ 表示用来估计 t 年中使用计算机的人数 i。年份的虚拟变量所包含的内容考虑到在 7.2 节的例题中所讨论的那种形式的加总时间影响。这个方程包括了跨越 t 时间而不变的变量 $female_i$，以及可随着 i 与 t 而变化的变量，比如 $educ_{it}$ 与 $exper_{it}$。变量 $educ_{it}$ 是给定 t 下标的量，它表示至少对一些人来说，受教育年限可以一年又一年地变化。也可能是这样的情形，即在一个样本中 $educ_{it}$ 表示每一人全部三年的情形是相同的，在这种情形中我们可以省去时间下标。这里，作为非时变的变量之间的差异并不是非常重要，但是，这一点在第 10 章将是极其重要的。

作为一般性规则，对于很大的 N 以及很小的 T 来说，考虑区分不同时间段的截距是一个好的想法。对于所有的 i，这样做可以考虑对 y_{it} 具有相同影响的

加总时间影响。

在横截面背景下，所能够做的一切分析在面板数据背景下亦可以做。例如，在方程（7.71）中，我们可以把时间虚拟变量与 $female_i$ 交互作用来探明工资的性别差距是否随时间变化，或者我们可以把 $educ_{it}$ 与 $computer_{it}$ 交互作用探索使用计算机的回报依赖于教育水平。

可以把混合 OLS 一致地估计 $\boldsymbol{\beta}$ 的两个充分假设表述如下：

假设 POLS.1：$\mathrm{E}(\mathbf{x}_t'u_t)=0$，$t=1, 2, \cdots, T$。

假设 POLS.2：秩$\left[\sum_{t=1}^{T}\mathrm{E}(\mathbf{x}_t'\mathbf{x}_t)\right]=K$。

记住，对于 $s\neq t$ 的情形，假设 POLS.1 没有表明 $\mathbf{x}_s$ 与 u_t 之间的关系，假设 POLS.2 本质上剔除了解释变量之间的完全线性相依性。

为了应用跨 i 以及 t 的混合 OLS 回归中的一般 OLS 统计量，我们需要增加同方差性与序列不相关假设。这些假设中最弱的形式如下：

假设 POLS.3：(a) $\mathrm{E}(u_t^2\mathbf{x}_t'\mathbf{x}_t)=\sigma^2\mathrm{E}(\mathbf{x}_t'\mathbf{x}_t)$，$t=1, 2, \cdots, T$，其中对于所有的 t，$\sigma^2=\mathrm{E}(u_t^2)$；

(b) $\mathrm{E}(u_tu_s\mathbf{x}_t'\mathbf{x}_s)=\mathbf{0}$，$t\neq s$，$t, s=1, \cdots, T$。

假设 POLS.3 的第一部分是相当强的同方差性假设；充分条件是对于所有的 t，$\mathrm{E}(u_t^2\mid\mathbf{x}_t)=\sigma^2$。这不仅意味着条件方差不依赖于 $\mathbf{x}_t$，而且意味着无条件方差在每一个时间段中是相同的。假设 POLS.3（b）基本上限制了跨越不同时期误差的条件协方差为 0。事实上，由于 $\mathbf{x}_t$ 几乎总是包含常数，所以 POLS.3（b）在最低程度上要求 $\mathrm{E}(u_tu_s)=0$，$t\neq s$。POLS.3（b）的充分条件是 $\mathrm{E}(u_tu_s\mid\mathbf{x}_t, \mathbf{x}_s)=0$，$t\neq s$，$t, s=1, \cdots, T$。

重要的是要记住，假设 POLS.3 不仅蕴涵着 $\mathbf{u}\equiv(u_1, \cdots, u_T)'$ 的无条件方差矩阵的某一种形式。假设 POLS.3 还蕴涵着 $\mathrm{E}(\mathbf{u}_i\mathbf{u}_i')=\sigma^2\mathbf{I}_T$，它意味着无条件方差是常数，而且无条件协方差是 0，但是它同样有效地约束了条件方差与协方差。

定理 7.7（混合 OLS 的大样本性质） 在假设 POLS.1 与假设 POLS.2 下，混合 OLS 估计量是一致且渐近正态的。此外，如果假设 POLS.3 成立，那么 $\mathrm{Avar}(\hat{\boldsymbol{\beta}})=\sigma^2[\mathrm{E}(\mathbf{X}_i'\mathbf{X}_i)]^{-1}/N$，则 $\mathrm{Avar}(\hat{\boldsymbol{\beta}})$ 的近似估计量是

$$\hat{\sigma}^2(\mathbf{X}'\mathbf{X})^{-1}=\hat{\sigma}^2\left(\sum_{i=1}^{N}\sum_{t=1}^{T}\mathbf{x}_{it}'\mathbf{x}_{it}\right)^{-1} \tag{7.72}$$

其中 $\hat{\sigma}^2$ 表示出自

$$y_{it}\text{ 对 }\mathbf{x}_{it},\quad t=1,2,\cdots,T,\quad i=1,\cdots,N \tag{7.73}$$

混合回归的通常 OLS 方差估计量。

由此可得，通常回归（7.73）的 t 统计量与 F 统计量都是渐近有效的。因此，用于检验对 $K\times1$ 维向量 $\boldsymbol{\beta}$ 的 Q 个线性约束的 F 统计量是

$$F=\frac{(\mathrm{SSR}_r-\mathrm{SSR}_{ur})}{\mathrm{SSR}_{ur}}\cdot\frac{(NT-K)}{Q} \tag{7.74}$$

其中 SSR_{ur} 表示出自回归（7.73）的残差平方和，而 SSR_r 是出自利用含有施加约束的 NT 个观测值的回归。

为什么在假设 POLS.3 下，简单混合 OLS 分析是有效的呢？容易证明，假设 POLS.3 蕴涵着 $\mathbf{B}=\sigma^2\mathbf{A}$，其中 $\mathbf{B}\equiv\sum_{t=1}^{T}\sum_{s=1}^{T}\mathrm{E}(u_tu_s\mathbf{x}_t'\mathbf{x}_s)$，而 $\mathbf{A}\equiv\sum_{t=1}^{T}\mathrm{E}(\mathbf{x}_t'\mathbf{x}_t)$。对于面板数据情形来说，这些就是出现在表达式（7.23）中的矩阵。

为了计算混合 OLS 估计量以及标准的统计量，数据如何排序无关紧要。然而，如果我们把任意变量的滞后项代入方程之中，这样做就是与研究渐近性质相同的一种最简单的给数据排序的方法：前 T 个观测值应该是用于第一个横截面单元（按时间顺序排序），而随后 T 个观测值则用于接下来的横截面单元等等。这一程序在以非常特定方式排序的数据集合中给出了 NT 个行。

例 7.7（在职培训津贴对厂商报废率的影响） 利用 JTRAIN1.RAW 中的数据（Holzer，Block，Cheatham，and Knott，1993），我们对解释用接受津贴表示的厂商报废率的模型进行估计。我们可以估计 54 个厂商以及三年数据（1987 年、1988 年以及 1989 年）的方程。第一次津贴是在 1988 年发放的。在 1989 年中，一些厂商只在 1988 年接受了津贴，所以我们考察一年滞后效应：

$$\begin{aligned}\widehat{\log(scrap_{it})}=&\,0.597-0.239\,d88_t-0.497\,d89_t\\&(0.203)\ (0.311)\qquad (0.338)\\&+0.200\,grant_{it}+0.049\,grant_{i,t-1}\\&\ (0.338)\qquad\quad (0.436)\end{aligned}$$

$$N=54,\ T=3,\ R^2=0.0173$$

为了强调哪一个变量会随厂商或时间而变化就用下标 i 以及 t 标记。R 平方正是从混合 OLS 回归中计算出来的通常那一个。

在这个方程中，被估计的津贴影响具有错误的符号，而且不论是当前津贴变量还是滞后津贴变量都不是统计显著的。当把 $\log(scrap_{it})$ 的滞后项添加到方程中时，估计值表现出显著的差异。参阅习题 7.9。

7.8.2 动态完备性

尽管同方差性假设、假设 POLS.3a 不能永远保证成立，但存在着假设 POLS.3（b）一定会成立的重要情形。假定对于所有的 t，解释变量 $\mathbf{x}_t$ 使得

$$\mathrm{E}(y_t\,|\,\mathbf{x}_t,y_{t-1},\mathbf{x}_{t-1},\cdots,y_1,\mathbf{x}_1)=\mathrm{E}(y_t\,|\,\mathbf{x}_t) \tag{7.75}$$

这个假设意味着 $\mathbf{x}_t$ 包含了所有变量的充分滞后项，使得添加的滞后项对 y_t 没有偏效应。在式（7.75）中包括 y 的滞后项是十分重要的。例如，如果 $\mathbf{z}_t$ 是同时期变量的向量，使得

$$E(y_t|\mathbf{z}_t,\mathbf{z}_{t-1},\cdots,\mathbf{z}_1)=E(y_t|\mathbf{z}_t,\mathbf{z}_{t-1},\cdots,\mathbf{z}_{t-L})$$

同时我们选取 $\mathbf{x}_t=(\mathbf{z}_t,\mathbf{z}_{t-1},\cdots,\mathbf{z}_{t-L})$，于是，$E(y_t\mid\mathbf{x}_t,\mathbf{x}_{t-1},\cdots,\mathbf{x}_1)=E(y_t\mid\mathbf{x}_t)$，亦即序贯外生性假设成立。但是，式（7.75）不必成立。一般地讲，在静态模型与 FDL 模型中，即使不存在诸如遗漏变量的特定问题时，也没有理由指望式（7.75）成立。

我们把式（7.75）称为**条件均值的动态完备性**（dynamic completeness of the conditional mean）。通常，我们可以通过把 $\mathbf{z}_t$ 与 y_t 的充分滞后项放入 $\mathbf{x}_t$ 中来确保式（7.75）至少近似地正确。

利用扰动项来表示，式（7.75）等价于

$$E(u_t|\mathbf{x}_t,u_{t-1},\mathbf{x}_{t-1},\cdots,u_1,\mathbf{x}_1)=0 \tag{7.76}$$

并且利用期望值迭代，等式（7.76）蕴涵着 $E(u_tu_s\mid\mathbf{x}_t,\mathbf{x}_s)=0$，$s\neq t$。因此，式（7.75）蕴涵着假设 POLS. 3（b）与假设 POLS. 1。如果式（7.75）以及同方差性假设 $\mathrm{Var}(y_t\mid\mathbf{x}_t)=\sigma^2$ 成立，那么假设 POLS. 1 与假设 POLS. 3 都成立，而且可以使用标准的 OLS 统计量来进行推断。

下面例题的分析，在思路上与马洛尼和麦考密克（Maloney and McCormick，1993）的分析相似，他们两人在横截面分析中利用了克莱姆森大学（Clemson University）学生（包括非运动员）的一个大随机样本。

例 7.8（当令对平均分数的影响） GPA. RAW 中的数据是关于一所大学中的 366 名大学生运动员的数据，对每个大学生来说，存在两个学期的数据（春季和秋季）。主要关注的内容是“当令”（in-season）对运动员 GPA 的影响。含有下标 i、t 的模型是

$$\begin{aligned}trmgpa_{it}=&\beta_0+\beta_1spring_t+\beta_2cumgpa_{it}+\beta_3crsgpa_{it}+\beta_4frstsem_{it}\\&+\beta_5season_{it}+\beta_6SAT_i+\beta_7verbmath_i\\&+\beta_8hsperc_i+\beta_9hssize_i+\beta_{10}black_i+\beta_{11}female_i+u_{it}\end{aligned}$$

其中变量 $cumgpa_{it}$ 表示在学期开始时的累积 GPA，而这显然依赖于过去学期的 GPA。换句话讲，这种模型与滞后因变量具有某些相同的性质。此外，它包括了一些随时间而变化的变量（例如，$season_{it}$）以及几个不随时间而变化的变量（比如，SAT_i）。我们假定方程右边（不含 u_{it}）表示一个条件期望，从而 u_{it} 必须与所有解释变量及其任何函数一定是不相关的。从式（7.75）的意义上讲，可能成立也可能不成立的是：这种模型是动态完备的；我们将在 7.8.5 节中证明检验这种假设的一种方法。估计出的方程是

$$\begin{aligned}\widehat{trmgpa_{it}}=&-2.07-0.012\ spring_t+0.315\ cumgpa_{it}\\&\quad(0.34)(0.046)\qquad\quad(0.040)\\&+0.984\ crsgpa_{it}+0.769\ frstsem_{it}-0.046\ season_{it}\\&\quad(0.096)\qquad\quad(0.120)\qquad\quad(0.047)\\&+0.001\,41\ SAT_i-0.113\ verbmath_i\\&\quad(0.000\,15)\qquad(0.131)\end{aligned}$$

$$-0.0066\ hsperc_i - 0.000058\ hssize_i$$
$$(0.0010)\qquad (0.000099)$$
$$-0.231\ black_i + 0.286\ female_i$$
$$(0.054)\qquad (0.051)$$
$$N=366, T=2, R^2=0.519$$

当令影响是很小的——据估计，运动当令时运动员的 GPA 仅比运动不当令时低 0.046，在统计上也是不显著的。其他一些系数则具有合情合理的符号和数量。

通常，一旦我们开始把 y_t 的任何滞后值加入到 $\mathbf{x}_t$ 中，那么式（7.75）就成为一个人们希望的假设。但是，这种推广并不总是正确的。在前面的例题中，当考察大学运动员的 GPA 当令影响时，我们可以把变量 *cumgpa* 看成是我们正在使用着的另外一个控制变量，它可以固定其他元素，*cumgpa* 可以代理大学中的某人成功的一些遗漏因素。我们可以不用在意误差项之间仍然会出现序列相关，只是如果式（7.75）不满足，那么对于序列相关（以及或许还有异方差性）来说，我们需要将混合 OLS 估计量的渐近方差估计成稳健的。

在刚开始学习计量经济学时，学生们经常被告知在含有滞后因变量的模型中含有序列相关会导致 OLS 估计量为非一致的。尽管在序列相关的特定模型背景下，这种说法是正确的，但是在一般情形中，此说法就是不正确的，因此，它会使人产生误解。[参阅伍德里奇（Wooldridge，2009a，第 12 章）在 AR(1) 模型背景下更详细的讨论。] 我们的分析表明，不论在 $\mathbf{x}_t$ 中包含什么项，只要 $\mathrm{E}(y_t \mid \mathbf{x}_t)=\mathbf{x}_t\boldsymbol{\beta}$，混合 OLS 就会提供 $\boldsymbol{\beta}$ 的一致估计量，u_t 是否为序列相关的是无关紧要的。

7.8.3 时间序列持久性的一个评注

定理 7.7 对约束数据 $\{(\mathbf{x}_{it}, y_{it}): t=1,2,\cdots,T\}$ 中的时间序列持久性没有施加约束。在时间序列计量经济学里，从对含有**持久性过程**（persistent processes）[经常称为单位根过程——例如，参阅汉密尔顿（Hamilton，1994）] 的渐近理论研究论文的迅猛增长来看，看起来好像我们没有仔细地表述我们的假设。然而，我们不需要以任何方式去约束数据的动态行为，因为我们正在研究固定 T 的大 N 的渐近特性。正因为如此，渐近分析的机制与 SUR 情形以及面板数据情形是相同的。如果 T 相对于 N 而言是很大的，那么这里的渐近特性或许会使人产生误解。在增大 T 的时候固定 N 或者令 N 与 T 都增大，都会使我们进入多元时间序列分析领域：我们必须知道数据中的**时间依赖性**（temporal dependence），为了拥有一般性的研究，我们必须假定某种形式的弱依赖性。(参阅伍德里奇（Wooldridge，1994）对弱依赖性的讨论。) 最近，当数据具有单位根时，在含有大 T 以及 N 的面板数据方面的渐近特性上取得了进展；例如，参阅佩塞兰和史密斯（Pesaran and Smith，1995）、穆恩和菲利普斯（Moon and Phillips，2000）以及菲利普斯和穆恩（Phillips and Moon，2000）。

作为一个例子，考察简单的 AR(1) 模型：

$$y_t=\beta_0+\beta_1 y_{t-1}+u_t,\quad \mathrm{E}(u_t|y_{t-1},\cdots,y_0)=0$$

（倘若存在适当的矩）假设 POLS.1 成立。假设 POLS.2 同样可以得到保持。由于这个模型是动态完备的，所以唯一的潜在损害（potential nuisance）就是 u_t 中随时间变化或依赖于 y_{t-1} 的异方差性。不管怎样，出自 y_{it} 对 1，$y_{i,t-1}$，$t=1$，…，T，$i=1$，…，N 回归的混合 OLS 估计量，对于 β_0 与 β_1 的任何值来说，在 $N\to\infty$ 时，对于固定的 T 产生了一致的 $\sqrt{N}$ 渐近正态的估计量。

在纯时间序列情形中，或者在 $T\to\infty$ 且 N 固定的面板数据情形中，我们必须假定 $|\beta_1|<1$，它是 AR(1) 模型的稳定性条件。当沿着时间序列维数研究渐近特性时（参阅汉密尔顿（Hamilton，1994，第 19 章）），$|\beta_1|\geqslant 1$ 的情形会引起相当大的困难。这里，一个很大的横截面以及相对短的时间序列允许我们认为时间持久性是不可知的。

7.8.4 稳健渐近方差矩阵

由于假设 POLS.3 可以是约束性的，所以在没有假设 POLS.3 时，获得 $\mathrm{Avar}(\hat{\boldsymbol{\beta}})$ 的稳健估计值仍是有效的，这点经常是有用的。我们已经看到，在矩阵（7.28）中给出了估计量的一般形式。在面板数据情形中，此估计量对于任何异方差性——有条件的或无条件的——以及任何的跨时间（同样是有条件的或无条件的）序列相关而言是完全稳健的。残差 $\hat{\mathbf{u}}_i$ 是横截面观测值 i 的 $T\times 1$ 维混合 OLS 的残差。

完全稳健方差矩阵估计量可以用三明治形式表达为：

$$\widehat{\mathrm{Avar}(\hat{\boldsymbol{\beta}})}=\Big(\sum_{i=1}^{N}\mathbf{X}_i'\mathbf{X}_i\Big)^{-1}\Big(\sum_{i=1}^{N}\sum_{t=1}^{T}\sum_{s=1}^{T}\hat{u}_{it}\hat{u}_{is}\mathbf{X}_{it}'\mathbf{X}_{is}\Big)\Big(\sum_{i=1}^{N}\mathbf{X}_i'\mathbf{X}_i\Big)^{-1} \tag{7.77}$$

其中，中间的矩阵还可以被写为：

$$\sum_{i=1}^{N}\sum_{t=1}^{T}\hat{u}_{it}^2\mathbf{X}_{it}'\mathbf{X}_{it}+\sum_{i=1}^{N}\sum_{t=1}^{T}\sum_{s\neq t}\hat{u}_{it}\hat{u}_{is}\mathbf{X}_{it}'\mathbf{X}_{is} \tag{7.78}$$

最后这个表达式清楚表明估计量对于任意异方差性和任意序列相关性稳健。尽管命令可能不那么一目了然，但利用一些统计软件包计算方程（7.77）还是非常容易的。（举个例子，利用 Stata，可以通过使用一个整群抽样选项计算出方程（7.77）。我们将在第 21 章中涵盖整群抽样的内容。）

一个软件包是否具有这种能力，或者它是否必须由你编程，数据都必须以前面描述过的形式保存起来：对于 $i=1$，…，N，$(\mathbf{y}_i,\mathbf{X}_i)$ 必须一个接一个互相地堆积（stacked）。

7.8.5 检验混合普通最小二乘法的序列相关性与异方差性

检验序列相关（Testing for Serial Correlation） 在利用混合 OLS 估计之后，有一种简单检测序列相关的方法经常是有益的。检验序列相关的一个原因是，如果模型在条件均值上被假定是动态完备的，那么就不应该出现序列相关。检验序列相关的第二种原因是，看一看我们是否计算出关于混合 OLS 估计量的一个稳健方差矩阵估计量。

面板数据模型的误差项中序列相关的一种解释是，在每一个时间段中误差项都包含一个非时变的被遗漏因素，在第 10 章中，我们将会以显性方式研究这一情形。现在，我们只对误差项是否为序列相关的感兴趣。

我们关注误差项是一阶自回归过程的这种可选择情形；而对于相当普遍的序列相关类型来说，这都适用。把 AR(1) 模型写成

$$u_t = \rho_1 u_{t-1} + e_t \tag{7.79}$$

其中

$$\mathrm{E}(e_t \mid \mathbf{x}_t, u_{t-1}, \mathbf{x}_{t-1}, u_{t-2}, \cdots) = 0 \tag{7.80}$$

在没有序列相关的零假设下，$\rho_1 = 0$。

继续进行下去的一种方法是，在 AR(1) 序列相关下，把动态模型写成

$$y_t = \mathbf{x}_t \boldsymbol{\beta} + \rho_1 u_{t-1} + e_t, \quad t = 2, \cdots, T \tag{7.81}$$

其中由于出现了 u_{t-1}，我们损失了第一个时间段，如果我们可以观测到 u_t，应该怎样继续下去就十分清楚了：利用混合 OLS 直接估计（损失第一个时间段的）方程（7.81），并且对$\hat{\rho}_1$实施一个 t 检验。为了实施这种程序，我们用混合 OLS 残差代替 u_t。因此，我们继续计算

$$y_{it} \quad 对 \quad \mathbf{x}_{it}, \hat{u}_{i,t-1}, \qquad t = 2, \cdots, T, i = 1, \cdots, N \tag{7.82}$$

的回归，并且对 $\hat{u}_{i,t-1}$ 的系数做一个标准的 t 检验。对 $\mathrm{Var}(y_t \mid \mathbf{x}_t, u_{t-1})$ 中的任何异方差性来说都是稳健的统计量，是通过混合回归中通常的异方差性稳健 t 统计量来获得的。这包括恩格尔（Engle，1982）的 ARCH 模型以及静态或动态异方差性的任何其他形式。

为什么出自回归（7.82）的 t 检验是有效的呢？在动态完备性下，如果我们还假定 $\mathrm{Var}(y_t \mid \mathbf{x}_t, u_{t-1})$ 是常数，那么方程（7.81）满足假设 POLS. 1 至假设 POLS. 3。进一步地，由于 $\rho_1 = 0$，所以生成回归元 $\hat{u}_{i,t-1}$ 的出现并不会影响到在零假设下$\hat{\rho}_1$的极限分布。验证这个说法类似于 6.1.1 节中纯横截面的情形。

由回归（7.82）所计算出的统计量的一个良好特性是，无论 $\mathbf{x}_t$ 是否为严格外生的，它都起作用。如果我们假定严格外生性，那么一种不同形式的检验也是有效的：在

$$\hat{u}_{it} 对 \hat{u}_{i,t-1}, \quad t = 2, \cdots, T, i = 1, \cdots, N \tag{7.83}$$

回归中，利用$\hat{u}_{i,t-1}$上的 t 统计量或者是它的异方差性稳健形式，这个检验是有效的，可以通过应用习题 7.4 以及含有滞后变量的混合 OLS 的假设来证明这一点。

例 7.9（运动员的平均分数，续） 由于 *cumgpa* 不能是严格外生的（GPA 这一项会影响到此项以后的累积 GPA），所以我们应用回归（7.82）的检验。由于在春季学期里 *spring* 与 *frstsem* 两个变量分别等同于 1 与 0，所以我们从回归（7.82）中去掉变量 *spring* 与 *frstsem*。我们得到，$\hat{\rho}_1=0.194$ 以及$t_{\hat{\rho}_1}=3.18$，因此，拒绝零假设。因而，为了捕获全部动态特性还有一些工作要做。但是，如果假定我们对估计中隐含的条件期望感兴趣，那么我们将会得到一致估计量。知道这个结果十分有用，因为我们主要对当令影响感兴趣，其他一些变量只是充当控制的角色，序列相关的存在意味着，我们应该计算出对任何序列相关（以及异方差性）来说都是稳健的标准误；参阅习题 7.10。

检验异方差性（Testing for Heteroskedasticity） 在实施混合 OLS 之后，检验异方差性的主要原因是为了检验出违背假设 POLS.3（a）的情形，对于伴随混合 OLS 回归的统计量而言，这是通常统计量要求的有效假设之一。本节自始至终地假定，$E(u_t \mid \mathbf{x}_t)=0$，$t=1, 2, \cdots, T$，它强化了假设 POLS.1，但是并不要求严格外生性。于是，同方差性的零假设可以被表述成 $E(u_t^2 \mid \mathbf{x}_t)=\sigma^2$，$t=1, 2, \cdots, T$。

在 H_0 下，u_{it}^2与 $\mathbf{x}_{it}$的任意函数都是不相关的，设 $\mathbf{h}_{it}$表示一个 $1\times Q$ 维的 $\mathbf{x}_{it}$非常数的函数向量。特别地，$\mathbf{h}_{it}$能够而且常常应该包括不同时间段的虚拟变量。

由 6.3.4 节的异方差性检验可知，下述程序是自然而然的。设 $\hat{u}_{it}^2$表示混合 OLS 残差平方。于是，从

$$\hat{u}_{it}^2 \quad 对 \quad 1,\mathbf{h}_{it}, \quad t=1,\cdots,T, \quad i=1,\cdots,N \tag{7.84}$$

回归获得通常的 R 平方 R_c^2。检验统计量是 NTR_c^2，它在 H_0下可以被处理成渐近的 χ_Q^2。（如其不然，我们可以使用源自混合 OLS 回归的 $\mathbf{h}_{it}$的联合显著性的通常 F 检验，自由度是 Q 与 $NT-K$。）什么时候这种程序是有效的呢？

利用非常类似于第 6 章横截面检验的推理，可以证明，如果用 u_{it}^2代替 $\hat{u}_{it}^2$，那么此统计量具有相同的分布；这个事实是非常方便的，因为它允许我们去关注检验的其他一些特征。实际上，在模型

$$u_{it}^2=\delta_0+\mathbf{h}_{it}\boldsymbol{\delta}+a_{it}, \qquad t=1,2,\cdots,T \tag{7.85}$$

中，我们执行 H_0：$\boldsymbol{\delta}=\mathbf{0}$ 的一个标准 LM 检验。这个检验要求，误差项 $\{a_{it}\}$ 在相当程度上是序列不相关的，并且要求同方差性；也就是，假设 POLS.3 在式（7.85）中必须成立。因此，基于出自回归（7.84）的非稳健统计量在本质上要求，$E(a_{it}^2 \mid \mathbf{x}_{it})$ 是常数——这意味着在 H_0下 $E(u_{it}^4 \mid \mathbf{x}_{it})$ 必是常数。我们还需要一个更强的同方差性假设：$E(u_{it}^2 \mid \mathbf{x}_{it}, u_{i,t-1}, \mathbf{x}_{i,t-1}, \cdots)=\sigma^2$是式（7.85）中 $\{a_{it}\}$ 恰好序列不相关的充分条件。

对于异方差性来说，一个完全稳健检验可以通过从混合回归（7.84）获得 $\hat{\boldsymbol{\delta}}$ 的完全稳健方差矩阵估计量中计算出来［参阅式（7.28）］，这可以用于得到一个稳健的瓦尔德统计量。

由于违背假设 POLS.3（a）是主要关注的内容，所以在 $\mathbf{h}_{it}$ 中包括 $\mathbf{x}_{it}$ 的一些元素及其可能的平方项与交叉积是有道理的。第 6 章已经涵盖了另外一个有用的选择，它是 $\hat{\mathbf{h}}_{it}=(\hat{y}_{it},\hat{y}_{it}^2)$，即混合 OLS 拟合值及其平方项。同样地，假设 POLS.3（a）需要无条件方差 $E(u_{it}^2)$ 在跨越 t 上是相同的。可以通过选择 $\mathbf{h}_{it}$ 有 $T-1$ 个时间虚拟变量来直接检验它们是否相同。

如果可以检测出异方差性，但不能检测出序列相关，那么就可以使用出自混合 OLS 回归（7.73）的通常异方差性稳健标准误以及检验统计量。

7.8.6 严格外生性下可行的广义最小二乘法估计

当 $E(\mathbf{u}_i\mathbf{u}_i')\neq\sigma^2\mathbf{I}_T$ 时，考虑可行 GLS 分析而不是考虑混合 OLS 分析是合情合理的。在第 10 章中，在引入不可观测成分面板数据模型之后，我们将讨论一个特殊的 FGLS 分析。在当前设置背景下，有了很大的 N 以及很小的 T，进行 FGLS 分析就不会有什么妨碍。然而，我们必须记住，在假设 POLS.1 与假设 POLS.2 下，FGLS 并不能确保产生一致估计量，更不用说有效估计量了。除非 $\boldsymbol{\Omega}=E(\mathbf{u}_i\mathbf{u}_i')$ 是一个对角矩阵，否则就应该用严格外生性假设（7.8）代替假设 POLS.1。（习题 7.7 涉及 $\boldsymbol{\Omega}$ 是对角的情形。）有时候，我们愿意假定静态模型以及有限分布滞后模型的严格外生性。正如我们前面所看到的，在含有滞后项 y_{it} 的模型中，严格外生性不能成立，而且如果存在从 y_{it} 到未来 $\mathbf{z}_{it}$ 的反馈，那么在静态模型或分布滞后模型中严格外生性就不满足。

如果我们对严格外生性假设感到满意，当 $\{u_{it}: t=1,2,\cdots,T\}$ 被假设为服从一个 AR(1) 过程时，即 $u_{it}=\rho u_{i,t-1}+e_{it}$，就可以得到一个有用的 FGLS 分析。在这种情形中，很容易变换变量并从一个混合 OLS 回归中计算 FGLS 估计量。令 $\{\check{u}_{it}: t=1,\cdots,T;i=1,\cdots,N\}$ 表示 POLS 残差，并获得 $\hat{\rho}$，作为来自 $\check{u}_{it}$ 对 $\check{u}_{i,t-1}$，$t=2$，…，T，$i=1$，…，N（其中，我们必须确保对每个 i 都省略第一个时间段）回归的参数。我们可以修改普莱斯-温斯顿方法（Prais-Winston approach）（例如，伍德里奇（Wooldridge，2009a，第 12.3 节））以适用于面板数据。如果 AR(1) 过程是平稳的——亦即 $|\rho|<1$——而且我们假定**平稳新息**（stationary innovations）$\{e_{it}\}$，那么 $\sigma_u^2=\sigma_e^2/(1-\rho^2)$。因此，对于所有 $t=2$，…，T，$\tilde{y}_{it}=y_{it}-\hat{\rho}\,y_{i,t-1}$ 而且 $\tilde{\mathbf{x}}_{it}=\mathbf{x}_{it}-\hat{\rho}\,\mathbf{x}_{i,t-1}$。那么，FGLS 估计量可从如下混合 OLS 回归中获得：

$$\tilde{y}_{it}\text{ 对 }\tilde{\mathbf{x}}_{it},t=1,\cdots,T,i=1,\cdots,N \tag{7.86}$$

如果 $\boldsymbol{\Omega}$ 真的有 AR(1) 形式并且假设 SGLS.3 成立，那么通常的标准误以及来自（7.86）的检验统计量是渐近有效的。如果我们对同方差假设有任何怀疑，或者 AR(1) 假设是否充分捕捉了序列依赖性，我们可以仅仅应用通常的完全稳健方差矩阵（7.77）以及相关的统计量到关于经变换变量的混合 OLS 上。这允许我们很可能获得一个比 POLS 更有效的估计量（在原始数据上），但同样也防止了我们在 $\mathbf{\Omega}$ 上施加相当简单的结构。当然，严格外生性的不成立一般会导致 β 的普莱斯-温斯顿估计量是不一致的。

请注意，普莱斯-温斯顿方法允许我们使用所有 $t=1$ 的观测值。在面板数据中，舍弃第一个时间段的代价简直太大了，就像在一种科克兰-奥克特方法（Cochrane-Orcutt approach）中那样。（确实，由于其舍弃了与普莱斯-温斯顿相关的 N 个观测值，在带有固定 T 但 $N\rightarrow\infty$ 的面板数据情形中，科克兰-奥克特方法估计量是渐近欠有效的。）

一些统计软件包，包括 Stata，允许进行带有一个误设方差矩阵的 FGLS 估计，但这通常是以“广义估计方程”的形式出现的，该专题我们将在第 12 章中处理。

习 题

7.1　给出定理 7.1 的详细证明。

7.2　在模型（7.11）中，保持假设 SOLS.1 与假设 SOLS.2，同时假定 $\mathrm{E}(\mathbf{X}_i'\mathbf{u}_i\mathbf{u}_i'\mathbf{X}_i)=\mathrm{E}(\mathbf{X}_i'\mathbf{\Omega}\mathbf{X}_i)$，其中 $\mathbf{\Omega}\equiv\mathrm{E}(\mathbf{u}_i\mathbf{u}_i')$。[后一个假设是一种不同的表述方程组同方差性假设的方法，如果假设（7.53）成立，那么它总是成立的。] 设 $\hat{\boldsymbol{\beta}}_{SOLS}$ 表示系统 OLS 估计量。

a. 证明，$\mathrm{Avar}(\hat{\boldsymbol{\beta}}_{SOLS})=[\mathrm{E}(\mathbf{X}_i'\mathbf{X}_i)]^{-1}[\mathrm{E}(\mathbf{X}_i'\mathbf{\Omega}\mathbf{X}_i)][\mathrm{E}(\mathbf{X}'\mathbf{X}_i)]^{-1}/N$。

b. 你如何估计 a 部分中的渐近方差？

c. 现在增加假设 SGLS.1 至假设 SGLS.3。证明，$\mathrm{Avar}(\hat{\boldsymbol{\beta}}_{SOLS})-\mathrm{Avar}(\hat{\boldsymbol{\beta}}_{FGLS})$ 是半正定的。{提示：证明 $[\mathrm{Avar}(\hat{\boldsymbol{\beta}}_{FGLS})]^{-1}-[\mathrm{Avar}(\hat{\boldsymbol{\beta}}_{SOLS})]^{-1}$ 是半正定的。}

d. 除了前面一些假设外，如果 $\mathbf{\Omega}=\sigma^2\mathbf{I}_T$，证明 SOLS 与 FGLS 具有相同的渐近方差。

e. 评价下述说法：“在 c 部分的假设下，即使 $\mathbf{\Omega}=\sigma^2\mathbf{I}_G$ 时，FGLS 在渐近形式上也永远不比 SOLS 差。”

7.3　在假设 SOLA.1、假设 SOLS.2 以及假设 SGLS.3 下，满足 $\mathbf{\Omega}\equiv\mathrm{diag}(\sigma_1^2, \cdots, \sigma_G^2)$，考察 SUR 模型（7.2）；因而，逐个方程进行 GLS 与逐个方程进行 OLS 估计是相同的。（在带对角 $\mathbf{\Omega}$ 的 SUR 模型中，假设 SOLS.1 与假设 SGLS.1 是一样的，而假设 SOLS.2 与假设 SGLS.2 是一样的。）

a. 证明对于任意两个方程来说，单个方程 OLS 估计量，比如说 $\hat{\boldsymbol{\beta}}_g$ 与 $\hat{\boldsymbol{\beta}}_h$，在渐近意义上都是不相关的。（也就是说，证明 $\hat{\boldsymbol{\beta}}$ 的系统 OLS 估计量的渐近方差是分块对角的。）

b. 在 a 部分的条件下，假定 $\boldsymbol{\beta}_1$ 与 $\boldsymbol{\beta}_2$（前面两个方程中的参数向量）具有相同的维数。请你解释如何检验对应于 H_1：$\boldsymbol{\beta}_1\neq\boldsymbol{\beta}_2$ 的 H_0：$\boldsymbol{\beta}_1=\boldsymbol{\beta}_2$。

c. 现在舍弃假设 SGLS. 3，保持假设 SOLS. 1 与假设 SOLS. 2 以及 $\mathbf{\Omega}$ 的对角性，假定$\hat{\mathbf{\Omega}}$是以无约束方式估计出来的，那么 FGLS 与 OLS 在代数意义上不是等价的。证明，OLS 与 FGLS 是$\sqrt{N}$渐近等价的，也就是 $\sqrt{N}(\hat{\boldsymbol{\beta}}_{\text{SOLS}}-\hat{\boldsymbol{\beta}}_{\text{FGLS}})=\text{o}_p(1)$。在假设 SOLS. 1 下，这是 FGLS 是一致的一种情形。

7.4　在假设 SGLS. 1 与假设 SGLS. 2 下，利用式（7.40）中$\hat{\mathbf{\Omega}}$和 $\boldsymbol{\beta}$ 的系统 OLS 估计量$\hat{\hat{\boldsymbol{\beta}}}$ * 的$\sqrt{N}$一致性证明

$$\text{vec}[\sqrt{N}(\hat{\mathbf{\Omega}}-\mathbf{\Omega})]=\text{vec}\left[N^{-1/2}\sum_{i=1}^{N}(\mathbf{u}_i\mathbf{u}_i'-\mathbf{\Omega})\right]+\text{o}_p(1)$$

（注意，当用更弱的假设 SOLS. 1 代替假设 SGLS. 1 时，此结果并不成立。）假定应用 WLLN 以及 CLT 所需要的所有矩条件都得到满足。重要的结论是，vec$[\sqrt{N}(\hat{\mathbf{\Omega}}-\mathbf{\Omega})]$ 的渐近分布不依赖于$\sqrt{N}(\check{\boldsymbol{\beta}}-\boldsymbol{\beta})$ 的渐近分布，因而，对 $\mathbf{\Omega}$ 元素的任何渐近性检验可以忽略 $\boldsymbol{\beta}$ 的估计。[提示：从式（7.42）开始，然后，利用$\sqrt{N}(\check{\boldsymbol{\beta}}-\boldsymbol{\beta})=\text{O}_p(1)$的事实。]

7.5　证明定理 7.6，利用当 $\mathbf{X}_i=\mathbf{I}_G\otimes\mathbf{x}_i$ 时的下述事实：

$$\sum_{i=1}^{N}\mathbf{X}_i'\hat{\mathbf{\Omega}}^{-1}\mathbf{X}_i=\hat{\mathbf{\Omega}}^{-1}\otimes\left(\sum_{i=1}^{N}\mathbf{x}_i\mathbf{x}_i'\right)\text{ 且}\sum_{i=1}^{N}\mathbf{X}_i'\hat{\mathbf{\Omega}}^{-1}\mathbf{y}_i=(\hat{\mathbf{\Omega}}^{-1}\otimes\mathbf{I}_K)\begin{pmatrix}\sum_{i=1}^{N}\mathbf{x}_i'y_{i1}\\ \vdots\\ \sum_{i=1}^{N}\mathbf{x}_i'y_{iG}\end{pmatrix}$$

7.6　从模型（7.11）开始，假定你希望施加形式 $\mathbf{R}\boldsymbol{\beta}=\mathbf{r}$ 的 Q 个线性约束，其中 $\mathbf{R}$ 表示 $Q\times K$ 维矩阵，而 $\mathbf{r}$ 表示 $Q\times 1$ 维向量。假定 $\mathbf{R}$ 被分割成 $\mathbf{R}\equiv[\mathbf{R}_1\mid\mathbf{R}_2]$，其中 $\mathbf{R}_1$ 表示 $Q\times Q$ 维的非奇异矩阵，而 $\mathbf{R}_2$ 表示 $Q\times(K-Q)$ 维矩阵。把 $\mathbf{X}_i$ 分割成 $\mathbf{X}_i\equiv[\mathbf{X}_{i1}\mid\mathbf{X}_{i2}]$，其中 $\mathbf{X}_{i1}$ 表示 $G\times Q$ 维矩阵，而 $\mathbf{X}_{i2}$ 表示 $G\times(K-Q)$ 维的矩阵，同时把 $\boldsymbol{\beta}$ 分割成 $\boldsymbol{\beta}\equiv(\boldsymbol{\beta}_1',\boldsymbol{\beta}_2')'$。将约束 $\mathbf{R}\boldsymbol{\beta}=\mathbf{r}$ 表示成 $\mathbf{R}_1\boldsymbol{\beta}_1+\mathbf{R}_2\boldsymbol{\beta}_2=\mathbf{r}$，或 $\boldsymbol{\beta}_1=\mathbf{R}_1^{-1}(\mathbf{r}-\mathbf{R}_2\boldsymbol{\beta}_2)$，证明可以把约束模型写成

$$\tilde{\mathbf{y}}_i=\tilde{\mathbf{X}}_{i2}\boldsymbol{\beta}_2+\mathbf{u}_i$$

其中 $\tilde{\mathbf{y}}_i=\mathbf{y}_i-\mathbf{X}_{i1}\mathbf{R}_1^{-1}\mathbf{r}$，而 $\tilde{\mathbf{X}}_{i2}=\mathbf{X}_{i2}-\mathbf{X}_{i1}\mathbf{R}_1^{-1}\mathbf{R}_2$。

7.7　考察面板数据模型

$$y_{it}=\mathbf{x}_{it}\boldsymbol{\beta}+u_{it},\quad t=1,2,\cdots,T$$
$$\text{E}(u_{it}\mid\mathbf{x}_{it},u_{i,t-1},\mathbf{x}_{i,t-1},\cdots,)=0$$
$$\text{E}(u_{it}^2\mid\mathbf{x}_{it})=\text{E}(u_{it}^2)=\sigma_t^2,\quad t=1,\cdots,T$$

[注意，$\text{E}(u_{it}^2\mid\mathbf{x}_{it})$ 不依赖于 $\mathbf{x}_{it}$，但是，它在每一个时间段可以成为不同的常数。]

* 原文为$\hat{\hat{\boldsymbol{\beta}}}$，疑应为$\check{\boldsymbol{\beta}}$。——译者注

a. 证明，$\mathbf{\Omega}=\mathrm{E}(\mathbf{u}_i\mathbf{u}_i')$ 是一个对角矩阵。

b. 假定 $\mathbf{\Omega}$ 是已知的，写出 GLS 估计量。

c. 论证，在所做出的假设下，假设 SGLS. 1 不一定成立。（在解答这部分内容时，设置 $\mathbf{x}_{it}=y_{i,t-1}$会有所帮助。）然而，通过证明 $\mathrm{E}(\mathbf{X}_i'\mathbf{\Omega}^{-1}\mathbf{u}_i)=\mathbf{0}$，可以证明 b 部分中的 GLS 估计量关于 $\boldsymbol{\beta}$ 是一致的。[这个证明表明，对于一致性而言，假设 SGLS. 1 是充分条件，但不是必要条件。有时候，尽管假设 SGLS. 1 不成立，但 $\mathrm{E}(\mathbf{X}_i'\mathbf{\Omega}^{-1}\mathbf{u}_i)=\mathbf{0}$。]

d. 证明，在已知假设下，假设 SGLS. 3 成立。

e. 请解释（当 $N\to\infty$时），如何一致地估计出每一个 σ_t^2。

f. 论证，在所做出的假设下，通过对每个观测值（y_{it}，$\mathbf{x}_{it}$）用 $1/\hat{\sigma}_t$进行加权，然后实施混合 OLS 来获得有效推断。

g. 如果我们假定 $\sigma_t^2=\sigma^2$，对于所有 $t=1$，…，T，会发生什么情形呢？

7.8　重新做例题 7.3，把福利种类分解成假期天数、病假、雇主提供的保险值、养老金，利用这些量的每小时测量值以及 *hrearn* 去估计 SUR 模型。婚姻状况看起来会影响到任何一种补偿方式吗？通过相同数据，检验多受一年教育是否会增加期望养老金价值以及期望保险。

7.9　重新做例题 7.7，但是在方程中包含 log(*scrap*) 的单个滞后项来代表可以确定所接受津贴的遗漏变量。检验 AR(1) 的序列相关性。如果你发现有序列相关，那么计算出考虑跨越时间的任意序列相关以及异方差性完全稳健的标准误。

7.10　在例题 7.9 中，计算出对于序列相关以及异方差性来说是完全稳健的标准误。讨论稳健标准误与一般标准误之间的重要差异。

7.11　本题利用 CORNWELL. RAW 中的数据，参阅习题 4.13。

a. 利用全部 7 年的数据，并且利用所有变量的对数，估计与 *prbarr*，*prbconv*，*prbpris*，*avgsen* 以及 *polpc* 有关的一种犯罪率模型，使用混合 OLS，而且包括一整套年度虚拟变量。假定解释变量都是严格外生的，检验序列相关。如果存在序列相关，获得完全稳健标准误。

b. 把 log(*crmrte*) 的一年滞后项添加到 a 部分的方程里，并且将其与出自 a 部分的估计值相比较。

c. 检验出自 b 部分模型误差项里的一阶序列相关性，如果序列相关存在，计算出完全稳健标准误。

d. 把全部工资变量（对数形式）添加到 c 部分的方程里。哪一个工资变量是统计显著与经济显著的呢？它们是联合显著的吗？检验允许任何序列相关与异方差性的工资变量的联合显著。

7.12　如果你在 t 年开始时把财产添加到例题 7.2 的储蓄方程上，那么严格外生性假设可能成立吗？请解释。

7.13　使用 NBASAL. RAW 中的数据来回答这个问题。

a. 为三个响应变量 *points*，*rebounds* 以及 *assists* 估计一个 SUR 模型。在每个方程中的解释变量应当为 *age*，*exper*，$exper^2$，*coll*，*guard*，*forward*， *black* 以及 *marr*。婚姻状态在每个变量上有一个正或负的效应吗？它在 *assists* 方程中统计显著吗？

b. 检验婚姻状态可被完全排除在方程组外的假设。你可以使用维持假设 SGLS. 3 的检验。

c. 你怎么理解在一个方程中，变量 *coll* 上有负值的、统计显著的系数？

7.14 考虑在假设 $E(\mathbf{X}_i \otimes \mathbf{u}_i)=\mathbf{0}$ 以及 $E(\mathbf{u}_i\mathbf{u}_i' \mid \mathbf{X}_i)=\mathbf{\Omega}$ 下的方程组 $\mathbf{y}_i=\mathbf{X}_i\boldsymbol{\beta}+\mathbf{u}_i$。考虑带有 $\hat{\mathbf{\Omega}}$ 对 $\mathbf{\Omega}$ 是一致的 FGLS 估计量以及另一个使用 $\hat{\mathbf{\Lambda}}\xrightarrow{p}\mathbf{\Lambda}\neq\mathbf{\Omega}$ 的 FGLS 估计量。证明前者至少和后者一样渐近有效。

7.15 在假设 $E(\mathbf{u}_i \mid \mathbf{X}_i, \mathbf{Z}_i)=\mathbf{0}$ 以及 $\mathrm{Var}(\mathbf{u}_i \mid \mathbf{X}_i, \mathbf{Z}_i)=\mathbf{\Omega}_i$ 下的方程组 $\mathbf{y}_i=\mathbf{X}_i\boldsymbol{\beta}+\mathbf{Z}_i\gamma+\mathbf{u}_i$ 中，另外假设 $\mathbf{Z}_i$ 的每个元素与 $\mathbf{X}_i$ 的每个元素不相关，$E(\mathbf{X}_i \otimes \mathbf{Z}_i)=\mathbf{0}$。（我们现在可以思考这样的情形：$\mathbf{X}_i$ 包含单位一，且这样 $\mathbf{Z}_i$ 可被标准化为有一个零均值。）设 $\hat{\boldsymbol{\beta}}$ 来自使用 $\mathbf{\Omega}$ 的一个一致性估计量 $\hat{\mathbf{\Omega}}$ 的完整模型的 FGLS 估计量（连同 $\hat{\gamma}$ 一起获得）。设 $\tilde{\boldsymbol{\beta}}$ 是在使用了 $E(\mathbf{v}_i\mathbf{v}_i')$ 的一个一致性估计量的受约束模型 $\mathbf{y}_i=\mathbf{X}_i\boldsymbol{\beta}+\mathbf{v}_i$ 上的 FGLS 估计量。证明 $\mathrm{Avar}[\sqrt{N}(\tilde{\boldsymbol{\beta}}-\boldsymbol{\beta})]-\mathrm{Avar}[\sqrt{N}(\hat{\boldsymbol{\beta}}-\boldsymbol{\beta})]$ 是一个最小半正定矩阵。

第 8 章 利用工具变量的系统估计

8.1 简介与例子

在第 7 章里，当解释变量满足某种外生性条件时，我们研究了线性方程组的系统估计。对于许多应用来说，即使是这些假设中最弱的一个即假设 SOLS.1 也会被违背，在此情形中，工具变量方法就是必不可少的。

系统工具变量（system instrumental variables，SIV）估计的现代方法是建立在**广义矩方法**（generalized method of moments，GMM）原理之上的。当极大似然估计需要求解非线性最优化时，为了获得统计中的单个参数估计值而采用矩方法具有悠久的历史。汉森（Hansen，1982）与怀特（White，1982b）证明了如何把矩方法推广应用到各种各样的计量经济模型上，而且他们推导出了 GMM 的一些渐近性质。汉森（Hansen，1982）创建了“广义矩方法”的名称，并且研究时间序列数据，而怀特（White，1982b）则假定独立进行抽样来获得观测值的情形。

一类相关的估计量被归入标题“广义工具变量（GIV）”下。正如我们将在 8.4 节中看到的，GIV 估计量可以被看成是我们在第 7 章中所涵盖的广义最小二乘（GLS）法的一个扩展。我们同样将看到，由于依赖于像 GLS 那样的变换，在某些重要的情形下，当 GMM 为一致时，GIV 估计量会不一致。

尽管本章所考察的一些模型比第 5 章已研究过的模型更一般，但是，IV 估计量的渐近性质的推导在技巧上类似于第 5 章和第 7 章的推导。因此，本章中的一些证明将是简明扼要的或者被全部省略。

在计量经济学中，最熟悉的 SIV 估计的应用是**联立方程模型**（simultaneous equations model，SEM）。我们将在第 9 章特别地涉及一些 SEM，但是以具有代表性的 SEM 例子开始是有益的。系统估计方法超越了古典联立方程方法的一些应用范围。本章我们将运用第 11 章中面板数据模型分析的一些结果。

例 8.1（劳动力供给与工资报价函数） 考察下面表示劳动力供给小时数的函数 h^s，它是个体在任意工资 w 上所面临的小时数。与以往一样，我们以总体形式把这些内容表示出来：

$$h^s(w)=\gamma_1 w+\mathbf{z}_1\boldsymbol{\delta}_1+u_1 \tag{8.1}$$

其中 $\mathbf{z}_1$ 表示可观测的劳动力供给变动因素（shifters）的向量——包括教育、过去的工作经验、年龄、婚姻状况、子女数目以及非劳动收入，而 u_1 表示不可观测的影响劳动力供给的因素。劳动力供给函数可以从个体效用最大化行为中推导出来，而使用方程（8.1）记号的目的是要强调，对于给定的 $\mathbf{z}_1$ 与 u_1，劳动力供给函数提供了工人在面对任何可行工资（w）时所期望工作的小时数。作为一个特殊例子，我们只能观测到工作小时数与每小时工资的均衡值。但是，对基本方程（8.1）的反事实推理是考察劳动力供给的适宜方法。

工资报价函数提供了市场把对每小时工资报价作为工作小时数的函数。（可能的情形是，工资报价并不依赖于工作小时数，但是，通常情形是依赖的。）对于可观测的生产率属性 $\mathbf{z}_2$（例如，教育、工作经验以及在职培训情形）以及不可观测的属性 u_2 来说，我们把工资报价函数写成

$$w^0(h)=\gamma_2 h+\mathbf{z}_2\boldsymbol{\delta}_2+u_2 \tag{8.2}$$

此外，对于给定的 $\mathbf{z}_2$ 与 u_2，$w^0(h)$ 又一次给出了对个体愿意工作 h 小时的工资报价。

方程（8.1）与方程（8.2）解释了劳动力市场的不同方面。然而，我们几乎不能假定，个体被给定了一个外生工资报价，然后，在那个工资水平上，基于方程（8.1）决定工作多少时间。一个合情合理的方法是，假定可观测的小时数与工资是使得方程（8.1）以及方程（8.2）两者都成立。换句话讲，设（h，w）表示均衡值，我们有

$$h=\gamma_1 w+\mathbf{z}_1\boldsymbol{\delta}_1+u_1 \tag{8.3}$$

$$w=\gamma_2 h+\mathbf{z}_2\boldsymbol{\delta}_2+u_2 \tag{8.4}$$

在关于参数的一些弱约束下，这些方程作为 $\mathbf{z}_1$，$\mathbf{z}_2$，u_1，u_2 以及参数的函数可以唯一地求解出 (h,w)；我们将在第 9 章一般地考察这个专题。进一步地，如果 $\mathbf{z}_1$ 与 $\mathbf{z}_2$ 在

$$\mathrm{E}(u_1|\mathbf{z}_1,\mathbf{z}_2)=\mathrm{E}(u_2|\mathbf{z}_1,\mathbf{z}_2)=0$$

意义下是外生的，在识别假设下，我们可以一致地估计出劳动力供给以及工资报价函数的参数。我们在第 9 章会详细地考虑 SEM 的识别问题。有时候，我们还忽略了在实践上所谓的重要问题：个体的均衡小时数会是 0，在此情形中，对于这些人来说，w 是不可观测的。我们在第 17 章将处理**缺失数据**（missing data）问题。

对于从总体中随机抽取的样本来说，我们可以写成

$$h_i=\gamma_1 w_i+\mathbf{z}_{i1}\boldsymbol{\delta}_1+u_{i1} \tag{8.5}$$

$$w_i = \gamma_2 h_i + \mathbf{z}_{i2} \boldsymbol{\delta}_2 + u_{i2} \tag{8.6}$$

除了在一些非常特殊的假设下之外，u_{i1} 与 w_i 将是相关的，而 u_{i2} 与 h_i 将是相关的。换句话讲，w_i 在方程（8.5）中可能是内生的，而 h_i 在方程（8.6）中可能是内生的。这正是我们研究系统工具变量方法的原因。

一个与例题 8.1 具有相同的统计结构，但却拥有遗漏变量解释的例子是受到柯里和托马斯（Currie and Thomas，1995）的启发而形成的。

例 8.2（学生成绩与超前班） 考察一个检验参与超前班对后来学生成绩影响的方程：

$$score_i = \gamma_1 HeadStart_i + \mathbf{z}_{i1} \boldsymbol{\delta}_1 + u_{i1} \tag{8.7}$$

其中，$score_i$ 表示儿童入学时的测验结果，而 $HeadStart_i$ 表示一个**二值指示符**（binary indicator）。如果儿童 i 在很小年龄就参与超前班，那么指示符等于 1，否则等于 0。向量 $\mathbf{z}_{i1}$ 包括了其他一些可以观测的因素，比如收入、教育以及家庭背景。误差项 u_{i1} 包括了影响分数的一些不可观测因素——例如儿童的能力，而不可观测因素可能还与 $HeadStart$ 是相关的，为捕捉 $HeadStart$ 的可能内生性，我们写出关于 $HeadStart_i$ 的一个线性约简型（线性投影）：

$$HeadStart_i = \mathbf{z}_i \boldsymbol{\delta}_2 + u_{i2} \tag{8.8}$$

记住，即便 $HeadStart_i$ 是一个二值变量，但这个投影总是存在的。向量 $\mathbf{z}_i$ 包含 $\mathbf{z}_{i1}$ 以及至少一个对分数（$score$）没有直接效应但影响超前班参与的因素。一种可能性是，到最近超前班中心的距离。在这个例题中，我们可能愿意假定 $\mathrm{E}(u_{i1} \mid \mathbf{z}_i) = 0$，由于测验分数方程是结构性的，但是，我们会仅仅要求假定 $\mathrm{E}(\mathbf{z}_i' u_{i2}) = \mathbf{0}$，因为超前班方程是涉及一个二值因变量的线性投影。$u_1$ 与 u_2 之间的相关意味着，$HeadStart$ 在方程（8.7）中是内生的。

前面的两个例题都可以用观测值 i 写成

$$y_{i1} = \mathbf{x}_{i1} \boldsymbol{\beta}_1 + u_{i1} \tag{8.9}$$

$$y_{i2} = \mathbf{x}_{i2} \boldsymbol{\beta}_2 + u_{i2} \tag{8.10}$$

这正如两个方程的 SUR 方程组一样，但是 $\mathbf{x}_{i1}$ 与 $\mathbf{x}_{i2}$ 可以包含内生变量以及外生变量。由于 $\mathbf{x}_{i1}$ 以及 $\mathbf{x}_{i2}$ 通常都与 u_{i1} 以及 u_{i2} 是相关的，如同我们在第 7 章所研究的那样，借助于 OLS 或 FGLS 对这些方程进行估计通常会产生非一致的估计量。

我们已经知道，估计诸如方程（8.9）的一种方法是：如果我们具有充分的工具变量，那么就应用 2SLS。尽管 2SLS 经常产生一些可以接受的结果，但是为什么我们应该超越单方程分析呢？这并不为奇，我们关注含有内生解释变量的系统方法与有效性是有关系的。在许多情形中，我们通过联合估计 $\boldsymbol{\beta}_1$ 与 $\boldsymbol{\beta}_2$ 可以获得更有效的估计量，也就是，要通过利用系统方法进行估计。这种有效性提高（efficiency gains）类似于在 SUR 方程组中可以通过利用可行 GLS 而不是 OLS 所获得的有效性提高。

8.2 一般线性方程组

现在，我们讨论一般线性模型

$$\mathbf{y}_i = \mathbf{X}_i \boldsymbol{\beta} + \mathbf{u}_i \tag{8.11}$$

的估计，其中 $\mathbf{y}_i$ 表示一个 $G \times 1$ 维向量，$\mathbf{X}_i$ 表示一个 $G \times K$ 维矩阵，而 $\mathbf{u}_i$ 表示 $G \times 1$ 维误差向量，除了我们即将要使用的不同假设之外，这个模型等同于方程(7.9)。在详细写出一些例子时，我们常常省略观测值的下标 i，但是，对于一般分析而言，携带下标是一种十分有益的记法。如同第 7 章一样，$\mathbf{y}_i$，$\mathbf{X}_i$ 以及 $\mathbf{u}_i$ 的行对于相同的横截面单位来说，它们可以表示不同的时期间段（这样 $G=T$，即时间段总数）。因此，下述分析可以应用到面板数据模型上，其中 T 相对于横截面样本量 N 而言是很小的；例如，参阅习题 8.8。在第 11 章中，我们将涵盖一般的面板数据应用问题。（如同第 7 章一样，对于基本面板数据模型而言，称谓“方程组”并不是特别准确，因为我们跨越 T 个不同时间段仅有一个行为方程。）

下面的正交性条件是估计 $\boldsymbol{\beta}$ 的基础：

假设 SIV.1：$\mathrm{E}(\mathbf{Z}_i' \mathbf{u}_i) = \mathbf{0}$，其中 $\mathbf{Z}_i$ 表示一个 $G \times L$ 维可观测工具变量的矩阵。

（首字母组合词 SIV 代表“系统工具变量”。）为了讨论方便起见，我们假定 $\mathrm{E}(\mathbf{u}_i) = \mathbf{0}$；实际上这个假设几乎总是成立的。

从我们所知道的单方程 IV 与 2SLS 的内容来看，假设 SIV.1 并不足以识别向量 $\boldsymbol{\beta}$。识别的充分假设是**秩条件**（rank condition）：

假设 SIV.2：秩 $\mathrm{E}(\mathbf{Z}_i' \mathbf{X}_i) = K$。

假设 SIV.2 推广了单方程情形的秩条件。（当 $G=1$ 时，假设 SIV.2 与假设 2SLS.2（b）是相同的。）由于 $\mathrm{E}(\mathbf{Z}_i' \mathbf{X}_i)$ 是一个 $L \times K$ 维矩阵，所以假设 SIV.2 要求此矩阵的列是线性独立的。秩条件的必要要求是**阶条件**（order condition）：$L \geqslant K$。我们在第 9 章将会详细地研究一大类模型的秩条件。现在，我们仅仅假定它是成立的。

正如第 7 章那样，举两个例子是有用的。第一个例子应用于联立方程组模型和其他含有内生解释变量的方程组。第二个例子是一个设定了工具变量的面板数据模型，这些工具变量与解释变量不同。

对于第一个例子，写出关于总体的一个 G 方程组为

$$\begin{aligned} y_1 &= \mathbf{x}_1 \boldsymbol{\beta}_1 + u_1 \\ &\vdots \\ y_G &= \mathbf{x}_G \boldsymbol{\beta}_G + u_G \end{aligned} \tag{8.12}$$

其中，对于每一个方程 g 来说，$\mathbf{x}_g$ 表示一个既包含外生变量又包含内生变量的

$1\times K_g$ 维向量。对于每一个 g 而言，$\boldsymbol{\beta}_g$ 表示 $K_g\times 1$ 维向量。因为这非常像第 7 章的 SUR 方程组，所以我们将其称为 SUR 方程组，记住一个关键的事实：$\mathbf{x}_g$ 的一些元素，至少对于某一个 g 而言被认为是与 u_g 相关的。

对于每一个方程，假定我们拥有一个工具变量集合，$1\times L_g$ 维向量 $\mathbf{z}_g$，它在

$$\mathrm{E}(\mathbf{z}_g' u_g)=\mathbf{0},\quad g=1,2,\cdots,G \tag{8.13}$$

意义下是外生的。在相当多的应用中，对于每一个 g 而言，1 是 $\mathbf{z}_g$ 的一个元素，因而，对于所有 g，$\mathrm{E}(u_g)=0$。正如我们将要看到的，并且像我们从单方程分析中所知晓的那样，如果 $\mathbf{x}_g$ 包括了与 u_g 相关的某些元素，那么 $\mathbf{z}_g$ 必须包括比方程 g 中所出现的外生变量更多的变量。由在方程组中出现的所有外生变量所构成的相同工具变量，相当多的时候对每一个方程都是有效的，因而 $\mathbf{z}_g=\mathbf{w}$(say)，$g=1$，2，…，G。一些应用要求我们对于不同方程具有不同的工具变量，所以我们允许出现这种情形的可能性。

对方程（8.12）中的变量设置下标 i，并且定义

$$\underset{G\times 1}{\mathbf{y}_i}\equiv\begin{pmatrix} y_{i1}\\ y_{i2}\\ \vdots\\ y_{iG}\end{pmatrix},\ \underset{G\times K}{\mathbf{X}_i}\equiv\begin{bmatrix} \mathbf{x}_{i1} & \mathbf{0} & \mathbf{0} & \cdots & \mathbf{0}\\ \mathbf{0} & \mathbf{x}_{i2} & \mathbf{0} & \cdots & \mathbf{0}\\ \vdots & \vdots & \vdots & & \vdots\\ \mathbf{0} & \mathbf{0} & \mathbf{0} & \cdots & \mathbf{x}_{iG}\end{bmatrix},\ \underset{G\times 1}{\mathbf{u}_i}\equiv\begin{pmatrix} u_{i1}\\ u_{i2}\\ \vdots\\ u_{iG}\end{pmatrix} \tag{8.14}$$

而且 $\boldsymbol{\beta}=(\boldsymbol{\beta}_1', \boldsymbol{\beta}_2', \cdots, \boldsymbol{\beta}_G')'$，我们可以用形式（8.11）写出方程（8.12）。注意到，$K=K_1+K_2+\cdots+K_G$ 是方程组中参数的总数。

工具变量的矩阵具有类似于 $\mathbf{X}_i$ 的结构：

$$\mathbf{Z}_i\equiv\begin{bmatrix} \mathbf{z}_{i1} & \mathbf{0} & \mathbf{0} & \cdots & \mathbf{0}\\ \mathbf{0} & \mathbf{z}_{i2} & \mathbf{0} & \cdots & \mathbf{0}\\ \vdots & \vdots & \vdots & & \vdots\\ \mathbf{0} & \mathbf{0} & \mathbf{0} & \cdots & \mathbf{z}_{iG}\end{bmatrix} \tag{8.15}$$

它具有 $G\times L$ 维数，其中 $L=L_1+L_2+\cdots+L_G$。于是，对于每一个 i，

$$\mathbf{Z}_i'\mathbf{u}_i=(\mathbf{z}_{i1}u_{i1}, \mathbf{z}_{i2}u_{i2}, \cdots, \mathbf{z}_{iG}u_{iG})' \tag{8.16}$$

所以 $\mathrm{E}(\mathbf{Z}_i'\mathbf{u}_i)=\mathbf{0}$ 复制了正交性条件（8.13）。而且

$$\mathrm{E}(\mathbf{Z}_i'\mathbf{X}_i)=\begin{bmatrix} \mathrm{E}(\mathbf{z}_{i1}'\mathbf{x}_{i1}) & \mathbf{0} & \mathbf{0} & \cdots & \mathbf{0}\\ \mathbf{0} & \mathrm{E}(\mathbf{z}_{i2}'\mathbf{x}_{i2}) & \mathbf{0} & \cdots & \mathbf{0}\\ \vdots & \vdots & \vdots & & \vdots\\ \mathbf{0} & \mathbf{0} & \mathbf{0} & \cdots & \mathrm{E}(\mathbf{z}_{iG}'\mathbf{x}_{iG})\end{bmatrix} \tag{8.17}$$

其中 $\mathrm{E}(\mathbf{z}_{ig}'\mathbf{x}_{ig})$ 表示一个 $L_g\times K_g$ 维的矩阵。假设 SIV. 2 要求这个矩阵是列满秩的，其中列数是 $K=K_1+K_2+\cdots+K_G$。出自线性代数的一个著名结果表

明，当且仅当矩阵中每一个分块是列满秩的，分块对角矩阵是列满秩的。换句话讲，在本例题中，当且仅当

$$秩\ \mathrm{E}(\mathbf{z}_{ig}'\mathbf{x}_{ig})=K_g, \quad g=1,2,\cdots,G \tag{8.18}$$

假设 SIV.2 成立。这确实是通过 2SLS 估计每一个方程所需要的秩条件，它是我们在条件（8.13）以及条件（8.18）下可能知道的内容。因此，SUR 方程组的识别等价于逐个方程进行估计的识别。这种推理假设，$\boldsymbol{\beta}_g$ 对于不同方程来说是无约束的。如果前面的一些约束是已知的，那么识别问题就更为复杂，我们在第 9 章中将会以显性方式研究这类问题。

在相同工具变量比如说 $\mathbf{w}_i$ 可用于每一个方程的重要特殊情形中，我们可以把定义（8.15）写成 $\mathbf{Z}_i=\mathbf{I}_G\otimes\mathbf{w}_i$。

对于面板数据模型

$$y_{it}=\mathbf{x}_{it}\boldsymbol{\beta}+u_{it}, \quad t=1,\cdots,T \tag{8.19}$$

我们设 $G=T$ 并像在第 7 章中那样定义 $T\times K$ 维矩阵：

$$\mathbf{X}_i=\begin{pmatrix}\mathbf{x}_{i1}\\ \mathbf{x}_{i2}\\ \vdots\\ \mathbf{x}_{iT}\end{pmatrix} \tag{8.20}$$

正如在（8.19）中所写的模型那样，在每一个时间段，有一个普通向量 $\boldsymbol{\beta}$。然而，正如我们在第 7 章中讨论的那样，该符号考虑到了不同的截距项和斜率，因为 $\mathbf{x}_{it}$ 能包含时间段虚拟变量和在时间虚拟变量与协变量（无论这些协变量是否随时间改变）之间的交互项。

如果 $\mathbf{z}_{it}$ 是一个对于每个时间段而言 $1\times L_t$ 维的工具变量向量，在如下意义中：

$$\mathrm{E}(\mathbf{z}_{it}'u_{it})=\mathbf{0}, \quad t=1,\cdots,T \tag{8.21}$$

那么我们能像在（8.15）中那样定义工具矩阵，只需做一个小小的符号变动 $G=T$。当 L_t 对于所有 t 都相同时（$L_t=L, t=1,\cdots,T$），有可能得到一个不同的选择：

$$\mathbf{Z}_i=\begin{pmatrix}\mathbf{z}_{i1}\\ \mathbf{z}_{i2}\\ \vdots\\ \mathbf{z}_{iT}\end{pmatrix} \tag{8.22}$$

正如我们将看到，一般地，与在（8.15）中那样选择工具变量相比，选择（8.22）会得出一个不同的估计量。

8.3 广义矩估计方法

8.3.1 一般加权矩阵

假设 SIV.1 的正交性条件建议了一种估计策略。在假设 SIV.1 与假设 SIV.2 下，$\boldsymbol{\beta}$ 是求解线性集合总体矩条件的唯一 $K\times 1$ 维向量：

$$\mathrm{E}[\mathbf{Z}_i'(\mathbf{y}_i-\mathbf{X}_i\boldsymbol{\beta})]=\mathbf{0} \tag{8.23}$$

（$\boldsymbol{\beta}$ 是由假设 SIV.1 得出的解，并且由假设 SIV.2 所得到的唯一解。）换句话讲，如果 $\mathbf{b}$ 是任何一个其他 $K\times 1$ 维向量（从而 $\mathbf{b}$ 的至少一个元素不同于 $\boldsymbol{\beta}$ 中所对应的元素），那么

$$\mathrm{E}[\mathbf{Z}_i'(\mathbf{y}_i-\mathbf{X}_i\mathbf{b})]\neq\mathbf{0} \tag{8.24}$$

这个公式表明，$\boldsymbol{\beta}$ 是可识别的。由于样本平均值是总体矩的一致估计量，所以应用到条件（8.23）的类似原理建议，对估计量 $\hat{\boldsymbol{\beta}}$ 进行选择以求解：

$$N^{-1}\sum_{i=1}^{N}\mathbf{Z}_i'(\mathbf{y}_i-\mathbf{X}_i\hat{\boldsymbol{\beta}})=\mathbf{0} \tag{8.25}$$

方程（8.25）是 $\hat{\boldsymbol{\beta}}$ 的 K 个未知数的 L 个线性方程组的集合。首先，考察 $L=K$ 的情形，因此，我们在方程组中恰好具有足够的解释变量 IV。于是，如果 $K\times K$ 维矩阵 $\sum_{i=1}^{N}\mathbf{Z}_i'\mathbf{X}_i$ 是非奇异的，我们可以求解出 $\hat{\boldsymbol{\beta}}$ 为

$$\hat{\boldsymbol{\beta}}=\left(N^{-1}\sum_{i=1}^{N}\mathbf{Z}_i'\mathbf{X}_i\right)^{-1}\left(N^{-1}\sum_{i=1}^{N}\mathbf{Z}_i'\mathbf{y}_i\right) \tag{8.26}$$

我们利用完整的矩阵记号可以把 $\hat{\boldsymbol{\beta}}$ 写成 $\hat{\boldsymbol{\beta}}=(\mathbf{Z}'\mathbf{X})^{-1}\mathbf{Z}'\mathbf{Y}$，其中 $\mathbf{Z}$ 表示 $NG\times L$ 维矩阵，它是从 $i=1$，2，…，N 开始对 $\mathbf{Z}_i$ 堆积而获得的；$\mathbf{X}$ 表示 $NG\times L$ 维矩阵，它是从 $i=1$，2，…，N 开始对 $\mathbf{X}_i$ 堆积而得到的；而 $\mathbf{Y}$ 表示 $NG\times 1$ 维向量，它是从 $i=1$，2，…，N 开始对 $\mathbf{y}_i$ 堆积而得到的。我们称式（8.26）为**系统 IV 估计量**（system IV（SIV）estimator）。利用大数定律，可以证明，在假设 SIV.1 与假设 SIV.2 下，SIV 估计量是一致的。

当 $L>K$ 时——因此，我们具有多于识别所需要的 IV 矩阵 $\mathbf{Z}_i$ 的列——对 $\hat{\boldsymbol{\beta}}$ 进行选择会更复杂。除了特殊情形之外，方程（8.25）将不会有解。相反，我们选取 $\hat{\boldsymbol{\beta}}$ 以使样本方程（8.25）中的向量尽可能地“小”。一种思想是，最小化方程（8.25）中 $L\times 1$ 维向量的平方欧几里得长度。在舍弃掉 $1/N$ 后，这一方法建议选取 $\hat{\boldsymbol{\beta}}$ 以使

$$\left[\sum_{i=1}^{N}\mathbf{Z}_i'(\mathbf{y}_i-\mathbf{X}_i\hat{\boldsymbol{\beta}})\right]'\left[\sum_{i=1}^{N}\mathbf{Z}_i'(\mathbf{y}_i-\mathbf{X}_i\hat{\boldsymbol{\beta}})\right]$$

尽可能地小。尽管这个方法在假设 SIV.1 与假设 SIV.2 下产生了一致估计量，但却很少产生最佳估计量，我们在 8.3.3 节中将会看到其缘由。

更一般类型的估计量可以通过利用二次形式中的**加权矩阵**（weighting matrix）来得到。设$\hat{\mathbf{W}}$表示一个对称的、$L\times L$ 维半正定矩阵，其中"ˆ"被用来强调$\hat{\mathbf{W}}$通常是一个估计量。$\boldsymbol{\beta}$ 的**广义矩方法估计量**（generalized method of moments（GMM）estimator）是求解出问题

$$\min_{\mathbf{b}}\left[\sum_{i=1}^{N}\mathbf{Z}_i'(\mathbf{y}_i-\mathbf{X}_i\mathbf{b})\right]'\hat{\mathbf{W}}\left[\sum_{i=1}^{N}\mathbf{Z}_i'(\mathbf{y}_i-\mathbf{X}_i\mathbf{b})\right] \tag{8.27}$$

的向量 $\hat{\boldsymbol{\beta}}$。由于表达式（8.27）是 $\mathbf{b}$ 的二次函数，所以对它的求解具有一个**闭型**（close form）。利用多元微积分或直接代换，一旦假定 $\mathbf{X}'\mathbf{Z}\hat{\mathbf{W}}\mathbf{Z}'\mathbf{X}$ 是非奇异的，我们可以证明，唯一解是

$$\hat{\boldsymbol{\beta}}=(\mathbf{X}'\mathbf{Z}\hat{\mathbf{W}}\mathbf{Z}'\mathbf{X})^{-1}(\mathbf{X}'\mathbf{Z}\hat{\mathbf{W}}\mathbf{Z}'\mathbf{Y}) \tag{8.28}$$

为了证明这个估计量是一致的，我们假定 $\hat{\mathbf{W}}$具有非奇异的概率极限。

假设 SIV.3： 当 $N\to\infty$时，$\hat{\mathbf{W}}\xrightarrow{p}\mathbf{W}$，其中 $\mathbf{W}$ 表示一个非随机的、对称的 $L\times L$ 维正定矩阵。

在应用中，假设 SIV.3 中的收敛可由大数定律得出，因为 $\hat{\mathbf{W}}$是样本平均值的函数。$\mathbf{W}$ 被假定成是正定的事实意味着，$\hat{\mathbf{W}}$以接近于 1 的概率是正定的（参阅第 3 章）。我们可以把正定性假设放松到半正定性的假设，但却是以对假设复杂化为代价的。在大多数的应用中，我们可以假定 $\mathbf{W}$ 是正定的。

定理 8.1（GMM 的一致性） 在假设 SIV.1 至假设 SIV.3 下，当 $N\to\infty$ 时，$\hat{\boldsymbol{\beta}}\xrightarrow{p}\boldsymbol{\beta}$。

证明： 写出

$$\hat{\boldsymbol{\beta}}=\left[\left(N^{-1}\sum_{i=1}^{N}\mathbf{X}_i'\mathbf{Z}_i\right)\hat{\mathbf{W}}\left(N^{-1}\sum_{i=1}^{N}\mathbf{Z}_i'\mathbf{X}_i\right)\right]^{-1}\left(N^{-1}\sum_{i=1}^{N}\mathbf{X}_i'\mathbf{Z}_i\right)\hat{\mathbf{W}}\left(N^{-1}\sum_{i=1}^{N}\mathbf{Z}_i'\mathbf{y}_i\right)$$

把 $\mathbf{y}_i=\mathbf{X}_i\boldsymbol{\beta}+\mathbf{u}_i$代入其中，并且经过一些代数运算得出

$$\hat{\boldsymbol{\beta}}=\boldsymbol{\beta}+\left[\left(N^{-1}\sum_{i=1}^{N}\mathbf{X}_i'\mathbf{Z}_i\right)\hat{\mathbf{W}}\left(N^{-1}\sum_{i=1}^{N}\mathbf{Z}_i'\mathbf{X}_i\right)\right]^{-1}\left(N^{-1}\sum_{i=1}^{N}\mathbf{X}_i'\mathbf{Z}_i\right)\hat{\mathbf{W}}\left(N^{-1}\sum_{i=1}^{N}\mathbf{Z}_i'\mathbf{u}_i\right)$$

在假设 SIV. 2 下，$\mathbf{C} \equiv \mathrm{E}(\mathbf{Z}_i'\mathbf{X}_i)$ 具有秩 K，而且把这与假设 SIV. 3 结合起来，则 $\mathbf{C}'\mathbf{W}\mathbf{C}$ 具有秩 K，因此是非奇异的。由大数定律可得，$\operatorname{plim} \hat{\boldsymbol{\beta}} = \boldsymbol{\beta} + (\mathbf{C}'\mathbf{W}\mathbf{C})^{-1} \mathbf{C}'\mathbf{W}(\operatorname{plim} N^{-1} \sum_{i=1}^{N} \mathbf{Z}_i'\mathbf{u}_i) = \boldsymbol{\beta} + (\mathbf{C}'\mathbf{W}\mathbf{C})^{-1} \mathbf{C}'\mathbf{W} \cdot \mathbf{0} = \boldsymbol{\beta}$。

定理 8.1 表明，倘若我们选择 $\hat{\mathbf{W}}$ 以满足一些适当的约束，在假设 SIV. 1 与假设 SIV. 2 下，$\boldsymbol{\beta}$ 的一大类估计量是一致的。当 $L=K$ 时，不论我们怎样选择 $\hat{\mathbf{W}}$，方程（8.28）中的 GMM 估计量都会变成方程（8.26），因为 $\mathbf{X}'\mathbf{Z}$ 是一个 $K \times K$ 维的非奇异矩阵。

在前三个假设下，我们还可以证明，$\hat{\boldsymbol{\beta}}$ 是渐近正态分布的。

定理 8.2（GMM 的渐近正态性） 在假设 SIV. 1 至假设 SIV. 3 下，$\sqrt{N}(\hat{\boldsymbol{\beta}} - \boldsymbol{\beta})$ 是均值为零且

$$\operatorname{Avar} \sqrt{N}(\hat{\boldsymbol{\beta}} - \boldsymbol{\beta}) = (\mathbf{C}'\mathbf{W}\mathbf{C})^{-1} \mathbf{C}'\mathbf{W}\boldsymbol{\Lambda}\mathbf{W}\mathbf{C}(\mathbf{C}'\mathbf{W}\mathbf{C})^{-1} \tag{8.29}$$

的渐近正态分布，其中

$$\boldsymbol{\Lambda} \equiv \mathrm{E}(\mathbf{Z}_i'\mathbf{u}_i\mathbf{u}_i'\mathbf{Z}_i) = \operatorname{Var}(\mathbf{Z}_i'\mathbf{u}_i) \tag{8.30}$$

我们并不会详细地证明这个定理，因为它可以由

$$\sqrt{N}(\hat{\boldsymbol{\beta}} - \boldsymbol{\beta}) = \left[\left(N^{-1} \sum_{i=1}^{N} \mathbf{X}_i'\mathbf{Z}_i\right) \hat{\mathbf{W}} \left(N^{-1} \sum_{i=1}^{N} \mathbf{Z}_i'\mathbf{X}_i\right)\right]^{-1} \left(N^{-1} \sum_{i=1}^{N} \mathbf{X}_i'\mathbf{Z}_i\right) \hat{\mathbf{W}} \left(N^{-1/2} \sum_{i=1}^{N} \mathbf{Z}_i'\mathbf{u}_i\right)$$

推出，其中我们使用 $N^{-1/2} \sum_{i=1}^{N} \mathbf{Z}_i'\mathbf{u}_i \xrightarrow{d} \operatorname{Normal}(\mathbf{0}, \boldsymbol{\Lambda})$ 的事实。式（8.29）中的渐近方差矩阵看起来复杂，但是它可以一致地得到估计。如果 $\hat{\boldsymbol{\Lambda}}$ 是 $\boldsymbol{\Lambda}$ 的一致估计量——稍后更多地阐述它，那么式（8.29）可以通过

$$[(\mathbf{X}'\mathbf{Z}/N)\hat{\mathbf{W}}(\mathbf{Z}'\mathbf{X}/N)]^{-1}(\mathbf{X}'\mathbf{Z}/N)\hat{\mathbf{W}}\hat{\boldsymbol{\Lambda}}\hat{\mathbf{W}}(\mathbf{Z}'\mathbf{X}/N) [(\mathbf{X}'\mathbf{Z}/N)\hat{\mathbf{W}}(\mathbf{Z}'\mathbf{X}/N)]^{-1} \tag{8.31}$$

得到一致地估计。与以往一样，我们借助于用 N 除表达式（8.31）来估计 $\operatorname{Avar}(\hat{\boldsymbol{\beta}})$。

尽管一般公式（8.31）偶尔是有用的，但是，可以证明，借助于适当选择 $\hat{\mathbf{W}}$ 可以使它大大地简化。由于这种选择（并不是碰巧）同样会给出渐近有效估计量，所以我们推迟到 8.3.3 节研究对 $\hat{\mathbf{W}}$ 的最优选择时才进一步地讨论渐近方差。

8.3.2 系统两阶段最小二乘法估计量

为了产生十分有用且看起来很熟悉的估计量，对 $\hat{\mathbf{W}}$ 的选择是

$$\hat{\mathbf{W}} = \left(N^{-1}\sum_{i=1}^{N}\mathbf{Z}_i'\mathbf{Z}_i\right)^{-1} = (\mathbf{Z}'\mathbf{Z}/N)^{-1} \tag{8.32}$$

它是$[\mathrm{E}(\mathbf{Z}_i'\mathbf{Z}_i)]^{-1}$的一致估计量。假设 SIV.3 只要求 $\mathrm{E}(\mathbf{Z}_i'\mathbf{Z}_i)$存在且是非奇异的，而且这些要求并不是非常强的约束。当我们把式（8.32）代入式（8.28）中，并且消去 N，我们得到

$$\hat{\boldsymbol{\beta}} = [\mathbf{X}'\mathbf{Z}(\mathbf{Z}'\mathbf{Z})^{-1}\mathbf{Z}'\mathbf{X}]^{-1}\mathbf{X}'\mathbf{Z}(\mathbf{Z}'\mathbf{Z})^{-1}\mathbf{Z}'\mathbf{Y} \tag{8.33}$$

这看起来非常像是单方程 2SLS 估计量，因而我们称之为**系统 2SLS 估计量**（system 2SLS estimator）。

当我们把式（8.33）应用到方程组（8.12）时，并满足定义（8.14）以及定义（8.15），我们便会得到某些非常熟悉的内容。作为一个练习，你应该证明，$\hat{\boldsymbol{\beta}}$产生了**逐个方程进行的 2SLS**（2SLS equation by equation）。（这个证明依赖于对于每一个 i 来说，$\mathbf{Z}_i'\mathbf{Z}_i$与 $\mathbf{Z}_i'\mathbf{X}_i$是分块对角结构。）换句话讲，我们利用工具 $\mathbf{z}_{i1}$通过 2SLS 估计第一个方程，利用工具 $\mathbf{z}_{i2}$通过 2SLS 估计第二个方程，通过工具 $\mathbf{z}_{i3}$估计第三个，如此重复，继续下去。当我们把这些堆积成一个长向量时，我们就得出方程（8.33）。

对于面板数据模型的系统 2SLS 估计量的解释取决于工具变量矩阵的选择，选择不同的工具变量会有不同的解释。当工具矩阵按在（8.22）中那样堆积时——这意味着对每一时间段我们都有相同数目的工具变量——S2SLS 估计量约简为混合 2SLS（P2SLS）估计量。换句话说，人们把堆积的面板数据处理为一个长的截面并实施标准的 2SLS。如果 $\mathbf{Z}_i$ 取式（8.15）中的形式，S2SLS 估计量有一个不同的特征描述。亦即我们对每一个 t 分别实施一个第一阶段回归，$\mathbf{x}_{it}$对 $\mathbf{z}_{it}$回归，其中 $i=1$，…，N，并得到拟合值 $\hat{\mathbf{x}}_{it}=\mathbf{z}_{it}\hat{\boldsymbol{\Pi}}_t$，其中$\hat{\boldsymbol{\Pi}}_t$ 是 $L_t\times K$ 维的。那么，我们使用 $\hat{\mathbf{x}}_{it}$(其为 $1\times K$ 维的）作为 $\mathbf{x}_{it}$ 的工具变量获得了混合的 IV 估计量。在两种方法之间的关键差异是 P2SLS 估计量在估计约简型时是跨时间混合的，然而第二程序对于每个 t 都估计一个单独的约简型。见习题 8.8 中对于这些断言的证实，或见伍德里奇（Wooldridge，2005e）。

在下一小节里，我们将看到，系统 2SLS 估计量不一定是渐近有效估计量。但是，一旦给定数据矩阵 **X**，**Y** 以及 **Z**，它是$\sqrt{N}$一致的且很容易计算出来。而后一个特性是非常重要的，因为我们为了获得渐近有效估计量而需要 $\boldsymbol{\beta}$ 的最初估计量。

8.3.3 最优加权矩阵

给定对于任意正定加权矩阵都存在一个 GMM 估计量，那么，在所有可能性之间拥有一种选择的方法是重要的。可以证明，存在着具有最小渐近方差的 **W** 的 GMM 估计量。

就 **W** 的最优选择而论，我们可以求助于表达式（8.29）所暗示的内容。在矩阵意义下，它正是我们试图使其尽可能小的这个表达式。（参阅相关的渐近

有效性的定义 3.11。）如果我们设 $\mathbf{W}\equiv\mathbf{\Lambda}^{-1}$，那么表达式（8.29）简化成 $(\mathbf{C}'\mathbf{\Lambda}^{-1}\mathbf{C})^{-1}$。利用矩阵代数的标准推理，可以证明，对于任意 $L\times L$ 维正定矩阵 $\mathbf{W}$ 来说，$(\mathbf{C}'\mathbf{W}\mathbf{C})^{-1}\mathbf{C}'\mathbf{W}\mathbf{\Lambda}\mathbf{W}\mathbf{C}(\mathbf{C}'\mathbf{W}\mathbf{C})^{-1}-(\mathbf{C}'\mathbf{\Lambda}^{-1}\mathbf{C})^{-1}$ 是半正定的。证明这一点的最容易方法就是去证明

$$(\mathbf{C}'\mathbf{\Lambda}^{-1}\mathbf{C})-(\mathbf{C}'\mathbf{W}\mathbf{C})(\mathbf{C}'\mathbf{W}\mathbf{\Lambda}\mathbf{W}\mathbf{C})^{-1}(\mathbf{C}'\mathbf{W}\mathbf{C}) \tag{8.34}$$

是半正定的，然而，我们把这个证明留作一个练习（参阅习题 8.5）。这种讨论启发了下述假设与定理。

假设 SIV.4： $\mathbf{W}=\mathbf{\Lambda}^{-1}$，其中 $\mathbf{\Lambda}$ 是由表达式（8.30）所定义的。

定理 8.3（最优加权矩阵） 在假设 SIV.1 至假设 SIV.4 下，得到的 GMM 估计量在所有形式为式（8.28）的 GMM 估计量当中是有效的。

倘若我们能一致地估计出 $\mathbf{\Lambda}$，我们就可以获得渐近有效的 GMM 估计量。$\mathbf{\Lambda}$ 的任何一个一致估计量都提供了有效的 GMM 估计量，但是，共同使用一个估计量并不会对 $\mathbf{\Lambda}$ 结构产生影响。

程序 8.1（含有最优加权矩阵的 GMM）：

a. 设 $\check{\boldsymbol{\beta}}$ 表示 β 的初始一致估计量。在大多数情形中，这是系统 2SLS 估计量。

b. 获得 $G\times 1$ 维残差向量

$$\check{\mathbf{u}}_i=\mathbf{y}_i-\mathbf{X}_i\check{\boldsymbol{\beta}},\quad i=1,2,\cdots,N \tag{8.35}$$

c. 通常，$\mathbf{\Lambda}$ 的一致估计量是 $\hat{\mathbf{\Lambda}}=N^{-1}\sum_{i=1}^{N}\mathbf{Z}_i'\check{\mathbf{u}}_i\check{\mathbf{u}}_i'\mathbf{Z}_i$。

d. 选择

$$\hat{\mathbf{W}}\equiv\hat{\mathbf{\Lambda}}^{-1}=\left(N^{-1}\sum_{i=1}^{N}\mathbf{Z}_i'\check{\mathbf{u}}_i\check{\mathbf{u}}_i'\mathbf{Z}_i\right)^{-1} \tag{8.36}$$

并且使用此矩阵可以获得一个渐近最优 GMM 估计量。

在程序（8.1）c 部分中 $\mathbf{\Lambda}$ 的估计量在一般假设下关于 $\mathrm{E}(\mathbf{Z}_i'\mathbf{u}_i\mathbf{u}_i'\mathbf{Z}_i)$ 是一致的。当 $\mathbf{Z}_i$ 与 $\mathbf{u}_i$ 的每一行代表不同时间段时——因而，我们具有一个单方程面板数据模型——估计量 $\hat{\mathbf{\Lambda}}$ 考虑了任意（条件的或无条件的）异方差性以及任意的（条件的或无条件的）序列相关性。我们可以允许这种一般性的理由是，我们把 $\mathbf{Z}_i$ 与 $\mathbf{u}_i$ 的行维数固定，并且设 $N\to\infty$。因此，我们假定横截面的大小 N 相对于 T 而言是足够大的，以便使固定 T 的渐近特性切合实际。（这与我们在第 7 章中所处理的方法是相同的。）由于 N 相对于 T 而言是非常大的，所以如同纽韦和韦斯特（Newey and West，1987）估计量应用到时间序列问题一样，并不需要低估在相距很远时间段之间的相关性。齐利阿克和尼里斯纳（Ziliak and Kniesner，1998）在含有大 N 的面板数据应用中使用了纽韦和韦斯特类型程序。从理论上看，并不需要这个，同时由于它假定基本的时间序列是弱相关的，所以它完全不是一般的情形。（参阅伍德里奇（Wooldridge，1994a）在时

间序列内容里对弱相依性的讨论。）纽韦和韦斯特类型估计量可以改善有限样本的 GMM 估计量的效果。

最优 GMM 估计量的渐近方差被估计为

$$\left[(\mathbf{X}'\mathbf{Z})\left(\sum_{i=1}^{N}\mathbf{Z}_i'\hat{\mathbf{u}}_i\hat{\mathbf{u}}_i'\mathbf{Z}_i\right)^{-1}(\mathbf{Z}'\mathbf{X})\right]^{-1} \tag{8.37}$$

其中 $\hat{\mathbf{u}}_i=\mathbf{y}_i-\mathbf{X}_i\hat{\boldsymbol{\beta}}$，从渐近观点上看，是否使用第一阶段残差 $\check{\mathbf{u}}_i$ 来代替 $\hat{\mathbf{u}}_i$ 不会产生差异。这个矩阵对角元素的平方根是最优 GMM 估计量的渐近标准误。此估计量称为**最小卡方估计量**（minimum chi-square estimator），其缘由将在 8.5.2 节中得到清楚阐述。

当 $\mathbf{Z}_i=\mathbf{X}_i$ 且 $\hat{\mathbf{u}}_i$ 是系统 OLS 残差时，表达式（8.37）变成 SOLS 的稳健方差矩阵估计量［参阅表达式（7.28)］。当 $\mathbf{Z}_i=\hat{\boldsymbol{\Omega}}^{-1}\mathbf{X}_i$ 且 $\hat{\mathbf{u}}_i$ 是 FGLS 残差时，这个表达式可以约简成 FGLS 的稳健方差矩阵估计量［参阅表达式（7.52)］。

8.3.4 广义矩三阶段最小二乘法估计量

利用加权矩阵（8.36）得到的 GMM 估计量无论对 $\mathbf{u}_i$（以 $\mathbf{Z}_i$ 为）条件还是无条件方差矩阵都没有施加任何约束：我们不用做出附加的假设，就可以获得渐近有效的估计量。然而，尤其是在传统的联立方程组分析中，假定给定 $\mathbf{Z}_i$ 时 $\mathbf{u}_i$ 的条件方差矩阵为常数仍是一个共识。可以产生系统估计量的这个假设位于系统 2SLS 与总是有效的最小卡方估计量之间的中间领域。

GMM 三阶段最小二乘估计量（GMM three-stage least squares estimator，GMM 3SLS)（或者就是 3SLS，当上下文中含义很清楚时）是一种使用特殊加权矩阵的 GMM 估计量。为了定义 3SLS 估计量，设 $\check{\mathbf{u}}_i=\mathbf{y}_i-\mathbf{X}_i\check{\boldsymbol{\beta}}$ 表示源自一个初始估计的残差，通常是系统 2SLS。定义 $G\times G$ 维矩阵

$$\hat{\boldsymbol{\Omega}}\equiv N^{-1}\sum_{i=1}^{N}\check{\mathbf{u}}_i\check{\mathbf{u}}_i' \tag{8.38}$$

利用如同 7.5.1 节 FGLS 情形中的相同推理，$\hat{\boldsymbol{\Omega}}\xrightarrow{p}\boldsymbol{\Omega}=\mathrm{E}(\mathbf{u}_i\mathbf{u}_i')$。被 3SLS 所使用的加权矩阵是

$$\hat{\mathbf{W}}=\left(N^{-1}\sum_{i=1}^{N}\mathbf{Z}_i'\hat{\boldsymbol{\Omega}}\mathbf{Z}_i\right)^{-1}=[\mathbf{Z}'(\mathbf{I}_N\otimes\hat{\boldsymbol{\Omega}})\mathbf{Z}/N]^{-1} \tag{8.39}$$

其中 $\mathbf{I}_N$ 表示 $N\times N$ 维的单位矩阵。把它代入式（8.28）中，得到 3SLS 估计量

$$\hat{\boldsymbol{\beta}}=[\mathbf{X}'\mathbf{Z}\{\mathbf{Z}'(\mathbf{I}_N\otimes\hat{\boldsymbol{\Omega}})\mathbf{Z}\}^{-1}\mathbf{Z}'\mathbf{X}]^{-1}\mathbf{X}'\mathbf{Z}\{\mathbf{Z}'(\mathbf{I}_N\otimes\hat{\boldsymbol{\Omega}})\mathbf{Z}\}^{-1}\mathbf{Z}'\mathbf{Y} \tag{8.40}$$

由定理 8.1 与定理 8.2 可知，在假设 SIV.1 至假设 SIV.3 下，$\hat{\boldsymbol{\beta}}$ 是一致的且渐近正态的。假设 SIV.3 要求 $\mathrm{E}(\mathbf{Z}_i'\boldsymbol{\Omega}\mathbf{Z}_i)$ 是非奇异的，即标准假设。

术语“三阶段最小二乘”用在这里是有历史原因的，而且在 8.4 节中它将

更有道理。一般来说，GMM 3SLS 估计量仅由方程（8.40）给出；它的计算不需要三个阶段。

因为 3SLS 估计量仅是带有一个特殊加权矩阵的 GMM 估计量，它的一致性可以从定理 8.1 得到，无须额外的假设。（而且 3SLS 估计量也是$\sqrt{N}$渐近正态的。）但是一个自然要问的问题是，3SLS 什么时候才是一个有效的 GMM 呢？

什么时候 3SLS 是渐近有效的呢？答案很简单。首先，注意到，式（8.39）总是一致地估计出 $[\mathrm{E}(\mathbf{Z}_i'\mathbf{\Omega}\mathbf{Z}_i)]^{-1}$。因此，由定理 8.3 可知，倘若 $\mathrm{E}(\mathbf{Z}_i'\mathbf{\Omega}\mathbf{Z}_i)=\mathbf{\Lambda}=\mathrm{E}(\mathbf{Z}_i'\mathbf{u}_i\mathbf{u}_i'\mathbf{Z}_i)$，式（8.39）是一个有效的加权矩阵。

假设 SIV.5：$\mathrm{E}(\mathbf{Z}_i'\mathbf{u}_i\mathbf{u}_i'\mathbf{Z}_i)=\mathrm{E}(\mathbf{Z}_i'\mathbf{\Omega}\mathbf{Z}_i)$，其中 $\mathbf{\Omega}\equiv\mathrm{E}(\mathbf{u}_i\mathbf{u}_i')$。

假设 SIV.5 是对单方程 2SLS 估计的同方差性假设的系统推广。假设 SIV.5 的一个充分条件，而且更容易解释的充分条件是

$$\mathrm{E}(\mathbf{u}_i\mathbf{u}_i'|\mathbf{Z}_i)=\mathrm{E}(\mathbf{u}_i\mathbf{u}_i') \tag{8.41}$$

由于存在着假设 SIV.5 成立但式（8.41）不成立的一些有趣应用（在第 9 章和第 11 章中这个专题内容更多一些），所以我们没有把式（8.41）看作是同方差性假设。当假定

$$\mathrm{E}(\mathbf{u}_i|\mathbf{Z}_i)=\mathbf{0} \tag{8.42}$$

被用来代替假设 SIV.1，那么式（8.41）等价于 $\mathrm{Var}(\mathbf{u}_i|\mathbf{Z}_i)=\mathrm{Var}(\mathbf{u}_i)$。不论我们是如同式（8.41）一样表述假设，还是使用更弱形式的假设 SIV.5 来表述，重要的是看到，无条件方差矩阵 $\mathbf{\Omega}$ 的元素是无约束的：$\sigma_g^2=\mathrm{Var}(u_g)$ 可以随 g 的不同而变化，并且 $\sigma_{gh}=\mathrm{Cov}(u_g, u_h)$ 随 g 以及 h 的不同而不同。

当工具 $\mathbf{Z}_i$ 被处理成非随机的，且 $\mathrm{Var}(u_i)$ 随 i 不同而是常数时，系统同方差性假设（8.41）必然成立。由于我们假定随机抽样，所以我们适当地关注以 $\mathbf{Z}_i$ 为条件的 $\mathbf{u}_i$ 的方差。

对于含有矩阵（8.15）中所定义工具的方程组（8.12）来说，假设 SIV.5 可约简成（没有下标 i 的）

$$\mathrm{E}(u_g u_h\mathbf{z}_g' z_h)=\mathrm{E}(u_g u_h)\mathrm{E}(\mathbf{z}_g{}'\mathbf{z}_h),\quad g,h=1,2,\cdots,G \tag{8.43}$$

因此，$u_g u_h$ 必须与 $\mathbf{z}_g'\mathbf{z}_h$ 的每一个元素都是不相关的。当 $g=h$ 时，假设（8.43）成为

$$\mathrm{E}(u_g^2\mathbf{z}_g'\mathbf{z}_g)=\mathrm{E}(u_g^2)\mathrm{E}(\mathbf{z}_g'\mathbf{z}_g) \tag{8.44}$$

因此，u_g^2 与 $\mathbf{z}_g$ 的每一个元素以及 $\mathbf{z}_g$ 元素的平方项和交叉积都是不相关的。这确实是单方程 IV 分析的同方差性假设（假设 2SLS.3）。对于 $g\neq h$，假设（8.43）是崭新的，因为它包括了不同方程间的协方差。

假设 SIV.5 蕴涵着，假设 SIV.4 成立［因为在假设 SIV.5 下，矩阵（8.39）一致地估计出 $\mathbf{\Lambda}^{-1}$］，因此，我们有下述定理：

定理 8.4（3SLS 的最优性） 在假设 SIV.1、假设 SIV.2、假设 SIV.3 以及假设 SIV.5 下，3SLS 估计量是最优的 GMM 估计量。进一步地，$\text{Avar}(\hat{\boldsymbol{\beta}})$ 的适当估计量是

$$\left[(\mathbf{X}'\mathbf{Z})\left(\sum_{i=1}^{N}\mathbf{Z}_i'\hat{\boldsymbol{\Omega}}\mathbf{Z}_i\right)^{-1}(\mathbf{Z}'\mathbf{X})\right]^{-1}=[\mathbf{X}'\mathbf{Z}\{\mathbf{Z}'(\mathbf{I}_N\otimes\hat{\boldsymbol{\Omega}})\mathbf{Z}\}^{-1}\mathbf{Z}'\mathbf{X}]^{-1} \quad (8.45)$$

对这个定理含义的理解很重要。首先，如果没有假设 SIV.5，3SLS 估计量与最小卡方估计量相比通常在有效性、渐近性上都要差一些，并且式（8.45）中 3SLS 的渐近方差估计量是不恰当的。其次，即使有假设 SIV.5 时，3SLS 估计量的渐近有效性亦不如最小卡方估计量：在假设 SIV.5 下，表达式（8.36）以及表达式（8.39）都是 $\boldsymbol{\Lambda}^{-1}$的一致估计量。换句话讲，在假设 SIV.5 下，基于对 $\hat{\mathbf{W}}$的这两个不同选取的估计量均是 $\sqrt{N}$等价的。

已知下面的事实：利用表达式（8.36）作为加权矩阵的 GMM 估计量，在渐近意义上永远不比 3SLS 的更差一些，而且，严格地讲，在一些重要情形中会更好一些，但是，为什么还使用 3SLS 呢？存在两个原因。第一，3SLS 在联立方程模型中具有悠久的历史，而 GMM 方法大致只是在 20 世纪 80 年代早期以汉森（Hansen，1982）与怀特（White，1982b）的研究工作为标志才得以出现。第二，当假设 SIV.5 成立时，3SLS 估计量比最优 GMM 估计量具有更好的有限样本性质。然而，情况确实如此还是并非如此必须依据具体情况具体分析来决定。

对于定理 8.4 来说，存在着一个有趣的推论。假定我们在方程组（8.11）中假设 $\text{E}(\mathbf{X}_i\otimes\mathbf{u}_i)=\mathbf{0}$，它是第 7 章中外生性的一个严格形式。我们可以使用矩方法来估计 $\boldsymbol{\beta}$，其中每一个方程的工具 $\mathbf{x}_i^o$都是包含了 $\mathbf{X}_i$ 中每一行的行向量。正如艾姆、阿恩、施密特和伍德里奇（Im，Ahn，Schmidt，and Wooldridge，1990）所证明的，利用工具 $\mathbf{Z}_i=\mathbf{I}_G\otimes\mathbf{x}_i^o$的 GMM 3SLS 的估计量等价于使用相同 $\hat{\boldsymbol{\Omega}}$的可行 GLS 估计量。因此，如果假设 SIV.5 成立，满足 $\mathbf{Z}_i=\mathbf{I}_G\otimes\mathbf{x}_i^o$，那么 FGLS 在 GMM 估计量类型中是渐近有效的，GMM 估计量用到假设 SGLS.1 中的正交条件。同方差性假设 $\text{E}(\mathbf{u}_i\mathbf{u}_i'\mid\mathbf{X}_i)=\boldsymbol{\Omega}$ 是 GLS 背景中假设 SIV.5 的充分条件。

8.4 广义工具变量估计量

在这一节我们研究一个系统 IV 估计量，该估计量以使用一个 GLS 型变换来变换矩条件的原始集为基础。正如我们将在 8.6 节看到的，这种方式可以得到渐近有效估计量。这样做的成本是，在某些情形中，该变换可能会导致矩条件不再有效，从而导致估计不一致。

8.4.1　广义工具变量估计量的推导及其渐近性质

与其使用矩条件 $\mathrm{E}[\mathbf{Z}_i'(\mathbf{y}_i-\mathbf{X}_i\boldsymbol{\beta})]=0$ 估计 $\boldsymbol{\beta}$，不如采用一个替代的选择，即使用一种类似于广义最小二乘的方法来变换矩条件。通常，可在一个系统同方差假设如（8.41）的情境中使用一个类 GLS 变换，但除了假设存在第二个矩外，我们可以无须其他任何假设以分析该估计的性质。我们像之前那样仅仅设 $\boldsymbol{\Omega}=\mathrm{E}(\mathbf{u}_i\mathbf{u}_i')$，并且我们假设 $\boldsymbol{\Omega}$ 是正定的。那么我们变换方程（8.11），就像在一个 GLS 分析中那样：

$$\boldsymbol{\Omega}^{-1/2}\mathbf{y}_i=\boldsymbol{\Omega}^{-1/2}\mathbf{X}_i\boldsymbol{\beta}+\boldsymbol{\Omega}^{-1/2}\mathbf{u}_i \tag{8.46}$$

因为我们认为 $\mathbf{X}_i$ 的某些元素是内生的，我们对方程（8.46）应用系统工具变量。尤其是，我们用工具 $\boldsymbol{\Omega}^{-1/2}\mathbf{Z}_i$ 来应用系统 2SLS 估计量，亦即我们以与在（8.46）中变换所有其他变量相同的方式变换工具。用完全数据矩阵形式可得到估计量如下：

$$\begin{aligned}\hat{\boldsymbol{\beta}}_{GIV}=&\{[\mathbf{X}'(\mathbf{I}_N\otimes\boldsymbol{\Omega}^{-1})\mathbf{Z}][\mathbf{Z}'(\mathbf{I}_N\otimes\boldsymbol{\Omega}^{-1})\mathbf{Z}]^{-1}[\mathbf{Z}'(\mathbf{I}_N\otimes\boldsymbol{\Omega}^{-1})\mathbf{X}]\}^{-1}\\&\cdot[\mathbf{X}'(\mathbf{I}_N\otimes\boldsymbol{\Omega}^{-1})\mathbf{Z}][\mathbf{Z}'(\mathbf{I}_N\otimes\boldsymbol{\Omega}^{-1})\mathbf{Z}]^{-1}[\mathbf{Z}'(\mathbf{I}_N\otimes\boldsymbol{\Omega}^{-1})\mathbf{Y}]\end{aligned} \tag{8.47}$$

其中，例如，$\mathbf{Z}'(\mathbf{I}_N\otimes\boldsymbol{\Omega}^{-1})\mathbf{X}=\sum_{i=1}^{N}\mathbf{Z}_i'\boldsymbol{\Omega}^{-1}\mathbf{X}_i$。如果我们插入 $\mathbf{Y}=\mathbf{X}\boldsymbol{\beta}+\mathbf{U}$ 并以样本量除以最后一项，那么我们看到为保证 $\hat{\boldsymbol{\beta}}$ 的一致性所必需的条件是 $N^{-1}\sum_{i=1}^{N}\mathbf{Z}_i'\boldsymbol{\Omega}^{-1}\mathbf{u}_i\xrightarrow{p}\mathbf{0}$。为完整起见，列出了一组关于 GIV 估计量的一致性和渐近正态性的条件。第一个假设是关键的正交条件：

假设 GIV. 1：$\mathrm{E}(\mathbf{Z}_i\otimes\mathbf{u}_i)=\mathbf{0}$。

假设 GIV. 1 需要工具变量矩阵的每个元素都与残差向量的每个元素不相关。当 $\mathbf{Z}_i=\mathbf{X}_i$ 时，假设 GIV. 1 和 SGLS. 1 是相同的。为了保证一致性，给定我们知道 $\boldsymbol{\Omega}$ 或我们使用了 $\boldsymbol{\Omega}$ 的一个一致估计，我们可以放松假设 GIV. 1 为

$$\mathrm{E}(\mathbf{Z}_i'\boldsymbol{\Omega}^{-1}\mathbf{u}_i)=\mathbf{0} \tag{8.48}$$

我们采用了更强的假设 GIV. 1 是出于两个原因。首先，假设 GIV. 1 确保了用一个一致估计量替代 $\boldsymbol{\Omega}$ 不影响 GIV 估计量的 $\sqrt{N}$ 渐近分布。（和可行 GLS 中出现的问题在本质上相同。）第二，假设 GIV. 1 意味着，使用 $\boldsymbol{\Omega}$ 的一个不一致估计（例如，如果我们对 $\boldsymbol{\Omega}$ 施加了不正确的约束）不会导致 GIV 估计量不一致。采用式（8.48）将要求我们单独论证在 $\boldsymbol{\Omega}$ 被 $\hat{\boldsymbol{\Omega}}$ 所取代这一现实情形中的渐近正态性，甚至要求我们单独论证如果容许 $\boldsymbol{\Omega}$ 的估计量不一致性时估计量的一致性。

方程（8.48）成立但假设 GIV. 1 可能不成立的一个重要的情形是当 $\boldsymbol{\Omega}$（或者，至少 $\hat{\boldsymbol{\Omega}}$）是对角的，在这种情形下，我们应着眼于方程（8.48）。可参阅，如习题 8. 8。（由于 $\hat{\boldsymbol{\Omega}}$ 是对角的，我们不必为 $\hat{\boldsymbol{\Omega}}$ 的估计而调整 GIV 估计量的渐近方差。）由于假设 GIV. 1 考虑了一个更简单的统一处理，且由于 GIV 在应用中

往往暗含了这一假设，我们在这里采用了这一假设。

当然，我们还需要一个秩条件：

假设 GIV. 2：(a) 秩 $\mathrm{E}(\mathbf{Z}_i'\mathbf{\Omega}^{-1}\mathbf{Z}_i)=L$；(b) 秩 $\mathrm{E}(\mathbf{Z}_i'\mathbf{\Omega}^{-1}\mathbf{X}_i)=K$。

当 $G=1$ 时，假设 GIV. 2 约简为第 5 章的假设 2SLS. 2。通常，当工具变量排除了精确的线性依赖关系时，GIV. 2 (a) 成立。假设 GIV. 2 (b) 要求，在类似 GLS 式的变换后，有足够的与 $\mathbf{X}_i$ 的内生元素偏相关的工具变量。

当用一个一致估计量$\hat{\mathbf{\Omega}}$代替 (8.47) 中的 $\mathbf{\Omega}$ 时，我们得到了广义工具变量 (GIV) 估计。通常，在一个初始 S2SLS 估计后，$\hat{\mathbf{\Omega}}$会像在方程 (8.38) 中那样被选中。我们已经论证，根据假设 GIV. 1 和 GIV. 2，估计量是一致的；用$\hat{\mathbf{\Omega}}$代替 $\mathbf{\Omega}$ 的详细细节与第 7 章所涵盖的 FGLS 情形都非常相似。

GIV 估计隐含着第一阶段$\hat{\mathbf{\Omega}}^{-1/2}\mathbf{X}_i$ 对$\hat{\mathbf{\Omega}}^{-1/2}\mathbf{Z}_i$ 的回归，该回归产生了拟合值 $\hat{\mathbf{\Omega}}^{-1/2}\mathbf{Z}_i\hat{\mathbf{\Pi}}^*$，其中$\hat{\mathbf{\Pi}}^*=[\mathbf{Z}'(\mathbf{I}_N\otimes\hat{\mathbf{\Omega}}^{-1})\mathbf{Z}]^{-1}[\mathbf{Z}'(\mathbf{I}_N\otimes\hat{\mathbf{\Omega}}^{-1})\mathbf{X}]$。当然，无须执行第一阶段的回归以计算 GIV 估计量，但是，在比较 GIV 与其他估计量时，认为 GIV 是一个使用工具$\hat{\mathbf{\Omega}}^{-1/2}\mathbf{Z}_i\hat{\mathbf{\Pi}}^*$ 对$\hat{\mathbf{\Omega}}^{-1/2}\mathbf{y}_i=\hat{\mathbf{\Omega}}^{-1/2}\mathbf{X}_i\boldsymbol{\beta}+\hat{\mathbf{\Omega}}^{-1/2}\mathbf{u}_i$ 进行的系统 IV 估计会是有用的。

在第 7 章中，我们注意到，当 $\mathbf{\Omega}$ 不是一个对角矩阵时，必须慎用 GLS。假设 GIV. 1 可以在工具变量与跨方程或时间或跨这二者的残差之间的关系上施加意想不到的约束。使用者需要牢记，为保证一致性，GIV 估计一般要求比 $\mathrm{E}(\mathbf{Z}_i'\mathbf{u}_i)=\mathbf{0}$ 更强的假设。

和使用 FGLS 一样，有一个“标准”的假设可使 GIV 估计量有一个简化的渐近方差。该假设是第 7 章的假设 SGLS. 3 的一个扩展。

假设 GIV. 3：$\mathrm{E}(\mathbf{Z}_i'\mathbf{\Omega}^{-1}\mathbf{u}_i\mathbf{u}_i'\mathbf{\Omega}^{-1}\mathbf{Z}_i)=\mathrm{E}(\mathbf{Z}_i'\mathbf{\Omega}^{-1}\mathbf{Z}_i)$。

假设 GIV. 3 的一个充分条件是 (8.41)，这是一个相同的假设，其足以得出使用最优加权矩阵的 GMM 3SLS 估计量。根据假设 GIV. 1，GIV. 2 和 GIV. 3，很容易证明

$$\mathrm{Avar}[\sqrt{N}(\hat{\boldsymbol{\beta}}_{GIV}-\boldsymbol{\beta})]=\{\mathrm{E}(\mathbf{X}_i'\mathbf{\Omega}^{-1}\mathbf{Z}_i)[\mathrm{E}(\mathbf{Z}_i'\mathbf{\Omega}^{-1}\mathbf{Z}_i)]^{-1}\mathrm{E}(\mathbf{Z}_i'\mathbf{\Omega}^{-1}\mathbf{X}_i)\}^{-1} \tag{8.49}$$

而且，通过使用样本均值代替期望及使用$\hat{\mathbf{\Omega}}$代替 $\mathbf{\Omega}$ 这样的通常程序，可以很容易估计出该矩阵。

8.4.2 广义矩方法、广义工具变量及传统的三阶段最小二乘估计量之比较

特别是在标准联立方程模型估计中，经常使用一种不同的 GLS 变换。与在第一阶段使用一个 FGLS 估计量（正如隐含在 GIV 中的那样）不同，通常执行如下程序得到传统的 3SLS 估计量。第一阶段使用未变换的 $\mathbf{X}_i$ 和 $\mathbf{Z}_i$，得到拟合值$\hat{\mathbf{X}}_i=\mathbf{Z}_i\hat{\mathbf{\Pi}}$，其中$\hat{\mathbf{\Pi}}=(\mathbf{Z}'\mathbf{Z})^{-1}\mathbf{Z}'\mathbf{X}$ 是第一阶段的回归系数矩阵。然后，通过系统工具变量法估计方程 (8.46)，不过，使用的工具变量是 $\mathbf{\Omega}^{-1/2}\hat{\mathbf{X}}_i$。当我们用

$\mathbf{\Omega}$ 的估计来代替其本身时，我们得到估计量

$$\hat{\boldsymbol{\beta}}_{T3SLS}=\left(\sum_{i=1}^{N}\hat{\mathbf{X}}_i'\mathbf{\Omega}^{-1}\mathbf{X}_i\right)^{-1}\left(\sum_{i=1}^{N}\hat{\mathbf{X}}_i'\mathbf{\Omega}^{-1}\mathbf{y}_i\right) \tag{8.50}$$

其中，下标“T3SLS”表示“传统的”3SLS。代入 $\mathbf{y}_i=\mathbf{X}_i\boldsymbol{\beta}+\mathbf{u}_i$ 并重新整理显示了一致性所需的正交条件

$$\mathrm{E}[(\mathbf{Z}_i\mathbf{\Pi})'\mathbf{\Omega}^{-1}\mathbf{u}_i]=\mathbf{\Pi}'\mathrm{E}(\mathbf{Z}_i'\mathbf{\Omega}^{-1}\mathbf{u}_i)=\mathbf{0} \tag{8.51}$$

其中，$\mathbf{\Pi}=\mathrm{plim}(\hat{\mathbf{\Pi}})$。由于 $\mathbf{\Pi}'$ 的存在，条件（8.51）与假设 GIV.1 不太相同，但是，如果（8.51）成立而 GIV.1 不成立，这将是一个侥幸。和 GIV 估计量一样，传统的 3SLS 估计的一致性无须由 $\mathrm{E}(\mathbf{Z}_i'\mathbf{u}_i)=\mathbf{0}$ 得到。

我们现在讨论了基于估计方差矩阵 $\mathbf{\Omega}=\mathrm{E}(\mathbf{u}_i\mathbf{u}_i')$ 的三种不同的方程组估计量。为什么看似不同的估计量被赋予了“三阶段最小二乘法”的标签呢？答案很简单：在建议使用传统的 3SLS 估计量的设定中——方程组（8.12）的每一个方程都使用相同的工具变量——所有的估计都是相同的。事实上，如果我们只施加普通工具假设，所有估计之间的等价性也成立。设 $\mathbf{w}_i$ 表示一个假设在每个方程中当 $g=1,\cdots,G$ 时 $\mathrm{E}(\mathbf{w}_i'u_{ig})=\mathbf{0}$ 这个意义上而言都外生的向量。换句话说，在一个方程中外生的任何变量在所有方程中都外生。对于一个如（8.12）这样的方程组，这意味着可以在每个方程中使用同样的工具变量。在一个面板数据的设置中，这意味着所选择的工具是严格外生的。在这两种情形中，按照如下方式选择工具变量矩阵是有道理的：

$$\mathbf{Z}_i=\mathbf{I}_G\otimes\mathbf{w}_i \tag{8.52}$$

这是（8.15）的一个特殊情形。从艾姆、阿恩、施密特和伍德里奇（Im，Ahn，Schmidt，and Wooldridge，1999）的结论中可知，GMM 的 3SLS 估计量和 GIV 估计量（使用同样的 $\hat{\mathbf{\Omega}}$）是相同的。进而，可以证明 GIV 估计量和传统 3SLS 估计量是相同的。（这是因为第一阶段的回归涉及同一组解释变量，$\mathbf{w}_i$，所以，第一阶段的回归系数矩阵无论是通过使用 GIV 执行的 FGLS 所获得的，还是通过使用 T3SLS 执行的系统 OLS 所获得的，都无关紧要。）

在联立方程和面板数据的系统 IV 方法的许多现代应用中，在一个方程中外生的工具在其他所有方程中都不外生。在这种情形中，一旦已经正确地选择了 $\mathbf{Z}_i$，使用 GMM 的 3SLS 估计量是很重要的。当然，未施加假设 SIV.5 的最小卡方估计量也始终是可用的。GIV 估计量和传统的 3SLS 估计量一般会引致已变换工具变量与结构残差之间的相关性。出于这个原因，我们往往把重点放在基于原始正交条件的 GMM 方法。然而，尤其在第 11 章，我们将看到，GIV 方法可以提供对某些面板数据估计量工作的洞察，同时也提供了计算上的简便性。

8.5 利用广义矩方法的检验

8.5.1 检验古典假设

在 GMM 估计之后，可以直接对假设进行检验。设 $\hat{\boldsymbol{\beta}}$ 表示一个 GMM 估计量，并且设 $\hat{\mathbf{V}}$ 表示对它估计的渐近方差。尽管下述分析可以更一般地进行，但是在大多数的应用中，我们使用最优的 GMM 估计量。如果没有假设 SIV. 5，那么加权矩阵就是表达式（8.36），而且 $\hat{\mathbf{V}}$ 正如同表达式（8.37）那样。通过获得渐近标准误（$\hat{\mathbf{V}}$ 的对角元素的平方根），这可以用于计算 t 统计量。线性假设 H_0：$\mathbf{R}\boldsymbol{\beta}=\mathbf{r}$ 的瓦尔德统计量可以利用我们已多次看到的相同的统计量来得到，其中 R 表示一个 $Q \times K$ 维的矩阵，其秩为 Q。在假设 SIV. 5 下，我们在式（8.45）中使用了 3SLS 估计量及其渐近方差估计。为了检验一般系统假设，我们可能不使用 2SLS 估计量，因为它的渐近方差表现得更复杂，除非我们做出非常有约束性的假设。

另一种检验线性约束的可选择方法是，使用基于 GMM 中含有施加约束条件的与没有约束条件的目标函数之差作为统计量。为了应用这个统计量，我们必须假定，GMM 估计量利用最优的加权矩阵，以至 $\hat{\mathbf{W}}$ 可以一致地估计 $[\mathrm{Var}(\mathbf{Z}_i'\mathbf{u}_i)]^{-1}$。于是，由引理 3.8 知

$$\left(N^{-1/2}\sum_{i=1}^{N}\mathbf{Z}_i'\mathbf{u}_i\right)'\hat{\mathbf{W}}\left(N^{-1/2}\sum_{i=1}^{N}\mathbf{Z}_i'\mathbf{u}_i\right)\overset{a}{\sim}\chi_L^2 \tag{8.53}$$

由于 $\mathbf{Z}_i'\mathbf{u}_i$ 是一个 $L \times 1$ 维均值为零且方差为 $\boldsymbol{\Lambda}$ 的向量。如果 $\hat{\mathbf{W}}$ 没有一致地估计出 $[\mathrm{Var}(\mathbf{Z}_i'\mathbf{u}_i)]^{-1}$，那么结果（8.53）是错误的，而且下述方法不会产生渐近卡方统计量。

再次设 $\hat{\boldsymbol{\beta}}$ 表示利用最优加权矩阵 $\hat{\mathbf{W}}$ 来获得的没有施加约束的 GMM 估计量。而设 $\tilde{\boldsymbol{\beta}}$ 表示利用相同的加权矩阵 $\hat{\mathbf{W}}$ 但具有 Q 个线性约束的 GMM 估计量。约束估计量总是可以通过估计含有 $K-Q$ 个而不是 K 个参数来获得。定义无约束残差与约束残差分别为 $\hat{\mathbf{u}}_i \equiv \mathbf{y}_i - \mathbf{X}_i\hat{\boldsymbol{\beta}}$ 与 $\tilde{\mathbf{u}}_i \equiv \mathbf{y}_i - \mathbf{X}_i\tilde{\boldsymbol{\beta}}$。可以证明，在 H_0 下，**GMM 距离统计量**（GMM distance statistic）具有一个极限卡方分布：

$$\left[\left(\sum_{i=1}^{N}\mathbf{Z}_i'\tilde{\mathbf{u}}_i\right)'\hat{\mathbf{W}}\left(\sum_{i=1}^{N}\mathbf{Z}_i'\tilde{\mathbf{u}}_i\right)-\left(\sum_{i=1}^{N}\mathbf{Z}_i'\hat{\mathbf{u}}_i\right)'\hat{\mathbf{W}}\left(\sum_{i=1}^{N}\mathbf{Z}_i'\hat{\mathbf{u}}_i\right)\right]/N\overset{a}{\sim}\chi_Q^2 \tag{8.54}$$

例如，参阅汉森（Hansen，1982）以及加兰特（Gallant，1987）。GMM 距离统计量只是准则函数（8.27）在约束估计与无约束估计所计算值的差除以相同的样本量 N。由于这个原因，表达式（8.54）称为**准则函数统计量**（criterion function statistic）。因为求约束最小值不能导致比求无约束最小值的目标函数

更小，所以表达式（8.54）总是非负的且常常是严格正的。

在假设 SIV.5 下，我们可以使用 3SLS 估计量，在此情形中，表达式（8.54）变成

$$\left(\sum_{i=1}^{N}\mathbf{Z}_i'\tilde{\mathbf{u}}_i\right)'\left(\sum_{i=1}^{N}\mathbf{Z}_i'\hat{\boldsymbol{\Omega}}\mathbf{Z}_i\right)^{-1}\left(\sum_{i=1}^{N}\mathbf{Z}_i'\tilde{\mathbf{u}}_i\right) - \left(\sum_{i=1}^{N}\mathbf{Z}_i'\hat{\mathbf{u}}_i\right)'\left(\sum_{i=1}^{N}\mathbf{Z}_i'\hat{\boldsymbol{\Omega}}\mathbf{Z}_i\right)^{-1}\left(\sum_{i=1}^{N}\mathbf{Z}_i'\hat{\mathbf{u}}_i\right) \tag{8.55}$$

其中$\hat{\boldsymbol{\Omega}}$可以利用 2SLS 从所估计的无约束模型的残差中计算出来。由 $\hat{\mathbf{W}}$的定义可知，被除数 N 被约掉了；参阅方程（8.39）。

一旦获得无约束的估计量$\hat{\boldsymbol{\beta}}$，对非线性假设进行检验就很容易了。把零假设写成

$$\mathrm{H}_0: \mathbf{c}(\boldsymbol{\beta})=\mathbf{0} \tag{8.56}$$

其中 $\mathbf{c}(\boldsymbol{\beta})\equiv[c_1(\boldsymbol{\beta}), c_2(\boldsymbol{\beta}), \cdots, c_Q(\boldsymbol{\beta})]'$表示一个$Q\times 1$ 维的函数向量。设 $\mathbf{C}(\boldsymbol{\beta})$表示 $Q\times K$ 维的雅可比行列式。假定秩 $\mathbf{C}(\boldsymbol{\beta})=Q$，瓦尔德统计量是

$$W=\mathbf{c}(\hat{\boldsymbol{\beta}})'(\hat{\mathbf{C}}\hat{\mathbf{V}}\hat{\mathbf{C}}')^{-1}\mathbf{c}(\hat{\boldsymbol{\beta}}) \tag{8.57}$$

其中$\hat{\mathbf{C}}\equiv\mathbf{C}(\hat{\boldsymbol{\beta}})$ 表示在 GMM 估计值 $\hat{\boldsymbol{\beta}}$ 处所计算的雅可比行列式。在 H_0下，瓦尔德统计量具有一个渐近 χ_Q^2 分布。

8.5.2 检验过度识别约束

正如单方程分析中外生变量比解释变量多的情形一样，我们可以检验在方程组背景下过度识别是否为有效的。在含有工具变量矩阵 $\mathbf{Z}_i$ 的模型（8.11）中，其中 $\mathbf{Z}_i$表示$G\times L$ 维，而 $\mathbf{X}_i$表示$G\times K$ 维的，如果 $L>K$，那么存在着过度识别约束。一旦假设 $\hat{\mathbf{W}}$是最优加权矩阵，可以证明

$$\left(N^{-1/2}\sum_{i=1}^{N}\mathbf{Z}_i'\hat{\mathbf{u}}_i\right)'\hat{\mathbf{W}}\left(N^{-1/2}\sum_{i=1}^{N}\mathbf{Z}_i'\hat{\mathbf{u}}_i\right)\overset{a}{\sim}\chi_{L-K}^2 \tag{8.58}$$

在零假设 H_0：$\mathrm{E}(\mathbf{Z}_i'\mathbf{u}_i)=\mathbf{0}$ 下成立。渐近 χ_{L-K}^2分布类似于结果（8.53），但是表达式（8.53）包含了不可观测误差 $\mathbf{u}_i$，而表达式（8.58）则包含了残差 $\hat{\mathbf{u}}_i$。用 $\hat{\mathbf{u}}_i$代替 $\mathbf{u}_i$会导致自由度从L 下降到$L-K$：实际上，使用了K 个正交性条件计算$\hat{\boldsymbol{\beta}}$，而 $L-K$ 个则在检验中没有使用。

表达式（8.58）中的**过度识别检验统计量**（overidentification test statistic）只是目标函数（8.27）在解 $\hat{\boldsymbol{\beta}}$ 处所计算的值，然后被 N 除。因为表达式（8.58）的缘故，所以利用最优加权矩阵的 GMM 估计量才被称为最小卡方估计量：对 $\hat{\boldsymbol{\beta}}$ 进行选取，以使目标函数的最小值具有一个渐近卡方分布。如果 $\hat{\mathbf{W}}$不是最优的，那么表达式（8.58）会不成立，从而使检验过度约束更加困难。

当 $L=K$ 时，表达式（8.58）的左边等于 0；不存在对过度识别进行检验。

在假设 SIV.5 下，3SLS 估计量是最小卡方估计量，并且式（8.53）中的过度识别统计量可以写成

$$\left(\sum_{i=1}^{N}\mathbf{Z}_i'\hat{\mathbf{u}}_i\right)'\left(\sum_{i=1}^{N}\mathbf{Z}_i'\hat{\mathbf{\Omega}}\mathbf{Z}_i\right)^{-1}\left(\sum_{i=1}^{N}\mathbf{Z}_i'\hat{\mathbf{u}}_i\right) \tag{8.59}$$

如果没有假设 SIV.5，那么此统计量的极限分布不是卡方分布的。

在模型具有形式（8.12）的情形中，过度识别检验统计量可以在系统方法与单方程方法之间进行选择。例如，如果检验统计量（8.59）拒绝了整个系统中的过度识别约束，那么第一个方程的 3SLS 估计量通常是不一致的。一旦假设单方程 2SLS 估计通过了第 6 章曾讨论的过度识别检验，那么 2SLS 就会受到人们的喜爱。然而，在做出这样的判断时，与以往一样，重要的是，除了关注检验统计量的统计显著性之外，还要去比较两个估计值集合的数值。豪斯曼（Hausman，1983，p.435）证明了如何直接在一个特殊方程（在零假设下，假定 3SLS 是渐近更有效的）的 3SLS 估计值与 2SLS 估计值之上去构造一个统计量，并且这种讨论扩展到对最小卡方估计量更一般的考虑。

8.6 更有效估计与最优工具

在 8.3.3 节中，给定工具矩阵 $\mathbf{Z}_i$ 时，我们刻画了最优加权矩阵。但是，这种讨论规避了我们如何最佳选择 $\mathbf{Z}_i$ 的问题。在本节，我们简要地讨论两个有效性结果。第一个与增加有效工具有关。

更确切地说，设 $\mathbf{Z}_{i1}$ 表示 $G\times L$ 维矩阵 $\mathbf{Z}_i$ 的一个 $G\times L_1$ 维子矩阵，其中 $\mathbf{Z}_i$ 满足假设 SIV.1 与假设 SIV.2。我们也假定 $\mathbf{Z}_{i1}$ 满足假设 SIV.2；也就是，$\mathrm{E}(\mathbf{Z}_{i1}'\mathbf{X}_i)$ 具有秩 K。这一假设可以保证利用比较小的工具集合的 $\boldsymbol{\beta}$ 是可识别的（必要条件是 $L_1\geqslant K$）。给定 $\mathbf{Z}_{i1}$ 时，我们知道，有效的 GMM 估计量使用了对于 $\mathbf{\Lambda}_1^{-1}$ 来说是一致的加权矩阵，其中 $\mathbf{\Lambda}_1=\mathrm{E}(\mathbf{Z}_{i1}'\mathbf{u}_i\mathbf{u}_i'\mathbf{Z}_{i1})$。当我们使用工具 $\mathbf{Z}_i=(\mathbf{Z}_{i1},\mathbf{Z}_{i2})$ 的全部集合时，最优加权矩阵是由表达式（8.30）给出的 $\mathbf{\Lambda}$ 的一致估计量。问题是，我们能否说利用（含有最优加权矩阵的）工具全部集合比利用（含有最优加权矩阵的）工具约简集合更好呢？回答是，一旦利用有效工具的较大集合时，从渐近性上看，我们做得并不坏，而且我们常常做得更好一些。

增加正交性条件通常会改进有效性的证明，会继续通过对 $\sqrt{N}(\tilde{\boldsymbol{\beta}}-\boldsymbol{\beta})$ 与 $\sqrt{N}(\hat{\boldsymbol{\beta}}-\boldsymbol{\beta})$ 的渐近方差进行比较而推演下去，其中前者估计量使用 IV 的约束集合，而后者估计量则使用了 IV 的全部集合。于是，

$$\mathrm{Avar}\sqrt{N}(\tilde{\boldsymbol{\beta}}-\boldsymbol{\beta})-\mathrm{Avar}\sqrt{N}(\hat{\boldsymbol{\beta}}-\boldsymbol{\beta})$$

$$=(\mathbf{C}_1'\mathbf{\Lambda}_1^{-1}\mathbf{C}_1)^{-1}-(\mathbf{C}'\mathbf{\Lambda}\mathbf{C})^{-1} \tag{8.60}$$

其中 $\mathbf{C}_1=\mathrm{E}(\mathbf{Z}_{i1}'\mathbf{X}_i)$。当且仅当 $\mathbf{C}'\mathbf{\Lambda}^{-1}\mathbf{C}-\mathbf{C}_1'\mathbf{\Lambda}_1^{-1}\mathbf{C}_1$ 是半正定（p. s. d.）的，式（8.60）的差是半正定的。后一结果已由怀特（White，2001，命题 4.49）利用分块逆公式所证明，我们这里将不再证明它。

前面的推理表明，我们通过增加工具与计算最小卡方估计量在渐近性上永远不会做得更差。但是，我们并不要求总是做得更好。怀特（White，2001）的证明表明，$\tilde{\boldsymbol{\beta}}$ 与 $\hat{\boldsymbol{\beta}}$ 的渐近方差是相同的，当且仅当

$$\mathbf{C}_2=\mathrm{E}(\mathbf{Z}_{i2}'\mathbf{u}_i\mathbf{u}_i'\mathbf{Z}_{i1})\mathbf{\Lambda}_1^{-1}\mathbf{C}_1 \tag{8.61}$$

其中 $\mathbf{C}_2=\mathrm{E}(\mathbf{Z}_{i2}'\mathbf{X}_i)$。通常，这一条件很难得到检验。然而，如果我们假定 $\mathrm{E}(\mathbf{Z}_i'\mathbf{u}_i\mathbf{u}_i'\mathbf{Z}_i)=\sigma^2\mathrm{E}(\mathbf{Z}_i'\mathbf{Z}_i)$——关于系统 2SLS 的理想假设，那么条件（8.61）变成

$$\mathrm{E}(\mathbf{Z}_{i2}'\mathbf{X}_i)=\mathrm{E}(\mathbf{Z}_{i2}'\mathbf{Z}_{i1})[\mathrm{E}(\mathbf{Z}_{i1}'\mathbf{Z}_i)]^{-1}\mathrm{E}(\mathbf{Z}_{i1}'\mathbf{X}_i)$$

直接经过代数运算，可以证明这个条件等价于

$$\mathrm{E}[(\mathbf{Z}_{i2}-\mathbf{Z}_{i1}\mathbf{D}_1)'\mathbf{X}_i]=\mathbf{0} \tag{8.62}$$

其中 $\mathbf{D}_1=[\mathrm{E}(\mathbf{Z}_{i1}'\mathbf{Z}_{i1})]^{-1}\mathrm{E}(\mathbf{Z}_{i1}'\mathbf{Z}_{i2})$ 表示出自 $\mathbf{Z}_{i2}$ 对 $\mathbf{Z}_{i1}$ 的总体回归的一个 $L_1\times L_2$ 维系数矩阵。因此，条件（8.62）具有一个简单的解释：$\mathbf{X}_i$ 与 $\mathbf{Z}_{i2}$ 的一部分是正交的，而 $\mathbf{Z}_{i2}$ 的该部分是剔除了 $\mathbf{Z}_{i1}$ 之后所留下的部分。这个说法意味着 $\mathbf{Z}_{i2}$ 与 $\mathbf{X}_i$ 并不是偏相关的（partially correlated），所以一旦把 $\mathbf{Z}_{i1}$ 包含进来，$\mathbf{Z}_{i2}$ 作为工具就不会有用。

在单方程的 2SLS 估计背景下，条件（8.62）具有非常直观的含义。在 $\mathrm{E}(u_i^2\mathbf{z}_i'\mathbf{z}_i)=\sigma^2\mathrm{E}(\mathbf{z}_i'\mathbf{z}_i)$ 下，2SLS 是最小卡方估计量。$\mathbf{z}_i$ 的一些元素可能包括 $\mathbf{x}_i$ 的所有外生元素，而且还远不止此。比如说，如果 x_{iK} 仅仅是 $\mathbf{x}_i$ 的内生元素，那么条件（8.62）变为

$$\mathrm{L}(x_{iK}\mid\mathbf{z}_{i1},\mathbf{z}_{i2})=\mathrm{L}(x_{iK}\mid\mathbf{z}_{i1}) \tag{8.63}$$

因此，x_{iK} 在 $\mathbf{z}_i$ 上的线性投影只依赖于 $\mathbf{z}_{i1}$。如果你回想起 2SLS 的 IV 是如何获得的——在第一阶段中通过估计 x_{iK} 在 $\mathbf{z}_i$ 上的线性投影——那么在条件（8.63）下，如果没有影响 2SLS 有效性时，可以遗漏掉 $\mathbf{z}_{i2}$，这样做是非常有道理的。

在一般情形中，如果误差向量 $\mathbf{u}_i$ 包括了条件异方差性，或者 $\mathbf{u}_i$ 元素之间有相关性（条件的或者反之），那么条件（8.61）就不可能是正确的。因此，我们通过增加更有效的工具来继续改进渐近有效性。只要误差项满足零条件均值假设，就可以获得无限的 IV。例如，考察线性模型 $\mathrm{E}(y\mid\mathbf{x})=\mathbf{x}\boldsymbol{\beta}$，从而给定 $\mathbf{x}$ 时误差 $u=y-\mathbf{x}\boldsymbol{\beta}$ 具有零均值。OLS 估计量就是利用 $\mathbf{z}_1=\mathbf{x}$ 的 IV 估计量。前面的有效性结果蕴涵着，如果 $\mathrm{Var}(u\mid\mathbf{x})\neq\mathrm{Var}(u)$，那么在渐近性上存在着比 OLS 更有效的无约束最小卡方估计量。由于 $\mathrm{E}(u\mid\mathbf{x})=0$，所以 $\mathbf{h}(\mathbf{x})$ 是任何向量函数 $\mathbf{h}(\cdot)$ 的一个有效 IV 集合。（与往常一样，假定适当的矩存在。）于是，利用 IV $\mathbf{z}=[\mathbf{x},\mathbf{h}(\mathbf{x})]$ 的最小卡方估计值通常在渐近性上比 OLS 更有效。[张伯伦（Chamberlain，1982）与克拉格（Cragg，1987）独立地得到了这一结果。]

如果 $\mathrm{Var}(y \mid \mathbf{x})$ 是常数，把 $\mathbf{x}$ 的函数添加到 IV 目录中并没有导致渐近性改进，因为 $\mathbf{x}$ 在 $\mathbf{x}$ 与 $\mathbf{h}(\mathbf{x})$ 上的线性投影明显地不依赖于 $\mathbf{h}(\mathbf{x})$。

在同方差性下，增加的矩条件并没有削弱最小卡方估计量的渐近有效性。因此，当我们拥有一个表示条件期望的线性模型时，可以看到，我们通过增加 IV 与实现最小卡方并没有失去什么。[此外，我们可以通过检验过度约束来检验函数形式 $\mathrm{E}(y \mid \mathbf{x})=\mathbf{x}\boldsymbol{\beta}$。] 遗憾的是，几位学者已经证明，包括托奇（Tauchen，1986）、奥尔顿吉和西格尔（Altonji and Segal，1996）以及齐利阿克（Ziliak，1997），使用过度约束的 GMM 估计量可能导致非常差的有限样本性质。

前面的讨论提出了下述可能性：与其增加越来越多的正交性条件来改进无效的估计量，我们可否找出最优 IV 的小集合呢？回答是肯定的，只要我们用一个零条件均值假设来代替假设 SIV. 1。

假设 SIV. 1′：对于某些向量 $\mathbf{w}_i$，$\mathrm{E}(u_{ig} \mid \mathbf{w}_i)=0$，$g=1$，…，$G$。

假设 SIV. 1′ 蕴涵着，$\mathbf{w}_i$ 在每一个方程中都是外生的，同时工具矩阵 $\mathbf{Z}_i$ 的每一个元素都可以是 $\mathbf{w}_i$ 的任意函数。

定理 8.5（最优工具） 在假设 SIV. 1′（以及充分的正则条件）下，倘若秩 $\mathrm{E}(\mathbf{Z}_i^{*\prime}\mathbf{X}_i)=K$，工具的最优选择是 $\mathbf{Z}_i^{*}=\boldsymbol{\Omega}(\mathbf{w}_i)^{-1}\mathrm{E}(\mathbf{X}_i \mid \mathbf{w}_i)$，其中 $\boldsymbol{\Omega}(\mathbf{w}_i)\equiv \mathrm{E}(\mathbf{u}_i'\mathbf{u}_i \mid \mathbf{w}_i)$。

我们这里将不去证明定理 8.5。在 14.5 节，我们将讨论一种更一般的情形，也可参阅纽韦和麦克法登（Newey and McFadden，1994，第 5.4 节）。定理 8.5 蕴涵着，如果可以使用 $G\times K$ 维矩阵 $\mathbf{Z}_i^{*}$，通过在式（8.26）中用它来代替 $\mathbf{Z}_i$，我们就可以获得含有最小渐近方差的 SIV 估计量。这能够消除从 $\mathbf{w}_i$ 的函数中挑选 IV 的任意性：一旦我们具有 $\mathbf{Z}_i^{*}$，$\mathbf{w}_i$ 的所有其他函数均是冗余的。

定理 8.5 蕴涵着，如果假设 SIV. 1′、系统同方差假设（8.41）以及 $\mathrm{E}(\mathbf{X}_i \mid \mathbf{w}_i)=(\mathbf{I}_G\otimes\mathbf{w}_i)\boldsymbol{\Pi}\equiv\mathbf{Z}_i\boldsymbol{\Pi}$ 成立，那么最优工具就是 $\mathbf{Z}_i^{*}=\boldsymbol{\Omega}^{-1}(\mathbf{Z}_i\boldsymbol{\Pi})$。但是当 $\boldsymbol{\Omega}$ 和 $\boldsymbol{\Pi}$ 用它们的 $\sqrt{N}$ 一致估计量代替时，工具的这种选择直接导致了方程（8.50）中传统的 3SLS′。如我们在 8.4.2 节中所讨论的，该估计量等同于 GIV 估计量和 GMM 3SLS 估计量。

如果 $\mathrm{E}(\mathbf{u}_i \mid \mathbf{X}_i)=\mathbf{0}$ 且 $\mathrm{E}(\mathbf{u}_i\mathbf{u}_i' \mid \mathbf{X}_i)=\boldsymbol{\Omega}$，那么最优工具是 $\boldsymbol{\Omega}^{-1}\mathbf{X}_i$，它提供了 GLS 估计量。用 $\hat{\boldsymbol{\Omega}}$ 代替 $\boldsymbol{\Omega}$ 在渐近性上没有什么影响，因此，FGLS 是含有最优工具选择的 SIV 估计量。

如果没有更进一步的假设，那么 $\boldsymbol{\Omega}(\mathbf{w}_i)$ 与 $\mathrm{E}(\mathbf{X}_i \mid \mathbf{w}_i)$ 可以是 $\mathbf{w}_i$ 的任意函数，在此情形中，并不容易得到最优 SIV 估计量。找到利用非参数估计方法（nonparametric estimation methods）来估计 $\boldsymbol{\Omega}(\mathbf{w}_i)$ 以及 $\mathrm{E}(\mathbf{X}_i \mid \mathbf{w}_i)$ 的渐近有效的估计量是可能的，但是在应用这类方法时存在许多实际上需要克服的困难。参阅纽韦（Newey，1990）借助于参数函数形式去近似 $\mathrm{E}(\mathbf{X}_i \mid \mathbf{w}_i)$ 的方法，随着样本量增大，近似会变得更好。

8.7 对如何选择一个估计量的总结评论

整个这一章中，我们评论了不同估计量的稳健性和有效性。在此总结关于方程组或面板数据应用估计量的选择背后的考虑是有用的。

一般来说，如果我们已经始于形如 $\mathrm{E}(\mathbf{Z}_i'\mathbf{u}_i)=\mathbf{0}$ 的矩条件，基于这套矩条件的 GMM 估计会比基于一组变换矩条件，诸如 GIV 的估计量更加稳健。如果我们决定使用 GMM，我们可以使用无约束的加权矩阵，如在（8.36）中那样，或者我们可能会使用 GMM 的 3SLS 估计量，该估计量使用加权矩阵（8.39）。根据假设 SIV.5，这是一个方程组同方差假设，3SLS 估计量是渐近有效的。在一个重要的特殊情形中，其中可以像在（8.52）中那样选择工具，GMM 的 3SLS、GIV 和传统 3SLS 是相同的。当 GMM 和 GIV 都是一致的但不$\sqrt{N}$渐近等价时，它们一般不能按照渐近有效性进行排序。

上一节的有效性结果之一是，人们通过添加工具及在 GMM 中使用有效的加权矩阵可以从来不会变得更坏。这对面板数据应用有些暗示。例如，如果人们可以像在方程（8.22）或方程（8.15）（$G=T$）中那样选择工具，那么使用方程（8.15）的有效 GMM 估计的渐近有效性不会少于使用方程（8.22）的有效 GMM。这是因为我们可以得到（8.22）作为（8.15）的一个线性组合，而且，采用一个线性组合与使用一组受约束的工具在运算上是相同的。

如果在 S2SLS 和 GMM 的 3SLS 估计量之间进行选择会怎么样呢？根据定理 8.4 的假设，GMM 的 3SLS 的渐近有效性不会小于 S2SLS。不过，知道在某些情形中 S2SLS 和 GMM 的 3SLS 是完全相符的，这非常有用。

第一种情形是很容易的：当一般的方程组（8.11）被恰好识别，亦即 $L=K$，所有的估计量都约简为方程（8.26）中的工具变量估计量。在 SUR 方程组（8.12）的情形中，该方程组是恰好识别的，当且仅当每个方程是恰好识别的：$L_g=K_g$，$g=1$，…，G，且秩条件对每一个方程都成立。

当估计方程组（8.12）时，存在另一种情形，其中 S2SLS——回忆一下，可约简为每个方程的 2SLS 估计——正好与 3SLS 相符，无论过度识别的程度有多高。当$\hat{\mathbf{\Omega}}$是一个对角矩阵时，3SLS 估计量会逐个方程地等价于 2SLS，亦即 $\hat{\mathbf{\Omega}}=\mathrm{diag}(\hat{\sigma}_1^2,\ \hat{\sigma}_2^2,\cdots,\hat{\sigma}_G^2)$；见习题 8.7。

当$\hat{\mathbf{\Omega}}$是一个对角矩阵，在估计（8.12）时方程组 2SLS 和 3SLS 的代数等价性使我们断定：当$\mathbf{\Omega}$是对角的时，S2SLS 和 3SLS 渐近等价。原因很简单。如果我们在 3SLS 估计量中可以使用$\mathbf{\Omega}$，那么它将逐个方程地与 2SLS 相同。使用$\hat{\mathbf{\Omega}}$的 3SLS 的实际估计，$\sqrt{N}$等价于假设的使用$\mathbf{\Omega}$的 3SLS 估计量。因此，3SLS 和 2SLS 是$\sqrt{N}$等价的。

即使在每个方程中 2SLS 并非代数地或渐近地等价于 3SLS 的情形，我们应该更偏好于3SLS估计（或更普遍地，最小卡方估计）不一定是对的。为什么呢？假设最初的兴趣主要在于估计第一个方程的参数 $\boldsymbol{\beta}_1$。一方面，我们知道，这个方程的2SLS估计在正交条件 $\mathrm{E}(\mathbf{z}_i'u_1)=\mathbf{0}$ 及秩条件 $\mathrm{E}(\mathbf{z}_i'\mathbf{x}_1)=K_1$ 下产生了一致估计量。为保证一致性，只要这两个假设成立，我们不在乎在方程组的其他地方发生了什么。另一方面，GMM 的 3SLS 和 $\boldsymbol{\beta}_1$ 的最小卡方估计一般是不一致的，除非对于 $g=1, \cdots, G$，$\mathrm{E}(\mathbf{z}_g'u_g)=\mathbf{0}$。（但我们并不需要像在应用GIV时应该做的那样，假设当 $g\neq h$ 时 $\mathrm{E}(\mathbf{z}_g'u_h)=0$。）因此，在采用GMM一致地估计 $\boldsymbol{\beta}_1$ 时，方程组中所有方程必须设定正确，这意味着，工具必须在其对应的方程中外生。这就是方程组估计程序的性质。与系统OLS和FGLS一样，也存在一个在稳健性和有效性之间的权衡。

习　题

8.1　a. 证明，求解问题（8.27）的GMM估计量满足一阶条件

$$\left(\sum_{i=1}^{N}\mathbf{Z}_i'\mathbf{X}_i\right)'\hat{\mathbf{W}}\left(\sum_{i=1}^{N}\mathbf{Z}_i'(\mathbf{y}_i-\mathbf{X}_i\hat{\boldsymbol{\beta}})\right)=\mathbf{0}$$

b. 利用这个表达式去获得公式（8.28）。

8.2　考察方程组

$$\mathbf{y}_i=\mathbf{X}_i\boldsymbol{\beta}+\mathbf{u}_i$$

其中 i 表示横截面观测值，$\mathbf{y}_i$ 与 $\mathbf{u}_i$ 是 $G\times 1$ 维向量，$\mathbf{X}_i$ 是 $G\times K$ 维矩阵，$\mathbf{Z}_i$ 表示 $G\times L$ 维的工具矩阵，而 $\boldsymbol{\beta}$ 是 $K\times 1$ 维向量。设 $\boldsymbol{\Omega}=\mathrm{E}(\mathbf{u}_i\mathbf{u}_i')$。做出下述四个假设：（1）$\mathrm{E}(\mathbf{Z}_i'\mathbf{u}_i)=\mathbf{0}$；（2）秩 $\mathrm{E}(\mathbf{Z}_i'\mathbf{X}_i)=K$；（3）$\mathrm{E}(\mathbf{Z}_i'\mathbf{Z}_i)$ 是非奇异的；（4）$\mathrm{E}(\mathbf{Z}_i'\boldsymbol{\Omega}\mathbf{Z}_i)$是非奇异的。

a. 3SLS估计量的渐近性质是什么呢？

b. 求出 $\sqrt{N}(\hat{\boldsymbol{\beta}}_{3SLS}-\boldsymbol{\beta})$ 的渐近方差矩阵。

c. 你如何估计 $\mathrm{Avar}(\hat{\boldsymbol{\beta}}_{3SLS})$？

8.3　设 $\mathbf{x}$ 表示 $1\times K$ 维随机向量，而设 $\mathbf{z}$ 表示 $1\times M$ 维随机向量。假定 $\mathrm{E}(\mathbf{x}|\mathbf{z})=\mathrm{L}(\mathbf{x}|\mathbf{z})=\mathbf{z}\boldsymbol{\Pi}$，其中 $\boldsymbol{\Pi}$ 表示 $M\times K$ 维矩阵；换句话讲，给定 $\mathbf{z}$ 时，$\mathbf{x}$ 的期望值关于 $\mathbf{z}$ 是线性的。设 $\mathbf{h}(\mathbf{z})$ 表示 $\mathbf{z}$ 的任意一个 $1\times Q$ 维的非线性函数，并且定义一个扩展的工具目录是 $\mathbf{w}=[\mathbf{z}, \mathbf{h}(\mathbf{z})]$。

a. 证明，秩 $\mathrm{E}(\mathbf{z}'\mathbf{x})=$秩 $\mathrm{E}(\mathbf{w}'\mathbf{x})$。{提示：首先，证明秩 $\mathrm{E}(\mathbf{z}'\mathbf{x})=$秩 $\mathrm{E}(\mathbf{z}'\mathbf{x}^*)$，其中 $\mathbf{x}^*$ 表示 $\mathbf{x}$ 在 $\mathbf{z}$ 上的线性投影，用 $\mathbf{w}$ 代替 $\mathbf{z}$，上述等式仍成立。其次，证明当 $\mathrm{E}(\mathbf{x}|\mathbf{z})=\mathrm{L}(\mathbf{x}|\mathbf{z})$ 时，$\mathrm{L}[\mathbf{x}|\mathbf{z}, \mathbf{h}(\mathbf{z})]=\mathrm{L}(\mathbf{x}|\mathbf{z})$ 对于 $\mathbf{z}$ 的任意函数 $\mathbf{h}(\mathbf{z})$ 成立。}

b. 解释为什么a部分的结果对于使用IV估计的识别而言是重要的。

8.4 考察方程组(8.12),设 $\mathbf{w}$ 表示每一个方程中外生变量的行向量。假定外生性假设采取比较强的形式 $E(u_g \mid \mathbf{w})=0$,$g=1, 2, \cdots, G$。该假设意味着,$\mathbf{w}$ 与 $\mathbf{x}$ 的非线性函数都是每一个方程的有效工具。

a. 假定对于所有的 g,$E(\mathbf{x}_g \mid \mathbf{w})$ 关于 $\mathbf{w}$ 是线性的。证明,把 $\mathbf{w}$ 的非线性函数添加到工具目录中不得不满足秩条件。(提示:应用习题 8.3。)

b. 如果 $E(\mathbf{x}_g \mid \mathbf{w})$ 是 $\mathbf{w}$ 的非线性函数,对于某一个 g,情况会怎样?

8.5 检验对于任何对称的正定矩阵 $\mathbf{W}$ 以及 $\mathbf{\Lambda}$,表达式(8.34)中的差 $(\mathbf{C}'\mathbf{\Lambda}^{-1}\mathbf{C})-(\mathbf{C}'\mathbf{W}\mathbf{C})(\mathbf{C}'\mathbf{W}\mathbf{\Lambda}\mathbf{W}\mathbf{C})^{-1}(\mathbf{C}'\mathbf{W}\mathbf{C})$ 是半正定的。{提示:证明该差可以表示成

$$\mathbf{C}'\mathbf{\Lambda}^{-1/2}[\mathbf{I}_L-\mathbf{D}(\mathbf{D}'\mathbf{D})^{-1}\mathbf{D}']\mathbf{\Lambda}^{-1/2}\mathbf{C}$$

其中 $\mathbf{D}\equiv\mathbf{\Lambda}^{-1/2}\mathbf{W}\mathbf{C}$。于是,注意到,对于任意 $L\times K$ 维矩阵 $\mathbf{D}$,$\mathbf{I}_L-\mathbf{D}(\mathbf{D}'\mathbf{D})^{-1}\mathbf{D}'$ 是一个对称的、幂等矩阵,因此它是半正定的。}

8.6 考察 $G=2$ 的情形,含有增加下标 i 的方程组(8.12):

$$y_{i1}=\mathbf{x}_{i1}\boldsymbol{\beta}_1+u_{i1}$$
$$y_{i2}=\mathbf{x}_{i2}\boldsymbol{\beta}_2+u_{i2}$$

工具矩阵是

$$\mathbf{Z}_i=\begin{pmatrix}\mathbf{z}_{i1} & \mathbf{0}\\ \mathbf{0} & \mathbf{z}_{i2}\end{pmatrix}$$

设 $\mathbf{\Omega}$ 表示 $\mathbf{u}_i\equiv(u_{i1}, u_{i2})'$ 的 2×2 维方差矩阵,并且写成

$$\mathbf{\Omega}^{-1}=\begin{pmatrix}\sigma_{11} & \sigma_{12}\\ \sigma_{21} & \sigma_{22}\end{pmatrix}$$

a. 求出 $E(\mathbf{Z}_i'\mathbf{\Omega}^{-1}\mathbf{u}_i)$,并且证明,在正交条件 $E(\mathbf{z}_{i1}'u_{i1})=\mathbf{0}$ 以及 $E(\mathbf{z}_{i2}'u_{i2})=\mathbf{0}$ 下,$E(\mathbf{Z}_i'\mathbf{\Omega}^{-1}\mathbf{u}_i)$ 不一定是 0。

b. 如果 $\mathbf{\Omega}$ 是对角的(因此,$\mathbf{\Omega}^{-1}$ 是对角的),情况会怎样?

c. 如果 $\mathbf{z}_{i1}=\mathbf{z}_{i2}$(对 $\mathbf{\Omega}$ 没有约束),将会如何呢?

8.7 运用定义(8.14)与定义(8.15),证明,无论何时,只要 $\hat{\mathbf{\Omega}}$ 是对角矩阵,系统 2SLS 与 3SLS 在数值上是一样的。

8.8 考察标准面板数据模型:

$$y_{it}=\mathbf{x}_{it}\boldsymbol{\beta}+u_{it} \tag{8.64}$$

其中 $1\times K$ 维向量 $\mathbf{x}_{it}$ 可能具有与 u_{it} 相关的一些元素。设 $\mathbf{z}_{it}$ 表示 $1\times L$ 维工具向量,$L\geqslant K$,使得 $E(\mathbf{z}_{it}'u_{it})=\mathbf{0}$,$t=1, 2, \cdots, T$(实际上,一旦包含了常数以及可能的时间虚拟变量,$\mathbf{z}_{it}$ 就可以包括 $\mathbf{x}_{it}$ 的一些元素)。

a. 如果工具矩阵是 $\mathbf{Z}_i=(\mathbf{z}_{i1}', \mathbf{z}_{i2}', \cdots, \mathbf{z}_{iT}')$($T\times L$ 维矩阵),那么请写出系统 2SLS 估计量。证明,这个估计量是一个混合的 2SLS 估计量。也就是,对于所有混合的 i 与 t,它是利用工具 $\mathbf{z}_{it}$ 对方程(8.64)进行 2SLS 估计所获得的估计量。

b. 混合 2SLS 估计量的秩条件是什么？

c. 如果没有进一步的假设，证明如何去估计混合 2SLS 估计量的渐近方差？

d. 如果没有进一步的假设，你将如何估计最优加权矩阵？请写出详细过程。

e. 证明，假设

$$E(u_{it}|\mathbf{z}_{it},u_{i,t-1},\mathbf{z}_{i,t-1},\cdots,u_{i1},\mathbf{z}_{i1})=0,\quad t=1,\cdots,T \tag{8.65}$$

$$E(u_{it}^2|\mathbf{z}_{it})=\sigma^2,\quad t=1,\cdots,T \tag{8.66}$$

蕴涵着源自混合 2SLS 的通常标准误以及检验统计量都是有效的。这些假设使得对面板数据实施 2SLS 非常简单。

f. 在条件（8.65）下，当我们把条件（8.66）放松到 $E(u_{it}^2|\mathbf{z}_{it})=E(u_{it}^2)\equiv\sigma_t^2$，$t=1$，…，$T$，你会使用什么估计量呢？此方法将涉及一个初始的混合 2SLS 估计。

g. 假设你选择了工具变量矩阵如 $\mathbf{Z}_i=\mathrm{diag}(\mathbf{z}_{i1},\mathbf{z}_{i2},\cdots,\mathbf{z}_{iT})$。证明系统 2SLS 估计量可以通过如下方式获得：（1）对于每个 t，用 $\mathbf{x}_{it}$ 对 $\mathbf{z}_{it}$ 进行回归，$i=1$，…，T，并获得拟合值 $\hat{\mathbf{x}}_{it}$。（2）使用 $\hat{\mathbf{x}}_{it}$ 作为 $\mathbf{x}_{it}$ 的工具变量计算混合 IV 估计量。

h. 什么是使用矩条件 $E(\mathbf{z}_{it}'u_{it})=\mathbf{0}$，$t=1$，…，$T$ 最有效的方式？

8.9 考察源自第 5 章的单方程线性模型：$y=\mathbf{x}\boldsymbol{\beta}+u$。把假设 2SLS. 1 强化成 $E(u\mid\mathbf{z})=0$，而把假设 2SLS. 3 强化成 $E(u^2\mid\mathbf{z})=\sigma^2$，并且保持秩条件 2SLS. 2。证明，对于某一个 $L\times K$ 维矩阵 $E(\mathbf{x}\mid\mathbf{z})=\mathbf{z}\,\boldsymbol{\Pi}$，2SLS 估计量使用了基于正交性条件 $E(u\mid\mathbf{z})=0$ 的最优工具。如果 $E(u|\mathbf{x})=0$ 且 $\mathrm{Var}(u|\mathbf{x})=\sigma^2$，那么这个结果关于 OLS 蕴涵着什么呢？

8.10 在习题 8.8 的模型里，设 $\hat{u}_{it}\equiv y_{it}-\mathbf{x}_{it}\hat{\boldsymbol{\beta}}$ 表示实施混合 2SLS 估计之后的残差。

a. 考察 $\{u_{it}: t=1,\cdots,T\}$ 中的 AR(1) 序列相关检验：通过利用工具变量（$\mathbf{z}_{it},\hat{u}_{i,t-1}$）的 2SLS 来估计辅助方程

$$y_{it}=\mathbf{x}_{it}\boldsymbol{\beta}+\rho\,\hat{u}_{i,t-1}+error_{it},t=2,\cdots,T,i=1,\cdots,N$$

同时，使用 $\hat{\rho}$ 上的 t 统计量。论证，如果我们把假设（8.65）强化成 $E(u_{it}\mid\mathbf{z}_{it},\mathbf{x}_{i,t-1},u_{i,t-1},\mathbf{z}_{i,t-1},\mathbf{x}_{i,t-2},\cdots,\mathbf{x}_{i1},u_{i1},\mathbf{z}_{i1})=0$，那么 $\hat{\rho}$ 的异方差性稳健 t 统计量作为序列相关的一个检验是渐近有效的。［提示：在动态完备性假设（8.65）下，它是有效的零假设，用 $\hat{u}_{i,t-1}$ 来代替 $u_{i,t-1}$ 这一事实并不会影响到 $\hat{\rho}$ 的极限分布；参阅 6.1.3 节。］使通常 t 统计量正确的同方差性假设是什么呢？

b. 为了获得一个异方差性稳健检验应该做什么呢？

8.11 a. 使用定理 8.5 证明，在单方程模型

$$y_1=\mathbf{z}_1\boldsymbol{\delta}_1+\alpha_1 y_2+u_1$$

中，该方程满足 $E(u_1\mid\mathbf{z})=0$ —— 其中 $\mathbf{z}_1$ 表示 $\mathbf{z}$ 的一个严格子集 —— 而且

$\mathrm{Var}(u_1 \mid \mathbf{z})=\sigma_1^2$，最优工具是 $[\mathbf{z}_1, \mathrm{E}(y_2 \mid \mathbf{z})]$。

b. 如果 y_2是一个满足 $\mathrm{P}(y_2=1|\mathbf{z})=F(\mathbf{z})$的二值变量，对于某一个已知函数 $F(\cdot)$，$0 \leqslant F(\mathbf{z}) \leqslant 1$，那么最优 IV 是什么呢?

8.12 假设在系统（8.11）中我们认为 $\boldsymbol{\Omega}$ 有一种特殊形式，所以我们估计了它的一个约束版本。设 $\hat{\boldsymbol{\Lambda}}$ 是一个 $G \times G$ 维的半正定矩阵，以至 $\mathrm{plim}(\hat{\boldsymbol{\Lambda}})=\boldsymbol{\Lambda} \neq \boldsymbol{\Omega}$。

a. 如果我们使用$\hat{\boldsymbol{\Lambda}}$来应用 GMM 的 3SLS，得出的估计量一般是 $\boldsymbol{\beta}$ 的一致估计量吗？请解释。

b. 如果假设 SIV. 5 成立，但$\boldsymbol{\Lambda} \neq \boldsymbol{\Omega}$，你能利用在检验的准则函数之间的差异吗?

c. 设$\hat{\boldsymbol{\Omega}}$为通过（8.38）给出的无约束估计量，并假设在获得 $\hat{\boldsymbol{\Lambda}}$时所施加的约束成立：$\boldsymbol{\Lambda}=\boldsymbol{\Omega}$。在一个 GMM 的 3SLS 分析中使用$\hat{\boldsymbol{\Omega}}$而不是使用$\hat{\boldsymbol{\Lambda}}$，这样会使渐近有效性发生任何损失吗？请解释。

8.13 考虑含外生变量与内生解释变量交互影响的模型：

$$y_1=\eta_1+\mathbf{z}_1\boldsymbol{\delta}_1+\alpha_1 y_2+\mathbf{z}_1 y_2 \gamma_1+u_1$$
$$\mathrm{E}(u_1|\mathbf{z})=0$$

其中 $\mathbf{z}$ 为所有外生变量的向量。此外，假设：(1) $\mathrm{Var}(u_1 \mid \mathbf{z})=\sigma_1^2$；(2) $\mathrm{E}(y_2 \mid \mathbf{z})=\mathbf{z}\boldsymbol{\pi}_2$。

a. 应用定理 8.5 以获得最优工具变量。

b. 你将如何运用这一最优 IV 估计量?

8.14 写出一个含有潜在的内生解释变量的面板数据模型为

$$y_{it1}=\eta_{t1}+\mathbf{z}_{it1}\boldsymbol{\delta}_1+\mathbf{y}_{it2}\boldsymbol{\alpha}_2+u_{it1}, \quad t=1,\cdots,T$$

其中，η_{t1}表示对于每个 t 而言的一组截距项，$\mathbf{z}_{it1}$为 $1\times L_1$ 维向量，且 $\mathbf{y}_{it2}$是 $1\times G_1$ 维向量。设 $\mathbf{z}_{it}$ 为 $1\times L$ 维向量，$L=L_1+L_2$，使得 $E(\mathbf{z}_{it}'u_{it1})=\mathbf{0}$，$t=1$，…，$T$。我们需要 $L_2 \geqslant G_1$。

a. $\mathbf{y}_{it2}$的一个约简型可以写成 $\mathbf{y}_{it2}=\mathbf{z}_{it}\boldsymbol{\Pi}_2+\mathbf{v}_{it2}$。解释如何用混合 OLS 获得一个对零假设完全稳健的检验：H_0：$\mathrm{E}(\mathbf{y}_{it2}'u_{it1})=\mathbf{0}$。(检验的自由度应为 G_1。)

b. 扩展基于方程（6.32）的方法，以获得对混合 2SLS 估计量过度识别约束的一个检验。你应该描述如何使检验对序列相关和异方差性完全稳健。

8.15 使用 AIRFARE. RAW 中的数据来回答这个问题。

a. 使用混合 OLS 估计乘客的需求模型

$$\begin{aligned}\log(passen_{it})=&\beta_0+\delta_1 y98_t+\delta_2 y99_t+\delta_3 y00_t+\beta_1\log(fare_{it})\\&+\beta_2\log(dist_i)+\beta_3[\log(dist_i)]^2+u_{it1}\end{aligned}$$

获得$\hat{\beta}_{1,POLS}$通常的标准误和完全稳健的标准误。解释其系数。

b. 明确检验 $\{u_{it1}: t=1,\cdots,4\}$ 为 AR(1) 序列相关。对于 ρ 的估计，你能做什么?

c. 变量 $concen_{it}$可以用作 $\log(fare_{it})$ 的一个工具变量。估计关于 $\log(fa$-

re_{it}）的约简型（通过混合 OLS）并检验 $\log(fare_{it})$ 和 $concen_{it}$ 是否充分偏相关。你应该使用一个完全稳健的检验。

d. 用混合 2SLS 估计来自 a 部分的模型。$\hat{\beta}_{1,P2SLS}$ 和 $\hat{\beta}_{1,POLS}$ 有实际上的不同吗？如何比较 $\hat{\beta}_{1,P2SLS}$ 混合的和完全稳健的标准误？

e. 根据什么假设，你可以使用通常的标准误以获得一个豪斯曼统计量，以直接比较 $\hat{\beta}_{1,P2SLS}$ 和 $\hat{\beta}_{1,POLS}$ 呢？这些假设有可能得到满足吗？

f. 使用习题 8.14 的检验来正式检验 $\log(fare_{it})$ 在需求方程中是外生的。请使用完全稳健的版本。

第9章 联立方程模型

9.1 联立方程模型的范围

本章着重于研究一个方程组决定两个或多个变量的情形。然而，总体模型、识别分析以及估计方法都可以应用到更为广泛的问题上。在第8章，我们已经看到，例题8.2中所阐述的遗漏变量问题与例题8.1中实际联立方程模型具有相同的统计结构。实际上，联立性、遗漏变量以及测量误差中的任何一个或全部都可以出现在方程组中。由于遗漏变量与测量误差问题在概念上是更容易理解的，也正是因为如此，我们在第4章与第5章的单方程内容中就讨论过它们。本章中的例题与讨论的大部分都适用于实际的**联立方程模型**（simultaneous equation models，SEM）。

为了有效地应用实际联立方程模型，我们必须理解适合联立方程模型分析的各种情形。关于劳动力供给与工资报价的例题8.1就是一个合理的联立方程模型应用。劳动力供给函数描述了个体的行为，并且它是可以从个体效用最大化的基本经济原理中推导出的。一旦其他因素固定，劳动力供给函数就给出了在个体所面临的任何可能工资上的劳动力供给小时数。工资报价函数描述了厂商行为，并且像劳动力供给函数一样，工资报价函数是独立的（self-contained）。

当联立方程模型中的一个方程具有独立于方程组中其他方程的经济意义时，我们就说此方程是自治的（autonomous）。考察自治性的一种方法就是依照反事实推理，如例题8.1。如果我们知道了劳动力供给函数的参数，那么对于任何一个个体而言，我们能找出给定了任何可能工资的劳动力小时数（以及其他影响劳动力供给的可观测因素以及不可观测因素的值）。换句话讲，原则上，一旦给定其他可观测变量以及不可观测变量的水平，我们就能够勾画出个体劳动力供给函数的轮廓。

自治性要求与因果关系联系密切。联立方程模型中的一个方程应该体现一种因果关系；因此，当所有其他的变量固定时，我们应该对变化着的每一个解释变量——包括任何一个内生变量——感兴趣。换句话讲，联立方程模型中的每一个方程应该体现出某种含有因果结构的基本条件期望。复杂之处在于，条件期望是用反事实变量表述的。在劳动力供给例题中，如果我们可以实施一个可控实验，即外生地改变不同个体之间的工资报价，那么不考虑工资报价函数也可以估计出劳动力供给函数。事实上，在没有遗漏变量或测量误差时，普通最小二乘法就是一种适宜的估计方法。

一般地说，不管聚合的层面多高（个体、家庭、厂商、城市等等），许多供给与需求的例子都满足自治性要求，而且联立方程组最初也是由于这样的应用才得以发展。[例如，参阅哈维尔莫（Haavelmo，1943）以及基弗（Kiefer，1989）对戈德伯格（Arthur S. Goldberger）的采访。] 遗憾的是，最近联立方程模型的许多应用没有满足自治性要求；因此，很难解释实际上已经被估计出来的内容。那些无法满足自治性要求的例子常常具有相同的特征：方程组中的内生变量均是同一经济单元的选择变量。

举个例子，考察个体每周花费在合法市场活动的小时数与花费在犯罪行为上的小时数之间的选择问题。犯罪的经济模型可以从效用最大化推导出来；为了简单起见，假定选择只是在合法工作（*work*）小时数与涉及犯罪（*crime*）小时数之间进行。假定对个体选择而言为外生的那些因素包括合法活动的工资、其他收入来源、被捕的概率、预期惩罚等等。效用函数可以依赖于教育、工作经验、性别、种族以及其他的人口统计变量。

两个结构方程就能解决个体的最优化问题：一个将工作（*work*）作为外生因素、人口统计变量以及不可观测因素的函数；另一个将犯罪（*crime*）作为这些相同因素的函数。当然，被个体处理成为外生的因素很可能无法被计量经济学家当成是外生的因素：影响选择工作及犯罪的不可观测因素很可能与其观测因素相关。但是，这种可能性是一个遗漏变量问题。（在本例题中，测量误差也是一个重要问题。）无论遗漏变量或测量误差是不是问题，每一个方程都有一个因果解释。

在犯罪以及许多相似的例子中，能做到解出模型之前就停下来——或者完全绕开经济理论——并且设定一个由两个方程组成的联立方程组是非常令人神往的。第一个方程使用犯罪（*crime*）来描述工作（*work*），而第二个方程则把犯罪（*crime*）当成工作（*work*）的一个函数（在两个方程中均出现了其他因素）。尽管以这种方式写出最优化问题的一阶条件常常是可行的，但这些方程并不是人们所关注的结构方程。这两个方程都不能依赖于其自身，并且两者都没有因果解释。例如，保持在合法就业上所花费的小时数不变，研究改变市场工资对花费在犯罪活动上的小时数所产生的效应意味着什么呢？通常个体会调整在这两种活动上所花费的时间以适应市场工资的变动。

通常，确定一个内生选择变量如何替换另外一个内生选择变量是很有用的，但是在这类情形中，其目的并不是（应该不是）去推断因果关系。例如，比德尔和哈默梅斯（Biddle and Hamermesh，1990）提出了每周花费多少时间用于睡眠对每周花费多少时间用于工作（对教育、年龄、其他人口统计及健康因素加以控制）的普通最小二乘法回归。他们认为，这个分析不存在"结构"内容。（事实上，因变量的选取有很大的任意性。）比德尔和哈默梅斯（Biddle and Hamermesh，1990）确实推导出了对睡眠需求（连同劳动力供给函数）的结构模型，其中一个关键性的解释变量是工资报价。睡眠需求具有一个因果解释，并且它的右边不包括劳动力供给。

为什么不满足自治性要求的联立方程模型运用在应用研究工作中会如此盛行呢？一种可能性是，似乎存在"结构"与"联立"是同义词这种一般性误解。然而，我们已经知道，结构模型不必是联立方程组。而且，像犯罪/工作的例子所表明的，联立方程组也不一定是结构性的。

9.2 线性方程组的识别

9.2.1 排除约束与约简型

将一个总体线性联立方程组写成

$$
\begin{aligned}
y_1 &= \mathbf{y}_{(1)}\boldsymbol{\gamma}_{(1)} + \mathbf{z}_{(1)}\boldsymbol{\delta}_{(1)} + u_1 \\
&\vdots \\
y_G &= \mathbf{y}_{(G)}\boldsymbol{\gamma}_{(G)} + \mathbf{z}_{(G)}\boldsymbol{\delta}_{(G)} + u_G
\end{aligned}
\tag{9.1}
$$

其中 $\mathbf{y}_{(h)}$ 表示一个 $1\times G_h$ 维的向量，$\boldsymbol{\gamma}_{(h)}$ 表示一个 $G_h\times 1$ 维的向量，$\mathbf{z}_{(h)}$ 表示一个 $1\times M_h$ 维的向量，而 $\boldsymbol{\delta}_{(h)}$ 表示一个 $M_h\times 1$ 维的向量，$h=1, 2, \cdots, G$。这些是**内生变量**（endogenous variables）y_1，y_2，…，y_G 的**结构方程**（structural equations）。我们假定，如果方程组（9.1）表示一个实际联立方程模型，那么就一定会施加均衡条件。真是希望每一个方程式都是自治的，但是，对于统计分析来说，它们就不必都这样了。

向量 $\mathbf{y}_{(h)}$ 表示出现在第 h 个结构方程右边的内生变量。按照惯例，$\mathbf{y}_{(h)}$ 能够包括除了 y_h 之外的 y_1，y_2，…，y_G 之中的任何一个内生变量。$\mathbf{z}_{(h)}$ 中的变量表示出现在第 h 个方程中的**外生变量**（exogenous variables）。通常，跨越不同方程的外生变量中存在某种重复；例如，除了在特殊情形中，每一个 $\mathbf{z}_{(h)}$ 都包含允许非零截距的单元。在方程组（9.1）中施加的一些约束被称为**排除约束**（exclusion restrictions），因为某个内生变量以及外生变量被排除在某些方程之外。

假定所有外生变量 $\mathbf{z}$ 的 $1\times M$ 维向量满足

$$
\mathrm{E}(\mathbf{z}'u_g)=\mathbf{0}, \quad g=1,2,\cdots,G \tag{9.2}
$$

当方程组（9.1）中所有方程确实是结构性的时候，我们通常愿意假定

$$\mathrm{E}(u_g|\mathbf{z})=0, \quad g=1,2,\cdots,G \tag{9.3}$$

然而，从第 5 章和第 8 章中我们知道，假设（9.2）是一致估计的充分条件。有时，尤其是在遗漏变量与测量误差的一些应用中，方程组（9.1）中的一个或多个方程只代表在外生变量上的线性投影，就如同例题 8.2。正因为这样，对大部分识别以及估计分析我们使用假设（9.2）。我们始终假定 $\mathrm{E}(\mathbf{z}'\mathbf{z})$ 是非奇异的，因而，在总体各个外生变量之间不存在确切的线性相关。

假设（9.2）蕴涵着在方程组中任意出现的外生变量与所有结构误差是正交的。如果出现的某些元素，比如说 $\mathbf{z}_{(1)}$，在第二个方程之中并没有出现，那么我们就可以明确地假定它们没有进入 y_2 的结构方程中。如果在一个联立方程模型（SEM）中不存在合理的排除约束，那么可能就是方程组本身不满足自治性要求。

通常来说，方程组（9.1）中第 g 个方程的误差 u_g 与 $\mathbf{y}_{(g)}$ 将是相关的（稍后我们将详细地证明这个相关性），所以普通最小二乘法（OLS）与广义最小二乘法（GLS）将是不一致的。不管怎样，在某些识别假设下，我们能够利用第 8 章中所讨论过的工具变量方法来估计这一方程组。

除了方程组（9.1）中的排除约束之外，识别信息的另外一个可能的来源是 $G\times G$ 维方差矩阵 $\mathbf{\Sigma}\equiv\mathrm{Var}(\mathbf{u})$。至于现在，$\mathbf{\Sigma}$ 是无约束的，因此，它不包括识别信息。

为了启发一般性分析，考察某个总体的特定劳动力供给与需求函数：

$$h^s(\omega)=\gamma_1\log(\omega)+\mathbf{z}_{(1)}\boldsymbol{\delta}_{(1)}+u_1$$
$$h^d(\omega)=\gamma_2\log(\omega)+\mathbf{z}_{(2)}\boldsymbol{\delta}_{(2)}+u_2$$

其中，ω 表示劳动力供给与劳动力需求函数中的**虚拟自变量**（dummy argument）*。我们假定，可观测小时数 h 与可观测工资 w 可使供给等于需求：

$$h=h^s(w)=h^d(w)$$

$\mathbf{z}_{(1)}$ 中的一些变量可以移动劳动力供给曲线，而 $\mathbf{z}_{(2)}$ 则包含了劳动力需求变动（shifter）。通过假定 $y_1=h$ 且 $y_2=\log(w)$，我们能够把处于均衡中的几个方程写成一个线性联立方程模型：

$$y_1=\gamma_1 y_2+\mathbf{z}_{(1)}\boldsymbol{\delta}_{(1)}+u_1 \tag{9.4}$$
$$y_1=\gamma_2 y_2+\mathbf{z}_{(2)}\boldsymbol{\delta}_{(2)}+u_2 \tag{9.5}$$

一般方程组（9.1）不排除在多个方程的左边出现相同变量的情形。

那么需要些什么来识别供给曲线中的参数呢？从直观上看，由于我们仅观测到均衡小时数与工资数，如果 $\mathbf{z}_{(1)}$ 与 $\mathbf{z}_{(2)}$ 均包含完全相同的元素，那么我们就不能从供给函数中区分出需求函数。然而，如果 $\mathbf{z}_{(2)}$ 包含了 $\mathbf{z}_{(1)}$ 中没有的元素——也就是说，如果存在某一个元素，它会外生地移动需求曲线，但不移动供给曲线——那么我们有希望估计出供给曲线的参数。为了识别需求曲线，我

* 又称哑自变量。——译者注

们至少需要一个在 $\mathbf{z}_{(1)}$ 中而不在 $\mathbf{z}_{(2)}$ 中的元素。

为了正式研究识别问题，假定 $\gamma_1 \neq \gamma_2$；这一假设仅仅意味着供给曲线与需求曲线具有不同的斜率。方程（9.4）减去方程（9.5），再用 $\gamma_2 - \gamma_1$ 去除，并重新整理得到

$$y_2 = \mathbf{z}_{(1)} \boldsymbol{\pi}_{21} + \mathbf{z}_{(2)} \boldsymbol{\pi}_{22} + v_2 \tag{9.6}$$

其中 $\boldsymbol{\pi}_{21} \equiv \boldsymbol{\delta}_{(1)}/(\gamma_2 - \gamma_1)$，$\boldsymbol{\pi}_{22} \equiv -\boldsymbol{\delta}_{(2)}/(\gamma_2 - \gamma_1)$ 而 $v_2 \equiv (u_1 - u_2)/(\gamma_2 - \gamma_1)$。这是 y_2 的约简型（reduced form），因为它把 y_2 表示成所有外生变量的一个线性函数，由假设（9.2）可知，对误差 v_2 来说，它与所有外生变量均是正交的：$\mathrm{E}(\mathbf{z}' v_2) = \mathbf{0}$。重要的是，$y_2$ 的约简型是从两个结构方程（9.4）以及方程（9.5）中获得的。

给定方程（9.4）与约简型（9.6），现在我们可以使用第 5 章的关于右边含有单一内生变量的线性模型的识别条件。这个条件可以很容易地表述成：y_2 的约简型必须包含至少一个不包含在方程（9.4）中的外生变量。这意味着，在方程（9.6）中至少含有一个 $\mathbf{z}_{(2)}$ 有而 $\mathbf{z}_{(1)}$ 没有的元素，并且系数不为零。现在我们使用结构方程。由于 $\boldsymbol{\pi}_{22}$ 与 $\boldsymbol{\delta}_{(2)}$ 是成比例的，因此可以很容易地用结构参数来重新表述这个条件：方程（9.5）中必须至少有一个 $\mathbf{z}_{(2)}$ 有而 $\mathbf{z}_{(1)}$ 没有的元素具备非零的系数。在供给与需求的例子中，供给函数的识别要求至少有一个外生变量出现在需求函数中但不出现在供给函数中，这一结论与我们先前的直观判断非常吻合。

识别方程（9.5）的条件也是照猫画虎：必须至少有一个 $\mathbf{z}_{(1)}$ 有而 $\mathbf{z}_{(2)}$ 没有的元素确实出现在方程（9.4）中。

例 9.1（已婚妇女的劳动力供给） 考察施加了均衡条件的已婚妇女劳动力供给与需求方程：

$$hours = \gamma_1 \log(wage) + \delta_{10} + \delta_{11}\, educ + \delta_{12} age + \delta_{13}\, kids + \delta_{14} othinc + u_1$$
$$hours = \gamma_2 \log(wage) + \delta_{20} + \delta_{21}\, educ + \delta_{22}\, exper + u_2$$

供给方程是可以识别的，因为由假设可知，$exper$ 出现在需求函数中（假定 $\delta_{22} \neq 0$），但没有出现在供给方程中。过去的工作经验对劳动力供给没有直接影响的假设会受到质疑，但是它却已被劳动力经济学家所使用。倘若三个变量 age，$kids$ 以及 $othinc$ 中至少有一个确实出现在供给方程之中，则需求方程就是可识别的。

现在，我们把这种分析扩展到一般方程组（9.1）上。为了具体起见，我们研究第一个方程

$$y_1 = \mathbf{y}_{(1)} \gamma_1 + \mathbf{z}_{(1)} \boldsymbol{\delta}_{(1)} + u_1 = \mathbf{x}_{(1)} \boldsymbol{\beta}_{(1)} + u_1 \tag{9.7}$$

的识别，其中所使用的下标记号需要把含有排除约束的方程与我们将在 9.2.2 节中要研究的一般方程区分开。一旦假定约简型存在，把 $\mathbf{y}_{(1)}$ 的约简型写成

$$\mathbf{y}_{(1)} = \mathbf{z}\, \boldsymbol{\Pi}_{(1)} + \mathbf{v}_{(1)} \tag{9.8}$$

其中，$E[\mathbf{z}'\mathbf{v}_{(1)}]=\mathbf{0}$。进一步地，定义一个 $M\times M_1$ 维**选择矩阵**（selection matrix）$\mathbf{S}_{(1)}$，它是由一些 0 与 1 构成的，使得 $\mathbf{z}_{(1)}=\mathbf{z}\,\mathbf{S}_{(1)}$。第 5 章的秩条件，即假设 2SLS. 2(b)，可以表述成

$$\text{秩 } E[\mathbf{z}'\mathbf{x}_{(1)}]=K_1 \tag{9.9}$$

其中 $K_1\equiv G_1+M_1$。但是，$E[\mathbf{z}'\mathbf{x}_{(1)}]=E[\mathbf{z}'(\mathbf{z}\mathbf{\Pi}_{(1)},\mathbf{z}\mathbf{S}_{(1)})]=E(\mathbf{z}'\mathbf{z})[\mathbf{\Pi}_{(1)}\mid\mathbf{S}_{(1)}]$。* 由于我们总是假定 $E(\mathbf{z}'\mathbf{z})$ 具有满秩 M，所以假设（9.9）与

$$\text{秩 } [\mathbf{\Pi}_{(1)}\mid\mathbf{S}_{(1)}]=G_1+M_1 \tag{9.10}$$

是相同的。换句话讲，$[\mathbf{\Pi}_{(1)}\mid\mathbf{S}_{(1)}]$ 必须是列满秩的。如果已经得到关于 $\mathbf{y}_{(1)}$ 的约简型，那么可以直接验证这个条件。但是，存在一种我们能立刻得出结论的情形：因为 $[\mathbf{\Pi}_{(1)}\mid\mathbf{S}_{(1)}]$ 是一个 $M\times(G_1+M_1)$ 维的矩阵，所以假设（9.10）的必要条件是 $M\geqslant G_1+M_1$，或者

$$M-M_1\geqslant G_1 \tag{9.11}$$

我们在第 5 章已经遇到过条件（9.11）：在第一个方程中没有出现的外生变量数目 $M-M_1$ 必须至少与第一个方程（9.7）右边出现的内生变量数目 G_1 一样多。这是方程识别的阶条件。我们已经证明了下述定理：

定理 9.1（含有排除约束的阶条件） 在含有排除约束的线性方程组中，对任何一个特殊方程识别的必要条件是，从该方程中排除的外生变量数目必须至少与方程右边所包含的内生变量数目一样多。

重要的是要记住，对于识别来说，阶条件仅仅是一个必要条件但不是充分条件。如果对于某一个特殊方程而言，阶条件不满足，那么估计那个方程中的参数就没有希望。如果阶条件得到满足，那么此方程可能是可识别的。

9.2.2 一般线性约束与结构方程

当约简型附加于结构方程时，前一节的识别分析是有用的。当一个完整的结构方程组被设定时，用结构参数来全面研究识别是一种最佳途径。

为此目的，现在我们把总体的 G 个方程写成

$$\begin{aligned}&\mathbf{y}\boldsymbol{\gamma}_1+\mathbf{z}\boldsymbol{\delta}_1+u_1=0\\&\quad\vdots\\&\mathbf{y}\boldsymbol{\gamma}_G+\mathbf{z}\boldsymbol{\delta}_G+u_G=0\end{aligned} \tag{9.12}$$

其中 $\mathbf{y}\equiv(y_1,y_2,\cdots,y_G)$ 表示 $1\times G$ 维的所有内生变量向量，而 $\mathbf{z}\equiv(z_1,\cdots,z_M)$ 仍表示 $1\times M$ 维的所有外生变量向量，并且可能包含 1。我们本节自始至终地保持假设（9.2），而且还假定 $E(\mathbf{z}'\mathbf{z})$ 是非奇异的。这里的记号不同于 9.2.1 节中的记号。此处，$\boldsymbol{\gamma}_g$ 表示 $G\times 1$ 维的向量，而 $\boldsymbol{\delta}_g$ 表示 $M\times 1$ 维的向量（$g=1$，

* 竖线"|"为分块矩阵的分块线，而非条件期望线。——译者注

$2,\cdots,G$)，因此，如果对结构参数没有任何约束，那么方程组（9.12）是一般方程组。

我们可以把这个方程组以紧凑形式写成

$$\mathbf{y}\,\boldsymbol{\Gamma}+\mathbf{z}\,\boldsymbol{\Delta}+\mathbf{u}=\mathbf{0} \tag{9.13}$$

其中 $\mathbf{u}\equiv(u_1,\ \cdots,\ u_G)$ 表示 $1\times G$ 维的结构误差向量，$\boldsymbol{\Gamma}$ 表示 $G\times G$ 维的矩阵，其中第 g 列为 γ_g，而 $\boldsymbol{\Delta}$ 表示 $M\times G$ 维的矩阵，其中第 g 列为 $\boldsymbol{\delta}_g$。因此，约简型存在，我们假定 $\boldsymbol{\Gamma}$ 是非奇异的。设 $\boldsymbol{\Sigma}\equiv\mathrm{E}(\mathbf{u}'\mathbf{u})$ 表示 $\mathbf{u}$ 的 $G\times G$ 维方差矩阵，这里我们假定 $\mathbf{u}$ 的方差矩阵是非奇异的。此处，我们没有对 $\boldsymbol{\Gamma}$，$\boldsymbol{\Delta}$，$\boldsymbol{\Sigma}$ 设置其他的一些约束。

约简型可以很容易地表示成

$$\mathbf{y}=\mathbf{z}(-\boldsymbol{\Delta}\boldsymbol{\Gamma}^{-1})+\mathbf{u}(-\boldsymbol{\Gamma}^{-1})\equiv \mathbf{z}\,\boldsymbol{\Pi}+\mathbf{v} \tag{9.14}$$

其中 $\boldsymbol{\Pi}\equiv(-\boldsymbol{\Delta}\boldsymbol{\Gamma}^{-1})$，而 $\mathbf{v}\equiv\mathbf{u}(-\boldsymbol{\Gamma}^{-1})$。把 $\boldsymbol{\Lambda}\equiv\mathrm{E}(\mathbf{v}'\mathbf{v})=\boldsymbol{\Gamma}^{-1\prime}\boldsymbol{\Sigma}\boldsymbol{\Gamma}^{-1}$ 定义为约简型的方差矩阵。由于 $\mathrm{E}(\mathbf{z}'\mathbf{v})=\mathbf{0}$ 且 $\mathrm{E}(\mathbf{z}'\mathbf{z})$ 是非奇异的，所以 $\boldsymbol{\Pi}$ 与 $\boldsymbol{\Lambda}$ 是可识别的，因为一旦给定 $\mathbf{y}$ 与 $\mathbf{z}$ 上的随机样本，就可以通过逐个方程进行 OLS 一致地估计它们。问题是：在什么条件下，我们可以从约简型参数中重新得到结构参数 $\boldsymbol{\Gamma}$，$\boldsymbol{\Delta}$ 以及 $\boldsymbol{\Sigma}$ 呢？

容易看到，如果没有一些约束，我们将不能识别结构方程组的任何参数。设 $\mathbf{F}$ 是任意一个 $G\times G$ 维非奇异矩阵，并且用 $\mathbf{F}$ 右乘方程（9.13）得到

$$\mathbf{y}\boldsymbol{\Gamma}\mathbf{F}+\mathbf{z}\boldsymbol{\Delta}\mathbf{F}+\mathbf{u}\,\mathbf{F}=\mathbf{0}\quad\text{或者}\quad \mathbf{y}\boldsymbol{\Gamma}^*+\mathbf{z}\boldsymbol{\Delta}^*+\mathbf{u}^*=\mathbf{0} \tag{9.15}$$

其中 $\boldsymbol{\Gamma}^*\equiv\boldsymbol{\Gamma}\mathbf{F}$，$\boldsymbol{\Delta}^*\equiv\boldsymbol{\Delta}\mathbf{F}$ 以及 $\mathbf{u}^*\equiv\mathbf{u}\mathbf{F}$。注意到，$\mathrm{Var}(\mathbf{u}^*)=\mathbf{F}'\boldsymbol{\Sigma}\mathbf{F}$。经过简单的代数运算，可以证明，方程（9.15）与方程（9.13）具有相同的约简型。这一结果意味着，如果对结构参数没有约束，那么在可以导致相同约简型的意义下存在许多**等价结构**（equivalent structures）。实际上，对于每一个非奇异 $\mathbf{F}$ 来说，存在一个等价结构。

设 $\mathbf{B}\equiv\begin{pmatrix}\boldsymbol{\Gamma}\\ \boldsymbol{\Delta}\end{pmatrix}$ 表示方程（9.13）中 $(G+M)\times G$ 维的结构参数矩阵。如果 $\mathbf{F}$ 是任意一个非奇异 $G\times G$ 维矩阵，那么 $\mathbf{F}$ 表示**可容许的线性变换**（admissible linear transformation），如果

1. $\mathbf{BF}$ 满足 $\mathbf{B}$ 上的所有约束。
2. $\mathbf{F}'\boldsymbol{\Sigma}\mathbf{F}$ 满足 $\boldsymbol{\Sigma}$ 上的所有约束。

为了识别此方程组，我们需要足够多的关于结构参数 $(\mathbf{B},\boldsymbol{\Sigma})$ 的**先验信息**（prior information），以使 $\mathbf{F}=\mathbf{I}_G$ 是唯一的可容许的线性变换。

在大部分应用中，人们主要关注的内容是 $\mathbf{B}$ 的识别问题，而这种识别是通过对 $\mathbf{B}$ 直接增加一些约束来达到的。如同我们将在 9.4.2 节中所接触到的，为了识别 $\mathbf{B}$ 而对 $\boldsymbol{\Sigma}$ 增加一些约束是可行的，但是这种方法实际上几乎不会经常发生。一直到我们进入到 9.4.2 节之前，$\boldsymbol{\Sigma}$ 都是一个无约束的 $G\times G$ 维正定矩阵。

如前所述，我们考察第一个方程的识别：

$$\mathbf{y}\gamma_1 + \mathbf{z}\boldsymbol{\delta}_1 + u_1 = 0 \tag{9.16}$$

或者 $\gamma_{11}y_1 + \gamma_{12}y_2 + \cdots + \gamma_{1G}y_G + \delta_{11}z_1 + \delta_{12}z_2 + \cdots + \delta_{1M}z_M + u_1 = 0$。我们对方程（9.16）中的参数所作的第一个约束为 γ_1 的一个元素是 -1 的**标准化约束**（normalization restriction）。方程组（9.1）中的每一个方程具有一个标准化约束，因为一个变量被当成左边的被解释变量。在一些应用中，对每一个方程而言，通常都存在一个自然而然的标准化。如果不存在，那么我们就应询问此方程组是否满足在 9.1 节中讨论过的自治性要求。（甚至在满足自治性要求的模型中，我们经常必须在一些合情合理的标准化条件之间进行选择。例如，在例题 9.1 中，我们可以把第二个方程设定成为工资报价方程，而不是劳动力需求方程。）

设 $\boldsymbol{\beta}_1 \equiv (\gamma_1', \boldsymbol{\delta}_1')'$ 表示第一个方程中的 $(G+M)\times 1$ 的结构参数向量。对于一个标准化约束而言，$\boldsymbol{\beta}_1$ 存在 $(G+M)-1$ 个未知元素。假定关于 $\boldsymbol{\beta}_1$ 的先验知识能够表述成

$$\mathbf{R}_1\boldsymbol{\beta}_1 = \mathbf{0} \tag{9.17}$$

其中 $\mathbf{R}_1$ 表示一个 $J_1\times(G+M)$ 的已知常数矩阵，而 J_1 表示对 $\boldsymbol{\beta}_1$ 的约束数目（除了标准化约束之外）。我们假定秩 $\mathbf{R}_1 = J_1$，因此，不存在**多余约束**（redundant restrictions）。有时候，假设（9.17）的约束被称为**同质线性约束**（homogeneous linear restrictions），但是，一旦联系到标准化假设之后，方程（9.17）实际上考察了非同质约束。

例 9.2（三个方程的方程组） 考察满足 $G=3$ 且 $M=4$ 的方程组中的第一个方程：

$$y_1 = \gamma_{12}y_2 + \gamma_{13}y_3 + \delta_{11}z_1 + \delta_{12}z_2 + \delta_{13}z_3 + \delta_{14}z_4 + u_1$$

所以 $\gamma_1 = (-1, \gamma_{12}, \gamma_{13})'$，$\boldsymbol{\delta}_1 = (\delta_{11}, \delta_{12}, \delta_{13}, \delta_{14})'$，而 $\boldsymbol{\beta}_1 = (-1, \gamma_{12}, \gamma_{13}, \delta_{11}, \delta_{12}, \delta_{13}, \delta_{14})'$。（为了允许截距存在，我们设 $z_1 = 1$。）假定对结构参数的约束是 $\gamma_{12} = 0$ 且 $\delta_{13} + \delta_{14} = 3$。于是，$J_1 = 2$，而且

$$\mathbf{R}_1 = \begin{pmatrix} 0 & 1 & 0 & 0 & 0 & 0 & 0 \\ 3 & 0 & 0 & 0 & 0 & 1 & 1 \end{pmatrix}$$

直接相乘得到 $\mathbf{R}_1\boldsymbol{\beta}_1 = (\gamma_{12},\ \delta_{13} + \delta_{14} - 3)'$，并且如同方程（9.17）一样设置这个向量为 0 并加入到对 $\boldsymbol{\beta}_1$ 的约束之中。

给定方程（9.17）的线性约束，什么时候这些线性约束与标准化约束是足以识别 $\boldsymbol{\beta}_1$ 的呢？再次设 $\mathbf{F}$ 表示任意一个 $G\times G$ 维的非奇异矩阵，并且用它的列写成 $\mathbf{F} = (\mathbf{f}_1,\ \mathbf{f}_2,\ \cdots,\ \mathbf{f}_G)$。把 $\mathbf{B}$ 的线性变换定义为 $\mathbf{B}^* = \mathbf{BF}$，因此，$\mathbf{B}^*$ 的第一列是 $\boldsymbol{\beta}_1^* \equiv \mathbf{B}\mathbf{f}_1$。我们需要找到一个条件，以便使方程（9.17）允许我们把任何其他的 $\boldsymbol{\beta}_1^*$ 与 $\boldsymbol{\beta}_1$ 区分开。现在，忽略此标准化条件。当且仅当

$$\mathbf{R}_1\boldsymbol{\beta}_1^* = \mathbf{R}_1(\mathbf{B}\mathbf{f}_1) = (\mathbf{R}_1\mathbf{B})\mathbf{f}_1 = \mathbf{0} \tag{9.18}$$

向量 $\boldsymbol{\beta}_1^*$ 满足由 $\mathbf{R}_1$ 体现出的线性约束。当然，对于 $\mathbf{f}_1 = \mathbf{e}_1 \equiv (1,\ 0,\ 0,\ \cdots,\ 0)'$

来说，$(\mathbf{R}_1\mathbf{B})\mathbf{f}_1=\mathbf{0}$ 是正确的，从而$\boldsymbol{\beta}_1^*=\mathbf{B}\mathbf{f}_1=\boldsymbol{\beta}_1$。由于假设（9.18）对于 $\mathbf{f}_1=\mathbf{e}_1$ 成立，显然它对于 $\mathbf{e}_1$ 的任意标量乘积是成立的。对于某一个常数 c_1，识别的关键是，形式 $c_1\mathbf{e}_1$ 的向量均是满足条件（9.18）的唯一向量 $\mathbf{f}_1$。如果条件（9.18）对于向量 $\mathbf{f}_1$ 而不是 $\mathbf{e}_1$ 的标量乘积是成立的，那么我们估计 $\boldsymbol{\beta}_1$ 就没有希望。

说条件（9.18）仅对于形式 $c_1\mathbf{e}_1$ 的向量成立正好意味着 $\mathbf{R}_1\mathbf{B}$ 的**零空间**（null space）具有维数 1。等价地讲，由于 $\mathbf{R}_1\mathbf{B}$ 具有 G 个列，所以

$$\text{秩 } \mathbf{R}_1\mathbf{B}=G-1 \tag{9.19}$$

在一般线性约束下，这是第一个结构方程中 $\boldsymbol{\beta}_1$ 识别的秩条件。一旦条件（9.19）是已知成立的，标准化约束允许我们把 $\boldsymbol{\beta}_1$ 的任意其他标量乘积与 $\boldsymbol{\beta}_1$ 区分开。

定理 9.2（识别的秩条件） 设 $\boldsymbol{\beta}_1$ 表示第一个方程的 $(G+M)\times1$ 维的结构参数向量，满足标准化约束：一个内生变量的系数之一是-1。设关于 $\boldsymbol{\beta}_1$ 的附加信息是由约束（9.17）给出的。于是，当且仅当秩条件（9.19）成立，$\boldsymbol{\beta}_1$ 是可识别的。

正像前面所揭示的那样，本节中的秩条件依赖于结构参数 $\mathbf{B}$。我们可以通过研究矩阵 $\mathbf{R}_1\mathbf{B}$ 来确定第一个方程是否为可识别的。由于这个矩阵依赖于所有参数，所以我们通常必须设定全部结构模型。

$J_1\times G$ 维矩阵 $\mathbf{R}_1\mathbf{B}$ 可以写成 $\mathbf{R}_1\mathbf{B}=[\mathbf{R}_1\boldsymbol{\beta}_1, \mathbf{R}_1\boldsymbol{\beta}_2, \cdots, \mathbf{R}_1\boldsymbol{\beta}_G]$，其中 $\boldsymbol{\beta}_g$ 表示第 g 个方程中 $(G+M)\times1$ 维的结构参数向量。由假设（9.17）可知，$\mathbf{R}_1\mathbf{B}$ 的第一列是零向量。因此，$\mathbf{R}_1\mathbf{B}$ 的秩不能大于 $G-1$。我们所必须检验的内容是，是否 $\mathbf{R}_1\mathbf{B}$ 除第一列以外的其他列形成了线性无关集合。

一旦利用了条件（9.19），我们就可以获得阶条件的更一般形式。由于 $\boldsymbol{\Gamma}$ 是非奇异的，所以 $\mathbf{B}$ 必然具有秩 G（列满秩）。因此，为了条件（9.19）成立，我们必须具有秩 $\mathbf{R}_1\geqslant G-1$。但是，我们已经假定秩 $\mathbf{R}_1=J_1$，它表示 $\mathbf{R}_1$ 的行维数。

定理 9.3（识别的阶条件） 在假设（9.17）下，方程组（9.12）的第一个方程成为可识别的一个必要条件是

$$J_1\geqslant G-1 \tag{9.20}$$

其中 J_1 表示 $\mathbf{R}_1$ 的行维数。式（9.20）是阶条件的一般形式。

我们可以总结归纳一下，检验方程组中第一个方程是否为可识别的步骤如下：

1. 设 γ_1 的一个元素为-1 作为一个标准。
2. 定义 $J_1\times(G+M)$ 矩阵 $\mathbf{R}_1$，使得方程（9.17）捕获到 $\boldsymbol{\beta}_1$ 上的所有约束。
3. 如果 $J_1<(G-1)$，那么第一个方程是不可识别的。
4. 如果 $J_1\geqslant(G-1)$，那么方程是可识别的。设 $\mathbf{B}$ 表示含有唯一被施加了标准化约束的全部结构参数矩阵，并且计算 $\mathbf{R}_1\mathbf{B}$。现在对整个方程组施加约束，并且检验秩条件（9.19）。

阶条件的简单性使它成为研究识别的一种工具变得有吸引力。而且，要想写出阶条件是满足的而秩条件不满足的一些例子并不困难。

例 9.3（秩条件不满足） 考察下述总体（$G=3$，$M=4$）的三个方程结构模型：

$$y_1=\gamma_{12}y_2+\gamma_{13}y_3+\delta_{11}z_1+\delta_{13}z_3+u_1 \tag{9.21}$$

$$y_2=\gamma_{21}y_1+\delta_{21}z_1+u_2 \tag{9.22}$$

$$y_3=\delta_{31}z_1+\delta_{32}z_2+\delta_{33}z_3+\delta_{34}z_4+u_3 \tag{9.23}$$

其中 $z_1\equiv1$，$\mathrm{E}(u_g)=0$，$g=1$，2，3，而每一个 z_j 与每一个 u_g 是不相关的。注意到，第三个方程已经是一个约简型方程（尽管它还具有结构解释）。在方程（9.21）中，我们设 $\gamma_{11}=-1$，$\delta_{12}=0$，而 $\delta_{14}=0$。由于这个方程包含右边的两个内生变量，而且存在两个被排除的外生变量，所以它满足阶条件。

为了检验秩条件，设 $\boldsymbol{\beta}_1$ 表示含有唯一所施加标准化约束的第一个方程的 7×1 维参数向量：$\boldsymbol{\beta}_1=(-1,\ \gamma_{12},\ \gamma_{13},\ \delta_{11},\ \delta_{12},\ \delta_{13},\ \delta_{14})'$。通过选择

$$\mathbf{R}_1=\begin{pmatrix}0&0&0&0&1&0&0\\0&0&0&0&0&0&1\end{pmatrix}$$

来获得约束 $\delta_{12}=0$ 且 $\delta_{14}=0$。设 $\mathbf{B}$ 表示仅含有三个所施加标准化约束的全部 7×3维参数矩阵［因而，$\boldsymbol{\beta}_2=(\gamma_{21},-1,\gamma_{23},\delta_{21},\delta_{22},\delta_{23},\delta_{24})'$ 且 $\boldsymbol{\beta}_3=(\gamma_{31},\gamma_{32},-1,\delta_{31},\delta_{32},\delta_{33},\delta_{34})'$］。矩阵相乘得到

$$\mathbf{R}_1\mathbf{B}=\begin{pmatrix}\delta_{12}&\delta_{22}&\delta_{32}\\\delta_{14}&\delta_{24}&\delta_{34}\end{pmatrix}$$

现在我们对方程组施加所有约束。除了源自方程（9.21）的约束 $\delta_{12}=0$ 且 $\delta_{14}=0$ 之外，我们还有出自方程（9.22）的 $\delta_{22}=0$ 且 $\delta_{24}=0$。因此，当施加了所有约束后，

$$\mathbf{R}_1\mathbf{B}=\begin{pmatrix}0&0&\delta_{32}\\0&0&\delta_{34}\end{pmatrix} \tag{9.24}$$

这个矩阵的秩至多是 1，但 $G-1=2$，从而，秩条件不满足。

方程（9.22）很容易通过阶条件。那么秩条件呢？如果 $\mathbf{R}_2$ 是在 $\boldsymbol{\beta}_2$ 上施加了约束的 4×7 维矩阵，亦即 $\gamma_{23}=0$，$\delta_{22}=0$，$\delta_{23}=0$ 和 $\delta_{24}=0$，那么很容易看到，带着对整个方程组的约束，有

$$\mathbf{R}_2\mathbf{B}=\begin{pmatrix}\gamma_{13}&0&-1\\0&0&\delta_{32}\\\delta_{13}&0&\delta_{33}\\0&0&\delta_{34}\end{pmatrix}$$

而且，如果要识别（9.22），我们需要这个矩阵有一个等于 2 的秩。一个充分条件是 $\delta_{13}\neq0$ 且 δ_{32} 和 δ_{34} 中的至少一个不为 0。如果 $\gamma_{13}=\delta_{13}=0$，秩条件不满足，

在这种情形下 y_1 和 y_2 构成一个两方程组，该两方程组含有同时出现在两个方程中的唯一一个外生变量 z_1。第三个方程（9.23）是可识别的，因为它不含内生解释变量。

如同通过下述推理所看到的，当 $\boldsymbol{\beta}_1$ 上的约束全部是由标准化约束与排除约束所构成的时候，阶条件（9.20）约简成为阶条件（9.11）。当所有约束均是排除约束时，矩阵 $\mathbf{R}_1$ 仅是由 0 与 1 所构成的，并且 $\mathbf{R}_1$ 中的行数等于右边被排除的内生变量的数目 $G-G_1-1$，加上被排除的外生变量数目 $M-M_1$。换句话讲，$J_1=(G-G_1-1)+(M-M_1)$，从而，阶条件（9.20）变为 $(G-G_1-1)+(M-M_1)\geqslant G-1$，一旦对其重新整理，就变成条件（9.11）。

9.2.3 不可识别、恰好识别以及过度识别方程

我们已经看到，识别单方程的秩条件（9.19）是充要条件。当条件（9.19）不满足时，我们则称此方程为**不可识别的**（unidentified）。

当秩条件成立时，在可识别意义下去精炼方程是有益的。如果 $J_1=G-1$，那么我们刚好有足够的识别信息。如果我们去掉 $\mathbf{R}_1$ 上的一个约束，那么我们必然会失去第一个方程的识别，因为阶条件将不满足。因此，当 $J_1=G-1$ 时，我们称此方程为**恰好识别的**（just identified）。

如果 $J_1>G-1$，那么去掉第一个方程中参数上的一个或多个约束且仍是可识别的，这种情形经常是可能的。在此情形中，我们称该方程为**过度识别的**（overidentified）。可识别的必要但不充分的条件是 $J_1>G-1$。因为即使 J_1 严格大于 $G-1$，但是一旦去掉约束中的一个就会丧失识别性也是有可能的，在这种情形中，此方程不是过度识别的。

实际上，我们常常求助于阶条件来确定过度识别的个数。在一些特殊情形中，尽管这种方法可能失去其准确性，但是对大部分应用来说，它是合情合理的。因而，对于第一个方程而言，$J_1-(G-1)$ 通常被解释成**过度识别约束**（overidentifying restrictions）的个数。

例 9.4（过度识别约束） 考察两个方程的方程组

$$y_1=\gamma_{12}y_2+\delta_{11}z_1+\delta_{12}z_2+\delta_{13}z_3+\delta_{14}z_4+u_1 \tag{9.25}$$

$$y_2=\gamma_{21}y_1+\delta_{21}z_1+\delta_{22}z_2+u_2 \tag{9.26}$$

其中 $\mathrm{E}(z_ju_g)=0$，对于所有 j 与 g。如果没有进一步的约束，那么方程（9.25）不满足阶条件，因为每一个外生变量均出现在右边，而且此方程包含一个内生变量。一旦利用阶条件，方程（9.26）是过度识别的，含有一个过度识别的约束。实际上，如果 z_3 不出现在方程（9.25）中，一旦假设 $\delta_{14}\neq 0$，那么方程（9.26）就是恰好识别的。

9.3 识别后估计

9.3.1 稳健性与有效性的权衡

对含有线性齐次约束的所有联立方程模型中的每一个方程，可以用排除约束写成如同方程组（9.1）的形式，这样做要对一些变量重新定义。如果我们设 $\mathbf{x}_{(g)}=(\mathbf{y}_{(g)}, \mathbf{z}_{(g)})$，并且 $\boldsymbol{\beta}_{(g)}=(\gamma_{(g)}, \boldsymbol{\delta}'_{(g)})'$，那么方程组（9.1）将以一般形式（8.11）在记号上稍微有点变化的形式而出现。在假设（9.2）下，关于观测值 i 的工具矩阵是 $G\times GM$ 维矩阵：

$$\mathbf{Z}_i \equiv \mathbf{I}_G \otimes \mathbf{z}_i \tag{9.27}$$

如果方程组的每一个方程均满足秩条件，那么就可以对其使用系统估计方法——诸如 3SLS 或者更一般的最小卡方估计量。或者关注的方程可以通过 2SLS 来估计。第 5 章和第 8 章所研究的一些基本方法都可以直接应用。我们所涵盖的全部检验均可以应用，包括第 6 章和第 8 章中过度约束的检验以及第 6 章中关于内生性的单方程检验。

当对联立方程组进行估计时，重要的是记住整个系统估计的优缺点。如果所有方程均被正确地设定，那么系统方法比单方程方法更为渐近有效，例如 2SLS。但是，单方程方法更为稳健。比如说，如果关注的内容是方程组的第一个方程，倘若第一个方程被正确设定，并且工具是外生的，那么 2SLS 就是一致的且渐近正态的。然而，如果方程组中的一个方程**被错误设定**（misspecified)，那么所有参数的 3SLS 或 GMM 估计值通常都是不一致的。

例 9.5（已婚工作妇女的劳动力供给） 利用 MROZ.RAW 中的数据，我们估计已婚工作妇女的劳动力供给函数。与其设定一个需求函数，不如我们设定第二个方程为工资报价函数，同时施加均衡条件：

$$\begin{aligned} hours=&\gamma_{12}\log(wage)+\delta_{10}+\delta_{11}educ+\delta_{12}age+\delta_{13}kidslt6 \\ &+\delta_{14}kidsge6+\delta_{15}nwifeinc+u_1 \end{aligned} \tag{9.28}$$

$$\log(wage)=\gamma_{21}hours+\delta_{20}+\delta_{21}educ+\delta_{22}exper+\delta_{23}exper^2+u_2 \tag{9.29}$$

其中 $kidslt6$ 表示小孩年龄小于 6 岁的人数，$kidsge6$ 表示小孩年龄介于 6～18 岁之间的人数，而 $nwifeinc$ 表示收入而不是妇女的劳动收入。我们假定，u_1 与 u_2 是以 $educ$，age，$kidslt6$，$kidsge6$，$nwifeinc$ 以及 $exper$ 为条件零均值。

在劳动力供给函数上，关键约束是 $exper$（以及 $exper^2$）对当前全年小时数没有直接影响。这就识别了含有一个过度识别约束的劳动力供给函数，像姆罗兹（Mroz，1987）所运用的方法一样。我们首先通过 OLS 估计劳动力供给函数［看一看，忽略了 $\log(wage)$ 的内生性会有什么结果］，然后，利用如同方程（9.28）与方程（9.29）中的所有外生变量作为工具，通过 2SLS 来估计。

在 1975 年调查期间，存在 428 位有时在工作的妇女。她们之中工作小时数最少的是 12 小时，而最多的是4 950小时，平均年度工作时间大约是1 303小时。

首先，我们通过 OLS 估计劳动力供给函数：

$$\begin{aligned}\widehat{hours}=&\underset{(340.1)}{2\,114.7}-\underset{(54.22)}{17.41}\log(wage)-\underset{(17.97)}{14.44}\,educ-\underset{(5.53)}{7.73}\,age\\&-\underset{(100.01)}{342.50}\,kidslt6-\underset{(30.83)}{115.02}\,kidsge6-\underset{(3.66)}{4.35}\,nwifeinc\end{aligned}$$

尽管关于 log(*wage*) 的估计值是统计显著的，但是 OLS 估计值显示了一个向下倾斜的劳动力供给函数。

当我们利用 2SLS 进行估计时，估计值表现得截然不同：

$$\begin{aligned}\widehat{hours}=&\underset{(594.2)}{2\,432.2}+\underset{(480.74)}{1\,544.82}\log(wage)-\underset{(58.14)}{177.45}\,educ-\underset{(9.58)}{10.78}\,age\\&-\underset{(176.93)}{210.83}\,kidslt6-\underset{(56.92)}{47.56}\,kidsge6-\underset{(6.48)}{9.25}\,nwifeinc\end{aligned}$$

被估计的劳动力供给弹性是 1 544.82/小时。在工作妇女平均1 303小时处，被估计的弹性大致是 1.2，它是相当大的。

供给方程具有单个过度约束。2SLS 残差 $\hat{u}_1$ 对所有外生变量的回归产生了 $R_u^2=0.002$，因此，检验统计量是 $428\times0.002\approx0.856$，其 p 值 ≈ 0.355；过度识别约束没有被拒绝。

在我们所施加的排除约束下，工资报价函数（9.29）也是可识别的。在通过 2SLS 估计方程之前，我们首先估计 *hours* 的约简型，以此确保从方程（9.29）中排除的外生变量是联合显著的。关于 *age*，*kidslt6*，*kidsge6* 以及 *nwifeinc* 的联合显著性 F 检验的 p 值大致是0.000 9。因此，我们可以对工资报价方程继续进行 2SLS 估计。*hours* 的系数大致是 0.000 16（标准误≈0.000 22)，因此，工资报价并没有表示出由工作小时数导致的差异。剩下的系数类似于通过从方程（9.29）中省略 *hours*，并且通过 OLS 估计此方程得到的结果。(例如，关于教育的 2SLS 系数大致是 0.111，其 se≈0.015。)

有意思的是，尽管工资报价函数（9.29）是可识别的，但类似的劳动力需求函数是不可识别的。(这个发现表明，选择标准化——也就是，在劳动力需求函数与工资报价函数之间选哪一个进行标准化处理——并不是无关紧要的。) 劳动力需求函数以均衡形式写出的形式看起来像是这样的：

$$hours=\gamma_{22}\log(wage)+\delta_{20}+\delta_{21}educ+\delta_{22}exper+\delta_{23}exper^2+u_2 \quad (9.30)$$

估计 log(*wage*) 的约简型，并且对 *age*，*kidst6*，*kidsge6* 以及 *nwifeinc* 的联合显著性进行检验，就会得到大约 0.46 的 p 值，因此，从方程（9.30）排除的外生变量好像没有出现在 log($wage$) 的约简型之中。通过 2SLS 估计方程（9.30）是没有意义的。[请你通过 2SLS 估计方程（9.30），看一看会发生什么情形。]

通过 3SLS 估计方程（9.28）与方程（9.29）更为有效，因为（一旦假定同方差假设 SIV.5）这两个方程中的每一个都是过度识别的。如果怀疑存在异方差，我们就能够使用一般最小卡方估计量。对于估计劳动力供给函数来说，系统方法是更有效的，因为该方法利用了 log($wage$) 方程中没有出现的 age，$kidslt6$，$kidsge6$ 以及 $nwifeinc$。如果这些排除约束是错误的，那么在这两个方程中的参数估计量通常是不一致的。习题 9.9 要求你去求解这个例题的 3SLS 估计值。

9.3.2 什么时候 2SLS 与 3SLS 是等价的?

在 8.4 节，我们已讨论过一般线性方程组的 2SLS 与 3SLS 之间的关系。一旦把那里的讨论应用到线性联立方程模型上，我们可以立刻推导出下面一些结论：(1) 如果每一个方程均是恰好识别的，那么逐个方程进行 2SLS 在代数上等同于 3SLS；事实上，每一个都等同于系统 IV 估计量。基本上，仅仅有一个一致估计量——在每个方程上的 IV 估计量。(2) 不管**过度识别的程度**（degree of overidentification）如何，如果 $\hat{\boldsymbol{\Sigma}}$ 是对角的，那么逐个方程进行 2SLS 与 3SLS 是相同的。（作为一种实践，这仅当如果我们强制使 $\hat{\boldsymbol{\Sigma}}$ 为对角的时才会发生。）

有几个在其他地方推导出来的有用的代数等价形式。假定方程组中第一个方程是过度识别的，但是其他每一个方程是恰好识别的。（当第一个方程是结构方程，而所有其余的方程均是无约束的约简型时，就会产生一种特殊情形。）于是，第一个方程的 2SLS 估计量与 3SLS 估计量是相同的。作为这个结果的一个扩展，假设为识别一个系统，我们把一个识别的系统的每个方程分为两组：恰好识别和过度识别。那么对于方程的过度识别组，基于整个系统的 3SLS 估计等同于使用唯一的过度识别子集获得的 3SLS 估计。当然，对于恰好识别的那些方程集的 3SLS 估计等价于对于每个方程的 2SLS 估计，并且这一般不同于基于整个方程组的 3SLS 估计。可参阅施密特（Schmidt，1976，定理 5.2.13）了解其验证过程。

9.3.3 估计约简型参数

目前，我们已经讨论了结构参数的估计。通常对结构参数的识别包括如下内容：(1) 由于求知欲的缘故，我们对“经济参数”（例如，劳动力供给弹性）的估计值感兴趣；(2) 结构参数的估计值允许我们获得各种各样政策干预（诸如税率的变化）的影响；(3) 即使我们想要估计约简型参数，但是，我们经常首先通过估计结构参数来这样做更有效。就第二个理由而言，如果目的是进行估计，比如说，给定边际税率的外生变化时工作小时数的均衡变动，那么我们最终必须去估计约简型。

举另外一个例子，我们想要估计由于外生酒税收的增加而对郡层面酒消费的影响。换句话讲，我们对 $\partial \mathrm{E}(y_g|\mathbf{z})/\partial z_j = \pi_{gj}$ 感兴趣，其中 y_g 表示酒消费，而 z_j 表示对酒的税收。在弱的假设下，约简型方程存在，而且每一个约简型方程均可以通过普通最小二乘来得到估计。如果对约简型没有设置任何约束，那么逐个方程进行 OLS 等同于 SUR 估计（参阅 7.7 节）。换句话讲，我们为了一致地估计约简型参数，并不需要去分析结构方程。约简型参数的普通最小二乘估计值在不依赖于对结构方程组所施加的任何识别假设意义下是稳健的。

如果结构模型被正确设定，并且至少一个方程是过度识别的，那么我们可以通过从结构参数估计值中推导估计值来得到约简型参数的更为渐近有效的估计量。特别地，给定结构参数估计值 $\hat{\mathbf{\Delta}}$ 与 $\hat{\mathbf{\Gamma}}$，我们可以获得约简型估计值，作为 $\hat{\mathbf{\Pi}} = -\hat{\mathbf{\Delta}}\hat{\mathbf{\Gamma}}^{-1}$［参阅方程（9.14）］。这些估计值是一致的、$\sqrt{N}$ 渐近正态估计量（尽管此渐近方差矩阵显得有点复杂）。由习题 3.9 可知，我们通过利用 $\mathbf{\Delta}$ 与 $\mathbf{\Gamma}$ 的更有效估计量来得到 $\mathbf{\Pi}$ 的更有效估计量（最小卡方或者在方程组同方差下，3SLS）。

正如对结构参数进行估计一样，估计 π_{gj} 时会存在对稳健性与有效性的权衡。正像前面所提及的，每一个约简型的 OLS 估计量对于结构方程上的任何误设的约束来说是稳健的（尽管与往常一样，为了使 OLS 成为一致的，$\mathbf{z}$ 的每一个元素应该是外生的）。从 $\mathbf{\Delta}$ 与 $\mathbf{\Gamma}$ 的估计量中——后者或者是 2SLS 或者是系统估计量——推导出 π_{gj} 的估计量，对于结构方程组上的不正确约束来说，通常是非稳健的。参阅习题 9.11 的简单阐述。

9.4 附加的线性联立方程方法的若干专题

9.4.1 利用跨方程约束达到识别

到目前为止，我们仅仅利用了方程之内的参数约束来讨论单方程的识别［参阅假设（9.17）］。当方程组代表一个含有真正自治方程的联立方程模型的时候，这尤其是目前最重要的情形。事实上，很难想出一个含有真实联立性的合理例子，其中人们在施加跨方程约束时会感到满意。在供给和需求应用中，我们通常不会去想供给和需求参数（这些参数代表一个市场的不同方）会满足任何已知约束。在研究大学犯罪率与被捕率之间的关系时，施加在跨两个方程的参数上的任何约束都是任意的。然而，存在这样的例子，其中内生性是由遗漏变量或测量误差所致，在此，经济理论施加了跨方程约束。一个例子是当总支出或价格被认为存在测量误差时的支出份额方程组：对称条件施加了跨方程约束。这种**跨方程约束**（cross equation restrictions）通常对识别方程而言是有用的，这点并不令人感到惊讶。一般性处理已经超出了我们分析的范围。这里，我们只给出一个例子来表明，识别与估计是如何进行的。

考察两个方程的方程组

$$y_1 = \gamma_{12} y_2 + \delta_{11} z_1 + \delta_{12} z_2 + \delta_{13} z_3 + u_1 \tag{9.31}$$

$$y_2 = \gamma_{21} y_1 + \delta_{21} z_1 + \delta_{22} z_2 + u_2 \tag{9.32}$$

其中每一个 z_j 与 u_1 以及 u_2 是不相关的（为了考虑截距，z_1 可以是 1）。如果没有进一步的信息，那么方程（9.31）是不可识别的，而且当且仅当 $\delta_{13} \neq 0$，方程（9.32）是恰好识别的。我们在下述内容中保持这些假设。

现在假定 $\delta_{12} = \delta_{22}$。因为 δ_{22} 在方程（9.32）中是可识别的，所以我们能把它处理成已知的，以便于研究方程（9.31）的识别。但是，$\delta_{12} = \delta_{22}$，因此，我们可以写成

$$y_1 - \delta_{12} z_2 = \gamma_{12} y_2 + \delta_{11} z_1 + \delta_{13} z_3 + u_1 \tag{9.33}$$

其中 $y_1 - \delta_{12} z_2$ 实际上是已知的。现在，方程（9.33）右边具有一个内生变量 y_2 与两个外生变量 z_1 以及 z_3。由于右边的 z_2 被排除，所以我们使用 z_2 作为 y_2 的工具，只要 z_2 出现在 y_2 的约简型之中。倘若 $\delta_{12} = \delta_{22} \neq 0$，就是此种情形。

这种证明方程（9.31）是可识别的方法，也建议了一个一致估计程序：首先，利用（z_1, z_2, z_3）作为工具，通过 2SLS 估计方程（9.32），并且设 $\hat{\delta}_{22}$ 表示 δ_{22} 的估计量。其次，利用（z_1, z_2, z_3）作为工具，通过 2SLS 估计

$$y_1 - \hat{\delta}_{22} z_2 = \gamma_{12} y_2 + \delta_{11} z_1 + \delta_{13} z_3 + error$$

当 $\delta_{12} = \delta_{22} \neq 0$ 时，由于 $\hat{\delta}_{22} \xrightarrow{p} \delta_{12}$，这最后一步产生了 γ_{12}，δ_{11} 以及 δ_{13} 的一致估计量。遗憾的是，通常从最后估计中所获得的 2SLS 标准误并不是有效的，其缘由是对 δ_{22} 的初始估计。

当把跨方程约束表示出来时，使用系统方法是更容易的，因为可以直接获得渐近方差。我们总是以含有施加约束的线性形式重新写出方程组。比如上面的例子，这样做的一种方法是把此方程组写成

$$\begin{pmatrix} y_1 \\ y_2 \end{pmatrix} = \begin{pmatrix} y_2 & z_1 & z_2 & z_3 & 0 & 0 \\ 0 & 0 & z_2 & 0 & y_1 & z_1 \end{pmatrix} \boldsymbol{\beta} + \begin{pmatrix} u_1 \\ u_2 \end{pmatrix} \tag{9.34}$$

其中 $\boldsymbol{\beta} = (\gamma_{12}, \delta_{11}, \delta_{12}, \delta_{13}, \gamma_{21}, \delta_{21})'$。参数 δ_{22} 并没有出现在 $\boldsymbol{\beta}$ 之中，因为我们通过对解释变量矩阵的适当选择来施加约束 $\delta_{12} = \delta_{22}$。

工具矩阵是 $\mathbf{I}_2 \otimes \mathbf{z}$，这意味着我们只使用所有外生变量作为每一个方程的工具。由于 $\mathbf{I}_2 \otimes \mathbf{z}$ 具有 6 个列，阶条件准确地得以满足（$\boldsymbol{\beta}$ 存在 6 个元素），从而我们可以看到什么时候秩条件成立。对此方程组利用 GMM 或者 3SLS 就可以一致地估计出来。

9.4.2 利用协方差约束达到识别

在相当多的线性 SEM 应用中，通过对结构参数矩阵 **B** 设置一些约束来达到识别。通过对结构误差的方差矩阵 **Σ** 施加约束，同样有可能识别 **B** 中的元素。这种约束通常以零协方差假设的形式出现。在含真实联立性模型的微观应用中，很难想出一些自治方程组的例子，在这些例子中假设跨不同结构方程的残差之间不相关是讲得通的。例如，在个人层面上的劳动供给和需求函数中，有何理由做出如下假设：对于影响一个人劳动供给决策的不可观测因子与使某人成为一个更合意或更不合意工人的不可观测因子不相关？在一个城市犯罪率和执法支出的模型中，假设影响犯罪率的不可观测城市特征和决定执法支出的不可观测城市特征不相关是很难讲得通的。然而，有一类应用的零协方差假设是言之有理的，并为我们在这里提供了一个简要的处理，我们通过例子来阐释该方法。对于一般性的研究，可参阅豪斯曼（Hausman，1983）以及豪斯曼、纽韦和泰勒（Hausman，Newey，and Taylor，1987）。

第一个例子是两个方程的方程组：

$$y_1=\gamma_{12}y_2+\delta_{11}z_1+\delta_{13}z_3+u_1 \tag{9.35}$$

$$y_2=\gamma_{21}y_2+\delta_{21}z_1+\delta_{22}z_2+\delta_{23}z_3+u_2 \tag{9.36}$$

如果没有更多信息，则方程（9.36）是不可识别的，但是我们假定，如果 $\delta_{22}\neq0$，方程（9.35）就是恰好识别的。假定我们可以用一个协方差约束增加一条附加信息：

$$\mathrm{Cov}(u_1,u_2)=\mathrm{E}(u_1u_2)=0 \tag{9.37}$$

换句话讲，如果 **Σ** 是一个 2×2 维的结构方差矩阵，那么我们将假定 **Σ** 是对角的。假设（9.37）连同 $\delta_{22}\neq0$ 一起将足以用来识别方程（9.36）。

此处，有一种简单的方法来理解假设（9.37）是如何识别方程（9.36）的。首先，由于 γ_{12}，δ_{11} 以及 δ_{13} 均是可识别的，当研究方程（9.36）的识别问题时，我们把 γ_{12}，δ_{11} 以及 δ_{12} 看成是已知的。但是，如果方程（9.35）的参数是已知的，那么 u_1 实际上是已知的。由假设（9.37）可知，u_1 与 u_2 是不相关的，而 u_1 一定与 y_1 是偏相关的。因而，我们为了估计方程（9.36）实际上把 (z_1,z_2,z_3,u_1) 作为工具变量，并且这一结果表明，方程（9.36）是可识别的。

我们为了得到一致估计量，可以使用这种方法来验证识别。首先，利用工具 (z_1,z_2,z_3)，通过 2SLS 估计方程（9.35），并且保留 2SLS 残差 $\hat{u}_1$。于是，利用工具 $(z_1,z_2,z_3,\hat{u}_1)$，通过 2SLS 估计方程（9.36）。$\hat{u}_1$ 依赖于源自前一阶段的估计值的事实并不会影响到一致性。但是，由于 u_1 估计的缘故，所以推断显得复杂：条件（6.8）并不成立，因为 u_1 依赖于 y_2，而 y_2 与 u_2 是相关的。

使用协方差约束的更有效的方法是，把整个正交性假设的集合写成 $\mathrm{E}[\mathbf{z}'u_1(\boldsymbol{\beta}_1)]=\mathbf{0}$，$\mathrm{E}[\mathbf{z}'u_2(\boldsymbol{\beta}_2)]=\mathbf{0}$ 以及

$$\mathrm{E}[u_1(\boldsymbol{\beta}_1)u_2(\boldsymbol{\beta}_2)]=0 \tag{9.38}$$

其中记号 $u_1(\boldsymbol{\beta}_1)$ 强调了误差是结构参数 $\boldsymbol{\beta}_1$ 的函数——$\boldsymbol{\beta}_1$ 含有施加的标准化约束与排除约束，对于 $u_2(\boldsymbol{\beta}_2)$ 可以作出类似解释。例如，由方程（9.35），$u_1(\boldsymbol{\beta}_1)=y_1-\gamma_{12}y_2-\delta_{11}z_1-\delta_{13}z_3$。由于式（9.38）关于 $\boldsymbol{\beta}_1$ 与 $\boldsymbol{\beta}_2$ 是非线性的，所以使我们处于线性矩约束领域之外。在第 14 章，我们将在 GMM 估计中使用非线性矩条件。

含有协方差约束的一般例子是**完全递归系统**（fully recursive system）。首先，**递归系统**（recursive system）可以写成

$$\begin{aligned} y_1 &= \mathbf{z}\boldsymbol{\delta}_1+u_1 \\ y_2 &= \gamma_{21}y_1+\mathbf{z}\boldsymbol{\delta}_2+u_2 \\ y_3 &= \gamma_{31}y_1+\gamma_{32}y_2+\mathbf{z}\boldsymbol{\delta}_3+u_3 \\ &\vdots \\ y_G &= \gamma_{G1}y_1+\cdots+\gamma_{G,G-1}y_{G-1}+\mathbf{z}\boldsymbol{\delta}_G+u_G \end{aligned} \tag{9.39}$$

因此，每一个方程中源自前面方程的唯一内生变量出现在右边。我们允许所有外生变量出现在每一个方程之中，并且我们保持假设（9.2）。

方程组（9.39）中的第一个方程显然是可识别的，而且通过 OLS 可以得到估计。如果没有进一步的排除约束，那么剩下来的方程没有一个是可识别的，但是我们假定，如果结构误差是两两不相关的：

$$\mathrm{Cov}(u_g,u_h)=0,\quad g\neq h \tag{9.40}$$

则每一个方程是可识别的。这一假设意味着，$\boldsymbol{\Sigma}$ 是一个 $G\times G$ 维对角矩阵。方程（9.39）以及式（9.40）一起定义了一个完全递归系统。在这些假设下，方程 g 中右边每一个变量均与 u_g 是不相关的，这个事实从下述情形中很容易看到，即通过从第一个方程开始，并且注意到，y_1 是 $\mathbf{z}$ 与 u_1 的一个线性函数。然后，在假设（9.40）下，第二个方程的 y_1 与 u_2 是不相关的。但是，y_2 是 $\mathbf{z}$，u_1 以及 u_2 的一个线性函数，因此，y_2 与 y_1 两者都与第三个方程的 u_3 是不相关的，依此类推。由此可得，方程组中的每一个方程都可以通过 OLS 来得到一致估计。

可以证明，即使 $\boldsymbol{\Sigma}$ 是一个对角矩阵，逐个方程进行 OLS 在完全递归系统中不一定是最有效的估计量。一般地讲，有效性可以通过把零协方差约束添加到正交性条件上得到改进，所增加的正交性条件如同方程（9.38）一样，同时应用非线性 GMM 估计。参阅拉希里和施密特（Lahiri and Schmidt，1978）以及豪斯曼、纽韦和泰勒（Hausman，Newey，and Taylor，1987）。

9.4.3 关于线性方程组中的识别与有效性的一些微妙之处

到目前为止，在方程组中出现的每一个外生变量 z_j 与每一个结构误差 u_g 均是不相关的假设之下，我们已讨论了方程组识别与估计。重要的是，在一般性

研究中仅假定零相关，因为我们经常把一个内生变量的约简型方程添加到结构方程组中，而在线性约简型上我们所施加的全部内容就是零相关。

对于完整的结构方程组而言，一个非常自然的假定是，结构误差满足零条件均值假设：

$$\mathrm{E}(u_g \mid \mathbf{z})=0, \quad g=1,2,\cdots,G \tag{9.41}$$

除了对结构方程中的一些参数给出适当的偏效应解释之外，假设（9.41）具有某些有意思的统计含义：$\mathbf{z}$ 的任意函数与每一个误差 u_g 都是不相关的。因此，在劳动力供给例题（9.28）中，age^2，$\log(age)$，$educ \cdot exper$ 等等（存在非常多的可以列举出的函数）均与 u_1 以及 u_2 是不相关的。这个事实一旦满足，我们就会询问在估计中为什么不使用 $\mathbf{z}$ 的非线性函数作为添加的工具呢？

对此问题的解答，我们需要分成两个部分。第一部分涉及识别，而第二部分则是有效性。对于识别问题而言，最终结果是这样的：将 $\mathbf{z}$ 的非线性函数添加到工具目录中对线性方程组的识别没有帮助。习题 9.4 要求你去更一般地证明这一点，但是一些要点可以利用一个简单模型

$$y_1=\gamma_{12} y_2+\delta_{11} z_1+\delta_{12} z_2+u_1 \tag{9.42}$$

$$y_2=\gamma_{21} y_1+\delta_{21} z_1+u_2 \tag{9.43}$$

$$\mathrm{E}(u_1 \mid \mathbf{z})=\mathrm{E}(u_2 \mid \mathbf{z})=0 \tag{9.44}$$

来得以阐明：由 9.2.2 节中的阶条件可知，方程（9.42）是不可识别的，而当且仅当 $\delta_{21} \neq 0$，方程（9.43）是可识别的。一旦知道条件期望的性质，我们就尝试某种识别方程（9.42）的技巧：在假设（9.41）下，比如说，由于 z_1^2 与 u_1 是不相关的，同时 z_1^2 看起来像是与 y_2 相关的，所以我们可以用它作为方程（9.42）中 y_2 的工具。在这种推理下，我们会有充足的工具—— z_1，z_2，z_1^2 来识别方程（9.42）。实际上，z_1 与 z_2 函数的任何数值都可以被添加到工具目录中。

以上推理是有缺陷的，但幸运的是，我们早在 9.2.2 节中的识别分析表明，方程（9.42）是不可识别的。在本例题中，因为 z_1^2 没有出现在此方程组中，显然 z_1^2 不能出现在 y_2 的约简型中。从技术上讲，由于在假设（9.44）下，$\mathrm{E}(y_2 \mid \mathbf{z})$ 关于 z_1 以及 z_2 是线性的，所以 y_2 在（z_1, z_2, z_1^2）上的线性投影并不依赖于 z_1^2：

$$\mathrm{L}(y_2 \mid z_1, z_2, z_1^2)=\mathrm{L}(y_2 \mid z_1, z_2)=\pi_{21} z_1+\pi_{22} z_2 \tag{9.45}$$

换句话讲，一旦 z_1 与 z_2 被包含在投影之中，在 y_2 与 z_1^2 之间就不存在偏相关。

零条件均值假设（9.41）与选择有效估计量之间有某种联系，尽管情形并不总是这样的。如果假设（9.41）成立，并且 $\mathrm{Var}(\mathbf{u} \mid \mathbf{z})=\mathrm{Var}(\mathbf{u})=\mathbf{\Sigma}$，那么对每一个方程利用工具 $\mathbf{z}$ 的 3SLS 是一个渐近有效的估计量，此估计量使用了假设（9.41）中的正交性条件；这一结果可由定理 8.5 得到。换句话讲，如果 $\mathrm{Var}(\mathbf{u} \mid \mathbf{z})$ 是常数，那么实际上它不会有助于把工具目录扩展到超出在方程组中出现的外生变量的函数。

如果假设（9.41）成立但 $\mathrm{Var}(\mathbf{u} \mid \mathbf{z})$ 不是常数，那么我们从第 8 章中知

道，当系统是过度识别的，GMM 的 3SLS 估计量不是一个有效 GMM 估计量。事实上，根据（9.41），没有同方差假设时，至少在理论上无须在工具 $\mathbf{z}$ 上犹豫不前。为什么呢？正如我们在 8.6 节中讨论的，人们从来不会因添加更多的有效工具变量而做得更差。根据（9.41），$\mathbf{z}$ 收集在向量 $\mathbf{h}(\mathbf{z})$ 中的任何函数，与 $\mathbf{u}$ 的每一个元素都不相关。因此，通过使用工具 $[\mathbf{z}, \mathbf{h}(\mathbf{z})]$ 来应用最优 GMM，我们一般可以改善使用了工具变量 $\mathbf{z}$ 的最优 GMM（最小卡方）估计量。这个结果是由汉森（Hansen，1982）与怀特（White，1982b）分别独立发现的。把 IV 目录扩展到 $\mathbf{z}$ 的任何函数，并且应用完全 GMM 在实践中做得并不是非常多的：如何选择 $\mathbf{h}(\mathbf{z})$ 通常是不清楚的，而且如果我们添加太多的附加工具，那么如同我们在 8.6 节中所讨论的，GMM 估计量的有限样本性质表现得不好。

对于关于参数为线性且内生变量为非线性的 SEM（在准确意义上）来说，把外生变量的非线性函数添加到工具上不仅是值得做的，而且常常是达到识别的需要。我们下面再次回到这个专题上。

9.5 关于内生变量为非线性的联立方程模型

现在，我们研究关于某些内生变量为非线性的模型。尽管我们所涵盖的一般估计方法仍然可以利用，但需要对识别与工具变量的选择给予特别的关注。

9.5.1 识别

对于识别关于内生变量为非线性的模型时所产生的一些问题来说，可以非常容易地利用一个简单的例子来加以阐明。假定供给与需求是由

$$\log(q)=\gamma_{12}\log(p)+\gamma_{13}[\log(p)]^2+\delta_{11}z_1+u_1 \tag{9.46}$$

$$\log(q)=\gamma_{22}\log(p)+\delta_{22}z_2+u_2 \tag{9.47}$$

$$\mathrm{E}(u_1|\mathbf{z})=\mathrm{E}(u_2|\mathbf{z})=0 \tag{9.48}$$

给出的，其中第一个方程是供给方程，第二个方程是需求方程，同时施加了供给等于需求的均衡条件。为了简单起见，我们在这两个方程中均没有包含截距，但是一些重要结论并不会因这种省略而变化。外生变量 z_1 可以移动供给函数，但并不会移动需求函数；z_2 则会移动需求函数，而不会移动供给函数。在方程组中，所出现的外生变量的向量是 $\mathbf{z}=(z_1, z_2)$。

重要的是要认识到，方程（9.46）与方程（9.47）为什么构成了一个“非线性”方程组。这个方程组关于参数（parameters）仍是线性的，线性内容是重要的，因为它意味着我们到此时所学习过的 IV 方法还是可应用的。进一步地，促使该方程组成为非线性的并不是 q 与 p 的对数变换的存在。实际上，如果设 $\gamma_{13}=0$，那么对识别与估计来说，此模型是线性的：一旦定义 $y_1\equiv\log(q)$

且 $y_2=\log(p)$，我们就可以把方程（9.46）与方程（9.47）写成一个标准的两个方程的方程组。

当我们包含了 $[\log(p)]^2$时，我们得到如下模型：

$$y_1=\gamma_{12}y_2+\gamma_{13}y_2^2+\delta_{11}z_1+u_1 \tag{9.49}$$

$$y_1=\gamma_{22}y_2+\delta_{22}z_2+u_2 \tag{9.50}$$

对这个方程组而言，不存在一种方法去定义两个内生变量，使得此方程组是以两个内生变量表示的两个方程的方程组。方程（9.49）中 y_2^2的出现会使得此模型不同于我们直到目前为止所研究过的那些模型。我们说过，这是一个关于内生变量为非线性（nonlinear in endogenous variables）的方程组。这个说法实际上所意味着的内容是，尽管方程组关于参数仍为线性的，但识别需要以不同的方式来处理。

如果我们使用方程（9.49）与方程（9.50）去获得 y_2，作为 z_1，z_2，u_1，u_2以及参数的一个函数，那么结果关于 $\mathbf{z}$ 与 $\mathbf{u}$ 就不会成为线性的。在这种特殊情形中，我们可以利用二次公式来求出 y_2 的解（假定真实解存在）。然而，$\mathrm{E}(y_2\mid\mathbf{z})$关于 $\mathbf{z}$ 不会是线性的，除非 $\gamma_{13}=0$，同时不管 γ_{13}的值如何，$\mathrm{E}(y_2^2\mid\mathbf{z})$关于 $\mathbf{z}$ 并不是线性的。对于方程（9.49）的识别以及选择工具变量来说，这些研究具有重要意义。

在进一步考察方程（9.49）与方程（9.50）之前，考虑第二个例子，在这个例子中，以外生变量与结构误差来表示的内生变量闭型表达式甚至不存在。假定以执法支出表示犯罪率的一个方程组是

$$crime=\gamma_{12}\log(spending)+\mathbf{z}_{(1)}\boldsymbol{\delta}_{(1)}+u_1 \tag{9.51}$$

$$spending=\gamma_{21}\,crime+\gamma_{22}\,crime^2+\mathbf{z}_{(2)}\boldsymbol{\delta}_{(2)}+u_2 \tag{9.52}$$

其中，一旦给定 $\mathbf{z}$，误差具有零均值。这里，我们不能用 $\mathbf{z}$，u_1，u_2以及参数求解出 $crime$ 或 $spending$（或者它们的任何其他变形）。同时，不存在定义 y_1与 y_2 的方法，可以产生一个关于两个内生变量为线性的联立方程模型。此模型仍是关于参数为线性的，但是 $\mathrm{E}(y_2\mid\mathbf{z})$，$\mathrm{E}[\log(spending)\mid\mathbf{z}]$ 以及 $\mathrm{E}(spending\mid\mathbf{z})$ 关于 $\mathbf{z}$ 都是非线性的（对于这些表达式，我们亦不能求出闭型解）。

在非线性的 SEM 中，一种可能的识别方法是，忽略某些相同的内生变量以不同形式出现在不同方程中的事实。在供给与需求的例子中，定义 $y_3\equiv y_2^2$，并且把方程（9.49）重新写成

$$y_1=\gamma_{12}y_2+\gamma_{13}y_3+\delta_{11}z_1+u_1 \tag{9.53}$$

或者，在方程（9.51）与方程（9.52）中定义 $y_1=crime$，$y_2=spending$，$y_3=\log(spending)$ 以及 $y_4=crime^2$，从而写成

$$y_1=\gamma_{12}y_3+\mathbf{z}_{(1)}\boldsymbol{\delta}_{(1)}+u_1 \tag{9.54}$$

$$y_2=\gamma_{21}y_1+\gamma_{22}y_4+\mathbf{z}_{(2)}\boldsymbol{\delta}_{(2)}+u_2 \tag{9.55}$$

把内生变量的非线性函数定义为一个新的内生变量，倘若我们适当地应用

秩条件与阶条件，可以证明，通常这样做是相当有效的。关键问题是，我们所新定义的内生变量的什么样的方程会被添加到此方程组上呢？

如果我们添加用出现在方程组中的最初内生变量来重新定义的内生变量的线性投影——也就是在 $\mathbf{z}$ 上的线性投影，那么我们就会被太多的约束所束缚。例如，假定对于方程（9.53）与方程（9.50）来说，我们增加线性方程

$$y_3=\pi_{31}z_1+\pi_{32}z_2+v_3 \tag{9.56}$$

其中，由定义可知，$\mathrm{E}(z_1v_3)=\mathrm{E}(z_2v_3)=0$。利用方程（9.56）来圆满结束此方程组，方程（9.53）可识别的阶条件显然不满足：我们在方程（9.53）中具有两个内生变量，但仅有一个被排除的外生变量 z_2。

方程（9.53）是不可识别的结论显得太悲观了。存在着许多其他可能的关于 y_2^2 的可利用工具变量。由于 $\mathrm{E}(y_2^2\mid\mathbf{z})$ 关于 z_1 与 z_2 均不是线性的，所以 z_1 与 z_2 的其他函数将出现在涉及 y_2^2 的线性投影之中作为因变量。为了看到这些可能最有用的情形，假定结构方程组实际上是线性的，因而，$\gamma_{13}=0$。于是，$y_2=\pi_{21}z_1+\pi_{22}z_2+v_2$，其中 v_2 表示 u_1 与 u_2 的一个线性组合。一旦对这个约简型平方，并且利用 $\mathrm{E}(v_2\mid\mathbf{z})=0$，得到

$$\mathrm{E}(y_2^2|\mathbf{z})=\pi_{21}^2z_1^2+\pi_{22}^2z_2^2+2\pi_{21}\pi_{22}\,z_1z_2+\mathrm{E}(v_2^2|\mathbf{z}) \tag{9.57}$$

如果 $\mathrm{E}(v_2^2\mid\mathbf{z})$ 是常数，在结构误差同方差性的假设成立的情形中，那么式（9.57）表明，y_2^2 与 z_1^2，z_2^2 以及 z_1z_2 是相关的，这样会使这些函数成为 y_2^2 的一个自然工具变量。当不仅 π_{21} 等于 0，而且 π_{22} 也等于 0 时，则 $\mathbf{z}$ 的函数与 y_2^2 是不相关的唯一情形才会发生。在此情形中，方程（9.49）（含有 $\gamma_{13}=0$）的线性形式同样是不可识别的。

因为在约束假设 $\gamma_{13}=0$ 以及 v_2 的同方差性假设下，我们推导出式（9.57），所以我们不希望 y_2^2 的线性投影中遗漏最初出现在方程组中的外生变量。实际上，我们会利用线性投影

$$y_3=\pi_{31}z_1+\pi_{32}z_2+\pi_{33}z_1^2+\pi_{34}z_2^2+\pi_{35}z_1z_2+v_3 \tag{9.58}$$

增广方程（9.53）与方程（9.50），由定义知，其中 v_3 与 z_1，z_2，z_1^2，z_2^2 以及 z_1z_2 均是不相关的。现在，方程组方程（9.53）、方程（9.50）以及方程（9.58）可以利用通常的秩条件来加以研究。

把方程（9.58）添加到最初的方程组中，然后研究前面两个方程的秩条件，这样做等价于研究更小的方程组方程（9.53）与方程（9.50）的秩条件。我们说这句话的意思是，我们并不会以显性方式添加关于 $y_3=y_2^2$ 的方程，但是我们在方程（9.53）中包括 y_3。因此，当对方程（9.53）应用秩条件时，我们使用 $G=2$（而不是 $G=3$）。这种方法与研究三个方程（方程（9.53）、方程（9.50）以及方程（9.58））的方程组方程中的秩条件是相同的，其原因是，无论何时，只要 $\mathbf{z}$ 的至少一个非线性函数出现在方程（9.58）中，添加第三个方程就会使 $\mathbf{R}_1\mathbf{B}$ 的秩增加 1。（函数 z_1^2，z_2^2 以及 z_1z_2 同样不出现在此方程组中。）

作为一种模型中内生变量的非线性函数仅仅依赖于单个内生变量的一般识

别途径——例如我们已涉及过的两个例子，费希尔（Fisher，1965）论述了下述方法是识别的充分条件：

1. 把内生变量的非冗余函数重新编为新的内生变量，如同在方程（9.53）或者方程（9.54）以及方程（9.55）中那样。

2. 把秩条件应用到没有增加方程个数的最初方程组上。如果关注的方程满足秩条件，那么它就是可识别的。

对这个方法原理的证明显得很复杂，而且证明中需要比我们所做的假设还要更多的假设（例如 $\mathbf{u}$ 与 $\mathbf{z}$ 是相互独立的）。从直觉上讲，我们可以指望每一个添加的内生变量非线性函数具有一个线性投影，此线性投影依赖于外生变量的新函数。每当我们增加内生变量的另外一个函数时，它实际上都会含有自己的工具变量。

人们希望，费希尔方法可以在所有情形中都起作用，但是存在相当多的反常情形。费希尔方法不起作用的一种情形是，就消去 z_1 与 z_2 的平方项及其交叉积而言，如果方程（9.57）中的 $\mathrm{E}(v_2^2 \mid \mathbf{z})$ 以这种方式是异方差的，那么 $\mathrm{E}(y_2^2 \mid \mathbf{z})$ 可以是一个常数。实际上，这类不幸的巧合不重要。

你可能想当然地认为，费希尔的秩条件也是识别的必要条件，但情形并不是这样的。为了理解其缘由，考察两个方程的方程组：

$$y_1 = \gamma_{12} y_2 + \gamma_{13} y_2^2 + \delta_{11} z_1 + \delta_{12} z_2 + u_1 \tag{9.59}$$

$$y_2 = \gamma_{21} y_1 + \delta_{21} z_1 + u_2 \tag{9.60}$$

第一个方程组显然不满足已修正的秩条件，因为它不满足阶条件：在第一个方程上，除了标准化约束之外不存在其他约束。然而，如果 $\gamma_{13} \neq 0$ 且 $\gamma_{21} \neq 0$，那么 $\mathrm{E}(y_2 \mid \mathbf{z})$ 是 $\mathbf{z}$ 的一个非线性函数（我们不能获得其闭型）。这一结果是，诸如 z_1^2，z_2^2 以及 $z_1 z_2$（还有其他形式）的函数将出现在 y_2 与 y_2^2 的线性投影之中，甚至还包括 z_1 与 z_2 在内，然后用这些作为 y_2 与 y_2^2 的工具。但是，如果 $\gamma_{13}=0$，那么第一个方程不能通过把 z_1 与 z_2 的非线性函数添加到工具目录中而得到识别：y_2 在 z_1，z_2 以及（z_1，z_2）任何函数上的线性投影仅仅依赖于 z_1 与 z_2。

方程（9.59）是一个非充分识别模型（poorly identified model）的例子，因此，当它是可识别的时候，其缘由归于**非线性的识别**（identified due to a nonlinearity）（在此情形中，$\gamma_{13} \neq 0$）。这类识别是特别脆弱的，因为假设 H_0：$\gamma_{13}=0$ 不能通过估计结构方程来得到检验（当 H_0 成立时，因为结构方程是不可识别的）。

存在着运用类似于在劳动力供给例题中所使用的推理来进行识别的其他模型。当没有外生变量与内生变量之间相互作用的模型是可识别的时候（可参阅例题 6.2 与习题 9.6），可以证明，同一个含有外生变量与内生变量之间相互作用的模型是可识别的。含有内生变量之间相互作用的模型同样是相当容易处理的。一般地讲，检验模型的最普通的线性形式是否为可识别的，这是一个良好的应用。如果它是可识别的，那么该模型的非线性形式可能是可识别的。我们在方程（9.46）中已看到这个结果：当 $\gamma_{13}=0$ 时，如果此方程是可识别的，那

么它对 γ_{13} 的任何值都是可识别的。如果非线性模型的最一般线性形式是不可识别的，那么我们就应该非常谨慎地处理，因为识别会随着非线性的出现而定，而非线性是我们通常不能检验的。

9.5.2 估计

实际上，知道我们应该把哪些附加的函数添加到非线性联立方程模型的工具目录上是很难的。当然，我们必须总是包括在每一个方程中出现的系统工具的外生变量。尽管出现在结构方程中的函数形式是有所帮助的，但是由于上述情形，选择具有任意性。

一般方法总是使用在方程组中出现的外生变量的平方项及其向量积。如果 $exper^2$ 在方程组中出现，那么诸如 $exper^3$ 与 $exper^4$ 的附加项可以被添加到工具变量目录中。

一旦我们决定了工具集合之后，非线性 SEM 中的任何方程均能通过 2SLS 得到估计。因为每一个方程都满足单方程分析的假设，我们可以使用至今为止所学过的 2SLS 的推断与设定检验。系统方法同样可以使用，其中关于内生变量函数的线性投影以显性方式添加到此方程组中。于是，所有包含在这些线性投影中的外生变量都可以作为每一个方程的工具变量。因为同方差性假设在线性投影中几乎很少得到满足，所以通常最小卡方估计量比 3SLS 更为合适。

重要的是，把工具变量方法直接应用到结构方程上或结构方程组上。换句话讲，我们应该直接使用 2SLS、3SLS 或 GMM 的公式。试图通过把一些内生变量的拟合值代入非线性函数中来模仿 2SLS 或者 3SLS 经常会导致错误：条件期望既不会通过非线性函数，线性投影算子也不会通过非线性函数，因此，这样的企图几乎不会产生非线性方程组的一致估计量。

例 9.6（非线性的劳动力供给函数） 我们把 $[\log(wage)]^2$ 添加到例题 9.5 的劳动力供给函数上：

$$hours=\gamma_{12}\log(wage)+\gamma_{13}[\log(wage)]^2+\delta_{10}+\delta_{11}educ+\delta_{12}age+\delta_{13}kidslt6+\delta_{14}kidsge6+\delta_{15}\,nwifeinc+u_1 \tag{9.61}$$

$$\log(wage)=\delta_{20}+\delta_{21}educ+\delta_{22}exper+\delta_{23}\,exper^2+u_2 \tag{9.62}$$

其中我们从工资报价函数中舍弃了 $hours$，因为它在例题 9.5 中是不显著的。在此方程组中，一种自然而然的假设是，$\mathrm{E}(u_1|\mathbf{z})=\mathrm{E}(u_2|\mathbf{z})=0$，其中 $\mathbf{z}$ 包括除了 $hours$ 与 $\log(wage)$ 之外的所有变量。

存在着许多作为 $[\log(wage)]^2$ 的添加工具的可能性。此处，我们把三个二次项添加到工具目录中，即 age^2，$educ^2$ 以及 $nwifeinc^2$，并且通过 2SLS 估计方程（9.61），我们得到，$\hat{\gamma}_{12}=1\,873.62$（se=635.99）与 $\hat{\gamma}_{13}=-437.29$（se=350.08）。关于 $[\log(wage)]^2$ 的 t 统计量大致是 -1.25，因此，我们可以推断把它从劳动力供给函数中舍弃是正确的。把 2SLS 的残差对所有作为供给方程工具的变量进行回归，得到 R 平方=0.006 1，所以 N-R 平方统计量是

2.61。对于 χ_3^2 分布而言，得到 p 值=0.456。因而，我们不能拒绝过度识别。

在前面的例题中，我们试图利用看起来好像模仿 2SLS 的两步骤方法估计劳动力供给函数：

1. 把 $\log(wage)$ 对出现于方程组中的所有外生变量进行回归，并获得预测元。为了强调起见，称这些值为$\hat{y}_2$。

2. 把 $hours$ 对 1，$\hat{y}_2$，$(\hat{y}_2)^2$，$educ$，…，$nwifeinc$ 进行 OLS 回归，对源自该回归的劳动力供给函数进行估计。

除了在一些特殊情形中，这种两步骤方法与通过 2SLS 估计方程（9.61）是不一样的，它并不会产生结构参数的一致估计量。在第二步中的回归正是有时称为**禁止回归**（forbidden regression）的一个例子，此术语描述了用出自第一阶段估计出的拟合值的相同非线性函数代替内生变量的非线性函数。在把拟合值代入方程（9.61）之后，我们的错误就会出现在认为对平方的线性投影等于线性投影的平方这一认识上。2SLS 估计量在第一阶段所做的工作是，把 y_2 与 y_2^2 的每一个都投影到最初的外生变量以及我们所选取的新加的非线性函数上。出自关于 y_2^2 的约简型回归的拟合值，比如说$\hat{y}_3$，与出自 y_2约简型回归的拟合值平方$(\hat{y}_2)^2$ 是不一样的。这种不同是一致估计量与非一致估计量之间的差别。

如果我们把禁止回归应用到方程（9.61）上，那么一些估计值大大不同于 2SLS 估计值。例如，当方程（9.61）通过 2SLS 适当地估计出之后，$educ$ 的系数大致是 -87.85，其 t 统计量为-1.32。而禁止回归则得出 $educ$ 系数大致为-176.68，其 t 统计量为 -5.36。遗憾的是，出自禁止回归的 t 统计量通常是无效的，甚至在渐近性上也是无效的。（在 $\gamma_{13}=0$ 的特殊情形中，如果 $\mathrm{E}(u_1 \mid \mathbf{z})=0$，那么禁止回归将不会产生一致估计量，可参阅习题 9.12。）

还可有更多的外生变量函数被添加到估计劳动力供给函数的工具目录中。由第 8 章，我们知道 GMM 的有效性在把更多的外生变量非线性函数添加到工具变量目录后（甚至在同方差性的假设下）从未降低。这样的表述不论我们是使用单方程方法，还是使用系统方法均是正确的。遗憾的是，由于我们并不想要使用太多的给定数据集合的工具变量，所以，通过增加工具变量我们在渐近性上没有变坏的事实对于使用而言没有实际帮助。在例题 9.6 中，与其利用一长串添加非线性函数，不如我们使用$(\hat{y}_2)^2$ 作为 y_2^2 的单个 IV。（这个方法与禁止回归是不相同的!）如果偶然有 $\gamma_{13}=0$ 且结构误差是同方差的，那么这就是最优的 IV（可参阅习题 9.12）。

关于参数为线性的一般方程组可以写成

$$
\begin{aligned}
y_1 &= \mathbf{q}_1(\mathbf{y},\mathbf{z})\boldsymbol{\beta}_1 + u_1 \\
&\vdots \\
y_G &= \mathbf{q}_G(\mathbf{y},\mathbf{z})\boldsymbol{\beta}_G + u_G
\end{aligned} \tag{9.63}
$$

其中 $\mathrm{E}(u_g \mid \mathbf{z})=0$，$g=1, 2, \cdots, G$。这个方程组考虑到内生变量与外生变量之间的复杂相互作用。我们将不对这类方程组给予一般性分析，因为工具变量的识别与选择由于太抽象而用途不大。对于估计而言，单方程方法或系统方法都是可以使用的。

9.5.3 三角形方程组的控制函数估计

在 9.4.2 节中定义的三角形方程组类似于一个递归系统，除了我们现在允许几个内生变量仅仅由外生变量（和残差）所决定，并假设这些外生变量又出现在含有另一套内生变量的一组方程中。考虑到内生和外生变量的非线性函数，我们可以写出

$$\mathbf{y}_1=\mathbf{F}_1(\mathbf{y}_2,\mathbf{z})\boldsymbol{\beta}_1+\mathbf{u}_1 \tag{9.64}$$

$$\mathbf{y}_2=\mathbf{F}_2(\mathbf{z})\boldsymbol{\beta}_2+\mathbf{u}_2 \tag{9.65}$$

其中，$\mathbf{y}_1$ 是 $G_1\times1$ 维的，$\mathbf{y}_2$ 是 $G_2\times1$ 维的，且函数 $\mathbf{F}_1(\cdot)$ 和 $\mathbf{F}_2(\cdot)$ 是已知的矩阵函数。我们维持外生性假设

$$\mathrm{E}(\mathbf{u}_1|\mathbf{z})=\mathbf{0},\quad \mathrm{E}(\mathbf{u}_2|\mathbf{z})=\mathbf{0} \tag{9.66}$$

如果没有上述假设，非线性方程组是无法识别的。通常，我们的兴趣集中在（9.64）。事实上，（9.65）通常是一组约简型方程；在任何情形中，都有$\mathrm{E}(\mathbf{y}_2|\mathbf{z})=\mathbf{F}_2(\mathbf{z})$。一个潜在的要点是，一个非线性结构模型——其中（9.64）被一个包含 $\mathbf{y}_2$ 是 $\mathbf{y}_1$ 的一个函数的方程所增广——几乎无法被求解，来使用已知的 $\mathbf{F}_2(\cdot)$ 得出（9.65）以及使用零条件均值得出一个累计的残差。然而，我们可能会简单地认为（9.65）在 $\mathbf{F}_2(\cdot)$ 有足够灵活性的情形中，可以作为近似 $\mathrm{E}(\mathbf{y}_2|\mathbf{z})$ 的一种方法。

如果没有进一步的假设，且（9.64）是可识别的，我们可以用 GMM 方法估计（9.64）和（9.65）。（请记住，除非 $\mathbf{F}_2(\mathbf{z})$ 包含精确的线性依赖性，否则（9.65）将始终是可识别的。）给定 $\mathbf{F}_1(\cdot)$ 和 $\mathbf{F}_2(\cdot)$，工具变量自己可以作为工具变量，或者我们可能会使用低次多项式。这里，我们讨论在一个附加的假设下的一个控制函数法，其中一个特殊情形我们在 6.2 节中已经看到过：

$$\mathrm{E}(\mathbf{u}_1|\mathbf{u}_2,\mathbf{z})=\mathrm{E}(\mathbf{u}_1|\mathbf{u}_2) \tag{9.67}$$

（9.67）的一个充分条件是（$\mathbf{u}_1|\mathbf{u}_2$）与 $\mathbf{z}$ 独立，但独立性是一个相当强的假设，特别是如果（9.65）只是简单地被建议作为一种给 $\mathrm{E}(\mathbf{y}_2|\mathbf{z})$ 设定一个模型的方法。假定在 $\mathbf{u}_2$ 与 $\mathbf{z}$ 独立时（9.65）成立，这种假设有效地排除了 $\mathbf{y}_2$ 的元素的离散性，就像将在本教材第Ⅳ篇中变得明确的那样。但有时（9.67）是合理的。

（9.67）的威力在于我们可写出

$$\begin{aligned}\mathrm{E}(\mathbf{y}_1|\mathbf{y}_2,\mathbf{z})&=\mathrm{E}(\mathbf{y}_1|\mathbf{u}_2,\mathbf{z})=\mathbf{F}_1(\mathbf{y}_2,\mathbf{z})\boldsymbol{\beta}_1+\mathrm{E}(\mathbf{u}_1|\mathbf{u}_2,\mathbf{z})\\&=\mathbf{F}_1(\mathbf{y}_2,\mathbf{z})\boldsymbol{\beta}_1+\mathrm{E}(\mathbf{u}_1|\mathbf{u}_2)=\mathbf{F}_1(\mathbf{y}_2,\mathbf{z})\boldsymbol{\beta}_1+\mathbf{H}_1(\mathbf{u}_2)\end{aligned} \tag{9.68}$$

因此，如果我们知道 $\mathbf{H}_1(\cdot)$ 并可以观测到 $\mathbf{u}_2$，我们可以用系统估计方法估计

$\boldsymbol{\beta}_1$，也许是系统的 OLS 或 FGLS。我们可能乐意假设 $\mathbf{H}_1(\cdot)$ 是线性的，所以 $\mathrm{E}(\mathbf{u}_1 \mid \mathbf{u}_2)=\boldsymbol{\Lambda}_1\mathbf{u}_2=(\mathbf{u}_2'\otimes\mathbf{I}_{G_1})\mathrm{vec}(\boldsymbol{\Lambda}_1)\equiv\mathbf{U}_2\lambda_1$。那么，在一个第一阶段，我们可以用一个标准的系统方法来估计（9.65）并获得 $\hat{\boldsymbol{\beta}}_2$ 和残差 $\hat{\mathbf{u}}_{i2}$。下一步，构造 $\hat{\mathbf{U}}_{i2}=(\hat{\mathbf{u}}_{i2}'\otimes\mathbf{I}_{G_1})$ 并对于外生变量使用一个系统估计方法（OLS 或 FGLS）估计

$$\mathbf{y}_{i1}=\mathbf{F}_{i1}\boldsymbol{\beta}_1+\hat{\mathbf{U}}_{i2}\lambda_1+\mathbf{error}_{i1} \tag{9.69}$$

其中，$\mathbf{F}_{i1}=\mathbf{F}_1(\mathbf{y}_{i2},\mathbf{z}_i)$，而 $\mathbf{error}_{i1}$ 包括从不得不在第一阶段估计 $\boldsymbol{\beta}_2$ 中得到的估计误差。正如在第 6 章，为得到两步估计，必须调整渐近方差矩阵。否则，我们将在第 14 章展示如何使用一个更一般的 GMM 设置，从一个更大的 GMM 问题中获得渐近方差。

作为一个特定的例子，假设我们对下述单方程感兴趣：

$$y_1=\mathbf{z}_1\boldsymbol{\delta}_1+\alpha_{11}y_2+\alpha_{12}y_3+\alpha_{13}y_2y_3+y_2\mathbf{z}_1\gamma_{11}+y_3\mathbf{z}_1\gamma_{12}+u_1 \tag{9.70}$$

该方程考虑了内生变量中的交互效应以及每个内生变量和外生变量的交互效应。我们假设 y_2 和 y_3 有约简型

$$y_2=\mathbf{z}\boldsymbol{\beta}_2+u_2,\quad y_3=\mathbf{z}\boldsymbol{\beta}_3+u_3 \tag{9.71}$$

其中，所有的残差都有零条件均值。（向量可能包括外生变量的非线性函数。）除此之外，如果

$$\mathrm{E}(u_1\mid\mathbf{z},u_2,u_3)=\lambda_{11}u_2+\lambda_{12}u_3 \tag{9.72}$$

那么

$$y_{i1}\text{ 对 }\mathbf{z}_{i1},y_{i2},y_{i3},y_{i2}y_{i3},y_{i2}\mathbf{z}_{i1},y_{i3}\mathbf{z}_{i1},\hat{u}_{i2},\hat{u}_{i3},\quad i=1,\cdots,N \tag{9.73}$$

的 OLS 回归一致估计了参数，其中 $\hat{u}_{i2}$ 和 $\hat{u}_{i3}$ 是从第一阶段回归得到的 OLS 残差。请注意，我们仅仅需要增加两个控制函数来解释 y_2，y_3，y_2y_3，$y_2\mathbf{z}_1$ 和 $y_3\mathbf{z}_1$ 的内生性。当然，这种控制函数法使用了假设（9.72）；否则它一般是不一致的。通过将比如说交互项 $\hat{u}_{i2}\hat{u}_{i3}$ 或者甚至 $\hat{u}_{i2}^2$ 和 $\hat{u}_{i3}^2$（特别是如果 y_2^2 和 y_3^2 在模型中）添加到（9.73），控制函数法可以实施得更加灵活。结构估计的标准误一般应当解释第一阶段的估计，正如在第 6 章中讨论的那样。零假设 y_2 和 y_3 外生的一个简单检验是所有涉及 $\hat{u}_{i2}$ 和 $\hat{u}_{i3}$ 的项都联合不显著；在零假设下，我们可以忽略生成回归元问题。

正如在 6.2 节中所讨论的那样，非线性模型的控制函数法比将 IV 方法直接应用到方程（9.64）要欠稳健一些（以方程（9.70）作为一种特殊情形），但 CF 估计量可以更精确一些，尤其是如果我们在没有几个第一阶段残差的函数也能凑合过去时。另外，正如纽韦、鲍威尔和维拉（Newey，Powell，and Vella，1999）所表明的，人们可以扩展 CF 方法，根本不需要强加函数形式假设。这种非参数方法超出了本书的范围，但其很容易由式（9.68）所触发。在实践中，选择交互项、二次项以及也许更高次数的多项式（并明智地采用对数）可能就足够了。

9.6 不同方程的不同工具

存在着相同的工具变量不能用于每一个方程的一般类型的 SEM。我们已经遇到过这类例子，像完全递归系统。另外一种一般类型的 SEM 是，除了会联立地决定一些变量之外，某些方程中还包含了一些内生变量，其缘由是因遗漏变量或测量误差而引起的。

举一个例子来说，分别考察劳动力供给方程（9.28）与工资报价函数（9.62）。一方面，在供给函数中，没有理由假定除了 $\log(wage)$ 之外的变量与 u_1 是不相关的。另一方面，能力则是从 $\log(wage)$ 方程中遗漏的变量，所以 $educ$ 可能与 u_2 是相关的。这是一个遗漏变量而非联立性问题，但统计问题则是一样的：误差与解释变量之间相关。

方程（9.28）事实上与以前一样仍是可识别的，因为 $educ$ 是方程（9.28）中的外生变量。方程（9.62）会怎么样呢？由于我们从方程（9.62）中排除了四个外生变量：age，$kidslt6$，$kidsge6$ 以及 $nwifeinc$，所以方程（9.62）满足阶条件。如何来分析这个方程的秩条件呢？我们需要把 $educ$ 在所有外生变量上的线性投影添加到方程上：

$$\begin{aligned} educ = & \delta_{30} + \delta_{31} exper + \delta_{32} exper^2 + \delta_{33} age \\ & + \delta_{34} kidslt6 + \delta_{35} kidsge6 + \delta_{36} nwifeinc + u_3 \end{aligned} \tag{9.74}$$

倘若除了 $exper$ 与 $exper^2$ 之外的其他变量与 $educ$ 是充分偏相关的，则 $\log(wage)$ 方程是可识别的。然而，如果工具并不是非常好，那么 2SLS 估计量表现得就不好。如有可能，我们可以把其他与 $educ$ 是偏相关的外生因素添加到方程（9.64）上，比如母亲的收入以及父亲的收入。在系统方法中，由于我们假定 $educ$ 与 u_1 是不相关的，所以 $educ$ 可以而且应该被包含在估计方程（9.28）的工具目录中。

这个例子表明，对于不同方程拥有不同工具并没有对单方程分析改变什么：我们直接确定所关注方程中内生变量的工具目录的有效性，然后通过 2SLS 分别估计方程。要求用工具来处理联立性、遗漏变量或者测量误差、它们的任何组合。

对系统方法而言，估计就显得更为复杂。首先，如果可以使用 3SLS，那么必须用 GMM 3SLS 形式来获得任何方程的一致估计量；在 8.3.5 节中，所讨论的更为传统的 3SLS 估计量通常只有在所有工具与所有误差都是不相关的时候才是有效的。当我们对不同方程拥有不同工具时，工具矩阵就具有式（8.15）的形式。

在含有对不同方程拥有不同工具变量的系统分析中，存在着更为微妙的问题。尽管对这类问题使用 3SLS 方法仍然盛行，但可以证明，使 3SLS 有效的

GMM 估计量的关键假设，也就是假设 SIV. 5，经常被违背。在这种情形中，含有加权矩阵的 GMM 估计量会增加渐近有效性且简化推断。

举一个简单的例子，考察一种两个方程的方程组：

$$y_1=\delta_{10}+\gamma_{12}y_2+\delta_{11}z_1+u_1 \tag{9.75}$$

$$y_2=\delta_{20}+\gamma_{21}y_1+\delta_{22}z_2+\delta_{23}z_3+u_2 \tag{9.76}$$

其中（u_1，u_2）具有零均值且方差矩阵为 $\mathbf{\Sigma}$。假定 z_1、z_2 以及 z_3 都与 u_2 是不相关的，但我们只能假定，z_1 以及 z_3 均与 u_1 是不相关的。换句话讲，z_2 不是方程（9.75）中的外生变量。由阶条件知，每一个方程均是可识别的，同时我们也假定秩条件成立。方程（9.75）的工具是 $(1,z_1,z_2)$，而方程（9.76）的工具是 $(1,z_1,z_2,z_3)$。把上述这些工具变量写成 $\mathbf{z}_1\equiv(1,z_1,z_3)$，$\mathbf{z}_2\equiv(1,z_1,z_2,z_3)$。假设 SIV. 5 要求下面三个条件：

$$\mathrm{E}(u_1^2\mathbf{z}_1'\mathbf{z}_1)=\sigma_1^2\mathrm{E}(\mathbf{z}_1'\mathbf{z}_1) \tag{9.77}$$

$$\mathrm{E}(u_2^2\mathbf{z}_2'\mathbf{z}_2)=\sigma_2^2\mathrm{E}(\mathbf{z}_2'\mathbf{z}_2) \tag{9.78}$$

$$\mathrm{E}(u_1u_2\mathbf{z}_1'\mathbf{z}_2)=\sigma_{12}\mathrm{E}(\mathbf{z}_1'\mathbf{z}_2) \tag{9.79}$$

如果 $\mathrm{E}(u_1|\mathbf{z}_1)=\mathrm{E}(u_2|\mathbf{z}_2)=0$ 且 $\mathrm{Var}(u_1|\mathbf{z}_1)=\sigma_1^2$，$\mathrm{Var}(u_2|\mathbf{z}_2)=\sigma_2^2$，那么前两个条件成立。这些是标准的零条件均值假设与同方差性假设。潜在的问题是由条件（9.79）引起的。由于 u_1 与 $\mathbf{z}_2$ 的元素之一是相关的，所以我们几乎不能假定条件（9.79）。一般地讲，不会存在蕴涵着条件（9.79）的条件性论证。条件（9.79）成立的一种情形是，如果 $\mathrm{E}(u_2\mid u_1,z_1,z_2,z_3)=0$，这蕴涵着 u_2 与 u_1 是不相关的。容易证明，条件（9.79）的左边也等于 0。但是，含有施加条件 $\sigma_{12}=0$ 的 3SLS 刚好是逐个方程进行的 2SLS。如果 u_2 与 u_1 是相关的，那么我们不应该指望条件（9.79）成立，因此，可以用普通的最小卡方估计量来进行估计与推断。

伍德里奇（Wooldridge，1996）提供了一种一般性讨论，而且包含了可以期望假设 SIV. 5 成立与不成立的一些例子。每当一个方程组包含有内生变量的非线性函数的线性投影时，我们应该期望假设 SIV. 5 不满足。

习 题

9.1 讨论下面每一个例子是否满足实际联立方程分析的自治性要求。y_1 与 y_2 的设定意味着，每一个均能写成两个方程的方程组中另一个的函数。

a. 对于雇员来说，y_1＝每小时工资，y_2＝每小时附加福利。

b. 在城市层面上，y_1＝人均犯罪率，y_2＝人均执法支出。

c. 对于在发展中国家运营的厂商而言，y_1＝厂商的研究与开发支出，y_2＝厂商从国外购买技术。

d. 对于个体来说，y_1＝每小时工资，y_2＝酒类消费。

e. 对于家庭而言，y_1＝每年住房支出，y_2＝每年储蓄。

f. 对于追求利润最大化的厂商来说，y_1＝价格差价，y_2＝广告支出。

g. 对于单一产出厂商来说，y_1＝对其商品需求的数量，y_2＝广告支出。

h. 在城市层面上，y_1＝HIV 的发生率，y_2＝人均避孕套销量。

9.2　以下述形式写出两个方程的方程组：

$$y_1=\gamma_1 y_2+\mathbf{z}_{(1)}\boldsymbol{\delta}_{(1)}+u_1$$
$$y_2=\gamma_2 y_1+\mathbf{z}_{(2)}\boldsymbol{\delta}_{(2)}+u_2$$

a. 证明，当且仅当 $\gamma_1\gamma_2\neq 1$，约简型存在。

b. 阐述每一个方程识别的秩条件。

9.3　下面的模型联合决定每个月赡养孩子费用与离婚后带着子女的夫妇每月探访权利的次数：

$$support=\delta_{10}+\gamma_{12}visits+\delta_{11}finc+\delta_{12}fremarr+\delta_{13}dist+u_1$$
$$visits=\delta_{20}+\gamma_{21}\ support+\delta_{21}\ mremarr+\delta_{22}dist+u_2$$

为了阐释方便起见，假定孩子与其母亲生活在一起，因此，父亲支付孩子的赡养费用。因而，第一个方程是父亲的"反应函数"：它描述了在任何给定探访权利水平与其他外生变量如 $finc$(父亲的收入)、$fremar$(二值指示符，如果父亲再婚的话）以及 $dist$(父亲与母亲之间的当前距离）下，支付给孩子的赡养费。类似地，第二个方程是母亲的反应函数：它描述了在给定孩子赡养费数量下的探访权利；$mremarr$ 是表示母亲是否再婚的二值指示符。

a. 讨论每一个方程的识别问题。

b. 你如何利用单方程方法对每一个方程进行估计呢？

c. 你如何检验父亲反应函数中 $visits$ 的内生性呢？

d. 母亲反应函数中存在多少个过度约束呢？请解释如何检验过度约束。

9.4　考察下面三个方程的结构模型：

$$y_1=\gamma_{12}y_2+\delta_{11}z_1+\delta_{12}z_2+\delta_{13}z_3+u_1$$
$$y_2=\gamma_{22}y_2+\gamma_{23}y_3+\delta_{21}z_1+u_2$$
$$y_3=\delta_{31}z_1+\delta_{32}z_2+\delta_{33}z_3+u_3$$

其中 $z_1\equiv 1$（以便允许有截距），$\mathrm{E}(u_g)=0$，对于所有的 g，而且每一个 z_j 与每一个 u_g 均是不相关的。你可以把前两个方程考虑成需求方程与供给方程，其中供给方程依赖于可能的内生变量 y_3（例如，工资成本），而 y_3 与 u_2 可能是相关的。例如，u_2 或许包括管理质量。

a. 证明，只要 $\gamma_{12}\neq\gamma_{22}$，就存在一个定义良好的约简型。

b. 一旦考虑结构误差是任意相关的，确定这些方程中的哪一个是可识别的。首先，考察阶条件，然后是秩条件。

9.5　下面三个方程的结构模型描述了一个总体：

$$y_1=\gamma_{12}y_2+\gamma_{13}y_3+\delta_{11}z_1+\delta_{13}z_3+\delta_{14}z_4+u_1$$
$$y_2=\gamma_{21}y_1+\delta_{21}z_1+u_2$$
$$y_3=\delta_{31}z_1+\delta_{32}z_2+\delta_{33}z_3+\delta_{34}z_4+u_3$$

其中为了允许有截距，你会设置 $z_1=1$。做出通常的假设：$E(u_g)=0$，$g=1, 2, 3$ 且每一个 z_j 与每一个 u_g 是不相关的。除了已经施加的排除约束之外，假设 $\delta_{13}+\delta_{14}=1$。

a. 检验第一个方程的阶条件与秩条件。确定秩条件成立的充要条件。

b. 一旦假定第一个方程是可识别的，提出一个含有施加约束的单方程估计方法。请精确一些。

9.6 下面两个方程模型包含内生变量与外生变量之间的交互作用项（参阅在遗漏变量背景下，例题 6.2 的这类模型）：

$$y_1=\delta_{10}+\gamma_{12}y_2+\gamma_{13}y_2z_1+\delta_{11}z_1+\delta_{12}z_2+u_1$$
$$y_2=\delta_{20}+\gamma_{21}y_1+\delta_{21}z_1+\delta_{23}z_3+u_2$$

a. 最初，假定 $\gamma_{13}=0$，因而，此模型是线性 SEM。请讨论这种情形中每一个方程的识别。

b. 对于 γ_{13} 的任何值来说，求出用 z_j，u_g 以及参数表示的关于 y_1 的约简型（假定约简型存在）。

c. 假定 $E(u_1|\mathbf{z})=E(u_2|\mathbf{z})=0$，求出 $E(y_1|\mathbf{z})$。

d. 论证，不管 γ_{13} 的值如何，在 a 部分中的条件下，此模型是可识别的。

e. 提出估计第一个方程的一种 2SLS 方法。

f. 定义适合于 3SLS 估计的一个工具矩阵。

g. 假定 $\delta_{23}=0$，但我们还知道 $\gamma_{13}\neq0$。在第一个方程中，能够一致地估计参数吗？如果是这样的话，那么如何估计？能检验 H_0：$\gamma_{13}=0$ 吗？

9.7 假定工资与酒消费可以由方程组

$$wage=\gamma_{12}alcohol+\gamma_{13}educ+\mathbf{z}_{(1)}\boldsymbol{\delta}_{(1)}+u_1$$
$$alcohol=\gamma_{21}wage+\gamma_{23}educ+\mathbf{z}_{(2)}\boldsymbol{\delta}_{(2)}+u_2$$
$$educ=\mathbf{z}_{(3)}\boldsymbol{\delta}_{(3)}+u_3$$

来确定。第三个方程是受教育年数的约简型。

$\mathbf{z}_{(1)}$ 中的元素包括常数、工作经验、性别、婚姻状况以及在职培训次数。向量 $\mathbf{z}_{(2)}$ 包括常数、工作经验、性别、婚姻状况以及各种各样酒饮料的地方价格（包含了税收）。向量 $\mathbf{z}_{(3)}$ 可以包括 $\mathbf{z}_{(1)}$ 与 $\mathbf{z}_{(2)}$ 的元素，同时还有一些影响受教育的外生因素，为了具体起见，假定 $\mathbf{z}_{(3)}$ 中的一个元素是在 16 岁时到最近学院的距离。设 $\mathbf{z}$ 表示包括所有 $\mathbf{z}_{(1)}$、$\mathbf{z}_{(2)}$ 以及 $\mathbf{z}_{(3)}$ 的非冗余元素的向量。除了假定 $\mathbf{z}$ 与 u_1，u_2 以及 u_3 中每一个均是不相关的之外，假定 $educ$ 与 u_2 是不相关的，但 $educ$ 可能与 u_1 是相关的。

a. 什么时候第一个方程的阶条件是成立的？

b. 细致阐述你是如何利用单方程方法对第一个方程进行估计的。

c. 对于每一个观测值 i，定义全部三个方程的系统估计的工具矩阵。

d. 在系统方法中，你应该如何选择 $\mathbf{z}_{(3)}$，以使对在 $educ$ 约简型中出现的一些因素做出尽可能稳健的分析？

9.8 a. 利用 CARD.RAW 扩展习题 5.4b，以便允许 $educ^2$ 出现在

log($wage$)方程之中，而不用 *nearc2* 作为一个工具。特别地，使用 *nearc4* 与 log（$wage$）方程中的其他外生变量的一些或全部的交互作用项作为 $educ^2$ 的工具变量。计算异方差性稳健检验，以保证这些添加工具中的至少一个出现于 $educ^2$ 在你所列出全部工具上的线性投影中。检验 $educ^2$ 是否需要成为log($wage$)方程中的变量。

b. 再一次以习题 5.4b 中所估计的模型开始，但是，假定我们添加了交互作用项 *black* · *educ*。请解释 *black* · z_j 为什么会成为 *black* · *educ* 的潜在 IV，其中 z_j 表示此方程组中任意一个外生变量（包括 *nearc4*）。

c. 在例题 6.2 中，我们使用了 *black* · *nearc4* 作为 *black* · *educ* 的 IV。现在，利用 *black* · $\widehat{educ}$ 作为 *black* · *educ* 的 IV，使用 2SLS，其中 $\widehat{educ}$ 表示出自 *educ* 在所有外生变量（包括 *nearc4*）上第一阶段回归的拟合值。你会发现什么呢？

d. 如果 $\mathrm{E}(educ \mid \mathbf{z})$ 是线性的且 $\mathrm{Var}(u_1 \mid \mathbf{z})=\sigma_1^2$，其中 $\mathbf{z}$ 表示所有外生变量的集合，而 u_1 表示 log($wage$) 方程中的误差，请解释利用 *black* · $\widehat{educ}$ 作为 IV 的估计量为什么会比利用 *black* · *nearc4* 作为 IV 的估计量更为渐近有效。

9.9　对本题利用 MROZ. RAW 中的数据。

a. 通过 3SLS 联合估计方程（9.28）与方程（9.29），并且比较 3SLS 估计值与方程（9.28）及方程（9.29）的 2SLS 估计值。

b. 现在允许 *educ* 成为方程（9.29）中的内生变量，但是，假定它在方程（9.29）中是外生的。利用不同方程的不同工具变量估计三个方程的方程组，其中假定 *motheduc*，*fatheeduc* 以及 *huseeduc* 在方程（9.28）与方程（9.29）中都是外生的。

9.10　考察两个方程的形式如下的方程组：

$$y_1=\gamma_1 y_2+\mathbf{z}_1\boldsymbol{\delta}_1+u_1$$
$$y_2=\mathbf{z}_2\boldsymbol{\delta}_2+u_2$$

假定 $\mathbf{z}_1$ 包含至少一个不在 $\mathbf{z}_2$ 中的元素，而且 $\mathbf{z}_2$ 包含至少一个不在 $\mathbf{z}_1$ 中的元素。第二个方程还是关于 y_2 的约简型，但是，为了使它是一个结构方程要施加一些约束。（例如，它可能是一个含有施加排除约束的工资报价方程，而第一个方程是劳动力供给函数。）

a. 如果我们利用所有外生变量作为 IV 通过 2SLS 估计第一个方程，那么我们会对第二个方程施加排除约束吗？（提示：2SLS 中的第一阶段回归会对约简型施加任何约束吗？）

b. 第一个方程的 3SLS 估计值与 2SLS 估计值是相同的吗？请解释。

c. 对于估计第一个方程的参数来说，请解释 2SLS 为什么比 3SLS 更为稳健。

9.11　考虑两个方程的联立方程模型

$$y_1=\gamma_{12} y_2+\delta_{11} z_1+u_1$$
$$y_2=\gamma_{21} y_1+\delta_{22} z_2+\delta_{23} z_3+u_2$$

$$E(u_1|z_1,z_2,z_3)=E(u_2|z_1,z_2,z_3)=0$$

其中，为了简单起见，我们省略截距。外生变量 z_1 是一个政策变量，例如税率。假定 $\gamma_{12}\gamma_{21}\neq1$。结构误差 u_1 与 u_2 可以是相关的。

a. 在什么假设下，每一个方程均是可识别的？

b. 可以用条件期望形式写出关于 y_1 的约简型，即 $E(y_1|\mathbf{z})=\pi_{11}z_1+\pi_{12}z_2+\pi_{13}z_3$，其中 $\mathbf{z}=(z_1,z_2,z_3)$。求出用 γ_{gj} 以及 δ_{gj} 表示的 π_{11}。

c. 你如何估计结构参数？你如何用结构参数估计值来获得 $\hat{\pi}_{11}$？

d. 假定 z_2 应该是第一个方程中的，但是，在 c 部分的估计中不把它计算在内。这样的省略会对估计 $\partial E(y_1|\mathbf{z})/\partial z_1$ 有什么影响？你是使用单方程估计量，还是使用结构参数的系统估计量？这有什么关系吗？

e. 如果你只对 $\partial E(y_1|\mathbf{z})/\partial z_1$ 感兴趣，那么你做些什么可以代替估计联立方程模型呢？

f. 你可否说估计一个联立方程模型是估计 $\partial E(y_1|\mathbf{z})/\partial z_1$ 的稳健方法呢？请解释。

9.12 下面是两个方程的非线性联立方程模型：

$$y_1=\delta_{10}+\gamma_{12}y_2+\gamma_{13}y_2^2+\mathbf{z}_1\boldsymbol{\delta}_1+u_1$$
$$y_2=\delta_{20}+\gamma_{12}y_1+\mathbf{z}_2\boldsymbol{\delta}_2+u_2$$

其中 u_1 与 u_2 具有以所有外生变量 $\mathbf{z}$ 为条件的零均值。（为了强调，我们包括各自的截距。）假定当 $\gamma_{13}=0$ 时，这两个方程都是可识别的。

a. 当 $\gamma_{13}=0$ 时，$E(y_2|\mathbf{z})=\pi_{20}+\mathbf{z}\boldsymbol{\pi}_2$。在 u_1 与 u_2 同方差性假设下，$E(y_2^2|\mathbf{z})$ 是什么呢？

b. 当 $\gamma_{13}=0$ 时，使用 a 部分的内容，求出 $E(y_1|\mathbf{z})$。

c. 使用 c 部分的内容推导，当 $\gamma_{13}=0$ 时，禁止回归一致地估计出第一个方程中的参数，包括 $\gamma_{13}=0$。

d. 如果 u_1 与 u_2 具有以 $\mathbf{z}$ 为条件的常数方差，而 γ_{13} 等于 0，证明用于估计第一个方程的最优工具变量是 $\{1, \mathbf{z}, [E(y_2|\mathbf{z})]^2\}$。（提示，利用定理 8.5；对于类似的问题，可参阅习题 8.11。）

e. 利用 IVs$[1, \mathbf{z}, (\hat{y}_2)^2]$，重新估计方程（9.61），其中 $\mathbf{z}$ 表示出现在方程（9.61）与方程（9.62）中的所有外生变量，而 $\hat{y}_2$ 表示出自 log(*wage*) 对 1，$\mathbf{z}$ 进行回归的拟合值。请对结果加以讨论。

9.13 对由罗默（Romer，1993）提供的这个习题使用 OPENNESS. RAW 中的数据。

a. 为了检验“openness”（*open*）是否导致了比较低的通货膨胀率（*inf*）的简单联立方程是

$$inf=\delta_{10}+\gamma_{12}open+\delta_{11}\log(pcinc)+u_1$$
$$open=\delta_{20}+\gamma_{21}inf+\delta_{21}\log(pcinc)+\delta_{22}\log(land)+u_2$$

假定 *pcinc*（人均收入）与 *land*（地理区域）都是外生的，在什么条件下，第一个方程是可识别的？

b. 估计关于 *open* 的约简型，验证 log(*land*) 是统计显著的。

c. 通过 2SLS 估计出自 a 部分的第一个方程。把 γ_{12} 的估计值与 OLS 的估计值加以比较。

d. 把 $\gamma_{13}open^2$ 添加到第一个方程，并且提出一个检验 $\gamma_{13}open^2$ 是否为统计显著的方法。(使用只比 c 部分中多一个的 IV。)

e. 把 $\gamma_{13}open^2$ 放在第一个方程中，使用下述方法估计 δ_{10}，γ_{12}，γ_{13} 以及 δ_{11}：(1) 将 *open* 对 1，log(*pcinc*) 以及 log(*land*) 进行回归，并且求出拟合值 $\widehat{open}$；(2) 将 *inf* 对 1，$\widehat{open}$，$(\widehat{open})^2$ 以及 log(*pcinc*) 进行回归。把这些结果与 d 部分的那些结果进行比较。你更喜欢哪些估计值？

9.14　用"同意"或"不同意"回答下列每一个陈述，并给出理由。

a. "在一般的 SEM (9.13) 中，如果结构参数矩阵 $\mathbf{\Gamma}$ 可识别，那么结构残差的方差矩阵 $\mathbf{\Sigma}$ 也可识别。"

b. "当残差与外生变量独立时，总可以通过添加外生变量足够的非线性函数到工具变量清单中来保证对一个非线性结构方程的识别。"

c. "如果在一个系统方程中，$\mathrm{E}(\mathbf{u} \mid \mathbf{z})=\mathbf{0}$ 但 $\mathrm{Var}(\mathbf{u} \mid \mathbf{z}) \neq \mathrm{Var}(\mathbf{u})$，3SLS 估计量是不一致的。"

d. "在一个性质优良的联立方程组模型中，某一个方程中的任何外生变量应该在所有方程中都外生。"

e. "在一个三方程的三角系统中，控制函数法优于标准 IV 方法。"

9.15　考虑在假设 $\mathrm{E}(u_1 \mid \mathbf{z})=\mathbf{0}$ 下的方程 (9.70) 和 (9.71) 中的三角系统，其中 $\mathbf{z}$($1\times L$ 维) 包含三个方程中的所有外生变量，且 $\mathbf{z}_1$ 为 $1\times L_1$ 维向量，其中 $L_1 \leqslant L-2$。

a. 假设当 $\alpha_{13}=0$ 时，$\gamma_{11}=\mathbf{0}$，且 $\gamma_{12}=\mathbf{0}$，模型可识别。证明一般模型是可识别的。

b. 令 $\hat{y}_{i2}$ 和 $\hat{y}_{i3}$ 分别是从 y_{i2} 对 $\mathbf{z}_i$ 回归以及 y_{i3} 对 $\mathbf{z}_i$ 回归中得到的第一阶段拟合值。假设你使用工具 ($\mathbf{z}_{i1}$，$\hat{y}_{i2}$，$\hat{y}_{i3}$，$\hat{y}_{i2}\hat{y}_{i3}$，$\hat{y}_{i2}\mathbf{z}_{i1}$，$\hat{y}_{i3}\mathbf{z}_{i1}$) 通过 IV 估计 (9.70)。有没有什么过度识别约束需要检验？请解释。

c. 假设 $L>L_1+2$，并且你使用工具 ($\mathbf{z}_i$，$\hat{y}_{i2}\hat{y}_{i3}$，$\hat{y}_{i2}\mathbf{z}_{i1}$，$\hat{y}_{i3}\mathbf{z}_{i1}$) 通过 2SLS 估计 (9.70)。有多少过度识别约束？你将如何检验它们？

d. 建议一种形成甚至更多过度识别约束的方法。

e. 如果你添加假设 $\mathrm{E}(u_{i2} \mid \mathbf{z}_i)=\mathrm{E}(u_{i3} \mid \mathbf{z}_i)=0$ 及 $\mathrm{E}(u_{i1}^2 \mid \mathbf{z}_i)=\sigma_1^2$，证明从 b 部分得到的估计是一个渐近有效的 IV 估计量。对 c 和 d 部分中得到的估计量，你能总结出什么？

第 10 章 基本线性不可观测效应面板数据模型

在第 7 章中，我们已经涉及一类线性面板数据模型，模型中每一个时间段误差至少被假定成与同时间段的解释变量是不相关的。但是，对于某些面板数据的应用来说，这一假设显得太强了。实际上，利用面板数据的最初动机是解决遗漏变量问题。

在本章，我们研究以显性方式包含非时变的不可观测效应的总体模型。从不可观测效应被处理成连同可观测的解释变量和被解释变量一起被从总体中抽取出来的、对应于被估计参数的随机变量这个意义上讲，在本章中的处理是“现代”的。在这个框架下，关键问题是不可观测效应与解释变量是否为不相关的。

10.1 动机：遗漏变量问题

为了在有遗漏变量的情形中获得一致估计量，容易看到，面板数据至少在某些假设下是如何被使用的。设 y 与 $\mathbf{x}\equiv(x_1,x_2,\cdots,x_K)$ 表示可观测的随机变量，而设 c 表示不可观测的随机变量；而向量 $(y,x_1,x_2,\cdots,x_K,\ c)$ 表示人们关注的总体。像应用计量经济学中的情形一样，我们经常对总体回归函数

$$\mathrm{E}(y|x_1,x_2,\cdots,x_K,c) \tag{10.1}$$

中的可观测解释变量 x_j 的偏效应感兴趣。总之，我们希望在获得可观测解释变量的偏效应时，把 c 固定为常数。我们沿着张伯伦（Chamberlain，1984）的想法利用 c 表示不可观测变量。面板数据文献中绝大多数都使用希腊字母来表示，比如 α 或 ϕ，但是，我们想要强调不可观测因素是一个随机变量，而不是待估参数。（我们将在 10.2.1 节中更详细地讨论这一点。）

假定含有 x_j 的以及以加法方式将 c 代入模型的线性模型，我们有

$$\mathrm{E}(y|\mathbf{x},c)=\beta_0+\mathbf{x}\boldsymbol{\beta}+c \tag{10.2}$$

其中关注的内容是 $K\times 1$ 维向量 $\boldsymbol{\beta}$。一方面，如果 c 与每一个 x_j 是不相关的，那么 c 只是另外一个影响 y 的不可观测的因素，而这不会系统地与其效应被人们所关注的可观测解释变量相关联。另一方面，如果对于某一个 j，$\text{Cov}(x_j,c)\neq 0$，那么把 c 放入到误差项中便会引起严重的问题。如果没有附加的信息，我们就不能一致地估计 $\boldsymbol{\beta}$，我们也不能确定是否存在问题（除了通过自省或者通过承认 $\boldsymbol{\beta}$ 的估计是有点“不合理”的）。

在一些附加假设下，存在讨论 $\text{Cov}(\mathbf{x},c)\neq\mathbf{0}$ 问题的一些方法。我们在横截面背景分析中至少涵盖了三种可能性：（1）我们可以找到关于 c 的一个合适代理变量，在此情形中，我们可以通过 OLS 对用代理变量表示 c 的方程进行估计；（2）我们可以找到与 c 相关的 $\mathbf{x}$ 的一些元素作为工具变量，并且使用诸如 2SLS 的工具变量方法；（3）我们可以找到 c 的一些指示符，它们可以在多重指示工具变量方法中得到利用。这些求解方法在第 4 章和第 5 章中都已涉及。

如果我们可以使用仅有的单个横截面观测值，那么列出三种补救方法或它们的稍微变形方法便会详尽无遗地论述了这种可能性。然而，如果我们可以在不同的时点上观测到相同的横截面单位，也就是我们能收集到一个面板数据集合，那么就会产生一些其他的可能性。

为了阐述方便，假定我们在两个不同时间段中能够观测到 y 与 $\mathbf{x}$，并且称这些观测值为 y_t，$\mathbf{x}_t$，其中 $t=1$，2。现在总体描述了相同单位的两个时间段。而且，假定被遗漏的变量 c 是非时变的（time constant）。于是，我们对总体回归函数

$$\text{E}(y_t\mid\mathbf{x}_t,c)=\beta_0+\mathbf{x}_t\boldsymbol{\beta}+c,\quad t=1,2 \tag{10.3}$$

感兴趣，其中 $\mathbf{x}_t\boldsymbol{\beta}=\beta_1x_{t1}+\cdots+\beta_Kx_{tK}$，而 x_{tj} 表示在时间 t 的变量 j。模型（10.3）假定，c 在每一个时间段对平均响应来说具有相同的效应。为了不失一般性，我们设 c 上的系数为 1。（由于 c 是不可观测的，而且实际上永远不会有一个自然的测量单位，所以试图估计它的偏效应是毫无意义的。）

对于下述分析来说，c 不随时间而变化的假设（并且随着时间变化具有不变偏效应）是极为重要的。在面板数据分析中，一个不可观测的、非时变的变量被称为**不可观测效应**（unobserved effect）。当 t 代表相同个体的不同时间段时，不可观测效应经常被解释成对个体特征的捕获，比如认识能力、动机，或者家庭早期教育，这些个体特征都是给定的，并且不会随时间流逝而改变。类似地，如果观测单位是厂商，那么 c 包括不可观测的厂商特征，例如，管理质量或者结构，而这些厂商特征可以被（大致地）看成跨越所讨论的时间段而不变的。在 10.2 节中，我们将涉及几种特殊的不可观测效应例子。

为了讨论作为估计 $\boldsymbol{\beta}$ 的充分条件的附加假设，以误差形式把模型（10.3）写成

$$y_t=\beta_0+\mathbf{x}_t\boldsymbol{\beta}+c+u_t \tag{10.4}$$

是有益的，其中由定义有

$$\text{E}(u_t\mid\mathbf{x}_t,c)=0,\quad t=1,2 \tag{10.5}$$

条件（10.5）的一个含义是

$$\mathrm{E}(\mathbf{x}_t' u_t)=\mathbf{0}, \quad t=1,2 \tag{10.6}$$

如果我们假定 $\mathrm{E}(\mathbf{x}_t' c_t)=\mathbf{0}$，那么就可以如同我们在 7.8 节中所做的那样，应用混合 OLS。如果 c 与 $\mathbf{x}_t$ 的任意一个元素是相关的，那么混合 OLS 是有偏的且是非一致的。

利用两年的数据，我们为了去掉非时变的不可观测的 c，而对方程（10.4）跨越两个时间段做差分。定义 $\Delta y=y_2-y_1$，$\Delta\mathbf{x}=\mathbf{x}_2-\mathbf{x}_1$，以及 $\Delta u=u_2-u_1$。于是，差分方程为

$$\Delta y=\Delta\mathbf{x}\boldsymbol{\beta}+\Delta u \tag{10.7}$$

它正是以所有变量差分形式表示的一个标准线性模型（尽管截距被省略了）。重要的是，关注的参数向量 $\boldsymbol{\beta}$ 直接出现在方程（10.7）中，而且它的出现表明通过 OLS 可以估计方程（10.7）。给定两个时间段的面板数据，方程（10.7）恰好是一个标准的横截面方程。在什么条件下，源自方程（10.7）的 OLS 估计量是一致的呢？

由于我们假定从总体中抽取一个随机样本，所以我们可以将第 4 章的一些结论直接应用到方程（10.7）上。OLS 一致地估计 $\boldsymbol{\beta}$ 的关键性假设是，正交性条件（假设 OLS. 1）

$$\mathrm{E}(\Delta\mathbf{x}'\Delta u)=\mathbf{0} \tag{10.8}$$

以及秩条件（假设 OLS. 2）

$$\text{秩 } \mathrm{E}(\Delta\mathbf{x}'\Delta\mathbf{x})=K \tag{10.9}$$

首先，考虑条件（10.8）。它等价于 $\mathrm{E}[(\mathbf{x}_2-\mathbf{x}_1)'(u_2-u_1)]=\mathbf{0}$，或者经过一些简单的代数运算得到

$$\mathrm{E}(\mathbf{x}_2' u_2)+\mathrm{E}(\mathbf{x}_1' u_1)-\mathrm{E}(\mathbf{x}_1' u_2)-\mathrm{E}(\mathbf{x}_2' u_1)=\mathbf{0} \tag{10.10}$$

由条件（10.6）知，方程（10.10）中的前两项都是 0，对于 $t=1, 2$。但是，条件（10.5）并不会保证 $\mathbf{x}_1$ 与 u_2 是不相关的，或者 $\mathbf{x}_2$ 与 u_1 是不相关的。有理由假定条件（10.8）成立，但是，我们必须认识到，它并不是由条件（10.5）可以得到的。对于 $t=1, 2$，误差 u_t 与 $\mathbf{x}_1$ 及 $\mathbf{x}_2$ 是不相关的假设是不可观测成分的面板数据模型中一个严格外生性的例子。在 10.2 节中，我们一般地讨论严格外生性假设。现在我们强调，对于所有的 t 与 s，假设 $\mathrm{Cov}(\mathbf{x}_t, u_s)=\mathbf{0}$ 并没有对 $\mathbf{x}_t$ 与不可观测因素 c 之间的相关关系施加约束。

第二个假设条件（10.9）同样值得人们给予某种关注，因为出现在结构方程（10.3）中的 $\mathbf{x}_t$ 的元素已经被跨时间求过差分了。如果 $\mathbf{x}_t$ 包含了对于总体中每一个元素随时间变化而均为常数的变量，那么 $\Delta\mathbf{x}$ 就包含恒为 0 的值，从而条件（10.9）不满足。这个结果并不令人感到惊异：如果允许 c 与 $\mathbf{x}_t$ 的一些元素有任意的相关关系，那么随时间变化而为常数的任何一个变量的效应与 c 的效应将不能分辨开。因此，我们只有在 x_{tj} 随时间流逝存在某种变差时，才能一

致地估计 β_j。

在本章余下的部分里，我们涉及了在不同的假设下处理存在不可观测效应的各种方法。我们假定，我们可以对 N 个个体、家庭、厂商、学校、城市或者其他经济单位重复观测。正如第 7 章一样，我们在本章假定，对每一个横截面观测值均有相同的时间段，记为 $t=1, 2, \cdots, T$。这样的数据集合通常称为**平衡面板数据**（balanced panel），因为对于所有横截面单位来说，相同的时期均是可利用的。尽管处理非平衡情形的机制类似于平衡情形，但是，对非平衡情形的仔细研究则需要对面板数据为什么是非平衡的给予一个正式的描述，而且样本选择问题显得有点微妙。因此，我们一直到第 21 章才会涉及非平衡数据模型，在那里我们将讨论样本选择与损耗问题。

我们还是要关注估计量的渐近性质，其中时间维数 T 是固定的，而横截面维数 N 可以无限制地增大。对于大 N 的渐近特性而言，把横截面观测值看成是从总体中抽取的独立同分布的则是非常方便的。对于任意的横截面观测值 i——表示单个个体、厂商、城市等等，我们利用 $\{(y_{it}, \mathbf{x}_{it}): t=1,2,\cdots,T\}$ 表示所有 T 个时间段的可观测变量。由于固定 T 的假设，渐近分析对于任意的时间相关性与跨越 t 的分布异质性均是有效的。

当把渐近分析应用到面板数据方法上时，重要的是要记住，只要它们能对估计量与统计量的有限样本性质提供一种合理的近似，渐近特性就是有用的。例如，人们先前很难知道，$N\to\infty$ 的渐近特性是否很好地达到了预期结果，比如说，美国州 $N=50$ 且 $T=8$ 年。但是，我们可以完全确信，$N\to\infty$ 的渐近特性比 $T\to\infty$ 的渐近特性更为合适，即使 N 实际上是被固定的，而 T 可以增大时。对于非常大的地理区域而言，从概念上看，随机抽样假设在横截面维数里是有缺陷的。然而，如果对于 T 而言，N 是充分大的，同时我们可以假定横截面中具有大致的独立性，那么我们的渐近分析应该提供了适度的近似。

如果 T 与 N 的阶是相同的——例如，$N=60$ 个国家而 $T=55$ 个二战后的年数，那么就需要对时间序列相依性的特征做出显性的假设渐近分析。（在一些特殊情形中，关于一致估计量与 t 统计量近似正态性的一些结论将是相同的，但是一般情形中就不一定相同。）这个领域的研究刚刚开始引起人们的注意。如果 T 比 N 更大一些，比如说，$N=5$ 家公司，而 $T=40$ 年，那么此框架就是多元时间序列分析：N 可以固定不变，而 $T\to\infty$。

10.2 不可观测效应与解释变量的假设

在更详细地分析面板数据估计方法之前，一般地讨论不可观测效应的特征以及可观测解释变量的某些特性是有用的。

10.2.1 随机效应还是固定效应？

对于随机抽取的横截面观测值 i 来说，基本的**不可观测效应模型**（unobserved effects model，UEM）可以写成

$$y_{it}=\mathbf{x}_{it}\boldsymbol{\beta}+c_i+u_{it}, \quad t=1,2,\cdots,T \tag{10.11}$$

其中 $\mathbf{x}_{it}$ 表示一个 $1\times K$ 维向量，它能够包含随 t 而不随 i 变化的可观测变量，随 i 而不随 t 变化的可观测变量，还有既随 i 又随 t 而变化的可观测变量。除了不可观测效应外，对于 c_i 来说，在应用中存在着一些其他的称谓：**不可观测成分**（unobserved component）、**特征变量**（latent variable）以及**不可观测的异质性**（unobserved heterogeneity）都是一样的。如果 i 表示个体，那么 c_i 有时称为**个体效应**（individual effect）或**个体异质性**（individual heterogeneity）；类似的术语可应用到家庭、厂商、城市以及其他横截单位上。u_{it} 称为**特质误差**（idiosyncratic error）* 或者**特质扰动项**（idiosyncratic disturbances），因为这些会随 t 与 i 而变化。

尤其是在研究方法的学者论文中，还有一些应用中，经常看到对 c_i 可被处理成随机效应（random effect）* 还是固定效应（fixed effect）* 的讨论。起初，这类讨论集中在 c_i 是否被适当地看成一个随机变量，还是待估参数。在面板数据模型的传统方法中，当把 c_i 处理成一个随机变量时，c_i 被称为“随机效应”；而当把 c_i 处理成关于每一个横截面观测值 i 所要估计的参数时，c_i 被称为“固定效应”。我们的观点是有关 c_i 应该被处理成随机变量还是待估参数的一些讨论，对于微观计量经济面板数据应用来说显得过于固执。就源自横截面的大量随机抽样而言，把不可观测效应 c_i 连同 y_{it} 以及 x_{it} 一起处理成从总体中随机抽取的，这几乎总是有意义的。此种方法从遗漏变量或者被忽略异质性的角度来看一定是合适的。正如我们在 10.1 节的讨论中所表明的，涉及 c_i 的关键性问题是，它与可观测解释变量 $\mathbf{x}_{it}$ 是否不相关，$t=1$，2，…，T。在许多年以前，芒德拉克（Mundlak，1978）就曾做出这样的讨论，而且他的讨论仍是有说服力的。

在现代计量经济术语中，“随机效应”在语义上等同于可观测解释变量与不可观测效应之间的零相关：$\mathrm{Cov}(\mathbf{x}_{it},c_i)=\mathbf{0}$，$t=1$，2，…，$T$。［实际上，一个更强的条件均值独立性假设 $\mathrm{E}(c_i\mid\mathbf{x}_{i1},\cdots,\mathbf{x}_{iT})=\mathrm{E}(c_i)$ 将足以满足统计推断的要求；10.4 节将对这个专题给予更多的阐述。］在一些应用论文中，当 c_i 称为“个体随机效应”时，则 c_i 可能被假定成与 $\mathbf{x}_{it}$ 是不相关的。

在大多数微观计量经济应用中，术语“固定效应”并不总是意味着 c_i 被处理成非随机的；相反，它意味着人们在不可观测效应 c_i 与可观测解释变量 $\mathbf{x}_{it}$ 之间考虑任意相依性。因此，如果 c_i 称为“个体固定效应”或者“厂商固定效

---

* 又称为特异误差。——译者注

** 又称为随机影响。——译者注

*** 又称为固定影响。——译者注

应”，那么对于实用目的而言，这一术语意味着 c_i 被允许与 $\mathbf{x}_{it}$ 是任意相关的。

最近，突然出现了另一个概念以描述这样的环境：其中，我们允许 c_i 和 $\{\mathbf{x}_{it}: t=1,\cdots,T\}$ 之间存在依赖性，特别地，但不仅仅是，对于非线性模型来说。（可参阅，例如卡梅伦和特里维迪（Cameron and Trivedi，2005，pp. 719，786）。）如果我们对 c_i 和 $\mathbf{x}_i=(\mathbf{x}_{i1},\mathbf{x}_{i2},\cdots,\mathbf{x}_{iT})$ 之间的依赖性建模——或者，更一般化地，对给定 $\mathbf{x}_i$ 时 c_i 的分布施加实质性约束——那么，我们就正在使用一个相关随机效应框架（CRE）。（该概念的取名参考了允许 c_i 和 $\mathbf{x}_i$ 之间存在相关性这一事实。）特别地，在一个固定效应方法与一个相关随机效应方法之间的关键差别是：在前者的情形中，c_i 和 $\mathbf{x}_i$ 之间的关系完全是非特定的，但在后者的情形中，我们以某种方式对这一依赖性施加了约束——某些时候还相当严格，如在非线性模型情形中（正如我们将在第Ⅳ篇中看到的）。在 10.7.2 节中我们将在一个标准的不可观测效应模型背景下涵盖芒德拉克（Mundlak，1978）的 CRE 框架。芒德拉克方法对于理解随机和固定效应框架之间的差别提供了重要的洞察，并且对检验 c_i 与回归元是否不相关（这是在一个传统随机效应分析中至关重要的假设）非常有用。进而，芒德拉克方法对于分析一个含不可观测效应的宽泛类别的非线性模型而言是不可或缺的，我们将在第Ⅴ篇的分析中涵盖这一主题。

在本书中，我们避免把 c_i 称为随机效应或者固定效应，因为这些术语不必要的内涵与 c_i 的性质有关系。相反，我们大多数时候将把 c_i 称为不可观测效应，有时候也称其为不可观测异质性等等。我们将参考“随机效应假设”、“固定效应假设”以及“相关随机效应假设”。同样，我们将把不同的估计模型标为随机效应（RE）估计、固定效应（FE）估计，并且，不经常地将非线性模型标为相关随机效应（CRE）估计。在估计方法上的这种术语在计量经济学中是如此根深蒂固，以至于现在试图改变它是毫无意义的。

10.2.2 解释变量的严格外生性假设

传统的不可观测成分的面板数据模型会把 $\mathbf{x}_{it}$ 取成固定的。我们将永远不去假定 $\mathbf{x}_{it}$ 是非随机的，因为对于 $s>t$，从 y_{it} 到 $\mathbf{x}_{is}$ 的潜在反馈则需要以显性方式加以讨论。

在第 7 章中，我们讨论了面板数据模型中的严格外生性假设，而此种模型没有以显性方式包含不可观测效应。现在，我们提供含有不可观测效应的严格外生性的假设。

在 10.1 节中，我们以零相关性来表述严格外生性假设。为了讨论参考方便与有效，我们需要以条件均值表述严格外生性假设，而且这种表述形式同样对假设给出了清晰的意义。含有不可观测效应的严格外生性假设，其最明显的形式是

$$\mathrm{E}(y_{it}|\mathbf{x}_{i1},\mathbf{x}_{i2},\cdots,\mathbf{x}_{iT},c_i)=\mathrm{E}(y_{it}|\mathbf{x}_{it},c_i)=\mathbf{x}_{it}\boldsymbol{\beta}+c_i \tag{10.12}$$

对于 $t=1, 2, \cdots, T$。第二个等式是关于 $\mathrm{E}(y_{it} \mid \mathbf{x}_{it}, c_i)$ 的函数形式之假设。第一个等式则给出了严格外生性的解释。它意味着，对于 $s \neq t$，一旦 $\mathbf{x}_{it}$ 与 c_i 得以控制，$\mathbf{x}_{is}$ 对 y_{it} 没有偏效应。

当假设（10.12）成立时，我们说 $\{\mathbf{x}_{it}: t=1,2,\cdots,T\}$ 是以**不可观测效应 c_i 为条件的严格外生的**（strictly exogenous conditional on the unobserved effect c_i）。假设（10.12）与相对应的术语是由张伯伦（Chamberlain，1982）引入并使用的。但是，我们在下一章里会明确地涉及估计不可观测效应的张伯伦方法，但是他表述假设的方法甚至对传统的面板数据分析来说都是具有启发性的。

假设（10.12）限制了 y_{it} 的期望值如何依赖于其他时间段的解释变量，但是与没有以不可观测效应为条件的严格外生性假设相比，它显得更为合理。没有以不可观测效应为条件的严格外生性假设是

$$\mathrm{E}(y_{it} \mid \mathbf{x}_{i1}, \mathbf{x}_{i2}, \cdots, \mathbf{x}_{iT}) = \mathrm{E}(y_{it} \mid \mathbf{x}_{it}) = \mathbf{x}_{it}\boldsymbol{\beta} \tag{10.13}$$

$t=1, 2, \cdots, T$。为了理解假设（10.13）比假设（10.12）更不可能成立的缘由，首先考察一个例子。假定 y_{it} 表示农场 i 在 t 年的黄豆产出，而 $\mathbf{x}_{it}$ 包括资本、劳动力、原材料（比如肥料）、降雨量以及其他的可观测投入。不可观测效应 c_i 能够捕获到土地的平均质量、家庭管理农场的能力以及其他不可观测的非时变因素。一个自然的假设是，一旦当前投入连同 c_i 一起得以控制，则在其他年份所使用的投入对当前年份的产出就不会有影响。然而，由于在每一年里投入的最优选择通常依赖于 c_i，所以如果 c_i 没有得到控制，那么很有可能在 t 年份的产出与在其他年份的投入之间将存在某种偏相关：尽管假设（10.13）是不合理的，但假设（10.12）是合情合理的。

更一般地讲，容易看到，每当假设（10.12）成立且 c_i 的期望值依赖于 $(\mathbf{x}_{i1}, \cdots, \mathbf{x}_{iT})$ 时，假设（10.13）不满足。由**期望迭代法则**（the law of iterated expectation）知，如果假设（10.12）成立，那么

$$\mathrm{E}(y_{it} \mid \mathbf{x}_{i1}, \cdots, \mathbf{x}_{iT}) = \mathbf{x}_{it}\boldsymbol{\beta} + \mathrm{E}(c_i \mid \mathbf{x}_{i1}, \cdots, \mathbf{x}_{iT})$$

所以倘若 $\mathrm{E}(c_i \mid \mathbf{x}_{i1}, \cdots, \mathbf{x}_{iT}) \neq \mathrm{E}(c_i)$，则假设（10.13）不满足。特别地，如果 c_i 与 $\mathbf{x}_{it}$ 的任何元素是相关的，那么假设（10.13）不满足。

给定方程（10.11），严格外生性的假设可以用特质误差形式表述成

$$\mathrm{E}(u_{it} \mid \mathbf{x}_{i1}, \cdots, \mathbf{x}_{iT}, c_i) = 0, \quad t = 1, 2, \cdots, T \tag{10.14}$$

反过来，这个假设蕴涵着每一个时间段的解释变量与每一个时间段的特质误差是不相关的：

$$\mathrm{E}(\mathbf{x}_{is}' u_{it}) = \mathbf{0}, \quad s, t = 1, 2, \cdots, T \tag{10.15}$$

这一假设比假定**零同期相关**（contemporaneous correlation）即 $\mathrm{E}(\mathbf{x}_{it}' u_{it}) = \mathbf{0}(t=1,2,\cdots,T)$ 更强一些。然而，假设（10.15）对于所有 t，允许 c_i 与 $\mathbf{x}_{it}$ 之间存在任意相关性，我们在 7.8 节中已经排除了这种情形。稍后，我们将使用假设（10.14）蕴涵着 u_{it} 与 c_i 是不相关的事实。

为了检验面板数据统计量的一致性，零相关假设（10.15）通常就足够了。进一步地，假设（10.15）常常是考虑严格外生性在特殊应用中是否成立的最容易方法。但是，统计推断的标准形式与标准估计量有效性的性质均取决于更强的假设（10.14）的条件均值公式。因此，我们关注假设（10.14）。

10.2.3 不可观测效应面板数据模型的一些例子

我们在10.2.1节与10.2.2节的讨论中强调，在任何面板数据应用中，我们最初应该关注两个问题：（1）对于所有 t，不可观测效应 c_i 与 $\mathbf{x}_{it}$ 是不相关的吗？（2）（以 c_i 为条件的）严格外生性假设是合理的吗？下面的例子阐述了我们对这两个问题是如何组织思考的。

例 10.1（项目评估） 估计在职培训或其他项目对后来工资影响的标准模型是

$$\log(wage_{it})=\theta_t+\mathbf{z}_{it}\gamma+\delta_1 prog_{it}+c_i+u_{it} \tag{10.16}$$

其中 i 表示个体，而 t 表示时间段。参数 θ_t 表示一个时变截距，而 $\mathbf{z}_{it}$ 表示影响工资且与参与项目相关的可观测特征的集合。

评估数据集合经常在两个时点上来收集。在 $t=1$ 时，没有一个人参与到此项目中，所以对于所有 i，$prog_{i1}=0$。然后，一个小组被选择参与到此项目中（或者一些个体选择参与），并且后来的工资对于 $t=2$ 的控制组以及处理组来说是可观测的。模型（10.16）考虑了任何时间段数与参与项目的一般模式。

包括个体效应 c_i 的缘由常常是由遗漏了能力而引起的：如果个体选择是否参加项目，那么那种选择可能与能力是相关的。这种可能性经常被称为**自选择问题**（self-selection problem）。作为一种可供选择的方式，管理者会基于计量经济学家不能观测到的特征来指派人们参与。

另外一个问题是解释变量的严格外生性假设，尤其是 $prog_{it}$。通常，我们十分愿意假定 u_{it} 与 $prog_{it}$ 是不相关的。但是，比如说，u_{it} 与 $prog_{i,t+1}$ 之间相关会怎么样呢？如果人们基于他们过去对工资波动进行选择参加未来项目，或者管理者选择那些工资 u_{it} 曾经低的人们作为在 $t+1$ 时的参加者，那么将来是否参与项目就取决于 u_{it}。由于 c_i 已被考虑到，所以这样的反馈并不是非常重要，但也可能重要，例如，参阅巴锡（Bassi，1984）与哈恩和拉洛迪（Hahn and Lalonde，1996）。另外一个更容易处理的问题是培训项目具有持续的影响。如果是这样的话，那么我们在模型（10.16）中应包括 $prog_{it}$ 的一些滞后项。否则，项目本身延续超过一个时间段，在这种情形中，$prog_{it}$ 就会被一系列虚拟变量所代替，这些虚拟变量标示了在 t 时间段单位 i 参与项目的持续时间。

例 10.2（分布滞后模型） 豪斯曼、霍尔和格里利奇（Hausman，Hall，and Griliches，1984）研究厂商专利所得与R&D支出的当前及过去水平之间的关系，估计了一种非线性分布滞后的模型。他们估计一种线性的且含5个滞后项形式的模型是

$$patents_{it}=\theta_t+\mathbf{z}_{it}\gamma+\delta_0 RD_{it}+\delta_1 RD_{i,t-1}+\cdots+\delta_5 RD_{i,t-5}+c_i+u_{it} \quad (10.17)$$

其中，RD_{it} 表示厂商 i 在时间 t 对 R&D 的支出，而 $\mathbf{z}_{it}$ 包括诸如厂商大小规模（由销售额或雇员来测量）的一些变量。变量 c_i 表示可以影响 $patents_{it}$ 且与过去的、当前的以及未来的 R&D 支出相关的异质性项。关注的内容在于 δ_j 系数的形式。如同其他例题一样，我们必须决定 R&D 支出是否与 c_i 是相关的。此外，如果当前专利有波动（u_{it} 变化）会影响到未来时间段 R&D 的支出，那么严格外生性不满足，而且本章中的一些方法将不能得以应用。

接下来的例子表述了严格外生性假设一定不成立的，而且不可观测效应与解释变量必是相关的一种情形。

例 10.3（滞后因变量） 含有不可观测异质性的工资决定的一个简单动态模型是

$$\log(wage_{it})=\beta_1\log(wage_{i,t-1})+c_i+u_{it},\ t=1,2,\cdots,T \quad (10.18)$$

经常关注的内容是，在不可观测异质性（个体生产率）c_i 得以控制之后，持久工资（由 β_1 的大小所测量的）会是怎样的。设 $y_{it}=\log(wage_{it})$，一种标准的假设是

$$E(u_{it}\mid y_{i,t-1},\cdots,y_{i0},c_i)=0 \quad (10.19)$$

它意味着全部动态特性可以由第一个滞后项来捕获。设 $x_{it}=y_{i,t-1}$，于是，在假设（10.19）下，u_{it} 与（x_{it}，$x_{i,t-1}$，…，x_{i1}）是不相关的，但是，u_{it} 不能与（$x_{i,t+1}$，…，x_{iT}）不相关，因为 $x_{i,t+1}=y_{it}$。实际上，

$$E(y_{it}u_{it})=\beta_1 E(y_{i,t-1}u_{it})+E(c_iu_{it})+E(u_{it}^2)=E(u_{it}^2)>0 \quad (10.20)$$

因为在假设（10.19）下，$E(y_{i,t-1}u_{it})=0$ 且 $E(c_iu_{it})=0$。因此，在含有滞后因变量的不可观测效应模型中，严格外生性假设永远不成立。

此外，$y_{i,t-1}$ 与 c_i 一定是相关的（因为在时间 $t-1$ 时 $y_{i,t-1}$ 是左边的变量）。在此模型中严格外生性不仅不满足，而且模型（10.18）的混合 OLS 估计所需要的外生性假设也被违背了。我们将在第 11 章研究这类模型的估计。

10.3 通过混合普通最小二乘法估计不可观测效应模型

在某些假设下，混合 OLS 估计量可以用来获得模型（10.11）中 $\boldsymbol{\beta}$ 的一致估计量。把这个模型写成

$$y_{it}=\mathbf{x}_{it}\boldsymbol{\beta}+v_{it},\ t=1,2,\cdots,T \quad (10.21)$$

其中 $v_{it} \equiv c_i + u_{it}$，$t=1, 2, \cdots, T$ 表示**综合误差**（composite errors）*。对于每一个 t 来说，v_{it} 是不可观测效应与特质误差之和。由 7.8 节，我们知道，如果 $\mathrm{E}(\mathbf{x}_{it}' v_{it}) = \mathbf{0}$，$t=1, 2, \cdots, T$，那么这个方程的混合 OLS 估计是一致的。实际上 $\mathbf{x}_{it}$ 与 v_{it} 之间的不相关意味着，我们假定 $\mathrm{E}(\mathbf{x}_{it}' u_{it}) = \mathbf{0}$，并且

$$\mathrm{E}(\mathbf{x}_{it}' c_{it}) = \mathbf{0}, \quad t = 1, 2, \cdots, T \tag{10.22}$$

如果我们成功地对 $\mathrm{E}(y_{it} \mid \mathbf{x}_{it}, c_i)$ 建了模，由于 $\mathrm{E}(\mathbf{x}_{it}' u_{it}) = \mathbf{0}$ 成立，那么式（10.22）是约束更严格的假设。

在静态的且有限分布滞后模型中，有时候我们愿意做出假设（10.22）；实际上，在接下来的关于随机效应估计的一节中，我们就是这样做的。正如在例题 10.3 中所看到的，因为 $y_{i,t-1}$ 与 c_i 必是相关的，所以含有 $\mathbf{x}_{it}$ 的滞后因变量的模型必违背假设（10.22）。

即使假设（10.22）成立，综合误差仍是序列相关的，因为在每一个时间段里都出现了 c_i。因此，利用混合 OLS 的推断需要源自第 7 章的稳健方差矩阵估计量以及稳健检验统计量。因为对于所有的 t，v_{it} 依赖于 c_i，所以 v_{it} 与 v_{is} 之间的相关通常并不会随距离 $|t-s|$ 增大而递减；用时间序列术语来讲，v_{it} 不是跨时间弱相依的。（当 $\{u_{it}: t=1, \cdots, T\}$ 是同方差序列相关的时候，我们在接下来一节中会明确地证明这一事实。）因此，重要的是，当我们应用混合 OLS 时，能够得出大 N 且固定 T 的渐近特性。

正如我们在第 7 章中所讨论的，每一个 $(\mathbf{y}_i, \mathbf{X}_i)$ 具有 T 行，而且应该是按时序排出的，同时 $(\mathbf{y}_i, \mathbf{X}_i)$ 应该是从 $i=1, \cdots, N$ 堆积而成的。与以往一样，横截面观测值的次序是无关紧要的。

10.4 随机效应方法

10.4.1 基本随机效应假设下的估计与推断

如同混合 OLS 一样，**随机效应分析**（random effects analysis）把 c_i 并入误差项之中。实际上，随机效应分析所利用的假设比混合 OLS 所需要的更多一些：除了 c_i 与 $\mathbf{x}_{it}$ 之间的正交性之外，还有严格外生性。一旦以条件均值术语来表述此假设，我们有

假设 RE. 1：

(a) $\mathrm{E}(u_{it} \mid \mathbf{x}_i, c_i) = 0$，$t = 1, 2, \cdots, T$

(b) $\mathrm{E}(c_i \mid \mathbf{x}_i) = \mathrm{E}(c_i) = 0$

其中 $\mathbf{x}_i \equiv (\mathbf{x}_{i1}, \mathbf{x}_{i2}, \cdots, \mathbf{x}_{iT})$。

---

* 又称为复合误差。——译者注

在 10.2 节，我们已经讨论了严格外生性假设 RE.1（a）的意义。假设 RE.1（b）是我们要如何表述 c_i 与每一个 $\mathbf{x}_{it}$ 之间的正交性。为了获得一致结果，我们可以把 RE.1（b）放松成假设（10.22），但是，实际上这个方法提供了较少的一般性，而我们稍后将使用假设 RE.1（b）来推导随机效应估计量的传统渐近方差。$\mathbf{x}_{it}$ 是固定的且 $\mathrm{E}(c_i)=0$ 的假设或者 c_i 与 $\mathbf{x}_i$ 是无关的假设总是蕴涵着假设 RE.1（b）。重要的部分是 $\mathrm{E}(c_i \mid \mathbf{x}_i)=\mathrm{E}(c_i)$；倘若截距被包含在 $\mathbf{x}_{it}$ 中，正好经常会是这样的情形，那么假设 $\mathrm{E}(c_i)=0$ 就不失一般性。

当随机效应分析比混合 OLS 分析所需要的约束更多时，我们为什么保持假设 RE.1 呢？在广义最小二乘法（GLS）框架下，随机效应方法利用了综合误差 $v_{it}=c_i+u_{it}$ 中的序列相关。为了确保可行 GLS 是一致的，我们需要解释变量与综合误差之间的严格外生性。在假设 RE.1 下，我们可以写出

$$y_{it}=\mathbf{x}_{it}\boldsymbol{\beta}+v_{it} \tag{10.23}$$

$$\mathrm{E}(v_{it} \mid \mathbf{x}_i)=0, \quad t=1,2,\cdots,T \tag{10.24}$$

其中

$$v_{it}=c_i+u_{it} \tag{10.25}$$

式（10.24）表明，$\{\mathbf{x}_{it}: t=1,\cdots,T\}$ 满足模型（10.23）中的严格外生性假设 SGLS.1（可参阅第 7 章）。因此，我们可以应用 GLS 方法，这种方法能解释式（10.25）的特殊误差结构。

对于所有 T 个时间段，把模型（10.23）写成

$$\mathbf{y}_i=\mathbf{X}_i\boldsymbol{\beta}+\mathbf{v}_i \tag{10.26}$$

同时 $\mathbf{v}_i$ 可以写成 $\mathbf{v}_i=c_i\mathbf{j}_T+\mathbf{u}_i$，其中 $\mathbf{j}_T$ 表示元素均为 1 的 $T\times 1$ 维向量。把 $\mathbf{v}_i$ 的（无条件）方差矩阵定义为一个 $T\times T$ 维的矩阵

$$\boldsymbol{\Omega} \equiv \mathrm{E}(\mathbf{v}_i\mathbf{v}_i') \tag{10.27}$$

我们假定它是正定的。记住，由横截面中的随机抽样假设，此矩阵对于所有 i 必是相同的。

为了拥有 GLS 的一致性，我们需要 GLS 的通常秩条件：

假设 RE.2：秩 $\mathrm{E}(\mathbf{X}_i'\boldsymbol{\Omega}^{-1}\mathbf{X}_i)=K$。

一旦应用第 7 章中的一些结果，我们知道 GLS 与可行 GLS 在假设 RE.1 与假设 RE.2 下均是一致的。利用无约束方差估计量 $\boldsymbol{\Omega}$，一般 FGLS 分析随着 $N\to\infty$ 是一致的且 $\sqrt{N}$-渐近正态的。但是，我们并没有利用 v_{it} 的不可观测效应结构。标准的随机效应分析会增加对于给定 $\boldsymbol{\Omega}$ 的一种特定形式而言的特质误差的假设。第一个假设是，特质误差 u_{it} 具有一个不随时间 t 而变化的常数无条件方差：

$$\mathrm{E}(u_{it}^2)=\sigma_u^2, \quad t=1,2,\cdots,T \tag{10.28}$$

第二个假设是，特质误差是序列不相关的：

$$E(u_{it}u_{is})=0,\quad \text{对于所有 } t\neq s \tag{10.29}$$

在这两个假设下，我们可以推导 $\mathbf{v}_i$元素的方差与协方差。在假设 RE.1（a）下，$E(c_iu_{it})=0$，$t=1, 2, \cdots, T$。因此，

$$E(v_{it}^2)=E(c_i^2)+2E(c_iu_{it})+E(u_{it}^2)=\sigma_c^2+\sigma_u^2$$

其中 $\sigma_c^2=E(c_i^2)$。同样地，对于所有 $t\neq s$，

$$E(v_{it}v_{is})=E[(c_i+u_{it})(c_i+u_{is})]=E(c_i^2)=\sigma_c^2$$

因此，在假设 RE.1、式（10.28）以及式（10.29）下，$\mathbf{\Omega}$ 有特殊形式

$$\mathbf{\Omega}=E(\mathbf{v}_i\mathbf{v}_i')=\begin{pmatrix} \sigma_c^2+\sigma_u^2 & \sigma_c^2 & \cdots & \sigma_c^2 \\ \sigma_c^2 & \sigma_c^2+\sigma_u^2 & \cdots & \vdots \\ \vdots & & \ddots & \sigma_c^2 \\ \sigma_c^2 & & & \sigma_c^2+\sigma_u^2 \end{pmatrix} \tag{10.30}$$

因为 $\mathbf{j}_T\mathbf{j}_T'$是每一个元素均为 1 的 $T\times T$ 维矩阵，我们可以把矩阵（10.30）写成

$$\mathbf{\Omega}=\sigma_u^2\mathbf{I}_T+\sigma_c^2\mathbf{j}_T\mathbf{j}_T' \tag{10.31}$$

当 $\mathbf{\Omega}$ 具有形式（10.31）时，我们称它拥有一个**随机效应结构**（random effects structure）。不管 T 的大小怎样，像一般 GLS 分析的情形那样，$\mathbf{\Omega}$ 只依赖于两个参数 σ_c^2 以及 σ_u^2，而不是依赖于 $T(T+1)/2$ 个无约束方差与协方差。综合误差 v_{it}与 v_{is}之间的相关性并不依赖于 t 与 s 之间的差：$\text{Corr}(v_{is},v_{it})=\sigma_c^2/(\sigma_c^2+\sigma_u^2)\geqslant 0$，$s\neq t$。这种相关性也是 c_i的方差与综合误差的方差之比，它作为对不可观测效应 c_i的相对重要性的测量是十分有用的。

和我们在 7.8.6 节中简要讨论的平稳 AR(1) 模型不同，当在 RE 协方差结构中 t 和 s 相隔较远时，复合误差 v_{it}与 v_{is}之间的相关性不趋向于 0。如果 $v_{it}=\rho v_{i,t-1}+e_{it}$，其中，$|\rho|<1$ 并且 $\{e_{it}\}$ 是序列不相关的，那么当 $|t-s|$ 变得很大时，$\text{Cov}(v_{it},v_{is})$ 相当快地收敛于 0。（当然，当 $|\rho|$ 更小时，收敛速度更快。）和在时间序列设置中标准的序列相关模型不同，随机效应假设意味着在跨时间不可观测因子上的强持续性，当然，这是由于 c_i 的存在。

对于随机效应而言，假设（10.28）与假设（10.29）比较特殊。为了可行 GLS 的有效性，我们假定以 $\mathbf{x}_i$为条件的 $\mathbf{v}_i$方差矩阵是常数：

$$E(\mathbf{v}_i\mathbf{v}_i'|\mathbf{x}_i)=E(\mathbf{v}_i\mathbf{v}_i') \tag{10.32}$$

我们的第三个随机效应假设蕴涵着假设（10.28）、假设（10.29）以及假设（10.32）：

假设 RE.3：(a) $E(\mathbf{u}_i\mathbf{u}_i'\mid\mathbf{x}_i,c_i)=\sigma_u^2\mathbf{I}_T$；(b) $E(c_i^2\mid\mathbf{x}_i)=\sigma^2$。

在假设 RE.3（a）下，$E(u_{it}^2\mid\mathbf{x}_i,c_i)=\sigma_u^2$，$t=1, \cdots, T$，它蕴涵着假设（10.28），而且 $E(u_{it}u_{is}\mid\mathbf{x}_i,c_i)=0$，$t\neq s$，$t, s=1, \cdots, T$，它蕴涵着假设（10.29）（两者均可通过通常的迭代期望值推理而得出）。但是，假设 RE.3（a）是比较强的，因为它假定了**条件方差**（conditional variance）是常数，且**条件协方差**

(conditional covariances) 是 0。假设 RE.3 (a) 连同假设 RE.1 (b) 与 $\text{Var}(c_i \mid \mathbf{x}_i)=\text{Var}(c_i)$ 是一样的，$\text{Var}(c_i \mid \mathbf{x}_i)=\text{Var}(c_i)$ 是不可观测效应 c_i 上的同方差性假设。在假设 RE.3 下，假设（10.32）成立，并且 $\mathbf{\Omega}$ 具有形式（10.30）。

为了实施 FGLS 方法，定义 $\sigma_v^2=\sigma_c^2+\sigma_u^2$。现在，假定我们拥有 σ_c^2 与 σ_u^2 的一致估计量。于是，我们可以建立一个 $T\times T$ 维矩阵

$$\hat{\mathbf{\Omega}}\equiv\hat{\sigma}_u^2\mathbf{I}_T+\hat{\sigma}_c^2\mathbf{j}_T\mathbf{j}'_T \tag{10.33}$$

我们假定它是正定的。在面板数据背景下，利用方差矩阵（10.33）的 FGLS 估计量是所谓的随机效应估计量：

$$\hat{\boldsymbol{\beta}}_{RE}=\left(\sum_{i=1}^{N}\mathbf{X}_i'\hat{\mathbf{\Omega}}^{-1}\mathbf{X}_i\right)^{-1}\left(\sum_{i=1}^{N}\mathbf{X}_i'\hat{\mathbf{\Omega}}^{-1}\mathbf{y}_i\right) \tag{10.34}$$

在我们讨论基于 RE 假设的完全设置以获得 $\hat{\mathbf{\Omega}}$ 和进行渐近性推断之前，了解如下情形是很重要的，即：不管有没有假设 RE.3，RE 估计量一般都是一致的。显然，假设 RE.3 启发了随机效应估计量。然而，正如我们在 7.5.3 节中讨论过的，倘若适当的严格外生性假设成立，正如在假设 RE.1 下它成立那样，施加在 $\text{E}(\mathbf{v}_i\mathbf{v}_i')$ 上的不正确约束不会导致 FGLS 的不一致性。当然，我们不得不在假设 RE.2 中插入 $\text{plim}(\hat{\mathbf{\Omega}})$（其必然有 RE 形式）以代替 $\mathbf{\Omega}$，但那只是一个较小的变动。特别重要的是，如果没有假设 RE.3，我们必须使推断完全稳健，但是直到 10.4.2 节之前，我们暂时不进一步考虑那种情形。

在假设 RE.3 下，随机效应估计量在 $\text{E}(\mathbf{v}_i \mid \mathbf{x}_i)=\mathbf{0}$ 下是一类一致估计量，包括混合 OLS 与各类加权最小二乘法估计量，因为 RE（随机效应）在假设 RE.1 至假设 RE.3 下渐近地等价于 GLS。通常可行 GLS 方差矩阵——可参阅式（7.51）——在假设 RE.1 至假设 RE.3 下是有效的。与一般分析的唯一差别是，$\hat{\mathbf{\Omega}}$ 如同表达式（10.33）那样选取。

为了实施 RE 方法，我们需要获得 $\hat{\sigma}_c^2$ 与 $\hat{\sigma}_u^2$。实际上，首先，求出 $\hat{\sigma}_v^2=\hat{\sigma}_c^2+\hat{\sigma}_u^2$ 是最容易的。在假设 RE.3 (a) 下，对于所有 i，$\sigma_v^2=T^{-1}\sum_{t=1}^{T}\text{E}\left(v_{it}^2\right)$；因此，对所有 i 与 t 进行平均会得到 σ_v^2 的一致估计量。但是，我们为了完成这一方法需要估计 $\boldsymbol{\beta}$。$\boldsymbol{\beta}$ 的一个方便的初始估计量是混合 OLS 估计量，此处用 $\check{\boldsymbol{\beta}}$ 来表示。设 $\check{v}_{it}^2$ 表示混合 OLS 的残差。设 σ_v^2 的一致估计量是

$$\hat{\sigma}_v^2=\frac{1}{(NT-K)}\sum_{i=1}^{N}\sum_{t=1}^{T}\check{v}_{it}^2 \tag{10.35}$$

它是源自关于混合数据的 OLS 回归的通常方差估计量。式（10.35）中修正的自由度——也就是 $NT-K$，而不是 NT——并不会在渐近形式上产生影响。在假设 RE.1 至假设 RE.3 下，式（10.35）是 σ_v^2 的一致估计量（实际上是一个 $\sqrt{N}$—一致估计量）。

为了求出 σ_c^2 的一致估计量，回想起，只要 $s\neq t$，$\sigma_c^2=\text{E}(v_{it}v_{is})$。因此，对

于每一个 i 存在着用于估计 σ_c^2 的 $T(T-1)/2$ 一个非冗余的误差乘积。如果我们对所有这些组合求和，并且取期望，对于每一个 i 而言，我们得到

$$\begin{aligned}\mathrm{E}\left[\sum_{t=1}^{T-1}\sum_{s=t+1}^{T}v_{it}v_{is}\right]&=\sum_{t=1}^{T-1}\sum_{s=t+1}^{T}\mathrm{E}(v_{it}v_{is})=\sum_{t=1}^{T-1}\sum_{s=t+1}^{T}\sigma_c^2=\sigma_c^2\sum_{t=1}^{T-1}(T-t)\\&=\sigma_c^2((T-1)+(T-2)+\cdots+2+1)\\&=\sigma_c^2T(T-1)/2\end{aligned}\tag{10.36}$$

其中我们使用了前 $T-1$ 个正整数之和等于 $T(T-1)/2$ 的事实。与以往一样，一致估计量可以通过用（关于 i 的）平均值代替期望值，并且用它的混合 OLS 残差代替 v_{it} 来获得。我们还可以在假设 RE.1 至假设 RE.3 下，对自由度进行调整，得到一个小样本修正：

$$\hat{\sigma}_c^2=\frac{1}{[NT(T-1)/2-K]}\sum_{i=1}^{N}\sum_{t=1}^{T-1}\sum_{s=t+1}^{T}\check{v}_{it}\check{v}_{is}\tag{10.37}$$

在假设 RE.1 至假设 RE.3 下，这是 σ_c^2 的 $\sqrt{N}$ 一致估计量。未调整自由度的方程（10.37）出现在其他地方——例如，巴尔塔基（Baltagi，2001，第 2.3 节）。给定 $\hat{\sigma}_v^2$ 与 $\hat{\sigma}_c^2$，我们可以得出 $\hat{\sigma}_u^2=\hat{\sigma}_v^2-\hat{\sigma}_c^2$。[特质误差方差 σ_u^2 可以利用固定效应方法得以估计，我们将在 10.5 节中讨论这一点。还存在着估计 σ_c^2 的其他方法。σ_c^2 的一个共同估计量是建立在 $\boldsymbol{\beta}$ 的组间估计量基础之上的，我们将在 10.5 节简单地涉及这个问题；可参阅萧政（Hsiao，1986，第 3.3 节）以及巴尔塔基（Baltagi，1995，第 2.3 节）。因为 RE 估计量是一个可行 GLS 估计量，为了获得 $\boldsymbol{\beta}$ 的 $\sqrt{N}$ 有效估计量，我们所要做的全部事情就是求出 σ_c^2 与 σ_u^2 的一致估计量。]

作为一个实际问题，式（10.37）并不能保证是正的，尽管它出现在相当多的应用中。$\hat{\sigma}_c^2$ 的负值表示 u_{it} 有负的序列相关，或许此真实的数据意味着假设 RE.3（a）已被违背。如其不然，模型里的其他一些假设是不满足的。我们应该确保模型包含一些时间虚拟变量，如果时间虚拟变量是显著的，而遗漏它们可以导致在 u_{it} 中暗含的序列相关性。如果 $\hat{\sigma}_c^2$ 是负的，那么也许需要无约束的 FGLS，可参阅 10.4.3 节。

例 10.4（在职培训津贴影响的 RE 估计） 我们利用 JTRAIN1.RAW 中的数据，使用随机效应分析去估计在职培训津贴对厂商废弃率的影响。在 1987 年、1988 年以及 1989 年三年的每一年都报告废弃率的厂商有 54 家。在 1987 年没有厂商接受津贴。一些厂商在 1988 年接受津贴，而另外一些在 1989 年接受津贴，同时一个厂商不能接受两次津贴。由于在 1989 年存在着仅在 1988 年接受津贴的一些厂商，所以重要的是允许津贴影响持续一个时间段。所估计的方程是

$$\begin{aligned}\widehat{\log(scrap)}=&\underset{(0.243)}{0.415}-\underset{(0.109)}{0.093}\,d88-\underset{(0.132)}{0.270}\,d89+\underset{(0.411)}{0.548}\,union\\&-\underset{(0.148)}{0.215}\,grant-\underset{(0.205)}{0.377}\,grant_{-1}\end{aligned}$$

$grant$ 的滞后值具有比较大的影响，而且在 5%的水平上针对单侧备择假设是统计显著的。为了证实所估计的津贴影响是非常小的（大约为 6.7%）且是统计不显著的，要求你去估计不含 $grant_{-1}$ 的方程。

如同任何 FGLS 分析一样，可以完成多重假设检验，可参阅 7.6 节，其中 $G=T$。在计算基于加权残差平方和的 F 型统计量时，表示式（10.33）中的 $\hat{\mathbf{\Omega}}$ 应该建立在来自无约束模型的混合 OLS 残差的基础之上。于是，从无约束随机效应估计中获得的残差为 $\hat{\mathbf{v}}_i \equiv \mathbf{y}_i - \mathbf{X}_i \hat{\boldsymbol{\beta}}_{RE}$。设 $\hat{\boldsymbol{\beta}}_{RE}$ 表示含有施加 Q 个线性约束的随机效应估计量，同时定义约束随机效应残差为 $\hat{\mathbf{v}}_i \equiv \mathbf{y}_i - \mathbf{X}_i \tilde{\boldsymbol{\beta}}_{RE}$。把这些代入方程（7.52）中 $\hat{\mathbf{u}}_i$ 和 $\bar{\mathbf{u}}_i$ 的位置上得到卡方统计量，或者代入方程（7.53）中 $\hat{\mathbf{v}}_i$ 与 $\bar{\mathbf{u}}_i$ 的位置上得到 F 统计量。

在例题 10.4 中，$grant$ 与 $grant_{-1}$ 的联合显著性的瓦尔德检验（对应于双侧检验）得到了等于 3.66 的 χ_2^2 统计量，p 值=0.16。（这个检验出自 Stata。）

10.4.2　稳健方差矩阵估计量

由于假设 RE.3 不满足并不会引起 RE 估计量的不一致性，所以构造一个没有这种假设的统计推断是非常有用的。使假设 RE.3 失败的原因有两个。第一，$\mathrm{E}(\mathbf{v}_i\mathbf{v}_i' \mid \mathbf{x}_i)$ 不是常数，因而 $\mathrm{E}(\mathbf{v}_i\mathbf{v}_i' \mid \mathbf{x}_i) \neq \mathrm{E}(\mathbf{v}_i\mathbf{v}_i')$。这个结果对于 GLS 分析总是一种可能性。第二，$\mathrm{E}(\mathbf{v}_i\mathbf{v}_i')$ 并不具有随机效应结构：特质误差 u_{it} 具有随时间而变化的方差，或者 u_{it} 是序列相关的。在这两种情形中，就可以利用出自第 7 章的稳健方差矩阵。我们直接用 $\hat{\mathbf{v}}_i = \mathbf{y}_i - \mathbf{X}_i \hat{\boldsymbol{\beta}}_{RE}$，$i=1, 2, \cdots, N$ 代替式（7.52）中的 $\hat{u}_i$，并且使用式（7.52），其中 $\hat{\mathbf{v}}_i$ 表示 RE 残差的 $T\times 1$ 维向量。

以通常方式从稳健方差矩阵估计量中可获得稳健标准误，而且通过通常公式 $W=(\mathbf{R}\hat{\boldsymbol{\beta}}-r)'(\mathbf{R}\hat{\mathbf{V}}\mathbf{R}')^{-1}(\mathbf{R}\hat{\boldsymbol{\beta}}-r)$ 可获得稳健的瓦尔德统计量，其中 $\hat{\mathbf{V}}$ 表示稳健方差矩阵估计量。记住，如果违背了假设 RE.3，那么 F 统计量的残差平方和并不是有效的。

利用稳健方差矩阵所隐含的思想如下。假设 RE.1 至假设 RE.3 导致了一种著名的估计技术，该估计技术的性质在这些假设下是易于理解的。但是，在可行的情形中使得分析稳健是一个好想法。对于固定的 T 与很大 N 的渐近特性而言，即使假设 RE.3 成立去利用稳健标准误以及检验统计量，我们也并没有丢失什么。在 10.7.2 节，我们将证明，如何从一个特殊的混合 OLS 回归中获得 RE 估计量，而该混合 OLS 回归可以特别容易地取得稳健标准误与 t 统计量以及 F 统计量。

10.4.3　一般可行广义最小二乘法分析

如果特质误差 $\{u_{it}: t=1,2,\cdots,T\}$ 通常是异方差性的且对于不同 t 是序列相关的，那么在 FGLS 中就可以使用 $\mathbf{\Omega}$ 的更一般估计量：

$$\hat{\mathbf{\Omega}} = N^{-1}\sum_{i=1}^{N} \check{\mathbf{v}}_i \check{\mathbf{v}}_i' \tag{10.38}$$

其中$\check{\mathbf{v}}_i$表示混合 OLS 的残差。在假设 RE. 1 以及假设 RE. 2 下，FGLS 估计量是一致的，同时如果我们假定 $\mathrm{E}(\mathbf{v}_i\mathbf{v}_i' \mid \mathbf{x}_i)=\mathbf{\Omega}$，那么 FGLS 估计量是渐近有效的且它的渐近方差估计量就是通常形式。

利用式（10.38）进行分析比 RE 分析更为一般。实际上，对于大 N 的渐近特性来说，在假设 RE. 1 至假设 RE. 3 下，一般 FGLS 估计量恰好与随机效应估计量一样有效。如果 $\mathrm{E}(\mathbf{v}_i\mathbf{v}_i' \mid \mathbf{x}_i)=\mathbf{\Omega}$，但是 $\mathbf{\Omega}$ 并没有随机效应形式，利用式（10.38）是更为渐近有效的。为什么并不总是使用含有式（10.38）所给定的 $\hat{\mathbf{\Omega}}$ 呢？利用随机效应方法而不是一般 FGLS 分析是有历史缘由的。曾经矩阵（10.30）中 $\mathbf{\Omega}$ 的结构与不可观测效应模型是同义词：综合误差 $\{v_{it}: t=1, 2,\cdots,T\}$ 中的任何相关都被假定成是由 c_i出现所引起的。由定义知，特质误差 u_{it}是序列不相关的且是同方差的。

如果 N 比 T 大不了几倍，那么无约束的 FGLS 分析具有欠佳的有限样本性质，因为$\hat{\mathbf{\Omega}}$有 $T(T+1)/2$ 个待估元素。即使 $\mathbf{\Omega}$ 的估计不会影响到 FGLS 估计量的渐近分布，它还是会影响到 FGLS 估计量的有限样本性质。随机效应估计则仅仅需要对任意 T 的两个方差参数的估计而已。

对于非常大的 N 来说，利用 $\mathbf{\Omega}$ 的一般估计值是引人注目的选择，尤其是如果式（10.38）中所出现的估计值有不同于随机效应方式的形式。作为一种传统随机效应分析与一种成熟 FGLS 分析之间的中间基础，我们会对特质误差方差矩阵 $\mathrm{E}(\mathbf{u}_i\mathbf{u}_i')$ 设定一种特殊结构。例如，如果 $\{u_{it}\}$ 服从自相关系数为 ρ 且方差为σ_u^2 的稳定一阶自回归过程，那么 $\mathbf{\Omega}=\mathrm{E}(\mathbf{u}_i\mathbf{u}_i')+\sigma_c^2\mathbf{j}_T\mathbf{j}_T'$以一种已知方式只依赖于三个参数 σ_u^2，σ_c^2 以及ρ。这些参数在最初混合 OLS 估计之后可以得到估计，然后，利用 $\mathbf{\Omega}$ 的特殊结构的 FGLS 方法就容易实施。我们不会以显性方式涉及这类可行性；例如，参阅麦柯迪（MaCurdy，1982）。其中，一些已经预编程序到统计包中，但不一定有选项供你对$\mathbf{\Omega}$的误设或系统异方差进行稳健推断。

10.4.4 检验不可观测效应的存在

如果标准的随机效应假设 RE. 1 至假设 RE. 3 成立，但是模型实际上并没有包含一个不可观测效应，那么混合 OLS 是有效的，而且所有与混合 OLS 统计量相关联的统计量均是渐近有效的。不可观测效应的不存在在统计上等价于 H_0：$\sigma_c^2=0$。

为了检验 H_0：$\sigma_c^2=0$，我们可以使用第 7 章曾涉及的对 AR(1) 序列相关性的简单检验［可参阅式（7.77)］。AR(1) 检验是有效的，因为在零假设 H_0：

$\sigma_c^2=0$ 下（以及我们假定 $\{\mathbf{x}_{it}\}$ 是严格外生的情形），误差 v_{it} 是序列不相关的。然而，一个比较好的检验可以建立在式（10.37）的 σ_c^2 估计量基础之上。

布罗施和帕甘（Breusch and Pagan，1980）在似然背景下，利用拉格朗日乘子原理推导出一个统计量（我们将在第 13 章涉及它）。我们将不去推导布罗施和帕甘统计量，因为我们对 v_{it} 没有假定任何特殊的分布。相反，我们推导其优点是对 v_i 的任何分布均有效的那类相同的检验，同时只表述在零假设下 v_{it} 均是不相关的情形。(特别地，对于 v_{it} 中的异方差性来说，此统计量是有效的。)

由式（10.37），我们把 H_0：$\sigma_c^2=0$ 的检验建立在

$$N^{-1/2}\sum_{i=1}^{N}\sum_{t=1}^{T-1}\sum_{s=t+1}^{T}\hat{v}_{it}\hat{v}_{is} \tag{10.39}$$

的零假设渐近分布的基础上，它基本上是一个按比例增加 $\sqrt{N}$ 倍的估计量 $\hat{\sigma}_c^2$。由于严格外生性的缘故，当我们用误差 v_{it} 代替混合 OLS 残差 $\hat{v}_{it}$ 时（可参阅习题 7.4），这个统计量具有同样的极限分布（当 $N\to\infty$ 时，固定 T）。对于 v_{it} 的任何分布来说，$N^{-1/2}\sum_{i=1}^{N}\sum_{t=1}^{T-1}\sum_{s=t+1}^{T}v_{it}v_{is}$ 具有方差为 $\mathrm{E}\left(\sum_{t=1}^{T-1}\sum_{s=t+1}^{T}v_{it}v_{is}\right)^2$ 的极限正态分布（在 v_{it} 是序列不相关的零假设下）。我们可以以通常方式估计此方差（不用取期望，对 i 求平均值且用 $\hat{v}_{it}$ 代替 v_{it}）。当我们成功地完成表达式（10.39）的渐近标准误时，就得到统计量

$$\frac{\sum_{i=1}^{N}\sum_{t=1}^{T-1}\sum_{s=t+1}^{T}\hat{v}_{it}\hat{v}_{is}}{\left[\sum_{i=1}^{N}\left(\sum_{t=1}^{T-1}\sum_{s=t+1}^{T}\hat{v}_{it}\hat{v}_{is}\right)^2\right]^{1/2}} \tag{10.40}$$

在 v_{it} 是序列不相关的零假设下，这个统计量可以作为渐近标准正态分布。不像布罗施-帕甘统计量，有了表达式（10.40），我们可以拒绝 σ_c^2 为负估计值的 H_0，尽管负的估计值实际上很少出现（除非我们已经对数据进行了差分处理，我们在 10.6 节将讨论这方面的一些内容）。

表达式（10.40）中的统计量可以检测综合误差 v_{it} 的许多类型序列相关，所以对零假设的拒绝不应该理解成其暗示着随机效应误差结构必定是正确的。v_{it} 被发现是序列不相关的，在一些应用中并不令人感到惊讶，特别是由于 $\mathbf{x}_{it}$ 不能包含本章所列出方法中的滞后因变量。

或许更有意思的是去检验 $\{u_{it}\}$ 中的序列相关，因为这是 $\mathbf{\Omega}$ 随机效应形式的一个检验。巴尔塔基和李奇（Baltagi and Li，1995）基于拉格朗日乘子原理获得了在 c_i 与 $\{u_{it}\}$ 正态性下的一个检验。在 10.7.2 节，我们针对变换后的数据利用混合 OLS 回归，讨论对 $\{u_{it}\}$ 中的序列相关进行一个比较简单的检验，这种检验并不依赖于正态性。

10.5 固定效应方法

10.5.1 固定效应估计量的一致性

再一次考察 T 个时间段的线性不可观测效应模型：

$$y_{it}=\mathbf{x}_{it}\boldsymbol{\beta}+c_i+u_{it}, \quad t=1,\cdots,T \tag{10.41}$$

在 c_i 与 $\mathbf{x}_{it}$ 是正交的假设下，有效估计 $\boldsymbol{\beta}$ 的随机效应方法是把 c_i 并入误差项之中，然后利用 GLS 分析去解释综合误差 $v_{it}=c_i+u_{it}$ 中隐含的序列相关。在许多应用中，利用面板数据的全部想法就是考虑 c_i 与 $\mathbf{x}_{it}$ 是任意相关的情形。固定效应分析会以显性方式达到这一目的。

模型（10.41）中的 T 个方程可以写成

$$\mathbf{y}_i=\mathbf{X}_i\boldsymbol{\beta}+c_i\mathbf{j}_T+\mathbf{u}_i \tag{10.42}$$

其中 $\mathbf{j}_T$ 仍表示 1 的 $T\times1$ 维向量。与以往一样，方程（10.42）表示随机地从横截面中抽取的一个单个样本。

第一个**固定效应**（fixed effects，FE）假设是以 c_i 为条件的解释变量的严格外生性：

假设 FE.1：$\mathrm{E}(u_{it}\mid\mathbf{x}_i, c_i)=0$，$t=1, 2, \cdots, T$。

这个假设等同于假设 RE.1 中的第一个部分。因而，我们保持了以不可观测效应为条件的 $\{\mathbf{x}_{it}: t=1,\cdots,T\}$ 的严格外生性。其关键的差别是，我们并没有假定 RE.1（b）。换句话讲，对于固定效应分析而言，允许 $\mathrm{E}(c_i\mid\mathbf{x}_i)$ 为 $\mathbf{x}_i$ 的任何函数。

通过放松 RE.1（b），在**非时变遗漏变量**（time-constant omitted variable）情形中，我们能够一致地估计偏效应，此处非时变遗漏变量可以与可观测 $\mathbf{x}_{it}$ 是任意相关的。因此，与随机效应分析相比，固定效应分析更为稳健。如同我们在 10.1 节中所建议的，这种稳健性付出了很高的代价：如果没有进一步的假设，我们不能把非时变因素包含在 $\mathbf{x}_{it}$ 中。其缘由很简单，如果 c_i 与 $\mathbf{x}_{it}$ 的每个元素可以任意相关，那么就不存在辨别非时变可观测因素的效应与非时变不可观测因素 c_i 的效应的方法。当分析个体时，诸如性别或种族的一些因素不能包含在 $\mathbf{x}_{it}$ 中。对于厂商分析而言，行业不能包含在 $\mathbf{x}_{it}$ 中，除非行业称谓至少对某些厂商来说是随时间而变化的。对于城市来说，描述城市固定属性的一些变量，比如该城市是否邻近江河，就不能包含在 $\mathbf{x}_{it}$ 中。

在某些应用中，$\mathbf{x}_{it}$ 不能包含非时变解释变量的这一事实是一个缺陷。但是，当关注的内容是时变解释变量时，不必担心对非直接关注的非时变因素进行建模，这又是很方便的。

在面板数据分析中，“时变解释变量”术语意味着，$\mathbf{x}_{it}$的每一个元素对于某些横截面单位来说随时间而变化。对于横截面的一个子集来说，经常存在着$\mathbf{x}_{it}$的一些元素随时间变化是常数的情形。例如，如果我们拥有成人的一个面板数据且$\mathbf{x}_{it}$的一个元素是教育，那么我们可以允许教育对样本中的某一部分人是一个常数。但是，对样本中的某些人来说，教育是一个变动的量。

作为一般性的设定，设$d2_t$，…，dT_t表示时间段虚拟变量，所以如果$s=t$，那么$ds_t=1$，否则等于0（这些经常是以特定年份来定义的，诸如$d88_t$，但是在这个层面上我们把它们称为时间段虚拟变量）。设$\mathbf{z}_i$表示非时变可观测的变量向量，而设$\mathbf{w}_{it}$表示时变的变量向量。假定y_{it}是由

$$\begin{aligned} y_{it} &= \theta_1+\theta_2 d2_t+\cdots+\theta_T dT_t+\mathbf{z}_i\boldsymbol{\gamma}_1+d2_t\mathbf{z}_i\boldsymbol{\gamma}_2 \\ &\quad +\cdots+dT_t\mathbf{z}_i\gamma_T+\mathbf{w}_{it}\boldsymbol{\delta}+c_i+u_{it} \end{aligned} \tag{10.43}$$

$$\mathrm{E}(u_{it}\mid\mathbf{z}_i,\mathbf{w}_{i1},\mathbf{w}_{i2},\cdots,\mathbf{w}_{iT},c_i)=0, t=1,2,\cdots,T \tag{10.44}$$

所决定的。我们希望，这个模型表示一个因果关系，其中以c_i为条件允许我们去控制作为非时变的不可观测因素。如果没有进一步的假设，截距θ_1是不能识别的，同时$\mathbf{z}_i$上的向量γ_1是不能识别的，因为$\theta_1+\mathbf{z}_i\gamma_1$不能与$c_i$相区别。注意到，$\theta_1$是基期$t=1$的截距，而且$\gamma_1$测量了$\mathbf{z}_i$对$y_{it}$在时间段$t=1$的效应。即使我们不能识别$\mathbf{z}_i$在任何特别时间段里的效应，但是$\gamma_1$，$\gamma_2$，…，$\gamma_T$均是可识别的，因此，我们可以估计非时变变量相对于基期的偏效应上的差异。特别地，我们可以检验非时变变量的效应是否随时间而变化。举一个特殊的例子，如果$y_{it}=\log(wage_{it})$且$\mathbf{z}_i$的一个元素是女性二值变量，那么我们可以估计性别差异是如何随时间而变化的，尽管我们不能估计出任何特定时间段里的差异。

在假设FE.1下，估计$\boldsymbol{\beta}$的思想是对一些方程进行变换，以便消去不可观测效应c_i。当至少有两个时间段的数据可以利用时，存在着几种完成此目的的变换。在本节中，我们研究**固定效应变换**（fixed effects transformation），也称为**组内变换**（within transformation）。FE变换是首先通过对方程（10.41）在$t=1$，…，T上进行平均而获得的，得到横截面方程

$$\bar{y}_i=\bar{\mathbf{x}}_i\boldsymbol{\beta}+c_i+\bar{u}_i \tag{10.45}$$

其中$\bar{y}_i=T^{-1}\sum_{t=1}^{T}y_{it}$，$\bar{\mathbf{x}}_i=T^{-1}\sum_{t=1}^{T}\mathbf{x}_{it}$且$\bar{u}_i=T^{-1}\sum_{t=1}^{T}u_{it}$。一旦对于每一个$i$，方程（10.41）减去方程（10.45），便会得到FE变换后的方程

$$y_{it}-\bar{y}_i=(\mathbf{x}_{it}-\bar{\mathbf{x}}_i)\boldsymbol{\beta}+u_{it}-\bar{u}_i$$

或者

$$\ddot{y}_{it}=\ddot{\mathbf{x}}_{it}\boldsymbol{\beta}+\ddot{u}_{it},\quad t=1,2,\cdots,T \tag{10.46}$$

其中$\ddot{y}_{it}\equiv y_{it}-\bar{y}_i$，$\ddot{\mathbf{x}}_{it}\equiv\mathbf{x}_{it}-\bar{\mathbf{x}}_i$，以及$\ddot{u}_{it}\equiv u_{it}-\bar{u}_i$。最初方程减去时间均值会除掉个体特有效应$c_i$。

对于剔除c_i的情形而言，一种自然的考虑是通过混合OLS估计方程

(10.46)。在探讨这种可能性之前，我们必须记住，方程（10.46）是一个**可估计方程**（estimating equation）：对$\boldsymbol{\beta}$的解释起源于（结构）条件期望$\mathrm{E}(y_{it} \mid \mathbf{x}_i, c_i) = \mathrm{E}(y_{it} \mid \mathbf{x}_{it}, c_i) = \mathbf{x}_{it}\boldsymbol{\beta} + c_i$。

为了理解对方程（10.46）实施混合 OLS 估计是否为一致的，我们需要证明，关键的混合 OLS 假设（来自第 7 章的假设 POLS.1）在方程（10.46）中是成立的。也就是，

$$\mathrm{E}(\ddot{\mathbf{x}}_{it}'\ddot{u}_{it}) = \mathbf{0}, \quad t = 1, 2, \cdots, T \tag{10.47}$$

对于每一个 t，方程（10.47）的左边可以写成 $\mathrm{E}[(\mathbf{x}_{it} - \bar{\mathbf{x}}_i)'(u_{it} - \bar{u}_i)]$。现在，在假设 FE.1 下，$u_{it}$ 与 $\mathbf{x}_{is}$ 是不相关的，对于所有 s，$t = 1, 2, \cdots, T$。由此可得，u_{it} 及 $\bar{u}_i$ 均与 $\mathbf{x}_{it}$ 及 $\bar{\mathbf{x}}_i$ 是不相关的，对于 $t = 1, 2, \cdots, T$。因此，在假设 FE.1 下，假设（10.47）成立，从而把混合 OLS 应用到方程（10.46）上就可预期产生一致估计量。实际上，我们可以讲述的内容比条件（10.47）更多一些：在假设 FE.1 下，$\mathrm{E}(\ddot{u}_i \mid \mathbf{x}_i) = \mathrm{E}(u_{it} \mid \mathbf{x}_i) - \mathrm{E}(\bar{u}_i \mid \mathbf{x}_i) = 0$，它反过来又蕴涵着 $\mathrm{E}(\ddot{u}_i \mid \ddot{\mathbf{x}}_{i1}, \cdots, \ddot{\mathbf{x}}_{iT}) = 0$，因为每一个 $\ddot{\mathbf{x}}_{it}$ 仅仅是 $\mathbf{x}_i = (\mathbf{x}_{i1}, \cdots, \mathbf{x}_{iT})$ 的函数。这一结果表明，$\ddot{\mathbf{x}}_{it}$ 满足模型（10.46）中严格外生性假设的条件期望形式。还不止于此，这个结论蕴涵着我们将要推导的 $\boldsymbol{\beta}$ 固定效应估计量，实际上在假设 FE.1 下是无偏的。

重要的是认识到，如果我们试图放松严格外生性假设成为比较弱的形式，比如 $\mathrm{E}(\mathbf{x}_{it}'u_{it}) = \mathbf{0}$，对于所有 t，那么假设（10.47）不满足，因为对于 $s \neq t$，此假设并没有确保 $\mathbf{x}_{is}$ 与 u_{it} 是不相关的。在第 11 章中，我们将更详细地研究严格外生性假设被违背的情形。

固定效应估计量（fixed effects（FE） estimator）用$\hat{\boldsymbol{\beta}}_{FE}$来表示，它是出自

$$\ddot{y}_{it} \quad 对 \quad \ddot{\mathbf{x}}_{it}, \quad t = 1, 2, \cdots, T; \; i = 1, 2, \cdots, N \tag{10.48}$$

回归的混合 OLS 估计量。一旦实施了减去时间均值，FE 估计量就可以直接计算出来。一些计量经济学软件程序包都有特殊的命令用来完成固定效应估计（还有实施减去时间均值的一些命令，对于所有 i）。对此估计量，人们用以矩阵为导向的语言来编程也是相当容易的。

为了更严密地研究 FE 估计量，把所有时间段的方程（10.46）写成

$$\ddot{\mathbf{y}}_i = \ddot{\mathbf{X}}_i\boldsymbol{\beta} + \ddot{\mathbf{u}}_i \tag{10.49}$$

其中 $\ddot{\mathbf{y}}_i$ 表示 $T \times 1$ 维的向量，$\ddot{\mathbf{X}}_i$ 表示 $T \times K$ 维的矩阵，而 $\ddot{\mathbf{u}}_i$ 表示 $T \times 1$ 维的向量。这种集合形式的方程能够通过用**减去时间均值的矩阵**（time-demeaning matrix）左乘方程（10.42）来获得。定义 $\mathbf{Q}_T \equiv \mathbf{I}_T - \mathbf{j}_T(\mathbf{j}_T'\mathbf{j}_T)^{-1}\mathbf{j}_T'$，它很容易看成是一个 $T \times T$ 维对称的，其秩为 $T-1$ 维的幂等矩阵。进一步地，$\mathbf{Q}_T\mathbf{j}_T = \mathbf{0}$，$\mathbf{Q}_T\mathbf{y}_i = \ddot{\mathbf{y}}_i$，$\mathbf{Q}_T\mathbf{X}_i = \ddot{\mathbf{X}}_i$ 而 $\mathbf{Q}_T\mathbf{u}_i = \ddot{\mathbf{u}}_i$，因此用 $\mathbf{Q}_T$ 左乘方程（10.42）得到一个减去时间均值的方程*（the demeaned equations）(10.49)。

* 减去时间均值的方程：即在我们减去时间平均之后的方程，换句话说，对所有变量减去时间均值之后的方程。——译者注

为了确保 FE 估计量具有良好的渐近行为，我们需要关于减去时间均值的解释变量的矩阵上的一个标准秩条件：

假设 FE.2： 秩 $\left(\sum_{t=1}^{T} \mathrm{E}(\ddot{\mathbf{x}}'_{it}\ddot{\mathbf{x}}_{it})\right) = $ 秩$[\ddot{\mathbf{X}}'_i\ddot{\mathbf{X}}_i] = K$。

如果 $\mathbf{x}_{it}$ 包含并不随时间而变化的一个元素，对于所有 i，那么 $\mathbf{x}_{it}$ 中所对应的元素等于 0，对于所有 t 以及任何从横截面中抽取的 i。由于对于所有 i，$\ddot{\mathbf{X}}_i$ 包含一个零列，所以假设 FE.2 可以不成立。假设 FE.2 表明，为什么非时变变量会明确地不允许出现在固定效应分析之中（除非它们与时变变量交互作用，比如时间虚拟变量）。

固定效应估计量可以表述成

$$\hat{\boldsymbol{\beta}}_{FE} = \left(\sum_{i=1}^{N}\ddot{\mathbf{X}}'_i\ddot{\mathbf{X}}_i\right)^{-1}\left(\sum_{i=1}^{N}\ddot{\mathbf{X}}'_i\ddot{\mathbf{y}}_i\right) = \left(\sum_{i=1}^{N}\sum_{t=1}^{T}\ddot{\mathbf{x}}'_{it}\ddot{\mathbf{x}}_{it}\right)^{-1}\left(\sum_{i=1}^{N}\sum_{t=1}^{T}\ddot{\mathbf{x}}'_{it}\ddot{\mathbf{y}}_{it}\right) \tag{10.50}$$

它也称为**组内估计量**（within estimator），因为它使用了每一个横截面内的时间变化。**组间估计量**（between estimator）仅仅使用横截面观测值之间的变异（variation），是应用到时间均值版的方程（10.45）上的 OLS 估计量。这个估计量在假设 FE.1 下并不是一致的，因为$\mathrm{E}(\bar{\mathbf{x}}'_i c_i)$不一定是 0。在假设 RE.1 与标准秩条件下，组间估计量是一致的，但是，实际上它丢失了数据集合中的时间序列信息。使用随机效应估计量是更有效的。

在假设 FE.1 与有限样本形式的假设 FE.2 下，也就是秩$(\ddot{\mathbf{X}}'\ddot{\mathbf{X}})=K$，可以证明，$\hat{\boldsymbol{\beta}}_{FE}$是以 $\mathbf{X}$ 为条件无偏的。

10.5.2　含有固定效应的渐近推断

如果没有进一步的假设，FE 估计量不一定是基于假设 FE.1 的最有效估计量。接下来的假设保证了 FE 是有效的。

假设 FE.3： $\mathrm{E}(\mathbf{u}_i\mathbf{u}'_i \mid \mathbf{x}_i, c_i) = \sigma_u^2\mathbf{I}_T$。

假设 FE.3 等同于假设 RE.3（a）。由于通过假设 FE.1 有 $\mathrm{E}(\mathbf{u}_i \mid \mathbf{x}_i, c_i) = \mathbf{0}$，如果假设 FE.1 也成立，那么假设 FE.3 与表述 $\mathrm{Var}(\mathbf{u}_i \mid \mathbf{x}_i, c_i) = \sigma_u^2\mathbf{I}_T$是一样的。如同假设 RE.3（a）一样，把假设 FE.3 考虑成两个部分是有益的。第一部分是 $\mathrm{E}(\mathbf{u}_i\mathbf{u}'_i \mid \mathbf{x}_i, c_i) = \mathrm{E}(\mathbf{u}_i\mathbf{u}'_i)$，它是系统估计背景下的一个标准方法［可参阅方程（7.53）］。第二部分是无条件方差矩阵 $\mathrm{E}(\mathbf{u}_i\mathbf{u}'_i)$ 具有特殊形式 $\sigma_u^2\mathbf{I}_T$。这意味着特质误差 u_{it} 具有一个跨时间不变方差且是序列不相关的，正像在假设（10.28）与假设（10.29）下的情形一样。

假设 FE.3 连同假设 FE.1 一起意味着，综合误差 $\mathbf{v}_i = c_i\mathbf{j}_T + \mathbf{u}_i$ 的无条件方差矩阵具有随机效应形式。然而，如果没有假设 RE.3（b），那么 $\mathrm{E}(\mathbf{v}_i\mathbf{v}'_i \mid \mathbf{x}_i) \neq \mathrm{E}(\mathbf{v}_i\mathbf{v}'_i)$。尽管这个结果对于含有 RE 估计量的推断来说是起作用的，但是它对固定效应分析没有影响。

假设 FE.3 具有人们期望的确保固定效应的有效性并且使得标准误与检验

统计量的计算变得简单的结果，这一点并不明显。考察减去时间均值的方程(10.46)。通常，为了使混合 OLS 为相对有效的，我们需要 $\{\ddot{u}_{it}: t=1,2,\cdots,T\}$ 跨时间 t 是同方差的且是序列无关的。$\ddot{u}_{it}$ 的方差可以计算为

$$\begin{aligned}\mathrm{E}(\ddot{u}_{it}^2)&=\mathrm{E}[(u_{it}-\bar{u}_i)^2]=\mathrm{E}(u_{it}^2)+\mathrm{E}(\bar{u}_i^2)-2\mathrm{E}(u_{it}\bar{u}_i)\\&=\sigma_u^2+\sigma_u^2/T-2\sigma_u^2/T=\sigma_u^2(1-1/T)\end{aligned}\tag{10.51}$$

它验证了跨时间 t 的（无条件）同方差性。然而，对于 $s\neq t$，$\ddot{u}_{it}$ 与 $\ddot{u}_{is}$ 之间的协方差是

$$\begin{aligned}\mathrm{E}(\ddot{u}_{it}\ddot{u}_{is})&=\mathrm{E}[(u_{it}-\bar{u}_i)(u_{is}-\bar{u}_i)]\\&=\mathrm{E}(u_{it}u_{is})-\mathrm{E}(u_{it}\bar{u}_i)-\mathrm{E}(u_{is}\bar{u}_i)+\mathrm{E}(\bar{u}_i^2)\\&=0-\sigma_u^2/T-\sigma_u^2/T+\sigma_u^2/T=-\sigma_u^2/T<0\end{aligned}$$

把这个表示式与式（10.51）中的方差结合起来，对于 $s\neq t$，得到

$$\mathrm{Corr}(\ddot{u}_{it},\ddot{u}_{is})=-1/(T-1)\tag{10.52}$$

它表明了减去时间均值的误差 $\ddot{u}_{it}$ 是负的序列相关的。(当 T 变大时，相关性趋于 0。)

可以证明，由于减去时间均值的特性缘故，$\ddot{u}_{it}$ 中的序列相关在假设 FE. 3 下只会产生较少的复杂情形。为了求出 $\hat{\boldsymbol{\beta}}_{FE}$ 的渐近方差，写成

$$\sqrt{N}(\hat{\boldsymbol{\beta}}_{FE}-\boldsymbol{\beta})=\left(N^{-1}\sum_{i=1}^{N}\ddot{\mathbf{X}}_i'\ddot{\mathbf{X}}_i\right)^{-1}\left(N^{-1/2}\sum_{i=1}^{N}\ddot{\mathbf{X}}_i'\mathbf{u}_i\right)$$

其中我们利用了 $\ddot{\mathbf{X}}_i'\ddot{\mathbf{u}}_i=\mathbf{X}_i'\mathbf{Q}_T\mathbf{u}_i=\ddot{\mathbf{X}}_i'\mathbf{u}_i$ 的重要事实。在假设 FE. 3 下，$\mathrm{E}(\mathbf{u}_i\mathbf{u}_i'\mid\ddot{\mathbf{X}}_i)=\sigma_u^2\mathbf{I}_T$。由第 7 章的系统 OLS 分析可得

$$\sqrt{N}(\hat{\boldsymbol{\beta}}_{FE}-\boldsymbol{\beta})\sim\mathrm{Normal}(\mathbf{0},\sigma_u^2[\mathrm{E}(\ddot{\mathbf{X}}_i'\ddot{\mathbf{X}}_i)]^{-1})$$

从而

$$\mathrm{Avar}(\hat{\boldsymbol{\beta}}_{FE})=\sigma_u^2[\mathrm{E}(\ddot{\mathbf{X}}_i'\ddot{\mathbf{X}}_i)]^{-1}/N\tag{10.53}$$

给定 σ_u^2 的一致估计量 $\hat{\sigma}_u^2$，式（10.53）也可以非常容易地通过用它的样本类似形式 $N^{-1}\sum_{i=1}^{N}\ddot{\mathbf{X}}_i'\ddot{\mathbf{X}}_i$ 代替 $\mathrm{E}(\ddot{\mathbf{X}}_i'\ddot{\mathbf{X}}_i)$ 来得以估计：

$$\widehat{\mathrm{Avar}(\hat{\boldsymbol{\beta}}_{FE})}=\hat{\sigma}_u^2\left(\sum_{i=1}^{N}\ddot{\mathbf{X}}_i'\ddot{\mathbf{X}}_i\right)^{-1}=\hat{\sigma}_u^2\left(\sum_{i=1}^{N}\sum_{t=1}^{T}\ddot{\mathbf{x}}_{it}'\ddot{\mathbf{x}}_{it}\right)^{-1}\tag{10.54}$$

此固定效应估计值的渐近标准误可以像矩阵（10.54）对角元素的平方根那样来获得。

表达式（10.54）是非常方便的，因为它看起来像是通常 OLS 方差矩阵估计量，它是混合 OLS 回归（10.48）所报告的估计量。然而，却存在着一个难题*，而且这牵涉到 σ_u^2 的估计量 $\hat{\sigma}_u^2$。变换模型的误差是 u_{it}，并且这些误差是出

* 本句原文为“there is one catch”，也就是“there is one complication”，因此，这里翻译为“存在着一个难题”。——译者注

自回归（10.48）的 OLS 残差。由于 σ_u^2 是 u_{it} 的方差，我们必须慎重地使用。

为了理解如何估计 σ_u^2，我们使用式（10.51）对 t 求和：$\sum_{t=1}^{T}\mathrm{E}(\ddot{u}_{it}^2)=(T-1)\sigma_u^2$，因此，$[N(T-1)]^{-1}\sum_{i=1}^{N}\sum_{t=1}^{T}\mathrm{E}(\ddot{u}_{it}^2)=\sigma_u^2$。现在，把**固定效应残差**（fixed effects residuals）定义为

$$\hat{u}_{it}=\ddot{y}_{it}-\ddot{\mathbf{x}}_{it}\hat{\boldsymbol{\beta}}_{FE},\quad t=1,2,\cdots,T;\ i=1,2,\cdots,N \tag{10.55}$$

它正是出自混合回归（10.48）的 OLS 残差。于是，在假设 FE.1 至假设 FE.3 下，σ_u^2 的一致估计量是

$$\hat{\sigma}_u^2=\mathrm{SSR}/[N(T-1)-K] \tag{10.56}$$

其中 $\mathrm{SSR}=\sum_{i=1}^{N}\sum_{t=1}^{T}\hat{u}_{it}^2$。在式（10.56）的分母中减去 K 从渐近性意义上看不会起作用，但是，它是进行这种修正的一个标准方法。实际上，在假设 FE.1 至假设 FE.3 下，可以证明，$\hat{\sigma}_u^2$ 实际上是以 $\mathbf{X}$ 为条件的 σ_u^2 的无偏估计量（因此，亦是无条件的）。

仔细观察式（10.56）的分母。这不是从回归（10.48）获得的自由度。实际上，出自回归（10.48）的通常方差估计值会是 $\mathrm{SSR}/(NT-K)$，它随着 N 增大而具有的概率极限比 σ_u^2 小。当 T 很小时，$\mathrm{SSR}/(NT-K)$ 与式（10.56）之间的差异是实质性的。

所有这方面的结论是，出自回归（10.48）所报告的通常标准误在平均值上将是很小的，因为它们使用了 σ_u^2 的不正确估计值。当然，直接计算式（10.56）是相当琐碎的，但是，如果一个标准回归软件程序在减去时间均值后使用，那么或许最容易的是直接调整通常的标准误。由于 σ_u^2 出现在标准误之中，所以每一个标准误只是用因子 $\{(NT-K)/[N(T-1)-K]\}^{1/2}$ 相乘。举一个例子，如果 $N=500$，$T=3$ 以及 $K=10$，那么修正因子大约是 1.227。

如果计量经济学软件程序具有一种明确地利用面板数据获得固定效应估计值的选择项，那么 σ_u^2 将会适当地得以估计，同时你就不必担心对标准误的调整。许多软件程序也计算 σ_u^2 的估计值，对于确定多大的不可观测成分方差会是特质成分方差而言，它是有益的。给定 $\hat{\boldsymbol{\beta}}_{FE}$，$\hat{\sigma}_v^2=(NT-K)^{-1}\sum_{i=1}^{N}\sum_{t=1}^{T}(y_{it}-\mathbf{x}_{it}\hat{\boldsymbol{\beta}}_{FE})^2$ 是 $\sigma_v^2=\sigma_c^2+\sigma_u^2$ 的一致估计量，因而，σ_c^2 的一致估计量是 $\hat{\sigma}_v^2-\hat{\sigma}_u^2$。（可参阅习题 10.14 关于固定效应分析中不可观测效应的估计方差为什么通常会比随机效应分析中的大的讨论。）

例 10.5（在职培训津贴影响的 FE 估计） 运用 JTRAIN1.RAW 中的数据，我们利用固定效应估计量估计在职培训津贴的效应变量 *union* 被舍弃了，因为它在样本中对于任何厂商来说都不会随时间而改变。所估计的含有标准误的方程是

$$\widehat{\log(scrap)} = -0.80\, d88 - 0.247 d89 - 0.252\, grant - 0.422\, grant_{-1}$$
$$(0.109) \quad (0.133) \quad (0.151) \quad (0.210)$$

与随机效应相比，所估计的津贴具有更大的效应，既有同期年份的又有滞后一年的。t 统计量同样表现得有点更为显著。

在假设 FE. 1 至假设 FE. 3 下，倘若自由度被适当地计算出来，利用 F 统计量容易检验出大多数多重约束。设 SSR_{ur} 表示出自回归（10.48）的无约束 SSR，而设 SSR_r 表示出自一个类似回归的约束的残差平方和，但是，对 $\boldsymbol{\beta}$ 施加 Q 个约束。于是

$$F = \frac{(SSR_r - SSR_{ur})}{SSR_{ur}} \cdot \frac{[N(T-1)-K]}{Q}$$

近似地是一个含有 Q 与 $N(T-1)-K$ 个自由度的 F 分布。（准确的表述是，在 H_0 下，当 $N\rightarrow\infty$ 时，$Q\cdot F\sim\chi_Q^2$。）当把此方程应用到例题 10.5 时，$grant$ 与 $grant_{-1}$ 联合显著性的 F 统计量是 $F=2.23$，p 值 $=0.113$。

10.5.3 虚拟变量回归

到目前为止，我们把 c_i 看成是不可观测的随机效应，而且对于相当多数的应用来说，这一方法给出了 $\boldsymbol{\beta}$ 的适宜解释。固定效应估计的传统方法则是把 c_i 连同 $\boldsymbol{\beta}$ 看成是待估参数（parameters）。实际上，如果假设 FE. 2 变成它的有限样本形式，秩$(\ddot{\mathbf{X}}'\ddot{\mathbf{X}})=K$，那么模型在假设 FE. 1 至假设 FE. 3 下满足以 $\mathbf{X}$ 为条件的高斯-马尔可夫假设。

如果 c_i 是待估参数，那么我们如何估计每一个 c_i 与 $\boldsymbol{\beta}$ 呢？一种可能性是去定义 N 个虚拟变量，对于每一个横截面观测值而言，如果 $n=i$，那么 $dn_i=1$，如果 $n\neq i$，那么 $dn_i=0$。于是，实施

$$y_{it} \text{ 对 } d1_i, d2_i, \cdots, dN_i, \mathbf{x}_{it}, \quad t=1,2,\cdots,T; i=1,2,\cdots,N \qquad (10.57)$$

的混合 OLS 回归。因而，$\hat{c}_1$ 表示 $d1_i$ 上的系数，$\hat{c}_2$ 表示 $d2_i$ 上的系数等等。

实际上，证明从回归（10.57）所获得的 $\boldsymbol{\beta}$ 的估计量是一个固定效应估计量，这在最小二乘法机制里是一个良好的练习——尤其是分块回归（可参阅戴维森和麦金农（Davidson and MacKinnon，1993，第 1.4 节）。这正是为什么有时候称 $\hat{\boldsymbol{\beta}}_{FE}$ 为**虚拟变量估计量**（dummy variable estimator）的缘故。同样地，出自回归（10.57）的残差等同于出自回归（10.48）的残差。回归（10.57）的一个好处是产生了 σ_u^2 的适当估计量，因为它使用 $NT-N-K=N(T-1)-K$ 作为自由度。因此，如果它可以这样做，那么回归（10.57）是假设 FE. 1 至假设 FE. 3 下完成固定效应分析的方便方法。

$\hat{c}_i$ 与 $\hat{\boldsymbol{\beta}}_{FE}$ 之间存在一个重要差别。我们已经知道，当 $N\rightarrow\infty$，T 固定时，$\hat{\boldsymbol{\beta}}_{FE}$ 是一致的。这不同于含有 $\hat{c}_i$ 的情形。每当增加一个横截面观测值，则另一个 c_i 得以增加，而当 $N\rightarrow\infty$ 时关于 c_i 方面的信息并没有累积起来。当 c_i 被处理

成参数时，每一个$\hat{c}_i$都是c_i的一个无偏估计量，至少如果我们维持假设 FE. 1 与假设 FE. 2 的有限样本类似物的话将会这样。当我们增加假设 FE. 3 时，（以 $\mathbf{X}$ 为条件的）高斯-马尔可夫假设成立，同时$\hat{c}_1$，$\hat{c}_2$，…，$\hat{c}_N$均是以 $\mathbf{X}$ 为条件的最佳线性无偏的。（$\hat{c}_i$给出了作为无偏但不一致估计量的实际例子。）

计算固定效应估计的计量经济学软件很少报告对c_i的估计（至少部分是因为通常需要报告的c_i太多了）。有时候，甚至当回归（10.57）是不可行的时候，获得$\hat{c}_i$也是有用的。一旦利用关于虚拟变量回归的 OLS 的一阶条件，可以证明

$$\hat{c}_i=\bar{y}-\bar{\mathbf{x}}_i\hat{\boldsymbol{\beta}}_{FE},\quad i=1,2,\cdots,N \tag{10.58}$$

因为$\hat{c}_i$是关于截面单元i的截距项，该式合乎情理。然后我们可以聚焦于特定的单元上——在含有更大的T时其将更富有成效——或者我们可以计算$\hat{c}_i$的样本均值、样本中位数或样本分位数以获得某些有关异质性在总体中是如何分布的思想。例如，容易看到样本均值

$$\hat{\mu}_c=N^{-1}\sum_{i=1}^{N}\hat{c}_i=N^{-1}\sum_{i=1}^{N}(\bar{y}_i-\bar{\mathbf{x}}_i\hat{\boldsymbol{\beta}}_{FE})$$

是总体均值$\mu_c\equiv\mathrm{E}(c_i)=\mathrm{E}(\bar{y}_i)-\mathrm{E}(\bar{\mathbf{x}}_i)\boldsymbol{\beta}$的一个一致估计量（当$N\to\infty$时）。因此，尽管我们在$T$较小时不能很好地估计每个$c_i$，但我们经常能很好地估计$c_i$的总体分布的特征。事实上，很多计量经济学软件包报告与固定效应估计中的$\hat{\boldsymbol{\beta}}_{FE}$一起作为“截距项”的$\hat{\mu}_c$。换句话说，截距项就是对于平均异质性的一个估计。（看到一个带固定效应结果的“截距项”会让人有一点混乱，因为我们已经看到组内变换消除了任何非时变解释变量。但是，如果那样做，那么我们可以使用$\boldsymbol{\beta}$的固定效应估计以估计异质性分布的均值，且这是被报告为“截距项”的项目。）

正如在 RE 估计中那样，如果我们添加假设$\{u_{it}:t=1,2,\cdots\}$是与不变方差序列不相关的，正如在假设 FE. 3 中所隐含的那样，那么我们可以一致地估计方差σ_c^2。首先，我们可以一致地估计复合误差的方差，$\sigma_v^2=\sigma_c^2+\sigma_u^2$，因为$v_{it}=y_{it}-\mathbf{x}_{it}\boldsymbol{\beta}$；因此，

$$\hat{\sigma}_v^2=(NT-K)^{-1}\sum_{i=1}^{N}\sum_{t=1}^{T}(y_{it}-\mathbf{x}_{it}\hat{\boldsymbol{\beta}}_{FE})^2$$

当$N\to\infty$时其对于σ_v^2是一致的（其中，减去K是一个标准的自由度调整方式）。那么，我们可以估计σ_c^2为$\hat{\sigma}_c^2=\hat{\sigma}_v^2-\hat{\sigma}_u^2$，其中$\hat{\sigma}_u^2$由（10.56）给定。我们可以使用$\hat{\sigma}_c^2$（假设其为正）来评估异质性相对于其平均值的变异性。（顺带地，正如在习题 10.14 中证明的那样，在应用 RE 之前人们必须谨慎地使用 FE 来估计$\hat{\sigma}_c^2$，因为含有非时变变量时，对于异质性方差的 FE 估计将会太大。作为替代，我们将使用混合 OLS，正如我们在 10.4.1 节中讨论过的。）

当c_i被当做不同的截距项来处理时，我们可以计算一个关于它们在古典线性模型假设下之等价性的精确检验。（其需要添加到假设 FE. 1 至假设 FE. 3 上的、u_{it}的正态性假设。）F统计量有一个分子和分母的自由度相应为$N-1$和

$N(T-1)-K$ 的 F 分布。有意思的是，奥姆和山形（Orme and Yamagata，2005）证明当 T 被固定而 $N\to\infty$ 时，在没有正态性假设时 F 统计量仍然是合理的，尽管他们假设特质性误差是同方差的和序列不相关的。

一般来说，我们应该把虚拟变量回归（10.57）产生的 $\hat{\boldsymbol{\beta}}_{FE}$ 作为 $\mathbf{x}_{it}$ 上的系数向量这一事实看成是一个巧合。虽然存在着“估计”不可观测效应以及向量 $\boldsymbol{\beta}$ 会产生 $\boldsymbol{\beta}$ 的一致估计量的其他不可观测效应模型，但在许多情形中，这种方法会导致麻烦。正如我们将在第Ⅳ篇中所看到的，许多含有不可观测效应的非线性面板数据模型遭受了从属参数（incidental parameters）问题，其中同时估计 $\boldsymbol{\beta}$ 和从属参数 c_i 会产生 $\boldsymbol{\beta}$ 的非一致估计量。

10.5.4 序列相关与稳健方差矩阵估计量

回想起在假设 FE.1 与假设 FE.2 下，FE 估计量是一致的且是渐近正态的。但是，如果没有假设 FE.3，表达式（10.54）给出了一个不正确的方差矩阵估计量。尽管 u_{it} 中的异方差性总是一个潜在问题，但序列相关在某些应用中可能是更重要的。当利用 FE 估计量时，重要的是要记住，没有什么办法可以剔除 $\{u_{it}: t=1,2,\cdots,T\}$ 中的序列相关。尽管综合误差 $v_{it}=c_i+u_{it}$ 中的可观测序列相关被存在的 c_i 所控制的事实是真实的，但是，随时间流逝而逐渐消失的序列相关仍是存在的。有时候，$\{u_{it}\}$ 可以具有非常强的序列相依性，在此情形中，从表达式（10.54）所获得的通常 FE 标准误可以导致非常严重的错误。对于大 T 而言，这种可能性易于产生更大的问题。（如同我们将要看到的，当 $T=2$ 时，没有什么理由担心 u_{it} 中的序列相关。）

检验特质误差 $\{u_{it}\}$ 中的序列相关显得有点复杂。一个重要的要点是，我们不能估计 u_{it}：由于在 FE 中使用了减去时间均值的缘故，所以我们只能估计减去时间均值的误差 $\ddot{u}_{it}$。正像式（10.52）所表明的，如果 u_{it} 是不相关的，那么减去时间均值的误差将是负相关的。对于所有 i，当 $T=2$ 时，$\ddot{u}_{i1}=-\ddot{u}_{i2}$，因此存在完全负相关。这个结果表明，当 $T=2$ 时，使用 $\ddot{u}_{it}$ 去检验任何形式的序列相关是毫无意义的。

当 $T\geqslant 3$ 时，我们可以使用式（10.52）去确定 $\{u_{it}\}$ 中是否存在序列相关。通常，我们使用固定效应残差 $\hat{\ddot{u}}_{it}$。一种简化方式是通过应用习题 7.4 来获得的：在得到基于样本协方差与方差的任何检验统计量的渐近分布中，我们可以忽略 $\boldsymbol{\beta}$ 中的估计误差。换句话讲，就好像我们利用了 $\ddot{u}_{it}$ 而不是 $\hat{\ddot{u}}_{it}$ 一样。这个检验因为在零假设下 $\{\ddot{u}_{it}\}$ 是序列相关的事实而变得复杂。对此问题的处理，存在两种简单的可能性。第一，我们只能使用任意的两个时间段（比如说最后两个时间段），利用一个简单回归去检验式（10.52）。换句话讲，实施

$$\hat{\ddot{u}}_{iT} \quad 对 \quad \hat{\ddot{u}}_{i,T-1}, \quad i=1,\cdots,N$$

的回归，同时使用 $\hat{\ddot{u}}_{i,T-1}$ 上的系数 $\hat{\delta}$ 以及它的标准误去检验 $H_0:\delta=-1/(T-1)$，其中 $\delta=\mathrm{Corr}(\ddot{u}_{i,T-1}, \ddot{u}_{iT})$。在假设 FE.1 至假设 FE.3 下，通常 t 统计量具有一

个渐近正态分布。（完成这个对异方差性稳健的检验是琐碎的。）

如其不然，如果我们做一个对任意序列相关稳健的 t 统计量，那么我们可以使用更多时间段，换句话讲，实施

$$\hat{u}_{it} \quad \text{对} \quad \hat{u}_{i,t-1}, \quad t=3,\cdots,T; \quad i=1,\cdots,N$$

的混合 OLS 回归，同时使用混合 OLS 的完全稳健标准误可参阅式（7.26）。看起来有点奇特的是，我们做一个对序列相关稳健的序列相关检验，但是之所以产生这种要求是因为零假设是减去时间均值的误差是序列相关的。显然，这个方法并不会产生一个对比如说 u_{it} 中的 AR(1) 相关的最优检验，但它是非常简单的，而且足以说明问题。

当没有假设 FE.3 时，$\sqrt{N}(\hat{\boldsymbol{\beta}}_{FE}-\boldsymbol{\beta})$ 的渐近方差拥有三明治形式，$[\mathrm{E}(\ddot{\mathbf{X}}_i'\ddot{\mathbf{X}}_i)]^{-1}\mathrm{E}(\ddot{\mathbf{X}}_i'\ddot{\mathbf{u}}_i\ddot{\mathbf{u}}_i'\ddot{\mathbf{X}}_i)[\mathrm{E}(\ddot{\mathbf{X}}_i'\ddot{\mathbf{X}}_i)]^{-1}$。因此，如果我们怀疑有或找到了序列相关的证据，我们应当在最低程度上对 FE 估计量计算一个完全稳健的方差矩阵估计量（和相应的检验统计量）。但是，这正好在第 7 章中被应用到了减去时间均值的方程集中。设 $\hat{\ddot{\mathbf{u}}}_i \equiv \ddot{\mathbf{y}}_i - \ddot{\mathbf{X}}_i\hat{\boldsymbol{\beta}}_{FE}$，$i=1, 2, \cdots, N$ 表示 $T\times 1$ 维固定效应残差向量。直接应用式（7.28）给出

$$\widehat{\mathrm{Avar}(\hat{\boldsymbol{\beta}}_{FE})} = (\ddot{\mathbf{X}}'\ddot{\mathbf{X}})^{-1}\left(\sum_{i=1}^{N}\ddot{\mathbf{X}}_i'\hat{\ddot{\mathbf{u}}}_i\hat{\ddot{\mathbf{u}}}_i'\ddot{\mathbf{X}}_i\right)(\ddot{\mathbf{X}}'\ddot{\mathbf{X}})^{-1} \tag{10.59}$$

它是由阿雷拉诺（Arellano，1987）提出的，而且遵从怀特（White，1984，第 6 章）的一般性结果。倘若相对于 N 来说，T 是很小的，稳健方差矩阵估计量在 $\{u_{it}: t=1,\cdots,T\}$ 存在任何异方差性以及序列相关的情形中是有效的。[记住，式（7.28）对于固定的 T，$N\rightarrow\infty$ 的渐近特性来说是正确的。] 所获得的稳健标准误作为矩阵（10.59）对角元素的平方根，同时矩阵（10.59）可以在构造瓦尔德统计量中用作 $\hat{\mathbf{V}}$ 矩阵。遗憾的是，F 统计量残差平方和形式在假设 FE.3 不满足的时候不再是渐近有效的。

例 10.5（续） 我们现在对 log(*scrap*) 方程的稳健标准误以及通常的 FE 标准误报告如下：

$$\widehat{\log(scrap)} = -0.80\ d88 - 0.247\ d89 - 0.252\ grant - 0.422\ grant_{-1}$$
$$\qquad (0.109) \qquad (0.133) \qquad (0.151) \qquad (0.210)$$
$$\qquad [0.096] \qquad [0.193] \qquad [0.140] \qquad [0.276]$$

尽管关于 $grant_{-1}$ 的稳健标准误比通常的标准误要大一些，但是关于 $grant$ 的稳健标准误确实比通常的标准误更小一些。因此，关于 $grant_{-1}$ 的 t 统计量的绝对值从 2 左右降到大约 1.5。

记住，当固定 T，$N\rightarrow\infty$ 时，稳健标准误在假设 FE.1 至假设 FE.3 成立下，刚好与非稳健标准误在渐近性上是一样有效的。但是，如果 N 相对于 T 来说并不是非常大，尤其是如果 u_{it} 是正态分布的，那么，在假设 FE.1 至假设 FE.3 下，通常的标准误与检验统计量会表现出更好的行为特性。

10.5.5 固定效应广义最小二乘法

回忆一下，假设 FE.3 不满足是由两个原因引起的。第一个原因是，条件方差矩阵不等于无条件方差矩阵：$\mathrm{E}(\mathbf{u}_i\mathbf{u}_i'|\mathbf{x}_i, c_i)\neq\mathrm{E}(\mathbf{u}_i\mathbf{u}_i')$。即使 $\mathrm{E}(\mathbf{u}_i\mathbf{u}_i'|\mathbf{x}_i, c_i)=\mathrm{E}(\mathbf{u}_i\mathbf{u}_i')$，无条件方差矩阵也不是标量的：$\mathrm{E}(\mathbf{u}_i\mathbf{u}_i')\neq\sigma_u^2\mathbf{I}_T$，这一点意味着，要么 u_{it} 的方差随 t 而变化，要么也许更重要的是，特质误差中存在序列相关。总之，稳健方差矩阵（10.59）是有效的。

不是计算 FE 估计量的稳健方差矩阵，相反，我们能够把假设 FE.3 放松到可以考虑无约束的、虽为常数的条件协方差矩阵。如果固定效应估计量的稳健标准误太大而不能使用，并且如果在 u_{it} 中存在序列相关性或者时变方差的证据，那么这是很自然寻求的路线。

假设 FEGLS.3： $\mathrm{E}(\mathbf{u}_i\mathbf{u}_i' \mid \mathbf{x}_i, c_i)=\mathbf{\Lambda}$，其中 $\mathbf{\Lambda}$ 表示一个 $T\times T$ 维的正定矩阵。

在假设 FEGLS.3 下，$\mathrm{E}(\ddot{\mathbf{u}}_i\ddot{\mathbf{u}}_i' \mid \ddot{\mathbf{x}}_i)=\mathrm{E}(\ddot{\mathbf{u}}_i\ddot{\mathbf{u}}_i')$。进一步地，一旦利用 $\ddot{\mathbf{u}}_i=\mathbf{Q}_T\mathbf{u}_i$，则

$$\mathrm{E}(\ddot{\mathbf{u}}_i\ddot{\mathbf{u}}_i')=\mathbf{Q}_T\mathrm{E}(\mathbf{u}_i\mathbf{u}_i')\mathbf{Q}_T=Q_T\mathbf{\Lambda}\mathbf{Q}_T \tag{10.60}$$

它的秩为 $T-1$。表达式（10.60）的不满秩会引起通常 GLS 方法的问题，因为方差矩阵不能求逆。一种可以继续做的方法是使用**广义逆**（generalized inverse）。一个更容易的方法——而且被证明是在代数上等价的方法——是从分析中去掉一个时间段。可以证明（可参阅艾姆、阿恩、施密特和伍德里奇（Im，Ahm，Schmidt，and Wooldridge，1999）），这些时间段中的哪一个被去掉是无关紧要的：所得到的 GLS 估计量是一样的。

为具体阐述，假定我们去掉第 T 个时间段，剩下的方程为

$$\begin{aligned}\ddot{y}_{i1}&=\ddot{\mathbf{x}}_{i1}\boldsymbol{\beta}+\ddot{u}_{i1}\\&\vdots\\\ddot{y}_{i,T-1}&=\ddot{\mathbf{x}}_{i,T-1}\boldsymbol{\beta}+\ddot{u}_{i,T-1}\end{aligned} \tag{10.61}$$

因此，我们不用引入新的记号，可把方程组（10.61）写成方程（10.49），于是，现在可以认为 $\ddot{y}_i$ 是 $(T-1)\times1$ 维的，$\ddot{\mathbf{X}}_i$ 是 $(T-1)\times K$ 维的，而 $\ddot{\mathbf{u}}_i$ 是 $(T-1)\times1$ 维的。定义 $(T-1)\times(T-1)$ 维正定矩阵 $\mathbf{\Omega}\equiv\mathrm{E}(\ddot{\mathbf{u}}_i\ddot{\mathbf{u}}_i')$。我们并不需要 $\mathbf{\Omega}$ 对 $\mathbf{\Lambda}$ 与 $\mathbf{Q}_T$ 的明确相依性；其关键要点是，如果对 $\mathbf{\Lambda}$ 没有约束，那么 $\mathbf{\Omega}$ 也是无约束的。

为了估计 $\mathbf{\Omega}$，我们在第一阶段里利用固定效应去估计 $\boldsymbol{\beta}$。对于每一个 i，一旦去掉最后一个时间段之后，定义 $\check{\ddot{\mathbf{u}}}_i=\ddot{\mathbf{y}}_i-\ddot{\mathbf{X}}_i\hat{\boldsymbol{\beta}}_{FE}$，$i=1, 2, \cdots, N$。$\mathbf{\Omega}$ 的一致估计量是

$$\hat{\mathbf{\Omega}}=N^{-1}\sum_{i=1}^{N}\check{\ddot{\mathbf{u}}}_i\check{\ddot{\mathbf{u}}}_i' \tag{10.62}$$

而

$$\hat{\boldsymbol{\beta}}_{FEGLS} = \left(\sum_{i=1}^{N} \ddot{\mathbf{X}}_i' \hat{\boldsymbol{\Omega}}^{-1} \ddot{\mathbf{X}}_i\right)^{-1} \left(\sum_{i=1}^{N} \ddot{\mathbf{X}}_i' \hat{\boldsymbol{\Omega}}^{-1} \ddot{\mathbf{y}}_i\right)$$

定义为**固定效应广义最小二乘法**（fixed effects GLS（FEGLS））估计量，其中 $\ddot{\mathbf{X}}_i$ 与 $\ddot{\mathbf{y}}_i$ 表示被定义为去掉最后时间段的情形。为了 FEGLS 的一致性，我们用一个新的秩条件代替假设 FE. 2：

假设 FEGLS. 2：秩 $\mathrm{E}(\ddot{\mathbf{X}}_i' \boldsymbol{\Omega}^{-1} \ddot{\mathbf{X}}_i) = \mathbf{K}$。

在假设 FE. 1 与假设 FEGLS. 2 下，FEGLS 估计量是一致的。当我们增加假设 FEGLS. 3 时，渐近方差很容易估计出来：

$$\widehat{\mathrm{Avar}(\hat{\boldsymbol{\beta}}_{FEGLS})} = \left(\sum_{i=1}^{N} \ddot{\mathbf{X}}_i' \hat{\boldsymbol{\Omega}}^{-1} \ddot{\mathbf{X}}_i\right)^{-1}$$

出自 FEGLS 的残差平方和统计量可以用于检验多重约束。注意到，式（7. 57）的 F 统计量中 $G=T-1$。

当 c_i 被处理成参数时，基弗（Kiefer，1980）提出了 FEGLS 估计量。正如我们将要证明的，当我们把 c_i 处理成随机的，并且允许它与 $\mathbf{x}_{it}$ 是任意相关的时候，该方法会一致地估计 $\boldsymbol{\beta}$。

在假设 FEGLS. 3 下，甚至在 $\boldsymbol{\Lambda}=\sigma_u^2\mathbf{I}_T$ 下，FEGLS 估计量在渐近性上的有效性并不比 FE 估计量的差。一般地讲，如果 $\boldsymbol{\Lambda}\neq\sigma_u^2\mathbf{I}_T$，FEGLS 比 FE 更有效，但是，这个结果依赖于大的 N、固定 T 的渐近特性。遗憾的是，由于 FEGLS 仍旧使用固定效应变换来除掉 c_i，所以如果矩阵 $\ddot{\mathbf{X}}_i$ 具有接近于零的列，那么它具有大的渐近标准误。

与其允许 $\boldsymbol{\Omega}$ 成为无约束的矩阵，我们不如对 $\boldsymbol{\Lambda}$ 施加一些约束，即蕴涵着 $\boldsymbol{\Omega}$ 具有一个约束形式。例如，巴尔加瓦、弗兰齐尼和内尔德拉纳塔（Bhargava，Franzini，and Narendranatahn（BFN），1982）假定 $\{u_{it}\}$ 服从一个稳定的同方差 AR(1) 模型。这个假设蕴涵着，不论 T 如何大，$\boldsymbol{\Omega}$ 只依赖于三个参数 σ_c^2，σ_u^2 以及 AR 系数 ρ。BFN 得到了一个消去不可观测效应 c_i 又除掉 u_{it} 中序列相关的变换。他们还提出了 ρ 的估计量，因此，可行 GLS 是行得通的。

当 N 相对于 T 并不是非常大时，把 $\{u_{it}\}$ 建模成一种特定的时间序列是引人注目的，因为如果没有大 N 就去估计 $\ddot{\mathbf{u}}_i$ 的无约束协方差矩阵［$(T-1)\times 1$ 维的减去时间均值的误差向量］可导致 FGLS 估计量的有限样本行为欠佳。然而，我们能做出的唯一普通表述涉及固定 T，$N\to\infty$ 的渐近特性。在这种情形下，使用无约束 $\boldsymbol{\Omega}$ 的 FGLS 估计量在渐近有效性上并不比使用 $\boldsymbol{\Omega}$ 上有约束的 FGLS 估计量差。而且，如果 $\boldsymbol{\Omega}$ 上的约束不正确，那么施加约束的估计量在渐近有效性上就显得逊色一些。因此，由于理论上的缘故，我们更喜欢式（10. 62）形式的估计量。

正如使用任意 FGLS 估计量时一样，为 FEGLS 估计量计算一个完全稳健的方差矩阵估计量总是一个好主意。稳健的方差矩阵估计量仍然由方程

(7.52) 给出，但是现在我们插入减去时间均值的回归元和 FEGLS 残差项以相应替代 $\mathbf{X}_i$ 和 $\hat{\mathbf{u}}_i$。因此，对于 FEGLS 估计量的完全稳健方差矩阵估计量是

$$\widehat{\text{Avar}(\hat{\boldsymbol{\beta}}_{FEGLS})} = \left(\sum_{i=1}^{N}\ddot{\mathbf{X}}_i'\hat{\boldsymbol{\Omega}}^{-1}\ddot{\mathbf{X}}_i\right)^{-1}\left(\sum_{i=1}^{N}\ddot{\mathbf{X}}_i'\hat{\boldsymbol{\Omega}}^{-1}\ \hat{\ddot{\mathbf{u}}}_i\hat{\ddot{\mathbf{u}}}_i'\hat{\boldsymbol{\Omega}}^{-1}\ddot{\mathbf{X}}_i'\right)\left(\sum_{i=1}^{N}\ddot{\mathbf{X}}_i'\hat{\boldsymbol{\Omega}}^{-1}\ddot{\mathbf{X}}_i\right)^{-1}$$

其中 $\hat{\ddot{\mathbf{u}}}_i=\ddot{\mathbf{y}}_i-\ddot{\mathbf{X}}_i\hat{\boldsymbol{\beta}}_{FEGLS}$ 是 $(T-1)\times 1$ 维的 FEGLS 残差项向量。如果 $\hat{\boldsymbol{\Omega}}$ 是无约束的，那么稳健方差矩阵估计量对于系统异方差性是稳健的，如果 $\mathrm{E}(\ddot{\mathbf{u}}_i\ddot{\mathbf{u}}_i'\mid\ddot{\mathbf{X}}_i)\neq\mathrm{E}(\ddot{\mathbf{u}}_i\ddot{\mathbf{u}}_i')$，则这是普遍存在的。记住，即便我们允许 $\ddot{\mathbf{u}}_i$ 的无条件方差矩阵是无约束的，我们可以从来都不需要保证条件方差矩阵不依赖于回归元。当 $\hat{\boldsymbol{\Omega}}$ 是受约束的，诸如在关于 $\{u_{it}\}$ 的 AR(1) 模型中，稳健的估计量对于错误施加的约束而言仍然是稳健的。为特质误差使用一个 AR(1) 模型可能会比仅仅使用通常的 FE 估计量实质上更有效，而且我们可以通过使用一个完全稳健的方差矩阵估计量防止错误的渐近推断。就像我们更早以前讨论的，如果 T 有点大，为了更好的小样本性质，我们可能希望在 $\boldsymbol{\Omega}$ 上施加约束，而不是使用一个无约束的估计量。

巴尔塔基和李奇（Baltagi and Li，1991）考虑了当 $\{u_{it}\}$ 遵循一个 AR(1) 过程时的 FEGLS 估计。但是，他们对 ρ 的估计量是基于 FE 残差的——比如说，从 $\hat{\ddot{\mathbf{u}}}_{it}$ 对 $\hat{\ddot{\mathbf{u}}}_{i,t-1}$ 的回归中，$t=2,\cdots,T$——而且，这个估计量在固定 T 而 $N\to\infty$ 时是不一致的。事实上，如果 $\{u_{it}\}$ 是序列不相关的，我们从方程 (10.52) 中知道 $\mathrm{plim}(\hat{\rho})=-1/(T-1)$。当 T 很大时不一致性会很小，但是一般而言，使用的一个不一致估计量的后果是什么呢？我们知道，到目前为止，使用一个方差矩阵的一个不一致估计量不会导致一个可行的 GLS 估计量不一致性，而这次也不例外。但是当然，应当做完全稳健的推断，因为如果 $\mathrm{plim}(\hat{\rho})\neq\rho$，GLS 不会完全消除 $\{u_{it}\}$ 中的序列相关。即使 $\mathrm{plim}(\hat{\rho})$"接近"于 ρ，我们希望防止更一般形式上的序列相关或对系统同方差性假设的违背。

10.5.6 利用固定效应对政策分析进行估计

为了阐明固定效应对政策分析与项目评估来说为什么是有用的，存在着其他解释固定效应变换的方法。考察模型

$$y_{it}=\mathbf{x}_{it}\boldsymbol{\beta}+v_{it}=\mathbf{z}_{it}\gamma+\delta w_{it}+v_{it}$$

其中 v_{it} 可以包含或不包含不可观测效应。设 w_{it} 表示关注的政策变量；它可以是连续或者离散的。向量 $\mathbf{z}_{it}$ 则包含了与 w_{it} 相关的其他可控因素，包括时间段虚拟变量。

作为一个练习，你可以证明，固定效应的一致性之充分条件以及秩条件 FE.2 是

$$\mathrm{E}[\mathbf{x}_{it}'(v_{it}-\bar{v}_i)]=\mathbf{0},\quad t=1,2,\cdots,T$$

这个假设表明，$\mathbf{x}_{it}$的每一个元素，特别是政策变量w_{it}可以与$\bar{v}_i$是相关的。固定效应一致性所要求的内容是，w_{it}与出自对时间段平均的v_{it}离差是不相关的。因此，像项目参与的政策变量可以系统地与误差v_{it}中的持久性成分相关联，误差v_{it}中的持久成分是由$\bar{v}_i$来测量的。出于这个原因，对于参与到一个项目中可以由同样影响y_{it}的项目属性来决定的一些应用来说，FE 经常好于混合 OLS 或者随机效应方法。

10.6 一阶差分方法

10.6.1 推断

在 10.1 节，我们使用差分来去掉$T=2$的不可观测效应c_i。现在，我们研究一般情形模型（10.41）中的差分变换。为了完整起见，我们把第一个假设表述如下：

假设 FD.1：与假设 FE.1 相同。

我们强调，模型以及关于$\boldsymbol{\beta}$的解释都与 10.5 节中的完全一样。不同之处是，我们的方法是对$\boldsymbol{\beta}$进行估计的。

对模型（10.41）滞后一个时间段，并做减法得到

$$\Delta y_{it}=\Delta \mathbf{x}_{it}\boldsymbol{\beta}+\Delta u_{it}, \quad t=2,3 \cdots, N \tag{10.63}$$

其中$\Delta y_{it}=y_{it}-y_{i,t-1}$，$\Delta \mathbf{x}_{it}=\mathbf{x}_{it}-\mathbf{x}_{i,t-1}$，而$\Delta u_{it}=u_{it}-u_{i,t-1}$。正如 FE 变换一样，这个**一阶差分变换**（first-differencing transformation）去掉了不可观测效应c_i。在差分之中，我们失去了每一个横截面的第一个时间段：现在，对于每一个i我们具有$T-1$个时间段，而不是T。如果我们以$T=2$开始，那么在差分之后，我们得出每个横截面的一个时间段：$\Delta y_{i2}=\Delta \mathbf{x}_{i2}\boldsymbol{\beta}+\Delta u_{i2}$。

方程（10.63）使得$\mathbf{x}_{it}$的一些元素必须是时变的（至少是对某些横截面单位而言）这一事实变得很清楚；否则，$\Delta \mathbf{x}_{it}$拥有对于所有i与t均是恒等于零的一些元素。而且，尽管最初方程中的截距被差分掉了，但是如果$\mathbf{x}_{it}$包含时间虚拟变量，那么方程（10.63）就包括时间虚拟变量的变化。在$T=2$的情形中，第 2 个时间段时间虚拟变量上的系数变成差分方程中的截距。如果我们对一般方程（10.43）进行差分，那么我们得到

$$\begin{aligned}\Delta y_{it}=&\theta_2(\Delta d2_t)+\cdots+\theta_T(\Delta dT_t)+(\Delta d2_t)\mathbf{z}_i\gamma_2\\&+\cdots+(\Delta dT_t)\mathbf{z}_i\gamma_T+\Delta \mathbf{w}_{it}\boldsymbol{\delta}+\Delta u_{it}\end{aligned} \tag{10.64}$$

参数θ_1与γ_1都是不可识别的，因为它们从变换后的方程中消失了，正如固定效应消失一样。

一阶差分估计量（first-difference (FD) estimator）$\hat{\boldsymbol{\beta}}_{FD}$是出自

$$\Delta y_{it} \quad 对 \quad \Delta \mathbf{x}_{it}, \quad t=2,\cdots,T; \quad i=1,2,\cdots,N \tag{10.65}$$

回归的混合 OLS 估计量。在假设 FD.1 下，一阶差分方程的混合 OLS 估计将是一致的，因为

$$\mathrm{E}(\Delta \mathbf{x}_{it}' \Delta u_{it})=0, \quad t=2,3\cdots,T \tag{10.66}$$

因此，7.8 节中的假设 POLS.1 成立。实际上，一阶差分方程中的严格外生性成立：

$$\mathrm{E}(\Delta u_{it} \mid \Delta \mathbf{x}_{i2}, \Delta \mathbf{x}_{i3}, \cdots, \Delta \mathbf{x}_{iT})=0, \quad t=2,3\cdots,T$$

它意味着 FD 估计量实际上是以 $\mathbf{X}$ 为条件无偏的。

为了得到假设 (10.66)，我们显然可以通过拥有一个比假设 FD.1 更弱一些的假设来完成。要点是，如果 u_{it} 与 $\mathbf{x}_{i,t-1}$，$\mathbf{x}_{it}$ 或者 $\mathbf{x}_{i,t+1}$ 是相关的，假设 (10.66) 不满足，所以我们对于所有 t 与 s 仅假定 $\mathbf{x}_{is}$ 与 u_{it} 是不相关的。

为了完整起见，我们把 FD 估计量的秩条件表述成

假设 FD.2：秩 $\left(\sum_{t=2}^{T} \mathrm{E}(\Delta \mathbf{x}'_{it} \Delta \mathbf{x}_{it})\right) = K$。

假设 FD.2 明确剔除了 $\mathbf{x}_{it}$ 中对所有 i 来说跨时间为固定的解释变量。它同样排除了经差分后在时变变量中的完全共线性。存在一些精妙的方法使得 $\Delta \mathbf{x}_{it}$ 中可以出现完全共线性。举个例子，假设在一个每年都工作的个体的面板中，我们收集在劳动所得、劳动力经验 ($exper_{it}$) 和其他变量上的信息。那么，因为对于样本中的每个人而言经验每年都增加 1，对于所有 i 和 t 都有 $\Delta exper_{it}=1$。如果 $\mathbf{x}_{it}$ 同样包含年度虚拟变量的一个完全集合，那么 $\Delta exper_{it}$ 与年度虚拟变量中的变化完全共线性。这是最容易在 $T=2$ 的情形中看到的，其中当 $t=2$ 时 $\Delta d2_t=1$，且因此 $\Delta exper_{i2}=\Delta d2_2$（记住，我们在估计中仅仅使用第二个时间段）。在一般情形中，可以看到对于所有的 $t-2$，…，T，都有 $\Delta d2_t+2\Delta d3_t+\cdots+(T-1)\Delta dT_1=1$，且因此 $\Delta exper_{it}$ 与 $\Delta d2_t$，$\Delta d3_t$，…，ΔdT_t 等是完全共线性的。

一旦假定数据像我们前面所讨论的一样可以排序，倘若我们观察到哪些变换观察值是有效，以及哪些是无效的，则一阶差分就很容易实施。对第 1，$T+1$，$2T+1$，$3T+1$，…，以及 $(N-1)T+1$ 个观测值的差分应该是缺失的。这些观测值对应于最初数据集合中每一个横截面的第一个时间段；由定义知，对于 $t=1$ 的观测值来说不存在一阶差分。需要稍加关注，在单位 $i+1$ 的第一个时间段与单位 i 的最后时间段之间的差异并没有处理成有效的观测值。可以确定，当年度变量或者时间段虚拟变量被包括在数据集合之中时，让这些数据缺失是很容易的。

与 FE 估计量相比，我们更喜欢 FD 估计量的一个原因是，FD 不用特殊的软件就比较容易实施。与 FE 估计量相比，我们更喜欢 FD 估计量的统计原因存在吗？回忆一下，在假设 FE.1 至假设 FE.3 下，固定效应估计量在利用严格外生性假设 FE.1 的一类估计量中是渐近有效的。因此，在假设 FE.1 至假设 FE.3 下，一阶差分估计量比固定效应的有效性要差一些。假设 FE.3 是 FE 有

效性的关键所在。它假定同方差性与 u_{it} 中没有序列相关。$\{u_{it}: t=1,2,\cdots,T\}$ 是序列不相关的假设或许太强了一些。一种可选择的假设是，特质误差 $\{e_{it}\equiv\Delta u_{it}, t=2, \cdots, T\}$ 的一阶差分是序列不相关的（而且具有常数方差）：

假设 FD. 3：$\mathrm{E}(\mathbf{e}_i\mathbf{e}_i' \mid \mathbf{x}_{i1}, \cdots, \mathbf{x}_{iT}, c_i)=\sigma_e^2\mathbf{I}_{T-1}$，其中 $\mathbf{e}_i$ 表示包涵 e_{it} 的 $(T-1)\times 1$ 维向量，$t=2, \cdots, T$。

在假设 FD. 3 下，我们可以写成 $u_{it}=u_{i,t-1}+e_{it}$，所以 e_{it} 中序列不相关蕴涵着 u_{it} 是一个随机游走。随机游走具有真实的**序列依赖性**（serial dependence），从而假设 FD. 3 表现出与假设 FE. 3 截然相反的极端情形。

在假设 FD. 1 至假设 FD. 3 下，可以证明，FD 估计量是利用严格外生性假设 FE. 1 的一类估计量中最有效的。进一步地，由 7. 8 节的混合 OLS 分析，可以知道

$$\widehat{\mathrm{Avar}(\hat{\boldsymbol{\beta}}_{FD})}=\hat{\sigma}_e^2(\Delta\mathbf{X}'\Delta\mathbf{X})^{-1} \tag{10.67}$$

其中，$\hat{\sigma}_e^2$ 表示 σ_e^2 的一个一致估计量。通过计算出自混合回归（10. 65）的 OLS 残差

$$\hat{e}_{it}=\Delta y_{it}-\Delta\mathbf{x}_{it}\hat{\boldsymbol{\beta}}_{FD} \tag{10.68}$$

来获得最简单的估计量。σ_e^2 的一致估计量是

$$\hat{\sigma}_e^2=[N(T-1)-K]^{-1}\sum_{i=1}^{N}\sum_{t=2}^{T}\hat{e}_{it}^2 \tag{10.69}$$

它是出自回归（10. 65）的通常误差方差估计量。这些等式表明，在假设 FD. 1 至假设 FD. 3 下，出自一阶差分回归（10. 65）的通常 OLS 标准误都是渐近有效的。

与 FE 回归（10. 48）不同的是，式（10. 69）中的分母是从回归（10. 65）正确获得的。去掉第一个时间段会适当地捕获到丢失的自由度（N 个自由度）。

在假设 FD. 3 下，对一阶差分数据的混合回归所报告的全部统计量均是渐近有效的，包括基于残差平方和的 F 统计量。

10. 6. 2 稳健方差矩阵

如果违背了假设 FD. 3，那么与以往一样，我们可以计算一个稳健方差矩阵。把式（7. 26）的估计量应用到这种背景下就是

$$\widehat{\mathrm{Avar}(\hat{\boldsymbol{\beta}}_{FD})}=(\Delta\mathbf{X}'\Delta\mathbf{X})^{-1}\left(\sum_{i=1}^{N}\Delta\mathbf{X}_i'\hat{\mathbf{e}}_i\hat{\mathbf{e}}_i'\Delta\mathbf{X}_i\right)(\Delta\mathbf{X}'\Delta\mathbf{X})^{-1} \tag{10.70}$$

其中，$\Delta\mathbf{X}$ 表示对 $\mathbf{x}_{it}$ 一阶差分堆积的 $N(T-1)\times K$ 维矩阵。

例 10. 6（在职培训津贴影响的 FD 估计） 我们现在利用一阶差分来估计在职培训津贴对 $\log(scrap)$ 的影响。特别地，我们对

$$\Delta\log(scrap_{it})=\delta_1+\delta_2 d89_t+\beta_1\Delta grant_{it}+\beta_2\Delta grant_{i,t-1}+\Delta u_{it}$$

使用混合 OLS。与其通过差分年度虚拟变量并且去掉截距，不如我们为了捕获总时间效应而包括一个截距以及 1989 年虚拟变量。如果我们对结构模型的年度效应特别感兴趣（水平项），那么我们就应该同样对其进行差分。

所估计的方程是

$$\begin{aligned}\widehat{\Delta\log(scrap)} &= \underset{\substack{(0.091)\\ [0.088]}}{-0.091}\underset{\substack{(0.125)\\ [0.111]}}{-0.096}\,d89\underset{\substack{(0.131)\\ [0.128]}}{-0.223}\,\Delta grant\underset{\substack{(0.235)\\ [0.265]}}{-0.351}\,\Delta grant_{-1}\\ R^2 &= 0.037\end{aligned}$$

其中通常标准误是用圆括号中的数据表示，而稳健标准误则是用方括号中的数据表示。我们这里报告出 R^2，因为它提供了一个有用的解释：它测量了废弃率增长中的变化数量中有多少是由 $\Delta grant$ 与 $\Delta grant_{-1}$（以及 $d89$）来解释说明的。尽管现在 $grant$ 比 $grant_{-1}$ 表现得更为统计显著，但关于 $grant$ 与 $grant_{-1}$ 的估计值相当类似于固定效应估计值。$\Delta grant$ 与 $\Delta grant_{-1}$ 的联合显著性的通常 F 检验是 1.53，p 值$=0.222$。

在之前的例子中我们使用了一个在应用 FD 估计时很普通的方法。也就是，我们不是去舍弃一个全面的截距项并包括差分时间虚拟变量，而是估计一个截距项并且进而包括对于剩余的 $T-2$ 个时间段的时间虚拟变量——在例题 10.6 中，恰好是第三个时间段。一般地，不是去使用 $T-1$ 个回归元 $(\Delta d2_t,\Delta d3_t,\cdots,\Delta dT_t)$，而是比如说，使用 $\{1, d3_t, \cdots, dT_t\}$ 时往往更加便利。因为这些涉及时间虚拟变量的回归元集合是彼此之间的非奇异线性变换，在另一些变量上的估计系数不会改变，同样它们的标准误或任何检验统计量也不会改变。在大多数回归软件包中，包括一个全面的截距项会使得获取 FD 方程合适的 R 平方更为容易。当然，如果有人对在最初的时间虚拟变量上的系数感兴趣，那么仅仅以 FD 的形式去包括所有虚拟变量并遗漏一个全面的截距项是最容易的。

10.6.3 序列相关检验

在假设 FD.3 下，误差 $e_{it}\equiv\Delta u_{it}$ 应该是序列不相关的。给定出自回归 (10.65) 的混合 OLS 残差之后，我们就很容易检验这个假设。由于严格外生性假设成立，所以我们可以应用 7.8 节中最简单的检验形式。基于 $T-2$ 时间段的回归是

$$\hat{e}_{it}=\hat{\rho}_1\hat{e}_{i,t-1}+error_{it},\quad t=3,4,\cdots,T;\quad i=1,2,\cdots,N \tag{10.71}$$

检验统计量是关于 $\hat{\rho}_1$ 通常的 t 统计量。对于 $T=2$ 来说，不能利用这个检验，而且也没有必要使用。对于 $T=3$ 而言，回归 (10.71) 仅是一个横截面回归，因为我们失去了 $t=1$ 与 $t=2$ 两个时间段。

如果特质误差 $\{u_{it}: t=1,2,\cdots,T\}$ 开始时是不相关的，那么 $\{e_{it}: t=2,3,\cdots,T\}$ 将是自相关的。实际上，在假设 FE.3 下，很容易证明，$\text{Corr}(e_{it}, e_{i,t-1})=-0.5$。不管怎样，对 e_{it} 的显著序列相关的发现会使得计算 FD 估计量的稳健方差矩阵有了理由。

例 10.6（续） 我们利用 1989 年的数据，通过 $\hat{e}_{it}$ 对 $\hat{e}_{i,t-1}$ 进行回归来检验一阶差分方程的 AR(1) 序列相关。我们得到 $\hat{\rho}_1=0.237$，而 t 统计量是 1.76。在一阶差分 Δu_{it} 中存在着最低限度正的序列相关的证据。进一步地，$\hat{\rho}_1=0.237$ 截然不同于 $\rho_1=-0.5$，它是由标准的随机效应与固定效应假设所蕴涵的，即 u_{it} 是序列不相关的。

计算稳健标准误与检验统计量的一种可选择方法是，在 $\text{E}(\mathbf{e}_i\mathbf{e}_i' \mid \mathbf{x}_i)$ 是一个常数 $(T-1)\times(T-1)$ 维矩阵的假设下去使用 FEGLS 分析。我们省略了一些细节，因为它们类似于 10.5.5 节中 FEGLS 分析的情形。像 FEGLS 一样，我们对 $\text{E}(\mathbf{u}_i\mathbf{u}_i')$ 施加结构，诸如一个稳定的、同方差的 AR(1) 模型，然后用一个小的参数集合去推导 $\text{E}(\mathbf{e}_i\mathbf{e}_i')$。

10.6.4 利用一阶差分的政策分析

对于一个含有不可观测效应的结构方程来说，对其进行一阶差分是项目评估的简单而强有力的方法。许多问题可以通过拥有含有控制组与处理组的在两个时点上的两年面板数据集来加以讨论。

在应用一阶差分时，我们应该对出现在结构方程中的所有变量进行差分，以便获得估计方程，包括说明项目参与情形的二值指示符。估计值应在最初方程中得到解释。因为它允许我们去考虑横截面上一些单位在任意时点上的差异比较，其中一个单位接受处理而其他单位则没有接受。

在一种特殊情形中，即使政策变量被差分也无关紧要。假设 $T=2$，且设 $prog_{it}$ 表示二值指示符，如果某人 i 在时间 t 参与此项目，那么它取值为 1。对于许多项目而言，对于所有 i，$prog_{i1}=0$：在最初时间段没有人参与到项目中。在第 2 个时间段，对于那些参与到项目中的人来说 $prog_{i2}$ 为 1，而对于那些不参与的人，则 $prog_{i2}$ 为 0。在这种情形中，$\Delta prog_i=prog_{i2}$，同时一阶差分方程可以写成

$$\Delta y_{i2}=\theta_2+\Delta\mathbf{z}_{i2}\gamma+\delta_1\ prog_{i2}+\Delta u_{i2} \tag{10.72}$$

政策效应可以通过 y 上的变化对 $\mathbf{z}$ 上的变化与政策指示符进行回归来获得。当 $\Delta\mathbf{z}_{i2}$ 被遗漏时，源自方程（10.72）的 δ_1 的估计值是**倍差法**（difference-in-differences，DD）估计量（可参阅习题 10.4）：$\hat{\delta}_1=\overline{\Delta y}_{treat}-\overline{\Delta y}_{control}$。这类似于 6.3 节中的倍差法估计量——可参阅式（6.32），但它们之间却存在着一个重要差别：对于面板数据而言，跨时间的差异是对于相同的横截面单位来说的。

如果一些人在第一个时间段参与到项目，或者如果参与到更多个时间段，那么方程（10.72）会给出导致错误的结果。通常，应该被估计的方程是

$$\Delta y_{it} = \xi_t + \Delta z_{it}\gamma + \delta_1 \Delta prog_{it} + \Delta u_{it} \tag{10.73}$$

其中项目参与指示符以及其他项都被差分掉了，而 ξ_t 是新时间段的截距。习题 10.6 就是这种情形。模型中的 $prog_{it}$ 以其他形式出现的一些扩展情形将在第 11 章中加以讨论。

10.7 估计量的比较

10.7.1 固定效应与一阶差分

当我们仅有两个时间段时，固定效应估计与一阶差分会产生同样的估计值以及推断，像习题 10.3 中要求你去证明的那样。一阶差分比较容易实施，而且所有能够应用到单一横截面上的程序——例如，异方差性稳健推论——均可以直接使用。

当 $T>2$ 且我们相信严格的外生性假设成立时，在 FD 与 FE 之间的选择会随关于特质误差 u_{it} 的假设而不同。尤其是，在假设 FE.3——u_{it} 是序列不相关的条件下，尽管 FE 估计是更为有效的，但是当 u_{it} 服从一个随机游走时，FD 估计量就更有效。在许多情形中，真实情形可能处于两者之间。

如果 FE 和 FD 估计量的差异不能归咎于抽样误差，那么我们应该担心严格外生性假设。对于任何 t 与 s，如果 u_{it} 与 $\mathbf{x}_{is}$ 是相关的，那么 FE 与 FD 通常具有不同的概率极限。任何一个标准内生性问题，包括测量误差、时变的遗漏变量以及联立性，通常会导致 $\mathbf{x}_{it}$ 与 u_{it} 之间的相关——也就是，同期相关——它们会引发 FD 与 FE 成为非一致的估计量，并且拥有不同的概率极限。（我们将在第 11 章中以显性方式考虑这些问题。）此外，对于 $s\neq t$，u_{it} 与 $\mathbf{x}_{is}$ 之间的相关性会导致 FD 与 FE 成为非一致的。当 $\mathbf{x}_{it}$ 的滞后项与 u_{it} 相关时，可以通过增加滞后项以及把此方程解释成一个分布滞后模型来解决缺乏严格外生性的问题。更成问题的是，什么时候 u_{it} 与未来的 $\mathbf{x}_{it}$ 是相关的？人们很少把解释变量的未来值插入一个方程之中，这会导致一个有意思的经济模型。在第 11 章，我们将证明，对于 $s>t$，存在从 u_{it} 到 $\mathbf{x}_{is}$ 反馈时如何去一致地估计参数。

如果我们维持同期外生性假设，也就是

$$\mathrm{E}(\mathbf{x}_{it}'u_{it}) = \mathbf{0} \tag{10.74}$$

那么我们可以证明当 FD 估计量的不一致性实质地独立于 T 时，FE 估计量一般会有一种以 $1/T$ 的速率收缩到 0 的不一致性。更精确地，我们可以找出 FE 和 FD 估计量的概率极限（当固定 T 且 $N\to\infty$ 时），并且进而研究作为 T 的一个函数的 plims。这些估计量中的不一致性，有时候相当宽松地被称作“渐近偏误”。

一般地，在假设 FE.1 下，我们可以写出

$$\underset{N\to\infty}{\text{plim}}(\hat{\boldsymbol{\beta}}_{FE})=\boldsymbol{\beta}+\left[T^{-1}\sum_{t=1}^{T}\text{E}(\ddot{\mathbf{x}}_{it}'\ddot{\mathbf{x}}_{it})\right]^{-1}\left[T^{-1}\sum_{t=1}^{T}\text{E}(\ddot{\mathbf{x}}_{it}'u_{it})\right]^{-1} \tag{10.75}$$

其中，$\ddot{\mathbf{x}}_{it}=\mathbf{x}_{it}-\bar{\mathbf{x}}_i$，正如通常的，我们强调我们正在固定 T 且令 $N\to\infty$ 时取极限。在（10.74）下，$\text{E}(\ddot{\mathbf{x}}_{it}'u_{it})=\text{E}[(\mathbf{x}_{it}-\bar{\mathbf{x}}_i)'u_{it}]=-\text{E}(\bar{\mathbf{x}}_i'u_{it})$，并且因此，$T^{-1}\sum_{t=1}^{T}\text{E}(\ddot{\mathbf{x}}_{it}'u_{it})=-T^{-1}\sum_{t=1}^{T}\text{E}(\bar{\mathbf{x}}_{it}'u_{it})=-\text{E}(\bar{\mathbf{x}}_i'\bar{u}_i)$。现在，我们可以很容易地对（10.75）中的两个平均矩施加上、下界约束，如果我们假设过程 $\{(\mathbf{x}_{it},u_{it})$：$t=1$，2，…$\}$，其被认为是一个时间序列，是平稳和弱依赖的。实际上，正如将变得清楚的，我们真正应当假设的是：减去时间均值的序列 $\{\ddot{\mathbf{x}}_{it}\}$ 是弱依赖的。这考虑了，比如说诸如 $\mathbf{x}_{it}=\mathbf{h}_i+\mathbf{r}_{it}$ 的协变量过程，其中，$\mathbf{h}_i$ 是非时变异质性而 $\{\mathbf{r}_{it}\}$ 是弱依赖的，因为那样的话有 $\ddot{\mathbf{x}}_{it}=\ddot{\mathbf{r}}_{it}$；而持久的组成部分，$\mathbf{h}_i$，已经被消除了。出于符号标示上的便利性，我们仅假设 $\{\mathbf{x}_{it}\}$ 是弱依赖的。（可参阅汉密尔顿（Hamilton，1994）和伍德里奇（Wooldridge，1994a）对于时间序列中弱依赖的一般讨论。弱依赖过程，如果多少有点误导的话，常常被称做“平稳”过程。）

在协变量过程的弱依赖假设下，$T^{-1}\sum_{t=1}^{T}\text{E}(\ddot{\mathbf{x}}_{it}'\ddot{\mathbf{x}}_{it})$ 作为 T 的一个函数是有界的，而且，如果我们强化假设 FE.2 以支持 T 的均匀性——一个温和的约束，且如果我们施加平稳性于 $\{\mathbf{x}_{it}$：$t=1,2,\cdots\}$ 上，该约束在秩条件下成立——它的逆也有界。进而，$\text{Var}(\bar{\mathbf{x}}_i)$ 和 $\text{Var}(\bar{u}_i)$ 在弱依赖性假设下是 $\text{O}(T^{-1})$ 的。利用柯西-施瓦茨不等式（例如，戴维森（Davidson，1994，第 9 章）），对于每个 $j=1$，…，K，我们有 $|\text{E}(\bar{x}_{ij}\bar{u}_i)|\leqslant|\text{Var}(\bar{x}_{ij})\text{Var}(\bar{u}_i)|^{1/2}=\text{O}(T^{-1})$。其结果是

$$\underset{N\to\infty}{\text{plim}}(\hat{\boldsymbol{\beta}}_{FE})=\boldsymbol{\beta}+\text{O}(1)\cdot\text{O}(T^{-1})=\boldsymbol{\beta}+\text{O}(T^{-1})=\boldsymbol{\beta}+\mathbf{r}_{FE}(T) \tag{10.76}$$

其中，$\mathbf{r}_{FE}(T)=\text{O}(T^{-1})$ 是作为 T 的一个函数的不一致性。其结果是如果我们有一个适当大的 T 时，FE 估计量中的不一致性可以很小，尽管 $\mathbf{r}_{FE}(T)$ 的准确规模依赖于随机过程 $\{(\mathbf{x}_{it},u_{it})$：$t=1$，2，…$\}$ 的特征。

萧政（Hsiao，2003，第 4.2 节）推导了对于平稳自回归模型的 $r_{FE}(T)$ 的准确形式（一个标量），那就是，令 $x_{it}=y_{i,t-1}$ 而且 $|\beta|<1$。项目 $r_{FE}(T)$ 是负的，而且，对于固定的 T 而言，当 β 达到单位 1 时其绝对值增加。遗憾的是，找出 $\mathbf{r}_{FE}(T)$ 往往意味着对 $\{(\mathbf{x}_{it},u_{it})$：$t=1$，2，…$\}$ 建模，而且因此我们无法知道对于一个没有做出特定假设的给定的 T 而言，$\mathbf{r}_{FE}(T)$ 与 0 有多靠近。（在 AR(1) 模型中，我们对回归元与残差的随机过程有效地建模，因为前者是滞后的被解释变量而后者被假定为序列不相关的。）

对于 FD 估计量，一般的概率极限是

$$\underset{N\to\infty}{\text{plim}}(\hat{\boldsymbol{\beta}}_{FD})=\boldsymbol{\beta}+\left[(T-1)^{-1}\sum_{t=2}^{T}\text{E}(\Delta\mathbf{x}_{it}'\Delta\mathbf{x}_{it})\right]^{-1}\left[(T-1)^{-1}\sum_{t=2}^{T}\text{E}(\Delta\mathbf{x}_{it}'\Delta\mathbf{x}_{it})\right]^{-1} \tag{10.77}$$

如果 $\{\mathbf{x}_{it}$：$t=1$，2，…$\}$ 是弱依赖的，那么 Δx_{it} 也是弱依赖的，而且因此

在（10.77）中的第一个平均值一般是有界的。（事实上，在平稳性假设下，这个平均值不依赖于 T。）在（10.74）下，

$$\mathrm{E}(\Delta\mathbf{x}_{it}'\Delta u_{it})=-[\mathrm{E}(\mathbf{x}_{it}'u_{i,t-1})+\mathrm{E}(\mathbf{x}_{i,t-1}'u_{it})]$$

这一般是非零的。在平稳性假设下，$\mathrm{E}(\Delta\mathbf{x}_{it}'\Delta x_{it})$ 不依赖于 t，并且因此（10.77）中的第二个平均值不依赖于 T。即便我们假设 u_{it} 与过去的协变量不相关——以 c_i 为条件的一个序贯外生性假设——如此以至 $\mathrm{E}(\mathbf{x}_{i,t-1}'u_{it})=\mathbf{0}$，如果有一个从现在的特质误差到协变量未来值的反馈，则 $\mathrm{E}(\mathbf{x}_{it}'u_{i,t-1})$ 不等于 0。因此，在序贯外生性假设下，第二项是 $(T-1)^{-1}\sum_{i=2}^{T}\mathrm{E}(\mathbf{x}_{it}'u_{i,t-1})$，其在平稳性假设下等于 $-\mathrm{E}(\mathbf{x}_{i2}'u_{i1})$，并且，即便没有平稳性假设时也一般是 $\mathrm{O}(1)$ 的。

前述分析表明在同期外生性和回归元与特质误差的弱依赖假设下，当 T 很大时，FE 估计量相比 FD 估计量有一个优势。有趣的是，一个更加详细的分析表明，如果某些回归元在它们的时间序列表示法中存在单位根，则对于 $\mathbf{r}_{FE}(T)$ 相同的数量级成立，那就是，它们是“一阶单整的”，或者 $\mathbf{I}(1)$。（参阅汉密尔顿（Hamilton，1994）或伍德里奇（Wooldridge，1994a）关于 $\mathbf{I}(1)$ 过程的更多介绍。）残差过程仍然必须被假设为 $\mathbf{I}(0)$（弱依赖）。例如，在标量情形中，如果 $\{x_{it}: t=1, 2, \cdots\}$ 是 $\mathbf{I}(1)$ 且不含一个漂移项，那么 $T^{-2}\sum_{t=1}^{T}E[(x_{it}-\bar{x}_i)^2]=\mathrm{O}(1)$ 且 $\mathrm{Var}(\bar{x}_i)=\mathrm{O}(T)$。如果我们维持 $\{u_{it}: t=1, 2, \cdots\}$ 是 $\mathbf{I}(\mathrm{O})$，那么 $\mathrm{Var}(\bar{u}_i)=\mathrm{O}(T^{-1})$，而且通过简单的代数证明可以得出 $r_{FE}(T)=\mathrm{O}(T^{-1})$。例如，$\mathbf{I}(1)$ 序列的均值的矩的数量级可以从汉密尔顿（Hamilton，1994，命题 17.1）推导出来，或者被直接证明。哈里斯和萨瓦里斯（Harris and Tzavalis，1999）构建了对于含有 $\beta=1$ 的自回归模型的不一致性的速率 $\mathrm{O}(T^{-1})$——事实上，他们证明了 $r_{FE}(T)=-3/(T+1)$——尽管该过程当 $\beta=1$ 时必须不含线性趋势。

用来总结当 $-1<\beta\leqslant 1$ 时关于 $\hat{\boldsymbol{\beta}}_{FE}$ 的 $\mathrm{O}(T^{-1})$ 不一致性的一种方法是其可应用于模型 $y_{it}=\beta y_{i,t-1}+(1-\beta)a_i+u_{it}$，如此以至当 $\beta=1$ 时，$\{y_{it}: t=0,1,\cdots\}$ 是不含漂移项的 $\mathbf{I}(1)$（而且因此，对于所有 t 而言，它的均值是 $\mathrm{E}(y_{i0})$）。β 的 FD 估计量在这些模型中存在不一致性 $\mathrm{O}(1)$，而且如果严格外生性不成立，在 $\mathbf{I}(1)$ 回归元中更一般地存在不一致性。

当同期外生性成立但是严格外生性不成立时，前述分析当然更偏爱于 FE 估计，即便 $\{y_{it}\}$ 和 $\{\mathbf{x}_{it}\}$ 的某些元素存在单位根。遗憾的是，存在一个麻烦：$\mathbf{r}_{FE}(T)=\mathrm{O}(T^{-1})$ 的结果关键性地依赖于特质误差 $\{u_{it}\}$ 为一个 $\mathbf{I}(0)$ 序列。使用时间序列计量经济学的术语来说，y_{it} 和 $\mathbf{x}_{it}$ 必须是“协整的”（参阅汉密尔顿（Hamilton，1994，第 19 章））。如果在一种时间序列的意义上，我们的模型代表了一个伪回归——那就是，不存在 $\boldsymbol{\beta}$ 的某种赋值使得 $y_{it}-\mathbf{x}_{it}\boldsymbol{\beta}-c_i$ 是 $\mathbf{I}(0)$——那么当对不一致性进行比较时，FE 方法不再优于 FD。事实上，对于固定的 N，当 T 变大时，关于 FE 的伪回归问题变得更加严重。相反地，FD 消除了在 y_{it} 和 $\mathbf{x}_{it}$ 中的任何单位根，并且因此伪回归不再成为一个问题（但是严格外生性的缺失可能是一个问题）。

当 T 和 N 在数量上相同时，一个更加现实的方案是令 T 和 N 同时（以及可能是按照同样的速率）增长。在这种方案中，需要得到 $\mathbf{I}(1)$ 过程部分和的收敛结果以及它们的函数，以获取极限分布的结果。对于大的 T 渐近性的考虑已经超出了本书范围。菲利普斯和穆恩（Phillips and Moon，1999，2000）讨论了单位根、伪回归、协整以及一些估计，并检验了有关面板数据的某些程序。要获取这方面的总结性材料，请参阅巴尔塔基（Baltagi，2001，第 12 章）。

因为在 T 较小时，严格外生性在 FE 和 FD 估计中扮演了如此重要的一个角色，所以重要的是要找到一种方法以正式地检测出它的被违背。一种可能性是通过一个豪斯曼检验直接比较 $\hat{\boldsymbol{\beta}}_{FE}$ 和 $\hat{\boldsymbol{\beta}}_{FD}$。可能重要的是使用一个既不维持假设 FE. 3 也不维持假设 FD. 3 的检验的稳健形式，这样则在零假设下，无论哪个估计量都不被假设为有效的。对于检测二阶矩假设（要么 FE. 3 要么 FD. 3）的被违背，豪斯曼检验没有**系统势**（systematic power）*；其仅仅针对于就某些 (s,t) 对而言 $\mathrm{E}(\mathbf{x}_{is}'u_{it})\neq\mathbf{0}$ 的备择假设来说是一致的。

即便我们假设 FE 或 FD 在零假设下是渐近有效的，关于豪斯曼检验的传统形式的一个缺点是，含有加总时间效应时，$\sqrt{N}(\hat{\boldsymbol{\beta}}_{FE}-\hat{\boldsymbol{\beta}}_{FD})$ 的渐近方差是奇异的。事实上，在一个仅含有加总时间效应的模型中，可以证明 FD 和 FE 估计量是同一的。习题 10. 6 要求你推导出在没有加总时间效应的情形中的统计量。这里，我们聚焦于基于回归的检验，即便含有时间段虚拟变量这也很容易计算，也容易做到完全稳健。

如果 $T=2$，对于严格外生性进行检验就很容易。在方程 $\Delta y_i=\Delta\mathbf{x}_i\boldsymbol{\beta}+\Delta u_i$ 中，$\mathbf{x}_{i1}$ 与 $\mathbf{x}_{i2}$ 作为一阶差分方程里的附加解释变量都不应该显著。比如说，我们直接把 $\mathbf{x}_{i2}$ 添加到 FD 方程之中，并且完成对 $\mathbf{x}_{i2}$ 显著性的 F 检验。对于两个时间段以上的情形而言，严格外生性的检验在扩展方程

$$\Delta y_t=\Delta\mathbf{x}_{it}\boldsymbol{\beta}+\mathbf{w}_{it}\gamma+\Delta u_{it},\quad t=2,\cdots,T$$

中是 $\mathrm{H}_0:\gamma=\mathbf{0}$ 的检验，其中 $\mathbf{w}_{it}$ 表示 $\mathbf{x}_{it}$ 的一个子集（排除时间虚拟变量）。一旦利用瓦尔德方法，这个检验便会对任意的序列相关或者异方差性来说是稳健的；在假设 FD. 1 至假设 FD. 3 下，通常的 F 统计量是渐近有效的。

当 $T>2$ 时，利用固定效应的严格外生性的检验，可以通过设定方程

$$y_{it}=\mathbf{x}_{it}\boldsymbol{\beta}+\mathbf{w}_{i,t+1}\boldsymbol{\delta}+c_i+u_{it},\quad t=1,2,\cdots,T-1$$

来获得，其中 $\mathbf{w}_{i,i+1}$ 再次表示 $\mathbf{x}_{i,t+1}$ 的子集。在严格外生性下，$\boldsymbol{\delta}=\mathbf{0}$，我们可以完成利用固定效应估计的该检验。（由于引出 $\mathbf{w}_{it}$，我们失去了最后的时间段。）一个例子已在习题 10. 12 中给出。

在严格外生性下，我们可以对减去时间均值的方程或者一阶差分方程使用 GLS 方法。如果 $\mathbf{u}_i$ 的方差矩阵是无约束的，我们使用哪一个变换无关紧要。这一点从直觉上看相当清楚，因为允许 $\mathrm{E}(\mathbf{u}_i\mathbf{u}_i')$ 成为无约束的情形并没有对

* 系统势：在统计假设检验中，拒绝零假设的概率称为检验的势。一般说来，检验的势与数据产生过程和样本容量有关。——译者注

$E(\ddot{\mathbf{u}}_i\ddot{\mathbf{u}}_i')$或$E(\Delta\mathbf{u}_i\Delta\mathbf{u}_i')$设置一些约束。艾姆、阿恩、施密特和伍德里奇（Im, Ahn, Schmidt, and Wooldridge, 1999）正式证明了，在假设 FE.1 与假设 FEGLS.3 以及适当秩条件下，FEGLS 估计量与 FDGLS 估计量是渐近等价的。当然，系统同方差假设$E(\mathbf{u}_i\mathbf{u}_i' \mid \mathbf{x}_i, c_i)=E(\mathbf{u}_i\mathbf{u}_i')$必须维持。

10.7.2 随机效应估计量与固定效应估计量之间的关系

在$\mathbf{x}_t$中的关键性变量随时间流逝变化并不大的情形中，固定效应方法与一阶差分方法会导致不准确的估计值。为了知道总体参数的任何信息，我们不得不使用随机效应估计。如果随机效应分析是适当的——也就是如果c_i与$\mathbf{x}_{it}$是正交的，那么随机效应估计量与 FE 估计量或 FD 估计量相比具有更小的方差。现在，我们可以获得一个 RE 估计量的表示式，该估计量允许我们把它与 FE 估计量相比较。

利用$\mathbf{j}_T'\mathbf{j}_T=T$的事实，我们在随机效应结构下可以把$\boldsymbol{\Omega}$写成

$$\begin{aligned}\boldsymbol{\Omega} &=\sigma_u^2\mathbf{I}_T+\sigma_c^2\mathbf{j}_T\mathbf{j}_T'=\sigma_u^2\mathbf{I}_T+T\sigma_c^2\mathbf{j}_T(\mathbf{j}_T'\mathbf{j}_T)^{-1}\mathbf{j}_T'\\ &=\sigma_u^2\mathbf{I}_T+T\sigma_c^2\mathbf{P}_T=(\sigma_u^2+T\sigma_c^2)(\mathbf{P}_T+\eta\,\mathbf{Q}_T)\end{aligned}$$

其中，$\mathbf{P}_T\equiv\mathbf{I}_T-\mathbf{Q}_T=\mathbf{j}_T(\mathbf{j}_T'\mathbf{j}_T)^{-1}\mathbf{j}_T'$且$\eta\equiv\sigma_u^2/(\sigma_u^2+T\sigma_c^2)$。接下来，定义$\mathbf{S}_T\equiv\mathbf{P}_T+\eta\,\mathbf{Q}_T$。于是，$\mathbf{S}_T^{-1}=\mathbf{P}_T+(1/\eta)\mathbf{Q}_T$，通过矩阵直接乘法可以看到这一点。进一步地，$\mathbf{S}_T^{-1/2}=\mathbf{P}_T+(1/\sqrt{\eta})\mathbf{Q}_T$，因为用这一矩阵自乘就得到了$\mathbf{S}_T^{-1}$（由于$\mathbf{P}_T$与$\mathbf{Q}_T$均是对称的，所以该矩阵显然是对称的）。经过简单代数运算，可以证明，$\mathbf{S}_T^{-1/2}=(1-\lambda)^{-1}[\mathbf{I}_T-\lambda\mathbf{P}_T]$，其中，$\lambda=1-\sqrt{\eta}$。因此

$$\boldsymbol{\Omega}^{-1/2}=(\sigma_u^2+T\sigma_c^2)^{-1/2}(1-\lambda)^{-1}[\mathbf{I}_T-\lambda\mathbf{P}_T]=(1/\sigma_u)[\mathbf{I}_T-\lambda\mathbf{P}_T]$$

其中，$\lambda=1-[\sigma_u^2/(\sigma_u^2+T\sigma_c^2)]^{1/2}$。现在，假定我们知道$\lambda$。于是，RE 估计量可以通过系统 OLS 对已变换方程$\mathbf{C}_T\mathbf{y}_i=\mathbf{C}_T\mathbf{X}_i\boldsymbol{\beta}+\mathbf{C}_T\mathbf{v}_i$进行估计来获得，其中$\mathbf{C}_T\equiv[\mathbf{I}_T-\lambda\mathbf{P}_T]$。把这个已变换方程写成

$$\check{\mathbf{y}}_i=\check{\mathbf{X}}_i\boldsymbol{\beta}+\check{\mathbf{v}}_i \tag{10.78}$$

$\check{\mathbf{v}}_i$的方差矩阵是$E(\check{\mathbf{v}}_i\check{\mathbf{v}}_i')=\mathbf{C}_T\boldsymbol{\Omega}\,\mathbf{C}_T=\sigma_u^2\mathbf{I}_T$，它就证实了，$\check{\mathbf{v}}_i$具有系统 OLS 估计的理想的方差矩阵。

很容易看出，$\check{\mathbf{y}}_i$的第t个元素是$y_{it}-\lambda\bar{y}_i$，而且对$\check{\mathbf{X}}_i$可以进行类似分析。因此，方程（10.78）的系统 OLS 估计正是

$$y_{it}-\lambda\bar{y}_i=(\mathbf{x}_{it}-\lambda\bar{\mathbf{x}}_i)\boldsymbol{\beta}+(v_{it}-\lambda\bar{v}_i)$$

的混合 OLS 估计，对于所有t与i。在假设 RE.3 下，此方程中的误差均是序列不相关的且是同方差的；因此，误差满足混合 OLS 分析的关键性条件。可行的 RE 估计量是用未知的λ的估计量$\hat{\lambda}$来代替λ，所以$\hat{\boldsymbol{\beta}}_{RE}$可以从

$$\hat{y}_{it}\text{对}\check{\mathbf{x}}_{it},\quad t=1,\cdots,T;i=1,\cdots,N \tag{10.79}$$

的混合 OLS 回归中计算出来，其中 $\check{\mathbf{x}}_{it}=\mathbf{x}_{it}-\hat{\lambda}\,\bar{\mathbf{x}}_i$，而 $\check{y}_{it}=y_{it}-\hat{\lambda}\,\bar{y}_i$，对于所有 t 与 i。因此，我们可以写成

$$\hat{\boldsymbol{\beta}}_{RE}=\left(\sum_{i=1}^{N}\sum_{t=1}^{T}\check{\mathbf{x}}_{it}'\check{\mathbf{x}}_{it}\right)^{-1}\left(\sum_{i=1}^{N}\sum_{t=1}^{T}\check{\mathbf{x}}_{it}'\check{y}_{it}\right) \tag{10.80}$$

源自混合 OLS 回归（10.79）的通常方差估计值 SSR/$(NT-K)$ 是 σ_u^2 的一致估计量。在假设 RE.1 至假设 RE.3 下，出自混合回归的通常 t 统计量与 F 统计量均是渐近有效的。对于 F 检验，我们可以从无约束模型中获得 $\hat{\lambda}$。

式（10.80）表明，随机效应估计量可以通过**准减去时间均值**（quasi-time demeaning）* 来获得：并非对解释变量以及因变量在每一个 t 时减去时间均值，而是由随机效应减去一部分时间均值。如果 $\hat{\lambda}$ 接近于 1，那么随机效应估计值与固定效应估计值均会趋于接近。为了看到这个结果什么时候会发生，把 $\hat{\lambda}$ 写成

$$\hat{\lambda}=1-\{1/[1+T(\hat{\sigma}_c^2/\hat{\sigma}_u^2)]\}^{1/2} \tag{10.81}$$

其中，$\hat{\sigma}_u^2$ 与 $\hat{\sigma}_c^2$ 分别是 σ_u^2 与 σ_c^2 的一致估计量（可参阅 10.4 节）。当 $T(\hat{\sigma}_c^2/\hat{\sigma}_u^2)$ 是很大的时候，$\hat{\lambda}$ 中的第二项就会很小，在此情形中，$\hat{\lambda}$ 接近于 1。实际上，当 $T\to\infty$，或当 $(\hat{\sigma}_c^2/\hat{\sigma}_u^2)\to\infty$ 时，$\hat{\lambda}\to 1$。对于大的 T，发现源自固定效应与随机效应的估计值是相似的，这并不令人感到惊讶。甚至对于小的 T，如果相对于 u_{it} 的估计方差来说，c_i 的估计方差是大的，那么随机效应就接近于固定效应，这是与一些应用相关的情形。（当 λ 接近于 1 时，随机效应估计量的精确性会接近于固定效应估计量的精确性，而非时变的解释变量的效应变得较难估计。）

例 10.7（在职培训津贴） 在例题 10.4 中，$T=3$，$\hat{\sigma}_u^2\approx 0.248$，并且 $\hat{\sigma}_c^2\approx 1.932$，进而得出 $\hat{\lambda}\approx 0.797$。这有助于解释为什么 RE 估计值与 FE 估计值会合理地接近。

式（10.80）与式（10.81）还表明，随机效应与混合 OLS 是如何相联系的。混合 OLS 可以通过设 $\hat{\lambda}=0$ 来得到，但是它永远不会是准确真实的，只是一个逼近而已。实际上，$\hat{\lambda}$ 通常不接近于 0，因为这一结果要求，相对于 $\hat{\sigma}_c^2$ 而言，$\hat{\sigma}_u^2$ 是大的。

在 10.4 节，我们强调随机效应的一致性会随 c_i 与 $\mathbf{x}_{it}$ 之间的正交性而定。实际上，假设 POLS.1 比假设 RE.1 更弱一些。现在，我们看到由于 RE 估计量使用了特殊变换的缘故，所以当假设 RE.1 被违背时，如果相对于 σ_u^2 而言，σ_c^2 是大的，或者如果 T 是大的，那么 RE 估计量的非一致性相对于混合 OLS 来说就是小的。

如果我们最初对面板数据研究中非时变变量的效应感兴趣，那么对不可观测效应与 $\mathbf{x}_{it}$ 之间的相关性而言，FE 估计量的稳健性实际上是无效的。如果不用工具变量方法——我们将在第 11 章中涉及一些内容，那么随机效应可

---

* 准减去时间均值：即减去时间均值的一部分。——译者注

能是我们的唯一选择。有时候，一旦假定我们具有每一小组之内的许多观测值时，RE 估计量的一些应用借助于囊括对应于各种各样小组之间的虚拟变量来试图控制 c_i 与 $\mathbf{x}_{it}$ 之间的偏相关。例如，如果我们具有一组工作人员的平均数据，那么我们可以在工资方程中包括城市虚拟变量。或者，如果我们拥有学生层面上的面板数据，那么我们可以包括学校虚拟变量。以囊括小组的虚拟变量方式来控制可能与 $\mathbf{x}_{it}$ 的（非时变）元素相关的异质性数据。通过利用 RE，我们有效地解释了归因于可观测非时变因素的任何剩余的序列相关。（遗憾的是，在经验研究中所使用的语言令人产生混乱，经常有人把学校虚拟变量称为“学校固定效应”，即使学校虚拟变量以随机效应分析的方式出现在个体层面上。）

利用准减去时间均值的数据的回归（10.79）在实践上可以拥有几个其他的应用。由于它仅是一个混合 OLS 回归，它与用 $\hat{\lambda}$ 代替 λ 的方法在渐近性上是相同的，所以我们很容易获得对于 c_i 与 u_{it} 之中的任意异方差性以及 $\{u_{it}\}$ 中的任意序列相关来说均是稳健的标准误。所需要的全部要求是，计量经济学软件程序包例如 Stata，可以计算关于混合 OLS 回归的标准误、t 与 F 统计量。进一步地，我们可以使用回归（10.79）的残差，比如说 $\hat{r}_{it}$，来检验 $r_{it} \equiv v_{it} - \lambda \bar{v}_i$ 中的序列相关，它在假设 RE. 3（a）下是序列不相关的。如果我们检测出 $\{r_{it}\}$ 中的序列相关，那么我们得出结论：假设 RE. 3（a）不满足，并且这一结果意味着，u_{it} 是序列相关的。尽管论证冗长且令人乏味，但是可以证明，λ 与 $\boldsymbol{\beta}$ 的估计并不会影响到源自 $\hat{r}_{it}$ 对 $\hat{r}_{i,t-1}$ 的混合 OLS 回归，$t=2, \cdots, T$，$i=1, \cdots, N$ 的通常的（或者异方差性稳健的）t 统计量之零假设极限分布。

10.7.3 比较随机效应估计量与固定效应估计量的豪斯曼检验

由于在随机效应方法与固定效应方法之间进行选择的关键性考虑是，c_i 与 $\mathbf{x}_{it}$ 是否为相关的，重要的是有一种检验这个假设的方法。豪斯曼（Hausman，1978）提出了一种基于随机效应估计值与固定效应估计值之间差异的检验。由于当 c_i 与 $\mathbf{x}_{it}$ 是相关的时候，FE 是一致的，而 RE 是非一致的，所以统计显著差异被解释成反对随机效应假设 RE. 1（b）的证据。这个解释隐含地假设 $\{x_{it}\}$ 关于 $\{u_{it}\}$ 是严格外生的，亦即假设 RE. 1（a）（FE. 1）成立。

在我们获得豪斯曼检验之前，存在三个告诫性解释。第一，严格外生性的假设 RE. 1（a）是在零假设与备择假设下得以维持的。对于任何 s 与 t，在 $\mathbf{x}_{is}$ 与 u_{it} 之间的相关既会引发 FE 是非一致的，又会导致 RE 是非一致的，而且它们两者的概率极限通常是不一样的。为了将豪斯曼检验视为 $\mathrm{Cov}(x_{it}, c_i)=0$ 的一个检验，我们必须维持假设 RE. 1（a）。

第二个告诫是，一旦假定在零假设下，假设 RE. 3 成立，通常就可以实施该检验。正如我们将看到的，这种设置意味着，随机效应估计量比 FE 估计量更为有效，并且它简化了检验统计量的计算。但是，我们应该强调，假设 RE. 3 是一个辅助性假设，同时它并没有被豪斯曼统计量所检验：豪斯曼检验对备择假设——假设 RE. 1 成立，而假设 RE. 3 不满足——没有系统势。假设 RE. 3 不满足会引起通常豪斯曼检验具有一个非标准极限分布，我们将在一个后述讨论中回到这个问题。

第三个告诫关系到我们可以比较的参数集。因为 FE 方法仅仅识别在时变解释变量上的参数，我们很清楚不能比较在非时变变量上的 FE 和 RE 系数。但是存在一个更微妙的问题：我们不能把加总时间效应上的系数包括在我们的比较中——那就是，仅仅跨 t 而改变的变量。正如在比较 FE 和 FD 估计的情形中，比较加总时间效应上的系数所带来的问题不是一个识别问题；我们知道 RE 和 FE 都允许包括一整套时间段的虚拟变量。该问题是在 $\hat{\boldsymbol{\beta}}_{FE}$ 与 $\hat{\boldsymbol{\beta}}_{RE}$ 之间差异的渐近方差矩阵的奇异性这样一个问题。习题 10. 17 要求你证明在模型 $y_{it}=\alpha+\mathbf{d}_1\boldsymbol{\eta}+\mathbf{w}_{it}\boldsymbol{\delta}+c_i+u_{it}$（其中，$\mathbf{d}_t$ 是加总时间效应的一个 $1\times R$ 维向量，而 $\mathbf{w}_{it}$ 是一个跨 i 和 t 而改变的 $1\times M$ 维回归元向量）中，$(\boldsymbol{\eta}', \boldsymbol{\delta}')'$ 的 FE 和 RE 估计量中的差异的渐近方差有秩 M，而非 $R+M$。（事实上，当模型中不包含 $\mathbf{w}_{it}$ 时，$\boldsymbol{\eta}$ 的 FE 和 RE 估计是同一的。习题 10. 18 要求你研究这个代数结果以及一个特殊数据集的一些相关要求。）

不考虑一般情形——其被渐近协方差矩阵的奇异性所复杂化——我们只假设在推导豪斯曼检验的传统形式的模型中不存在加总时间效应。因此，我们写出方程为 $y_{it}=\mathbf{x}_{it}\boldsymbol{\beta}+c_i+u_{it}=\mathbf{z}_i\gamma+\mathbf{w}_{it}\boldsymbol{\delta}+c_i+u_{it}$，其中 $\mathbf{z}_i$（比如说，$1\times J$ 维）至少包括一个截距项以及通常其他的非时变变量。$1\times M$ 维向量 $\mathbf{w}_{it}$ 的元素跨 i 和 t 而变化（像通常一样，至少对于某些单元和某些时间段而言），并且我们比较的正是 $\boldsymbol{\delta}$ 的 FE 和 RE 估计量。为推导出检验的传统形式，在零假设下我们维持假设 RE. 1 至假设 RE. 3，以及维持对于固定效应的秩条件——假设 FE. 2。

传统豪斯曼检验的一个关键组成部分是证明 FE 估计量的渐近方差从不会更小于，且通常是严格地更大于，RE 估计量的渐近方差。我们已经知道 FE 估计量的渐近方差：

$$\text{Avar}(\hat{\boldsymbol{\delta}}_{FE})=\sigma_u^2[\text{E}(\ddot{\mathbf{W}}_i'\ddot{\mathbf{W}}_i)]^{-1}/N \tag{10.82}$$

在 $\mathbf{z}_i$ 面前，$\text{Avar}(\hat{\boldsymbol{\delta}}_{RE})$ 的推导有一点更为冗长乏味，但是通过使用准减去时间均值数据对 RE 的混合 OLS 进行特征描述可以简化这一推导。定义 $\check{\mathbf{w}}_{it}=\mathbf{w}_{it}-\lambda\bar{\mathbf{w}}_i$ 作为准减去时间均值的时变回归元。为得到 $\text{Avar}(\hat{\boldsymbol{\delta}}_{RE})$，我们必须从 $\check{\mathbf{w}}_{it}$ 对 $(1-\lambda)\mathbf{z}_i$ 的混合回归中获取总体残差，当然，这一做法与舍弃 $(1-\lambda)$ 是相同的。把这些总体残差叫做 $\widetilde{\mathbf{w}}_{it}$。那么

$$\text{Avar}(\hat{\boldsymbol{\delta}}_{RE})=\sigma_u^2[\text{E}(\widetilde{\mathbf{W}}_i'\widetilde{\mathbf{W}}_i)]^{-1}/N \tag{10.83}$$

接下来，我们想证明 $\text{Avar}(\hat{\boldsymbol{\delta}}_{FE})-\text{Avar}(\hat{\boldsymbol{\delta}}_{RE})$ 是正定的。但是当 $[\text{Avar}(\hat{\boldsymbol{\delta}}_{RE})]^{-1}-[\text{Avar}\,\hat{\boldsymbol{\delta}}_{FE}]^{-1}$ 是正定的或 $\text{E}(\widetilde{\mathbf{W}}_i'\widetilde{\mathbf{W}}_i)-\text{E}(\ddot{\mathbf{W}}_i'\ddot{\mathbf{W}}_i)$ 是正定的时这才成立。为展示后者的结果，我们必须更加谨慎地描述 $\widetilde{\mathbf{w}}_{it}=\check{\mathbf{w}}_{it}-\mathbf{z}_i\boldsymbol{\Pi}$，其中，$\boldsymbol{\Pi}=[T\cdot\text{E}(\mathbf{z}_i'\mathbf{z}_i)]^{-1}\text{E}[\mathbf{z}_i'(\sum_{t=1}^{T}\check{\mathbf{w}}_{it})]=(1-\lambda)[\text{E}(\mathbf{z}_i'\mathbf{z}_i)]^{-1}\cdot\text{E}(\mathbf{z}_i'\bar{\mathbf{w}}_i)$。直接的代数计算给出了 $\widetilde{\mathbf{w}}_{it}=\check{\mathbf{w}}_{it}-(1-\lambda)\bar{\mathbf{w}}_i^*$，其中，$\bar{\mathbf{w}}_i^*=\text{L}(\bar{\mathbf{w}}\mid\mathbf{z}_i)$ 是 $\bar{\mathbf{w}}_i$ 对 $\mathbf{z}_i$ 的线性投影。我们

同样可以写出

$$\widetilde{\mathbf{w}}_{it}=\ddot{\mathbf{w}}_{it}+(1-\lambda)(\overline{\mathbf{w}}_i-\overline{\mathbf{w}}_i^*) \tag{10.84}$$

从中直接可得出

$$\begin{aligned}&\mathrm{E}(\widetilde{\mathbf{W}}_i'\widetilde{\mathbf{W}}_i)-\mathrm{E}(\ddot{\mathbf{W}}_i'\ddot{\mathbf{W}}_i)\\&=(1-\lambda)^2\mathrm{E}[(\overline{\mathbf{w}}_i-\overline{\mathbf{w}}_i^*)'(\overline{\mathbf{w}}_i-\overline{\mathbf{w}}_i^*)]\\&\quad+(1-\lambda)\sum_{t=1}^{T}\ddot{\mathbf{w}}_{it}'(\overline{\mathbf{w}}_i-\overline{\mathbf{w}}_i^*)+(1-\lambda)\sum_{t=1}^{T}(\overline{\mathbf{w}}_i-\overline{\mathbf{w}}_i^*)'\ddot{\mathbf{w}}_{it}\\&=(1-\lambda)^2\mathrm{E}[(\overline{\mathbf{w}}_i-\overline{\mathbf{w}}_i^*)'(\overline{\mathbf{w}}_i-\overline{\mathbf{w}}_i^*)]\end{aligned} \tag{10.85}$$

因为对于所有的 i 有 $\sum_{t=1}^{T}\ddot{\mathbf{w}}_{it}=\mathbf{0}$。对于 $\lambda<1$，且假设 $\overline{\mathbf{w}}_i-\mathrm{L}(\overline{\mathbf{w}}_i\mid\mathbf{z}_i)$ 有满秩方差——其意味着时变回归元的时间均值与非时变回归元不是完全共线性的——我们已经证明了 $\mathrm{E}(\widetilde{\mathbf{W}}_i'\widetilde{\mathbf{W}}_i)-\mathrm{E}(\ddot{\mathbf{W}}_i'\ddot{\mathbf{W}}_i)$ 是正定的。

同样可以证明，在假设 RE.1 至假设 RE.3 下，$\mathrm{Avar}(\hat{\boldsymbol{\delta}}_{FE}-\hat{\boldsymbol{\delta}}_{RE})=\mathrm{Avar}(\hat{\boldsymbol{\delta}}_{FE})-\mathrm{Avar}(\hat{\boldsymbol{\delta}}_{RE})$；纽韦和麦克法登（Newey and McFadden，1994，第 5.3 节）提供了一般的充分条件，在假设 RE.1 至假设 RE.3 下，这些条件被 FE 和 RE 估计量所满足。（在第 14 章我们关于一般的效率问题的讨论中，我们涵盖这些条件；可参阅引理 14.1 和相关讨论。）因此，我们可以计算豪斯曼统计量为

$$H=(\hat{\boldsymbol{\delta}}_{FE}-\hat{\boldsymbol{\delta}}_{RE})'[\widehat{\mathrm{Avar}(\hat{\boldsymbol{\delta}}_{FE})}-\widehat{\mathrm{Avar}(\hat{\boldsymbol{\delta}}_{RE})}]^{-1}(\hat{\boldsymbol{\delta}}_{FE}-\hat{\boldsymbol{\delta}}_{RE}) \tag{10.86}$$

在零假设下其有一个 χ_M^2 分布。$\mathrm{Avar}(\hat{\boldsymbol{\delta}}_{FE})$ 和 $\mathrm{Avar}(\hat{\boldsymbol{\delta}}_{RE})$ 的通常估计可以用于方程（10.86）中，但是如果使用 σ_u^2 的不同估计，中间的矩阵不需要是正定的，可能导致 H 的一个负值。最好在两个地方使用 σ_u^2 相同的估计（要么基于 FE，要么基于 RE）。

如果我们对检验一个单独系数的估计量之间的差异感兴趣，我们可以使用豪斯曼检验的一个 t 统计量形式。特别地，如果 δ 现在表示在所关注时变变量上的一个标量，我们可以使用 $(\hat{\delta}_{FE}-\hat{\delta}_{RE})/\{[\mathrm{se}(\hat{\delta}_{FE})]^2-[\mathrm{se}(\hat{\delta}_{RE})]^2\}^{1/2}$，倘若我们使用确保 $\mathrm{se}(\hat{\delta}_{FE})>\mathrm{se}(\hat{\delta}_{RE})$ 的标准误的版本。在假设 RE.1 至假设 RE.3 下，t 统计量有一个渐近标准正态分布。

迄今为止我们已经陈述了零假设是假设 RE.1 至假设 RE.3，但是表达式（10.84）允许我们具体描述隐含的零假设。从（10.84）中可见，在 $\boldsymbol{\delta}$ 的 RE 和 FE 估计之间的偏差是由于 $\overline{\mathbf{w}}_i-\overline{\mathbf{w}}_i^*$ 和 c_i 之间的相关性引起的（其中，我们维持假设 RE.1（a），这是一个以 c_i 为条件的严格外生性）。换句话说，豪斯曼检验是一个关于

$$\mathrm{H}_0:\mathrm{E}[(\overline{\mathbf{w}}_i-\overline{\mathbf{w}}_i^*)'c_i]=\mathbf{0} \tag{10.87}$$

的检验。由于几个原因，方程（10.87）是有趣的。首先，如果在 RE 估计中不存在非时变变量（除了一个全面截距项之外），零假设是 $\mathrm{Cov}(\overline{\mathbf{w}}_i, c_i)=\mathbf{0}$，其意味着我们真正在检验的是 $\mathbf{w}_{it}$ 的时间均值是否与不可观测效应相关。带有非时变

解释变量 $\mathbf{z}_i$ 时，在检验与 c_i 之间的相关性之前，我们首先消除 $\bar{\mathbf{w}}_i$ 和 $\mathbf{z}_i$ 之间的相关性以构建总体残差，$\bar{\mathbf{w}}_i-\bar{\mathbf{w}}_i^*$。一个直接的结果是，当在 $\mathbf{z}_i$ 中包括一个控制变量的富余集时，即便 $\bar{\mathbf{w}}_i$ 与 c_i 相关，$\bar{\mathbf{w}}_i-\bar{\mathbf{w}}_i^*$ 也有可能与 c_i 不相关。不出所料，一个在 $\mathbf{z}_i$ 中含有好的控制变量的 RE 分析和一个遗漏了这样的控制变量的 RE 分析可以产生关于 $\boldsymbol{\delta}$ 的非常不同的估计，而且 $\boldsymbol{\delta}$ 包括 $\mathbf{z}_i$ 在内的 RE 估计可能会比当 $\mathbf{z}_i$ 被排除在外时更接近于 FE 估计。比较 FE 和 RE 的豪斯曼检验的讨论通常假设：仅有时变解释变量被包括在 RE 估计中，但是对于含非时变控制变量的应用而言，那太过于严格。

方程（10.87）同样建议了一个基于回归的简单方法以计算一个豪斯曼统计量。事实上，我们将被引向一个基于回归的方法，如果我们使用一个由芒德拉克（Mundlak，1978）所设定的特别的相关 RE 假设：$c_i=\psi+\bar{\mathbf{w}}_i\boldsymbol{\xi}+a_i$，其中 a_i 有零均值且被假设与 $\mathbf{w}_i=(\mathbf{w}_{i1},\cdots,\mathbf{w}_{iT})$ 和 $\mathbf{z}_i$ 不相关。将 c_i 的表达式插入得到一个扩展方程：

$$y_{it}=\mathbf{x}_{it}\boldsymbol{\beta}+\bar{\mathbf{w}}_i\boldsymbol{\xi}+a_i+u_{it} \tag{10.88}$$

其中，我们将 ψ 吸收进 $\boldsymbol{\beta}$，因为我们假设 $\mathbf{x}_{it}$ 包括一个截距项。事实上，除了一个截距项外，非时变变量 $\mathbf{z}_i$，以及 $\mathbf{w}_{it}$，$\mathbf{x}_{it}$ 可以（而且通常应当）包含一整套时间段虚拟变量。芒德拉克（Mundlak，1978）建议检验 H_0：$\boldsymbol{\xi}=\mathbf{0}$ 以确定异质性是否与 $\mathbf{w}_{it}$ 的时间平均值相关。（顺带地，在方程（10.88）中的方程式清楚表明我们不能把加总时间变量的时间均值包括在 $\bar{\mathbf{w}}_i$ 中，因为时间均值仅仅将横跨所有 i 不变。）

我们应当怎样估计方程（10.88）中的参数？我们可以使用混合的 OLS 估计方程，或者我们可以使用随机效应估计方程，在假设 RE.1 至假设 RE.3 下，这些都是渐近有效的。正如其结果所表明的，$\boldsymbol{\xi}$ 的混合 OLS 和 RE 估计是同一的，而且 $\hat{\boldsymbol{\xi}}=\hat{\boldsymbol{\delta}}_B-\hat{\boldsymbol{\delta}}_{FE}$，其中 $\hat{\boldsymbol{\delta}}_B$（组间估计量）是来自 $\bar{\mathbf{y}}_i$ 对 $\mathbf{z}_i$，$\bar{\mathbf{w}}_i$ 的截面回归中 $\bar{\mathbf{w}}_i$ 上的系数向量，其中，$i=1$，…，N。进而，$\mathbf{w}_{it}$ 上的系数向量就是 FE 估计；要得到证明，请参阅芒德拉克（Mundlak，1978）和萧政（Hsiao，2003，第 3.2 节）。换句话说，基于回归的检验版本明确比较了 $\boldsymbol{\delta}$ 的组间估计和 FE 估计。豪斯曼和泰勒（Hausman and Taylor，1981）证明这与基于 RE 和 FE 估计的检验相同，因为 RE 估计量是组间和 FE 估计量的一个矩阵加权平均；同样参阅巴尔塔基（Baltagi，2001，第 2.3 节）。

$\boldsymbol{\delta}$ 的 FE 估计量——在 $\mathbf{w}_{it}$ 上的系数——是作为在方程（10.88）中获得的 RE 估计量，这进一步揭示了 RE 比 FE 有效的源泉。事实上，$\boldsymbol{\delta}$ 的 RE 估计量将 $\boldsymbol{\xi}$ 设置为 0。因为 $\bar{\mathbf{w}}_i$ 与 $\mathbf{w}_{it}$ 相关——通常是高度相关——当这样做是合规的时，从方程中舍弃它，由于减少了多重共线性，从而提高了对剩余参数估计的效率。当然，将 $\boldsymbol{\xi}$ 不恰当地设置为 0 导致了对于 $\boldsymbol{\delta}$ 的不一致估计，而且那是 RE 方法的危险。

如果我们使用混合 OLS 来检验 H_0：$\boldsymbol{\xi}=\mathbf{0}$，通常的混合 OLS 检验统计量将

是不合适的——至少是因为 a_i 所引发的序列相关。因为我们知道，容易得到一个完全稳健的方差矩阵估计量，且对于混合 OLS 来说，因此也得到一个完全稳健的瓦尔德统计量。这样一个统计量将对假设 RE.3 的被违背完全稳健。或者，我们可以用 RE 来估计（10.88），而且，如果我们维持假设 RE.3，我们可以使用一个利用通常的 RE 方差矩阵估计量计算出的标准瓦尔德检验。我们同样知道，容易获得一个完全稳健的瓦尔德统计量，即一个在零假设下不再维持假设 RE.3 的统计量。基于 RE 估计量的稳健瓦尔德统计量必然渐近等价于混合 OLS 的稳健瓦尔德统计量。

更早一些时候我们讨论了传统豪斯曼检验如何在零假设下维持假设 RE.3。为什么我们应当使豪斯曼检验对于假设 RE.3 的被违背稳健？关于这一点，在方法论和经验文献上存在一些认识上的混乱。豪斯曼（Hausman，1978）最初将其检验原则陈述为可应用到如下环境中：一个估计量在零假设下是有效的但在备择假设下是不一致的——在此情形中是 RE 估计量——以及另一个估计量在零假设与备择假设下是一致的但在零假设下是无效的——FE 估计量。当这个方案简化了检验统计量的计算时——见方程（10.86）——它绝不是为使检验有道理所必需的。在当前语境中，协变量是否与 c_i 相关（通过时间均值）和在 c_i 或 $\mathbf{u}_i=(u_{i1},\cdots,u_{iT})'$ 上的条件二阶矩假设——亦即对于假设 RE.3 是否成立——没有什么关系。事实上，将假设 RE.3 包括在零假设中只会使得传统豪斯曼检验能够检测的误设种类变得更加模糊。当然，该检验拥有检验出（10.87）的被违背的势——这是它想要拥有检验势的对象。但是非稳健豪斯曼统计量，不管是用（10.86）还是（10.88）计算——它们在假设 RE.3 下是渐近等价的——对于检测假设 RE.3 的被违背没有系统势。特别地，如果（10.87）成立且对于 FE 和 RE 的标准秩条件成立，不管假设 RE.3 是否成立，统计量均依分布收敛（而不是发散）。换句话说，检验对于检验 RE.3 来说是不一致的。这容易从（10.86）中看到。二次型将依分布收敛到一个呈一种多变量正态分布的二次型。如果假设 RE.3 成立，该二次型有一个含自由度为 M 的卡方分布，但在其他情形中不存在。如果没有假设 RE.3，使用 χ_m^2 分布来获取临界值，或 p 值，将导致一个在（10.87）下将是规模过小的或规模过大的检验——而且我们一般不能指出哪一个是这种情形。这个特征可搬到任何豪斯曼统计量中，其中，一个辅助假设得以维持，它意味着一个估计量在零假设下是渐近有效的。参阅伍德里奇（Wooldridge，1991b）在检验条件均值设定的情景中的进一步讨论。

为了进行总结，我们可以通过 RE 和 FE 估计包括加总时间效应、非时变变量及跨 i 和 t 改变的回归元在内的模型。但是，不管我们如何计算一个检验统计量，我们可以仅仅比较那些既跨 i 而改变、又跨 t 而改变的回归元上的系数。在方程（10.88）中基于回归的检验版本使人们容易获取一个含非退化渐近分布的统计量，而且同样容易使基于回归的检验对于假设 RE.3 的被违背完全稳健。

正如在任何使用统计推断的其他情景中那样，有可能得到一个 RE. 1（b）的统计拒绝（比如说，在 5%的水平上），且 RE 和 FE 估计之间的差异几乎很小。相反的情形同样是有可能的：在 RE 和 FE 估计之间可以存在看上去很大的差异，但是，由于很大的标准误，豪斯曼统计量无法拒绝。在这种情形下应当做什么？一个典型的回应是：得出随机效应假设成立，并且聚焦于 RE 估计。遗憾的是，我们会犯一个典型的第Ⅱ类错误：当它是错误的时，没有拒绝假设 RE. 1（b）。

习　题

10.1　考虑一个特殊行业（比如说制造业）的新资本投资模型，其中横截面观测值是以国家层面形式出现的，而且每一个国家有 T 年数据：

$$\log(invest_{it})=\theta_t+\mathbf{z}_{it}\gamma+\delta_1\ tax_{it}+\delta_2\ disaster_{it}+c_i+u_{it}$$

变量 tax_{it} 表示国家边际税率的测量，而 $disaster_{it}$ 表示虚拟指示符，如果在时间段 t 第 i 个国家存在着重大的自然灾害（例如，严重的洪水、暴风雨或者地震），那么它等于 1。变量 $\mathbf{z}_{it}$ 则包括其他影响资本投资的一些因素，而 θ_t 表示不同时间的截距。

a. 在此方程中，为什么考虑加总时间效应是重要的？

b. c_i 捕获了哪些类型的变量？

c. 以因果方式解释此方程，经济推理对 δ_1 会建议什么符号呢？

d. 详细解释你是如何估计该模型的；你所做的一些假设是明确的吗？

e. 讨论两个变量 tax_{it} 与 $disaster_{it}$ 严格外生性是否合理；假定这些变量都没有对资本投资的滞后效应。

10.2　假定你有 N 个工作个体的相同小组 $T=2$ 年的数据，考察下面的工资决定模型：

$$\log(wage_{it})=\theta_1+\theta_2\ d2_t+\mathbf{z}_{it}\gamma+\delta_1\ female_i+\delta_2 d2_t\cdot female_i+c_i+u_{it}$$

不可观测效应 c_i 允许与 $\mathbf{z}_{it}$ 以及 $female$ 是相关的。变量 $d2_t$ 表示时间段指示符，其中如果 $t=1$，那么 $d2_t=0$。在下述内容里，假定

$$\mathrm{E}(u_{it}\mid female_i,\mathbf{z}_{i1},\mathbf{z}_{i2},c_i)=0,t=1,2$$

a. 如果没有进一步假设，对数工资方程中什么参数可以一致地被估计出来？

b. 解释系数 θ_2 与 δ_2。

c. 对于两个时间段情形，明确地写出对数工资方程。证明，差分方程可以写成

$$\Delta\log(wage_i)=\theta_2+\Delta\mathbf{z}_i\gamma+\delta_2 female_i+\Delta u_i$$

其中 $\Delta\log(wage_i)=\log(wage_{i2})-\log(wage_{i1})$等等。

d. 如果 $\mathrm{Var}(\Delta u_i|\Delta z_i, female_i)$不是常数，将如何检验 $H_0:\delta_2=0$？

10.3 对于 $T=2$，考察标准的不可观测效应模型

$$y_{it}=\mathbf{x}_{it}\boldsymbol{\beta}+c_i+u_{it},\quad t=1,2$$

设 $\hat{\boldsymbol{\beta}}_{FE}$ 与 $\hat{\boldsymbol{\beta}}_{FD}$ 分别表示固定效应估计量与一阶差分估计量。

a. 证明，FE 估计值与 FD 估计值在数值上是相同的。

b. 证明，源自 FE 方法与 FD 方法的误差方差估计值在数值上是相同的。

10.4 对于含有两个时间段的面板数据的项目评估来说，其共同的设置如下。设 y_{it}表示单位 i 在时间段 t 所关注的结果。在 $t=1$ 时，一个人也没有处于项目之中；在 $t=2$ 时，一些单位处于控制组之中，而另外一些单位处于处理组之中。设 $prog_{it}$表示二值指示符，如果单位 i 在时间段 t 处于项目之中，那么它等于1；由项目设计知，对于所有 i，$prog_{i1}=0$。一个没有附加协变量的不可观测效应模型是

$$y_{it}=\theta_1+\theta_2 d2_t+\delta_1\ prog_{it}+c_i+u_{it},\quad \mathrm{E}(u_{it}|prog_{i2},c_i)=0$$

其中，$d2_t$表示虚拟变量，如果 $t=2$，那么它等于 1，而且如果 $t=1$，那么它等于 0，同时 c_i表示不可观测效应。

a. 请解释在这些背景下，囊括 $d2_t$为什么是重要的。特别地，省去 $d2_t$会产生什么问题呢？

b. 为什么将 c_i 包括在方程中是重要的？

c. 利用一阶差分方法证明，$\hat{\theta}_2=\overline{\Delta y}_{control}$，而且$\hat{\delta}_1=\overline{\Delta y}_{trent}-\overline{\Delta y}_{control}$，其中 $\overline{\Delta y}_{control}$表示对于满足 $prog_{i2}=0$ 的 y 在两个时间段上的平均变化，而$\overline{\Delta y}_{treat}$表示对于满足 $prog_{i2}=1$ 的 y 组的平均变化。这个公式表明，倍差法估计量$\hat{\delta}_1$是从一个不可观测效应面板数据模型中产生的。

d. 写出 T 个时间段时此模型的推广形式。

e. 获得两年面板数据 DD 估计量的一个共同方法出自模型

$$y_{it}=\alpha_1+\alpha_2 start_t+\alpha_3 prog_i+\delta_1\ start_t\ prog_i+u_{it} \tag{10.89}$$

其中 $\mathrm{E}(u_{it}\mid start_t,\ prog_i)=0$，$prog_i$表示单位 i 是否在第 2 个时间段处于项目之中，而 $start_t$表示二值变量，用以指示什么时候项目开始。在两个时间段结构中，$start_t=d2_t$，而 $prog_{it}=start_t prog_i$。δ_1的混合 OLS 估计量是源自 c 部分的 DD 估计量。对于 $T>2$，源自 d 部分的不可观测效应模型与方程（10.81）的混合估计通常不再得出相同的项目效应估计值。你更喜欢哪一个方法？为什么？

10.5 假定假设 RE.1 与假设 RE.3（a）成立，但是 $\mathrm{Var}(c_i|\mathbf{x}_i)\neq\mathrm{Var}(c_i)$。

a. 阐述 $\mathrm{E}(\mathbf{v}_i\mathbf{v}_i'\mid\mathbf{x}_i)$ 的一般特性。

b. 随机效应估计量的渐近性质以及相关的检验统计量是什么？

c. 随机效应统计量应该如何修正？

10.6　对于一个模型，其中 x_{it} 跨 i 和 t 而变化，定义 $K\times K$ 维对称矩阵 $\mathbf{A}_1\equiv\mathrm{E}(\Delta\mathbf{X}_i'\Delta\mathbf{X}_i)$ 与 $\mathbf{A}_2\equiv\mathrm{E}(\ddot{\mathbf{X}}_i'\ddot{\mathbf{X}}_i)$，并且假定它们都是正定的。定义 $\hat{\boldsymbol{\theta}}\equiv(\hat{\boldsymbol{\beta}}'_{FD},\hat{\boldsymbol{\beta}}'_{FE})'$ 与 $\boldsymbol{\theta}\equiv(\boldsymbol{\beta}',\boldsymbol{\beta}')'$，它们都是 $2K\times 1$ 维的向量。

a. 在假设 FE.1（以及我们给出的秩条件）下，求出用 $\mathbf{A}_1$，$\mathbf{A}_2$，以及 $N^{-1/2}\sum_{i=1}^{N}\Delta\mathbf{X}'_i\Delta\mathbf{u}_i$ 和 $N^{-1/2}\sum_{i=1}^{N}\ddot{\mathbf{X}}_i'\ddot{\mathbf{u}}_i$［含有一个 $\mathrm{o}_p(1)$ 余项］表示的 $\sqrt{N}(\hat{\boldsymbol{\theta}}-\boldsymbol{\theta})$。

b. 解释如果没有进一步假设，如何一致地估计 $\mathrm{Avar}\sqrt{N}(\hat{\boldsymbol{\theta}}-\boldsymbol{\theta})$。

c. 使用 a 部分与 b 部分去获得一个稳健的豪斯曼统计量，比较 FD 估计量与 FE 估计量。在 H_0 下，你的统计量之极限分布是什么？

d. 如果 $\mathbf{x}_{it}=(\mathbf{d}_t,\mathbf{w}_{it})$，其中 $\mathbf{d}_t$ 是一个 $1\times \boldsymbol{R}$ 维的加总时间变量向量，你能比较 β 的所有 FD 和 FE 估计量吗？请解释。

10.7　利用 GPA. RAW 中的两个学期数据，估计例题 7.8 的不可观测效应模型形式。你应该省去变量 *cumgpa*（因为这个变量违背了严格外生性）。

a. 通过随机效应估计此模型，并且解释当令变量上的系数。

b. 通过固定效应估计此模型；非正规地把此估计值与 RE 估计值相比较，尤其是对当令效应方面的比较。

c. 构造一个非稳健的豪斯曼检验来比较 RE 与 FE。除了学期虚拟变量之外，$\mathbf{w}_{it}$ 中包括了所有变量，$\mathbf{w}_{it}$ 具有跨 i 与 t 的某种变异（variation）。

10.8　利用 NORWAY. RAW 中的关于 1972 年与 1978 年的两年数据进行面板数据分析。此模型是一个简单的分布滞后模型：

$$\log(crime_{it})=\theta_0+\theta_1 d78_t+\beta_1\, clprc_{i,t-1}+\beta_2\, clprc_{i,t-2}+c_i+u_{it}$$

变量 *clrprc* 表示结案（clear-up）百分率（犯罪结案百分率）。此数据包括两年数据，所需要的滞后变量作为每年的变量。

a. 首先，利用混合 OLS 分析估计这个方程。然后，评述结案百分率的不同效应，包括解释系数的大小。一旦假定严格外生性（参阅 7.8 节），检验综合误差 v_{it} 中的序列相关。

b. 通过固定效应估计此方程，并且把该估计值与混合 OLS 估计值相比较。检验序列相关存在理由吗？求出 FE 估计值的异方差性稳健标准误。

c. 利用 FE 分析，检验假设 H_0：$\beta_1=\beta_2$。你会得出什么结论？如果此假设被拒绝，更节省的模型是什么呢？估计这个模型。

10.9　对本题利用 CORNWELL. RAW 中的数据。

a. 对于习题 7.11a 既对随机效应形式模型进行估计，又对固定效应模型形式进行估计。计算比较 RE 和 FE 的豪斯曼检验的基于回归版本。

b. 增加（用对数形式表示的）工资变量，并且检验由固定效应所估计的联合显著性。

c. 借助于一阶差分估计此方程，并且评述任何值得注意的变化。固定效应方法与一阶差分方法之间的标准误变化很大吗？

d. 对一阶差分方程检验 AR(1) 序列相关。

10.10　用最近三年被处死刑人数来解释当前谋杀率的一个不可观测效应模型是

$$mrdrte_{it}=\theta_t+\beta_1\ exec_{it}+\beta_2\ unem_{it}+c_i+u_{it}$$

其中 $mrdrte_{it}$ 表示每 10 000 人中第 t 年期间第 i 个州的谋杀人数，$exec_{it}$ 表示当年与前两年被处死刑的总人数；而 $unem_{it}$ 表示当前失业率，作为一个控制因素。

a. 使用 MURDER. RAW 中的数据，利用一阶差分方法估计这个模型。注意，你应该允许出现不同的截距。检验一阶差分方程中误差的序列相关。

b. 利用固定效应方法估计此模型。是否存在着与 FD 估计值不同的重要差异?

c. 在什么情形中，$exec_{it}$ 不是（以 c_i 为条件）严格外生的?

10.11　对于本方程利用 LOWBIRTH. RAW 中的数据。

a. 对于 1987 年与 1990 年，考虑州层面方程

$$\begin{aligned}lowbrth_{it}=&\theta_1+\theta_2 d90_t+\beta_1\ afdcprc_{it}+\beta_2\log(phypc_{it})\\&+\beta_3\log(bedspc_{it})+\beta_4\log(pcinc_{it})\\&+\beta_5\log(popul_{it})+c_i+u_{it}\end{aligned}$$

其中因变量表示归类到出生体重低（low birth weight）人口的出生百分数，而关键性解释变量是 $afdcprc$，它表示处于福利项目——未成年儿童家庭救济(Aid to Families with Dependent Children，AFDC）——之中的人口百分数。其他一些变量——充当对健康质量以及收入水平的控制——是人均医生、人均病床、人均收入以及人口。以因果方式解释此方程，每一个 β_j 应该具有什么符号?（注意，参加 AFDC 可使贫穷妇女在营养项目与胎儿期护理方面达到合格水平。）

b. 通过混合 OLS 估计上述方程，并且对结果进行讨论。你应该报告通常的标准误与序列相关—稳健标准误。

c. 差分此方程去掉州固定效应 c_i，并且重新估计此方程。解释 β_1 的估计值，并把它与 b 部分的估计值相比较。你对 $\hat{\beta}_2$ 如何解释?

d. 把 $afdcprc^2$ 添加到模型中，而且利用一阶差分估计它。$afdcprc$ 与 $afdcprc^2$ 上的估计值哪一个明显? 在二次项中所估计的拐点是什么?

10.12　利用 WAGEPAN. RAW 中的数据，取自维拉和维比德（Vella and Verbeed，1998)，其中从 1980 年到 1987 年期间，545 个男子每人每年都在工作。考察工资方程

$$\begin{aligned}\log(wage_{it})=&\theta_t+\beta_1 educ_i+\beta_2 black_i+\beta_3 hisp_i+\beta_4 exper_{it}\\&+\beta_5 exper_{it}^2+\beta_6 married_{it}+\beta_7 union_{it}+c_i+u_{it}\end{aligned}$$

一些变量已经在数据集合中得以描述。注意到，教育并不会跨时间而变化。

a. 通过混合 OLS 估计这个方程，然后以标准形式报告结果。即使 c_i 与所有解释变量是不相关的，通常的 OLS 标准误是可信的吗? 请解释。计算出适当的标准误。

b. 利用随机效应方法估计此工资方程，把你的估计值与混合 OLS 估计值相比较。

c. 现在利用固定效应方法估计此方程。尽管 $exper_{it}$ 跨时间变化，为什么 $exeper_{it}$ 在模型中会是多余的？把婚姻与工会报酬与其随机效应估计相比较会发生什么情况？

d. 现在把交互作用项 $d81 \cdot educ$，$d82 \cdot educ$，…，$d87 \cdot educ$ 添加进去，然后利用固定效应方法估计此方程。受教育回报会跨时间增加吗？

e. 转回到 c 部分中由固定效应方法所估计的最初模型上。把工会变量的引领项 $union_{i,t+1}$ 添加到方程中，然后利用固定效应方法估计该模型（注意，你失去了 1987 年的数据）。$union_{i,t+1}$ 会是显著的吗？这个结果对工会会员的严格外生性来说表明了什么呢？

f. 回到最初的模型，但添加交互项 $blank_i \cdot union_{it}$ 和 $hisp_i \cdot union_{it}$，工会工资溢价会因种族而异吗？获得通常的 FE 统计量以及那些对于异方差性与序列相关性完全稳健的 FE 统计量。

g. 添加 $union_{i,t+1}$ 到来自 f 部分的方程中，并获得关于 $\{union_{it}: t=1,\cdots,T\}$ 是严格外生的假设的一个完全稳健的检验。

10.13　在假设

$$\mathrm{E}(u_{it} | \mathbf{x}_i, \mathbf{h}_i, c_i)=0, \mathrm{Var}(u_{it} | \mathbf{x}_i, \mathbf{h}_i, c_i)=\sigma_u^2 h_{it}, \quad t=1,\cdots,T$$

其中 $\mathbf{h}_i=(h_{i1},\cdots,h_{iT})$ 下，考察标准线性不可观测效应模型（10.11）。换句话讲，误差表明了异方差性依赖于 h_{it}。（在重要情形中，h_{it} 是 $\mathbf{x}_{it}$ 的一个函数。）相对于 a_i，$i=1$，…，N 与 $\mathbf{b}$ 而言，假定你通过最小化残差平方加权和

$$\sum_{i=1}^{N}\sum_{t=1}^{T}(y_{it}-a_1 d1_i-\cdots-a_N dN_i-\mathbf{x}_{it}\mathbf{b})^2/h_{it}$$

来估计 $\boldsymbol{\beta}$，其中如果 $i=n$，那么 $dn_i=1$。（这看起来像是虚拟变量回归的自然类比，对已知的异方差性进行修正。我们可以把这个称为一个固定效应加权最小二乘估计量。）

a. 证明 FEWLS 估计量对于当 $N\to\infty$ 时固定的 T 而言一般是一致的。你需要方差函数在 $\mathrm{Var}(u_{it} | \mathbf{x}_i, \mathbf{h}_i, c_i)=\sigma_u^2 h_{it}$，$t=1$，…，$T$ 的意义上是正确设定的吗？请解释。

b. 假设方差函数是正确设定的并且 $\mathrm{Cov}(u_{it}, u_{is} | \mathbf{x}_i, \mathbf{h}_i, c_i)=0$，$t\neq s$，找出 $\sqrt{N}(\hat{\boldsymbol{\beta}}_{FEWLS}-\boldsymbol{\beta})$ 的渐近方差。

c. 在 b 部分的假设下，你如何估计 σ_u^2 和 $\mathrm{Avar}[\sqrt{N}(\hat{\boldsymbol{\beta}}_{FEWLS}-\boldsymbol{\beta})]$？

d. 如果方差函数是误设的，或者在 u_{it} 中存在序列相关，或者同时存在前述两大问题，你如何估计 $\mathrm{Avar}[\sqrt{N}(\hat{\boldsymbol{\beta}}_{FEWLS}-\boldsymbol{\beta})]$？

10.14　假定我们有不可观测效应模型

$$y_{it}=\alpha+\mathbf{x}_{it}\boldsymbol{\beta}+\mathbf{z}_i\gamma+h_i+u_{it}$$

其中 $\mathbf{x}_{it}$（$1\times K$ 维）表示时变的向量，$\mathbf{z}_i$（$1\times M$ 维）表示非时变的向量，$\mathrm{E}(u_{it} | \mathbf{x}_i$，

$\mathbf{z}_i, h_i)=0$，$t=1$，…，T，并且 $\mathrm{E}(h_i \mid \mathbf{x}_i, \mathbf{z}_i)=0$。设 $\sigma_h^2=\mathrm{Var}(h_i)$，且 $\sigma_u^2=\mathrm{Var}(u_{it})$。如果我们通过固定效应方法估计 $\boldsymbol{\beta}$，那么我们就是估计方程 $y_{it}=\mathbf{x}_{it}\boldsymbol{\beta}+c_i+u_{it}$，其中$c_i=\alpha+\mathbf{z}_i\boldsymbol{\gamma}+h_i$。

a. 求 $\sigma_c^2 \equiv \mathrm{Var}(c_i)$。证明，$\sigma_c^2$至少与$\sigma_h^2$一样大，而且通常严格地大于$\sigma_h^2$。

b. 解释为什么通过固定效应方法所得到的模型估计将导致比通过随机效应方法所估计出的不可观测效应的估计方差大。对此结果给出直观意义说明。

c. 如果 λ_c 是准减去时间均值参数且在模型中不含 $\mathbf{z}_i$，以及 λ_h 是准减去时间均值参数且在模型中包含 $\mathbf{z}_i$，证明 $\lambda_c \geqslant \lambda_h$，如果 $\gamma \neq 0$ 时为严格不等号。

d. 关于使用与 FE 相对的混合 OLS 作为第一步估计量，以估计在 RE 估计中的不可观测异质性的方差，c 部分意味着什么？

e. 假设除在原始模型中成立的假设 RE. 1 至假设 RE. 3 之外，$\mathrm{E}(\mathbf{z}_i \mid \mathbf{x}_i)=\mathbf{0}$，$t=1$，…，$T$，以及 $\mathrm{Var}(\mathbf{z}_i \mid \mathbf{x}_i)=\mathrm{Var}(\mathbf{z}_i)$。直接证明——亦即，通过比较两个渐近方差——包含了 $\mathbf{z}_i$ 的 RE 估计量比排除了 $\mathbf{z}_i$ 的 RE 估计量渐近更有效。(该结果同样可从没有假设 $\mathrm{Var}(c_i \mid \mathbf{x}_i)=\mathrm{Var}(c_i)$ 的习题 7.15 得到;）事实上，我们仅仅需要假设 $\mathbf{z}_i$ 与 $\mathbf{x}_i$ 无关。

10.15 首先在一个 RE 假设的更强版本下。考虑标准不可观测效应模型像往常一样，设 $v_{it}=c_i+u_{it}$，$t=1$，…，T 是复合误差。然后，除假设 RE. 1 至假设 RE. 3 之外，假设 $T \times 1$ 维向量 $\mathbf{v}_i$ 与 $\mathbf{x}_i$ 独立并且所有涉及 $\mathbf{v}_i$ 的条件期望都是线性的。

a. 设 $\bar{v}_i$ 是 v_{it}的时间平均。论证 $\mathrm{E}(v_{it} \mid \mathbf{x}_i, \bar{v}_i)=\mathrm{E}(v_{it} \mid \bar{v}_i)=\bar{v}_i$。(提示：证明第二个等式，回忆一下，因为期望被假设是线性的，$\bar{v}_i$ 上的系数是 $\mathrm{Cov}(v_{it}, \bar{v}_i)/\mathrm{Var}(\bar{v}_i)$。)

b. 使用 a 部分证明

$$\mathrm{E}(y_{it} \mid \mathbf{x}_i, \bar{y}_i)=\mathbf{x}_{it}\boldsymbol{\beta}+(\bar{y}_i-\bar{\mathbf{x}}\boldsymbol{\beta})$$

c. 论证基于 b 部分的 $\boldsymbol{\beta}$ 的估计导致了 FE 估计量。

d. 你如何调和 d 部分与已经假设了完全 RE 假设的事实？(提示：什么是在 RE 估计下面的条件期望?)

e. 证明引出 c 部分的那些论证在仅使用根据假设 RE. 1 至假设 RE. 3 的线性投影可继续存在。

10.16 假设通过时间段 $T+1$，习题 10.15 中的假设成立。假如你想要在时间 T 预测 $y_{i,T+1}$，其中你知道除在 $\mathbf{x}$ 和 y 上的所有过去值之外的 $\mathbf{x}_{i,T+1}$。

a. 可以证明，在给定假设下，有 $\mathrm{E}(v_{i,T+1} \mid \mathbf{x}_i, \mathbf{x}_{i,T+1}, v_{i1}, \cdots, v_{iT})=\mathrm{E}(v_{i,T+1} \mid \bar{v}_i)$。用这个去证明 $\mathrm{E}(v_{i,T+1} \mid \bar{v}_i)=[\sigma_c^2/(\sigma_c^2+\sigma_u^2/T)]\bar{v}_i$。

b. 用 a 部分去推导 $\mathrm{E}(y_{i,T+1} \mid \mathbf{x}_{i1}, \cdots, \mathbf{x}_{iT}, \mathbf{x}_{i,T+1}, y_{i1}, \cdots, y_{iT})$。

c. 对 b 部分中的期望与 $\mathrm{E}(y_{i,T+1} \mid \mathbf{x}_{i1}, \cdots, \mathbf{x}_{iT}, \mathbf{x}_{i,T+1})$ 进行比较。

d. b 部分和 c 部分中两个期望的哪一个会导致像预测误差的最小方差所定义的那样更好的一个预测？

e. 如果你不得不估计所有的未知总体参数，你如何预测 $y_{i,T+1}$？

10.17 考虑一个标准不可观测效应模型，但其中我们明确分离出了加总时间效应，比如说 $\mathbf{d}_t$，一个 $1\times R$ 维向量，其中 $R\leqslant T-1$。（这些通常是一整套时间段虚拟变量，但它们可能是其他的加总时间变量，诸如时间的特定函数。）因此，模型是

$$y_{it}=\alpha+\mathbf{d}_t\boldsymbol{\eta}+\mathbf{w}_{it}\boldsymbol{\delta}+c_i+u_{it},\quad t=1,\cdots,T$$

其中 $\mathbf{w}_{it}$ 是跨 i 和 t 而变动的解释变量的 $1\times M$ 维向量。因为 $\mathbf{d}_t$ 不跨 i 而改变，所以我们将它们看作是非随机的。因为我们已经在模型中包含了一个截距项，我们可以假设 $\mathrm{E}(c_i)=0$。设 $\lambda=1-\{1/[1+T(\sigma_c^2/\sigma_u^2)]\}^{1/2}$ 是 RE 估计的通常的准减去时间均值参数。在随后部分，我们把 λ 看成已知的，因为估计它不影响渐近分布的结果。

a. 证明我们可以写出关于 RE 估计的准减去时间均值方程为

$$y_{it}-\lambda\bar{y}_i=\mu+(\mathbf{d}_t-\bar{\mathbf{d}})\boldsymbol{\eta}+(\mathbf{w}_{it}-\lambda\bar{\mathbf{w}}_i)\boldsymbol{\delta}+(v_{it}-\lambda\bar{v}_i)$$

其中 $\mu=(1-\lambda)\alpha+(1-\lambda)\bar{\mathbf{d}}\boldsymbol{\eta}$，$v_{it}+c_i+u_{it}$，以及 $\bar{\mathbf{d}}=T^{-1}\sum_{t=1}^{T}\mathbf{d}_t$ 是非随机的。

b. 为在不改变发现结果的实质时简化代数计算，假设 $\mu=0$ 以及我们在估计准减去时间均值方程时排除了一个截距项。写出 $\mathbf{g}_{it}=(\mathbf{d}_t-\bar{\mathbf{d}},\mathbf{w}_{it}-\lambda\bar{\mathbf{w}}_i)$ 和 $\boldsymbol{\beta}=(\boldsymbol{\eta}',\boldsymbol{\delta}')'$。通过使用从 $y_{it}-\lambda\bar{y}_i$ 对 $\mathbf{g}_{it}$ 的混合 OLS 估计量，其中 $t=1$，…，T；$i=1$，…，N，我们将研究 RE 估计量的渐近分布。证明在假设 RE.1 以及假设 RE.2 下，有

$$\sqrt{N}(\hat{\boldsymbol{\beta}}_{RE}-\boldsymbol{\beta})=\mathbf{A}_1^{-1}N^{-1/2}\sum_{i=1}^{N}\sum_{t=1}^{T}\mathbf{g}_{it}'(v_{it}-\lambda\bar{v}_i)+\mathrm{o}_p(1)$$

其中 $\mathbf{A}_1\equiv\sum_{t=1}^{T}\mathrm{E}(\mathbf{g}_{it}'\mathbf{g}_{it})$。进而，证明对于任何 i，

$$\sum_{t=1}^{T}(\mathbf{d}_t-\bar{\mathbf{d}})(v_{it}-\lambda\bar{v}_i)=\sum_{t=1}^{T}(\mathbf{d}_t-\bar{\mathbf{d}})u_{it}$$

c. 证明在假设 FE.1 和假设 FE.2 下，

$$\sqrt{N}(\hat{\boldsymbol{\beta}}_{FE}-\boldsymbol{\beta})=\mathbf{A}_2^{-1}N^{-1/2}\sum_{i=1}^{N}\sum_{t=1}^{T}\mathbf{h}_{it}'u_{it}+\mathrm{o}_p(1)$$

其中 $\mathbf{h}_{it}=(\mathbf{d}_t-\bar{\mathbf{d}},\ \mathbf{w}_{it}-\bar{\mathbf{w}}_i)$ 以及 $\mathbf{A}_2\equiv\sum_{t=1}^{T}\mathrm{E}(\mathbf{h}_{it}'\mathbf{h}_{it})$。

d. 在假设 RE.1、假设 FE.1 以及假设 FE.2 下，证明 $\mathbf{A}_1\sqrt{N}(\hat{\boldsymbol{\beta}}_{RE}-\boldsymbol{\beta})-\mathbf{A}_2\sqrt{N}(\hat{\boldsymbol{\beta}}_{FE}-\boldsymbol{\beta})$ 具有一个秩为 M 而不是 $R+M$ 的渐近方差矩阵。

e. 当模型包含了任何一种加总时间变量时，d 部分对于一个比较假设 FE 和假设 RE 的豪斯曼检验来说具有什么含义？假设 RE.3 在零假设下是否成立重要吗？

10.18 使用 WAGEPAN.RAW 中的数据回答这个问题。

a. 使用 $lwage$ 作为被解释变量，估计包含截距项和从 $d81$ 到 $d87$ 的年度虚

拟变量的模型。使用混合 OLS，RE，FE 和 FD。(其中在后者情形中你要差分你的虚拟变量，连同 *lwage*，以及在 FD 回归中遗漏一个综合性常数。）对于在虚拟变量上的系数，你能得出什么结论呢？

b. 添加非时变变量 *educ*，*black* 以及 *hisp* 到模型中，并通过 POLS 和 RE 来估计它。如何比较这些系数呢？如果你通过 FE 来估计方程的话会发生什么呢？

c. 来自 b 部分的 POLS 和 RE 标准误是相同的吗？哪个可能是更可信赖的？

d. 获取关于 POLS 的完全稳健标准误。你会偏好这些或者通常的 RE 标准误吗？

e. 获取完全稳健的 RE 标准误。这些和完全稳健的 POLS 标准误之间如何比较？为什么？

第 11 章 线性不可观测效应模型的更多专题

在 11.1 节，我们简要处理 GMM 方法以估计第 10 章中标准的可加效应模型，同时强调了标准估计量和 GMM 的 3SLS 估计量之间的某些等价性。在 11.2 节，我们涵盖了对一些模型的估计，这些模型在最低程度上不能满足以不可观测异质性为条件的严格外生性假设（假设 FE.1）。相反，假设我们使用了在所有时间段都与特质误差不相关的工具变量（IV）。依赖于这些工具是否也与不可观测效应相关，我们被引导到随机效应或固定效应 IV 方法上来。11.3 节证明这些方法是如何应用到豪斯曼和泰勒（Hausman and Taylor，1981）模型中的，其中一个解释变量的子集被允许是内生的，但要有足够的外生解释变量可用，这样才能应用 IV 方法。

11.4 节将 IV 方法与一阶差分法结合起来。在 11.5 节中，我们研究了出现测量误差时固定效应和一阶差分估计量的性质，并建议了一些 IV 的解决方法。在 11.6 节中，我们明确涵盖了带有序贯外生解释变量的不可观测效应模型，包括带有滞后被解释变量的模型。在 11.7 节中，我们转向含有单元特有斜率的模型，包括单元特有时间趋势这种重要的特殊情形。

11.1 标准线性不可观测效应模型的广义矩方法(GMM)

11.1.1 GMM 的 3SLS 和标准估计量之间的等价性

在第 10 章中，我们广泛涵盖了对不可观测效应模型的估计

$$y_{it}=\mathbf{x}_{it}\boldsymbol{\beta}+c_i+u_{it},\quad t=1,\cdots,T \tag{11.1}$$

我们可以对所有 T 个时间段将该式写成

$$\mathbf{y}_i=\mathbf{X}_i\boldsymbol{\beta}+c_i\mathbf{j}_T+\mathbf{u}_i=\mathbf{X}_i\boldsymbol{\beta}+\mathbf{v}_i \tag{11.2}$$

其中，$\mathbf{j}_T$ 是关于 1 的 $T\times1$ 维向量，$\mathbf{u}_i$ 是 $T\times1$ 维的特质误差向量，$\mathbf{v}_i=c_i\mathbf{j}_T+\mathbf{u}_i$ 是 $T\times1$ 维的复合误差向量。随机效应（RE）、固定效应（FE）以及一阶差分（FD）仍然是利用严格外生解释变量以估计方程（11.1）中的 $\boldsymbol{\beta}$ 最流行的方法。正如我们在第 10 章中所看到的，这些估计中的每一个都是一致的，而无须对复合误差（$\mathbf{v}_i$）或特质误差（$\mathbf{u}_i$）的方差—协方差矩阵施加约束。我们同样看到，在 RE 情形中的 $\mathbf{v}_i$、FE 情形中的 $\mathbf{u}_i$ 以及 FD 情形中的 $\Delta\mathbf{u}_i$ 的条件二阶矩矩阵上的一套特殊的假设下，每个估计量都是渐近有效的。回忆一下，意味着渐近有效的二阶矩假设有两个方面。首先，假定无条件方差—协方差矩阵存在一个特殊的结构。其次，假定所有情形都是系统同方差性的。（宽松地，条件方差和协方差不依赖于解释变量。）

我们已经看到了，在 RE、FE 和 FD 背景下如何考虑无约束的无条件方差—协方差矩阵：我们仅仅是将无约束 FGLS 应用到恰当的变换方程中。然而，比如说，FEGLS 估计量的有效性取决于系统同方差假设 $\mathrm{E}(\mathbf{u}_i\mathbf{u}_i'\mid\mathbf{x}_i,c_i)=\mathrm{E}(\mathbf{u}_i\mathbf{u}_i')$。根据假设 RE.1，只有当 $\mathrm{E}(\mathbf{v}_i\mathbf{v}_i'\mid\mathbf{x}_i)=\mathrm{E}(\mathbf{v}_i\mathbf{v}_i')$ 时，含无约束 $\mathrm{Var}(\mathbf{v}_i)$ 的 FGLS 估计的有效性才能得到保证。如果这一假设不成立，含最优加权矩阵的 GMM 一般会更有效，因此，可能值得对（11.2）应用 GMM 方法（或者，在 FE 情形中，经过了适当变换的一套方程组）。

我们首先假定假设 RE.1 成立，如此则对于所有的 s 和 t，$\mathbf{x}_{is}$ 与复合误差 v_{it} 不相关。（事实上，假设 RE.1 中的零条件均值假设意味着 $\mathrm{E}(\mathbf{v}_i\mid\mathbf{x}_i)=\mathbf{0}$，因此 $\mathbf{x}_i=(\mathbf{x}_{i1},\mathbf{x}_{i2},\cdots,\mathbf{x}_{iT})$ 的任何函数都与 v_{it} 不相关。这里，我们把自己约束在线性函数上。）

设 $\mathbf{x}_i^o$ 表示 $\mathbf{x}_i$ 的非冗余元素的行向量，因此，任何一种非时变的元素仅仅出现在 $\mathbf{x}_i^o$ 中一次。于是，$\mathrm{E}(\mathbf{x}_i^{o\prime}v_{it})=\mathbf{0}$，$t=1,2,\cdots,T$。这个正交性条件建议了一个系统工具变量方法，其工具变量矩阵满足

$$\mathbf{Z}_i\equiv\mathbf{I}_T\otimes\mathbf{x}_i^o \tag{11.3}$$

换句话讲，利用工具变量 $\mathbf{Z}_i$ 通过 3SLS 来估计方程（11.2），或者更一般地借助于最小卡方来进行估计。

矩阵（11.3）可以包括许多工具变量。如果 $\mathbf{x}_{it}$ 只是包括时变量，那么 $\mathbf{Z}_i$ 是 $T\times T^2K$ 维的矩阵。就仅有待估的 K 个参数来说，甚至对于适度样本容量 T 的情形，这种工具变量的选择蕴涵着许多过度约束。尽管计算不是一个问题，但是利用许多过度约束可以导致欠佳的有限样本性质。

在一些情形中，我们能够不牺牲有效性而减少矩条件的数目。艾姆、阿恩、施密特和伍德里奇（Im，Ahn，Schmidt，and Wooldridge（IASW），1999）证明了下述结果。如果 $\hat{\mathbf{\Omega}}$ 拥有随机效应结构——意味着我们在估计 $\mathbf{\Omega}$ 时利用 RE 结构，那么利用工具变量

$$\mathbf{Z}_i\equiv(\mathbf{P}_T\mathbf{X}_i,\mathbf{Q}_T\mathbf{W}_i) \tag{11.4}$$

对方程（11.2）应用 GMM 的 3SLS 等同于随机效应估计量，其中 $\mathbf{P}_T=$

$\mathbf{j}_T(\mathbf{j}_T'\mathbf{j}_T)^{-1}\mathbf{j}_T'$，$\mathbf{Q}_T\equiv\mathbf{I}_T-\mathbf{P}_T$，$\mathbf{j}_T\equiv(1, 1, \cdots, 1)'$，而 $\mathbf{W}_i$ 表示通过剔除非时变变量所获得的 $\mathbf{X}_i$ 的 $T\times M$ 维子矩阵。矩阵（11.4）的列维数仅仅是 $K+M$，所以在利用 3SLS 估计量中只存在 M 个过度约束。

3SLS 与随机效应之间的代数等价性具有一些有益的应用。首先，它提供了对 c_i 与 $\mathbf{x}_{it}$ 之间的正交性进行检验的一种不同的方法，对于所有的 t：在 3SLS 估计之后，我们可以直接应用来自第 8 章的 GMM 过度识别统计量。（我们在 10.7.3 节中已讨论了基于回归的一些检验。）其次，当假设 RE.3 不成立时，它提供了一种获得更有效估计量的方法。如果 $\mathbf{\Omega}$ 没有随机效应结构［可参阅式（10.30）］，那么利用这个结构的三阶段最小二乘法估计量是非有效的；而应该使用 $\mathbf{\Omega}$ 的无约束估计量。因为含有随机效应结构与不含有随机效应结构的 $\mathbf{\Omega}$ 的无约束估计量是一致的，所以矩阵（11.4）中含有无约束 $\mathbf{\Omega}$ 以及工具变量的 3SLS 的有效性比 RE 估计量好。进一步地，如果 $\mathrm{E}(\mathbf{v}_i\mathbf{v}_i|\mathbf{x}_i)\neq\mathrm{E}(\mathbf{v}_i\mathbf{v}_i')$，那么任何 3SLS 估计量相对于含有最优加权矩阵的广义矩估计来说都是非有效的。因此，如果假设 RE.3 不满足，那么在矩阵（11.4）中含有工具变量的最小卡方估计通常会改进随机效应估计量。换句话讲，我们可以只利用 $M\leqslant K$ 附加矩条件来获得渐近有效性。

可以证明，不同的 3SLS 估计量等价于固定效应估计量。特别地，IASW（1999，定理 4.1）验证了阿雷拉诺和博韦（Arellano and Bover，1995）的说法：当 $\hat{\mathbf{\Omega}}$ 具有随机效应形式时，利用工具变量 $\mathbf{L}_T\otimes\mathbf{x}_i^o$ 应用于方程（11.2）的 3SLS 估计量等同于固定效应估计量，其中 $\mathbf{L}_T$ 表示 $T\times(T-1)$ 维的由 IASW［1999，eq.（4.1）］所定义的差分矩阵。因此，在一个利用工具 $\mathbf{L}_T\otimes\mathbf{x}_i^o$ 的 GMM 3SLS 分析中，如果我们试图对 $\hat{\mathbf{\Omega}}$ 使用一个 RE 结构，我们可能也只是在使用应用于（11.2）的普通 FE 估计。但是，如果我们使用一个 $\hat{\mathbf{\Omega}}$ 的无约束形式——大概因为我们认为 $\mathrm{E}(\mathbf{u}_i\mathbf{u}_i')\neq\sigma_u^2\mathbf{I}_T$——使用了 $\mathbf{L}_T\otimes\mathbf{x}_i^o$ 工具的 GMM 3SLS 估计量一般会比 FE 更有效，如果 $\mathbf{\Omega}$ 确实不是 RE 形式的话。此外，如果系统同方差性假设 $\mathrm{E}(\mathbf{u}_i\mathbf{u}_i'\mid\mathbf{x}_i, c_i)=\mathrm{E}(\mathbf{u}_i\mathbf{u}_i')$ 不成立，含一般最优加权矩阵的 GMM 通常会增加 GMM 3SLS 估计量的有效性。

11.1.2 不可观测效应模型的张伯伦方法

我们现在研究估计线性不可观测效应模型（11.1）的方法，这个方法应归功于张伯伦（Chamberlain，1982，1984），并且与芒德拉克（Mundlak，1978）相关联。我们维持以 c_i 为条件的关于 $\mathbf{x}_{it}$ 的严格外生性假设（可参阅假设 FE.1），但是，我们却允许 c_i 与 $\mathbf{x}_{it}$ 之间任意相关。因而，我们处于固定效应环境下，同时 $\mathbf{x}_{it}$ 只包括时变解释变量。

在第 10 章中，我们已经看到，FE 变换与 FD 变换都剔除了 c_i，同时在严格外生性下会产生一致估计量。张伯伦方法是在所有时间段用不可观测效应 c_i 在解释变量上的线性投影加上投影误差代替不可观测效应 c_i。一旦假定 c_i 与 $\mathbf{x}_i$ 的所有元素都具有二阶矩，我们总是可以写成

$$c_i = \psi + \mathbf{x}_{i1}\boldsymbol{\lambda}_1 + \mathbf{x}_{i2}\boldsymbol{\lambda}_2 + \cdots + \mathbf{x}_{iT}\boldsymbol{\lambda}_T + a_i \tag{11.5}$$

其中 ψ 表示标量，而 $\boldsymbol{\lambda}_1$，…，$\boldsymbol{\lambda}_T$ 表示 $1\times K$ 维向量。由定义知，投影误差 a_i 具有零均值并且与 $\mathbf{x}_{i1}$，…，$\mathbf{x}_{iT}$ 是不相关的。对于给定的 $\mathbf{x}_i$，这个方程对于 c_i 的条件分布并没有假定什么内容。特别地，像通常的固定效应分析一样，$\mathrm{E}(c_i|\mathbf{x}_i)$ 是无约束的。因此，方程（11.5）具有一种相关随机效应设定的味道，它并没有对 c_i 和 $\mathbf{x}_i$ 之间的相依性进行任何方式的约束。

把式（11.5）代入方程（11.1）得到，对于每一个 t，

$$y_{it} = \psi + \mathbf{x}_{i1}\boldsymbol{\lambda}_1 + \cdots + \mathbf{x}_{it}(\boldsymbol{\beta} + \boldsymbol{\lambda}_t) + \cdots + \mathbf{x}_{it}\boldsymbol{\lambda}_T + r_{it} \tag{11.6}$$

其中，在假设 FE.1 下，误差 $r_{it} \equiv a_i + u_{it}$ 满足

$$\mathrm{E}(r_{it}) = 0,\ \mathrm{E}(\mathbf{x}_i' r_{it}) = \mathbf{0},\ t = 1, 2, \cdots, T \tag{11.7}$$

然而，除非我们假定 $\mathrm{E}(c_i|\mathbf{x}_i)$ 是线性的，否则它不是 $\mathrm{E}(r_{it}|\mathbf{x}_i)=0$ 的情形。不过，假设（11.7）建议了估计 $\boldsymbol{\beta}$（以及 ψ，$\boldsymbol{\lambda}_1$，…，$\boldsymbol{\lambda}_T$）的各种各样的方法。

对于所有时间段 t，把方程（11.6）写成

$$\begin{pmatrix} y_{i1} \\ y_{i2} \\ \vdots \\ y_{iT} \end{pmatrix} = \begin{pmatrix} 1 & \mathbf{x}_{i1} & \mathbf{x}_{i2} & \cdots & \mathbf{x}_{iT} & \mathbf{x}_{i1} \\ 1 & \mathbf{x}_{i1} & \mathbf{x}_{i2} & \cdots & \mathbf{x}_{iT} & \mathbf{x}_{i2} \\ \vdots & \vdots & \vdots & & \vdots & \vdots \\ 1 & \mathbf{x}_{i1} & \mathbf{x}_{i2} & \cdots & \mathbf{x}_{iT} & \mathbf{x}_{iT} \end{pmatrix} \begin{pmatrix} \psi \\ \boldsymbol{\lambda}_1 \\ \boldsymbol{\lambda}_2 \\ \vdots \\ \boldsymbol{\lambda}_T \\ \boldsymbol{\beta} \end{pmatrix} + \begin{pmatrix} r_{i1} \\ r_{i2} \\ \vdots \\ r_{iT} \end{pmatrix} \tag{11.8}$$

或者

$$\mathbf{y}_i = \mathbf{W}_i\boldsymbol{\theta} + \mathbf{r}_i \tag{11.9}$$

其中，$\mathbf{W}_i$ 表示 $T\times(1+TK+K)$ 维的矩阵，而 $\boldsymbol{\theta}$ 表示 $(1+TK+K)\times 1$ 维的向量。由方程（11.7）知，$\mathrm{E}(\mathbf{W}_i'\mathbf{r}_i)=\mathbf{0}$，因而，系统 OLS 是一致估计 $\boldsymbol{\theta}$ 的一种方法。秩条件要求 $\mathrm{E}(\mathbf{W}_i'\mathbf{W}_i)=1+TK+K$；这基本上满足了 $\mathbf{x}_{it}$ 元素不是共线性的以及 $\mathbf{x}_{it}$ 元素随时间充分变化的要求。尽管系统普通最小二乘法是一致的，但它不可能是最有效的估计量。除非我们施加进一步假设，否则不仅标量方差假设 $\mathrm{E}(\mathbf{r}_i\mathbf{r}_i')=\sigma_r^2\mathbf{I}_T$ 极为靠不住，而且同方差性假设

$$\mathrm{E}(\mathbf{r}_i\mathbf{r}_i'|\mathbf{x}_i) = \mathrm{E}(\mathbf{r}_i\mathbf{r}_i') \tag{11.10}$$

也不满足。一般地讲，如果 $\mathrm{E}(\mathbf{u}_i\mathbf{u}_i'|c_i,\mathbf{x}_i)\neq\mathrm{E}(\mathbf{u}_i\mathbf{u}_i')$，或者 $\mathrm{E}(c_i|\mathbf{x}_i)$ 关于 $\mathbf{x}_i$ 不是线性的，或者如果 $\mathrm{Var}(c_i|\mathbf{x}_i)$ 不是常数，那么都违背了假设（11.10）。

如果假设（11.10）果真成立，那么可行的广义最小二乘法就是一个自然而然的方法。矩阵 $\boldsymbol{\Omega}=\mathrm{E}(\mathbf{r}_i\mathbf{r}_i')$ 就可以首先通过系统普通最小二乘法估计 $\boldsymbol{\theta}$，然后实施如同 7.5 节中含有 FGLS 的过程来得到一致估计。

如果假设（11.10）不满足，那么就可以对方程（11.9）应用含有最优加权矩阵的 GMM 来获得更有效的估计量。由于 r_{it} 与 $\mathbf{x}_i^o=(1,\mathbf{x}_{i1},\cdots,\mathbf{x}_{iT})$ 是正交

的，$\mathbf{x}_i^o$ 就能够用于作为每一个时间段的工具，所以我们选择工具矩阵（11.3）。有意思的是，利用$[\mathbf{Z}'(\mathbf{I}_N \otimes \hat{\mathbf{\Omega}})\mathbf{Z}/N]^{-1}$作为加权矩阵的 3SLS——可参阅 8.3.4 节，在数值上等同于含有相同 $\hat{\mathbf{\Omega}}$ 的可行广义最小二乘法（FGLS）。阿雷拉诺和博韦（Arellano and Bover，1995）已证明，这会导致 $\hat{\mathbf{\Omega}}$ 具有随机效应结构的特殊情形以及 IASW（1999，定理 3.1）所获得的一般情形。

在表达式（11.9）中存在 $1+TK+K$ 个参数，并且工具矩阵是 $T\times T(1+TK)$维的；存在着 $T(1+TK)-(1+TK+K)=(T-1)(1+TK)-K$ 个过度识别约束。对这些约束的检验恰恰是对严格外生性假设 FE.1 的检验，同时当完全的广义矩估计得以应用时，由于没有使用别的假设，所以它是一个完全稳健的检验。

张伯伦（Chamberlain，1982）在假设（11.7）下对方程组（11.8）进行了研究，但是他却使用一种不同的估计方法，即著名的最小距离估计。我们在第 14 章将研究这一估计方法。

11.2 随机和固定效应工具变量法

在本节我们研究一些解释变量并非严格外生时的估计方法。RE 和 FE 估计假设以不可观测效应为条件的工具具有严格外生性，并且 RE 估计添加了额外的假设，即工具变量实际上与不可观测效应不相关。

我们再次从模型（11.1）开始。在第 10 章以及 11.1 节中，我们涵盖了如下方法，即假设：在最低限度上，

$$\mathrm{E}(\mathbf{x}_{is}'u_{it})=\mathbf{0},\quad s,t=1,\cdots,T \tag{11.11}$$

（唯一的例外是混合的 OLS——POLS，但 POLS 假定 $\mathbf{x}_{it}$ 与 c_i 不相关。）如果我们希望假设（11.11）成立，但不希望更多，那么，正如我们在第 10 章和 11.1 节中所看到的，通过这些方法中的 FE、FD 、GLS 版本或 GMM，我们可以一致估计 $\mathbf{x}_{it}$ 的时变元素上的系数。下一个目标是放松假设（11.11）。

如果没有假设（11.11），我们一般需要工具变量以便一致估计参数。设 $\{\mathbf{z}_{it}:t=1,\cdots,T\}$ 是一个 $1\times L$ 维的候选工具变量序列，其中 $L\geqslant K$。正如我们在第 8 章中所讨论的，一个简单的估计量是混合 2SLS 估计量（P2SLS）。当在残差项中明确包含不可观测效应时，P2SLS 的一致性实质依赖于

$$\mathrm{E}(\mathbf{z}_{it}'c_i)=\mathbf{0},\quad T=1,\cdots,T \tag{11.12}$$

和

$$\mathrm{E}(\mathbf{z}_{it}'u_{it})=\mathbf{0},\quad T=1,\cdots,T \tag{11.13}$$

以及一个合适的秩条件（要求你提供该条件）。混合 2SLS 估计很简单，而且很容易使推断对于复合误差 $\{v_{it}=c_i+u_{it}:t=1,\cdots,T\}$ 的任意异方差和序列相关

稳健。但是，如果我们希望假设（11.13）以及（11.12）成立，我们可能乐意假设工具实际上是严格外生的（在消除 c_i 后），即，

$$\mathrm{E}(\mathbf{z}_{is}'u_{it})=\mathbf{0},\quad s,t=1,\cdots,T \tag{11.14}$$

假设（11.12）和（11.14）表明，在一定的假设下，一种 RE 方法可以比混合 2SLS 分析更有效。随机效应工具变量（REIV）估计量仅仅是一个广义 IV(GIV)估计量，其适用于

$$\mathbf{y}_i=\mathbf{X}_i\boldsymbol{\beta}+\mathbf{v}_i \tag{11.15}$$

其中，和以往一样，$\mathbf{X}_i$ 是 $T\times K$ 维矩阵，并且工具 $\mathbf{Z}_i\equiv(\mathbf{z}_{i1}',\mathbf{z}_{i2}',\cdots,\mathbf{z}_{it}')'$ 的矩阵是 $T\times L$ 维的。使 REIV 估计量在 GIV 这类估计量中显得特殊的是：$\boldsymbol{\Omega}\equiv\mathrm{E}(\mathbf{v}_i\mathbf{v}_i')$ 被假定为具有 RE 形式，正如在方程（10.30）中的那样。

假设就目前而言，$\boldsymbol{\Omega}$ 是已知的，则从如下方程的系统 2SLS 估计量（见第 8 章）获得 REIV 估计量：

$$\boldsymbol{\Omega}^{-1/2}\mathbf{y}_i=\boldsymbol{\Omega}^{-1/2}\mathbf{X}_i\boldsymbol{\beta}+\boldsymbol{\Omega}^{-1/2}\mathbf{v}_i \tag{11.16}$$

使用经变换的工具变量 $\boldsymbol{\Omega}^{-1/2}\mathbf{Z}_i$。该估计量的形式由方程（8.47）给出。

正如我们在第 8 章中讨论的，当 $\boldsymbol{\Omega}$ 不是对角的时——正如在目前的框架中所期望的，因为 c_i 的存在，更不用说 $\{u_{it}: t=1,\cdots,T\}$ 中可能存在的序列相关——GIV 估计量的一致性关键取决于工具的严格外生性：对于所有的 s，$t=1$，…，T，$\mathrm{E}(\mathbf{z}_{is}'v_{it})=\mathbf{0}$。如果没有这个假设，则 REIV 估计量是不一致的。

自然，我们不得不估计 $\boldsymbol{\Omega}$——施加 RE 的形式——但这要在我们处理了通常的 RE 估计量之后进行。第一阶段的估计量是混合 2SLS。给定 P2SLS 残差，我们可以像在方程（10.35）和（10.37）中那样估计 σ_v^2 和 σ_c^2。

我们用一套假设进行总结，这些假设相对于确保一致性所必需的而言稍微强了一点（因为我们总是可以利用零协方差实现目的），但根据全套假设可在简化推断方面获得优势。

假设 REIV.1：（a）$\mathrm{E}(u_{it}\mid\mathbf{z}_i,c_i)=0$，$t=1$，…，$T$；（b）$\mathrm{E}(c_i\mid\mathbf{z}_i)=\mathrm{E}(c_i)=0$，其中 $\mathbf{z}_i\equiv(\mathbf{z}_{i1},\cdots,\mathbf{z}_{it})$。

像以往那样，倘若我们在模型中包含一个截距项——我们这里总是这样假设——那么，假设 c_i 有一个零均值就不失一般性。其秩条件是：

假设 REIV.2：（a）秩 $\mathrm{E}(\mathbf{Z}_i'\boldsymbol{\Omega}^{-1}\mathbf{Z}_i)=L$；（b）秩 $\mathrm{E}(\mathbf{Z}_i'\boldsymbol{\Omega}^{-1}\mathbf{X}_i)=K$。

因为假设 RE.1 意味着假设 GIV.1，而假设 RE.2 就是假设 GIV.2，所以根据这两个假设，REIV 估计量是一致的。如果没有进一步的假设，$\hat{\boldsymbol{\beta}}_{REIV}$ 的一个有效的渐近方差估计量应该对异方差和 $\{v_{it}\}$ 中任意类型的序列相关足够稳健。其计算公式较长但是标准的；可参阅习题 11.18。

通常地，还要默认添加一个假设以简化推断：

假设 REIV.3：（a）$\mathrm{E}(\mathbf{u}_i'\mathbf{u}_i\mid\mathbf{Z}_i,c_i)=\sigma_u^2\mathbf{I}_T$；（b）$\mathrm{E}(c_i^2\mid\mathbf{Z}_i)=\sigma_c^2$。

正如在标准 RE 情形中那样，$\boldsymbol{\Omega}$ 的特殊结构由假设 REIV.3 所激发，且在

整套假设下估计量是渐近有效 IV 估计量。渐近方差估计量的简化（非稳健）形式可以展开为

$$\widehat{\text{Avar}(\hat{\boldsymbol{\beta}}_{REIV})}=\left[\left(\sum_{i=1}^{N}\mathbf{X}_i'\hat{\boldsymbol{\Omega}}^{-1}\mathbf{Z}_i\right)\left(\sum_{i=1}^{N}\mathbf{Z}_i'\hat{\boldsymbol{\Omega}}^{-1}\mathbf{Z}_i\right)^{-1}\left(\sum_{i=1}^{N}\mathbf{Z}_i'\hat{\boldsymbol{\Omega}}^{-1}\mathbf{X}_i\right)\right]^{-1} \tag{11.17}$$

该矩阵可以用于构建渐近标准误和瓦尔德检验，但它确实依赖于假设 REIV. 3。

假定通常的 RE 估计量可从一个关于准减去时间均值的混合 OLS 回归中获得，那么一个类似的结果对于 REIV 估计量成立就不足为奇了。设 $\breve{y}_{it}=y_{it}-\hat{\lambda}\bar{y}_i$，$\breve{\mathbf{x}}_{it}=\mathbf{x}_{it}-\hat{\lambda}\bar{\mathbf{x}}_i$ 及 $\breve{\mathbf{z}}_{it}=\mathbf{z}_{it}-\hat{\lambda}\bar{z}_i$ 分别为经过变换的被解释变量、回归元和 IV，其中 $\hat{\lambda}$ 按照在方程（10.81）中那样给出（但其中，是 P2SLS 残差而不是 POLS 残差被用于获得 $\hat{\sigma}_c^2$ 和 $\hat{\sigma}_u^2$）。那么，REIV 估计量可作为在如下方程上使用工具变量 $\breve{\mathbf{z}}_{it}$ 的 P2SLS 估计量获得：

$$\breve{y}_{it}=\breve{\mathbf{x}}_{it}\boldsymbol{\beta}+error_{it},\quad t=1,\cdots,T;i=1,\cdots,N \tag{11.18}$$

利用任何能计算异方差和序列相关稳健标准误以及关于混合 2SLS 估计的检验统计量的计量经济学软件包，这个方程式特别容易做出完全稳健的推断。由于其作为在变换后的数据上的混合 2SLS 估计量的含义，REIV 估计量有时也被称为随机效应 2SLS 估计量。巴尔塔基（Baltagi，1981）称之为残差成分的 2SLS 估计量。

可以直接将标准的设定检验应用到 REIV 的框架上。例如，我们可以通过修订第 6 章的控制函数法来检验零假设：一套解释变量是外生的。假设我们写出一个不可观测效应模型为

$$y_{it1}=\mathbf{z}_{it1}\boldsymbol{\delta}_1+\mathbf{y}_{it2}\boldsymbol{\alpha}_1+\mathbf{y}_{it3}\boldsymbol{\gamma}_1+c_{i1}+u_{it1} \tag{11.19}$$

其中，$v_{it1}\equiv c_{i1}+u_{it1}$ 是复合误差，而我们要检验 H_0：$\mathrm{E}(\mathbf{y}_{it3}'v_{it1})=\mathbf{0}$。实际上，在一个 RE 的设置中，只有在零假设下维持 $1\times J_1$ 维向量 $\mathbf{y}_{it3}$ 的严格外生性才有道理。在零假设下变量 $\mathbf{y}_{it2}$ 被允许是内生的——当然，前提是我们有从（11.19）中排除出来的足够多的工具变量在每一时间段都与复合误差不相关。我们可以为 $\mathbf{y}_{it3}$ 写出一个约简型为

$$\mathbf{y}_{it3}=\mathbf{z}_{it}\boldsymbol{\Pi}_3+\mathbf{v}_{it3} \tag{11.20}$$

然后我们通过把 $\mathbf{v}_{it3}\boldsymbol{\rho}$ 包含进来以增广式（11.19）。当然，我们必须决定如何估计（11.20）以获得残差项 $\hat{\mathbf{v}}_{it3}=\mathbf{y}_{it3}-\mathbf{z}_{it}\hat{\boldsymbol{\Pi}}_3$，其中，$\hat{\boldsymbol{\Pi}}_3$ 的列可以通过混合 OLS 或标准的 RE 加以估计。也就是说，我们可以分别用混合 OLS 或 RE 估计（11.20）中的 J_1 个方程。无论哪种方式，为得到检验，我们仅估计

$$y_{it1}=\mathbf{z}_{it1}\boldsymbol{\delta}_1+\mathbf{y}_{it2}\boldsymbol{\alpha}_1+\mathbf{y}_{it3}\boldsymbol{\gamma}_1+\hat{\mathbf{v}}_{it3}\boldsymbol{\rho}_1+error_{it1} \tag{11.21}$$

通过 REIV，使用工具变量 $\{\mathbf{z}_{it},\mathbf{y}_{it3},\hat{\mathbf{v}}_{it3}\}$，同时使用瓦尔德检验来检验 H_0：$\boldsymbol{\rho}_1=\mathbf{0}$。在 $\mathbf{y}_{it3}$ 是（关于 $\{v_{it1}\}$）严格外生的零假设下，我们可以忽略第一阶段

的估计。(实际上，如果我们使用普通的、非稳健检验，那么零假设就是假设 RE.1 至假设 RE.3，但时间段 t 的工具变量由 $\{\mathbf{z}_{it}, \mathbf{y}_{it3}\}$ 给出。) 当然，我们可能想要使检验既对 RE 方差结构的被破坏稳健，又对系统异方差性稳健。

检验过度识别约束也很简单。现在写出方程为

$$y_{it1}=\mathbf{z}_{it1}\boldsymbol{\delta}_1+\mathbf{y}_{it2}\boldsymbol{\alpha}_1+c_{i1}+u_{it1} \tag{11.22}$$

其中，$\mathbf{z}_{it2}$是从 (11.19) 中被排除的 $1\times L_2$ 维外生变量向量。我们假设 $L_2>G_1=\dim(\mathbf{y}_{it2})$ *，并写出 $\mathbf{z}_{it2}=(\mathbf{g}_{it2},\mathbf{h}_{it2})$，其中 $\mathbf{g}_{it2}$是 $1\times G_1$ 维向量——与 $\mathbf{y}_{it2}$ 相同的维度——且 $\mathbf{h}_{it2}$ 是 $1\times Q_1$ 维向量——这是过度识别约束的个数。正如在 6.3.1 节中讨论的那样，我们如何选择 $\mathbf{h}_{it2}$无关紧要，只要它有 Q_1 个元素。(在模型包含了不同时间段截距项的情形中，这些将被包含在 $\mathbf{z}_{it1}$ 中并且作为它们自己的工具变量使用。因此，$\mathbf{h}_{it2}$从来不包括加总时间效应。)

可按照以下方式得到检验。获取准减去时间均值的 RE 残差，$\breve{u}_{it1}=\hat{u}_{it}-\hat{\lambda}\bar{\hat{u}}_i$，其中$\hat{u}_{it}=y_{it1}-\mathbf{x}_{it1}\hat{\boldsymbol{\beta}}_1$ 是 RE 残差 (且 $\mathbf{x}_{it1}=(\mathbf{z}_{it1},\mathbf{y}_{it2})$)，以及准减去时间均值的解释变量和工具变量$\breve{\mathbf{x}}_{it1}=\mathbf{x}_{it1}-\hat{\lambda}\bar{\mathbf{x}}_{i1}$和$\breve{\mathbf{z}}_{it}=\mathbf{z}_{it}-\hat{\lambda}\bar{\mathbf{z}}_i$。设$\hat{\breve{\mathbf{y}}}_{it2}$为第一阶段中$\breve{\mathbf{y}}_{it2}$对$\breve{\mathbf{z}}_{it}$的混合回归拟合值。接下来，使用$\breve{\mathbf{h}}_{it2}$在$\breve{\mathbf{z}}_{it1}$，$\hat{\breve{\mathbf{y}}}_{it2}$上的混合 OLS 并获得 $1\times Q_1$ 维的残差向量 $\hat{\breve{\mathbf{r}}}_{it2}$。最后，通过计算一个同时对异方差性和序列相关稳健的瓦尔德统计，使用增广方程

$$\breve{u}_{it1}=\hat{\breve{\mathbf{r}}}_{it2}\boldsymbol{\eta}_1+error_{it1} \tag{11.23}$$

以检验 H_0：$\boldsymbol{\eta}_1=\mathbf{0}$。如果在 H_0 下维持假设 REIV.3，那么来自方程 (11.23) 的混合的 OLS 回归的通常 F 检验是渐近有效的。

正如在前述分析中所清楚阐释的，一个随机效应方法允许一些回归元与 (11.1) 中的 c_i 及 u_{it} 相关，但工具变量被假定关于特质误差是严格外生的以及和 c_i 是不相关的。在许多应用中，工具变量与在所有时间段的特质性冲击是可争辩地不相关的但有可能与 c_{i1} 中的历史性或不可改变的因素相关。在这种情形中，一种固定效应方法被首选。

正如在含满足 (11.2) 的回归元的情形中，我们使用组内变换以消除来自 (11.1) 的 c_i：

$$y_{it}-\bar{y}_i=(\mathbf{x}_{it}-\bar{\mathbf{x}}_i)\boldsymbol{\beta}+u_{it}-\bar{u}_i,\quad t=1,\cdots,T \tag{11.24}$$

这清楚表明：非时变解释变量被消除，就像在标准的 FE 分析中那样。如果我们使用工具变量 $\ddot{\mathbf{z}}_{it}\equiv\mathbf{z}_{it}-\bar{\mathbf{z}}_i$ ($1\times L$ 维并且 $L\geqslant K$) 通过 P2SLS 估计方程 (11.24)，我们得到固定效应工具变量 (FEIV) 估计量或固定效应 2SLS (FE2SLS) 估计量。由于对于每个 i，我们有 $\sum_{t=1}^{T}\mathbf{z}'_{it}(\mathbf{x}_{it}-\bar{\mathbf{x}}_i)=\sum_{t=1}^{T}(\mathbf{z}_{it}-\bar{\mathbf{z}}_i)'(\mathbf{x}_{it}-\bar{\mathbf{x}}_i)$ 和$\sum_{t=1}^{T}\mathbf{z}'_{it}(y_{it}-\bar{y}_i)=\sum_{t=1}^{T}(\mathbf{z}_{it}-\bar{\mathbf{z}}_i)'(y_{it}-\bar{y}_i)$，我们是否对工

* dim(·) 是维度函数，即表示括弧中向量的维度。——译者注

具变量减去时间均值是无关紧要的。但是使用 $\ddot{\mathbf{z}}_{it}$ 强调了仅仅当工具变量随着时间而改变时 FEIV 才发挥作用。（对于一个 REIV 分析，工具变量能随时间推移而不变，如果它们满足假设 REIV.1 和 REIV.2。）

FE2SLS 估计量一致性的充分条件是很直接的。毫不奇怪，对于 FEIV 一致性的一个充分的外生性条件仅仅是关于 REIV 的外生性假设的第一部分：

假设 FEIV.1： $\mathrm{E}(u_{it} \mid \mathbf{z}_i, c_i)=0$，$t=1, \cdots, T$。

在实践中，重要的是要记住，假设 FEIV.1 是工具变量以 c_i 为条件的严格外生性，其允许在 $\mathbf{z}_{it}$ 与 c_i 之间对于所有 t 都存在任意相关性。其秩条件是

假设 FEIV.2： (a) 秩 $\sum_{t=1}^{T}\mathrm{E}(\ddot{\mathbf{z}}_{it}'\ddot{\mathbf{z}}_{it}) = L$；(b) 秩 $\sum_{t=1}^{T}\mathrm{E}(\ddot{\mathbf{z}}_{it}'\ddot{\mathbf{x}}_{it}) = K$。

像以往一样，我们可以放松 FEIV.1，只是假设对于所有 s 和 t 来说 $\mathbf{z}_{is}$ 和 u_{it} 不相关。但是，如果我们施加假设 FEIV.1、FEIV.2 以及

假设 FEIV.3： $\mathrm{E}(\mathbf{u}_i\mathbf{u}_i' \mid \mathbf{z}_i, c_i)=\sigma_u^2\mathbf{I}_T$。

那么，倘若我们能特别小心地估计 σ_u^2，我们就可以将标准的混合 2SLS 推断应用到减去时间均值数据上。正如在 10.5 节中那样，我们必须对残差平方和做一个自由度的调整（以有效处理每个 i 所丧失的时间段）。可参阅方程（10.56），我们现在使用 FE2SLS 的残差，$\hat{u}=\ddot{y}_{it}-\ddot{\mathbf{x}}_{it}\hat{\boldsymbol{\beta}}_{FE2SLS}$，以替代通常的 FE 残差。习题 11.9 要求你把某些细节走完一遍。

由于使用了 REIV 方法，检验一套变量的子集的内生性以及检验过度识别约束就变得很直接。我们不是通过 REIV 去估计方程（11.21），而是使用 FEIV，其中可以很方便地用 $\hat{\mathbf{v}}_{it3}$——通过固定效应从估计 $\mathbf{y}_{it3}$ 的每个元素的约简型得到的 FE 残差——代替 $\hat{\mathbf{v}}_{it3}$。（因此，在标量情形下，我们通过固定效应估计 $y_{it3}=\mathbf{z}_{it}\boldsymbol{\pi}_3+a_{i3}+v_{it3}$，然后计算 $\hat{\ddot{v}}_{it3}=\ddot{y}_{it3}-\ddot{\mathbf{z}}_{it}\hat{\boldsymbol{\pi}}_3$。）重要的是要记住，不像在 REIV 情形下的检验，FEIV 检验在零假设下并不维持假设 REIV.1（b）。也就是说，由于 FE，$\mathbf{y}_{it3}$ 的外生性不意味着其与 c_{i1} 是不相关的，这是我们从第 10 章中就清楚了解的。

为了检验过度识别约束，我们设 $\hat{\ddot{u}}_{it1}$ 为 FEIV 残差，设 $\ddot{\mathbf{z}}_{it}$ 表示减去时间均值的工具变量，并设 $\hat{\ddot{\mathbf{y}}}_{it2}$ 为第一阶段 $\ddot{\mathbf{y}}_{it2}$ 对 $\ddot{\mathbf{z}}_{it}$ 的混合 OLS 回归的拟合值。然后，$1\times Q_1$ 维的残差 $\hat{\ddot{\mathbf{r}}}_{it2}$ 可以从 $\ddot{\mathbf{h}}_{it2}$ 对 $\ddot{\mathbf{z}}_{it1}$，$\hat{\ddot{\mathbf{y}}}_{it2}$ 的混合 OLS 回归中获得。要获得有效的检验统计量，在方程（11.23）中，我们使用 $\hat{\ddot{\mathbf{u}}}_{it1}$ 和 $\hat{\ddot{\mathbf{r}}}_{it2}$ 分别替代 $\hat{\ddot{u}}_{it1}$ 和 $\hat{\ddot{r}}_{it1}$。同样，一个完全稳健的检验 H_0：$\boldsymbol{\eta}_1=\mathbf{0}$ 是首选。如果人们在零假设下维持假设 FEIV.3，估计 $\mathrm{Var}(u_{it1})=\sigma_1^2$ 时需要谨慎一些。通过使用 $\hat{\ddot{u}}_{it1}$ 对 $\hat{\ddot{\mathbf{r}}}_{it2}$ 的混合回归，$t=1, \cdots, T$，$i=1, \cdots, N$ 获得的方差估计量，隐含着其使用了被因子 $NT-Q_1$ 除的残差平方和，然而正确的因子是 $N(T-1)-Q_1$。因此，从混合 OLS 得到的非稳健瓦尔德统计量应当乘以 $[N(T-1)-Q_1]/(NT-Q_1)$。

使用 FEIV，我们正在检验减去时间均值的额外工具变量 $\ddot{\mathbf{h}}_{it2}$ 是否与特质误差不相关，而不是检验它们也与不可观测效应不相关。这是应该的，因为 FEIV 估计量的一致性不取决于 $\mathrm{E}(\mathbf{z}_{it}'c_i)=\mathbf{0}$。当然，现在所有的工具变量——包括 $\mathbf{h}_{it2}$ 中的那些——必须随时间而变化（$\mathbf{h}_{it2}$ 的元素也必须跨 i 而变化）。

如果 $\mathrm{E}(\mathbf{u}_i\mathbf{u}_i') \neq \sigma_u^2\mathbf{I}_T$，但我们认为在名义上 $\mathrm{E}(\mathbf{u}_i\mathbf{u}_i' \mid \mathbf{z}_i, c_i) = \mathrm{E}(\mathbf{u}_i\mathbf{u}_i')$，那么我们可以通过将 GIV 应用到如下方程组得到一个更有效的估计量：

$$\ddot{\mathbf{y}}_i = \ddot{\mathbf{X}}_i\boldsymbol{\beta} + \ddot{\mathbf{u}}_i \tag{11.25}$$

其中我们去掉一个时间段以避免残差方差矩阵的奇异性。使用工具变量 $\ddot{\mathbf{Z}}_i$，我们将 GIV 估计量应用到（11.25）。其计算公式由方程（8.47）给出，但要使用减去时间均值的矩阵（减去一个时间段）。自然，我们将在第一阶段使用 FE2SLS 估计量以估计 $\boldsymbol{\Omega}$。我们可能想在系统同方差假设不成立的情形下使用一个完全稳健的方差矩阵。

豪斯曼原则可用于比较 FEIV 和 REIV 估计量，至少对于那些跨 i 和 t 而改变的变量上的系数。正如在 10.7.3 节中，以回归为基础的检验是最容易实施的（但人们始终应该比较 FEIV 和 REIV 估计的大小，看它们在实践中的重要方式上是否不同）。如果我们维持假设 RE.1（a）——这是两种估计量的一致性的基础——那么我们可以将豪斯曼检验视为对 $\mathrm{E}(c_i \mid \mathbf{z}_i) = \mathrm{E}(c_i)$ 的检验，而这是检验的通常解释。像以前一样，我们指定一个相关的随机效应结构作为备选项，使用跨 i 和 t 而变化的 $\mathbf{z}_{it}$ 的子集 $\mathbf{w}_{it}$，$c_i = \xi_0 + \bar{\mathbf{z}}_i\boldsymbol{\xi} + a_i$，然后增广最初的方程（将 ξ_0 吸收到截距项中）：

$$y_{it} = \mathbf{x}_{it}\boldsymbol{\beta} + \bar{\mathbf{w}}_i\boldsymbol{\xi} + a_i + u_{it} \tag{11.26}$$

现在，通过 REIV 采用工具变量（$\mathbf{z}_{it}$，$\bar{\mathbf{w}}_i$）估计（11.26）并检验 $\boldsymbol{\xi} = 0$。如果我们使检验稳健，那么我们并非正在 H_0 下维持假设 REIV.3。我们也可以用混合的 2SLS 估计（11.26）并获得完全稳健的检验。

REIV 和 FEIV 方法可应用于联立方程面板数据模型、含时变遗漏变量的模型以及含测量误差的面板数据模型。下面的例题使用航空公司航线集中度比率估计一个乘客需求方程。

例 11.1（航空旅行需求）：数据集 AIRFARE.RAW 包含了 1997—2000 年在美国境内的 1 149 条航线关于乘客、票价以及航线集中度比率等方面的信息。我们估计一个简单需求模型

$$\log(passen_{it}) = \theta_{t1} + \alpha_1 \log(fare_{it}) + \delta_1 \log(dist_i) + \delta_2[\log(dist_i)]^2 + c_{i1} + u_{it1} \tag{11.27}$$

其中我们考虑了单独的年度截距项。变量 $dist_i$ 是按英里计的航线距离；自然，它不随时间而改变。

我们使用四种不同的方法估计这个方程：RE，FE，REIV 以及 FEIV，其中变量 $\log(fare_{it})$ 在后两种情形中被处理为内生的。$\log(fare_{it})$ 的工具变量是 $concen_{it}$，即按照最大载客量核算的航线交通量的一小部分。对于 REIV 估计，距离变量被视为外生控制变量。当然，在 FE 和 FEIV 估计中它们被去掉了。

对于 IV 估计，我们可以将约简型考虑为

$$\log(fare_{it}) = \theta_{t2} + \pi_{21} concen_{it} + \pi_{22}\log(dist_i) + \pi_{23}[\log(dist_i)]^2 + c_{i2} + u_{it2} \tag{11.28}$$

其（隐含地）由 RE 或 FE 所估计，并取决于（11.27）是由 REIV 估计还是由 FEIV 所估计。估计结果由表 11.1 给出。

RE 和 FE 所估计的乘客需求的票价弹性非常相似（分别为-1.1和-1.2），而且两个都在统计上显著不为-1。在 RE 估计中给定$\hat{\lambda}=0.915$，这些估计结果的接近也许不是很出人意料。这表明，复合误差中的大部分变化被估计为由于c_{i1}所致，但是，正如我们记得的，该计算假设$\{u_{it1}\}$是序列不相关的。

当我们允许任意序列相关（其次就是异方差）时，标准误的大幅增加意味着特质误差是序列不相关的。RE 的稳健标准误为 0.102，差不多是非稳健标准误——0.022——的 5 倍。FE 的稳健标准误的增加并不是那么剧烈，但仍然很大。在这两者的任一情形中，当我们使用更可靠的稳健标准误时，置信水平为 95%的置信区间是远远更为宽广的。显然，由于弹性估计结果的接近，通过豪斯曼检验正式比较 RE 和 FE 没有什么意义。

表 11.1　　乘客需求模型，美国国内航线，1997—2000 年

被解释变量	$\log(passen)$			
	(1)	(2)	(3)	(4)
解释变量	随机效应	固定效应	REIV	FEIV
$\log(fare)$	-1.102	-1.155	-0.508	-0.302
	(0.022)	(0.023)	(0.230)	(0.277)
	[0.102]	[0.083]	[0.498]	[0.613]
$\log(dist)$	-1.971	—	-1.505	—
	(0.647)		(0.693)	
	[0.704]		[0.784]	
$[\log(dist)]^2$	0.171	—	0.118	—
	(0.049)		(0.055)	
	[0.054]		[0.067]	
$\hat{\lambda}$	0.915		0.911	
N	1 149	1 149	1 149	1 149

所有估计方法都包含关于 1998 年、1999 年及 2000 年（未报告）的年度虚拟变量。

通常的、非稳健标准误是估计的参数下圆括号中的内容。对任意异方差与序列相关稳健的标准误是方括号中的内容。

RE 和 FE 的所有标准误都可通过使用 Stata 9.0 中的命令 xtreg 获得。REIV 和 FEIV 的非稳健标准误可使用命令 xtreg 获得。完全稳健标准误可通过分别对准减去时间均值数据与减去时间均值数据实施 P2SLS 获得。

当然，甚至连 FE 估计量都假设$\log(fare_{it})$与$\{u_{it1}: t=1,\cdots,T\}$不相关，这个假设很容易会不成立。列（3）和列（4）使用 *concen* 作为$\log(fare)$的一个 IV。（无论我们使用 RE 还是 FE，$\log(fare)$的约简型正向地并以一种统计上显著的方式取决于 *concen*，并使用完全稳健的标准误。）REIV 估计量假设集中度比率与特质误差不相关，同时也与航线异质性c_{i1}不相关。即便如此，估计的弹性−0.508 只有 RE 估计大小的大约一半大。基于非稳健的标准误，该弹性在5%的显著水平上，统计上显著不为0（同样也统计上显著不为−1)。但是，当我们使用更现实的稳健标准误时，该弹性变得统计上显著了；其稳健 t 统计量大约是−1.02。因此，一旦我们为 $\log(fare)$ 寻找工具变量并使用稳健推断，我们几乎不能揭示出真正的弹性。

FEIV 估计的弹性太小甚至更小而且甚至更不易被精确估计。当我们使用过于乐观的非稳健标准误时，所估计的弹性−0.302 甚至不在统计上异于0。完全稳健的 t 统计量在大小上少于 0.5。

我们可以使用豪斯曼检验——在这个例子中这是一个简单的 t 统计——就几种不同的方法对模型进行比较。我们只考虑两个。首先，因为 FEIV 和 FE 的估计在实际中是不同的，我们可能想知道统计上是否存在显著证据证明 $\log(fare_{it})$是内生的（其与特质误差相关)。当然，我们必须维持 $concen_{it}$ 的严格外生性，但是，只是在它与 $\{u_{it1}\}$ 是不相关的这个意义上。我们从约简型估计中可获得 FE 残差 $\hat{v}_{it2}$。然后，我们把 $\hat{v}_{it2}$添加到方程（11.27）中，用标准的 FE 估计它，并获得 $\hat{v}_{it2}$上的 t 统计量。其非稳健的 t 统计量为−3.68，但完全稳健的统计量只有−1.63，这意味着一个边际的统计拒绝。给定 FE 和 FEIV 之间弹性估计的较大差异，人们不会对依赖于 FE 估计感到满意。

我们还可以检查 REIV 和 FEIV 之间的统计显著性。在这种情形下，实施检验最简单的方法是估计原始方程，通过 REIV 估计用时间平均值$\overline{concen_i}$增广的方程，并使用关于$\overline{concen_i}$的通常的 t 统计量或其稳健形式。(获得完全稳健统计量的一个更简单的程序：只是用混合 IV 估计增广方程并使用$\overline{concen_i}$上完全稳健的 t 统计量。）$\overline{concen_i}$上非稳健的 t 统计量为−3.08，而稳健的 t 统计量为−2.00。有趣的是，两个估计中无论哪一个都没有在统计上异于0，但它们在统计上异于彼此，至少在边际上如此。

与工具变量相关联的面板数据方法在带有联立性或遗漏时变变量问题的模型中有很多应用。例如，福斯特和罗森茨维格（Foster and Rosenzweig，1995）使用 FEIV 方法估计采用高产种子品种对于印度农村家庭层面利润的效应。艾尔斯和莱维特（Ayers and Levitt，1998）应用 FE2SLS 估计洛杰克电子防盗设备对于城市汽车失窃率的效应。帕普克（Papke，2005）把 FE2SLS 应用到关于测试通过率和对每个学生投入的补贴支出的学校层面的面板数据。在每一个这种情形中，单元特有的异质性都被消除了，并对疑为内生的解释变量使用工具变量。

11.3 豪斯曼和泰勒式模型

豪斯曼和泰勒（Hausman and Taylor（HT)，1981）研究了将 11.2 节的结果应用到一类不可观测效应的模型。这些模型的关键特征是其假设意味着可以使用从模型内部得到的工具变量；人们不需要在模型之外去寻找外生变量。

HT 模型可以写成

$$y_{it}=\mathbf{z}_i\gamma+\mathbf{x}_{it}\boldsymbol{\beta}+c_i+u_{it},\ t=1,2,\cdots,T \tag{11.29}$$

其中 $\mathbf{x}_{it}$ 的所有元素表示出某种**时间变异**（time variation），并且很方便地就可以得出 $\mathbf{w}_i$ 中包括单位元以及假定 $\mathrm{E}(c_i)=0$。我们假定以 c_i 为条件的严格外生性条件：

$$\mathrm{E}(u_{it}\mid\mathbf{w}_i,\mathbf{x}_{i1},\cdots,\mathbf{x}_{iT},c_i)=0,\ t=1,\cdots,T \tag{11.30}$$

对 $\boldsymbol{\beta}$ 的估计能够由固定效应继续进行：FE 变换消掉了 $\mathbf{w}_i\gamma$ 与 c_i。像往常一样，这个方法没有对 c_i 与($\mathbf{w}_i$，$\mathbf{x}_{it}$)之间的相关性施加约束。

对 γ 的估计怎样进行呢？除了假设（11.30）之外，如果我们假定

$$\mathrm{E}(\mathbf{w}_i'c_i)=\mathbf{0} \tag{11.31}$$

那么就容易获得$\sqrt{N}$一致估计量：将方程（11.29）对 t 求平均，用 $\mathbf{w}_i'$左乘，取数学期望，利用 $\mathrm{E}[\mathbf{w}_i'(c_i+\bar{u}_i)]=\mathbf{0}$ 的事实，同时对其进行整理得出

$$\mathrm{E}(\mathbf{w}_i'\mathbf{w}_i)\gamma=\mathrm{E}[\mathbf{w}_i'(\bar{y}_i-\bar{\mathbf{x}}_i\boldsymbol{\beta})]$$

现在，做出 $\mathrm{E}(\mathbf{w}_i'\mathbf{w}_i)$ 非奇异的标准假设，借助于通常的类比原理推理，由此可得

$$\hat{\gamma}=\left(N^{-1}\sum_{i=1}^{N}\mathbf{w}_i'\mathbf{w}_i\right)^{-1}\left(N^{-1}\sum_{i=1}^{N}\mathbf{w}_i'(\bar{y}_i-\bar{\mathbf{x}}_i\hat{\boldsymbol{\beta}}_{FE})\right)$$

是 γ 的一致估计量。利用两步骤估计量的标准推理可以得到$\sqrt{N}(\hat{\gamma}-\gamma)$的渐近方差。与其推导这个渐近方差，不如我们转而讨论更一般的模型。

豪斯曼和泰勒（Hausman and Taylor，1981）把 $\mathbf{w}_i$ 与 $\mathbf{x}_{it}$ 分成 $\mathbf{w}_i=(\mathbf{w}_{i1},\mathbf{w}_{i2})$，$\mathbf{x}_{it}=(\mathbf{x}_{it1},\mathbf{x}_{it2})$，其中 $\mathbf{w}_{i1}$ 表示 $1\times J_1$ 维的向量，$\mathbf{w}_{i2}$ 表示 $1\times J_2$ 维的向量，$\mathbf{x}_{it1}$ 表示 $1\times K_1$ 维的向量，$\mathbf{x}_{it2}$ 表示$1\times K_2$ 维的向量，同时假定

$$\mathrm{E}(\mathbf{w}_{i1}'c_i)=\mathbf{0}\text{ 且 }\mathrm{E}(\mathbf{x}_{it1}'c_i)=\mathbf{0}\text{，对于所有 }t \tag{11.32}$$

我们仍保持假设（11.30），因而对于所有 t 与 s，$\mathbf{w}_i$ 以及 $\mathbf{x}_{is}$ 与 u_{it} 是不相关的。

假设（11.30）与假设（11.32）提供可以在矩方法程序中使用的正交性条件。豪斯曼和泰勒实际上添加了足够的假设，以至综合误差 $\mathbf{v}_i=c_i\mathbf{j}_T+\mathbf{u}_i$ 的方差矩阵 $\boldsymbol{\Omega}$ 具有随机效应结构，同时来自 8.3.4 节中的假设 SIV.5 成立。这两个假设并不是必需的，但是它们却提供了某些简化。

对于所有 T 个时间段，把方程（11.29）写成

$$\mathbf{y}_i=\mathbf{W}_i\gamma+\mathbf{X}_i\boldsymbol{\beta}+\mathbf{v}_i \tag{11.33}$$

由于 $\mathbf{x}_{it}$ 是严格外生的，同时 $\mathbf{Q}_T\mathbf{v}_i=\mathbf{Q}_T\mathbf{u}_i$[其中 $\mathbf{Q}_T\equiv\mathbf{I}_T-\mathbf{j}_T(\mathbf{j}_T'\mathbf{j}_T)^{-1}\mathbf{j}_T'$ 再次表示减去时间均值的 $T\times T$ 维矩阵]，由此可得，$\mathrm{E}[(\mathbf{Q}_T\mathbf{X}_i)'\mathbf{v}_i]=\mathbf{0}$。因而，$T\times K$ 维矩阵 $\mathbf{Q}_T\mathbf{X}_i$ 能够作为估计方程（11.33）中的工具。如果这些工具是仅仅可以利

用的工具，那么我们可以支持固定效应对 $\boldsymbol{\beta}$ 的估计，而不能够估计 γ。

一些另外的工具出自假设（11.32）。特别地，对于所有 t，$\mathbf{w}_{i1}$ 与 v_{it} 是正交的，从而 $\mathbf{v}_{i1}$ 与 $\mathbf{x}_{i1}^{o}$ 是正交的，$1\times TK_1$ 维向量包含 $\mathbf{x}_{it1}$，对于所有 $t=1$，…，T。因而，通过

$$[\mathbf{Q}_T\mathbf{X}_i,\mathbf{j}_T\otimes(\mathbf{w}_{i1},\mathbf{x}_{i1}^{o})] \tag{11.34}$$

定义方程（11.33）的工具集合，它表示一个 $T\times(K+J_1+TK_1)$ 维矩阵。直接设时间段 t 的工具向量是（$\ddot{\mathbf{x}}_{it}',\mathbf{w}_{i1},\mathbf{x}_{i1}^{o}$）。对于这个工具集合来说，$(\gamma,\beta)$ 可识别的阶条件是 $K+J_1+TK_1\geqslant J+K$，或者 $TK_1\geqslant J_2$。事实上，我们必须在 $\mathbf{x}_{i1}^{o}$ 中拥有足够的元素用来作为 $\mathbf{w}_{i2}$ 的工具。（$\ddot{\mathbf{x}}_{it}'$ 是 $\mathbf{x}_{it}$ 的工具，而 $\mathbf{w}_{i1}$ 则作为它自己的工具。）我们是否这样做依赖于时间段数以及 K_1。

实际上，在假设（11.30）与假设（11.32）下，甚至当我们仅仅关注零协方差时，矩阵（11.34）并没有包括所有可能的工具。然而，在前面提及的全部豪斯曼-泰勒假设——包括 $\boldsymbol{\Omega}$ 具有随机效应结构的假设下，可以证明，除了矩阵（11.34）中的那些工具之外的全部工具在 8.6 节的意义下是冗余的；可参阅 IASW（1999，定理 4.4）的详细论述。

豪斯曼和泰勒（Hausman and Taylor，1981）建议用 REIV 估计 γ 和 $\boldsymbol{\beta}$。正如在 11.2 节中所描述的，REIV 可以作为一个 P2SLS 估计量在变换后的数据上实施。关于方程（11.34）中工具变量的特殊选择，我们首先使用工具变量 $\mathbf{z}_{it}\equiv(\ddot{\mathbf{x}}_{it},\mathbf{w}_{i1},\mathbf{x}_{i1}^{o})$ 通过 P2SLS 估计关于时间段 t 的方程。从 P2SLS 残差中，可获得准减去时间均值的参数 $\hat{\lambda}$，正如在方程（10.81）中那样，其中 $\hat{\sigma}_c^2$ 和 $\hat{\sigma}_u^2$ 可从 P2SLS 残差获得，比如说 $\breve{v}_{it}=y_{it}-\mathbf{w}_i\breve{\gamma}-\mathbf{x}_{it}\breve{\boldsymbol{\beta}}$，而不是从 POLS 残差中获得。然后就像在方程（11.18）中那样执行准减去时间均值运算。有些软件包包含估计 HT 模型的特定命令，但并非所有软件都允许进行完全稳健的推理（那就是，当假设 REIV.3 被违背时）。对于计算关于异方差和序列相关稳健的标准误以及 P2SLS 的检验统计量的任何统计软件包而言，在准减去时间均值的数据上的 P2SLS 估计可以很容易获得完全稳健的推断。

如果 $\boldsymbol{\Omega}$ 不具有随机效应形式，或者如果假设 SIV.5 不满足，那么就会具有比矩阵（11.34）中的工具更多的工具，这一点有助于改进有效性。遗憾的是，这些附加的工具变量之值是不清楚的。为了实用目的，含有随机效应形式 $\hat{\boldsymbol{\Omega}}$ 的 3SLS、含有无约束 $\hat{\boldsymbol{\Omega}}$ 的 3SLS 或者含有最优加权矩阵的 GMM ——利用矩阵（11.34）中的工具—— 应该是足够用的，在存在条件异方差性的情形中，后者是最有效的。第一阶段估计量能够作为利用矩阵（11.34）作为工具的系统 2SLS 估计量。GMM 过度识别检验统计量可以用于检验 TK_1-J_2 个过度识别约束。

在 $K_1\geqslant J_2$ 的情形中，我们能够甚至更进一步地约简工具目录表，并且还可以达到识别：我们利用 $\bar{\mathbf{x}}_{i1}$ 而不是 $\mathbf{x}_{i1}^{o}$ 作为 $\mathbf{w}_{i2}$ 的工具。于是，在时间 t 的 IV 是（$\ddot{\mathbf{x}}_{it},\mathbf{w}_{i1},\bar{\mathbf{x}}_{i1}$）。从而，我们能够利用前面阐述过的含有这个新 IV 集合的混合 2SLS 估计量。一旦实施准减去时间均值会导致一种特别简单的分析。尽管它

通常会削弱渐近有效性，用 $\bar{\mathbf{x}}_{i1}$ 代替 $\mathbf{x}_{i1}^{o}$ 是一种合情合理的约简工具目录表的方法，因为 $\mathbf{w}_{i2}$ 与 $\mathbf{x}_{i1}^{o}$ 之间的大多数偏相关可能通过时间均值 $\bar{\mathbf{x}}_{i1}$。一些计量经济学软件包可执行这种形式的 HT 估计量。

HT 提供了他们模型运用于受教育回报方面的应用，其中教育水平在他们样本中的两个年度上并没有变化。起初，HT 包括了所有时变解释变量 $\mathbf{x}_{it1}$ 的一些元素：工作经验、健康不良指示符以及先前年份的失业指示符。种族和工会身份（union status）被假定成与 c_i 是不相关的，同时，由于这两个量并不随时间而变化，所以它们构成了 $\mathbf{w}_{i1}$。$\mathbf{w}_{i2}$ 的唯一元素是上学受教育年数。HT 运用广义工具变量（GIV）估计量，同时获得几乎两倍于混合 OLS 估计值的上学受教育回报。当他们允许一些时变解释变量与 c_i 是相关的时候，所估计的上学受教育回报甚至变得更大一些。当识别假设不是特别令人信服时，很难知道会得出什么结论。例如，一旦假定工作经验以及工会身份与不可观测效应是不相关的，然后利用这些信息去确定上学受教育回报看起来脆弱无力。

布鲁施、米兹恩和施密特（Breusch，Mizon，and Schmidt，1989）在附加假设 $\mathrm{E}(\mathbf{x}_{it2}'c_i)$ 随 t 变化而为常数下，研究了豪斯曼-泰勒模型。这在估计中增加了更多的可以利用的正交条件。参阅 IASW（1999）的最近分析研究。

11.4 一阶差分工具变量法

我们现在转向与工具变量相结合的一阶差分法。该模型正如在（11.1）中所示，但现在我们实施一阶差分法消除不可观测效应：

$$\Delta y_{it}=\Delta\mathbf{x}_{it}\boldsymbol{\beta}+\Delta u_{it},\quad t=2,\cdots,T \tag{11.35}$$

或者，用矩阵形式，

$$\Delta\mathbf{y}_{i}=\Delta\mathbf{X}_{i}\boldsymbol{\beta}+\Delta\mathbf{u}_{i} \tag{11.36}$$

如果我们有满足假设 FEIV.1 的工具变量 $\mathbf{z}_{it}$，且如果工具变量对所有的 t 有相同的维度 L，那么我们就可以，比如说，使用工具变量 $\Delta\mathbf{z}_{it}$ 将 P2SLS 应用到（11.35）。类似于使用严格外生的 $\mathbf{x}_{it}$ 的 FD 和 FE 估计，我们可以采用假设 FEIV.1 作为我们关于一阶差分工具变量（FDIV）估计量的第一个假设。但在这里，我们感兴趣的是更一般的情形。不是要对潜在的工具变量进行差分，现在我们设 $\mathbf{w}_{it}$ 表示一个在 FD 方程同期外生的 $1\times L_1$ 维工具变量向量：

假设 FDIV.1： 对于 $t=2$，…，T，$\mathrm{E}(\mathbf{w}_{it}'\Delta u_{it})=\mathbf{0}$。

假设 FDIV.1 的重点是我们可以选择 $\mathbf{w}_{it}$ 中那些不须在原始模型（11.1）（以 c_i 为条件）中严格外生的元素。我们允许当 t 增加时，工具变量的维度改变——通常为增长。当 $\mathbf{w}_{it}$ 的维度随 t 改变时，我们选择工具变量矩阵为 $(T-1)\times L$ 维矩阵

$$\mathbf{W}_i = \mathrm{diag}(\mathbf{w}_{i2}, \mathbf{w}_{i3}, \cdots, \mathbf{w}_{iT})$$

其中 $L = L_2 + L_3 + \cdots + L_T$；同样见方程（8.15）。有时，当 $\mathbf{w}_{it}$ 对于所有的 t 都有维度 L 时，我们偏向于选择

$$\mathbf{W}_i = (\mathbf{w}'_{i2}, \cdots, \mathbf{w}'_{iT})'$$

在任何情形中，在 FD 方程上的系统 IV 估计量的秩条件为

假设 FDIV.2：(a) 秩 $\mathrm{E}(\mathbf{W}'_i\mathbf{W}_i) = L$；(b) 秩 $\mathrm{E}(\mathbf{W}'_i\Delta\mathbf{X}_i) = K$。

根据假设 FDIV.1 和假设 FDIV.2，我们使用系统 2SLS 估计量，可以一致估计 $\boldsymbol{\beta}$，正如在 8.3.2 节中所描述的那样。当在那里讨论时，S2SLS 估计量在面板数据背景下可以相当容易地被计算出来，但其特征取决于 $\mathbf{W}_i$ 的结构。第一步是分别实施 $T-1$ 个

$$\Delta\mathbf{x}_{it} \text{ 对 } \mathbf{w}_{it}, \quad i = 1, 2, \cdots, N \tag{11.37}$$

的第一阶段回归并获得拟合值，比如说，$\widehat{\Delta\mathbf{x}_{it}}$（一个对于所有 i 和 t 的 $1\times K$ 维向量）。然后，通过混合工具变量法对 $\Delta\mathbf{x}_{it}$ 使用工具变量 $\widehat{\Delta\mathbf{x}_{it}}$ 以估计（11.35）。推断是标准的，因为我们可以计算出一个对于任意异方差与 $\{e_{it} \equiv \Delta u_{it}: t = 2, \cdots, T\}$ 中的序列相关稳健的方差矩阵估计量。这被留作一个练习以表述 FEIV.3 的 FD 版本，其确保我们可以使用标准的混合 2SLS 方差矩阵。

在 FDIV 的许多应用中，FD 方程（11.35）中的残差不一定是序列相关的，通常因为方程（11.1）中的残差一开始就是序列不相关的；我们将在下一节中涉及主要情形。在这种情形中，我们可能希望应用含有一个最优加权矩阵的 GMM（在某些情形中，其可能是 GMM 的 3SLS）。在一个第一阶段中我们需要获得 $(T-1)\times 1$ 维的残差，比如说，$\check{\mathbf{e}}_i = \Delta\mathbf{y}_i - \Delta\mathbf{X}_i\check{\boldsymbol{\beta}}$，其中 $\check{\boldsymbol{\beta}}$ 可能为更早以前所描述的系统的 2SLS 估计量。一个最优加权矩阵是

$$\left(N^{-1}\sum_{i=1}^{N}\mathbf{W}'_i\check{\mathbf{e}}_i\check{\mathbf{e}}'_i\mathbf{W}_i\right)^{-1} \tag{11.38}$$

如果 $\mathrm{E}(\mathbf{W}'_i\mathbf{e}_i\mathbf{e}'_i\mathbf{W}_i) = \mathrm{E}(\mathbf{W}'_i\boldsymbol{\Omega}\mathbf{W}_i)$，其中 $\boldsymbol{\Omega} = \mathrm{E}(\mathbf{e}_i\mathbf{e}'_i)$，那么我们可以将方程（11.38）中的 $\check{\mathbf{e}}_i\check{\mathbf{e}}'_i$（对于所有 i）替换为 $(T-1)\times(T-1)$ 维的估计量 $\check{\boldsymbol{\Omega}} = N^{-1}\sum_{i=1}^{N}\check{\mathbf{e}}_i\check{\mathbf{e}}'_i$。我们在第 8 章中讨论的所有 GMM 理论都可以直接应用。

对于含单个内生解释变量与一些严格外生回归元的模型，一个一般的 FD 方程是

$$\Delta y_{it1} = \eta_{t1} + \alpha_1\Delta y_{it2} + \Delta\mathbf{z}_{it1}\delta_1 + \Delta u_{it1}$$

含工具变量 $\mathbf{w}_{it} = (\Delta\mathbf{z}_{it1}, \mathbf{w}_{it2})$，其中 $\mathbf{w}_{it2}$ 是从结构方程中遗漏的一套外生变量。这些可能是差分本身，也就是说，$\mathbf{w}_{it2} = \Delta\mathbf{z}_{it2}$，其中我们可能认为 y_{it2} 的约简型为 $y_{it2} = \mathbf{z}_{it}\boldsymbol{\pi}_2 + c_{i2} + u_{i2}$，然后我们差分以消除 c_{i2}。接下来的例子来自莱维特（Levitt，1996)，内生解释变量的工具变量并非通过差分获得。

例 11.2（监狱人口数量对于犯罪率的效应）：为估计监狱人口数量对于在

州这一级上的犯罪率增加的因果效应，莱维特（Levitt，1996）使用对监狱过度拥挤进行诉讼的案件数作为监狱人口增长的工具变量。作为莱维特 FD 方程基础的是一个不可观测效应模型：

$$\log(crime_{it})=\theta_{t1}+\alpha_1\log(prison_{it})+\mathbf{z}_{it1}\boldsymbol{\delta}_1+c_{i1}+u_{it1} \tag{11.39}$$

其中 θ_{t1}代表不同的时间截距项，而无论是 *crime* 还是 *prison* 都按照每 10 万人进行测度。（监狱人口数变量按照前一年的最后一天来测度。）向量 $\mathbf{z}_{it1}$包含人均警力数的对数、人均收入的对数、在 4 个年龄组中人口的比例（省略 35 岁及以上的年龄组）、失业率（作为一个比例）、黑人人口所占比例以及生活在大都市地区的人口比例。差分方程是

$$\Delta\log(crime_{it})=\eta_{t1}+\alpha_1\Delta\log(prison_{it})+\Delta\mathbf{z}_{it1}\boldsymbol{\delta}_1+\Delta u_{it1} \tag{11.40}$$

而工具变量是（$\Delta\mathbf{z}_{it1}$，$final1_{it}$，$final2_{it}$）；最后两个变量是二元指示符，即分别为在前一年以及前两年时是否达成对监狱过度拥挤诉讼的最终决议。我们使用 PRISON. RAW 中的数据来估计这个方程。

第一阶段回归是 $\Delta\log(prison_{it})$ 对 $\Delta\mathbf{z}_{it1}$，$final1_{it}$，$final2_{it}$及一整套年度虚拟变量的 POLS 回归，这个回归产生了 $final1_{it}$和 $final2_{it}$分别为 -4.71 和 -3.30 的完全稳健的 t 统计量。两个工具变量联合显著性的稳健检验给出了 $F=18.81$ 和 0 以后四个小数位的 p 值。因此，假设诉讼变量与特质性变化 Δu_{it1}不相关，FD 方程的一个 P2SLS 估计是有道理的。α_1 的 2SLS 估计为 -1.032（完全稳健的 se= 0.213）。这是一个很大的弹性。相比之下，FD 方程的 POLS 估计给出了一个数值上小得多的系数，-0.181（完全稳健的 se=0.049）。毫不奇怪，2SLS 估计不够精确。使用一个稍微长一点的时间段（对某些州去掉了一些年份）和更多的工具变量，莱维特（Levitt，1996）发现了类似的结果。

我们能正式拒绝在 FD 方程中 $\Delta\log(prison_{it})$ 的外生性吗？当我们对 $\Delta\log(prison_{it})$估计约简型，将约简型残差添加到方程（11.40）中，并通过 POLS 估计增广模型时，则残差上完全稳健的 t 统计量是 3.05。因此，我们强有力地拒绝了（11.40）中 $\Delta\log(prison_{it})$ 的外生性。

因为很难找到一个真正外生的工具变量——甚至在我们通过 FD 或 FE 消除不可观测异质性的时候——当工具变量可能会与特质误差相关时，研究一下面板数据工具变量法的性质是明智的，正如我们在 10.7.1 节中用解释变量所做的。在时间序列依赖性的弱假设下，非常类似的计算表明 FEIV 估计量存在 T^{-1}大小的不一致，如果工具变量 $\mathbf{z}_{it}$是同期外生的，即 $\mathrm{E}(\mathbf{z}_{it}'u_{it})=\mathbf{0}$。相比之下，如果不管是 $\mathbf{z}_{i,t-1}$还是 $\mathbf{z}_{i,t+1}$都与 u_{it}不相关，在同期外生性假设下，当 T 增长时 FDIV 估计量的不一致不会收缩至 0。因为 FEIV 和 FDIV 中的不一致性取决于 $\{\mathbf{z}_{it}\}$ 的分布，我们无法肯定地知道哪个估计量的不一致性更少。进而，正如我们在 10.7.1 节中讨论的，对于在 FEIV 情形中的 $O(T^{-1})$ 级偏误的计算有一个重要的警告：其假定特质误差 $\{u_{it}\}$ 是弱依赖的，亦即其为I(0)（零阶

单整的)。相反，差分变换消除了 $\{u_{it}\}$ 中的一个单位根，并且当 $\{u_{it}\}$ 为一个持久过程时应当成为首选。在这一实践中很重要的问题上需要做更多的研究。

11.5 含测量误差的不可观测效应模型

使用 FD 或 FE 以消除不可观测异质性的一个陷阱是：当存在测量误差时，解释变量中减少的变异性可能会导致严重的偏误。索伦（Solon，1985）及格里切斯和豪斯曼（Griliches and Hausman，1986）研究了面板数据中的测量误差。在计量经济学中，普遍认为，差分与固定效应变换加重了测量误差偏误（即使这两个方法剔除了异质性偏误）。然而，重要的是知道，这个结论依赖于严格外生性以及其他的一些假设下的古典变量误差（CEV）模型。

为了阐述方便，我们考察一个含有单个解释变量的模型

$$y_{it}=\beta x_{it}^{*}+c_i+u_{it} \tag{11.41}$$

在严格外生性假设下，

$$\mathrm{E}(u_{it}\mid \mathbf{x}_i^{*},\mathbf{x}_i,c_i)=0,\ t=1,2,\cdots,T \tag{11.42}$$

其中 x_{it} 表示不可观测 x_{it}^{*} 的观测值。除了不可测量的回归元与可测量回归元的严格外生之外，条件（11.42）具体表现为标准冗余条件——一旦 x_{it}^{*} 得到控制，x_{it} 就是无关紧要的。记测量误差为 $r_{it}=x_{it}-x_{it}^{*}$。假定 r_{it} 与 x_{it}^{*} 是无关的——关键性的 CEV 假设——且假定方差以及协方差均是随时间变化而为常数的，很容易证明，当 $N\to\infty$ 时，混合 OLS 估计量的概率极限（plim）是

$$\begin{aligned}\operatorname*{plim}_{N\to\infty}\hat{\beta}_{POLS}&=\beta+\frac{\mathrm{Cov}(x_{it},c_i+u_{it}-\beta r_{it})}{\mathrm{Var}(x_{it})}\\&=\beta+\frac{\mathrm{Cov}(x_{it},c_i)-\beta\sigma_r^2}{\mathrm{Var}(x_{it})}\end{aligned} \tag{11.43}$$

其中 $\sigma_r^2=\mathrm{Var}(r_{it})=\mathrm{Cov}(x_{it},r_{it})$；实际上，这个公式本质上是由索伦（Solon，1985）推导出来的。

由式（11.43），我们看到，在混合 OLS 估计量中存在两个渐近偏误的来源：一个是 x_{it} 与不可观测效应 c_i 之间的相关，而另一个是测量误差偏误项 $-\beta\sigma_r^2$。如果 x_{it} 与 c_i 是正相关的且 $\beta>0$，那么这两个偏误来源趋于相互抵消。

现在假定 r_{it} 与 x_{it}^{*} 是不相关的，对于所有的 t 与 s，同时为了简单起见，假定 $T=2$。如果我们在实施 OLS 之前进行一阶差分以便消去 c_i，那么我们得到

$$\begin{aligned}\operatorname*{plim}_{N\to\infty}\hat{\beta}_{FD}&=\beta+\frac{\mathrm{Cov}(\Delta x_{it},\Delta u_{it}-\beta\Delta r_{it})}{\mathrm{Var}(\Delta x_{it})}=\beta-\beta\frac{\mathrm{Cov}(\Delta x_{it},\Delta r_{it})}{\mathrm{Var}(\Delta x_{it})}\\&=\beta-2\beta\frac{[\sigma_r^2-\mathrm{Cov}(r_{it},r_{i,t-1})]}{\mathrm{Var}(\Delta x_{it})}\end{aligned}$$

$$=\beta\left(1-\frac{\sigma_r^2(1-\rho_r)}{\sigma_{x^*}^2(1-\rho_{x^*})+\sigma_r^2(1-\rho_r)}\right) \tag{11.44}$$

其中 $\rho_{x^*}=\text{Corr}(x_{it}^*,x_{i,t-1}^*)$，而 $\rho_r=\text{Corr}(r_{it},r_{i,t-1})$，这里我们使用了 $\text{Cov}(r_{it},r_{i,t-1})=\sigma_r^2\rho_r$ 且 $\text{Var}(\Delta x_{it})=2[\sigma_{x^*}^2(1-\rho_{x^*})+\sigma_r^2(1-\rho_r)]$的事实；也可以参阅索伦（Solon，1985）以及萧政（Hsiao，2006，p. 305）。式（11.44）表明，除了比值 $\sigma_r^2/\sigma_{x^*}^2$ 在确定测量误差偏误大小时是重要的之外，比值$(1-\rho_r)/(1-\rho_{x^*})$同样是重要的。由于 x_{it}^* 中的自相关相对于 r_{it} 中的自相关增加，所以 $\hat{\beta}_{FD}$ 中的测量误差偏误会增加。实际上，当 $\rho_{x^*}\to 1$ 时，测量误差偏误逼近于$-\beta$。

当然，我们永远不知道式（11.43）中的偏误是否比式（11.44）中的更大一些，反之亦然。同样地，这两个表达式均是建立在 CEV 假设基础之上的，而且还远不止于此。如果在 Δx_{it} 与 Δr_{it} 之间几乎没有相关关系，那么出自一阶差分的测量误差偏误会是很小的，但是，这个小相关可以由差分能够大大地减少解释变量中变异的事实所抵消。

在同样的假设下，FE 估计量也有一个衰减偏误。在习题 11.3 中你被要求推导出 $\hat{\beta}_{FE}$ 概率极限。

在某些假设下，在存在测量误差的情况下，可能存在一致估计。考察更一般的模型

$$y_{it}=\mathbf{z}_{it}\gamma+\delta w_{it}^*+c_i+u_{it},\ t=1,2,\cdots,T \tag{11.45}$$

其中 w_{it}^* 表示被误测了的变量。写成 $r_{it}=w_{it}-w_{it}^*$，同时假定严格外生性以及 w_{it} 的冗余性（redundancy）：

$$\text{E}(u_{it}\mid\mathbf{z}_i,\mathbf{w}_i^*,\mathbf{w}_i,c_i)=0,\ t=1,2,\cdots,T \tag{11.46}$$

用 w_{it} 代替 w_{it}^*，并且进行一阶差分，得到

$$\Delta y_{it}=\Delta\mathbf{z}_{it}\gamma+\delta\Delta w_{it}+\Delta u_{it}-\delta\Delta r_{it} \tag{11.47}$$

在当前背景下，标准的 CEV 假设可以表述成

$$\text{E}(r_{it}\mid\mathbf{z}_i,\mathbf{w}_i^*,c_i)=0,\ t=1,2,\cdots,T \tag{11.48}$$

这蕴涵着，对于所有 t 与 s，r_{it} 与 $\mathbf{z}_{is}$、w_{is}^* 均是不相关的。（正如线性模型背景下的情形一样，假定零相关是一致性的充分条件，但是对于通常的标准误以及检验统计量则不是有效的。）在假设（11.48）（以及其他测量误差假设）下，Δr_{it} 与 Δw_{it} 是相关的。为了把工具变量方法应用到方程（11.47）上，我们至少需要 Δw_{it} 的一个工具变量。正如遗漏变量与联立性背景下的情形，我们可以拥有能够用作工具变量的模型之外的附加变量。类似于横截面情形（正如第 5 章一样），一种可能性是使用关于 w_{it}^* 的另一个测量，比如说 h_{it}。如果 h_{it} 中的测量误差与 w_{is} 中的测量误差是正交的，对于所有 t 与 s，那么 Δh_{it} 就是方程（11.47）中 Δw_{it} 的一个自然工具变量。当然，我们能够使用方程（11.47）的更多工具变量，因为在给定的假设下，$\mathbf{z}_i$ 与 $\mathbf{h}_i$ 的任何线性组合都与综合误差是不相关的。

如其不然，对于所有 s，变量 $\mathbf{h}_{it}$ 的向量会成为方程（11.45）中冗余的、严格外生的，且与 r_{is} 不相关的。如果 $\Delta\mathbf{h}_{it}$ 与 Δw_{it} 是相关的，那么工具变量程序，诸如混合 2SLS 就很容易应用。在把一些像混合 2SLS 的程序应用到方程（11.47）时，在渐近性上会导致有效的统计量，这是可能的；这利用了 Δu_{it} 上的序列不相关性以及同方差性假设。然而，一般地讲，一种好的思想是，使用对标准误与对任何序列相关以及异方差性来说均是稳健的检验统计量，或者使用完整的 GMM，而此方法可以有效地解释这些情形。另一种可选择方法是使用 FE2SLS 方法。齐利阿克、威尔逊和斯通（Ziliak，Wilson，and Stone，1999）发现，对于解释真实工资的周期性模型来说，一阶差分（FD）估计值与固定效应（FE）估计值在一些重要方面是不同的。当工具变量方法用来解释当地失业率的测量误差时，这种差异会大大地消失。

到目前为止，在面板数据背景下对测量误差的求解并没有对 r_{it} 中的序列相关内容做什么假定。除了做出假设（11.46）之外，我们假定测量误差是序列无关的：

$$\mathrm{E}(r_{it}r_{is})=0,\ s\neq t \tag{11.49}$$

假设（11.49）提出了对含有面板数据的测量误差问题的求解，而这种求解对于含有单一横截面或独立混合横截面的情形则是行不通的。在假设（11.48）下，对于所有 t 与 s，r_{it} 与 w_{is}^* 是不相关的。因而，如果我们假定测量误差 r_{it} 是序列不相关的，那么对于所有 $t\neq s$，r_{it} 与 w_{is} 是不相关的。有了严格外生性假设，由于 Δu_{it} 和 $\mathbf{z}_{it}$ 与 w_{it} 的所有前导项以及滞后项都是不相关的，所以我们具备了可以利用的工具变量。例如，$w_{i,t-2}$ 与 $w_{i,t-3}$ 都是方程（11.47）中 Δw_{it} 的有效工具变量；$w_{i,t+1}$ 同样是 Δw_{it} 的有效工具变量。一旦对每一个时间段的工具变量目录加以设定，混合两阶段最小二乘法或者一些其他工具变量方法同样可以使用。然而，重要的是要记住，这个方法除了要有其他的 CEV 假设之外，还需要 r_{it} 是序列不相关的。

刚才所涉及的求解测量误差问题的一些方法都假定所有解释变量的严格外生性。自然地，当测量误差与含有序列外生解释变量的模型结合在一起时，事情就变得较为困难。不过，差分剔除了不可观测效应，然后选择工具变量——基于维持的假设下——在含有这样问题的各种模型中通常是起作用的。我们现在明确转向序贯外生性假设下的模型。

11.6 序贯外生性下的估计

11.6.1 一般框架

我们也可以应用 11.4 节的 FDIV 方法来估计标准模型：

$$y_{it}=\mathbf{x}_{it}\boldsymbol{\beta}+c_i+u_{it},\quad t=1,\cdots,T \tag{11.50}$$

在一个序贯外生性假设下，要适当修改存在的不可观测效应，c_i。张伯伦（Chamberlain，1992b）称这些为序贯矩约束，可按照条件期望的形式将其写为

$$\mathrm{E}(u_{it}\mid\mathbf{x}_{it},\mathbf{x}_{i,t-1},\cdots,\mathbf{x}_{it},c_i)=0,\quad t=1,\cdots,T \tag{11.51}$$

当假设（11.51）成立时，我们称 $\{\mathbf{x}_{it}\}$ 以不可观测效应为条件序贯外生。

给定方程（11.50），假设（11.51）等价于

$$\mathrm{E}(y_{it}\mid\mathbf{x}_{it},\mathbf{x}_{i,t-1},\cdots,\mathbf{x}_{it},c_i)=\mathrm{E}(y_{it}\mid\mathbf{x}_{it},c_i)=\mathbf{x}_{it}\boldsymbol{\beta}+c_i \tag{11.52}$$

其提供了一个关于以 c_i 为条件的序贯外生性的简单解释。一旦 $\mathbf{x}_{it}$ 和 c_i 已经被控制住，$\mathbf{x}_{it}$ 的过去值就不会影响 y_{it} 的期望值。以解释变量为条件最多只能到时间 t 为止，这比严格的外生性假设更自然，严格的外生性假设还要求以 $\mathbf{x}_{it}$ 的未来值为条件。当我们开始时，重要的是要记住，方程（11.52）是我们解释 $\boldsymbol{\beta}$ 的估计时应当记在心上的。当解释变量仅仅是序贯外生的时，使用一阶差分法估计方程，诸如（11.35），没有自然的解释。

正如我们将在下一节中明确展示的，含滞后因变量的模型可以在序贯外生性下进行自然的分析。基恩和朗克尔（Keane and Runkle，1992）认为，带有异质性的检验理性期望假说的面板数据模型不满足严格外生性的要求。但它们确实满足序贯外生性；事实上，在假设（11.51）中的条件集可以包括在时间 $t-1$ 所观测到的所有变量。

正如我们在 7.2 节中看到的，在不含不可观测效应的面板数据模型中，严格外生性有时是一个过强的假设，甚至在静态和有限分布滞后模型中也是。例如，假设

$$y_{it}=\mathbf{z}_{it}\gamma+\delta h_{it}+c_i+u_{it} \tag{11.53}$$

其中 $\{\mathbf{z}_{it}\}$ 是严格外生的而 $\{h_{it}\}$ 是序贯外生的：

$$\mathrm{E}(u_{it}\mid\mathbf{z}_i,h_{it},\cdots,h_{i1},c_i)=0 \tag{11.54}$$

进而，h_{it} 被过去的 y_{it} 影响，比如说

$$h_{it}=\mathbf{z}_{it}\xi+\eta y_{i,t-1}+\psi c_i+r_{it} \tag{11.55}$$

例如，设 y_{it} 是城市 i 在第 t 年期间人均销售的安全套，并设 h_{it} 为城市 i 在第 t 年间的 HIV 感染率。模型（11.53）可以用来检验安全套的使用是否受 HIV 传播的影响。不可观测效应 c_i 包含城市特有的可影响性行为以及 HIV 发生率的不可观测因素。方程（11.55）是抓住 HIV 传播取决于过去对安全套的使用这一事实的方法之一。一般来说，如果 $\mathrm{E}(r_{i,t+1}u_{it})=0$，很容易证明：如果在方程（11.54）和（11.55）下 $\eta>0$，那么 $\mathrm{E}(h_{i,t+1}u_{it})=\eta\mathrm{E}(y_{it}u_{it})=\eta\mathrm{E}(u_{it}^2)>0$。因此，除非 $\eta=0$，否则严格的外生性不成立。

有时在面板数据应用中，人们会看到一些变量被认为存在伴随着一个滞后项出现的同期内生性，而不是同期的。所以，举例来说，我们可能会使用 $h_{i,t-1}$

替代方程（11.53）中的 h_{it}，因为我们认为 h_{it} 和 u_{it} 是相关的。作为一个例子，假设 y_{it} 是航空公司 i 在第 t 年的航班取消百分比，h_{it} 是在同一年的利润。对于严格外生的 $\mathbf{z}_{it}$，我们可以设定 $y_{it}=\mathbf{z}_{it}\gamma+\delta h_{i,t-1}+c_i+u_{it}$。当然，在 $t+1$ 时间段，回归元为 $\mathbf{x}_{i,t+1}=(\mathbf{z}_{i,t+1},h_{it})$，如果 h_{it} 和 u_{it} 相关，其与 u_{it} 相关。正如我们在 10.7 节中讨论的，在这种情景中 FE 估计量可争辩地有 $1/T$ 阶的不一致。但是，如果我们愿意假设序贯外生性，我们完全不需要勉强接受一个不一致的估计量。

在序贯外生性假设下，估计的一种一般方法如在 11.4 节中所述。我们实施一阶差分以消除 c_i 并得到方程（11.35），并像方程（11.36）那样采用堆积形式写出。唯一的问题是工具变量来自何处。根据假设（11.51）

$$\mathrm{E}(\mathbf{x}_{is}'u_{it})=\mathbf{0},\quad s=1,\cdots,t;\ t=1,\cdots,T \tag{11.56}$$

其意味着正交条件

$$\mathrm{E}(\mathbf{x}_{is}'\Delta u_{it})=\mathbf{0},\quad s=1,\cdots,t-1;\ t=2,\cdots,T \tag{11.57}$$

因此，在时间 t，FD 方程中可用的工具变量是在向量 $\mathbf{x}_{i,t-1}^o$ 中，其中

$$\mathbf{x}_{it}^o=(\mathbf{x}_{i1},\mathbf{x}_{i2},\cdots,\mathbf{x}_{it}) \tag{11.58}$$

因此，工具变量矩阵仅仅是

$$\mathbf{W}_i=\mathrm{diag}(\mathbf{x}_{i1}^o,\mathbf{x}_{i2}^o,\cdots,\mathbf{x}_{i,T-1}^o) \tag{11.59}$$

其有 $T-1$ 行。由于序贯外生性，有效工具变量的数量增加 t。

给定 $\mathbf{W}_i$，例行方式就是应用 GMM 估计。但是，正如我们在 11.4 节中讨论的，一些更简单的策略可以使用。其中一个有用的策略是分别对每个 t 为 $\Delta\mathbf{x}_{it}$ 估计一个约简型。因此，在时间 t，实施 $\Delta\mathbf{x}_{it}$ 对 $\mathbf{x}_{i,t-1}^o$ 的回归，$i=1$ ，$\cdots$，N，并获得拟合值，$\widehat{\Delta\mathbf{x}_{it}}$。当然，对于每个 t，该拟合值都是 $1\times K$ 维向量。然后，使用工具变量 $\widehat{\Delta\mathbf{x}_{it}}$ 通过混合工具变量法估计 FD 方程（11.35）。从这样一个程序中获得稳健的标准误和检验统计量很简单，因为获取工具的第一阶段估计可以忽略不计（当然，渐近地）。如果我们像在（11.59）中那样选择 $\mathbf{W}_i$，并选择其用作加权矩阵（$\mathbf{W}'\mathbf{W}/N$）$^{-1}$的话，那么这就是可以得到的相同集合或估计，也就是说，我们获得系统 2SLS 估计量。

给定一个初始的一致估计，我们可以得到有效的 GMM 加权矩阵。在大多数应用中，有一套合理的假设，在该假设下 $\mathrm{E}(\mathbf{W}_i'\mathbf{e}_i\mathbf{e}_i'\mathbf{W}_i)=\mathrm{E}(\mathbf{W}_i'\mathbf{\Omega}\mathbf{W}_i)$，其中 $\mathbf{e}_i=\Delta\mathbf{u}_i$ 且 $\mathbf{\Omega}=\mathrm{E}(\mathbf{e}_i\mathbf{e}_i')$，在这种情形中，GMM 的 3SLS 估计量是一个有效的 GMM 估计量。可参阅伍德里奇（Wooldridge，1996）和阿雷拉诺（Arellano，2003）的例子。

通过仅用 $\mathbf{x}_{it}$ 的滞后项作为工具变量估计 FD 方程的一个潜在的问题是：变量随着时间推移而发生的变化往往是难以预料的。换句话说，$\Delta\mathbf{x}_{it}$ 可能与 $\mathbf{x}_{i,t-1}^o$ 没有相关性，在这种情形中，我们就面临一个弱工具变量的问题。在一种情形中，我们甚至无法识别：如果 $\mathbf{x}_{it}=\boldsymbol{\lambda}_t+\mathbf{x}_{i,t-1}+\mathbf{e}_{it}$，其中 $\mathrm{E}(\mathbf{e}_{it}\mid\mathbf{x}_{i,t-1},\cdots,\mathbf{x}_{i1})=\mathbf{0}$——也

就是，$\mathbf{x}_{it}$ 的元素是带漂移项的随机游走——那么 $\mathrm{E}(\Delta\mathbf{x}_{it} \mid \mathbf{x}_{i,t-1},\cdots,\mathbf{x}_{i1})=\mathbf{0}$，并且关于工具变量估计的秩条件不成立。在下一小节中我们将在AR(1)模型的背景下进一步研究这个问题。

作为一个实践问题，$\mathbf{W}_i$ 的列维度可以很大，特别是带有很大的 T 时。众所周知，使用许多过度识别约束造成了 GMM 不良的有限样本性质，尤其是如果工具变量中的很多都是弱的；参见，例如，托奇（Tauchen，1986），奥尔顿吉和西格尔（Altonji and Segal，1996），齐利阿克（Ziliak，1997），斯托克、赖特和优格（Stock，Wright，and Yogo，2002）以及韩和菲利普斯（Han and Phillips，2006）。只使用一对滞后项可能会更好（即使它是渐近有效性不足的，或不是更有效的），比如说使用 $\mathbf{w}_{it}=(\mathbf{x}_{i,t-1},\mathbf{x}_{i,t-2})$，作为在时间 $t\geqslant 3$ 时的工具变量，其中 $\mathbf{w}_{i2}=\mathbf{x}_{i1}$。

如果模型包含严格外生变量，如在方程（11.53）中那样，在最低限度上时间 t 的工具变量将包括 $\Delta\mathbf{z}_{it}$——也就是说，$\Delta\mathbf{z}_{it}$ 作为自己的工具变量使用。我们仍然可以仅包括序贯外生变量的滞后项。因此，在时间 t 用（11.53）的一阶差分，$\Delta y_{it}=\Delta\mathbf{z}_{it}\gamma+\delta\Delta h_{it}+\Delta u_{it}$，$t=2$，…，$T$，可用的工具变量将会是 $\mathbf{w}_{it}=(\Delta\mathbf{z}_{it},h_{i,t-1},h_{i,t-2},\cdots,h_{i1})$。同样，无论是一个完整的 GMM 程序还是一个简单的混合工具变量程序（在分别估计了每个约简型后）都可被应用，并且也许只能包含 h_{it} 的一对滞后项。

11.6.2 含滞后因变量的模型

在序贯外生性约束下模型的一个特殊情形是自回归模型。这里我们研究 AR(1) 模型并跟随阿雷拉诺和邦德（Arellano and Bond，1991）的研究。在没有任何其他协变量的模型中，

$$y_{it}=\rho y_{i,t-1}+c_i+u_{it},\quad t=1,\cdots,T \tag{11.60}$$

$$\mathrm{E}(u_{it}\mid y_{i,t-1},y_{i,t-2},\cdots,y_{i0},c_i)=0 \tag{11.61}$$

这样，我们首次观测到 y 是在 $t=0$ 时。假设（11.61）意味着我们拥有完全设定的动态机制：一旦我们控制住 c_i，仅有一个 y_{it} 的滞后项是必需的。这是以不可观测效应为条件的动态完备性假设的一个例子。当我们设 $x_{it}=y_{i,t-1}$，我们立即可看到 AR(1) 模型满足序贯外生性假设（以 c_i 为条件）。

模型（11.60）的一个应用是确定 $\{y_{it}\}$ 是否展示了状态依赖性：在控制了系统的、非时变差异 c_i 后，y 上的上一期结果有助于预测本期的结果吗？在 AR(1) 模型中，如果 $\rho\neq 0$，则答案是肯定的。

在时间 t 的 FD 方程中 $\Delta y_{it}=\rho\Delta y_{i,t-1}+\Delta u_{it}$，$t=2$，…，$T$，可用的工具变量 $\mathbf{w}_{it}=(y_{i0},\cdots,y_{i,t-2})$。安德森和萧政（Anderson and Hsiao，1982）建议了 FD 方程的混合工具变量估计，使用工具变量 $y_{i,t-2}$（在这种情形中，所有 $T-1$ 期都可以使用）或 $\Delta y_{i,t-2}$（在这种情形中，只有 $T-2$ 期可使用）。阿雷拉诺和邦德（Arellano and Bond，1991）建议使用所有可用工具变量的完全 GMM 估

计。混合工具变量估计量，比如说，在 $t=2$ 时使用 y_{i0} 作为工具变量然后在 $t=3$，…，T 时使用（$y_{i,t-2}, y_{it-3}$），是很容易实施的。它有可能比安德森和萧政方法更有效，但不如完全的 GMM 方法有效。在这种方法中，要为 $\Delta y_{i,t-1}$ 分别估计 $T-1$ 个约简型。

正如阿雷拉诺和邦德（Arellano and Bond，1991）所指出的，根据假设（11.61），差分残差 Δu_{it} 和 $\Delta u_{i,t-1}$ 必然相关。因此，在最低限度上，任何估计方法都应当解释计算标准误和检验统计量时的这种序列相关。GMM 通过使用有效的加权矩阵来处理这种序列相关性。每隔两个或每隔两个以上时间段的差分残差是不相关的，且这实际上简化了最优加权矩阵。进而，如果我们添加条件同方差，$\text{Var}(u_{it} \mid y_{i,t-1}, y_{i,t-2}, \cdots, y_{i0}, c_i)=\sigma_u^2$，那么可以使用加权矩阵的 3SLS 版本。可参阅阿雷拉诺和邦德（Arellano and Bond，1991），也可参阅伍德里奇（Wooldridge，1996）加以验证。像在通常情形中一样，即使在我们选定特定工具变量之后，使用这些工具的方式也是多种多样的。

该模型更一般的版本是

$$y_{it}=\theta_t+\rho y_{i,t-1}+\mathbf{z}_{it}\gamma+c_i+u_{it}, \quad t=1,\cdots,T \tag{11.62}$$

其中 θ_t 表示不同时间段的截距项而 $\{\mathbf{z}_{it}\}$ 是严格外生的。当我们对方程（11.62）差分，

$$\Delta y_{it}=\eta_t+\rho\Delta y_{i,t-1}+\Delta\mathbf{z}_{it}\gamma+\Delta u_{it}, \quad t=1,\cdots,T \tag{11.63}$$

可用的工具变量（除了时间段虚拟变量外）是（$\mathbf{z}_i, y_{i,t-2}, \cdots, y_{i0}$）。我们可能不希望对每个时间段使用所有的 $\mathbf{z}_i$。当然，我们会使用 $\Delta\mathbf{z}_{it}$，也许一个滞后项，$\Delta\mathbf{z}_{i,t-1}$。如果我们添加序贯外生变量，比如说 $\mathbf{h}_{it}$，到（11.62）上，那么（$\mathbf{h}_{i,t-1}, \cdots, \mathbf{h}_{i1}$）将可以添加到这个工具变量列表中（而且 $\Delta\mathbf{h}_{it}$ 将会出现在方程中）。和平时一样，我们可能不会在每一个时间段都使用全套的滞后项。

即使我们的估计方程是采用一阶差分的，重要的是要记住（11.63）是一个估计方程。我们应该根据原始模型（11.62）来解释估计量。正是方程（11.62）本身代表了一个动态完备的条件期望。方程（11.63）甚至不能满足 $\text{E}(\Delta u_{it} \mid \Delta y_{i,t-1}, \Delta\mathbf{z}_{it})=0$，这就是为什么它的 POLS 估计是不一致的。应用工具变量到 FD 方程仅仅是一种估计原始模型上参数的方法。

例 11.3（估计一个机票价格的动态方程）：考虑一个机票价格对数的AR(1)模型，使用在 AIRFARE. RAW 中的数据：

$$lfare_{it}=\theta_t+\rho lfare_{i,t-1}+\gamma concen_{it}+c_i+u_{it}$$

其中我们包括一整套的年度虚拟变量。我们假设集中度比率是严格外生的，且至多需要 $lfare$ 的一个滞后项以捕捉其动态机制。因为我们有 1997—2000 年的数据，（11.62）为三年进行设定。差分后，我们只有两年数据。

FD 方程是

$$\Delta lfare_{it}=\eta_t+\rho\Delta lfare_{i,t-1}+\gamma\Delta concen_{it}+\Delta u_{it}, \quad t=1999,2000$$

如果我们通过 POLS 估计这个方程，则估计量是不一致的，因为 $\Delta lfare_{i,t-1}$ 与 Δu_{it} 相关；为了进行比较，我们包括了 OLS 估计。我们同样应用简单的混合工具变量程序，其中对 $\Delta lfare_{i,t-1}$ 分别估计约简型：一个是对 1999 年，并将 $lfare_{i,t-2}$，$lfare_{i,t-3}$ 和 $\Delta concen_{it}$ 包含在约简型中，还有一个是对 2000 年，并将 $lfare_{i,t-2}$ 和 $\Delta concen_{it}$ 包含在约简型中。拟合值被用在混合工具变量估计中，带着稳健的标准误。（我们在时间 t 仅使用工具变量列表中的 $\Delta concen_{it}$。）最后，我们应用阿雷拉诺和邦德（Arellano and Bond，1991）的 GMM 程序。结果在表 11.2 中给出。

正如从栏（1）中可看到的，ρ 的 POLS 估计实际上是负的，且统计上异于 0。相比之下，两个工具变量方法给出了正的和统计上显著的估计。ρ 的 GMM 估计更大，而且它也有一个更小的标准误（正如我们对 GMM 所希望的）。与 POLS 估计相比，*concen* 系数的工具变量估计更大，并且特别是对于 GMM，在统计上远远更为显著。

表 11.2　　动态机票价格模型，一阶差分工具变量估计

被解释变量	$lfare$		
	(1)	(2)	(3)
解释变量	混合 OLS	混合 IV	阿雷拉诺-邦德
$lfare_{-1}$	−0.126	−0.219	−0.333
	(0.027)	(0.062)	(0.55)
concen	−0.076	0.126	0.152
	(0.053)	(0.056)	(0.040)
N	1.149	1.149	1.149

FD 方程上的混合工具变量估计可通过首先分别对 1999 年和 2000 年的 $\Delta lfare_{-1}$ 估计约简型获得，其中对于 1999 年的工具变量是 $lfare_{-2}$ 和 $\Delta concen$，而那些对于 2000 年的工具变量是 $lfare_{-2}$、$lfare_{-3}$ 和 $\Delta concen$。

POLS 和混合工具变量标准误对于异方差性和序列相关性稳健。GMM 标准误可从一个最优加权矩阵中获得。

对于所有程序都分别估计年度截距项（未报告）。

阿雷拉诺和邦德估计可在 Stata 9.0 中使用 xtabond 命令获得。

在例 11.3 中，所估计的 ρ 离 1 非常地远，而且工具变量估计看上去表现良好。在某些应用中，ρ 接近于单位 1，而且这会导致弱工具变量的问题，正如在之前的节中简要讨论过的。问题是：滞后的变化，$\Delta y_{i,t-1}$，与 $(y_{i,t-2},\cdots,y_{i0})$ 不是非常高度相关的。事实上，当 $\rho=1$ 时，如此则 $\{y_{it}\}$ 存在一个单位根，故不存在相关性，则混合工具变量与阿雷拉诺和邦德程序都失败了。

阿雷拉诺和博韦（Arellano and Bover，1995）以及安和施密特（Ahn and Schmidt，1995）建议增加额外的矩条件以提高 GMM 估计量的有效性。例如，在基本模型（11.61）中，安和施密特证明了假设（11.62）——以及基于零相关性的实际上更弱的版本——意味着一套额外的非冗余正交性条件

$$\mathrm{E}(v_{iT}\Delta u_{i,t-1})=0,\quad t=2,\cdots,T-1$$

其中 $v_{iT}=c_i+u_{iT}$ 是在上一个时间段的综合误差。然后，我们可以设定方程

$$\Delta y_{it}=\rho\Delta y_{i,t-1}+\Delta u_{it},\quad t=2,\cdots,T$$
$$y_{iT}=\rho y_{i,T-1}+v_{iT}$$

并将关于第一组方程的原始阿雷拉诺和邦德正交性条件与关于后一组方程的安和施密特正交性条件结合起来。由此产生的矩条件关于 ρ 是非线性的，这把我们带出了线性 GMM 的领域之外。我们将在第 14 章中涵盖非线性的 GMM 方法。布伦德尔和邦德（Blundell and Bond，1998）基于从一个稳态分布中抽取出来的 y_{i0}，在水平方程 $y_{it}=\rho y_{i,t-1}+v_{it}$ 中获得了额外的线性矩约束。当 ρ 接近于 1 时，这些额外的矩条件特别有助于提高 GMM 估计的精度（而且甚至会减少偏误）。也可参阅哈恩（Hahn，1999）。当然，当 $\rho=1$ 时，假设一个稳态分布的存在是没有意义的（尽管条件可以有所削弱）。可参阅阿雷拉诺（Arellano，2003）和巴尔塔基（Baltagi，2001，第 8 章）在有以及没有严格外生和序贯外生的解释变量情形中有关 AR(1) 模型的进一步讨论。

11.7 含有个体特有斜率的模型

至此我们所研究过的不可观测效应模型都拥有一种附加的不可观测效应，该附加的不可观测效应在所有时间段对 y_{it} 都具有相同的偏效应。对于一些应用来说，这种假设也许太强。现在，我们转而关注考虑个体特有斜率的模型。

11.7.1 随机趋势模型

考虑下述对标准的不可观测效应模型的扩展形式：

$$y_{it}=c_i+g_i t+\mathbf{x}_{it}\boldsymbol{\beta}+u_{it},\qquad t=1,2,\cdots,T \tag{11.64}$$

有时称此形式为**随机趋势模型**（random trend model），比如每一个个体、厂商、城市等等均允许拥有自己的时间趋势。个体特有趋势是异质性的一种附加来源。如果 y_{it} 是变量的自然对数，通常像经济研究中的情形一样，那么 g_i（大致地）表示在某一时间段的平均增长率（一旦解释变量固定后）。因而，方程（11.64）称为**随机增长模型**（random growth model）；例如，可参阅赫克曼和霍茨（Heckman and Hotz，1989）。

在方程（11.64）的许多应用中，我们想要允许（c_i,g_i）与 $\mathbf{x}_{it}$ 是任意相关的。（遗憾的是，允许这种相关性会使“随机趋势模型”称谓与我们前面所使用的随机效应以及固定效应相矛盾。）例如，如果 $\mathbf{x}_{it}$ 的一个元素是项目参与的指示符，除了依赖于 c_i 的效应之外，方程（11.64）允许项目参与依赖于个体特有的趋势（或者增长率）。我们如果不对（$c_i,g_i,\mathbf{x}_{it}$）之间的相关性施加约束，

那么我们的分析就是固定效应类型。随机效应方法也是可行的，但是它显得十分不方便，可参阅习题 11.5。

对于随机趋势模型来说，解释变量的严格外生性假设是

$$\mathrm{E}(u_{it}\mid \mathbf{x}_{i1},\cdots,\mathbf{x}_{iT},c_i,g_i)=0 \tag{11.65}$$

它可以由条件均值设定定义：

$$\mathrm{E}(y_{it}\mid \mathbf{x}_{i1},\cdots,\mathbf{x}_{iT},c_i,g_i)=\mathrm{E}(y_{it}\mid \mathbf{x}_{it},c_i,g_i)=c_i+g_it+\mathbf{x}_{it}\boldsymbol{\beta} \tag{11.66}$$

我们仍然主要对一致估计 $\boldsymbol{\beta}$ 感兴趣。

估计 $\boldsymbol{\beta}$ 的一种方法是进行差分剔除 c_i：

$$\Delta y_{it}=g_i+\Delta\mathbf{x}_{it}\boldsymbol{\beta}+\Delta u_{it},\qquad t=2,3,\cdots,T \tag{11.67}$$

其中我们使用了 $g_it-g_i(t-1)=g_i$ 的事实。现在，方程（11.67）正是我们在第 10 章中所研究的标准不可观测效应模型。在假设（11.65）下，关键性严格外生性假设 $\mathrm{E}(\Delta u_{it}\mid g_i,\Delta\mathbf{x}_{i2},\cdots,\Delta\mathbf{x}_{iT})=0$ 成立，$t=2$，3，…，T。因此，为了估计出$\boldsymbol{\beta}$，我们可以把固定效应方法或者一阶差分方法应用到方程（11.67）上。

在差分方程中，我们为了剔除 c_i 而损失了一个时间段，因而对于方程（11.67）来说可以利用 $T-1$ 个时间段。为了把固定效应（FE）方法或者一阶差分（FD）方法应用到方程（11.67），我们必须拥有 $T-1\geqslant 2$ 或者 $T\geqslant 3$。换句话讲，只有 $T\geqslant 3$ 时，随机趋势模型中的 $\boldsymbol{\beta}$ 才能一致地被估计出来。

我们对方程（11.67）是更喜爱 FE 估计还是更喜爱 FD 估计呢？这要依赖于$\{\Delta u_{it}: t=2,3,\cdots,T\}$的性质。正如我们在 10.6 节中所讨论的，在一些情形中，把 FE 方法应用到方程（11.67）就很吸引人。如果我们做出$\{u_{it}\}$是序列不相关的且（以 $\mathbf{x}_i$，c_i，g_i 为条件的）同方差性的假设，那么应用于方程（11.67）的 FE 仍然是一致的且渐近正态的，但不是有效的，接下来的一小节内容将明确地涉及那种情形。

例 11.4（分析工业园区的随机增长模型） 帕普克（Papke，1994）为了检验工业园区对失业救济申报人数的影响而估计了一个随机增长模型：

$$\log(uclms_{it})=\theta_t+c_i+g_it+\delta_1 ez_{it}+u_{it}$$

因而，除了管辖权特有（jurisdiction-specific）增长率 g_i之外，加总时间效应是允许的。她为了剔除 c_i而对方程进行一阶差分，然后对差分应用固定效应。数据来自 EZUNEM. RAW。δ_1的估计值是$\hat{\delta}_1=-0.192$，而 $\mathrm{se}(\hat{\delta}_1)=0.085$。于是，工业园区预计降低了 19.2%的失业救济申报人数，同时此效应在 5% 水平上是统计显著的。

弗里德伯格（Friedberg，1998）提供了一个例子，利用离婚率以及离婚法律的州层面面板数据，表明考虑州特有趋势是多么重要。如果没有州特有的趋势，她发现单方面离婚法对离婚率没有影响；而含有州特有的趋势情形，所估计出来的效应是大的，并且是统计显著的。弗里德伯格所使用的估计方法是我

们接下来一小节里所要讨论的问题。

在关于项目评估的随机趋势或者随机增长模型中，允许趋势或者增长率依赖于项目参与是有意义的：除了改变 y 的水平之外，项目参与还会影响到变化率。除了 $prog_{it}$ 之外，我们在模型中可以包括 $prog_{it}\cdot t$ 项：

$$y_{it}=\theta_t+c_i+g_i t+\mathbf{z}_{it}\gamma+\delta_1 prog_{it}+\delta_2 prog_{it}\cdot t+u_{it}$$

与以往一样，一旦差分就去掉 c_i：

$$\Delta y_{it}=\xi_t+g_i+\Delta\mathbf{z}_{it}\gamma+\delta_1\Delta prog_{it}+\delta_2\Delta(prog_{it}\cdot t)+\Delta u_{it}$$

我们能够利用固定效应来估计这个差分方程。一个甚至更为灵活的设定是，用一系列项目指示符 $prog1_{it}$，…，$progM_{it}$ 来代替 $prog_{it}$ 及 $prog_{it}\cdot t$，其中如果单位 i 在时间 t 确实处于项目之中已有 j 年了，那么 $progj_{it}$ 为 1，并且 M 表示项目经历年数的最大值。

如果 $\{u_{it}\}$ 包括真实的序列相关——比随机游走更强，那么差分方程 (11.67) 就更有吸引力。y_{it} 的二阶差分用

$$\Delta^2 y_{it}\equiv\Delta y_{it}-\Delta y_{i,t-1}=y_{it}-2y_{i,t-1}+y_{i,t-2}$$

来表示。类似地，可以给出 $\Delta^2\mathbf{x}_{it}$ 与 $\Delta^2 u_{it}$ 的表达式。于是，

$$\Delta^2 y_{it}=\Delta^2\mathbf{x}_{it}\boldsymbol{\beta}+\Delta^2 u_{it},\ t=3,\cdots,T \tag{11.68}$$

如同固定效应变换应用到方程 (11.67) 一样，二阶差分同样剔除了 g_i。因为 $\Delta^2 u_{it}$ 与 $\Delta^2\mathbf{x}_{is}$ 是不相关的，对于所有 t 与 s，所以我们能够通过混合 OLS 或者 GLS（广义最小二乘法方法）估计方程 (11.68)。

当 $T=3$ 时，二阶差分与一阶差分是一样的，然后利用固定效应。二阶差分导致了关于二阶差分数据的单个横截面，因此，如果二阶差分误差是以 $\mathbf{x}_i$ 为条件同方差的，那么对二阶差分的横截面运用标准 OLS 是适宜的。霍克比 (Hoxby, 1996) 利用三年人口普查数据运用了这种方法估计教师工会对教育产出的效应。

如果 $\mathbf{x}_{it}$ 包含一个时间趋势，那么 $\Delta\mathbf{x}_{it}$ 包含关于 $t=2$，3，…，T 的相同常数，这会在应用到方程 (11.67) 上的 FE 或 FD 变换中得以去掉。因此，$\mathbf{x}_{it}$ 不能含有那些对所有横截面单位都具有确切线性时间趋势的变量或非时变变量。

11.7.2 含有个体特有斜率的一般模型

我们现在考察含有解释变量与一些不可观测的非时变变量之间交互作用情形的更一般模型：

$$y_{it}=\mathbf{w}_{it}\mathbf{a}_i+\mathbf{x}_{it}\boldsymbol{\beta}+u_{it},\qquad t=1,2,\cdots,T \tag{11.69}$$

其中 $\mathbf{w}_{it}$ 表示 $1\times J$ 维的向量，$\mathbf{a}_i$ 表示 $J\times 1$ 维的向量，$\mathbf{x}_{it}$ 表示 $1\times K$ 维的向量，而 $\boldsymbol{\beta}$ 表示 $K\times 1$ 维的向量。标准的不可观测效应模型是 $\mathbf{w}_{it}\equiv 1$ 的特殊情形；而随机趋势模型是 $\mathbf{w}_{it}=\mathbf{w}_t=(1,\ t)$ 的特殊情形。

方程 (11.69) 允许向量 $\mathbf{a}_i$ 之中包括一些非时变不可观测异质性，并允许其与一些可观测解释变量交互作用。例如，假定 $prog_{it}$ 表示项目参与指示符，而 y_{it} 表示结果变量。模型

$$y_{it}=a_{i1}+a_{i2}\cdot prog_{it}+\mathbf{x}_{it}\boldsymbol{\beta}+u_{it}$$

允许项目效应依赖于不可观测效应 a_{i2} (可能受或者不受 a_{i1} 的限制)。虽然我们对估计 $\boldsymbol{\beta}$ 感兴趣，但是我们同样对项目的平均效应 $\alpha_2=\mathrm{E}(a_{i2})$ 感兴趣。我们不能在小 T 的一般情形中指望获得 a_{i2} 的一个好的估计量。波拉切克和基姆 (Polachek and Kim, 1994) 研究了这类模型，其中对工作经验的回报被允许为个体特有的 (person-specific)。勒缪克斯 (Lemieux, 1998) 已经估计了不可观测异质性在工会部门与非工会部门中以不同方式获得报酬的一种模型。

在一般模型中，我们最初关注估计 $\boldsymbol{\beta}$，然后转而关注对 $\boldsymbol{\alpha}=\mathrm{E}(\mathbf{a}_i)$ 的估计，即关于协变量 $\mathbf{z}_{it}$ 的平均偏效应的向量。严格外生性假设是假设 (11.65) 的一个自然扩展：

假设 FE.1′： $\mathrm{E}(u_{it}|\mathbf{w}_i,\mathbf{x}_i,\mathbf{a}_i)=0$，$t=1, 2, \cdots, T$。

连同方程 (11.69)，假设 FE.1′ 等价于

$$\mathrm{E}(y_{it}|\mathbf{w}_{i1},\cdots,\mathbf{w}_{iT},\mathbf{x}_{i1},\cdots,\mathbf{x}_{iT},\mathbf{a}_i)=\mathrm{E}(y_{it}|\mathbf{w}_{it},\mathbf{x}_{it},\mathbf{a}_i)=\mathbf{w}_{it}\mathbf{a}_i+\mathbf{x}_{it}\boldsymbol{\beta}$$

这表明，一旦 $\mathbf{w}_{it}$，$\mathbf{x}_{it}$ 以及 $\mathbf{a}_i$ 得以控制，那么 ($\mathbf{w}_{is}$，$\mathbf{x}_{is}$) 对于 $s\neq t$ 就不会有助于解释 y_{it}。

把 $\mathbf{W}_i$ 定义为第 t 行是 $\mathbf{w}_{it}$ 的 $T\times J$ 维矩阵，类似地，可以定义 $\mathbf{X}_i$ 为 $T\times K$ 维矩阵。于是，方程 (11.69) 可能写成

$$\mathbf{y}_i=\mathbf{W}_i\mathbf{a}_i+\mathbf{X}_i\boldsymbol{\beta}+\mathbf{u}_i \tag{11.70}$$

一旦假定 $\mathbf{W}_i'\mathbf{W}_i$ 是非奇异的 (从技术上讲，以概率 1 成立)，把

$$\mathbf{M}_i\equiv\mathbf{I}_T-\mathbf{W}_i(\mathbf{W}_i'\mathbf{W}_i)^{-1}\mathbf{W}_i' \tag{11.71}$$

定义为 $\mathbf{W}_i$ 的零空间上投影矩阵 [矩阵 $\mathbf{W}_i(\mathbf{W}_i'\mathbf{W}_i)^{-1}\mathbf{W}_i'$ 是 $\mathbf{W}_i$ 的列空间上投影矩阵]。换句话讲，对于每一个横截面观测值 i，$\mathbf{M}_i\mathbf{y}_i$ 表示出自

$$y_{it}\text{ 对 }\mathbf{w}_{it},\ t=1,2,\cdots,T \tag{11.72}$$

的时间序列回归的 $T\times1$ 维残差向量。在基本的固定效应情形中，回归 (11.72) 是 y_{it} 对 1，$t=1, 2, \cdots, T$ 的回归，并且残差是减去时间均值的变量。在随机趋势情形中，此回归是 y_{it} 对 1，$t=1, 2, \cdots, T$ 的回归，它对每一个 i 来说会线性地剔除 y_{it} 趋势。

$T\times K$ 维矩阵 $\mathbf{M}_i\mathbf{X}_i$ 把来自 $\mathbf{x}_{it}$ 对 $\mathbf{w}_{it}$ 回归的 $1\times K$ 维残差向量作为它的行，$t=1, 2, \cdots, T$。用 $\mathbf{M}_i$ 左乘的目的是，通过用 $\mathbf{M}_i$ 左乘方程 (11.70) 会允许我们剔除不可观测效应 $\mathbf{a}_i$，同时注意到，$\mathbf{M}_i\mathbf{W}_i=\mathbf{0}$：

$$\ddot{\mathbf{y}}=\ddot{\mathbf{X}}_i\boldsymbol{\beta}+\ddot{\boldsymbol{u}}_t \tag{11.73}$$

其中 $\ddot{\mathbf{y}}_i=\mathbf{M}_i\mathbf{y}_i$，$\ddot{\mathbf{X}}_i=\mathbf{M}_i\mathbf{X}_i$ 而 $\ddot{\mathbf{u}}_i=\mathbf{M}_i\mathbf{u}_i$。这是对用于基本固定效应估计中**组内变**

换（within transformation）的扩展。

为了通过系统普通最小二乘法一致地估计出方程（11.73）中的 $\boldsymbol{\beta}$，我们做出下述假设：

假设 FE. 2′： 秩 $\mathrm{E}(\ddot{\mathbf{X}}_i'\ddot{\mathbf{X}}_i)=K$，其中 $\ddot{\mathbf{X}}_i=\mathbf{M}_i\mathbf{X}_i$。

$\mathbf{M}_i$的秩是 $T-J$，所以假设 FE. 2′的必要条件是 $J<T$。换句话讲，我们必须拥有比 $\mathbf{a}_i$中元素至少多一个时间段的时间段数。在基本的不可观测效应模型中，$J=1$，同时我们知道，需要 $T\geqslant 2$。在随机趋势模型中，$J=2$，同时我们为了估计 $\boldsymbol{\beta}$ 而需要 $T\geqslant 3$。

方程（11.73）的系统普通最小二乘法估计量是

$$\hat{\boldsymbol{\beta}}_{FE}=\left(\sum_{i=1}^{N}\ddot{\mathbf{X}}_i'\ddot{\mathbf{X}}_i\right)^{-1}\left(\sum_{i=1}^{N}\ddot{\mathbf{X}}_i'\ddot{\mathbf{y}}_i\right)=\boldsymbol{\beta}+\left(N^{-1}\sum_{i=1}^{N}\ddot{\mathbf{X}}_i'\ddot{\mathbf{X}}_i\right)^{-1}\left(N^{-1}\sum_{i=1}^{N}\ddot{\mathbf{X}}_i'\mathbf{u}_i\right)$$

在假设 FE. 1′下，$\mathrm{E}(\ddot{\mathbf{X}}_i'\mathbf{u}_i)=\mathbf{0}$，同时在假设 FE. 2′下，秩 $\mathrm{E}(\ddot{\mathbf{X}}_i'\ddot{\mathbf{X}}_i)=K$，因此，通常的一致性推理是行得通的。一般地讲，可能的情形是对于某些观测值而言，$\ddot{\mathbf{X}}_i'\ddot{\mathbf{X}}_i$的秩比 K 小。例如，当 $\mathbf{x}_{it}$对于单位 i 来说并不随时间而变化，这一结果便会在标准的固定效应情形中出现。然而，在假设 FE. 2′ 下，$\hat{\boldsymbol{\beta}}_{FE}$应该得到良好的定义，除非我们的横截面样本量是很小的，或者我们在获取样本时不顺利。

当然，FE 估计量是$\sqrt{N}$渐近正态分布的。为了获得它的最简单渐近方差表达式，我们添加不变条件方差与特质误差$\{u_{it}:t=1,2,\cdots,T\}$不是（条件）序列相关的假设：

假设 FE. 3′： $\mathrm{E}(\mathbf{u}_i\mathbf{u}_i'|\mathbf{w}_i,\mathbf{x}_i,\mathbf{a}_i)=\sigma_u^2\mathbf{I}_T$。

在假设 FE. 3 下，迭代期望值蕴涵着

$$\mathrm{E}(\ddot{\mathbf{X}}_i'\mathbf{u}_i\mathbf{u}_i'\ddot{\mathbf{X}}_i)=\mathrm{E}[\ddot{\mathbf{X}}_i'\mathrm{E}(\mathbf{u}_i\mathbf{u}_i'|\mathbf{W}_i,\mathbf{X}_i)\ddot{\mathbf{X}}_i]=\sigma_u^2\mathrm{E}(\ddot{\mathbf{X}}_i'\ddot{\mathbf{X}}_i)$$

利用与 10.5.2 节中基本上相同的推理，在假设 FE. 1′、假设 FE. 2′ 以及假设 FE. 3′下，$\mathrm{Avar}\sqrt{N}(\hat{\boldsymbol{\beta}}_{FE}-\boldsymbol{\beta})=\sigma_u^2[\mathrm{E}(\ddot{\mathbf{X}}_i'\ddot{\mathbf{X}}_i)]^{-1}$，因此，$\mathrm{Avar}(\hat{\boldsymbol{\beta}}_{FE})$可以由

$$\widehat{\mathrm{Avar}(\hat{\boldsymbol{\beta}}_{FE})}=\hat{\sigma}_u^2\left(\sum_{i=1}^{N}\ddot{\mathbf{X}}_i'\ddot{\mathbf{X}}_i\right)^{-1}\tag{11.74}$$

一致地估计出来，其中$\hat{\sigma}_u^2$表示 σ_u^2 的一致估计量。如同标准的固定效应分析一样，我们在获得$\hat{\sigma}_u^2$时必须小心谨慎。我们有

$$\begin{aligned}\sum_{t=1}^{T}\mathrm{E}(\ddot{u}_{it}^2)&=\mathrm{E}(\ddot{\mathbf{u}}_i'\ddot{\mathbf{u}}_i)=\mathrm{E}[\mathrm{E}(\mathbf{u}_i'\mathbf{M}_i\mathbf{u}_i\mid\mathbf{W}_i,\mathbf{X}_i)]\\&=\mathrm{E}\{\mathrm{tr}[\mathrm{E}(\mathbf{u}_i\mathbf{u}_i'\mathbf{M}_i\mid\mathbf{W}_i,\mathbf{X}_i)]\}\\&=\mathrm{E}\{\mathrm{tr}[\mathrm{E}(\mathbf{u}_i\mathbf{u}_i'\mid\mathbf{W}_i,\mathbf{X}_i)\mathbf{M}_i]\}\\&=\mathrm{E}[\mathrm{tr}(\sigma_u^2\mathbf{M}_i)]=(T-J)\sigma_u^2\end{aligned}\tag{11.75}$$

由于 $\mathrm{tr}(\mathbf{M}_i)=T-J$。设 $\hat{\ddot{\mathbf{u}}}_{it}=\ddot{y}_{it}-\ddot{\mathbf{x}}_{it}\hat{\boldsymbol{\beta}}_{FE}$。于是，等式（11.75）与标准推理一起蕴涵着，$\sigma_u^2$的一个无偏且一致的估计量是

$$\hat{\sigma}_u^2=[N(T-J)-K]^{-1}\sum_{i=1}^{N}\sum_{t=1}^{T}\hat{u}_{it}^2=\mathrm{SSR}/[N(T-J)-K] \tag{11.76}$$

式（11.76）中的 SSR 是出自

$$\ddot{y}_{it} \text{ 对 } \ddot{\mathbf{x}}_{it}, \quad t=1,2,\cdots,T;\ i=1,2,\cdots N \tag{11.77}$$

的混合回归，它可以用来获得 $\hat{\beta}_{FE}$。来自回归（11.77）的 SSR 被 $N(T-J)-K$ 除就会得出 $\hat{\sigma}_u^2$。而来自回归（11.77）所报告的标准误将会不存在，因为 SSR 只是被 $NT-K$ 除；调整因子是$\{(NT-K)/[N(T-J)-K]\}^{1/2}$。

检验关于 $\boldsymbol{\beta}$ 假设的标准 F 统计量也是渐近有效的。设 Q 表示在 H_0 下 $\boldsymbol{\beta}$ 上的约束数目，并且设 SSR_r 表示来自像（11.77）的回归，但却含有对 $\boldsymbol{\beta}$ 所施加约束的约束残差平方和。设 SSR_{ur} 表示无约束残差平方和。于是，

$$F=\frac{(\mathrm{SSR}_r-\mathrm{SSR}_{ur})}{\mathrm{SSR}_{ur}}\cdot\frac{[N(T-J)-K]}{Q} \tag{11.78}$$

能够处理成含有自由度 Q 与 $N(T-J)-K$ 的一个 F 分布。除非我们增加关于 $\mathbf{u}_i$ 的一个（条件）正态性假设，否则式（11.78）并不具有准确的 F 分布，但是由于 $Q\cdot F\overset{a}{\sim}\chi_Q^2$，所以它是渐近有效的。

如果没有假设 FE. 3′，式（11.74）不再是有效的，像方差估计量与式（11.78）不是一个有效的检验统计量一样。但是，稳健方差矩阵估计量（10.59）可以和 $\ddot{\mathbf{X}}_i$ 与 $\hat{\ddot{\mathbf{u}}}_i$ 的新定义一起运用。这一步骤直接导致了多重约束的稳健瓦尔德统计量。

为了获得 $\boldsymbol{\alpha}=\mathrm{E}(\mathbf{a}_i)$ 的一致估计量，用 $(\mathbf{W}_i'\mathbf{W}_i)^{-1}\mathbf{W}_i'$ 左乘方程（11.72），并且重新整理得出

$$\mathbf{a}_i=(\mathbf{W}_i'\mathbf{W}_i)^{-1}\mathbf{W}_i'(\mathbf{y}_i-\mathbf{X}_i\boldsymbol{\beta})-(\mathbf{W}_i'\mathbf{W}_i)^{-1}\mathbf{W}_i'u_i \tag{11.79}$$

在假设 FE. 1′下，$\mathrm{E}(\mathbf{u}_i|\mathbf{W}_i)=\mathbf{0}$，从而等式（11.79）中的第二项具有零期望值。因此，一旦假定期望值存在，则

$$\boldsymbol{\alpha}=\mathrm{E}[(\mathbf{W}_i'\mathbf{W}_i)^{-1}\mathbf{W}_i'(\mathbf{y}_i-\mathbf{X}_i\boldsymbol{\beta})]$$

因而，$\boldsymbol{\alpha}$ 的一致、$\sqrt{N}$渐近正态估计量是

$$\hat{\boldsymbol{\alpha}}=N^{-1}\sum_{i=1}^{N}(\mathbf{W}'_i\mathbf{W}_i)^{-1}\mathbf{W}'_i(\mathbf{y}_i-\mathbf{X}_i\hat{\boldsymbol{\beta}}_{FE}) \tag{11.80}$$

对于固定 T 而言，当把 $\mathbf{a}_i$ 看成是参数时，我们并不能一致地估计出 $\mathbf{a}_i$。然而，对于每一个 i，式（11.80）被加数中的项称为 $\hat{\mathbf{a}}_i$，在假设 FE. 1′与假设 FE. 2′下 $\hat{\mathbf{a}}_i$ 是 $\mathbf{a}_i$ 的**无偏估计量**（unbiased estimator）。这个结论很容易证明：$\mathrm{E}(\hat{\mathbf{a}}_i|\mathbf{W},\mathbf{X})=(\mathbf{W}_i'\mathbf{W}_i)^{-1}\mathbf{W}_i'[\mathrm{E}(y_i|\mathbf{W},\mathbf{X})-\mathbf{X}_iE(\hat{\boldsymbol{\beta}}_{FE}|\mathbf{W},\mathbf{X})]=(\mathbf{W}_i'\mathbf{W}_i)^{-1}\mathbf{W}_i'[\mathbf{W}_i\mathbf{a}_i+\mathbf{X}_i\boldsymbol{\beta}-\mathbf{X}_i\boldsymbol{\beta}]=\mathbf{a}_i$，其中我们利用了 $\mathrm{E}(\hat{\boldsymbol{\beta}}_{FE}|\mathbf{W},\mathbf{X})=\boldsymbol{\beta}$ 的事实。估计量 $\hat{\mathbf{a}}$ 就是 $\hat{\mathbf{a}}_i$ 在所有横截面观测值上的平均。

$\sqrt{N}(\hat{\boldsymbol{\alpha}}-\boldsymbol{\alpha})$的渐近方差可以通过展开方程（11.80），并且插入 $\sqrt{N}(\hat{\boldsymbol{\beta}}_{FE}-$

$\boldsymbol{\beta}) = [\mathrm{E}(\ddot{\mathbf{X}}'_i\ddot{\mathbf{X}}_i)]^{-1}\left(N^{-1/2}\sum_{i=1}^{N}\ddot{\mathbf{X}}'_i\mathbf{u}_i\right) + \mathrm{o}_p(1)$ 来获得。可以证明，Avar $\sqrt{N}(\hat{\boldsymbol{\alpha}} - \boldsymbol{\alpha})$的一致估计量是

$$N^{-1}\sum_{i=1}^{N}[(\hat{\boldsymbol{\alpha}}_i - \hat{\boldsymbol{\alpha}}) - \hat{\mathbf{C}}\hat{\mathbf{A}}^{-1}\ddot{\mathbf{X}}'_i\hat{\mathbf{u}}_i][(\hat{\boldsymbol{\alpha}}_i - \hat{\boldsymbol{\alpha}}) - \hat{\mathbf{C}}\hat{\mathbf{A}}^{-1}\ddot{\mathbf{X}}'_i\hat{\mathbf{u}}_i]' \qquad (11.81)$$

其中，$\hat{\boldsymbol{\alpha}}_i \equiv (\mathbf{W}'_i\mathbf{W}_i)^{-1}\mathbf{W}'_i(\mathbf{y}_i - \mathbf{X}_i\hat{\boldsymbol{\beta}}_{FE})$，$\hat{\mathbf{C}} \equiv N^{-1}\sum_{i=1}^{N}(\mathbf{W}'_i\mathbf{W}_i)^{-1}\mathbf{W}'_i\mathbf{X}_i$，$\hat{\mathbf{A}} \equiv N^{-1}\sum_{i=1}^{N}\ddot{\mathbf{X}}'_i\ddot{\mathbf{X}}_i$ 以及 $\hat{\mathbf{u}}_i \equiv \ddot{\mathbf{y}}_i - \ddot{\mathbf{X}}_i\hat{\boldsymbol{\beta}}_{FE}$。此估计量在它不依赖于假设 FE.3′的意义下是完全稳健的。与以往一样，$\hat{\boldsymbol{\alpha}}$ 元素的渐近标准误是用 N 乘以表达式（11.81)，同时取对角元素的平方根来获得的。作为特殊情形，表达式（11.81）能够应用于传统的不可观测效应与随机趋势模型上。

式（11.81）中的 $\hat{\boldsymbol{\alpha}}$ 估计量不一定是最有效的。一种比较好的方法是联立使用关于$\hat{\boldsymbol{\beta}}_{FE}$与 $\hat{\boldsymbol{\alpha}}$ 的矩条件。这会导致非线性工具变量方法，这种方法我们将在第 14 章中加以研究。张伯伦（Chamberlain，1992a）研究了可用于对 $\boldsymbol{\alpha}$ 与 $\boldsymbol{\beta}$ 进行估计的有效矩方法；也可以参阅勒缪克斯（Lemieux，1998)。

11.7.3 标准固定效应方法的稳健性

在前两节中，我们假设一套斜率系数，$\boldsymbol{\beta}$，不会跨单元而改变，而且我们知道斜率系数的集合，在（11.69）中一般为 $\mathbf{a}_i$，其可能跨 i 而改变。即使在这种情形中，不可观测异质性的容许维度被时间段的数量 T 所约束。在本小节中，我们研究：如果我们把一些随机斜率错误地处理为好像它们是固定的并应用标准的固定效应方法，会发生什么。我们可能会忽略一些异质性，因为我们对模型中异质性的范围一无所知，或者因为我们只是没有足够的时间段进行一个一般的分析。

我们用一个通常模型的扩展式开始分析，以考虑单元特有的斜率：

$$y_{it} + c_i + \mathbf{x}_{it}\mathbf{b}_i + u_{it} \qquad (11.82)$$

$$\mathrm{E}(u_{it} \mid \mathbf{x}_i, c_i, \mathbf{b}_i) = 0, \quad t = 1, \cdots, T \qquad (11.83)$$

其中 $\mathbf{b}_i$ 是$K \times 1$ 维的。然而，不像在 11.6.2 节中那样，我们现在忽略斜率中的异质性并假装 $\mathbf{b}_i$ 对于所有 i 均为常数。我们认为 c_i 可能至少会与 $\mathbf{x}_{it}$ 中的一些元素相关，并且因此我们应用通常的 FE 估计量。我们这里讨论的问题是，通常的 FE 估计量什么时候可以一致估计总体平均效应，$\boldsymbol{\beta} = \mathrm{E}(\mathbf{b}_i)$?

除假设（11.83）以外，我们当然需要通常的 FE 秩条件——假设 FE.2。但是对于 FE 还需要什么才能一致估计 $\boldsymbol{\beta}$ 呢？写出 $\mathbf{b}_i = \boldsymbol{\beta} + \mathbf{d}_i$ 是有帮助的，其中偏离平均值的单元特有偏差，$\mathbf{d}_i$，必然有一个零均值。那么

$$y_{it} = c_i + \mathbf{x}_{it}\boldsymbol{\beta} + \mathbf{x}_{it}\mathbf{d}_i + u_{it} \equiv c_i + \mathbf{x}_{it}\boldsymbol{\beta} + v_{it} \qquad (11.84)$$

其中 $v_{it} \equiv \mathbf{x}_{it}\mathbf{d}_i + u_{it}$。正如我们在 10.5.6 节中看到的，对于 FE 估计量的一致性

一个充分条件（连同假设 FE. 2）是

$$\mathrm{E}(\ddot{\mathbf{x}}_{it}'\ddot{v}_{it})=\mathbf{0},\quad t=1,\cdots,T \tag{11.85}$$

但通过（11.83），$\ddot{v}_{it}=\ddot{\mathbf{x}}_{it}'\mathbf{d}_i+\ddot{u}_{it}$ 和 $\mathrm{E}(\ddot{\mathbf{x}}_{it}'\ddot{u}_{it})=\mathbf{0}$。因此，确保（11.85）成立的额外假设是对于所有 t，$\mathrm{E}(\ddot{\mathbf{x}}_{it}'\ddot{\mathbf{x}}_{it}\mathbf{d}_i)=\mathbf{0}$。一个充分条件，并且一个更容易解释的充分条件，为

$$\mathrm{E}(\mathbf{b}_i|\ddot{\mathbf{x}}_{it})=\mathrm{E}(\mathbf{b}_i)=\boldsymbol{\beta},\quad t=1,\cdots,T \tag{11.86}$$

重要的是，条件（11.86）允许斜率，$\mathbf{b}_i$，通过持久性的组成部分与回归元 $\mathbf{x}_{it}$ 相关。它所排除的是 $\mathbf{x}_{it}$ 中的各种特质性变动之间的相关性。我们可以正式将这一陈述写为 $\mathbf{x}_{it}=\mathbf{f}_i+\mathbf{r}_{it}$，$t=1$，…，$T$。然后，如果 $\mathrm{E}(\mathbf{b}_i\mid\mathbf{r}_{i1},\mathbf{r}_{i2},\cdots,\mathbf{r}_{iT})=\mathrm{E}(\mathbf{b}_i)$，（11.86）成立。所以 $\mathbf{b}_i$ 被允许与永久组成部分，$\mathbf{f}_i$ 任意相关。（当然，$\mathbf{x}_{it}=\mathbf{f}_i+\mathbf{r}_{it}$ 是协变量的一个特殊表述，但它有助于说明条件（11.86）。）

伍德里奇（Wooldridge，2005a）研究了包括通常的 FE 和随机趋势估计量在内的一类更一般的估计量。写出

$$y_{it}=\mathbf{w}_i\mathbf{a}_i+\mathbf{x}_{it}\mathbf{b}_i+u_{it},\quad t=1,\cdots,T \tag{11.87}$$

其中 $\mathbf{w}_i$ 是一组时间的确定性函数。我们维持标准假设（11.83）但用 $\mathbf{a}_i$ 代替 c_i。现在，“固定效应”估计量通过从 $\mathbf{x}_{it}$ 中剔除 $\mathbf{w}_i$ 清除了 $\mathbf{a}_i$。特别地，现在设 $\ddot{\mathbf{x}}_{it}$ 表示 $\mathbf{x}_{it}$ 对 $\mathbf{w}_i$ 回归的残差，$t=1$，…，T。

在随机趋势模型中，$\mathbf{w}_t=(1,t)$，这样 $\mathbf{x}_{it}$ 的元素除了移除一个水平效应之外，还移除了单元特有的线性趋势。移除 $\{\mathbf{x}_{it}\}$ 中甚至更多的异质性使得（11.86）的成立甚至更有可能。例如，如果 $\mathbf{x}_{it}=\mathbf{f}_i+\mathbf{h}_it+\mathbf{r}_{it}$，那么 $\mathbf{b}_i$ 可与（$\mathbf{f}_i$，$\mathbf{h}_i$）任意相关。当然，个别地去除 $\mathbf{x}_{it}$ 的趋势至少需要三个时间段，而且与通常的 FE 估计相比，其减少了 $\ddot{\mathbf{x}}_{it}$ 中的变异。毫不奇怪，增加 $\mathbf{w}_i$ 的维度（受制于约束 $\dim(\mathbf{w}_i)<T$））一般会导致估计量的精度变差。参阅伍德里奇（Wooldridge，2005a）进一步的讨论。

当然，FD 变换可用于替代或配合单元特有的减去趋势；可参阅 11.6.1 节中的随机增长模型。例如，如果我们使用 FD 变换然后使用组内变换，很容易看到由此得到的 $\boldsymbol{\beta}$ 估计量的一致性的一个充分条件是

$$\mathrm{E}(\mathbf{b}_i|\Delta\ddot{\mathbf{x}}_{it})=\mathrm{E}(\mathbf{b}_i),\quad t=2,\cdots,T \tag{11.88}$$

其中 $\Delta\ddot{\mathbf{x}}_{it}=\Delta\mathbf{x}_{it}-\overline{\Delta\mathbf{x}_i}$ 是减去均值的一阶差分。

关于 FE 估计量的结果（在清除掉单元特有均值和可能的趋势的广义意义上）可扩展到固定效应工具变量方法，只要我们添加一个在 6.4.1 节中采取的类型的常数条件协方差假设，但需要扩展到面板数据情形中。玛尔塔策施维利和伍德里奇（Murtazashvili and Wooldridge，2008）推导出一组简单的充分条件。在含一般趋势的模型中，我们假设了假设 FEIV. 1 的自然延伸，那就是，对于所有的 t，$\mathrm{E}(u_{it}\mid\mathbf{z}_i,\mathbf{a}_i,\mathbf{b}_i)=\mathbf{0}$，连同假设 FEIV. 2。我们以明显的方式修改假设（11.86）：用 $\ddot{\mathbf{z}}_{it}$——个体特有的减去趋势工具变量——取代 $\ddot{\mathbf{x}}_{it}$：

$$\mathrm{E}(\mathbf{b}_i|\ddot{\mathbf{z}}_{it})=\mathrm{E}(\mathbf{b}_i)=\boldsymbol{\beta},\quad t=1,\cdots,T \tag{11.89}$$

但还需要更多东西。玛尔塔策施维利和伍德里奇（Murtazashvili and Wooldridge，2008）证明，连同之前的假设，一个充分条件是

$$\mathrm{Cov}(\ddot{\mathbf{x}}_{it},\mathbf{b}_i|\ddot{\mathbf{z}}_{it})=\mathrm{Cov}(\ddot{\mathbf{x}}_{it},\mathbf{b}_i),\quad t=1,\cdots,T \tag{11.90}$$

注意协方差 $\mathrm{Cov}(\ddot{\mathbf{x}}_{it},\mathbf{b}_i)$，一个 $K\times K$ 维矩阵不需要为 0，甚至跨时间不变。换句话说，不像条件（11.86），我们可以允许减去趋势的协变量与异质性斜率相关。但条件协方差不能依赖于减去时间均值的工具变量。

我们能容易地证明为什么（11.90）在以前的假设下就足够了。首先，如果 $\mathrm{E}(\mathbf{d}_i\mid\ddot{\mathbf{z}}_{it})=\mathbf{0}$，其由 $\mathrm{E}(\mathbf{b}_i\mid\ddot{\mathbf{z}}_{it})=\mathrm{E}(\mathbf{b}_i)$ 产生，那么 $\mathrm{Cov}(\ddot{\mathbf{x}}_{it},\mathbf{d}_i\mid\ddot{\mathbf{z}}_{it})=\mathrm{E}(\ddot{\mathbf{x}}_{it}\mathbf{d}_i'\mid\ddot{\mathbf{z}}_{it})$，所以根据先前的假设有 $\mathrm{E}(\ddot{\mathbf{x}}_{it}\mathbf{d}_i\mid\ddot{\mathbf{z}}_{it})=\mathrm{E}(\ddot{\mathbf{x}}_{it}\mathbf{d}_i)\equiv\gamma_t$。写出 $\ddot{\mathbf{x}}_{it}\mathbf{d}_i=\gamma_t+r_{it}$，其中，$\mathrm{E}(\mathbf{r}_{iti}\mid\ddot{\mathbf{z}}_{it})=0$，$t=1$，…，$T$。那么我们就可以把变换方程写为

$$\ddot{y}_{it}=\ddot{\mathbf{x}}_{it}\boldsymbol{\beta}+\ddot{\mathbf{x}}_{it}\mathbf{d}_i+\ddot{u}_{it}=\ddot{y}_{it}=\ddot{\mathbf{x}}_{it}\boldsymbol{\beta}+\gamma_t+r_{it}+\ddot{u}_{it} \tag{11.91}$$

现在，如果 $\ddot{\mathbf{x}}_{it}$ 包含一整套的时间段虚拟变量，那么我们可以将 γ_t 吸收到 $\ddot{\mathbf{x}}_{it}$，而且我们这里就假设那样。那么应用到变换方程的工具变量估计之一致性的充分条件是 $\mathrm{E}[\ddot{\mathbf{z}}_{it}'(r_{it}+\ddot{u}_{it})]=\mathbf{0}$，而且按照维持的假设，这个条件能被满足。换言之，按照（11.89）和（11.90），FE 的 2SLS 估计量对平均总体效应 $\boldsymbol{\beta}$ 是一致的。（请记住，我们这里是在消除单元特有趋势的一般意义上使用“固定效应”的。）我们必须记得包括一整套时间段虚拟变量，如果我们想应用这个稳健性结果，这是在任何情形中都应当做的。当然，我们也可以使用 GMM 以获得更有效的估计量。如果 b_i 真实地依赖于 i，那么复合误差 $r_{it}+\ddot{\mathbf{u}}_{it}$ 就有可能是序列相关和异方差的。参阅玛尔塔策施维利和伍德里奇（Murtazashvili and Wooldridge，2008）进一步的讨论以及关于 FE2SLS 估计量的表现上的模拟结果。他们还提供了一些例子，其中不能指望某些关键假设成立，诸如当中的内生性元素是离散的等。

11.7.4 相关随机斜率检验

上一小节的研究结果表明：移除单元特有异质性的标准面板数据方法估计总体平均效应有着令人满意的稳健性。然而，在某些情形中，我们想知道异质性斜率的证据是否存在。

首先根据假设（11.83），我们聚焦在模型（11.82）上。我们可以考虑假定 c_i 与 $\mathbf{x}_i$ 不相关的情形，但是，在保持上一小节的精神下，我们允许 c_i 与 $\mathbf{x}_i$ 相关。那么，考虑了 c_i 的存在，目标就是有效地检验 $\mathrm{Var}(\mathbf{b}_i)=\mathrm{Var}(\mathbf{d}_i)=\mathbf{0}$。遗憾的是，如果没有额外的假设，就不可能检验 $\mathrm{Var}(\mathbf{d}_i)=\mathbf{0}$，即便我们非常明确地了解备择假设。假设我们设定以下备择假设：

$$\mathrm{Var}(\mathbf{b}_i|\mathbf{x}_i)=\mathrm{Var}(\mathbf{b}_i)\equiv\boldsymbol{\Lambda} \tag{11.92}$$

如此则条件方差不是 $\mathbf{x}_i$ 的一个函数。（在备择假设下我们还假设 $\mathrm{E}(\mathbf{b}_i\mid\mathbf{x}_i)=$

$E(\mathbf{b}_i)$。）遗憾的是，甚至假设（11.92）都不足以进行下去。我们需要约束特质误差的条件方差矩阵，而最简单（且最常见）的假设是

$$\mathrm{Var}(\mathbf{u}_i \mid \mathbf{x}_i, c_i, \mathbf{b}_i) = \sigma_u^2 \mathbf{I}_T \tag{11.93}$$

这是第 10 章假设 FE.3 的自然延伸。连同（11.83），这些假设允许我们检验 $\mathrm{Var}(\mathbf{b}_i)=\mathbf{0}$。要知道为什么，写出减去时间均值方程为 $\ddot{\mathbf{y}}_i = \ddot{\mathbf{X}}_i\boldsymbol{\beta} + \ddot{\mathbf{v}}_i$，其中

$$\mathrm{E}(\ddot{\mathbf{v}}_i \mid \mathbf{x}_i) = \ddot{\mathbf{X}}_i \mathrm{E}(\mathbf{d}_i \mid \mathbf{x}_i) + \mathrm{E}(\ddot{\mathbf{u}}_i \mid \mathbf{x}_i) = \mathbf{0}$$

$$\mathrm{Var}(\ddot{\mathbf{v}}_i \mid \mathbf{x}_i) = \ddot{\mathbf{X}}_i \boldsymbol{\Lambda} \ddot{\mathbf{X}}_i' + \sigma_u^2 \mathbf{M}_T$$

且 $\mathbf{M}_T = \mathbf{I}_T - \mathbf{j}_T(\mathbf{j}_T'\mathbf{j}_T)^{-1}\mathbf{j}_T$。最后的等式表明，按照维持的假设，如果 $\boldsymbol{\Lambda}=\mathbf{0}$，那么 $\mathrm{Var}(\ddot{\mathbf{v}}_i \mid \mathbf{x}_i)$ 不依赖于 $\ddot{\mathbf{X}}_i$。如果 $\boldsymbol{\Lambda}\neq\mathbf{0}$，那么减去时间均值方程的复合误差一般会展示出异方差和序列相关性，这些都是减去时间均值回归元的二次函数。因此，该方法将是通过标准的 FE 方法估计 $\boldsymbol{\beta}$，获得 FE 残差，然后检验方差矩阵是否为 $\ddot{\mathbf{x}}_{it}$ 的一个二次函数。

之前检验中的主要问题是它使系统异方差性——也就是，方差和协方差取决于回归元——与“随机”系数的存在相关联。但是如果 $\mathbf{b}_i=\boldsymbol{\beta}$ 且 $\mathrm{Var}(\mathbf{u}_i \mid \mathbf{x}_i, c_i)$ 取决于 $\mathbf{x}_i$，则 $\mathrm{Var}(\ddot{\mathbf{v}}_i \mid \mathbf{x}_i)$ 一般取决于 $\mathbf{x}_i$。换句话说，没有令人信服的方法来把 $\mathrm{Var}(\mathbf{u}_i \mid \mathbf{x}_i, c_i)$ 中的系统异方差性与非常数 $\mathbf{b}_i$ 区分开来。

我们不试图检验是否 $\mathrm{Var}(\mathbf{b}_i)\neq\mathbf{0}$，相反我们可以检验 $\mathbf{b}_i$ 是否随可观测变量而变化；也就是，我们可以检验当协变量满足严格外生性假设（11.83）时，

$$\mathrm{H}_0: \mathrm{E}(\mathbf{b}_i \mid \mathbf{x}_i) = \mathrm{E}(\mathbf{b}_i) \tag{11.94}$$

一个明智的备择项是 $\mathrm{E}(\mathbf{b}_i \mid \mathbf{x}_i)$ 取决于时间平均值，某些我们通过

$$\mathbf{b}_i = \boldsymbol{\alpha} + \boldsymbol{\Gamma}\bar{\mathbf{x}}_i' + \mathbf{d}_i \tag{11.95}$$

可以抓住的东西。其中 $\boldsymbol{\alpha}$ 是 $K\times1$ 维而 $\boldsymbol{\Gamma}$ 是 $K\times L$ 维的。在零假设下，$\boldsymbol{\Gamma}=\mathbf{0}$，然后 $\boldsymbol{\alpha}=\boldsymbol{\beta}$。明确考虑加总时间效应给出了

$$\begin{aligned} y_{it} &= \theta_t + c_i + \mathbf{x}_{it}\boldsymbol{\alpha} + \mathbf{x}_{it}\boldsymbol{\Gamma}\bar{\mathbf{x}}_i' + \mathbf{x}_{it}\mathbf{d}_i + u_{it} \\ &= \theta_t + c_i + \mathbf{x}_{it}\boldsymbol{\alpha} + (\bar{\mathbf{x}}_i \otimes \mathbf{x}_{it})\mathrm{vec}(\boldsymbol{\Gamma}) + \mathbf{x}_{it}\mathbf{d}_i + u_{it} \\ &\equiv \theta_t + c_i + \mathbf{x}_{it}\boldsymbol{\alpha} + (\bar{\mathbf{x}}_i \otimes \mathbf{x}_{it})\gamma + v_{it} \end{aligned} \tag{11.96}$$

其中，$v_{it} = \mathbf{x}_{it}\mathbf{d}_i + u_{it}$ 且 $\gamma = \mathrm{vec}(\boldsymbol{\Gamma})$。检验 H_0：$\gamma=\mathbf{0}$ 实施起来很简单。它相当于使时间平均值与 $\mathbf{x}_{it}$ 的元素进行交互（或者，人们可以选择 $\bar{\mathbf{x}}_i$ 的一个子集与 $\mathbf{x}_{it}$ 的一个子集互动），并在 FE 估计的背景下获得对联合显著性完全稳健的检验。不可拒绝意味着如果 $\mathbf{b}_i$ 因 i 而变，那么它们显然没有按照一种依赖于协变量时间均值的方式这样做。这个检验的弱点是它无法检测到 $\mathbf{b}_i$ 中与 $\bar{\mathbf{x}}_i$ 不相关的异质性。（像之前的检验一样，这个检验不想去确定对于 $\boldsymbol{\beta}=\mathrm{E}(\mathbf{b}_i)$，FE 是否为一致的。）

我们可以很容易地允许 $\mathbf{x}_{it}$ 的一些元素是内生的，在这种情形中，我们将备择项写为 $\mathbf{b}_i = \boldsymbol{\alpha} + \boldsymbol{\Gamma}\bar{\mathbf{z}}_i' + \mathbf{d}_i$。那么，在上一小节的假设下，我们估计

$$y_{it} = \theta_t + c_i + \mathbf{x}_{it}\boldsymbol{\alpha} + (\bar{\mathbf{z}}_i \otimes \mathbf{x}_{it})\gamma + v_{it} \tag{11.97}$$

通过 FEIV 使用工具变量（$\mathbf{z}_{it}, \bar{\mathbf{z}}_i \otimes \mathbf{z}_{it}$），这是 $1 \times L + L^2$ 的。FE2SLS 估计等价于如下方程的 P2SLS 估计：

$$\ddot{y}_{it} = \eta_t + \ddot{\mathbf{x}}_{it}\boldsymbol{\alpha} + (\bar{\mathbf{z}}_i \otimes \ddot{\mathbf{x}}_{it})\gamma + \ddot{v}_{it} \tag{11.98}$$

使用工具变量（$\ddot{\mathbf{z}}_{it}$，$\bar{\mathbf{z}}_i \otimes \ddot{\mathbf{z}}_{it}$），其中，像往常一样，双点表示减去时间均值。对于使用能计算标准误和检验统计量对任意序列相关和异方差性稳健的 P2SLS 估计的软件以获得一个完全稳健的检验而言，这种特性是很方便的。（回忆一下，即使在同方差性和序列独立性下，来自（11.98）的通常标准误也是无效的，因为它没有恰当解释由于减去时间均值而损失的自由度。）同样，我们可以对我们实际包括在（$\bar{\mathbf{z}}_i \otimes \mathbf{x}_{it}$）中的元素有选择性。例如，也许我们对一个元素比如说 b_{i1} 以及 $\bar{\mathbf{z}}_i$ 的一个元素比如说 $\bar{\mathbf{z}}_{i1}$ 感兴趣。那么我们将仅添加标量 $\bar{z}_{i1}x_{it1}$ 到方程中并计算它的 t 统计量。一般地，如果我们拒绝 H_0，我们可以将（11.97）作为一个备择模型来对待，假如我们做出假设（11.90）的话。我们现在明确研究 $\mathbf{x}_{it}$ 的偏效应如何依赖于 $\bar{\mathbf{z}}_i$，并同样计算平均偏效应。（或者，我们可以使用 $\bar{\mathbf{z}}_i - \bar{\mathbf{z}}$ 来代替 $\bar{\mathbf{z}}_i$，那么 $\mathbf{x}_{it}$ 系数上的系数有效地将是 APE，$\boldsymbol{\beta} = \mathrm{E}(\mathbf{b}_i)$。）我们还可以包括其他从 FE 估计中退出的非时变变量，当它们以其自身出现时；我们仅仅是使这些变量与 $\mathbf{x}_{it}$ 的元素交互。

例 11.5（一个乘客需求方程中的相关随机斜率检验）：假设我们认为关于机票价格的乘客需求弹性因航线而不同，这样我们将方程设定为

$$lpassen_{it} = \theta_t + c_i + b_i lfare_{it} + u_{it}$$

并且我们使用 $z_{it} = concen_{it}$ 作为 $lfare_{it}$ 的工具变量，正如在例 11.1 中那样。为了检验 b_i 是否与 $\bar{z}_i$ 相关，我们使用方程

$$lpassen_{it} = \theta_t + c_i + \alpha lfare_{it} + \gamma \overline{concen_i} \cdot lfare_{it} + v_{it}$$

其中 $v_{it} - x_{it}d_i + u_{it}$。我们通过 FEIV 使用 $concen_{it}$ 和 $\overline{concen_i} \cdot concen_{it}$ 作为工具变量估计这一方程。如上所述，这等价于将混合工具变量应用到方程（11.98），并且那就是我们获得完全稳健 t 统计量的方式。估计出的 γ 在数值上是非常大的，$\hat{\gamma} = -11.05$，但其稳健的 t 统计量只有 -0.60。我们的结论是：在这个数据集中没有证据表明 b_i 随着航线集中度的时间均值而变化。

习 题

11.1 设 y_{it} 表示城市 i 在时间 t 的失业率。你对联邦基金在职培训项目对城市失业率的影响感兴趣。设 $\mathbf{z}_i$ 表示可以影响到失业率的非时变城市特有变量的向量（这些变量可能包括地理位置）。设 $\mathbf{x}_{it}$ 表示能够影响失业率的时变变量向量。变量 $prog_{it}$ 表示项目参与的虚拟指示符：如果城市 i 在时间 t 参与，$prog_{it} = 1$。项目参与的任何结果都是可能的，因此，一个城市在一年参加了项

目，但却不能在接下来的年份里参加。

a. 讨论模型

$$y_{it}=\theta_t+\mathbf{z}_i\gamma+\mathbf{x}_{it}\boldsymbol{\beta}+\rho_1 y_{i,t-1}+\delta_1 prog_{it}+u_{it},\ t=1,2,\cdots,T$$

中囊括 $y_{i,t-1}$ 的优点。阐述允许你通过混合普通最小二乘方法一致地估计出参数的假设。

b. 评价下述陈述："如果 $\{u_{it}\}$ 是序列相关的，由于混合普通最小二乘方法估计量是非一致的，所以 a 部分中的模型具有有限值。"

c. 假定项目参与依赖于非时变的不可观测城市异质性，但是不直接依赖于过去的失业，做出这样的假设就更为现实。写出在这种情形中，允许你估计项目有效性的一个模型。一旦叙述出你所需要的任何最小假设，解释如何估计参数。

d. 写出一个允许具有 a 部分以及 c 部分特征的模型。换句话讲，$prog_{it}$ 能够依赖于不可观测的城市异质性以及过去的失业历史。一旦再一次叙述出最小假设，如何解释一致地估计出项目的效应？

11.2　考察下述不可观测成分的模型：

$$y_{it}=\mathbf{z}_{it}\gamma+\delta w_{it}+c_i+u_{it},\ t=1,2,\cdots,T$$

其中 $\mathbf{z}_{it}$ 表示一个 $1\times K$ 维时变变量的向量（可能包括时间段虚拟变量），w_{it} 表示一个时变标量，c_i 表示一个非时变的不可观测效应，而 u_{it} 表示特质误差。$\mathbf{z}_{it}$ 在

$$\mathrm{E}(\mathbf{z}_{is}'u_{it})=\mathbf{0},\ s,\ t=1,2,\cdots,T \tag{11.99}$$

意义下是严格外生的，但是允许 c_i 与每一个 $\mathbf{z}_{it}$ 是任意相关的。变量 w_{it} 在它与 u_{it}（以及与 c_i）是相关的意义下是内生的。

a. 假定 $T=2$，并且假设（11.99）包含唯一可利用的正交性假设。对于已差分的数据而言，γ 与 δ 的普通最小二乘法估计量的性质是什么？阐述你的观点（但并不包括渐近推导）。

b. 在假设（11.99）下，仍满足 $T=2$，把差分 Δw_i 的线性约简型写成 $\Delta w_i=\mathbf{z}_{i1}\boldsymbol{\pi}_1+\mathbf{z}_{i2}\boldsymbol{\pi}_2+r_i$，通过构造，$r_i$ 与 $\mathbf{z}_{i1}$ 以及 $\mathbf{z}_{i2}$ 均是不相关的。为了识别 γ 与 δ，需要关于（$\boldsymbol{\pi}_1$，$\boldsymbol{\pi}_2$）的什么条件？（提示：以 $\Delta\mathbf{z}_i$ 的形式比如说 $\mathbf{z}_{i1}$ 来重新写出 Δw_i 的约简型是十分有益的。）你如何能够检验这个条件呢？

c. 现在考察 T 的一般情形，其中我们将 $\mathrm{E}(w_{is}u_{it})=0$，$s<t$ 的假设增加到假设（11.99）上，因此 w_{it} 的前导值与 u_{it} 是不相关的。请你仔细解释包括适当的方程时，如何估计出 γ 与 δ。

d. 再一次考察 T 的一般情形，但是现在却利用固定效应变换来剔除 c_i：

$$\ddot{y}_{it}=\ddot{\mathbf{z}}_{it}\gamma+\delta\ddot{\mathbf{w}}_{it}+\ddot{\mathbf{u}}_{it}$$

如果你在通过混合 IV 估计这一方程时利用 $\ddot{\mathbf{z}}_{it}$ 与 $w_{i,t-p}$，$p\geq 1$ 作为工具变量，那么 IV 估计量的性质是什么呢？（在最初减去时间均值之后，你仅仅可以使用时间段 $p+1$，…，T。）

11.3　证明，在满足 $T>2$ 的简单模型（11.41）中，在假设（11.42）下，

对于所有 t,$\mathrm{E}(r_{it}|\mathbf{x}_i^*,c_i)=0$，并且在 $\mathrm{Var}(r_{it}-\bar{r}_i)$ 以及 $\mathrm{Var}(x_{it}^*-\bar{x}_i^*)$ 随时间变化而为常数下，固定效应估计量的概率极限是

$$\underset{N\to\infty}{\mathrm{plim}}\ \hat{\beta}_{FE}=\beta\left\{1-\frac{\mathrm{Var}(r_{it}-\bar{r}_i)}{[\mathrm{Var}(x_{it}^*-\bar{x}_i^*)+\mathrm{Var}(r_{it}-\bar{r}_i)]}\right\}$$

于是，在这些假设下，固定效应估计量中存在衰减偏误。

11.4 a. 证明，在固定效应模型中，$\mu_c\equiv\mathrm{E}(c_i)$的一致估计量是 $\hat{\mu}_c=N^{-1}\sum_{i=1}^{N}(\bar{y}_i-\bar{\mathbf{x}}_i\hat{\boldsymbol{\beta}}_{FE})$。

b. 在随机趋势模型中，你如何估计 $\mu_g\equiv\mathrm{E}(g_i)$?

11.5 模型（11.69）的随机效应分析可以把 $\mathrm{E}(\mathbf{a}_i|\mathbf{w}_i,\mathbf{x}_i)=\mathrm{E}(\mathbf{a}_i)=\boldsymbol{\alpha}$ 添加到假设 FE. 1′及假设 FE. 3′之中，$\mathrm{Var}(\mathbf{a}_i|\mathbf{w}_i,\mathbf{x}_i)=\boldsymbol{\Lambda}$，其中 $\boldsymbol{\Lambda}$ 表示一个 $J\times J$ 维半正定矩阵。(这一方法允许 $\mathbf{a}_i$的一些元素成为任意相关的。)

a. 把 $T\times1$ 维综合误差定义为 $\mathbf{v}_i\equiv\mathbf{W}_i(\mathbf{a}_i-\boldsymbol{\alpha})+u_i$，求出 $\mathrm{E}(\mathbf{v}_i|\mathbf{w}_i,\mathbf{x}_i)$以及 $\mathrm{Var}(\mathbf{v}_i|\mathbf{w}_i,\mathbf{x}_i)$。对条件方差给出评述。

b. 如果你对方程

$$y_{it}=\mathbf{w}_{it}\boldsymbol{\alpha}+\mathbf{x}_{it}\boldsymbol{\beta}+v_{it},\ t=1,2,\cdots,T$$

应用通常的随机效应方法，那么随机效应估计量的渐近性质以及通常随机效应标准误与检验统计量是什么呢?

c. 你如何修改出自 b 部分的推断，使其成为渐近有效的?

11.6 当 $\mathbf{w}_{it}^*$ 是一个滞后因变量时，可以把方程（11.45）中的测量误差模型应用到式（11.49）吗？请解释。

11.7 在 11.1.2 节的张伯伦模型中，假定 $\lambda_t=\lambda/T$，对于所有 t。证明 y_{it}对 1，$\mathbf{x}_{it}$，$\bar{\mathbf{x}}_i$回归中 $\mathbf{x}_{it}$上的混合 OLS 系数是 FE 估计量，$t=1$，…，T，$i=1$，…，N。(提示：利用**分块回归**（partitioned regression)。)

11.8 在模型（11.1）中，为了剔除 c_i进行一阶差分：

$$\Delta y_{it}=\Delta\mathbf{x}_{it}\boldsymbol{\beta}+\Delta u_{it},\ t=2,\cdots,T \tag{11.100}$$

假定工具向量 $\mathbf{z}_{it}$满足 $\mathrm{E}(\Delta u_{it}|\mathbf{z}_{it})=0$，$t=2$，…，$T$。一般地讲，假如这几个元素是适当外生的，$\Delta\mathbf{x}_{it}$之中的几个元素包含在 $\mathbf{z}_{it}$之中。当然，$\mathbf{z}_{it}$的元素与 c_i可以是任意相关的。

a. 阐述使得利用工具 $\mathbf{z}_{it}$对方程（11.100）进行混合 P2SLS 估计为一致的（对于固定的 T）必要且充分的秩条件。

b. 在什么附加的条件下，通常的混合 P2SLS 的标准误与检验统计量是渐近有效的?

c. 你如何检验 Δu_{it} 中的一阶序列相关?

11.9 在假设 FEIV. 1 和 FEIV. 2 下，考察模型（11.1）。

a. 证明，在附加假设 FEIV. 3 下，$\sqrt{N}(\hat{\boldsymbol{\beta}}-\boldsymbol{\beta})$的渐近方差是

$$\sigma_u^2\{\mathrm{E}(\ddot{\mathbf{X}}_i'\ddot{\mathbf{Z}}_i)[\mathrm{E}(\ddot{\mathbf{Z}}_i'\ddot{\mathbf{Z}}_i)]^{-1}\mathrm{E}(\ddot{\mathbf{Z}}_i'\ddot{\mathbf{X}}_i)\}^{-1}$$

b. 提出 σ_u^2 的一个一致估计量。

c. 证明，源自 a 部分的 2SLS 估计量 $\boldsymbol{\beta}$ 可以借助于虚拟变量方法来获得：利用工具变量（$d1_i$，$d2_i$，…，dN_i，$\mathbf{z}_{it}$）通过混合 P2SLS 估计

$$y_{it}=c_1 d1_i+\cdots+c_N dN_i+\mathbf{x}_{it}\boldsymbol{\beta}+u_{it}$$

（提示：利用对习题 5.1 的混合 P2SLS 的明显扩展形式，同时重复应用偏回归（partial regression）代数运算。）这是另外一种情形，甚至即使我们不能一致地估计出固定 T 情形中的 c_i，但我们仍获得 $\boldsymbol{\beta}$ 的一致估计量。

d. 在利用出自 c 部分的 2SLS 方法时，解释通常的报告标准误为什么在假设 FEIV.3 下是有效的。

e. 在没有假设 FEIV.3 下，你如何获得 2SLS 的有效标准误？

11.10 考察一般模型（11.69），其中不可观测异质性可能与几个变量交互作用。证明，同样可以通过实施

$$y_{it} \text{ 对 } d1_i\mathbf{w}_{it}, d2_i\mathbf{w}_{it}, \cdots, dN_i\mathbf{w}_{it}, \mathbf{x}_{it}, \quad t=1,2,\cdots,T\ ;\ i=1,2,\cdots,N \tag{11.101}$$

的回归来获得 $\boldsymbol{\beta}$ 的固定效应估计量，其中 $dn_i=1$，当且仅当 $n=i$。换句话说，我们在每一个时间段中的 $\mathbf{w}_{it}$ 与全部横截面虚拟变量的集合交互作用，继而在含有 $\mathbf{x}_{it}$ 的混合 OLS 中包括所有这些项。你还应该证实出自回归（11.101）的残差与出自回归（11.77）的那些是一样的，而且回归（11.101）直接导致等式（11.76）。这个证明推广了源自 10.5.3 节的基本虚拟变量回归的内容。

11.11 把随机增长模型应用到 JTRAIN1.RAW 的数据上（可参阅例题 10.6）：

$$\log(scrap_{it})=\theta_t+c_i+g_i t+\beta_1 grant_{it}+\beta_2 grant_{i,t-1}+u_{it}$$

特别地，差分一次，然后要么再一次差分，要么把固定效应应用到一阶差分方程上。讨论这些结果。

11.12 利用最近三年被处决人数来解释当前谋杀率的一个不可观测效应模型是

$$mrdrte_{it}=\theta_t+\beta_1 exec_{it}+\beta_2 unem_{it}+c_i+u_{it}$$

其中 $mrdrte_{it}$ 表示每千人中在第 t 年期间第 i 个州的谋杀率；$exec_{it}$ 表示前两年以及当年年度被处决人数；而 $unem_{it}$ 表示当前失业率，被作为一个可控因素（included as a control）包含进来。

a. 利用 MURDER.RAW 中 1990 年与 1993 年的数据，通过一阶差分估计这个模型。注意到，你应该允许出现不同年份的截距。

b. 在什么情形中，$exec_{it}$ 不是（以 c_i 为条件的）严格外生的？假定模型中不出现 $exec_i$ 的更多滞后项，同时 $unem$ 是严格外生的，当 $exec$ 不是严格外生的时候，提出一致估计出 $\boldsymbol{\beta}$ 的一种方法。

c. 把源自 b 部分的方法应用到 MURDER.RAW 中的数据上。一定还要检验秩条件。你会得到非常不同于 a 部分的那些结果吗？

d. 如果从分析中去掉得克萨斯，那么出自 a 部分以及 c 部分的估计值会发生什么情形呢?

11.13 为了估计方程（11.40），对这个方程利用 PRISON. RAW 中的数据。

a. 为了确保 $final1$ 以及 $final2$ 与 $\Delta\log(prison)$ 是偏相关的，估计 $\Delta\log(prison)$ 的约简型方程。检验 $final1$ 以及 $final2$ 上的系数是否相等，这一发现对于选择 $\Delta\log(prison)$ 的工具变量会表明些什么呢? $\Delta\mathbf{x}$ 的元素在下述变量之中是应该变动的：$\log(polpc)$，$\log(incpc)$，$unem$，$black$，$metro$，$ag0\_14$，$ag15\_17$，$ag18\_24$ 以及 $ag25\_34$。这个约简型里面存在序列相关吗?

b. 利用习题 11.8c 来检验 Δu_{it} 中的序列相关。你会得出什么结论呢?

c. 对方程（11.40）增加一个固定效应，[这个方法是适当的，如果我们对方程（11.39）增加一个随机增长项。] 利用 FEIV 估计一阶差分形式的方程。

d. 利用财产犯罪率来估计方程（11.39），并且检验 Δu_{it} 之中的序列相关，与暴力犯罪率相比，存在重要差异吗?

11.14 对例题 11.7 中允许工业园区影响失业救济申报增长模型的扩展是

$$\log(uclms_{it})=\theta_t+c_i+g_i t+\delta_1 ez_{it}+\delta_2 ez_{it}\cdot t+u_{it}$$

注意，每一个管辖权同样具有一个独立增长率 g_i。

a. 利用 EZUNEM. RAW 中的数据，通过对已差分方程上的固定效应进行一阶差分来估计这个模型。解释你所获得 $\hat{\delta}_2$ 的估计值。它是统计显著的吗?

b. 设置 $\delta_1=0$，重新估计模型。这个模型比例题 11.4 中的基本模型更适合吗?

c. 设 w_i 表示一个可观测的、非时变变量，并且假定我们对随机增长模型添增 $\beta_1 w_i+\beta_2 w_i\cdot t$。$\beta_1$ 或 β_2 能得到估计吗? 请解释。

d. 如果我们添加 $\eta w_i\cdot ez_{it}$，那么 η 能被估计吗?

11.15 对本方程利用 JTRAIN1. RAW 中的数据。

a. 考察简单方程

$$\log(scrap_{it})=\theta_t+\beta_1 hrsemp_{it}+c_i+u_{it}$$

其中 $scrap_{it}$ 表示在第 t 年份厂商 i 的废弃率，而 $hrsemp_{it}$ 表示每一个雇员的培训小时数。假定你可以进行差分来剔除 c_i，但你还是认为，$\Delta hrsemp_{it}$ 与 $\Delta\log(scrap_{it})$ 是联立决定的，在什么假设下，$\Delta grant_{it}$ 可以作为 $\Delta hrsemp_{it}$ 的有效工具变量?

b. 只利用从 1987 年到 1988 年的数据差分，检验 a 部分中已阐述过方法的识别的秩条件。

c. 借助于 IV 估计一阶差分方程，并且对结果进行讨论。

d. 把一阶差分的 IV 估计值与一阶差分的 OLS 估计值相比较。

e. 利用 a 部分中阐述过的 IV 方法，但是却使用了全部三年数据。将此 β 的估计值与仅仅使用两年数据所估计出的 β_1 估计值相比较。

11.16 考察含有单个非时变解释变量的豪斯曼-泰勒型模型：

$$y_{it}=\gamma w_i+\mathbf{x}_{it}\boldsymbol{\beta}+c_i+u_{it}$$
$$\mathrm{E}(u_{it}\mid w_i,\mathbf{x}_i,c_i)=0,\ t=1,\cdots,T$$

其中 $\mathbf{x}_{it}$ 表示 $1\times K$ 维的时变解释变量向量。

a. 如果我们仅对估计 $\boldsymbol{\beta}$ 感兴趣，那么除了标准的秩假设之外不做出任何附加假设的情形中，我们应该如何继续做下去呢?

b. 设 r_i 表示 c_i 在

$$\mathrm{E}(c_i\mid r_i,w_i,\mathbf{x}_i)=\mathrm{E}(c_i\mid r_i,\mathbf{x}_i)=\delta_0+\delta_1 r_i+\bar{\mathbf{x}}_i\boldsymbol{\delta}_2$$

意义下的一个非时变代理变量。关键性假设是，一旦我们以 r_i 与 $\mathbf{x}_i$ 为条件，w_i 与 c_i 就不是偏相关的。假定标准代理变量冗余假设 $\mathrm{E}(u_{it}\mid w_i,\mathbf{x}_i,c_i,r_i)=0$，求出 $\mathrm{E}(y_{it}\mid w_i,\mathbf{x}_i,r_i)$。

c. 利用 b 部分，讨论 γ 是可识别的。提出一个混合 OLS 估计量。

d. 现在假定，(1) $\mathrm{Var}(u_{it}\mid w_i,\mathbf{x}_i,c_i,r_i)=\sigma_u^2,t=1,\cdots,T$；(2) $\mathrm{Cov}(u_{it},u_{is}\mid w_i,\mathbf{x}_i,c_i,r_i)=0$，对于所有 $t\neq s$；(3) $\mathrm{Var}(c_i\mid w_i,\mathbf{x}_i,r_i)=\sigma_a^2$。你如何有效地估计出 γ（连同 $\boldsymbol{\beta}$，δ_0，δ_1 以及 $\boldsymbol{\delta}_2$)? [提示：写出 $c_i=\delta_0+\delta_1 r_i+\bar{\mathbf{x}}_i\boldsymbol{\delta}_2+a_i$ 是有益的，其中 $\mathrm{E}(a_i\mid w_i,\mathbf{x}_i,r_i)=0$ 且 $\mathrm{Var}(a_i\mid w_i,\mathbf{x}_i,r_i)=\sigma_a^2$。]

11.17 推导方程 (11.81)。

11.18 设 $\hat{\boldsymbol{\beta}}$ 是 REIV 估计量。

a. 在没有假设 REIV.3 时推导 $\mathrm{Avar}[\sqrt{N}(\hat{\boldsymbol{\beta}}_{REIV}-\boldsymbol{\beta})]$。

b. 证明如何一致估计 a 部分中的渐近方差。

11.19 用 AIRFARE.RAW 中的数据来做这个练习。

a. 在例 11.1 中以 REIV 和 FEIV 分析为基础估计约简型。使用完全稳健的 t 统计量，$concen$ 与 $lfare$ 充分（偏）相关吗?

b. 重做 REIV 估计，但去掉航线距离变量。估计出的乘客需求票价弹性会发生什么?

c. 现在考虑一个弹性可以依赖于航线距离的模型：

$$lpassen_{it}=\theta_{t1}+\alpha_1 lfare_{it}+\delta_1 ldist_i+\delta_2 ldist_i^2+\gamma_1(ldist_i-\mu_1)lfare_{it}$$
$$+\gamma_2(ldist_i^2-\mu_2)lfare_{it}+c_{i1}+u_{it1}$$

其中 $\mu_1=\mathrm{E}(ldist_i)$ 而 $\mu_2=\mathrm{E}(ldist_i^2)$。在构成交互项之前已减去均值，如此则 α_1 就是平均偏效应。在使用 REIV 或 FEIV 估计这个模型中，交互项的工具变量应当是什么?

d. 使用 AIRFARE.RAW 中的数据来估计 c 部分中的模型，用它们的样本平均值替换 μ_1 和 μ_2。如何对 α_1 的 REIV 和 FEIV 估计与表 11.1 的估计进行比较?

e. 为 FEIV 估计获得充分稳健的标准误，并获得对交互项联合显著性的一个完全稳健的检验。(忽略 μ_1 和 μ_2 的估计。) α_1 在 95%的置信水平下稳健的置信区间是什么?

f. 对 $dist=500$ 和 $dist=1\ 500$，求出估计的弹性。你能得出什么结论?

第Ⅲ篇 非线性估计的一般方法

在这一篇里，我们开始对非线性的计量经济方法进行研究。我们所说的非线性含义需要做出某种解释，因为它不一定意味着，基本模型是我们所认为的非线性形式。例如，假定人们关注的总体模型能够写成 $y=\mathbf{x}\boldsymbol{\beta}+u$，但是，却不假定 $\mathrm{E}(u|\mathbf{x})=0$，我们假定给定 $\mathbf{x}$，u 的中位数对于所有 $\mathbf{x}$ 而言是 0。这个假设蕴涵着 $\mathrm{Med}(y|\mathbf{x})=\mathbf{x}\boldsymbol{\beta}$，它对于给定的 $\mathbf{x}$，关于 y 的条件中位数是一个线性模型。［条件均值 $\mathrm{E}(y|\mathbf{x})$ 可能关于 $\mathbf{x}$ 是线性的，或者关于 $\mathbf{x}$ 不是线性的。］可以证明，条件中位数的标准估计量是**最小绝对偏差**（least absolute deviation，LAD）的，而普通最小二乘法不是。与 OLS 一样，LAD 估计量可以求解最小化问题：它最小化了绝对值残差和。然而，在 LAD 与 OLS 之间存在一个关键性差异：LAD 估计量不能以闭型方式来得到。而 LAD 闭型表达式的缺少，不仅对获得出自数据样本的 LAD 估计值有影响，而且对 LAD 的渐近理论有影响。

在第Ⅱ篇里，我们所研究的全部估计量都可以闭型方式来获得，这个事实会大大方便渐近分析：我们只不过是需要了解大数定律、中心极限定理以及基本的概率极限代数。当一个估计方法没有提供闭型解时，我们就需要使用更高等的渐近理论。在下文中，“非线性”刻画了估计量不能以闭型方式获得的条件下的任何问题。

在这一篇的三章内容里，我们提供了在应用横截面数据或者面板数据中所遇到的相当多非线性模型所需要的渐近分析的基础知识。我们将做出关于连续性与可微性的假设，而对违背这些条件的问题并没有涉及。在第 12 章 M 估计量的一般性发展中，我们将提及未考虑到的一些应用，并且提供一些参考文献。

本书这一篇内容的技术性显得非常强。有时候，我们将粗略地研究应用于建立非线性背景下的一致性以及渐近正态性的晦涩难懂理论。为了具体阐述方便，我们还会提供一些与通常估计量有关的一致性和渐近正态性的一般结论。然而，对于特殊估计方法，诸如非线性最小二乘法，我们将仅仅表述对事实推断有实际影响的一些假设。除非基本的**正则条件**（regularity conditions）——涉及总体随机变量的某些矩是有限的假设，还有回归函数或者对数似然函数的连续性以及可微性假设——明显地不成立，它们通常仅仅是假设而已。许多假设尽可能紧密地与前面给定的关于线性模型的那些假设相符。

一旦我们提供了一般的 M 估计量处理，则第 13 章的极大似然法分析将会大大地得以简化。第 14 章包括了关于参数是非线性的模型的广义矩方法估计量。在第 14 章，我们还简略地讨论了最小距离估计的相关专题。

对非线性估计的一般方法不感兴趣的读者，可以在学习第Ⅳ篇内容需要参考的时候再学习这些章节的内容。

第 12 章 M 估计、非线性回归以及分位数回归

12.1 简 介

我们以一类普通的被称为 M 估计量的非线性估计开始研究。M 估计量这个术语是由休伯（Huber，1967）引入的。（你可以认为，"M"代表最小化或者最大化。）M 估计方法包括极大似然、非线性最小二乘法、最小绝对偏差、准极大似然以及由计量经济学家经常使用的许多其他方法。

本章内容显得有些抽象，而且技术性强，但是它对于早期发展一个能应用于各种场合的统一理论非常有用。我们将以横截面数据的非线性最小二乘法的例子来引出一般方法。

在**非线性回归模型**（nonlinear regression model）里，我们有一个随机变量 y，并且把 $\mathrm{E}(y|\mathbf{x})$ 建模成一个 K 维解释变量向量 $\mathbf{x}$ 的函数。我们已经知道，当模型关于参数是线性的时候，如何去估计 $\mathrm{E}(y|\mathbf{x})$：普通最小二乘法（OLS）会产生一致的、渐近正态的估计量。如果回归函数关于其参数是非线性的，那么结果会怎样呢?

一般地讲，设 $m(\mathbf{x},\boldsymbol{\theta})$ 表示 $\mathrm{E}(y|\mathbf{x})$ 的**参数模型**（parametric model），其中 m 表示 $\mathbf{x}$ 及 $\boldsymbol{\theta}$ 的一个函数，而 $\boldsymbol{\theta}$ 表示 $P\times 1$ 维的参数向量。（这是一个参数模型，因为假定 $m(\cdot,\boldsymbol{\theta})$ 是已知的、至多为有限个参数的。）参数维数 P 可以小于或大于 K。**参数空间**（parameter space）$\boldsymbol{\Theta}$ 是 $\mathbb{R}^P$ 的一个子集。这是我们在回归函数中想要考察的 θ 取值之集合。与线性模型不同，对于非线性模型来说，渐近分布要求对参数空间有明确的假设。

一个非线性回归函数的例子是指数回归函数（exponential regression function）$m(\mathbf{x},\boldsymbol{\theta})=\exp(\mathbf{x}\boldsymbol{\theta})$，其中 $\mathbf{x}$ 表示一个行向量且包含单位元素作为它的第一个元素。只要 $y\geqslant 0$，这就是一个有用的函数形式。一个适合于响应变量 y 限制在单位区间上的回归模型称为**逻辑斯蒂函数**（logistic function），$m(\mathbf{x},\boldsymbol{\theta})=$

$\exp(\mathbf{x}\boldsymbol{\theta})/[1+\exp(\mathbf{x}\boldsymbol{\theta})]$。指数函数与逻辑斯蒂函数关于 $\boldsymbol{\theta}$ 都是非线性的。

在任何应用中，都不能保证我们选用的模型完全适合于 $\mathrm{E}(y|\mathbf{x})$。我们说我们具有一个**正确设定条件均值的模型**（correctly specified model for conditional mean）$\mathrm{E}(y|\mathbf{x})$，如果对某一个 $\boldsymbol{\theta}_o \in \boldsymbol{\Theta}$，有

$$\mathrm{E}(y|\mathbf{x})=m(\mathbf{x},\boldsymbol{\theta}_o) \tag{12.1}$$

我们在 $\boldsymbol{\theta}$ 上引入下标“o”来区分出现于 $\mathrm{E}(y|\mathbf{x})$ 中的参数向量与 $\mathrm{E}(y|\mathbf{x})$ 的其他备选向量。（$\boldsymbol{\theta}_o$ 的值经常被称为“$\boldsymbol{\theta}$ 的真值”。）这个术语显得有些不严谨，但是作为简记符号仍旧有用。举一个例子。对于 $y>0$ 与单个解释变量 $x>0$，考察模型 $m(x,\boldsymbol{\theta})=\theta_1 x^{\theta_2}$。如果总体回归函数 $\mathrm{E}(y|x)=4x^{1.5}$，那么 $\theta_{o1}=4$，而 $\theta_{o2}=1.5$。我们将永远不会知道真实的 θ_{o1} 与 θ_{o2}（除非我们用某种方式控制数据的生成过程），但是，如果模型是正确设定的，那么这些值就存在，从而我们可以估计它们。θ_{o1} 与 θ_{o2} 的一般备选值被记为 θ_1 与 θ_2，而且如果没有进一步的信息说明，θ_1 表示任意正数，而 θ_2 表示任何实数，参数空间是 $\boldsymbol{\Theta}\equiv\{(\theta_1,\theta_2):\theta_1>0,\theta_2\in\mathbb{R}\}$。对于指数回归模型而言，当且仅当存在某一个 K 维向量 $\boldsymbol{\theta}$，$m(\mathbf{x},\boldsymbol{\theta})=\exp(\mathbf{x}\boldsymbol{\theta})$ 是一个对 $\mathrm{E}(y|\mathbf{x})$ 的正确设定模型，使得 $\mathrm{E}(y|\mathbf{x})=\exp(\mathbf{x}\boldsymbol{\theta}_o)$。

在我们对线性模型的分析中，没有必要对总体回归函数中的参数向量与该函数的其他备选向量做区分，因为在线性背景下估计量是以闭型得到的，因此，对它们的渐近性质可以直接加以研究。就像我们将要看到的，在我们的理论建立过程中，我们需要将出现在 $\mathrm{E}(y|\mathbf{x})$ 中的向量与 $\boldsymbol{\Theta}$ 的一般元素区分开。当我们研究特定的应用时，经常会省略下标“o”，因为使用该符号可能不太方便。

式（12.1）是考察使用非线性最小二乘法指望做什么的最普通的方法：对条件期望模型加以估计。但是，作为一个统计问题，式（12.1）等价于一个含有附加的不可观测误差的模型，其中误差具有零条件均值：

$$y=m(\mathbf{x},\boldsymbol{\theta}_o)+u,\mathrm{E}(u|\mathbf{x})=0 \tag{12.2}$$

给定式（12.2），式（12.1）显然成立。反之，给定式（12.1），我们通过定义误差 $u\equiv y-m(\mathbf{x},\boldsymbol{\theta}_o)$ 获得等式（12.2）。在解释此模型以及决定适宜的估计方程时，我们显然不应该关注等式（12.2）中的误差，因为 u 的可加性具有某种尚未知晓的内涵。尤其是，我们必须记住，在用误差形式写出模型时，式（12.1）所蕴涵的唯一的事情是 $\mathrm{E}(u|\mathbf{x})=0$。依赖于 y 的性质，误差 u 或许有一些不寻常的性质。例如，如果 $y\geqslant 0$，那么 $u\geqslant -m(\mathbf{x},\boldsymbol{\theta}_o)$，在此情形中 u 与 $\mathbf{x}$ 不能是相关的。当 $\mathrm{Var}(u|\mathbf{x})$ 依赖于 $\mathbf{x}$ 时，误差中的异方差性——也就是 $\mathrm{Var}(u|\mathbf{x})\neq\mathrm{Var}(u)$——就会出现，这就像 y 在一个约束范围内取值时那样非常普通。另外，当我们引入随机抽样观测值 $\{(\mathbf{x}_i,y_i):i=1,2,\cdots,N\}$ 时，把模型与其假设写成“$y_i=m(\mathbf{x}_i,\boldsymbol{\theta}_o)+u_i$，其中 u_i 是 i. i. d. 误差”是非常吸引人的。正如我们在 1.4 节对线性模型做出的讨论一样，$\{u_i\}$ 在随机抽样下总是 i. i. d. 的。这通常意味着，u_i 与 $\mathbf{x}_i$ 是相互独立的，但是，由于我们上面给出的缘由，这个假设经常显得太强了。对于定义渐近方差的估计量以及获得检验统计量来

说，可以证明，模型的误差形式是有益的。

为了以后参考方便，我们把第一个**非线性最小二乘法**（nonlinear least squares，NLS）的假设系统地表示如下。

假设 NLS.1：对于某些 $\boldsymbol{\theta}_{\mathrm{o}} \in \boldsymbol{\Theta}$，$\mathrm{E}(y|\mathbf{x}) = m(\mathbf{x}, \boldsymbol{\theta}_{\mathrm{o}})$。

这种表述形式在一种特定层面上表示出我们将要阐述的特殊的计量经济方法的假设。在接下来对 M 估计量的一般建立过程中，我们将需要增加涉及 $m(\mathbf{x}, \boldsymbol{\theta})$ 与 y 的矩假设，以及 $m(\mathbf{x}, \cdot)$ 的连续性假设。

如果我们设 $\mathbf{w} \equiv (\mathbf{x}, y)$，那么 $\boldsymbol{\theta}_{\mathrm{o}}$ 表示 $\mathbf{w}$ 总体分布的一种特征，也就是给定 $\mathbf{x}$ 时 y 的条件均值。更一般地讲，设 $\mathbf{w}$ 表示总体中含有某种分布的 M 维随机变量向量，我们设 $\mathcal{W}$ 表示刻画 $\mathbf{w}$ 可能取值的 $\mathbb{R}^M$ 子集。设 $\boldsymbol{\theta}_{\mathrm{o}}$ 表示刻画 $\mathbf{w}$ 分布之某种特征的一个参数向量。这可能是一个条件均值、一个条件均值与条件方差、一个条件中位数或者一个条件分布。为了简单起见，我们称 $\boldsymbol{\theta}_{\mathrm{o}}$ 为"真实参数"或者"$\boldsymbol{\theta}$ 的真实值"。这些术语直接意味着，$\boldsymbol{\theta}_{\mathrm{o}}$ 是刻画基本总体的参数向量，稍后我们将对基本总体加以准确介绍。我们假定 $\boldsymbol{\theta}_{\mathrm{o}}$ 属于一个已知的参数空间 $\boldsymbol{\Theta} \subset \mathbb{R}^P$。

假定我们的数据作为从总体中抽取的一个容量为 N 的随机样本；我们记此随机样本为 $\{\mathbf{w}_i : i = 1, 2, \cdots\}$，其中每一个 $\mathbf{w}_i$ 表示一个 M 维向量，这个假设比人们最初看到的更为一般化。它涉及含有许多方程的横截面模型，也涉及含有很少时间序列维数的面板数据设置的情形。推广到独立混合横截面的情形几乎是直接的。在非线性最小二乘法（NLS）的例子中，$\mathbf{w}_i$ 是由 $\mathbf{x}_i$ 与 y_i 构成的，$\mathbf{w}_i$ 元素取自 $\mathbf{x}$ 与 y 总体的第 i 个。

当 $\boldsymbol{\theta}_{\mathrm{o}}$ 表示 $\mathrm{E}(y \mid \mathbf{x})$ 时，什么会允许我们去估计 $\boldsymbol{\theta}_{\mathrm{o}}$ 呢？事实上，$\boldsymbol{\theta}_{\mathrm{o}}$ 是使 y 与 $m(\mathbf{x}, \boldsymbol{\theta})$ 之间期望误差平方最小化的 $\boldsymbol{\theta}$ 值。也就是，$\boldsymbol{\theta}_{\mathrm{o}}$ 求解出总体问题

$$\min_{\theta \in \Theta} \mathrm{E}\{[y - m(\mathbf{x}, \boldsymbol{\theta})]^2\} \tag{12.3}$$

其中期望是在（$\mathbf{x}$，y）联合分布上取的。这个结论立刻可以从条件期望的基本性质（特别是第 2 章的条件 CE.8）中得出。此处，我们将给出稍微不一样的推导。写出

$$\begin{aligned}[y - m(\mathbf{x}, \boldsymbol{\theta})]^2 = & [y - m(\mathbf{x}, \boldsymbol{\theta}_{\mathrm{o}})]^2 + 2[m(\mathbf{x}, \boldsymbol{\theta}_{\mathrm{o}}) - m(\mathbf{x}, \boldsymbol{\theta})]\, u \\ & + [m(\mathbf{x}, \boldsymbol{\theta}_{\mathrm{o}}) - m(\mathbf{x}, \boldsymbol{\theta})]^2 \end{aligned} \tag{12.4}$$

其中 u 是由等式（12.2）所定义的。现在，由于 $\mathrm{E}(u \mid \mathbf{x}) = 0$，所以 u 与 $\mathbf{x}$ 的任何函数，包括 $m(\mathbf{x}, \boldsymbol{\theta}_{\mathrm{o}}) - m(\mathbf{x}, \boldsymbol{\theta})$ 都是不相关的。因而，对式（12.4）取期望值，得出

$$\mathrm{E}\{[y - m(\mathbf{x}, \boldsymbol{\theta})]^2\} = \mathrm{E}\{[y - m(\mathbf{x}, \boldsymbol{\theta}_{\mathrm{o}})]^2\} + \mathrm{E}\{[m(\mathbf{x}, \boldsymbol{\theta}_{\mathrm{o}}) - m(\mathbf{x}, \boldsymbol{\theta})]^2\} \tag{12.5}$$

由于等式（12.5）中最后一项是非负的，由此可得

$$\mathrm{E}\{[y - m(\mathbf{x}, \boldsymbol{\theta})]^2\} \geqslant \mathrm{E}\{[y - m(\mathbf{x}, \boldsymbol{\theta}_{\mathrm{o}})]^2\}，\text{对于所有 } \boldsymbol{\theta} \in \boldsymbol{\Theta} \tag{12.6}$$

当 $\boldsymbol{\theta}\neq\boldsymbol{\theta}_o$ 时，此不等式是严格的，除非 $\mathrm{E}\{[m(\mathbf{x},\boldsymbol{\theta}_o)-m(\mathbf{x},\boldsymbol{\theta})]^2\}=0$；为了使 $\boldsymbol{\theta}_o$ 是可识别的，我们必须剔除这种可能性。

因为 $\boldsymbol{\theta}_o$ 可求解表达式（12.3）的总体问题，类似原理——我们已在第 4 章介绍过——建议通过求解样本的类似形式来估计 $\boldsymbol{\theta}_o$。换句话讲，我们用样本平均代替总体矩 $\mathrm{E}\{[y-m(\mathbf{x},\boldsymbol{\theta})]^2\}$。$\boldsymbol{\theta}_o$ 的**非线性最小二乘法估计量**（nonlinear least squares（NLS）estimator）$\hat{\boldsymbol{\theta}}$ 可通过求解下式得出：

$$\min_{\boldsymbol{\theta}\in\boldsymbol{\Theta}} N^{-1}\sum_{i=1}^{N}[y_i-m(\mathbf{x}_i,\boldsymbol{\theta})]^2 \tag{12.7}$$

目前，我们假定这个问题的解存在。

表达式（12.7）中的 NLS 目标函数是一类更普通估计量的特殊情形。设 $q(\mathbf{w},\boldsymbol{\theta})$ 表示随机变量 $\mathbf{w}$ 与参数 $\boldsymbol{\theta}$ 的函数。$\boldsymbol{\theta}_o$ 的一个 **M 估计量**（M-estimator）可求解问题

$$\min_{\boldsymbol{\theta}\in\boldsymbol{\Theta}} N^{-1}\sum_{i=1}^{N} q(\mathbf{w}_i,\boldsymbol{\theta}) \tag{12.8}$$

一旦假定解存在，记为 $\hat{\boldsymbol{\theta}}$。显然，该估计量依赖于样本 $\{\mathbf{w}_i: i=1,2,\cdots,N\}$，但是我们取消了用这方面记号描述的事实。

M 估计量的目标函数就是 $\mathbf{w}_i$ 与 $\boldsymbol{\theta}$ 函数的一个样本平均。尽管被 N 除并不会影响到最小化问题理论发展的需要，同时，关注最小化而不是最大化并不失一般性，因为最大化可以平凡地转变成最小化。

假定参数向量 $\boldsymbol{\theta}_o$ 可以唯一地求解总体问题

$$\min_{\boldsymbol{\theta}\in\boldsymbol{\Theta}} \mathrm{E}[q(\mathbf{w},\boldsymbol{\theta})] \tag{12.9}$$

一旦比较式（12.8）与式（12.9），我们看到，M 估计量是建立在类推原理基础之上的。一旦 $\boldsymbol{\theta}_o$ 被定义，需要概率论中一些基本结论来找到一个适当函数 q，使其提供作为问题（12.9）之解的 $\boldsymbol{\theta}_o$。通常存在多于一个的 q 可以使用 $\boldsymbol{\theta}_o$ 成为问题（12.9）的解，在这种情形中，将依据有效性或计算问题来进行选择。在本章中，我们研究 NLS 例子，将在第 13 章中论述极大似然估计。

如何理解用 $\boldsymbol{\theta}_o$ 求解总体问题（12.9）的事实就是求解问题（12.8）的 M 估计值，做一致性估计呢？启发性的推导如下：由于对于每一个 $\boldsymbol{\theta}\in\boldsymbol{\Theta}$ 来说，$\{q(\mathbf{w}_i,\boldsymbol{\theta}): i=1,2,\cdots\}$ 都是 i. i. d. 序列，由大数定律有

$$N^{-1}\sum_{i=1}^{N} q(\mathbf{w}_i,\boldsymbol{\theta}) \xrightarrow{p} \mathrm{E}[q(\mathbf{w},\boldsymbol{\theta})] \tag{12.10}$$

在非常弱的有限矩假设下，由于 $\hat{\boldsymbol{\theta}}$ 最小化方程（12.10）的左边函数，而 $\boldsymbol{\theta}_o$ 最小化右边函数，看起来似乎有 $\hat{\boldsymbol{\theta}}\xrightarrow{p}\boldsymbol{\theta}_o$。除了一些反常情形外，这种非正式的推导被证明是正确的。本质上有两个问题要讨论。第一，$\boldsymbol{\theta}_o$ 的可识别性，这纯粹是一个总体问题。第二，对于 $\boldsymbol{\Theta}$ 中不同的 $\boldsymbol{\theta}$ 值而言，式（12.10）的收敛在何种意义下成立。

12.2 识别、一致收敛性与一致性

现在，我们在相当弱的假设下表述出 M 估计量的正式一致性结果。正像前面所提及的，一些条件可以分成两个部分。第一个部分是 $\boldsymbol{\theta}_o$的**识别或可识别性**（identification or identificability）。对于非线性回归而言，我们证明，$\boldsymbol{\theta}_o$是如何求解总体问题（12.3）的。然而，我们并没有讨论 $\boldsymbol{\theta}_o$总是问题（12.3）的唯一解。这毕竟依赖于 **x** 分布以及回归函数性质的情形：

假设 NLS.2：$\mathrm{E}\{[m(\mathbf{x},\boldsymbol{\theta}_o)-m(\mathbf{x},\boldsymbol{\theta})]^2\}>0$，对于所有 $\boldsymbol{\theta}\in\boldsymbol{\Theta}$，$\boldsymbol{\theta}\neq\boldsymbol{\theta}_o$。

假设 NLS.2 所起的作用与第 4 章中假设 OLS.2 的作用是一样的。如果解释变量 **x** 在总体中没有充分的变异（variation），那么它就不成立。实际上，在线性情形 $m(\mathbf{x},\boldsymbol{\theta})=\mathbf{x}\boldsymbol{\theta}$ 中，当且仅当秩 $E(\mathbf{x}'\mathbf{x})=K$，假设 NLS.2 成立，它刚好是第 4 章的假设 OLS.2。在非线性模型中，如果 $\mathrm{m}(\mathbf{x},\boldsymbol{\theta}_o)$所依赖的参数比 $\boldsymbol{\theta}$ 中实际上拥有的要少一些，那么假设 NLS.2 会不满足。例如，假定我们所选择的模型为 $m(\mathbf{x},\boldsymbol{\theta})=\theta_1+\theta_2x_2+\theta_3x_3^{\theta_4}$，但是，真实模型是线性的 x_2：$\theta_{o3}=0$。于是，对于满足 $\theta_1=\theta_{o1}$，$\theta_2=\theta_{o2}$，$\theta_3=0$ 以及 θ_4 任何值的 $\boldsymbol{\theta}$ 来说，$\mathrm{E}[(y-m(\mathbf{x},\boldsymbol{\theta}))]^2$得以最小化。倘若 x_2 与 x_3 上存在充分的变异，如果 $\theta_{o3}\neq0$，假设 NLS.2 一般会成立。由于对 $\boldsymbol{\theta}_o$的某些值而言识别失败，所以这是一个**识别不足模型**（poorly identified model）的例子。（参阅 9.5 节其他识别不足模型的例题。）

在通常使用的诸如指数回归模型与逻辑斯蒂回归模型的非线性回归模型中，倘若 **x** 中完全共线性能够被剔除，在弱的假设下识别就成立。对于大部分内容来说，我们将假定，当模型被正确设定时，$\boldsymbol{\theta}_o$是问题（12.3）的唯一解。对于一般 M 估计的情形，我们假定 $q(\mathbf{w},\boldsymbol{\theta})$ 已被选定如此，则 $\boldsymbol{\theta}_o$ 是问题（12.9）的一个解。识别需要 $\boldsymbol{\theta}_o$ 是唯一解：

$$\mathrm{E}[q(\mathbf{w},\boldsymbol{\theta}_o)]<\mathrm{E}[q(\mathbf{w},\boldsymbol{\theta})],\text{对于所有 }\boldsymbol{\theta}\in\boldsymbol{\Theta},\boldsymbol{\theta}\neq\boldsymbol{\theta}_o \tag{12.11}$$

对于 M 估计量的一致性而言，其第二个内容是样本平均 $N^{-1}\sum_{i=1}^{N}q(\mathbf{w}_i,\boldsymbol{\theta})$ 到它的期望值上的收敛性结果。可以证明，像式（12.10）所述的**依概率逐点收敛**（point-wise convergence in probability）对于一致性来说是不充分的。也就是，在每个 $\boldsymbol{\theta}\in\boldsymbol{\Theta}$ 上，它不足以简单地行使通常的弱大数定律。相反，**依概率一致收敛**（uniform convergence in probability）是充分的。在数学形式上，

$$\max_{\boldsymbol{\theta}\in\boldsymbol{\Theta}}\left|N^{-1}\sum_{i=1}^{N}q(\mathbf{w}_i,\boldsymbol{\theta})-\mathrm{E}[q(\mathbf{w},\boldsymbol{\theta})]\right|\xrightarrow{p}0 \tag{12.12}$$

一致收敛显然蕴涵着逐点收敛，但反之则不正确：式（12.10）成立，但式（12.12）不成立。不过，在某些正则条件下，式（12.10）中的逐点收敛可以

转换成式（12.12）中的一致收敛。

为了阐述关于一致收敛的正式结果。我们需要更小心地作出对函数 $q(\cdot,\cdot)$与参数空间 $\boldsymbol{\Theta}$ 的假设。由于我们取 $q(\mathbf{w},\boldsymbol{\theta})$的期望值是相对于 $\mathbf{w}$ 分布来实施的，所以对于每一个 $\boldsymbol{\theta}\in\boldsymbol{\Theta}$，$q(\cdot,\boldsymbol{\theta})$必须是一个随机变量。从技术上讲，我们应该假定对于每一个 $\boldsymbol{\theta}\in\boldsymbol{\Theta}$，$q(\cdot,\boldsymbol{\theta})$是 $\mathcal{W}$ 上的一个**博雷尔可测函数**（Borel measurable function）。由于写出一个非博雷尔可测函数是非常难的，所以我们对可测函数不用花费时间进行研究。以下假定计量经济学中所产生的任何目标函数均是博雷尔可测的。你可以参阅比林斯利（Billingsley，1979）与戴维森（Davidson，1994，第 3 章）。

接下来所涉及的 q 的假设在实践中是更重要的。我们假定，对于每一个 $\mathbf{w}\in\mathcal{W}$，$q(\mathbf{w},\cdot)$ 都是参数空间 $\boldsymbol{\Theta}$ 上的一个**连续函数**（continuous function）。我们可以详细研究的所有问题都拥有关于参数是连续的目标函数，但是这并没有涵盖所有关注的情形。例如，曼斯基（Manski，1975）的关于二值响应模型的最大得分估计量具有一个关于 $\boldsymbol{\theta}$ 不是连续的目标函数。（我们在第 15 章会涉及二值响应模型。）为了处理这种情形，稍微放松连续性假设是可行的，然而，我们将不需要那种一般性。可参阅曼斯基（Manski，1988，第 7.3 节）以及纽韦和麦克法登（Newey and Mcfadden，1994）。

对于无界的参数集合来说，例如 $\boldsymbol{\Theta}=\mathbb{R}^P$，要获得一致收敛通常是很困难的。最容易的方法是，假定 $\boldsymbol{\Theta}$ 是$\mathbb{R}^P$的一个**紧子集**（compact subset），这意味着 $\boldsymbol{\Theta}$ 是闭的且有界的（参阅鲁丁（Rudin，1976，定理 2.41））。因为在大部分应用中，自然参数空间是非有界的（而且有时是非闭的），对于发展一般的估计理论来说，紧性假设并不吸引人。然而，就大部分应用而论，它不是一个令人担心的假设：$\boldsymbol{\Theta}$ 能够定义成很大的、闭的且有界的集合，以至总是包含 $\boldsymbol{\theta}_o$。可以利用没有紧的参数空间非线性估计的一些一致性结果；可参阅纽韦和麦克法登（Newey and MacFadden，1994）的讨论及其参考文献。

现在，我们可以阐述适合于随机抽样环境下的关于一致收敛的定理。这个结果可以追溯到莱卡姆（LeCam，1953），它通称为**一致弱大数定律**（uniform weak law of large numbers，UWLLN）。同样可参阅纽韦和麦克法登（Newey and MacFadden，1994，引理 2.4）。

定理 12.1（一致弱大数定律）：设 $\mathbf{w}$ 表示在 $\mathcal{W}\subset\mathbb{R}^M$ 上取值的一个随机变量，设 $\boldsymbol{\Theta}$ 表示$\mathbb{R}^P$的子集，同时设 q：$\mathcal{W}\times\boldsymbol{\Theta}\rightarrow\mathbb{R}$表示一个实值函数。假定（a）$\boldsymbol{\Theta}$ 是紧的；（b）对于每一个 $\boldsymbol{\theta}\in\boldsymbol{\Theta}$，$q(\cdot,\boldsymbol{\theta})$是 $\mathcal{W}$ 上博雷尔可测的；（c）对于每一个 $\mathbf{w}\in\mathcal{W}$,$q(\mathbf{w},\cdot)$在 $\boldsymbol{\Theta}$ 上是连续的；（d）对于所有 $\boldsymbol{\theta}\in\boldsymbol{\Theta}$，$|q(\mathbf{w},\boldsymbol{\theta})|\leqslant b(\mathbf{w})$，其中 b 表示 $\mathcal{W}$ 上的一个非负函数，使得 $\mathrm{E}[b(\mathbf{w})]<\infty$。因而，式（12.12）成立。

我们没有讨论的唯一假设是假设（d），假设（d）要求 $q(\mathbf{w},\boldsymbol{\theta})$的期望绝对值在 $\boldsymbol{\theta}$ 上是有界的。这类矩条件在实践中很少被证明是正确的，尽管它对于某些研究起作用。举个例子，对于 $0\leqslant y\leqslant 1$ 的 NLS 以及满足对所有的 $\mathbf{x}$ 和 $\boldsymbol{\theta}$ 都有

$0 \leqslant m(\mathbf{x}, \boldsymbol{\theta}) \leqslant 1$ 的均值函数而言，我们可以令 $b(\mathbf{w}) \equiv 1$。如需了解更复杂的例子，参阅纽韦和麦克法登（Newey and McFadden，1994）。

对于建立一致收敛性来说，连续性假设与紧性假设是重要的，而且这两个假设还能确保样本最小化问题（12.8）和总体最小化问题（12.9）都确实有解。首先，考察问题（12.8）。在定理 12.1 的假设下，由于 $q(\mathbf{w}_i, \boldsymbol{\theta})$ 对于每一个 $\mathbf{w}_i$ 都是连续的，所以样本平均是 $\boldsymbol{\theta}$ 的连续函数。由于在紧空间上的连续函数总可以达到其最小值，所以 M 估计问题是良好定义的（可能存在多于一个解的情形）。作为一个技术上的问题，可以证明，在关于 $q(\cdot, \boldsymbol{\theta})$ 的可测性假设下，$\hat{\boldsymbol{\theta}}$ 实际上是一个随机变量。例如，可参阅加兰特和怀特（Gallant and White，1988）。

还可以证明，在定理 12.1 的假设下，函数 $\mathrm{E}[q(\mathbf{w}, \boldsymbol{\theta})]$ 是 $\boldsymbol{\theta}$ 的连续函数。因此，问题（12.9）同样至少存在一个解；而可识别性确保问题（12.9）仅有一个解，同时这一事实蕴涵着 M 估计量的一致性。

定理 12.2（M 估计量的一致性）：在定理 12.1 的假设下，假定识别假设（12.11）成立。于是，随机向量 $\hat{\boldsymbol{\theta}}$ 可求解问题（12.8），并且 $\hat{\boldsymbol{\theta}} \xrightarrow{p} \boldsymbol{\theta}_o$。

定理 12.2 的证明已经由纽韦和麦克法登（Newey and McFadden，1994）给出。对于非线性最小二乘法来说，一旦假设 NLS.1 与假设 NLS.2 得以保持，实际的要求是，$m(\mathbf{x}, \cdot)$ 在 $\boldsymbol{\Theta}$ 上为一个连续函数。由于这个假设在非线性最小二乘法（NLS）应用里几乎总是成立的，我们不用列出它作为单独的假设。对大部分应用来说，不用太关注 $\boldsymbol{\Theta}$ 的非紧性。

定理 12.2 也可以应用在**中位数回归**（median regression）上。假定给定 $\mathbf{x}$ 时 y 的条件中位数为 $\mathrm{Med}(y|\mathbf{x}) = m(\mathbf{x}, \boldsymbol{\theta}_o)$，其中 $m(\mathbf{x}, \boldsymbol{\theta})$ 表示 $\mathbf{x}$ 与 $\boldsymbol{\theta}$ 的一个已知函数。重要的情形是一种线性模型，$m(\mathbf{x}, \boldsymbol{\theta}) = \mathbf{x}\boldsymbol{\theta}$，其中 $\mathbf{x}$ 包含单位元。$\boldsymbol{\theta}_o$ 的**最小绝对偏差估计量**（least absolute deviations（LAD）estimator）可求解

$$\min_{\boldsymbol{\theta} \in \boldsymbol{\Theta}} N^{-1} \sum_{i=1}^{N} | y_i - m(\mathbf{x}_i, \boldsymbol{\theta}) |$$

如果 $\boldsymbol{\Theta}$ 是紧的且 $m(\mathbf{x}, \cdot)$ 在 $\boldsymbol{\Theta}$ 上对于每一个 $\mathbf{x}$ 都是连续的，那么解总是存在的。在参数空间 $\boldsymbol{\Theta}$ 上，最小化 $\mathrm{E}[|y - m(\mathbf{x}, \boldsymbol{\theta})|]$ 的事实启发了 LAD 估计量；对于每一个 $\mathbf{x}$，条件中位数是以 $\mathbf{x}$ 为条件的最小绝对损失预测式。（例如，可参阅巴西特和科恩克（Bassett and Koenber，1978）以及曼斯基（Manski，1988，第 4.2.2 节）。）如果假设 $\boldsymbol{\theta}_o$ 是唯一解——由标准识别假设得到——那么 LAD 估计量通常是一致的。除了连续性、紧性以及识别性假设之外，对于某一个函数 $a(\cdot)$，要使得 $\mathrm{E}[a(\mathbf{x})] < \infty$，$\mathrm{E}[|y|] < \infty$ 且 $|m(\mathbf{x}, \boldsymbol{\theta})| \leqslant a(\mathbf{x})$ 就足够了。（为了看到这一点，在定理 12.1 中取 $b(\mathbf{w}) \equiv |y| + a(\mathbf{x})$。）

中位数回归是**分位数回归**（quantile regression）的一个特殊情形，其中我们对给定 $\mathbf{x}$ 时关于 y 分布中的分位数进行建模。例如，除了中位数之外，我们能够估计给定 $\mathbf{x}$ 时 y 分布中的第一、四分位数与第三、四分位数是如何随 $\mathbf{x}$ 而

变化的。除中位数外（它导致了 LAD)，识别条件分位数的目标函数关于 0 是非对称的。我们在 12.10 节中研究分位数回归。

我们以本章其余部分中反复使用的一个引理来结束本节内容。由纽韦和麦克法登（Newey and McFadden，1994）的引理 4.3 可得此引理。

引理 12.1：假定 $\hat{\boldsymbol{\theta}} \xrightarrow{p} \boldsymbol{\theta}_o$，且假定 $r(\mathbf{w},\boldsymbol{\theta})$满足与定理 12.2 中关于 $q(\mathbf{w},\boldsymbol{\theta})$假设相同的假设。于是

$$N^{-1}\sum_{i=1}^{N} r(\mathbf{w}_i,\hat{\boldsymbol{\theta}}) \xrightarrow{p} \mathrm{E}[r(\mathbf{w},\boldsymbol{\theta}_o)] \tag{12.13}$$

也就是，$N^{-1}\sum_{i=1}^{N} r(\mathbf{w}_i, \hat{\boldsymbol{\theta}})$ 是 $\mathrm{E}[r(\mathbf{x},\boldsymbol{\theta}_o)]$ 的一致估计量。

从直观上讲，引理 12.1 是非常合情合理的。我们知道，由于大数定律，$N^{-1}\sum_{i=1}^{N} r(\mathbf{w}_i,\boldsymbol{\theta}_o)$ 通常依概率收敛到 $\mathrm{E}[r(\mathbf{w}, \boldsymbol{\theta}_o)]$。引理 12.1 表明，如果我们用一个一致估计量代替 $\boldsymbol{\theta}_o$，那么至少在标准正则条件下收敛仍是成立的。事实上，正如纽韦和麦克法登（Newey and McFadden，1994）所证明的，我们仅需假设 $r(\mathbf{w}, \boldsymbol{\theta})$ 在 $\boldsymbol{\theta}_o$ 上以概率 1 连续。

12.3 渐近正态性

在关于目标函数的一些附加假设下，我们也可以证明，M 估计量是渐近正态分布的（且以$\sqrt{N}$速率收敛）。可以证明，参数空间上的连续性并不能确保渐近正态性。

最简单的渐近正态性证明过程如下。假定 $\boldsymbol{\theta}_o$位于 $\boldsymbol{\Theta}$ 的内部，这意味着 $\boldsymbol{\Theta}$ 必有非空的内部；在大多数应用中，这种假设是正确的。于是，由于 $\hat{\boldsymbol{\theta}} \xrightarrow{p} \boldsymbol{\theta}_o$，所以 $\hat{\boldsymbol{\theta}}$ 以接近 1 的概率位于 $\boldsymbol{\Theta}$ 的内部。如果 $q(\mathbf{w}, \cdot)$在 $\boldsymbol{\Theta}$ 内部是连续可微的，那么$\hat{\boldsymbol{\theta}}$（以接近 1 的概率）可求解一阶条件

$$\sum_{i=1}^{N} \mathbf{s}(\mathbf{w}_i,\hat{\boldsymbol{\theta}}) = \mathbf{0} \tag{12.14}$$

其中 $\mathbf{s}(\mathbf{w},\boldsymbol{\theta})$表示 $q(\mathbf{w},\boldsymbol{\theta})$的 $P\times 1$ 偏导数向量：$\mathbf{s}(\mathbf{w},\boldsymbol{\theta})'=\nabla_{\theta}q(\mathbf{w},\boldsymbol{\theta})\equiv[\partial q(\mathbf{w},\boldsymbol{\theta})/\partial\theta_1,\partial q(\mathbf{w},\boldsymbol{\theta})/\partial\theta_2,\cdots,\partial q(\mathbf{w},\boldsymbol{\theta})/\partial\theta_P]$。[也就是说，$\mathbf{s}(\mathbf{w},\boldsymbol{\theta})$表示 $q(\mathbf{w},\boldsymbol{\theta})$梯度的转置。] 我们称$\mathbf{s}(\mathbf{w},\boldsymbol{\theta})$为目标函数 $q(\mathbf{w},\boldsymbol{\theta})$得分（score of the objective function)。虽然式（12.14）只能以接近于 1 的概率确保其成立，但通常它是准确成立的；总而言之，我们将省掉限定说明，因为它并不会影响到极限分布的推导。

如果 $q(\mathbf{w}, \cdot)$是二次连续可微的，那么式（12.14）中左边的每一行能够扩展成关于 $\boldsymbol{\theta}_o$的均值展开式：

$$\sum_{i=1}^{N}\mathbf{s}(\mathbf{w_i},\hat{\boldsymbol{\theta}})=\sum_{i=1}^{N}\mathbf{s}(\mathbf{w_i},\boldsymbol{\theta}_o)+\left(\sum_{i=1}^{N}\ddot{\mathbf{H}}_i\right)(\hat{\boldsymbol{\theta}}-\boldsymbol{\theta}_o) \tag{12.15}$$

记号 $\ddot{\mathbf{H}}_i$ 表示目标函数 $q(\mathbf{w}_i,\boldsymbol{\theta})$ 相对于 $\boldsymbol{\theta}$ 的 $P\times P$ 维海赛矩阵（Hessian of the objective function），但是在不同的均值上，人们可计算出 $\mathbf{H}(\mathbf{w}_i,\boldsymbol{\theta})\equiv\partial^2 q(\mathbf{w}_i,\boldsymbol{\theta})/\partial\boldsymbol{\theta}\partial\boldsymbol{\theta}'\equiv\nabla_{\theta}^{2}q(\mathbf{w}_i,\boldsymbol{\theta})$ 的每一行。P 个均值中的每一个都处于 $\boldsymbol{\theta}_o$ 与 $\hat{\boldsymbol{\theta}}$ 之间的线段上。我们无法知道这些均值是什么，但我们却知道每一个都必须依概率收敛到 $\boldsymbol{\theta}_o$（由于每一个都"限制"（trapped）在 $\hat{\boldsymbol{\theta}}$ 与 $\boldsymbol{\theta}_o$ 之间。）

一旦把式（12.14）与式（12.15）结合，并用 $1/\sqrt{N}$ 乘，可以得出

$$\mathbf{0}=N^{-1/2}\sum_{i=1}^{N}\mathbf{s}(\mathbf{w}_i,\boldsymbol{\theta}_o)+\left(N^{-1}\sum_{i=1}^{N}\ddot{\mathbf{H}}_i\right)\sqrt{N}(\hat{\boldsymbol{\theta}}-\boldsymbol{\theta}_o)$$

现在，我们应用引理 12.1，（在某些矩阵条件下）得到 $N^{-1}\sum_{i=1}^{N}\ddot{\mathbf{H}}_i\xrightarrow{p}\mathrm{E}[\mathbf{H}(\mathbf{w},\boldsymbol{\theta}_o)]$。如果 $\mathbf{A}_o\equiv\mathrm{E}[\mathbf{H}(\mathbf{w},\boldsymbol{\theta}_o)]$ 是非奇异的，那么 $N^{-1}\sum_{i=1}^{N}\ddot{\mathbf{H}}_i$ 以接近 1 的概率（w. p. a. 1）是非奇异的，且 $\left(N^{-1}\sum_{i=1}^{N}\ddot{\mathbf{H}}_i\right)^{-1}\xrightarrow{p}\mathbf{A}_o^{-1}$。因此，我们可以写出

$$\sqrt{N}(\hat{\boldsymbol{\theta}}-\boldsymbol{\theta}_o)=\left(N^{-1}\sum_{i=1}^{N}\ddot{\mathbf{H}}_i\right)^{-1}\left[-N^{-1/2}\sum_{i=1}^{N}\mathbf{s}_i(\boldsymbol{\theta}_o)\right]$$

其中 $\mathbf{s}_i(\boldsymbol{\theta}_o)\equiv\mathbf{s}(\mathbf{w}_i,\boldsymbol{\theta}_o)$。正如我们将要证明的，$\mathrm{E}[\mathbf{s}_i(\boldsymbol{\theta}_o)]=\mathbf{0}$。因此，$N^{-1/2}\sum_{i=1}^{N}\mathbf{s}_i(\boldsymbol{\theta}_o)$ 通常满足中心极限定理，因为它是 i. i. d. 的、均值为 0 的随机向量的平均值乘以 $\sqrt{N}$。由于 $o_p(1)\cdot O_p(1)=o_p(1)$，我们有

$$\sqrt{N}(\hat{\boldsymbol{\theta}}-\boldsymbol{\theta}_o)=\mathbf{A}_o^{-1}\left[-N^{-1/2}\sum_{i=1}^{N}\mathbf{s}_i(\boldsymbol{\theta}_o)\right]+o_p(1) \tag{12.16}$$

这是一个重要的等式。可以证明，$\sqrt{N}(\hat{\boldsymbol{\theta}}-\boldsymbol{\theta}_o)$ 继承 $\boldsymbol{\theta}_o$ 点计算出的得分平均的极限分布。矩阵 $\mathbf{A}_o^{-1}$ 只作为一个线性变换。如果我们把这个线性变换使用到 $\mathbf{s}_i(\boldsymbol{\theta}_o)$ 中，那么我们可以写成

$$\sqrt{N}(\hat{\boldsymbol{\theta}}-\boldsymbol{\theta}_o)=N^{-1/2}\sum_{i=1}^{N}\mathbf{e}_i(\boldsymbol{\theta}_o)+o_p(1) \tag{12.17}$$

其中 $\mathbf{e}_i(\boldsymbol{\theta}_o)\equiv-\mathbf{A}_o^{-1}\mathbf{s}_i(\boldsymbol{\theta}_o)$；有时候，称其为 $\hat{\boldsymbol{\theta}}$ 的**影响函数表达式**（influence function representation），其中 $\mathbf{e}(\mathbf{w},\boldsymbol{\theta})$ 表示影响函数。

式（12.16）[或者（12.17）] 允许我们推导 $\hat{\boldsymbol{\theta}}$ 的**一阶渐近分布**（first-order asymptotic distribution）。比较高阶的表示形式试图约简式（12.16）中 $o_p(1)$ 项里的误差，这样的推导比式（12.16）的推导更为复杂，而且已经超出了本书的范围。

实际上，我们已经证明了下述结果：

定理 12.3（M 估计量的渐近正态性）： 除了定理 12.2 中的假设之外，还假定（a）$\boldsymbol{\theta}_{\mathrm{o}}$位于 $\boldsymbol{\Theta}$ 内部；（b）对所有的 $\mathbf{w}\in\mathcal{W}$，$\mathbf{s}(\mathbf{w},\cdot)$ 在 $\boldsymbol{\Theta}$ 内部都是连续可微的；（c）$\mathbf{H}(\mathbf{w},\boldsymbol{\theta})$ 的每一个元素通过 $b(\mathbf{w})$ 函数以绝对值方式是有界的，其中 $\mathrm{E}[b(\mathbf{w})]<\infty$；（d）$\mathbf{A}_{\mathrm{o}}\equiv\mathrm{E}[\mathbf{H}(\mathbf{w},\boldsymbol{\theta}_{\mathrm{o}})]$是正定的；（e）$\mathrm{E}[\mathbf{s}(\mathbf{w},\boldsymbol{\theta}_{\mathrm{o}})]=\mathbf{0}$；以及（f）$\mathbf{s}(\mathbf{w},\boldsymbol{\theta}_{\mathrm{o}})$的每一个元素都具有有限两阶矩。

于是

$$\sqrt{N}(\hat{\boldsymbol{\theta}}-\boldsymbol{\theta}_{\mathrm{o}})\xrightarrow{d}\mathrm{Normal}(0,\mathbf{A}_{\mathrm{o}}^{-1}\mathbf{B}_{\mathrm{o}}\mathbf{A}_{\mathrm{o}}^{-1}) \tag{12.18}$$

其中

$$\mathbf{A}_{\mathrm{o}}\equiv\mathrm{E}[\mathbf{H}(\mathbf{w},\boldsymbol{\theta}_{\mathrm{o}})] \tag{12.19}$$

而

$$\mathbf{B}_{\mathrm{o}}\equiv\mathrm{E}[\mathbf{s}(\mathbf{w},\boldsymbol{\theta}_{\mathrm{o}})\mathbf{s}(\mathbf{w},\boldsymbol{\theta}_{\mathrm{o}})']=\mathrm{Var}[\mathbf{s}(\mathbf{w},\boldsymbol{\theta}_{\mathrm{o}})] \tag{12.20}$$

因而

$$\mathrm{Avar}(\hat{\boldsymbol{\theta}})=\mathbf{A}_{\mathrm{o}}^{-1}\mathbf{B}_{\mathrm{o}}\mathbf{A}_{\mathrm{o}}^{-1}/N \tag{12.21}$$

定理 12.3 蕴涵着我们本书余下部分中所研究的大部分估计量的渐近正态性。没有被定理 12.3 所涵盖的一个重要例子是最小绝对偏差（LAD）估计量。即使 $m(\mathbf{w},\boldsymbol{\theta})$在 $\boldsymbol{\theta}$ 中是二次连续可微的，对于每一个 i 而言，目标函数 $q(\mathbf{w}_i,\boldsymbol{\theta})\equiv|y_i-m(\mathbf{w}_i,\boldsymbol{\theta})|$并不是二次连续可微的，因为绝对值函数在 0 点是不可微的。这个极限显得稍微令人讨厌。更为重要的是，通过任何合理的定义，LAD 目标函数的海赛矩阵在线性条件中位数函数的重要情形中是一个零矩阵，而这一事实违背定理 12.3 的假设（d）。可以证明，LAD 估计量一般是$\sqrt{N}$渐近正态的，但是却不能应用定理 12.3。我们在 12.10 节中讨论 LAD 的渐近分布和其他分位数估量。

定理 12.3 的一个关键组成部分是，在 $\boldsymbol{\theta}_{\mathrm{o}}$所计算的得分具有期望值 0。在包括 NLS 在内的许多应用中，我们可以直接证明这个结果。但是，至少如果我们能够交换期望与导数，那么知道它在抽象的 M 估计框架下是成立的事实同样是有用的。为了看到这一点，注意到，如果 $\boldsymbol{\theta}_{\mathrm{o}}$位于 $\boldsymbol{\Theta}$ 的内部，而且对于 $\boldsymbol{\theta}\in\mathrm{int}\boldsymbol{\Theta}$，$\mathrm{E}[q(\mathbf{w},\boldsymbol{\theta})]$是可微的，那么

$$\nabla_{\theta}\mathrm{E}[q(\mathbf{w},\boldsymbol{\theta})]|_{\boldsymbol{\theta}=\boldsymbol{\theta}_{\mathrm{o}}}=\mathbf{0} \tag{12.22}$$

其中$\nabla_{\boldsymbol{\theta}}$表示相对于 $\boldsymbol{\theta}$ 的梯度。现在，如果导数与期望算子可以交换（这是相当一般的情形），那么式（12.22）蕴涵着

$$\mathrm{E}[\nabla_{\boldsymbol{\theta}}q(\mathbf{w},\boldsymbol{\theta}_{\mathrm{o}})]=\mathrm{E}[\mathbf{s}(\mathbf{w},\boldsymbol{\theta}_{\mathrm{o}})]=\mathbf{0} \tag{12.23}$$

通常，通过类似推理可以证明，$\mathrm{E}[\mathbf{H}(\mathbf{w},\boldsymbol{\theta}_{\mathrm{o}})]$ 是半正定的。如果 $\boldsymbol{\theta}_{\mathrm{o}}$是可识别的，那么 $\mathrm{E}[\mathbf{H}(\mathbf{w},\boldsymbol{\theta}_{\mathrm{o}})]$ 是正定的。

对于本章剩下的部分来说，用 2 除最初的 NLS 目标函数是方便的：

$$q(\mathbf{w},\boldsymbol{\theta})=[y-m(\mathbf{x},\boldsymbol{\theta})]^2/2 \tag{12.24}$$

式（12.24）的得分可以写成

$$\mathbf{s}(\mathbf{w},\boldsymbol{\theta})=-\nabla_\theta m(\mathbf{x},\boldsymbol{\theta})'[y-m(\mathbf{w},\boldsymbol{\theta})] \tag{12.25}$$

其中$\nabla_\theta m(\mathbf{x},\boldsymbol{\theta})$表示$m(\mathbf{x},\boldsymbol{\theta})$的$1\times P$维梯度，因此，$\nabla_\theta m(\mathbf{x},\boldsymbol{\theta})'$是$P\times 1$维的向量。我们可以直接证明，通过证明以 $\mathbf{x}$ 为条件的 $\mathbf{s}(\mathbf{w},\boldsymbol{\theta}_o)$ 的期望值为 0，这个表达式在 $\boldsymbol{\theta}=\boldsymbol{\theta}_o$ 处具有零期望值：

$$\mathrm{E}[\mathbf{s}(\mathbf{w},\boldsymbol{\theta}_o)|\mathbf{x}]=-\nabla_\theta m(\mathbf{x},\boldsymbol{\theta}_o)'[\mathrm{E}(y|\mathbf{x})-m(\mathbf{x},\boldsymbol{\theta}_o)]=\mathbf{0} \tag{12.26}$$

$\mathbf{s}(\mathbf{w},\boldsymbol{\theta}_o)$ 的方差是

$$\mathbf{B}_o\equiv\mathrm{E}[\mathbf{s}(\mathbf{w},\boldsymbol{\theta}_o)\mathbf{s}(\mathbf{w},\boldsymbol{\theta}_o)']=\mathrm{E}[u^2\nabla_\theta m(\mathbf{x},\boldsymbol{\theta}_o)'\nabla_\theta m(\mathbf{x},\boldsymbol{\theta}_o)] \tag{12.27}$$

其中误差 $u\equiv y-m(\mathbf{x},\boldsymbol{\theta}_o)$表示 y 与 $\mathrm{E}(y|\mathbf{x})$之差。

$q(\mathbf{w},\boldsymbol{\theta})$的海赛矩阵是

$$\mathbf{H}(\mathbf{w},\boldsymbol{\theta})=\nabla_\theta m(\mathbf{x},\boldsymbol{\theta})'\nabla_\theta m(\mathbf{x},\boldsymbol{\theta})-\nabla_\theta^2 m(\mathbf{x},\boldsymbol{\theta})[y-m(\mathbf{x},\boldsymbol{\theta})] \tag{12.28}$$

其中$\nabla_\theta^2 m(\mathbf{x},\boldsymbol{\theta})$表示$m(\mathbf{x},\boldsymbol{\theta})$相对于$\boldsymbol{\theta}$的$P\times P$维海赛矩阵。为了求出$\mathbf{H}(\mathbf{w},\boldsymbol{\theta})$在$\boldsymbol{\theta}=\boldsymbol{\theta}_o$的期望值，我们首先求出以 $\mathbf{x}$ 为条件的期望值。当在 $\boldsymbol{\theta}_o$计算时，式（12.28）中的第二项是$\nabla_\theta^2 m(\mathbf{x},\ \boldsymbol{\theta}_o)u$，因此，它具有以 $\mathbf{x}$ 为条件的零均值［由于 $\mathrm{E}(u|\mathbf{x})=0$］。因此，

$$\mathrm{E}[\mathbf{H}(\mathbf{w},\boldsymbol{\theta}_o)|\mathbf{x}]=\nabla_\theta m(\mathbf{x},\boldsymbol{\theta}_o)'\nabla_\theta m(\mathbf{x},\boldsymbol{\theta}_o) \tag{12.29}$$

在 $\mathbf{x}$ 分布上对等式（12.29）取期望值，得出

$$\mathbf{A}_o=\mathrm{E}[\nabla_\theta m(\mathbf{x},\boldsymbol{\theta}_o)'\nabla_\theta m(\mathbf{x},\boldsymbol{\theta}_o)] \tag{12.30}$$

这一矩阵在非线性回归中起着基础性作用。当 $\boldsymbol{\theta}_o$是可识别的时候，$\mathbf{A}_o$通常是正定的。在 $m(\mathbf{x},\boldsymbol{\theta})=\mathbf{x}\boldsymbol{\theta}$ 的线性情形中，$\mathbf{A}_o=\mathrm{E}(\mathbf{x}'\mathbf{x})$。在指数 $m(\mathbf{x},\boldsymbol{\theta})=\exp(\mathbf{x}\boldsymbol{\theta})$ 的情形中，无论 $\mathrm{E}(\mathbf{x}'\mathbf{x})$ 如何，$\mathbf{A}_o=\mathrm{E}[\exp(2\mathbf{x}\boldsymbol{\theta}_o)\mathbf{x}'\mathbf{x}]$通常是正定的。在满足 $\theta_{o3}=0$ 的$m(\mathbf{x},\boldsymbol{\theta})=\theta_1+\theta_2x_2+\theta_3x_3^{\theta_4}$的例题中，容易证明，矩阵（12.30）的秩小于 4。

对于非线性回归来说，$\mathbf{A}_o$与 B_o是相似的，因为它们都依赖于$\nabla_\theta m(\mathbf{x},\boldsymbol{\theta}_o)'\nabla_\theta m(\mathbf{x},\boldsymbol{\theta}_o)$。一般地讲，尽管 $\mathbf{A}_o$与 $\mathbf{B}_o$之间不存在简单的关系，因为后者依赖于总体误差平方 u^2 的分布，但在 12.5 节，我们将要证明，同方差性假设蕴涵着 $\mathbf{B}_o$与 $\mathbf{A}_o$是成比例的。

之前的非线性回归分析假定条件均值函数被正确设定。如果我们去掉这个假设，那么我们不能按照方程（12.30）那样简化期望海赛矩阵。怀特（White，1981，1994）研究了当均值函数被误设时 NLS 的性质。在弱条件下，NLS 估计量$\hat{\boldsymbol{\theta}}$依概率收敛到实际回归函数 $\mathrm{E}(y_i\mid\mathbf{x}_i=\mathbf{x})$。更精确地，对于 $\boldsymbol{\theta}\in\boldsymbol{\Theta}$，有$\mathrm{E}\{[\mathrm{E}(y_i|\mathbf{x}_i)-m(\mathbf{x}_i,\ \boldsymbol{\theta}^*)]^2\}\leqslant\mathrm{E}\{[\mathrm{E}(y_i\mid\mathbf{x}_i)-m(x_i,\ \boldsymbol{\theta})]^2\}$。方程

(12.18) 的渐近正态结果仍然成立（伴随着明显的符号改变）。但是方程 (12.28) 的第二项——其在 $\boldsymbol{\theta}^*$ 上进行计算——不再保证为 0：$\nabla_\theta^2 m(\mathbf{x}_i,\boldsymbol{\theta}^*)$ 一般与 $y_i-m(\mathbf{x}_i,\boldsymbol{\theta}^*)$ 相关，因为 $\mathrm{E}(y_i \mid \mathbf{x}_i)\neq m(\mathbf{x}_i,\boldsymbol{\theta}^*)$。我们聚焦于正确设定的条件均值函数的情形，但是人们应当意识到该假设对估计渐近方差有含义，这是我们在 12.5 节中将转向的专题。

12.4 两步骤 M 估计量

有时候，M 估计量的应用会涉及第一阶段估计（如同第 6 章，一个例子是含有生成回归元的 OLS）。设 $\hat{\gamma}$ 表示一个最初的估计量，通常是以随机样本 $\{\mathbf{w}_i: i=1,2,\cdots,N\}$ 为基础的。这个估计量出自哪里此处不明确。

$\boldsymbol{\theta}_o$的**两步骤 M 估计量**（two-step M-estimator）$\hat{\boldsymbol{\theta}}$ 可求解

$$\min_{\boldsymbol{\theta}\in\boldsymbol{\Theta}}\sum_{i=1}^{N} q(\mathbf{w}_i,\boldsymbol{\theta};\hat{\gamma}) \tag{12.31}$$

其中 q 现在定义在 $\mathcal{W}\times\boldsymbol{\Theta}\times\boldsymbol{\Gamma}$ 上，而 $\boldsymbol{\Gamma}$ 表示 $\mathbb{R}^J$ 的一个子集。我们将在第Ⅳ篇里看到几个两步骤 M 估计量的例子。一个两步骤 M 估计量是**加权非线性最小二乘法估计量**（weighted nonlinear least square (WNLS) estimator），其中权数已在第一阶段中得到估计。WNLS 估计量可求解

$$\min_{\boldsymbol{\theta}\in\boldsymbol{\Theta}}\frac{1}{2}\sum_{i=1}^{N}[y_i-m(\mathbf{x}_i,\boldsymbol{\theta})]^2/h(\mathbf{x}_i,\hat{\gamma}) \tag{12.32}$$

其中加权函数 $h(\mathbf{x},\gamma)$依赖于解释变量与参数空间。正如 NLS 一样，$m(\mathbf{x},\boldsymbol{\theta})$是 $\mathrm{E}(y|\mathbf{x})$的模型。对函数 $h(\mathbf{x},\gamma)$进行选择，使其成为 $\mathrm{Var}(y\mid\mathbf{x})$ 的模型。估计量$\hat{\gamma}$来自对条件方差进行估计的问题。我们在这里列出促使 WNLS 拥有引人注目的性质所需要的关键性假设，然而对其中的一些进行推导则留作习题。

假设 WNLS.1：与假设 NLS.1 一样。

12.4.1 一致性

对于一般的两步骤 M 估计量来说，什么时候$\hat{\boldsymbol{\theta}}$将成为 $\boldsymbol{\theta}_o$的一致估计量呢？实际上，重要条件是识别假设。为了阐述识别条件，我们需要知道 $\hat{\gamma}$ 的渐近行为。一个一般性假设是$\hat{\gamma}\xrightarrow{p}\gamma^*$，其中 γ^* 表示 $\boldsymbol{\Gamma}$ 的某一元素。我们称此值为 γ^*，以便考虑 $\hat{\gamma}$ 并不收敛到表示某些所关注的 $\mathbf{w}$ 分布特征的参数。在一些情形中，$\hat{\gamma}$的极限概率将是人们直接关注的内容。在加权回归情形中，如果我们假定 $h(\mathbf{x},\gamma)$ 是 $\mathrm{Var}(y\mid\mathbf{x})$ 的正确设定模型，那么人们选择一个估计量使得 $\hat{\gamma}\xrightarrow{p}\gamma_o$，这是可能的，其中 $\mathrm{Var}(y|\mathbf{x})=h(\mathbf{x},\gamma_o)$。（例如，可参阅习题 12.2。）

如果方差模型被错误设定，$\hat{\gamma}$ 的概率极限通常是定义良好的，但是 $\text{Var}(y|\mathbf{x})\neq h(\mathbf{x},\gamma^*)$；这正是我们使用记号 γ^* 的缘由。

两步骤 M 估计量的识别条件是

$$\text{E}[q(\mathbf{w},\boldsymbol{\theta}_o;\gamma^*)]<\text{E}[q(\mathbf{w},\boldsymbol{\theta};\gamma^*)],\text{对于所有 }\boldsymbol{\theta}\in\boldsymbol{\Theta},\boldsymbol{\theta}\neq\boldsymbol{\theta}_o$$

一致性推理本质上与基本定理 12.2 的推理一样。如果 $q(\mathbf{w}_i,\boldsymbol{\theta};\gamma)$ 满足 $\boldsymbol{\Theta}\times\boldsymbol{\Gamma}$ 上的 UWLLN，那么可以证明，表达式（12.31）在 $\boldsymbol{\Theta}$ 上一致地收敛到 $\text{E}[q(\mathbf{w},\boldsymbol{\theta};\gamma^*)]$。可以证明，这个结果连同识别一起蕴涵着 $\hat{\boldsymbol{\theta}}$ 对 $\boldsymbol{\theta}_o$ 的一致性。

在两步骤估计的一些应用中，对于任何 $\gamma\in\boldsymbol{\Gamma}$，$\boldsymbol{\theta}_o$ 的识别均成立。可以证明，此结果对 WNLS 估计量成立（可参阅习题 12.4）。这正是 WNLS 仍是一致的缘由，即使函数 $h(\mathbf{x},\gamma)$ 对于 $\text{Var}(y|\mathbf{x})$ 来说并没有正确设定。WNLS 最弱的识别假设是下述假设。

假设 WNLS.2：$\text{E}\{[m(\mathbf{x},\boldsymbol{\theta}_o)-m(\mathbf{x},\boldsymbol{\theta})]^2/h(\mathbf{x},\gamma^*)\}>0$，对于所有 $\boldsymbol{\theta}\in\boldsymbol{\Theta},\boldsymbol{\theta}\neq\boldsymbol{\theta}_o$，其中 $\gamma^*=\text{plim}\,\hat{\gamma}$。

正如 NLS 的情形一样，在假设 WNLS.1 下，我们知道那个弱不等式在假设 WNLS.2 下成立。假设 WNLS.2 中严格不等式对 $\mathbf{x}$ 分布以及 m 和 h 的函数形式都施加了一些约束。

在其他一些情形中，包括我们在第Ⅳ篇里将遇到的几个两步骤极大似然估计量，关于 $\boldsymbol{\theta}_o$ 的识别条件只有在 $\gamma=\gamma^*=\gamma_o$ 时才成立，其中 γ_o 同样表示了 $\mathbf{w}$ 分布的某种特征。

12.4.2 渐近正态性

对于两步骤 M 估计量来说，存在着两种值得区分的情形。当 $\sqrt{N}(\hat{\boldsymbol{\theta}}-\boldsymbol{\theta}_o)$ 的渐近方差不依赖于 $\sqrt{N}(\hat{\gamma}-\gamma^*)$ 的渐近方差时，就产生了第一种情形，而当 $\sqrt{N}(\hat{\boldsymbol{\theta}}-\boldsymbol{\theta}_o)$ 的渐近方差为了解释 γ^* 的第一阶段估计而必须做出调整时，就产生了第二种情形。首先，我们推导在哪些条件下，我们可以忽略第一阶段的估计误差。

一旦运用类似于 12.3 节中的那些论证推理，可以证明，在标准正态条件下，

$$\sqrt{N}(\hat{\boldsymbol{\theta}}-\boldsymbol{\theta}_o)=\mathbf{A}_o^{-1}\left(-N^{-1/2}\sum_{i=1}^{N}\mathbf{s}_i(\boldsymbol{\theta}_o;\hat{\gamma})\right)+\text{o}_p(1)\tag{12.33}$$

其中 $\mathbf{A}_o=\text{E}[\mathbf{H}(\mathbf{w},\boldsymbol{\theta}_o;\gamma^*)]$。在获得得分与海赛矩阵时，我们仅对 $\boldsymbol{\theta}$ 求导数；γ^* 的出现只是作为一个额外的自变量。现在，如果

$$N^{-1/2}\sum_{i=1}^{N}\mathbf{s}_i(\boldsymbol{\theta}_o;\hat{\gamma})=N^{-1/2}\sum_{i=1}^{N}\mathbf{s}_i(\boldsymbol{\theta}_o,\gamma^*)+\text{o}_p(1)\tag{12.34}$$

那么无论我们是使用 $\hat{\gamma}$，还是在定义 M 估计量之中使用 $\hat{\gamma}$ 概率极限，$\sqrt{N}(\hat{\boldsymbol{\theta}}-\boldsymbol{\theta}_o)$ 都有同样的渐近行为。

什么时候式（12.34）成立呢？一旦假定$\sqrt{N}(\hat{\gamma}-\gamma^{*})=\mathrm{O}_p(1)$，它是标准的，类似于12.3节中的一个均值表达式，得出

$$N^{-1/2}\sum_{i=1}^{N}\mathbf{s}_i(\boldsymbol{\theta}_{\circ};\hat{\gamma})=N^{-1/2}\sum_{i=1}^{N}\mathbf{s}_i(\boldsymbol{\theta}_{\circ};\gamma^{*})+\mathbf{F}_{\circ}\sqrt{N}(\hat{\gamma}-\gamma^{*})+\mathrm{o}_p(1) \tag{12.35}$$

其中$\mathbf{F}_{\circ}$表示$P\times J$维矩阵

$$\mathbf{F}_{\circ}\equiv\mathrm{E}[\nabla_{\gamma}\mathbf{s}(\mathbf{w},\boldsymbol{\theta}_{\circ};\gamma^{*})] \tag{12.36}$$

（记住J表示γ的维数。）因此，如果

$$\mathrm{E}[\nabla_{\gamma}\mathbf{s}(\mathbf{w},\boldsymbol{\theta}_{\circ};\gamma^{*})]=\mathbf{0} \tag{12.37}$$

那么式（12.34）成立，同时两步骤M估计量的渐近方差与γ^{*}被代入其中的渐近方差情形一样。换句话讲，在假设（12.37）下，我们得出式（12.18）成立的结论，其中$\mathbf{A}_{\circ}$与$\mathbf{B}_{\circ}$分别由表达式（12.19）与式（12.20）给出，除了γ^{*}作为得分与海赛矩阵中的自变量时不成立以外。为了推导$\sqrt{N}(\hat{\boldsymbol{\theta}}-\boldsymbol{\theta}_{\circ})$的渐近分布，我们可以忽略在第一阶段估计获得$\hat{\gamma}$的事实。

假设（12.37）成立的一种情形是加权非线性最小二乘法，这是习题12.4要求你去证明的。通常，我们必须假定，条件均值被正确地设定，但是，有意思的是，不管条件方差是否被正确设定，假设（12.37）是成立的。

假设（12.37）不成立的情形会存在许多问题，包括第Ⅳ篇中probit与Tobit模型里对内生性修正的一些方法。在第21章中，我们将看到，修正样本选择偏误（bias）的两步方法是两步骤M估计量，但是假设（12.37）却不满足。在这样的情形中，我们需要对$\sqrt{N}(\hat{\boldsymbol{\theta}}-\boldsymbol{\theta}_{\circ})$的渐近方差做出调整。一旦我们拥有$\sqrt{N}(\hat{\gamma}-\gamma^{*})$的一阶表示，此调整可以很容易从式（12.35）中获得。我们假定

$$\sqrt{N}(\hat{\gamma}-\gamma^{*})=N^{-1/2}\sum_{i=1}^{N}\mathbf{r}_i(\gamma^{*})+\mathrm{o}_p(1) \tag{12.38}$$

其中$\mathbf{r}_i(\gamma^{*})$表示一个满足$\mathrm{E}[\mathbf{r}_i(\gamma^{*})]=\mathbf{0}$的$J\times1$维向量（实际上，$\mathbf{r}_i$依赖于一些参数而不是$\gamma^{*}$，但是，我们这里为了简单性而不考虑那些问题）。因此，$\hat{\gamma}$本身就是一个M估计量，正如我们将在第14章所看到的广义矩方法估计量。实际上，本书中所考虑的每一个估计量都具有像式（12.38）一样的表示。

现在我们能够写成

$$\sqrt{N}(\hat{\boldsymbol{\theta}}-\boldsymbol{\theta}_{\circ})=\mathbf{A}_{\circ}^{-1}N^{-1/2}\sum_{i=1}^{N}[-\mathbf{g}_i(\boldsymbol{\theta}_{\circ};\gamma^{*})]+\mathrm{o}_p(1) \tag{12.39}$$

其中$\mathbf{g}_i(\boldsymbol{\theta}_{\circ};\gamma^{*})\equiv\mathbf{s}_i(\boldsymbol{\theta}_{\circ};\gamma^{*})+\mathbf{F}_{\circ}\mathbf{r}_i(\gamma^{*})$。由于$\mathbf{g}_i(\boldsymbol{\theta}_{\circ};\gamma^{*})$具有零均值，所以等式（12.39）中的标准化部分之和被假定成满足中心极限定理。定义$P\times P$维矩阵

$$\mathbf{D}_{\circ}\equiv\mathrm{E}[\mathbf{g}_i(\boldsymbol{\theta}_{\circ};\gamma^{*})\mathbf{g}_i(\boldsymbol{\theta}_{\circ};\gamma^{*})']=\mathrm{Var}[\mathbf{g}_i(\boldsymbol{\theta}_{\circ};\gamma^{*})] \tag{12.40}$$

于是，

$$\text{Avar}\sqrt{N}(\hat{\boldsymbol{\theta}}-\boldsymbol{\theta}_{\text{o}})=\mathbf{A}_{\text{o}}^{-1}\mathbf{D}_{\text{o}}\mathbf{A}_{\text{o}}^{-1} \tag{12.41}$$

我们将在下一节讨论此矩阵的估计。

有时候，在来自（12.41）的正确渐近方差和人们通过忽略 $\hat{\gamma}$ 中的抽样误差将获得的渐近方差之间进行比较是有益的；那就是，通过使用在方程（12.18）中不正确的公式。（如果 $\mathbf{F}_{\text{o}}=\mathbf{0}$，两个公式都是相同的。）很多时候，我们担心忽略 $\hat{\gamma}$ 的估计会导致人们对 $\hat{\boldsymbol{\theta}}$ 的精度过于乐观，当 $\mathbf{D}_{\text{o}}-\mathbf{B}_{\text{o}}$ 是半正定的（p. s. d.）时，这就会发生。$\mathbf{D}_{\text{o}}-\mathbf{B}_{\text{o}}$ 明确为 p. s. d.（但不是 0）的一个情形是当 $\mathbf{F}_{\text{o}}\neq\mathbf{0}$ 且来自第一和第二步估计的得分是不相关的：$\text{E}[\mathbf{s}_i(\boldsymbol{\theta}_{\text{o}};\gamma^*)\mathbf{r}_i(\gamma^*)']=\mathbf{0}$。那么，

$$\begin{aligned}\mathbf{D}_{\text{o}}&=\text{E}[\mathbf{s}_i(\boldsymbol{\theta}_{\text{o}};\gamma^*)]\text{E}[\mathbf{s}_i(\boldsymbol{\theta}_{\text{o}};\gamma^*)']+\mathbf{F}_{\text{o}}\text{E}[\mathbf{r}_i(\gamma^*)\mathbf{r}_i(\gamma^*)']\mathbf{F}_{\text{o}}'\\&=\mathbf{B}_{\text{o}}+\mathbf{F}_{\text{o}}\text{E}[\mathbf{r}_i(\gamma^*)\mathbf{r}_i(\gamma^*)']\mathbf{F}_{\text{o}}'\end{aligned}$$

且最后一项是 p. s. d 的。在其他情形中，$\mathbf{D}_{\text{o}}-\mathbf{B}_{\text{o}}$ 是不定的，在这些情形中，说正确的渐近方差都比不正确的要大，这是不确切的。也许出人意料地，$\mathbf{D}_{\text{o}}-\mathbf{B}_{\text{o}}$ 同样有可能是负半定的。一个直接的含义是有可能估计 γ^*，而不是知道 γ^*，实际上可以得出 $\boldsymbol{\theta}_{\text{o}}$ 一个更加精确的估计量。在第一阶段的估计减少了在一个第二阶段中的渐近方差，这种背景是特殊的，而当它发生时，γ^* 的估计量通常来自一个正确设定的极大似然程序（在这种情形中我们将使用符号 γ_{o} 而不是 γ^*）。因此，我们将进一步的讨论推迟到下一章，在那里我们明确涵盖极大似然估计。

12.5 估计渐近方差

12.5.1 不含多余参数的估计

我们首先考察不存在**多余参数**（nuisance parameters）情形中 $\hat{\boldsymbol{\theta}}$ 的渐近方差的估计。这个任务需要对矩阵 $\mathbf{A}_{\text{o}}$ 与 $\mathbf{B}_{\text{o}}$ 进行一致地估计。一种思想是求解 $\mathbf{H}(\mathbf{w},\boldsymbol{\theta}_{\text{o}})$ 与 $\mathbf{s}(\mathbf{w},\boldsymbol{\theta}_{\text{o}})\cdot\mathbf{s}(\mathbf{w},\boldsymbol{\theta}_{\text{o}})$ 在 $\mathbf{w}$ 分布上的期望值，然后把 $\hat{\boldsymbol{\theta}}$ 代入 $\boldsymbol{\theta}_{\text{o}}$ 之中。当我们对 $\mathbf{w}$ 分布完全设定时，原则上，获得 $\mathbf{A}_{\text{o}}$ 与 $\mathbf{B}_{\text{o}}$ 的闭型表达式是可能的。然而，除了一些简单情形以外，那是困难的。更重要的是，我们几乎不对 $\mathbf{w}$ 的整体分布进行设定。甚至在极大似然设置下，$\mathbf{w}$ 几乎总是被分成两个部分：一个是内生变量 $\mathbf{y}$ 的集合，一个是条件变量 $\mathbf{x}$。我们几乎不希望对 $\mathbf{w}$ 分布进行设定，所以不可以利用为获得 $\mathbf{A}_{\text{o}}$ 与 $\mathbf{B}_{\text{o}}$ 所需要的期望值。

我们总是能够利用取期望，并通过 $\hat{\boldsymbol{\theta}}$ 代替 $\boldsymbol{\theta}_{\text{o}}$ 而一致地估计 $\mathbf{A}_{\text{o}}$。在保证海赛矩阵一致收敛的正则条件下，估计量

$$N^{-1}\sum_{i=1}^{N}\mathbf{H}(\mathbf{w}_i,\hat{\boldsymbol{\theta}})=N^{-1}\sum_{i=1}^{N}\hat{\mathbf{H}}_i \tag{12.42}$$

关于 $\mathbf{A}_o$是一致的。由引理 12.1 知，估计量（12.42）的优点是它在一个二次连续可微目标函数的问题上总是可用的。这包括 $\boldsymbol{\theta}_o$没有指出一个无条件或条件分布的一个特征的情形（诸如误设了条件均值函数的非线性回归）。它的主要缺点是计算上的：它需要计算二阶导数，对于某些估计问题，这是一个非凡的任务。因为我们假设$\hat{\boldsymbol{\theta}}$解决了方程（12.8）中的最小化问题，且$\hat{\boldsymbol{\theta}}$在 $\boldsymbol{\Theta}$ 的内部，我们知道在$\hat{\boldsymbol{\theta}}$处计算的海赛矩阵至少是 p. s. d 的。如果模型对于识别 $\boldsymbol{\theta}_o$而言是设定良好的，那么（12.42）中的估计量实际上将以高概率是正定的，因为 $\mathrm{E}[\mathbf{H}(\mathbf{w}_i,\boldsymbol{\theta}_o)]$是正定的。在某些情形中，目标函数在 $\boldsymbol{\Theta}$ 上是严格凸的，在这种情形中 $\sum_{i=1}^{N}\mathbf{H}(\mathbf{w}_i,\boldsymbol{\theta})$ 对于所有的 $\boldsymbol{\theta}\in\boldsymbol{\Theta}$ 都是正定的。

在大多数的计量经济应用中，相当多的结构允许利用不同的统计量。假定我们可以把 $\mathbf{w}$ 分割成 $\mathbf{x}$ 与 $\mathbf{y}$，并且 $\boldsymbol{\theta}_o$表示给定 $\mathbf{x}$ 时 $\mathbf{y}$ 分布的某种特征（诸如条件均值，或者在极大似然情形中的条件分布）。定义

$$\mathbf{A}(\mathbf{x},\boldsymbol{\theta}_o)\equiv\mathrm{E}[\mathbf{H}(\mathbf{w},\boldsymbol{\theta}_o)\mid\mathbf{x}] \tag{12.43}$$

尽管 $\mathbf{H}(\mathbf{w},\boldsymbol{\theta}_o)$通常是 $\mathbf{x}$ 与 $\mathbf{y}$ 的函数，但 $\mathbf{A}(\mathbf{x},\boldsymbol{\theta}_o)$仅是 $\mathbf{x}$ 的函数。由期望迭代，$\mathrm{E}[\mathbf{A}(\mathbf{x},\boldsymbol{\theta}_o)]=\mathrm{E}[\mathbf{H}(\mathbf{w},\boldsymbol{\theta}_o)]=\mathbf{A}_o$。由引理 12.1 以及标准正则条件可得

$$N^{-1}\sum_{i=1}^{N}\mathbf{A}(\mathbf{x}_i,\hat{\boldsymbol{\theta}})\equiv N^{-1}\sum_{i=1}^{N}\hat{\mathbf{A}}_i\xrightarrow{p}\mathbf{A}_o \tag{12.44}$$

在 $\mathrm{E}[\mathbf{H}(\mathbf{x},\boldsymbol{\theta}_o)\mid\mathbf{x}]$能够以闭型方式获得或者很容易被近似的情形中，$\mathbf{A}_o$的估计量（12.44）是有用的。在一些重要情形中，包括 NLS 以及某种极大似然问题，$\mathbf{A}(\mathbf{x},\boldsymbol{\theta}_o)$只依赖于条件均值函数的一阶导数。

当可以利用估计量（12.44）时，这通常是 $\boldsymbol{\theta}_o$对于 $\mathbf{x}$ 的任意值实际上都最小化 $\mathrm{E}[q(\mathbf{w},\boldsymbol{\theta})\mid\mathbf{x}]$的情形；这点很容易看成是来自式（12.4）的 NLS 情形。在允许交换导数与期望的条件下，这个结果蕴涵着 $\mathbf{A}(\mathbf{x},\boldsymbol{\theta}_o)$是半正定的。倘若 $\boldsymbol{\theta}_o$是可识别的，$\mathbf{A}(\mathbf{x},\boldsymbol{\theta}_o)$在 $\mathbf{x}$ 分布上的期望值就是正定的。因此，估计量（12.44）在样本中常常是正定的。

获得 $\mathbf{B}_o$的一个半正定估计量并不复杂。由引理 12.1，在标准正则条件下，我们有

$$N^{-1}\sum_{i=1}^{N}\mathbf{s}(\mathbf{w}_i,\hat{\boldsymbol{\theta}})\mathbf{s}(\mathbf{w}_i,\hat{\boldsymbol{\theta}})'\equiv N^{-1}\sum_{i=1}^{N}\hat{\mathbf{s}}_i\hat{\mathbf{s}}_i'\xrightarrow{p}\mathbf{B}_o \tag{12.45}$$

一旦把估计量（12.45）与 $\mathbf{A}_o$的一致估计量相结合，我们通过

$$\widehat{\mathrm{Avar}\sqrt{N}}(\hat{\boldsymbol{\theta}}-\boldsymbol{\theta}_o)=\hat{\mathbf{A}}^{-1}\hat{\mathbf{B}}\hat{\mathbf{A}}^{-1} \tag{12.46}$$

可以一致地估计 $\mathrm{Avar}\sqrt{N}(\hat{\boldsymbol{\theta}}-\boldsymbol{\theta}_o)$，其中 $\hat{\mathbf{A}}$ 表示估计量(12.42)或估计量(12.44)中的一个。渐近标准误可从矩阵

$$\hat{\mathbf{V}}=\widehat{\mathrm{Avar}(\hat{\boldsymbol{\theta}})}=\hat{\mathbf{A}}^{-1}\hat{\mathbf{B}}\hat{\mathbf{A}}^{-1}/N \tag{12.47}$$

来获得，它可以表示成

$$\left(\sum_{i=1}^{N}\hat{\mathbf{H}}_i\right)^{-1}\left(\sum_{i=1}^{N}\hat{\mathbf{s}}_i\hat{\mathbf{s}}_i'\right)\left(\sum_{i=1}^{N}\hat{\mathbf{H}}_i\right)^{-1} \tag{12.48}$$

或者

$$\left(\sum_{i=1}^{N}\hat{\mathbf{A}}_i\right)^{-1}\left(\sum_{i=1}^{N}\hat{\mathbf{s}}_i\hat{\mathbf{s}}_i'\right)\left(\sum_{i=1}^{N}\hat{\mathbf{A}}_i\right)^{-1} \tag{12.49}$$

这依赖于 $\mathbf{A}_o$ 的估计量。当表达式（12.48）与表达式（12.49）被良好定义时，它们至少都是半正定的。

（12.48）和（12.49）中的方差矩阵估计量是一个休伯-怀特三明治估计量的例子，见休伯（Huber，1967）和怀特（White，1982a)。当它们不同时（由于 $\mathbf{H}(\mathbf{w},\boldsymbol{\theta}_o)\neq\mathbf{A}(\mathbf{x},\boldsymbol{\theta}_o)$），仅当条件分布 $\mathrm{D}(\mathbf{y}_i\mid\mathbf{x}_i)$ 的某些特征是正确设定的（因为否则的话，$\mathrm{E}[\mathbf{H}(\mathbf{w},\boldsymbol{\theta}_o)\mid\mathbf{x}]$ 的计算将是不对的）时，方程（12.49）中的估计量通常是有效的。有时候通过将（12.49）中的估计量称为一个半稳健方差矩阵估计量来进行区分是有用的。只需要最少的假设以产生有效推断的方差矩阵估计量位于（12.48）中（这样，为了强调，可称它为一个完全稳健方差矩阵估计量）。

在非线性最小二乘法情形中，式（12.44）$\mathbf{A}_o$ 的估计量总是能够得到的，并且作为

$$\sum_{i=1}^{N}\hat{\mathbf{A}}_i=\sum_{i=1}^{N}\nabla_\theta\hat{m}_i'\nabla_\theta\hat{m}_i$$

其中对于每一个观测值 i，$\nabla_\theta\hat{m}_i\equiv\nabla_\theta m(\mathbf{x}_i,\hat{\boldsymbol{\theta}})$。同样地，关于 NLS 所估计的得分可以写成

$$\hat{\mathbf{s}}_i=-\nabla_\theta\hat{m}_i'[y_i-m(\mathbf{x}_i,\hat{\boldsymbol{\theta}})]=-\nabla_\theta\hat{m}_i'\hat{u}_i \tag{12.50}$$

其中**非线性最小二乘法的残差**（nonlinear least square residuals）$\hat{u}_i$ 被定义成

$$\hat{u}_i\equiv y_i-m(\mathbf{x}_i,\hat{\boldsymbol{\theta}}) \tag{12.51}$$

NLS 估计量所估计的渐近方差是

$$\widehat{\mathrm{Avar}}(\hat{\theta})=\left(\sum_{i=1}^{N}\nabla_\theta\hat{m}_i'\nabla_\theta\hat{m}_i\right)^{-1}\left(\sum_{i=1}^{N}\hat{u}_i^2\nabla_\theta\hat{m}_i'\nabla_\theta\hat{m}_i\right)\left(\sum_{i=1}^{N}\nabla_\theta\hat{m}_i'\nabla_\theta\hat{m}_i\right)^{-1} \tag{12.52}$$

这个式子称为 **NLS 异方差性稳健方差矩阵估计量**（heteroskedasticity-robust variance matrix estimator for NLS)，因为它对 $\mathrm{Var}(y\mid\mathbf{x})$ 没有施加约束。它首先是由怀特（White，1980a）提出的。[有时，用 $N/(N-P)$ 乘以此表达式作为对自由度的调整，其中 P 表示 $\boldsymbol{\theta}$ 的维数。] 与以往一样，$\hat{\boldsymbol{\theta}}$ 每一个元素的渐近标准误是矩阵（12.52）适当对角元素的平方根。

举一个特殊例子，假定 $m(\mathbf{x},\boldsymbol{\theta})=\exp(\mathbf{x}\boldsymbol{\theta})$。于是，$\nabla_\theta\hat{m}_i'\nabla_\theta\hat{m}_i=\exp(2\mathbf{x}_i\hat{\boldsymbol{\theta}})\mathbf{x}_i'\mathbf{x}_i$，它具有 $K\times K$ 维数。我们可以把等式以及 $\hat{u}_i=y_i-\exp(\mathbf{x}_i\hat{\boldsymbol{\theta}})$代入表达式（12.52）中。

使用之前的术语，(12.52) 中的估计量是半稳健方差矩阵估计量，因为它假设条件均值是正确设定的。(12.52) 是稳健的意思是它无须关于 $\mathrm{Var}(y_i\mid\mathbf{x}_i)$ 的任何假设而为有效的，但如果 $\mathrm{E}(y_i\mid\mathbf{x}_i)$ 是误设的，则它就不是有效的。如果我们允许 $m(\mathbf{x},\boldsymbol{\theta})$ 的误设，就像在怀特（White，1981）中那样，那么等式（12.52）不再有效。相反，（12.52）的外层中的被加数应当用$\nabla_\theta m(\mathbf{x}_i,\hat{\boldsymbol{\theta}})\nabla_\theta m(\mathbf{x}_i,\hat{\boldsymbol{\theta}})'-\nabla_\theta^2 m(\mathbf{x}_i,\hat{\boldsymbol{\theta}})[y_i-m(\mathbf{x}_i,\hat{\boldsymbol{\theta}})]$来替换，该式仅是在$\hat{\boldsymbol{\theta}}$处计算的 $[y_i-m(\mathbf{x}_i,\ \boldsymbol{\theta})]^2/2$ 的 $P\times P$ 维海赛矩阵。在 NLS 的大多数应用中——以及使用标准的软件包——条件均值被假定是正确设定的，且式（12.52）被用作稳健的方差矩阵估计量。在许多背景下，包括非线性最小二乘法与某些准似然方法，渐近方差估计量在附加假设下能够得以简化。为此，我们把此假设表述如下：对于某一个 $\sigma_\text{o}^2>0$，

$$\mathrm{E}[\mathbf{s}(\mathbf{w},\boldsymbol{\theta}_\text{o})\mathbf{s}(\mathbf{w},\boldsymbol{\theta}_\text{o})']=\sigma_\text{o}^2\mathrm{E}[\mathbf{H}(\mathbf{x},\boldsymbol{\theta}_\text{o})] \tag{12.53}$$

这个假设只表达出，得分在 $\boldsymbol{\theta}_\text{o}$处所计算的期望**外积**（outer product）的值与海赛（在 $\boldsymbol{\theta}_\text{o}$所计算的）期望值是成比例的：$\mathbf{B}_\text{o}=\sigma_\text{o}^2\mathbf{A}_\text{o}$。不久，我们将提供一个假设，在此假设下，对于 NLS 来说假设（12.53）成立。在接下来的一章，我们将证明，在含有正确设定条件密度的极大似然背景下，对于 $\sigma_\text{o}^2=1$ 而言，假设（12.53）成立。由于我们将在第 13 章里所看到的原因，我们称假设（12.53）为**广义信息矩阵等式**（generalized information matrix equality，GIME）。

引理 12.2：在定理 12.3 中所包括的正则条件以及假设（12.53）下，$\mathrm{Avar}(\hat{\boldsymbol{\theta}})=\sigma_\text{o}^2\mathbf{A}_\text{o}^{-1}/N$。因此，在假设（12.53）下，$\hat{\boldsymbol{\theta}}$ 的渐近方差被估计成为

$$\hat{\mathbf{V}}=\hat{\sigma}^2\Big(\sum_{i=1}^N\hat{\mathbf{H}}_i\Big)^{-1} \tag{12.54}$$

或者

$$\hat{\mathbf{V}}=\hat{\sigma}^2\Big(\sum_{i=1}^N\hat{\mathbf{A}}_i\Big)^{-1} \tag{12.55}$$

其中 $\hat{\mathbf{H}}_i$与 $\hat{\mathbf{A}}_i$如前定义，且$\hat{\sigma}^2\xrightarrow{p}\sigma_\text{o}^2$。

在非线性回归情形中，在同方差假设下参数 σ_o^2是给定 $\mathbf{x}$ 时 y 的方差，或者等价于 $\mathrm{Var}(u|\mathbf{x})$：

假设 NLS. 3：$\mathrm{Var}(y|\mathbf{x})=\mathrm{Var}(u|\mathbf{x})=\sigma_\text{o}^2$。

在假设 NLS. 3 下，我们可以证明，对于 $\sigma_\text{o}^2=\mathrm{Var}(y\mid\mathbf{x})$ 来说，假设（12.53）成立。首先，由于 $\mathbf{s}(\mathbf{w},\boldsymbol{\theta}_\text{o})\mathbf{s}(\mathbf{w},\boldsymbol{\theta}_\text{o})'=u^2\nabla_\theta m(\mathbf{w},\boldsymbol{\theta}_\text{o})'\nabla_\theta m(\mathbf{w},\boldsymbol{\theta}_\text{o})$，在假设 NLS. 1 以及假设 NLS. 3 下，可得

$$\begin{aligned}\mathrm{E}[\mathbf{s}(\mathbf{w},\boldsymbol{\theta}_\text{o})\mathbf{s}(\mathbf{w},\boldsymbol{\theta}_\text{o})'|\mathbf{x}]&=\mathrm{E}(u^2|\mathbf{x})\nabla_\theta m(\mathbf{x},\boldsymbol{\theta}_\text{o})'\nabla_\theta m(\mathbf{x},\boldsymbol{\theta}_\text{o})\\&=\sigma_\text{o}^2\nabla_\theta m(\mathbf{x},\boldsymbol{\theta}_\text{o})'\nabla_\theta m(\mathbf{x},\boldsymbol{\theta}_\text{o})\end{aligned} \tag{12.56}$$

对 $\mathbf{x}$ 取期望值，得到式（12.53）。

在假设 NLS.3 下，由式（12.55）知，NLS 估计量是存在的。设

$$\hat{\sigma}^2=\frac{1}{(N-P)}\sum_{i=1}^{N}\hat{u}_i^2=\mathrm{SSR}/(N-P) \tag{12.57}$$

其中 $\hat{u}_i$表示 NLS 残差（12.51），而 SSR 表示 NLS 残差平方和。一旦利用引理 12.1，可以证明，$\hat{\sigma}^2$ 通常是一致的。式（12.57）分母中减去 P 是为了改进 $\hat{\sigma}^2$的小样本性质而考虑的一种调整。

在假设 NLS.1 至假设 NLS.3 下，对 NLS 估计量的渐近方差估计为

$$\hat{\sigma}^2\left(\sum_{i=1}^{N}\nabla_\theta\hat{m}'_i\nabla_\theta\hat{m}_i\right)^{-1} \tag{12.58}$$

对于 NLS 而言，这是一个默认的渐近方差估计量，但是，它仅在同方差性下才是有效的；估计量（12.52）对于有没有假设 NLS.3 来说均是有效的。对指数回归函数而言，表达式（12.58）会变成 $\hat{\sigma}^2\left(\sum_{i=1}^{N}\exp(2\mathbf{x}_i\hat{\boldsymbol{\theta}})\mathbf{x}'_i\mathbf{x}_i\right)^{-1}$。（记住，如果我们想允许假设 NLS.1 不成立，我们应当使用表达式（12.48）。）

12.5.2 调整两步骤估计

在两步骤 M 估计量情形中，我们可能需要也可能不需要对渐近方差进行调整。如果假设（12.37）成立，那么估计是非常简单的。大多数的一般估计量是表达式（12.48）与式（12.49）的形式，其中 $\hat{\mathbf{s}}_i$，$\hat{\mathbf{H}}_i$以及 $\hat{\mathbf{A}}_i$都依赖于$\hat{\gamma}$，但是我们只计算出对 $\boldsymbol{\theta}$ 的导数。

在一些情形中，假设（12.53）的类似形式在假设（12.37）下成立（含有 $\gamma_o=\mathrm{plim}\,\hat{\gamma}$ 出现在 $\mathbf{H}$ 与 $\mathbf{s}$ 中）。如果这样的话，那么可以利用更简单的一些估计量（12.54）与估计量（12.55）。在习题 12.4 中，当 $\mathrm{Var}(y|\mathbf{x})=\sigma_o^2h(\mathbf{x},\gamma_o)$ 且 $\gamma_o=\mathrm{plim}\,\hat{\gamma}$ 时，要求你去证明加权 NLS 的这个结果。对于 WNLS 来说，一个自然而然的第三个假设是方差函数被正确地设定：

假设 WNLS.3：对于某些 $\gamma_o\in\boldsymbol{\Gamma}$ 和 $\sigma_o^2>0$，$\mathrm{Var}(y|\mathbf{x})=\sigma_o^2h(\mathbf{x},\gamma_o)$。此外$\sqrt{N}(\hat{\gamma}-\gamma_o)=\mathrm{O}_p(1)$。

在假设 WNLS.1 至 WNLS.3 下，对 WNLS 估计量的渐近方差估计是

$$\hat{\sigma}^2\left(\sum_{i=1}^{N}(\nabla_\theta\hat{m}'_i\nabla_\theta\hat{m}_i)/\hat{h}_i\right)^{-1} \tag{12.59}$$

其中 $\hat{h}_i=h(\mathbf{x}_i,\hat{\gamma})$，而 $\hat{\sigma}^2$ 如同式（12.57）中的一样，除非残差 $\hat{u}_i$ 被**标准残差**（standardized residual）$\hat{u}_i/\sqrt{\hat{h}_i}$所代替。表达式（12.59）中的和只是加权梯度$\nabla_\theta\hat{m}_i/\sqrt{\hat{h}_i}$的外积。因而，可以使用 NLS 公式，只是所有的量都要被 $1/\sqrt{\hat{h}_i}$

所加权。重要的是，要记住表达式（12.59）在没有假设 WNLS.3 时是无效的。

在没有假设 WNLS.3，但有关于条件均值的正确设定时，WNLS 估计量的渐近方差估计量是

$$\left(\sum_{i=1}^{N}\nabla_{\theta}\hat{m}_i'\nabla_{\theta}\hat{m}_i/\hat{h}_i\right)^{-1}\left(\sum_{i=1}^{N}\hat{u}_i^2\nabla_{\theta}\hat{m}_i'\nabla_{\theta}\hat{m}_i/\hat{h}_i^2\right)\left(\sum_{i=1}^{N}\nabla_{\theta}\hat{m}_i'\nabla_{\theta}\hat{m}_i/\hat{h}_i\right)^{-1} \tag{12.60}$$

其中 $\hat{u}_i=y_i-m(\mathbf{x}_i,\hat{\boldsymbol{\theta}})$ 是 WNLS 残差。注意估计量拥有和方程（12.52）相同的结构，但是方程（12.52）中的残差被标准残差 $\hat{u}_i/\sqrt{\hat{h}_i}$ 所替代，梯度被加权梯度 $\nabla_{\theta}\hat{m}_i/\sqrt{\hat{h}_i}$ 所替代。

当违背假设（12.37）时，$\hat{\boldsymbol{\theta}}$ 的渐近方差估计量必须要解释 $\hat{\gamma}$ 的渐近方差；我们必须估计式（12.41）。我们已经知道如何一致地估计出 $\mathbf{A}_{\mathrm{o}}$：使用表达式（12.42）或者式（12.44），其中 $\hat{\gamma}$ 也被代入进去。对 $\mathbf{D}_{\mathrm{o}}$ 进行估计也并不复杂。首先，我们要估计 $\mathbf{F}_{\mathrm{o}}$。一个总是可用的估计量是 $P\times J$ 维矩阵

$$\hat{\mathbf{F}}=N^{-1}\sum_{i=1}^{N}\nabla_{\gamma}\mathbf{s}_i(\hat{\boldsymbol{\theta}};\hat{\gamma}) \tag{12.61}$$

在有条件变量的情形中，例如非线性最小二乘法，一个更简单的估计量可以通过用 $(\hat{\theta},\hat{\gamma})$ 代替 $(\theta_{\mathrm{o}},\gamma^*)$，且用 $\nabla_{\gamma}\mathbf{s}_i(\hat{\boldsymbol{\theta}},\hat{\gamma})$ 代入其中，计算 $\mathrm{E}[\nabla_{\gamma}\mathbf{s}(\mathbf{w}_i,\boldsymbol{\theta}_{\mathrm{o}},\gamma^*)|\mathbf{x}_i]$ 来获得。其次，用 $\hat{\mathbf{r}}\equiv\mathbf{r}_i(\hat{\gamma})$ 代替 $\mathbf{r}_i(\gamma^*)$。于是

$$\hat{\mathbf{D}}\equiv N^{-1}\sum_{i=1}^{N}\hat{\mathbf{g}}_i\hat{\mathbf{g}}_i' \tag{12.62}$$

关于 $\mathbf{D}_{\mathrm{o}}$ 是一致的，其中 $\hat{\mathbf{g}}_i=\hat{\mathbf{s}}_i+\hat{\mathbf{F}}\hat{\mathbf{r}}_i$。两步骤 M 估计量的渐近方差可以如同表达式（12.48）或表达式（12.49）一样来获得，但其中用 $\hat{\mathbf{g}}_i$ 代替 $\hat{\mathbf{s}}_i$。

在某些情形中，一个微妙的问题发生在决定是否需要对于 $\hat{\gamma}$ 的出现进行调整上。比如，在含一个正确设定的条件均值（且没有任何关于条件均值的假设）的 WNLS 中，$\mathbf{F}_{\mathrm{o}}=\mathbf{0}$，且因此不需要对 $\hat{\boldsymbol{\theta}}$ 的渐近方差进行调整。但是如果均值是误设的，以至 $\mathrm{plim}(\hat{\boldsymbol{\theta}})=\boldsymbol{\theta}^*$，其中 $\boldsymbol{\theta}^*$ 最小化了加权平均的残差平方，那么相应的矩阵，比如说 $\mathbf{F}^*\equiv\mathrm{E}[\nabla_{\gamma}\mathbf{s}_i(\theta^*;\gamma^*)]$，不为 0。那么，无论（12.59）还是（12.60）都不是有效的。进而，用期望海赛矩阵（在条件均值的正确设定下）替代（12.60）中的海赛矩阵是不够的。一个允许均值误设的版本必须解释 $\sqrt{N}(\hat{\gamma}-\gamma^*)$ 的渐近方差（其自身将需要识别出条件均值在初始 NLS 估计中是被误设的）。对于一般的两步骤 M 估计，我们通常需要 $\mathrm{D}(\mathbf{y}_i\mid\mathbf{x}_i)$ 的一些特征被正确地设定（诸如在 WNLS 情形中的均值），以便证明忽略 $\hat{\gamma}$ 中的抽样变异是正确的。实际上，很少计算允许误设感兴趣的 $\mathrm{D}(\mathbf{y}_i\mid\mathbf{x}_i)$ 之特征这种两步法的方差。

12.6 假设检验

12.6.1 瓦尔德检验

一旦我们选择一种渐近方差形式，就很容易获得瓦尔德检验。为了检验 Q 个约束 H_0：$\mathbf{c}(\boldsymbol{\theta}_o)=\mathbf{0}$，我们建立瓦尔德统计量

$$W \equiv \mathbf{c}(\hat{\boldsymbol{\theta}})'(\hat{\mathbf{C}}\hat{\mathbf{V}}\hat{\mathbf{C}}')^{-1}\mathbf{c}(\hat{\boldsymbol{\theta}}) \tag{12.63}$$

其中 $\hat{\mathbf{V}}$ 表示 $\hat{\boldsymbol{\theta}}$ 的渐近方差矩阵估计量，$\hat{\mathbf{C}}\equiv\mathbf{C}(\hat{\boldsymbol{\theta}})$，而 $\mathbf{C}(\boldsymbol{\theta})$ 表示 $\mathbf{c}(\boldsymbol{\theta})$ 的 $Q\times P$ 维雅可比行列式。如同表达式（12.48）或表达式（12.49）一样，选择估计量 $\hat{\mathbf{V}}$ 使其是完全稳健的；在假设（12.53）下，可以利用引理 12.2 中更简单的形式。当有必要的话，同样可以选择 $\hat{\mathbf{V}}$ 用于解释两步骤估计。倘若 $\hat{\mathbf{V}}$ 选择适当，则在 H_0 下，$W \overset{a}{\sim} \chi^2_Q$。

为了使 W 拥有极限 χ^2_Q 分布，需要一对实用的约束。第一，$\boldsymbol{\theta}_o$ 必须位于 $\boldsymbol{\Theta}$ 的内部；也就是 $\boldsymbol{\theta}_o$ 不能在边界上。例如，如果 $\boldsymbol{\theta}$ 的第一个元素必是非负的——而且我们在估计中会利用这个约束，那么表达式（12.63）在 H_0：$\theta_{o1}=0$ 下，不会有一个极限卡方分布。第二个条件，$\mathbf{C}(\boldsymbol{\theta}_o)=\nabla_\theta\mathbf{c}(\boldsymbol{\theta}_o)$ 必须具有秩 Q。这会剔除 $\boldsymbol{\theta}_o$ 在零假设下是不可识别的情形，例如非线性最小二乘法的例子，其中 $m(\mathbf{x},\boldsymbol{\theta})=\theta_1+\theta_2x_2+\theta_3x_3^{\theta_4}$，且在 H_0 下，$\theta_{o3}=0$。

瓦尔德统计量的一个缺陷是，对于以不同方式所施加的非线性约束来说，它并不是不变的。我们能够借助于重新定义约束函数 $c(\cdot)$ 来改变假设检验的结果。阐述瓦尔德统计量不变性的缺乏最容易的方法是使用一个渐近 t 统计量。正如在古典线性模型中（其中对于单个约束的 F 统计量是对于该相同约束的 t 统计量的平方）那样，瓦尔德统计量是相应渐近 t 统计量的平方。假定对于一个参数 $\theta_1>0$，零假设是 H_0：$\theta_{o1}=1$。渐近 t 统计量是 $(\hat{\theta}_1-1)/\mathrm{se}(\hat{\theta}_1)$，其中 $\mathrm{se}(\hat{\theta}_1)$ 表示 θ_1 的渐近标准误。现在定义 $\phi_1=\log(\theta_1)$，因而，$\phi_{o1}=\log(\theta_{o1})$ 且 $\hat{\phi}_1=\log(\hat{\theta}_1)$。零假设能够表述成 H_0：$\phi_{o1}=0$。一旦利用 δ（delta）方法（可参阅第 3 章），$\mathrm{se}(\hat{\phi}_1)=\hat{\theta}_1^{-1}\mathrm{se}(\hat{\theta}_1)$，从而基于 $\hat{\phi}_1$ 的 t 统计量是 $\hat{\phi}_1/\mathrm{se}(\hat{\phi}_1)=\log(\hat{\theta}_1)\hat{\theta}_1/\mathrm{se}(\hat{\theta}_1)\neq(\hat{\theta}_1-1)/\mathrm{se}(\hat{\theta}_1)$。

瓦尔德统计量缺少不变性被格雷戈里和维尔（Gregory and Veall，1985）、菲利普斯和帕克（Phillips and Park，1988）、戴维森和麦金农（Davidson and MacKinnon，1993，第 13.6 节）更详细地讨论过。缺少不变性受关注的一个原因是，它说明了对于检验非线性假设来说，瓦尔德统计量会有很差的有限样本性质。缺少不变性会导致实证研究者去研究零假设的各种各样的表述，以便获得一个令人满意的结果，这点不是那么清楚。

12.6.2 得分(或拉格朗日乘子)检验

在对无约束模型估计很困难但对约束模型估计相对简单的情形中，拥有只需要在零假设下估计的统计量是方便的。这样的统计量是**拉奥**（Rao，1948）得分统计量（Rao's score statistic），在计量经济学中还被称为**拉格朗日乘子统计量**（Lagrange multiplier statistic），它是建立在艾奇逊和西尔维（Aitchison and Silvey，1958）的研究工作之上的。我们将关注这个劳统计量的最初动机，因为这样的最初动机会更直接地导致计量经济学中使用的检验统计量。尽管拉奥、艾奇逊、西尔维和恩格尔（Rao，Aitchison，Silvey，and Engle，1984）以及许多其他学者都关注极大似然结构设置，但是一个重要特点是，得分原理对于要求解一阶条件的估计量而言，包括普通类型的 M 估计量的任何问题都是可以应用的。

得分原理在观念上适合于**设定检验**（specification testing）。通常，设定检验中第一步是以一个总体模型开始——此总体模型相对而言容易估计与解释，同时把它嵌入到一个更复杂的模型里面。然后，对此总体模型相对于更一般的可选择的形式进行检验以确定原始模型是否被错误设定。我们并不想要去估计更复杂的模型，除非有明显的证据表明约束不成立。在阐述零假设与备择假设时，在设定检验与参数约束的古典检验之间不会存在差异。然而，实际上，设定检验提供了约束模型的最初重要性。同时，即使零假设模型被拒绝，我们也不会对估计一般模型给予关注。

我们仅在当**多余参数**（nuisance parameters）初步估计不需要做修正的情形中，才会推导得分检验：要么现在不存在这样的参数，要么在 H_0 下假设(12.37)成立。如果存在多余参数，那么我们不以显性方式证明此得分与海赛矩阵依赖于 $\hat{\gamma}$。

我们再次假定，在 H_0 下，在 $\boldsymbol{\theta}_o$ 上存在 Q 个连续可微的施加约束，$\mathbf{c}(\boldsymbol{\theta}_o)=\mathbf{0}$。然而，我们必须还假定，约束定义了从 $\mathbb{R}^{P-Q}$ 到 $\mathbb{R}^P$ 的一个映射，比如说 $\mathbf{d}$：$\mathbb{R}^{P-Q}\to\mathbb{R}^P$。特别地，在零假设下，我们可以写成 $\boldsymbol{\theta}_o=\mathbf{d}(\lambda_o)$，其中 λ_o 表示一个 $(P-Q)\times 1$ 维的向量。我们必须假定，在 H_0 下，λ_o 位于其参数空间的内部。我们还要假定，$\mathbf{d}$ 在 $\boldsymbol{\Lambda}$ 内部是二次连续可微的。

设 $\tilde{\lambda}$ 表示约束最小化问题

$$\min_{\lambda\in\boldsymbol{\Lambda}}\sum_{i=1}^{N} q[\mathbf{w}_i,\mathbf{d}(\lambda)] \tag{12.64}$$

的解。$\boldsymbol{\theta}_o$ 的约束估计量刚好是 $\tilde{\boldsymbol{\theta}}\equiv\boldsymbol{d}(\tilde{\lambda})$。实际上，我们不必以显性方式求出函数 $\mathbf{d}$；特别地，当约束把某些参数设置成所假设之值（比如 0）时，求解问题(12.64)就可以直接利用所施加的约束加以解决。于是，我们仅在自由参数上对所得到的目标函数求最小化。

举一个例子，考察非线性回归模型

$$m(\mathbf{x},\boldsymbol{\theta})=\exp[\mathbf{x}\boldsymbol{\beta}+\delta_1(\mathbf{x}\boldsymbol{\beta})^2+\delta_2(\mathbf{x}\boldsymbol{\beta})^3]$$

其中 $\mathbf{x}$ 表示 $1\times K$ 维向量且包括单位元作为它的第一个元素。零假设是 H_0：$\delta_1=\delta_2=0$。因此，含有施加约束的模型只是一个指数回归函数 $m(\mathbf{x},\boldsymbol{\beta})=\exp(\mathbf{x}\boldsymbol{\beta})$。

推导 LM 检验的最简单方法是，把拉奥的得分原理推广到 M 估计量的情形中。在 H_0 下，LM 统计量是建立在

$$N^{-1/2}\sum_{i=1}^{N}\mathbf{s}_i(\tilde{\theta}) \tag{12.65}$$

的极限分布之上的。这是关于整个向量 $\boldsymbol{\theta}$ 的得分，但是我们在受约束的估计值上来计算它。如果用 $\hat{\theta}$ 代替 $\tilde{\theta}$，那么表达式（12.65）会恒等于 0，将其作为一个检验统计量没有什么用途。如果由零假设所施加的约束是正确的，那么表达式（12.65）在统计上将不会异于 0。

最初假定在 H_0 下，$\boldsymbol{\theta}_o$ 位于 $\boldsymbol{\Theta}$ 内部；我们稍候将讨论如何放松这一假设。在给定假设下，因为 $\sqrt{N}(\tilde{\lambda}-\lambda_o)=O_p(1)$，由 δ 方法，现在 $\sqrt{N}(\tilde{\theta}-\theta_o)=O_p(1)$。一个标准均值表达式在 H_0 下，会得出

$$N^{-1/2}\sum_{i=1}^{N}\mathbf{s}_i(\tilde{\boldsymbol{\theta}})=N^{-1/2}\sum_{i=1}^{N}\mathbf{s}_i(\boldsymbol{\theta}_o)+\mathbf{A}_o\sqrt{N}(\tilde{\boldsymbol{\theta}}-\boldsymbol{\theta}_o)+o_p(1) \tag{12.66}$$

其中 $\mathbf{A}_o$ 是由表达式（12.19）给出的。但是，$\mathbf{0}=\sqrt{N}\mathbf{c}(\tilde{\boldsymbol{\theta}})=\sqrt{N}\mathbf{c}(\boldsymbol{\theta}_o)+\ddot{\mathbf{C}}\sqrt{N}(\tilde{\boldsymbol{\theta}}-\boldsymbol{\theta}_o)$，其中 $\ddot{\mathbf{C}}$ 表示 $Q\times P$ 维雅可比矩阵 $\mathbf{C}(\boldsymbol{\theta})$，其行在 $\tilde{\boldsymbol{\theta}}$ 与 $\boldsymbol{\theta}_o$ 之间的均值处计算出。在 H_0 下，$\mathbf{c}(\boldsymbol{\theta}_o)=\mathbf{0}$ 且 $\text{plim}\ddot{\mathbf{C}}=\mathbf{C}(\boldsymbol{\theta}_o)\equiv\mathbf{C}_o$。因此，在 H_0 下，$\mathbf{C}_o\sqrt{N}(\tilde{\boldsymbol{\theta}}-\boldsymbol{\theta}_o)=o_p(1)$，所以用 $\mathbf{C}_o\mathbf{A}_o^{-1}$ 乘以式（12.66）得出

$$\mathbf{C}_o\mathbf{A}_o^{-1}N^{-1/2}\sum_{i=1}^{N}\mathbf{s}_i(\tilde{\boldsymbol{\theta}})=\mathbf{C}_o\mathbf{A}_o^{-1}N^{-1/2}\sum_{i=1}^{N}\mathbf{s}_i(\boldsymbol{\theta}_o)+o_p(1) \tag{12.67}$$

由中心极限定理（CLT）知，$\mathbf{C}_o\mathbf{A}_o^{-1}N^{-1/2}\sum_{i=1}^{N}\mathbf{s}_i(\boldsymbol{\theta}_o)\xrightarrow{d}\text{Normal}(\mathbf{0},\ \mathbf{C}_o\mathbf{A}_o^{-1}\mathbf{B}_o\mathbf{A}_o^{-1}\mathbf{C}_o')$，其中 $\mathbf{B}_o$ 已由表达式（12.20）所定义。在我们的假设下，$\mathbf{C}_o\mathbf{A}_o^{-1}\mathbf{B}_o\mathbf{A}_o^{-1}\mathbf{C}_o'$ 具有满秩 Q，所以

$$\left[N^{-1/2}\sum_{i=1}^{N}\mathbf{s}_i(\tilde{\boldsymbol{\theta}})\right]'\mathbf{A}_o^{-1}\mathbf{C}_o'[\mathbf{C}_o\mathbf{A}_o^{-1}\mathbf{B}_o\mathbf{A}_o^{-1}\mathbf{C}_o']^{-1}\mathbf{C}_o\mathbf{A}_o^{-1}\left[N^{-1/2}\sum_{i=1}^{N}\mathbf{s}_i(\tilde{\boldsymbol{\theta}})\right]\xrightarrow{d}\chi_Q^2$$

得分或 LM 统计量是由

$$\text{LM}\equiv\left[\sum_{i=1}^{N}\tilde{\mathbf{s}}_i\right]'\tilde{\mathbf{A}}^{-1}\tilde{\mathbf{C}}'[\tilde{\mathbf{C}}\tilde{\mathbf{A}}^{-1}\tilde{\mathbf{B}}\tilde{\mathbf{A}}^{-1}\tilde{\mathbf{C}}']^{-1}\tilde{\mathbf{C}}\tilde{\mathbf{A}}^{-1}\left[\sum_{i=1}^{N}\tilde{\mathbf{s}}_i\right]/N \tag{12.68}$$

给出的，其中所有的量都是在 $\tilde{\boldsymbol{\theta}}$ 处计算的。例如，$\tilde{\mathbf{C}}\equiv\mathbf{C}(\tilde{\boldsymbol{\theta}})$ 已由表达式（12.45）给出，但使用 $\tilde{\boldsymbol{\theta}}$ 代替 $\hat{\boldsymbol{\theta}}$，而 $\tilde{\mathbf{A}}$ 表示由表达式（12.42）或表达式（12.44）再次地在 $\tilde{\boldsymbol{\theta}}$ 处所计算出的估计量之一。在 H_0 下，$\text{LM}\xrightarrow{d}\chi_Q^2$。因为 $\tilde{\mathbf{B}}$ 至少是半正定的（p. s. d.），所以 $\text{LM}\geqslant 0$。

对于瓦尔德统计量来说，我们假定在 H_0 下 $\boldsymbol{\theta}_o \in \text{int}(\boldsymbol{\Theta})$；此假设是使该统计量具有极限卡方分布的关键性因素。在 H_0 下，当 $\boldsymbol{\theta}_o$ 位于 $\boldsymbol{\Theta}$ 边界之上时，我们将不考察瓦尔德统计量；可参阅沃拉克（Wolak，1991）的一些结果。LM 统计量的一般性推导同样要求假定在 H_0 下，$\boldsymbol{\theta}_o \in \text{int}(\boldsymbol{\Theta})$。然而，对于 LM 检验的某些应用而言，我们可以舍弃在 H_0 下 $\boldsymbol{\theta}_o$ 位于 $\boldsymbol{\Theta}$ 内部的要求。当 $\boldsymbol{\theta}$ 可以分割成 $\boldsymbol{\theta} \equiv (\boldsymbol{\theta}_1', \boldsymbol{\theta}_2')'$ 时，一种重要的情形便会产生，其中 $\boldsymbol{\theta}_1$ 表示一个 $(P-Q)\times 1$ 维向量，而 $\boldsymbol{\theta}_2$ 表示一个 $Q\times 1$ 维向量。零假设是 H_0：$\boldsymbol{\theta}_{o2}=\mathbf{0}$，因而，$\mathbf{c}(\boldsymbol{\theta}) \equiv \boldsymbol{\theta}_2$。容易看出，用于推导 LM 统计量的均值拓展式是有效的，如果在 H_0 下，倘若 $\lambda_o \equiv \boldsymbol{\theta}_{o1}$ 位于其参数空间的内部，$\boldsymbol{\theta}_o \equiv (\boldsymbol{\theta}_{o1}', \mathbf{0})'$ 就能够位于 $\boldsymbol{\Theta}$ 的边界上。当对参数必须是非负的或者非正的假设进行检验时，这种发现是极为有用的。

如果我们假定，广义信息矩阵等式（12.53）满足 $\sigma_o^2=1$，那么 LM 统计量就会得以简化。这种简化归因于下述推理：(1) 由链式法则，$\widetilde{\mathbf{C}}\widetilde{\mathbf{D}}=\mathbf{0}$，这是因为其中 $\widetilde{\mathbf{D}}=\nabla_\lambda \mathbf{d}(\tilde{\lambda})$，对于 $\boldsymbol{\Lambda}$ 中的 λ，因为 $\mathbf{c}[\mathbf{d}(\lambda)]\equiv 0$。(2) 如果 $\mathbf{E}$ 表示一个秩为 Q 的 $P\times Q$ 维矩阵，$\mathbf{F}$ 表示一个秩为 $P-Q$ 的 $P\times(P-Q)$ 维矩阵，同时 $\mathbf{E}'\mathbf{F}=\mathbf{0}$，那么 $\mathbf{E}(\mathbf{E}'\mathbf{E})^{-1}\mathbf{E}'=\mathbf{I}_P-\mathbf{F}(\mathbf{F}'\mathbf{F})^{-1}\mathbf{F}'$（这正是关于向正交子空间投影的一个表述）。一旦选择 $\mathbf{E}\equiv\widetilde{\mathbf{A}}^{-1/2}\widetilde{\mathbf{C}}'$ 与 $\mathbf{F}\equiv\widetilde{\mathbf{A}}^{1/2}\widetilde{\mathbf{D}}$，则得到 $\widetilde{\mathbf{A}}^{-1/2}\widetilde{\mathbf{C}}'(\widetilde{\mathbf{C}}\widetilde{\mathbf{A}}^{-1}\widetilde{\mathbf{C}})^{-1}\widetilde{\mathbf{C}}\widetilde{\mathbf{A}}^{-1/2}=\mathbf{I}_P-\widetilde{\mathbf{A}}^{1/2}\widetilde{\mathbf{D}}(\widetilde{\mathbf{D}}'\widetilde{\mathbf{A}}\widetilde{\mathbf{D}})^{-1}\widetilde{\mathbf{D}}'\widetilde{\mathbf{A}}^{1/2}$。现在，用 $\widetilde{\mathbf{A}}^{1/2}$ 左乘与右乘这一等式，进而得出 $\widetilde{\mathbf{A}}^{-1}\widetilde{\mathbf{C}}'(\widetilde{\mathbf{C}}\widetilde{\mathbf{A}}^{-1}\widetilde{\mathbf{C}})\widetilde{\mathbf{C}}\widetilde{\mathbf{A}}^{-1}=\widetilde{\mathbf{A}}^{-1}-\widetilde{\mathbf{D}}(\widetilde{\mathbf{D}}'\widetilde{\mathbf{A}}\widetilde{\mathbf{D}})^{-1}\widetilde{\mathbf{D}}'$。(3) 把 $\widetilde{\mathbf{B}}=\widetilde{\mathbf{A}}$ 代入表达式（12.68），并且利用步骤（2）连同一阶条件 $\widetilde{\mathbf{D}}'\left(\sum_{i=1}^{N}\tilde{\mathbf{s}}_i\right)=\mathbf{0}$，从而得到

$$\text{LM}=\left(\sum_{i=1}^{N}\tilde{\mathbf{s}}_i\right)'\widetilde{\mathbf{M}}^{-1}\left(\sum_{i=1}^{N}\tilde{\mathbf{s}}_i\right) \tag{12.69}$$

其中，可以选择 $\sum_{i=1}^{N}\widetilde{\mathbf{A}}_i$、$\sum_{i=1}^{N}\widetilde{\mathbf{H}}_i$ 或者 $\sum_{i=1}^{N}\tilde{\mathbf{s}}_i\tilde{\mathbf{s}}_i'$ 作为 $\widetilde{\mathbf{M}}$（当用 N 除时，这些表达式中的每一个都一致地估计出 $\mathbf{A}_o=\mathbf{B}_o$）。对 $\widetilde{\mathbf{M}}$ 的最后选择会导致下面的统计量，即用 N 乘以出自

$$1 \quad 对 \quad \tilde{\mathbf{s}}_i', i=1,2,\cdots,N \tag{12.70}$$

回归非中心化的 R 平方，比如说 R_0^2。（回想起 $\tilde{\mathbf{s}}_i'$ 是一个 $1\times P$ 维向量。）因为回归（12.70）中的因变量是单位元，所以 NR_0^2 等价于 $N-\text{SSR}_0$，其中 SSR_0 表示来自回归（12.70）的残差平方和。这个式子经常称为**得分 LM 统计量的外积**（outer product of the score LM statistic），因为它利用了关于 $\mathbf{A}_0$ 的估计量。虽然此统计量计算起来简单，但是存在足够多的证据表明，它具有严重的**容量失真**（size distortions）（通常，零假设比该检验**名义容量**（nominal size）* 更多

---

* 名义容量（nominal size）：在讨论假设检验时，经常出现的术语是检验容量（test size）。从技术上讲，容量就是所有满足零假设的数据生成过程（DGP）的拒绝概率的上确界。对于一个精确检验而言，容量等于水平，对于一个渐近检验而言，容量一般很难计算。这类容量一般比检验名义水平要大。名义检验水平是指采用统计量的渐近分布确定拒绝域时所犯第一类错误的概率。这时候，所需要的检验容量就是名义检验容量。——译者注

地遭受拒绝)。例如,可参阅戴维森和麦金农(Davidson and MacKinnon,1993)、贝拉和麦肯齐(Bera and McKenzie,1986)、奥姆(Orme,1990)以及切舍和斯帕蒂(Chesher and Spady,1991)。

LM 统计量的海赛矩阵形式(Hessiam form of the LM statistic)使用 $\widetilde{\mathbf{M}}=\sum_{i=1}^{N}\widetilde{\mathbf{H}}_i$,同时它具有几个缺陷:(1)因为 $\widetilde{\mathbf{M}}$ 是在受约束估计值处计算的完全模型的海赛矩阵,它有可能不是正定的,那么在该情形中 LM 统计量可以是负的;(2)它需要计算二阶导数;(3)对再参数化来说,它是变动的。我们稍后将讨论最后这一问题。

假定 $\mathbf{w}$ 被分割成内生变量 $\mathbf{y}$ 与外生变量 $\mathbf{x}$,那么可以避免第一个问题,更常见的是第二个问题以及第三个问题的统计量是建立在 $\mathrm{E}[\mathbf{H}(\mathbf{w},\boldsymbol{\theta}_o)|\mathbf{x}]$ 之上的。我们把利用 $\widetilde{\mathbf{M}}=\sum_{i=1}^{N}\widetilde{\mathbf{A}}_i$ 的 LM 统计量称为 **LM 统计量的期望海赛矩阵形式**(expected Hessian form of the LM statistic)。这一名称源自此统计量是建立在给定 $\mathbf{x}$ 时 $\mathbf{H}(\mathbf{w},\boldsymbol{\theta}_o)$ 的条件期望之上。当人们对它进行计算时,通常更喜欢运用期望海赛矩阵形式,因为它有助于拥有最佳的小样本性质。

只有当 $\mathbf{B}_o=\mathbf{A}_o$ 时,式(12.69)中的 LM 统计量才是有效的,因此,对于一些重要模型中辅助假设失效的情形而言,它并不是稳健的。如果 $\mathbf{B}_o\neq\mathbf{A}_o$,那么式(12.69)的极限分布就不是卡方分布的且不适用于检验。

在 NLS 背景下,一旦假定在 H_0 下假设 NLS.3 成立,就 σ_o^2 存在而论,LM 统计量的期望海赛矩阵形式就需要加以修正。设 $\tilde{\sigma}^2\equiv N^{-1}\sum_{i=1}^{N}\tilde{u}_i^2$ 表示 σ_o^2 的估计值,它利用了 θ_o 的约束估计量:$\tilde{u}_i\equiv y_i-m(\mathbf{x}_i,\tilde{\boldsymbol{\theta}}),i=1,2,\cdots,N$。当人们利用零假设估计值来估计方差时,习惯的做法是不对自由度加以调整,部分缘由在于约束模型的残差平方和总是大于非约束模型的。在约束估计值上所计算的得分能够写成 $\tilde{\mathbf{s}}_i=\nabla_\theta\widetilde{m}_i'\tilde{u}_i$。因而,利用同方差性的 LM 统计量是

$$\mathrm{LM}=\left(\sum_{i=1}^{N}\nabla_\theta\widetilde{m}_i'\tilde{u}_i\right)'\left(\sum_{i=1}^{N}\nabla_\theta\widetilde{m}_i'\nabla_\theta\widetilde{m}_i'\right)^{-1}\left(\sum_{i=1}^{N}\nabla_\theta\widetilde{m}_i'\tilde{u}_i\right)\Big/\tilde{\sigma}^2 \qquad (12.71)$$

经过一些代数运算可以证明,这一表达式等同于 N 乘以来自辅助回归

$$\tilde{u}_i\text{ 对 }\nabla_\theta\widetilde{m}_i,i=1,2,\cdots,N \qquad (12.72)$$

的非中心化 R 平方 R_u^2。换句话讲,仅仅把出自约束模型的残差对在约束估计值处所计算出的无约束均值函数的梯度进行回归。在 H_0 与假设 NLS.3 下,$\mathrm{LM}=NR_u^2\overset{a}{\sim}\chi_Q^2$。

在满足 $m(\mathbf{x},\boldsymbol{\theta})=\exp[\mathbf{x}\boldsymbol{\beta}+\delta_1(\mathbf{x}\boldsymbol{\beta})^2+\delta_2(\mathbf{x}\boldsymbol{\beta})^3]$ 的非线性回归例子中,设 $\tilde{\boldsymbol{\beta}}$ 表示满足 $\delta_1=0$ 且 $\delta_2=0$ 约束的 NLS 估计量;换句话讲,$\tilde{\boldsymbol{\beta}}$ 源自含有指数回归函数的非线性回归。约束残差是 $\tilde{u}_i=y_i-\exp(\mathbf{x}_i\tilde{\boldsymbol{\beta}})$,而且对于所有参数 $m(\mathbf{x},\boldsymbol{\theta})$ 的梯度在零假设之值所计算出的值是

$$\nabla_{\theta} m(\mathbf{x}_i, \boldsymbol{\beta}_o, \mathbf{0}) = \{\mathbf{x}_i \exp(\mathbf{x}_i\boldsymbol{\beta}_o), (\mathbf{x}_i\boldsymbol{\beta}_o)^2 \exp(\mathbf{x}_i\boldsymbol{\beta}_o), (\mathbf{x}_i\boldsymbol{\beta}_o)^3 \exp(\mathbf{x}_i\boldsymbol{\beta}_o)\}$$

把 $\tilde{\boldsymbol{\beta}}$代入，得到$\nabla_{\theta}\tilde{m}_i = [\mathbf{x}_i\tilde{m}_i, (\mathbf{x}_i\tilde{\boldsymbol{\beta}})^2\tilde{m}_i, (\mathbf{x}_i\tilde{\boldsymbol{\beta}})^3\tilde{m}_i]$，其中 $\tilde{m}_i = \exp(\mathbf{x}_i\tilde{\boldsymbol{\beta}})$。回归（12.72）变为

$$\tilde{u}_i \quad 对 \quad \mathbf{x}_i\tilde{m}_i, (\mathbf{x}_i\tilde{\boldsymbol{\beta}})^2\tilde{m}_i, (\mathbf{x}_i\tilde{\boldsymbol{\beta}})^3\tilde{m}_i, i=1,2,\cdots,N \tag{12.73}$$

的回归。在 H_0以及同方差性下，由于存在两个被检验的约束，所以 $NR_u^2 \sim \chi_2^2$。在没有对更复杂的可选择模型进行估计时，这是一种相当简单的对指数函数形式进行检验的方法。嵌入到指数模型的其他模型已在伍德里奇（Wooldridge，1992）的文章中得到讨论。

这个例子阐明了一个重要观点：即使由 NLS 的一阶条件知，$\sum_{i=1}^{N}(\mathbf{x}_i\tilde{m}_i)'\tilde{u}_i$ 等于 0，$\mathbf{x}_i\tilde{m}_i$ 项通常也必须被包括在回归（12.73）中。出自此回归的没有 $\mathbf{x}_i\tilde{m}_i$ 的R 平方将是不一样的，因为回归（12.73）中所剩下的回归元通常与样本中的 $\mathbf{x}_i\tilde{m}_i$ 是相关的。[更重要的是，对于 $h=2$ 与 3 来说，$(\mathbf{x}_i\boldsymbol{\beta}_o)^h\exp(\mathbf{x}_i\boldsymbol{\beta}_o)$ 可能与总体中的 $\mathbf{x}_i\exp(\mathbf{x}_i\boldsymbol{\beta}_o)$ 是相关的。] 作为一种一般性规则，整个梯度$\nabla_{\theta}\tilde{m}_i$ 必须出现在辅助回归之中。

为了使对应于假设 NLS. 3 不成立的情形成为稳健的，人们应该使用表达式（12.68）中更为一般的统计量形式。幸运的是，这个统计量对于大部分假设来说同样很容易计算出来。把 $\boldsymbol{\theta}$ 分割成$(P-Q)\times 1$ 维向量 $\boldsymbol{\beta}$ 与 Q 维向量 $\boldsymbol{\delta}$。假定零假设是 $H_0: \boldsymbol{\delta}_o = \tilde{\boldsymbol{\delta}}$,其中 $\tilde{\boldsymbol{\delta}}$ 表示一个预先设定的向量(常常包括所有 0，但并不总是这样)。设$\nabla_{\beta}\tilde{m}_i[1\times(P-Q)$维]与$\nabla_{\delta}\tilde{m}_i(1\times Q$ 维)分别表示相对于 $\boldsymbol{\beta}$ 与 $\boldsymbol{\delta}$ 的梯度在$\tilde{\boldsymbol{\beta}}$ 与 $\tilde{\boldsymbol{\delta}}$ 处所计算出来的值。经过冗长烦琐的代数运算，同时利用特殊结构 $\mathbf{C}(\boldsymbol{\theta}) = [\mathbf{0}|\mathbf{I}_Q]$，其中 $\mathbf{0}$ 表示一个 $Q\times(P-Q)$维的零矩阵，可以证明，下述程序产生了表达式（12.68）：

1. 实施一个

$$\nabla_{\delta}\tilde{m}_i 对 \nabla_{\beta}\tilde{m}_i, i=1,2,\cdots,N \tag{12.74}$$

的多元回归，并且保留 $1\times Q$ 维残差向量，比如说 $\tilde{\mathbf{r}}_i$。然后，对于每一个 i 建立 $\tilde{u}_i\tilde{\mathbf{r}}_i$（也就是，用 $\tilde{\mathbf{r}}_i$的每一个元素乘以 $\tilde{u}_i$）。

2. 来自

$$1 对 \tilde{u}_i\tilde{\mathbf{r}}_i, i=1,2,\cdots,N \tag{12.75}$$

回归的 $LM = N - SSR_0 = NR_0^2$，其中 SSR_0 表示通常残差平方和。不管假设 NLS. 3 成立与否，这一步骤都产生了一个具有极限 χ_Q^2 分布的统计量。可参阅伍德里奇（Wooldridge，1991a）文章更详细的讨论。

我们可以阐明利用前面指数模型的异方差性稳健检验。回归（12.74）与把 $(\mathbf{x}_i\tilde{\boldsymbol{\beta}})^2\tilde{m}_i$ 及$(\mathbf{x}_i\tilde{\boldsymbol{\beta}})^3\tilde{m}_i$ 每一个对 $\mathbf{x}_i\tilde{m}_i$ 进行回归，然后分别保留残差 $\tilde{r}_{i1}$及 $\tilde{r}_{i2}$（每一个均为 N 个）是相同的。从而，回归（12.75）只是 1 对 $\tilde{u}_i\tilde{r}_{i1}$，$\tilde{u}_i\tilde{r}_{i2}$所进行的回归。在最后的稳健检验回归中，回归元的数目总是与该检验中的自由度是一样的。

最后，对于 WNLS 来说，这些程序很容易得到修改。直接用 $1/\sqrt{\tilde{h}_i}$ 既乘以 $\tilde{u}_i$，又乘以 $\nabla_\theta \tilde{m}_i$，其中方差估计值 $\tilde{h}_i$ 是建立在零假设模型之上的（因而，我们使用～符号，而不用ˆ符号）。保留假设 WNLS.3 的非稳健 LM 统计量可以如同回归（12.72）一样来获得。允许 $\mathrm{Var}(y|\mathbf{x})\neq\sigma_o^2 h(\mathbf{x},\gamma_0)$ 的稳健形式就像回归（12.74）与回归（12.75）那样。

在像之前那样的例子中，有一个备选的、渐近等价的方法，可获得像得分检验一样仅需要在零假设下进行估计的一个检验统计量。一个变量添加检验（VAT）可通过添加（估计的）项到一个标准模型中获得。一旦添加的变量已经被定义，利用现成的软件通常可直接进行计算，且稳健检验——对 NLS 情形中的异方差性稳健——容易获得。

在之前的例子中，我们聚焦于 NLS，通过 NLS 使用指数回归函数，我们又一次获得了 $\tilde{\boldsymbol{\beta}}$。然后我们计算 $(\mathbf{x}_i\tilde{\boldsymbol{\beta}})^2$ 和 $(\mathbf{x}_i\tilde{\boldsymbol{\beta}})^3$。接下来，我们估计一个扩展的指数均值函数，其包括原始回归元 $\mathbf{x}_i$，以及两个添加的回归元，比如说 $\tilde{z}_{i1}\equiv(\mathbf{x}_i\tilde{\boldsymbol{\beta}})^2$ 和 $\tilde{z}_{i2}\equiv(\mathbf{x}_i\tilde{\boldsymbol{\beta}})^3$。那就是，辅助模型（仅用于检验的目的）为 $\exp(\mathbf{x}_i\boldsymbol{\beta}+\alpha_1\tilde{z}_{i1}+\alpha_2\tilde{z}_{i2})$。VAT 可作为一个关于联合排除 $\tilde{z}_{i1}$ 和 $\tilde{z}_{i2}$（以及因此有一个渐近 χ_2^2 分布）的标准瓦尔德检验获得。对于非稳健检验，在 LM 检验和 VAT 之间的一个区别是，后者使用一个不同的方差估计（因为添加项 $\tilde{z}_{i1}$ 和 $\tilde{z}_{i2}$ 上有估计的系数而不是设为 0）。根据零假设，两个估计量都收敛于 σ_o^2。每当人们使用一个可计算异方差性稳健的排除约束瓦尔德检验的计量经济学软件包时，很容易使 VAT 检验对异方差性稳健；通常，只需要把一个“稳健”选项添加到诸如 NLS 的一个估计命令中。

对于 NLS（以及 WNLS），当均值函数有形式 $m(\mathbf{x},\boldsymbol{\beta},\boldsymbol{\delta})=R(a(\mathbf{x}\boldsymbol{\beta},\mathbf{x},\boldsymbol{\delta}))$ 时，其中 $a(k,\mathbf{x},\mathbf{0})=k$ 且 $\partial a(k,\mathbf{x},\mathbf{0})/\partial k=1$，VAT 方法可被更广泛地应用。那么 $m(\mathbf{x},\boldsymbol{\beta},\mathbf{0})=R(\mathbf{x}\boldsymbol{\beta})$ 且 $\nabla_\beta m(\mathbf{x},\boldsymbol{\beta},0)=r(\mathbf{x}\boldsymbol{\beta})\cdot\mathbf{x}$，其中 $r(\cdot)$ 是 $R(\cdot)$ 的导数。被添加的变量向量仅仅是 $\tilde{\mathbf{z}}_i\equiv\nabla_\delta a(\mathbf{x}_i\tilde{\boldsymbol{\beta}},\mathbf{x}_i,\mathbf{0})$，一个 $1\times Q$ 维的向量，其中 $\tilde{\boldsymbol{\beta}}$ 为使用均值函数 $R(\mathbf{x}_i\boldsymbol{\beta})$ 的 NLS 估计量。换句话说，我们在 NLS 中使用了增广回归函数 $R(\mathbf{x}_i\boldsymbol{\beta}+\tilde{\mathbf{z}}_i\mathbf{a})$ 并检验了对于 $\tilde{\mathbf{z}}_i$ 的联合排除。注意这个“模型”在备择假设下没有被正确设定。我们估计增广方程以获得一个简单检验。当含有线性函数在内的均值函数 $R(\cdot)$ 很容易估计时，VAT 程序是很容易实施的。（相关例子包括指数与逻辑斯蒂函数，而其他一些例子我们将在第Ⅳ篇中遇到。）在后面的章节中，我们将看到如何获得使用其他估计方法的 VAT 检验。

对于得分统计量来说，不变性问题显得有些复杂，但是可以知道几个结果。第一，容易看到，统计量的外积形式对可微的再参数化过程来说是不变的。把 $\boldsymbol{\phi}=\mathbf{g}(\boldsymbol{\theta})$ 写成一个二次连续可微的、可逆的再参数化；因而，对于所有 $\boldsymbol{\theta}\in\boldsymbol{\Theta}$，$\mathbf{g}$ 的 $P\times P$ 维雅可比矩阵 $\mathbf{G}(\boldsymbol{\theta})$ 是非奇异的。以 $\boldsymbol{\phi}$ 表示的目标函数是 $q^g(\mathbf{w},\boldsymbol{\phi})$，同时我们对于所有 $\boldsymbol{\theta}\in\boldsymbol{\Theta}$ 必有 $q^g[\mathbf{w},\mathbf{g}(\boldsymbol{\theta})]=q(\mathbf{w},\boldsymbol{\theta})$。经过微分与转置，得到 $\mathbf{s}(\mathbf{w},\boldsymbol{\theta})=\mathbf{G}(\boldsymbol{\theta})'\mathbf{s}^g[\mathbf{w},\mathbf{g}(\boldsymbol{\theta})]$，其中 $\mathbf{s}^g[\mathbf{w},\boldsymbol{\phi}]$ 表示 $q^g[\mathbf{w},\boldsymbol{\phi}]$ 的得分。如果 $\tilde{\boldsymbol{\phi}}$ 是 $\boldsymbol{\phi}$ 的约束估计量，那么 $\tilde{\boldsymbol{\phi}}=\mathbf{g}(\tilde{\boldsymbol{\theta}})$，因此，对于每一个观测值 i，$\tilde{\mathbf{s}}_i^g=$

$(\widetilde{\mathbf{G}}')^{-1}\bar{\mathbf{s}}_i$。把这一等式代入式（12.69）中的 LM 统计量，连同选择 $\widetilde{\mathbf{M}}$ 成为外积形式，可以证明，基于 $\bar{\mathbf{s}}_i^g$ 的统计量等同于基于 $\bar{\mathbf{s}}_i$ 的统计量。

建立在所估计的海赛矩阵之上的得分统计量对再参数化来说，通常并不是不变的，因为它们的统计量涉及函数 $\mathbf{g}(\boldsymbol{\theta})$ 的二次导数，可参阅戴维森和麦金农（Davidson and MacKinnon，1993，第 13.6 节）更详细的讨论。然而，当 $\mathbf{w}$ 分割成（$\mathbf{x},\mathbf{y}$）时，建立在期望海赛矩阵（以 $\mathbf{x}$ 为条件）的得分统计量 $\mathbf{A}(\mathbf{x},\boldsymbol{\theta})$ 经常是不变的。在第 13 章，我们将看到，这总是条件极大似然估计的情形。对于 NLS 以及既是通常 LM 统计量又是稳健 LM 统计量的 WNLS 来说，不变性同样成立，因为任何再参数化都来自条件均值。对于再参数化来说，预测元与残差都是不变的，而且从回归（12.72）与回归（12.75）所获得的统计量只涉及条件均值函数的残差以及一阶导数。正如通常的外积 LM 统计量一样，一阶导数中的雅可比矩阵被消掉了。

12.6.3 基于目标函数中变化的检验

当约束模型与非约束模型都容易估计时，建立在目标函数变化基础之上的检验可以大大地简化获得一个检验统计量的机制：我们仅仅需要得到含有施加约束的目标函数值与没有施加约束的目标函数值。然而，计算上的简单性却是以牺牲稳健性为代价的。与瓦尔德的检验及得分检验不同，对于假设（12.53）一般性失效而言，建立在目标函数变化基础之上的检验不能是稳健的。因此，本小节自始至终地假定广义信息矩阵是成立的。因为对于任何再参数化而言，最小化目标函数是不变的，检验统计量是不变的。

在两步骤估计量的背景下，我们同样必须假定 $\hat{\gamma}$ 对 M 估计量的渐近分布没有影响。也就是，当多余参数估计值出现在目标函数中时（可参阅习题 12.8），我们保留假设（12.37）。

我们首先考察 $\sigma_{\mathrm{o}}^2=1$ 的情形，因而 $\mathbf{B}_{\mathrm{o}}=\mathbf{A}_{\mathrm{o}}$。一旦利用二阶泰勒展开式，则

$$\begin{aligned}&\sum_{i=1}^{N}q(\mathbf{w}_i,\tilde{\boldsymbol{\theta}})-\sum_{i=1}^{N}q(\mathbf{w}_i,\hat{\boldsymbol{\theta}})\\&=\sum_{i=1}^{N}\mathbf{s}_i(\hat{\boldsymbol{\theta}})(\hat{\boldsymbol{\theta}}-\boldsymbol{\theta}_{\mathrm{o}})+(1/2)(\tilde{\boldsymbol{\theta}}-\hat{\boldsymbol{\theta}})'\left[\sum_{i=1}^{N}\ddot{\mathbf{H}}_i\right](\tilde{\boldsymbol{\theta}}-\hat{\boldsymbol{\theta}})\end{aligned}$$

其中，$\ddot{\mathbf{H}}_i$ 表示 $P\times P$ 维海赛矩阵在 $\tilde{\boldsymbol{\theta}}$ 与 $\hat{\boldsymbol{\theta}}$ 之间均值上所计算的值。因此，在 H_0（利用 $\hat{\boldsymbol{\theta}}$ 的一阶条件）下，我们有

$$\begin{aligned}&2\left[\sum_{i=1}^{N}q(\mathbf{w}_i,\tilde{\boldsymbol{\theta}})-\sum_{i=1}^{N}q(\mathbf{w}_i,\hat{\boldsymbol{\theta}})\right]\\&=[\sqrt{N}(\tilde{\boldsymbol{\theta}}-\hat{\boldsymbol{\theta}})]'\mathbf{A}_0[\sqrt{N}(\tilde{\boldsymbol{\theta}}-\hat{\boldsymbol{\theta}})]+\mathrm{o}_p(1)\end{aligned}\tag{12.76}$$

由于 $N^{-1}\sum_{i=1}^{N}\ddot{\mathbf{H}}_i=\mathbf{A}_{\mathrm{o}}+\mathrm{o}_p(1)$ 且 $\sqrt{N}(\tilde{\boldsymbol{\theta}}-\hat{\boldsymbol{\theta}})=\mathrm{O}_p(1)$。实际上，由（不带 $\hat{\gamma}$ 的）

式（12.33）与式（12.66）可得，$\sqrt{N}(\tilde{\boldsymbol{\theta}}-\hat{\boldsymbol{\theta}})=\mathbf{A}_o^{-1}N^{-1/2}\sum_{i=1}^{N}\mathbf{s}_i(\tilde{\boldsymbol{\theta}})+\mathrm{o}_p(1)$。把这一式子代入式(12.76)，可以证明

$$QLR\equiv 2\left[\sum_{i=1}^{N}q(\mathbf{w}_i,\tilde{\boldsymbol{\theta}})-\sum_{i=1}^{N}q(\mathbf{w}_i,\hat{\boldsymbol{\theta}})\right]$$
$$=\left(N^{-1/2}\sum_{i=1}^{N}\tilde{\mathbf{s}}_i\right)'\mathbf{A}_o^{-1}\left(N^{-1/2}\sum_{i=1}^{N}\tilde{\mathbf{s}}_i\right)+\mathrm{o}_p(1) \tag{12.77}$$

所以 QLR 与 LM 统计量在 H_0 下有相同的极限分布 χ_Q^2［可参阅式（12.69），记住 $\mathrm{plim}(\widetilde{\mathbf{M}}/N)=\mathbf{A}_o$］。我们把统计量（12.77）称为**准似然比估计量**（quasi-likelihood ratio（QLR）statistic），是因为正如我们将在第 13 章中所看到的，式（12.77）的主要例子就是极大似然估计中的似然比估计量。我们还把式（12.77）称为**准则函数统计量**（criterion function statistic），因为它是建立在判别准则上的差异或者含有施加约束的目标函数与没有施加约束的目标函数的差异基础上的。

当出现冗余参数时，同样的估计值，比如说 $\hat{\gamma}$，应当用于获得约束估计值与无约束估计值之中。这样做就保证了对于给定的任何样本来说，QLR 是非负的。通常，$\hat{\gamma}$ 可以建立在无约束模型的最初估计基础之上。

如果 $\sigma_o^2\neq 1$，那么我们就直接用 $\hat{\sigma}^2$ 除以 QLR，它是以无约束估计所获得的 σ_o^2 的一个一致估计量。例如，考察 NLS 在假设 NLS. 1 至假设 NLS. 3 下的情形。当用式（12.57）中的 $\hat{\sigma}^2$ 去除以式（12.77）时，我们可以得到$(\mathrm{SSR}_r-\mathrm{SSR}_{ur})/[\mathrm{SSR}_{ur}/(N-P)]$，其中 SSR_r 与 SSR_{ur} 分别表示约束的残差平方和与无约束的残差平方和。有时候，人们反而使用这个统计量的 F 形式，它是通过用 Q 除以卡方形式来得到的：

$$F=\frac{(\mathrm{SSR}_r-\mathrm{SSR}_{ur})}{\mathrm{SSR}_{ur}}\cdot\frac{(N-P)}{Q} \tag{12.78}$$

这与出自古典线性回归分析中的 F 统计量是完全一样的。在零假设与同方差性下，F 可以被处理成具有近似的 $\mathscr{F}_{Q,N-P}$ 分布。（通常，可以证明，这种处理是正确的，因为当 $N-P\rightarrow\infty$ 时，$Q\cdot\mathscr{F}_{Q,N-P}\overset{a}{\sim}\chi_Q^2$。）一些作者（例如，加兰特（Gallant，1987）已发现，F 拥有的有限样本性质比该统计量的卡方形式所拥有的有限样本性质要好。

对于加权 NLS 来说，相同的统计量在假设 WNLS. 3 下起作用，倘若残差（既可以是约束模型的，又可以是无约束模型的）被 $1/\sqrt{\hat{h}_i}$ 所加权，其中 $\hat{h}_i$ 是从无约束模型的估计中获得的。

12.6.4 备择假设下的统计量表现

为了保持记号与假设尽可能地简单，同时关注在各种各样假设下有效检验统

计量的计算，我们仅仅推导在零假设下古典检验统计量的极限分布。同样重要的是，要知道在备择假设下许多检验的行为如何，以便选取一个最有效力的检验。

所有我们已讨论的检验对应于备择假设来说均是一致的，它们是特别设计的对立情形。虽然这种一致性令人们感到满意，但是对应于特殊的备择假设的统计量并没有告诉我们什么可能的**有限样本势**（finite sample power）。允许我们谈得更多的一个框架运用了**局部备择假设**（local alternatives）序列的概念。对局部备择假设的设定就是一种方法（device），它能够描述“接近于”H_0的备择假设检验统计量的有限样本势。如果零假设是 $H_0:\mathbf{c}(\boldsymbol{\theta}_o)=\mathbf{0}$，那么局部备择假设的序列是

$$H_1^N:\mathbf{c}(\boldsymbol{\theta}_{o,N})=\boldsymbol{\delta}_o/\sqrt{N} \tag{12.79}$$

其中$\boldsymbol{\delta}_o$表示一个给定的$Q\times1$维向量。当$N\to\infty$时，由于$\boldsymbol{\delta}_o/\sqrt{N}\to\mathbf{0}$，所以$H_1^N$逼近$H_0$。被$\sqrt{N}$除就意味着，备择假设是局部的：对于给定的$N$，方程（12.79）是关于$H_0$的一个备择假设，但是，当$N\to\infty$时，该备择假设变得更接近$H_0$。用$\sqrt{N}$除$\boldsymbol{\delta}_o$确保了在极限分布有别于$H_0$下极限分布的备择假设下，每个统计量都具有一个定义良好的极限分布。

可以证明，在方程（12.79）下，正则条件被用于获得瓦尔德与LM统计量的零假设极限分布，在这一正则条件下，瓦尔德统计量与LM统计量的一般形式都具有一个极限非中心卡方分布，且有Q个自由度，非中心性的参数依赖于$\mathbf{A}_o$，$\mathbf{B}_o$，$\mathbf{C}_o$以及$\boldsymbol{\delta}_o$，同时借助于利用$\mathbf{A}_o$，$\mathbf{B}_o$以及$\mathbf{C}_o$的一致估计量可以得到估计。当我们增加假设（12.53）时，瓦尔德统计量及LM统计量的一些特殊形式与QLR统计量均具有极限非中心卡方分布。对于各种各样的$\boldsymbol{\delta}_o$来说，我们借助于计算来自于非中心卡方分布的概率可以估计检验统计量的著名的渐近局部势。

考察$\mathbf{B}_o=\mathbf{A}_o$的瓦尔德统计量。当$N\to\infty$时，用$\boldsymbol{\theta}_o$表示$\boldsymbol{\theta}_{o,N}$的极限。在$H_1^N$下，由通常均值扩展式得出

$$\sqrt{N}\mathbf{c}(\hat{\boldsymbol{\theta}})=\delta_o+\mathbf{C}(\boldsymbol{\theta}_o)\sqrt{N}(\hat{\boldsymbol{\theta}}-\boldsymbol{\theta}_{o,N})+o_p(1)$$

同时，在标准假设下，$\sqrt{N}(\hat{\boldsymbol{\theta}}-\boldsymbol{\theta}_{o,N})\overset{a}{\sim}\text{Normal}(\mathbf{0},\mathbf{A}_o^{-1})$。因此，在序列（12.79）下，$\sqrt{N}\mathbf{c}(\hat{\boldsymbol{\theta}})\overset{a}{\sim}\text{Normal}(\boldsymbol{\delta}_o,\mathbf{C}_o\mathbf{A}_o^{-1}\mathbf{C}_o')$。这个结果蕴涵着瓦尔德统计量具有一个自由度为$Q$的极限非中心卡方分布和非中心性参数$\delta_o'(\mathbf{C}_o\mathbf{A}_o^{-1}\mathbf{C}_o')^{-1}\boldsymbol{\delta}_o$。可以证明，这与当$\mathbf{B}_o=\mathbf{A}_o$时LM统计量与QLR统计量的非中心性参数是相同的。详细证明类似于在H_0下的那些情形；例如，可参阅加兰特（Gallant，1987，第3.6节）。

含有最大的非线性参数的统计量具有最大的渐近局部势。为了在瓦尔德、LM以及QLR统计量之间进行选择，这个准则没有什么帮助：在局部备择假设式（12.79）和假设（12.53）下，它们均具有相同的非中心参数。当没有假设（12.53）时，稳健的瓦尔德和LM统计量具有相同的非中心参数。

当人们在以不同的估计量为基础的一些统计量之间进行选取时，局部备择

假设的概念是有用的。并不令人惊奇的是，更有效的估计量在标准假设下会产生一些含有最佳渐近局部势的检验。但是，我们应该记住，尤其当有效检验统计量在脆弱的假设下可以计算时，就要在有效性和稳健性之间权衡。

在备择假设方案下的一般分析可以参阅加兰特（Gallant，1987）、加兰特和怀特（Gallant and White，1988），以及怀特（White，1994）。参阅安德鲁斯（Andrews，1989）在应用研究中利用局部势分析的一些富有创新的建议。

12.7 最优化方法

在这一节中，我们简要地讨论三种迭代方法，它们能够用于求解普通最小化问题（12.8）或问题（12.31）。在后者的情形中，最小化仅仅是对 $\boldsymbol{\theta}$ 而言，所以 $\hat{\gamma}$ 的出现并没有带来什么变化。如果 $\hat{\gamma}$ 出现，那么对应于 $\boldsymbol{\theta}$ 的得分与海赛矩阵只在 $\hat{\gamma}$ 处就可以计算出来。这些方法与渐近方差矩阵估计量以及我们在 12.5 节和 12.6 节所讨论的检验统计量有着紧密的联系。

12.7.1 牛顿-拉夫森方法

迭代方法是通过从一个迭代到下一个迭代的算法来定义的。设 $\boldsymbol{\theta}^{\{g\}}$ 表示关于第 g 次迭代的 $P\times1$ 维向量，而设 $\boldsymbol{\theta}^{\{g+1\}}$ 表示关于接下来迭代的向量值。为了引出我们是如何从 $\boldsymbol{\theta}^{\{g\}}$ 得到 $\boldsymbol{\theta}^{\{g+1\}}$ 的，所使用的均值表达式（以逐行方式）要写成

$$\sum_{i=1}^{N}\mathbf{s}_i(\boldsymbol{\theta}^{\{g+1\}})=\sum_{i=1}^{N}\mathbf{s}_i(\boldsymbol{\theta}^{\{g\}})+\left[\sum_{i=1}^{N}\mathbf{H}_i(\boldsymbol{\theta}^{\{g\}})\right](\boldsymbol{\theta}^{\{g+1\}}-\boldsymbol{\theta}^{\{g\}})+\mathbf{r}^{\{g\}} \tag{12.80}$$

其中 $\mathbf{s}_i(\boldsymbol{\theta})$表示对应于 $\boldsymbol{\theta}$ 的 $P\times1$ 维得分向量在观测值 i 处所计算的值，$\mathbf{H}_i(\boldsymbol{\theta})$表示 $P\times P$维海赛矩阵，而 $\mathbf{r}^{\{g\}}$ 表示一个 $P\times1$ 维剩余误差向量。我们试图求出等式（12.14）的解$\hat{\boldsymbol{\theta}}$。如果 $\boldsymbol{\theta}^{\{g+1\}}=\hat{\boldsymbol{\theta}}$，那么等式（12.80）的左边是 0。一旦令左边为 0，忽略 $\mathbf{r}^{\{g\}}$ 并且假定海赛矩阵在 $\boldsymbol{\theta}^{\{g\}}$ 处的计算值是非奇异的，我们能够写成

$$\boldsymbol{\theta}^{\{g+1\}}=\boldsymbol{\theta}^{\{g\}}-\left[\sum_{i=1}^{N}\mathbf{H}_i(\boldsymbol{\theta}^{\{g\}})\right]^{-1}\left[\sum_{i=1}^{N}\mathbf{s}_i(\boldsymbol{\theta}^{\{g\}})\right] \tag{12.81}$$

式（12.81）提供了一种求$\hat{\boldsymbol{\theta}}$ 的迭代方法。为了开始实施迭代，我们必须选择一个初始值向量，称为向量 $\boldsymbol{\theta}^{\{0\}}$。人们很难获得良好的初始值，而且有时我们在问题收敛之前必须做几次选择性实验。在理想状态下，不管初始值如何，迭代要在相同的地方结束，但是并不能保证这一结果。给定初始值，我们把 $\boldsymbol{\theta}^{\{0\}}$ 代入式（12.81），得到 $\boldsymbol{\theta}^{\{1\}}$。然后，我们把 $\boldsymbol{\theta}^{\{1\}}$ 代入式（12.81），得到 $\boldsymbol{\theta}^{\{2\}}$，依此

类推。

如果迭代继续向最小值进行，那么增量 $\boldsymbol{\theta}^{\{g+1\}}-\boldsymbol{\theta}^{\{g\}}$ 将最终变得非常小：由于迭代值接近于解，所以 $\sum_{i=1}^{N}\mathbf{s}_i(\boldsymbol{\theta}^{\{g\}})$ 变得接近于 0。一些用来作为停止规则的要求是：对于 $j=1, 2, \cdots, P$，最大绝对值变化 $|\theta_j^{\{g+1\}}-\theta_j^{\{g\}}|$ 比某个小的常数要小；而另外一些则喜欢考察参数之中最大百分数（percentage）的变化。

另一个颇为流行的停止规则是以二次形式

$$\left[\sum_{i=1}^{N}\mathbf{s}_i(\boldsymbol{\theta}^{\{g\}})\right]'\left[\sum_{i=1}^{N}\mathbf{H}_i(\boldsymbol{\theta}^{\{g\}})\right]^{-1}\left[\sum_{i=1}^{N}\mathbf{s}_i(\boldsymbol{\theta}^{\{g\}})\right] \tag{12.82}$$

为基础的，当表达式（12.82）比某一个适当小数，比如说 0.000 1 还小时，迭代便停止。

刚刚阐述的迭代方法通常称为**牛顿-拉夫森方法**（Newton-Raphson method）。它在相当多的场合下都起作用。这里，我们的动机是启发性的，而且我们将不去探讨牛顿-拉夫森方法不起作用的情形。（例如，可参阅匡特（Quandt，1983）的一些理论结果。）牛顿-拉夫森方法存在一些缺点。第一，它要求目标函数在每一次迭代时都计算二次导数。如果二次偏导数的闭型可以利用，那么这些计算并不是非常烦琐的，但是在许多情形中得不到闭型。第二个问题是，在 $\boldsymbol{\theta}$ 特殊值所计算的海赛矩阵之和不是正定的。如果表达式（12.81）中海赛矩阵的逆不是正定的，那么此程序会导致错误的方向。

我们应该始终要借助于利用计算目标函数从一个迭代到下一个迭代的值之差

$$\sum_{i=1}^{N}q_i(\boldsymbol{\theta}^{\{g+1\}})-\sum_{i=1}^{N}q_i(\boldsymbol{\theta}^{\{g\}}) \tag{12.83}$$

来确保所实施的是从一次迭代到接下来迭代的步骤。因为我们最小化目标函数，所以我们不应该取从 g 到 $g+1$ 的步骤，除非表达式（12.83）是负的。[如果我们最大化函数，那么式（12.81）中的迭代仍是可以使用的，因为方程（12.80）中的拓展式仍然是恰当的，但是那样我们希望表达式（12.83）为正的。]

对牛顿-拉夫森方法稍加修改有时会有助于加快收敛速度：用一个正数，比如说 r，乘以表达式（12.81）中的海赛矩阵项，通常称 r 为**步长**（step size）。有时步长 $r=1$ 会引起参数方面太大的变化。如果利用 $r=1$ 而目标函数并没有减少，那么就要尝试 $r=\frac{1}{2}$ 的情形。再次检查目标函数值。如果现在目标函数减少了，那么继续实施接下来的迭代（其中 $r=1$ 经常用于每一次迭代的开始）；如果目标函数仍没有减少，就用 $\frac{1}{4}$ 代替 r 继续迭代。对 r 的选择一直到目标函数减少为止。如果你在几次对 r 的选择之后并没有使目标函数成功地减少，那么就需要新的开始值，或者需要一种不同的最优化方法。

12.7.2 伯恩特-霍尔-霍尔-豪斯曼算法

在极大似然估计量背景下，伯恩特、霍尔、霍尔以及豪斯曼（Berndt，Hall，Hall，and Hausman（BHHH），1974）建议利用得分外积代替海赛矩阵。这个方法可以在普通 M 估计情形中得到应用［尽管激发此方法的信息矩阵等式（12.53）不一定成立］。对于最小化问题的 BHHH 迭代是

$$\boldsymbol{\theta}^{\{g+1\}}=\boldsymbol{\theta}^{\{g\}}-r\left[\sum_{i=1}^{N}\mathbf{s}_i(\boldsymbol{\theta}^{\{g\}})\mathbf{s}_i(\boldsymbol{\theta}^{\{g\}})'\right]^{-1}\left[\sum_{i=1}^{N}\mathbf{s}_i(\boldsymbol{\theta}^{\{g\}})\right] \tag{12.84}$$

其中 r 表示步长。［如果我们希望最大化 $\sum_{i=1}^{N}q(\mathbf{w}_i,\boldsymbol{\theta})$，那么式（12.84）中的减号应该用加号来代替。］乘以 r 的项，有时称为接下来迭代的方向，它可以从

$$1 \text{ 对 } \mathbf{s}_i(\boldsymbol{\theta}^{\{g\}})',i=1,2,\cdots,N \tag{12.85}$$

的回归中获得作为 $P\times 1$ 维的 OLS 系数。BHHH 方法是容易实施的，因为它仅需要对得分计算，而不需要计算二次导数。此外，由于得分外积之和至少总是半正定的，所以它不被海赛矩阵潜在的非正定性所困扰。

对于 BHHH 方法来说，一种方便的停止规则可以如同表达式（12.82）那样来获得，但是却要用得分外积之和代替海赛矩阵之和。这一点等同于 N 乘以源自回归（12.85）的非中心 R 平方。有意思的是，当 $\mathbf{B}_o=\mathbf{A}_o$时，这是为了获得 LM 统计量的得分外积形式所使用的相同回归，并且这个特征建立了在模型的一种比较简单形式得以估计之后去估计复杂模型的一种自然方法。设置开始值 $\boldsymbol{\theta}^{\{0\}}$ 等于约束估计值的向量 $\tilde{\boldsymbol{\theta}}$。然后，从用于获得第一次迭代的回归中所得到的 NR_0^2 可以用来检验约束模型相对于更为一般的估计模型是否成立；如果约束被接受了，那么我们就会停止迭代。当然，正像 12.6.2 节我们所讨论的，LM 统计量的这种形式经常是行为欠佳的，甚至对于拥有相当大的样本量情形亦如此。

12.7.3 广义高斯-牛顿方法

我们最后所涉及的迭代方法与表达式（12.44）中海赛矩阵的期望值估计量是紧密相关的。设 $\mathbf{A}(\mathbf{x},\boldsymbol{\theta}_o)$表达以 $\mathbf{x}$ 为条件的 $\mathbf{H}(\mathbf{w},\boldsymbol{\theta}_o)$的期望值，其中 $\mathbf{w}$ 被分割成 $\mathbf{y}$ 与 $\mathbf{x}$，于是，**广义牛顿-高斯方法**（generalized Gauss-Newton method）使用升级方程

$$\boldsymbol{\theta}^{\{g+1\}}=\boldsymbol{\theta}^{\{g\}}-r\left[\sum_{i=1}^{N}\mathbf{A}_i(\boldsymbol{\theta}^{\{g\}})\right]^{-1}\left[\sum_{i=1}^{N}\mathbf{s}_i(\boldsymbol{\theta}^{\{g\}})\right] \tag{12.86}$$

其中用 $\boldsymbol{\theta}^{\{g\}}$ 代替 $\mathbf{A}(\mathbf{x},\boldsymbol{\theta}_o)$中的 $\boldsymbol{\theta}_o$（如前所述，$\mathbf{A}_i$与 $\mathbf{s}_i$也可以依赖于$\hat{\gamma}_o$）当 $\mathbf{A}(\mathbf{x},\boldsymbol{\theta}_o)$能够以闭型得到时，这个方法将很好地起作用。

在非线性最小二乘法的特殊情形中，我们可以获得传统意义上的所谓**高斯-牛顿方法**（Gauss-Newton method）（例如，匡特（Quandt，1983））。由于 $\mathbf{s}_i(\boldsymbol{\theta})=-\nabla_\theta m_i(\boldsymbol{\theta})'[y_i-m_i(\boldsymbol{\theta})]$，所以迭代步是

$$\boldsymbol{\theta}^{\{g+1\}}=\boldsymbol{\theta}^{\{g\}}+r\left[\sum_{i=1}^{N}\nabla_\theta m_i^{\{g\}'}\nabla_\theta m_i^{\{g\}}\right]^{-1}\left[\sum_{i=1}^{N}\nabla_\theta m_i^{\{g\}'}u_i^{\{g\}}\right]$$

该项乘以步长 r，这可以像残差对梯度回归的 OLS 系数一样在 $\boldsymbol{\theta}^{\{g\}}$ 处计算而得到。停止规则是在 N 乘以出自此回归非中心化的 R 平方基础上建立起来的。要注意，最优化的高斯-牛顿方法是如何与用于获得非稳健 LM 统计量的回归紧密相关的［可参阅回归（12.72）］。

12.7.4 出自目标函数的集成参数

在一些情形中，把源自目标函数的参数集中成（concentrate）一个集合在计算上是十分方便的。把 $\boldsymbol{\theta}$ 分割成向量 $\boldsymbol{\beta}$ 与 γ。于是，定义 $\hat{\boldsymbol{\theta}}$ 的一阶条件是

$$\sum_{i=1}^{N}\nabla_\beta q(\mathbf{w}_i,\boldsymbol{\beta},\gamma)=\mathbf{0},\quad \sum_{i=1}^{N}\nabla_\gamma q(\mathbf{w}_i,\boldsymbol{\beta},\gamma)=\mathbf{0} \tag{12.87}$$

与其求解这些 $\hat{\boldsymbol{\beta}}$ 与 $\hat{\gamma}$，不如假定第二个方程集合能够求解作为 $\mathbf{W}\equiv(\mathbf{w}_1,\mathbf{w}_2,\cdots,\mathbf{w}_N)$ 函数的 γ 以及对于任意结果 $\mathbf{W}$ 的 $\boldsymbol{\beta}$，还有参数空间 $\gamma=\mathbf{g}(\mathbf{W},\boldsymbol{\beta})$ 中的 $\boldsymbol{\beta}$。于是，由构造知，

$$\sum_{i=1}^{N}\nabla_\gamma q[\mathbf{w}_i,\boldsymbol{\beta},\mathbf{g}(\mathbf{W},\boldsymbol{\beta})]=\mathbf{0} \tag{12.88}$$

当我们把 $\mathbf{g}(\mathbf{W},\boldsymbol{\beta})$ 代入最初的目标函数中，我们可以得到**集成目标函数**（concentrated objective function）

$$Q^C(\mathbf{W},\boldsymbol{\beta})=\sum_{i=1}^{N}q[\mathbf{w}_i,\boldsymbol{\beta},\mathbf{g}(\mathbf{W},\boldsymbol{\beta})] \tag{12.89}$$

在标准可微性假设下，等式（12.89）的最小者等同于求解出等式（12.87）的 $\hat{\boldsymbol{\beta}}$（与 $\hat{\gamma}$），利用链式法则通过等式（12.89）对 $\boldsymbol{\beta}$ 求微分，令其结果为 0。然后，利用等式（12.88）就可以看到这一点，然后 $\hat{\gamma}$ 可以由 $\mathbf{g}(\mathbf{W},\hat{\boldsymbol{\beta}})$ 来获得。

作为研究渐近性质的一个建议，集成目标函数是一种受到限制的值，因为 $\mathbf{g}(\mathbf{W},\boldsymbol{\beta})$ 通常依赖于 $\mathbf{W}$ 的全部内容，在此情形中，目标函数不能够写成独立、同分布被加数之和的形式。当我们从某种非线性面板数据模型中集中成特有个体效应时，等式（12.89）是 i. i. d. 函数之和的一种设置便会出现。此外，中心化目标函数在建立看似不同估计方法的等价性过程中是十分有用的。

12.8 模拟与再抽样方法

到目前为止，我们关注 M 估计量的渐近性质，因为这些内容提供了推断的一种统计框架。但是，至少在一些情形中，有几个好的理由来超越渐近结果。首先，尤其是对于小样本量、高度非线性模型或者 $\mathbf{w}_i$ 总体分布的非平常性质而言，渐近近似不太好。尽管模拟方法总是有些特别，但是它有助于确定渐近近似是如何起作用的。再抽样方法可以允许我们对渐近分布近似加以改进。

即使我们对 $\hat{\boldsymbol{\theta}}$ 分布的渐近近似感到满意，但我们对参数的非线性函数估计所做出的近似，比如说 $\gamma_o=\mathbf{g}(\boldsymbol{\theta}_o)$ 并不完全自信。在 3.5.2 节的假设下，我们能够使用 $\boldsymbol{\delta}$ 方法来逼近 $\hat{\gamma}=\mathbf{g}(\hat{\boldsymbol{\theta}})$ 的方差。一旦依赖于 $\mathbf{g}(\cdot)$ 的性质，运用 $\boldsymbol{\delta}$ 方法就会很困难，同时 $\boldsymbol{\delta}$ 方法不会导致一个非常好的近似。再抽样方法可以简化标准误、置信区间以及检验统计量 p 值的计算，并且我们可以很好地了解估计方法中的有限样本偏误量。此外，在某些假设与某个统计量下，再抽样方法可以提供对通常渐近特性可观的改进。

12.8.1 蒙特卡罗模拟

在**蒙特卡罗模拟**（Monte Carlo simulation）中，我们试图估计均值与方差——假定它们存在——以及 M 估计量 $\hat{\boldsymbol{\theta}}$ 分布的可能的其他特征。其思想通常是为了估计 $\boldsymbol{\theta}_o$ 而确定 $\hat{\boldsymbol{\theta}}$ 的偏误有多大，或者通过与 $\boldsymbol{\theta}_o$ 的其他估计量相比较来确定 $\hat{\boldsymbol{\theta}}$ 的有效性。此外，我们通常希望知道，渐近标准误逼近 $\hat{\theta}_j$ 标准差的程度如何。

为了进行模拟，我们必须选择 $\mathbf{w}$ 的一个总体分布，此分布依赖于有限维数向量 $\boldsymbol{\theta}_o$。我们必须设置 $\boldsymbol{\theta}_o$ 的值，并且选定一个样本量 N。然后，我们从这个分布中抽取一个样本量为 N 的随机样本，并且使用该样本获得 $\boldsymbol{\theta}_o$ 的一个估计值。我们抽取一个新的随机样本，并计算 $\boldsymbol{\theta}_o$ 的另一个估计值。我们多次重复进行这样的迭代，比如说 M 次。设 $\hat{\boldsymbol{\theta}}^{(m)}$ 表示基于第 m 次迭代的 $\boldsymbol{\theta}_o$ 估计值。给定 $\{\hat{\boldsymbol{\theta}}^{(m)}: m=1,2,\cdots,M\}$，为了估计 $\mathrm{E}(\hat{\boldsymbol{\theta}})$ 与 $\mathrm{Var}(\hat{\boldsymbol{\theta}})$，我们可以分别计算该样本的样本均值与样本方差。我们还可以建立 t 统计量或者其他检验统计量来了解渐近分布逼近有限样本分布的程度如何。我们还可以了解渐近置信区间相对于名义置信区间（nominal confidence level）* 对总体参数的涵盖程度如何。

一个好的蒙特卡罗研究会改变 $\boldsymbol{\theta}_o$ 的值、样本量甚至 $\mathbf{w}$ 分布的一般形式。事

* 名义置信区间：名义显著水平是指我们认为（或希望）在那个显著水平上完成我们的检验（经常是 5%）。但是，如果该渐近近似欠佳或违背了某些假设，那么实际的检验容量（test size）可以非常不同于名义容量。因此，如果我们认为检验容量是 5%，可以证明，它是 10%或者 15%，甚至 1%。——译者注

实上，当估计方法部分或全部所基于的假设不成立时，检查一下该估计方法表现如何一般来说是一个好主意。特别是对一个复杂的非线性模型来说，想取得一个完全彻底的研究是一种极富挑战性的问题。首先，为了获得 $\hat{\boldsymbol{\theta}}$ 分布的良好估计值，我们希望取 M 很大（或许几千）。但是，就每一次蒙特卡罗迭代而言，我们必须得到 $\hat{\boldsymbol{\theta}}^{(m)}$，而这一步骤在计算上则是费时烦琐的，因为这种计算经常需要我们在 12.7 节中已讨论的一些迭代方法。对于不同的样本量 N、$\boldsymbol{\theta}_o$ 之值以及分布形状来说，重复模拟是非常费时间的。

在大部分的经济应用中，$\mathbf{w}_i$ 被分割成（$\mathbf{x}_i$, $\mathbf{y}_i$）。尽管我们在蒙特卡罗迭代中随机地抽取全部 $\mathbf{w}_i$ 向量，但在该次迭代开始时就经常固定 $\mathbf{x}_i$，然后 $\mathbf{y}_i$ 从给定 $\mathbf{x}_i$ 时的条件分布中抽取。这一方法简化了模拟，因为我们并不需要改变 $\mathbf{x}_i$ 分布和所关注的分布，以及给定 $\mathbf{x}_i$ 时 $\mathbf{y}_i$ 的分布。如果我们在模拟开始时就固定 $\mathbf{x}_i$，那么我们从蒙特卡罗模拟中所估计出的 $\hat{\boldsymbol{\theta}}$ 的分布特征是以 $\{\mathbf{x}_1, \mathbf{x}_2, \cdots, \mathbf{x}_N\}$ 为条件的。这种条件方法不论是在线性回归与非线性回归背景下，还是在条件极大似然背景下均是共同的。

重要的是，不要太过分依赖于蒙特卡罗模拟。许多迭代方法，包括 OLS、IV 以及面板数据估计量都拥有不依赖于基本分布的渐近性质。在非线性回归模型中，NLS 估计量是 $\sqrt{N}$ 渐近正态的，同时通常的渐近方差矩阵（12.58）在假设 NLS.1 至假设 NLS.3 下是有效的。然而，在一个典型的蒙特卡罗模拟中，隐含误差 u 被假定成与 $\mathbf{x}$ 是无关的，并且 u 的分布必须是设定的。于是，蒙特卡罗结果适用于这个分布，同时把它外推到不同的设置情况就会产生误导。此外，我们永远不会去尝试小部分的参数空间。由于我们永远不知道总体值 $\boldsymbol{\theta}_o$，所以我们永远只能确认我们的蒙特卡罗研究刻画基本总体的程度如何。亨德里（Hendry，1984）讨论过如何使用响应面分析（response surface analysis）去减少蒙特卡罗研究的设定性。参阅戴维森和麦金农（Davidson and MacKinnon，1993，第 21 章）。

12.8.2 自助法

尽管蒙特卡罗模拟对于渐近近似在特定情形中的表现如何提供了参考，但是通常它无助于我们在给定一个特殊样本后去精炼我们的推断。（由于我们不知道 $\boldsymbol{\theta}_o$，所以我们无法知道，蒙特卡罗模拟的结果是否可以应用到我们所研究的总体上。不过，研究者有时运用蒙特卡罗模拟结果去获得调整标准误或调整检验统计量临界值的经验法则。）**自助法**（bootstraping）作为一种流行的**再抽样方法**（resampling method），可以作为获得标准误、置信区间以及检验统计量 p 值的一种可选择的渐近近似。

虽然存在几种自助法的变形，但是我们从可以应用到一般 M 估计量上的那一种开始阐述。其目标是不用依赖于通常的一阶渐近理论来逼近 $\hat{\boldsymbol{\theta}}$ 的分布。设 $\{\mathbf{w}_1, \mathbf{w}_2, \cdots, \mathbf{w}_N\}$ 表示用来获得估计值的随机样本的结果。**非参数自助法**（nonparametric bootstrap）本质上是把可观测的样本处理成总体的蒙特卡罗模拟。

换句话讲，在每一次（第 b 次）自助法迭代时，从 $\{\mathbf{w}_1,\mathbf{w}_2,\cdots,\mathbf{w}_N\}$ 中抽取一个样本量为 N 的随机样本。（也就是，我们有放回抽样（sample with replacement）。）实际上，我们使用随机数生成器从集合 $\{1,2,\cdots,N\}$ 中获得整数 N；在绝大多数迭代之中，某些整数将至少重复一次。这些整数表示我们从 $\{\mathbf{w}_1,\mathbf{w}_2,\cdots,\mathbf{w}_N\}$ 中所抽取的一些元素；并且称其为 $\{\mathbf{w}_1^{(b)},\mathbf{w}_2^{(b)},\cdots,\mathbf{w}_N^{(b)}\}$。其次，我们利用这种自助法样本，通过求解

$$\min_{\boldsymbol{\theta}\in\boldsymbol{\Theta}}\sum_{i=1}^{N}q(\mathbf{w}_i^{(b)},\boldsymbol{\theta})$$

来获得 M 估计值 $\hat{\boldsymbol{\theta}}^{(b)}$。我们对此过程迭代 B 次，得到 $\hat{\boldsymbol{\theta}}^{(b)},b=1,\cdots,B$。这些估计值现在能够像蒙特卡罗模拟一样来使用。计算 $\hat{\boldsymbol{\theta}}^{(b)}$ 的平均值，比如说 $\bar{\hat{\boldsymbol{\theta}}}$，此平均值允许我们估计 $\hat{\boldsymbol{\theta}}$ 的偏误，它被称为**自助法偏误估计**（bootstrap bias estimate）。使用样本方差 $(B-1)^{-1}\sum_{b=1}^{B}[\hat{\boldsymbol{\theta}}^{(b)}-\bar{\hat{\boldsymbol{\theta}}}]\cdot[\hat{\boldsymbol{\theta}}^{(b)}-\bar{\hat{\boldsymbol{\theta}}}]'$，它被称为**自助法方差估计**（bootstrap variance estimate），可以获得 $\hat{\boldsymbol{\theta}}_j$ 的标准误——来自最初样本中的估计值。对于一个标量估计 $\hat{\gamma}$，我们得到它的**自助法标准误**（bootstrap standard error）为 $\mathrm{se}_B(\hat{\gamma})=[(B-1)^{-1}\sum_{b=1}^{B}(\hat{\gamma}^{(b)}-\bar{\hat{\gamma}})]^{1/2}$。自然地，我们可以应用这个方程式以平滑原始参数估计 $\hat{\boldsymbol{\theta}}$ 的函数，比如说关于一个连续可微函数 g：$\mathbb{R}^P\to\mathbb{R}$，$\hat{\gamma}=g(\hat{\boldsymbol{\theta}})$。那么我们可以使用 $\mathrm{se}_B(\hat{\gamma})$ 来构建关于 γ_o 的渐近假设检验和置信区间。

特别对于计算平均偏效应——一个将在第Ⅳ篇中反复出现的主题——我们经常需要估计一个可被写为 $\gamma_o=\mathrm{E}[g(\mathbf{w}_i,\ \boldsymbol{\theta}_o)]$ 的参数。一个自然的一致估计量是 $\hat{\gamma}=N^{-1}\sum_{i=1}^{N}g(\mathbf{w}_i,\ \hat{\boldsymbol{\theta}})$。为估计它的渐近方差，我们必须解释 $\mathbf{w}_i$ 和 $\hat{\boldsymbol{\theta}}$ 中的随机性。就像以前那样，我们抽取自助法样本，而且，对于自助法样本 b，γ_o 的估计是

$$\hat{\gamma}^{(b)}=N^{-1}\sum_{i=1}^{N}g(\mathbf{w}_i^{(b)},\hat{\boldsymbol{\theta}}^{(b)})$$

一旦我们用自助法估计 $\{\hat{\gamma}^{(b)}:\ b=1,2,\cdots,B\}$ 的合集，我们就可以计算自助法偏误，并且更重要地，可以使用之前的公式计算自助法标准误。

使用自助法标准误来构建统计量和置信区间，经常比需要用来获得基于一阶近似的一个渐近标准误的分析性计算更加容易。但是无法证明使用自助法标准误来构建检验统计量改进了由通常的渐近理论所提供的近似值。正如其结果所表明的，在很多情形中自助法的确改进了检验统计量分布的近似值。换句话说，自助法可以提供一个相比通常的渐近理论而言的渐近精炼，但是人们在计算自助法检验统计量时必须适当小心些。

为证明一个分布的自助法近似值比有关于一阶近似的通常速率收敛得更快，一个**渐近枢轴统计量**（asymptotically pivotal statistic）的概念是很关键的。一个渐近枢轴统计量是一个其极限分布不依赖于未知参数的统计量。渐近 t 统计量、瓦尔德统计量、得分统计量以及拟 LR 统计量都是渐近枢轴的，当它们在一个 t 统

计量的情形中收敛于标准的正态分布，以及在其他统计量的情形中收敛于一个卡方分布时。然而，人们有时候必须谨慎些，以确保一个统计量是渐近枢轴的。举个例子，对于一个在含有异方差性的非线性回归背景下为渐近枢轴的 t 统计量，我们必须使用一个异方差性稳健统计量。瓦尔德和得分统计量必须经常使用稳健渐近方差估计量来提供一个渐近卡方分布。仅当广义信息矩阵等式成立时，拟LR 统计量可以确保为渐近枢轴的。

为解释对于一个 t 统计量如何用自助法计算临界值，考虑对于一些已知的值 c，检验 $H_0: \theta_o = c$。如果恰当选择了 $se(\hat{\theta})$，t 统计量，$t=(\hat{\theta}-c)/se(\hat{\theta})$，是渐近枢轴的。为使用自助法获得一个精炼，我们必须获得以下统计量的经验分布：

$$t^{(b)} = (\hat{\theta}^{(b)} - \hat{\theta})/se(\hat{\theta}^{(b)})$$

其中，$\hat{\theta}$ 是来自初始样本的估计，$\hat{\theta}^{(b)}$ 是对于自助法样本 b 的估计，而 $se(\hat{\theta}^{(b)})$ 是从同一个自助法样本中估计的标准误。（所以，举个例子，$se(\hat{\theta}^{(b)})$ 可能是 NLS 的一个异方差性稳健标准误。）注意到对于每个自助法复制品，t 统计量是如何以初始估计 $\hat{\theta}$ 而非假设值为中心的。正如霍洛维茨（Horowitz，2001）所讨论的，需要以估计为中心来确保检验程序的渐近精炼。

我们为一个检验获得自助法临界值的方式取决于备择假设的性质。对于一个单边备择假设，比如说 $H_0: \theta_o > c$，我们将统计量 $\{t^{(b)}: b=1,2,\cdots,B\}$ 从最小到最大进行排序，并且我们挑选了代表有序值列表中合意分位点的数值。举个例子，为获得一个 5%的针对一个大于单边备择假设值的检验，我们在 $t^{(b)}$ 的有序列表中选择了第 95 个百分位为临界值。对于一个双边备择假设，我们必须在一个非对称检验和一个对称检验之间进行选择。对于前者，一个规模为 α 的检验选择临界值为有序自助法检验统计量的下或上 $\alpha/2$ 分位点，然后，我们拒绝 H_0，如果 $t > cv_u$ 或 $t < cv_l$。对于后者，我们首先对统计量的绝对值 $|t^{(b)}|$ 排序，然后选择上 α 分位点作为关于一个规模为 α 的检验的临界值。自然地，我们拿 $|t|$ 和临界值进行比较。这个从自助法中选择临界值的方法被称为百分位-t 方法。

我们可以使用百分位-t 方法来计算一个自助法 p 值。举个例子，针对一个大于单边备择假设，我们只需找到自助法 t 统计量 $t^{(b)}$ 超过 t 的部分。关于一个双边备择假设的对称的 p 值对于 $|t^{(b)}|$ 和 $|t|$ 也有相同的程序。

检验多重假设也是相同的。假设对于一个 Q 维向量 $\boldsymbol{\phi}_o$，我们想检验 $H_0: \boldsymbol{\phi}_o = \mathbf{r}$，其中 $\mathbf{r}$ 是一个已知常数的向量。使用初始样本计算的瓦尔德统计量是 $W = (\hat{\boldsymbol{\phi}} - \mathbf{r})'\hat{\mathbf{V}}^{-1}(\hat{\phi} - \mathbf{r})$。我们从自助法样本中计算一系列瓦尔德统计量为

$$W^{(b)} = (\hat{\boldsymbol{\phi}}^{(b)} - \hat{\boldsymbol{\phi}})'(\hat{\mathbf{V}}^{(b)})^{-1}(\hat{\boldsymbol{\phi}}^{(b)} - \hat{\boldsymbol{\phi}}), \quad b=1,\cdots,B$$

其中，我们必须谨慎以便 $\hat{\mathbf{V}}$（以及 $\hat{\mathbf{V}}^{(b)}$）的计算能提供一个渐近的卡方统计量。自助法的 p 值是 $W^{(b)}$ 超过 W 的部分。

参数自助法（parametric bootstrap）更类似于标准的蒙特卡罗模拟，因为我们假定取决于参数 $\boldsymbol{\theta}_o$ 的 $\mathbf{w}$ 的分布是已知的。设 $f(\cdot, \boldsymbol{\theta})$ 表示参数密度。于是，在每一次自助法迭代中，我们从 $f(\cdot, \hat{\boldsymbol{\theta}})$ 中抽取一个样本量为 N 的随机样本，这样

会得到$\{\mathbf{w}_1^{(b)},\mathbf{w}_2^{(b)},\cdots,\mathbf{w}_N^{(b)}\}$，而其余计算部分则与非参数自助法的计算一样。[对于参数自助法来说，当$f(\cdot,\boldsymbol{\theta})$是连续密度时，我们在$\mathbf{w}_i^{(b)}$之间几乎找不出重复值。]

当$\mathbf{w}_i$分割成（$\mathbf{x}_i$，$\mathbf{y}_i$）时，其中$\mathbf{x}_i$表示条件变量，有时候人们更喜欢其他再抽样方法。在第13章中，我们研究条件极大似然方法，其中我们假设一个条件密度的模型$f(\mathbf{y}\mid\mathbf{x};\boldsymbol{\theta})$被正确设定。在该情形中，我们可以应用一个非参数和参数自助法的结合方式。因为$\mathbf{x}_i$的分布是未设定的，我们从$\{1,2,\cdots,N\}$中随机抽取N个指标以获得关于条件变量的一个非参数自助法样本，$\{\mathbf{x}_i^{(b)}: i=1,\cdots,N\}$。那么，给定估计$\hat{\boldsymbol{\theta}}$，我们通过从密度$f(\cdot\mid\mathbf{x}_i^{(b)};\hat{\boldsymbol{\theta}})$中抽样获得$\mathbf{y}_i^{(b)}$。然后我们像以前一样使用自助法样本（$\mathbf{x}_i^{(b)},\mathbf{y}_i^{(b)}$）。与我们从初始数据中再抽样出整个向量$\mathbf{w}_i=(\mathbf{x}_i,\mathbf{y}_i)$的完全非参数自助法相比，从$f(\cdot\mid\mathbf{x}_i^{(b)};\hat{\boldsymbol{\theta}})$中抽样的方法没有广泛应用起来而且在计算上更费劲。

在我们甚至有更多结构的情形中，其他备择假设是可用的。举个例子，在一个含有$y_i=m(\mathbf{x}_i,\boldsymbol{\theta}_o)+u_i$的非线性回归模型中，其中残差$u_i$与$\mathbf{x}_i$独立，我们首先计算NLS估计$\hat{\boldsymbol{\theta}}$和NLS残差，$\hat{u}_i=y_i-m(\mathbf{x}_i,\hat{\boldsymbol{\theta}})$，$i=1, 2, \cdots, N$。那么，使用为非参数自助法所描述的程序可获得一个残差$\{\hat{u}_i^{(b)}: i=1,2,\cdots,N\}$的自助法样本，而且我们计算$y_i^{(b)}=m(\mathbf{x}_i,\hat{\boldsymbol{\theta}})+\hat{u}_i^{(b)}$。使用生成数据$\{(\mathbf{x}_i,y_i^{(b)}): i=1,2,\cdots,N\}$，我们计算NLS估计值$\hat{\boldsymbol{\theta}}^{(b)}$。这个程序被称为非参数残差自助法。(我们再抽样残差并使用这些来生成在因变量上的一个样本，但我们不再抽样条件变量$\mathbf{x}_i$。）如果模型在$\boldsymbol{\theta}$上是非线性的，这个方法会在计算上要求苛刻，因为我们希望B是几百，如果不是几千的话。然而，当计算速度提升时，这个程序变得越来越可行。当u_i有零条件均值$[\mathrm{E}(u_i\mid\mathbf{x}_i)=0]$但为异方差的$[\mathrm{Var}(u_i\mid\mathbf{x}_i)$依赖于$\mathbf{x}_i]$时，备择的抽样方法，特别是**原始自助法**（wild bootstrap），可以用于获得异方差—一致标准差。可参阅，例如，霍洛维茨（Horowitz，2001）。

自助法可以很容易应用到我们在本书中处理的面板数据结构类中，因为我们对于面板数据的抽样假设是在截面维度的随机抽样。对于面板数据，我们仅仅设$\mathbf{w}_i=(\mathbf{w}_{i1},\cdots,\mathbf{w}_{iT})$表示对截面观测$i$跨所有$T$个时间段的产出。当我们获得一个自助法样本，对于一个特殊单元的所有时间段构成一个单独的观测。换句话说，正如在纯截面应用中那样，我们从$\{1,2,\cdots,N\}$中随机选择N个整数（可重复地）并获得自助法样本$\mathbf{w}_i^{(b)}=(\mathbf{w}_{i1}^{(b)},\cdots,\mathbf{w}_{iT}^{(b)})$。为了强调起见，我们不在一个单元内再抽样单独的时间段；我们仅仅再抽样各个单元。正如使用基于随机样本的一阶渐近理论时那样，这种面板数据的自助法对于大的截面以及相对小的时间段的情形而言是实际的。

12.9 多元非线性回归方法

正如用线性回归方法那样，非线性回归方法可以扩展到方程组中。例如，

假设 y_1 和 y_2 是分数变量——比如说，分别投入到股票和债券的养老金投资份额，以及一个第三类别的“其他”项——我们希望在我们的模型中解释这些响应变量的受限性质。我们可以设定如下形式的逻辑斯蒂回归函数：

$$\mathrm{E}(y_g|\mathbf{x})=\exp(\mathbf{x}\boldsymbol{\theta}_g)/[1+\exp(\mathbf{x}\boldsymbol{\theta}_g)],\quad g=1,2$$

其中 $\mathbf{x}$ 是普通解释变量的一个行向量。我们可以使用 NLS 或 WNLS 单独估计 $\boldsymbol{\theta}_1$ 和 $\boldsymbol{\theta}_2$，但我们也可以联合估计它们。毫不意外地，在一定的假设下，一个解释跨方程的不可观测变量之间相关性的多元程序比单方程估计更有效，正如我们将在 12.9.2 节中讨论的。

我们也可以将非线性回归应用到面板数据结构上。例如，对于一个非负响应变量 y_t，一个动态模型是

$$\mathrm{E}(y_t|\mathbf{z}_t,y_{t-1})=\exp(\mathbf{z}_t\boldsymbol{\beta}+\alpha y_{t-1}),\quad t=1,\cdots,T$$

估计参数的方法之一是通过混合的 NLS。正如我们在接下来的两节中将证明的，我们可以将方程组和面板数据问题同时放到一个框架中。

12.9.1 多元非线性最小二乘法

关于多元非线性最小二乘（MNLS）的一个一般设置是设 y_g 为方程 g——其可能是一个时间段——的响应变量。相应的解释变量是 $\mathbf{x}_g$。我们假设 $\mathrm{E}(y_g \mid \mathbf{x}_g)$ 的模型是正确设定的：

$$\mathrm{E}(y_g|\mathbf{x}_g)=m_g(\mathbf{x}_g,\boldsymbol{\theta}_{og}),\quad g=1,\cdots,G \tag{12.90}$$

其中不同方程的参数可以是不同的或者可以存在跨 g 的约束。给定 N 个随机抽样的观测值，不应感到意外的是 $\boldsymbol{\theta}_{og}$ 可通过解

$$\min_{\boldsymbol{\theta}}\sum_{i=1}^{N}\sum_{g=1}^{G}[y_{ig}-m_g(\mathbf{x}_{ig},\boldsymbol{\theta}_g)]^2$$

得到一致估计。或者，以向量形式

$$\min_{\boldsymbol{\theta}}\sum_{i=1}^{N}[\mathbf{y}_i-\mathbf{m}(\mathbf{x}_i,\boldsymbol{\theta})]'[\mathbf{y}_i-\mathbf{m}(\mathbf{x}_i,\boldsymbol{\theta})] \tag{12.91}$$

其中 $\boldsymbol{\theta}$ 表示所有参数的向量，$\mathbf{y}_i$ 是关于观测值 i 的响应变量的 $G\times 1$ 维向量，且 $\mathbf{m}(\mathbf{x}_i,\boldsymbol{\theta})$ 是条件均值函数的 $G\times 1$ 维向量。我们称（12.91）的解为多元非线性最小二乘估计量。正如用一元 NLS 时那样，识别要求 $\boldsymbol{\theta}_o$ 是对应的总体问题的唯一解，而我们将假设均值函数在参数上是二次连续可微的。一般情形中，这个假设像一元情形下那样弱。

如果存在 G 个没有跨 g 约束的单独的参数向量，那么（12.91）的解就与在每个方程上实施 NLS 相同。有时，例如使用来自企业理论的成本份额方程，参数将跨方程受到约束。那么 MNLS 估计量可用于估计施加了约束的参数。

在面板数据情形中，其中我们为一套共同的参数集写出条件均值模型：

$$\mathrm{E}(y_{it} \mid \mathbf{x}_{it}) = m(\mathbf{x}_{it}, \boldsymbol{\theta}_{\mathrm{o}}) \tag{12.92}$$

MNLS 估计量是混合非线性最小二乘（PNLS）估计量。习题 12.6 要求你更详细地研究这个估计量。PNLS 估计量的一致性和$\sqrt{N}$渐近正态性在均值函数平滑性的一般假设下得出，但人们一般应当使用一个完全稳健的方差矩阵估计量来解释可能的异方差性和序列相关性。如果条件均值模型是动态完备的（见习题 12.6），那么在估计 PNLS 估计量的方差矩阵时，人们不必担心在各残差中的序列相关性。但异方差性仍可能是一个问题。如果人们将同方差性假设 $\mathrm{Var}(y_{it} \mid \mathbf{x}_{it}) = \sigma_{\mathrm{o}}^2$ 添加到适当的无序列相关性假设中，来自混合 NLS 分析的通常的统计量是渐近有效的。

当人们希望只施加（12.92），而没有做出更强的假设如协变量是严格外生的时，PNLS 估计量是有吸引力的。即使在严格外生性下，也通常需要 PNLS 作为获得一个更渐近有效估计量的第一步。我们接下来将研究这种可能性。

12.9.2 加权多元非线性最小二乘法

在一定的假设下，我们可以使用广义最小二乘（GLS）法以更有效地估计出现在一套条件均值函数中的参数。这里我们将重点放在解释变量为严格外生的情形。这通常适用于方程组并有时适用于面板数据方法。具体来说，我们假设

$$\mathrm{E}(\mathbf{y}_i \mid \mathbf{x}_i) = \mathbf{m}(\mathbf{x}_i, \boldsymbol{\theta}_{\mathrm{o}}), \quad \text{某些 } \boldsymbol{\theta}_{\mathrm{o}} \in \boldsymbol{\Theta} \subset \mathbb{R}^P \tag{12.93}$$

其中再一次，$\mathbf{y}_i$ 为一个在因变量上的 $G\times1$ 维向量以及 $\mathbf{m}(\mathbf{x}_i, \boldsymbol{\theta})$ 是一个条件均值函数的 $G\times1$ 维向量。重要的是要注意到整个协变量向量，$\mathbf{x}_i$，在（12.93）中是被作为条件的。这就是解释变量为严格外生所依据的意义：如果 $\mathbf{x}_i$ 的某些元素被从函数 $m_g(\mathbf{x}_i, \boldsymbol{\theta}_{\mathrm{o}})$ 之一中省略，那么它们应当没有在 $\mathrm{E}(y_{ig} \mid \mathbf{x}_i)$ 上的偏效应。正如我们在第 7 章中讨论的，这在似无关回归（SUR）型应用中往往是有意的；事实上，经常是同一套解释变量出现在每个方程中。但对于含滞后因变量的面板数据模型以及正如我们在第 7 章中所看到的对于线性模型，也许在没有滞后因变量的模型中，假设（12.93）被违反了。不过，我们已经看到在线性模型中，当包括协变量的时间平均后，严格外生性成立，而且我们将在后面的章节中再次看到这个——包括第 15、16、17 章以及第 18 章中关于非线性模型的内容。

在此我们认为最一般的估计量是加权多元非线性最小二乘（WMNLS）估计量。我们可以很容易地启动 WMNLS。设 $\mathbf{W}(\mathbf{x}_i, \gamma)$ 是关于 $G\times G$ 维条件方差矩阵 $\mathrm{Var}(\mathbf{y}_i \mid \mathbf{x}_i)$ 的一个模型。如果这个模型是正确设定的，那么，一般来说，我们可以得到一个方差矩阵中“真实”参数的$\sqrt{N}$一致估计量 γ_{o}。事实上，我们可能会使用来自一个初始 MNLS 估计的残差（不久将更多地讨论这个）。给定 $\hat{\gamma}$，并假设 $\mathbf{W}(\mathbf{x}_i, \hat{\gamma})$ 对所有的 i 是非奇异的（通过构造通常是真实的），我们可以通过解

$$\min_{\boldsymbol{\theta}} \sum_{i=1}^{N} [\mathbf{y}_i - \mathbf{m}(\mathbf{x}_i, \boldsymbol{\theta})]'[\mathbf{W}(\mathbf{x}_i, \hat{\gamma})]^{-1}[\mathbf{y}_i - \mathbf{m}(\mathbf{x}_i, \boldsymbol{\theta})] \tag{12.94}$$

来估计 $\boldsymbol{\theta}_o$。(12.94) 的解是 WMNLS 估计量。

正如我们将在后面的章节中看到的，WMNLS 估计量对于一类宽泛的非线性模型而言可以是有吸引力的，特别是当我们不能，或不希望，设定一个完整的分布 $D(\mathbf{y}_i \mid \mathbf{x}_i)$ 时。具有重要意义的是，在 (12.93) 下，关于 $\boldsymbol{\theta}_o$ 的 WMNLS 估计量一般是一致的，即便关于 $\boldsymbol{\theta}_o$ 的加权矩阵的逆是被误设的。关于 WMNLS 估计量稳健性的直觉可从一般的 M 估计理论直接得到。无论方差是否被误设，设 γ^* 是 $\hat{\gamma}$ 的概率极限。那么 WMNLS 估计量对于 $\boldsymbol{\theta}_o$ 是一致的，如果 $\boldsymbol{\theta}_o$ 唯一地解出总体问题

$$\min_{\boldsymbol{\theta}} \mathrm{E}\{[\mathbf{y}_i - \mathbf{m}(\mathbf{x}_i, \boldsymbol{\theta})]'[\mathbf{W}(\mathbf{x}_i, \gamma^*)]^{-1}[\mathbf{y}_i - \mathbf{m}(\mathbf{x}_i, \theta)]\}$$

但简单的代数计算表明

$$\begin{aligned}
&[\mathbf{y}_i - \mathbf{m}(\mathbf{x}_i, \theta)]'[\mathbf{W}(\mathbf{x}_i, \gamma^*)]^{-1}[\mathbf{y}_i - \mathbf{m}(\mathbf{x}_i, \boldsymbol{\theta})] \\
=&[\mathbf{y}_i - \mathbf{m}(\mathbf{x}_i, \boldsymbol{\theta}_o)]'[\mathbf{W}(\mathbf{x}_i, \gamma^*)]^{-1}[\mathbf{y}_i - \mathbf{m}(\mathbf{x}_i, \boldsymbol{\theta}_o)] \\
&-2[\mathbf{y}_i - \mathbf{m}(\mathbf{x}_i, \boldsymbol{\theta}_o)]'[\mathbf{W}(\mathbf{x}_i, \gamma^*)]^{-1}[\mathbf{m}(\mathbf{x}_i, \boldsymbol{\theta}_o) - \mathbf{m}(\mathbf{x}_i, \boldsymbol{\theta})] \\
&+[\mathbf{m}(\mathbf{x}_i, \boldsymbol{\theta}_o) - \mathbf{m}(\mathbf{x}_i, \boldsymbol{\theta})]'[\mathbf{W}(\mathbf{x}_i, \gamma^*)]^{-1}[\mathbf{m}(\mathbf{x}_i, \boldsymbol{\theta}_o) - \mathbf{m}(\mathbf{x}_i, \boldsymbol{\theta})]
\end{aligned}$$

使用期望迭代法则，中间项由 (12.93) 存在零条件均值，所以

$$\begin{aligned}
&\mathrm{E}\{[\mathbf{y}_i - \mathbf{m}(\mathbf{x}_i, \boldsymbol{\theta})]'[\mathbf{W}(\mathbf{x}_i, \gamma^*)]^{-1}[\mathbf{y}_i - \mathbf{m}(\mathbf{x}_i, \boldsymbol{\theta})]\} \\
=&\mathrm{E}\{[\mathbf{y}_i - \mathbf{m}(\mathbf{x}_i, \boldsymbol{\theta}_o)]'[\mathbf{W}(\mathbf{x}_i, \gamma^*)]^{-1}[\mathbf{y}_i - \mathbf{m}(\mathbf{x}_i, \boldsymbol{\theta}_o)]\} \\
&+\mathrm{E}\{[\mathbf{m}(\mathbf{x}_i, \boldsymbol{\theta}_o) - \mathbf{m}(\mathbf{x}_i, \boldsymbol{\theta})]'[\mathbf{W}(\mathbf{x}_i, \gamma^*)]^{-1}[\mathbf{m}(\mathbf{x}_i, \boldsymbol{\theta}_o) - \mathbf{m}(\mathbf{x}_i, \boldsymbol{\theta})]\}
\end{aligned} \tag{12.95}$$

(12.95) 中右边的第一项不依赖于 $\boldsymbol{\theta}$ 且当 $\boldsymbol{\theta} = \boldsymbol{\theta}_o$ 时第二项为 0。正如一直以来那样，识别要求后面那项仅当 $\boldsymbol{\theta} = \boldsymbol{\theta}_o$ 时为 0。

毫不奇怪，如果 (12.94) 成立，WMNLS 估计量有合意的渐近有效性质，连同

$$\mathrm{Var}(\mathbf{y}_i \mid \mathbf{x}_i) = \mathbf{W}(\mathbf{x}_i, \gamma_o)，对于某些\ \gamma_o \tag{12.96}$$

根据这些假设，很容易证明条件信息矩阵等式 (12.96) 成立。可使用矩阵代数直接证明在正确的二阶矩设定下，Avar $\sqrt{N}(\hat{\boldsymbol{\theta}} - \boldsymbol{\theta}_o)$ 的渐近方差小于使用作为 $\mathbf{x}_i$ 一个函数的权重（当然，包括常数权重）的任何其他 WMNLS 估计量的渐近方差。特别是，WMNLS 估计量比 MNLS 更有效。但要记住，MNLS 不需要为了一致性而设定严格外生性假设。在第 14 章中，我们将开发一个一般的有效性框架，其允许我们总结出 WMNLS 在一类宽泛的工具变量估计量中是渐近有效估计量。

即便承认我们的模型 $\mathbf{W}(\mathbf{x}_i, \gamma)$ 对于条件方差有可能是误设的，仍然有很好的理由应用 WMNLS，至少在 (12.93) 下。正如在线性情形中那样，经常会是这样的情形：方差矩阵的一个误设的但捕获了条件二阶矩关键特征的模型

可能导致 $\boldsymbol{\theta}_o$ 的一个比忽略方差与协方差的估计量更有效的估计量：MNLS 估计量。这是统计学文献中在广义估计方程（GEE）中关键的洞见卓识——可参阅，例如，梁赓义和西格（Liang and Zeger，1986）——其通常应用于面板数据集（以及整群样本），但其洞见卓识也适用于类似于 SUR 的方程组。借用 GEE 的术语，我们把 $\mathbf{W}(\mathbf{x},\gamma)$ 称作一个运行方差矩阵，其被允许，而且在很多情形中被公认，是被误设的。我们下面讨论选择这个矩阵的一些方法。GEE 方法与准极大似然方法是密切相关的，我们将在第 13 章连同关于面板数据的 GEE 一起介绍这些。

给定来自第一步估计的 $\hat{\gamma}$，WMNLS 估计量 $\hat{\boldsymbol{\theta}}$ 的一阶条件是

$$\sum_{i=1}^{N} \nabla_{\boldsymbol{\theta}} \mathbf{m}(\mathbf{x}_i,\hat{\boldsymbol{\theta}})'[\mathbf{W}(\mathbf{x}_i,\hat{\gamma})]^{-1}[\mathbf{y}_i-\mathbf{m}(\mathbf{x}_i,\hat{\boldsymbol{\theta}})]=\mathbf{0} \tag{12.97}$$

（GEE 方法消除了一套非常相似的矩条件——也就是，$\hat{\boldsymbol{\theta}}$ 的第一次出现被 $\boldsymbol{\theta}_o$ 的一个初始的 $\sqrt{N}$ 一致估计量所替代——而且 GEE 估计量是 $\sqrt{N}$ 等价于 WMNLS 估计量的。在这里，我们重点研究方程（12.97）。）

当有一个可能被误设的条件方差矩阵时，$\hat{\boldsymbol{\theta}}$ 的渐近方差应当用一个休伯-怀特三明治形式进行估计：

$$\begin{aligned}
&\left(\sum_{i=1}^{N} \nabla_{\boldsymbol{\theta}} \mathbf{m}_i(\hat{\boldsymbol{\theta}})'[\mathbf{W}_i(\hat{\gamma})]^{-1} \nabla_{\boldsymbol{\theta}} \mathbf{m}_i(\hat{\boldsymbol{\theta}})\right)^{-1} \\
&\left(\sum_{i=1}^{N} \nabla_{\boldsymbol{\theta}} \mathbf{m}_i(\hat{\boldsymbol{\theta}})'[\mathbf{W}_i(\hat{\gamma})]^{-1} \hat{\mathbf{u}}_i \hat{\mathbf{u}}_i'[\mathbf{W}_i(\hat{\gamma})]^{-1} \nabla_{\boldsymbol{\theta}} \mathbf{m}_i(\hat{\boldsymbol{\theta}})\right) \\
&\left(\sum_{i=1}^{N} \nabla_{\boldsymbol{\theta}} \mathbf{m}_i(\hat{\boldsymbol{\theta}})'[\mathbf{W}_i(\hat{\gamma})]^{-1} \nabla_{\boldsymbol{\theta}} \mathbf{m}_i(\hat{\boldsymbol{\theta}})\right)^{-1}
\end{aligned} \tag{12.98}$$

其中，符号应当明确。（像往常一样，说（12.98）对 $\widehat{\text{Avar}(\hat{\boldsymbol{\theta}})}$ 是有效的意味着 $\text{Avar}\sqrt{N}(\hat{\boldsymbol{\theta}}-\boldsymbol{\theta}_o)$ 可通过使用（12.98）除以 N 而被一致估计。）习题 12.11 要求你推导这个公式，连同简化公式——即去掉（12.98）中的最后两项——在 $\text{Var}(\mathbf{y}_i \mid \mathbf{x}_i)=\mathbf{W}(\mathbf{x}_i,\gamma_o)$ 下对于某些 γ_o 是有效的。

当 $\mathbf{W}(\mathbf{x}_i,\gamma)$ 被选为一个对角矩阵时，WMNLS 估计量对于严格外生性假设的违反通常是稳健的。例如，在一个 $\text{E}(y_{it} \mid \mathbf{x}_{it})=m_t(\mathbf{x}_{it},\boldsymbol{\theta}_o)$ 的面板数据设置中，我们可以选择 $\mathbf{W}(\mathbf{x}_i,\gamma)$ 为对角的，其中第 t 条对角线仅仅依赖于 $\mathbf{x}_{it}$。由此得到的估计量是一个混合加权非线性最小二乘（PWNLS）**估计量**，其对于动态面板数据模型，或者其他无严格外生性的面板数据模型经常是有用的；可参阅习题 12.13。在第 13 章和第 18 章中我们将介绍准极大似然估计量，其渐近等价于 PWNLS，但可通过单步估计更容易地获得。

有时我们可能会选择 $W(\mathbf{x}_i,\gamma)=\boldsymbol{\Omega}$，也就是，使用一个方差和协方差不依赖 $\mathbf{x}_i$ 的矩阵。$\mathbf{u}_i \equiv \mathbf{y}_i-\mathbf{m}(\mathbf{x}_i,\boldsymbol{\theta}_o)$ 的无条件方差矩阵的一个一致估计量是

$$\hat{\boldsymbol{\Omega}}=N^{-1}\sum_{i=1}^{N} \check{\mathbf{u}}_i \check{\mathbf{u}}_i' \tag{12.99}$$

其中$\breve{\mathbf{u}}_i$是 MNLS 残差的向量。当我们在（12.99）中使用$\hat{\mathbf{\Omega}}$时，我们得到有时被称为非线性 SUR 估计量的估计量。方程（12.99）对无条件方差和协方差没有施加任何约束。在面板数据情形中，我们可能，例如，约束$\hat{\mathbf{\Omega}}$以获得一个随机效应或 AR(1) 结构。带有常数$\mathbf{W}(\mathbf{x}_i,\gamma)$的估计量的渐近分析可从一般的 WMNLS 框架中得出。尤其是，无论$\text{Var}(\mathbf{y}_i \mid \mathbf{x}_i)$是否为常数，根据（12.93），非线性 SUR 估计量是一致的和$\sqrt{N}$渐近正态的。当然，如果$\text{Var}(\mathbf{y}_i \mid \mathbf{x}_i)$依赖于$\mathbf{x}_i$，可能存在一个备择的 WMNLS 估计量比非线性 SUR 估计量更有效，但那取决于我们是否有能力找到$\mathbf{W}(\mathbf{x}_i,\gamma)$，其提供关于$\text{Var}(\mathbf{y}_i \mid \mathbf{x}_i)$的比一个常数矩阵“更好”的一个逼近。

条件方差$\text{Var}(y_{ig} \mid \mathbf{x}_i)$的模型是相对简单的，因为我们有许多单变量分布可以利用（见 13.11.3 节）。直接为条件协方差设定模型——当它们实际上依赖于$\mathbf{x}_i$时——是更困难的。一个卓有成效的方法是为每个g设定条件方差，然后名义地假定存在常条件相关性。那么，如果ρ_{gh}是（名义上的）$\text{Corr}(y_{ig}, y_{ih} \mid \mathbf{x}_i)$，我们有$\text{Cov}(y_{ig},y_{ih}\mid\mathbf{x}_i)=\rho_{gh}[\text{Var}(y_{ig}\mid\mathbf{x}_i)\text{Var}(y_{ih}\mid\mathbf{x}_i)]^{1/2}$。设$\mathbf{V}(\mathbf{x},\boldsymbol{\omega})$为$G\times G$维的对角矩阵，且所提的方差沿着其主对角线，并设$\mathbf{R}(\boldsymbol{\rho})$表示所提的常相关性的$G\times G$维矩阵，其取决于参数$\boldsymbol{\rho}$的$J$维向量。在 GEE 文献中，$\mathbf{R}(\boldsymbol{\rho})$被称为一个运行相关矩阵，因为不能断定其真实地包含条件相关性。事实上，甚至不能断定条件相关性是常数的。

给定$\mathbf{V}(\mathbf{x}_i, \boldsymbol{\omega})$和$\mathbf{R}(\boldsymbol{\rho})$，我们可以写出运行方差矩阵为

$$\mathbf{W}(\mathbf{x}_i,\gamma)=\mathbf{V}(\mathbf{x}_i,\boldsymbol{\omega})^{1/2}\mathbf{R}(\boldsymbol{\rho})\mathbf{V}(\mathbf{x}_i,\boldsymbol{\omega})^{1/2} \tag{12.100}$$

其中$V(\mathbf{x}_i, \boldsymbol{\omega})^{1/2}$是矩阵的平方根。注意$\gamma$包含$\boldsymbol{\omega}$和$\boldsymbol{\rho}$。

为根据（12.100）实施 WMNLS（GEE），我们需要估计$\boldsymbol{\omega}$和$\boldsymbol{\rho}$。这通常通过 MNLS 进而首先获得残差$\breve{u}_{ig}$，然后使用$\breve{u}_{ig}^2$和方差模型，比如说$v_g(\mathbf{x}_i,\boldsymbol{\omega})$，去估计方差，比如说$\breve{v}_{ig}\equiv v_{ig}(\mathbf{x}_i,\hat{\boldsymbol{\omega}})$。（在许多情形中，$v_g(\mathbf{x},\boldsymbol{\omega})$的函数取决于平均参数$\boldsymbol{\theta}$和一个单独的附加参数；我们将在 13.11.3 节和第 18 章明确地看到这个。）然后，我们可以对于所有的i和g使用标准化残差$\breve{u}_{ig}/\sqrt{\breve{v}_{ig}}$来估计可行相关矩阵$\mathbf{R}(\boldsymbol{\rho})$的参数。其细节取决于如何设定$\mathbf{R}(\boldsymbol{\rho})$。

最一般的设定（一旦我们将我们自己限定在一个不依赖于x的矩阵上）是一个非结构化运行相关矩阵，其中$\mathbf{R}(\boldsymbol{\rho})$的元素是无约束的（当然，除非要求矩阵为一个有效相关矩阵）：

$$\mathbf{R}(\boldsymbol{\rho})=\begin{pmatrix} 1 & \rho_{12} & \rho_{13} & \cdots & \rho_{1G} \\ \rho_{12} & 1 & \rho_{23} & \cdots & \rho_{2G} \\ \rho_{13} & \rho_{23} & \ddots & \ddots & \vdots \\ \vdots & \vdots & \vdots & 1 & \rho_{G-1,G} \\ \rho_{1G} & \rho_{2G} & \cdots & \rho_{G-1,G} & 1 \end{pmatrix} \tag{12.101}$$

那么，我们可以估计每个ρ_{gh}为

$$\hat{\rho}_{gh}=\text{样本相关性}(\check{u}_{ig}/\sqrt{\check{v}_{ig}},\check{u}_{ih}/\sqrt{\check{v}_{ih}}) \tag{12.102}$$

在一般条件下，$\hat{\rho}_{gh}$ 收敛于，比如说，在 $u_{ig}/\sqrt{v_g(\mathbf{x}_i,\ \boldsymbol{\omega}^*)}$ 和 $u_{ih}/\sqrt{v_h(\mathbf{x}_i,\ \boldsymbol{\omega}^*)}$ 之间的总体相关性 ρ_{gh}^*，其中 $\boldsymbol{\omega}^*=\text{plim}(\hat{\boldsymbol{\omega}})$。

在面板数据设置中 $\mathbf{R}(\boldsymbol{\rho})$ 的普通形式是可交换运行相关矩阵，它对于所有的配对引入了一个单个的相关参数 ρ。然后，当 $g\neq h$ 时可通过跨所有非冗余配对以计算 $\hat{\rho}_{gh}$（但其中 g 和 h 分别表示不同的时间段）的平均数获得 $\hat{\rho}$。一个可交换相关矩阵考虑了一个随机效应型相关性结构，但随着时间的推移，条件方差不断改变。我们将在第 13 章中对此设置做更多讨论。

一旦已经获得 $\hat{\omega}$ 和 $\hat{\boldsymbol{\rho}}$，可行方差矩阵的估计，$\mathbf{W}_i(\hat{\gamma})=\mathbf{V}(\mathbf{x}_i,\hat{\omega})^{1/2}\mathbf{R}(\hat{\boldsymbol{\rho}})\mathbf{V}(\mathbf{x}_i,\hat{\omega})^{1/2}$，是很容易获得的，而且它们可被用在 WMNLS 中。在特殊的情形中，假设 $\mathbf{W}(\mathbf{x},\gamma)$ 关于 $\text{Var}(\mathbf{y}_i\mid\mathbf{x}_i)$ 是正确设定的可能是合理的，但大部分时间人们应当使用方程（12.98）作为方差矩阵估计量。

最后是一句最终警告的话。方差矩阵估计量（12.98）假定条件均值是正确设定的，正如在方程（12.93）中明确表示的那样。因此，只要条件均值是正确设定的，这个估计量就是完全稳健的；如果我们容许 $\text{E}(y_i\mid\mathbf{x}_i)$ 的设定错误，它仅仅是半稳健的。遗憾的是，因为 WMNLS 是一个两步估计量，一个允许条件均值存在误设的方差矩阵估计量比（12.98）远远更为复杂，因为它取决于 $\hat{\gamma}$ 的抽样变异性。尤其是，仅仅用在估计值处计算的无条件海赛矩阵替代三明治的外层是不够的。（这就是为什么在 WMNLS 对 GEE 的应用中，来自（12.98）的标准误经常明确被标为半稳健的。）

12.10　分位数估计

本章引论中包括了关于一个条件中位数函数估计问题的简要讨论，而且我们讨论了如何从定理 12.2 得到 LAD 的一致性。条件中位数和更一般地，条件分位数的估计在实证研究中越来越受欢迎。长期以来人们已经认识到，当估计条件均值函数是有价值的时，一个解释变量的偏效应跨一个总体的不同部分可以有很不一样的影响。分位数估计允许我们来研究这种影响。科恩克和巴西特（Koenker and Bassett，1978）开发了分位数回归理论，而布钦斯基（Buchinsky，1998），佩拉奇（Peracchi，2001），以及科恩克（Koenker，2005）提供了最新的处理方法。张伯伦（Chamberlain，1994）和布钦斯基（Buchinsky，1994）是使用分位数回归估计美国工资分配变化的有影响力的应用。

12.10.1 分位数、估计问题和一致性

设 y_i 表示从总体中的一次随机抽样。然后，对于 $0<\tau<1$，$q(\tau)$ 是 y_i 的分布中的第 τ 个分位数，如果 $\mathrm{P}(y_i\leqslant q(\tau))\geqslant\tau$ 且 $\mathrm{P}(y_i\geqslant q(\tau))\geqslant1-\tau$。一种特殊情形是当 $\tau=1/2$ 时的中位数。为了概念上的便利，我们将把 y_i 的第 τ 个分位数写为 $\mathrm{Quant}_\tau(y_i)$。

通常情形中，我们感兴趣的是以一套协变量 $\mathbf{x}_i$ 为条件构建分位数模型。在大多数应用中，其假设是分位数关于参数是线性的（而且我们将证明它们关于 $\mathbf{x}_i$ 是线性的，即便我们可以像往常一样选择 $\mathbf{x}_i$ 来包含潜在解释变量的非线性函数）。根据线性假设，我们有

$$\mathrm{Quant}_\tau(y_i\,|\,\mathbf{x}_i)=\alpha_\mathrm{o}(\tau)+\mathbf{x}_i\boldsymbol{\beta}_\mathrm{o}(\tau) \tag{12.103}$$

其中，由于不久就可看到的原因，我们明确引入了一个截距项并明确证明截距项和斜率依赖于 τ。

为估计一个条件分位数函数的参数，知道一个总体分位数是否解出一个总体极值问题是非常有帮助的。我们知道条件均值最小化期望平方误差，并且在引论中，我们断言条件中位数（当 $\tau=0.5$）最小化期望绝对误差。一般来说，如果 $q_\mathrm{o}(\tau)$ 是 y_i 的第 τ 个分位数，那么 $q_\mathrm{o}(\tau)$ 解出

$$\min_{q\in\mathbb{R}}\mathrm{E}\{(\tau1[y_i-q\geqslant0]+(1-\tau)1[y_i-q<0])\,|\,y_i-q\,|\} \tag{12.104}$$

其中 $1[\cdot]$ 是示性函数，如果括号中的陈述是真实的等于 1，否则为 0。该函数

$$c_\tau(u)=(\tau1[u\geqslant0]+(1-\tau)1[u<0])\,|\,u\,|=(\tau-1[u<0])u$$

被称为非对称绝对损失函数、τ 绝对损失函数或核对函数（因为它的图形类似于一个核对标记）（例如，可参阅曼斯基（Manski，1988，第 4.2.4 节）。当 $u>0$时，$c_\tau(u)$ 的斜率是 τ，当 $u<0$ 时，斜率为 $-(1-\tau)$，在 $u=0$ 处斜率是未定的。当 $\tau=0.5$ 时，核对函数仅仅是绝对值除以 2，所以它是关于零对称的。如果 $\tau>0.5$ 时，对于 $u>0$ 的损失的斜率大于对于 $u<0$ 的斜率的绝对值；如果 $\tau<0.5$，则相反情形成立。

其直接结果是一个条件分位数最小化了以 $\mathbf{x}_i$ 为条件的非对称绝对损失函数。（当然，当 $\tau=0.5$ 时，我们回到中位数最小化了绝对误差的事实。）因此，我们可以立即应用类比原则以获得方程（12.103）中参数的一致估计量：

$$\min_{\alpha\in\mathbb{R},\beta\in\mathbb{R}^K}\sum_{i=1}^{N}c_\tau(y_i-\alpha-\mathbf{x}_i\boldsymbol{\beta}) \tag{12.105}$$

根据 $\boldsymbol{\theta}_\mathrm{o}(\tau)=(\alpha_\mathrm{o}(\tau))$，$\boldsymbol{\beta}_\mathrm{o}((\tau)')'$是 $\mathrm{E}[c_\tau(y_i-\alpha-\mathbf{x}_i\boldsymbol{\beta})]$ 的唯一最小解的假设——其被确保为一个解——分位数回归估计量在非常弱的正则条件下是一致的。注意 $c_\tau(y_i-\alpha-\mathbf{x}_i\boldsymbol{\beta})$ 在参数上是连续的，因为核对函数是连续的。然而，核对函数在零处不可微。

在我们讨论跨不同分位数的估计之前，在条件中位数的典型案例上花点时间是有用的。在许多应用中，LAD 估计量连同 OLS 一起经常被用于设想地证明 OLS 对有影响力观测值的灵敏度。这不是什么秘密，因为最小化残差平方和，OLS 能对所包含的极端观测值很敏感。在数据污染的具体模型背景下，人们可以做出精确的概念即 OLS 对于有影响力观测值是“非稳健的”或是“异常值的”。相比之下，LAD 估计量（以及更一般的分位数估计量）对有影响力观测值是“稳健”的。我们不必开发一个为了对异常数据定义稳健性的正式框架——例如，就像在休伯（Huber，1981）中那样——来理解主要要点：OLS 对极端数据点的变化敏感，因为其均值对极端值的变化敏感；LAD 对极端数据点的变化不敏感，因为中位数对极端值的变化不敏感。通过选择三个正整数，计算平均数和中位数，在最大值上乘以 10，并再次计算平均数和中位数，很容易说明这一点。均值将急剧增加，而中位数将不会改变。

中位数对极端值上的变化不敏感是令人满意的，但我们不应当遗漏一个重要的论点：有时，可能更经常地，我们对条件均值上的偏效应感兴趣。如果是那样的话，那么我们必须认识到，LAD 一般不会一致地估计在一个正确设定的条件均值中的参数。只有最小二乘能（假设我们排除了有很厚尾部的误差分布）。因此，人们在把 LAD 和 OLS 之间的差异归因于异常值时必须非常小心；还有其他原因可能会使得估计显著不同。如果我们定义了一致估计条件均值参数的均值的稳健性，LAD 不是条件均值参数的一个稳健估计量，因为只有在条件分布的附加约束下一致性才成立。（其他所谓的稳健估计量——这里的“稳健”是指对异常观测值不敏感——对于估计条件均值是不稳健的，因为为保证一致性，它们还依赖于对称性。参阅休伯（Huber，1981）了解一个一般的处理，并同样参阅佩拉奇（Peracchi，2001））。

为研究 LAD 和 OLS 根据其以估计相同参数的那些假设，为一次随机抽样 i 写出一个模型为

$$y_i = \alpha_o + \mathbf{x}_i \boldsymbol{\beta}_o + u_i \tag{12.106}$$

是有帮助的。如果我们假设

$$\mathrm{D}(u_i \mid \mathbf{x}_i)\text{是关于零对称的，} \tag{12.107}$$

那么 $\mathrm{E}(u_i \mid \mathbf{x}_i) = \mathrm{Med}(u_i \mid \mathbf{x}_i) = 0$，这意味着（12.106）的确定性部分，$\alpha_o + \mathbf{x}_i \boldsymbol{\beta}_o$，同时是 y_i 的条件均值和条件中位数（而且 $\mathrm{D}(y_i \mid \mathbf{x}_i)$ 是关于 $\alpha_o + \mathbf{x}_i \boldsymbol{\beta}_o$ 对称的）。如果仅是隐含地，在关于 OLS 对异常值的敏感性以及在该情形中 LAD 的优势的讨论中，经常要维持条件对称性。如果我们维持条件对称性，那么分析是相当干净的，因为 LAD 和 OLS 之间的取舍很容易获得。根据条件对称性，LAD 可以有一个比厚尾分布的 OLS 更小的渐近方差——参阅下一节可见推导。但是，众所周知，OLS 对于估计在某些薄尾分布下的均值（中位数）参数将是更有效的，诸如正态分布中。

有没有其他假设，根据这些假设 OLS 和 LAD 对于（12.106）中的参数都是一致的？有。但不是（12.107），假如我们假设独立性并将其作为标准化

$E(u_i)=0$：

$$D(u_i\mid\mathbf{x}_i)=D(u_i)\quad 且\quad E(u_i)=0 \tag{12.108}$$

根据（12.108），OLS 一致估计 α_o 和 $\boldsymbol{\beta}_o$。请注意 u_i 不需要有一个对称分布。当它没有对称分布时，$\text{Med}(u_i)\equiv\eta_o\neq 0$。然而，根据独立性，

$$\text{Med}(y_i\mid\mathbf{x}_i)=\alpha_o+\mathbf{x}_i\boldsymbol{\beta}_o+\text{Med}(u_i)=(\alpha_o+\eta_o)+\mathbf{x}_i\boldsymbol{\beta}_o$$

这个等式直接意味着 LAD 斜率估计量关于 $\boldsymbol{\beta}_o$ 是一致的。因此，OLS 和 LAD 应当提供斜率参数的相同估计。但它们将估计不同的截距项。

遗憾的是，在 LAD 的许多应用中，独立性假设显然是被违反的。当 y_i 是一个诸如财富、收入或养老金缴纳等的变量时，$\text{Var}(u_i\mid\mathbf{x}_i)$ 中的异方差性是普通的。此外，条件的财富和收入分布往往是有偏误的，因此，当 LAD 方法连同 OLS 应用时，往往有理由先验地认为 OLS 和 LAD 不会产生相同的斜率估计。（事实上，不太可能条件均值和条件中位数都是关于 $\mathbf{x}_i$ 线性的。）但是，在 OLS 和 LAD 估计之间的重要差异必须与异常值的存在无关。

有时人们可以使用一个变换以确保（12.108）中的条件对称性或独立性假设。当 $y_i>0$ 时，最常见的变换是自然对数。通常情况下，线性模型 $\log(y_i)=\alpha_o+\mathbf{x}_i\boldsymbol{\beta}_o+u_i$ 更容易满足对称性或独立性假设。假如关于零的对称性在关于 $\log(y_i)$ 的线性模型中成立，那么，因为中位数穿过单调函数（与求期望不同），$\text{Med}(y_i\mid\mathbf{x}_i)=\exp(\text{Med}[\log(y_i)\mid\mathbf{x}_i])=\exp(\alpha_o+\mathbf{x}_i\boldsymbol{\beta}_o)$，所以我们可很容易地重新获得 y_i 自身的中位数上的偏效应。相比之下，我们一般不能找到 $E(y_i\mid\mathbf{x}_i)=\exp(\alpha_o+\mathbf{x}_i\boldsymbol{\beta}_o)E[\exp(u_i)\mid\mathbf{x}_i]$。如果替代地我们假设（12.108），那么 $\text{Med}(y_i\mid\mathbf{x}_i)$ 和 $E(y_i\mid\mathbf{x}_i)$ 都是 $\mathbf{x}_i\boldsymbol{\beta}_o$ 的指数函数，但在指数函数内使用不同的“截距项”。

顺便说一句，中位数穿过单调函数这一事实对于应用 LAD 到各种问题中来说是非常方便的，包括在第 15 章和第 17 章中的一些。但是期望算子具有中位数所不具备的有用性质：线性和迭代期望法则。例如，假设我们从一个随机系数模型 $y_i=a_i+\mathbf{x}_i\mathbf{b}_i$ 开始，其中，a_i 是异质性的截距项且 $\mathbf{b}_i$ 是一个异质性斜率的 $1\times K$ 维向量（“随机系数”）。如果我们假设 $(a_i,\mathbf{b}_i)$ 是关于 $\mathbf{x}_i$ 独立的，那么

$$E(y_i\mid\mathbf{x}_i)=E(a_i\mid\mathbf{x}_i)+\mathbf{x}_iE(\mathbf{b}_i\mid\mathbf{x}_i)\equiv\alpha_o+\mathbf{x}_i\boldsymbol{\beta}_o$$

其中 $\alpha_o=E(a_i)$ 以及 $\boldsymbol{\beta}_o=E(\mathbf{b}_i)$，因为 OLS 一致估计了关于那些参数为线性的一个条件均值的参数，OLS 一致估计了总体平均效应，或平均偏效应，$\boldsymbol{\beta}_o$（同样可参阅 4.4.4 节）。通常情况下，即使在独立性假设下，也没有办法推导 $\text{Med}(y_i\mid\mathbf{x}_i)$，而且不能证明一个线性模型的 LAD 估计能估计平均或中位数偏效应。安格里斯特、车诺朱可夫和费尔南德斯-瓦尔（Angrist，Chernozhukov，and Fernanckz-Val，2006）提供了在误设假设下 LAD 的一个处理（和分位数回归）并描述了 LAD 估计量的概率极限的特征。

我们现在转向一般的分位数估计。在许多应用中，人们估计对于各种分位的线性条件分位数函数。有一套估计的线性分位数允许人们看到不同的解释变量是怎样有区别地影响分布 $D(y_i\mid\mathbf{x}_i)$ 的不同部分的。当然，没法保证所有或

者甚至几个条件分位数实际上是线性的。当添加的误差与回归元独立时，我们有方程（12.103）但带有普通的斜率，对于所有的 $\tau\boldsymbol{\beta}_o(\tau)=\boldsymbol{\beta}_o$。然后，我们可以使用任何带 $0<\tau<1$ 的分位数估计普通斜率。在分位数回归的大多数应用中，整个要点在于看出协变量上的效应是如何随着分位数而改变的，因此应当对不同的分位数估计不同的线性模型。实事求是地讲，分位数函数没有横穿过去所根据的那些条件是有相当大的约束性的，并且估计的分位数当 τ 在 0 和 1 之间来回变动时通常不显示出均匀增加或减少的斜率。科恩克（Koenker，2005）提供了进一步的讨论。

12.10.2 渐近推断

正如在 12.3 节中提到的，LAD 估计超出了定理 12.3，因为目标函数关于正定期望海赛矩阵不是二次连续可微的（在 $\boldsymbol{\theta}_o$ 处）。对于一般的分位数回归，在核对函数中的不可微性只在 0 处发生。为了简化符号，对于一个给定的 τ，我们现在写为

$$y_i=\mathbf{x}_i\boldsymbol{\theta}_o+u_i,\quad \text{Quant}_\tau(u_i|\mathbf{x}_i)=0 \tag{12.109}$$

其中 $\mathbf{x}_i$ 的第一个元素是单位元。如果在 $\mathbf{x}_i$ 的分布中有足够的变化，如此则 $y_i-\mathbf{x}_i\hat{\boldsymbol{\theta}}$ 为 0 的概率将是足够小的，$c_\tau(u)$ 在 $u=0$ 处的非平滑性不会导致一个严重的问题。真正的复杂问题是核对函数的二阶导数在任何它被定义的地方都为 0，那就是，对于所有的 $u\neq0$。有趣的是，虽然得分通常的平均值扩展式不能再被应用，有可能修正论证并获得一个关于分位数回归估计量的影响函数表示法。如果我们把目标函数写为

$$q(\mathbf{w}_i,\boldsymbol{\theta})=\tau 1[y_i-\mathbf{x}_i\boldsymbol{\theta}\geqslant0](y_i-\mathbf{x}_i\boldsymbol{\theta})-(1-\tau)1[y_i-\mathbf{x}_i\boldsymbol{\theta}<0](y_i-\mathbf{x}_i\boldsymbol{\theta})$$

那么我们可以定义一个得分函数为

$$\mathbf{s}_i(\boldsymbol{\theta})=-\mathbf{x}_i'\{\tau 1[y_i-\mathbf{x}_i\boldsymbol{\theta}\geqslant0]-(1-\tau)1[y_i-\mathbf{x}_i\boldsymbol{\theta}<0]\} \tag{12.110}$$

我们把 $\mathbf{s}_i(\boldsymbol{\theta})$ 称为一个得分函数，因为对于 $\boldsymbol{\theta}$ 这一参数，则有 $y_i-\mathbf{x}_i\boldsymbol{\theta}\neq0$，$\mathbf{s}_i(\boldsymbol{\theta})$ 事实上是目标函数的梯度的转置，就像以前一样。当目标函数是不可微的时，希望我们不必担心会发生什么。如果 u_i 在 0 处有一个连续分布，则 $\mathrm{P}(y_i-\mathbf{x}_i\boldsymbol{\theta}_o=0)=0$。换句话说，在 $\boldsymbol{\theta}=\boldsymbol{\theta}_o$ 处，我们可以忽略在观测数据中目标函数在真实值处是不可微的可能性。因为 $\hat{\boldsymbol{\theta}}$ 是关于 $\boldsymbol{\theta}_o$ 一致的，当样本量增加时，$q(\mathbf{w}_i,\boldsymbol{\theta})$ 在 $\hat{\boldsymbol{\theta}}$ 处是不可微的机会越来越少，所以我们可以使用一个一阶条件来获得 $\hat{\boldsymbol{\theta}}$。

我们可以直接证明得分满足 $\mathrm{E}[\mathbf{s}_i(\boldsymbol{\theta}_o)|\mathbf{x}_i]=0$，因为根据一个分位数的定义有 $\mathrm{E}(1[y_i-\mathbf{x}_i\boldsymbol{\theta}_o\geqslant0]|\mathbf{x}_i)=\mathrm{P}(y_i\geqslant\mathbf{x}_i\boldsymbol{\theta}_o|\mathbf{x}_i)=(1-\tau)$。进而 $\mathrm{E}(1[y_i-\mathbf{x}_i\boldsymbol{\theta}_o<0|\mathbf{x}_i])=\mathrm{P}(y_i<\mathbf{x}_i\boldsymbol{\theta}_o|\mathbf{x}_i)=\tau$，（当我们假设 u_i 在 0 处有一个连续分布，）所以

$$\mathrm{E}[\mathbf{s}_i(\boldsymbol{\theta}_o)|\mathbf{x}_i]=-\mathbf{x}_i'(\tau(1-\tau)-(1-\tau)\tau)=\mathbf{0}$$

渐近理论要求我们考虑满足 $N^{-1/2}\sum_{i=1}^N\mathbf{s}_i(\hat{\boldsymbol{\theta}})=o_p(1)$ 的解。（从技术上讲，

存在一种最小化问题的解不能解出一阶条件的可能性，但它变小了。）获得一个影响函数表示法的关键是首先计算出得分的期望值，然后获得雅可比。如果我们首先得到得分的雅可比，那么它是恒为0的。因此，设 $\mathbf{a}(\boldsymbol{\theta}) \equiv \mathrm{E}[\mathbf{s}_i(\boldsymbol{\theta})]$ 且假设 $\mathbf{a}(\cdot)$ 的 $P \times P$ 维雅可比，比如说 $\mathbf{A}(\cdot)$，存在。进而，假定 $\mathbf{A}(\boldsymbol{\theta}_o)$ 是非奇异的；事实上，它将几乎总是正定的。通过首先求 $\mathbf{s}_i(\boldsymbol{\theta})$ 的期望，我们将它平滑掉了，而在弱的条件下得分的期望值是表现良好的。出发点是要找到以 $\mathbf{x}_i$ 为条件的期望：

$$\begin{aligned}
&\mathrm{E}[\mathbf{s}_i(\boldsymbol{\theta}) \mid \mathbf{x}_i] \\
&= -\mathbf{x}_i'\{\tau \mathrm{P}[u_i \geqslant \mathbf{x}_i(\boldsymbol{\theta}-\boldsymbol{\theta}_o) \mid \mathbf{x}_i] - (1-\tau)\mathrm{P}[u_i < \mathbf{x}_i(\boldsymbol{\theta}-\boldsymbol{\theta}_o) \mid \mathbf{x}_i]\\
&= -\mathbf{x}_i'\{\tau[1-F_u(\mathbf{x}_i(\boldsymbol{\theta}-\boldsymbol{\theta}_o) \mid \mathbf{x}_i] - (1-\tau)F_u(\mathbf{x}_i(\boldsymbol{\theta}-\boldsymbol{\theta}_o \mid \mathbf{x}_i)\}\\
&= -\mathbf{x}_i'[\tau - F_u(\mathbf{x}_i(\boldsymbol{\theta}-\boldsymbol{\theta}_o) \mid \mathbf{x}_i]
\end{aligned} \tag{12.111}$$

其中我们假设条件累积分布函数 $F_u(\cdot \mid \mathbf{x})$ 在零处是连续的。事实上，我们假设 $F_u(\cdot \mid \mathbf{x})$ 是连续可微的并将密度表示为 $f_u(\cdot \mid \mathbf{x})$。当然，$\mathrm{E}[\mathbf{s}_i(\boldsymbol{\theta})]$ 仅仅是（12.111）跨 $\mathbf{x}_i$ 的分布的期望值。假设我们可以交换期望和雅可比的位置——这在一般条件下都成立，正如在巴特尔（Bartle，1966，第4章）中所描述的那样——我们可以首先计算 $\mathrm{E}[\mathbf{s}_i(\boldsymbol{\theta}) \mid \mathbf{x}_i]$ 的雅可比，然后获取其期望值以获得$\mathbf{A}(\boldsymbol{\theta})$。但是，从（12.111）中，有 $\nabla_\theta \mathrm{E}[\mathbf{s}_i(\boldsymbol{\theta}) \mid \mathbf{x}_i] = f_u(\mathbf{x}_i(\boldsymbol{\theta}-\boldsymbol{\theta}_o) \mid \mathbf{x}_i)\mathbf{x}_i'\mathbf{x}_i$，并在 $\boldsymbol{\theta}_o$ 处计算出这个雅可比的值以及求出期望（我们假设它可以和雅可比交换位置）给出

$$\mathbf{A}_o \equiv \mathbf{A}(\boldsymbol{\theta}_o) = \mathrm{E}[f_u(0 \mid \mathbf{x}_i)\mathbf{x}_i'\mathbf{x}_i] \tag{12.112}$$

使用休伯（Huber，1967）的方法以及纽韦和麦克法登（Newey and McFadden，1994，第7节），人们可以推导出表示法

$$\sqrt{N}(\hat{\boldsymbol{\theta}} - \boldsymbol{\theta}_o) = -\mathbf{A}_o^{-1} N^{-1/2} \sum_{i=1}^{N} \mathbf{s}_i(\boldsymbol{\theta}_o) + \mathrm{o}_p(1) \tag{12.113}$$

因为 $\mathbf{s}_i(\boldsymbol{\theta}_o)$ 具有零均值，其结果（在温和的条件下）是

$$\sqrt{N}(\hat{\boldsymbol{\theta}} - \boldsymbol{\theta}_o) \xrightarrow{d} \mathrm{Normal}(\mathbf{0}, \mathbf{A}_o^{-1}\mathbf{B}_o\mathbf{A}_o^{-1}) \tag{12.114}$$

其中，

$$\mathbf{B}_o \equiv \mathrm{E}[\mathbf{s}_i(\boldsymbol{\theta}_o)\mathbf{s}_i(\boldsymbol{\theta}_o)'] = \tau(1-\tau)\mathrm{E}(\mathbf{x}_i'\mathbf{x}_i) \tag{12.115}$$

（习题12.14要求你推导关于 $\mathbf{B}_o$ 的表达式。）

矩阵 $\mathbf{B}_o$ 的估计是很简单的（回忆一下我们选定 τ 的做法）：

$$\hat{\mathbf{B}} = \tau(1-\tau)\left(N^{-1}\sum_{i=1}^{N}\mathbf{x}'_i\mathbf{x}_i\right) \tag{12.116}$$

我们也可以使用得分的平均外积，$\mathbf{s}_i(\hat{\boldsymbol{\theta}})$。当通过引理12.1有 $\mathrm{P}(y_i - \mathbf{x}_i\boldsymbol{\theta}_o = 0) = 0$ 时，这个估计量一般是一致的（允许函数以0的概率在 $\boldsymbol{\theta}_o$ 处是不连续的）。

矩阵 $\mathbf{A}_o$ 是更难估计的，因为初看起来，它似乎要求估计 $f_u(0 \mid \mathbf{x}_i)$，即 u_i

的条件密度在零处的估计。一种方法是使用一个非参数密度估计量，但这些估计量是不精确的，特别是当 $\mathbf{x}_i$ 的维度很大时。其结果是我们可以更简单地估计 $\mathbf{A}_o$，使用应归功于鲍威尔（Powell，1991）发明的一种方法。为勾勒出这种方法，我们可以使用 $f_u(\cdot \mid \mathbf{x}_i)$ 在零处是可微的假设，连同一个导数的定义一起，把 $f_u(0 \mid \mathbf{x}_i)$ 近似为

$$\begin{aligned}[F_u(h_N|\mathbf{x}_i)-F_u(-h_N|\mathbf{x}_i)]/2h_N &= \mathrm{P}(-h_N\leqslant u_i\leqslant h_N|\mathbf{x}_i)/2h_N \\ &= \mathrm{P}(|u_i|\leqslant h_N|\mathbf{x}_i)/2h_N\end{aligned}$$

其中 $\{h_N\}$ 是一个正数序列且 $h_N \to 0$。(我们马上会看到为什么我们要用样本量 N 对 h_N 标出下标。）可以方便地将条件概率写成一个使用示性函数的条件期望，$\mathrm{P}(|u_i|\leqslant h_N|\mathbf{x}_i)=\mathrm{E}(1[|u_i|\leqslant h_N]|\mathbf{x}_i)$。因此，$\mathrm{E}[f_u(0|\mathbf{x}_i)\mathbf{x}_i'\mathbf{x}_i]$对于“小的” h_N 的一个近似是

$$(2h_N)^{-1}\mathrm{E}\{(1[|u_i|\leqslant h_N]|\mathbf{x}_i)\mathbf{x}_i'\mathbf{x}_i\}=(2h_N)^{-1}\mathrm{E}(1[|u_i|\leqslant h_N]\mathbf{x}_i'\mathbf{x}_i) \tag{12.117}$$

其中通过迭代期望法则，等式成立。$1[|u_i|\leqslant h_N]$ 的条件期望切换到它的无条件期望是一个重要的简化，并让人联想到用来获得对异方差性稳健的方差矩阵估计量的论证。在那种情形中，被估计的矩阵在三明治的中间，是 $\mathrm{E}[\mathrm{E}(u_1^2|\mathbf{x}_i)\mathbf{x}_i'\mathbf{x}_i]=\mathrm{E}(u_i^2\mathbf{x}_i'\mathbf{x}_i)$。后面那个表达式是更容易直接估计的，因为它绕过了估计条件期望 $\mathrm{E}(u_i^2 \mid \mathbf{x}_i)$ 的需要。

继续进行分位数回归的情形，我们使用样本模拟来估计（12.117），像往常一样：

$$\begin{aligned}\hat{\mathbf{A}} &= (2h_N)^{-1}N^{-1}\sum_{i=1}^{N}1[|\hat{u}_i|\leqslant h_N]\mathbf{x}_i'\mathbf{x}_i \\ &= (2Nh_N)^{-1}\sum_{i=1}^{N}1[|\hat{u}_i|\leqslant h_N]\mathbf{x}_i'\mathbf{x}_i\end{aligned} \tag{12.118}$$

其中$\hat{u}_i=y_i-\mathbf{x}_i\hat{\boldsymbol{\theta}}$是来自分位数回归的残差。遗憾的是，不同于以往的案例，我们不能那么容易地断言$\hat{\mathbf{A}}$是关于 $\mathbf{A}_o$ 一致的：我们没有说过 h_N 随样本量减小到零的速度有多快，而且示性函数不是连续的。鲍威尔（Powell，1991）（同样可参阅科恩克（Koenker，2005））证明，在弱的条件下，$h_N \to \infty$使得$\sqrt{N}h_N \to \infty$对于一致性是充分的。第二个条件控制着 h_N 以多快速度缩小到 0。举个例子，对于任意 $a>0$ 有 $h_N=aN^{-1/3}$满足这些条件。现实的问题是选择 a（或更一般地，选择 h_N）。科恩克（Koenker，2005）包含了具体的建议，而且还讨论了相关的估计量。在方程（12.118）中，如果 $|\hat{u}_i|>h_N$，观测点 i 不会有任何贡献。其他方法允许每个观测值进入总和但带有一个随 $|\hat{u}_i|$ 增加而下降的权重。在实践中，人们使用最方便的估计（那有可能被编程到一个现成的计量经济学软件包以执行分位数回归）。非参数自助法可以应用到分位数回归中，但如果数据集很大，使用几百个自助法样本的计算可能是代价巨大的。

如果我们假设 u_i 关于 $\mathbf{x}_i$ 是独立的，那么 $f_u(0|\mathbf{x}_i)=f_u(0)$，而且方程

（12.114）中的渐近方差可简化为

$$\frac{\tau(1-\tau)}{[f_u(0)]^2}[\mathrm{E}(\mathbf{x}_i'\mathbf{x}_i)]^{-1} \tag{12.119}$$

其估计量具有一般形式

$$\frac{\tau(1-\tau)}{[\hat{f}_u(0)]^2}\left(N^{-1}\sum_{i=1}^{N}\mathbf{x}_i'\mathbf{x}_i\right)^{-1} \tag{12.120}$$

以及 $f_u(0)$ 的一个简单、一致估计是

$$\hat{f}_u(0)=(2Nh_N)^{-1}\sum_{i=1}^{N}1[|\hat{u}_i|\leqslant h_N] \tag{12.121}$$

其中像以前一样 h_N 满足相同的条件。在（12.121）中的估计量很容易被看成 u_i 的密度在 $u=0$ 处的一个简单的直方图估计量，其中箱宽为 $2h_N$（而且我们必须使用残差替代 u_i）。作为一种选择，人们可以使用一个应用到 $\{\hat{u}_i\}$ 上的不同的核密度估计量；可参阅，例如，卡梅伦和特里维迪（Cameron and Trivedi，2005，第 9.3 节）。

例 12.1（金融财富的分位数回归）：我们使用在数据文件 401KSUBS.RAW 中关于单个个体的数据集（$fsize=1$）（来自阿巴迪（Abadie，2003））以估计关于总金融财富净值（$nettfa$）的条件分位数。解释变量是收入、年龄，以及一个表示通过其雇主参与到一项 401（k）养老金计划的资质合格性的二元变量。这些估计，包括关于条件均值的一个线性模型的 OLS 估计，都在表 12.1 中给定。金融财富和收入都以千美元度量。

表 12.1　　对于总金融财富净值的均值和分位数回归

被解释变量	*nettfa*					
	(1)	(2)	(3)	(4)	(5)	(6)
解释变量	均值(OLS)	0.10 分位数	0.25 分位数	中位数(LAD)	0.75 分位数	0.90 分位数
inc	0.783	−0.017 9	0.071 3	0.324	0.798	1.291
	(0.104)	(0.017 7)	(0.007 2)	(0.012)	(0.025)	(0.048)
age	−1.568	−0.066 3	0.033 6	−0.244	−1.386	−3.579
	(1.076)	(0.230 7)	(0.095 5)	(0.146)	(0.287)	(0.501)
age^2	0.028 4	0.002 4	0.000 4	0.004 8	0.024 2	0.060 5
	(0.013 8)	(0.002 7)	(0.001 1)		(0.001 7)	(0.003 4)
	(0.005 9)					
e401k	6.837	0.949	1.281	2.598	4.460	6.001
	(2.173)	(0.617)	(0.263)	(0.404)	(0.801)	(1.437)
N	2 017	2 017	2 017	2 017	2 017	2 017

OLS 标准差（在圆括号中）是对于异方差性稳健的。

分位数回归估计连同标准差（在圆括号中）可使用 Stata 9.0 获得。方差矩阵具有在方程（12.120）中的形式——那就是，它假设了在残差与回归元之间的独立性。

在 OLS 估计中没有意外。在金融财富和收入之间的平均关系是很强的和统

计上非常显著的。此外，在 401（k）计划中的资质合格性，当保持收入和年龄固定时，被估计将使期望金融财富增加约 6 800 美元。对异方差性稳健的 t 统计量超过 3。在 age 和 age^2 上的系数开始可能会出现令人费解的结果，但它们隐含了一个在 $age=27.6$ 岁开始的 $nettfa$ 上的递增效应。这是有道理的，因为样本中最年轻的人是 25 岁。（事实上，模型的拟合是很难改变的——R 平方从 0.127 3 降至 0.127 2——如果我们用单个解释变量 $(age-25)^2$ 代替 age 和 age^2，而且约束肯定无法被拒绝。）

当我们俯瞰整个财富分布时，收入和 401（k）资质合格性的效应的图景是非常不同的。对于分位数回归，我们如何解释 inc 的系数？考虑一下中位数回归的结果。保持 age 和 $e401k$ 固定不变，inc 上的系数意味着如果我们比较收入以 1 000 美元的方式而不同的两组人们，金融财富的中位数对于拥有更高收入的那组来说被估计为高出了 324 美元。中位数上的效应低于均值上的效应的一半（783 美元）。在 $nettfa$ 分布低的一端的收入效应，即 0.10 分位数，是不存在的。在金融财富分布高的一端，收入有一个很大的效应。例如，收入增加 1 000美元时 $nettfa$ 的 0.90 分位数会增加 1 291 元，或增加超过 1 000 美元。inc 上的系数在统计上大于 1。

当我们在财富的分布中向上移动时，401（k）资质合格性对于 $nettfa$ 的效应也在增加，甚至以收入为条件时也是如此。富裕人群能够负担得起付出（contribute）法律所允许的最大值，因此，当我们在分布中向上移动时，是否选择支付到诸如 401（k）计划税收递延储蓄计划，会导致一个更大的效应。（$e401k$ 的系数在 0.95 分位数上增加到约 9.7。）

12.10.3 面板数据的分位数回归

分位数回归方法也可应用于面板数据。对于一个给定的分位数 $0<\tau<1$，假设我们设定

$$\text{Quant}_\tau(y_{it}|\mathbf{x}_{it})=\mathbf{x}_{it}\boldsymbol{\theta}_o, \quad t=1,\cdots,T \tag{12.122}$$

其中 $\mathbf{x}_{it}$ 可能会考虑一整套的时间段截距项。当然，我们可以写出 $y_{it}=\mathbf{x}_{it}\boldsymbol{\theta}_o+u_{it}$，其中 $\text{Quant}_\tau(u_{it}\mid\mathbf{x}_{it})=0$。$\boldsymbol{\theta}_o$ 的自然估计量是混合分位数回归估计量，$\hat{\boldsymbol{\theta}}$，其解出

$$\min_{\theta\in\Theta}\sum_{i=1}^N\sum_{t=1}^N c_\tau(y_{it}-\mathbf{x}_{it}\boldsymbol{\theta}) \tag{12.123}$$

其中 $c_\tau(\cdot)$ 是核对函数。现在，当我们定义一个得分为 $\mathbf{s}_i(\boldsymbol{\theta})=\sum_{t=1}^T\mathbf{s}_{it}(\boldsymbol{\theta})$ 时，我们一般不得不考虑在 $\mathbf{s}_{it}(\boldsymbol{\theta}_o)$ 中的序列相关（虽然可以参阅习题 12.15 以了解动态完备分位数的情形）。在使用得分的外积来估计 $\mathbf{B}_o$ 时，一个技术问题就是

$$\hat{\mathbf{B}}=N^{-1}\sum_{i=1}^N\mathbf{s}_i(\hat{\boldsymbol{\theta}})\mathbf{s}_i(\hat{\boldsymbol{\theta}})'=N^{-1}\sum_{i=1}^N\sum_{t=1}^T\sum_{r=1}^T\mathbf{s}_{it}(\hat{\boldsymbol{\theta}})\mathbf{s}_{ir}(\hat{\boldsymbol{\theta}})' \tag{12.124}$$

其中的得分函数对于 $\boldsymbol{\theta}$ 是不连续的，以至对于某些 $t\in\{1,\cdots,T\}$，有 $y_{it}=\mathbf{x}_{it}\boldsymbol{\theta}$。然而，如果我们假设 $\mathrm{P}(u_{i1}\neq 0,\cdots,u_{iT}\neq 0)=1$，则 $\mathbf{s}_i(\boldsymbol{\theta})$ 以概率为 1 在 $\boldsymbol{\theta}_o$ 处是连续的，这足以应用引理 12.1 的一个稍微广义的版本。因为 $\hat{\mathbf{B}}$ 包含对于 $t\neq r$ 来说的项 $\mathbf{s}_{it}(\hat{\boldsymbol{\theta}})\mathbf{s}_{ir}(\hat{\boldsymbol{\theta}})'$，所以 $\hat{\mathbf{B}}$ 考虑到了在 $\mathrm{Quant}_\tau(y_{it}\mid\mathbf{x}_{it})$ 中任何一种被忽略的动态。$\mathbf{s}_{it}(\hat{\boldsymbol{\theta}})\mathbf{s}_{it}(\hat{\boldsymbol{\theta}})'$ 项可以按照 (12.116) 进行简化，但这样做是不必要的，而且当关于 $t\neq r$ 的项被包含进来时，这样做看起来毫无意义。

$\mathbf{A}_o$ 的估计与截面情形是一样的。一个完全稳健的估计量，一个没有假设在 u_{it} 和 $\mathbf{x}_{it}$ 之间的独立性以及允许 u_{it} 的分布跨 t 而改变的估计量，是方程 (12.118) 的一个延伸：

$$\hat{\mathbf{A}}=(2Nh_N)^{-1}\sum_{i=1}^{N}\sum_{t=1}^{T}1[\,|\hat{u}_{it}|\leqslant h_N]\mathbf{x}'_{it}\mathbf{x}_{it} \tag{12.125}$$

或者，我们可以用一个平滑版本来替代示性函数。不是去使用 $\hat{\mathbf{A}}^{-1}\hat{\mathbf{B}}\hat{\mathbf{A}}^{-1}/N$ 作为 $\mathrm{Avar}(\hat{\boldsymbol{\theta}})$ 的估计，而是可以使用 12.8.2 节中所述的面板数据的方法来应用自助法。

明确允许在分位数回归中存在不可观测效应是棘手的。对于一个给定的分位数 $0<\tau<1$，体现了以 c_i 为条件的严格外生性的一个自然的设定是

$$\mathrm{Quant}_\tau(y_{it}\mid\mathbf{x}_i,c_i)=\mathrm{Quant}_\tau(y_{it}\mid\mathbf{x}_{it},c_i)=\mathbf{x}_{it}\boldsymbol{\theta}_o+c_i,\quad t=1,\cdots,T \tag{12.126}$$

该式让人联想到我们在第 10 章中设定条件均值的方式。等价地，我们可以这样写：

$$y_{it}=\mathbf{x}_{it}\boldsymbol{\theta}_o+c_i+u_{it},\quad \mathrm{Quant}_\tau(u_{it}\mid\mathbf{x}_i,c_i)=0,\quad t=1,\cdots,T$$

遗憾的是，不像在估计条件均值的效应的情形中那样，没有进一步的假设，我们无法继续。一个“固定效应”方法——其中我们允许 $\mathrm{D}(c_i\mid\mathbf{x}_i)$ 是无约束的——是有吸引力的。一般来说，不存在简单的变换来消除 c_i 和估计 $\boldsymbol{\theta}_o$。如果我们把 c_i 处理为连同 $\boldsymbol{\theta}_o$ 一起加以估计的参数，所得到的估计量一般会遭受从属参数问题之苦，这是在第 13 章中被提出并在第Ⅳ篇的几个地方都会出现的一个主题。简单地说，如果我们试图对每个 i 估计 c_i，那么，当 N 很大而 T 很小时，c_i 的估计的糟糕质量会导致一起被估计的 $\boldsymbol{\theta}_o$ 表现也很差。回想一下，这不是我们对于一个条件均值使用 FE 估计量的情形：把 c_i 作为参数对待使我们走向组内估计量。科恩克（Koenker，2004）推导了当 T 和 N 一起增加时，这个估计程序的渐近性质，但他添加了回归元是固定的且 $\{u_{it}: t=1,\cdots,T\}$ 是序列独立的假设。

对于 $T=2$ 时一种备选的方法由阿布莱维亚和达尔（Abrevaya and Dahl，2008）所建议。受关于线性不可观测效应模型的张伯伦方法（可参阅 11.1.2 节）启发，阿布莱维亚和达尔分别估计了对于 $t=1,2$ 的分位数回归 $\mathrm{Quant}_\tau(y_{it}\mid\mathbf{x}_{i1},\mathbf{x}_{i2})$（当然，带截距项）。他们通过一种模仿张伯伦的相关随机效应（CRE）方法中偏效应的一个表示法的方式定义了偏效应。

对于分位数回归，CRE 方法一般会遇到阻碍，因为找出随机变量的总和的分位数是很难的。例如，假设我们施加芒德拉克表示法 $c_i=\psi_o+\bar{\mathbf{x}}_i\zeta_o+a_i$。然后我们可以写出 $y_{it}=\psi_o+\mathbf{x}_{it}\boldsymbol{\theta}_o+\bar{\mathbf{x}}_i\zeta_o+a_i+u_{it}\equiv y_{it}=\psi_o+\mathbf{x}_{it}\boldsymbol{\theta}_o+\bar{\mathbf{x}}_i\zeta_o+v_{it}$，其中 v_{it} 是复合误差。现在，如果我们假设 v_{it} 与 $\mathbf{x}_i$ 独立，那么我们可以使用 y_{it} 对 1，$\mathbf{x}_{it}$ 和 $\bar{\mathbf{x}}_i$ 的混合分位数回归来估计 $\boldsymbol{\theta}_o$ 和 ζ_o。（截距项没有估计一个特别让人感兴趣的量。）但是独立性假设是非常强的，而且，如果我们真正相信它，那么我们可能相信所有分位数函数都是平行的。当然，我们可以始终只是断言感兴趣的效应是在混合分位数估计中 $\mathbf{x}_{it}$ 上的一套系数，而且我们允许这些连同截距项以及在 $\bar{\mathbf{x}}_i$ 上的系数一道，跨分位之间而改变。一旦我们把在时间 t 的解释变量定义为 $(1,\mathbf{x}_{it},\bar{\mathbf{x}}_i)$，所讨论的关于混合分位数回归的渐近方差矩阵估计量就可以直接进行应用。

如果我们对中位数感兴趣的话，我们就有更大的灵活性，而且有几个简单的方法可以推荐。以误差形式把模型 $\mathrm{Med}(y_{it}\mid\mathbf{x}_i,c_i)=\mathrm{Med}(y_{it}\mid\mathbf{x}_{it},c_i)=\mathbf{x}_{it}\boldsymbol{\theta}_o+c_i$ 写成

$$y_{it}=\mathbf{x}_{it}\boldsymbol{\theta}_o+c_i+u_{it},\quad \mathrm{Med}(u_{it}|\mathbf{x}_i,c_i)=0,\quad t=1,\cdots,T$$

并考虑多变量条件分布 $\mathrm{D}(\mathbf{u}_i\mid\mathbf{x}_i)$。如果这个分布在 $\mathrm{D}(\mathbf{u}_i\mid\mathbf{x}_i)=\mathrm{D}(-\mathbf{u}_i\mid\mathbf{x}_i)$ 的意义上是关于 0 对称的——其有时也被称为中心对称——那么给定 $\mathbf{x}$ 时 $\mathbf{g}'\mathbf{u}_i$ 的分布对于 $\mathbf{g}$ 的任何线性组合来说是关于 0 对称的（参阅，例如，瑟夫琳（Serfling，2006）的有关探讨）。特别是，减去时间均值误差具有 $\ddot{u}$（一元）关于零对称的条件分布，这意味着通过把混合最小绝对离差应用到减去时间均值方程 $\ddot{y}_{it}=\ddot{\mathbf{x}}_{it}\boldsymbol{\theta}_o+\ddot{u}_{it}$，我们能够一致估计出 $\boldsymbol{\theta}_o$，且通过在减去时间均值数据上运用方程（12.124）和（12.125）必定获得完全稳健的标准误。

或者，在中心对称假设下，在误差中的差分，$\Delta u_{it}=u_{it}-u_{i,t-1}$，具有关于 0 的对称分布，所以人们可以把混合 LAD 应用到 $\Delta y_{it}=\Delta\mathbf{x}_{it}\boldsymbol{\theta}_o+\Delta u_{it}$，$t=2,\cdots,T$ 上。从奥诺尔（Honoré，1992）在未截取情形的应用中，当 $\{u_{it}: t=1,\cdots,T\}$ 是一个以 $(\mathbf{x}_i,c_i)$ 为条件的独立同分布序列时，第一个差分上的 LAD 是一致的，即便普通分布不是对称的，而且这可为在第一个差分而不是减去时间均值数据上的 LAD 提供稳健性。（有趣的是，从奥诺尔（Honoré，1992，附录 1）中的讨论里可得，当 $T=2$ 时，在第一个差分上应用 LAD 等价于连同 $\boldsymbol{\theta}_o$ 一起估计 c_i。所以，在这个情形中，只要具有一个对称分布，在估计中就不存在从属参数问题。）尽管不是一个特别弱的假设，但 $\mathrm{D}(\mathbf{u}_i\mid\mathbf{x}_i)$ 的中心对称考虑到了序列依赖性以及在 u_{it} 中的异方差性（这两者都可以依赖于 $\mathbf{x}_i$ 或依赖于 t）。一如往常，我们应该谨慎地比较在减去均值或差分数据上 $\boldsymbol{\theta}_o$ 的混合 OLS 和混合 LAD 估计，因为它们仅在条件对称假设下才预计是相同的。

如果利用芒德拉克方法，我们可以利用一系列二元分布的条件对称性对付过去。写出 $y_{it}=\psi_o+\mathbf{x}_{it}\boldsymbol{\theta}_o+\bar{\mathbf{x}}_i\zeta_o+a_i+u_{it}$，其中 $\mathrm{Med}(u_{it}\mid\mathbf{x}_i, a_i)=0$。如果 $\mathrm{D}(a_i, u_{it}\mid\mathbf{x}_i)$ 有一个在 0 附近的对称分布，那么 $\mathrm{D}(a_i+u_{it}\mid\mathbf{x}_i)$ 是关于 0 对称的，而且，如果这对于每个 t 都成立的话，y_{it} 对于 1，$\mathbf{x}_{it}$ 和 $\bar{\mathbf{x}}_i$ 的混合 LAD 一

致估计出（$\psi_o, \boldsymbol{\theta}_o, \xi_o$）。（因此，我们可以估计关于 $\mathrm{Med}(y_{it} \mid \mathbf{x}_{it}, c_i)$ 的偏效应并且也可以检验 c_i 与 $\bar{\mathbf{x}}_i$ 是否相关。）这种方法所用的假设并不像我们想要的那么弱，但是，正如在减去时间均值数据上使用混合 LAD 那样，把 $\bar{\mathbf{x}}_i$ 添加到混合 LAD 中提供了一种和 $\boldsymbol{\theta}_o$ 的 FE 估计相比较的方式。（请记住，如果我们使用包含了 $\bar{\mathbf{x}}_i$ 的混合 OLS，我们就得到了 FE 估计。）通过在（12.124）和（12.125）中分别计算 $\hat{\mathbf{B}}$ 和 $\hat{\mathbf{A}}$，可以获得完全稳健的推断。

习　题

12.1　a. 利用方程（12.4）去证明，对于任意 $\mathbf{x}$，$\boldsymbol{\theta}_o$ 在 Θ 上最小化 $\mathrm{E}\{[y-m(\mathbf{x},\boldsymbol{\theta})]^2 \mid \mathbf{x}\}$。

b. 解释这个结果为什么比陈述 $\boldsymbol{\theta}_o$ 求解问题（12.3）更强一些。

12.2　考察下述模型：

$$\mathrm{E}(y \mid \mathbf{x}) = m(\mathbf{x}, \boldsymbol{\theta}_o)$$
$$\mathrm{Var}(y \mid \mathbf{x}) = \exp(\alpha_o + \mathbf{x}\gamma_o)$$

其中 $\mathbf{x}$ 表示 $1\times K$ 维向量。向量 $\boldsymbol{\theta}_o$ 是 $P\times 1$ 维的，而 γ_o 是 $K\times 1$ 维的。

a. 定义 $u \equiv y - \mathrm{E}(y \mid \mathbf{x})$。证明 $\mathrm{E}(u^2 \mid \mathbf{x}) = \exp(\alpha_o + \mathbf{x}\gamma_o)$。

b. 设 $\hat{u}_i$ 表示来自通过 NLS 估计条件均值的残差。证明 α_o 与 γ_o 能够被一个非线性回归所一致估计，此非线性回归的因变量是 $\hat{u}_i^2$，回归函数是 $\exp(\alpha_o + \mathbf{x}\gamma_o)$。（提示：利用两步骤估计结果。）

c. 利用 b 部分的内容，提出估计 $\boldsymbol{\theta}_o$ 的一个（可行）加权最小二乘法。

d. 如果用 $[\mathrm{Var}(y \mid \mathbf{x})]^{1/2}$ 除以误差项 u，我们获得 $v \equiv \exp[-(\alpha_o + \mathbf{x}\gamma_o)/2]u$。讨论如果 v 与 $\mathbf{x}$ 是无关的，那么 γ_o 可以由 $\log(\hat{u}_i^2)$ 对 1，$\mathbf{x}_i$ 的回归中被一致地估计，$i=1, 2, \cdots, N$。[此回归的截距将不会一致地估计 α_o，但是这一事实无关紧要，因为 $\exp(\alpha_o + \mathbf{x}\gamma_o) = \sigma_o^2 \exp(\mathbf{x}\gamma_o)$，且 σ_o^2 能够由 WNLS 回归所估计。]

e. 如果怀疑方差函数被错误设定，那么在实施 WNLS 之后，你会做什么呢？

12.3　考察指数回归函数 $m(\mathbf{x}, \boldsymbol{\theta}) = \exp(\mathbf{x}\boldsymbol{\theta})$，其中 $\mathbf{x}$ 表示 $1\times K$ 维向量。

a. 假定你已经估计模型的一种特殊情形，$\hat{\mathrm{E}}(y \mid \mathbf{z}) = \exp[\hat{\theta}_1 + \hat{\theta}_2 \log(z_1) + \hat{\theta}_3 z_2]$，其中 z_1 与 z_2 都是条件变量。证明，$\hat{\theta}_2$ 近似是 $\hat{\mathrm{E}}(y \mid \mathbf{z})$ 相对于 z_1 的弹性。

b. 在来自 a 部分所估计的相同模型中，你在给定 $\Delta z_2 = 1$ 时如何逼近 $\hat{\mathrm{E}}(y \mid \mathbf{z})$ 的百分比变化？

c. 现在，假定添加 z_2 的平方项：$\hat{\mathrm{E}}(y \mid \mathbf{z}) = \exp[\hat{\theta}_1 + \hat{\theta}_2 \log(z_1) + \hat{\theta}_3 z_2 + \hat{\theta}_4 z_2^2]$，其中 $\hat{\theta}_3 > 0$ 且 $\hat{\theta}_4 < 0$。当 z_2 关于 $\hat{\mathrm{E}}(y \mid \mathbf{z})$ 的偏效应为负值时，你如何计算 z_2 的值？

d. 现在把一般模型写成 $\exp(\mathbf{x}\boldsymbol{\theta}) = \exp(\mathbf{x}_1\boldsymbol{\theta}_1 + \mathbf{x}_2\boldsymbol{\theta}_2)$，其中 $\mathbf{x}_1$ 表示 $1\times K_1$ 维向量（并且或许包括单位元作为一个元素），而 $\mathbf{x}_2$ 表示 $1\times K_2$ 维向量。推导 H_0：

$\boldsymbol{\theta}_{o2}=\mathbf{0}$的通常（非稳健的）且异方差性稳健的 LM 检验，其中 $\boldsymbol{\theta}_o$表示 $\mathrm{E}(y|\mathbf{x})$。

12.4　a. 证明，WNLS 得分是 $\mathbf{s}_i(\boldsymbol{\theta};\gamma)=-\nabla_\theta m(\mathbf{x}_i,\boldsymbol{\theta})'u_i(\boldsymbol{\theta})/h(\mathbf{x}_i,\gamma)$。

b. 证明，在假设 WNLS. 1 下，对于 γ 的任意值，$\mathrm{E}[\mathbf{s}_i(\boldsymbol{\theta}_o;\gamma)|\mathbf{x}_i]=\mathbf{0}$。

c. 证明，在假设 WNLS. 1 下，对于 $\boldsymbol{\gamma}$ 的任意值，$\mathrm{E}[\nabla_\gamma \mathbf{s}_i(\boldsymbol{\theta}_o;\gamma)]=\mathbf{0}$。

d. 如果没有假设 WNLS. 3，你将如何估计 $\mathrm{Avar}(\hat{\boldsymbol{\theta}})$？

e. 证实在假设 WNLS. 3 下方程（12.59）是有效的。

12.5　a. 对于回归模型

$$m(\mathbf{x},\boldsymbol{\theta})=G[\mathbf{x}\boldsymbol{\beta}+\delta_1(\mathbf{x}\boldsymbol{\beta})^2+\delta_2(\mathbf{x}\boldsymbol{\beta})^3]$$

其中 $G(\cdot)$ 是已知的二次连续可微函数，其导数为 $g(\cdot)$，利用 NLS 推导 H_0：$\delta_{o2}=0$，$\delta_{o3}=0$ 的标准 LM 检验。证明，当 $G(\cdot)$ 是一个恒等函数时，此检验约简成 6.2.3 节中的 RESET。

b. 解释如何实施检验的变量添加版本。

12.6　考察关于从总体中的一次随机抽取 i 的一个面板数据模型：

$$y_{it}=m(\mathbf{x}_{it},\boldsymbol{\theta}_o)+u_{it},\ \mathrm{E}(u_{it}|\mathbf{x}_{it})=0,\ t=1,\cdots,T$$

a. 如果你应用混合非线性最小二乘法（pooled nonlinear least squares）来估计 $\boldsymbol{\theta}_o$，那么没有进一步的假设，你将如何估计 $\boldsymbol{\theta}_o$的渐近方差？

b. 假定此模型关于条件均值是动态完备的，因此，对于所有 t，$\mathrm{E}(u_{it}|\mathbf{x}_{it},u_{i,t-1},\mathbf{x}_{i,t-1},\cdots)=0$。此外，$\mathrm{E}(u_{it}^2|\mathrm{x}_{it})=\sigma_o^2$。证明，来自混合 NLS 的通常统计量是有效的。{提示：每一个 i 的目标函数是 $q_i(\boldsymbol{\theta})=\sum_{t=1}^{T}[y_{it}-m(\mathbf{x}_{it},\boldsymbol{\theta})]^2/2$，而且得分是 $\mathbf{s}_i(\boldsymbol{\theta})=-\sum_{t=1}^{T}\nabla_\theta m(\mathbf{x}_{it},\boldsymbol{\theta})'u_{it}(\boldsymbol{\theta})$。现在，证明，$\mathbf{B}_o=\sigma_o^2\mathbf{A}_o$，且 σ_o^2 可以由 $(NT-P)^{-1}\sum_{i=1}^{N}\sum_{t=1}^{T}\hat{u}_{it}^2$ 一致地估计。}

c. 对于均值模型 $m(\mathbf{x}_{it},\boldsymbol{\beta},\boldsymbol{\delta})$，考虑检验 H_0：$\boldsymbol{\delta}_o=\bar{\boldsymbol{\delta}}$。证明根据动态完备性和同方差性假设（在 H_0 下的），一个 LM 统计量的有效版本可以作为 NTR_u^2 而获得，其中 R_u^2 是来自以下混合 OLS 回归的非中心 R 平方：

$$\tilde{u}_{it}\text{ 对 }\nabla_\beta\tilde{m}_{it},\nabla_\delta\tilde{m}_{it},\quad t=1,\cdots,T;i=1,\cdots,N$$

其中 $\tilde{u}_{it}=y_{it}-m(\mathbf{x}_{it},\tilde{\boldsymbol{\beta}},\bar{\boldsymbol{\delta}})$ 且梯度是在 $(\tilde{\boldsymbol{\beta}},\bar{\boldsymbol{\delta}})$ 处进行估值的。

12.7　考察与第 7 章中 SUR 方程组相似的一个非线性形式：

$$\mathrm{E}(y_{ig}|\mathbf{x}_i)=\mathrm{E}(y_{ig}|\mathbf{x}_{ig})=m_g(\mathbf{x}_{ig},\boldsymbol{\theta}_{og}),g=1,\cdots,G$$

因而，每一个 $\boldsymbol{\theta}_{og}$能够利用唯一的方程 g 通过 NLS 得到估计，称这些估计值为 $\check{\boldsymbol{\theta}}_g$。还假定 $\mathrm{Var}(\mathbf{y}_i|\mathbf{x}_i)=\boldsymbol{\Omega}_o$，其中 $\boldsymbol{\Omega}_o$ 表示 $G\times G$ 维的，且是正定矩阵。

a. 解释如何一致地估计 $\boldsymbol{\Omega}_o$（与以往一样，G 固定且 $N\to\infty$）。称此估计量为$\hat{\boldsymbol{\Omega}}$。

b. 设 $\hat{\boldsymbol{\theta}}$ 可求解问题

$$\min_{\boldsymbol{\theta}}\sum_{i=1}^{N}[\mathbf{y}_i-\mathbf{m}(\mathbf{x}_i,\boldsymbol{\theta})]'\hat{\boldsymbol{\Omega}}^{-1}[\mathbf{y}_i-\mathbf{m}(\mathbf{x}_i,\boldsymbol{\theta})]/2$$

其中 $\mathrm{m}(\mathbf{x_i},\boldsymbol{\theta})$表示条件均值函数的 $G\times1$ 维向量，而 $\mathbf{y}_i$表示 $G\times1$ 维向量，$\check{\boldsymbol{\theta}}$ 有时称为非线性 SUR 估计量（nonlinear SUR estimator）。证明

$$\mathrm{Avar}\sqrt{N}(\hat{\boldsymbol{\theta}}-\boldsymbol{\theta}_{o})=\{\mathrm{E}[\nabla_{\theta}\mathbf{m}(\mathbf{x}_i,\boldsymbol{\theta}_{o})'\boldsymbol{\Omega}_{o}^{-1}\nabla_{\theta}\mathbf{m}(\mathbf{x}_i,\boldsymbol{\theta}_{o})]\}^{-1}$$

{提示：在标准正则条件下 $N^{-1/2}\sum_{i=1}^{N}\nabla_{\theta}\mathbf{m}(\mathbf{x}_i,\boldsymbol{\theta}_{o})'\hat{\boldsymbol{\Omega}}^{-1}[\mathbf{y}_i-\mathbf{m}(\mathbf{x}_i,\boldsymbol{\theta}_{o})]=N^{-1/2}\sum_{i=1}^{N}\nabla_{\theta}\mathbf{m}(\mathbf{x}_i,\boldsymbol{\theta}_{o})'\boldsymbol{\Omega}_{o}^{-1}[\mathbf{y}_i-\mathbf{m}(\mathbf{x}_i,\boldsymbol{\theta}_{o})]+\mathrm{o}_p(1)$。}

c. 你将如何估计 $\mathrm{Avar}(\hat{\boldsymbol{\theta}})$？

d. 如果 $\boldsymbol{\Omega}_{o}$是对角的且前面所述假设均成立，证明逐个方程进行的非线性最小二乘法刚好与非线性 SUR 估计量在渐近有效性上是一样的。

e. 在非线性 SUR 与逐个方程进行 NLS 是渐近等价的意义下，当相同解释变量出现在每一个方程之中时，存在类似于线性方程组定理 7.7 的非线性形式吗？[提示：什么时候 $\nabla_{\theta}\mathbf{m}(\mathbf{x}_i,\boldsymbol{\theta}_{o})$具有应用到习题 7.5 提示所需要的形式呢？作为一个例子，你可以对于所有 g 尝试一下 $\mathrm{E}(y_g|\mathbf{x})=\exp(\mathbf{x}\boldsymbol{\theta}_{og})$。]

12.8　考察含有估计多余参数$\hat{\boldsymbol{\gamma}}$的 M 估计量，其中$\sqrt{N}(\hat{\gamma}-\gamma_{o})=\mathrm{O}_p(1)$。如果在零假设下假设（12.37）成立，那么证明，一旦还假定 $\mathbf{A}_{o}=\mathbf{B}_{o}$，QLR 统计量仍然具有极限卡方分布。[提示：从等式（12.76）开始，但是其中 $\sqrt{N}(\tilde{\boldsymbol{\theta}}-\hat{\boldsymbol{\theta}})=\mathbf{A}_{o}^{-1}N^{1/2}\sum_{i=1}^{N}\mathbf{s}_i(\tilde{\boldsymbol{\theta}};\hat{\gamma})+\mathrm{o}_p(1)$。现在，利用（$\boldsymbol{\theta},\gamma_{o}$）得分的均值表达式，证明 $\sqrt{N}(\tilde{\boldsymbol{\theta}}-\hat{\boldsymbol{\theta}})=\mathbf{A}_{o}^{-1}N^{-\frac{1}{2}}\sum_{i=1}^{N}\mathbf{s}_i(\tilde{\boldsymbol{\theta}};\gamma_{o})+\mathrm{o}_p(1)$。]

12.9　对于标量 y，假定 $y=m(\mathbf{x},\beta_{o})+u$，其中 $\mathbf{x}$ 表示一个 $1\times K$ 维向量。

a. 如果 $\mathrm{E}(u|\mathbf{x})=0$，那么你对 $\mathrm{Med}(y|\mathbf{x})$能讲述些什么呢？

b. 假定 u 与 $\mathbf{x}$ 是独立的。证明，$\mathrm{E}(y|\mathbf{x})-\mathrm{Med}(y|\mathbf{x})$并不依赖于 $\mathbf{x}$。

c. b 部分内容关于$\partial\mathrm{E}(y|\mathbf{x})/\partial x_j$与 $\partial\mathrm{Med}(y|\mathbf{x})/\partial x_j$蕴涵着什么呢？

12.10　对于每一个 i，设 y_i表示一个非负整数，且具有上界为 n_i（一个正整数）以及成功概率为 $p(\mathbf{x}_i,\boldsymbol{\beta}_{o})$的一个条件二项式分布，其中对于所有 $\mathbf{x}$ 与 β，$0<p(\mathbf{x},\boldsymbol{\beta})<1$（一个重要的情形是逻辑斯蒂函数）。因此，$\mathrm{E}(y_i|\mathbf{x}_i,n_i)=n_ip(\mathbf{x}_i,\boldsymbol{\beta}_{o})$，而 $\mathrm{Var}(y_i|\mathbf{x}_i,n_i)=n_ip(\mathbf{x}_i,\boldsymbol{\beta}_{o})[1-p(\mathbf{x}_i,\boldsymbol{\beta}_{o})]$。请详细地解释如何获得 $\boldsymbol{\beta}_{o}$的加权非线性最小二乘法估计量。

12.11　a. 为 WMNLS 估计量推导方程（12.98）。你可以使用方程（12.97）来证明 γ^* 的估计在获得$\sqrt{N}(\hat{\boldsymbol{\theta}}-\boldsymbol{\theta}_{o})$的极限分布中可以被忽略。

b. 如果假设（12.96）成立（而且关于 γ_{o}，$\hat{\gamma}$是$\sqrt{N}$一致的），$\sqrt{N}(\hat{\boldsymbol{\theta}}-\boldsymbol{\theta}_{o})$的渐近方差是什么？

c. 解释为检验在假设（12.96）下关于 $\boldsymbol{\theta}_o$ 的假说，你将会怎样计算 QLR 统计量。当然，你应当假设均值是正确设定的。

12.12　设 y_i 是一个标量响应，且设 $\mathbf{x}_i$ 和 $\mathbf{w}_i$ 是向量。假如

$$\mathrm{E}(y_i|\mathbf{x}_i,\mathbf{w}_i)=m(\mathbf{x}_i,\mathbf{v}(\mathbf{w}_i,\boldsymbol{\delta}_o),\boldsymbol{\theta}_o)$$

其中 $\mathbf{v}(\mathbf{w},\boldsymbol{\delta})$ 是 $\mathbf{w}$ 的一个已知函数而且 J 个参数 $\boldsymbol{\delta}$ 和 $\boldsymbol{\theta}_o$ 是一个 $P\times1$ 向量。假设我们有 $\boldsymbol{\delta}_o$ 的一个 $\sqrt{N}$渐近正态估计量，其满足

$$\sqrt{N}(\hat{\boldsymbol{\delta}}-\boldsymbol{\delta}_o)=N^{-1/2}\sum_{i=1}^{N}\mathbf{r}(\mathbf{w}_i,\boldsymbol{\delta}_o)+o_p(1)$$

设 $\hat{\boldsymbol{\theta}}$ 是两步法 NLS 估计量，其解出

$$\min_{\boldsymbol{\theta}\in\Theta}\sum_{i=1}^{N}[y_i-m(\mathbf{x}_i,\mathbf{v}(\mathbf{w}_i,\hat{\boldsymbol{\delta}}),\boldsymbol{\theta})]^2/2$$

a. 证明在标准正则条件下，$\sqrt{N}(\hat{\boldsymbol{\theta}}-\boldsymbol{\theta}_o)$ 的渐近方差至少和如果我们知道了 $\boldsymbol{\delta}_o$ 时的渐近方差是一样大的。

b. 提出 $\mathrm{Avar}\,\sqrt{N}(\hat{\boldsymbol{\theta}}-\boldsymbol{\theta}_o)$ 的一个一致估计量。

12.13　设 $\{(\mathbf{x}_{it},\ y_{it}):\ t=1,\ \cdots,\ T\}$ 是一个面板数据集，并假设对于某些 $\boldsymbol{\theta}_o\in\Theta\subset\mathbb{R}^P$，有 $\mathrm{E}(y_{it}\mid\mathbf{x}_{it})=m(\mathbf{x}_{it},\boldsymbol{\theta}_o)$，$t=1,\ \cdots,\ T$。进而，设 $h(\mathbf{x}_{it},\ \gamma)$ 是一个关于对每个 t 而言的 $\mathrm{Var}(y_{it}\mid\mathbf{x}_{it})$ 的模型。一般地，设 $\hat{\gamma}$ 是一个对于某些 γ^* 而言的$\sqrt{N}$—致估计量，其中 $h(\mathbf{x}_{it},\ \gamma^*)$ 不需要等于 $\mathrm{Var}(y_{it}\mid\mathbf{x}_{it})$。

a. 设 $\hat{\boldsymbol{\theta}}$ 表示混合加权非线性最小二乘估计量。对于 $\hat{\boldsymbol{\theta}}$ 关于 $\boldsymbol{\theta}_o$ 的一致性来说，需要 $\{\mathbf{x}_{it}\}$ 的严格外生性吗？请解释。

b. 在没有进一步假设的情形中，提出 $\mathrm{Avar}\sqrt{N}(\hat{\boldsymbol{\theta}}-\boldsymbol{\theta}_o)$ 的一个一致估计量。

c. 如果均值是动态完备的，你怎样估计 $\mathrm{Avar}\sqrt{N}(\hat{\boldsymbol{\theta}}-\boldsymbol{\theta}_o)$？

d. 如果均值是动态完备的且 $\mathrm{Var}(y_{it}|\mathbf{x}_{it})=\sigma_o^2h(\mathbf{x}_{it},\gamma_o)$以及$\hat{\gamma}$ 关于 γ_o 是$\sqrt{N}$一致的，你怎样估计 $\mathrm{Avar}\sqrt{N}(\hat{\boldsymbol{\theta}}-\boldsymbol{\theta}_o)$？

12.14　推导方程（12.115）。（提示：出现在 $\mathbf{s}_i(\boldsymbol{\theta}_o)$ 中的两个示性函数的积等价于 0。）

12.15　设$\{(\mathbf{x}_{it},y_{it}):t=1,\cdots,T\}$是一个面板数据集且假设对于一个给定的分位数 $0<\tau<1$，有 $\mathrm{Quant}_\tau(y_{it}|\mathbf{x}_{it})=\mathbf{x}_{it}\boldsymbol{\theta}_o,t=1,\cdots,T$。设 $\hat{\boldsymbol{\theta}}$ 是在 12.10.3 节中讨论的混合分位数回归估计量。

a. 写下由 $\hat{\boldsymbol{\theta}}$ 解出的近似一阶条件。特别是，对于每个 t 以及对于一次随机的抽取 i，定义一个合适的“得分”。

b. 证明如果分位数在如下意义上是动态完备的：

$$\mathrm{Quant}_\tau(y_{it}|\mathbf{x}_{it},y_{i,t-1},x_{i,t-1},\cdots,y_{i1}\mathbf{x}_{i1})=\mathrm{Quant}_\tau(y_{it}|\mathbf{x}_{it})=\mathbf{x}_{it}\boldsymbol{\theta}_o,$$

$t=1,\cdots,T$

那么 $\mathbf{B}_o\equiv\mathrm{E}[\mathbf{s}_i(\boldsymbol{\theta}_o)\mathbf{s}_i(\boldsymbol{\theta}_o)']=\tau(1-\tau)\sum_{t=1}^{T}\mathrm{E}(\mathbf{x}_{it}'\mathbf{x}_{it})$。在这种情形中你怎样估计 $\mathbf{B}_o$ 呢?

c. 证明:不管分位数是否为动态完备的,

$$\mathbf{A}_o=\sum_{t=1}^{T}\mathrm{E}[f_{u_t}(0\mid\mathbf{x}_{it})\mathbf{x}_{it}'\mathbf{x}_{it}]$$

其中 $f_{u_t}(\cdot\mid\mathbf{x}_t)$ 是给定 $\mathbf{x}_{it}=\mathbf{x}_i$ 时 u_{it} 的密度。

12.16 考虑一个带有一个内生解释变量 y_2 的线性模型,连同关于 y_2 的一个约简型一起:

$$y_1=\mathbf{z}_1\boldsymbol{\delta}_1+\alpha_1y_2+u_1$$
$$y_2=\mathbf{z}\boldsymbol{\pi}_2+v_2$$

其中 $\mathbf{z}=(\mathbf{z}_1,\ \mathbf{z}_2)$(其中,$\mathbf{z}_1$ 的第一个元素是单位元)以及 $\boldsymbol{\pi}_2=(\boldsymbol{\pi}_{21}',\ \boldsymbol{\pi}_{22}')'$;为了符号表示的简单化,我们在真实参数上不使用下标"o"。

a. 在假设 $\mathrm{Med}(v_2\mid\mathbf{z})=0$ 下,你如何估计 $\boldsymbol{\pi}_2$?

b. 假如 $\mathrm{Med}(u_1\mid y_2,\ \mathbf{z})=\mathrm{Med}(u_1\mid v_2)=\rho_1v_2$,提出 $\boldsymbol{\delta}_1$ 和 α_1 的一个两步法一致性估计量。

c. 你怎样表述 y_2 为外生的零假设,以及你怎样检验它?

d. 一般来说,你怎样获取关于 $\hat{\boldsymbol{\delta}}_1$ 和 $\hat{\alpha}_1$ 的合理的标准误?

e. 如果二元条件分布 $\mathrm{D}(u_1,\ v_2\mid\mathbf{z})$ 满足中心对称条件 $\mathrm{D}(u_1,\ v_2\mid\mathbf{z})=\mathrm{D}(-u_1,-v_2\mid\mathbf{z})$(而且所有变量至少具有有限二阶矩),解释为什么我们应当期望来自 b 部分的程序和通常的 2SLS 估计量在大样本中可以提供相同的估计?

12.17 设 $\hat{\boldsymbol{\theta}}$ 是 $\boldsymbol{\theta}_o$ 的一个 M 估计,且其得分 $\mathbf{s}_i(\boldsymbol{\theta})\equiv\mathbf{s}(\mathbf{w}_i,\boldsymbol{\theta})$ 以及期望海赛矩阵为 $\mathbf{A}_o$(在 $\boldsymbol{\theta}_o$ 处计算的)。设 $\mathbf{g}(\mathbf{w},\boldsymbol{\theta})$ 是随机向量 $\mathbf{W}$ 的一个 $M\times1$ 维函数和参数向量,假如我们希望估计 $\boldsymbol{\delta}_o\equiv\mathrm{E}[\mathbf{g}(\mathbf{w}_i,\boldsymbol{\theta}_o)]$。自然的估计量是 $\hat{\boldsymbol{\delta}}\equiv N^{-1}\sum_{i=1}^{N}\mathbf{g}(\mathbf{w}_i,\ \hat{\boldsymbol{\theta}})$。假设 $\sqrt{N}(\hat{\boldsymbol{\theta}}-\boldsymbol{\theta}_o)\xrightarrow{d}\mathrm{Normal}(\mathbf{0},\ \mathbf{A}_o^{-1}\mathbf{B}_o\mathbf{A}_o^{-1})$,其中 $\mathbf{B}_o\equiv\mathrm{E}[\mathbf{s}_i(\boldsymbol{\theta}_o)\mathbf{s}_i(\boldsymbol{\theta}_o)']$,像往常一样。

a. 假设 $\mathbf{g}(\mathbf{w},\cdot)$ 是在 $\mathrm{int}(\boldsymbol{\Theta})$ 中连续可微的,$\boldsymbol{\theta}_o\in\mathrm{int}(\boldsymbol{\Theta})$,以及其他的正则性条件,求出 $\mathrm{Avar}\sqrt{N}(\hat{\boldsymbol{\delta}}-\boldsymbol{\delta}_o)$。(提示:渐近方差依赖于 $\boldsymbol{\delta}_o$ 以及 $\mathbf{G}_o\equiv\mathrm{E}[\nabla_{\boldsymbol{\theta}}\mathbf{g}(\mathbf{w}_i,\boldsymbol{\theta}_o)$。])

b. 你怎样一致地估计 $\mathrm{Avar}\sqrt{N}(\hat{\boldsymbol{\delta}}-\boldsymbol{\delta}_o)$?

c. 证明如果 $\mathbf{g}(\mathbf{w},\boldsymbol{\theta})=\mathbf{g}(\mathbf{x},\boldsymbol{\theta})$,其中 $\mathbf{x}$ 在用于获取 $\hat{\boldsymbol{\theta}}$ 的估计问题中是外生的(因此 $\mathrm{E}[\mathbf{s}(\mathbf{w}_i,\ \boldsymbol{\theta}_o)\mid\mathbf{x}_i]=\mathbf{0}$),那么 $\mathrm{Avar}\sqrt{N}(\hat{\boldsymbol{\delta}}-\boldsymbol{\delta}_o)=\mathrm{Var}[\mathbf{g}(\mathbf{x}_i,\boldsymbol{\theta}_o)]+\mathbf{G}_o[\mathrm{Avar}\sqrt{N}(\hat{\boldsymbol{\theta}}-\boldsymbol{\theta}_o)]\mathbf{G}_o'$。

第 13 章 极大似然法

13.1 简 介

这一章的内容涵盖了在随机抽样下极大似然估计（maximum likelihood estimation，MLE）的一般处理。我们在第Ⅰ篇中所考察的全部模型，在没有对以外生变量为条件的内生变量方面做出整个分布假设下就能加以估计，并不需要极大似然法。相反，我们首先关注零协方差与零条件均值假设，然后关注条件方差与协方差的假设。这些假设足以获得一致的、渐近正态估计量。可以证明，其中的一些估计量在某一类估计量中是有效的。

许多高级计量经济学课本均把极大似然估计处理成一种统一的专题，然后大部分模型都可以通过极大似然法来得以估计。MLE 除了提供一种统一的估计方法之外，它具有人们所指望的一些有效性质：给定外生变量，通常利用内生变量分布信息的一类估计量是最有效的估计方法。（我们将在 14.4 节中系统地阐述 MLE 的有效性。）那么为什么并不总是使用 MLE 呢？

正如我们在第Ⅰ篇中所看到的，有效性经常以非稳健性为代价，而极大似然法也一样。如果设定分布中的某一部分被错误设定（misspecified），那么一般说来极大似然估计量是非一致的。举一个例子，考察源自 9.5 节中的一个联立方程模型，该模型关于其参数是线性的，但是关于一些内生变量却是非线性的。在那里，我们讨论过借助于工具变量方法的估计。如果我们假定在结构性误差与外生变量之间是不相关的，而且我们假定结构性误差具有一个特殊分布，比如说多元正态分布，那么就可以通过极大似然法来估计关于内生变量为线性的联立方程模型。MLE 在渐近性上比最好的广义矩方法（GMM）更为有效，但是正态性假设的不成立常常会导致全部参数的非一致的估计量。

举第二个例子，假定我们希望估计 $\mathrm{E}(y|\mathbf{x})$，其中 y 位于 0 与 1 之间，是有界的。就 $\mathrm{E}(y|\mathbf{x})$ 而言，**逻辑斯蒂函数**（logistic function）$\exp(\mathbf{x}\boldsymbol{\beta})/[1+$

$\exp(\mathbf{x}\boldsymbol{\beta})$]是一个合理的模型，而且正如我们在12.2节中所讨论的，非线性最小二乘法在弱正则条件下提供了一致的、$\sqrt{N}$渐近正态的估计量。我们可以容易地做出对 $\mathrm{Var}(y|\mathbf{x})$中任何异方差性而言均是稳健的推断。一种可选择的方法是，对于给定 $\mathbf{x}$ 时 y 的密度——当然，它蕴涵着用 $\mathrm{E}(y|\mathbf{x})$的一个特殊模型——去建立模型，而且利用极大似然估计。正如我们将要看到的，在对密度正确设定下，MLE 的威力是使我们可以拥有渐近有效的估计量，并且我们能够估计条件分布的任何特性，诸如 $\mathrm{P}(y=1|\mathbf{x})$。其缺点是，除了一些特殊情形之外，如果我们对密度做出错误设定，那么将不能一致地估计条件均值。

在大部分应用中，对以外生变量为条件的内生变量分布的设定必定含有任意性的成分，其缘由是经济理论对此很少提供指导。我们的观点是，为了稳健的缘故，尽可能少地做假设是可取的——至少一直到放松假设变得很困难时为止。在某些情形中，MLE 被证明对于某些假设的不成立是稳健的，但是，这些必须逐个情形加以检验，这种做法又有损于由 MLE 方法所提供的统一专题的优点。（一个这样的例子是在同方差性正态假设下的非线性回归；参数 $\boldsymbol{\beta}_o$的 MLE 等同于非线性最小二乘法（NLS）估计量，而且我们知道，后者通常是一致的且渐近正态的。我们将在13.11节和第18章中涵盖其他的一些主要情形。）

在现代计量经济分析中，极大似然法有其很好的理由起着重要的作用。确实有许多问题表明，极大似然法是不可缺少的。例如，在第15、16与17章中，我们将研究各种各样的受限因变量模型*，而且极大似然估计起着核心作用。

13.2 预备知识与例子

对于独立同分布的观测值$\{\mathbf{y}_i\in\mathbb{R}^G: i=1,2,\cdots\}$来说，传统极大似然理论是以对 $\mathbf{y}_i$密度族的设定来开始的。这是统计学引论课程中常用的框架，其中 $\mathbf{y}_i$表示服从正态分布或泊松分布的标量**。但是，在几乎所有的经济应用中，我们对估计**条件分布**（conditional distribution）参数感兴趣。因此，我们假定，每一个随机抽样被分割成（$\mathbf{x}_i,\mathbf{y}_i$），其中，$\mathbf{x}_i\in\mathbb{R}^K$ 而 $\mathbf{y}_i\in\mathbb{R}^G$，并且我们对给定 $\mathbf{x}_i$ 时 $\mathbf{y}_i$的条件分布模型感兴趣。我们对 $\mathbf{x}_i$的分布不感兴趣，因而我们将不对 $\mathbf{x}_i$的分布模型进行设定。因此，严格地讲，这一章的方法称为条件极大似然估计（conditional maximum likelihood estimation，CMLE）。通过对 $\mathbf{x}_i$取为0，我们就得到了无条件 MLE 作为特殊情形。

一种把（$\mathbf{x}_i,\mathbf{y}_i$）看成是从总体中的一个随机抽样的替代方法是：把条件变量 $\mathbf{x}_i$处理成非随机向量，该非随机向量被提前设置，而且出现在 $\mathbf{y}_i$的无条件分

* limited dependent variable models，又称限值因变量模型。——译者注

** scalar，又称数量。——译者注

布之中。（这类似于古典回归分析中的固定回归元假设。）于是，$\mathbf{y}_i$不具有同分布，而这个事实使得渐近分布变得复杂。更重要的是，对于所有极大似然的应用来说，把$\mathbf{x}_i$处理成非随机的显得太受限制。实际上，稍后我们将会涵盖$\mathbf{x}_i$包括结构模型中的内生变量时的处理方法，但是获得以另外一个集合为条件的内生变量集合的分布却是十分方便的。一旦我们知道如何去分析一般 CMLE 的情形，就很容易地直接获得一些应用。

重要的是认识到，无论何时只要我们已经正在横截面维度上随机抽样，后续结果就可以应用。因而，倘若我们愿意假定给定$\mathbf{x}_i$时$\mathbf{y}_i$的分布，正如第 7 和 9 章一样，一般理论就可以应用到方程组估计上。此外，由于适当的渐近分析是针对时间维数固定而横截面维数趋向于无穷大的情形，所以可以包容含有很大横截面以及相对很少时间段的面板数据设置情形。

为了实施极大似然分析，我们需要对基本的（结构）模型，即对给定$\mathbf{x}_i$时$\mathbf{y}_i$的密度进行设定或推导。我们假定，对于未知参数为有限个数的分布其密度是已知的，因而，我们具有条件密度的一个参数模型，向量$\mathbf{y}_i$可以是连续的或离散的，它既可以具有离散的特性又可以具有连续的特性。在我们的许多应用中，用$\mathbf{y}_i$表示标量，但是这个特点并没有简化通常的处理。

为了阐明条件极大似然的一般理论，我们将在本章中提供两个例子。第一个例子是**二值响应模型**（binary response model），特别是**概率单位模型**（probit model）。我们一直延迟到第 15 章才对二值响应模型给出一些应用及解释。

例 13.1（probit） 假定特征变量* y_i^* 服从

$$y_i^* = \mathbf{x}_i\boldsymbol{\theta} + e_i \tag{13.1}$$

其中e_i与$\mathbf{x}_i$（$\mathbf{x}_i$表示$1\times K$维向量，其中对于所有i，第一个元素等于 1）是独立的，$\boldsymbol{\theta}$表示$K\times 1$维的参数向量。同时$e_i\sim\text{Normal}(0,1)$。我们不能观测到$y_i^*$，仅可以观测到指示$y_i^*$符号的二值变量：

$$y_i=\begin{cases}1, & \text{如果 } y_i^*>0 \quad (13.2)\\ 0, & \text{如果 } y_i^*\leqslant 0 \quad (13.3)\end{cases}$$

为了简洁方便，使用示性函数**，记为$1[\cdot]$，写出式（13.2）与式（13.3）是十分有益的。当括号中的陈述是正确的时候，此函数等于 1，否则为 0。于是，式（13.2）、式（13.3）可以等价地写成$y_i=1[y_i^*>0]$。因为e_i服从正态分布，所以式（13.2）或式（13.3）是否为严格不等式是无关紧要的。

我们可以很容易得到给定$\mathbf{x}_i$时y_i的分布：

$$\begin{aligned}P(y_i=1\mid\mathbf{x}_i)&=P(y_i^*>0\mid\mathbf{x}_i)=P(\mathbf{x}_i\boldsymbol{\theta}+e_i>0\mid\mathbf{x}_i)\\&=P(e_i>-\mathbf{x}_i\boldsymbol{\theta}\mid\mathbf{x}_i)=1-\Phi(-\mathbf{x}_i\boldsymbol{\theta})=\Phi(\mathbf{x}_i\boldsymbol{\theta})\end{aligned}\tag{13.4}$$

其中$\Phi(\cdot)$表示标准正态累积分布函数（cdf）。我们使用了本章附录性质 CD. 4

* latent variable，又称潜变量。——译者注

** indicator function，又称指示函数。——译者注

与正态分布的对称性。因此，

$$P(y_i=0|\mathbf{x}_i)=1-\Phi(\mathbf{x}_i\boldsymbol{\theta}) \tag{13.5}$$

我们能够把方程（13.4）以及方程（13.5）并入到给定 $\mathbf{x}_i$时 y_i的分布之中：

$$f(y|\mathbf{x}_i)=[\Phi(\mathbf{x}_i\boldsymbol{\theta})]^y[1-\Phi(\mathbf{x}_i\boldsymbol{\theta})]^{1-y},\ y=0,1 \tag{13.6}$$

当 $y\notin\{0,1\}$时，$f(y|\mathbf{x}_i)$等于 0 的事实是显然的，因而我们今后对此将不会以显性方式加以说明。

当变量被解释成为取非负整数值时，我们的第二个例题是有用的。这种变量称为**计数变量**（count variable）。我们将在第 18 章讨论计数数据模型及解释。现在，当 y 取非负整数时，注意到关于 $E(y|\mathbf{x})$的线性模型并不是理想的，因为它能导致负的预测元。此外，由于 y 能够以正概率取 0 值，所以变换 $\log(y)$不能用来获得含有常弹性或常数半弹性的一个模型。非常适合于 $E(y|\mathbf{x})$的函数形式是 $\exp(\mathbf{x}\boldsymbol{\theta})$。我们通过非线性最小二乘法可以估计 $\boldsymbol{\theta}$，但是关于计数变量的所有标准分布都蕴涵着**异方差性**（heteroskedasticity）（可参阅第 18 章）。因而，我们希望做得更好些。含有计数数据的传统回归方法是假定给定 $\mathbf{x}_i$时，y_i服从泊松分布。

例 13.2（泊松回归） 设 y_i是一个非负的计数变量，也就是 y_i可以取整数值 0，1，2，…。把给定向量 $\mathbf{x}_i$时 y_i的条件均值记为 $E(y_i|\mathbf{x}_i)=\mu(\mathbf{x}_i)$。给定 $\mathbf{x}_i$时 y_i的一个自然而然的分布是**泊松分布**(Poisson distribution)：

$$f(y|\mathbf{x}_i)=\exp[-\mu(\mathbf{x}_i)]\{\mu(\mathbf{x}_i)\}^y/y!,\quad y=0,1,2,\cdots \tag{13.7}$$

(我们用 y 作为密度中的虚拟变量，这一点不会与随机变量 y_i相混淆。）一旦我们选取一种条件平均值函数的形式，我们就可以完全确定给定 $\mathbf{x}_i$时 y_i的分布。例如，由方程（13.7），$P(y_i=0|\mathbf{x}_i)=\exp[-\mu(\mathbf{x}_i)]$。泊松分布的一个重要特性是，其方差等于均值：$\mathrm{Var}(y_i|\mathbf{x}_i)=E(y_i|\mathbf{x}_i)=\mu(\mathbf{x}_i)$，对 $\mu(\cdot)$的通常选取是$\mu(\mathbf{x})=\exp(\mathbf{x}\boldsymbol{\theta})$，其中 $\boldsymbol{\theta}$ 表示 $K\times1$ 维向量，而 $\mathbf{x}$ 表示第一个元素为 1 的 $1\times K$ 维向量。

13.3 条件极大似然估计的一般框架

设 $p_o(\mathbf{y}|\mathbf{x})$表示给定 $\mathbf{x}_i=\mathbf{x}$ 时 $\mathbf{y}_i$的条件密度，其中 $\mathbf{y}$ 与 $\mathbf{x}$ 均是虚拟自变量。我们利用“o”表示这个密度是为了强调给定 $\mathbf{x}_i$时，它是 $\mathbf{y}_i$的真实密度，而不仅仅是许多候选者之一。设 $\mathcal{X}\subset\mathbb{R}^K$ 表示 $\mathbf{x}_i$的可行值，而 $\mathcal{Y}$表示 $\mathbf{y}_i$的可行值，这种表示将是十分有用的；$\mathcal{X}$与 $\mathcal{Y}$分别称为随机向量 $\mathbf{x}_i$与 $\mathbf{y}_i$的支集（supports）。

为了一般性阐述，我们假定，对于所有 $\mathbf{x}\in\mathcal{X}$，$p_o(\cdot|\mathbf{x})$表示对应于 σ 有限测度（σ-finite measure）的密度，记为 $v(d\mathbf{y})$。定义 σ 有限测度会使我们离题太远了。因为 σ 有限测度在应用中并不起关键作用，所以我们对测度$v(d\mathbf{y})$谈及得不多。知道对 $v(d\mathbf{y})$的选取允许 $\mathbf{y}_i$可以是离散的、连续的或是两者的混合形式

就足够了。当 $\mathbf{y}_i$ 是离散的时候，测度 $v(d\mathbf{y})$ 直接把所有积分变换成求和，当 $\mathbf{y}_i$ 是纯连续的时候，我们就得到了通常的黎曼积分。甚至在更为复杂的情形中——比如说，$\mathbf{y}_i$ 既有离散特征又有连续特征——我们不用以显性方式去定义 $v(d\mathbf{y})$，而利用来自基本概率的工具就行得通。对于更多的测度以及一般的积分内容，你可以参阅比林斯利（Billingsley，1979）的书以及戴维森（Davidson，1994）的书的第 3 章和第 4 章。

在第 12 章中，我们看到 $\mu_0(\mathbf{x})\equiv \mathrm{E}(y|\mathbf{x})$ 最小化了 $\mathrm{E}\{[y-m(\mathbf{x})]^2\}$，对于所有满足 $\mathrm{E}\{[m(\mathbf{x})]^2\}<\infty$ 的其他函数 $m(\mathbf{x})$，这一事实是如何激发非线性最小二乘法的。条件极大似然具有类似的动机。在应用**类比原理**(analogy principle) 中起极其重要的作用源自概率方面的结果是**条件库尔贝克-莱布勒信息不等式**(conditional Kullback-Leibler information inequality)。尽管存在对这一不等式的更一般表述，但是就我们的目的而言，下述说法就足够了：对于任意的非负函数 $f(\cdot|\mathbf{x})$，使得

$$\int_{\mathcal{Y}} f(\mathbf{y}\mid\mathbf{x})v(d\mathbf{y})=1,\text{对于所有 }\mathbf{x}\in\mathcal{X} \tag{13.8}$$

本章附录性质 CD. 1 蕴涵着

$$\mathcal{K}(f;\mathbf{x})\equiv\int_{\mathcal{Y}}\log[p_o(\mathbf{y}\mid\mathbf{x})/f(\mathbf{y}\mid\mathbf{x})]p_o(\mathbf{y}\mid\mathbf{x})v(d\mathbf{y})\geqslant 0,\text{对于所有 }\mathbf{x}\in\mathcal{X} \tag{13.9}$$

因为对于 $f=p_o$ 而言，积分恒等于 0，表达式（13.9）表明，对于每一个 $\mathbf{x}$，$\mathcal{K}(f;\mathbf{x})$ 在 $f=p_o$ 处被最小化。

我们把不等式（13.9）应用到关于 $p_o(\cdot|\mathbf{x})$ 的参数模型上，即

$$\{f(\cdot|\mathbf{x};\boldsymbol{\theta}),\boldsymbol{\theta}\in\boldsymbol{\Theta},\boldsymbol{\Theta}\subset\mathbb{R}^P\} \tag{13.10}$$

我们假定对于每一个 $\mathbf{x}\in\mathcal{X}$ 且每一个 $\boldsymbol{\theta}\in\boldsymbol{\Theta}$，它满足条件（13.8）。如果不是这样，那么 $f(\cdot|\mathbf{x};\boldsymbol{\theta})$（对于测度 v）的积分不为单位元，因此，它是 $p_o(\mathbf{y}|\mathbf{x})$ 的一个非常不好的备选者。模型（13.10）是一个**正确设定的条件密度模型**（correctly specified model of the conditional density）$p_o(\cdot|\cdot)$，如果对于某一个 $\boldsymbol{\theta}_o\in\boldsymbol{\Theta}$，

$$f(\cdot\mathbf{x};\boldsymbol{\theta}_o)=p_o(\cdot|\mathbf{x}),\text{对于所有 }\mathbf{x}\in\mathcal{X} \tag{13.11}$$

正如我们在第 12 章中所讨论的，使用 $\boldsymbol{\theta}_o$ 来区分参数真实值与 $\boldsymbol{\Theta}$ 的一般元素是十分有益的。在一些特殊的例子中，我们将不厌其烦地这样区分，除非必须证明这一点。

对于每一个 $\mathbf{x}\in\mathcal{X}$，$\mathcal{K}(f;\mathbf{x})$ 可以写成 $\mathrm{E}\{\log[p_o(\mathbf{y}_i|\mathbf{x}_i)]|\mathbf{x}_i=\mathbf{x}\}-\mathrm{E}\{\log[f(\mathbf{y}_i|\mathbf{x}_i)]|\mathbf{x}_i=\mathbf{x}\}$。因此，如果参数模型被正确地设定，那么 $\mathrm{E}\{\log[f(\mathbf{y}_i|\mathbf{x}_i;\boldsymbol{\theta}_o)]|\mathbf{x}_i\}\geqslant\mathrm{E}\{\log[f(\mathbf{y}_i|\mathbf{x}_i;\boldsymbol{\theta})]|\mathbf{x}_i\}$，或者

$$\mathrm{E}[\ell_i(\boldsymbol{\theta}_o)|\mathbf{x}_i]\geqslant\mathrm{E}[\ell_i(\boldsymbol{\theta})|\mathbf{x}_i],\boldsymbol{\theta}\in\boldsymbol{\Theta} \tag{13.12}$$

其中

$$\ell_i(\boldsymbol{\theta}) \equiv \ell(\mathbf{y}_i, \mathbf{x}_i, \boldsymbol{\theta}) \equiv \log f(\mathbf{y}_i \mid \mathbf{x}_i, \boldsymbol{\theta}) \tag{13.13}$$

表示**关于观测值 *i* 的条件对数似然**(conditional log likelihood for observation i)。注意到,$\ell_i(\boldsymbol{\theta}_o)$由于依赖于随机向量($\mathbf{x}_i$, $\mathbf{y}_i$),所以它是 $\boldsymbol{\theta}$ 的一个随机函数。通过对表达式(13.12)取期望值且运用迭代期望,我们知道 $\boldsymbol{\theta}_o$可求解

$$\max_{\boldsymbol{\theta} \in \boldsymbol{\Theta}} \mathrm{E}[\ell_i(\boldsymbol{\theta})] \tag{13.14}$$

其中期望值是关于($\mathbf{x}_i, \mathbf{y}_i$)的联合分布而进行的。表达式(13.14)的样本类推形式是

$$\max_{\boldsymbol{\theta} \in \boldsymbol{\Theta}} N^{-1} \sum_{i=1}^{N} \log f(\mathbf{y}_i \mid \mathbf{x}_i; \boldsymbol{\theta}) \tag{13.15}$$

一旦假定问题(13.15)的解存在,此解是 $\boldsymbol{\theta}_o$的**条件极大似然估计量**(conditional maximum likelihood estimator, CMLE),我们将其记为$\hat{\boldsymbol{\theta}}$。为了简洁方便而不需要它的时候,我们有时就会省略"条件"。

由于一个最大化问题容易转换成最小化问题,所以 CMLE 显然是一个 M 估计量:以第 12 章的记号来表示,取 $\mathbf{w}_i \equiv (\mathbf{x}_i, \mathbf{y}_i)$且 $q(\mathbf{w}_i, \boldsymbol{\theta}) \equiv -\log f(\mathbf{y}_i \mid \mathbf{x}_i; \boldsymbol{\theta})$。只要我们留意对数似然前面的减号,我们就能直接应用第 12 章的一些结果。

如果你在统计学教程中学到极大似然估计,那么似乎就可以回忆起,作为求解问题(13.15)的条件极大似然估计的动机。在传统框架下,我们可以把 $\mathbf{x}_i$作为 $\mathbf{y}_i$分布中所出现的常数,并且我们可以把$\hat{\boldsymbol{\theta}}$定义为

$$\max_{\boldsymbol{\theta} \in \boldsymbol{\Theta}} \prod_{i=1}^{N} f(\mathbf{y}_i \mid \mathbf{x}_i; \boldsymbol{\theta}) \tag{13.16}$$

的解。在独立性下,表达式(13.16)之中的乘积是($\mathbf{y}_1, \cdots, \mathbf{y}_N$)联合密度模型在数据处所求出的值。因为式(13.16)中的求最大函数值与其自然对数求最大值是相同的,所以我们得到了问题(13.15)。然而,解释对为什么求解式(13.16)的讨论应该引发出 $\boldsymbol{\theta}_o$的一个好估计量,这一定是有启发性的。与之相比,可以把类比原理直接应用到问题(13.15)上,同时我们不必假设 $\mathbf{x}_i$是固定的。

在我们的两个例题中,条件对数似然是相当简单的。

例 13.1(续) 在 probit(概率单位)例题中,观测值 i 的对数似然是

$$\ell_i(\boldsymbol{\theta}) = y_i \log \Phi(\mathbf{x}_i \boldsymbol{\theta}) + (1 - y_i) \log[1 - \Phi(\mathbf{x}_i \boldsymbol{\theta})]$$

例 13.2(续) 在泊松例题中,$\ell_i(\boldsymbol{\theta}) = -\exp(\mathbf{x}_i \boldsymbol{\theta}) + y_i \mathbf{x}_i \boldsymbol{\theta} - \log(y_i!)$。一般地讲,我们会省略定义 $\ell_i(\boldsymbol{\theta})$中的最后一项,因为该项并不会影响到最大化问题。

13.4 条件极大似然估计的一致性

在这一节中，我们阐述 CLME 正式的一致性结果，它是 M 估计量一致性结果定理 12.2 的特殊情形。

定理 13.1（条件极大似然估计的一致性） 设$\{(\mathbf{x}_i,\mathbf{y}_i):i=1,2,\cdots\}$表示一个随机样本，满足 $\mathbf{x}_i\in\mathcal{X}\subset\mathbb{R}^K$，$\mathbf{y}_i\in\mathcal{Y}\subset\mathbb{R}^G$。设 $\boldsymbol{\Theta}\subset\mathbb{R}^P$ 表示参数集合，并把条件密度的参数模型记为$\{f(\cdot\mid\mathbf{x};\boldsymbol{\theta}):\mathbf{x}\in\mathcal{X},\boldsymbol{\theta}\in\boldsymbol{\Theta}\}$。假定(a)$f(\cdot\mid\mathbf{x};\boldsymbol{\theta})$表示对于所有的 $\mathbf{x}$ 与 $\boldsymbol{\theta}$，相对于测度 $v(d\mathbf{y})$的真实密度，从而条件（13.8）成立；(b) 对于某一个 $\boldsymbol{\theta}_o\in\boldsymbol{\Theta}$，对于所有 $\mathbf{x}\in\mathcal{X}$，$p_o(\cdot\mid\mathbf{x})=f(\cdot\mid\mathbf{x};\boldsymbol{\theta}_o)$，而且 $\boldsymbol{\theta}_o$表示问题（13.14）的唯一解，(c) $\boldsymbol{\Theta}$ 表示一个紧集；(d) 对于每一个 $\boldsymbol{\theta}\in\boldsymbol{\Theta}$，$\ell(\cdot,\boldsymbol{\theta})$表示 $\mathcal{Y}\times\mathcal{X}$上的博雷尔可测函数；(e) 对于每一个（$\mathbf{y}$，$\mathbf{x}$）$\in\mathcal{Y}\times\mathcal{X}$，$\ell(\mathbf{y},\mathbf{x},\cdot)$是 $\boldsymbol{\Theta}$ 上的连续函数；同时 (f) 对于所有 $\boldsymbol{\theta}\in\boldsymbol{\Theta}$，$|\ell(\mathbf{w},\boldsymbol{\theta})|\leqslant b(\mathbf{w})$，且 $\mathrm{E}[b(\mathbf{w})]<\infty$。于是，存在问题（13.15）的一个解——条件极大似然估计$\hat{\boldsymbol{\theta}}$，且 $\mathrm{plim}\,\hat{\boldsymbol{\theta}}=\boldsymbol{\theta}_o$。

正如我们在第 12 章中所讨论的，(d) 部分中的可测性假设纯粹是技术性的，而且实际上并不需要对其进行检验。对 $\boldsymbol{\Theta}$ 的紧性可以放松，但是这样做常常要做许多工作。在大部分计量经济应用中，连续性假设成立，但是存在着一些使其不成立的情形，诸如对拍卖的某一类模型所进行的估计——参阅唐纳德和帕尔施（Donald and Paursch，1996）及帕尔施和洪瀚（Paursch and Hong，2006）。(f) 部分中的矩假设，通常是以某种方式对 $\mathbf{x}_i$的分布进行限制，但是这样的限制很少是很正式的事情。对于相当多数部分而言，关键性假设是正确地设定参数模型，$\boldsymbol{\theta}_o$是可识别的，而且对数似然函数在 $\boldsymbol{\theta}$ 处是连续的。

就概率单位与泊松例题而言，对数似然显然在 $\boldsymbol{\theta}$ 处是连续的，如果我们对 $\mathbf{x}_i$ 的某些矩进行限制且使参数空间是紧的，那么我们就能验证矩条件 (f)。但是，我们最初关注的是对密度正确的设定。例如，在概率单位情形中，给定 $\mathbf{x}_i$时 y_i的密度将是不正确的，如果特征误差* e_i与 $\mathbf{x}_i$不是独立的，且不是正态分布的，或者如果特征变量模型首先不是线性的。为了识别，我们必须剔除 $\mathbf{x}_i$中的完全共线性。可以证明，即使泊松分布假设并不成立，泊松 CMLE 仍具有人们期望的性质，但是我们一直延迟到 13.11 节和第 18 章才对泊松 CMLE 的稳健性进行讨论。

13.5 渐近正态性与渐近方差估计

在允许我们应用第 12 章中一些定理的可微性与矩条件下，我们可以证明，

* latent error，又称潜误差。——译者注

MLE 通常是渐近正态的。自然，在 12.7 节中曾讨论的计算方法，包括出自对数似然所关注的参数均可直接得以应用。

13.5.1 渐近正态性

我们借助于应用定理 12.3 来推导 MLE 的极限分布。我们将假定正则条件成立；特别地，我们假定 $\boldsymbol{\theta}_o$ 位于 $\boldsymbol{\Theta}$ 内部，且 $\ell_i(\boldsymbol{\theta})$ 在 $\boldsymbol{\Theta}$ 内部是二次连续可微的。

观测值 i 的**对数似然得分**（score of the log likelihood）正是

$$\mathbf{s}_i(\boldsymbol{\theta}) \equiv \nabla_\theta \ell_i(\boldsymbol{\theta})' = \left(\frac{\partial \ell_i}{\partial \theta_1}(\boldsymbol{\theta}), \frac{\partial \ell_i}{\partial \theta_2}(\boldsymbol{\theta}), \cdots, \frac{\partial \ell_i}{\partial \theta_P}(\boldsymbol{\theta})\right)' \tag{13.17}$$

如同第 12 章一样，它是一个 $P \times 1$ 维向量。

例 13.1（续） 对于 probit 情形来说，$\boldsymbol{\theta}$ 表示 $K \times 1$ 维的向量，并且

$$\nabla_\theta \ell_i(\boldsymbol{\theta}) = y_i\left[\frac{\phi(\mathbf{x}_i\boldsymbol{\theta})\mathbf{x}_i}{\Phi(\mathbf{x}_i\boldsymbol{\theta})}\right] - (1-y_i)\left\{\frac{\phi(\mathbf{x}_i\boldsymbol{\theta})\mathbf{x}_i}{1-\Phi(\mathbf{x}_i\boldsymbol{\theta})}\right\}$$

一旦对这一方程转置，并进行一些代数计算，得到

$$\mathbf{s}_i(\boldsymbol{\theta}) = \frac{\phi(\mathbf{x}_i\boldsymbol{\theta})\mathbf{x}_i'[y_i - \Phi(\mathbf{x}_i\boldsymbol{\theta})]}{\Phi(\mathbf{x}_i\boldsymbol{\theta})[1-\Phi(\mathbf{x}_i\boldsymbol{\theta})]} \tag{13.18}$$

回想起，$\mathbf{x}_i'$ 表示一个 $K \times 1$ 维向量。

例 13.2（续） 在泊松情形中，得分是

$$\mathbf{s}_i(\boldsymbol{\theta}) = -\exp(\mathbf{x}_i\boldsymbol{\theta})\mathbf{x}_i' + y_i\mathbf{x}_i' = \mathbf{x}_i'[y_i - \exp(\mathbf{x}_i\boldsymbol{\theta})] \tag{13.19}$$

其中 $\boldsymbol{\theta}$ 同样表示 $K \times 1$ 维向量。

在相当多数的情形中，对数似然函数的得分具有重要的零条件均值性质：

$$\mathrm{E}[\mathbf{s}_i(\boldsymbol{\theta}_o) \mid \mathbf{x}_i] = \mathbf{0} \tag{13.20}$$

换句话讲，当我们在 $\boldsymbol{\theta}_o$ 处计算 P×1 维得分时，并且关于 $f(\cdot \mid \mathbf{x}; \boldsymbol{\theta}_o)$ 取其期望值，则此期望值为 0。在条件（13.20）下，$\mathrm{E}[\mathbf{s}_i(\boldsymbol{\theta}_o)] = \mathbf{0}$，它是推导第 12 章 M 估计量的渐近正态性的关键性条件。

一般地，为了证明条件（13.20），对于任意 $\boldsymbol{\theta} \in \boldsymbol{\Theta}$，设 $\mathrm{E}_\theta[\cdot \mid \mathbf{x}_i]$ 表示相对于密度 $f(\cdot \mid \mathbf{x}_i; \boldsymbol{\theta})$ 的条件期望值。于是，由定义

$$\mathrm{E}_\theta[\mathbf{s}_i(\boldsymbol{\theta}) \mid \mathbf{x}_i] = \int_{\mathscr{Y}} \mathbf{s}(\mathbf{y}, \mathbf{x}_i, \boldsymbol{\theta}) f(\mathbf{y} \mid \mathbf{x}_i; \boldsymbol{\theta}) v(d\mathbf{y})$$

如果积分与微分在 int$\boldsymbol{\Theta}$ 是可以交换的 —— 也就是，如果

$$\nabla_\theta\left(\int_{\mathscr{Y}} f(\mathbf{y} \mid \mathbf{x}_i, \boldsymbol{\theta}) v(d\mathbf{y})\right) = \int_{\mathscr{Y}} \nabla_\theta f(\mathbf{y} \mid \mathbf{x}_i, \boldsymbol{\theta}) v(d\mathbf{y}) \tag{13.21}$$

对于所有 $\mathbf{x}_i \in \mathscr{X}$，$\boldsymbol{\theta} \in \mathrm{int}(\boldsymbol{\Theta})$ —— 那么

$$\mathbf{0}=\int_{\mathcal{Y}}\nabla_{\theta}f(\mathbf{y}\mid\mathbf{x}_i;\boldsymbol{\theta})v(d\mathbf{y}) \tag{13.22}$$

这是由于$\int_{\mathcal{Y}}f(\mathbf{y}\mid\mathbf{x}_i;\boldsymbol{\theta})v(d\mathbf{y})$是单位元，对于所有$\boldsymbol{\theta}$，因而对$\boldsymbol{\theta}$的偏导数必恒等于0。但是，式（13.22）的右边可以写成$\int_{\mathcal{Y}}[\nabla_{\theta}\ell(\mathbf{y},\mathbf{x}_i,\boldsymbol{\theta})]f(\mathbf{y}\mid\mathbf{x}_i;\boldsymbol{\theta})v(d\mathbf{y})$。将$\boldsymbol{\theta}_o$代入$\boldsymbol{\theta}$中，同时转置便得到条件（13.20）。

例 13.1（续） 定义$u_i\equiv y_i-\Phi(\mathbf{x}_i\boldsymbol{\theta}_o)=y_i-\mathrm{E}[y_i|\mathbf{x}_i]$。于是，

$$\mathbf{s}_i(\boldsymbol{\theta}_o)=\frac{\phi(\mathbf{x}_i\boldsymbol{\theta}_o)\mathbf{x}_i'u_i}{\Phi(\mathbf{x}_i\boldsymbol{\theta}_o)[1-\Phi(\mathbf{x}_i\boldsymbol{\theta}_o)]}$$

而且，由于$\mathrm{E}(u_i|\mathbf{x}_i)=0$，由此可得，$\mathrm{E}[\mathbf{s}_i(\boldsymbol{\theta}_o)|\mathbf{x}_i]=\mathbf{0}$。

例 13.2（续） 定义$u_i\equiv y_i-\exp(\mathbf{x}_i\boldsymbol{\theta}_o)$。于是，$\mathbf{s}_i(\boldsymbol{\theta}_o)=\mathbf{x}_i'u_i$，从而，$\mathrm{E}[\mathbf{s}_i(\boldsymbol{\theta}_o)|\mathbf{x}_i]=\mathbf{0}$。

假定$\ell_i(\boldsymbol{\theta})$在$\boldsymbol{\Theta}$内部是二次连续可微的，设观测值$i$的海赛矩阵是$\ell_i(\boldsymbol{\theta})$的两阶偏导数的$P\times P$维矩阵：

$$\mathbf{H}_i(\boldsymbol{\theta})\equiv\nabla_{\theta}\mathbf{s}_i(\boldsymbol{\theta})=\nabla_{\theta}^2\ell_i(\boldsymbol{\theta}) \tag{13.23}$$

海赛矩阵通常依赖于（$\mathbf{x}_i$，$\mathbf{y}_i$），且是一个对称矩阵。由于MLE是一个最大化问题，$\mathbf{H}_i(\boldsymbol{\theta}_o)$的期望值是负定的。因而，为了应用第12章的理论，我们定义

$$\mathbf{A}_o\equiv-\mathrm{E}[\mathbf{H}_i(\boldsymbol{\theta}_o)] \tag{13.24}$$

当$\boldsymbol{\theta}_o$是可识别的时候，$\mathbf{A}_o$通常是一个正定矩阵。在标准正则条件下，由定理12.3可得条件极大似然估计（CMLE）的渐近正态性：$\sqrt{N}(\hat{\boldsymbol{\theta}}-\boldsymbol{\theta}_o)\overset{a}{\sim}\mathrm{Normal}(\mathbf{0},\mathbf{A}_o^{-1}\mathbf{B}_o\mathbf{A}_o^{-1})$，其中$\mathbf{B}_o\equiv\mathrm{Var}[\mathbf{s}_i(\boldsymbol{\theta}_o)]\equiv\mathrm{E}[\mathbf{s}_i(\boldsymbol{\theta}_o)\mathbf{s}_i(\boldsymbol{\theta}_o)']$。可以证明，这个渐近方差矩阵的一般形式显得太复杂。我们现在证明$\mathbf{B}_o=\mathbf{A}_o$。

我们必须假定有足够的平滑性，使得下述积分与微分的交换是有效的（可参阅纽韦和麦克法登（Newey and McFadden，1994，第5.1节）关于无条件极大似然估计的情形）：

$$\nabla_{\theta}\left(\int_{\mathcal{Y}}\mathbf{s}_i(\boldsymbol{\theta})f(\mathbf{y}\mid\mathbf{x}_i;\boldsymbol{\theta})v(d\mathbf{y})\right)=\int_{\mathcal{Y}}\nabla_{\theta}[\mathbf{s}_i(\boldsymbol{\theta})f(\mathbf{y}\mid\mathbf{x}_i;\boldsymbol{\theta})]v(d\mathbf{y}) \tag{13.25}$$

然后，对下面的恒等式求导数：

$$\int_{\mathcal{Y}}\mathbf{s}_i(\boldsymbol{\theta})f(\mathbf{y}\mid\mathbf{x}_i;\boldsymbol{\theta})v(d\mathbf{y})\equiv\mathrm{E}_{\theta}[\mathbf{s}_i(\boldsymbol{\theta})\mid\mathbf{x}_i]=\mathbf{0},\boldsymbol{\theta}\in\mathrm{int}(\boldsymbol{\Theta})$$

同时，对于所有$\boldsymbol{\theta}\in\boldsymbol{\Theta}$，一旦利用式（13.25）得出

$$-\mathrm{E}_{\theta}[\mathbf{H}_i(\boldsymbol{\theta}_o)|\mathbf{x}_i]=\mathrm{Var}_{\theta}[\mathbf{s}_i(\boldsymbol{\theta})|\mathbf{x}_i]$$

其中下标"θ"表示期望与方差是在$f(\cdot|\mathbf{x}_i;\boldsymbol{\theta})$表示给定$\mathbf{x}_i$时$\mathbf{y}_i$的密度的情形中的期望与方差。当在$\boldsymbol{\theta}=\boldsymbol{\theta}_o$处计算时，我们得到一个非常重要的等式：

$$-\mathrm{E}[\mathbf{H}_i(\boldsymbol{\theta}_o)|\mathbf{x}_i]=\mathrm{E}[\mathbf{s}_i(\boldsymbol{\theta}_o)\mathbf{s}_i(\boldsymbol{\theta}_o)'|\mathbf{x}_i] \quad (13.26)$$

其中期望值与方差对应于给定 $\mathbf{x}_i$时 $\mathbf{y}_i$真实的条件分布。等式（13.26）称为**条件信息矩阵等式**（conditional information matrix equality，CIME）。对等式（13.26）取（关于 $\mathbf{x}_i$分布的）期望，并且利用**迭代期望法则**（law of iterated expectation）得到

$$-\mathrm{E}[\mathbf{H}_i(\boldsymbol{\theta}_o)]=\mathrm{E}[\mathbf{s}_i(\boldsymbol{\theta}_o)\mathbf{s}_i(\boldsymbol{\theta}_o)'] \quad (13.27)$$

或者 $\mathbf{A}_o=\mathbf{B}_o$。这一关系体现了**无条件信息矩阵等式**（unconditional information matrix equality，UIME）的最佳思想。

定理 13.2（UIME 的渐近正态性） 设定理 13.1 的一些条件成立。此外，假定（a）$\boldsymbol{\theta}_o\in\mathrm{int}(\boldsymbol{\Theta})$；（b）对于每一个（$\mathbf{y}$，$\mathbf{x}$）$\in\mathcal{Y}\times\mathcal{X}$，$\ell(\mathbf{y},\mathbf{x},\cdot)$在$\mathrm{int}(\boldsymbol{\Theta})$中是二次连续可微的；（c）对于所有 $\boldsymbol{\theta}\in\mathrm{int}(\boldsymbol{\Theta})$，式（13.21）与式（13.25）中的求导与积分均是可以交换的；（d）$\nabla_\theta^2\ell(\mathbf{y},\mathbf{x},\theta)$的元素在带有限期望值的函数 $b(\mathbf{y},\mathbf{x})$的绝对值上是有界的；同时（e）由表达式（13.24）所定义的 $\mathbf{A}_o$是正定的。于是，

$$\sqrt{N}(\hat{\boldsymbol{\theta}}-\boldsymbol{\theta}_o)\xrightarrow{d}\mathrm{Normal}(\mathbf{0},\mathbf{A}_o^{-1}) \quad (13.28)$$

因此

$$\mathrm{Avar}(\hat{\boldsymbol{\theta}})=\mathbf{A}_o^{-1}/N \quad (13.29)$$

在标准的应用中，尽管存在着一些并不连续的偏导数例子，但对数似然具有许多连续的偏导数。例如，当 $\mathbf{y}_i$的条件支集依赖于参数 $\boldsymbol{\theta}_o$时，一些例子还违背了式（13.21）或者式（13.25）中积分与微分的交换。在这种情形中，我们不能指望 CMLE 拥有一个极限正态分布；甚至它并不以速率$\sqrt{N}$收敛。当分布的支集依赖于未知参数时，对于特定模型来说取得了一些研究进展。例如，可参阅唐纳德和帕尔施（Donald and Paursch，1996）。

13.5.2 估计渐近方差

估计 $\mathrm{Avar}(\hat{\boldsymbol{\theta}})$ 需要估计 $\mathbf{A}_o$。由前面曾推导的一些等式可知，在条件极大似然估计背景下 $\mathbf{A}_o$存在三种可能的估计量。实际上，对定理 13.2 的正则条件稍加扩展，矩阵

$$N^{-1}\sum_{i=1}^{N}-\mathbf{H}_i(\hat{\boldsymbol{\theta}}),N^{-1}\sum_{i=1}^{N}\mathbf{s}_i(\hat{\boldsymbol{\theta}})\mathbf{s}_i(\hat{\boldsymbol{\theta}})' \text{和} N^{-1}\sum_{i=1}^{N}\mathbf{A}(\mathbf{x}_i,\hat{\boldsymbol{\theta}}) \quad (13.30)$$

的每一个均收敛到 $\mathbf{A}_o=\mathbf{B}_o$，其中

$$\mathbf{A}(\mathbf{x}_i,\boldsymbol{\theta}_o)\equiv-\mathrm{E}[\mathbf{H}(\mathbf{y}_i,\mathbf{x}_i,\boldsymbol{\theta}_o)|\mathbf{x}_i] \quad (13.31)$$

因而，$\widehat{\mathrm{Avar}(\hat{\boldsymbol{\theta}})}$ 能够取为三个矩阵：

$$\left[-\sum_{i=1}^{N}\mathbf{H}_i(\hat{\boldsymbol{\theta}})\right]^{-1},\left[\sum_{i=1}^{N}\mathbf{s}_i(\hat{\boldsymbol{\theta}})\mathbf{s}_i(\hat{\boldsymbol{\theta}})'\right]^{-1}\text{或者}\left[\sum_{i=1}^{N}\mathbf{A}(\mathbf{x}_i,\hat{\boldsymbol{\theta}})\right]^{-1} \tag{13.32}$$

中的任何一个，同时渐近标准误是三个矩阵中的任何一个对角元素的平方根。我们在第 12 章一般 M 估计量中已讨论了这些估计量，但是可以按顺序给出一个简要的回顾。第一个估计量是建立在对数似然海赛矩阵之上的，它需要计算二阶导数。当逆存在时，其估计是正定的，因为$\hat{\boldsymbol{\theta}}$最大化了目标函数。

式（13.32）中的第二个估计量是建立在得分外积之上的，仅依赖于对数似然函数的一阶导数。这个简单的估计量是由伯恩特、霍尔、霍尔和豪斯曼（Berndt，Hall，Hall，and Hausman，1974）提出的。它的主要缺点是，甚至在适度样本量下，也表现出欠佳的行为，如同我们在 12.6.2 节中所讨论的那样。

如果条件期望$\mathbf{A}(\mathbf{x}_i,\boldsymbol{\theta}_o)$是以闭型（closed form）表示出的（如同它处于一些主要情形之中）或者可以对其进行模拟——正如波特（Porter，2002）所讨论的，那么建立在$\mathbf{A}(\mathbf{x}_i,\hat{\boldsymbol{\theta}})$之上的估计量具有一些引人注目的特性。首先，它经常只依赖于条件均值或者条件方差函数的一阶导数。其次，当它存在时，因为条件方差信息矩阵等式（13.26），所以它是正定的。最后，这个估计量被发现具有比得分估计量的外积更好的有限样本性质，其中$\mathbf{A}(\mathbf{x}_i,\boldsymbol{\theta}_o)$可以闭型方式获得。

例 13.1（续） probit 对数似然的海赛矩阵显得有点混乱。幸运的是，$\mathrm{E}[\mathbf{H}_i(\boldsymbol{\theta}_o)|\mathbf{x}_i]$具有相当简单的形式。对等式（13.18）求导数，且利用乘积规则得出

$$\mathbf{H}_i(\boldsymbol{\theta})=\frac{-\{\phi(\mathbf{x}_i\boldsymbol{\theta})\}^2\mathbf{x}_i'\mathbf{x}_i}{\Phi(\mathbf{x}_i\boldsymbol{\theta})[1-\Phi(\mathbf{x}_i\boldsymbol{\theta})]}+[y_i-\Phi(\mathbf{x}_i\boldsymbol{\theta})]\mathbf{L}(\mathbf{x}_i\boldsymbol{\theta})$$

其中$\mathbf{L}(\mathbf{x}_i\boldsymbol{\theta})$表示$\mathbf{x}_i\boldsymbol{\theta}$的$K\times K$维的复杂函数，对此我们不必以显性方式求出。现在，当我们在$\boldsymbol{\theta}_o$处计算这个表达式时，而且注意到，$\mathrm{E}\{[y_i-\Phi(\mathbf{x}_i\boldsymbol{\theta}_o)]\mathbf{L}(\mathbf{x}_i\boldsymbol{\theta}_o)|\mathbf{x}_i\}=[\mathrm{E}(y_i|\mathbf{x}_i)-\Phi(\mathbf{x}_i\boldsymbol{\theta}_o)]\mathbf{L}(\mathbf{x}_i\boldsymbol{\theta}_o)=\mathbf{0}$，我们有

$$-\mathrm{E}[\mathbf{H}_i(\boldsymbol{\theta}_o)|\mathbf{x}_i]=\mathbf{A}_i(\boldsymbol{\theta}_o)=\frac{\{\phi(\mathbf{x}_i\boldsymbol{\theta}_o)\}^2\mathbf{x}_i'\mathbf{x}_i}{\Phi(\mathbf{x}_i\boldsymbol{\theta}_o)[1-\Phi(\mathbf{x}_i\boldsymbol{\theta}_o)]}$$

因而，probit 分析中的$\widehat{\mathrm{Avar}(\hat{\boldsymbol{\theta}})}$是

$$\left(\sum_{i=1}^{N}\frac{\{\phi(\mathbf{x}_i\hat{\boldsymbol{\theta}})\}^2\mathbf{x}_i'\mathbf{x}_i}{\Phi(\mathbf{x}_i\hat{\boldsymbol{\theta}})[1-\Phi(\mathbf{x}_i\hat{\boldsymbol{\theta}})]}\right)^{-1} \tag{13.33}$$

当逆存在时，它总是正定的。注意到，对于每一个i，$\mathbf{x}_i'\mathbf{x}_i$表示一个$K\times K$维矩阵。

例 13.2（续） 对于带指数条件均值的泊松模型来说，$\mathbf{H}_i(\boldsymbol{\theta})=-\exp(\mathbf{x}_i\boldsymbol{\theta})\mathbf{x}_i'\mathbf{x}_i$。在此例题中，海赛矩阵不依赖于$y_i$，所以$\mathbf{H}_i(\boldsymbol{\theta}_o)$与$\mathrm{E}[\mathbf{H}_i(\boldsymbol{\theta}_o)|\mathbf{x}_i]$之间不存在差

别。$\widehat{\text{Avar}(\hat{\boldsymbol{\theta}})}$的正定估计值就是

$$\left[\sum_{i=1}^{N}\exp(\mathbf{x}_i\hat{\boldsymbol{\theta}})\mathbf{x}_i'\mathbf{x}_i\right]^{-1} \tag{13.34}$$

13.6 假设检验

给定渐近标准误，很容易构成检验单个假设的渐近 t 统计量。这些 t 统计量的渐近分布可以作为标准的正态分布。

在第 12 章所涵盖的三个检验可以马上应用到极大似然估计情形中。当密度被正确地设定时，由于信息矩阵等式成立，我们仅仅需要考察检验统计量的最简单形式。给定等式（12.63）中的瓦尔德统计量，并且使其拥有一个极限 χ^2 分布的条件已在 12.6.1 节讨论过。

通过 $\mathscr{L}(\boldsymbol{\theta})\equiv\sum_{i=1}^{N}\ell_i(\boldsymbol{\theta})$ 定义整个样本的对数似然函数。设 $\hat{\boldsymbol{\theta}}$ 表示无约束估计量，而设 $\tilde{\theta}$ 表示含有 Q 个非冗余施加约束的估计量。于是，在 12.6.3 节已讨论的正则条件下，**似然比统计量**（likelihood ratio（LR）statistic）

$$\text{LR}\equiv2[\mathscr{L}(\hat{\boldsymbol{\theta}})-\mathscr{L}(\tilde{\boldsymbol{\theta}})] \tag{13.35}$$

在 H_0 下渐近分布为 χ_Q^2。如同瓦尔德统计量，当 $\boldsymbol{\theta}_o$ 位于参数集合的边界上时，我们不能使用 LR 近似作为 χ_Q^2。一旦对约束模型与无约束模型都可以估计时，LR 统计量就非常容易地计算出来，同时对于再参数化条件密度来说，LR 统计量是不变的。

得分检验或者 LM 检验只是建立在约束估计基础之上的。设 $\mathbf{s}_i(\tilde{\boldsymbol{\theta}})$表示在约束估计值 $\tilde{\boldsymbol{\theta}}$ 处计算的 $\ell_i(\boldsymbol{\theta})$的 $P\times1$ 维得分。也就是，我们对 P 个参数中的每一个计算 $\ell_i(\boldsymbol{\theta})$的偏导数，但另一方面，我们在约束估计值处计算这个偏导数向量。于是，由 12.6.2 节与信息矩阵等式知，统计量

$$\left(\sum_{i=1}^{N}\tilde{\mathbf{s}}_i\right)'\left(-\sum_{i=1}^{N}\widetilde{\mathbf{H}}_i\right)^{-1}\left(\sum_{i=1}^{N}\tilde{\mathbf{s}}_i\right),\ \left(\sum_{i=1}^{N}\tilde{\mathbf{s}}_i\right)'\left(\sum_{i=1}^{N}\widetilde{\mathbf{A}}_i\right)^{-1}\left(\sum_{i=1}^{N}\tilde{\mathbf{s}}_i\right)$$

$$\text{以及}\ \left(\sum_{i=1}^{N}\tilde{\mathbf{s}}_i\right)'\left(\sum_{i=1}^{N}\tilde{\mathbf{s}}_i\tilde{\mathbf{s}}_i'\right)^{-1}\left(\sum_{i=1}^{N}\tilde{\mathbf{s}}_i\right) \tag{13.36}$$

在 H_0 下具有极限 χ_Q^2 分布。正如我们由 12.6.2 节中所知道的，第一个统计量关于再参数化并不是不变的，但是外积统计量则是不变的。此外，利用条件信息矩阵等式，可以证明，建立在 $\widetilde{\mathbf{A}}_i$ 之上的 LM 统计量关于再参数化是不变的。戴维森和麦金农（Davidson and MacKinnon，1993，第 13.6 节）证明了无条件极大似然情形中的不变性。在更一般的条件极大似然设置下，对于含有 $\mathbf{x}_i$ 的任何

条件变量来说，不变性会成立；可参阅习题 13.5。我们在 12.6.2 节中已经使用了关于非线性回归的 LM 统计量的期望海赛矩阵形式。我们将在第 Ⅳ 篇的几个应用中用到它们，包括二值响应模型与泊松回归模型。在这些例子中，利用建立在加权残差之上的辅助回归可以方便地计算该统计量。

因为无条件信息矩阵等式成立，所以我们由 12.6.4 节知道，三个经典统计量在局部备择假设下具有相同的极限分布。因此，要么出于小样本考虑，要么出于不变性考虑，要么出于对计算问题的考虑，这些考虑将用于对统计量进行选择之中。

13.7 设定检验

由于 MLE 通常依赖于它自身的分布假设，所以拥有计算简单的一般类型的假定检验是有益的。一种普通方法是把所关注的模型嵌入到更一般的模型里面（可能更难以估计），并且获得针对更一般的备择情形的得分检验。在 12.6.2 节的线性模型中，尽管这种分析是在非极大似然背景设置下进行的，但 RESET 及其推广到指数回归的情形正是这种方法的例子。

在 MLE 背景下，检验由条件密度设定所蕴涵的矩条件是有意义的。设 $\mathbf{w}_i=(\mathbf{x}_i,\mathbf{y}_i)$，同时假定当正确设定 $f(\cdot|\mathbf{x};\boldsymbol{\theta})$时，

$$\mathrm{H}_0:\mathrm{E}[\mathbf{g}(\mathbf{w}_i,\boldsymbol{\theta}_o)]=\mathbf{0} \tag{13.37}$$

其中 $\mathbf{g}(\mathbf{w},\boldsymbol{\theta})$表示一个 $Q\times 1$ 维向量。对于函数 $\mathbf{g}$ 的选择来说，任何应用都蕴涵着不计其数的情形。由于 MLE $\hat{\boldsymbol{\theta}}$ 使得分之和为 0，所以 $\mathbf{g}(\mathbf{w},\boldsymbol{\theta})$不能包括 $\mathbf{s}(\mathbf{w},\boldsymbol{\theta})$的元素。一般地讲，对 $\mathbf{g}$ 的选择应该便于检验人们最初所关注模型的特性，诸如一阶条件矩与二阶条件矩，或者各种各样的条件概率。

假设检验（13.37）是建立在 $\mathbf{g}(\mathbf{w}_i,\hat{\boldsymbol{\theta}})$样本均值离 0 有多远的基础之上。为了推导渐近分布，注意到

$$N^{-1/2}\sum_{i=1}^{N}\mathbf{g}_i(\hat{\boldsymbol{\theta}})=N^{-1/2}\sum_{i=1}^{N}[\mathbf{g}_i(\hat{\boldsymbol{\theta}})-\boldsymbol{\Pi}_o'\mathbf{s}_i(\hat{\boldsymbol{\theta}})]$$

平凡地成立，因为 $\sum_{i=1}^{N}\mathbf{s}_i(\hat{\boldsymbol{\theta}})=\mathbf{0}$，其中

$$\boldsymbol{\Pi}_o\equiv\{\mathrm{E}[\mathbf{s}_i(\boldsymbol{\theta}_o)\mathbf{s}_i(\boldsymbol{\theta}_o)']\}^{-1}\{\mathrm{E}[\mathbf{s}_i(\boldsymbol{\theta}_o)\mathbf{g}_i(\boldsymbol{\theta}_o)']\}$$

表示来自 $\mathbf{g}_i(\boldsymbol{\theta}_o)'$ 对 $\mathbf{s}_i(\boldsymbol{\theta}_o)'$回归的总体回归系数的 $P\times Q$ 维矩阵。一旦利用 $\boldsymbol{\theta}_o$的均值展开式与类似于第 12 章的代数运算，我们可以写成

$$N^{-1/2}\sum_{i=1}^{N}[\mathbf{g}_i(\hat{\boldsymbol{\theta}})-\boldsymbol{\Pi}_o'\mathbf{s}_i(\hat{\boldsymbol{\theta}})]=N^{-1/2}\sum_{i=1}^{N}[\mathbf{g}_i(\boldsymbol{\theta}_o)-\boldsymbol{\Pi}_o'\mathbf{s}_o(\boldsymbol{\theta}_o)]$$
$$+\mathrm{E}[\nabla_\theta\mathbf{g}_i(\boldsymbol{\theta}_o)-\boldsymbol{\Pi}_o'\nabla_\theta\mathbf{s}_i(\boldsymbol{\theta}_o)]\sqrt{N}(\hat{\boldsymbol{\theta}}-\boldsymbol{\theta}_o)+\mathrm{o}_p(1) \tag{13.38}$$

当密度被正确设定时，重要的是，式（13.38）右边第二项恒等于0。其理由是：第一，式（13.27）蕴涵着$[\mathrm{E}\nabla_\theta \mathbf{s}_i(\boldsymbol{\theta}_o)]\{\mathrm{E}[\mathbf{s}_i(\boldsymbol{\theta}_o)\mathbf{s}_i(\boldsymbol{\theta}_o)']\}^{-1}=-\mathbf{I}_P$。第二，条件信息矩阵等式（纽韦（Newey，1985）；托奇（Tauchen，1985））的推广形式蕴涵着

$$-\mathrm{E}[\nabla_\theta \mathbf{g}_i(\boldsymbol{\theta}_o)|\mathbf{x}_i]=\mathrm{E}[\mathbf{g}_i(\boldsymbol{\theta}_o)\mathbf{s}_i(\boldsymbol{\theta}_o)'|\mathbf{x}_i] \tag{13.39}$$

为了证明式（13.39），对于所有$\boldsymbol{\theta}$写出

$$\mathrm{E}_\theta[\mathbf{g}_i(\boldsymbol{\theta})\mid \mathbf{x}_i]=\int_{\mathcal{Y}}\mathbf{g}(\mathbf{y},\mathbf{x}_i,\boldsymbol{\theta})f(\mathbf{y}\mid \mathbf{x}_i;\boldsymbol{\theta})v(d\mathbf{y})=\mathbf{0} \tag{13.40}$$

现在，我们对$\boldsymbol{\theta}$求导数，且假定积分与导数是可以交换的，那么式（13.40）蕴涵着

$$\int_{\mathcal{Y}}\nabla_\theta \mathbf{g}(\mathbf{y},\mathbf{x}_i,\boldsymbol{\theta})f(\mathbf{y}\mid \mathbf{x}_i;\boldsymbol{\theta})v(d\mathbf{y})+\int_{\mathcal{Y}}\mathbf{g}(\mathbf{y},\mathbf{x}_i,\boldsymbol{\theta})\nabla_\theta f(\mathbf{y}\mid \mathbf{x}_i;\boldsymbol{\theta})v(d\mathbf{y})=\mathbf{0}$$

或者，$\mathrm{E}_\theta[\nabla_\theta \mathbf{g}_i(\boldsymbol{\theta})|\mathbf{x}_i]+\mathrm{E}_\theta[\mathbf{g}_i(\boldsymbol{\theta})\mathbf{s}_i(\boldsymbol{\theta})'|\mathbf{x}_i]=\mathbf{0}$，其中，我们使用$\nabla_\theta f(\mathbf{y}|\mathbf{x};\boldsymbol{\theta})=\mathbf{s}(\mathbf{y},\mathbf{x},\boldsymbol{\theta})'f(\mathbf{y}|\mathbf{x};\boldsymbol{\theta})$的事实。代入$\boldsymbol{\theta}=\boldsymbol{\theta}_o$，且重新整理便得到式（13.39）。

我们所要证明的内容是

$$N^{-1/2}\sum_{i=1}^{N}[\mathbf{g}_i(\hat{\boldsymbol{\theta}})-\boldsymbol{\Pi}_o'\mathbf{s}_i(\hat{\boldsymbol{\theta}})]=N^{-1/2}\sum_{i=1}^{N}[\mathbf{g}_i(\boldsymbol{\theta}_o)-\boldsymbol{\Pi}_o'\mathbf{s}_i(\boldsymbol{\theta}_o)]+o_p(1)$$

这意味着，这些标准化偏导数具有相同的渐近分布。设

$$\hat{\boldsymbol{\Pi}}\equiv\left(\sum_{i=1}^{N}\hat{\mathbf{s}}_i\hat{\mathbf{s}}_i'\right)^{-1}\left(\sum_{i=1}^{N}\hat{\mathbf{s}}_i\hat{\mathbf{g}}_i'\right)$$

很容易看出，在标准正则条件下有$\hat{\boldsymbol{\Pi}}=\boldsymbol{\Pi}_o$。因此，通过$N^{-1}\sum_{i=1}^{N}(\hat{\mathbf{g}}_i-\hat{\boldsymbol{\Pi}}'\hat{\mathbf{s}}_i)(\hat{\mathbf{g}}_i-\hat{\boldsymbol{\Pi}}'\hat{\mathbf{s}}_i)'$可一致地估计出$N^{-1/2}\sum_{i=1}^{N}[\mathbf{g}_i(\hat{\boldsymbol{\theta}})-\boldsymbol{\Pi}_o'\mathbf{s}_i(\hat{\boldsymbol{\theta}})]=N^{-1/2}\sum_{i=1}^{N}\mathbf{g}_i(\hat{\boldsymbol{\theta}})$的渐近方差。当我们构建二次型时，就可获得**纽韦-托奇-怀特（NTW）统计量**（Newey-Tauchen-White（NTW）statistic）：

$$\mathrm{NTW}=\left[\sum_{i=1}^{N}\mathbf{g}_i(\hat{\boldsymbol{\theta}})\right]'\left[\sum_{i=1}^{N}(\hat{\mathbf{g}}_i-\hat{\boldsymbol{\Pi}}'\hat{\mathbf{s}}_i)(\hat{\mathbf{g}}_i-\hat{\boldsymbol{\Pi}}'\hat{\mathbf{s}}_i)'\right]^{-1}\left[\sum_{i=1}^{N}\mathbf{g}_i(\hat{\boldsymbol{\theta}})\right] \tag{13.41}$$

此统计量是由纽韦（Newey，1985）与托奇（Tauchen，1985）分别独立地提出来的，而且它是怀特（White，1982a）**信息矩阵**（information matrix，IM）检验统计量的推广形式。

为了方便计算，注意到，式（13.41）等同于出自

$$1\text{ 对 }\hat{\mathbf{s}}_i',\hat{\mathbf{g}}_i',i=1,2,\cdots,N \tag{13.42}$$

回归的$N-\mathrm{SSR}_0=NR_0^2$，其中SSR_0表示通常的残差方差之和。在正确设定密

度的零假设下，一旦假定 $\mathbf{g}(\mathbf{w},\boldsymbol{\theta})$ 包括了 Q 个非冗余的矩条件，NTW 就渐近地成为 χ_Q^2 分布。遗憾的是，回归（13.42）的外积形式意味着，此统计量具有欠佳的有限样本性质。在一些特殊应用中，诸如非线性最小二乘法、二值响应分析以及泊松回归应用中，不一而足，最好是使用建立在期望海赛矩阵基础之上的检验统计量形式。我们已给出基于式（12.72）回归的关于 NLS 检验，同时我们在后继章节中将会看到其他的例子。对于信息矩阵检验统计量来说，戴维森和麦金农（Davidson and MacKinnon，1992）已建立了一种可选择的 LM 统计量形式，此统计量表现出良好的有限样本性质。

例 13.2（续） 为了对泊松回归条件均值的设定进行检验，我们可以取 $\mathbf{g}(\mathbf{w},\boldsymbol{\theta})=\exp(\mathbf{x}\boldsymbol{\theta})\mathbf{x}'[y-\exp(\mathbf{x}\boldsymbol{\theta})]=\exp(\mathbf{x}\boldsymbol{\theta})\mathbf{s}(\mathbf{w},\boldsymbol{\theta})$，其中得分是由方程（13.19）给出的。如果 $\mathrm{E}(y|\mathbf{x})=\exp(\mathbf{x}\boldsymbol{\theta}_o)$，那么 $\mathrm{E}[\mathbf{g}(\mathbf{w},\boldsymbol{\theta}_o)|\mathbf{x}]=\exp(\mathbf{x}\boldsymbol{\theta}_o)\mathrm{E}[\mathbf{s}(\mathbf{w},\boldsymbol{\theta}_o)|\mathbf{x}]=\mathbf{0}$。为了对泊松方差假设进行检验，$\mathrm{Var}(y|\mathbf{x})=\mathrm{E}(y|\mathbf{x})=\exp(\mathbf{x}\boldsymbol{\theta}_o)$，$\mathbf{g}$ 可以成为 $\mathbf{g}(\mathbf{w},\boldsymbol{\theta})=\mathbf{a}(\mathbf{x},\boldsymbol{\theta})\{[y-\exp(\mathbf{x}\boldsymbol{\theta})]^2-\exp(\mathbf{x}\boldsymbol{\theta})\}$ 的形式，其中 $\mathbf{a}(\mathbf{x},\boldsymbol{\theta})$ 表示一个 $Q\times 1$ 维向量。如果泊松方差假设是正确的，那么 $u=y-\exp(\mathbf{x}\boldsymbol{\theta}_o)$ 具有零条件均值，且 $\mathrm{E}(u^2|\mathbf{x})=\mathrm{Var}(y|\mathbf{x})=\exp(\mathbf{x}\boldsymbol{\theta}_o)$。由此可得，$\mathrm{E}[\mathbf{g}(\mathbf{w},\boldsymbol{\theta}_o)|\mathbf{x}]=\mathbf{0}$。

例题 13.2 包含了人们通称为**条件矩检验**（conditional moment tests）的例子。正如其名称所表示的内容一样，其思想是构造建立在某些重要条件矩基础之上的正交性条件，通常是条件均值或者条件方差，但是有时会是条件概率或者较高阶的矩。在第 12 章中，对非线性回归的检验可以看成是条件矩检验，同时我们将在第Ⅳ篇看到几个其他例子。鉴于前面已讨论的原因，不论何时我们都将避免计算利用回归（13.42）的检验。对于条件矩检验的一般研究与应用，可以参阅纽韦（Newey，1985）、托奇（Tauchen，1985）以及帕甘和维拉（Pagan and Vella，1989）。怀特（White，1982a）的信息矩阵检验常常可以看成是一个条件矩检验；可参阅霍尔（Hall，1987）的线性回归模型以及怀特（White，1994）的一般研究。怀特（White，1994，第 10 章）证明了如何允许矩函数依赖于除了 $\boldsymbol{\theta}_o$ 以外的参数。

13.8 面板数据的偏（或混合）似然方法

到目前为止，我们假定对给定 **x** 时 **y** 的密度的参数模型均已被正确设定。这一假设是相当一般的，因为 **x** 能够包含任何可观测的变量。当 **x** 包含了我们认为在结构模型中作为外生的变量时，主流的情形便会发生。在其他情形中，**x** 将在结构模型中包括内生的变量，但是，实际上把它们放入到条件集合之中，并找出一个新的条件密度会使结构参数的估计更为简便。

对于研究各种各样的面板数据，利用整群样本的估计以及各种各样的其他应用来说，我们需要放松假设：给定 **x** 时 **y** 的全部条件密度均被正确设定。在一些例子中，这类模型是相当复杂的。或者出自稳健性的缘由，我们并不希望对给定 $\mathbf{x}$ 时 $\mathbf{y}$ 的全部密度进行设定。

13.8.1 面板数据设置

对于面板数据的应用来说，我们设 $\mathbf{y}$ 表示含有普通元素 y_t 的一个 $T\times 1$ 维向量。因此，$\mathbf{y}_i$ 表示从横截面中随机抽取的一个 $T\times 1$ 维向量，其中第 t 个元素为 y_{it}。我们总是考虑相对于横截面样本量很小的 T 的情形。利用稍微变动的符号，我们可以对于每一个 t 用 G 向量来代替 y_{it}，这样的扩展形式允许我们涵盖含有面板数据的一般方程组。

由于某个向量 $\mathbf{x}_t$ 包括可观测变量的任何集合，设 $\mathrm{D}(y_t|\mathbf{x}_t)$ 表示给定 $\mathbf{x}_t$ 时 y_t 的分布。关键性假设是，我们对给定 $\mathbf{x}_t$ 时 y_t 的密度具有一个正确设定的模型；回想起它是 $f_t(y_t|\mathbf{x}_t;\boldsymbol{\theta}),t=1,2,\cdots,T$。向量 $\mathbf{x}_t$ 能够包括任何变量，包括条件变量 $\mathbf{z}_t$、这些条件变量的滞后项以及 y 的滞后值。向量 $\boldsymbol{\theta}$ 是由对于任何 t 在 f_t 中出现的全部参数所构成的；这些参数全部或者有些出现在每一个 t 的密度中，而有些仅出现在单个时间段的密度中。

区分偏似然与极大似然的是，我们不能假定

$$\prod_{t=1}^{T}\mathrm{D}(y_{it}\mid\mathbf{x}_{it})\tag{13.43}$$

表示给定某个条件变量的集合时 $\mathbf{y}_i$ 的条件分布。换句话说，即使 $f_t(y_t|\mathbf{x}_t;\boldsymbol{\theta}_o)$ 表示对于每一个 t，给定 $\mathbf{x}_{it}$ 时关于 y_{it} 的正确密度，这些乘积并不（一定）是给定某些条件变量时 $\mathbf{y}_i$ 的密度。通常，我们设定 $f_t(y_t|\mathbf{x}_t;\boldsymbol{\theta})$，因为它是对于每一个 t 所关注的密度。

对于每一个观测值 i，我们把**偏对数似然**（partial log likelihood）定义为

$$\ell_i(\boldsymbol{\theta})\equiv\sum_{t=1}^{T}\log f_t(y_{it}\mid\mathbf{x}_{it};\boldsymbol{\theta})\tag{13.44}$$

它表示对不同 t 的对数似然之和。促使偏似然方法可以起作用的内容是，倘若我们对密度 $f_t(y_t|\mathbf{x}_t;\boldsymbol{\theta})$ 正确设定，$\boldsymbol{\theta}_o$ 最大化式（13.44）的期望值。我们也可以将方程（13.44）称作一个混合对数似然。

借助于库尔贝克-莱布勒（Kullback-Leibler）信息不等式，对于每一个 t，$\boldsymbol{\theta}_o$ 最大化 $\boldsymbol{\Theta}$ 上的 $\mathrm{E}[\log f_t(y_{it}|\mathbf{x}_{it};\boldsymbol{\theta})]$，所以 $\boldsymbol{\theta}_o$ 同样最大化 t 上的这些之和。与以往一样，识别要求 $\boldsymbol{\theta}_o$ 是式（13.44）期望值的唯一最大化者。对于每一个 t，$\boldsymbol{\theta}_o$ 唯一地最大化 $\mathrm{E}[\log f_t(y_{it}|\mathbf{x}_{it};\boldsymbol{\theta})]$，这一点就足够了，但是这个假设不是必要的。

偏极大似然估计量（partial maximum likelihood estimator，PMLE）$\hat{\boldsymbol{\theta}}$ 求解

$$\max_{\boldsymbol{\theta}\in\boldsymbol{\Theta}}\sum_{i=1}^{N}\sum_{t=1}^{T}\log f_t(y_{it}\mid\mathbf{x}_{it};\boldsymbol{\theta})\tag{13.45}$$

并且这个问题显然是一个 M 估计量问题（其中渐近特性是关于 T 固定且 $N\to\infty$ 的）。因此，由定理 12.2，倘若 $\boldsymbol{\theta}_o$是可识别的，偏 MLE 通常是一致的。

由 12.3 节定理 12.3 知，偏 MLE 显然是渐近正态的。然而，除非

$$p_o(\mathbf{y}\mid\mathbf{z})=\prod_{t=1}^{T}f_t(y_t\mid\mathbf{x}_t;\boldsymbol{\theta}_o) \tag{13.46}$$

否则对于 $\mathbf{x}$ 的某一个子向量 $\mathbf{z}$，我们就不能应用条件信息矩阵等式。在 12.5.1 节中所涉及类型的更一般的渐近方差估计量是需要的，我们在下面两个小节中将给出这样的估计量。

在一般层面上，讨论面板数据设置背景下，式（13.46）为什么不一定成立是有益的。首先，假定 $\mathbf{x}_t$仅包含同期条件变量 $\mathbf{z}_t$；特别地，$\mathbf{x}_t$没有包含滞后因变量。于是，我们总是可以写成

$$p_o(\mathbf{y}|\mathbf{z})=p_1^o(y_1|\mathbf{z})\cdot p_2^o(y_2|y_1,\mathbf{z})\cdots p_t^o(y_t|y_{t-1},y_{t-2},\cdots,y_1,\mathbf{z})\cdots p_T^o(y_T|y_{T-1},y_{T-2},\cdots,y_1,\mathbf{z})$$

其中 $p_t^o(y_t|y_{t-1},y_{t-2},\cdots,y_1,\mathbf{z})$表示给定 y_{t-1},y_{t-2}，…，y_1且 $\mathbf{z}\equiv(\mathbf{z}_1,\cdots,\mathbf{z}_T)$时 y_t的真实条件密度。（对于 $t=1$，p_1^o 表示给定 $\mathbf{z}$ 时 y_1的密度。）由于式（13.46）成立，我们将有

$$p_t^o(y_t|y_{t-1},y_{t-2},\cdots,y_1,\mathbf{z})=f_t(y_t|\mathbf{z}_t;\boldsymbol{\theta}_o),t=1,\cdots,T$$

它要求，一旦以 $\mathbf{z}_t$为条件，条件密度 $p_t^o(y_t|y_{t-1},y_{t-2},\cdots,y_1,\mathbf{z})$中既不会出现 y_t 的过去滞后项，也不会出现来自任何其他时间段的——过去的或者未来的——$\mathbf{z}$ 的元素。一般地讲，这个要求是非常强的，因为它既要求了 $\mathbf{z}_t$的严格外生性又要求 p_t^o 中不存在动态特性。

当 $\mathbf{x}_t$包含滞后因变量时，式（13.46）更可能成立。实际上，如果 $\mathbf{x}_t$仅包含 y_t的滞后值，那么

$$p_o(\mathbf{y})=\prod_{t=1}^{T}f_t(y_t\mid\mathbf{x}_t,\boldsymbol{\theta}_o)$$

成立，如果对于所有 t（其中 p_1^o 表示 y_1的无条件密度），$f_t(y_t|\mathbf{x}_t;\boldsymbol{\theta}_o)=p_t^o(y_t|y_{t-1},y_{t-2},\cdots,y_1)$，因而所有动态特性都可以由 f_t捕获。当 $\mathbf{x}_t$除了包含滞后的 y_t 之外还有某些变量 $\mathbf{z}_t$时，式（13.46）要求参数密度捕获所有的动态特性——也就是，y_t与 $\mathbf{z}_t$的所有滞后项都可以在 $f(y_t|\mathbf{x}_t,\boldsymbol{\theta}_o)$得到正确的解释——以及 $\mathbf{z}_t$的严格外生性。

在对包含额外外生变量的动态模型的极大似然估计的大部分研究中，继续保持严格外生性假设，经常以隐性方式把 $\mathbf{z}_t$取为非随机的。在第 7 章，我们已看到，严格外生性在线性面板数据模型中通过混合 OLS 来获得一致的、渐近正态估计量之中并不起作用。这里的原因与之相同。我们同样允许模型中的动态特性不完全地被设定。

使用偏 MLE，我们感兴趣的是对条件分布 $\mathrm{D}(y_{it}\mid\mathbf{x}_{it})$ 完全设定一个密度，

而且，找到一种一般但简单的方法来定义 $\{\mathbf{x}_{it}: t=1,\cdots,T\}$ 的严格外生性是很有用的。该定义可简单表述为：条件变量是严格外生的，如果对于 $t=1,\cdots,T$，有 $\mathrm{D}(y_{it}\mid\mathbf{x}_{i1},\mathbf{x}_{i2},\cdots,\mathbf{x}_{iT})=\mathrm{D}(y_{it}\mid\mathbf{x}_{it})$。自然地，如果 $\mathbf{x}_{it}$ 包含 y_{it} 的滞后项，这个条件一定不成立，而且，正如在线性模型中那样，如果 $\mathbf{x}_{it}$ 包含其未来值对 y_{it} 未期望的改变作出响应的元素 $\mathbf{z}_{it}$ 时，它也会不成立。

例 13.3（面板数据 probit） 为了阐明前面的讨论，我们考虑面板数据的二值选择模型的估计。其思想是，对于总体中（个体、厂商等等）每一个单位 i，对于 T 个时间段的每一个来说，我们具有二值结果 y_{it}。例如，如果 t 表示年份，那么 y_{it} 可以指示在 t 年份一个人是否因犯罪而被捕。

考察以潜变量形式表示的模型：

$$\begin{aligned}&y_{it}^{*}=\mathbf{x}_{it}\boldsymbol{\theta}_{o}+e_{it}\\&y_{it}=1[y_{it}^{*}>0]\\&e_{it}\mid\mathbf{x}_{it}\sim\mathrm{Normal}(0,1)\end{aligned}\tag{13.47}$$

向量 $\mathbf{x}_{it}$ 可以包括外生变量 $\mathbf{z}_{it}$ 的滞后项，甚至滞后的 y_{it}（而不是滞后的 y_{it}^{*}）。在模型（13.47）的假设下，我们对于每一个 t 有 $\mathrm{P}(y_{it}=1\mid\mathbf{x}_{it})=\Phi(\mathbf{x}_{it}\boldsymbol{\theta}_{o})$，以及给定 $\mathbf{x}_{it}=\mathbf{x}_{t}$ 时 y_{it} 的密度是 $f(y_t\mid\mathbf{x}_t)=[\Phi(\mathbf{x}_t\boldsymbol{\theta}_o)]^{y_t}[1-\Phi(\mathbf{x}_t\boldsymbol{\theta}_o)]^{1-y_t}$。

对于一个横截面观测值 i 来说，偏对数似然是

$$\ell_i(\boldsymbol{\theta})=\sum_{t=1}^{T}\{y_{it}\log\Phi(\mathbf{x}_{it}\boldsymbol{\theta})+(1-y_{it})\log[1-\Phi(\mathbf{x}_{it}\boldsymbol{\theta})]\}\tag{13.48}$$

同时在此情形中，偏极大似然估计量——也就是，它最大化关于所有不同 i 之和的 $\ell_i(\boldsymbol{\theta})$——是**混合 probit 估计量**（pooled probit estimator）。当 T 固定且 $N\to\infty$ 时，这个估计量只需要识别以及标准正则条件而不需要任何别的假设就是一致的且 $\sqrt{N}$ 渐近正态的。

非常重要的是知道混合 probit 估计量不需要利用额外的对 $\mathbf{e}_i=(e_{i1},\cdots,e_{iT})'$ 的假设就起作用。当 $\mathbf{x}_{it}$ 只包含外生变量 $\mathbf{z}_{it}$ 时，对混合 probit 估计量所做出的标准假定为

$$e_{it}\text{ 与 }\mathbf{z}\equiv(\mathbf{z}_{i1},\mathbf{z}_{i2},\cdots,\mathbf{z}_{iT})\text{ 是相互独立的},t=1,\cdots,T\tag{13.49}$$

这是自然而然的严格外生性假设（而且比直接假定对于每一个 t，e_{it} 与 $\mathbf{z}_{it}$ 都相互独立更强）。罪犯例题可以阐明严格外生性是如何失败的。例如，假定 $\mathbf{z}_{it}$ 测量出罪犯在当前年份之前在狱中所待的时间长度。逮捕这一年（$y_{it}=1$）一定会影响到 $\mathbf{z}_{it}$ 的期望未来值，所以假设（13.49）几乎一定不成立。幸运的是，我们应用偏似然方法并不需要假设（13.49）。

第二个标准假设是，e_{it} 是序列不相关的，$t=1, 2, \cdots, T$。这在静态模型中是一个特别约束。如果我们除了假设（13.49）之外仍保持这一假设，那么等式（13.46）成立（因为 y_{it} 是以 $\mathbf{z}_i$ 为条件相互独立的），同时偏 MLE 就是一个条件 MLE。

为了放松 y_{it} 是条件相互独立的假设，我们可以允许 e_{it} 对于不同的 t 是相关

的（还假定没有滞后因变量出现）。一个共同的假设是，$\mathbf{e}_i$ 具有一个带普通相关矩阵的多元正态分布。在此假设下，我们能够写出给定 $\mathbf{z}_i$ 时 $\mathbf{y}_i$ 的联合分布，但是它显得复杂，而且进行估计的计算量是相当大的（对于最近的讨论，参阅基恩（Keane，1993）以及哈吉瓦西卢和鲁德（Hajivassilou and Ruud，1994））。我们将在第 15 章涵盖一种特殊情形，即随机效应 probit 模型。

偏 MLE 的一个良好的特性是，即使 e_{it} 是任意序列相关的，$\hat{\boldsymbol{\theta}}$ 仍将是一致的且渐近正态的。这一结果完全类似于线性面板数据模型中，当误差具有任意序列相关时，利用混合 OLS 的情形。

当 $\mathbf{x}_{it}$ 包括滞后因变量时，模型（13.47）提供了一种检查动态行为的方法。否则 $y_{i,t-1}$ 可能被 $\mathbf{x}_{it}$ 包含作为不可观测因素的代理变量，而我们关注的内容是 $\mathbf{z}_{it}$ 中的政策变量。例如，如果 y_{it} 表示就业的一个二值指示符，那么当研究在职培训项目（它是 $\mathbf{z}_{it}$ 的一个二值元素）对就业概率的效应时，$y_{i,t-1}$ 被包括进来作为一个控制变量；这个方法控制了参加这一年在职培训可以依赖去年就业的事实，同时它可捕获到就业状况是表现持久的事实。不管怎样，倘若 $P(y_{it}=1|\mathbf{x}_{it})$ 遵从一个 probit，混合 probit 估计量就是一致的且渐近正态的。动态特性可能或没有被正确地假定（稍后这个专题谈及得更多），而 $\mathbf{z}_{it}$ 并不需要是严格外生的（所以，某个人在 t 年是否参与在职培训依赖于过去就业的历史）。

13.8.2 渐近推断

在条件 MLE 与偏 MLE 之间，最重要的实践差异在于渐近标准误的计算与检验统计量上。在许多情形中，包括混合 probit 估计量、混合泊松估计量（可参阅习题 13.6）以及许多其他的混合程序，标准的计量经济学程序均可用于计算偏 MLE。然而，除了在某些假设下，出自混合分析所报告的通常的标准误与检验统计量均不是有效的。这种状况完全类似于 7.8 节中当误差是序列相关时的线性模型情形。

对偏 MLE 的渐近方差进行估计并不困难。实际上，我们能够把出自 12.5.1 节中的 M 估计结果与 13.5 节的结果结合起来获得一些有效估计量。

由定理 12.3，我们有 $\sqrt{N}(\hat{\boldsymbol{\theta}}-\boldsymbol{\theta}_o)=\mathbf{A}_o^{-1}\mathbf{B}_o\mathbf{A}_o^{-1}$，其中

$$\mathbf{A}_o=-\mathrm{E}[\nabla_\theta^2 \ell_i(\boldsymbol{\theta}_o)]=-\sum_{t=1}^{T}\mathrm{E}[\nabla_\theta^2 \ell_{it}(\boldsymbol{\theta}_o)]=\sum_{t=1}^{T}\mathrm{E}[\mathbf{A}_{it}(\boldsymbol{\theta}_o)]$$

$$\mathbf{B}_o=\mathrm{E}[\mathbf{s}_{it}(\boldsymbol{\theta}_o)\mathbf{s}_{it}(\boldsymbol{\theta}_o)']=\mathrm{E}\left\{\left[\sum_{t=1}^{T}\mathbf{s}_{it}(\boldsymbol{\theta}_o)\right]\left[\sum_{t=1}^{T}\mathbf{s}_{it}(\boldsymbol{\theta}_o)\right]'\right\}$$

$$\mathbf{A}_{it}(\boldsymbol{\theta}_o)=-\mathrm{E}[\nabla_\theta^2 \ell_{it}(\boldsymbol{\theta}_o)\mid\mathbf{x}_{it}]\text{，以及}$$

$$\mathbf{s}_{it}(\boldsymbol{\theta})=\nabla_\theta \ell_{it}(\boldsymbol{\theta})'$$

因为我们假设 $\boldsymbol{\theta}_o$ 是在参数空间的内部，且 $\boldsymbol{\theta}_o$ 在 $\boldsymbol{\Theta}$ 上最大化了 $\mathrm{E}[\boldsymbol{l}_{it}(\boldsymbol{\theta})\mid\mathbf{x}_{it}]$，所以，对于所有 t 都有 $\mathrm{E}[\mathbf{s}_{it}(\boldsymbol{\theta}_o)|\mathbf{x}_{it}]=\mathbf{0}$，这一般是正确的。如果 $\{\mathbf{x}_{it}\}$ 是严格外生的，那么 $\mathrm{E}[\mathbf{s}_{it}(\boldsymbol{\theta}_o)\mid\mathbf{x}_i]=\mathbf{0}$（因为 $\mathrm{D}(y_{it}\mid\mathbf{x}_i)=\mathrm{D}(y_{it}\mid\mathbf{x}_{it})$），但是如果没有严格

外生性假设，我们只能说 $\mathbf{s}_{it}(\boldsymbol{\theta}_o)$ 有以 $\mathbf{x}_{it}$ 为条件的零均值（当然，其意味着 $\mathrm{E}[\mathbf{s}_{it}(\boldsymbol{\theta}_o)]=\mathbf{0}$）。在这一背景下，序贯外生性的自然定义是 $\mathrm{D}(y_{it}\mid\mathbf{x}_{it},\mathbf{x}_{i,t-1},\cdots,\mathbf{x}_{i1})=\mathrm{D}(y_{it}\mid\mathbf{x}_{it})$，在该情形中 $\mathrm{E}[\mathbf{s}_{it}(\boldsymbol{\theta}_o)\mid\mathbf{x}_{it},\mathbf{x}_{i,t-1},\cdots,\mathbf{x}_{i1}]=\mathbf{0}$。正如我们在下一节中将看到的，如果 $\mathbf{x}_{it}$ 包含 $y_{i,t-1}$，序贯外生性确保了得分是序列不相关的。如果 $\mathbf{x}_{it}$ 仅包含同期变量 $\mathbf{z}_{it}$，该变量的一个滞后项，或者同时包含两者，序贯外生性不意味着得分是序列不相关的。

矩阵 $\mathbf{A}_o$ 正好是负的期望海赛矩阵的跨时间 t 的加总。矩阵 $\mathbf{B}_o$ 通常依赖于得分在不同时间段之间的相关性：$\mathrm{E}[\mathbf{s}_{it}(\boldsymbol{\theta}_o)\mathbf{s}_{ir}(\boldsymbol{\theta}_o)']$，$t\neq r$。对于每一个 t，条件信息矩阵等式成立：

$$\mathbf{A}_{it}(\boldsymbol{\theta}_o)=\mathrm{E}[\mathbf{s}_{it}(\boldsymbol{\theta}_o)\mathbf{s}_{it}(\boldsymbol{\theta}_o)'\mid\mathbf{x}_{it}]$$

如果 $\{\mathbf{x}_{it}\}$ 是严格外生的，那么 $\mathbf{A}_{it}(\boldsymbol{\theta}_o)=\mathrm{E}[\mathbf{s}_{it}(\boldsymbol{\theta}_o)\mathbf{s}_{it}(\boldsymbol{\theta}_o)'\mid\mathbf{x}_{it}]$。但是严格外生性无助于简化推断，因为不管严格外生性是否成立，如果得分是序列相关的，$-\mathrm{E}[\mathbf{H}_i(\boldsymbol{\theta}_o)\mid\mathbf{x}_i]\neq\mathrm{E}[\mathbf{s}_i(\boldsymbol{\theta}_o)\mathbf{s}_i(\boldsymbol{\theta}_o)'\mid\mathbf{x}_i]$ 很可能不成立。更为重要的是，$\mathbf{B}_o\neq\mathbf{A}_o$。因而，为了在偏 MLE 背景下实施推断，我们一般需要分离 $\mathbf{A}_o$ 与 $\mathbf{B}_o$ 的估计值。给定偏 MLE 的结构，这些很容易获得。对于 $\mathbf{A}_o$ 而言，三种可能性是

$$N^{-1}\sum_{i=1}^{N}\sum_{t=1}^{T}-\nabla_\theta^2 \ell_{it}(\hat{\boldsymbol{\theta}}),N^{-1}\sum_{i=1}^{N}\sum_{t=1}^{T}\mathbf{A}_{it}(\hat{\boldsymbol{\theta}}),\text{以及}$$
$$N^{-1}\sum_{i=1}^{N}\sum_{t=1}^{T}\mathbf{s}_{it}(\hat{\boldsymbol{\theta}})\mathbf{s}_{it}(\hat{\boldsymbol{\theta}})' \tag{13.50}$$

对于每一个 t，这三个之中的第二个有效性由标准迭代期望推理可得，而且最后一个由条件信息矩阵等式可得。在相当多数的情形中，当第二个估计量容易计算时，人们更偏爱第二个。

由于 $\mathbf{B}_o$ 依赖于 $\mathrm{E}[\mathbf{s}_{it}(\boldsymbol{\theta}_o)\mathbf{s}_{it}(\boldsymbol{\theta}_o)']$ 以及外积项，所以对于 $\mathbf{B}_o$ 来说同样至少存在三个可利用的估计量。最简单的是

$$N^{-1}\sum_{i=1}^{T}\hat{\mathbf{s}}_i\hat{\mathbf{s}}_i'=N^{-1}\sum_{i=1}^{N}\sum_{t=1}^{T}\hat{\mathbf{s}}_{it}\hat{\mathbf{s}}_{it}'+N^{-1}\sum_{i=1}^{N}\sum_{t=1}^{T}\sum_{r\neq t}\hat{\mathbf{s}}_{ir}\hat{\mathbf{s}}_{it}' \tag{13.51}$$

其中右边第二项解释了得分中的可能序列相关。式（13.51）中右边第一项可以被式（13.50）中的其他两个估计量之一来替代。与以往一样，对于选取的估计量 $\hat{\mathbf{A}}$ 与 $\hat{\mathbf{B}}$ 而言，通过 $\hat{\mathbf{A}}^{-1}\hat{\mathbf{B}}\hat{\mathbf{A}}^{-1}/N$ 来估计 $\hat{\boldsymbol{\theta}}$ 的渐近方差。渐近标准误可直接从这个矩阵中得到，同时可以直接获得关于线性与非线性假设的瓦尔德检验。在 12.6.2 节中曾讨论的稳健得分统计量也可以得到使用。当 $\mathbf{B}_o\neq\mathbf{A}_o$ 时，在混合估计之后所计算的似然比统计量并不是有效的。

由于对于每一个 t，CIME 成立，所以当在 $\boldsymbol{\theta}_o$ 处计算出的得分是序列不相关的时候，也就是，当

$$\mathrm{E}[\mathbf{s}_{it}(\boldsymbol{\theta}_o)\mathbf{s}_{ir}(\boldsymbol{\theta}_o)']=\mathbf{0},t\neq r \tag{13.52}$$

时，$\mathbf{B}_o=\mathbf{A}_o$。当得分是序列不相关的时候，非常容易实施推断：出自混合估计所计算出的通常 MLE 统计量，包括似然比统计量均是渐近有效的。我们全然

可以忽略时间维度存在的事实。$\text{Avar}(\hat{\boldsymbol{\theta}})$ 的估计量正是 $\hat{\mathbf{A}}^{-1}/N$，其中 $\hat{\mathbf{A}}$ 表示式（13.50）中的矩阵之一。

例 13.3（续） 对于混合 probit 例题来说，渐近方差的一个简单、一般的估计量是

$$\left[\sum_{i=1}^{N}\sum_{t=1}^{T}\mathbf{A}_{it}(\hat{\boldsymbol{\theta}})\right]^{-1}\left[\sum_{i=1}^{N}\mathbf{s}_i(\hat{\boldsymbol{\theta}})\mathbf{s}_i(\hat{\boldsymbol{\theta}})'\right]\left[\sum_{i=1}^{N}\sum_{t=1}^{T}\mathbf{A}_{it}(\hat{\boldsymbol{\theta}})\right]^{-1} \tag{13.53}$$

其中

$$\mathbf{A}_{it}(\hat{\boldsymbol{\theta}})=\frac{\{\phi(\mathbf{x}_{it}\hat{\boldsymbol{\theta}})\}^2\mathbf{x}_{it}'\mathbf{x}_{it}}{\Phi(\mathbf{x}_{it}\hat{\boldsymbol{\theta}})[1-\Phi(\mathbf{x}_{it}\hat{\boldsymbol{\theta}})]}$$

而且

$$\mathbf{s}_i(\boldsymbol{\theta})=\sum_{t=1}^{T}\mathbf{s}_{it}(\boldsymbol{\theta})=\sum_{t=1}^{T}\frac{\phi(\mathbf{x}_{it}\boldsymbol{\theta})\mathbf{x}_{it}'[y_{it}-\Phi(\mathbf{x}_{it}\boldsymbol{\theta})]}{\Phi(\mathbf{x}_{it}\boldsymbol{\theta})[1-\Phi(\mathbf{x}_{it}\boldsymbol{\theta})]}$$

估计量（13.53）包括形式 $\mathbf{s}_{it}(\hat{\boldsymbol{\theta}})\mathbf{s}_{ir}(\hat{\boldsymbol{\theta}})'$ 的外积项，$t\neq r$，所以它是完全稳健的。如果得分是序列不相关的，那么得分出自混合估计的通常 probit 标准误与检验统计量均是有效的。我们将在下一小节中对得分是序列不相关的充分条件加以讨论。

13.8.3 动态完备模型的推断

条件（13.52）成立是一个非常重要的情形，在此情形中通过把 $\ell_i(\boldsymbol{\theta})$ 当作是一个标准对数似然所获得的全部统计量都是有效的。对于 $\mathbf{x}_t$ 的任意定义而言，我们称 $\{f_t(y_t|\mathbf{x}_t;\boldsymbol{\theta}_o):t=1,\cdots,T\}$ 是一个**动态完备条件密度**（dynamically complete conditional density），如果

$$f_t(y_t|\mathbf{x}_t;\boldsymbol{\theta}_o)=p_t^o(y_t|\mathbf{x}_t,y_{t-1},\mathbf{x}_{t-1},y_{t-2},\cdots,y_1,\mathbf{x}_1),t=1,\cdots,T \tag{13.54}$$

换句话说，$f_t(y_t|\mathbf{x}_t;\boldsymbol{\theta}_o)$ 必是给定 $\mathbf{x}_t$ 与 $(\mathbf{x}_t,y_t)$ 的整个过去时 y_t 的条件密度。方程（13.54）意味着密度是正确设定的，我们可以表述出 $\mathbf{x}_{it}$ 捕获了 y_{it} 的所有分布上的动态性这一假设，通过写出 $\text{D}(y_{it}\mid\mathbf{x}_{it},y_{i,t-1},x_{i,t-1},\cdots,y_{i1},\mathbf{x}_{i1})=\text{D}(y_{it}\mid\mathbf{x}_{it})$，这个速记方法是有用的，因为它与模型设定是分开的。

对于同期外生变量，当 $\mathbf{x}_t=\mathbf{z}_t$ 时，式（13.54）是非常强的：它意味着，一旦 $\mathbf{z}_t$ 得以控制，没有 $\mathbf{z}_t$ 或 y_t 的过去值出现在条件密度 $p_t^o(y_t|\mathbf{z}_t,y_{t-1},\mathbf{z}_{t-1},y_{t-2},\cdots,y_1,\mathbf{z}_1)$ 中。当 $\mathbf{x}_t$ 包括 $\mathbf{z}_t$ 与一些滞后项——类似于有限分布滞后模型，那么式（13.54）或许更为合理，但是它仍然假定，一旦 $\mathbf{z}_t$ 的当前以及滞后项得以控制，y_t 的滞后项对 y_t 没有影响。假设（13.54）可以是不正确的，这一点类似于静态的且有限分布滞后回归模型中普遍存在序列相关的情形。动态完备性的重要特征是，它并不要求 $\mathbf{z}_t$ 的严格外生性［因为式（13.54）中仅出现 $\mathbf{x}_t$ 的当前项与滞后项］。

当 $\mathbf{x}_t$ 包括滞后因变量时，动态完备性可能是成立的。于是，问题变为 y_t

（以及 $\mathbf{z}_t$）的足够多的滞后项是否被包括在 $\mathbf{x}_t$ 中以便捕获动态的特性。例如，如果 $\mathbf{x}_t \equiv (\mathbf{z}_t, y_{t-1})$，那么式（13.54）意味着，需要 y_t 的唯一滞后项与 $\mathbf{z}_t$ 来捕获所有的动态特性。

在动态完备性下，条件（13.52）是成立的，证明这一点是容易的。首先，对于每一个 t，由于 $f_t(y_t|\mathbf{x}_t;\boldsymbol{\theta}_o)$ 是一个被正确设定的条件密度，所以 $\mathrm{E}[\mathbf{s}_{it}(\boldsymbol{\theta}_o)|\mathbf{x}_{it}]=\mathbf{0}$。但另一方面，在假设（13.54）下，

$$\mathrm{E}[\mathbf{s}_{it}(\boldsymbol{\theta}_o)|\mathbf{x}_{it}, y_{i,t-1}, \cdots, y_{i1}, \mathbf{x}_{i1}]=\mathbf{0} \tag{13.55}$$

现在考察对于 $r<t$ 条件（13.52）中的期望值。由于 $\mathbf{s}_{ir}(\boldsymbol{\theta}_o)$ 是（$\mathbf{x}_{ir}$，y_{ir}）的一个函数，它位于条件集合（13.55）之中，所以利用通常的迭代期望讨论可以证明，条件（13.52）成立。由此可得，在动态完备性下，出自混合估计的通常极大似然统计量均是有效的。这个结果完全类似于混合 OLS 在条件均值与同方差性的动态完备性下的情形（可参阅 7.8 节）。

如果面板数据的 probit 模型是动态完备的，倘若响应概率满足 $\mathrm{P}(y_{it}=1|\mathbf{x}_{it})=\mathrm{P}(y_{it}=1|\mathbf{x}_{it}, y_{i,t-1}, \mathbf{x}_{i,t-1}, \cdots)$，那么任何可以执行标准 probit 的软件包都可以用于获得有效标准误与检验统计量。如果没有动态完备性，就序列相关性而言，标准误与检验统计量一般需要加以调整。

由于动态完备性提供了重大的简化，这一事实意味着，我们应该总是包含外生变量与因变量的滞后值，一直到式（13.54）看起来令人满意为止吗？不一定。即使静态模型忽略了动态特性，有时它们也是令人满意的。例如，假定我们拥有一个可以部分地由累积生产率来确定收入的个体者工资的面板数据。（专业运动员和学院教授是两个例子。）一个把工资和生产率度量以及可能的人口学变量相联系的方程是合适的。没有什么蕴涵着该方程是动态完备的；事实上，过去的薪水有助于预测当前的薪水，甚至在可观测效率得以控制之后。但是，在回归方程中包含过去的薪水并不会有更大的意义。正如我们从第 10 章中所知道的，一种合情合理的方法是在方程中包括一个不可观测效应，而且这不会导致一个含有完备动态特性的模型。也可参阅 13.9 节。

我们希望检验密度是动态完备的零假设。怀特（White，1994）证明了如何在纯时间序列背景下去检验得分是否为序列相关的。类似的方法可用于面板数据。关于动态错误设定的一般检验是建立在

$$N^{-1/2}\sum_{i=1}^{N}\sum_{t=2}^{T}\hat{\mathbf{s}}_{it}\,\hat{\mathbf{s}}'_{i,t-1}$$

的极限分布基础之上，其中得分是在偏 MLE 处计算的。此处不是推导一般的统计量，稍后我们将在特殊应用中研究动态完备性的一些检验（特别地，可参阅第 15、16 以及 17 章）。

13.9　含不可观测效应的面板数据模型

正如我们在第 10 章和第 11 章中所看到的，线性不可观测效应面板数据在现代实证研究中起着重要的作用。非线性不可观测效应面板数据模型逐渐变得越来越重要。尽管我们将在第 15 章到第 18 章涵盖一些特殊模型，但是拥有一个一般性研究是有益的。

13.9.1　含严格外生解释变量的模型

对于每一个 i，设 $\{(\mathbf{y}_{it},\mathbf{x}_{it}): t=1,2,\cdots,T\}$ 表示从横截面中得到的一个随机抽取，其中 $\mathbf{y}_{it}$ 与 $\mathbf{x}_{it}$ 均表示向量。与每一个横截面单位 i 相联系的是不可观测的异质性 $\mathbf{c}_i$，$\mathbf{c}_i$ 可以是一个向量。我们假定，感兴趣的是给定 $(\mathbf{x}_{it}, \mathbf{c}_i)$ 时 $\mathbf{y}_{it}$ 的分布。向量 $\mathbf{x}_{it}$ 可以包括同期变量的滞后项，比如说 $\mathbf{z}_{it}$ [例如，$\mathbf{x}_{it}=(\mathbf{z}_{it},\mathbf{z}_{i,t-1},\mathbf{z}_{i,t-2})$]，或者甚至 $\mathbf{z}_{it}$ 的先导项 [例如，$\mathbf{x}_{it}=(\mathbf{z}_{it}, \mathbf{z}_{i,t+1})$]，但是没有 y_{it} 的滞后项。不论滞后结构怎样，我们设 $t=1$ 表示估计可以得到利用的第一个时间段。

设 $f_t(\mathbf{y}_t \mid \mathbf{x}_t,\mathbf{c};\boldsymbol{\theta})$ 表示一个正确设定的密度，对于每一个 t。关于 $\mathbf{x}_{it}$ 的一个关键假设是以不可观测效应为条件的严格外生性：

$$\mathrm{D}(\mathbf{y}_{it}\mid\mathbf{x}_{i1},\mathbf{x}_{i2},\cdots,\mathbf{x}_{iT},\mathbf{c}_i)=\mathrm{D}(y_{it}\mid\mathbf{x}_{it},\mathbf{c}_i),\quad t=1,\cdots,T,\tag{13.56}$$

其意味着一旦 $\mathbf{x}_{it}$ 和 $\mathbf{c}_i$ 已经被考虑进来，$\mathbf{x}_{ir}$，$r\neq t$，不会出现在 $\mathbf{y}_{it}$ 的条件分布中。除了排除滞后被解释变量外，(13.56) 不考虑从 $\mathbf{y}_{it}$ 中的非预期性变化到对于 $h>1$ 的 $\mathbf{x}_{i,t+h}$ 中变化的一般性反馈。

估计 $\boldsymbol{\theta}_o$（以及其他感兴趣的量，诸如平均偏效应）的一个普通但受约束的方法是假定 $\mathbf{c}_i$ 是关于 $\mathbf{x}_i=(\mathbf{x}_{i1},\mathbf{x}_{i2},\cdots,\mathbf{x}_{iT})$ 独立的，也就是，$\mathrm{D}(\mathbf{c}_i|\mathbf{x}_i)=\mathrm{D}(\mathbf{c}_i)$，并对 $\mathbf{c}_i$ 的分布建模。这样一种方法与第 10 章中关于线性面板数据模型的随效应方法非常相似。那里我们没有假定完全独立性（因为线性模型不需要这么一个强的假设），但我们假定了条件均值独立性，$\mathrm{E}(\mathbf{c}_i \mid \mathbf{x}_i)=\mathrm{E}(\mathbf{c}_i)$，或者，至少假定了零相关性。在一般非线性模型中，将 $\mathrm{D}(\mathbf{c}_i \mid \mathbf{x}_i)=\mathrm{D}(\mathbf{c}_i)$ 标为一个随机效应（RE）假定是很方便的。

在我们将在第 15 章和第 18 章中进行探讨的特殊情形中，我们可以一致地估计 $\boldsymbol{\theta}_o$ 而无须施加任何关于 $\mathrm{D}(\mathbf{c}_i \mid \mathbf{x}_i)$ 的假设。这样的情形使人联想到来自第 10 章的固定效应（FE）假设，并且我们对非线性模型也将使用那一术语。正如我们将通过之后的例子看到的那样，在非线性模型中，$\boldsymbol{\theta}_o$ 的估计并不总是足够充分以计算我们感兴趣的量，但如果可能的话它不管怎样还是有用的。

避免对 $\mathrm{D}(\mathbf{c}_i \mid \mathbf{x}_i)$ 设定一个模型的一种方式可能是将 $(\mathbf{c}_i: i=1,\cdots,N)$ 处理为连同 $\boldsymbol{\theta}_o$ 一起需加以估计的参数。然而，因为 $\mathbf{c}_i$ 的数量随 N 增加，试图估

计它们将导致关于估计 $\boldsymbol{\theta}_o$ 的从属参数问题。也就是说，当 $N\to\infty$ 且 T 固定时，我们不能一致地估计 $\boldsymbol{\theta}_o$（除非偶然在一对特殊情形中，包括第 10 章的带有附加 $\mathbf{c}_i$ 的线性模型）。出于这个原因，在本书中我们对于一些情形保留了“固定效应”的表述，在这些情形中，我们可以从一个仍然依赖于 $\boldsymbol{\theta}_o$ 的特殊的条件分布中消除 $\mathbf{c}_i$，并进而应用条件极大似然方法对于固定的 T 一致估计 $\boldsymbol{\theta}_o$。我们没有给出一个一般性的处理，因为该方法仅适用于特定情形，且我们将在第Ⅳ篇涵盖那些内容。

在 RE 及 FE 方法之间一个折中的方法是允许 $\mathrm{D}(\mathbf{c}_i \mid \mathbf{x}_i)$ 依赖于 $\mathbf{x}_i$，然后通过设定一个条件密度的参数模型来对这个分布建模。在第 10 章，我们提到将 $\mathrm{E}(\mathbf{c}_i \mid \mathbf{x}_i)$ 建模为 $\mathbf{x}_i$ 的一个函数被称为一个相关随机效应（CRE）方法，并且随后我们将使用这一表述以适用于那些我们对分布 $\mathrm{D}(\mathbf{c}_i \mid \mathbf{x}_i)$ 建模的情形。通常，为精简起见，我们约束 $\mathrm{D}(\mathbf{c}_i \mid \mathbf{x}_i)$ 可以依赖于时间序列 $\{\mathbf{x}_{it}: t=1,2,\cdots,T\}$ 的方式。一个普通的约束是 $\mathrm{D}(\mathbf{c}_i \mid \mathbf{x}_i)=\mathrm{D}(\mathbf{c}_i \mid \bar{\mathbf{x}}_i)$，其中，$\bar{\mathbf{x}}_i$ 是时间平均值。当 T 足够大时，我们可以允许 $\mathrm{D}(\mathbf{c}_i \mid \mathbf{x}_i)$ 依赖于其他特征，诸如个体特有方差 $(T-1)^{-1}\sum_{t=1}^{T}(\mathbf{x}_{it}-\bar{\mathbf{x}}_i)'(\mathbf{x}_{it}-\bar{\mathbf{x}}_i)$ 或者平均增长率。对于目前的处理，在所考虑的特殊情形方面还没有什么收获。因此，设 $h(\mathbf{c} \mid \mathbf{x};\boldsymbol{\delta})$ 是关于 $\mathrm{D}(\mathbf{c}_i \mid \mathbf{x}_i)$ 一个正确设定的密度。

一旦我们已经设定了 $h(\mathbf{c} \mid \mathbf{x};\boldsymbol{\delta})$，就有两种普通的实施方法。首先，我们可以做出一个附加假设：以 $(\mathbf{x}_i,\mathbf{c}_i)$ 为条件，$\mathbf{y}_{it}$ 是独立的。然后，给定 $(\mathbf{x}_i,\mathbf{c}_i)$ 时 $(\mathbf{y}_{i1},\cdots,\mathbf{y}_{iT})$ 的联合密度是

$$\prod_{t=1}^{T} f_t(\mathbf{y}_t \mid \mathbf{x}_{it},\mathbf{c}_i;\boldsymbol{\theta})$$

我们不能直接使用这个密度估计 $\boldsymbol{\theta}_o$，因为我们不能观测到结果 $\mathbf{c}_i$。相反，我们能够使用给定 $\mathbf{x}_i$ 时 $\mathbf{c}_i$ 的密度去积分掉（integrate out）* 对 $\mathbf{c}$ 的相依性。给定 $\mathbf{x}_i$ 时 $\mathbf{y}_i$ 的密度是

$$\int_{\mathbb{R}^J}\left[\prod_{t=1}^{T} f_t(\mathbf{y}_t \mid \mathbf{x}_{it},\mathbf{c};\boldsymbol{\theta}_o)\right]h(\mathbf{c} \mid \mathbf{x}_i;\boldsymbol{\delta}_o)d\mathbf{c} \tag{13.57}$$

其中 J 表示 $\mathbf{c}$ 的维数，而 $h(\mathbf{c} \mid \mathbf{x};\ \boldsymbol{\delta})$ 表示给定 $\mathbf{x}_i=\mathbf{x}$ 时 $\mathbf{c}_i$ 正确设定的密度模型。为了具体起见，我们假定 $\mathbf{c}$ 是一个连续随机变量。对于每一个 i，对数似然函数是

$$\log\left\{\int_{\mathbb{R}^J}\left[\prod_{t=1}^{T} f_t(\mathbf{y}_{it} \mid \mathbf{x}_{it},\mathbf{c};\boldsymbol{\theta}_o)\right]h(\mathbf{c} \mid \mathbf{x}_i;\boldsymbol{\delta}_o)d\mathbf{c}\right\} \tag{13.58}$$

[重要的是看到，表达式（13.58）并不依赖于 $\mathbf{c}_i$；$\mathbf{c}$ 已经被积分掉。] 一旦假定识别与标准正则条件，我们可以通过条件 MLE 一致地估计 $\boldsymbol{\theta}_o$ 与 $\boldsymbol{\delta}_o$，其中渐近

* integrate out 即通过求积分以消掉（某因素），简称“积分掉”。——译者注

特性是针对固定 T 以及 $N\to\infty$ 的。CMLE 是$\sqrt{N}$渐近正态的。

另外一个方法常常是比较简单的，而且对 $\mathbf{y}_{it}$ 以（$\mathbf{x}_i$，$\mathbf{c}_i$）为条件的联合分布没有限制。对于每一个 t，通过积分掉 $\mathbf{c}_i$，我们能获得给定 $\mathbf{x}_i$时 $\mathbf{y}_{it}$ 的密度：

$$\int_{\mathbb{R}^J}[f_t(\mathbf{y}_t \mid \mathbf{x}_{it},\mathbf{c};\boldsymbol{\theta}_o)]h(\mathbf{c} \mid \mathbf{x}_i;\boldsymbol{\delta}_o)d\mathbf{c}$$

现在，该问题变成一个偏 MLE。我们通过最大化

$$\sum_{i=1}^{N}\sum_{t=1}^{T}\log\left\{\int_{\mathbb{R}^J}[f_t(\mathbf{y}_{it} \mid \mathbf{x}_{it},\mathbf{c};\boldsymbol{\theta})]h(\mathbf{c} \mid \mathbf{x}_i;\boldsymbol{\delta})d\mathbf{c}\right\} \tag{13.59}$$

来估计 $\boldsymbol{\theta}_o$与 $\boldsymbol{\delta}_o$。其中，大括号里的项是 $D(\mathbf{y}_{it} \mid \mathbf{x}_i)$ 密度的一个正确设定的模型。(实际上，一旦利用偏 PMLE，尽管 $\boldsymbol{\theta}_o$与 $\boldsymbol{\delta}_o$的一些有意思的函数诸如平均偏效应等是分开识别的，但 $\boldsymbol{\theta}_o$与 $\boldsymbol{\delta}_o$并不总是分开识别的。我们将在第 15 章、第 16 章和第 17 章中看到一些例子。）对于不同的时间，当我们仅以 $\mathbf{x}_i$为条件且不以 $\mathbf{c}_i$为条件时，每一个 i 的得分将必定是序列相关的，因为 $\mathbf{y}_{it}$ 是相关的。因此，如同 13.8.2 节一样，我们必须对序列相关做出稳健推断。在第 15 章，我们将对不可观测 probit 模型既研究条件 MLE 方法，又研究偏 MLE 方法。在第 17 章中，我们将对 Tobit 模型做同样的工作。

13.9.2 含滞后因变量的模型

现在假定，我们对建模 $D(\mathbf{y}_{it}|\mathbf{z}_{it},\mathbf{y}_{i,t-1},\mathbf{c}_i)$感兴趣，为了简单起见，我们仅包括同期条件变量 $\mathbf{z}_{it}$ 以及唯一的 $\mathbf{y}_{it}$ 滞后项。增加 $\mathbf{z}_{it}$ 的滞后项（甚至先导项）或者 $\mathbf{y}_{it}$ 的更多滞后项仅仅需要符号变化。

一个重要的假设是，我们拥有正确设定的动态特性，且 $\mathbf{z}_i=(\mathbf{z}_{i1},\cdots,\mathbf{z}_{iT})$是适当严格外生的（以 $\mathbf{c}_i$为条件）。这些假设都可以由

$$D(\mathbf{y}_{it}|\mathbf{z}_{it},\mathbf{y}_{i,t-1},\mathbf{c}_i)=D(\mathbf{y}_{it}|\mathbf{z}_{it},\mathbf{y}_{i,t-1},\cdots,\mathbf{y}_{i0},\mathbf{c}_i) \tag{13.60}$$

来捕获。我们假定，$f_t(\mathbf{y}_t|\mathbf{z}_t,\mathbf{y}_{t-1},\mathbf{c};\boldsymbol{\theta})$是对等式（13.60）左边的条件分布正确设定的密度。已知$\{\mathbf{z}_{it}:t=1,\cdots,T\}$的严格外生性与 y_{it} 的动态完备性，给定$(\mathbf{z}_i=\mathbf{z},\mathbf{y}_{i0}=\mathbf{y}_0,\mathbf{c}_i=\mathbf{c})$时$(\mathbf{y}_{i1},\cdots,\mathbf{y}_{iT})$的密度是

$$\prod_{t=1}^{T}f_t(\mathbf{y}_t \mid \mathbf{z}_t,\mathbf{y}_{t-1},\mathbf{c};\boldsymbol{\theta}_o) \tag{13.61}$$

(按照惯例，$\mathbf{y}_{i0}$表示 $\mathbf{y}_{it}$的第一个观测值。）再者，为了估计 $\boldsymbol{\theta}_o$，我们从这个密度中积分掉 $\mathbf{c}$。为了这样做，我们设定给定 $\mathbf{z}_i$时 $\mathbf{c}_i$的密度以及**初始值**（initial value）$\mathbf{y}_{i0}$（有时候称为**初始条件**（initial condition））。设 $h(\mathbf{c}|\mathbf{z},\mathbf{y}_0;\boldsymbol{\delta})$表示这个条件密度的模型。于是，一旦假定我们对这个模型正确设定，给定（$\mathbf{z}_i=\mathbf{z},\mathbf{y}_{i0}=\mathbf{y}_0$）时（$\mathbf{y}_{i1},\cdots,\mathbf{y}_{iT}$）的密度是

$$\int_{\mathbf{R}^J}\left[\prod_{t=1}^{T} f_t(\mathbf{y}_t \mid \mathbf{z}_t, \mathbf{y}_{t-1}, \mathbf{c}; \boldsymbol{\theta}_o)\right] h(\mathbf{c} \mid \mathbf{z}_t, \mathbf{y}_0; \boldsymbol{\delta}_o) dc \tag{13.62}$$

对于每一个 i，这导致了以（$\mathbf{z}_i$，$\mathbf{y}_{i0}$）为条件的对数似然函数：

$$\log\left\{\int_{\mathbf{R}^J}\left[\prod_{t=1}^{T} f_t(\mathbf{y}_{it} \mid \mathbf{z}_{it}, \mathbf{y}_{i,t-1}, \mathbf{c}; \boldsymbol{\theta})\right] h(\mathbf{c} \mid \mathbf{z}_i, \mathbf{y}_{i0}; \boldsymbol{\delta}) dc\right\} \tag{13.63}$$

我们对于不同的 $i=1$，…，N 对表达式（13.63）求和，同时为了获得条件 CMLE，对 $\boldsymbol{\theta}$ 与 $\boldsymbol{\delta}$ 求最大化。倘若所有函数是充分可微的且是可识别的，与以往一样，条件 CMLE 是一致的且 $\sqrt{N}$ 渐近正态的。由于我们对给定（$\mathbf{z}_i, \mathbf{y}_{i0}$）已完全设定（$\mathbf{y}_{i1}, \cdots, \mathbf{y}_{iT}$）的条件密度，所以可直接应用一般的条件 CMLE 理论。[给定 $\mathbf{z}_i$ 时 $\mathbf{y}_{i0}$ 的分布通常依赖于 $\boldsymbol{\theta}_o$ 的事实与条件 CMLE 的一致性没有关系。我们是以 $\mathbf{y}_{i0}$ 为条件的，而不是建立在 $\mathrm{D}(\mathbf{y}_{i0}, \mathbf{y}_{i1}, \cdots, \mathbf{y}_{iT} \mid \mathbf{z}_i)$ 基础之上，这一事实意味着，我们通常会牺牲有效性。但是，借助于以 $\mathbf{y}_{i0}$ 为条件，我们不必求出 $\mathrm{D}(\mathbf{y}_{i0} \mid \mathbf{z}_i)$，即便并非不可行，其中一些也是非常难以求出的。]（$\hat{\boldsymbol{\theta}}'$，$\hat{\boldsymbol{\delta}}'$）$'$ 的渐近方差可以通过式（13.32）的任何一个公式来得到估计（适当的修改可用于解释 $\boldsymbol{\theta}_o$ 与 $\boldsymbol{\delta}_o$ 的估计）。

条件 CMLE 方法的弱点是，我们必须对给定（$\mathbf{z}_i, \mathbf{y}_{i0}$）时 $\mathbf{c}_i$ 的密度进行设定，但是，这是我们估计含有不可观测效应动态的、非线性模型所付出的代价。把 $\mathbf{c}_i$ 处理成参数的另一种估计法——遗憾的是，这经常被标上“固定效应”方法——并不会导致对 $\boldsymbol{\theta}_o$ 的一致估计。

在任何应用中都需要处理几个问题。首先，什么时候参数是可识别的？其次，我们对什么数量感兴趣？由于我们不能观测到 $\mathbf{c}_i$，当获得偏效应时我们的典型做法就是将 $\mathbf{c}_i$ 平均掉。伍德里奇（Wooldridge，2005b）证明，在我们所做的假设下，平均偏效应一般是可观测的。最后，像在式（13.32）中可以获得渐近方差估计值一样，获得条件 CMLE 在计算上是非常困难的。如果 $\mathbf{c}_i$ 是一个标量，那么估计就比较容易，但是对每一个 i 进行逼近仍存在一个求一维积分的问题。在第 15 章到第 18 章中，我们将看到，在合理假设下，标准软件可以用于估计含有不可观测效应的动态模型，包括在异质性分布上进行平均的效应。也可参阅习题 13.11 对动态线性模型的应用。

13.10 涉及极大似然的两步法估计量

从第 12 章中关于两步法估计的结果中，我们知道一致性和渐近正态性一般适用于涉及极大似然的两步法估计量。我们这里提供一个简单处理，其包括两种情形。第一种情形是当第二步估计为 MLE 时（第一步可能是也可能不是 MLE），那么我们涵盖了当第一步估计量为 MLE 时就会发生的一种有趣情境。

13.10.1 第二步估计量为极大似然估计量

假设对于条件分布 $D(\mathbf{y}_i \mid \mathbf{x}_i)$ 我们有一个正确设定的密度，将模型写为 $f(\mathbf{y} \mid \mathbf{x};\boldsymbol{\theta},\gamma)$，其中 $\boldsymbol{\theta}$ 是 $P\times 1$ 维向量且 γ 为 $J\times 1$ 维向量。其真实密度是 $f(\mathbf{y} \mid \mathbf{x};\boldsymbol{\theta}_o,\gamma_o)$。$\gamma_o$ 的一个初步估计量，比如说 $\hat{\gamma}$，被插入对数似然函数中，$\hat{\boldsymbol{\theta}}$ 解出

$$\max_{\boldsymbol{\theta}\in\boldsymbol{\Theta}} \sum_{i=1}^{N} \log f(\mathbf{y}_i \mid \mathbf{x}_i;\boldsymbol{\theta},\hat{\gamma})$$

我们把 $\hat{\boldsymbol{\theta}}$ 叫做一个两步法极大似然估计量。$\hat{\boldsymbol{\theta}}$ 的一致性由两步法 M 估计量的结果产生。实践中受到的约束是 $\log f(\mathbf{y}_i \mid \mathbf{x}_i;\boldsymbol{\theta},\gamma)$ 在 $\boldsymbol{\Theta}\times\boldsymbol{\Gamma}$ 上是连续的，而且 $\boldsymbol{\theta}_o$ 和 γ_o 是可识别的。

两步法 MLE 的渐近正态性可直接由第 12 章中两步法 M 估计的结果产生。正如我们在那里所看到的，一般情形中，$\sqrt{N}(\hat{\boldsymbol{\theta}}-\boldsymbol{\theta}_o)$ 的渐近方差取决于 $\sqrt{N}(\hat{\gamma}-\gamma_o)$ 的渐近方差［可参阅方程（12.41)］，所以我们需要知道由 $\hat{\gamma}$ 所解出的估计问题。在某些情形中 γ_o 的估计量可以忽略不计。一个重要的情形是对于 $\boldsymbol{\theta}$ 和 γ 所定义的期望海赛矩阵是分块对角的（在这种情形中方程（12.36）中的矩阵 $\mathbf{F}_o$ 为 0)。它同样可以对 $\boldsymbol{\theta}_o$ 的某些值成立，这对于检验某些假设是非常重要的。在第Ⅳ篇中我们将会遇到几个例子。

当然，当第二步估计是偏 MLE 时，我们也可以应用两步法方法，并导致一个两步法偏 MLE。和通常一样，在对每个 t 的边际（条件）密度的正确设定以及标准正则条件下，一致性和渐近正态性成立。实践中存在的问题是如何计算一个适当的渐近方差。这里我们将不给出一个一般性的处理，因为当我们在第Ⅳ篇中需要它们时，就可以直接应用关于 M 估计量的一般性结果。

13.10.2 当第一步估计量是条件极大似然估计量时令人惊讶的有效性结果

现在我们转向一种其结论似乎违反直觉的情形：在特定假设下，通过 CMLE 估计第一阶段的参数可以提高第二阶段 M 估计量的渐近有效性。为研究这种现象，假设第二阶段的 M 估计量 $\hat{\boldsymbol{\theta}}$，解出问题

$$\min_{\boldsymbol{\theta}\in\boldsymbol{\Theta}} \sum_{i=1}^{N} q(\mathbf{v}_i,\mathbf{w}_i,\mathbf{z}_i,\boldsymbol{\theta},\hat{\gamma}) \tag{13.64}$$

其中，我们维持在第 12 章使用的正则条件以应用均值展开式、一致大数定律和中心极限定理。出于我们将看到的原因，我们已经将（13.64）中的数据向量分为三个向量，$\mathbf{v}_i$，$\mathbf{w}_i$ 和 $\mathbf{z}_i$。我们假设第一步估计量，$\hat{\gamma}$，来自一个（条件）MLE 问题（其满足适当的正则条件）：

$$\max_{\boldsymbol{\theta}\in\boldsymbol{\Gamma}}\sum_{i=1}^{N}\log h(\mathbf{v}_i\mid\mathbf{z}_i;\gamma)$$

其中 $h(\cdot\mid\mathbf{z}_i;\gamma)$ 是一个在 $\mathrm{D}(\mathbf{v}_i\mid\mathbf{z}_i)$ 之下的密度的模型，而且我们假设这个密度在总体值 γ_o 下是正确设定的。由信息矩阵等式，我们可以假设

$$\sqrt{N}(\hat{\gamma}-\gamma_o)=\{\mathrm{E}[\mathbf{d}_i(\gamma_o)\mathbf{d}_i(\gamma_o)']\}^{-1}N^{-1/2}\sum_{i=1}^{N}\mathbf{d}_i(\gamma_o)+o_p(1) \quad (13.65)$$

其中 $\mathbf{d}_i(\gamma)\equiv\nabla_\gamma\log h(\mathbf{v}_i\mid\mathbf{z}_i;\gamma)'$ 是第一步的对数似然 $J\times1$ 维的得分。如果我们没有进一步的假设，通过使用在 12.5.2 节中使用的方法，我们仅仅不得不导出并且要估计出 $\sqrt{N}(\hat{\boldsymbol{\theta}}-\boldsymbol{\theta}_o)$ 的渐近方差。但是倘若我们添加假设

$$\mathrm{D}(\mathbf{v}_i|\mathbf{w}_i,\mathbf{z}_i)=\mathrm{D}(\mathbf{v}_i|\mathbf{z}_i), \quad (13.66)$$

这通常被称为一个条件独立性假设：以 $\mathbf{z}_i$ 为条件，$\mathbf{v}_i$ 和 $\mathbf{w}_i$ 是相互独立的。从某种意义上说，假设（13.66）意味着 $\mathbf{z}_i$ 是 $\mathbf{v}_i$ 的一个如此良好的解释者——至少相对于 $\mathbf{w}_i$ 而言——以至一旦我们知道了 $\mathbf{z}_i$，$\mathbf{w}_i$ 不会告诉我们任何有关 $\mathbf{v}_i$ 的结果的似然的信息。这个假设是特殊的，但是，正如我们将在第Ⅳ篇看到的，在某些分层抽样计划，同时在根据所谓处理可忽略性假设估计处理效应的背景下，这个假设成立。

现在，设 $\mathbf{s}_i(\boldsymbol{\theta},\gamma)\equiv\mathbf{s}(\mathbf{v}_i,\mathbf{w}_i,\mathbf{z}_i,\boldsymbol{\theta},\gamma)\equiv\nabla_\theta q(\mathbf{v}_i,\mathbf{w}_i,\mathbf{z}_i,\boldsymbol{\theta},\gamma)'$ 是第二步目标函数的 $P\times1$ 维得分，但仅仅是关于 $\boldsymbol{\theta}$ 的。为了找出 Avar $\sqrt{N}(\hat{\boldsymbol{\theta}}-\boldsymbol{\theta}_o)$，我们需要找到 $P\times J$ 维矩阵 $\mathbf{F}_o=\mathrm{E}[\nabla_\gamma\mathbf{s}_i(\boldsymbol{\theta}_o,\gamma_o)]$。关键步骤是在方程（13.39）中使用广义 CIME，其中，重要的是要注意，根据（13.66），$\mathbf{d}_i(\gamma)$ 是给定 $(\mathbf{w}_i,\mathbf{z}_i)$ 时 $\mathbf{v}_i$ 的密度的得分，即便它仅依赖于 $\mathbf{z}_i$。因此，由于 $\mathbf{s}_i(\boldsymbol{\theta}_o,\gamma)$ 是 $(\mathbf{v}_i,\mathbf{w}_i,\mathbf{z}_i)$ 的一个函数，我们有

$$-\mathrm{E}[\nabla_\gamma\mathbf{s}_i(\boldsymbol{\theta}_o,\gamma_o)|\mathbf{w}_i,\mathbf{z}_i]=\mathrm{E}[\mathbf{s}_i(\boldsymbol{\theta}_o,\gamma_o)\mathbf{d}_i(\gamma)'|\mathbf{w}_i,\mathbf{z}_i] \quad (13.67)$$

所以，使用迭代期望，我们得到的结论是 $\mathbf{F}_o=-\mathrm{E}[\mathbf{s}_i(\boldsymbol{\theta}_o,\gamma_o)\mathbf{d}_i(\gamma)']$。但是，然后由方程（12.39）和（13.65），

$$\begin{aligned}\sqrt{N}(\hat{\boldsymbol{\theta}}-\boldsymbol{\theta}_o)&=-\mathbf{A}_o^{-1}N^{-1/2}\sum_{i=1}^{N}\{\mathbf{s}_i^o-\mathrm{E}(\mathbf{s}_i^o\mathbf{d}_i^{o\prime})[\mathrm{E}(\mathbf{d}_i^o\mathbf{d}_i^{o\prime})]^{-1}\mathbf{d}_i^o\}+o_p(1)\\&\equiv-\mathbf{A}_o^{-1}N^{-1/2}\sum_{i=1}^{N}\mathbf{g}_i^o+o_p(1)\end{aligned}$$

其中 $\mathbf{A}_o\equiv\mathrm{E}[\nabla_\theta\mathbf{s}_i(\boldsymbol{\theta}_o,\boldsymbol{\gamma}_o)]$ 是关于 $\boldsymbol{\theta}$ 的目标函数的 $P\times P$ 维海赛矩阵，$\mathbf{g}_i^o\equiv\mathbf{s}_i^o-\mathrm{E}(\mathbf{s}_i^o\mathbf{d}_i^{o\prime})[\mathrm{E}(\mathbf{d}_i^o\mathbf{d}_i^{o\prime})]^{-1}\mathbf{d}_i^o$ 是来自 $\mathbf{s}_i^o$ 和 $\mathbf{d}_i^{o\prime}$ 的总体系统回归的总体残差，而上标“o”表示在 $\boldsymbol{\theta}_o$ 和 γ_o 或仅仅在 γ_o 上进行求值，因此

$$\mathrm{Avar}\,\sqrt{N}(\hat{\boldsymbol{\theta}}-\boldsymbol{\theta}_o)=\mathbf{A}_o^{-1}\mathbf{D}_o\mathbf{A}_o^{-1} \quad (13.68)$$

其中

$$\mathbf{D}_o=\mathrm{E}(\mathbf{g}_i^o\mathbf{g}_i^{o\prime})=\mathrm{Var}(\mathbf{g}_i^o) \quad (13.69)$$

如果我们知道 γ_o 而不是通过 CMLE 估计出它，那么估计量的渐近方差，比如说 $\tilde{\boldsymbol{\theta}}$，将为 $\text{Avar}\sqrt{N}(\tilde{\boldsymbol{\theta}}-\boldsymbol{\theta}_o)=\mathbf{A}_o^{-1}\mathbf{B}_o\mathbf{A}_o^{-1}$，其中 $\mathbf{B}_o=\mathrm{E}(\mathbf{s}_i^o\mathbf{s}_i^{o\prime})$ ——得分的通常期望外积，且没有解释第一步估计（因为没有第一步估计）。但是 $\mathbf{B}_o-\mathbf{D}_o$ 是半正定的（p. s. d.），所以两步法 M 估计量一般比使用了 γ_o 的知识的单步法 M 估计量更（渐近）有效。在一种情形中，这两个估计量是渐近等价的，亦即，当 $\mathrm{E}(\mathbf{s}_i^o\mathbf{d}_i^{o\prime})=\mathbf{0}$ 时（这意味着 $\mathbf{F}_o=\mathbf{0}$）。

在估计 γ_o 上的有效性的改进的一个直接含义是，如果我们的确使用了 $\hat{\gamma}$，但是，然后又忽略第二阶段的估计，那么我们的推断将是保守的。特别是，从 $\hat{\mathbf{A}}^{-1}\hat{\mathbf{B}}\hat{\mathbf{A}}^{-1}/N$ 计算的标准误会比它们原本的值更大，或不会更小。（像往常一样"^"意味着我们用其估计值取代了所有的参数。）因此，使用能计算三明治标准误但不容易解释第一步估计的标准计量经济学软件包，会产生在假设（13.66）下的保守推断。

反映了来自使用 MLE 的 $\hat{\gamma}$ 替换 γ_o 而不断增加的精度的标准误也很容易计算出来。也就是说，设 $\hat{\mathbf{s}}_i(\hat{\boldsymbol{\theta}},\hat{\gamma})$ 和 $\hat{\mathbf{d}}_i=\mathbf{d}_i(\hat{\gamma})$ 分别为来自第二步和第一步估计的得分。（记住，$\mathbf{s}_i(\boldsymbol{\theta},\gamma)$ 仅仅是关于 $\boldsymbol{\theta}$ 的得分。）然后，设 $\hat{\mathbf{g}}_i'$ 是来自 $\hat{\mathbf{s}}_i'$ 对于 $\hat{\mathbf{d}}_i'$ 的多元回归的 $1\times P$ 维残差，$i=1,\cdots,N$。那么，我们得到

$$\hat{\mathbf{D}}=N^{-1}\sum_{i=1}^{N}\hat{\mathbf{g}}_i\hat{\mathbf{g}}_i' \tag{13.70}$$

并构造出三明治 $\hat{\mathbf{A}}^{-1}\hat{\mathbf{D}}\hat{\mathbf{A}}^{-1}/N$ 以作为 $\widehat{\text{Avar}(\hat{\boldsymbol{\theta}})}$。

13.11 准极大似然估计

到现在为止，我们已经假设已正确设定一个（条件）密度函数，虽然在面板数据情形下，我们涵盖了那些我们可能仅仅是分别针对每个时间段设定一个密度的情境（见 13.8 节和 13.9 节）。正如我们已经看到的，如果对于条件分布 $\mathrm{D}(\mathbf{y}_i\mid\mathbf{x}_i)$ 或 $\mathrm{D}(\mathbf{y}_{it}\mid\mathbf{x}_{it})$，$t=1,\cdots,T$，我们有一个正确设定的密度，那么 MLE 的或偏 MLE 对于估计总体参数来说有着合意的大样本性质。

有这样一些情境，其中重要的是要了解当密度被误设或部分误设时 MLE 方法的性质。一些作者，尤其是怀特（White，1982a，1994）认为，所有模型，至少从一开始，都应被视为误设的，并且应进行相应的推理和解释。怀特（White，1994）也考虑了一个中庸的观点，认为分布的一部分是正确设定的——主要情形是一个条件均值函数——但其他方面可能是被误设的。正如古力洛克斯、蒙福特和特鲁依（Gourieroux，Monfort，and Trognon，1984a）所证明的，这种做法对于在线性指数族中这类密度特别有用，在其中我们经常要么怀疑要么确切地知道整个分布是不正确设定的，但是我们对于条件均值的设定特别小心。在接下来的几小节中，我们研究在不同程度的误设下最大化一个

对数似然得到的估计量的性质。

13.11.1 一般误设

在误设模型的极大似然估计的一般分析中，人们通常假定和13.3节中相同的设置，但少了如方程（13.11）中所述的条件密度是正确的假设。因此，对于带有一个一般被误设的密度的MLE来说，不存在“真实”的西塔值（我们称之为$\boldsymbol{\theta}_o$）。相反，标准做法是假定总体问题（13.14）的一个唯一解的存在。按照怀特（White，1994），我们用$\boldsymbol{\theta}^*$来表示这个值。怀特（White，1982a，1994）还讨论了$\boldsymbol{\theta}^*$的解释，即它提供对于在参数化类中真实密度$f(\mathbf{y}\mid\mathbf{x};\boldsymbol{\theta})$的最佳近似，其中，接近程度可按照库尔贝克-莱布勒信息标准来衡量。这一解释可从我们在13.3节的讨论中推断出来。

当密度被误设时，我们通常把（13.15）的解，我们仍然用$\hat{\boldsymbol{\theta}}$来标示，称为**准极大似然估计量**（quasi-maximum likelihood estimator，QMLE）。有些作者更喜欢**伪极大似然估计量**（pseudo-maximum likelihood estimator）这样的名称。我们同样把对数似然函数称为**准对数似然（伪对数似然）函数**（quasi-log-likelihood (pseudo-log-likelihood) function）。

$\hat{\boldsymbol{\theta}}$对$\boldsymbol{\theta}^*$的一致性可通过正如模型是被正确设定时那样相同的方式得出：根据假设，$\boldsymbol{\theta}^*$在参数空间$\boldsymbol{\Theta}$上最大化了$\mathrm{E}[\log f(y_i\mid\mathbf{x}_i;\boldsymbol{\theta})]$，然后我们仅仅假设足够多的正则性条件，以便准对数似然在$\boldsymbol{\Theta}$上一致收敛于它的期望，正如在定理13.1中那样。

关于$\boldsymbol{\theta}^*$的渐近推断更有意思。首先，人们可能会合理地问：如果模型是误设的，去检验关于$\boldsymbol{\theta}^*$的假设又意味着什么呢？毕竟，$\boldsymbol{\theta}^*$一般不指出条件概率或条件矩。不过，如果我们采取现实的立场，即条件密度模型可能是误设的，那么我们最好的做法就是检验关于我们对于真实密度的最佳逼近的假设。而且，有时我们假设我们感兴趣的主要模型是正确设定的，但我们估计了一个辅助模型作为一种获得比如说工具变量的方式。在这种情形下，我们通常不希望假设辅助模型——其被选中通常是由于计算上的便利性——在任何意义上都是被正确设定的。

实施关于$\boldsymbol{\theta}^*$的推断是相当简单的。如果没有进一步假定，$\mathrm{Avar}(\hat{\boldsymbol{\theta}})$只有唯一合理的估计量：

$$\widehat{\mathrm{Avar}(\hat{\boldsymbol{\theta}})}=\left(\sum_{i=1}^{N}\mathbf{H}_i(\hat{\boldsymbol{\theta}})\right)^{-1}\left(\sum_{i=1}^{N}\mathbf{s}_i(\hat{\boldsymbol{\theta}})\mathbf{s}_i(\hat{\boldsymbol{\theta}})'\right)\left(\sum_{i=1}^{N}\mathbf{H}_i(\hat{\boldsymbol{\theta}})\right)^{-1} \tag{13.71}$$

其中，像以前一样，$\mathbf{s}_i(\boldsymbol{\theta})$是$P\times 1$维得分向量并且$\mathbf{H}_i(\boldsymbol{\theta})$是$P\times P$维海赛矩阵。（像往常一样，这个估计量在如下意义上是“合理的”，即当除以N时，（13.71）的右边依概率收敛于$\mathrm{Avar}[\sqrt{N}(\hat{\boldsymbol{\theta}}-\boldsymbol{\theta}^*)]=\mathbf{A}^{*-1}\mathbf{B}^*\mathbf{A}^{*-1}$，其中$\mathbf{A}^*\equiv-\mathrm{E}[\mathbf{H}_i(\boldsymbol{\theta}^*)]$和$\mathbf{B}^*\equiv\mathrm{E}[\mathbf{s}_i(\boldsymbol{\theta}^*)\mathbf{s}_i(\boldsymbol{\theta}^*)']$；参见12.3节。）在某些情形中——在下一节我们要涵盖一个重要内容——我们可以使用以$\mathbf{x}_i$为条件的期望

海赛矩阵，但是，一般地，如果 $f(\mathbf{y}\mid\mathbf{x};\boldsymbol{\theta})$ 是被误设的，$\mathrm{E}[\mathbf{H}_i(\boldsymbol{\theta}^*)\mid\mathbf{x}_i]$ 无法加以计算。

在（13.71）中的估计需要同时计算一阶和二阶导数，但是如果确实有必要，可以通过数值方式做这些计算。一旦我们有了 $\widehat{\mathrm{Avar}(\hat{\boldsymbol{\theta}})}$，构造对 $\boldsymbol{\theta}^*$ 上的约束的瓦尔德检验就很简单。特别是，个体的渐近 t 统计量可以很容易获得，因为 $\hat{\theta}_j$ 的标准误是（13.71）的对角线元素的平方根。

必须使用 12.6.2 节中的完全稳健的框架来实施得分检验，因为我们无法假设信息矩阵等式成立。另外，海赛矩阵的条件期望值不能被一般地计算，所以使用（在受约束估计处进行计算的）海赛矩阵的得分检验是唯一可以依靠的统计量。幸运的是，在方程（12.68）中的统计量总是非负的，即使 $\tilde{\mathbf{A}}$ 可能不是正定的（因为 $\tilde{\mathbf{B}}$ 始终至少是 p. s. d. 的）。基于 LR 统计量的推断是非常困难的，而且不建议这样做：LR 统计量不再有一个极限卡方分布（而且其极限分布取决于未知参数）。

作为一个例子，考虑我们在前面章节所使用的 probit 模型，但其中对于所有 $K\times1$ 维的向量 $\boldsymbol{\theta}$ 有 $\mathrm{P}(y_i=1\mid\mathbf{x}_i)\neq\Phi(\mathbf{x}_i\boldsymbol{\theta})$。换句话说，probit 模型是误设的。如果我们通过最大化 probit 对数似然获得 $\hat{\boldsymbol{\theta}}$，那么在非常弱的条件下，$\hat{\boldsymbol{\theta}}$ 依概率收敛于一些 $\boldsymbol{\theta}^*\in\mathbb{R}^K$，而且在最小化了库尔贝克-莱布勒距离的意义上，$\Phi(\mathbf{x}\boldsymbol{\theta}^*)$ 提供了对 $\mathrm{P}(y_i=1\mid\mathbf{x}_i=\mathbf{x})$"最好"的逼近。基于 probit 模型，对于一个连续条件变量，比如说 x_j，我们将 $\mathrm{P}(y_i=1\mid\mathbf{x}_i=\mathbf{x})$ 中 x_j 的偏效应估计为偏导数 $\theta_j^*\phi(\mathbf{x}\boldsymbol{\theta}^*)$。因此，有一个 $\hat{\boldsymbol{\theta}}$ 的渐近方差的估计对于获得比如说这个近似偏效应的一个渐近置信区间来说，是很关键的。一些计量经济学软件包，包含了计算（13.71）中的三明治估计量的简单选项，在这种情形中在误设假设下的推断是很简单的。

我们还可以考虑在偏（混合）MLE 的背景下完全的密度误设。我们必须考虑海赛矩阵的一个一般估计：对于每个 i，都有 $\mathbf{H}_i(\hat{\boldsymbol{\theta}})=\sum_{t=1}^{T}\mathbf{H}_{it}(\hat{\boldsymbol{\theta}})$。进而，如果不假设 $f_t(\mathbf{y}_t\mid\mathbf{x}_t;\boldsymbol{\theta})$ 对于每个 t 是正确设定的时，我们不能再得出结论认为：$\mathrm{D}(\mathbf{y}_{it}\mid\mathbf{x}_{it})=\mathrm{D}(\mathbf{y}_{it}\mid\mathbf{x}_{it},\mathbf{y}_{i,t-1},\mathbf{x}_{i,t-1},\cdots,\mathbf{y}_{i1},\mathbf{x}_{i1})$ 对于对数似然的得分是序列不相关的而言是充分的（当现在是在 $\boldsymbol{\theta}^*$ 处进行计算时）。因此，如果没有进一步的分析，人们必须使用（13.71）作为估计的渐近方差，其中如在 13.8.2 节中那样，$\mathbf{s}_i(\hat{\boldsymbol{\theta}})=\sum_{t=1}^{T}\mathbf{s}_{it}(\hat{\boldsymbol{\theta}})$。（对于常用的非线性模型，诸如 probit 模型来说，一些计量经济学软件包为在面板数据进行应用，包含了计算完全稳健矩阵（13.70）的选项。）

13.11.2 模型选择检验

在一般性误设下的极大似然的性质可用于推导出一个由王光（Vuong，1989）所创的模型选择检验。顾名思义，该检验的目的是允许人们在相互竞争的模型之间进行选择。在此我们处理这样的情形，即两个模型，在一种为了精确表达的意义上来说，是嵌套的。（当一个模型是另一个模型的特殊情形时，得分方法提供了一个更简单的方法来检验一个有吸引力的原模型相对于一个更一般的备择模型的正确性。）

如果我们满足于仅仅是给定手头的数据时选择带有“最佳拟合度”的模型，那么选择带有最大值对数似然的模型是合理的。毕竟，不管模型是否正确设定，平均对数似然一致地估计了对于该模型的负的库尔贝克-莱布勒信息标准(KLIC)。而且，我们从 13.3 节知道，真实密度最大化了 KLIC。因此，如果一个密度模型（渐近地）提供了一个比另一个模型更低的平均对数似然，那么该密度模型不能被正确地设定。比较对数似然值的做法类似于在一个回归的背景下比较 R 平方。

正如王光（Vuong，1989）所建议的，在对数似然的差异之间附加统计显著性是有用的。对于嵌套模型，结果证明这原来是非常容易的。设 $f_1(\mathbf{y}\mid\mathbf{x};\boldsymbol{\theta}_1)$ 和 $f_2(\mathbf{y}\mid\mathbf{x};\boldsymbol{\theta}_2)$ 是关于 $\mathrm{D}(\mathbf{y}_i\mid\mathbf{x}_i)$ 的密度的相互竞争的模型，其中两者都可能是误设的。设 $\hat{\boldsymbol{\theta}}_1$ 和 $\hat{\boldsymbol{\theta}}_2$ 分别为收敛到 $\boldsymbol{\theta}_1^*$ 和 $\boldsymbol{\theta}_2^*$ 的 QMLE。设 $\mathscr{L}_m=\sum_{i=1}^N \ell_{im}(\hat{\boldsymbol{\theta}}_m)$ 是在对于 $m=1,2$ 的相关估计处计算的准对数似然。那么

$$(\mathscr{L}_1-\mathscr{L}_2)/N\xrightarrow{p}\mathrm{E}[\log f_1(\mathbf{y}_1\mid\mathbf{x}_i;\boldsymbol{\theta}_1^*)]-\mathrm{E}[\log f_2(\mathbf{y}_i\mid\mathbf{x}_i;\boldsymbol{\theta}_2^*)]$$

其中，期望值是在联合分布 $(\mathbf{x}_i,\mathbf{y}_i)$ 上的。我们事实上还可以做更多阐述。使用一个均值扩展式和 $\hat{\boldsymbol{\theta}}_m^*$ 对 $\hat{\boldsymbol{\theta}}_m^*$ 的 $\sqrt{N}$ 一致性，可以证明，

$$\begin{aligned}N^{-1/2}(\mathscr{L}_1-\mathscr{L}_2)&=N^{-1/2}\sum_{i=1}^N[\ell_{i1}(\hat{\boldsymbol{\theta}}_1)-\ell_{i2}(\hat{\boldsymbol{\theta}}_2)]\\&=N^{-1/2}\sum_{i=1}^N[\ell_{i1}(\hat{\boldsymbol{\theta}}_1^*)-\ell_{i2}(\hat{\boldsymbol{\theta}}_2^*)]+\mathrm{o}_p(1)\end{aligned}\qquad(13.72)$$

方程（13.72）是取得一个模型设定检验的关键，因为它表明 $\hat{\boldsymbol{\theta}}_1$ 和 $\hat{\boldsymbol{\theta}}_2$ 的估计量并不影响 $N^{-1/2}(\mathscr{L}_1-\mathscr{L}_2)$ 的那个渐近分布。因此，我们可以得到关于 $N^{-1/2}(\mathscr{L}_1-\mathscr{L}_2)$ 的一个渐近正态分布，根据零假设，

$$\mathrm{H}_0:\mathrm{E}[\ell_{i1}(\boldsymbol{\theta}_1^*)]=\mathrm{E}[\ell_{i2}(\boldsymbol{\theta}_2^*)]\qquad(13.73)$$

特别是，根据（13.73），

$$N^{-1/2}\sum_{i=1}^N[\ell_{i1}(\boldsymbol{\theta}_1^*)-\ell_{i2}(\boldsymbol{\theta}_2^*)]\xrightarrow{d}\mathrm{Normal}(0,\eta^2)\qquad(13.74)$$

其中 $\eta^2=\mathrm{Var}[\ell_{i1}(\boldsymbol{\theta}_1^*)-\ell_{i2}(\boldsymbol{\theta}_2^*)]$。一个 η^2 的一致估计量是

$$\hat{\eta}^2\equiv N^{-1}\sum_{i=1}^N[\ell_{i1}(\hat{\boldsymbol{\theta}}_1)-\ell_{i2}(\hat{\boldsymbol{\theta}}_2)]^2\qquad(13.75)$$

王光的模型选择统计量是

$$\begin{aligned}\mathrm{VMS}&=N^{-1/2}(\mathscr{L}_1-\mathscr{D})/\hat{\eta}\\&=\frac{N^{-1}\sum_{i=1}^N[\ell_{i1}(\hat{\boldsymbol{\theta}}_1)-\ell_{i2}(\hat{\boldsymbol{\theta}}_2)]}{\{N^{-1}\sum_{i=1}^N[\ell_{i1}(\hat{\boldsymbol{\theta}}_1)-\ell_{i2}(\hat{\boldsymbol{\theta}}_2)]^2\}^{1/2}/\sqrt{N}}\xrightarrow{d}\mathrm{Normal}(0,1)\end{aligned}$$

(13.76)

其中标准正态分布在 H_0 下成立。请注意，当分子仅仅是来自两个估计模型的对数似然中的差异时，分母需要对于每个 i 计算在对数似然中的平方差异。获得一个有效检验的一个简单方法是对于每个 i 定义 $\hat{d}_i = \ell_{i1}(\hat{\boldsymbol{\theta}}_1) - \ell_{i2}(\hat{\boldsymbol{\theta}}_2)$，然后仅用 $\hat{d}_i$ 对 1 进行回归以检验其均值是否不为 0。（在构成分母中的方差估计中，此版本的统计数据中减去了 $\{\hat{d}_i: i=1, 2, \cdots, N\}$ 的样本均值。）

在应用王光的方法中，重要的是要了解其应用的范围，包括潜在的零假设。我们不应该使用 VMS 统计和它的极限标准正态分布来检验在正确设定假设下的嵌套模型。回想一下，LR 统计量仅仅是 $LR = 2(\mathscr{L}_{ur} - \mathscr{L}_r)$，而且，根据零假设，LR 有一个极限 χ_Q^2 分布，其中 Q 是约束的个数。最重要的一点是，如果模型是嵌套并正确设定的，那么 $\ell_{i1}(\boldsymbol{\theta}_1^*) - \ell_{i2}(\boldsymbol{\theta}_2^*) = \ell_i(\boldsymbol{\theta}_o) - \ell_i(\boldsymbol{\theta}_o) = 0$。也就是说，在估计量的概率极限处估值的对数似然中的差异在零假设下恒为 0。对于嵌套模型，我们不用 $\sqrt{N}$ 来除对数似然中的差异，因为其结果将是一个依概率收敛于 0 的统计量。

如果是在如下意义下应用王光的方法，那么模型一定是非嵌套的：

$$P[\ell_{i1}(\boldsymbol{\theta}_1^*) \neq \ell_{i2}(\boldsymbol{\theta}_2^*)] > 0 \tag{13.77}$$

换句话说，在伪真实值 $\boldsymbol{\theta}_1^*$ 和 $\boldsymbol{\theta}_2^*$ 处计算的对数似然对于关于（$\mathbf{x}_i, \mathbf{y}_i$）的一套重要的结果而言一定是不同的。这不仅剔除了那些显然是嵌套的模型，而且还剔除了其他退化形式。例如，如果 y_i 是一个计数变量，$\mathbf{x}_i = (1, x_{i2}, \cdots, x_{iK})$，而且我们设定不同的泊松分布——第一个带均值函数 $\exp(\mathbf{x}_i\boldsymbol{\theta})$ 而第二个带均值函数 $(\mathbf{x}_i\boldsymbol{\theta})^2$——这些模型是非嵌套的，如果给定 $\mathbf{x}_i$ 时 y_i 的均值实际上取决于在 $\mathbf{x}_i$ 中的非常数元素。但如果 $E(y_i \mid \mathbf{x}_i) = E(y_i)$，那么 $f_1(y \mid \mathbf{x}; \boldsymbol{\theta}_1^*)$ 和 $f_2(y \mid \mathbf{x}; \boldsymbol{\theta}_2^*)$ 是带有相同（常量）均值的泊松分布，而且关于王光的统计量的极限标准正态分布不成立。另一方面，如果竞争性模型是泊松分布和几何模型的，即使带有相同的均值函数，比如说 $\exp(\mathbf{x}_i\boldsymbol{\theta})$，该模型无论在什么情形中都是非嵌套的，因为即便它们都具有常数均值，泊松分布和几何分布也是不同的。

因为模型一定是非嵌套的，在方程（13.73）中的零假设只能在如果这两个模型都是误设的情形中成立。如果一个模型是正确设定的，但密度还是不同，那么我们在（13.73）中将得到一个严格的不等式以支持那个正确设定的模型。我们可以总结何时应用王光检验是合适的：它适用于非嵌套模型，其中零假设是两个模型都是误设的，而且拟合得一样好（在它们有着相同的期望对数似然这个意义上）。

如果因为 *VMS* 是统计上大于 0 的，我们拒绝模型 2 而支持模型 1，那么我们只能得出这样的结论：模型 1 在 $E[\ell_{i1}(\boldsymbol{\theta}_1^*)] > E[\ell_{i2}(\boldsymbol{\theta}_2^*)]$ 的意义上拟合得更好。这并不意味着模型 1 是正确设定的（尽管它可能是正确设定的）。有很多的模型可以比一个给定的模型拟合得更好，而且显然并非所有模型都可以是正确设定的。

当然，当对于 $D(\mathbf{y}_{i1}, \cdots, \mathbf{y}_{iT} \mid \mathbf{x}_{i1}, \cdots, \mathbf{x}_{iT})$ 已经设定了两个完整的密度时，王光的方法可直接适用于面板数据方法。但它也可以拓展到偏（混合）MLE，

只要我们恰当地考虑了时间序列依赖性。对于每个 t，设 $f_{t1}(\mathbf{y}_t \mid \mathbf{x}_t;\boldsymbol{\theta}_1)$ 和 $f_{t2}(\mathbf{y}_t \mid \mathbf{x}_t;\boldsymbol{\theta}_2)$是在每一个时间段的条件密度的相互竞争的模型。正如在 13.8 节和 13.9 节中那样，对数似然是

$$\ell_{im}(\boldsymbol{\theta}_m)=\sum_{t=1}^{T}\log f_{tm}(\mathbf{y}_{it} \mid \mathbf{x}_{it};\boldsymbol{\theta}_m)=\sum_{t=1}^{T}\ell_{itm}(\boldsymbol{\theta}_m), \quad m=1,2 \qquad (13.78)$$

相同的零假设，(13.73)，在 PMLE 设置中是有道理的（而且在最弱的意义上模型拟合得一样好）。此外，方程（13.74）中的收敛结果仍然在零假设下成立。假设满足嵌套条件（13.77），方差 η^2 是正的。然而，在估计 η^2 时，我们必须考虑在 $\{\ell_{it1}(\boldsymbol{\theta}_1^*)-\ell_{it2}(\boldsymbol{\theta}_2^*)：t=1,\cdots,T\}$ 中的序列依赖性。设 $\hat{d}_{it}=\ell_{it1}(\hat{\boldsymbol{\theta}}_1)-\ell_{it2}(\hat{\boldsymbol{\theta}}_2)$表示对于每个 t 在估计对数似然中的差异，设 $\hat{\lambda}_t=N^{-1}\sum_{i=1}^{N}\hat{d}_{it}$。那么容易获得 $\hat{\eta}^2$ 如下：

$$\hat{\eta}^2=N^{-1}\sum_{i=1}^{N}\left\{\sum_{t=1}^{T}(\hat{d}_{it}-\hat{\lambda}_t)^2+\sum_{t=1}^{T}\sum_{r\neq 1}^{T}(\hat{d}_{it}-\hat{\lambda}_t)(\hat{d}_{ir}-\hat{\lambda}_t)\right\} \qquad (13.79)$$

这个方差估计量考虑了在零假设下对数似然中的平均差异跨 t 而变化的可能性，但是跨 t 的平均值是相同的。如果零假设是更强的版本，$\mathrm{E}[\ell_{it1}(\boldsymbol{\theta}_1^*)]=\mathrm{E}[\ell_{it2}(\boldsymbol{\theta}_2^*)]$对于 $t=1$，…，T，那么$\hat{\lambda}$可以被跨 i 和 t 的$\hat{d}_{it}$的平均值，比如说$\hat{\lambda}$所替代。在这种情形中，检验统计量仅仅是 t 统计量$\hat{\lambda}/\mathrm{se}(\hat{\lambda})$，其中 $\mathrm{se}(\hat{\lambda})$ 是对异方差和序列相关稳健的来自$\hat{d}_{it}$对 1 的混合回归的标准误，$t=1$，…，T；$i=1,\cdots$，N。

王光的模型选择检验不应该和在非嵌套模型背景中的设定检验相混淆。举个例子，考克斯（Cox，1961，1962）方法检验一个设定模型相对于一个非嵌套的备择模型的正确性，而且检验的一个关键组成部分是在对数似然中的平均差异，$(\mathscr{L}_1-\mathscr{L}_2)/N$。但是用考克斯方法，一个模型在零假设下可看成是正确的模型。（而且，在实践中，两个模型中的每一个都可看成是原始模型，并且检验它相对于另一个来说的正确性。）如果一个模型是正确的并且这些模型是真正嵌套的，那么在（对于原始模型的）MLE 和在（对于备择模型的）准 MLE 的概率极限处计算的对数似然的期望值一定是不同的；考克斯统计量的计算需要估计在零假设下以 $\mathbf{x}_i$ 为条件的对数似然中的差异的均值。在某些情形中，包括在两个分布是正态的但带有不同的均值或不同的方差（或两者都不同）的时候，以及二值响应模型，考克斯统计量是很容易计算的。但是要找到在对数似然中的条件平均差异的闭型通常是棘手的。（均值可以被模拟出来，但是人们希望对一个设定检验进行仔细检查，这有多麻烦呢？）

当我们把 13.7 节中的框架加以扩展以允许矩条件除了依赖于 $\boldsymbol{\theta}$ 以外还依赖于其他参数时，正如在怀特（White，1994，第 9 章）中所做的那样，考克斯检验可以转换为一个条件矩检验。对于进一步的讨论和其他几种检验一个模型相对于非嵌套的备择模型而言的正确性的方法，可参阅古力洛克斯和蒙福特

（Gourieroux and Monfort，1994），怀特（White，1994，第 10 章）。

13.11.3 线性指数族中的准极大似然估计

13.11.1 节以及在上一节的模型选择检验，允许模型 $f(\mathbf{y}\mid\mathbf{x};\boldsymbol{\theta})$ 或 $f_t(\mathbf{y}_t\mid\mathbf{x}_t;\boldsymbol{\theta})$，$t=1, \cdots, T$ 中没有任何东西是正确设定的。有时候，在正确设定和完全误设之间一个有用的中间地带是允许一个条件密度仅仅一个或两个特征是正确设定的。在本节中，我们研究一类在一个正确设定的条件均值下一致估计出参数的 QMLE。

正如人们在入门级计量经济学中学到的——尽管可能不会完全用这样的方式来表述——普通最小二乘法（OLS）估计量是一个 QMLE：通过最大化带有一个关于参数线性的条件均值的高斯（正态）对数似然函数，可以获得 OLS；事实上，我们可以任意设定方差等于任何固定值而不会影响平均参数的估计。毫不奇怪，我们在第 12 章中涵盖的非线性最小二乘估计量具有相同的性质：最小化残差平方和与最大化高斯准对数似然是相同的。因此，NLS 是一个基于正态密度函数的 QMLE。

正态对数似然不是尽管分布的剩余特征为任意误设的时仍可识别一个条件均值的参数的唯一对数似然。伯努利对数似然、泊松对数似然、指数对数似然以及其他对数似然都共享这些特征。这些对数似然都是**线性指数族**（linear exponential family，LEF）的成员，而且提供一个关于这类 QMLE 的有些一般化的处理是有用的。为简单起见，我们考虑一个标量响应的情形，即便还存在一些关于多元响应的结果。我们借鉴古力洛克斯、蒙福特和特鲁依（Gourieroux, Monfort, and Trognon（GMT），1984a）的成果。

在 LEF 中的一个对数似然可写为均值的一个函数：

$$\log f(y\mid\mu)=a(\mu)+b(y)+yc(\mu) \tag{13.80}$$

对于函数 $a(\cdot)$，$b(\cdot)$ 和 $c(\cdot)$，其中 μ 是 y_i 的均值的一个候选值且 $\mu_o=\mathrm{E}(y_i)$是真实的总体均值。设 M 表示均值的可能值的集合。GMT（1984a）证明，μ_o 解出

$$\max_{\mu\in M}[a(\mu)+\mathrm{E}(y_i)c(\mu)]=\max_{\mu\in M}[a(\mu)+\mu_o c(\mu)] \tag{13.81}$$

对于正态、伯努利、泊松、指数和其他情形，（13.80）中的函数是很容易获得的；GMT（1984a）包含了一个汇总表。对于伯努利分布，

$$\begin{aligned}\log f(y\mid\mu)&=(1-y)\cdot\log(1-\mu)+y\cdot\log(\mu)\\&=\log(1-\mu)+y\cdot\log[\mu/(1-\mu)],\quad 0<\mu<1\end{aligned}$$

因此，$a(\mu)=\log(1-\mu)$，$b(y)=0$，并且 $c(\mu)=\log[\mu/(1-\mu)]$。对于一些拟合到 LEF 的分布，特别是伽马和负二项分布，必须把一个麻烦的参数固定在一个特定值上；要了解详细情形，可参阅 GMT（1984a）。

在最流行的例子中，很容易直接证实 μ_o 解出了（13.81）。在第Ⅳ篇，我们

将考虑一些特殊情形。就目前而言，重要的是要了解这些结果的含义。考虑伯努利情形，但不是去假定是一个0—1变量，而是设为在单位区间［0，1］中所支持的任何随机变量。y_i 可以是离散的、连续的，或这两种特征都具备。例如，我们可以有 $P(y_i=0)>0$，但对于 $y\in(0,1]$ 有 $P(y_i=y)=0$，或者对于一些正整数 m_i，y_i 会在 $\{0,1/m_i,2/m_i,\cdots,1\}$ 上取值。无论 y_i 的性质如何，倘若其均值 μ_o 是在（0，1）内的，那么 μ_o 最大化了伯努利对数似然的期望值。

在实践中，我们感兴趣的是条件而非无条件均值，我们将其参数化为 $m(\mathbf{x},\boldsymbol{\theta})$。那么条件准对数似然函数变为

$$\log f(y|m(\mathbf{x},\boldsymbol{\theta}))=a(m(\mathbf{x},\boldsymbol{\theta}))+b(y)+yc(m(\mathbf{x},\boldsymbol{\theta})) \tag{13.82}$$

因为现在均值被假设为是正确设定的，我们假设存在 $\boldsymbol{\theta}_o\in\boldsymbol{\Theta}$，以至 $E(y_i\mid\mathbf{x}_i)=m(\mathbf{x}_i,\boldsymbol{\theta}_o)$。一个简单的迭代期望论证证明 $\boldsymbol{\theta}_o$ 解出

$$\max_{\boldsymbol{\theta}\in\boldsymbol{\Theta}} E[a(m(\mathbf{x}_i,\boldsymbol{\theta}))+y_i c(m(\mathbf{x}_i,\boldsymbol{\theta}))] \tag{13.83}$$

不管实际分布 $D(y_i\mid\mathbf{x}_i)$ 是什么。同样，重要的是要了解这个结果的含义。y_i 的性质甚至不需要对应到所选择的密度。例如，y_i 可能是一个非负、连续变量，并且我们使用泊松准对数似然。如果均值——其主要情形是一个指数函数——是正确设定的，泊松QMLE对于条件均值参数是一致的。唯一的约束是关于 $E(y_i\mid\mathbf{x}_i=\mathbf{x})$ 的候选项应具有和在选定的LEF密度中所允许的范围相同的范围。

在LEF中的QMLE最有用的特征之一是基于得分的。可以证明得分具有形式

$$\mathbf{s}_i(\boldsymbol{\theta})=\nabla_{\boldsymbol{\theta}}m(\mathbf{x}_i,\boldsymbol{\theta})'[y_i-m(\mathbf{x}_i,\boldsymbol{\theta})]/v(m(\mathbf{x}_i,\boldsymbol{\theta})) \tag{13.84}$$

其中 $\nabla_{\boldsymbol{\theta}}m(\mathbf{x}_i,\boldsymbol{\theta})$ 是均值函数的 $1\times P$ 维梯度以及具有重要意义的是，$v(\mu)$ 是与选定的LEF密度相关联的方差函数。对于标准正态而言，$v(\mu)=1$，对于伯努利而言，$v(\mu)=\mu(1-\mu)$，对于泊松而言，$v(\mu)=\mu$，以及对于指数而言，$v(\mu)=\mu^2$。方程（13.84）中的结构直接表明QMLE是费希尔一致的：如果 $E(y_i\mid\mathbf{x}_i)=m(\mathbf{x}_i,\boldsymbol{\theta}_o)$，那么 $E[\mathbf{s}_i(\boldsymbol{\theta}_o)\mid\mathbf{x}_i]=\mathbf{0}$，其反过来意味着得分的无条件均值为0。我们在概率单位的例子（例13.1）中明确地推导出（13.84），很容易看出它对于泊松回归来说也是真的（例13.2）。但在这里我们强调如果均值是正确设定的，$E[\mathbf{s}_i(\boldsymbol{\theta}_o)\mid\mathbf{x}_i]=\mathbf{0}$ 对于这些密度的任意误设都是成立的。

我们也可以用得分来计算以 $\mathbf{x}_i$ 为条件的期望海赛矩阵：

$$\mathbf{A}(\mathbf{x}_i,\boldsymbol{\theta}_o)=-E[\mathbf{H}_i(\boldsymbol{\theta}_o)|\mathbf{x}_i]=\nabla_{\boldsymbol{\theta}}m(\mathbf{x}_i,\boldsymbol{\theta}_o)'\nabla_{\boldsymbol{\theta}}m(\mathbf{x}_i,\boldsymbol{\theta}_o)/v(m(\mathbf{x}_i,\boldsymbol{\theta}_o)) \tag{13.85}$$

此外，

$$E[\mathbf{s}_i(\boldsymbol{\theta}_o)\mathbf{s}_i(\boldsymbol{\theta}_o)|\mathbf{x}_i]=E(u_i^2|\mathbf{x}_i)\nabla_{\boldsymbol{\theta}}m(\mathbf{x}_i,\boldsymbol{\theta}_o)'\nabla_{\boldsymbol{\theta}}m(\mathbf{x}_i,\boldsymbol{\theta}_o)/[v(m(\mathbf{x}_i,\boldsymbol{\theta}_o))]^2 \tag{13.86}$$

其中 $u_i \equiv y_i - m(\mathbf{x}_i, \boldsymbol{\theta}_o)$。其直接的结果是如果 $\mathrm{E}(u_i^2 \mid \mathbf{x}_i) = v(m(\mathbf{x}_i, \boldsymbol{\theta}_o))$，那么 CIME 成立，即

$$\mathrm{Var}(y_i \mid \mathbf{x}_i) = v(m(\mathbf{x}_i, \boldsymbol{\theta}_o)) \tag{13.87}$$

（在伯努利情形中，$v(m)=m(1-m)$，以及在泊松情形中，$v(m)=m$。）换句话说，如果选定的 LEF 密度有一个条件方差等于实际 $\mathrm{Var}(y_i \mid \mathbf{x}_i)$，那么我们可以使用通常的 MLE 标准误和推断（即便分布的除了前两个条件矩之外的其他特征是误设的）。所以，举个例子，在一个泊松回归分析中，如果 $\mathrm{Var}(y_i \mid \mathbf{x}_i) = \mathrm{E}(y_i \mid \mathbf{x}_i)$ 和均值函数是正确设定的，我们可以做得像我们正在使用 MLE 而不是 QMLE 一样，即便 y_i 的更高阶条件矩不能匹配泊松分布。

如果 $\mathrm{Var}(y_i \mid \mathbf{x}_i)$ 是无约束的，IME 将不会成立，然后应使用稳健的三明治估计量：

$$\widehat{\mathrm{Avar}(\hat{\boldsymbol{\theta}})} = \left(\sum_{i=1}^{N} \mathbf{A}(\mathbf{x}_i, (\hat{\boldsymbol{\theta}})\right)^{-1} \left(\sum_{i=1}^{N} \mathbf{s}_i(\hat{\boldsymbol{\theta}}) \mathbf{s}_i(\hat{\boldsymbol{\theta}})'\right) \left(\sum_{i=1}^{N} \mathbf{A}(\mathbf{x}_i, \hat{\boldsymbol{\theta}})\right)^{-1} \tag{13.88}$$

其中 $\mathbf{A}(\mathbf{x}_i, \hat{\boldsymbol{\theta}})$ 是在（13.85）中用 $\hat{\boldsymbol{\theta}}$ 替代 $\boldsymbol{\theta}_o$ 给出的。由于对数似然的特殊结构和条件均值是正确设定的假设，我们可以找到 $\mathrm{E}[\mathbf{H}_i(\boldsymbol{\theta}_o) \mid \mathbf{x}_i]$。如果我们不想假设条件均值的正确设定，我们将到达 13.11.1 节中的设置。

LEF 中的 QMLE 与统计学文献中所谓的广义线性模型（GLM）是密切相关的。术语和一些细节有所不同，而且早期的 GLM 文献不承认估计条件均值参数的方法的稳健性，但在现代应用中关键的特征是，它们都使用 QMLE 来估计一个条件均值的参数。由于条件均值被假定为具有一个指标结构，故 GLM 方法有更多的约束性。特别是，均值被假设具有形式 $m(\mathbf{x}, \boldsymbol{\theta}) = r(\mathbf{x}\boldsymbol{\theta})$，其中“指标” $\mathbf{x}\boldsymbol{\theta}$ 关于参数是线性的而 $r(\cdot)$ 是指标的一个函数。此外，GLM 方法的一个重要组成部分是关联函数，它隐性地定义了均值函数。如果我们设 η 表示指数 $\mathbf{x}\boldsymbol{\theta}$，那么关联函数 $g(\cdot)$ 应该是这样的，它满足 $\eta = g(\mu)$。关联函数是严格单调的，而且因此有一个逆，而且这样就有 $\mu = g^{-1}(\eta)$，或用条件均值函数的符号来表示，$m(\mathbf{x}, \boldsymbol{\theta}) = g^{-1}(\mathbf{x}\boldsymbol{\theta})$。

术语“广义线性模型”来自指标函数的潜在线性，然后关联函数引入了非线性。在大多数应用中，设定条件均值函数是更自然的，因为我们希望均值函数与 y_i 的性质相一致，且 y_i 是我们希望解释的结果。（所以，举个例子，如果 y_i 是非负的，我们希望对于所有的 x 和 $\boldsymbol{\theta}$ 而言 $m(\mathbf{x}, \boldsymbol{\theta})$ 是正的；如果 $0 \leqslant y_i \leqslant 1$，我们希望 $m(\mathbf{x}, \boldsymbol{\theta})$ 在单位区间中。）一旦设定了均值函数，我们就可使用一个合适的 LEF 密度；这是由 GMT（1984a）所采取的方法。直接设定 $m(\mathbf{x}, \boldsymbol{\theta})$ 不会使人们与指标结构结合，虽然在大多数应用中，$m(\mathbf{x}, \boldsymbol{\theta})$ 具有一个指标形式。如果，比如说，$m(\mathbf{x}, \boldsymbol{\theta}) = \exp(\mathbf{x}\boldsymbol{\theta})$，那么关联函数是 $g(\mu) = \log(\mu)$，对于 $\mu > 0$。如果 $m(\mathbf{x}, \boldsymbol{\theta}) = \exp(\mathbf{x}\boldsymbol{\theta}) / [1 + \exp(\mathbf{x}\boldsymbol{\theta})]$，则 $g(\mu) = \log[\mu / (1-\mu)]$，对于 $0 < \mu < 1$。麦克莱和内尔德（McCullagh and Nelder，1989）是关于 GLM 的一个很好的参考。

GLM 文献很早就承认假设（13.87）对于许多应用而言约束太多了。正如我们讨论过的，对于 $\boldsymbol{\theta}_o$ 的一致性估计而言，无须任何关于方差的假设。一个已在 GLM 文献中使用的假设允许 $\mathrm{Var}(y_i \mid \mathbf{x}_i)$ 通过一个常数而不同于 LEF 分布所暗示的：

$$\mathrm{Var}(y_i|\mathbf{x}_i)=\sigma_o^2 v(m(\mathbf{x}_i,\boldsymbol{\theta}_o)) \tag{13.89}$$

对于某些 $\sigma_o^2>0$，其通常被称为**散布参数**（dispersion parameter）。由于其在 GLM 分析中的历史作用，我们把（13.89）称作 **GLM 方差假设**（GLM variance assumption）。当 $\sigma_o^2>1$ 时，那么我们说存在**过度散布**（overdispersion）（相对于所选定的密度而言）；当 $\sigma_o^2<1$ 时为**散布不足**（underdispersion），而且这两种情形在实践中都会出现。

根据（13.89），估计 σ_o^2 是很简单的。设 $u_i=y_i-m(\mathbf{x}_i,\boldsymbol{\theta}_o)$ 为添加的"误差"。然后，因为 $\mathrm{E}(u_i^2 \mid \mathbf{x}_i)=\sigma_o^2 v(m(\mathbf{x}_i,\boldsymbol{\theta}_o))\equiv\sigma_o^2 v_i$，使用迭代期望法则其结果是

$$\mathrm{E}(u_i^2/v_i)=\mathrm{E}[\mathrm{E}(u_i^2/v_i|\mathbf{x}_i)]=\mathrm{E}[\mathrm{E}(u_i^2|\mathbf{x}_i)/v_i]=\mathrm{E}(\sigma_o^2 v_i/v_i)=\sigma_o^2 \tag{13.90}$$

因此，通过通常的类推原则论证，

$$\hat{\delta}^2=(N-P)^{-1}\sum_{i=1}^{N}\hat{u}_i^2/\hat{v}_i \tag{13.91}$$

关于 σ_o^2 是一致的，其中 $\hat{u}_i\equiv y_i-m(\mathbf{x}_i,\hat{\boldsymbol{\theta}})$ 是残差，$\hat{v}_i\equiv v(m(\mathbf{x}_i,\hat{\boldsymbol{\theta}}))$ 是来自 LEF 密度的估计的条件方差，而且自由度调整是普通的（但是，当然不影响一致性）。在 GLM 文献中，标准残差 $\hat{u}_i/\sqrt{\hat{v}_i}$ 被称为**皮尔森残差**（Pearson residuals），而在方程(13.91)中的估计是**皮尔森散布估计量**（Pearson dispersion estimator）。

根据 GLM 方差假设，很容易看出，在方程（12.53）中所给定的广义的 IME 是被满足的（一旦我们解释了在一个最小化和最大化问题之间的微小差别）。事实上，一个条件版本成立，我们可以称之为**广义条件信息矩阵等式**（generalized conditional information matrix equation，GCIME）：

$$\mathrm{E}[\mathbf{s}_i(\boldsymbol{\theta}_o)\mathbf{s}_i(\boldsymbol{\theta}_o)'|\mathbf{x}_i]=-\sigma_o^2\mathrm{E}[\mathbf{H}_i(\boldsymbol{\theta}_o)|\mathbf{x}_i]=\sigma_o^2\mathbf{A}(\mathbf{x}_i,\boldsymbol{\theta}_o) \tag{13.92}$$

从第 12 章，我们可以取

$$\begin{aligned}\widehat{\mathrm{Avar}(\hat{\boldsymbol{\theta}})}&=\hat{\sigma}^2\left(\sum_{i=1}^{N}\mathbf{A}(\mathbf{x}_i,\hat{\boldsymbol{\theta}})\right)^{-1}\\&=\hat{\sigma}^2\left(\sum_{i=1}^{N}\nabla_{\boldsymbol{\theta}}m_i(\hat{\boldsymbol{\theta}})'\nabla_{\boldsymbol{\theta}}m_i(\hat{\boldsymbol{\theta}})/v_i(\hat{\boldsymbol{\theta}})\right)^{-1}\end{aligned} \tag{13.93}$$

其中符号应当清楚。大多数具有 GLM 命令的软件包——通常需要人们设定 LEF 密度和关联函数——允许计算在假设（13.87）（这是在完全 MLE 下的相同方差估计）下非稳健的方差矩阵估计量、在（13.93）中的估计量或在（13.88）中的完全稳健形式。因此，GLM 框架可用于获取对于一类特定的均

值函数的 LEF 的 QMLE。

请注意方程（13.93）的结构与来自第 12 章的加权非线性最小二乘估计量的渐近方差有多相似；可参阅方程（12.59）。事实上，在（13.93）与（12.59）之间的唯一差异是使用 WNLS 时我们允许在方差函数中的参数是不同于 $\boldsymbol{\theta}_o$ 的，而且因此，它被在一个单独的阶段加以估计（通常是在一个初始 NLS 估计之后）。在（13.93）与（12.59）之间的相似性暗示了在 LEF 中的 QMLE 和 WNLS 之间的一个紧密联系。事实上，对于 LEF 中的每一个 QMLE，当条件均值是正确设定的时，存在一个渐近等价的 WNLS 估计量：对于 WNLS，令$h(\mathbf{x},\gamma)=v(m(\mathbf{x},\boldsymbol{\theta}))$以及令$\hat{\gamma}$为 $\boldsymbol{\theta}_o$ 的一个初始$\sqrt{N}$一致估计量（诸如 NLS）。QMLE 和 WNLS 估计量将是$\sqrt{N}$等价的，不管（13.89）成立与否。

如果我们名义上希望假设（13.89），QMLE 在计算上将很方便，因为它是一个单步骤估计程序，而且目标函数通常表现良好；WNLS 需要两个步骤。因此，当方差和均值被认为是相关的，以一种被一个 LEF 密度所建议的方式——更确切地说，它在（13.89）中的 GLM 扩展式——QMLE 几乎总是被使用。而且，当然我们可以通过使用三明治估计（13.88）使推断对于任何方差—均值关系完全稳健。

13.11.4 面板数据的广义估计方程

自然，我们可以把 LEF 中的 QMLE 扩展到面板数据中。最简单的方法是设定条件均值函数 $m_t(\mathbf{x}_t,\ \boldsymbol{\theta})$，$t=1,\ \cdots,\ T$，连同一个 LEF 密度一起，然后忽略任何时间依赖性继续进行估计。混合准似然具有和方程（13.45）相同的形式，其中 $f_t(y_t \mid \mathbf{x}_t;\boldsymbol{\theta})$ 是在 LEF 中的。（允许均值和密度函数依赖于 t 可能是没有必要的，但它提醒我们：我们经常希望允许一些参数跨 t 而改变——例如，$m_t(\mathbf{x}_t,\ \boldsymbol{\theta})=\exp(\alpha_t+\mathbf{x}_t\boldsymbol{\beta})$。在实践中，我们将通过包含一整套时间段虚拟变量到回归元中来完成在指数函数内部不同的"截距项"。）

对于每个 t 均值的正确设定意味着，对于某些 $\boldsymbol{\theta}_o$，

$$\mathrm{E}(y_{it}\mid\mathbf{x}_{it})=m_t(\mathbf{x}_{it},\boldsymbol{\theta}_o),\quad t=1,\cdots,T \tag{13.94}$$

请注意（13.94）没有假设 $\{\mathbf{x}_{it}: t=1,\cdots,T\}$ 的严格外生性。对于每个 t 的得分具有和方程（13.84）相同的形式：

$$\mathbf{s}_{it}(\boldsymbol{\theta})=\nabla_{\boldsymbol{\theta}}m_t(\mathbf{x}_{it},\boldsymbol{\theta})'[y_{it}-m_t(\mathbf{x}_{it},\boldsymbol{\theta})]/v(m_t(\mathbf{x}_{it},\boldsymbol{\theta})) \tag{13.95}$$

而且**偏 QMLE**（partial QMLE）（或**混合 QMLE**（pooled QMLE））一般是通过求解 $\sum_{i=1}^{N}\sum_{t=1}^{T}\mathbf{s}_{it}(\hat{\boldsymbol{\theta}})=\mathbf{0}$ 找到的。

正如我们在 13.8 节讨论的，对于偏 MLE，得分 $\{\mathbf{s}_{it}(\boldsymbol{\theta}_o): t=1,\cdots,T\}$ 一般是序列相关的。然而，在 13.8.3 节中我们看到了一个重要的情形，在其中得分都不是序列相关的：分布 $\mathbf{D}(\mathbf{y}_{it}\mid\mathbf{x}_{i1})$ 在它也等于 $\mathbf{D}(\mathbf{y}_{it}\mid\mathbf{x}_{it},\ \mathbf{y}_{i,t-1},\mathbf{x}_{i,t-1},\cdots,\mathbf{y}_{i1},\mathbf{x}_{i1})$ 这个意义上是动态完备的。在这里，我们没有假设我们有一个正确设

定的完全密度 $f_t(\mathbf{y}_t \mid \mathbf{x}_t;\boldsymbol{\theta})$。然而，使用方程（13.95），我们可以很容易地看到如果条件均值在如下意义下是动态完备的：

$$\mathrm{E}(y_{it}\mid \mathbf{x}_{it})=\mathrm{E}(y_{it}\mid \mathbf{x}_{it},y_{i,t-1},\mathbf{x}_{i,t-1},\cdots,y_{i1},\mathbf{x}_{i1}) \tag{13.96}$$

那么

$$\mathrm{E}[\mathbf{s}_{it}(\boldsymbol{\theta}_{\mathrm{o}})\mid \mathbf{x}_{it},y_{i,t-1},\mathbf{x}_{i,t-1},\cdots,y_{i1},\mathbf{x}_{i1}]=\mathbf{0} \tag{13.97}$$

因此在 $\boldsymbol{\theta}_{\mathrm{o}}$ 处计算的得分必然序列不相关。重要的是，这一发现与 LEF 密度的其他特征诸如条件方差是否正确设定无关。当没有关于 $\mathrm{Var}(y_{it}\mid \mathbf{x}_{it})$ 的任何假设时，混合 QMLE 的适当的渐近方差估计量是

$$\left(\sum_{i=1}^{N}\sum_{i=1}^{N}\nabla_{\boldsymbol{\theta}}\hat{m}'_{it}\nabla_{\boldsymbol{\theta}}\hat{m}_{it}/\hat{v}_{it}\right)^{-1}\left(\sum_{i=1}^{N}\sum_{i=1}^{N}\hat{u}_{it}^{2}\nabla_{\boldsymbol{\theta}}\hat{m}'_{it}\nabla_{\boldsymbol{\theta}}\hat{m}_{it}/\hat{v}_{it}^{2}\right)^{-1}$$
$$\left(\sum_{i=1}^{N}\sum_{i=1}^{N}\nabla_{\boldsymbol{\theta}}\hat{m}'_{it}\nabla_{\boldsymbol{\theta}}\hat{m}_{it}/\hat{v}_{it}\right)^{-1}$$

其中符号应当清晰。这个估计量恰好是从一个混合 QMLE 分析中所报告的内容——在使用一个 GLM 程序的大多数情形中——其忽略了时间维度但是允许方差是被误设的。

如果我们进一步添加 GLM 方差假设对于所有 t 都有 $\mathrm{Var}(y_{it}\mid \mathbf{x}_{it})=\sigma_{\mathrm{o}}^{2}v(m(\mathbf{x}_{it},\theta_{\mathrm{o}}))$——包括缩放因子 σ_{o}^{2} 跨 t 而为常数的情形——然后方程（13.93）的混合类推形式是有效的（其中 $\hat{\sigma}^{2}$ 是从跨 i 和 t 的标准化残差的平方和中获得的）。一些计量经济学软件包允许这些方差的计算成为一个例行事项，而且它们还可以计算未假设在条件均值中的动态完备性时的方差矩阵。

自然，如果均值不是动态完备的，那么，如果我们作出关于回归元的严格外生性的更强假设，有可能获得一个更有效的估计量。在 12.9 节，我们研究了多元 WNLS 估计量，并指出选择一个非常数的“运行的”方差矩阵的一种普通的方式是为条件方差设定模型——其可能是误设的——连同一个常数的“运行的”相关矩阵一起。在对于面板数据模型的广义估计方程（GEE）方法中，这是常见的。出于实用的目的，GEE 是 WMNLS 的一个特殊情形，其中方差函数是从 LEF 的分布中选出的（而且均值函数通常是从线性、指数、逻辑斯蒂以及概率单位中挑选出的，正如在标准的 GLM 分析中那样）。

对于 $T\times 1$ 维向量 $\mathbf{y}_i$，我们假设

$$\mathrm{E}(\mathbf{y}_i\mid \mathbf{x}_i)=\mathbf{m}(\mathbf{x}_i,\boldsymbol{\theta}_{\mathrm{o}})\quad \text{一些 } \boldsymbol{\theta}_{\mathrm{o}}\in\boldsymbol{\Theta} \tag{13.98}$$

其中 $\mathbf{x}_i$ 是跨所有时间段的所有回归元的汇集以及 $\mathbf{m}(\mathbf{x},\boldsymbol{\theta})$ 是 $T\times 1$ 维的。请注意，向量 $\mathrm{E}(\mathbf{y}_i\mid \mathbf{x}_i)$ 拥有元素 $\mathrm{E}(y_{it}\mid \mathbf{x}_i)$，其意味着回归元是严格外生的。当在时间 t 的均值函数不依赖于所有的 $\mathbf{x}_i$ 时，（13.98）意味着在时间 t 上被排除的回归元可以没有在 $\mathrm{E}(y_{it}\mid \mathbf{x}_i)$ 上的偏效应。对于每个 t，$\mathbf{x}_i$ 的所有元素都出现的一个重要情形是在一个相关随机系数设置中，但是随后通过使用一个以异

质性为条件的严格外生性假设可得到约束。我们返回到下面这种情形中。一般来说，人们不应该应用带有一个非对角的运行方差矩阵的 GEE 方法（可参阅 12.9 节），除非回归元满足一个严格外生性假设。

在 GEE 的最常见的应用中，我们对于每一个 t 都设定一个来自 LEF 的准对数似然。正如在截面情形中那样，这种选择是由 y_{it} 的性质所激发的。假设对于均值我们有一个合适的参数模型 $m(\mathbf{x}_{it},\boldsymbol{\theta})$，并选择了一个 LEF，那么一旦我们选择运行相关矩阵（可参阅 12.9 节），GEE 分析就很简单了。通常情形中，这个相关矩阵是常数的，取决于参数 $\boldsymbol{\rho}$，所以我们可以把 $\mathbf{R}(\boldsymbol{\rho})$ 写成所建议的相关性的 $T\times T$ 维矩阵。因为我们不允许这个矩阵依赖于 $\mathbf{x}_i$，所以不能推定 $\text{Corr}(y_{it},\ y_{is}\mid\mathbf{x}_i)=r_{ts}(\boldsymbol{\rho}_o)$。GEE 的一个关键特征是我们明确地认识到条件相关性可能不是常数的——事实上，往往我们几乎可以肯定地知道它们不是常数——但无论如何我们应用加权多变量非线性最小二乘希望提高仅仅在一个混合 QMLE 分析上的有效性。

正如在 12.9 节中提到的，两种最常见的运行相关矩阵对于面板数据来说是非结构化的与不可交换的。后者保存在运行方差矩阵的参数中，但是在大的 N 的情形中（且没有那么大的 T），过于小气可能没有必要。在任何情形中，我们需要把一个运行相关矩阵与一个关于方差的名义假设连接起来。方差自然来自所选定的 LEF 密度。所以，如果我们正在使用带有均值函数$m_t(\mathbf{x}_{it},\ \boldsymbol{\theta})$的伯努利准对数似然，那么我们就使用名义方差 $m_t(\mathbf{x}_{it},\boldsymbol{\theta})[1-m_t(\mathbf{x}_{it},\ \boldsymbol{\theta})]$。对于泊松 QLL 来说，我们使用 $m_t(\mathbf{x}_{it},\boldsymbol{\theta})$。均值参数是通过在第一阶段的混合QMLE估计的，比如说$\check{\boldsymbol{\theta}}$。那么，运行相关矩阵可以使用标准化残差$\check{u}_{it}/\sqrt{\check{v}_{it}}$估计（可参阅 12.9 节）。然后我们就可以构造运行方差矩阵，$\hat{\mathbf{W}}_i=\hat{\mathbf{V}}_i^{1/2}/\hat{\mathbf{R}}\,\hat{\mathbf{V}}_i^{1/2}$，其中 $\hat{\mathbf{V}}_i=\text{diag}(v_{i1}(\check{\boldsymbol{\theta}}),\cdots,v_{iT}(\check{\boldsymbol{\theta}}))$取决于第一步的估计。然后，我们应用 WMNLS，或清除一阶条件。重要的是使用在方程（12.98）中的渐近方差矩阵，其允许运行方差矩阵被误设，不管是由于方差是被误设的还是由于运行相关矩阵是被误设的。（正如我们在 12.9 节中讨论的，如果条件均值是误设的，则方程（12.98）是无效的，而且 GEE 文献有时把这个估计称为一个"半稳健"估计。）如果有人相信由一个散布因子（dispersion factor）决定的方差矩阵是正确的，那么连同其他参数估计一起可获得$\hat{\sigma}^2$。

混合 QMLE 和 GEE 方法对于带有不可观测异质性的条件均值模型来说是有吸引力的，比如说 c_i，而且严格外生的回归元以 c_i 为条件：$\text{E}(y_{it}\mid\mathbf{x}_{i1},\cdots,\mathbf{x}_{iT},c_i)=\text{E}(y_{it}\mid\mathbf{x}_{it},\ c_i)$。当我们把这个假设和一个特定的相关的 RE 假设结合起来，诸如 $c_i=\alpha+\bar{\mathbf{x}}_i\boldsymbol{\xi}+a_i$，其中 $\bar{\mathbf{x}}_i$ 是时间平均值的向量以及 a_i 是与（$\mathbf{x}_{i1},\cdots,\mathbf{x}_{iT}$）相互独立的，那么我们就可以经常发现 $\text{E}(y_{it}\mid\mathbf{x}_{i1},\cdots,\mathbf{x}_{iT})$ 作为（$\mathbf{x}_{it},\bar{\mathbf{x}}_i$）的一个函数（或简单地断言它具有一个便利的形式）。GEE（包括混合 QMLE）变成一个不可缺少的工具，以确保我们的推断对于我们采纳的序列相关结构误设是稳健的。现在我们将不提供一个一般处理，但我们在第Ⅳ篇的几个章节中将大量利用这一思想。

习　题

13.1　如果 $f(\mathbf{y}|\mathbf{x};\boldsymbol{\theta})$ 表示对给定 $\mathbf{x}_i$ 时 $\mathbf{y}_i$ 密度的正确设定，那么 $\boldsymbol{\theta}_o$ 可以求解 $\max_{\boldsymbol{\theta}\in\boldsymbol{\Theta}}\mathrm{E}[f(\mathbf{y}_i|\mathbf{x}_i;\boldsymbol{\theta})]$ 吗？

13.2　假定对于一个随机样本，$y_i|\mathbf{x}_i \sim \mathrm{Normal}[m(\mathbf{x}_i,\boldsymbol{\beta}_o),\sigma_o^2]$，其中 $m(\mathbf{x},\boldsymbol{\beta})$ 表示解释变量 $\mathbf{x}$ 的 K 维向量与 $P\times 1$ 维参数向量 $\boldsymbol{\beta}$ 的函数。回想起，$\mathrm{E}(y_i|\mathbf{x}_i)=m(\mathbf{x}_i,\boldsymbol{\beta}_o)$ 且 $\mathrm{Var}(y_i|\mathbf{x}_i)=\sigma_o^2$。

a. 写出关于观测值 i 的条件对数似然函数。证明，$\boldsymbol{\beta}_o$ 的 CMLE 可求解问题 $\min_{\boldsymbol{\beta}}\sum_{i=1}^{N}[y_i-m(\mathbf{x}_i,\boldsymbol{\beta})]^2$。换句话讲，$\boldsymbol{\beta}_o$ 的 CMLE 是非线性最小二乘法估计量。

b. 设 $\boldsymbol{\theta}\equiv(\boldsymbol{\beta}',\sigma^2)'$ 表示 $(P+1)\times 1$ 维参数向量。求出一般 i 的对数似然得分。直接证明，$\mathrm{E}[\mathbf{s}_i(\boldsymbol{\theta}_o)|\mathbf{x}_i]=\mathbf{0}$。为了证明得分条件期望为 0，你需要正态分布的什么特性是被正确设定的？

c. 利用一阶条件求出用 $\hat{\boldsymbol{\beta}}$ 表示的 $\hat{\sigma}^2$。

d. 求出关于 $\boldsymbol{\theta}$ 的对数似然函数的海赛矩阵。

e. 直接证明，$-\mathrm{E}[\mathbf{H}_i(\boldsymbol{\theta}_o)|\mathbf{x}_i]=\mathrm{E}[\mathbf{s}_i(\boldsymbol{\theta}_o)\mathbf{s}_i(\boldsymbol{\theta}_o)'|\mathbf{x}_i]$。

f. 写出 $\hat{\boldsymbol{\beta}}$ 的估计渐近方差，然后解释如何获得渐近标准误。

13.3　考察一般的二值响应模型 $\mathrm{P}(y_i=1|\mathbf{x}_i)=G(\mathbf{x}_i,\boldsymbol{\theta}_o)$，其中对于所有 $\mathbf{x}$ 与 $\boldsymbol{\theta}$，$G(\mathbf{x},\boldsymbol{\theta})$ 严格地位于 0 与 1 之间。此处，$\mathbf{x}$ 与 $\boldsymbol{\theta}$ 并不需要拥有相同的维数，设 $\mathbf{x}$ 表示一个 K 维向量，而 $\boldsymbol{\theta}$ 表示一个 P 维向量。

a. 写出关于观测值 i 的对数似然。

b. 对于每一个 i，求出得分。直接证明 $\mathrm{E}[\mathbf{s}_i(\boldsymbol{\theta}_o)|\mathbf{x}_i]=\mathbf{0}$。

c. 当 $G(\mathbf{x},\boldsymbol{\theta})=\Phi[\mathbf{x}\boldsymbol{\beta}+\delta_1(\mathbf{x}\boldsymbol{\beta})^2+\delta_2(\mathbf{x}\boldsymbol{\beta})^3]$ 时，求出检验 $\mathrm{H}_0:\delta_{o1}=0,\delta_{o2}=0$ 的 LM 统计量。

13.4　在纽韦-托奇-怀特（Newey-Tauchen-White）设定的检验背景下，请解释为什么我们可以取 $\mathbf{g}(\mathbf{w},\boldsymbol{\theta})=a(\mathbf{x},\boldsymbol{\theta})\mathbf{s}(\mathbf{w},\boldsymbol{\theta})$，其中 $a(\mathbf{x},\boldsymbol{\theta})$ 本质上是 $\mathbf{x}$ 与 $\boldsymbol{\theta}$ 的任何标量函数。

13.5　在 CMLE 背景下，考察 12.6.2 节中那类的一个再参数化：$\phi=\mathbf{g}(\boldsymbol{\theta})$，其中对于所有 $\boldsymbol{\theta}\in\boldsymbol{\Theta}$，$\mathbf{g}$ 的雅可比行列式 $\mathbf{G}(\boldsymbol{\theta})$ 是连续的且非奇异的。设 $\mathbf{s}_i^g(\phi)=\mathbf{s}_i^g[\mathbf{g}(\boldsymbol{\theta})]$ 表示此再参数化模型中的对数似然的得分，因而，由 12.6.2 节知，$\mathbf{s}_i^g(\phi)=[\mathbf{G}(\boldsymbol{\theta})']^{-1}\mathbf{s}_i(\boldsymbol{\theta})$。

a. 用条件信息矩阵等式，求出用 $\mathbf{G}(\boldsymbol{\theta}_o)$ 与 $\mathbf{A}_i(\boldsymbol{\theta}_o)\equiv\mathrm{E}[\mathbf{s}_i(\boldsymbol{\theta}_o)\mathbf{s}_i(\boldsymbol{\theta}_o)'|\mathbf{x}_i]$ 表示的 $\mathbf{A}_i^g(\phi_o)\equiv\mathrm{E}[\mathbf{s}_i^g(\boldsymbol{\theta}_o)\mathbf{s}_i^g(\boldsymbol{\theta}_o)'|\mathbf{x}_i]$。

b. 证明，$\widetilde{\mathbf{A}}_i^g=\widetilde{\mathbf{G}}'^{-1}\widetilde{\mathbf{A}}_i\widetilde{\mathbf{G}}^{-1}$，这些值是在 $\tilde{\boldsymbol{\theta}}$ 估计值处计算出来的。

c. 使用 b 部分证明，LM 统计量的期望海赛矩阵是再参数化的不变量。

13.6　假定一个面板数据集合含有 T 个时间段，给定 $\mathbf{x}_{it}$ 时 y_{it} 具有均值为

$\exp(\mathbf{x}_{it}\boldsymbol{\theta}_o)$的泊松分布，$t=1,\cdots,T$。

a. 你有充足的信息来构造给定 $\mathbf{x}_i$时 y_i的联合分布吗？请解释。

b. 写出每一个 i 的偏对数似然，并且求出得分 $\mathbf{s}_i(\boldsymbol{\theta})$。

c. 证明如何估计 $\text{Avar}(\hat{\boldsymbol{\theta}})$；它应当具有形式（13.53）吗？

d. 如果条件均值是动态完备的，那么怎样简化 $\text{Avar}(\hat{\boldsymbol{\theta}})$的估计量呢？

13.7 假定你拥有两个条件密度的参数模型：$g(y_1|y_2,\mathbf{x};\boldsymbol{\theta})$与 $h(y_2|\mathbf{x};\boldsymbol{\theta})$；并不是 $\boldsymbol{\theta}$ 的所有元素都需要出现在两个密度之中。用 $\boldsymbol{\theta}_o$表示 $\boldsymbol{\theta}$ 的真实值。

a. 给定 $\mathbf{x}$ 时（y_1,y_2）的联合密度是什么？给定（$\mathbf{x},y_1,y_2$）的一个随机样本时，你如何估计 $\boldsymbol{\theta}_o$呢？

b. 假定对于所有变量来说，没有一个随机样本是可以利用的。特别地，仅当（$\mathbf{x},y_2$）满足已知规则时，才能观测到 y_1。例如，当 y_2表示一个二值时，只有当 $y_2=1$ 时，才能观测到 y_1。我们假定（$\mathbf{x},y_2$）总是可以观测到。如果 y_1可以观测到，那么设 r_2表示一个等于 1 的二值变量，否则 r_2为 0。对于每一个 i，一个偏 MLE 可以通过定义

$$\ell_i(\boldsymbol{\theta})=r_{i2}\log g(y_{i1}|y_{i2},\mathbf{x}_i;\boldsymbol{\theta})+\log h(y_{i2}|\mathbf{x}_i;\boldsymbol{\theta})\equiv r_{i2}\ell_{i1}(\boldsymbol{\theta})+\ell_{i2}(\boldsymbol{\theta})$$

来获得。这个公式确保了只有当 y_{i1} 可以观测到时，ℓ_i的第一部分才会进入到估计之中。验证，$\boldsymbol{\theta}_o$在 $\boldsymbol{\Theta}$ 上最大化 $\mathrm{E}[\ell_i(\boldsymbol{\theta})]$。

c. 证明，$-\mathrm{E}[\mathbf{H}_i(\boldsymbol{\theta}_o)]=\mathrm{E}[\mathbf{s}_i(\boldsymbol{\theta}_o)\mathbf{s}_i(\boldsymbol{\theta}_o)']$，即使此问题并不是真实的条件 MLE 问题（从而，条件信息矩阵等式不成立）。

d. 论证 $\text{Avar}\sqrt{N}(\hat{\boldsymbol{\theta}}-\boldsymbol{\theta}_o)$的一致估计量是

$$\left[N^{-1}\sum_{i=1}^{N}(r_{i2}\hat{\mathbf{A}}_{i1}+\hat{\mathbf{A}}'_{i2})\right]^{-1}$$

其中 $\mathbf{A}_{i1}(\boldsymbol{\theta}_o)=-\mathrm{E}[\nabla_\theta^2\ell_{i1}(\boldsymbol{\theta}_o)|y_{i2},\mathbf{x}_i],\mathbf{A}_{i2}(\boldsymbol{\theta}_o)=-\mathrm{E}[\nabla_\theta^2\ell_{i2}(\boldsymbol{\theta}_o)|\mathbf{x}_i]$，同时在获得估计值时用$\hat{\boldsymbol{\theta}}$代替 $\boldsymbol{\theta}_o$。

13.8 假设对于随机向量 $\mathbf{y}_i$，$\mathbf{x}_i$ 和 $\mathbf{w}_i$，

$$\mathrm{D}(\mathbf{y}_i|\mathbf{x}_i,\mathbf{w}_i)=\mathrm{D}(\mathbf{y}_i|\mathbf{x}_i,\mathbf{g}(\mathbf{w}_i,\gamma_o))\equiv\mathrm{D}(\mathbf{y}_i|\mathbf{x}_i,\mathbf{g}_i)$$

其中 $\mathbf{g}$（$\mathbf{w},\gamma$）是 $\mathbf{w}$ 和 J 个参数 γ 的一个已知函数且 $\mathbf{g}_i\equiv\mathbf{g}(\mathbf{w}_i,\gamma_o)$（其不可观测，因为我们一般不知道 γ_o）。假设我们对于 $\mathrm{D}(\mathbf{y}_i\mid\mathbf{x}_i,\mathbf{g}_i)$有一个正确设定的密度 $f(\mathbf{y}\mid\mathbf{x},\mathbf{g};\boldsymbol{\theta})$，且设 $P\times1$ 维向量 $\boldsymbol{\theta}_o$ 表示真实值。设$\hat{\gamma}$是 γ_o 的一个$\sqrt{N}$渐近正态估计量并满足

$$\sqrt{N}(\hat{\gamma}-\gamma_o)=N^{-1/2}\sum_{i=1}^{N}\mathbf{r}(\mathbf{w}_i,\gamma_o)+o_p(1)$$

且设$\hat{\boldsymbol{\theta}}$为两步骤非线性最小二乘估计量，其解出

$$\max_{\boldsymbol{\theta}\in\boldsymbol{\Theta}}\sum_{i=1}^{N}\log f(\mathbf{y}_i\mid\mathbf{x}_i,\mathbf{g}(\mathbf{w}_i,\hat{\gamma});\boldsymbol{\theta})$$

a. 证明在标准正则条件下，$\sqrt{N}(\hat{\boldsymbol{\theta}}-\boldsymbol{\theta}_o)$ 的渐近方差至少和如果我们知道 γ_o 时的渐近方差一样大。

b. 提出 Avar $\sqrt{N}(\hat{\boldsymbol{\theta}}-\boldsymbol{\theta}_o)$ 的一个一致估计量。

c. 假设 y_i 是一个标量且 $\mathrm{P}(y_i=1 \mid \mathbf{x}_i,\mathbf{w}_i)=\Phi(\mathbf{x}_i\boldsymbol{\beta}_o+\rho_o g_i)$，其中 $\mathbf{w}_i=(\mathbf{z}_i, h_i)$，$g_i=h_i-\mathbf{z}_i\gamma_o$，而且 $\mathrm{E}(\mathbf{z}_i'g_i)=\mathbf{0}$。设 $\hat{\boldsymbol{\theta}}=(\hat{\boldsymbol{\beta}}', \hat{\rho})'$是来自 y_i 对 $\mathbf{x}_i$ 和$\hat{g}_i$的 probit 回归的两步法 probit 估计量，其中$\hat{g}_i=h_i-\mathbf{z}_i\hat{\gamma}$ 是来自 h_i 对 $\mathbf{z}_i$，$i=1,\cdots,N$ 的 OLS 残差。在这种情形中，a 部分如何应用？

d. 证明当 $\rho_o=0$ 时，$\hat{\boldsymbol{\theta}}$ 通常的 probit 方差矩阵估计量是渐近有效的。也就是，通过忽略 γ_o 的第一阶段估计可以获得有效推断。

e. 你如何检验 H_o：$\rho_o=0$？

13.9　设 $\{y_t: t=0,1,\cdots,T\}$ 是刻画总体的可观测时间序列，其中我们使用了 $t=0$ 表示 y 被观测到的第一个时间段这样一种惯例。假定此序列服从马尔可夫过程（Markov process）：对于所有 $t\geqslant 1$，$\mathrm{D}(y_t \mid y_{t-1},y_{t-2},\cdots,y_0)=\mathrm{D}(y_t \mid y_{t-1})$。设 $f_t(y_t \mid y_{t-1};\boldsymbol{\theta})$表示对给定 y_{t-1}时 y_t密度的一个正确设定的模型，$t\geqslant 1$，其中 $\boldsymbol{\theta}_o$表示 $\boldsymbol{\theta}$ 的真实值。

a. 证明，为了获得 $(y_0,y_2,\cdots,y_T)$ 的联合分布，你需要对 y_0的密度正确建模。

b. 给定出自总体的容量为 N 的一个随机样本，也就是 $(y_{i0},y_{i1},\cdots,y_{iT})$，对于每一个 i，解释如何在没有对 $\mathrm{D}(y_0)$ 进行建模时去一致地估计 $\boldsymbol{\theta}_o$。

c．你如何估计出自 b 部分估计量的渐近方差？请详细阐述。

13.10　设 $\mathbf{y}$ 表示含有元素 y_g，$g=1, 2, \cdots, G$ 的一个 $G\times 1$ 维随机向量。这些元素可能是关于相同横截面单位的或者是关于在不同时间点上响应的不同响应变量。设 $\mathbf{x}$ 表示一个 K 维的可观测条件变量，并且设 c 表示一个不可观测条件变量。设 $f_g(\cdot \mid \mathbf{x},c)$ 表示给定 $(\mathbf{x},c)$ 时 y_g的密度。进一步地，假定 $y_1,y_2,\cdots,y_G$是以 $(\mathbf{x},c)$ 为条件不相关的。

a. 写出给定 $(\mathbf{x},c)$ 时 $\mathbf{y}$ 的联合密度。

b. 设 $h(\cdot \mid \mathbf{x})$表示给定 $\mathbf{x}$ 时 c 的密度。求出给定 $\mathbf{x}$ 时 $\mathbf{y}$ 的联合密度。

c. 如果每一个取决于参数 γ_o^g 的 P_g维向量的 $f_g(\cdot \mid \mathbf{x},c)$都是已知的，同时取决于 M 维向量 $\boldsymbol{\delta}_o$的 $h(\cdot \mid \mathbf{x})$ 也是已知的，求出从总体中任意随机抽取的 $(\mathbf{x}_i,\mathbf{y}_i)$ 的对数似然。

d. 在这种设置与线性 SUR 模型之间是否存在一种关系？

13.11　考察动态的、线性不可观测效应模型

$$y_{it}=\rho y_{i,t-1}+c_i+e_{it}, t=1,2,\cdots,T$$
$$\mathrm{E}(e_{it} \mid y_{i,t-1},y_{i,t-2},\cdots,y_{i0},c_i)=0$$

在 11.6.1 节中，我们曾讨论在差分之后通过工具变量方法估计 ρ。对于很大的 ρ 来说，IV 方法的缺乏可以通过应用 13.9.2 节中的条件 MLE 方法来克服。

a. 做出更强一些的假设：$y_{it} \mid (y_{i,t-1},y_{i,t-2},\cdots,y_{i0},c_i)$是正态分布，其均值为 $\rho y_{i,t-1}+c_i$且方差为σ_e^2，求出给定 (y_{i0},c_i) 时 $(y_{i1},\cdots,y_{iT})$ 的密度。为了估

计 ρ 与 σ_e^2 以及"固定效应" c_i，对不同 i 求和，使用这个密度的对数是一个好的思想吗？

b. 如果 $c_i \mid y_{i0} \sim \text{Normal}(\alpha_0+\alpha_1 y_{i0},\sigma_a^2)$，其中 $\sigma_a^2 \equiv \text{Var}(a_i)$ 且 $a_i \equiv c_i-\alpha_0-\alpha_1 y_{i0}$，写出给定 y_{i0} 时 $(y_{i1},\cdots,y_{iT})$ 的密度。你如何估计 ρ，α_0，α_1，σ_e^2 以及 σ_a^2？

c. 在与 a 部分以及 b 部分的假设相同的情形中，把此模型扩展成 $y_{it}=\rho y_{i,t-1}+c_i+\delta c_i y_{i,t-1}+e_{it}$。解释如何估计这个模型的参数，并且提供滞后因子 $\rho+\delta \text{E}(c_i)$ 的平均偏效应的一个一致估计量。

d. 现在把 b 部分扩展成如下情形：把 $\mathbf{z}_{it}\boldsymbol{\beta}$ 添加到条件均值函数上，其中 $\mathbf{z}_{it}$ 表示以 c_i 为条件严格外生的。假定 $c_i \mid y_{i0}, \mathbf{z}_i \sim \text{Normal}(\alpha_0+\alpha_1 y_{i0}+\bar{\mathbf{z}}_i\boldsymbol{\delta},\sigma_a^2)$，其中 $\bar{\mathbf{z}}_i$ 表示时间平均值的向量。

13.12 在 GLM 的背景下，对于一个给定的 LEF 密度，有许多方式来描述被称为正则关联函数的特征。一种方式是：$g(\cdot)$ 是正则关联的，如果关于 QMLE 的一阶条件可以表述为

$$\sum_{i=1}^{N}\mathbf{x}'_i[y_i-g^{-1}(\mathbf{x}_i\hat{\boldsymbol{\theta}})] \equiv \sum_{i=1}^{N}\mathbf{x}'_i[y_i-m(\mathbf{x}_i,\hat{\boldsymbol{\theta}})]=\mathbf{0}$$

其中 $m(\mathbf{x},\boldsymbol{\theta})$ 是相应的均值函数且 $\hat{\boldsymbol{\theta}}$ 是 QMLE。作为备选，另一种方式是：使用正则关联意味着准对数似然（QLL）的海赛矩阵不依赖于 y_i；结果，海赛矩阵和给定 $\mathbf{x}_i$ 时的海赛矩阵的期望值是相同的。

a. 像通常那样定义残差，$\hat{u}_i=y_i-m(\mathbf{x}_i,\hat{\boldsymbol{\theta}})$。论证如果 $\mathbf{x}_i$ 包含一个常数——正如它在 GLM 分析中几乎总是常数那样——那么通过使用正则关联获得的残差总是会被平均为 0。（这拓展了关于线性回归的著名结果。）

b. 证明对于伯努利 QLL，正则关联函数是 $g(\mu)=\log[\mu/(1-\mu)]$，如此以至均值函数是逻辑斯蒂函数，$\exp(\mathbf{x}\boldsymbol{\theta})/[1+\exp(\mathbf{x}\boldsymbol{\theta})]$。

c. 证明对于泊松 QLL，正则关联是 $g(\mu)=\log(\mu)$。均值函数是什么呢？

d. 评价以下陈述："在一个 GLM 分析中使用正则关联，我们对于 $\hat{\boldsymbol{\theta}}$ 的渐近方差的估计是相同的，不管我们是否假设均值函数是正确设定的。"

13.13 设 $\boldsymbol{\theta}^*$ 是以下最大化问题的解：

$$\max_{\theta\in\boldsymbol{\Theta}} \text{E}[\ell(\mathbf{w}_i,\boldsymbol{\theta})]$$

其中 $\ell(\mathbf{w},\boldsymbol{\theta})$ 是一个满足定理 12.3 条件的准对数似然（但是是最大化而不是最小化）。假设 $\boldsymbol{\theta}^*$ 是在 $\boldsymbol{\Theta}$ 的内部而且梯度和期望可以相互交换位置。设 $\hat{\boldsymbol{\theta}}$ 是准 MLE。证明

$$N^{1/2}\sum_{i=1}^{N}\ell(\mathbf{w}_i,\hat{\boldsymbol{\theta}}) = N^{-1/2}\sum_{i=1}^{N}\ell(\mathbf{w}_i,\boldsymbol{\theta}^*)+\text{o}_p(1)$$

附录 13A

在这个附录中，我们涵盖了条件分布与条件密度的一些重要性质。比林斯利（Billingsley，1979）的书是这方面一本好的参考书。对于随机向量 $\mathbf{y}\in\mathcal{Y}\subset\mathbb{R}^G$ 且 $\mathbf{x}\in\mathcal{X}\subset\mathbb{R}^K$，给定 $\mathbf{x}$ 时 $\mathbf{y}$ 的**条件分布**（conditional distribution）总是存在的，并且记为 $\mathrm{D}(\mathbf{y}|\mathbf{x})$。对于每一个 $\mathbf{x}$ 来说，这一分布表示一个概率测度，进而完整地描述了一旦 $\mathbf{x}$ 取特殊值时随机向量 $\mathbf{y}$ 的行为。在计量经济学中，我们几乎总是假定这个分布可以由一个**条件密度**（conditional density）来描述，我们用 $p(\cdot\mid\mathbf{x})$ 来表述它。关于一个**测度**（measure）的密度可定义在 $\mathbf{y}$ 的支集 $\mathcal{Y}$ 上。条件密度仅在这个测度不随 $\mathbf{x}$ 的值而变化时才有意义。实际上，这一假设并不是限制性的，因为它意味着对于 $\mathbf{x}$ 的不同值来说，$\mathbf{y}$ 的性质并不会显著地不同。设 v 表示 $\mathbb{R}^J$ 上的这个测度。如果 $\mathrm{D}(\mathbf{y}|\mathbf{x})$ 是离散的，那么可以是**计数测度**（counting measure）且所有积分是可求和的。如果 $\mathrm{D}(\mathbf{y}|\mathbf{x})$ 是**绝对连续的**（absolutely continuous），那么就是人们熟悉的在基础积分理论中出现的**勒贝格测度**（Lebesgue measure）。在一些情形中，$\mathrm{D}(\mathbf{y}|\mathbf{x})$ 既具有离散特征，又具有连续特征。

重要的一点是，所有条件概率都可以由积分

$$\mathrm{P}(\mathbf{y}\in\mathcal{A}\mid\mathbf{x}=x)=\int_A p(y\mid x)v(\mathrm{d}y)$$

来获得，其中 y 表示积分的虚拟自变量。当 $\mathbf{y}$ 表示离散变量时，取值为 y_1，y_2，…，那么 $p(\cdot\mid x)$ 表示概率质量函数且 $\mathrm{P}(\mathbf{y}=y_j\mid\mathbf{x}=x)=p(y_j\mid x)$，$j=1$，2，…。

假定 f 与 g 均是 $\mathbb{R}^M$ 上的非负函数，且定义 $\mathcal{S}_f\equiv\{z\in\mathbb{R}^M: f(z)>0\}$。假定

$$1=\int_{\mathcal{S}_f}f(z)v(\mathrm{d}z)\geqslant\int_{\mathcal{S}_f}g(z)v(\mathrm{d}z) \tag{13.99}$$

其中 v 表示 $\mathbb{R}^M$ 上的测度。表达式（13.99）中等式蕴涵着 f 是 $\mathbb{R}^M$ 上的一个密度，尽管如果 g 也是 $\mathbb{R}^M$ 上的密度，那么此等式成立。一个重要的结果是

$$\mathcal{I}(f;g)\equiv\int_{\mathcal{S}_f}\log[f(z)/g(z)]f(z)v(\mathrm{d}z)\geqslant 0 \tag{13.100}$$

[注意到，允许 $\mathcal{I}(f;g)=\infty$；这个结果可以发生的一种情形是 $f(z)>0$，但 $g(z)=0$，对于某一个 z。同时，当 $f(z)=g(z)=0$ 时，被积函数无定义，但是这样的 z 值不会有什么影响，因为被积函数在积分之中其权数为 0。] 数量 $\mathcal{I}(f;g)$ 称为**库尔贝克-莱布勒信息准则**（Kullbauk-Leibler information criterion (KLIC)）。阐述表达式（13.100）的另一种方法是

$$\mathrm{E}\{\log[f(\mathbf{z})]\}\geqslant\mathrm{E}\{\log[g(\mathbf{z})]\} \tag{13.101}$$

其中 $\mathbf{z}\in\mathscr{Z}\subset\mathbb{R}^M$ 表示一个含有密度 f 的随机向量。

条件极大似然估计（MLE）依赖于不等式（13.99）的条件形式。

性质 CD.1：设 $\mathbf{y}\in\mathscr{Y}\subset\mathbb{R}^G$ 与 $\mathbf{x}\in\mathscr{X}\subset\mathbb{R}^K$ 表示随机向量。设 $p(\cdot\mid\cdot)$表示给定 $\mathbf{x}$ 时 $\mathbf{y}$ 的条件密度。对于每一个 $\mathbf{x}$，设 $\mathscr{Y}(\mathbf{x})\equiv\{y: p(y\mid\mathbf{x})>0\}$表示 $\mathbf{y}$ 的**条件支集**（conditional support），并且设 v 表示不依赖于 $\mathbf{x}$ 的测度。于是，对于任意其他的函数 $g(\cdot\mid\mathbf{x})\geqslant 0$，使得

$$1=\int_{\mathscr{Y}(\mathbf{x})}p(y\mid\mathbf{x})v(\mathrm{d}y)\geqslant\int_{\mathscr{Y}(\mathbf{x})}\mathbf{g}(y\mid\mathbf{x})v(\mathrm{d}y)$$

条件 KLIC 是非负的：

$$\mathscr{I}_{\mathbf{x}}(p;g)\equiv\int_{\mathscr{Y}(\mathbf{x})}\log[p(y\mid\mathbf{x})/g(y\mid\mathbf{x})]p(y\mid\mathbf{x})v(\mathrm{d}y)\geqslant 0$$

也就是

$$\mathrm{E}\{\log[p(\mathbf{y}\mid\mathbf{x})]\mid\mathbf{x}\}\geqslant\mathrm{E}\{\log[g(\mathbf{y}\mid\mathbf{x})]\mid\mathbf{x}\}$$

对于任意的 $\mathbf{x}\in\mathscr{X}$。此证明使用了条件詹森不等式（第 2 章的性质 CE.7），可参阅曼斯基（Manski，1988，第 5.1 节）。

性质 CD.2：对于随机向量 $\mathbf{y}$，$\mathbf{x}$ 以及 $\mathbf{z}$，设 $p(y\mid\mathbf{x},\mathbf{z})$表示给定（$\mathbf{x}$，$\mathbf{z}$）时 $\mathbf{y}$ 的条件密度，且设 $p(x\mid\mathbf{z})$表示给定 $\mathbf{z}$ 时 $\mathbf{x}$ 的条件密度。于是，给定 $\mathbf{z}$ 时（$\mathbf{y}$，$\mathbf{x}$）的密度是

$$p(y,x\mid\mathbf{z})=p(y\mid x,\mathbf{z})p(x\mid\mathbf{z})$$

其中手写变量表示**占位符号**（placeholder）。

性质 CD.3：对于随机向量 $\mathbf{y}$，$\mathbf{x}$ 以及 $\mathbf{z}$，设 $p(y\mid\mathbf{x},\mathbf{z})$表示给定（$\mathbf{x}$，$\mathbf{z}$）时 $\mathbf{y}$ 的条件密度，设 $p(y\mid\mathbf{x})$表示给定 $\mathbf{x}$ 时 $\mathbf{y}$ 的条件密度，并且设 $p(z\mid\mathbf{x})$表示给定 $\mathbf{x}$ 时相对于测度 $v(\mathbf{d}z)$的条件密度。于是，

$$p(y\mid\mathbf{x})=\int_{\mathscr{Z}}p(y\mid\mathbf{x},z)p(z\mid\mathbf{x})v(\mathrm{d}z)$$

换句话讲，我们能够通过对给定比较大的集合（$\mathbf{x}$，$\mathbf{z}$）时 $\mathbf{y}$ 的密度以及给定 $\mathbf{x}$ 时 $\mathbf{z}$ 的密度积分来获得给定 $\mathbf{x}$ 时 $\mathbf{y}$ 的密度。

性质 CD.4：假定含有 cdf F 的随机变量 u 与随机向量 $\mathbf{x}$ 是无关的。于是，对于 $\mathbf{x}$ 的任意函数 $a(\mathbf{x})$，

$$\mathrm{P}[u\leqslant a(\mathbf{x})\mid\mathbf{x}]=F[a(\mathbf{x})]$$

第 14 章 广义矩方法与最小距离估计

在第 8 章中，我们已经看到，估计的广义矩方法（GMM）是如何应用到多个方程的线性模型上的，包括含有外生解释变量或者内生解释变量的方程组以及面板数据模型。在这一章，我们把 GMM 推广到非线性估计问题上。这种设置允许我们去研究各种各样到目前为止所掩盖的有效性问题。我们还涵盖有关的最小距离估计方法。由于第 8 章与第 12 章一样具有渐近分析的许多特性，所以这里的分析就不会像前面两章那样非常详细。弥补这一缺口大部分内容的一本好的参考文献是纽韦和麦克法登（Newey and McFadden，1994）的书。

14.1 广义矩方法的渐近性质

设 $\{\mathbf{w}_i \in \mathbb{R}^M: i=1,2,\cdots\}$ 表示一组独立同分布的随机向量，其中 $\mathbf{w}_i$ 分布的某一特征可以由一个 $P\times 1$ 维参数向量 $\boldsymbol{\theta}$ 来表示。同分布假设主要是为了符号上的方便；下述一些方法就可以不用修改而应用到独立混合横截面模型上。

我们假定，对于某些函数 $\mathbf{g}(\mathbf{w}_i,\boldsymbol{\theta})\in\mathbb{R}^L$，参数 $\boldsymbol{\theta}_o\in\boldsymbol{\Theta}\subset\mathbb{R}^P$ 满足下述矩假设：

$$\mathrm{E}[\mathbf{g}(\mathbf{w}_i,\boldsymbol{\theta}_o)]=0 \tag{14.1}$$

如同我们在线性情形中所看到的，其中 $\mathbf{g}(\mathbf{w}_i,\boldsymbol{\theta})$ 拥有形式 $\mathbf{Z}_i'(\mathbf{y}_i-\mathbf{X}_i\boldsymbol{\theta})$，即为了识别 $\boldsymbol{\theta}_o$，对这些矩条件的最低要求是 $L\geqslant P$。如果 $L=P$，那么类比原理建议，通过令样本对应形式 $N^{-1}\sum_{i=1}^{N}\mathbf{g}(\mathbf{w}_i,\boldsymbol{\theta})$ 为 0 来估计 $\boldsymbol{\theta}_o$。在线性情形中，这一步骤将得到工具变量估计量［可参阅式（8.22)］。当 $L>P$ 时，我们能够选择 $\hat{\boldsymbol{\theta}}$，以使样本均值在一个适当距离下接近于 0。一个**广义矩方法估计量**（generalized method of moments，GMM）最小化了 $\sum_{i=1}^{N}\mathbf{g}(\mathbf{w}_i,\boldsymbol{\theta})$ 的一个二次型：

$$\min_{\boldsymbol{\theta}\in\boldsymbol{\Theta}}\left[\sum_{i=1}^{N}\mathbf{g}(\mathbf{w}_i,\boldsymbol{\theta})\right]'\hat{\boldsymbol{\Xi}}\left[\sum_{i=1}^{N}\mathbf{g}(\mathbf{w}_i,\boldsymbol{\theta})\right] \tag{14.2}$$

其中 $\hat{\boldsymbol{\Xi}}$ 表示一个 $L\times L$ 维对称的、半正定（p. s. d.）的加权矩阵。

GMM 估计量的一致性将遵循第 12 章中 M 估计量一致性的路线。在标准矩条件下，$N^{-1}\sum_{i=1}^{N}\mathbf{g}(\mathbf{w}_i,\boldsymbol{\theta})$ 满足一致大数定律（可参阅定理 12.1）。如果 $\hat{\boldsymbol{\Xi}}\xrightarrow{p}\boldsymbol{\Xi}_o$，其中 $\boldsymbol{\Xi}_o$ 表示 $L\times L$ 维正定矩阵，那么随机函数

$$Q_N(\boldsymbol{\theta})\equiv\left[N^{-1}\sum_{i=1}^{N}\mathbf{g}(\mathbf{w}_i,\boldsymbol{\theta})\right]'\hat{\boldsymbol{\Xi}}\left[N^{-1}\sum_{i=1}^{N}\mathbf{g}(\mathbf{w}_i,\boldsymbol{\theta})\right] \tag{14.3}$$

依概率一致地收敛到

$$\{\mathrm{E}[\mathbf{g}(\mathbf{w}_i,\boldsymbol{\theta})]\}'\boldsymbol{\Xi}_o\{\mathrm{E}[\mathbf{g}(\mathbf{w}_i,\boldsymbol{\theta})]\} \tag{14.4}$$

由于 $\boldsymbol{\Xi}_o$ 是正定的，所以 $\boldsymbol{\theta}_o$ 唯一地最小化表达式（14.4）。为了具体起见，我们总结成一个包括正则条件的定理：

定理 14.1（GMM 的一致性） 假定（a）$\boldsymbol{\Theta}$ 是紧的；（b）对于每一个 $\boldsymbol{\theta}\in\boldsymbol{\Theta}$，$\mathbf{g}(\cdot,\boldsymbol{\theta})$ 在 $\mathcal{W}$ 上是博雷尔可测的；（c）对于每一个 $\mathbf{w}\in\mathcal{W}$，$\mathbf{g}(\mathbf{w},\cdot)$ 在 $\boldsymbol{\Theta}$ 上是连续的；（d）对于所有 $\boldsymbol{\theta}\in\boldsymbol{\Theta}$，且 $j=1,\cdots,L$，$|g_j(\mathbf{w},\boldsymbol{\theta})|\leqslant b(\mathbf{w})$，其中 $b(\cdot)$ 表示 $\mathcal{W}$ 上的一个非负函数，使得 $\mathrm{E}[b(\mathbf{w})]<\infty$；(e) $\hat{\boldsymbol{\Xi}}\xrightarrow{p}\boldsymbol{\Xi}_o$，表示一个 $L\times L$ 维正定矩阵；并且(f) $\boldsymbol{\theta}_o$ 是方程（14.1）的唯一解。于是，存在一个可以求解问题（14.2）的随机向量 $\hat{\boldsymbol{\theta}}$，而且 $\hat{\boldsymbol{\theta}}\xrightarrow{p}\boldsymbol{\theta}_o$。

如果我们仅仅假定 $\boldsymbol{\Xi}_o$ 是半正定的，那么我们必须直接假定 $\boldsymbol{\theta}_o$ 表示使表达式（14.4）最小化的唯一解。这种普通性偶尔有用，但是我们并不需要它。

在假设 $\mathbf{g}(\mathbf{w},\cdot)$ 在 $\mathrm{int}(\boldsymbol{\Theta})$ 上是连续可微的，$\boldsymbol{\theta}_o\in\mathrm{int}(\boldsymbol{\Theta})$ 以及其他标准正则条件假设下，我们可以很容易地推导 GMM 估计量的极限分布。$\hat{\boldsymbol{\theta}}$ 的一阶条件可以写成

$$\left[\sum_{i=1}^{N}\nabla_\theta\mathbf{g}(\mathbf{w}_i,\hat{\boldsymbol{\theta}})\right]'\hat{\boldsymbol{\Xi}}\left[\sum_{i=1}^{N}\mathbf{g}(\mathbf{w}_i,\hat{\boldsymbol{\theta}})\right]\equiv\mathbf{0} \tag{14.5}$$

定义 $L\times P$ 维矩阵

$$\mathbf{G}_o\equiv\mathrm{E}[\nabla_\theta\mathbf{g}(\mathbf{w}_i,\boldsymbol{\theta}_o)] \tag{14.6}$$

我们假定它的秩是满秩 P，这个假设本质上意味着，矩条件（14.1）是非冗余的。于是，由弱大数定律（WLLN）与中心极限定理（CLT）知，分别有

$$N^{-1}\sum_{i=1}^{N}\nabla_\theta\mathbf{g}(\mathbf{w}_i,\boldsymbol{\theta}_o)\xrightarrow{p}\mathbf{G}_o \quad 且 \quad N^{-1/2}\sum_{i=1}^{N}\mathbf{g}(\mathbf{w}_i,\boldsymbol{\theta}_o)=\mathrm{O}_p(1) \tag{14.7}$$

设 $\mathbf{g}_i(\boldsymbol{\theta})\equiv\mathbf{g}(\mathbf{w}_i,\boldsymbol{\theta})$。$\sum_{i=1}^{N}\mathbf{g}(\mathbf{w}_i,\hat{\boldsymbol{\theta}})$ 关于 $\boldsymbol{\theta}_o$ 的均值展开式可由样本量适当地标准

化，并且用它们的 plims（概率极限）代替随机平均，得出

$$\mathbf{0}=\mathbf{G}_{\circ}'\mathbf{\Xi}_{\circ}N^{-1/2}\sum_{i=1}^{N}\mathbf{g}_i(\boldsymbol{\theta}_{\circ})+\mathbf{A}_{\circ}\sqrt{N}(\hat{\boldsymbol{\theta}}-\boldsymbol{\theta}_{\circ})+\mathrm{o}_p(1) \tag{14.8}$$

其中

$$\mathbf{A}_{\circ}\equiv\mathbf{G}_{\circ}'\mathbf{\Xi}_{\circ}\mathbf{G}_{\circ} \tag{14.9}$$

由于 $\mathbf{A}_{\circ}$在给定假设下是正定的，我们有

$$\sqrt{N}(\hat{\boldsymbol{\theta}}-\boldsymbol{\theta}_{\circ})=-\mathbf{A}_{\circ}^{-1}\mathbf{G}_{\circ}'\mathbf{\Xi}_{\circ}N^{-1/2}\sum_{i=1}^{N}\mathbf{g}_i(\boldsymbol{\theta}_{\circ})+\mathrm{o}_p(1)\xrightarrow{d}\mathrm{Normal}(\mathbf{0},\mathbf{A}_{\circ}^{-1}\mathbf{B}_{\circ}\mathbf{A}_{\circ}^{-1}) \tag{14.10}$$

其中

$$\mathbf{B}_{\circ}\equiv\mathbf{G}_{\circ}'\mathbf{\Xi}_{\circ}\mathbf{\Lambda}_{\circ}\mathbf{\Xi}_{\circ}\mathbf{G}_{\circ} \tag{14.11}$$

且

$$\mathbf{\Lambda}_{\circ}\equiv\mathrm{E}[\mathbf{g}_i(\boldsymbol{\theta}_{\circ})\mathbf{g}_i(\boldsymbol{\theta}_{\circ})']=\mathrm{Var}[\mathbf{g}_i(\boldsymbol{\theta}_{\circ})] \tag{14.12}$$

表达式（14.10）给出了 GMM 估计量的影响函数表示式，同时它也给出了 GMM 估计量的极限分布。我们总结成一个定理，该定理基本上是由纽韦和麦克法登（Newey and McFadden，1994，定理 3.4）证明的。

定理 14.2（GMM 的渐近正态性） 除了定理 14.1 中的假设之外，假定（a）$\boldsymbol{\theta}_{\circ}$位于 $\mathbf{\Theta}$ 的内部；（b）对于所有 $\mathbf{w}\in\mathscr{W}$，$\mathbf{g}(\mathbf{w},\cdot)$在 $\mathbf{\Theta}$ 内部是连续可微的；（c）$\mathbf{g}(\mathbf{w},\boldsymbol{\theta}_{\circ})$的每一个元素都具有有限二阶矩；（d）$\nabla_{\theta}\mathbf{g}(\mathbf{w},\boldsymbol{\theta})$ 的每一个元素在绝对值上是有界的，其界不超过函数 $b(\mathbf{w})$，其中 $\mathrm{E}[b(\mathbf{w})]<\infty$，以及（e）表达式（14.6）中 $\mathbf{G}_{\circ}$ 的秩为 P。于是，表达式（14.10）成立，因此，$\mathrm{Avar}(\hat{\boldsymbol{\theta}})=\mathbf{A}_{\circ}^{-1}\mathbf{B}_{\circ}\mathbf{A}_{\circ}^{-1}/N$。

一旦获得$\hat{\boldsymbol{\theta}}$，就容易对 GMM 估计量的渐近方差进行估计。$\mathbf{\Lambda}_{\circ}$的一致估计量可以由

$$\hat{\mathbf{\Lambda}}\equiv N^{-1}\sum_{i=1}^{N}\mathbf{g}_i(\hat{\boldsymbol{\theta}})\mathbf{g}_i(\hat{\boldsymbol{\theta}})' \tag{14.13}$$

给出，而且 $\mathrm{Avar}(\hat{\boldsymbol{\theta}})$ 可以估计成为$\hat{\mathbf{A}}^{-1}\hat{\mathbf{B}}\hat{\mathbf{A}}^{-1}/N$，其中

$$\hat{\mathbf{A}}\equiv\hat{\mathbf{G}}'\hat{\mathbf{\Xi}}\hat{\mathbf{G}},\ \hat{\mathbf{B}}\equiv\hat{\mathbf{G}}'\hat{\mathbf{\Xi}}\hat{\mathbf{\Lambda}}\hat{\mathbf{\Xi}}\hat{\mathbf{G}} \tag{14.14}$$

并且

$$\hat{\mathbf{G}}\equiv N^{-1}\sum_{i=1}^{N}\nabla_{\theta}\mathbf{g}_i(\hat{\boldsymbol{\theta}}) \tag{14.15}$$

正如 8.3.3 节中的线性情形一样，对于给定的矩条件来说，存在一个最优加权矩阵：$\hat{\mathbf{\Xi}}$应是 $\mathbf{\Lambda}_{\circ}^{-1}$ 的一致估计量。当 $\mathbf{\Xi}_{\circ}=\mathbf{\Lambda}_{\circ}^{-1}$ 时，$\mathbf{B}_{\circ}=\mathbf{A}_{\circ}$且 $\mathrm{Avar}\sqrt{N}(\hat{\boldsymbol{\theta}}-\boldsymbol{\theta}_{\circ})=(\mathbf{G}_{\circ}'\mathbf{\Lambda}_{\circ}^{-1}\mathbf{G}_{\circ})^{-1}$。因而，在一般 GMM 估计量与满足 $\mathrm{plim}\,\hat{\mathbf{\Xi}}=\mathbf{\Lambda}_{\circ}^{-1}$ 的估计量之间

的渐近方差之差是

$$(\mathbf{G}_o'\mathbf{\Xi}_o\mathbf{G}_o)^{-1}(\mathbf{G}_o'\mathbf{\Xi}_o\mathbf{\Lambda}_o\mathbf{\Xi}_o\mathbf{G}_o)(\mathbf{G}_o'\mathbf{\Xi}_o\mathbf{G}_o)^{-1}-(\mathbf{G}_o'\mathbf{\Lambda}_o^{-1}\mathbf{G}_o)^{-1} \tag{14.16}$$

利用与第 8 章（可参阅习题 8.5）相同的讨论，可以证明，这个表达式是半正定的。

为了获得渐近有效的 GMM 估计量，我们需要 $\boldsymbol{\theta}_o$的一个初始估计量，以便得到$\hat{\mathbf{\Lambda}}$。设$\hat{\hat{\boldsymbol{\theta}}}$ 表示一个这样的估计量，同时像在表达式（14.13）中那样定义 $\hat{\mathbf{\Lambda}}$，但只是用$\hat{\hat{\boldsymbol{\theta}}}$ 代替 $\hat{\boldsymbol{\theta}}$ 。于是，[给定函数 $\mathbf{g}(\mathbf{w},\boldsymbol{\theta})$，] 一个有效 GMM 估计量可以求解

$$\min_{\boldsymbol{\theta}\in\boldsymbol{\Theta}}\left[\sum_{i=1}^{N}\mathbf{g}(\mathbf{w}_i,\boldsymbol{\theta})\right]'\hat{\mathbf{\Lambda}}^{-1}\left[\sum_{i=1}^{N}\mathbf{g}(\mathbf{w}_i,\boldsymbol{\theta})\right] \tag{14.17}$$

而且，它的渐近方差可以被估计成为

$$\widehat{\text{Avar}(\hat{\boldsymbol{\theta}})}=(\hat{\mathbf{G}}'\hat{\mathbf{\Lambda}}^{-1}\hat{\mathbf{G}})^{-1}/N \tag{14.18}$$

如同线性情形一样，因为在定理 14.2 的条件下，

$$\left[N^{-1/2}\sum_{i=1}^{N}\mathbf{g}_i(\hat{\boldsymbol{\theta}})\right]'\hat{\mathbf{\Lambda}}^{-1}\left[\sum_{i=1}^{N}N^{-1/2}\mathbf{g}_i(\hat{\boldsymbol{\theta}})\right] \tag{14.19}$$

具有自由度为 $L-P$ 的极限卡方分布，所以最优 GMM 估计量称为**最小卡方估计量**（minimum chi-square estimator）。因此，当 $L>P$ 时，目标函数值（由样本量来适当地标准化）可以用作对等式（14.1）中的任何过度约束进行检验。如果统计量（14.19）超过分布 χ^2_{L-P} 中的相关临界值，那么必须拒绝等式（14.1）：至少矩条件中的某一个不能由数据所支持。对于线性模型来说，这与式（8.49）中所给出的统计量是一样的。

与以往一样，我们通过利用瓦尔德方法与恰当的方差矩阵估计量可以检验形如 H_0的假设：$\mathbf{c}(\boldsymbol{\theta}_o)=\mathbf{0}$，其中 $\mathbf{c}(\boldsymbol{\theta})$表示 $Q\times1$ 维向量，$Q\leqslant P$。如果利用最小卡方估计量，就同样可以利用建立在目标函数之差基础上的统计量，所以$\mathbf{B}_o=\mathbf{A}_o$。设 $\tilde{\boldsymbol{\theta}}$ 表示受 $\mathbf{c}(\boldsymbol{\theta})=\mathbf{0}$ 约束的问题（14.17）的解，同时设$\hat{\boldsymbol{\theta}}$ 表示求解问题（14.17）的无约束估计量；重要的是，这两个求解方法使用了相同的加权矩阵 $\hat{\mathbf{\Lambda}}^{-1}$。通常，$\hat{\mathbf{\Lambda}}$是从第一阶段获得的无约束估计量。一旦假定约束能以隐性形式写出，且满足 12.6.2 节中所讨论的一些条件，**广义矩方法距离统计量**（GMM distance statistic）或者**广义矩方法准则函数统计量**（GMM criterion function statistic）就具有一个极限 χ^2_Q 分布：

$$\left\{\left[\sum_{i=1}^{N}\mathbf{g}_i(\tilde{\boldsymbol{\theta}})\right]'\hat{\mathbf{\Lambda}}^{-1}\left[\sum_{i=1}^{N}\mathbf{g}_i(\tilde{\boldsymbol{\theta}})\right]-\left[\sum_{i=1}^{N}\mathbf{g}_i(\boldsymbol{\theta})\right]\hat{\mathbf{\Lambda}}^{-1}\left[\sum_{i=1}^{N}\mathbf{g}_i(\hat{\boldsymbol{\theta}})\right]\right\}/N\xrightarrow{d}\chi^2_Q \tag{14.20}$$

当应用到线性 GMM 问题上时，我们可以获得等式（8.45）中的统计量。表达式（14.20）的一个良好特性是，它是零假设再参数化的不变量，正如准 LR 统

计量是 M 估计的不变量一样。因此，就线性模型中检验非线性约束的瓦尔德统计量（8.48）来说，我们更偏爱统计量（14.20）。当然，计算表达式（14.20）显得更困难一些，因为我们实际上需要完成受非线性约束的估计。

在本节中，GMM 方法的一个很好的应用是两步骤估计程序，这一方法已在第 6 章、第 12 章以及第 13 章中提到过。假定估计量 $\hat{\boldsymbol{\theta}}$ ——它可以是 M 估计量或者 GMM 估计量——依赖于第一阶段的估计量 $\hat{\gamma}$。获得 $\hat{\boldsymbol{\theta}}$ 的渐近方差的统一方法是，把关于 $\hat{\boldsymbol{\theta}}$ 与 $\hat{\gamma}$ 的一阶条件堆积到相同函数 $\mathbf{g}(\cdot)$ 之中。对于本书中所遇到的估计量来说，这样做总是可行的。例如，如果 $\hat{\gamma}$ 是求解 $\sum_{i=1}^{N}\mathbf{d}(\mathbf{w}_i,\hat{\gamma})=\mathbf{0}$ 的 M 估计量，且 $\hat{\boldsymbol{\theta}}$ 是求解

$$\sum_{i=1}^{N}\mathbf{s}(\mathbf{w}_i,\hat{\boldsymbol{\theta}};\hat{\gamma})=\mathbf{0} \tag{14.21}$$

的两步骤 M 估计量，那么我们可以通过定义

$$\mathbf{g}(\mathbf{w},\boldsymbol{\theta},\gamma)=\begin{bmatrix}\mathbf{s}(\mathbf{w},\boldsymbol{\theta};\gamma)\\ \mathbf{d}(\mathbf{w},\gamma)\end{bmatrix}$$

并且应用 GMM 公式来获得 $\hat{\boldsymbol{\theta}}$ 的渐近方差。完全 GMM 问题的一阶条件再现了每一种估计量各自的一阶条件。

通常，要么 $\hat{\gamma}$、要么 $\hat{\boldsymbol{\theta}}$、要么它们两者自身均是 GMM 估计量。于是，把正交性条件堆积到单一向量之中，这样可以简化第二步骤估计量 $\hat{\boldsymbol{\theta}}$ 的渐近方差的推导，同时当使用最优加权矩阵时，还确保了有效估计。

最后，有时我们希望知道所增加的附加矩条件会不会改进最小卡方估计量的有效性。（倘若使用有效加权矩阵，所增加的附加矩条件就永远不能减损渐近有效性。）换句话讲，如果我们以等式（14.1）开始，但是增加新形式 $\mathrm{E}[\mathbf{h}(\mathbf{w},\boldsymbol{\theta}_o)]=\mathbf{0}$ 的矩，那么什么时候利用附加的一些矩条件会与最初矩条件产生相同的渐近方差呢？布鲁施、钱、施密特和怀豪斯基（Breusch，Qian，Schmidt，and Wyhowski，1999）证明了最小卡方估计量的某些一般的冗余结果。钱和施密特（Qian and Schmidt，1999）研究了增加并不依赖于未知参数的矩条件的问题，同时他们阐述了什么时候这样的矩条件会改进有效性。

14.2 在正交性条件下的估计

在第 8 章中，我们已看到，在某些正交性条件下，如何通过 GMM 去估计线性方程组。在一般的应用中，矩条件（14.1）几乎总是由扰动项与外生变量是不相关的假设而产生的。对于一个 $G\times1$ 维向量 $\mathbf{r}(\mathbf{w}_i,\boldsymbol{\theta})$ 与一个 $G\times1$ 维矩阵 $\mathbf{Z}_i$ 来说，假定 $\boldsymbol{\theta}_o$ 满足

$$\mathrm{E}[\mathbf{Z}_i'\mathbf{r}(\mathbf{w}_i,\boldsymbol{\theta}_o)]=\mathbf{0} \tag{14.22}$$

向量函数 $\mathbf{r}(\mathbf{w}_i,\boldsymbol{\theta})$ 能够被看成是一个**广义残差函数**（generalize residual function）。矩阵 $\mathbf{Z}_i$ 经常称为**工具矩阵**（matrix of instruments）。等式（14.22）是满足 $\mathbf{g}(\mathbf{w}_i,\boldsymbol{\theta})\equiv\mathbf{Z}_i'\mathbf{r}(\mathbf{w}_i,\boldsymbol{\theta})$ 的等式（14.1）的特殊情形。在下文中，写成 $\mathbf{r}_i(\boldsymbol{\theta})\equiv\mathbf{r}(\mathbf{w}_i,\boldsymbol{\theta})$。

识别要求 $\boldsymbol{\theta}_o$ 是使得等式（14.22）成立的唯一 $\boldsymbol{\theta}\in\boldsymbol{\Theta}$。渐近正态性结论定理 14.2 的条件（e）要求秩 $\mathrm{E}[\mathbf{Z}_i'\nabla_\theta\mathbf{r}_i(\boldsymbol{\theta}_o)]=P$（必要条件是 $L\geqslant P$）。因而，当 $\mathbf{Z}_i$ 与 $\mathbf{r}_i(\boldsymbol{\theta}_o)$ 必是正交的时候，$\mathbf{Z}_i$ 与 $G\times P$ 维雅可比矩阵 $\nabla_\theta\mathbf{r}_i(\boldsymbol{\theta}_o)$ 就一定是充分相关的。在 $\mathbf{r}(\mathbf{w}_i,\boldsymbol{\theta})=\mathbf{y}_i-\mathbf{X}_i\boldsymbol{\theta}$ 的线性情形中，这个要求约简成 $\mathrm{E}(\mathbf{Z}_i'\mathbf{X}_i)$ 是列满秩的，正是第 8 章的假设 SIV. 2。

给定工具 $\mathbf{Z}_i$，有效估计量可以像 14.1 节那样得到。$\hat{\hat{\boldsymbol{\theta}}}$ 的最初估计量通常用

$$\hat{\boldsymbol{\Xi}}\equiv\left(N^{-1}\sum_{i=1}^{N}\mathbf{Z}_i'\mathbf{Z}_i\right)^{-1} \tag{14.23}$$

来获得，因而，$\hat{\hat{\boldsymbol{\theta}}}$ 可求解

$$\min_{\boldsymbol{\theta}\in\boldsymbol{\Theta}}\left[\sum_{i=1}^{N}\mathbf{Z}_i'\mathbf{r}_i(\boldsymbol{\theta})\right]'\left[N^{-1}\sum_{i=1}^{N}\mathbf{Z}_i'\mathbf{Z}_i\right]^{-1}\left[\sum_{i=1}^{N}\mathbf{Z}_i'\mathbf{r}_i(\boldsymbol{\theta})\right] \tag{14.24}$$

问题（14.24）的解称为**非线性系统 2SLS 估计量**（nonlinear system 2SLS estimator），它是**非线性工具变量估计量**（nonlinear instrumental variables estimator）的一个例子。

由 14.1 节，我们知道，如果对于某个 $\sigma_o^2>0$，

$$\mathrm{E}[\mathbf{Z}_i'\mathbf{r}_i(\boldsymbol{\theta}_o)\mathbf{r}_i(\boldsymbol{\theta}_o)'\mathbf{Z}_i]=\sigma_o^2\mathrm{E}(\mathbf{Z}_i'\mathbf{Z}_i)$$

那么可以保证非线性系统 2SLS 估计量是有效的 GMM 估计量。一般地说，这是一个强假设。然而，我们通过获得

$$\hat{\boldsymbol{\Lambda}}=N^{-1}\sum_{i=1}^{N}\mathbf{Z}_i'\mathbf{r}_i(\hat{\hat{\boldsymbol{\theta}}})\mathbf{r}_i(\hat{\hat{\boldsymbol{\theta}}})'\mathbf{Z}_i \tag{14.25}$$

且在表达式（14.17）中利用它，就可以获得最小卡方估计量。

在一些情形中，更多的结构可以用来得到三阶段最小二乘法估计量。特别地，假定

$$\mathrm{E}[\mathbf{Z}_i'\mathbf{r}_i(\boldsymbol{\theta}_o)\mathbf{r}_i(\boldsymbol{\theta}_o)'\mathbf{Z}_i]=\mathrm{E}[\mathbf{Z}_i'\boldsymbol{\Omega}_o\mathbf{Z}_i] \tag{14.26}$$

其中 $\boldsymbol{\Omega}_o$ 表示 $G\times G$ 维矩阵，

$$\boldsymbol{\Omega}_o=\mathrm{E}[\mathbf{r}_i(\boldsymbol{\theta}_o)\mathbf{r}_i(\boldsymbol{\theta}_o)'] \tag{14.27}$$

当 $\mathrm{E}[\mathbf{r}_i(\boldsymbol{\theta}_o)]=\mathbf{0}$ 时，在假设（14.22）下几乎总是这种情形，$\boldsymbol{\Omega}_o$ 是 $\mathbf{r}_i(\boldsymbol{\theta}_o)$ 的方差矩阵。如同第 8 章一样，假设（14.26）是一类系统同方差假设。

通过迭代期望，假设（14.26）的充分条件是

$$\mathrm{E}[\mathbf{r}_i(\boldsymbol{\theta}_o)\mathbf{r}_i(\boldsymbol{\theta}_o)'|\mathbf{Z}_i]=\boldsymbol{\Omega}_o \tag{14.28}$$

然而，在假设（14.28）不成立的情形中，假设（14.26）可以成立。

如果假设（14.26）成立，那么 $\boldsymbol{\Lambda}_o$ 被估计成

$$\tilde{\boldsymbol{\Lambda}} = N^{-1}\sum_{i=1}^{N}\mathbf{Z}_i'\,\hat{\boldsymbol{\Omega}}\mathbf{Z}_i \tag{14.29}$$

其中

$$\hat{\boldsymbol{\Omega}} = N^{-1}\sum_{i=1}^{N}\mathbf{r}_i(\hat{\hat{\boldsymbol{\theta}}})\mathbf{r}_i(\hat{\hat{\boldsymbol{\theta}}}) \tag{14.30}$$

而 $\hat{\hat{\boldsymbol{\theta}}}$ 表示最初估计量。所得到的 GMM 估计量通常称为**非线性三阶段估计量**（nonlinear 3SLS（N3SLS）estimator）。这一名称是从线性方程组中传统 3SLS 估计量中得来的；实际上不存在三步骤估计。我们应该记住，当假设（14.26）不成立时，非线性 3SLS 通常是无效的。

瓦尔德统计量与 QLR 统计量可以像 14.1 节中那样计算出来。此外，有时得分统计量是有用的。设 $\tilde{\tilde{\boldsymbol{\theta}}}$ 表示满足 Q 个施加约束的最初无效估计量。估计量 $\tilde{\tilde{\boldsymbol{\theta}}}$ 通常出自受限于 $\mathbf{c}(\boldsymbol{\theta})=\mathbf{0}$ 的问题（14.24）。设 $\tilde{\boldsymbol{\Lambda}}$ 表示基于 $\tilde{\tilde{\boldsymbol{\theta}}}$ 的源自等式（14.25）或式（14.29）的估计加权矩阵。设 $\tilde{\boldsymbol{\theta}}$ 表示利用加权矩阵 $\tilde{\boldsymbol{\Lambda}}^{-1}$ 的最小卡方估计量。于是，得分估计量是根据无约束目标函数在约束估计值处所计算出来的极限分布而得到的，适当标准化，得到

$$\left[N^{-1}\sum_{i=1}^{N}\mathbf{Z}_i'\nabla_\theta\mathbf{r}_i(\tilde{\boldsymbol{\theta}})\right]'\tilde{\boldsymbol{\Lambda}}^{-1}\left[N^{-1/2}\sum_{i=1}^{N}\mathbf{Z}_i'\mathbf{r}_i(\tilde{\boldsymbol{\theta}})\right] \tag{14.31}$$

设 $\tilde{\mathbf{s}}_i\equiv\tilde{\mathbf{G}}'\tilde{\boldsymbol{\Lambda}}^{-1}\mathbf{Z}_i'\tilde{\mathbf{r}}_i$，其中 $\tilde{\mathbf{G}}$ 表示表达式（14.31）的第一个矩阵，同时设 $\mathbf{s}_i^o\equiv\mathbf{G}_o'\boldsymbol{\Lambda}_o^{-1}\mathbf{Z}_i'\mathbf{r}_i^o$。于是，沿着 12.6.2 节中证明的思想，可以证明，含有 $\mathbf{A}_o\equiv\mathbf{G}_o'\boldsymbol{\Lambda}_o^{-1}\mathbf{G}_o$ 的式（12.67）成立。进一步地，由于对最小卡方估计量来说，$\mathbf{B}_o=\mathbf{A}_o$，所以我们得到

$$\mathrm{LM} = \left(\sum_{i=1}^{N}\tilde{\mathbf{s}}_i\right)'\tilde{\mathbf{A}}^{-1}\left(\sum_{i=1}^{N}\tilde{\mathbf{s}}_i\right)/N \tag{14.32}$$

其中 $\tilde{\mathbf{A}}=\tilde{\mathbf{G}}'\tilde{\boldsymbol{\Lambda}}^{-1}\tilde{\mathbf{G}}$。在 H_0 与通常的正则条件下，LM 具有极限 χ_Q^2 分布。

14.3 非线性方程组

在 14.2 节中，结论的主要应用是对隐性的非线性方程组中的参数进行估计，诸如非线性联立方程模型。把 $\mathbf{w}_i$ 分割成 $\mathbf{y}_i\in\mathbb{R}^J$，$\mathbf{x}_i\in\mathbb{R}^K$，同时对于 $h=1,\cdots,G$，假定我们有

$$q_1(\mathbf{y}_i,\mathbf{x}_i,\boldsymbol{\theta}_{o1})=u_{i1}$$
$$\vdots$$
$$q_G(\mathbf{y}_i,\mathbf{x}_i,\boldsymbol{\theta}_{oG})=u_{iG} \tag{14.33}$$

其中 $\boldsymbol{\theta}_{oh}$ 表示 $P_h\times 1$ 维参数向量。举一个例子，把一个两方程的 SEM 以总体形式写成

$$y_1=\mathbf{x}_1\boldsymbol{\delta}_1+\gamma_1 y_2^{\gamma_2}+u_1 \tag{14.34}$$
$$y_2=\mathbf{x}_2\boldsymbol{\delta}_2+\gamma_3 y_1+u_2 \tag{14.35}$$

(其中我们为了表示参数而省略了"o"。）与 9.5 节中所涵盖的那些模型不一样，这个模型关于参数以及内生变量是非线性的。不过，一旦假定 $\mathrm{E}(u_g\mid\mathbf{x})=0,g=1,2$，方程组中的参数借助于通过定义 $q_1(\mathbf{y},\mathbf{x},\boldsymbol{\theta}_1)=y_1-\mathbf{x}_1\boldsymbol{\delta}_1-\gamma_1 y_2^{\gamma_2}$ 且 $q_2(\mathbf{y},\mathbf{x},\boldsymbol{\theta}_2)=y_2-\mathbf{x}_2\boldsymbol{\delta}_2-\gamma_3 y_1$ 并以 GMM 来得到估计。

一般地讲，方程（14.33）并不需要实际求出给定外生变量与扰动项的 y_i；实际上，不需要 $J=G$。有时候，方程（14.33）表示形式为 $\mathrm{E}[q_g(\mathbf{y},\mathbf{x},\boldsymbol{\theta}_{og})\mid\mathbf{x}]=0$，$g=1,\cdots,G$ 的一组正交条件。我们稍后将看到一个例子。

用 $\boldsymbol{\theta}_o$ 表示全部参数 $P\times 1$ 维向量，并且用 $\boldsymbol{\Theta}\subset\mathbb{R}^P$ 表示参数空间。为了识别参数，我们需要误差 u_{ih} 满足某些正交性条件。对于 $\mathbf{x}_i$ 的某一个子向量 $\mathbf{x}_{ih}$ 来说，一般性假设是

$$\mathrm{E}(u_{ih}\mid\mathbf{x}_{ih})=\mathbf{0},h=1,2,\cdots,G \tag{14.36}$$

这允许 $\mathbf{x}_i$ 的元素与某些误差是相关的，实际上，有时候会出现这种情形（例如，可参阅第 9 章与伍德里奇（Wooldridge，1996））。在假设（14.36）下，设 $\mathbf{z}_{ih}\equiv\mathbf{f}_h(\mathbf{x}_{ih})$ 表示 $\mathbf{x}_i$ 的可能非线性函数的 $1\times L_h$ 维向量。如果对 $\boldsymbol{\theta}_{oh}$ 在各方程间没有约束，我们应该有 $L_h\geqslant P_h$，所以每个 $\boldsymbol{\theta}_{oh}$ 是可识别的。倘若存在适当的矩，对于所有 $h=1$，…，G，通过迭代期望，得到

$$\mathrm{E}(\mathbf{z}_{ih}'u_{ih})=\mathbf{0} \tag{14.37}$$

因此，我们通过把 $G\times L$ 维矩阵 $\mathbf{Z}_i$ 定义成第 g 个块为 $\mathbf{z}_{ig}$ 的分块对角矩阵来获得正交性条件的集合：

$$\mathbf{Z}_i\equiv\begin{bmatrix}\mathbf{z}_{i1} & \mathbf{0} & \mathbf{0} & \cdots & \mathbf{0}\\ \mathbf{0} & \mathbf{z}_{i2} & \mathbf{0} & \cdots & \mathbf{0}\\ \vdots & \vdots & \vdots & & \vdots\\ \mathbf{0} & \mathbf{0} & \mathbf{0} & \cdots & \mathbf{z}_{iG}\end{bmatrix} \tag{14.38}$$

其中 $L\equiv L_1+L_2+\cdots+L_G$。一旦设 $\mathbf{r}(\mathbf{w}_i,\boldsymbol{\theta})\equiv\mathbf{q}(\mathbf{y}_i,\mathbf{x}_i,\boldsymbol{\theta})\equiv[q_{i1}(\boldsymbol{\theta}_1),\cdots,q_{iG}(\boldsymbol{\theta}_G)]'$，在假设（14.36）下，式（14.22）成立。

当对 $\boldsymbol{\theta}_g$ 在方程间不存在约束时，同时如同矩阵（14.38）那样选择 $\mathbf{Z}_i$，系统两阶段最小二乘法（2SLS）约简成逐个方程进行的**非线性两阶段最小二乘法估计量**（nonlinear 2SLS（N2SLS）estimator）（Amemiya，1974）。也就是，对于每一个 h，N2SLS 估计量是解出下列最小值函数的解：

$$\min_{\boldsymbol{\theta}_h}\left[\sum_{i=1}^{N}\mathbf{z}'_{ih}q_{ih}(\boldsymbol{\theta}_h)\right]'\left[N^{-1}\sum_{i=1}^{N}\mathbf{z}'_{ih}\mathbf{z}_{ih}\right]^{-1}\left[\sum_{i=1}^{N}\mathbf{z}'_{ih}q_{ih}(\boldsymbol{\theta}_h)\right] \tag{14.39}$$

给定唯一的正交条件（14.37），如果

$$\mathrm{E}(u_{ih}^2\mathbf{z}'_{ih}\mathbf{z}_{ih})=\sigma_{oh}^2\mathrm{E}(\mathbf{z}'_{ih}\mathbf{z}_{ih}) \tag{14.40}$$

其中 $\sigma_{oh}^2\equiv\mathrm{E}(u_{ih}^2)$，那么 N2SLS 估计量是 $\boldsymbol{\theta}_{oh}$ 的有效估计量；条件（14.40）的充分条件是 $\mathrm{E}(u_{ih}^2|\mathbf{z}_{ih})=\sigma_{oh}^2$。设 $\hat{\hat{\boldsymbol{\theta}}}_h$ 表示 N2SLS。于是，σ_{oh}^2 的一致估计量是

$$\hat{\sigma}_h^2\equiv N^{-1}\sum_{i=1}^{N}\hat{\hat{u}}_{ih}^2 \tag{14.41}$$

其中 $\hat{\hat{u}}_{ih}\equiv q_h(\mathbf{y}_i,\mathbf{x}_i,\hat{\hat{\boldsymbol{\theta}}}_h)$ 表示 N2SLS 的残差。在假设（14.37）以及假设（14.40）下，$\hat{\hat{\boldsymbol{\theta}}}_h$ 的渐近方差被估计成

$$\hat{\sigma}_h^2\left\{\left[\sum_{i=1}^{N}\mathbf{z}'_{ih}\nabla_{\theta_h}q_{ih}(\hat{\hat{\boldsymbol{\theta}}}_h)\right]'\left(\sum_{i=1}^{N}\mathbf{z}'_{ih}\mathbf{z}_{ih}\right)^{-1}\left[\sum_{i=1}^{N}\mathbf{z}'_{ih}\nabla_{\theta_h}q_{ih}(\hat{\hat{\boldsymbol{\theta}}}_h)\right]\right\}^{-1} \tag{14.42}$$

其中 $\nabla_{\theta_h}q_{ih}(\hat{\hat{\boldsymbol{\theta}}}_h)$ 表示 $1\times P_h$ 维梯度。

如果假设（14.37）成立，但假设（14.40）不成立，那么 N2SLS 估计量仍是 $\sqrt{N}$ 一致的，然而，不论何时只要 $L_h>P_h$，它就不是利用正交性条件（14.37）的有效估计量。[同时表达式（14.42）不再是有效的。] 可以通过求解

$$\min_{\boldsymbol{\theta}_h}\left[\sum_{i=1}^{N}\mathbf{z}'_{ih}q_{ih}(\boldsymbol{\theta}_h)\right]'\left[N^{-1}\sum_{i=1}^{N}\hat{\hat{u}}_{ih}^2\mathbf{z}'_{ih}\mathbf{z}_{ih}\right]^{-1}\left[\sum_{i=1}^{N}\mathbf{z}'_{ih}q_{ih}(\boldsymbol{\theta}_h)\right]$$

来获得一个更有效的估计量，其渐近方差被估计成

$$\left\{\left[\sum_{i=1}^{N}\mathbf{z}'_{ih}\nabla_{\theta_h}q_{ih}(\hat{\hat{\boldsymbol{\theta}}}_h)\right]'\left(\sum_{i=1}^{N}\hat{\hat{u}}_{ih}^2\mathbf{z}'_{ih}\mathbf{z}_{ih}\right)^{-1}\left[\sum_{i=1}^{N}\mathbf{z}'_{ih}\nabla_{\theta_h}q_{ih}(\hat{\hat{\boldsymbol{\theta}}}_h)\right]\right\}^{-1}$$

如果假设（14.40）恰好成立，那么此估计量渐近地等价于 N2SLS 估计量。

与其每次关注一个方程，不如我们通过联立估计方程来增加有效性。这样做的一个缘由是，在 $\boldsymbol{\theta}_{oh}$ 上施加跨方程约束。系统 2SLS 估计量可以用于这些目的，其中 $\mathbf{Z}_i$ 通常具有式（14.38）的形式。但是，这一估计量不能探索不同方程中误差项 u_{ig} 与 u_{ih} 之间的相关性。

利用式（14.37）中所有正交性条件的有效估计量正是由式（14.25）给出的含有 $\hat{\boldsymbol{\Lambda}}$ 的 GMM 估计量，其中 $\mathbf{r}_i(\hat{\hat{\boldsymbol{\theta}}})$ 表示系统 2SLS 残差 $\hat{\hat{\mathbf{u}}}_i$ 的 $G\times1$ 维向量。换句话讲，有效 GMM 估计量可求解

$$\min_{\boldsymbol{\theta}\in\boldsymbol{\Theta}}\left[\sum_{i=1}^{N}\mathbf{Z}'_i\mathbf{q}_i(\boldsymbol{\theta})\right]'\left(N^{-1}\sum_{i=1}^{N}\mathbf{Z}'_i\hat{\hat{\mathbf{u}}}_i\hat{\hat{\mathbf{u}}}'_i\mathbf{Z}_i\right)^{-1}\left[\sum_{i=1}^{N}\mathbf{Z}'_i\mathbf{q}_i(\boldsymbol{\theta})\right] \tag{14.43}$$

$\hat{\boldsymbol{\theta}}$ 的渐近方差被估计成

$$\left\{\left[\sum_{i=1}^{N}\mathbf{Z}_i'\ \nabla_\theta \mathbf{q}_i(\hat{\boldsymbol{\theta}})\right]'\left(\sum_{i=1}^{N}\mathbf{Z}_i'\ \hat{\mathbf{u}}_i\hat{\mathbf{u}}_i'\mathbf{Z}_i\right)^{-1}\left[\sum_{i=1}^{N}\mathbf{Z}_i'\ \nabla_\theta \mathbf{q}_i(\hat{\boldsymbol{\theta}})\right]\right\}^{-1}$$

因为这是有效 GMM 估计量，所以可用 QLR 统计量检验关于 $\boldsymbol{\theta}_o$的假设。还可以应用瓦尔德统计量。

在满足 $\mathbf{r}_i(\boldsymbol{\theta}_o)=\mathbf{u}_i$的同方差假设（14.26）下，可以求解

$$\min_{\boldsymbol{\theta}\in\boldsymbol{\Theta}}\left[\sum_{i=1}^{N}\mathbf{Z}_i'\mathbf{q}_i(\boldsymbol{\theta})\right]'\left(N^{-1}\sum_{i=1}^{N}\mathbf{Z}_i'\ \hat{\boldsymbol{\Omega}}\mathbf{Z}_i\right)^{-1}\left[\sum_{i=1}^{N}\mathbf{Z}_i'\mathbf{q}_i(\boldsymbol{\theta})\right]$$

的非线性 3SLS 估计量是有效的，并且该估计量的渐近方差被估计成

$$\left\{\left[\sum_{i=1}^{N}\mathbf{Z}_i'\ \nabla_\theta \mathbf{r}_i(\hat{\boldsymbol{\theta}})\right]'\left(\sum_{i=1}^{N}\mathbf{Z}_i'\ \hat{\boldsymbol{\Omega}}\mathbf{Z}_i\right)^{-1}\left[\sum_{i=1}^{N}\mathbf{Z}_i'\ \nabla_\theta \mathbf{r}_i(\hat{\boldsymbol{\theta}})\right]\right\}^{-1}$$

对于形如式（14.33）的方程组来说，N3SLS 估计量有着广泛的应用，但是，如同我们在 9.6 节中所讨论的那样，当不同方程需要不同的工具时，就存在着许多使假设（14.26）必不成立的情形。

作为一个例子，我们可以证明，**特征价格制度**（hedonic price system）符合这样的框架。考察对于一种商品或服务的 G 个品质的线性需求与供给方程组（可参阅埃普尔（Epple，1987），卡恩和朗（Kahn and Lang，1988），伍德里奇（Wooldridge，1996））。此需求与供给可以写成

$$demand_g=\eta_{1g}+\mathbf{w}\boldsymbol{\alpha}_{1g}+\mathbf{x}_1\boldsymbol{\beta}_{1g}+u_{1g},g=1,\cdots,G$$
$$supply_g=\eta_{2g}+\mathbf{w}\boldsymbol{\alpha}_{2g}+\mathbf{x}_2\boldsymbol{\beta}_{2g}+u_{2g},g=1,\cdots,G$$

其中，$\mathbf{w}=(w_1,\cdots,w_G)$表示**品质价格**（attribute price）的 $1\times G$ 维向量。需求方程通常表示一个个体或家庭；供给方程可以表示一个个体、厂商或者雇主。

对于特别的 g 来说，估计需求函数或者供给函数中存在几个微妙的问题。首先，不能直接地观测到品质价格 w_g。通常所观测到的内容是每一个品质与每一个横截面单位 i 的均衡数量，把这些称为 q_{ig}，$g=1$，…，G（在特征价格制度文献中，经常用 z_{ig} 来表示，但是，我们此处使用 q_{ig} 表示，因为它们是内生变量，而我们已经利用 $\mathbf{z}_i$表示外生变量）。例如，q_{ig}能够表示房子的特征，诸如大小、浴室数目等等。我们可以观测到这些品质以及商品的均衡价格 p_i，我们假定它们遵从一个二次特征价格函数：

$$p_i=\gamma+\mathbf{q}_i\boldsymbol{\psi}+\mathbf{q}_i\boldsymbol{\Pi}\mathbf{q}_i'/2+\mathbf{x}_{i3}\boldsymbol{\delta}+\mathbf{x}_{i3}\boldsymbol{\Gamma}\mathbf{q}_i'+u_{i3} \tag{14.44}$$

其中 $\mathbf{x}_{i3}$表示影响 p_i的变量向量，$\boldsymbol{\Pi}$ 表示一个 $G\times G$ 维对称矩阵，而 $\boldsymbol{\Gamma}$ 表示一个 $G\times G$维矩阵。

识别需求函数与供给函数的关键一点是，$\mathbf{w}_i=\partial p_i/\partial\mathbf{q}_i$，在方程（14.44）下，它会变成 $\mathbf{w}_i=\mathbf{q}_i\boldsymbol{\Pi}+\mathbf{x}_{i3}\boldsymbol{\Gamma}$，或者对于每一个 g 而言 $w_{ig}=\mathbf{q}_i\boldsymbol{\pi}_g+\mathbf{x}_{i3}\gamma_g$。通过代入运算，可以把所估计的均衡方程写成方程（14.44）加上

$$q_{ig}=\eta_{1g}+(\mathbf{q}_i\boldsymbol{\Pi}+\mathbf{x}_{i3}\boldsymbol{\Gamma})\boldsymbol{\alpha}_{1g}+\mathbf{x}_{i1}\boldsymbol{\beta}_{1g}+u_{i1g},g=1,\cdots,G \tag{14.45}$$

$$q_{ig}=\eta_{2g}+(\mathbf{q}_i\mathbf{\Pi}+\mathbf{x}_{i3}\mathbf{\Gamma})\boldsymbol{\alpha}_{2g}+\mathbf{x}_{i2}\boldsymbol{\beta}_{2g}+u_{i2g},g=1,\cdots,G \tag{14.46}$$

这两个方程关于 $\mathbf{q}_i$，$\mathbf{x}_{i1}$，$\mathbf{x}_{i2}$ 以及 $\mathbf{x}_{i3}$ 是线性的，但是关于参数却是非线性的。

设 $\mathbf{u}_{i1}$ 表示品质需求（按质需求）扰动项的 $G\times1$ 维向量，而 $\mathbf{u}_{i2}$ 表示品质供给（按质供给）扰动项的 $G\times1$ 维向量。关于 $\mathbf{u}_{i1}$，$\mathbf{u}_{i2}$ 以及 u_{i3} 的合情合理假设是什么呢？几乎总是可以假定，方程（14.44）表示不含有重要的、不可观测因素的条件期望；这个假设意味着 $\mathrm{E}(u_{i3}\,|\,\mathbf{q}_i,\mathbf{x}_i)=0$，其中 $\mathbf{x}_i$ 包括了 $\mathbf{x}_{i1}$，$\mathbf{x}_{i2}$ 以及 $\mathbf{x}_{i3}$ 中的所有元素。$\mathbf{u}_{i1}$ 与 $\mathbf{u}_{i2}$ 的一些性质表现得更为微妙。显然，这些与 $\mathbf{q}_i$ 不能是无关的，因而，如果 $\mathbf{\Pi}\neq\mathbf{0}$，那么方程（14.45）与方程（14.46）就包含了一些内生解释变量。但是，存在着由巴尔蒂克（Bartik，1987）、埃普尔（Epple，1987）以及卡恩和朗（Kahn and Lang，1988）所指出的另外一个问题：由于个体买者与个体卖者之间发生匹配关系，所以 $\mathbf{x}_{i2}$ 与 u_{i1} 是相关的，而且 $\mathbf{x}_{i1}$ 与 u_{i2} 是相关的。因此，看来可以成为需求方程（14.45）——使供给曲线移动的一些因素——的明显工具变量的变量是对方程（14.45）来说的内生变量。幸运的是，什么内容都没有丢失；如果 $\mathbf{x}_{i3}$ 包含了影响 p_i 的但没有出现在结构需求与供给函数中的外生因素，那么我们就能够既可在需求方程之中使用这些外生因素作为工具变量，又可在供给函数之中作为工具变量。特别地，我们假定

$$\mathrm{E}(\mathbf{u}_{i1}\,|\,\mathbf{x}_{i1},\mathbf{x}_{i3})=\mathbf{0},\mathrm{E}(\mathbf{u}_{i2}\,|\,\mathbf{x}_{i2},\mathbf{x}_{i3})=\mathbf{0},\mathrm{E}(u_{i3}\,|\,\mathbf{q}_i,\mathbf{x}_i)=0 \tag{14.47}$$

对 $\mathbf{x}_{i3}$ 的普通选择是地区性或者行业指示虚拟变量（例如，蒙哥马利、肖以及贝内迪克特（Montgomery，Shaw，and Benedict，1992）；哈吉（Hagy，1998）），其中假设是，需求函数与供给函数不会随地区或行业不同而变化，但是匹配类型却随之变动，因此，p_i 随地区或行业不同而系统地不同。巴尔蒂克（Bartik，1987）讨论了一种随机化实验如何用于生成 $\mathbf{x}_{i3}$ 的一些元素。

为了具体起见，我们关注对需求函数集合的估计。如果 $\mathbf{\Pi}=\mathbf{0}$，因此，$\mathbf{q}_i$ 的二次形式并不出现在方程（14.44）中，那么可以利用一种简单的两步骤程序：（1）通过 OLS 估计方程（14.44），同时对于每一个 i 与 g 获得 $\hat{w}_{ig}=\hat{\psi}_g+\mathbf{x}_{i3}\hat{\gamma}_g$；（2）实施 q_{ig} 对 1，$\hat{\mathbf{w}}_i$，$\mathbf{x}_{i1}$，$i=1$，…，N 的回归。在假设（14.47）以及识别假设下，这个方法产生了需求方程 g 的参数 $\sqrt{N}$ 一致的渐近正态估计量。由于第二个回归涉及生成回归元，所以对标准误以及检验统计量加以调整。

很明显，如果 $\boldsymbol{\alpha}_{1g}$ 上没有约束，识别需求参数的必要阶条件是 $\mathbf{x}_{i3}$ 的维数，比如说 K_3，必大于 G。如果 $K_3<G$，那么 $\mathrm{E}[(\mathbf{w}_i,\mathbf{x}_{i1})'(\mathbf{w}_i,\mathbf{x}_{i1})]$ 的秩小于满秩，并且 OLS 的秩条件不成立。如果我们做出 $\boldsymbol{\alpha}_{1g}$ 上的排除约束，那么 $\mathbf{x}_{i3}$ 需要更少的元素。在 w_{ig} 仅仅出现在品质 g 的需求方程的情形中，倘若在特征价格制度中 $\mathbf{x}_{i3}$ 与 q_{ig} 的交互作用是显著的（$\gamma_{gg}\neq0$），那么 $\mathbf{x}_{i3}$ 可以是一个标量。检查秩条件的类似形式通常表现得很复杂，参阅埃普尔（Epple，1987）的讨论。

当 $\mathbf{w}_i=\mathbf{q}_i\mathbf{\Pi}+\mathbf{x}_{i3}\mathbf{\Gamma}$ 时，$\mathbf{w}_i$ 与 u_{i1g} 是相关的，因而我们必须修正两步骤程序。在第二步中，我们能使用关于 $\hat{\mathbf{w}}_i$ 的工具变量且实施 2SLS，而不是 OLS。一旦假定 $\mathbf{x}_{i3}$ 具有足够多的元素，需求方程仍是可识别的。如果只有 $\mathbf{w}_{ig}$ 出现在 *demand*$_{ig}$ 之中，那么识别的充分条件是 $\mathbf{x}_{i3}$ 的一个元素出现于 w_{ig} 对 $\mathbf{x}_{i1}$，$\mathbf{x}_{i3}$ 的线性

投影中。即使 $\mathbf{x}_{i3}$ 仅有单个元素，这个假设也可以成立。由于我们前面曾讨论的匹配原因，$\mathbf{x}_{i2}$ 不能在需求方程中作为关于 $\hat{\mathbf{w}}_i$ 的工具变量。

不管是否 $\mathbf{\Pi}=\mathbf{0}$，更有效的估计量是可以从全部需求方程组与特征价格函数来获得的。连同方程（14.44）可写成

$$\mathbf{q}_i'=\boldsymbol{\eta}_1+(\mathbf{q}_i\mathbf{\Pi}+\mathbf{x}_{i3}\mathbf{\Gamma})\mathbf{A}_1+\mathbf{x}_{i1}\mathbf{B}_1+\mathbf{u}_{i1}$$

于是，$(\mathbf{x}_{i1},\mathbf{x}_{i3})$（以及其函数）可以用来作为 G 个需求函数中任何一个的工具，而 $(\mathbf{q}_i,\mathbf{x}_i)$ 充当方程（14.44）中的 IV。（可能是，供给函数甚至没有被设定，在此情形中 $\mathbf{x}_i$ 只包含 $\mathbf{x}_{i1}$ 与 $\mathbf{x}_{i3}$。）第一阶段估计量是非线性系统 2SLS 估计量。于是，通过求解问题（14.43）的最小卡方估计量可以估计出此系统。当关注需求方程加上特征价格方程时，或者供给函数加上特征价格方程时，3SLS 在某些条件下是有效的。如果对需求函数与供给函数一起估计，那么就不能指望使 3SLS 渐近有效的关键假设（14.26）成立，可参阅伍德里奇（Wooldridge，1996）的讨论。

如果最初关注需求函数之一，那么通过 GMM 或者非线性 3SLS 对它与方程（14.44）进行估计是有意义的。如果需求函数可以用逆的形式写出，那么正如伍德里奇（Wooldridge，1996）所证明的那样，所得到的方程组关于参数是线性的。

14.4 有效估计

在第 8 章中，我们曾得到线性模型的 GMM 估计的有效加权矩阵，同时我们在 14.1 节将其推广到非线性模型上。在第 13 章，我们宣称，极大似然估计具有一些重要的有效性性质。现在，我们可以研究允许我们在一个特殊类型估计量中去证明一个估计量有效性的一种框架，并且还可以在所阐述类型的估计量中求出有效估计量。虽然我们将不使用最弱的可能假设，但是我们的方法本质上就是纽韦和麦克法登（Newey and McFadden，1994，第 5.3 节）的方法。贝茨和怀特（Bates and White，1993）曾提出一个非常相似的框架，而且还考虑了时间序列问题。

14.4.1 一般有效性框架

在计量经济学中，大部分估计量——以及我们已研究过的全部估计量——都是 $\sqrt{N}$ 渐近正态的，其方差矩阵形式为

$$\mathbf{V}=\mathbf{A}^{-1}\mathrm{E}[\mathbf{s}(\mathbf{w})\mathbf{s}(\mathbf{w})'](\mathbf{A}')^{-1} \tag{14.48}$$

其中在大多数情形中，$\mathbf{s}(\mathbf{w})$ 表示目标函数（在 $\boldsymbol{\theta}_o$ 处计算）的得分，而 $\mathbf{A}$ 表示

同样在$\boldsymbol{\theta}_o$处计算的得分雅可比行列式的期望值。(我们此处不用"o"下标，因为真实参数值是无关紧要的。)含有(甚至某些没有)二次连续可微目标函数的所有M估计量均具有这种形式的方差矩阵，如同GMM估计量那样。对于证明一个估计量比另外一个估计量更为有效来说，下述引理是一个有用的充分条件。

引理 14.1 (相对有效性)　设$\hat{\boldsymbol{\theta}}_1$与$\hat{\boldsymbol{\theta}}_2$表示$P\times1$维参数向量$\boldsymbol{\theta}_o$的两个$\sqrt{N}$渐近正态的估计量，其渐近方差形式同式(14.48)(**A**、**s**以及**V**含有适当的下标)。如果对于某些$\rho>0$，

$$\mathrm{E}[\mathbf{s}_1(\mathbf{w})\mathbf{s}_1(\mathbf{w})']=\rho\mathbf{A}_1 \tag{14.49}$$

$$\mathrm{E}[\mathbf{s}_2(\mathbf{w})\mathbf{s}_1(\mathbf{w})']=\rho\mathbf{A}_2 \tag{14.50}$$

那么$\mathbf{V}_2-\mathbf{V}_1$是半正定的。

引理14.1的证明在本章附录中给出。

条件(14.49)本质上是我们在12.5.1节对估计量$\hat{\boldsymbol{\theta}}_1$引入的广义信息矩阵等式(GIME)，注意到，$\mathbf{A}_1$在条件(14.49)下必是对称的且正定的，条件(14.50)则是新的。在大多数情形中，它表明得分$\mathbf{s}_2$与$\mathbf{s}_1$的外积期望等于$\mathbf{s}_2$(在$\boldsymbol{\theta}_o$处计算)的雅可比行列式的期望。在12.5.1节，我们声称GIME在有效性中起作用，而引理14.1证明了它所起的作用。

通过构造简单形式的豪斯曼(Hausman，1978)统计量，在各种各样背景下，对引理14.1的条件进行验证同样是方便的，倘若两个统计量是联合渐近正态分布的——当每一个是$\sqrt{N}$渐近正态的时候，这几乎总是正确的，同时可以通过堆积估计量的一阶表示式来加以检验——假设(14.49)与假设(14.50)蕴涵着，$\sqrt{N}(\hat{\boldsymbol{\theta}}_2-\boldsymbol{\theta}_o)$与$\sqrt{N}(\hat{\boldsymbol{\theta}}_1-\boldsymbol{\theta}_o)$之间的渐近协方差是$\mathbf{A}_2^{-1}\mathrm{E}[(\mathbf{s}_2\mathbf{s}_1')]\mathbf{A}_1^{-1}=\mathbf{A}_2^{-1}(\rho\mathbf{A}_2)\mathbf{A}_1^{-1}=\rho\mathbf{A}_1^{-1}=\mathrm{Avar}[\sqrt{N}(\hat{\boldsymbol{\theta}}_1-\boldsymbol{\theta}_o)]$。换句话讲，($\sqrt{N}$所缩放的)估计量之间的渐近方差等于有效估计量的渐近方差。这个等式蕴涵着，$\mathrm{Avar}[\sqrt{N}(\hat{\boldsymbol{\theta}}_2-\hat{\boldsymbol{\theta}}_1)]=\mathbf{V}_2+\mathbf{V}_1-\mathbf{C}-\mathbf{C}'=\mathbf{V}_2+\mathbf{V}_1-2\mathbf{V}_1=\mathbf{V}_2-\mathbf{V}_1$，其中$\mathbf{C}$表示渐近协方差。如果$\mathbf{V}_2-\mathbf{V}_1$确实是正定的(而不是半正定的)，那么在引理14.1的假设下，$[\sqrt{N}(\hat{\boldsymbol{\theta}}_2-\hat{\boldsymbol{\theta}}_1)]'(\hat{\mathbf{V}}_2-\hat{\mathbf{V}}_1)^{-1}[\sqrt{N}(\hat{\boldsymbol{\theta}}_2-\hat{\boldsymbol{\theta}}_1)]\overset{a}{\sim}\chi_P^2$，其中$\hat{\mathbf{V}}_g$表示$\mathbf{V}_g$的一致估计量，$g=1,2$。$\hat{\boldsymbol{\theta}}_2$与$\hat{\boldsymbol{\theta}}_1$之间在统计上的显著差异显示了某一类别的模型错误设定。(可参阅6.2.1节，那里我们为了检验解释变量是否为外生的，讨论了对2SLS与OLS进行比较的这种豪斯曼检验形式。)如果假设(14.49)以及假设(14.50)不成立，那么这种豪斯曼统计量的标准形式是无效的。

给定引理14.1，我们能够阐述使整个估计量类中的一个估计量有效的条件。以稍微正式的形式定义估计量的相关类是有益的。我们通过引入指标比如说τ来这样做。对于指标集比如说$\mathcal{T}$中的每一个τ，估计量$\hat{\boldsymbol{\theta}}_\tau$具有一个相联系的$\mathbf{s}_\tau$与$\mathbf{A}_\tau$，使得$\sqrt{N}(\hat{\boldsymbol{\theta}}_\tau-\boldsymbol{\theta}_o)$的渐近方差具有式(14.48)的形式。指标可以是非常抽象的；它仅用来区分$\boldsymbol{\theta}_o$的不同的$\sqrt{N}$渐近正态估计量。例如，

在 M 估计量类中，集合 $\mathcal{T}$ 是由目标 $q(\cdot, \cdot)$ 构成的，使得 $\boldsymbol{\theta}_o$ 在 $\boldsymbol{\Theta}$ 上唯一地最小化 $\mathrm{E}[q(\mathbf{w},\boldsymbol{\theta})]$，同时 q 满足二次连续可微的且为了渐近正态性而施加的有界矩假设。对于满足给定矩条件的 GMM 来说，$\mathcal{T}$ 是所有 $L\times L$ 维正定矩阵的集合。我们在 14.4.3 节中将会看到另外一个例子。引理 14.1 立刻蕴涵着下述定理。

定理 14.3（一类估计量的有效性） 设 $\{\hat{\boldsymbol{\theta}}_\tau: \tau\in\mathcal{T}\}$ 表示含有方差矩阵形式（14.48）的 $\sqrt{N}$ 渐近正态估计量类。如果对于某些 $\tau^*\in\mathcal{T}$ 且 $\rho>0$，有

$$\mathrm{E}[\mathbf{s}_\tau(\mathbf{w})\mathbf{s}_{\tau^*}(\mathbf{w})']=\rho\mathbf{A}_\tau, \text{对所有 } \tau\in\mathcal{T} \tag{14.51}$$

那么 $\hat{\boldsymbol{\theta}}_{\tau^*}$ 是 $\{\hat{\boldsymbol{\theta}}_\tau: \tau\in\mathcal{T}\}$ 类中相对渐近有效的。

这个定理具有许多应用。如果我们通过定义指标集 $\mathcal{T}$ 来设定估计量类，那么估计量 $\hat{\boldsymbol{\theta}}_{\tau^*}$ 比我们能证明条件（14.51）时的类中的所有其他估计量更有效。[定理 14.3 的部分逆同样成立；可参阅纽韦和麦克法登（Newey and McFadden，1994，第 5.2 节）。] 这并不说明，$\hat{\boldsymbol{\theta}}_{\tau^*}$ 必定比所有可能的 $\sqrt{N}$ 渐近正态估计量更为有效。如果存在着一个估计量落在设定类之外，那么定理 14.3 并不能帮助我们将它与 $\hat{\boldsymbol{\theta}}_{\tau^*}$ 相比较。在这个意义下，定理 14.3 是源自线性回归分析中的高斯-马尔可夫定理（Gauss-Markov theorem）的更一般的（且渐近的）形式：尽管高斯-马尔可夫定理表示 OLS 在线性的、无偏估计量类中具有最小方差，但是，它不允许我们把 OLS 与关于因变量观测值向量为非线性的无偏估计量相比较。

14.4.2 极大似然估计的有效性

学习过计量经济学的学生常常被告知，极大似然估计量是“有效的”。遗憾的是，在出自第 13 章的条件 MLE 背景下，有效性的表述经常是意义不明确的，而曼斯基（Manski，1988，第 8 章）则是一个值得注意的例外。定理 14.3 允许我们准确地表述在哪一种 CMLE 中估计量类是相对有效的。如同第 13 章一样，我们设 $\mathrm{E}_\theta(\cdot \mid \mathbf{x})$ 表示关于条件密度 $f(\mathbf{y}\mid\mathbf{x};\boldsymbol{\theta})$ 的期望值。

考察可以求解一阶条件

$$N^{-1}\sum_{i=1}^{N}\mathbf{g}(\mathbf{w}_i,\hat{\boldsymbol{\theta}})\equiv\mathbf{0} \tag{14.52}$$

的估计量类，其中 $P\times1$ 维函数 $\mathbf{g}(\mathbf{w},\boldsymbol{\theta})$ 使得

$$\mathrm{E}_\theta[\mathbf{g}(\mathbf{w},\boldsymbol{\theta})\mid\mathbf{x}]=\mathbf{0}, \text{对所有 } \mathbf{x}\in\mathcal{X}, \text{所有 } \boldsymbol{\theta}\in\boldsymbol{\Theta} \tag{14.53}$$

换句话讲，估计量类是由满足零条件矩约束的函数 $\mathbf{g}$ 来标明。我们假定具有来自第 12 章的标准正则条件；尤其是，$\mathbf{g}(\mathbf{w}, \cdot)$ 在 $\boldsymbol{\Theta}$ 内部是连续可微的。

正像我们在 13.7 节中所证明的，满足条件（14.53）的函数 $\mathbf{g}$ 通常具有性质

$$-\mathrm{E}[\nabla_\theta \mathbf{g}(\mathbf{w},\boldsymbol{\theta}_o)|\mathbf{x}]=\mathrm{E}[\mathbf{g}(\mathbf{w},\boldsymbol{\theta}_o)\mathbf{s}(\mathbf{w},\boldsymbol{\theta}_o)'|\mathbf{x}]$$

其中 $\mathbf{s}(\mathbf{w},\boldsymbol{\theta})$表示 $\log f(\mathbf{y}|\mathbf{x};\boldsymbol{\theta})$的得分（与以往一样，我们必须对 $\mathbf{g}$ 与 $\log f$ 施加某个正则条件）。如果我们对两边取关于 $\mathbf{x}$ 的期望值，那么我们就可获得满足 $\rho=1$，$\mathbf{A}_\tau=\mathrm{E}[\nabla_\theta \mathbf{g}(\mathbf{w},\boldsymbol{\theta}_o)]$ 且 $s_{\tau^*}(\mathbf{w})=-\mathbf{s}(\mathbf{w},\boldsymbol{\theta}_o)$的条件（14.51）。由定理 14.3 可得，条件 MLE 在求解方程（14.52）的估计量类中是有效的，其中 $\mathbf{g}(\cdot)$ 满足条件（14.59）以及适当的正则条件。从 13.5.1 节中回想起，（中心化且标准化）条件极大似然估计（CMIE）的渐近方差是$\{\mathrm{E}[\mathbf{s}(\mathbf{w},\boldsymbol{\theta}_o)\mathbf{s}(\mathbf{w},\boldsymbol{\theta}_o)']\}^{-1}$。这是一个**有效界**（efficiency bound）的例子，因为在条件（14.53）下，形如（14.52）的估计量不能有比$\{\mathrm{E}[\mathbf{s}(\mathbf{w},\boldsymbol{\theta}_o)\mathbf{s}(\mathbf{w},\boldsymbol{\theta}_o)']\}^{-1}$更小（在矩阵意义下）的渐近方差。当出自这类的估计量具有与 CMIE 相同的渐近方差时，我们称它达到了有效界。

重要的是看到，在条件（14.53）下可求解方程（14.52）估计量类中的条件 MLE 的有效性并不要求 $\mathbf{x}$ 对于 $\boldsymbol{\theta}_o$来说是辅助的；除了对正则条件外，$\mathbf{x}$ 的分布是无约束的，而且可能依赖于 $\boldsymbol{\theta}_o$。条件 MLE 仅仅忽略了可能包含在 $\mathbf{x}$ 分布中关于 $\boldsymbol{\theta}_o$ 的信息，但是，建立在条件（14.53）基础上的所有其他估计量也是这样。

通过选取 $\mathbf{x}$ 为空的，我们可以得出结论：对于所有 $\boldsymbol{\theta}\in\boldsymbol{\Theta}$，无条件 MLE 在以式（14.52）为基础满足 $\mathrm{E}_\theta[\mathbf{g}(\mathbf{w},\boldsymbol{\theta})]=\mathbf{0}$ 的估计量类中是有效的。这是一种非常广泛的估计量类，包括要求条件（14.53）成立的全部估计量：如果函数 $\mathbf{g}$ 满足条件（14.53），那么它也具有无条件零均值。因此，无条件 MLE 常常比条件 MLE 更为有效。这种有效性须付出的代价是不得不设定 $(\mathbf{y},\mathbf{x})$ 的联合密度，而不仅仅是给定 $\mathbf{x}$ 时 $\mathbf{y}$ 的条件密度。而且，如果我们关于 $\mathbf{x}$ 密度的模型是不正确的，那么无条件 MLE 通常是非一致的。

什么时候，关于估计 $\boldsymbol{\theta}_o$的 CMLE 可以与无条件 MLE 是同样有效的呢？假定关于 $(\mathbf{x},\mathbf{y})$ 的联合密度的模型可以表示成 $f(\mathbf{y}|\mathbf{x};\boldsymbol{\theta})h(\mathbf{x};\boldsymbol{\delta})$，其中 $\boldsymbol{\theta}$ 表示所关注的参数向量，而 $h(\mathbf{x},\boldsymbol{\delta}_o)$表示对某些向量 $\boldsymbol{\delta}_o$的 $\mathbf{x}$ 的边际密度。于是，如果 $\boldsymbol{\delta}$ 在 $\nabla_\theta h(\mathbf{x};\boldsymbol{\delta})=\mathbf{0}$ 的意义下并不依赖于 $\boldsymbol{\theta}$，对于所有 $\mathbf{x}$ 与 $\boldsymbol{\delta}$，那么 $\mathbf{x}$ 对于 $\boldsymbol{\theta}_o$来说是辅助的。实际上，CMLE 等同于无条件的 MLE。如果 $\boldsymbol{\delta}$ 依赖于 $\boldsymbol{\theta}$，那么$\nabla_\theta \log[h(\mathbf{x};\boldsymbol{\delta})]$通常会包含估计 $\boldsymbol{\theta}_o$的信息，同时无条件 MLE 将比 CMLE 更有效。

14.4.3 在条件矩约束下对工具的有效选取

在一般**条件矩约束**（conditional moment restrictions）下，我们也可以使用定理 14.3 来求出工具变量的最优集。对于一个 $G\times 1$ 维向量 $\mathbf{r}(\mathbf{w}_i,\boldsymbol{\theta})$，其中 $\mathbf{w}_i\in\mathbb{R}^M$，如果

$$\mathrm{E}[\mathbf{r}(\mathbf{w}_i,\boldsymbol{\theta}_o)|\mathbf{x}_i]=\mathbf{0} \tag{14.54}$$

那么就称 $\boldsymbol{\theta}_o$为满足条件矩约束的，其中 $\mathbf{x}_i\in\mathbb{R}^K$ 表示 $\mathbf{w}_i$的一个子向量。在假设（14.54）下，出现在等式（14.22）中的矩阵 $\mathbf{Z}_i$可以是 $\mathbf{x}_i$的任意函数。对于给

定的矩阵 $\mathbf{Z}_i$，我们通过利用有效加权矩阵来获得有效的 GMM 估计量。然而，除非 $\mathbf{Z}_i$ 是工具的最优集，否则我们通常可以通过把 $\mathbf{x}_i$ 的任意非线性函数添加到 $\mathbf{Z}_i$ 上来获得一个更有效的估计量。因为潜在工具变量目录是无穷的，所以对 $\mathbf{Z}_i$ 的最优选择的刻画是有益的。

对这个问题的求解是相当著名的，而且它可以通过应用定理 14.3 来得到。设

$$\boldsymbol{\Omega}_o(\mathbf{x}_i) \equiv \text{Var}[\mathbf{r}(\mathbf{w}_i, \boldsymbol{\theta}_o) | \mathbf{x}_i] \tag{14.55}$$

表示给定 $\mathbf{x}_i$ 时 $\mathbf{r}_i(\boldsymbol{\theta}_o)$ 的 $G \times G$ 维条件方差，同时定义

$$\mathbf{R}_o(\mathbf{x}_i) \equiv \text{E}[\nabla_\theta \mathbf{r}(\mathbf{w}_i, \boldsymbol{\theta}_o) | \mathbf{x}_i] \tag{14.56}$$

习题 14.3 要求你验证，工具的最优选择是

$$\mathbf{Z}^*(\mathbf{x}_i) \equiv \boldsymbol{\Omega}_o(\mathbf{x}_i)^{-1} \mathbf{R}_o(\mathbf{x}_i) \tag{14.57}$$

最优工具矩阵总是 $G \times P$ 维的，因此，有效的矩估计量方法可求解

$$\sum_{i=1}^{N} \mathbf{Z}^*(\mathbf{x}_i)' \mathbf{r}_i(\hat{\boldsymbol{\theta}}) = \mathbf{0}$$

并不需要使用加权矩阵。顺便说一句，通过取 $\mathbf{g}(\mathbf{w}, \boldsymbol{\theta}) \equiv \mathbf{Z}^*(\mathbf{x})' \mathbf{r}(\mathbf{w}, \boldsymbol{\theta})$，我们可得到满足条件（14.53）的函数 $\mathbf{g}$。由我们在 14.5.2 节中的讨论可知，由此立刻得出，条件 CMLE 的有效性并不亚于最优 IV 估计量的有效性。

实际上，$\mathbf{Z}^*(\mathbf{x}_i)$ 从来不是 $\mathbf{x}_i$ 的已知函数。在一些情形中，函数 $\mathbf{R}_o(\mathbf{x}_i)$ 是 $\mathbf{x}_i$ 与 $\boldsymbol{\theta}_o$ 的已知函数，并且可以很容易被估计出来；在条件均值假设下（可参阅第 8 章和第 9 章），这个陈述对于线性的 SEM 来说是正确的，而对于多变量非线性回归的情形来说也是正确的，我们在这一节的后面将会涉及。矩条件几乎很少蕴涵着关于 $\boldsymbol{\Omega}_o(\mathbf{x}_i)$ 的参数形式，但是，有时候假定同方差性：

$$\text{E}[\mathbf{r}_i(\boldsymbol{\theta}_o) \mathbf{r}_i(\boldsymbol{\theta}_o) | \mathbf{x}_i] = \boldsymbol{\Omega}_o \tag{14.58}$$

并且当给定 $\boldsymbol{\theta}_o$ 的一个最初估计时，$\boldsymbol{\Omega}_o$ 很容易像在（14.30）中一样被估计出来。

由于必须要估计出 $\boldsymbol{\Omega}_o(\mathbf{x}_i)$ 与 $\mathbf{R}_o(\mathbf{x}_i)$，所以我们一定要知道**含有生成工具的 GMM**（GMM with generated instruments）的渐近性质。在条件矩约束下，生成工具对 GMM 估计量的渐近方差没有影响。因而，如果对于某些未知参数向量 γ_o 来说，工具矩阵是 $\mathbf{Z}(\mathbf{x}_i, \gamma_o)$，同时 $\hat{\gamma}$ 是一个使得 $\sqrt{N}(\hat{\gamma} - \gamma_o) = \text{O}_p(1)$ 的估计量，那么利用生成工具 $\hat{\mathbf{Z}}_i \equiv \mathbf{Z}(\mathbf{x}_i, \hat{\gamma})$ 的 GMM 估计量与利用工具 $\mathbf{Z}(\mathbf{x}_i, \gamma_o)$（使用任意加权矩阵）的 GMM 估计量具有相同的极限分布。这一结果是在条件（14.54）下，利用 $\mathbf{Z}(\mathbf{x}_i, \gamma)$ 中每一个元素关于 γ 的导数与 $\mathbf{r}_i(\boldsymbol{\theta}_o)$ 是正交的事实，由均值展开式而得到的：

$$N^{-1/2} \sum_{i=1}^{N} \hat{\mathbf{Z}}_i' \mathbf{r}_i(\hat{\boldsymbol{\theta}}) = N^{-1/2} \sum_{i=1}^{N} \mathbf{Z}_i(\gamma_o)' \mathbf{r}_i(\boldsymbol{\theta}_o) + \text{E}[\mathbf{Z}_i(\gamma_o)' \mathbf{R}_o(\mathbf{x}_i)] \sqrt{N}(\hat{\boldsymbol{\theta}} - \boldsymbol{\theta}_o)$$

$$+o_p(1) \tag{14.59}$$

式（14.59）的右边等同于用 $\mathbf{Z}_i(\gamma_o)$ 代替 $\hat{\mathbf{Z}}_i$ 的展开式。

现在，一旦假定 $\mathbf{Z}_i(\gamma_o)$ 是有效工具的矩阵，有效估计量的渐近方差是

$$\text{Avar}\sqrt{N}(\hat{\boldsymbol{\theta}}-\boldsymbol{\theta}_o)=\{\text{E}[\mathbf{R}_o(\mathbf{x}_i)'\,\boldsymbol{\Omega}_o(\mathbf{x}_i)^{-1}\mathbf{R}_o(\mathbf{x}_i)]\}^{-1} \tag{14.60}$$

通过注意到当工具是由式（14.57）给出时，并令 $\mathbf{G}_o=\text{E}[\mathbf{R}_o(\mathbf{x}_i)'\boldsymbol{\Omega}_o(\mathbf{x}_i)^{-1}\mathbf{R}_o(\mathbf{x}_i)]$ 与 $\boldsymbol{\Lambda}_o=\mathbf{G}_o^{-1}$，这也是 14.1 节中的结论。

式（14.60）是另外一个有效界的例子，这一次是在条件矩约束（14.48）下。我们所能证明的内容是，任何 GMM 估计量都具有与式（14.60）不同的方差矩阵，它们相差一个半正定矩阵。张伯伦（Chamberlain，1987）更进一步地证明：任何一个只利用条件（14.54）且满足正则条件的估计量所具有的方差矩阵并不比式（14.60）的小。

对 $\mathbf{R}_o(\mathbf{x}_i)$ 的估计通常需要非参数方法。纽韦（Newey，1990）阐述了一种方法。从本质上讲，把 $\nabla_\theta\mathbf{r}_i(\hat{\hat{\boldsymbol{\theta}}})$ 的元素对 $\mathbf{x}_i$ 的多项式函数（或者具有良好逼近性质的其他函数）进行回归，其中 $\hat{\hat{\boldsymbol{\theta}}}$ 表示 $\boldsymbol{\theta}_o$ 的最初估计值。来自这些回归的拟合值可以用作 $\hat{\mathbf{R}}_i$ 的元素。还可以利用其他的非参数方法。详细内容参阅纽韦（Newey，1990，1993）。遗憾的是，为了有效地应用这类方法，我们需要相当大的样本量。

举一个求最优工具的例子，考察对向量 $\mathbf{y}_i$ 的条件均值进行估计的问题：

$$\text{E}(\mathbf{y}_i|\mathbf{x}_i)=\mathbf{m}(\mathbf{x}_i,\boldsymbol{\theta}_o) \tag{14.61}$$

于是，残差函数是 $\mathbf{r}(\mathbf{w}_i,\boldsymbol{\theta})\equiv\mathbf{y}_i-\mathbf{m}(\mathbf{x}_i,\boldsymbol{\theta})$，而且 $\boldsymbol{\Omega}_o(\mathbf{x}_i)=\text{Var}(\mathbf{y}_i|\mathbf{x}_i)$；因此，最优工具是 $\mathbf{Z}_o(\mathbf{x}_i)\equiv\boldsymbol{\Omega}_o(\mathbf{x}_i)^{-1}\nabla_\theta\mathbf{m}(\mathbf{x}_i,\boldsymbol{\theta}_o)$。这是一个重要的例子，其中 $\mathbf{R}_o(\mathbf{x}_i)=-\nabla_\theta\mathbf{m}(\mathbf{x}_i,\boldsymbol{\theta}_o)$ 表示 $\mathbf{x}_i$ 与 $\boldsymbol{\theta}_o$ 的已知函数。如果同方差性假设

$$\text{Var}(\mathbf{y}_i|\mathbf{x}_i)=\boldsymbol{\Omega}_o \tag{14.62}$$

成立，那么就容易得到有效估计量。首先，设 $\hat{\hat{\boldsymbol{\theta}}}$ 表示多元非线性最小二乘法（MNLS）估计量，它可求解 $\min_{\boldsymbol{\theta}\in\boldsymbol{\Theta}}\sum_{i=1}^{N}[\mathbf{y}_i-\mathbf{m}(\mathbf{x}_i,\boldsymbol{\theta})]'\cdot[\mathbf{y}_i-\mathbf{m}(\mathbf{x}_i,\boldsymbol{\theta})]$。正如 12.9 节所讨论的，MNLS 估计量通常是一致的且 $\sqrt{N}$ 渐近正态的。定义残差 $\hat{\hat{\mathbf{u}}}_i\equiv\mathbf{y}_i-\mathbf{m}(\mathbf{x}_i,\hat{\hat{\boldsymbol{\theta}}})$，而且通过 $\hat{\boldsymbol{\Omega}}=N^{-1}\sum_{i=1}^{N}\hat{\hat{\mathbf{u}}}_i\hat{\hat{\mathbf{u}}}_i'$ 定义 $\boldsymbol{\Omega}_o$ 的一致估计量。有效估计量 $\hat{\boldsymbol{\theta}}$ 可求解

$$\sum_{i=1}^{N}\nabla_\theta\mathbf{m}(\mathbf{x}_i,\hat{\boldsymbol{\theta}})'\,\hat{\boldsymbol{\Omega}}^{-1}[\mathbf{y}_i-\mathbf{m}(\mathbf{x}_i,\hat{\boldsymbol{\theta}})]=\mathbf{0}$$

而 $\sqrt{N}(\hat{\boldsymbol{\theta}}-\boldsymbol{\theta}_o)$ 的渐近方差是 $\{\text{E}[\nabla_\theta\mathbf{m}_i(\boldsymbol{\theta}_o)'\boldsymbol{\Omega}_o^{-1}\nabla_\theta\mathbf{m}_i(\boldsymbol{\theta}_o)]\}^{-1}$。一个渐近等价的估计量是 12.9 节中所描述的非线性 SUR 估计量。在任何一种情形中，在假设（14.62）下的 $\text{Avar}(\hat{\boldsymbol{\theta}})$ 的估计量是

$$\widehat{\text{Avar}(\hat{\boldsymbol{\theta}})} = \left[\sum_{i=1}^{N} \nabla_\theta \mathbf{m}_i(\hat{\boldsymbol{\theta}})' \hat{\boldsymbol{\Omega}}^{-1} \nabla_\theta \mathbf{m}_i(\hat{\boldsymbol{\theta}})\right]^{-1}$$

因为非线性 SUR 估计量是两步骤 M 估计量，而且（在第 12 章的记号下）$\mathbf{B}_\text{o}=\mathbf{A}_\text{o}$，所以检验统计量的最简单形式是有效的。如果假设（14.62）不满足，那么非线性 SUR 估计量是一致的，但由于 $\mathbf{A}_\text{o}\neq\mathbf{B}_\text{o}$，所以应当使用稳健推断。另外，此估计量不再是有效的。

14.5 古典最小距离估计

有一种方法与 GMM 具有相同的特征，而且用它来代替 GMM 经常是方便的，这种方法叫**古典最小距离估计**（classical minimum distance [CMD] estimation）。

假定关注的 $P\times1$ 维参数向量为 $\boldsymbol{\theta}_\text{o}$，它常常是由结构模型的参数构成的，已知 $\boldsymbol{\theta}_\text{o}$ 与 $S\times1$ 维约简型参数向量 $\boldsymbol{\pi}_\text{o}$ 是相关联的，其中 $S>P$。特别地，对于已知的连续可微函数 $\mathbf{h}$：$\mathbb{R}^P\to\mathbb{R}^S$ 来说，$\boldsymbol{\pi}_\text{o}=\mathbf{h}(\boldsymbol{\theta}_\text{o})$，因此，$\mathbf{h}$ 把结构参数映射到约简型参数上。

$\boldsymbol{\theta}_\text{o}$ 的 CMD 估计必须首先通过 $\hat{\boldsymbol{\pi}}$ 来估计 $\boldsymbol{\pi}_\text{o}$，然后，通过使 $\hat{\boldsymbol{\pi}}$ 与 $\mathbf{h}(\hat{\boldsymbol{\theta}})$ 之间的距离尽可能地小来选取 $\boldsymbol{\theta}_\text{o}$ 的估计量 $\hat{\boldsymbol{\theta}}$。如同处理 GMM 估计，我们使用加权的欧几里得距离测度。尽管对于任何半正定矩阵来说，CMD 估计量均是可以定义的，但是我们只考察给定对 $\hat{\boldsymbol{\pi}}$ 的选择下的有效 CMD 估计量。正像处理有效 GMM 一样，利用了有效加权矩阵的 CMD 估计量还被称为**极小卡方估计量**（minimum chi-square estimator）。

一旦假定，对于一个 $S\times S$ 维半正定矩阵 $\boldsymbol{\Xi}_\text{o}$，

$$\sqrt{N}(\hat{\boldsymbol{\pi}}-\boldsymbol{\pi}_\text{o})\overset{a}{\sim}\text{Normal}(\mathbf{0},\boldsymbol{\Xi}_\text{o}) \tag{14.63}$$

可以证明，有效 CMD 估计量可求解

$$\min_{\boldsymbol{\theta}\in\boldsymbol{\Theta}}\{\hat{\boldsymbol{\pi}}-\mathbf{h}(\boldsymbol{\theta})\}'\hat{\boldsymbol{\Xi}}^{-1}\{\hat{\boldsymbol{\pi}}-\mathbf{h}(\boldsymbol{\theta})\} \tag{14.64}$$

其中 $\text{plim}_{N\to\infty}\hat{\boldsymbol{\Xi}}=\boldsymbol{\Xi}_\text{o}$。换句话讲，有效加权矩阵是 $\text{Avar}\sqrt{N}(\hat{\boldsymbol{\pi}}-\boldsymbol{\pi}_\text{o})$ 的任何一致估计量的逆。

我们可以很容易推导出 $\sqrt{N}(\hat{\boldsymbol{\theta}}-\boldsymbol{\theta}_\text{o})$ 的渐近方差。关于 $\hat{\boldsymbol{\theta}}$ 的一阶条件是

$$\mathbf{H}(\hat{\boldsymbol{\theta}})'\hat{\boldsymbol{\Xi}}^{-1}\{\hat{\boldsymbol{\pi}}-\mathbf{h}(\hat{\boldsymbol{\theta}})\}\equiv\mathbf{0} \tag{14.65}$$

其中 $\mathbf{H}(\boldsymbol{\theta})\equiv\nabla_\theta\mathbf{h}(\boldsymbol{\theta})$ 表示 $\mathbf{h}(\boldsymbol{\theta})$ 的 $S\times P$ 维雅可比行列式。由于 $\mathbf{h}(\boldsymbol{\theta}_\text{o})=\boldsymbol{\pi}_\text{o}$ 且

$$\sqrt{N}\{\mathbf{h}(\hat{\boldsymbol{\theta}})-\mathbf{h}(\boldsymbol{\theta}_\text{o})\}=\mathbf{H}(\boldsymbol{\theta}_\text{o})\sqrt{N}(\hat{\boldsymbol{\theta}}-\boldsymbol{\theta}_\text{o})+\text{o}_p(1)$$

由 $\boldsymbol{\theta}_{\text{o}}$的标准均值展开式，我们有

$$\mathbf{0}=\mathbf{H}(\hat{\boldsymbol{\theta}})'\hat{\boldsymbol{\Xi}}^{-1}\{\sqrt{N}(\hat{\boldsymbol{\pi}}-\boldsymbol{\pi}_{\text{o}})-\mathbf{H}(\boldsymbol{\theta}_{\text{o}})\sqrt{N}(\hat{\boldsymbol{\theta}}-\boldsymbol{\theta}_{\text{o}})\}+\text{o}_p(1) \tag{14.66}$$

因为 $\mathbf{H}(\cdot)$是连续的，且$\hat{\boldsymbol{\theta}}\xrightarrow{p}\boldsymbol{\theta}_{\text{o}}$，所以 $\mathbf{H}(\hat{\boldsymbol{\theta}})=\mathbf{H}(\boldsymbol{\theta}_{\text{o}})+\text{o}_p(1)$；由假设$\hat{\boldsymbol{\Xi}}=\boldsymbol{\Xi}_{\text{o}}+\text{o}_p(1)$，因此

$$\mathbf{H}(\boldsymbol{\theta}_{\text{o}})'\boldsymbol{\Xi}_{\text{o}}^{-1}\mathbf{H}(\boldsymbol{\theta}_{\text{o}})\sqrt{N}(\hat{\boldsymbol{\theta}}-\boldsymbol{\theta}_{\text{o}})=\mathbf{H}(\boldsymbol{\theta}_{\text{o}})'\boldsymbol{\Xi}_{\text{o}}^{-1}\sqrt{N}(\hat{\boldsymbol{\pi}}-\boldsymbol{\pi}_{\text{o}})+\text{o}_p(1)$$

由假设（14.63）与渐近等价性引理，

$$\mathbf{H}(\boldsymbol{\theta}_{\text{o}})'\boldsymbol{\Xi}_{\text{o}}^{-1}\mathbf{H}(\boldsymbol{\theta}_{\text{o}})\sqrt{N}(\hat{\boldsymbol{\theta}}-\boldsymbol{\theta}_{\text{o}})\overset{a}{\sim}\text{Normal}[\mathbf{0},\mathbf{H}(\boldsymbol{\theta}_{\text{o}})'\boldsymbol{\Xi}_{\text{o}}^{-1}\mathbf{H}(\boldsymbol{\theta}_{\text{o}})]$$

所以

$$\sqrt{N}(\hat{\boldsymbol{\theta}}-\boldsymbol{\theta}_{\text{o}})\overset{a}{\sim}\text{Normal}[\mathbf{0},(\mathbf{H}_{\text{o}}'\boldsymbol{\Xi}_{\text{o}}^{-1}\mathbf{H}_{\text{o}})^{-1}] \tag{14.67}$$

倘若 $\mathbf{H}_{\text{o}}\equiv\mathbf{H}(\boldsymbol{\theta}_{\text{o}})$是列满秩的，其秩为 P，这通常是$\boldsymbol{\theta}_{\text{o}}$为可识别的且 $\mathbf{h}(\cdot)$ 没有包含冗余元素的情形。$\widehat{\text{Avar}(\hat{\boldsymbol{\theta}})}$的一个适当估计量是

$$\widehat{\text{Avar}(\hat{\boldsymbol{\theta}})}\equiv(\hat{\mathbf{H}}'\hat{\boldsymbol{\Xi}}^{-1}\hat{\mathbf{H}})^{-1}/N=(\hat{\mathbf{H}}'[\widehat{\text{Avar}(\hat{\pi})}]^{-1}\hat{\mathbf{H}})^{-1} \tag{14.68}$$

$\hat{\boldsymbol{\Xi}}^{-1}$是表达式（14.64）中的最优加权矩阵，对此的证明非常类似于 GMM 的最优加权矩阵的推导。（还可以通过应用定理 14.3 来证明。）我们将直接称有效估计量为 CMD 估计量，这里我们利用了有效加权矩阵，这种做法是可以理解的。

当$\boldsymbol{\pi}_{\text{o}}$的不止一个$\sqrt{N}$渐近正态估计量可以利用时，就产生了另外的有效性问题：应该使用$\boldsymbol{\pi}_{\text{o}}$的哪一个估计量呢？设$\hat{\boldsymbol{\theta}}$表示基于$\hat{\pi}$的估计量，并且设$\tilde{\boldsymbol{\theta}}$表示基于另外一个估计量$\tilde{\pi}$的估计量。在习题 14.6 中，要求你证明，无论何时，只要 $\text{Avar}\sqrt{N}(\tilde{\boldsymbol{\pi}}-\boldsymbol{\pi}_{\text{o}})-\text{Avar}\sqrt{N}(\hat{\boldsymbol{\pi}}-\boldsymbol{\pi}_{\text{o}})$是半正定的（p. s. d.），那么 $\text{Avar}\sqrt{N}(\tilde{\boldsymbol{\theta}}-\boldsymbol{\theta}_{\text{o}})-\text{Avar}\sqrt{N}(\hat{\boldsymbol{\theta}}-\boldsymbol{\theta}_{\text{o}})$就是半正定的。换句话讲，我们为了得到$\boldsymbol{\theta}_{\text{o}}$的更有效估计量，就应该使用$\boldsymbol{\pi}_{\text{o}}$的更有效估计量。

在估计之后，对过度识别约束的检验立刻可以利用，因为在原假设$\boldsymbol{\pi}_{\text{o}}=\mathbf{h}(\boldsymbol{\theta}_{\text{o}})$下，

$$N[\hat{\boldsymbol{\pi}}-\mathbf{h}(\hat{\boldsymbol{\theta}})]'\hat{\boldsymbol{\Xi}}^{-1}[\hat{\boldsymbol{\pi}}-\mathbf{h}(\hat{\boldsymbol{\theta}})]\overset{a}{\sim}\chi^2_{S-P} \tag{14.69}$$

为了证明这一结果，我们使用

$$\begin{aligned}\sqrt{N}[\hat{\boldsymbol{\pi}}-\mathbf{h}(\hat{\boldsymbol{\theta}})]&=\sqrt{N}(\hat{\boldsymbol{\pi}}-\boldsymbol{\pi}_{\text{o}})-\mathbf{H}_{\text{o}}\sqrt{N}(\hat{\boldsymbol{\theta}}-\boldsymbol{\theta}_{\text{o}})+\text{o}_p(1)\\&=\sqrt{N}(\hat{\boldsymbol{\pi}}-\boldsymbol{\pi}_{\text{o}})-\mathbf{H}_{\text{o}}(\mathbf{H}_{\text{o}}'\boldsymbol{\Xi}_{\text{o}}^{-1}\mathbf{H}_{\text{o}})^{-1}\mathbf{H}_{\text{o}}'\boldsymbol{\Xi}_{\text{o}}^{-1}\sqrt{N}(\hat{\boldsymbol{\pi}}-\boldsymbol{\pi}_{\text{o}})+\text{o}_p(1)\\&=[\mathbf{I}_S-\mathbf{H}_{\text{o}}(\mathbf{H}_{\text{o}}'\boldsymbol{\Xi}_{\text{o}}^{-1}\mathbf{H}_{\text{o}})^{-1}\mathbf{H}_{\text{o}}'\boldsymbol{\Xi}_{\text{o}}^{-1}]\sqrt{N}(\hat{\boldsymbol{\pi}}-\boldsymbol{\pi}_{\text{o}})+\text{o}_p(1)\end{aligned}$$

因此，取决于 $\text{o}_p(1)$，

$$\Xi_o^{-1/2}\sqrt{N}\{\hat{\boldsymbol{\pi}}-\mathbf{h}(\hat{\boldsymbol{\theta}})\}=[\mathbf{I}_S-\Xi_o^{-1/2}\mathbf{H}_o(\mathbf{H}_o'\Xi_o^{-1}\mathbf{H}_o)^{-1}\mathbf{H}_o'\Xi_o^{-1/2}]\mathscr{Z}\equiv\mathbf{M}_o\mathscr{Z}$$

其中$\mathscr{Z}\equiv\Xi_o^{-1/2}\sqrt{N}(\hat{\boldsymbol{\pi}}-\boldsymbol{\pi}_o)\xrightarrow{d}\text{Normal}(\mathbf{0},\mathbf{I}_S)$。但是，$\mathbf{M}_o$表示一个对称幂等矩阵，其秩为$S-P$，因此，$\{\sqrt{N}[\hat{\boldsymbol{\pi}}-\mathbf{h}(\hat{\boldsymbol{\theta}})]\}'\Xi_o^{-1}\{\sqrt{N}[\hat{\boldsymbol{\pi}}-\mathbf{h}(\hat{\boldsymbol{\theta}})]\}\overset{a}{\sim}\chi^2_{S-P}$。因为$\hat{\Xi}$对于$\Xi_o$而言是一致的，所以表达式（14.69）可由渐近等价引理获得。此统计量还可表示成

$$\{\hat{\boldsymbol{\pi}}-\mathbf{h}(\hat{\boldsymbol{\theta}})\}'\{\widehat{\text{Avar}(\hat{\boldsymbol{\pi}})}\}^{-1}\{\hat{\boldsymbol{\pi}}-\mathbf{h}(\hat{\boldsymbol{\theta}})\}\tag{14.70}$$

一旦假定我们可以把约束表示成$\boldsymbol{\theta}_o=\mathbf{d}(\boldsymbol{a}_o)$，对于一个$R\times1$维向量$\boldsymbol{a}_o$，其中$R<P$，则还可以直接对$\boldsymbol{\theta}_o$上的约束进行检验。在这些约束下，$\boldsymbol{\pi}_o=\mathbf{h}[\mathbf{d}(\boldsymbol{a}_o)]\equiv\mathbf{g}(\boldsymbol{a}_o)$。因而，可通过用$\boldsymbol{a}$代替$\boldsymbol{\theta}$且用$\mathbf{g}(\boldsymbol{a})$代替$\mathbf{h}(\boldsymbol{\theta})$求解问题（14.70），从而使用最小距离估计出$\boldsymbol{a}_o$。同样的估计量$\hat{\Xi}$应该可用于两个最小化问题中。于是，（在内部性与可微性下）可以证明，当$\boldsymbol{\theta}_o$上的约束是正确的时候，

$$N[\hat{\pi}-\mathbf{g}(\hat{\boldsymbol{a}})]'\hat{\Xi}^{-1}[\hat{\boldsymbol{\pi}}-\mathbf{g}(\hat{\boldsymbol{a}})]-N[\hat{\boldsymbol{\pi}}-\mathbf{h}(\hat{\boldsymbol{\theta}})]'\hat{\Xi}^{-1}[\hat{\boldsymbol{\pi}}-\mathbf{h}(\hat{\boldsymbol{\theta}})]\overset{a}{\sim}\chi^2_{P-R}\tag{14.71}$$

14.6 面板数据的应用

我们现在讨论 GMM 和 CMD 的几个面板数据的应用。14.6.1 节和 14.6.3 节的模型是关于参数的非线性模型。

14.6.1 非线性动态模型

面板数据模型一个日益流行的应用是检验个人、家庭或企业行为的经济模型的理性（可参阅，例如，夏皮罗（Shapiro，1984）；扎尔迪斯（Zeldes，1989）；基恩和朗克尔（Keane and Runkle，1992）；谢伊（Shea，1995））。我们假设从总体中随机抽取T个时间段的样本。假设一个经济理论意味着，

$$\mathrm{E}[r_t(\mathbf{w}_t,\theta_o)\,|\,\mathbf{w}_{t-1},\cdots,\mathbf{w}_1]=0,\quad t=1,\cdots,T\tag{14.72}$$

其中，为了简便起见，r_t是一个标量。这些条件矩约束往往意味着在决策期界与采样期间的长度相同的假设下的理性预期。例如，考虑消费的一个标准的生命周期模型。设c_{it}表示家庭i在t时的消费，设$\mathbf{h}_{it}$表示口味转移，设δ_o代表共同的时间偏好率，设a_{it}^j表示家庭从$t-1$到t时间段持有资产j所获的回报。假设给定效用为

$$u(c_{it},\theta_{it})=\exp(\mathbf{h}_{it}\boldsymbol{\beta}_o)c_{it}^{1-\lambda_o}/(1-\lambda_o)\tag{14.73}$$

欧拉方程为

$$\mathrm{E}[(1+a_{it}^{j})(c_{it}/c_{i,t-1})^{-\lambda_{o}}\mid \mathscr{I}_{i,t-1}]=(1+\delta_{o})^{-1}\exp(\mathbf{x}_{it}\boldsymbol{\beta}_{o}) \tag{14.74}$$

其中 $\mathscr{I}_{it}$ 是家庭 i 在时间 t 的信息集且 $\mathbf{x}_{it}\equiv\mathbf{h}_{i,t-1}-\mathbf{h}_{it}$；方程（14.74）假设$\mathbf{h}_{it}-\mathbf{h}_{i,t-1}\in\mathscr{I}_{i,t-1}$，这样一个假设往往是合理的。给定方程（14.74），我们可以为每个 t 定义残差函数

$$r_{it}(\boldsymbol{\theta})=(1+a_{it}^{j})(c_{it}/c_{i,t-1})^{-\lambda}-\exp(\mathbf{x}_{it}\boldsymbol{\beta}) \tag{14.75}$$

其中（$1+\delta)^{-1}$被吸收在 $\mathbf{x}_{it}$ 的截距中。设 $\mathbf{w}_{it}$ 包含 c_{it}，$c_{i,t-1}$，a_{it} 和 $\mathbf{x}_{it}$，则条件（14.72）成立，λ_{o} 和 $\boldsymbol{\beta}_{o}$ 可以用 GMM 估计。

回到条件（14.72），时间 t 的有效工具变量是在时间 $t-1$ 已知的信息的函数：

$$\mathbf{z}_{t}=\mathbf{f}_{t}(\mathbf{w}_{t-1},\cdots,\mathbf{w}_{1}) \tag{14.76}$$

$T\times1$ 维残差向量为 $\mathbf{r}(\mathbf{w},\boldsymbol{\theta})=[r_{1}(\mathbf{w}_{1},\boldsymbol{\theta}),\cdots,r_{T}(\mathbf{w}_{T},\boldsymbol{\theta})]'$，对每个 i（且有 $G=T$），工具变量矩阵与矩阵（14.38）有相同的形式。那么，虽然工具变量的选择不是一件平凡的事，但是使用系统 2SLS 估计量后可以得到最小卡方估计量。一种常见的选择是滞后一个或两个时间段的变量的线性和二次函数。

在条件矩约束（14.72）下最优加权矩阵的估计有了一定程度的简化。回忆 14.2 节中，最佳估计量是使用 $\boldsymbol{\Lambda}_{o}=\mathrm{E}[\mathbf{Z}_{i}'\mathbf{r}_{i}(\boldsymbol{\theta}_{o})\mathbf{r}_{i}(\boldsymbol{\theta}_{o})'\mathbf{Z}_{i}]$的一致估计量的逆。根据条件（14.72），这个矩阵是分块对角。省掉下标 i，分块（s,t）是 $\mathrm{E}[r_{s}(\boldsymbol{\theta}_{o})r_{t}(\boldsymbol{\theta}_{o})\mathbf{z}_{s}'\mathbf{z}_{t}]$。具体地，设 $s<t$。然后，$\mathbf{z}_{t}$，$\mathbf{z}_{s}$ 和 $r_{s}(\boldsymbol{\theta}_{o})$ 是 $\mathbf{w}_{t-1}$，$\mathbf{w}_{t-2}$，…，$\mathbf{w}_{1}$的所有函数。通过迭代期望可以得到，

$$\mathrm{E}[r_{s}(\boldsymbol{\theta}_{o})r_{t}(\boldsymbol{\theta}_{o})\mathbf{z}_{s}'\mathbf{z}_{t}]=\mathrm{E}\{r_{s}(\boldsymbol{\theta}_{o})\mathbf{z}_{s}'\mathbf{z}_{t}\mathrm{E}[r_{t}(\boldsymbol{\theta}_{o})\mid\mathbf{w}_{t-1},\cdots,\mathbf{w}_{1}]\}=0$$

所以我们只需要估计 $\mathrm{E}[\mathbf{Z}_{i}'\mathbf{r}_{i}(\boldsymbol{\theta}_{o})\mathbf{r}_{i}(\boldsymbol{\theta}_{o})'\mathbf{Z}_{i}]$的对角线分块，即：

$$N^{-1}\sum_{i=1}^{N}\hat{\hat{r}}_{it}^{2}\mathbf{z}_{it}'\mathbf{z}_{it} \tag{14.77}$$

这是第 t 个分块的一致估计量，其中，$\hat{\hat{r}}_{it}$是从无效 GMM 中得到的估计。

在数据的频率不能匹配与决策制定有关的期间的情形中，最优矩阵不具有分块对角形式：一些非对角线分块将是非零值。见汉森（Hansen，1982）关于纯时间序列的情形的介绍。

之前的模型未考虑不可观测异质性，这在理性预期类型的应用中是个很重要的特点。例如，除了在效用函数中有一个不可观测的口味外，个人、家庭和企业可能有不同的贴现率。伍德里奇（Wooldridge，1997a）证明了当之前的框架考虑了特定方式的不可观测异质性时，如何获得正交性条件。GMM 可以应用于所产生的非线性矩条件。

还有其他许多种动态面板数据模型，即使潜在模型是线性的，它们也会导

致矩条件关于参数是非线性的。例如，对于线性、不可观测效应 AR(1) 模型，安和施密特（Ahn and Schmidt，1995）添加了我们 11.6.2 节讨论的阿雷利亚诺和邦德（Arellano and Bond，1991）程序中使用过的条件矩。这些矩条件中的某些对于参数是非线性的，并在使用非线性的 GMM 时可以加以利用。

最近，伍德里奇（Wooldridge，2009b）证明了如何用面板数据估计企业层面的生产函数以实施奥莉和帕克斯（Olley and Pakes，1996）、莱文森和佩特琳（Levinsohn and Petrin，2003）模型的参数版本。一般的做法是，以状态变量和代理变量的函数取代不可观测的生产力。当未知函数用多项式近似时，伍德里奇（Wooldridge，2009b）证明了，对不同的方程使用不同的工具，估计问题可构造为两个方程（对于每个时间段）。

14.6.2 不可观测效应模型的最小距离方法

在 11.1.2 节中，我们讨论了张伯伦（Chamberlain，1982，1984）的方法来估计不可观测效应模型 $y_{it}=\mathbf{x}_{it}\boldsymbol{\beta}+c_i$（在本小节我们不会对真值加下标“o”）。不是从方程中消除 c_i，张伯伦用解释变量整个历史上的线性投影取代它。在 11.1.2 节中，我们证明了在 GMM 的框架中如何估计参数。看看张伯伦原始的建议也是有用的，其将使用 CMD 估计参数。

回想一下，我们在线性投影中进行了替代以后，关键方程为：

$$y_{it}=\psi+\mathbf{x}_{i1}\lambda_1+\cdots+\mathbf{x}_{it}(\boldsymbol{\beta}+\lambda_t)+\cdots+\mathbf{x}_{iT}\lambda_T+v_{it} \tag{14.78}$$

其中，

$$\mathrm{E}(v_{it})=0,\ \mathrm{E}(\mathbf{x}_i'v_{it})=\mathbf{0},\quad t=1,2,\cdots,T \tag{14.79}$$

（为了标识简便，我们不会对真实参数加下标“o”。）关于“结构性”参数 $\boldsymbol{\theta}\equiv(\psi,\lambda_i',\cdots,\lambda_T',\ \boldsymbol{\beta}')'$这样一个（$1+TK+K$）$\times 1$ 维的向量，方程（14.78）体现了对它们的约束。为应用 CMD，写出方程

$$y_{it}=\pi_{t0}+\mathbf{x}_i\boldsymbol{\pi}_i+v_{it},\quad t=1,\cdots,T$$

因此，向量 $\boldsymbol{\pi}$ 是 $T(1+TK)\times 1$ 维的。当我们施加约束时，

$$\boldsymbol{\pi}_{t0}=\psi,\ \boldsymbol{\pi}_t=[\lambda_i',\lambda_2',\cdots,(\boldsymbol{\beta}+\lambda_t)',\cdots,\lambda_T']',\quad t=1,\cdots,T$$

因此，对于（$T+T^2K$）$\times$（$1+TK+K$）维矩阵 $\mathbf{H}$，我们可以写出 $\boldsymbol{\pi}=\mathbf{H}\boldsymbol{\theta}$。当$T=2$时，通过施加一个约束 $\boldsymbol{\pi}=(\psi,\boldsymbol{\beta}'+\lambda_1',\lambda_2',\psi,\lambda_1',\boldsymbol{\beta}'+\lambda_2')'$，可以写出 $\boldsymbol{\pi}$，所以

$$\mathbf{H}=\begin{bmatrix}1 & \mathbf{0} & \mathbf{0} & \mathbf{0}\\ \mathbf{0} & \mathbf{I}_K & \mathbf{0} & \mathbf{I}_K\\ \mathbf{0} & \mathbf{0} & \mathbf{I}_K & \mathbf{0}\\ 1 & \mathbf{0} & \mathbf{0} & \mathbf{0}\\ \mathbf{0} & \mathbf{I}_K & \mathbf{0} & \mathbf{0}\\ \mathbf{0} & \mathbf{0} & \mathbf{I}_K & \mathbf{I}_K\end{bmatrix}$$

一旦我们有了$\hat{\boldsymbol{\pi}}$，就可以获得闭型的 CMD 估计；要了解一般情形，请参阅习题 14.7。

在没有施加约束的情形中，我们应该怎样获得估计量向量$\hat{\boldsymbol{\pi}}$？实在是只有一条路，就是对每个时间段的 OLS。条件（14.79）确保 OLS 是一致的、$\sqrt{N}$渐近正态的。为什么不使用方程组的方法，尤其是似无关估计呢？首先，我们不能一般性地假设 $\mathbf{v}_i$ 满足必要的同方差假设，以确保 SUR 比逐个方程的 OLS 更有效，可参阅 11.1.2 节。无论如何，因为同样的回归元出现在每个方程中，且没有在 $\boldsymbol{\pi}_t$ 上施加约束，OLS 和 SUR 是相同的。在条件（14.79）下，可能会使用 $\mathbf{x}_i$ 的非线性函数作为工具的程序是不允许的。

$\text{Avar}\sqrt{N}(\hat{\boldsymbol{\pi}}-\boldsymbol{\pi})$ 的估计量$\hat{\boldsymbol{\Xi}}$是来自第 7 章的系统 OLS 的稳健渐近方差。

$$\hat{\boldsymbol{\Xi}}\equiv\left(N^{-1}\sum_{i=1}^{N}\mathbf{X}_i'\mathbf{X}_i\right)^{-1}\left(N^{-1}\sum_{i=1}^{N}\mathbf{X}_i'\hat{\mathbf{v}}_i\hat{\mathbf{v}}_i'\mathbf{X}_i\right)\left(N^{-1}\sum_{i=1}^{N}\mathbf{X}_i'\mathbf{X}_i\right)^{-1} \tag{14.80}$$

其中 $\mathbf{X}_i=\mathbf{I}_T\otimes(1,\mathbf{x}_i)$ 是 $T\times(T+T^2K)$ 维的，$\hat{\mathbf{v}}_i$是 OLS 残差向量；同样见方程（7.26）。

鉴于具有可加性不可观测效应的线性模型，张伯伦设置中的过度识别检验统计量（14.69）是一个严格外生性假设的检验。从本质上讲，这是在检验，出现在每个时间段的 $\mathbf{x}_t$ 的先导值和滞后值是不是由于非时变不可观测效应 c_i 引起的。过度识别约束的个数是 $(T+T^2K)-(1+TK+K)$。也许并不奇怪，估计 $\boldsymbol{\theta}$ 的最小距离方法渐近等价于我们在 11.1.2 节描述过的 GMM 程序，就像可以从安格里斯特和纽韦（Angrist and Newey，1991）的工作中推导出的一样。

关于 $\boldsymbol{\theta}$ 一个相关假设是，$\lambda_t=0$，$t=1$，…，T。在这一假设下，关于不可观测效应 c_i 与 $\mathbf{x}_{it}$ 无关的随机效应假设对所有 t 成立。我们在第 10 章讨论了这个假设的检验。更一般的检验可以在最小距离设定中获得。首先，用最小距离法估计 $\mathbf{a}\equiv(\psi,\boldsymbol{\beta}')'$，使用方程（14.80）中的$\hat{\boldsymbol{\pi}}$和$\hat{\boldsymbol{\Xi}}$。第二，计算检验统计量（14.71）。张伯伦（Chamberlain，1984）给出了一个经验例子。

最小距离方法可以应用到更复杂的面板数据模型，其中包括一些我们在第 22 章要讨论的期限模型。（参阅汉恩和豪斯曼（Han and Hausman，1990））。范德克劳（van der Klaauw，1996）使用最小距离方法估计了劳动力参与和婚姻状况的一个复杂的动态模型。

14.6.3 含有关于不可观测效应的时变系数的模型

现在，我们将通常的线性模型拓展到允许不可观测异质性的系数随时间变化的模型：

$$y_{it}=\mathbf{x}_{it}\boldsymbol{\beta}+\eta_t c_i+u_{it},\quad t=1,\cdots,T \tag{14.81}$$

其中，含有小 T 和大 N，可以确保把 $\{\eta_t:t=1,\cdots,T\}$ 处理成像 $\boldsymbol{\beta}$ 一样的参数是有道理的。我们仍然可以把 c_i 看做从单元 i 的不可观测变量中随机抽取的样本。这种模型有许多应用。劳动经济学家有时认为，不可观测的“天赋”的回报可能会随时间而改变。比如，那些估计企业层面的生产函数的人，喜欢允许不可观测因素，如管理技能的价值随时间而改变。

因为 c_i 是不可观测的，我们不能在（14.81）中分别识别出 T 个系数。一个方便的标准化是设置 $t=1$ 时的系数为 1：$\eta_1\equiv1$，而且接下来我们将使用它。因此，如果我们寻求估计时变系数——有时也被称为**因子载荷**（factor loads）——那么我们只要估计 η_2，…，η_T。除非另有说明，我们以 c_i 为条件做严格外生性假设

$$\mathrm{E}(u_{it}\mid\mathbf{x}_{i1},\mathbf{x}_2,\cdots,\mathbf{x}_{iT},c_i)=0,\quad t=1,2,\cdots,T \tag{14.82}$$

这是一个我们在第 10 章中经常用于随机效应、固定效应和一阶差分估计的假设。

在讨论 $\boldsymbol{\beta}$ 连同 η_t 一起的估计之前，我们可能会问忽略时变系数的估计量在估计 $\boldsymbol{\beta}$ 时表现如何？毕竟，在一些应用中我们可能主要感兴趣的是 $\boldsymbol{\beta}$，但我们关心忽略了时变载荷会导致传统的方法不一致。如果我们采取随机效应方法，并且假设对所有 t，c_i 与 $\mathbf{x}_{it}$ 无关，那么如果我们仅仅应用第 10 章中的普通 RE 估计量又会发生什么？设 $\mu_c=\mathrm{E}(c_i)$，并把（14.81）写成

$$y_{it}=\alpha_1+\mathbf{x}_{it}\boldsymbol{\beta}+\eta_t d_i+u_{it},\quad t=1,\cdots,T \tag{14.83}$$

其中 $\alpha_t=\eta_t\mu_c$，$d_i=c_i-\mu_c$ 具有零均值。此外，复合误差 $v_{it}\equiv\eta_t d_i+u_{it}$ 与（$\mathbf{x}_{i1}$，$\mathbf{x}_2,\cdots,\mathbf{x}_{iT}$）（也具有零均值）是不相关的。当然，$v_{it}$ 一般都有一个时变方差以及序列相关，这不符合在第 10 章假设 RE. 3 中发现的标准 RE 形式。然而，就像我们在那里以及在第 7 章中了解到的，将可行的 GLS 应用到线性面板数据方程中是一致的，只要误差项 v_{it} 对所有时间段与解释变量 $\mathbf{x}_{it}$ 不相关。关键问题是，应用通常的随机效应估计量到（14.83）中会产生 $\boldsymbol{\beta}$ 的一致估计量，即使我们忽略了 η_t。当然，通常的随机效应方差矩阵估计量是不一致的，因此需要稳健的推断，但那很简单。此外，通常 RE 估计量相对于不约束复合误差方差矩阵的 FGLS 估计量是无效的。如果对 $\{u_{it}\}$ 做标准同方差及序列不相关假设（像往常一样，以 $\mathbf{x}_i$ 为条件），我们可以推导出 $T\times1$ 维向量 $\mathbf{v}_i$ 的方差矩阵，并获得恰当的但是受约束的方差矩阵。顺便说一下，在说我们用随机效应模型估计（14.83）的时候，当务之急是我们必须包括一整套的年度截距项——即，一个综合常数并且 $T-1$ 个时间哑变量——以解释第一项。在这里，我们还找到了在每个时间段有不同截距项的另一个原因。

我们也可以计算通常的固定效应（FE）估计量，当我们允许 c_i 与 $\mathbf{x}_i$ 相关时。标准 FE 估计量是一致的，只要 $\ddot{\mathbf{x}}_{it}$ 与 v_{it} 是不相关的。但根据（14.82），u_{it} 与 $\ddot{\mathbf{x}}_{it}$ 是不相关的，所以关键条件是

$$\mathrm{Cov}(\ddot{\mathbf{x}}_{it},c_i)=\mathbf{0},\quad t=1,\cdots,T \tag{14.84}$$

换句话说，不可观测效应与离差 $\ddot{\mathbf{x}}_{it}=\mathbf{x}_{it}-\bar{\mathbf{x}}_i$ 是不相关的。我们在 11.7.3 节中遇到过类似的情形，那时我们研究了一些假设，即何时通常的 FE 估计量能一致估计在含有随机斜率的模型中的总体平均斜率。

因为（14.84）考虑了 c_i 与 $\mathbf{x}_i$ 之间的相关性，我们可以得出结论，在估计 $\boldsymbol{\beta}$ 时，通常的 FE 估计量对 η_t 的出现具有一定的稳健性。进而，如果对随机趋势模型我们使用扩展的固定效应估计——见 11.7.3 节——那么我们就可用去势协变量取代 $\ddot{\mathbf{x}}_{it}$。那么，c_i 与 $\mathbf{x}_{it}$ 中的潜在水平和趋势相关（只要我们有足够数量的时间段）。

使用通常的随机效应或固定效应估计量（带有一整套时间段哑变量）不允许我们估计 η_t，甚至不允许我们确定 η_t 是否随时间而变化。即使我们感兴趣的只是当允许 c_i 与 $\mathbf{x}_i$ 相关时的 $\boldsymbol{\beta}$，能够检测出时变的因素载荷是很重要的，因为（14.84）不完全是一般的情形。有一个简单的检验是非常有用的，即 H_0：$\eta_2=\eta_3=\cdots=\eta_T=1$，其针对时变系数的备择假设是具有一些检验势的。然后我们就可以判断是否可能需要一个更复杂的估计方法。

如果我们设定了 c_i 与 $\mathbf{x}_i$ 之间的一个特定关系，我们可以使用线性估计方法计算得到一个简单的变量添加检验。我们使用我们在第 10 章中介绍过的芒德拉克（Mundlak，1978）假设：

$$c_i=\psi+\bar{\mathbf{x}}_i\boldsymbol{\xi}+a_i \tag{14.85}$$

那么

$$y_{it}=\eta_t\psi+\mathbf{x}_{it}\boldsymbol{\beta}+\eta_t\bar{\mathbf{x}}_i\boldsymbol{\xi}+\eta_t a_i+u_{it}=\alpha_t+\mathbf{x}_{it}\boldsymbol{\beta}+\bar{\mathbf{x}}_i\boldsymbol{\xi}+\lambda_t\bar{\mathbf{x}}_i\boldsymbol{\xi}+a_i+\lambda_t a_i+u_{it} \tag{14.86}$$

其中，对所有的 t，$\lambda_t=\eta_t-1$。在零假设下，$\lambda_t=0$，$t=2$，…，T。注意，如果我们施加一个零假设，则由此产生的模型是线性的，我们可以用跨 t 和 i 的 y_{it} 对 1，$d2_t$，…，dT_t，$\mathbf{x}_{it}$，$\bar{\mathbf{x}}_i$ 的混合 OLS 估计它，其中，dr_t 是时间哑变量。正如我们在 10.7.2 节中讨论过的，$\boldsymbol{\beta}$ 的估计通常使用固定效应估计量。对我们当前的目的更重要的是，我们获得了 $\boldsymbol{\xi}$ 的估计，可称之为 $\hat{\boldsymbol{\xi}}$。下面的变量添加检验可以从非线性回归背景下的得分原则中推导出来；我们可以直接从公式（14.86）中使用一个非正式推导。如果 λ_t 不为 0，则在时间 t 的 $\bar{\mathbf{x}}_i\boldsymbol{\xi}$ 的系数不为 1，也就是 $\bar{\mathbf{x}}_i\boldsymbol{\xi}$ 在 $t=1$ 时的系数。因此，我们添加交互项 $dr_t(\bar{\mathbf{x}}_i\hat{\boldsymbol{\xi}})$（其中 $r=2$，…，T）到固定效应估计中。也就是说，我们构造辅助方程

$$\begin{aligned}y_{it}=&\alpha_1+\alpha_2 d2_t+\cdots+\alpha_T dT_t+\mathbf{x}_{it}\boldsymbol{\beta}+\lambda_2 d2_t(\bar{\mathbf{x}}_i\hat{\boldsymbol{\xi}})+\cdots\\&+\lambda_T dT_t(\bar{\mathbf{x}}_i\hat{\boldsymbol{\xi}})+error_{it}\end{aligned} \tag{14.87}$$

用标准的固定效应估计这个方程，并检验 $T-1$ 项 $d2_t(\bar{\mathbf{x}}_i\hat{\boldsymbol{\xi}})$，…，$dT_t(\bar{\mathbf{x}}_i\hat{\boldsymbol{\xi}})$ 的联合显著性。（FE 估计量中将会舍掉 $\bar{\mathbf{x}}_i\hat{\boldsymbol{\xi}}$ 项，所以我们干脆省略它。）请注意，$\bar{\mathbf{x}}_i\hat{\boldsymbol{\xi}}$ 是一个标量，所以检验有 $T-1$ 个自由度。一如往常，使用完全稳健的检验是比较审慎的（虽然在零假设下，$\lambda_t a_i$ 从误差项中消失了）。

对这个检验有几个评语如下。首先，虽然我们使用芒德拉克装置（14.85）获得该检验，但它并不是非要代表实际的线性投影不可，因为我们仅添加了一些项到固定效应估计量中。在零假设下，我们并不需要约束 c_i 与 $\mathbf{x}_i$ 的关系。当

然，这种选择可能会影响检验的势。第二，只有当 $\boldsymbol{\xi}\neq 0$ 时检验才有意义；特别是，它不能用在随机效应环境中。第三，拒绝零假设并不一定意味着 $\boldsymbol{\beta}$ 通常的 FE 估计量不一致：假设（14.84）仍然可以成立。事实上，在添加了交互项时 $\boldsymbol{\beta}$ 估计中的变化可能意味着对于时变的 η_t 的解释是否有可能是重要的。

遗憾的是，当我们拒绝常数 η_t——就是说 $\lambda_t\neq 0$——我们不能简单地从（14.87）中使用 $\boldsymbol{\beta}$ 的估计，即使在（14.85）中也是如此。原因是在零假设下已经得到了 $\hat{\boldsymbol{\xi}}$ 的估计，所以在备择假设下 $\hat{\boldsymbol{\xi}}$ 一般不会是关于 $\boldsymbol{\xi}$ 一致的。如果我们施加上（14.85）感觉很舒适，那么我们可以使用最小距离估计计算（14.86）。第一阶段的估计是线性估计，以及各个截距项和 $\boldsymbol{\beta}$，在时间平均 $\bar{\mathbf{x}}_i$ 上的 T 个不同的系数向量，比如说 $\boldsymbol{\xi}_t$。实施了混合 OLS 估计后，我们可以施加约束 $\boldsymbol{\xi}_t=\eta_t\boldsymbol{\xi}$，$t=1$，…，$T$。我们也可以应用 GMM。这就成为一种非线性 GMM 的问题，因为方程关于参数 λ_t 与 $\boldsymbol{\xi}$ 是非线性的，但可以使用我们在 14.1 节开发的 GMM 理论。如果我们不想使用过度识别约束（那将是来自对于所有 r 和 t 都有 $\mathbf{x}_{ir}$ 与误差 $(1+\lambda_t)a_i+u_{it}$ 无关的假设），我们可以用非线性最小二乘法直接估计（14.86）。或者，我们可以使用张伯伦设置且用 $\mathbf{x}_i\boldsymbol{\zeta}$ 取代 $\bar{\mathbf{x}}_i\boldsymbol{\xi}$，其中 $\boldsymbol{\zeta}$ 是 $TK\times 1$ 维的。这就不会施加任何约束到 c_i 与 $\mathbf{x}_i$ 的关系上了。

通常情形中，当我们要允许 c_i 与 $\mathbf{x}_i$ 任意相关，可以直接从（14.81）中进行运算，并消去 c_i。有几种方法可以做到这一点。如果我们认为所有的 η_t 都异于 0，那么我们可以使用一个准差分方法来消去 c_i。特别是，对 $t>2$，我们可以用 η_t/η_{t-1} 乘以 $t-1$ 个方程，并从时间 t 的方程中减去这一结果，即：

$$
\begin{aligned}
y_{it}-(\eta_t/\eta_{t-1})y_{i,t-1}&=[\mathbf{x}_{it}-(\eta_t/\eta_{t-1})\mathbf{x}_{i,t-1}]\boldsymbol{\beta}+[\eta_t c_i-(\eta_t/\eta_{t-1})\eta_{t-1}c_i]\\
&\quad+[u_{it}-(\eta_t/\eta_{t-1})u_{i,t-1}]\\
&=[\mathbf{x}_{it}-(\eta_t/\eta_{t-1})\mathbf{x}_{i,t-1}]\boldsymbol{\beta}+[u_{it}-(\eta_t/\eta_{t-1})u_{i,t-1}],\\
&\quad t\geqslant 2
\end{aligned}
$$

我们定义 $\theta_t=\eta_t/\eta_{t-1}$，整理得

$$
y_{it}-\theta_t y_{i,t-1}=(\mathbf{x}_{it}-\theta_t\mathbf{x}_{i,t-1})\boldsymbol{\beta}+e_{it},\quad t=2,\cdots,T \tag{14.88}
$$

其中 $e_{it}\equiv u_{it}-\theta_t u_{i,t-1}$。在严格外生性假设下，$e_{it}$ 与 $\mathbf{x}_i$ 的每一个元素是不相关的，所以我们可以应用 GMM 到（14.88）中去估计 $\boldsymbol{\beta}$ 和（θ_2，…，θ_T）。再次，这需要使用非线性 GMM 方法，而 e_{it} 通常会序列相关。如果我们不施加约束到 $\mathbf{u}_i$ 的二阶矩矩阵，那么我们将不能使用 $\mathbf{e}_i$ 的二阶矩的任何信息；在初始估计后，我们将（最终）使用一个无约束加权矩阵。

在每个时间段使用所有 $\mathbf{x}_i$ 会导致太多过度识别约束。比如，在 t 时刻，我们可能会使用 $\mathbf{z}_{it}=(\mathbf{x}_{it},\mathbf{x}_{i,t-1})$，然后工具矩阵 $\mathbf{Z}_i$（有 $T-1$ 行）将是 $\mathrm{diag}(\mathbf{z}_{i2},\cdots,\mathbf{z}_{iT})$。可以通过选择加权矩阵 $\left(N^{-1}\sum_{i=1}^{N}\mathbf{Z}_i'\mathbf{Z}_i\right)^{-1}$ 得到一个初始的一致估计量，正如第 8 章中的系统 2SLS 估计一样。那么可以估计出最优加权矩阵。阿恩、李和施密特（Ahn，Lee，and Schmidt，2002）提供了进一步的讨论。

如果 $\mathbf{x}_{it}$ 包含序贯但非严格外生解释变量——诸如一个滞后因变量——在时间 t 的工具只能从 $\{\mathbf{x}_{i,t-1},\cdots,\mathbf{x}_{i1}\}$ 中选择，就像在 11.6.1 节中那样。霍尔茨-埃金、纽韦和罗森（Holtz-Eakin，Newey，and Rosen，1988）明确考虑了带有滞后因变量的模型。

可以使用其他变换。例如，在时间 $t\geqslant 2$，我们可以使用方程

$$\eta_{t-1}y_{it}-\eta_t y_{i,t-1}=(\eta_{t-1}\mathbf{x}_{it}-\eta_t\mathbf{x}_{i,t-1})\boldsymbol{\beta}+e_{it}\quad t=2,\cdots,T$$

其中现在 $e_{it}=\eta_{t-1}u_{it}-\eta_t u_{i,t-1}$。这个方程在对一些 t 允许 $\eta_t=0$ 时有优势。对工具可以做相同的选择，这取决于 $\{\mathbf{x}_{it}\}$ 是严格还是序贯外生的。

习　题

14.1　考察方程组（14.34）与方程组（14.35）。

a. 你如何利用单方程方法估计方程（14.35）？请给出从简单到复杂的几种可能性。阐述与渐近方差估计或各种估计量的有效性相关的任意附加假设。

b. 如果 $\gamma_1=0$，方程（14.34）是可识别的吗？

c. 现在假定 $\gamma_3=0$，因而，方程（14.35）中的参数可以由 OLS 来一致估计。设 $\hat{y}_2$ 表示 OLS 的拟合值。请解释，当 $\gamma_1\neq 0$ 且 $\gamma_2\neq 1$ 时，为什么

$$y_1=\mathbf{x}_1\boldsymbol{\delta}_1+\gamma_1\hat{y}_2^{\gamma_2}+error$$

的非线性最小二乘法估计并没有一致地估计出 $\boldsymbol{\delta}_1$，γ_1 以及 γ_2。

14.2　考察下面关于参数为非线性的劳动力供给函数：

$$hours=\mathbf{z}_1\boldsymbol{\delta}_1+\gamma_1(wage^{\rho_1}-1)/\rho_1+u_1,\mathrm{E}(u_1|\mathbf{z})=0$$

其中 $\mathbf{z}_1$ 包含 1，并且 $\mathbf{z}$ 表示全部外生变量的集合。

a. 证明，这个模型包括变量—变量（level-level）与变量—对数（level-log）模型作为其特殊情形。[提示：对于 $w>0$，当 $\rho\to 0$ 时，$(w^{\rho}-1)/\rho\to\log(w)$。]

b. 你如何检验 H_0：$\gamma_1=0$？（此处，要小心谨慎；在 H_0 下，ρ_1 不能被一致地估计出来。）

c. 假定 $\gamma_1\neq 0$，如果 $\mathrm{Var}(u_1\mid\mathbf{z})=\sigma_1^2$，那么你如何估计这个方程呢？如果 $\mathrm{Var}(u_1\mid\mathbf{z})$ 不为常数，结果会怎样呢？

d. 求残差函数关于 $\boldsymbol{\delta}_1$，γ_1 以及 ρ_1 的梯度。[提示：回忆一下，w^{ρ} 关于 ρ 的导数是 $w^{\rho}\log(w)$。]

e. 请解释如何获得 H_0：$\rho_1=1$ 的得分检验。

14.3　利用定理 14.3 证明，基于条件矩约束（14.60）的最优工具变量是由式（14.63）给出的。

14.4　a. 证明，在第 12 章的假设 WNLS.1 至假设 WNLS.3 下，加权 NLS 估计量具有等于基于正交性条件 $\mathrm{E}[(y_i-m(\mathbf{x}_i,\boldsymbol{\beta}_o))\mid\mathbf{x}_i]=0$ 的有效 IV 估计

量的渐近方差。

b. 什么时候，$\boldsymbol{\beta}_o$的非线性最小二乘法估计量可以达到 a 部分中所推导出来的有效界？

c. 除了 $\mathrm{E}(y \mid \mathbf{x})=m(\mathbf{x},\boldsymbol{\beta}_o)$ 之外，假定对于某一个 $\sigma_o^2>0$，你可以使用约束 $\mathrm{Var}(y \mid \mathbf{x})=\sigma_o^2$。写出用于估计 $\boldsymbol{\beta}_o$与 σ_o^2 的两个条件矩约束。什么是有效工具呢？

14.5 当 $T=3$ 时，写出 $\boldsymbol{\theta}$，$\boldsymbol{\pi}$ 以及矩阵 $\mathbf{H}$，使得不可观测效应面板数据模型的张伯伦方法中 $\boldsymbol{\pi}=\mathbf{H}\boldsymbol{\theta}$。

14.6 设$\hat{\boldsymbol{\pi}}$与$\tilde{\boldsymbol{\pi}}$表示$\boldsymbol{\pi}_o$的两个一致估计量，满足 $\mathrm{Avar}\sqrt{N}(\hat{\boldsymbol{\pi}}-\boldsymbol{\pi}_o)=\boldsymbol{\Xi}_o$且 $\mathrm{Avar}\sqrt{N}(\tilde{\boldsymbol{\pi}}-\boldsymbol{\pi}_o)=\boldsymbol{\Lambda}_o$。设 $\hat{\boldsymbol{\theta}}$ 表示基于$\hat{\boldsymbol{\pi}}$的 CMD 估计量，而设 $\tilde{\boldsymbol{\theta}}$ 表示基于 $\tilde{\boldsymbol{\pi}}$ 的 CMD 估计量，其中 $\boldsymbol{\pi}_o=\mathbf{h}(\boldsymbol{\theta}_o)$。证明，如果 $\boldsymbol{\Lambda}_o-\boldsymbol{\Xi}_o$ 是半正定的，那么 $\mathrm{Avar}\sqrt{N}(\tilde{\boldsymbol{\theta}}-\boldsymbol{\theta}_o)-\mathrm{Avar}\sqrt{N}(\hat{\boldsymbol{\theta}}-\boldsymbol{\theta}_o)$ 也是半正定的。（提示：两次使用下述事实：对于两个正定矩阵 $\mathbf{A}$ 与 $\mathbf{B}$ 来说，$\mathbf{A}-\mathbf{B}$ 是半正定的，当且仅当 $\mathbf{B}^{-1}-\mathbf{A}^{-1}$是半正定的。）

14.7 证明，当从 $\boldsymbol{\theta}_o$到 $\boldsymbol{\pi}_o$的映射是线性的时候，对于满足秩$(\mathbf{H})=P$ 的一个已知的$S\times P$ 维矩阵 $\mathbf{H}$，$\boldsymbol{\pi}_o=\mathbf{H}\boldsymbol{\theta}_o$，则 CMD 估计量 $\hat{\boldsymbol{\theta}}$ 是

$$\hat{\boldsymbol{\theta}}=(\mathbf{H}'\hat{\boldsymbol{\Xi}}^{-1}\mathbf{H})^{-1}\mathbf{H}'\hat{\boldsymbol{\Xi}}^{-1}\hat{\boldsymbol{\pi}} \tag{14.89}$$

式（14.89）看起来像利用方差矩阵$\hat{\boldsymbol{\Xi}}$在 $\mathbf{H}$ 上的$\hat{\boldsymbol{\pi}}$的广义最小二乘法（GLS）估计量，这种表面上的相似性促使一些人把最小卡方估计量称为“广义最小二乘法”（GLS）估计量。遗憾的是，由于$\hat{\boldsymbol{\pi}}$与 $\mathbf{H}$ 不是行维数 S 随 N 而增大那样的数据向量，所以 CMD 与 GLS 之间的联系是错误的。最小卡方估计量的渐近性质并不服从 GLS 的那些性质。

14.8 在习题 13.9 中，假定你把 y_0的无条件分布建模成为 $f_0(y_0;\boldsymbol{\theta})$，它至少依赖于 $f_t(y_t \mid y_{t-1};\boldsymbol{\theta})$ 中所出现的 $\boldsymbol{\theta}$ 的某些元素。讨论极大似然法中利用 $f_0(y_0;\boldsymbol{\theta})$ 以及 $f_t(y_t \mid y_{t-1};\boldsymbol{\theta})$ 的优缺点，$t=1，2，\cdots，T$。

14.9 验证，在假设 RE.1 至假设 RE.3 下，对于线性不可观测效应模型来说，就固定效应（$\hat{\boldsymbol{\theta}}_2$）与随机效应（$\hat{\boldsymbol{\theta}}_1$）估计量而言，引理 14.1 的条件成立，且 $\rho=\sigma_u^2$。[提示：为了清楚起见，引入横截面下标 i 是有益的。于是，$\mathbf{A}_1=\mathrm{E}(\check{\mathbf{X}}_i'\check{\mathbf{X}}_i)$，其中$\check{\mathbf{X}}_i=\mathbf{X}_i-\lambda\mathbf{j}_T\bar{\mathbf{x}}_i$；而 $\mathbf{A}_2=\mathrm{E}(\ddot{\mathbf{X}}_i'\ddot{\mathbf{X}}_i)$，其中$\ddot{\mathbf{X}}_i=\mathbf{X}_i-\mathbf{j}_T\bar{\mathbf{x}}_i$；$\mathbf{s}_{i1}=\check{\mathbf{X}}_i'\mathbf{r}_i$，其中 $\mathbf{r}_i=\mathbf{v}_i-\lambda\mathbf{j}_T\bar{v}_i$；而 $\mathbf{s}_{i2}=\ddot{\mathbf{X}}_i'\mathbf{u}_i$；更多的记号可以参阅第 10 章。你应该证明，$\ddot{\mathbf{X}}_i'\mathbf{u}_i=\ddot{\mathbf{X}}_i'\mathbf{r}_i$，然后，证明$\check{\mathbf{X}}_i'\check{\mathbf{X}}_i=\ddot{\mathbf{X}}_i'\ddot{\mathbf{X}}_i$。]

14.10 考虑在严格外生假设条件（14.82）下（14.81）中的模型。另外，假设 $\mathrm{E}(c_i \mid \mathbf{x}_i)=0$（这样 $\mathbf{x}_{it}$会包括一整套时间哑变量，但我们不明确地把它们展示出来）。

a. 如果 $v_{it}=\eta_t c_i+u_{it}$，证明 $\mathrm{E}(v_{it} \mid \mathbf{x}_i)=0$，$t=1，\cdots，T$。

b. 假设 $\mathrm{Var}(\mathbf{u}_i \mid \mathbf{x}_i,c_i)=\sigma_u^2\mathbf{I}_T$，$\mathrm{Var}(c_i \mid \mathbf{x}_i)=\sigma_c^2$。求 $\mathrm{Var}(v_{it})$ 和 $\mathrm{Cov}(v_{it},v_{is})$，$t\neq s$。

c. 在 a、b 部分的条件下，提出一个比通常的随机效应估计量更渐近有效的估计量。

14.11　考虑一个多元回归模型关于参数非线性，

$$\mathbf{y}_i=\mathbf{X}_i\mathbf{g}(\boldsymbol{\theta}_o)+\mathbf{u}_i,\ \mathrm{E}(\mathbf{u}_i|\mathbf{X}_i)=\mathbf{0}$$

其中 $\mathbf{y}_i$ 是 $G\times1$ 维的，$\mathbf{X}_i$ 是 $G\times K$ 维的，$\mathbf{g}$：$\mathbb{R}^P\to\mathbb{R}^K$ 是连续可微的。解释怎样用 CMD 估计 $\boldsymbol{\theta}_o$。

附录 14A

引理 14.1 的证明　已知条件（14.49），一个 $P\times P$ 维的矩阵 $\mathbf{A}_1=(1/\rho)\mathrm{E}(\mathbf{s}_1\mathbf{s}_1')$，同时

$$\mathbf{V}_1=\mathbf{A}_1^{-1}\mathrm{E}(\mathbf{s}_1\mathbf{s}_1')\mathbf{A}_1^{-1}=\rho^2[\mathrm{E}(\mathbf{s}_1\mathbf{s}_1')]^{-1}$$

其中，为了记号简单，我们省略了自变量 $\mathbf{w}$。其次，在条件（14.56）下，$\mathbf{A}_2=(1/\rho)\mathrm{E}(\mathbf{s}_2'\mathbf{s}_1)$，从而，

$$\mathbf{V}_2=\mathbf{A}_2^{-1}\mathrm{E}(\mathbf{s}_2\mathbf{s}_1')(\mathbf{A}_2')^{-1}=\rho^2[\mathrm{E}(\mathbf{s}_2\mathbf{s}_1')]^{-1}\mathrm{E}(\mathbf{s}_2\mathbf{s}_2')[\mathrm{E}(\mathbf{s}_1\mathbf{s}_2')]^{-1}$$

现在，我们使用标准的结果：$\mathbf{V}_2-\mathbf{V}_1$ 是半正定的，当且仅当 $\mathbf{V}_1^{-1}-\mathbf{V}_2^{-1}$ 是半正定的。但是，一旦舍弃 ρ^2 项（它只是一个正的常数），我们有

$$\mathbf{V}_1^{-1}-\mathbf{V}_2^{-1}=\mathrm{E}(\mathbf{s}_1\mathbf{s}_1')-\mathrm{E}(\mathbf{s}_1\mathbf{s}_2')[\mathrm{E}(\mathbf{s}_2\mathbf{s}_2')]^{-1}\mathrm{E}(\mathbf{s}_2\mathbf{s}_1')\equiv\mathrm{E}(\mathbf{r}_1\mathbf{r}_1')$$

其中 $\mathbf{r}_1$ 表示出自 $\mathbf{s}_1$ 对 $\mathbf{s}_2$ 的 $P\times1$ 维总体回归残差。由于 $\mathrm{E}(\mathbf{r}_1\mathbf{r}_1')$ 一定是半正定的，所以这一步就完成了证明。

·经/济/科/学/译/丛·

Econometric Analysis of Cross Section and Panel Data

(Second Edition)

横截面与面板数据的计量经济分析

（第二版）下册

杰弗里·M·伍德里奇（Jeffrey M. Wooldridge） 著

胡棋智 胡江华 王忠玉 译

中国人民大学出版社

·北京·

《经济科学译丛》编辑委员会

目　录

第Ⅳ篇　非线性模型与相关专题

第Ⅳ篇 非线性模型与相关专题

现在，我们把第Ⅲ篇中的一般方法应用到在实际运用中经常产生的一些特定非线性模型研究上。许多非线性计量经济模型的目的是解释受限因变量。粗略地讲，一个**受限因变量**（limited dependent variable）是其取值范围以某些重要的方式受约束的变量。在经济学中所遇到的大部分变量是处于限定的范围之内，但是，并不是所有的情形都需要特殊处理。例如，许多变量——如工资、人口以及食品消费等，仅举这几个例子——仅仅取正值。如果一个严格为正的变量取很多值，那么几乎不需要特殊的计量经济工具。人们常常对变量取对数，然后使用一个线性模型就行了。

当被解释变量 y 是离散的且取有限多个值时，把它处理成一种近似连续的变量就没什么道理。y 的离散性在本质上并不意味着 $\mathrm{E}(y \mid x)$ 的一个线性模型是不合适的。然而，在第 15 章我们将看到，对于二值响应建模而言，一些线性模型具有某些缺点，同时我们将处理一些诸如 probit 与 logit 的非线性模型。我们在第 16 章还涉及一些基本的多项响应模型，包括响应具有一个自然排序的情形。

特别是，当对个体、家庭或者厂商所做的选择建模时，在计量经济分析中会产生其他类型的受限因变量。最优化行为经常导致关于总体的某个不可忽略部分的角点解。例如，在任意给定时间内，处于工作年龄段的人口的一个相当大部分不会在家庭外工作。一年工作小时数在取值范围上具有一个总体分布，但是在零值处有一个堆积。可能当一个线性模型适合于对期望工作小时数建模时，另一个线性模型将有可能导致对一些人预测出负的工作小时数。由于角点解位于零处，所以取自然对数是不行的。在第 17 章，我们将讨论更适合于描述这类受限因变量的计量经济模型。

在第 18 章，我们将涉及计数、分数和其他非负响应变量。我们的重点放在条件均值的估计上，因此聚焦于不需要特定分布假设的估计方法上（虽然在准极大似然分析中它们会名义上设定一个分布）。

在第 19 章，我们转向研究与缺失数据有关的几个问题，包括数据截取、样本选择及损耗。我们可能是首次遇到这样的情形：我们不得不使用一些出现在潜在总体模型中的所有变量的非随机样本。第 20 章处理附加的抽样问题，包括分层抽样与整群抽样。

第 21 章考虑了处理效应的估计，在那里我们明确介绍了对于当代文献而言非常基本的一个反事实设置。这一章揭示了如何将转换回归模型与随机系数模型（含内生解释变量）拟合进处理效应框架。第 22 章以对现代期限分析的介绍作为全书的结尾。

第 15 章 二值响应模型

15.1 简　介

在二值响应模型中，需要解释的变量 y 是一个这样的随机变量，它取值 0 与 1，以此表示某一个事件是否发生。例如，如果一个人被雇佣，那么 $y=1$，否则 $y=0$；如果一个家庭在某个特殊年份致力于慈善事业，那么 $y=1$，否则 $y=0$；如果一家公司拥有一个特殊类型的养老金项目，那么 $y=1$，否则 $y=0$。不管 y 所定义的内容怎样，习惯做法是，当成功时，用 $y=1$ 表示，而当失败时，用 $y=0$ 表示。

如同在线性模型情形中一样，我们经常称 y 为被解释变量、响应变量因变量或者内生变量，而称 $\mathbf{x}\equiv(x_1,x_2,\cdots,x_K)$ 为解释变量向量、回归元、自变量、外生变量或者协变量。

在二值响应模型中，对于 $\mathbf{x}$ 的各种值，关注的内容主要是**响应概率**（response probability）：

$$p(\mathbf{x})\equiv \mathrm{P}(y=1|\mathbf{x})=\mathrm{P}(y=1|x_1,x_2,\cdots,x_K) \tag{15.1}$$

例如，当 y 表示一个就业指示符时，那么 $\mathbf{x}$ 可以包含影响就业状况的因素，诸如教育、年龄、婚姻状况以及其他因素，比如，二值指示符表示是否参与最近的在职培训项目或对过去犯罪行为的测量。

对于一个连续变量 x_j，x_j 对响应概率的偏效应是

$$\frac{\partial \mathrm{P}(y=1|\mathbf{x})}{\partial x_j}=\frac{\partial p(\mathbf{x})}{\partial x_j} \tag{15.2}$$

当用 Δx_j 去乘式（15.2）时，式（15.2）给出了当 x_j 增加 Δx_j，且一旦保持所有其他变量固定不变（对于“很小”的 Δx_j）时，$\mathrm{P}(y=1\mid\mathbf{x})$ 上的近似变动。

当然，比如说，如果对于某些变量 z（例如，z 可以表示工作经验）$x_1 \equiv z$ 且 $x_2 \equiv z^2$，那么我们会对 $\partial p(\mathbf{x})/\partial z$ 感兴趣。

如果 x_K 是一个二值变量，那么关注的内容为

$$p(x_1, x_2, \cdots, x_{K-1}, 1) - p(x_1, x_2, \cdots, x_{K-1}, 0) \tag{15.3}$$

它表示当 $x_K = 1$ 与 $x_K = 0$ 时响应概率之差。对于我们所考虑的大多数模型来说，无论变量 x_j 是连续的还是离散的，x_j 对 $p(\mathbf{x})$ 的偏效应依赖于 $\mathbf{x}$ 的所有分量。

在研究二值响应模型时，我们需要回想起，有关伯努利（0—1）随机变量的一些基本事实。这里的内容和基础统计学中在设置上的唯一差别是以 $\mathbf{x}$ 为条件的。如果 $\mathrm{P}(y=1 \mid \mathbf{x}) = p(\mathbf{x})$，那么 $\mathrm{P}(y=0 \mid \mathbf{x}) = 1 - p(\mathbf{x})$，$\mathrm{E}(y \mid \mathbf{x}) = p(\mathbf{x})$，而且 $\mathrm{Var}(y \mid \mathbf{x}) = p(\mathbf{x})[1 - p(\mathbf{x})]$。

15.2 二值响应的线性概率模型

二值响应 y 的**线性概率模型**（linear probability model，LPM）被设定为

$$\mathrm{P}(y=1 | \mathbf{x}) = \beta_0 + \beta_1 x_1 + \beta_2 x_2 + \cdots + \beta_K x_K \tag{15.4}$$

像通常那样，x_j 可以是潜在解释变量的函数，这样仅会改变 β_j 的解释。一旦假定 x_1 在函数关系上不与其他解释变量相关，则 $\beta_1 = \partial \mathrm{P}(y=1 | \mathbf{x})/\partial x_1$。因此，$\beta_1$ 表示给定 x_1 上增加一个单位时成功概率的变化。如果 x_1 是一个二值解释变量，那么 β_1 表示当 $x_1 = 1$ 与 $x_1 = 0$ 且其他 x_j 固定不变时成功概率之差。

在自变量中使用像二次项、对数等函数不会引起新的困难。重要的一点是，β_j 现在测量了解释变量 x_j 对特殊概率的效应。

在决定如何选定适当的估计技术时，推导 y 的条件均值与条件方差是十分有用的。由于 y 是一个伯努利随机变量，所以这些内容正是

$$\mathrm{E}(y | \mathbf{x}) = \beta_0 + \beta_1 x_1 + \beta_2 x_2 + \cdots + \beta_K x_K \tag{15.5}$$

$$\mathrm{Var}(y | \mathbf{x}) = \mathbf{x}\boldsymbol{\beta}(1 - \mathbf{x}\boldsymbol{\beta}) \tag{15.6}$$

其中 $\mathbf{x}\boldsymbol{\beta}$ 表示式（15.5）右边的简称。

式（15.5）蕴涵着，给定一个随机样本，y 对 1，x_1，x_2，…，x_K 的 OLS 回归产生了 β_j 的一致甚至是无偏估计量。式（15.6）意味着，异方差是存在的，除非所有斜率系数 β_1，…，β_K 都为 0。处理这一问题的良好方法是使用标准异方差性稳健标准误与 t 统计量。进一步地，还应当利用多重约束的稳健检验。存在着可以使用通常 F 统计量的情形，此时可对所有变量的联合显著性进行检验（同时令常数是无约束的）。由于在这种特殊的零假设下，$\mathrm{Var}(y \mid \mathbf{x})$ 是一个常数，所以此检验是渐近有效的。

如果我们根据 $\mathrm{P}(y=1 \mid \mathbf{x})$ 是方程（15.4）给定的这一假设进行运算，那

么，我们可以通过应用加权最小二乘（WLS）获得一个更有效的渐近估计量。设$\hat{\boldsymbol{\beta}}$表示 OLS 估计量，而且设$\hat{y}_i$表示 OLS 拟合值。于是，倘若对于所有观测值 i，$0<\hat{y}_i<1$，则把所估计的标准差定义为$\hat{\sigma}_i \equiv [\hat{y}_i(1-\hat{y}_i)]^{1/2}$。于是，WLS 估计量 $\boldsymbol{\beta}^*$ 是从

$$y_i/\hat{\sigma}_i \quad 对 \quad 1/\hat{\sigma}_i, x_{i1}/\hat{\sigma}_i, \cdots, x_{iK}/\hat{\sigma}_i, \quad i=1,2,\cdots,N \tag{15.7}$$

的 OLS 回归中得到的。正如在第 12 章对加权最小二乘法的研究中所获得的结果，出自此回归的通常标准误是有效的。此外，所有其他检验都可以利用 F 统计量或者利用加权回归的 LM 统计量来实施。

如果某些 OLS 拟合值没有位于 0 与 1 之间，那么 WLS 分析在没有将偏离的拟合值以特殊的方式调整到单位区间上时是不能奏效的。进而，由于 OLS 拟合值$\hat{y}_i$是条件概率 $\mathrm{P}(y_i=1 \mid \mathbf{x}_i)$ 的估计值，如果所预测的概率是负的或大于 1，那么这就有点难以处理。

除了拟合值位于单位区间之外的问题，LPM 蕴涵着不管 x_j 的初始值如何，x_j 在其他条件不变情况下增加单位长度会改变 $\mathrm{P}(y=1 \mid \mathbf{x})$ 同等的数量。LPM 的这个特征在字面上是不能成立的，因为将 x_j 中的某一个连续地增大最终会导致 $\mathrm{P}(y=1 \mid \mathbf{x})$ 小于 0 或者大于 1。

一个明智的态度是仅仅将 LPM 视为 y 在解释变量上的线性投影。从第 2 章中回忆一下，在 $\mathbf{x}$ 的线性函数中线性投影提供了最好的最小二乘拟合（尽管 $\mathbf{x}$ 本身可能包括潜在解释变量的非线性函数）。如果我们在这个场景中进行运算，LPM 的 OLS 估计是有吸引力的，因为它一致地估计了线性投影中的参数。WLS 估计量可以被视为一个在加权变量上的线性投影，加权变量可能不会多么有意思，特别是因为如果（15.4）不成立时就不能从 $\mathrm{Var}(y \mid \mathbf{x})$ 中得到权重。

如果估计一个二值响应模型的主要意图是通过在 $\mathbf{x}$ 的分布上进行平均，近似估计出解释变量的偏效应，那么 LPM 通常能做得非常好。（关于它表现得有多好的一些证据，可以通过比较 OLS 系数和来自我们在 15.3 节中将转向的非线性模型的平均偏效应得到。）一些预测的概率处于单元区间外的事实不必严重关注。但是不能保证 LPM 提供关于许多不同协变量值的偏效应的良好估计，特别是对于 $\mathbf{x}$ 的极端值。

例 15.1（已婚妇女劳动力参与） 我们使用 MROZ.RAW 中的数据估计已婚妇女劳动参与（*inlf*）的线性概率模型。样本中有 753 名妇女，428 名报告在一年期间具有非零工作小时数。我们用于解释劳动参与的变量是年龄、教育、工作经验、以千元计的非妻子收入（*nwifeinc*）、年龄小于 6 岁的孩子数量（*kidslt6*）以及年龄在 6～18 岁之间的孩子数量（*kidsge6*）；606 名妇女报告没有孩子，而 118 名妇女报告恰好只有一个孩子。通常 OLS 标准误表示在圆括号之中，而异方差性稳健标准误位于方括号之中：

$$\begin{aligned}\widehat{inlf} = \underset{\substack{(0.154)\\ [0.151]}}{0.586} - \underset{\substack{(0.001\,4)\\ [0.001\,5]}}{0.003\,4}\, nwifeinc + \underset{\substack{(0.007)\\ [0.007]}}{0.038}\, educ + \underset{\substack{(0.006)\\ [0.006]}}{0.039}\, exper - \underset{\substack{(0.000\,18)\\ [0.000\,19]}}{0.000\,60}\, exper^2\end{aligned}$$

$$
\begin{array}{lll}
-\ 0.016\ age - 0.262\ kidslt6 + 0.013\ kidsge6 \\
(0.002) & (0.034) & (0.013) \\
[0.002] & [0.032] & [0.013] \\
N=753, R^2=0.264
\end{array}
$$

除了 *kidsge*6 以外，其余所有系数都具有合理的符号，且都在统计上显著，*kidsge*6 既不在统计上显著，又不在实践上很重要。*nwifeinc* 上的系数意味着，如果非妻子收入增加 10（10 000 美元），那么成为劳动力的概率预计会下降 0.034。这是很小的影响，因为已知 1975 年收入增加 10 000 美元在此样本中是一个非常大的数目。(*nwifeinc* 的平均值大致是 20 129 美元，其标准差为 11 635 美元。）一旦拥有多于一个小孩子，$inlf=1$ 的概率估计会减少 0.262，这是一个相当大的影响。

753 个拟合概率中的 33 个位于单位区间之外。与其对那 33 个拟合值加以某种调整并应用加权最小二乘法，我们不如使用 OLS 并报告异方差性稳健标准误。有意思的是，这些与通常 OLS 标准误在实践上不重要的方面有差异。

如果 x_j 的大部分均是离散的且仅仅取几个值，对于 LPM 来说的情形甚至会更强。在前面的例题中，为了允许孩子对劳动参与概率的一个减少效应，我们可以把 *kidslt*6 分解到三个二值指示符中：没有孩子、一个孩子、两个或更多孩子。最后两个指示符可以用来代替 *kidslt*6，以便允许第一个孩子拥有比后面孩子更大的影响。（有意思的是，当使用这一方法时，第一个孩子与第二个孩子的边际效应实际上是相同的。第一个孩子的估计效应大致是－0.263，同时关于下一个孩子的劳动参与概率额外减少大致是－0.274。）

在模型饱和的极端情形中——也就是说，**x** 包括互斥且穷尽类别的虚拟变量——线性概率模型完全是一般性的。拟合概率正是由 **x** 的不同值所定义的每个单元（each cell）内的平均值 y_i；我们并不需要担心拟合概率小于 0 或者大于 1。可参阅习题 15.1。

15.3 二值响应的指标模型：Probit 与 Logit

我们现在研究形式为

$$
\mathrm{P}(y=1|\mathbf{x})=G(\mathbf{x}\boldsymbol{\beta})\equiv p(\mathbf{x}) \tag{15.8}
$$

的二值响应模型，其中 **x** 表示 $1\times K$ 维的向量，$\boldsymbol{\beta}$ 表示 $K\times 1$ 维的向量，同时我们取 **x** 的第一个元素为 1。**x** 不包括 1 的例子在实践中是很罕见的。对于线性概率模型来说，$G(z)=z$ 是一个恒等函数，它意味着对于所有 **x** 与 $\boldsymbol{\beta}$，响应概率不能在 0 与 1 之间。在本节中，我们假定 $G(\cdot)$ 在开的单位区间取值：$0<G(z)<1$，对于所有 $z\in\mathbf{R}$。

式（15.8）的模型通常称为**指标模型**（index model），因为它限定了响应

概率依赖于 $\mathbf{x}$ 的方式：$p(\mathbf{x})$ 仅仅通过**指标**（index）$\mathbf{x}\boldsymbol{\beta}=\beta_1+\beta_2 x_2+\cdots+\beta_K x_K$ 作为 $\mathbf{x}$ 的函数。函数 G 把指标映射到响应概率上。

在大多数应用中，G 是累积分布函数（cdf），有时候它的特定形式可以由潜在的经济模型推导出来。例如，习题 15.2 要求你推导出自基于效用的慈善捐赠的指标模型。如果一个家庭贡献于慈善捐赠，那么二值指示符 y 等于 1，否则为 0。向量 $\mathbf{x}$ 包含了家庭特征、收入以及慈善捐赠的价值（它由边际税率来确定）。在关于特别的不可观测**偏好变量**（taste variable）的正态性假设下，G 是标准正态的 cdf。

G 作为累积分布函数的指标模型可以更一般地由基本潜变量模型* 推导出来，如同例题 13.1：

$$y^*=\mathbf{x}\boldsymbol{\beta}+e,\quad y=1[y^*>0] \tag{15.9}$$

其中 e 表示与 $\mathbf{x}$ 独立的连续分布变量，而且 e 的分布关于 0 是对称的；由第 13 章回想起，$1[\cdot]$ 表示示性函数**。如果 G 是 e 的 cdf，那么由于 e 的概率密度函数（pdf）关于 0 是对称的，所以 $1-G(-z)=G(z)$，对于所有实数 z。因此，

$$\mathrm{P}(y=1|\mathbf{x})=\mathrm{P}(y^*>0|\mathbf{x})=\mathrm{P}(e>-\mathbf{x}\boldsymbol{\beta}|\mathbf{x})=1-G(-\mathbf{x}\boldsymbol{\beta})=G(\mathbf{x}\boldsymbol{\beta})$$

这正好是式（15.8）。

潜变量模型要求 e 服从对称分布并没有特殊的缘由，但是，这恰巧是二值响应模型最经常应用的情形。

在二值响应模型的大多数应用中，最初的目标是解释 x_j 对响应概率 $\mathrm{P}(y=1\mid\mathbf{x})$ 的效应。潜变量公式倾向于给出我们起初对每一个 x_j 关于 y^* 效应感兴趣的印象。正如我们将要看到的，x_j 对 $\mathrm{E}(y^*\mid\mathbf{x})=\mathbf{x}\boldsymbol{\beta}$ 效应的方向与 x_j 对 $\mathrm{E}(y\mid\mathbf{x})=\mathrm{P}(y=1\mid\mathbf{x})=G(\mathbf{x}\boldsymbol{\beta})$ 效应的方向是相同的。但是，潜变量 y^* 极少拥有定义良好的度量单位（例如，y^* 可能用效用单位进行度量）。因此，除了一些特殊情形之外，β_j 的数量大小并不是特别有意义。

概率单位模型（probit model）是满足

$$G(z)\equiv\Phi(z)\equiv\int_{-\infty}^{z}\phi(v)\mathrm{d}v \tag{15.10}$$

的式（15.8）的特殊情形，其中 $\phi(z)$ 表示标准正态密度：

$$\phi(z)=(2\pi)^{-1/2}\exp(-z^2/2) \tag{15.11}$$

当 e 服从一个标准正态分布时，概率单位模型可以由潜变量公式推导出来。

逻辑单位模型（logit model）是满足

$$G(z)=\Lambda(z)\equiv\exp(z)/[1+\exp(z)] \tag{15.12}$$

的式（15.8）的特殊情形。当 e 服从一个标准逻辑斯蒂分布时，此模型可以由

---

* latent variable model，又称特征变量模型。——译者注

** indicator function，又称标示函数。——译者注

模型（15.9）推导出来。

一般性设定（15.8）允许我们在一个框架下涵盖 probit、logit 以及许多其他二值选择模型。实际上，在下文中，我们甚至不需要 G 是 cdf，但是我们假定 $G(z)$ 对于所有实数 z 严格地位于 0 与 1 之间。

为了成功地应用 probit 与 logit 模型，重要的是要知道，如何既在连续解释变量上又在离散解释变量上解释 β_j。首先，如果 x_j 是连续的，

$$\frac{\partial p(\mathbf{x})}{\partial x_j}=g(\mathbf{x}\boldsymbol{\beta})\beta_j, \quad 其中, g(z)\equiv\frac{\mathrm{d}G}{\mathrm{d}z}(z) \tag{15.13}$$

因此，x_j 对 $p(\mathbf{x})$ 的偏效应通过 $g(\mathbf{x}\boldsymbol{\beta})$ 依赖于 $\mathbf{x}$。如果 $G(\cdot)$ 是严格递增的 cdf，如同 probit 与 logit 情形，那么对于所有 z，$g(z)>0$。因此，效应符号由 β_j 符号给出。同样地，**相对效应**（relative effect）并不依赖于 $\mathbf{x}$：对于连续变量 x_j 与 x_h，偏效应比是一个常数且由相应的系数之比给出：$\frac{\partial p(\mathbf{x})/\partial x_j}{\partial p(\mathbf{x})/\partial x_h}=\beta_j/\beta_h$。在 g 是关于 0 对称的密度的典型情形中，在 0 点有唯一的众数，最大效应正是 $\mathbf{x}\boldsymbol{\beta}=0$ 的时候。例如，在满足 $g(z)=\phi(z)$ 的 probit 情形中，$g(0)=\phi(0)=1/\sqrt{2\pi}\approx0.399$。在 logit 情形中，$g(z)=\exp(z)/[1+\exp(z)]^2$，从而 $g(0)=0.25$。

如果 x_K 是一个二值解释变量，那么由 x_K 在从 0 到 1 且所有其他变量固定不变而引起的偏效应就是

$$G(\beta_1+\beta_2x_2+\cdots+\beta_{K-1}x_{K-1}+\beta_K)-G(\beta_1+\beta_2x_2+\cdots+\beta_{K-1}x_{K-1}) \tag{15.14}$$

这个表达式再次依赖于其他 x_j 的所有另外之值。例如，如果 y 表示一个就业指示符，而 x_j 表示参加在职培训项目的虚拟变量，那么表达式（15.14）表示归功于在职培训项目的就业概率上的变化；这依赖于影响达到受雇条件人的其他特征，诸如教育与工作经验。知道 β_K 的符号就足以确定项目是拥有正的效应还是负的效应。但是，为了求出效应的大小，我们必须估计表达式（15.14）。

对于其他类型的离散变量（例如，孩子数量），我们还可以使用表达式（15.14）的差分。如果 x_K 表示这种变量，那么 x_K 从 c_K 变到 c_{K+1} 的概率效应就是

$$\begin{aligned}&G[\beta_1+\beta_2x_2+\cdots+\beta_{K-1}x_{K-1}+\beta_K(c_K+1)]\\&-G(\beta_1+\beta_2x_2+\cdots+\beta_{K-1}x_{K-1}+\beta_Kc_K)\end{aligned} \tag{15.15}$$

包括一些解释变量的标准函数形式是简单易行的。例如，在模型

$$\mathrm{P}(y=1|\mathbf{z})=G[\beta_0+\beta_1z_1+\beta_2z_1^2+\beta_3\log(z_2)+\beta_4z_3]$$

中，z_1 对 $\mathrm{P}(y=1\mid\mathbf{z})$ 的偏效应是 $\partial\mathrm{P}(y=1|\mathbf{z})/\partial z_1=g(\mathbf{x}\boldsymbol{\beta})(\beta_1+2\beta_2z_1)$，其中 $\mathbf{x}\boldsymbol{\beta}=\beta_0+\beta_1z_1+\beta_2z_1^2+\beta_3\log(z_2)+\beta_4z_3$。由此可得，如果 z_1 的二次项具有一个驼峰或者 U 形，那么响应概率的转折点是 $|\beta_1/(2\beta_2)|$ [因为 $g(\mathbf{x}\boldsymbol{\beta})>0$]。同样地，$\partial\mathrm{P}(y=1\mid\mathbf{z})/\partial\log(z_2)=g(\mathbf{x}\boldsymbol{\beta})\beta_3$，因而，$g(\mathbf{x}\boldsymbol{\beta})(\beta_3/100)$ 表示给定 z_2 有 1%的增长变动时 $\mathrm{P}(y=1\mid\mathbf{z})$ 的近似变化。含有解释变量之间的交互作用的模

型，包括离散变量与连续变量之间的交互作用项，可以进行类似处理。当测量离散变量的效应时，我们应该使用表达式（15.15）。

15.4 二值响应指标模型的极大似然估计

假定我们拥有 N 个独立、同分布且遵从模型（15.8）的观测值。由于我们在第 13 章中本质上已涵盖了 probit 模型情形，所以此处的讨论将简明扼要。为了利用（条件）极大似然法估计该模型，我们需要每一个 i 的对数似然函数。给定 $\mathbf{x}_i$ 时 y_i 的密度可以写成

$$f(y|\mathbf{x}_i;\boldsymbol{\beta})=[G(\mathbf{x}_i\boldsymbol{\beta})]^y[1-G(\mathbf{x}_i\boldsymbol{\beta})]^{1-y},\quad y=0,1 \tag{15.16}$$

观测值 i 的对数似然是 $K\times 1$ 维参数向量与数据 $(\mathbf{x}_i,y_i)$ 的函数：

$$\ell_i(\boldsymbol{\beta})=y_i\log[G(\mathbf{x}_i\boldsymbol{\beta})]+(1-y_i)\log[1-G(\mathbf{x}_i\boldsymbol{\beta})] \tag{15.17}$$

（由第 13 章回想起，从技术上讲，我们应该把贝塔的"真实"值 $\boldsymbol{\beta}_0$ 与一般值区分开。为了简单起见，我们这里将不予细致考虑。）将 $G(\cdot)$ 严格地约束在 0 与 1 之间会确保 $\ell_i(\boldsymbol{\beta})$ 对 $\boldsymbol{\beta}$ 的所有值而言都是定义良好的。

与以往一样，样本量为 N 的对数似然是 $\mathscr{L}(\boldsymbol{\beta})=\sum_{i=1}^{N}\ell_i(\boldsymbol{\beta})$，并且 $\boldsymbol{\beta}$ 的极大似然估计（MLE）记为 $\hat{\boldsymbol{\beta}}$，$\hat{\boldsymbol{\beta}}$ 最大化这个对数似然。如果 $G(\cdot)$ 表示标准正态的 cdf，那么 $\hat{\boldsymbol{\beta}}$ 就是 **probit 估计量**（probit estimator）；如果 $G(\cdot)$ 表示逻辑斯蒂 cdf，那么 $\hat{\boldsymbol{\beta}}$ 就是 **logit 估计量**（logit estimator）。由一般极大似然结果我们知道，$\hat{\boldsymbol{\beta}}$ 是一致的且渐近正态的。我们还可以很容易地估计出 $\hat{\boldsymbol{\beta}}$ 渐近方差。

我们假定 $G(\cdot)$ 是二次连续可微的，通常这是在一些应用中可被满足的一个假设（而且，特别是对于 probit 与 logit 应用）。与前面一样，函数 $g(z)$ 表示 $G(z)$ 的导数。对于 probit 模型来说，$g(z)=\phi(z)$，而对于 logit 模型来说，$g(z)=\exp(z)/[1+\exp(z)]^2$。

利用与第 13 章中 probit 例题相同的计算，可以证明，观测值 i 的条件对数似然得分是

$$\mathbf{s}_i(\boldsymbol{\beta})\equiv\frac{g(\mathbf{x}_i\boldsymbol{\beta})\mathbf{x}_i'[y_i-G(\mathbf{x}_i\boldsymbol{\beta})]}{G(\mathbf{x}_i\boldsymbol{\beta})[1-G(\mathbf{x}_i\boldsymbol{\beta})]} \tag{15.18}$$

类似地，以 $\mathbf{x}_i$ 为条件的海赛矩阵的期望值是

$$-\mathrm{E}[\mathbf{H}_i(\boldsymbol{\beta})|\mathbf{x}_i]=\frac{[g(\mathbf{x}_i\boldsymbol{\beta})]^2\mathbf{x}_i'\mathbf{x}_i}{\{G(\mathbf{x}_i\boldsymbol{\beta})[1-G(\mathbf{x}_i\boldsymbol{\beta})]\}}\equiv\mathbf{A}(\mathbf{x}_i,\boldsymbol{\beta}) \tag{15.19}$$

对于每一个 i 而言，它是一个 $K\times K$ 维的半正定矩阵。由第 13 章中的一般条件 MLE 结果知，可以将 $\mathrm{Avar}(\hat{\boldsymbol{\beta}})$ 估计成

$$\widehat{\text{Avar}(\hat{\boldsymbol{\beta}})} \equiv \left\{ \sum_{i=1}^{N} \frac{[g(\mathbf{x}_i \hat{\boldsymbol{\beta}})]^2 \mathbf{x}'_i \mathbf{x}_i}{G(\mathbf{x}_i \hat{\boldsymbol{\beta}})[1-G(\mathbf{x}_i \hat{\boldsymbol{\beta}})]} \right\}^{-1} \equiv \hat{\mathbf{V}} \tag{15.20}$$

在大多数情形中，其逆是存在的，而且当逆存在时，$\hat{\mathbf{V}}$ 是正定的。如果式（15.20）中的矩阵不是可逆的，那么在回归元之间就可能存在完全共线性。

与以往一样，我们把 $\hat{\boldsymbol{\beta}}$ 处理成正态分布的，其均值为 0 且方差矩阵为式（15.20）中的矩阵。$\hat{\boldsymbol{\beta}}_j$ 的（渐近）标准误是 $\hat{\mathbf{V}}$ 的第 j 个对角元素的平方根。这些结果可以用于构造具有极限标准正态分布的 t 统计量，同时对于每一个总体参数可以构造近似的置信区间。这些均可以由执行 logit 与 probit 的软件包估计值所报告。我们在下一节将讨论多重假设检验。

一旦利用三明治形式（13.71），一些软件包还可以计算休伯-怀特标准误作为对 probit 与 logit 分析的选项。尽管稳健方差矩阵是一致的，但是在方程（15.20）中使用它意味着，我们必须考虑二值响应模型会被错误设定。与非线性回归不同，在二值响应模型中不可能出现正确设定 $\mathrm{E}(y \mid \mathbf{x})$ 后却错误设定 $\mathrm{Var}(y \mid \mathbf{x})$ 的情形。一旦我们设定了 $\mathrm{P}(y=1 \mid \mathbf{x})$，我们就设定了给定 $\mathbf{x}$ 时 y 的所有条件矩。然而，正如我们在 13.11 节中讨论过的，假装所有模型都仅仅是对真实情形的近似是比较慎重的，在这种情形中推断应当基于方程（13.71）中的三明治估计量。（因为期望海赛矩阵在没有假设（15.8）时就无法计算，在二值响应背景中，像在方程（12.49）中那样使用期望海赛矩阵的三明治估计量是没有道理的。）

我们在 15.8 节将看到，当利用含有面板数据的二值响应模型时，有时重要的是计算对序列相依性稳健的方差矩阵估计量。但是，是跨时间或子组（subgroup）的相依性产生了这种要求，而并非因为响应概率被错误设定了。

15.5 二值响应指标模型检验

源自一般 MLE 分析的三个检验——瓦尔德、LR 或者 LM 检验——中的任何一个都可以用于二值响应背景下对假设进行检验。由于在局部可选项下这些检验都是渐近等价的，所以对统计量的选择常常取决于计算上的简单性（因为对有限样本进行比较必须限制在一定范围之内）。在接下来一节中，我们讨论经常出现在二值选择分析里的一些检验情形，同时我们依据它们的计算优势来推荐特定检验。

15.5.1 多重排除约束检验

考察模型

$$\mathrm{P}(y=1 \mid \mathbf{x}, \mathbf{z}) = G(\mathbf{x}\boldsymbol{\beta} + \mathbf{z}\gamma) \tag{15.21}$$

其中 $\mathbf{x}$ 表示 $1\times K$ 维向量，而 $\mathbf{z}$ 表示 $1\times Q$ 维向量。我们希望检验零假设 $H_0: \gamma=0$，因而我们要检验 Q 个排除约束。$\mathbf{z}$ 的元素可以是 $\mathbf{x}$ 的函数，诸如二次项或交互作用项——在这类情形中检验是一个纯函数形式的检验。或者，$\mathbf{z}$ 可以是额外的解释变量。例如，$\mathbf{z}$ 能够包括职业或地区的虚拟变量。总之，检验形式是一样的。

一些软件包，诸如 Stata，利用下述一般模型估计的简单命令来计算排除约束的瓦尔德统计量。倘若 $(\mathbf{x},\mathbf{z})$ 的维数并没有大到使 probit 估计起来困难，则这种能力使得对多重排除约束进行检验很容易。

还可以很容易地使用似然比统计量。设 $\mathscr{L}_{ur}$ 表示出自 y 对 $\mathbf{x}$ 与 $\mathbf{z}$（无约束模型）probit 的对数似然函数值，同时设 $\mathscr{L}_r$ 表示出自 y 对 $\mathbf{z}$（约束模型）probit 的似然函数值。于是，$H_0: \gamma=0$ 的似然比检验正是 $2(\mathscr{L}_{ur}-\mathscr{L}_r)$，它在 H_0 下渐近服从 χ^2_Q 分布。这类似于线性模型的 OLS 分析里的通常 F 统计量。

如果无约束模型很难得以估计，那么得分统计量或者 LM 检验就引人注目。在本节，设 $\hat{\boldsymbol{\beta}}$ 表示 $\boldsymbol{\beta}$ 的约束（restricted）估计量，也就是当 $\mathbf{z}$ 被排除在模型外时的 probit 或 logit 估计量。利用所估计的期望海赛矩阵 $\hat{\mathbf{A}}_i$ 的 LM 统计量［参阅式（15.20）与 12.6.2 节］，可以证明，在数值上等同于下述内容：(1) 定义 $\hat{u}_i\equiv y_i-G(\mathbf{x}_i\hat{\boldsymbol{\beta}})$，$\hat{G}_i\equiv G(\mathbf{x}_i\hat{\boldsymbol{\beta}})$，同时 $\hat{g}_i\equiv g(\mathbf{x}_i\hat{\boldsymbol{\beta}})$。这些都可以在估计不带 $\mathbf{z}$ 的模型之后获得。(2) 使用全部 N 个观测值来执行

$$\frac{\hat{u}_i}{\sqrt{\hat{G}_i(1-\hat{G}_i)}}\text{对}\frac{\hat{g}_i}{\sqrt{\hat{G}_i(1-\hat{G}_i)}}\mathbf{x}_i,\frac{\hat{g}_i}{\sqrt{\hat{G}_i(1-\hat{G}_i)}}\mathbf{z}_i \tag{15.22}$$

的辅助性 OLS 回归。LM 统计量等价于出自此回归的被解释平方和。作为渐近上（但不是数值上）等价的一个检验是 NR^2_u，其中 R^2_u 表示出自回归（15.22）的非中心 R^2。

LM 程序是相当容易记住的。$\hat{g}_i\mathbf{x}_i$ 项是在 $\boldsymbol{\beta}=\hat{\boldsymbol{\beta}}$ 以及 $\gamma=0$ 处所计算的均值函数 $G(\mathbf{x}_i\boldsymbol{\beta}+\mathbf{z}_i\gamma)$ 对 $\boldsymbol{\beta}$ 的梯度。类似地，$\hat{g}_i\mathbf{z}_i$ 是在 $\boldsymbol{\beta}=\hat{\boldsymbol{\beta}}$ 与 $\gamma=0$ 处计算出来的 $G(\mathbf{x}_i\boldsymbol{\beta}+\mathbf{z}_i\gamma)$ 对 γ 的梯度。最后，在 $H_0: \gamma=0$ 下，给定 $(\mathbf{x}_i,\mathbf{z}_i)$ 时 u_i 的条件方差是 $G(\mathbf{x}_i\boldsymbol{\beta})[1-G(\mathbf{x}_i\boldsymbol{\beta})]$；因此，$[\hat{G}_i(1-\hat{G}_i)]^{1/2}$ 是 u_i 条件标准差的估计值。回归（15.22）中的因变量经常被称为**标准化残差**（standardized residual），因为它是 $u_i/[G_i(1-G_i)]^{1/2}$ 的估计值，它具有单位条件（以及无条件）方差。这些回归元正是在 H_0 下所计算出来的被所估计条件标准差的逆所加权的条件均值函数对两个参数集的梯度。回归（15.22）中的第一个回归元集合是 $1\times K$ 维的，而第二个集合是 $1\times Q$ 维的。

在 H_0 下，$\mathrm{LM}\sim\chi^2_Q$。如果 $\mathbf{z}$ 具有很大的维数，那么 LM 方法作为一种可供选择的 LR 统计量是很吸引人的，因为含有许多解释变量时，probit 很难得到估计。

15.5.2 关于 β 的非线性假设检验

对式（15.8）中 $\boldsymbol{\beta}$ 上的非线性约束进行检验，瓦尔德统计量在计算上是

最容易的，因为 $\boldsymbol{\beta}$ 的无约束估计量（其正是 probit 或者 logit）是容易得到的。实际上，要在估计中施加非线性约束——它需要应用得分方法或似然比方法——是很困难的。然而，我们必须记住，用于检验非线性约束的瓦尔德统计量并不是再参数化的不变量，而 LM 与 LR 统计量则是再参数化的不变量。（参阅 12.6 节与 13.6 节；就 LM 统计量而言，我们会愿意使用期望海赛矩阵。）

设 $\boldsymbol{\beta}$ 上的约束是由 $H_0: \mathbf{c}(\boldsymbol{\beta})=\mathbf{0}$ 给出的，其中 $\mathbf{c}(\boldsymbol{\beta})$ 表示满足第 13 章中的可微分性与秩要求的可能非线性函数的 $Q\times 1$ 维向量。于是，由一般 MLE 分析知，瓦尔德统计量正是

$$W=\mathbf{c}(\hat{\boldsymbol{\beta}})'[\nabla_\beta \mathbf{c}(\hat{\boldsymbol{\beta}})\hat{\mathbf{V}}\nabla_\beta \mathbf{c}(\hat{\boldsymbol{\beta}})']^{-1}\mathbf{c}(\hat{\boldsymbol{\beta}}) \tag{15.23}$$

其中 $\hat{\mathbf{V}}$ 是由式（15.20）给出的，而 $\nabla_\beta \mathbf{c}(\hat{\boldsymbol{\beta}})$ 表示 $\mathbf{c}(\boldsymbol{\beta})$ 在 $\hat{\boldsymbol{\beta}}$ 处计算的 $Q\times K$ 维雅可比行列式。

15.5.3 针对更一般备择假设的检验

除了对遗漏变量进行检验之外，有时候我们希望针对更一般的函数形式检验 probit 或 logit 模型。当备择假设不是标准二值响应模型时，应用瓦尔德统计量与 LR 统计量就显得笨重，而 LM 方法就很方便，因为它只需要对零模型进行估计。

举一个更复杂的二值选择模型的例子，考察潜变量模型（15.9），但是却假定 $e\mid\mathbf{x}\sim\text{Normal}[0,\exp(2\mathbf{x}_1\boldsymbol{\delta})]$，其中 $\mathbf{x}_1$ 表示 $\mathbf{x}$ 排除一个常数的 $1\times K_1$ 维子集，而 $\boldsymbol{\delta}$ 表示添加参数的一个 $K_1\times 1$ 维向量。（在许多情形中，我们愿意取 $\mathbf{x}_1$ 为 $\mathbf{x}$ 的所有非常数的元素。）因此，潜变量模型中存在着异方差性，所以 e 与 $\mathbf{x}$ 不再是独立的。给定 $\mathbf{x}$ 时 e 的标准差正是 $\exp(\mathbf{x}_1\boldsymbol{\delta})$。定义 $r=e/\exp(\mathbf{x}_1\boldsymbol{\delta})$，因此，$r$ 与服从标准正态分布的 $\mathbf{x}$ 是独立的。于是

$$\begin{aligned}P(y=1\mid\mathbf{x})&=P(e>-\mathbf{x}\boldsymbol{\beta}\mid\mathbf{x})=P[\exp(-\mathbf{x}_1\boldsymbol{\delta})e>-\exp(-\mathbf{x}_1\boldsymbol{\delta})\mathbf{x}\boldsymbol{\beta}]\\&=P[r>-\exp(-\mathbf{x}_1\boldsymbol{\delta})\mathbf{x}\boldsymbol{\beta}]=\Phi[\exp(-\mathbf{x}_1\boldsymbol{\delta})\mathbf{x}\boldsymbol{\beta}]\end{aligned} \tag{15.24}$$

式（15.24）中 x_j 对 $P(y=1\mid\mathbf{x})$ 的偏效应比式（15.8）中的更为复杂。当 $\boldsymbol{\delta}=\mathbf{0}$ 时，我们可以获得标准 probit 模型。因此，对于响应概率的 probit 函数形式进行检验就是对 $H_0: \boldsymbol{\delta}=\mathbf{0}$ 进行检验。

为了获得式（15.24）中 $\boldsymbol{\delta}=\mathbf{0}$ 的 LM 检验，推导针对更一般的备择假设的一个指标模型的 LM 检验是有益的。考察

$$P(y=1\mid\mathbf{x})=m(\mathbf{x}\boldsymbol{\beta},\mathbf{x},\boldsymbol{\delta}) \tag{15.25}$$

其中 $\boldsymbol{\delta}$ 表示 $Q\times 1$ 维参数向量。我们希望检验 $H_0: \boldsymbol{\delta}=\boldsymbol{\delta}_0$，其中，$\boldsymbol{\delta}_0$ 经常（但并不总是）表示零向量。我们假定，在零假设下可以获得一个标准的指标模型（通常是 probit 或 logit）：

$$G(\mathbf{x}\boldsymbol{\beta})=m(\mathbf{x}\boldsymbol{\beta},\mathbf{x},\boldsymbol{\delta}_0) \tag{15.26}$$

在前面的例子中，$G(\cdot)=\Phi(\cdot)$，$\boldsymbol{\delta}_0=\mathbf{0}$，而且 $m(\mathbf{x}\boldsymbol{\beta},\mathbf{x},\boldsymbol{\delta})=\Phi[\exp(-\mathbf{x}_1\boldsymbol{\delta})\mathbf{x}\boldsymbol{\beta}]$。

设 $\hat{\boldsymbol{\beta}}$ 表示在 $\boldsymbol{\delta}=\boldsymbol{\delta}_0$ 下所获得的 $\boldsymbol{\beta}$ 的 probit 估计量或者 logit 估计量。定义 $\hat{u}_i\equiv y_i-G(\mathbf{x}_i\hat{\boldsymbol{\beta}})$，$\hat{G}_i\equiv G(\mathbf{x}_i\hat{\boldsymbol{\beta}})$，而 $\hat{g}_i\equiv g(\mathbf{x}_i\hat{\boldsymbol{\beta}})$。在 $\boldsymbol{\delta}_0$ 处所计算之均值函数 $m(\mathbf{x}_i\boldsymbol{\beta},\mathbf{x}_i,\boldsymbol{\delta})$ 对 $\boldsymbol{\beta}$ 的梯度值正是 $g(\mathbf{x}_i\boldsymbol{\beta})\mathbf{x}_i$。我们所需要的另外唯一部分是，在 $\boldsymbol{\delta}_0$ 处所计算的 $m(\mathbf{x}_i\boldsymbol{\beta},\mathbf{x}_i,\boldsymbol{\delta})$ 对 $\boldsymbol{\delta}$ 的梯度值。把这个 $1\times Q$ 维向量表示成为 $\nabla_\delta m(\mathbf{x}_i\boldsymbol{\beta},\mathbf{x}_i,\boldsymbol{\delta}_0)$。进一步地，设 $\nabla_\delta\hat{m}_i\equiv\nabla_\delta m(\mathbf{x}_i\hat{\boldsymbol{\beta}},\mathbf{x}_i,\boldsymbol{\delta}_0)$。LM 统计量可以作为出自

$$\frac{\hat{u}_i}{\sqrt{\hat{G}_i(1-\hat{G}_i)}}\text{对}\frac{\hat{g}_i}{\sqrt{\hat{G}_i(1-\hat{G}_i)}}\mathbf{x}_i,\frac{\nabla_\delta\hat{m}_i}{\sqrt{\hat{G}_i(1-\hat{G}_i)}} \tag{15.27}$$

回归的被解释的平方和而获得，这非常类似于回归（15.22）。LM 统计量的零分布是 χ^2_Q，其中 Q 表示 $\boldsymbol{\delta}$ 的维数。一个渐近等价统计量是 NR^2_u。

当把这个检验应用到前面的 probit 例子时，我们仅留下 $\nabla_\delta\hat{m}_i$ 可以计算。但是，$m(\mathbf{x}_i\boldsymbol{\beta},\mathbf{x}_i,\boldsymbol{\delta})=\Phi[\exp(-\mathbf{x}_{i1}\boldsymbol{\delta})\mathbf{x}_i\boldsymbol{\beta}]$，因而

$$\nabla_\delta m(\mathbf{x}_i\boldsymbol{\beta},\mathbf{x}_i,\boldsymbol{\delta})=-(\mathbf{x}_i\boldsymbol{\beta})\exp(-\mathbf{x}_{i1}\boldsymbol{\delta})\mathbf{x}_{i1}\phi[\exp(-\mathbf{x}_{i1}\boldsymbol{\delta})\mathbf{x}_i\boldsymbol{\beta}]$$

当在 $\boldsymbol{\beta}=\hat{\boldsymbol{\beta}}$ 与 $\boldsymbol{\delta}=\mathbf{0}$（零假设的值）处计算时，我们得到 $\nabla_\delta\hat{m}_i=-(\mathbf{x}_i\hat{\boldsymbol{\beta}})\phi(\mathbf{x}_i\hat{\boldsymbol{\beta}})\mathbf{x}_{i1}\equiv-(\mathbf{x}_i\hat{\boldsymbol{\beta}})\hat{\phi}_i\mathbf{x}_{i1}$ 的 $1\times K_1$ 维向量。回归（15.27）成为

$$\frac{\hat{u}_i}{\sqrt{\hat{\Phi}_i(1-\hat{\Phi}_i)}}\text{对}\frac{\hat{\phi}_i}{\sqrt{\hat{\Phi}_i(1-\hat{\Phi}_i)}}\mathbf{x}_i,\frac{(\mathbf{x}_i\hat{\boldsymbol{\beta}})\hat{\phi}_i}{\sqrt{\hat{\Phi}_i(1-\hat{\Phi}_i)}}\mathbf{x}_{i1} \tag{15.28}$$

（我们舍弃了负号，因为它并不会影响到被解释的平方和或者 R^2_u 的值。）在零假设下，即 probit 模型被正确设定时，$\text{LM}\sim\chi^2_{K_1}$。此统计量在 probit 估计之后很容易得以计算。

不管 $\mathbf{x}_i$ 的维数如何，对于单个自由度的检验来说，可用 $(\mathbf{x}_i\hat{\boldsymbol{\beta}}_0)^2\hat{\phi}_i/\sqrt{\hat{\Phi}_i(1-\hat{\Phi}_i)}$ 代替回归（15.28）的最后一项，然后被解释的平方和分布渐近地服从 χ^2_1。参阅戴维森和麦金农（Davidson and MacKinnon，1984）可了解更进一步的例子。

像我们在第 12 章和第 13 章中简短讨论过的那样，变量添加版本的设定检验能或多或少更容易计算一些。我们不去实施式（15.28）的回归，相反可以利用响应概率 $\Phi[\mathbf{x}_i\boldsymbol{\beta}+(\mathbf{x}_i\hat{\boldsymbol{\beta}})\mathbf{x}_{i1}\boldsymbol{\delta}]$ 来估计辅助 probit 模型并使用一个标准的瓦尔德检验来检验 $\text{H}_0:\boldsymbol{\delta}=0$。再一次，$\hat{\boldsymbol{\beta}}$ 表示来自 y_i 对 $\mathbf{x}_i$ 的原始 probit 估计。设定检验可从 y_i 对 $\mathbf{x}_i$，$(\mathbf{x}_i\hat{\boldsymbol{\beta}})\mathbf{x}_{i1}$ 的 probit 以及检验最后 Q 项的联合显著性而获得。很容易看到变量添加检验（VAT）渐近等价于得分检验，而 VAT 回避了必须明确获得加权残差和梯度的要求。VAT 方法同样表明对来自潜在模型误差中的异方差性的得分检验无法与对协变量中一种特别的交互效应的检验区分开来。我们可能已经直接完成了这样一种检验，并且无须对 $\text{Var}(e\mid\mathbf{x})$ 建模。

15.6 Probit 与 Logit 的结果报告

在任何 probit 或 logit（或者其他二值选择）分析中都应该常规地报告几个统计量。实施二值响应分析的所有软件包均报告 $\hat{\beta}_j$、它们的标准误以及似然函数值。$\hat{\beta}_j$ 给出了每一个 x_j 对响应概率的偏效应符号，而 x_j 的统计显著性则由我们是否可以拒绝 $H_0: \beta_j=0$ 来确定。

一种有时被报告的拟合优度测量是**正确预测百分比**（percent correctly predicted）。描述该统计量最容易的方式是定义 y_i 的一个二值预计数，当预测概率至少为 0.5 时其值为 1，否则为 0。更精确地，定义如果 $G(\mathbf{x}_i\hat{\boldsymbol{\beta}})\geqslant 0.5$，二值变量 $\tilde{y}_i=1$；而如果 $G(\mathbf{x}_i\hat{\boldsymbol{\beta}})<0.5$ 时，$\tilde{y}_i=0$。假定 $\{\tilde{y}_i: i=1,2,\cdots,N\}$，我们可以看到 $\tilde{y}_i$ 在所有的观测值上对 y_i 的预测有多好。关于每一对 $(y_i,\tilde{y}_i)$，有四个可能的结果；当两个都为 0 或两个都为 1 时，我们做出了正确的预测。在这两类情形中，一对中的一个是 0 而另一个是 1，我们做出了不正确的预测。正确预测的百分比是 $\tilde{y}_i=y_i$ 的次数的百分比。（这个拟合优度测度也可以对线性概率模型进行计算。）

当正确预测百分比作为一个拟合优度是有用的时，它可能会让人误解。特别是，甚至当非常糟糕地预测了最不可能的结果时，得到相当高的正确预测百分比也是可能的。例如，假若对于 $N=200$，160 个观测值都有 $y_i=0$，而且，在这 160 个观测值之外，$\tilde{y}_i$ 的 140 个也是 0。（所以我们正确预测了 0 结果的 87.5%。）即便当 $y_i=1$ 时没有一个预测是对的，我们仍然正确预测了所有结果的 70%（140/200=0.70）。通常，我们希望能够预测最不可能的结果（诸如某人是否因为犯罪而被捕），而且通过获得关于每个结果的正确预测百分比，我们仅仅知道我们做这些做得有多好。很容易证明综合正确预测百分比是对于 $y=0$ 以及 $y=1$ 的正确预测百分比的加权平均，权重是 y 为 0 和 1 的结果的相应比例。

有些人批评了上面描述的预测规则总是使用一个 0.5 的门限值，尤其是当各结果中有一个是不可能的时。例如，如果 $\bar{y}=0.08$（在样本中仅有 8%“成功”），这可能是因为我们从未预测过 $y_i=1$，因为估计的成功概率从未大于 0.5。一个备选方案是在样本中使用成功占比作为门限值——即在先前例子中的 0.08。换句话说，定义当 $G(\mathbf{x}_i\hat{\boldsymbol{\beta}}_0)\geqslant 0.08$ 时 $\tilde{y}_i=1$，否则等于 0。利用该规则必将增加预测成功的数值，但并非没有成本：我们必然犯更多错误——也许远远更多——在预测零结果时（“失败”）。用综合正确预测百分比这一术语来说，就是我们实际上会比当我们使用传统 0.5 的门限值时做得更糟糕。

另一个可能性是选择门限值以便 $\tilde{y}_i=1$ 在样本中的比例与 $\bar{y}$ 相同（或非常接近）。换句话说，搜索到一个门限值 τ，$0<\tau<1$，以便如果我们定义当 $G(\mathbf{x}_i\hat{\boldsymbol{\beta}})\geqslant\tau$ 时 $\tilde{y}_i=1$，那么 $\sum_{i=1}^{n}\tilde{y}_i\approx\sum_{i=1}^{n}y_i$。（需要用来找到 τ 所期望的值的这种试错

法式的努力可能是沉闷乏味的，但它是可行的。在某些情形中，使预测成功的数值与样本中成功的数值完全精确地相同将是不可能的。）现在，给定二值预计数 $\tilde{y}_i$ 的集合，我们可以计算关于两个结果中每一个正确预测的百分比，以及综合正确预测的百分比。

对于二值响应提出了各种各样的**伪 *R* 平方**（pseudo-*R*-squared）测度。麦克法登（McFadden，1974）建议了测度 $1-\mathscr{L}_{ur}/\mathscr{L}_0$，其中 $\mathscr{L}_{ur}$ 是关于估计模型的对数似然函数以及 $\mathscr{L}_0$ 是仅带一个截距项的模型的对数似然函数。因为关于一个二值响应模型的对数似然总是负的，$|\mathscr{L}_{ur}|\leqslant|\mathscr{L}_0|$，而且因此伪 R 平方总是处于 0 与 1 之间的。或者，我们可以使用一个残差平方和测度：$1-\text{SSR}_{ur}/\text{SSR}_0$，其中 SSR_{ur} 是残差平方和 $\hat{u}_i=y_i-G(\mathbf{x}_i\hat{\boldsymbol{\beta}})$ 以及 SSR_0 是 y_i 的总平方和。还建议了几个其他的测度（例如，可参阅马达拉（Maddala，1983，第 2 章）），但是拟合优度并不像解释变量的统计及经济显著性那样重要。关于二值响应的拟合优度，埃斯特雷利亚（Estrella，1998）囊括了一个最新近的比较。

我们经常要估计变量 x_j 对响应概率 $\text{P}(y=1\mid\mathbf{x})$ 的效应。如果 x_j（大致）是连续的，那么对于 x_j 上很小的变化而言，

$$\Delta\,\widehat{\text{P}(y=1|\mathbf{x})}\approx[g(\mathbf{x}\hat{\boldsymbol{\beta}})\hat{\beta}_j]\Delta x_j \tag{15.29}$$

（通常，当利用微分学知识时，此处"很小的"记号显得有点不明确。）因此，一个连续变量对响应概率的估计偏效应，在 $\mathbf{x}$ 处进行计算时，为 $g(\mathbf{x}\hat{\boldsymbol{\beta}})\hat{\boldsymbol{\beta}}_j$。因为 $g(\mathbf{x}\hat{\boldsymbol{\beta}})$ 取决于 $\mathbf{x}$，我们必须决定报告哪个偏效应。我们应当在比如说解释变量的中位数，或在不同的分位数处报告这个**缩放因子**（scale factor）。为总结效应的绝对值，拥有一个可以用于乘以在（大致）连续变量上系数的单个缩放因子是有用的。通常，x_j 的样本平均值被插入进来以得到 $g(\bar{\mathbf{x}}\hat{\boldsymbol{\beta}})$，其中 $\bar{x}_1\equiv1$，因为我们包括了一个常数。我们称由此得到的偏效应为**均值处偏效应**（partial effect at the average，PEA）。

PEA 很容易计算，但它的确有缺陷。首先，它无须代表关于总体中任何特殊单元的偏效应。也就是说，解释变量的平均值不会以任何合理的方式来代表总体中的平均单元。一个问题是，如果 $\mathbf{x}$ 包括潜变量的非线性函数，诸如对数，那么我们必须决定是使用非线性函数的平均值还是平均值的非线性函数。后者有一些吸引力——举个例子，如果 $\log(inc)$ 是一个解释变量，那么应在 $\overline{inc}$ 处计算 $\log(inc)$ 而不是使用 $\overline{\log(inc)}$——但是支持 PEA 估计的软件包（诸如 Stata，带有它关于"边际效应"的 *mfx* 命令）必然使用非线性函数的平均值（因为在将非线性函数包括在 logit 或 probit 中之前，人们必须先创造出非线性函数）。

如果 $\mathbf{x}$ 的两个或更多元素存在函数相关关系，诸如平方项或交互项，那么甚至连个别系数的 PEA 表示什么都并不清楚。举个例子，假设 $x_{K-1}=age$ 并且 $x_K=age^2$。那么 age 和 age^2 报告的 PEA 对应为 $g(\bar{\mathbf{x}}\hat{\boldsymbol{\beta}})\hat{\boldsymbol{\beta}}_{K-1}$ 和 $g(\bar{\mathbf{x}}\hat{\boldsymbol{\beta}})\hat{\boldsymbol{\beta}}_K$，其中 $\bar{\mathbf{x}}=(1,\bar{x}_2,\cdots,\bar{x}_{K-2},\overline{age},\overline{age^2})$。这些 PEA 不会告诉我们关于 age 对 $\text{P}(y=1\mid\mathbf{x})$ 的偏效应我们想知道什么。对于任何 $\mathbf{x}$，估计的偏效应是 $g(\bar{\mathbf{x}}\hat{\boldsymbol{\beta}})(\hat{\boldsymbol{\beta}}_{K-1}+2\hat{\boldsymbol{\beta}}_K age)$。现在，我们可能会对在均值处计算这个偏效应感兴趣，但那将必须在 $g(\cdot)$

之内使用$\overline{age}^2$ 而不是$\overline{age^2}$。如果我们真的感兴趣于 age 对响应概率的效应，那么我们可能会想要在 age 的几个不同的值处计算偏效应，也许在其他解释变量的均值处计算其他解释变量。如果$\hat{\boldsymbol{\beta}}_{K-1}$和$\hat{\boldsymbol{\beta}}_K$具有不同的符号，在关系中估计的转折点恰似在关于参数为线性的模型中那样：$\widehat{age}^*=|\hat{\boldsymbol{\beta}}_{K-1}/(2\hat{\boldsymbol{\beta}}_K)|$。通常的转折点计算可以运行，因为对于所有的 $\mathbf{x}$ 有 $g(\mathbf{x}\hat{\boldsymbol{\beta}})>0$。当在 $\mathbf{x}$ 中包含交互项时，对于获取偏效应，必须采取相似的谨慎。

对于离散变量，众所周知的是平均值甚至无须是变量的一个可能的结果。如果，比如说，x_2 是一个离散变量，$\bar{x}_2$ 是样本中一部分的 1，因此不能对应于一个特殊的单元（其必须有 0 或 1）。举个例子，如果 $x_2=female$ 是一个性别虚拟变量，那么当 $female$ 用样本中妇女的一部分来代替时，PEA 是偏效应。克服这个概念性问题的一种方法是分别计算关于 $x_2=1$ 以及 $x_2=0$ 的偏效应，但是那样我们将不再拥有一个单个的数目作为偏效应来加以报告。对于其他离散变量，诸如孩子的数目，相似的评论也成立。如果平均值为 1.5，将这个值插入 $g(\cdot)$ 不会制造出关于任何特殊家庭的偏效应。

为了获得式（15.29）的偏效应的标准误，我们使用 δ 方法*。为了记号简单，考察 $j=K$ 的情形，并且给定 $\mathbf{x}$，定义 $\delta_K=\beta_K g(\mathbf{x}\boldsymbol{\beta})=\partial \mathrm{P}(y=1|\mathbf{x})/\partial x_K$。把这种关系写成 $\delta_K=h(\boldsymbol{\beta})$，以此表示这是向量 $\boldsymbol{\beta}$ 的（非线性）函数。我们假定 $x_1=1$。$h(\boldsymbol{\beta})$ 的梯度是

$$\nabla_\beta h(\boldsymbol{\beta})=\left[\beta_K\frac{\mathrm{d}g}{\mathrm{d}z}(\mathbf{x}\boldsymbol{\beta}),\beta_K x_2\frac{\mathrm{d}g}{\mathrm{d}z}(\mathbf{x}\boldsymbol{\beta}),\cdots,\beta_K x_{K-1}\frac{\mathrm{d}g}{\mathrm{d}z}(\mathbf{x}\boldsymbol{\beta}),\beta_K x_K\frac{\mathrm{d}g}{\mathrm{d}z}(\mathbf{x}\boldsymbol{\beta})+g(\mathbf{x}\boldsymbol{\beta})\right]$$

其中 $\mathrm{d}g/\mathrm{d}z$ 仅表示 g 对其自变量的导数。$\boldsymbol{\delta}$ 方法蕴涵着，$\hat{\delta}_K$的渐近方差可以被估计为

$$[\nabla_\beta h(\hat{\boldsymbol{\beta}})]\hat{\mathbf{V}}[\nabla_\beta h(\hat{\boldsymbol{\beta}})]' \tag{15.30}$$

其中$\hat{\mathbf{V}}$表示$\hat{\boldsymbol{\beta}}$的渐近方差估计。$\hat{\delta}_K$的渐近标准误正是表达式（15.30）的平方根。这种计算允许我们去得到$\hat{\delta}_K$的大样本置信区间。Stata 程序利用 mfx 命令来执行关于 logit 和 probit 模型的这种计算。

如果 x_K 是一个离散变量，那么我们可以把从 c_K 到 c_{K+1}时的预测概率变动估计为

$$\begin{aligned}\hat{\delta}_K=&G[\hat{\beta}_1+\hat{\beta}_2\bar{x}_2+\cdots+\hat{\beta}_{K-1}\bar{x}_{K-1}+\hat{\beta}_K(c_K+1)]\\&-G(\hat{\beta}_1+\hat{\beta}_2\bar{x}_2+\cdots+\hat{\beta}_{K-1}\bar{x}_{K-1}+\hat{\beta}_K c_K)\end{aligned} \tag{15.31}$$

尤其是，当 x_K 是一个二值变量时，设 $c_K=0$。当然，其他 x_j 值无论在哪里都可以计算出来，只是对样本均值的使用是典型情况。$\boldsymbol{\delta}$ 方法可以用来获得式（15.31）的标准误。对于 probit 来说，当 x_K 是一个二值变量时，Stata 就可执

---

* δ 方法：计量经济学家常常对模型参数的非线性函数进行推断，因此要求对参数估计非线性函数的标准差进行估计，或者更一般地，对这种函数向量的协方差矩阵进行估计。一种常用的方法是以渐近近似为基础的所谓 δ 方法。该方法是想找出参数非线性函数的一个线性近似，然后将参数线性函数的结果应用到这个线性近似上。——译者注

行这种计算。在应用 $\boldsymbol{\delta}$ 方法中，这些计算常常忽略了 $\bar{x}_j$ 是 $\mathrm{E}(x_j)$ 估计值的事实。如果我们确实对 $\beta_K g(\boldsymbol{\mu}_x\boldsymbol{\beta})$ 感兴趣，那么 $\bar{\mathbf{x}}$ 的估计误差就可以得到解释，但是这会导致计算更为复杂，并且它不可能有很大的效应。当对每一个自助法复制都重新计算 $\bar{x}$ 时，自助法会恰当地解释在 $\bar{x}$ 上的抽样变异。

总结估计边际效应的一种可供选择的方法是，估计 $\beta_K g(\mathbf{x}\boldsymbol{\beta})$ 在总体上的平均值，或者估计 $\beta_K \mathrm{E}[g(\mathbf{x}\boldsymbol{\beta})]$。这个量是我们在第 2 章做过一般性讨论的，并在第 4 章的含随机系数的线性模型中涉及过的**平均偏效应**（average partial effect，APE）。在这里我们在所有可观测协变量的分布上进行平均。当 x_K 是连续的时，APE 的一个一致估计量是

$$\hat{\beta}_K\left[N^{-1}\sum_{i=1}^{N} g(\mathbf{x}_i\hat{\boldsymbol{\beta}})\right] \tag{15.32}$$

当 x_K 是二值的时，APE 的一个一致估计量是

$$\begin{aligned} N^{-1}\sum_{i=1}^{N} & [G(\hat{\beta}_1+\hat{\beta}_2 x_{i2}+\cdots+\hat{\beta}_{K-1}x_{i,K-1}+\hat{\beta}_K) \\ & -G(\hat{\beta}_1+\hat{\beta}_2 x_{i2}+\cdots+\hat{\beta}_{K-1}x_{i,K-1})] \end{aligned} \tag{15.33}$$

当然，我们可以使用式（15.33）来估计来自 x_K（连续或离散）从任意两个值，如 c_K^0 到 c_K^1 的改变的 APE。然后在第一项中用 $\hat{\beta}_K c_K^1$ 替换 $\hat{\beta}_K$，并且我们将 $\hat{\beta}_K c_K^0$ 插入第二个 $G(\cdot)$ 中。进而，要么在式（15.32）要么在式（15.33）中，我们可以固定一些解释变量在设定值上并跨其余的变量进行平均。举个例子，假设在就业的一个 logit 或 probit 模型中，x_K 是一个在职培训二值指示符而 x_{K-1} 是一个种族指示符——比如说，1 为非白种人，0 为白种人。那么，我们不去计算（15.33），而可以设 $x_{K-1}=1$ 并计算关于非白种人的 APE，然后设 $x_{K-1}=0$ 以获得关于白种人的 APE。

正如在 PEA 的情形中那样，如果 $\mathbf{x}$ 的某些元素是彼此的函数，获得式（15.32）中形式的 APE 就不是特别有用。如果，比如说 $x_{K-1}=age$ 而 $x_K=age^2$，通过跨 i 来对个体偏效应 $(\hat{\beta}_{K-1}+2\hat{\beta}_K age_i)\times g(\mathbf{x}_i\hat{\boldsymbol{\beta}})$ 求平均值，我们可以估计 age 的 APE。另外，估计在 age 的不同值上的偏效应然后跨其他变量对这些进行平均，比如说，对于一个给定值 age^0，有 $N^{-1}\sum_{i=1}^{N}(\hat{\beta}_{K-1}+2\hat{\beta}_K age^0)\times g(\hat{\beta}_1+\hat{\beta}_2 x_{i2}+\cdots+\hat{\beta}_{K-2}x_{i,K-2}+\hat{\beta}_{K-1}age^0+\hat{\beta}_K(age^0)^2)$，这样做可能更有道理。

一般而言，我们不会预期关于 PEA 与 APE 的缩放因子相同。也就是说，我们不会预期 $g(\bar{\mathbf{x}}\hat{\boldsymbol{\beta}})$ 与 $N^{-1}\sum_{i=1}^{N} g(\mathbf{x}_i\hat{\boldsymbol{\beta}})$ 相同。理由很简单：一个非线性函数的平均值（APE 缩放因子）不是平均值的非线性函数（PEA 缩放因子）。在总体中缩放因子也不是相同的，因为期望值并不穿过非线性函数：$g[\mathrm{E}(\mathbf{x}\boldsymbol{\beta})]\neq \mathrm{E}[g(\mathbf{x}\boldsymbol{\beta})]$。

式（15.33）对于政策分析有一个很好的解释，其中 x_K 是二值政策指示符（当政策有效时等于 1，否则等于 0）。我们可以按照如下做法来看待式（15.33）中的每个被加数。不管单元 i 是否受政策影响，我们可以在每种体制中获得期

望概率。式（15.33）中方括弧内的项是有或没有参与时 $y_i=1$ 的估计概率上的差异。换言之，我们计算对于每个截面单元 i 的（反事实）政策效应，然后跨所有 i 对这些差异求平均值。这给了我们一个关于政策的平均效应估计。关于对第 21 章的政策分析的一个反事实分析框架以及平均处理效应估计我们将有更多可说，式（15.32）就是它的一个例子。

通过把自助法应用到一个平均值上，我们可以获得（15.32）及（15.33）中的估计量的标准误，正如在 12.8.2 节中所描述的那样，或者我们可以使用德尔塔方法；见习题 15.15。

与系数估计的数量不同，APE（以及，从较小的范围讲，即 PEA）可以在不同的模型之间进行比较。我们很少发现比如说 probit 以及 logit 估计有不同的符号，除非系数估计不准确。但是 logit、probit 以及 LPM 含蓄地使用了不同的缩放因子。对于 LPM 的缩放因子是单位元。对于 logit 及 probit，我们可以在 0 处看待函数 $g(\cdot)$，以对 $\hat{\beta}_j$——至少是在连续变量上的斜率——可能会如何不一样获得一个大体的看法。对于 probit，$g(0)\approx 0.4$ 以及对于 logit，$g(0)=0.25$。因此，我们期望 logit 斜率系数有最大的数值，然后是 probit 估计，再然后是 LPM 估计。事实上，有时候会采用一些（粗糙的）经验法则：将 probit 系数乘以 1.6 以及将 LPM 系数乘以 4，可以使它们与 logit 估计大体上类似。将 LPM 估计乘以 2.5 可以使它们与 probit 估计类似。如果 $\bar{\mathbf{x}}\hat{\boldsymbol{\beta}}$ 接近于 0，那么 $g(\bar{\mathbf{x}}\hat{\boldsymbol{\beta}})$ 对于 logit 将接近于 0.25 且对于 probit 将接近于 0.4，这样关于调整系数的经验法则基于 PEA 就完全可以说得过去。（当 y 上的结果之一远比其他结果更不可能时，那么 $\bar{\mathbf{x}}\hat{\boldsymbol{\beta}}$ 将不可能接近于 0。）一般地，计算 PEA 和 APE，以及在其他我们感兴趣的 $\mathbf{x}$ 值上，或者在允许我们确定对于总体中不同组的政策效应的值上的偏效应，这是一个好主意。

作为一个一般规则，来自一个 LPM 估计的估计量更类似于 APE 胜过类似于 PEA。正如在上面提到过的那样，PEA 不需要差一点就能代表总体中的一个个体。另一方面，APE 是在总体上进行平均得到的偏效应，而且，在有一种情形中，我们可以证明不管实际函数 $G(\cdot)$ 如何，LPM 估计是关于 APE 一致的。事实上，使用斯托克（Stoker，1986）的一个结论，对于任意一种响应概率 y，我们能说的远不止于此。设 $m(\mathbf{x})=\mathrm{E}(y\mid\mathbf{x})$ 是条件均值，这样 $\lambda=\mathrm{E}[\nabla_{\mathbf{x}}m(\mathbf{x})']$ 是 APE 的向量，其中 $\mathbf{x}$ 现在包含了连续协变量并且没有元素相互之间是有函数关系的。在关于 $\mathbf{x}$ 的分布假设下——如果 $\mathbf{x}$ 有无界凸支集，该假设一般是满足的——斯托克证明 $\mathrm{E}[\nabla_{\mathbf{x}}m(x)']=-\mathrm{E}[m(\mathbf{x})\times\nabla_{\mathbf{x}}\log f(\mathbf{x})']=-\mathrm{E}[y\times\nabla_{\mathbf{x}}\log f(\mathbf{x})']$（其中第二个等式由迭代期望法则得出），因此 APE 的向量仅仅是 $-\mathrm{E}[y\times\nabla_{\mathbf{x}}\log f(\mathbf{x})']$。现在，如果 $\mathbf{x}\sim\mathrm{Normal}(\mu_{\mathbf{x}},\Sigma_{\mathbf{x}})$ ——亦即，如果 $\mathbf{x}$ 有一个多元正态分布——那么很容易证明 $\nabla_{\mathbf{x}}\log f(\mathbf{x})=-(\mathbf{x}-\mu_{\mathbf{x}})\Sigma_{\mathbf{x}}^{-1}$。通过代换后其结果是

$$\lambda=\mathrm{E}[y\times\Sigma_{\mathbf{x}}^{-1}(\mathbf{x}-\mu_{\mathbf{x}})']=\{\mathrm{E}[(\mathbf{x}-\mu_{\mathbf{x}})'(\mathbf{x}-\mu_{\mathbf{x}})]\}^{-1}\mathrm{E}[(\mathbf{x}-\mu_{\mathbf{x}})'y]$$

其仅仅是来自 y 对 $1,\mathbf{x}$ 的线性投影的斜率系数向量。这个计算展示了不管条件均值函数 $m(\mathbf{x})$ 如何，如果 $\mathbf{x}$ 有一个多元正态分布，那么一个线性回归一致地

估计了 APE——或者，用斯托克（Stoker，1986）的术语来说，**平均导数**（average derivatives）。

一般结果可应用到二值响应上。事实上，即使是用指数形式 $P(y=1 \mid \mathbf{x})=G(\alpha+\mathbf{x}\boldsymbol{\beta})$ 来设定模型都是没有理由的。但是，在本情形中——对于连续可微函数 $G(\cdot)$ ——平均偏效应的向量是 $E[g(\alpha+\mathbf{x}\boldsymbol{\beta})]\boldsymbol{\beta}$，而我们可以得出结论即 λ 估计了由正缩放因子 $E[g(\alpha+\mathbf{x}\boldsymbol{\beta})]$ 所决定的 $\boldsymbol{\beta}$。我们将在 15.7.6 节中对这类结果做进一步探讨。

我们刚才推导出的结果实践价值有限，因为 $\mathbf{x}$ 是多元正态的假设是非常有约束性的。特别是，它用非对称分布排除了离散变量和连续变量。在指数模型 $P(y=1 \mid \mathbf{x})=G(\alpha+\mathbf{x}\boldsymbol{\beta})$ 背景下，假设 $\mathbf{x}$ 的所有元素是正态分布的是非常有约束性的。(举个例子，它排除了经验分析的一些选择，除了离散解释变量外，还有诸如二次项和交互项等。）然而，结果确实证明一个 LPM 的估计可以一致地估计平均偏效应，而且对于 $\mathbf{x}$ 对正态性的适度偏差，它会是一个很好的估计量。

例 15.2（已婚妇女劳动力参与） 我们现在估计妇女劳动力参与的 logit 与 probit 模型。为了对比起见，我们报告了线性概率估计值。表 15.1 给出了一些结果，其中圆括号内容表示其标准误。(对于 LPM 而言，这些是异方差性稳健的。）

表 15.1 劳动力参与的 LPM，logit 与 probit 模型估计

因变量：*inlf*			
自变量	LMP (OLS)	logit (MLE)	probit (MLE)
nwifeinc	−0.003 4	−0.021	−0.012
	(0.001 5)	(0.008)	(0.005)
educ	0.038	0.221	0.131
	(0.007)	(0.043)	(0.025)
exper	0.039	0.206	0.123
	(0.006)	(0.032)	(0.019)
$exper^2$	−0.000 60	−0.003 2	−0.001 9
	(0.000 19)	(0.001 0)	(0.000 6)
age	−0.016	−0.088	−0.053
	(0.002)	(0.015)	(0.008)
kidslt6	−0.262	−0.144 3	−0.868
	(0.032)	(0.204)	(0.119)
kidsge6	0.013	0.060	0.036
	(0.013)	(0.075)	(0.043)
constant	0.586	0.425	0.270
	(0.151)	(0.860)	(0.509)
观测值数量	753	753	753
正确预测百分比	73.4	73.6	73.4
对数似然值	—	−401.77	−401.30
伪 *R* 平方	0.264	0.220	0.221

出自三个模型的估计值表明了一致的结论。系数符号对于不同模型而言是相同的，而且相同的变量在每一个模型中都是统计显著的。LPM 的伪 R 平方正是通常 OLS 所报告的 R 平方；对于 logit 与 probit 而言，伪 R 平方是建立在前面已阐述的对数似然基础上的测量。就所有正确预测百分比而论，模型表现得一样好。对于 probit 模型来说，它正确地预测了"劳动力脱离"大致为 63.1%的时间，而且正确预测了"劳动力参与"大致为 81.3%的时间。LPM 具有相同的全部正确预测百分比，只是在每一个结果之中存在着轻微的差别。

正如我们前面所强调的，对于不同模型而言，系数大小是不可以直接进行比较的，尽管关于（大致）连续解释变量的系数比是可以直接进行比较的。例如，*nwifeim* 和 *edu* 的系数的比率对于 LPM，logit 和 probit 模型，分别为−0.089 5、0.095 0 和−0.091 6。

如果我们在样本中自变量的平均值上（包括 $exper^2$ 平均值）对标准正态概率密度函数 $\phi(\hat{\beta}_0+\hat{\beta}_1x_1+\cdots+\hat{\beta}_kx_k)$ 进行计算，那么我们得到大约为 0.391。（这个值接近于 0.4，因为关于 *inlf* 的结果是相当平衡的：大约 56.7%的妇女被报告参与在劳动力中。当一个结果比另一个更有可能时，缩放因子将倾向于少得多。）从均值开始，我们可以用系数乘以大致连续的变量——而且甚至可能是测量孩子数量的变量——以得到关于一单元增加对于响应概率效应的一个估计。计算关于 logit 的 PEA 的缩放因子大约是 0.243，其接近于 0.25，即在 0 处的逻辑斯蒂密度值。如果我们使用这些缩放因子以计算关于例如 *nwifeinc* 的 PEA，我们得到的值对于 logit 大约为−0.005 1 而对于 probit 大约为−0.004 7。在绝对值数量上两者都有点大于 LPM 效应，其为−0.003 4。

关于 APE 的缩放因子更小。对于 probit，$g(\hat{\beta}_0+\hat{\beta}_1x_{i1}+\cdots+\hat{\beta}_Kx_{iK})$ 跨 i 的平均值大约为 0.301，而对于 logit 其为 0.179。当我们用这些缩放因子乘以 *nwifeinc* 的系数，我们得到的值对于 logit 为−0.003 8，而对于 probit 为−0.003 6。关于 probit 估计的一个自助法标准误，使用 500 个自助法样本，约为 0.001 6。正如我们所预期的，APE 更接近于 LPM 效应，而 APE 的自助法标准误非常接近于 *nwifeinc* 系数的 LPM 标准误，0.001 5。对于其他解释变量来说关于 APE 的上述论述同样是正确的。即便对于一个离散变量诸如 *kidslt6*——其超过 96%的样本取值为 0 或 1——APE 对于 logit 约为−0.258，而对于 probit 其为−0.261（自助法标准误=0.033）。LPM 上的偏效应为−0.262（标准误=0.032）。

一方面是 LPM 模型，另一方面是 logit 与 probit 模型，它们之间潜在的最大差别是，LPM 假定 *educ*，*kidslt6* 等有常数边际效应，而 logit 与 probit 模型都考虑了偏效应边际减少的情况——对于连续和离散变量而言。例如，在 LPM 中，增加一个孩子，不管是从 0 到 1 还是从 1 到 2，都被估计会减少一个妇女 0.262 的劳动力参与概率，并独立于该妇女的其他特征如收入、受教育程度、年龄以及工作经验。正如我们刚刚看到的那样，在其与 logit 和 probit 的估计相似这个意义上（其中 *kidslt6* 被当作一个连续变量对待），这是一个平均效应的好估计量。但是效应会跨总体而不同，故拥有第一个小孩的效应必定与拥有第二个小孩的效应会不同。为了对一个偏效应与平均偏效应（APE）的差别有多大有一个了解，取妇女满足 $nwifeinc=20.13$，$educ=12.3$，$exper=10.6$，$age=42.5$——这大致是样本平均——以及 $kidsge6=1$。在 probit 模型中，当从 0 增加到 1 个小孩时，劳动力参与概率的估计下降幅度是什么？我们在 $kidsge6=1$ 与 $kidsge6=0$ 处且将其他解释变量设置在刚刚给定的值上可计算标准正态 cdf，即 $\boldsymbol{\Phi}(\hat{\beta}_0+\hat{\beta}_1 x_1+\cdots+\hat{\beta}_K x_K)$。我们大致得出，$0.373-0.707=-0.334$，这意味着劳动力参与概率降低了 0.334。(PEA 的缩放了的系数大约是 -0.347，所以它们没有多大差异。）如果妇女从有 1 个孩子变到有 2 个孩子，那么其概率可以下降得更多一些，但是边际效应并不大：$0.117-0.373=-0.256$。

如果我们计算关于每个妇女在有 1 个或 0 个小孩时的预测概率的差异，并将这些加以平均——也就是，如果我们计算当从 0 增加到 1 个孩子时的 APE——其估计值大约为 -0.272，同时当从 1 增加到 2 个孩子时的 APE 大约是 -0.220。LPM 估计与第一个估计接近，当我们把 LPM 解释为平均偏效应的估计时，这是有道理的：不到 4% 的妇女拥有多于 1 个孩子，因而所估计的从 1 个增加到 2 个（当然，以及从 2 个增加到 3 个）的效应对 APE 贡献甚微。

对于稍加修改的二值响应模型，可以将其应用到独立的混合横截面上或者其他数据集合上，其中的观测值是独立的，但不必是同分布的。该模型经常包括年度或其他时间段虚拟变量用于解释加总的时间效应。正如线性模型一样，在自然实验背景下，probit 可用于计算某些政策的影响；参阅习题 15.13。格鲁伯和波特巴（Gruber and Poterba，1994）给出了一个应用。

15.7 二值响应模型的设定问题

现在，我们转到把二值响应模型应用到经济数据之中所引发的几个问题上。所有这些专题均与一般指标模型有关，但是在 probit 模型背景下，正态分布的特征允许我们得到一些具体的结果。因此，我们主要关注于 probit 模型。

15.7.1 可忽略的异质性

当那些遗漏变量与所包含的解释变量是不相关的时候，我们从研究遗漏变量的结果开始。这也被称为**可忽略的异质性**（neglected heterogeneity）问题。关注的（结构）模型是

$$P(y=1\mid \mathbf{x},c)=\boldsymbol{\Phi}(\mathbf{x}\boldsymbol{\beta}+\gamma c) \tag{15.34}$$

其中 $\mathbf{x}$ 表示满足 $x_1\equiv 1$ 的 $1\times K$ 维向量，而 c 表示标量。一旦把 c（以及 $\mathbf{x}$ 的其他元素）固定后，我们对 x_j 关于成功概率的偏效应感兴趣。我们可以把式 (15.34) 以潜变量形式写成 $y^*=\mathbf{x}\boldsymbol{\beta}+\gamma c+e$，其中 $y=1[y^*>0]$ 且 $e\mid \mathbf{x},c\sim \text{Normal}(0,1)$。因为 $x_1=1$，所以 $\text{E}(c)=0$ 并不失一般性。

现在假定 c 与 $\mathbf{x}$ 是独立的，而且 $c\sim \text{Normal}(0,\tau^2)$。［记住，这个假设比 $\text{Cov}(\mathbf{x},c)=0$ 甚至 $\text{E}(c\mid \mathbf{x})=0$ 更强一些：在独立性假设下，给定 $\mathbf{x}$ 时 c 的分布并不依赖于 $\mathbf{x}$。］已知这些假设，综合项 $\gamma c+e$ 与 $\mathbf{x}$ 是独立的，且具有 $\text{Normal}(0,\gamma^2\tau^2+1)$ 分布。因此，

$$\text{P}(y=1|\mathbf{x})=\text{P}(\gamma c+e>-\mathbf{x}\boldsymbol{\beta}|\mathbf{x})=\boldsymbol{\Phi}(\mathbf{x}\boldsymbol{\beta}/\sigma) \tag{15.35}$$

其中 $\sigma^2\equiv\gamma^2\tau^2+1$。由式（15.35）立刻可得，$y$ 对 $\mathbf{x}$ 的 probit 一致地估计出$\boldsymbol{\beta}/\sigma$。换句话讲，如果 $\hat{\boldsymbol{\beta}}$ 是出自 y 对 $\mathbf{x}$ 的 probit 估计量，那么 $\text{plim}\hat{\beta}_j=\beta_j/\sigma$。由于$\sigma=(\gamma^2\tau^2+1)^{1/2}>1$（除非 $\gamma=0$ 或 $\tau^2=0$），所以 $|\beta_j/\sigma|<|\beta_j|$。

在存在可忽略异质性的情况下，下面的陈述引发了估计 β_j 中的**衰减偏误**（attenuation bias）：“在 probit 分析中，可忽略异质性与线性模型分析中的情形相比更为严重，因为即使遗漏变量导致的异质性与 $\mathbf{x}$ 是独立的，probit 系数都是非一致的。”我们刚刚推导出 y 对 $\mathbf{x}$ 的 probit 一致地估计 $\boldsymbol{\beta}/\sigma$ 而不是 $\boldsymbol{\beta}$，所以从技术上讲，该陈述是正确的。然而，我们应该记住，在非线性模型中，我们常常要估计偏效应而不是一些参数。出于获得该效应方向或者连续解释变量的相对效应的目的，估计 $\boldsymbol{\beta}/\sigma$ 与估计 $\boldsymbol{\beta}$ 一样好。

为了更精确起见，经缩放的系数，β_j/σ，拥有和 β_j 同样的符号，这样我们将正确地（在占有充足数据量的基础上）确定任何变量的偏效应的方向——离散的、连续的，或者一些混合的——通过估计经缩放的系数。进而，任意两个经缩放系数 β_j/σ 与 β_h/σ 的比率，仅仅就是 β_j/β_h。对于连续的 x_j 来说，模型（15.34）中的偏效应——我们可能会称为“结构性偏效应”——是

$$\partial\text{P}(y=1|\mathbf{x},c)/\partial x_j=\beta_j\phi(\mathbf{x}\boldsymbol{\beta}+\gamma c) \tag{15.36}$$

因此，两个连续变量 x_j 和 x_h 的偏效应比率就是 β_j/β_h——与经缩放了的系数之比相同。

是否存在任何我们由于不能估计 β 而无法估计的感兴趣的量呢？是的，尽管其重要性是有争议的。因为对 c 可以标准化，这使得 $\text{E}(c)=0$，因而，我们可能会对式（15.36）在 $c=0$ 处所计算的值感兴趣，这正是 $\beta_j\phi(\mathbf{x}\boldsymbol{\beta})$。很明显，我们必须一致地估计出 β，以便估计在异质性的平均值（以及协变量的任意值）处的偏效应。我们从 y 对 $\mathbf{x}$ 的 probit 一致地估计出的内容是

$$(\beta_j/\sigma)\phi(\mathbf{x}\boldsymbol{\beta}/\sigma) \tag{15.37}$$

这一表达式表明，如果我们对在 $c=0$ 处所计算的偏效应感兴趣，那么实施 y 对 $\mathbf{x}$ 的 probit 并不用实施技巧。表达式（15.37）的一个有趣事实是，尽管 β_j/σ 比 β_j 更接近于 0，但是 $\phi(\mathbf{x}\boldsymbol{\beta}/\sigma)$ 比 $\phi(\mathbf{x}\boldsymbol{\beta})$ 更大一些，因为 $\phi(z)$ 随着 $|z|\to 0$ 递增，而且 $\sigma>1$。因此，对于在 $c=0$ 处去估计式（15.36）的偏效应来说，关于 $\mathbf{x}$ 的什么值会存在衰减偏误并不清楚。将 c 的其他值插入式（15.37）是没什么道理的，因为我们无法识别 δ，而且即便我们能识别，我们除了知道其均值为 0 外，一般对 c 的分布一无所知。确实，c 通常旨在捕捉诸如“能力”、“健康”或“对储蓄的偏好”等含糊概念，而如果没有更多信息的话，我们没有希望估

计这些不可观测属性的分布。

当 c 在总体中具有正态分布时，在 $c=0$ 处所计算的偏效应仅仅刻画了总体的一小部分。［从技术上讲，$P(c=0)=0$。］相反，我们可以估计平均偏效应(average partial effect，APE)，其中，我们现在平均掉不可观测异质性并留下 x 的一个函数。特别是，给定 $\mathbf{x}$ 时，通过在总体中 c 的分布上对式（15.36）进行平均就可获得 APE。为了强调起见，设 $\mathbf{x}^o$ 表示解释变量的给定值（可能是均值，但并不要求是均值）。当我们把 $\mathbf{x}^o$ 代入式（15.36）中，且对 c 的分布取期望值时，我们得到

$$E[\beta_j\phi(\mathbf{x}^o\boldsymbol{\beta}+\gamma c)]=(\beta_j/\sigma)\phi(\mathbf{x}^o\boldsymbol{\beta}/\sigma) \tag{15.38}$$

换句话讲，y 对 $\mathbf{x}$ 的 probit 一致地估计平均偏效应，这常常是我们所希望的。

式（15.38）的结果可以从 2.2.5 节对平均偏效应的一般处理中获得。在目前的设置下，不会存在额外的条件变量 $\mathbf{w}$，而且不可观测的异质性与 $\mathbf{x}$ 是独立的。由式（2.35）可得，在 $\mathbf{x}^o$ 处计算的对 x_j 的平均偏效应正是 $\partial E(y|\mathbf{x}^o)/\partial x_j$。但是，由期望迭代法则可知，$E(y|\mathbf{x})=E_c[\boldsymbol{\Phi}(\mathbf{x}\boldsymbol{\beta}+\gamma c)]=\boldsymbol{\Phi}(\mathbf{x}\boldsymbol{\beta}/\sigma)$，其中 $E_c(\cdot)$ 表示关于 c 分布的期望。$\boldsymbol{\Phi}(\mathbf{x}\boldsymbol{\beta}/\sigma)$ 对 x_j 的导数是 $(\beta_j/\sigma)\phi(\mathbf{x}\boldsymbol{\beta}/\sigma)$，这是我们想要证明的内容。

基本思想是，当与 $\mathbf{x}$ 相互独立时，probit 模型中遗漏变量导致的异质性并不是一个问题：忽略异质性可以保持所有偏效应的符号不变，可以给各连续解释变量以相同的相对效应，以及提供对平均偏效应的一致性估计。当然，前面的推理讨论依赖于 c 的正态性与 probit 结构方程。比如说，如果结构模型（15.34）是 logit 且 c 是正态分布的，那么我们不能得到给定 $\mathbf{x}$ 时关于 y 分布的 probit 或 logit；响应概率就更为复杂了。来自 2.2.5 节的经验是，我们还可以直接对 $P(y=1\mid\mathbf{x})$ 进行建模，因为 $P(y=1\mid\mathbf{x})$ 的偏效应总是 $P(y=1\mid\mathbf{x},c)$ 的偏效应在 c 分布上的平均值。

如果 c 与 $\mathbf{x}$ 是相关的，或者是由 $\mathbf{x}$ 来决定的［例如，如果 $\text{Var}(c\mid\mathbf{x})$ 依赖于 $\mathbf{x}$］，那么遗漏 c 是一个严重问题。在此情形中，我们不能获得平均偏效应的一致估计。例如，如果 $c\mid\mathbf{x}\sim\text{Normal}(\mathbf{x}\boldsymbol{\delta},\eta^2)$，那么 y 对 $\mathbf{x}$ 的 probit 提供了 $(\boldsymbol{\beta}+\gamma\boldsymbol{\delta})/\rho$ 的一致估计值，其中 $\rho^2=\gamma^2\eta^2+1$。除非 $\gamma=0$ 或 $\boldsymbol{\delta}=\mathbf{0}$，否则我们不会一致地估计 $\boldsymbol{\beta}/\sigma$。一旦给定我们了解了遗漏变量与 x_j 相关的线性情形，此结果就不会令人感到惊异。我们现在研究当在 probit 模型中考虑内生变量时可以做什么。

15.7.2 连续内生解释变量

现在，我们以显性方式考察潜变量模型中一个解释变量与误差项相关的情形。一种可能性是通过 2SLS 估计线性概率模型。这种方法相对来说很容易，并且可以提供平均效应的一个良好估计值。

如果我们要估计含有内生解释变量的 probit 模型，我们必须作出某种相当

强的假设。在本节中，我们考察一种连续内生解释变量的情形。

把模型写成

$$y_1^* = \mathbf{z}_1\boldsymbol{\delta}_1 + \alpha_1 y_2 + u_1 \tag{15.39}$$

$$y_2 = \mathbf{z}_1\boldsymbol{\delta}_{21} + \mathbf{z}_2\boldsymbol{\delta}_{22} + v_2 = \mathbf{z}\boldsymbol{\delta}_2 + v_2 \tag{15.40}$$

$$y_1 = 1[y_1^* > 0] \tag{15.41}$$

其中（u_1，v_2）表示服从零均值的二元正态分布，并且与 $\mathbf{z}$ 是相互独立的。方程（15.39）与方程（15.41）是结构方程；方程（15.40）是关于 y_2 的约简型，其中如果 u_1 与 v_2 是相关的，那么 y_2 是内生的。如果 u_1 与 v_2 是相互独立的，就不存在内生性问题。由于 v_2 是正态分布的，所以我们可以假定给定 $\mathbf{z}$ 时 y_2 是正态的；因而，y_2 应该拥有正态随机变量的特点。（例如，y_2 不应该是离散变量。）

当由于遗漏变量或测量误差的缘故，以至 y_2 与 u_1 相关时，仍可以应用该模型。此模型还可用于 y_2 和 y_1 被联合决定的情形，但是附带一个告诫。如果 y_1 出现在关于 y_2 的线性结构方程的右边，那么就不能创建起关于 y_2 的约简型且 v_2 将不具有所述的一些性质。然而，如果 y_1^* 出现在 y_2 的线性结构方程中，那么 y_2 具有由方程（15.40）所给出的约简型，更进一步的讨论可以参阅马达拉（Maddala，1983，第 7 章）。

正像其全部解释变量为外生的 probit 模型一样，对方程（15.39）中的参数给出平均偏效应解释的标准化过程，至少在遗漏变量与联立性背景下是 $\text{Var}(u_1)=1$。为了理解这一点，考察在 y_2 的两个不同结果，比如说在 y_2^0 与 y_2^0+1 处 y_1 的结果。一旦把可观测的外生因素固定在 $\mathbf{z}_1^0$ 处保持不变，并且把 u_1 固定，对响应进行差分得

$$1[\mathbf{z}_1^0\boldsymbol{\delta}_1 + \alpha_1(y_2^0+1) + u_1 \geqslant 0] - 1[\mathbf{z}_1^0\boldsymbol{\delta}_1 + \alpha_1 y_2^0 + u_1 \geqslant 0]$$

（这个差分可以在 -1，0 以及 1 值处进行。）由于 u_1 是不可观测的，所以我们不能估计出关于一个给定总体单元的响应差分。然而，如果我们在 u_1 的分布上进行平均，[u_1 的分布就是 Normal(0,1)] 我们得到

$$\boldsymbol{\Phi}[\mathbf{z}_1^0\boldsymbol{\delta}_1 + \alpha_1(y_2^0+1)] - \boldsymbol{\Phi}(\mathbf{z}_1^0\boldsymbol{\delta}_1 + \alpha_1 y_2^0)$$

因此，$\boldsymbol{\delta}_1$ 与 α_1 均是出现在 APE 之中的参数。[如其不然，如果我们从允许 $\sigma_1^2 = \text{Var}(u_1) > 0$ 成为无约束的开始，那么 APE 会依赖于 $\boldsymbol{\delta}_1/\sigma_1$ 与 α_1/σ_1，因此，我们为了拥有单位方差而应该对 u_1 重新缩放。不论从什么角度来说，方差与斜率参数都不可以分开识别。] 应该记住关于 $\text{Var}(u_1)$ 的适当标准化，因为我们在下面几段所涵盖的两步骤程序仅仅一致地估计出由缩放因子决定的 $\boldsymbol{\delta}_1$ 与 α_1；我们必须稍微多做一点工作以获得 APE 估计值。

最有用的两步骤方法是一个归功于里弗斯和王光（Rivers and Vuong，1988）的控制函数法，因为此方法产生了一种对 y_2 内生性的简单检验。为了推导此程序，首先，注意到在满足 $\text{Var}(u_1)=1$ 的（u_1，v_2）联合正态性下，我们可以写成

$$u_1 = \theta_1 v_2 + e_1 \tag{15.42}$$

其中 $\theta_1 = \eta_1/\tau_2^2$，$\eta_1 = \mathrm{Cov}(v_2, u_1)$，$\tau_2^2 = \mathrm{Var}(v_2)$，而且 e_1 与 $\mathbf{z}$ 以及 v_2 是相互独立的（进而与 y_2 是相互独立的）。由于（u_1, v_2）联合正态性的缘故，所以 e_1 也是正态分布，满足 $\mathrm{E}(e_1)=0$ 且 $\mathrm{Var}(e_1)=\mathrm{Var}(u_1)-\eta_1^2/\tau_2^2=1-\rho_1^2$，其中 $\rho_1 = \mathrm{Corr}(v_2, u_1)$。我们现在可以写成

$$y_1^* = \mathbf{z}_1\boldsymbol{\delta}_1 + \alpha_1 y_2 + \theta_1 v_2 + e_1 \tag{15.43}$$

$$e_1 \mid \mathbf{z}, y_2, v_2 \sim \mathrm{Normal}(0, 1-\rho_1^2) \tag{15.44}$$

经过标准计算，可以证明，

$$\mathrm{P}(y_1=1 \mid \mathbf{z}, y_2, v_2) = \boldsymbol{\Phi}[(\mathbf{z}_1\boldsymbol{\delta}_1 + \alpha_1 y_2 + \theta_1 v_2)/(1-\rho_1^2)^{1/2}]$$

一旦姑且假定我们可以观测到 v_2，那么 y_1 对 $\mathbf{z}_1$、y_2 以及 v_2 的 probit 会一致地估计 $\delta_{\rho1} \equiv \delta_1/(1-\rho_1^2)^{1/2}$，$\alpha_{\rho1} \equiv \alpha_1/(1-\rho_1^2)^{1/2}$ 以及 $\theta_{\rho1} \equiv \theta_1/(1-\rho_1^2)^{1/2}$。注意到，因为$\rho_1^2<1$，所以除非 y_2 是外生的（$\rho_1=0$），否则，每一个**经缩放的系数**（scaled coefficient）大于其**未经缩放的系数**（unscaled coefficient）。

由于我们不知道 $\boldsymbol{\delta}_2$，所以首先我们必须像下述程序那样估计它：

程序 15.1：（a）实施 y_2 对 $\mathbf{z}$ 的 OLS，然后保存残差 $\hat{v}_2$。

（b）为了获得经缩放的系数 $\boldsymbol{\delta}_{\rho1}$，$\alpha_{\rho1}$ 以及 $\theta_{\rho1}$ 的一致估计量，实施 y_1 对 $\mathbf{z}_1$，y_2 以及 $\hat{v}_2$ 的 probit。

程序 15.1 的一个良好特性是，$\hat{v}_2$ 上的通常 probit 的 t 统计量是 y_2 为外生的零假设的有效检验，也就是 $\mathrm{H}: \theta_1=0$。如果 $\theta_1 \neq 0$，那么通常的 probit 标准误与检验统计量不是严格有效的，并且我们只能估计取决于缩放因子的 $\boldsymbol{\delta}_1$ 与 α_1。两步骤估计量的渐近方差可以利用 12.5.2 节中 M 估计量的一些结果加以推导；也可参阅里弗斯和王光（Rivers and Vuong，1988）。习题 15.15 要求你获得正确的方差矩阵并证明其总是比不正确的方差矩阵大，该不正确的方差矩阵忽略了当 $\theta_1 \neq 0$ 时 δ_2 的估计。可以使用自助法，但如果一个结果远更有可能的话，某些自助法样本在 y_1 中会缺乏变异性。

在 $\mathrm{H}_0: \theta_1=0$ 下，$e_1=u_1$，因而 v_2 分布在零假设下不起作用。因此，在没有假定 v_2 的正态性或同方差性下，外生性检验是有效的，而且即使 y_2 是一个二值变量，它可以得到非常广泛的应用。遗憾的是，如果 y_2 与 u_1 是相关的，那么 v_2 的正态性则是极为关键的。

例 15.3（妇女劳动力参与模型中教育的外生性检验） 我们对已婚妇女劳动力参与方程中 *educ* 为外生的零假设进行检验。首先，我们从 *educ* 对所有外生变量，包括 *motheduc*、*fatheduc* 以及 *huseduc* 的回归中获得约简型残差 $\hat{v}_2$。然后，我们把 $\hat{v}_2$ 添加到出自例题 15.2 的 probit 上。$\hat{v}_2$ 上的 t 统计量仅为 0.867，它对于否定 *educ* 为外生的零假设来说是很弱的证据。与以往一样，这个结论依赖于作为 *educ* 的工具其自身就是外生的假设。

在两步法估计以后，我们就能轻松获得未经缩放的参数估计 $\boldsymbol{\beta}_1 = (\boldsymbol{\delta}_1', \alpha_1)'$，其允许我们估计偏效应。在两步估计程序中，我们从第一阶段回归就得到 $\boldsymbol{\delta}_2$ 和

τ_2^2 的一致估计量，然后从第二阶段中获得 $\boldsymbol{\delta}_{\rho 1}$，$\alpha_{\rho 1}$ 和 $\theta_{\rho 1}$。进行简单的代数计算就得到 $1+\theta_{\rho 1}^2\tau_2^2=1/(1-\rho_1^2)$。现在因为 $\boldsymbol{\delta}_1=(1-\rho_1^2)^{1/2}\boldsymbol{\delta}_{\rho 1}$ 与 $\alpha_1=(1-\rho_1^2)^{1/2}\alpha_{\rho 1}$，就得到 $\boldsymbol{\beta}_1=\boldsymbol{\beta}_{\rho 1}/(1+\theta_{\rho 1}^2\tau_2^2)^{1/2}$，其中 $\boldsymbol{\beta}_{\rho 1}=(\boldsymbol{\delta}_{\rho 1}',\alpha_{\rho 1})'$ 是经缩放的系数。因此，我们能获得原始参数的一致估计量为

$$\hat{\boldsymbol{\beta}}_1=\hat{\boldsymbol{\beta}}_{\rho 1}/(1+\hat{\theta}_{\rho 1}^2\hat{\tau}_2^2)^{1/2} \tag{15.45}$$

其中，方程（15.45）右边的所有量都可以从两步估计程序中获得。

给定 $\hat{\boldsymbol{\delta}}_1$ 和 $\hat{\alpha}_1$，就能计算 $\boldsymbol{\Phi}(\mathbf{z}_1\hat{\boldsymbol{\delta}}_1+\hat{\alpha}_1 y_2)$ 在 z_1 与 y_1 感兴趣的值上的导数与差分。有时候估计在均值处的偏效应也是有用的。在另一些时候，更加需要平均偏效应。对连续解释变量（包括 y_2），所乘的缩放因子，比如对于 $\hat{\alpha}_1$，就是 $N^{-1}\sum_{i=1}^{N}\phi(\mathbf{z}_{i1}\hat{\boldsymbol{\delta}}_1+\hat{\alpha}_1 y_{i2})$。能够用德尔塔方法获得 APE（或平均值处的偏效应）的标准误，但鉴于两步法估计的性质，必要的计算是烦琐的。可以轻松地用上自助法（但是计算上的代价很大）：对于每个自助法样本计算该程序的两个步骤，获得经缩放系数或未经缩放系数，然后计算 APE（或其他感兴趣的偏效应）。如在 12.8.2 节所描述的，通过自助法复制就可以计算标准差。

一种可供选择的计算 APE 的方法是不利用关于 v_2 的正态性假设。可以使用 2.2.5 节的结果，设 $y_1=1[\mathbf{z}_1\boldsymbol{\delta}_1+\alpha_1 y_2+u_1>0]$，并设 $q\equiv u_1$，$\mathbf{x}\equiv(\mathbf{z}_1,y_2)$，$w=v_2$（在该情形中是一个标量）。因为 y_1 是（$\mathbf{z}_1,y_2,u_1$）的确定性函数，v_2 在 $\mathrm{E}(y_1\mid\mathbf{z}_1,y_2,u_1,v_2)$ 中是一个不重要的冗余。进一步，已经使用 $\mathrm{D}(u_1\mid\mathbf{z}_1,y_2,v_2)=\mathrm{D}(u_1\mid v_2)$，这样假设（2.33）也成立。于是可以得出：APE 可以由下式关于（z_1,y_2）的元素的导数或者差分求出：

$$\mathrm{E}_{v2}[\boldsymbol{\Phi}(\mathbf{z}_1\boldsymbol{\delta}_{\rho 1}+\alpha_{\rho 1}y_2+\theta_{\rho 1}v_2)] \tag{15.46}$$

使用引理 12.1，（15.46）的一个一致估计量就可以由下式得到：

$$N^{-1}\sum_{i=1}^{N}\boldsymbol{\Phi}(\mathbf{z}_1\hat{\boldsymbol{\delta}}_{\rho 1}+\hat{\alpha}_{\rho 1}y_2+\hat{\theta}_{\rho 1}\hat{v}_{i2}) \tag{15.47}$$

其中 $\hat{v}_{i2}$ 表示源自 y_{i2} 对 $\mathbf{z}_i$ 回归的第一阶段 OLS 残差，$i=1,\cdots,N$。此方法提供了估计 APE 一种不同的策略：在第二阶段估计之后，直接计算关于 $\mathbf{z}_1$ 与 y_2 的偏效应，而且在样本中 $\hat{v}_{i2}$ 之上对这些量加以平均。对于连续解释变量，y_2 经常是最重要的，估计的偏效应是 $\hat{\alpha}_1[N^{-1}\sum_{i=1}^{N}\phi(\mathbf{z}_{i1}\hat{\boldsymbol{\delta}}_{\rho 1}+\hat{\alpha}_{\rho 1}y_{i2}+\hat{\theta}_{\rho 1}\hat{v}_{i2})]$，这个 APE 的标准误可以通过德尔塔方法或自助法获得。而且，自助法也更容易应用：对于每个自助法样本，可以用两步估计，然后计算那个样本的 APE。重复这个过程就可以获得 APE 的自助法标准误。

控制函数法相对于另一个出现于线性模型的两阶段最小二乘法的两步法有绝对优势。与其以 v_2 与 $\mathbf{z}$（因此 y_2）为条件得到 $\mathrm{P}(y_1=1\mid\mathbf{z},v_2)=\mathrm{P}(y_1=1\mid\mathbf{z},y_2,v_2)$，不如直接获得 $\mathrm{P}(y_1=1\mid\mathbf{z})$。为找到后一种可能性，我们插入 y_2 的约简型，得到 $y_1=1[\mathbf{z}_1\delta_1+\alpha_1(\mathbf{z}\boldsymbol{\delta}_2)+\alpha_1 v_2+u_1>0]$。因为 $\alpha_1 v_2+u_1$ 独立于 $\mathbf{z}$，（u_1,v_2）有二元正态分布，$\mathrm{P}(y_1=1\mid\mathbf{z})=\boldsymbol{\Phi}\{[\mathbf{z}_1\boldsymbol{\delta}_1+\alpha_1(\mathbf{z}\boldsymbol{\delta}_2)]/\omega_1\}$，其中，$\omega_1^2\equiv\mathrm{Var}(\alpha_1 v_2+u_1)=$

$\alpha_1^2\tau_2^2+1+2\alpha_1\mathrm{Cov}(v_2,u_1)$。(一个两步程序现在使用同样的第一步 OLS 回归进行下去——在这种情形中，以得到拟合值 $\hat{y}_{i2}=\mathbf{z}_i\hat{\boldsymbol{\delta}}_2$——现在紧接着用 y_{i1} 对 $\mathbf{z}_{i1}$ 与 $\hat{y}_{i2}$ 做 probit。容易看到，这个方法估计的系数由普通缩放因子 $1/\omega_1$ 所决定，普通缩放因子可以是任何正数（不像控制函数情形，其中我们知道缩放因子大于 1)。)

就像控制函数法（CF)，得到合适的标准误是困难的。为 y_2 插入 $\hat{y}_2$ 这个方法重要的缺陷是，它不提供 y_2 是外生的零假设的简单的检验。另外，系数不能在豪斯曼检验中直接与通常的 probit 估计比较，因为缩放因子不同。此外，虽然平均偏效应可以和它们用在 CF 方法中同样的方式得到一些恢复，但是对于拟合值的方法来说，方程（15.47）是不可用的。最后，插入的拟合值被严格约束在结构方程（15.39）中；增加 y_2 的其他函数是非常烦琐的，并且容易犯错误。可参阅习题 15.14 和本节末的讨论。

例 15.3（妇女 LFP 模型中非妻子收入（Nonwife Income）的内生性） 我们使用 MROZ. RAW 中的数据检验零假设，*nwifeinc* 在表 15.1 中估计的 probit 模型中是外生。使用丈夫的教育年数 *huseduc* 作为 *nwifeinc* 的工具变量。因此，识别假设（也许是牵强的）是丈夫的受教育年数与影响已婚妇女劳动力供给决策的因素无关，一旦 *nwifeinc* 和其他变量（包括妇女的教育）被考虑进来。在 *nwifeinc* 对 *huseduc* 和表 15.1 中所列的其他解释变量的第一阶段回归中，*husedu* 完全稳健的 t 统计量大约是 6.92，这不足为奇，因为 *nwifeinc* 与丈夫的劳动收入高度相关，而这反过来又取决于丈夫的教育。当约简型的残差 $\hat{v}_2$ 被添加到 *probit* 中，它的系数大约是 0.027，且 t 统计量约为 1.41——只有温和的证据证明 *nwifeinc* 是内生的。*Nwifeinc* 的系数变为 -0.037 左右，肯定大于表 15.1 中的 probit 估计量。但我们必须比较偏效应。如果我们对缩放因子 $\phi(\mathbf{z}_{i1}\hat{\boldsymbol{\delta}}_{\rho1}+\hat{\alpha}_{\rho1}y_{i2}+\hat{\theta}_{\rho1}\hat{v}_{i2})$ 求平均值，对于所有的 i（以便我们在 $(\mathbf{z}_1,y_2)$ 的分布上求平均，除了求平均消掉 v_2 外)，得出偏效应大约是 0.300。因此，*nwifeinc* 的 APE 是 $0.300\times(-0.037)\approx-0.011$，带有一个基于 500 自助法样本约 0.005 8 的自助法标准误。这一估计基于自助法标准误，是边际统计显著的，比将 *nwifeinc* 作为外生的时的 probit 估计量大三倍左右，这时约为 $-0.003\ 6$。如果我们使用方程（15.46）恢复原始系数的估计，$\hat{\alpha}_1=-0.035\ 5$，这与联合 MLE 是一致的（应该是因为该模型是恰好识别的)。基于 $\phi(\mathbf{z}_{i1}\hat{\boldsymbol{\delta}}_1+\hat{\alpha}_1y_{i2})$ 的缩放因子大约是 0.297，这非常接近于基于（15.47）的缩放因子。为了比较，我们用 2SLS 估计线性概率模型。*nwifeinc* 的 2SLS 系数约是 -0.012（稳健的标准误 $=0.005\ 9$)，从实用目的来看，这与 probit 模型中关于 CF 估计的平均偏效应相同。

最后，我们还面临一个困难的处境，拒绝 *nwifeinc* 外生性的证据不是特别强，但把 *nwifeinc* 当做内生的 APE，比把 *nwifeinc* 作为外生时的 APE 要大。

该模型在前面的例子中是恰好识别的：因为我们有内生变量 *nwifeinc* 的一个工具 *huseduc*。如果有过度识别约束，很容易使用 CF 的方法进行检验。关键的约束是，$\mathrm{D}(u_1\mid y_2,\mathbf{z})=\mathrm{D}(u_1\mid v_2)$；也就是说，条件分布仅取决于线性组合

$y_2-\mathbf{z}\boldsymbol{\delta}_2$。如果 z_2 是 $1\times L_2$ 维外生变量的向量，并被排除在结构方程外，那么这种对 $\mathrm{D}(u_1 \mid y_2, \mathbf{z})$ 的约束规定了 L_2-1 个过度识别约束。我们可以检验这些，通过将任何 $\mathbf{z}_2$ 的 $1\times(L_2-1)$ 维子向量，比如 $\mathbf{h}_2$ 包括进来作为程序 15.1 中（b）部分的额外的解释变量，并进行联合显著性检验。实际上，我们正在检验 $\mathrm{E}(\mathbf{h}_2' e_2)=\mathbf{0}$，其中 $u_1=\rho_1 v_2+e_1$（当然，如果我们在零假设下允许 y_2 内生——就像我们应当做的——那么 $\boldsymbol{\delta}_2$ 的第一步估计应当被考虑进来，要么通过德尔塔方法，要么通过自助法）。可以证明，对于我们为 $\mathbf{h}_2$ 选择的 $\mathbf{z}_2$ 的任何子集，检验都是不变的，只要 $\mathbf{h}_2$ 有 L_2-1 个元素。

与其利用两步骤程序，我们不如通过条件极大似然估计（CMLE）来估计方程（15.39）～方程（15.41）。为了得到以 $\mathbf{z}$ 为条件的（y_1, y_2）的联合分布，回忆

$$f(y_1, y_2 \mid \mathbf{z})=f(y_1 \mid y_2, \mathbf{z}) f(y_2 \mid \mathbf{z}) \tag{15.48}$$

（参阅附录 13A 中的性质 CD. 2。）由于 $y_2 \mid \mathbf{z} \sim \mathrm{Normal}(\mathbf{z}\boldsymbol{\delta}_2, \tau_2^2)$，所以很容易写出密度 $f(y_2 \mid \mathbf{z})$。我们还可以推导出给定（$y_2, \mathbf{z}$）时 y_1 的条件密度。由于$v_2=y_2-\mathbf{z}\boldsymbol{\delta}_2$ 且 $y_1=1[y_1^*>0]$，所以

$$\mathrm{P}(y_1=1 \mid y_2, \mathbf{z})=\boldsymbol{\Phi}\left[\frac{\mathbf{z}_1\boldsymbol{\delta}_1+\alpha_1 y_2+(\rho_1/\tau_2)(y_2-\mathbf{z}\boldsymbol{\delta}_2)}{(1-\rho_1^2)^{1/2}}\right] \tag{15.49}$$

其中我们使用了 $\theta_1=\rho_1/\tau_2$ 的事实。

设 w 表示公式（15.49）中 $\boldsymbol{\Phi}(\cdot)$ 之项。于是，我们推导出

$$f(y_1, y_2 \mid \mathbf{z})=\{\boldsymbol{\Phi}(w)\}^{y_1}\{1-\boldsymbol{\Phi}(w)\}^{1-y_1}(1/\tau_2)\phi[(y_2-\mathbf{z}\boldsymbol{\delta}_2)/\tau_2]$$

因此，观测值 i 的对数似然（暂且不管不依赖于参数的一些项）是

$$y_{i1}\log\boldsymbol{\Phi}(w_i)+(1-y_{i1})\log[1-\boldsymbol{\Phi}(w_i)]-\frac{1}{2}\log(\tau_2^2)$$
$$-\frac{1}{2}(y_{i2}-\mathbf{z}_i\boldsymbol{\delta}_2)^2/\tau_2^2 \tag{15.50}$$

其中我们理解，w_i 依赖于参数（$\boldsymbol{\delta}_1, \alpha_1, \rho_1, \boldsymbol{\delta}_2, \tau_2$）：

$$w_i \equiv [\mathbf{z}_{i1}\boldsymbol{\delta}_1+\alpha_1 y_{i2}+(\rho_1/\tau_2)(y_{i2}-\mathbf{z}_i\boldsymbol{\delta}_2)]/(1-\rho_1^2)^{1/2}$$

用表达式（15.50）对所有 i 进行求和，同时将其对所有参数求最大化，得到 $\boldsymbol{\delta}_1$，α_1，ρ_1，$\boldsymbol{\delta}_2$，τ_2^2 的 MLE。运用条件 MLE 的一般理论，因此，利用估计的海赛矩阵、估计的期望海赛矩阵或者得分的外积就可以获得标准误。在这个模型中应用的 MLE 有时候也被称为**工具变量 probit**（instrumental variable probit），或 **IV probit**。

相对于两步骤程序而言，极大似然估计具有一些明显的优点。首先，MLE 比任何两步骤程序都更有效。其次，我们可直接获得 $\boldsymbol{\delta}_1$ 与 α_1 的估计值，即所关注的要计算偏效应的参数。埃文斯、奥茨和施瓦布（Evans，Oates，and Schwab，1992）利用完全 MLE 研究了青少年行为的同伴相互模仿效应。当然，要获得关于 APE 的标准误，仍然需要使用德尔塔方法或自助法。

一旦获得 MLE 后，实施 y_2 是外生的检验就很容易进行：利用一个渐近 t 检验直接对 $H_0: \rho_1=0$ 进行检验。我们也可以利用似然比检验。

利用 MLE 的缺陷是计算上的问题。当$\hat{\rho}_1$有时候趋向于 1 或−1 时，利用极大似然估计有时就很难得到收敛的迭代计算。

把里弗斯和王光方法与 MLE 加以对比表明，前者是**受限信息程序**（limited information procedure）。从本质上讲，里弗斯和王光关注 $f(y_1 \mid y_2, \mathbf{z})$，其中他们利用 OLS 估计量$\hat{\boldsymbol{\delta}}_2$代替未知 $\boldsymbol{\delta}_2$（而且，他们将 e_1 加进方程（15.43）中以获得单位方差而忽略了重新缩放的问题）。MLE 可以联立地利用 $f(y_1 \mid y_2, \mathbf{z})$ 与 $f(y_2 \mid \mathbf{z})$ 中的信息估计出参数。对于 y_2 是否为外生的最初检验来说，里弗斯和王光方法具有显著的计算优势。如果外生性被拒绝，那么实施 MLE 可能就值得。正如里弗斯和王光（Rivers and Vuong，1988）证明的，当模型为恰好识别时，两步法估计量与 MLE 是相同的。

对此及其相关问题而言，极大似然方法的另一个优点是，它会促使我们提供一致估计程序以及正确的标准误。如果我们不仔细地推导所估计的方程，那么很容易滥用两步骤程序。对于 MLE 而言，尽管它很难推导给定外生变量时内生变量的联合分布，但是我们知道，如果潜在的分布假设成立，那么就可获得一致且有效的估计量。

控制函数（CF）法有几分微妙的稳健性。很容易看到，CF 的做法是一致的，如果我们假定 $D(u_1 \mid \mathbf{z}, v_2)=D(u_1 \mid v_2)$，$D(u_1 \mid v_2)$ 是正态分布，均值关于 v_2 是线性的且方差不变。(u_1, v_2) 与 z 之间的独立性以及 (u_1, v_2) 的二元正态性是充分的，但并是不必要的。对于 $D(u_1 \mid v_2)$，在没有 v_2 的正态分布条件下，其为正态的当然是有可能的。事实上，我们甚至可以允许均值 $E(u_1 \mid v_2)$ 是 v_2 的已知非线性函数——比如说，是一个二次项——然后添加这些函数到第二阶段估计的 probit 中。

为了记法和释义简单，我们前面的分析假设出现单个的内生解释变量被加到指标函数上。但略加思考就得到，前面的分析更普遍。例如，假设我们设定

$$y_1=1[\mathbf{g}_1(\mathbf{z}_1, y_2)\boldsymbol{\beta}_1+u_1>0]$$
$$y_2=\mathbf{g}_2(z)\delta_2+v_2$$

其中 $\mathbf{g}_1(\cdot)$ 和 $\mathbf{g}_2(\cdot)$ 是已知的向量函数。正如我们在 6.2 节中讨论的，CF 提供了设定函数形式相当灵活的方法——只要基本假设成立。因为 y_2 是 $(\mathbf{z}, v_2)$ 的函数，如果我们坚持 (u_1, v_2) 与 $\mathbf{z}$ 之间的独立性，则 $D(u_1 \mid \mathbf{z}, y_2, v_2)=D(u_1 \mid \mathbf{z}, v_2)=D(u_1 \mid v_2)$，而且前面的分析，无论是里弗斯-王光的 CF 方法还是 MLE，用 $\mathbf{x}_1=\mathbf{g}_1(\mathbf{z}_1, y_2)$ 代替 $\mathbf{x}_1=(\mathbf{z}_1, y_2)$ 就可以通过。例如，我们可以选择 $\mathbf{g}_1(\mathbf{z}_1, y_2)=(\mathbf{z}_1, y_2\mathbf{z}_1)$ 允许充分的交互效应（除了一个主要效应外，因为 $\mathbf{z}_1$ 的第一个元素应该是 1）。在 y_2 中增加二次项或其他多项式不会造成困难。只有在必须获得函数 $\mathbf{g}_1(\mathbf{z}_1, y_2)$ 的导数时，偏效应和 APE 计算才会变得更加复杂。因此，例如，在带有 $y_1=1[\mathbf{z}_1\boldsymbol{\delta}_1+y_2\mathbf{z}_1\boldsymbol{\alpha}_1+\gamma_1 y_2^2+u_1>0]$ 的模型中，y_2 的偏效应为 $(\mathbf{z}_1\boldsymbol{\alpha}_1+2\gamma_1 y_2)\phi(\mathbf{z}_1\boldsymbol{\delta}_1+y_2\mathbf{z}_1\boldsymbol{\alpha}_1+\gamma_1 y_2^2)$。所有的参数都可以使用两步

CF 估计量或 MLE 估计。由于这种假设，外生性检验与以前完全一样：我们可以在第二步的 probit 对 $\hat{v}_{i2}$ 使用一个简单的 t 统计量（或直接检验 u_1 与 v_2 之间在 MLE 背景下的零相关性）。（标准软件包有"工具变量 probit"命令，这种软件包很容易用来估计一般模型，只要 y_2 就其本身而言作为一个解释变量出现——诸如带有 y_2 的二次项或交互项的模型。人们只要将 y_2 设定为单独的内生变量，同时列出 y_2 的其他函数仿佛它们都是外生的；那么，似然函数就可以正确计算。）

CF 方法另一个不错的特性是，我们可以考虑约简型中内生解释变量的一个严格的单调变换。例如，假设 $y_2=\log(income)$。然后，当然，$income=\exp(y_2)$，所以任何收入的函数——比如说，它的水平项、二次项，或交互项——可以出现在结构方程中，如果在 probit 中这些函数可以视为比 $\log(income)$ 更好的形式。这种灵活性是很方便的，因为有时一个变量需要进行变换，才能合理地假设，它有一个与 z 无关的可加性误差的约简型。另一个例子是，如果 w_2 是内生变量，并严格处于单位区间内，我们可能会选择 $y_2=\log[w_2/(1-w_2)]$ 作为带有关于参数线性的且有可加性误差的约简型的变量。然后 w_2 本身及其任何函数都可以出现在 y_1 的 probit 模型中，因为 w_2 是 y_2 的定义良好的函数。

通过在 CF 方法中包括约简型残差来解释 y_2 的内生性，就算在模型中我们包含了 y_2 和 $\mathbf{z}_1$ 的一般函数，这种做法关键还要视 (u_1, v_2) 与 $\mathbf{z}$ 的相互独立性而定。因为约简型中 v_2 的可加性，v_2 和 $\mathbf{z}$ 之间的独立性几乎排除了 y_2 的任何离散型。并且，我们至少假设 $\mathrm{D}(u_1 \mid v_2)$ 的正态性（虽然该假设可以适当放宽，就如我们在 15.7.5 节的简要讨论那样）。

如果我们有多个外生解释变量，比如，一个 $1\times G_1$ 维的行向量 y_2，我们可用一种非常类似的方式解决内生性问题。极大似然估计变得更加难以计算，但 CF 的做法却简单。CF 方法的关键假设是 $\mathbf{y}_2=\mathbf{z}\boldsymbol{\Delta}_2+\mathbf{v}_2$，其中 $\mathrm{D}(u_1 \mid \mathbf{z},\mathbf{v}_2)=\mathrm{D}(u_1 \mid \mathbf{v}_2)$，后一个分布是有着不变方差以及与 $\mathbf{v}_2$ 成线性的均值的正态分布。偏效应的计算需要求平均消掉 $\mathbf{v}_2$，要么计算未经缩放系数，要么使用方程 (15.47) 的扩展形式。(u_1, v_2) 呈联合正态分布且与 $\mathbf{z}$ 独立时极大似然估计也是可行的。

最后，我们不应该小看使用标准 IV 估计，甚至有可能用 2SLS 估计关于 y_1 的线性模型的有效性。正如我们在 15.6 节中讨论的外生解释变量，LPM 的 OLS 估计可以提供关于平均偏效应的良好估计，当一个（或多个）解释变量是内生的时也同样如此。至少，比较 LPM 的 2SLS 估计与带内生 y_2 的 probit 模型所得的平均偏效应是很有意义的。

15.7.3 二值内生解释变量

现在，我们考察包含一个内生的二值解释变量的 probit 模型的情形。我们从最简单的模型开始，

$$y_1=1[\mathbf{z}_1\boldsymbol{\delta}_1+\alpha_1 y_2+u_1>0] \tag{15.51}$$

$$y_2=1[\mathbf{z}\boldsymbol{\delta}_2+v_2>0] \tag{15.52}$$

其中 (u_1, v_2) 与 $\mathbf{z}$ 是相互独立的，并且其分布是二元正态分布，均值为 0，每一个都具有单位方差，而且 $\rho_1 = \text{Corr}(u_1, v_2)$。如果 $\rho_1 \neq 0$，那么 u_1 与 y_2 是相关的，而且式（15.51）的 probit 估计关于 $\boldsymbol{\delta}_1$ 与 α_1 是非一致的。

模型（15.51）和（15.52）主要适用于遗漏变量的情形。特别是，如果结构模型中包含 y_1 作为 y_2 的决定因素，我们无法获得约简型（15.52）。而二值响应的测量误差也不会导致这种模型。

如同在 15.7.2 节的讨论那样，标准化 $\text{Var}(u_1)=1$ 对于计算平均偏效应来说是一种恰当的方式。特别是当 y_2 表示诸如在职培训的某类项目中的参与，而二值结果 y_1 可能表示就业状态时，y_2 的效应经常是主要的关注内容。（对于给定 $\mathbf{z}_1$ 的值时）平均处理效应是 $\boldsymbol{\Phi}(\mathbf{z}_1\boldsymbol{\delta}_1+\alpha_1)-\boldsymbol{\Phi}(\mathbf{z}_1\boldsymbol{\delta}_1)$。这种效应可以在不同的子群中计算或在整个 $\mathbf{z}_1$ 的分布上求平均。

为了推导似然函数，我们再一次需要给定 $\mathbf{z}$ 时 (y_1, y_2) 的联合分布，我们可以由式（15.48）获得。为了得到 $\text{P}(y_1=1 \mid y_2, \mathbf{z})$，首先注意到

$$\text{P}(y_1=1 \mid v_2, \mathbf{z}) = \boldsymbol{\Phi}[(\mathbf{z}_1\boldsymbol{\delta}_1+\alpha_1 y_2+\rho_1 v_2)/(1-\rho_1^2)^{1/2}] \tag{15.53}$$

由于 $y_2=1$ 当且仅当 $v_2>-\mathbf{z}\boldsymbol{\delta}_2$，所以我们需要有一个关于**截取正态分布**（truncated normal distributions）的基本事实：如果 v_2 具有标准正态分布，且与 $\mathbf{z}$ 相互独立，那么给定 $v_2>-\mathbf{z}\boldsymbol{\delta}_2$ 时，v_2 的密度是

$$\phi(v_2)/\text{P}(v_2>-\mathbf{z}\boldsymbol{\delta}_2) = \phi(v_2)/\boldsymbol{\Phi}(\mathbf{z}\boldsymbol{\delta}_2) \tag{15.54}$$

因此，

$$\begin{aligned}\text{P}(y_1=1 \mid y_2=1, \mathbf{z}) &= \text{E}[\text{P}(y_1=1 \mid v_2, \mathbf{z}) \mid y_2=1, \mathbf{z}] \\ &= \text{E}\{\boldsymbol{\Phi}[(\mathbf{z}_1\boldsymbol{\delta}_1+\alpha_1 y_2+\rho_1 v_2)/(1-\rho_1^2)^{1/2}] \\ &\quad \mid y_2=1, \mathbf{z}\} \\ &= \frac{1}{\boldsymbol{\Phi}(\mathbf{z}\boldsymbol{\delta}_2)}\int_{-\mathbf{z}\boldsymbol{\delta}_2}^{\infty}\boldsymbol{\Phi}[(\mathbf{z}_1\boldsymbol{\delta}_1+\alpha_1 y_2+\rho_1 v_2) \\ &\quad /(1-\rho_1^2)^{1/2}]\phi(v_2)\text{d}v_2\end{aligned} \tag{15.55}$$

这里积分中的 v_2 表示积分虚拟自变量。当然，$\text{P}(y_1=0 \mid y_2=1, \mathbf{z})$ 正是 1 减去式（15.55）。

类似地，$\text{P}(y_1=1 \mid y_2=0, \mathbf{z})$ 是

$$\frac{1}{1-\boldsymbol{\Phi}(\mathbf{z}\boldsymbol{\delta}_2)}\int_{-\infty}^{-\mathbf{z}\boldsymbol{\delta}_2}\boldsymbol{\Phi}[(\mathbf{z}_1\boldsymbol{\delta}_1+\alpha_1 y_2+\rho_1 v_2)/(1-\rho_1^2)^{1/2}]\phi(v_2)\text{d}v_2 \tag{15.56}$$

一旦组合 (y_1, y_2) 的四种可能结果，连同关于 y_2 的 probit 模型，并且取对数就可得到极大似然分析的对数似然函数。有几位作者，例如格林（Greene, 2003，第 21.6 节），已经注意到方程（15.51）和（15.52）中的模型的一个有用的计算特征。为描述该特征——并为解释它对于扩展基本模型所提供的额外灵活性——我们引进**二元 probit 模型**（bivariate probit model），通常是把两个二值响应设定为：

$$y_1 = 1[\mathbf{x}_1\boldsymbol{\beta}_1 + e_1 > 0]$$
$$y_2 = 1[\mathbf{x}_2\boldsymbol{\beta}_2 + e_2 > 0]$$

其中 x_1 为 $1\times K_1$ 维向量，x_2 为 $1\times K_2$ 维向量，在传统二元 probit 公式中，误差项 $\mathbf{e}\equiv(e_1, e_2)$ 被假定独立于（x_1, x_2）且服从二元正态分布。特别是，$\mathbf{e}\mid\mathbf{x}\sim\text{Normal}(\mathbf{0},\boldsymbol{\Omega})$，其中 x 由全部外生变量组成，且 $\boldsymbol{\Omega}$ 是 2×2 维矩阵，它的对角线元素为 1 而且非对角线元素为 $\rho=\text{Corr}(e_1, e_2)$。这些假设意味着，$y_1$ 和 y_2 每个都服从以 x 为条件的 probit 模型。因此，可以通过分别估计 probit 模型得到 $\boldsymbol{\beta}_1$ 和 $\boldsymbol{\beta}_2$ 的一致估计。这并不奇怪，如果 e_1 和 e_2 是相关的，联合极大似然程序比分别估计的 probit 更有效。当使用外生解释变量时，估计 $\boldsymbol{\beta}_1$，$\boldsymbol{\beta}_2$ 的有效性增加是使用联合估计程序的主要原因。（顺便说一下，当 $\mathbf{x}_1=\mathbf{x}_2=\mathbf{x}$ 时，通过联合 MLE 一般都会获得超过对每个方程分别进行 probit 时得到的有效性改善。相反，正如我们在第 7 章中看到的线性模型，分别对每个方程进行 OLS 和可行的 GLS 是等同的。）

获得对数似然函数的一个简单方法是将联合密度构建为 $f(y_1\mid y_2, \mathbf{x})f(y_2\mid\mathbf{x})$，而正是在这里，当二元 probit 与含一个二值内生变量的 probit 相关时，它的一个有用的特征出现了：条件密度的形式 $f(y_1\mid y_2, \boldsymbol{x})$ 是相同的，即便是 $\mathbf{x}_1$ 包含 y_2。事实上，$\mathbf{x}_1$ 可以是（$\mathbf{z}_1, y_2$）的任何函数。换句话说，在表达式（15.55）和（15.56）中，我们可以用 $\mathbf{x}_1\boldsymbol{\beta}_1=\boldsymbol{g}_1(\mathbf{z}_1, y_2)\boldsymbol{\beta}_1$ 替代 $\mathbf{z}_1\boldsymbol{\delta}_1+\alpha_1 y_2$。我们之所以能允许这种一般性，原因很简单：当我们在给定（$y_2, \mathbf{x}$）而获得 y_1 的密度时，我们已经是以 y_2 为条件，所以不管 y_2 是否在 x_1 中，密度的形式都是相同的。在 15.7.2 节中我们讨论了关于模型估计的对数似然函数的一个类似特征。

我们能够对内生解释变量使用二元 probit 对数似然数函数，其实践方面的意义是计算上的：如果用一个计量经济学软件包估计一个二元 probit，那么它可以直接用于估计（15.51）与（15.52）中的参数。此外，我们还可以使用完全相同的程序来估计在结构方程中含有交互作用的一类模型，$y_1=1[\mathbf{z}_1\boldsymbol{\delta}_1+y_2\mathbf{z}_1\boldsymbol{\alpha}_1+u_1>0]$，而工作量不会超过定义交互作用，以及把它们包括在适当的命令中（设定 y_2 作为唯一的内生变量，但将与 y_2 的交互作用包括进来作为额外的解释变量）。

埃文斯和施瓦布（Evans and Schwab，1995）利用模型（15.51）和（15.52）（以及线性概率模型），估计就读天主教高中（y_2）对大学入学率（y_1）的因果效应，允许"天主教高中"指示符与同样影响大学入学的不可观测因素相关。他们使用学生是否为天主教徒这样一个二值指标作为 y_2 的工具变量。近日，通过使用与天主教教会的附属性以及与天主教学校在地理上的接近性作为工具，奥尔顿吉、艾尔德和泰伯（Altonji，Elder，and Taber（AET），2005）重新审视了这个问题。他们比较了一个线性模型的 2SLS 估计——其总能提供关于平均偏效应的良好近似——与二元 probit 的估计。除了发现工具变量可疑，AET 等人总结认为，对于参数的识别很大程度上可以由二元 probit 模型中的非线性所驱动。不同于 15.7.2 节的模型，在那里，结构方程中的排除约束对于识别来说是必需的，但那并非（15.51）和（15.52）中的情形。通常情况下，如果一个排除约束不可用时人们应当怀疑，而 AET 等人的结果提出，即便有这样的约束可用，它们可能对所估计的平均处理效应（“天主教高中”哑变量上的 APE）几乎没有影响。

因为计算 MLE 需要做非线性优化，一个诱人的想法是使用一些看似“明显的”两步程序。作为一个例子，我们可能会试着不适当地模拟 2SLS。由于 $\mathrm{E}(y_1 \mid \mathbf{z})=\boldsymbol{\Phi}(\mathbf{z}\boldsymbol{\delta}_2)$ 且 $\boldsymbol{\delta}_2$ 是 y_2 对 z 的 probit 一致估计，从 y_1 对 $\mathbf{z}$，$\hat{\boldsymbol{\Phi}}_2$ 的 probit 中估计 δ_1 和 α_1 是很有诱惑力的，其中$\hat{\boldsymbol{\Phi}}_2 \equiv \boldsymbol{\Phi}(\mathbf{z}\hat{\boldsymbol{\delta}}_2)$。这种方法不会产生一致的参数，出于同样的原因，在 9.5 节中讨论过的关于非线性联立方程模型的**禁止回归**（forbidden regression）也不会。为了使这个两步程序能运转，我们将不得不令$\mathrm{P}(y_1=1 \mid \mathbf{z})=\boldsymbol{\Phi}[\mathbf{z}_1\boldsymbol{\delta}_1+\alpha_1\boldsymbol{\Phi}(\mathbf{z}\boldsymbol{\delta}_2)]$。但是，$\mathrm{P}(y_1=1 \mid \mathbf{z})=\mathrm{E}(y_1 \mid \mathbf{z})=\mathrm{E}(1[\mathbf{z}_1\boldsymbol{\delta}_1+\alpha_1 y_2+u_1>0] \mid \mathbf{z})$，而且由于示性函数 $1[\cdot]$ 是非线性的，我们无法穿过其中来求期望。

在评论伯内特（Burnett，1997）时，格林（Greene，1998）断言用第一阶段 probit 拟合值来代替第二阶段 probit 中的 y_2，这个两步程序是一致的，但却是非有效的。作为一种获得更有效估计的方法，他建议使用完全极大似然估计。但重要的是要理解两步程序的问题不仅仅是非有效和对两步估计进行调整的事；这个程序不会产生参数的一致估计，而且 APE 也可能不会（尽管对这一问题的研究将是有益的）。伯内特（Burnett，1997）建议添加 probit 残差，$\hat{r}_{i2}=y_{i2}-\boldsymbol{\Phi}(\mathbf{z}_i\hat{\boldsymbol{\delta}}_2)$，以试图模仿里弗斯和王光（Rivers and Vuong，1988）关于一个连续 y_2 的方法，尽管在第二步中她使用了非线性最小二乘法，而非极大似然估计。有趣的是，伯内特方法的确提供了关于 y_2 外生的零假设一个有效的检验，虽然在第二阶段使用 probit 会更有道理。所以，实施一个 y_{i1} 对 $\mathbf{z}_{i1}$，y_{i2}，$\hat{r}_{i2}$的 probit 并获得 $\hat{r}_{i2}$通常的渐近 t 统计量。在 y_2 是外生的零假设下，$\mathrm{P}(y_1=1 \mid \mathbf{z},y_2)=\mathrm{P}(y_1=1 \mid \mathbf{z}_1,y_2)=\boldsymbol{\Phi}(\mathbf{z}_1\boldsymbol{\delta}_1+\alpha_1 y_2)$，这样就不会有（$y_{i2},\mathbf{z}_i$）的额外函数出现。我们不使用来自 y_2 的线性约简型的残差（而这是里弗斯-王光检验做的），而可以使用来自 probit 的残差。遗憾的是，如果 y_2 是内生的，伯内特的建议看起来不会一致地估计出参数或平均偏效应。

正如在上一小节提到的，我们可以用里弗斯-王光方法检验 y_2 的外生性。这有简便的好处，而且，如果检验不能拒绝，我们可能并不需要计算 MLE。一个更有效的检验是得分检验 $\mathrm{H}_0: \rho_1=0$，这并不需要估计完全 MLE。当然，如果已经计算出 MLE，则可使用 t 检验或 LR 检验。

例 15.4（妇女的劳动力参与率和拥有两个以上孩子） 我们使用安格里斯特和埃文斯（Angrist and Evans，1998）的一个 LABSUP. RAW 中的数据集，来研究有两个以上子女对妇女劳动力参与决策的影响。总体是至少有两个孩子的美国已婚妇女。内生解释变量是 $y_2=morekids$，如果一个妇女有三个或更多子女（约占样本的 49%），它等于 1。响应变量是 $y_1=worked$，在调查时大约有 59%的妇女报告了正在劳动力大军中。我们还包括了变量 *nonmomi*（“非母亲”收入）、*educ*（接受在校教育年限）、*age*（年龄）、age^2，以及种族指标 *black*（黑人）和 *hispan*（西班牙裔）；这些都被视为外生的。我们使用 *samesex* 作为 *morekids* 的工具变量，这是一个二值变量，如果前两个孩子是同样的性别，它等于 1。(尽管 *samesex* 的结果被合理地视为随机的，它不一定对劳动力参与决策是外生的：有两个相同性别的孩子会移动一个家庭的预算约束线，因为比如说，一间卧室更容易被共享而且衣服和玩具更容易从大孩子传给小孩子用。）表 15.2 包含了利用五种不同方法得到的估计结果：线性概率模型的 OLS 计算，将 *morekids* 视为外生的 *probit*，LPM 的 2SLS 估计，允许 *morekids* 为内生的二元 *probit*，以及在 *morekids* 的 probit 中舍弃 *samesex* 的二元 probit。我们将后者包含进来主要为了说明该模型中的非线性对参数的识别。为简便起见，我们只报告 *morekids* 的系数和平均偏效应。对于 LPM，标准误对任意异方差性都是稳健的。

当 *morekids* 被假定为外生时，对于拥有两个以上孩子，LPM 和 probit 模型给出了相同的、达到三位小数点的平均偏效应估计：平均来说，有两个以上子女的妇女比只有两个孩子的妇女成为劳动力的可能性少约 0.11。此外，标准误在三位小数点上是相同的（而 probit 标准误通过自助法获得）。当 *samesex* 在 LPM 估计中作为一个 IV 时，效应几乎翻了一番。第 4 列包含了来自二元 probit 中的估计，其中 *morekids* 作为外生变量处理，而 *samesex* 被从结构方程中排除但出现在 *morekids* 的 probit 模型中——这是我们施加了排除约束的标准情形。现在，非线性 probit 模型给出了一个比线性模型有更大绝对值的 APE 估计：−0.256 对比−0.201。有趣的是，根据利用自助法获得的二元 probit 的 APE 标准误，使用非线性模型估计的 APE 更准确。

表 15.2　　有三个或以上子女对妇女劳动力参与率的估计影响

因变量：参加工作（*worked*）	(1)	(2)	(3)	(4)	(5)
模型	LPM	Probit	LPM	二元 probit	二元 probit
估计方法	OLS	MLE	2SLS：*samesex* 为工具变量	MLE：*samesex* 为工具变量	MLE：无工具变量
Morekids 的系数	−0.109	−0.299	−0.201	−0.703	−0.966
	(0.006)	(0.015)	(0.096)	(0.204)	(0.243)
Morekids 的 APE	−0.109	−0.109	−0.201	−0.256	−0.349
	(0.006)	(0.006)	(0.096)	(0.072)	(*)
$\hat{\rho}$	—	—	—	0.254	0.426
				(0.131)	(0.162)
观测数据	31 857	31 857	31 857	31 857	31 857

估计系数和平均偏效应的标准误在系数旁边的括号中给出。对于非线性模型，APE 标准误通过 500 次自助法抽样获得。

由于某些自助法样本的计算问题，第（5）列的自助法标准误无法取得。

如果我们从 *morekids* 的 probit 模型中去掉 *samesex*——在线性情形下，这会导致识别不足——我们会得到更大的效应估计：APE 是−0.349。当我们从 *morekids* 模型中去掉 *samesex* 时，ρ 的估计值大幅增加，这提示在 *morekids* 模

型中包括 *samesex*，有助于减少同时影响 *morekids* 和 *worked* 的不可观测效应之间的相关性。

APE 的绝对值大幅增加暗示着二元 probit 中的非线性在决定 APE 时起着关键的作用，这一点是由奥尔顿吉、艾尔德和泰伯（Altonji，Elder，and Taber，2005）在研究就读一所天主教高中对大学入学率这类产出的效应时得到的。一般来说，依靠非线性来识别参数和偏效应是有风险的，人们应避免在二元 probit 模型中这样做。当我们应用自助法获得第（5）列 APE 的标准误时，对于某些自助法样本计算的算法不收敛，表明无排除约束的模型设定得不好。在本应用中，真正的问题应该是：使用相同的工具，使用 2SLS 估计的线性模型与二元 probit 在平均偏效应上的差异是否很重要？

我们还可以实施不一致的两步估计方法，其中 probit 拟合值，比如 $\widehat{morekids}$，被插入第二阶段 probit 中替换 *morekid*。$\widehat{morekids}$ 的系数约为－0.843，与把 *samesex* 作为工具时完全 MLE 估计得到的－0.703相比，这个绝对值颇有几分大。这个两步程序估计的 APE 约为－0.305，这与完全 MLE 估计得到的－0.256相比，在绝对值上又比较大。这个 APE 上的差异与线性 2SLS 估计和完全 MLE 之间的 APE 差异相比要少一些。有趣的是想到，不知怎么，不一致两步程序可能一般会带来 APE 的合理估计，但是关于这一点尚无证据。

15.7.4 潜变量模型的异方差性与非正态性

在应用 probit 模型时，有关异方差性与非正态性的问题非常容易让人困惑。这种困惑出自不能区分出像 $y^*=\mathbf{x}\boldsymbol{\beta}+e$ 这样的基础潜变量公式与式（15.8）中响应概率之间的不同。正像我们本章自始至终所强调的，就大多数用途而言，我们想要估计 $\mathrm{P}(y=1\mid\mathbf{x})$。就某种处理来说，潜变量公式是方便的，但是我们却极少对 $\mathrm{E}(y^*\mid\mathbf{x})$感兴趣。（数据截取情形——其中我们只对一个基础线性模型的参数感兴趣——将在第 19 章加以处理。）

一旦我们专注于响应概率，我们可以很容易地看到，将在潜变量模型中的非正态性和异方差性等问题与线性（或非线性）回归中同样的问题进行比较，这为什么需要非常谨慎地对待。首先考虑在 probit 模型中 e 的非正态性问题。如果 e 独立于 $\mathbf{x}$，我们可以写出 $\mathrm{P}(y=1\mid\mathbf{x})=G(\mathbf{x}\boldsymbol{\beta})\neq\boldsymbol{\Phi}(\mathbf{x}\boldsymbol{\beta})$，其中，一般地，$G(z)=1-F(-z)$ 且 $F(\cdot)$ 是 e 的累积分布函数。人们经常听到这样的表述："probit 模型的非正态性导致参数估计的偏误和不一致。"从技术上讲，这种说法是正确的，但它在很大程度上忽略了一点。在 15.6 节中，我们注意到，当 $\mathbf{x}$ 服从多元正态分布时，对于任何光滑函数 $G(\cdot)$，LPM 一致地估计了 APE。当响应概率为非线性时采用线性模型会是相当严重的误设形式，但我们一致地估计了也许最有用的数量：APE。在很多情形中，当 $G\neq\boldsymbol{\Phi}$ 时，probit 模型在逼近 APE 方面可能是非常合理的方法。事实上，例 15.2 中出现的情形在应用中相当普遍：probit 和 logit 得到了非常相似的估计偏效应。Logit 模型估计的参数比 probit 估计大 1.6 倍，这是由于它们隐性的缩放因子不同而产生的结果，但通过计算偏效应很容易算出不同的缩放因子。

当我们关注响应概率时会担心 G 该如何选择，这与担心在回归背景下如何选择 $\mathrm{E}(y\mid\mathbf{x})$ 的函数形式没有什么不同。例如，如果 $y\geqslant 0$ 且我们正在考虑 $\mathrm{E}(y\mid\mathbf{x})$ 的两个模型：一个线性模型 $\mathrm{E}(y\mid\mathbf{x})=\mathbf{x}\boldsymbol{\beta}$ 和一个指数模型 $\mathrm{E}(y\mid\mathbf{x})=\exp(\mathbf{x}\boldsymbol{\beta})$，我们不用"有偏"或"不一致"参数估计之类的语言在它们之间进行选择。线性模型的 OLS 估计不会一致地估计 $\exp(\mathbf{x}\boldsymbol{\beta})$ 中的参数，这既是显然的，也不是特别相干的。关键问题在于是线性还是指数函数形式提供了最佳拟合，以及各个模型所估计的偏效应 $\mathrm{E}(y\mid\mathbf{x})$ 是否截然不同。在某些情形中，线性模型提供了良好的平均偏效应估计。当决定指数模型 $\mathrm{P}(y=1\mid\mathbf{x})=\mathrm{E}(y\mid\mathbf{x})=G(\mathbf{x}\boldsymbol{\beta})$ 中的 G 时，我们应该有相同的讨论：我们关于 G 的选择是一个函数形式的问题。在线性回归模型 $y=\mathbf{x}\boldsymbol{\beta}+u$，$\mathrm{E}(u\mid\mathbf{x})=0$ 中，u 的非正态分布不改变 $\mathrm{E}(y\mid\mathbf{x})$ 的函数形式，这就是为什么非正态性是无害的（倘若人们可以依赖渐近理论）。在 $y=1[\mathbf{x}\boldsymbol{\beta}+e>0]$ 中 e 的非正态性意味着 probit 响应概率是不正确的。即便我们可以一致地估计 $\boldsymbol{\beta}$，我们也可能得不到偏效应的绝对值。因此，我们的重点应该放在不同的方法在逼近偏效应方面表现得如何，而不是它们是否一致估计了参数。（在下一小节中，我们将证明可以在不设定$G(\cdot)$ 时识别出连续变量的相对偏效应，而且有时即便我们允许 e 和 x 之间存在某些相关性。）

一旦我们把 e 的非正态性看作是关于 $p(\mathbf{x})$ 的一个函数形式问题，我们可以用一种合理的方法计算更一般的参数模型。用 $G(\mathbf{x}\boldsymbol{\beta},\gamma)$ 之类的函数形式替代 $\boldsymbol{\Phi}(\mathbf{x}\boldsymbol{\beta})$ 可能是一个好主意，其中 γ 是一个额外的参数集，特别是，如果我们选择 $G(\mathbf{x}\boldsymbol{\beta},\gamma)$ 来嵌套 probit 模型。（穆恩（Moon，1988）涵盖了 logit 模型背景下一些有趣的可能性，包括不对称分布。同样可参阅习题 15.16。）但通过使 e 的分布更为一般来推广函数形式，不一定比仅仅直接设定关于响应概率的更灵活的模型好，正如麦克唐纳（McDonald，1996）的研究所示。我们绝对不应该仅仅因为 $\boldsymbol{\beta}$ 的估计看上去改变了很多而拒绝标准模型：进行比较的基础应该是在各种 x 值上的偏效应、APE，以及像对数似然值和正确预测百分比这样的拟合优度测度。

关于潜在误差 e 中的异方差性，也可以进行类似的评论。传统上，关于其应用的讨论，往往会遭受无法设定我们希望在估计二值响应模型时了解到的模型之苦。例如，人们经常可以看到关于雅筑与格里利切斯（Yatchew and Griliches，1984）的文献，其关注当 $\mathrm{Var}(e\mid\mathbf{x})$ 依赖于 x——即便 $\mathrm{D}(e\mid\mathbf{x})$ 服从正态分布——时 probit 模型的 MLE 估计的不一致性。如果 $\mathrm{D}(e\mid\mathbf{x})=\mathrm{Normal}(0,h(\mathbf{x}))$，响应概率使用$\mathrm{P}(y=1\mid\mathbf{x})=\boldsymbol{\Phi}[\mathbf{x}\boldsymbol{\beta}/h(\mathbf{x})^{1/2}]$ 的形式，所以很明显，y 对 x 的 probit 不能一致估计 $\boldsymbol{\beta}$。一些学者已经注意到这一发现是特别麻烦的，因为"异方差性在微观经济数据中是很普遍的"。但这意味着什么？即便通常的 probit 模型是正确的——因此，$\mathrm{Var}(e\mid\mathbf{x})=1$——响应变量 y 的方差是异方差的：$\mathrm{Var}(y\mid\mathbf{x})=\boldsymbol{\Phi}(\mathbf{x}\boldsymbol{\beta})[1-\boldsymbol{\Phi}(\mathbf{x}\boldsymbol{\beta})]$。事实上，大多数可观测离散随机变量 y 将服从这样的条件分布，以至 $\mathrm{Var}(y\mid\mathbf{x})$ 不是常数，但那是由于 y 中的离散

性，而未必是由于基础潜在误差中的异方差所致。

当 y^* 是一个不可知的潜变量时，我们有没有什么理由应该考虑 $\mathrm{Var}(y^* \mid \mathbf{x})$ 中可能的异方差性？有两个理由。最简单的理由是将响应概率的函数形式一般化——正如我们在允许 $\mathrm{D}(y^* \mid \mathbf{x})$ 中的非正态性时那样。在 15.5.3 节中，我们讨论了关于 probit 模型针对于一个备择模型的检验，其中对于 x 的子集 x_1（其至少不包括常数），$\mathrm{Var}(e \mid \mathbf{x})=\exp(2\mathbf{x}_1\boldsymbol{\delta})$。那么 $\mathrm{P}(y=1 \mid \mathbf{x})=\boldsymbol{\Phi}[\exp(-\mathbf{x}_1\boldsymbol{\delta})\mathbf{x}\boldsymbol{\beta}]$，所以我们有可能允许更灵活的响应概率。但设置更一般的模型要付出代价：偏效应 $\partial\mathrm{P}(y=1 \mid \mathbf{x})/\partial x_j$ 会更加复杂。若 δ_j 是向量 $\mathbf{x}_1$ 中 x_j 的系数，那么

$$\frac{\partial\mathrm{P}(y=1|x)}{\partial x_j}^{*}=\phi[\exp(-\mathbf{x}_1\boldsymbol{\delta})\mathbf{x}\boldsymbol{\beta}]\exp(-\mathbf{x}_1\boldsymbol{\delta})[\boldsymbol{\beta}_j-\delta_j\cdot(\mathbf{x}\boldsymbol{\beta})] \tag{15.57}$$

所以，在 $\mathbf{x}$ 处偏效应的符号取决于 $\boldsymbol{\beta}_j-\delta_j\cdot(\mathbf{x}\boldsymbol{\beta})$ 的符号；它不一定与 β_j 有相同的符号。(事实上，我们可以发现模型的偏效应总是与系数的符号相反。如果 $y=1[\beta_0+\beta_1x_1+e>0]$，且 $\mathrm{D}(e \mid \mathbf{x})=\mathrm{Normal}(0,x_1^2)$，则 $\mathrm{P}(y=1 \mid x_1)=\boldsymbol{\Phi}(\beta_0/x_1+\beta_1)$，这样 $\partial\mathrm{P}(y=1 \mid x_1)/\partial x_1=-(\beta_0/x_1^2)\phi(\beta_0/x_1+\beta_1)$。如果 $\beta_0>0$ 且 $\beta_1>0$，x_1 对 $\mathrm{P}(y=1 \mid \mathbf{x})$ 的偏效应为负，而 β_1 也就是 x_1 对 $\mathrm{E}(y^* \mid x_1)$ 的偏效应为正。）时下，估计一个所谓的**异方差 probit 模型**（heteroskedastic probit model）(其通常意味着 e 的一个指数条件方差）是相当简单的。目前的挑战在于如何聪明地使用所得到的估计。一种可能性是从方程（15.57）中计算偏效应并在样本上对其求平均。不管怎样，在从异方差 probit 得到的 $\boldsymbol{\beta}$ 估计与从一个标准的 probit 得到的估计之间进行比较是毫无意义的。在每一种情形中极大似然估计都进行调整以拟合数据，而这通常意味着至少在 $\mathbf{x}$ 的某些值处，不同的方法可以提供相似的偏效应。

还有另一个更微妙的理由在潜变量模型中持有异方差的观点。正如在伍德里奇（Wooldridge，2005c）中讨论的，模型 $y_i=1[\mathbf{x}_i\boldsymbol{\beta}+e_i>0]$ 中的偏效应，在整个 e_i 的分布上求平均后，其符号与相应的 β_j 相同。事实上，连续变量的平均偏效应的比率与系数的比率是相等的，即使当 e_i 包含异方差性时。要明白这是为什么，最容易的办法是使用由布伦德尔和鲍威尔（Blundell and Powell，2004）定义的平均结构函数（ASF)；也见 2.2.5 节。对于二值响应，平均结构函数作为 $\mathbf{x}$ 的函数等于

$$\mathrm{ASF}(\mathbf{x})=\mathrm{E}_{e_i}\{1[\mathbf{x}\boldsymbol{\beta}+e_i>0]\}=\mathrm{P}(e_i>-\mathbf{x}\boldsymbol{\beta})=1-F(-\mathbf{x}\boldsymbol{\beta}) \tag{15.58}$$

其中 $F(\cdot)$ 是 e_i 的累积分布函数（其可能不是关于 0 对称的分布），然后我们给 e_i 加一个下标，以强调它是被求平均而去掉的随机变量。从表达式（15.58）中，我们可以看到，x_j 的 APE 有着与 β_j 相同的符号，对于连续的 x_j，APE 仅仅就是 $\beta_j f(-\mathbf{x}\boldsymbol{\beta})$，假设 F 连续可微，有密度 f。关于两个连续变量 x_j 和 x_h 的

* 原公式为 $\frac{\partial\partial\mathrm{P}(y=1|x)}{\partial x_j}$，疑应为 $\frac{\partial\mathrm{P}(y=1|x)}{\partial x_j}$。——译者注

相对 APE 是 β_j/β_h——这个结论与 15.7.1 节相同，其时我们引入了可加且独立于 x 的异质性到 probit 函数中。x_j 的 APE 的符号由 β_j 的符号给出，以及连续协变量的相对 APE 由 β 的元素的比率给出——不管 e 是否独立于 x——这两个事实暗示着 β 仍然有些值得关注。在下一小节我们将在更弱的假设（其由一个缩放因子所决定）下讨论 $\boldsymbol{\beta}$ 的估计。但关于 APE 的这个讨论对异方差 probit 有什么含义呢？有趣的是，在异方差 probit 模型中，我们可以很容易重新获得 APE。最简单的方法是通过 ASF。现在，我们不是使用 e_i 的无条件分布，而是使用迭代期望法则，因为我们已经模型化的是 $\mathrm{D}(e_i \mid \mathbf{x}_i)=\mathrm{D}(e_i \mid \mathbf{x}_{i1})$：

$$\mathrm{ASF}(\mathbf{x})=E_{\mathbf{x}_{i1}}(\mathrm{E}\{1[\mathbf{x}\boldsymbol{\beta}+e_i>0] \mid \mathbf{x}_{i1}\})=\mathrm{E}_{\mathbf{x}_{i1}}\{\boldsymbol{\Phi}[\exp(-\mathbf{x}_{i1}\boldsymbol{\delta})\mathbf{x}\boldsymbol{\beta}]\} \tag{15.59}$$

其中 $\mathrm{E}\{1[\mathbf{x}\boldsymbol{\beta}+e_i>0] \mid \mathbf{x}_{i1}\}=\boldsymbol{\Phi}[\exp(-\mathbf{x}_{i1}\boldsymbol{\delta})\mathbf{x}\boldsymbol{\beta}]$ 由 $1[\mathbf{x}\boldsymbol{\beta}+e_i>0]=1[\exp(-\mathbf{x}_{i1}\boldsymbol{\delta})e_i>-\exp(-\mathbf{x}_{i1}\boldsymbol{\delta})\mathbf{x}\boldsymbol{\beta}]$ 连同 $\mathrm{D}(\exp(-\mathbf{x}_{i1}\boldsymbol{\delta})e_i \mid \mathbf{x}_{i1})=\mathrm{Normal}(0,1)$ 而得到。重要的是要看到 x 只是（15.59）中一个固定的自变量，然而 $\mathbf{x}_{i1}$ 表示我们求平均得出的一个随机向量。对于一个连续协变量 x_j，ASF 上的偏效应是

$$\mathrm{E}_{\mathbf{x}_{i1}}\{\phi[\exp(-\mathbf{x}_{i1}\boldsymbol{\delta})\mathbf{x}\boldsymbol{\beta}]\}\beta_j \tag{15.60}$$

给定从异方差 probit 中得到的极大似然估计量 $\hat{\boldsymbol{\beta}}$ 和 $\hat{\boldsymbol{\delta}}$，（15.60）的一个一致估计量是 $(N^{-1}\sum_{i=1}^{N}\phi[\exp(-\mathbf{x}_{i1}\hat{\boldsymbol{\delta}})\mathbf{x}\hat{\boldsymbol{\beta}}])\hat{\beta}_j$，然后我们可以插入所关注的 $\mathbf{x}$ 值或进一步对 $\mathbf{x}_i$ 求平均。自助法将是得到平均偏效应有效的标准误的一个明智的方法。

现在我们似乎进退两难。我们有两种方式计算偏效应，而且它们可以给出互相冲突的答案，不仅是关于效应的幅度，而且是关于效应的方向。最初，我们讨论了基于 $\mathrm{P}(y=1 \mid \mathbf{x})$ ——这是为方程（15.57）中的连续 x_j 给出的——的偏效应如何不必与 β_j 的符号相同。但方程（15.60）表明通过对 e_i 求平均获得的 APE，事实上与 β_j 成比例。（当然，为了获得在这两种情形中任何一种的偏效应，我们都不能忽视 $\boldsymbol{\delta}$，因为它在两个公式中都直接出现了。）哪个偏效应是“正确的”呢？遗憾的是，识别存在一个根本性的不足，这不允许我们在两者之间进行选择。从 $y_i=1[\mathbf{x}_i\boldsymbol{\beta}+e_i>0]$ 中可得到方程（15.60），其中，e_i 在给定 $\mathbf{x}_i$ 时服从一个异方差正态分布。但假定我们从模型 $y_i=1[\mathbf{x}_i\boldsymbol{\beta}+\exp(\mathbf{x}_{i1}\boldsymbol{\delta})a_i>0]$ 开始，其中，a_i 独立于 $\mathbf{x}_i$ 且服从标准正态分布。现在，很容易证明 ASF 恰好与 $\mathbf{x}$ 处计算的响应概率相同，也就是 $\boldsymbol{\Phi}[\exp(-\mathbf{x}_1\boldsymbol{\delta})\mathbf{x}\boldsymbol{\beta}]$，其把我们又带回到方程（15.57）的偏效应。事实上，基于（15.57）的平均偏效应通常要为异方差 probit 报告出来，然而我们在使用（15.60）上也正好有了一个很好的例子。

正如伍德里奇（Wooldridge，2005a）所讨论的，站在美学的立场，我们可能会更喜欢 $\mathrm{Var}(e \mid \mathbf{x})$ 为异方差的通常的指标结构，尤其是因为平均偏效应很容易获得，而且 β_j 给出了效应和相对效应的方向。但两个模型都嵌套了通常的 probit 模型，而美学上的考虑不能改变一个事实：这两个就观测结果而言等效的

模型将导致可能截然不同的 APE。另外，有吸引力的还有形式为 $y_i=1(\mathbf{x}_i\boldsymbol{\beta}+a_i+a_i\mathbf{x}_{i1}\boldsymbol{\delta}>0)$ 的指标模型，其中 $D(a_i \mid \mathbf{x}_i)=\text{Normal}(0,1)$；事实上，让不可观测的 a_j 与 $\mathbf{x}_i$ 的一个子集交互作用具有完美的意义，我们在第 4 章和第 6 章中研究了具有该特征的线性模型。因为 a_i 独立于 $\mathbf{x}_i$，根据 ASF 定义的偏效应，就像在方程（15.57）中那样，与响应概率 $p(\mathbf{x})$ 的偏效应是相同的。一个令人难受的结论是，我们没有令人信服的方式在方程（15.57）与（15.60）之间进行选择。

15.7.5 在更弱假设下的估计

Probit、logit 以及前面一小节中曾提及的这些 probit、logit 等的扩展形式都是参数模型：$P(y=1 \mid \mathbf{x})$ 依赖于有限数量的参数。最近，在放松关于 $P(y=1 \mid \mathbf{x})$ 的参数假设的二值响应模型估计方面取得了许多进展。这里，我们简要地对那些进展中的某些部分加以讨论。

如果我们对估计偏效应的方向与相对大小感兴趣，而不是对响应概率感兴趣，那么有几种方法都是可行的。在 15.6 节中我们注意到一个特殊的例子——x 是多元正态的——其中，在 y 对 1、$\mathbf{x}$ 的线性投影中的斜率系数，比如说 λ，是 $p(\mathbf{x})$ 在 $\mathbf{x}$ 分布上求平均后的偏效应——而不管真实的响应概率是什么！钟和戈德伯格（Chung and Goldberger，1984）得到了一些条件，根据这些条件线性投影可识别取决于缩放倍数的参数。事实上，在 $y^*=\alpha+\mathbf{x}\boldsymbol{\beta}+e$ 的指标公式 $y=1[y^*>0]$ 中，钟和戈德伯格（Chung and Goldberger）只是取 α 和 $\boldsymbol{\beta}$ 作为 y^* 对 1 和 x 线性投影的参数。他们的主要结果是，如果 $E(\mathbf{x} \mid y^*)$ 是关于 y^* 线性的——充分但非必要的是（$\mathbf{x}, y^*$）是多元正态的——那么 y^* 对 1 和 $\mathbf{x}$ 线性投影的斜率参数与 $\boldsymbol{\beta}$ 成正比：$\boldsymbol{\lambda}=\tau\boldsymbol{\beta}$，其中，$\tau$ 为 y 在 y^* 上的线性投影中的斜率。（对于二值响应，可以证明 $\tau>0$。）在标准指标模型 $p(\mathbf{x})=G(\alpha+\mathbf{x}\boldsymbol{\beta})$ 中，对连续协变量的偏效应与其贝塔值成比例，所以线性投影识别了连续解释变量的相对偏效应。遗憾的是，我们不能得出这样的结论：$\boldsymbol{\lambda}$ 它们自身就是平均偏效应，除非 $\mathbf{x}$ 是多元正态的。

鲁德（Ruud，1983）获得了与用极大似然法估计的指标模型相似的结果，但是在其中我们误设了 $G(\cdot)$ ——因而使用拟 MLE。鲁德得到的结果是：对于未知的缩放因子 τ 而言，误设的 MLE 中的斜率关于 $\tau\beta$ 是一致的。鲁德的关键条件是：条件均值 $E(\mathbf{x} \mid \mathbf{x}\boldsymbol{\beta})$ 的线性；x 的多元正态性是充分的，但不是必要的。当然，这个条件一般是不可能被满足的。鲁德（Ruud，1986）证明了如何利用这些结果去一致估计相当普遍地取决于缩放因子的斜率参数。

一种备选方法是明确承认我们不知道函数 $G(\cdot)$，但是响应概率具有式（15.8）中的指标形式。当 e 独立于 $\mathbf{x}$ 但 e 的分布未知时，从潜变量公式（15.9）中就产生了这种方法。存在着几种取决于缩放因子的斜率参数的**半参数估计量**（semiparametric estimators），它们无须掌握 G 的知识。在对函数 G 与 $\mathbf{x}$ 分布的某种约束下，半参数估计量都是一致的且是 $\sqrt{N}$ 渐近正态的。例如，可参阅斯托克（Stoker，1986）；鲍威尔、斯托克和斯托克（Powell，Stock，and Stocker，1989）；市村（Ichimura，1993）；克莱因和斯帕蒂（Klein and Spady，1993）以及艾（Ai，1997）。鲍威尔（Powell，1994）包括了对这些方法的最新综述。

一旦得到$\hat{\boldsymbol{\beta}}$，函数G就能获得一致估计（在我们无法在此做得更精确的意义上，因为G是无限维空间的一部分）。因而，对于未知G来说，响应概率以及对这些概率的偏效应均能得到一致估计。要想求出$\hat{G}$，就需要y_i对$\mathbf{x}_i\hat{\boldsymbol{\beta}}$的**非参数回归**（nonparametric regression），其中$\hat{\boldsymbol{\beta}}$表示**已经缩放的斜率的估计量**（scaled slope estimator）。斯托克（Stoker，1992）、鲍威尔（Powell，1994）以及哈德尔和林顿（Härdle and Linton，1994）都包括了对所用方法的一些可行处理。

值得注意的是，在模型（15.9）中没有e独立于$\mathbf{x}$的假设，去估计取决于缩放因子的$\boldsymbol{\beta}$也是可能的。在$y=1[\mathbf{x}\boldsymbol{\beta}+e>0]$设定下，曼斯基（Manski，1975，1988）证明了在给定$\mathbf{x}$时e的中位数（median）为0的假设下，受制于缩放因子时，如何一致地估计$\boldsymbol{\beta}$。$\mathbf{x}$的分布需要某些适度的约束，这些约束中最重要的是含有非零系数的$\mathbf{x}$至少一个元素本质上是连续的。这一点允许e具有任何分布，而且e与$\mathbf{x}$可以是相关的；例如，$\mathrm{Var}(e\mid\mathbf{x})$是无约束的。曼斯基的估计量被称为**最大得分估计量**（maximum score estimator），它是最小绝对偏差估计量。由于给定$\mathbf{x}$时y的中位数是$1[\mathbf{x}\boldsymbol{\beta}>0]$，所以最大得分估计量在所有满足，比如说，$\boldsymbol{\beta}'\boldsymbol{\beta}=1$或者$\boldsymbol{\beta}$的某一个元素固定在1时的$\boldsymbol{\beta}$上，可以求解

$$\min_{\beta}\sum_{i=1}^{N}|y_i-1[\mathbf{x}_i\boldsymbol{\beta}>0]|$$

如果我们知道了相应的x_j出现在$\mathrm{Med}(y\mid\mathbf{x})$中。{因为如果$\mathrm{Med}(y\mid\mathbf{x})=1[\mathbf{x}\boldsymbol{\beta}>0]$，那么对于任意$\tau>0$，$\mathrm{Med}(y\mid\mathbf{x})=1[\mathbf{x}(\tau\boldsymbol{\beta})>0]$，所以需要进行标准化。}所得到的估计量是一致的——最新的证明可参阅纽韦和麦克法登（Newey and McFadden，1994）——但是，它的极限分布是非正态的。实际上，它以$N^{1/3}$的速率收敛到其极限分布。霍洛维茨（Horowitz，1992）提出了一种光滑形式的最大得分估计量，它以接近于$\sqrt{N}$的速率收敛。

最大得分估计量的威力是，在指标模型（15.8）不成立的情形中，它可以一致地估计出取决于缩放因子的$\boldsymbol{\beta}$。正如我们在上一小节中看到的，当$y_i=1[\mathbf{x}_i\boldsymbol{\beta}+e_i>0]$，$x_j$的APE拥有与$\beta_j$相同的符号，而且关于连续变量的相对APE由$\beta_j/\beta_h$给出。因此，在估计参数时有一些值取决于一个共同的缩放因子。但是，最大得分估计既不允许对连续变量也不允许对离散变量估计APE，因为e_i的无条件分布不可识别，而且，如果没有进一步的假设，我们无法求出$\mathrm{P}(y_i=1\mid\mathbf{x}_i)$。我们不必为这种事态感到太惊讶：如果我们的假设是弱的，我们可能无法了解到任何我们很想知道的$\mathbf{x}$如何影响y的信息。

当e不独立于$\mathbf{x}$但e和$\mathbf{x}$不相关时，鲁贝尔（Lewbel，2000）提供了一种不同的方法来估计取决于缩放因子的系数。在鲁贝尔的论文中可以找到识别结

果和估计方法；在这里我们讨论关键假设和它们的适用性。鲁贝尔的关键假设是存在一个连续变量，比如说 x_K，且 $\beta_K \neq 0$，如此以至 $D(e \mid \mathbf{x}) = D(e \mid x_1, x_2, \cdots, x_{K-1})$。换句话说，以 $(x_1, \cdots, x_{K-1})$ 为条件，e 与 x_K 是相互独立的。应用到潜变量模型中的异方差情形，就实践方面而言，条件独立性假设意味着 $E(y^* \mid \mathbf{x})$ 必须依赖于 x_K，但是 $\mathrm{Var}(y^* \mid \mathbf{x})$ 不必依赖于 x_K。因此，人们必须愿意假定，一个变量肯定会影响 y^* 的条件均值，但不影响它的条件方差。如果我们建立参数模型 $D(e \mid \mathbf{x})$，我们不需要施加这种约束，所以半参数方法不会一致地改进参数方法。（而且正如我们已经知道的，使用半参数方法我们只能了解系数的相对大小，然而参数方法还能得到平均偏效应。）

正如鲁贝尔所指出的，他的假设成立的一种情形是，当潜变量模型是一个随机系数模型的形式 $y_i^* = b_{i1} x_{i1} + \cdots + b_{i,K-1} x_{i,K-1} + \beta_K x_{iK} + a_i$，其中 b_{i1}，…，$b_{i,K-1}$ 是随机斜率，且 $\beta_K \neq 0$。如果向量 $(a_i, b_{i1}, \cdots, b_{i,K-1})$ 独立于 $\mathbf{x}_i$，那么鲁贝尔的关键假设成立。问题是，我们已经任意约束 x_{ik} 有一个常数、非零系数。即便 x_{ik} 是随机生成的，且独立于其他协变量及不可观测异质性，也没有理由认为，当其他回归元可能有异质性系数时，它的系数是不变的；这仅仅只是一个任意的约束。（例如，如果 y^* 是一个测度被雇佣倾向的潜在变量，而 x_K 是一个在职培训指标变量，对 x_K 的随机指派与在职培训对个人被雇佣倾向的效应是否在不同个体之间有差异无关。）如果我们专注于偏效应，我们可以允许整个向量 $\mathbf{b}_i = (b_{i1}, \cdots, b_{iK})'$ 随 a_i 变化。那么，我们知道，对 $P(y_i = 1 \mid \mathbf{x}_i, a_i, \mathbf{b}_i)$ 的平均偏效应很容易从 $P(y_i = 1 \mid \mathbf{x}_i)$ 获得；可参阅 2.2.5 节。因此，我们可以为 $P(y_i = 1 \mid \mathbf{x}_i)$ 直接设定灵活的模型，或从 $P(y_i = 1 \mid \mathbf{x}_i, a_i, \mathbf{b}_i)$ 中推导响应概率，诸如 probit，以及关于 $(a_i, \mathbf{b}_i')'$ 的一个分布，诸如多元正态分布。

在估计模型 $y_1 = 1[\mathbf{z}_1 \boldsymbol{\delta}_1 + \alpha_1 y_2 + u_1 > 0]$ 中取决于缩放因子的参数方面已经取得了一些进展，其中 y_2 可能与 u_1 相关，而 $\mathbf{z}_1$ 是一个 $1 \times L_1$ 维的外生变量向量。鲁贝尔（Lewbel，2000）的一般方法也适用于这种情境。设 z 是与 u_1 无关的所有外生变量的向量。则鲁贝尔需要 $\mathbf{z}_1$ 的一个有非零系数的连续元素——比如说，最后一个元素，z_{L_1}——不出现在 $D(u_1 \mid y_2, \mathbf{z})$ 中。（显然，如果 y_2 被认为是内生的，则 y_2 不能发挥被排除于 $D(u_1 \mid y_2, \mathbf{z})$ 之外的变量之作用。）鲁贝尔的排除约束可能会在什么时候成立呢？充分条件是 $y_2 = g_2(\mathbf{z}_2) + v_2$，其中 (u_1, v_2) 独立于 $\mathbf{z}$，且 $\mathbf{z}_2$ 不包括 z_{L_1}。但是这意味着我们已经施加了一个排除约束到 y_2 的约简型上，这在参数背景下通常是被阻止的。（与对结构方程施加约束相比，对约简型施加约束完全不同，而且更难站得住脚。）z_{L_1} 的随机化不会使它被从 y_2 的约简型中排除出来这一事实变得合理。事实上，人们往往希望 y_2 的工具是有效随机化的，这意味着 z_{L_1} 不会出现在结构方程中，但会出现在 y_2 的约简型中——这是与鲁贝尔的假设相反的形式。（作为一个一般的例子，资质往往是随机的，但参与 y_2 不是，那么人们希望使用资质哑变量作为参与哑变量的一个工具变量。）

正如我们在几个问题上已讨论过的，当我们实际上感兴趣的是关于响应概率的偏效应时，去估计取决于一个未知缩放因子的系数通常是不能令人满意的。最近，布伦德尔和鲍威尔（Blundell and Powell，2004）已经证明了如何估计平均结构函数——以及因此，平均偏效应——当 y_2 是一个连续的内生解释变量时。我们可以认为他们的方法是 15.7.2 节中模型的一个非参数扩展。

布伦德尔和鲍威尔允许完全灵活的函数形式，但我们可以使用指标模型 $y_1=1[\mathbf{x}_1\boldsymbol{\beta}_1+u_1>0]$ 来阐释他们的一般方法，其中 $\mathbf{x}_1$ 可以是 $(\mathbf{z}_1,y_2)$ 的任何函数。关键的假设是，y_2 可写成 $y_2=g_2(\mathbf{z})+v_2$，其中 (u_1,v_2) 是独立于 $\mathbf{z}$ 的。可加性误差 v_2 与 $\mathbf{z}$ 之间的独立性很大程度上排除了 y_2 的离散性，即便 $g_2(\cdot)$ 可以是未加以设定的。根据独立性假设，

$$P(y_1=1|\mathbf{z},v_2)=E(y_1|\mathbf{z},v_2)=H(\mathbf{x}_1\beta_1,v_2)$$

对一些（一般是未知的）函数 $H(\cdot,\cdot)$，平均结构函数恰好就是 $ASF(\mathbf{z}_1,y_2)=E_{v_{i2}}[H(\mathbf{x}_1\boldsymbol{\beta}_1,v_{i2})]$。我们首先估计函数 $g_2(\cdot)$，然后获得残差 $\hat{v}_{i2}=y_{i2}-\hat{g}_2(\mathbf{z}_i)$，就可以很一般地估计 H 和 $\boldsymbol{\beta}_1$。然后，在第二步中可以用半参数程序估计 H 和 $\boldsymbol{\beta}_1$——也就是说，不需要假设 H 属于一个参数族。然后通过求平均去掉约简型残差，估计出 ASF 为

$$\widehat{ASF}(\mathbf{z}_1,y_2)=N^{-1}\sum_{i=1}^{N}\hat{H}(\mathbf{x}_1\hat{\boldsymbol{\beta}}_1,\hat{v}_{i2}) \tag{15.61}$$

可以对 (z_1, y_2) 的元素求导数并计算变动。

布伦德尔和鲍威尔（Blundell and Powell，2004）实际上允许 $P(y_1=1|\mathbf{z},y_2)$ 具有一般形式 $H(\mathbf{z}_1,y_2,v_2)$，则第二阶段的估计是完全非参数的。他们还允许 $\hat{g}_2(\cdot)$ 是完全非参数的。但每一阶段的参数近似可能会产生关于平均偏效应的良好估计。例如，可以用 y_{i2} 对 $\mathbf{z}_i$ 的灵活函数回归获得 $\hat{v}_{i2}$。然后，人们可以在第二阶段估计 probit 或 logit 模型，该模型以一种灵活的方式将 $\mathbf{z}_1$，y_2 和 $\hat{v}_2$ 的函数包含进来——例如，用这些变量的水平项、二次项、交叉项，甚至可能用每一个变量的更高阶多项式。然后，人们可以直接求平均消掉 $\hat{v}_{i2}$，就像在式（15.61）中那样。可以通过自助法或使用德尔塔方法求有效的标准误和检验统计量。

得到允许一般的离散 y_2 的灵活方法，将扩展 15.7.3 节的参数化方法，这是今后研究的一个重要任务。

15.8 面板数据的二值响应模型

在面板数据的背景下进行二值响应分析时，我们从一个带有可加性、不可观测效应的线性模型开始，然后，正如在第 10 章和第 11 章中那样，使用组内变换或一阶差分消除不可观测效应，这通常是很有用的。二值结果的一个线性概率模型存在和截面情形下相同的问题。事实上，其对于不可观测效应模型而

言可能是缺乏吸引力的，因为它意味着对不可观测效应施加了非自然的约束：$\mathbf{x}_{it}\boldsymbol{\beta}\leqslant c_i\leqslant 1-\mathbf{x}_{it}\boldsymbol{\beta}$，$t=1$，…，$T$。为了看清楚这一点，请注意对于一个不可观测效应 LPM（线性概率模型）的响应概率是 $\mathrm{P}(y_{it}=1\mid\mathbf{x}_i,c_i)=\mathrm{P}(y_{it}=1\mid\mathbf{x}_{it},c_i)=\mathbf{x}_{it}\boldsymbol{\beta}+c_i$。在纯截面的情形中，线性函数的形式几乎肯定是错误的，除了在某些特殊情形中以外。但是 LPM 的 FE 或 FD 估计可能提供了对 APE 的合理估计。此外，LPM 具有不需要对 $\mathrm{D}(c_i\mid\mathbf{x}_i)$ 的分布进行假设的优势（这意味着我们不需要关心 c_i 要受到 $\mathbf{x}_{it}$ 的线性组合的约束）；我们也不需要假设以 $(\mathbf{x}_i,c_i)$ 为条件的响应 $\{y_{i1},\cdots,y_{iT}\}$ 的独立性（只要我们使推断对于序列相依性以及异方差性稳健）。我们在本节涉及的非线性方法需要这些假设中的一个或两个。首先，我们简要涵盖这样一类估计，即未将模型设定为含有不可观测异质性，且含有可能非严格外生的解释变量。

15.8.1 混合的 probit 与 logit

在 13.8 节，我们使用 probit 模型来阐明含有面板数据的偏似然方法。当然，我们还可以运用 logit 或者任意其他二值响应函数。假定模型是

$$\mathrm{P}(y_{it}=1\mid\mathbf{x}_{it})=G(\mathbf{x}_{it}\boldsymbol{\beta}),\quad t=1,2,\cdots,T \tag{15.62}$$

其中 $G(\cdot)$ 表示一个在开单位区间上取值的已知函数。如同我们在第 13 章所讨论的，$\mathbf{x}_{it}$ 能够包含一系列因素，包括时间虚拟变量、时间虚拟变量与非时变变量或者时变变量的交互作用项，以及滞后因变量。

在设定模型（15.62）时，出于两方面的原因，我们没有做出差不多足够的假设以获得给定 $\mathbf{x}_i=(\mathbf{x}_{i1},\cdots,\mathbf{x}_{iT})$ 时 $\mathbf{y}_i\equiv(y_{i1},\cdots,y_{iT})$ 的分布。首先，我们没有假设 $\mathrm{D}(y_{it}\mid\mathbf{x}_{i1},\cdots,\mathbf{x}_{iT})=\mathrm{D}(y_{it}\mid\mathbf{x}_{it})$，如此则 $\{\mathbf{x}_{it}:t=1,\cdots,T\}$ 不一定严格外生。其次，即使我们假设严格外生性，我们没有在 $\{y_{it}:t=1,\cdots,T\}$ 中施加约束使其具有以 $\mathbf{x}_i$ 为条件的相依性。正如在处理许多混合 MLE 的问题时那样，我们仅仅对 $\mathrm{D}(y_{it}\mid\mathbf{x}_{it})$ 设定了一个模型。如果该模型设定正确，我们可以通过最大化偏（混合）似然函数得到一个 $\sqrt{N}$一致的渐近正态分布估计量。对于二值响应，我们最大化偏对数似然

$$\sum_{i=1}^{N}\sum_{t=1}^{T}\{y_{it}\log G(\mathbf{x}_{it}\boldsymbol{\beta})+(1-y_{it})\log[1-G(\mathbf{x}_{it}\boldsymbol{\beta})]\}$$

这只不过是混合估计中的一个练习而已。如果没有更进一步的假设，为了解释不同 t 的得分中的序列相关性，就需要稳健的方差矩阵估计量，见用 $\hat{\boldsymbol{\beta}}$ 代替 $\hat{\boldsymbol{\theta}}$ 并且用 G 代替 $\boldsymbol{\Phi}$ 的式（13.53）。正如在第 12 章一样，可计算出瓦尔德统计量与得分统计量。

在模型（15.62）是动态完备的情形中，也就是

$$\mathrm{P}(y_{it}=1\mid\mathbf{x}_{it},y_{i,t-1},\mathbf{x}_{i,t-1},\cdots)=\mathrm{P}(y_{it}=1\mid\mathbf{x}_{it}) \tag{15.63}$$

或者

$$\mathrm{D}(y_{it} \mid \mathbf{x}_{it}, y_{i,t-1}, \mathbf{x}_{i,t-1}, \cdots) = \mathrm{D}(y_{it} \mid \mathbf{x}_{it})$$

推断显然是更容易的：所有源自 probit 与 logit 的通常统计量包括似然比统计量都是有效的，这里 probit 与 logit 要把观测值混合且把样本处理成容量为 NT 的很长的独立截面。记住，我们肯定没有假定对于不同 t 的独立性（例如，$\mathbf{x}_{it}$ 可以包括滞后因变量）。动态完备性蕴涵着，对于不同 t 的得分是序列不相关的，这是使标准推断程序有效的关键条件。(参阅 13.8 节的一般处理。)

为了检验动态完备性，我们总是能够增加一个滞后因变量以及一些可能的滞后解释变量。作为一个备择假设，我们可推导出不管 $\mathbf{x}_{it}$ 中是什么仍有效的简单的自由度为 1 的检验。为了具体起见，我们关注 probit 情形；其他指标模型可以类似地处理。定义 $u_{it} \equiv y_{it} - \boldsymbol{\Phi}(\mathbf{x}_{it}\boldsymbol{\beta})$，因此，在假设(15.63)下，对于所有 t，$\mathrm{E}(u_{it} \mid \mathbf{x}_{it}, y_{i,t-1}, \mathbf{x}_{i,t-1}, \cdots) = 0$。由此可得，$u_{it}$ 与变量（$\mathbf{x}_{it}, y_{i,t-1}, \mathbf{x}_{i,t-1}, \cdots$）的任何函数包括 $u_{i,t-1}$ 都是不相关的。通过研究式（13.53），我们可以了解到，正是在 u_{it} 中的序列相关使得通常的推断程序无效。设 $\hat{u}_{it} = y_{it} - \boldsymbol{\Phi}(\mathbf{x}_{it}\hat{\boldsymbol{\beta}})$。于是，通过使用时间段 $t=2, \cdots, T$，利用混合 probit 去估计**人工模型**（artificial model）

$$\text{“}\mathrm{P}(y_{it}=1 \mid \mathbf{x}_{it}, \hat{u}_{i,t-1}) = \boldsymbol{\Phi}(\mathbf{x}_{it}\boldsymbol{\beta} + \gamma_1 \hat{u}_{i,t-1})\text{”} \tag{15.64}$$

的一种简单检验是可以利用的。其零假设是 $\mathrm{H}_0: \gamma_1 = 0$。如果 H_0 被拒绝，那么假设（15.63）也会被拒绝。以下是一种情形，即在零假设下，为了获得 $\hat{u}_{i,t-1}$ 而对 $\boldsymbol{\beta}$ 进行估计不会影响检验 $\mathrm{H}_0: \gamma_1 = 0$ 的任何通常检验统计量如瓦尔德、LR 或 LM 的极限分布。瓦尔德统计量即 $\hat{\gamma}_1$ 上的 t 统计量，是最容易获得的。对于 LM 与 LR 统计量来说，我们在估计约束模型（$\gamma_1 = 0$）时必须确保舍弃第一个时间段。

15.8.2 严格外生性下不可观测效应的 probit 模型

面板数据中关于二值结果的一个流行的模型是**不可观测效应的 probit 模型**（unobserved effects probit）。关于不可观测效应的 probit 模型以及其他非线性面板数据模型的许多估计量的一个关键假设是，可观测协变量是**以不可观测效应为条件而严格外生**（strictly exogenous conditional on the observed effect）的。现在，我们需要以条件分布的形式来表述这种假设，我们一般可以将其陈述为

$$\mathrm{D}(y_{it} \mid \mathbf{x}_i, c_i) \equiv \mathrm{D}(y_{it} \mid \mathbf{x}_{i1}, \mathbf{x}_{i2}, \cdots, \mathbf{x}_{iT}, c_i) = \mathrm{D}(y_{it} \mid \mathbf{x}_{it}, c_i), \quad t=1, \cdots, T \tag{15.65}$$

其中，c_i 是不可观测效应，而 $\mathbf{x}_i \equiv (\mathbf{x}_{i1}, \mathbf{x}_{i2}, \cdots, \mathbf{x}_{iT})$。在表述这个假设时，我们不会以任何方式约束以（$\mathbf{x}_i, c_i$）为条件的联合分布，其中我们将 $y_i = (y_{i1}, \cdots, y_{iT})$ 的分布写成 $\mathrm{D}(\mathbf{y}_i \mid \mathbf{x}_i, c_i)$。正如在前述章节中那样，我们以条件期望的形式来表述以 c_i 为条件的严格外生假设，假设（15.65）排除了在 $\mathbf{x}_{it}$ 中含有滞后因变量的模型，也排除了 $\mathbf{x}_{it}$ 的一个或多个元素未来可能会对 y_{it} 中的特质性变化发生反应的其他情形。假设（15.65）还要求如果存在分布滞后动态机制，

$\mathbf{x}_{it}$要包括足够的潜在解释变量的滞后形式。

对于不可观测效应 probit 模型，我们设定一个完全确定条件分布 $D(y_{it} \mid \mathbf{x}_{it}, c_i)$ 的响应概率：

$$P(y_{it}=1 \mid \mathbf{x}_{it}, c_i)=\Phi(\mathbf{x}_{it}\boldsymbol{\beta}+c_i), \quad t=1,\cdots,T \tag{15.66}$$

除非 $\mathbf{x}_{it}$ 包含一整套时间虚拟变量，否则大部分分析无法令人信服。在下文中，我们通常将时间虚拟变量设为隐含的来简化符号。

我们的兴趣在于（15.66）中的响应概率，而且我们希望能通过设定方程（15.66）来估计参数以及偏效应。但是我们已经在第 10 章与第 11 章中看到，只是设定一个带有同期条件变量的模型是不足以估计参数的，而在这里也是同样的道理：如果没有更多假设，$\boldsymbol{\beta}$ 是无法识别的。即便添加严格外生性假设（15.65）也是不够的。与在线性模型中不同，我们面对一个更大的困难，这个困难既对估计 $\boldsymbol{\beta}$ 有影响，又对估计感兴趣的偏效应有影响。也就是说，我们必须设定出 c_i 与协变量相关的方式。

如果我们设法不对 $D(c_i \mid \mathbf{x}_i)$ 施加约束而继续进行估计，会发生什么呢？一种可能性将被加进来，除了假设（15.65）和（15.66）之外，该假设为响应变量以（$\mathbf{x}_i, c_i$）为条件是独立的：

$$y_{i1},\cdots,y_{iT}\text{ 是以}(\mathbf{x}_i,c_i)\text{为条件独立的} \tag{15.67}$$

由于 c_i 的存在，所以 y_{it} 仅以可观测 $\mathbf{x}_i$ 为条件对于不同 t 而言是相关的。（假设（15.67）类似于线性模型的假设，y_{it} 是以（$\mathbf{x}_{it}, c_i$）为条件序列不相关的；参阅第 10 章假设 FE.3。）在假设（15.65）、假设（15.66）与假设（15.67）下，我们可推导以（$\mathbf{x}_i, c_i$）为条件的（$y_{i1},\cdots,y_{iT}$）的密度：

$$f(y_1,\cdots,y_T \mid \mathbf{x}_i, c_i; \boldsymbol{\beta}) = \prod_{t=1}^{T} f(y_t \mid \mathbf{x}_{it}, c_i; \boldsymbol{\beta}) \tag{15.68}$$

其中 $f(y_t \mid \mathbf{x}_t, c; \boldsymbol{\beta})=\Phi(\mathbf{x}_t\boldsymbol{\beta}+c)^{y_t}[1-\Phi(\mathbf{x}_t\boldsymbol{\beta}+c)]^{1-y_t}$。理论上，在 c_i 与 $\mathbf{x}_{it}$ 之间关系上没有约束的情形中，我们能够估计出关注的量。在这种思想下，我们会把 c_i 与 $\boldsymbol{\beta}$ 看成待估参数，因为这样的处理会回避对给定 $\mathbf{x}_i$ 时做出关于 c_i 分布假设的要求。对数似然函数是 $\sum_{i=1}^{N} \ell_i(c_i, \boldsymbol{\beta})$，其中 $\ell_i(c_i, \boldsymbol{\beta})$ 表示公式（15.68）的对数在 y_{it} 处所计算的值。遗憾的是，除了计算上的困难之外，对 c_i 与 $\boldsymbol{\beta}$ 的估计要引进一个从属参数问题。与线性情形时估计 c_i 与 $\boldsymbol{\beta}$ 会导致 $\boldsymbol{\beta}$ 的 $\sqrt{N}$ 一致固定效应估计量不同，当前情形中，在估计 c_i（它们中的 N 个）与 $\boldsymbol{\beta}$ 时会产生含有固定 T 且 $N\to\infty$ 时 $\boldsymbol{\beta}$ 的非一致估计。在 15.8.3 节，我们对于不可观测效应 logit 模型会更详细地讨论从属参数问题。

通过将 c_i 处理成参数而获得的 $\boldsymbol{\beta}$ 的估计量已被称为“固定效应 probit”有点遗憾。正如我们在线性情形中所看到的，还有像我们将要在下一节中所看到的 logit 模型以及第 18 章中的计数数据模型一样，在一些情形中，我们不用设定给定 $\mathbf{x}_i$ 时 c_i 的分布就可以一致地估计参数 $\boldsymbol{\beta}$。这种特征是绝大多数微观计量经济应用中固定效应分析的特点。相反，把 c_i 处理成待估参数会导致潜在的严重偏误，正如在 probit 情形中那样。

这里，我们遵从与线性模型所采用的相同方法：我们总是把 c_i 处理成一个不可观测的随机变量，该随机变量与（$\mathbf{x}_i,\mathbf{y}_i$）一同被抽取样本。问题是，在什么样的附加假设下，我们可以一致地估计参数以及感兴趣的偏效应呢？遗憾的是，对于不可观测效应 probit 模型，我们必须对 c_i 与 $\mathbf{x}_i$ 之间的关系做出假设。对假设（15.65）、假设（15.66）与假设（15.67）而言，**传统的随机效应 probit 模型**（traditional random effects probit model）要增加假设

$$c_i \mid \mathbf{x}_i \sim \text{Normal}(0,\sigma_c^2) \tag{15.69}$$

这是一个强假设，因为它蕴涵着 c_i 与 $\mathbf{x}_i$ 是独立的，且 c_i 具有正态分布。假定 c_i 与 $\mathbf{x}_i$ 是不相关的，或甚至 $\mathrm{E}(c_i \mid \mathbf{x}_i)=0$ 都还不够（充分）。倘若 $\mathbf{x}_{it}$ 包括了一个截距项，假设$\mathrm{E}(c_i)=0$ 就不失一般性，正如其始终应当的那样。

在我们讨论对随机效应 probit 模型的估计之前，我们应当确保知晓我们要估计什么。正如 15.7.1 节中那样，对 $\boldsymbol{\beta}$ 的一致估计意味着，我们可以在总体中 c 的平均值 $c=0$ 处一致地估计 $\mathbf{x}_t$ 的元素对响应概率 $\mathrm{P}(y_t=1 \mid \mathbf{x}_t,c)$ 的偏效应。（我们还可以估计对于任何 c 值 $\mathbf{x}_t$ 的任何两个元素的相对效应，因为相对效应不依赖于 c。）由于 15.7.1 节中曾讨论的原因，平均偏效应（APE）至少是有用的。因为 $c_i \sim \text{Normal}(0,\sigma_c^2)$，所以正像公式（15.38）中那样，对于连续 x_{tj} 来说，APE 是 $[\beta_j/(1+\sigma_c^2)^{1/2}]\phi[\mathbf{x}_t\boldsymbol{\beta}/(1+\sigma_c^2)^{1/2}]$。因此，要么对于连续的解释变量，要么对于离散的解释变量来说，为了估计 APE，我们仅仅需要估计$\boldsymbol{\beta}_c \equiv \boldsymbol{\beta}/(1+\sigma_c^2)^{1/2}$。（在应用统计学的一些其他分支中，诸如生物统计学与教育学，表示 APE 的系数——在我们的符号中记为 $\boldsymbol{\beta}_c$——被称为**总体平均参数**（population-averaged parameters）。）

在假设（15.65）、假设（15.66）、假设（15.67）以及假设（15.69）下，对于估计 $\boldsymbol{\beta}$ 与 σ_c^2 来说，可以利用条件极大似然方法。这是 13.9 节中方法的一种特殊情形。因为 c_i 是不可观测的，所以它们不能出现在似然函数中。相反，我们求出以 $\mathbf{x}_i$ 为条件的（$y_{i1},\cdots,y_{iT}$）的联合分布，这一步要求我们积分掉(integrate out)c_i。由于 c_i 服从 $\text{Normal}(0,\sigma_c^2)$ 分布，所以

$$f(y_1,\cdots,y_T \mid \mathbf{x}_i;\boldsymbol{\theta}) = \int_{-\infty}^{\infty}\left[\prod_{t=1}^{T} f(y_t \mid \mathbf{x}_{it},c;\boldsymbol{\beta})\right](1/\sigma_c)\phi(c/\sigma_c)\mathrm{d}c \tag{15.70}$$

其中 $f(y_t \mid \mathbf{x}_t,c;\boldsymbol{\beta})=\boldsymbol{\Phi}(\mathbf{x}_t\boldsymbol{\beta}+c)^{y_t}[1-\boldsymbol{\Phi}(\mathbf{x}_t\boldsymbol{\beta}+c)]^{1-y_t}$，而 $\boldsymbol{\theta}$ 包含 $\boldsymbol{\beta}$ 与 σ_c^2。对于所有的 t，插入 y_{it} 并且对式（15.70）取对数，对于每一个 i 得到条件对数似然 $\ell_i(\boldsymbol{\theta})$。容量为 N 的整个样本的对数似然函数可以对 $\boldsymbol{\beta}$ 与 σ_c^2（或者 $\boldsymbol{\beta}$ 与 σ_c）求出最大值，以便获得 $\sqrt{N}$一致渐近正态估计量；巴特勒和莫菲特（Butler and Moffitt，1982）描述了逼近公式（15.70）中积分的一个程序。在此背景下，条件 MLE 通常被称为**随机效应 probit 估计量**（random effects probit estimator），并且可以直接应用 13.9 节中的理论以获得渐近标准误与检验统计量。由

于 $\boldsymbol{\beta}$ 与 σ_c^2 均能得到估计，所以在 $c=0$ 处的偏效应与平均偏效应也能得到估计。由于潜变量模型中的特质误差的方差为 1，所以把不可观测效应的相对重要性测算成 $\rho=\sigma_c^2/(\sigma_c^2+1)$，它也是跨越任何两个时间段的复合特征误差，比如说 c_i+e_{it} 之间的相关性。许多随机效应 probit 例行程序都会报告 $\hat{\rho}$ 及其标准误；这些统计量均可以产生对不可观测效应之存在的一种容易的检验。

假设（15.67）与假设（15.69）是相当强的，而放松它们是可能的。首先，考虑放松假设（15.67）。一种有用的发现是，仅在假设（15.60）与假设（15.69）下（甚至无须假设（15.65）），

$$P(y_{it}=1 \mid \mathbf{x}_{it})=\boldsymbol{\Phi}(\mathbf{x}_{it}\boldsymbol{\beta}_c) \tag{15.71}$$

其中 $\boldsymbol{\beta}_c=\boldsymbol{\beta}/(1+\sigma_c^2)^{1/2}$。因此，正像 15.8.1 节中那样，我们可以从 y_{it} 对 $\mathbf{x}_{it}$ 的混合 probit 中估计出 $\boldsymbol{\beta}_c$，$t=1, \cdots, T$，$i=1, \cdots, N$，这意味着我们可直接估计平均偏效应。如果 c_i 确实存在，那么 $\{y_{it}: t=1,\cdots,T\}$ 将不是以 $\mathbf{x}_i$ 为条件独立的。正像 15.8.1 节所讨论的，为了解释序列相关，需要稳健推断。

不是在混合 probit 估计之后直接计算关于 $\hat{\boldsymbol{\beta}}_c$ 的稳健标准误，或者使用完全随机效应（RE）假设并获得 MLE，我们可以应用在 12.9 节介绍过的广义估计方程（GEE）方法。正如我们在该章讨论过的，CEE 仅仅就是多元加权非线性最小二乘法，在这种方法中，$E(y_i \mid \mathbf{x}_i)$ 的模型是被正确设定的，但条件方差矩阵 $Var(y_i \mid \mathbf{x}_i)$ 的模型却一般是被误设的，其中 $\mathbf{y}_i$ 是单元 i 的 T 维响应变量向量。在目前的应用中，我们已经将 $E(\mathbf{y}_i \mid \mathbf{x}_i)$ 的每个元素正确设定为$E(y_{it} \mid \mathbf{x}_i)=\boldsymbol{\Phi}(\mathbf{x}_{it}\boldsymbol{\beta}_c)$。另外，每个条件方差，$Var(y_{it} \mid \mathbf{x}_i)$，必然等于 $Var(y_{it} \mid \mathbf{x}_i)=\boldsymbol{\Phi}(\mathbf{x}_{it}\boldsymbol{\beta}_c)\,[1-\boldsymbol{\Phi}(\mathbf{x}_{it}\boldsymbol{\beta}_c)]$。即使在完全随机效应 probit 假设下，很难获得的也是条件相关性 $Corr(y_{it}, y_{is} \mid \mathbf{x}_i)$。（事实上，这些相关性没有闭型表达式。）最简单的 GEE 方法是设定一个常数与可交换的"运行的"相关矩阵，这意味着在使用 WMNLS（非线性最小二乘加权模型）时，我们假设对于 $|\rho|<1$ 都有 $Corr(y_{it}, y_{is} \mid \mathbf{x}_i)=\rho$。这个假设几乎肯定是假的；实际中的条件相关性可能以一种复杂的方式依赖于 $\mathbf{x}_i$。然而，正如我们在 12.9 节中解释过的，我们希望允许在运行的方差—协方差矩阵存在一个非零相关性会产生比仅仅使用混合 probit 时更渐近有效的估计。与此同时，这样的 WMNLS 估计量在假设（15.65）、假设（15.66）及假设（15.69）下将是一致的，这些假设和我们为保证混合 probit 的一致性所使用的假设相同。就实践而言，我们可以把随机效应 probit 模型的 GEE 想成一种与混合 probit 有着相同稳健性的方法，理想情况下，可以要回一些在估计中因忽略序列相依性而失去的有效性。

GEE 文献中所使用的术语被应用于非线性不可观测效应模型如随机效应 probit 时，可能是令人难以捉摸的。通过坚持在一个模型、我们感兴趣的量以及一种估计方法之间直接进行区分，我们可以最大限度地减少我们的困惑。仅以 $\mathbf{x}_{it}$ 为条件的响应概率 $P(y_{it}=1 \mid \mathbf{x}_{it})=\boldsymbol{\Phi}(\mathbf{x}_{it}\beta_c)$ ——对于它，我们只需要假设（15.66）和假设（15.69）就可进行推导——在 GEE 文献中被称为**总体平均模型**（population-averaged (PA) model），因为参数 $\boldsymbol{\beta}_c$ 标示总体平均效应。因

此，通过使用GEE术语，WMNLS估计量被设计来估计PA模型的参数，就像在混合probit中那样。在一整套随机效应probit假设下的模型被称为**主体特有(SS)模型**（subject-specific (SS) model），主要是因为方程（15.66）中的响应概率——其以$\mathbf{x}_{it}$和c_i为条件——在原则上允许我们能计算用异质性c_i描述的不同个体上的偏效应。实际上，因为c_i无法被观测到（且在T较小时无法被估计），我们真正能做的全部事情是对c的不同值估计$\mathrm{P}(y_{it}=1\mid\mathbf{x}_{it}=x_t,c_i=c)$上的偏效应。这些值包括平均（中位）值、$c=0$，以及Normal$(0,\sigma_c^2)$分布中的分位数（因为我们可以估计$\sigma_c^2$以及$\boldsymbol{\beta}$），但是，我们在完全随机效应probit假设下可以估计特定个体的偏效应，这种暗示多少有些误导人。

与其假设存在不同的模型，在不可观测效应probit模型的背景下，还不如讨论一下根据关于一个普通模型的不同假设可以估计出的量，那样看起来更好。大多数时间里，我们从作为我们感兴趣的模型的方程（15.66）开始是有道理的。然后我们把在不同c值处的偏效应或APE设定为我们感兴趣的量。最后，我们发现，仅在（15.66）和（15.69）下，我们也可以用混合probit估计APE（或PA效应）。如果我们添加严格外生性假设（15.65），那么我们就可以使用GEE。如果我们使用全套随机效应probit假设并应用MLE，那么我们就可以分别估计出$\boldsymbol{\beta}$和σ_c^2，并因此也可以在我们感兴趣的c值处估计出APE和偏效应。

另外一种放松假设（15.67）的方法是，假定一种特殊的相关结构，然后使用完全条件极大似然法。例如，对于每一个t，可以把潜变量模型写成

$$y_{it}^*=\mathbf{x}_{it}\boldsymbol{\beta}+c_i+e_{it},\quad y_{it}=1[y_{it}^*>0] \tag{15.72}$$

并且假定$T\times1$维向量$\mathbf{e}_i$为多元正态的，且具有单位方差，而相关矩阵却无约束。这个假设连同假设（15.65）、假设（15.66）与假设（15.69）一起完整地刻画了给定$\mathbf{x}_i$时$\mathbf{y}_i$的分布。然而，即使对于适度的T来说，对CMLE进行计算是非常困难的。最近，在估计的模拟方法方面取得了一些进展，这使得对于相当大的T来估计这种模型成为可能；例如，参阅基恩（Keane，1993），以及格韦克和基恩（Geweke and Keane，2001）。对于估计$\boldsymbol{\beta}_c$——标示APE的向量——来说，我们曾描述的混合probit和GEE程序是有效的，而不管$\{e_{it}\}$中的序列相依性，但是相对于完全CMLE来说，它们是无效的。

如同线性情形一样，在许多应用中引进不可观测效应c_i的要点是，以显性方式允许不可观测的因素与$\mathbf{x}_{it}$的某些元素是相关的。张伯伦（Chamberlain，1980）通过假定含有线性期望与常数方差的条件正态分布考虑了c_i与$\mathbf{x}_i$之间的相关性。张伯伦假设的芒德拉克（Mundlak，1978）形式是

$$c_i\mid\mathbf{x}_i\sim\mathrm{Normal}(\psi+\bar{\mathbf{x}}_i\boldsymbol{\xi},\sigma_a^2) \tag{15.73}$$

其中$\bar{\mathbf{x}}_i$表示$\mathbf{x}_{it}$的平均值，$t=1,\cdots,T$，而σ_a^2表示公式$c_i=\psi+\bar{\mathbf{x}}_i\boldsymbol{\xi}+a_i$中$a_i$的方差。(换句话讲，$\sigma_a^2$表示$c_i$的条件方差，假定它不依赖于$\mathbf{x}_i$。)张伯伦（Chamberlain，1980）通过用跨越全部时间段的所有解释变量的向量$\mathbf{x}_i$代替$\bar{\mathbf{x}}_i$而允许更多的一般性。我们将利用假设（15.73）开始研究，因为它保存了参

数；更一般的模型需要在记号上有点简单变动。张伯伦（Chamberlain，1980）把在假设（15.65）与假设（15.73）下的模型（15.66）称为随机效应的 probit 模型，因此，我们将该模型称为**张伯伦随机效应 probit 模型**（Chamberlain's random effects probit model）。尽管假设（15.73）由于设定了给定 $\mathbf{x}_i$ 时 c_i 的分布，因而是受约束的，但是却至少考虑了 c_i 与 $\mathbf{x}_i$ 之间的某种相依性。

如同线性情形一样，我们只能估计 $\mathbf{x}_{it}$ 中时变元素的效应。特别地，$\mathbf{x}_{it}$ 应当不再包括常数，因为那样会无法与假设（15.73）中的 ψ 区分开来。如果我们的初始模型包括一个非时变解释变量，比如说 w_i，那么一些解释变量可以包含它，但是我们不能将它的效应与 c_i 区分开，除非我们假定 ξ 中关于 w_i 上的系数为 0。（也就是，除非我们假定 c_i 与 w_i 是偏不相关的。）不随 i 变化而变化的时间虚拟变量都从 $\bar{\mathbf{x}}_i$ 中省略。

如果假设（15.65）、假设（15.66）、假设（15.67）以及假设（15.73）均成立，那么对 $\boldsymbol{\beta}$，ψ，ξ 以及 σ_a^2 的估计可直接进行，因为我们可以把潜变量写成 $y_{it}^*=\psi+\mathbf{x}_{it}\boldsymbol{\beta}+\bar{\mathbf{x}}_i\xi+a_i+e_{it}$，其中 e_{it} 表示独立的 $\text{Normal}(0,1)$（以（$\mathbf{x}_i$，a_i）为条件的）变量，而 $a_i \mid \mathbf{x}_i \sim \text{Normal}(0,\sigma_a^2)$。换句话讲，通过把 $\bar{\mathbf{x}}_i$ 添加到每一个时间段方程上，我们可获得传统的随机效应 probit 模型。（我们所估计的方差是 σ_a^2，而不是 σ_c^2，但是，正如我们将要看到，这恰好适合我们的目的。）添加 $\bar{\mathbf{x}}_i$ 作为不可观测异质性的控制变量集是非常直观的：我们可以估计出在使时间平均值保持固定时 x_{itj} 变化的效应。通过对 H_0：$\xi=0$ 的检验很容易获得通常的 RE probit 模型的检验。利用标准的随机效应 probit 软件可完成此估计。给定 ψ 与 ξ 的估计值，我们能够通过 $\hat{\mu}_c\equiv\hat{\psi}+\bar{\mathbf{x}}\hat{\xi}$ 来估计 $\text{E}(c_i)=\psi+\text{E}(\bar{\mathbf{x}}_i)\xi$，其中 $\bar{\mathbf{x}}$ 表示 $\bar{\mathbf{x}}_i$ 的样本平均。因此，对于任意向量 $\mathbf{x}_t$，我们能够把在 $\text{E}(c_i)$ 处的响应概率估计成为 $\boldsymbol{\Phi}(\hat{\mu}_c+\mathbf{x}_t\hat{\boldsymbol{\beta}}$。（对 $\mathbf{x}_t$ 的元素）取差分或求导数，这样会使我们对于任意的 $\mathbf{x}_t$ 值都可以估计关于响应概率的偏效应。进而，我们可以利用关系 $\sigma_c^2=\xi'\text{Var}(\bar{x}_i)\xi+\sigma_a^2$ 估计 σ_c^2，而且因此 $\hat{\sigma}_c^2\equiv\hat{\xi}'\lfloor N^{-1}\sum_{i=1}^N(\bar{\mathbf{x}}_i-\bar{\mathbf{x}})'(\bar{\mathbf{x}}_i-\bar{\mathbf{x}})]\hat{\xi}+\hat{\sigma}_a^2$ 当 $N\to\infty$ 时关于 σ_c^2 是一致的。因此，我们可以插入 c 的一些值，它们是一定量的偏离 $\hat{\mu}_c$ 的估计标准差，比如说 $\hat{\mu}_c\pm\hat{\sigma}_c$。但是，这里起作用的微妙之处是：如果 $\xi\neq0$，c_i 一般不会有一个无条件的正态分布，除非 $\bar{x}_i\xi$ 是正态分布的；充分条件是 $\bar{x}_i$ 是多元正态的。当有一个大的 T，以及在时间序列维度中的弱相依时，可能 $\bar{x}_i\xi$ 会有一个近似的正态分布（因为它是一个跨 t 的平均值）。但是，弱相依未必是一个好的假设，而且即便它是，如果我们有一个大的 T，我们会通过将 c_i 处理成待估参数而进行下去。一般地，我们不应当期待 c_i 的分布为正态的。

如果我们去掉假设（15.67），那么我们还是可以估计 ψ，$\boldsymbol{\beta}$ 以及 ξ 的已经缩放的形式。在假设（15.65）、假设（15.66）与假设（15.73）下，我们有

$$\begin{aligned}\text{P}(y_{it}=1\mid\mathbf{x}_i)&=\boldsymbol{\Phi}[(\psi+\mathbf{x}_{it}\boldsymbol{\beta}+\bar{\mathbf{x}}_i\xi)\cdot(1+\sigma_a^2)^{-1/2}]\\&\equiv\boldsymbol{\Phi}(\psi_a+\mathbf{x}_{it}\boldsymbol{\beta}_a+\bar{\mathbf{x}}_i\xi_a)\end{aligned}\tag{15.74}$$

其中下标 a 意味着已用 $(1+\sigma_a^2)^{-1/2}$ 相乘的参数向量。由此立刻可得，利用一个

y_{it}对 1，$\mathbf{x}_{it}$，$\bar{\mathbf{x}}_i$ 的混合 probit 分析可以一致地估计出 ψ_a，$\boldsymbol{\beta}_a$ 以及 ξ_a，$t=1$，…，T，$i=1$，…，N。由于 y_{it}将是以 $\mathbf{x}_i$ 为条件相关的，所以需要对任意时间相依性都稳健的推断。我们也可以使用 GEE。

一旦我们方便地估计出 ψ_a，$\boldsymbol{\beta}_a$ 以及 ξ_a，我们就可以估计平均偏效应。（这里我们可以应用 2.2.5 节的一些结果，但是一个直接讨论则是有启发性的。）为了理解如何实施估计，我们需要在 c_i 分布上对 $\mathrm{P}(y_t=1 \mid \mathbf{x}_t=\mathbf{x}^o, c_i)$ 求平均值；也就是，我们需要求出 $\mathrm{E}[\mathrm{P}(y_t=1 \mid \mathbf{x}_t=\mathbf{x}^o, c_i)]=\mathrm{E}[\boldsymbol{\Phi}(\mathbf{x}^o\boldsymbol{\beta}+c_i)]$，对于解释变量任意给定的值 $\mathbf{x}^o$。（在下文中，$\mathbf{x}^o$ 是我们选来作为所关注的解释变量赋值的一个非随机数值向量。为了强调，我们在期望值中出现的随机变量上包含一个下标 i。）一旦写成 $c_i=\psi+\bar{\mathbf{x}}_i\xi+a_i$，并且利用迭代期望，我们得到 $\mathrm{E}[\boldsymbol{\Phi}(\psi+\mathbf{x}^o\boldsymbol{\beta}+\bar{\mathbf{x}}_i\xi+a_i)]=\mathrm{E}[\mathrm{E}\{\boldsymbol{\Phi}(\psi+\mathbf{x}^o\boldsymbol{\beta}+\bar{\mathbf{x}}_i\xi+a_i) \mid \mathbf{x}_i\}]$［其中第一个期望是针对 $(\mathbf{x}_i, a_i)$ 的］。一旦利用与 15.7.1 节相同的讨论，则有 $\mathrm{E}[\boldsymbol{\Phi}(\psi+\mathbf{x}^o\boldsymbol{\beta}+\bar{\mathbf{x}}_i\xi+a_i) \mid \mathbf{x}_i]=\boldsymbol{\Phi}[\{\psi+\mathbf{x}^o\boldsymbol{\beta}+\bar{\mathbf{x}}_i\xi\}\cdot(1+\sigma_a^2)^{-1/2}]=\boldsymbol{\Phi}(\psi_a+\mathbf{x}^o\boldsymbol{\beta}_a+\bar{\mathbf{x}}_i\xi_a)$，从而

$$\mathrm{E}[\boldsymbol{\Phi}(\mathbf{x}^o\boldsymbol{\beta}+c_i)]=\mathrm{E}[\boldsymbol{\Phi}(\psi_a+\mathbf{x}^o\boldsymbol{\beta}_a+\bar{\mathbf{x}}_i\xi_a)] \tag{15.75}$$

由于右边期望中唯一的随机变量是 $\bar{x}_i$，所以式（15.75）右边的一致估计量正是

$$N^{-1}\sum_{i=1}^{N}\boldsymbol{\Phi}(\hat{\psi}_a+\mathbf{x}^o\hat{\boldsymbol{\beta}}_a+\bar{\mathbf{x}}_i\hat{\xi}_a) \tag{15.76}$$

利用在 $\mathbf{x}^o$ 的两个不同值处进行计算并且进行差分可以估计平均偏效应，或者对于连续变量 x_j，利用$\hat{\beta}_{aj}\phi(\hat{\psi}_a+\mathbf{x}^o\hat{\boldsymbol{\beta}}_a+\bar{\mathbf{x}}_i\hat{\xi}_a)$ 对于不同的 i 进行平均来得到 x_j 上增加一个单位时的近似 APE。也可参阅张伯伦［Chamberlain，1984，方程(3.4)］。如果我们使用张伯伦假设（15.73）的更一般形式，那么用 $\mathbf{x}_i$ 代替所有的 $\bar{\mathbf{x}}_i$。

我们聚焦于 APE 会产生一个有意思的问题：把 c_i 处理成待估参数——在"固定效应 probit"分析中——会怎样影响 APE 的估计呢？给定 $\hat{c}_i$，$i=1$，…，N 以及 $\hat{\boldsymbol{\beta}}$，APE 可建立在 $N^{-1}\sum_{i=1}^{N}\boldsymbol{\Phi}(\hat{c}_i+\mathbf{x}^o\hat{\boldsymbol{\beta}})$ 基础之上。即使$\hat{\boldsymbol{\beta}}$ 没有一致地估计 $\boldsymbol{\beta}$，而$\hat{c}_i$是**从属参数**（incidental parameter）的估计值，但也许所得到的 APE 估计值具有合情合理的性质。事实上，最近在此问题上已经取得了进展。费尔南德斯-瓦尔（Fernández-Val，2009）有关的理论分析结果表明，使用$\hat{c}_i$以及相伴随的$\hat{\boldsymbol{\beta}}$ 构造的 APE 的不一致性是 T^{-1}阶的（并且，如果没有异质性，不一致性仅是$\mathrm{O}(T^{-2})$ 的）。在模拟中，哈恩和纽韦（Hahn and Newey，2004）发现在通常的 probit 平均偏效应中有一些小的偏误；他们提出了偏误—校正估计量，它具有 T^{-2}阶的不一致性。在相关研究中，格林（Greene，2004）使用模拟发现，即使是对中等的 T（比如说，$T\geqslant 5$），在均值处计算的偏效应（与平均偏效应截然相反）中的偏误可以是相当小的。所有这些论文都维持条件独立性假设（15.67），此外，还维持协变量对所有 t 是独立同分布的假设。但愿这些发现可以搬到更现实的场景中去，那里允许协变量中具有时间相依性，而且

可以违反（15.67）。

在假设（15.65）、假设（15.66）以及假设（15.73）更一般的形式下，张伯伦（Chamberlain，1980）提出了一种类似于线性情形（参阅 14.6.2 节）的最小距离方法。也就是，对于每一个 t，通过实施 y_{it} 对 1，$\mathbf{x}_i$ 的横截面 probit 来得到 $\hat{\boldsymbol{\pi}}_t$，$i=1$，…，N。从结构参数 $\boldsymbol{\theta}_a \equiv (\psi_a, \boldsymbol{\beta}_a', \boldsymbol{\xi}_a')'$ 到向量 $\boldsymbol{\pi}$ 的映射完全如同线性情况（参阅 14.6.2 节）。$\hat{\boldsymbol{\pi}}$ 的方差矩阵估计量可以通过混合所有 T 个 probit 以及计算式（13.53）中的稳健方差矩阵估计量，并且用 $\hat{\boldsymbol{\pi}}$ 代替 $\hat{\boldsymbol{\theta}}$ 来获得；也可参阅张伯伦（Chamberlain，1984，第 4.5 节）。最小距离方法会产生对 $H_0: \boldsymbol{\xi}_a = \mathbf{0}$ 的直接检验，它是一种没有施加假设（15.67）的对假设（15.69）进行的检验。

所有前面的估计方法都关键取决于以 c_i 为条件的协变量的严格外生性。正像前面所提及的，这个假设剔除了滞后因变量，即我们在 15.8.4 节以显性方式所考虑的情形。但是，却存在着严格外生性成问题的其他情形。例如，假定 y_{it} 表示第 i 个人在时间段 t 中的就业指示符，而 w_{it} 表示最近被逮捕的测度。可能的情形是，某个人这个时间段是否就业会影响到未来逮捕的情形。如果是这样的话，那么影响就业状况的冲击与未来逮捕会是相关的，而这种相关性会违背严格外生性。这种情形在实证上是否重要大体上是未知的。

一方面，在非线性模型中，对不是严格外生的解释变量加以修正是相当困难的；伍德里奇（Wooldridge，2000）提出了一种可能的方法。另一方面，要获得对严格外生性的检验是相当容易的。设 $\mathbf{w}_{it}$ 表示被怀疑不满足严格外生性条件的 $\mathbf{x}_{it}$ 的 $1\times G$ 维子集。于是，一种简单检验是添加 $\mathbf{w}_{i,t+1}$ 作为协变量的一个附加集合；在零假设下，$\mathbf{w}_{i,t+1}$ 应该是不显著的。在执行这个检验中，我们要么能够使用随机效应 probit，要么使用混合 probit，在两者中任何一种情形中，我们都要损失最后一期。（在混合 probit 情形中，我们应该使用完全稳健的瓦尔德检验或者得分检验。）我们还应该从所有 T 个时间段中获得 $\bar{\mathbf{x}}_i$，因为该检验要么建立在给定（$\mathbf{x}_{i1}, \cdots, \mathbf{x}_{iT}$）时（$y_{i1}, \cdots, y_{i,T-1}$）的分布（随机效应 probit）之上，要么建立在给定（$\mathbf{x}_{i1}, \cdots, \mathbf{x}_{iT}$）时 y_{it} 的边际分布之上（混合 probit），$t=1$，…，$T-1$。如果检验没有被拒绝，那么它至少提供了关于严格外生性假设的某种正确判断。

15.8.3 严格外生性下不可观测效应的 logit 模型

上一小节的不可观测效应 probit 模型有一个 logit 的对应版本。在其主要情形中，我们仍然假设异质性 c_i 满足（15.69），但我们用如下响应概率取代假设（15.66）：

$$P(y_{it}=1 \mid \mathbf{x}_{it}, c_i) = \Lambda(\mathbf{x}_{it}\boldsymbol{\beta} + c_i) \quad t=1, \cdots, T \tag{15.77}$$

其中 $\Lambda(\cdot)$ 是逻辑斯蒂函数。如果我们维持整套假设，即：严格外生性条件（15.65）、条件独立性假设（15.67）、正态性假设（15.69）以及方程（15.77）中的模型，那么我们就得到了**随机效应 logit 模型**（random logit model）。在

GEE 文献中，随机效应 logit 模型是一个主体特有模型（如同随机效应 probit 模型那样）的一个例子。

从计算的角度来看，随机效应 logit 模型不如随机效应 probit 模型那般让人满意。即便我们专注于假设（15.69）和（15.77）下的混合方法，估计也是复杂的，因为通过积分运算消掉 c_i 获得的响应概率

$$\mathrm{P}(y_{it}=1\mid\mathbf{x}_{it})=\int_{-\infty}^{\infty}\Lambda(\mathbf{x}_{it}\boldsymbol{\beta}+c)(1/\sigma_c)\phi(c/\sigma_c)\mathrm{d}c \tag{15.78}$$

没有一个闭型。事实上，人们很少看到把方程（15.78）用作估计 $\boldsymbol{\beta}$ 与 σ_c^2 的唯一依据，不论是使用一个混合的二值响应方法还是使用一个在假设（15.65）下的 GEE 方法。（和 probit 模型不同的是，$\boldsymbol{\beta}$ 与 σ_c^2 被分别在（15.78）中进行识别，尽管那并不意味着它们是很容易估计的。）有趣的是，虽然看上去可以很自然地把（15.78）连同严格外生性假设定义为可构造 SS 模型的 PA 版本，但这却不是 GEE 文献中的名称。相反，PA 模型被设定为

$$\mathrm{P}(y_{it}=1\mid\mathbf{x}_i)=\mathrm{P}(y_{it}=1\mid\mathbf{x}_{it})=\Lambda(\mathbf{x}_{it}\boldsymbol{\beta}_c) \tag{15.79}$$

其中我们把下标“c”用在 $\boldsymbol{\beta}_c$ 上以强调方程（15.79）中的贝塔向量不可以与方程（15.77）中的 $\boldsymbol{\beta}$ 相同（并用来与 probit 进行类比）。事实上，（15.79）与（15.77）是不相容的；在设定（15.79）时，作为权宜之计我们放弃了（15.77）中更多的结构模型。在更一般的 GEE 文献中，我们通常设定一个 PA 模型的条件均值函数有一个方便的形式，$\mathrm{E}(y_{it}\mid\mathbf{x}_{it})$，而不必担心其是否可以从一个潜在不可观测效应模型中推导出来。

如果我们在整套随机效应 logit 假设下估计（15.77）中的模型（或者即便我们只使用方程（15.78）），在我们感兴趣的 c 值处的偏效应比 APE 更容易获得：我们只使用 $\Lambda(\mathbf{x}_t\boldsymbol{\beta}+c)$ 关于 $\mathbf{x}_t$ 元素的差分或导数，并插入我们感兴趣的 c 值，它可以被确定，因为 c_i 服从 $\mathrm{Normal}(0,\sigma_c^2)$ 分布。此外，就像在假设（15.73）中那样，我们可以应用芒德拉克-张伯伦方法，然后我们可以像在 probit 情形中那样估计 c_i 的无条件均值和方差。如果我们想允许 $\mathrm{D}(c_i\mid\mathbf{x}_i)$ 依赖于 $\bar{\mathbf{x}}_i$，但不想使用随机效应 logit 为基础模型，那么我们可以采取扩展了标准 PA 模型的策略。也就是说，我们仅设定

$$\mathrm{P}(y_{it}=1\mid\mathbf{x}_i)=\Lambda(\psi_a+\mathbf{x}_{it}\boldsymbol{\beta}_a+\bar{\mathbf{x}}_i\boldsymbol{\xi}_a),\quad t=1,\cdots,T \tag{15.80}$$

其中我们使用下标“a”表示一个新的参数集（再一次，为了与 probit 的情形进行一个类比）。给定方程（15.80），我们可以通过混合 logit 或 GEE 来估计参数，然后获得 APE，并对给定的 $\mathbf{x}_t$ 计算 ASF：$N^{-1}\sum_{i=1}^{N}\Lambda(\hat{\psi}_a+\mathbf{x}_t\hat{\boldsymbol{\beta}}_a+\bar{\mathbf{x}}_i\hat{\boldsymbol{\xi}}_a)$。虽然方程（15.80）不能从（15.77）中推导出来，但它可能会对 APE 提供一个很好的近似。

设定方程（15.77）以代替（15.66）的真正优势在于，在 logit 设定下，我们可以获得 $\boldsymbol{\beta}$ 的一个 $\sqrt{N}$ 一致的、渐近正态估计量，而无须关于 $\mathrm{D}(c_i\mid\mathbf{x}_i)$ 的任何假设，当然，只要 $\mathbf{x}_{it}$ 的每个元素是随时间变化的。除了假设（15.77）外，我们还维持了严格外生性假设（15.65）以及条件独立性假设（15.67）。

在不可观测效应 logit 模型中，我们怎样才能允许 c_i 和 $\mathbf{x}_i$ 是任意相关的？在线性情形中我们使用 FE 或 FD 变换从估计方程中消掉 c_i。结果表明在 logit 模型中也使用一个相同的策略，尽管有关论述更加微妙。我们要做的是找到以 $\mathbf{x}_i$，c_i 以及 $n_i\equiv\sum_{t=1}^{T}y_{it}$ 为条件的 $\mathbf{y}_i\equiv(y_{i1},\cdots,y_{iT})'$ 的联合分布。其结果是，该条件分布不依赖于 c_i，因此，它也是给定 $\mathbf{x}_i$，n_i 时 $\mathbf{y}_i$ 的分布。因此，我们可以使用标准的 CMLE 方法来估计 $\boldsymbol{\beta}$（我们可以找到一个不依赖 c_i 的条件分布，这个事实是 logit 函数形式的一个特征。遗憾的是，同样的论述不适用于不可观测效应的 probit 模型）。

首先，考察 $T=2$ 的情形，其中 n_i 在 $\{0,1,2\}$ 中取值。从直观上讲，当 $n_i=0$ 或 $n_i=2$ 时，给定 n_i 时 $(y_{i1},y_{i2})'$ 的条件分布对于 $\boldsymbol{\beta}$ 而言不能提供什么有用的信息，因为这些值完全能够决定 $\mathbf{y}_i$ 的结果。然而，对于 $n_i=1$ 而言，

$$\begin{aligned}\mathrm{P}(y_{i2}=1|\mathbf{x}_i,c_i,n_i=1)&=\mathrm{P}(y_{i2}=1,n_i=1|\mathbf{x}_i,c_i)/\mathrm{P}(n_i=1|\mathbf{x}_i,c_i)\\&=\mathrm{P}(y_{i2}=1|\mathbf{x}_i,c_i)\mathrm{P}(y_{i1}=0|\mathbf{x}_i,c_i)/\{\mathrm{P}(y_{i1}=0,y_{i2}\\&\quad=1|\mathbf{x}_i,c_i)+\mathrm{P}(y_{i1}=1,y_{i2}=0|\mathbf{x}_i,c_i)\}\\&=\Lambda(\mathbf{x}_{i2}\boldsymbol{\beta}+c_i)[1-\Lambda(\mathbf{x}_{i1}\boldsymbol{\beta}+c_i)]/\{[1-\Lambda(\mathbf{x}_{i1}\boldsymbol{\beta}\\&\quad+c_i)]\Lambda(\mathbf{x}_{i2}\boldsymbol{\beta}+c_i)+\Lambda(\mathbf{x}_{i1}\boldsymbol{\beta}+c_i)[1-\Lambda(\mathbf{x}_{i2}\boldsymbol{\beta}+c_i)]\}\\&=\Lambda[(\mathbf{x}_{i2}-\mathbf{x}_{i1})\boldsymbol{\beta}]\end{aligned}$$

类似地，$\mathrm{P}(y_{i1}=1|\mathbf{x}_i,c_i,n_i=1)=\Lambda[-(\mathbf{x}_{i2}-\mathbf{x}_{i1})\boldsymbol{\beta}]=1-\Lambda[(\mathbf{x}_{i2}-\mathbf{x}_{i1})\boldsymbol{\beta}]$。关于观测值 i 的条件对数似然是

$$\ell_i(\boldsymbol{\beta})=1[n_i=1][w_i\log\Lambda(\mathbf{x}_{i2}-\mathbf{x}_{i1})\boldsymbol{\beta}]+(1-w_i)\log\{1-\Lambda[(\mathbf{x}_{i2}-\mathbf{x}_{i1})\boldsymbol{\beta}]\}) \tag{15.81}$$

其中如果 $(y_{i1}=0,y_{i2}=1)$，则 $w_i=1$，而如果 $(y_{i1}=1,y_{i2}=0)$，则 $w_i=0$。对不同的 i 求 $\ell_i(\boldsymbol{\beta})$ 之和的最大值可以获得条件 MLE。指示符函数$1[n_i=1]$ 可选出那些使 $n_i=1$ 的观测值；正如前面所述，那些 $n_i=0$ 或 $n_i=2$ 的观测值对于对数函数似然并没有贡献。有意思的是，式（15.81）正是利用那些关于 $n_i=1$ 观测值的 w_i 对 $(\mathbf{x}_{i2}-\mathbf{x}_{i1})$ 的标准横截面 logit。（这一方法类似于 $T=2$ 时线性情形的差分。）

出自式（15.81）的条件 MLE 经常被称为**固定效应 logit 估计量**（fixed effects logit estimator），有时也被称为**条件 logit 估计量**（conditional logit estimator）。我们必须强调，固定效应 logit 估计量并不能通过把 c_i 与 $\boldsymbol{\beta}$ 处理成待估参数而产生。（这个事实令人混淆，因为固定效应 logit 估计量的确可以估计 c_i 与 $\boldsymbol{\beta}$。）正如阿布鲁瓦亚（Abrevaya，1997）最近所证明的，通过对 $\boldsymbol{\beta}$ 的对数似然进行最大化可获得 $\boldsymbol{\beta}$ 的 MLE，且 c_i 具有概率极限 $2\boldsymbol{\beta}$。（这个发现可以拓展到一个归功于安德森（Andersen，1970）的简单例子上；也可参阅萧政（Hsiao，1986，第 7.3 节）。）

有时候，条件 MLE 被描述成“以样本中不可观测效应为条件的”。这种描述会使人误解。我们所做的是，找到一种只依赖于可观测数据以及参数 $\boldsymbol{\beta}$ 的条

件密度——它刻画了满足 $\boldsymbol{n}_i=1$ 的子总体。人们不应当将精力花费在担心会损失 $y_{i1}=y_{i2}$ 的那些观测值上。因为 $\mathrm{D}(c_i \mid \mathbf{x}_i)$ 是无约束的，c_i 可以自由变动以满足使 $\mathrm{P}(y_{it}=1 \mid \mathbf{x}_{it}, c_i)$ 任意接近 1（如果 $y_{it}=1$，$t=1$，2）或者任意接近 0（如果 $y_{it}=0$，$t=1$，2）。当 y_{it} 不跨 t 而改变，c_i 可以进行调整以使得两个可观测的结果都肯定会发生。很清楚，这类数据点对于估计 β 来说不包含什么信息，因此它们应当从估计中去掉。

对于一般的 T，对数似然就更复杂了，但它却是易处理的。首先，

$$\begin{aligned}&\mathrm{P}(y_{i1}=y_1,\cdots,y_{iT}=y_T \mid \mathbf{x}_i,c_i,n_i=n)\\&=\mathrm{P}(y_{i1}=y_1,\cdots,y_{iT}=y_T \mid \mathbf{x}_i,c_i)/\mathrm{P}(n_i=n \mid \mathbf{x}_i,c_i)\end{aligned} \tag{15.82}$$

同时，由条件独立性假设，分子因素为 $\mathrm{P}(y_{i1}=y_1 \mid \mathbf{x}_i,c_i)\cdots\mathrm{P}(y_{iT}=y_T \mid \mathbf{x}_i,c_i)$。分母是一个复杂的部分，但是它很容易刻画：$\mathrm{P}(n_i=n \mid \mathbf{x}_i,c_i)$ 是使得 $n_i=n$ 的 $\mathbf{y}_i$ 所有可能结果的概率之和。一旦利用 logit 函数的特定形式，我们可以写成

$$\ell_i(\boldsymbol{\beta})=\log\left\{\exp\left(\sum_{t=1}^{T}y_{it}\mathbf{x}_{it}\boldsymbol{\beta}\right)\left[\sum_{\mathbf{a}\in R_i}\exp\left(\sum_{t=1}^{T}a_t\mathbf{x}_{it}\boldsymbol{\beta}\right)\right]^{-1}\right\} \tag{15.83}$$

其中 R_i 是 $\mathbb{R}^T$ 的被定义成 $\{\mathbf{a}\in\mathbb{R}^T: a_t\in\{0,1\}$ 且 $\sum_{t=1}^{T}a_t=n_i\}$ 的子集。对不同的 i 求和的对数似然可用于获得 $\boldsymbol{\beta}$ 的 $\sqrt{N}$ 渐近正态估计量，而且所有推断可以由条件 MLE 理论推得。使公式（15.82）为 0 或 1 的一些观测值——因此，它们不依赖于 $\boldsymbol{\beta}$——从 $\mathscr{L}(\boldsymbol{\beta})$ 剔除出来（drop out of $\mathscr{L}(\boldsymbol{\beta})$）。参阅张伯伦（Chamberlain，1984）。

固定效应 logit 估计量 $\hat{\boldsymbol{\beta}}$ 立刻提供给我们 $\mathbf{x}_t$ 的每一个元素关于**对数发生比**（log-odds ratio）$\log\{\Lambda(\mathbf{x}_t\boldsymbol{\beta}+c)/[1-\Lambda(\mathbf{x}_t\boldsymbol{\beta}+c)]\}=\mathbf{x}_t\boldsymbol{\beta}+c$ 的效应。遗憾的是，我们不能估计对响应概率的偏效应，除非我们为 c 插入一个值。由于 c_i 分布是无约束的——特别是，$\mathrm{E}(c_i)$ 不必为 0——所以很难知道为 c 插入什么值。此外，我们不能估计平均偏效应，因为那样做需要求出 $\mathrm{E}[\Lambda(\mathbf{x}_t\boldsymbol{\beta}+c_i)]$，显然这是需要设定关于 c_i 分布的一项任务。

条件 logit 方法同样有缺陷，即为了一致性而明显需要条件独立假设（15.67）。正如我们在 15.8.2 节所看到的，如果我们愿意做出正态性假设（15.73），那么 probit 方法允许 y_{it} 中出现无约束的序列相关性，甚至在以 $\mathbf{x}_i$ 与 c_i 为条件之后。当有几个时间段数据均可以利用时，这种可能性尤其重要。

既然我们已经涵盖了关于带有严格外生解释变量的不可观测效应模型的所有主要估计方法，我们就可以提供一个例子来比较不同的方法了。我们使用来自蔡和希斯洛普（Chay and Hyslop，2001）的一个关于已婚妇女劳动力参与的面板数据集。

例子 15.5（妇女劳动力参与的面板数据模型） 数据集 LFP. RAW 包含了 $N=5\,663$ 名已婚妇女在 $T=5$ 期内的数据，其中时间段间隔为 4 个月。响应变量是 lfp_{it}，这是一个劳动力参与指示符。关键解释变量是 $kids_{it}$（18 岁以下孩子数）和 $lhinc_{it}=\log(hinc_{it})$（其中丈夫的收入 $hinc_{it}$ 以每月美元数表示，并对

所有的 i 和 t 都为正)。我们还包括了非时变的变量 *educ*（在第一个时间段的在校教育年限），*black*（一个二值种族指示符），*age*（在第一个时间段的年龄），以及 age^2；在线性固定效应以及固定效应 *logit* 估计中，这些是被去掉的。

表 15.3 的发现揭示了一种一致的模式：允许不可观测异质性与 $kids_{it}$ 及 $lhinc_{it}$ 相关，对估计的平均偏效应有重要影响。用固定效应估计线性概率模型给出 $kids_{it}$ 与 $lhinc_{it}$ 变量上的估计系数分别大致为－0.039 和－0.009，且 $lhinc_{it}$ 的系数在边际意义上统计显著。估计每个孩子减少劳动力参与概率约 0.039，而一位丈夫收入的一个 10%的增加对妇女劳动力参与概率的降低只有 0.000 9。如果我们使用 probit 并假设 c_i 独立于 $\mathbf{x}_i$，则 APE 要高得多，尤其是关于收入变量，它是 LPM 系数的近 10 倍。这种差异会不会是由于不同的函数形式造成的？第（3）列清楚表明，第（1）和（2）列之间在平均偏效应上的区别是由于在第（2）列上施加了约束：c_i 独立于 $\mathbf{x}_i$。当我们使用张伯伦-芒德拉克方法并使用混合 probit 时，我们就获得了与 LPM 估计非常相似的 APE。事实上，到小数点后四位，$kids_{it}$ 上的 APE 估计是相同的。另外，我们可以直接看到时间均值上的系数是统计显著的且实际上非常大；每个都比时变变量上的对应系数大得多。

表 15.3　　已婚妇女劳动力参与的面板数据模型

模型	(1) 线性	(2) probit		(3) 张伯伦 RE probit		(4) 张伯伦 RE probit		(5) FE logit
估计方法	固定效应	混合 MLE		混合 MLE		MLE		MLE
	系数	系数	APE	系数	APE	系数	APE	系数
kids	−0.038 9	−0.199	−0.066 0	−0.117	−0.038 9	−0.317	−0.040 3	−0.644
	(0.009 2)	(0.015)	(0.004 8)	(0.027)	(0.008 5)	(0.062)	(*)	(0.125)
lhinc	−0.008 9	−0.211	−0.070 1	−0.029	−0.009 5	−0.078	−0.009 9	−0.184
	(0.004 6)	(0.024)	(0.007 9)	(0.014)	(0.004 8)	(0.041)	(*)	(0.083)
$\overline{kids}$	—	—	—	−0.086	—	−0.210	—	—
	—	—	—	(0.031)	—	(0.071)	—	—
$\overline{lhinc}$	—	—	—	−0.086	—	−0.646	—	—
	—	—	—	(0.031)	—	(0.079)	—	—
$(1+\hat{\sigma}_a^2)^{-1/2}$	—	—		—		0.387		—
对数似然数	—	−16 556.67		−16 516.44		−8 990.09		−2 003.42
妇女数量	5 663	5 663		5 663		5 663		1 055

标准误放在所有系数或 APE 下面的括号内。对于线性模型、混合 probit，以及用混合 MLE 估计的张伯伦随机效应 probit 而言，标准误对任意序列相关是稳健的。

所有模型都包括一整套时间段哑变量（未报告）。

第（2）、（3）、（4）列还包括非时变变量 *educ*，*black*，*age*，以及 age^2（未报告）。

由于受禁止的计算次数影响，对于用 MLE 估计的随机效应 probit 的 APE 未计算自助法标准误。

使用完全 MLE 而不是 PMLE 估计张伯伦的模型不改变任何结论。当我们在 MLE 系数上乘以缩放因子 0.387 时，其结果与混合 MLE 系数非常相似

（$kids_{it}$的系数为－0.122 7 而 $lhinc_{it}$的系数为－0.030）。此外，对于混合估计而言，APE 估计是非常相似的；有趣的是，平均偏效应的自助法标准误实际上有些高于混合 probit 估计的自助法标准误。

最后，第（5）列包含了来自固定效应 logit 的估计。正如我们讨论过的，系数绝对值是难以解释的。但其相对大小为 0.644/0.184＝3.50，这并没有很大地不同于比如说，使用张伯伦模型的混合 MLE 估计得到的系数比率，0.117/0.029＝4.03。但是，如果我们不控制住时间平均值，则估计的比率是大为不同的，即 0.199/0.211＝0.94。因为张伯伦方法产生了 APE，且在第（3）列中的估计考虑了任意序列相依性，依靠这些估计似乎是明智的（当然，假定我们相信 $kids_{it}$和 $lhinc_{it}$是以 c_i 为条件而严格外生的）。

因为我们已经介绍了在二值响应带有不可观测效应的背景下建模和估计的几种不同的可能性，对每种方法的优势和弱点进行简单总结是有帮助的。表 15.4 包括了这样一个总结。可通过对五个问题的回答来评估每种方法：（1）响应概率包含在单元区间内吗？（2）给定协变量时，异质性的分布有没有受到约束？（3）在解释了 c_i 后，还允许序列相依性吗？（4）平均异质性处的偏效应得到了识别吗？（5）APE 得到了识别吗？

表 15.4 揭示了一个简单但重要且容易被遗漏的观点：没有哪个程序严格占优于其他程序。当决定用一个方法还是多个方法时，人们需要确定各因素可能有多重要。对于某些特征而言，这是很容易的。例如，我们希望知道，获得一致的参数估计是否足以达到我们的目的，或者我们是否想要估计影响程度。遗憾的是，要决定那些本质上属于经验性质的问题是很难的，诸如对 $P(y_{it}=1 \mid \mathbf{x}_{it}, c_i)$ 和 $D(c_i \mid \mathbf{x}_i)$ 的函数形式约束有多重要。

表 15.4　　关于不可观测效应二值响应模型的模型与估计方法的特征总结

模型，估计方法	$P(y_{it}=1 \mid \mathbf{x}_{it}, c_i)$ 被限制在（0，1）内吗？	$D(c_i \mid \mathbf{x}_i)$ 受约束吗？	存在特质性序列相依性吗？	求 $E(c_i)$ 的偏效应吗？	求平均偏效应吗？
RE probit MLE	是	是（独立，正态）	否	是	是
RE probit，混合 MLE	是	是（独立，正态）	是	否	是
RE probit，GEE	是	是（独立，正态）	是	否	是
张伯伦 RE probit，MLE	是	是（线性均值，正态）	否	是	是
张伯伦 RE probit，混合 MLE	是	是（线性均值，正态）	是	否	是
张伯伦 RE probit，GEE	是	是（线性均值，正态）	是	否	是
LPM，组间	否	否	是	是	是
固定效应 logit，MLE	是	否	否	否	否

15.8.4　动态不可观测效应模型

在检验理论与评估政策时，也包含不可观测效应的动态模型是重要的。这里，我们研究一类可以解释一般动态模型要点且对其自身特性有相当的关注的模型。我们的处理遵从伍德里奇（Wooldridge，2005b）。

假定我们以 $t=0$ 开始记录我们的观测值时间，所以 y_{i0} 表示 y 的第一个观测值。对于 $t=1$，…，T，我们对动态的不可观测效应模型

$$P(y_{it}=1|y_{i,t-1},\cdots,y_{i0},\mathbf{z}_i,c_i)=G(\mathbf{z}_{it}\boldsymbol{\delta}+\rho y_{i,t-1}+c_i) \tag{15.84}$$

感兴趣，其中 $\mathbf{z}_{it}$ 表示同期解释变量向量，$\mathbf{z}_i=(\mathbf{z}_{i1},\cdots,\mathbf{z}_{iT})$，而 G 可以表示 probit 或 logit 函数。此模型存在几个要点。首先，$\mathbf{z}_{it}$ 被假定成满足（以 c_i 为条件的）严格外生性假设，这是因为 $\mathbf{z}_i$ 出现在式（15.84）左边的条件集合中，但只有 $\mathbf{z}_{it}$ 出现于右边。其次，在时间 t 的成功概率被允许依赖于 $t-1$ 时的结果以及不可观测异质性 c_i。在 11.6.2 节中，我们已经看到其线性形式。值得特别关注的内容是假设 $H_0:\rho=0$。在这个零假设下，一旦 c_i（与 $\mathbf{z}_i$）得以控制，在时间 t 的响应概率不依赖于过去的结果。即便 $\rho=0$，由于 c_i 的存在而 $P(y_{it}=1|y_{i,t-1},\mathbf{z}_i)\neq P(y_{it}=1|\mathbf{z}_i)$。但是，在不可观测异质性 c_i 得以控制后，经济学家对是否存在**状态依赖**（state dependence，又称为状态相依性）感兴趣——也就是，式（15.84）中 $\rho\neq 0$。

我们还对 $\mathbf{z}_t$ 的效应感兴趣，因为它可能包含政策变量。于是，式（15.84）直接捕获了下述事实：除了不可观测效应之外，行为可能依赖于过去所观测到的行为。

除了估计诸如平均偏效应的数量之外，我们如何估计式（15.84）中的 $\boldsymbol{\delta}$ 与 ρ 呢？首先，我们总是可以写成

$$\begin{aligned} f(y_1,y_2,\cdots,y_T \mid y_0,\mathbf{z},c;\boldsymbol{\beta}) &= \prod_{t=1}^{T} f(y_t \mid y_{t-1},\cdots,y_1,y_0,\mathbf{z}_t,c;\boldsymbol{\beta}) \\ &= \prod_{t=1}^{T} G(\mathbf{z}_t\boldsymbol{\delta}+\rho y_{t-1}+c)^{y_t}[1-G(\mathbf{z}_t\boldsymbol{\delta} \\ &\quad +\rho y_{t-1}+c)]^{1-y_t} \end{aligned} \tag{15.85}$$

根据固定 T 的渐近特性，且由于有不可观测效应 c，这个密度不允许我们去构造一个可用于一致地估计 $\boldsymbol{\beta}$ 的对数似然函数。正像含有严格外生性解释变量的情形，把 c_i 处理成待估参数并不会导致当 $N\to\infty$ 时，$\boldsymbol{\delta}$ 与 ρ 的一致估计量。事实上，赫克曼（Heckman，1981）通过模拟证明，在动态模型中，从属参数问题甚至更为严重。我们所应该做的工作是，积分去掉不可观测效应 c，如同我们在 13.9.2 节中曾做过一般性讨论的。

我们需要从分布中通过积分去掉 c，这会导致我们如何处理初始观测值 y_{i0} 的问题，这通常称为**初始条件问题**（initial conditions problem）。一种可能性是，对于每一个 i 而言，把每个 y_{i0} 处理成非随机的开始位置。于是，如果假定 c_i 与 $\mathbf{z}_i$ 是独立的（如同在纯随机效应环境中），那么为了得到给定 $\mathbf{z}$ 时 $(y_1,y_2,\cdots,y_T)$ 的密度，式（15.85）要对 c 的密度进行积分；此密度同样通过 $f(y_1 \mid y_0,c,\mathbf{z}_1;\boldsymbol{\beta})$ 依赖于 y_0。然后，我们应用条件 MLE。尽管把 y_{i0} 处理成非随机的可以简化估计，但这样做却不会令人满意，因为它实际上意味着 c_i 与 y_{i0} 是独立

的，这是一个非常强的假设。

在文献中看起来有些令人困惑的是什么时候将 y_{io} 处理成固定的，且因此与 c_i 独立的做法看上去是合理的。一些人已经证明了，当人们观测一个过程从其起始位置生成 y_{it} 时该假设的正当性。就像要是我们能跟踪一代未继续接受额外教育的高中毕业生的就业历史，且令 y_{io} 是在毕业后初期的一个就业指示符，那么上述情形就会发生。假设 y_{io} 与 c_i 相互独立有道理吗？几乎肯定没有。因为 c_i 包含了能在 $t\geqslant 1$ 时间段内影响 y_{it} 的不可观测属性，几乎可以肯定的是一位个体的初始就业状态与 c_i 相关。在本例及大多数其他例子中，将 y_{io} 处理成与 c_i 独立是有风险的，不管面板数据底下的过程事实上何时开始。

另外一种可能性是，首先设定给定（$\mathbf{z}_i,c_i$）时关于 y_{i0} 的密度，并且用式(15.85）乘以此密度来获得 $f(y_0,y_1,y_2,\cdots,y_T\mid \mathbf{z},c;\boldsymbol{\beta},\gamma)$。其次，可以设定给定 $\mathbf{z}_i$ 时关于 c_i 的密度。最后，对 $f(y_0,y_1,y_2,\cdots,y_T\mid \mathbf{z},c;\boldsymbol{\beta},\gamma)$ 在密度 $h(c\mid \mathbf{z};\alpha)$ 下积分来获得给定 $\mathbf{z}_i$ 时（$y_{i0},y_{i1},y_{i2},\cdots,y_{iT}$）的密度。然后，这个密度能够用于 MLE 分析中。与此方法相联系的问题是，如果并非不可能的话，即使过程被假定成处于均衡状态，求出给定（$\mathbf{z}_i,c_i$）时 y_{i0} 的密度是非常困难的。就所讨论内容而言，可参阅萧政（Hsiao，1986，第 7.4 节）。

赫克曼（Heckman，1981）建议，对给定（$\mathbf{z}_i,c_i$）时 y_{i0} 的条件密度进行逼近，然后设定给定 $\mathbf{z}_i$ 时关于 c_i 的密度。例如，我们可以假定，y_{i0} 遵从含有成功概率为 $\Phi(\eta+\mathbf{z}_i\boldsymbol{\pi}+\gamma c_i)$ 的 probit 模型，并设定给定 $\mathbf{z}_i$ 时 c_i 的密度为正态分布的。一旦这两个密度已知，就可用式（15.85）乘以它们，而且可通过求积分去掉 c 来近似算出给定 $\mathbf{z}_i$ 时（$y_{i0},y_{i1},y_{i2},\cdots,y_{iT}$）的密度，参阅萧政（Hsiao，2003，第 7.5 节）或伍德里奇（Wooldridge，2005b）。

赫克曼（Heckman，1981）的方法企图求出或逼近给定 $\mathbf{z}_i$ 时（$y_{i0},y_{i1},y_{i2},\cdots,y_{iT}$）的联合分布。在 13.9.2 节中，我们曾讨论过一种可选择的方法：求出以（$y_{i0},\mathbf{z}_i$）为条件的（$y_{i1},y_{i2},\cdots,y_{iT}$）的联合分布。这允许我们保持关于给定（$\mathbf{z}_i,c_i$）时 y_{i0} 密度的不可知状态，它是赫克曼方法困难的主要来源。如果我们能求出以 $\boldsymbol{\beta}$ 与其他参数表示的给定（$y_{i0},\mathbf{z}_i$）时（$y_{i1},y_{i2},\cdots,y_{iT}$）的密度，那么我们就可以使用标准条件极大似然方法：我们除了 $\mathbf{z}_i$ 之外直接以 y_{i0} 为条件。重要的是要了解，利用给定（$y_{i0},\mathbf{z}_i$）时（$y_{i1},y_{i2},\cdots,y_{iT}$）的密度与把 y_{i0} 处理成非随机的情形并不相同。实际上，含有给定 $\mathbf{z}_i$ 时 c_i 与 y_{i0} 为独立的模型是一种特殊情形。

为了获得 $f(y_1,y_2,\cdots,y_T\mid y_{i0},\mathbf{z}_i)$，我们需要提出给定（$y_{i0},\mathbf{z}_i$）时关于 c_i 的密度。这个方法非常像张伯伦（Chamberlain，1980）的含有不可观测效应的静态 probit 模型方法，只是我们现在还是以 y_{i0} 为条件的。[由于给定 $\mathbf{z}_i$ 时 c_i 的密度并不受设定（15.85）约束，所以从逻辑上讲我们对给定（$y_{i0},\mathbf{z}_i$）时 c_i 密度的选择没有受到任何限制。] 给定密度 $h(c\mid y_0,\mathbf{z};\gamma)$，它依赖于参数向量 γ，我们有

$$f(y_1,y_2,\cdots,y_T\mid y_0,\mathbf{z},\boldsymbol{\theta})=\int_{-\infty}^{\infty}f(y_1,y_2,\cdots,y_T\mid y_0,\mathbf{z},c;\boldsymbol{\beta})$$

$$h(c \mid y_0, \mathbf{z}; \gamma)\mathrm{d}c$$

参阅第 13 章性质 CD. 2。如果 c 的分布为离散的，那么积分就能够用加权平均来替代。当模型（15.84）中的 $G=\mathbf{\Phi}$ 时——这是主要的情形——对 $h(c \mid y_0, \mathbf{z}; \gamma)$ 的一个非常方便的选择是 $\text{Normal}(\psi+\xi_0 y_{i0}+\mathbf{z}_i\xi, \sigma_a^2)$，它是通过写出 $c_i=\psi+\xi_0 y_{i0}+\mathbf{z}_i\xi+a_i$ 的结果，其中 $a_i \sim \text{Normal}(0, \sigma_a^2)$ 且与 $(y_{i0}, \mathbf{z}_i)$ 是独立的。于是，我们可写出

$$y_{it}=1[\psi+\mathbf{z}_{it}\boldsymbol{\delta}+\rho y_{i,t-1}+\xi_0 y_{i0}+\mathbf{z}_i\xi+a_i+e_{it}>0]$$

使得给定 $(y_{i,t-1}, \cdots, y_{i0}, \mathbf{z}_i, a_i)$ 时 y_{it} 遵从一个 probit 模型，而且给定 $(y_{i0}, \mathbf{z}_i)$ 时 a_i 分布为 $\text{Normal}(0, \sigma_a^2)$。因此，给定 $(y_{i0}, \mathbf{z}_i)$ 时 $(y_{i1}, \cdots, y_{iT})$ 的密度确实具有式（15.70）的形式，其中 $\mathbf{x}_{it}=(1, \mathbf{z}_{it}, y_{i,t-1}, y_{i0}, \mathbf{z}_i)$ 并且分别用 a 与 σ_a 代替 c 与 σ_c。这个结果方便地意味着，我们可以使用标准 RE probit 软件来估计 ψ，$\boldsymbol{\delta}$，ρ，ξ_0，ξ 以及 σ_a^2：我们仅仅扩展解释变量目录，以至在每一个时间段上包括 y_{i0} 与 $\mathbf{z}_i$。（把 y_{i0} 与 $\mathbf{z}_i$ 处理成固定的方法，在每一个时间段中都遗漏了 y_{i0} 与 $\mathbf{z}_i$。）对 $\text{H}_0: \rho=0$ 进行检验是简单的，这意味着一旦我们控制了不可观测效应，就不存在状态依赖。

我们可以像在张伯伦的不可观测效应 probit 模型中那样用严格外生解释变量估计 APE，但现在我们通过求平均消掉初始条件，以及所有严格的外生变量的滞后与先行项。设 $\mathbf{z}_t$ 和 y_{t-1} 是解释变量的给定值。那么 ASF，$\text{E}[\mathbf{\Phi}(\mathbf{z}_t\boldsymbol{\delta}+\rho y_{t-1}+c_i)]=\text{E}[\mathbf{\Phi}(\psi_a+\mathbf{z}_t\boldsymbol{\delta}_a+\rho_a y_{t-1}+\xi_{a0} y_{i0}+\mathbf{z}_i\xi_a)]$，被一致估计为 $\widehat{\text{ASF}}(\mathbf{z}_t, y_{t-1})=N^{-1}\sum_{i=1}^{N}\mathbf{\Phi}(\hat{\psi}_a+\mathbf{z}_t\hat{\boldsymbol{\delta}}_a+\hat{\rho}_a y_{t-1}+\hat{\xi}_{a0} y_{i0}+\mathbf{z}_i\hat{\xi}_a)$，其中下标 a 表示原始系数已乘以 $(1+\hat{\sigma}_a^2)^{-1/2}$，而 $\hat{\psi}$，$\hat{\boldsymbol{\delta}}$，$\hat{\rho}$，$\hat{\xi}_0$，$\hat{\xi}$ 和 $\hat{\sigma}_a^2$ 是任何可估计随机效应 probit 模型的软件包将直接能报告出的 CMLE。我们可以求这种式子关于 $\mathbf{z}_t$ 的连续元素的导数，或求关于离散元素的差分。尤其值得注意的是，交替设置 $y_{t-1}=1$ 以及 $y_{t-1}=0$，得到当 y_{t-1} 从 0 变动到 1 时 $y_{it}=1$ 的概率变化。也许我们也可以求跨 $\mathbf{z}_{it}$ 的平均值。为了获得单个平均偏效应，我们也可以求跨所有时间段的平均值。关键在于我们跨 $(y_{i0}, \mathbf{z}_i)$ 求平均值以估计出 ASF，然后从中我们决定哪个偏效应是我们所关注的。伍德里奇（Wooldridge，2005b）包含了进一步讨论，而我们在下面的例子中计算滞后因变量的 APE。

在估计刚才所描述的动态模型时，重要的是要明白一个更简单的混合估计方法不能一致估计经缩放的参数或 APE。换句话说，我们不能简单地使用 y_{it} 对 $1, \mathbf{z}_{it}, y_{i,t-1}, y_{i0}, \mathbf{z}_i$ 的混合 probit。问题是，当 $\text{P}(y_{it}=1 \mid \mathbf{z}_i, y_{i,t-1}, \cdots, y_{i0}, a_i)=\mathbf{\Phi}(\psi+\mathbf{z}_{it}\boldsymbol{\delta}+\rho y_{i,t-1}+\xi_0 y_{i0}+\mathbf{z}_i\xi+a_i)$ 时，$\text{P}(y_{it}=1 \mid \mathbf{z}_i, y_{i,t-1}, \cdots, y_{i0})=\mathbf{\Phi}(\psi_a+\mathbf{z}_{it}\boldsymbol{\delta}_a+\rho_a y_{i,t-1}+\xi_{a0} y_{i0}+\mathbf{z}_i\xi_a)$ 是不正确的，除非 a_i 等于 0，这意味着 c_i 是 $(y_{i0}, \mathbf{z}_i)$ 的一个确定性线性函数。$y_{i,t-1}$ 和 a_i 之间的相关性意味着，$\text{P}(y_{it}=1 \mid \mathbf{z}_i, y_{i,t-1}, \cdots, y_{i0})$ 不遵循带有依赖于所关注缩放系数的指示符的 probit 模型。因此，我们应该使用 RE probit 方法，而不是混合 probit（如在 15.8.1 节中那样）。为了比较，我们可以估计没有不可观测效应 c_i 的动态模型，那么混合

probit 是适当的估计方法。

例 15.6（妇女的 LFP 动态方程） 我们现在使用 LFP. RAW 中的数据估计关于 $\mathrm{P}(lfp_{it}=1 \mid kids_{it}, lhinc_{it}, lfp_{i,t-1}, c_i)$ 的模型，其中劳动力参与的一个滞后项被假定为关于动态机制的充分条件，而 $\{(kids_{it}, lhinc_{it}): t=1,\cdots,T\}$ 被假定为是以 c_i 为条件严格外生的。此外，我们还包括了非时变变量 $educ$，$black$，age，age^2 和一整套时间段虚拟变量。（我们用五个时段开始，并在使用滞后项时损失了一个时间段。因此，我们用四年的数据估计模型。）我们在回归元中包括初始值，lfp_{i0}，$kids_{i1}$ 到 $kids_{i4}$，以及 $lhinc_{i1}$ 到 $lhinc_{i4}$。（要使符号与以前所开发的保持一致，我们在数据集内隐含地重新标记时间段。）通过随机效应 probit 估计模型，得到 $\hat{\rho}=1.541$（se=0.067），所以，甚至控制住不可观测异质性后，仍有状态依赖的有力证据。但要获得效应的大小，我们须计算 lfp_{t-1} 的 APE。计算涉及跨所有 t 和 i 求 $\mathbf{\Phi}(\hat{\psi}_a+z_{it}\hat{\boldsymbol{\delta}}_a+\hat{\rho}_a+\hat{\xi}_{a0}y_{i0}+\mathbf{z}_i\hat{\xi}_a)-\mathbf{\Phi}(\hat{\psi}_a+\mathbf{z}_{it}\hat{\boldsymbol{\delta}}_a+\hat{\xi}_{a0}y_{i0}+\mathbf{z}_i\hat{\xi}_a)$ 的平均值；我们必须确保用 $(1+\hat{\sigma}_a^2)^{-1/2}$ 去缩放原始系数，其中，在这个应用中，$\hat{\sigma}_a^2=1.103$。从这个方法中估计的平均偏效应大约是 0.260（用 500 次重复试验的面板自助法标准误为 0.026）。换句话说，对所有妇女和所有时段求平均值后，在时间 $t-1$ 加入劳动力大军的妇女在时间 t 也加入劳动力大军的概率，比在时间 $t-1$ 不加入劳动力大军而在时间 t 加入劳动力大军的概率要高大约 0.26。这一估计控制了不可观测异质性、幼儿数、丈夫的收入，以及妇女的教育、种族和年龄。

比较 APE 与忽略 c_i 的一个动态的 probit 模型估计是有益的。在这种情形中，我们只是使用 lfp_{it} 对 1，$kids_{it}$，$lhinc_{it}$，$lfp_{i,t-1}$，$educ_i$，$black_i$，age_i，以及 age_i^2 的混合 probit，并包括整套时间段虚拟变量。$lfp_{i,t-1}$ 上的系数是 2.876（se=0.027），这远比在动态随机效应 probit 模型中估计的要高。更重要的是，状态依赖的 APE 大约是 0.837（面板自助法 se=0.005），这远比当异质性被控制时要高。因此，在这个例子中，已婚妇女参与劳动的大多数持久性是由不可观测异质性解释的。也存在一些状态依赖，但其值比一个简单的动态 probit 所得出的要小得多。

如前所述，伍德里奇（Wooldridge，2000）提出了先前方法的一种拓展，以允许其他非严格外生解释变量出现在不可观测效应 probit 模型中。一般来说，如果 w_{it} 是一个序贯外生但不是严格外生的变量，我们对 $\mathrm{P}(y_{it}=1 \mid w_{it}, \mathbf{z}_{it}, y_{i,t-1}, c_{i1})$ 建立模型，并假设当我们包括 w_{it} 所有的滞后项、y_{it} 的进一步滞后项，以及严格外生变量 $\mathbf{z}_{it}$ 的整个历史时，仍然有相同的概率。（允许存在 w_{it} 的滞后值，只改变记号。）然后，我们添加一个 $\mathrm{D}(w_{it} \mid \mathbf{z}_{it}, w_{i,t-1}, y_{i,t-1}, c_{i2})$ 的密度模型，假设 w_{it} 和 y_{it} 的每一个滞后项都足以捕捉动态，$\mathbf{z}_{it}$ 在这种分布中也是严格外生的。给定 $(\mathbf{z}_i, w_{i,t-1}, \cdots, w_{i0}, y_{i,t-1}, \cdots, y_{i0}, \mathbf{c}_i)$ 时 (y_{it}, w_{it}) 的联合密度是 $f_{t1}(y_t \mid w_t, \mathbf{z}_{it}, y_{i,t-1}, c_{i1}) \cdot f_{i2}(w_t \mid \mathbf{z}_{it}, w_{i,t-1}, y_{i,t-1}, c_{i2}) \equiv g_t(y_t, w_t \mid \mathbf{z}_i, w_{i,t-1}, \cdots, w_{i0}, y_{i,t-1}, \cdots, y_{i0}, c_{i1}, c_{i2})$。将 $t=1$，…，T 的这些密度相乘，我们就获得给定 $(\mathbf{z}_i, y_{i0}, w_{i0}, \mathbf{c}_i)$ 时 $(y_{i1}, w_{i1}, \cdots, y_{iT}, w_{iT})$ 的密度。现在，像以前一样，如果我们设定 $\mathrm{D}(\mathbf{c}_i \mid \mathbf{z}_i, y_{i0}, w_{i0})$ 的一个密度，我们可以通过积分消掉 $\mathbf{c}_i$

获得 $D(\mathbf{y}_i, w_i \mid \mathbf{z}_i, y_{i0}, w_{i0})$ 的一个密度。我们可以构造估计两个条件密度中的参数与异质性分布中的参数的一个对数似然函数。如果我们真正允许存在两个异质性来源 $\mathbf{c}_i = (c_{i1}, c_{i2})$，特别是如果我们允许它们可以相关，那么问题将明显变得更难，但以初始条件（y_{i0}, w_{i0}）为条件就可以帮助简化估计。伍德里奇（Wooldridge，2000）提供了更多的细节，其中 w_{it} 是一个可能会对 y_{it} 的过去值中的变化做出反应的二值响应，从而导致它违反严格外生假设。

15.8.5 含异质性与内生解释变量的 probit 模型

以前的方法假定解释变量满足严格外生性假设或序贯外生性假设。我们也可以使用 probit 模型来解释不可观测异质性和同期内生性。我们聚焦于两种情形：(1) 内生解释变量有一个条件正态分布以及 (2) 内生解释变量遵循一个约简型 probit。这些约束的原因将变得更清楚，因为我们必须改造来自 15.7 节的方法。

我们可以把模型写成

$$y_{it1} = 1[\mathbf{z}_{it1}\boldsymbol{\delta}_1 + \alpha_1 y_{it2} + c_{i1} + u_{it1} \geq 0], \quad u_{it1} \mid \mathbf{z}_i, c_{i1} \sim \text{Normal}(0,1) \tag{15.86}$$

其中 y_{it1} 是二值响应，y_{it2} 是内生解释变量，c_{i1} 是不可观测异质性，$\{u_{it1}: t=1,\cdots,T\}$ 是特质性误差序列，以及 $\mathbf{z}_i = (\mathbf{z}_{i1}, \cdots, \mathbf{z}_{iT})$ 是（以 c_{i1} 为条件的）严格外生变量序列。请注意，u_{it1} 被假设为独立于 $(\mathbf{z}_i, c_{i1})$ 的。我们将希望在 $\mathbf{z}_{it}$ 中包括一整套时间段哑变量。

我们的重点将是平均偏效应估计。不管 y_{t2} 的性质如何，这些都很容易从 ASF 中获得。在时间 t，

$$\text{ASF}(\mathbf{z}_{t1}, y_{t2}) = \mathrm{E}_{c_{i1}}[\boldsymbol{\Phi}(\mathbf{z}_{t1}\boldsymbol{\delta}_1 + \alpha_1 y_{t2} + c_{i1})] \tag{15.87}$$

其中 $\mathrm{E}_{c_{i1}}(\cdot)$ 表示关于 c_{i1} 的分布的期望值。正如我们之前做的那样，我们为条件分布 $D(c_{i1} \mid \mathbf{z}_i)$ 设定一个模型，该分布仅以严格外生解释变量为条件。毫不意外地，一个正态分布是很便利的。

$$c_{i1} = \psi_1 + \bar{\mathbf{z}}_i \xi_1 + a_{i1}, \quad a_{i1} \mid \mathbf{z}_i \sim \text{Normal}(0, \sigma_{a1}^2) \tag{15.88}$$

其中 $\bar{\mathbf{z}}_i$ 包含所有严格外生变量（除了任何总时间效应诸如时间段哑变量以外）的时间平均值。特别是，如果在时间 t 我们有 $\mathbf{z}_{it} = (\mathbf{z}_{it1}, \mathbf{z}_{it2})$，那么 $\mathbf{z}_{it2}$ 的时间平均值也包括在方程（15.88）中。插入（15.86）并进行简单的代数运算给出

$$\begin{aligned} y_{it1} &= 1[\mathbf{z}_{it1}\boldsymbol{\delta}_1 + \alpha_1 y_{it2} + \psi_1 + \bar{\mathbf{z}}_i \xi_1 + a_{i1} + u_{it1} \geq 0] \\ &\equiv 1[\mathbf{z}_{it1}\boldsymbol{\delta}_{a1} + \alpha_{a1} y_{it2} + \psi_{a1} + \bar{\mathbf{z}}_i \xi_{a1} + e_{it1} \geq 0] \end{aligned} \tag{15.89}$$

其中 $e_{it1} \equiv (a_{i1} + u_{it1})/(1+\sigma_{a1}^2)^{1/2}$ 服从一个以 $\mathbf{z}_i$ 为条件的标准正态分布。在参数上，下标“a”表示除以 $(1+\sigma_{a1}^2)^{1/2}$，例如，$\boldsymbol{\delta}_{a1} \equiv \boldsymbol{\delta}_1/(1+\sigma_{a1}^2)^{1/2}$。现在可以得到平均结构函数

$$E_{(\bar{\mathbf{z}}_i, e_{it1})}\{1[\mathbf{z}_{t1}\boldsymbol{\delta}_{a1}+\alpha_{a1}y_{t2}+\psi_{a1}+\bar{\mathbf{z}}_i\xi_{a1}+e_{it1}\geqslant 0]\}$$
$$=E_{\bar{\mathbf{z}}_i}[\boldsymbol{\Phi}(\mathbf{z}_{t1}\boldsymbol{\delta}_{a1}+\alpha_{a1}y_{t2}+\psi_{a1}+\bar{\mathbf{z}}_i\xi_{a1})]$$

其中等式由迭代期望法则得出。其结果是，如果我们能估计缩放系数，就可通过求平均去掉 $\bar{\mathbf{z}}_i$ 而一致估计出平均偏效应。但这些缩放系数正是如果我们应用来自 15.7.2 节或 15.7.3 节的 MLE 方法之一时我们所估计的，并取决于 y_{it2} 是具有一个条件正态分布还是遵循一个 probit。在前一种情形下，我们可以将一个约简型写成

$$y_{it2}=\mathbf{z}_{it}\boldsymbol{\delta}_2+\psi_2+\bar{\mathbf{z}}_i\xi_2+v_{it2}, \quad v_{it2}\mid\mathbf{z}_i\sim \text{Normal}(0,\tau_2^2), t=1,\cdots,T \tag{15.90}$$

请注意，从估计方程（15.89）中遗漏掉的 y_{it2} 的工具是 $\mathbf{z}_{it2}$；$\bar{\mathbf{z}}_i$ 的所有元素都在方程（15.89）及约简型（15.90）中。然后，我们直接在方程（15.89）与（15.90）上使用混合极大似然估计，然后和我们以前所做的完全一样，再计算平均偏效应，也许对每个时间段都计算它们。（我们可以把这种方法称为**混合工具变量 probit**（pooled IV probit）。）自助法程序是一个获得适当标准误的简单（虽然计算上很昂贵的）方法。如果 y_{it2} 是二值的，我们用 $1[\mathbf{z}_{it}\boldsymbol{\delta}_2+\psi_2+\bar{\mathbf{z}}_i\xi_2+v_{it2}\geqslant 0]$ 代替（15.90）的右边，设定 $\tau_2^2=1$，并应用**混合二元 probit**（pooled bivariate probit）。

混合估计是非常方便的，因为任何可用于截面数据模型估计的常规做法都可用于面板数据，只要能计算出稳健的标准误和检验统计量以解释被忽略的时间相依性。解释了 a_{i1} 的存在而且假设 u_{it1} 是序列独立的一个完全 MLE 方法，在计算上将是远远更为集约的，而且对特质性误差中的序列相关将不会稳健。更重要的是，跨时的联合 MLE 将需要设定 $\{(e_{it1}, v_{it2}): t=1,\cdots,T\}$ 的联合分布，而并不仅仅是对于每个 t 的 (e_{it1}, v_{it2}) 的二元分布。假定跨 t 的独立性是不现实的，而允许一段时间内存在现实的相关性，计算上会很昂贵。

当 y_{it2} 连续时，也可使用一个控制函数法。使用类似于上述以及 15.7.2 节中的处理，我们可以写出

$$y_{it1}=1[\mathbf{z}_{it1}\boldsymbol{\delta}_{g1}+\alpha_{g1}y_{it2}+\theta_{g1}v_{it2}+\psi_{g1}+\bar{\mathbf{z}}_i\xi_{g1}+r_{it1}\geqslant 0]$$

其中系数已经被一个不同的方差缩放过，所以我们在参数上添加标示"g"恰好将它们与以前的缩放参数区分开来。现在，r_{it1} 独立于 $(\mathbf{z}_i, y_{it2}, v_{it2})$ 且服从标准正态分布。在获得作为来自约简型的混合 OLS 估计的残差 $\hat{v}_{it2}$ 后，我们使用 y_{it1} 对 z_{it1}，y_{it2}，$\hat{v}_{it2}$，1 和 $\bar{\mathbf{z}}_i$ 的混合 probit。对于零假设 y_{it2} 为同期内生的一个简单检验，可以通过 $H_0: \theta_{g1}=0$ 的一个 t 检验获得，只要我们使统计量对于任意序列相依性稳健，这个统计量就可以直接从混合 probit 中获得。

15.8.6 半参数方法

在解释变量的严格外生性下，可能在非常弱的假设下就能一致地估计出取决于缩放因子的 $\boldsymbol{\beta}$。曼斯基（Manski，1987）推导出，当模型（15.72）中 e_{i1}

与 e_{i2} 均是以（$\mathbf{x}_{i1}, \mathbf{x}_{i2}, c_i$）为条件独立同分布的且 $\mathbf{x}_{it}$ 是严格外生的时候，在 $T=2$ 情形中可识别取决于缩放因子的 $\boldsymbol{\beta}$ 的目标函数。该估计量是应用到差分 Δy_i 以及 $\Delta \mathbf{x}_i$ 的最大得分估计量。如同截面情形中一样，我们并不知道如何去估计平均响应概率。

奥诺雷和基里亚齐杜（Honoré and Kyriazidou，2000a）证明，含有滞后因变量以及严格外生解释变量，当没有做出关于不可观测效应分布假设时，在不可观测效应 logit 模型中如何去估计参数。遗憾的是，一致且渐近正态的估计量一般并不以通常的 $\sqrt{N}$ 速率收敛。此外，如同许多半参数方法一样，诸如时间虚拟变量的离散解释变量被剔除，而且不可能估计出平均偏效应。也可参阅阿雷拉诺和奥诺雷（Arellano and Honoré，2001）。

在以参数的方式设定 $\mathrm{D}(\mathbf{c}_i \mid \mathbf{x}_i)$ 和允许它完全无约束之间的一个中间地带，就是对 $\mathrm{D}(\mathbf{c}_i \mid \mathbf{x}_i)$ 施加实质性假设，但不做参数化的假设。作为奥尔顿吉和马茨金（Altonji and Matzkin，2005）的“可交换性”假设的一个特例，我们可以施加约束

$$\mathrm{D}(\mathbf{c}_i \mid \mathbf{x}_i) = \mathrm{D}(\mathbf{c}_i \mid \bar{\mathbf{x}}_i) \tag{15.91}$$

而无须设定 $\mathrm{D}(\mathbf{c}_i \mid \bar{\mathbf{x}}_i)$。为什么这个约束有用呢？考虑一个一般的设定，其仅有的约束是以异质性为条件的严格外生性：

$$\mathrm{P}(y_{it}=1 \mid \mathbf{x}_i, \mathbf{c}_i) = \mathrm{P}(y_{it}=1 \mid \mathbf{x}_{it}, \mathbf{c}_i) = G_t(\mathbf{x}_{it}, \mathbf{c}_i) \tag{15.92}$$

其中，G_t 是一个在（0,1）间取值的未知函数，并且，为了强调设定的一般性，我们设 $\mathbf{c}_i$ 是一个不可观测异质性的向量。我们允许对 G 添加下标 t 作为允许加总时间效应的一种一般的方式（类似于在一个线性模型、probit、logit 中包含不同的时间段哑变量）。t 时点上的平均结构函数（ASF）可以写成

$$\mathrm{ASF}_t(\mathbf{x}_t) = \mathrm{E}_{\mathbf{c}_i}[G_t(\mathbf{x}_t, \mathbf{c}_i)] = \mathrm{E}_{\bar{\mathbf{x}}_i}\{\mathrm{E}[G_t(\mathbf{x}_t, \mathbf{c}_i) \mid \bar{\mathbf{x}}_i]\} \equiv \mathrm{E}_{\bar{\mathbf{x}}_i}[R_t(\mathbf{x}_t, \bar{\mathbf{x}}_i)] \tag{15.93}$$

其中，$R_t(\mathbf{x}_t, \bar{\mathbf{x}}_i) \equiv \mathrm{E}[G_t(\mathbf{x}_t, \mathbf{c}_i) \mid \bar{\mathbf{x}}_i]$。其结果是，给定函数 $R_t(\cdot, \cdot)$ 的一个估计量 $\hat{R}_t(\cdot, \cdot)$，其平均结构函数可以估计为 $N^{-1}\sum_{i=1}^{N} \hat{R}_t(\mathbf{x}_t, \bar{\mathbf{x}}_i)$，那么，我们就可以关于 $\mathbf{x}_t$ 的元素求导数或计算微小增量。

我们怎样估计 $R_t(\cdot, \cdot)$ 呢？这就是假设（15.91）起作用的地方。如果我们把（15.91）和（15.92）结合起来，则有：

$$\begin{aligned}
\mathrm{E}(y_{it} \mid \mathbf{x}_i) &= \mathrm{E}[\mathrm{E}(y_{it} \mid \mathbf{x}_i, \mathbf{c}_i) \mid \mathbf{x}_i] = \mathrm{E}[G_t(\mathbf{x}_{it}, \mathbf{c}_i) \mid \mathbf{x}_i] \\
&= \int G_t(\mathbf{x}_{it}, \mathbf{c}) \mathrm{d}F(\mathbf{c} \mid \mathbf{x}_i) \\
&= \int G_t(\mathbf{x}_{it}, \mathbf{c}) \mathrm{d}F(\mathbf{c} \mid \bar{\mathbf{x}}_i) = R_t(\mathbf{x}_{it}, \bar{\mathbf{x}}_i)
\end{aligned}$$

其中 $F(\mathbf{c} \mid \mathbf{x}_i)$ 表示 $\mathrm{D}(\mathbf{c}_i \mid \mathbf{x}_i)$ 的累积分布函数（其可为一个离散、连续或者混合分布），第二个等号可以从（15.92）推导出来，第四个等号可以从

(15.91) 推导出来，而最后一个等号可以从 $R_t(\cdot,\cdot)$ 的定义得出。当然，因为 $\mathrm{E}(y_{it} \mid \mathbf{x}_i)$ 仅仅取决于 $(\mathbf{x}_{it},\bar{\mathbf{x}}_i)$，我们必须有 $\mathrm{E}(y_{it} \mid \mathbf{x}_{it},\bar{\mathbf{x}}_i)=R_t(\mathbf{x}_{it},\bar{\mathbf{x}}_i)$。进而，$\{\mathbf{x}_{it}: t=1,\cdots,T\}$ 被假定具有时变性，这样，即使在一种完全非参数的背景下，$\mathbf{x}_{it}$ 和 $\bar{\mathbf{x}}_i$ 也可以用作独立的回归元。

在本书中我们不会一般地处理非参数方法，但是之前的讨论提出了一些简单却灵活的参数方法。关键在于，在带有假设 (15.91) 的设定 (15.92) 下，我们就可以对 $\mathrm{P}(y_{it}=1 \mid \mathbf{x}_{it},\bar{\mathbf{x}}_i)$ 设定灵活的二值模型，使用 MLE 方法估计这些模型，然后求平均去掉 $\bar{\mathbf{x}}_i$ 以得到估计的平均偏效应。如果没有一个非常大的 N，或者如果 $\mathbf{x}_{it}$ 有许多元素，那么我们通过假设至少有一些参数跨 t 是不变的，也许会做得更经济一些。例如，一个灵活的 probit 模型是

$$\begin{aligned}&\mathrm{P}(y_{it}=1 \mid \mathbf{x}_{it},\bar{\mathbf{x}}_i)\\&=\boldsymbol{\Phi}[\theta_t+\mathbf{x}_{it}\boldsymbol{\beta}+\bar{\mathbf{x}}_i\gamma+(\bar{\mathbf{x}}_i\otimes\bar{\mathbf{x}}_i)\boldsymbol{\delta}+(\mathbf{x}_{it}\otimes\bar{\mathbf{x}}_i)\boldsymbol{\eta}],\quad t=1,\cdots,T\end{aligned} \tag{15.94}$$

其中，克罗内克积仅仅意味着我们包含了 $\bar{\mathbf{x}}_i$ 中的所有平方项与非冗余的交互项，以及 $\mathbf{x}_{it}$ 与 $\bar{\mathbf{x}}_i$ 中的交互项。通过 θ_t 可以考虑加总时间效应，而且我们可以用混合 probit、GEE 或者最小距离法来估计这个模型。用 logit 取代 probit 在估计的偏效应方面变化可能微乎其微。当有大的 N 时，人们可以使用取决于额外参数的累积分布函数。这里关键的一点是，根据 (15.91) 和 (15.92)，关注平均偏效应将把人们从不得不设定方程 (15.92) 中的具体函数形式中解放出来。由于无论如何我们都只能识别平均偏效应，与其从主体特有效应模型入手，我们不如也可以从关于 $\mathrm{P}(y_{it}=1 \mid \mathbf{x}_{it},\bar{\mathbf{x}}_i)$ 的模型开始。

我们可以做进一步讨论。例如，假设我们认为异质性 $\mathbf{c}_i$ 与协变量的特征相关而不仅仅与时间平均数相关。奥尔顿吉和马茨金 (Altonji and Matzkin, 2005) 允许方程 (15.91) 中的 $\bar{\mathbf{x}}_i$ 能被 $\{\mathbf{x}_{it}: t=1,\cdots,T\}$ 的其他函数 $\mathbf{w}_i$——诸如样本方差与协方差——所取代。这些都是 $\{\mathbf{x}_{it}: t=1,\cdots,T\}$ 的"可交换"函数的例子——那就是不管 $\mathbf{x}_{it}$ 的顺序如何排列，这些统计量的值都是相同的。不可交换的函数也可以用。例如，我们可以认为 $\mathbf{c}_i$ 与个体特有趋势相关，这样，我们获得了 $\mathbf{w}_i$ 作为来自 $\mathbf{x}_{it}$ 对 1、t 的单元特有回归的截距和斜率，其中 $t=1$，…，T (对于 $T\geqslant 3$)；如果我们有足够多的时间段，还可以从这种个体特有回归中添加误差方差。

奥尔顿吉和马茨金 (Altonji and Matzkin, 2005) 聚焦于他们所谓的**局部平均效应** (local average response, LAR)，将其与平均偏效应相对立。在 (15.92) 的设定下，对于一个连续变量 $\mathbf{x}_{tj}$ 在 $\mathbf{x}_t$ 的局部平均效应是

$$\int \frac{\partial G_t(\mathbf{x}_t,\mathbf{c})}{\partial x_{tj}}\mathrm{d}H_t(\mathbf{c} \mid \mathbf{x}_t) \tag{15.95}$$

其中，$H_t(\mathbf{c} \mid \mathbf{x}_t)$ 表示 $\mathrm{D}(\mathbf{c}_i \mid \mathbf{x}_{it}=\mathbf{x}_t)$ 的累积分布函数。这是一个"局部"偏效应，因为它通过求平均去掉了向量 $\mathbf{x}_t$ 给定的总体片段上的异质性。相比之下，平均偏效应可被称为一个"全局平均响应"，它在 $\mathbf{c}_i$ 的整个分布上求平均去掉异质性。

对于 $\mathbf{x}_i$ 的一个函数 $\mathbf{w}_i$，当 $\mathrm{D}(\mathbf{c}_i \mid \mathbf{x}_i)=\mathrm{D}(\mathbf{c}_i \mid \mathbf{w}_i)$ 时，奥尔顿吉和马茨金证明了可以以下面的形式得到局部平均响应：

$$\int \frac{\partial R_t(\mathbf{x}_t, \mathbf{w})}{\partial x_{tj}} \mathrm{d}K_t(\mathbf{w}|\mathbf{x}_t) \tag{15.96}$$

其中 $R(\mathbf{x}_t, \mathbf{w})=\mathrm{E}(y_{it} \mid \mathbf{x}_{it}=\mathbf{x}_t, \mathbf{w}_i=\mathbf{w})$，且 $K_t(\mathbf{w} \mid \mathbf{x}_t)$ 是 $\mathrm{D}(\mathbf{w}_i \mid \mathbf{x}_{it}=\mathbf{x}_t)$ 的累积分布函数。奥尔顿吉和马茨金展示了基于由“局部”平均所实践的 $\mathrm{E}(y_{it} \mid \mathbf{x}_{it}, \mathbf{w}_i)$ 的非参数估计，如何去估计局部平均响应，也就是，在观察值 i 上求 $\partial \hat{\mathrm{E}}(y_{it} \mid \mathbf{x}_{it}=\mathbf{x}_t, \mathbf{w}_i)/\partial x_{tj}$ 的平均值，并令 $\mathbf{x}_{it}$ “逼近” $\mathbf{x}_t$。在二值响应背景下，期望值仅仅就是 $\mathrm{P}(y_{it}=1 \mid \mathbf{x}_{it}, \mathbf{w}_t)$。当然，局部平均响应甚至可以用式（15.94）中那样的参数模型进行估计。对于一个连续的 x_{tj}，我们可以仅仅在观察值 i 上求 $\boldsymbol{\Phi}[\theta_t+\mathbf{x}_t\boldsymbol{\beta}+\bar{\mathbf{x}}_i\gamma+(\bar{\mathbf{x}}_i\otimes\bar{\mathbf{x}}_i)\boldsymbol{\delta}+(\mathbf{x}_t\otimes\bar{\mathbf{x}}_i)\boldsymbol{\eta}]$ 关于 x_{tj} 导数的平均，并令 $\mathbf{x}_{it}$ “逼近” $\mathbf{x}_t$。因为恰当地定义“接近性”的概念时需要小心一点，所以局部平均响应比平均偏效应更难估计，但是局部平均响应可能是更为相关的，因为它是就始于 $\mathbf{x}_t$ 的单元而言关于 x_{tj} 中一个外生变动的平均响应。要进一步讨论局部平均响应的识别和估计，可参考奥尔顿吉和马茨金（Altonji and Matzkin，2005）。

一种有趣的可能性是将布伦德尔和鲍威尔（Blundell and Powell，2004）对待内生性的方法与奥尔顿吉和马茨金（Altonji and Matzkin，2005）对待不可观测异质性的方法结合起来，从而得出 15.8.5 节方法的半参数版本。

习 题

15.1 假定 y 表示一个二值结果，而且 $d1$，$d2$，…，dM 表示穷尽且互不相交类型的虚拟变量；也就是，总体中的每一个人属于且仅属于一个类型。

a. 证明，源自

$$y_i \quad 对 \quad d1_i, d2_i, \cdots, dM_i, \quad i=1,2,\cdots,N$$

（没有截距的）回归的拟合值总是位于单位区间上。特别是，要仔细地描述每一个虚拟变量上的系数以及每一个 i 的拟合值。

b. 如果 y_i 对 M 个线性独立的 $d1_i$，…，dM_i 的线性组合，例如对 1，$d2_i$，$d3_i$，…，dM_i 进行回归，结果会怎样呢？

15.2 假定家庭 i 选择年度消费（以美元计算）c_i 及慈善捐赠（以美元计算）q_i，以求解下述问题：

$$\max_{c,q} c+a_i\log(1+q)$$
$$\text{s. t} \quad c+p_i q\leqslant m_i, \quad c,q\geqslant 0$$

其中 m_i 表示家庭 i 的收入，p_i 表示慈善捐赠 1 美元的价格——其中 $p_i<1$，因为慈善捐赠税收减免的缘故，并且这个价格会随着不同的家庭而不同，其原因

是各种边际税率以及不同州的税务代码都不一样——并且 $a_i \geqslant 0$ 决定了慈善捐赠的边际效用。在此问题中，对于家庭来说，取 m_i 与 p_i 为外生的。

a. 证明，如果 $a_i \leqslant p_i$，则最优解是 $q_i = 0$，而如果 $a_i > p_i$，则最优解是 $q_i = a_i / p_i - 1$。

b. 定义如果 $q_i > 0$，则 $y_i = 1$，而如果 $q_i = 0$，则 $y_i = 0$，并且假定 $a_i = \exp(\mathbf{z}_i \gamma + v_i)$，其中 $\mathbf{z}_i$ 表示可观测的家庭特性的 J 维向量，而 v_i 表示不可观测的家庭特性。假定 v_i 独立于 $(\mathbf{z}_i, m_i, p_i)$，且 v_i/σ 具有对称分布函数$G(\cdot)$，其中 $\sigma^2 = \mathrm{Var}(v_i)$。证明

$$\mathrm{P}(y_i = 1 | \mathbf{z}_i, m_i, p_i) = G[(\mathbf{z}_i \gamma - \log p_i)/\sigma]$$

从而，y_i 遵从一个指示符模型。

15.3　设 $\mathbf{z}_1$ 表示一些变量的一个向量，设 z_2 表示一个连续变量，并且设 d_1 表示一个虚拟变量。

a. 在模型

$$\mathrm{P}(y = 1 | \mathbf{z}_1, z_2) = \boldsymbol{\Phi}(\mathbf{z}_1 \boldsymbol{\delta}_1 + \gamma_1 z_2 + \gamma_2 z_2^2)$$

中，求出 z_2 对响应概率的偏效应。你如何估计这个偏效应呢？

b. 在模型

$$\mathrm{P}(y = 1 | \mathbf{z}_1, z_2, d_1) = \boldsymbol{\Phi}(\mathbf{z}_1 \boldsymbol{\delta}_1 + \gamma_1 z_2 + \gamma_2 d_1 + \gamma_3 z_2 d_1)$$

中，求出 z_2 的偏效应。你将如何测算 d_1 对响应概率的效应？你如何估计这些效应呢？

c. 阐述你是如何获得 a 与 b 部分中所估计的偏效应的标准误的。

15.4　评价下述陈述："线性概率模型的估计比 probit 模型或 logit 模型的估计更为稳健，因为 LPM 不用假定同方差性或者分布假设。"

15.5　考察 probit 模型

$$\mathrm{P}(y = 1 | \mathbf{z}, q) = \boldsymbol{\Phi}(\mathbf{z}_1 \boldsymbol{\delta}_1 + \gamma_1 z_2 q)$$

其中 q 独立于 $\mathbf{z}$，且分布服从 Normal(0，1)；向量 $\mathbf{z}$ 是可观测的，但标量 q 是不可观测的。

a. 求出 z_2 对响应概率的偏效应，也就是

$$\frac{\partial \mathrm{P}(y = 1 | \mathbf{z}, q)}{\partial z_2}$$

b. 证明 $\mathrm{P}(y = 1 | \mathbf{z}) = \boldsymbol{\Phi}[\mathbf{z}_1 \boldsymbol{\delta}_1 / (1 + \gamma_1^2 z_2^2)^{1/2}]$。

c. 定义 $\rho_1 \equiv \gamma_1^2$。你如何检验 $\mathrm{H}_0: \rho_1 = 0$ 呢？

d. 如果你有理由确信 $\rho_1 > 0$，那么你会如何估计 $\boldsymbol{\delta}_1$ 与 ρ_1 呢？

15.6　考察在给定时点上抽取工人的一个大样本。如果第 i 个人据称在最近 90 天期间得病，那么设 $sick_i = 1$，否则取 $sick_i$ 的值为 0。设 $\mathbf{z}_i$ 表示个体与雇主特征的一个向量。设 $cigs_i$ 表示个体 i 每天（平均）吸烟的数量。

a. 当我们想要检查吸烟对工作日损失的效应时，请解释所关注的基本实验。

b. 为什么 $cigs_i$ 会与影响 $sick_i$ 的不可观测因素相关?

c. 一种写出所关注模型的方法是

$$\mathrm{P}(sick=1|\mathbf{z},cigs_i,q_1)=\mathbf{\Phi}(\mathbf{z}_1\boldsymbol{\delta}_1+\gamma_1 cigs+q_1)$$

其中 $\mathbf{z}_1$ 表示 $\mathbf{z}$ 的子集，而 q_1 表示可能与 *cigs* 相关的不可观测变量。如果 q_1 被忽略同时你要估计 *sick* 对 $\mathbf{z}_1$，*cigs* 的 probit，那么结果会怎样呢?

d. *cigs* 可以在总体中具有条件正态分布吗? 请解释。

e. 解释如何检验 *cigs* 是否为内生的。这个检验会依赖于 *cigs* 具有条件正态分布吗?

f. 假定一些工人生活在最近实施工作场所禁止吸烟法律的州里。新法律的存在会建议 *cigs* 的一个良好工具变量的候选者吗?

15.7 对本题利用 GROGGER. RAW 中的数据。

a. 定义一个二值变量，比如说 *arr*86，如果一个人曾经在 1986 年期间至少被捕一次，那么 *arr*86 等于 1，否则为 0。估计使 *arr*86 与 *pcnv*，*avgsen*，*tottime*，*ptime*86，*inc*86，*black*，*hispan* 以及 *born*60 相关的线性概率模型。报告通常的标准误以及异方差性稳健的标准误。如果 *pcnv* 从 0.25 变到 0.75，那么其对被估计的被捕概率的效应是多少呢?

b. 利用非稳健的检验与稳健检验，检验 *avgsen* 与 *tottime* 的联合显著性。

c. 现在，通过 probit 估计此模型。在 *avgsen*，*tottime*，*inc*86 以及 *ptime*86 的样本均值上，并且满足 *black*=1，*hispan*=0 以及 *born*60=1 时，如果 *pcnv* 从 0.25 变到 0.75，那么它对被估计的被捕概率的效应是多少呢? 将此结果与 a 部分的解答相比较。

d. 对于 c 部分中所估计的 probit 模型来说，求出正确预测百分比。当 *narr*86=0 时，正确预测百分比是多少? 当 *narr*86=1 时，正确预测百分比呢? 你如何解释这些发现?

e. 在 probit 模型中，把 $pcnv^2$，$ptime86^2$ 以及 $inc86^2$ 这三项添加到模型中。这些项分别是显著的或者是联合显著的吗? 请阐述在被捕概率与 *pcnv* 之间所估计的关系。特别是，在什么点上，证明有罪概率对被捕概率具有一个负的效应?

15.8 对本题利用数据集 BWGHT. RAW。

a. 定义一个二值变量 *smokes*，如果妇女在怀孕期间吸烟，那么 *smokes*=1。估计使 *smokes* 与 *motheduc*，*white* 以及 log(*faminc*) 相关的一个 probit 模型。在 *white*=0 以及在样本均值上计算 *faminc*，一个接受了 16 年教育的妇女吸烟概率与一个接受了 12 年教育的妇女吸烟概率之间所估计的差异是多少?

b. 你会认为 *faminc* 在吸烟方程中是外生的吗? *motheduc* 会怎么样?

c. 假定 *motheduc* 与 *white* 在 a 部分中的 probit 里是外生的，并且假定 *fatheduc* 对这个方程来说是外生的。估计 log(*faminc*) 的约简型，来看看 *fatheduc* 是否与 log(*faminc*) 是偏相关的。

d. 检验 log(*faminc*) 在出自 a 部分中的 probit 模型中是外生的零假设。

15.9　假定二值变量 y 遵从一个线性概率模型。

a. 写出观测值 i 的对数似然函数。

b. 为什么求 LPM 的极大似然估计是困难的？

c. 假定你可以通过 MLE 估计 LPM，请解释它为什么是有效的，作为一种模型选择策略，请将出自 LPM 的对数似然与出自 logit 或者 probit 的对数似然进行比较。

15.10　假定你通过普通最小二乘法估计 LPM 之后，希望使用拟合优度测度来对 LPM 与诸如 logit 或 probit 模型进行比较。出自 OLS 估计的通常 R^2 测算了由 $\hat{\mathrm{P}}(y=1\mid\mathbf{x})=\mathbf{x}\hat{\boldsymbol{\beta}}$ 解释的 y 中方差之比例。

a. 解释如何获得为一般指示符模型 $\mathrm{P}(y=1\mid\mathbf{x})=G(\mathbf{x}\boldsymbol{\beta})$ 测量的可比较的 R^2。

b. 利用 GROGGER. RAW 中的数据，计算 R^2 测度，其中因变量是 $arr86$，而解释变量是 $pcnv$，$pcnv^2$，$avgsen$，$tottime$，$ptime86$，$ptime86^2$，$inc86$，$inc86^2$，$black$，$hispan$ 以及 $born60$。这些 R^2 本质上有差异吗？

15.11　列出在哪些假设下，使得混合 probit 估计量是建立在给定 $\mathbf{x}_i$ 时 $\mathbf{y}_i$ 分布基础上的一个条件极大似然估计，其中 $\mathbf{y}_i$ 表示二值结果的 $T\times1$ 维向量，而 $\mathbf{x}_i$ 表示跨所有 T 个时间段的全部解释变量的向量。

15.12　求出含有 $T=3$ 的固定效应 logit 模型中的 $\mathrm{P}(y_{i1}=1, y_{i2}=0, y_{i3}=0\mid\mathbf{x}_i, c_i, n_i=1)$。

15.13　假定你拥有一个控制组 A 与一个处理组 B，还有两个时间段的数据。在两年之间，一项新政策实施会影响到组 B；参阅 6.5 节。

a. 如果你的结果变量是二值的（例如，就业指示符），并且你没有协变量，那么你将如何估计政策效应呢？

b. 如果你拥有协变量，写出一个允许你估计政策变化效应的 probit 模型。请详细解释你是如何估计这种效应的。

c. 你如何得到 b 部分中估计值的一个 95%的渐近置信区间？

15.14　考虑含有在（连续）内生解释变量和外生变量之间交互项的二值响应模型：

$$y_1=1[\mathbf{z}_1\boldsymbol{\delta}_1+y_2\mathbf{z}_1\boldsymbol{a}_1+u_1>0]$$

并假定假设（15.40）成立，且（u_1, v_2）服从联合正态分布并独立于 z，同时含有零均值且 $\mathrm{Var}(u_1)=1$。

a. 找出 $\mathrm{P}(y_1=1\mid\mathbf{z})$ 并得出结论：它具有一个特殊异方差 probit 模型的形式。

b. 考虑以下两步程序。在第一步中，用 y_{i2} 对 $\mathbf{z}_i$ 回归并得到拟合值 $\hat{y}_{i2}$。在第二步中，估计 y_{i1} 对 $\mathbf{z}_{i1}$，$\hat{y}_{i2}\mathbf{z}_{i1}$ 的 probit。这种做法没有产生 $\boldsymbol{\delta}_1$ 和 a_1 的一致估计是怎么回事？

15.15　考虑在二值响应模型的两步控制函数估计中的系数与平均偏效应估计量的标准误的获取问题。为简化起见，设 y_2 为一个连续、内生单变量，其

遵循约简型 $y_2=\mathbf{z}\boldsymbol{\delta}_2+v_2$，$y_1=1[\mathbf{x}_1\boldsymbol{\beta}_1+u_1>0]$，$\mathbf{x}_1=\mathbf{g}_1(\mathbf{z}_1,y_2)$ 是外生变量与内生变量的任意函数。像以往一样，我们假设 $\mathbf{z}=(\mathbf{z}_1,\mathbf{z}_2)$，其中，$\mathbf{z}_2$ 的一个元素有 $\boldsymbol{\delta}_2$ 的一个非零元素。假设标准的里弗斯-王光假设成立，以至

$$P(y_1=1|\mathbf{z},y_2)=\boldsymbol{\Phi}(\mathbf{x}_1\boldsymbol{\beta}_{\rho1}+\theta_{\rho1}v_2)$$

其中，$\boldsymbol{\beta}_{\rho1}$和 $\theta_{\rho1}$是出现在平均偏效应中的经缩放系数。为简化起见，设 $\gamma_1=(\boldsymbol{\beta}'_{\rho1}\theta_{\rho1})'$，设$\hat{\gamma}_1$是第二步的里弗斯-王光估计量，且设$\hat{\boldsymbol{\delta}}_2$是第一阶段的 OLS 估计量。

a. 利用 12.4.2 节中的素材求 Avar $\sqrt{N}(\hat{\gamma}_1-\gamma_1)$。

b. 证明恰当解释了 $\boldsymbol{\delta}_2$ 的第一步估计的渐近方差不小于（从矩阵意义上）忽略了$\hat{\delta}_2$中的估计误差的渐近方差。

c. 定义估计的平均偏效应向量（基于偏导数）为

$$\hat{\eta}_1=\left[N^{-1}\sum_{i=1}^{N}\boldsymbol{\Phi}(\hat{\mathbf{w}}_{i1}\hat{\gamma}_1)\right]\hat{\gamma}_1$$

其中，$\hat{\mathbf{w}}_{i1}=(\mathbf{x}_{i1},\hat{v}_{i2})$。求 Avar $\sqrt{N}(\hat{\boldsymbol{\eta}}_1-\boldsymbol{\eta}_1)$。使用习题 12.17 可能有帮助。

d. 证明如何一致地估计 c 部分的渐近方差。

15.16 假设二值变量 y 服从模型

$$P(y=1|\mathbf{x})=1-[1+\exp(\mathbf{x}\boldsymbol{\beta})]^{-\alpha}$$

其中 $\alpha>0$ 为能与向量 $\boldsymbol{\beta}$ 一起被估计的一个参数。$1\times K$ 维向量 $\mathbf{x}$ 包含单位元为其第一个元素。这个模型有时被叫做**异峰态 logit 模型**（skewed logit model）。注意 $\alpha=1$ 对应着通常的 logit 模型。

a. 对于连续变量 x_K，求出 x_K 对 $P(y=1\mid\mathbf{x})$ 的偏效应。

b. 写出随机抽样 i 的对数似然函数。

c. 使用 MROZ.RAW 的数据估计模型，并使用与表 15.1 中相同的解释变量。使用一个标准 t 统计，你能拒绝 $H_0:\log(\alpha)=0$ 吗？

d. 计算 $H_0:\alpha=1$ 的似然比检验。这与 c 部分的检验如何比较？

e. 总体上，你还想说更复杂的模型是合理的吗？你会计算其他哪些统计量来支持你的这一答案？

15.17 在例 15.4 中，添加 *samesex* 作为二元 probit 中的运行方程的解释变量，并且把 *samesex* 包括在 *morekids* 的 probit 中。

a. 关于 *morekids* 的估计的平均偏效应是多少？其与表 15.2 中的平均偏效应如何进行比较？

b. *samesex* 在运行方程中显著吗？

15.18 考虑假设（15.65）、假设（15.66）和假设（15.73）下的张伯伦随机效应 probit 模型，但是用 $c_i\mid\mathbf{x}_i\sim\text{Normal}[\psi+\bar{\mathbf{x}}_i\xi,\sigma_a^2\exp(\bar{\mathbf{x}}_i\lambda)]$ 替代假设（15.67），以至给定 $\bar{\mathbf{x}}_i$ 时，c_i 具有指数异方差性。

a. 求 $P(y_{it}=1\mid\mathbf{x}_i,a_i)$，其中 $a_i=c_i-E(c_i\mid\mathbf{x}_i)$。这一概率与假设（15.73）下的概率有区别吗？请解释。

b. 通过先求出给定 $\mathbf{x}_i$ 时的密度（$y_{i1},\cdots,y_{iT}$），推导出对数似然函数。这

与假设（15.73）下的对数似然函数有相似性吗？

c. 假设你已经用条件极大似然估计（CMLE）估计了 $\boldsymbol{\beta}$，ψ，ξ，σ_a^2 和 λ，你会如何估计平均偏效应？（提示：首先证明 $\mathrm{E}[\boldsymbol{\Phi}(\mathbf{x}^0\boldsymbol{\beta}+\psi+\bar{\mathbf{x}}_i\xi+a_i)\mid\mathbf{x}_i]=\boldsymbol{\Phi}(\{\mathbf{x}^0\boldsymbol{\beta}+\psi+\bar{\mathbf{x}}_i\xi\}/\{1+\sigma_a^2\exp(\bar{\mathbf{x}}_i\lambda)\}^{1/2})$，然后使用恰当的跨 i 求平均值。）

15.19 对本题利用 KEANE. RAW 中的数据，并把你的注意力限制在样本中所有 11 岁的黑人上。

a. 使用混合 probit 估计模型 $\mathrm{P}(employ_{it}=1\mid employ_{i,t-1})=\boldsymbol{\Phi}(\delta_0+\rho employ_{i,t-1})$。为了确保出自混合 probit 的通常标准误与检验统计量均是渐近有效的，需要什么样的假设？

b. 估计 $\mathrm{P}(employ_t=1\mid employ_{t-1}=1)$ 与 $\mathrm{P}(employ_t=1\mid employ_{t-1}=0)$。解释你如何获得这些估计值的标准误。

c. 把年度虚拟变量的全部集合添加到 a 部分中，并且估计 b 部分关于 1987 年的概率。对于 b 部分中的一些估计来说，会存在重要差别吗？

d. 现在利用 15.8.4 节中所阐述的方法来估计动态的不可观测效应模型。特别地，添加 $employ_{i,81}$ 作为一个额外的解释变量，并且利用随机效应 probit 软件。使用年度虚拟变量的全部集合。

e. 存在着以 c_i 为条件的状态依赖的证据吗？请解释。

f. 对于 $employ_{i,81}$ 上所估计的概率求平均来获得 1987 年的平均偏效应。将此估计值与 c 部分中所估计的效应加以比较。

第 16 章 多项响应与有序响应模型

16.1 简　介

在本章中我们考虑有两种以上结果的离散响应模型。大多数应用可划分到为两大类之一。第一种是一个**无序响应**（unordered response），有时也被称为**标称响应**（nominal response），在这种模型中，归属到不同结果上的值是任意的，且不影响估计、推断或解释。无序响应的例子包括职业选择、健康计划的选择以及上下班的交通方式。例如，如果有四种可供选择的健康计划，我们可以为这些计划添加标签 0、1、2 和 3——或 100、200、300、400——我们为哪个计划分配哪个号码无所谓（当然，只要我们对所有观测值使用相同的标签就行）。在 16.2 节中，我们涵盖多项响应模型的一般类型，其可用于分析无序响应。

对于一个**有序响应**（ordered response），我们分配给每个结果的值不再是任意的，尽管绝对值（通常）是任意的。有序响应的一个例子是信用评级，其中有 7 个可能的级别。我们可能会给每个人分配集合 $\{0,1,2,3,4,5,6\}$ 中的一个等级，其中 0 为最低评级而 6 为最高评级。评级 5 比 4 更好这一事实传达了重要的信息，但如果我们使用另一套数字来表示信用评级，也不会损失什么——只要它们保持相同的顺序。在 16.3 节，我们处理有序响应模型。

除了涵盖为带有外生解释变量的截面数据而设计的标准方法外，我们还将讨论一些简单的策略，以粗略处理在一个面板数据背景下的连续内生解释变量以及不可观测的异质性。

16.2 多项响应模型

16.2.1 多项 logit

当一个单元的响应与选择依赖于单元的个体特征而不依赖于选择的属性时，我们涵盖的第一个模型就可以用上了。这样，根据表示潜在总体的随机变量来定义模型就是有道理的。设 y 表示在 J 个正整数的 $\{0,1,\cdots,J\}$ 中取值的一个随机变量，同时设 $\mathbf{x}$ 表示条件变量集合。例如，如果 y 表示对职业的选择，那么 $\mathbf{x}$ 可以包括像教育、年龄、性别、种族以及婚姻状况。与以往一样，（$\mathbf{x}_i$，y_i）是从总体中随机抽取的。

如同二值响应情形，我们对在其他条件都相同时 $\mathbf{x}$ 中元素变动如何影响响应概率 $\mathrm{P}(y=j\mid\mathbf{x})$ 感兴趣，$j=0$，1，2，…，J。由于概率之和必为 1，所以一旦我们知道关于 $j=1$，…，J 的概率，就可以确定 $\mathrm{P}(y=0\mid\mathbf{x})$。

设 $\mathbf{x}$ 表示第一个元素为 1 的 $1\times K$ 维向量。**多项 logit（MNL）模型**（multinomial logit model）具有响应概率

$$\mathrm{P}(y=j\mid\mathbf{x})=\exp(\mathbf{x}\boldsymbol{\beta}_j)\Big/\left[1+\sum_{h=1}^{J}\exp(\mathbf{x}\boldsymbol{\beta}_h)\right],\quad j=1,\cdots,J \tag{16.1}$$

其中 $\boldsymbol{\beta}_j$ 表示 $K\times1$ 维的向量，$j=1$，…，J。因为响应概率之和必为 1，所以

$$\mathrm{P}(y=0\mid\mathbf{x})=1\Big/\left[1+\sum_{h=1}^{J}\exp(\mathbf{x}\boldsymbol{\beta}_h)\right]$$

当 $J=1$ 时，$\boldsymbol{\beta}_1$ 表示 $K\times1$ 维的未知参数向量，从而我们得到二值 logit 模型。

对于这个模型来说，其偏效应是复杂的。对于连续的 x_k 而言，我们可以写成

$$\frac{\partial\mathrm{P}(y=j\mid\mathbf{x})}{\partial x_k}=\mathrm{P}(y=j\mid\mathbf{x})\left\{\beta_{jk}-\left[\sum_{h=1}^{J}\beta_{hk}\exp(\mathbf{x}\boldsymbol{\beta}_h)\right]\Big/g(\mathbf{x},\boldsymbol{\beta})\right\} \tag{16.2}$$

其中 β_{hk} 表示 $\boldsymbol{\beta}_h$ 的第 k 个元素，而 $g(\mathbf{x},\boldsymbol{\beta})=1+\sum_{h=1}^{J}\exp(\mathbf{x}\boldsymbol{\beta}_h)$。式（16.2）表明，甚至效应的方向都不能完全由 β_{jk} 来确定。$\boldsymbol{\beta}_j$ 的一种更简单的解释可以由

$$p_j(\mathbf{x},\boldsymbol{\beta})/p_0(\mathbf{x},\boldsymbol{\beta})=\exp(\mathbf{x}\boldsymbol{\beta}_j),\quad j=1,2,\cdots,J \tag{16.3}$$

给出，其中 $p_j(\mathbf{x},\boldsymbol{\beta})$ 表示公式（16.1）中的响应概率。因而，就大致连续的 x_k 而言，$p_j(\mathbf{x},\boldsymbol{\beta})/p_0(\mathbf{x},\boldsymbol{\beta})$ 上的变化近似地是 $\beta_{jk}\exp(\mathbf{x}\boldsymbol{\beta}_j)\Delta x_k$。等价地讲，对数

发生比关于 $\mathbf{x}$ 是线性的：$\log[p_j(\mathbf{x},\boldsymbol{\beta})/p_0(\mathbf{x},\boldsymbol{\beta})]=\mathbf{x}\boldsymbol{\beta}_j$。此结果可以推广到一般的 j 与 h 上：$\log[p_j(\mathbf{x},\boldsymbol{\beta})/p_h(\mathbf{x},\boldsymbol{\beta})]=\mathbf{x}(\boldsymbol{\beta}_j-\boldsymbol{\beta}_h)$。

这里关于多项 logit 模型的另外一个有用的事实是，由于 $\mathrm{P}(y=j$ 或 $y=h\mid\mathbf{x})=p_j(\mathbf{x},\ \boldsymbol{\beta})+p_h(\mathbf{x},\boldsymbol{\beta})$，所以

$$\begin{aligned}\mathrm{P}(y=j\mid y=j \text{ 或 } y=h,\mathbf{x})&=p_j(\mathbf{x},\boldsymbol{\beta})/[p_j(\mathbf{x},\boldsymbol{\beta})+p_h(\mathbf{x},\boldsymbol{\beta})]\\&=\Lambda[\mathbf{x}(\boldsymbol{\beta}_j-\boldsymbol{\beta}_h)]\end{aligned}$$

其中 $\Lambda(\cdot)$ 表示逻辑斯蒂函数。换句话讲，以选择要么是 j 要么是 h 为条件，结果为 j 的概率遵从含有参数向量为 $\boldsymbol{\beta}_j-\boldsymbol{\beta}_h$ 的标准 logit 模型。

由于我们已完全设定给定 $\mathbf{x}$ 时 y 的密度，所以 MNL 模型的估计可通过极大似然来完成。对于每个 i 而言，条件对数似然可以写成

$$\ell_i(\boldsymbol{\beta})=\sum_{j=0}^{J}1[y_i=j]\log[p_j(\mathbf{x}_i,\boldsymbol{\beta})]$$

其中指示函数对于每个观测值 i 都选择出适当的响应概率。与以往一样，我们通过最大化 $\sum_{i=1}^{N}\ell_i(\boldsymbol{\beta})$ 来估计 $\boldsymbol{\beta}$。麦克法登（McFadden，1974）已证明，对数似然函数是全局凹的，而且这一事实会使最大化问题简单。为了一致性与渐近正态性，可以广泛利用应用定理 13.1 及定理 13.2 所需的一些条件；参阅麦克法登（McFadden，1984）。

例 16.1（年轻人的在校学习与就业决策） 数据 KEANE. RAW（源自基恩和沃尔平（Keane and Wolpin，1997)的数据子集）包括从 1981 年到 1987 年的就业和在校教育历史的一些人的样本。我们利用 1987 年的数据。有三种可能结果，即注册在校（*status*＝0)，不在学校且不工作（*status*＝1）以及工作（*status*＝2)。解释变量是教育、过去工作经验的二次项，还有黑人二值指示符。基本类型是注册在校。在总计的 1 717 个观测值中，99 个注册在校，332 个在家，而 1 286 个在工作。这一结果已在表 16.1 中给出。

表 16.1　　在校学习与劳动力市场决策的多项 logit 估计

因变量：*status*

解释变量	*home* (*status*＝1)	*work* (*status*＝2)
educ	－0.674	－0.315
	(0.070)	(0.065)
exper	－0.106	0.849
	(0.173)	(0.157)
exper^2	－0.013	－0.077
	(0.025)	(0.023)

续前表

因变量：*status*		
解释变量	*home* (*status*=1)	*work* (*status*=2)
black	0.813	0.311
	(0.303)	(0.282)
constant	10.28	5.54
	(1.13)	(1.09)
观测值数量	1 717	
正确预测百分比	79.6	
对数似然值	−907.86	
伪 *R* 平方	0.243	

多受一年教育会使在家与在校注册之间的对数发生比减少−0.674，而黑人的在家与在校注册之间的对数发生比是较高的 0.813。这些系数的数值很难给出解释。相反，我们要么可以如同式（16.2）那样计算偏效应，要么计算概率方面的差异。例如，考虑两个黑人，每一个人都具有 5 年工作经验。受过 16 年教育的黑人所具有的就业概率比受过 12 年教育的那个人要高 0.042，而在家的概率要低 0.072。（必然地，对于受过 16 年教育的人来说，在校概率要高 0.030。）这些结果在多项 logit 估计之后可以很容易地通过比较拟合概率来获得。

在 *home* 列中，每一个工作经验项都是不显著的，但是 *exper* 与 $exper^2$ 的联合显著性瓦尔德检验给出了 p 值=0.047，从而它们在 5%水平上是联合显著的。我们可能会令它们的系数在 $\boldsymbol{\beta}_1$ 中是无约束的，而不是令它们为 0。

拟合概率值可以用于预测目的：对于每个观测值 i 来说，含有最高估计概率的结果就是预测结果。如同人们所希望的，通过分类方式，这可以用于获得**正确预测百分比**（percent correctly predicted）。对于前面的例题而言，整体正确预测百分比几乎是 80%，但是模型预测一个人被雇佣（95.2%正确）比在校（12.1%）或在家（39.2%）更为有效。

16.2.2 概率选择模型

麦克法登（McFadden，1974）已证明，与多项 logit 模型密切相关的模型可以从基本效用比较中得到。假定对于从基本总体（通常是一些个体，但不一定）随机抽取的 i 来说，由选取备选项 j 而得到的效用是

$$y_{ij}^* = \mathbf{x}_{ij}\boldsymbol{\beta} + a_{ij}, \quad j=0,\cdots,J \tag{16.4}$$

其中 a_{ij} 表示影响偏好的不可观测因素，$j=0$，1，2，…，J。这里，$\mathbf{x}_{ij}$ 表示随

着不同备选项而不同的，并且可能随着不同个体而不同的 $1\times K$ 维向量。例如，$\mathbf{x}_{ij}$ 可以包括个体 i 利用交通模式 j 上下班往返时间，或者由健康保险项目 j 所需要的医疗费用个人承担额（或许会、或许不会因个体不同而有所差异）。由于我们将要看到的缘故，$\mathbf{x}_{ij}$ 不能包括仅仅随着 i 且不随着 j 而变化的元素；尤其是，$\mathbf{x}_{ij}$ 不能包括 1。我们假定 $J+1$ 维向量 $\boldsymbol{a}_i$ 与 $\mathbf{x}_i$ 是相互独立的，$\mathbf{x}_i$ 包括 $\{\mathbf{x}_{ij}: j=0,\cdots,J\}$。

设 y_i 表示个体 i 最大化效用的选择：

$$y_i=\operatorname{argmax}(y_{i0}^*,y_{i2}^*,\cdots,y_{iJ}^*)$$

所以 y_i 在 $\{0,1,\cdots,J\}$ 中取值。正像麦克法登（McFadden，1974）所证明的，如果 a_{ij} 是独立的、具有累积分布函数（cdf）为 $F(a)=\exp[-\exp(-a)]$ 的分布，$j=0$，…，J——**第Ⅰ类极值分布**（type Ⅰ extreme value distribution）——那么

$$\mathrm{P}(y_i=j\mid\mathbf{x}_i)=\exp(\mathbf{x}_{ij}\boldsymbol{\beta})\Big/\left[\sum_{h=0}^{J}\exp(\mathbf{x}_{ih}\boldsymbol{\beta})\right],\quad j=0,\cdots,J \tag{16.5}$$

式（16.5）中的响应概率是由通常所谓的**条件 logit 模型**（conditional logit model）构成的。一旦省略下标 i 且对其微分，可以证明，边际效应是由

$$\partial p_j(\mathbf{x})/\partial x_{jk}=p_j(\mathbf{x})[1-p_j(\mathbf{x})]\beta_k,\quad j=0,\cdots,J,\quad k=1,\cdots,K \tag{16.6}$$

且

$$\partial p_j(\mathbf{x})/\partial x_{hk}=-p_j(\mathbf{x})p_h(\mathbf{x})\beta_k,\quad j\neq h,\quad k=1,\cdots,K \tag{16.7}$$

给出的，其中 $p_j(\mathbf{x})$ 表示式（16.5）中的响应概率，而 β_k 表示 $\boldsymbol{\beta}$ 的第 k 个元素。与以往一样，如果 $\mathbf{x}_j$ 包括基础解释变量的非线性函数，那么这个事实将在偏导数中得到反映。

条件 logit 模型与多项 logit 模型具有相似的响应概率，但是它们在一些重要方面却存在差异。在 MNL 模型中，条件变量并不随着备选项不同而变化：对于每个 i，$\mathbf{x}_i$ 包括对个体而言是特有的变量，但对备选项而言则不是特有的。这种模型适合于备选项的特征是不重要的，或者不是关注的问题，或者是其中数据不可直接利用的问题。例如，在职业选择模型中，我们通常不能知道某个人在每种职业上做得如何。我们经常能搜集到的数据是可以影响到个体生产率和口味的一些因素，诸如教育与过去工作经验。MNL 模型允许这些特征对于任何两种选择之间的相对概率具有不同的效应。

条件 logit 模型特别适用于消费者或厂商进行选择时至少部分地基于每一种可选择项的可观测属性而做出决策的问题。假定每一种选择的效用水平都是带有共同的参数向量的关于选择属性 $\mathbf{x}_{ij}$ 的一个线性函数。实际上，可以证明，通过适当地选取 $\mathbf{x}_{ij}$，这可以包含 MNL 模型作为一种特殊的情形。假定 $\mathbf{w}_i$ 是个体特征的向量，同时 $\mathrm{P}(y_i=j\mid\mathbf{w}_i)$ 服从含有参数 $\boldsymbol{\delta}_j$ 的式（16.1）的 MNL，$j=1$，…，J。我们通过定义 $\mathbf{x}_{ij}=(d1_j\mathbf{w}_i,d2_j\mathbf{w}_i,\cdots,dJ_j\mathbf{w}_i)$ 可以把此模型看成是条件 logit 模型，其中 dj_h 表示当 $j=h$ 时等于 1 的虚拟变量，而 $\boldsymbol{\beta}=(\boldsymbol{\delta}_1',\cdots,\boldsymbol{\delta}_J')$。因

此，一些作者把条件 logit 模型称为多项 logit 模型，认为响应概率中允许出现备选项特有的特征。

条件 logit 模型的一些实证应用，经常通过允许个体特有特征变量对其潜在效用具有各自效应来包括**个体特有特征**（individual-specific variable）变量。一般模型是

$$y_{ij}^{*}=\mathbf{z}_{ij}\gamma+\mathbf{w}_{i}\boldsymbol{\delta}_{j}+a_{ij}, \quad j=0,1,\cdots,J \tag{16.8}$$

令 $\boldsymbol{\delta}_0=\mathbf{0}$ 作为标准化，其中 $\mathbf{z}_{ij}$ 随着不同 j 而变化且可能随着不同 i 而变化。如果对于所有 j 有 $\boldsymbol{\delta}_j=\boldsymbol{\delta}$，那么 $\mathbf{w}_i\boldsymbol{\delta}$ 可以从所有响应概率中舍弃。同时带有（16.8）中两种解释变量的模型叫做**混合 logit 模型**（mixed logit model）。

对概率选择建模来说，条件 logit 模型是非常方便的，但是它具有一些局限性。一个重要限制是

$$p_j(\mathbf{x}_j)/p_h(\mathbf{x}_h)=\exp(\mathbf{x}_j\boldsymbol{\beta})/\exp(\mathbf{x}_h\boldsymbol{\beta})=\exp[(\mathbf{x}_j-\mathbf{x}_h)\boldsymbol{\beta}] \tag{16.9}$$

因此，对于任意两个备选项来说，相对概率仅仅依赖于那两个备选项的属性。这称为源自**无关选项的独立性假设**（independence from irrelevant alternatives (IIA) assumption），因为它蕴涵着，添加另外一个选项或者变动第三个选项的特征并不会影响到选项 j 与 h 之间的相对发生比。尤其是对于一些含有类似选项的应用来说，这个含义似乎是不合情理的。一个著名的例子是由麦克法登（McFadden，1974）提出来的。考虑上下班往返的人，最初在两种交通模式之间进行选择，即小汽车与红色大巴。假定消费者在大巴之间以相同的概率 0.5 来选择，使得式（16.9）中的比率为 1。现在，假定添加第三种模式——蓝色大巴。一旦假定乘坐大巴上下班往返的人并不关心大巴的颜色，消费者将以相同的概率在这些形式之间选择。然而，IIA 蕴涵着每一种模式的概率均为1/3；因此，选择小车上下班往返的人的比例会从 1/2 下降到1/3，该结果是非常不符合现实的。这个例子被公认为是一种极端情形——实际上，我们可以把蓝色大巴与红色大巴混合在一起成为同一类型，倘若蓝色大巴与红色大巴没有其他差异的话——但是，这又表明 IIA 特性在条件 logit 模型上施加了多余的约束。

豪斯曼和麦克法登（Hausman and McFadden，1984）提出，基于下述观察的 IIA 假设检验，如果条件 logit 模型是正确的，那么通过聚焦于备选项的任何子集，使用条件 logit 能够一致地估计 $\boldsymbol{\beta}$。他们应用了在使用所有备选项估计 $\boldsymbol{\beta}$ 值与使用备选项的一个子集估计 $\boldsymbol{\beta}$ 值之间进行比较的豪斯曼原理。

人们已经提出几种可以放松 IIA 假设的模型。在随机效用模型背景下，IIA 假设便会发生，因为 $\{a_{ij}: j=0,1,\cdots,J\}$ 被假定成是独立的**威布尔随机变量**（Weibull random variables）。一种更灵活的假设是，$\mathbf{a}_i$ 具有多元正态分布，此分布对于所有 $j\neq h$，含有 a_{ij} 与 a_{ih} 之间的任意相关性。所得到的模型称为**多项 probit 模型**（multinomial probit model）。[与前面的一些名称精神一致，**条件 probit 模型**（conditional probit model）是一个更好的名称，这个名称被豪斯曼和怀斯（Hausman and Wise，1978）所使用，然而许多其他人则不使用这样的称谓。]

从理论上讲，多项 probit 模型是吸引人的，但是它有一些实践局限性。响应概率是非常复杂且难以计算的，它涉及一个 $J+1$ 维积分。这种复杂性不仅促使获得对响应概率的偏效应困难，而且导致实施多于 5 个备选项的极大似然行不通。对于相关的详细内容，参阅马达拉（Maddala，1983，第 3 章）以及雨宫（Amemiya，1985，第 9 章）。豪斯曼和怀斯（Hausman and Wise，1978）包括了关于三种备选项的交通模式的应用。

对于许多备选项来说，关于通过模拟而实施估计的一些最新进展使得进行多项 probit 估计成为可行的。参阅哈吉瓦西卢和鲁德（Hajivassilou and Rudd，1994）以及基恩（Keane，1993）对模拟估计所做出的最新综述。基恩和莫菲特（Keane and Moffitt，1998）把模拟方法应用到结构多项响应模型上，其中计量经济模型可以由受约束的效用最大化来获得。基恩和莫菲特研究了一旦允许参与到多项福利项目时劳动力参与的税收效应。

放松 IIA 的一种不同方法是设定**层级模型**[*]。这些模型中最为流行的是**嵌套 logit 模型**（nested logit model）。麦克法登（McFadden，1984）给出了对这些模型与其他一些模型的详细处理；这里，我们阐明仅有两个层级模型的基本方法。

假定备选项的总数可以分成 S 个类似备选项的组，并且设 G_s 表示 s 组内的备选项数目。因而，第一个层级对应于 y 归入 S 组中的哪一个，而第二个层级则对应于每组内的实际备选项。麦克法登（McFadden，1981）曾研究模型

$$\mathrm{P}(y\in G_s\mid \mathbf{x})=\left\{\alpha_s\left[\sum_{j\in G_s}\exp(\rho_s^{-1}\mathbf{x}_j\boldsymbol{\beta})\right]^{\rho_s}\right\}\Big/\left\{\sum_{r=1}^{S}\alpha_r\left[\sum_{j\in G_r}\exp(\rho_r^{-1}\mathbf{x}_j\boldsymbol{\beta})\right]^{\rho_r}\right\}\qquad(16.10)$$

以及

$$\mathrm{P}(y=j\mid y\in G_s,\mathbf{x})=\exp(\rho_s^{-1}\mathbf{x}_j\boldsymbol{\beta})\Big/\left[\sum_{h\in G_s}\exp(\rho_s^{-1}\mathbf{x}_h\boldsymbol{\beta})\right]\qquad(16.11)$$

其中式（16.10）是对于 $s=1$，2，…，S 来定义的，而式（16.11）则是关于 $j\in G_s$ 与 $s=1$，2，…，S 来定义的；当然，如果 $j\notin G_s$，那么 $\mathrm{P}(y=j\mid y\in G_s,\mathbf{x})=0$。这个模型需要一个通常 $\alpha_1=1$ 的标准化约束。式（16.10）给出了结果处于 s 组中（以 $\mathbf{x}$ 为条件）的概率；于是，以 $y\in G_s$ 为条件，式（16.11）给出了在 G_s 中选取备选项 j 的概率。响应概率 $\mathrm{P}(y=j\mid \mathbf{x})$ 是人们最终的关注内容，它可以通过式（16.10）乘以式（16.11）来获得。这个模型可以由对方程（16.4）中的 $\mathbf{a}_i$ 设定一个特殊的联合分布推导出来；参阅雨宫（Amemiya，1985，p. 303）。

式（16.11）蕴涵着，以选取 s 组为条件，响应概率取一个含有参数向量

* hierarchical model，又称为等级模型。——译者注

$\boldsymbol{\rho}_s^{-1}\boldsymbol{\beta}$ 的条件 logit 形式。这提出了一种正常的两步估计程序。首先，通过对每一组分别应用条件 logit 分析来估计 $\lambda_s \equiv \rho_s^{-1}\boldsymbol{\beta}$，$s=1, 2, \cdots, S$。然后，把 $\hat{\lambda}_s$ 代入式（16.10），并且通过最大化对数似然函数

$$\sum_{i=1}^{N}\sum_{s=1}^{S}1[y_i \in G_s]\log[q_s(\mathbf{x}_i;\hat{\boldsymbol{\lambda}},\boldsymbol{\alpha},\boldsymbol{\rho})]$$

来估计 α_s，$s=2, \cdots, S$ 以及 ρ_s，$s=1, \cdots, S$，其中 $q_s(\mathbf{x};\lambda, \boldsymbol{\alpha},\boldsymbol{\rho})$ 表示满足 $\lambda_s=\rho_s^{-1}\boldsymbol{\beta}$ 的式（16.10）的概率。在一般条件下，这种两步条件 MLE 是一致的且是 $\sqrt{N}$ 渐近正态的，只是渐近方差对 λ_s 的第一阶段估计而言需要加以调整；关于两步估计量的更详细内容，可参阅第 12 章与第 13 章。

当然，我们还可以使用完全极大似然法。关于观测值 i 的对数似然可以写成

$$\ell_i(\boldsymbol{\beta},\boldsymbol{\alpha},\boldsymbol{\rho}) = \sum_{s=1}^{S}(1[y_i \in G_s]\{\log[q_s(\mathbf{x}_i;\boldsymbol{\beta},\boldsymbol{a},\boldsymbol{\rho})] + \sum_{j\in G_s}1[y_i = j]\log[p_{sj}(\mathbf{x}_i;\boldsymbol{\beta},\rho_s)]\}) \tag{16.12}$$

其中 $q_s(\mathbf{x}_i;\boldsymbol{\beta},\boldsymbol{\alpha},\boldsymbol{\rho})$ 表示公式（16.11）中的概率，而 $\rho_{sj}(\mathbf{x}_i;\boldsymbol{\beta},\rho_s)$ 表示公式（16.11）中的概率。在弱的假设下，关于 MLE 的正则条件都得以满足。

对于所有 s，当 $\alpha_s=1$ 且 $\rho_s=1$ 时，嵌套 logit 模型约简成条件 logit 模型。因而，对 IIA（以及支持 CL 模型的其他条件）的检验就是对 $\mathrm{H}_0: \alpha_2=\cdots=\alpha_s=\rho_1=\cdots=\rho_s=1$ 的检验。麦克法登（McFadden，1987）提出了得分检验，它只需要对条件 logit 模型进行估计。

经常使用模型的一些特殊情形，诸如设每一个 α_s 为 1，并且要估计 ρ_s。在麦克法登（McFadden，1978）对社区选择与社区内住所类型的研究中，对于所有 s，他施加了这个约束以及 $\rho_s=\rho$，因而，该模型比条件 logit 模型只多一个参数。这种方法允许对属于相同社区组的 j 在 a_j 之间的相关性，只是此相关性被假定成对于所有社区都是相同的。

嵌套 logit 模型允许不同的解释变量出现在不同的层面上，这些解释变量彼此间也可以完全不同。例如，一套变量可能与对社区的选择紧密相关，诸如学校质量、犯罪率、财产税率和测量社区质量的其他测度指标。其他的变量集合将会影响居住类型，诸如各种住宅的价格。麦克法登（McFadden，1984）和雨宫（Amemiya，1985，第 9 章）涵盖了更高层面上的嵌套 logit 模型。

对于修正条件 logit 模型而言，要得到放松 IIA 的模型，一种不同的方式是将不可观测异质性包括在模型中——在横截面应用中几乎总是要假设协变量的独立性——然后求积分消掉它。如果 c_i 代表标量异质性，我们可以将式（6.8）拓展为

$$y_{ij}^{*}=\mathbf{x}_{ij}\boldsymbol{\beta}+c_i+a_{ij}, \quad j=0,\cdots,J \tag{16.13}$$

其中 $\{a_{ij}: j=0,1,\cdots,J\}$ 以 $(\mathbf{x}_i, c_i)$ 为条件为独立同分布（i. i. d.）的且具有

第Ⅰ类极值分布，然后 c_i 的存在允许仅以 $\mathbf{x}_i$ 为条件的不同选择的效用之间具有相关性。通常，假设 c_i 独立于 $\mathbf{x}_i$ 且服从正态分布。如果 c_i 服从一个带有已知数量的**支点**（support points）的离散分布，那么，得到的模型通常被叫做**混合模型**（mixture model）或者**潜在类模型**（latent class model），其思想即每个横截面单元 i 属于一个不可观测或潜在的类别。斯威特（Swait，2003）提供了一个最近的例子，其中 $(a_{i0},\cdots,a_{iJ})$ 具有**广义极值分布**（generalized extreme value），其包括条件 logit 模型与嵌套 logit 模型作为特殊情形。除了讨论参数分布外，斯威特还证明了在求平均消掉异质性之后怎样得到偏效应。

用随机系数，比如说 b_i，替代方程（16.13）中的 $\boldsymbol{\beta}$，其中 $\mathrm{E}(\mathbf{b}_i)=\boldsymbol{\beta}$，我们可以走得甚至更远一些。事实上，$\mathbf{b}_i$ 通常被假设为独立于 $\mathbf{x}_i$ 且服从多元正态分布。这样的模型给标准模型添加了相当多的灵活性，但它们更难被估计。麦克法登与特雷恩（McFadden and Train，2000）提供了一个综合的处理，而卡梅伦和特里维迪（Cameron and Trividi，2005）提供了一个综述和一些额外的参考文献。

16.2.3 内生解释变量

由于解释变量可以与不可观测因素相关，自然就要研究含有内生解释变量的多项响应模型。不像在 CL 模型的推导中那样从带有可加性误差的线性指标函数开始，这里我们从一个关于 $\mathrm{P}(y_{i1}=j \mid \mathbf{z}_{i1},\mathbf{y}_{i2},r_{i1})$，$j=0$，1，…，$J$ 的模型开始，其中 r_{i1} 代表不可观测的遗漏因素，并被认为与向量 $\mathbf{y}_{i2}$ 相关。（向量 $\mathbf{z}_{i1}$ 乃至 y_{i2} 可以包含随 j 变化的变量以及那些只随 i 变化的变量。亦即，外生和内生变量可以对另一个是特定的。）那么，我们将为 y_{i2} 使用一个约简型，比如说，$y_{i2}=\mathbf{z}_i\boldsymbol{\Pi}_2+\mathbf{v}_{i2}$，假设 $(r_{i1},\mathbf{v}_{i2})$ 独立于 $\mathbf{z}_i$，且 $(r_{i1},\mathbf{v}_{i2})$ 有一个很方便的分布，诸如多元正态分布。这种方法类似于我们在 15.7.2 节涵盖的关于 probit 的控制函数法。

事实上，当响应概率具有 CL 形式时，上段所述的方法已经被应用起来了。例如，维拉斯-博厄斯和温纳（Villas-Boas and Winer，1999）应用此方法建立品牌选择模型，其中价格被允许与影响品牌选择的不可观测的口味相关。实施控制函数法时，从关于 $\mathrm{P}(y_{i1}=j \mid \mathbf{z}_{i1},\mathbf{y}_{i2},r_{i1})$ 的一个 MNL 或 CL 模型开始的问题是计算方面的：正如二值 logit 模型不能与正态分布的不可观测因子很好地融合，CL 模型也不能。然而，进行估计是可能的，特别是如果人们使用上一节中简单提到过的估计的模拟方法。

如果我们跳过对 $\mathrm{P}(y_{i1}-j \mid \mathbf{z}_{i1},\mathbf{y}_{i2},r_{i1})$ 建模的步骤并直接跳到关于 $\mathrm{P}(y_{i1}=j \mid \mathbf{z}_{i1},\mathbf{y}_{i2},\mathbf{v}_{i2})=\mathrm{P}(y_{i1}=j \mid \mathbf{z}_i,\mathbf{y}_{i2})$ 的便利模型中，就可以获得一个更简单的控制函数法。库克索与维拉斯-博厄斯（Kuksor and Villas-Boas，2008）和佩特琳与特雷恩（Petrin and Train，2010）是这一解决方案的支持者。其思想是关于 $\mathrm{P}(y_{i1}=j \mid \mathbf{z}_{i1},\mathbf{y}_{i2},r_{i1})$ 的任何参数模型在本质上都是任意的，所以，如果我们能直接从 $\mathrm{P}(y_{i1}=j \mid \mathbf{z}_{i1},\mathbf{y}_{i2},\mathbf{v}_{i2})$ 中还原出我们感兴趣的数量，那为什么不直

接去设定这些概率呢？如果我们假设 $D(r_{i1} \mid \mathbf{z}_i, \mathbf{y}_{i2}) = D(r_{i1} \mid \mathbf{v}_{i2})$，且 $P(y_{i1} = j \mid \mathbf{z}_{i1}, \mathbf{y}_{i2}, \mathbf{v}_{i2})$ 可以从 $P(y_{i1} = j \mid \mathbf{z}_{i1}, \mathbf{y}_{i2}, r_{i1})$ 中求它关于 $D(r_{i1} \mid \mathbf{v}_{i2})$ 的积分而获得，那么我们就可以将这些结果应用到我们在 15.7.2 节中使用过的平均偏效应（APE）上（因为 $P(y_{i1} = j \mid \mathbf{z}_{i1}, \mathbf{y}_{i2}, r_{i1}) = E(1[y_{i1} = j] \mid \mathbf{z}_{i1}, \mathbf{y}_{i2}, r_{i1})$ 是一个条件期望）。这种方法的缺点是，它隐含地坚持认为，比如说，$P(y_{i1} = j \mid \mathbf{z}_{i1}, \mathbf{y}_{i2}, \mathbf{v}_{i2})$ 的一个 MNL 模型与关于 $P(y_{i1} = j \mid \mathbf{z}_{i1}, \mathbf{y}_{i2}, r_{i1})$）与 $D(r_{i1} \mid \mathbf{v}_{i2})$ 的潜在设定是一致的，而那些潜在设定不会有可辨认的形式。

一旦我们选择了 $P(y_{i1} = j \mid \mathbf{z}_{i1}, \mathbf{y}_{i2}, \mathbf{v}_{i2})$ 的一个模型，其可能为 CL 或嵌套 logit，那么我们可以应用一个简单的两步程序。首先，我们估计关于 $\mathbf{y}_{i2}$ 的约简型并得到残差 $\hat{\mathbf{v}}_{i2} = \mathbf{y}_{i2} - \mathbf{z}_i \hat{\boldsymbol{\Pi}}_2$。（另一种做法是，我们也可以用 $\mathbf{y}_{i2}$ 的元素的严格单调变换——诸如对数，如果 $y_{i2g} > 0$ 的话；或 $\log[y_{i2g}/(1 - y_{i2g})]$，如果 $0 < y_{i2g} < 1$ 的话——作为因变量的约简型。正如我们在二值响应情形中讨论过的，使用连续内生解释变量的变换考虑到了更为现实的含有可加性和独立误差的线性约简型。）然后，我们估计我们刚刚涵盖过的带有解释变量 $\mathbf{z}_{i1}$，$\mathbf{y}_{i2}$ 和 $\hat{\mathbf{v}}_{i2}$ 的多项响应模型之一。就像使用控制函数法以来那样，我们需要对 $\mathbf{z}_{i1}$ 施加足够的排除约束以识别参数和平均偏效应。我们可以包括 $(\mathbf{z}_{i1}, \mathbf{y}_{i2}, \hat{\mathbf{v}}_{i2})$ 的非线性函数，其中包括二次项和交互项。

给定概率 $P(y_{i1} = j \mid \mathbf{z}_{i1} = z_1, \mathbf{y}_{i2} = \mathbf{y}_2, \mathbf{v}_{i2} = \mathbf{v}_2) \equiv p_j(\mathbf{z}_1, \mathbf{y}_2, \mathbf{v}_2)$ 的估计，我们可以通过估计平均结构函数（ASF）来估计关于结构概率的偏效应：

$$\widehat{\mathrm{ASF}}(\mathbf{z}_1, \mathbf{y}_2) = N^{-1} \sum_{i=1}^{N} p_j(\mathbf{z}_1, \mathbf{y}_2, \hat{\mathbf{v}}_{i2}) \tag{16.14}$$

然后，像往常一样，我们可以求 $\widehat{\mathrm{ASF}}(\mathbf{z}_1, \mathbf{y}_2)$ 关于 $(\mathbf{z}_1, \mathbf{y}_2)$ 的元素的导数或微小增量。尽管增量方法可用于获取分析性标准误，但如果人们使用，比如说 CL 时，自助法会更简单且可行。

如果我们采取一个多项 probit 模型作为底层结构模型，那么我们可以推导出一个实施控制函数法的多项 probit 模型。但是，就像在含有外生解释变量的情形中那样，这样一种方式在计算上也困难得多。实施自助法以获得参数或 APE 的标准误将带来计算上的挑战，甚至只有很少量的备选方案时。

16.2.4 面板数据方法

我们可以用类似于上一小节那样的推理，以获得关于允许面板数据模型中存在相关随机效应的一些简单策略。理想情况下，我们会设定以不可观测异质性为条件的响应概率的一个流行模型。然而，出于类似于 16.2.3 节中讨论的原因，这样的做法会导致计算困难。

为了在有关问题上做得更精确，对每一个时间段 t，设 y_{it} 是在 $\{0, \cdots, J\}$ 上取值的一个无序响应，并设 $\mathbf{x}_{it}$ 表示一个解释变量的向量（其包括一个常数，并且像往常一样，可以包括一整套时间哑变量以及非时变变量），设 $\mathbf{c}_i$ 是一个

不可观测异质性的向量，我们愿意从设定

$$\mathrm{P}(y_{it}=j \mid \mathbf{x}_{it}, \mathbf{c}_i)=\mathrm{P}(y_{it}=j \mid \mathbf{x}_i, \mathbf{c}_i) \tag{16.15}$$

开始，其中两个概率的等式意味着我们假设了 $\{\mathbf{x}_{it}: t=1, \cdots, T\}$ 以 $\mathbf{c}_i$ 为条件的严格外生性。如果我们把式（16.15）设定为，比如说一个 MNL，那么在设定 $\mathrm{D}(\mathbf{c}_i \mid \mathbf{x}_i)$ 以后求积分消掉 $\mathbf{c}_i$，通常是很重要的。例如，假设我们从一个含有异质性的单一来源的 MNL 模型开始：

$$\mathrm{P}(y_{it}=j \mid \mathbf{x}_{it}, c_i)=\exp(\mathbf{x}_{it}\boldsymbol{\beta}_j+\alpha_j c_i)\Big/\Big[1+\sum_{h=1}^{J}\exp(\mathbf{x}_{it}\boldsymbol{\beta}_h+\alpha_h c_i)\Big] \tag{16.16}$$

如果我们设定

$$c_i \mid \mathbf{x}_i \sim \mathrm{Normal}(\eta+\overline{\mathbf{w}}_i\xi, \sigma_a^2) \tag{16.17}$$

其中 $\mathbf{w}_{it}$ 是 $\mathbf{x}_{it}$ 的子集，随 i 和 t 而变化，那么，在原则上，我们可以得到 $\mathrm{P}(y_{it}=j \mid \mathbf{x}_i)=\mathrm{P}(y_{it}=j \mid \mathbf{x}_{it}, \overline{\mathbf{w}}_i)$。但结果不是闭型且在计算上不容易处理。通常需要 16.2.2 节中提到的那种估计所使用的模拟方法。

相反，如果我们只假设 $\mathrm{D}(\mathbf{c}_i \mid \mathbf{x}_i)=\mathrm{D}(\mathbf{c}_i \mid \overline{\mathbf{w}}_i)$，那么

$$\mathrm{P}(y_{it}=j \mid \mathbf{x}_i)=\mathrm{P}(y_{it}=j \mid \mathbf{x}_{it}, \overline{\mathbf{w}}_i), \quad j=0, \cdots, J; t=1, \cdots, T \tag{16.18}$$

此外，我们知道 $\mathrm{P}(y_{it}=j \mid \mathbf{x}_{it}=\mathbf{x}_t, \mathbf{c}_i)$ 的 APE——也就是，求平均消掉了 $\mathbf{c}_i$ 后的偏效应——可以通过在 $\mathrm{P}(y_{it}=j \mid \mathbf{x}_{it}=\mathbf{x}_t, \overline{\mathbf{w}}_i)$ 上求平均消掉 $\overline{\mathbf{w}}_i$ 而获得。我们在 15.8 节多次使用了这个事实；也可参见 2.2.5 节。因此，直接对 $\mathrm{P}(y_{it}=j \mid \mathbf{x}_{it}, \overline{\mathbf{w}}_i)$ 建模可能是有用的。一个简单的方法是设定 $\mathrm{P}(y_{it}=j \mid \mathbf{x}_{it}, \overline{\mathbf{w}}_i)$ 为，比如说，MNL：

$$y_{it} \mid (\mathbf{x}_{i1}, \cdots, \mathbf{x}_{iT}) \sim \mathrm{Multinomial}(\mathbf{x}_{it}\boldsymbol{\beta}_1+\overline{\mathbf{w}}_i\xi_1, \cdots, \mathbf{x}_{it}\boldsymbol{\beta}_J+\overline{\mathbf{w}}_i\xi_J) \tag{16.19}$$

假设 $\mathbf{x}_{it}$ 包含一个截距项（以及可能包含 $T-1$ 个时间段哑变量）。然后，我们可以只应用混合多项 logit 估计，并包含时间平均值 $\overline{\mathbf{w}}_i$ 作为额外的解释变量。应当使推断对序列相关是稳健的，因为至少有一部分异质性仍然被遗漏了。此外，混合的 MNL 估计量允许 $\mathrm{D}(y_{i1}, \cdots, y_{iT} \mid \mathbf{x}_i, \mathbf{c}_i)$ 中存在任何一种相依性。当然，这种方法施加了以 $(\mathbf{x}_{it}, \overline{\mathbf{w}}_i)$ 为条件的 IIA，但是，有趣的是，它不施加 IIA 到平均响应概率上——在本情形中是平均结构函数——我们将它估计为

$$\widehat{\mathrm{ASF}}_j(\mathbf{x}_t)=N^{-1}\sum_{i-1}^{N}\Big\{\exp(\mathbf{x}_t\hat{\boldsymbol{\beta}}_j+\overline{\mathbf{w}}_i\hat{\xi}_j)\Big/\Big[1+\sum_{h=1}^{J}\exp(\mathbf{x}_t\hat{\boldsymbol{\beta}}_h+\overline{\mathbf{w}}_i\hat{\xi}_h)\Big]\Big\} \tag{16.20}$$

同时，允许一个混合模型，其中可选择 $\mathbf{x}_{it}$ 的一些特定要素，不会造成困难。我们可以把同样的策略应用到嵌套 logit 模型：我们仅添加时间平均值 $\overline{\mathbf{w}}_i$ 作为额外的解释变量，使用混合的 MLE，并作出对任意的序列相依性稳健的推断。许多计量经济学软件包能使这种方法非常简单地得到实现。

允许 $\mathbf{x}_{it}$ 和 $\overline{\mathbf{w}}_i$ 在 MNL 或 CL 模型中交互作用，我们甚至获得了更大的灵活

性。换句话说，我们可以将 $[\text{vec}(\bar{\mathbf{w}}_i \otimes \mathbf{x}_{it})]'\lambda_j$ 添加到隐含在式（16.19）中的概率中。其他非线性的函数，诸如一般多项式，也很容易包含进去。

16.3 有序响应模型

16.3.1 有序 logit 与有序 probit

我们现在转向有序响应模型。设 y 表示对于某一个已知的整数 J，在 $\{0, 1, 2, \cdots, J\}$ 上取值的有序响应。关于 y（以解释变量 $\mathbf{x}$ 为条件）的**有序 probit 模型**（ordered probit model）可以从潜变量模型中推导出来。假定潜变量 y^* 是由下式决定：

$$y^* = \mathbf{x}\boldsymbol{\beta} + e, \quad e \mid \mathbf{x} \sim \text{Normal}(0, 1) \tag{16.21}$$

其中 $\boldsymbol{\beta}$ 表示 $K \times 1$ 维向量，由于即将看到的一些原因，$\mathbf{x}$ 不包含常数。设 $\alpha_1 < \alpha_2 < \cdots < \alpha_J$ 表示未知的**割点**（cut point）[或**门槛参数**（threshold parameters）]，同时定义

$$\begin{aligned} &y = 0, \text{如果 } y^* \leqslant \alpha_1 \\ &y = 1, \text{如果 } \alpha_1 < y^* \leqslant \alpha_2 \\ &\quad\vdots \\ &y = J, \text{如果 } y^* > \alpha_J \end{aligned} \tag{16.22}$$

例如，如果 y 在 0，1 以及 2 中取值，那么存在两个割点 α_1 与 α_2。

给定关于 e 的标准正态假设，可直接推导出给定 $\mathbf{x}$ 时 y 的条件分布；我们可以直接计算出每一个响应概率：

$$\begin{aligned} &\mathrm{P}(y=0 \mid \mathbf{x}) = \mathrm{P}(y^* \leqslant \alpha_1 \mid \mathbf{x}) = \mathrm{P}(\mathbf{x}\boldsymbol{\beta} + e \leqslant \alpha_1 \mid \mathbf{x}) = \boldsymbol{\Phi}(\alpha_1 - \mathbf{x}\boldsymbol{\beta}) \\ &\mathrm{P}(y=1 \mid \mathbf{x}) = \mathrm{P}(\alpha_1 < y^* \leqslant \alpha_2 \mid \mathbf{x}) = \boldsymbol{\Phi}(\alpha_2 - \mathbf{x}\boldsymbol{\beta}) - \boldsymbol{\Phi}(\alpha_1 - \mathbf{x}\boldsymbol{\beta}) \\ &\quad\vdots \\ &\mathrm{P}(y=J-1 \mid \mathbf{x}) = \mathrm{P}(\alpha_{J-1} < y^* \leqslant \alpha_J \mid \mathbf{x}) = \boldsymbol{\Phi}(\alpha_J - \mathbf{x}\boldsymbol{\beta}) - \boldsymbol{\Phi}(\alpha_{J-1} - \mathbf{x}\boldsymbol{\beta}) \\ &\mathrm{P}(y=J \mid \mathbf{x}) = \mathrm{P}(y^* > \alpha_J \mid \mathbf{x}) = 1 - \boldsymbol{\Phi}(\alpha_J - \mathbf{x}\boldsymbol{\beta}) \end{aligned} \tag{16.23}$$

你可以很容易验证，这些概率之和为 1。当 $J=1$ 时，我们得到二值 probit 模型：$\mathrm{P}(y=1 \mid \mathbf{x}) = 1 - \mathrm{P}(y=0 \mid \mathbf{x}) = 1 - \boldsymbol{\Phi}(\alpha_1 - \mathbf{x}\boldsymbol{\beta}) = \boldsymbol{\Phi}(\mathbf{x}\boldsymbol{\beta} - \alpha_1)$，所以 $-\alpha_1$ 表示 $\boldsymbol{\Phi}$ 中的截距。由于这个缘故，有序 probit 模型的这一公式中 $\mathbf{x}$ 不包括截距。（当只存在两个结果 0 与 1 时，我们设单个割点为 0，并且估计截距；这种方法导致了标准 probit 模型。）

参数 $\boldsymbol{\alpha}$ 与 $\boldsymbol{\beta}$ 可以由极大似然法估计出来。对于每一个 i，对数似然函数是

$$\ell_i(\boldsymbol{\alpha},\boldsymbol{\beta})=1[y_i=0]\log[\boldsymbol{\Phi}(\alpha_1-\mathbf{x}_i\boldsymbol{\beta})]+1[y_i=1]\log[\boldsymbol{\Phi}(\alpha_2-\mathbf{x}_i\boldsymbol{\beta}) \\ -\boldsymbol{\Phi}(\alpha_1-\mathbf{x}_i\boldsymbol{\beta})]+\cdots+1[y_i=J]\log[1-\boldsymbol{\Phi}(\alpha_J-\mathbf{x}_i\boldsymbol{\beta})] \quad (16.24)$$

这个对数似然函数具有良好特性，而且许多统计程序包都可以常规地估计有序 probit 模型。

人们可以用其他一些分布函数代替 $\boldsymbol{\Phi}$。用 logit 函数 Λ 代替 $\boldsymbol{\Phi}$ 就得到**有序 logit 模型**（ordered logit model）。在这两种情形的任何一种中，我们必须记住，对 $\boldsymbol{\beta}$ 本身的关注是有限的。在多数情形中，由于 y^* 是一种抽象构思结果，我们对 $\mathrm{E}(y^* \mid \mathbf{x})=\mathbf{x}\boldsymbol{\beta}$ 不感兴趣。相反，正像有序响应情形一样，我们对响应概率 $\mathrm{P}(y=j \mid \mathbf{x})$ 感兴趣。对于有序 probit 模型来说，

$$\partial p_0(\mathbf{x})/\partial x_k=-\beta_k\phi(\alpha_1-\mathbf{x}\boldsymbol{\beta}),\partial p_J(\mathbf{x})/\partial x_k=\beta_k\phi(\alpha_J-\mathbf{x}\boldsymbol{\beta})$$
$$\partial p_j(\mathbf{x})/\partial x_k=\beta_k[\phi(\alpha_{j-1}-\mathbf{x}\boldsymbol{\beta})-\phi(\alpha_j-\mathbf{x}\boldsymbol{\beta})], \quad 0<j<J$$

同时，对于有序 logit 模型来说，公式是相似的。在对各种不同的模型进行比较时——特别是，对有序 probit 与有序 logit 模型加以比较时——我们必须记住，要在 $\mathbf{x}$ 的不同值上，诸如 $\bar{\mathbf{x}}$，比较已估计的响应概率；不能直接对 $\hat{\boldsymbol{\beta}}$ 进行比较。尤其是，$\hat{\alpha}_j$ 是已估计的概率与偏效应大小的重要决定因素。（因此，有序 probit 把 α_j 称为辅助的或者次要参数，这样处理会误入歧途。）

尽管 x_k 对概率 $\mathrm{P}(y=0 \mid \mathbf{x})$ 与 $\mathrm{P}(y=J \mid \mathbf{x})$ 的效应方向确实是由 β_k 的符号来决定的，但 β_k 的符号并不总是决定中间结果 1，2，…，$J-1$ 的效应方向。为了理解这一点，假定存在三种可能结果 0，1 以及 2，同时 $\beta_k>0$。于是，$\partial p_0(\mathbf{x})/\partial x_k<0$ 且 $\partial p_2(\mathbf{x})/\partial x_k>0$，但是 $\partial p_1(\mathbf{x})/\partial x_k$ 可以是两者之中的任一个符号。如果 $|\alpha_1-\mathbf{x}\boldsymbol{\beta}|<|\alpha_2-\mathbf{x}\boldsymbol{\beta}|$，那么缩放因子 $\phi(\alpha_1-\mathbf{x}\boldsymbol{\beta})-\phi(\alpha_2-\mathbf{x}\boldsymbol{\beta})$ 是正的；反之，它就是负的。（这个结论因为标准正态 pdf 是关于零对称的，所以在零点达到其最大值，而且当它的自变量以绝对值形式递增时单调下降时成立。）

正如多项 logit 一样，对于有序响应而言，我们可以计算每一个结果以及所有结果的正确预测百分比：对于 y 来说，我们的预测只是带有最高估计概率的那个结果。

当 y 具有给定的数量含义，而我们希望知道响应的离散、有序特性时，同样可应用有序 probit 与有序 logit。例如，假定要求个体给出他们对养老基金如何进行投资的三种响应中的一种："几乎全部投资债券"、"混合形式"，以及"几乎全部投资股票"。一种可能性是指派这些结果为 0，1，2，然后应用有序 probit 或者有序 logit 来估计各种各样因素对每一种结果概率的效应。相反，我们可以指派投资于股票的百分比为比如 0%、50%以及 100%，或者 25%、50%以及 75%。只要次序保持不变，对于每种类型概率进行估计与我们如何指派百分比无关。然而，如果我们对 y 给出数量含义，那么 y 的期望值就有含义。我们有

$$\mathrm{E}(y|\mathbf{x})=a_0\mathrm{P}(y=a_0|\mathbf{x})+a_1\mathrm{P}(y=a_1|\mathbf{x})+\cdots+a_J\mathrm{P}(y=a_J|\mathbf{x}) \quad (16.25)$$

其中 $a_0<a_1<\cdots<a_J$ 表示由 y 所取的 J 个值。一旦我们通过有序 probit 或者有序 logit 估计出响应概率，我们就很容易地估计关于任意 $\mathbf{x}$ 值的 $\mathrm{E}(y\mid\mathbf{x})$，比如 $\bar{\mathbf{x}}$ 的 $\mathrm{E}(y\mid\mathbf{x})$。在解释变量的不同值上，对期望值的估计加以比较就可获得关于离散 x_j 的偏效应。

例 16.2（养老金计划的资产配置） PENSION.RAW 中的数据是帕普克（Papke，1998）曾使用过的数据子集，她利用此数据对允许个体在养老金计划中选择他们自己的配置对养老金计划中资产配置的影响进行了评估。最初，帕普克将响应"几乎全部投资债券"、"混合形式"以及"几乎全部投资股票"编码成 0、50 以及 100，然后使用由 OLS 估计的线性回归模型。如果该人在如何投资于他或她的基金上有了选择，那么二值解释变量 *choice* 是 1。对年龄、教育、性别、种族、婚姻状况、收入（通过一个虚拟变量的集合）、财产以及此计划是否分红加以控制，得出 OLS 估计值 $\hat{\beta}_{\mathrm{choice}}=12.05$（se=6.30），其中 $N=194$。这一结果意味着，其他情况都相同，已进行选择的人的股票资产上大致多了 12%。

在有序 probit 模型中，*choice* 的系数是 0.371(se=0.184)。有序 probit 系数的数量大小并没有简单的解释，但是它的符号与统计显著性和线性回归结果一致。(所估计的割点为 $\hat{\alpha}_1=-3.087$，而 $\hat{\alpha}_2=-2.054$。) 为了得到估计的选择对股票投资期望百分比的效应大小，我们可以估计满足 *choice*=1 以及 *choice*=0 的 $\mathrm{E}(y\mid\mathbf{x})$，然后得到它们的差值。然而，我们需要对于其他回归元选择一些值。为了阐明思想，假定此人为 60 岁，受了 13.5 年的教育（大致是样本均值），是单身、非黑人男性，年收入在 50 000～75 000 美元之间，而且在 1989 年具有财产 200 000 美元（也接近于样本平均值），且没有一项分红计划。于是，对于 *choice*=1 来说，$\hat{\mathrm{E}}(pctstck\mid\mathbf{x})\approx40.0$，而对于 *choice*=0 来说，$\hat{\mathrm{E}}(pctstck\mid\mathbf{x})\approx28.1$。其差值为 11.9，这明显接近于线性模型对选择效应的估计值。

对于有序 probit 来说，每一种类型的正确预测百分比是 51.6%（几乎全部投资债券）、43.1%（混合形式）以及 37.9%（几乎全部投资股票）。整体正确预测百分比大致是 44.3。

16.3.2 有序模型中的设定问题

就像在第 15 章的二值 probit 和 logit，以及在 16.1 节讨论的无序模型中那样，我们可以探入研究在有序 probit 和 logit 中各种设定问题所带来的后果。有些作者已聚焦在**平行回归假设**（parallel regression assumption）上，这个问题的出现是因为基本的潜变量公式有一个独立于协变量的单个不可观测因子。特别是，如果我们像在式（16.21）中那样写出 y^*，其中 $\mathrm{D}(e\mid\mathbf{x})$ 是标准正态或逻辑斯蒂分布的，那么

$$\mathrm{P}(y\leqslant j\mid\mathbf{x})=\mathrm{P}(y^*\leqslant\alpha_j\mid\mathbf{x})=G(\alpha_j-\mathbf{x}\boldsymbol{\beta})\quad j=0,1,\cdots,J-1 \tag{16.26}$$

其中 $G(\cdot)=\boldsymbol{\Phi}(\cdot)$ 或 $G(\cdot)=\Lambda(\cdot)$，而且因此，概率仅由于切割参数 α_j 而

跨 j 不同。事实上，非线性累积分布函数内部的一个截距平移决定了概率中的差异。一个更一般的设定也允许向量 $\boldsymbol{\beta}$ 跨 j 而改变：

$$\mathrm{P}(y \leqslant j \mid \mathbf{x}) = G(\alpha_j - \mathbf{x}\boldsymbol{\beta}_j), \quad j = 0, 1, \cdots, J-1 \tag{16.27}$$

显然，式（16.27）比（16.26）更一般，通过将二值响应 MLE 应用于响应变量 $w_{ij} = 1[y_i \leqslant j]$，其中 $j=0$，…，$J-1$，很容易估计出向量 $(\alpha_j, \boldsymbol{\beta}_j)$。正如朗和弗里兹（Long and Freese，2001）所讨论的，（16.27）的估计和有序响应模型（其为受约束模型）的估计可用于获取关于假设 $\boldsymbol{\beta}_j$ 都是相等的 LR 统计量。

对在式（16.27）中 $\boldsymbol{\beta}_j$ 都相同的检验，肯定是一个有效的标准有序 probit 或 logit 模型的设定检验，但尚不清楚的是：如果我们拒绝一个相同的 $\boldsymbol{\beta}$ 的话，该如何进行下去。大概在逻辑上可揭示 y 是一个有序响应还是无序响应；如果 y 是一个有序响应，那么对于 $\mathbf{x}$ 的所有取值，估计的概率 $\hat{\mathrm{P}}(y \leqslant j \mid \mathbf{x})$ 不会随 j 而增加——如果允许 $\boldsymbol{\beta}_j$ 不同，这种情形有可能会发生——但是这种可能性没什么道理，而且估计一个无序模型（诸如多项 logit）也没道理。此外，统计上拒绝不一定意味着响应概率的有序 probit 或有序 logit 估计就是真实响应概率的一个较差估计。如果我们设定更一般的模型 $\mathrm{P}(y \leqslant j \mid \mathbf{x}) = G(\alpha_j - \mathbf{x}\boldsymbol{\beta}_j)$，那么给我们留下的就是关于 $w_j = 1[y \leqslant j]$，$j=0$，…，$J-1$ 的一堆没有关联的二值响应模型，目前尚不清楚我们最终将会了解到什么。（分别估计关于 w_j 的二值响应模型，就是如何对平行回归函数实施一个 LR 检验，其中受约束模型只是通常的有序 probit 或有序 logit；要作进一步的详细考察，可参考朗和弗里兹（Long and Freese，2001）。）式（16.26）就其本身而言也是有用的。对于一个连续变量 x_h，

$$\frac{\partial \mathrm{P}(y \leqslant j \mid \mathbf{x})}{\partial x_h} = -\beta_h g(\alpha_j - \mathbf{x}\boldsymbol{\beta}) \tag{16.28}$$

其中，$g(\cdot)$ 是与 $G(\cdot)$ 相关的密度，其意味着系数的符号明确地决定了 $\mathrm{P}(y \leqslant j \mid \mathbf{x})$ 的偏效应的符号。如果 $\beta_h > 0$，x_h 的一个增量会减少 y 小于或等于任意 j 的可能性。

其他设定问题也按照我们在第 15 章中二值响应模型的方式加以处理。出于 15.7 节讨论过的原因，这些在有序 probit 的背景下都是最容易研究的。例如，如果我们添加了一个正态分布的、独立于 $\mathbf{x}$ 的不可观测异质性的项，那么我们可一致估计响应概率的 APE 以及期望值，如果我们直接忽略异质性的话。正如二值响应的情形中那样，只要我们忽略异质性，就可以准确估计感兴趣的量。更一般地，如果我们对独立于 $\mathbf{x}_i$ 的异质性 c_i 设定 $\mathrm{P}(y_i = j \mid \mathbf{x}_i, c_i)$，通过计算 $\mathrm{P}(y_i = j \mid \mathbf{x}_i)$ 的偏效应就可以获得 APE。因此，可以认为我们可能也只是为 $\mathrm{P}(y_i = j \mid \mathbf{x}_i)$ 设定了更为灵活的模型。

设定更灵活模型的一种方法是在潜变量方程中引入异方差或非正态性，就像在二值响应的情形中一样。因此，假设在方程（16.21）中，

$$e \mid \mathbf{x} \sim \mathrm{Normal}(0, \exp(2\mathbf{x}_1\boldsymbol{\delta})) \tag{16.29}$$

其中 $\mathbf{x}_1$ 是 $\mathbf{x}$ 的一个子集（可能 $\mathbf{x}_1=\mathbf{x}$）。通过在式（16.23）中每个地方直接用（$\alpha_j-\mathbf{x}\boldsymbol{\beta}$）乘以 $\exp(-\mathbf{x}_1\boldsymbol{\delta})$ 就可以获得响应概率。$H_0:\boldsymbol{\delta}=\mathbf{0}$ 的一个得分检验，或检验的一个变量添加的版本，都可以很简单地推导出来；可参阅习题 16.4。无约束模型的 MLE 也不是太难。但是，就像在二值响应的情形中那样，我们必须记住要对不同模型的估计偏效应进行比较，而不是只比较系数估计值。在二值情形下如何界定 APE 的问题同样出现在这里，可参阅 15.7.4 节。

就像在二值响应的情形下一样，放宽对潜在误差 e 的正态性或逻辑斯蒂假设是有可能的。又一次，考虑这种扩展的关键问题是，实施它们是否在一些重要的方面改变了估计的偏效应。像往常一样，只考虑对 $\boldsymbol{\beta}$ 的估计及 α_j 的效应是不必要或不充分的。

16.3.3 内生解释变量

在有序 probit 模型中处理一个或多个连续内生解释变量是相对简单的，只要我们愿意对约简型作一些分布假设。事实上，里弗斯和王光（Rivers and Vuong，1988）的方法（见 15.7.2 节）可直接扩展到有序 probit。现在将模型写为

$$y_1^*=\mathbf{z}_1\boldsymbol{\delta}_1+\gamma_1 y_2+u_1 \tag{16.30}$$

$$y_2=\mathbf{z}\boldsymbol{\delta}_2+v_2 \tag{16.31}$$

其中 (u_1,v_2) 独立于 $\mathbf{z}$，且服从联合正态分布。（正如在二值情形中那样，我们可将这些假设放松一点点）。与典型的有序 probit 方法一致，$\mathbf{z}_1$ 不包含一个截距项。相反，存在一些割点，α_j，$j=1$，…，J。我们依据潜在响应 y_1^* 定义可观测有序响应 y_1，就像在式（16.22）中那样。

到如今方法应该很清楚了。如果我们记 $u_1=\theta_1 v_2+e_1$，并插入（16.30），我们得到

$$y_1^*=\mathbf{z}_1\boldsymbol{\delta}_1+\gamma_1 y_2+\theta_1 v_2+e_1 \tag{16.32}$$

其中 $\theta_1=\eta_1/\tau_2^2$，$\eta_1=\mathrm{Cov}(v_2,u_1)$，$\tau_2^2=\mathrm{Var}(v_2)$，$e_1\mid\mathbf{z}$，$v_2\sim\mathrm{Normal}(0,1-\rho_1^2)$ 且 $\rho_1=\theta_1^2\tau_2^2=\eta_1^2/\tau_2^2$。从两步估计的标准结论可以得出，如果我们从第一阶段 y_{i2} 对 $\mathbf{z}_i$ 的回归得到 OLS 残差 $\hat{v}_{i2}$，$i=1$，2，…，N，然后在第二阶段实施 y_{i1} 对 $\mathbf{z}_{i1}$，y_{i2} 和 $\hat{v}_{i2}$ 的有序 probit 回归，那么我们就一致地估计了经缩放的系数 $\boldsymbol{\delta}_{\rho 1}\equiv\boldsymbol{\delta}_1/(1-\rho_1^2)^{1/2}$，$\gamma_{\rho 1}\equiv\gamma_1/(1-\rho_1^2)^{1/2}$，$\theta_{\rho 1}\equiv\theta_1/(1-\rho_1^2)^{1/2}$，以及 $\alpha_{\rho j}=\alpha_j/(1-\rho_1^2)^{1/2}$。零假设 y_2 是外生的一个简单检验（当然，其中我们维持 $\mathbf{z}$ 是外生的），正好是 $\hat{v}_{i2}$ 的标准 t 统计量。就像在 15.7.2 节中那样，我们可通过用每一个经缩放的系数除以 $(1+\hat{\theta}_{\rho 1}^2\hat{\tau}_2^2)^{1/2}$ 来估计原始参数。自助法是获得标准误的一个自然的方式；增量方法也可以使用。

或者，像二值情形中那样，我们可以对包含残差 $\hat{v}_{i2}$ 的第二步有序 probit 计算出响应概率（或期望值）。然后，可在 $\hat{v}_{i2}$ 上计算响应概率或其导数的平均，

以获得 APE 的一致估计量。

当然，允许内生解释变量没有条件异方差正态分布是更难的。人们可以用 $y_2=1[\mathbf{z}\boldsymbol{\delta}_2+v_2>0]$ 替代式（16.31），其中 v_2 服从一个标准正态分布，然后再使用 MLE。那么需要为 $y_2=0$ 以及 $y_2=1$ 获得 $P(y_1=j \mid \mathbf{z}, y_2)$，$j=0$，…，$J-1$，正如在二值情形下那样。估计问题不是特别困难；例如，可参阅亚当斯、蒋和詹森（Adams，Chiang，and Jensen，2003）。像 15.7.3 节中讨论的那样，用来自第一阶段 probit 的拟合概率替代 y_2 的一个两阶段方法是不合理的；它会产生参数以及（可能）APE 的不一致估计。

一个更简单但更彻底的解决方案是假设（$\mathbf{z}, y_2$）一个单个的（可估计的）的函数与结构性有序 probit 模型中不可观测因子相关。这个假设隐含在我们已经实施的所有控制函数法中。例如，在式（16.31）的情形中，v_2 起着单一的、可估计函数的作用。为精确起见，假设我们明确引入不可观测因子 r_1，其被认为与 y_2 相关。然后，我们感兴趣的响应概率是

$$P(y_1=j \mid \mathbf{z}_1, y_2, r_1)=P(y_1=j \mid \mathbf{z}, y_2, r_1) \tag{16.33}$$

其中等式仅仅意味着一个排除约束。由于 r_1 不可观测，在计算偏效应时我们将对响应概率求积分以消掉 r_1。定义 y_2 的标准化残差为

$$e_2 \equiv [y_2-\boldsymbol{\Phi}(\mathbf{z}\boldsymbol{\delta}_2)]/\{\boldsymbol{\Phi}(\mathbf{z}\boldsymbol{\delta}_2)[1-\boldsymbol{\Phi}(\mathbf{z}\boldsymbol{\delta}_2)]\}^{1/2} \tag{16.34}$$

其假设是 $D(y_2 \mid \mathbf{z})$ 遵循 probit 模型。通过构建，得到 $E(e_2 \mid \mathbf{z})=0$ 和 $Var(e_2 \mid \mathbf{z})=1$。不像式（16.31）中的 v_2，这里的 e_2 不独立于 $\mathbf{z}$，因为它的支集直接取决于 $\mathbf{z}$。然而，假若我们简单地断言

$$D(r_1 \mid \mathbf{z}, y_2)=D(r_1 \mid e_2) \tag{16.35}$$

在假设（16.35）下，其结果是通过估计 $P(y_1=j \mid \mathbf{z}_1, y_2, e_1)$，然后求平均消掉 e_1，我们就可以一致地估计（$\mathbf{z}_1, y_2$）对 $P(y_1=j \mid \mathbf{z}_1, y_2, r_1)$ 的 APE。使用布伦德尔和鲍威尔（Blundell and Powell，2004）的表述，关于响应概率的 ASF 是

$$ASF_j(\mathbf{z}_1, y_2)=E_{e_{i2}}[p_j(\mathbf{z}_1, y_2, e_{i2})] \tag{16.36}$$

其中 $p_j(\mathbf{z}_1, y_2, e_2) \equiv P(y_1=j \mid \mathbf{z}_1, y_2, e_2)$。现在，原则上估计 APE 的方法是简单明了的。在第一阶段，我们估计 y_{i2} 对 $\mathbf{z}_i$ 的一个 probit，并构建标准化残差，$\hat{e}_{i2} \equiv (y_{i2}-\hat{\boldsymbol{\Phi}}_{i2})/[\hat{\boldsymbol{\Phi}}_{i2}(1-\hat{\boldsymbol{\Phi}}_{i2})]^{1/2}$。接下来，我们通过为不可观测的 e_{i2} 插入 $\hat{e}_{i2}$，估计 $p_j(\mathbf{z}_1, y_2, e_2)$ 的一个模型。由于 y_1 是一个有序的结果，任何估计方法都应该识别出有序性。由于有序 probit（以及有序 logit）很简单，作为一个近似，我们可能会使用一个 $\hat{e}_{i2}$ 以一种灵活的方式进入的有序 probit，例如，这些方式包括多项式，以及可能与（$\mathbf{z}_{i1}, y_{i2}$）交互作用的方式。从这样一个有序 probit 中进行的参数估计不一定会意味着什么，但通过在估计的响应概率中求平均消掉 $\hat{e}_{i2}$，APE 会很容易估计出来。至少，仅将 $\hat{e}_{i2}$ 作为一个单个解释变量添加到有序 probit 并导出 $\hat{e}_{i2}$ 上的一个 t 统计量，作为一个内生性检验是有效

的；像通常那样，零假设为 y_2 是外生的。（当然，从一个 LPM 中提出残差，或非标准化的 probit 残差，也提供了一个有效的检验。）自然，因为有序 probit 包含了二值 probit 作为一种特殊情形，该方法可应用于标准的二值 probit 模型。

刚刚描述的计算简便的程序的主要缺点是：当 y_2 是二值的时，假设（16.35）缺乏基础。然而，它可能成立，那么唯一的问题就是如何选择函数形式。在每一步中，人们可以使用非参数或半参数方法，类似于布伦德尔和鲍威尔（Blundell and Powell，2004），以克服具体函数形式（如第二阶段中的有序 probit）所带来的异议。

16.3.4 面板数据方法

我们可以很容易地将关于二值 probit 的相关随机效应（CRE）的方法（见 15.8.2 节）应用到有序 probit 中。我们从标准的潜变量模型开始：

$$y_{it}^* = \mathbf{x}_{it}\boldsymbol{\beta} + c_i + e_{it}, \quad t=1,\cdots,T \tag{16.37}$$

其中

$$e_{it} \mid \mathbf{x}_i, c_i \sim \text{Normal}(0,1), \quad t=1,\cdots,T \tag{16.38}$$

且 $\mathbf{x}_{it}$ 可以包含时间段哑变量，但不包含一个综合的截距。然后，可观测的有序响应是：如果 $y_{it}^* \leqslant \alpha_1$，那么 $y_{it}=0$；如果 $\alpha_1 < y_{it}^* \leqslant \alpha_2$，那么 $y_{it1}=1$，如此等等。我们可以添加张伯伦-芒德拉克装置：

$$c_i = \psi + \bar{\mathbf{x}}_i \xi + a_i, \quad a_i \mid \mathbf{x}_i \sim \text{Normal}(0, \sigma_a^2) \tag{16.39}$$

现在，如果我们计算响应概率 $p_j(\mathbf{x}_{it}, \bar{\mathbf{x}}_i) = \text{P}(y_{it}=j \mid \mathbf{x}_{it}, \bar{\mathbf{x}}_i) = \text{P}(y_{it}=j \mid \mathbf{x}_i)$，很容易看到，这些响应概率具有带参数 $\boldsymbol{\beta}_a$，$\boldsymbol{\xi}_a$ 和 α_{aj} 的有序 probit 形式，$j=1,\cdots,J$，其中下标 a 表示除以 $(1+\sigma_a^2)^{1/2}$，而 ψ_a 被吸收进了割点。经缩放的参数用**混合有序 probit**（pooled ordered probit）进行估计，在这里我们允许存在无约束的序列相依性。自然，$\text{P}(y_{it}=j \mid \mathbf{x}_{it}=\mathbf{x}_t, c_i=c)$ 关于 $\mathbf{x}_t$ 的元素的 APE 可从下式中获得：

$$N^{-1}\sum_{i=1}^{N} p_j(\mathbf{x}_t, \bar{\mathbf{x}}_i, \hat{\boldsymbol{\theta}}_a) \tag{16.40}$$

其中 $\hat{\boldsymbol{\theta}}_a$ 代表所有经缩放的参数估计的向量；这是唯一不用进一步假设我们就可以得到的一组参数。

如果我们假定 e_{it} 是以 $(\mathbf{x}_i, c_i)$ 为条件独立的，一个完全 MLE 方法是可能的，但是，在计算上，完全 MLE 比混合（偏）MLE 更困难。一如往常，混合方法仅仅识别了 APE，但它比完全 MLE 更稳健。

伍德里奇（Wooldridge，2005b）提供了一个框架来估计动态有序 probit 模型。一个重要的问题涉及动态机制是如何进入响应概率中的。伍德里奇建议包含一套哑变量以表示前期结果。也就是说，定义 J 个哑变量，比如说

$w_{i,t-1,1}$，…，$w_{i,t-1,J}$，其中 $w_{i,t-1,j}=1[y_{i,t-1}=j]$，那么 $\mathbf{w}_{i,t-1}=(w_{i,t-1,1},\cdots,w_{i,t-1,J})$ 就被包含进了解释变量中。因此，潜变量模型是

$$y_{it}^*=\mathbf{z}_{it}\boldsymbol{\delta}+\mathbf{w}_{i,t-1}\boldsymbol{\rho}+c_i+u_{it}, \quad t=1,\cdots,T \tag{16.41}$$

为解释初始条件问题，对不可观测效应 c_i 建模为 $c_i=\psi+\mathbf{w}_{i0}\boldsymbol{\eta}+\mathbf{z}_i\xi+a_i$，其中 $\mathbf{w}_{i0}$ 是初始条件 $\mathbf{w}_{i0j}$ 的 J 维向量，$\mathbf{z}_i$ 是严格外生解释变量 $\mathbf{z}_{it}$ 的整个历史。如果 a_i 独立于（$\mathbf{w}_{i0},\mathbf{z}_i$），且分布为 Normal$(0,\sigma_a^2)$，我们可以应用**随机效应有序 probit**（random effects ordered probit）到潜变量方程：

$$y_{it}^*=\mathbf{z}_{it}\boldsymbol{\delta}+\mathbf{w}_{i,t-1}\boldsymbol{\rho}+\mathbf{w}_{i0}\boldsymbol{\eta}+\mathbf{z}_i\xi+a_i+u_{it}, \quad t=1,\cdots,T \tag{16.42}$$

其中我们把截距吸收进了割点参数 α_j 中。任何估计随机效应有序 probit 模型的软件都可直接应用于估计所有参数，包括 σ_a^2；我们仅仅将在时间 t 的解释变量设定为（$\mathbf{z}_{it},\mathbf{w}_{i,t-1},\mathbf{w}_{i0},\mathbf{z}_i$）。（混合有序 probit 不能一致地估计任何我们感兴趣的参数；可参阅 15.8.4 节关于二值 probit 情形的讨论。）APE 很容易计算，正如伍德里奇（Wooldridge，2005b）中讨论的那样。毫不意外，APE 取决于乘以（$1+\hat{\sigma}_a^2)^{-1/2}$的系数。

习　题

16.1　使用 KEANE. RAW 中的数据来回答这个问题。

a. 估计表 16.1 报告的模型，利用 1981 年的数据。系数以重要方式不同于表 16.1（1987 年）的那些系数吗？

b. 估计跨所有年份混合的模型，包括 1982—1987 年的年度虚拟变量。解释为什么在一般情况下，应当使标准误和检验统计量对任意序列相依性稳健。通常的和稳健的标准误有很大的差别吗？

c. 年度虚拟变量应当被保留在模型中吗？请解释。

d. 使用 b 部分估计的模型，当 *educ* 从 12 增加至 16 时，估计有 5 年工作经验的黑人被雇佣概率的变化。同时获得 1981 年和 1987 年的估计，并作出评论。

e. 你如何检验 *exper* 和 $exper^2$ 系数是否随时间而改变？

16.2　对于这个练习利用 PENSION. RAW 中的数据。

a. 估计 *pctstck* 的一个线性模型，其中解释变量是 *choice*，*age*，*educ*，*female*，*black*，*married*，*finc25*，…，*finc101*，*wealth89* 以及 *prftshr*。你为什么要计算异方差性稳健标准误？

b. 样本分别包括一些丈夫—妻子配对的观测值。计算 a 部分模型中估计值的标准误，以此解释家庭内的整群相关性。（这些还应该是异方差性稳健的。）标准误与通常 OLS 标准误或者异方差性稳健标准误有很大的不同吗？

c. 利用有序 probit 估计 a 部分中的模型估计。估计关于单身、非黑人受过 12 年教育的年龄为 60 岁女性的 E($pctstck \mid \mathbf{x}$)。假定她拥有的净财产（在 1989

年）为150 000美元，并且每年挣得45 000美元，而且她参与的项目是不分红的。将此与出自线性的 $E(pctstck \mid \mathbf{x})$ 的估计值相比较。

d. 如果你想基于每一种方法估计 $E(y \mid \mathbf{x})$ 有多好在线性模型与有序 probit 之间进行选择，那么你会怎样做呢？

16.3 如（16.29）中那样，考虑指数异方差下的有序 probit 模型。

a. 推导响应概率 $P(y=j \mid \mathbf{x})$。

b. 写出对数似然作为所有参数 $\boldsymbol{\alpha}$，$\boldsymbol{\beta}$ 和 $\boldsymbol{\delta}$ 的一个函数。求对数似然关于 $\boldsymbol{\delta}$ 的梯度，并在 $\boldsymbol{\delta}=\mathbf{0}$ 处计算梯度。

c. $H_0: \boldsymbol{\delta}=\mathbf{0}$ 的一个有用的变量添加检验可能是什么？

d. 对于结果 $y=1$（只是为了具体起见），定义平均结构函数为

$$\mathrm{ASF}_1(\mathbf{x})=\mathrm{E}_{e_i}(1[\alpha_1-\mathbf{x}\boldsymbol{\beta}<e_i\leqslant\alpha_2-\mathbf{x}\boldsymbol{\beta}])$$

根据 e_i（以及 x 和参数）的（无条件）累积分布函数求 ASF。e_i 的累积分布函数是已知的吗？

e. 使用迭代期望法则证明

$$\mathrm{ASF}_1(\mathbf{x})=\mathrm{E}_{\mathbf{x}_{i1}}\{\boldsymbol{\Phi}[\exp(-\mathbf{x}_{i1}\boldsymbol{\delta})(\alpha_2-\mathbf{x}\boldsymbol{\beta})]-\boldsymbol{\Phi}[\exp(-\mathbf{x}_{i1}\boldsymbol{\delta})(\alpha_1-\mathbf{x}\boldsymbol{\beta})]$$

如果你已经通过极大似然估计了参数，你会如何估计 $\mathrm{ASF}_1(\mathbf{x})$，以及你将如何使用它来估计 APE？

16.4 使用 PENSION.RAW 中的数据，定义一个变量 $invest=0$，如果 $pctstck=0$；$invest=10$，如果 $pctstck=50$；和 $invest=2$，如果 $pctstck=100$。

a. 估计例 16.2 中的有序 probit 模型但将 *invest* 作为因变量。你会得出什么结论？

b. 使用 *pctstck* 和 *invest* 作为因变量，两者之间是否存在任何有趣的数量差异？

16.5 考虑在（16.30）和（16.31）中的有序 probit 模型，但假设 $v_2 \mid \mathbf{z} \sim \mathrm{Normal}(0,\exp(\mathbf{z}\boldsymbol{\xi}_2))$。换句话说，$v_2$ 包含异方差。假设 (u_1,e_2) 服从联合正态分布且独立于 z，其中 $e_2\equiv\exp(-\mathbf{z}\boldsymbol{\xi}_2/2)v_2$ 是标准化的误差，尤其是 u_1 和 e_2 都独立于 z 并服从一个标准正态分布。

a. 求 $\boldsymbol{\delta}_2$ 和 $\boldsymbol{\xi}_2$ 的 $\sqrt{N}$—致估计量。

b. 证明 $u_1=\theta_1 e_2+e_1$，其中 e_1 独立于 $(\mathbf{z},e_2)$。为什么 e_1 也独立于 y_2？

c. 为一致估计式（16.30）中的参数以及取决于缩放比例的割点，请提出一个两步方法。

d. 你会如何一致地估计 APE？

e. 如果方程（16.30）成立但 $y_2>0$，且用 $\log(y_2)$ 代替 y_2 时（16.31）成立，你将如何进行？

f. 现在假设 $E(y_2 \mid \mathbf{z})=\exp(\mathbf{z}\boldsymbol{\delta}_2)$ 及 $\mathrm{Var}(y_2 \mid \mathbf{z})=\exp(\mathbf{z}\boldsymbol{\xi}_2)$，并假设 $e_2\equiv[y_2-E(y_2 \mid \mathbf{z})]/[\mathrm{Var}(y_2 \mid \mathbf{z})]^{1/2}$ 独立于 $\mathbf{z}$。你将如何允许 y_2 在一个有序 probit 模型中是内生的？

16.6. 以潜变量形式，写一个面板数据的不可观测效应有序 probit 模型——其含有一个潜在的内生解释变量——为

$$y_{it1}^{*}=\mathbf{z}_{it1}\boldsymbol{\delta}_1+\gamma_1 y_{it2}+c_{i1}+u_{it1},u_{it1}|\mathbf{z}_i,c_{i1}\sim\text{Normal}(0,1)$$

其中，我们假定可观测结果 y_{it1} 被定义为在 $\{0,1,\cdots,J\}$ 上取值且有割点 α_1，…，α_J。其标记法以一种 15.8.5 节的自然方式进行了扩展。假设除此之外还有

$$c_{i1}=\psi_1+\bar{\mathbf{z}}_i\xi_1+a_{i1},\quad a_{i1}|\mathbf{z}_i\sim\text{Normal}(0,\sigma_{a_1}^2)$$
$$y_{it2}=\mathbf{z}_{it}\boldsymbol{\delta}_2+\psi_2+\mathbf{z}_i\xi_2+v_{it2},\quad v_{it2}|\mathbf{z}\sim\text{Normal}(0,\tau_2^2),\quad t=1,\cdots,T$$

a. 请提出一个两步控制函数方法估计 $\boldsymbol{\delta}_1$，γ_1 和取决于缩放比例的割点 α_j。给经缩放的参数添加上指标 g，以将它们区别于原始参数。

b. 证明关于结果 $1\leqslant j\leqslant J-1$ 的平均结构函数可写成

$$\begin{aligned}\text{ASF}(\mathbf{z}_{t1},y_{t2})=\text{E}_{(\bar{\mathbf{z}}_i,v_{it2})}[&\boldsymbol{\Phi}(\alpha_{gj}-\mathbf{z}_{t1}\boldsymbol{\delta}_{g1}-\gamma_{g1}y_{t2}-\bar{\mathbf{z}}_i\xi_{g1}-\theta_{g1}v_{it2})\\&-\boldsymbol{\Phi}(\alpha_{g,j-1}-\mathbf{z}_{t1}\boldsymbol{\delta}_{g1}-\gamma_{g1}y_{t2}-\bar{\mathbf{z}}_i\xi_{g1}-\theta_{g1}v_{it2})]\end{aligned}$$

其中 $\text{E}_{(\bar{\mathbf{z}}_i,v_{it2})}(\cdot)$ 表示关于 $(\bar{\mathbf{z}},v_{it2})$ 的分布的期望值。

c. 你会怎样估计 APE 并获得有效的标准误?

d. 如果 v_{ir2} 与 u_{it1} 对于某些 $r\neq t$ 来说是相关的，那么，参数的估计量和 APE 一致吗?

第 17 章 角点解响应

17.1 动机和例子

我们现在转向受限因变量同时具有连续和离散随机变量特征的一类模型。特别是，它们在某一范围的值上服从连续分布——有时这个值的范围非常宽——但它们以正的概率采取一个或两个焦点。这样的变量通常出现在对个人、家庭或企业行为的建模中，而且甚至出现在当我们研究在一个更为汇总的水平上，诸如课堂或学校层面的结果时。

最常见的情形是当非负响应变量 y 在严格为正的值上具有一个（大致）连续的分布，但 $P(y=0)>0$。我们把这样的变量叫做一个**角点解响应**（corner solution response）或**角点解结果**（corner solution outcome），在该情形中角点位于零。角点也可以出现在其他值上。例如，考虑在给定的一年间参与慈善捐赠的家庭总体。如果 y 是向宗教组织做的慈善捐赠的某一部分，我们很可能看到一个位于 0 和 1 之间的宽广范围，然后在 0 和 1 这两个端点上进行堆积。如果是这样，角点位于 0 和 1，而且把 y 看作在开区间（0,1）上具有一个连续分布是有道理的。

角点解响应通常被称为"截取响应"，这一标签来自出现了实际数据截取的情境。因此，我们在本章所涵盖的主要模型有时也被称为"截取回归模型"。相反，我们之所以使用**角点解模型**（corner solution model）这个有点不合常规的名称，是因为我们正试图捕捉一个不可观测角点解响应的特征。"截取"这个词意味着我们没有观测到响应变量整个可能的范围，但是那不是角点解响应的情形。例如，在一个慈善捐赠的模型中，我们有兴趣解释的变量，既为了理论上的缘由也出于政策分析的目的，是慈善捐赠的实际数额。对于总体中一个相当大的部分而言，这一结果可能为零，这并不意味着慈善捐赠以某种方式"在零处截取"，这是人们看到用于角点解响应分析中一个普遍但有误导性的措辞。比如说，慈善捐赠、劳动力供给、购买人寿保险以及股票市场投资的占比等堆积在某些焦点上，这一事实意味着我们可能想使用特殊的计量经济学模型。但它不是一个数据可观测性的问题。

在第 19 章中，我们将研究真的数据截取问题，其中我们想要解释的基础变量在高于或低于一个门限值时被截取。通常情况下，数据截取的产生是由于一项调查抽样方案或制度性约束。在那里，我们将对一个由于它在某些值之上或之下被截取而使得我们没有完全观测到的基础响应变量感兴趣。关于角点解响应和截取数据的计量经济学模型有着相似的统计结构，但人们使用估计的方式以及思考违背基础假设的方式都是不同的。为了避免混淆，并公平对待角点解模型和数据截取机制这两者，我们用关于数据问题的单独一章来处理数据截取。

在我们考虑专为角点解响应开发的模型之前，重要的是要懂得有一些简单的策略可用，而且也要理解这些策略的不足。因为我们感兴趣的是关于可观测变量 y 的 $\mathrm{D}(y \mid \mathbf{x})$ 的特征，我们可以直接对这样的特征建模。如果我们感兴趣的是 x_j 对均值响应 $\mathrm{E}(y \mid \mathbf{x})$ 的影响，很自然地要问：为什么不只假设 $\mathrm{E}(y \mid \mathbf{x})=\mathbf{x}\boldsymbol{\beta}$（其中 $x_1=1$）并在一个随机样本上应用 OLS 呢？当然，如果 $\mathrm{E}(y \mid \mathbf{x})=\mathbf{x}\boldsymbol{\beta}$，那么在一致估计 $\boldsymbol{\beta}$ 的方面，y_i 对 $\mathbf{x}_i$ 的 OLS 是完全明智的，$i=1, \cdots, N$，即便 $y_i \geqslant 0$ 且 $\mathrm{P}(y_i=0)>0$，一致性成立；OLS 的一致性并不取决于对 y 的概率特征进行约束。估计一个线性模型时的问题是在 $\mathbf{x}$ 中的均值线性假设：除非 x 的范围是相当有限的，否则 $\mathrm{E}(y \mid \mathbf{x})$ 不可能真正关于 $\mathbf{x}$ 是线性的。（在 $\mathbf{x}$ 由全部的和相互排斥的虚拟变量组成的特殊情形中，$\mathrm{E}(y \mid \mathbf{x})$ 总是可以写为 $\mathbf{x}$ 的一个线性函数。）一个相关的问题是，$\mathrm{E}(y \mid \mathbf{x})$ 上的偏效应不能在 $\mathbf{x}$ 的一个宽泛的范围内真正为常数，而且使用基础解释变量的标准非线性变换不能完全解决这个问题。$\mathrm{E}(y \mid \mathbf{x})$ 的线性模型的这些缺点与线性概率模型中的那些非常类似。

正如我们在 15.2 节对二值的 y 所讨论的，把线性模型看成线性投影 $\mathrm{L}(y \mid \mathbf{x})$ 总是有效的。正如我们所知道的，不管 y（和 $\mathbf{x}$）的性质如何，$\mathrm{L}(y \mid \mathbf{x})$ 始终能很好地定义，只要所有随机变量具有有限二阶矩。此外，正如我们在 15.7.5 节中看到的，线性投影的系数在受约束的假设下等于平均偏效应（APE）。一般来说，线性投影会很好地近似于平均偏效应（APE）。即便如此，人们可能会对在 $\mathbf{x}$ 值的一个宽广范围上得到 $\mathrm{E}(y \mid \mathbf{x})$ 以及条件均值上的偏效应的合理估计感兴趣，尽管如果 $\mathbf{x}$ 包含基础协变量的灵活函数的话近似会更好，但是线性投影会提供关于条件均值的一个较差近似。

即便 $\mathrm{E}(y \mid \mathbf{x})$ 的一个线性模型通常也是不适合的，我们已经看到其他相对简单的函数形式，其确保了关于 $\mathbf{x}$ 的所有值以及参数的一个正的条件均值。主要的情形是一个指数函数，$\mathrm{E}(y \mid \mathbf{x})=\exp(\mathbf{x}\boldsymbol{\beta})$，其中我们再一次假设 $x_1=1$。（我们不能使用 $\log(y)$ 作为一个线性回归中的因变量，因为 $\log(0)$ 没有定义。）重要的是明白对 $\mathrm{E}(y \mid \mathbf{x})$ 使用一个指数模型是没有什么问题的。它具有我们在条件均值模型中关于一个非负响应希望的所有特征。真实情形是该指数均值与下面我们要定义的 Tobit 模型是不相容的。但 Tobit 模型尽管很有吸引力，却只是一种可能性，而且为 $E(y \mid \mathbf{x})$ 直接设定一个指数模型并没有什么逻辑错误。正如我们将在第 18 章中看到的，一个指数函数同样适用于用来说明内生解释变量的相对简单的方法。

由于当 y 是一个角点解时 $\mathrm{Var}(y \mid \mathbf{x})$ 可能是异方差的，一个指数模型的非线性最小二乘（NLS）估计有可能是非有效的。正如我们从第 12 章中了解到的，尽管那需要对关于可能任意条件方差的一个模型进行设定，我们还是可以使用加权非线性最小二乘法获得更有效的估计量。然而，请记住，不管我们是使用非线性最小二乘法还是加权非线性最小二乘法，我们可以使用完全稳健的推断，而且一个经过深思熟虑进行构建的加权非线性最小二乘法估计量可能比非线性最小二乘法更有效，甚至就算是我们误设了条件方差。

对将 $E(y \mid \mathbf{x})$ 设为一个指数函数或任何其他函数的一个更重要的批评是，我们不能测度出 x_j 对 $D(y \mid \mathbf{x})$ 的任何其他特征的影响。通常，让我们感兴趣的是诸如 $P(y=0 \mid \mathbf{x})$ 和 $E(y \mid \mathbf{x}, y>0)$ 之类的特征。通过构建，$E(y \mid \mathbf{x})$ 的一个模型对 $D(y \mid \mathbf{x})$ 的其他特征说不出什么来。在本章中，我们主要关注那些充分设定了条件分布的模型，尽管我们也将涉及设定了不够完全的条件分布的其他情境。

在我们转向计量经济学模型之前，我们注意到最大化或最小化行为的经济模型往往会导致角点解结果的可能性。一个很好的例子是已婚妇女的年度工作小时数。在总体中，我们看到了工作小时数在严格为正的小时数上的一个宽广范围，其具有足够多的不同值以将分布看成连续的。但我们也看到相当一部分已婚妇女不为工资或薪金而工作。

一般情况下，效用最大化问题允许出现一个角点解的可能性，就像下面慈善捐赠的简单模型所示的。

例 17.1（慈善捐赠） 习题 15.2 表明，一旦利用效用函数 $util_i(c,q)=c+a_i\log(1+q)$，如何从关于慈善捐赠效用最大化问题中推导出 probit 模型，其中 c 表示以美元计算的年消费，而 q 表示年慈善捐赠。变量 a_i 决定家庭 i 捐赠的边际效用。最大化受制于预算约束 $c_i+p_iq_i=m_i$（其中 m_i 表示家庭收入，而 p_i 表示慈善捐赠的美元价格）与不等式约束 c，$q\geqslant 0$，容易证明，其解 q_i 是：如果 $a_i/p_i\leqslant 1$，那么 $q_i=0$；而如果 $a_i/p_i>1$，那么 $q_i=a_i/p_i-1$。我们可以把这个关系写成 $1+q_i=\max(1,a_i/p_i)$。如果 $a_i=\exp(\mathbf{z}_i\gamma+u_i)$，其中 u_i 是一个不可观测因素，那么慈善捐赠可以由式

$$\log(1+q_i)=\max[0,\mathbf{z}_i\gamma-\log(p_i)+u_i] \tag{17.1}$$

来确定。

因为当且仅当 $\log(1+q_i)=0$ 时 $q_i=0$，方程（17.1）意味着观测到零慈善捐款的概率严格为正。此外，因为 u_i 有一个正态分布，q_i 在严格正值上有一个连续分布。

慈善捐款的例子是当唯一的角点在零处——一种典型情形时，为角点解响应所必需的一种模型的一个特殊情形。在总体中，设 y 是角点解响应，并设 $\mathbf{x}$

是协变量的行向量（其包含单位元作为它的第一个元素）。假设

$$y=\max(0,\mathbf{x}\boldsymbol{\beta}+u) \tag{17.2}$$

其中 u 是不可观测的。当然，u 可以有各种不同的分布，且其条件分布 $\mathrm{D}(u\mid\mathbf{x})$ 可以依赖于 $\mathbf{x}$。但是，我们的主要假设是

$$u\mid\mathbf{x}\sim\mathrm{Normal}(0,\sigma^2) \tag{17.3}$$

这意味着 u 独立于 $\mathbf{x}$。假设（17.2）与（17.3）定义了**第Ⅰ类 Tobit 模型**（type Ⅰ Tobit model）（参阅托宾（Tobin，1958））。该模型也被称为标准截取回归模型，但是，正如我们之前提到的，我们在本章中回避“截取”这个词，因为它意味着某种数据截取。雨宫（Amemiya，1985）给它的标签为“第Ⅰ类”，我们在这里使用那个是因为它对应用程序的性质而言是中性的。（有趣的是，托宾在耐用消费品支出上的原始应用显然是一个角点解应用，而且他从来没有在他的文章中使用“截取”这个词。相反，他提到响应可取其“限定值”。此外，托宾仔细比较了条件均值的 Tobit 回归估计与线性模型估计。）当一个变量服从一个 Tobit 模型时能有一个符号来表示就很方便了。如果 $\mathrm{D}(y\mid\mathbf{x})$ 由（17.2）与（17.3）所决定，那么我们写出 $\mathrm{D}(y\mid\mathbf{x})=\mathrm{Tobit}(\mathbf{x}\boldsymbol{\beta},\sigma^2)$。

u 的正态性假设意味着它具有无界支集，并且，因为 u 独立于 $\mathbf{x}$，总是存在正的概率（对于任意 $\mathbf{x}$ 和 $\boldsymbol{\beta}$ 的任意值）使得 $\mathbf{x}\boldsymbol{\beta}+u<0$，其意味着 $\mathrm{P}(y=0\mid\mathbf{x})>0$。 565

式（17.2）得益于直接将感兴趣的变量 y 与观测到的解释变量以及不可观测因子关联在一起。然而，有时把（17.2）写成一个潜变量模型是有用的：

$$y^*=\mathbf{x}\boldsymbol{\beta}+u,\quad u\mid\mathbf{x}\sim\mathrm{Normal}(0,\sigma^2) \tag{17.4}$$

$$y_i=\max(0,y^*) \tag{17.5}$$

潜变量公式具有让我们对 $\mathrm{E}(y^*\mid\mathbf{x})$ 感兴趣的危险，但它对以后的推导会有好处。给定（17.4），潜变量 y^* 满足经典线性模型假设。

通过定义（在总体上）$y=\log(1+q)$ 和 $\mathbf{x}=[\mathbf{z},\log(p)]$，我们可以把例 17.1 中的模型写成式（17.2）中那样。q 的这种特殊的变换，连同 $\log(p)$ 的系数为 -1 这个约束一起，都是例子中使用的具体效用函数的产物。在实践中，人们可能只是令 $y=q$ 且没有对向量 $\boldsymbol{\beta}$ 施加约束。在这种应用中，我们必须小心，不要太过于强调 y^*，其中有些可能会看成“想要的”或“潜在的”慈善捐赠（很明显，这些可以是负的）。在角点解应用中，我们感兴趣的是 y，它应当是实际的慈善捐赠。

17.2 第Ⅰ类 Tobit 回归的有用表达式

因为 y 是 $\mathbf{x}$ 和 u 的一个非线性函数，我们想要导出其条件分布 $\mathrm{D}(y\mid\mathbf{x})$ 的

各种特征。给定假设（17.3）完全设定了 $D(u \mid \mathbf{x})$ 时，我们可以完整地刻画 $D(y \mid \mathbf{x})$。但在这样做之前，推导出不需要完全分布假设的 y 的条件均值和中位数的一般特征是有用的。

首先，假设 $E(u \mid \mathbf{x})=0$。然后，因为函数 $g(z) \equiv \max(0,z)$ 是凸的，从条件詹森不等式可得（见附录 2A）：

$$E(y|\mathbf{x}) \geqslant \max(0, E(\mathbf{x}\boldsymbol{\beta}+u|\mathbf{x}))=\max(0,\mathbf{x}\boldsymbol{\beta}) \tag{17.6}$$

因此，虽然没有进一步的假设时我们求不出 $E(y \mid \mathbf{x})$，但我们的确找到了作为 $\mathbf{x}\boldsymbol{\beta}$ 的一个函数的下界。

接下来，假设的不是零均值，而是 $\text{Med}(u \mid \mathbf{x})=0$。不像期望值，中位数算子能穿过单调函数，而且函数 $g(z)$ 是单调增加的（尽管并非严格如此）。因此，

$$\text{Med}(y|\mathbf{x})=\max(0,\text{Med}(\mathbf{x}\boldsymbol{\beta}+u|\mathbf{x}))=\max(0,\mathbf{x}\boldsymbol{\beta}) \tag{17.7}$$

这样，除了一个零中位数（当然，不需要在 u 和 $\mathbf{x}$ 之间的独立性）以外，对 $D(u \mid \mathbf{x})$ 没有任何约束，我们令 $\text{Med}(y \mid \mathbf{x})$ 为 $\mathbf{x}\boldsymbol{\beta}$ 的一个已知函数。从式（17.6）和（17.7）中，如果 $D(u \mid \mathbf{x})$ 是关于 0 对称的，其结果就是 $E(y \mid \mathbf{x}) \geqslant \text{Med}(y \mid \mathbf{x})$。我们将回到 17.5.4 节中的表达式（17.7），作为 u 的条件零中位数假设下估计 $\boldsymbol{\beta}$ 的一个基础。

当 u 独立于 $\mathbf{x}$ 并服从一个正态分布时，我们可以找到 $E(y \mid \mathbf{x})$ 的一个显性表达式。我们首先推导出 $P(y>0 \mid \mathbf{x})$ 和 $E(y \mid \mathbf{x}, y>0)$，其就它们自身而言就很有趣。然后，我们使用迭代期望法则获得 $E(y \mid \mathbf{x})$：

$$\begin{aligned} E(y|\mathbf{x}) &= P(y=0|\mathbf{x}) \cdot 0 + P(y>0|\mathbf{x}) \cdot E(y|\mathbf{x},y>0) \\ &= P(y>0|\mathbf{x}) \cdot E(y|\mathbf{x},y>0) \end{aligned} \tag{17.8}$$

推导 $P(y>0 \mid \mathbf{x})$ 是很容易的。定义二值变量 $w=1$，如果 $y>0$；$w=0$，如果 $y=0$。则 w 服从一个 probit 模型：

$$\begin{aligned} P(w=1|\mathbf{x}) &= P(y^*>0|\mathbf{x})=P(u>-\mathbf{x}\boldsymbol{\beta}|\mathbf{x}) \\ &= P(u/\sigma>-\mathbf{x}\boldsymbol{\beta}/\sigma)=\boldsymbol{\Phi}(\mathbf{x}\boldsymbol{\beta}/\sigma) \end{aligned} \tag{17.9}$$

式（17.9）的一个含义是 $\gamma \equiv \boldsymbol{\beta}/\sigma$，但 $\boldsymbol{\beta}$ 和 σ 都不可以单独地从 w 对 $\mathbf{x}$ 的 probit 中得到一致估计。

为了推导 $E(y \mid \mathbf{x}, y>0)$，我们需要关于正态分布的以下事实：如果 $z \sim \text{Normal}(0,1)$，那么，对于任意常数 c，

$$E(z|z>c)=\frac{\phi(c)}{1-\boldsymbol{\Phi}(c)}$$

其中 $\phi(\cdot)$ 是标准正态分布的密度函数。（通过注意到给定 $z>c$ 时 z 的密度是 $\phi(z)/[1-\boldsymbol{\Phi}(c)]$，$z>c$，然后从 c 到∞对 $z\phi(z)$ 积分，这可以很容易地得到证明。）因此，如果 $u \sim \text{Normal}(0,\sigma^2)$，那么

$$\mathrm{E}(u|u>c)=\sigma\mathrm{E}\left(\frac{u}{\sigma}\left|\frac{u}{\sigma}>\frac{c}{\sigma}\right.\right)=\sigma\left[\frac{\phi(c/\sigma)}{1-\mathbf{\Phi}(c/\sigma)}\right]$$

当 y 遵循一个 Tobit 模型时，我们可以利用这个式子求 $\mathrm{E}(y \mid \mathbf{x}, y>0)$：

$$\mathrm{E}(y|\mathbf{x},y>0)=\mathbf{x}\boldsymbol{\beta}+\mathrm{E}(u|u>-\mathbf{x}\boldsymbol{\beta})=\mathbf{x}\boldsymbol{\beta}+\sigma\left[\frac{\phi(\mathbf{x}\boldsymbol{\beta}/\sigma)}{\mathbf{\Phi}(\mathbf{x}\boldsymbol{\beta}/\sigma)}\right] \tag{17.10}$$

因为 $1-\mathbf{\Phi}(-\mathbf{x}\boldsymbol{\beta}/\sigma)=\mathbf{\Phi}(\mathbf{x}\boldsymbol{\beta}/\sigma)$。尽管从方程（17.10）中不能明显看出什么，但对于 $\mathbf{x}$ 和 $\boldsymbol{\beta}$ 的任意值来说，该式的右边是正的。

对于任何 c，数量 $\lambda(c)\equiv\phi(c)/\mathbf{\Phi}(c)$ 被称为**逆米尔斯比**。因此，$\mathrm{E}(y \mid \mathbf{x}, y>0)$ 是 $\mathbf{x}\boldsymbol{\beta}$ 以及在 $\mathbf{x}\boldsymbol{\beta}/\sigma$ 处计算的逆米尔斯比的 σ 倍的总和。

如果 x_j 是一个连续的解释变量，那么

$$\frac{\partial\mathrm{E}(y|\mathbf{x},y>0)}{\partial x_j}=\beta_j+\beta_j\left[\frac{\mathrm{d}\lambda}{\mathrm{d}c}(\mathbf{x}\boldsymbol{\beta}/\sigma)\right]$$

假设 x_j 与其他回归元之间没有函数相关性。通过对 $\lambda(c)=\phi(c)/\mathbf{\Phi}(c)$ 求微分，可以证明

$$\frac{\mathrm{d}\lambda}{\mathrm{d}c}(c)=-\lambda(c)[c+\lambda(c)]$$

并因此有

$$\frac{\partial\mathrm{E}(y|\mathbf{x},y>0)}{\partial x_j}=\beta_j\{1-\lambda(\mathbf{x}\boldsymbol{\beta}/\sigma)[\mathbf{x}\boldsymbol{\beta}/\sigma+\lambda(\mathbf{x}\boldsymbol{\beta}/\sigma)]\} \tag{17.11}$$

这个式子表明 x_j 对 $\mathrm{E}(y \mid \mathbf{x}, y>0)$ 的偏效应并不完全取决于 β_j；有一个乘以 β_j 的调整因子以及在 $\{\cdot\}$ 中的项，这一项通过指标 $\mathbf{x}\boldsymbol{\beta}/\sigma$ 而取决于 $\mathbf{x}$。我们可以利用这样的事实：如果 $z\sim\mathrm{Normal}(0,1)$，那么对于任意 $c\in\mathbb{R}$，有 $\mathrm{Var}(z \mid z>-c)=1-\lambda(c)[c+\lambda(c)]$，这意味着式（17.11）中的调整因了，可以把它叫作 $\theta(\mathbf{x}\boldsymbol{\beta}/\sigma)=(1-\lambda(\mathbf{x}\boldsymbol{\beta}/\sigma)[\mathbf{x}\boldsymbol{\beta}/\sigma+\lambda(\mathbf{x}\boldsymbol{\beta}/\sigma)])$，是严格处于 0 和 1 之间的。因此，$\beta_j$ 的符号与 x_j 的偏效应的符号相同。

其他函数形式很容易处理。假设 $x_1=\log(z_1)$（而且这是 $\mathbf{x}$ 中出现 z_1 的唯一地方）。那么

$$\frac{\partial\mathrm{E}(y|\mathbf{x},y>0)}{\partial z_1}=(\beta_1/z_1)\theta(\mathbf{x}\boldsymbol{\beta}/\sigma) \tag{17.12}$$

其中 β_1 现在表示在 $\log(z_1)$上的系数。或者，假设 $x_1=z$ 以及 $x_2=z_1^2$，那么

$$\frac{\partial\mathrm{E}(y|\mathbf{x},y>0)}{\partial z_1}=(\beta_1+2\beta_2 z_1)\theta(\mathbf{x}\boldsymbol{\beta}/\sigma)$$

其中 β_1 是 z_1 上的系数以及 β_2 是 z_1^2 上的系数。交互项可类似地处理。一般情况下，我们计算 $\mathbf{x}\boldsymbol{\beta}$ 关于我们感兴趣变量的偏效应并用它乘以因子 $\theta(\mathbf{x}\boldsymbol{\beta}/\sigma)$。

所有通常的经济量诸如弹性等都可以计算出来。以 $y>0$ 为条件的 y 对 x_1 的弹性是

$$\frac{\partial \mathrm{E}(y|\mathbf{x},y>0)}{\partial x_1}\cdot\frac{x_1}{\mathrm{E}(y|\mathbf{x},y>0)} \tag{17.13}$$

而且当 x_1 以水平量的形式出现时，式（17.11）和（17.10）可以用来求弹性。如果 z_1 以对数形式出现，弹性直接以 $\partial\log\mathrm{E}(y\mid\mathbf{x},y>0)/\partial\log(z_1)$ 的形式获得。

如果 x_1 是一个二值变量，感兴趣的效应就可以通过计算 $\mathrm{E}(y\mid\mathbf{x},y>0)$ 在 $x_1=1$ 和 $x_1=0$ 时的差异而获得。其他离散变量（诸如儿童人数）可以做同样处理。

从式（17.8）中我们也可以计算 $\mathrm{E}(y\mid\mathbf{x})$：

$$\begin{aligned}\mathrm{E}(y|\mathbf{x})&=\mathrm{P}(y>0|\mathbf{x})\cdot\mathrm{E}(y|\mathbf{x},y>0)\\&=\boldsymbol{\Phi}(\mathbf{x}\boldsymbol{\beta}/\sigma)[\mathbf{x}\boldsymbol{\beta}+\sigma\lambda(\mathbf{x}\boldsymbol{\beta}/\sigma)]=\boldsymbol{\Phi}(\mathbf{x}\boldsymbol{\beta}/\sigma)\mathbf{x}\boldsymbol{\beta}+\sigma\phi(\mathbf{x}\boldsymbol{\beta}/\sigma)\end{aligned} \tag{17.14}$$

使用链式法则我们可以求出 $\mathrm{E}(y\mid\mathbf{x})$ 关于连续变量 x_j 的偏导数。在 y 是个体所选择的一些数量（劳动力供给、慈善捐赠、寿险）的例子中，该导数解释了当 x_j 变化时，一些从 $y=0$ 开始的人们转换到 $y>0$ 的事实。从形式上看，

$$\begin{aligned}\frac{\partial \mathrm{E}(y|\mathbf{x})}{\partial x_j}&=\frac{\partial \mathrm{P}(y>0|\mathbf{x})}{\partial x_j}\cdot\mathrm{E}(y|\mathbf{x},y>0)\\&\quad+\mathrm{P}(y>0|\mathbf{x})\cdot\frac{\partial \mathrm{E}(y|\mathbf{x},y>0)}{\partial x_j}\end{aligned} \tag{17.15}$$

这种分解要归功于麦克唐纳和莫菲特（McDonald and Moffitt，1980）。因为 $\mathrm{P}(y>0\mid\mathbf{x})=\boldsymbol{\Phi}(\mathbf{x}\boldsymbol{\beta}/\sigma)$，$\partial\mathrm{P}(y>0\mid\mathbf{x})/\partial x_j=(\beta_j/\sigma)\phi(\mathbf{x}\boldsymbol{\beta}/\sigma)$。如果我们把它和式（17.11）一起插入式（17.15）中，我们得到了显著的简化：

$$\frac{\partial \mathrm{E}(y|\mathbf{x})}{\partial x_j}=\boldsymbol{\Phi}(\mathbf{x}\boldsymbol{\beta}/\sigma)\beta_j \tag{17.16}$$

对于一个给定的 $\mathbf{x}$ 的估计的缩放因子是 $\boldsymbol{\Phi}(\mathbf{x}\hat{\boldsymbol{\beta}}/\hat{\sigma})$。该缩放因子有一个非常有趣的解释：$\boldsymbol{\Phi}(\mathbf{x}\hat{\boldsymbol{\beta}}/\hat{\sigma})=\hat{\mathrm{P}}(y>0\mid\mathbf{x})$；也就是说，$\boldsymbol{\Phi}(\mathbf{x}\hat{\boldsymbol{\beta}}/\hat{\sigma})$ 是给定 $\mathbf{x}$ 时，观测一个正的响应的估计概率。如果 $\boldsymbol{\Phi}(\mathbf{x}\hat{\boldsymbol{\beta}}/\hat{\sigma})$ 接近于 1，那么，当 $\mathbf{x}_i=\mathbf{x}$ 时我们不可能观测到 $y_i=0$，而且调整因子变得不重要了。我们可以在有趣的 $\mathbf{x}$ 值上计算 $\boldsymbol{\Phi}(\mathbf{x}\hat{\boldsymbol{\beta}}/\hat{\sigma})$，以确定估计的偏效应如何随着协变量的变化而变化。一种可能性是插入平均值，虽然当 $\mathbf{x}$ 包含离散元素（甚至有时当 $\mathbf{x}$ 包含所有连续元素）时，这不必对应任何特殊的总体单元。我们可以使用中位数的值，或插入各种分位数。有一个单个的缩放因子通常是有用的，并且能提供 APE 的缩放因子可能是最有用的。一个连续变量 x_j 的 APE 被估计为

$$\left[N^{-1}\sum_{i=1}^{N}\boldsymbol{\Phi}(\mathbf{x}_i\hat{\boldsymbol{\beta}}/\hat{\sigma})\right]\hat{\beta}_j \tag{17.17}$$

式（17.17）中的缩放因子是 $\hat{\mathrm{P}}(y>0\mid\mathbf{x})$ 跨样本的平均值。增量方法可以用于获取（17.17）的一个有效的渐近标准误，但自助法是方便且可行的，因为 Tobit 模型的估计可以相当迅速地完成。

自然，(17.17) 中的缩放因子始终是在 0 和 1 之间的，这一事实有助于解

释为什么 Tobit 回归系数通常比从一个线性回归中得到的 OLS 系数大。如果$\hat{\gamma}_j$是从 y_i 对 $\mathbf{x}_i$ 回归中得到的一个连续变量 x_j 上的 OLS 估计量，我们可以拿 $\hat{\gamma}_j$ 与（17.17）进行比较，并作为一种指标来显示线性模型是否给出了对 APE 的相似的估计。有时候它会，但在其他情形中线性模型的 APE 可能与 Tobit 的 APE 明显不同。

对于离散解释变量或者对于连续变量中的大变动，我们可以计算在 $\mathbf{x}$ 的不同值上的 $\mathrm{E}(y\mid\mathbf{x})$ 的差。例如，假设 x_K 是一个二值变量（诸如一个政策指标），且对每个观测值 i，定义两个指标$\hat{w}_{i1}=\mathbf{x}_{i(K)}\hat{\boldsymbol{\beta}}_{(K)}+\hat{\beta}_K$和$\hat{w}_{i0}=\mathbf{x}_{i(K)}\hat{\boldsymbol{\beta}}_{(K)}$，其中 $\mathbf{x}_{i(K)}$ 是 $1\times(K-1)$ 维行向量且 x_{iK} 被剔除了。然后$\hat{w}_{i1}$是当 $x_K=1$ 时对个人 i 估计的指标，$\hat{w}_{i0}$是当 $x_K=0$ 时对个人 i 估计的指标。（这些之一是一个反事实的，因为对于每个 i 来说，x_{iK}要么为 0 要么为 1。）那么平均的差

$$N^{-1}\sum_{i=1}^{N}\{[\boldsymbol{\Phi}(\hat{w}_{i1}/\hat{\sigma})\hat{w}_{i1}+\hat{\sigma}\phi(\hat{w}_{i1}/\hat{\sigma})] \\ -[\boldsymbol{\Phi}(\hat{w}_{i0}/\hat{\sigma})\hat{w}_{i0}+\hat{\sigma}\phi(\hat{w}_{i0}/\hat{\sigma})]\} \tag{17.18}$$

是二值变量 x_K 的估计的 APE。再次，自助法是计算一个标准误的方便方法。

关于第Ⅰ类 Tobit 模型中的偏效应的方程、方程式（17.11）和（17.16），以及在（17.17）和（17.18）中的估计揭示了关于参数的重要一点：σ 以及 $\boldsymbol{\beta}$ 都出现在偏效应中。换句话说，如果我们只能估计 $\boldsymbol{\beta}$，我们就无法估计协变量对 $\mathrm{E}(y\mid\mathbf{x},y>0)$和$\mathrm{E}(y\mid\mathbf{x})$ 的偏效应。因此，关于角点解的第Ⅰ类 Tobit 的处理中把 σ 称作"辅助的"——具有次等重要性——就是在误导。当然，在一个线性模型中，误差的方差在获得对均值的偏效应时不起作用，所以估计的误差方差仅在获得通常的 OLS 标准误中才起作用。但是式（17.2）中 u 的方差直接进入条件均值，所以当我们的兴趣在于均值上的偏效应时，我们不应该把 σ 认为是辅助的。（正如我们在第 20 章将看到的，在真正的数据截取背景下，我们感兴趣的是 $\boldsymbol{\beta}$，而 σ 变成了估计偏效应时的辅助手段。）

式（17.9）、（17.11）和（17.14）表明，对于连续变量 x_j 和 x_h，对 $\mathrm{P}(y>0\mid\mathbf{x})$，$\mathrm{E}(y\mid\mathbf{x},y>0)$ 和 $\mathrm{E}(y\mid\mathbf{x})$ 的相对偏效应都等于 β_j/β_h（假设 $\beta_h\neq0$）。该特征可以是 Tobit 模型的一个局限，而我们将在 17.6 节中研究放松这个含义的模型。

通过取式（17.8）的对数并进行微分，我们看到 $\mathrm{E}(y\mid\mathbf{x})$ 关于任何 x_j 的弹性（或半弹性）仅仅就是 $\boldsymbol{\Phi}(\mathbf{x}\boldsymbol{\beta}/\sigma)$ 和 $\mathrm{E}(y\mid\mathbf{x},y>0)$ 每一个关于 x_j 的弹性（或半弹性）的总和。

17.3 第Ⅰ类 Tobit 模型的估计和推断

设 $\{(\mathbf{x}_i,y_i):i=1,2,\cdots,N\}$ 是一个遵循截取 Tobit 模型的随机样本。为使

用极大似然，我们需要推导出给定 $\mathbf{x}_i$ 时 y_i 的密度。我们已经证明 $f(0\mid\mathbf{x}_i)=\mathrm{P}(y_i=0\mid\mathbf{x}_i)=1-\mathbf{\Phi}(\mathbf{x}_i\boldsymbol{\beta}/\sigma)$。进而，对于 $\mathcal{Y}>0$，$\mathrm{P}(y_i\leqslant\mathcal{Y}\mid\mathbf{x}_i)=\mathrm{P}(y_i^*\leqslant\mathcal{Y}\mid\mathbf{x}_i)$，这意味着

$$f(\mathcal{Y}|\mathbf{x}_i)=f^*(\mathcal{Y}|\mathbf{x}_i),\text{对所有 }\mathcal{Y}>0$$

其中 $f^*(\cdot\mid\mathbf{x}_i)$ 表示给定 $\mathbf{x}_i$ 时 y_i^* 的密度。（我们使用 $\mathcal{Y}$ 作为密度中的哑自变量。）通过假设，$y_i^*\mid\mathbf{x}_i\sim\mathrm{Normal}(\mathbf{x}_i\boldsymbol{\beta},\sigma^2)$，所以

$$f^*(\mathcal{Y}|\mathbf{x}_i)=\frac{1}{\sigma}\phi[(\mathcal{Y}-\mathbf{x}_i\boldsymbol{\beta})/\sigma],\quad -\infty<\mathcal{Y}<\infty$$

（正如在最近的章节中，我们将使用 $\boldsymbol{\beta}$ 和 σ^2 表示真值，以及在对数似然函数及其导数中的哑自变量的参数。）我们可以使用指示函数 $1[\cdot]$ 紧凑地写出给定 $\mathbf{x}_i$ 时 y_i 的密度为

$$f(\mathcal{Y}|\mathbf{x}_i)=\{1-\mathbf{\Phi}(\mathbf{x}_i\boldsymbol{\beta}/\sigma)\}^{1[\mathcal{Y}=0]}\{(1/\sigma)\phi[(\mathcal{Y}-\mathbf{x}_i\boldsymbol{\beta})/\sigma]\}^{1[\mathcal{Y}>0]}\tag{17.19}$$

其中对于 $\mathcal{Y}<0$，密度为 0。设 $\boldsymbol{\theta}\equiv(\boldsymbol{\beta}',\sigma^2)'$ 表示 $(K+1)\times1$ 维的参数向量。对数似然是

$$\begin{aligned}\ell_i(\boldsymbol{\theta})=&1[y_i=0]\log[1-\mathbf{\Phi}(\mathbf{x}_i\boldsymbol{\beta}/\sigma)]+1[y_i>0]\{\log\phi[(y_i-\mathbf{x}_i\boldsymbol{\beta})/\sigma]\\&-\log(\sigma^2)/2\}\end{aligned}\tag{17.20}$$

除去一个不影响最大化的常数后，式（17.20）可以写成

$$1[y_i=0]\log[1-\mathbf{\Phi}(\mathbf{x}_i\boldsymbol{\beta}/\sigma)]-1[y_i>0]\{(y_i-\mathbf{x}_i\boldsymbol{\beta})^2/2\sigma^2+\log(\sigma^2)/2\}$$

因此，

$$\begin{aligned}\partial\ell_i(\boldsymbol{\theta})/\partial\boldsymbol{\beta}=&-1[y_i=0]\phi(\mathbf{x}_i\boldsymbol{\beta}/\sigma)(x_i/\sigma)[1-\mathbf{\Phi}(\mathbf{x}_i\boldsymbol{\beta}/\sigma)]\\&+1[y_i>0](y_i-\mathbf{x}_i\boldsymbol{\beta})\mathbf{x}_i/\sigma^2\end{aligned}\tag{17.21}$$

$$\begin{aligned}\partial\ell_i(\boldsymbol{\theta})/\partial\sigma^2=&1[y_i=0]\phi(\mathbf{x}_i\boldsymbol{\beta}/\sigma)(\mathbf{x}_i\boldsymbol{\beta})/\{2\sigma^3[1-\mathbf{\Phi}(\mathbf{x}_i\boldsymbol{\beta}/\sigma)]\}\\&+1[y_i>0]\{(y_i-\mathbf{x}_i\boldsymbol{\beta})^2/(2\sigma^4)-1/(2\sigma^2)\}\end{aligned}\tag{17.22}$$

二阶导数是复杂的，但我们所需要的全部是 $\mathbf{A}(\mathbf{x}_i,\boldsymbol{\theta})\equiv-\mathrm{E}[\mathbf{H}_i(\boldsymbol{\theta})\mid\mathbf{x}_i]$。经过烦琐的计算可证明

$$\mathbf{A}(\mathbf{x}_i,\boldsymbol{\theta})=\begin{bmatrix}a_i\mathbf{x}_i'\mathbf{x}_i & b_i\mathbf{x}_i'\\ b_i\mathbf{x}_i & c_i\end{bmatrix}\tag{17.23}$$

其中，

$$\begin{aligned}a_i&=-\sigma^{-2}\{\mathbf{x}_i\gamma\phi_i-[\phi_i^2/(1-\mathbf{\Phi}_i)]-\mathbf{\Phi}_i\}\\b_i&=\sigma^{-3}\{(\mathbf{x}_i\gamma)^2\phi_i+\phi_i-[(\mathbf{x}_i\gamma)\phi_i^2/(1-\mathbf{\Phi}_i)]\}/2\\c_i&=-\sigma^{-4}\{(\mathbf{x}_i\gamma)^3\phi_i+(\mathbf{x}_i\gamma)\phi_i-[(\mathbf{x}_i\gamma)\phi_i^2/(1-\mathbf{\Phi}_i)]-2\mathbf{\Phi}_i\}/4\end{aligned}$$

$\gamma=\boldsymbol{\beta}/\sigma$，而 ϕ_i 和 $\mathbf{\Phi}_i$ 是在 $\mathbf{x}_i\gamma$ 处计算的。这个矩阵在式（13.32）中用于获得 $\mathrm{Avar}(\hat{\boldsymbol{\theta}})$ 的估计。详情请参阅雨宫（Amemiya，1973）。

在一个标准的极大似然估计量（MLE）的框架下很容易实施检验。一旦$\hat{\beta}_j$及其渐近标准误已被获得，就可使用渐近t统计量进行单个排除约束检验。使用似然比（LR）统计量和一些常规计算瓦尔德统计量的计量经济学软件包，可以很容易地进行多重排除约束检验。如果无约束模型含有如此多的变量以至计算成为一个问题，那么拉格朗日乘数（LM）统计是一个有吸引力的备选项。

对于检验$\boldsymbol{\beta}$上的非线性约束，瓦尔德统计量是最容易计算的，就像在二值响应分析中那样，因为无约束模型正是标准的 Tobit。

17.4 结果报告

正如在任何一个参数模型的估计中那样，应当报告参数估计$\hat{\boldsymbol{\beta}}$和$\hat{\sigma}$以及它们的标准误。我们在 17.2 节中看到，$\hat{\beta}_j$给出了均值上偏效应的方向，而且比率是连续变量的相对偏效应。出于检验的目的，应当包含对数似然的值，其同样允许与其他非嵌套模型进行比较。条件均值$\mathrm{E}(y \mid \mathbf{x})$的一个拟合优度统计量往往是有趣的，特别是对于与$\mathrm{E}(y \mid \mathbf{x})$的其他模型（包括线性模型）比较来说。一个简单的测度是在实际产出y_i和通过在$\mathbf{x}_i$处计算式（17.14）以及$\hat{\boldsymbol{\beta}}$和$\hat{\sigma}$等极大似然估计得到的拟合值$\hat{y}_i$之间的平方相关性。

同样重要的是报告偏效应。对于连续变量我们可以使用（17.17），而对于二值变量我们可以使用（17.18）。对于那些不是二值变量的离散变量，如何报告一个单独的 APE 不是那么显而易见。对于关键的解释变量，人们可能想要在一个范围内的值上计算偏效应，然后跨其他解释变量求平均值。或者，我们可以在每个协变量的均值或中位数，或其他有趣的分位数上对其进行计算的同时计算偏效应。

例 17.2（已婚妇女年度工作小时数方程） 我们利用姆罗兹（Mroz，1987）的数据（MORZ. RAW）估计已婚妇女的一个约简型年度工作小时数方程。由于我们没有包括按小时计算的工资报价作为解释变量，所以该方程是约简型。按小时计算的工资报价不可能是外生的，而且更为重要的是，当$hours=0$时，我们不能观测到它。我们将在第 19 章阐述如何处理这两个问题。现在，解释变量与例 15.2 中劳动力参与 probit 所出现的解释变量完全一样。

在样本的 753 名妇女里，428 名妇女在一年期间外出工作挣工资；而 325 名妇女工作小时数为 0。对于工作小时数为正的妇女来说，变化的范围相当大，可以从 12 到 4 950 小时。因而，年度工作小时数是 Tobit 模型的一个合情合理的候选者。我们也可以通过 OLS 估计线性模型（利用全部 753 个观测值）。所得到的结果列在表 17.1 中。

表 17.1　　年度工作小时的 OLS 与 Tobit 估计

因变量：*hours*		
自变量	线性（OLS）	Tobit（MLE）
nwifeinc	−3.45	−8.81
	(2.54)	(4.46)
educ	28.76	80.65
	(12.95)	(21.58)
exper	65.67	131.56
	(9.96)	(17.28)
$exper^2$	−0.700	−1.86
	(0.325)	(0.54)
age	−30.51	−54.41
	(4.36)	(7.42)
kidslt6	−442.09	−894.02
	(58.85)	(111.88)
kidsge6	−32.78	−16.22
	(23.18)	(38.64)
constant	1 330.48	965.31
	(270.78)	(446.44)
对数似然值	—	−3 819.09
R 平方	0.266	0.275
$\hat{\sigma}$	750.18	1 122.02

并不令人感到惊奇的是，Tobit 系数估计值的符号与相应的 OLS 估计值的符号相同，而且估计值的统计显著性是相似的。（*nwifeinc* 与 *kidsge6* 的系数可能是个例外，但是 t 统计量却拥有类似的大小。）其次，尽管把 OLS 估计值的大小与 Tobit 估计值的大小加以对比是吸引人的，但这样的比较并不是非常有益的。我们不必认为，由于 *kidslt6* 的 Tobit 系数大致是 OLS 系数的两倍，所以 Tobit 模型以某种方式蕴涵着工作小时数对幼儿的更大响应。

式（17.17）中计算的缩放因子大约是 0.589，而且我们可以将它乘以 Tobit 回归系数——至少在大致连续的变量上——以获得估计的 APE。例如，*educ* 的 APE 约为 0.589×80.65=47.5，而基于 500 次复制的一个自助法标准误约为 13。Tobit 估计的 APE 远高于可比的 OLS 估计，为 28.8，而且正如精确估计的那样。

对于离散变量 *kidslt6*，如果我们使用一个 APE 的微积分定义，Tobit 估计的 APE 大约是−526.68，其绝对值同样比 OLS 系数（−442.1）大得多。然而，如果我们计算在 *kidslt6*=1 和 *kidslt6*=0 处估计的期望值之差，并且对这些差求平均，结果约为−487.2（自助法标准误=54），而这与 OLS 估计更为一致（但在绝对值上仍然更大）。当由一个幼儿变为两个幼儿时的 APE 约为−246.2（自助法标准误=12.3）：这并不奇怪，拥有第二个幼儿对工作时间的影响小于拥有第一个幼儿。OLS 估计处于这两个值之间，然而更接近第一个偏效应，这是有道理的：样本中的 118 个妇女有一个幼儿，仅 29 个妇女有两个或两个以上幼儿。如果我们计算了两个 APE 的加权平均，其结果大约是−439，这相当接近于 OLS 的估计，而且在某种意义上，验证了在某些情形中 OLS 可以提供 APE 的一个很好的估计，甚至对于一个离散的解释变量也一样。有趣的是，从基于 *kidslt6* 是连续的近似值的 Tobit 模型中计算出的 APE 实际上比 OLS 估计差。

我们也可以在协变量的平均值处计算偏效应，其中我们把$\overline{exper}$插入二次项中而不是使用$exper_i^2$ 的均值。在均值处计算的缩放因子约为 0.645，这意味着偏效应甚至比 APE 还大。换句话说，PAE 远远大于 APE。

我们也可以计算 $E(y \mid \mathbf{x}, y>0)$ 上的偏效应。同样，插入在解释变量的均值中时，式（17.11）中的缩放因子约为 0.451，而且这一数字可以乘以系数来获得以正的小时数为条件的期望小时数的估计的变化。

我们已经同时为线性回归模型和 Tobit 模型报告了一个 R 平方。对于 OLS 的 R 平方是通常的那个。对于 Tobit，R 平方是 y_i 与 $\hat{y}_i$ 之间相关系数的平方，其中 $\hat{y}_i=\boldsymbol{\Phi}(\mathbf{x}_i\hat{\boldsymbol{\beta}}/\hat{\sigma})\mathbf{x}_i\hat{\boldsymbol{\beta}}+\hat{\sigma}\phi(\mathbf{x}_i\hat{\boldsymbol{\beta}}/\hat{\sigma})$ 是 $E(y \mid x=x_i)$ 的估计。这个统计量由如下事实所激发：关于 OLS 的通常 R 平方等于 y_i 与 OLS 拟合值之间的平方相关性。

基于 R 平方测度，尽管差异不是压倒性的，但 Tobit 条件均值函数或多或少对工作小时数拟合得更好。然而，我们应当记住，Tobit 估计未被选来最大化一个 R 平方值——它们最大化了对数似然函数——而给定关于条件均值的线性函数形式时 OLS 估计产生了最高的 R 平方值。

当两个添加的变量——当地失业率和一个二值城市指标被包括进来时，对数似然变为约 $-3\ 817.89$。似然比统计量约为 $2\times(3\ 819.09-3\ 817.89)=2.40$。这是在 H_0 下一个 χ_2^2 变量的结果，因此 p 值约为 0.30。因此，这两个变量是联合不显著的。

17.5 Tobit 模型中的设定问题

17.5.1 可忽略的异质性

假定我们最初对模型

$$y=\max(0,\mathbf{x}\boldsymbol{\beta}+\gamma q+u),\quad u\mid\mathbf{x},q\sim \text{Normal}(0,\sigma^2) \tag{17.24}$$

感兴趣，其中 q 表示不可观测的变量，q 被假定成与 $\mathbf{x}$ 是相互独立的，且服从 $\text{Normal}(0,\tau^2)$ 分布。由此立刻可得

$$y=\max(0,\mathbf{x}\boldsymbol{\beta}+v),\quad v\mid\mathbf{x}\sim \text{Normal}(0,\sigma^2+\gamma^2\tau^2) \tag{17.25}$$

因而，以 $\mathbf{x}$ 为条件的 y 遵从一个 Tobit 模型，而且 y 对 $\mathbf{x}$ 的 Tobit 模型一致地估计出 $\boldsymbol{\beta}$ 与 $\eta^2\equiv\sigma^2+\gamma^2\tau^2$。

估计 $E(y \mid \mathbf{x}, q)$ 的偏效应会怎么样呢？正像我们在 2.2.5 节与 15.7.1 节

中曾讨论的，我们经常对平均偏效应感兴趣，其中比如说 $\mathrm{E}(y \mid \mathbf{x}, q)$ 表示在 q 总体分布上的平均值，然后，就可以获得关于 $\mathbf{x}$ 元素的导数或差分。由 2.2.5 节我们知道，当异质性与 $\mathbf{x}$ 相互独立的时候，可通过求出 $\mathrm{E}(y \mid \mathbf{x})$ 来得到 APE。当然，这些条件均值来自给定 $\mathbf{x}$ 时 y 的分布。在上述假设下，y 对 $\mathbf{x}$ 的 Tobit 估计的确实是这个分布。换句话讲，我们可以通过直接忽略异质性来估计想得到的量——APE。这与我们在 15.7.1 节所得到的 probit 模型的结论是一样的。

如果 q 不是正态的，那么这些讨论就不能继续，因为给定 $\mathbf{x}$ 时 y 不遵从 Tobit 模型。但是，这种讨论的好处确实还有。当 q 与 $\mathbf{x}$ 是相关的时候，就产生了一个更难的问题，我们在下一小节中对此加以讨论。

我们也可以问，如果异质性不是像在式（17.24）中那样以加法的方式出现在指标内部，而是以乘法的方式出现，即：$y=q\cdot\max(0,\mathbf{x}\boldsymbol{\beta}+u)$，其中 $q\geqslant 0$ 且我们假设 q 独立于 $(\mathbf{x},u)$，又会发生什么呢？分布 $\mathrm{D}(y \mid \mathbf{x})$ 现在取决于 q 的分布，而且没有遵循一个第Ⅰ类 Tobit 模型；一般来说，找出其分布是很难的，即便我们为 q 设定了一个简单的分布。然而，如果我们标准化 $\mathrm{E}(q)=1$，则 $\mathrm{E}(y \mid \mathbf{x},u)=\mathrm{E}(q \mid \mathbf{x},u)\cdot\max(0,\mathbf{x}\boldsymbol{\beta}+u)=\max(0,\mathbf{x}\boldsymbol{\beta}+u)$（因为 $\mathrm{E}(q \mid \mathbf{x},u)=1$）。从迭代期望法则立刻可以得到结论：如果假设（17.3）成立，则 $\mathrm{E}(y \mid \mathbf{x})$ 具有与式（17.14）中第Ⅰ类Tobit模型完全相同的形式。方程（17.4）关于 Tobit 模型的一个扩展形式成立意味着通过非线性最小二乘，或一种加权非线性最小二乘方法（或一个准极大似然估计，我们将在第 18 章中加以讨论）来估计 $\mathrm{E}(y \mid \mathbf{x})=\boldsymbol{\Phi}(\mathbf{x}\boldsymbol{\beta}/\sigma)\mathbf{x}\boldsymbol{\beta}+\sigma\phi(\mathbf{x}\boldsymbol{\beta}/\sigma)$，是有道理的。根据（17.14），即便 $\mathrm{D}(y \mid \mathbf{x})$ 不服从第Ⅰ类 Tobit 分布，非线性最小二乘和加权非线性最小二乘方法也是一致的。

17.5.2　内生解释变量

假定我们现在允许 Tobit 中的变量之一为内生的。该模型是

$$y_1=\max(0,\mathbf{z}_1\boldsymbol{\delta}_1+\alpha_1 y_2+u_1) \tag{17.26}$$

$$y_2=\mathbf{z}\boldsymbol{\delta}_2+v_2=\mathbf{z}_1\boldsymbol{\delta}_{21}+\mathbf{z}_2\boldsymbol{\delta}_{22}+v_2 \tag{17.27}$$

其中 (u_1,v_2) 都是零均值的正态分布，并独立于 $\mathbf{z}$。如果 u_1 与 v_2 是相关的，那么 y_2 是内生的。为了识别，我们需要通常的秩条件 $\boldsymbol{\delta}_{22}\neq\mathbf{0}$；与以往一样，假定 $\mathrm{E}(\mathbf{z}'\mathbf{z})$ 是满秩的。

自然，我们对估计参数 $\boldsymbol{\delta}_1$ 与 α_1 感兴趣，但我们还对估计平均偏效应感兴趣，其取决于 $\sigma_1^2=\mathrm{Var}(u_1)$。其缘由正像 15.7.2 节的 probit 模型一样。一旦把其他因素固定下来，当 y_2 从 $\bar{y}_2$ 变化到 $\bar{y}_2+1$ 时，y_1 的差分是

$$\max[0,\bar{\mathbf{z}}_1\boldsymbol{\delta}_1+\alpha_1(\bar{y}_2+1)+u_1]-\max[0,\bar{\mathbf{z}}_1\boldsymbol{\delta}_1+\alpha_1\bar{y}_2+u_1]$$

在 u_1 分布上对这个表达式进行平均，得到具有形式为（17.14）的期望值差分，在第一种情形中，满足 $\mathbf{x}=[\bar{\mathbf{z}}_1,(\bar{y}_2+1)]$，而在第二种情形中，$\mathbf{x}=(\bar{\mathbf{z}}_1,\bar{y}_2)$，而且 $\sigma=\sigma_1$。

在通过极大似然法对这个模型进行估计之前，要有一个获得给定 $\mathbf{z}$ 时（y_1，y_2）分布的程序，有一个可以对 y_2 内生性进行简单检验的两步程序是方便的。史密斯和布伦德尔（Smith and Blundell，1986）提出了一种类似于二值响应模型的里弗斯-王光（Rivers-Vuong）方法（参阅 15.7.2 节）的两步程序。在（u_1, v_2）二元正态性下，我们可以写成

$$u_1 = \theta_1 v_2 + e_1 \tag{17.28}$$

其中 $\theta_1 = \eta_1 / \tau_2^2$，$\eta_1 = \text{Cov}(u_1, v_2)$，$\tau_2^2 = \text{Var}(v_2)$，而 e_1 独立于 v_2，且 e_1 具有零均值以及方差为 τ_1^2 的正态分布。进而，由于（u_1, v_2）独立于 $\mathbf{z}$，所以 e_1 独立于（$\mathbf{z}, v_2$）。现在，把式（17.28）插入式（17.26）中，得到

$$y_1 = \max(0, \mathbf{z}_1 \boldsymbol{\delta}_1 + \alpha_1 y_2 + \theta_1 v_2 + e_1) \tag{17.29}$$

其中，$e_1 \mid \mathbf{z}$，$v_2 \sim \text{Normal}(0, \tau_1^2)$。使用之前的符号，我们可以写出

$$\begin{aligned} \text{D}(y_1 \mid \mathbf{z}, y_2) &= \text{Tobit}(\mathbf{z}_1 \boldsymbol{\delta}_1 + \alpha_1 y_2 + \theta_1 (y_2 - \mathbf{z} \boldsymbol{\delta}_2), \tau_1^2) \\ &= \text{Tobit}(\mathbf{z}_1 \boldsymbol{\delta}_1 + \alpha_1 y_2 + \theta_1 v_2, \tau_1^2) \end{aligned}$$

其结果是，如果我们知道 v_2，我们只需通过第 I 类 Tobit 估计 $\boldsymbol{\delta}_1$，$\boldsymbol{\alpha}_1$，θ_1 和 τ_1^2。我们观察不到 v_2，因为它取决于未知向量 $\boldsymbol{\delta}_2$。然而，我们可以在第一阶段很容易地用 OLS 估计 $\boldsymbol{\delta}_2$。史密斯-布伦德尔程序如下：

程序 17.1：（a）通过 OLS 估计 y_2 的约简型；这一步得到 $\hat{\boldsymbol{\delta}}_2$。把约简型的 OLS 残差定义为 $\hat{v}_2 = y_2 - \mathbf{z}\hat{\boldsymbol{\delta}}_2$。

（b）估计 y_1 对 $\mathbf{z}_1$，y_2 以及 $\hat{v}_2$ 的标准 Tobit 模型。这一步得出 $\boldsymbol{\delta}_1$，α_1，θ_1 以及 τ_1^2 的一致估计量。

由 Tobit 模型所报告的 $\hat{v}_2$ 上的通常 t 统计量提供了零假设 $\text{H}_0: \theta_1 = 0$ 的一个简单检验，该假设表明 y_2 是外生的。进而，在 $\theta_1 = 0$ 下，有 $e_1 = u_1$，所以 v_2 的正态性同样不起作用：作为对 y_2 内生性的检验，史密斯-布伦德尔方法在没有关于 y_2 的约简型的任何分布假设时是有效的。

例 17.3（工作小时数方程中其他收入的外生性检验） 作为一个演示，我们检验了在例 17.2 的约简型工作小时数方程中 *nwifeinc* 的内生性。我们假设 *huseduc* 在工作小时数方程中是外生的，这样 *huseduc* 就是 *nwifeinc* 的一个有效工具变量。我们先从估计 *nwifeinc* 的约简型中得到作为 OLS 残差的 $\hat{v}_2$。当 $\hat{v}_2$ 被添加到例 17.2 中的 Tobit 模型（不含 *unem* 和 *city*）时，其系数是 24.42，t 统计量 $= 1.47$。因此，*nwifeinc* 在方程中是内生性的，这存在边际上的证据。即便 *nwifeinc* 不存在一个条件正态分布，关于 *nwifeinc* 是外生的零假设的检验也是有效的。

当 $\theta_1 \neq 0$ 时，第二阶段 Tobit 的标准误和检验统计量不再渐近有效，因为 $\hat{\boldsymbol{\delta}}_2$ 被用来替代 $\hat{\boldsymbol{\delta}}_2$ 了。史密斯和布伦德尔（Smith and Blundell，1986）方法包含了校正渐近方差的公式；这些可以使用第 12 章中关于两步骤 M 估计量的公式推导出来。或者，在一个自助法再抽样方案中编写两步法程序也很容易，甚至

对于更大的数据集来说计算时间也将是合理的。

很容易看出，(u_1, v_2) 的联合正态性对一致地估计参数的两步法估计量不是必要的。只要 u_1 以 $(\mathbf{z}, v_2)$ 为条件服从 $\text{Normal}(\theta_1 v_2, \tau_1^2)$ 的分布就足够了。同样，这是一个相当严格的假设，当 v_2 离散或部分离散时不能指望它成立。

我们可以从两步法控制函数程序获得的估计中重新获得 σ_1^2 的一个估计。从式（17.27）我们有 $\sigma_1^2 = \theta_1^2 \tau_2^2 + \tau_1^2$，且 $\hat{\tau}_2^2$ 可以作为通常所估计的误差方差从第一阶段回归中获得，而 $\hat{\theta}_1$ 和 $\hat{\tau}_1^2$ 是从第二阶段的 Tobit 中获得的。公式 $\hat{\sigma}_1^2 = \hat{\theta}_1^2 \hat{\tau}_2^2 + \hat{\tau}_1^2$ 给了我们为得到 APE 所需要的所有估计。一般来说，定义下述函数是非常有用的：

$$m(a, \sigma^2) \equiv \mathbf{\Phi}(a/\sigma)\mathbf{z} + \sigma\phi(a/\sigma) \tag{17.30}$$

使用这个符号，可以通过计算 $m(\mathbf{z}_1\hat{\boldsymbol{\delta}}_1 + \hat{\alpha}_1 y_2, \hat{\sigma}_1^2)$ 关于 $(\mathbf{z}_1, y_2)$ 元素的导数或微分获得估计的偏效应，就像我们在外生解释变量的情形中那样。

与所有的控制函数程序一样，我们可以很容易地允许外生和内生变量两者都更一般的函数形式（如平方项和交叉项）。事实上，如果我们用 $\mathbf{x}_1 = g_1(\mathbf{z}_1, y_2)$ 取代 $\mathbf{x}_1 = (\mathbf{z}_1, y_2)$，那么估计程序不变。当然，我们必须相信 y_2 具有（17.27）中的约简型，且其误差项具有已描述过的性质。通过允许 $\mathrm{E}(u_1 \mid v_2)$ 为非线性的——例如，一个二次函数，$\mathrm{E}(u_1 \mid v_2) = \theta_1 v_2 + \psi_1(v_2^2 - \tau_2^2)$（其中要从 v_2^2 中减去 v_2 的方差以确保 $\mathrm{E}(u_1) = 0$)）——可以获得一些额外的灵活性，然后该程序的第二步添加 $\hat{v}_2$ 和 $\hat{v}_2^2 - \hat{\tau}_2^2$ 作为控制函数。在这种情形中获得 APE 的最简单做法是使用关于 $\mathbf{x}_1$ 的元素的导数和增量

$$N^{-1}\sum_{i=1}^{N} m(\mathbf{x}_1\hat{\boldsymbol{\beta}}_1 + \hat{\theta}_1\hat{v}_{i2} + \hat{\psi}_1(\hat{v}_{i2}^2 - \hat{\tau}_2^2), \hat{\tau}_1^2) \tag{17.31}$$

其中 $m(a, \sigma)$ 是在（17.30）中定义的；也就是说，我们求平均消掉约简型残差 $\hat{v}_{i2}$。当然，(17.31）可用于 $\mathrm{E}(u_1 \mid v_2)$ 关于 v_2 为线性以及 $\mathbf{x}_1 = (\mathbf{z}_1, y_2)$ 的情形中，但它并没有利用完全分布假设。

当通过允许 $\mathrm{E}(u_1 \mid v_2)$ 是 v_2 的一个非线性函数以扩展通常的模型时，人们应该意识到 u_1 将有可能没有一个正态分布。实践中，我们可能会满足于拥有关于 $\mathrm{D}(u_1 \mid v_2)$ 的一个条件正态分布，即便那意味着 $\mathrm{D}(u_1)$ 的非正态性。

一个完全极大似然方法避免了两步估计的问题。正如对 15.7.2 节中的 probit 情形那样，通过使用

$$f(y_1, y_2 \mid \mathbf{z}) = f(y_1 \mid y_2, \mathbf{z}) f(y_2 \mid \mathbf{z}) \tag{17.32}$$

给定 $\mathbf{z}$ 时，(y_1, y_2) 的联合分布是最容易求出的。密度 $f(y_2 \mid \mathbf{z})$ 是 $\text{Normal}(\mathbf{z}\boldsymbol{\delta}_2, \tau_2^2)$。我们已经知道 $\mathrm{D}(y_1 \mid \mathbf{z}, y_2) = \text{Tobit}(\mathbf{x}_1\boldsymbol{\beta}_1 + \theta(y_2 - \mathbf{z}\boldsymbol{\delta}_2), \tau_1^2)$，其中 $\tau_1^2 = \sigma_1^2 - (\eta_1^2/\tau_2^2)$，$\sigma_1^2 = \mathrm{Var}(u_1)$，$\tau_2^2 = \mathrm{Var}(v_2)$ 以及 $\eta_1 = \mathrm{Cov}(v_2, u_1)$。（就像在两步估计框架中那样，我们可以允许 $\mathrm{E}(u_1 \mid v_2)$ 是 v_2 的一个更灵活的函数，受到的告诫是：我们隐含地使用着 u_1 的一个非正态无条件的分布。）取式（17.32）的对数，每个 i 的对数似然函数很容易被构造成参数 $(\boldsymbol{\delta}_1, \alpha_1, \boldsymbol{\delta}_2, \sigma_1^2, \tau_2^2, \eta_1)$ 的一

个函数。通常的条件极大似然理论可用于构造标准误和检验统计量。当结构方程是恰好识别的，两步法和 MLE 估计是相同的（虽然两步骤推理需要进行调整）。

一旦获得 MLE，我们可以很容易地使用关于$\hat{\theta}_1$的 t 统计量来检验 y_2 的外生性的零假设。因为 MLE 比史密斯-布伦德尔程序更难计算，在获得 MLE 之前使用史密斯-布伦德尔程序来检验内生性是有道理的。

如果 y_2 是一个二值变量，那么就不能指望史密斯-布伦德尔假设成立。把式（17.26）看成结构方程，我们可以添加

$$y_2=1[\mathbf{z}\boldsymbol{\pi}_2+v_2>0] \tag{17.33}$$

并假设 (u_1,v_2) 具有一个零均值的正态分布且独立于 $\mathbf{z}$；v_2 像往常一样服从标准正态分布。式（17.32）可以被用来获得每个 i 的对数似然。由于给定 z 时 y_2 是 probit，它的密度很容易获得：$f(y_2\mid\mathbf{z})=\boldsymbol{\Phi}(\mathbf{z}\boldsymbol{\pi}_2)^{y_2}[1-\boldsymbol{\Phi}(\mathbf{z}\boldsymbol{\pi}_2)]^{1-y_2}$。难的那部分是获得条件密度 $f(y_1\mid y_2,\mathbf{z})$，其中首先要对 $y_2=0$ 求条件密度，然后再对 $y_2=1$ 求条件密度；可参阅习题 17.6。遗憾的是，就像在 probit 的情形中那样（且一般为非线性模型），使用 y_2 来自一个 probit（或 logit，或线性概率模型）的拟合值来取代二值变量 y_2 的简单策略不起作用了；它是禁止回归的另外一个例子。特别是，给定 $\mathbf{z}$ 时，y_1 的分布不遵循关于任何方差参数 $\boldsymbol{\kappa}_1^2$ 的 Tobit 模型 $\text{Tobit}(\mathbf{z}_1\boldsymbol{\delta}_1+\theta_1\boldsymbol{\Phi}(\mathbf{z}\boldsymbol{\pi}_2),\boldsymbol{\kappa}_1^2)$。一般来说，尽管我们可以在一个两步法中恰当地使用它，还是很难刻画出 $\mathrm{D}(y_1\mid\mathbf{z})$ 的特征。但比那个更好的是，我们可以得到 $\mathrm{D}(y_1\mid y_2,\mathbf{z})$，并使用它连同 $\mathrm{D}(y_2\mid\mathbf{z})$ 的一个 probit 设定一起实施联合极大似然估计。

如果 y_2 本身就是一个角点解并服从一个 $\text{Tobit}(\mathbf{z}\boldsymbol{\pi}_2,\boldsymbol{\kappa}_2^2)$ 模型，那么还是可以推导出 MLE。不过同样，我们不应该用来自第一阶段 Tobit 得到的估计期望值 $\mathrm{E}(y_2\mid\mathbf{z})$ 取代 y_2。这样一个程序不会产生一致的估计而且可能会存在很严重的偏误。

因为适当地解释在 Tobit 模型中具有非正态条件分布的内生解释变量是具有挑战性的，人们仍然看到当 y_1 是一个角点响应变量时，线性模型被使用，然后不管 y_2 具有什么性质，标准工具变量的方法诸如 2SLS，都可被应用起来。就像在二值响应中那样，角点解响应的线性模型一直饱受争议，但用 2SLS 估计的一个线性模型可以提供关于平均效应的良好估计。前述不恰当的两步法之一——其中拟合的 probit 或 Tobit 估计量被插入到第二阶段 Tobit 中——很可能不如一个已使用工具变量进行恰当估计的线性模型。一个有趣的主题是，找到可用于一般的 y_2 而不遭受一个禁止回归问题的控制函数方法。

史密斯-布伦德尔控制函数的方法可以立即扩展到一个以上的内生解释变量上，只要我们有足够的工具和约简型误差向量 $\mathbf{v}_2$ 使得 $\mathrm{D}(u_1\mid\mathbf{z},\mathbf{v}_2)=\mathrm{D}(u_1\mid\mathbf{v}_2)$，其中后者具有线性均值且服从同方差正态分布。例如，我们会假设关于对 $g=1,\cdots,G_1$ 的一个严格单调函数 $h_g(\cdot)$，有 $h_g(y_{2g})=\mathbf{z}\boldsymbol{\pi}_{2g}+v_{2g}$，其中 G_1 是内生解释变量的数量。那么 $\mathbf{x}_1=\mathbf{g}_1(\mathbf{z}_1,\mathbf{y}_2)$ 就是解释变量的集合，而且我们可以

把从 $h_g(y_{2g})$ 对 $\mathbf{z}$ 的 G_1 个回归中获得的约简型残差向量，添加到第二阶段的一个标准 Tobit 模型中。在习题 17.9 中可以看到一些允许 $\mathrm{D}(u_1 \mid \mathbf{z}, \mathbf{v}_2)$ 中存在更多灵活性的方法。

17.5.3 潜变量模型中的异方差性与非正态性

如同 probit 情形一样，异方差性与非正态性都会导致 Tobit 估计量 $\hat{\boldsymbol{\beta}}$ 关于 $\boldsymbol{\beta}$ 是不一致的。这种不一致性的产生是因为给定 $\mathbf{x}$ 时 y 的推导密度关键取决于 $y^* \mid \mathbf{x} \sim \mathrm{Normal}(\mathbf{x}\boldsymbol{\beta}, \sigma^2)$。

我们不是聚焦于参数上，而是必须记住，潜变量模型中出现的异方差性或者非正态性会完全改变关于 $\mathrm{E}(y \mid \mathbf{x}, y>0)$ 与 $\mathrm{E}(y \mid \mathbf{x})$ 的函数形式。因此，只关注于估计 $\boldsymbol{\beta}$ 的不一致性是没有道理的。我们应该研究违背同方差正态分布假设会如何影响到所要估计的条件均值函数的偏导数。允许潜变量模型中的异方差性或者非正态性会有助于在角点解应用中推广函数形式，而且应该以那种观点来看待这种推广。

设定检验可以建立在得分方法基础之上，其中标准 Tobit 模型被嵌套到一个更一般的备选项之中。如果可以使用形式统计量的外积*（参阅 13.6 节），那么对潜变量方程中关于异方差性以及非正态性的检验就很容易被构造出来。通过假定 $\mathrm{Var}(u \mid \mathbf{x}) = \sigma^2 \exp(\mathbf{x}_1\boldsymbol{\delta})$，其中 $\mathbf{x}_1$ 表示 $\mathbf{x}$ 的一个 $1 \times Q$ 维子向量（$\mathbf{x}_1$ 并不包括一个常数），可以获得对异方差性有用的检验。利用 LM 统计量，可以对 Q 个约束 $\mathrm{H}_0: \boldsymbol{\delta} = \mathbf{0}$ 进行检验。对数似然 $\ell_i(\boldsymbol{\beta}, \sigma^2, \boldsymbol{\delta})$ 对 $\boldsymbol{\beta}$ 与 σ^2 的偏导数在 $\boldsymbol{\delta} = \mathbf{0}$ 处的计算，完全可以像式（17.21）与式（17.22）一样给出。进而，我们可以证明，$\partial \ell_i / \partial \boldsymbol{\delta} = \sigma^2 \mathbf{x}_{i1} (\partial \ell_i / \partial \sigma^2)$。因而，得分统计量的外积是出自

$$1 \text{ 对 } \partial \hat{\ell}_i / \partial \boldsymbol{\beta}, \partial \hat{\ell}_i / \partial \sigma^2, \hat{\sigma}^2 \mathbf{x}_{i1} (\partial \hat{\ell}_i / \partial \sigma^2), \quad i = 1, 2, \cdots, N$$

回归的 $N - \mathrm{SSR}_0$，其中导数是在 Tobit 估计量（约束估计值）处计算的，而 SSR_0 表示通常的残差平方和。在 H_0 下，$N - \mathrm{SSR}_0 \overset{a}{\sim} \chi^2_Q$。遗憾的是，如同我们在 13.6 节中曾讨论的，当零假设常常是正确的时候会过于频繁地拒绝统计量的外积形式。如果备选模型的极大似然估计是可行的，那么似然比统计量就是更受人们喜欢的备选项。

我们也可以构造出仅仅需要标准 Tobit 估计的对非正态性的检验。这些检验当中最方便的是将其推导成为对条件矩的检验，我们在 13.7 节已讨论过。参阅帕甘和维拉（Pagan and Vella，1989）。

如果一个检验可以揭示这类问题，那么对含有异方差 u 的 Tobit 模型进行估计并不太困难。但是，当 $\mathrm{E}(y \mid \mathbf{x}, y>0)$ 与 $\mathrm{E}(y \mid \mathbf{x})$ 都成为关注的内容时，我们应该同时考察这些带异方差性与没有异方差性期望的估计值。尽管 $\boldsymbol{\beta}$ 的估计值可能是迥然不同的，但关于 $\mathrm{E}(y \mid \mathbf{x}, y>0)$ 与 $\mathrm{E}(y \mid \mathbf{x})$ 的偏效应可能是相

* outer product，又称向量积。——译者注

似的。

就像在含异方差的 probit 模型中那样，当我们把异方差性引入第Ⅰ类Tobit 模型计算 APE 时，一个微妙的问题出现了。假设我们用下面的假设替换（17.3）：

$$u\mid\mathbf{x}\sim\text{Normal}(0,\sigma^2\exp(\mathbf{x}_1\boldsymbol{\delta}))$$

然后，在 15.7.4 节中遵循同样的论证，可以证明平均结构函数是

$$\text{ASF}(\mathbf{x})=\text{E}_{\mathbf{x}_{i1}}[m(\mathbf{x}\boldsymbol{\beta},\boldsymbol{\sigma}^2\exp(\mathbf{x}_{i1}\boldsymbol{\delta}))]$$

其中 $m(\cdot,\cdot)$ 在方程（17.30）中进行了定义。这意味着，例如，一个连续变量（在 $\mathbf{x}$ 处计算）的偏效应直接可估计为

$$\left[N^{-1}\sum_{i=1}^{N}\boldsymbol{\Phi}(\mathbf{x}\hat{\boldsymbol{\beta}}/[\hat{\sigma}\exp(\mathbf{x}_{i1}\hat{\boldsymbol{\delta}}/2]\right)\Big]\hat{\beta}_j$$

其中所有的估计都是来自异方差 Tobit 模型的极大似然估计。遗憾的是，如我们在 15.7.4 节中讨论的，如果异方差是因独立于 $\mathbf{x}$ 的不可观测因子与 $\mathbf{x}$ 的元素之间的交互作用而产生的，那么平均偏效应可从 $\text{E}(y\mid\mathbf{x})$ 的偏导数中估计出来，其更为复杂且会有与 $\hat{\beta}_j$ 不同的符号。

作为标准 Tobit 模型合适性的一个大致思想是，我们能够对 probit 估计值，比如说 $\hat{\gamma}$，与 $\gamma=\boldsymbol{\beta}/\sigma$ 的 Tobit 模型估计值，即 $\hat{\boldsymbol{\beta}}/\hat{\sigma}$ 加以比较。这些值将永远不会相同，但是它们在统计上不应该是不同的。统计显著性符号的改变是错误设定的表现。例如，如果 $\hat{\gamma}_j$ 是正的且显著的，但 $\hat{\beta}_j$ 却是负的且或许显著的，那么 Tobit 模型可能是错误设定的。

作为一个例子，在例题 15.2 中，我们得到了 *nwifeinc* 上的 probit 系数为 -0.012，而 *kidslt6* 上的系数为 -0.868。当我们用 $\hat{\sigma}=1\ 122.02$ 除相对应的 Tobit 系数时，我们分别得到它们大致为 $-0.007\ 9$ 与 -0.797。尽管估计值有点不同，但符号相同且数量大小接近。

把豪斯曼统计量构造成关于（$\hat{\gamma}-\hat{\boldsymbol{\beta}}/\hat{\sigma}$）的二次型是可能的，但是要获得适当的渐近方差显得有点复杂。（参阅鲁德（Ruud，1984）对这种检验的正式讨论。）16.7 节将对角点解结果所需要的更灵活的模型加以讨论。

17.5.4 更弱假设下的参数估计

在没有假定关于 u 的特殊分布甚至没有假定 u 与 $\mathbf{x}$ 是相互独立的情形中，要想 $\sqrt{N}$—致地估计 $\boldsymbol{\beta}$ 是可能的。再次考察潜变量模型，但是其中给定 $\mathbf{x}$ 时 u 的中位数（median）为 0：

$$y^*=\mathbf{x}\boldsymbol{\beta}+u,\quad \text{Med}(u\mid\mathbf{x})=0 \tag{17.34}$$

就像我们在 17.2 节所证明的，假设（17.34）会导致：

$$\text{Med}(y\mid\mathbf{x})=\max(0,\mathbf{x}\boldsymbol{\beta}) \tag{17.35}$$

在第 12 章，我们证明了类比原理导致了最小绝对偏差（least absolute deviations）作为对条件中位数中参数进行估计的适当方法。因此，假设（17.34）建议，通过求解

$$\min_{\boldsymbol{\beta}} \sum_{i=1}^{N} | y_i - \max(0, \mathbf{x}_i \boldsymbol{\beta}) | \tag{17.36}$$

来估计 $\boldsymbol{\beta}$。这个估计量是由鲍威尔（Powell，1984）提出来的。由于 $q(\mathbf{w}, \boldsymbol{\beta}) \equiv | y - \max(0, \mathbf{x}\boldsymbol{\beta}) |$ 是 $\boldsymbol{\beta}$ 的连续函数，所以鲍威尔估计量的一致性是在适当识别假设下，由定理 12.2 可得。要建立 $\sqrt{N}$ 渐近正态性是远远更为困难的，因为目标函数关于非奇异的海赛矩阵不是二次连续可微的。鲍威尔（Powell，1984，1994）以及纽韦和麦克法登（Newey and McFadden，1994）包括了一些可以应用的定理。

鲍威尔方法的一个有吸引力的特征是，除了设定 $D(u | \mathbf{x})$ 具有一个零条件中位数外不用设定别的，就可以估计出 $\text{Med}(y | \mathbf{x})$。当然，根据（17.34），我们不能估计 $D(y | \mathbf{x})$ 的其他特征：如果我们施加弱假设，那么，我们常常只能了解到一个分布有限的特征。因为 y 是一个角点解，我们不清楚估计出条件中位数到底有多大价值。对于 $\mathbf{x}\boldsymbol{\beta} > 0$，$\text{Med}(y | \mathbf{x})$ 关于 $\mathbf{x}$ 是线性的，所以 β_j 是 $\mathbf{x}\boldsymbol{\beta}$ 的中位数的偏效应。式（17.35）的一个有趣的方面是，如果我们用中位数进行预测，我们预测：对于所有 i，$\hat{y}_i = 0$，这样 $\mathbf{x}_i \hat{\boldsymbol{\beta}}_i \leqslant 0$。如果我们使用条件均值 $E(y | \mathbf{x})$ 来预测 y，这种情形就不会发生，正如对第 Ⅰ 类 Tobit 很容易看到的。

就像在 probit 的情形，不依赖于完全的分布假设而拥有 β_j 的一致估计的一个后果是，在更弱的假设下，我们可以估计平均响应上的平均偏效应的方向，以及连续解释变量的相对偏效应。但是，我们不能估计均值上偏效应的幅度，而且没有容易的办法来获得关于离散解释变量的相对效应。（因为离散变量的偏效应不能通过微积分获得，涉及一个离散解释变量的相对效应一般取决于 $\mathbf{x}$。）

Tobit 模型的参数性质——也就是，它完全设定了 $D(y | \mathbf{x})$ ——往往被表述为其主要的弱点。但关于对角点解结果建模，我们不会不劳而获。Tobit 模型意味着我们可以估计我们想要的 $D(y | \mathbf{x})$ 的任何特征，包括 $P(y > 0 | \mathbf{x})$，$E(y | \mathbf{x}, y > 0)$*，当然，以及 $\text{Med}(y | \mathbf{x})$（这必然是由（17.35）给出的）。因此，要对鲍威尔**半参数方法**（semiparametric method）和第 Ⅰ 类 Tobit 排出一个高低来是较难的：鲍威尔的方法几乎没有假设并提供关于 $D(y | \mathbf{x})$ 仅仅一个单个的特征——条件中位数——的估计，而 Tobit 假设了很多但提供了整个条件分布。如果第 Ⅰ 类 Tobit 模型为真，那么 β_j 的 MLE 估计不会显著不同于截取最小绝对偏差（CLAD）的估计，这样 CLAD 可以用作一个大体上的设定核查。在下一节中我们强调的思想是，第 Ⅰ 类 Tobit 模型也许没有足够灵活到可

* 原文为 including $P(y > 0 | \mathbf{x})$，$E(y | \mathbf{x}, y > 0)$，$E(y | \mathbf{x}, y > 0)$，疑应为 including $P(y > 0 | \mathbf{x})$，$E(y | \mathbf{x}, y > 0)$。——译者注

以广泛应用。

有趣的是，如果我们修订模型以允许 17.5.1 节中的那种乘法的异质性形式，$y=q\cdot\max(0,\mathbf{x}\boldsymbol{\beta}+u)$，其中 q 独立于 $(\mathbf{x},u)$，那么我们就不能确定 $\mathrm{Med}(y\mid\mathbf{x})$，而且，一般来说，CLAD 估计不了什么我们感兴趣的——即便 $\mathrm{D}(u\mid\mathbf{x})$ 是同方差正态的。然而，正如我们在 17.5.1 节中证明的，$\mathrm{E}(y\mid\mathbf{x})$ 具有通常的 Tobit 形式，而且我们能够通过非线性最小二乘法一致地估计参数。同样，通过聚焦于与参数情形相反的、用不同的方法都能够识别的 $\mathrm{D}(y\mid\mathbf{x})$ 的特征，我们发现，在诸如 CLAD 之类的看似较少的参数方法与诸如应用到 Tobit 函数形式的 $\mathrm{E}(y\mid\mathbf{x})=\boldsymbol{\Phi}(\mathbf{x}\boldsymbol{\beta}/\sigma)\mathbf{x}\boldsymbol{\beta}+\sigma\phi(\mathbf{x}\boldsymbol{\beta}/\sigma)$ 的 NLS 之类的一种罕见的方法二者之间，不能像通常那样明确地做出选择。最低限度是当如果 $\mathrm{E}(y\mid\mathbf{x})=\boldsymbol{\Phi}(\mathbf{x}\boldsymbol{\beta}/\sigma)\mathbf{x}\boldsymbol{\beta}+\sigma\phi(\mathbf{x}\boldsymbol{\beta}/\sigma)$ 则非线性最小二乘法可一致估计 $\mathrm{E}(y\mid\mathbf{x})$ 时，如果 $\mathrm{Med}(y\mid\mathbf{x})=\max(0,\mathbf{x}\boldsymbol{\beta})$，那么 CLAD 可一致估计 $\mathrm{Med}(y\mid\mathbf{x})$。

在某些情形中一个分位数而不是中位数是我们感兴趣的，而且当对于一个分位数 τ 有 $\mathrm{Quant}_\tau(u\mid\mathbf{x})=0$ 时，就可以应用鲍威尔方法，只要用非对称损失（核对）函数取代绝对值函数；见 12.10 节。布钦斯基和哈恩（Buchinsky and Hahn，1998）提供了估计分位数的一个不同的方法。

当 y 由（17.2）给出，且 u 和 $\mathbf{x}$ 是不相关的时，可以应用钟和戈德伯格（Chung and Goldberger，1984）关于取决于一个共同缩放因子的系数斜率的一致 OLS 估计的结果，同样见 15.7.5 节。但假设是严格的，且 OLS 估计最多提供连续协变量的相对偏效应和效应的方向。斯托克（Stoker，1986）的结果同样可以应用：如果 $\mathbf{x}$ 是多元正态的，那么 y 对 $\mathbf{x}$ 的线性回归一致估计了在 $\mathbf{x}$ 的分布上求平均的偏效应。就像在二值响应的情形，$\mathbf{x}$ 的多元正态性使斯托克的结果最有理论意义。在例 17.2 中，我们看到存在强有力的证据表明至少有一个 OLS 估计，即使是关于一个大致连续的变量（*educ*）的，也给了来自 Tobit 模型的 APE 一个非常不同的估计。当然，这并不意味着 Tobit 模型的估计更接近总体的 APE，但它确实表明线性模型对于角点解响应来说存在局限。而且斯托克的结果不能被应用到离散解释变量上。

17.6 两部模型和角点解的第Ⅱ类 Tobit 回归

正如我们在 17.2 节中看到的，第Ⅰ类 Tobit 模型意味着一个解释变量对 $\mathrm{P}(y>0\mid\mathbf{x})$ 和 $\mathrm{E}(y\mid\mathbf{x},y>0)$ 的偏效应必须有相同的符号。标准 Tobit 模型的这个含义可能是错误的情境是很容易想象的。例如，如果 y 是寿险的数量，而 *age* 是一个解释变量，*age* 对拥有一份寿险保单的可能性可能有一个正效应，或至少有一个初始为正的效应。但自一个特定的年龄以后，人寿保险单数量可能会下降。这样一种情境会违反第Ⅰ类 Tobit 模型的假设。

我们还证明标准 Tobit 模型意味着两个连续解释变量如 x_j 和 x_h，对 $\mathrm{P}(y>

$0 \mid \mathbf{x}$）和 $\mathrm{E}(y \mid \mathbf{x}, y>0)$ 的相对效应是相同的（且等于 β_j/β_h）。例如，在一个劳动力供给模型中，其中教育和工作经验只以水平形式出现，如果一年的教育对劳动力参与概率的效应是一年的工作经验对劳动力参与概率效应的两倍，那么对于那些正在工作的子总体而言，教育对期望工作小时数必然有两倍的效应。即便我们认为一个变量对 $\mathrm{P}(y>0 \mid \mathbf{x})$ 和 $\mathrm{E}(y \mid \mathbf{x}, y>0)$ 的偏效应有相同的符号，我们可能不希望施加这样的约束：任何两个（连续）解释变量对 $\mathrm{D}(y \mid \mathbf{x})$ 的这两个不同的特征有相同的相对效应。

在本节中，我们考虑比第Ⅰ类 Tobit 模型更灵活的模型。这些模型允许分别使用单独的机制以确定我们所谓的**参与决策**（participation decision）（即 $y=0$ 还是 $y>0$）以及**数量决策**（amount decision）（即当 y 为正数时它的绝对值大小）。正如我们将看到的，这些模型是相当容易估计的。遗憾的是，对于扩展第Ⅰ类 Tobit 模型的两种方法来说，在关于它们的性质和解释的文献中还存在一些混乱。幸运的是，通过使用一个简单的、统一的设置，我们可以解决文献中的一些含混不清之处。

设 s 是一个二值变量，其决定 y 是 0 还是严格为正。引进一个连续分布的、非负的潜变量也是很有用的，在本节中我们称之为 w^*。然后我们假设 y 被生成为

$$y=s \cdot w^* \tag{17.37}$$

重要的是要记住 y——例如，其为每年的工作小时数——是可观测的角点解响应，而且它是我们想要解释的 $\mathrm{D}(y \mid \mathbf{x})$ 的特征。那么，如果在影响进入某一特定状态的决策方面有固定成本，就可能出现一个像（17.37）的模型。对于一个退出劳动力大军的已婚妇女，进入劳动力市场的决策可能取决于各种考虑，包括她是否有幼儿。一个幼儿的存在影响劳动力参与决策的方式可能会完全不同于它是如何影响工作多少时间的决策的。公式（17.37）是允许对参与和数量决策有不同机制的一种便利的方式。除了 s 是二值的以及 w^* 是连续的，在 s 和 w^* 之间还有另外一个重要的区别：我们可有效观测 s，因为 s 是在观测上等价于指标 $1[y>0]$（因为我们假设 $\mathrm{P}(w^*=0)$）。但 w^* 只能在 $s=1$ 时被观测到，在这种情形中 $w^*=y$。

在一个参数背景下要继续下去，我们将假定 s 和 w^* 是可观测的协变量和不可观测因子的特定函数，而且我们将做出关于不可观测因子（至少部分）的分布假设。但是我们可以一种一般的方式讨论 s 和 w^* 之间如何相关的不同假设。正如我们将看到的，一个有用的假设是，s 和 w^* 以解释变量 $\mathbf{x}$ 为条件相互独立，我们可以将其写成

$$\mathrm{D}(w^* \mid s, \mathbf{x})=\mathrm{D}(w^* \mid \mathbf{x}) \tag{17.38}$$

当假设（17.38）成立，由此产生的模型通常被称为一个**两部模型**（two-part model）或**栅栏模型**（hurdle model）。基本假设是，以一套可观测的协变量为条件，决定 s 和决定 w^* 的机制是相互独立的。（17.38）的一个含义是，y 以 $\mathbf{x}$ 和 s 为条件的期望值是很容易获得的：

$$E(y|\mathbf{x},s)=s\cdot E(w^*|\mathbf{x},s)=s\cdot E(w^*|\mathbf{x}) \tag{17.39}$$

当然，它可以根据（17.38）的条件均值版本被推导出来：

$$E(w^*|\mathbf{x},s)=E(w^*|\mathbf{x}) \tag{17.40}$$

当 $s=1$ 时，（17.39）变为

$$E(y|\mathbf{x},y>0)=E(w^*|\mathbf{x}) \tag{17.41}$$

因此，所谓 y 的条件期望（其中我们以 $y>0$ 为条件）正好就是 w^*（以 $\mathbf{x}$ 为条件）的期望值。此外，所谓的无条件期望是

$$E(y|\mathbf{x})=E(s|\mathbf{x})E(w^*|\mathbf{x})=P(s=1|\mathbf{x})E(w^*|\mathbf{x}) \tag{17.42}$$

虽然一些人如段、曼宁、莫里斯和纽豪斯（Duan，Manning，Morris，and Newhouse，1984），曾主张两部模型不要施加（17.38），但是某种条件独立性假设是很自然的，即便它只是（17.40）。当我们展开分析时这将变得清晰。

不同类别的模型明确允许在参与决策和数量决策（在以协变量为条件之后）之间存在相关性。遗憾的是，这样一种模型通常被称为一个**选择模型**（selection model）。当被联系到角点解响应上时，"选择模型"的标签存在一些缺点并已造成相当大的混乱。正如在其他情境中那样——诸如把一个角点解响应处理成一个数据截取问题——混乱的出现是由于关于角点解的模型与缺失数据模型之间存在的统计相似性。但是，请记住，我们这里没有缺失数据问题。我们感兴趣的是解释角点解响应 y，而且我们假设它始终是可观测的。我们可能会使用潜变量模型以获得 $D(y\mid\mathbf{x})$，但到最后，潜变量是无关的。由于它的普遍使用，我们将使用选择模型的标签。在 17.7.3 节中我们研究一个第Ⅱ类 Tobit 模型的版本。

在文献中曾经有过许多讨论是关于是否可以把两部模型与选择模型放到一个共同的框架中，以及选择模型是否嵌套两部模型；例如，可参阅梁兆辉和余士迪的综述和讨论（Leung and Yu，1996）。使用（17.37）作为一个统一的设置，我们将看到，从技术上讲，第Ⅱ类 Tobit 模型（应用到响应的对数上）确实嵌套了可能是使用得最广泛的两部模型——对数正态分布的栅栏模型。但如果没有假设存在一个排除约束时，第Ⅱ类 Tobit 模型会被识别得很糟糕。也就是说，我们会经常需要假定至少有一个 $\mathbf{x}$ 的元素出现在 $P(s=1\mid\mathbf{x})$ 中但不会出现在 $D(w^*\mid\mathbf{x})$ 中。因此，在一种实践的意义上，该模型提供了两种不同的方法。当我们涵盖特定模型时，关于这个问题，我们将有更多东西可说。

17.6.1 断尾正态栅栏模型

克拉格（Cragg，1971）提出了第Ⅰ类 Tobit 模型的一个自然的两部扩展。假定条件独立性假设（17.38）成立，并假定二值变量 s 服从一个 probit 模型，那就是，

$$P(s=1|\mathbf{x})=\boldsymbol{\Phi}(\mathbf{x}\boldsymbol{\gamma}) \tag{17.43}$$

克拉格模型独一无二的特征在于潜变量 w^* 被假设有一个**被断尾的正态分布**(truncated normal distribution)，且带有可以因直接（17.43）中那些参数而异的参数。w^* 的支集是 $(0,\infty)$，所以不存在使模型预测 y 的结果为负的可能性。根据（17.37）我们可以设定模型，通过定义 $w^*=\mathbf{x}\boldsymbol{\beta}+u$，其中给定 $\mathbf{x}$ 时 u 有一个带有较低断尾点 $-\mathbf{x}\boldsymbol{\beta}$ 的断尾正态分布。因为当 $y>0$ 时 $y=w^*$，根据给定 $y>0$(和 $\mathbf{x}$) 时 y 的密度，我们可以写出断尾正态分布假设：

$$f(y|\mathbf{x},y>0)=[\boldsymbol{\Phi}(\mathbf{x}\boldsymbol{\beta}/\sigma)]^{-1}\phi[(y-\mathbf{x}\boldsymbol{\beta})/\sigma]/\sigma,y>0 \tag{17.44}$$

其中 $[\boldsymbol{\Phi}(\mathbf{x}\boldsymbol{\beta}/\sigma)]^{-1}$ 项确保在 $y>0$ 的区间内密度的积分为 1，给定 $\mathbf{x}$ 时 y 的密度可被简洁地写成

$$f(y|\mathbf{x})=[1-\boldsymbol{\Phi}(\mathbf{x}\gamma)]^{1[y=0]}\{\boldsymbol{\Phi}(\mathbf{x}\gamma)[\boldsymbol{\Phi}(\mathbf{x}\boldsymbol{\beta}/\sigma)]^{-1}\phi[(y-\mathbf{x}\boldsymbol{\beta})/\sigma]/\sigma\}^{1[y>0]} \tag{17.45}$$

其中我们必须用 $f(y\mid\mathbf{x},y>0)$ 乘以 $\mathrm{P}(y>0\mid\mathbf{x})=\boldsymbol{\Phi}(\mathbf{x}\boldsymbol{\gamma})$。公式（17.45）展示了克拉格在没有引入 s 和 w^* 的情况下是如何直接设定模型的，该式清楚地表明，当 $\gamma=\boldsymbol{\beta}/\sigma$ 时，**断尾正态栅栏（TNH）模型**（truncated normal hurdle（TNH）model）就约简成第Ⅰ类 Tobit 模型。

像往常一样，通过将 $(\mathbf{x}_i,y_i)$ 插入（17.45）并求对数可获得对一个随机抽样 i 的对数似然函数，所以我们有

$$\begin{aligned}l_i(\theta)=&1[y_i=0]\log[1-\boldsymbol{\Phi}(\mathbf{x}_i\gamma)]+1[y_i>0]\log[\boldsymbol{\Phi}(\mathbf{x}_i\gamma)]\\&+1[y_i>0]\{-\log[\boldsymbol{\Phi}(\mathbf{x}_i\boldsymbol{\beta}/\sigma)]+\log\{\phi[(y_i-\mathbf{x}_i\boldsymbol{\beta})/\sigma]\}-\log(\sigma)\}\end{aligned}$$

由于参数 γ，$\boldsymbol{\beta}$ 和 σ 被允许自由变动，很容易看出 γ 的 MLE，$\hat{\gamma}$ 正好是 $s_i\equiv 1[y_i>0]$ 对 $\mathbf{x}_i$ 的 probit 回归的 probit 估计量。使用估计断尾正态回归模型的软件，$\boldsymbol{\beta}$ 和 σ（或 $\boldsymbol{\beta}$ 和 σ^2）的极大似然估计也可以相当容易地获得。（我们会在第 19 章中再回到断尾正态回归上，但是是在缺失数据的背景下。在这里，断尾正态分布对于估计给定 $\mathbf{x}$ 处于严格为正的值上时 y 的密度来说是方便的。）关于参数的推断可直接使用瓦尔德检验。法恩和施密特（Fin and Schmidt，1984）推导了关于约束 $\gamma=\boldsymbol{\beta}/\sigma$ 的 LM 检验；自然，这个检验只需要第Ⅰ类 Tobit 模型的估计。如果人们估计克拉格模型，那么 LR 统计量是很容易计算的。人们必须确保能为栅栏模型添加对数似然函数的两个部分：来自使用所有观测值的 probit 模型的那一部分，和来自使用 $y_i>0$ 的观察值的断尾正态分布模型的那一部分。当然，人们可能会因为其他原因而拒绝标准的第Ⅰ类 Tobit 模型，诸如因为在潜变量模型中的异方差性或非正态性。而且，同往常一样，一个统计上的拒绝可能不会导致实践中对偏效应的不同估计。

作为一个例证，我们为表 17.1 中的数据估计断尾正态栅栏模型。（完整的结果被报告在 17.6.3 节中。）对数似然值是－3 791.95，与之相比的是，标准的第Ⅰ类 Tobit 模型的对数似然值为－3 819.09。因此，LR 统计量约为 54.28。当自由度为 8 时，p 值的许多小数位为 0。因此，与克拉格的更一般模型相比，Tobit 模型是被拒绝的。

断尾正态栅栏模型的期望值是标准 Tobit 模型的直接扩展。首先，分布 $D(y \mid \mathbf{x}, y>0)$ 在两个模型中是相同的，所以

$$E(y|\mathbf{x}, y>0)=\mathbf{x}\boldsymbol{\beta}+\sigma\lambda(\mathbf{x}\boldsymbol{\beta}/\sigma) \tag{17.46}$$

所不同的是我们允许 $P(y>0 \mid \mathbf{x})$ 遵循一个无约束 probit 模型。因此，对克拉格的模型，

$$E(y|\mathbf{x})=\boldsymbol{\Phi}(\mathbf{x}\gamma)[\mathbf{x}\boldsymbol{\beta}+\sigma\lambda(\mathbf{x}\boldsymbol{\beta}/\sigma)] \tag{17.47}$$

偏效应不再具有（17.16）中的简单形式，但它们可以通过（17.15）很容易地计算出来。特别是

$$\frac{\partial E(y|\mathbf{x})}{\partial x_j}=\gamma_j\phi(\mathbf{x}\gamma)[\mathbf{x}\boldsymbol{\beta}+\sigma\lambda(\mathbf{x}\boldsymbol{\beta}/\sigma)]+\boldsymbol{\Phi}(\mathbf{x}\gamma)\beta_j\theta(\mathbf{x}\boldsymbol{\beta}/\sigma) \tag{17.48}$$

其中 $\theta(z)=1-\lambda(z)[z-\lambda(z)]$，就像在（17.12）中一样。此外，很容易从 $\log[E(y \mid \mathbf{x})]=\log[\boldsymbol{\Phi}(\mathbf{x}\gamma)]+\log[E(y \mid \mathbf{x}, y>0)]$ 中获得条件均值的半弹性，这意味着 $\partial\log[E(y \mid \mathbf{x})]/\partial x_j=\partial\log[\boldsymbol{\Phi}(\mathbf{x}\gamma)]/\partial x_j+\partial\log[E(y \mid \mathbf{x}, y>0)]/\partial x_j$。因此，$E(y \mid \mathbf{x})$ 对 x_j 的半弹性可以通过将

$$\gamma_j\lambda(\mathbf{x}\gamma)+\beta_j\theta(\mathbf{x}\boldsymbol{\beta}/\sigma)/[\mathbf{x}\boldsymbol{\beta}+\sigma\lambda(\mathbf{x}\boldsymbol{\beta}/\sigma)] \tag{17.49}$$

乘以 100 获得。如果 $x_j=\log(z_j)$，那么（17.49）就是 $E(y \mid \mathbf{x})$ 对 z_j 的弹性。我们可以把极大似然估计插入任何一个方程并在整个 $\mathbf{x}_i$ 上求平均以获得一个 APE、平均半弹性或平均弹性。就像在许多非线性的背景下那样，自助法对于获得有效标准误来说是一个方便的方法。

因为我们可以估计 $E(y \mid \mathbf{x})$，我们可以对所有 i 计算 y_i 和 $\hat{E}(y_i \mid \mathbf{x}_i)=\boldsymbol{\Phi}(\mathbf{x}_i\hat{\gamma})[\mathbf{x}_i\hat{\boldsymbol{\beta}}+\hat{\sigma}\lambda(\mathbf{x}_i\hat{\boldsymbol{\beta}}/\hat{\sigma})]$ 之间的平方相关性，作为一个 R 平方测度。这个拟合优度统计量可以与通常的 Tobit 模型或与我们随后要讲的模型相比较。我们可以使用式（17.46）做一个以 $y>0$ 为条件的类似计算。

17.6.2 对数正态栅栏模型和指数条件均值

克拉格（Cragg，1971）建议，一个对数正态分布可用于取代断尾 Tobit，由此得到的栅栏模型已被段、曼宁、莫里斯和纽豪斯（Duan，Manning，Morris，and Newhouse，1984）进行详细研究。参与决策仍然由一个 probit 模型所支配。表达 y 的一种方式是

$$y=s\cdot w^{*}=1[\mathbf{x}\gamma+v>0]\exp(\mathbf{x}\boldsymbol{\beta}+u) \tag{17.50}$$

其中 (u,v) 独立于 $\mathbf{x}$ 并服从一个二元正态分布，且 u 和 v 是相互独立的。我们已经假定 v 有一个标准正态分布。因此，使（17.50）不同于断尾正态栅栏模型的假设是

$$u|\mathbf{x}\sim\text{Normal}(0,\sigma^2) \tag{17.51}$$

假设（17.51）意味着潜变量 $w^* = \exp(\mathbf{x}\boldsymbol{\beta}+u)$ 有一个对数正态分布，而且，因为 v 和 u 相互独立且独立于 $\mathbf{x}$，y 以（$\mathbf{x}, y>0$）为条件服从对数正态分布。因此，我们把这个模型称为**对数正态栅栏模型**（log-normal hurdle（LH）model）。以 $y>0$ 为条件的期望值是

$$E(y|\mathbf{x}, y>0) = E(w^*|\mathbf{x}, s=1) = E(w^*|\mathbf{x}) = \exp(\mathbf{x}\boldsymbol{\beta}+\sigma^2/2) \tag{17.52}$$

所以"无条件"期望是

$$E(y|\mathbf{x}) = \boldsymbol{\Phi}(\mathbf{x}\gamma)\exp(\mathbf{x}\boldsymbol{\beta}+\sigma^2/2) \tag{17.53}$$

$E(y \mid \mathbf{x})$ 对 x_j 的半弹性仅仅是（100 倍的）$\gamma_j\lambda(\mathbf{x}\gamma)+\beta_j$，其中 $\lambda(\cdot)$ 是逆米尔斯比。如果 $x_j=\log(z_j)$，这个表达式就变成 $E(y \mid \mathbf{x})$ 对 z_j 的弹性。

参数的估计特别简单。以 $\mathbf{x}$ 为条件的密度是

$$f(y|\mathbf{x}) = [1-\boldsymbol{\Phi}(\mathbf{x}\gamma)]^{1[y=0]}\{\boldsymbol{\Phi}(\mathbf{x}\gamma)\phi[(\log(y)-\mathbf{x}\boldsymbol{\beta})/\sigma]/(\sigma y)\}^{1[y>0]} \tag{17.54}$$

这可得到关于一个随机抽样的对数似然函数：

$$\begin{aligned} l_i(\boldsymbol{\theta}) = & 1[y_i=0]\log[1-\boldsymbol{\Phi}(\mathbf{x}_i\gamma)]+1[y_i>0]\log[\boldsymbol{\Phi}(\mathbf{x}_i\gamma)] \\ & +1[y_i>0]\{\log(\phi[\log(y_i)-\mathbf{x}_i\boldsymbol{\beta}/\sigma]-\log(\sigma)-\log(y_i)\} \end{aligned} \tag{17.55}$$

就像使用断尾正态栅栏模型那样，参数的估计可以分两个步骤进行。首先是用 s_i 对 $\mathbf{x}_i$ 的 probit 来估计 γ，然后对于 $y_i>0$ 的观察值使用 $\log(y_i)$ 对 $\mathbf{x}_i$ 的 OLS 回归估计 $\boldsymbol{\beta}$。通常的误差方差估计量（或者未做自由度调整）$\hat{\sigma}^2$ 是 σ^2 的一致估计。(17.55) 的最后一项 $\log(y_i)$，不影响参数的估计，但在比较 $D(y \mid \mathbf{x})$ 的不同模型的对数似然值时，它必须包含进来。特别是，为了在克拉格的断尾正态栅栏模型与对数正态栅栏模型之间进行比较，必须像在（17.55）中那样获得每一个 i 的对数似然。(严格地说，为了比较对数似然值，人们应当为 σ 而使用 MLE，其不使用一个自由度校正。除非 N 很小，否则差异应当是微乎其微的。)

对数正态栅栏模型是很容易估计的，参数是很容易解释的，而且 $P(y>0 \mid \mathbf{x})$、$E(y \mid \mathbf{x}, y>0)$ 和 $E(y \mid \mathbf{x})$ 的偏效应和弹性很容易获得。然而，如果我们主要感兴趣于 $D(y \mid \mathbf{x})$ 的这三个特征，我们使用更弱的假设也能过得去。姆拉伊（Mullahy，1998）指出，使用 $\log(y_i)$ 作为因变量的线性回归能一致估计 $E[\log(y) \mid \mathbf{x}, y>0]$，但如果（17.51）不成立，我们将不能揭示 $E(y \mid \mathbf{x}, y>0)$。如果我们假设 u 独立于 $\mathbf{x}$ 但不设定一个分布，那么我们可以使用段（Duan，1983）的**模糊估计**（smearing estimate）来估计 $E(y \mid \mathbf{x}, y>0)$。在指数情形中，通过在 $y_i>0$ 的所有 i 上对 $\exp(\hat{u}_i)$ 求平均，其中 $\hat{u}_i$ 是使用 $y_i>0$ 的数据从 $\log(y_i)$ 对 $\mathbf{x}_i$ 回归中获得的 OLS 残差，我们可获得缩放因子，比如说 $\hat{\tau}$。那么，$\hat{E}(y \mid \mathbf{x}, y>0) = \hat{\tau}\exp(\mathbf{x}\hat{\boldsymbol{\beta}})$，其中 $\hat{\boldsymbol{\beta}}$ 是使用了 $y_i>0$ 的子样本时 $\log(y_i)$ 对 $\mathbf{x}_i$ 的 OLS 估计。

一个放松（17.51）的备选方法是维持正态性但允许异方差性，比如说，$\text{Var}(u \mid \mathbf{x}) = \exp(\mathbf{x}\boldsymbol{\delta})$。则 $\hat{E}(y \mid \mathbf{x}, y>0) = \mathbf{exp}[\mathbf{x}\hat{\boldsymbol{\beta}}+\exp(\mathbf{x}\hat{\boldsymbol{\delta}})/2]$，其中，比如

说，$\hat{\boldsymbol{\beta}}$ 和 $\hat{\boldsymbol{\delta}}$ 是基于 $\log(y) \mid \mathbf{x}, y>0 \sim \text{Normal}(\mathbf{x}\boldsymbol{\beta}, \exp(\mathbf{x}\boldsymbol{\delta}))$ 的极大似然估计。

为避免在第二层中做具体的分布假设，一个更直接的方法就是直接对 $\mathrm{E}(y \mid \mathbf{x}, y>0)$ 建模。使用一个指数函数是很自然的，

$$\mathrm{E}(y|\mathbf{x}, y>0)=\exp(\mathbf{x}\boldsymbol{\beta}) \tag{17.56}$$

而且这包含 $w^*=\exp(\mathbf{x}\boldsymbol{\beta}+u)$ 并且 u 独立于 $\mathbf{x}$，作为一种特殊情形。我们没有必要将任何额外的约束安置在 $\mathrm{D}(y \mid \mathbf{x}, y>0)$ 上。给定（17.56），我们可以使用 $y_i>0$ 的观测值并应用非线性最小二乘法以一致估计 $\boldsymbol{\beta}$。但非线性最小二乘法很可能不是有效的，因为 $\mathrm{Var}(y \mid \mathbf{x}, y>0)$ 不可能是常数。我们可以使用一个 WNLS 估计量，但在线性指数族（LEF）中的一个准极大似然估计，正如我们在 13.11.3 节中讨论的，是一个不错的、简单的备选方案。使用伽玛准对数似然函数是特别有吸引力的，因为当方差与均值的平方成正比时，它会产生一个相对有效的估计量，这在 $w^*=\exp(\mathbf{x}\boldsymbol{\beta}+u)$ 且 u 独立于 $\mathbf{x}$ 的主要情形中是成立的。我们将在第 18 章中更详细地讨论这样的估计量。

给定 $\mathrm{P}(y>0 \mid \mathbf{x})=\boldsymbol{\Phi}(\mathbf{x}\gamma)$ 的 probit 估计和 $\mathrm{E}(y \mid \mathbf{x}, y>0)=\exp(\mathbf{x}\boldsymbol{\beta})$ 的 QMLE 估计，我们无须额外的分布假设就可以很容易地估计 $\mathrm{E}(y \mid \mathbf{x})=\boldsymbol{\Phi}(\mathbf{x}\gamma)\exp(\mathbf{x}\boldsymbol{\beta})$。半弹性和弹性的计算遵循着与同方差对数正态（homoskedastic lognormality）假设下相同的路线。如果我们的目标是估计两种均值上的偏效应，一个为 $\mathrm{D}(y \mid \mathbf{x})$ 的最小特征设定参数模型的方法是有吸引力的。要在卫生经济学语境中进一步进行讨论，请参阅姆拉伊（Mullahy，1998）。

17.6.3 指数的第Ⅱ类 Tobit 模型

在前面两小节的两部模型假定，要么在完全分布的意义上，要么在条件均值的意义上，s 和 w^* 以可观测协变量 $\mathbf{x}$ 为条件相互独立。一般来说，我们可能会预期到一些共同的不可观测因子既影响参与决策（s 是 0 还是 1）又影响数量决策（w^* 有多大）。例如，在一个已婚妇女的劳动力供给模型中，影响加入劳动力大军决策的不可观测因子可能与那些影响工作小时数决策的因素相关。幸运的是，我们可以修订对数正态栅栏模型以允许在 s 和 w^* 之间存在条件相关性。

我们把本节的模型叫做**指数的第Ⅱ类 Tobit 模型**（exponential type Ⅱ Tobit model，ET2T）。在我们推导出对数似然函数之前，我们需要理解这个模型适应于文献中哪些地方。传统上，第Ⅱ类 Tobit 模型已应用于缺失数据的问题——那是我们真正存在一个样本选择问题的地方。我们在第 19 章会重新回到这个重要应用中。但是，正如我们早些时候强调过的，在当前背景下我们不会有缺失数据的问题：我们有一个角点解响应，而且我们一直在探索比第Ⅰ类 Tobit 模型更为灵活的对 $\mathrm{D}(y \mid \mathbf{x})$ 的建模方式。到目前为止，在方程（17.37）的背景下，我们已经假设 s 和 w^* 之间是条件独立的。现在，我们想放松那个假设。我们使用限定词“指数型”来强调，在（17.37）中，我们应该有 $w^*=\exp(\mathbf{x}\boldsymbol{\beta}+u)$；这样 $w^*=\mathbf{x}\boldsymbol{\beta}+u$ 将不再像是第Ⅱ类 Tobit 模型的研究中的通常情

形那样有道理了。在我们涵盖了模型的指数型版本后，我们将会解释为什么一个线性模型对于 w^* 来说是不恰当的。

使用写在方程（17.37）中的模型，我们现在允许 u 和 v 相关。因为 v 的方差等于1，所以 $\mathrm{Cov}(u,v)=\rho\sigma$，其中 ρ 是 u 和 v 之间的相关系数且 $\sigma^2=\mathrm{Var}(u)$。在这种情形中获得对数似然是有点棘手的。为简便起见，设 $m^*=\log(w^*)$，以至 $D(m^*\mid\mathbf{x})$ 是 $\mathrm{Normal}(\mathbf{x}\boldsymbol{\beta},\sigma^2)$。那么当 $y>0$ 时，$\log(y)=m^*$。当然，我们仍然有 $P(y=0\mid\mathbf{x})=1-\boldsymbol{\Phi}(\mathbf{x}\gamma)$。为获得 y（以 $\mathbf{x}$ 为条件）在严格为正的值上的密度，我们求出 $f(y\mid\mathbf{x},y>0)$ 并用它乘以 $P(y>0\mid\mathbf{x})=\boldsymbol{\Phi}(\mathbf{x}\gamma)$。为求出 $f(y\mid\mathbf{x},y>0)$，我们使用变量之变化公式 $f(y\mid\mathbf{x},y>0)=g(\log(y)\mid\mathbf{x},y>0)/y$，其中 $g(\cdot\mid\mathbf{x},y>0)$ 是 m^* 以 $y>0$（和 $\mathbf{x}$）为条件的密度。由 u 和 v 之间的相关性，获取 $g(m^*\mid\mathbf{x},y>0)=g(m^*\mid\mathbf{x},s=1)$ 变复杂了。一种方法是使用贝叶斯法则写出 $g(m^*\mid\mathbf{x},s=1)=P(s=1\mid m^*,\mathbf{x})h(m^*\mid\mathbf{x})/P(s=1\mid\mathbf{x})$，其中 $h(m^*\mid\mathbf{x})$ 是给定 $\mathbf{x}$ 时 m^* 的密度。那么 $P(s=1\mid\mathbf{x})g(m^*\mid\mathbf{x},s=1)=P(s=1\mid m^*,\mathbf{x})h(m^*\mid\mathbf{x})$，而且这是我们想要获得的在给定 $\mathbf{x}$ 时关于严格为正的 y 的密度表达式。现在，我们可以写出 $s=1[\mathbf{x}\gamma+v>0]=1[\mathbf{x}\gamma+(\rho/\sigma)u+e>0]$，其中我们使用 $v=(\rho/\sigma)u+e$ 而且 $e\mid\mathbf{x},u\sim\mathrm{Normal}(0,(1-\rho^2))$。因为 $u=m^*-\mathbf{x}\boldsymbol{\beta}$，我们有

$$P(s=1|m^*,\mathbf{x})=\boldsymbol{\Phi}([\mathbf{x}\gamma+(\rho/\sigma)(m^*-\mathbf{x}\boldsymbol{\beta})](1-\rho^2)^{-1/2})$$

此外，我们已经假定 $h(m^*\mid\mathbf{x})$ 是 $\mathrm{Normal}(\mathbf{x}\boldsymbol{\beta},\sigma^2)$。因此，对于严格为正的 y，给定 $\mathbf{x}$ 时，y 的密度是

$$f(y|\mathbf{x})=\boldsymbol{\Phi}([\mathbf{x}\gamma+(\rho/\sigma)(m^*-\mathbf{x}\boldsymbol{\beta})](1-\rho^2)^{-1/2}))\phi((\log(y)-\mathbf{x}\boldsymbol{\beta})/\sigma)/(\sigma y)$$

将该表达式与 $y=0$ 处的密度结合起来，就可以给出对数似然为

$$\begin{aligned}l_i(\boldsymbol{\theta})=&1[y_i=0]\log(1-\boldsymbol{\Phi}(\mathbf{x}_i\gamma)\\&+1[y_i>0]\{\log[\boldsymbol{\Phi}([\mathbf{x}_i\gamma+(\rho/\sigma)(\log(y_i)-\mathbf{x}_i\boldsymbol{\beta})](1-\rho^2)^{-1/2})\\&+\log[\phi((\log(y_i)-\mathbf{x}_i\boldsymbol{\beta})/\sigma)]-\log(\sigma)-\log(y_i)\}\end{aligned}\tag{17.57}$$

许多计量经济学软件包都为这个估计量编了程序，虽然我们强调的是样本选择问题，但是人们必须将 $\log(y_i)$ 定义为数据正在缺失中（当 $y_i=0$ 时）的变量。当 $\rho=0$ 时，我们得到上一小节中的对数正态栅栏模型的对数似然。（顺便说一下，对于一个真正的缺失数据问题，(17.57) 的最后一项 $\log(y_i)$ 不包括在内。那是因为在样本选择问题中，对数似然函数只是一个偏对数似然，在那里我们真的没有观测到一部分样本的响应变量。那并非这里的情形。把 $\log(y_i)$ 包括在内并不影响估计问题，但它确实会影响对数似然函数的值，该值需要在不同的模型间进行比较。）

ET2T 模型包含了来自上一小节的条件对数正态模型，因为这两种模型都假设 (u,v) 是独立于 $\mathbf{x}$ 且服从联合正态分布的；条件对数正态模型做出的额外假设是 u 和 v 相互独立。这一事实似乎意味着：我们应该至少总是估计更一般的模型来看看它是不是我们需要的。但问题并非如此简单。结果证明，如果出现在 $w^*=\exp(\mathbf{x}\boldsymbol{\beta}+u)$ 中的解释变量集与 $s=1[\mathbf{x}\gamma+v>0]$ 中的那些变量相同，

那么含有未知 ρ 的模型可能会被识别得较差。看出问题之所在的方法之一是推导 $\mathrm{E}[\log(y)\mid\mathbf{x},y>0]$。要做这个工作，我们首先就要获得 $\mathrm{E}(m^*\mid\mathbf{x},s=1)$。通过迭代期望法则，$\mathrm{E}(m^*\mid\mathbf{x},s)=\mathrm{E}[\mathrm{E}(m^*\mid\mathbf{x},v)\mid\mathbf{x},s]$，因为 s 是 $(\mathbf{x},v)$ 的一个函数。但

$$\mathrm{E}(m^*\mid\mathbf{x},v)=\mathbf{x}\boldsymbol{\beta}+\mathrm{E}(u\mid\mathbf{x},v)=\mathbf{x}\boldsymbol{\beta}+\mathrm{E}(u\mid v)=\mathbf{x}\boldsymbol{\beta}+\eta v$$

其中 $\eta=\rho\sigma$ 是从 u 对 v 的总体回归系数，因此，$\mathrm{E}(m^*\mid\mathbf{x},s)=\mathbf{x}\boldsymbol{\beta}+\eta\mathrm{E}(v\mid\mathbf{x},s)$，而且，正如我们在 17.2 节中证明的，$\mathrm{E}(v\mid\mathbf{x},s=1)=\lambda(\mathbf{x}\gamma)$，其中$\lambda(\cdot)$ 是逆米尔斯比。因此，$\mathrm{E}(m^*\mid\mathbf{x},s=1)=\mathbf{x}\boldsymbol{\beta}+\eta\lambda(\mathbf{x}\gamma)$，这样就有

$$\mathrm{E}[\log(y)\mid\mathbf{x},y>0]=\mathbf{x}\boldsymbol{\beta}+\eta\lambda(\mathbf{x}\gamma) \tag{17.58}$$

如果我们知道 γ——对于识别分析来说这是一个有效的立场，因为我们可以使用 probit 一致地估计它——那么式（17.58）就在名义上识别了 $\boldsymbol{\beta}$ 和 η。但识别之所以是可能的，仅仅是因为 $\lambda(\cdot)$ 是一个非线性函数。如果 $\boldsymbol{\beta}$ 是无约束的，则 $\lambda(\mathbf{x}\gamma)$ 是 $\mathbf{x}$ 的一个函数，只不过不是一个精确的线性函数。这种识别可以导致在实践中较差的估计，因为 $\lambda(\cdot)$ 在适当的范围内可以非常接近于线性。事实上，如果我们不施加一个 probit 模型到 $\mathrm{P}(y>0\mid\mathbf{x})$ 上，识别将失败，因为我们将不得不允许 $\lambda(\cdot)$ 来自包含了任意接近于线性函数的那些函数的一类函数。

作为一个实践上的问题，由（17.58）提出的简单两步程序会导致 η 和 $\boldsymbol{\beta}$ 的不精确或出人意料的估计。两步法程序从 s_i 对 $\mathbf{x}_i$ 的 probit 中获得 $\hat{\gamma}$，然后，当仅使用 $y_i>0$ 的观测值时，可从 $\log(y_i)$ 对 $\mathbf{x}_i$、$\lambda(\mathbf{x}_i\hat{\gamma})$ 的 OLS 中获得 $\hat{\boldsymbol{\beta}}$ 和 $\hat{\eta}$。赫克曼（Heckman，1976）最早提出这种两步程序，尽管他更多地考虑了样本选择问题。一般来说，两步法被称为**赫克曼方法**（Heckman's method）或 **Heckit**，我们将在第 19 章更充分地研究适用于缺失数据问题的方法。

当然，两步估计法可能会对 $\boldsymbol{\beta}$ 和 η 识别得较差，仅因为它不能有效地使用 $\mathrm{D}(y\mid\mathbf{x})$ 中的所有信息。但也有其他的迹象表明一般模型是识别得较差的。可以证明，

$$\mathrm{E}(y\mid\mathbf{x})=\boldsymbol{\Phi}(\mathbf{x}\gamma+\eta)\exp(\mathbf{x}\boldsymbol{\beta}+\sigma^2/2) \tag{17.59}$$

其正好具有与式（17.53）相同的形式，其中 u 和 v 被假定为相互独立的。唯一的区别是 η 的出现。然而，因为 $\mathbf{x}$ 始终应包括一个常数，η 不能由 $\mathrm{E}(y\mid\mathbf{x})$ 单独识别（且 $\sigma^2/2$ 也不能）。如果我们将识别全部基于 $\mathrm{E}(y\mid\mathbf{x})$ 之上，当在参与和数量方程中出现同一套回归元时，对数正态栅栏模型和 ET2T 模型之间将没有什么不同。

虽然前面的讨论表明，ρ 是未知的时模型可能会识别得较差，但是所有的参数在技术上都可由（17.57）中的对数似然识别，并且 MLE 一般是可行的。遗憾的是，就像使用两步程序时那样，当模型的两个部分都出现了同一套回归元时，所做的估计可能是很难相信的。

例 17.4（已婚妇女的年工作小时数方程） 表 17.1 报告的是已婚妇女劳

动力供给的线性模型和 Tobit 回归估计。现在，我们估计断尾正态栅栏模型、对数正态栅栏模型和 ET2T 模型。结果列于表 17.2 中。

表 17.2　　已婚妇女的劳动供给模型

模型	(1) 断尾正态栅栏	(2) 对数正态栅栏	(3) 指数的第Ⅱ类 Tobit
参与方程			
nwifeinc	−0.012 (0.005)	−0.012 (0.005)	−0.009 7 (0.004 3)
educ	0.131 (0.025)	0.131 (0.025)	0.120 (0.022)
exper	0.123 (0.019)	0.123 (0.019)	0.083 (0.017)
$exper^2$	−0.001 9 (0.000 6)	−0.001 9 (0.000 6)	−0.001 3 (0.000 5)
age	−0.088 (0.015)	−0.088 (0.015)	−0.033 (0.008)
kidslt6	−0.868 (0.119)	−0.868 (0.119)	−0.504 (0.107)
kidsge6	0.036 (0.043)	0.036 (0.043)	0.070 (0.039)
常数	0.270 (0.509)	0.270 (0.509)	−0.367 (0.448)
数量方程	*hours*	log (*hours*)	log (*hours*)
nwifeinc	0.153 (5.164)	−0.002 0 (0.004 4)	0.006 7 (0.005 0)
educ	−29.85 (22.84)	−0.039 (0.020)	−0.119 (0.024)
exper	72.62 (21.24)	0.073 (0.018)	−0.033 (0.020)
$exper^2$	−0.944 (0.609)	−0.001 2 (0.000 5)	0.000 6 (0.000 6)
age	−27.44 (8.29)	−0.024 (0.007)	0.014 (0.008)
kidslt6	−484.91 (153.79)	−0.585 (0.119)	0.208 (0.134)
kidsge6	−102.66 (43.54)	−0.069 (0.037)	−0.092 (0.043)
常数	2 123.5 (483.3)	7.90 (0.43)	8.67 (0.50)
$\hat{\sigma}$	850.77 (43.80)	0.884 (0.030)	1.209 (0.051)
$\hat{\rho}$	—	—	−0.972 (0.010)
对数似然	−3 791.95	−3 894.93	−3 877.88
妇女数量	753	753	753

所有估计都来自极大似然，系数后的括号里是标准误。

数量方程的标题是为了强调，log(*hours*) 可表示为对数正态栅栏模型和指数的第Ⅱ类 Tobit 模型中的一个线性函数。

表 17.2 中的估计有几个有趣的特点。首先，因为对数正态栅栏模型嵌套在 ET2T 模型内，后者的对数似然必然比前者大。对于 $H_0: \rho=0$ 的检验，LR 检验以 LR=34.10 明确拒绝零假设模型。但是，我们应该对绝对值非常大的负值 $\hat{\rho}=-0.972$ 表示怀疑。看起来非常不可能的是，对进入劳动力市场决策产生正效应的不可观测因子对工作多少小时的决策具有一个很强的负面效应。

由于在 ET2T 模型中允许 u 和 v 之间存在相关性，每一个解释变量如何影

响 $E(y \mid \mathbf{x}, y>0)$ 或 $E(y \mid \mathbf{x})$ 就不够明显得那么直接了。数量方程中 $kidslt6$ 的正系数似乎很奇怪，但是，因为 $\hat{\beta}_{kidslt6}>0$，$\hat{\eta}<0$，$\hat{\gamma}_{kidslt6}<0$ 以及 $\lambda(\cdot)$ 有一个负的斜率，估计的 $kidslt6$ 对 $E[\log(hours) \mid \mathbf{x}, hours>0]$ 的偏效应是模糊的。式（17.59）表明，在 $E(hours \mid \mathbf{x})$ 的效应是模糊的，而我们将不得不插入 $\mathbf{x}$ 的特定值来确定在感兴趣的数值上偏效应的符号。工作经验的剖面图也似乎是不寻常的，尽管同样地，在 ET2T 模型中很难找出将参与部分的倒 U 形和数量部分的 U 形转化成偏效应的方式。对解释 ET2T 模型中估计量时存在的困难以及对 ρ 的令人难以置信的估计，使得这种模型在应用中不遂人意。（与断尾正态与对数正态栅栏模型不同，标签“数量方程”作为 ET2T 模型中的一个标签是不合适的：式（17.58）清楚地表明，两套参数都进入了以 $y>0$ 为条件的期望中。）

基于对数似然，断尾正态栅栏模型比对数正态栅栏模型拟合得更好。我们可以应用王光（Vuong，1989）检验来看看差异是否在统计上显著。因为参与方程在这两种模型中都是相同的 probit，我们只能对带有正的小时数的 428 个观测值来检验“数量”模型。实施检验最简单的方法是用 $\hat{l}_{i1}-\hat{l}_{i2}$ 对一个常数回归并执行 t 检验，在这里，对于观测值 i，$\hat{l}_{i1}$ 是断尾正态模型的对数似然，而 $\hat{l}_{i2}$ 是对数正态模型的对数似然。对数似然中的平均差异是 0.241，而标准误＝0.033，所以该差异是统计上高度显著的。因此，我们至少可以拒绝对数正态模型为真实模型。

以 $hours>0$ 为条件，断尾正态模型拟合条件均值时也比对数正态模型要好。在 $hours_i$ 与 TNH 模型的拟合值之间的平方相关性约为 0.138（计算自（17.46）），而对于 LH 模型约为 0.128（计算自（17.52））。

使用 LR 统计量，我们也可以轻松地检验第Ⅰ类 Tobit 模型针对于 TNH 模型。在这种情形中，通常的 Tobit 模型施加了 8 个形式为 $\gamma_j=\beta_j/\sigma$ 的约束。LR 统计量为 $LR=2\times(3\,819.09-3\,791.95)=54.28$，这产生了一个基本上是 0 的 ρ 值，所以标准 Tobit 模型被强烈地拒绝。然而，有趣的是注意到，Tobit 模型比 ET2T 模型拟合得更好，即便后面那个模型包含了 9 个以上参数。

一个实际问题是，TNH 模型允许某些变量对参与决策和数量决策的影响不同。例如，教育对参与决策有一个正效应，但它看上去对以参与决策为条件的工作小时数决策似乎没有影响，或者可能有负的影响。更大一些的孩子数似乎并不影响参与——这是有道理的，因为年龄较大的儿童一年中大部分时间在学校，至少做临时工要方便多了——但是，以妇女参与劳动为条件，拥有年龄较大的孩子对工作的小时数有一个负的效应。虽然拥有年幼子女对参与决策和数量决策都具有很大的负效应，但是在 $\hat{\gamma}_{kidslt6}=-0.868$ 和 $\hat{\beta}_{kidslt6}/\hat{\sigma}=-0.570$ 时，Tobit 约束 $\gamma_{kidslt6}=\beta_{kidslt6}/\sigma$ 看起来是被拒绝的。

通过对这个例子的一个完整分析，应当获得一些关键变量——可能是 $nwifeinc$ 和 $kidsltd$——对不同条件期望的偏效应，并看一看偏效应是如何跨模型而改变的。

在刚才所举的例子中，TNH 模型提供了最好的拟合，并给出了合理的估计。在其他情形中，人们可以想象对数正态分布对以 $y>0$ 为条件的数量分布会拟合得更好；对于每个应用都必须研究这样的问题。

当决定参与决策的协变量严格包含影响数量决策的那些变量时，ET2T 模型是更有说服力的。那么，该模型可表示为

$$y=1[\mathbf{x}\gamma+v\geqslant 0]\cdot\exp(\mathbf{x}_1\boldsymbol{\beta}_1+u) \tag{17.60}$$

其中 $\mathbf{x}$ 和 $\mathbf{x}_1$ 都包含单位元作为自己的第一个元素，但 $\mathbf{x}_1$ 是 $\mathbf{x}$ 的一个严格子集。如果我们写出 $\mathbf{x}=(\mathbf{x}_1,\mathbf{x}_2)$，那么我们就正在假设 $\gamma_2\neq 0$。给定至少一个排除约束，我们从 $\mathrm{E}[\log(y)\mid\mathbf{x},y>0]=\mathbf{x}_1\boldsymbol{\beta}_1+\eta\lambda(\mathbf{x}\gamma)$ 可以看到，$\boldsymbol{\beta}_1$ 和 η 有可能被识别得更好，因为 $\lambda(\mathbf{x}\gamma)$ 不是 $\mathbf{x}_1$ 的一个精确的函数。（γ 的识别不是一个问题，因为它始终可由关于 $\mathrm{P}(y>0\mid\mathbf{x})$ 的 probit 模型来识别。）遗憾的是，排除约束可能来自何处在应用中通常是不清楚的。为了使用例 17.4 中的一个排除约束，我们需要一个可观测变量，它影响劳动力参与决策，但不影响数量决策。也许一个日托的可及性测度可以看作是影响参与决策的固定成本但不影响数量决策。（日托的价格通常会影响参与决策和数量决策。）但这一变量在姆罗兹（Mroz，1987）的数据集中是不可得的。

在例 9.5 中，其中我们估计了一个关于 *hours* 和 log(*wage*) 的联立方程模型，并将我们的研究对象限于参加工作的妇女，我们假设在过去有劳动经验对 *hours* 没有影响，这使我们能够识别 *hours* 方程。如果我们作一个相同的假设，并允许工作经验能影响参与，但将它从 $\mathbf{x}_1$ 中排除，那么我们就得到两个排除约束，因为 *exper* 是作为一个平方项出现的。遗憾的是，使用这些排除约束并没有明显改变在 v 和 u 之间估计的相关性：$\hat{\rho}$ 变成 -0.963，在解释变量上估计的系数类似于表 17.2 中的那些。因此，对于这种应用，即使我们接受排除约束，ET2T 模型也有一些严重的缺点。

假定 TNH 模型（甚至 Tobit 模型）比 ET2T 模型拟合更好，在水平值 y 而不是 $\log(y)$ 上应用第Ⅱ类 Tobit 模型是很有诱惑力的。毕竟，TNH 模型可表示为 $y=1[\mathbf{x}\gamma+v>0]\cdot(\mathbf{x}\boldsymbol{\beta}+u)$。但在 TNH 模型中，$u$ 在值 $-\mathbf{x}\boldsymbol{\beta}$ 处的断尾正态分布确保了 $\mathbf{x}\boldsymbol{\beta}+u>0$。如果我们将第Ⅱ类 Tobit 模型直接应用到 y 上，我们必须假定 (u,v) 是二元正态并独立于 $\mathbf{x}$ 的，我们的收获是 u 和 v 可以相关，但这付出的代价是不设定一个恰当的密度，因为 T2T 模型允许 y 出现负的结果。（当我们把模型应用到 $\log(y)$ 时，这不是一个问题。）现在，不是（17.46）或（17.52）——这两者都被保证为正——而是

$$\mathrm{E}(y\mid\mathbf{x},y>0)=\mathbf{x}\boldsymbol{\beta}+\eta\lambda(\mathbf{x}\gamma) \tag{17.61}$$

其中 $\eta=\rho\sigma$，$\rho=\mathrm{Corr}(uv)$ 以及 $\sigma^2=\mathrm{Var}(u)$。当我们要么获得 γ，β 和 η 的两步估计，要么获得其极大似然估计时，无法保证（17.61）的右侧对于所有 $\mathbf{x}$ 为正。特别是当 $\rho<0$ 时，有可能得到 $\mathrm{E}(y\mid\mathbf{x},y>0)$ 的负估计量。显然负的估计量在 $\rho=0$ 的情形中是有可能的，因为无法保证 $\mathbf{x}\hat{\boldsymbol{\beta}}>0$。因此，虽然 T2T 模型已经被应用到角点解响应上——例如，参阅布兰克（Blank，1988）关于工作小时数以及弗朗西斯和帕普（Franses and Paap，2001）关于慈善捐赠的研究——但这

一般不是一个好主意。正如我们将在第 19 章看到的，第Ⅱ类 Tobit 模型最初专门用于样本选择问题。

如果我们（不恰当地）将 T2T 模型应用到 *hours* 上，"对数似然"的值——亦即，通过将 $hours_i=0$ 的观测值处理为缺失数据而得到的偏对数似然的值——是－3 823.77，这显著低于它理应嵌套的模型——TNH 模型（其对数似然为－3 791.95）——的对数似然值。这就证明 T2T "模型"不嵌套克拉格的 TNH 模型，而且实际上拟合得更糟糕。

17.7 双限 Tobit 模型

如在引言中提到过的，一些角点解响应以正的概率取两个值。当响应变量是一个分数或一个百分比时，通常角点分别在 0 和 1 或 0 和 100 上。但也有可能一些制度性约束会把角点强加在其他值上。例如，如果工人被允许将他们收益的最多 15％用于一个延税养老金计划上，且 y_i 是工人 i 供款的部分，那么角点就是在 0 和 0.15 处。

一般地，设 $a_1<a_2$ 是 y 在总体中的两个极限值。那么根据一个基础潜变量，**双限 Tobit**（two-limit Tobit）模型是最容易定义的。

$$
\begin{aligned}
&y^*=\mathbf{x}\boldsymbol{\beta}+u,\quad u|\mathbf{x}\sim \text{Normal}(0,\sigma^2)\\
&y=a_1,\text{如果 } y^*\leqslant a_1\\
&y=y^*,\text{如果 } a_1<y^*<a_2\\
&y=a_2,\text{如果 } y^*\geqslant a_2
\end{aligned}
\tag{17.62}
$$

式（17.62）中的设定确保了 $\text{P}(y=a_1)>0$ 且 $\text{P}(y=a_2)>0$，但对于 $a_1<a<a_2$，$\text{P}(y=a)=0$。因此，该模型只适用于当我们真正看到了在两个端点上的堆积、然后在这两个端点之间有一个（大体）连续的分布时。

当对第Ⅰ类 Tobit 模型使用相同的论证时，y 的密度与 y^* 在 (a_1,a_2) 处的数值相同。此外，正如要求你在习题 17.3 中解决的，

$$\text{P}(y=a_1|\mathbf{x})=\boldsymbol{\Phi}((a_1-\mathbf{x}\boldsymbol{\beta})/\sigma) \tag{17.63}$$

$$\text{P}(y=a_2|\mathbf{x})=\boldsymbol{\Phi}(-(a_2-\mathbf{x}\boldsymbol{\beta})/\sigma) \tag{17.64}$$

其结果是对于一个随机样本 i 的对数似然函数为

$$
\begin{aligned}
\log f(y_i|\mathbf{x}_i;\boldsymbol{\theta})=&1[y_i=a_1]\log[\boldsymbol{\Phi}(a_1-\mathbf{x}_i\boldsymbol{\beta})/\sigma]\\
&+1[y_i=a_2]\log[\boldsymbol{\Phi}(-(a_2-\mathbf{x}_i\boldsymbol{\beta})/\sigma)]\\
&+1[a_1<y_i<a_2]\log[(1/\sigma)\phi((y_i-\mathbf{x}_i\boldsymbol{\beta})/\sigma)]
\end{aligned}
$$

许多估计标准 Tobit 模型的计量经济学软件包还允许设定任何下限和上限。对数似然表现良好，并且关于 MLE 的标准渐近理论是适用的。

正如以往在非线性模型中那样，一个难的方面是知道去报告哪个估计的特

征。可以证明（同样参阅习题 17.3）

$$E(y|\mathbf{x},a_1<y<a_2)=\mathbf{x}\boldsymbol{\beta}+\sigma[\phi((a_1-\mathbf{x}\boldsymbol{\beta})/\sigma)-\phi((a_1-\mathbf{x}\boldsymbol{\beta})/\sigma]$$
$$/[\boldsymbol{\Phi}((a_2-\mathbf{x}\boldsymbol{\beta})/\sigma)-\boldsymbol{\Phi}((a_1-\mathbf{x}\boldsymbol{\beta})/\sigma)] \quad (17.65)$$

其中 $\mathbf{x}\boldsymbol{\beta}$ 之后的项是逆米尔斯比的扩展。所谓的无条件期望可以从下式中获得：

$$\begin{aligned}E(y|\mathbf{x})&=a_1P(y=a_1|\mathbf{x})+P(a_1<y<a_2|\mathbf{x})E(y|\mathbf{x},a_1<y<a_2)\\&\quad+a_2P(y=a_2|\mathbf{x})\\&=a_1\boldsymbol{\Phi}((a_1-\mathbf{x}\boldsymbol{\beta})/\sigma)+P(a_1<y<a_2|\mathbf{x})E(y|\mathbf{x},a_1<y<a_2)\\&\quad+a_2\boldsymbol{\Phi}(-(a_2-\mathbf{x}\boldsymbol{\beta})/\sigma)\end{aligned} \quad (17.66)$$

式（17.65）和（17.66）算起来很麻烦，但一旦我们获得了极大似然估计，它们的确允许我们获得一个向量 $\mathbf{x}$ 的预测元。

正如对于在 0 处的单个角点，一个连续变量 x_j 对 $E(y\mid\mathbf{x})$ 的偏效应可以得到显著简化：

$$\frac{\partial E(y|\mathbf{x})}{\partial x_j}=[\boldsymbol{\Phi}((a_2-\mathbf{x}\boldsymbol{\beta})/\sigma)-\boldsymbol{\Phi}((a_1-\mathbf{x}\boldsymbol{\beta})/\sigma)]\beta_j \quad (17.67)$$

最后一个表达式使得在 $\mathbf{x}$ 的特定值的偏效应以及平均偏效应，对于连续解释变量来说计算起来特别容易。对于 APE，我们有

$$\left(N^{-1}\sum_{i=1}^{N}[\boldsymbol{\Phi}((a_2-\mathbf{x}_i\hat{\boldsymbol{\beta}})/\hat{\sigma})-\boldsymbol{\Phi}((a_1-\mathbf{x}_i\hat{\boldsymbol{\beta}})/\hat{\sigma})]\right)\hat{\beta}_j \quad (17.68)$$

其中缩放因子当然是在 0 和 1 之间的。为确定线性模型估计如何与估计 APE 进行比较，我们应当拿连续变量的 OLS 估计直接与（17.68）进行比较。二值变量的 APE 应当从方程（17.66）中获得，其中我们在二值变量的两个设置上计算这两个期望值的差，然后再对这些差求平均；标准 Tobit 的情形请参阅（17.18）。

17.8 面板数据方法

我们现在涵盖角点解响应的面板数据方法。我们使用与前面章节中相同的表示法，y_{it} 表示单元 i 在时间 t 的响应，有关处理方式类似于 15.8 节中关于 probit 模型的处理。

17.8.1 混合方法

我们从 $y_{it}\geq 0$ 和 $P(y_{it}=0)>0$ 的情形开始。在涵盖第Ⅰ类 Tobit 模型之前，重要的是要记住，因为我们对解释 y_{it} 感兴趣，在某些情形中使用线性回归方法是可以接受的。正如在横截面情形中那样，线性回归是容易解释的，并会

提供关于平均效应的可接受的近似。但线性模型可能也不会提供在更极端的值上偏效应的良好估计。

但将第Ⅰ类 Tobit 模型应用到面板数据也很容易。我们现在写出

$$y_{it}=\max(0,\mathbf{x}_{it}\boldsymbol{\beta}+u_{it}),\quad t=1,2,\cdots,T \tag{17.69}$$

$$u_{it}\mid\mathbf{x}_{it}\sim\text{Normal}(0,\sigma^2) \tag{17.70}$$

这一模型具有几个显著的特征。第一，它并没有维持 $\mathbf{x}_{it}$ 的严格外生性：u_{it} 与 $\mathbf{x}_{it}$ 是相互独立的，但是对 u_{it} 与 $\mathbf{x}_{is}$ 之间的关系没有设定，其中 $t\neq s$。因此，$\mathbf{x}_{it}$ 可以包含 $y_{i,t-1}$ 或者受反馈影响的变量。第二个重要特征是，允许 $\{u_{it}: t-1,\cdots,T\}$ 是序列相依的，这意味着 y_{it} 在以解释变量为条件之后可以是相关的。总之，式（17.69）与式（17.70）仅仅设定关于 $\text{D}(y_{it}\mid\mathbf{x}_{it})$ 的一个模型，并且 $\mathbf{x}_{it}$ 可以包括任何条件变量（时间虚拟变量、时间虚拟变量与非时变变量或者时变变量的交互作用项、滞后因变量等等）。

混合估计量最大化了偏对数似然函数

$$\sum_{i=1}^{N}\sum_{t=1}^{T}\ell_{it}(\boldsymbol{\beta},\sigma^2)$$

其中 $\ell_{it}(\boldsymbol{\beta},\sigma^2)$ 表示由式（17.20）给出的对数似然函数。在计算上，我们只把 Tobit 方法应用到数据集上，就好像它是容量为 NT 的长截面。然而，当条件信息矩阵等式对于所有 t 在假设（17.69）和（17.70）下成立时，要解释对于不同 t 的得分中的序列相关，就需要稳健的方差矩阵估计量；参阅 13.8.2 节与 15.8.1 节。稳健的瓦尔德统计量与得分统计量可以像 12.6 节中一样得到计算。如果没有进一步的假设，基于混合 Tobit 估计的 LR 统计量通常不是有效的。

在面板数据模型是动态完备的情形中，也就是

$$\text{D}(y_{it}\mid\mathbf{x}_{it},y_{i,t-1},\mathbf{x}_{i,t-1},\cdots)=\text{D}(y_{it}\mid\mathbf{x}_{it}) \tag{17.71}$$

推断是相当容易的：源自混合 Tobit 模型的所有通常统计量都是有效的，包括似然比统计量。记住，我们并没有假定任何关于不同 t 的独立性；实际上，$\mathbf{x}_{it}$ 能够包含滞后因变量。动态完备性会导致人们在独立横截面上愿意使用的相同的推断程序；可参阅 13.8 节中更一般的处理。

可以把对动态完备性的一般检验建立在得分 $\hat{\mathbf{s}}_{it}$ 基础之上，像 13.8.3 节所提及的那样，但是，拥有从混合 Tobit 估计中计算出来的简单检验是吸引人的。在假设（17.71）下，一旦以 $\mathbf{x}_{it}$ 为条件，将变量的时间段标为 $t-1$ 及更早时间段将不会影响到 y_{it} 的分布。存在着多种可能性，但是我们这里仅关注一种情形。如果 $y_{i,t-1}-0$，定义 $r_{i,t-1}-1$，而且如果 $y_{i,t-1}>0$，定义 $r_{i,t-1}=0$。进而，如果 $y_{i,t-1}>0$，定义 $\hat{u}_{i,t-1}\equiv y_{i,t-1}-\mathbf{x}_{i,t-1}\hat{\boldsymbol{\beta}}$。于是，利用 $t=2$，…，T 时间段，通过混合 Tobit 模型估计下述（人工）模型：

$$y_{it}=\max[0,\mathbf{x}_{it}\boldsymbol{\beta}+\gamma_1 r_{i,t-1}+\gamma_2(1-r_{i,t-1})\hat{u}_{i,t-1}+error_{it}]$$

并且检验联合假设 $\text{H}_0: \gamma_1=0$，$\gamma_2=0$。在动态完备性的零假设下，$error_{it}=u_{it}$，

而且对 $u_{i,t-1}$ 的估计并不会影响到瓦尔德、LR 或者 LM 检验的极限分布。无论在计算 LR 检验还是 LM 检验中，重要的是，要舍弃第 1 个时间段数据来估计满足 $\gamma_1=\gamma_2=0$ 的约束模型。由于混合 Tobit 既可用于估计约束模型，又可用于估计无约束模型，所以获得 LR 检验相当容易。

在一些应用中，重要的是，允许时间虚拟变量与解释变量之间交互作用。我们还希望允许 u_{it} 的方差随时间而变化从而允许对时间异质性更多的灵活性。如果 $\sigma_t^2=\text{Var}(u_{it})$，那么混合方法仍起作用，但是 $\ell_{it}(\boldsymbol{\beta},\sigma^2)$ 变为 $\ell_{it}(\boldsymbol{\beta},\sigma_t^2)$，实施估计需要特殊的软件。

我们尚不清楚滞后因变量在动态 Tobit 模型中应该出现的准确方式。我们可能想要允许滞后的参与决策和数量决策有不同的效应。因此，定义 $r_{i,t-1}=1[y_{i,t-1}=0]$，我们可以设定

$$y_{it}=\max(0,\mathbf{z}_{it}\boldsymbol{\delta}+\rho_1 r_{i,t-1}+\rho_2(1-r_{i,t-1})y_{i,t-1}+u_{it})$$

我们在 17.6 节中讨论的任何两部模型和选择模型都可很容易地适应我们能使用混合估计的面板数据。在克拉格的断尾正态栅栏模型和对数正态栅栏模型中，我们可允许滞后的参与决策和数量决策分别出现在目前的参与和数量方程中。而且，我们当然也可以允许其他变量的滞后量。如果模型被假定为动态完备的——因为如果我们开始添加滞后因变量，那么它通常将会是这样——来自混合估计的标准推断是有效的。如果我们正在估计一个静态模型或有限分布滞后模型，就应当使用对序列相关稳健的统计量。来自 17.7 节的双限 Tobit 模型也可以一种直接的方式加以扩展。这些方法中任何一个都正好是我们在 13.8 节讨论的偏 MLE 结果的一种特殊情形：如果分布是动态完备的，那么我们可以使用通常的标准误和检验统计量；如果它不是，所有的推论都应当对序列相依稳健。

17.8.2 严格外生性下的不可观测效应模型

就像在 probit 的情形，允许在 Tobit 模型中存在不可观测异质性是棘手的。当然，设定一个线性模型的简单策略是可行的。也就是说，我们可以写出 $y_{it}=\mathbf{x}_{it}\boldsymbol{\beta}+c_i+u_{it}$，而根据对所有的 t 和 r，$\mathbf{x}_{ir}$ 与 u_{it} 是不相关的假设，可用固定效应估计 $\boldsymbol{\beta}$。当然，FE 估计忽略了约束 $u_{it}\geqslant-(\mathbf{x}_{it}\boldsymbol{\beta}+c_i)$，而且，如果我们认为 $\text{E}(y_{it}\mid\mathbf{x}_{it},c_i)=\mathbf{x}_{it}\boldsymbol{\beta}+c_i$，那么我们会正在忽略对于 $t=1,\cdots,T$，$c_i\geqslant-\mathbf{x}_{it}\boldsymbol{\beta}$。然而，正如我们在 15.8 节中对二值响应的讨论，线性模型具有一些优势：我们可以不设定 $\text{D}(c_i\mid\mathbf{x}_i)$，而且我们可以允许在 $\{u_{it}\}$ 中存在一般的序列相依。另外，像往常一样，$\hat{\boldsymbol{\beta}}$ 很容易解释，尽管它们充其量只是 APE 的近似。

要利用 y_{it} 的角点解性质，我们反而可以使用**不可观测效应 Tobit**（unobserved effects Tobit model）模型。（在这里，我们将“第Ⅰ类”的标识隐藏起来。）我们可以把这种模型写成

$$y_{it}=\max(0,\mathbf{x}_{it}\boldsymbol{\beta}+c_i+u_{it}),\quad t=1,2,\cdots,T \tag{17.72}$$

$$u_{it} | \mathbf{x}_i, c_i \sim \text{Normal}(0, \sigma_u^2) \tag{17.73}$$

其中 c_i 表示不可观测效应，而对于所有 t，$\mathbf{x}_i$ 包含 $\mathbf{x}_{it}$。假设（17.73）是正态性假设，但是它同样蕴涵着 $\mathbf{x}_{it}$ 是以 c_i 为条件严格外生的。正如我们在几种背景下所看到的，这个假设剔除了某些类型的解释变量。

根据假设（17.72）和（17.73），我们可以得到 $\text{E}(y_t | \mathbf{x}_t, c, y_t > 0)$ 和 $\text{E}(y_t | \mathbf{x}_t, c)$，就像在方程（17.10）和（17.14）中一样。这些期望，以及因此偏效应，都取决于参数 $\boldsymbol{\beta}$ 和 σ_u^2。就像二值响应的不可观测模型中一样，对 $\text{E}(y_t | \mathbf{x}_t, c, y_t > 0)$ 和 $\text{E}(y_t | \mathbf{x}_t, c)$ 的偏效应还取决于不可观测的异质性 c。如果我们能估计 c 的分布，那么我们可以插入有趣的值，诸如均值、中位数，或各种分位数，以便取得偏效应。正如我们将看到的，就像在不可观测效应的 probit 模型中那样，我们可以在较弱的假设下估计 APE。

不是要去涵盖标准版的随机效应，我们要考虑更一般的**相关随机效应 Tobit 模型**（correlated random effects Tobit model），该模型允许 c_i 和 $\mathbf{x}_i$ 相关。为此，就像在 probit 情形中一样假设

$$c_i | \mathbf{x}_i \sim \text{Normal}(\psi + \bar{\mathbf{x}}_i \boldsymbol{\xi}, \sigma_a^2) \tag{17.74}$$

其中 σ_a^2 表示方程 $c_i = \psi + \bar{\mathbf{x}}_i \boldsymbol{\xi} + a_i$ 中 a_i 的方差。我们可以用 $\mathbf{x}_i$ 代替 $\bar{\mathbf{x}}_i$ 作为更一般的情况，但是 $\bar{\mathbf{x}}_i$ 至多具有维数 K。（与以往一样，$\mathbf{x}_{it}$ 不能包括一个常数，而且时间虚拟变量可以从 $\bar{\mathbf{x}}_i$ 中排除，因为时间虚拟变量已处于 $\mathbf{x}_{it}$ 之中。）在假设（17.42）至假设（17.44）下，我们可以写成

$$y_{it} = \max(0, \psi + \mathbf{x}_{it}\boldsymbol{\beta} + \bar{\mathbf{x}}_i \boldsymbol{\xi} + a_i + u_{it}) \tag{17.75}$$

$$u_{it} | \mathbf{x}_i, a_i \sim \text{Normal}(0, \sigma_u^2), \quad t = 1, 2, \cdots, T \tag{17.76}$$

$$a_i | \mathbf{x}_i \sim \text{Normal}(0, \sigma_a^2) \tag{17.77}$$

用我们以前的符号，假设（17.75）和（17.76）意味着 $\text{D}(y_{it} | \mathbf{x}_i, a_i) = \text{Tobit}(\psi + \mathbf{x}_{it}\boldsymbol{\beta} + \bar{\mathbf{x}}_i \boldsymbol{\xi} + a_i, \sigma_u^2)$。方程（17.75）、（17.76）和（17.77）中的公式是非常有用的，尤其是如果我们假设，以（$\mathbf{x}_i, a_i$）为条件（等价地，以（$\mathbf{x}_i, c_i$）为条件），$\{u_{it}\}$ 是序列独立的：

$$\text{给定}(\mathbf{x}_i, a_i)\text{时}, (u_{i1}, \cdots, u_{iT})\text{是相互独立的} \tag{17.78}$$

如果我们设定 $\xi = \mathbf{0}$，方程（17.75）通过（17.78）构成了传统的**随机效应 Tobit 模型**（random effects Tobit model）。估计 CRE 版本的模型几乎从来不会更加困难，因为估计随机效应 Tobit 模型的软件，可以用来获得 ψ，$\boldsymbol{\beta}$，ξ，σ_a^2 和 σ_u^2 的一致和 $\sqrt{N}$ 渐近正态的极大似然估计。首先通过乘以跨 t 的 Tobit（$\psi + \mathbf{x}_{it}\boldsymbol{\beta} + \bar{\mathbf{x}}_i \boldsymbol{\xi} + a_i, \sigma_u^2$）模型的密度，然后对 $\text{Normal}(0, \sigma_a^2)$ 的密度——a_i 的分布——的乘积求积分，就可得到单元 i 的对数似然函数。然后，当然，我们对结果取对数。这些步骤与取得随机效应 probit 模型的密度是非常相似的（同时在张伯伦－芒德拉克方法中添加 $\bar{\mathbf{x}}_i$ 作为一套回归元）。

虽然我们展示了仅仅含有时变回归元的 CRE Tobit 模型——可能包括一整

套时间哑变量——但是我们也可以始终都包括非时变回归元，正如在 CRE probit 模型中那样。我们可能会对关于不可观测异质性的代理包含非时变控制变量，或者我们实际上感兴趣的可能是在假设 $D(c_i \mid \mathbf{x}_i, w_i)=D(c_i \mid \mathbf{x}_i)$ 下的一个非时变变量的效应，比如 w_i。当然，包含非时变的控制变量也往往能提高模型的拟合度。我们可以机械地将这些变量包括在 $\mathbf{x}_{it}$ 中，并简单地舍弃掉与这些变量相关联的时间平均值（正如在加总时间效应中我们做的那样）。接下来我们不会将这个明确表示出来。

就像在 probit 的情形，给定所有参数的估计，我们可以估计 c_i 的均值和方差。$\mu_c=E(c_i)$ 的一个一致估计量仅仅就是$\hat{\mu}_c=\hat{\psi}+\bar{\mathbf{x}}\hat{\xi}$，其中 $\bar{\mathbf{x}}=N^{-1}\sum_{i=1}^{N}\bar{\mathbf{x}}_i$。$\sigma_c^2$ 的一个一致估计量仅仅就是$\hat{\sigma}_c^2=\hat{\xi}'\hat{\Sigma}_{\bar{\mathbf{x}}_i}\hat{\xi}+\hat{\sigma}_a^2$，其中，$\hat{\Sigma}_{\bar{\mathbf{x}}_i}$ 是 $\{\bar{\mathbf{x}}_i: i=1,\cdots,N\}$ 的样本方差矩阵。如果我们像在方程（17.30）中那样定义 $m(a,\sigma^2)=\Phi(a/\sigma)a+\sigma\phi(a/\sigma)$，那么我们可以计算在$\hat{\mu}_c$ 处的偏效应，通过求 $m(\mathbf{x}_t\hat{\boldsymbol{\beta}}+\hat{\mu}_c,\hat{\sigma}_u^2)$ 关于 $\mathbf{x}_t$ 的元素的导数和增量。在一个导数的情形中，我们仅仅获得 $\Phi((\mathbf{x}_t\hat{\boldsymbol{\beta}}+\hat{\mu}_c)/\hat{\sigma}_u)\hat{\beta}_j$。此外，对 k 的一些值，比如说 $k=1$ 或 $k=2$，我们可用 $\hat{\mu}_c\pm k\hat{\sigma}_c$ 替换$\hat{\mu}_c$。可用自助法来获得有效的标准误，其中，像往常一样使用大的 N 和小的 T，我们对截面单位进行再抽样（对于每个 i 都保持全部 T 个时间段）。

对 APE 进行估计同样是相对简单的。通过求出 $E[m(\mathbf{x}_t\boldsymbol{\beta}+c_i,\sigma_u^2)]$，然后计算对 $\mathbf{x}_t$ 元素的偏导数或者增量，可获得（在 $\mathbf{x}_t$ 处的）APE。由于 $c_i=\psi+\bar{\mathbf{x}}_i\xi+a_i$，通过迭代期望法则，我们有

$$E[m(\mathbf{x}_t\boldsymbol{\beta}+c_i,\sigma_u^2)]=E\{E[m(\psi+\mathbf{x}_t\boldsymbol{\beta}+\bar{\mathbf{x}}_i\xi+a_i,\sigma_u^2)\mid\mathbf{x}_i]\} \tag{17.79}$$

其中第一个期望是关于 c_i 分布的。由于 a_i 与 $\mathbf{x}_i$ 是相互独立的，且 $a_i\sim \text{Normal}(0,\sigma_a^2)$，所以式（17.79）中的条件期望可以通过对 $m(\psi+\mathbf{x}_t\boldsymbol{\beta}+\bar{\mathbf{x}}_i\xi+a_i,\sigma_u^2)$ 在 a_i 上对 $\text{Normal}(0,\sigma_a^2)$ 分布进行积分而得到。由于 $m(\psi+\mathbf{x}_t\boldsymbol{\beta}+\bar{\mathbf{x}}_i\xi+a_i,\sigma_u^2)$ 可以通过将 $\max(0,\ \psi+\mathbf{x}_t\boldsymbol{\beta}+\bar{\mathbf{x}}_i\xi+a_i+u_{it})$ 在 $\text{Normal}(0,\ \sigma_u^2)$ 分布上对 u_{it} 进行积分来获得，由此可得

$$E[m(\psi+\mathbf{x}_t\boldsymbol{\beta}+\bar{\mathbf{x}}_i\xi+a_i,\sigma_u^2)\mid\mathbf{x}_i]=m(\psi+\mathbf{x}_t\boldsymbol{\beta}+\bar{\mathbf{x}}_i\xi,\sigma_a^2+\sigma_u^2) \tag{17.80}$$

因此，式（17.80）的期望值（关于 $\bar{\mathbf{x}}_i$ 的分布）可以被一致地估计为

$$N^{-1}\sum_{i=1}^{N}m(\hat{\psi}+\mathbf{x}_t\hat{\boldsymbol{\beta}}+\bar{\mathbf{x}}_i\hat{\xi},\hat{\sigma}_a^2+\hat{\sigma}_u^2) \tag{17.81}$$

对于 $E(y_t \mid \mathbf{x},c,y_t>0)$ 而言，类似的讨论成立：对表达式（17.81）中的 $(\hat{\psi}+\mathbf{x}_t\hat{\boldsymbol{\beta}}+\bar{\mathbf{x}}_i\hat{\xi})+\hat{\sigma}_v\lambda[(\hat{\psi}+\mathbf{x}_t\hat{\boldsymbol{\beta}}+\bar{\mathbf{x}}_i\hat{\xi})/\hat{\sigma}_v]$ 求和，其中 $\lambda(\cdot)$ 表示逆米尔斯比，而$\hat{\sigma}_v^2=\hat{\sigma}_a^2+\hat{\sigma}_u^2$。

我们能够放松假设（17.78），而且仍得到 APE 的一致、$\sqrt{N}$渐近正态的估计值。实际上，在假设（17.75）至假设（17.77）下，我们可以写成

$$y_{it}=\max(0,\psi+\mathbf{x}_{it}\boldsymbol{\beta}+\bar{\mathbf{x}}_i\xi+v_{it}) \tag{17.82}$$

$$v_{it} \mid \mathbf{x}_i \sim \text{Normal}(0, \sigma_v^2), \quad t=1,2,\cdots,T \tag{17.83}$$

其中 $v_{it}=a_i+u_{it}$。在没有进一步假设下，v_{it} 是任意序列相关的，因此，利用给定 $\mathbf{x}_i$ 时 $\mathbf{y}_i$ 密度的极大似然分析在计算上是要求过高的。然而，我们通过 y_{it} 对 1，$\mathbf{x}_{it}$，$\bar{\mathbf{x}}_i$，$t=1$，…，T，$i=1$，…，N 的简单混合 Tobit 程序可以得到 $\sqrt{N}$ 渐近正态的估计量。尽管我们从这个程序中只能估计 σ_v^2，但连同 $\hat{\psi}$，$\hat{\boldsymbol{\beta}}$ 以及 $\hat{\xi}$ 一起，这就是我们需要用来获得基于表达式（17.81）的平均偏效应的全部内容。在 13.8.2 节中，所推导出来的偏 MLE 的稳健方差矩阵应该用于标准误与推断。类似于 15.8.2 节中对 probit 情形的讨论，最小距离方法也是可以利用的。

从方程（17.81），我们可以很容易地获得连续解释变量的 APE 的缩放因子。对于给定的 $\mathbf{x}_t$，估计的缩放比例为 $N^{-1}\sum_{i=1}^{N}\boldsymbol{\Phi}((\hat{\psi}+\mathbf{x}_t\hat{\boldsymbol{\beta}}+\bar{\mathbf{x}}_i\hat{\xi})/\hat{\sigma}_v)$，其中 $\hat{\sigma}_v^2=\hat{\sigma}_a^2+\hat{\sigma}_u^2$。我们可以进一步跨 $\mathbf{x}_{it}$ 求平均以获得关于时间段 t 的一个缩放因子，甚至跨所有时间段以获取一个单个的缩放因子，我们可以使用（17.81）直接估计离散变化的 APE。例如，如果 x_{tK} 是二值的，我们评估 $m(\hat{\psi}+\mathbf{x}_t\hat{\boldsymbol{\beta}}+\bar{\mathbf{x}}_i\hat{\xi},\hat{\sigma}_v^2)$ 且 $x_{tK}=1$ 以及 $x_{tK}=0$，并构造出这两种情形的差。与其设置 x_{t1}，…，$x_{t,K-1}$ 的值，我们不如也对它们求平均，甚至跨所有时间段。下一个例子阐明了这些计算是如何做出来的。

例 17.5（妇女每年工作小时数方程的面板数据估计） 通过使用 1980—1992 年（PSID80_92.RAW）收入动态的面板研究，我们现在将 RE Tobit 和 CRE Tobit 模型应用到一个每年工作小时数方程上。我们包含了其他来源收入（*nwifeinc*），儿童的三个类别（*ch0_2*，*ch3_5* 和 *ch6_17*），以及一个二值的婚姻状态指示符（*marr*）。我们还包括了一整套年度哑变量（未报告）。出于比较的目的，也报告了一个用固定效应估计的线性模型（见表 17.3）。

表 17.3　　年度妇女劳动力供给的面板数据模型，1980—1992 年

模型估计方法	(1) 线性固定效应	(2) RE Tobit MLE	(3) CRE Tobit MLE
nwifeinc	−0.775 (0.343)	−2.251 (0.325)	−1.554 (0.382)
ch0_2	−342.38 (26.65)	−459.93 (22.67)	−472.09 (23.03)
ch3_5	−254.13 (25.88)	−313.50 (18.82)	−329.39 (19.49)
ch6_17	−42.96 (14.89)	−32.33 (9.82)	−46.12 (10.90)
marr	−634.80 (286.17)	−657.58 (48.93)	−784.18 (155.01)
常数	1 786 (247.30)	1 676.37 (39.28)	1 646.36 (45.26)
$\hat{\sigma}_a$	—	768.55	756.40
$\hat{\sigma}_u$	—	624.29	621.70
缩放因子	—	0.811	0.826
对数似然	—	−70 782.09	−70 733.20
妇女数量	898	898	898

所有设定都包括一整套时间哑变量。

关于线性模型的固定效应估计的标准误对任意序列相关和异方差性是稳健的。

对于 RE Tobit，$\hat{\sigma}_a=\hat{\sigma}_c$。

在第（3）列中，排除了 5 个时间平均值的似然比检验为 97.78，其给出了一个基本上为 0 的 p 值。

三套估计在效应的方向上讲的是同样的故事。其他收入对每年工作小时数有一个负的、统计上显著的效应，孩子的数量——尤其是年幼的孩子——和已婚的状态也有这样的效应。通过跨所有 i 和 t 求平均，可以计算出 RE 和 CRE Tobit 模型的缩放因子。因此，*nwifeinc* 的平均偏效应对于 RE Tobit 模型来说，是 $0.811\times(-2.25)=-1.82$，而对 CRE Tobit 模型来说，是 $0.826\times(-1.55)=-1.28$。两者在绝对值上都要比从固定效应获得的线性模型系数 -0.775 大。当然，将时间平均值包含进来，可使从 Tobit 获得的 APE 与从 FE 中获得的 APE 更接近，但二者的差距并未完全消失。从 CRE Tobit 获得的 *marr* 的 APE 约为 -695.26（通过对 $marr=1$ 和 $marr=0$ 时估计的均值之差求平均而获得）。这在幅度上比 FE 估计高近 10%。当然，我们不知道哪个估计更接近真实 APE；每种方法都有其弊端。

双限 Tobit 模型的一个相关随机效应的版本也明显遵循这种方式。就像使用标准 Tobit 模型时那样，在一整套假设下很容易获得在 c_i 的均值以及其他值等处的偏效应，但要用生成两个角点的方程来替代方程（17.72）。没有假设（17.78）也可估计 APE，因为只要假设（17.74）成立，一个以（$\mathbf{x}_{it},\bar{\mathbf{x}}_i$）为条件的双限 Tobit 的均值函数拥有和以（$\mathbf{x}_{it},c_i$）为条件的均值函数相同的结构。这个论点在实质上与标准不可观测效应 Tobit 模型相同；详情参阅习题 17.16。

在条件中位数假设下，同样有可能一致估计 $\boldsymbol{\beta}$：

$$\text{Med}(y_{it}\mid\mathbf{x}_{i1},\cdots,\mathbf{x}_{iT},c_i)=\text{Med}(y_{it}\mid\mathbf{x}_{it},c_i)=\max(0,\mathbf{x}_{it}\boldsymbol{\beta}+c_i)\quad(17.84)$$

其施加了一个以 c_i 为条件的（对中位数的）严格外生性假设。等价地，我们可以写出

$$y_{it}=\max(0,\mathbf{x}_{it}\boldsymbol{\beta}+c_i+u_{it}),\quad \text{Med}(u_{it}\mid\mathbf{x}_i,c_i)=0,\quad t=1,\cdots,T\ (17.85)$$

奥诺尔（Honoré，1992）在时间段对（pairs of time periods）——比如 t 和 s——上使用了一个巧妙的条件式论证，在（u_{it},u_{is}）和（u_{is},u_{it}）以（$\mathbf{x}_{it},\mathbf{x}_{is},c_i$）为条件是同分布的可交换性假设下，将有效消除 c_i。其中的细节太复杂难懂了，以致在此无法涵盖。奥诺尔方法一个很好的特征是，在不约束 $\text{D}(c_i\mid\mathbf{x}_i)$ 的情形中它就能识别 $\text{Med}(y_{it}\mid\mathbf{x}_{it},c_i)$ 的参数。然而，约束被施加在了（$u_{i1},\cdots,u_{iT}$）的联合分布上，这些约束排除了比如说依赖于协变量、不可观测效应或只是时间的异方差。（当然，标准 Tobit 模型也施加了同方差假设，尽管在参数背景下那是相当容易放松的。）奥诺尔方法一个不太明显的问题是，因为我们不知道 c_i（要么是无条件的，要么以 $\mathbf{x}_i$ 为条件）的分布，所以我们也不知道把关于 c 的什么值插入到估计的中位数函数 $\max(0,\mathbf{x}_t\hat{\boldsymbol{\beta}}+c)$ 中是合理的。一旦 $\mathbf{x}_t\boldsymbol{\beta}+c>0$，估计量 $\hat{\beta}_j$ 就是 x_{tj} 在中位数上估计的偏效应，但是我们甚至不能估计出总体中 $\mathbf{x}_t\boldsymbol{\beta}+c>0$ 所占的比例。我们会满足于将 c 从 $\max(0,\mathbf{x}_t\boldsymbol{\beta}+c)$ 求平均消除——也就是，获得一个平均结构函数，但是，其中是中位数而不是均值被定义为我们感兴趣的“结构”函数——但同样，如果没有关于 c_i 的分布的信息，我们不能计算这个平均值。（如果 c_i 有一个 $\text{Normal}(\mu_c,\sigma_c^2)$ 分布，那么

$\mathrm{E}_{ci}(\max(0,\mathbf{x}_t\boldsymbol{\beta}+c_i))=\boldsymbol{\Phi}((\mu_c+\mathbf{x}_t\boldsymbol{\beta}/\sigma_c)(\mu_c+\mathbf{x}_t\boldsymbol{\beta})+\sigma_c\phi((\mu_c+\mathbf{x}_t\boldsymbol{\beta})/\sigma_c)$，但我们没有足够的信息来估计 μ_c 和 σ_c^2。）

给定角点解响应的不可观测效应模型的各类估计方法，关于二值响应我们可以产生一张非常类似于表 15.4 的表。由于奥诺尔的 $\boldsymbol{\beta}$ 估计在固定效应（FE）logit 估计量中所起的作用，该表将仅被做轻微改变。例如，在完全随机效应假设下的 CRE Tobit 模型允许在 c 不同的值上估计偏效应，同样包括对平均偏效应的估计。如果我们放弃条件独立性假设，我们只能识别 APE（那是跨 c_i 的分布所求出的平均数）。正如我们刚刚讨论过的，奥诺尔的估计量允许对 $\boldsymbol{\beta}$ 的估计，但不是对中位数的一般偏效应或平均偏效应。奥诺尔方法确实允许在特质性误差中存在序列相关（不像二值响应的固定效应 logit 那样），但的确需要施加可交换性假设。

17.8.3 动态不可观测效应 Tobit 模型

现在，我们转到特定的动态模型

$$y_{it}=\max(0,\mathbf{z}_{it}\boldsymbol{\delta}+\rho_1 y_{i,t-1}+c_i+u_{it}) \tag{17.86}$$

$$u_{it}|(\mathbf{z}_i,y_{i,t-1},\cdots,y_{i0},c_i)\sim\mathrm{Normal}(0,\sigma_u^2),\quad t=1,\cdots,T \tag{17.87}$$

上。我们可以通过许多方式来修饰这一模型。例如，$y_{i,t-1}$ 的滞后效应可依赖于 $y_{i,t-1}$ 为 0 还是大于 0。因而，我们可以用 $\eta_1 r_{i,t-1}+\rho_1(1-r_{i,t-1})y_{i,t-1}$ 代替 $\rho_1 y_{i,t-1}$，其中如果 $y_{it}=0$，r_{it} 表示等于 1 的二值变量。我们可以允许在 $y_{i,t-1}$ 中有一个多项式。或者，我们可以设 u_{it} 的方差随时间而变化。其基本方法并不依赖于特殊模型。

在 15.8.4 节中对于如何处理初始值问题的讨论在这里同样成立（参阅 13.9.2 节的一般情形）。一种相当一般的且易于处理的方法是，在给定初始值 y_{i0} 以及所有时间段的外生变量 $\mathbf{z}_i$ 时，对于不可观测效应 c_i 设定一个分布。设 $h(c\mid y_0,\mathbf{z};\gamma)$ 表示这样的密度。于是，给定 $(y_0,\mathbf{z})$ 时 $(y_1,\cdots,y_T)$ 的联合密度是

$$\int_{-\infty}^{\infty}\prod_{t=1}^{T}f(y_t\mid y_{t-1},\cdots,y_1,y_0,\mathbf{z},c;\boldsymbol{\theta})h(c\mid y_0,\mathbf{z};\gamma)\mathrm{d}c \tag{17.88}$$

其中 $f(y_t\mid y_{t-1},\cdots,y_1,y_0,\ \mathbf{z},c;\boldsymbol{\theta})$ 表示在 0 处截取的正态分布，其均值为 $\mathbf{z}_t\boldsymbol{\delta}+\rho_1 y_{t-1}+c$ 且方差为 σ_u^2。关于 $h(c\mid y_0,\mathbf{z};\gamma)$ 的一个自然设定是 $\mathrm{Normal}(\psi+\xi_0 y_0+\mathbf{z}\xi,\sigma_a^2)$，其中 $\sigma_a^2=\mathrm{Var}(c\mid y_0,\ \mathbf{z})$。这导致了相当简单易做的程序。为了理解其缘由，写出 $c_i=\psi+\xi_0 y_{i0}+\mathbf{z}_i\xi+a_i$，因此

$$y_{it}=\max(0,\psi+\mathbf{z}_{it}\boldsymbol{\delta}+\rho_1 y_{i,t-1}+\xi_0 y_{i0}+\mathbf{z}_i\xi+a_i+u_{it}) \tag{17.89}$$

其中给定 $(y_{i0},\mathbf{z}_i)$ 时 a_i 的分布是 $\mathrm{Normal}(0,\sigma_a^2)$，而假设（17.87）用 a_i 代替 c_i 仍成立。于是，表达式（17.88）中的密度与随机效应 Tobit 模型具有相同的形式，其中在时间 t 时解释变量是 $(\mathbf{z}_{it},y_{i,t-1},y_{i0},\mathbf{z}_i)$。把每一个时间段的初始条件与整个向量 $\mathbf{z}_i$ 包括在内，这样做可以考虑不可观测异质性与初始条件以及严格外生变量是相关的情形。可以使用任何能估计随机效应 Tobit 模型的标准软件来估计所

有参数；尤其是，我们可以很容易地检验状态依赖（$\rho_1 \neq 0$）。

APE 可以非常容易地估计出来。例如，关于 $E(y_t \mid \mathbf{z}_t, y_{t-1}, c)$ 的 APE 可从下式中一致地估计出来：

$$N^{-1}\sum_{i=1}^{N} m(\hat{\psi}_t + \mathbf{z}_t\hat{\boldsymbol{\delta}} + \hat{\rho}_1 y_{t-1} + \hat{\xi}_0 y_{i0} + \mathbf{z}_i\hat{\xi}, \hat{\sigma}_a^2 + \hat{\sigma}_u^2) \tag{17.90}$$

其中，为表示强调，明确地展示了不同的时间截距 $\hat{\psi}_t$。（正如使用线性模型和以往的非线性模型时那样，人们通常会把时间哑变量包含在回归元中。）像往常一样，我们可以求关于（$\mathbf{z}_t, y_{t-1}$）的元素的导数或增量。允许在 $E(c_i \mid y_{i0}, \mathbf{z}_i)$ 中的初始条件具有更灵活的函数非常简单。允许 $\mathrm{Var}(c_i \mid y_{i0}, \mathbf{z}_i)$ 中的异方差，比如说 $\mathrm{Var}(c_i \mid y_{i0}, \mathbf{z}_i) = \exp(\eta + \xi_0 y_{i0} + \mathbf{z}_i\xi)$，或在（$y_{i0}, \mathbf{z}_i$）中具有更灵活的函数，都应当不会太难。请参阅伍德里奇（Wooldridge，2005b）做进一步的讨论和拓展，包括拓展到双限 Tobit 模型。

奥诺尔（Honoré，1993a）通过使用一个截取式的论证，当未在式（17.86）中做有关 c_i 和 u_{it} 的分布假设时，获得了在参数的真值处有零均值的正交性条件。奥诺雷的假设对 $\{u_{it}: t=1,\cdots,T\}$ 的分布施加了约束——充分条件是，它们以（$\mathbf{z}_i, y_{i0}, c_i$）为条件是独立同分布的——但他并没有施加一个参数分布约束。因此，人们可以相当一般性地检验状态依赖（尽管在 $\{u_{it}\}$ 中的异方差已被排除）。奥诺尔和胡（Honoré and Hu，2004）获得了那样的充分条件，以致可以使用一套与奥诺尔（Honoré，1993a）中矩条件相同的矩条件来识别参数 δ 和 ρ_1，而且他们推导出了一个 GMM 估计量的一致性与 $\sqrt{N}$ 渐近正态性。遗憾的是，奥诺尔（Honoré，1993a）、奥诺尔和胡（Honoré and Hu，2004）所使用的方法没有考虑时间哑变量，所以可能很难在总的波动与状态依赖之间进行区分。此外，截取式论证关键取决于以线性形式出现在（17.86）的 $y_{i,t-1}$。目前尚不清楚如何将他们的论证拓展到 $y_{i,t-1}$ 的一般函数。至少，人们需要知道额外函数上系数的符号（诸如二次项，或者其中我们允许存在一个从 0 到一个正值的单独效应）。

就目前情形来看，估计动态角点解模型的半参数方法不会统一放松参数方法的假设。参数方法很容易处理时间哑变量、$y_{i,t-1}$ 的非线性函数以及参数性异方差。因此，当在参数估计中发现差异时，就很难知道怎样才是适当的反应。此外，就像使用带严格外生解释变量的角点解响应的半参数方法时那样，半参数方法一致估计参数的能力不会得出对偏效应的估计，这样任何状态依赖的实际价值是不容易确定的。

习 题

17.1 当 y 是一个带有在零处角点的非负角点解响应时，所建议的一个策

略是将 $\log(1+y)$ 用作一个线性回归中的因变量。

a. 变换 $\log(1+y)$ 解决了在 0 处的一个堆积的问题吗？请解释。还有其他理由证明这种变换可能是有用的吗？

b. 假定我们假设线性模型

$$\log(1+y)=\mathbf{x}\boldsymbol{\beta}+r,\mathrm{E}(r|\mathbf{x})=0$$

你将如何估计 $\boldsymbol{\beta}$？一般地，r 可以独立于 x 吗？请解释。

c. 证明

$$\mathrm{E}(y|\mathbf{x})=\exp(\mathbf{x}\boldsymbol{\beta})\mathrm{E}[\exp(r)|\mathbf{x}]-1$$

作为一种近似，如果我们假设 r 和 x 是独立的，且有 $\eta=\mathrm{E}[\exp(r)]$，求 $\mathrm{E}(y \mid \mathbf{x})$。

d. 根据 c 部分的独立性假设，提出了一个 η 的一致估计（提示：使用段（Duan，1983）的模糊估计）。

e. 给定 $\hat{\boldsymbol{\beta}}$ 和 $\hat{\eta}$，你将如何估计 $\mathrm{E}(y \mid \mathbf{x})$？能保证估计是非负的吗？请解释。

f. 使用 MROZ. RAW 中的数据来估计 $\boldsymbol{\beta}$ 和 η，其中 $y=hours$。x 的元素应当与表 17.1 中相同。对于这个数据集，$\hat{\eta}$ 是什么？计算 $hours_i$ 的拟合值，比如说 $\widehat{hours}_i$。你会得到一些负的拟合值吗？

g. 使用 f 部分的拟合值，获得 $hours_i$ 与 $\widehat{hours}_i$ 之间的平方相关系数。这个 R 平方测度如何与线性模型和表 17.1 中 Tobit 模型的 R 平方测度比较？

h. 通过用 $\hat{r}_i^2$ 对 1，$(\mathbf{x}_i\hat{\boldsymbol{\beta}})$，$(\mathbf{x}_i\hat{\boldsymbol{\beta}})^2$ 做回归，检验误差 r_i 的异方差性，其中 $\mathbf{x}_i\hat{\boldsymbol{\beta}}$ 是来自 $\log(1+hours_i)$ 对 $\mathbf{x}_i$ 的 OLS 回归的拟合值。（见 6.2.4 节。）会出现 r_i 独立于 $\mathbf{x}_i$ 吗？

17.2 设 y 为在 $[0,1]$ 上取值的一个响应变量，其中 $\mathrm{P}(y=0)=0$ 且 $\mathrm{P}(y=1)>0$。一个例子是，对市场的一个用 i 标示的随机样本，y_i 是最大公司所占的份额；由定义可知，y_i 不能为 0、只能为 1。

a. 关于 y 的一个双限 Tobit 模型会是恰当的吗？请解释。

b. 解释为什么一个第Ⅰ类 Tobit 模型应用到 $-\log(y)$ 上在逻辑上是有道理的？

c. 如果你应用 b 部分的建议，重新获得 $\mathrm{E}(y \mid \mathbf{x})$ 会很容易吗？展示你将不得不做什么。

17.3 假设给定 x 时 y 遵循一个像在 17.7 节中那样的双限 Tobit 模型，且有极限点 $a_1<a_2$。

a. 根据标准正态的累积分布函数 $\mathbf{x}$，$\boldsymbol{\beta}$ 和 σ，求 $\mathrm{P}(y=a_1 \mid \mathbf{x})$ 和 $\mathrm{P}(y=a_2 \mid \mathbf{x})$。对于 $a_1<\mathscr{Y}<a_2$，找出 $\mathrm{P}(y\leqslant\mathscr{Y} \mid \mathbf{x})$，并利用这一结果，对于 $a_1<\mathscr{Y}<a_2$，求给定 x 时 y 的密度。

b. 如果 $z\sim\mathrm{Normal}(0,1)$，可以证明对于 $c_1<c_2$，有 $\mathrm{E}(z \mid c_1<z<c_2)=\{\phi(c_1)-\phi(c_2)\}/\{\boldsymbol{\Phi}(c_2)-\boldsymbol{\Phi}(c_1)\}$。利用这个事实求出 $\mathrm{E}(y \mid \mathbf{x},a_1<y<a_2)$ 和 $\mathrm{E}(y \mid \mathbf{x})$。

c. 考虑以下估计 $\boldsymbol{\beta}$ 的方法，当只使用非极限观测值时，亦即关于 $a_1<y_i<$

a_2 的观测值，用 y_i 对 $\mathbf{x}_i$ 进行 OLS 回归。请解释为什么这一般不会产生 $\boldsymbol{\beta}$ 的一致估计。

d. 写下观测值 i 的对数似然函数；它应当由三个部分组成。

e. 你将如何估计 $\mathrm{E}(y \mid \mathbf{x}, a_1<y<a_2)$ 和 $\mathrm{E}(y \mid \mathbf{x})$？

f. 证明

$$\frac{\partial \mathrm{E}(y \mid \mathbf{x})}{\partial x_j}=\{\boldsymbol{\Phi}[(a_2-\mathbf{x}\boldsymbol{\beta})/\sigma]-\boldsymbol{\Phi}[(a_1-\mathbf{x}\boldsymbol{\beta})/\sigma]\}\beta_j$$

为什么乘以 β_j 的缩放因子一定是在 0 和 1 之间？

g. 假设当使用所有观测值时，你从一个 y_i 对 $\mathbf{x}_i$ 的标准 OLS 回归中获得 $\hat{\gamma}$。你会拿 $\hat{\gamma}_j$ 与双限 Tobit 估计 $\hat{\beta}_j$ 做比较吗？一个合理的比较会是什么？

17.4 对于这个问题请使用在 JTRAIN1. RAW 中的数据。

a. 当只使用 1988 年的数据时，请估计把 *hrsemp* 与 log(*employ*)，*union* 和 *grant* 关联起来的一个线性方程。请计算通常的和异方差性稳健的标准误。请解释结果。

b. 出自所有变量上都不存在缺失数据的 127 家公司中，有多少为 *hrsemp*=0 的？用 Tobit 估计来自 a 部分的模型。对于 127 家企业和 *union*=1，求出 *grant* 对 E(*hrsemp* | *employ*, *union*, *grant*, *hrsemp*>0) 的估计的平均偏效应。E(*hrsemp* | *employ*, *union*, *grant*) 上的 APE 是什么？

c. log(*employ*) 与 *union* 在 Tobit 模型中是联合显著的吗？

d. 根据条件均值的拟合优度，对于估计 E(*hrsemp* | *employ*, *union*, *grant*)，你更喜欢用线性模型还是 Tobit 模型？

17.5 对于这个问题，使用数据集 FRINGE. RAW。

a. 通过 *hrbens* 对 *exper*，*age*，*educ*，*tenure*，*married*，*male*，*white*，*nrtheast*，*nrthcen*，*south* 以及 *union* 的 OLS 估计一个线性模型。

b. 估计与 a 部分相同变量有关的一个 Tobit 模型，你为什么会认为 OLS 和 Tobit 估计是如此地相似？

c. 添加 $exper^2$ 和 $tenure^2$ 到来自 b 部分的 Tobit 模型中，它们应当被包含进来吗？

d. 当保持其他因素不变时，在整个行业的小时福利是否存在显著差异？

17.6 考虑含有一个内生二值解释变量的 Tobit 模型：

$$y_1=\max(0, \mathbf{z}_1\boldsymbol{\delta}_1+\alpha_1 y_2+u_1)$$
$$y_2=1[\mathbf{z}\boldsymbol{\delta}_2+v_2>0]$$

其中 (u_1, v_2) 独立于 $\mathbf{z}$ 并服从一个有零均值和 $\mathrm{Var}(v_2)=1$ 的二值正态分布。如果 u_1 和 v_2 相关，y_2 是内生的。

a. 求出给定 $(\mathbf{z}, y_2)$ 时 y_1 的密度。（提示：首先求出给定 $(\mathbf{z}, v_2)$ 时 y_1 的密度，它具有标准的 Tobit 形式。）

b. 对于任意观测值 i，根据参数 δ_1，α_1，σ_1^2，δ_2 和 ρ_1 写下对数似然函数，其中 $\sigma_1^2=\mathrm{Var}(u_1)$ 且 $\rho_1=\mathrm{Cov}(v_2, u_1)$。

c. 讨论以下估计（$\boldsymbol{\delta}_1, \alpha_1$）的两步法的性质：（1）用 y_{i2} 对 $\mathbf{z}_i$ 做 probit 回归并获得拟合概率，$\boldsymbol{\Phi}(\mathbf{z}_i\hat{\boldsymbol{\delta}}_2)$，$i=1, \cdots, N$。（2）用 y_{i1} 对 $\mathbf{z}_{i1}$，$\boldsymbol{\delta}(\mathbf{z}_i\hat{\boldsymbol{\delta}}_2)$ 做 Tobit 回归，并使用有关系数作为（$\boldsymbol{\delta}_1, \alpha_1$）的估计。

d. 对于二值响应模型 $y_2=1[\mathbf{z}\boldsymbol{\delta}_2+v_2\geqslant 0]$，关于一个随机抽样 i 的**广义残差**(generalized residual）可定义为 $gr_{i2}=\mathrm{E}(v_{i2} \mid y_{i2}, \mathbf{z}_i)$。当 v_2 独立于 z 并服从一个标准正态分布时，可以证明 $gr_{i2}=y_{i2}\phi(\mathbf{z}_i\boldsymbol{\delta}_2)/\boldsymbol{\Phi}(\mathbf{z}_i\boldsymbol{\delta}_2)-(1-y_{i2})\phi(\mathbf{z}_i\boldsymbol{\delta}_2)/[1-\boldsymbol{\Phi}(\mathbf{z}_i\boldsymbol{\delta}_2)]$。证明通过用 y_{i1} 对 $\mathbf{z}_{i1}$，y_{i2}，$\widehat{gr}_{i2}$ 做 Tobit 回归并使用一个关于 $\widehat{gr}_{i2}$ 的 t 检验，可以获得对于 $\mathrm{H}_0: \eta_1=0$ 的得分检验的一个变量添加检验版本。（提示：通过定义 $\tau_1^2=\sigma_1^2-\eta_1^2$ 使得 η_1 仅出现在乘以 v_2 时，以实现再参数化对数似然，这样问题就得到了简化。）

17.7　假设在 $\mathrm{P}(y>0 \mid \mathbf{x})$ 服从一个 probit 模型的两部模型中，$\mathrm{E}(y \mid \mathbf{x}, y>0)=\exp(\mathbf{x}\boldsymbol{\beta})$，且 $\mathrm{Var}(y \mid \mathbf{x}, y>0)=\eta^2[\exp(\mathbf{x}\boldsymbol{\beta})]^2$。求 $\mathrm{Var}(y \mid \mathbf{x})$。（提示：如在式（17.37）中那样写出 y，其中 s 和 w^* 是以 x 为条件相互独立的，且有 $\mathrm{E}(w^* \mid \mathbf{x})=\exp(\mathbf{x}\boldsymbol{\beta})$ 以及 $\mathrm{Var}(w^* \mid \mathbf{x})=\eta^2[\exp(\mathbf{x}\boldsymbol{\beta})]^2$。）

17.8　当 $y\geqslant 0$ 是一个角点解结果时，考虑为 $\mathrm{E}(y \mid \mathbf{x})$ 建模的三种不同的方式：（1）$\mathrm{E}(y \mid \mathbf{x})=\mathbf{x}\boldsymbol{\beta}$；（2）$\mathrm{E}(y \mid \mathbf{x})=\exp(\mathbf{x}\boldsymbol{\beta})$；（3）给定 $\mathbf{x}$ 时 y 遵循一个第Ⅰ类 Tobit 模型。

a. 你将如何估计模型 1 和 2?

b. 获得可以在不同模型之间进行比较的三个拟合优度统计量；每个都应当测度出用 $\hat{\mathrm{E}}(y_i \mid \mathbf{x}_i)$ 可解释 y_i 中多少样本变异。

c. 在你的样本中，假设对所有 i，$y_i>0$。证明 $\boldsymbol{\beta}$ 的 OLS 和 Tobit 估计是相同的。它们是相同的，这一事实意味着 $\mathrm{E}(y \mid \mathbf{x})$ 的线性模型和 Tobit 模型会产生对 $\mathrm{E}(y \mid \mathbf{x})$ 相同的估计吗？请解释。

d. 如果在总体中 $y>0$，那么一个 Tobit 模型还有道理吗？在这个问题的开头列出的三种方法的一个简单的备选方案是什么？对于估计 $\mathrm{E}(y \mid \mathbf{x})$ 来说，什么假设是充分的?

17.9　考虑 Tobit 模型 $y_1=\max(0, \mathbf{x}_1\boldsymbol{\beta}_1+u_1)$，其中 $\mathbf{x}_1$ 是（$\mathbf{z}_1, y_2$）的一个函数且 $y_2=\mathbf{z}\boldsymbol{\delta}_2+v_2$。假设 $\mathrm{E}(\mathbf{z}'v_2)=\mathbf{0}$ 且 $u_1 \mid v_2, \mathbf{z}\sim\mathrm{Normal}(\theta_1 v_2+\eta_1(v_2^2-\tau_2^2), \exp(\psi_1+\omega_1 v_2))$，其中 $\tau_2^2=\mathrm{E}(v_2^2)$。

a. 求 $\mathrm{D}(y_1 \mid y_2, \mathbf{z})$。

b. 基于你在 a 部分的答案，提出估计所有参数的一个两步法。

c. 证明在两步估计后如何估计平均结构函数。（提示：这涉及在整个 $\hat{v}_{i2}$ 上求平均值。）

d. 如果 $v_2 \mid \mathbf{z}\sim\mathrm{Normal}$（$0, \tau_2^2$），那么估计的一个备选方法是什么?

e. 根据对 $\mathrm{D}(u_1 \mid v_2)$ 的假设，u_1 可以有一个无条件正态分布吗？请解释。

17.10　a. 提供对方程（17.16）的一个仔细的推导。利用 $\mathrm{d}\phi(z)/\mathrm{d}z=-z\phi(z)$ 这一事实是有用的。

b. 推导式（17.59）。

17.11　设 y 是一个角点解响应，并设 $\mathrm{L}(y \mid 1, \mathbf{x})=\gamma_0+\mathbf{x}\gamma$ 是 y 在截距和

x 之上的线性投影，其中 $\mathbf{x}$ 是 $1\times K$ 维的向量。如果我们使用 $(\mathbf{x},y)$ 上的一个随机样本以通过 OLS 估计 γ_0 和 γ，估计量会因为 y 的角点解性质而不一致吗？请解释。

17.12　对这个问题，请使用 APPLE. RAW 中的数据。这些是电话调查数据，其中每名受访者被问到当“贴上生态标签的”（或“在生态上是有益的”）的苹果与普通苹果两者都在给定的价格上时，他或她会购买贴上生态标签的苹果数量。价格是美分每磅，*ecolbs* 和 *reglbs* 的单位都是磅。

a. 对于样本的哪一部分来说 $ecolbs_i=0$？一般地讨论，*ecolbs* 是否为 Tobit 模型一个很好的候选项。

b. 估计 *ecolbs* 的一个线性回归模型，解释变量为 log(*ecoprc*)，log(*regprc*)，log(*faminc*)，*educ*，*hhsize* 和 *num*5 _ 17。log(*ecoprc*) 和 log(*regprc*) 系数的符号与预期相符吗？解释 log(*ecoprc*) 上的估计系数。

c. 通过用 $\hat{u}^2$ 对 1，$\widehat{ecolbs}$，$\widehat{ecolbs}^2$ 做回归并进行一个 F 检验，对 b 部分的线性回归进行异方差检验。你得出了什么结论？

d. 获取 OLS 拟合值。有多少个是负的？

e. 现在估计 *ecolbs* 的一个 Tobit 模型。解释变量的符号和统计显著性与线性回归模型中的一样吗？log(*ecaprc*) 上的 Tobit 估计大约是线性模型中 OLS 估计大小的两倍，你怎么理解这一事实？

f. 对于使用式（17.16）的 Tobit 模型，取得 log(*ecoprc*) 的估计的偏效应，其中 x_j 在均值处进行计算。估计的价格弹性是什么（同样，在 x_j 的均值上)？

g. 舍弃变量 log(*regprc*) 后重新估计 Tobit 模型。log(*ecoprc*) 上的系数会发生什么？这个结果表明 log(*ecoprc*) 和 log(*regprc*) 之间存在什么样的相关性？

h. 重新估计 e 部分的模型，但将 *ecoprc*，*regprc* 作为解释变量，而不是它们的自然对数。你更喜欢哪个函数形式？(提示：对对数似然函数进行比较。)

17.13　假设在一个不可观测效应 Tobit（或 probit）的面板数据模型背景下，不可观测效应 c_i 的均值与消除趋势的 $\mathbf{x}_{it}$ 的时间平均值相关。具体来说，

$$c_i=\left[(1/T)\sum_{t=1}^{T}(\mathbf{x}_{it}-\boldsymbol{\pi}_t)\right]\xi+a_i$$

其中 $\boldsymbol{\pi}_t=\mathrm{E}(\mathbf{x}_{it})$，$t=1,\cdots,T$，且 $a_i\mid\mathbf{x}_i\sim\mathrm{Normal}(0,\sigma_a^2)$。方程（17.74）的这个拓展如何影响不可观测值效应 Tobit（或 probit）模型的估计？

17.14　根据假设（17.72)、(17.73）和（17.78)，但用 $c_i\mid\mathbf{x}_i\sim\mathrm{Normal}[\psi+\bar{\mathbf{x}}_i\xi,\sigma_a^2\exp(\bar{\mathbf{x}}_i\boldsymbol{\lambda})]$ 替代假设（17.74)，我们考虑相关随机效应 Tobit 模型，参阅习题 15.18 中 probit 的情形。

a. 给定 $(\mathbf{x}_i,a_i)$，其中 $a_i=c_i-\mathrm{E}(c_i\mid\mathbf{x}_i)$，$y_{it}$ 的密度是什么？

b. 通过先求出给定 $\mathbf{x}_i$ 时 $(y_{i1},\cdots,y_{iT})$ 的密度推导出对数似然函数。

c. 假设你已经用 CMLE 估计了 β，σ_u^2，ψ，ξ，σ_a^2 和 λ，你将如何估计平均偏效应？

17.15　使用 CPS91.RAW 中的数据来回答这个问题。

a. 估计用 *nwifeinc*，*educ*，*exper*，$exper^2$，*age*，*kidlt*6 和 *kidge*6 作为解释变量的 *hours* 的一个 Tobit 模型。对数似然函数的值是什么？

b. 估计克拉格的对数正态栅栏模型。它在拟合 *hours* 的条件分布上比 Tobit 模型更好吗？

c. 估计 ET2T 模型（在两个阶段都使用所有解释变量）。讨论如何将它与 b 部分模型进行比较。你会拒绝 b 部分的模型而赞成 ET2T 模型吗？

d. 估计克拉格的断尾正态栅栏模型。其拟合如何与以前的模型进行比较呢？

17.16　考虑 17.8.2 节中的 CRE Tobit 模型，用潜变量写为

$$y_{it}^* = \mathbf{x}_{it}\boldsymbol{\beta} + c_i + u_{it}$$

$$y_{it} = q_1, \text{如果 } y_{it}^* \leqslant q_1;$$

$$y_{it} = q_2, \text{如果 } y_{it}^* \geqslant q;$$

$$y_{it} = y_{it}^*, \text{如果 } q_1 < y_{it}^* < q_2$$

其中 $q_1 < q_2$ 为两个已知的极限。做出假设（17.73）、（17.74）和（17.78）。

a. 获取估计所有参数的对数似然函数。

b. 你将如何估计 $\mathrm{E}(c_i)$ 和 $\mathrm{Var}(c_i)$？

c. 描述一下如何获得 $\mathrm{E}(y_{it} \mid \mathbf{x}_{it}, c_i)$ 上的平均偏效应。

d. 如果你舍弃假设（17.78），你的分析会如何改变？

17.17　考虑含一个连续内生解释变量的不可观测效应的 Tobit 模型：

$$y_{it1} = \max(0, \alpha_1 y_{it2} + \mathbf{z}_{it1}\boldsymbol{\delta} + c_{i1} + u_{it1})$$

$$y_{it2} = \mathbf{z}_{it}\boldsymbol{\pi}_2 + c_{i2} + u_{it2}$$

$$c_{i1} = \psi_1 + \bar{\mathbf{z}}_i\boldsymbol{\xi}_1 + a_{i1}$$

$$c_{i2} = \psi_2 + \bar{\mathbf{z}}_i\boldsymbol{\xi}_2 + a_{i2}$$

尽管假设可以被稍微弱化，假设 $(u_{it1}, u_{it2}) \mid \mathbf{z}_i$，$\mathbf{a}_i$ 服从二元正态分布，且具有零均值和常数条件方差矩阵（对所有 t，同时也不依赖于条件变量）。此外，假设 $(a_{i1}, a_{i2}) \mid \mathbf{z}_i$ 是二元正态的，其具有零均值和常数条件方差矩阵。请注意，y_{it2}在可估计的方程中将不会是严格外生的，仅为同期外生的。有关机制非常类似于在 15.8.5 节中对于 probit 模型给定的那些机制。

a. 获取一致估计 α_1 和 δ_1 的一个控制函数法。（提示：定义 $u_{it1} = a_{i1} + u_{it1}$ 以及 $v_{it2} = a_{i2} + u_{it2}$会有帮助。）

b. 你将如何获得参数估计量的标准误？

c. 你将如何一致估计平均结构函数（其为 $(y_{t2}, \mathbf{z}_{t1})$ 的一个函数）？

17.18　考虑一个标准的线性模型，其中内生解释变量 y_2 是一个角点解：

$$y_1 = \mathbf{z}_1\boldsymbol{\delta}_1 + \alpha_1 y_2 + u_1$$

$$\mathrm{E}(u_1 \mid \mathbf{z}) = 0$$

其中 $\mathbf{z}_1$ 是 $\mathbf{z}$ 的一个严格子集。

a. 使用工具变量 $\mathbf{z}$ 和一个随机样本，什么样的额外假设可确保 2SLS 估计量关于参数是一致的呢？y_2 是一个角点解要紧吗？

b. 假设你认为 $\mathrm{D}(y_2 \mid \mathbf{z})$ 服从一个 Tobit 模型且 $\mathrm{Var}(u_1 \mid \mathbf{z})=\sigma_1^2$。在 a 部分中如果不用 2SLS 你可能会做什么？为什么？表述一套最低限度的假设以确保估计量是一致的。

c. 假设 $y_2=\max(0,\mathbf{z}\boldsymbol{\delta}_2+v_2)$，$v_2 \mid \mathbf{z}\sim \mathrm{Normal}(0,\tau_2^2)$ 以及 $\mathrm{E}(u_1 \mid \mathbf{z},v_2)=\rho_1 v_2$。请提出估计$(\boldsymbol{\delta}_1,\alpha_1)$ 的一个控制函数法。（例如，参阅维拉（Vella，1993）。）如果（$\mathbf{z}_1,y_2$）被它的已知函数 $\mathbf{x}_1$（例如，包括二次项和交互项）所取代，CF 方法会改变吗？

d. 比较来自 a、b 和 c 部分估计方法的优点。

e. 如果在 c 部分的设置中你假定（u_1,v_2）是独立于 $\mathbf{z}$ 的，且服从联合正态分布，你会使用什么估计方法呢？请提供目标函数。

17.19　设 y_1，y_2，…，y_G 是代表一个总体的一套受限因变量。这些可能是关于同一个体、家庭、公司等的结果。有些元素可能是二值结果，有些可能是有序结果，以及其他的可能是角点解。对于一个条件变量的向量 $\mathbf{x}$ 以及不可观测异质性 $\mathbf{c}$，假定 y_1，y_2，…，y_G 是以（$\mathbf{x},\mathbf{c}$）为条件相互独立的，其中有 $f_g(\cdot \mid \mathbf{x},\mathbf{c};\gamma_0^g)$。例如，如果 c 是一个标量且 y_1 是一个二值响应，那么 $f_1(\cdot \mid \mathbf{x},\mathbf{c};\gamma_0^1)$可能代表一个 probit 模型，且响应概率为 $\boldsymbol{\Phi}(\mathbf{x}\gamma_a^1+c)$。

a. 写下给定（$\mathbf{x},\mathbf{c}$）时 $y=(y_1,y_2,\cdots,y_G)$ 的密度。

b. 设 $h(\cdot \mid \mathbf{x};\boldsymbol{\delta}_0)$ 为给定 $\mathbf{x}$ 时 $\mathbf{c}$ 的密度，其中 $\boldsymbol{\delta}_0$ 是未知参数向量。求给定 $\mathbf{x}$ 时 $\mathbf{y}$ 的密度。y_g 以 $\mathbf{x}$ 为条件是相互独立吗？请解释。

c. 求任意随机抽样（$\mathbf{x}_i$，$\mathbf{y}_i$）的对数似然。

17.20　使用 PSID80 _ 92. RAW 中的数据来回答这个问题。

a. 使用 $y_{it}=hours_{it}$估计 17.8.3 节中的动态 Tobit 模型，且 $\mathbf{z}_{it}$ 的元素包括 $nwifeinc_{it}$，$ch0\_2_{it}$，$ch3\_5_{it}$，$ch6_17_{it}$和 $marr_{it}$。同样务必要包括一整套年度哑变量。

b. 估计当 $hours_{t-1}=0$ 时在 1992 年的 $nwifeinc$ 的 APE。跨其余解释变量求平均值。

c. 估计在 1992 年时 $ch0\_2$ 从 0 增加到 1 的 APE，并跨所有其他解释变量求平均值。

第 18 章 计数响应、分数响应及其他非负响应

18.1 简　　介

一个**计数变量**（count variable）是一个取非负整数值的变量。许多我们想根据协变量来解释的变量是以次数的形式出现的。一些例子包括在给定的一年内某人被逮捕的次数，给定的一周内急诊室药物发作的次数，每天吸烟数量，或者在一年内被一个公司申请的专利数量。这些例子有两个共同的重要特点：没有一个天然的先验上界，对于总体中至少一些成员而言结果将是 0。其他计数变量的确存在一个上界。例如，对于一户家庭中高中毕业的孩子的数量，上界就是家庭中孩子的数量。

如果 y 是计数变量，而 $\mathbf{x}$ 是一个解释变量的向量，那么我们经常感兴趣的是总体回归 $\mathrm{E}(y \mid \mathbf{x})$。贯穿本书，我们已经讨论了条件期望的各种模型，而且我们已经讨论了不同的估计方法。最简单的方法是一个线性模型，$\mathrm{E}(y \mid \mathbf{x})=\mathbf{x}\boldsymbol{\beta}$，用普通最小二乘法（OLS）估计。对于计数数据，线性模型有着与二值响应或角点解响应非常类似的缺点：因为 $y \geqslant 0$，我们知道对于所有的 $\mathbf{x}$，$\mathrm{E}(y \mid \mathbf{x})$ 应当是非负的。如果 $\hat{\boldsymbol{\beta}}$ 是 OLS 估计量，则通常有这样的 $\mathbf{x}$ 值，使得 $\mathbf{x}\hat{\boldsymbol{\beta}}<0$，如此则 y 的预测元为负。同样，我们已经看到线性模型——其可被恰当地视为一个线性投影——有些时候可以提供对条件均值上的平均偏效应（APE）的良好估计。

对于严格正变量，我们经常使用自然对数变换，$\log(y)$，并使用一个线性模型。对于有趣的计数数据应用来说，这种方法是不可能的，其中 y 在总体的一个相当大的部分上取零值。变换可以适用于所有 $y \geqslant 0$ 的情形——例如，$\log(1+y)$——但 $\log(1+y)$ 本身就是非负的，而如何把 $\mathrm{E}(y \mid \mathbf{x})$ 从关于 $\mathrm{E}[\log(1+y) \mid \mathbf{x}]$ 的一个线性模型中还原出来就不那么一目了然。使用计数数据，最好直接对 $\mathrm{E}(y \mid \mathbf{x})$ 建模，并选择能确保对任何 $\mathbf{x}$ 值和任何参数值都是正

数的函数形式。当 y 没有上界时，这些函数中最流行的是指数函数，$\mathrm{E}(y \mid \mathbf{x})=\exp(\mathbf{x}\boldsymbol{\beta})$。

在第 12 章中，我们讨论了作为估计条件均值的非线性模型的一种一般方法的非线性最小二乘法（nonlinear least squares，NLS）。NLS 必然可适用于计数数据模型，但并不理想：NLS 是相对非有效的，除非 $\mathrm{Var}(y \mid \mathbf{x})$ 是常数（见第 12 章），并且计数数据的所有标准分布都暗含着异方差性。

在 18.2 节，我们讨论关于计数数据最流行的模型——泊松回归模型。就像我们将看到的，泊松回归模型有一些不错的特征。首先，如果给定 x 时 y 有一个泊松分布——这经常是在计数数据背景下维持的假设——那么**条件极大似然估计量**（conditional maximum likelihood estimators，CMLE）就是完全有效的。其次，对于条件均值参数的一致估计而言，泊松假设被证明是不必要的。正如我们将在 18.2 节看到的，泊松准极大似然估计量对于分布误设是完全稳健的。即便分布不是泊松分布，它也能保持一定的有效性特性。

在 18.3 节，我们讨论其他的计数数据模型，包括当每个计数响应有一个已知的上界时的二值回归模型。18.4 节涵盖伽玛回归模型，其更适合非负、连续响应（但是，给定准 MLE 的稳健性时，其可应用于任何非负响应）。在 18.5 节中，我们将讨论如何处理在一个指数响应函数中的内生变量；特别是，该方法可适用于计数数据和其他非负、无界响应。

在 18.6 节中，我们处理分数响应变量，其中我们再次聚焦于准似然方法。在 18.7 节中，我们涵盖了几个准似然方法在面板数据中的拓展。

18.2 泊松回归

在第 13 章中，我们使用了基本的泊松回归模型来说明极大似然估计。在这里，我们更加详细地研究泊松回归，并强调当泊松分布假设不正确时估计量的稳健性。

18.2.1 用于泊松回归及所关注的量的假设

正如在埃尔·沙雅德（El Sayyad，1973）和马达拉（Maddala，1983，第 2.15 节）中所述，基本泊松回归模型假设给定 $\mathbf{x}\equiv(x_1,\cdots,x_K)$ 时，y 有一个泊松分布。根据泊松假设，给定 $\mathbf{x}$ 时 y 的密度完全由条件均值 $\mu(\mathbf{x})\equiv\mathrm{E}(y \mid \mathbf{x})$ 决定：

$$f(y|\mathbf{x})=\exp[-\mu(\mathbf{x})][\mu(\mathbf{x})]^y/y!,\quad y=0,1,\cdots \tag{18.1}$$

其中 $y!$ 是 y 的阶乘。给定 $\mu(\mathbf{x})$ 的一个参数模型［诸如 $\mu(\mathbf{x})=\exp(\mathbf{x}\boldsymbol{\beta})$］以及 $(\mathbf{x},y)$ 的一个随机样本 $\{(\mathbf{x}_i,y_i): i=1,2,\cdots,N\}$，要获得参数的条件极大似然估计量（CMLE）是相当简单的。那么其统计量特性会遵循第 13 章中我们对

MLE 的处理。

长期以来，人们都承认泊松分布假设在 y 的条件矩上施加了约束，但在实际应用中，y 条件矩上的这个约束经常不能成立。其中最重要的是条件方差与条件均值等式：

$$\mathrm{Var}(y|\mathbf{x})=\mathrm{E}(y|\mathbf{x}) \tag{18.2}$$

在很多应用中，方差—均值等式已是被拒绝的，稍后我们将证明假设（18.2）不成立是由于相当简单的对泊松模型的违背。重要的是，假设（18.2）是否成立与我们如何实施统计推断密切相关。事实上，正如我们将看到的，正是假设（18.2），而不是泊松分布假设本身，对大样本推断是十分重要的；这一点将在 18.2.2 节中变得更加明确。在下文中我们称假设（18.2）为**泊松方差假设**（Poisson variance assumption）。

一个较弱的假设允许方差—均值比为任何正的常数：

$$\mathrm{Var}(y|\mathbf{x})=\sigma^2\mathrm{E}(y|\mathbf{x}) \tag{18.3}$$

其中，$\sigma^2>0$ 是均值—方差比。这个假设被用于我们在 13.11.3 节中讨论过的广义线性模型（GLM）文献中，所以我们将把假设（18.3）称为**泊松 GLM 方差假设**（Poisson GLM variance assumption）。GLM 文献涉及一类非线性模型的拟 MLE，其包含泊松回归为其中一种特殊情形。在这里，我们把泊松回归的一些细节讨论一遍。

$\sigma^2>1$ 的情形在实证中是重要的，因为它意味着方差大于均值；这种情形被称为（相对于泊松情形的）**散布过度**（overdispersion）。假设（18.3）在散布过度情形下成立时，给定 $\mathbf{x}$ 时 y 的一个分布被卡梅伦和特里维迪（Cameron and Trivedi，1986）称为第Ⅰ类 NegBin——负二项分布的一个独特的参数化。当 $\sigma^2<1$ 时，我们说**散布不足**（underdispersion）。散布不足没有散布过度普遍，但散布不足在某些应用中已经被发现过。

存在大量假设（18.3）不成立的计数分布——例如，卡梅伦和特里维迪（Cameron and Trivedi，1986）的第Ⅱ类 NegBin 模型。因此，我们往往对估计未设定条件方差时的条件均值参数感兴趣。就像我们将看到的，泊松回归被证明能很好地达到这个目的。

给定 $\mu(\mathbf{x})$ 的一个参数模型 $m(\mathbf{x},\boldsymbol{\beta})$，其中 $\boldsymbol{\beta}$ 是一个 $P\times 1$ 维的参数向量，观测值 i 的对数似然为：

$$\ell_i(\boldsymbol{\beta})=y_i\log[m(\mathbf{x}_i,\boldsymbol{\beta})]-m(\mathbf{x}_i,\boldsymbol{\beta}) \tag{18.4}$$

其中，我们舍弃 $\log(y_i!)$，因为它不取决于参数 $\boldsymbol{\beta}$（出于计算上的考虑，舍弃这一项在实践中也是一个好主意，因为即便对于中等大小的 y_i 来说，$y_i!$ 也会变得非常大）。我们设 $\mathcal{B}\subset\mathbb{R}^P$ 表示参数空间，这是出于开展理论研究的需要，但在大多数情形中并不具有实践意义。

在应用中最普通的均值函数是指数的：

$$m(\mathbf{x},\boldsymbol{\beta})=\exp(\mathbf{x}\boldsymbol{\beta}) \tag{18.5}$$

其中 $\mathbf{x}$ 是 $1\times K$ 维的，并包含单位元作为其第一个元素，且 $\boldsymbol{\beta}$ 是 $K\times 1$ 维的。根据假设（18.5），对数似然是 $\ell_i(\boldsymbol{\beta})=y_i\mathbf{x}_i\boldsymbol{\beta}-\exp(\mathbf{x}_i\boldsymbol{\beta})$。在模型（18.5）中的参数是很容易解释的。如果 $\mathbf{x}_j$ 是连续的，那么 $\dfrac{\partial\,\mathrm{E}(y\mid\mathbf{x})}{\partial\,x_j}=\exp(\mathbf{x}\boldsymbol{\beta})\beta_j$。这表明 $\mathrm{E}(y\mid\mathbf{x})$ 上的偏效应依赖于 $\mathbf{x}$。此外

$$\beta_j=\frac{\partial\mathrm{E}(y|\mathbf{x})}{\partial x_j}\cdot\frac{1}{\mathrm{E}(y|\mathbf{x})}=\frac{\partial\log[\mathrm{E}(y|\mathbf{x})]}{\partial x_j}$$

因此，$100\beta_j$ 是 $\mathrm{E}(y\mid\mathbf{x})$ 关于 $\mathbf{x}$ 的半弹性：对于小的变化 Δx_j，$\mathrm{E}(y\mid\mathbf{x})$ 中的百分比变化大约是 $(100\beta_j)\Delta x_j$。如果我们用 $\log(x_j)$ 替换 x_j，则 β_j 是 $\mathrm{E}(y\mid\mathbf{x})$ 对 x_j 的弹性。使用方程（18.5）作为 $\mathrm{E}(y\mid\mathbf{x})$ 的模型，类似于把 $\log(y)$ 用作在线性回归分析中的因变量。

除了要对有关参数进行解释外，我们无须再做任何额外努力就可将二次项添加进来。在下文中，我们将像在假设（18.5）中那样写出指数函数，同时让 $\mathbf{x}$ 的变换形式——诸如对数、二次项、交互项等等——为隐式的。

当然，$\mathbf{x}$ 也可以包含虚拟变量或其他离散变量。比如说，当 x_K 从 a_K 变为 a_{K+1}时，期望值的变化是

$$\begin{aligned}&\exp(\beta_1+\beta_2x_2+\cdots+\beta_{K-1}x_{K-1}+\beta_K(a_K+1))\\&-\exp(\beta_1+\beta_2x_2+\cdots+\beta_{K-1}x_{K-1}+\beta a_K)\end{aligned}$$

但成比例的变动（始于 $x_K=a_K$）仅为 $\exp(\beta_K)$。因此，期望值中的百分比变动不取决于 x_K 或其他协变量的初始值，而仅仅是 $100\cdot\exp(\beta_K)$。

利用泊松回归和一个指数均值函数，计算一个解释变量在均值上的平均偏效应（APE）是非常简单的。正如我们在第 13 章中所看到的——同样见式（18.4）——一阶条件可写成 $\sum_{i=1}^{N}\mathbf{x}_i'[y_i-\exp(\mathbf{x}_i\hat{\boldsymbol{\beta}})]=\mathbf{0}$，且因此，当 $x_{i1}\equiv1$（在实践中应当总是这种情形）时，残差 $y_i-\exp(\mathbf{x}_i\hat{\boldsymbol{\beta}})$ 总和为 0，或 $\bar{y}=\bar{\hat{y}}$，其中拟合值是 $\hat{y}_i=\exp(\mathbf{x}_i\hat{\boldsymbol{\beta}})$。由于一个连续变量的估计的偏效应是 $\exp(\mathbf{x}\hat{\boldsymbol{\beta}})\hat{\boldsymbol{\beta}}_j$，在整个样本上的平均值仅仅是 $\bar{y}\hat{\boldsymbol{\beta}}_j$。因此，作为一个与线性模型估计的粗略比较，泊松回归系数可乘以平均结果，$\bar{y}$。对于离散变化，预测元中的差异（对两个被选取的 x_K 值）必须对所有不同的 i 求平均。

伍德里奇（Wooldridge，1997c）讨论了可用在泊松回归中的不是指数形式的函数形式，包括一个嵌套了指数形式的模型，但带有解释变量的灵活函数的一个指数回归函数通常是适当的。

18.2.2 泊松 QMLE 的一致性

一旦我们已经设定了一个条件均值函数，我们感兴趣的情形不是条件均值，而是泊松分布可以被任意误设（受制于正则性条件）。当给定 $\mathbf{x}_i$ 时 y_i 的确没有一个泊松分布时，我们把解出

$$\max_{\boldsymbol{\beta}\in\mathscr{B}}\sum_{i=1}^{N} \ell_i(\boldsymbol{\beta}) \tag{18.6}$$

的估计量$\hat{\boldsymbol{\beta}}$叫做**泊松准极大似然估计量（QMLE）**（Poisson quasi-maximum likelihood estimator）。为了仔细讨论泊松 QMLE 的一致性，需要引进像在第 12 章和第 13 章中那样的参数的真值。也就是说，我们假设对于在参数空间 $\mathscr{B}$ 中的一些值 $\boldsymbol{\beta}_o$，有

$$\mathrm{E}(y|\mathbf{x})=m(\mathbf{x},\boldsymbol{\beta}_o) \tag{18.7}$$

为了证明在假设（18.7）下泊松 QMLE 的一致性，关键是要证明 $\boldsymbol{\beta}_o$ 是下式的唯一解：

$$\max_{\boldsymbol{\beta}\in\mathscr{B}}\mathrm{E}[\ell_i(\boldsymbol{\beta})] \tag{18.8}$$

然后，根据定理 12.2 中所列的正则性条件，从这个定理中就可以得出式（18.6）的解关于 $\boldsymbol{\beta}_o$ 是弱一致的。

伍德里奇（Wooldridge，1997c）提供了一个简单的证明，当假设（18.7）成立（也见习题 18.1），$\boldsymbol{\beta}_o$ 就是式（18.8）的一个正解。正如我们在 13.11.3 节中讨论的，这一发现来自古力洛克斯、蒙福特以及特鲁侬（Gourieroux，Monfort，and Trognon（GMT），1984a）的线性指数族中 QMLE 上的一般结果。

必须单独假设 $\boldsymbol{\beta}_o$ 的唯一性，因为它取决于 $\mathbf{x}_i$ 的分布。也就是说，除了假设（18.7），$\boldsymbol{\beta}_o$ 的识别还需要对一些解释变量的分布施加某些约束，而这些又取决于回归函数 m 的性质。在线性回归情形中，我们需要 $\mathrm{E}(\mathbf{x}_i'\mathbf{x}_i)$ 满秩。对于带有一个指数回归函数 $\exp(\mathbf{x}\boldsymbol{\beta})$ 的泊松 QMLE，可以证明，无论何时，只要 $\mathbf{x}_i$ 中存在完全多重共线性时，式（18.8）就存在着多个解，正如在线性回归情形中那样。如果我们排除完全多重共线性，我们通常可以得出结论，即 $\boldsymbol{\beta}_o$ 可根据假设（18.7）被识别出来。

重要的是要记住，泊松 QMLE 的一致性不要求涉及给定 $\mathbf{x}_i$ 时 y_i 分布的任何额外的假设。特别是，$\mathrm{Var}(y_i \mid \mathbf{x}_i)$ 事实上可以是任何形式（受制于在应用第 12 章结果时所必需的正则性条件），而且 y_i 甚至都不需要是一个计数变量。

18.2.3 泊松 QMLE 的渐近正态性

如果除了（18.7）外没有任何其他假设时 $\boldsymbol{\beta}_o$ 的泊松 QMLE 是一致的，那么为什么我们还要引入假设（18.2）和（18.3）？事实证明，这些假设是否成立决定了哪一个渐近方差矩阵估计量和推断程序是有效的，就像我们现在证明的。

泊松 QMLE 的渐近正态性可从定理 12.3 得出。其结果是

$$\sqrt{N}(\hat{\boldsymbol{\beta}}-\boldsymbol{\beta}_o)\xrightarrow{d}\mathrm{Normal}(0,\mathbf{A}_o^{-1}\mathbf{B}_o\mathbf{A}_o^{-1}) \tag{18.9}$$

其中，

$$\mathbf{A}_{\mathrm{o}} \equiv \mathrm{E}[-\mathbf{H}_i(\boldsymbol{\beta}_{\mathrm{o}})] \tag{18.10}$$

以及

$$\mathbf{B}_{\mathrm{o}} \equiv \mathrm{E}[\mathbf{s}_i(\boldsymbol{\beta}_{\mathrm{o}})\mathbf{s}_i(\boldsymbol{\beta}_{\mathrm{o}})'] = \mathrm{Var}[\mathbf{s}_i(\boldsymbol{\beta}_{\mathrm{o}})] \tag{18.11}$$

在这里我们根据负的海赛矩阵来定义 $\mathbf{A}_{\mathrm{o}}$，因为泊松 QMLE 求解的是一个最大化问题而不是一个最小化问题。求出式（18.4）的梯度并转置可给出关于观测值 i 的得分为

$$\mathbf{s}_i(\boldsymbol{\beta}) = \nabla_\beta m(\mathbf{x}_i, \boldsymbol{\beta})'[y_i - m(\mathbf{x}_i, \boldsymbol{\beta})]/m(\mathbf{x}_i, \boldsymbol{\beta}) \tag{18.12}$$

很容易看到根据假设（18.7），$\mathbf{s}_i(\boldsymbol{\beta}_{\mathrm{o}})$ 有一个以 x_i 为条件的零均值。海赛矩阵更复杂，但是，根据假设（18.7），可以证明

$$-\mathrm{E}[\mathbf{H}_i(\boldsymbol{\beta}_{\mathrm{o}}) | \mathbf{x}_i] = \nabla_\beta m(\mathbf{x}_i, \boldsymbol{\beta}_{\mathrm{o}})' \nabla_\beta m(\mathbf{x}_i, \boldsymbol{\beta}_{\mathrm{o}})/m(\mathbf{x}_i, \boldsymbol{\beta}_{\mathrm{o}}) \tag{18.13}$$

$\mathbf{A}_{\mathrm{o}}$ 是这个表达式的期望值（关于 $\mathbf{x}_i$ 分布的），依据（12.49），一个完全可靠的渐近方差矩阵估计量如下：

$$\left(\sum_{i=1}^N \hat{\mathbf{A}}_i\right)^{-1}\left(\sum_{i=1}^N \hat{\mathbf{s}}_i \hat{\mathbf{s}}_i'\right)\left(\sum_{i=1}^N \hat{\mathbf{A}}_i\right)^{-1} \tag{18.14}$$

其中，$\hat{\mathbf{s}}_i$ 是从式（18.12）中用 $\hat{\boldsymbol{\beta}}$ 替代 $\boldsymbol{\beta}$ 获得的，而 $\hat{\mathbf{A}}_i$ 是用 $\hat{\boldsymbol{\beta}}$ 替代 $\boldsymbol{\beta}_{\mathrm{o}}$ 后式（18.13）的右边部分。这是完全稳健的方差矩阵估计量——在其只需要假设（18.7）及来自第 12 章的正则性条件这个意义上。

$\hat{\boldsymbol{\beta}}$ 的渐近方差可以在 GLM 假设（18.3）下进行简化。维持假设（18.3）（其中 σ_{o}^2 现在表示 σ^2 的真值）且定义 $u_i \equiv y_i - m(\mathbf{x}_i, \boldsymbol{\beta}_{\mathrm{o}})$，迭代期望法则意味着

$$\begin{aligned}\mathbf{B}_{\mathrm{o}} &= \mathrm{E}[u_i^2 \nabla_\beta m_i(\boldsymbol{\beta}_{\mathrm{o}})' \nabla_\beta m_i(\boldsymbol{\beta}_{\mathrm{o}})/\{m_i(\boldsymbol{\beta}_{\mathrm{o}})\}^2] \\ &= \mathrm{E}[\mathrm{E}(u_i^2 | \mathbf{x}_i) \nabla_\beta m_i(\boldsymbol{\beta}_{\mathrm{o}})' \nabla_\beta m_i(\boldsymbol{\beta}_{\mathrm{o}})/\{m_i(\boldsymbol{\beta}_{\mathrm{o}})\}^2] = \sigma_{\mathrm{o}}^2 \mathbf{A}_{\mathrm{o}}\end{aligned}$$

因为根据假设（18.3）和（18.7），$\mathrm{E}(u_i^2 \mid \mathbf{x}_i) = \sigma_{\mathrm{o}}^2 m_i(\boldsymbol{\beta}_{\mathrm{o}})$。因此，$\mathbf{A}_{\mathrm{o}}^{-1}\mathbf{B}_{\mathrm{o}}\mathbf{A}_{\mathrm{o}}^{-1} = \sigma_{\mathrm{o}}^2 \mathbf{A}_{\mathrm{o}}^{-1}$，所以除了获得 $\hat{\mathbf{A}}$ 外，我们只需要估计 σ_{o}^2。σ_{o}^2 的一个一致估计量可从 $\sigma_{\mathrm{o}}^2 = \mathrm{E}[u_i^2/m_i(\boldsymbol{\beta}_{\mathrm{o}})]$ 中获得，它是由假设（18.3）和迭代期望法则得到的。通常的类推原则的论述给出估计量

$$\hat{\sigma}^2 = N^{-1}\sum_{i=1}^N \hat{u}_i^2/\hat{m}_i = N^{-1}\sum_{i=1}^N (\hat{u}_i/\sqrt{\hat{m}_i})^2 \tag{18.15}$$

最后一项表达式表明，$\hat{\sigma}^2$ 仅仅是平均加权残差平方和，其中权重是估计的名义标准差的逆。（正如我们在 13.11.3 节中讨论的，加权残差 $\tilde{u}_i \equiv \hat{u}_i/\sqrt{\hat{m}_i}$ 有时被称为皮尔森（Pearson）残差。在前几章中，我们也称之为标准化残差。）在 GLM 文献中，通常通过在式（18.15）中用 $(N-P)^{-1}$ 取代 N^{-1} 来进行自由度调整；也见式（13.91）。

给定 $\hat{\sigma}^2$ 和 $\hat{\mathbf{A}}$，根据假设（18.3）获得 $\mathrm{Avar}(\hat{\boldsymbol{\beta}})$ 的一个估计是很简单的。

事实上，我们可以写出

$$\widehat{\mathrm{Avar}(\hat{\boldsymbol{\beta}})}=\hat{\sigma}^{2}\hat{\mathbf{A}}^{-1}/N=\hat{\sigma}^{2}\left(\sum_{i=1}^{N}\nabla_{\beta}\hat{m}_{i}'\nabla_{\beta}\hat{m}_{i}/\hat{m}_{i}\right)^{-1} \qquad (18.16)$$

注意当矩阵的逆存在时，该矩阵总是正定的，所以它产生了定义良好的标准误（像往常一样，由对角线元素的平方根给出）。我们将这些称为 **GLM 标准误**（GLM standard errors）。

如果泊松方差假设（18.2）成立，事情甚至会更容易，因为已知 σ^2 是单位元；估计的 $\hat{\boldsymbol{\beta}}$ 的渐近方差在式（18.16）中被给出，但同时 $\hat{\sigma}^2=1$。由第 13 章中的 MLE 理论，同样的估计量可作为估计的信息矩阵（以 $\mathbf{x}_i$ 为条件）的逆被推导出来；见 13.5.2 节。

根据假设（18.3），在散布过度（$\sigma^2>1$）的情形中，从 $\hat{\sigma}^2=1$ 的式（18.16）中得到的 $\hat{\beta}_j$ 的标准误将系统地低估渐近标准差，有时是以一个很大的因数（低估了）。例如，如果 $\sigma^2=2$，正确的 GLM 标准误在极限情形中比不正确的名义泊松标准误要大 41%。因此普遍能看到泊松回归报告出非常显著的系数——例如，莫德尔（Model，1993）——但是当这些标准误是根据假设（18.2）而获得的时，我们必须谨慎解释标准误。通过用 $\hat{\sigma}\equiv\sqrt{\hat{\sigma}^2}$ 乘以泊松标准误，就很容易获得 GLM 标准误。最稳健的标准误是从表达式（18.14）中获得的，因为这些在任何条件方差假设下都是有效的。事实上，同时将完全稳健的标准误连同 GLM 标准误与 $\hat{\sigma}$ 一起报告出来是一个不错的主意。

如果给定 $\mathbf{x}$ 时 y 有一个泊松分布，从条件 MLE 的一般有效性——见 14.5.2 节——中可得出：在忽略了 $\mathbf{x}$ 的边际分布上的信息的那一类估计量中，泊松 QMLE 是完全有效的。

泊松 QMLE 的一个很好的特性是，对于某些偏离泊松假设的情形，它仍保留了某些有效性。在这里可应用 GMT（1984a）的有效性结果：如果 GLM 假设（18.3）对一些 $\sigma^2>0$ 成立，那么泊松 QMLE 在线性指数分布族（LEF）中的所有 QMLE 的种类中是有效的。特别是，泊松 QMLE 比非线性最小二乘估计量（NLSE）更有效，和 LEF 中的许多其他 QMLE 一样，其中有一些我们将在 18.3 节和 18.4 节中涵盖。

伍德里奇（Wooldridge，1997c）给出了对于犯罪的经济模型的泊松回归的一个例子，其中响应变量是 1986 年期间生活在加利福尼亚的一个年轻人被逮捕的次数。伍德里奇发现了散布过度：$\hat{\sigma}$ 要么是 1.228 要么是 1.172，这取决于关于条件均值的函数形式。下面的例子证明散布不足是可能的。

例 18.1（教育对生育的影响） 我们使用 FERTIL2. RAW 中的数据来估计教育对博茨瓦纳妇女生育的效应。响应变量，*children*，为存活下来的儿童数量。我们使用一个标准的指数回归函数，而解释变量是在校教育年数（*educ*）、年龄的平方（age^2），以及是否曾结婚（*evermarr*）、是否居住在市区（*urban*）、是否有电（*electric*）、是否拥有一台电视机（*tv*）等二值指示符。有关结果在表 18.1 中给出。也包括一个线性回归模型，以及通常的 OLS 标准误。

对于泊松回归来说，标准误是 GLM 标准误。所有系数都在较低的显著性水平上是统计显著的。（你可以计算每种情形中的完全稳健标准误。有趣的是，关于 OLS 的异方差性稳健标准误与平常的 OLS 标准误并没有实质性差异，关于泊松 QMLE 的完全稳健标准误与 GLM 标准误相同。）

表 18.1　　生育方程的 OLS 与泊松估计

因变量：孩子数（*children*）		
自变量	线性（OLS）	指数（泊松 QMLE）
教育（*educ*）	−0.064 4	−0.021 7
	(0.006 3)	(0.002 5)
年龄（*age*）	0.272	0.337
	(0.017)	(0.009)
年龄平方（age^2）	−0.001 9	−0.004 1
	(0.000 3)	(0.000 1)
婚否（*evermarr*）	0.682	0.315
	(0.052)	(0.021)
是否居住在市区（*urban*）	−0.228	−0.086
	(0.046)	(0.019)
是否有电（*electric*）	−0.262	−0.121
	(0.076)	(0.034)
是否有电视（*tv*）	−0.250	−0.145
	(0.090)	(0.041)
常数（*onstant*）	−3.394	−5.375
	(0.245)	(0.141)
似然数对数	—	−6 497.060
R 平方	0.590	0.598
$\hat{\sigma}$	1.424	0.867
观测值	4 358	4 358

一点也不奇怪，线性和指数模型中系数的符号是相同的，但它们的解释不同。例如，在线性模型中 *educ* 的系数意味着，每一年教育会将预测的儿童数减少大约 0.064。因此，如果 100 名妇女每人多获得一年的教育，我们估计在她们当中要少生育约六个孩子。在指数模型中 *educ* 的系数意味着，每一年教育估计会将期望儿童人数减少 2.2%。为了使指数系数与线性模型系数大致相当，我们可以用因变量的样本平均值$\overline{children}=2.268$ 乘以前者，以得到 APE。对于 *educ* 来说，APE 是 $2.268\times(-0.021\ 7)=-0.049\ 2$，其在幅度上有点小于线性模型估计。对于二值变量 *tv*，我们通过设置 *tv* 等于 1 和 0 并求差分，可计

算出关于每个妇女的预测元。对所有妇女的平均差异大约是-0.309，这意味着拥有电视的平均效应是几乎使孩子减少三分之一；这种估计在幅度上略高于线性模型估计。

泊松回归中σ的估计意味着散布不足：方差小于均值。（顺便说一句，$\hat{\sigma}$的线性模型估计和泊松模型估计不具有可比性。）一个含义是，GLM 标准误实际上是少于相应的泊松 MLE 标准误的。

对于线性模型，R 平方是通常的那个。对于指数模型，R 平方是作为在 $children_i$ 与 $\widehat{children_i}=\exp(\mathbf{x}_i\hat{\boldsymbol{\beta}})$ 之间的平方相关系数被计算出来的。指数回归函数只拟合得稍微好一点。

18.2.4 假设检验

在 QMLE 的背景下古典假设检验是相当简单的。在计算出适当的标准误以后，通过使用渐近 t 统计量，就很容易实施对个别参数的假设检验，就像我们在 18.2.3 节中讨论过的那样。通过使用瓦尔德准似然比（QLR）或得分检验，就可以进行多重假设检验。我们在 12.6 节和 13.6 节中一般性地讲解过这些内容，而且它们立刻就可应用在泊松 QMLE 中。

用于检验非线性假设的瓦尔德统计量可以像在式（12.63）中那样进行计算，其中当把表达式（18.14）设定为最稳健的时，根据所需的稳健性程度，可选定适当的$\hat{\mathbf{V}}$。在一个稳健形式下，瓦尔德统计量对于检验多重排除约束来说是很方便的。

617

当 GLM 假设（18.3）成立时，就可使用 QLR 统计量。令 $\breve{\boldsymbol{\beta}}$ 为受约束的估计量，其中我们施加了 Q 个形式为 $\mathbf{c}(\breve{\boldsymbol{\beta}})=\mathbf{0}$ 的约束。令$\hat{\boldsymbol{\beta}}$为无约束的 QMLE。令 $\mathscr{L}(\boldsymbol{\beta})$ 为在表达式（18.6）中给出的大小为 N 的样本的准对数似然。设 $\hat{\sigma}^2$ 在式（18.15）中（带或不带自由度调整）被给定，其中$\hat{u}_i$是来自不受约束的最大化问题的残差。QLR 统计量

$$\mathrm{QLR}\equiv 2[\mathscr{L}(\hat{\boldsymbol{\beta}})-\mathscr{L}(\breve{\boldsymbol{\beta}})]/\hat{\sigma}^2 \tag{18.17}$$

在 12.6.3 节中所列的条件及假设 H_0 下，依分布收敛于 χ^2_Q。为得到一些稳健性，必须用通常的似然比统计量除以$\hat{\sigma}^2$。如果我们令$\hat{\sigma}^2=1$，那么我们就得到了通常的 LR 统计量，其仅在假设（18.2）下是有效的。当 GLM 假设（18.3）不成立时，就没有可用的准 LR 统计量。

得分检验也可以用来检验多重假设。在这种情形下，我们只能估计受约束模型。将$\boldsymbol{\beta}$分块成（$\boldsymbol{\alpha}',\gamma'$）$'$（其中$\boldsymbol{\alpha}$是$P_1\times 1$维的而$\gamma$是$P_2\times 1$维的，并且零假设是

$$\mathrm{H}_0: \gamma_0=\bar{\gamma} \tag{18.18}$$

其中$\bar{\gamma}$是一个$P_2\times 1$维的特定常数向量（通常来说，$\bar{\gamma}=\mathbf{0}$）。令$\breve{\boldsymbol{\beta}}$为在约束$\gamma=\bar{\gamma}$（因而$\breve{\boldsymbol{\beta}}\equiv(\breve{\alpha}',\bar{\gamma}')'$）下获得的$\boldsymbol{\beta}$的估计量，并在受约束估计中将数量定义为

$\check{m}_i \equiv m(\mathbf{x}_i, \check{\boldsymbol{\beta}})$，$\check{u}_i \equiv y_i - \check{m}_i$ 以及 $\nabla_\beta \check{m}_i \equiv (\nabla_\alpha \check{m}_i, \nabla_\gamma \check{m}_i) \equiv \nabla_\beta m(\mathbf{x}_i, \check{\boldsymbol{\beta}})$。现在，用在零假设下估计出的名义泊松标准差的逆——$1/\sqrt{\check{m}_i}$——来对残差和梯度进行加权：

$$\tilde{u}_i \equiv \check{u}_i / \sqrt{\check{m}_i}, \quad \nabla_\beta \widetilde{m}_i \equiv \nabla_\beta \check{m}_i / \sqrt{\check{m}_i} \tag{18.19}$$

其中 $\tilde{u}_i$ 是零假设下获得的皮尔森残差。在 GLM 假设（18.3）下有效（因此在假设（18.2）下也有效）的一种得分统计量的形式是 NR_u^2，其来自

$$\tilde{u}_i \text{对} \nabla_\beta \widetilde{m}_i, \quad i=1,2,\cdots,N \tag{18.20}$$

的回归，其中 R_u^2 表示非中心 R 平方。在 H_0 和假设（18.3）下，$NR_u^2 \overset{a}{\sim} \chi^2_{P_2}$。这与式（12.68）中的得分统计量相同，但在那里我们使用的是 $\widetilde{\mathbf{B}} = \tilde{\sigma}^2 \widetilde{\mathbf{A}}_i$，其中的符号不言自明。如需了解更多内容，请参阅伍德里奇（Wooldridge，1991a，1997c）。

遵循（上述）我们对在 12.6.2 节中的非线性回归的进一步发展，就很容易获得一个对方差误设完全稳健的检验。设 $\tilde{\mathbf{r}}_i$ 表示从

$$\nabla_\gamma \widetilde{m}_i \text{对} \nabla_\alpha \widetilde{m}_i \tag{18.21}$$

的回归中得到的 $1\times P_2$ 维残差向量。换句话说，就是用关于受约束参数的加权梯度的每个元素对关于无约束参数的加权梯度进行回归。残差被放到了 $1\times P_2$ 维的向量 $\tilde{\mathbf{r}}_i$ 中。稳健的得分统计量是从

$$1 \text{ 对 } \tilde{u}_i \tilde{\mathbf{r}}_i, \quad i=1,2,\cdots,N \tag{18.22}$$

的回归中作为 N-SSR 获得的，其中，$\tilde{u}_i \tilde{\mathbf{r}}_i = (\tilde{u}_i \tilde{r}_{i1}, \tilde{u}_i \tilde{r}_{i2}, \cdots, \tilde{u}_i \tilde{r}_{iP_2})$ 是一个 $1\times P_2$ 维的向量。或者，我们也可以用 $\tilde{u}_i$ 对 $\tilde{\mathbf{r}}_i$ 回归，并使用一个异方差性稳健的瓦尔德统计量来检验 $\tilde{\mathbf{r}}_i$ 的联合显著性。

作为一个例子，我们考虑在指数模型 $E(y \mid \mathbf{x}) = \exp(\mathbf{x}\boldsymbol{\beta}) = \exp(\mathbf{x}_1\boldsymbol{\alpha} + \mathbf{x}_2\gamma)$ 中检验 $H_0: \gamma = \mathbf{0}$。那么，$\nabla_\beta m(\mathbf{x}, \boldsymbol{\beta}) = \exp(\mathbf{x}\boldsymbol{\beta})\mathbf{x}$。设 $\check{\boldsymbol{\alpha}}$ 是在 $\gamma = \mathbf{0}$ 下获得的泊松 QMLE，并定义 $\check{m}_i \equiv \exp(\mathbf{x}_{i1}\check{\boldsymbol{\alpha}})$，且 $\check{u}_i$ 是残差。则 $\nabla_\alpha \check{m}_i = \exp(\mathbf{x}_{i1}\check{\boldsymbol{\alpha}})\mathbf{x}_{i1}$，$\nabla_\gamma \check{m}_i = \exp(\mathbf{x}_{i1}\check{\boldsymbol{\alpha}})\mathbf{x}_{i2}$，以及 $\nabla_\beta \widetilde{m}_i = \check{m}_i \mathbf{x}_i / \sqrt{\check{m}_i} = \sqrt{\check{m}_i}\mathbf{x}_i$。因此，在 GLM 方差假设下有效的检验是来自 $\tilde{u}_i$ 对 $\sqrt{\check{m}_i}\mathbf{x}_i$ 的 OLS 回归 NR_u^2，其中 $\tilde{u}_i$ 是加权残差。为了进行稳健性检验，首先从 $\sqrt{\check{m}_i}\mathbf{x}_{i2}$ 对 $\sqrt{\check{m}_i}\mathbf{x}_{i1}$ 的回归中获得 $1\times P_2$ 维的残差 $\tilde{\mathbf{r}}_i$；然后从回归（18.22）中获得统计量。

18.2.5 设定检验

各种设定检验已在泊松回归的背景下提出。最重要的两种是条件均值设定检验和条件方差设定检验。对于条件均值检验，我们通常开始检验一个相当简单的、其参数很容易解释的模型，如 $m(\mathbf{x}, \boldsymbol{\beta}) = \exp(\mathbf{x}\boldsymbol{\beta})$，然后再检验其他模型。一旦条件变量 $\mathbf{x}$ 设定，所有这些检验就成为对函数形式的检验。

一个有用的函数形式类型检验可使用得分法则，零假设模型 $m(\mathbf{x},\boldsymbol{\beta})$ 嵌套在一个更一般的模型中。在上一节已经得到完全稳健的检验和不太稳健的检验。伍德里奇（Wooldridge，1997c，第 3.5 节）文献中提供了一些细节和例子，包括一个**扩展的 RESET 指数回归模型**（extension of RESET to exponential regression models）。

条件方差设定检验计算起来更困难，特别是，如果我们只保持前两阶矩在 H_0 下是正确的设定这一情形。例如，检验 GLM 的假设（18.3）作为一种能够确定在仅使用假定（18.7）的那一类估计中，泊松 QMLE 是否为有效的方式，就成为很自然的事了。卡梅伦和特里维迪（Cameron and Trivedi，1986）提出对更强的假设（18.2）的检验，事实上，零假设泊松分布是完全正确的。如果我们感兴趣的是给定 $\mathbf{x}$，y 是否真正为泊松分布，那么，这些检验就是有用的。然而，假设（18.2）不是泊松 QMLE 一致性、相对有效性的必要条件。

伍德里奇（Wooldridge，1991b）提出线性指数族背景下的条件方差完全稳健检验，也包含泊松回归作为一个特殊情形。要检验假设（18.3），设 $u_i=y_i-m(\mathbf{x}_i,\boldsymbol{\beta}_0)$，并注意，根据假设（18.2）和（18.7），$u_i^2-\sigma_0^2m(\mathbf{x}_i,\boldsymbol{\beta}_0)$ 是与 $\mathbf{x}_i$ 的任何函数都不相关的，设 $\mathbf{h}(\mathbf{x}_i,\boldsymbol{\beta})$ 是 $\mathbf{x}_i$ 与 $\boldsymbol{\beta}$ 的函数的 $1\times Q$ 维向量，并考虑备选模型

$$\mathrm{E}(u_i^2\mid\mathbf{x}_i)=\sigma_0^2m(\mathbf{x}_i,\boldsymbol{\beta}_0)+h(\mathbf{x}_i,\boldsymbol{\beta}_0)\boldsymbol{\delta}_0 \tag{18.23}$$

例如，$\mathbf{h}(\mathbf{x}_i,\boldsymbol{\beta})$ 的元素可能是 $m(\mathbf{x}_i,\boldsymbol{\beta})$ 的幂。流行的选择是单位向量和 $\{m(\mathbf{x}_i,\boldsymbol{\beta})\}^2$，那么，$\mathrm{H}_0:\boldsymbol{\delta}_0=\mathbf{0}$ 是一个 GLM 假设的检验，虽然有几个可用的矩条件，但是就像条件均值检验那样，富有成果的做法是使用加权残差。我们基于下式

$$N^{-1}\sum_{i=1}^{N}(\hat{\mathbf{h}}_i/\hat{m}_i)'\{(\hat{u}_i^2-\hat{\sigma}^2\hat{m}_i)/\hat{m}_i\}=N^{-1}\sum_{i=1}^{N}\tilde{\mathbf{h}}_i'(\tilde{u}_i^2-\hat{\sigma}^2) \tag{18.24}$$

进行检验，其中，$\tilde{\mathbf{h}}_i=\hat{\mathbf{h}}_i/\hat{m}_i$，$\tilde{u}_i=\hat{u}_i\sqrt{\hat{m}_i}$。（请注意 $\hat{\mathbf{h}}_i$ 是使用 $1/\hat{m}_i$ 加权，而不是使用 $1/\sqrt{\hat{m}_i}$ 加权。）要将方程变成一个检验统计量，我们必须面对的事实是，其标准极限分布依赖于 $\sqrt{N}(\hat{\boldsymbol{\beta}}-\boldsymbol{\beta}_0)$ 和 $\sqrt{N}(\hat{\sigma}^2-\sigma_0^2)$ 的极限分布。为了解决这个问题，我们使用伍德里奇（Wooldridge，1991b）办法，消除检验统计量的极限分布对 $\sqrt{N}(\hat{\sigma}^2-\sigma_0^2)$ 的依赖。这个巧妙方法就是将方程（18.24）的 $\tilde{\mathbf{h}}_i$ 替换成它的减去均值形式，即 $\tilde{\mathbf{r}}_i\equiv\tilde{\mathbf{h}}_i-\bar{\mathbf{h}}$，其中 $\bar{\mathbf{h}}$ 是 $\tilde{\mathbf{h}}_i$ 每个元素的样本均值的 $1\times Q$ 维向量。正因为有以上额外的清除工作，于是其导致了一个简单的基于回归的统计量。设 $\nabla_\beta\hat{m}_i$ 表示条件均值函数的未加权梯度，用泊松 QMLE $\hat{\boldsymbol{\beta}}$ 来计算，并像以前一样定义 $\nabla_\beta\tilde{m}_i\equiv\nabla_\beta\hat{m}_i/\sqrt{\hat{m}_i}$。以下步骤来自伍德里奇（Wooldridge，1991b，程序 4.1）：

1. 像在方程（18.15）中那样去求 $\hat{\sigma}^2$，并像在方程（18.16）中那样去求 $\hat{\mathbf{A}}$，并定义 $P\times Q$ 维矩阵 $\hat{\mathbf{J}}=\hat{\sigma}^2(N^{-1}\sum_{i=1}^{N}\nabla_\beta\hat{m}_i'\tilde{\boldsymbol{r}}_i/\hat{m}_i)$。

2. 对于每一个 i，定义 $1\times Q$ 维向量

$$\hat{\mathbf{z}}_i\equiv(\tilde{u}_i^2-\hat{\sigma}^2)\tilde{\mathbf{r}}_i-\hat{\mathbf{s}}_i'\hat{\mathbf{A}}^{-1}\hat{\mathbf{J}} \tag{18.25}$$

其中，$\hat{\mathbf{s}}_i \equiv \nabla_\beta \tilde{m}_i' \tilde{u}_i$ 是关于观测值 i 的泊松得分。

3. 实施

$$1 \text{ 对 } \hat{\mathbf{z}}_i, \quad i=1,2,\cdots,N \tag{18.26}$$

的回归。根据假设（18.3）和（18.7），从这个回归中得到 N-SSR，其渐近分布是 χ_Q^2。

当 $\hat{m}_i = \exp(\mathbf{x}_i\hat{\boldsymbol{\beta}})$ 和 $\nabla_\beta \hat{m}_i = \exp(\mathbf{x}_i\hat{\boldsymbol{\beta}})\mathbf{x}_i = \hat{m}_i\mathbf{x}_i$ 时，主要的情形就会出现。方程（18.25）的减数 $\hat{\mathbf{s}}_i'\hat{\mathbf{A}}^{-1}\hat{\mathbf{J}}$ 是一个处理 $\sqrt{N}(\hat{\boldsymbol{\beta}}-\boldsymbol{\beta}_o)$ 的极限分布影响方程（18.24）中未经调整统计量的极限分布这一事实的简单方法。如果 $\sigma_o^2=1$，并且泊松假设是正确的，那么这个特别的调整会确保检验与任何基于极大似然的统计量一样有效。但只有假设（18.3）和（18.7）在 H_0 下仍能保持的这个意义上，这个程序才是完全稳健的，伍德里奇（Wooldridge，1991b）为读者提供了进一步的讨论。

在实践中，选择 Q 中较少数量的元素可能就足够了。设 $\hat{\mathbf{h}}_i=(1,\hat{m}_i^2)$，这样 $\tilde{h}_i=(1/\hat{m}_i,\hat{m}_i)$，可能产生针对于其他相当广泛类别的备择假设相当有威力的自由度为 2 的检验。

对于检验更严格的假设（18.2），这个程序是很容易修改的。首先，处处以单位元取代 $\hat{\sigma}^2$。第二，没有必要对辅助回归元 $\tilde{\mathbf{h}}_i$ 做减去均值处理（所以现在 $\tilde{\mathbf{h}}_i$ 可以包含一个常数），因此，无论在哪里，只要 $\bar{\mathbf{r}}_i$ 出现，就仅仅使用 $\tilde{\mathbf{h}}_i$。其他都相同。理由如前所述，当焦点聚集在 $\mathrm{E}(y \mid \mathbf{x})$ 上时，我们对检验假设（18.2）比对检验假设（18.3）更感兴趣。

18.3 其他计数数据回归模型

18.3.1 负二项回归模型

泊松回归模型在名义上维持了假设（18.2），但保留了一些在假设（18.3）下的渐近有效性。对泊松 QMLE 的一个流行的备选方案是卡梅伦和特里维迪（Cameron and Trivedi，1986）的第Ⅰ类 NegBin 模型的完全极大似然分析。第Ⅰ类 NegBin 是负二项分布的一个特定的参数化。在第Ⅰ类 NegBin 模型中的一个重要的约束是，它意味着在假设（18.3）中 $\sigma^2>1$，所以不会出现散布不足。（为简化标记法，在本节中我们去掉了下标“o”。）通常情况下，通过平均参数 $\boldsymbol{\beta}$ 和一个额外的参数 $\eta^2>0$，其中，$\sigma^2=1+\eta^2$，可以将第Ⅰ类 NegBin 参数化。

使用第Ⅰ类 NegBin 的优点是什么？一方面，当 $\boldsymbol{\beta}$ 和 η^2 被联合估计时，如果第Ⅰ类 NegBin 假设不成立，则极大似然估计一般是不一致的。另一方面，如果第Ⅰ类 Negin 分布成立，那么第Ⅰ类 NegBin 的 MLE 比泊松 QMLE 更有效（这一结论可从 14.5.2 节中得出）。尽管如此，在假设（18.3）下，泊松 QMLE 的有效性超过了任何其他为了获得一致性而只需正确地设定条件均值的估计量。总的来说，由于其稳健性，对于估计条件均值的参数，泊松 QMLE 胜过了第Ⅰ类 NegBin。如果需要估计条件概率，那么就必须保证有比泊松分布更灵活的模型。

其他计数数据分布意味着一个不同于假设（18.3）的条件方差。一个主要的例子是卡梅伦和特里维迪（Cameron and Trivedi，1986）的第Ⅱ类 NegBin 模型。第Ⅱ类 NegBin 模型可以从泊松模型中的不可观测异质性的一个模型中推导出来。具体来说，设 $c_i>0$ 是不可观测异质性，并假定

$$y_i|\mathbf{x}_i,c_i\sim\text{Poisson}[c_i m(\mathbf{x}_i,\boldsymbol{\beta})]$$

如果我们进一步假设 c_i 是独立于 $\mathbf{x}_i$ 的，并且服从含有单位均值且 $\text{Var}(c_i)=\eta^2$ 的伽马分布，那么给定 $\mathbf{x}_i$ 时 y_i 的分布可被证明为负二项分布，且条件均值和方差为

$$\text{E}(y_i|\mathbf{x}_i)=m(\mathbf{x}_i,\boldsymbol{\beta}) \tag{18.27}$$

$$\begin{aligned}\text{Var}(y_i|\mathbf{x}_i)&=\text{E}[\text{Var}(y_i|\mathbf{x}_i,c_i)|\mathbf{x}_i]+\text{Var}[\text{E}(y_i|\mathbf{x}_i,c_i)|\mathbf{x}_i]\\&=m(\mathbf{x}_i,\boldsymbol{\beta})+\eta^2[m(\mathbf{x}_i,\boldsymbol{\beta})]^2\end{aligned} \tag{18.28}$$

如此则给定 $\mathbf{x}_i$ 时 y_i 的条件方差是条件均值的平方。因为我们可以把式（18.28）写为 $\text{E}(y_i\mid\mathbf{x}_i)\,[1+\eta^2\text{E}(y_i\mid\mathbf{x}_i)]$，所以第Ⅱ类 NegBin 也意味着散布过度，但其中散布过度的量会随着 $\text{E}(y_i\mid\mathbf{x}_i)$ 而增加。

观测值 i 的对数似然函数是

$$\begin{aligned}\ell_i(\boldsymbol{\beta},\eta^2)=&\eta^{-2}\log\left[\frac{\eta^{-2}}{\eta^{-2}+m(\mathbf{x}_i,\boldsymbol{\beta})}\right]+y_i\log\left[\frac{m(\mathbf{x}_i,\boldsymbol{\beta})}{\eta^{-2}+m(\mathbf{x}_i,\boldsymbol{\beta})}\right]\\&+\log[\Gamma(y_i+\eta^{-2})/\Gamma(\eta^{-2})]\end{aligned} \tag{18.29}$$

其中 $\Gamma(\cdot)$ 是当 $r>0$ 时由 $\Gamma(r)=\int_0^\infty z^{r-1}\exp(-z)\text{d}z$ 所定义的伽玛函数。

你可参阅卡梅伦和特里维迪（Cameron and Trivedi，1986）以了解有关细节。参数 $\boldsymbol{\beta}$ 和 η^2 可使用标准的极大似然方法进行联合估计。

事实证明，对于固定的 η^2，式（18.29）中的对数似然是属于线性指数族的；可参阅 GMT（1984a）。因此，如果我们把 η^2 固定在任何正数上，比如说 $\bar{\eta}^2$，并通过求 $\sum_{i=1}^N\ell_i(\boldsymbol{\beta},\bar{\eta}^2)$ 关于 $\boldsymbol{\beta}$ 的最大值以估计出 $\boldsymbol{\beta}$，那么由此得到的 QMLE 仅在条件均值假设（18.27）下是一致的：对于固定的 η^2，负二项分布 QMLE 具有与泊松 QMLE 相同的稳健性。（请注意当固定 η^2 时，涉及式（18.29）中的伽玛函数的项不会影响 QMLE。）

渐近方差估计量和检验统计量的结构非常类似于泊松回归的情形。设

$$\hat{v}_i=\hat{m}_i+\bar{\eta}^2\hat{m}_i^2 \tag{18.30}$$

是对于给定的值 $\bar{\eta}^2$ 的估计的名义方差。我们直接用 $1/\sqrt{\hat{v}_i}$ 对残差 $\hat{u}_i$ 和梯度

$\nabla_\beta \hat{m}_i$ 加权：

$$\tilde{u}_i = \hat{u}_i / \sqrt{\hat{v}_i}, \quad \nabla_\beta \tilde{m}_i = \nabla_\beta \hat{m}_i / \sqrt{\hat{v}_i} \tag{18.31}$$

例如，在条件（18.27）和（18.28）下，Avar($\hat{\boldsymbol{\beta}}$）的一个有效估计量是

$$\left(\sum_{i=1}^{N} \nabla_\beta \hat{m}_i' \nabla_\beta \hat{m}_i / \hat{v}_i \right)^{-1}$$

如果我们舍弃条件（18.28），那么表达式（18.14）中的估计量应当被使用，但标准化的残差和梯度要由式（18.31）给出。得分统计量按照同样的方式进行修改。

当 η^2 被设为单位元时，我们就得到了**几何 QMLE**（geometric QMLE）。一个更好的方法是用一个第一阶段估计——比如说 η^2——来取代 $\hat{\eta}^2$，然后通过两步 QMLE 来估计 $\boldsymbol{\beta}$。正如我们在第 12 章和第 13 章中所讨论的，有时需要考虑第一阶段估计量的渐近分布。在这一方面，两步 QMLE 法的一个很好的特征是，可以证明关键条件——假设（12.37）——在假设（18.27）下是成立的。因此，我们可以忽略 η^2 的第一阶段估计。

根据假设（18.28），给定 $\boldsymbol{\beta}$ 的一个初始估计量（诸如泊松 QMLE 或几何 QMLE）时，很容易获得 η^2 的一个一致估计量。给定 $\hat{\hat{\boldsymbol{\beta}}}$，可将通常的拟合值和残差构造成 $\hat{\hat{m}}_i$ 和 $\hat{\hat{u}}_i$。η^2 的一个一致估计量是在 $\hat{\hat{u}}_i^2 - \hat{\hat{m}}_i$ 对 $\hat{\hat{m}}_i^2$（经过原点）的回归中的 $\hat{\hat{m}}_i^2$ 的回归系数；这是古力洛克斯、蒙福特和特鲁侬（Gourieroux, Monfort, and Trognon, 1984b）及卡梅伦和特里维迪（Cameron and Trivedi, 1986）所提出的估计量。η^2 的一个替代性的估计量——其与式（18.15）中提出的对 σ^2 的 GLM 估计量密切相关——是一个加权最小二乘（WLS）估计，该 OLS 估计可从 $\hat{\hat{u}}_i^2 - 1$ 对 $\hat{\hat{m}}_i$ 的回归中获得，其中 $\tilde{\tilde{u}}_i$ 是用 $\hat{\hat{m}}_i^{-1/2}$ 加权的残值 $\hat{\hat{u}}_i$。因此，由此得到的 $\boldsymbol{\beta}$ 的两步法估计量仅在假设（18.7）下是一致的，所以它正好与泊松 QMLE 一样稳健。因为没有（18.28）这一条件时 $\hat{\boldsymbol{\beta}}$ 是一致的，所以使用完全稳健的标准误和检验统计量是有道理的。如果假设（18.3）成立，泊松 QMLE 更渐近有效；如果假设（18.28）成立，两步法负二项分布估计量更有效。请注意，哪一个方差假设都不包含另一个作为对于所有参数值的一个特殊情形；更多的讨论请参阅伍德里奇（Wooldridge, 1997c）。

在 18.2.5 节中讨论的方差设定检验可扩展到负二项分布 QMLE；可参阅伍德里奇（Wooldridge, 1991b）。

18.3.2 二项回归模型

有时候，我们希望能分析以一个已知上界为条件的计数数据。例如，托马斯、施特劳斯和恩里克斯（Thomas, Strauss, and Henriques, 1990）研究了以曾经出生的儿童人数为条件的家庭内儿童死亡率。另一个例子将因变量 y_i 设为家庭 i 中高中毕业的成年子女的数目；已知的上限 n_i 是家庭 i 中孩子的数量。通过以 n_i 为条件，我们可假定将它当作外生的来对待。

设 $\mathbf{x}_i$ 是一个外生变量集。一个自然的起点是假设给定（$n_i, \mathbf{x}_i$）时 y_i 服从一个二项分布，记为 $\text{Binomial}[n_i, p(\mathbf{x}_i, \boldsymbol{\beta})]$，其中 $p(\mathbf{x}_i, \boldsymbol{\beta})$ 是一个以 0 和 1 为界的函数。在此设置中，y_i 通常情况下被看成 n_i 个独立伯努利（0—1）随机变量的总和，而 $p(\mathbf{x}_i, \boldsymbol{\beta})$ 是每次随机试验中成功的（条件）概率。

二项分布假设对于所有应用来说都太严格。一个不可观测效应的存在将使二项分布假设失效（当效应被求积分消掉以后）。例如，当 y_i 是在一个家庭中高中毕业的子女数时，不可观测的家庭效应可能会发挥重要的作用。一般情况下，在 i 组内不可观测异质性的存在，破坏了用来推导二项分布的（以 $\mathbf{x}_i$ 为条件的）独立性假设。

正如在无界支集的情形中那样，我们假设条件均值是正确设定的：

$$\mathrm{E}(y_i \mid \mathbf{x}_i, n_i) = n_i p(\mathbf{x}_i, \boldsymbol{\beta}) \equiv m_i(\boldsymbol{\beta}) \tag{18.32}$$

这一公式确保了 $\mathrm{E}(y_i \mid \mathbf{x}_i, n_i)$ 处于 0 和 n_i 之间。通常情况下，$p(\mathbf{x}_i, \boldsymbol{\beta}) = G(\mathbf{x}_i\boldsymbol{\beta})$，其中 $G(\cdot)$ 是一个累积分布函数，诸如标准正态或逻辑斯蒂函数。

给定一个参数模型 $p(\mathbf{x}, \boldsymbol{\beta})$，关于观测值 i 的二项分布准对数似然是：

$$\ell_i(\boldsymbol{\beta}) = y_i \log[p(\mathbf{x}_i, \boldsymbol{\beta})] + (n_i - y_i)\log[1 - p(\mathbf{x}_i, \boldsymbol{\beta})] \tag{18.33}$$

而且二项分布 QMLE 是通过最大化在所有 N 个观测值上 $\ell_i(\boldsymbol{\beta})$ 的总和获得的。从 GMT（1984a）的结果可知，条件均值参数仅在假设（18.32）下被一致估计。在证明了 $\boldsymbol{\beta}$ 的真值仅在假设（18.32）下最大化了式（18.33）的期望值以后，这个结论可由广义 M 估计结果得出。

二项分布 GLM 方差假设（binomial GLM variance assumption）是

$$\mathrm{Var}(y_i \mid \mathbf{x}_i, n_i) = \sigma^2 n_i p(\mathbf{x}_i, \boldsymbol{\beta})[1 - p(\mathbf{x}_i, \boldsymbol{\beta})] = \sigma^2 v_i(\boldsymbol{\beta}) \tag{18.34}$$

其一般化了带有 $\sigma^2 = 1$ 的名义二项分布假设。（麦克莱和内尔德［McCullagh and Nelder，1989，第 4.5 节］讨论了一个导致带有 $\sigma^2 > 1$ 的假设（18.34）。但散布不足也是有可能的。）如果由 y_i 组成的二值结果不是以（$\mathbf{x}_i, n_i$）为条件独立的，甚至连 GLM 假设也不能成立。因此，为二项分布 QMLE 使用完全稳健的渐近方差估计量是有道理的。

由于 LEF 密度的结构，以及给定我们前面对泊松分布和负二项分布情形的分析，要描述二项分布 QMLE 的计量经济分析就很简单了：只需在式（18.31）中取 $\hat{m}_i \equiv n_i p(\mathbf{x}_i, \hat{\boldsymbol{\beta}})$，$\hat{u}_i \equiv y_i - \hat{m}_i$，$\nabla_\beta \hat{m}_i \equiv n_i \nabla_\beta \hat{p}_i$ 以及 $\hat{v}_i \equiv n_i \hat{p}_i(1 - \hat{p}_i)$。在假定（18.34）下 σ^2 的一个估计也很容易获得：在式（18.15）中用 $\hat{v}_i$ 代替 $\hat{m}_i$。渐近方差和得分检验的结构是相同的。

18.4 伽玛（指数）回归模型

直接对非负、连续响应变量的期望值建模，而不是使用一个变换（通常是

自然对数）并设定含有一个可加性误差的参数线性模型，正变得越来越流行。伍德里奇（Wooldridge，1992）设计了一种情形，即：如果 $E(y|\mathbf{x})$ 是当 $y\geqslant 0$ 时所关注的量，那么直接对该期望建模就是有道理的。更近一些，布莱克本（Blackburn，2007）已建议直接估计 $E(wage|\mathbf{x})$ 的模型，其中 $wage$ 是雇员工资的一个测度，而不是在一个线性回归中使用 $\log(wage)$。

在 2.2.2 节中我们陈述了直接对 $E(y|\mathbf{x})$ 建模的一些理由。为了具体起见，假设 $y>0$，这样 $\log(y)$ 就是定义良好的。如果我们假定了标准线性模型 $\log(y)=\mathbf{x}\boldsymbol{\beta}+u$，那么我们可以问：什么时候我们可以还原 $E(\mathbf{y}|\mathbf{x})$ 上的偏效应、半弹性和弹性？一个充分条件是，假定 u 和 $\mathbf{x}$ 是相互独立的，在这种情形中 $E(y|\mathbf{x})=\alpha\exp(\mathbf{x}\boldsymbol{\beta})$，且 α 是从 $\alpha=E[\exp(u)]$ 中被识别的。段（Duan，1983）的模糊估计是基于 $\log(y_i)$ 对 $\mathbf{x}_i$ 回归的 OLS 残差估计 α 最常见的方法。或者，我们也可以允许 u 和 $\mathbf{x}$ 之间存在相依性，如果我们设定了 $D(u|\mathbf{x})$，例如 $u|x\sim\text{Normal}(0,\exp(\mathbf{x}\gamma))$，在这种情形下 $E(y|\mathbf{x})=\exp(\mathbf{x}\boldsymbol{\beta}+\exp(\mathbf{x}\gamma)/2)$。

前面两种方法都需要在设定了条件均值之外还对条件分布 $D(y|x)$ 施加一些约束，而且每一个都是获得 $E(y|\mathbf{x})$ 的估计的一种迂回方式。正如当 y 具有一些离散性时——例如，它是一个计数变量——为 $E(y|\mathbf{x})$ 设定简单的、逻辑上一致的模型就是有道理的。同样，最主要的情形是一个指数模型：带有 $x_1\equiv 1$ 的 $E(y|\mathbf{x})=\exp(\mathbf{x}\boldsymbol{\beta})$。我们已经知道如何解释这样一个模型的参数。

重要的是要记住，无论 y 的性质如何——倘若它是非负的，并且没有天然的上界——我们总是可以应用泊松 QMLE。因此，即便 y 在 $(0,\infty)$ 上是连续的，泊松回归仍可以得出在 $E(y|\mathbf{x})=\exp(\mathbf{x}\boldsymbol{\beta})$（或任何其他正确设定的均值函数）中的参数的一致、$\sqrt{N}$渐近正态的估计量。甚至对一些连续随机变量，在只设定均值的那类估计量中，泊松 QMLE 可以是渐近有效的。充分条件是假设（18.3）成立，且这个方差—均值关系对于伽玛分布的某些参数化是成立的。

然而，一个常数方差—均值比对于非负连续变量来说是有点罕见的。在 u 独立于 $\mathbf{x}$ 的模型 $\log(y)=\mathbf{x}\boldsymbol{\beta}+u$ 中，$\text{Var}(y|\mathbf{x})=\sigma^2[\exp(\mathbf{x}\boldsymbol{\beta})]^2$，其中 $\sigma^2=\text{Var}[\exp(u)]$。伽玛分布的一个自然的参数化具有与均值的平方成正比的方差。就像在 GMT（1984a）中所证明的，对于方差—均值比的一个固定值来说，对数似然是属于 LEF 的。事实上，出于估计的目的，我们可以设该比率为单位元，这给了我们关于指数分布的对数似然。在一般均值函数 $m(\mathbf{x},\beta)>0$ 时，我们有

$$l_i(\boldsymbol{\beta})=-y_i/m(\mathbf{x}_i,\boldsymbol{\beta})-\log[m(\mathbf{x}_i,\boldsymbol{\beta})] \tag{18.35}$$

以及**伽玛 QMLE**（gamma QMLE）（有时也被称为**指数 QMLE**（exponential QMLE））是最大化了在所有样本上加总的准对数似然函数的估计量。很容易直接证明，无论何时，只要均值是正确设定的，得分 $\nabla_\beta m(\mathbf{x}_i,\boldsymbol{\beta})'\{y_i/[m(\mathbf{x}_i,\boldsymbol{\beta})]^2-1/m(\mathbf{x}_i,\boldsymbol{\beta})\}=\nabla_\beta m(\mathbf{x}_i,\beta)'\{y_i-m(\mathbf{x}_i,\boldsymbol{\beta})\}/\!/[m(\mathbf{x}_i,\boldsymbol{\beta})]^2$ 有零条件均值（从技术上讲，当在贝塔的“真”值上计算时）。（或者，人们可以直接用式（18.35）计算，就像在 GMT(1984a) 中那样。）换言之，就像使用泊松 QMLE 那样，伽玛

QMLE 对分布误设而不是条件均值误设是完全稳健的。作为一种速记，设定一个条件均值并使用伽玛 QMLE 进行估计通常被称为**伽玛回归模型**（gamma regression model）。

我们将伽玛 GLM 方差假设写为

$$\mathrm{Var}(y|\mathbf{x})=\sigma^2[\mathrm{E}(y|\mathbf{x})]^2 \tag{18.36}$$

在该假设下，伽玛 QMLE 在仅设定 $\mathrm{E}(y \mid \mathbf{x})$ 的那类估计量——包括 NLS 和泊松 QMLE——中是有效的。当 $\sigma^2=1$ 时，假设（18.36）给出了指数分布的方差—均值关系。根据假设（18.36），σ 是**变异系数**（coefficient of variation）：它是 y 的条件标准差与其条件均值的比值。

无论假设（18.36）成立与否，一个渐近方差矩阵是可估计的。完全稳健的形式是表达式（18.14），但是，在定义得分和期望海赛矩阵时，残差和梯度是用 $1/\hat{m}_i$ 而非 $\hat{m}_i^{-1/2}$ 加权的。根据假设（18.36），一个有效的估计量是

$$\hat{\sigma}^2\left(\sum_{i=1}^{N}\nabla_\beta\hat{m}_i'\nabla_\beta\hat{m}_i/\hat{v}_i\right)^{-1}$$

其中 $\hat{\sigma}^2=N^{-1}\sum_{i=1}^{N}\hat{u}_i^2/\hat{m}_i^2$ 且 $\hat{v}_i=\hat{m}_i^2$。得分检验和 QLR 检验可以就像在泊松情形中那样进行计算。许多统计软件包可实现带有一个指数均值函数的伽玛回归，这通常被当作 GLM 命令的一个特征。

18.5 指数回归函数中的内生性

和所有以前的模型一样，标准的计量经济学问题会出现。在本节中，我们研究在一个指数回归函数中的内生解释变量的问题。

我们从一个遗漏变量的视角来研究内生解释变量问题。设 y_1 为非负的、原则上无界的被解释变量，设 $\mathbf{z}$ 和 $\mathbf{y}_2$ 为可观测的解释变量（分别为 $1\times L$ 维和$1\times G_1$ 维）。设 c_1 是一个不可观测的潜变量（或不可观测的异质性）。我们假设所关注的（结构）模型是一个指数形式的遗漏变量模型，在总体中可写为

$$\mathrm{E}(y_1|\mathbf{z},\mathbf{y}_2,c_1)=\exp(\mathbf{z}_1\boldsymbol{\delta}_1+\mathbf{y}_2\gamma_1+c_1) \tag{18.37}$$

其中 $\mathbf{z}_1$ 是 $\mathbf{z}$ 的包含了单位元的一个 $1\times L_1$ 维子集；因此，模型（18.37）包含了一些排除约束。一方面，在 z 中的元素都被假定独立于 c_1 这个意义上来说是外生的。另一方面，允许 $\mathbf{y}_2$ 和 c_1 相关，如此则 $\mathbf{y}_2$ 潜在地就是内生的。

为使用一个准似然方法，我们假设 $\mathbf{y}_2$ 有一个满足一定假设的线性约简型。记为

$$\mathbf{y}_2=\mathbf{z}\boldsymbol{\Pi}_2+\mathbf{v}_2 \tag{18.38}$$

其中 $\boldsymbol{\Pi}_2$ 是一个 $1\times G_1$ 维的约简型参数矩阵且 $\mathbf{v}_2$ 是一个 $1\times G_1$ 维的约简型误差向量。我们假设识别的秩条件成立，这要求存在阶条件 $L-L_1\geqslant G_1$。此外，我

们假设（c_1，$\mathbf{v}_2$）与 $\mathbf{z}$ 是独立的，并且

$$c_1=\mathbf{v}_2\boldsymbol{\rho}_1+e_1 \tag{18.39}$$

其中 e_1 独立于 $\mathbf{v}_2$（并必然独立于 $\mathbf{z}$）。（我们可以将独立性假设稍微放松一些，但我们不可以假设 $\mathbf{v}_2$ 与 z 是不相关的，且 e_1 与 $\mathbf{v}_2$ 不相关。）很自然，可假设 $\mathbf{v}_2$ 具有零均值，但是假设 $\mathrm{E}[\exp(e_1)]=1$ 比假设 $\mathrm{E}(e_1)=0$ 更便利。无论何时，只要一个常数出现在 $\mathbf{z}_1$ 中时——其应当几乎总是这样的情形——这种假设就不失一般性。

如果（c_1，$\mathbf{v}_2$）具有多元正态分布，那么式（18.39）中的表述在上述假设下总是成立的。通过把 $\mathbf{v}_2$ 的其他函数如平方和向量积放到右侧，我们还可以扩展式（18.39），但我们不显性地展示这些。请注意，当且仅当 $\boldsymbol{\rho}_1=\mathbf{0}$ 时 $\mathbf{y}_2$ 是外生的。

根据所维持的假设，我们有

$$\mathrm{E}(y_1|\mathbf{z},\mathbf{y}_2,\mathbf{v}_2)=\exp(\mathbf{z}_1\boldsymbol{\delta}_1+\mathbf{y}_2\gamma_1+\mathbf{v}_2\boldsymbol{\rho}_1) \tag{18.40}$$

而且该式建议了一个一致估计 $\boldsymbol{\delta}_1$，γ_1 和 $\boldsymbol{\rho}_1$ 的策略。如果 $\mathbf{v}_2$ 是可观测的，我们就可以在 QMLE 的早期方法之一中直接使用这个回归函数（例如，泊松、两步负二项分布或伽玛）。因为这些方法一致地估计出了正确设定的条件均值，所以我们可以立即得出结论：QMLE 将是一致的。（如果 y_1 以（$\mathbf{z}$，$\mathbf{y}_2$，c_1）为条件服从带有在式（18.37）中的均值的一个泊松分布，则给定（$\mathbf{z}$，$\mathbf{y}_2$，$\mathbf{v}_2$）时 y_1 的分布有着（18.28）那种类型的散布过度，所以两步负二项分布估计量在这个背景下可能是首选。）

为了落实这一程序，未知的量 $\mathbf{v}_2$ 必须用估计值来替代。设 $\hat{\boldsymbol{\Pi}}_2$ 为来自式（18.38）的第一阶段 OLS 估计的 $L\times G_1$ 维估计矩阵；这些都是 $\boldsymbol{\Pi}_2$ 的一致估计。定义 $\hat{\mathbf{v}}_2=\mathbf{y}_2-\mathbf{z}\hat{\boldsymbol{\Pi}}_2$（其中观测值的下标是被禁止的）。然后使用由一种 QMLE 估计的回归元（$\mathbf{z}_1$，$\mathbf{y}_2$，$\hat{\mathbf{v}}_2$）估计指数回归模型。使用来自第 12 章中两步估计的标准论述，来自该程序的估计值（$\hat{\boldsymbol{\delta}}_1$，$\hat{\gamma}_1$，$\hat{\boldsymbol{\rho}}_1$）是一致的。

这种方法与我们看到的关于二值响应的方法（第 15 章）和 Tobit 回归模型方法（第 17 章）在精神实质上是相同的。存在一个区别：在这里，我们不需要做出关于 $\mathbf{y}_1$ 或 $\mathbf{y}_2$ 的分布假设。然而我们的确假设约简型误差 $\mathbf{v}_2$ 与 $\mathbf{z}$ 是独立的。此外，我们假设 c_1 和 $\mathbf{v}_2$ 是线性相关的，同时在式（18.39）中的 e_1 独立于 $\mathbf{v}_2$。

因为 $\hat{\mathbf{v}}_2$ 依赖于 $\hat{\boldsymbol{\Pi}}_2$，应当对 $\hat{\boldsymbol{\delta}}_1$，$\hat{\gamma}_1$ 和 $\hat{\boldsymbol{\rho}}_1$ 的方差矩阵估计量进行一般性的调整以解释这种相依性，就像在 12.5.2 节和 14.1 节中所描述的。自助法也是有吸引力的，因为两步法需要的计算时间很少（除非是非常大的样本量）。正如我们在检验 probit 和 Tobit 模型中的内生性时所看到的，使用 12.5.2 节的结果，可以证明：当 $\boldsymbol{\rho}_1=0$ 时 $\boldsymbol{\Pi}_2$ 的估计不会影响 QMLE 的渐近方差。因此，检验 $\mathbf{y}_2$ 的内生性就相对比较直接了：使用一个瓦尔德或 LM 统计量就可检验 $\mathrm{H}_0:\boldsymbol{\rho}_1=\mathbf{0}$。当 $G_1=1$ 时，最方便的统计量大概是 $\hat{v}_2$ 的 t 统计量，同时完全稳健的形式也是最受偏爱的（但 GLM 形式也很有用）。当 $G_1>1$ 时，关于遗漏变量的 LM 检验是很方便的，因为在估计了原假设模型（$\boldsymbol{\rho}_1=\mathbf{0}$）然后对 $\hat{v}_2$ 做了一个变量添加

检验以后，就可以计算出它。该检验服从存在 G_1 个自由度的卡方分布。

对这个检验做一个最终评价是值得的。零假设与 $\mathrm{E}(y_1 \mid \mathbf{z},\mathbf{y}_2)=\exp(\mathbf{z}_1\boldsymbol{\delta}_1+\mathbf{y}_2\gamma_1)$ 相同。对 $\mathbf{y}_2$ 的内生性检验仅仅就是去寻找 $\mathbf{y}_2$ 和 $\mathbf{z}$ 的一个特殊线性组合是否出现在此条件期望中。对于得到一个极限卡方分布这样的目的来说，$\hat{\mathbf{v}}_2$ 的线性组合来自哪里就不重要了。换句话说，在零假设下我们所做的关于 $(c_1,\mathbf{v}_2)$ 的假设无须成立：$\mathbf{v}_2$ 不需要独立于 $\mathbf{z}$，而且式（18.39）中的 e_1 不需要独立于 $\mathbf{v}_2$。因此，作为一个检验，这个程序是非常稳健的，当 $\mathbf{y}_2$ 包含了二值、计数或其他离散变量时就可以应用它。遗憾的是，如果 $\mathbf{y}_2$ 是内生的，如果不做出以前那样的假设，该校正就不起作用。

例 18.2（生育方程中的教育是内生的吗?） 我们检验例 18.1 中 *educ* 的内生性。关于 *educ* 的工具变量是妇女是否出生于上半年（*frsthalf*）这样一个二值指示符，我们假设该变量在生育方程中是外生的。在 *educ* 的约简型方程中，关于 *frsthalf* 的系数是－0.636(se＝0.104)，这样在学校教育年限与是否在上半年出生之间存在一个显著为负的偏相关关系。

当我们把第一阶段回归残差 $\hat{v}_2$ 添加到泊松回归中，其系数为 0.025，其 GLM 标准误为 0.028。因此，针对零假设，没有证据表明 *educ* 是外生的。*educ* 上的系数实际上以（－0.046）的幅度变得更大了，但它的估计远远不够精确。

由于当包括了控制函数时 $\mathbf{v}_2$ 非常一般性地对内生性做出了解释，允许 $(\mathbf{z}_1,\mathbf{y}_2)$ 的一般非线性函数出现在指数模型中就很简单。此外，很可能当 $\mathbf{y}_2$ 出现在式（18.37）中时，它可能就不会有一个像在（18.38）中那样的线性表达式并使 $\mathbf{v}_2$ 具有必要的属性。如果 $\mathbf{y}_2$ 的元素是连续的，我们经常可以发现，进行严格的单调变换以得到一个线性的约简型，且有一个独立于 $\mathbf{z}$ 的可加性误差，这样做是很明智的。因此，在标量情形下，如果 $0<y_2<1$，即使 y_2 本身出现在结构方程中，我们也可以使用 $\log[y_2/(1-y_2)]=\mathbf{z}\boldsymbol{\pi}_2+v_2$ 作为约简型。因为我们可以写出 $y_2=\exp(\mathbf{z}\boldsymbol{\pi}_2+v_2)/[1+\exp(\mathbf{z}\boldsymbol{\pi}_2+v_2)]$，并将 $\hat{v}_2$ 添加到 QMLE 分析中以控制 y_2 的内生性。

在参数之外，人们可能还想得到均值上的偏效应，而不仅仅是一个弹性或半弹性。通过使用关于 probit、有序 probit 以及 Tobit 模型的一般方法，我们可以估计平均偏效应。估计的平均结构函数是

$$\widehat{\mathrm{ASF}}(\mathbf{x}_1)=N^{-1}\sum_{i=1}^{N}\exp(\mathbf{x}_1\hat{\boldsymbol{\beta}}_1+\hat{\mathbf{v}}_{i2}\hat{\boldsymbol{\rho}}_1) \qquad (18.41)$$

然后我们对一个已知函数 $\mathbf{g}_1(\cdot)$ 求关于 $\mathbf{x}_1\equiv\mathbf{g}_1(\mathbf{z}_1,\ \mathbf{y}_2)$ 中元素的导数或增量变化。可应用自助法以获得有效的标准误和置信区间。

有关线性模型（例如，贝克（Bekker，1994））以及模拟（例如，弗洛雷斯-拉克鲁斯（Flores-Lagunes，2007））的最新理论研究认为，一个单步估计方法可能比两步估计有更好的有限样本性质，特别是在使用弱工具或许多过度识别约束时。很容易获得刚才所描述的那种控制函数法的单步估计版本。假定我们决定对模型的结构性部分使用泊松QMLE，而且，为了简化，假设我们有

单个内生解释变量，并且线性约简型是根据 y_2 进行表述的（对 $h_2(y_2)$ 的扩展是很简单的）。那么，通过求解

$$\min_{\boldsymbol{\theta}} \sum_{i=1}^{N} \{\exp(\mathbf{x}_{i1}\boldsymbol{\beta}_1 + \rho_1(y_{i2} - \mathbf{z}_i\boldsymbol{\pi}_2)) - y_{i1}[\mathbf{x}_{i1}\boldsymbol{\beta}_1 + \rho_1(y_{i2} - \mathbf{z}_i\boldsymbol{\pi}_2)] + (y_{i2} - \mathbf{z}_i\boldsymbol{\pi}_2)^2/\tau_2^2 + \log(\tau_2^2)\}$$

我们可以同时估计出两套参数。上式中，$\boldsymbol{\theta}$ 是一整套参数，包括约简型方差参数 τ_2^2，且 $\mathbf{x}_{i1}$ 是在模型中出现的（$\mathbf{z}_{i1}, y_{i2}$）的任意函数。（如果我们假设 $y_2 \mid \mathbf{z} \sim \text{Normal}(\mathbf{z}\boldsymbol{\pi}_{o2}, \tau_{o2}^2)$，且 $y_1 \mid y_2$，$\mathbf{z}$ 服从一个泊松分布，那么最小化问题就与**有限信息极大似然估计量**（limited information maximum likelihood，LIML）相同。其中，标识符“有限信息”来自我们使用了 y_2 的一个约简型这一事实。）这是一个标准的 M 估计问题，而且只要参数的真值是对应总体问题的解，其一致性就会成立。为了这个目的，我们通过使用下标“o”来标记总体参数。则我们知道对于任意 $\tau_2^2 > 0$，$\boldsymbol{\pi}_{o2}$ 最小化了 $\text{E}[(y_2 - \mathbf{z}\boldsymbol{\pi}_2)^2/\tau_2^2]$（即便 $\boldsymbol{\pi}_{o2}$ 仅仅是作为线性预测的指标），然后“真值”τ_{o2}^2 就是 $y_2 - \mathbf{z}\boldsymbol{\pi}_{o2}$ 的方差。此外，因为我们假定 $\text{E}(y_1 \mid \mathbf{z}, y_2) = \exp(\mathbf{x}_1\boldsymbol{\beta}_{o1} + \rho_{o1}(y_2 - \mathbf{z}\boldsymbol{\pi}_{o2}))$，其结果是（$\boldsymbol{\beta}_{o1}, \rho_{o1}, \boldsymbol{\pi}_{o2}$）最小化了

$$\text{E}\{\exp(\mathbf{x}_{i1}\boldsymbol{\beta}_1 + \rho_1(y_{i2} - \mathbf{z}_i\boldsymbol{\pi}_2)) - y_{i1}[\mathbf{x}_{i1}\boldsymbol{\beta}_1 + \rho_1(y_{i2} - \mathbf{z}_i\boldsymbol{\pi}_2)]\} \tag{18.42}$$

因此，（$\boldsymbol{\beta}_{o1}, \rho_{o1}, \boldsymbol{\pi}_{o2}, \tau_{o2}^2$）最小化了期望值的总和。在 M 估计以后，我们将对渐近方差使用一个完全稳健的三明治估计量（sandwich estimator），因为关于 $\text{D}(y_1 \mid \mathbf{z}, y_2)$ 的泊松分布几乎必然是错的。另外，我们可能不希望认为在 $y_2 = \mathbf{z}\boldsymbol{\pi}_{o2} + v_2$ 中 v_2 是独立于 $\mathbf{z}$ 的（即便在获得 $\text{E}(y_1 \mid \mathbf{z}, y_2)$ 的形式时使用了某些像它一样的东西）。如果我们写出 $q_{i1}(\boldsymbol{\theta}) = \exp(\mathbf{x}_{i1}\boldsymbol{\beta}_1 + \rho_1(y_{i2} - \mathbf{z}_i\boldsymbol{\pi}_2)) - y_{i1}[\mathbf{x}_{i1}\boldsymbol{\beta}_1 + \rho_1(y_{i2} - \mathbf{z}_i\boldsymbol{\pi}_2)]$ 以及 $q_{i2}(\boldsymbol{\theta}) = (y_{i2} - \mathbf{z}_i\boldsymbol{\pi}_2)^2/\tau_2^2 + \log(\tau_2^2)$，那么在真值参数处计算的得分是不相关的，因为 $\text{E}[\nabla_\theta q_{i1}(\boldsymbol{\theta}_0) \mid y_{i2}, \mathbf{z}_i] = \mathbf{0}$ 且 $\nabla_\theta q_{i2}(\boldsymbol{\theta}_0)$ 只取决于（$y_{i2}, \mathbf{z}_i$）。

假设（18.39）中的 e_1 独立于 $\mathbf{v}_2$ 和 $\mathbf{z}$，这就排除了 $\mathbf{y}_2$ 具有某些离散性如二值、计数或角点响应的大多数情形。（尤其是，类似的独立性假设将不成立，除非 $\mathbf{v}_2$ 独立于 $\mathbf{z}$，而且对于一个离散变量来说表现为一个带有独立于 z 的可加性误差将会是相当不寻常的。）特扎（Terza，1998）考虑了这样的情形，其中 y_2 是一个二值的内生解释变量并遵循一个约简型 probit：

$$y_2 = 1[\mathbf{z}\boldsymbol{\pi}_2 + v_2 \geq 0], \quad v_2 \mid \mathbf{z} \sim \text{Normal}(0, 1) \tag{18.43}$$

正如特扎（Terza，1998）所证明的，当（a_1, v_2）有一个联合正态分布且独立于 $\mathbf{z}$ 时，可以应用一个控制函数（CF）方法。为实现一个 CF 方法，我们需要找到 $\text{E}(y_1 \mid \mathbf{z}, y_2) = \exp(\mathbf{x}_1\boldsymbol{\beta}_1)\text{E}[\exp(c_1) \mid \mathbf{z}, y_2]$，其中 $\mathbf{x}_1$ 是（$\mathbf{z}_1, y_2$）的一个函数，其几乎肯定会线性地包含 y_2，并可能与 $\mathbf{z}_1$ 的元素相互作用。现在，假设（c_1，v_2）独立于 $\mathbf{z}$ 并具有零均值和联合正态分布。设 $\tau_1^2 = \text{Var}(c_1)$ 且 $\rho_1 = \text{Cov}(v_2, c_1)$，如此则 $c_1 = \rho_1 v_2 + e_1$，其中 $e_1 \mid \mathbf{z}$，$v_2 \sim \text{Normal}(0, \tau_1^2 - \rho_1^2)$。那么

$$\begin{aligned} \text{E}(y_1 \mid \mathbf{z}, v_2) &= \text{E}[\exp(e_1)]\exp(\mathbf{x}_1\boldsymbol{\beta}_1 + \rho_1 v_2) \\ &= \exp((\tau_1^2 - \rho_1^2)/2)\exp(\mathbf{x}_1\boldsymbol{\beta}_1 + \rho_1 v_2) \end{aligned}$$

$$=\exp((\tau_1^2-\rho_1^2)/2+\mathbf{x}_1\boldsymbol{\beta}_1)\exp(\rho_1 v_2) \tag{18.44}$$

为了求出 $\mathrm{E}(y_1 \mid \mathbf{z}, y_2)$，我们有

$$\mathrm{E}(y_1|\mathbf{z},y_2)=\exp((\tau_1^2-\rho_1^2)/2)\exp(\mathbf{x}_1\boldsymbol{\beta}_1)\mathrm{E}[\exp(\rho_1 v_2)|\mathbf{z},y_2] \tag{18.45}$$

正如特扎（Terza，1998）所证明的，以及正如 17.6.3 节中的两部模型中所使用的那样，

$$\begin{aligned}\mathrm{E}[\exp(\rho_1 v_2)|\mathbf{z},y_2=1]&=\mathrm{E}[\exp(\rho_1 v_2)|\mathbf{z},v_2>-\mathbf{z}\boldsymbol{\pi}_2]\\&=\exp(\rho_1^2/2)\boldsymbol{\Phi}(\rho_1+\mathbf{z}\boldsymbol{\pi}_2)/\boldsymbol{\Phi}(\mathbf{z}\boldsymbol{\pi}_2)\end{aligned} \tag{18.46}$$

同样，

$$\mathrm{E}[\exp(\rho_1 v_2)|\mathbf{z},y_2=0]=\exp(\rho_1^2/2)[1-\boldsymbol{\Phi}(\rho_1+\mathbf{z}\boldsymbol{\pi}_2)]/[1-\boldsymbol{\Phi}(\mathbf{z}\boldsymbol{\pi}_2)] \tag{18.47}$$

从（18.45）、（18.46）以及（18.47）可得

$$\begin{aligned}\mathrm{E}(y_1|\mathbf{z},y_2)=&\exp(\tau_1^2/2+\mathbf{x}_1\boldsymbol{\beta}_1)\{\boldsymbol{\Phi}(\rho_1+\mathbf{z}\boldsymbol{\pi}_2)/\boldsymbol{\Phi}(\mathbf{z}\boldsymbol{\pi}_2)\}^{y_2}\\&\cdot\{[1-\boldsymbol{\Phi}(\rho_1+\mathbf{z}\boldsymbol{\pi}_2)]/[1-\boldsymbol{\Phi}(\mathbf{z}\boldsymbol{\pi}_2)]\}^{(1-y_2)}\end{aligned} \tag{18.48}$$

注意到，如果 $\mathbf{x}_1$ 包含单位元，就像它应当包含的那样，那么只有 $\tau_1^2/2+\beta_{11}$ 连同 $\boldsymbol{\beta}_1$，ρ_1 以及 $\boldsymbol{\pi}_2$ 的其他元素一起可被识别出来。这刚刚好，因为平均结构函数是 $\mathrm{ASF}(\mathbf{z}_1, y_2)=\mathrm{E}_{c_1}[\exp(\mathbf{x}_1\boldsymbol{\beta}_1+c_1)]=\exp(\tau_1^2/2+\mathbf{x}_1\boldsymbol{\beta}_1)$，而且因此可识别的截距项正是我们为计算 APE 所想要的。因此，在下文中我们正好将 $\tau_1^2/2$ 吸收到截距中。

在特扎两步法的第一步中，我们估计 y_2 对 $\mathbf{z}$ 的 probit 模型以获得 MLE，$\hat{\boldsymbol{\pi}}_2$。在第二步中，我们用 $\hat{\boldsymbol{\pi}}_2$ 替代 $\boldsymbol{\pi}_2$ 以估计（18.48）中的均值函数。我们可以使用 NLS 或一个准 MLE 了，诸如泊松分布或伽玛 QMLE。无论哪种方式，当要么使用增量方法要么使用自助法时，我们的推断应当对两步估计做出解释。

关于 $\mathrm{H}_0: \rho_1=0$ 的一个简单检验是可得的。均值函数在 $\rho_1=0$ 处计算的关于 ρ_1 的导数是 $\exp(\mathbf{x}_1\boldsymbol{\beta}_1)[\lambda(\mathbf{z}\boldsymbol{\pi}_2)]^{y_2}[-\lambda(-\mathbf{z}\boldsymbol{\pi}_2)]^{(1-y_2)}$，其中 $\lambda(\cdot)$ 是逆米尔斯比。（我们使用了 $\phi(a)/[1-\boldsymbol{\Phi}(a)]=\phi(-a)/\boldsymbol{\Phi}(-a)$ 这一事实。）因此，通过把变量 $y_2\log[\lambda(\mathbf{z}\hat{\boldsymbol{\pi}}_2)]-(1-y_2)\log[\lambda(-\mathbf{z}\hat{\boldsymbol{\pi}}_2)]$ 添加到指数模型 $\exp(\mathbf{x}_1\boldsymbol{\beta}_1)$ 中，可获得关于 $\rho_1=0$ 的一个简单的变量添加检验。也就是说，对于每个 i 定义 $\hat{r}_{i2}=y_{i2}\log[\lambda(\mathbf{z}_i\hat{\boldsymbol{\pi}}_2)]-(1-y_{i2})\log[\lambda(-\mathbf{z}_i\hat{\boldsymbol{\pi}}_2)]$，然后使用一个 QMLE 或 NLS 来估计人造均值函数 $\exp(\mathbf{x}_{i1}\boldsymbol{\beta}_1+\rho_1\hat{r}_{i2})$，并使用关于 $\hat{\rho}_1$ 的一个稳健的 t 统计量（这不是我们从特扎的两步法估计中获得的）。

姆拉伊（Mullahy，1997）已经证明，如果没有关于 $\mathbf{y}_2$ 的约简型的假设，当一些解释变量是内生的，如何估计指数模型。对于虚拟变量内生以及其他离散解释变量中像式（18.39）中的那种线性——加上 $\mathbf{z}$ 与 $\mathbf{v}_2$ 之间的独立性——是不现实的而言，这种方法是特别有吸引力的。为了勾勒姆拉伊方法，写出 $\mathbf{x}_1=(\mathbf{z}_1,\mathbf{y}_2)$ 以及 $\boldsymbol{\beta}_1=(\boldsymbol{\delta}_1',\boldsymbol{\gamma}_1')'$。然后，根据模型（18.37），我们可以写出

$$y_1\exp(-\mathbf{x}_1\boldsymbol{\beta}_1)=\exp(c_1)a_1,\quad \mathrm{E}(a_1|\mathbf{z},\mathbf{y}_2,c_1)=1 \tag{18.49}$$

如果我们假设 c_1 独立于 $\mathbf{z}$——关于不可观测异质性和外生变量的一个标准假设——并使用标准化 $\mathrm{E}[\exp(c_1)]=1$，那么我们有条件矩约束

$$\mathrm{E}[y_1\exp(-\mathbf{x}_1\boldsymbol{\beta}_1)|\mathbf{z}]=1 \tag{18.50}$$

因为 y_1，$\mathbf{x}_1$ 以及 $\mathbf{z}$ 都可观测，条件（18.50）可以用来作为广义矩方法（GMM）估计的基础。函数 $g(y_1,\mathbf{y}_2,\mathbf{z}_1;\boldsymbol{\beta}_1)\equiv y_1\exp(-\mathbf{x}_1\boldsymbol{\beta}_1)-1$——其取决于可观测数据和参数——与 $\mathbf{z}$（在 $\boldsymbol{\beta}_1$ 的真值处）的任何函数都是无关的。一旦选定了一个工具变量的向量，GMM 估计就可像在 14.2 节中那样使用。

姆拉伊方法的一个重要特征是：除了关于非线性模型中的识别的标准秩条件以外，不对给定 $\mathbf{z}$ 时 $\mathbf{y}_2$ 的分布做任何假设：我们不必假设存在一个带有独立于 $\mathbf{z}$ 的误差的 $\mathbf{y}_2$ 的线性约简型。姆拉伊的程序在计算上更困难，而且在他的框架中，内生性检验比在 QMLE 方法中更难。因此，我们可以首先使用早先为了检验而提出的两步准似然方法，而且如果内生性看上去是重要的，姆拉伊的 GMM 估计量就可以被实施。要了解更多细节和一个实证的例子，可参阅姆拉伊（Mullahy，1997）。

18.6 分数响应

我们现在考虑当响应变量 y_i 在单位区间 $[0,1]$ 内取值时的模型和估计方法。因为我们已经在第 15 章中完整讨论了二值响应模型，我们现在思考 y_i 不是一个二值响应的情形。

18.6.1 外生解释变量

在 17.8 节中，我们涵盖了双限 Tobit 模型，它可应用于极限是 0 和 1 时的分数响应变量。当已经估计出给定一套解释变量 $\mathbf{x}_i$ 时的双限 Tobit 之时，我们可以估计出条件均值 $\mathrm{E}(y_i\mid\mathbf{x}_i)$，以及各种概率。但将 Tobit 用于对分数响应建模也有两个缺点。首先，除非在 0 和 1 两处都有一个堆积，否则它将无法被应用。在 $(0,1)$ 中有连续分布的分数响应不能适用双限 Tobit，那些在 0 或 1 上有一个堆积的点但并非在两者上都有堆积点的响应变量也不能适用。其次，双限 Tobit 在 $\mathrm{D}(y_i\mid\mathbf{x}_i)$ 的密度上施加了一个参数模型。如果我们主要对条件均值上的效应感兴趣，那么双限 Tobit——即使它在逻辑上是适用的——一般会产生关于 $\mathrm{E}(y_i\mid\mathbf{x}_i)$ 的不一致估计。(问题可能会有多严重还没有进行认真探究。)

人们总是可以寻找到其他与响应变量的性质在逻辑上一致的分布。例如，如果 y_i 是在 $(0,1)$ 上的一个连续分数响应，一种可能性是一个条件贝塔分布，我们可以应用对于估计的标准 MLE 方法。基施尼克和麦卡洛（Kieschnick and

McCullough，2003）建议用这种方法。同双限 Tobit 方法一样，如果分布的任何方面都是误设的，那么使用贝塔分布的 MLE 对于所有参数都是不一致的。结果，若人们主要对条件均值感兴趣，则设定一个贝塔分布就不是稳健的。它不仅排除了 y_i 在 0 或 1 上有堆积点的那些应用，而且当 y_i 在（0,1）上是连续的但遵从一个贝塔分布以外的其他分布时，它还是不一致的。

当 y 严格处于 0 和 1 之间时，一种备选方法是假设 y 的**对数—机会变换**（log-odds transformation）：$\log[y/(1-y)]$，有一个形式为 $\mathbf{x}\boldsymbol{\beta}$ 的条件期望。那么，$\boldsymbol{\beta}$ 的一个简单估计量是来自 w_i 对 $\mathbf{x}_i$ 回归的 OLS 估计量，其中 $w_i \equiv \log[y_i/(1-y_i)]$。虽然简单，但对数—机会方法有两个缺点。首先，它不能应用到角点解响应，除非我们做一些任意的调整。因为 $y \to 0$ 时 $\log[y/(1-y)] \to -\infty$ 且当 $y \to 1$ 时 $\log[y/(1-y)] \to \infty$，我们可能会担心我们的估计对于调整比较敏感。其次，即便 y 严格处于单位区间内，也很难对 $\boldsymbol{\beta}$ 加以解释：如果没有进一步的假设，我们不可能从关于 $\mathrm{E}\{\log[y/(1-y)] \mid \mathbf{x}\}$ 的模型中估计 $\mathrm{E}(y \mid \mathbf{x})$。要进一步了解相关讨论，可参阅帕普克和伍德里奇（Papke and Wooldridge，1996）。

一种可能性是假设对数—机会变换产生一个含有独立于 $\mathbf{x}$ 的可加性误差的线性模型，这样

$$\log[y/(1-y)] = \mathbf{x}\boldsymbol{\beta} + e, \quad \mathrm{D}(e|\mathbf{x}) = \mathrm{D}(e) \tag{18.51}$$

其中我们取 $\mathrm{E}(e)=0$（并假设 $x_1=1$）。然后，我们可以写出

$$y = \exp(\mathbf{x}\boldsymbol{\beta}+e)/[1+\exp(\mathbf{x}\boldsymbol{\beta}+e)] \tag{18.52}$$

现在，如果 e 和 $\mathbf{x}$ 是相互独立的，那么

$$\mathrm{E}(y|\mathbf{x}) = \int \exp(\mathbf{x}\boldsymbol{\beta}+e)/[1+\exp(\mathbf{x}\boldsymbol{\beta}+e)]\mathrm{d}F(e) \tag{18.53}$$

其中，$F(\cdot)$ 是 e（并且我们在积分中用 e 做虚拟自变量）的分布函数。正如由段（Duan，1983）在一个一般的重新变换背景下所证明的，对于给定的 $\mathbf{x}$，这个期望可被一致估计为

$$\hat{\mathrm{E}}(y|\mathbf{x}) = N^{-1}\sum_{i=1}^{N} \exp(\mathbf{x}\hat{\boldsymbol{\beta}}+\hat{e}_i)/[1+\exp(\mathbf{x}\hat{\boldsymbol{\beta}}+\hat{e}_i)] \tag{18.54}$$

其中，$\hat{\boldsymbol{\beta}}$ 是来自 w_i 对 $\mathbf{x}_i$ 回归的 OLS 估计量，而 $\hat{e}_i = w_i - \mathbf{x}_i\hat{\boldsymbol{\beta}}$ 是来自对数—机会回归的 OLS 残差。一个类似的分析也适用，如果我们用 $\Phi^{-1}(y)$ 替代（18.51）中的对数—机会变换，其中 $\Phi^{-1}(\cdot)$ 是标准正态累积分布函数的反函数，在该情形中我们对所有 i 求 $\Phi(\mathbf{x}\hat{\boldsymbol{\beta}}+\hat{e}_i)$ 的平均值以估计 $\mathrm{E}(y \mid \mathbf{x})$。

当其适用时，段的方法施加了比关于 $\mathrm{D}(y \mid \mathbf{x})$ 的一个完全参数化模型更少的假设。然而，对于估计 $\mathrm{E}(y \mid \mathbf{x})$ 的偏效应，它仍然是一种迂回的方式。一种备选方法是直接为 $\mathrm{E}(y \mid \mathbf{x})$ 设定可确保预测元处于（0,1）内的模型。例如，我们可以设定 $\mathrm{E}(y \mid \mathbf{x})$ 为一个逻辑斯蒂函数：

$$\mathrm{E}(y|\mathbf{x}) = \exp(\mathbf{x}\boldsymbol{\beta})/[1+\exp(\mathbf{x}\boldsymbol{\beta})] \tag{18.55}$$

或作为一个 probit 函数，

$$\mathrm{E}(y|\mathbf{x})=\boldsymbol{\Phi}(\mathbf{x}\boldsymbol{\beta}) \tag{18.56}$$

在每种情形中拟合值都将处于（0,1）内，而且当然，每种情形都允许 y 在 [0,1] 中取任何值，包括在端点 0 和 1 上。此外，正如在关于二值响应的 logit 和 probit 模型中那样，当 $\mathbf{x}\boldsymbol{\beta}\rightarrow\infty$ 时偏效应减少。我们可以计算这些偏效应，就像在二值响应情形中那样，并像在第 15 章那样计算关于连续和离散变量的 APE（平均偏效应）。所不同的是，现在这些都是在一个分数响应的期望值上的偏效应，而不是在一个二值响应的条件概率上的偏效应。与二值响应的线性概率模型一样，在非线性模型中的 APE 可以与一个 y_i 对 $\mathbf{x}_i$ 的线性回归的系数进行比较。

当然，我们没有被要求为 $\mathrm{E}(y|\mathbf{x})$ 选择一个取决于一个累积分布函数的模型；任何处于（0,1）内的函数都符合要求。但在（18.55）和（18.56）中的公式是便于估计和解释的。在下一小节中，我们将看到（18.56）很容易允许存在某些类型的内生解释变量。

给定（18.55）和（18.56）设定了一个条件均值函数——比如说，$G(\mathbf{x}\boldsymbol{\beta})$——估计的方法之一是 NLS。倘若我们使用了未对 $\mathrm{Var}(y|\mathbf{x})$ 施加约束的完全稳健的三明治方差矩阵估计量的话，那么 NLS 是一致的，而且推断是直接的。然而，正如在估计关于无界、非负响应的条件均值模型时那样，NLS 不可能是有效的，因为对于一个分数响应来说，那些普通的分布也暗含着异方差性；这对于双限 Tobit 和贝塔分布来说尤其是真的。相反，就像在第 12 章中那样，我们可以设定一个灵活的方差函数并在一个两步程序中使用加权非线性最小二乘法。一个更简单的单步法策略是使用一个准似然方法。帕普克和伍德里奇（Papke and Wooldridge，1996）注意到，由于伯努利对数似然属于线性指数族，所以可以应用 GMT（1984a）的结果来得出这样的结论，即无论何时，只要条件均值是正确设定的，求解出

$$\max_{\mathbf{b}}\sum_{i=1}^{N}\{(1-y_i)\log[1-G(\mathbf{x}_i\mathbf{b})]+y_i\log[G(\mathbf{x}_i\mathbf{b})]\} \tag{18.57}$$

的 QMLE 就是一致的。（该结果的一个较谨慎的陈述需要对参数向量的一个通用值与“真”值之间做出区分。）注意（18.57）对于在 [0,1] 中的任何 y_i 和任何函数 $G(\cdot)\in(0,1)$ 都是定义良好的。此外，它是一个标准的估计问题，因为它与估计二值响应模型是相同的。我们称（18.55）的估计为伯努利 QMLE **分数 logit 回归**（fractional logit regression），并称（18.56）是用伯努利 QMLE **分数 probit 回归**（fractional probit regression）估计的。

关于来自（18.57）的伯努利 QMLE 的稳健性的性质，以及它如何与其他方法进行比较，在文献中一直存在着一些混乱的地方。例如，当 $0<y<1$ 时，基施尼克和麦卡洛（Kieschnick and McCullough，2003）建议研究者选择全参数贝塔 QMLE 而不是伯努利 QMLE，“除非它们的样本量足够大，大到足以证明构成准似然方法基础的渐近性论述是正当的”（p. 193）。这种表述有很大的

误导性。伯努利 QMLE 的稳健性之所以产生，是因为在（18.57）中的目标函数的总体版本在一个正确设定的条件均值中识别了参数，而无须任何额外的假设。相比之下，贝塔对数似然函数根本没有这个特征，除非正确设定了完全的贝塔分布。对于在两种方法之间做出选择来说，样本量大小是无关紧要的，因为在每种情形中统计特性都是基于渐近性分析的，而且没有证据表明使用小样本时贝塔 MLE 表现得比伯努利 QMLE 更好。一般来说，重要的是要记住，不管是否存在各种各样的误设，识别参数的稳健性概念都是一个总体问题。

正如我们从第 15 章中所知道的，与（18.57）中的对数似然有关的方差是 $G(\mathbf{x}_i\boldsymbol{\beta})[1-G(\mathbf{x}_i\boldsymbol{\beta})]$。因此，很自然地，可将**伯努利 GLM 方差假设**（Bernoulli GLM variance assumption）设为

$$\mathrm{Var}(y|\mathbf{x})=\sigma^2\mathrm{E}(y|\mathbf{x})[1-\mathrm{E}(y|\mathbf{x})] \tag{18.58}$$

如果 $\sigma^2=1$，那么我们实际上可以使用通常估计的逆信息矩阵进行推断。但是，如果（18.58）成立，往往还有 $\sigma^2<1$，所以，在这种情形中，基于通常的二值响应统计量的推断就会过于保守——通常是，太过于保守。如果假设（18.58）确实成立，那么我们就会像在（18.37）中那样估计渐近方差，同时使用 $\hat{v}_i=G(\mathbf{x}_i\hat{\boldsymbol{\beta}})[1-G(\mathbf{x}_i\hat{\boldsymbol{\beta}})]$，$\nabla_\beta\hat{m}_i\equiv g(\mathbf{x}_i\hat{\boldsymbol{\beta}})\mathbf{x}_i$（其中 $g(\cdot)$ 是 $G(\cdot)$ 的导数），并且

$$\hat{\sigma}^2=(N-K)^{-1}\sum_{i=1}^{N}\hat{u}_i^2/\hat{v}_i \tag{18.59}$$

其中 K 是参数的个数而 $\hat{u}_i=y_i-G(\mathbf{x}_i\hat{\boldsymbol{\beta}})$。毫不奇怪，如果（18.58）成立，那么伯努利 QMLE 在那些仅设定了 $\mathrm{E}(y\mid\mathbf{x})$ 的估计量中是渐近有效的，就像一直以来那样，我们假定均值是正确设定的。（二值情形中获得的伯努利对数似然的代数性质可应用于当前情境中。特别是，对于分数 logit，如果 $\mathbf{x}_i$ 包括一个常数，就像它几乎总是应当的那样，那么残差 $\hat{u}_i$ 加总后为零，然而对于分数 probit 来说，这不是正确的。）

（18.58）什么时候对于分数响应成立呢？一种情形是当 y_i 是一个比例，比如说，$y_i=s_i/n_i$，其中 s_i 是在 n_i 次伯努利抽取中“成功”的次数。假设给定 $(n_i,\mathbf{x}_i)$ 时 s_i 服从一个二项分布，就像在 18.3.2 节中那样有 $p(\mathbf{x},\boldsymbol{\beta})=G(\mathbf{x}\boldsymbol{\beta})$。那么 $\mathrm{E}(y_i\mid n_i,\mathbf{x}_i)=n_i^{-1}\mathrm{E}(s_i\mid n_i,\mathbf{x}_i)=G(\mathbf{x}_i\boldsymbol{\beta})$ 且 $\mathrm{Var}(y_i\mid n_i,\mathbf{x}_i)=n_i^{-2}\mathrm{Var}(s_i\mid n_i,\mathbf{x}_i)=n_i^{-1}G(\mathbf{x}_i\boldsymbol{\beta})[1-G(\mathbf{x}_i\boldsymbol{\beta})]$。现在，假设 n_i 独立于 $\mathbf{x}_i$。则

$$\begin{aligned}\mathrm{Var}(y_i|\mathbf{x}_i)&=\mathrm{Var}[\mathrm{E}(y_i|n_i,\mathbf{x}_i)|\mathbf{x}_i]+\mathrm{E}[\mathrm{Var}(y_i|n_i,\mathbf{x}_i)|\mathbf{x}_i]\\&=0+\mathrm{E}(n_i^{-1}|\mathbf{x}_i)G(\mathbf{x}_i\boldsymbol{\beta})[1-G(\mathbf{x}_i\boldsymbol{\beta})]\\&=\sigma^2G(\mathbf{x}_i\boldsymbol{\beta})[1-G(\mathbf{x}_i\boldsymbol{\beta})]\end{aligned} \tag{18.60}$$

其中 $\sigma^2\equiv\mathrm{E}(n_i^{-1})\leqslant1$（当 $n_i=1$ 的概率为 1 时，严格的不等式关系成立）。因此，如果 y_i 是作为伯努利成功的一个比例获得的，那么我们可以预期到（18.58）中的散布不足。进而，如果已提供给我们关于比例的数据，但我们不知道 n_i，那么使用一个分数 logit 或 probit 分析就是有道理的。相反，如果我们观测到 n_i，那么我们可能会使用一个二项式回归模型。

我们很容易想到 GLM 假设（18.58）不成立的那些情形。例如，在所有的应用中，n_i 与 $\mathbf{x}_i$ 相互独立都是不可能的。例如，在帕普克和伍德里奇（Papke and Wooldridge，1996）的研究中，n_i 是企业 i 中的职工人数，y_i 是参加了一个 401(k) 养老金计划的部分职工，且 $\mathbf{x}_i$ 还包含了企业的特征因素。继续使用这个例子，如果参加一个养老金计划的概率取决于不可观测的职工与企业特征因素，那么该企业内的相关性一般会使 $\mathrm{Var}(s_i \mid n_i, \mathbf{x}_i) = n_i G(\mathbf{x}_i\boldsymbol{\beta})[1-G(\mathbf{x}_i\boldsymbol{\beta})]$ 无效，在该情形中（18.58）也将不成立。因此，帕普克和伍德里奇（Papke and Wooldridge，1996）建议采用完全稳健的三明治标准误和检验统计量，使用流行的软件包中的 GLM 例程，这是很容易计算的。

关于函数形式的变量添加检验也很容易获得。例如，在获得分数回归估计后，我们可以添加 $\mathbf{x}_i\hat{\boldsymbol{\beta}}$ 的幂——比如说，平方和立方——到一个随后的分数回归中并实施一个稳健的联合检验。参阅帕普克和伍德里奇（Papke and Wooldridge，1996）可了解进一步的讨论以及对于 401(k) 计划参与率的一个应用，同样参阅习题 18.14。

18.6.2 内生解释变量

分数 probit 模型可以很容易地处理某些类型的连续内生解释变量。如同在 18.5 节一样，我们考虑一个带有我们愿意以之为条件的不可观测因子的设定：

$$\mathrm{E}(y_1 \mid \mathbf{z}, y_2, c_1) = \mathrm{E}(y_1 \mid \mathbf{z}_1, y_2, c_1) = \boldsymbol{\Phi}(\mathbf{z}_1\boldsymbol{\delta}_1 + \gamma_1 y_2 + c_1) \tag{18.61}$$

$$y_2 = \mathbf{z}\boldsymbol{\pi}_2 + v_2 = \mathbf{z}_1\boldsymbol{\pi}_{21} + \mathbf{z}_2\boldsymbol{\pi}_{22} + v_2 \tag{18.62}$$

其中 c_1 是一个被认为与 y_2 相关但独立于外生变量 $\mathbf{z}$ 的遗漏因子。在理想情形下，我们可以仅假设关于 y_2 的线性方程只是代表了一个线性预测；遗憾的是，我们需要假设更多，而且在这里我们有效地假定 v_2 独立于 $\mathbf{z}$。更具体地说，我们假定

$$c_1 = \rho_1 v_2 + e_1, \quad e_1 \mid \mathbf{z}, v_2 \sim \mathrm{Normal}(0, \sigma_{e1}^2) \tag{18.63}$$

其中一个充分但不是必要的条件是（c_1，v_2）是正态二值变量且独立于 $\mathbf{z}$。根据（18.61）、（18.62）和（18.63），我们可以证明

$$\mathrm{E}(y_1 \mid \mathbf{z}, y_2) = \mathrm{E}(y_1 \mid \mathbf{z}, y_2, v_2) = \boldsymbol{\Phi}(\mathbf{z}_1\boldsymbol{\delta}_{e1} + \gamma_{e1} y_2 + \rho_{e1} v_2) \tag{18.64}$$

其中下标“e”表示乘以缩放因子 $1/(1+\sigma_{e1}^2)^{1/2}$。幸运的是，正如在伍德里奇（Wooldridge，2005a）中讨论过的那样，式（18.64）可用作估计 APE 的基础。CF 方法现在就相当清楚了。在第一步中，从 y_{i2} 对 $\mathbf{z}_i$ 的回归中获得 OLS 残差 $\hat{v}_{i2}$。接着，使用 y_{i1} 对 $\mathbf{z}_{i1}$，y_{i2}，$\hat{v}_{i2}$ 的分数 probit 来估计经缩放的系数。

对于零假设 y_2 为外生的一个简单检验是对 $\hat{v}_{i2}$ 的完全稳健的 t 统计量；正如使用基于添加残差的其他检验那样，在零假设下第一步估计可以被忽略。如果 $\rho_1 \neq 0$，那么经缩放的系数的稳健三明治方差矩阵估计量不是有效的，因为它不能对第一步估计做出解释。关于两步估计，来自第 12 章的公式都可以使用。对两步程序使用自助法也是相当可行的，因为对于每个样本的计算时间都是最小的。

平均结构函数可被一致估计为

$$\widehat{\mathrm{ASF}}(\mathbf{z}_1, y_2) = N^{-1}\sum_{i=1}^{N}\boldsymbol{\Phi}(\mathbf{z}_1\hat{\boldsymbol{\delta}}_{e1} + \hat{\gamma}_{e1}y_2 + \hat{\rho}_{e1}\hat{v}_{i2}) \tag{18.65}$$

而且这可以被用来获取关于 y_2 或 $\mathbf{z}_1$ 的 APE。对标准误和检验统计量实施自助法是进行推断时的明智方式。

正如在伍德里奇（Wooldridge，2005*c*）中讨论的那样，基本模式可以采用很多方式进行拓展。例如，如果我们希望出现在（18.65）中的 y_2 可能不会自然有一个带有一个独立误差的线性约简型，那么我们可能会在（18.62）中使用它的一个严格单调变换：就是用 $h_2(y_2)$ 取代 y_2。如果 $y_2>0$，那么很自然有 $h_2(y_2)=\log(y_2)$；如果 $0<y_2<1$，我们可能会在（18.62）中使用对数—机会变换，$h_2(y_2)=\log[y_2/(1-y_2)]$。遗憾的是，如果 y_2 有一个堆积数据点——诸如一个二值响应或角点响应或计数变量——那么能产生一个可加的、独立误差的变换可能并不存在。

更一般地，我们可以为一个函数向量 $\mathbf{k}_1(\cdot,\cdot)$ 设 $\mathbf{x}_1=\mathbf{k}_1(\mathbf{z}_1,\mathbf{y}_2)$，并允许存在一套关于严格单调函数 $h_{2g}(y_{2g})$，$g=1$，…，G_1 的约简型，其中 G_1 是 $\mathbf{y}_2$ 的维数。进而，如果我们乐意假设 $\mathrm{D}(c_1\mid\mathbf{z},v_2)$ 独立于 $\mathbf{z}$ 且带有用 v_2 表示的一个多项式的均值，其中为简化起见，v_2 是一个标量，那么我们添加 $\hat{v}_2$ 的非线性函数到分数 probit 中就将被证明是正当的。例如，我们可以使用控制函数 $\hat{v}_{i2}$ 和 $(\hat{v}_{i2}^2-\hat{\tau}_2^2)$，其中 $\hat{\tau}_2^2$ 是来自第一阶段回归中通常估计的误差方差。可参阅伍德里奇（Wooldridge，2005c）了解进一步的讨论和扩展。

以前的方法依赖于 y_2 是连续的，因为我们需要 y_2 的一个严格单调变换可以写成线性方式的，且带有独立于 $\mathbf{z}$ 的可加性误差。如果我们维持假设即 $\mathrm{D}(y_2\mid\mathbf{z})$ 服从一个 probit，那么我们可以相当容易地处理一个二值的 y_2。事实上，即便 y_1 是一个分数响应，我们可以最大化与在 15.7.3 节中所推导的一样的对数似然。要了解为什么这个会起作用，首先要注意（18.61）中的平均结构函数是 $\boldsymbol{\Phi}(\mathbf{x}_1\boldsymbol{\beta}_1)/(1+\sigma_{c_1}^2)^{1/2}$，所以我们希望估计 $\boldsymbol{\beta}_{c_1}\equiv\boldsymbol{\beta}_1/(1+\sigma_{c_1}^2)^{1/2}$（而且无论如何也不能分别估计 $\boldsymbol{\beta}_1$ 和 $\sigma_{c_1}^2$——同样参阅 15.7.1 节）。接下来，注意到我们可以得到 $\mathrm{E}(y_1\mid\mathbf{z},y_2,c_1)$ 为

$$\mathrm{E}(y_1|\mathbf{z},y_2,c_1)=\mathrm{E}\{1[\mathbf{x}_1\boldsymbol{\beta}_1+c_1+r_1\geqslant0]|\mathbf{z},y_2,c_1\}$$

其中 $\mathrm{D}(r_1\mid\mathbf{z},y_2,c_1)=\mathrm{Normal}(0,1)$。通过迭代期望法则，

$$\begin{aligned}\mathrm{E}(y_1|\mathbf{z},y_2)&=\mathrm{E}\{1[\mathbf{x}_1\boldsymbol{\beta}_1+c_1+r_1\geqslant0]|\mathbf{z},y_2\}\\&=\mathrm{E}\{1[\mathbf{x}_1\boldsymbol{\beta}_{c1}+e_1\geqslant0]|\mathbf{z},y_2\}\end{aligned} \tag{18.66}$$

其中 $e_1=(c_1+r_1)/(1+\sigma_{c_1}^2)^{1/2}$ 独立于 $\mathbf{z}$ 且服从一个标准正态分布。如果

$$y_1=1[\mathbf{z}\boldsymbol{\pi}_2+v_2\geqslant0] \tag{18.67}$$

而且我们假设 (c_1,v_2) 独立于 $\mathbf{z}$ 并有一个零均值二元正态分布，那么 (e_1,v_2) 独立于 $\mathbf{z}$ 且有一个二元正态分布，其中每一个变量都是标准正态分布的。设

$\rho_1 = \mathrm{Corr}(v_2, e_1)$。从（18.66）与（18.67）可得出，$\mathrm{E}(y_1 \mid \mathbf{z}, y_2)$ 有准确的形式 $\mathrm{P}(w_1 = 1 \mid \mathbf{z}, y_2)$，其中 $w_1 = 1[\mathbf{x}_1 \boldsymbol{\beta}_{c1} + e_1 \geqslant 0]$。换句话说，即便 y_1 不是二值的，给定 $(\mathbf{z}, y_2)$ 时其期望值与来自 15.7.3 节中的二值 probit 模型所隐含的响应概率相同。因为伯努利对数似然属于线性指数族，所以它可识别正确设定的条件均值。进而，我们假设 $\mathrm{D}(y_2 \mid \mathbf{z})$ 服从一个 probit。为了在技术上表现得精确一些，如果我们添加下标“o”表示真实总体值，那么 $\boldsymbol{\pi}_{o2}$ 最大化了 $\mathrm{E}[\log f(y_{i2} \mid \mathbf{z}_i; \boldsymbol{\pi}_2)]$，而 $(\boldsymbol{\beta}_{oc1}, \rho_{o1}, \boldsymbol{\pi}_{o2})$ 最大化了 $\mathrm{E}[\log f(y_{i1} \mid y_{i2}, \mathbf{z}_i; \boldsymbol{\beta}_{c1}, \rho_1, \boldsymbol{\pi}_2)]$。其结果是，真实参数最大化了 $\mathrm{E}[\log f(y_{i1} \mid y_{i2}, \mathbf{z}_i; \boldsymbol{\beta}_{c1}, \rho_1, \boldsymbol{\pi}_2)] + \mathrm{E}[\log f(y_{i2} \mid \mathbf{z}_i; \boldsymbol{\pi}_2)]$，这样，使用通常的二值 probit 对数似然的准 MLE 是一致且渐近正态的。两个准对数似然的得分仍然是不相关的，但是信息矩阵等式对于准对数似然的第一部分将不会成立，因为 $\log f(y_{i1} \mid y_{i2}, \mathbf{z}_i; \boldsymbol{\beta}_{c1}, \rho_1, \boldsymbol{\pi}_2)$ 不是一个真实的密度。在这种情形下，一个 M 估计量的三明治协方差矩阵估计量——见式（12.47）和（12.48）——是必需的，而且计算是直截了当的。当然，也可以使用自助法。

18.7 面板数据方法

在最后一节中，我们讨论面板数据模型的估计，主要聚焦于计数数据。我们的主要兴趣在于包含不可观测效应的那些模型，但我们起初涉及的是模型中没有明确包含一个不可观测效应的混合估计。

在不可观测效应计数数据模型方面的开创性工作是由豪斯曼、霍尔和格里切斯（Hausman，Hall，and Griliches（HHG），1984）做出的，他们感兴趣的是根据研发支出来解释公司的专利申请数。HHG 开发了在完全分布假设下的随机和固定效应（FE）模型。伍德里奇（Wooldridge，1999a）证明了由 HHG 提出的方法之一——其通常被称为**固定效应泊松模型**（fixed effects Poisson model）——有一些很好的稳健性特性。我们将在这里进行研究。

其他计数面板数据应用包括（响应变量在括号内）罗斯（Rose，1990）（空难数量）、帕普克（Papke，1991）（在一个行业中诞生的公司数量）、唐恩斯和格林斯坦（Downes and Greenstein，1996）（在一个公立学校行政区的私立学校数量），以及佩奇（Page，1995）（给个人的住宅单元数量）。在每一个这些研究中的时间序列维度允许我们控制在截面单元中的不可观测异质性，并估计某些动态关系。

就像在本书的其余部分中那样，我们明确考虑 N 相对于 T 更大的情形，因为当 T 固定而 $N \to \infty$ 时渐近性成立。

18.7.1 混合 QMLE

对一个条件均值建模后，我们从讨论混合估计开始。设 $\{(\mathbf{x}_t, y_t): t=1,$

$2,\cdots,T\}$ 表示关于来自截面总体的一个随机抽取的时间序列观测值。我们假定，对于一些 $\boldsymbol{\beta}_o \in \mathscr{B}$，

$$\mathrm{E}(y_t|\mathbf{x}_t)=m(\mathbf{x}_t,\boldsymbol{\beta}_o), \quad t=1,2,\cdots,T \tag{18.68}$$

该假设仅仅意味着对于 $\mathrm{E}(y_t \mid \mathbf{x}_t)$，我们有一个正确设定的参数模型。仅仅为了概念上的便利，我们假设函数 m 本身不随时间变化。放宽这一假设只需要一个符号上的变化，或者我们可以在 $\mathbf{x}_t$ 中包括一些时间哑变量。对于 $y_t \geqslant 0$ 且无上界，最常见的条件均值是 $\exp(\mathbf{x}_t\boldsymbol{\beta})$。根据假设（18.68），对于观测值的时间相依性没有约束，而且 $\mathbf{x}_t$ 可以包含任何可观测变量。例如，对于一个静态模型有 $\mathbf{x}_t=\mathbf{z}_t$，其中 $\mathbf{z}_t$ 与 y_t 被同期确定时间。一个有限分布滞后使 $\mathbf{x}_t$ 包含 $\mathbf{z}_t$ 的滞后项。不假设（$\mathbf{x}_1,\cdots,\mathbf{x}_T$）的严格外生性，亦即不假设 $\mathrm{E}(y_t \mid \mathbf{x}_1,\cdots,\mathbf{x}_T)=\mathrm{E}(y_t \mid \mathbf{x}_t)$。特别是，$\mathbf{x}_t$ 可以包含滞后因变量，尽管这些变量是如何出现在非线性模型中的并不那么显而易见（可参阅伍德里奇（Wooldridge，1997c）了解一些可能性)。模型（18.68）的一个局限是，它并没有明确纳入一个不可观测效应。

对于每个 $i=1$，2，…，N，$\{(\mathbf{x}_{it},y_{it}):t=1,2,\cdots,T\}$ 表示关于横截面单元 i 的时间序列观测值。我们假设从横截面中随机抽样。

一种估计 $\boldsymbol{\beta}_o$ 的方法是混合非线性最小二乘法，这在 12.9 节中介绍过。当 y 是一个计数变量时，就可以使用一个泊松 QMLE。这种方法完全类似于面板数据的混合 probit 及混合 Tobit 估计。然而请注意，我们没有假设泊松分布是真实的。

对于每一个 i，混合泊松估计的准对数似然是（由可加性常数所决定的）

$$\ell_i(\boldsymbol{\beta})=\sum_{t=1}^{T}\{y_{it}\log[m(\mathbf{x}_{it},\boldsymbol{\beta})]-m(\mathbf{x}_{it},\boldsymbol{\beta})\}=\sum_{t=1}^{T}\ell_{it}(\boldsymbol{\beta}) \tag{18.69}$$

则**混合泊松 QMLE**（pooled Poisson QMLE）最大化了对于所有 $i=1$，…，N 的 $\ell_i(\boldsymbol{\beta})$ 之和。一旦我们使用 $\boldsymbol{\beta}_o$ 最大化了 $\mathrm{E}[\ell_i(\boldsymbol{\beta})]$ 这一事实，那么这个估计量的一致性和渐近正态性就遵循第 12 章的结果；这是由 GMT(1984a) 所得出来的。因此，在其仅在假设（18.68）下一致估计 $\boldsymbol{\beta}_o$ 这个意义上来说，混合泊松估计是稳健的。

如果没有进一步的假设，在估计 $\hat{\boldsymbol{\beta}}$ 的渐近方差时我们必须谨慎。设 $\mathbf{s}_i(\boldsymbol{\beta})$ 是 $\ell_i(\boldsymbol{\beta})$ 的 $P\times 1$ 维得分向量，其可写成 $\mathbf{s}_i(\boldsymbol{\beta})=\sum_{t=1}^{T}\mathbf{s}_{it}(\boldsymbol{\beta})$，其中 $\mathbf{s}_{it}(\boldsymbol{\beta})$ 是 $\ell_{it}(\boldsymbol{\beta})$ 的得分；每个 $\mathbf{s}_{it}(\boldsymbol{\beta})$ 都有(18.12) 的形式，但要用 $(\mathbf{x}_{it},y_{it})$ 代替 $(\mathbf{x}_i,y_i)$。

$\sqrt{N}(\hat{\boldsymbol{\beta}}-\boldsymbol{\beta}_o)$ 的渐近方差具有通常的形式 $\mathbf{A}_o^{-1}\mathbf{B}_o\mathbf{A}_o^{-1}$，其中 $\mathbf{A}_o \equiv \sum_{t=1}^{T}\mathrm{E}[\nabla_\beta m_{it}(\boldsymbol{\beta}_o)'\nabla_\beta m_{it}(\boldsymbol{\beta}_o)/m_{it}(\boldsymbol{\beta}_o)]$ 且 $\mathbf{B}_o \equiv \mathrm{E}[\mathbf{s}_i(\boldsymbol{\beta}_o)\mathbf{s}_i(\boldsymbol{\beta}_o)']$。一致估计量为

$$\hat{\mathbf{A}}=N^{-1}\sum_{i=1}^{N}\sum_{t=1}^{T}\nabla_\beta \hat{m}'_{it}\nabla_\beta \hat{m}_{it}/\hat{m}_{it} \tag{18.70}$$

$$\hat{\mathbf{B}}=N^{-1}\sum_{i=1}^{N}\mathbf{s}_i(\hat{\boldsymbol{\beta}})\mathbf{s}_i(\hat{\boldsymbol{\beta}})' \tag{18.71}$$

而且我们可以为 $\widehat{\mathrm{Avar}}(\hat{\boldsymbol{\beta}})$ 使用 $\hat{\mathbf{A}}^{-1}\hat{\mathbf{B}}\hat{\mathbf{A}}^{-1}/N$。该程序对于得分和任意条件方

差中出现的序列相关完全稳健。它应当被用于构建标准误及瓦尔德统计量。因为忽视了时间相依性以及可能违反了泊松方差假设，准 LR 统计量在这种设置中通常不是有效的。

如果条件均值在

$$\mathrm{E}(y_t \mid \mathbf{x}_t, y_{t-1}, \mathbf{x}_{t-1}, \cdots, y_1, \mathbf{x}_1) = \mathrm{E}(y_t \mid \mathbf{x}_t) \tag{18.72}$$

这个意义上是动态完备的，那么 $\{\mathbf{s}_{it}(\boldsymbol{\beta}_o): t=1,2,\cdots,T\}$ 就是序列不相关的。因此，在假设（18.72）下 $\mathbf{B}$ 的一个一致估计量是

$$\hat{\mathbf{B}} = N^{-1}\sum_{i=1}^{N}\sum_{t=1}^{T}\mathbf{s}_{it}(\hat{\boldsymbol{\beta}})\mathbf{s}_{it}(\hat{\boldsymbol{\beta}})' \tag{18.73}$$

连同 $\hat{\mathbf{A}}$ 一块，使用这个方程可产生由将观测值当做一个长横截面来处理，但不做泊松或 GLM 方差假设所导致的渐近方差。因此，式（18.73）给予了一定数量的稳健性，但它需要动态完备性假设（18.72）。

还有许多其他的可能性。如果我们施加 GLM 假设

$$\mathrm{Var}(y_{it} \mid \mathbf{x}_{it}) = \sigma_o^2 m(\mathbf{x}_{it}, \boldsymbol{\beta}_o), \quad t=1,2,\cdots,T \tag{18.74}$$

连同动态完备性一起，那么 $\mathrm{Avar}(\hat{\boldsymbol{\beta}})$ 可用

$$\hat{\sigma}^2\Big(\sum_{i=1}^{N}\sum_{t=1}^{T}\nabla_\beta \hat{m}_{it}'\nabla_\beta \hat{m}_{it}/\hat{m}_{it}\Big)^{-1} \tag{18.75}$$

来估计，其中 $\hat{\sigma}^2 = (NT-P)^{-1}\sum_{i=1}^{N}\sum_{t=1}^{T}\tilde{u}_{it}^2$，$\tilde{u}_{it} = \hat{u}_{it}/\sqrt{\hat{m}_{it}}$ 以及 $\hat{u}_{it} = y_{it} - m_{it}(\hat{\boldsymbol{\beta}})$，该估计量得到了混合数据的一个标准的 GLM 分析。

通过仅改变准对数似然和相关的统计量，一个非常相似的分析对于混合伽玛 QMLE 也成立。

18.7.2　对含不可观测效应的条件期望设定模型

我们现在转向明确包含了一个不可观测效应的模型。这里出现的问题与在线性面板数据模型中出现的那些是类似的。首先，我们必须知道解释变量是否以一个不可观测效应为条件是严格外生的。其次，我们必须决定不可观测效应应当以何种方式出现在条件均值中。

给定条件变量 $\mathbf{x}_t$，以不可观测效应 c 为条件的严格外生性可以就像在线性情形中那样进行定义：

$$\mathrm{E}(y_t \mid \mathbf{x}_1, \cdots, \mathbf{x}_T, c) = \mathrm{E}(y_t \mid \mathbf{x}_t, c) \tag{18.76}$$

就像一直以来那样，这个定义排除了 y 在 $\mathbf{x}_t$ 中的滞后值，而且它可以排除 y_t 对未来解释变量的反馈。在静态模型中，其中对于所有与 y_t 同期被确定时间的 $\mathbf{z}_t$ 有 $\mathbf{x}_t = \mathbf{z}_t$，一旦 $\mathbf{z}_t$ 和 c 都得到控制，假设（18.76）意味着不管是 $\mathbf{z}$ 的过去值还是未来值都不影响 y_t 的期望值。这个约束可能过于严格了，但它通常是分析

静态模型的起点。

一个有限分布滞后关系假设

$$E(y_t|\mathbf{z}_t,\mathbf{z}_{t-1},\cdots,\mathbf{z}_1,c)=E(y_t|\mathbf{z}_t,\mathbf{z}_{t-1},\cdots,\mathbf{z}_{t-Q},c),\quad t>Q \tag{18.77}$$

其中 Q 是分布滞后的长度。在假设（18.77）下，以 c 为条件的严格外生性假设变为

$$E(y_t|\mathbf{z}_1,\mathbf{z}_2,\cdots,\mathbf{z}_T,c)=E(y_t|\mathbf{z}_1,\cdots,\mathbf{z}_t,c) \tag{18.78}$$

与在纯粹的静态模型中相比，这个约束性更松一些，因为 $\mathbf{z}_t$ 的滞后项明确出现在模型中；它仍然排除了从 y_t 到（$\mathbf{z}_{t+1},\cdots,\mathbf{z}_T$）的一般反馈。

利用计数变量，一个可乘性不可观测效应是一个有吸引力的函数形式：

$$E(y_t|\mathbf{x}_t,c)=c\cdot m(\mathbf{x}_t,\boldsymbol{\beta}_o) \tag{18.79}$$

其中 $m(\mathbf{x}_t,\boldsymbol{\beta})$ 是一个由参数 $\boldsymbol{\beta}_o$ 的 $P\times 1$ 维向量所决定的已知参数函数。式（18.79）暗示着 $\mathbf{x}_{tj}$ 对 $\log E(y_t\mid\mathbf{x}_t,c)$ 的偏效应不依赖于不可观测效应 c。因此，一些诸如弹性和半弹性的量仅依赖于 $\mathbf{x}_t$ 和 $\boldsymbol{\beta}_o$。最流行的特殊情形是指数模型 $E(y_t\mid\mathbf{x}_t,a)=\exp(a+\mathbf{x}_t\boldsymbol{\beta})$，这可通过取 $c=\exp(a)$ 获得。

18.7.3 随机效应方法

一个**可乘性随机效应模型**（multiplicative random effects model）对于从总体中的一次随机抽取 i 至少维持两个假设：

$$E(y_{it}|\mathbf{x}_{i1},\cdots,\mathbf{x}_{iT},c_i)=c_i m(\mathbf{x}_{it},\boldsymbol{\beta}_o),\quad t=1,2,\cdots,T \tag{18.80}$$

$$E(c_i|\mathbf{x}_{i1},\cdots,\mathbf{x}_{iT})=E(c_i)=1 \tag{18.81}$$

其中 c_i 是不可观测的、非时变的效应，而可观测解释变量 $\mathbf{x}_{it}$ 可能是非时变或时变的。假设（18.80）是 $\mathbf{x}_{it}$ 以 c_i 为条件的严格外生性假设，并与乘以 c_i 的回归函数相结合。当 $y_{it}\geqslant 0$，诸如当使用一个计数变量时，对参数回归函数最流行的选择是 $m(\mathbf{x}_t,\boldsymbol{\beta})=\exp(\mathbf{x}_t\boldsymbol{\beta})$，在该情形中 $\mathbf{x}_{it}$ 通常会包含一整套时间哑变量。假设（18.81）表明，不可观测效应 c_i 的均值独立于 $\mathbf{x}_i$；我们将均值标准化为 1，对于选择一个普通的 m 来说这是一个不失一般性的步骤，同时包括含单位元的 $\mathbf{x}_t$ 的指数函数。根据假设（18.80）和（18.81），我们可以通过使用迭代期望法则"求积分消掉"c_i：

$$E(y_{it}|\mathbf{x}_i)=E(y_{it}|\mathbf{x}_{it})=m(\mathbf{x}_{it},\boldsymbol{\beta}_o),\quad t=1,2,\cdots,T \tag{18.82}$$

式（18.82）证明 $\boldsymbol{\beta}_o$ 可用 19.6.1 节中讨论的混合泊松方法进行一致估计。考虑了一个任意的条件方差及序列相关的稳健方差矩阵估计量可产生有效的推断。正如在一个线性随机效应模型中那样，不可观测异质性的存在会导致 y_{it} 以 $\mathbf{x}_i$ 为条件而跨时间相关。

当我们明确引入一个不可观测效应时，一个随机效应分析通常会对假设（18.80）与（18.81）所隐含的散布过度及序列相依性做出解释。对于计数数

据，**泊松随机效应模型**（Poisson random effects model）是由

$$y_{it}|\mathbf{x}_i, c_i \sim \text{Poisson}[c_i m(\mathbf{x}_{it}, \boldsymbol{\beta}_o)] \tag{18.83}$$

$$y_{it}, y_{ir}\text{ 以 }\mathbf{x}_i, c_i\text{ 为条件相互独立}, t\neq r \tag{18.84}$$

$$c_i\text{ 独立于 }\mathbf{x}_i\text{ 且分布为 Gamma}(\delta_o, \delta_o) \tag{18.85}$$

给出的，其中我们参数化伽玛分布，这样则有 $E(c_i)=1$ 以及 $Var(c_i)=1/\delta_o\equiv\eta_o^2$，当在假设（18.83）下，$Var(y_{it} \mid \mathbf{x}_i, c_i)=E(y_{it} \mid \mathbf{x}_i, c_i)$，利用式（18.28），有 $Var(y_{it} \mid \mathbf{x}_i)=E(y_{it} \mid \mathbf{x}_i)[1+\eta_o^2 E(y_{it} \mid \mathbf{x}_i)]$，所以假设（18.81）和（18.85）就意味着在 $Var(y_{it} \mid \mathbf{x}_i)$ 中的散布过度。尽管可以使用关于 c_i 的其他分布假设，但是伽玛分布可得到给定 $\mathbf{x}_i$ 时（$y_{i1},\cdots,y_{iT}$）的一个易于处理的密度，这是在 c_i 已被求积分消掉后获得的。（参阅 HHG（p. 917），以及习题 18.11。）（以 $\mathbf{x}_i$ 为条件的）极大似然分析相对来说是简单的，并可用一些计量经济学软件包来实现。

如果假设（18.81）、（18.82）以及（18.83）都成立，在所有不使用 $\mathbf{x}_i$ 的分布信息的估计量中，条件 MLE 是有效的；可参阅 14.5.2 节。使用随机效应泊松模型的主要缺点是，它对于所维持假设的被违背很敏感，其任何一项违背都可能导致错误。（习题 18.5 涵盖了某些可允许 c_i 和 $\mathbf{x}_i$ 相关的方式，但它们仍然依赖于比 FE 泊松估计量更强的假设，这是我们在 18.7.4 节中将涵盖的。）

一个**准 MLE 的随机效应分析**（quasi-MLE random effects analysis）保留了假设（18.83）至假设（18.85）的一些关键特征，但产生仅在条件均值假设（18.80）和（18.81）下的一致估计量。名义上，我们维持假设（18.83）至假设（18.85）。定义 $u_{it}\equiv y_{it}-E(y_{it} \mid \mathbf{x}_{it})=y_{it}-m(\mathbf{x}_{it}, \boldsymbol{\beta})$。那么我们可以写出 $u_{it}=c_i m_{it}(\boldsymbol{\beta}_o)+e_{it}-m_{it}(\boldsymbol{\beta}_o)=e_{it}+m_{it}(\boldsymbol{\beta}_o)(c_i-1)$，其中 $e_{it}\equiv y_{it}-E(y_{it} \mid \mathbf{x}_{it}, c_i)$。正如我们将在 19.3.1 节中证明的，

$$E(u_{it}^2|\mathbf{x}_i)=m_{it}(\boldsymbol{\beta}_o)+\eta_o^2 m_{it}^2(\boldsymbol{\beta}_o) \tag{18.86}$$

此外，对于 $t\neq r$，

$$E(u_{it}u_{ir}|\mathbf{x}_i)=E[(c_i-1)^2]m_{it}(\boldsymbol{\beta}_o)m_{ir}(\boldsymbol{\beta}_o)=\eta_o^2 m_{it}(\boldsymbol{\beta}_o)m_{ir}(\boldsymbol{\beta}_o) \tag{18.87}$$

其中 $\eta_o^2=Var(c_i)$。式（18.87）中的序列相关让人联想到在标准假定下发生在线性随机效应模型中的序列相关。这明确表明在计算 18.7.1 节的混合泊松 QMLE 的渐近方差时，我们必须纠正序列相依性。式（18.86）中的散布过度类似于一个线性模型中的复合误差的方差。一个 QMLE 随机效应分析利用了这些名义方差和协方差表达式，但并不依赖于其中任何一个以得到一致性。如果我们使用式（18.86）而忽略式（18.87），我们就被导向一个**混合负二项分布分析**（pooled negative binomial analysis），这非常类似于混合泊松分析，只不过对于每个时间段的准对数似然服从在 18.3.1 节中讨论过的负二项分布。详情请参阅伍德里奇（Wooldridge，1997c）。

如果条件（18.87）成立，使用在 12.9.2 节讨论过的加权多元非线性最小二乘估计（WMNLS）是更有效的——或许远远更有效。我们只需构造基于

（18.86）和（18.87）的条件方差矩阵的一个估计。为了实现该方法，我们将获得 $\boldsymbol{\beta}$ 的混合泊松 QMLE，比如说 $\check{\boldsymbol{\beta}}$。我们可以利用这个估计量来估计 η_o^2。一种可能性是注意到 $\mathrm{E}[(u_{it}^2-m_{it}(\boldsymbol{\beta}_o))/m_{it}(\boldsymbol{\beta}_o)\mid \mathbf{x}_i]=\eta_o^2 m_{it}(\boldsymbol{\beta}_o)$。设 $\check{u}_{it}^2=(y_{it}-m_{it}(\check{\boldsymbol{\beta}}))^2$ 是来自混合泊松 QMLE 的残差平方。然后从 $[\check{u}_{it}^2/m_{it}(\check{\boldsymbol{\beta}})]-1$ 对 $m_{it}(\check{\boldsymbol{\beta}})$ * （通过原点）的混合简单回归中获得 $\hat{\eta}^2$，$t=1,\cdots,T$，$i=1,\cdots,N$。现在，给定 $\hat{\eta}^2$ 和 $\check{\boldsymbol{\beta}}$，我们可以估计（18.86）和（18.87）中的条件方差和条件协方差。称产生的 $T\times T$ 维矩阵为 $\hat{\mathbf{W}}_i$。然后再回忆起根据假设（18.86）和（18.87），WMNLS 估计量 $\hat{\boldsymbol{\beta}}$ 求解了

$$\min_{\boldsymbol{\beta}}\sum_{i=1}^{N}[\mathbf{y}_i-\mathbf{m}_i(\boldsymbol{\beta})]'\hat{\mathbf{W}}_i^{-1}[\mathbf{y}_i-\mathbf{m}_i(\boldsymbol{\beta})]'$$

WMNLS 估计量在那些为了一致性只需要一个正确的条件均值的估计量中是相对有效的，而且其渐近方差可被估计为

$$\mathrm{Av\hat{a}r}(\hat{\boldsymbol{\beta}})=\Big(\sum_{i=1}^{N}\nabla_\beta\hat{\mathbf{m}}_i'\hat{\mathbf{W}}_i^{-1}\nabla_\beta\hat{\mathbf{m}}_i\Big)^{-1}$$

就像使用其他 QMLE 时那样，WMNLS 估计量仅在假设（18.80）和（18.81）下是一致的，但如果假设（18.86）和（18.87）被违反，方差矩阵需要做成稳健的。设 $\hat{\mathbf{u}}_i\equiv\mathbf{y}_i-\mathbf{m}_i(\hat{\boldsymbol{\beta}})$（一个 $T\times1$ 维向量），稳健估计量是

$$\Big(\sum_{i=1}^{N}\nabla_\beta\hat{\mathbf{m}}_i'\hat{\mathbf{W}}_i^{-1}\nabla_\beta\hat{\mathbf{m}}_i\Big)^{-1}\Big(\sum_{i=1}^{N}\nabla_\beta\hat{\mathbf{m}}_i'\hat{\mathbf{W}}_i^{-1}\hat{\mathbf{u}}_i\hat{\mathbf{u}}_i'\hat{\mathbf{W}}_i^{-1}\nabla_\beta\hat{\mathbf{m}}_i\Big)$$
$$\Big(\sum_{i=1}^{N}\nabla_\beta\hat{\mathbf{m}}_i'\hat{\mathbf{W}}_i^{-1}\nabla_\beta\hat{\mathbf{m}}_i\Big)^{-1}$$

这个表达式提供了一种获得完全稳健推断的方式，同时在随机效应假设（18.86）和（18.87）下还可有一个相对有效的估计量。

GMT（1984b）涵盖了一个模型，该模型推荐了 $\hat{\mathbf{W}}_i$ 的一个备选形式。矩阵 $\hat{\mathbf{W}}_i$ 可以为其他名义分布假设进行修改，诸如伽玛（其自然可应用到连续、非负的 y_{it} 上）。此外，一个典型的广义估计方程（GEE）方法会选择一个不同的方差矩阵估计量。与泊松 QMLE 有关的 GEE 方法将会维持名义泊松方差假设，$\mathrm{Var}(y_{it}\mid\mathbf{x}_i)=\sigma^2 m(\mathbf{x}_{it},\boldsymbol{\beta}_o)$，连同一个常数的运行相关矩阵一起。由此产生的方差—协方差矩阵不能从一个不可观测效应模型中推导出来；一般来说，在（18.83）至（18.85）下它将是无效的。要了解关于 GEE 的进一步讨论，请参阅 12.9.2 节。

我们必须记住，如果 $\mathrm{E}(y_{it}\mid\mathbf{x}_i)\neq m(\mathbf{x}_{it},\boldsymbol{\beta}_o)$，那么在所推荐的那些允许出现非零相关性的 WMNLS 方法中将没有一个是一致的。在一个不可观测效应模型的背景下，我们通常认为一个误设的条件均值要么来自 $\{\mathbf{x}_{it}: t=1,\cdots,T\}$（以 c_i 为条件）严格外生性的缺乏，要么来自 c_i 与 $\mathbf{x}_i$ 之间的相关关系。

* 原文为"$m_{it}(\check{\boldsymbol{\beta}})]$"，疑应为"$m_{it}(\check{\boldsymbol{\beta}})$"。——译者注

18.7.4 固定效应泊松估计

HHG 首先展示了如何做一个 FE 型的计数面板数据模型分析，其考虑了 c_i 与 $\mathbf{x}_i$ 之间的任意相依性。他们的 FE 泊松分布假设为（18.83）和（18.84），且条件均值仍由假设（18.80）给定。关键在于无论是假设（18.85）还是假设（18.81）都没有被维持；换句话说，允许 c_i 与 $\mathbf{x}_i$ 之间存在任意的相依性。HHG 取 $m(\mathbf{x}_{it},\boldsymbol{\beta})=\exp(\mathbf{x}_{it}\boldsymbol{\beta})$，这是迄今为止的主要情形。

HHG 使用安德森（Andersen，1970）的条件 ML 研究方法来估计 $\boldsymbol{\beta}$。设 $n_i\equiv\sum_{t=1}^{T}y_{it}$ 表示对于所有 t 的跨计数的时间的加总。使用关于获得一个以其组成部分的总和为条件的联合分布的标准结果，HHG 证明了

$$\mathbf{y}_i\,|\,n_i,\mathbf{x}_i,c_i\sim\text{Multinomial}\{n_i,p_1(\mathbf{x}_i,\boldsymbol{\beta}_o),\cdots,p_T(\mathbf{x}_i,\boldsymbol{\beta}_o)\}\tag{18.88}$$

其中

$$p_t(\mathbf{x}_i,\boldsymbol{\beta})\equiv m(\mathbf{x}_{it},\boldsymbol{\beta})/\Big[\sum_{r=1}^{T}m(\mathbf{x}_{ir},\boldsymbol{\beta})\Big]\tag{18.89}$$

因为该分布不依赖于 c_i，所以式（18.88）也是 y 以 n_i 和 $\mathbf{x}_i$ 为条件的分布。因此，使用多项对数似然，$\boldsymbol{\beta}_o$ 可利用标准的条件 MLE 技术进行估计。观测值 i 的条件对数似然，先不考虑那些不依赖于 $\boldsymbol{\beta}$ 的项，为

$$\ell_i(\boldsymbol{\beta})\sum_{t=1}^{T}y_{it}\log[p_t(\mathbf{x}_i,\boldsymbol{\beta})]\tag{18.90}$$

最大化了 $\sum_{i=1}^{N}\ell_i(\boldsymbol{\beta})$ 的估计量 $\hat{\boldsymbol{\beta}}$ 将被称为**固定效应泊松（FEP）估计量**（fixed effects Poisson (FEP) estimator）。（注意，当对所有 t 有 $y_{it}=0$ 时，截面观测值 i 对估计就没有贡献。）

获取 FEP 估计量在计算上是相当容易的，尤其是当 $m(\mathbf{x}_{it},\boldsymbol{\beta})=\exp(\mathbf{x}_{it}\boldsymbol{\beta})$ 时。但是，用于推导出式（18.90）中的条件对数似然的那些假设在实践中可能是受约束的。幸运的是，FEP 估计量对于估计条件均值中的参数来说有着非常强的稳健性特性。如伍德里奇（Wooldridge，1999a）所示，FEP 估计量仅在条件均值假设（18.80）下关于 $\boldsymbol{\beta}_o$ 是一致的。除了对于条件均值外，给定（$\mathbf{x}_i,c_i$）时 y_{it} 的分布完全是无约束的；尤其是，在潜变量模型中可以出现散布过度或散布不足。y_{it} 的分布不需要是离散的；它可能是连续的或同时具有离散和连续的特性。同样，没有对 y_{it} 和 y_{ir}（$t\neq r$）之间的相依性施加约束。这是另一种情形了，其中在相当强的名义假设下推导出的 QMLE 结果有着非常令人满意的稳健性特性。

FEP 估计量在假设（18.80）下是一致的，这一论断取决于能证明 $\boldsymbol{\beta}_o$ 仅在假设（18.80）下最大化式（18.90）的期望值。这一结果被伍德里奇（Wooldridge，1999a）所证明。在一般的识别假设下唯一性成立，但也排除了某些种类的解释变量。例如，当条件均值有一个指数形式时，很容易看到非时变解释

变量的系数被从式（18.89）中舍弃，就像在线性情形中一样。而非时变与时变解释变量之间的交互作用是被允许的。

$\hat{\boldsymbol{\beta}}$ 的渐近方差的一致估计可以由第 12 章中 M 估计的有关结果得出。观测值 i 的得分可写为

$$s_i(\boldsymbol{\beta}) \equiv \nabla_\beta \ell_i(\boldsymbol{\beta}) = \sum_{t=1}^{T} y_{it}[\nabla_\beta p_t(\mathbf{x}_i,\boldsymbol{\beta})'/p_t(\mathbf{x}_i,\boldsymbol{\beta})]$$
$$\equiv \nabla_\beta \mathbf{p}(\mathbf{x}_i,\boldsymbol{\beta})'\mathbf{W}(\mathbf{x}_i,\boldsymbol{\beta})\{\mathbf{y}_i - \mathbf{p}(\mathbf{x}_i,\boldsymbol{\beta})n_i\} \tag{18.91}$$

其中 $\mathbf{W}(\mathbf{x}_i,\boldsymbol{\beta}) \equiv [\mathrm{diag}\{p_1(\mathbf{x}_i,\boldsymbol{\beta}),\cdots,p_T(\mathbf{x}_i,\boldsymbol{\beta})\}]^{-1}$，$\mathbf{u}_i(\boldsymbol{\beta}) \equiv \mathbf{y}_i - \mathbf{p}(\mathbf{x}_i,\boldsymbol{\beta})n_i$，$\mathbf{p}(\mathbf{x}_i,\boldsymbol{\beta}) \equiv [p_1(\mathbf{x}_i,\boldsymbol{\beta}),\cdots,p_T(\mathbf{x}_i,\boldsymbol{\beta})]'$，且 $p_t(\mathbf{x}_i,\boldsymbol{\beta})$ 由式（18.89）给出。

观测值 i 的期望海赛矩阵可以被证明是

$$\mathbf{A}_o \equiv \mathrm{E}[n_i \nabla_\beta \mathbf{p}(\mathbf{x}_i,\boldsymbol{\beta}_o)'\mathbf{W}(\mathbf{x}_i,\boldsymbol{\beta}_o)\nabla_\beta \mathbf{p}(\mathbf{x}_i,\boldsymbol{\beta}_o)]。$$

$\hat{\boldsymbol{\beta}}$ 的渐近方差是 $\mathbf{A}_o^{-1}\mathbf{B}_o\mathbf{A}_o^{-1}/N$，其中 $\mathbf{B}_o \equiv \mathrm{E}[\mathbf{s}_i(\boldsymbol{\beta}_o)\mathbf{s}_i(\boldsymbol{\beta}_o)']$。A 的一个一致估计是

$$\hat{\mathbf{A}} = N^{-1}\sum_{i=1}^{N} n_i \nabla_\beta \mathbf{p}(\mathbf{x}_i,\hat{\boldsymbol{\beta}})'\mathbf{W}(\mathbf{x}_i,\hat{\boldsymbol{\beta}})\nabla_\beta \mathbf{p}(\mathbf{x}_i,\hat{\boldsymbol{\beta}}) \tag{18.92}$$

而 **B** 被估计为

$$\hat{\mathbf{B}} = N^{-1}\sum_{i=1}^{N} \mathbf{s}_i(\hat{\boldsymbol{\beta}})\mathbf{s}_i(\hat{\boldsymbol{\beta}})' \tag{18.93}$$

在假设（18.80）下，稳健的方差矩阵估计量 $\hat{\mathbf{A}}^{-1}\hat{\mathbf{B}}\hat{\mathbf{A}}^{-1}/N$ 是有效的。特别是，它考虑了任何对泊松分布的偏离以及任意的时间相依性。通常的 ML 估计 $\hat{\mathbf{A}}^{-1}/N$ 在假设（18.83）和（18.84）下是有效的。要了解更多详情，包括设定检验的各类方法等，请参阅伍德里奇（Wooldridge，1999a）。

FEP 估计量——其计算了稳健的方差矩阵和一些设定检验统计量——的一些应用是在帕普克（Papke，1991）、佩奇（Page，1995）和戈迪（Gordy，1999）中给出的。我们必须强调，虽然主要的应用是关于计数数据的，但无论何时只要假设（18.80）成立，FEP 估计量就起作用。因此，如果我们相信不可观测效应是可乘性的（与 15.8.2 节和 15.8.3 节中的模型相反），y_{it} 可能会是一个非负连续变量，或者甚至是一个二值响应。

由于 FEP 估计量在很大程度上依赖于 $\{\mathbf{x}_{it}: t=1,\cdots,T\}$ 以 c_i 为条件的严格外生性，对这个假设做一个简单的检验是有帮助的。一个直接的办法是直接把 $\mathbf{w}_{i,t+1}$ 添加到模型中，其通常为一个指数模型，其中 $\mathbf{w}_{it} \subset \mathbf{x}_{it}$。然后，使用 FEP 估计量，就可以使用关于 $\mathbf{w}_{i,t+1}$ 的一个完全稳健的联合显著性检验。一个显著的统计量表明严格的外生性假设不成立。当然，在实现检验时我们损失了最后那个时间段。人们甚至还可以使 $\mathbf{w}_{i,t+1}$ 与 $\mathbf{x}_{it}$ 的某些元素之间相互作用，并把这些交互项包括在联合检验中。

18.7.5 放松严格外生性假设

如果在前一小节中的检验被拒绝，那么我们可能需要放松严格的外生性假设。取代假设（18.80），我们假设

$$\mathrm{E}(y_{it} \mid \mathbf{x}_{i1}, \cdots, \mathbf{x}_{it}, c_i) = c_i m(\mathbf{x}_{it}, \boldsymbol{\beta}_o), \quad t=1,2,\cdots,T \tag{18.94}$$

这些是我们在第 11 章中讨论过的那种**序贯矩约束**（sequential moment restriction）。模型（18.94）适用于静态和可能含有反馈的分布滞后模型，也适用于带有滞后因变量的模型。再一次，在这里 y_{it} 无须是一个计数变量。

张伯伦（Chamberlain，1992b）和伍德里奇（Wooldridge，1997）已提出了导致条件矩约束的残差函数。假定 $m(\mathbf{x}_{it}, \boldsymbol{\beta}) > 0$，定义

$$r_{it}(\boldsymbol{\beta}) \equiv y_{it} - y_{i,t+1}[m(\mathbf{x}_{it}, \boldsymbol{\beta})/m(\mathbf{x}_{i,t+1}, \boldsymbol{\beta})], \quad t=1,\cdots,T-1 \tag{18.95}$$

根据假设（18.95），我们可以使用迭代期望法则证明 $\mathrm{E}[r_{it}(\boldsymbol{\beta}_o) \mid \mathbf{x}_{i1}, \cdots, \mathbf{x}_{it}] = 0$。该表达式意味着 $\mathbf{x}_{i1}, \cdots, \mathbf{x}_{it}$ 的任何函数与 $r_{it}(\boldsymbol{\beta}_o)$ 都是不相关的，而且还是一个 GMM 估计的基础。人们可以在一个 GMM 框架内很容易地检验严格外生性假设。要了解进一步的讨论及有关实施细节以及一个备选的残差函数，请参阅伍德里奇（Wooldridge，1997a）。

布伦德尔、格里菲思和温德米尔（Blundell，Griffith，and Windmeijer，1998）考虑了一个线性反馈模型中的矩条件的一些变种，其中除了包含一个带有可乘性不可观测效应的其他条件变量的指数回归函数外，均值函数还包含一个以可加的方式进入的滞后因变量。他们将其模型应用于申请专利和研发的关系上。

一个不同的方法是条件极大似然法，正如我们在 15.8.4 节和 17.8.3 节中讨论过的——要了解一个一般性的讨论，可参阅 13.9 节。例如，如果我们想估计给定 $(\mathbf{z}_{it} y_{i,t-1}, c_i)$ 时 y_{it} 的一个模型，其中 $\mathbf{z}_{it}$ 包含同期变量，我们可以将其建模成一个带有指数均值 $c_i \exp(\mathbf{z}_{it}\boldsymbol{\beta}_o + \rho_o y_{i,t-1})$ 的泊松变量。然后，假设 $\mathrm{D}(y_{it} \mid \mathbf{z}_i, y_{i,t-1}, \cdots, y_{i0}, c_i) = \mathrm{D}(y_{it} \mid \mathbf{z}_{it}, y_{i,t-1}, c_i)$，我们可以得到以乘法方式给定 $(y_{i0}, \mathbf{z}, c_i)$ 时 $(y_{i1}, \cdots, y_{iT})$ 的密度；见式（13.60）。给定关于 $\mathrm{D}(c_i \mid y_{i0}, \mathbf{z}_i)$ 的一个密度设定，我们可以得到像在式（13.62）中那样对于每个 i 的条件对数似然。一个非常方便的设定是 $c_i = \exp(\alpha_o + \xi_o y_{i0} + \mathbf{z}_i \gamma_o) a_i$，其中 a_i 独立于 $(y_{i0}, \mathbf{z}_i)$ 且分布为 $\mathrm{Gamma}(\delta_o, \delta_o)$。那么，对于每个 t，给定 $(y_{i,t-1}, \cdots, y_{i0}, \mathbf{z}_i, a_i)$ 时 y_{it} 有一个均值为

$$a_i \exp(\alpha_o + \mathbf{z}_{it}\beta_o + \rho_o y_{i,t-1} + \xi_o y_{i0} + \mathbf{z}_i \gamma_o)$$

的泊松分布。（就像一直以来那样，我们可能会想把包含在这个式中的时间哑变量加总起来。）很容易看到给定 $(y_{i0}, \mathbf{z}_i)$ 时 $(y_{i1}, \cdots, y_{iT})$ 的分布具有含伽玛异质性的随机效应泊松形式；因此，可以使用标准的随机效应泊松软件来估计 α_o，$\boldsymbol{\beta}_o$，ρ_o，ξ_o，γ_o 和 δ_o。对于大的 N 来说，通常的条件 MLE 标准误、t 统计量、瓦尔德统计量和 LR 统计量都是渐近有效的。参阅伍德里奇（Wooldridge，

2005b）了解更多细节。

利用一个指数型均值，温德米尔（Windmeijer，2000）证明了如何修改（18.95）中的矩条件以估计带有同期内生解释变量的模型。或者，在某些情形中会有一个控制函数法可以利用。例如，如果我们以 $E(y_{it1} \mid \mathbf{z}_i, y_{it2}, c_{i1}, r_{it1}) = \exp(\mathbf{z}_{it1}\boldsymbol{\delta}_1 + \alpha_1 y_{it2} + c_{i1} + r_{it1})$ 开始，其中 c_{i1} 是不可观测的异质性而 r_{it1} 是一个时变的遗漏变量，那么对于连续的 y_{it2}，我们可以设定 $y_{it2} = \psi_2 + \mathbf{z}_{it}\boldsymbol{\pi}_2 + \bar{\mathbf{z}}_i\xi_2 + v_{it2}$，其中我们已经施加了张伯伦-芒德拉克装置，以允许影响 y_{it2} 的异质性通过时间平均值 $\bar{\mathbf{z}}_i$ 而与 $\mathbf{z}_i$ 相关。此外，如果我们设定 $c_{i1} = \psi_1 + \bar{\mathbf{z}}_i\xi_1 + a_{i1}$，那么我们可以写出 $E(y_{it1} \mid \mathbf{z}_i, y_{it2}, v_{it1}) = \exp(\psi_1 + \mathbf{z}_{it1}\boldsymbol{\delta}_1 + \bar{\mathbf{z}}_i\xi_1 + \alpha_1 y_{it2} + v_{it1})$，其中 $v_{it1} = a_{i1} + r_{it1}$。尽管几乎不可能是一般性的，但假设 (v_{it1}, v_{it2}) 独立于 $\mathbf{z}_i$ 并不是那么不合理的。如果我们设定 $E[\exp(v_{it1}) \mid v_{it2}] = \exp(\eta_1 + \rho_1 v_{it2})$（就像它在联合正态分布下将会是真的那样），那么我们得到估计方程

$$E(y_{it1} \mid \mathbf{z}_i, y_{it2}, v_{it2}) = \exp(\alpha_1 + z_{it1}\delta_1 + \alpha_1 y_{it2} + \bar{\mathbf{z}}_i\xi_1 + \rho_1 v_{it2}) \tag{18.96}$$

一个两步法如下：（1）从 y_{it2} 对 $1, \mathbf{z}_{it}, \bar{\mathbf{z}}_i$ 跨所有 t 和 i 的混合 OLS 估计中得到残差 $\hat{u}_{it2}$。（2）使用一个混合非线性最小二乘法或 QMLE（或许是泊松的）来估计指数函数，其中 $(\bar{\mathbf{z}}_i, \hat{v}_{it2})$ 与 $(\mathbf{z}_{it1}, y_{it2})$ 一起为解释变量。（像往常一样，在第一步和第二步中使用一整套时间段哑变量是一个好主意。）或者，也可以使用 WMNLS 或 GMM。人们应当对第一阶段估计进行调整，使用增量方法或可能使用面板自助法，除非 $\rho_1 = 0$。与其仅获得系数估计，不如通过对所有 $(\bar{\mathbf{z}}_i, \hat{v}_{it2})$ 求指数函数的平均值以获得 APE。有关详情相当类似于 15.8.5 节中的 probit 情形。

当 y_{it2} 是二值响应变量时，特扎（Terza，1998）的方法可以按照使用张伯伦-芒德拉克装置时类似的表述进行修正。一旦人们设定一个 $y_{it2} = 1[\psi_2 + \mathbf{z}_{it2}\boldsymbol{\pi}_2 + \bar{\mathbf{z}}_i\xi_2 + v_{it2} \geqslant 0]$ 形式的 probit 模型，其中 v_{it2} 独立于 $\mathbf{z}_i$ 并服从标准正态分布，而且将该模型与（18.96）结合起来，那么获得混合估计方法或 GMM 方法就是很简单的。

18.7.6 面板数据的分数响应模型

我们也可以对分数响应变量设定并估计含有不可观测异质性的模型。按照帕普克和伍德里奇（Papke and Wooldridge，2008）的做法，以及出于和 18.6.2 节中那些相同的理由，利用设定为

$$E(y_{it} \mid \mathbf{x}_{it}, c_i) = \boldsymbol{\Phi}(\mathbf{x}_{it}\boldsymbol{\beta} + c_i), \quad t = 1, \cdots, T \tag{18.97}$$

的 probit 响应函数来进行运算就是最容易的。我们感兴趣的 APE 恰如在 probit 情形中的那样，只是这些是在一个均值响应（而不是一个概率）上的偏效应。

如果没有进一步的假设，无论 $\boldsymbol{\beta}$ 还是 APE 都不是已知能被识别的。像用以前的非线性模型时那样，一个以不可观测效应为条件的严格外生性假设是有用的：

$$\mathrm{E}(y_{it}|\mathbf{x}_i,c_i)=\mathrm{E}(y_{it}|\mathbf{x}_{it},c_i),\quad t=1,\cdots,T \tag{18.98}$$

其中 $\mathbf{x}_i \equiv (\mathbf{x}_{i1},\cdots,\mathbf{x}_{iT})$ 是在所有时间段中的协变量集。第二个有用的假设（其可设定得更加灵活）是使用张伯伦-芒德拉克方法时的条件正态性：

$$c_i|(\mathbf{x}_{i1},\mathbf{x}_{i2},\cdots,\mathbf{x}_{iT})\sim \mathrm{Normal}(\psi+\bar{\mathbf{x}}_i\xi,\sigma_a^2) \tag{18.99}$$

其中，就像一直以来那样，$\bar{\mathbf{x}}_i$ 是时间平均值的 $1\times K$ 维向量。对于某些目的而言，写出 $c_i=\psi+\bar{\mathbf{x}}_i\xi+a_i$ 是有用的，其中 $a_i \mid \mathbf{x}_i \sim \mathrm{Normal}(0,\sigma_a^2)$。（注意到$\sigma_a^2=\mathrm{Var}(c_i \mid \mathbf{x}_i)$，即 c_i 的条件方差。）当然，如果我们将时间段虚拟变量包括到 $\mathbf{x}_{it}$ 中，就像我们通常想要的那样，那么我们不会将这些变量的时间平均值包括在 $\bar{\mathbf{x}}_i$ 中。同样，倘若我们明白我们可能不会一致地估计出它们的偏效应，那么我们也可能将非时变变量包括在 $\mathbf{x}_{it}$ 中(把它们从 $\bar{\mathbf{x}}_i$ 中省略)。

假设（18.97)，(18.98）以及（18.99）没有在 $\mathrm{D}(y_{it} \mid \mathbf{x}_i,c_i)$ 上施加额外的分布假设，而且它们对 $\{y_{it}\}$ 中跨时的序列相依性也没有施加任何约束。然而，很容易证明 $\boldsymbol{\beta}$ 的元素可被识别成是由一个正的缩放因子所决定的，而且 APE 是可识别的。建立识别一个简单的方法是写出

$$\mathrm{E}(y_{it}|\mathbf{x}_i,a_i)=\boldsymbol{\Phi}(\psi+\mathbf{x}_{it}\boldsymbol{\beta}+\bar{\mathbf{x}}_i\xi+a_i) \tag{18.100}$$

这样则

$$\begin{aligned}\mathrm{E}(y_{it}|\mathbf{x}_i)&=\mathrm{E}[\boldsymbol{\Phi}(\psi+\mathbf{x}_{it}\boldsymbol{\beta}+\bar{\mathbf{x}}_i\xi+a_i)|\mathbf{x}_i]\\&=\boldsymbol{\Phi}[(\psi+\mathbf{x}_{it}\boldsymbol{\beta}+\bar{\mathbf{x}}_i\xi)/(1+\sigma_a^2)^{1/2}]\end{aligned}$$

或者

$$\mathrm{E}(y_{it}|\mathbf{x}_i)\equiv\boldsymbol{\Phi}(\psi_a+\mathbf{x}_{it}\boldsymbol{\beta}_a+\bar{\mathbf{x}}_i\xi_a) \tag{18.101}$$

其中下标 a 表示原始系数除以 $(1+\sigma_a^2)^{1/2}$。因为我们观测到 $(y_{it},\mathbf{x}_{it},\bar{\mathbf{x}}_i)$ 上的一个随机抽样，(18.101）意味着经缩放的系数 ψ_a，β_a 和 ξ_a 是可识别的，只要在 $\mathbf{x}_{it}$ 的元素之间不存在完全的线性关系，并且在 $\mathbf{x}_{it}$ 的所有元素中都有一些时间上的波动。(后面那项要求确保了 $\mathbf{x}_{it}$ 和 $\bar{\mathbf{x}}_i$ 不能对于所有 t 都是完全共线性的。）此外，由与 15.8.2 节中相同的论述可得出，平均结构函数是关于 $\mathbf{x}_t$ 的元素的

$$\mathrm{E}_{\bar{\mathbf{x}}_i}[\boldsymbol{\Phi}(\psi_a+\mathbf{x}_t\boldsymbol{\beta}_a+\bar{\mathbf{x}}_i\xi_a)] \tag{18.102}$$

对于给定的 $\mathbf{x}_t$，一个一致的估计量是

$$\widehat{\mathrm{ASF}}(\mathbf{x}_t)=N^{-1}\sum_{i=1}^{N}\boldsymbol{\Phi}(\hat{\psi}_a+\mathbf{x}_t\hat{\boldsymbol{\beta}}_a+\bar{\mathbf{x}}_i\hat{\xi}_a) \tag{18.103}$$

其中 $\hat{\boldsymbol{\beta}}_a$ 关于$\boldsymbol{\beta}_a$ 是一致的，如此等等。APE 可通过差分或求关于 $\mathbf{x}_t$ 元素的差分获得。面板数据自助法对于获得标准误或 APE 的置信区间来说是特别方便的。

最简单的$\sqrt{N}$一致渐近正态估计量正好是混合伯努利准极大似然估计，其中解释变量是一个常数、(可能的）一整套时间哑变量、$\mathbf{x}_{it}$ 和 $\bar{\mathbf{x}}_i$。或者，我们也可以使用混合非线性最小二乘法。无论在哪种情形中，都应当使用完全稳健的

推断，因为与伯努利分布相关联的方差可能是错误的，而且方差不可能为常数。更重要的是，还存在被忽略的序列相关。

也许更有效的估计量可通过使用像在 12.9.2 节中描述过的 GEE 方法获得；也可参阅 15.8.2 节。帕普克和伍德里奇（Papke and Wooldridge，2008）描述了在当前设置下的实施方式。一个甚至会更好的策略是使用一个像在 14.6.2 节中描述过的最小距离方法。（当然，为了得到更多灵活性，我们可以用 $\mathbf{x}_i\check{\xi}_a$ 取代 $\bar{\mathbf{x}}_i\xi_a$。）

如果 $\mathbf{x}_{it}$ 的一些元素不是严格外生的，那么一个控制函数法可以与张伯伦-芒德拉克装置相结合。帕普克和伍德里奇（Papke and Wooldridge，2008）证明，与在 15.8.5 节的二值响应 probit 模型中所描述的相同的控制函数估计量，可应用到带有一个连续内生解释变量的分数响应上。（估计量的一致性还是依赖于属于线性指数族的伯努利分布）。简单地说，如果我们假设内生解释变量 y_{it2} 的约简型可表示为 $y_{it2}=\mathbf{z}_{it}\boldsymbol{\delta}_2+\psi_2+\bar{\mathbf{z}}_i\xi_2+v_{it2}$（其中我们施加了张伯伦-芒德拉克装置），而且我们假设所有不可观测因子——包括 v_{it2}——服从联合正态分布，那么我们可以推导出一个估计方程的形式为

$$\mathrm{E}(y_{it1}\mid\mathbf{z}_i,y_{it2},v_{it2})=\boldsymbol{\Phi}(\alpha_{e1}y_{it2}+\mathbf{z}_{it1}\boldsymbol{\delta}_{e1}+\psi_{e1}+\bar{\mathbf{z}}_i\boldsymbol{\xi}_{e1}+\eta_{e1}v_{it2})$$

其中下标“e”表示已经缩放过的原始参数——类似于 18.6.2 节中所开发的。如帕普克和伍德里奇（Papke and Wooldridge，2008）所证明的，这些经缩放的系数出现在 APE 中。因此，在获得残差 $\hat{v}_{it2}$ 后，这些可插入在第二步的混合“probit”估计中，以获得一致的 $\sqrt{N}$ 渐近正态估计量。关于（$y_{t2},\mathbf{z}_{t1}$）的 APE 可通过在（$\bar{\mathbf{z}}_i,\hat{v}_{it2}$）上对导数或增量变动求平均而获得。使用面板数据自助法可很容易地获得标准误。可参阅帕普克和伍德里奇（Papke and Wooldridge，2008）以了解更多讨论。

习　题

18.1　a. 对于估计一个非负随机变量 y 的均值，关于一次随机抽取的泊松准对数似然是

$$\ell_i(\mu)=y_i\log(\mu)-\mu,\quad \mu>0$$

（其中不取决于 μ 的项已被舍弃）。设 $\mu_0\equiv\mathrm{E}(y_i)$，我们有 $\mathrm{E}[\ell_i(\mu)]=\mu_o\log(\mu)-\mu$。证明这个函数在 $\mu=\mu_o$ 处是唯一最大化的。这个简单的结果是关于在一般情形中的泊松 QMLE 的一致性的基础。

b. 伽玛（指数）准对数似然是

$$\ell_i(\mu)=-y_i/\mu-\log(\mu),\quad \mu>0$$

证明 $\mathrm{E}[\ell_i(\mu)]$ 在 $\mu=\mu_o$ 处是被唯一最大化的。

18.2　仔细写出当 $m(\mathbf{x},\boldsymbol{\beta})=\exp(\mathbf{x}\boldsymbol{\beta})$ 时稳健的方差矩阵估计量（18.14）。

18.3　使用 SMOKE.RAW 中的数据来回答这个问题。

a. 使用一个线性回归模型来解释 *cigs*——每天吸烟数量。使用 log(*cigpric*)，log(*income*)，*restaurn*，*white*，*educ*，*age*，age^2 作为解释变量。价格和收入变量显著吗？使用异方差性稳健标准误改变了你的结论吗？

b. 现在利用一个指数条件均值和与 a 部分相同的解释变量，估计 *cigs* 的一个泊松回归模型。使用通常的 MLE 标准误，价格和收入变量每一个都在 5%的水平上显著吗？解释它们的系数。

c. 求 $\hat{\sigma}$。有散布过度的证据吗？使用 GLM 标准误，讨论 log(*cigpric*) 和 log(*income*) 的显著性。

d. 对关于 log(*cigpric*) 及 log(*income*) 联合显著性的通常 MLE 的 LR 统计量，和式（18.17）中的 QLR 统计量之间进行比较。

e. 计算完全稳健的标准误，并拿它们与 GLM 标准误进行比较。

f. 在 b 部分估计的模型中，在什么点上年龄对期望卷烟消费量的影响会变为负的呢？

g. 你认为关于计数变量的一个两部或双栅栏模型是对 *cigs* 建模的更好的方法吗？

18.4　证明在条件矩约束 $E(y\mid \mathbf{x})=m(\mathbf{x},\boldsymbol{\beta}_o)$ 下，当 GLM 方差假设成立时，泊松 QMLE 达到了式（14.60）中的有效性边界。

18.5　考虑计数数据一个带有指数回归函数 $E(y_{it}\mid \mathbf{x}_{i1},\cdots,\mathbf{x}_{iT},c_i)=c_i\exp(\mathbf{x}_{it}\boldsymbol{\beta})$ 的不可观测效应模型。

a. 如果 $E(c_i\mid \mathbf{x}_{i1},\cdots,\mathbf{x}_{iT})=\exp(\alpha+\bar{\mathbf{x}}_i\gamma)$，求 $E(y_{it}\mid \mathbf{x}_{i1},\cdots,\mathbf{x}_{iT})$。

b. 使用 a 部分来推导出对 c_i 与 $\bar{\mathbf{x}}_i$ 之间均值独立性的一个检验。假定在假设 H_0 下有：$\mathrm{Var}(y_{it}\mid \mathbf{x}_i,c_i)=E(y_{it}\mid \mathbf{x}_i,c_i)$，$y_{it}$ 和 y_{ir} 是以（$\mathbf{x}_i,c_i$）为条件不相关的，并且 c_i 和 $\mathbf{x}_i$ 是相互独立的。（提示：你应当设计一个在多元加权非线性最小二乘背景下的检验。）

c. 假定现在假设（18.83）和（18.84）成立，且有 $m(\mathbf{x}_{it},\boldsymbol{\beta})=\exp(\mathbf{x}_{it}\boldsymbol{\beta})$，但假设（18.85）被替换为 $c_i=a_i\exp(\alpha+\bar{\mathbf{x}}_i\gamma)$，其中 $a_i\mid \mathbf{x}\sim \mathrm{Gamma}(\delta,\delta)$。现在你将怎样估计 $\boldsymbol{\beta}$，α 和 γ，并且你会如何检验 $H_0:\gamma=0$？

18.6　含有一个可加的不可观测效应、严格外生的回归元的模型，以及一个非线性回归函数是

$$E(y_{it}\mid \mathbf{x}_i,c_i)=c_i+m(\mathbf{x}_{it},\boldsymbol{\beta}_o),\quad t=1,\cdots,T$$

a. 对于每个 i 和 t 定义减去时间均值的变量 $\ddot{y}_{it}\equiv y_{it}-\bar{y}_i$，以及对于每个 $\boldsymbol{\beta}$，有 $\ddot{m}_{it}(\boldsymbol{\beta})=m(\mathbf{x}_{it},\boldsymbol{\beta})-(1/T)\sum_{r=1}^{T}m(\mathbf{x}_{ir},\boldsymbol{\beta})$。论证在标准的正则性条件下，求解

$$\min_{\boldsymbol{\beta}}\sum_{i=1}^{N}\sum_{t=1}^{T}[\ddot{y}_{it}-\ddot{m}_{it}(\boldsymbol{\beta})]^2 \tag{18.104}$$

$\boldsymbol{\beta}_o$ 的混合非线性最小二乘法估计量一般是一致的和 $\sqrt{N}$ 渐近正态的（当保持 T 为固定的时）。（提示：证明对于所有的 t，有 $E(\ddot{y}_{it}\mid \mathbf{x}_i)=\ddot{m}_{it}(\boldsymbol{\beta}_o)$。）

b. 如果 $\mathrm{Var}(\mathbf{y}_i \mid \mathbf{x}_i, c_i)=\sigma_o^2\mathbf{I}_T$，你会怎么估计混合非线性最小二乘法估计量的渐近方差？

c. 如果 b 部分的方差假设不成立，你会怎么估计渐近方差？

d. 证明：基于来自 a 部分减去时间均值形式的非线性最小二乘法估计量事实上与估计 $\{c_1, c_2, \cdots, c_N\}$ 与 $\boldsymbol{\beta}_o$ 的混合非线性最小二乘法估计量是相同的：

$$\min_{\{c_1, c_2, \cdots, c_N, \boldsymbol{\beta}\}} \sum_{i=1}^{N}\sum_{t=1}^{T}[y_{it}-c_i-m(\mathbf{x}_{it}, \boldsymbol{\beta})]^2 \tag{18.105}$$

因此，这是另一种情形，其中将不可观测效应当成参数进行估计不会导致对 $\boldsymbol{\beta}_o$ 的一个不一致估计量。(提示：最简单的是从残差平方和中进行集中化消掉 c_i；见 12.7.4 节。但在目前的情境下，对于给定的 $\boldsymbol{\beta}$，须求出作为 $\boldsymbol{\beta}$，$\mathbf{y}_i$，$\mathbf{x}_i$ 的函数的$\hat{c}_i$。然后把这些插回到式（18.105）中并证明集中化的残差平方和函数与式（18.104）是相同的。)

18.7　假设标准的 FEP 假设成立，这样则以（$\mathbf{x}_i, c_i$）为条件，y_{i1}，…，y_{iT} 是均值为 $c_i m(\mathbf{x}_{it}, \boldsymbol{\beta}_o)$ 的独立泊松随机变量。

a. 证明，如果我们把 c_i 当作参数连同 $\boldsymbol{\beta}_o$ 一起估计，然后对于观测值 i 的条件对数似然（不考虑那些不取决于 c_i 或 $\boldsymbol{\beta}$ 的项）是

$$\begin{aligned}\ell_i(c_i, \boldsymbol{\beta}) &\equiv \log[f(y_{i1}, \cdots, y_{iT} \mid \mathbf{x}_i; c_i, \boldsymbol{\beta})]\\ &\equiv \sum_{t=1}^{T}\{-c_i m(\mathbf{x}_{it}, \boldsymbol{\beta})+y_{it}[\log(c_i)]+\log[m(\mathbf{x}_{it}, \boldsymbol{\beta})]\}\end{aligned}$$

其中我们现在将 c_i 与 $\boldsymbol{\beta}$ 分成一组作为一个参数来估计。(注意：$c_i>0$ 是一个必要的约束。)

b. 设 $n_i=y_{i1}+\cdots+y_{iT}$，并假设 $n_i>0$。对于给定的 $\boldsymbol{\beta}$，仅对于 c_i 最大化 $\ell_i(c_i, \boldsymbol{\beta})$。求出这个解，$c_i(\boldsymbol{\beta})>0$。

c. 把 b 部分的解插到 $\ell_i[c_i(\boldsymbol{\beta}), \boldsymbol{\beta}]$ 中，并证明

$$\ell_i[c_i(\boldsymbol{\beta}), \boldsymbol{\beta}]=\sum_{t=1}^{T} y_{it}\log[p_t(\mathbf{x}_i, \boldsymbol{\beta})]+(n_i-1)\log(n_i)$$

d. 从 c 部分得出结论：当通过集中化消掉（$c_1, \cdots, c_N$）后，对于所有 N 个截面观测值，对数似然函数是

$$\sum_{i=1}^{N}\sum_{t=1}^{T} y_{it}\log[p_t(\mathbf{x}_i, \boldsymbol{\beta})]+\sum_{i=1}^{N}(n_i-1)\log(n_i)$$

对于来自 18.7.4 节的条件 MLE 以及将 c_i 作为参数连同 $\boldsymbol{\beta}_o$ 一起估计的估计量来说，这是什么意思？

18.8　设 y 是一个分数响应，这样则 $0\leqslant y\leqslant 1$。

a. 假设 $0<y<1$，这样则 $w\equiv\log[y/(1-y)]$ 是定义良好的。如果我们假设线性模型 $\mathrm{E}(w \mid \mathbf{x})=\mathbf{x}\mathbf{a}$，那么 $\mathrm{E}(y \mid \mathbf{x})$ 与 $\mathbf{x}\mathbf{a}$ 有任何简单的关系吗？要得到 $\mathrm{E}(\mathbf{y} \mid \mathbf{x})$，我们将需要知道什么？设$\hat{\mathbf{a}}$ 是来自 w_i 对 $\mathbf{x}_i$ 回归的 OLS 估计量，$i=1, \cdots, N$。

b. 如果我们对来自 18.6.1 节的 $\mathrm{E}(\mathbf{y}\mid\mathbf{x})$ 估计分数 logit 模型，我们应当预计到估计的参数 $\hat{\boldsymbol{\beta}}$ 与来自 a 部分的 $\hat{\boldsymbol{\alpha}}$ 接近吗？试解释。

c. 现在假设 y 以正的概率取值为 0 和 1。为对这个总体特征建模，我们使用一个潜变量模型：

$$\begin{aligned}&y^{*}\mid\mathbf{x}\sim\mathrm{Normal}(\mathbf{x}\gamma,\sigma^{2})\\&y=0,y^{*}\leqslant0\\&\quad=y^{*},0<y^{*}<1\\&\quad=1,y^{*}\geqslant1\end{aligned}$$

我们应当如何估计 γ 和 σ^2？

d. 给定来自 c 部分的估计量 $\hat{\gamma}$，比较 $\hat{\gamma}_j$ 与来自 a 部分对应的 $\hat{\alpha}_j$ 或来自 b 部分的 $\hat{\boldsymbol{\beta}}_j$ 的绝对值有道理吗？试解释。

e. 我们会在 b 部分和 c 部分估计的模型之间进行怎样的选择？（提示：想一想关于条件均值的拟合优度。）

f. 现在假定 $0\leqslant y<1$。假定我们应用分数 logit，像在 b 部分中一样，且分数 logit 应用到 $0<y_i<1$ 的子样本中。我们一定应当得到相同的答案吗？

g. 当 $0\leqslant y<1$ 时，假设 $\mathrm{E}(y_i\mid\mathbf{x}_i,y_i>0)=\exp(\mathbf{x}_i\boldsymbol{\delta})/[1+\exp(\mathbf{x}_i\boldsymbol{\delta})]$。在该情形中我们应当怎样估计 $\boldsymbol{\delta}$？

h. 把 $\mathrm{P}(y_i=0\mid\mathbf{x}_i)=1-G(\mathbf{x}_i\boldsymbol{\eta})$ 添加到来自 g 部分的假设中，其中 $G(\cdot)$ 是一个可微、严格递增的累积分布函数。我们应当如何估计 $\mathrm{E}(y_i\mid\mathbf{x}_i)$？

18.9 使用 ATTEND. RAW 中的数据来回答这个问题。

a. 估计将 *atndrte* 与 *ACT*，*priGPA*，*frosh* 和 *soph* 关联起来的一个线性回归，计算通常的 OLS 标准误。解释 *ACT* 和 *priGPA* 上的系数。会有拟合值处于单位区间以外吗？

b. 将 $\mathrm{E}(atndrte\mid\mathbf{x})$ 建模为一个逻辑斯蒂函数，如在 18.6.1 节中那样。使用关于伯努利对数似然的 QMLE，并计算 GLM 标准误。$\hat{\sigma}$ 是什么？它是如何影响标准误的？

c. 对于 $priGPA=3.0$ 以及 $frosh=soph=0$，使用来自 b 部分估计的方程来估计 *ACT* 从 25 增加到 30 时的效应。该估计如何与来自线性模型的估计进行比较？

d. 一个线性模型或一个 logistic 模型为 $\mathrm{E}(atndrte\mid\mathbf{x})$ 提供了一个更好的拟合吗？

18.10 用 PATENT. RAW 中的数据来做这个练习。

a. 估计将专利数与 $lsales=\log(sales)$ 以及 $lrnd=\log(1+rnd)$ 的当期和四阶滞后值关联起来的一个混合泊松回归模型，其中我们在取对数之前先加 1 以考虑如下事实：在一些年份里一些企业的 *rnd* 为 0。使用一个指数均值函数并包括一整套年度哑变量。当使用通常的泊松 MLE 标准误时，*lrnd* 的哪一个滞后值是显著的？

b. 给出两个理由说明为什么来自 a 部分的通常的泊松 MLE 标准误可能是

无效的。

c. 为混合泊松估计获取$\hat{\sigma}$。当使用 GLM 标准误（但没有对可能的序列相依性进行调整）时，*lrnd* 的哪一滞后是显著的？

d. 获得关于 *lrnd* 滞后 1 阶到 4 阶的联合显著性的 QLR 统计量。（在这里要小心；在估计有约束模型时，你必须使用同一套年度变量。）它如何与通常的 LR 统计量进行比较？

e. 计算对一个任意的条件方差和序列相依性稳健的标准误。它们如何与来自 a 部分和 c 部分的标准误进行比较？

f. 期望专利数关于 R&D 支出的估计的长期弹性是什么？（请忽略如下事实：对 R&D 取对数之前已经加过 1 了。）请获取关于长期弹性的一个完全稳健的标准误。

g. 现在使用 FEP 估计量，并比较估计的滞后变量系数与来自混合泊松分析的那些系数。估计长期弹性并获得通常的 FEP 及完全稳健标准误。

18.11 a. 对于来自截面的一次随机抽取 i，假设（1）对于每个时间段 t，$y_{it}\mid \mathbf{x}_i, c_i \sim \text{Poisson}(c_i m_{it})$，其中 $c_i>0$ 是不可观测异质性而 $m_{it}>0$ 通常仅为 $\mathbf{x}_{it}$ 的一个函数；以及（2）$(y_{i1},\cdots,y_{iT})$ 以 $(\mathbf{x}_1, c_i)$ 为条件相互独立。推导以 $(\mathbf{x}_i, c_i)$ 为条件时 $(y_{i1},\cdots,y_{iT})$ 的密度。

b. 对于来自 a 部分的假设，添加假设 $c_i \mid \mathbf{x}_i \sim \text{Gamma}(\delta,\delta)$，如此则 $\text{E}(c_i)=1$ 且 $\text{Var}(c_i)=1/\delta$。（c_i 的密度是 $h(c)=[\delta^{\delta}/\Gamma(\delta)]\ c^{\delta-1}\exp(-\delta c)$，其中 $\Gamma(\delta)$ 是伽马函数。）设 $s=y_1+\cdots+y_T$ 且 $M_i=m_{i1}+\cdots+m_{iT}$。证明给定 $\mathbf{x}_i$ 时 $(y_{i1},\cdots,y_{iT})$ 的密度是

$$\Big(\prod_{t=1}^{T} m_{it}^{y_t}/y_t!\Big)[\delta^{\delta}/\Gamma(\delta)][\Gamma(M_i+s)/(M_i+\delta)^{(s+\delta)}]$$

（提示：证明这个结果最简单的方法是把积分变成涉及一个 $\text{Gamma}(s+\delta, M_i+\delta)$ 密度和一个乘积项的积分。当然，密度必须求积分计算为单位元，这样剩下的就是我们所寻求的密度。）

18.12 对于来自截面的一次随机抽取 i，假设（1）对于每个 t，$y_{it}\mid \mathbf{x}_i, c_i \sim \text{Gamma}(m_{it}, 1/c_i)$，其中 $c_i>0$ 是不可观测异质性且 $m_{it}>0$；以及（2）$(y_{i1},\cdots,y_{iT})$ 以 $(\mathbf{x}_i, c_i)$ 为条件相互独立。对伽玛分布进行参数化，则有 $\text{E}(y_{it}\mid \mathbf{x}_i, c_i)={}_i m_{it}$ 以及 $\text{Var}(y_{it}\mid \mathbf{x}_i, c_i)=c_i^2 m_{it}$。

a. 设 $s_i=y_{i1}+\cdots+y_{iT}$，证明 $(y_{i1},y_{i2},\cdots,y_{iT})$ 以 $(s_i,\mathbf{x}_i,c_i)$ 为条件的密度是

$$f(y_1,\cdots,y_T\mid s_i,\mathbf{x}_i,c_i)=\Big[\Gamma(m_{i1}+\cdots+m_{iT})/\prod_{t=1}^{T}\Gamma(m_{it})\Big]$$
$$\times\Big[\Big(\prod_{t=1}^{T} y_t^{m_{it}-1}\Big)/s_i^{\{(m_{i1}+\cdots+m_{iT})-1\}}\Big]$$

其中，$\Gamma(\cdot)$ 是伽马函数。注意到密度不依赖于 c_i。（提示：如果 y_1，…，y_T 是独立随机变量且 $S=Y_1+\cdots+Y_T$，那么给定 $S=s$ 时 Y_1，…，Y_T 的联合密度

为 $f_1(y_1)\cdots f_{T-1}(y_{T-1})f_T(s-y_1-\cdots-y_{T-1})/g(s)$，其中，$g(s)$ 是 S 的密度。当对于每个 t，Y_t 都有一个 Gamma(α_t,λ) 分布，以至 $f_t(y_t)=[\lambda^{\alpha_t}/\Gamma(\alpha_t)]y_t^{(\alpha_t-1)}\exp(-\lambda y_t)$，$S\sim \text{Gamma}(\alpha_1+\cdots+\alpha_T,\lambda)$。）

b. 设 $m_t(\mathbf{x}_i,\boldsymbol{\beta})$ 为 m_{it} 的一个参数函数——例如，$\exp(\mathbf{x}_{it}\boldsymbol{\beta})$。写下观测值 i 的对数似然函数。在该情形中的条件 MLE 被称为**固定效应伽玛估计量**（fixed effects gamma estimator）。

18.13 设 y 是一个连续的分数响应变量，即 y 可以取 (0,1) 中的任何值。对于条件变量 x 的一个 $1\times K$ 维向量，其中 $x_1=1$，假设给定 $\mathbf{x}_i=\mathbf{x}$ 时 y_i 的条件密度是

$$f(y|\mathbf{x};\boldsymbol{\beta}_o)=\exp(\mathbf{x}\boldsymbol{\beta}_o)y^{[\exp(\mathbf{x}\boldsymbol{\beta}_o)-1]},\quad 0<y<1$$

可以证明，对于这个密度而言，有 $\mathrm{E}(y_i\mid\mathbf{x}_i)=\exp(\mathbf{x}_i\boldsymbol{\beta}_o)/[1+\exp(\mathbf{x}_i\boldsymbol{\beta}_o)]$ ——也就是说，它是在 $\mathbf{x}_i\boldsymbol{\beta}_o$ 处进行估计的逻辑斯蒂函数。

a. 对于从总体中的一次随机抽取 i，写出作为 $\boldsymbol{\beta}$ 的一个函数的对数似然函数。

b. 求出 $K\times 1$ 维得分向量，$\mathbf{s}_i(\boldsymbol{\beta})$。

c. 对于这个密度，可以证明，$\mathrm{E}[\log(y_i)\mid\mathbf{x}_i]=-1/\exp(\mathbf{x}_i\boldsymbol{\beta}_o)$。为什么条件期望为负是有道理的？

d. 证明 $\mathrm{E}[s_i(\boldsymbol{\beta}_o)\mid\mathbf{x}_i]=0$。

e. 求出 $-\mathrm{E}[\mathbf{H}_i(\boldsymbol{\beta}_o)\mid\mathbf{x}_i]$。

f. 你将如何估计 $\mathrm{Avar}\sqrt{N}(\hat{\boldsymbol{\beta}}-\boldsymbol{\beta}_o)$？请写出非常具体的过程。

g. 如果我们仅假设条件均值是正确设定的，那么 $\boldsymbol{\beta}_o$ 的 MLE 是一致的吗，亦即 $\mathrm{E}(y_i\mid\mathbf{x}_i)=\exp(\mathbf{x}_i\boldsymbol{\beta}_o)/[1+\exp(\mathbf{x}_i\boldsymbol{\beta}_o)]$ 吗？（提示：请看 $\mathrm{E}[\mathbf{s}_i(\boldsymbol{\beta}_o)\mid\mathbf{x}_i]$。）

h. 如果你只对 $\mathrm{E}(y_i\mid\mathbf{x}_i)$ 感兴趣，如果不用 MLE，你会用什么？

18.14 使用 401KPART. RAW 中的数据来回答这个问题；其与帕普克和伍德里奇（Papke and Wooldridge，1996）的研究中使用的数据集类似，除了它还包括有资格参加 401（k）养老金计划的员工人数外。

a. 设 $y_i=partic_i$ 且 $n_i=employ_i$，并使用二项 QMLE 来估计 $\mathrm{E}(y_i\mid n_i,\mathbf{x}_i)=n_i\Lambda(\mathbf{x}_i\boldsymbol{\beta})$，其中 $\Lambda(\cdot)$ 是逻辑斯蒂函数且 $\mathbf{x}$ 包括一个常数，*mrate*，*ltotemp*，*age*，*agesq* 和 *sole*。请获取三套标准误：基于带有 $\sigma^2=1$（如果分布实际上是二项分布，则其成立）的（18.34）的那些标准误、来自估计了 σ^2 的（18.34）中的标准误，以及完全稳健的标准误。评价一下它们之间如何进行比较。

b. 利用和 a 部分中相同的向量 $\mathbf{x}$，现在使用 *prate* 进行一个分数 logit 分析。同样，请计算三套标准误并讨论它们之间如何进行比较。

c. 解释为什么在来自 a 部分和 b 部分的系数估计之间进行比较是有道理的。它们在系数上的差异，特别是在关键变量 *mrate* 系数上的差异重要吗？哪种方法产生更精确的估计？

d. 使用来自 a 部分和 b 部分的估计计算关于 *mrate* 对 $\mathrm{E}(prate\mid\mathbf{x})$ 的 APE。

e. 使用分数 logit，估计当 *mrate* 从 0.25 变为 0.50 时 $\mathrm{E}(prate\mid\mathbf{x})$ 上

的 APE。

f. 把 $mrate^2$ 添加到分数 logit 估计中。是否有一个将其包括进来的强大案例？试解释。

18.15　对于 $0<y_{it}<1$，考虑模型

$$\log[y_{it}/(1-y_{it})]=\mathbf{x}_{it}\boldsymbol{\beta}+c_i+u_{it}$$
$$\mathrm{E}(u_{it}\mid\mathbf{x}_i,c_i)=0,\quad t=1,\cdots,T$$

a. 假设 $\{\mathbf{x}_{it}: t=1,\cdots,T\}$ 是时变的，你会怎样估计 $\boldsymbol{\beta}$?

b. 设 $v_{it}=c_i+u_{it}$ 并根据 $\mathbf{x}_{it}\boldsymbol{\beta}+v_{it}$ 写出 y_{it}。求（作为 $\mathbf{x}_t$ 的一个函数的）y_{it} 的平均结构函数作为在 v_{it} 的分布上的一个期望。

c. 如果没有进一步假设，你能一致地估计 ASF 吗？试解释。

d. 假设 $c_i=\psi+\bar{\mathbf{x}}_i\boldsymbol{\xi}+a_i$，其中 $r_{it}\equiv a_i+u_{it}$ 是独立于 $\mathbf{x}_i$ 的，试解释在该情形中怎样一致估计 ASF。

第 19 章 截取数据、样本选择及损耗

19.1 简　　介

在前面章节中我们假设我们可以从所关注的总体中获得一个随机样本。例如，在第Ⅱ篇中——在那里我们研究了关于参数是线性的一些模型——我们假设关于因变量、解释变量及工具变量的数据可以通过随机抽样等方式获得——不管是在一个截面还是面板数据背景中。在第Ⅳ篇的前几章中，我们研究了关于响应变量按照某种方式受限的各种非线性模型。第 15 章广泛地考虑了二值响应模型，而且我们看到最常用的模型隐含着非常数的偏效应。在第 17 章中的角点解响应以及在第 18 章中的计数和分数响应也是如此。关键是要明白，我们超越那些章节中的线性模型而向前看的理由是为了获得比关于参数是线性的那些模型更为现实的函数形式。

在本章中，我们转向几个缺失数据的问题。关键的是——甚至比在前面的章节中更关键的是——对强加于总体模型上的那些假设与关于数据是如何生成的那些假设进行区分。在随机抽样下，有趣的问题涉及总体模型和我们在总体中关于分布特征所做的那些假设。在非随机抽样下，在表述关于总体的那些假设及分别表述有关抽样方案的那些假设时，我们必须特别小心。

我们首先研究**截取数据**（data censoring）的一般问题。在数据截取中我们仍然可以在有关总体中随机抽取一些样本单元，但我们面临着一个或多个变量被截取的问题：我们仅观测到在一定范围内的响应——有时是一个非常有限的范围而有时是一个广阔的范围。我们将在 19.2 节中涵盖数据截取的几个例子。

除了数据截取，我们也处理样本选择的一般问题。19.3 节始于对一些缺失数据方案例子的一个一般性的讨论，而 19.4 节讨论何时缺失数据问题可以被忽略而不导致不一致的估计量。当存在样本选择问题时，我们可能可以或可能不可以从总体中随机抽取一些样本单元。**数据断尾**（data truncation）的情形——这是我们在 19.5 节中研究的——是一种我们在那里不从总体中随机抽取一些单位的

情境；相反，我们随机从根据一个或多个可观测变量定义的一个子总体中随机抽样。当然，使用这样的抽样方案时总体参数不能总是可识别的，但在合适的假设下它们是可以识别的。

另一个样本选择问题是**从属断尾**（incidental truncation），其中只是在其他变量取某些特定值时，某些变量才能被观测到。在这样的情形中，我们经常可以随机抽取样本单元，但是我们在一些关键变量上会有数据缺失（而且，不像在数据截取情形中那样，我们没有在结果上或甚至在一定范围内可能的结果上缺失数据的任何信息）。我们在 19.6 节和 19.7 节中处理这种情形。

大多数允许样本选择与不可观测因子系统相关的方法依赖于线性或其他简单的响应函数（诸如指数）。一个备选方法是**逆概率加权**（inverse probability weighting），其可应用于一般的缺失数据问题，如果我们有足够好的预测元来预测选择本身，如此，则以那些预测元为条件时选择是适度外生的。我们将在 19.8 节中 M 估计的背景下涵盖逆概率加权。19.9 节在面板数据应用中涵盖样本选择问题，包括损耗等特定问题。

在我们处理具体的截取和选择方案之前，理解本章中的符号约定是重要的。像在前面的章节中那样，我们将继续设 y 表示所关注的总体中的响应变量。因此，我们将写出以 y 为因变量的总体模型。在所关注的基础响应变量与我们可以观测到的变量之间的区别贯穿本章都是很关键的。例如，在 19.2 节中我们考虑这样的情形，其中我们可以从总体中随机抽样但我们只观测到 y 的一个截取版本。如果 w 表示截取结果，那么对于一个随机抽取的单元 i 我们观测到 w_i，但这可能不等于 y_i。

对于带有内生解释变量的模型，我们继续使用前面章节中的符号约定，例如，设 y_1 和 y_2 表示在潜在总体中的内生变量（其中 y_1 是通常的响应变量，y_2 是一个内生解释变量）。原则上，这些中每一个都可能会是被截取的，而我们使用 w_1 和 w_2 对应表示截取的结果。

19.2　数据截取

传统上，数据截取通常放在第 15～17 章的框架中进行探讨——连同二值响应、多项响应和角点解响应一起。放在一起做并行探讨的好处是表述上更经济，但是其代价也很明显：实证研究者倾向于把受限因变量与数据截取问题的两个差异非常大的函数形式问题混在一起。因此，尽管用于受限因变量和截取因变量的统计模型是相似的，但是它们的解释，以及人们对它们违背标准假设的看法和反应是大不相同的。因为处理截取数据的统计工具与受限因变量模型设定和估计的统计工具都非常类似，我们在介绍估计的细节时可以更简练一些。

作为一个例子，考虑**顶部加密**（top coding）的问题，其中一个变量仅在一个设定的天花板下被报告。对于天花板以上的结果，所有我们知道的是结果处于天花板以上（亦即：天花板以上的顶部被加密了）。常见的例子是关于财富与收入的调查数据。为了引出来自富人的响应，一些调查仅仅询问在一个给定的门槛以内的财富数量，而允许富人仅仅表明他们的财富是否处于该门槛以上。也许在这种情形中的潜在总体模型是一个标准的线性模型，但那是另一个问题了。为了强调这一点，在采集关于慈善捐赠的数据时我们可能也会使用顶部加密。像我们在第 17 章中看到的那样，在一个大的总体中慈善捐赠最好被描述为一个角点解问题，且角点在 0 处。关于慈善捐赠，一个明智的总体模型是 Tobit 模型，或者也许是我们在 17.6 节中涵盖的两部模型之一。这个总体模型的设定与数据采集方案是分开的。如果我们在比如说 10 000 美元（其中捐赠以 1 000 美元计）处对捐赠进行顶部加密，那么，报告的捐赠数据将看上去有两个角点：一个在 0 处而另一个在 10 处。当然，这些在本质上是完全不同的：当我们观测到一个 0 时，我们知道个人提供了 0 份慈善捐赠。如果我们观测到 10，那么我们仅知道捐款不会低于 10 000 美元。如果相反我们在 20 000 美元处进行顶部加密，那么捐款的总体分布将不会发生什么变化；它仍然在 0 处有一个角点。但顶部加密改变了上角点，并通过增加截取值我们将观测到更多捐款的总体分布。正如我们将在 19.2.3 节中看到的，当一个第Ⅰ类 Tobit 回归变量被进行了顶部加密时估计参数的统计模型等价于一个双限 Tobit 模型；但潜在模型是标准的第Ⅰ类 Tobit 模型。

尽管我们将触及更复杂的情形，诸如刚才所描述的 Tobit 模型，但我们在本章主要聚焦于一个非常熟悉的模型：来自初级计量经济学的线性模型。设 y 表示关注变量，并假设它在总体中遵循一个标准的线性模型：

$$y=\mathbf{x}\boldsymbol{\beta}+u \tag{19.1}$$

$$\mathrm{E}(u|\mathbf{x})=0 \tag{19.2}$$

其中 $\mathbf{x}$ 是 $1\times K$ 维的且包含单位元作为第一个元素。根据假设 (19.1) 和 (19.2)，如果我们从总体中随机抽取 (x_i, y_i)，那么对于关注参数 $\boldsymbol{\beta}$，OLS 是一致且$\sqrt{N}$渐近正态的。

当我们只观测到 y 的一个截取版本时，我们在本章研究的问题就出现了。在顶部加密的例子中，假设财富用千美元来测度并被在 200 000 美元处进行顶部加密。那么我们就可以定义财富的截取版本（对于可从总体中抽取的任何单元）为 $w=\min(y,200)$。当然，对于每次随机抽取 i，$w_i=\min(y_i,200)$。如果给我们展示 $\mathbf{x}_i$ 和 w_i 上的数据集，其中 w_i 被称为“财富”，那么我们应当注意到样本中“财富”的最大值是 200，并且有相当一部分观测样本的值恰好为 200。因为现实中没有理由看到财富大量集中在 200 这个值上——更不用说只看到不超过 200 的值——因此我们会意识到财富变量已在 200 处被顶部加密了。

19.2.1 二值截取

我们首先介绍的情形是，潜在响应变量的截取是极端的。作为一个例子，假设我们要对关于拟建公共项目的支付意愿（WTP）建模。假设潜在模型如在式（19.1）与（19.2）中那样而且 $y=wtp$。当我们从总体中抽取家庭（比如说）i 时，我们想观测 $(\mathbf{x}_i, wtp_i)$；如果我们对所有的 i 都这样做，那么我们会通过 OLS 来估计 $\boldsymbol{\beta}$。但是意愿支付是很难被引导出来的，而且报告的金额可能是带噪声的。相反，假设给每个家庭都展示该项目的一个成本 r_i。面对所展示的这个成本，家庭要么说赞成该项目要么说不赞成。因此，连同 $\mathbf{x}_i$ 和 r_i 一起，我们观测到二值响应

$$w_i = 1[y_i > r_i] \tag{19.3}$$

在这里我们假设，到目前为止，y_i 等于 r_i 的几率是 0。

什么是继续估计 $\boldsymbol{\beta}$ 最自然的方式？如果我们施加一些强假设在潜在总体和 r_i 的性质上，那么我们就可以用极大似然进行估计。特别是，假设

$$u_i | \mathbf{x}_i, r_i \sim \text{Normal}(0, \sigma^2) \tag{19.4}$$

假设（19.4）意味着 $y_i = \mathbf{x}_i\boldsymbol{\beta} + u_i$ 实际上满足古典线性模型（CLM）。它还要求 r_i 以 $\mathbf{x}_i$ 为条件独立于 y_i，即，

$$\mathrm{D}(y_i | \mathbf{x}_i, r_i) = \mathrm{D}(y_i | \mathbf{x}_i) \tag{19.5}$$

如果 r_i 是随机的或者 r_i 被作为 $\mathbf{x}_i$ 的函数选定，或者如果存在一些前面这些条件的组合，则假设（19.5）被满足。

给定假设（19.4），

$$\begin{aligned} \mathrm{P}(w_i = 1 | \mathbf{x}_i, r_i) &= \mathrm{P}(y_i > r_i | \mathbf{x}_i, r_i) = \mathrm{P}[u_i/\sigma > (r_i - \mathbf{x}_i\boldsymbol{\beta})/\sigma | \mathbf{x}_i, r_i] \\ &= 1 - \boldsymbol{\Phi}[(r_i - \mathbf{x}_i\boldsymbol{\beta})/\sigma] = \boldsymbol{\Phi}[(\mathbf{x}_i\boldsymbol{\beta} - r_i)/\sigma] \end{aligned} \tag{19.6}$$

我们可以看到二值响应——其表明单元 i 在成本 r_i 上是否赞成该项目——遵循带有在 x_i 上的参数向量 $\boldsymbol{\beta}/\sigma$ 和在 r_i 上的参数 $-1/\sigma$ 的一个 probit 模型。（几乎在所有的应用中 $\mathbf{x}_i$ 都包含一个截距项，我们在此也允许这种可能性。）因此，只要 $\mathbf{x}_i$ 不完全共线性，且 r_i 对于所有 i 都以一种不完全线性的方式与 $\mathbf{x}_i$ 相关，那么所有的参数，包括 σ，都是可识别的。给定数据截取，极大似然估计量（MLE）是 $\boldsymbol{\beta}$ 和 σ（或 σ^2）的渐近有效估计量。由于潜在总体模型是线性的，所以我们感兴趣的是斜率 β_j。在下一节中，我们将证明二值截取问题是带有单元特有门槛的区间加密的一种特殊情形。

二值截取方案的代价可能是很严重的。如果我们可以观测到 y_i，那么设定 $\mathrm{E}(y_i | \mathbf{x}_i) = \mathbf{x}_i\boldsymbol{\beta}$ 将足以保证对 $\boldsymbol{\beta}$ 的一致估计；事实上，我们可以只设定一个线性投影并使用 OLS。在截取情形下，我们必须添加更多的条件，而且假设（19.4）意味着潜在模型满足 CLM。正是在此背景下，当使用 probit 模型时，讨论非正态性和异方差性的有害影响是有道理的。在第 15 章中我们集中讨论的情形是：二值响应是我们想要解释的变量，在该情形中我们对估计响应概率的偏效应感兴趣。在那个设置中，潜变量模型的扰动项中的异方差性和非正态性改变了所关注量的函数形式，以及因此相关的问题涉及那两个问题是如何影响估计的偏效应的（以及就估计偏效应而言，它们对一个标准的 probit 模型甚至

一个线性概率模型所具有的含义）。在数据被截取的情形中，我们只对潜在线性模型中的参数感兴趣。因此，现在关注潜在线性模型中的非正态性或异方差性的参数估计上的影响就是合理的。

在 15.7.6 节中我们讨论了在没有对 $D(u_i \mid \mathbf{x}_i, r_i)$ 施加强约束的情形中估计由缩放因子决定的参数的各种方法。那些估计量可用于当前背景下。例如，如果 $(\mathbf{x}_i, r_i, y_i)$ 的分布意味着对所有元素的以 y_i 为条件的线性期望，那么钟和戈德伯格（Chung and Goldberger，1984）的结果可用于 OLS。如果 u_i 的分布是误设的，那么当 u_i 独立于 $(\mathbf{x}_i, r_i)$ 时就可以应用鲁德（Ruud，1983，1986）的研究成果。曼斯基（Manski，1975，1988）的最高得分估计量只需要 $D(u_i \mid \mathbf{x}_i, r_i)$（关于 0）是对称的，而霍洛维茨（Horowitz，1992）的平滑版本对推断来说更为方便。但在每种情形中，这些方法只能估计由一个共同缩放因子决定的斜率系数（而且截距项根本不能被估计出来）；因此我们无法了解 $\mathbf{x}$ 的任何元素对支付意愿的影响幅度，对于给定的协变量值，我们也没有一种方式去预测支付意愿。

支付意愿的一个线性模型是不理想的，因为 $wtp \geqslant 0$。如果对于总体的某些子集来说 wtp 为 0，一个明智的总体模型是第Ⅰ类 Tobit 模型，即在假设（19.4）下有：

$$y = wtp = \max(0, \mathbf{x}\boldsymbol{\beta} + u) \tag{19.7}$$

如果我们有一个随机抽样，我们将使用第Ⅰ类 Tobit 的 MLE 估计 $\boldsymbol{\beta}$ 和 σ^2（当然，r_i 不会发挥作用），而我们会用 MLE 来估计第Ⅰ类 Tobit 中的均值。有趣的是，如果我们面临二值截取，那么只要 r_i 都是严格为正的，估计程序就与为了 wtp 的一个线性模型所概括的估计程序相同。因为我们没有观测 y_i，所以当 $r_i > 0$ 时我们无法区分式（19.1）和（19.7）。但是，如果我们相信对于总体一个相当大的部分而言 y 是 0，那么任何计算都应当通过使用第Ⅰ类 Tobit 公式来估计偏效应以反映那种信念。

可能确定 WTP 在总体中是否曾为 0 的一种方式是设某些 r_i 为 0，以至结果 $w_i = 0$ 意味着 $wtp_i = 0$。或者，我们可能会设一些 r_i 充分“接近” 0，以至 $w_i = 0$ 实际上意味着 $wtp_i = 0$。当然，这种方法要求在数据被采集之前做一个特别的调查设计。

如果我们真的认为在总体中 $y = wtp > 0$ 成立——比如说，在一个城市中每个人都将乐意为一个新的公园至少支付少量金额——那么根据假设（19.4），潜在总体模型应当类似于

$$y = \exp(\mathbf{x}\boldsymbol{\beta} + u) \tag{19.8}$$

然后，$\log(y) = \mathbf{x}\boldsymbol{\beta} + u$，以至可以应用前面的分析，但要用 $\log(r_i)$ 取代 r_i（而且我们将返回去重新假设 $r_i > 0$）。有趣的是，$P(w_i = 1 \mid \mathbf{x}_i, r_i)$ 的函数形式从式（19.6）变为

$$P(w_i = 1 \mid \mathbf{x}_i, r_i) = \boldsymbol{\Phi}[(\mathbf{x}_i\boldsymbol{\beta} - \log(r_i))/\sigma] \tag{19.9}$$

提供了一种方法，当对于所有 i 都有 $r_i > 0$ 时，这种方法可区分作为潜在总体模

型的假设（19.7）和（19.8）之间的差别。

当然，以前的模型适用于支付意愿以外的情形。但如果 y 不能取一些负值，那么我们在式（19.1）中开始时使用的线性模型就是不理想的。假设（19.7）导致了相同的估计方法，但意味着对 $\mathrm{E}(y \mid \mathbf{x})$ 使用一个 Tobit 形式。如果我们认为在总体中 $y>0$，则式（19.8）更具吸引力，而且我们可以使用式（19.6）和（19.9）基于对数似然函数值在它们之间进行区分。事实上，因为我们知道在第一种情形中 r_i 上的系数，而且在第二种情形中 $\log(r_i)$ 必须是非零的，因此我们可以使用王光（Vuong，1989）的模型选择检验在它们之间进行选择；见 13.11.2 节。

19.2.2 区间加密

我们现在在这样的背景下考虑线性模型（19.1）：其中连续的、数量化结果 y 被记录为仅落到一个特殊的区间中。在这种情形中我们说我们有**区间加密数据**（interval-coded data）（或**区间截取数据**（interval-censored data））。我们仍然对总体回归 $\mathrm{E}(y \mid \mathbf{x})=\mathbf{x}\boldsymbol{\beta}$ 感兴趣。设 $r_1<r_2<\cdots<r_J$ 表示已知的区间极限；这些都被设定为调查设计的一部分。例如，不要求个人报告实际年收入，而要他们报告他们收入落入的区间。

在式（19.4）中的正态性假设下，我们可以估计 $\boldsymbol{\beta}$ 和 σ^2。毫不奇怪，问题的结构类似于我们在 16.3 节所涵盖的有序 probit 模型。事实上，我们可以定义

$$
\begin{aligned}
&w=0,\text{如果 } y\leqslant r_1\\
&w=1,\text{如果 } r_1<y\leqslant r_2\\
&\quad\vdots\\
&w=J,\text{如果 } y>r_J
\end{aligned}
\tag{19.10}
$$

并很容易得到条件概率 $\mathrm{P}(w=j \mid \mathbf{x})$，对于 $j=1，2，\cdots，J$。关于一次随机抽取 i 的对数似然是

$$
\begin{aligned}
l_i(\boldsymbol{\beta},\sigma)=&1[w_i=0]\log\{\boldsymbol{\Phi}[(r_1-\mathbf{x}_i\boldsymbol{\beta})/\sigma]\}+1[w_i=1]\log\{\boldsymbol{\Phi}[(r_2-\mathbf{x}_i\boldsymbol{\beta})/\sigma]\\
&-\boldsymbol{\Phi}[(r_1-\mathbf{x}_i\boldsymbol{\beta})/\sigma]\}+\cdots+1[w_i=J]\log\{1-\boldsymbol{\Phi}[(r_J-\mathbf{x}_i\boldsymbol{\beta})/\sigma]\}
\end{aligned}
\tag{19.11}
$$

极大似然估计量 $\hat{\boldsymbol{\beta}}$ 和 $\hat{\sigma}^2$，通常被称为**区间回归估计量**（interval regression estimator），并将潜在的总体分布理解为同方差正态分布。

尽管式（19.11）看起来很像关于有序 probit 模型的对数似然，但还是有一个重要的区别：在有序 probit 中，割点是待估参数，而参数 $\boldsymbol{\beta}$ 不测度我们感兴趣的偏效应。在区间回归中，区间端点是给定的（或者就是数据本身），且 $\boldsymbol{\beta}$ 包含所关注的偏效应。特别是，像在二值截取的情形中那样，当我们获得了区间回归估计时，我们会如同我们已经能够实施 y_i 对 $\mathbf{x}_i$ 的回归那样来解释 $\hat{\boldsymbol{\beta}}$，其中 $i=1，\cdots，N$。即便数据是区间截取的，施加一些经典的线性模型假设可允许我们估计分布 $\mathrm{D}(y \mid \mathbf{x})$ 中的参数。

在区间回归应用中，有时候可观测的截取变量 w 被设置为在包含 y 的区间内的某些值。例如，如果 y 是财富，我们会设置 w 为 y 所落入的区间的中点。（当然，如果 $y<r_1$ 或 $y>r_J$，那么我们必须使用另外一些规则。）只要 w 的定义确定了合适的区间，$\boldsymbol{\beta}$ 与 σ 的极大似然估计量将是相同的。

当 w 被定义为具有与 y 相同的单元时，有诱惑力的做法是忽略对数据进行分组而直接实施 w_i 对 x_i 的一个 OLS 回归，其中 $i=1$，…，N。当然，这样一个程序关于 $\boldsymbol{\beta}$ 一般是不一致的。然而，可以应用钟和戈德伯格的结果：如果 $\mathrm{E}(\mathbf{x}\mid y)$ 关于 y 是线性的，那么一个线性回归就能估计由一个共同缩放因子决定的斜率系数。

有时区间极限对不同的 i 会改变，这是一种不会造成什么问题的可能性，如果我们假设极限在以下意义上是外生的：

$$\mathrm{D}(y_i\mid \mathbf{x}_i, r_{i1}, \cdots, r_{iJ}) = \mathrm{D}(y_i\mid \mathbf{x}_i) \tag{19.12}$$

在上一节中的二值截取例子中，由于极限值 1（$J=1$）是随机指派的，所以假设（19.12）成立。一般来说，极限值可以是 $\mathbf{x}_i$ 的一个函数（因为可能以这些 $\mathbf{x}_i$ 为条件）。由此产生的对数似然完全像在用 r_{ij} 取代 r_j 时的式（19.11）中那样。一些计量经济学软件包有"区间回归"的命令，其允许人们为每个单元 i 设定下端点和上端点，同时考虑到了单元特有的端点。

由于潜在的正态性假设，我们可以利用里弗斯和王光（Rivers and Vuong，1988）以及史密斯和布伦德尔（Smith and Blundell，1986）的控制函数法来检验和纠正解释变量的内生性。潜在模型是标准的线性模型

$$y_1 = \mathbf{z}_1\boldsymbol{\delta}_1 + \alpha_1 y_2 + u_1 \tag{19.13}$$

而我们观测到截取变量 w_1。给定线性约简型 $y_2=\mathbf{z}\boldsymbol{\delta}_2+v_2$，我们可像以前那样进行：仅仅将第一阶段的残差 $\hat{v}_2$ 连同（$\mathbf{z}_1, y_2$）一起添加到区间回归模型中。当然，我们感兴趣的是 α_1 和 $\boldsymbol{\delta}_1$，它们连同 $\hat{v}_2$ 的系数一起可确定 y_2 事实上是否为内生的。遗憾的是，这样一种方法仅当 y_2 不是截取时起作用。而对 y_2 连同 y_1 一起的区间截取做出解释是很难的。

为线性、不可观测效应面板数据模型修改区间回归是很简单的，只要我们乐意依赖于张伯伦-芒德拉克装置。我们可以写出

$$y_{it} = \mathbf{x}_{it}\boldsymbol{\beta} + c_i + u_{it}, \quad t=1,\cdots,T \tag{19.14}$$

$$c_i = \psi + \bar{\mathbf{x}}_i\xi + a_i \tag{19.15}$$

其中所有不可观测因子都具有正态分布，且区间极限 $\{r_{itj}: j=1,2,\cdots,J\}$ 可以随 i 和 t 而改变。可根据 $\{u_{it}: t=1,\cdots,T\}$ 中的序列独立性假设实施估计，以至对数似然具有一个随机效应结构，或者不需施加任何假设到序列依赖性上（其导致我们在第 15 和 16 章中涵盖类型的混合估计）。

19.2.3 上部截取和下部截取

有两种截取是很普通的：一种情形是一个变量的值只有当它低于一个已知

的上限时才能被观测到，另一种是只有当它高于一个已知的下限（或，在某些情形中，既要低于一个已知上限同时又要高于一个已知下限）时才能被观测到。首先考虑的情形是**右截取**（right censoring）（上部截取）。对于每一个 i，一个截取门槛 r_i 是可观测的。当我们从总体中随机抽取一个单元时，我们观测到解释变量 $\mathbf{x}_i$。然而，我们不观测 y_i 上的结果，而是有效地观测到

$$w_i = \min(y_i, r_i) \tag{19.16}$$

如果关于 y 的潜在总体分布是连续的，那么 $y_i = r_i$ 的概率是 0，所以，如果 $w_i = r_i$，那么我们知道观测值是截取的；如果 $w_i < r_i$，那么我们知道 $w_i = y_i$；也就是说，我们观测到了 y_i。如果 y_i（部分）是离散的，那么可以有正的概率使 $y_i = r_i$。作为一个实际问题，当截取点随 i 而改变时，在数据集里定义一个指示观测值是否截取的二值变量是有帮助的。

为具体起见，我们聚焦于 y_i 的总体分布是连续的情形。设 $f(y \mid \mathbf{x};\boldsymbol{\theta})$ 表示条件密度。在 $\mathrm{D}(y_i \mid \mathbf{x}_i, r_i) = \mathrm{D}(y_i \mid \mathbf{x}_i)$ 下，我们可以很容易地获得 w_i 以 $(\mathbf{x}_i, r_i)$ 为条件的密度，因为对于 $w < r_i$，

$$\mathrm{P}(w_i \leqslant w \mid \mathbf{x}_i, r_i) = \mathrm{P}(y_i \leqslant w \mid \mathbf{x}_i) = F(w \mid \mathbf{x}_i;\boldsymbol{\theta})$$

其中 $F(\cdot \mid \mathbf{x}_i;\boldsymbol{\theta})$ 是以 $\mathbf{x}_i$ 为条件 y_i 的累积分布函数。因此，给定 $(\mathbf{x}_i, r_i)$ 时 w_i 的概率密度就是 $f(w \mid \mathbf{x}_i;\boldsymbol{\theta})$，对于所有 $w < r_i$，亦即对于所有严格小于截取点的值。此外，

$$\mathrm{P}(w_i = r_i \mid \mathbf{x}_i, r_i) = \mathrm{P}(y_i \geqslant r_i \mid \mathbf{x}_i, r_i) = 1 - F(r_i \mid \mathbf{x}_i;\boldsymbol{\theta})$$

其结果是我们可以写出给定 $(\mathbf{x}_i, r_i)$ 时 w_i 的概率密度为

$$g(w \mid \mathbf{x}_i, r_i;\boldsymbol{\theta}) = [f(w \mid \mathbf{x}_i;\boldsymbol{\theta})]^{1[w<r_i]}[1 - F(r_i \mid \mathbf{x}_i;\boldsymbol{\theta})]^{1[w=r_i]} \tag{19.17}$$

对于一次随机抽取 i 的对数似然函数（其中我们要不怕麻烦地去区分西塔的"真实"值和一个通用值）是

$$\log[g(w \mid \mathbf{x}_i, r_i;\boldsymbol{\theta})] = 1[w_i < r_i]\log[f(w_i \mid \mathbf{x}_i;\boldsymbol{\theta})] + 1[w_i = r_i]\log[1 - F(r_i \mid \mathbf{x}_i;\boldsymbol{\theta})] \tag{19.18}$$

而我们在所有 i 上加总这个表达式就获得了整个样本的对数似然。有些作者偏好于为截取和非截取观测值分别写出对数似然，但式（19.18）在实践中往往是首选，因为它表明各单元是从一个总体中随机抽样的。在这里，我们正在抽取 $(w_i, \mathbf{x}_i, r_i)$。在绝大多数情形中，在第 13 章中涵盖的充分得足以使 MLE 表现良好的那些条件对截取估计也是成立的，因为模型 $f(y \mid \mathbf{x};\boldsymbol{\theta})$ 关于 $\boldsymbol{\theta}$ 是平滑的。

式（19.18）一个有趣的特征是对于截取观测值，我们只需要观测截取点 r_i。（然而，我们确实需要知道哪些观测值是截取的，哪些不是。）MLE 方法的这个特征是有用的，因为有时在期限模型的应用中——请参阅第 22 章——仅对于那些事实上被截取的观测值才报告截取值。

在主要的情形中，y 遵循在关注的总体中一个经典的线性模型，亦即，

$$D(y|\mathbf{x})=\text{Normal}(\mathbf{x}\boldsymbol{\beta},\sigma^2) \tag{19.19}$$

在这种情形中，我们就有了通常被称为**截取正态回归模型**（censored normal regression model）。（在计量经济学文献中，这有时被称为截取 Tobit 模型或第Ⅰ类 Tobit 模型，但我们对角点解响应的情形保留着这些名称；参阅第 17 章。）截取正态回归模型的对数似然为

$$\begin{aligned} l_i(\boldsymbol{\theta})=&1[w_i<r_i]\log\{\sigma^{-1}\phi[(w_i-\mathbf{x}_i\boldsymbol{\beta})/\sigma]\}\\ &+1[w_i=r_i]\log\{1-\boldsymbol{\Phi}[(w_i-\mathbf{x}_i\boldsymbol{\beta})/\sigma]\} \end{aligned} \tag{19.20}$$

许多标准的计量经济学软件包估计这个模型时在计算上没什么难度。通常，需要进行诸如取自然对数这样一个变换使式（19.19）成为一个合理的假设。在没有这样的变换以确保正态性的情形中，可以使用式（19.18）中更一般的公式来获得对数似然。

在潜在总体模型和截取方案之间进行区分，可导致一些对于计量经济实践而言也许令人惊讶的含义。例如，假设所采集的调查数据是关于慈善捐赠的，其中捐赠在一个固定的上限处被截取——为具体起见比如说 10 000 美元一年。在总体中，对于慈善捐赠没有天然的上界，所以人们立刻就知道调查数据中在 10 000 美元处的可观测堆积点是由于嵌入的数据截取所致。把慈善捐赠说成是"从 10 000 美元处以上截取的"是合适的。但在 0 处的堆积却是一个不同的问题：这是由于这样的事实即总体的一些部分在一个特殊年份中的慈善捐款将为 0。因此，一个适当的做法是把总体中的慈善捐款当成一个角点解响应来对待，且角点在 0 处。（我们可能会使用一个 Tobit 模型，或一个在 17.6 节中讨论的两部模型。）与在 10 000 美元处以上截取不同，说慈善捐款也是"在 0 处以下截取的"是没有道理的。有一个在 0 处的角点，但它并不是由于数据截取。

有趣的是，在刚才所描述的情形中，如果我们为慈善捐赠在总体中假设一个第Ⅰ类 Tobit 模型，那么关于右截取慈善捐赠的对数似然函数与关于 17.7 节中讨论过的双限 Tobit 模型的对数似然函数是相同的。通过将 0 和 10 000 对应地设定为上界和下界，就可以非常直接地进行估计。实际上重要的问题涉及我们用估计可以做什么。事实上，在获得估计后，所有——关于响应概率、期望值等等——计算应当基于第Ⅰ类 Tobit 模型（忽略右截取）。我们对总体中 $D(y|\mathbf{x})$ 的特征感兴趣，其中 y 是实际的慈善捐赠。因此，在考虑了使用一个双限 Tobit 的估计中的顶部加密问题后，对于所有关于慈善捐赠的表述，我们转到第Ⅰ类 Tobit 模型上来。在其允许我们计算概率上的偏效应、均值和中位数这一范围内，参数本身就是我们所关注的。但在这样的计算中，在10 000 美元处的角点没有发挥作用。类似的评论对角点解的两部模型也成立。

一个更微妙的例子发生在比如说，一个上限是由法律所施加的时。考虑一种程式化的情形，其中个人会将不超过其收入的 15%缴纳到退休计划中。在上班族的总体中，有些人将缴纳 0，有些人将按照 15%的上限缴纳，而很多人会缴纳一个严格处于 0 和 15%之间的百分比。如果我们感兴趣的是在现行法律制度下，解释变量——比如说，学习有关退休储蓄方面的课程——对于缴纳的效

应，那么对于缴纳百分比来说一个双限 Tobit 模型就是有道理的。如果我们想知道，比如说在那些学习了与没有学习退休储蓄方面课程的人之间在缴纳比例上的均值或中位数差异，那么我们可以使用关于双限 Tobit 模型的公式。然而，人们可能会想知道在没有制度约束的情形中协变量对缴纳百分比的影响。那么我们会回到以前的情境中：在 0 处的角点是一个从效用最大化中出现的角点，但在 15 处的角点是被强加上的——在本情形中，是由法律而不是数据采集方案所施加的。在本情形中，即便估计必然是从一个双限 Tobit 中获得的，人们仍会使用关于角点在 0 处的一个第 Ⅰ 类 Tobit 的公式。在此应用中，一个额外的计算可能会让人感兴趣：如果极限被提升了，那么对平均缴纳率的影响会是什么呢？在本情形中我们可以使用关于一个双限 Tobit 的公式来计算恰当的导数。

不出所料，含截取数据的内生解释变量可以通过使用非常类似于第 Ⅰ 类 Tobit 模型的方法来处理。例如，假定总体模型是

$$y_1 = \mathbf{z}_1\boldsymbol{\delta}_1 + \alpha_1 y_2 + u_1 \tag{19.21}$$

其中 $D(u_1 \mid \mathbf{z})$ 是 $\text{Normal}(0, \sigma_1^2)$。然而，该数据是右截取的。如果 y_2 的约简型是 $y_2 = \mathbf{z}\boldsymbol{\delta}_1 + v_2$，其中 (u_1, v_2) 独立于 $\mathbf{z}$ 并服从二元正态分布，那么我们可以应用史密斯和布伦德尔（Smith and Blundell，1986）的方法对右截取进行解释。这假设 y_2 不是截取的，以至第一步是使用一个随机样本时 y_2 对 $\mathbf{z}$ 的 OLS 回归。残差 $\hat{v}_2$ 被添加到在第二阶段中的截取正态回归中。当然，因为潜在的总体模型是线性的，我们对 α_1 和 $\boldsymbol{\delta}_1$ 感兴趣。联合 MLE 也是可能的，而且将更有效并能避免两步估计后推断中的问题。（当然，通过从样本中随机抽取单元，可以在这里应用自助法。记住，我们有各单元的一个随机样本。我们只是包括第一步的估计以及在每个自助法迭代内部的截取正态估计。）

当拥有足够的正态性时，我们不应当感到惊讶的是张伯伦-芒德拉克装置可在右截取和左截取的背景下使用。同样，为简单起见，考虑线性模型 $y_{it} = \mathbf{x}_{it}\boldsymbol{\beta} + c_i + u_{it}$，其中右截取位于 r_{it} 处，其可随 i 和 t 改变。自然的外生性假设以及方便的分布假设是

$$D(u_{it} \mid \mathbf{x}_i, r_{i1}, \cdots, r_{iT}, c_i) = D(u_{it}) = \text{Normal}(0, \sigma_u^2), \quad t = 1, \cdots, T \tag{19.22}$$

$$D(c_i \mid \mathbf{x}_i, r_{i1}, \cdots, r_{iT}) = D(c_i \mid \mathbf{x}_i) = \text{Normal}(\Psi + \bar{\mathbf{x}}_i\xi, \sigma_a^2) \tag{19.23}$$

像往常一样，这些假设意味着我们可以写出

$$y_{it} = \Psi + \mathbf{x}_{it}\boldsymbol{\beta} + \bar{\mathbf{x}}_i\xi + v_{it}, D(v_{it} \mid \mathbf{x}_i, \mathbf{r}_i) = \text{Normal}(0, \sigma_a^2 + \sigma_u^2) \tag{19.24}$$

其中 $\mathbf{r}_i = (r_{i1}, \cdots, r_{iT})$ 是关于单元 i 的截取值向量。现在，我们使用截取点 r_{it} 正好可以应用混合截取正态回归，并一致估计 Ψ，$\boldsymbol{\beta}$，ξ 和 $\sigma_v^2 = \sigma_a^2 + \sigma_u^2$。因为这是一个偏似然法，我们需要使推断对序列相关稳健。一般地，我们不能分别识别 σ_a^2 和 σ_u^2，除非我们作出进一步的假设即 $\{u_{it}: t = 1, \cdots, T\}$ 是序列独立的，在这种情形中，我们可以使用一个在结构上类似于相关随机效应（CRE）Tobit 模型的 CRE 似然方法。当然，由于潜在总体模型的线性性，我们主要感兴趣于

$\boldsymbol{\beta}$ 及关于 $\boldsymbol{\beta}$ 适当的推断。

所有刚刚讨论过的方法都需要一个完全的分布假设。（在面板数据情形中，该表述适用于 $D(y_{it} \mid \mathbf{x}_i, c_i)$，而不适用于一个关于不同 t 的联合分布。）当然，如果可能的话放松这样一些假设是有趣的。（在 19.8 节中，我们将讨论如何使用概率加权来放松分布假设。）鲍威尔（Powell，1984）的截取最小绝对偏差（CLAD）估计量可以应用于不对 $D(y \mid \mathbf{x})$ 施加强约束的截取数据。为看懂这是如何做的，可以以一个关于条件中位数的线性模型开始，

$$\mathrm{Med}(y|\mathbf{x}) = \mathbf{x}\boldsymbol{\beta} \tag{19.25}$$

（当然，这会或可能不会是条件均值。鲍威尔方法是适用于条件中位数的。）再一次，假设我们的随机样本由（$\mathbf{x}_i, r_i, w_i$）构成，其中 $w_i = \min(y_i, r_i)$。LAD 可应用于截取的情形，因为中位数运算可穿过 min 函数进行：

$$\begin{aligned}\mathrm{Med}(w_i|\mathbf{x}_i, r_i) &= \mathrm{Med}[\min(y_i|\mathbf{x}_i, r_i), r_i] = \min[\mathrm{Med}(y_i|\mathbf{x}_i), r_i] \\ &= \min(\mathbf{x}_i\boldsymbol{\beta}, r_i)\end{aligned} \tag{19.26}$$

其中第二个等号在假设 $\mathrm{Med}(y_i \mid \mathbf{x}_i, r_i) = \mathrm{Med}(y_i \mid \mathbf{x}_i)$ 下成立——这意味着在条件中位数的意义下截取关于 y_i 是外生的。和以往一样，截取值可与 $\mathbf{x}_i$ 相关。给定式（19.26），我们可以使用 LAD 估计量 $\boldsymbol{\beta}$，由此得出 CLAD 估计量：

$$\min_{\mathbf{b}} \sum_{i=1}^{N} \mid w_i - \min(\mathbf{x}_i\mathbf{b}, r_i) \mid \tag{19.27}$$

正如在第 17 章中讨论的，鲍威尔（Powell，1984）证明了 CLAD 是一致且 $\sqrt{N}$ 渐近正态分布的。他的论文中包含了关于估计 CLAD 估计量渐近方差的公式。

当应用于截取数据时，关于 CLAD 估计量的一个微妙的要点是：它需要截取值 r_i 甚至在观测值并非右截取时也是可得的。这个对数据的要求很大程度上不是顶部加密的问题，尤其是当使用相同的值时。（例如，如果财富在 500 000 美元处被顶部加密，那么信息就是已知的，且对所有 i，有 $r_i = 500\ 000$。）然而，在某些期限问题中——我们在第 22 章中对其作出明确处理——只有 w_i 是可观测的。也就是说，连同一个截取指示符一起，我们要么观测到 y_i 要么观测到 r_i，但不能同时观测到两者。回想一下，极大似然估计量可以应用于 r_i 并不总能被观测到的情境中：当观测值实际上是被截取的时，我们只需要观测 r_i。

19.3 样本选择概述

我们现在转向这样的估计量：当使用来自总体的子集的一个样本来估计未知参数时。术语**选择性样本**（selected sample）通常用来描述一个不是随机从潜在总体中抽取的样本。如在 19.1 节中提到的那样，存在多种导致选择性样本的**选择机制**（selection mechanisms）。有些机制起因于抽样设计，然而其他的则起因于被抽

样单元的表现，包括对调查问卷问题的无响应以及来自社会项目的损耗。

在我们进入详情介绍之前，有一个重要的一般性论点要记住：样本选择可以只是一个一旦所关注的总体已被仔细设定时的问题。如果我们对一个更大总体的子集提出一个模型，那么通过获取来自那个子总体的一个随机样本然后使用迄今为止我们已经介绍过的标准计量经济学方法进行探讨就是合适的。我们没有一个来自更大总体的随机样本并不影响我们一致估计关于子总体的模型参数的能力。

作为一个经常导致混淆的具体例子，考虑我们在 17.6.2 节中讨论过的条件对数正态栅栏模型。在该模型中，$\log(y)$ 的分布以 $y>0$ 和协变量 $\mathbf{x}$ 为条件，服从一个正态分布且带有一个线性条件均值和常数方差。因此，当对 $y_i>0$ 的子样本使用 MLE（在本情形中为 OLS）时，描述了 $y>0$ 这个子总体的模型的参数 $\boldsymbol{\beta}$ 和 σ^2 就可被一致估计。使用在子样本 $y_i>0$ 上关于 $\log(y)$ 的一个线性模型在指数的第Ⅱ类 Tobit 模型中不起作用，因为那个模型意味着 $\log(y)$ 以 $y>0$ 为条件时不是对数正态分布的，它也没有一个线性条件均值。一些作者偏好于把在 ET2T 模型中的标准 $\log(y)$ 回归的失败看成一个样本选择问题，但那种命名方式遗漏了关键的一点：在栅栏模型中，我们被假定对 $\mathrm{D}(y\mid\mathbf{x})$ 的特征感兴趣，并且唯一的问题是我们是否正确设定了那些特征。在 ET2T 模型中，人们常常看到对使用公式 $y=1[\mathbf{x}\gamma+v>0]\exp(\mathbf{x}\boldsymbol{\beta}+u)$ 估计向量 $\boldsymbol{\beta}$ 时的“样本选择偏误”的讨论。但 $\boldsymbol{\beta}$ 本身并不提供任何涉及 y 的条件均值上的偏效应，因此像我们在 17.6.3 节讨论过的那样，聚焦于对 ET2T 模型中 $\boldsymbol{\beta}$ 的估计是不合适的。（在对数正态栅栏模型中，$\boldsymbol{\beta}$ 表示 $\mathrm{E}(y\mid\mathbf{x},y>0)$ 的半弹性和弹性，其使得 $\boldsymbol{\beta}_j$ 成为应直接关注的。）相反，在一个带有对潜在总体的一个线性回归的样本选择情境中，聚焦于单个的回归参数集是完全恰当的，像我们在接下来的几节中将看到的一样。

作为第二个例子，假设 y 是一个分数响应，其以正的概率取值为 0 和 1，并取严格处于 0 和 1 之间的一个范围内的值。一种可能性是对 $\mathrm{P}(y=0\mid\mathbf{x})$ 和 $\mathrm{P}(y=1\mid\mathbf{x})$ 还有 $\mathrm{E}(y\mid\mathbf{x},0<y<1)$ 建模。假设后者是 $\mathrm{E}(y\mid\mathbf{x},0<y<1)=\boldsymbol{\Phi}(\mathbf{x}\boldsymbol{\beta})$。那么，为一致估计 $\boldsymbol{\beta}$，我们可以把任何关于 18.6.1 节中分数响应的一致估计量应用到 $0<y_i<1$ 的子样本上。我们不通过忽略带有结果 $y_i=0$ 或 $y_i=1$ 的数据来引入一个样本选择问题。

现在，我们知道一些情形中，样本选择不是一个问题，我们列出一些例子，其中非随机抽样是重要的且会（但并不总是）导致严重问题。

例 19.1（储蓄函数） 假设我们希望估计关于一个给定的国家中所有家庭的一个储蓄函数，且总体储蓄函数是

$$saving=\beta_0+\beta_1 income+\beta_2 age+\beta_3 married+\beta_4 kids+u \tag{19.28}$$

其中 age 为户主的年龄且其他变量是不言自明的。然而，我们只能访问一份包含户主为 45 岁或以上的那些家庭的调查问卷。这种约束性抽样引起了一个样本选择问题，因为我们对关于所有家庭的储蓄函数感兴趣，但我们却得到一个仅仅关于总体的一个子集的随机样本。

例 19.2（基于财富的断尾） 我们对估计员工参与一项特殊养老金计划（例如，一项 401（k）计划）的资质对家庭财富的影响感兴趣。设总体模型为

$$wealth=\beta_0+\beta_1 plan+\beta_2 educ+\beta_3 age+\beta_4 income+u \tag{19.29}$$

其中，*plan* 是一个关于在养老金计划中资质的二值指示符。然而，我们只能抽样到净财富不足 200 000 美元的人，所以该样本是基于财富被选定的。正如我们将看到的那样，基于一个响应变量抽样比基于一个外生解释变量抽样更糟糕。

在这两个例子中，作为一种调查设计的结果，数据在关于总体一个子集的所有变量上是缺失的。在其他情形中，单元是从总体中随机抽取的，但数据在关于样本中的一些单元的一个或多个变量上是缺失的。使用存在缺失数据问题的一个随机样本的一个子集可能导致一个样本选择问题。如我们将看到的那样，如果观测值缺失的原因是适度外生的，那么使用子样本就没有严重的后果。

我们最后一个例子阐明了缺失数据问题的一个更微妙的形式。

例 19.3（工资报价函数） 考虑为处于工作年龄的人们估计一个工资报价方程。根据定义，这个方程被假定代表所有处于工作年龄的人，不论在调查时点上一个人是否事实上正在工作。因为我们只能观测到正在工作的人们的工资报价，所以我们在此基础上有效地选择我们的样本。

这个例子不像前两个那样直接。我们把它当作一个样本选择问题来处理，因为在一个关键变量——工资报价，$wage^0$——上的数据仅对于总体的一个清楚定义了的子集才是可得的。这有时被称为从属断尾，因为 $wage^0$ 的缺失是另一个变量——劳动力参与——的结果所致。

在这个例子中的从属断尾有一个很强的自选择成分：人们对就业的自选择，所以我们是否观测到 $wage^0$ 就取决于个人的劳动力供给决策。不管我们把像这样的例子称作样本选择还是自选择，在很大程度上是无关紧要的。重要的一点是，我们必须考虑我们用来估计工资报价方程的样本的非随机性质。

在接下来的几节中，我们涵盖各种样本选择问题，包括对其的检验和修正。

19.4 样本选择何时可被忽略？

在 19.3 节中，我们简短地讨论了如果我们设定的模型应用于我们可以获得一个随机样本的一个总体的一个子样本，怎样才没有样本选择问题。在这里，我们讨论一个更具实质性的问题：在什么样的环境下使用来自一个设定总体中的非随机样本可以一致地估计总体参数？

19.4.1 线性模型：利用 OLS 与 2SLS 的估计

我们以得到的一些条件来开始讨论，在该条件下，对于总体参数来说，利

用选择样本通过 2SLS 对总体模型的估计是一致的。这些结果以其自身特性而成为关注的内容，但是我们还将把它们应用到本章后面几个特定的模型上。

我们假定存在一个由随机向量（$\mathbf{x}, y, \mathbf{z}$）表示的总体，其中 $\mathbf{x}$ 表示 $1\times K$ 维的解释变量向量，y 表示标量响应变量，而 $\mathbf{z}$ 表示 $1\times L$ 维工具向量。

总体模型是含有可能的内生解释变量的标准单方程线性模型：

$$y=\beta_1+\beta_2 x_2+\cdots+\beta_K x_K+u=\mathbf{x}\boldsymbol{\beta}+u \tag{19.30}$$

$$\mathrm{E}(\mathbf{z}'u)=\mathbf{0} \tag{19.31}$$

为了记号简单，其中我们取 $x_1\equiv 1$（这是一个假设，其意味着 z_1 也几乎必然等于 1）。从第 5 章我们知道，如果我们可以从总体中获得一个随机样本，那么方程（19.31）连同秩条件（尤其是秩$[\mathrm{E}(\mathbf{z}'\mathbf{x})]=K$），将是一致估计 $\boldsymbol{\beta}$ 的充分条件。如我们将看到的，在样本选择的背景下，方程（19.31）关于在选择性样本上的 2SLS 的一致性并不是充分的。

一种主要的情形是 $\mathbf{z}=\mathbf{x}$，在该情形中解释变量被假定与误差不相关。我们的一般性处理允许 $\mathbf{x}$ 与 u 相关。

我们不去从总体中获取一个随机样本，而是仅使用满足某些条件的数据点。想法是考虑一下从总体中随机抽取单元，但现在通过抽取一个**选择指示符**（selection indicator）s_i，将关于单元 i 的一次随机抽取（$\mathbf{x}_i, y_i, \mathbf{z}_i$）增补进来。根据定义，如果单元 i 在估计中被使用，则 $s_i=1$，而如果我们不使用随机抽取 i，则 $s_i=0$。因此，我们的“数据”由 $\{(\mathbf{x}_i, y_i, \mathbf{z}_i, s_i): i=1,\cdots,N\}$ 构成，其中 s_i 的值决定了我们是否能观测到所有（$\mathbf{x}_i, y_i, \mathbf{z}_i$）。

因为参数识别应当总能在一个总体中进行研究，所以我们设 s 表示带有关于所有 i 的 s_i 分布的一个随机变量。换言之，（$\mathbf{x}, y, \mathbf{z}, s$）现在代表总体。因此，为确定使用选择样本的任何估计程序的性质，我们需要了解 s 的分布及其关于（$\mathbf{x}, y, \mathbf{z}$）的独立性。

为获得 2SLS 在选择样本上一致估计 $\boldsymbol{\beta}$ 所依据的那些条件，假定 $\{(\mathbf{x}_i, y_i, \mathbf{z}_i, s_i): i=1,\cdots,N\}$ 是来自总体的一个随机样本。使用选择样本的 2SLS 估计量可被写成

$$\hat{\boldsymbol{\beta}}=\left[\left(N^{-1}\sum_{i=1}^{N}s_i\mathbf{z}'_i\mathbf{x}_i\right)'\left(N^{-1}\sum_{i=1}^{N}s_i\mathbf{z}'_i\mathbf{z}_i\right)^{-1}\left(N^{-1}\sum_{i=1}^{N}s_i\mathbf{z}'_i\mathbf{x}_i\right)\right]^{-1}$$
$$\times\left(N^{-1}\sum_{i=1}^{N}s_i\mathbf{z}'_i\mathbf{x}_i\right)'\left(N^{-1}\sum_{i=1}^{N}s_i\mathbf{z}'_i\mathbf{z}_i\right)^{-1}\left(N^{-1}\sum_{i=1}^{N}s_i\mathbf{z}'_i y_i\right)$$

代入 $y_i=\mathbf{x}_i\boldsymbol{\beta}+u_i$，得到

$$\hat{\boldsymbol{\beta}}=\boldsymbol{\beta}+\left[\left(N^{-1}\sum_{i=1}^{N}s_i\mathbf{z}'_i\mathbf{x}_i\right)'\left(N^{-1}\sum_{i=1}^{N}s_i\mathbf{z}'_i\mathbf{z}_i\right)^{-1}\left(N^{-1}\sum_{i=1}^{N}s_i\mathbf{z}'_i\mathbf{x}_i\right)\right]^{-1}$$
$$\times\left(N^{-1}\sum_{i=1}^{N}s_i\mathbf{z}'_i\mathbf{x}_i\right)'\left(N^{-1}\sum_{i=1}^{N}s_i\mathbf{z}'_i\mathbf{z}_i\right)^{-1}\left(N^{-1}\sum_{i=1}^{N}s_i\mathbf{z}'_i u_i\right) \tag{19.32}$$

从方程（19.32）中容易看出，对于一致性的关键条件是 $\mathrm{E}(s_i\mathbf{z}'_i u_i)=\mathbf{0}$，连同在选择性样本上的秩条件。正式地，我们有以下结果：

定理 19.1（在样本选择下 2SLS 的一致性） 在模型（19.30）中，假定 $\mathrm{E}(u^2)<\infty$，$\mathrm{E}(x_j^2)<\infty$，$j=1,\cdots,K$，且 $\mathrm{E}(z_j^2)<\infty$，$j=1,\cdots,L$。进而，假定

$$\mathrm{E}(s\mathbf{z}'u)=\mathbf{0} \tag{19.33}$$

$$秩\ \mathrm{E}(\mathbf{z}'\mathbf{z}|s=1)=L \tag{19.34}$$

$$秩\ \mathrm{E}(\mathbf{z}'\mathbf{x}|s=1)=K \tag{19.35}$$

那么利用选择样本的 2SLS 估计量是关于 $\boldsymbol{\beta}$ 一致的且 $\sqrt{N}$ 渐近正态的。

方程（19.32）本质上证明了在定理 19.1 的假定下的一致性结果。条件（19.34）和（19.35）是相当直截了当的，并且意味着关于 2SLS 的通常秩条件在选择性子总体中成立。自然地，有可能秩条件在整个总体中成立但在 $s=1$ 子集中不成立。例如，如果 $s=1$ 表示在劳动人口总体中的女性，那么无论是 $\mathbf{x}$ 还是 $\mathbf{z}$ 都不包含一个女性虚拟变量。一般地，为了使秩条件成立，人们需要子总体中的解释变量和工具变量都有充足的变化。

对条件（19.33）进行某些细节上的研究是值得的。首先，假设的条件（19.31）——在总体中工具变量和残差项之间的零相关——不够一般化。一种情形是，当 s 与（$\mathbf{z}$，u）独立时，条件（19.31）是充分的，这样，如果 $\mathrm{E}(\mathbf{z}'u)=\mathbf{0}$，则 $\mathrm{E}(s\mathbf{z}'u)=\mathrm{E}(s)\mathrm{E}(\mathbf{z}'u)=\mathbf{0}$。当然，选择与（$\mathbf{z},u$）之间的独立性是一个非常强的假设。在主要情形中，当 $\mathbf{z}=\mathbf{x}$ 时，则估计是通过 OLS 进行的，其条件与在 s 与（$\mathbf{x},y$）之间的独立性相同，这相当于假定某些来自一个原始随机样本的观测值被随机舍弃，而不考虑（$\mathbf{x}_i,y_i$）的值。在统计学文献中，这曾被称为**完全随机缺失（MCAR）**（missing completely at random）假设；参阅，例如，利特尔和鲁宾（Little and Rubin，2002）。

更有趣的是选择可取决于外生变量但不取决于不可观测误差的情形。关于假设（19.33）的一个重要的充分条件，容易通过应用迭代期望法则加以验证，即

$$\mathrm{E}(u|\mathbf{z},s)=0 \tag{19.36}$$

假设（19.36）允许选择与 $\mathbf{z}$ 相关但与 u 不相关，且曾被称为外生性选择。通过审视一种特殊情形——该情形强化了工具变量在总体中是外生的这一意义——来解释这个称呼会更容易。我们不使用方程（19.31），而采用总体零条件均值假设

$$\mathrm{E}(u|\mathbf{z})=0 \tag{19.37}$$

利用条件期望的基本性质，如果假设（19.37）成立且 s 是 $\mathbf{z}$ 的一个确定性函数，那么假设（19.36）成立（当然，这意味着假定（19.33）成立）。换句话说，当对于某些非随机函数 $h(\cdot)$ 有 $s=h(\mathbf{z})$ 时，就产生了外生性抽样；那就是，s 是一个外生变量的非随机函数。但是我们必须记住，工具变量是外生的

这个意义是由更强的假定（19.37）给出的。

在带有外生解释变量的情形中，条件（19.36）等价于

$$\mathrm{E}(y|\mathbf{x},s)=\mathrm{E}(y|\mathbf{x})=\mathbf{x}\boldsymbol{\beta} \tag{19.38}$$

其中，第一个等式是我们在回归分析的背景下如何定义外生性抽样。注意假定（19.38）意味着不管在 y 还是 $\mathbf{x}$ 的元素或者两者上都是否出现数据缺失，在选择性样本上的 OLS 是一致的。假定（19.38）排除了依赖于影响方程（19.30）中 y 的不可观测因子的选择机制。这个假定与（一个条件均值版本的）**随机缺失（MAR）**（missing at random）假定（例如，利特尔与鲁宾（Little and Rubin，2002））相关。MAR，其经常按照条件分布进行表述，进而假定变量决定选择（在本情形中为 $\mathbf{x}$）总是可观测的。关于这种假设，在 19.8 节中关于逆概率加权方面，我们将有更多内容可探讨。

关于假定（19.36）的一个充分条件是，以 $\mathbf{z}$ 为条件，u 和 s 是独立的，这可非正式地写为 $\mathrm{D}(s \mid \mathbf{z},u)=\mathrm{D}(s \mid \mathbf{z})$，或者，因为 s 是二值的，

$$\mathrm{P}(s=1|\mathbf{z},u)=\mathrm{P}(s=1|\mathbf{z}) \tag{19.39}$$

因为 $\mathbf{z}$ 是可观测的——至少对于部分总体——而且 u 总是不可观测的，条件（19.39）是一个曾被称为可观测性选择的例子，尽管这个概念通常用于 $\mathbf{z}$ 总是可观测的设置中，这是某些不是定理 19.1 的表述所必需的内容。再一次，我们将在关于这种假设的 19.8 节中有更多内容可探讨，在 19.8 节中，样本选择也可以在模型设定之外出现的变量为基础。

渐近正态性同样仿效一种来自方程（19.32）的相当简单的方式；记住，被加数都是独立同分布（i.i.d.）随机向量，且根据假定，（19.33）最后一项有一个零均值。毫不吃惊地，通常的异方差性稳健方差矩阵估计量应用于选择性样本时，无须更多假设也是有效的。

如果我们添加同方差假设 $\mathrm{E}(u^2 \mid \mathbf{z},s)=\mathrm{E}(u^2)=\sigma^2$（如果我们维持假设（19.36），这与 $\mathrm{Var}(u \mid \mathbf{z},s)=\sigma^2$ 相同）到定理 19.1 的假设中去，那么我们可以证明关于 2SLS “通常的”方差矩阵估计量是渐近有效的。这样做需要两步。首先，在 $\mathrm{E}(u^2 \mid \mathbf{z},s)=\sigma^2$ 下，通过迭代期望，可以得到 $\mathrm{E}(su^2\mathbf{z}'\mathbf{z})=\sigma^2\mathrm{E}(s\mathbf{z}'\mathbf{z})$。使用该等式，可以证明，$\mathrm{Avar}\sqrt{N}(\hat{\boldsymbol{\beta}}-\boldsymbol{\beta})=\sigma^2(\mathrm{E}(s\mathbf{x}'\mathbf{z})[\mathrm{E}(s\mathbf{z}'\mathbf{z})]^{-1}\mathrm{E}(s\mathbf{z}'\mathbf{x}))^{-1}$。第二个步骤是去证明 σ^2 的通常 2SLS 估计量是一致的。这一事实可以从下面的阐述看出来。在同方差性假设下，$\mathrm{E}(su^2)=\mathrm{E}(s)\sigma^2$，其中 $\mathrm{E}(s)$ 表示全部总体中的子总体部分，σ^2 的估计量（没有自由度调整）是

$$\left(\sum_{i=1}^{N}s_i\right)^{-1}\sum_{i=1}^{N}s_i\hat{u}_i^2 \tag{19.40}$$

由于 $\sum_{i=1}^{N}s_i$ 正是选择样本中观测值的数目。从 u_i^2 中去掉“^”，并且应用大数定律，得到 $N^{-1}\sum_{i=1}^{N}s_i \xrightarrow{p} \mathrm{E}(s)$ 且 $N^{-1}\sum_{i=1}^{N}s_iu_i^2 \xrightarrow{p} \mathrm{E}(su^2)=\mathrm{E}(s)\sigma^2$。因为消掉了

N^{-1}项，表达式（19.40）依概率收敛到σ^2。

如果s仅仅是$\mathbf{z}$的函数，或者s与（$\mathbf{z},u$）是相互独立的，同时$\mathrm{E}(u^2 \mid \mathbf{z})=\sigma^2$——也就是，如果在原始总体中同方差性假设成立——那么$\mathrm{E}(u^2 \mid \mathbf{z},s)=\sigma^2$。像先前提过的那样，若没有同方差性假设，我们就只使用异方差性稳健标准误，正好像总体模型中有异方差性存在时随机样本是可以用的一样。

当$\mathbf{x}$是外生的，并且我们对选择样本应用 OLS 时，定理 19.1 蕴涵着我们在解释变量的基础上来选取样本。于是，基于y或者$\mathbf{x}$的内生元素的选择是不允许的，因为那样的话$\mathrm{E}(u \mid \mathbf{x},s)\neq \mathrm{E}(u)$。

例 19.4（非随机缺失 IQ 得分） 作为一个如何应用定理 19.1 的例子，考虑格里切斯、霍尔和豪斯曼（Griliches，Hall，and Hausman（GHH），1978）的分析。关注的结构方程是

$$\log(wage)=\mathbf{z}_1\boldsymbol{\delta}_1+abil+v,\quad \mathrm{E}(v|\mathbf{z}_1,abil,IQ)=0$$

并且我们假定IQ在$abil=\theta_1 IQ+e$与$\mathrm{E}(e \mid \mathbf{z}_1,IQ)=0$的意义下是$abil$的有效代理（参阅 4.3.2 节）。写成

$$\log(wage)=\mathbf{z}_1\boldsymbol{\delta}_1+\theta_1 IQ+u \tag{19.41}$$

其中$u=v+e$。在所做出的假设下，$\mathrm{E}(u \mid \mathbf{z}_1,\ IQ)=0$。由定理 19.1 立刻可得，如果我们选取了排除那些 IQ 得分低于固定值的人员的样本，那么方程（19.41）的 OLS 估计将是一致的。这并不是 GHH 所面对的。问题相反，GHH 注意到，IQ 缺失的概率（probability）对于 IQ 得分比较低的人要高一些（因为人们不愿意允许研究者获得 IQ 得分）。对此种情形进行建模的一个简单方式是：如果$IQ+r\geqslant 0$，那么$s=1$；如果$IQ+r<0$，那么$s=0$，其中r表示不可观测的随机变量。如果r在结构方程中与在代理变量方程中关于IQ是冗余的，也就是如果$\mathrm{E}(v \mid \mathbf{z}_1,abil,IQ,r)=0$与$\mathrm{E}(e \mid \mathbf{z}_1,IQ,r)=0$，那么$\mathrm{E}(u \mid \mathbf{z}_1,IQ,r)=0$。由于$s$是$IQ$与$r$的函数，由此立刻可得，$\mathrm{E}(u \mid \mathbf{z}_1,IQ,s)=0$。因此，对那些$IQ$是可观测的样本来说，利用 OLS 会立刻产生一致的估计量。

如果r要么与v要么与e是相关的，通常$\mathrm{E}(u \mid \mathbf{z}_1,IQ,s)\neq \mathrm{E}(u)$，那么利用选择样本来对方程（19.41）进行 OLS 估计不会一致地估计出$\boldsymbol{\delta}_1$与θ_1。因此，即使IQ在总体方程（19.41）中是外生的，但样本选择不是外生的。在 19.6.2 节，我们将涵盖可以用于修正样本选择偏误的方法。

定理 19.1 具有其他一些有用的应用。假定$\mathbf{x}$在方程（19.30）中是外生的，同时s是（$\mathbf{x},v$）的非随机函数，其中v表示一个不出现在方程（19.30）中的变量。如果（u,v）与$\mathbf{x}$是独立的，那么$\mathrm{E}(u \mid \mathbf{x},v)=\mathrm{E}(u \mid v)$，所以

$$\mathrm{E}(y|\mathbf{x})=\mathbf{x}\boldsymbol{\beta}+\mathrm{E}(u|\mathbf{x},v)=\mathbf{x}\boldsymbol{\beta}+\mathrm{E}(u|v)$$

如果我们对$\mathrm{E}(u \mid v)$的函数形式做出假设，例如，$\mathrm{E}(u \mid v)=\gamma v$，那么我们可以写成

$$y=\mathbf{x}\boldsymbol{\beta}+\gamma v+e,\ \mathrm{E}(e|\mathbf{x},v)=0 \tag{19.42}$$

其中 $e=u-\mathrm{E}(u \mid v)$。因为 s 只是 $(\mathbf{x},v)$ 的函数，$\mathrm{E}(e \mid \mathbf{x},v,s)=0$，所以 $\boldsymbol{\beta}$ 与 γ 能够利用选择样本通过 y 对 $\mathbf{x}$、v 的 OLS 回归得到一致的估计。在所选择子样本上的回归中包含 v 会有效地消除样本选择问题，并且允许我们一致地估计 $\boldsymbol{\beta}$。[顺便提一句，因为 v 与 $\mathbf{x}$ 是相互独立的，如果我们具有出自总体的随机样本，那么我们为了一致地估计 $\boldsymbol{\beta}$，不必在方程（19.30）中包括 v。然而，当 $\mathrm{Var}(y \mid \mathbf{x},v)$ 是同方差的时候，包括 v 会导致 $\boldsymbol{\beta}$ 的一个渐近更有效的估计量。参阅习题 4.5。] 在 19.7 节中，我们将看到，当 v 取决于未知参数时，方程（19.42）是如何得以完成的。

19.4.2 非线性模型

对于非线性模型来说，类似于前面一节中的那些结果也成立。我们将以显性方式涵盖非线性回归与极大似然的情形。关于 GMM 的情形，可参阅习题 19.8。

在非线性回归情形下，如果 $\mathrm{E}(y \mid \mathbf{x},s)=\mathrm{E}(y \mid \mathbf{x})$ ——因而选择在条件均值意义下是可以忽略的——那么关于选择样本的 NLS 是一致的。充分条件是，s 为 $\mathbf{x}$ 的确定性函数。一致性的论证推理是简单的：关于选择样本的 NLS 可以求解

$$\min_{\boldsymbol{\beta}} N^{-1}\sum_{i=1}^{N} s_i[y_i-m(\mathbf{x}_i,\boldsymbol{\beta})]^2 \tag{19.43}$$

所以去证明 $\mathrm{E}(y \mid \mathbf{x})=m(\mathbf{x},\boldsymbol{\beta}_o)$ 之中的 $\boldsymbol{\beta}_o$ 在 $\boldsymbol{\beta}$ 上最小化 $\mathrm{E}\{s[y-m(\mathbf{x},\boldsymbol{\beta})]^2\}$ 就足够了。由迭代期望法则可知，

$$\mathrm{E}\{s[y-m(\mathbf{x},\boldsymbol{\beta})]^2\}=\mathrm{E}(s\mathrm{E}\{[y-m(\mathbf{x},\boldsymbol{\beta})]^2 \mid \mathbf{x},s\})$$

其次，写成 $[y-m(\mathbf{x},\boldsymbol{\beta})]^2=u^2+2[m(\mathbf{x},\boldsymbol{\beta}_o)-m(\mathbf{x},\boldsymbol{\beta})]u+[m(\mathbf{x},\boldsymbol{\beta}_o)-m(\mathbf{x},\boldsymbol{\beta})]^2$，其中 $u-y-m(\mathbf{x},\boldsymbol{\beta}_o)$。由假设，$\mathrm{E}(u \mid \mathbf{x},s)=0$。因此，

$$\mathrm{E}\{[y-m(\mathbf{x},\boldsymbol{\beta})]^2 \mid \mathbf{x},s\}=\mathrm{E}(u^2 \mid \mathbf{x},s)+[m(\mathbf{x},\boldsymbol{\beta}_o)-m(\mathbf{x},\boldsymbol{\beta})]^2$$

而第二项显然在 $\boldsymbol{\beta}=\boldsymbol{\beta}_o$ 处达到最小值。我们必须做出假定，$\boldsymbol{\beta}_o$ 是使 $\mathrm{E}\{s[m(\mathbf{x},\boldsymbol{\beta})-m(\mathbf{x},\boldsymbol{\beta}_o)]^2\}$ 为零的唯一 $\boldsymbol{\beta}$ 值。这是子总体上的识别条件。

还可以证明，如果 $\mathrm{Var}(y \mid \mathbf{x},s)=\mathrm{Var}(y \mid \mathbf{x})$ 并且 $\mathrm{Var}(y \mid \mathbf{x})=\sigma_0^2$，那么通常的非稳健 NLS 统计量是有效的。如果要么在总体中存在异方差性要么在子总体上存在异方差性，那么就能够使用标准的异方差性稳健推断。该论证非常类似于前面一小节中关于 2SLS 的那些情形。

另外一个重要情形是对普通条件极大似然的建立。假定给定 $\mathbf{x}$ 与 s 时 $\mathbf{y}$ 的分布和给定 $\mathbf{x}$ 时 $\mathbf{y}$ 的分布是相同的：$\mathrm{D}(\mathbf{y} \mid \mathbf{x},s)=\mathrm{D}(\mathbf{y} \mid \mathbf{x})$。这是一种较强的选择可忽略性形式，但是如果 s 是 $\mathbf{x}$ 的非随机函数或如果 s 与 $(\mathbf{x},\mathbf{y})$ 是相互独立的，那么较强形式总是成立的。不管怎样，$\mathrm{D}(\mathbf{y} \mid \mathbf{x},s)=\mathrm{D}(\mathbf{y} \mid \mathbf{x})$ 确保了选择样本上的 MLE 是一致的，而且通常 MLE 统计量是有效的。现在，类似的论证推理应该是熟悉的。选择样本上的条件 MLE 可以求解

$$\max_{\theta} N^{-1}\sum_{i=1}^{N} s_i\ell(\mathbf{y}_i,\mathbf{x}_i;\boldsymbol{\theta}) \tag{19.44}$$

其中 $\ell(\mathbf{y}_i,\mathbf{x}_i;\boldsymbol{\theta})$ 表示观测值 i 的对数似然。现在，对于每一个 $\mathbf{x}$，$\boldsymbol{\theta}_o$ 在 $\boldsymbol{\theta}$ 上最大化 $\mathrm{E}[\ell(\mathbf{y},\mathbf{x};\boldsymbol{\theta})\mid\mathbf{x}]$。但是，$\mathrm{E}[s\ell(\mathbf{y},\mathbf{x};\boldsymbol{\theta})]=\mathrm{E}\{s\mathrm{E}[\ell(\mathbf{y},\mathbf{x};\boldsymbol{\theta})\mid\mathbf{x},s]\}=\mathrm{E}\{s\mathrm{E}[\ell(\mathbf{y},\mathbf{x};\boldsymbol{\theta})\mid\mathbf{x}]\}$，由假设，因为给定 $(\mathbf{x},s)$ 时 $\mathbf{y}$ 的条件分布并不依赖于 s。由于 $\mathrm{E}[\ell(\mathbf{y},\mathbf{x};\boldsymbol{\theta})\mid\mathbf{x}]$ 在 $\boldsymbol{\theta}_o$ 处达到最大化，这就是 $\mathrm{E}\{s\mathrm{E}[\ell(\mathbf{y},\mathbf{x};\boldsymbol{\theta})\mid\mathbf{x}]\}$。我们必须作出更强的假设，使 $\boldsymbol{\theta}_o$ 成为唯一的最大化值，正像前面的情形一样：如果出自总体的所选取子集太小，那么我们不能够识别 $\boldsymbol{\theta}_o$。利用从所选取的子样本中获得的通常 MLE 统计量可以完成推断，因为在假设 $\mathrm{D}(\mathbf{y}\mid\mathbf{x},s)=\mathrm{D}(\mathbf{y}\mid\mathbf{x})$ 下，信息等式现在是以 $\mathbf{x}$ 与 s 为条件而成立的。我们省略了详细推理。

习题 19.11 要求你通过基于条件矩约束的一般非线性模型的 GMM 估计情形来加以证明。

19.5 以响应变量为基础的选择：断尾回归

设 $(\mathbf{x}_i,y_i)$ 表示出自总体的一次随机抽取。在本节中，我们以显性方式研究建立在 y_i 基础之上的样本选择问题。

在应用下述一些方法时，重要的是要记住，存在一个关注的基础总体，并且经常由线性条件期望来描述：$\mathrm{E}(y_i\mid\mathbf{x}_i)=\mathbf{x}_i\boldsymbol{\beta}$。如果我们能够观测到出自总体的一个随机样本，那么我们可以恰好使用标准回归分析。由于我们所能观测到的样本至少部分地根据 y_i 值而选取，所以问题便产生了。与选择仅仅基于 $\mathbf{x}_i$ 的情形不同，对于样本选择上的标准 OLS 分析来说，基于 y_i 进行选择就产生了问题。

基于 y_i 进行选择的一个经典例子是豪斯曼和怀斯（Hausman and Wise, 1977）对工资的决定因素的研究。豪斯曼和怀斯认为，他们出自负的收入税实验的样本是断尾的，因为只有收入低于贫困水平 1.5 倍的家庭才允许参与此项目；对于家庭收入高于该门槛值的家庭没有数据可以利用。断尾规则是已知的，因而要对断尾的影响进行解释。

一个类似的例子是例题 19.2。我们不能观测到家庭财产高于 200 000 美元的那些家庭数据。这一情形不同于我们在 19.2.3 节曾讨论的顶部加密例子。这里，我们观测不到财产高的那些家庭数据：它们完全被排除在样本之外。在顶部加密情形中，我们拥有家庭的随机样本，而且我们总是可以观测到 $\mathbf{x}_i$；即使财产是顶部加密的，关于 $\mathbf{x}_i$ 的信息也是有用的。

我们假定 y_i 是一个连续随机变量，且选择规则采用形式

$$s_i=1[a_1<y_i<a_2]$$

其中 a_1 与 a_2 都是已知常数，使得 $a_1<a_2$。考虑样本选择的一个好方法是，我们从总体中随机抽取 $(\mathbf{x}_i,y_i)$。如果 y_i 落入区间 (a_1,a_2) 之中，那么我们就既

观测到 y_i，又观测到 $\mathbf{x}_i$。如果 y_i 位于此区间之外，那么我们不能观测到 y_i 或者 $\mathbf{x}_i$。因而，我们所知道的全部内容是，由于选择规则的缘故，总体的某一个子集不会进入我们的数据集之中。因为我们知道常数 a_1 与 a_2，所以我们知道如何去刻画总体中未被抽样的那部分的特征。

在大多数应用中，我们还是对估计 $\mathrm{E}(y_i \mid \mathbf{x}_i)=\mathbf{x}_i\boldsymbol{\beta}$ 感兴趣。然而，由于样本选择是依据 y_i 进行的，我们必须——至少在参数背景下——设定给定 $\mathbf{x}_i$ 时 y_i 的完全条件分布。通过 $f(\cdot \mid \mathbf{x}_i;\boldsymbol{\beta},\gamma)$ 参数化给定 $\mathbf{x}_i$ 时 y_i 的条件密度，其中 $\boldsymbol{\beta}$ 表示条件均值参数，而 γ 表示 $G\times 1$ 维的附加参数向量。给定 $\mathbf{x}_i$ 时 y_i 的 cdf 是 $F(\cdot \mid \mathbf{x}_i;\boldsymbol{\beta},\gamma)$。

我们在估计中所能利用的内容是，以 $\mathbf{x}_i$ 以及我们可以观测到 $(y_i,\mathbf{x}_i)$ 这一事实为条件的 y_i 的密度。换句话讲，我们必须以 $a_1<y_i<a_2$ 为条件，或者等价地，$s_i=1$。以 $(\mathbf{x}_i,s_i=1)$ 为条件的 y_i 的 cdf 正是

$$\mathrm{P}(y_i\leqslant y\mid\mathbf{x}_i,s_i=1)=\frac{\mathrm{P}(y_i\leqslant y,s_i=1\mid\mathbf{x}_i)}{\mathrm{P}(s_i=1\mid\mathbf{x}_i)}$$

因为 y_i 是连续分布的，所以对于 $\mathbf{x}_i$ 的所有可能值，$\mathrm{P}(s_i=1\mid\mathbf{x}_i)=\mathrm{P}(a_1<y_i<a_2\mid\mathbf{x}_i)=F(a_2\mid\mathbf{x}_i;\boldsymbol{\beta},\gamma)-F(a_1\mid\mathbf{x}_i;\boldsymbol{\beta},\gamma)>0$。$a_2=\infty$ 的情形对应于仅从下面的断尾，在此情形下，$F(a_2\mid\mathbf{x}_i;\boldsymbol{\beta},\gamma)\equiv 1$。如果 $a_1=-\infty$（仅从上面断尾），那么 $F(a_1\mid\mathbf{x}_i;\boldsymbol{\beta},\gamma)=0$。当 $a_1<y<a_2$ 时，为了获得分数的分子，我们有

$$\mathrm{P}(y_i\leqslant y,s_i=1\mid\mathbf{x}_i)=\mathrm{P}(a_1<y_i\leqslant y\mid\mathbf{x}_i)=F(y\mid\mathbf{x}_i;\boldsymbol{\beta},\gamma)-F(a_1\mid\mathbf{x}_i;\boldsymbol{\beta},\gamma)$$

当我们把这一等式放在 $\mathrm{P}(s_i=1\mid\mathbf{x}_i)$ 之上时，而且对虚拟变量 y 求导数，我们得到给定 $(\mathbf{x}_i,s_i=1)$ 时 y_i 的密度：

$$\mathrm{P}(y\mid\mathbf{x}_i,s_i=1)=\frac{f(y\mid\mathbf{x}_i;\boldsymbol{\beta},\gamma)}{F(a_2\mid\mathbf{x}_i;\boldsymbol{\beta},\gamma)-F(a_1\mid\mathbf{x}_i;\boldsymbol{\beta},\gamma)} \tag{19.45}$$

对于 $a_1<y<a_2$。

给定关于 $f(y\mid\mathbf{x};\boldsymbol{\beta},\gamma)$ 的一个模型，对于样本中任何 $(\mathbf{x}_i,y_i)$ 的对数似然函数，能够通过把 y_i 代入式（19.45），并且取对数而得到。利用选择样本得到的 $\boldsymbol{\beta}$ 与 γ 的 CMLE 在不使用关于 $\mathbf{x}_i$ 分布信息的那类估计量中是有效的。利用条件 MLE 的一般理论可以计算标准误与检验统计量。

在大多数断尾样本的应用中，总体条件分布被假定成为 Normal $(\mathbf{x}\boldsymbol{\beta},\sigma^2)$，其中我们具有**断尾 Tobit 模型或者断尾正态回归分布**（truncated Tobit model or truncated normal regression model）。断尾 Tobit 模型与关于数据截取应用（参阅 19.2.3 节）的截取 Tobit 模型是有关的，但是存在一个关键性差异：在截取回归中，我们有各单元的一个随机样本，而且可以观测到所有人的协变量，甚至那些响应是未知的人。当响应不是可观测的时候，如果我们整个舍弃观测值，那么我们就获得断尾回归模型。如果我们在一个顶部加密的例题中使用顶部加密观测值的信息，那么我们就处于截取回归情形。如果我们舍弃所有顶部加密观测，那么我们就处于断尾回归情形。（给定一种选择，当它使用样本中

所有信息时，我们应该使用截取回归分析。）

由 19.2.3 节我们对截取回归模型的分析知，断尾回归中的异方差性与非正态性导致 $\boldsymbol{\beta}$ 的非一致估计量，这一点并不令人感到惊奇。这一结果是不幸的，因为如果不是因为样本选择问题，在 $\mathrm{E}(y \mid \mathbf{x})=\mathbf{x}\boldsymbol{\beta}$ 下，不用设定 $\mathrm{Var}(y \mid \mathbf{x})$ 或条件分布，我们能够一致地估计 $\boldsymbol{\beta}$。鲍威尔（Powell，1986）在对称误差分布假设下，提出关于断尾回归模型的无须设定分布方法*；参阅鲍威尔（Powell，1994）的最新综述。

建立在 y 基础之上的对样本进行断尾与**基于选择的抽样**（choice-based sampling）是有关的。当 y 是取有限多个值的离散响应时，可以应用传统的基于选择的抽样，其中抽样频数依赖于 y 的结果而不同。[在断尾情形下，当 y 落入区间（a_1, a_2）时，抽样频数为 1，当 y 落入该区间之外时，抽样频数为 0。] 这里，我们没有涵盖基于选择的抽样；参阅曼斯基和麦克法登（Manski and McFadden，1981）、英伯斯（Imbens，1992）以及科斯莱特（Cosslett，1993）。在 20.2 节，我们将涵盖一些关于分层抽样的估计方法，可以把它们应用到某些基于选择的样本上。

19.6 从属断尾：一个 probit 选择方程

现在，我们转到当选择是由 probit 模型所决定的时候，关于样本选择修正的问题上。这种设置可以应用到与 19.5 节那些内容不同的问题上，其中的问题是，调查或项目被有意设计成排除一部分总体。现在我们对选择问题感兴趣，这些选择归因于从属断尾、项目评估背景下的损耗以及导致响应变量或解释变量上缺乏数据的一般非响应。

19.6.1 外生解释变量

从属断尾问题受到了格罗诺（Gronau，1974）的工资报价和劳动力参与模型的启发。

例 19.5（劳动力参与和工资报价） 关注的内容在于估计 $\mathrm{E}(w_i^o \mid \mathbf{x}_i)$，其中 w_i^o 表示关于随机抽取的个体 i 的小时工资报价。如果 w_i^o 在（适合工作年龄）总体中对于每一个人都是可观测的，那么我们可以在标准回归框架下继续做下去。然而，由于 w_i^o 仅仅对于工作的人才是可观测的，所以潜在的样本选择问题就产生了。

我们能够把这一问题处理成每周劳动力供给模型：

$$\max_h \quad \mathrm{util}_i(w_i^o h + a_i, h), \mathrm{s.t} \quad 0 \leqslant h \leqslant 168 \tag{19.46}$$

* distribution-free methods，又称为非参数方法。——译者注

其中 h 表示每周工作小时数，而 a_i 表示第 i 个人的非工资收入。设 $s_i(h)\equiv \text{util}_i(w_i^o h+a_i,h)$，并且假定我们可以剔除解 $h_i=168$。于是，其解可以是$h_i=0$ 或 $0<h_i<168$。如果在 $h=0$ 处 $\text{d}s_i/\text{d}h\leqslant 0$，那么最优解是 $h_i=0$。利用这个条件，经过简单代数计算，可以证明，$h_i=0$ 当且仅当

$$w_i^o\leqslant -mu_i^h(a_i,0)/mu_i^q(a_i,0) \tag{19.47}$$

其中 $mu_i^h(\cdot,\cdot)$ 表示工作的边际负效应（marginal disutility），而 $mu_i^q(\cdot,\cdot)$ 表示收入的边际效应。格罗诺把式（19.47）的右边称为保留工资（reservation wage）w_i^r，假定它是严格正的。

我们现在做出参数假设

$$w_i^o=\exp(\mathbf{x}_{i1}\boldsymbol{\beta}_1+u_{i1}),w_i^r=\exp(\mathbf{x}_{i2}\boldsymbol{\beta}_2+\gamma_2 a_i+u_{i2}) \tag{19.48}$$

其中 (u_{i1},u_{i2}) 与 $(\mathbf{x}_{i1},\mathbf{x}_{i2},a_i)$ 是相互独立的。这里，$\mathbf{x}_{i1}$包括个体 i 的生产率特征以及可能的人口学特征，而 $\mathbf{x}_{i2}$包括一些可以决定闲暇与收入的边际效用的变量；这些与 $\mathbf{x}_{i1}$可以部分重叠。由式（19.48），我们有对数工资方程

$$\log w_i^o=\mathbf{x}_{i1}\boldsymbol{\beta}_1+u_{i1} \tag{19.49}$$

但是，工资报价 w_i^o 只有人工作时才是可观测的，也就是，只有 $w_i^o\geqslant w_i^r$，或者

$$\log w_i^o-\log w_i^r=\mathbf{x}_{i1}\boldsymbol{\beta}_1-\mathbf{x}_{i2}\boldsymbol{\beta}_2-\gamma_2 a_i+u_{i1}-u_{i2}\equiv \mathbf{x}_i\boldsymbol{\delta}_2+v_{i2}>0$$

才是可观测的。如果我们仅仅利用有工作人的数据来估计方程（19.49），那么这一行为就引进了潜在的选择问题。

这个例题与顶部加密例题在一个重要方面有着差别。对于顶部加密来说，截取规则对于总体中每一个单位均是已知的。在格罗诺的例子中，我们不知道 w_i^r，所以我们不能在截取回归分析中使用 w_i^o。如果 w_i^r 是可观测的且外生的，而 $\mathbf{x}_{i1}$总是可观测的，那么我们就会处于截取回归框架下。如果 w_i^r 是可观测的且外生的，但 $\mathbf{x}_{i1}$是可观测的唯一条件是 w_i^o 是可观测的，那么我们就处于断尾 Tobit 框架下。但是，允许 w_i^r 依赖于不可观测的因素，因而我们需要新的框架。

如果我们省略 i 下标，设 $y_1\equiv \log w^o$，并且设 y_2 表示二值劳动力参与指示符，对于从总体随机抽取的样本来说，格罗诺模型可以写成

$$y_1=\mathbf{x}_1\boldsymbol{\beta}_1+u_1 \tag{19.50}$$

$$y_2=1[\mathbf{x}\boldsymbol{\delta}_2+v_2>0] \tag{19.51}$$

我们在下面的假设集下讨论此模型的估计。

假设 19.1：(a) $(\mathbf{x},y_2)$ 总是可观测的，y_1 只有当 $y_2=1$ 时才是可观测的；(b) (u_1,v_2) 与 $\mathbf{x}$ 是相互独立的且均值为 0；(c) $v_2\sim \text{Normal}(0,1)$；以及 (d) $\text{E}(u_1\mid v_2)=\gamma_1 v_2$。

假设 19.1 中的 (a) 强调了问题的样本选择特性。(b) 部分是强的但是标准的 $\mathbf{x}$ 的外生性形式。我们将看到，假设 19.1 (c) 是为推导给定选择样本时的条件期望所需要的。它可能是最有约束性的假设，因为它是一种显性分布假

设。假定 $\text{Var}(v_2)=1$ 并不失一般性，因为 y_2 是一个二值变量。

假设 19.1（d）要求 u_1 关于 v_2 的总体回归具有线性性。如果（u_1, v_2）是二元正态分布——在这些背景下的标准假设——那么它总是成立的，但是在更弱的假设下，假设 19.1（d）也成立。特别是，我们并不需要假定 u_1 本身是正态分布的。

雨宫（Amemiya，1985）把方程（19.50）与方程（19.51）称为**第Ⅱ类 Tobit 模型**（typeⅡ Tobit model）。这一名称顾名思义，但是我们必须认识到，它是样本选择的模型，同时与 y_1 成为角点解结果没有什么关系。遗憾的是，在这种模型的几乎所有处理中，当 $y_2=0$ 时都设 y_1 为 0。当 $y_2=0$ 时，设 y_1 为 0（或任何值）会令人误解，而且会导致对此模型的不适当使用。例如，设置工资报价为 0 没有什么道理，因为我们不能观测到它。举另外一个例子，设人寿保险（y_1）的人均美元价格为 0，这对于不购买人寿保险的某人来说是没有什么道理的（因此，$y_2=1$，当且仅当该人拥有一份人寿保险合同）。

我们还对选择方程（19.51）的参数感兴趣；例如，在格罗诺模型中，它是一个约简型劳动力参与方程。在带损耗的项目评估中，选择方程可以解释退出该项目的概率。

由于关于对样本选择的第Ⅱ类 Tobit 模型与对角点解的指数的第Ⅱ类 Tobit 模型在统计结构上的相似性，现在是回顾人们在应用这些模型的方式上的差异的一个好时机。回忆当对一个角点响应使用 ET2T 时，目标是按照一种灵活的方式对完全可观测产出的分布建模。可能的产出包括 0——它是一个合理值，且意味着我们不仅需要对一个响应在 0 处的概率建模，还要对有关正值的密度建模。人们可以讨论一下哪个模型最好，但重点是没有缺失数据的问题。（正是出于那个原因，对于我们在 17.6.3 节中讨论的栅栏模型使用标签“选择模型”就多少有点误导。）

目前的情形与在 0 处有一个角点解不同。在样本选择设置中，通常采用对数形式（在该情形中的设置看起来与 ET2T 模型非常相似）的方程（19.50）中的变量 y_1 不是总能被观测到的。我们对总体中的均值响应感兴趣，即 $\text{E}(y_1 \mid \mathbf{x}_1)$，其被假定为服从一个标准线性模型。因此，一旦参数 $\boldsymbol{\beta}_1$ 已经被一致估计，由于 $\hat{\boldsymbol{\beta}}_1$ 的元素直接测度了我们感兴趣的偏效应，解释所估计的方程就变得无足轻重了。换句话说，在样本选择背景下，参数估计被直接解释为在 $\text{E}(y_1 \mid \mathbf{x}_1)$ 上的偏效应，不像在 ET2T 情形中，其中可观测响应的各种条件均值没有样本形式。

我们通过用 $\mathbf{x}_2$ 代替方程（19.51）中的 $\mathbf{x}$，允许模型具有少许的一般性；于是，显然，$\mathbf{x}_1$ 仅仅需要无论何时只要 y_1 是可观测的它就是可观测的，而 $\mathbf{x}_2$ 必须总是可观测的。对于有点像格罗诺模型的情形来说，这种推广并不是特别有用，因为它蕴涵着 $\mathbf{x}_1$ 包括了还不能出现在 $\mathbf{x}_2$ 中的元素。由于选择方程一般不是结构方程，所以对方程（19.51）施加排除约束是不合意的。如果影响 y_1 的变量只与 y_1 是一起时可观测的，那么我们在 19.6.2 节中所涵盖的工具变量方法更有吸引力。

为了推导可估计的方程，设（$y_1,y_2,\mathbf{x},u_1,v_2$）表示从总体中抽取的随机样本。由于 y_1 只有在 $y_2=1$ 时才是可观测的，所以我们所希望估计的内容是 $\mathrm{E}(y_1\mid\mathbf{x},y_2=1)$［连同 $\mathrm{P}(y_2=1\mid\mathbf{x})$］。$\mathrm{E}(y_1\mid\mathbf{x},y_2=1)$ 会怎样依赖于关注的向量 $\boldsymbol{\beta}_1$ 呢？首先，在假设 19.1 与方程（19.50）下，

$$\mathrm{E}(y_1|\mathbf{x},v_2)=\mathbf{x}_1\boldsymbol{\beta}_1+\mathrm{E}(u_1|\mathbf{x},v_2)=\mathbf{x}_1\boldsymbol{\beta}_1+\mathrm{E}(u_1|v_2)=\mathbf{x}_1\boldsymbol{\beta}_1+\gamma_1v_2 \tag{19.52}$$

其中第二个等式因为（u_1,v_2）与 $\mathbf{x}$ 是相互独立的而成立。方程（19.52）是非常有用的。要注意的第一件事是，如果 γ_1-0——它蕴涵着 u_1 与 v_2 是不相关的——那么 $\mathrm{E}(y_1\mid\mathbf{x},v_2)=\mathrm{E}(y_1\mid\mathbf{x})=\mathrm{E}(y_1\mid\mathbf{x}_1)=\mathbf{x}_1\boldsymbol{\beta}_1$。由于 y_2 是（$\mathbf{x},v_2$）的函数，由此立刻可得，$\mathrm{E}(y_1\mid\mathbf{x},y_2)=\mathrm{E}(y_1\mid\mathbf{x}_1)$。换句话讲，如果 $\gamma_1=0$，那么不存在样本选择问题，而且 $\boldsymbol{\beta}_1$ 可以利用选择样本通过 OLS 得到一致估计。

如果 $\gamma_1\neq0$ 时，会发生什么情况呢？对方程（19.52）利用迭代期望法则

$$\mathrm{E}(y_1|\mathbf{x},y_2)=\mathbf{x}_1\boldsymbol{\beta}_1+\gamma_1\mathrm{E}(v_2|\mathbf{x},y_2)=\mathbf{x}_1\boldsymbol{\beta}_1+\gamma_1h(\mathbf{x},y_2)$$

其中 $h(\mathbf{x},y_2)=\mathrm{E}(v_2\mid\mathbf{x},y_2)$。如果我们知道了 $h(\mathbf{x},y_2)$，那么由定理 19.1，我们仅仅利用选择样本，从 y_1 对 $\mathbf{x}_1$ 与 $h(\mathbf{x},y_2)$ 的回归中可以估计出 $\boldsymbol{\beta}_1$ 与 γ_1。由于选择样本具有 $y_2=1$，所以我们只需要求出 $h(\mathbf{x},1)$。但是，$h(\mathbf{x},1)=\mathrm{E}(v_2\mid v_2>-\mathbf{x}\boldsymbol{\delta}_2)=\lambda(\mathbf{x}\boldsymbol{\delta}_2)$，其中 $\lambda(\cdot)\equiv\phi(\cdot)/\boldsymbol{\Phi}(\cdot)$ 是逆米尔斯比，从而我们能够写成

$$\mathrm{E}(y_1|\mathbf{x},y_2=1)=\mathbf{x}_1\boldsymbol{\beta}_1+\gamma_1\lambda(\mathbf{x}\boldsymbol{\delta}_2) \tag{19.53}$$

在许多地方都可以发现，式（19.53）让我们很清楚地看到（例如，参阅赫克曼（Heckman，1979）以及雨宫（Amemiya，1985））利用选择样本的 y_1 对 $\mathbf{x}_1$ 的 OLS 回归会遗漏$\lambda(\mathbf{x}\boldsymbol{\delta}_2)$项，并且一般会导致 $\boldsymbol{\beta}_1$ 的非一致估计。正如赫克曼（Heckman，1979）所指出的，可以把选择偏误的存在看成是选择样本中的一个遗漏变量问题。有趣的一点是，即使仅仅 $\mathbf{x}_1$ 出现在总体期望 $\mathrm{E}(y_1\mid\mathbf{x})$ 之中，但 $\mathbf{x}$ 的其他元素却出现在子总体的期望$\mathrm{E}(y_1\mid\mathbf{x},\ y_2=1)$ 中。

式（19.53）还建议了一致估计 $\boldsymbol{\beta}_1$ 的一种方法。沿着赫克曼（Heckman，1979）的思想，我们利用选择样本通过 y_{i1} 对 $\mathbf{x}_{i1}$，$\lambda(\mathbf{x}_i\boldsymbol{\delta}_2)$ 的回归来一致地估计 $\boldsymbol{\beta}_1$ 与 γ_1。其问题是，$\boldsymbol{\delta}_2$ 为未知的，因此，我们不能计算额外的回归元 $\lambda(\mathbf{x}_i\boldsymbol{\delta}_2)$。然而，$\boldsymbol{\delta}_2$ 的一致估计量可以从选择方程的第一阶段 probit 估计中得到。

程序 19.1：（a）利用所有 N 个观测值，从模型

$$\mathrm{P}(y_{i2}=1|\mathbf{x}_i)=\boldsymbol{\Phi}(\mathbf{x}_i\boldsymbol{\delta}_2) \tag{19.54}$$

获得$\hat{\boldsymbol{\delta}}_2$的 probit 估计值。然后，得到所估计的逆米尔斯比 $\hat{\lambda}_{i2}\equiv\lambda(\mathbf{x}_i\hat{\boldsymbol{\delta}}_2)$（至少对于 $i=1,\ \cdots,\ N_1$）。

（b）在选择样本上，从

$$y_{i1}\text{ 对 }\mathbf{x}_{i1},\hat{\lambda}_{i2},i=1,2,\cdots,N_1 \tag{19.55}$$

的 OLS 回归中获得$\hat{\boldsymbol{\beta}}_1$与$\hat{\gamma}_1$。这些估计量是一致的且$\sqrt{N}$渐近正态的。

有时候，此程序在赫克曼（Heckman，1976）的研究成果发表后被命名为 Heckit，而把“it”放在该程序后面的惯例与 probit 相关（例如 Tobit）。

对选择偏误来说，一个非常简单的检验可以从回归（19.55）中获得。在没有选择偏误的零假设下，即 H_0: $\gamma_1=0$，我们有 $\mathrm{Var}(y_1 \mid \mathbf{x}, y_2=1)=\mathrm{Var}(y_1 \mid \mathbf{x})=\mathrm{Var}(u_1)$，从而在 H_0 下同方差性成立。进一步地，由第 6 章关于生成回归元的一些结果可知，当 $\gamma_1=0$ 时，$\hat{\gamma}_1$（以及$\hat{\boldsymbol{\beta}}_1$）的渐近方差并不受$\hat{\boldsymbol{\delta}}_2$的影响。因而，关于$\hat{\gamma}_1$的标准 t 检验是无选择偏误的零假设的一个有效检验。

当 $\gamma_1\neq 0$ 时，有两个原因引起获得$\hat{\boldsymbol{\beta}}_1$的渐近方差的一致估计值是复杂的。第一是，如果 $\gamma_1\neq 0$，那么 $\mathrm{Var}(y_1 \mid \mathbf{x}, y_2=1)$ 不是常数。正如我们所知道的，利用稳健的标准误，很容易修正异方差性。然而，我们还应该解释$\hat{\boldsymbol{\delta}}_2$是$\boldsymbol{\delta}_2$ 的一个估计量这一事实。由于两步估计，所以对（$\hat{\boldsymbol{\beta}}_1, \hat{\gamma}_1$）的方差进行调整显得烦琐——不足以直接使得标准误对异方差性稳健。有一些统计软件包现在具有这种特性。

作为一个技术要点，我们为了使 $\boldsymbol{\beta}_1$ 成为可识别的而不需要 $\mathbf{x}_1$ 是 $\mathbf{x}$ 的严格子集，而且当 $\mathbf{x}_1=\mathbf{x}$ 时，程序 19.1 可以继续实施。然而，如果 $\mathbf{x}_i\hat{\boldsymbol{\delta}}_2$在样本内没有非常大的变异，那么$\hat{\lambda}_{i2}$能够由 $\mathbf{x}$ 的线性函数很好地逼近。如果 $\mathbf{x}=\mathbf{x}_1$，那么这种相关可以在回归（19.55）中引起回归元之间的严重共线性，导致$\hat{\boldsymbol{\beta}}_1$的元素有很大的标准误。当 $\mathbf{x}_1=\mathbf{x}$ 时，$\boldsymbol{\beta}_1$ 是可识别的仅仅归因于逆米尔斯比的非线性。

该情形并不如 9.5.1 节的情形那样糟糕。在 9.5.1 节，对于结构参数的某些值来说，识别失败了。这里，我们对方程（19.50）中 $\boldsymbol{\beta}_1$ 的任何值仍具有识别性，但是我们更准确地估计 $\boldsymbol{\beta}_1$ 是不可能的。即使我们能够，我们也必须要知道，逆米尔斯比在统计上的显著性应归于总体模型（19.50）中样本选择还是函数形式的错误设定。

例 19.6（已婚妇女的工资报价方程） 我们利用 MROZ. RAW 中的数据，估计已婚妇女的工资报价函数，解释进入劳动力当中潜在的选择性偏误。我们可观测到 753 名妇女中 428 名有工作妇女的工资报价。劳动力参与方程包含了表 15.1 中的变量，包括其他收入、年龄、年幼孩子数量以及年龄较大孩子数量——除了 *educ*，*exper* 以及 $exper^2$ 之外。选择样本的 OLS 结果与 Heckit 方法所计算出的结果都已在表 19.1 中给出。

表 19.1　　已婚妇女工资报价方程

因变量：log(*wage*)		
自变量	OLS	Heckit
educ	0.108	0.109
	(0.014)	(0.016)

续前表

因变量：log(*wage*)		
自变量	OLS	Heckit
exper	0.042	0.044
	(0.012)	(0.016)
$exper^2$	−0.000 81	−0.000 86
	(0.000 39)	(0.000 44)
constant	−0.522	−0.578
	(0.199)	(0.307)
$\hat{\lambda}_2$	—	−0.032
		(0.134)
样本量	428	428
R 平方	0.157	0.157

OLS 估计值与 Heckit 估计值之间的差异实际上是很小的，而且逆米尔斯比项在统计上不显著。截距估计值不同这一事实有点不重要。[Heckit 所报告的标准误是出自回归（19.55）的未调整的标准误。如果 $\hat{\lambda}_2$ 在统计上是显著的，那么我们应该获得修正的标准误。]

表 19.1 中的 Heckit 结果使用了结构方程中的 4 个排除约束，因为 *nwifeinc*，*age*，*kidslt*6 以及 *kidsge*6 都已被工资报价方程排除。如果我们允许选择方程中的所有变量也出现在工资报价方程中，那么 Heckit 估计值变得非常不准确。*educ* 的系数为 0.119(se=0.034)，与之相比，OLS 估计值为 0.100(se=0.015)。Heckit 估计中 *kidslt*6 的系数为−0.188(se=0.232)，*kidslt*6 现在出现在工资报价方程里，而 OLS 估计中 *kidslt*6 的系数为−0.056(se=0.09)。Heckit 估计值的不准确归因于把 $\hat{\lambda}_2$ 添加到方程上导致的严重共线性，因为在工资报价方程中 $\hat{\lambda}_2$ 现在仅是解释变量的函数。实际上，利用选择样本，$\hat{\lambda}_2$ 对 7 个解释变量的回归给出了 $R^2=0.962$。遗憾的是，把 OLS 与 Heckit 结果相比并没有允许我们解决某些重要的问题。例如，OLS 结果建议，如果其他情况都一样，那么多一个年幼孩子将大致减少工资报价 5.6%（t 统计量≈−6.2)。这种影响是真实的吗，还是仅仅因为我们无能为力适当修正样本选择偏误的缘故呢？除非我们拥有影响劳动力参与而不影响工资报价的变量，否则我们就不能解答这个问题。

如果我们用更强的假设，即 (u_1, v_2) 是二元正态分布，其均值为零，$\text{Var}(u_1)=\sigma_1^2$，$\text{Cov}(u_1, v_2)=\sigma_{12}$ 以及 $\text{Var}(v_2)=1$，代替假设 19.1 中（c）与（d）部分，那么就像习题 13.7 通常所描述的那样，偏极大似然估计就可以得到使用。在 u_1 与 v_2 的联合正态性下，偏 MLE 将比两步程序更有效，而且它将产生可以直接使用的标准误以及似然比统计量（这一结论可以由习题 13.7 得出）。

其缺点是，它的稳健性比两步程序要差一些，有时很难得到收敛。

我们不能执行完全条件 MLE 的原因——与 17.6.3 节中关于 ET2T 模型的情境相反——是，y_1 只有在 $y_2=1$ 时才是可观测的。因而，尽管我们可以使用给定 $\mathbf{x}$ 时 y_2 的完全密度，即 $f(y_2|\mathbf{x})=[\boldsymbol{\Phi}(\mathbf{x}\boldsymbol{\delta}_2)]^{y_2}[1-\boldsymbol{\Phi}(\mathbf{x}\boldsymbol{\delta}_2)]^{1-y_2}, y_2=0,1$，但仅当 $y_2=1$ 时，我们才能使用密度 $f(y_1 \mid y_2, \mathbf{x})$。为了求出在 $y_2=1$ 时的 $f(y_1 \mid y_2, \mathbf{x})$，我们可利用贝叶斯法则写成 $f(y_1 \mid y_2, \mathbf{x})=f(y_2 \mid y_1, \mathbf{x}) f(y_1 \mid \mathbf{x})/f(y_2 \mid \mathbf{x})$。因此，$f(y_1 \mid y_2=1, \mathbf{x})=\mathrm{P}(y_2=1 \mid y_1, \mathbf{x}) f(y_1 \mid \mathbf{x})/\mathrm{P}(y_2=1 \mid \mathbf{x})$。但是，$y_1 \mid \mathbf{x} \sim \mathrm{Normal}(\mathbf{x}_1\boldsymbol{\beta}_1, \sigma_1^2)$。进而，$y_2=1[\mathbf{x}\boldsymbol{\delta}_2+\sigma_{12}\sigma_1^{-2}(y_1-\mathbf{x}_1\boldsymbol{\beta}_1)+e_2>0]$，其中 e_2 与 $(\mathbf{x}, y_1)$ 是相互独立的，并且$e_2 \sim \mathrm{Normal}(0, 1-\sigma_{12}^2\sigma_1^{-2})$（这个结论可以由关于联合正态随机变量的标准条件分布结果得到）。因此，

$$\mathrm{P}(y_2=1|y_1, \mathbf{x})=\boldsymbol{\Phi}\{[\mathbf{x}\boldsymbol{\delta}_2+\sigma_{12}\sigma_1^{-2}(y_1-\mathbf{x}_1\boldsymbol{\beta}_1)](1-\sigma_{12}^2\sigma_1^{-2})^{-1/2}\}$$

一旦对所有这些内容加以组合（同时注意删去 $\mathrm{P}(y_2=1 \mid \mathbf{x})$），我们得到

$$\ell_i(\boldsymbol{\theta})=(1-y_{i2})\log[1-\boldsymbol{\Phi}(\mathbf{x}_i\boldsymbol{\delta}_2)]+y_{i2}(\log\boldsymbol{\Phi}\{[\mathbf{x}_i\boldsymbol{\delta}_2+\sigma_{12}\sigma_1^{-2}(y_{i1}-\mathbf{x}_{i1}\boldsymbol{\beta}_1)] \\ \times(1-\sigma_{12}^2\sigma_1^{-2})^{-1/2}\}+\log\phi[(y_{i1}-\mathbf{x}_{i1}\boldsymbol{\beta}_1)/\sigma_1]-\log(\sigma_1))$$

通过对 $\ell_i(\boldsymbol{\theta})$ 在所有观测值上求和，得到偏对数似然；当 y_{i1}是可观测的时候，挑选出 $y_{i2}=1$，因此，包含了用于估计 $\boldsymbol{\beta}_1$ 的信息。

阿恩和鲍威尔（Ahn and Powell，1993）证明了，在没有做出任何分布假设下，如何一致地估计 $\boldsymbol{\beta}_1$；尤其是，选择方程不需要具有 probit 形式。维拉（Vella，1998）给出了一个最新的综述。

19.6.2 内生解释变量

现在我们研究当 $\mathbf{x}_1$ 的元素之一被看成与 u_1 是相关时的样本选择模型。或者 $\mathbf{x}_1$ 的所有元素在总体模型中都是外生的，但是 $\mathbf{x}_1$ 元素上的数据出现缺失，而且数据缺失的原因可以是与 u_1 系统相关而引起的。为了简单起见，我们关注单个内生解释变量的情形。存在多个内生解释变量并不带来超出通常识别条件之外的复杂性。

以总体形式描述的模型是

$$y_1=\mathbf{z}_1\boldsymbol{\delta}_1+\alpha_1 y_2+u_1 \tag{19.56}$$

$$y_2=\mathbf{z}_2\boldsymbol{\delta}_2+v_2 \tag{19.57}$$

$$y_3=1(\mathbf{z}\boldsymbol{\delta}_3+v_3>0) \tag{19.58}$$

第一个方程是关注的结构方程，第二个方程是关于潜在内生的或者缺失变量 y_2 的线性投影，而第三个方程是选择方程。我们允许 u_1，v_2 以及 v_3 之间任意相关。

方程（19.56）至方程（19.58）的设置至少包括三种关注的情形。当 y_2 总是可观测的但在方程（19.56）中是内生的时候，便产生了第一种情形。当 y_1 是 $\log(wage^o)$，而 y_2 是在校教育年数时，就可以看到这样的例子：不论某个

人是否成为劳动力，通常其在校教育年数是可以获得的。当 y_2 仅与 y_1 一起是可观测的时候，该模型还是可以应用的，如果 $y_1=\log(wage^o)$ 而 y_2 是津贴报价与工资报价之比，那么碰巧就是这种情形。举第二个例子，设 y_1 是投票人支持国会行政区任职者的百分比，而设 y_2 是竞选运动开支。于是，如果任职者通过选举获得连任，那么 $y_3=1$，而仅仅当 $y_3=1$ 时，我们才能观测到 (y_1, y_2)。第三种应用是仅有 y_2 的数据缺失，正如例题 19.4 一样，其中 y_2 表示 IQ 得分。在最后两种情形中，y_2 实际上在方程（19.56）中是外生的，但是内生样本选择实际上使 y_2 在选择样本中成为内生的。

如果 y_1 与 y_2 连同 $\mathbf{z}$ 总是可观测的，倘若 y_2 是内生的，那么我们可通过 2SLS 刚好估计方程（19.56）。我们可以利用源自 19.4.1 节的结果证明，含有添加在回归元中的逆米尔斯比的 2SLS 是一致的。不管 y_1 与 y_2 的数据可利用性如何，在第二步中，我们仅仅利用了 y_1 与 y_2 两者都可观测的那些观测值。

假设 19.2：(a) $(\mathbf{z}, y_3)$ 总是可观测的，(y_1, y_2) 只有当 $y_3=1$ 时才是可观测的；(b) (u_1, v_3) 与 $\mathbf{z}$ 是相互独立的；(c) $v_3 \sim \text{Normal}(0,1)$；(d) $\text{E}(u_1 \mid v_3)=\gamma_1 v_3$；以及 (e) $\text{E}(\mathbf{z}_2' v_2)=\mathbf{0}$，并且写成 $\mathbf{z}_2\boldsymbol{\delta}_2=\mathbf{z}_1\boldsymbol{\delta}_{22}+\mathbf{z}_{21}\boldsymbol{\delta}_{22}$，$\boldsymbol{\delta}_{22}\neq\mathbf{0}$。

当所有解释变量都是可观测的且是外生的时候，(b)、(c) 以及 (d) 等同于相对应的假设。假设 (e) 是新的假设，是由方程（19.56）中 y_2 的内生性而引起的。重要的是看到，假设 (e) 等同于在没有样本选择下识别方程（19.56）所需要的秩条件。

在 $\mathbf{z}_2$ 和 $\mathbf{z}$ 之间的关系有点微妙。有关假设允许有 $\mathbf{z}_2=\mathbf{z}$ 的可能性，但是认为至少包括一个“主要地”影响着选择且在 $\mathbf{z}_2$ 中的因子是没有帮助的。以这种方式，我们可以认为需要至少关于 y_2 的一个工具变量——就像在不存在选择时的情形中那样——然后至少多一个影响选择的外生变量。当我们（潜在地）有内生解释变量和样本选择问题时，这种思考强加了一种规则在我们身上。

人们可以选择 $\mathbf{z}_2=\mathbf{z}$，但是那样我们应当至少有两个 $\mathbf{z}$ 中的元素不在 $\mathbf{z}_1$ 中。就像我们将看到的，选择 $\mathbf{z}_2=\mathbf{z}$ 意味着关于 y_2 的（隐性的）约简型将易于饱受多重共线性之苦，因为那样的话，逆米尔斯比将是作为回归元线性出现的同样变量 $\mathbf{z}$ 的一个函数。除非我们感兴趣的是约简型参数，那么通过使与那些出现在逆米尔斯比中的回归元相同的回归元线性地出现所带来的多重共线性就不那么值得关注了——记住，2SLS 仅使用来自约简型的拟合值——但是，该程序的小样本性质受到了影响是有可能的。

重要的是，如果我们选择 $\mathbf{z}_2$ 为 $\mathbf{z}$ 的一个严格子集，那么我们就没有在约简型中做出排除约束；我们只是在被认为是 y_2 的工具的变量和影响选择的变量之间进行挑选。相反，我们通常不想在选择方程中做排除约束，因为如果那些约束被违背的话，后续程序就不是一致的了。因此，选定 $\mathbf{z}$ 作为所有外生变量的向量是一个好主意。

为了推导可估计的方程，（以总体形式）写成

$$y_1=\mathbf{z}_1\boldsymbol{\delta}_1+\alpha_1 y_2+g(\mathbf{z}, y_3)+e_1 \tag{19.59}$$

其中 $g(\mathbf{z},y_3)\equiv \mathrm{E}(u_1 \mid \mathbf{z},y_3)$ 而且 $e_1\equiv u_1-\mathrm{E}(u_1 \mid \mathbf{z},y_3)$。由定义知，$\mathrm{E}(e_1 \mid \mathbf{z},y_3)=0$。如果我们知道 $g(\mathbf{z},y_3)$，那么由定理 19.1，我们利用工具变量 $[\mathbf{z},g(\mathbf{z},1)]$ 在选择样本（$y_3=1$）上通过 2SLS 可刚好估计方程（19.59）。可以证明，我们能知道取决于某些可估计参数的 $g(\mathbf{z},1)$：$\mathrm{E}(u_1 \mid \mathbf{z},y_3=1)=\gamma_1\lambda(\mathbf{z}\boldsymbol{\delta}_3)$。由于 $\boldsymbol{\delta}_3$ 能够通过 y_3 对 $\mathbf{z}$ 的 probit（利用整个样本）得到一致估计，所以我们有下述程序：

程序 19.2：(a) 利用所有观测值，从 y_3 对 $\mathbf{z}$ 的 probit 中获得 $\hat{\boldsymbol{\delta}}_3$，得到被估计的逆米尔斯比 $\hat{\lambda}_{i3}=\lambda(\mathbf{z}_i\hat{\boldsymbol{\delta}}_3)$。

(b) 利用选择子样本（也就是我们既可观测到 y_1，又可观测到 y_2 的那些观测值），和工具变量 $(\mathbf{z}_{i2},\hat{\lambda}_{i3})$，通过 2SLS 估计方程

$$y_{i1}=\mathbf{z}_{i1}\boldsymbol{\delta}_1+\alpha_1 y_{i2}+\gamma_1\hat{\lambda}_{i3}+error_i \tag{19.60}$$

此程序中的一些步骤表明，识别实际上要求在选择子总体中 $\mathbf{z}_{21}$ 出现于 y_2 在 $\mathbf{z}_1$，$\mathbf{z}_{22}$ 以及 $\lambda(\mathbf{z}\boldsymbol{\delta}_3)$ 的线性投影之中。当秩条件 19.2（e）在总体中成立，如果这一陈述不正确，那么它就是异常的。

没有选择问题的假设（允许 y_2 是内生的或不是），即 $\mathrm{H}_0:\gamma_1=0$，可以利用关于 $\hat{\gamma}_1$ 的通常 2SLS 的 t 统计量加以检验。当 $\gamma_1\neq 0$ 时，如同第 6 章一样，对生成回归元问题来说，标准误与检验统计量应该被修正，或使用自助法（且子样本从观测值的完整清单中抽取出来）。

例 19.7（教育内生性与样本选择） 在例题 19.6 中，我们允许 *educ* 在工资报价方程中为内生的，同时我们对样本选择偏误进行了检验。正像我们没有样本选择问题一样，我们需要不出现在工资报价方程中的关于 *educ* 的 IV。如同例题 5.3，我们使用双亲的教育（*motheduc*，*fatheduc*）以及丈夫的教育作为 IV。此外，我们需要影响劳动力参与但不影响工资报价的一些变量；我们使用与例题 19.6 中相同的四个变量。因此，除了 *educ*（当然，还有工资报价），所有变量都被处理成外生的。

在劳动力参与方程中，我们包括了所有的外生变量：*exper*，$exper^2$，*nwifeinc*，*age*，*kidslt6*，*kidsge6*，*motheduc*，*fatheduc* 以及 *huseduc*（不是 *educ*）。(正如其结果所表明的，三个教育变量是边际联合显著的，且 p 值为 0.046。）如果我们将逆米尔斯比 $\hat{\lambda}_3$ 添加到方程中并利用 2SLS 估计它，使用全部外生变量作为工具变量——除了 $\hat{\lambda}_3$ 以外的——那么，$\hat{\lambda}_3$ 系数是 0.040（se=0.133），所以没有证据表明存在样本选择偏误。进而估计的 *educ* 的系数是 0.088（se=0.021），这与当我们舍弃 IMR 时的估计很接近：没有 IMR 的 2SLS 系数为 0.087（se=0.021）。因此，对样本选择偏误进行修正没有什么实际效果。

如果我们仅使用双亲和丈夫的教育变量作为 *educ* 的工具，那么 $\hat{\lambda}_3$ 的系数变成 0.036（se=0.134），所以仍然没有证据表明存在选择问题。教育的系数有点变化，变为 0.081（se=0.022），但这是由于不同的工具变量列表而不是对选择的校正造成的。如果方程中没有 $\hat{\lambda}_3$，则使用了更小工具变量列表的 2SLS

估计为 0.080（se=0.022）。因此，在该数据集里，所估计的教育的回报的变动取决于教育是否被允许为内生的，以及多少有点取决于为其使用的工具变量。但是是否使用了样本选择校正倒没什么实质性影响。

重要的是，在没有任何附加假设下，程序 19.2 可应用到任何类型的内生变量 y_2 上，包括二值变量以及其他离散变量。为什么？因为关于 y_2 的约简型正是一个线性投影；例如，我们不必做出假定 v_2 是正态分布乃至与 $\mathbf{z}$ 是相互独立的。举一个例子，我们希望考察参与在职培训项目对后来工资报价的影响，解释不是所有参与在职培训项目的人在随后时间段都被雇佣的事实（在此情形下，y_2 总是可观测的）。如果参与是自愿的，那么它的工具可以是这个人是否以随机方式被选取作为潜在参与者。

为了使选择校正对 y_2 在各种分布中都能起作用，重要的是实施恰如在程序 19.2 中所描述的估计。有诱惑力的做法是首先得到拟合值比如说 $\hat{y}_2$，并为 y_2 插入这些拟合值，然后应用赫克曼回归。（如果 y_2 总是可观测的，人们将可能会只使用所有观测值估计一个线性约简型；如果 y_2 连同 y_1 一起是缺失的，人们将可能会使用一个约简型上的标准赫克曼校正。）使用拟合值代替 y_2，以及然后比如说实施 y_{i1} 对 $\mathbf{z}_{i1}$，$\hat{y}_{i2}$，$\hat{\lambda}_{i3}$ 在选择样本上的回归的问题是，该程序将很强的假设施加在式（19.57）中的约简型误差 v_2 上。实际上，这是将 $-\alpha_1 v_2$ 添加到了结构误差 u_1 上，由此造成的结果是我们将不得不假设，至少 $u_1-\alpha_1 v_2$ 是独立于 $\mathbf{z}$ 的，而且 $\mathrm{E}(u_1-\alpha_1 v_2 \mid v_3)$ 是线性的。除非 y_2 是连续分布的，否则这样的假设实际上是不可能的。当然，(u_1, v_2, v_3) 的联合分布是充分的，但该方法比假设 19.2 的约束性更强。因此，将 2SLS 应用到式（19.60）中远远优于首先用拟合值代替 y_2。

即使 y_2 在总体方程（19.56）中是外生的，当 y_2 有时缺失时，我们通常需要关于 y_2 的工具，当选择问题无法忽略的时候［也就是 $\mathrm{E}(u_1 \mid \mathbf{z}_1, y_2, y_3) \neq \mathrm{E}(u_1)$］。在例题 19.4 中，我们使用家庭背景变量与其他测试得分，诸如 KWW 作为关于 IQ 的 IV，一旦假定这些量总是可观测的。我们通常在约简型选择方程中包括所有这类变量。不管我们假定 IQ 是能力的代理变量还是能力的指示符（参阅第 4 章与第 5 章），程序 19.2 都起作用。

为阐释使用与 y_2 的一个工具相同的变量并去预测选择的可能后果，可重新思考一下例题 19.7。像我们已经知道的，幼儿的数量预测了一个较低的劳动力参与概率。在这个数据集里，教育与 $kidslt6$ 之间存在一个正的而且统计显著的偏相关关系。因此，我们会试图利用唯一一个在 $\mathbf{z}_2=\mathbf{z}$ 中但不在 $\mathbf{z}_1$ 中的元素 $kidslt6$ 来应用程序 19.2。也就是，关于 $inlf$ 的 probit 包括了 $exper$，$exper^2$ 和 $kidslt6$，然后工具变量是 $exper$，$exper^2$，$\hat{\lambda}_3$ 以及 $kidslt6$。使用该方法，所估计的教育的系数为 0.329（se=0.188），这是如此巨大以至看上去不那么合理。进而，95%的置信区间（其忽略了两步估计）中包括 0，这展示了 IV 估计中严重的多重共线性的影响。

如果我们做出更强的假设，通过习题 13.7 所讨论的那类偏极大似然法估计模型（19.56）至模型（19.58）是可能的。一种可能性是假定 (u_1, v_2, v_3) 是

三元正态分布且与 **z** 是相互独立的。除了剔除离散的 y_2 之外，这种程序在计算上显得困难。如果 y_2 是二值的，那么我们就能对其建模成为 $y_2=1[\mathbf{z}_2\boldsymbol{\delta}_2+v_2>0]$，其中 $v_2 \mid \mathbf{z}\sim\text{Normal}(0,1)$。但是，允许存在（$u_1,v_2,v_3$）的任何相关矩阵的极大似然估计是复杂的，而且比程序 19.2 更缺乏稳健性。

19.6.3 含有样本选择的二值响应模型

如果我们假定，潜误差*是二元正态分布且与解释变量是相互独立的，那么我们就能对带样本选择的二值响应模型进行估计。把模型写成

$$y_1=1[\mathbf{x}_1\boldsymbol{\beta}_1+u_1>0] \tag{19.61}$$

$$y_2=1[\mathbf{x}\boldsymbol{\delta}_2+v_2>0] \tag{19.62}$$

其中第二个方程表示样本选择方程，而 y_1 只有在 $y_2=1$ 时才是可观测的；我们假定 **x** 总是可观测的。例如，假定 y_1 是一个就业指示符且 $\mathbf{x}_1$ 包括在职培训二值指示符（我们对此假定是外生的），还有其他人力资本以及家庭背景变量。对于某些适宜参与项目的人员，我们会不知其去向；这是一个样本损耗的例子。如果损耗与 u_1 是系统相关的，那么可估计的方程（19.61）对于现有样本来说能够导致 $\boldsymbol{\beta}_1$ 的非一致估计量。

如果我们假定（u_1,v_2）与 **x** 是相互独立的、具有零均值正态分布（且单位方差），那么我们可以应用偏极大似然法。我们所需要的是以 **x** 与 $y_2=1$ 为条件的 y_1 的密度。我们已经在第 15 章中本质上发现了这个密度：在式（15.55）中，设 $\alpha_1=0$，用 **x** 代替 **z**，并且用 $\boldsymbol{\beta}_1$ 代替 $\boldsymbol{\delta}_1$。参数 ρ_1 仍是 u_1 与 v_2 之间的相关性。可以应用两步程序。第一，通过 y_2 对 **x** 的 probit 来估计 $\boldsymbol{\delta}_2$。然后，在第二阶段中，利用式（15.55）以及 $\text{P}(y_1=0 \mid \mathbf{x},y_2=1)$ 估计 $\boldsymbol{\beta}_1$ 与 ρ_1。

令人信服的分析需要 **x** 中的至少一个变量——也就是，某些可以决定选择的变量——不在 $\mathbf{x}_1$ 的变量中。否则，因 probit 模型中的非线性而不可识别。

重要的是，一些“纠正”样本选择的简单策略是无效的。例如，一方面，只使用 $y_{i2}=1$ 的观测值，用 probit 来估计选择方程，然后再把估计的逆米尔斯比插入第二阶段 probit 中，这是很诱人的。但没法证明这作为一种样本选择校正方式的合理性。另一方面，将逆米尔斯比（IMR）插入第二阶段的 probit 是对无选择偏误零假设的一个合理检验。人们可以从式（15.55）开始，并设 $\alpha_1=0$，$\mathbf{z}=\mathbf{x}$，$\mathbf{z}_1=\mathbf{x}_1$ 以及 $\boldsymbol{\delta}_1=\boldsymbol{\beta}_1$，这就是 $\text{E}(y_1 \mid \mathbf{x},y_2=1)$。当固定 δ_2 时——因为我们随后要插入其 probit 估计——我们可以计算均值函数关于 $(\boldsymbol{\beta}'_1,\rho_1)'$ 的梯度，然后插入 $\rho_1=0$（其在零假设下成立）。如果 $m(\mathbf{x},\boldsymbol{\beta}_1,\rho_1;\boldsymbol{\delta}_2)$ 表示均值函数，那么可以证明 $\nabla_{\boldsymbol{\beta}_1} m(\mathbf{x},\boldsymbol{\beta}_1,0;\boldsymbol{\delta}_2)=\phi(\mathbf{x}_1\boldsymbol{\beta}_1)\mathbf{x}_1$ 且 $\nabla_{\rho_1} m(\mathbf{x},\boldsymbol{\beta}_1,0;\boldsymbol{\delta}_2)=\phi(\mathbf{x}_1\boldsymbol{\beta}_1)\lambda(\mathbf{x}\boldsymbol{\delta}_2)$，其中 $\lambda(\cdot)$ 是逆米尔斯比。如果我们在 15.5.3 节中开发的得

* latent error，又称为特征误差。——译者注

分检验中使用这些梯度，那么我们就得到了关于样本选择一个简单的得分统计量。实际上，检验的变量添加版本更简单。在第一步中，通过使用所有的观测值，用 y_{i2}对 $\mathbf{x}_i$ 的 probit 估计 δ_2。（在零假设下，$\hat{\delta}_2$是 MLE，因为没有样本选择。）构造逆米尔斯比：$\hat{\lambda}_{i2}=\lambda(\mathbf{x}_i\hat{\boldsymbol{\delta}}_2)$。接下来，使用 $y_{i2}=1$ 的观测值（亦即，对于该部分观测值，y_{i1}是可观测的），用 y_{i1}对 $\mathbf{x}_{i1}$，$\hat{\lambda}_{i2}$进行 probit 回归并使用$\hat{\lambda}_{i2}$的通常的 t 统计量检验零假设 $H_0: \rho_1=0$。由于零假设下 $\hat{\lambda}_{i2}$上的系数为零，就没有必要调整第一阶段估计的 t 统计量；见 12.4.2 节。

同时将式（19.61）中的内生解释变量连同样本选择一起进行考虑是很难的，而且它也是未来研究的一个有用的领域。

19.6.4 一个指数响应函数

另一种很容易获得对选择偏误的一个简单检验以及相对容易纠正样本选择偏误的非线性模型是指数响应模型。其机制非常类似于在 18.5 节中关于指数响应函数和一个二值内生解释变量的机制。特别是，我们仍然使用式(18.48)，但仅对 $y_{i2}=1$ 的子样本（选择性样本）。特扎（Terza，1998）提出的两步法，其包括在第一阶段估计一个 probit，接下来进行非线性回归（或一个准 MLE，诸如泊松或指数的），一致地估计参数。可通过把逆米尔斯比的对数 $\log[\lambda(\mathbf{z}_i\hat{\boldsymbol{\delta}}_2)]$ 添加到指数函数，并通过比如说使用选择性样本的泊松 QMLE 来估计由此产生的“模型”，可获得对样本选择偏误的一个简单检验。允许似然函数被误设的关于 $\log[\lambda(\mathbf{z}_i\hat{\boldsymbol{\delta}}_2)]$ 的稳健 t 统计量，是对无选择偏误零假设的一个有效检验。

19.7 从属断尾：一个 Tobit 选择方程

我们现在研究样本选择方面有更多信息可以利用的情形，最初是在从属断尾背景下的情形。特别地，我们假定选择是建立在 Tobit 方程结果之上，而不是 probit 方程结果之上。19.7.1 节中的模型是由维拉（Vella，1992）在对选择偏误进行检验背景下所研究模型的特殊情形。

19.7.1 外生解释变量

我们现在考察选择方程具有截取 Tobit 形式的情形。其总体模型是

$$y_1=\mathbf{x}_1\boldsymbol{\beta}_1+u_1 \tag{19.63}$$

$$y_2=\max(0,\mathbf{x}\boldsymbol{\delta}_2+v_2) \tag{19.64}$$

其中（$\mathbf{x},y_2$）在总体中总是可观测的，但 y_1 只有在 $y_2>0$ 时才是可观测的。当

y_1 是小时工资报价的对数，且 y_2 是每周劳动力供给小时数或者每年劳动力供给小时数时，就产生了一个标准例子。

假设 19.3：（a）$(\mathbf{x}, y_2)$ 在总体中总是可观测的，但 y_1 只有在 $y_2>0$ 时才是可观测的；（b）(u_1, v_2) 与 $\mathbf{x}$ 是相互独立的；（c）$v_2 \sim \text{Normal}(0, \tau_2^2)$；以及（d）$\text{E}(u_1 \mid v_2)=\gamma_1 v_2$。

这些假设非常类似于关于 probit 选择方程的假设。其唯一的差异是，与二值变量相比，由于 y_2 是截取的，所以 v_2 现在具有一个未知方差。

雨宫（Amemiya，1985）把方程（19.63）与方程（19.64）称为**第Ⅲ类 Tobit 模型**（type Ⅲ Tobit model），但是我们强调方程（19.63）是关注的结构总体方程，而方程（19.64）仅仅决定 y_1 何时被观测。在劳动经济学例子中，我们对工资报价方程感兴趣，并且方程（19.64）是约简型小时数方程。定义 y_1，比如说 y_1 为 0，这没有什么道理，因为我们不能观测到 y_1。

正如 probit 选择情形，研究起点是方程（19.52）。现在把选择定义为指示符 s_2，如果 $y_2>0$ 时 $s_2=1$，否则，$s_2=0$。由于 s_2 是 $\mathbf{x}$ 与 v_2 的函数，由此立刻可得

$$\text{E}(y_1 | \mathbf{x}, v_2, s_2)=\mathbf{x}_1 \boldsymbol{\beta}_1+\gamma_1 v_2 \tag{19.65}$$

这个方程意味着，如果我们可以观测到 v_2，那么利用选择子样本的 y_1 对 $\mathbf{x}_1$、v_2 的 OLS 回归会一致地估计 $(\boldsymbol{\beta}_1, \gamma_1)$，如同我们在 19.4.1 节所讨论的。尽管当 $y_2=0$ 时不能观测到 v_2（因为当 $y_2=0$ 时，我们仅仅知道 $v_2 \leqslant -\mathbf{x}\boldsymbol{\delta}_2$），但是对于 $y_2>0$，$v_2=y_2-\mathbf{x}\boldsymbol{\delta}_2$。因而，如果我们知道 $\boldsymbol{\delta}_2$，那么每当 $y_2>0$ 时，我们会知道 v_2。由于 $\boldsymbol{\delta}_2$ 可以由 Tobit 方程在整个样本上一致地得以估计，所以我们能够用一致估计值代替 v_2，这一点看起来有道理。

程序 19.3：（a）利用所有 N 个观测值，通过标准 Tobit 方法估计方程（19.64）。对于 $y_{i2}>0$（比如说 $i=1,2,\cdots,N_1$），定义

$$\hat{v}_{i2}=y_{i2}-\mathbf{x}_i \hat{\boldsymbol{\delta}}_2 \tag{19.66}$$

（b）利用 $y_{i2}>0$ 的那些观测值，通过

$$y_{i1} \text{ 对 } \mathbf{x}_{i1}, \hat{v}_{i2}, i=1,2,\cdots,N_1 \tag{19.67}$$

的 OLS 回归估计 $\boldsymbol{\beta}_1$，γ_1。在假设 19.3 下，这一回归产生了 $\boldsymbol{\beta}_1$ 与 γ_1 的一致性、$\sqrt{N}$渐近正态估计量。

对选择性偏误进行检验的统计量正是回归（19.67）中 $\hat{v}_{i2}$ 上的通常 t 统计量。这是由维拉（Vella，1992）提出的。

看起来，程序 19.1 的有效性在这里被提高了。如果 v_2 是已知的，且我们可以对整个总体使用回归（19.67），那么有效性肯定得到提高：误差方差可通过以 v_2 与 $\mathbf{x}$ 为条件得到削减，并且在总体中不会存在异方差性。参阅习题 4.5。

与 probit 选择情形不同，这里 $\mathbf{x}_1=\mathbf{x}$ 不会产生什么问题：v_2 由于 y_2 上的变异而总是拥有来自 $\mathbf{x}_1$ 的个别变异。我们不需要依赖于逆米尔斯比的非线性。

例 19.8（已婚妇女的工资报价方程） 我们现在把程序 19.3 应用到例题

19.6 已婚妇女工资报价方程上。(我们假定教育是外生的。)其唯一差异是，第一步估计是 Tobit 的，而不是 probit，同时我们包括 Tobit 残差作为附加的解释变量，而不是逆米尔斯比。回归（19.67）中 $\hat{v}_2$上的系数是$-0.000\ 053$(se=0.000 041)，这是存在更多的样本选择问题的证据，但是我们甚至不能拒绝在 15%水平上，针对双边备择假设（two-sided alternative）的零假设 $H_0: \gamma_1=0$。进一步地，*educ* 的系数是 0.103(se=0.015)，这与 OLS 估计值以及 Heckit 估计值没有太大差别。(我们又一次地使用了 OLS 标准误。)当我们在工资报价方程中包括所有外生变量时，出自程序 19.3 的估计值比 Heckit 估计值更加稳定。例如，*educ* 的系数变成 0.093(se=0.016)，这可以与例题 19.6 中曾讨论的 OLS 估计值相比。

对于偏极大似然估计来说，我们假定（u_1，v_2）是联合正态的，同时我们对于整个样本使用关于 $f(y_2 \mid \mathbf{x})$ 的密度，而对于选择样本则使用条件密度 $f(y_1 \mid \mathbf{x}, y_2, s_2=1)=f(y_1 \mid \mathbf{x}, y_2)$。这个方法是相当简单易行的，因为当$y_2>0$时，$y_1 \mid \mathbf{x}$，$y_2 \sim \text{Normal}\ [\mathbf{x}_1\boldsymbol{\beta}_1+\gamma_1(y_2-\mathbf{x}\boldsymbol{\delta}_2), \eta_1^2]$，其中 $\eta_1^2=\sigma_1^2-\sigma_{12}^2/\tau_2^2$，$\sigma_1^2=\text{Var}(u_1)$，并且 $\sigma_{12}=\text{Cov}(u_1, v_2)$。关于观测值 i 的对数似然是

$$\ell_i(\boldsymbol{\theta})=s_{i2}\log f(y_{i1} \mid \mathbf{x}_i, y_{i2};\boldsymbol{\theta})+\log f(y_{i2} \mid \mathbf{x}_i;\boldsymbol{\delta}_2, \tau_2^2) \tag{19.68}$$

其中 $f(y_{i1} \mid \mathbf{x}_i, y_{i2};\boldsymbol{\theta})$ 表示 $\text{Normal}[\mathbf{x}_{i1}\boldsymbol{\beta}_1+\gamma_1(y_{i2}-\mathbf{x}_i\boldsymbol{\delta}_2), \eta_1^2]$ 分布在 y_{i1}处所计算之值，而 $f(y_{i2} \mid \mathbf{x}_i;\boldsymbol{\delta}_2, \tau_2^2)$ 表示标准截取 Tobit 密度［参阅式（17.19)］。正如习题 13.7 所证明的，即使对数似然函数并不是以完全条件密度为根据的，但通常 MLE 理论仍是可以使用的。

当选择规则是 Tobit 形式时，获得样本选择修正以及对各种不同的其他非线性模型进行检验是可能的。例如，假定给定 $\mathbf{z}$ 时二值变量 y_1 服从 probit 模型，但是只有在 $y_2>0$ 时 y_1 才是可观测的。对选择偏误的一个有效检验是，在利用选择样本的 y_1 对 $\mathbf{z}$，$\hat{v}_2$的 probit 中包括 Tobit 残差 $\hat{v}_2$；参阅维拉（Vella，1982)。这个程序还产生了一致的估计值（取决于缩放因子），应用 19.4.2 节中的极大似然结果以及两步估计结果便可看到这一点。

奥诺尔、基里亚齐杜和尤德里（Honoré，Kyriazidou，and Udry，1997）证明了，在没有做出分布假设下如何估计第Ⅲ类 Tobit 模型的参数。

19.7.2 内生解释变量

我们以显性方式考察单个内生解释变量的情形，如同 19.6.2 节一样。我们使用方程（19.56）与方程（19.57)，以及对方程（19.58）我们用 Tobit 选择方程代替：

$$y_3=\max(0, \mathbf{z}\boldsymbol{\delta}_3+v_3) \tag{19.69}$$

假设 19.4：(a)（$\mathbf{z}, y_3$）总是可观测的，（y_1, y_2）只有当 $y_3>0$ 时才是可观测的；(b)（u_1, v_3）与 $\mathbf{z}$ 是相互独立的；(c) $v_3 \sim \text{Normal}(0, \tau_3^2)$；(d) $\text{E}(u_1 \mid$

$v_3)=\gamma_1 v_3$；以及（e）$\mathrm{E}(\mathbf{z}'v_2)=\mathbf{0}$，并且写成 $\mathbf{z}\boldsymbol{\delta}_2=\mathbf{z}_1\boldsymbol{\delta}_{21}+\mathbf{z}_2\boldsymbol{\delta}_{22}$，$\boldsymbol{\delta}_{22}\neq\mathbf{0}$。

这些假设再次非常类似于在 probit 选择机制中所使用的那些假设。

为了推导可估计的方程，写成

$$y_1=\mathbf{z}_1\delta_1+\alpha_1 y_2+\gamma_1 v_3+e_1 \tag{19.70}$$

其中 $e_1\equiv u_1-\mathrm{E}(u_1\mid v_3)$。由假设 19.4b 知，由于 (e_1,v_3) 与 $\mathbf{z}$ 是相互独立的，所以 $\mathrm{E}(e_1\mid \mathbf{z},v_3)=0$。由定理 19.1 知，如果 v_3 是可观测的，那么我们能够利用工具变量 $(\mathbf{z},v_3)$ 在选择样本上通过 2SLS 来估计方程（19.70）。与以往一样，我们可以在 $y_3>0$ 时估计 v_3，因为 $\boldsymbol{\delta}_3$ 可以由 y_3 对 $\mathbf{z}$（利用整个样本）的 Tobit 得到一致估计。

程序 19.4：（a）利用所有观测值，从 y_3 对 $\mathbf{z}$ 的 Tobit 中获得 $\hat{\boldsymbol{\delta}}_3$。对于 $y_{i3}>0$，得到 Tobit 残差 $\hat{v}_{i3}=y_{i3}-\mathbf{z}_i\hat{\boldsymbol{\delta}}_3$。

（b）利用选择子样本，使用工具变量 $(\mathbf{z}_i,\hat{v}_{i3})$，通过 2SLS 估计方程

$$y_{i1}=\mathbf{z}_{i1}\boldsymbol{\delta}_1+\alpha_1 y_{i2}+\gamma_1\hat{v}_{i3}+error_i \tag{19.71}$$

在假设 19.4 下，该估计量是 $\sqrt{N}$ 一致的且渐近正态的。

这里还可以给出类似于程序 19.2 成立之后的那些评注。严格地讲，识别确实需要 $\mathbf{z}_2$ 出现于 y_2 在 $\mathbf{z}_1$，$\mathbf{z}_2$ 以及 v_3 的选择子总体上的线性投影之中。没有选择偏误的零假设可以利用 $\hat{v}_{i3}$ 上的 2SLS t 统计量（或者它的异方差性稳健形式）加以检验。当 $\gamma_1\neq 0$ 时，利用两步方法的标准误应该被修正。

如同带 probit 选择方程的情形一样，内生变量 y_2 可以是连续的、离散的、一个角点解的等等。将此方法推广到多重内生解释变量上是简单易行的。唯一的约束是关于线性模型的通常约束：我们需要足够多的工具来识别结构方程。参阅习题 19.9 关于应用姆罗兹数据的情形。

模型（19.56）、模型（19.57）以及模型（19.69）的一种有意思的特殊情形是当 $y_2=y_3$ 的时候。实际上，因为我们仅仅使用了 $y_3>0$ 的那些观测值，所以 $y_2=y_3^*$ 仍是允许的，其中特征变量 $y_3^*=\mathbf{z}\boldsymbol{\delta}_3+v_3$。无论哪一种方法，可以决定选择的变量都出现在结构方程之中。当样本选择是由 y_3 上的角点解结果（在此情形下，$y_2=y_3$ 是自然的）所引起的，或者因为 y_3^* 受制于数据截取（在此情形下，$y_2=y_3^*$ 更为现实），这种特殊情形可能是有用的。当 y_3 表示工作小时数，并且我们假定小时数出现在工资报价函数之中时，便产生了前面的例子。举一个数据截取的例子，假定 y_1 是婴儿从出生开始的体重增长的测度，同时只有在婴儿 3 个月之内被带去诊所时我们才观测到 y_1。当然，出生体重依赖于年龄，所以 y_3^*——表示第一次测量体重与第二次测量体重之间的时间长度，它具有数量意义——在关于 y_1 的方程中作为一个解释变量出现。我们有关于 y_3^* 的数据截取问题，这引起了关于 y_1 的样本选择问题。在此情形下，为了解释数据截取，我们可以估计关于 y_3 的［或者，可能是 $\log(y_3)$ 的］截取正态回归模型。我们在关于未截取观测值的方程（19.71）中包括残差 $\hat{v}_{i3}=y_{i3}-\mathbf{z}_i\hat{\boldsymbol{\delta}}_3$。作为我们额外的工具，我们可以使用从孩子家到诊所的距离。

19.7.3 估计含有样本选择的结构 Tobit 方程

我们将简要地证明，如何利用前面一节的方法去估计结构 Tobit 模型。举一个例子，考察结构劳动力供给模型

$$\log(w^{o})=\mathbf{z}_1\boldsymbol{\beta}_1+u_1 \tag{19.72}$$

$$h=\max[0,\mathbf{z}_2\boldsymbol{\beta}_2+\alpha_2\log(w^{o})+u_2] \tag{19.73}$$

这个方程组涉及联立性与样本选择，因为我们只有在 $h>0$ 时才观测到 w^{o}。

此模型的一般形式是

$$y_1=\mathbf{z}_1\boldsymbol{\beta}_1+u_1 \tag{19.74}$$

$$y_2=\max(0,\mathbf{z}_2\boldsymbol{\beta}_2+\alpha_2 y_1+u_2) \tag{19.75}$$

假设 19.5：(a)（$\mathbf{z},y_2$）总是可观测的；y_1 只有在 $y_2>0$ 时才是可观测的；(b)（u_1,u_2）与 $\mathbf{z}$ 是相互独立的，服从均值为 0 的二元正态分布；(c) $\mathbf{z}_1$ 至少包括一个不在 $\mathbf{z}_2$ 中的元素，其系数不为 0。

与以往一样，重要的是看到，方程（19.74）与方程（19.75）组成了刻画总体的模型。如果 y_1 总是可观测的，那么方程（19.74）能够通过 OLS 得到估计。此外，如果 u_1 与 u_2 是不相关的，那么方程（19.75）可以通过第Ⅰ类 Tobit 得到估计。u_1 与 u_2 之间的相关能够借助于 17.5.2 节的方法加以处理。现在，我们需要新的方法，不管 u_1 与 u_2 是否不相关，因为 y_1 在 $y_2=0$ 时是不可观测的。

识别结构参数（$\boldsymbol{\beta}_2$，α_2）（$\boldsymbol{\beta}_1$ 总是可识别的）需要假设 19.5(c) 的约束。为了理解为何必需这个条件，而且为了求出关于 y_2 的约简型，引进潜变量

$$y_2^{*}\equiv\mathbf{z}_2\boldsymbol{\beta}_2+\alpha_2 y_1+u_2 \tag{19.76}$$

是有用的，从而 $y_2=\max(0,y_2^{*})$。如果方程（19.74）与方程（19.76）组成了关注的方程组——也就是，如果 y_1 与 y_2^{*} 总是可观测的——那么在没有进一步的约束下，$\boldsymbol{\beta}_1$ 是可识别的，但是 α_2 与 $\boldsymbol{\beta}_2$ 的识别性确实需要假设 19.5（c）。可以证明，甚至当 y_2 服从 Tobit 模型，而且我们具有非随机样本选择时，这也是充分的。

关于 y_2^{*} 的约简型是 $y_2^{*}=\mathbf{z}\boldsymbol{\delta}_2+v_2$。因此，我们能够将方程（19.75）的约简型写成

$$y_2=\max(0,\mathbf{z}\boldsymbol{\delta}_2+v_2) \tag{19.77}$$

然而，方程（19.74）与方程（19.77）构成了我们在 17.6.1 节中曾研究过的模型。向量 $\boldsymbol{\delta}_2$ 可由 Tobit 一致地估计出，而 $\boldsymbol{\beta}_1$ 可以由程序 19.3 估计。剩下的唯一问题是，如何估计方程（19.75）的结构参数 α_2 与 $\boldsymbol{\beta}_2$？在劳动力供给情形中，这些参数是劳动力供给参数。

一旦假定识别性，在估计出 $\boldsymbol{\beta}_1$ 之后，对（$\alpha_2,\boldsymbol{\beta}_2$）进行估计是相当简单的。为了看到这一点，以结构参数形式把 y_2 的约简型写成

$$y_2=\max[0,\mathbf{z}_2\boldsymbol{\beta}_2+\alpha_2(\mathbf{z}_1\boldsymbol{\beta}_1)+v_2] \tag{19.78}$$

在 u_1 与 u_2 联合正态性下，v_2 是正态分布的。因此，如果 $\boldsymbol{\beta}_1$ 是已知的，那么 $\boldsymbol{\beta}_2$ 与 α_2 能够由利用 $\mathbf{z}_2$ 与 $\mathbf{z}_1\boldsymbol{\beta}_1$ 作回归元通过标准 Tobit 得到估计。实施这一程序需要用 $\boldsymbol{\beta}_1$ 的一致估计量代替 $\boldsymbol{\beta}_1$。因而，利用所有观测值，$\boldsymbol{\beta}_2$ 与 α_2 可以从 Tobit 方程

$$y_{i2}=\max[0,\mathbf{z}_{i2}\boldsymbol{\beta}_2+\alpha_2(\mathbf{z}_{i1}\hat{\boldsymbol{\beta}}_1)+error_i] \tag{19.79}$$

中得到估计。

归纳起来，我们有下述程序：

程序 19.5：(a) 使用程序 19.3 获得 $\hat{\boldsymbol{\beta}}_1$。

(b) 由 Tobit 方程 (19.79) 得到 $\hat{\boldsymbol{\beta}}_2$ 与 $\hat{\alpha}_2$。

在应用这一程序中，重要的是注意到方程 (19.79) 中的解释变量是 $\mathbf{z}_{i1}\hat{\boldsymbol{\beta}}_1$，对于所有 i。这些不是来自依赖于 $\hat{v}_{i2}$ 的回归 (19.67) 的拟合值。用 y_{i1} 代替 $\mathbf{z}_{i1}\hat{\boldsymbol{\beta}}_1$ 对于 y_{i1} 的那部分可观测的样本而言，这一做法可能是有诱惑力的。此方法不是一个好的想法：在此情形中，估计量是不一致的。

方程 (19.79) 的估计使得下述说法清楚易懂，即如果 $\mathbf{z}_1$ 不包含至少一个不在 $\mathbf{z}_2$ 中的变量，那么此程序失败。如果 $\mathbf{z}_1$ 是 $\mathbf{z}_2$ 的子集，那么 $\mathbf{z}_{i1}\hat{\boldsymbol{\beta}}_1$ 是 $\mathbf{z}_{i2}$ 的线性组合，因而，方程 (19.79) 中将存在完全多重共线性。

估计 $\text{Avar}(\hat{\alpha}_2,\hat{\boldsymbol{\beta}}_2)$ 甚至比估计 $\text{Avar}(\hat{\boldsymbol{\beta}}_1)$ 更为麻烦，因为 ($\hat{\alpha}_2$，$\hat{\boldsymbol{\beta}}_2$) 出自一个三步程序。出自方程 (19.79) 所报告的 Tobit 标准误以及检验统计量常常是可以利用的，尽管这些都不是严格有效的。如同第 14 章所阐述的，通过建立像大的 GMM 那样的问题，就能获得正确的标准误以及检验统计量。

在假设 19.5 下，完全极大似然方法是可能的。实际上，对数似然函数可以由方程 (19.74) 与方程 (19.78) 构造出来，而且它具有非常类似于方程 (19.68) 的形式。其唯一区别是，非线性约束会自动地施加在结构参数上。除了容易获得有效标准误之外，为了估计方程 (19.75) 的平均偏效应，MLE 是人们所指望的，因为需要它允许我们去估计 $\sigma_2^2=\text{Var}(u_2)$。

在诸如劳动力供给的例子中，并不清楚不在 $\mathbf{z}_2$ 中的 $\mathbf{z}_1$ 元素会从哪里来。一种可能性是工会成员二值变量，如果我们认为，一旦工资和其他因素得以控制，工会成员会增加工资（其他因素所解释的）但对劳动力供给没有影响。这个方法需要知道在调查所涉及的时间段内那些不管其是否在工作的人员的工会身份状况。在一些研究中，假定过去工作经验会影响工资——一定是这样的——同时假定过去工作经验不出现在劳动力供给函数中，这些假设很脆弱。

19.8 缺失数据的逆概率加权

我们现在转向一个不同的方法来纠正一般的缺失数据问题：**逆概率加权**

(inverse probability weighting，IPW)*。与赫克曼类型的方法相比，逆概率加权非常一般地适用于任何涉及最小化或最大化的估计问题。然而，可使逆概率加权产生对总体参数的一致估计量的那些假设与赫克曼类型的方法中所使用的那些假设完全不同。我们重点强调本节中的差异，其遵循在第 12 章中及伍德里奇（Wooldridge，2007）中的 M 估计设定。

同样，我们利用一个二值选择指示符 s_i 来刻画缺失数据的特征。因此，从总体中的一次随机抽取是由（$\mathbf{w}_i, s_i$）组成的，而且如果 $s_i=0$，那么全部或部分 $\mathbf{w}_i$ 是不可观测的。我们感兴趣的是估计 θ_o，它是总体问题

$$\min_{\boldsymbol{\theta}\in\boldsymbol{\Theta}} \mathrm{E}[q(\mathbf{w}_i, \boldsymbol{\theta})] \tag{19.80}$$

的解，其中 $q(\mathbf{w}, \cdot)$ 是关于给定 $\mathbf{w}$ 的目标函数。如果我们使用所选择的样本来估计 θ_o，那么我们求解

$$\min_{\boldsymbol{\theta}\in\boldsymbol{\Theta}} N^{-1}\sum_{i=1}^{N} s_i q(\mathbf{w}_i, \boldsymbol{\theta}) \tag{19.81}$$

我们称这个问题的解为未加权 M 估计量，$\hat{\boldsymbol{\theta}}_u$，以使之区别于稍后将介绍的加权估计量。我们已经看到了一些例子——特别是对于线性模型的——其中 $\hat{\boldsymbol{\theta}}_u$ 关于 $\boldsymbol{\theta}_o$ 是不一致的。

逆概率加权是关于非随机抽样的一种一般方法，其可以追溯到霍洛维茨和汤普森（Horivitz and Thompson，1952）。IPW 最近已被用于带有缺失数据问题的回归模型（例如，罗宾斯、罗特尼茨基和周（Robins，Rotnitzky，and Zhou，1995）以及处理效应的文献中（平野、英伯斯和里德（Hirano，Imbens，and Ridder，2003）以及本书第 21 章）。关键是我们要有一些是选择的"好"预测元的变量，在以下假设中我们将把这一点表述得更精确。

假设 19.6：（a）无论何时，只要 $s_i=1$ 时，向量 w_i 就是可观测的。

（b）存在一个随机向量 $\mathbf{z}_i$ 使得 $\mathrm{P}(s_i=1 \mid \mathbf{w}_i, \mathbf{z}_i)=\mathrm{P}(s_i=1 \mid \mathbf{z}_i)\equiv p(\mathbf{z}_i)$。

（c）对于所有 $\mathbf{z}\in\mathscr{L}\subset\mathbb{R}^J$，$\mathrm{p}(\mathbf{z})>0$。

（d）当 $s_i=1$ 时，$\mathbf{z}_i$ 可观测。

当 $\mathbf{z}_i$ 始终是可观测的时，假设 19.6 本质上是 19.4 节中提到的在随机假设上的缺失。伍德里奇（Wooldridge，2007）证明当 $s_i=0$ 时允许 $\mathbf{z}_i$ 是不可观测的可允许涵盖我们在第 20 章中处理的某些分层抽样方案，以及我们在第 22 章中将涵盖的对截取期限数据（censored duration data）的逆概率加权解决方案。人们也可看到假设 19.6（b）被描述为（以 $\mathbf{z}_i$ 为条件的）**可忽略选择**（ignorable selection）。在处理效应文献中——请参阅第 21 章——假设 19.6（b）本质上是**无混性**（unconfoundedness）假设。

假设 19.6 包含了在 19.4 节中提到的可观测变量上的选择假设。在一般的 M 估计框架中，对可观测变量的选择通常适用于这样的情形：$\mathbf{w}_i$ 被分块为（$\mathbf{x}_i, \mathbf{y}_i$），

* "逆概率加权"又称"概率的倒数加权"。——译者注

其中 $\mathbf{x}_i$ 永远是可观测的，但 $\mathbf{y}_i$ 不是，而 $\mathbf{z}_i$ 是一个总是可观测并包括 $\mathbf{x}_i$ 的向量。然后，s_i 被允许是可观测变量 $\mathbf{z}_i$ 的一个函数，但 s_i 不可与影响 $\mathbf{y}_i$ 的不可观测因子相关。假设 19.6 不适用于在不可观测变量上的选择情形，至少在该术语已被用在计量经济学中之时不适用。不可观测变量上的选择本质上就是我们在 19.5 节和 19.6 节中涵盖过的内容，其中我们明确允许选择在以外生变量为条件之后与不可观测变量相关。赫克曼（Heckman，1976）关于从属断尾问题的解决方案——其适用于线性模型和少量几个其他的模型——要求至少有一个外生变量影响选择但并没有对结果有一个偏效应。在假设 19.6 中，$\mathbf{z}_i$ 应当有不同于那些用赫克曼方法来进行识别的外生变量的特性。实际上，$\mathbf{z}_i$ 应当是对那些影响 $\mathbf{y}_i$ 也同样决定选择的不可观测变量的良好代理。有时候，$\mathbf{z}_i$ 包括 $\mathbf{y}_i$ 上的结果甚至包括来自以前时间段的 $\mathbf{x}_i$。

作为一个例子，考虑关于一次随机抽取的线性模型，$y_i=\mathbf{x}_i\boldsymbol{\beta}_o+u_i$，$\mathrm{E}(\mathbf{x}'_iu_i)=\mathbf{0}$，并假设当 $s_i=0$ 时数据在 y_i 上是缺失的。设 $\mathbf{z}_i$ 是含有 $\mathbf{x}_i$ 的那些变量的一个向量，为具体起见，假设 $s_i=1[\mathbf{z}_i\boldsymbol{\delta}_o+v_i\geqslant 0]$，其中 v_i 是独立于 $\mathbf{z}_i$ 的。为使用一个赫克曼选择校正，我们将假设 $\mathrm{E}(\mathbf{z}'_iu_i)=\mathbf{0}$，但允许在 v_i 和 u_i 之间的任意相关性，以至即使在剔除 $\mathbf{z}_i$ 之后选择也与 u_i 相关。相反，假设 19.6（b）与 $\mathrm{P}(s_i=1\mid\mathbf{z}_i,u_i)=\mathrm{P}(s_i=1\mid\mathbf{z}_i)$ 相同，这在本质上意味着 u_i 和 v_i 应当是独立的。因此，在假设 19.6（b）下，我们假设 $\mathbf{z}_i$ 是关于选择的一个如此良好的预测元以至以 $\mathbf{z}_i$ 为条件，s_i 独立于在回归方程中的不可观测变量 u_i。然而，$\mathbf{z}_i$ 和 u_i 可以是任意相关的。

如果我们能观测到选择概率，那么在假设 19.6 下，解决缺失数据的问题便很容易。要知道为什么，设 $g(\mathbf{w})$ 是某个任意的标量函数以至均值 $\mu=\mathrm{E}[g(\mathbf{w}_i)]$ 存在。然后，使用迭代期望法则，

$$\begin{aligned}\mathrm{E}[s_ig(\mathbf{w}_i)/p(\mathbf{z}_i)]&=\mathrm{E}\{\mathrm{E}[s_ig(\mathbf{w}_i)/p(\mathbf{z}_i)\mid\mathbf{w}_i,\mathbf{z}_i]\}\\&=\mathrm{E}\{\mathrm{E}(s_i\mid\mathbf{w}_i,\mathbf{z}_i)g(\mathbf{w}_i)/p(\mathbf{z}_i)\}\\&=\mathrm{E}\{\mathrm{P}(s_i=1)\mid\mathbf{w}_i,\mathbf{z}_ig(\mathbf{w}_i)/p(\mathbf{z}_i)\}\\&=\mathrm{E}\{p(\mathbf{z}_i)g(\mathbf{w}_i)/p(\mathbf{z}_i)\}=\mathrm{E}[g(\mathbf{w}_i)]\end{aligned}\tag{19.82}$$

其中最后一个等式由 $\mathrm{P}(s_i=1\mid\mathbf{w}_i,\mathbf{z}_i)=p(\mathbf{z}_i)$ 可得。这个结果表明，$\mathbf{w}_i$ 的任何函数的总体均值可以通过用选择概率的逆对选定的观测值加权而被重新获得。于是立刻可得到这样的结论：μ 的一个一致（实际上，无偏的）估计量是 $N^{-1}\sum_{i=1}^{n}[s_ig(\mathbf{w}_i)/p(\mathbf{z}_i)]$。实际上，一个有点更为常见的基于 $\mathrm{E}[s_i/p(\mathbf{z}_i)]=1$ 这一事实的估计量是

$$\hat{\mu}_{IPW}=\Big(\sum_{i=1}^{N}[s_i/p(\mathbf{z}_i)]\Big)^{-1}\Big(\sum_{i=1}^{N}[s_ig(\mathbf{w}_i)/p(\mathbf{z}_i)]\Big)\tag{19.83}$$

这是抽样数据的一个加权平均，其中各权重相加等于 1。尽管式（19.83）看上去取决于 N（总体被抽样的次数），但计算 $\hat{\mu}_{IPW}$ 时不需要 N。隐含在式（19.83）中的抽样权重通常要报告在调查数据中，以获得在出现缺失数据情形时的手段。

我们现在可以看到在 M 估计的背景下如何使用逆概率加权估计。逆概率加

权估计量 $\tilde{\boldsymbol{\theta}}_w$ 可求解

$$\min_{\boldsymbol{\theta}\in\boldsymbol{\Theta}} N^{-1}\sum_{i=1}^{N}[s_i/p(\mathbf{z}_i)]q(\mathbf{w}_i,\boldsymbol{\theta}) \tag{19.84}$$

从前面的论述中可知，每个加数的均值是 $\mathrm{E}[q(\mathbf{w}_i,\boldsymbol{\theta})]$，其在 $\boldsymbol{\theta}_o$ 处实现最小化，所以，在一致弱大数定律的温和条件下，$\tilde{\boldsymbol{\theta}}_w$ 关于 θ_o 是一致的；参阅定理 12.2。

在选择概率 $p(\mathbf{z}_i)$ 是未知的大多数情形中，假设 $\mathbf{z}_i$ 总是可观测的，如此则关于 $\mathrm{P}(s_i=1\mid\mathbf{z}_i)$ 的一个模型可通过二值响应极大似然法进行估计。在这里，我们考虑的情形是，我们使用关于 $\mathrm{P}(s_i=1\mid\mathbf{z}_i)$ 的一个二值响应模型，其要求 $\mathbf{z}_i$ 总是可观测的。

假设 19.7：(a)$G(\mathbf{z},\gamma)$ 是关于 $p(\mathbf{z})$ 的一个参数模型，其中，对于所有的 $\mathbf{z}$ 和 γ，$\gamma\in\boldsymbol{\Gamma}\subset\mathbb{R}^M$ 且 $G(\mathbf{z},\gamma)>0$。

(b) 存在 $\gamma_o\in\Gamma$ 使得 $p(\mathbf{z})=G(\mathbf{z},\gamma_o)$。

(c) $\hat{\gamma}$ 是二值响应极大似然估计，且关于 MLE 的正则性条件成立，使得

$$\sqrt{N}(\hat{\gamma}-\gamma_o)=\{\mathrm{E}[\mathbf{d}_i(\gamma_o)\mathbf{d}_i(\gamma_o)']\}^{-1}\left(N^{-1/2}\sum_{i=1}^{N}\mathbf{d}_i(\gamma_o)\right)+\mathrm{o}_p(1) \tag{19.85}$$

其中 $\mathbf{d}_i(\gamma)\equiv\nabla_\gamma G(\mathbf{z},\gamma)'[s_i-G(\mathbf{z},\gamma)]/\{G(\mathbf{z},\gamma)[1-G(\mathbf{z},\gamma)]\}$ 是 MLE 的 $M\times1$ 维得分向量。

给定 $\hat{\gamma}$，我们可以对所有的 i 构造 $G(\mathbf{z}_i,\hat{\gamma})$ 且 $s_i=1$，然后通过求解

$$\min_{\boldsymbol{\theta}\in\boldsymbol{\Theta}} N^{-1}\sum_{i=1}^{N}[s_i/G(\mathbf{z}_i,\hat{\gamma})]q[\mathbf{w}_i,\boldsymbol{\theta}] \tag{19.86}$$

获得加权 M 估计量 $\hat{\boldsymbol{\theta}}_w$。用 $\mathbf{G}(\mathbf{z}_i,\hat{\gamma})$ 替代未知概率 $p(\mathbf{z})=G(\mathbf{z},\gamma_o)$ 不会影响在关于两步估计量的一般条件下 $\hat{\boldsymbol{\theta}}_w$ 的一致性；见 12.4.1 节。更有趣的是求出 $\sqrt{N}(\hat{\boldsymbol{\theta}}_w-\boldsymbol{\theta}_o)$ 的渐近分布。

以下结果假设目标函数 $q(\mathbf{w},\cdot)$ 在 $\boldsymbol{\Theta}$ 的内部是二次连续可微的，如在 13.10.2 节中那样。记 $\mathbf{r}(\mathbf{w}_i,\boldsymbol{\theta})\equiv\nabla_\theta q(\mathbf{w}_i,\boldsymbol{\theta})'$ 为未加权的目标函数的 $P\times1$ 维得分，$H(\mathbf{w},\boldsymbol{\theta})\equiv\nabla_\theta^2 q(\mathbf{w},\boldsymbol{\theta})$ 为 $q(\mathbf{w}_i,\boldsymbol{\theta})$ 的 $P\times P$ 维海赛矩阵，以及 $k(s_i,\mathbf{z}_i,\mathbf{w}_i,\gamma,\boldsymbol{\theta})\equiv[s_i/G(\mathbf{z}_i,\gamma)]r(\mathbf{w}_i,\boldsymbol{\theta})$ 为选定的加权得分函数；特别是，无论何时，只要 $s_i=0$ 时，$k(s_i,\mathbf{z}_i,\mathbf{w}_i,\gamma,\boldsymbol{\theta})$ 是 0。

很容易证明，导致在 13.10.2 节中“令人惊讶”的有效性结果的那些条件成立。因此，

$$\sqrt{N}(\hat{\boldsymbol{\theta}}_w-\boldsymbol{\theta}_o)\overset{a}{\sim}\mathrm{Normal}(0,\mathbf{A}_o^{-1}\mathbf{D}_o\mathbf{A}_o^{-1}) \tag{19.87}$$

其中 $\mathbf{A}_o\equiv\mathrm{E}[\mathrm{H}(\mathbf{w}_i,\boldsymbol{\theta}_o)]$，$\mathbf{D}_o\equiv\mathrm{E}(\mathbf{e}_i\mathbf{e}_i')$，$\mathbf{e}_i\equiv\mathbf{k}_i-\mathrm{E}(\mathbf{k}_i\mathbf{d}_i')[\mathrm{E}(\mathbf{d}_i\mathbf{d}_i')]^{-1}\mathbf{d}_i$，且 $\mathbf{k}_i$ 和 $\mathbf{d}_i$ 被对应地在 $(\gamma_o,\boldsymbol{\theta}_o)$ 和 γ_o 处进行计算。进而，$\mathbf{A}_o$ 和 $\mathbf{D}_o$ 的一致估计量分别是

$$\hat{\mathbf{A}}\equiv N^{-1}\sum_{i=1}^{N}[s_i/G(\mathbf{z}_i,\hat{\gamma})]\mathrm{H}(\mathbf{w}_i,\hat{\boldsymbol{\theta}}_w) \tag{19.88}$$

和

$$\hat{\mathbf{D}} \equiv N^{-1}\sum_{i=1}^{N} \hat{\mathbf{e}}_i \hat{\mathbf{e}}_i' \tag{19.89}$$

其中 $\hat{\mathbf{e}}_i \equiv \hat{\mathbf{k}}_i - (N^{-1}\sum_{i=1}^{N} \hat{\mathbf{k}}_i \hat{\mathbf{d}}_i')(N^{-1}\sum_{i=1}^{N} \hat{\mathbf{d}}_i \hat{\mathbf{d}}_i')^{-1} \hat{\mathbf{d}}_i$ 是从$\hat{\mathbf{k}}_i$对$\hat{\mathbf{d}}_i$的多元回归中得到的 $P\times 1$ 维残差，$i=1$，…，N，且所有标帽的量都是在$\hat{\gamma}$和 $\hat{\boldsymbol{\theta}}_w$处进行计算的。$\hat{\boldsymbol{\theta}}_w$的渐近方差被一致估计为 $\hat{\mathbf{A}}^{-1}\hat{\mathbf{D}}\hat{\mathbf{A}}^{-1}/N$。

我们可以拿表达式（19.87）与我们通过使用一个已知的 γ_o 值来取代条件 MLE $\hat{\gamma}$ 会获得的渐近方差进行比较。像以前一样，令 $\tilde{\boldsymbol{\theta}}_w$ 表示使用 $1/G(z_i,\gamma_o)$ 作为权重的估计量。那么

$$\sqrt{N}(\tilde{\boldsymbol{\theta}}_w - \boldsymbol{\theta}_o) \overset{a}{\sim} \text{Normal}(0, \mathbf{A}_o^{-1}\mathbf{B}_o\mathbf{A}_o^{-1}) \tag{19.90}$$

其中 $\mathbf{B}_o \equiv \mathrm{E}(\mathbf{k}_i\mathbf{k}_i')$。由于 $\mathbf{B}_o - \mathbf{D}_o$ 是半正定的，所以$\sqrt{N}(\tilde{\boldsymbol{\theta}}_w - \boldsymbol{\theta}_o) - \text{Avar}\sqrt{N}(\hat{\theta}_w - \boldsymbol{\theta}_o)$ 是半正定的。

作为一个例子，考虑线性回归模型 $y=\mathbf{x}\boldsymbol{\beta}_o+u$，$\mathrm{E}(\mathbf{x}'u)=\mathbf{0}$，并假设估计的概率$\hat{p}_i=G(\mathbf{z}_i,\hat{\gamma})$ 来自一个 logit 估计。关于 logit 估计的梯度是 $\hat{\mathbf{d}}_i'=\mathbf{z}_i[s_i-\Lambda(\mathbf{z}_i,\hat{\gamma})]$，一个 $1\times M$ 维向量（$\mathbf{z}_i$ 的维度，其包含一个常数）。关于线性回归问题的选定的加权梯度为$\hat{\mathbf{k}}_i'=s_i\mathbf{x}_i\,\hat{u}_i/\hat{p}_i$，其中$\hat{u}_i=y_i-\mathbf{x}_i\hat{\boldsymbol{\beta}}_w$是进行了逆概率加权估计后的残差。渐近方差的调整可通过利用所有观测值从 $s_i\mathbf{x}_i\,\hat{u}_i/\hat{p}_i$对 $\mathbf{z}_i[s_i-\Lambda(\mathbf{z}_i,\hat{\gamma})]$ 的回归获得（行）残差 $\hat{\mathbf{e}}_i'$而实现。然后，$\hat{\mathbf{D}}$ 可如式（19.90）那样进行构造，而且，在这种情形中，$\hat{\mathbf{A}} \equiv N^{-1}\sum_{i=1}^{N}(s_i/\hat{p}_i)\mathbf{x}_i'\mathbf{x}_i$ 。$\hat{\boldsymbol{\beta}}_w$的渐近方差被估计为

$$\left[\sum_{i=1}^{N}(s_i/\hat{p}_i)\mathbf{x}_i'\mathbf{x}_i\right]^{-1}\left(\sum_{i=1}^{N} \hat{\mathbf{e}}_i\hat{\mathbf{e}}_i'\right)\left[\sum_{i=1}^{N}(s_i/\hat{p}_i)\mathbf{x}_i'\mathbf{x}_i\right]^{-1} \tag{19.91}$$

保守的估计量将用 $s_i\mathbf{x}_i'\hat{u}_i/\hat{p}_i$取代$\hat{\mathbf{e}}_i$，在这种情形中，估计量看起来就像在加权最小二乘背景下的一个“异方差性”稳健三明治估计量。

像在所有一般的有效性结果中那样，渐近方差中的一个差异是半正定的，这个结论不保证在特殊情形中能获得一个有效性的改进：该陈述包含了在渐近方差中不存在差异的可能性。

当从一种特定的意义上来说缺失数据机制是外生的时，从使用估计的概率中得不到任何有效性改进的一种情形就出现了。考虑线性回归模型。如果我们施加假设

$$\mathrm{E}(u|\mathbf{x},\mathbf{z})=0 \tag{19.92}$$

其意味着 $\mathrm{E}(y\mid\mathbf{x},\mathbf{z})=\mathrm{E}(y\mid\mathbf{x})=\mathbf{x}\boldsymbol{\beta}$，且 $\mathrm{P}(s=1\mid\mathbf{x},y,\mathbf{z})=\mathrm{P}(s=1\mid\mathbf{z})$，那么不管我们是否估计了权重，渐近方差都由式（19.90）给出。进而，概率权重可来自一个误设的估计问题，且不会影响一致性。对于极大似然问题，外生性条件是 $\mathrm{D}(y\mid\mathbf{x},\mathbf{z})=\mathrm{D}(y\mid\mathbf{x})$。当 $\mathbf{z}=\mathbf{x}$ 以及关于 $\mathrm{D}(y\mid\mathbf{x})$ 或 $\mathrm{E}(y\mid\mathbf{x})$ 的模型是正确设定的时，该条件与假设（19.92）成立这样一种重要的情境就会出现；

选择上的外生性条件是 $P(s=1 \mid \mathbf{x},y)=P(s=1 \mid \mathbf{x})$。

毫不奇怪，在外生性抽样的一般情形中，未加权的估计量也是一致的。连同假设 19.6（b）一起，我们一般定义在 M 估计量背景下的外生性选择如下。假设 $\boldsymbol{\theta}_o$ 满足

$$\boldsymbol{\theta}_o=\underset{\boldsymbol{\theta}\in\Theta}{\operatorname{argmin}}\mathrm{E}[q(\mathbf{w},\boldsymbol{\theta})|\mathbf{z}] \tag{19.93}$$

对于所有结果 $\mathbf{z}$。这个要求可能看起来抽象，但当条件分布合适的潜在特征被正确设定且 $\mathbf{z}$ 在模型中是外生的时，它对通常的估计方法成立。例如，对于非线性最小二乘法和在线性指数族中的准极大似然估计量，无论何时，只要 $\mathrm{E}(y \mid \mathbf{x},\mathbf{z})=\mathrm{E}(y \mid \mathbf{x})$ 且后者被正确设定时，假设（19.93）成立。这个条件对条件极大似然估计也成立。

伍德里奇（Wooldridge，2007，定理 4.3）证明，在外生性抽样假设下，未加权的估计量比在一个条件信息矩阵等式版本下的加权估计量更有效。一般地，该条件被表述为

$$\mathrm{E}[\nabla_{\boldsymbol{\theta}} q(\mathbf{w},\boldsymbol{\theta}_o)'\nabla_{\boldsymbol{\theta}} q(\mathbf{w},\boldsymbol{\theta}_o)|\mathbf{z}]=\sigma_o^2\mathrm{E}[\nabla_\theta^2 q(\mathbf{w},\boldsymbol{\theta}_o)|\mathbf{z}] \tag{19.94}$$

其在假设（19.93）和一些合适的正则性条件——如关于正确设定的 CMLE、在同方差假设下的非线性最小二乘以及在 GLM 方差假设成立的假设下的 MLE——下成立。在所选样本上通常的非稳健方差矩阵估计量是有效的。参阅伍德里奇（Wooldridge，2007）了解进一步的讨论。

前面的结果有助于理解关于何时应当及不应当使用权重的决策。如果一个无条件分布比如说 $\mathrm{D}(\mathbf{w})$ 的特征是我们所关注的，那么未加权的估计量仅当 $P(s=1 \mid \mathbf{w})=P(s=1)$ 时将一致估计参数——也就是说，数据是**完全随机缺失**（missing completely at random）的（Rubin，1976）。当然，加权估计量的一致性依赖于 $\mathbf{z}$ 的存在，以至 $P(s=1 \mid \mathbf{w},\mathbf{z})-P(s-1 \mid \mathbf{z})$，但维持这样一种假设往往是人们唯一的手段。

当我们从我们关注的是一个条件分布 $\mathrm{D}(y \mid \mathbf{x})$ 的一些特征这个前提开始时，加权决策更加微妙。伍德里奇（Wooldridge，2007）描述了同时涉及一致性估计和有效估计的几种情景。在这里，我们简要讨论如果数据在一些条件变量 $\mathbf{x}$ 上缺失则可能在加权过程中出现的一个问题。该问题的产生是因为，一般来说，如果数据在 $\mathbf{x}$ 的一些元素上是缺失的——比如说，由于耗损，或无响应——这些元素一般不能被包括在选择预测元 $\mathbf{z}$ 中。但是然后假设选择完全是 $\mathbf{x}$ 的一个函数：$P(s=1 \mid \mathbf{x},\mathbf{y})=P(s=1 \mid \mathbf{x})$（即便 $\mathbf{x}$ 的元素是不可观测的）。那么如果 $\mathrm{D}(\mathbf{y} \mid \mathbf{x})$（的特征）被正确设定的话，未加权的估计量是一致的。一般地，如果 $\mathbf{z}$ 省略 $\mathbf{x}$ 的任何元素，那么加权估计量将实际上是不一致的。实际上，因为条件 $P(s=1 \mid \mathbf{x},\mathbf{y},\mathbf{z})=P(s=1 \mid \mathbf{z})$ 不成立而导致使用了错误的权重。参阅伍德里奇（Wooldridge，2007）了解额外的讨论。

当 $\mathbf{z}$ 可被选择来包括 $\mathbf{x}$ 时，关于加权的情形将稳健得多：如果选择不仅仅取决于 $\mathbf{x}$，那么如果关于 $P(s=1 \mid \mathbf{z})$ 的模型足够灵活，该事实将很容易在足够大

的样本中获得。尽管这种方法涵盖了处理效应估计的情形——见第 21 章——但它并不涵盖一般的缺失数据问题。因此，当在一些条件变量缺失的情形中使用 IPW 时，人们不得不小心谨慎一些：在加权和未加权估计之间的重大差异并不必然归因于一个未加权估计量的问题，而且我们可能永远不会知道为什么两个估计量是不同的（除非我们能访问一个随机样本）。

当选择概率反映了已分层的抽样并由样本设计所决定时，关于加权的情形也更稳健；参阅第 20 章。

19.9 线性面板数据的样本选择与损耗

在我们所研究的面板数据模型中，我们假定有平衡面板数据可以利用——每一个横截面单位都具有相同的可利用时间段。对于关注总体的某些单位来说，一些时间段经常缺失，从而我们处于**非平衡面板数据**（unbalanced panel）情形中。存在几种原因可以产生非平衡面板数据的情形。第一，调查设计基于预先设定的规则而对样本中的人或厂商进行直接轮换。例如，如果对个体的调查是以时间 $t=1$ 开始的，在时间 $t=2$ 时一些最初人员可能被舍弃而又增加其他人员进来。在 $t=3$ 时，增加人员可能被舍弃而又增加其他人员等等。这就是**轮换面板数据**（rotating panel）的例子。

倘若对面板数据中的一些单位进行轮换的决策是随机做出的，则非平衡数据就相当容易处理，正像我们不久将要看到的。当出自面板数据的损耗是由各单位有选择地放弃而引起的，这就产生了更复杂的问题。如果这种决定是根据与响应变量系统相关的一些因素做出的，甚至是我们以解释变量为条件做出的，正像横截面情形一样，这就产生了样本选择问题。然而，倘若我们使用一阶差分方法，面板数据集就为我们提供了以一种简单方式处理那些基于非时变的不可观测效应的损耗的手段，我们将在 19.9.3 节证明这一点。

当人员并没有从面板数据中消失，但是某些变量对于至少某些时间段来说是不可观测的时候，就引起了各种不同类型的样本选择问题。这是 19.6 节曾讨论的从属断尾问题。一种重要情形是，利用一些个体的面板数据去估计工资报价方程。尽管关注的总体是最初年份中的就业人员，但一些人在随后年份里将成为失业者。对于那些人来说，正如横截面情形一样，我们不能观测到工资报价。这种情形不同于人完全离开样本，而且不在后面年份中再出现的损耗问题。在从属断尾情形中，我们在每一个时间段里可以观测到每一个人的某些变量。

19.9.1 含有非平衡面板数据的固定和随机效应估计

我们以研究对于非平衡面板数据来说，通常的固定效应估计量是一致的假设开始。在随机抽样下，此模型在横截面上对于任何一个 i 来说通常都是线性的、带有不可观测效应的模型：

$$y_{it}=\mathbf{x}_{it}\boldsymbol{\beta}+c_i+u_{it},t=1,\cdots,T \tag{19.95}$$

其中 $\mathbf{x}_{it}$ 表示关注的 $1\times K$ 维向量，而 $\boldsymbol{\beta}$ 表示关注的 $K\times 1$ 维向量。与以往一样，我们假定 N 个横截面观测值是可以利用的，且当 $N\to\infty$ 时进行渐近分析。我们首先涵盖允许 c_i 与 $\mathbf{x}_{it}$ 相关的情形，因而 $\mathbf{x}_{it}$ 的所有元素都是时变的。

我们已处理第 10 章与第 11 章中的所有 T 个时间段都是可利用的情形。现在我们考察对于横截面的抽取单位来说，一些时间段可能是缺失的情形。把 $t=1$ 看成是总体中任何一个单位上数据的第一个时间段，而把 $t=T$ 则看成是最后一个时间段。对于出自总体的随机抽取 i 来说，设 $\mathbf{s}_i\equiv(s_{i1},\cdots,s_{iT})'$ 表示选择指示符的 $T\times 1$ 维向量：如果 $(\mathbf{x}_{it},y_{it})$ 是可观测的，$s_{it}=1$，否则 $s_{it}=0$。一般地讲，即：我们有一个非平衡面板数据。我们把 $\{(\mathbf{x}_i,\mathbf{y}_i,\mathbf{s}_i):i=1,2,\cdots,N\}$ 处理成从总体中得到的随机样本；选择指示符告诉我们，对于每一个 i 来说，哪一个时间段是缺失的。

我们可以很容易地发现那样的假设，即在此假设下对非平衡面板数据来说，固定效应估计量可以被一致地写成

$$\begin{aligned}\hat{\boldsymbol{\beta}}&=\left(N^{-1}\sum_{i=1}^{N}\sum_{t=1}^{T}s_{it}\ddot{\mathbf{x}}'_{it}\ddot{\mathbf{x}}_{it}\right)^{-1}\left(N^{-1}\sum_{i=1}^{N}\sum_{t=1}^{T}s_{it}\ddot{\mathbf{x}}'_{it}\ddot{y}_{it}\right)\\&=\boldsymbol{\beta}+\left(N^{-1}\sum_{i=1}^{N}\sum_{t=1}^{T}s_{it}\ddot{\mathbf{x}}'_{it}\ddot{\mathbf{x}}_{it}\right)^{-1}\left(N^{-1}\sum_{i=1}^{N}\sum_{t=1}^{T}s_{it}\ddot{\mathbf{x}}'_{it}u_{it}\right)\end{aligned} \tag{19.96}$$

其中我们定义

$$\ddot{\mathbf{x}}_{it}\equiv\mathbf{x}_{it}-T_i^{-1}\sum_{r=1}^{T}s_{ir}\mathbf{x}_{ir},\ddot{y}_{it}\equiv y_{it}-T_i^{-1}\sum_{r=1}^{T}s_{ir}y_{ir}\quad \text{以及}\quad T_i\equiv\sum_{t=1}^{T}s_{it}$$

也就是，T_i 表示横截面 i 的可观测时间段数，而且我们在可以利用的时间段上应用**组内变换**（within transformation）。

如果非平衡数据上的固定效应是一致的，我们应该有 $\mathrm{E}(s_{it}\ddot{\mathbf{x}}'_{it}u_{it})=0$，对于所有 t。现在，由于 $\ddot{\mathbf{x}}_{it}$ 依赖于所有的 $\mathbf{x}_i$ 与 $\mathbf{s}_i$，所以需要一种严格外生性的形式。

假设 19.8：(a) $\mathrm{E}(u_{it}\mid\mathbf{x}_i,\mathbf{s}_i,c_i)=0$，$t=1$，2，…，$T$；(b) $\sum_{t=1}^{T}\mathrm{E}(s_{it}\ddot{\mathbf{x}}'_{it}\ddot{\mathbf{x}}_{it})$ 是非奇异的；(c) $\mathrm{E}(\mathbf{u}_i\mathbf{u}'_i\mid\mathbf{x}_i,\mathbf{s}_i,c_i)=\sigma_u^2\mathbf{I}_T$。

在假设 19.8 (a) 下，由迭代期望法则可得，$\mathrm{E}(s_{it}\ddot{\mathbf{x}}'_{it}u_{it})=\mathbf{0}$（因为 $s_{it}\ddot{\mathbf{x}}_{it}$ 是 $(\mathbf{x}_i,\mathbf{s}_i)$ 的函数）。在解释了样本选择之后，第二个假设是关于期望外积矩阵的秩条件；当然，它剔除了 $\mathbf{x}_{it}$ 中的非时变元素。前两个假设确保了非平衡面板数据上 FE 的一致性。

在随机轮换面板数据情形下，而且在选择是完全随机的其他情形下，$\mathbf{s}_i$ 与 $(\mathbf{u}_i,\mathbf{x}_i,c_i)$ 是相互独立的，在此情形下，在标准固定效应假设 $\mathrm{E}(u_{it}\mid\mathbf{x}_i,c_i)=0$ 下，假设 19.8 (a) 成立。在此情形下，总体模型的自然假设蕴涵着非平衡数据上的一致性与正态性。在更弱的条件下，假设 19.8 (a) 也是成立的。特别

地，它没有假定 $\mathbf{s}_i$ 与（$\mathbf{x}_i, c_i$）之间的任何关系。因此，如果我们认为，在所有时间段里选择与 c_i 或者 $\mathbf{x}_i$ 是相关的，但是认为 u_{it} 与给定（$\mathbf{x}_i, c_i$）时的 $\mathbf{s}_i$ 在均值意义上是相互独立的，对于所有 t，那么非平衡数据上的 FE 就是一致的且渐近正态的。尤其是，对于短的面板数据来说，这一结论或许是一个合情合理的近似。假设 19.8（a）所剔除的内容是与特质误差 u_{it} 偏相关的那种选择。

当我们增加假设 19.8（c）时，基于 FE 的标准推断程序是有效的。特别地，在假设 19.8（a）与假设 19.8（c）下，

$$\mathrm{Var}\left(\sum_{t=1}^{T} s_{it}\,\ddot{\mathbf{x}}'_{it}u_{it}\right) = \sigma_u^2\left[\sum_{t=1}^{T}\mathrm{E}(s_{it}\,\ddot{\mathbf{x}}'_{it}\ddot{\mathbf{x}}_{it})\right]$$

因此，固定效应估计量的渐近方差被估计成为

$$\hat{\sigma}_u^2\left(\sum_{i=1}^{N}\sum_{t=1}^{T} s_{it}\,\ddot{\mathbf{x}}'_{it}\ddot{\mathbf{x}}_{it}\right)^{-1} \tag{19.97}$$

估计量 $\hat{\sigma}_u^2$ 可以从

$$\begin{aligned}\mathrm{E}\left(\sum_{t=1}^{T} s_{it}\ddot{u}_{it}^2\right) &= \mathrm{E}\left[\sum_{t=1}^{T} s_{it}\mathrm{E}(\ddot{u}_{it}^2 \mid \mathbf{s}_i)\right] = \mathrm{E}\{T_i[\sigma_u^2(1-1/T_i)]\}\\ &= \sigma_u^2\mathrm{E}[(T_i-1)]\end{aligned}$$

推导出来。现在，当 $s_{it}=1$ 时，把 FE 残差定义为 $\hat{u}_{it}=\ddot{y}_{it}-\ddot{\mathbf{x}}_{it}\hat{\boldsymbol{\beta}}$。于是，由于 $N^{-1}\sum_{i=1}^{N}(T_i-1)\xrightarrow{p}\mathrm{E}(T_i-1)$，所以当 $N\to\infty$时，

$$\begin{aligned}\hat{\sigma}_u^2 &= \left[N^{-1}\sum_{i=1}^{N}(T_i-1)\right]^{-1}N^{-1}\sum_{i=1}^{N}\sum_{t=1}^{T} s_{it}\,\hat{u}_{it}^2\\ &= \left[\sum_{i=1}^{T}(T_i-1)\right]^{-1}\sum_{i=1}^{N}\sum_{t=1}^{T} s_{it}\,\hat{u}_{it}^2\end{aligned}$$

对于 σ_u^2 来说是一致的，标准软件包还可以通过从 $\sum_{i=1}^{T}(T_i-1)$ 中减去 K 做出自由度调整。由此可得，基于非平衡的固定效应分析的所有通常检验统计量都是有效的。特别地，第 10 章中曾讨论的虚拟变量回归产生了渐近一致有效的统计量。

由于 FE 估计量使用了减去时间均值运算，所以对于 $T_i=1$ 的任何单位 i 都可以被从固定效应估计量中舍弃。为了使用这些观测值，我们需要增加更多的假设，诸如随机效应假设 $\mathrm{E}(c_i \mid \mathbf{x}_i, \mathbf{s}_i)=0$。

放松假设 19.8（c）是容易的：只要把方程（10.59）中的稳健方差矩阵估计量应用到非平衡面板数据上。唯一的变化是，$\ddot{\mathbf{X}}_i$的行是 $s_{it}\ddot{\mathbf{x}}_{it}$，而 $\ddot{\mathbf{u}}_i$ 的元素是 $s_{it}\ddot{u}_{it}$，$t=1$，…，T。

在假设 19.8 下，在非平衡面板数据的任何平衡子集上使用标准固定效应分析也是有效的；事实上，我们能够以 s_{it} 的任何结果为条件。例如，如果我们在

所有时间段里只有观测值都是可利用的时候才使用单位 i，那么对于所有 t，我们是以 $s_{it}=1$ 为条件的。用在非平衡面板上的 FE 与平衡面板上的 FE 进行比较是一个合理的设定检查。

利用类似的讨论推理，可以证明，在可观测面板数据的任何子集上，任何类型的差分方法都是一致的。例如，对于 $T=3$ 来说，我们可以观测到第一个时间段、第二个时间段或者第三个时间段的横截面单位的数据。那些满足 $T_i=1$ 的单位退出，但是差分的任何其他组合都能够用于混合 OLS 分析之中。对于一阶差分来说，假设 19.8 的类似形式——例如，用 $\mathrm{E}(\Delta\mathbf{u}_i\Delta\mathbf{u}_i' \mid \mathbf{x}_i, \mathbf{s}_i, c_i)=\sigma_e^2\mathbf{I}_{T-1}$代替假设 19.8（c）——确保了在出自非平衡一阶差分上的混合 OLS 通常统计量是渐近有效的。

在一个非平衡面板上的随机效应估计由于 GLS 变换而更复杂一些，而且其一致性取决于涉及选择机制的更强的假设。除了一个秩条件以外，还有一个关键的额外要求（与固定效应相比）是

$$\mathrm{E}(c_i \mid \mathbf{x}_i, \mathbf{s}_i)=\mathrm{E}(c_i) \tag{19.98}$$

以至异质性依均值独立于协变量和所有时间段中的选择。假设（19.98）一般是非常受约束的。它的确考虑了被随机轮换进与随机轮换出一个面板的那些单元，或考虑了轮换过程取决于 $\mathbf{x}_{it}$ 中可观测因子的那些单元。

当我们明确引入选择指示符时，关于非平衡面板的 GLS 估计的一个仔细的分析在标记上是非常烦琐的。然而，由于随机效应协方差结构的“可交换”性质，随机效应估计量是很容易描述的。特别是，在来自 10.4 节的假设 RE.3 下（对于平衡面板情形），在任何两个时间段之间的协方差是相同的。这连同非时变方差假设一起导出了一个简单的 GLS 变换。在平衡面板情形中，当使用参数 $\lambda=1-[\sigma_u^2/(\sigma_u^2+T\sigma_c^2)]^{-1/2}$（的一个估计）时，数据是**准减去时间均值的**（quasi-time-demeaned）；见 10.7.2 节。对于非平衡面板的情形——其中选择在假设（19.98）的意义上是外生的——准减去时间均值适用，但参数取决于 i，亦即，

$$\lambda_i=1-[\sigma_u^2/(\sigma_u^2+T_i\sigma_c^2)]^{1/2} \tag{19.99}$$

其中 $T_i=\sum_{r=1}^{T}s_{ir}$ 为关于单元 i 的可用时间段的数量。不像在平衡面板情形中那样，λ_i 被恰当地视为一个随机变量，因为它是 T_i 的一个函数。但是，在假设 19.8（a）和假设（19.98）下，T_i 是适当外生的，因为 $\mathrm{E}(v_{it} \mid \mathbf{x}_i, T_i)=0$，其中 $v_{it}=c_i+u_{it}$。因此，使用 T_i 的任何函数来变换该方程仍然可导出在假设（19.98）下的一致性估计。参阅巴尔塔基（Baltagi，2001，第 9.2 节）了解 T_i 被处理为非随机的情形。

如果我们知道了 λ_i，在非平衡面板上的 RE 估计量将正好是准减去时间均值数据$\breve{y}_{it}=y_{it}-\lambda_i\bar{y}_i$ 和$\breve{\mathbf{x}}_{it}=\mathbf{x}_{it}-\lambda_i\bar{\mathbf{x}}_i$ 上的混合 OLS，其中，时间平均数自然有可观测数据。为实施随机效应估计量，我们需要 σ_u^2 和 σ_c^2 的初始估计量，但这些都是通过修改非平衡面板情形中的估计量而获得的。

利用现代软件，实施在一个非平衡面板上的随机效应是很简单的。但人们

应当知道，随机效应估计量在缺失数据机制的性质上施加了强假设。此外，如在平衡面板情形中那样，有一些很好的理由相信 RE 方差结构不应当被从字面上进行理解。也就是说，即便我们假设，除了假设 19.8（a)、假设 19.8（c）和假设（19.98）以外，还有

$$\mathrm{Var}(c_i \mid \mathbf{x}_i, \mathbf{s}_i) = \mathrm{Var}(c_i) = \sigma_c^2 \tag{19.100}$$

总体中的复合方差协方差矩阵 $\mathrm{Var}(\mathbf{v}_i \mid \mathbf{x}_i)$ 没有随机效应结构仍是可能的。在平衡面板情形中我们已经知道：只要解释变量关于 $v_{it}=c_i+u_{it}$ 是严格外生的，在 GLS 估计中使用不正确方差矩阵不会造成估计 $\boldsymbol{\beta}$ 时的不一致性。毫不奇怪，在非平衡面板情形中，我们必须有效添加上选择过程中的严格外生性。在这个假设下，对关于 $\mathrm{Var}(\mathbf{v}_i \mid \mathbf{x}_i, \mathbf{c}_i)$ 的任何方差结构来说，非平衡面板上的随机效应一般是一致且$\sqrt{N}$渐近正态的。但是，我们需要计算 $\hat{\boldsymbol{\beta}}_{RE}$ 的一个完全稳健的方差矩阵估计量，这在关于平衡和非平衡面板情形的现代计量经济学软件包中通常是可用的。

19.9.2 对样本选择偏误的检验与校正

前面一小节的结果蕴涵着，只有当选择与特质误差 u_{it} 是相关的时候，样本选择在固定效应背景下才是一个问题。因此，对于选择偏误的任何检验就只要针对这个假设进行。在随机效应估计的背景下，尼吉曼和维比克（Nijiman and Verbeek，1992）提出了一个简单检验，但是对于固定效应来说，它也能起作用：比如说，把滞后选择指示符 $s_{i,t-1}$ 添加到方程中，通过（在非平衡面板数据上）固定效应估计模型，然后对 $s_{i,t-1}$ 的显著性做一个 t 检验（或许做出的是完全稳健的)。(这种方法损失了所有观测值的第一时间段。）在零假设下，即 u_{it} 与 s_{ir} 是不相关的，对于所有 r，因而在前面时间段中的选择在时间 t 的方程里应该不显著。(顺便提一下，把 s_{it} 放进时间 t 的方程里永远不会有道理，因为选择子样本里 $s_{it}=1$，对于所有的 i 与 t。)

每当 s_{it} 是 1 时 $s_{i,t-1}$ 必然是 1，那么代入 $s_{i,t-1}$ 不会起作用，因为选择样本中 $s_{i,t-1}$ 上不存在变异。如果（比如说）一个人仅仅在其出现在时间 $t-1$ 之中时才会出现在时间 t 中，这是损耗情形。一种备选方案是包括选择指示符的前项 $s_{i,t+1}$。对于那些处于样本每一个时间段中的观测值 i 来说，$s_{i,t+1}$ 总是为 0。但是由于有损耗因子（attriter）*，$s_{i,t+1}$ 在损耗之前的那个时间段里从 0 转变到 1。或者，我们可以定义一个在 t 时点的变量，比如说 $r_{i,t+1}$，这是自 t 时间段以后单元 i 处于样本中的时间段数。无论哪种方式，如果我们使用固定效应或者一阶差分，那么我们需要 $T>2$ 时间段来完成该检验。

对于 RE 我们有其他的可能性，诸如添加 T_i 作为一个额外的回归元并使用一个 t 检验。

对于从属断尾问题来说，把赫克曼（Heckman，1976）的检验推广到不可

* attriter，并无中文的标准翻译，意指不均衡面板数据的成因之一，这里把它译成“损耗因子”。——译者注

观测效应的面板数据背景下是有道理的。这是由伍德里奇（Wooldridge，1995a）做出的。把关注的方程写成

$$y_{it1}=\mathbf{x}_{it1}\boldsymbol{\beta}_1+c_{i1}+u_{it1},t=1,\cdots,T \tag{19.101}$$

最初，假定 y_{it1} 只有在二值选择指示符 s_{it2} 为 1 时才是可观测的。设 $\mathbf{x}_{it}$ 表示时间 t 时所有外生变量的集合；我们假定这些变量在每一个时间段里都是可观测的，而且 $\mathbf{x}_{it1}$ 是 $\mathbf{x}_{it}$ 的一个子集。假定对于每一个 t，s_{it2} 是由 probit 方程来决定的：

$$s_{it2}=1[\mathbf{x}_i\boldsymbol{\psi}_{t2}+v_{it2}>0],v_{it2}\mid\mathbf{x}_i\sim\text{Normal}(0,1) \tag{19.102}$$

其中 $\mathbf{x}_i$ 包括 1。这最好可以看成是约简型选择方程：我们设所有时间段的解释变量都出现在时间 t 的选择方程里，以考察一般选择模型，包括那些含有不可观测效应的模型以及在 15.8.2 节中曾讨论的张伯伦（Chamberlain，1980）装置，还有某种动态选择模型。芒德拉克（Mundlak，1978）方法是用时间 t 时的（$\mathbf{x}_{it},\bar{\mathbf{x}}_i$）代替 $\mathbf{x}_i$，并且假定系数随时间流逝而为常数。[参阅方程（15.68）。] 于是，一旦很好地保留了自由度，参数能够由混合 probit 估计出来。对于小 N 来说，这样保留或许是重要的。为了检验目的，在零假设下，方程（19.102）是否为样本选择的合适模型并不重要，但是当对样本选择进行修正时，我们需要假定方程（19.102）或者它的芒德拉克形式。

在假设 19.8（a）（含有明显的记号变化）的零假设下，由样本选择 probit 中所获得的逆米尔斯比在由固定效应所估计的方程中不应该是显著的。因而，设 $\hat{\lambda}_{it2}$ 表示从对于不同的 i 与 t 由混合 probit 可估计的方程（19.102）中估计出来的米尔斯比。于是，有效的零假设检验是在非平衡面板数据上的 FE 估计中关于 $\hat{\lambda}_{it2}$ 上的 t 统计量。在假设 19.8（c）下，通常 t 统计量是有效的，但是不管 u_{it1} 是否为同方差的以及序列不相关的，该方法都起作用：只计算稳健的标准误。伍德里奇（Wooldridge，1995a）正式证明了，在 H_0 下，$\boldsymbol{\psi}_2$ 的第一阶段估计并没有影响到 t 统计量的极限分布。这个结论也可以由第 12 章关于 M 估计的结果中得到。

对样本选择进行修正需要更小心谨慎。遗憾的是，实际上，在基础选择方程中考察不可观测效应的任何假设下，把 $\hat{\lambda}_{it2}$ 添加到方程（19.101）中且利用 FE 都不会产生一致估计量。为了理解其缘由，假定

$$s_{it2}=1[\mathbf{x}_{it}\boldsymbol{\delta}_2+c_{i2}+a_{it2}>0],a_{it2}\mid(\mathbf{x}_i,c_{i1},c_{i2})\sim\text{Normal}(0,1) \tag{19.103}$$

于是，为了得到式（19.102），v_{it2} 依赖于 a_{it2} 且至少部分地依赖于 c_{i2}。现在，假定我们做出强的假设 $\mathrm{E}(u_{it1}\mid\mathbf{x}_i,c_{i1},c_{i2},\mathbf{v}_{i2})=g_{i1}+\rho_1 v_{it2}$，这在（$u_{it1},a_{it2}$）对于不同的 t 来说是以（$\mathbf{x}_i,c_{i1},c_{i2}$）为条件独立的假设下是成立的。于是，我们有

$$\begin{aligned}y_{it1}=&\mathbf{x}_{it1}\boldsymbol{\beta}_1+\rho_1\mathrm{E}(v_{it2}\mid\mathbf{x}_i,\mathbf{s}_{i2})+(c_{i1}+g_{i1})+e_{it1}\\&+\rho_1[v_{it2}-\mathrm{E}(v_{it2}\mid\mathbf{x}_i,\mathbf{s}_{i2})]\end{aligned}$$

复合误差 $e_{it1}+\rho_1[v_{it2}-\mathrm{E}(v_{it2}\mid\mathbf{x}_i,\mathbf{s}_{i2})]$ 与（$\mathbf{x}_i,\mathbf{s}_{i2}$）的任何函数都是不相关的。问题是，$\mathrm{E}(v_{it2}\mid\mathbf{x}_i,\mathbf{s}_{i2})$ 依赖于 $\mathbf{s}_{i2}$ 中的所有元素，而且对于更小的 T 来说，这

种期望是复杂的。

一旦对面板数据模型利用张伯伦方法，就有一个起作用的方法可使用，但是我们需要给定 $\mathbf{x}_i$ 与 v_{it2} 时 u_{it1} 与 c_{i1} 的期望值方面的某些线性性假设。

假设 19.9：(a) 选择方程是由式（19.102）给出的；(b) $\mathrm{E}(u_{it1}|\mathbf{x}_i, v_{it2}) = \mathrm{E}(u_{it1}|v_{it2}) = \rho_1 v_{it2}$，$t=1, \cdots, T$；以及 (c) $\mathrm{E}(c_{i1}|\mathbf{x}_i, v_{it2}) = \mathrm{L}(c_{i1}|1, \mathbf{x}_i, v_{it2})$。

当向量 (u_{it1}, v_{it2}) 与 $\mathbf{x}_i$ 是相互独立的时候，第二个假设是标准的，而且在 (u_{it1}, v_{it2}) 的联合正态性下就可以获得。假设 19.9 (c) 蕴涵着

$$\mathrm{E}(c_{i1}|\mathbf{x}_i, v_{it2}) = \mathbf{x}_i\boldsymbol{\pi}_1 + \phi_{t1} v_{it2}$$

其中，由式（19.102）与迭代期望法则得，$\mathrm{E}(c_{i1} \mid \mathbf{x}_i) = \mathbf{x}_i\boldsymbol{\pi}_1 + \mathrm{E}(v_{it2} \mid \mathbf{x}_{it}) = \mathbf{x}_i\boldsymbol{\pi}_1$。这些假设都没有对 (u_{it1}, v_{it2}) 上的序列相依性施加约束。这样做蕴涵着

$$\mathrm{E}(y_{it1}|\mathbf{x}_i, v_{it2}) = \mathbf{x}_{it1}\boldsymbol{\beta}_1 + \mathbf{x}_i\boldsymbol{\pi}_1 + \gamma_{t1} v_{it2} \tag{19.104}$$

以 $s_{it2}=1$ 为条件，得出

$$\mathrm{E}(y_{it1}|\mathbf{x}_i, s_{it2}=1) = \mathbf{x}_{it1}\boldsymbol{\beta}_1 + \mathbf{x}_i\boldsymbol{\pi}_1 + \gamma_{t1}\lambda(\mathbf{x}_i\boldsymbol{\psi}_{t2})$$

因此，我们首先对于每一个 t 通过估计 s_{it2} 对 $\mathbf{x}_i$ 的 probit 来一致地估计出 $\boldsymbol{\beta}_1$，然后保留逆米尔斯比 $\hat{\lambda}_{it2}$，对于所有 i 与 t。其次，利用选择样本实施

$$y_{it1} \quad 对 \quad \mathbf{x}_{it1}, \mathbf{x}_i, \hat{\lambda}_{it2}, d2_t\hat{\lambda}_{it2}, \cdots, dT_t\,\hat{\lambda}_{it2}, 对于所有\ s_{it2}=1 \tag{19.105}$$

的混合 OLS 回归，其中 $d2_t$ 一直到 dT_t 都是时间虚拟变量。如果式（19.104）中的 γ_{t1} 对于不同的 t 来说是常数，那么式（19.105）只单独地包括 $\hat{\lambda}_{it2}$。再一次，实践中可以很有用的一个简化是用时间平均值 $\bar{\mathbf{x}}_i$ 替代 $\mathbf{x}_i$。

对于一般异方差性与序列相关，还有 $\boldsymbol{\psi}_{t2}$ 的第一阶段估计来说，需要对 $\hat{\boldsymbol{\beta}}_1$ 的渐近方差进行修正。这些修正是利用源自第 12 章中两步 M 估计公式而做出的；伍德里奇（Wooldridge，1995a）包括了该公式。或者，可以使用面板自助法，其中，再抽样可利用截面单元进行。

如果选择方程是 Tobit 形式的，那么我们拥有更多的灵活性。把选择方程写成

$$y_{it2} = \max(0, \mathbf{x}_t\boldsymbol{\psi}_{t2} + v_{it2}), v_{it2}|\mathbf{x}_i \sim \mathrm{Normal}(0, \sigma_{t2}^2) \tag{19.106}$$

其中只有 $y_{it2}>0$ 时 y_{it1} 才是可观测的。于是，在假设 19.8 下，用 Tobit 选择方程代替式（19.102），一致估计可以由混合回归（19.105）得出，其中当 $y_{it2}>0(s_{it2}=1)$ 时 $\hat{\lambda}_{it2}$ 由 Tobit 残差 $\hat{v}_{it2}$ 所代替。Tobit 残差可以由式（19.106）中 T 个横截面的 Tobit 值获得；或者，尤其是对于小的 N 来说，我们能够使用芒德拉克型（Mundlak-type）方法，并且用 $\mathbf{x}_{it}\boldsymbol{\delta}_2 + \bar{\mathbf{x}}_i\boldsymbol{\pi}_2$ 代替含有 $\mathbf{x}_t\boldsymbol{\psi}_{t2}$ 的混合 Tobit；参阅方程（17.82）。

容易看到，倘若我们在假设 19.9 中做出一个显性排除约束，我们就可以把 $\alpha_1 y_{it2}$ 添加到结构方程（19.101）中。特别地，我们必须假定 $\mathrm{E}(c_{i1} \mid \mathbf{x}_i, v_{it2}) = \mathbf{x}_{i1}\boldsymbol{\pi}_1 + \phi_{t1} v_{it2}$，而且 $\mathbf{x}_{it1}$ 是 $\mathbf{x}_{it}$ 的一个严格子集。于是，由于 y_{it2} 是 $(\mathbf{x}_i, v_{it2})$ 的函数，所以我们能写成 $\mathrm{E}(y_{it1} \mid \mathbf{x}_i, v_{it2}) = \mathbf{x}_{it1}\boldsymbol{\beta}_1 + \alpha_1 y_{it2} + \mathbf{x}_{i1}\boldsymbol{\pi}_1 + \gamma_{t1} v_{it2}$。对于每一

个 t，我们得到 Tobit 残差 $\hat{v}_{it2}$，然后实施关于选择样本的 y_{it1} 对 $\mathbf{x}_{it1}$，y_{it2}，$\mathbf{x}_{i1}$ 以及 $\hat{v}_{it2}$ 的回归（可能与时间虚拟变量交互作用）。如果我们没有做出排除约束，那么这个回归将遭受完全多重共线性。举一个例子，倘若我们拥有影响劳动力供给（诸如年幼小孩数量）但不影响工资报价的变量，我们就很容易地在关于面板数据的工资报价函数中包括工作小时数。

当选择方程具有 Tobit 形式时，纯固定效应方法是更富有成效的。下述假设源自伍德里奇（Wooldridge，1995a）：

假设 19.10：（a）选择方程有方程（19.106）的形式；（b）对于某个不可观测效应 g_{i1} 来说，$\mathrm{E}(u_{it1}|\mathbf{x}_i,c_{i1},g_{i1},\mathbf{v}_{i2})=\mathrm{E}(u_{it1}|g_{i1},v_{it2})=g_{i1}+\rho_1 v_{it2}$。

在这个假设的（b）部分下，

$$\mathrm{E}(y_{it1}|\mathbf{x}_i,\mathbf{v}_{i2},c_{i1},g_{i1})=\mathbf{x}_{it1}\boldsymbol{\beta}_1+\rho_1 v_{it2}+f_{i1} \tag{19.107}$$

其中 $f_{i1}=c_{i1}+g_{i1}$。当我们还是以 $\mathbf{s}_{i2}$ 为条件时（由于 $\mathbf{s}_{i2}$ 是 $\mathbf{x}_i$，$\mathbf{v}_{i2}$ 的函数），相同的期望成立。因此，在非平衡面板数据上，通过固定效应，可估计的方程（19.107）会一致地估计 $\boldsymbol{\beta}_1$ 与 ρ_1。与以往一样，每当 $y_{it2}>0$ 时，我们就用 Tobit 残差 $\hat{v}_{it2}$ 代替 v_{it2}。$\mathrm{H}_0:\rho_1=0$ 的 t 检验作为没有样本选择这一零假设的一种检验通常是非常有效的。如果 $\{u_{it1}\}$ 满足标准同方差性与序列不相关性假设，那么通常 t 统计量是有效的。完全稳健的检验或许是有保证的。（而且，借助于排除约束，我们能够添加 y_{it2} 作为附加的解释变量。）

伍德里奇（Wooldridge，1995a）讨论了假设 19.10（b）成立的一种重要情形：在 Tobit 形式方程（19.103）中（$\mathbf{u}_{i1},\mathbf{a}_{i2}$）与（$\mathbf{x}_i,c_{i1},c_{i2}$）是相互独立的，且 $\mathrm{E}(u_{it1}\mid\mathbf{a}_{it2})=\mathrm{E}(u_{it1}\mid a_{it2})=\rho_1 a_{it2}$。在 $\{(u_{it1},a_{it2}):t=1,\cdots,T\}$ 是序列相互独立的普遍假设下，从第二个到最后等式都成立。

前面一些方法都假定，选择方程的误差具有正态性，同时以隐性方式假定有不可观测的异质性。基里亚齐杜（Kyriazidou，1997）以及奥诺尔和基里亚齐杜（Honoré and Kyriazidou，2000b）提出了并不需要分布假设的方法。达斯特曼和罗奇纳-巴拉圭那（Dustmann and Rochina-Barrachina，2007）把伍德里奇（Wooldridge，1995a）方法与基里亚齐杜（Kyriazidou，1997）方法应用到对将选择纳入劳动力工资报价方程进行估计的问题上。

塞米金纳和伍德里奇（Semykina and Wooldridge，即将出版）证明了怎样把面板数据样本选择校正扩展到外生解释变量。正如截面校正的情形，内生解释变量不必在所有时间段都观测到。如塞米金纳和伍德里奇（Semykina and Wooldridge，即将出版）正式证明的：通过添加一项逆米尔斯比到不平衡面板中，使用固定效应2SLS，样本选择偏差的一个简单检验在不用采取解释变量内生性的观点情形下就可以获得。通过添加一个外生变量（外生解释变量和工具变量两者）的时间平均数，应用带有逆米尔斯比项（像往常一样，这是由第 步估计获得）的混合 2SLS，就可以获得校正。详情请见塞米金纳和伍德里奇（Semykina and Wooldridge，即将出版）。

19.9.3 损耗

现在，我们特别地转到对线性的不可观测效应面板数据模型中损耗问题进行检验与修正的问题上。一般的损耗是错综复杂的，因为其中一些单位在离开之后可以重新进入到该样本中。我们分析一种普遍的特殊情形。在 $t=1$ 时，随机样本可以从相关总体获得，为了具体起见，相关总体是一些人。在 $t=2$ 时以及后来，某些人员因为不是完全随机的而从样本中剔除。我们假定一旦某个人退出样本，他或她就永远出去：损耗是一种吸收状态（absorbing state）。任何含有损耗的面板数据集合都以这种方式通过对最初离开样本的那些单位后续观测值的忽略而得以设立。在 19.9.2 节中，当我们假定，损耗是吸收状态的，我们已讨论了对损耗进行检验的一种方法：将 $s_{i,t+1}$ 作为固定效应分析中的附加解释变量，或使用样本中的后续时间段数量。

对损耗偏误进行修正的方法与前面一小节里所涵盖的从属断尾的修正紧密相关。把从总体中抽取的随机样本写成如同方程（19.95）一样的模型，其中我们假定对于所有 i，当 $t=1$ 时（$\mathbf{x}_{it}, y_{it}$）是可观测的。设 s_{it} 表示每一个时间段的选择指示符，其中如果（$\mathbf{x}_{it}, y_{it}$）是可观测的，那么 $s_{it}=1$。由于我们忽略了最初离开样本的那些单元，所以 $s_{it}=1$ 蕴涵着 $s_{ir}=1$，对于 $r<t$。

为了消除不可观测效应，损耗随之而来的性质使得一阶差分成为一个自然的选择：

$$\Delta y_{it}=\Delta \mathbf{x}_{it}\boldsymbol{\beta}+\Delta u_{it}, t=2,\cdots,T \tag{19.108}$$

一旦以 $s_{i,t-1}=1$ 为条件，可以把对于 $t\geqslant 2$ 的（约简型）选择方程写成

$$s_{it}=1[\mathbf{w}_{it}\boldsymbol{\delta}_t+v_{it}>0], v_{it}\mid\{\Delta\mathbf{x}_{it}, \mathbf{w}_{it}, s_{i,t-1}=1\}\sim \text{Normal}(0,1) \tag{19.109}$$

其中 $\mathbf{w}_{it}$ 必须包括对于所有满足 $s_{i,t-1}=1$ 的单位，在时间 t 时可观测的变量。关于 $\mathbf{w}_{it}$ 的良好备选者包括 $\mathbf{x}_{i,t-1}$ 中的变量，以及 $\mathbf{x}_{it}$ 中当 $s_{i,t-1}=1$ 时在时间 t 可观测的变量（例如，如果 $\mathbf{x}_{it}$ 包括变量的滞后项或者诸如年龄变量）。通常 $\mathbf{w}_{it}$ 的维数可以随 t 而增大。例如，如果方程（19.95）是动态完备的，那么 $y_{i,t-2}$ 与 Δu_{it} 是正交的，因而 $y_{i,t-2}$ 是 $\mathbf{w}_{it}$ 的元素。由于 $y_{i,t-1}$ 与 $u_{i,t-1}$ 是相关的，所以 $y_{i,t-1}$ 不应该包含在 $\mathbf{w}_{it}$ 中。

根据假定（19.108），在时间 t 的选择以在时间 $t-1$ 的样本中（$s_{i,t-1}=1$）为条件，服从一个 probit 模型：

$$\mathrm{P}(s_{it}=1\mid\mathbf{w}_{it}, s_{i,t-1}=1)=\boldsymbol{\Phi}(\mathbf{w}_{it}\boldsymbol{\delta}_t),\quad t=2,\cdots,T \tag{19.110}$$

因此，通过 probit 的一个序列，其中在每个时间段，人们使用在之前时间段中仍然处在样本中的那些单元，我们可以估计 $\boldsymbol{\delta}_t$，$t=2$，…，T。

为了证明一个两步赫克曼校正是正当的，我们需要假定，对于那些在 $t-1$ 时仍然处在样本中的单元，一旦我们以 $\mathbf{w}_{it}$ 为条件，$\mathbf{x}_{it}$ 不影响在时间 t 的选择。表述该条件的一种自然的方式是

$$\mathrm{P}(s_{it}=1\mid\Delta\mathbf{x}_{it}, \mathbf{w}_{it}, s_{i,t-1}=1)=\mathrm{P}(s_{it}=1\mid\mathbf{w}_{it}, s_{i,t-1}=1) \tag{19.111}$$

从技术上看，假定（19.111）不够强。充分的假定——用一阶差分方程中的误差来表述——是，以 $s_{i,t-1}=1$ 为条件，

$$(\Delta u_{it}, v_{it})\text{与}(\Delta \mathbf{x}_{it}, \mathbf{w}_{it})\text{独立} \tag{19.112}$$

当然，其意味着 v_{it} 与 $(\Delta \mathbf{x}_{it}, \mathbf{w}_{it})$ 独立，并且当 v_{it} 有一个标准正态分布时，其意味着条件（19.111）。我们同样施加标准线性函数形式假设：

$$\mathrm{E}(\Delta u_{it} \mid v_{it}, s_{i,t-1}=1)=\rho_t v_{it} \tag{19.113}$$

在该情形中，

$$\mathrm{E}(\Delta y_{it} \mid \Delta \mathbf{x}_{it}, \mathbf{w}_{it}, s_{it}=1)=\Delta \mathbf{x}_{it}\boldsymbol{\beta}+\rho_t \lambda(\mathbf{w}_{it}\boldsymbol{\delta}_t), \quad t=2,\cdots,T \tag{19.114}$$

其中 $\lambda(\mathbf{w}_{it}\boldsymbol{\delta}_t)$ 是逆米尔斯比。

注意，因为 $s_{it}=1$ 时 $s_{i,t-1}=1$，在方程（19.113）中我们不必以 $s_{i,t-1}$ 为条件。现在从方程（19.113）可得出的结果是：Δy_{it} 对 $\Delta \mathbf{x}_{it}$，$d2_t\hat{\lambda}_{it}$，…，$dT_t\hat{\lambda}_{it}$，$t=2$，…，T——其中 $\hat{\lambda}_{it}$ 来自方程（19.110）的 $T-1$ 个截面 probit——的混合 OLS 关于 $\boldsymbol{\beta}_1$ 和 ρ_t 是一致的。一个联合分布检验 $\mathrm{H}_0: \rho_t=0$，$t=2$，…，T 是关于损耗偏误的一个相当简单的检验，尽管无法保障误差之间的序列独立性。

使用这种方式存在两个潜在的问题。对于第一个问题，假定（19.112）是约束性的，因为它意味着一旦 $\mathbf{w}_{it}$ 中的元素已被控制住，$\mathbf{x}_{it}$ 不影响损耗。这是一个非常强的假设。事实上，在一个该假设不成立的情景中，应用赫克曼方法实际上是有害的。为了看看为何会发生这种结果，假设选择在如下意义上实际上是协变量中变化的一个函数：

$$\mathrm{P}(s_{it}=1 \mid \Delta \mathbf{x}_{it}, \Delta u_{it})=\mathrm{P}(s_{it}=1 \mid \Delta \mathbf{x}_{it}) \tag{19.115}$$

在该条件下，使用非平衡面板，方程（19.108）的混合 OLS 估计关于 β 是一致的。相反，如果 $\Delta \mathbf{x}_{it}$ 不包含在 $\mathbf{w}_{it}$ 中，刚才所说的赫克曼方法一般是不一致的：非常不可能的是，

$$\mathrm{E}(\Delta u_{it} \mid \Delta \mathbf{x}_{it}, \mathbf{w}_{it}, v_{it}, s_{i,t-1}=1)-\mathrm{E}(\Delta u_{it} \mid u_{it}, s_{i,t-1}=1)$$

（因为如果 $\Delta \mathbf{x}_{it}$ 不包含在 $\mathbf{w}_{it}$ 中，v_{it} 一般不能被假定为与 $\Delta \mathbf{x}_{it}$ 独立）。

刚才所说的赫克曼程序的第二个缺陷是它要求 $\{\mathbf{x}_{it}\}$ 在原始（水平）方程中的严格外生性。幸运的是，在某些情形中我们可以应用一个工具变量方法，当 $\{\mathbf{x}_{it}\}$ 不是严格外生的或在时间 t 总是可观测的时，该方法是一致的。

设 $\mathbf{z}_{it}$ 是一些变量的向量，使得 $\mathbf{z}_{it}$ 在选择方程中成为冗余的（可能因为 $\mathbf{w}_{it}$ 包括 $\mathbf{z}_{it}$），同时 $\mathbf{z}_{it}$ 在用 $\mathbf{z}_{it}$ 代替 $\Delta \mathbf{x}_{it}$ 时方程（19.112）成立的意义下是外生的；例如，$\mathbf{z}_{it}$ 应该包括 $\mathbf{x}_{ir}$，对于 $r<t$。现在，一旦使用类似于 19.6.2 节横截面情形的讨论，我们利用选择样本，通过含有工具 $(\mathbf{z}_{it}, d2_t\hat{\lambda}_{it}, \cdots, dT_t\hat{\lambda}_{it})$ 的工具变量能够估计方程

$$\Delta y_{it}=\Delta \mathbf{x}_{it}\boldsymbol{\beta}+\rho_2 d2_t\hat{\lambda}_{it}+\cdots+\rho_T dT_t\hat{\lambda}_{it}+error_{it} \tag{19.116}$$

例如，选择样本上的混合 2SLS 估计量是一致的且渐近正态的，而损耗偏误能够通过 $\mathrm{H}_0: \rho_t=0$，$t=2$，…，T 的联合检验得以检验。在 H_0 下，唯一需要的是对序列相关性与异方差性加以调整。如果 H_0 不满足，那么对于估计渐近方

差来说，我们就有通常的生成回归元问题。其他一些 IV 程序，诸如 GMM，同样可以得到使用，但是，它们必须要解释生成回归元问题。面板自助法是解析式的一个简单备选方案。

例 19.9（含有损耗的动态模型） 考察模型

$$y_{it}=\mathbf{g}_{it}\gamma+\eta_1 y_{i,t-1}+c_i+u_{it},t=1,\cdots,T \tag{19.117}$$

其中我们假定对于出自总体的随机样本来说，$(y_{i0},\mathbf{g}_{i1},y_{i1})$ 都是可观测的。假定 $\mathrm{E}(u_{it}\mid \mathbf{g}_i,y_{i,t-1},\cdots,y_{i0},c_i)=0$，所以 $\mathbf{g}_{it}$ 是严格外生的。于是，probit 中在时间 t 的解释变量 $\mathbf{w}_{it}$ 能够包括 $\mathbf{g}_{i,t-1}$，$y_{i,t-2}$ 以及这些项的更多滞后项。在对每一个 t 的选择 probit 进行估计且取差分之后，我们利用工具 $(\mathbf{g}_{i,t-1},\mathbf{g}_{i,t-2},y_{i,t-2},y_{i,t-3})$，在 $t=3$ 时所开始的选择样本上，通过混合 2SLS 来估计

$$\Delta y_{it}=\Delta\mathbf{g}_{it}\boldsymbol{\beta}+\eta_1\Delta y_{i,t-1}+\rho_3 d3_t\hat{\lambda}_{it}+\cdots+\rho_T dT_t\hat{\lambda}_{it}+error_{it}$$

通常，对于工具变量来说存在着其他可能性。

尽管本节的焦点是纯损耗问题，其中一些单元从样本中完全消失，一些方法还能够用于没有严格外生解释变量的从属断尾背景下。例如，假定我们对在 $t=0$ 与 $t=1$ 时被雇佣的人员总体感兴趣，而且我们想要估计含有不可观测效应的动态工资方程。如果一些人员在未来时间段变成失业者，这就产生了问题。一旦某人首先成为失业者，如果所有后面时间段都被舍弃，那么这类事情能够被处理成损耗问题。这样的方法损失了许多信息，但使得计量经济分析相对简单易行，尤其是，因为在前面的一般模型中，$\mathbf{x}_{it}$ 在时间 t 将总是可观测的，所以可以包括在劳动力参与 probit 之中（假定人员不会全部离开样本）。如果我们对时间 $t=1$ 时所有适合工作年龄人员的工资报价感兴趣，那么事情变得更加错综复杂，因为我们必须解决在 $t=0$ 与 $t=1$ 时进入就业中的样本选择问题。

刚才描述的关于损耗与选择的方法可以仅仅应用到线性模型上，而要把它们推广到一般非线性模型上就很困难。一种替代的方法可基于逆概率加权（IPW），该方法我们在 19.8 节的截面情形中描述过。

莫菲特、菲茨杰拉德和戈特沙尔克（Moffitt，Fitzgerald，and Gottschalk（MFG），1999）为了在可能的非随机损耗下估计线性面板数据模型，提出了逆概率加权。［为了求解缺失数据问题，MFG 类似于由霍洛维茨和曼斯基（Horowitz and Manski，1998）所研究的那些内容，提出了不同的加权集合。我们所使用的权重要求仅仅对单个损耗模型的估计，而不是如同 MFG 中那样的两个。］为了求解损耗问题，必须小心谨慎地使用 IPW。与以往一样，我们假定在 $t=1$ 时，我们具有出自总体的随机样本。我们对给定 $\mathbf{x}_{it}$ 时 y_{it} 的某种特性感兴趣，诸如 y_{it} 的条件均值或者是整个条件分布。理想情形是，在每一个 t，对于任何处于随机样本中的单位，我们都能观测到 $(y_{it},\mathbf{x}_{it})$。实际上，我们只有在 $s_{it}=1$ 时才观测到 $(y_{it},\mathbf{x}_{it})$。如果我们假定，在第一个时间段中以可观测因素为条件，比如说 $\mathbf{z}_{i1}$，$(y_{it},\mathbf{x}_{it})$ 与 s_{it} 是独立的，那么我们就很容易解决损耗问题：

$$P(s_{it}=1|y_{it},\mathbf{x}_{it},\mathbf{z}_{i1})=P(s_{it}=1|\mathbf{z}_{i1}),t=2,\cdots,T \tag{19.118}$$

就像在截面情形中，假定（19.118）在计量经济学文献中已被称为“可观测变量上的选择”，并在统计学文献中被称为“可忽略选择”或“无混性”。（我们刚才涵盖的赫克曼方法更像我们在 19.8 节讨论过的“不可观测变量上的选择”。）因为其维持在每一个时间段，$\mathbf{z}_{i1}$ 是损耗一个如此好的预测元以至给定 $\{\mathbf{z}_{i1},(\mathbf{x}_{it},y_{it})\}$ 时 s_{it} 的分布不依赖于（$\mathbf{x}_{it},y_{it}$），所以条件（19.118）是一个强假设。如果我们拥有这样一个可观测的变量集 $\mathbf{z}_{i1}$，那么我们可以解释对于一大类估计问题的非随机损耗就不足为奇了。

如在截面情形中那样，逆概率加权通常涉及两个步骤。第一步，对于每一个 t，我们要估计 s_{it} 对 $\mathbf{z}_{i1}$ 的 probit 或者 logit。（关键要点是，相同的横截面单位——也就是，第一个时间段中出现的所有单位——可用于每一个时间段的 probit 或者 logit 中。）设 $\hat{p}_{it}$ 表示拟合概率，$t=2$，…，T，$i=1$，…，N。在第二步中，关于（i，t）的目标函数被 $1/\hat{p}_{it}$ 加权。对于一般 M 估计来说，目标函数是

$$\sum_{i=1}^{N}\sum_{t=1}^{T}(s_{it}/\hat{p}_{it})q_t(\mathbf{w}_{it},\boldsymbol{\theta}) \tag{19.119}$$

其中 $\mathbf{w}_{it}\equiv(y_{it},\mathbf{x}_{it})$，而 $q_t(\mathbf{w}_{it},\boldsymbol{\theta})$ 表示每一个时间段的目标函数。通常，选择指示符 s_{it} 选取我们通常确实观测到的那些数据观测值。（对于 $t=1$，$s_{it}=\hat{p}_{it}=1$，对于所有 i。）对于最小二乘法来说，$q_t(\mathbf{w}_{it},\boldsymbol{\theta})$ 只是残差平方函数；对于偏 MLE 来说，$q_t(\mathbf{w}_{it},\boldsymbol{\theta})$ 是对数似然函数。

关于 IPW 为什么会起作用的讨论是相当简单的。设 $\boldsymbol{\theta}_o$ 表示求解总体问题 $\min_{\boldsymbol{\theta}\in\boldsymbol{\Theta}}\sum_{t=1}^{T}E[q_t(\mathbf{w}_{it},\boldsymbol{\theta})]$ 的 $\boldsymbol{\theta}$ 之值。设 $\boldsymbol{\delta}_t^o$ 表示每一个时间段中选择响应参数的真实值，因此 $P(s_{it}=1\mid\mathbf{z}_{i1})=p_t(\mathbf{z}_{i1},\boldsymbol{\delta}_t^o)\equiv p_{it}^o$。现在，在标准正则条件下，我们用 $\hat{p}_{it}\equiv p_t(\mathbf{z}_{i1},\hat{\boldsymbol{\delta}}_t)$ 代替 p_{it}^o，不会影响到一致性的讨论。因此，除正则条件之外，只需要证明 $\boldsymbol{\theta}_o$ 在 $\boldsymbol{\Theta}$ 上最小化 $\sum_{t=1}^{T}E[(s_{it}/p_{it}^o)q_t(\mathbf{w}_{it},\boldsymbol{\theta})]$。但是，由迭代期望法则知，

$$\begin{aligned}E[(s_{it}/p_{it}^o)q_t(\mathbf{w}_{it},\boldsymbol{\theta})]&=E\{E[(s_{it}/p_{it}^o)q_t(\mathbf{w}_{it},\boldsymbol{\theta})|\mathbf{w}_{it},\mathbf{z}_{it}]\}\\&=E\{E[(s_{it}|\mathbf{w}_{it},\mathbf{z}_{i1})/p_{it}^o]q_t(\mathbf{w}_{it},\boldsymbol{\theta})\}=E[q_t(\mathbf{w}_{it},\boldsymbol{\theta})]\end{aligned}$$

因为由假设（19.118），$E(s_{it}\mid\mathbf{w}_{it},\mathbf{z}_{i1})=P(s_{it}=1\mid\mathbf{z}_{it})$。因此，加权目标函数的概率极限等同于如果我们没有损耗问题的未加权函数。利用这种简单类似的讨论以及来自第 12 章的标准两步估计结果证明了，加权逆概率产生了一致的 $\sqrt{N}$ 渐近正态的估计量。调整两步 M 估计量的渐近方差矩阵的方法——已在 12.5.2 节阐述过——能够应用到出自方程（19.119）的 IPW M 估计量上。对两个估计步骤加以解释的面板数据自助法也是有吸引力的。

MFG 提出了一种 IPW 方案，其中损耗 probit 中的条件变量随时间而变化。特别是，在时间 t 的损耗 probit 是通过把注意力限制在 $t-1$ 时仍处于样本中的那

些单元上得到的估计。（出自这个组的元素，一些遗失到 t 时刻的损耗中去了，而另一些则没有。）如果我们假定损耗是吸收状态，那么我们就能在条件变量 $\mathbf{z}_{it}$ 中包含 y 与 $\mathbf{x}$ 的日期标记在 $t-1$ 且更早一些的所有值（以及在 $t-1$ 时所有处于样本中其他可观测的变量）。因为如果我们能够既以最近响应又以最近的协变量为条件，那么可忽略性假设似乎更加有道理，所以该方法很吸引人。（也就是，$P(s_{it}=1|\mathbf{w}_{it},\mathbf{w}_{i,t-1},\cdots,\mathbf{w}_{i1},s_{i,t-1}=1)=P(s_{it}=1|\mathbf{w}_{i,t-1},\cdots,\mathbf{w}_{i1},s_{i,t-1}=1)$ 比假设（19.64）更为可能。）遗憾的是，以这种方式获得拟合概率，然后在 IPW 程序中利用它们，这样做一般不会产生一致的估计量。问题是，在每一个时间段选择模型并不是在 $t=1$ 时最初所抽样的总体的代表。设 $p_{it}^{o}=P(s_{it}=1 \mid \mathbf{w}_{i,t-1},\cdots,\mathbf{w}_{i1},s_{i,t-1}=1)$，我们不再能用迭代期望法则讨论来得到结论：$E[(s_{it}/p_{it}^{o})q_t(\mathbf{w}_{it},\boldsymbol{\theta})]=E[q_t(\mathbf{w}_{it},\boldsymbol{\theta})]$。对于所有 $\boldsymbol{\theta}$，只有 $E[q_t(\mathbf{w}_{it},\boldsymbol{\theta})]=E[q_t(\mathbf{w}_{it},\boldsymbol{\theta})|s_{i,t-1}=1]$ 才会使讨论起作用，但是，这个假设在本质上要求 $\mathbf{w}_{it}$ 与 $s_{i,t-1}$ 是相互独立的。

允许选择概率中的协变量随着时间流逝而在丰富性上得到增加，这一点是可能的，但是 FMG 程序必须加以修改。对于损耗是吸收状态的情形来说，我们可以将由罗宾斯、罗特尼特和赵（Robins，Rotnitzky，and Zhao（RRZ），1995）所提出的非线性回归结果拓展到 M 估计情形。可以证明在某些情形中能够用于 IPW 程序之中的概率可被序贯地构造成：

$$p_{it}(\boldsymbol{\delta}_t^{o})\equiv\pi_{i2}(\gamma_2^{o})\pi_{i3}(\gamma_3^{o})\cdots\pi_{it}(\gamma_t^{o}),t=2,\cdots,T \tag{19.120}$$

其中

$$\pi_{it}(\gamma_t^{o})\equiv P(s_{it}=1|\mathbf{z}_{it},s_{i,t-1}=1) \tag{19.121}$$

换句话讲，如同 MFG 程序，我们把单位限制在 $t-1$ 时的样本中，估计在每一个时间 t 的 probit 模型。probit 中的协变量本质上是对于 $t-1$ 时样本中会影响到损耗的那些单位来说，我们所能观测到的一切变量。对于 $t=2$，…，T，设 $\hat{\pi}_{it}$ 表示拟合选择概率。于是，我们把概率加权构建为 $\hat{p}_{it}\equiv\hat{\pi}_{i2}\hat{\pi}_{i3}\cdots\hat{\pi}_{it}$ 的积，然后使用目标函数（19.119）。当然，这种方法仅在某些假设下起作用。关键性的可忽略性条件可以表述成为

$$P(s_{it}=1|\mathbf{v}_{i1},\cdots,\mathbf{v}_{it},s_{i,t-1}=1)=P(s_{it}=1|\mathbf{z}_{it},s_{i,t-1}=1) \tag{19.122}$$

其中 $\mathbf{v}_{it}\equiv(\mathbf{w}_{it},\mathbf{z}_{it})$。现在，我们必须在左边的条件集合中包括 $\mathbf{w}_{it}$ 与 $\mathbf{z}_{it}$ 的未来值。假设（19.122）是相当强的，但是它的确也考虑了损耗与 y 以及 $\mathbf{x}$（能够包含在 $\mathbf{z}_{it}$ 之中）过去值强烈相关的情形。

容易看出假定（19.122）是如何导出方程（19.120）的。首先，设 $\mathbf{v}_i=(\mathbf{v}_{i1},\mathbf{v}_{i2},\cdots,\mathbf{v}_{iT})$，我们总能写出

$$\begin{aligned}P(s_{it}=1|\mathbf{v}_i)&=P(s_{it}=1|\mathbf{v}_i,s_{i,t-1}=1)\cdots P(s_{i2}=1|\mathbf{v}_i,s_{i1}=1)P(s_{i1}=1|\mathbf{v}_i)\\&=P(s_{it}=1|\mathbf{v}_i,s_{i,t-1}=1)\cdots P(s_{i2}=1|\mathbf{v}_i)\end{aligned} \tag{19.123}$$

因为我们假定 $s_{i1}\equiv1$。根据假定（19.122），$P(s_{it}=1 \mid \mathbf{v}_i,s_{i,t-1}=1)=P(s_{it}=1 \mid \mathbf{z}_{it},s_{i,t-1}=1)$，对于 $t\geqslant2$，所以

$$p_{it}^0 = \mathrm{P}(s_{it}=1|\mathbf{v}_i) = \mathrm{P}(s_{it}=1|\mathbf{z}_{it}, s_{i,t-1}=1)\cdots\mathrm{P}(s_{i2}=1|\mathbf{z}_{i2})$$

这其实就是方程（19.121）。

正如在截面情形中，我们可以使用在 13.10.2 节中描述的“令人惊喜”的有效性结果来证明，在假设（19.122）下，估计损耗概率实际上比使用已知概率更有效（如果我们可以的话）。关键是我们已经完全设定好了 $\mathrm{D}(s_{i1}, s_{i2}, \cdots, s_{iT} \mid \mathbf{v}_i)$。因为 $\{\mathbf{w}_{it}: t=1,\cdots,T\}$ 被包含在 $\mathbf{v}_i$ 中，条件独立性假设（13.66）（在符号上进行了适当的改动）成立。为了在计算的方差矩阵估计量中实现有效性方面的增益，我们从加权 M 估计量得分中排除来自第一阶段 MLE 的得分。定义

$$k(s_i, \mathbf{z}_i, \mathbf{w}_i, \gamma, \boldsymbol{\theta}) \equiv \sum_{t=1}^{T} [s_{it}/p_{it}(\boldsymbol{\delta}_t)]\mathbf{r}_i(\mathbf{w}_{it}, \boldsymbol{\theta})$$

其中 $\mathbf{r}_i(\mathbf{w}_{it}, \boldsymbol{\theta}) = \nabla_\theta q(\mathbf{w}_{it}, \boldsymbol{\theta})$ 是非加权目标函数的 $P\times 1$ 维得分。进而，设 $\mathbf{d}_i(\boldsymbol{\delta})$ 表示条件对数似然的得分

$$\sum_{t=2}^{T} s_{i,t-1}\{s_{it}\log(\pi_t(\mathbf{z}_{it}, \gamma_t)) + (1-s_{it})\log[1-\pi_t(\mathbf{z}_{it}, \gamma_t)]\}^{*}$$

其中 $\boldsymbol{\delta}$ 表示 γ_t 的向量，$t=2$，…，T。通常，在每个时间段我们将估计一个 logit 或 probit。那么，$\mathbf{d}_i(\boldsymbol{\delta})$ 只是对于每个 logit 或 probit 的堆积得分的长列向量，在时间 t 被选中以至我们仅使用在 $t-1$ 时的样本中的单元。那就是

$$\mathbf{d}_i(\boldsymbol{\delta})' = [s_{i1}\mathbf{g}_2(s_{i2}, \mathbf{z}_{i2}; \gamma_2), s_{i2}\mathbf{g}_3(s_{i2}, \mathbf{z}_{i3}; \gamma_3), \cdots, s_{i,T-1}\mathbf{g}_T(s_{iT}, \mathbf{z}_{iT}; \gamma_T)]$$

其中 $\mathbf{g}_t(s_{it}, \mathbf{z}_{it}; \gamma_t)$ 只是当使用$t-1$ 时的样本中的单元的时候，在时间 t 对于二值响应模型的梯度（行向量）。那么，正如在截面情形中，设

$$\hat{\mathbf{e}}_i \equiv \hat{\mathbf{k}}_i - \left(N^{-1}\sum_{i=1}^{N}\hat{\mathbf{k}}_i\hat{\mathbf{d}}'_i\right)\left(N^{-1}\sum_{i=1}^{N}\hat{\mathbf{d}}_i\hat{\mathbf{d}}'_i\right)^{-1}\hat{\mathbf{d}}_i$$

是来自 $\hat{\mathbf{k}}_i$ 对 $\hat{\mathbf{d}}_i$ 的多元回归的 $P\times 1$ 维残差，$i=1$，…，N，其中所有加帽的量都在 $\hat{\boldsymbol{\delta}}$ 或 $\hat{\boldsymbol{\theta}}_w$ 处计算（其中后者为 IPW 的 M 估计量），进而，定义

$$\hat{\mathbf{D}} \equiv N^{-1}\sum_{i=1}^{N}\hat{\mathbf{e}}_i\hat{\mathbf{e}}'_i$$

以及

$$\hat{\mathbf{A}} \equiv N^{-1}\sum_{i=1}^{N}\sum_{t=1}^{T}[s_i/p_{it}(\hat{\boldsymbol{\delta}}_t)]H_t(\mathbf{w}_{it}, \hat{\boldsymbol{\theta}}_w)$$

$\hat{\boldsymbol{\theta}}_w$ 的渐近方差被一致估计为 $\hat{\mathbf{A}}^{-1}\hat{\mathbf{D}}\hat{\mathbf{A}}^{-1}/N$，其既考虑了在得分中跨时间的一般序列相依性，又考虑了在每个时间段的信息矩阵等式被违反。（所以，举个例子，在非线性回归中，或者在线性指数族的 QMLE 中，条件方差会是任意的。）

* 原式为 $\sum_{t=2}^{T} s_{i,t-1}\{s_{it}\log(\pi_t(\mathbf{z}_{it}, \gamma_t)) + (1-s_{it})\log[1-\pi_t(\mathbf{z}_{it}, \gamma_t)]\}$，疑应为“$\sum_{t=2}^{T} s_{i,t-1}\{s_{it}\log(\pi_t(\mathbf{z}_{it}, \gamma_t)) + (1-s_{it})\log[1-\pi_t(\mathbf{z}_{it}, \gamma_t)]\}$”。——译者注

正如通常那样带有大的 N 以及小的 T，一个替代性做法是在一个面板自助法程序中同时包含两步程序的两个步骤。获得的标准误将恰当反映来自估计 γ_t 时增加的有效性。

RRZ（1995）证明，在非线性回归情形中，其中解释变量总是可观测的——这是当协变量在第一阶段被观测到且不跨时间而改变时会发生的一种主要情形——条件（19.122）可以被放松一些，而且 IPW 方法将产生一致的渐近正态估计量。当在协变量并不总能被观测到时对 $\mathrm{D}(\mathbf{y}_{it} \mid \mathbf{x}_{it})$ 的一个特征建模的时候，IPW 遭受着我们曾在 19.8 节中讨论过的同样的问题。也就是如果 $\mathrm{D}(\mathbf{y}_{it} \mid \mathbf{x}_{it})$ 的特征被正确设定（以及目标函数已被恰当选定），以及如果选择在如下意义上是协变量的一个函数：

$$\mathrm{P}(s_{it}=1 \mid \mathbf{x}_{it}, y_{it}, s_{t,t-1}=1)=\mathrm{P}(s_{it}=1 \mid \mathbf{x}_{it}, s_{i,t-1}=1)$$

那么非加权混合 M 估计量是一致的。如果 $\mathbf{x}_{it}$ 在时间 t 不能被完全观测到，那么它就不能被包含在 $\mathbf{z}_{it}$ 中，而且条件（19.122）是非常有可能不成立的。正如在应用到一个一阶差分线性方程中的赫克曼方法的情形中那样，权重是无关痛痒的：它实际上将导致不一致估计。因此，在对 $\mathrm{D}(\mathbf{y}_{it} \mid \mathbf{x}_{it})$ 的一个特征，以及在时间 t 对于离开样本的那些单元不可观测的 $\mathbf{x}_{it}$ 的一些元素感兴趣的主要情形的损耗情形中，人们在解释加权与非加权估计量之间重要的差异时必须小心：问题可能出在加权估计量上。（当然，两个估计量也可能都是不一致的。）

习 题

19.1　在 19.2.1 节的设定条件下，假设成本 r_i 不随着 i 变化而变化，我们能够一致估计什么样特征的 $\mathrm{D}(y_i \mid \mathbf{x}_i)$？

19.2　有些职业，如职业棒球大联盟的特点是薪酬地板（薪酬下限）。这种情形可描述为

$$y=\exp(\mathbf{x}\boldsymbol{\beta}+u), u \mid \mathbf{x} \sim \mathrm{Normal}(0, \sigma^2), w=\max(f, y)$$

其中，$f>0$ 是常见的薪酬下限（最低工资），y 是人的真实价值（生产率），而 $\mathbf{x}$ 包含人力资本和人口学特征变量。

a. 求关于从总体中的一次随机抽取 i 的对数—似然函数。

b. 你将如何估计 $\mathrm{E}(y \mid \mathbf{x})$？

c. 在此应用中需要很关注 $\mathrm{E}(w \mid \mathbf{x})$ 吗？试解释。

19.3　设 y 是年收入投资于一项养老金计划的百分比，并假设现行法律规定该百分比的上限为 10%。因此，在一个样本数据中，我们观测到 y_i 位于 0 与 10 之间，并在两个角——0 和 10——处有堆积。

a. 关于 y 你会用什么模型来确认在 0 和 10 处的堆积？

b. 解释在结果 $y=0$ 和 $y=10$ 之间的概念性差异。特别是，哪个极限可被看作是一个数据截取的形式？

c. 假设现行法律始终有效，你将如何估计在期望缴纳百分比上的偏效应？

d. 假设你想问，如果缴纳上限从 10 增加到 11，那么对于 $\mathbf{x}$ 的任何值来说，$E(y \mid \mathbf{x})$ 上的效应会是什么？你将如何估计该效应？［提示：在一般的双限 Tobit 模型中，一般称上界为 a_2（这是已知的，并非一个待估参数），然后求关于 a_2 的偏导数。］

e. 如果在 $y=10$ 处没有观测值，估计的模型会约简成什么呢？这个发现有道理吗？

19.4 a. 假定你被聘用，利用楼房与邻居特征来解释楼房火灾损失。如果你利用报告火灾的横截面数据，那么会因为在一年期间大部分楼房没有着火而存在样本选择问题吗？

b. 如果你想要估计对 401(k) 计划定期缴款与该计划的匹配率之间的关系，其中计划的匹配率是指雇主给雇员的缴款所匹配的缴款的比率，若你只利用已在 401(k) 计划注册的那些工人的样本，那么会存在样本选择问题吗？

19.5 在例题 19.4 中，假定 *IQ* 是 *abil* 的一个指示符，而 *KWW* 是另外一个指示符（参阅 5.3.2 节）。求出在什么条件下，选择样本上的 IV 是有效的？

19.6 对于从总体中抽取的随机样本来说，设 $f(\cdot \mid \mathbf{x}_i;\boldsymbol{\theta})$ 表示给定 $\mathbf{x}_i$ 时 y_i 的密度。当选择规则是 $s_i=1[a_1(\mathbf{x}_i)<y_i<a_2(\mathbf{x}_i)]$ 时，求出给定 $(\mathbf{x}_i, s_i=1)$ 时 y_i 的条件密度，其中 $a_1(\mathbf{x})$ 与 $a_2(\mathbf{x})$ 都是 $\mathbf{x}$ 的已知函数。在豪斯曼和怀斯（Hausman and Wise，1977）的例子中，$a_2(\mathbf{x})$ 是家庭规模大小的函数，因为贫困收入水准取决于家庭的规模大小。

19.7 假定在 19.6.1 节，我们用

$$E(u_1 \mid v_2)=\gamma_1 v_2+\gamma_2(v_2^2-1)$$

代替假设 19.1（d）（我们从 v_2^2 中减去 1，确保第二项具有零期望）。

a. 利用 $\mathrm{Var}(v_2 \mid v_2>-a)=1-\lambda(a)[\lambda(a)+a]$ 的事实，证明

$$E(y_1 \mid \mathbf{x}, y_2=1)=\mathbf{x}_1\boldsymbol{\beta}_1+\gamma_1\lambda(\mathbf{x}\boldsymbol{\delta}_2)-\gamma_2\lambda(\mathbf{x}\boldsymbol{\delta}_2)\mathbf{x}\boldsymbol{\delta}_2$$

［提示：取 $a=\mathbf{x}\boldsymbol{\delta}_2$ 且利用 $E(v_2^2 \mid v_2>-a)=\mathrm{Var}(v_2 \mid v_2>-a)+[E(v_2 \mid v_2>-a)]^2$。］

b. 请解释在这种情形中如何修正样本选择。

c. 你如何检验样本选择偏误的存在？

19.8 考察下述对程序 19.9 的备择方案。首先，实施 y_2 对 $\mathbf{z}$ 的 OLS 回归，并且获得拟合值 $\hat{y}_2$。其次，从 y_3 对 $\mathbf{z}$ 的 probit 中得到逆米尔斯比 $\hat{\lambda}_3$。最后，利用选择样本实施 y_1 对 $\mathbf{z}_1$，$\hat{y}_2$，$\hat{\lambda}_3$ 的 OLS 回归。

a. 求出可以蕴涵着所提出程序一致性的充分条件集合。（不用担心正则条件。）

b. 证明出自 a 部分的假设比程序 19.2 中的那些假设更有约束性，并且给出被程序 19.2 所涵盖而未被可选择程序所涵盖的某些例子。

19.9　把程序 19.4 应用到 MROZ. RAW 中的数据上。使用常数，*exper* 以及 $exper^2$ 作为 $\mathbf{z}_1$ 的元素；取 $y_2=educ$。$\mathbf{z}$ 的其他元素应该包括 *age*，*kidslt6*，*kidsge6*，*nwifeinc*，*motheduc*，*faheduc* 以及 *huseduc*。

19.10　考察模型

$$y_1=\mathbf{z}\boldsymbol{\delta}_1+v_1$$
$$y_2=\mathbf{z}\boldsymbol{\delta}_2+v_2$$
$$y_3=\max(0,\alpha_{31}y_1+\alpha_{32}y_2+\mathbf{z}_3\boldsymbol{\delta}_3+u_3)$$

其中（$\mathbf{z},y_2,y_3$）总是可观测的，而当 $y_3>0$ 时 y_1 是可观测的。前两个方程是约简型方程，而第三个方程是主要关注的内容。例如，取 $y_1=\log(wage^o)$、$y_2=educ$ 以及 $y_3=hours$。于是教育以及 $\log(wage^o)$ 在劳动供给函数中可能是内生的。假定（v_1,v_2,u_3）是均值为 0 的联合正态的，且与 $\mathbf{z}$ 是不相关的。

a. 求出考虑（v_1,v_2,u_3）之间任意相关的、对第三个方程中的参数可以进行一致估计的简单方法。一定要阐述所需要的任何识别假设。

b. 现在假定，只有当 $y_3>0$ 时 y_2 才是可观测的；例如，$y_1=\log(wage^o)$，$y_2=\log(benefits^o)$，$y_3=hours$。现在请推导出，在与 a 部分假设相同的假设下，用于估计第三个方程的多步骤程序。

c. 我们如何能够估计出平均偏效应？

19.11　考察下述含有选择样本的条件矩约束问题。在总体中，$\mathrm{E}[\mathbf{r}(\mathbf{w},\boldsymbol{\theta}_o)\mid\mathbf{x}]=\mathbf{0}$。设 s 表示选择指示符，并且假定

$$\mathrm{E}[\mathbf{r}(\mathbf{w},\boldsymbol{\theta}_o)\mid\mathbf{x},s]=\mathbf{0}$$

对于非随机函数 f 来说，其充分条件是 $s=f(\mathbf{x})$。

a. 设 $\mathbf{Z}_i$ 是 $\mathbf{x}_i$ 的 $G\times L$ 维函数矩阵。证明，$\boldsymbol{\theta}_o$ 满足

$$\mathrm{E}[s_i\mathbf{Z}_i'\mathbf{r}(\mathbf{w}_i,\boldsymbol{\theta}_o)]=\mathbf{0}$$

b. 写出以选择样本为基础的系统非线性 2SLS 估计量的目标函数。论证，在适当的秩条件下，此估计量是一致的且 $\sqrt{N}$ 渐近正态的。

c. 写出利用选择样本的最小卡方估计量的目标函数。使用 b 部分中的估计方法来估计加权矩阵。论证，此估计量是一致的且 $\sqrt{N}$ 渐近正态的。

19.12　考察模型（19.56），其中选择在 $\mathrm{E}(u_1\mid\mathbf{z},u_3)=0$ 的意义下是可以忽略的。然而，当 $y_3=0$ 且 $\mathrm{E}(y_2\mid\mathbf{z},y_3)\neq\mathrm{E}(y_2\mid\mathbf{z})$ 时，y_2 上的数据是缺失的。

a. 求出 $\mathrm{E}(y_1\mid\mathbf{z},y_3)$。

b. 除了假设 19.2 之外，如果（v_2,v_3）与 $\mathbf{z}$ 是不相关的，同时 $\mathrm{E}(v_2\mid v_3)=\gamma_2v_3$，求出 $\mathrm{E}(y_1\mid\mathbf{z},y_3=1)$。

c. 为了一致地估计 $\boldsymbol{\delta}_1$ 与 α_1，提出一种两步方法。

d. 如果 $\mathrm{E}(u_1\mid\mathbf{z},y_3)\neq0$，那么这一方法通常会起作用吗？

e. 如果 $\mathrm{E}(u_1\mid\mathbf{z},y_2,y_3)=0$，那么你会担心源自 c 部分的方法吗？请解释。

19.13　在 17.6 节，我们已讨论过关于角点解结果，比如说 y 的两部模型。有时候，这些模型在从属断尾背景下得到研究。

a. 假定你拥有以 $\mathbf{x}$ 与 $y>0$ 为条件 y 的分布方面的一个参数模型。（源自17.6节的克拉格模型与对数正态模型都是例子。）如果你通过条件 MLE 估计这种模型的参数，仅仅使用 $y_i>0$ 的那些观测值，那么参数估计会遭受样本选择偏误吗？请解释。

b. 如果相反你仅仅设定 $\mathrm{E}(y\mid\mathbf{x},y>0)=\exp(\mathbf{x}\boldsymbol{\beta})$，并且利用 $y_i>0$ 的那些观测值，通过非线性最小二乘法估计 $\boldsymbol{\beta}$，那么估计值会遭受样本选择偏误吗？

c. 除了部分 b 的设定之外，假定 $\mathrm{P}(y=0\mid\mathbf{x})=1-\boldsymbol{\Phi}(\mathbf{x}\gamma)$，你将如何估计 γ 呢？

d. 给定 b 与 c 部分中的假设，你将如何估计 $\mathrm{E}(y\mid\mathbf{x})$？

e. 给定你对前面 4 个部分的解答，你会认为把两部模型的估计看成从属断尾问题是恰当的吗？

19.14 假定我们把假设（19.30）放松成 $\mathrm{E}(u\mid\mathbf{z},s)=\mathrm{E}(u\mid s)=(1-s)\alpha_0+s\alpha_1$。第一个等式是假设；而第二个等式是非约束的，因为它只允许 u 的均值在选择子总体与未选择子总体方面有差别。

a. 证明：利用选择子样本的 2SLS 估计可以一致地估计斜率参数 β_2，…，β_K。截距估计量的概率极限（plim）是什么呢？[提示：用（$(1-s)\alpha_0+s\alpha_1+e$）代替 u，其中 $\mathrm{E}(e\mid\mathbf{z},s)=0$。]

b. 证明：如果（u,s）与 $\mathbf{z}$ 是相互独立的，那么 $\mathrm{E}(u\mid\mathbf{z},s)=\mathrm{E}(u\mid s)$。$s$ 与 $\mathbf{z}$ 的相互独立性看起来有道理吗？

19.15 假定给定 $\mathbf{x}$ 时 y 遵从标准截取 Tobit，其中 y 表示角点解响应。然而，只有当 $y>0$ 时才存在至少我们能够观测到的 $\mathbf{x}$ 的一个元素。（当 y 是所要求的商品或服务数量，同时 $\mathbf{x}$ 的一个元素是价格时，每当 $y>0$ 时用 y 除所推导出的商品总支出便是所看到的这样的例子。）

a. 解释我们为什么不能使用标准截取 Tobit 极大似然估计法来估计 $\boldsymbol{\beta}$ 与 σ^2。我们可以使用什么方法呢？

b. 尽管当 $y=0$ 时我们不能观测到 $\mathbf{x}$ 的一些元素，但是我们还可以怎样估计$\mathrm{E}(y\mid\mathbf{x})$ 呢？

19.16 考虑一个含一个内生解释变量的标准线性模型：

$$y_1=\mathbf{z}_1\boldsymbol{\delta}_1+\alpha_1 y_2+u_1$$
$$y_2=\mathbf{z}\boldsymbol{\delta}_2+v_2$$

但其中 y_2 是从上部截取的。设 r_2 为截取变量（其可能是随机的）并定义 $w_2=\min(r_2,y_2)$。假设（u_1,v_2）独立于（$\mathbf{z},r_2$），且 $\mathrm{E}(u_1\mid v_2)=\rho_1 v_2$。

a. 证明：$\mathrm{E}(y_1\mid\mathbf{z},r_2,v_2)=\mathbf{z}_1\boldsymbol{\delta}_1+\alpha_1 y_2+\rho_1 v_2$。

b. 定义 $s_2=1[y_2<w_2]$，所以 $s_2=1$ 意味着 y_2 是可观测的。那么，$\mathrm{E}(y_1\mid\mathbf{z},r_2,v_2,s_2)=\mathrm{E}(y_1\mid\mathbf{z},r_2,v_2)=\mathbf{z}_1\boldsymbol{\delta}_1+\alpha_1 y_2+\rho_1 v_2$ 是怎么来的？

c. 提出一个一致估计 $\boldsymbol{\delta}_1$ 和 α_1（连同 ρ_1）的两步估计量，其中 y_{i2} 未被截取的数据被用在第二步中。你将如何获得有效的标准误？

19.17 考虑一个含二值截取的不可观测效应面板数据模型：

$$y_{it}=\mathbf{x}_{it}\boldsymbol{\beta}+c_i+u_{it}$$
$$w_{it}=1[y_{it}>r_{it}]$$

其中 r_{it} 是关于单元 i 在时间 t 的已知截取值。我们的目标是估计 $\boldsymbol{\beta}$，该参数估计我们可以在没有截取的情形中，利用固定效应、一阶差分、随机效应（在更强的假设下）或这些估计法的一些变种来获得。

a. 维持假设即：截取值是以 c_i 和 $\mathbf{x}_i=(\mathbf{x}_{i1},\cdots,\mathbf{x}_{iT})$ 为条件严格外生的，且具有正态分布：

$$D(u_{it}|\mathbf{x}_i,\mathbf{r}_i,c_i)=\text{Normal}(0,\sigma_u^2)$$

其中 $\mathbf{r}_i=(r_{i1},r_{i2},\cdots,r_{iT})$。试解释这个假设排除了什么类型的截取。

b. 通过使用张伯伦-芒德拉克装置，允许截取依赖于 c_i：

$$c_i=\psi+\bar{\mathbf{x}}_i\xi+\eta\bar{r}_i+a_i$$
$$D(a_i|\mathbf{x}_i,\mathbf{r}_i)=\text{Normal}(0,\sigma_a^2)$$

其中，像通常那样，上横线表示时间平均值。换句话说，异质性可能会与平均截取值（偏）相关。使用这个假设和在 a 部分中的假设，证明 $P(w_{it}=1\mid\mathbf{x}_i,\mathbf{r}_i)$ 服从一个 probit 模型并获得各种解释变量上的系数。

c. 解释在（除了 $\{\mathbf{x}_{it}\}$ 和 $\{r_{it}\}$ 有足够的时变性以外）没有进一步假设时如何一致地估计 $\boldsymbol{\beta}$。

d. 添加什么假设让你也可以估计 σ_u^2 和 σ_a^2？试解释你在估计时将如何使用这个假设。

19.18 假设在总体中，$D(y\mid\mathbf{x})$ 服从一个 Tobit$(\mathbf{x}\boldsymbol{\beta},\sigma^2)$ 分布。然而，我们仅当 y 是严格正的时才观测到它。（这样一种情景对于**现场抽样**（on-site sampling）是很普遍的，其中只有那些我们已经知道要参与一项活动的个体才被抽样。一个例子是 y 为每年花在游玩国家公园上的天数，而调查问卷也在国家公园进行。）

a. 给定一个来自 $y>0$ 的子总体的随机样本，你将如何估计 $\boldsymbol{\beta}$ 和 σ^2？

b. 你将如何估计 $\mathbf{x}_j$ 对 $E(y\mid\mathbf{x})$ 的偏效应？这种方法怎样并且为什么不同于通常的截取回归设置？

c. 你能估计一个在 17.6 节中涵盖过的那种栅栏模型吗？试解释。

19.19 考虑一个计数随机变量 y_i，带有条件概率密度 $f_y(\cdot\mid\mathbf{x})$。假设 $r_i\geqslant0$ 是一个右截取点，并假设 $P(y_i=y\mid\mathbf{x}_i,r_i)=P(y_i=y\mid\mathbf{x}_i)$。对于从总体中的一次随机抽取 i，我们观测到随机变量 $w_i=\min(y_i,r_i)$。

a. 设 $F_y(\cdot\mid\mathbf{x})$ 表示给定 $\mathbf{x}_i=\mathbf{x}$ 时 y_i 的条件 cdf（累积分布函数），对于 $w=0,1,\cdots,r_i$，求给定 $(\mathbf{x}_i,r_i)$ 时 w_i 的密度。

b. 如果 y_i 有一个均值为 $\exp(\mathbf{x}_i\boldsymbol{\beta})$ 的条件泊松分布，那么求来自 a 部分的密度。

c. 如果你使用右截取数据通过极大似然来估计 $\boldsymbol{\beta}$，那么由此产生的估计量一般对泊松分布的不成立稳健吗？试解释。

d. 将你的答案用到 a 部分上来讨论关于一个计数变量的数据截取的成本。

e. 你会使用其他什么潜在总体分布？为什么？

第 20 章 分层抽样与整群抽样

20.1 简　介

在本章中，我们研究当数据已借助两种常见的非随机抽样方案被获取时的估计。当在一个总体中的一些单元以不反映它们在总体中频率的概率被抽样时，分层抽样就会发生。例如，在获取关于家庭的一个数据集时，低收入家庭可能被抽样过多而高收入家庭可能被抽样过少。存在获得分层样本的各种机制，而我们将在本章中涵盖最常见的那些。

在 19.7 节中涵盖的断尾抽样的情形可以被看作是一种分层抽样的极端情形，其中部分总体根本没有被抽样。在本章中我们主要专注于整个总体都被抽样的情形（但其中抽样频率与总体中的本来频率不同）。正如我们将看到的那样，在此设置中简单的加权方法可用于还原潜在总体的参数。

整群抽样（*cluster sampling*）是指一些群或组而不是个体单元被从总体中抽取的那些情形。例如，在评估密歇根州的教育政策对四年级学生成绩测试表现的影响时，人们可能从全州抽取一些整班的样本（而不是从密歇根州所有四年级学生的总体中随机抽取一些四年级学生）。各个班级构成整群（clusters），而班级内的学生们是个体单元。整群抽样方案一般意味着在一个整群内一些单元的结果与不可观测的"整群效应"相关。（此外，一些协变量，诸如教师的素质，将是完全相关的，因为在同一班级的学生有着相同的教师。其他协变量，诸如家庭收入，很可能有很大的相关性，但在一个班级内会有所变化。）

当从一个很大的整群总体中通过随机抽取整群获得一个整群样本时，由此产生的数据集具有与我们贯穿全书都在研究的面板数据集共同的一些特征。也就是说，我们有许多整群，其可被假定为相互独立的，但在一个整群内的观测值是相关的。比如说，在一个企业级的面板数据集里，企业起着一个整群的作用，而时间起着个体单元的作用。因为它们与"大 N、小 T"面板数据集的统计相似性，适用于整群样本的大多数统计方法在我们前面的分析中就是很熟悉的。我们单独处理整群样本，是因为群内相关的性质一般不同于时间序列相关性，而且即便没有样本选择问题，整群样本天然就是非平衡的。（例如，在密歇根州四年级班级的总体中，我们将预期到班级规模的一些变化。）

20.2 分层抽样

我们从一个**分层抽样**（stratified samples）分析开始，在该抽样中，正如在简介中所提到的，对总体的不同子集是按照不同的频率进行抽样的。在获取调查数据时获取那些不是潜在总体的代表的样本，这通常是有意为之的。设计某些调查问卷主要是为了解总体的一个特殊子集（可能基于收入、教育、年龄，或种族）。与它在总体中的频率相比，该群体在样本中通常存在过多的代表。

分层可以基于外生变量或内生变量（一旦已经设定一个模型和假设，其就是已知的）或这些变量的某些结合。正如在第 19 章中我们讨论过的样本选择问题的情形中那样，重要的是知道哪种是该情形。

我们在本节中涵盖两个最普通的分层抽样类型（并涉及一个第三种类型）。在 20.2.1 节中我们研究**标准分层抽样**（standard stratified sampling），其涉及对总体分层以及再从不同层中抽取随机样本。一个不同的抽样方案，**可变概率抽样**（variable probability sampling），是基于从一个总体中随机抽取单元再以不同的概率保留观测值。

本节不提供关于**基于选择抽样**（choice-based sampling）的一个详细的探讨，这种抽样出现在分层整个都基于响应变量时的离散响应模型中。为了根据不同的假设估计含基于选择样本的离散响应模型，已经提出了多种方法。曼斯基和麦克法登（Manski and McFadden，1981）以及科斯莱特（Cosslett，1993）包含了一般性探讨。对于一类离散响应模型，科斯莱特（Cosslett，1981）提出了一个含基于选择抽样的有效的估计方法，而英伯斯（Imbens，1992）获得了一个计算简单且同样达到有效性边界的矩方法估计量。英伯斯和兰卡斯特（Imbens and Lancaster，1996）在一个极大似然设置中考虑了一般响应变量。在这一节中，我们聚焦于一种便利地应用于多种估计方法的加权估计方式。毫不意外地，当应用于极大似然语境中时，加权估计量一般是无效的。

20.2.1 标准分层抽样与可变概率抽样

在社会科学中，有两种最普遍的分层方式用来获取数据集，即**标准分层抽样**（standard stratified sampling（SS sampling））与**可变概率抽样**（variable probability sampling（VP sampling））。在 SS 抽样中，总体首先被分成 J 个组群（group）$\mathscr{W}_1$，$\mathscr{W}_2$，…，$\mathscr{W}_J$，我们假定这 J 个组群是非重叠的且穷尽的。我们设 $\mathbf{w}$ 为刻画所关注总体的随机变量。

标准分层抽样：对于 $j=1,\cdots,J$，从第 j 层中抽取一个容量为 N_j 的随机样本。对于每一个 j 来说，用 $\{\mathbf{w}_{ij}: i=1,2,\cdots,N_j\}$ 表示这个随机样本。

层样本量 N_j 是非随机的。因此，总样本量 $N=N_1+\cdots+N_J$ 也是非随机的。从第 j 层中随机抽取的观测值 $\mathbf{w}_{ij}$ 具有分布 $\mathrm{D}(\mathbf{w} \mid \mathbf{w}\in\mathscr{W}_j)$。在性质上类似于 SS 抽样的方式称为**多项抽样**（multinomial sampling），其中层首先是以随机形式选出的，然后观测值是从该层中随机抽取的。这样做导致了 i. i. d. 观测值，但是实际上它与分层样本的获得方法并不一致。它还导致了像在 SS 抽样下所获得的相同估计量。因此，我们不去进一步地讨论它；参阅科斯莱特（Cosslett，1993）或者伍德里奇（Wooldridge，1999b）的更进一步讨论。

可变概率样本是利用不同方式来获得的。第一，观测值是以随机方式从总体中抽取的。如果此观测值落入到第 j 层，那么它以概率 p_j 保持在此状态。因而，从总体中所抽取的随机观测值并不依赖于它们落入那个层的频率而出现。当决定该层的一个变量或多个变量上的信息与其他信息相比而言相对很容易获得时，这种抽样是适合的。一些调查数据集，包括为了收集面板数据或纵向数据而进行的初始访谈就是良好的例子。比如，假定我们想要从较低收入组中进行过度抽样（oversampling）。我们可以首先询问他或她的收入。如果此响应处于第 j 组之中，那么这个人以概率 p_j 保持在该样本，然后剩余信息，诸如教育、工作经验、家庭背景等等被收集起来；否则，这个人将被舍弃而不去进一步访谈。

VP 抽样的一个重要特征是，层内的一些观测值可以随机地被抛弃。正如伍德里奇（Wooldridge，1999b）所讨论，VP 抽样等价于下述陈述：

可变概率抽样：重复下述步骤 N 次：

1. 从总体中以随机方式抽取观测值 $\mathbf{w}_i$。

2. 如果 $\mathbf{w}_i$ 位于第 j 层，那么投掷一个以概率 p_j 头面朝上的（有偏）硬币。如果硬币头面朝上，那么设 $h_{ij}=1$，否则，设 $h_{ij}=0$。

3. 如果 $h_{ij}=1$，那么保留观测值 i；否则，从样本中舍弃它。

落入第 j 层的观测值数量记为 N_j，为了估计，实际上我们所拥有的数据数量是 $N_0=N_1+N_2+\cdots+N_J$。注意到，如果 N 即总体被抽样的次数是固定的，那么 N_0 就是随机变量：我们在抽样之前并不知道每一个 N_j 将是多少。

在第二步骤中，硬币头面朝上的概率仅仅依赖于层的这个假设，确保了抽样在每一层内是随机的。这大致地反映了对于经济学所使用的某种大的横截面与面板数据来说，样本是如何获得的，包括收入动态学中的面板数据研究和国家纵向调查。

为了理解 VP 样本可以像随机样本一样进行分析，我们构造一个包含分层的总体。VP 抽样方案等价于实际观测到 $\mathbf{w}_i$ 落入哪一层之前，首先抛 J 个硬币；从而得到 $(h_{i1},\cdots,h_{iJ})$。其次，观测到 $\mathbf{w}_i$ 落入许多层的一个里面。最后，此结果是否保留依赖于该层的硬币上抛。其结果是向量 $(\mathbf{w}_i,\mathbf{h}_i)$，其中 $\mathbf{h}_i$ 表示二值指示符 h_{ij} 的 J 维向量，是从含有样本空间 $\mathscr{W}\times\mathscr{H}$ 的新总体中得到的一个随机样本，其中 $\mathscr{W}$ 表示初始的样本空间，而 $\mathscr{H}$ 表示与出自上抛 J 个硬币结果相联系的样本空间。在这种看待抽样方案的可选择方法下，$\mathbf{h}_i$ 与 $\mathbf{w}_i$ 是相互独立的。

把（$\mathbf{w}_i,\mathbf{h}_i$）处理成从新总体中抽取的随机样本，这点并不奇怪，因为事实上我们的估计量是以源自初始总体的非随机样本为基础的：我们只是使用向量 $\mathbf{h}_i$ 来确定哪个观测值继续保留在估计程序中。

20.2.2 用加权估计量解释分层

对于可变概率抽样来说，很容易构造一些加权目标函数，它们可以产生关于总体参数的一致且渐近正态的估计量。起初，有用的是，定义用来指示一个随机抽取 $\mathbf{w}_i$ 是否继续保留在样本中的二值指示符集合，如果是这样的话，那么它就落入那个层。设 $z_{ij}=1[\mathbf{w}_i\in\mathcal{W}_j]$，$j=1$，…，$J$ 是二值层指示符，亦即，$z_{ij}=1$ 当且仅当 $\mathbf{w}_i\in\mathcal{W}_j$。层指示符向量为 $\mathbf{z}_i=(z_{i1},\cdots,z_{iJ})$。那么，定义

$$r_{ij}=h_{ij}z_{ij}\,,\quad j=1,\cdots,J \tag{20.1}$$

由定义知，对于大部分 j，$r_{ij}=1$。如果 $h_{ij}=1$，那么 $r_{ij}=z_{ij}$。如果对于所有 $j=1$，2，…，J，$r_{ij}=0$，那么随机抽取 $\mathbf{w}_i$ 就没有出现在样本中（并且我们不用知道它属于哪一层）。

使用这些定义，我们能够把**加权 M 估计量**（weighted M-estimator）$\hat{\boldsymbol{\theta}}_w$定义为

$$\min_{\boldsymbol{\theta}\in\boldsymbol{\Theta}}\sum_{i=1}^{N}\sum_{j=1}^{J}p_j^{-1}r_{ij}q(\mathbf{w}_i,\boldsymbol{\theta}) \tag{20.2}$$

的解，其中 $q(\mathbf{w},\boldsymbol{\theta})$ 表示为识别此总体参数而选取的目标函数。注意，外层求和对所有潜在观测值是如何进行的，也就是，可以出现在随机样本中的观测值。指示符 r_{ij} 只区别出确实可以出现在可利用样本中的那些观测值，而且这些指示符同样使每一个可观测数据点依附于该层。目标函数（20.2）对样本中的每一个可观测数据点用抽样概率的逆进行加权。为了实施抽样，把目标函数写成

$$\min_{\boldsymbol{\theta}\in\boldsymbol{\Theta}}\sum_{i=1}^{N_0}p_{j_i}^{-1}q(\mathbf{w}_i,\boldsymbol{\theta}) \tag{20.3}$$

是有益的，其中为了不失一般性，对确实可观测的数据点进行排序 $i=1$，…，N_0。由于 j_i 是关于观测值 i 的层，所以 $p_{j_i}^{-1}$ 是此估计中依附于观测值的权重。实际上，对于 VP 分层样本中其他变量而言，$p_{j_i}^{-1}$ 是所报告的**抽样权重**（sampling weights）。

目标函数 $q(\mathbf{w},\boldsymbol{\theta})$ 包括了本书中我们到目前为止所涵盖的 M 估计量，包括（线性与非线性）最小二乘、条件极大似然以及偏极大似然。在面板数据应用中，概率权重源自初始年份的抽样。正如 19.9.3 节所讨论的，靠后年份的权重用于反映分层（如果有的话）和可能的损耗。

在估计总体均值的情形下，得到的加权 M 估计量有熟悉的形式。设 $\mu_o=\mathrm{E}(w)$ 为总体均值，那么加权 M 估计量的解为：

$$\min_{\mu \in \mathbb{R}} \sum_{i=1}^{N_0} p_{j_i}^{-1}(w_i - \mu)^2 \tag{20.4}$$

这个解可以很容易地从加权平均值中看出：

$$\hat{\mu}_w = \sum_{i=1}^{N_0} v_{j_i} w_i \tag{20.5}$$

其中，

$$v_{j_i} = \left(\sum_{h=1}^{N_0} p_{j_h}^{-1}\right)^{-1} p_{j_i}^{-1} \tag{20.6}$$

在一般情形中，伍德里奇（Wooldridge，1999b）证明，根据与定理 12.2 相同的假设以及每个抽样概率都为正的假设，加权 M 估计量一致估计了 θ_o，它被假定为唯一地最小化了 $\mathrm{E}[q(\mathbf{w},\boldsymbol{\theta})]$。实际上，正如伍德里奇（Wooldridge，2007）所证明的，一致性是由我们在 19.8 节中对逆概率加权 M 估计的处理产生的。正如先前指出的，向量 $\mathbf{z}_i$ 是层指示符的 J 维向量，$z_{ij}=1[w_i \in W_j]$。根据 VP 抽样，抽样概率仅取决于具体的层，所以根据设计，假定 19.6 成立。特别地，定义 $s_i = h_{i1}z_{il} + \cdots + h_{iJ}z_{iJ}$ 为选择指示符。那么

$$\mathrm{P}(s_i=1|\mathbf{z}_i,\mathbf{w}_i)=\mathrm{P}(s_i=1|\mathbf{z}_i)=p_1 z_{i1}+p_2 z_{i2}+\cdots+p_J z_{iJ} \tag{20.7}$$

因此，我们可以使用关于 IPW 的 M 估计的一致性结果直接去确立关于 VP 抽样的 IPW 估计量的一致性。

在与第 12 章正则性条件相同的条件下，渐近正态性同样成立。伍德里奇（Wooldridge，1999b）证明，$\hat{\boldsymbol{\theta}}_w$的渐近方差的有效估计量是

$$\left[\sum_{i=1}^{N_0} p_{j_i}^{-1} \nabla_\theta^2 q_i(\hat{\boldsymbol{\theta}}_w)\right]^{-1} \left[\sum_{i=1}^{N_0} p_{j_i}^{-2} \nabla_\theta q_i(\hat{\boldsymbol{\theta}}_w)' \nabla_\theta q_i(\hat{\boldsymbol{\theta}}_w)\right] \left[\sum_{i=1}^{N_0} p_{j_i}^{-1} \nabla_\theta^2 q_i(\hat{\boldsymbol{\theta}}_w)\right]^{-1} \tag{20.8}$$

这看起来像稳健方差矩阵估计量的标准公式，只是存在抽样概率 p_{j_i}。

当 $\mathbf{w}$ 分块成（$\mathbf{x},\mathbf{y}$）时，正如第 12 章的情形一样，一种可选择的估计量是用 $\mathbf{A}(\mathbf{x}_i,\hat{\boldsymbol{\theta}}_w)$ 代替表达式（20.8）中的海赛矩阵$\nabla_\theta^2 q_i(\hat{\boldsymbol{\theta}}_w)$，其中 $\mathbf{A}(\mathbf{x}_i,\boldsymbol{\theta}_o) \equiv \mathrm{E}[\nabla_\theta^2 q(\mathbf{w}_i,\boldsymbol{\theta}_o) \mid \mathbf{x}_i]$。渐近标准误与瓦尔德统计量都可以利用两者中的任一个渐近方差来获得。

我们还可以运用有关可变概率分层抽样估计的“令人惊奇”的有效性结果——至少，如果附加信息保持在抽样期间的话。对于随机抽样 i，给定 $\mathbf{z}_i$ 时，s_i 的密度的对数似然可以写成：

$$l_i(\mathbf{p}) = \sum_{j=1}^{J} z_{ij}[s_i \log(p_j) + (1-s_i)\log(1-p_j)] \tag{20.9}$$

对每个 $j=1$，…，J，极大似然估计量$\hat{p}_j$容易看成是保留下来的观测值占原来从 j 层抽取来的观测值的比例：$\hat{p}_j = M_j/N_j$，其中，$M_j = \sum_{i=1}^{N} z_{ij}s_i$ 而 $N_j = \sum_{i=1}^{N} z_{ij}$。

换句话说，M_j 是从 j 层保留下来的数据点的数量，N_j 是第 j 层以可变概率方案被抽取的次数。如果 N_j，$j=1$，…，J 与可变概率一起被报告，我们就可以轻松地获得 $\hat{p}_j$(因为 M_j 通常是已知的)。我们不必观测特定的表示 $s_i=0$ 的观测值的分层指标（如果分层是外生的，如 20.2.3 节定义的，那么我们是使用估计的还是已知的抽样概率就无关紧要了：在这种情形下渐近方差是不变的)。

例 20.1（在分层抽样下的线性模型） 在估计线性模型

$$y=\mathbf{x}\boldsymbol{\beta}_o+u, \mathrm{E}(\mathbf{x}'u)=\mathbf{0} \tag{20.10}$$

中，由 IPW 最小二乘法，渐近方差矩阵估计量是

$$\left(\sum_{i=1}^{N_0} p_{j_i}^{-1}\mathbf{x}'_i\mathbf{x}_i\right)^{-1}\left(\sum_{i=1}^{N_0} p_{j_i}^{-2}\ \hat{u}_i^2\mathbf{x}'_i\mathbf{x}_i\right)\left(\sum_{i=1}^{N_0'} p_{j_i}^{-1}\mathbf{x}'_i\mathbf{x}_i\right)^{-1} \tag{20.11}$$

其中 $\hat{u}_i=y_i-\mathbf{x}_i\hat{\boldsymbol{\beta}}_w$ 表示在 WLS 估计量之后的残差。有意思的是，这刚好是怀特（White，1980b）异方差性一致协方差矩阵估计量应用到分层样本上的情形，其中在实施回归之前关于观测值 i 的所有变量都用 $p_{j_i}^{-1/2}$ 进行加权。此估计量还曾由豪斯曼和怀斯（Hausman and Wise，1981）提出。豪斯曼和怀斯使用极大似然法来获得在正态线性回归模型背景下更有效的估计量，也就是，$u \mid \mathbf{x}\sim \mathrm{Normal}(\mathbf{x}\boldsymbol{\beta}_o, \sigma_o^2)$。由于分层的缘故，对于同方差正态性假设不满足的情形来说，MLE 通常不是稳健的。

重要的是要记住，本例题中表达式（20.11）的形式不应归因于基础总体模型中的潜在异方差性。即使 $\mathrm{E}(u^2 \mid \mathbf{x})=\sigma_o^2$，由于分层抽样的缘故，通常需要估计量（20.11）。在总体存在未知形式与任意的异方差性的情形中，这一估计量也起作用，并且它可以由许多回归程序软件包以常规方式计算出来。

例 20.2（在分层抽样下的条件 MLE） 对于总体中给定 $\mathbf{x}_i$ 时 $\mathbf{y}_i$ 的密度来说，当 $f(\mathbf{y} \mid \mathbf{x};\boldsymbol{\theta})$ 是正确设定的模型时，逆概率加权的 MLE 可利用 $q_i(\boldsymbol{\theta})\equiv -\log[f(\mathbf{y}_i \mid \mathbf{x}_i;\boldsymbol{\theta})]$ 来获得。这个估计量是一致的且渐近正态的，其渐近方差估计量已由表达式（20.8）给出［或者，最好是利用 $\mathbf{A}(\mathbf{x}_i, \hat{\boldsymbol{\theta}}_w)$ 的形式］。

加权方案还可以在标准分层抽样情形下得到利用，但是其权重不同于 VP 抽样情形。为了推导权重，设 $Q_j=\mathrm{P}(\mathbf{w}\in\mathscr{W}_j)$ 表示关于第 j 层的总体频数；我们假定 Q_j 是已知的。对于任意的 $\boldsymbol{\theta}$，由迭代期望法则，可得

$$\mathrm{E}[q(\mathbf{w},\boldsymbol{\theta})]=Q_1\mathrm{E}[q(\mathbf{w},\boldsymbol{\theta})\mid\mathbf{w}\in\mathscr{W}_1]+\cdots+Q_J\mathrm{E}[q(\mathbf{w},\boldsymbol{\theta})\mid\mathbf{w}\in\mathscr{W}_J] \tag{20.12}$$

对于每一个 j 来说，$\mathrm{E}[q(\mathbf{w},\boldsymbol{\theta})\mid\mathbf{w}\in\mathscr{W}_j]$ 能够利用从第 j 层中所获得的随机样本得到一致估计。这一方案导致了样本目标函数

$$Q_1\left[N_1^{-1}\sum_{i=1}^{N_1} q(\mathbf{w}_{i1},\boldsymbol{\theta})\right]+\cdots+Q_J\left[N_J^{-1}\sum_{i=1}^{N_J} q(\mathbf{w}_{iJ},\boldsymbol{\theta})\right]$$

其中 $\mathbf{w}_{ij}$ 表示从第 j 层中的一次随机抽取 i；而 N_j 为第 j 层的非随机样本量。我们能够把一致大数定律应用到每一项上，因此，在第 12 章的正则性条件下，其

和一致收敛到式（20.12）。一旦用观测值总数 $N=N_1+\cdots+N_J$ 乘和除每一项，我们可以更简单地把目标函数写成

$$N^{-1}\sum_{i=1}^{N}(Q_{j_i}/H_{j_i})q(\mathbf{w}_i,\boldsymbol{\theta}) \tag{20.13}$$

其中 j_i 表示关于观测值 i 的层，而 $H_j\equiv N_j/N$ 表示第 j 层中观测值的一部分。由于我们拥有层指示符 j_i，所以我们舍弃了 $\mathbf{w}_i$ 上的下标 j。当我们省略用 N 除时，式（20.13）与式（20.3）具有相同的形式，但是其权重是（Q_{j_i}/H_{j_i}），而不是 $p_{j_i}^{-1}$（同时关于每一个加权为什么起作用的讨论是非常不一样的）。通常，关于渐近方差的公式同样在 SS 抽样情形中是不相同的。除了用 N 代替 N_0 的记号稍微变化之外，式（20.8）的中间矩阵变为

$$\sum_{j=1}^{J}(Q_j^2/H_j^2)\left[\sum_{i=1}^{N_j}(\nabla_\theta\hat{q}_{ij}-\overline{\nabla_\theta q_j})'(\nabla_\theta\hat{q}_{ij}-\overline{\nabla_\theta q_j})\right] \tag{20.14}$$

其中 $\nabla_\theta\hat{q}_{ij}\equiv\nabla_\theta q(\mathbf{w}_{ij},\hat{\boldsymbol{\theta}}_w)$ 而 $\overline{\nabla_\theta q_j}\equiv N_j^{-1}\sum_{i=1}^{N_j}\nabla_\theta\hat{q}_{ij}$（层内样本平均值）。这个方法要求我们对观测值以显性方式分块到它们各自的层。参阅伍德里奇（Wooldridge，2001）更详细的推导。[如果在 VP 抽样情形中，总体频数 Q_j 是已知的，那么最好是利用 $Q_j/(N_j/N_0)$ 作为权重，而不是利用 p_j^{-1} 作为权重，这样做会使分析看起来刚好像 SS 抽样情形一样。参阅伍德里奇（Wooldridge，1999b）的详细内容。]

如果在例题 20.2 中我们具有标准分层抽样而不是 VP 抽样，那么一般地讲，加权 MLE 称为**加权外生样本 MLE**（weighted exogenous sample MLE，WESMLE）；这个估计量是由曼斯基和勒曼（Manski and Lerman，1977）在离散响应模型中基于选择抽样背景下提出的。[实际上，曼斯基和勒曼（Manki and Lerman，1977）使用了多项抽样，其中 H_j 表示挑选第 j 层的概率。但是，科斯莱特（Cosslett，1981）证明，更有效的估计量可通过利用 N_j/N 来获得，就像在 SS 抽样情形下所做的那样。参阅伍德里奇（Wooldridge，1999b）把科斯莱特结果推广到 M 估计量的情形。]

倘若抽样权重 Q_{j_i}/H_{j_i} 或 $p_{j_i}^{-1}$（以及层）都是给定的，含有加权 M 估计量的分析在 SS 或 VP 抽样下是相当简单的，但是它不可能是有效的。在条件极大似然情形中，这一定会做得更好一些。参阅英伯斯和兰开斯特（Imbens and Lancaster，1996）的详细处理。

20.2.3 基于外生变量的分层

当 $\mathbf{w}$ 分块成（$\mathbf{x}$,$\mathbf{y}$）时，其中 $\mathbf{x}$ 准确地讲是外生的，而且分块完全以 $\mathbf{x}$ 为基础，分层样本上的标准未加权估计量是一致的且渐近正态的。$\mathbf{x}$ 必定是外生的，其所依据的意义是：对于每个可能的产出 $\mathbf{x}$，$\boldsymbol{\theta}_o$ 解出

$$\min_{\boldsymbol{\theta}\in\boldsymbol{\Theta}} \mathrm{E}[q(\mathbf{w},\boldsymbol{\theta})\mid\mathbf{x}] \tag{20.15}$$

这个假设在很多带有条件变量及正确设定模型的背景中成立。例如，正如我们在第 12 章中讨论过的，当条件均值是正确设定的且 θ_o 是条件均值参数的向量时，该条件对于非线性回归成立；在第 13 章中我们证明了，当给定 $\mathbf{x}$ 下 $\mathbf{y}$ 的密度是正确的时，这对于条件极大似然成立。它同样在其他情形中成立，包括我们在第 18 章中讨论过的准极大似然估计量，当条件均值被正确设定时。一个有趣的论点——这是在第 21 章关于估计平均处理效应的探讨中我们将依赖的——是：在线性情形中，对于 u 而言它与 $\mathbf{x}$ 不相关将是不够的。如果我们想估计 y 在 $\mathbf{x}$ 上的线性投影，我们一般需要使用加权估计量，即便分层是 $\mathbf{x}$ 的一个函数。

在 VP 抽样情形中，当层用 $\mathbf{x}$ 来定义时，就产生了一种外生分层的普通形式，而且那是我们在此探讨的情形。（欲知更一般的情况，可参阅 19.8 节或伍德里奇（Wooldridge，2007）。）那么，再次设 $s_i=h_{i1}z_{i1}+\cdots+h_{iJ}z_{iJ}$ 是选择指示符，其中每个 z_{ij} 都是 $\mathbf{x}_i$ 的一个函数，$\mathrm{P}(s_i=1\mid\mathbf{w}_i,\mathbf{x}_i)=\mathrm{P}(s_i=1\mid\mathbf{x}_i)$。我们可以直接应用 19.8 节的结果来总结出非加权 M 估计量是一致的。

一个直接的证明同样是很翔实的。使用分层样本，非加权 M 估计量，$\hat{\boldsymbol{\theta}}_u$，最小化

$$\sum_{i=1}^{N} s_j q(\mathbf{w}_i,\boldsymbol{\theta}) = \sum_{i=1}^{N}\sum_{j=1}^{N} h_{ij}z_{ij}q(\mathbf{w}_i,\boldsymbol{\theta}) \tag{20.16}$$

而且一致性一般紧随其后，如果我们可以证明总体值，$\boldsymbol{\theta}_o$，唯一地最小化

$$\sum_{j=1}^{N}\mathrm{E}[h_{ij}z_{ij}q(\mathbf{w}_i,\boldsymbol{\theta})] = \sum_{j=1}^{N} p_j\mathrm{E}[z_{ij}q(\mathbf{w}_i,\boldsymbol{\theta})] \tag{20.17}$$

其中，因为根据 VP 抽样的性质，h_{ij} 与（z_{ij}，$\mathbf{w}_i$）独立，等式成立，并且 $p_j=\mathrm{E}(h_{ij})$。现在，因为 z_{ij} 是 $\mathbf{x}_i$ 的一个函数，所以由迭代期望法则可得

$$\mathrm{E}[z_{ij}q(\mathbf{w}_i,\boldsymbol{\theta})]=\mathrm{E}\{\mathrm{E}[z_{ij}q(\mathbf{w}_i,\boldsymbol{\theta})\mid\mathbf{x}_i]\}=\mathrm{E}\{z_{ij}\mathrm{E}[q(\mathbf{w}_i,\boldsymbol{\theta})\mid\mathbf{x}_i]\} \tag{20.18}$$

根据假设，$\boldsymbol{\theta}_o$ 最小化 $\mathrm{E}[q(\mathbf{w}_i,\boldsymbol{\theta})\mid\mathbf{x}_i]$，而且，因为 z_{ij} 是一个 0—1 变量，$\boldsymbol{\theta}_o$ 也是最小化 $\mathrm{E}[z_{ij}q(\mathbf{w}_i,\boldsymbol{\theta})]$ 的一个解。

这样，当对于所有 j 都有 $p_j\geqslant 0$ 时，$\boldsymbol{\theta}_o$ 也是

$$\min_{\boldsymbol{\theta}\in\boldsymbol{\Theta}}\sum_{j=1}^{N}\mathrm{E}[h_{ij}z_{ij}q(\mathbf{w}_i,\boldsymbol{\theta})] \tag{20.19}$$

的一个解，这也是我们想证明的。

不像在加权估计量情形中那样，$\boldsymbol{\theta}_o$ 在总体中的唯一性对于使用非加权估计量进行识别不再是充分的。特别地，如果对于某些 j，$p_j=0$，总体的一部分完全未被抽样，并且这会（但不必）导致 θ_o 的识别不足。正如在伍德里奇（Wooldridge，2001）中关于 SS 抽样的情形中所讨论的，对于所有的 j，$p_j>0$ 确保了当其在总体中是可识别的时 θ_o 的识别。

一般地，当分层基于 $\mathbf{x}$ 时，人们可以对加权提出充分理由，如果我们的兴

趣在于总体问题

$$\min_{\boldsymbol{\theta}\in\boldsymbol{\Theta}} \mathrm{E}[q(\mathbf{w},\boldsymbol{\theta})] \tag{20.20}$$

的解，我们已经称之为 $\boldsymbol{\theta}_o$。IPW 估计量一致地估计 θ_o 而无须进一步假设，然而非加权估计量需要围绕方程（20.15）描述的更强的假设。一个特殊情形是在例 20.1 中讨论的线性回归模型：为一致估计线性投影，即便选择是基于 $\mathbf{x}$ 的，我们也必须使用权重。非加权估计量的一致性需要我们估计条件均值。在下一章中，我们将看到关于加权估计量相对于非加权估计量的该事实的其他使用。

伍德里奇（Wooldridge，1999b）证明，当分层是以 $\mathbf{x}$ 为基础的且我们可以忽略分层问题时，通常渐近方差估计量（参阅 12.5 节）是有效的。例如，通常条件极大似然分析是成立的。在回归情形中，我们能使用通常异方差性稳健方差矩阵估计量。或者，如果我们假定总体中的同方差性，那么对于误差方差的通常估计量来说，非稳健形式［参阅式（12.58）］是有效的。

当广义条件信息矩阵等式成立，同时分层是以 $\mathbf{x}$ 为基础的时候，伍德里奇（Wooldridge，1999b）证明，未加权估计量比加权估计量更有效。其关键性假设是

$$\mathrm{E}[\nabla_{\theta} q(\mathbf{w},\boldsymbol{\theta}_o)'\nabla_{\theta} q(\mathbf{w},\boldsymbol{\theta}_o)\,|\,\mathbf{x}]=\sigma_o^2\mathrm{E}[\nabla_{\theta}^2 q(\mathbf{w},\boldsymbol{\theta}_o)\,|\,\mathbf{x}] \tag{20.21}$$

对于某些 $\sigma_o^2>0$。当假设（20.21）成立且 $\boldsymbol{\theta}_o$ 求解式（20.19）时，未加权 M 估计量的渐近方差小于加权 M 估计量的相应渐近方差。这一推广包括在同方差性下的（含有 $\sigma_o^2=1$）条件极大似然法与非线性回归。

对于标准分层抽样来说，非常类似的结论成立。一个有用的事实是，当分层是以 $\mathbf{x}$ 为基础的时候，含有 $p_j=H_j/Q_j$（以及 $N_0=N$）的估计量（20.8）是有效的；因此，我们不需要计算估计得分中的层内变异。当分层是以 $\mathbf{x}$ 为基础的且通常渐近方差矩阵是有效的时候，未加权估计量是一致的。当假设（20.21）成立时，未加权估计量也是更有效的。参阅伍德里奇（Wooldridge，2001）对假设的阐述与定理的证明。

作为一件实践上的事，具有用于分析来自分层样本数据的内置特性的现代统计包通常要求两项信息：抽样权重及层标识。如果人们设定了权重但不是层标识，三明治的中间部分将不能像在方程（20.14）中那样被估计。层内平均值将不会被减掉，从而导致比所必需的更大的渐近方差估计（除了在根据 $\mathbf{x}$ 的外生性假设进行的外生抽样的情形中以外）。换句话说，所导致的置信区间和推断将是（渐近地）保守的。最好是使用连同抽样权重一起在层上的信息。

20.3 整群抽样

我们现在转向整群抽样的问题，其中个体单元按组或群进行抽样。正如在

介绍中提到的那样，整群抽样和面板数据分析的问题在它们的统计结构方面是类似的：当观测值伴随一个自然嵌套时，每个都面临着相关性问题。最为相似的情形是大量的整群——每个群相对较小——被从一个大的整群总体中抽取出来。该情形是相对较为容易处理的，所以我们在 20.3.1 节中首先处理它。

许多数据集都同时具有一个面板数据和整群抽样结构。只要整群的数量很多，对序列相关性和整群相关性稳健的推断就是很简单的。我们将在 20.3.2 节中讨论这种情形。

20.3.3 节总结出当整群规模是大的而不是“小”的时关于应用通常的整群公式方面我们所掌握的情形。

最近，研究者们已经研究了一些数据结构，其可被分类为少量的整群以及每个整群中的大量观测值。20.3.4 节提供了分析这样一种结构的两种方法。

20.3.1 关于整群数量多且整群规模小的推断

当我们可以从一个大的整群总体中抽取大量整群样本时，我们从线性与非线性模型的估计问题开始着手。对于每个组或整群 g，设 $\{(y_{gm},\mathbf{x}_g,\mathbf{z}_{gm}):m=1,\cdots,M_g\}$ 是可观测数据，其中 M_g 是整群 g 内单元的数量，y_{gm} 是一个标量响应，$\mathbf{x}_g$ 是一个包含只在整群层面上变化的解释变量的 $1\times K$ 维向量，而 $\mathbf{z}_{gm}$ 是一个在组内（以及跨组）变化的 $1\times L$ 维协变量向量。在大多数整群样本的应用中，至少有一些协变量只在组的层面上改变；先前我们给过当每个整群是一个班级时教师特点的例子。事实上，一个可能合理的规则是：无论何时只要一个分析中包括比个体单元更为聚合的处于一个层面的协变量，就至少要考虑数据是作为一个整群抽样而生成的。例如，在分析企业层面的数据时，如果包括了产业层面的协变量，那么，我们应当把数据当成一个整群样本处理，且把每个产业当作一个整群。

自始至终我们都假设抽样方案生成对不同的 g 独立的观测值。换句话说，我们从所有整群的总体中独立地抽取 G 个整群。这个假设可以更加严格，尤其是当整群是大的地理单元时。然而，在某些情形中我们可以定义整群以允许存在额外的“空间相关性”。例如，如果最初我们考虑抽取四年级班级样本，然后我们担心学生成绩中的相关性不仅在班级内也在学校内，那么我们可以定义整群为学校。我们将不涵盖这样一些方案：其中任何两个地理单元被允许是相关的，且当观测值在空间上距离变远时相关性持续递减。

组规模 M_g 固定而 $G\to\infty$ 的理论已经发展得很完善；例如，参阅怀特（White，1984）和阿雷拉诺（Arellano，1987）。当然，应当由研究者来决定 G 和 M_g 的大小关于这个渐近的框架是否合适。在这里，我们遵循伍德里奇（Wooldridge，2003）并总结这些结果，而且强调人们如何会不得不使用稳健的推断方法，即使在这不是那么明显的时候。

毫不奇怪，线性模型是最容易分析的。带有一个可加性误差的标准线性模型是

$$y_{gm}=\alpha+\mathbf{x}_g\boldsymbol{\beta}+\mathbf{z}_{gm}\gamma+v_{gm},\quad m=1,\cdots,M_g;g=1,\cdots,G \tag{20.22}$$

正如使用面板数据时那样，我们在式（20.22）中的估计和推断方法取决于几个因素，包括我们是否对加总的变量（$\boldsymbol{\beta}$）或个体特有的变量（γ）的效应感兴趣。此外，我们需要作关于误差项的假设。一个重要问题是，v_{gm} 是否包含一个可按照一种可加形式被分解的共同的组效应，如使用

$$v_{gm}=c_g+u_{gm}, \quad m=1,\cdots,M_g \tag{20.23}$$

其中 c_g 是一个不可观测的整群效应而 u_{gm} 是特质误差（idiosyncratic error）。另一个重要问题是，式（20.22）中的解释变量是否可以被选为适当外生的。如果协变量满足

$$\mathrm{E}(v_{gm}|\mathbf{x}_g,\mathbf{z}_{gm})=0, \quad m=1,\cdots,M_g;g=1,\cdots,G \tag{20.24}$$

或者甚至一个零相关的版本，当 $G\to\infty$ 且 M_g 固定时，混合 OLS 估计量关于 $\theta\equiv(\alpha,\ \beta',\ \gamma)'$ 是一致的，其中我们用 y_{gm} 对 1，$\mathbf{x}_g$，$\mathbf{z}_{gm}$，$m=1$，…，M_g；$g=1$，…，G 回归。此外，POLS 估计量是 $\sqrt{G}$ 渐近正态的。

如果没有更多的假设，需要一个稳健的方差矩阵来考虑整群内的相关性或 $\mathrm{Var}(v_{gm}\mid\mathbf{x}_g,\mathbf{z}_{gm})$ 中的异方差，或两者都考虑。当 v_{gm} 具有式（20.23）中的形式，整群内相关性的程度可能很大，结果是通常的 OLS 标准误可能具有很大的误导性（而且，在大多数情形中系统地太小了）。记 $\mathbf{W}_g$ 为关于组 g 的所有回归元的 $M_g\times(1+K+L)$ 维矩阵。那么 $(1+K+L)\times(1+K+L)$ 维方差矩阵估计量为

$$\widehat{\mathrm{Avar}}(\hat{\boldsymbol{\theta}}_{POLS})=\left(\sum_{g=1}^{G}\mathbf{W}'_g\mathbf{W}_g\right)^{-1}\left(\sum_{g=1}^{G}\mathbf{W}'_g\hat{\mathbf{v}}_g\hat{\mathbf{v}}'_g\mathbf{W}_g\right)\left(\sum_{g=1}^{G}\mathbf{W}'_g\mathbf{W}_g\right)^{-1} \tag{20.25}$$

其中 $\hat{\mathbf{v}}_g$ 是关于组 g 的 $M_g\times1$ 维混合 OLS 残差向量。正如我们关于面板数据情形所讨论的那样，现在利用流行统计软件包中的"整群"选项就可以常规地计算这个三明治方差矩阵估计量。人们只需要设定整群标识符。

在式（20.22）中参数的混合 OLS 估计忽略了估计中 v_{gm} 的整群内相关性，以至如果 c_g 是误差 v_{gm} 的一部分，那么它可能是非常缺乏有效性的。像我们从面板数据分析中了解的那样，如果我们加强外生性假设为

$$\mathrm{E}(v_{gm}|\mathbf{x}_g,\mathbf{Z}_g)=0, \quad m=1,\cdots,M_g;g=1,\cdots,G \tag{20.26}$$

其中 $\mathbf{Z}_g$ 是单元特有协变量的 $M_g\times L$ 维矩阵，那么，在一个广义最小二乘（GLS）分析中我们可以利用出现在式（20.23）中的 c_g。假设（20.26）排除了来自影响整群另一个成员上结果的一个成员中的那些协变量，并保持自己的协变量固定不变。至少在名义上，这个假设看上去排除了"同伴效应"，但通过把对同伴的测度包括在 $\mathbf{z}_{gm}$ 中，这样的效应是可被允许的。

标准的随机效应方法做出了足够的假定，以至 $\mathbf{v}_g=(v_{g1},v_{g2},\cdots,v_{g,M_g})'$ 的 $M_g\times M_g$ 维方差—协方差矩阵具有"随机效应"的形式：

$$\mathrm{Var}(\mathbf{v}_g)=\sigma_c^2\mathbf{j}'_{M_g}\mathbf{j}_{M_g}+\sigma_u^2\mathbf{I}_{M_g} \tag{20.27}$$

其中 $\mathbf{j}_{M_g}$ 是 1 的 $M_g \times 1$ 维向量，而 $\mathbf{I}_{M_g}$ 是 $M_g \times M_g$ 维单位矩阵。在标准设置中，我们同样做出在第 10 章的面板数据分析中就已经熟悉的系统同方差假设：

$$\mathrm{Var}(\mathbf{v}_g \mid \mathbf{x}_g, \mathbf{Z}_g) = \mathrm{Var}(\mathbf{v}_g) \tag{20.28}$$

像在面板数据情形中那样，重要的是理解假设（20.28）的作用：它意味着条件方差—协方差矩阵与无条件方差—协方差矩阵是相同的，但它并不约束 $\mathrm{Var}(\mathbf{v}_g)$；它可以是在（20.28）假设下的任何 $M_g \times M_g$ 维矩阵。$\mathrm{Var}(\mathbf{v}_g)$ 上的特殊随机效应结构由假设（20.27）给出。根据假设（20.27）和（20.28），由此产生的 GLS 估计量是众所周知的随机效应（RE）估计量。估计量具有与在非平衡面板数据情形中那样相同的结构；参阅 19.9.1 节。

当 $G \to \infty$ 而 M_g 固定时，随机效应估计量 $\hat{\boldsymbol{\theta}}_{RE}$ 比在假设（20.26）、（20.27）以及（20.28）下的混合 OLS 更渐近有效。随机效应估计和检验统计量可用关于整群样本的流行软件包来常规地进行计算。然而，在随机效应的应用中一个重要的论点往往被忽视：人们可以，而且在许多情形中应当使推断对于 $\mathrm{Var}(\mathbf{v}_g \mid \mathbf{x}_g, \mathbf{Z}_g)$ 的一个未知形式完全稳健。

获得一个对随机效应完全稳健的方差矩阵的思想是很简单的，正如我们在第 10 章中关于面板数据所看到过的那样。即便 $\mathrm{Var}(\mathbf{v}_g \mid \mathbf{x}_g, \mathbf{Z}_g)$ 不具有随机效应形式，在假设（20.26）下 RE 估计量仍然是一致的和 $\sqrt{G}$ 渐近正态的，而且即便 $\mathrm{Var}(\mathbf{v}_g \mid \mathbf{x}_g, \mathbf{Z}_g)$ 不具有随机效应形式，也很可能比混合 OLS 更有效。关于为 RE 使用一个完全稳健的方差矩阵的情形，与特质误差中的序列相关性一般会使假设（20.27）无效的面板数据情形相比，或多或少更为微妙。当然，在 $\mathrm{Var}(c_g \mid \mathbf{x}_g, \mathbf{Z}_g)$ 或 $\mathrm{Var}(u_{gm} \mid \mathbf{x}_g, \mathbf{Z}_g)$ 中的异方差性始终是一种可能性，而且这也使稳健推断是正当的。作为一个例子，假设在 $\mathbf{z}_{gm}$ 上的系数在整群层面变化：

$$y_{gm} = \alpha + \mathbf{x}_g \boldsymbol{\beta} + \mathbf{z}_{gm} \gamma_g + v_{gm}, \quad m = 1, \cdots, M_g; g = 1, \cdots, G \tag{20.29}$$

通过估计一个假设了共同斜率 γ 的标准随机效应模型，我们有效地把 $\mathbf{z}_{gm}(\gamma_g - \gamma)$ 包括在特质误差中；这样做一般会造成组内相关，因为以 $\mathbf{Z}_g$ 为条件时 $\mathbf{z}_{gm}(\gamma_g - \gamma)$ 和 $\mathbf{z}_{gp}(\gamma_g - \gamma)$ 将对于 $m \neq p$ 是相关的。同样，特质误差将具有作为 $\mathbf{z}_{gm}$ 的一个函数的异方差性。然而，如果连同假设（20.26）一起我们假设 $\mathrm{E}(\gamma_g \mid \mathbf{x}_g, \mathbf{Z}_g) = \mathrm{E}(\gamma_g) \equiv \gamma$，那么随机效应估计量仍然一致地估计了平均斜率 γ（和 $\boldsymbol{\beta}$）。因此，在将随机效应应用到面板数据或整群样本时，（利用大的 G）使随机效应的方差估计量对任意异方差性与组内相关性稳健是明智的。

在应用中，人们常常计算 POLS 和 RE 估计来看看估计对方差矩阵的选择有多敏感。此外，人们试图比较估计的方差矩阵——或至少，标准误——来看看 RE 是否比 POLS 更有效。只要人们为 POLS 和 RE 使用完全稳健的标准误，这样做就是好的。例如，拿（忽略了整群抽样的）通常的 POLS 标准误和（至少在一定程度上对整群抽样进行了解释的）通常的 RE 标准误进行比较肯定是没道理的。通过比较关于每套估计的稳健形式，人们可对 POLS 和 RE 估计中的抽样变异的普遍可靠的估计进行比较。

如果我们只对估计 γ 感兴趣，那么固定效应（FE）或组内估计量就是有吸引力的。组内变换从因变量和解释变量中减去了组内平均值：

$$y_{gm}-\bar{y}_g=(\mathbf{z}_{gm}-\bar{\mathbf{z}}_g)\gamma+u_{gm}-\bar{u}_g,\quad m=1,\cdots,M_g;g=1,\cdots,G \qquad (20.30)$$

而这个公式是用混合 OLS 估计的。（当然，借助组内减去均值运算，$\mathbf{x}_g$ 被扫除了。）在一整套固定效应假设下——就像在面板数据情形中那样，其允许 c_g 和 $\mathbf{z}_{gm}$ 之间存在任意相关——使用标准软件进行推断是很直接的。然而，类似于随机效应的情形，审慎的做法是允许$\text{Var}(u_g \mid \mathbf{Z}_g)$ 有一个任意的形式，包括组内相关性与异方差。例如，如果我们从模型（20.29）开始，那么 $(\mathbf{z}_{gm}-\bar{\mathbf{z}}_g)(\gamma_g-\gamma)$ 会出现在误差项中。正如我们在 11.7.3 节中讨论的，如果 $\text{E}(\gamma_g \mid \mathbf{z}_{gm}-\bar{\mathbf{z}}_g)=\text{E}(\gamma_g)=\gamma$，即假定允许 γ_g 与 $\bar{\mathbf{z}}_g$ 相关，那么 FE 估计量仍然是一致的。然而，u_{gm} 和 u_{gp} 对于 $m\neq p$ 将是相关的。一个完全稳健的方差矩阵估计量是

$$\widehat{\text{Avar}}(\hat{\gamma}_{FE})=\left(\sum_{g=1}^{G}\ddot{\mathbf{Z}}'_g\ddot{\mathbf{Z}}_g\right)^{-1}\left(\sum_{g=1}^{G}\ddot{\mathbf{Z}}'_g\hat{\mathbf{u}}_g\hat{\mathbf{u}}'_g\ddot{\mathbf{Z}}_g\right)\left(\sum_{g=1}^{G}\ddot{\mathbf{Z}}'_g\ddot{\mathbf{Z}}_g\right)^{-1} \qquad (20.31)$$

其中 $\ddot{\mathbf{Z}}_g$是组内对均值的偏差矩阵，而 $\hat{\mathbf{u}}_g$是固定效应残差的 $M_g\times 1$ 维向量。利用大 G 渐近理论可以证明这个估计量是正当的。它具有与非平衡面板数据情形完全相同的形式。

在含有常数斜率但 c_g 处于复合误差项的标准模型中，使用一个固定效应方法的一个好处是，如果 c_g 是跨组相关的，那么没有必要做任何调整。当各组代表着不同的地理单元时，我们可能会预期到各组之间的相关性彼此会接近。如果我们认为这种相关性大多可以通过不可观测效应 c_g 捕捉到，那么借助组内变换的手段来消除它就可有效地解决问题。如果我们使用混合 OLS 或随机效应，那么我们将不得不在处理组内相关性——一个很难的统计问题——之余还必须处理跨 g 的空间相关性。

FE 估计的一个备选方案，以及导向一个简单的用于比较 FE 和 RE 的豪斯曼检验的方案，是将组平均值添加到一个 RE 估计中。设 $\bar{\mathbf{z}}_g$ 表示组内平均值向量，并写出

$$y_{gm}=\alpha+\mathbf{x}_g\boldsymbol{\beta}+\mathbf{z}_{gm}\gamma+\bar{\mathbf{z}}_g\xi+a_g+u_{gm},\quad m=1,\cdots,M_g;g=1,\cdots,G \qquad (20.32)$$

其中 $c_g=\bar{\mathbf{z}}_g\xi+a_g$（而且在这里我们把截距项吸收到 α 中）。利用比如说 RE 来估计这个方程允许我们很容易使用一个完全稳健的方法来检验 $\text{H}_0:\xi=\mathbf{0}$，其检验零假设：RE 估计量是一致的。可以证明，即便面板是非平衡的，γ 的估计也是 FE 估计。此外，这种方法允许我们估计 $\mathbf{x}_g$ 上的系数。（也可以使用混合 OLS，而且同样可得出 γ 的 FE 估计。）

例 20.3（教师报酬中的整群相关性） 在 BENEFITS. RAW 中的数据集包括了关于密歇根州教师在学校层面的平均报酬。我们对检验在薪金与非薪金报酬之间的一种权衡感兴趣。我们把这个看成学区的一个整群样本，且区内的

学校代表着个体单元。

一个标准方法是估计方程

$$\log(avgsal_{gm})=\alpha+\beta_1 bs_{gm}+\beta_2\log(staff_{gm})+\beta_3\log(enroll_{gm}) \\ +\beta_4 lunch_{gm}+c_g+u_{gm} \tag{20.33}$$

其中 $avgsal_{gm}$ 是在学区 g 内的学校 m 的平均薪金，$bs_{gm}=avgben_{gm}/avgsal_{gm}$，其中 $avgsal_{gm}$ 是教师收到的平均福利费，$staff_{gm}$ 是每 1 000 名学生配备的教职工人数，$enroll_{gm}$ 是在校学生人数，而 $lunch_{gm}$ 是有资格参与联邦免费或减费午餐项目的学生的百分比。对“小的” x 使用近似值 $\log(1+x)\approx x$，可以证明当 $\beta_1=-1$ 时，一个薪金与福利费之间美元换美元的权衡是相同的。

我们采用三种方法估计方程：混合 OLS、随机效应和固定效应。结果在表 20.1 中给出。该表为每个方法包含了非稳健标准误——即在关于特殊估计量的一套“理想”的假设下计算出来的标准误——以及对任意学区内相关性与异方差性稳健标准误。

表 20.1　　关于密歇根州教师的薪金与福利费权衡

因变量	$\log(avgsal)$		
估计方法	(1)	(2)	(3)
	混合 OLS	随机效应	固定效应
解释变量			
bs	−0.177	−0.381	−0.495
	(0.122)	(0.112)	(0.133)
	[0.260]	[0.150]	[0.194]
$\log(staff)$	−0.691	−0.617	−0.622
	(0.018)	(0.015)	(0.017)
	[0.035]	[0.036]	[0.043]
$\log(enroll)$	−0.029 2	−0.024 9	−0.051 5
	(0.008 5)	(0.007 6)	(0.009 4)
	[0.025 7]	[0.011 5]	[0.013 1]
$lunch$	−0.000 85	0.000 30	0.000 51
	(0.000 16)	(0.000 18)	(0.000 21)
	[0.000 57]	[0.000 20]	[0.000 21]
常数	13.724	13.367	13.618
	(0.112)	(0.098)	(0.113)
	[0.256]	[0.197]	[0.241]
学区数量	537	537	537
学校数	1 848	1 848	1 848

圆括号中的量是非稳健标准误；方括号内的量对任意学区内相关性以及异方差性是稳健的。

为固定效应报告的截距是估计的学区效应的平均值。

基于豪斯曼检验的完全稳健回归——且在卡方分布中有 4 个自由度——可产生 $H=20.70$ 以及 p 值$=0.000\ 4$。

POLS 估计没提供什么证据支持薪金和福利费之间的一个权衡。系数为负，但它的值−0.177，是非常小的，而且不是接近于−1（对在工资和福利费之间一个一对一的权衡假设的值）。其完全稳健的 t 统计量在幅度上小于 0.7。请注意，稳健标准误——其恰当地解释数据的整群性质——是非稳健标准误的两倍以上。

随机效应系数 bs 的绝对值显著大于混合 OLS 估计，甚至使用完全稳健的标准误时，它也是统计上异于 0 的。随机效应变换消除了一部分学区平均值。（所占部分取决于在一个地区的学校数量，而且它的范围是从 0.379 左右到 0.938 左右，超过 50%的地区为 0.379。）即便 RE 在名义上解释了整群（学区）效应，非稳健标准误也显然低估了实际的抽样变异性。稳健的 95%的置信区间排除了 0，但它也排除了−1（而且随机效应的点估计−0.381 远远大于−1）。$\log(staff)$ 上的稳健标准误 0.036 比非稳健标准误 0.015 的两倍还大。同样，即便我们借助随机效应估计手段在名义上解释了共同的学区效应，这个发现也指出了使用稳健推断的重要性。顺便说一句，RE 稳健标准误除在一种情形中以外，比稳健的混合 OLS 标准误要小，这表明 RE 比 POLS 更有效，即便 RE 显然不是最有效的估计量（因为它看起来像是有一个比用 RE 来解释的整群相关性模式更为复杂的整群相关性模式）。

表 20.1 中第 3 列包含固定效应估计。bs 上的系数大约是−0.50，这仍然与−1 相差很远，甚至使用完全稳健的标准误时其在统计上也异于−1。再次，将整群和异方差性考虑进来对恰当的推断来说很重要：通常的固定效应标准误看上去太小了。由于总报酬在各学区之间变动显著，允许学区效应与解释变量相关是很重要的，就像 FE 做的那样。

毫不奇怪，完全稳健的 RE 标准误多少有点低于完全稳健的 FE 标准误，这个结果令使用 RE 估计变得很有诱惑力。但稳健的豪斯曼检验——其可通过将四组的平均值添加到 RE 估计中并检验它们的联合显著性而获得——产生了一个低 p 值，为约 0.000 4。看上去似乎学区效应与一些变量（尤其是职工人数）是系统相关的，所以最安全的策略是使用带有完全稳健推断的固定效应估计。

关于之前方法的讨论立刻可以拓展到所有估计量的工具变量版本。使用大的 G，人们可以做到使混合两阶段最小二乘（2SLS）、随机效应 2SLS 和固定效应 2SLS 对任意整群内的相关性和异方差性稳健。添加外生解释变量（包括额外的工具变量）的组平均值时，用随机效应 2SLS（其中组平均值作为它们自己的工具变量）估计由此得到的方程，并联合检验组平均值的显著性，这导致了用于比较随机效应 2SLS 和固定效应 2SLS 的一个简单的豪斯曼检验。

如果随机效应方差矩阵结构不成立，更有效的估计可通过应用广义矩方法（GMM）来实现；再次，GMM 要在大 G 的情形中使用才合理。

正如我们在 12.10.3 节中讨论的那样，人们可以直接应用最小绝对偏差或分位数回归到方程（20.32）中。尽管一般难以自圆其说，但添加上组平均值然后应用比方说 LAD，可以成为一种在允许组内异质性与个体特有协变量相关的同时还能近似计算变量对中位数效应的有用方式。在 12.10.3 节中讨论过的几类对称性假设下，这可能是在数据中把极端值考虑进来的一个好办法。

对于 G 远远大于组的规模的情形，整群稳健性推断也可用于非线性模型。基于 M 估计的一个一般处理是可能的，但大部分的点可以用二值响应模型来说明。设 y_{gm} 是一个二值响应，且 $\mathbf{x}_g$ 和 $\mathbf{z}_{gm}$，$m=1, \cdots, M_g$，$g=1, \cdots, G$ 被像以前那样进行定义。假设

$$y_{gm}=1[\alpha+\mathbf{x}_g\boldsymbol{\beta}+\mathbf{z}_{gm}\gamma+c_g+u_{gm}\geqslant 0] \tag{20.34}$$

其中 c_g 是整群效应而 u_{gm} 是单元特有误差。如果，比如说我们假设

$$u_{gm}\mid \mathbf{x}_g, \mathbf{Z}_g, c_g \sim \text{Normal}(0,1) \tag{20.35}$$

那么

$$\mathrm{P}(y_{gm}=1\mid \mathbf{x}_g, \mathbf{z}_{gm}, c_g)=\mathrm{P}(y_{gm}=1\mid \mathbf{x}_g, \mathbf{Z}_g, c_g)=\boldsymbol{\Phi}(\alpha+\mathbf{x}_g\boldsymbol{\beta}+\mathbf{z}_{gm}\gamma+c_g) \tag{20.36}$$

其中像通常那样，$\boldsymbol{\Phi}(\cdot)$ 是标准正态的（累积分布函数）。或者，如果 u_{gm} 服从一个逻辑斯蒂分布，那么我们可用 $\Lambda(\cdot)$ 替换 $\boldsymbol{\Phi}(\cdot)$。请注意，表达式（20.35）假定，以 c_g，$\mathbf{x}_g$ 和 $\mathbf{z}_{gm}$ 为条件，对于 $p\neq m$ 来说，$\mathbf{z}_{gp}$ 并不会影响结果。对于混合方法，我们可以放松这项约束（如在线性情形中那样），但由于 c_g 的存在，在实践中这要承担不具一般性这一后果。

像在非线性面板数据模型中那样，c_g 出现在式（20.36）中引起了几个重要问题，包括我们如何估计感兴趣的量。像在面板数据情形中那样，我们对估计平均偏效应或边际效应有些兴趣。例如，如果 $\mathbf{x}_g$ 的第一个元素是连续的：

$$\frac{\partial \mathrm{P}(y_{gm}=1\mid \mathbf{x}_g, \mathbf{z}_{gm}, c_g)}{\partial x_{g1}}=\beta_1\phi(\alpha+\mathbf{x}_g\boldsymbol{\beta}+\mathbf{z}_{gm}\gamma+c_g) \tag{20.37}$$

其中 $\phi(\cdot)$ 是标准正态分布密度函数。如果

$$c_g\mid \mathbf{x}_g, \mathbf{Z}_g \sim \text{Normal}(0, \sigma_c^2) \tag{20.38}$$

那么可从平均结构函数

$$ASF(\mathbf{x}_g, \mathbf{z}_{gm})=\boldsymbol{\Phi}[(\alpha+\mathbf{x}_g\boldsymbol{\beta}+\mathbf{z}_{gm}\gamma)/(1+\sigma_c^2)^{1/2}]\equiv\boldsymbol{\Phi}(\alpha_c+\mathbf{x}_g\boldsymbol{\beta}_c+\mathbf{z}_{gm}\gamma_c) \tag{20.39}$$

中获得 APE，其中 $\alpha_c=\alpha/(1+\sigma_c^2)^{1/2}$，依此类推。由于式（20.39）的右边是 $\mathrm{P}(y_{gm}=1\mid \mathbf{x}_g, \mathbf{Z}_g)$，使用混合 probit 或一个广义估计方程（GEE）方法，可以很方便地估计经缩放的系数。不管在哪种情形中，推断必须是稳健的，以允许对于 $m\neq p$ 存在一般的协方差结构 $\mathrm{Cov}(y_{gm}, y_{gp}\mid \mathbf{x}_g, \mathbf{Z}_g)$，这将肯定不会是 0（因为我们将需要这个在使用混合方法时去忽略整群效应），但它们中哪一个都将不是常数。在面板数据情形中使用的相同公式也适用于整群样本，但有小的改动即组的大小一般是不同的。

混合和 GEE 方法是有吸引力的，因为它们计算简单，而且不需要在整群内设定一个联合分布。或者，我们可以施加更多假设——像在面板数据情形中一

样——并使用完全极大似然（当然，以 $\mathbf{x}_g$ 和 $\mathbf{z}_{gm}$ 为条件）。如果我们在假设（20.34）、（20.35）和（20.38）上还补充假设

$$\{u_{g1},\cdots,u_{g,M_g}\}\text{以}(\mathbf{x}_g,\mathbf{Z}_g,c_g)\text{为条件相互独立} \tag{20.40}$$

那么我们就得到了随机效应 probit 模型。其估计的细节类似于面板数据情形，稍微有点不同的是，在这里我们必须考虑每个整群的观测值数量是不相等的。因为我们可以分别识别 α，$\boldsymbol{\beta}$，γ 和 σ_c^2，所以除了可以识别平均偏效应外，在 c_g 的不同值上的偏效应也是可以识别的。在一个重要的方面上，一个在条件独立性假设（20.40）下的随机效应方法对于整群样本比对于面板数据更有吸引力：在面板数据中通常是时间序列的新息为跨时相关的情形。利用一个整群样本，个体结果的独立性在以一个共同的整群效应为条件后往往更可信。（然而，我们仅仅以一个标量异质性 c_g 为条件，所以这样一个假设或许仍然过于严格。）

正如使用面板数据那样，我们经常希望允许整群异质性 c_g 与可观测协变量相关。当整群规模是相同的——也就是说，对于所有 g 有 $M_g=M$——我们可以应用我们在平衡面板中用过的相同方法，包括 probit，logit，有序 probit，Tobit，计数数据，分数响应，等等。平均偏效应的计算是相同的，而且在条件独立性下的随机效应方法是有吸引力的。但混合方法往往在计算上更简单，并足以识别 APE。

当整群关于整群规模不是平衡的时，对于 CRE 方法来说使用整群样本的一个富有挑战性的任务是，如何对不可观测异质性和 $\{\mathbf{z}_{gm}: m=1,\cdots,M_g\}$ 之间的相关性建模。一个可能的解决方案是从整群中随机地舍弃观测值以使它们的规模都相同。然后我们就可以应用关于平衡面板数据的通常方法。遗憾的是，这种做法在损失的数据方面代价非常昂贵。例如，如果最小的组有 $M_g=3$，那么我们将不得不舍弃其他所有组中的一些观测值，直到我们在每个组中只有三个观测值。

不同的组规模带来的问题是，我们并不清楚人们应当如何模型化对于每个 g 在 c_g 和（$\mathbf{z}_{g1},\cdots,\mathbf{z}_{g,M_g}$）之间的相关性。然而，有几种可能性。通过假设（$c_g,\mathbf{z}_{g1},\cdots,\mathbf{z}_{g,M_g}$）的联合正态，然后假设 $\mathrm{E}(c_g\mid\mathbf{z}_{g1},\cdots,\mathbf{z}_{g,M_g})=\mathrm{E}(c_g\mid\bar{\mathbf{z}}_g)=\eta_g+\bar{\mathbf{z}}_g\xi_g$，即假设 $\bar{\mathbf{z}}_g$ 是均值的一个充分统计量，我们可以获得某些洞察。那么它必须遵循

$$\xi_g=[\mathrm{Var}(\bar{\mathbf{z}}_g)]^{-1}\mathrm{Cov}(\bar{\mathbf{z}}_g,c_g)$$
$$\eta_g=\mathrm{E}(c_g)-\mathrm{E}(\bar{\mathbf{z}}_g)\xi_g$$

为了进行论证，假设 $\{\mathbf{z}_{gm}: m=1,\cdots,M_g\}$ 有一个不可观测效应结构，即 $\mathbf{z}_{gm}=\mathbf{r}_g+\mathbf{e}_{gm}$，其中每个 $\mathbf{r}_g$ 与每个 $\mathbf{e}_{gm}$ 是不相关的，且 $\{\mathbf{e}_{gm}: m=1,\cdots,M_g\}$ 是两两不相关的，并带有零均值和共同的方差矩阵 $\Sigma_{\mathbf{e}}$。那么 $\mathrm{E}(\bar{\mathbf{z}}_g)=\boldsymbol{\mu}_{\mathbf{r}}$ 且 $\mathrm{Var}(\bar{\mathbf{z}}_g)=\Sigma_{\mathbf{r}}+M_g^{-1}\Sigma_{\mathbf{e}}$。假设 c_g 与 $\mathbf{e}_{gm}$ 不相关，并设 $\boldsymbol{\sigma}_{\mathbf{r}c}$ 是 $\mathbf{r}_g$ 和 c_g 的协方差向量。那么

$$\xi_g=(\Sigma_{\mathbf{r}}+M_g^{-1}\Sigma_{\mathbf{e}})^{-1}\boldsymbol{\sigma}_{\mathbf{r}c} \tag{20.41}$$
$$\eta_g=\mu_c-\boldsymbol{\mu}_{\mathbf{r}}\xi_g \tag{20.42}$$

其中 $\mu_c = \mathrm{E}(c_g)$。进而，如果我们记 $c_g = \eta_g + \bar{\mathbf{z}}_g \xi_g + a_g$，

$$\mathrm{Var}(a_g) = \sigma_c^2 - \boldsymbol{\sigma}_{\mathbf{r}c}'(\Sigma_{\mathbf{r}} + M_g^{-1}\Sigma_{\mathbf{e}})^{-1}\boldsymbol{\sigma}_{\mathbf{r}c} \tag{20.43}$$

这些计算结果表明，甚至在相当强的假设下，$\mathrm{E}(c_g \mid \bar{\mathbf{z}}_g)$ 和 $\mathrm{Var}(c_g \mid \bar{\mathbf{z}}_g)$ 也都取决于组的大小 M_g。[而且 $\mathrm{E}(c_g \mid \bar{\mathbf{z}}_g)$ 也取决于 $\bar{\mathbf{z}}_g$。] 如果 $\Sigma_{\mathbf{r}} = \mathbf{0}$，均值和方差依赖于 M_g 及 $M_g \cdot \bar{\mathbf{z}}_g$。如果 $\Sigma_{\mathbf{r}}$ 是"大的"（从一个矩阵的角度上来说），或 M_g 是大的，那么均值和方差几乎与 M_g 独立（但均值是 $\bar{\mathbf{z}}$ 的一个线性函数）。如果 $\Sigma_{\mathbf{r}}$ 和 $\Sigma_{\mathbf{e}}$ 都是单位矩阵的标量倍数，那么 M_g 的函数就有形式 $(\sigma_r^2 + M_g^{-1}\sigma_e^2)^{-1}$，对于大的 M_g，该函数形式可以通过 M_g^{-1} 的一个低阶多项式来很好地近似。

我们应当如何为 c_g 的条件均值和方差应用这些计算？首先，我们应当认识到，它们是在强假设下推导出来的，所以我们不应当使用这样的具体形式。（另外，它们的计算将不那么容易处理。）一种可能足够灵活的方法是

$$c_g = \boldsymbol{\psi}_0 + \boldsymbol{\psi}_1 M_g + \bar{\mathbf{z}}_g \boldsymbol{\psi}_2 + (M_g \cdot \bar{\mathbf{z}}_g)\boldsymbol{\psi}_3 + a_g \tag{20.44}$$

$$\mathrm{Var}(a_g \mid \mathbf{z}_{g1}, \cdots, \mathbf{z}_{g,M_g}) = \mathrm{Var}(a_g) = \omega_0 + \omega_1 M_g \tag{20.45}$$

（其中我们预期 $\omega_1 < 0$，因为当解释变量的数量增加时，c_g 的条件方差缩小。）如果我们用这些表达式代替通常的张伯伦-芒德拉克方法（并且也包括 $\mathbf{x}_g$），我们可以得到如下估计方程：

$$\mathrm{P}(y_{gm} = 1 \mid \mathbf{x}_g, \mathbf{Z}_g) = \boldsymbol{\Phi}\left[\frac{(\alpha + \mathbf{x}_g\boldsymbol{\beta} + \mathbf{z}_{gm}\gamma + \boldsymbol{\psi}_1 M_g + \bar{\mathbf{z}}_g\boldsymbol{\psi}_2 + (M_g \cdot \bar{\mathbf{z}}_g)\boldsymbol{\psi}_3)}{\sqrt{1 + \omega_0 + \omega_1 M_g}}\right] \tag{20.46}$$

原则上，这里的参数可以用比方说一个混合异方差 probit 分析来估计。为估计参数，对方差的一个标准化是必需的（因为当 $\omega_1 = 0$ 时，只有被 $1/\sqrt{1+\omega_0}$ 所缩放的参数是可识别的）。事实上，使用在 probit 分析中考虑了异方差性的指数形式的现代软件，一种估计被识别参数然后获得平均偏效应的较为容易的方法是，将方差设定为 $\exp[\delta_1 \log(M_g)]$。当 $\delta_1 = 0$ 时，方差为 1，而我们估计经缩放的系数。请注意，将复合方差设定为 $\exp[\delta_1 \log(M_g)]$ 还有一个好处是，可以嵌套 $\mathrm{Var}(a_g)$ 是 M_g 或 M_g^{-1} 的一个线性函数的情形。

一种更灵活的方式是令 c_g 的条件方差与条件均值一样灵活，但仍嵌套前述简单的函数形式。例如，一个更灵活的估计方程是

$$\mathrm{P}(y_{gm} = 1 \mid \mathbf{x}_g, \mathbf{Z}_g) = \boldsymbol{\Phi}\left[\frac{(\alpha + \mathbf{x}_g\boldsymbol{\beta} + \mathbf{z}_{gm}\gamma + \boldsymbol{\psi}_1 M_g + \bar{\mathbf{z}}_g\boldsymbol{\psi}_2 + (M_g \cdot \bar{\mathbf{z}}_g)\boldsymbol{\psi}_3)}{\exp(\delta_1 \log(M_g) + \bar{\mathbf{z}}_g\boldsymbol{\delta}_2 + \log(M_g)\bar{\mathbf{z}}_g\boldsymbol{\delta}_3)}\right] \tag{20.47}$$

我们可以用 M_g^{-1} 代替均值部分中的 M_g，或者甚至可以同时使用这两者。使用异方差 probit 软件，这样一个方程估计起来是相对简单的。

带有大的 G 但在组规模 M_g 中没有太多变异的一个非常有吸引力的备选方案是，允许对于 M_g 的每个值在 $\mathrm{D}(c_g \mid M_g, \bar{\mathbf{z}}_g)$ 中有一套不同的参数。通过包含关于除一组外的其他所有组的规模虚拟变量，并且还令这些虚拟变量与 $\bar{\mathbf{z}}_g$ 在

均值和方差中交互作用，这是很容易实现的。在式（20.43）中方差只取决于 M_g，所以人们可能想通过在方差中仅包括组规模虚拟变量来简化估计。

不管我们为 $P(y_{gm}=1 \mid \mathbf{x}_g, \mathbf{Z}_g)$ 使用什么具体的表达式，估计平均偏效应是很简单的。那些我们必须通过求平均消掉的条件变量是 $(M_g, \bar{\mathbf{z}}_g)$，而且我们像往常一样使用在 2.2.5 节中的讨论。设 $m(\mathbf{x}_g, \mathbf{z}_{gm}, M_g, \bar{\mathbf{z}}_g, \boldsymbol{\theta})$ 为响应概率 $P(y_{gm}=1 \mid \mathbf{x}_g, \mathbf{Z}_g)$，其中 $\boldsymbol{\theta}$ 是所有参数的集合。那么对于固定的 $\mathbf{x}$ 和 $\mathbf{z}$ 值，ASF 被一致估计为

$$\widehat{ASF}(\mathbf{x}, \mathbf{z}) = G^{-1} \sum_{g=1}^{G} m(\mathbf{x}, \mathbf{z}, M_g, \bar{\mathbf{z}}_g, \hat{\boldsymbol{\theta}}) \tag{20.48}$$

也就是说，我们求平均消掉了 $(M_g, \bar{\mathbf{z}}_g)$。（像通常那样，如果组层面变量的效应与 c_g 偏相关，那么人们在解释这些效应时必须多加小心。）

顺便说一下，这里提出的方法可以应用于非平衡面板数据集，当然，要假设面板非平衡的原因可以忽略不计。利用一个大的截面 N（其取代了 G），和对于每个观测值 i 的一个小的时间段数量 T_i（其取代了 M_g），允许对于每个 T_i 都有不同参数的灵活方式是有吸引力的。

我们不采用一个相关随机效应 probit 方法，而是可以应用固定效应 logit 方法，同时假设在一个组内的观测值是以可观测协变量和整群效应 c_g 为条件相互独立的。自然地，整群层面的变量 $\mathbf{x}_g$ 被消除了，而人们只能估计参数，而不是偏效应。该机制本质上等同于面板数据情形。格隆尼姆斯和科伦曼（Geronimus and Korenman，1992）使用姊妹对来研究成为少女妈妈对后来经济产出的影响，因此对于所有的 g，$M_g=2$。当经济产出是二值的（诸如一个就业指示符）时，作者应用了固定效应 logit。相关随机效应 probit 也可以用于获得效应的大小。

同样的相关随机效应方法可以应用于其他非线性模型，诸如有序 probit 和 Tobit 模型。一般来说，如果我们用一个密度 $f(\mathbf{y}_{gm} \mid \mathbf{x}_g, \mathbf{z}_{gm}, \mathbf{c}_g; \boldsymbol{\theta})$ 开始，其中 $\mathbf{y}_{gm}$ 和 $\mathbf{c}_g$ 都可以是向量，然后设定一个异质性密度，比如说，$h(\mathbf{c}_g \mid M_g, \bar{\mathbf{z}}_g; \boldsymbol{\delta})$，通过“积分消掉” $\mathbf{c}_g$ 以获得密度

$$\int f(\mathbf{y}_{gm} \mid \mathbf{x}_g, \mathbf{z}_{gm}, \mathbf{c}; \boldsymbol{\theta}) h(\mathbf{c} \mid M_g, \bar{\mathbf{z}}_g; \boldsymbol{\delta}) d\mathbf{c} \tag{20.49}$$

就可以得到一个偏 MLE 分析。正如我们从面板数据情形中知道的，当 c_g 是一个标量且 $h(\cdot \mid M_g, \bar{\mathbf{z}}_g; \boldsymbol{\delta})$ 被选成具有一个诸如正态的简单形式时，该密度对于诸如 Tobit 等通用的模型有一个简单的形式。然而，就像对于 probit 情形那样，人们应当允许在 $\mathrm{Var}(c_g \mid M_g, \bar{\mathbf{z}}_g)$ 中存在异方差性，从而导致一个基于“异方差 Tobit”模型的混合估计策略。我们也知道，使用混合（亦即，偏）MLE 并不总是能完全识别参数，但它往往能识别经缩放的参数和平均偏效应。由于整群内的观测值几乎肯定是相关的，甚至在以 $(\mathbf{x}_g, \mathbf{Z}_g)$ 为条件后也是如此，所以允许有整群内相关性的推断是至关重要的。

各种拟 MLE 也可适合于解释在整群抽样背景下的相关随机效应。在指数

情形中，我们将被引导到一个看起来像，比如说

$$\mathrm{E}(y_{gm}|\mathbf{Z}_g,M_g)=\mathrm{E}(y_{gm}|\mathbf{z}_{gm},M_g,\bar{\mathbf{z}}_g)=\exp(\mathbf{x}_g\boldsymbol{\beta}+\mathbf{z}_{gm}\gamma+\alpha_{M_g}+\bar{\mathbf{z}}_g\boldsymbol{\psi}_{M_g}) \tag{20.50}$$

的均值函数上。其中，α_{M_g} 和 $\boldsymbol{\psi}_{M_g}$ 对于组规模 M_g 是特定的（或者我们使用 M_g 或 M_g^{-1} 的线性或低阶多项式，或两者都使用）。通过比如说使用泊松分布的混合泊松 QMLE 或 GEE，并包括一整套组规模虚拟变量连同 $\bar{\mathbf{z}}_g$ 以及其与 $\bar{\mathbf{z}}_g$ 的交互项，可以估计出参数。$(\boldsymbol{\beta},\gamma)$ 的元素测度了均值响应上的半弹性和弹性。均值上的 APE 可通过求平均消掉 $(M_g,\bar{\mathbf{z}}_g)$ 而获得。要了解一个分数响应的情形，可参阅习题 20.8。

像在面板数据情形中那样，当我们用

$$\mathrm{E}(y_{gm}|\mathbf{Z}_g,c_g)=\mathrm{E}(y_{gm}|\mathbf{z}_{gm},c_g)=\exp(\mathbf{z}_{gm}\gamma+c_g) \tag{20.51}$$

开始时，固定效应泊松估计量是很方便的。利用任意的非平衡组规模，FE 泊松估计量（被视为一个准 MLE）一致地估计 γ（且 $\mathbf{x}_g$ 被消掉了）。不需要正确设定泊松分布的其他特征，且整群内相关性的来源而不是 c_g 是被允许的（当然，只要我们使用完全稳健的推断）。

20.3.2 含单元特有面板数据的整群样本

整群样本经常伴随着一个时间成分出现，以至存在跨观测值的相关性的两个潜在来源：在同一个体内跨不同时间，以及在同一组内跨不同个体。相关性的两个来源也可交互作用：在同一组或整群内的不同个体可能具有跨不同时间段相关的不可观测冲击。

一般来说，如果没有一个自然的嵌套，要解释两个以上维度的数据是复杂的。在这里，我们考虑每个单元属于一个整群且整群的识别不随时间而改变的情形。换句话说，我们在每个个体或单元上都有面板数据，而每个单元都属于一个整群。例如，我们可能在企业层面上有年度面板数据，而每个企业对于所有年份都属于同样的行业（整群）。或者，我们可能有关于学校的面板数据，而这些学校每一个都属于同一个区。这是一个**层级线性模型**（hierarchical linear model，HLM）设置的一种特殊情形。关于涉及面板数据和整群的数据结构的模型也被称为**混合模型**（mixed model）（尽管后者的名称通常指的是我们稍后将处理的情境，在该情境中一些斜率参数是不变的，而其他为不可观测异质性）。在层级线性模型/混合模型文献中，更多层面的嵌套是被允许的，但我们不会考虑更一般的结构；例如，参阅劳登布什和布里克（Raudenbush and Bryk，2002）。

现在，至少在我们观测到的一些变量上我们有三个数据下标。例如，响应变量是 y_{gmt}，其中 g 是组或整群下标，m 是组内的单元，t 是时间下标。主要出于解释的目的，假设我们有一个平衡面板且时间段在 $t=1$，…，T 上运行。在整群 g 内有 M_g 个单元，而我们已经抽取了 G 个整群样本。（在分层线性模型文

献中，g 通常被称为第一层级，而 m 被称为第二层级。）

像利用一个纯整群样本时那样，假设我们有许多组，G，以及组中有数量相对较少的成员。此外，我们对估计量的渐近性质的讨论假定 T 是固定的。特别是，分析是在保持 M_g 和 T 固定而 G 越来越大的情形中进行的。例如，如果我们可以抽取比如说数百个学区的样本，其中在几年间，每个学区都有几所乃至可能几十所学校，那么我们就有一个可以用目前的框架来分析的数据集。

关于 $t=1,\cdots,T$，$m=1,\cdots,M_g$，以及从集群总体中的一次随机抽取 g，一个含不变斜率的标准线性模型可被写为

$$y_{gmt}=\eta_t+\mathbf{w}_g\boldsymbol{\alpha}+\mathbf{x}_{gm}\boldsymbol{\beta}+\mathbf{z}_{gmt}\boldsymbol{\delta}+h_g+c_{mg}+u_{gmt} \tag{20.52}$$

其中，比如说，h_g 是行业或地区效应，c_{gm} 是公司效应或学校效应（在行业或学区 g 中的公司或学校 m），且 u_{gmt} 是特质性效应。换句话说，复合误差为

$$v_{gmt}=h_g+c_{gm}+u_{gmt} \tag{20.53}$$

一般来说，该模型可以包括在任何层面上变动的变量。在式（20.52）中，$\mathbf{z}_{gmt}$ 的一些元素可能会仅跨 g 和 t 而不是随单元改变。这是关于政策分析一个重要的特殊情形，其中政策被应用在组的层面上并随时间而改变。在这样的情形中，识别出整群相关性是获得正确推断的关键。实际上，如果人们在按照组层面测度的模型中有可观测变量（不管它们是否随时间而改变），那么假设不存在组层面影响 y_{gmt} 的不可观测因子就一定是骗人的。这可能会是那样的情形，但人们不应从一开始就这样假设。

当假设 v_{gmt} 与（$\mathbf{w}_g,\mathbf{x}_{gm},\mathbf{z}_{gmt}$）不相关时，一个简单的估计方法是混合 OLS，当 $G\to\infty$ 时它对于任何整群或序列相关类型都是一致的。对于混合 OLS 最一般的推断——维持跨整群的独立性假设——是允许在一个整群内存在任何种类的跨单元或时间或同时跨两者的序列相关性。

毫不奇怪，人们可以应用一个广义最小二乘分析，其作出了关于复合误差的组成部分的假设。通常，我们假设组成部分之间是两两不相关的，c_{gm} 在整群内是不相关的（含有共同方差），u_{gmt} 在整群内和跨时间是不相关的（含有共同方差）。由此产生的可行 GLS 估计量是通常的随机效应面板数据估计量的一个拓展。由于设置了大 G，估计量是一致且渐近正态的，不管我们在估计中使用的实际方差结构是否恰当。为了防止任何误差中的异方差性和 $\{u_{gmt}\}$ 中的序列相关性，人们应当使用不依赖于无条件方差矩阵——其也可能不同于条件方差矩阵——形式的完全稳健的推断。

简单策略也是可得的。例如，当有效忽略估计中的整群时，人们可以在个体层面上应用随机效应。换句话说，在估计中把数据作为一个标准的面板数据集来处理。这样一种估计量可能会比混合 OLS 更有效，而且比一个也能解释整群抽样的完整的 GLS 分析更容易获得。为了在推断中考虑整群抽样，人们要对通常的随机效应估计量计算一个完全稳健的方差矩阵估计量。许多统计软件包具有允许在一个比应用了随机效应的层面更高的聚合层面上进行整群计算的选项。

更正式地，写出关于每个整群的方程为

$$\mathbf{y}_g = \mathbf{R}_g \boldsymbol{\theta} + \mathbf{v}_g \tag{20.54}$$

其中 $\mathbf{R}_g$ 的一列是 $(1, d2, \cdots, dT, \mathbf{w}_g, \mathbf{x}_{gm}, \mathbf{z}_{gmt})$（其包括了一整套时间段虚拟变量），而 $\boldsymbol{\theta}$ 是所有回归参数的向量。对于整群 g，$\mathbf{y}_g$ 包含 $M_g T$ 个元素（每个单元 m 的 T 个时间段）。特别是，

$$\mathbf{y}_g = \begin{pmatrix} \mathbf{y}_{g1} \\ \mathbf{y}_{g2} \\ \vdots \\ \mathbf{y}_{g,M_g} \end{pmatrix}, \mathbf{y}_{gm} = \begin{pmatrix} y_{gm1} \\ y_{gm2} \\ \vdots \\ y_{gmT} \end{pmatrix} \tag{20.55}$$

以至每个 $\mathbf{y}_{gm}$ 是 $T \times 1$ 维的；$\mathbf{v}_g$ 具有一个相同的结构。现在，我们可以在不同的假设下获得 $\boldsymbol{\Omega}_g = \mathrm{Var}(\mathbf{v}_g)$ 并应用可行的 GLS。

在单元层面的随机效应估计可通过选择 $\boldsymbol{\Omega}_g = \mathbf{I}_{M_g} \otimes \boldsymbol{\Lambda}$ 获得，其中 $\boldsymbol{\Lambda}$ 是含随机效应结构的 $T \times T$ 维矩阵。当然，如果存在整群内的相关性，这不是 $\mathrm{Var}(\mathbf{v}_g)$ 的正确形式，而是在随机效应估计后一般需要稳健推断的原因。一般来说，为考虑施加到 $\boldsymbol{\Omega}_g$ 上的一个不正确的结构，或考虑系统异方差性，即 $\mathrm{Var}(\mathbf{v}_g \mid \mathbf{R}_g) \neq \mathrm{Var}(\mathbf{v}_g)$，我们必须使用完全稳健的推断。特别是，$\hat{\boldsymbol{\theta}}$ 的稳健的渐近方差可估计为

$$\widehat{\mathrm{Avar}}(\hat{\boldsymbol{\theta}}) = \left(\sum_{g=1}^{G} \mathbf{R}'_g \hat{\boldsymbol{\Omega}}_g^{-1} \mathbf{R}_g\right)^{-1} \left(\sum_{g=1}^{G} \mathbf{R}'_g \hat{\boldsymbol{\Omega}}_g^{-1} \hat{\mathbf{v}}_g \hat{\mathbf{v}}'_g \hat{\boldsymbol{\Omega}}_g^{-1} \mathbf{R}_g\right)^{-1} \left(\sum_{g=1}^{G} \mathbf{R}'_g \hat{\boldsymbol{\Omega}}_g^{-1} \mathbf{R}_g\right)^{-1} \tag{20.56}$$

其中 $\hat{\mathbf{v}}_g = \mathbf{y}_g - \mathbf{R}_g \hat{\theta}$。有些允许在面板数据估计后进行整群—稳健推断的软件包可计算这个完全稳健的渐近方差。遗憾的是，用于估计 HLM（或混合模型）的程序通常假设施加在 $\boldsymbol{\Omega}_g$ 上的结构是正确的，且 $\mathrm{Var}(\mathbf{v}_g \mid \mathbf{R}_g) = \mathrm{Var}(\mathbf{v}_g)$。由此产生的推断可能会是有误导性的，特别是如果不允许在 $\{u_{gmt}\}$ 中存在序列相关性时。

由于嵌套的数据结构，我们有固定效应估计量的不同版本可用。在一个整群内从所有观测值中减去群均值可消掉 h_g；当对所有的 t 有 $\mathbf{w}_{gt} = \mathbf{w}_g$，则 $\mathbf{w}_g$ 也被消掉了。但单元特有效应 c_{mg} 仍然是误差项的一部分。如果我们主要感兴趣的是 $\boldsymbol{\delta}$——时变变量上 $\mathbf{z}_{gmt}$ 的系数——那么消除 c_{mg}（连同 h_g）就是有吸引力的。换句话说，在个体层面上使用一个标准的固定效应分析。（如果允许单元随时间而更换组，那么我们将用 h_{gt} 取代 h_g，而且减去个体特有均值将不会消除时变的整群效应。）

例 20.4（花费对学校成绩的影响） MEAP94 _ 98 中的数据——这是在帕普克（Papke，2005）所使用数据的一个子集——包含了学生成绩和每个学生支出的学校层面的面板数据。被解释变量 *math4*，是在密歇根州主持的一次四年级数学考试中收到满意成绩单的学生百分比。关键的变量 $lavgrexp = \log(avgrexp)$，是关于当前和上一年的每个学生平均实际花费的对数。该数据集是关于 1994 年

一直到 1998 年的；它是非平衡的，且学校有要么三、四要么五年的（各种类型）数据。其他的学校层面的控制变量是在校学生人数，采用对数形式（*lenroll*），以及有资格参与免费午餐计划的学生百分比（*lunch*）。也包括一整套年度虚拟变量。

我们可以把这个看作一个整群样本，因为学校是被嵌套在区内的。当然在花费上的大部分变异性是跨学区的，所以考虑学区层面的效应可能是重要的。

表 20.2 中给出了在学校层面的固定效应估计的结果。因为学校每一年都处于同一地区，消除一种学校效应时也消除了任何附加的地区效应。但是如果某些斜率随地区而改变，就会存在地区内相关性。连同 FE 估计一起，这里提供了三种标准误：忽略了序列相关及地区内相关的通常的 FE 标准误；假定同一地区内各学校间不存在相关性，但对学校内任意序列相关稳健的标准误；以及允许地区内各学校以及时间段相关的最稳健的标准误。（请记住，我们正假定跨地区间的独立性；如果没有该假设，合适的推断会变得更加困难。）

表 20.2　　花费影响考试通过率的固定效应估计

因变量	*math*4			
	固定效应系数	通常的固定效应标准误	对学校整群稳健的标准误	对学区整群稳健的标准误
解释变量				
log(*avgrexp*)	6.29	2.10	2.43	3.13
lunch	−0.022	0.031	0.039	0.040
log(*enrol*)	−2.04	1.79	1.79	2.10
*y*95	11.62	0.55	0.54	0.72
*y*96	13.06	0.66	0.69	0.93
*y*97	10.15	0.70	0.73	0.96
*y*98	23.41	0.72	0.77	1.03
学区个数			467	
学校个数			1 683	

$\beta_{lavgrexp}$的 FE 估计大约是 6.29，这意味着，平均实际开支增加 10%，合格率预计将增加约 0.63 个百分点。使用通常的 FE 标准误，约为 2.10，$\hat{\beta}_{lavgrexp}$的 t 统计量约为 3.0。因此，使用通常的固定效应推断，支出的效应是统计上低显著性水平的（约 0.3%）。允许在学校内较高的任意序列相关（也有异方差性）的标准误，约为 2.43。当然，这降低了$\hat{\beta}_{lavgrexp}$统计上的显著性。第（4）栏的标准误实质上更高，约为 3.13。允许区内的相关性和序列相关，对与估计相关的不确定性具有重要的影响。使用完全可靠的标准误，95%置信区间内 $\beta_{lavgrexp}$ 不包括 0，但只能勉强维持。

如果模型是由方程（20.52）和（20.53）给出的，单元特有的减去时间均值（demeaning）消除了所有整群的相关性，推断只需对｛u_{gmt}｝中可忽略的序列相关是稳健的。但是，我们可能无论如何都想使用整群—稳健性推断，以考虑更一般的情境。假设模型为

$$
\begin{aligned}
y_{gmt} &= \eta_t + \mathbf{w}_g \boldsymbol{a} + \mathbf{x}_{gm}\boldsymbol{\beta} + \mathbf{z}_{gmt}\mathbf{d}_{mg} + h_g + c_{mg} + u_{gmt} \\
&= \eta_t + \mathbf{w}_{gt}\boldsymbol{a} + \mathbf{x}_{gm}\boldsymbol{\beta} + \mathbf{z}_{gmt}\boldsymbol{\delta} + h_g + c_{mg} + u_{gmt} + \mathbf{z}_{gmt}\mathbf{e}_{gm}
\end{aligned} \tag{20.57}
$$

其中 $\mathbf{d}_{gm} = \boldsymbol{\delta} + \mathbf{e}_{gm}$ 是在个体的、时变的协变量 $\mathbf{z}_{gmt}$ 上的一套单元特有的截距项。在整群 g 中个体 m 内的减去时间均值方程是

$$
y_{gmt} - \bar{y}_{gm} = \zeta_t + (\mathbf{z}_{gmt} - \bar{\mathbf{z}}_{gm})\boldsymbol{\delta} + (u_{gmt} - \bar{u}_{gm}) + (\mathbf{z}_{gmt} - \bar{\mathbf{z}}_{gm})\mathbf{e}_{gm} \tag{20.58}
$$

由于 $\mathbf{e}_{gm}$ 在整群 g 内一般是跨单元相关的，最后一项一般地导出了在整群 g 内一个异方差性质的整群相关性。从 11.7.3 节的讨论中我们知道，如果对于 $m=1, \cdots, M_g$，$t=1, \cdots, T$ 和所有的 g，有 $\mathrm{E}(\mathbf{d}_{mg} \mid \mathbf{z}_{gmt} - \bar{\mathbf{z}}_{gm}) = \mathrm{E}(\mathbf{d}_{mg})$，那么 FE 仍然是一致的，而且这样的话，整群—稳健的推断——其对序列相关性和异方差性是自动稳健的——就是非常有道理的。

层级线性模型方法的一个重要特征是它可能允许斜率取决于可观测的协变量。人们通常以一个包含异质性的处于单元—时间—时间段层面的模型开始，然后允许截距和斜率取决于更高层面的协变量。将在整群 g 中处于时间 t 的单元 m 的一个模型写成

$$
y_{gmt} = \mathbf{z}_{gmt}\mathbf{d}_{gm} + v_{gmt} \tag{20.59}
$$

然后将特质性误差 v_{gmt} 分解为

$$
v_{gmt} = \eta_t + c_{gm} + u_{gmt} \tag{20.60}
$$

其中 η_t 是加总的时间效应。为了简化符号，我们将组效应 h_{gt} 吸收到 u_{gmt} 中，并允许 c_{gm} 和 u_{gmt} 在组内是相关的。为每个（g，m）定义

$$
\bar{\mathbf{r}}_{gm} = (\mathbf{w}_g, \bar{\mathbf{x}}_g, \mathbf{x}_{gm}, \bar{\mathbf{z}}_{gm})
$$

其中 $\bar{\mathbf{x}}_g = M_g^{-1}\sum_{p=1}^{M_g}\mathbf{x}_{gp}$ 而 $\bar{\mathbf{z}}_{gm} = T^{-1}\sum_{s=1}^{T}\mathbf{z}_{mgs}$。换句话说，$\bar{\mathbf{r}}_{gm}$ 包括了组层面的协变量，连同单元特有协变量的组平均值、单元特有协变量，以及随时间改变的协变量的时间平均值一起。现在假设

$$
c_{gm} = \alpha + \bar{\mathbf{r}}_{gm}\gamma + a_{gm} \tag{20.61}
$$

$$
\mathbf{d}_{gm} = \boldsymbol{\delta} + \boldsymbol{\Pi}(\bar{\mathbf{r}}_{gm} - \boldsymbol{\mu}_{\mathbf{r}})' + \mathbf{e}_{gm} \tag{20.62}
$$

将这些插入方程中，并使用基础的代数运算：

$$
y_{gmt} = \zeta_t + \bar{\mathbf{r}}_{gm}\gamma + \mathbf{z}_{gmt}\boldsymbol{\delta} + [(\bar{\mathbf{r}}_{gm} - \boldsymbol{\mu}_{\mathbf{r}}) \otimes \mathbf{z}_{gmt}]\boldsymbol{\pi} + a_{gm} + \mathbf{z}_{gmt}\mathbf{e}_{gm} + u_{gmt}
$$

其中 $\boldsymbol{\pi} = \mathrm{vec}(\boldsymbol{\Pi})$。重要的是，在构造交互项之前，关于 $\bar{\mathbf{r}}_{gm}$ 的平均值中心化 $\bar{\mathbf{r}}_{gm}$ 意味着 $\boldsymbol{\delta}$ 是平均偏效应。如果相反我们使用 $\bar{\mathbf{r}}_{gm} \otimes \mathbf{z}_{gmt}$，那么在水平项 $\mathbf{z}_{gmt}$ 上的系数就可能没什么意思了，因为它们测度了当 $\bar{\mathbf{r}}_{gm}$ 为 0 时 $\mathbf{z}_{gmt}$ 的效应，而这不可能是总体的一个有趣的部分。在实践中，总体均值 $\boldsymbol{\mu}_{\mathbf{r}}$ 是用跨 m 和 g 的样本均值

替代的。$\mathbf{z}_{gmt}\mathbf{e}_{gm}$ 在误差项中的出现，以及潜在序列相关在 $\{u_{gmt}\}$ 中的出现，使得一个真正 GLS 的分析在简单的方差—协方差矩阵结构下虽然很难但却是有可能的。但是我们可以使用以前提到过的任何更简单的策略。例如，我们可以假装 $\mathbf{e}_{gm}=0$ 而且在估计中好像 u_{gmt} 是序列不相关的。我们可以应用随机效应来解释一个整群层面的效应或个体层面上的 RE，或两者都解释。基本上，我们包含了整群层面的变量、单元特有的非时变变量的平均值以及随时间变化变量的时间平均值，连同单元特有变量一起。为了增加灵活性，我们包含了一整套交互作用项。不管其具体形式如何，我们都使用完全稳健的推断。

在工具变量的背景下，一个非常相似的讨论也成立。假设我们始于模型

$$y_{gmt}=\eta_t+\mathbf{r}_{gmt}\boldsymbol{\theta}+v_{gmt} \tag{20.63}$$

其中 $\mathbf{r}_{gmt}$ 包含所有协变量，而 v_{gmt} 是复合误差。如果我们有外生变量比如说 $\mathbf{q}_{gmt}$，使得 $\mathrm{E}(\mathbf{q}_{gmt}'v_{gmt})=\mathbf{0}$ 且秩条件成立，那么混合 2SLS 因其简单而很有吸引力。只要秩条件成立，不管 $\mathbf{r}_{gmt}$ 或 $\mathbf{q}_{gmt}$ 的元素中包含仅跨 g 而变化、跨 g 和 m 而变化、跨 g 和 t 而变化，还是跨 g、m 和 t 而变化的元素，都是无关紧要的。如果没有进一步的假设，2SLS 的方差矩阵估计量以及一般来说还有推断，对最为聚集的层面上的任意序列相关性和整群相关性应当稳健。例如，如果 g 是县的下标而 m 是在一个县内运营的制造厂的下标，那么，我们应当在县的层面进行聚类。我们可能会有一个政策变量和一些只在县级层面随时间而改变的工具变量，连同一些在制造厂层面变化的外生解释变量（要么为常数，要么随时间而改变）一起。在评估秩条件——比如说，关于单个的内生变量 w_{gmt}——是否成立上，人们可以使用 w_{gmt} 对 1，$d2_t$，…，dT_t，$\mathbf{q}_{gmt}$ 的一个混合 OLS 回归（当假设 $\mathbf{q}_{gmt}$ 包含了式（20.63）中的所有外生变量时）去检验 $\mathbf{q}_{gmt}$ 中所提出的工具变量的联合显著性。当然，为了有说服力，应当使这样的检验对任意整群和序列相关性稳健。即使 w_{gmt} 不跨 m 而改变（或者甚至跨 t 也不变），该检验也管用，并且 $\mathbf{q}_{gmt}$ 也是如此。只要使推断完全稳健，当使用大的 G 时，推断就是有效的。

在前面的情境中，如果我们应用比如说固定效应 2SLS，其中我们消除了一个非时变的、制造厂层面的效应，那么我们需要所关注变量至少随时间变化（如果不是随着 m 而改变的话）；对于工具变量也是如此。如果我们有仅随 g 而改变的工具变量，那么 FE2SLS 估计量——不管我们消除一个县层面的效应还是厂层面的效应——无法识别 $\boldsymbol{\theta}$。

20.3.3 对于大的组规模，我们应当应用整群—稳健的推断吗?

直到最近，我们知道了仅当 $G\to\infty$ 且每个 M_g 固定不变时，从混合的 OLS、随机效应及固定效应中获得的“整群—稳健”的标准误和检验统计量才是有效的。作为一个实际问题，该事实意味着人们应当有很多小的组。最近，因为许多常用的整群样本的结构所致，当组的数量 G 没有大大多于典型的组规模 M_g

时，研究者们已变得对整群—稳健性推断的表现感兴趣。

为简单起见，考虑没有一个时间结构的基本模型，并考虑公式（20.25)，即关于混合 OLS 的渐近方差。利用很多数量的组但很小的组规模，我们可以很好地估计整群内相关性——从技术上讲，是可以很好地估计回归元和误差的交叉乘积的整群相关性——即使它们是无约束的，而且也正是因为那个原因，当 $G\to\infty$ 且 M_g 固定时，稳健的方差矩阵是一致的。事实上，在这种情境中，如果 c_g 不存在的话，那么我们在渐近局部势（local power）没有损失（而局部备择项则以速率 $G^{-1/2}$ 收缩到 0)。换句话说，基于一阶渐近分析，对于任何一种组内相关性或异方差性完全稳健是没有什么成本的。不论特质性误差是否序列相关，这些论点同等地适用于截面数量很大而时间段相对较少的面板数据集，也适用于在 20.3.2 节中考虑的整群样本/面板数据背景。

如果人们将稳健性推断应用到 M_g 固定而 $G\to\infty$ 的渐近分析并不现实的这样一种情境中会怎么样呢？汉森（Hansen，2007）最近推导出了各种情境下整群—稳健性方差矩阵的性质和有关检验统计量，这些可以帮助我们更为充分地理解在不同的数据框架下整群—稳健性推断的特性。汉森（Hansen，2007，定理 2）证明，在 G 和 M_g 都变大时，基于式（20.25）的通常的推断关于每组内在误差 v_{gm} 当中的任意相关性是稳健的。因为我们通常把 v_{gm} 考虑为包括组效应 c_g，这意味着，在组规模很大时，只要 G 也很大，我们可以使用整群—稳健性方差矩阵得到有效的推断。所以，举个例子，如果我们有 $G=100$ 所学校及大体上每所学校有 $M_g=100$ 个学生的一个样本，而且我们将学校效应留在误差项中并使用混合 OLS，那么我们应当预期到推断会有大致正确的规模。我们之所以把学校效应留在误差项中，也许是因为我们感兴趣的是一个学校特有的解释变量，或许可表明一项政策的变化。添加一个短的时间维度并不改变这些结论。

遗憾的是，当 G 小而组规模大时，含整群效应的混合 OLS 就超出了汉森理论发现的范围：适当的渐近分析将是在 G 固定而 $M_g\to\infty$ 时才可行的，而且整群内相关性的持续性（由于在误差中存在 c_g）在这种情形中导致了问题。因此，当整群效应被留在误差项中时，我们不应指望含有组小而整群规模大的稳健性推断具有良好的性质。作为一个例子，假设 $G=10$ 家医院已经被抽样出来，其中每家医院都有数百名病人。如果所关注的解释变量是外生的，并仅在医院层面变化，那么使用带有整群—稳健性推断的混合 OLS 是诱人的。但是，我们这样做没有理论上的正当性，而且我们有一些理由预期到它将不会很管用——包括汉森（Hansen，2007）中的模拟在内。

如果所关注的解释变量在组内变化——比如说，在每个医院内，患者的一个子集被给予了一种特定护理——固定效应由于几个理由而有吸引力。第一个优势是关于允许 c_g 与 $\mathbf{z}_{gm}$ 是任意相关的通常的理由。第二个优势是，利用大的 M_g，我们可以把 c_g 处理为待估参数——因为我们可以精确估计它们——然后假设观测值是跨 m（以及 g）而相互独立的。因此，或许在对异方差进行调整后，通常的推断是有效的。

总之，对于真正的整群样本应用而言，当 G 和 M_g 都是中等规模的时，使用混合 OLS 的整群—稳健性推断得出了带有适当规模的统计量，但可能应当利用大的 M_g 和小的 G 来避免得出这样的统计量。我们将在 20.3.4 节中讨论一些处理少量的组的方法。

20.3.4 整群数量少时的推断

如果解释变量或所关注变量在整群内不改变且整群的数量少，那么以前的方法中没有一个可用于可靠的推断。固定效应消除了关键变量，然而对于混合 OLS 我们使用整群—稳健性推断不具有合理性。（一个随机效应分析是否产生含有小 G 和大 M_g 的有效推断，似乎是一个开放的、很有意思的问题。）

当 M_g 相对于 G 较大时适当推断的问题由莫尔顿（Moulton，1990）进行了阐释，他对有关在美国州的层面聚合的个人的研究数据感兴趣。对于施加了比汉森（Hansen，2007）研究的通常的整群—稳健性标准误更多的结构的通常 OLS 标准误，他提出了一些纠正。无论哪种方式，只要 M_g 比 G 没有大太多，那么对通常的 OLS 推断的纠正往往非常管用。在本节中我们感兴趣的是一个大 G 的分析是没有道理的那些情形。

使用小的 G 和大的 M_g 时，抽样方案通常更类似于标准分层抽样的方案，但没有要求对总体进行一个完全的划分。换句话说，定义了总体的一个小的集合，然后从那些总体中抽取随机样本。作为一个例子，从一些城市的每一个当中获得成年人的一个随机样本，这些城市当中某些接受了联邦的一个在职培训项目援助。劳动力市场结果被记录下来，其中可能包括从一个早期阶段以来的变化。在该情境中，我们可以把数据作为跨组以及更重要的是作为组内的独立结果来分析。我们将回到这一点。

唐纳德和朗（Donald and Lang，2007）最近的工作处理了在整群抽样的背景内的小 G 情形。也就是说，大概从一个大的整群总体中，仅仅少数几个是被抽取的（那么我们可能会或不会在每个整群内把每一个单元抽样出来）。像在上一小节中提到的那样，这样一种情境会导致一些整群—稳健性推断的问题。因此，DL 提出了不同的方法。

在我们涵盖 DL 方法之前，重要的是要理解不管我们认为是从一个大的总体中抽取少量的整群，还是固定住少量整群然后从它们中抽取大的随机样本，在小 G 情形中的数据集结构是相同的。遗憾的是，人们如何继续下去取决于我们如何看待抽样方案。正如我们将看到的那样，DL 方法通常比标准方法更保守。

为了说明 DL 所考虑的问题，考虑最简单的情形，其带有一个只随组变化的单个回归元：

$$y_{gm}=\alpha+\beta x_g+c_g+u_{gm} \tag{20.64}$$

$$=\delta_g+\beta x_g+u_{gm},\quad m=1,\cdots,M_g;g=1,\cdots,G \tag{20.65}$$

注意式（20.65）如何被写成了一个带有共同斜率 β 但 δ_g 随 g 变化的模型。唐纳德和朗专注于式（20.64），其中 c_g 被假定为独立于 x_g 且有零均值。他们使用该公式以突出对式（20.64）应用标准推断的问题，也就是，假装没有出现 c_g。我们知道，甚至在大 G 而小 M_g 的情形中这也是一个糟糕的想法，因为它忽略了在每个组内误差中的持续相关性。遗憾的是，尽管汉森（Hansen，2007）已经证明当有大 G 时整群—稳健性推断是有效的，即使 M_g 也是大的，但是当 G 是小的时，整群—稳健性推断就不是有效的。因此，还需要其他办法。

一种理解应用标准推断中的问题的方法是注意到，当对于所有 $g=1,\cdots,G$ 有 $M_g=M$ 时，混合 OLS 估计量 $\hat{\boldsymbol{\beta}}$ 与从

$$\bar{y}_g \text{ 对 } 1, x_g \quad g=1,\cdots,G \tag{20.66}$$

的回归中得到的"组间"估计量是相同的。以 x_g 为条件，估计量 $\hat{\boldsymbol{\beta}}$ 从 $\{\bar{v}_g: g=1,\cdots,G\}$ 中继承了其分布，复合误差 $v_{gm}\equiv c_g+u_{gm}$ 的组内平均值。c_g 的出现意味着组内的新观测对于估计 $\boldsymbol{\beta}$，除了提供它们是如何影响组平均值 $\bar{y}_g$ 的信息外，不提供其他额外的信息。实际上，我们只有 G 份有用的信息。

如果我们添加一些强假设，那么对于推断问题就有一个解。除了假设对于所有 g 有 $M_g=M$ 外，还可假设 $c_g \mid x_g \sim \text{Normal}(0,\sigma_c^2)$ 并假设 $u_{gm} \mid x_g, c_g \sim \text{Normal}(0,\sigma_u^2)$。那么 $\bar{v}_g$ 独立于 x_g 且对所有 g 有 $\bar{v}_g \sim \text{Normal}(0,\sigma_c^2+\sigma_u^2/M)$。由于我们假设跨 g 的独立性，方程

$$\bar{y}_g=\alpha+\beta x_g+\bar{v}_g,\quad g=1,\cdots,G \tag{20.67}$$

满足经典线性模型假设。因此，我们可以使用基于 t_{G-2} 分布的推断去检验关于 β 的假设，只要 $G>2$。当 G 非常小时，使用 t_{G-2} 分布时对于一个显著的 t 统计量的要求，比如果我们使用 $t_{M_1+M_2+\cdots+M_G-2}$ 分布更严格——这是如果我们使用过通常的混合 OLS 统计量的话我们将会做的事。

当 x_g 是一个 $1\times K$ 维向量时，我们需要 $G>K+1$ 以使用 t_{G-K-1} 分布进行推断。（在莫尔顿（Moulton，1990）中，$G=50$ 个州且 x_g 包含 17 个元素。）

正如 DL 所指出的，执行出现了 c_g 时的正确推断不只是一个为整群相关性而纠正混合 OLS 标准误的问题——不管怎样，这对于小的 G 来说看上去不是有效的——或者一个使用 RE 估计量的问题。在共同的组规模情形中，只有一个估计量：混合 OLS。随机效应与式（20.66）中的组间回归都导致了相同的 $\hat{\beta}$。通过使用 t_{G-2} 分布，式（20.66）中的回归产生了有适当规模的推断。

如果共同的组规模 M 很大，那么我们无须 u_{gm} 的正态性也可以应用 DL 方法：根据中心极限定理，$\bar{u}_g$ 将非常一般地服从近似正态分布。然后，因为 c_g 是正态分布的，我们可以把 $\bar{v}_g$ 当成带有常数方差的近似正态来对待。此外，即使组规模跨 g 不同，对于非常大的组规模，$\bar{u}_g$ 将是 $\bar{v}_g$ 一个微不足道的部分：$\text{Var}(\bar{v}_g)=\sigma_c^2+\sigma_u^2/M_g$。只要 c_g 是正态分布的且它支配着 $\bar{v}_g$，那么关于（20.67）的一个经典线性方程模型分析应当大致是有效的。

当特质性误差 $\bar{u}_g$ 的平均值可以被忽略时，DL 的设定就会出现最广泛适用性——要么因为 σ_u^2 相对于 σ_c^2 较小而 M_g 很大，要么两者都有。事实上，用不同的组规模或 u_{gm} 的非正态性来应用 DL 与忽视样本平均值 $\bar{y}_g$ 中的估计误差是相同的。换句话说，这就好像我们使用经典的线性模型假设来分析简单回归 $\mu_g=\alpha+\beta x_g+c_g$（其中我们插入 $\bar{y}_g$ 替代未知的组均值 μ_g，并忽略估计误差）。利用小的 G，我们需要进一步假设 c_g 是正态分布的。

如果 $\mathbf{z}_{gm}$ 出现在模型中，那么我们可以使用平均方程

$$\bar{y}_g=\alpha+\bar{\mathbf{x}}_g\boldsymbol{\beta}+\bar{\mathbf{z}}_g\gamma+\bar{v}_g, \quad g=1,\cdots,G \tag{20.68}$$

只要 $G>K+L+1$。如果 c_g 独立于 $(\mathbf{x}_g, \bar{\mathbf{z}}_g)$ 且含有一个同方差正态分布，而且组规模很大，那么推断可使用 $t_{G-K-L-1}$ 分布来加以实现。

对于带有小 G 的推断问题的 DL 解，作为一个检查从整群样本中获得的结果稳健性的策略是相当普遍的，但它通常在利用有点大的 G 时（比如说，$G=50$）被实施。利用整群样本，人们通常使用解聚的数据（disaggregated data）也使用平均值数据来估计参数。当一些协变量在整群内变化时，使用平均值数据一般是无效的，但当估计方程（20.68）时，我们不需要使标准误对整群内相关性稳健。我们现在知道，如果 G 是合理地大而且组规模不是太大，那么应用于解聚数据的整群—稳健性推断就是可接受的。正如 DL 所指出的，利用小的 G，人们应当使用在一个经典线性模型分析中的组平均值。

对于小的 G 和大的 M_g，在不存在一个整群效应时，通过将式（20.67）分析成一个经典的线性模型获得的推断将是非常保守的。因此 DL 方法可以用在一些人们对一项政策的效应需要很强统计证据的场合。然而，DL 方法排除了一些广泛使用的政策分析的基本内容。例如，假设我们有两个总体（也许是男人和女人、两个不同的城市，或一个实验组和一个对照组*），均值为 μ_g，$g=1, 2$，而我们想获得关于它们之差的一个置信区间。在几乎所有情形中，把数据看成是两个随机样本，其来自总体的每个子组（群），是有道理的。在来自每个组的随机抽样假设下，并假设正态性和相等的总体方差，根据总体均值相等的零假设，通常的均值比较统计量正好服从 $t_{M_1+M_2-2}$ 分布。（或者，我们可以构造一个正好为 95%的总体均值上差异的置信区间。）为 M_1 和 M_2 使用甚至中等的规模，$t_{M_1+M_2-2}$ 分布接近于标准正态分布。同样，我们可以放松正态性以获得近似有效的推断，而且调整 t 统计量以考虑不同的总体方差是很容易的。利用一个控制实验，标准的均值差分析往往是相当有说服力的。然而，我们甚至不能在 DL 设定中研究该估计量，因为 $G=2$。

唐纳德和朗批评卡德和克鲁格（Card and Krueger，1994）对一个快餐店样本上的工人平均工资跨两个州的变化进行比较，因为卡德和克鲁格无法解释在复合误差 v_{gm} 中的（新泽西或宾夕法尼亚的）州效应 c_g。重要的是要记住，DL 对标准的倍差法估计量的批评与（1992 年 4 月）在新泽西州最低工资的增

* 又称“处理组”和“控制组”，在第 21 章，将全部采用“处理组”和“控制组”的译法。——译者注

长是否为一个外生事件无关：DL 的框架假设 x_g——其为一个关于一个快餐店是否在新泽西州的指示符——是独立于州效应 c_g 的。相反，DL 的批评只关注推断。（卡德和克鲁格找到了一个正而不是负的、增加最低工资所致的就业效应，因此在该特殊情形中有一个看起来不太重要的置信区间。）

为进一步研究带有一个二值政策指示符的 $G=2$ 的情形，记均值之差为

$$\mu_2-\mu_1=(\delta_2+\beta)-\delta_1=(\alpha+c_2+\beta)-(\alpha+c_1)=\beta+(c_2-c_1) \tag{20.69}$$

在 DL 假设下，c_2-c_1 具有零均值，而因此把它作为估计的一部分——即 $\bar{y}_2-\bar{y}_1$——包含进来不会造成偏误。作者在假设 β 就是所关注的参数下进行研究，但是，如果实验是适当随机化的——就像 DL 维持的假设那样——把 c_g 包括在估计的效应中是无害的，在这种情形中，当使用大的 M_g 的渐近理论时，标准的均值比较方法论是适当的。

现在考虑一种可以应用 DL 推断方法的情形。假设 $G=4$，且 1 组和 2 组为对照组（$x_1=x_2=0$），而 3 组和 4 组为实验组（$x_3=x_4=1$）。DL 方法将涉及计算每个组的平均值 $\bar{y}_g$，并实施 $\bar{y}_g$ 对 1 和 x_g 的回归，$g=1, \cdots, 4$。推断是基于 t_2 分布的。在该情形中估计量 $\hat{\beta}$ 可以写成

$$\hat{\beta}=(\bar{y}_3+\bar{y}_4)/2-(\bar{y}_1+\bar{y}_2)/2 \tag{20.70}$$

（使用解聚数据结果实施的混合 OLS 回归导致了加权平均 $(p_3\bar{y}_3+p_4\bar{y}_4)-(p_1\bar{y}_1+p_2\bar{y}_2)$，其中 $p_1=M_1/(M_1+M_2)$，$p_2=M_2/(M_1+M_2)$，$p_3=M_3/(M_3+M_4)$ 以及 $p_4=M_4/(M_3+M_4)$ 分别是在对照和实验组内的相对比例。）像在式（20.70）中那样写出 $\hat{\beta}$，我们想知道为什么我们需要使用 t_2 分布来，比如说构建一个置信区间。每个 $\bar{y}_g$ 通常是从一个大样本——$M_g=30$ 左右对于标准化均值的近似正态性来说通常是充分的——中获得的，所以当被恰当地标准化时，$\hat{\beta}$ 会相当一般地有一个近似标准正态分布。

实际上，DL 方法拒绝基于组均值的通常的大样本置信区间，因为 $\mu_1=\mu_2$ 且 $\mu_3=\mu_4$ 的情形可能不会出现。换句话说，对照组可能是异质性的，而实验组可能也是。这种可能性就其本身而言并不会使应用到式（20.70）的标准推断无效。事实上，如果我们定义所关注的对象为

$$\tau=(\mu_3+\mu_4)/2-(\mu_1+\mu_2)/2 \tag{20.71}$$

这是一个各式各样的平均处理效应，那么 $\hat{\beta}$ 关于 β 是一致的，而且（当被恰当缩放后）随着 M_g 变大而为渐近正态的。

前面的例子提出了一种不同的方式来看待小 G 且大 M_g 的设定。在这个特殊的设定中，给定我们可以用数据估计的四个矩，我们正在估计两个参数，α 和 β。来自 $\bar{y}_g$ 对 1，x_g 的 OLS 估计，$g=1, \cdots, G$，是施加约束 $\mu_1=\mu_2=\alpha$ 和 $\mu_3=\mu_4=\alpha+\beta$ 的最小距离（MD）估计。特别是，使用 4×4 维单位矩阵作为权重矩阵，我们取得像在式（20.70）中那样的 $\hat{\beta}$ 以及 $\hat{\alpha}=(\bar{y}_1+\bar{y}_2)/2$。使用 MD 方法，我们看到存在两个过度识别约束，其很容易被检验。但是，即便我们拒绝它们，这也只是意味着在每一个对照组和实验组内部至少有一对均值不同。如

果比如说，我们有四个城市，并从每个城市中随机抽取一些工人的样本，$x_g=1$ 表示四个城市的两个中启动了一个在职培训项目，而 y_{gm} 是在劳动力市场收入上的变化，那么可能仅仅会出现这样的情形，即：在职培训项目有跨两个实验城市的微分效应，或者均值在跨两个对照城市而不同的劳动力市场收入中发生变动，或两者都有。为什么仅因为在职培训项目具有异质性效应我们就应当拒绝通常的大 M_g 推断呢？

利用大的组规模，而且不管 G 是不是特别大，我们可以把一般的问题纳入一个 MD 框架内，就像，例如勒布和邦德（Loeb and Bound，1996）所做的那样，他们有 $G=36$ 个步兵大队—师的组并且每个组有许多观测值。对于每个组 g，写出

$$y_{gm}=\delta_g+\mathbf{z}_{gm}\gamma_g+u_{gm},\quad m=1,\cdots,M_g \tag{20.72}$$

其中我们假设组内的随机抽样和跨组的独立抽样。我们使关于 OLS 的标准假设是一致的（当 $M_g\to\infty$ 时）和 $\sqrt{M_g}$ 渐近正态的，像在第 4 章中那样。在一个“结构”模型中，组层面变量 $\mathbf{x}_g$ 的出现可被看成是在式（20.72）中分开的组模型中对截距 δ_g 施加一些约束。特别是，

$$\delta_g=\alpha+\mathbf{x}_g\boldsymbol{\beta},\quad g=1,\cdots,G \tag{20.73}$$

其中我们把 $\mathbf{x}_g$ 想成是异质性组的固定的、可观测的属性。利用 K 个属性，我们必须有 $G\geqslant K+1$ 以确定 α 和 β。如果 M_g 大到足以精确地估计 δ_g，那么就可使用一个简单的两步估计策略。首先，从每个组内的一个 OLS 回归中获取 $\hat{\delta}_g$ 连同 $\hat{\gamma}_g$。如果 $G=K+1$，那么，通常情况下，我们可以根据 $G\times1$ 维向量 $\hat{\boldsymbol{\delta}}$：$\hat{\boldsymbol{\theta}}=\mathbf{X}^{-1}\hat{\delta}$ 唯一地解出 $\hat{\boldsymbol{\theta}}\equiv(\hat{\alpha},\hat{\boldsymbol{\beta}}')'$，其中 $\mathbf{X}$ 是 $(K+1)\times(K+1)$ 维矩阵，且第 g 行为 $(1,\mathbf{x}_g)$。如果 $G>K+1$，那么，在第二个步骤中，我们可以使用一个最小距离方法，如 14.6 节中描述的那样。如果我们使用 $\mathbf{I}_G$ 这个 $G\times G$ 维单位矩阵作为加权矩阵，然后从

$$\hat{\delta}_g\text{对 }1,\mathbf{x}_g,\quad g=1,\cdots,G \tag{20.74}$$

的 OLS 回归中计算出最小距离估计。根据渐近性使得 $M_g=\rho_gM$，其中 $0<\rho_g\leqslant1$ 且 $M\to\infty$，最小距离估计量 $\hat{\boldsymbol{\theta}}$ 是一致且 $\sqrt{M}$ 渐近正态的。尽管如此，除非在强假设下，否则这个特殊的 MD 估计量是渐近无效的。由于样本被假定为相互独立的，获得有效的 MD 估计量不会明显更难，它也被称为“最小卡方”估计量。

首先考虑的情形是，$\mathbf{z}_{gm}$ 没有出现在第一阶段的估计中，以至 $\hat{\delta}_g$ 只是 $\bar{y}_g$，即关于 g 组的样本均值。设 $\hat{\sigma}_g^2$ 表示关于 g 组通常的样本方差。由于 $\bar{y}_g$ 是跨 g 相互独立的，有效的 MD 估计量使用一个对角的加权矩阵。作为一个计算的策略，最小卡方估计量可通过使用回归（20.74）的加权最小二乘（WLS）版计算出来，其中 g 组用 $M_g/\hat{\sigma}_g^2$ 来加权（有更多数据和更小方差的那些组获得更大的权重）。很方便地，当组规模 M_g 变大时，来自 WLS 回归的报告的 t 统计量是渐近标准正态的。（利用固定的 G，该估计的 WLS 性质只是一个计算策略；

WLS 估计量的标准渐近分析有 $G\to\infty$。）只要 $G\geqslant K+1$，最小距离方法利用小的 G 时是管用的，而且每个 M_g 大到足以使得正态性是对每个组内（经恰当缩放的）样本平均值分布的一个很好的近似。

如果 $\mathbf{z}_{gm}$ 出现在第一阶段估计中，那么我们可把 G 个分开的回归中的 g 个截距的渐近方差的倒数作为最小卡方权重来使用。利用大的 M_g，我们使用怀特（White，1980a）三明治方差估计量可能会使得这些对 $\mathrm{E}(u_{gm}^2 \mid \mathbf{z}_{gm})$ 中的异方差性完全稳健。至少，即便我们假设了组内异方差性，我们也会想允许有不同的 $\hat{\sigma}_g^2$。一旦我们有了 $\widehat{\mathrm{Avar}}(\hat{\delta}_g)$ ——这恰好是关于 $\hat{\delta}_g$ 报告的标准误的平方——在计算简便的 WLS 程序中我们使用 $1/\widehat{\mathrm{Avar}}(\hat{\delta}_g)$ 作为权重。在 MD 估计中获得一个对角加权矩阵时，我们还使用跨 g 的独立性。

WLS 回归的一个重要的副产品是一个最小卡方统计量，其可以用来检验 $G-K-1$ 个过度识别约束。该统计量可作为加权残差平方和，比如说 SSR_w 而很容易获得。在式（20.73）中的零假设下，当组规模 M_g 变大时，$SSR_w \overset{a}{\sim} \chi^2_{G-K-1}$。如果我们在一个相当小的显著性水平上拒绝 H_0，那么 $\mathbf{x}_g$ 不足以刻画出跨组而改变的截距的特征。如果我们无法拒绝 H_0，那么我们在我们的设定中可以有一些置信度，而且通过使用通常的标准正态近似获得关于总体平均值的线性组合的置信区间。

我们可能也对 γ_g 的一个（或多个）斜率如何取决于组特征 $\mathbf{x}_g$ 感兴趣。然后，我们简单地用比如说 $\hat{\gamma}_{g1}$ 替代 $\hat{\delta}_g$，即 $\mathbf{z}_{gm}$ 的第一个元素上的斜率。当然，我们将在 MD 估计中使用 $1/\widehat{\mathrm{Avar}}(\hat{\gamma}_{g1})$ 作为权重。

对所有 g 如果我们施加 $\gamma_g=\gamma$，那么最小距离方法也可以被应用，就像在原始模型中那样。获取 $\hat{\delta}_g$ 本身是很简单的：实施

$$y_{gm}\text{ 对 } d1_g, d2_g, \cdots, dG_g, \mathbf{z}_{gm}, \quad m=1,\cdots,M_g; g=1,\cdots,G \tag{20.75}$$

的混合回归，其中 $d1_g$，$d2_g$，…，dG_g 是组虚拟变量。使用来自 MD 估计中的混合回归（20.74）的 $\hat{\delta}_g$ 是复杂的，因为存在这样的事实，即 $\hat{\delta}_g$ 不再是渐近独立的；事实上，$\hat{\delta}_g=\bar{y}_g-\bar{\mathbf{z}}_g\hat{\gamma}$，其中 $\hat{\gamma}$ 是共同斜率的向量，并且 $\hat{\gamma}$ 的出现诱发了截距估计量当中的相关性。设 $\hat{\mathbf{V}}$ 是 $G\times 1$ 维向量 $\hat{\boldsymbol{\delta}}$ 的 $G\times G$ 维估计的（渐近）方差矩阵。那么 MD 估计量是 $\hat{\boldsymbol{\theta}}=(\mathbf{X}'\hat{\mathbf{V}}^{-1}\mathbf{X})^{-1}\mathbf{X}'\hat{\mathbf{V}}^{-1}\hat{\boldsymbol{\delta}}$，而其估计的渐近方差为 $(\mathbf{X}'\hat{\mathbf{V}}^{-1}\mathbf{X})^{-1}$。如果使用 OLS 回归（20.74），或甚至 WLS 版本，由此产生的标准误将是不正确的，因为它们忽视了估计的截距中的跨组相关性。

适中的方法也是可用的。勒布和邦德（Loeb and Bound（LB），1996）允许有不同的组截距和教育上的组特有斜率，但对人口学和家庭背景变量施加了共同的斜率。主要的组层面协变量是学生—教师比。因此，LB 对理解学生—教师比如何影响考试成绩和教育水平之间的关系感兴趣。他们既使用未加权的估计量又使用加权估计量，发现结果在不太重要的方面有些不同。因为他们在一套回归元上施加了共同的斜率，教育上所估计的斜率（比如说 $\hat{\gamma}_{g1}$）不是渐近独立的，而使用一个估计的非对角方差矩阵 $\hat{\mathbf{V}}$（在该情形中其将为 36×36 维

的）可能是更合适的。

如果我们拒绝过度识别约束，我们实质上得出了这样的结论：$\delta_g=\alpha+\mathbf{x}_g\boldsymbol{\beta}+c_g$，其中 c_g 可解释为关于 g 组的对式（20.73）中约束的偏差。当 G 相对于 K 而增加时，拒绝约束的可能性也增加。一种可能性是应用唐纳德和朗的方法，其中 OLS 回归（20.74）被放在经典线性模型（CLM）背景中利用基于 t_{G-K-1} 分布的推断进行分析。为什么一个经典线性模型分析是合理的？因为 $\hat{\delta}_g=\delta_g+\mathrm{O}_p(M_g^{-1/2})$，我们可以忽视大的 M_g 下在 $\hat{\delta}_g$ 中的估计误差，然后，它就好像是我们在用 OLS 估计方程 $\delta_g=\alpha+\mathbf{x}_g\boldsymbol{\beta}+c_g$，$g=1$，…，$G$。如果 c_g 被从一个正态分布中抽取出来，那么经典分析就是可以应用的，因为 c_g 被假定为独立于 $\mathbf{x}_g$。当一个人不能或不想去找出完全决定着 δ_g 的组层面可观测变量时，这种做法是令人满意的。关于在 c_g 中的其他因素与 $\mathbf{x}_g$ 不系统地相关这一假设，可以预计：如果比如说 $\mathbf{x}_g$ 是一个在组层面上随机指派的处理——这是安格里斯特和拉维（Angrist and Lavy，2002）所考虑过的一种情形——那么这就是一个合理的假设。

不像在线性情形中那样，甚至在一套最强的假设下关于非线性模型的精确推断也是不可得的。然而，如果组规模 M_g 是适度大的，那么我们就可以将 DL 方法拓展到非线性模型并获得近似推断。此外，最小距离方法本质上不需要改动就可以继续使用。

我们可以把这些方法应用到具有一个指数结构的任何非线性模型中，其包括所有常见的模型，此外还包括许多其他的模型。再一次地，研究 probit 情形的某些细节是有帮助的。利用小的 G 和每个 g 内的随机抽样 $\{(y_{gm},\mathbf{z}_{gm}):m=1,\cdots,M_g\}$，记

$$\mathrm{P}(y_{gm}=1\mid\mathbf{z}_{gm})=\boldsymbol{\Phi}(\delta_g+\mathbf{z}_{gm}\gamma_g),\quad m=1,\cdots,M_g \tag{20.76}$$

$$\delta_g=\alpha+\mathbf{x}_g\boldsymbol{\beta},\quad g=1,\cdots,G \tag{20.77}$$

如使用线性模型时那样，我们假设在式（20.76）中的截距 δ_g 是组特征 $\mathbf{x}_g$ 的一个函数。当 M_g 是适中地大的时，我们可以得到 δ_g 的良好估计。通过对每个组都估计一个单独的 probit，可以很容易获得 $\hat{\delta}_g$，$g=1$，…，G。或者，我们可以施加同一个 γ_g，只是估计不同的组截距（有时也被称为"组固定效应"）。

在式（20.77）中的约束下，我们可以就像以前那样应用最小距离方法。设 $\widehat{\mathrm{Avar}}(\hat{\delta}_g)$ 表示 $\hat{\delta}_g$ 的估计的渐近方差（所以这些以 $1/M_g$ 的速率收缩到 0）。如果 $\hat{\delta}_g$ 是从 G 个单独的 probit 中获得的，那么它们是独立的，而 $\widehat{\mathrm{Avar}}(\hat{\delta}_g)$ 就是我们所需要的全部内容。像在线性情形中那样，如果使用混合的方法，那么应当求 $G\times G$ 维矩阵 $\widehat{\mathrm{Avar}}(\hat{\delta}_g)$ 的逆，然后将其用作加权矩阵。关于二值响应，我们使用通常的 MLE 估计的方差。如果我们关于一个分数响应正使用分数 probit 模型，这些将来自一个渐近方差的三明治估计。在 $\hat{\delta}_g$ 是从单独的 probit 中获得的情形中，我们可以像 WLS 估计一样，使用权重 $1/\widehat{\mathrm{Avar}}(\hat{\delta}_g)$ 从

$$\hat{\delta}_g \text{对} 1,x_g,\quad g=1,\cdots,G$$

的回归中得到最小距离估计。这是有效的最小距离估计，而且很便利地，从

WLS 估计中可报告恰当的渐近标准误（即便在这里我们正在做的是大 M_g 而不是大 G 的渐近分析）。一般来说，我们可以像以前那样写出 MD 估计量：$\hat{\boldsymbol{\theta}}=(\mathbf{X}'\hat{\mathbf{V}}^{-1}\mathbf{X})^{-1}\mathbf{X}'\hat{\mathbf{V}}^{-1}\hat{\boldsymbol{\delta}}$，其中 $\hat{\boldsymbol{\delta}}$ 是 $\hat{\delta}_g$ 的 $G\times1$ 维向量而 $\hat{\mathbf{V}}=\widehat{\text{Avar}}(\hat{\boldsymbol{\delta}})$。过度识别检验可完全像线性情形中那样获得：在卡方分布中有 $G-K-1$ 个自由度。

如果我们拒绝过度识别约束，那么我们可以改写唐纳德和朗（Donald and Lang，2007）并将

$$\hat{\delta}_g=\alpha+\mathbf{x}_g\boldsymbol{\beta}+error_g,\quad g=1,\cdots,G \tag{20.78}$$

处理为近似满足经典线性模型假设，只要 $G>K+1$，就像以前一样。像在线性情形中那样，这种做法是合理的，如果 $\delta_g=\alpha+\mathbf{x}_g\boldsymbol{\beta}+c_g$ 并有 c_g 独立于 $\mathbf{x}_g$ 以及 c_g 是从同方差正态分布中抽取的。其假定我们可以基于 $\hat{\delta}_g=\delta_g+\mathrm{O}(1/\sqrt{M_g})$ 而忽略 $\hat{\delta}_g$ 中的估计误差。由于 DL 方法忽略了 $\hat{\delta}_g$ 中的估计误差，如果人们对所有的组都施加一些常数斜率，那么它是不变的。

一旦我们已估计出 α 和 $\boldsymbol{\beta}$，响应概率上的估计效应可通过关于一个给定的 $\mathbf{x}$ 求响应概率的平均值而获得：

$$G^{-1}\sum_{g=1}^{G}\left(M_g^{-1}\sum_{m=1}^{M_g}\boldsymbol{\Phi}(\hat{\alpha}+\mathbf{x}\hat{\boldsymbol{\beta}}+\mathbf{z}_{gm}\hat{\gamma}_g)\right) \tag{20.79}$$

其中可以计算关于 $\mathbf{x}$ 的元素的导数或差分。在这里，最小距离方法有一个凌驾于 DL 方法之上的重要优势：估计量（20.79）的有限样本性质几乎是不可能获得的，而使用增量方法的话，作为最小距离的基础的大 M_g 渐近分析将很简单。当在每个 g 内抽样方案生成了独立的观测值时，自助法应当也是有效的。

当响应在组内不发生变化时，关于二值响应问题，这里描述的两步方法是有问题的。例如，假设 x_g 是一个二值的处理——对于收到大学入学通知，其等于1——而 y_{gm} 是上不上大学的一个指示符。比如说，每个组是一个高中班。如果一些高中的所有学生都读大学，那么人们就不能使用 y_{gm} 对 $\mathbf{z}_{gm}$ 的 probit（或 logit），$m=1$，…，M_g。一个线性回归返回零斜率系数且截距等于 1。当然，如果随机化出现在组层面——也就是说，x_g 独立于组属性——那么就没有必要控制 $\mathbf{z}_{gm}$ 了。相反，在一个简单的最小距离方法中可以使用组内平均值。在该情形中，由于 y_{gm} 是二值的，所以 DL 近似将不会是有效的，因为在模型 $\bar{y}_g=\alpha+\mathbf{x}_g\boldsymbol{\beta}+e_g$ 中 CLM 假设甚至都不会近似地成立（因为不管 M_g 的大小如何，$\bar{y}_g$ 始终是一小部分）。

自然，二值响应模型没有什么特别的。当使用个体特有数据时应用任何非线性模型以获得组层面的估计是可能的。然后，可以应用式（20.78）。

20.4 复杂的调查抽样

通常，调查数据的特点是整群和可变概率抽样。例如，假设 g 代表**基本抽**

样单元（primary sampling unit，PSU）（比如说，城市），而个体或家庭（用 m 作为下标）为**次级抽样单位**（secondary sampling units），在每个 PSU 内以概率 p_{gm} 进行抽样。考虑使用这样一个数据集时的回归问题。如果 $\hat{\beta}$ 是跨 PSU 和个体进行混合得到的 IPW（逆概率加权）估计量，那么它的方差可估计为

$$\left(\sum_{g=1}^{G}\sum_{m=1}^{M_g}\mathbf{x}'_{gm}\mathbf{x}_{gm}/p_{gm}\right)^{-1}\left[\sum_{g=1}^{G}\sum_{m=1}^{M_g}\sum_{r=1}^{M_g}\hat{u}_{gm}\hat{u}_{gr}\mathbf{x}'_{gm}\mathbf{x}_{gr}/(p_{gm}p_{gr})\right]\left(\sum_{g=1}^{G}\sum_{m=1}^{M_g}\mathbf{x}'_{gm}\mathbf{x}_{gm}/p_{gm}\right)^{-1} \tag{20.80}$$

三明治的中间对整群相关性连同不相等的抽样概率一起都作出了解释。如果使用保留频率估计概率，那么表达式（20.80）就是保守的，正如我们在 20.2.2 节中讨论过的。一个相似的表达式对于一般的 M 估计是成立的。通常情况下，支持调查抽样的软件包需要一个定义整群的变量以及一个包含逆概率权重的变量。

多阶段抽样（multistage sampling）方案引入了更多复杂性，因为经常会涉及标准的分层。考虑下面的设定，其与巴塔查亚（Bhattacharya，2005）密切相关。设有 S 层（例如，在美国的各州），穷尽且相互排斥。在第 s 层内，有 C_s 个整群（例如，邮政编码）。为了使用大样本近似，我们假设在每层都抽取大量的整群样本。通常情况下，整群抽样是不放回的，但由此得到在所有生成的抽样整群之间的相依性是更加难以研究的。相反，我们假设有放回抽样，如果在每层内抽样整群的数量 N_s 是"巨大"的，那么这样做就是无害的。像以前那样，我们允许在每个整群（例如，邮政编码）内跨单元（例如，家户）的任意相关性。

在第 s 层和整群 c 内，设有 M_{sc} 个总体单元数（家户或个体）。因此，在总体中单元的总数是

$$M - \sum_{s=1}^{S}\sum_{c=1}^{C_s}M_{sc} \tag{20.81}$$

利用对描述了总体的一个变量的均值的估计问题开始探讨是很方便的。设 z 是一个变量，诸如家庭收入，其均值是我们想要估计的。列出所有总体值为 $\{z^o_{scm}: m=1,\cdots,M_{sc}, c=1,\cdots,C_s, s=1,\cdots,S\}$，所以总体均值可写成

$$\mu = M^{-1}\sum_{s=1}^{S}\sum_{c=1}^{C_s}\sum_{m=1}^{M_{sc}}z^o_{scm} \tag{20.82}$$

定义总体中的总数为

$$\tau = \sum_{s=1}^{S}\sum_{c=1}^{C_s}\sum_{m=1}^{M_{sc}}z^o_{scm} = M\mu \tag{20.83}$$

定义在每个整群内和每个层内的总数也是有用的，对应为 $\tau_{sc} = \sum_{m=1}^{M_{sc}}z^o_{scm}$ 以及 $\tau_s = \sum_{c=1}^{C_s}\tau_{sc}$。

具体的抽样方案如下：（1）关于每个层 s，有放回地随机抽取 N_s 个整群；

（2）对于在步骤（1）中抽取的每个整群 c，有放回地随机抽取 K_{sc} 个家庭样本。关于每个 (s,c) 对，定义样本平均值

$$\hat{\mu}_{sc}=K_{sc}^{-1}\sum_{m=1}^{K_{sc}}z_{scm} \tag{20.84}$$

因为这是基于在 (s, c) 内一个随机样本的一个平均值，

$$\mathrm{E}(\hat{\mu}_{sc})=\mu_{sc}=M_{sc}^{-1}\sum_{m=1}^{M_{sc}}z_{scm}^{o} \tag{20.85}$$

为继续进行下去直到整群的层面，我们需要总数 $\tau_{sc}=M_{sc}\mu_{sc}$，关于它的一个无偏估计量是 $\hat{\tau}_{sc}=M_{sc}\hat{\mu}_{sc}$，对于所有 $\{(s,c): c=1,\cdots,C_s, s=1,\cdots,S\}$（即便我们最终没有使用一些整群，因为它们没有被抽样出来）。现在，对于每个层 s，估计量 $N_s^{-1}\sum_{c=1}^{N_s}\hat{\tau}_{sc}$——这是在层 s 内的整群总数的平均值——具有（关于层 s 的）总体平均值的期望值，即 $C_s^{-1}\sum_{s=1}^{C_s}\tau_{sc}=C_s^{-1}\sum_{c=1}^{M^{c_s}}z_{scm}^{o}=C_s^{-1}\tau_s$。（一般地，$C_s^{-1}\tau_s\neq\mu_s=(\sum_{c=1}^{C_s}M_{sc})^{-1}\tau_s$，除非每个整群只有一个观测值。）其结果是，关于层 s 的总数 τ_s 的一个无偏估计量是

$$C_s\cdot N_s^{-1}\sum_{c=1}^{N_s}\hat{\tau}_{sc} \tag{20.86}$$

最后，在整个总体中的总数可估计为

$$\begin{aligned}\sum_{s=1}^{S}\left(C_s\cdot N_s^{-1}\sum_{c=1}^{N_s}\hat{\tau}_{sc}\right)&=\sum_{s=1}^{S}(C_s/N_s)\sum_{c=1}^{N_s}(M_{sc}/K_{sc})\sum_{m=1}^{K_{sc}}z_{scm}\\&=\sum_{s=1}^{S}\sum_{c=1}^{N_s}\sum_{m=1}^{K_{sc}}\left(\frac{C_s}{N_s}\cdot\frac{M_{sc}}{K_{sc}}\right)z_{scm}\equiv\sum_{s=1}^{S}\sum_{c=1}^{N_s}\sum_{m=1}^{K_{sc}}\omega_{sc}z_{scm}\end{aligned} \tag{20.87}$$

其中，

$$\omega_{sc}\equiv\frac{C_s}{N_s}\cdot\frac{M_{sc}}{K_{sc}} \tag{20.88}$$

是关于在层—整群配对 (s,c) 中抽样出来的每个单元的权重。这个权重解释了在层内对整群的抽样不足或过度抽样，以及在整群内对单元的抽样不足或过度抽样。表达式（20.87）和（20.88）出现在关于复杂调查抽样的文献中，当每个整群被作为一个完整的单元抽样以至 $M_{sc}/K_{sc}=1$ 时，有时候会没有 M_{sc}/K_{sc}。为了估计总体均值 μ，我们只是除以 M，即总体中单元的总数，

$$\hat{\mu}=M^{-1}\left(\sum_{s=1}^{S}\sum_{c=1}^{N_s}\sum_{m=1}^{K_{sc}}\omega_{sc}z_{scm}\right) \tag{20.89}$$

事实上，我们并不需要知道总体规模 M，以获得 μ 的一个无偏估计量。我们可以获得一个使用一套经修改的权重的备选估计量。结果是它自然来自一个回归

的框架，这是我们现在转而要探讨的。

要研究回归（以及许多其他估计方法）的渐近性质，修改权重使它们为常数或收敛到一个常数是很方便的。表达式（20.88）中的权重 ω_{sc} 以速率 N_s^{-1} 收敛到 0，因为 C_s 和 M_{sc} 是固定的，而 K_{sc} 也被处理为固定的。（我们假设每个整群抽取一个数量相对较少的家户样本。）设 $N=N_1+N_2+\cdots+N_S$ 是抽样整群的总数，并定义

$$v_{sc}=\frac{C_s}{(N_s/N)}\cdot\frac{M_{sc}}{K_{sc}}=N\omega_{sc} \tag{20.90}$$

像在巴塔查亚（Bhattacharya，2005）中那样，最简单的是只假设对于 a_s 为固定的且 $0<a_s<1$，$a_1+\cdots+a_S=1$，有 $N_s=a_sN$。但是，我们也可以只假设 N_s/N 以相同的性质收敛于 a_s。因此，通过记 $v_{sc}=(C_s/a_s)(M_s/K_s)$，我们可以看到 v_{sc} 是不变的。此外，使用 ω_{sc} 作为权重的任何优化问题给出了与使用 v_{sc} 作为权重时相同的答案，因为在式（20.90）中的缩放因子不依赖于 s 或 c。在以下关于渐近方差的公式中的关键在于 v_{sc}（大体上）是常数的。

尽管式（20.90）是关于获得极限分布结果的权重的最自然定义，但我们可以使用不同的公式而无须改变最终的公式。例如，设 $C=C_1+\cdots+C_S$ 为总体中整群的总数，设 M 为总体中单元的总数，并设 K 是总的单元样本。那么，对于最终公式，我们可以使用定义为

$$v_{sc}=\frac{(C_s/C)}{(N_s/N)}\cdot\frac{(M_{sc}/M)}{(K_{sc}/K)}=\frac{(NK)}{(CM)}\omega_{sc} \tag{20.91}$$

的权重。因为 C，M 和 K 是固定的，所以因子 $K/(CM)$ 对估计或推断没有影响。式（20.91）有一个很好的解释，因为它是根据相对于样本频率的总体频率进行表示的。例如，如果 $(C_s/C)>(N_s/N)$，这意味着，根据整群的数量层 s 是未被充分代表的，式（20.91）对这样的层给予了更多的权重。对于涉及单元数量的部分（比如说，家户），也是如此。

虽然我们可以考虑一般的 M 估计问题，或像在巴塔查亚（Bhattacharya，2005）中那样的广义矩方法，但是为具体起见，我们考虑最小二乘。加权最小化问题是

$$\min_{\boldsymbol{\beta}} N^{-1}\sum_{s=1}^{S}\sum_{c=1}^{N_s}\sum_{m=1}^{K_{sc}}v_{sc}(y_{scm}-\mathbf{x}_{scm}\boldsymbol{\beta})^2 \tag{20.92}$$

其中除以 N 是有帮助的，这样便于在 $N\to\infty$ 时进行渐近分析。一阶条件是

$$N^{-1}\sum_{s=1}^{S}\sum_{c=1}^{N_s}\sum_{m=1}^{K_{sc}}v_{sc}\mathbf{x}'_{scm}(y_{scm}-\mathbf{x}_{scm}\hat{\boldsymbol{\beta}})=\mathbf{0} \tag{20.93}$$

使用类似于 SS 抽样情形中的论述，但对整群做出解释（实际上，是通过把每个整群当作其自身的观测值），我们就可以证明 $\text{Avar}(\hat{\boldsymbol{\beta}})$ 的一个合适的估计量——在乘以 N 时它关于 $\text{Avar}[\sqrt{N}(\hat{\boldsymbol{\beta}}-\boldsymbol{\beta})]$ 是一致的这个意义上——是

$$\Big(\sum_{s=1}^{S}\sum_{c=1}^{N_s}\sum_{m=1}^{K_{sc}}v_{sc}\mathbf{x}'_{scm}\mathbf{x}_{scm}\Big)^{-1}\hat{\mathbf{B}}\Big(\sum_{s=1}^{S}\sum_{c=1}^{N_s}\sum_{m=1}^{K_{sc}}v_{sc}\mathbf{x}'_{scm}\mathbf{x}_{scm}\Big)^{-1} \tag{20.94}$$

其中$\hat{\mathbf{B}}$是有点复杂的：

$$\begin{aligned}\hat{\mathbf{B}}=&\sum_{s=1}^{S}\sum_{c=1}^{N_s}\sum_{m=1}^{K_{sc}}v_{sc}^2\,\hat{u}_{scm}^2\mathbf{x}'_{scm}\mathbf{x}_{scm}+\sum_{s=1}^{S}\sum_{c=1}^{N_s}\sum_{m=1}^{K_{sc}}\sum_{r\neq m}^{K_{sc}}v_{sc}^2\,\hat{u}_{scm}\hat{u}_{scr}\mathbf{x}'_{scm}\mathbf{x}_{scr}\\&-\sum_{s=1}^{S}N_s^{-1}\Big(\sum_{c=1}^{N_s}\sum_{m=1}^{K_{sc}}v_{sc}\mathbf{x}'_{scm}\hat{u}_{scm}\Big)\Big(\sum_{c=1}^{N_s}\sum_{m=1}^{K_{sc}}v_{sc}\mathbf{x}'_{scm}\hat{u}_{scm}\Big)'\end{aligned} \tag{20.95}$$

$\hat{\mathbf{B}}$的第一部分是使用怀特“异方差性”—稳健形式获得的。第二项解释了整群内的相关性；这是一个典型的正定矩阵，而且它一般会增加渐近标准误。通过对层内“得分”的非零均值做出解释，就像在SS抽样情形中那样，第三项实际上减少了方差。

如果每个整群恰好只有一个单元，即$M_{sc}=K_{sc}=1$，则表达式（20.94）约简为

$$\begin{aligned}&\Big(\sum_{s=1}^{S}\sum_{c=1}^{N_s}v_{sc}\mathbf{x}'_{sc}\mathbf{x}_{sc}\Big)^{-1}\Big[\Big(\sum_{s=1}^{S}\sum_{c=1}^{N_s}v_{sc}^2\,\hat{u}_{sc}^2\mathbf{x}'_{sc}\mathbf{x}_{sc}\Big)\\&-\sum_{s=1}^{S}N_s^{-1}\Big(\sum_{c=1}^{N_s}v_{sc}\mathbf{x}'_{sc}\hat{u}_{sc}\Big)\Big(\sum_{c=1}^{N_s}v_{sc}\mathbf{x}'_{sc}\hat{u}_{sc}\Big)'\Big]\cdot\Big(\sum_{s=1}^{S}\sum_{c=1}^{N_s}v_{sc}\mathbf{x}'_{sc}\mathbf{x}_{sc}\Big)^{-1}\end{aligned} \tag{20.96}$$

这是关于在每层内带有有限数量单元的标准化分层抽样的公式。

对于一般的M估计，（20.94）中的外层三明治被替换为加权海赛矩阵的逆，$[\sum_{s=1}^{S}\sum_{c=1}^{N_s}\sum_{m=1}^{K_{sc}}v_{sc}\mathbf{H}(\mathbf{w}_{scm},\hat{\boldsymbol{\theta}})]^{-1}$，而式（20.95）中的$\mathbf{x}'_{scm}\hat{u}_{scm}$被得分$\mathbf{s}(\mathbf{w}_{scm},\hat{\boldsymbol{\theta}})$所取代。一些计量经济学软件包已经使得关于各种线性和非线性模型的实现变得相当简单。为了获得正确的渐近方差估计量——一个既不能过于乐观，也不能过于保守的估计量——人们需要设定层、整群和抽样权重。

习　题

20.1　使用表达式（20.4）和（20.5）来回答这个问题。

a. 从表达式（20.4）中的最小化问题中推导出式（20.5）中的估计量。

b. 直接证明估计量$\tilde{\mu}_w=N^{-1}\sum_{i=1}^{N}(s_i/p_{j_i})w_i$关于$\mu$是无偏的。

c. $\hat{\mu}_w$有什么凌驾于$\tilde{\mu}_w$之上的实践上的优势呢？

20.2　使用式（20.9）中的对数似然以推导出$\hat{p}_j=M_j/N_j$，$j=1$，…，J，其中M_j是来自j层的保留观测值数量，N_j是j层被抽取的次数。

20.3　设y是一个标量响应变量，而$\mathbf{x}$是解释变量的一个向量，并设$m(\mathbf{x},$

$\boldsymbol{\theta}$）表示 E(y | $\mathbf{x}$) 的一个模型。参数空间为 $\boldsymbol{\Theta}$。

a. 设$\hat{\boldsymbol{\theta}}_w$是 IPW 非线性最小二乘估计量。写下由$\hat{\boldsymbol{\theta}}_w$求解的最小化问题。

b. 假设关于 E(y | $\mathbf{x}$) 的模型是正确设定的，而设 $\boldsymbol{\theta}_o$ 表示总体值；假设 $\boldsymbol{\theta}_o$ 在总体中是可识别的。为$\hat{\boldsymbol{\theta}}_w$关于 $\boldsymbol{\theta}_o$ 的一致性提供一套充分条件。（提示：见定理 12.2。）

c. 假设 $m(\mathbf{x}, \cdot)$ 在 $\boldsymbol{\Theta}$ 的内部是连续二次可微的，并假设 $\boldsymbol{\theta}_o \in \text{int}(\boldsymbol{\Theta})$，提出了仅取决于 $m(\mathbf{x}, \cdot)$ 的梯度的$\hat{\boldsymbol{\theta}}_w$的渐近方差的一个估计量——不是其海赛矩阵。

d. 如果你添加同方差性假设 $\text{Var}(y \mid \mathbf{x})=\sigma_o^2$，那么来自 c 部分的公式简化了吗？

e. 如果 $m(\mathbf{x},\boldsymbol{\theta})$ 是误设的，你应当如何调整在 c 部分中的估计量？

20.4　考虑标准分层抽样的问题。假设样本份额 H_j 收敛于 $\bar{H}_j>0$，当 $N\to\infty$，$j=1$，…，J。此外，假设 $\boldsymbol{\theta}_o$ 在 $\boldsymbol{\Theta}$ 上对每个 $\mathbf{x}$ 都最小化 $\text{E}[q(\mathbf{w},\theta) \mid \mathbf{x}]$，并且假设 $\boldsymbol{\theta}_o$ 在 $\boldsymbol{\Theta}$ 上是唯一使 $\text{E}[q(\mathbf{w},\boldsymbol{\theta})]$ 最小化的。论证未加权估计量关于 $\boldsymbol{\theta}_o$ 是一致的。（提示：将未加权目标函数记为

$$\sum_{j=1}^{J} H_j\left[N_j^{-1}\sum_{i=1}^{N_j} q(\mathbf{w}_{ij},\boldsymbol{\theta})\right]$$

并论证，这个函数一致收敛于

$$\bar{H}_1\text{E}[q(\mathbf{w},\boldsymbol{\theta})\mid\mathbf{x}\in\mathscr{X}_1]+\bar{H}_2\text{E}[q(\mathbf{w},\boldsymbol{\theta})\mid\mathbf{x}\in\mathscr{X}_2]+\cdots+\bar{H}_J\text{E}[q(\mathbf{w},\boldsymbol{\theta})\mid\mathbf{x}\in\mathscr{X}_J]$$

其中层为 $\mathscr{X}_1$，$\mathscr{X}_2$，…，$\mathscr{X}_J$。然后通过论证它至少对于一个 j 唯一最小化 $\text{E}[q(\mathbf{w},\boldsymbol{\theta}) \mid \mathbf{x}\in\mathscr{X}_j]$，证明 $\boldsymbol{\theta}_o$ 唯一地最小化该式。）

20.5　使用 BENEFITS. RAW 中的数据来回答这个问题。

a. 添加 bs，$lstaff$，$lenroll$ 和 $lunch$ 的学区内平均值到式（20.33）中，其中 $lstaff$ 和 $lenroll$ 表示对数形式的变量。用混合 OLS 来估计这个方程。bs，$lstaff$，$lenroll$ 和 $lunch$ 上的系数如何与 FE 系数进行比较？在这里通常的混合 OLS 标准误有效吗？

b. 用随机效应去估计来自 a 部分的方程。（也就是说，包括连同原始变量一起的学区平均值。）这些估计如何与 FE 估计进行比较？整群—稳健性标准误如何与关于 FE 的整群—稳健性标准误进行比较？

c. 使用在 b 部分中的估计以获得完全稳健瓦尔德统计量的值，该统计量检验 RE 假设即学区效应与四个学区平均值不相关。

20.6　使用在 BENEFITS. RAW 中的数据来回答这个问题。

a. 样本中多少学校有一个至少为 0.5 的福利费—薪金比率？

b. 省略来自 a 部分的观测值利用固定效应估计方程（20.33）。讨论 β_{bs} 的估计是如何变化的，以及它的整群—稳健性标准误是如何变化的。

c. 现在，添加所有四个变量的学内区平均值，并使用所有的观测值，通过最小绝对偏差来估计方程。对于使用 LAD 的一个权衡来说该证据有多强？

20.7　使用数据 MEAP94 _ 98 来回答这个问题。

a. 有多少所学校拥有全部五年的数据？有仅拥有一年数据的学校吗？

b. 获得变量 *lavgrexp*，*lunch*，*lenrol* 和从 *y*95 直到 *y*98 的四年虚拟变量的学校内时间平均值。把这些都包括到一个包含有表 20.2 中的其他变量（包含年度虚拟变量本身）的混合 OLS 回归中。验证原始变量上的系数是 FE 估计。$\overline{lunch}$（时间平均值）上的系数是什么？当在学区层面使用一个整群—稳健性标准误时，它在统计上异于 0 吗？

c. 现在，在 b 部分的方程上使用 RE 而不是混合 OLS。再次验证你可获得在原始变量上的 FE 估计。$\overline{lunch}$上的 RE 系数与 POLS 系数相同吗？它仍然是统计上显著的吗？

d. 重做 c 部分，但不包括年度虚拟变量的时间平均值。你仍然可得到 *lavgrexp*，$\overline{lunch}$和 *lenroll* 上的 FE 估计吗？为什么用一个非平衡面板时，为了让随机效应与固定效应相等，我们必须包括年度虚拟变量的时间平均值，然而我们在平衡面板情形中却不必要呢？

e. 现在回到表 20.2 中的原始 FE 估计中，但舍弃年度虚拟变量。估计的花费效应与表 20.2 中相比发生了怎样的改变？哪一种估计更可靠？

f. 返回隐含在表 20.2 中的公式上，但通过混合 OLS 和 RE 估计方程。（也就是说，不包括变量的时间平均值。）花费效应的估计如何与 FE 估计进行比较？*lunch* 变量在 POLS 和 RE 估计中更重要的结论是如何得出的？

g. 考虑到表 20.2 中的各种估计和标准误并为这个问题获得：花费变量的哪个估计和哪个标准误看上去最可靠？

20.8　在 20.3.1 节中的背景下，设 y_{gm} 是一个分数响应变量，并考虑模型

$$\mathrm{E}(y_{gm}\mid \mathbf{x}_g,\mathbf{Z}_g,c_g)=\boldsymbol{\Phi}(\alpha+\mathbf{x}_g\boldsymbol{\beta}+\mathbf{z}_{gm}\gamma+c_g)$$

a. 假设 $c_g=\eta_g+\bar{\mathbf{z}}_g\xi_g+a_g$。求 $\mathrm{E}(y_{gm}\mid \mathbf{x}_g,\ \mathbf{Z}_g,\ a_g)$。

b. 添加假设 $a_g\mid \mathbf{x}_g,\ \mathbf{Z}_g\sim\mathrm{Normal}(0,\tau_g^2)$ 并求 $\mathrm{E}(y_{gm}\mid \mathbf{x}_g,\mathbf{Z}_g)$。（提示：它应当有 probit 形式。）

c. 假设 η_g，ξ_g 和 τ_g^2 仅取决于组的大小 M_g。请提出一个估计所有参数的方法。

d. 你如何实施关于在 c 部分估计的参数的推断？

第 21 章　估计平均处理效应

21.1 简　介

我们现在明确涵盖估计一个**平均处理效应**（average treatment effect，ATE）的问题，有时也被称为一个**平均因果效应**（average causal effect）。一个 ATE 是一个平均偏效应的一种特殊情形——它是关于一个二值解释变量的一个 APE——因此许多我们已经在前面章节中使用过的计量经济学模型和方法可被应用于或被改写后用于估计 ATE 的问题。

在诸如在职培训项目或教育券项目的评估等项目评估文献中，估计 ATE 已经变得很重要。本章中所描述方法的很多早期应用是关于医疗干预的，而且一些语言（诸如"实验组"和"对照组"）是从这些早期的应用中移植过来的。但是这些方法已被证明在那些进行实验显然不切实际的场合中是非常有用的。

对于项目评价，一个现代方法的组织原则是鲁宾（Rubin，1974）首创的反事实框架——实际上，该框架已被称为**鲁宾因果模型**（Rubin causal model，RCM）——而且自那以来就被统计学、计量经济学和许多其他领域中的作者所采用，包括罗森鲍姆和鲁宾（Rosenbaum and Rubin，1983），赫克曼（Heckman，1992，1997），因伯斯和安格里斯特（Imbens and Angrist，1994），安格里斯特、因伯斯和鲁宾（Angrist，Imbens，and Rubin，1996），曼斯基（Manski，1996），赫克曼、市村和托德（Heckman，Ichimura，and Todd，1997），以及安格里斯特（Angrist，1998）。使用鲁宾的框架估计处理效应或因果效应的研究有增无减。本章的目的是提供一个介绍，并对最常用的方法提供一个相当详细的探讨。最近的调查包括赫克曼、拉洛迪和史密斯（Heckman，Lalonde，and Smith，2000），英伯斯（Imbens，2004），赫克曼和维特拉西尔（Heckman and Vytlacil，2007a，2007b），以及英伯斯和伍德里奇（Imbens and Wooldridge，2009），在此只列出了少数名字。

使用 RCM 框架，反事实式思考并非只是估计平均处理效应所专有的。回想一下在第9章中我们讨论了必须能够去思考一下每个与方程组中其他方程相隔离的方程的那些联立方程模型的应用有多明智。(我们把这称为自治性要求。)例如，可以为每一个可能的价格定义一个需求函数，即便当我们收集数据时，我们观测到的价格是(通常被假定为是)由供给和需求的交点所决定的均衡价格。因此，作为RCM的基础的推理应当是熟悉的，即便细节不是那么熟悉。

本章主要聚焦于二值处理，虽然21.6.2节简要描述了当处理取两个以上值时可用的一些方法。考虑连续的“处理”也是可能的，连续的处理将有可能涵盖到联立方程模型和显性的反事实分析。本章不会试图实现这样一种统一。珀尔(Pearl，2000)提供了一个囊括联立方程模型的反事实设置。

估计平均处理效应的大多数方法可归为三种方法之一。第一个是利用以一套可观测协变量为条件的处理的可忽略性(ignorability)或无混性(unconfoundedness)。正如我们将在21.3节中看到的那样，这种方法类似于我们在第4章中讨论过的对遗漏变量问题的代理变量解。事实上，估计处理效应的一种方法是使用带有许多控制变量的线性回归：实际上，一旦我们控制足够的可观测因子，处理效应就是外生的。正如我们将看到的那样，处理的可忽略性的一个重要的好处是为识别所关注的总体参数不需要做出函数形式或分布方面的假设(即使作为一个实际问题，我们可能会做一些参数假设)。

第二种方法允许进入处理的选择取决于不可观测(和可观测)的因子。传统上，我们会说处理是“内生的”。在本情形中，我们依赖于工具变量(IV)的可得性以便识别和估计平均处理效应。有时候标准的IV估计量识别所关注的效应，但在其他情形中我们依赖于控制函数法。取决于我们希望要估计的数量，我们一般需要施加约束在函数形式或分布上，或施加在这两者上。然而，我们将会也讨论英伯斯和安格里斯特(Imbens and Angrist，1994)的论文，其提供了一个在非常弱的假设下对IV估计的有用解释。我们在21.4节中讨论IV方法。

本章还提供了对断点回归设计的一个简介，其中处理——或处理的概率——是一个可观测强制变量(forcing variable)的一个非连续函数。如果潜在回归函数被假定关于强制变量是平滑的，那么处理的不连续性可以用来识别一个局部处理效应。21.5节同时考虑了清晰和模糊的设计。

在估计平均处理效应方面有许多正在进行的研究。21.6节中涉及了这些活跃领域中的一些内容。例如，21.6.2节和21.6.3节相应考虑了多项处理以及多重处理。

21.6.4节给出了一个带面板数据的处理效应估计的简短讨论，证明了当人们假定了以非时变不可观测异质性(和可观测协变量)为条件的处理的历史的无混性时，怎样得到标准的不可观测效应模型。一种替代性的方法假定了以可观测的过去历史为条件的无混性，也被涵盖进来。

21.2 反事实设置与自选择问题

现代处理效应的文献是以一种反事实设置开始的，其中每一个个体(或者行为人）拥有一个处理与未处理的结果（这里对“处理”可以给出宽泛的解释）。这一节内容紧密地依赖于赫克曼（Heckman，1992，1997），英伯斯和安格里斯特（Imbens and Angrist，1994），以及安格里斯特、英伯斯和鲁宾（Angrist，Imbens，and Rubin（AIR），1996）。设 y_1 表示已处理的结果，而 y_0 表示未处理的结果。由于一个个体不能同时处于两种状态，所以我们不能既观测到 y_0，又观测到 y_1，实际上，我们所面临的是一种缺失数据的问题。事实上，我们将证明如何将来自 19.8 节中的逆概率加权法应用到估计平均处理效应的问题上。

重要的是认识到，我们对于 y_0 与 y_1 的分布没有作出假设。在许多情形中，或许存在大致连续的分布（例如薪水），但是 y_0 与 y_1 常常是二值结果（诸如福利参与指示符），甚至是角点解结果（比如已婚妇女的劳动力供给）。然而，对于不连续的随机变量来说，我们所做出的一些假设将缺少合理性，在引入假设之后，我们将对此进行讨论。

下述讨论假定我们有出自总体的独立、同分布样本。此假设排除了对一个单位的处理会影响到另一个单位的结果的情形（也许通过一般均衡效应的方式，如同赫克曼、罗克纳和泰伯（Heckman，Lockner，and Taber，1998）所做的那样。对单元 i 的处理仅仅影响到单元 i 的结果之假设称为**稳定单元处理值假设**（stable unit treatment value assumption，SUTVA））。我们正做出一个更强的假设，因为随机抽样蕴涵着 SUTVA。

设变量 w 是一个二值处理指示符，其中 $w=1$ 表示已处理，而 $w=0$ 表示未处理。三元组（y_0, y_1, w）表示出自所关注的基础总体的随机向量。对于从总体随机抽取的 i 来说，我们写成（y_{i0}, y_{i1}, w_i），然而，像我们自始至终所阐述的，我们用总体术语来表述假设。

为了测量处理的效应，我们对处理结果与未处理结果之差 y_1-y_0 感兴趣。由于这是一个随机变量（也就是，它是个体特有的），我们必须清楚，要估计的是其分布的什么特性。文献提出了几种可能性。在罗森鲍姆和鲁宾（Rosenbaum and Rubin，1983）的论文假设中，关注的数量是**平均处理效应**（average treatment effect，ATE），

$$\tau_{ate} \equiv \mathrm{E}(y_1 - y_0) \tag{21.1}$$

τ_{ate} 表示对一名从总体中随机抽取的人员的期望处理效应。有些人批评这种测量对于政策目的来说不是特别有价值：因为它在整个总体上求平均值，所以在平均单元中包括了根本就不符合处理条件的那些人。赫克曼（Heckman，1997）给出了在职培训项目的例了，其中我们不希望在计算在职培训项目的平均效应时包括百万富翁。这种批评有点令人误解，因为我们能够——而且可以——把那些永远不具资质的人排除在总体之外。例如，在评估在职培训项目中，我们会把注意力限制在培训前收入低于某个门限值的人员上；由于我们对在职培训如何影响富人不感兴趣，所以把富人严格地排除在外。在评估项目，诸如“头脑启动计划”（Head Start）的好处时，我们会把总体限制在那些实际上具备参

与项目的资质或将来有可能具备资质的人群上。在评估工业园区的效率时，我们会把我们的分析限制在那些失业率高于某一个门限值之上的街区群体或者人均收入低于某个水准的那些街区群体上。

第二种关注的数量是最近人们广泛关注的一种形式，它表示**受处理者上的平均处理效应**（average treatment effect on the treated），我们将其记为 τ_{att}：

$$\tau_{att} \equiv \mathrm{E}(y_1 - y_0 \mid w=1) \tag{21.2}$$

也就是，τ_{att} 表示对确实参与到项目中的那些人员的平均效应。如同我们将看到的，在一些特殊情形下，式（21.1）与式（21.2）是等价的，但是，它们通常是不同的。

英伯斯和安格里斯特（Imbens and Angrist，1994）定义了另外一种处理效应，他们称之为**局部平均处理效应**（local average treatment effect，LATE）。局部平均处理效应所具有的优点是，在非常弱的条件下，利用工具变量就可以进行估计。它有两个潜在的弱点：(1) 它测算的是对一般的无法识别子总体的处理效应；(2) LATE 的定义依赖于我们可以利用的特别工具变量。在 21.4.3 节中，我们将讨论最简单设置下的 LATE。

我们通过以协变量为条件可以对两种处理效应的定义加以推广。如果 x 表示一个可观测的协变量，那么以 x 为条件的 ATE 正是 $\mathrm{E}(y_1 - y_0 \mid x)$；类似地，式（21.2）变成 $\mathrm{E}(y_1 - y_0 \mid x, w=1)$。通过适当地选择 x，我们可以对总体的各种不同子集来定义 ATE。例如，x 可以是培训前收入或者表示贫困状况、种族或性别的二值变量。最近赫克曼、乌尔祖亚和维特拉西尔（Heckman，Urzua，and Vytlacil，2006）的工作定义了边际处理效应，统一了各种平均处理效应。在这一章，我们聚焦于 τ_{ate}，τ_{att} 以及各种子总体的效应估计。

正如前面所提及的，对式（21.1）或式（21.2）进行估计的困难在于，我们对于每一个人而言，仅仅可以观测到 y_0 或 y_1，而观测不到两者。更确切地讲，连同 w 一块，所观测到的结果是

$$y = (1-w)y_0 + wy_1 = y_0 + w(y_1 - y_0) \tag{21.3}$$

因此，问题是我们如何估计含有关于 y 与 w 的（还有通常一些可观测协变量的）随机样本的 τ_{ate} 或 τ_{att}？

首先，假定处理指示符 w 与 (y_0, y_1) 在统计上是独立的，当处理在不同行为人上进行随机化（randomized）时，这种情形便会出现。在处理状态与潜在结果之间独立性的含义是，τ_{ate} 与 τ_{att} 是相同的：$\mathrm{E}(y_1 - y_0 \mid w=1) = \mathrm{E}(y_1 - y_0)$。进一步地，对 τ_{ate} 进行估计是简单的。一旦利用式（21.3），我们有

$$\mathrm{E}(y \mid w=1) = \mathrm{E}(y_1 \mid w=1) = \mathrm{E}(y_1)$$

其中由于 y_1 与 w 是独立的，所以最后一个等式成立。类似地，

$$\mathrm{E}(y \mid w=0) = \mathrm{E}(y_0 \mid w=0) = \mathrm{E}(y_0)$$

由此可得

$$\tau_{ate}=\tau_{att}=\mathrm{E}(y|w=1)-\mathrm{E}(y|w=0) \tag{21.4}$$

右边可以通过样本均值的差很容易得到估计：用处理单元的 y 的样本均值减去未处理单元的 y 的样本均值。因而，随机化处理保证了出自基本统计量的均值之差估计量是无偏的、一致的以及渐近正态的。实际上，在更弱的**均值独立性**（mean independence）假设：$\mathrm{E}(y_0|w)=\mathrm{E}(y_0)$且$\mathrm{E}(y_1|w)=\mathrm{E}(y_1)$下，这些性质都能得以成立。

在项目评估中，对处理进行随机化常常是行不通的（尽管对资质（eligibility）进行随机化有时是可行的；稍后将会更多地涉及这一专题）。在大多数情形中，一些个体至少部分地决定他们是否接受处理，而他们的决策与处理的好处或收益y_1-y_0或许是相关的。换句话讲，**自选择**（self-election）会进入处理之中。

可以证明，在 w 与 y_0之间是独立的这种更弱的假设下，在 w 与 y_1之间的关系上不用设置任何约束，τ_{att}就可以被一致地估计为均值之差。为了理解这一点，注意到，我们总是可以写成

$$\begin{aligned}\mathrm{E}(y|w=1)-\mathrm{E}(y|w=0)&=\mathrm{E}(y_0|w=1)-\mathrm{E}(y_0|w=0)\\&\quad+\mathrm{E}(y_1-y_0|w=1)\\&=[\mathrm{E}(y_0|w=1)-\mathrm{E}(y_0|w=0)]+\tau_{att}\end{aligned} \tag{21.5}$$

如果 y_0在均值意义上与 w 独立，也就是

$$\mathrm{E}(y_0|w)=\mathrm{E}(y_0) \tag{21.6}$$

那么式（21.5）中的第一项就不存在，因此，均值之差估计量是τ_{att}的无偏估计量。遗憾的是，条件（21.6）仍然是一个相当强的假设。例如，假定一些人被随机赋予资质参与一个自愿在职培训项目。实际上，条件（21.6）蕴涵着，参与决策和在没有项目的情形中人们挣多少是不相关的。然而，标准均值之差估计量在某些它关于τ_{ate}是不一致的场合中关于τ_{att}是一致的。

与τ_{att}以及τ_{ate}相联系的有用表达式，可以通过写成 $y_0=\mu_0+v_0$以及 $y_1=\mu_1+v_1$而获得，其中 $\mu_g=\mathrm{E}(y_g)$，$g=0$，1。于是

$$y_1-y_0=(\mu_1-\mu_0)+(v_1-v_0)=\tau_{ate}+(v_1-v_0)$$

对上述等式以 $w=1$ 为条件取期望，得到

$$\tau_{att}=\tau_{ate}+\mathrm{E}(v_1-v_0|w=1)$$

我们可以把 v_1-v_0看做是从参与中所获得的个人特有的收益——亦即，对总体均值的偏差——而且因此，τ_{att}与τ_{ate}不同，二者相差对于那些参与者来说的个人特有的期望收益。如果 y_1-y_0不是在均值上与 w 独立，那么τ_{att}与τ_{ate}通常是不一样的。

幸运的是，我们可以在比（y_0,y_1）与 w 之间相独立假设稍弱的假设下来估计τ_{att}与τ_{ate}。在大多数情形中，我们可以收集到个体特征以及与处理前相关

的一些结果的数据——有时候会有大量的数据。如果在适当的意义下处理依赖于可观测因素而不依赖于能决定（y_0,y_1）的不可观测因素时，那么如同我们在下一节所看到的，我们就能很一般地估计平均处理效应。

21.3 假设处理的可忽略性（或无混性）的方法

我们采用上一节的框架，而且我们还设 $\mathbf{x}$ 表示可观测协变量的一个向量。因此，可用（$y_0,y_1,w,\mathbf{x}$）描述总体，而我们观测到 y，w 和 $\mathbf{x}$，其中 y 由方程（21.3）给定。当允许 w 和（y_0,y_1）相关时，我们需要一个假设以便识别处理效应。罗森鲍姆和鲁宾（Rosenbaum and Rubin，1983）提出以下假设，他们称之为（给定可观测协变量 $\mathbf{x}$）**处理的可忽略性**（ignorability of treatment）：

假设 ATE.1（可忽略性）：以 $\mathbf{x}$ 为条件，w 和（y_0,y_1）是相互独立的。

假设 ATE.1 也被称为**无混性**（unconfoundedness）或仅是**条件独立性**（conditional independence）。对于许多目的，在一个**条件均值独立性**（conditional mean independence）的意义上去假设可忽略性是足够的：

假设 ATE.1′（均值中的可忽略性）：(a)$\mathrm{E}(y_0\mid\mathbf{x},w)=\mathrm{E}(y_0\mid\mathbf{x})$；且（b）$\mathrm{E}(y_1\mid\mathbf{x},w)=\mathrm{E}(y_1\mid\mathbf{x})$。

自然，假设 ATE.1 意味着假设 ATE.1′。在实践中，假设 ATE.1′可能没有很大的一般性，尽管它的确允许 $\mathrm{Var}(y_0\mid\mathbf{x},w)$ 和 $\mathrm{Var}(y_1\mid\mathbf{x},w)$ 取决于 w。作为假设 ATE.1′基础的思想是这样的：如果我们可以观测到足够的可决定处理的（包含在 $\mathbf{x}$ 中的）信息，那么（y_0,y_1）可能以 $\mathbf{x}$ 为条件在均值上独立于 w。宽松地说，即使（y_0,y_1）和 w 可能是相关的，一旦我们求偏导消掉 $\mathbf{x}$，它们就是不相关的。

如果 w 是 $\mathbf{x}$ 的一个确定性函数，则假设 ATE.1 当然成立，这已经促使一些计量经济学的作者称像 ATE.1 这样的假设为**可观测变量上的选择**（selection on observables）；参阅例如巴诺、凯恩和戈德伯格（Barnow，Cain，and Goldberger，1980），戈德伯格（Goldberger，1981），赫克曼和罗伯（Heckman and Robb，1985），以及莫菲特（Moffitt，1996）。（在缺失数据和耗损的背景下我们讨论了 19.9.3 节中一个类似的假设。）这个名称作为标签是很好的，但我们必须认识到，假设 ATE.1 不允许 w 取决于不可观测变量，即使以一种约束的方式。如果 $w=g(\mathbf{x},a)$，其中 a 是一个独立于（$\mathbf{x},y_0,y_1$）的不可观测随机变量，然后假设 ATE.1 成立。但 a 不能与 y_0 和 y_1 任意相关。

若要继续，定义两个反事实的条件均值是有帮助的：

$$\mu_0(\mathbf{x})=\mathrm{E}(y_0|\mathbf{x}),\quad \mu_1(\mathbf{x})=\mathrm{E}(y_1|\mathbf{x}) \tag{21.7}$$

一般来说，这些函数是未知的。但是可忽略性——特别是，假设 ATE.1′——连同另一个我们很快就会讨论的假设，是识别 $\mu_g(\cdot)$ 的充分条件，$g=0$，1。在下一节我们将证明这一点。首先，重要的是要知道，在假设 ATE. 1′下，**以 x 为条件的平均处理效应**（average treatment effect conditional on x）和**以 x 为条件的受处理者上的平均处理效应**（average treatment effect on the treated conditional on x）是相同的。更精确地，定义

$$\tau_{ate}(\mathbf{x})=\mathrm{E}(y_1-y_0\,|\,\mathbf{x})=\mu_1(\mathbf{x})-\mu_0(\mathbf{x}) \tag{21.8}$$

$$\tau_{att}(\mathbf{x})=\mathrm{E}(y_1-y_0\,|\,\mathbf{x},w=1) \tag{21.9}$$

然后，通过假设 ATE. 1′，有 $\mathrm{E}(y_g\mid\mathbf{x},w)=\mathrm{E}(y_g\mid\mathbf{x})$，$w=0$，1，所以有 $\tau_{ate}(\mathbf{x})=\tau_{att}(\mathbf{x})$。一般来说，虽然如此——甚至在 $\tau_{att}(\mathbf{x})$ 是可识别的情形下——$\tau_{ate}(\mathbf{x})$ 和 $\tau_{att}(\mathbf{x})$ 也可以是不同的。

直观地说，当控制变量集 **x** 是更丰富时，可忽略性假设看上去更可能成立。但必须小心，不要把那些本身就有可能受到处理影响的变量包括在 **x** 中。例如，假设 w 是一个在职培训指示符，而 y 是未来的劳动收入。我们不愿在 **x** 中包含，比如说，在职培训和实现劳动收入这段时间内所获教育的一个测度。在这样的设定下，我们认为额外的教育是固定的，但实际上它会对指派 w 做出反应而变化。一般来说，将受 w 影响的因素包括在 **x** 中导致了可忽略性不成立。

在数学上，伍德里奇（Wooldridge，2005d）已经证明，当 **x** 在以下情境中被 w 影响时，可忽略性不成立。假设 w 实际上是关于（y_0，y_1）被随机化的——在这种情形下，标准的均值之差估计量关于 τ_{ate} 是无偏且一致的。但从 $\mathrm{D}(\mathbf{x}\mid w=1)\neq\mathrm{D}(\mathbf{x}\mid w=0)$ 的意义上讲，至少有一个 **x** 与指派是相关的。使用迭代期望法则，可以证明 $\mathrm{E}(y_g\mid\mathbf{x},w)=\mathrm{E}(y_g\mid\mathbf{x})$，$g=0$，1，当且仅当 $\mathrm{E}(y_g\mid\mathbf{x})=\mathrm{E}(y_g)$，$g=0$，1。也就是说，仅当协变量无助于预测反事实的结果时，可忽略性成立。如果 **x** 包含在 y 的测度与指派之间获得的教育，那么 $\mathrm{E}(y_g\mid\mathbf{x})$ 几乎肯定取决于 **x**，所以无混性不成立。

包括在 **x** 中的变量的良好候选项是那些在处理指派之前测度的变量，包括关于 y 过去的结果。如在伍德里奇（Wooldridge，2009c）中所证明的，满足工具变量假设的变量——它们独立于那些影响（y_0，y_1）但有助于预测 w 的不可观测因素——应被排除在外，因为把它们包括进来会增加标准回归调整估计量中的偏误，除非在没有像工具一样的变量时可忽略性也成立。

遗憾的是，可忽略性根本就是无法验证的，因为我们只观测到（y，w，$\mathbf{x}$）。在某些情形中，可以对它进行间接检验——例如，参阅英伯斯和伍德里奇（Imbens and Wooldridge，2009）中的讨论。对实施敏感性分析的一个备选方案类似于研究遗漏变量。英伯斯和伍德里奇（Imbens and Wooldridge，2009）调查了一些可能性。

假设可忽略性成立，我们需要用来识别无条件平均处理效应 τ_{ate} 的额外假设是什么？由迭代期望法则，有

$$\tau_{ate}=\mathrm{E}[\tau_{ate}(\mathbf{x})]=\mathrm{E}[\mu_1(\mathbf{x})-\mu_0(\mathbf{x})] \tag{21.10}$$

其中期望是在 **x** 的分布上进行的。正如我们在接下来的几小节中将看到的，估计 τ_{ate} 将需要对 **x** 上的每一个结果能够既观测到控制单元也观测到处理单元（表

述得准确一些就是，一个关于 τ_{att} 是充分的较弱假设）。该假设通常被称为**重叠性**（overlap）假设。

假设 ATE.2（重叠性）：对于所有 $\mathbf{x}\in\mathcal{X}$，其中 $\mathcal{X}$ 是协变量的支集，有

$$0<\mathrm{P}(w=1|\mathbf{x})<1 \tag{21.11}$$

重叠性意味着，对于在假设的总体中协变量的任何设定，有机会既看到控制组也看到处理组中的单元。例如，如果 $\mathrm{P}(w=1\mid\mathbf{x}=\mathbf{x}_0)=0$，那么拥有协变量值 $\mathbf{x}_0$ 的单元将永远不会处于处理组中。一般来说，我们将不能够估计在包含带有 $\mathbf{x}=\mathbf{x}_0$ 单元的总体上的一个平均处理效应。

处理的概率作为 $\mathbf{x}$ 的一个函数，对估计平均处理效应起着非常重要的作用。它通常被称为**倾向得分**（propensity score），而我们把它表示为

$$p(\mathbf{x})=\mathrm{P}(w=1|\mathbf{x}),\quad \mathbf{x}\in\mathcal{X} \tag{21.12}$$

重叠性假设排除了倾向得分曾经是 0 或 1 的可能性。

罗森鲍姆和鲁宾（Rosenbaum and Rubin，1983）称可忽略性加上重叠性为**强可忽略性**（strong ignorability），这是一个在所有估计 τ_{ate} 的方法中很关键的假设。为了完整起见，我们表述出作为识别 τ_{att} 的充分条件的可忽略性和重叠性假设的更弱版本：

假设 ATT.1′（均值中的可忽略性）：$\mathrm{E}(y_0\mid\mathbf{x},w)=\mathrm{E}(y_0\mid\mathbf{x})$。

假设 ATT.2′（重叠性）：对于所有 $\mathbf{x}\in\mathcal{X}$，$\mathrm{P}(w=1\mid\mathbf{x})<1$。

21.3.1 识别

鉴于先前的可忽略性和重叠性假设，我们可以相当一般地证实 τ_{ate}（以及，在更弱的假设下）τ_{att} 是可识别的。我们实现这个有两种方式，每种方式都可激发随后的一些估计方法。

我们的第一种方法是直接基于条件均值 $\mathrm{E}(y\mid\mathbf{x},w)$ 的。回想一下，我们可以写出 $y=y_0+w(y_1-y_0)$。在可忽略性的均值版本下，

$$\begin{aligned}\mathrm{E}(y|\mathbf{x},w)&=\mathrm{E}(y_0|\mathbf{x},w)+w[\mathrm{E}(y_1|\mathbf{x},w)-\mathrm{E}(y_0|\mathbf{x},w)]\\&=\mathrm{E}(y_0|\mathbf{x})+w[\mathrm{E}(y_1|\mathbf{x})-\mathrm{E}(y_0|\mathbf{x})]\\&=\mu_0(\mathbf{x})+w[\mu_1(\mathbf{x})-\mu_0(\mathbf{x})]\end{aligned} \tag{21.13}$$

其中获得式（21.13）时使用了假设 ATE.1′。我们已经证明：

$$\mathrm{E}(y|\mathbf{x},w=0)=\mu_0(\mathbf{x}),\quad \mathrm{E}(y|\mathbf{x},w=1)=\mu_1(\mathbf{x}) \tag{21.14}$$

因为我们观测到 $(y,\mathbf{x},w)$，所以我们就可以在重叠性假设下非常一般地估计 $m_0(\mathbf{x})\equiv\mathrm{E}(y\mid\mathbf{x},w=0)$ 和 $m_1(\mathbf{x})\equiv\mathrm{E}(y\mid\mathbf{x},w=1)$ ——而这一说法与可忽略性是否成立无关。如果假设 ATE.1′成立，那么

$$\tau_{ate}(\mathbf{x})=m_1(\mathbf{x})-m_0(\mathbf{x}) \tag{21.15}$$

换句话说，当我们添加重叠性假设时，我们可以估计的函数 $m_g(\cdot)$，$g=0$，1，

就对应着我们需要估计出来以便估计 $\tau_{ate}(\mathbf{x})$ 的数量 $\mu_g(\cdot)$。如果我们对于所有的 $\mathbf{x}\in\mathcal{X}$ 可识别 $m_g(\cdot)$——而且这是重叠性假设出现的地方——那么我们可以得到 τ_{ate} 为

$$\tau_{ate}=\mathrm{E}[m_1(\mathbf{x})-m_0(\mathbf{x})] \tag{21.16}$$

其中期望值还是在 $\mathbf{x}$ 的分布上求出的。在实践中，利用一个随机样本，我们使用样本平均。详情在下一小节中给出。

如果我们能够在所有 $\mathbf{x}\in\mathcal{X}$ 上识别 $\tau(\mathbf{x})$，那么我们也可以识别由 $\mathbf{x}$ 定义的总体的任何子集上的平均处理效应。例如，如果我们定义

$$\tau_{ate,\mathcal{R}}=\mathrm{E}[(y_1-y_0)\mid\mathbf{x}\in\mathcal{R}] \tag{21.17}$$

那么我们有

$$\tau_{ate,\mathcal{R}}=\mathrm{E}[\tau_{ate}(\mathbf{x})\mid\mathbf{x}\in\mathcal{R}]$$

所以我们可以在 $\mathbf{x}\in\mathcal{R}$ 的子总体上求 $\tau_{ate}(\mathbf{x})$ 的平均值。

可以看到，较弱的可忽略性和重叠性的假设——假设 ATT. 1′和 ATT. 2——是识别 τ_{att} 的充分条件，并注意到我们使用 $y=y_0+w(y_1-y_0)$ 总是能写出

$$\begin{aligned}&\mathrm{E}(y\mid\mathbf{x},w=1)-\mathrm{E}(y\mid\mathbf{x},w=0)\\&=\mathrm{E}(y_0\mid\mathbf{x},w=1)-\mathrm{E}(y_0\mid\mathbf{x},w=0)+\mathrm{E}(y_1-y_0\mid\mathbf{x},w=1)\\&=[\mathrm{E}(y_0\mid\mathbf{x},w=1)-\mathrm{E}(y_0\mid\mathbf{x},w=0)]+\tau_{att}(\mathbf{x})\end{aligned} \tag{21.18}$$

如果假设 ATT. 1′成立，那么在式（21.18）中［·］中的项是 0，而估计的均值之差 $m_1(\mathbf{x})-m_0(\mathbf{x})$，实际上能识别 $\tau_{att}(\mathbf{x})$：

$$\tau_{att}(\mathbf{x})=m_1(\mathbf{x})-m_0(\mathbf{x}) \tag{21.19}$$

假设 ATT. 1′允许来自处理的增益 y_1-y_0 与处理任意相关，甚至在以 $\mathbf{x}$ 为条件以后。它要求仅关于 y_0（在均值上）的可忽略性，即当不存在处理时的结果。现在 τ_{att} 可作为

$$\tau_{att}=\mathrm{E}[m_1(\mathbf{x})-m_0(\mathbf{x})\mid w=1] \tag{21.20}$$

而获得。我们可以使用这个表达式来了解较弱的重叠性条件——假设 ATT. 2——是如何成为充分条件的。根据定义，$m_1(\cdot)$ 是关于处理的子总体的，$w=1$，所以我们只需要估计关于与在处理组中单元相对应的 $\mathbf{x}$ 值的这个回归函数。换句话说，我们不需要关于所有 $\mathbf{x}$ 的一个正的处理概率。但我们仍然必须在与处理组中单元相对应的 $\mathbf{x}$ 值上估计 $m_0(\cdot)$。如果存在一些 $\mathbf{x}$ 的值，其中处理是必然的，那么我们就不能指望对这样的值一般地估计 $\mathrm{E}(y\mid\mathbf{x},w=0)$，因为我们将不会观测到与协变量有相同值的控制单元。较弱的重叠性假设，$\mathrm{P}(w=1\mid\mathbf{x})<1$，排除了这种可能性。

我们用一个命题对前面的讨论进行总结。

命题 21.1：在假设 ATE. 1′下，方程（21.15）成立。如果我们添加重叠性假设 ATE. 2，那么我们可以得到像在方程（21.16）中那样的 τ_{ate}。如果我们只

假设 ATT. 1′，那么我们就有 $\tau_{att}(\mathbf{x})=m_1(\mathbf{x})-m_0(\mathbf{x})$；在假设 ATT. 2 下，$\tau_{att}$ 像在方程（21.20）中那样被识别。

建立识别的第二种方式是使用倾向得分的倒数加权。首先维持假设 ATE. 1′。注意到 $wy=wy_1$，利用期望迭代法则，我们有

$$\begin{aligned}\mathrm{E}\left[\frac{wy}{p(\mathbf{x})}\bigg|\mathbf{x}\right]&=\mathrm{E}\left[\frac{wy_1}{p(\mathbf{x})}\bigg|\mathbf{x}\right]=\mathrm{E}\left\{\mathrm{E}\left[\frac{wy_1}{p(\mathbf{x})}\bigg|\mathbf{x},w\right]\bigg|\mathbf{x}\right\}=\mathrm{E}\left\{\frac{w\mathrm{E}(y_1|\mathbf{x},w)}{p(\mathbf{x})}\bigg|\mathbf{x}\right\}\\&=\mathrm{E}\left\{\frac{w\mathrm{E}(y_1|\mathbf{x})}{p(\mathbf{x})}\bigg|\mathbf{x}\right\}=\mathrm{E}\left\{\frac{w}{p(\mathbf{x})}\bigg|x\right\}\mu_1(\mathbf{x})=\mu_1(\mathbf{x})\end{aligned}$$

因为 $\mathrm{E}(w\mid\mathbf{x})=p(\mathbf{x})$。一个类似的论证证明

$$\mathrm{E}\left[\frac{(1-w)y}{[1-p(\mathbf{x})]}\bigg|\mathbf{x}\right]=\mu_0(\mathbf{x})$$

结合这两种结果并使用简单的代数运算给出

$$\mathrm{E}\left\{\frac{[w-p(\mathbf{x})]y}{p(\mathbf{x})[1-p(\mathbf{x})]}\bigg|\mathbf{x}\right\}=\mu_1(\mathbf{x})-\mu_0(\mathbf{x})=\tau_{ate}(\mathbf{x})\tag{21.21}$$

当然，这个表达式仅关于满足 $0<p(\mathbf{x})<1$ 的 $\mathbf{x}$ 是有道理的。如果我们维持假设 ATE. 2，并假设期望存在，那么我们可以使用期望迭代法则写出

$$\tau_{ate}=\mathrm{E}\left\{\frac{[w-p(\mathbf{x})]y}{p(\mathbf{x})[1-p(\mathbf{x})]}\right\}\tag{21.22}$$

因为 w，y 和 $\mathbf{x}$ 都是可观测的，上式使用倾向得分而不是回归函数建立了对 τ_{ate} 的识别。

对 τ_{att} 的论证有些不同。写出

$$\begin{aligned}[w-p(\mathbf{x})]y&=[w-p(\mathbf{x})][y_0+w(y_1-y_0)]\\&=[w-p(\mathbf{x})]y_0+w[w-p(\mathbf{x})](y_1-y_0)\\&=[w-p(\mathbf{x})]y_0+w[1-p(\mathbf{x})](y_1-y_0)\end{aligned}$$

其中最后一个等式因为 $w^2=w$ 而成立。因此

$$\frac{[w-p(\mathbf{x})]y}{[1-p(\mathbf{x})]}=\frac{[w-p(\mathbf{x})]y_0}{[1-p(\mathbf{x})]}+w(y_1-y_0)\tag{21.23}$$

考虑方程（21.23）右边第一项的分子：

$$\begin{aligned}\mathrm{E}\{[w-p(\mathbf{x})]y_0|\mathbf{x}\}&=\mathrm{E}(\mathrm{E}\{[w-p(\mathbf{x})]y_0|\mathbf{x},w\}|\mathbf{x})\\&=\mathrm{E}\{[w-p(\mathbf{x})]\mathrm{E}(y_0|\mathbf{x},w)|\mathbf{x}\}\\&=\mathrm{E}\{[w-p(\mathbf{x})]\mathrm{E}(y_0|\mathbf{x})|\mathbf{x}\}\\&=\mathrm{E}\{[w-p(\mathbf{x})]|\mathbf{x}\}\mu_0(\mathbf{x})=0\end{aligned}$$

因此，

$$\mathrm{E}\left\{\frac{[w-p(\mathbf{x})]y}{[1-p(\mathbf{x})]}\bigg|\mathbf{x}\right\}=\mathrm{E}[w(y_1-y_0)|\mathbf{x}]\tag{21.24}$$

所以无条件期望也是相同的。但是

$$\begin{aligned}E[w(y_1-y_0)]&=P(w=0)E[w(y_1-y_0)\mid w=0]\\&\quad+P(w=1)E[w(y_1-y_0)\mid w=1]\\&=0+P(w=1)E[w(y_1-y_0)\mid w=1]\\&=\rho\tau_{att}\end{aligned} \tag{21.25}$$

其中 $\rho\equiv P(w=1)$ 是无条件处理概率。将这些整合在一起，得出

$$\tau_{att}=E\left\{\frac{[w-p(\mathbf{x})]y}{\rho[1-p(\mathbf{x})]}\right\} \tag{21.26}$$

注意，这个表达式只需要较弱的假设：对于所有 $\mathbf{x}$，有 $p(\mathbf{x})<1$。我们用一个命题进行总结。

命题 21.2：在假设 ATE. 1′ 和 ATT. 2 下，τ_{ate} 可以表示成像在方程（21. 22）中那样。在较弱的假设 ATT. 1′和 ATT. 2 下，τ_{att} 可表示成像在方程（21. 26）中那样。

伍德里奇（Wooldridge，1999c）在随机系数模型的背景下推导出表达式（21. 22），然而方程（21. 26）实质上归功于德赫贾和沃巴（Dehejia and Wahba，1999），他们使用了更强的假设 ATE. 1。正如我们将看到的，这些识别结果可以直接变成关于 τ_{ate} 和 τ_{att} 的估计方程。我们现在转向在下几小节中的估计。 765

21. 3. 2 回归调整

基于回归函数 $E(y\mid\mathbf{x},w=0)$ 和 $E(y\mid\mathbf{x},w=1)$ 的识别策略直接导致了一些简单的估计方法。因为我们有来自有关总体中的一个关于（$y,w,\mathbf{x}$）的随机样本，$m_1(\mathbf{x})\equiv E(y\mid\mathbf{x},w=1)$ 和 $m_0(\mathbf{x})\equiv E(y\mid\mathbf{x},w=0)$ 是**通过非参数方法识别**（nonparametrically identified）的。也就是说，这些是完全依赖于观测值的条件期望，所以它们可以非常一般地被一致估计出来。（参阅哈德勒和林顿（Härdle and Linton，1994），或李奇和拉辛（Li and Racine，2007），了解有关假设和方法。）为达到识别的目的，我们可以仅假设 $m_1(\mathbf{x})$ 和 $m_0(\mathbf{x})$ 是已知的，而它们是已知的这个事实意味着 $\tau(\mathbf{x})$ 是可识别的。如果$\hat{m}_1(\mathbf{x})$ 和$\hat{m}_0(\mathbf{x})$ 是一致估计量（在一个适当的意义上讲），通过使用大小为 N 的随机样本，在相当弱的假设下 ATE 的一个一致估计量为

$$\hat{\tau}_{ate,reg}=N^{-1}\sum_{i=1}^{N}[\hat{m}_1(\mathbf{x}_i)-\hat{m}_0(\mathbf{x}_i)] \tag{21.27}$$

然而 ATE_1 的一个一致估计量是

$$\hat{\tau}_{att,reg}=\left(\sum_{i=1}^{N}w_i\right)^{-1}\left\{\sum_{i=1}^{N}w_i[\hat{m}_1(\mathbf{x}_i)-\hat{m}_0(\mathbf{x}_i)]\right\} \tag{21.28}$$

在式（21. 27）和（21. 28）中的估计量分别被称为 τ_{ate} 和 τ_{att} 的**回归调整**（regression adjustment）估计量。请注意 $\hat{\tau}_{att,reg}$ 仅仅是在处理单元的子样本——

$w_i=1$——上求预测元之差$\hat{m}_1(\mathbf{x}_i)-\hat{m}_0(\mathbf{x}_i)$ 的平均值。

计算$\hat{\tau}_{ate,reg}$和$\hat{\tau}_{att,reg}$的关键性实施问题是怎样获得$\hat{m}_0(\cdot)$ 和$\hat{m}_1(\cdot)$。为了尽可能地灵活，人们可以使用非参数估计量，诸如**核估计量**（kernel estimator）或**级数估计量**（series estimator）。核估计量使用“局部求平均”或“局部平滑”来估计在一个特殊点上的一个函数。（参阅李奇和拉辛（Li and Racine，2007）关于同时使用连续和离散协变量的核回归的一个综合处理。）除了变得更灵活外，这样的局部方法可以获得的好处是促使我们面对带有协变量分布中的重叠性问题。考虑方程（21.27）。仅使用那些 $w_i=0$ 的数据就可获得函数$\hat{m}_0(\cdot)$，而仅使用那些 $w_i=1$ 的数据就可获得$\hat{m}_1(\cdot)$。因此，在获得关于比如说控制组中某人的被加数$\hat{m}_1(\mathbf{x}_i)-\hat{m}_0(\mathbf{x}_i)$ 方面，我们必须获得$\hat{m}_1(\mathbf{x}_i)$，其中$\hat{m}_1(\cdot)$ 仅使用在处理组的那些数据就可获得。如果 $\mathbf{x}_i$ 非常不同于处理样本中单元的协变量值，那么使用局部求平均方法在 $\mathbf{x}=\mathbf{x}_i$ 处估计$\hat{m}_1(x)$ 就是很没有希望的。类似地，如果 i 表示一个处理的单元，我们需要计算$\hat{m}_0(\cdot)$，其可通过使用控制单元在关于一个处理的单元的协变量值处获得。一般来说，重叠性假设意味着，在一个足够大的数据集里，关于协变量值的一个给定集（或至少，关于“闭集的”协变量值），我们将既能看到控制单元也能看到处理单元。如果我们看不到这些单元，就不能指望为原始总体估计出 τ_{ate}。

式（21.28）清楚地表明，较弱的重叠性假设 ATT 是获得一个令人满意估计$\hat{\tau}_{att}$的充分条件。由于$\hat{m}_1(\cdot)$ 是使用处理单元获得的，而且式（21.28）仅在处理单元上求和，我们允许这样的可能性，即：控制组中的一些单元将具有在取值范围上非常不同于处理子集中协变量的一些协变量。但是，当 i 是一个处理单元时，我们仍然需要获得$\hat{m}_0(\mathbf{x}_i)$。因此，对于每一个处理单元，我们但愿在控制组中有一些单元带有与其协变量类似的值。

使用灵活的参数模型——其中模型的灵活性随着样本量增加而增加——级数估计涉及全局近似。关于一个最新的探讨，可参阅李奇和拉辛（Li and Racine，2007）。哈恩（Hahn，1998）证明使用了级数估计量的非参数回归调整可以达到关于估计 τ_{ate}的渐近有效性边界。

可在一个更简单的情境下看到缺乏重叠性的问题。假设只有一个二值协变量 x，且假设 ATT.1′成立；为具体起见，x 可以是关于在职培训前收入是否低于某一门槛的一个指示符。假设在 $x=1$ 的有关总体中的每个人都参与到该项目中。那么，尽管我们可以用从总体随机抽取的一个样本来估计 $\mathrm{E}(y \mid x=1,w=1)$，但是我们不能估计$\mathrm{E}(y \mid x=1,w=0)$，因为我们没有关于 $x=1$ 和 $w=0$ 的子总体的数据。直观地说，我们只观测到当 $x=1$ 时反事实的 y_1；对于 $x=1$ 的总体的任何成员，我们从来都观测不到 y_0。因此，$\tau_{ate}(x)$ 在 $x=1$ 处是不可识别的。

如果 $x=0$ 的一些人参与项目，而其他人则没有，那么通过对 $x=0$ 的组的平均值使用一个简单的差分，我们可以估计 $\mathrm{E}(y \mid x=0,w=1)-\mathrm{E}(y \mid x=0,w=0)$，所以 $\tau_{ate}(x)$ 在 $x=0$ 处是可识别的。但是，如果我们不能估计 $\tau_{ate}(1)$，那么我们就无法估计无条件 ATE，因为 $\tau_{ate}=\mathrm{P}(x=0)\cdot\tau_{ate}(0)+\mathrm{P}(x=1)\cdot\tau_{ate}(1)$。实际上，我们只能估计在 $x=0$ 的子总体上的 ATE，这意味着我们必

须重新界定所关注的总体。这种局限性是不幸的：大概我们会非常感兴趣于项目对一直参与的组的影响。

如果 $x=0$ 的组从未参与到项目中，则一个类似的结论成立。那么，由于 $\mathrm{E}(y \mid x=0, w=1)$ 是不可估的，所以 $\tau_{ate}(0)$ 也不可估。如果有些 $x=1$ 的人参加了，而其他人没有，那么 $\tau_{ate}(1)$ 将会被识别出来，然后我们会把所关注的总体视为 $x=1$ 的子组。在这种情境与 $x=1$ 的组一直都接受处理的情境之间有一个重要的区别：把那些基于可观测协变量没有机会接受处理的人从总体中排除可能是合理的。这个观察结果与我们在 21.2 节讨论的涉及定义 τ_{ate} 的相关总体的问题有关。例如，如果能得到非常高项目收益的人（$x=0$）没有机会参加一个在职培训项目，那么我们将不想去放在一起求 $\tau_{ate}(0)$ 和 $\tau_{ate}(1)$ 的平均值；单独求 $\tau_{ate}(1)$ 的平均值要有趣得多。

虽然前面的例子是极端的，但是其后果可以在更合理的背景中出现。假设 $\mathbf{x}$ 是关于在职培训前收入区间的二值指示符的一个向量。对于大多数区间来说，参与概率是严格处于 0 和 1 之间的。如果在最高收入水平上参与概率为 0，那么我们仅仅从有关总体中排除高收入群体。（如果我们设定 τ_{att} 为感兴趣的对象，那么我们也将排除高收入人群。）遗憾的是，如果处于低收入水平的参与是必然的，那么我们也必须排除那些低收入群体。

人们可以计算简单的统计量以判断重叠性是否为一个问题。像在英伯斯和鲁宾（Imbens and Rubin，即将出版）中描述的那样，人们可以计算**标准化差分**（normalized differences），其形式为

$$\frac{(\bar{x}_{1j}-\bar{x}_{0j})}{(s_{1j}^2+s_{0j}^2)^{1/2}} \tag{21.29}$$

其中 $\bar{x}_{gj}$ 是关于组 $g=0, 1$ 的协变量 j 的样本平均值，而 s_{gj} 是样本标准差。英伯斯和鲁宾建议在 0.25 以上的标准化差分值应引起人们关注。（请注意，标准化差分值不是检验均值之差的 t 统计量。它是一个用重要的分散度测度来标准化的均值之差；样本量不应直接发挥作用。）遗憾的是，即便标准化差分都很小，它们也只聚焦于边际分布的一个特征。重叠性仍然可能以更复杂的方式不成立。在下一小节中，我们将讨论如何使用估计的倾向得分去评估重叠性。如果一个或多个标准化差分很大，那么人们可能需要重新界定所关注的总体。

对参数情形中的回归调整做一个完整的探讨是有用的。（至少在标准约束下，当样本量增加使参数模型被允许变得更加灵活时，有可能同样的分析也成立。）设 $m_0(\mathbf{x},\boldsymbol{\delta}_0)$ 和 $m_1(\mathbf{x},\boldsymbol{\delta}_1)$ 是参数函数，其中 $m_0(\mathbf{x},\boldsymbol{\delta}_0)$ 用 $w_i=0$ 的观测值估计，而 $m_1(\mathbf{x},\boldsymbol{\delta}_1)$ 用 $w_i=1$ 的观测值估计。我们现在来涵盖几个可用的模型和估计方法。在主要的情形中，我们可以使函数关于参数是线性的并使用 OLS，但我们可能想要利用 y 的性质；稍后，我们将进一步讨论这个专题。

给定$\sqrt{N}$一致且渐近正态估计量$\hat{\boldsymbol{\delta}}_0$和$\hat{\boldsymbol{\delta}}_1$，我们有 τ_{ate} 的以下参数回归调整估计：

$$\hat{\tau}_{ate,reg} = N^{-1}\sum_{i=1}^{N}\left[m_1(\mathbf{x}_i,\hat{\boldsymbol{\delta}}_1)-m_0(\mathbf{x}_i,\hat{\boldsymbol{\delta}}_0)\right] \tag{21.30}$$

这关于 τ_{ate} 将是 $\sqrt{N}$ 一致且渐近正态的。使用习题 12.17，可以证明

$$\begin{aligned}\text{Avar}\ \sqrt{N}(\hat{\tau}_{ate,reg}-\tau_{ate}) = & \text{E}\{[m_1(\mathbf{x}_i,\boldsymbol{\delta}_1)-m_0(\mathbf{x}_i,\boldsymbol{\delta}_0)-\tau_{ate}]^2\} \\ & +\text{E}[\nabla_{\boldsymbol{\delta}_0} m_0(\mathbf{x}_i,\boldsymbol{\delta}_0)]\mathbf{V}_0\text{E}[\nabla_{\boldsymbol{\delta}_0} m_0(\mathbf{x}_i,\boldsymbol{\delta}_0)]' \\ & +\text{E}[\nabla_{\boldsymbol{\delta}_1} m_1(\mathbf{x}_i,\boldsymbol{\delta}_1)]\mathbf{V}_1\text{E}[\nabla_{\boldsymbol{\delta}_1} m_1(\mathbf{x}_i,\boldsymbol{\delta}_1)]'\end{aligned}$$

其中 $\mathbf{V}_0$ 是 $\sqrt{N}(\hat{\boldsymbol{\delta}}_0-\boldsymbol{\delta}_0)$ 的渐近方差，而 $\mathbf{V}_1$ 也同理。这个公式清楚地表明，最好是使用关于 $\boldsymbol{\delta}_0$ 和 $\boldsymbol{\delta}_1$ 更有效的估计量。一个方差估计量是很简单的：

$$\begin{aligned}N\cdot\widehat{\text{Avar}(\hat{\tau}_{ate,reg})} = & N^{-1}\sum_{i=1}^{N}[m_1(\mathbf{x}_i,\hat{\boldsymbol{\delta}}_1)-m_0(\mathbf{x}_i,\hat{\boldsymbol{\delta}}_0)-\hat{\tau}_{ate,reg}]^2 \\ & +\left[N^{-1}\sum_{i=1}^{N}\nabla_{\boldsymbol{\delta}_0} m_0(\mathbf{x}_i,\hat{\boldsymbol{\delta}}_0)\right] \\ & \hat{\mathbf{V}}_0\left[N^{-1}\sum_{i=1}^{N}\nabla_{\boldsymbol{\delta}_0} m_0(\mathbf{x}_i,\hat{\delta}_0)\right]' \\ & +\left[N^{-1}\sum_{i=1}^{N}\nabla_{\boldsymbol{\delta}_1} m_1(\mathbf{x}_i,\hat{\boldsymbol{\delta}}_1)\right] \\ & \hat{\mathbf{V}}_1\left[N^{-1}\sum_{i=1}^{N}\nabla_{\boldsymbol{\delta}_1} m_1(\mathbf{x}_i,\hat{\boldsymbol{\delta}}_1)\right]'\end{aligned} \tag{21.31}$$

解析表达式的一个备选方式是使用自助法，其在这种背景下是很简单的。人们只要包括对两个均值函数的估计、对差分 $m_1(\mathbf{x}_i,\hat{\boldsymbol{\delta}}_1)-m_0(\mathbf{x}_i,\hat{\boldsymbol{\delta}}_0)$ 的计算，然后对这些求平均，以便用相同的重复抽样方案获得 $\hat{\tau}_{ate,reg}$。估计误差的全部三个来源——来自 $\hat{\boldsymbol{\delta}}_0$、来自 $\hat{\boldsymbol{\delta}}_1$，以及来自用样本均值取代在 $\mathbf{x}_i$ 分布上的期望值——将会得到正确的解释。事实上，如在李奇和拉辛（Li and Racine，2007）中所描述的那样，自助法对于非参数程序也一般是有效的。

给定估计的回归函数，很容易估计在总体的一个子集上的 ATE，比如说，将 $\tau_{ate,\mathscr{R}}=\text{E}(y_1-y_0\mid\mathbf{x}\in\mathscr{R})$ 估计为

$$\hat{\tau}_{ate,\mathscr{R},reg}=N_{\mathscr{R}}^{-1}\sum_{i=1}^{N}1[\mathbf{x}_i\in\mathscr{R}]\cdot[m_1(\mathbf{x}_i,\hat{\boldsymbol{\delta}}_1)-m_0(\mathbf{x}_i,\hat{\boldsymbol{\delta}}_0)]$$

如前所述，线性回归仍是回归调整的最流行方法。假设 $m_0(\mathbf{x},\boldsymbol{\delta}_0)=\alpha_0+\mathbf{x}\boldsymbol{\beta}_0$ 及 $m_1(\mathbf{x},\boldsymbol{\delta}_1)=\alpha_1+\mathbf{x}\boldsymbol{\beta}_1$。那么（$\hat{\alpha}_0,\hat{\boldsymbol{\beta}}_0$）来自 y_i 对 1，$\mathbf{x}_i$ 的回归且有 $w_i=0$，而（$\hat{\alpha}_1,\hat{\boldsymbol{\beta}}_1$）也可类似地取得。然后

$$\hat{\tau}_{ate,reg}(\mathbf{x})=(\hat{\alpha}_1-\hat{\alpha}_0)+\mathbf{x}(\hat{\boldsymbol{\beta}}_1-\hat{\boldsymbol{\beta}}_0) \tag{21.32}$$

$$\hat{\tau}_{ate,reg}=(\hat{\alpha}_1-\hat{\alpha}_0)+\bar{\mathbf{x}}(\hat{\boldsymbol{\beta}}_1-\hat{\boldsymbol{\beta}}_0) \tag{21.33}$$

$$\hat{\tau}_{att,reg}=(\hat{\alpha}_1-\hat{\alpha}_0)+\bar{\mathbf{x}}_1(\hat{\boldsymbol{\beta}}_1-\hat{\boldsymbol{\beta}}_0) \tag{21.34}$$

其中 $\bar{\mathbf{x}}$ 是在整个样本上的样本平均值，而 $\bar{\mathbf{x}}_1=N_1^{-1}\sum_{i=1}^{N}w_i\mathbf{x}_i$ 是在处理子样本上的平均值。$\tau_{ate,\mathscr{R}}$的估计仅仅就是 $(\hat{\alpha}_1-\hat{\alpha}_0)+\bar{\mathbf{x}}_{\mathscr{R}}(\hat{\boldsymbol{\beta}}_1-\hat{\boldsymbol{\beta}}_0)$，其中 $\bar{\mathbf{x}}_{\mathscr{R}}$ 是在约束样本上的样本平均值。

用任何函数 $\mathbf{h}(\mathbf{x}_i)$ 来替换向量 $\mathbf{x}_i$ 是无关紧要的。仅有的小问题是：我们应

当使用 $\bar{\boldsymbol{h}}=N^{-1}\sum_{i=1}^{N}\mathbf{h}_i$（或在一个子集上）对回归元 $\mathbf{h}_i=\mathbf{h}(\mathbf{x}_i)$ 进行减去均值计算；使用 $\mathbf{h}(\bar{\mathbf{x}})$ 是没有道理的。

如果我们忽略在样本平均值中的抽样方差，那么我们可以通过使用一个混合回归获得关于 $\hat{\tau}_{ate,\mathscr{R},reg}$ 的一个标准误。使用整个样本，用

$$y_i \text{ 对 } 1, w_i, \mathbf{x}_i, w_i(\mathbf{x}_i-\bar{\mathbf{x}}_{\mathscr{R}}) \tag{21.35}$$

回归；w_i 上的系数是 $\hat{\tau}_{ate,\mathscr{R},reg}$，而且我们可以使用异方差性稳健标准误*来构造一个 t 统计量或置信区间。从技术上讲，我们应该调整在 $\bar{\mathbf{x}}_{\mathscr{R}}$ 中的估计误差，但是调整可能有一个小的影响（见习题 6.10）。或者，我们也可以使用自助法解释这种不确定性。当然，我们使用 $\bar{\mathbf{x}}_{\mathscr{R}}=\bar{\mathbf{x}}$ 得到 $\hat{\tau}_{ate,reg}$。如果我们主要感兴趣的是在一个子总体上的 ATE，更好的方式可能是——通过增加重叠性的方式——在约束样本 $\mathbf{x}_i\in\mathscr{R}$ 上估计回归函数。

如果 y 的范围受到了实质性约束，我们可能会希望在估计中对其加以利用。例如，如果 y 是一个二值变量，或一个分数响应，我们可以使用一个 logit 或 probit 函数和伯努利准 MLE。如果这些函数是 $G(\alpha_g+\mathbf{x}\boldsymbol{\beta}_g)$，$g=0$，1，且 $0<G(\cdot)<1$，设（$\hat{\alpha}_g$，$\hat{\boldsymbol{\beta}}_g$）是在两个子样本上的伯努利 QMLE。那么

$$\hat{\tau}_{ate,reg}=N^{-1}\sum_{i=1}^{N}[G(\hat{\alpha}_1+\mathbf{x}_i\hat{\boldsymbol{\beta}}_1)-G(\hat{\alpha}_0+\mathbf{x}_i\hat{\boldsymbol{\beta}}_0)] \tag{21.36}$$

是 τ_{ate} 的估计。像在一般情形中那样，$G(\hat{\alpha}_1+\mathbf{x}_i\hat{\boldsymbol{\beta}}_1)-G(\hat{\alpha}_0+\mathbf{x}_i\hat{\boldsymbol{\beta}}_0)$ 是给定协变量 $\mathbf{x}_i$ 时关于在两个处理状态中单元 i 的平均响应中的差分（不管单元 i 的实际处理状态）。如果 $y\geqslant0$——诸如一个计数变量，但不限于这种情形——那么一个指数回归函数就是明智的，在这种情形中，

$$\hat{\tau}_{ate,reg}-N^{-1}\sum_{i=1}^{N}[\exp(\hat{\alpha}_1+\mathbf{x}_i\hat{\boldsymbol{\beta}}_1)-\exp(\hat{\alpha}_0+\mathbf{x}_i\hat{\boldsymbol{\beta}}_0)] \tag{21.37}$$

其中参数估计可以从一个拟 MLE 程序中获得，诸如泊松或伽玛回归，或非线性最小二乘。

式（21.33）、（21.36）和（21.37）清楚地表明：当参数模型被用于均值，在实质地忽略重叠性假设的情况下，估计 τ_{ate} 是可能的。当使用参数化模型时，我们至少是在隐性地假设，比如说 $m_1(\cdot,\boldsymbol{\delta}_1)$ 对所有 $\mathbf{x}\in\mathscr{X}$ 成立，即便我们只使用处理子样本来获得 $\hat{\boldsymbol{\delta}}_1$。但是像在任何回归背景中那样，在用估计的均值函数来推断远非用来获取 $\hat{\boldsymbol{\delta}}_1$ 的那些 x 值时，我们应该慎重。由此得到的 τ_{ate} 的估计对精确的设定是很敏感的。例如，在线性情形中，可以证明（例如，英伯斯和伍德里奇（Imbens and Wooldridge，2009））有

$$\hat{\tau}_{ate,reg}=(\bar{y}_1-\bar{y}_0)-(\bar{\mathbf{x}}_1-\bar{\mathbf{x}}_0)(f_0\hat{\boldsymbol{\beta}}_1-f_1\hat{\boldsymbol{\beta}}_0) \tag{21.38}$$

* 原文为"heteroskeda stricity-robust standard"，疑应为"hteroskedasticity-robust standard error"，即异方差性稳健标准误。——译者注

其中 $f_0=N_0/(N_0+N_1)$ 是控制观测值的一小部分，而 f_1 是处理观测值的一小部分。如果均值之差 $\bar{\mathbf{x}}_1-\bar{\mathbf{x}}_0$ 很大，斜率估计上的变化就能对 $\hat{\tau}_{ate,reg}$ 有很大影响。因此，作为一项一般的规则，人们不应该依赖于参数设定，并将其作为克服协变量分布上重叠性较差的一种方法。

21.3.3 倾向得分方法

在 21.3.1 节中推导的式子基于倾向得分建立了对 τ_{ate} 和 τ_{att} 的识别，这些表达式直接导致了一些估计量。然而，实践中我们需要估计倾向得分函数 $p(\cdot)$。现在，设 $\hat{p}(\mathbf{x})$ 表示这样一个使用随机样本 $\{(w_i,\mathbf{x}_i):i=1,\cdots,N\}$ 获得的关于任何 $\mathbf{x}\in\mathcal{X}$ 的估计量。式（21.22）提出了估计量

$$\hat{\tau}_{att,psw}=N^{-1}\sum_{i=1}^{N}\left[\frac{w_iy_i}{\hat{p}(\mathbf{x}_i)}-\frac{(1-w_i)y_i}{1-\hat{p}(\mathbf{x}_i)}\right]=N^{-1}\sum_{i=1}^{N}\frac{[w_i-\hat{p}(\mathbf{x}_i)]y_i}{\hat{p}(\mathbf{x}_i)[1-\hat{p}(\mathbf{x}_i)]} \tag{21.39}$$

然而式（21.26）提出

$$\hat{\tau}_{att,psw}=N^{-1}\sum_{i=1}^{N}\frac{[w_i-\hat{p}(\mathbf{x}_i)]y_i}{\hat{p}[1-\hat{p}(\mathbf{x}_i)]} \tag{21.40}$$

其中，$\hat{p}=N_1/N$ 是样本中处理单元所占的部分。正如从公式中很清楚地表明，给定处理的拟合概率 $\hat{p}(\mathbf{x}_i)$ 时，每个估计的计算是简单的。有趣的是，在式（21.39）中的估计量与霍洛维茨和汤普森（Horvitz and Thompson，1952）为处理非随机抽样而得到的一个估计量相同。毫不奇怪，对应地，在假设 ATE.1′和 ATE.2 或假设 ATT.1′和 ATT.2 以及合适的正则性条件下，这些估计量一般都是一致的。如果通过参数方法可获得 $\hat{p}(\cdot)$，那么一致性一般由引理 12.1 得出。

至于估计倾向得分，罗森鲍姆和鲁宾（Rosenbaum and Rubin，1983）建议采用一个灵活的 logit 模型，其中 $\mathbf{x}$ 的各种函数——例如水平项、平方项以及交互项——都被包括进来。对与 $\mathbf{x}$ 的离散部分，人们可以定义一套表示不同的可能值的虚拟变量，然后使这些与连续协变量和同样定义的其他虚拟变量交互作用。显然，样本量大小在决定模型可能有多灵活上是很重要的。如果我们使用一个灵活的 logit 或 probit，或对所有 $z\in\mathbb{R}$ 有 $0<G(z)<1$ 的任何指数函数 $G(\cdot)$，那么就没有 $\hat{p}(\mathbf{x})=0$ 与 $\hat{p}(\mathbf{x})=1$ 的危险，但从拟合概率中排除 0 和 1 可能只是掩盖了总体中重叠性的不成立——正如当我们使用回归函数的参数版本后，在没有用来估计两个函数的 $\mathbf{x}$ 值的情形中也能进行推理一样。

平野、英伯斯和里德（Hirano，Imbens，and Ridder（HIR），2003）研究了罗森鲍姆和鲁宾（Rosenbaum and Rubin，1983）方法的一个非参数版本。特别是，他们研究了当倾向得分被使用一个灵活的 logit 模型估计时的 $\hat{\tau}_{ate,psw}$，但他们明确允许在 logit 函数中协变量的函数个数就像样本量的一个函数那样增加。在正则性条件和一个控制着 logit 估计中项数的假设下，HIR 证明，他们的霍洛维茨-汤普森估计量的非参数版本达到了由哈恩（Hahn，1998）提出的半参数有效性边

界。值得注意的是，HIR 估计量比使用已知的倾向分数 $p(\mathbf{x}_i)$ 替代非参数拟合概率$\hat{p}(\mathbf{x}_i)$ 的“估计量”更有效——通常是有效得多。而且，HIR 估计量严格地比使用关于$\hat{p}(\cdot)$ 的一个极大似然估计量的估计量更有效（除了在一些特殊情形中之外)。该事实与罗宾斯和罗尼茨基（Robins and Rotnitzky，1995）的一个结果是相关的：即便一个带有给定项数的 logit 模型关于 $p(\cdot)$ 是正确设定的，人们一般通过不断添加一些项来减少 $\hat{\tau}_{ate,psw}$ 的渐近方差，即便这些项都对$P(w=1 \mid \mathbf{x})$ 没有影响。HIR 估计量实质上将罗宾斯和罗尼茨基（Robins and Rotnitzky，1995）的结果推向了极端。(很快，我们将看到如何在一个参数背景中获得有效性提升。)

对于诸如 HIR 级数估计量一类的全局平滑法的一个备选方法是使用局部平滑，诸如核回归。李奇、拉辛和伍德里奇（Li，Racine，and Wooldridge，2009）最近已提出使用既允许连续也允许离散协变量的核平滑法。

在我们假设了关于 $p(\mathbf{x})$ 的一个正确设定的模型并使用伯努利 MLE 的参数情形中，证明如何取得$\sqrt{N}(\hat{\tau}_{att,psw}-\tau_{ate})$ 和$\sqrt{N}(\hat{\tau}_{att,psw}-\tau_{att})$ 的渐近方差是有益的。对于$\hat{\tau}_{ate,psw}$，我们可以直接应用在 13.10.2 节中“令人吃惊的”有效性结果。很容易证明，处理的可忽略性假设（当然，以 $\mathbf{x}$ 为条件）暗示了在式(13.66) 中关键的条件独立性假设（并对符号进行适当调整）。因为$\hat{\tau}_{ate,psw}$是一个样本平均值，所以我们可以直接消掉它的“一阶条件”。设 $p(\mathbf{x},\gamma)$ 是正确设定的倾向得分模型，并从第一阶段的倾向得分估计中把得分定义为

$$\mathbf{d}_i=\mathbf{d}(w_i,\mathbf{x}_i,\gamma)=\frac{\nabla_\gamma p(\mathbf{x}_i,\gamma)'[w_i-p(\mathbf{x}_i,\gamma)]}{p(\mathbf{x}_i,\gamma)[1-p(\mathbf{x}_i,\gamma)]}$$

其中 γ 在这里同样用来表示真实的总体值。此外，定义

$$k_i=\frac{[w_i-p(\mathbf{x}_i,\gamma)]y_i}{p(\mathbf{x}_i,\gamma)[1-p(\mathbf{x}_i,\gamma)]} \tag{21.41}$$

这是被插入了真实倾向得分的$\hat{\tau}_{ate,psw}$中的被加数。然后$\sqrt{N}(\hat{\tau}_{ate,psw}-\hat{\tau}_{ate})$ 的渐近方差仅仅是 $\mathrm{Var}(e_i)$，其中 e_i 是来自 k_i 对 $\mathbf{d}'_i$ 回归的总体残差。通过使用样本版本，我们可以很容易估计该方差。设

$$\hat{\mathbf{d}}_i=\mathbf{d}(w_i,\mathbf{x}_i,\hat{\boldsymbol{\gamma}})=\frac{\nabla_\gamma p(\mathbf{x}_i,\hat{\gamma})'[w_i-p(\mathbf{x}_i,\hat{\gamma})]}{p(\mathbf{x}_i,\hat{\gamma})[1-p(\mathbf{x}_i,\hat{\gamma})]} \tag{21.42}$$

是估计的得分，并设

$$\hat{k}_i=\frac{[w_i-\hat{p}(\mathbf{x}_i)]y_i}{\hat{p}(\mathbf{x}_i)[1-\hat{p}(\mathbf{x}_i)]} \tag{21.43}$$

然后，从

$$\hat{k}_i \text{对 } 1,\hat{\mathbf{d}}'_i,\quad i=1,\cdots,N \tag{21.44}$$

的回归中获得 OLS 残差$\hat{e}_i$，在上面的回归中，将单位向量包括进来可确保我们在估计方差时消除$\hat{k}_i$的样本平均值（即$\hat{\tau}_{ate,psw}$）。给定这些残差，$\hat{\tau}_{ate,psw}$的渐近标准误是

$$\left[N^{-1}\sum_{i=1}^{N}\hat{e}_i^2\right]^{1/2}\Big/\sqrt{N} \tag{21.45}$$

在倾向得分的 logit 估计情形中，调整是特别简单的，因为那样就有

$$\hat{\mathbf{d}}'_i=\mathbf{h}_i(w_i-\hat{p}_i) \tag{21.46}$$

其中 $\mathbf{h}_i\equiv\mathbf{h}(\mathbf{x}_i)$ 是协变量的 $1\times R$ 维向量（包括单位元），且 $\hat{p}_i=\Lambda(\mathbf{h}_i\hat{\gamma})=\exp((\mathbf{h}_i\hat{\gamma})/[1+\exp(\mathbf{h}_i\hat{\gamma})]$。我们也可以看到，当我们添加一些元素到 $\mathbf{h}_i$ 中时，只要$\mathbf{h}_i(w_i-p_i)$ 中的额外元素是与 k_i 偏相关的，那么来自 k_i 对 $\mathbf{h}_i(w_i-p_i)$ 回归的总体残差（以及对应的样本残差）将会缩减。即使 $\mathbf{h}_i$ 中的额外函数在 $\mathrm{P}(w_i=1\mid\mathbf{x}_i)$ 中有等于 0 的总体系数，一般也是这种情形。这是由罗宾斯和罗尼茨基（Robins and Rothitzky，1995）指出的结果。

如果我们忽略倾向得分的估计，那么我们将有效地将 $\{\hat{k}_i: i=1,\cdots,N\}$ 处理成是从一个随机样本中抽取的，而且我们使用其样本平均值去估计总体均值 τ_{ate}。我们获得的单纯标准误是

$$\left[N^{-1}\sum_{i=1}^{N}(\hat{k}_i-\hat{\tau}_{ate,psw})^2\right]^{1/2}\Big/\sqrt{N} \tag{21.47}$$

这至少是与表达式（21.45）一样大的，而且有时还要大得多。在总体中，这种比较就是 $\mathrm{Var}(k_i)$ 与 $\mathrm{Var}[k_i-\mathrm{L}(k_i\mid\mathbf{d}'_i)]$ 之间的比较，其中 $\mathrm{L}(k_i\mid\mathbf{d}'_i)$ 是线性投影。剔除 $\mathrm{L}(k_i\mid\mathbf{d}'_i)$ 可产生一个更小的方差，除非 k_i 和 $\mathbf{d}_i$ 是不相关的。

我们还可以为$\hat{\tau}_{att,psw}$求一个适当的标准误，记

$$\hat{\tau}_{att,psw}=\hat{\rho}^{-1}N^{-1}\sum_{i=1}^{N}\hat{q}_i$$

其中$\hat{q}_i=[w_i-p(\mathbf{x}_i,\hat{\gamma})]y_i/[1-p(\mathbf{x}_i,\hat{\gamma})]$。于是

$$\begin{aligned}\sqrt{N}(\hat{\tau}_{att,psw}-\tau_{att}) &= \hat{\rho}^{-1}N^{-1/2}\sum_{i=1}^{N}(\hat{q}_i-\hat{\rho}\tau_{att})\\ &= \hat{\rho}^{-1}\left[N^{-1/2}\sum_{i=1}^{N}\hat{q}_i-\tau_{att}N^{-1/2}\sum_{i=1}^{N}w_i\right]\\ &= \hat{\rho}^{-1}\left[N^{-1/2}\sum_{i=1}^{N}r_i-\tau_{att}N^{-1/2}\sum_{i=1}^{N}w_i\right]+\mathrm{o}_p(1)\end{aligned}$$

其中 r_i 是来自 q_i 对 $\mathbf{d}'_i$回归（使用和关于$\hat{\tau}_{ate,psw}$相同的论述）的总体残差。因此，

$$\sqrt{N}(\hat{\tau}_{att,psw}-\tau_{att})=\rho^{-1}N^{-1/2}\sum_{i=1}^{N}(r_i-\tau_{att}w_i)+\mathrm{o}_p(1)$$

这样，渐近方差的估计就是简单的。$\hat{\tau}_{ate,psw}$的渐近标准误为

$$\hat{\rho}^{-1}\left[N^{-1}\sum_{i=1}^{N}(\hat{r}_i-\hat{\tau}_{att,psw}w_i)^2\right]^{1/2}\sqrt{N} \tag{21.48}$$

其中，$\hat{r}_i$是来自$\hat{q}_i$对$\hat{d}'_i$回归的残差。

估计的倾向得分的一个不同的使用是在回归调整中。一个简单的、还有点流行的估计是从

$$y_i \text{ 对 } 1, w_i, \hat{p}(\mathbf{x}_i), i=1,\cdots,N \tag{21.49}$$

的 OLS 回归中获得的；w_i 的系数，比如说，$\hat{\tau}_{ate,psreg}$ 是 τ_{ate} 的估计。其思想是，估计的倾向得分对于控制住处理 w_i 和协变量 $\mathbf{x}_i$ 之间的相关性来说应当是充分的。正如事实所证明的，对于 $\hat{\tau}_{ate,psreg}$ 何时可一致估计 τ_{ate} 有一个简单的特征描述。以下是伍德里奇（Wooldridge，1999c，命题 3.2）的一种特殊情形。

命题 21.3： 除了假设 ATE. 1′和 ATE. 2，还假设 $\tau_{ate}(\mathbf{x})=\mathrm{E}(y_1-y_0 \mid \mathbf{x})$ 与 $\mathrm{Var}(w \mid \mathbf{x})=p(\mathbf{x})[1-p(\mathbf{x})]$ 不相关。那么，根据确保 $\hat{\gamma}$（在一个参数估计问题中）是一致且 $\sqrt{N}$ 渐近正态的标准正则性条件，$\hat{\tau}_{ate,psreg}$ 关于 τ_{ate} 是一致且 $\sqrt{N}$ 渐近正态的。

$\tau_{ate}(\mathbf{x})=\mu_1(\mathbf{x})-\mu_0(\mathbf{x})$ 与 $\mathrm{Var}(w \mid \mathbf{x})$ 不相关的假设会显得不可能，因为两者都是 $\mathbf{x}$ 的函数。然而，请记住，相关性测度的是线性相依性。对 $\tau_{ate}(\mathbf{x})$ 来说，尽管 $p(\mathbf{x})[1-p(\mathbf{x})]$ 是关于倾向得分的一个平方，其关于 $\mathbf{x}$ 的许多元素是单调的也将不会令人惊讶。如果是这样，那么在 $\mathbf{x}$ 的两个函数之间的相关性就可能很小。（这个结论类似于这样的事实：如果 z 关于 0 是对称分布的，那么即便 z^2 是 z 的一个精确函数，z^2 与 z 也是不相关的。）在处理效应是不变的以至 $\tau_{ate}(\mathbf{x})=\tau_{ate}$ 的情形中，零相关成立，而且无须进一步假设，$\hat{\tau}_{ate,psreg}$ 是 τ_{ate} 的一致估计。

在 13.10.2 节中的结果可用于获得关于 $\hat{\tau}_{ate,psreg}$ 的一个适当的标准误——不管是否允许斜率不同。但是我们也知道忽略倾向得分估计会导致保守的渐近推断。由于关于倾向得分的回归在计算上很简便，对倾向得分和回归估计实施自助法，作为一种获得适当标准误和置信区间的方法是有吸引力的。通过对整个向量 $(y_i, w_i, \mathbf{x}_i)$ 进行再抽样，甚至在 $\hat{\mu}_p$ 中的估计误差都是很容易解释的。

在关于倾向得分的回归的推导和下一节将讨论的匹配方法方面，罗森鲍姆和鲁宾（Rosenbaum and Rubin，1983）采取了一种不同的方法。一个关键的结果是：在假设 ATE. 1 下，处理仅以倾向得分 $p(\mathbf{x})$ 为条件时是可忽略的。为了完备起见，我们提供一个简单的证明。

命题 21.4： 在假设 ATE. 1 下，w 以 $p(x)$ 为条件独立于 (y_0, y_1)。因此，$\mathrm{E}[y \mid w=0, p(\mathbf{x})]=\mathrm{E}[y_0 \mid p(\mathbf{x})]$ 且 $\mathrm{E}[y \mid w=1, p(\mathbf{x})]=\mathrm{E}[y_1 \mid p(\mathbf{x})]$。

证明： 因为 w 是二值的，足以证明 $\mathrm{E}[w=1 \mid y_0, y_1, p(\mathbf{x})]=\mathrm{E}[w=1 \mid p(\mathbf{x})]$ 或 $\mathrm{E}[w \mid y_0, y_1, p(\mathbf{x})]=\mathrm{E}[w \mid p(\mathbf{x})]$。但是，在假设 ATE. 1 下，$\mathrm{E}[w \mid y_0, y_1, \mathbf{x}]=\mathrm{E}[w \mid \mathbf{x}]=p(\mathbf{x})$，其中因为 w 是二值的，第二个等式成立。通过迭代期望法则，

$$\begin{aligned}\mathrm{E}[w \mid y_0, y_1, p(\mathbf{x})]&=\mathrm{E}[\mathrm{E}(w \mid y_0, y_1, \mathbf{x}) \mid y_0, y_1, p(\mathbf{x})]\\&=\mathrm{E}[p(\mathbf{x}) \mid y_0, y_1, p(\mathbf{x})]=p(\mathbf{x})\end{aligned}$$

这表明以 $p(\mathbf{x})$ 为条件，处理的可忽略性成立。

接下来，像往常那样写出 $y=(1-w)y_0+wy_1$，则有

$$\begin{aligned}\mathrm{E}[y|w,p(\mathbf{x})]&=(1-w)\mathrm{E}[y_0|w,p(\mathbf{x})]+w\mathrm{E}[y_1|w,p(\mathbf{x})]\\&=(1-w)\mathrm{E}[y_0|p(\mathbf{x})]+w\mathrm{E}[y_1|p(\mathbf{x})]\end{aligned}$$

对应插入 $w=0$ 与 $w=1$，给出关于条件均值的结果。

定理 21.4 有许多用处。举其中一个例子来说，它意味着，由于 $\mathrm{E}[y_g \mid p(\mathbf{x})]$ 是可识别的，$g=0$，1，我们可以识别 $\tau_{ate}=\mathrm{E}\{\mathrm{E}[y_1 \mid p(\mathbf{x})]-\mathrm{E}[y_0 \mid p(\mathbf{x})]\}$。特别是，设

$$r_0(p)\equiv\mathrm{E}[y|w=0,p(\mathbf{x})=p],r_1(p)\equiv\mathrm{E}[y|w=1,p(\mathbf{x})=p] \quad (21.50)$$

是在给定数据下能够识别的两个回归函数。给定一致估计量 $\hat{r}_0(\hat{p}_i)$，$\hat{r}_1(\hat{p}_i)$，其中 $\hat{p}_i\equiv\hat{p}(\mathbf{x}_i)$ 是估计的倾向得分，我们得到一个一般估计

$$\hat{\tau}_{ate,psreg}=N^{-1}\sum_{i=1}^{N}[\hat{r}_1(\hat{p}_i)-\hat{r}_0(\hat{p}_i)] \quad (21.51)$$

一般来说，这个估计量是一致且 $\sqrt{N}$ 渐近正态的，只要我们有关于 $r_g(\cdot)$ 的模型，$g=0$，1 且倾向得分是正确设定的（或我们使用合适的非参数方法）。给定 $\hat{\tau}_{ate,psreg}$ 的性质，对于推断来说自助法是一个有吸引力的方法。

赫克曼、市村和托德（Heckman，Ichimura，and Todd，1998）建议用局部平滑法估计 $r_0(\cdot)$ 和 $r_1(\cdot)$；这个建议是有吸引力的，因为这些都是一个标量的函数。但人们还必须估计倾向得分，而且这往往是一个高维问题。哈恩（Hahn，1998）建议连同 $p(\cdot)$ 的级数估计一起使用 $r_0(\cdot)$ 和 $r_1(\cdot)$ 的级数估计。一个更简单的方法是只去使用参数函数和参数渐近分析。

如果 $r_0(\cdot)$ 和 $r_1(\cdot)$ 是线性的，比如说 $r_g(p)\equiv\eta_g+\pi_g p$，$g=0$，1，那么估计就是很直接的。可以实施两个单独的回归，然后对预测元之差 $\hat{r}_1(\hat{p}_i)-\hat{r}_0(\hat{p}_i)$ 求平均值以得到 $\hat{\tau}_{ate,psreg}$。等价地，实施

$$y_i \text{ 对 } 1,w_i,\hat{p}(\mathbf{x}_i),w_i\cdot[\hat{p}(\mathbf{x}_i)-\hat{\rho}],i=1,\cdots,N \quad (21.52)$$

的回归，其中 $\hat{\rho}$ 是 $\rho=\mathrm{E}[p(\mathbf{x}_i)]=\mathrm{P}(w_i=1)$ 的一个一致估计。如果 $\hat{p}(\mathbf{x}_i)$ 来自一个包括一个截距的 logit，那么两个自然的估计 $\bar{w}$ 和 $N^{-1}\sum_{i=1}^{N}\hat{p}(\mathbf{x}_i)$ 是相同的。w_i 上的系数是 $\hat{\tau}_{ate,psreg}$。如果我们忽略了 ρ 的估计，那么通常的异方差性稳健标准误将是保守的，但可获得自助法结果以得到适当的标准误。

关于 $\mathrm{E}[y_g \mid p(\mathbf{x})]$ 的线性模型可能过于严格，因为 $0<p(\mathbf{x})<1$。如果 y 有很大的变异，可能就需要一些不一样的函数。人们总是可以使用 $\hat{p}_i$ 的多项式——这是由哈恩（Hahn，1998）在一个级数背景中所正式研究的。一个对数—机会比率变换可能会提高拟合度，其中 $\widehat{lodds}_i\equiv\log[\hat{p}_i/(1-\hat{p}_i)]$ 且它的函数（诸如多项式）可用作回归元。使用两个单独的回归然后对预测元之差求平均值是很容易的。

给定 $r_1(\cdot)$ 使用处理子样本估计而 $r_0(\cdot)$ 使用控制样本估计，那么我们就可以理解重叠性假设的性质。实际上，对于在区间（0,1）中倾向得分的每个值，我们应当同时观测到处理和未处理单元。我们可以很容易地使用估计的倾向得分来确定缺乏重叠性是否为一个问题。例如，像在式（21.29）中那样，

通过使用倾向得分替代协变量，我们就可以计算标准化的倾向得分之差（或它的对数—机会比率）。画出关于控制和处理组的$\hat{p}_i$的直方图还能提供一些直观的信息。我们希望排除这样一些情境：其中直方图展示了只带有控制单元的数据但对于相应的处理单元没有或只有很少数据的那些直条，反之亦然。

关于倾向得分的回归看起来是有吸引力的，因为与使用 $\mathbf{x}$ 的回归调整相比，它把控制住一个可能很大的协变量集 $\mathbf{x}$ 的问题，约简成控制住它们的一个单个函数 $p(\mathbf{x})$ 的问题。但倾向得分回归带来的节约多少是有些虚幻的，因为对于倾向得分我们应当使用一个灵活的模型。即便我们选定了 logit 或 probit，我们通常会包括 $\mathbf{x}$ 的一些灵活的函数，就好像我们正在做回归调整一样。有人可能会认为，因为处理 w_i 是二值的，所以我们能更好地导出一些关于 $P(w=1 \mid \mathbf{x})$ 的合适的模型。然而，正如我们在 21.3.2 节中讨论过的那样，当应用回归调整时，我们可以对 y 的性质做出解释。如果我们使用非参数方法，那么要么估计 $p(\mathbf{x})$、要么估计回归函数 $m_g(\mathbf{x})=E(y \mid w=g,\mathbf{x})$ 一般是需要高维非参数估计的。（顺便说一下，如果我们使用关于 $p(\mathbf{x})$ 的一个线性概率模型，那么用 y_i 要么对协变量它们自己回归、要么对倾向得分回归都将给出对 τ_{ate} 同样的估计。）

很容易看出为什么对倾向得分的回归一般是无效的。假设指派是随机的，所以 w 独立于（y_0，y_1，$\mathbf{x}$），但 $\mathbf{x}$ 有助于预测那些反事实的结果。此外，假设我们实际上知道倾向得分，以至关于倾向得分的回归是 y_i 对 1，w_i，$p(\mathbf{x}_i)$ 的回归。由于随机指派，我们不需要包括 $p(\mathbf{x}_i)$ 以便获得 τ_{ate} 的一个一致估计量：在样本平均值上的简单差分是一致的。如果 $p(\mathbf{x})$ 出现在线性投影 $L[y_g \mid 1, p(\mathbf{x})]$ 中，那么添加 $p(\mathbf{x}_i)$ 实际上可以提高均值之差分估计量的有效性：添加 $p(\mathbf{x})$ 将缩减误差方差。但 $p(\mathbf{x})$ 很难说是添加到回归中的 $\mathbf{x}$ 最好的函数。在一个常数的处理效应情形中，添加的 $\mathbf{x}$ 的最好函数是 $\mu_0(\mathbf{x})=E(y_0 \mid \mathbf{x})$，因为这种做法导致了在 $\mathbf{x}$ 的所有函数中可能最小的平均误差平方。实际上，误差方差被处理得尽可能小。当然，我们不知道均值函数，但在逼近它的方法上，我们使用 $\mathbf{x}$ 的一些灵活的函数比使用仅仅倾向得分的一个线性函数要好得多。

我们现在展示回归方法和逆概率加权（IPW）方法可如何用来估计在职培训对劳动收入的处理效应。尽管这里使用的特定数据集来自德赫贾和沃巴（Dehejia and Wahha，1999），但基础数据来自拉洛迪（Lalonde，1986）。

例 21.1（在职培训对收入的因果效应） 对于这个例子，我们将使用两个数据集：JTRAIN2.RAW 和 JTRAIN3.RAW。第一个数据集来自早在 20 世纪 70 年代关于在劳动力市场中历史表现较差的男性的一个在职培训实验。处于处理组中——用 $train=1$ 表示——是被随机指派的。在 445 名男子中，185 名被指派到在职培训项目中。响应变量是 $re78$，即在 1978 年的实际劳动力市场收入。（对于总体中一个相当大的部分来说，这个变量是 0。）培训在 1978 年的两年前开始。我们这里使用的控制变量是年龄（按岁数），受教育年限，属于黑人裔、属于西班牙裔以及婚姻状况等虚拟变量，以及关于项目启动时的前两年——1974 年与 1975 年——的实际收入。为简化起见，这些全部以水平项的形式出现，没有交互作用项或其他函数形式。

JTRAIN3. RAW 包含了与 JTRAIN2. RAW 相同的信息，但是在 JTRAIN3. RAW 中的控制组是作为一个来自收入动态的面板研究的随机样本获得的。因此，JTRAIN3. RAW 本质上是 JTRAIN2. RAW 的一个非实验版本，这使我们能够确定非实验方法与实验估计相比较而言，在估计处理效应方面会有多好（即拉洛迪的最初动机）。

我们使用四种估计方法：一个均值的简单比较、跨控制和处理组的混合回归调整、使用单独的回归函数的回归调整，以及使用倾向得分的 IPW 估计。在每种情形中，控制变量都是（*age*，*educ*，*black*，*hisp*，*married*，*re*74，*re*75）。注意，对于均值之差和混合回归调整来说，在$\hat{\tau}_{ate}$和$\hat{\tau}_{att}$之间没有差异。

在提交估计之前，我们要注意到在 JTRAIN3. RAW 中重叠性存在一个严重的问题。例如，对于变量 *re*75，方程（21.29）中的标准化差分的绝对值约为 1.25，远高于英伯斯和鲁宾规则的 0.25。其他协变量的标准化差分也都大于 1。因此，除非我们认为 ATE 是不变的，否则当我们试图估计 τ_{ate} 以及从更低程度上讲试图估计 τ_{att} 时，我们可预料到会出现一些问题，甚至在可忽略性假设下也是如此。

表 21.1 包含估计值和标准误。对于前两种估计方法，我们使用来自 OLS 回归的异方差性稳健标准误；根据假设，有 $\tau_{att}=\tau_{ate}$。对于使用单独的回归函数的回归调整以及倾向得分加权的回归调整，我们使用 Stata 10 做 1 000 次自助法复制。使用在方程（21.31）中推导的解析式和表达式（21.47）会稍微困难一些。

表 21.1

估计方法	JTRAIN2		JTRAIN3（全样本）		JTRAIN3（约简样本）	
	$\hat{\tau}_{ate}$	$\hat{\tau}_{att}$	$\hat{\tau}_{ate}$	$\hat{\tau}_{att}$	$\hat{\tau}_{ate}$	$\hat{\tau}_{att}$
均值之差	1.794	1.794	−15.205	−15.205	−5.005	−5.005
	(0.671)	(0.671)	(0.656)	(0.656)	(0.657)	(0.657)
混合回归调整	1.683	1.683	0.860	0.860	2.059	2.059
	(0.658)	(0.658)	(0.767)	(0.767)	(0.801)	(0.801)
单独回归调整	1.633	1.774	−8.910	0.931	−2.340	2.323
	(0.642)	(0.661)	(3.721)	(0.794)	(1.480)	(0.817)
倾向得分加权	1.627	1.798	11.029	1.627	7.049	1.649
	(0.637)	(0.660)	(40.809)	(0.835)	(17.295)	(0.986)
样本量	445	445	2 675	2 675	1 162	1 162

毫不奇怪，对于所有估计方法，使用实验数据的估计是一致的。由于随机指派，$\tau_{att}=\tau_{ate}$，因此可以预计，这些参数的估计将是相似的。在职培训计划被估计能以在 1 627 美元和 1 798 美元之间的幅度提高 1978 年的实际劳动力市场收入。如果考虑到关于未处理样本的 *re*78 的平均值为 4 554 美元，那么这就是一个巨大的效应。

当使用非实验数据时，估计的类型就非常不一样了。简单的均值比较估计——其对进入培训的自选择不提供任何控制变量——是负的且绝对值很大的，并不太令人意外。但是 τ_{ate} 的其他估计也显得不可靠。使用倾向得分加权的 τ_{ate} 估计大得可疑（尽管非常不精确）。事实上，在 2 675 个观测值中，关于倾向得分的 logit 模型完美预测了 $train=0$ 的结果中的 158 个。实际上，我们正在除以 0（但在实践中这是一个非常小的数字）。在使用倾向得分加权之前，人们应当研究倾向得分的分布。如前所述，人们可能会将样本缩减为带有比如说处于 0.10 和 0.90，或 0.05 和 0.95 之间的 $\hat{p}(\mathbf{x}_i)$ 的那些观测值。

对协变量的控制，要么通过回归调整，要么通过倾向得分加权，都提供 τ_{att} 的合理估计，但估计是不精确的。关于 τ_{att}，倾向得分加权是合理的，因为小概率不影响 $\hat{\tau}_{att}$(见方程（21.40））。在整个样本中估计的最大倾向得分大约是 0.936。通过看看倾向得分的一个简单的描述统计，很明显缺乏平衡性是一个严重的问题：在处理子样本中，平均倾向得分大约是 0.631；而在控制子样本中，它大约是 0.027。

为了多少有些粗糙地解决缺乏重叠性的问题，我们也使用 JTRAIN3.RAW 中数据的一个子集。我们只使用 $re74$ 与 $re75$ 的平均值小于或等于 15 000 美元的那些观测值。该选择本质上是任意的，但提供了一个机制，用来舍弃那些可能很少有机会参与这样一个项目的人。估计值在表 21.1 的最后两列中给出。对样本施加约束产生了更合理的估计值，但关于 τ_{ate} 的那些估计值仍然是不稳定的。同样，解释协变量的 τ_{att} 的三个估计值是相当稳定的，但不是特别精确。对这些数据的一个更仔细的分析将使用更为灵活的函数形式，并引起人们更加小心地思考如何对样本进行约束。

777

21.3.4 使回归调整和倾向得分加权相结合

在前面的两小节中，我们基于两个策略描述了估计 ATE 的方法：第一个是基于对 $g=0$，1 估计 $\mu_g(x)=\mathrm{E}(y_g \mid \mathbf{x})$ 并对拟合值之差求平均，像在式（21.27）中那样，而第二个是基于倾向得分加权，像在式（21.39）中那样。对于每种方法，我们已经讨论了那些达到渐近有效性边界的估计量。如果我们有相对于 $\mathbf{x}_i$ 的维数而言较大的样本量，我们可能会认为条件均值的非参数估计量或倾向得分对于产生渐近有效的结果来说是足够精确的。

在其他情形中，我们会选择灵活的参数模型，因为完全的非参数估计是很难的。如之前所证明的，将条件均值的估计或倾向分数视为灵活的参数模型的一个原因是：它简化了关于处理效应估计的标准误计算。但是，如果我们使用依赖于参数模型的标准误计算，那么我们应当承认那些参数模型被误设的可能性。正如事实所证明的，我们可以将回归调整和倾向得分方法结合起来实现一些关于参数模型误设的稳健性。可将由此得到的 τ_{ate} 的估计量说成是**双重稳健的**（doubly robust），因为它只需要要么条件均值模型、要么倾向得分模型是正确设定的，而不是两者都是正确设定的。

双重稳健估计量背后的思想是在罗宾斯和罗尼茨基（Robins and Rothitzky，1995），罗宾斯、罗尼茨基和赵（Robins，Rotnitzky，and Zhao，1995）以及范德兰和罗宾斯（van der Laan and Robins，2003）的研究中开发的。伍德里奇（Wooldridge，2007）提供了一个简单的证明，即双重稳健性对于条件均值设定和估计方法的某些组合成立。为了描述该方法，设 $m_0(\cdot,\boldsymbol{\delta}_0)$ 和 $m_1(\cdot,\boldsymbol{\delta}_1)$ 为$\mathrm{E}(y_g \mid \mathbf{x})$，$g=0$，1 的参数函数，并设 $p(\cdot,\gamma)$ 是关于倾向得分的一个参数模型。在第一步中，我们用伯努利极大似然来估计 γ 并获得估计的倾向得分为 $p(\mathbf{x}_i,\hat{\gamma})$（可能为 logit 或 probit）。在第二步中，我们使用回归或一个准似然方法，其中，我们用逆概率加权。例如，如果我们对条件均值使用线性函数形式以估计 $\boldsymbol{\delta}_1=(\alpha_1,\boldsymbol{\beta}_1')'$，那么我们将使用 IPW 线性最小二乘问题

$$\min_{\alpha_1,\boldsymbol{\beta}_1}\sum_{i=1}^{N} w_i(y_i-\alpha_1-\mathbf{x}_i\boldsymbol{\beta}_1)^2/p(\mathbf{x}_i,\hat{\gamma}) \tag{21.53}$$

关于 $\boldsymbol{\delta}_0$，我们用 $1/[1-\hat{p}(\mathbf{x}_i)]$ 加权并使用 $w_i=0$ 的样本。然后，我们估计 τ_{ate} 作为预测元之差的平均值：

$$\hat{\tau}_{ate,pswreg}=N^{-1}\sum_{i=1}^{N}[(\hat{\alpha}_1+\mathbf{x}_i\hat{\boldsymbol{\beta}}_1)-(\hat{\alpha}_0+\mathbf{x}_i\hat{\boldsymbol{\beta}}_0)] \tag{21.54}$$

这是与线性回归调整相同的公式，但我们正在使用 α_g，$\boldsymbol{\beta}_g$ 的不同估计，$g=0$，1。

为仔细描述双重稳健性的结果，可分别用 γ^*，$\boldsymbol{\delta}_0^*$，$\boldsymbol{\delta}_1^*$ 表示$\hat{\gamma}$，$\hat{\boldsymbol{\delta}}_0$，$\hat{\boldsymbol{\delta}}_1$的概率极限。现在，如果条件均值函数是真正线性的且可忽略性以 $\mathbf{x}_i$ 为条件成立，那么使用 $\mathbf{x}_i$ 的任何函数的加权最小二乘估计量可在控制样本中一致估计出 $\boldsymbol{\delta}_0^*$，而在处理样本中一致估计出 $\boldsymbol{\delta}_1^*$。在 19.8 节中我们涵盖了缺失数据的一般情形（也见伍德里奇（Wooldridge，2007））。因此，即便 $p(\mathbf{x},\gamma)$ 是任意误设的，用 $p(\mathbf{x}_i,\gamma^*)$ 的函数加权并不会造成在正确设定条件均值时估计参数的不一致。（用$\hat{\gamma}$替换 γ^* 不会改变这个断言，因为$\hat{\gamma}$依概率收敛于 γ^*。）现在如果 $\mathrm{E}(y_g \mid \mathbf{x})=\alpha_g^*+\mathbf{x}\boldsymbol{\beta}_g^*$，$g=0$，1，那么，$\tau_{ate}=\mathrm{E}[(\alpha_1^*+\mathbf{x}\boldsymbol{\beta}_1^*)-(\alpha_0^*+\mathbf{x}\boldsymbol{\beta}_0^*)]$，这是 τ_{ate}关于回归调整的通常识别结果。

双重稳健性结果的另一半则更加微妙。现在假设 $p(\mathbf{x},\gamma)$ 关于$\mathrm{P}(w=1 \mid \mathbf{x})$ 是正确设定的，但允许条件均值是非线性的可能性。正如我们在 19.8 节中所讨论的那样，IPW 估计量（在可忽略性假设下）重新获得了在总体中未加权最小化问题的解。在线性回归情形中，那意味着 $\boldsymbol{\delta}_g^*$ 最小化了 $\mathrm{E}[(y_g-\alpha_g-\mathbf{x}\boldsymbol{\beta}_g)^2]$，对于 $g=0$，1。换句话说，$\boldsymbol{\delta}_g^*$ 是线性投影 $\mathrm{L}(y_g \mid 1,\mathbf{x})$ 中的参数；因为我们在这个投影中包括了一个常数，y_g 的无条件均值是线性投影 $\mathrm{E}(y_g)=\mathrm{E}[(\alpha_g^*+\mathbf{x}\boldsymbol{\beta}_g^*)]$ 的均值。因此，$\tau_{ate}=\mathrm{E}[(\alpha_1^*+\mathbf{x}\boldsymbol{\beta}_1^*)-(\alpha_0^*+\mathbf{x}\boldsymbol{\beta}_0^*)]$，就像以前一样，只不过现在我们并不需要对条件均值正确地设定线性函数。换句话说，当条件均值被误设时，线性回归调整仍然可以产生 τ_{ate}的一个一致估计量，但我们必须使用带有关于倾向得分的一个正确设定模型的 IPW 估计。当我们用任何函数$\mathbf{h}(\mathbf{x})$ 来替换 $\mathbf{x}$ 时，结论实质上是不变的。

如同关于线性回归情形所阐释的那样，双重稳健性的第二部分性质的关键——也就是说，当条件均值被误设时——是：我们仍然可以将反事实的无条件均值 $\mathrm{E}(y_g)$ 恢复为 $\mathrm{E}(y_g)=\mathrm{E}[m_g(\mathbf{x},\boldsymbol{\delta}_g^*)]$。因此，为把双重稳健性结果拓展到非线性条件均值模型，我们需要找到有此属性的条件均值函数和目标函数的

一些组合，其中，再一次地，$\boldsymbol{\delta}_g^*$ 是总体优化问题的解。这是一个特殊的性质，但几种非常有用的情形是已知的。结果它们被证明是准极大似然估计量，尤其是在带有特殊条件均值函数的线性指数族分布中。我们已经看到带有最小二乘（正态对数似然）目标函数的线性情形。如果 y_g 是一个二值或分数响应，那么带来双重稳健性连同伯努利准对数似然一起的均值函数是逻辑斯蒂函数

$$m_g(\mathbf{x},\boldsymbol{\delta}_g)=\Lambda[\alpha_g+\mathbf{h}(\mathbf{x})\boldsymbol{\beta}_g] \tag{21.55}$$

其中 $\mathbf{h}(\mathbf{x})$ 可以是 $\mathbf{x}$ 的任何函数。换句话说，对于处理组，我们求解 IPW QMLE问题

$$\min_{\alpha_1,\boldsymbol{\beta}_1}\sum_{i=1}^{N} w_i\{(1-y_i)\log[1-\Lambda(\alpha_1+\mathbf{h}_i\boldsymbol{\beta}_1)]+y_i\log[\Lambda(\alpha_1+\mathbf{h}_i\boldsymbol{\beta}_1)]\}/p(\mathbf{x}_i,\hat{\gamma})$$

其中 $\mathbf{h}_i\equiv\mathbf{h}(\mathbf{x}_i)$。一旦我们在每种情形中已使用 IPW 估计，ATE 可像以前一样估计：

$$\hat{\tau}_{ate,pswreg}=N^{-1}\sum_{i=1}^{N}[\Lambda(\hat{\alpha}_1+\mathbf{h}_i\hat{\boldsymbol{\beta}}_1)-\Lambda(\hat{\boldsymbol{\alpha}}_0+\mathbf{h}_i\hat{\boldsymbol{\beta}}_0)]$$

如果 $\mathrm{E}(y_g\mid\mathbf{x})=\Lambda[\alpha_g^*+\mathbf{h}(\mathbf{x})\boldsymbol{\beta}_g^*]$，$g=0$，1 或 $\mathrm{P}(w=1\mid\mathbf{x})=p(\mathbf{x},\gamma^*)$，那么 $\hat{\tau}_{ate,pswreg}\xrightarrow{p}\tau_{ate}$。我们很可能使用一个关于 $\mathrm{P}(w=1\mid\mathbf{x})$ 的 logit 模型，但那是不必要的。同样，请注意如果我们在式（21.55）中用比如说标准的正态 cdf，$\boldsymbol{\Phi}(\cdot)$ 去替代 $\Lambda(\cdot)$，那么我们就失去了双重稳健性属性。

如果 y_g 是一个非负响应——它可能是连续的、离散的，或同时兼具两者特征——与泊松 QLL 相结合的指数均值函数可提供双重稳健性。利用 $\mathbf{x}_i$ 的函数 $\mathbf{h}_i=\mathbf{h}(\mathbf{x}_i)$，我们求解关于处理样本、同样关于控制样本的一个 IPW 泊松估计，

$$\min_{\alpha_1,\boldsymbol{\beta}_1}\sum_{i=1}^{N} w_i[y_i(\alpha_1+\mathbf{h}_i\boldsymbol{\beta}_1)-\exp(a_1+\mathbf{h}_i\boldsymbol{\beta}_1)]/p(\mathbf{x}_i,\hat{\gamma})$$

那么平均处理效应就有着与式（21.37）相同的形式。

为什么对应带有逻辑斯蒂的和指数的均值函数的伯努利和泊松 QMLE 能产生 τ_{ate}的双重稳健估计？再一次，双重稳健性的前半部分是很简单的。对于估计一个正确设定了均值的参数来说，伯努利和泊松 QMLE 是完全稳健的，不管 y_i 的性质如何（且带有任何均值函数）；当指派是可忽略的时，使用 $\mathbf{x}_i$ 的一个严格正的函数——要么是 $1/p(\mathbf{x}_i,\gamma^*)$ 要么是 $1/[1-p(\mathbf{x}_i,\gamma^*)]$ ——加权不改变稳健性。这个推理给出了双重稳健性的上半部分。对于下半部分，我们需要关于对应 QLL 的具体条件均值函数。当 $p(\mathbf{x},\gamma)$ 是正确设定的以至 $\mathrm{P}(w=1\mid\mathbf{x})=p(\mathbf{x},\gamma^*)$ 时，IPW 估计量一致估计了关于未加权总体问题的解——就像一直以来那样。关键是，对于刚才所描述的均值/QLL 的两个组合来说，概率极限满足 $\mathrm{E}(y_g)=\mathrm{E}[m_g(\mathbf{x},\boldsymbol{\delta}_g^*)]$。通过研究关于 $\boldsymbol{\delta}_g^*$ 的一阶条件，这些是很容易建立的。例如，在泊松分布情形中，$\boldsymbol{\delta}_g^*$ 满足（对于一次随机抽取 i）

$$\mathrm{E}[(1,\mathbf{h}_i)'y_{ig}]=\mathrm{E}[(1,\mathbf{h}_i)'\exp(\alpha_g^*+\mathbf{h}_i\boldsymbol{\beta}_g^*)]$$

而且这些方程的第一个只是 $\mathrm{E}(y_{ig})=\mathrm{E}[\exp(\alpha_g^*+\mathbf{h}_i\boldsymbol{\beta}_g^*)]$。一个类似的计算在逻辑斯蒂/伯努利情形中建立了 $\mathrm{E}(y_g)=\mathrm{E}[\Lambda(\alpha_g^*+\mathbf{h}(\mathbf{x})\boldsymbol{\beta}_g^*)]$。（这些总体条件的样本类推同样成立：$y_i$ 的样本平均值等于拟合值的平均值。）

对于以前讨论过的三种情形，关于正态（残差平方）、伯努利和泊松准对数似然的均值函数在广义线性模型的语言中对应着“标准链接”函数（“canonical link” functions）。这种对应不是一个巧合。与一个标准链接相关联的均值函数总是具有属性 $\mathrm{E}(y_g)=\mathrm{E}[m_g(\mathbf{x}_i,\boldsymbol{\delta}_g^*)]$，只要在指标函数中包含一个常数——就像在处理效应的应用中总是的那种情形一样。重要的是记住，这三个条件均值/QLL 组合可用于各种响应变量。作为一个实际问题，我们应当确保所选择的均值函数与 y_g 的性质在逻辑上是一致的。如果 y_g 有无界支集并取正值及负值，一个线性模型似乎就是很自然的。如果 y_g 是二值或分数的（在 0 或 1 处可能有堆积），那么 logit 方法似乎是很自然的。而且如果 $y_g\geqslant 0$ 且无界，那么指数函数（结合泊松 QLL）似乎是很自然的。记住，泊松 QMLE 可被应用于任何类型的 y_g 上。

由于 τ_{ate} 的估计采取式（21.30）的形式，我们可以使用式（21.31）——并对 $\hat{\mathbf{V}}_0$ 和 $\hat{\mathbf{V}}_1$ 使用合适的公式——来计算关于 $\hat{\tau}_{ate,pswreg}$ 的一个渐近标准误。如果条件均值是正确设定的，那么通常稳健的方差矩阵对于使用加权准 MLE 估计的参数是有效的。如果条件均值误设但倾向得分被正确设定，那么 $\hat{\boldsymbol{\delta}}_g$ 的一个更好（且更小）的渐近方差估计，可以通过把来自关于 QMLE 的加权、选择性得分的倾向得分对数似然的梯度剔除而获得，正如在 19.8 节中那样；也可参阅伍德里奇（Wooldridge，2007）。我们可能只使用忽略 γ^* 的估计的方差矩阵，因为在最坏的情形中它是保守的。然而，对于 γ^* 的 MLE 估计的调整是没什么害处的，因为如果均值是正确设定的，那么调整将在大样本中是最小的。当然，对两步法程序和关于 $\hat{\tau}_{ate,pswreg}$ 的公式使用自助法是很容易的，而且还提供正确的渐近推断。

21.3.5 匹配方法

关于匹配估计量的动机类似于回归调整。特别是，对于每个 i，我们为反事实变量 y_{i0} 和 y_{i1} 计算它们的值。当可能时，匹配估计量使用可观测结果。换句话说，如果我们设 $\hat{y}_{i0}$ 和 $\hat{y}_{i1}$ 表示计算值，当 $w_i=0$ 时 $\hat{y}_{i0}=y_i$，当 $w_i=1$ 时 $\hat{y}_{i1}=y_i$。一般地，匹配估计量采取形式

$$\hat{\tau}_{ate,match}=N^{-1}\sum_{i=1}^{N}(\hat{y}_{i1}-\hat{y}_{i0}) \tag{21.56}$$

$$\hat{\tau}_{ate,match}=N_1^{-1}\sum_{i=1}^{N}w_i(y_i-\hat{y}_{i0}) \tag{21.57}$$

其中后一个公式使用对于处理子样本有 $y_{i1}=y_i$ 这一事实。（换句话说，我们从不需要对处理子样本计算 y_{i1}。）

关于匹配的关键问题是如何为处理单元（关于 τ_{ate} 和 τ_{att} 二者都）计算 y_{i0}，以及如何为控制单元（关于 τ_{ate}）计算 y_{i1}。阿巴迪和英伯斯（Abadie and Imbens，2006）考虑了几种方法，其中每一种都涉及基于协变量的值寻找一个或多个匹配。最简单的情形是为每个观测值寻找单个匹配。为具体起见，假设 i 是一个处理观测值（$w_i=1$）。那么，对于 $h(i)$，$\hat{y}_{i1}=y_i$ 且 $\hat{y}_{i0}=y_{h(i)}$ 以至 $w_{h(i)}=0$，并且在基于一个选定的测度（或距离）$\mathbf{x}_{h(i)}$ 是“最接近” $\mathbf{x}_i$ 的这个意义上讲，单元 $h(i)$ 是“最接近”单元 i 的。换句话说，对于处理单元 i，我们找到了“最相似”的未处理观测值，并使用它的响应作为我们对 y_{i0} 的最佳估计值。同样，如果 $w_i=0$，$\hat{y}_{i0}=y_i$ 且 $\hat{y}_{i1}=y_{h(i)}$，其中现在 $w_{h(i)}=1$。如果我们基于整套协变量来选择匹配，我们称该方法为**协变量匹配**（matching on the covariates）。如果我们为每个单元选定单个匹配而且我们拥有了协变量的清单，那么唯一的问题就是选择距离测度。一个常见的测度是**马氏距离**（Mahalanobis distance），对于观测值 h 和 i，它等于（$(\mathbf{x}_h-\mathbf{x}_i)'\hat{\sum}_{\mathbf{x}}^{-1}(\mathbf{x}_h-\mathbf{x}_i)$（的平方根），其中 $\hat{\sum}_{\mathbf{x}}$ 是协变量的 $K\times K$ 维样本方差—协方差矩阵。有些软件包使用一个对角矩阵的版本作为默认值，其给出加权平均值 $\sum_{j=1}^{K}(x_{hj}-x_{ij})^2/\hat{\sigma}_j^2$。

我们不使用一个单个的“最近邻居”，而是使用 M 个最近邻居的一个平均值来计算缺失值。如果 $w_i=1$，那么

$$\hat{y}_{i0}=M^{-1}\sum_{h\in\aleph M(i)}y_h \tag{21.58}$$

其中 $\aleph_M(i)$ 包含着 M 个关于观测值 i 的未处理的最近匹配，同样也基于协变量。特别是，对于所有的 $h\in\aleph_M(i)$，有 $w_h=0$。（当在距离中有一些联系时，那么可有 M 个以上的元素在 $\aleph_M(i)$ 中，然后 M 被 $\aleph_M(i)$ 中的元素数量所取代。）同样，如果 $w_i=0$，那么

$$\hat{y}_{i1}=M^{-1}\sum_{h\in\Im M(i)}y_h \tag{21.59}$$

其中 $\Im M(i)$ 含有 M 个对于观测值 i 的处理的最近匹配。

在整套协变量上的匹配在计算上可能是很密集的，但利用现代计算机该负担还是可控的。在均值的可忽略性假设 ATE. 1′连同重叠性假设 ATE. 2 下，该方法产生了 τ_{ate} 的一个一致估计。（自然，较弱的假设对于 τ_{att} 是充分的。）匹配可以通过以下思想实验来激发。假设我们从总体中协变量的分布中抽取一个值 $\mathbf{x}$。然后，对于给定的协变量值，我们从子总体中随机抽取一个控制单元和处理单元并记录结果。在结果中的期望差是

$$\mathrm{E}(y|w=1,\mathbf{x})-\mathrm{E}(y|w=0,\mathbf{x})=\tau_{ate}(\mathbf{x})$$

其中等式在 ATE. 1′假设下成立。通过迭代期望法则，如果我们跨 $\mathbf{x}$ 的分布求结果之差的平均，那么我们就得到了 τ_{ate}。匹配仅仅是思想实验的样本类推。

很显然，重叠性的缺乏将导致一些关于匹配估计量的问题，就像利用回归调整和倾向得分加权时那样。假设 i 是一个控制单元，而 $\mathbf{x}_i$ 离处理子样本中的所有协变量值都很远。那么用于获得 $\hat{y}_{i0}$ 的匹配可能会非常糟糕，而求几个糟糕匹配值的平均无须帮助。从根本上说，如果在支集 $\mathcal{X}$ 中有一些既没有控制单元

也没有处理单元的区域，那么匹配就可产生糟糕的结果。

协变量匹配的大样本属性已由阿巴迪和英伯斯（Abadie and Imbens，2006）获得；也可参阅英伯斯和伍德里奇（Imbens and Wooldridge，2009）。除非 $K=1$（在单个协变量上的匹配），否则匹配估计量不是 $\sqrt{N}$—一致的，而且当 $K>3$ 时，偏误将在方差中占主要地位。关于偏误和方差计算，以及用一个自助法程序进行有效推断的论述，可参阅阿巴迪和英伯斯（Abadie and Imbens，2006）。

由于命题 21.4，在倾向得分上的匹配也产生了 τ_{ate} 和 τ_{att} 的一致估计量，这是非常方便的，因为 $p(\mathbf{x})$ 是在单位区间内的一个标量。如果我们知道了倾向得分，那么我们可以应用阿巴迪和英伯斯（Abadie and Imbens，2006）的结果；特别是，该估计量将是 $\sqrt{N}$—一致的而且方差计算将是相当简单的，就像应用自助法时将会的那样。在使用从一个预备 logit 估计中获得的倾向得分中，罗森鲍姆和鲁宾（Rosenbaum and Rubin，1983）首次提出了**倾向得分匹配**（propensity score matching）。遗憾的是，使用一个估计的倾向得分会使匹配估计量的统计性质复杂化，因为匹配天生就是一个不连续的运算。特别是，如果使用了标准匹配方法——例如，如果 $w_{h(i)}=1-w_i$ 且 $h(i)=\text{argmin}_h\mid\hat{p}(\mathbf{x}_h)-\hat{p}(\mathbf{x}_i)\mid$，则 $h(i)$ 被选定作为关于观测值 i 的匹配——然后自助法不再是合理的。（有时倾向得分的一个不同的函数，诸如对数机会比率，被用在匹配中，但是它本身并不能用自助法解决问题。）平滑倾向得分匹配的各种方法已经被提了出来；例如，参阅弗洛里奇（Frölich，2004）。

匹配方法也可以与回归调整结合起来。可参阅英伯斯（Imbens，2004）以及英伯斯和伍德里奇（Imbens and Wooldridge，2009）了解相关综述。

例 21.2（在职培训对收入的因果效应） 我们现在计算来自例 21.1 的因果效应的匹配估计。我们使用一个单个匹配和沿着对角线的方差的逆的对角加权矩阵。标准误使用阿巴迪和英伯斯（Abadie and Imbens，2006）的方法通过 Stata 10 进行计算。表 21.2 中包含了各项结果。

毫不奇怪，在实验数据集上，匹配估计非常类似于在例 21.1 中获得的回归调整和倾向得分加权估计。该估计的精确度比回归和倾向得分估计多少要低一些。

遗憾的是，像其他方法一样，匹配在非实验数据上运行得不是很好——甚至当数据集受约束以至 $(re74+re75)/2\leqslant 15$ 时也是这样。我们将需要做进一步的工作，以获得一个含有更好重叠性的样本。

表 21.2

	JTRAIN2		JTRAIN3（全样本）		JTRAIN3（约简样本）	
估计方法	$\hat{\tau}_{ate}$	$\hat{\tau}_{att}$	$\hat{\tau}_{ate}$	$\hat{\tau}_{att}$	$\hat{\tau}_{ate}$	$\hat{\tau}_{att}$
协方差匹配	1.628	1.824	−12.869	0.155	−3.846	−0.232
	(0.773)	(0.882)	(3.815)	(1.478)	(2.495)	(1.649)
样本量	445	445	2 675	2 675	1 162	1 162

21.4 工具变量方法

当我们怀疑处理可忽略性假设（ATE.1 或 ATE.1′）不成立时，我们现在就转向平均处理效应的工具变量估计。如果关于处理的一个良好的工具变量是可得的，关于估计 ATE 的 IV 方法可能是非常有效的。我们需要工具变量来预测处理（在求偏导消掉任何控制变量后）。正如我们在 5.3.1 节中讨论过的那样，工具变量在一个特定的条件期望中且与不可观测异质性无关时应当是冗余的；在下一小节中我们会给出精确的假设。

本节中我们的精力主要集中在关于在方程（21.1）中定义的平均处理效应上。21.4.1 节考虑了 IV 估计，包括使用来自一个关于处理的二值响应模型估计的拟合值作为工具变量的方法——而且支持偏好于将拟合值作为工具变量而不是回归元。21.4.2 节提供了估计当处理带来的收益取决于不可观测因素（同时也取决于可观测因素）时可以使用的 ATE 的方法。这里提议了两种方式：一是添加一个“校正函数”以及将 IV 应用到由此得到的方程上。另一种方式基于一种控制函数法。在 21.4.3 节中我们简要讨论当我们不希望做出函数形式或分布方面的假定时利用工具变量估计局部平均处理效应。

21.4.1 利用 IV 估计平均处理效应

在研究 IV 程序时，把观测结果 y 写成

$$y=\mu_0+(\mu_1-\mu_0)w+v_0+w(v_1-v_0) \tag{21.60}$$

是有用的，其中 $\mu_g=\mathrm{E}(y_g)$，$v_g=y_g-\mu_g$，$g=0$，1。然而，与 21.3 节不同，我们并没有假定 v_0 以及 v_1 是给定 $\mathbf{x}$ 时与 w 独立的均值。相反，我们假定，我们收集在向量 $\mathbf{z}$ 中的工具是可以利用的。（这里，我们使额外的工具与协变量分开，因而，$\mathbf{x}$ 与 $\mathbf{z}$ 并没有重叠，在许多情形中，$\mathbf{z}$ 是一个标量，但是，在那种情形下，分析并没有变得容易一些。）

如果我们假定，y_1 与 y_0 的随机部分是相同的，也就是 $v_1=v_0$，那么交互作用项就不出现（并且 $\tau_{ate}=\tau_{att}$）。如果没有交互作用项，那么我们就可以在弱假设下使用 IV 方法。

假设 ATEIV.1：(a) 在式（21.60）中，$v_1=v_0$；(b) $\mathrm{L}(v_0\mid\mathbf{x},\mathbf{z})=\mathrm{L}(v_0\mid\mathbf{x})$；并且 (c) $\mathrm{L}(w\mid\mathbf{x},\mathbf{z})\neq\mathrm{L}(w\mid\mathbf{x})$。

在本章中，所有线性投影都包括单位元，为了记号简单，我们对此不作说明。

在假设 ATEIV.1 的（a）与（b）部分下，我们可以写成

$$y=\delta_0+\tau w+\mathbf{x}\boldsymbol{\beta}_0+u_0 \tag{21.61}$$

其中 $\tau=\tau_{ate}$ 且 $u_0\equiv v_0-\mathrm{L}(v_0\mid \mathbf{x},\mathbf{z})$。由定义，$u_0$ 具有零均值，且与（$\mathbf{x},\mathbf{z}$）是不相关的但 w 与 u_0 是宽泛地相关的，这使得方程（21.61）的 OLS 估计是非一致的。线性投影 $\mathrm{L}(v_0\mid \mathbf{x},\mathbf{z})$ 中 $\mathbf{z}$ 的冗余性意味着，$\mathbf{z}$ 可以从方程（21.61）中适当地被排除；这是我们不能检验的识别部分（除了直接利用出自第 6 章的过度识别检验）。（c）部分意味着 $\mathbf{z}$ 在处理对（$\mathbf{x},\mathbf{z}$）的线性投影中具有预测效力；这是出自第 5 章关于识别的标准秩条件，并且我们可以利用第一阶段回归以及排除约束的异方差性稳健检验来检验它。在假设 ATE IV.1 下，τ［以及方程(21.61)中的其他参数］是可识别的，而且 τ 以及其他参数均可以由 2SLS 一致地估计出来。由于方程（21.61）中唯一的内生解释变量是二值的，所以式(21.60）被称为**虚拟内生变量模型**（dummy endogenous variable model）(Heckman，1978)。正如我们在第 5 章曾讨论的，当内生解释变量是二值的时候，通过 2SLS 对方程（21.61）进行估计并不用特殊的考虑。

如果工具 $\mathbf{z}$ 与（$y_0,\mathbf{x}$）是独立的，那么假设 ATEIV.1（b）成立。例如，假定 z 是确定在职培训项目或者某种其他社会项目的参与资质（eligibility）的一个标量。事实上的参与 w 可能与 v_0 是相关的，而 v_0 可能包括不可观测的能力。如果参与资质是随机指派的，那么假定 z 与（$y_0,\mathbf{x}$）是独立的，这一点常常是合情合理的。参与资质可以正比例地影响参与，因此，假设 ATEIV.1（c）应该成立。

参与资质的随机指派并没有保证参与资质是关于参与的有效工具。z 的结果可能影响其他行为，其他行为反馈进入方程（21.61）的 u_0 中。例如，考察安格里斯特（Angrist，1990）的征兵抽签（draft lottery）应用，其中征兵抽签号码用作入选当兵的工具。显然，抽签号码会影响到入选，所以假设 ATEIV.1（c）是被满足的。如果人们基于自己抽签号码没有以影响工资的不可观测方式改变行为，那么假设 ATEIV.1（b）同样被满足。一个担心是，具有小抽签号码的人员可以得到更多的教育，以延缓方式来避免服役。在 $\mathbf{x}$ 中包括受教育年数可以有效地解决这个问题。但是，如果具有大的征兵抽签号码的人员接受了更多在职培训将会如何呢？因为雇主并不怕失去他们。如果在 $\mathbf{x}$ 中不能包括一个对在职培训状况的测量，那么抽签号码通常与 u_0 是相关的。参阅 AIR（1996）与赫克曼（Heckman，1997）的另外讨论。

正像前面讨论所蕴涵的，假设 ATEIV.1（b）中冗余条件允许工具 $\mathbf{z}$ 与 $\mathbf{x}$ 的元素是相关的。例如，在高中毕业生的总体中，如果 w 表示大学学位指示符，并且 z 表示读高中时到最近学院的距离，那么 z 允许与工资方程中其他控制变量诸如地理指示符是相关的。

在 $v_1=v_0$ 以及关于工具的关键性假设下，对方程（21.61）进行估计的 2SLS 是一致的且渐近正态的。但是，如果我们做出更强的假设，那么可以找出一个更有效的 IV 估计量。

假设 ATEIV.1′：(a) 式（21.60）中，$v_1=v_0$；(b)$\mathrm{E}(v_0\mid \mathbf{x},\mathbf{z})=\mathrm{L}(v_0\mid \mathbf{x})$；(c)$\mathrm{P}(w=1\mid \mathbf{x},\mathbf{z})\neq \mathrm{P}(w=1\mid \mathbf{x})$，并且 $\mathrm{P}(w=1\mid \mathbf{x},\mathbf{z})=G(\mathbf{x},\mathbf{z};\gamma)$ 是已知参数形式（通常是 probit 或 logit）；(d) $\mathrm{Var}(v_0\mid \mathbf{x},\mathbf{z})=\sigma_0^2$。

(b) 部分假设假定，$E(v_0 \mid \mathbf{x})$ 关于 $\mathbf{x}$ 是线性的，因而，它比假设 EIV. 1 (b) 更有约束性。对于离散的响应变量 y 来说，它通常不成立，尽管在一些情形下，它是合情合理的近似。在 (a) 与 (b) 部分下，方程 (21.61) 中的误差 u_0 具有零条件均值：

$$E(u_0 \mid \mathbf{x},\mathbf{z})=0 \tag{21.62}$$

(d) 部分蕴涵着，$\mathrm{Var}(u_0 \mid \mathbf{x},\mathbf{z})$ 是常数。由 14.4.3 节关于工具的有效选择结果可知，关于 w 的最优 IV 是 $E(w \mid \mathbf{x},\mathbf{z})=G(\mathbf{x},\mathbf{z};\gamma)$。因此，我们可以使用两步 IV 方法：

程序 21.1 (在假设 ATEIV. 1′下)：(a) 通过极大似然估计二值响应 $P(w=1 \mid \mathbf{x},\mathbf{z})=G(\mathbf{x},\mathbf{z};\gamma)$，获得拟合概率 $\hat{G}_i$。当 $P(w=1 \mid \mathbf{x},\mathbf{z})$ 服从 probit 模型时，最主要的情形就出现了。

(b) 利用工具 1，$\hat{G}_i$ 以及 $\mathbf{x}_i$ 估计方程 (21.61)。

这种 IV 估计量存在几个好的特性。首先，可以证明，足以忽略第一阶段中对 γ 的估计的充分条件仍成立；参阅 6.1.2 节。因此，通常的 2SLS 标准误与检验统计量都是渐近有效的。其次，在假设 ATEIV. 1′下，出自 (b) 步骤的 IV 估计量在工具变量作为 ($\mathbf{x}_i$，$\mathbf{z}_i$) 的函数的那类估计量中是渐近有效的；参阅习题 8.11。如果假设 ATEIV. 1′ (d) 并不成立，所有统计量应该成为对异方差性来说是稳健的，而且我们不再拥有有效的 IV 估计量。

程序 21.1 具有一个重要的稳健性性质。由于我们利用 $\hat{G}_i$ 作为关于 w_i 的工具，所以对 $P(w=1 \mid \mathbf{x},\mathbf{z})$ 模型没有被正确地设定。例如，如果我们设定了关于 $P(w=1 \mid \mathbf{x},\mathbf{z})$ 的 probit 模型，那么我们并不需要 probit 模型是正确的。一般地讲，我们所需要的内容是，w 在 $[\mathbf{x},G(\mathbf{x},\mathbf{z};\gamma^*)]$ 上的线性投影确实依赖于 $G(\mathbf{x},\mathbf{z};\gamma^*)$，其中我们使用 γ^* 表示当模型被错误设定时极大似然估计量的 plim (概率极限) (参阅怀特 (White, 1982a) 和 13.11.1 节)。当 $\mathbf{z}$ 与 w 是**偏相关** (partially correlated) 的时候，这些要求是相当弱的。

从技术上讲，即使我们没有从 $\mathbf{x}$ 中排除额外的外生变量，τ 与 $\boldsymbol{\beta}$ 也均是可识别的。但是，在此情形下，我们很少能够保证此估计量是正确的。为了具体，假定给定 $\mathbf{x}$ 时 w 服从 probit 模型 [而且我们没有 $\mathbf{z}$，或者 $\mathbf{z}$ 不出现在 $P(w=1 \mid \mathbf{x},\mathbf{z})$ 中]。由于 $G(\mathbf{x},\gamma)\equiv\boldsymbol{\Phi}(\gamma_0+\mathbf{x}\gamma_1)$ 是 $\mathbf{x}$ 的非线性函数，它与 $\mathbf{x}$ 不是完全相关的，因此，它可用作关于 w 的一个 IV。这种情形非常类似于 19.6.1 节中曾讨论的内容：尽管如果 $\gamma_1\neq 0$ 时，对于所有 α 与 $\boldsymbol{\beta}$ 的值来说，识别是成立的，但是我们正从 $P(w=1 \mid \mathbf{x})$ 的非线性那里得到识别。进一步地，$\boldsymbol{\Phi}(\gamma_0+\mathbf{x}\gamma_1)$ 与 $\mathbf{x}$ 通常是高度相关的。像我们在 5.2.6 节所讨论的，在工具变量 (IV) 之间的严重多重共线性导致了非常不准确的 IV 估计量。实际上，如果 $P(w=1 \mid \mathbf{x})$ 服从一个线性概率模型，那么 τ 就是不可识别的。参阅习题 21.5 的阐述。

例 21.3 (估计教育对生育力的影响) 我们利用 FERTIL2. RAW 中的数据来估计至少接受 7 年教育对生育力的影响。数据是博茨瓦纳达到生育年龄的妇女。显然，接受 7 年教育是接受正面教育的众数数量。(大约 21%的妇女报告接受 0 年教育。对于接受正面教育的子样本来说，大约 33%的人报告接受 7 年教育。）设 $y=children$ 表示活着的孩子数，并且设 $w=educ7$ 表示至少接受 7 年教育的二值指示符。$\mathbf{x}$ 的元素是 age，age^2，$evermarr$（已婚的），$urban$（生活在市区），$electric$（有电用）以及 tv（有一台电视机）。

τ 的 OLS 估计值是 $-0.394(\text{se}=0.050)$。我们还可以利用变量 $frsthalf$，如果一个妇女出生在上半年，那么二值变量 $frsthalf$ 等于 1。非常容易证明，$educ7$ 与 $frsthalf$ 是显著负相关的。通常 IV 估计值在数量上比 OLS 的估计值要大许多，但是，它只是边际显著的（marginally significant）：$-1.131(\text{se}=0.619)$。出自程序 21.1 的估计值在绝对值上甚至更大，而且非常显著：$-1.975(\text{se}=0.332)$。对于任意的异方差来说，稳健的标准误表现得更小一些。因此，利用 probit 拟合值作为 IV，而不是利用线性投影，会产生一个更准确的估计值（而且是在绝对值上明显更大的一个）。

教育效应的 IV 估计值看上去非常大。一个可能的问题是，因为 $children$（儿童）是一个在 0 处堆积的非负整数，作为程序 21.1 基础的假设——亦即假设 ATEIV. 1′（a）以及 ATEIV. 1′（b）——可能不会被满足。相反，我们可以应用在 18.5 节中关于指数响应函数的方法。特扎（Terza，1998）和姆拉伊（Mullahy，1997）方法都可以使用一个虚拟事实框架推导出来。

原则上，重要的是认识到，程序 21.1 与利用 $\hat{G}$ 作为回归元（regressor）代替 w 的情形不一样。也就是，方程（21.61）的 IV 估计与出自

$$y_i \text{ 对 } 1, \hat{G}_i, \mathbf{x}_i \tag{21.63}$$

的 OLS 估计量是不一样的。源自回归（21.63）的 OLS 估计量的一致性依赖于对 $P(w=1 \mid \mathbf{x},\mathbf{z})$ 的模型的正确设定。如果假设 ATEIV. 1′的前三个部分成立，那么

$$E(y|\mathbf{x},\mathbf{z})=\delta_0+\tau G(\mathbf{x},\mathbf{z};\gamma)+\mathbf{x}\boldsymbol{\beta}$$

并且由第 6 章关于生成回归元的结果可知，源自回归（21.63）的估计量通常是一致的。由于为了一致性，程序 21.1 并不需要假设 ATEIV. 1′（c），所以程序 21.1 是更稳健的。

理解 IV 方法与回归方法相比较而言的稳健性的一种不同方式是：思考一下总体中的第一阶段基础回归，它是 w 对 $[1,G(\mathbf{x},\mathbf{z};\gamma^*),\mathbf{x}]$ 的线性投影；可将这个写成 $\eta_0+\eta_1 G(\mathbf{x},\mathbf{z};\gamma^*)+\mathbf{x}\eta_2$。只要 $\eta_1\neq0$，IV 估计量关于平均处理效应的任何值都是一致的，因为我们只需要一个围绕 w 移动且不完全与 $\mathbf{x}$ 相关的外生变量。相反，关于 τ 的两步回归估计量的一致性要求 $\eta_1=1$。如果 $P(w=1 \mid \mathbf{x},\mathbf{z})=G(\mathbf{x},\mathbf{z};\gamma^*)$，那么 $\eta_0=0$，$\eta_1=1$，且 $\boldsymbol{\eta}_2=0$，所以 y 对 $[1,G(\mathbf{x},\mathbf{z};\gamma^*),\mathbf{x}]$ 的线性投影是 $\delta_0+\tau G(\mathbf{x},\mathbf{z};\gamma^*)+\mathbf{x}\boldsymbol{\beta}$；因此，回归（21.63）一致估计了所有参数。但是如果 $G(\mathbf{x},\mathbf{z};\gamma)$ 是误设的，那么 η_1 可能会异于单位元（而且 $\boldsymbol{\eta}_2\neq\mathbf{0}$）。一般地，回归（21.63）一致估计了 $\delta_0+\tau\eta_0$，$\tau\eta_1$ 以及 $\beta+\tau\eta_2$ 分别作为截距项、$\hat{G}_i$上的系数以及 $\mathbf{x}_i$ 上的系数。

回归（21.63）的另外一个问题是，由于两个原因导致了通常 OLS 的标准误以及检验统计量都是无效的。第一，如果 $\mathrm{Var}(u_0 \mid \mathbf{x},\mathbf{z})$ 为常数，那么因为 $\mathrm{Var}(w \mid \mathbf{x},\mathbf{z})$ 不是常数，所以 $\mathrm{Var}(y \mid \mathbf{x},\mathbf{z})$ 就不能是常数。这一点仅仅是一个小麻烦，因为异方差性稳健标准误与检验统计量是很容易获得的。[然而，源自回归（21.63）的估计量的有效性却值得商榷。] 一个更严重的问题是，源自回归（21.63）的估计量依赖于 $\hat{\gamma}$ 的渐近方差，除非 $\alpha=0$，而且异方差性稳健标准误因此是不正确的。

总之，利用出自第一阶段的二值响应模型，诸如 probit 或 logit 的拟合概率，作为 w 的工具是利用内生解释变量的二值特性的良好途径。此外，渐近推断总是标准的。利用 $\hat{G}_i$ 作为工具并不要求 $\mathrm{E}(v_0 \mid \mathbf{x},\mathbf{z})$ 仅仅依赖于 $\mathbf{x}$ 且关于 $\mathbf{x}$ 是线性的假设，这比假设 ATEIV. 1′（b）更有约束性。

允许式（21.60）中的交互作用项 $w(v_1-v_0)$ 显得更困难。一般地讲，当 $v_1 \neq v_0$ 时，IV 估计值（利用 $\mathbf{z}$ 或 $\hat{G}$ 作为关于 w 的工具）不能一致地估计出 τ_{ate}（或者 τ_{att}）。然而，找到根据它 IV 估计确实能一致估计 ATE 的那些假设是有用的。这一问题已经由安格里斯特（Angrist，1990）、赫克曼（Heckman，1997）以及伍德里奇（Wooldridge，1997b，2003b）研究过，而我们则对这些论文的结果加以综合。

在条件均值冗余假设下，

$$\mathrm{E}(v_0 \mid \mathbf{x},\mathbf{z})=\mathrm{E}(v_0 \mid \mathbf{x}) \quad 且 \quad \mathrm{E}(v_1 \mid \mathbf{x},\mathbf{z})=\mathrm{E}(v_1 \mid \mathbf{x}) \tag{21.64}$$

我们总是可以把式（21.60）写成

$$y=\mu_0+\tau w+g_0(\mathbf{x})+w[g_1(\mathbf{x})-g_0(\mathbf{x})]+e_0+w(e_1-e_0) \tag{21.65}$$

其中 $\tau=\tau_{ate}$，而且

$$v_0=g_0(\mathbf{x})+e_0, \mathrm{E}(e_0 \mid \mathbf{x},\mathbf{z})=0 \tag{21.66}$$

$$v_1=g_1(\mathbf{x})+e_1, \mathrm{E}(e_1 \mid \mathbf{x},\mathbf{z})=0 \tag{21.67}$$

给定关于 g_0 与 g_1 的函数形式假设——通常关于参数是线性的——我们可以使用 IV 估计方程（21.65），其中误差项是 $e_0+w(e_1-e_0)$。为了具体起见，假定

$$g_0(\mathbf{x})=\eta_0+\mathbf{x}\boldsymbol{\beta}_0, g_1(\mathbf{x})-g_0(\mathbf{x})=(\mathbf{x}-\boldsymbol{\psi})\boldsymbol{\delta} \tag{21.68}$$

其中 $\boldsymbol{\psi}=\mathrm{E}(\mathbf{x})$。如果我们把这些等式代入方程（21.65）中，那么我们需要关于 w 与 $w(\mathbf{x}-\boldsymbol{\psi})$ 的工具（注意到，这里 $\mathbf{x}$ 不包含常数）。如果 $q \equiv q(\mathbf{x},\mathbf{z})$ 是关于 w 的工具（诸如程序 21.1 中的响应概率），那么关于 $w \cdot \mathbf{x}$ 的自然而然的工具是 $q \cdot \mathbf{x}$。（而且，如果 q 是关于 w 的有效工具变量，那么 $q \cdot \mathbf{x}$ 就是关于 $w \cdot \mathbf{x}$ 的有效工具。）什么时候把 IV 应用到

$$y=\gamma+\tau w+\mathbf{x}\boldsymbol{\beta}_0+w(\mathbf{x}-\boldsymbol{\psi})\boldsymbol{\delta}+e_0+w(e_1-e_0) \tag{21.69}$$

是一致的呢？如果最后一项不出现，并且尤其是，如果

$$e_1=e_0 \tag{21.70}$$

那么误差 e_0 具有给定（$\mathbf{x},\mathbf{z}$）时的零均值；这一结果意味着式（21.69）的 IV 估计中产生了一致的、渐近正态估计量。

假设 ATEIV. 2：把 y 表示成如同在式（21.60）中那样，条件（21.64）、条件（21.65）以及条件（21.70）成立。此外，ATEIV. 1′（c）成立。

我们对程序 21.1 有下述推广：

程序 21.2（在假设 ATEIV. 2 下）：（a）与程序 21.1 一样。（b）利用工具 1，$\hat{G}_i$，$\mathbf{x}_i$ 以及 $\hat{G}_i(\mathbf{x}_i-\bar{\mathbf{x}})$，通过 IV 估计

$$y_i=\gamma+\tau w_i+\mathbf{x}_i\boldsymbol{\beta}_0+[w_i(\mathbf{x}_i-\bar{\mathbf{x}})]\boldsymbol{\delta}+error_i \tag{21.71}$$

如果我们增加假设 ATEIV. 1′（d），那么［当我们忽略 E($\mathbf{x}$) 的估计时］程序 21.2 会产生有效的 IV 估计值。正如使用程序 21.1 一样，为了识别，我们实际上并不要求二值响应模型是被正确设定的。作为一种可选择的方式，我们可以使用 $\mathbf{z}_i$ 以及 $\mathbf{z}_i$ 与 $\mathbf{x}_i$ 之间的交互作用作为工具，这通常导致可检验的识别过度约束。

从技术上讲，$\bar{\mathbf{x}}$ 作为 E($\mathbf{x}$) 的估计量的事实，应该在计算 IV 估计量的标准误中得到解释。但是，正像习题 6.10 所证明的，对 E($\mathbf{x}$) 估计加以调整通常对标准误具有微不足道的效应；实践中，我们可以使用通常的或者异方差性稳健标准误。或者，我们可以应用自助法。

例 21.4（评估在职培训的 IV 方法） 为了评估在职培训项目对后来工资的影响，假定 $\mathbf{x}$ 包含教育、工作经验以及工作经验的平方。如果 z 表示对项目的参与资质，那么我们利用工具 1，z，$educ$，$exper$，$exper^2$ 以及 z 与所有减去时间均值的协变量之交互作用，通过 IV 估计方程

$$\begin{aligned}\log(wage)=&\mu_0+\tau jobtrain+\beta_{01}educ+\beta_{02}exper+\beta_{03}exper^2\\&+\delta_1 jobtrain\cdot(educ-\overline{educ})+\delta_2 jobtrain\cdot(exper-\overline{exper})\\&+\delta_3 jobtrain\cdot(exper^2-\overline{exper^2})+error\end{aligned}$$

注意到，对于最后交互作用项，我们减去了 $exper^2$ 的平均值。或者，我们能够使用 $jobtrain$ 对（$\mathbf{x},z$）的 probit 拟合值代替 z。

程序 21.2 很容易实施，但是它的一致性通常随条件（21.70）而定，而不是依附于式（21.68）的函数形式假设。我们可以把条件（21.70）放松为

$$\mathrm{E}[w(e_1-e_0)\mid\mathbf{x},\mathbf{z}]=\mathrm{E}[w(e_1-e_0)] \tag{21.72}$$

我们并不需要 $w(e_1-e_0)$ 具有零均值，因为非零均值仅仅影响截距。重要的是看到，w 与（e_1-e_0）之间的相关性并没有使得源自程序 21.2 的 τ 的 IV 估计量无效。然而，我们必须假定，以（$\mathbf{x},\mathbf{z}$）为条件的协方差是常数。即使此假设不是准确成立，但它们仍可以是近似正确的。

容易看到，为什么条件（21.72）连同条件（21.64）以及（21.68）一起蕴涵着 IV 估计量的一致性。我们可以把方程（21.69）写成

$$y=\xi+\tau w+\mathbf{x}\boldsymbol{\beta}_0+w(\mathbf{x}-\boldsymbol{\psi})\boldsymbol{\delta}+e_0+r \tag{21.73}$$

其中 $r=w(e_1-e_0)-\mathrm{E}[w(e_1-e_0)]$，而 $\xi=\gamma+\mathrm{E}[w(e_1-e_0)]$。在条件（21.72）下，$\mathrm{E}(r\mid\mathbf{x},\mathbf{z})=0$。因而，复合误差（composite error）e_0+r 具有以（$\mathbf{x},\mathbf{z}$）为条件的零均值。因此，（$\mathbf{x},\mathbf{z}$）的任何函数可以作为方程（21.73）的工具。在下面对假设 ATEIV. 2 进行修改的情形中，程序 21. 2 仍是一致的。

假设 ATEIV. 2′：把 y 表示成为如同式（21.60）那样，条件（21.64）、条件（21.68）以及条件（21.72）成立。此外，假设 ATEIV. 1′（c）成立。

即使除了假设 ATEIV. 1′（c）成立之外，假设 ATEIV. 1′（d）也成立，由于 $\mathrm{Var}(r\mid\mathbf{x},\mathbf{z})$ 通常是异方差的，所以 IV 估计量一般不是有效的。

在 $\mathbf{z}$ 与（$y_0,y_1,\mathbf{x}$）是相互独立的情形中，安格里斯特（Angrist，1991）提供了关于假设（21.72）的原始条件。于是，协变量可以从分析中全部被舍弃（导致简单回归方程 $y=\xi+\tau w+error$ 的 IV 估计）。这里，我们把那些条件扩展成允许 $\mathbf{z}$ 与 $\mathbf{x}$ 相关。假定对于某些函数 $h(\cdot)$ 与 $k(\cdot)$，

$$\mathrm{E}[w\mid\mathbf{x},\mathbf{z},e_1-e_0]=h(\mathbf{x},\mathbf{z})+k(e_1-e_0) \tag{21.74}$$

且

$$e_1-e_0\text{与}(\mathbf{x},\mathbf{z})\text{是相互独立的} \tag{21.75}$$

在这两个假设下，

$$\begin{aligned}\mathrm{E}[w(e_1-e_0)\mid\mathbf{x},\mathbf{z}]&=h(\mathbf{x},\mathbf{z})\mathrm{E}(e_1-e_0\mid\mathbf{x},\mathbf{z})+\mathrm{E}(e_1-e_0)k(e_1-e_0)\mid\mathbf{x},\mathbf{z}]\\&=h(\mathbf{x},\mathbf{z})\cdot 0+\mathrm{E}[(e_1-e_0)k(e_1-e_0)]\\&=\mathrm{E}[(e_1-e_0)k(e_1-e_0)]\end{aligned} \tag{21.76}$$

这正好是 e_1-e_0 分布的无条件矩。我们使用了 $\mathrm{E}(e_1-e_0\mid\mathbf{x},\mathbf{z})=0$ 且在假设（21.75）下 e_1-e_0 的任何函数与（$\mathbf{x},\mathbf{z}$）是相互独立的事实。如果我们假定 $k(\cdot)$ 表示单位函数*（如同在伍德里奇（Wooldridge，1997b）中所述），那么式（21.76）就是 $\mathrm{Var}(e_1-e_0)$。

对于连续分布响应来说，假设（21.75）是合理的，但是，当 y 是离散响应或者角点解结果时，假设（21.75）通常不是合理的。进而，即便假设（21.75）成立，但当给定 $\mathbf{x}$，$\mathbf{z}$ 以及（e_1-e_0）时 w 服从一个标准二值响应模型之时，就违背了假设（21.74）。例如，probit 模型可以有

$$\mathrm{P}(w=1\mid\mathbf{x},\mathbf{z},e_1-e_0)=\mathbf{\Phi}[\pi_0+\mathbf{x}\boldsymbol{\pi}_1+\mathbf{z}\boldsymbol{\pi}_2+\rho(e_1-e_0)] \tag{21.77}$$

它是关于（$\mathbf{x},\mathbf{z}$）与（e_1-e_0）不可分离的。然而，在一些情形中，假设（21.74）会是一种合理的近似。如果没有协变量，安格里斯特（Angrist，1991）提供了认为简单 IV 估计量可以很好地适合于估计 ATE 的一种模拟证据，甚至当假设（21.74）被违背时。

21.4.2 校正和控制函数法

与其假设 $w(e_1-e_0)$ 出现在误差项中不会导致关于 IV 估计量的不一致性，

* identity function：单位函数，又称恒等函数。——译者注

我们不如使用函数形式和分布假设来直接对这项做出解释。我们考虑的第一种方法是由伍德里奇（Wooldridge，2008）提出的，它涉及把一个**校正函数**（correction function）——这是外生变量（$\mathbf{x},\mathbf{z}$）的一个函数——添加到式（21.73）中，然后应用工具变量对 w 和 $w(\mathbf{x}-\psi)$ 的内生性做出解释。为了推导校正函数，我们对假设（21.75）和（21.77）添加一个正态性假设。设 $c\equiv e_1-e_0$ 并假设

$$c\sim\text{Normal}(0,\omega^2) \tag{21.78}$$

在假设（21.75）、（21.77）和（21.78）下，我们可以推导出一个估计方程来证明 τ_{ate} 通常是可识别的。

为了推导一个估计方程，注意条件（21.75）、（21.77）和（21.78）意味着

$$\text{P}(w=1|\mathbf{x},\mathbf{z})=\boldsymbol{\Phi}(\theta_0+\mathbf{x}\boldsymbol{\theta}_1+\mathbf{z}\boldsymbol{\theta}_2) \tag{21.79}$$

其中每个 $\boldsymbol{\theta}$ 都是乘以 $[1+\rho^2\omega^2]^{-1/2}$ 的对应的 π。如果我们令 a 表示作为方程（21.79）基础的潜在误差（带有一个标准正态分布），那么条件（21.75）、（21.77）和（21.78）意味着（a，c）有一个零均值二元正态分布，且独立于（$\mathbf{x},\mathbf{z}$）。因此，对于一些参数 ξ 有：$\text{E}(c\mid a,\mathbf{x},\mathbf{z})=\text{E}(c\mid a)=\xi a$，而且

$$\text{E}(wc|\mathbf{x},\mathbf{z})=\text{E}[w\text{E}(c|a,\mathbf{x},\mathbf{z})|\mathbf{x},\mathbf{z}]=\xi\text{E}(wa|\mathbf{x},\mathbf{z})$$

使用 $a\sim\text{Normal}(0,1)$ 且独立于（$\mathbf{x}$，$\mathbf{z}$）的事实，我们有

$$\begin{aligned}\text{E}(wa\mid\mathbf{x},\mathbf{z})&=\int_{-\infty}^{\infty}1[\theta_0+\mathbf{x}\boldsymbol{\theta}_1+\mathbf{z}\boldsymbol{\theta}_2+a\geqslant 0]a\phi(a)\text{d}a\\&=\phi(-\{\theta_0+\mathbf{x}\boldsymbol{\theta}_1+\mathbf{z}\boldsymbol{\theta}_2\})=\phi(\theta_0+\mathbf{x}\boldsymbol{\theta}_1+\mathbf{z}\boldsymbol{\theta}_2)\end{aligned} \tag{21.80}$$

其中 $\phi(\cdot)$ 是标准正态密度。因此，我们现在可写出

$$y=\gamma+\tau w+\mathbf{x}\boldsymbol{\beta}+w(\mathbf{x}-\boldsymbol{\psi})\boldsymbol{\delta}+\xi\phi(\theta_0+\mathbf{x}\boldsymbol{\theta}_1+\mathbf{z}\boldsymbol{\theta}_2)+e_0+r \tag{21.81}$$

其中 $r=wc-\text{E}(wc\mid\mathbf{x},\mathbf{z})$。式（21.81）中的复合误差具有以（$\mathbf{x},\mathbf{z}$）为条件的零均值，所以我们可以使用 IV 方法估计参数。一个难点是非线性函数 $\phi(\theta_0+\mathbf{x}\boldsymbol{\theta}_1+\mathbf{z}\boldsymbol{\theta}_2)$。我们可以使用非线性两阶段最小二乘法，如在第 14 章中所描述的那样。但一个两步法更容易。首先，我们把各假设聚集在一起：

假设 ATEIV.3：像在式（21.70）中那样写出 y，维持假设（21.64）、（21.68）、（21.75）、（21.77）、（且 $\boldsymbol{\pi}_2\neq\mathbf{0}$）以及（21.78）。

程序 21.3（在假设 ATEIV.3 下）：(a) 从 w 对（$1,\mathbf{x},\mathbf{z}$）的 probit 中估计 θ_0，$\boldsymbol{\theta}_1$ 和 $\boldsymbol{\theta}_2$。构造预测概率 $\hat{\boldsymbol{\Phi}}_i$，连同 $\hat{\phi}_i=\phi(\hat{\theta}_0+\mathbf{x}_i\hat{\boldsymbol{\theta}}_1+\mathbf{z}_i\hat{\boldsymbol{\theta}}_2)$，$i=1$，2，…，$N$ 一起。

(b) 使用工具变量 $[1,\hat{\boldsymbol{\Phi}}_i,\ \mathbf{x}_i,\ \boldsymbol{\Phi}_i(\mathbf{x}_i-\bar{\mathbf{x}}),\ \hat{\phi}_i]$，通过 IV 估计方程

$$y_i=\gamma+\tau w_i+\mathbf{x}_i\boldsymbol{\beta}_0+w_i(\mathbf{x}_i-\bar{\mathbf{x}})\boldsymbol{\delta}+\xi\hat{\phi}_i+error_i \tag{21.82}$$

伍德里奇（Wooldridge，2008）称该额外的项 $\hat{\phi}_i\equiv\phi(\hat{\theta}_0+\mathbf{x}_i\hat{\boldsymbol{\theta}}_1+\mathbf{z}_i\hat{\boldsymbol{\theta}}_2)$ 为一个“校正函数”，以将它区别于更常见的“控制函数”，我们很快将转向该函数。与利用控制函数法时不同，添加 $\phi(\theta_0+\mathbf{x}_i\boldsymbol{\theta}_1+\mathbf{z}_i\boldsymbol{\theta}_2)$ 并不会使 w 或 $w(\mathbf{x}-\boldsymbol{\psi})$ 在

方程（21.81）中是外生的。相反，它确保了当 $w(e_1-e_0)$ 存在且没有被假设为独立于（$\mathbf{x},\mathbf{z}$）时，复合误差 e_0+r 是均值独立于（$\mathbf{x},\mathbf{z}$）的。很方便地，方程（21.82）的 IV 估计导致了 $H_0:\xi=0$ 的一个简单检验。在零假设下，生成回归元上的系数 $\hat{\phi}_i$ 为零。此外，IV 是在第一阶段估计的，这不会影响 IV 估计量的 $\sqrt{N}$ 渐近分布；见 6.1.3 节。因此，如果我们忽略了 $\bar{\mathbf{x}}$ 中的估计误差，我们可以使用 $\hat{\phi}_i$ 的一个标准的异方差性稳健的 t 统计量来检验是否需要校正函数。(注意在零假设下 $r=wc-\mathrm{E}(wc\mid\mathbf{x},\mathbf{z})$ 可以是同方差的，但使检验对异方差性稳健从来都没什么害处。）请注意，我们唯一使用（c，a）的正态性的地方是在推导校正函数时。由于在零假设下 $\xi=0$，这个正态性假设并不需要进行检验。(请记住，我们使用 probit 拟合值作为 w 的工具变量并不取决于关于 w 的 probit 模型是正确的；它激发了对 IV 的选择，但 probit 模型可以是任意误设的。)

如果我们允许存在 $\xi\neq0$ 的可能性，那么所有标准误都需要为两步估计进行调整。人们可以使用增量方法或把两步估计表达成像在第 14 章中那样的一个广义矩问题。(两种方法中任何一种都可以忽略或解释在 $\bar{\mathbf{x}}$ 中的抽样误差。）因为两步估计在计算上简单，所以自助法作为一种对 $\hat{\tau}$ 中所有抽样误差做出解释的方式是有吸引力的。

即使 $\xi\neq0$，把校正函数 $\hat{\phi}_i$ 添加到方程中也不会对 τ 的估计有太大的影响。要知道为什么，考虑式（21.81）的版本，那时我们没有协变量 $\mathbf{x}$ 而利用一个标量 IV，z：

$$y=\gamma+\tau w+\xi\phi(\theta_0+\theta_1 z)+u,\mathrm{E}(u|z)=0 \tag{21.83}$$

例如，如果工具 z 是独立于（v_0,v_1）的，那么这个方程成立。τ 的简单 IV 估计量可通过省略 $\phi(\theta_0+\theta_1 z)$ 而获得。如果我们使用 z 作为 w 的一个 IV，那么只要 z 和 $\phi(\theta_0+\theta_1 z)$ 是不相关的，简单 IV 估计量就是一致的。(请记住，存在与 IV 不相关的一个遗漏变量不会造成 IV 估计量的不一致性。）即便 $\phi(\theta_0+\theta_1 z)$ 是 z 的一个函数，这两个变量也可能只有很小的相关性，因为 z 是单调的而 $\phi(\theta_0+\theta_1 z)$ 是关于 $-(\theta_0/\theta_1)$ 对称的。该讨论表明条件（21.72）对于 IV 去一致估计 ATE 来说不是必要的：这可能因为当 $\mathrm{E}[w(e_1-e_0)\mid\mathbf{x},\mathbf{z}]$ 不是常数时，它与出现在式（21.73）中的 $\mathbf{x}$（或 $\mathbf{x}$ 的函数）大致是不相关的，同样也与作为工具变量的 $\mathbf{z}$ 的函数无关。

式（21.83）阐明了另外很重要的一点：如果 $\xi\neq0$ 且单个工具 z 是二值的，那么 τ 是不可识别的。会发生缺乏识别的问题，因为 $\phi(\theta_0+\theta_1 z)$ 只取两个值，其意味着它与 z 是完全线性相关的。只要 z 取两个以上值，那么 τ 一般是可识别的，尽管识别是由于这样的事实：$\phi(\cdot)$ 是一个不同于 $\Phi(\cdot)$ 的非线性函数。当模型中有 $\mathbf{x}$ 时，$\hat{\phi}_1$ 和 $\hat{\Phi}_i$ 可能是共线性的，从而导致不精确的 IV 估计。

由于式（21.81）中的 r 是异方差的，在（21.82）下面的工具就不是最优的，所以我们可能只使用 $\mathbf{z}_i$ 连同 $\mathbf{z}_i$ 与（$\mathbf{x}_i-\bar{\mathbf{x}}$）的交互项以及 $\hat{\phi}_i$ 作为工具变量。如果 $\mathbf{z}_i$ 的维数大于 1，那么我们就可以把检验过度识别约束当作对工具选择和正态性假设的一个部分检验。当然，我们可以使用第 14 章的结果来描述最优工具的特征并估计它，但这种做法是相当复杂的［例如，可参阅纽维和麦克法登（Newey and McFadden，1994）］。

我们可以使用一套类似的假设，推导出一个关于估计 $\tau=\tau_{ate}$ 的控制函数（CF）方法。回想一下，CF 方法涉及求 $\mathrm{E}(y\mid w,\mathbf{x},\mathbf{z})$ 然后使用回归方法。（或者，在一套更强的假设下，一个极大似然方法往往是可得的。）通常情况下，CF 方法是在**内生转换回归**（endogenous switching regression）模型的背景下推导出来的，但很容易看到，带有异质性处理的处理效应模型。其中处理甚至在以可观测变量为条件后，也与不可观测因素相关——符合当处理被定义为二值转换变量时的那种要求。尤其是，通过写出 $y=(1-w)y_0+wy_1$ 并在 y_0 和 y_1 上施加线性的、可加性结构就产生了式（21.69）：

$$\begin{aligned} y &=(1-w)(\alpha_0+\mathbf{x}\boldsymbol{\beta}_0+e_0)+w(\alpha_1+\mathbf{x}\boldsymbol{\beta}_1+e_1)\\ &=\alpha_0+\mathbf{x}\boldsymbol{\beta}_0+(\alpha_1-\alpha_0)w+w\mathbf{x}(\boldsymbol{\beta}_1-\boldsymbol{\beta}_0)+e_0+w(e_1-e_0)\\ &\equiv\gamma+\mathbf{x}\boldsymbol{\beta}_0+\tau w+w(\mathbf{x}-\boldsymbol{\psi})\boldsymbol{\delta}+e_0+wc \end{aligned}$$

其中 $\tau=\tau_{ate}=\mathrm{E}(y_1-y_0)$ 且 $\boldsymbol{\psi}=\mathrm{E}(\mathbf{x})$。这种根据处理、协变量和不可观测因素来表达 y 的特殊方式强调：我们首先感兴趣的是 τ，尽管 $\tau_{ate}(\mathbf{x})=\tau+(\mathbf{x}-\boldsymbol{\psi})\boldsymbol{\delta}$ 对于研究平均处理效应作为可观测变量的一个函数是如何变化的来说是我们所关注的。

在以下假设下，我们可以推导出一个控制函数法。

假设 ATEIV.4：像在式（21.70）中那样写出 y，维持假设（21.64）和（21.68）。此外，处理可写成 $w=1[\theta_0+\mathbf{x}\boldsymbol{\theta}_1+\mathbf{z}\boldsymbol{\theta}_2+a\geqslant 0]$，其中 (a,e_0,e_1) 是独立于 $(\mathbf{x},\mathbf{z})$ 且服从三元正态分布的；特别是，$a\sim\mathrm{Normal}(0,1)$。

在假设 ATEIV.4 下，我们可以使用非常类似于在 19.6.1 节中用于获取 $\mathrm{E}(y\mid w,\mathbf{x},\mathbf{z})$ 的计算。特别是，

$$\begin{aligned} \mathrm{E}(y\mid w,\mathbf{x},\mathbf{z})=&\gamma+\alpha w+\mathbf{x}\boldsymbol{\beta}_0+w(\mathbf{x}-\boldsymbol{\psi})\boldsymbol{\delta}+\rho_1 w[\phi(\mathbf{q}\boldsymbol{\theta})/\Phi(\mathbf{q}\boldsymbol{\theta})]\\ &+\rho_2(1-w)\{\phi(\mathbf{q}\boldsymbol{\theta})/[1-\Phi(\mathbf{q}\boldsymbol{\theta})]\} \end{aligned} \tag{21.84}$$

其中 $\mathbf{q}\boldsymbol{\theta}\equiv\theta_0+\mathbf{x}\boldsymbol{\theta}_1+\mathbf{z}\boldsymbol{\theta}_2$ 且 ρ_1 和 ρ_2 是额外的参数。赫克曼（Heckman，1978）使用了该期望去获得转换回归模型的两步估计量。（参阅维拉和维贝克（Vella and Verbeek，1999）了解关于在处理效应的背景中转换回归模型的一个最新讨论。）毫不奇怪，式（21.84）建议了一个简单的两步法程序，其中第一步与程序 21.3 中的那一步是相同的：

程序 21.4（在假设 ATEIV.4 下）：(a) 从一个 w 对 $(1,\mathbf{x},\mathbf{z})$ 的 probit 中估计 θ_0，$\boldsymbol{\theta}_1$ 和 $\boldsymbol{\theta}_2$。构造预测概率 $\hat{\Phi}_i$，连同 $\hat{\phi}_i=\phi(\hat{\theta}_0+\mathbf{x}_i\hat{\boldsymbol{\theta}}_1+\mathbf{z}_i\hat{\boldsymbol{\theta}}_2)$，$i=1$，2，…，$N$。

(b) 使用所有的观测值，实施

$$y_i \text{ 对 } 1,w_i,\mathbf{x}_i,w_i(\mathbf{x}_i-\bar{\mathbf{x}}),w_i(\hat{\phi}_i/\hat{\Phi}_i),(1-w_i)[\hat{\phi}_i/(1-\hat{\Phi}_i)] \tag{21.85}$$

的 OLS 回归。在 w_i 上的系数是 α 的一个一致估计量，ATE。

当我们将注意力限制在 $w_i=1$ 的子样本上，因而舍弃 w_i 和 $w_i(\mathbf{x}_i-\bar{\mathbf{x}})$ 时，

我们获得了来自 19.6.1 节的样本选择校正。(处理 w_i 变成了样本选择指示符。)但样本选择校正的目标非常不同于估计一个平均处理效应。对于样本选择问题，目标是估计 $\boldsymbol{\beta}_0$，其作为总体中 $\mathrm{E}(y \mid \mathbf{x})$ 的指标。相比之下，在估计一个 ATE 时我们感兴趣的是 w 对 y 的因果效应。

在回归（21.85）中检查最后两个回归元的联合显著性，作为一个 w 的内生性检验，是有道理的。因为在 H_0 下系数 ρ_1 和 ρ_2 为 0，所以我们可以使用来自第 6 章的结果来证明通常的瓦尔德检验的合理性（也许可被构造得对异方差性稳健）。如果这些项在一个足够高的水平上是联合显著的，那么我们可以证明没有不可观测异质性的通常 OLS 回归的合理性。如果我们拒绝 H_0，那么我们在获得关于 $\hat{\alpha}$ 的一个有效的标准误时，必须处理生成回归元问题。

从技术上讲，程序 21.3 比程序 21.4 更稳健，因为前者不需要一个三元正态性假设。线性条件期望连同给定 $(\mathbf{x},\mathbf{z})$ 时 w 服从一个 probit 的假设一起就是充分的。此外，程序 21.3 允许我们把 w 的内生性问题和非常数的处理效应分离开。

实际上，在程序 21.4 中的额外假设是，e_0 独立于 $(\mathbf{x},\mathbf{z})$ 且有一个正态分布。我们可能会乐意做出这个假设，尤其是如果来自程序 21.3 的估计是太不精确的而没什么用时。有效性问题是一个难题，因为涉及两步估计，但是，从直观上看，程序 21.4 可能是更有效的，因为它是基于 $\mathrm{E}(y \mid w, \mathbf{x}, \mathbf{z})$ 的。程序 21.3 涉及利用仅以 $(\mathbf{x},\mathbf{z})$ 为条件的不可观测复合误差的期望来取代它自身。至少在一种情形中，程序 21.4 给出了当程序 21.3 所不能时的结果：当 $\mathbf{x}$ 不在方程中，且存在一个单个二值工具变量时。

到目前为止，我们已聚焦于估计 τ_{ate}。在假设 ATEIV.2 的一个变种下，我们可以通过 IV 来一致估计 τ_{att}。像以往那样，我们像在式（21.60）中那样表示 y。首先，我们展示如何一致地估计 $\tau_{att}(\mathbf{x})$，其可写成

$$\tau_{att}(\mathbf{x})=\mathrm{E}(y_1-y_0 \mid \mathbf{x},w=1)=(\mu_1-\mu_0)+\mathrm{E}(v_1-v_0 \mid \mathbf{x},w=1)$$

以下假设可识别出 $\tau_{att}(\mathbf{x})$：

假设 ATTIV.1：(a) 像在式（21.60）中那样表示 y，假设（21.64）的第一部分成立，即 $\mathrm{E}(v_0 \mid \mathbf{x},\mathbf{z})=\mathrm{E}(v_0 \mid \mathbf{x})$；(b) $\mathrm{E}(v_1-v_0 \mid \mathbf{x},\mathbf{z},w=1)=\mathrm{E}(v_1-v_0 \mid \mathbf{x},w=1)$；以及 (c) ATEIV.1′ (c) 成立。

我们在早些时候就讨论过这个假设的 (a) 部分，因为它还出现在假设 ATEIV.2′中。如果行为人改变他们基于 $\mathbf{z}$ 的行为，它可能会被违反。(b) 部分值得做一些讨论。回想一下，v_1-v_0 是来自参与或处理的个人特有收益。假设 ATTIV.1 要求，一旦 $\mathbf{x}$ 被控制住，对于在处理组中的那些个体，给定 $\mathbf{z}$ 时收益是不可预测的。赫克曼（Heckman，1997）讨论了安格里斯特（Angrist，1990）的征兵抽签例子，其中 z（一个标量）是征兵抽签号码。拥有一个大 z 的男子几乎肯定会逃脱兵役。但某些拥有大的征兵号码的人不管怎样都会选择服役。即使在 $\mathbf{x}$ 中有良好的控制变量时，看起来貌似合理的是对于那些选择服兵役的人来说，一个更高的 z 是与一个更高的服兵役收益相关联的。换句话说，

对于那些选择服兵役的人来说，甚至控制住 $\mathbf{x}$ 之后，v_1-v_0 和 z 也是正相关的。这个论证直接适用于 τ_{att} 的估计；在 τ_{ate} 估计上的效应还不太清楚。

当 z 为是否具备参与到一个项目中的资质的二值指示符——这是被随机决定的，且除了是否参与外不会引起行为的其他改变——时，假设 ATTIV.1（b）是貌似可信的。

要了解假设 ATTIV.1 如何识别 $\tau_{att}(\mathbf{x})$，将式（21.60）改写为

$$\begin{aligned}y&=\mu_0+g_0(\mathbf{x})+w[(\mu_1-\mu_0)+\mathrm{E}(v_0-v_0\,|\,\mathbf{x},w=1)]\\&\quad+w[(v_1-v_0)-\mathrm{E}(v_1-v_0\,|\,\mathbf{x},w=1)]+e_0\\&=\mu_0+g_0(\mathbf{x})+w\cdot\tau_{att}(\mathbf{x})+a+e_0\end{aligned}\tag{21.86}$$

其中 $a\equiv w[(v_1-v_0)-\mathrm{E}(v_1-v_0\mid\mathbf{x},w=1)]$ 而 e_0 按式（21.66）进行定义。在假设 ATTIV.1（a）下，$\mathrm{E}(e_0\mid\mathbf{x},\mathbf{z})=0$。难的部分是处理 a 这个项。当 $w=0$ 时，$a=0$。因此，要证明 $\mathrm{E}(a\mid\mathbf{x},\mathbf{z})=0$，只要证明 $\mathrm{E}(a\mid\mathbf{x},\mathbf{z},w=0)$ 就够了。（请记住，$\mathrm{E}(a\mid\mathbf{x},\mathbf{z})=\mathrm{P}(w=0)\cdot\mathrm{E}(a\mid\mathbf{x},\mathbf{z},w=0)+\mathbf{P}(w=1)\cdot\mathbf{E}(a\mid\mathbf{x},\mathbf{z},w=1)$。）但在假设 ATTIV.1（b）下，这个结果是：

$$\mathrm{E}(a\,|\,\mathbf{x},\mathbf{z},w=1)=\mathrm{E}(v_1-v_0\,|\,\mathbf{x},\mathbf{z},w=1)-\mathrm{E}(v_1-v_0\,|\,\mathbf{x},w=1)=0$$

现在，设 $r\equiv a+e_0$ 并假设对于函数 $\mathbf{h}(\mathbf{x})$ 和 $\mathbf{f}(\mathbf{x})$ 的一些行向量，有 $g_0(\mathbf{x})=\eta_0+\mathbf{h}(\mathbf{x})\boldsymbol{\beta}_0$ 且 $\tau_{att}(\mathbf{x})=\alpha+\mathbf{f}(\mathbf{x})\boldsymbol{\delta}$，我们可以写

$$y=\gamma_0+\mathbf{h}_0(\mathbf{x})\boldsymbol{\beta}_0+\alpha w+[w\cdot\mathbf{f}(\mathbf{x})]\boldsymbol{\delta}+r,\quad \mathrm{E}(r\,|\,\mathbf{x},\mathbf{z})=0$$

该方程的所有参数都可以通过 IV 进行一致估计，并使用（$\mathbf{x},\mathbf{z}$）的任何函数作为 IV。（这些将包括* 1，$\mathbf{h}_0(x)$，$G(\mathbf{x},\mathbf{z};\hat{\gamma})$——拟合处理概率——以及 $G(\mathbf{x},\mathbf{z};\hat{\gamma})\cdot\mathbf{f}(\mathbf{x})$。）关于任何 $\mathbf{x}$ 受处理者上的平均处理效应被估计为 $\hat{\alpha}+\mathbf{f}(\mathbf{x})\hat{\boldsymbol{\delta}}$。对带有 $w_i=1$ 的观测值求平均值就给出了 τ_{att} 的一个一致估计量。

21.4.3 利用 IV 估计局部平均处理效应

现在，在最简单的可行设置下，我们讨论由英伯斯和安格里斯特（Imbens and Angrist，1994）引入的对一个**评估参数**（evaluation parameter）进行估计的方法，即**局部平均处理效应**（local average treatment effect，LATE）的估计。这里要求略微复杂一些的记号。（如同 AIR 里面的一样，更一般的情形要求更复杂的记号。）如前所述，我们设 w 表示所观测到的处理指示符（取值 0 或 1），并且设反事实结果是已处理的 y_1 以及未处理的 y_0。所观测的结果 y 可以写成像式（21.3）那样。

为了定义 τ_{late}，我们需要拥有工具变量 z。在最简单的情形下，z 表示一个二值变量，而且这里，我们把注意力集中于这种情形上。对于从总体中随机抽取的每一个单元 i 来说，z_i 表示 0 或者 1。与 z 的两个可能结果相联系的是反事

* 原文为"These would include include 1，$\mathbf{h}_0$，$G(\mathbf{x},\mathbf{z};\hat{\gamma})$"，疑"include"被多写了一次。——译者注

实处理 w_0 与 w_1。如果 $z=0$ 与 $z=1$，那么这些分别对应于我们可以观测到的处理状态。对于每一个单元而言，我们仅能观测到这些结果之一。例如，z 表示一个人是否具备资质参与一个特殊项目，而 w 表示项目中的实际参与。

把所观测的处理状态写成

$$w=(1-z)w_0+zw_1=w_0+z(w_1-w_0) \tag{21.87}$$

当我们把这一等式代入 $y=y_0+w(y_1-y_0)$ 时，我们得到

$$y=y_0+w_0(y_1-y_0)+z(w_1-w_0)(y_1-y_0)$$

一个关键性假设是

$$z\text{ 与}(y_0,y_1,w_0,w_1)\text{是相互独立的} \tag{21.88}$$

在假设（21.88）下，涉及以 z 为条件的（y_0,y_1,w_0,w_1）的函数的所有期望值并不依赖于 z。因此，

$$\mathrm{E}(y|z=1)=\mathrm{E}(y_0)+\mathrm{E}[w_0(y_1-y_0)]+\mathrm{E}[(w_1-w_0)(y_1-y_0)]$$

并且

$$\mathrm{E}(y|z=0)=\mathrm{E}(y_0)+\mathrm{E}[w_0(y_1-y_0)]$$

由第一个等式减去第二个等式，得到

$$\mathrm{E}(y|z=1)-\mathrm{E}(y|z=0)=\mathrm{E}[(w_1-w_0)(y_1-y_0)] \tag{21.89}$$

这可以写成［参阅式（2.49）］

$$\begin{aligned}
&1\cdot\mathrm{E}(y_1-y_0|w_1-w_0=1)\mathrm{P}(w_1-w_0=1)\\
&+(-1)\cdot\mathrm{E}(y_1-y_0|w_1-w_0=-1)\mathrm{P}(w_1-w_0=-1)\\
&+0\cdot\mathrm{E}(y_1-y_0|w_1-w_0=0)\mathrm{P}(w_1-w_0=0)\\
=&\mathrm{E}(y_1-y_0|w_1-w_0=1)\mathrm{P}(w_1-w_0=1)\\
&-\mathrm{E}(y_1-y_0|w_1-w_0=-1)\mathrm{P}(w_1-w_0=-1)
\end{aligned}$$

为了更进一步的研究，我们引入另外一个重要的假设，该假设被英伯斯和安格里斯特（Imbens and Angrist，1994）称为单调性（monotonicity）：

$$w_1\geqslant w_0 \tag{21.90}$$

换句话讲，我们把 $w_1=0$ 与 $w_0=1$ 排除在外。当 z 是表示对处理的参与资质的一个虚拟变量时，这一假设具有简单的解释：总体中的任何人，如果他们在没有具备参与资质时会处于处理组中，那么当他们具备参与资质时也会处于处理组中，总体中不满足单调性的单元称为反常者（defiers）。在许多应用中，这个假设看起来非常合理。例如，如果 z 表示在职培训项目中被随机指派的参与资质，那么假设（21.90）仅要求那些在不具参与资质时参加了的人在具备参与资质时也会参加。

在假设（21.90）下，$\mathrm{P}(w_1-w_0=-1)=0$，所以假设（21.88）与假设（21.90）蕴涵着

$$\mathrm{E}(y|z=1)-\mathrm{E}(y|z=0)=\mathrm{E}(y_1-y_0|w_1-w_0=1)\mathrm{P}(w_1-w_0=1) \tag{21.91}$$

在这种设置下，英伯斯和安格里斯特（Imbens and Angrist，1994）把 τ_{late} 定义为

$$\tau_{late}=\mathrm{E}(y_1-y_0|w_1-w_0=1) \tag{21.92}$$

由于 $w_1-w_0=1$ 等价于 $w_1=1$，$w_0=0$，所以 τ_{late} 具有下述解释：通过把 z 由 0 变为 1，对于那些被推荐参与的人来说，τ_{late} 表示平均处理效应。存在两个使得 τ_{late} 不同于其他的处理参数的缘由。第一，它依赖于工具 z。如果我们使用不同的工具，那么 τ_{late} 通常会改变。参数 τ_{ate} 与 τ_{att} 是没有参照 IV 而定义的，但只参照了总体。第二，因为我们不能既观测到 w_1 又观测到 w_0，所以我们不能识别满足 $w_1-w_0=1$ 的子总体。与之相比，τ_{ate} 是对整个总体进行平均的，而 τ_{att} 则是对那些实际上已接受处理的人求平均的。

例 21.5（就读天主教会高中的 LATE） 假定 y 表示一个标准化测试得分，w 表示就读天主教会高中的指示符，而 z 表示学生是否为天主教徒的指示符。于是，一般地讲，τ_{late} 表示因为他们是天主徒而选择天主教会高中的那些学生的测验得分平均效应。埃文斯和施瓦布（Evans and Schwab，1995）对于 y 使用了高中毕业指示符，同时他们像 15.7.3 节中所描述的那样，对含有内生二值解释变量的 probit 模型进行估计。在 probit 假设下，估计 τ_{ate} 是可能的，然而，在更弱的假设下，简单 IV 估计量可以识别 τ_{late}。

由于 $\mathrm{E}(y \mid z=1)$ 与 $\mathrm{E}(y \mid z=0)$ 可以利用随机样本很容易地得到估计，所以如果 $\mathrm{P}(w_1-w_0=1)$ 是可估计的且是非零的，那么就可以识别 τ_{late}。重要的是，从单调性假设知，w_1-w_0 是一个二值变量，因为 $\mathrm{P}(w_1-w_0=-1)=0$。因此

$$\begin{aligned}\mathrm{P}(w_1-w_0=1)&=\mathrm{E}(w_1-w_0)=\mathrm{E}(w_1)-\mathrm{E}(w_0)\\&=\mathrm{E}(w|z=1)-\mathrm{E}(w|z=0)\\&=\mathrm{P}(w=1|z=1)-\mathrm{P}(w=1|z=0)\end{aligned}$$

其中第二个到最后的等式是由式（21.87）与式（21.88）得到的。给定关于 (w,z) 的一个随机样本，每一个条件概率都可以得到一致估计。因此，最后假设是

$$\mathrm{P}(w=1|z=1)\neq\mathrm{P}(w=1|z=0) \tag{21.93}$$

在假设（21.88）、假设（21.90）以及假设（21.93）下，可以概述为

$$\tau_{late}=[\mathrm{E}(y|z=1)-\mathrm{E}(y|z=0)]/[\mathrm{P}(w=1|z=1)-\mathrm{P}(w=1|z=0)] \tag{21.94}$$

因此，一致估计量是 $\hat{\tau}_{late}=(\bar{y}_1-\bar{y}_0)/(\bar{w}_1-\bar{w}_0)$，其中 $\bar{y}_1$ 表示根据样本中 $z_i=1$ 的那部分对 y_i 求样本平均值，而 $\bar{y}_0$ 表示根据样本中 $z_i=0$ 的那部分对 y_i 求样本平均值，并且 $\bar{w}_1$ 与 $\bar{w}_0$（即样本比例）可以类似地定义。由习题 5.13（b）我们知道，$\hat{\tau}_{late}$ 在样本方程 $y=\delta_0+\tau w+error$ 中等同于 τ 的 IV 估计量，其中 z 表

示关于 w 的 IV。

我们的结论是，在关于二值处理的二值工具的简单情形中，通常的 IV 估计量在弱的假设下可以一致地估计 $\hat{\tau}_{late}$。参阅安格里斯特、英伯斯和鲁宾（Angrist，Imbens，and Rubin，1996）以及讨论者的更多评论，还有英伯斯和伍德里奇（Imbens and Wooldridge，2009）有关基础框架的扩展的一个综述。

21.5 断点回归设计

我们现在转向估计在一个特殊情境中的处理效应，其中某些制度结构或逻辑结构的行为决定了，或至少影响了处理的指派。**断点回归**（regression discontinuity，RD）设计有着悠久的历史。将这些方法纳入经济学主流的重要工作包括范德克劳（van der Klaauw，2002），哈恩、托德和范德克劳（Hahn，Todd，and van der Klaauw（HTV），2001）。英伯斯和勒缪克斯（Imbens and Lemieux，2008）提供了关于该主题一个很好的概述和综述，而本节则借鉴了这方面的研究，以及英伯斯和伍德里奇（Imbens and Wooldridge，2009）的有关研究。

一般而言，RD 设计是利用了政策指派中的间断点。例如，可能存在一个年龄门槛，在该门槛上人们具备参与养老金计划保留权的资质，或一个收入门槛，在该门槛上人们具备获得财政补助的资质。为利用往往由相当特别的制度结构所决定的间断点，人们可以假设刚好处于间断点两边的单元在那些影响有关结果的不可观测变量方面实质上是相同的。两个组的处理状态是不同的，比如说，由于制度背景，在该情形中，结果中的差异可归结为不同的处理状态。

我们考虑鲜明 RD 设计——其中处理的指派遵循一个确定的规则——和模糊设计，其中被处理的可能性在一个已知点上是不连续的。

21.5.1 清晰断点回归设计

像以前一样，设 y_0 和 y_1 表示没有和有处理的反事实结果。对于一次随机抽取 i，这些都被表示为 y_{i0}，y_{i1}。目前，假设有一个单个协变量 x_i，其决定着处理（有时也被称为强制变量）。在**清晰断点回归**（sharp regression discontinuity，SRD）设计情形中，处理被确定为

$$w_i = 1[x_i \geqslant c] \tag{21.95}$$

连同强制变量 x_i 和处理状态 w_i 一起，我们观测到 $y_i = (1-w_i)y_{i0} + w_i y_{i1}$。

像以前一样，定义反事实条件均值为 $\mu_g(x) = \mathrm{E}(y_g \mid x)$，$g=0$，1。在断点回归设计中的一个关键假设是，这些潜在均值函数是连续的。（从技术上讲，它们在 $x=c$ 处连续，但是很难想象，如果没有假设在 x 的范围上的连续性，我们如何确保那一点。）现在，因为 w 是 x 的一个确定性函数，所以可忽略性必

然成立。按照条件均值来表述，

$$\mathrm{E}(y_g|x,w)=\mathrm{E}(y_g|x),g=0,1$$

这正是假设 ATE. 1′。所以，如果可忽略性成立，为什么我们不能只是应用以前的方法呢，比如倾向得分加权？关键是，利用一个鲜明的 RD 设计时，重叠性假设绝对不会成立：根据构建，对所有 $x<c$，有 $p(x)=0$，对所有 $x\geqslant c$，有 $p(x)=1$。显然，我们不能使用一个诸如倾向得分加权那样的方法。

从技术上讲，我们可以使用回归调整，但我们在使用参数模型时将不得不依赖于极端形式的推断。例如，如果我们使用一般的回归调整形式（21.30）来估计 τ_{ate}——其中 $m_1(x,\boldsymbol{\delta}_1)=\mathrm{E}(y\mid x,w=1)$ 而 $m_0(x,\boldsymbol{\delta}_0)=\mathrm{E}(y\mid x,w=0)$——那么，比如说，为控制住观测值，我们必须对 $x_i<c$ 计算 $m_1(x_i,\hat{\boldsymbol{\delta}}_1)$，即便在获取$\hat{\boldsymbol{\delta}}_1$时未使用那些 $x_i<c$ 的数据点。如果我们在一个非参数背景中使用局部平滑，那么我们就不能令人信服地对于 $x<c$ 估计 $m_1(x)$，或对于 $x\geqslant c$ 估计 $m_0(x)$。

RD 文献不试图估计 τ_{ate}——其依赖于强的函数形式假设，除非我们只假设一个常数的处理效应——而是常常满足于估计在间断点上的平均处理效应，其被定义为

$$\tau_c\equiv\mathrm{E}(y_1-y_0|x=c)=\mu_1(c)-\mu_0(c) \tag{21.96}$$

这是关于那些处于接受处理的边际上的人的平均处理效应。通过聚焦于 τ_c，我们一般正牺牲着估计的处理效应的外部效力，因为在不同的背景下间断点 c 的作用可能不是特别重大。

聚焦于 τ_c 的一个主要理由是，只要假设 $\mu_g(\cdot)$ 函数在 $x=c$ 处连续而无须其他任何假设，τ_c 就可被一般地识别出来。要了解为什么，写出

$$y=(1-w)y_0+wy_1=1[x<0]y_0+1[x\geqslant c]y_1$$

而因此

$$m(x)\equiv\mathrm{E}(y|x)=1[x<c]\mu_0(x)+1[x\geqslant c]\mu_1(x) \tag{21.97}$$

现在，使用 $\mu_0(\cdot)$ 和 $\mu_1(\cdot)$ 在 c 点的连续性，

$$m^-(c)\equiv\lim_{x\uparrow c}m(x)=\mu_0(c)$$
$$m^+(c)\equiv\lim_{x\downarrow c}m(x)=\mu_1(c)$$

其结果是

$$\tau_c=m^+(c)-m^-(c) \tag{21.98}$$

因为对所有 $x<c$，我们可一般地估计 $\mathrm{E}(y\mid x,w=0)$，以及对所有 $x\geqslant c$，一般地估计 $\mathrm{E}(y\mid x,w=1)$，所以当 x 趋近于 c（从适当的方向）时，我们可以估计这些函数的极限。作为一个技术要点，我们必须估计在边界值 c 处的两个回归函数，但是几个策略已经证明是有帮助的。

其中一个这样的策略是**局部线性回归**（local linear regression）。定义 $\mu_{0c}=\mu_0(c)$，$\mu_{1c}=\mu_1(c)$ 并写出

$$y_0=\mu_{0c}+\beta_0(x-c)+u_0 \tag{21.99}$$

$$y_1=\mu_{1c}+\beta_1(x-c)+u_1 \tag{21.100}$$

如此以至

$$y=\mu_{0c}+\tau_c w+\beta_0(x-c)+\delta w\cdot(x-c)+r \tag{21.101}$$

其中 $r=u_0+w(u_1-u_0)$。τ_c 的估计恰好是在 $x=c$ 处线性函数中的跳变 (jump)。我们可以使用整个数据集来实施

$$y_i \text{ 对 } 1, w_i, (x_i-c), w_i\cdot(x_i-c) \tag{21.102}$$

的回归并获得 $\hat{\tau}_c$ 作为在 w_i 上的系数，但该方法将是用来估计一个局部化平均处理效应 τ_c 的全局估计。为了使之成为一个“局部的”程序，选择一个“小的”值 $h>0$，且只使用满足 $c-h<x_i<c+h$ 的数据。当然，这与估计两个单独的回归是等价的：对于 $c-h<x_i<c$，用 y_i 对 1，(x_i-c) 回归；对于 $c\leqslant x_i<c+h$，用 y_i 对 1，(x_i-c) 回归，那么 $\hat{\tau}_c=\hat{\mu}_{1c}-\hat{\mu}_{0c}$ 就是截距中的差。为获得额外的灵活性，我们可以使用 (x_i-c) 的一个平方或立方；如果使用一个单个回归，那么多项式也应当与 w_i 交互作用。

如果 h 被视为由研究者提前选定的一个固定值，那么对 $\hat{\tau}_c$ 的推断就是标准的：只使用一个异方差性稳健的 t 标准误。英伯斯和勒缪克斯（Imbens and Lemieux，2008）证明，如果 h 缩小到 0 的速度足够快，那么通常的推理仍然是有效的。当人们可以选择不同的 h 进行实验——即当 h 很大时，在更大的偏误与更小的方差之间进行权衡比较——那么人们就可以使用一种基于数据的方法。英伯斯和卡利亚纳拉曼（Imbens and Kalyanaraman，2009）明确地考虑选择 h 以最小化

$$\mathrm{E}\{[\hat{\mu}_0(c)-\mu_0(c)]^2+[\hat{\mu}_1(c)-\mu_1(c)]^2\} \tag{21.103}$$

即关于在跳变点处的两个回归函数的一个总均方误。最优的带宽（bandwidth）选择依赖于回归函数在 $x=c$ 处的二阶导数，x_i 在 $x=c$ 处的密度，条件方差以及在局部线性回归中使用的核。详情可参阅英伯斯和卡利亚纳拉曼（Imbens and Kalyanaraman，2008）。

添加回归元是没有问题的：如果回归元是 $\mathbf{r}_i$，只需用 y_i 对 1，w_i，(x_i-c)，$w_i\cdot(x_i-c)$，$\mathbf{r}_i$ 回归，再一次只使用数据 $c-h<x_i<c+h$。像在英伯斯和勒缪克斯（Imbens and Lemieux，2008）中的讨论那样，当 h 很大时，使用额外的回归元可能会有更多的影响，而且它可能有助于减少从线性近似的恶化中产生的偏误。关于添加 $\mathbf{r}_i$ 的另一个理由是，这样做可以减少误差方差，并可能改善 $\hat{\tau}_c$ 的精度。

对于取值范围有限的响应变量，我们可以使用其他估计方法的局部版本。例如，假设 y_g 是计数变量。那么，我们可能使用 $c-h<x_i<c$ 的观测值来估计一个泊松回归 $\mathrm{E}(y\mid x,w=0)=\exp(\alpha_0+\beta_0 x)$，并使用 $c\leqslant x_i<c+h$ 来估计一个

泊松回归 $E(y \mid x, w=1)=\exp(\alpha_1+\beta_1 x)$。当然，我们也可以包括 x 的更灵活的函数。如果指数回归函数关于 c "附近的" x 是正确设定的，那么我们可以将 τ_c 估计为

$$\hat{\tau}_c=\exp(\hat{\alpha}_1+\hat{\beta}_1 c)-\exp(\hat{\alpha}_0+\hat{\beta}_0 c) \tag{21.104}$$

21.5.2 模糊断点回归设计

在**模糊断点回归**（fuzzy regression discontinuity，FRD）设计中，处理概率在 $x=0$ 处不连续地变化。将倾向得分作为标量 x 的一个函数定义为

$$P(w=1|x)\equiv F(x) \tag{21.105}$$

像在 SRD 情形中那样，我们仍然假设反事实条件均值函数 $\mu_0(\cdot)$ 和 $\mu_1(\cdot)$ 在 c 处连续。关于 FRD 设计的关键假设是：$F(\cdot)$ 在 c 处是不连续的，以至在间断点处的处理概率中有一个离散的跳变。

存在多种识别 τ_c 的方式。可导出一个相当简单的分析的假设是：个体特有收益 y_1-y_0 是以 x 为条件独立于 w 的。因此，处理 w 被允许与 y_0 相关（在以 x 为条件之后），但不与来自处理中的不可观测收益相关。

与识别其他平均处理效应相比，估计 τ_{att} 需要（一些版本的）w 关于 y_0 的可忽略性，而 τ_{ate} 要求 w 关于（y_0, y_1）是可忽略的（这显然意味着其他两个假设）。

要看到 τ_c 是如何被识别的，再一次写出 $y=y_0+w(y_1-y_0)$，并使用在 w 和(y_1-y_0) 之间的条件独立性：

$$\begin{aligned}E(y|x)&=E(y_0|x)+E(w|x)E(y_1-y_0|x)\\&=\mu_0(x)+E(w|x)\cdot\tau(x)\end{aligned}$$

像在 SRD 情形中那样，从左、右两端同时取极限并使用 $\mu_0(\cdot)$ 和 $\tau(\cdot)$ 在 c 处的连续性：

$$\begin{aligned}m^+(c)&=\mu_0(c)+F^+(c)\tau_c\\m^-(c)&=\mu_0(c)+F^-(c)\tau_c\end{aligned}$$

其结果是，如果 $F^+(c)\neq F^-(c)$，那么

$$\tau_c=\frac{[m^+(c)-m^-(c)]}{[F^+(c)-F^-(c)]} \tag{21.106}$$

因为在 c 的一个邻域内均值和倾向得分一般都是可识别的，所以 τ_c 一般也是可识别的。

给定在式（21.106）中四个量的一致估计量，我们有

$$\hat{\tau}_c=\frac{[\hat{m}^+(c)-\hat{m}^-(c)]}{[\hat{F}^+(c)-\hat{F}^-(c)]} \tag{21.107}$$

英伯斯和勒缪克斯（Imbens and Lemieux，2008）建议全部用局部线性回

归来估计 $m^{+}(c)$，$m^{-}(c)$，$F^{+}(c)$ 和 $F^{-}(c)$。也就是，$\hat{m}^{+}(c)=\hat{\alpha}_{1c}$，$\hat{m}^{-}(c)=\hat{\alpha}_{0c}$，$\hat{F}^{+}(c)=\hat{\theta}_{1c}$和$\hat{F}^{-}(c)=\hat{\theta}_{0c}$是来自四个局部线性回归的截距。例如，$\hat{\alpha}_{1c}$来自 y_i 对 1，(x_i-c) 的回归，其中 $c\leqslant x_i<c+h$，而$\hat{\theta}_{1c}$来自 w_i 对 1，(x_i-c) 的回归，其中 $c\leqslant x_i<c+h$。

作为一个计算策略，同时也为了简单的推断，HTV（2001）证明式（21.107）在数值上等价于在方程

$$y_i=\alpha_{0c}+\tau_c w_i+\beta_0(x_i-c)+\delta 1[x_i\geqslant c]\cdot(x_i-c)+e_i \tag{21.108}$$

中 τ_c 的局部 IV 估计量，其中 $z_i\equiv 1[x_i\geqslant c]$ 是关于 w_i 的 IV。人们使用数据使得 $c-h<x_i<c+h$。如果 h 是固定的或按照一种英伯斯和勒缪克斯（Imbens and Lemieux，2008）所描述的速率减少，那么人们就可以使用关于$\hat{\tau}_c$的通常的异方差性稳健 IV 标准误。

我们不使用关于处理概率的一个局部线性模型，而是比如说使用一个局部 logit 模型——例如

$$P(w=1|x)=\Lambda(\eta_{c0}+\psi_0(x-c)),x<c$$
$$P(w=1|x)=\Lambda(\eta_{c1}+\psi_1(x-c)),x\geqslant c$$

然后使用

$$\hat{F}^{+}(c)-\hat{F}^{-}(c)=\Lambda(\hat{\eta}_{c1})-\Lambda(\hat{\eta}_{c0})$$

其中（$\hat{\eta}_{c0}$，$\hat{\psi}_0$）来自使用 $c-h<x_i<c$ 时 w_i 对 1，(x_i-c) 的一个 logit 回归，而（$\hat{\eta}_{c1}$，$\hat{\psi}_1$）也依同理可得。

在 FRD 的情形中，我们不得不选择两个带宽（甚至假设我们在估计跳变两边的任一边上的回归函数时使用了对称的带宽）。我们可以为$P(w=1\mid x)$和 $E(y\mid x)$ 使用相同的带宽或使用比如说英伯斯和卡利亚纳拉曼（Imbens and Kalyanaraman，2009）的方法分开选择它们。

21.5.3 与模糊断点回归相对比的无混性

不像在 SRD 情形中那样，关于 FRD，重叠性是可能成立的（尽管它在实践中可能是脆弱的）。因此，我们可以在回归调整与利用了 FRD 的估计量之间进行比较。

返回到线性公式是有用的：

$$y=\mu_{0c}+\tau_c w+\beta_0(x-c)+\delta w\cdot(x-c)+u_0+w(u_1-u_0) \tag{21.109}$$

在可忽略性假设 $D(y_0,y_1\mid w,x)=D(y_0,y_1\mid x)$ 下，复合误差具有以 (w,x) 为条件的零均值，所以 OLS（或局部回归）一致地估计了 τ_c。事实上，如果我们相信无混性和线性函数形式，那么我们可以使用所有数据并跨 x_i 求平均值以估计 τ_{ate}。

如果我们只假设 $D(y_1-y_0\mid w,x)=D(y_1-y_0\mid x)$ ——但允许 u_0 与 w 相

关——那么 OLS 估计量就是不一致的。回想一下，τ_c 的估计值可被写成

$$\tilde{\tau}_c=\widetilde{m}^+(c)-\widetilde{m}^-(c)$$

其中 $\widetilde{m}_1(x)$ 可使用 $w_i=1$ 的观测值估计，而 $\widetilde{m}_0(x)$ 可使用 $w_i=0$ 的观测值估计。换句话说，在 $x=c$ 处的 $P(w=1 \mid x)$ 中的间断点本质上是被忽略的。相比之下，在可忽略性的较弱版本下，式（21.107）中的估计量是一致的，而且它直接利用了在 $x=c$ 处均值响应与处理概率中的跳变。

式（21.107）中估计量的另一个好处是，只要我们添加一个单调性假设，对于在 $x=c$ 处的依从者来说，它关于 ATE 就是一致的，而且**无须**无混性假设。要了解一个详细的探讨，可参阅英伯斯和勒缪克斯（Imbens and Lemieux，2008）。

21.6 进一步探讨的问题

我们现在讨论先前讨论过的基本方法的一些特殊考虑和拓展。

21.6.1 关于含离散性或取值范围有限响应的特殊考虑

我们已经看到，当选择的可忽略性成立时，估计平均处理效应的几种方法是可得的，而且不以重要的方式依赖于 y 的性质。不管响应是连续的还是离散的还是同时兼具这两种特征，倾向得分加权和匹配都可被直接应用。当选定的条件均值函数是对 $E(y \mid w=1,\mathbf{x})$ 和 $E(y \mid w=0,\mathbf{x})$ 的良好近似时，依赖于回归调整的那些方法（参数或者甚至级数估计）——要么其本身要么结合其他方法一起——将表现得更好。我们已经讨论了如何使用逻辑斯蒂和相关函数形式（可能与伯努利对数似然相结合）来对二值和分数响应建模，以及当 y 非负（可能与泊松对数似然相结合）时指数回归函数可被如何使用。但如果 y 同时兼具离散和连续两个特点，那么我们可能想去尝试关于条件期望的其他模型。例如，假设 y_0 和 y_1 是角点解。在假设 ATE.1 下，$D(y_g \mid w,\mathbf{x})=D(y_g \mid \mathbf{x})$，$g=0$，1。因此，我们可以估计关于 $D(y \mid w=0,\mathbf{x})$ 和 $D(y \mid w=1,\mathbf{x})$ 的模型，这些模型可对 y 的角点性质做出解释。如果角点位于 0 处，那么这可能是标准的第Ⅰ类 Tobit 模型，如果有两个角点，那么这就是在 17.7 节中那样的双限 Tobit 模型。但是，我们也可以分别为 $w=0$ 和 $w=1$ 尝试一个栅栏模型。记住，基本思想是为最终获得条件均值的良好估计，并且一个 Tobit 回归或栅栏模型在实现该目标方面可能比，比如说一个线性模型做得更好，即便 Tobit 或栅栏模型其本身是误设的。一旦我们有了均值函数的这些估计，那么我们就可以像一直以来那样使用式（21.30）。

当我们放松可忽略性并甚至在以 $\mathbf{x}$ 为条件之后允许处理与不可观测因素相关时，IV、校正函数以及在 21.4 节中讨论过的控制函数法在很大程度上依赖于（关于参数和不可观测因素的）线性函数形式。即便在一定的假设下，线性

函数形式可以一致估计一个局部平均处理效应，我们也可能想要使用非线性函数并尝试更好地近似 τ_{ate} 或 τ_{att}。如果反事实响应是二值的，那么我们可以设定

$$y_0=1[\alpha_0+\mathbf{x}\boldsymbol{\beta}_0+e_0\geqslant 0] \tag{21.110}$$

$$y_1=1[\alpha_1+\mathbf{x}\boldsymbol{\beta}_1+e_1\geqslant 0] \tag{21.111}$$

其中 (e_0,e_1) 是独立于 $(\mathbf{x},\mathbf{z})$ 的，且它们中每一个都有一个标准正态分布。如果像在线性情形中那样，我们添加

$$w=1[\theta_0+\mathbf{x}\boldsymbol{\theta}_1+\mathbf{z}\boldsymbol{\theta}_2+\alpha\geqslant 0] \tag{21.112}$$

其中 (e_0,e_1,a) 是独立于 $(\mathbf{x},\mathbf{z})$ 的，且服从三元正态分布，那么我们可以通过在 $w_i=0$ 和 $w_i=1$ 的子样本上的“选择”probit 来估计 $(\alpha_0,\boldsymbol{\beta}_0')'$ 和 $(\alpha_1,\boldsymbol{\beta}_1')'$；见 19.6.3 节。然后 $\hat{\tau}_{ate}(\mathbf{x})=\boldsymbol{\Phi}(\hat{\alpha}_1+\mathbf{x}\hat{\boldsymbol{\beta}}_1)-\boldsymbol{\Phi}(\hat{\alpha}_0+\mathbf{x}\hat{\boldsymbol{\beta}}_0)$ 且

$$\hat{\tau}_{ate}=N^{-1}\sum_{i=1}^{N}[\boldsymbol{\Phi}(\hat{\alpha}_1+\mathbf{x}_i\hat{\boldsymbol{\beta}}_1)-\boldsymbol{\Phi}(\hat{\alpha}_0+\mathbf{x}_i\hat{\boldsymbol{\beta}}_0)] \tag{21.113}$$

如果我们施加 $\boldsymbol{\beta}_1=\boldsymbol{\beta}_0$ 和 $e_1=e_0$，那么我们就得到了在 15.7.3 节中讨论过的二元 probit 模型。自然，使用更灵活的模型会更好，除非有证据表明这是不需要的。

如果 y_g 是角点解，那么我们可以使用设定 $y_g=\max(0,\alpha_g+\mathbf{x}\boldsymbol{\beta}_g+e_g)$ 并做出标准假设使得 y_g 服从一个 Tobit。事实上，我们仍然可以假设 (e_0,e_1,a) 是独立于 $(\mathbf{x},\mathbf{z})$ 的，且服从三元正态分布，但是现在 $\sigma_g^2=\mathrm{Var}(e_g)$ 是待估方差参数。尽管含“内生性转换”的 Tobit 模型不常见，但没有理由说对于估计带角点解响应的 ATE，它们不是有用的。从统计上讲，关于控制和处理组的参数估计与估计含内生性样本选择的一个 Tobit 模型是相同的。(具有 $\boldsymbol{\beta}_1=\boldsymbol{\beta}_0$ 和 $e_1=e_0$ 的情形在习题 17.6 中已被涵盖过。)τ_{ate} 的估计值采用通常的形式

$$\hat{\tau}_{ate}=N^{-1}\sum_{i=1}^{N}[m(\hat{\alpha}_1+\mathbf{x}_i\hat{\boldsymbol{\beta}}_1,\hat{\sigma}_1^2)-m(\hat{\alpha}_0+\mathbf{x}_i\hat{\boldsymbol{\beta}}_0,\hat{\sigma}_0^2)] \tag{21.114}$$

其中 $m(\cdot,\cdot)$ 是关于一个 Tobit 模型的条件均值函数。栅栏模型也可以使用，但估计将变得更加复杂。

关于指数响应函数，我们可以使用在 19.6.4 节中描述的关于控制和处理样本的“选择校正”，然后像往常一样，构建一个估计的反事实均值中的差分的平均值。在 a_g 独立于 $(\mathbf{x},\mathbf{z})$ 时的假设 $\mathrm{E}(y_g\mid a_g,w,\mathbf{x},\mathbf{z})=\exp(a_g+\mathbf{x}\boldsymbol{\beta}_g)$，$g=0,1$，以及（至少在关于 w 的 probit 模型中）合适的正态性假设下，这些都可以应用。当刚好反事实条件均值被假定为正确设定的时，一个类似的方法可用于分数响应。

21.6.2 多值处理

到目前为止，我们已经考虑了含有一个单个处理层面的情形，我们将其表示为 $w_i=1$，并令 $w_i=0$ 表示一个控制单元。在某些情形中，对项目的参与可以在不同层面上发生——比如说，兼职的或专职的——或者对于处理而言可能

存在不同的选项，诸如不同的在职培训项目。两类情形都需要之前框架及估计方法的一种扩展。

现在假设处理变量可以取 $G+1$ 个不同的值，我们将其标为 $\{0,1,2,\cdots,G\}$。通常地，零表示控制组而 1，…，G 个不同的层面或选项表示处理组。因此，w_i 在 $\{0,1,2,\cdots,G\}$ 中取一个值。当然，现在有了 $G+1$ 个反事实结果，对于一次随机抽取 i，我们将其表示为 $\{y_{ig}: g=0,1,\cdots,G\}$。可观测的响应 y_i 可被表达为

$$y_i=1[w_i=0]y_{i0}+1[w_i=1]y_{i1}+\cdots+1[w_i=G]y_{iG} \tag{21.115}$$

正如通常那样，我们有一套协变量 $\mathbf{x}_i$ 可用。定义 $\mu_g=\mathrm{E}(y_{ig})$ 为反事实上的总体均值。对于识别均值的一个充分可忽略性是条件均值独立性假设

$$\mathrm{E}(y_{ig}|w_i,\mathbf{x}_i)=\mathrm{E}(y_{ig}|\mathbf{x}_i),\quad g=0,1,\cdots,G \tag{21.116}$$

根据假设（21.116），容易得出其结果是

$$\mathrm{E}(y_i|w_i,\mathbf{x}_i)=1[w_i=0]\mathrm{E}(y_{i0}|\mathbf{x}_i)+1[w_i=1]\mathrm{E}(y_{i1}|\mathbf{x}_i)+\cdots+1[w_i=G]\mathrm{E}(y_{iG}|\mathbf{x}_i) \tag{21.117}$$

这立刻证明均值函数 $\mathrm{E}(y_g\mid\mathbf{x})$ 是可识别的，因为

$$\mathrm{E}(y_g|\mathbf{x})=\mathrm{E}(y|w=g,\mathbf{x}) \tag{21.118}$$

给定一个随机样本，通过将注意力限制在 $w_i=g$ 的单元上，我们可以对于每个 g 估计 $\mathrm{E}(y\mid w=g,\mathbf{x})$。换句话说，在多重处理情形中的回归调整是当 w_i 为二值时情形的一个明显的扩展。正如在二值情形中那样，有关考虑在此是成立的，包括使用解释 y 的性质的特殊函数形式以及使用非参数回归。

给定条件均值估计值 $\{\hat{m}_g(\mathbf{x}): g=0,1,\cdots,G\}$，我们可以将关于处理层面 h 相对于 g 的平均处理效应，比如说 τ_{gh}，估计为

$$\hat{\tau}_{gh,reg}=N^{-1}\sum_{i=1}^{N}[\hat{m}_h(\mathbf{x}_i)-\hat{m}_g(\mathbf{x}_i)] \tag{21.119}$$

或者，如果 α_{gh} 是关于那些不是在 g 组就是在 h 组的平均处理效应，$\hat{\alpha}_{gh,reg}$ 可通过对含 $w_i=g$ 或 $w_i=h$ 的跨子样本的差分 $\hat{m}_h(\mathbf{x}_i)-\hat{m}_g(\mathbf{x}_i)$ 求平均值获得，也许 g 是一个比 h 更低的在职培训参与层面，而且我们想估计关于那些曾处在那些处理组之一中的人从兼职者到专职者的平均处理效应。我们可以将一个测度定义得更像如 $\eta_{gh}=\mathrm{E}(y_h-y_g\mid w=h)$ 那样的平均处理效应，当 $g=0$ 是控制组时，它将是特别有趣的。现在我们将简单地跨子样本 $w_i=h$ 对 $\hat{m}_h(\mathbf{x}_i)-\hat{m}_g(\mathbf{x}_i)$ 求平均值。

非常清楚的是，为估计含多重处理层面的平均处理效应需要重叠性假设。尽管我们对于某些情形可以较为轻易对付过去，但最直截了当的表述是基于倾向得分集合的（英伯斯（Imbens，2000）称之为**广义倾向得分**（generalized propensity score））：

$$\mathrm{P}(w_g=1|\mathbf{x})\equiv p_g(\mathbf{x})>0,\quad x\in\mathcal{X},\quad g=0,\cdots,G \tag{21.120}$$

因为倾向得分必须加总为单位元，假设（21.120）排除了对于任意 g 的单位概

率的情形。

倾向得分加权同样可以在之前的可忽略性及重叠性假设下使用。例如，使用在 21.3.3 节中同样的论断，容易证明

$$\mathrm{E}(y_g)=\mathrm{E}\left\{\frac{1[w_i=g]y_i}{p_g(\mathbf{x}_i)}\right\},\quad g=0,1,\cdots,G \tag{21.121}$$

这样反事实均值的一致性估计值就取如下形式：

$$\hat{\mu}_{g,ps}=N^{-1}\sum_{i=1}^{N}\left\{\frac{1[w_i=g]y_i}{\hat{p}_g(\mathbf{x}_i)}\right\} \tag{21.122}$$

其中$\hat{p}_g(\cdot)$是估计的倾向得分。给定这些估计，我们可以构造诸如$\hat{\tau}_{gh,ps}=\hat{\mu}_{h,ps}-\hat{\mu}_{g,ps}$的差分。估计之前提到过的其他种类的处理效应需要更加小心，但却是相当直截了当的。可参阅，例如英伯斯（Imbens，2000）及莱希纳（Lechner，2001）。

为实施 IPW 估计，我们不得不估计倾向得分。一种普通的参数方法可以是使用一个带有关于 $\mathbf{x}_i$ 的灵活函数的多项 logit（MNL）模型。因为我们只是在寻找概率的好的估计，MNL 模型通常将运行良好，但是其他方法——诸如嵌套 logit 模型——也可以使用。如果处理种类明显是有序的——比方说，w_i 是对于高中学校毕业生的总体来说在大学学习的年数——人们会尝试一个有序模型，诸如有序 logit。

除了回归调整及倾向得分加权外，当然，人们可以使用匹配——要么关于协变量要么关于倾向得分。可参阅，例如，莱希纳（Lechner，2001）。

21.6.3 多重处理

多重处理的情形更难处理，并且在某些情形下，其依靠附加的函数形式约束。当然，如果 w_i 是处理变量的 M 维向量，而 x_i 是控制变量，我们总是可以直接使用关于 $\mathrm{E}(y_i \mid \mathbf{w}_i,\mathbf{x}_i)$ 的模型来进行论证，但这样我们能够绕过反事实框架。

一个相当一般的框架——实际上包含了前一节的框架部分——是使用一个随机系数设置。设 w_i 为 $1\times M$ 维的，而 c_i 为 $M\times 1$ 维不可观测异质性向量。假设

$$y_i=\mathbf{w}_i\mathbf{c}_i=w_{i1}c_{i1}+\cdots+w_{iM}c_{iM} \tag{21.123}$$

通过选择 c_{im} 作为反事实的结果且 w_{im} 为每个处理层面（包括控制变量）的处理指示符，我们可以把多值处理框架放在当前背景中。但是，我们也可以允许真正不同的处理。例如，假设我们有两个项目，A 和 B，其中允许参与一个，或两个都参与。然后，我们可以定义 w_i 有四个虚拟变量，各指示着每一种可能的处理状态：哪个都不参与，参与 A 但不参与 B，参与 B 但不参与 A，以及两个都参与。或者，一些 w_{im} 可以既是连续处理又是离散处理。进而，如在伍德里奇（Wooldridge，2004）中所描述的，w_{im} 可以是相同的（非二值）处理的不同函数，以便使函数形式更为灵活。如果我们想的话，我们可以设，比如说 $w_{i1}\equiv 1$，使得方程中有一个截距；在其他情形中，拥有一整套处理指示符并排除截距项将更方便。

给定协变量 $\mathbf{x}_i$，我们的目标是估计 $\mathrm{E}(\mathbf{c}_i \mid \mathbf{x}_i=\mathbf{x})$，那么，最终 $\boldsymbol{\mu}_{\mathbf{c}}=\mathrm{E}(\mathbf{c}_i)$。当我们使用适当的线性组合时，后者对应于跨整个总体的平均处理效应，而 $\mathrm{E}(\mathbf{c}_i \mid \mathbf{x}_i=\mathbf{x})$ 一般对应于条件平均处理效应。

如果我们假设可忽略性，我们能够一致地估计 $\mathrm{E}(\mathbf{c}_i \mid \mathbf{x}_i=\mathbf{x})$，而且，当假定重叠性时，我们可以通过求平均值来估计 $\boldsymbol{\mu}_{\mathbf{c}}$。总体中的关键假设是

$$\mathrm{E}(y|\mathbf{w},\mathbf{c},\mathbf{x})=\mathrm{E}(y|\mathbf{w},\mathbf{c}) \tag{21.124}$$

和

$$\mathrm{E}(\mathbf{w}'\mathbf{w}|\mathbf{c},\mathbf{x})=\mathrm{E}(\mathbf{w}'\mathbf{w}|\mathbf{x}) \tag{21.125}$$

在许多情形中，我们将从 $\mathrm{E}(\mathbf{w} \mid \mathbf{c},\mathbf{x})=\mathrm{E}(\mathbf{w} \mid \mathbf{x})$ 和 $\mathrm{Var}(\mathbf{w} \mid \mathbf{c},\mathbf{x})=\mathrm{Var}(\mathbf{w} \mid \mathbf{x})$ 中获得假设（21.125）——换句话说，就是从给定（$\mathbf{c},\mathbf{x}$）时以 $\mathbf{w}$ 的分布的前两个矩为条件的可忽略性中获得假设（21.125）。

如果我们还假定 $\Lambda(\mathbf{x})\equiv\mathrm{E}(\mathbf{w}'\mathbf{w} \mid \mathbf{x})$ 是非奇异的，那么我们可以很容易地找到关于 $\mathrm{E}(\mathbf{c} \mid \mathbf{x})$ 的一个表式达。写出 $y=\mathbf{wc}+u$，其中由假设（21.124）有 $\mathrm{E}(u \mid \mathbf{w},\mathbf{c},\mathbf{x})=0$。那么 $\mathbf{w}'y=\mathbf{w}'\mathbf{wc}+\mathbf{w}'u$，所以

$$\mathrm{E}(\mathbf{w}'y|\mathbf{x})=\mathrm{E}(\mathbf{w}'\mathbf{wc}|\mathbf{x})+\mathrm{E}(\mathbf{w}'u|\mathbf{x})=\mathrm{E}(\mathbf{w}'\mathbf{wc}|\mathbf{x})$$

现在，通过迭代期望法则，$\mathrm{E}(\mathbf{w}'\mathbf{wc} \mid \mathbf{x})=\mathrm{E}[\mathrm{E}(\mathbf{w}'\mathbf{wc} \mid c,\mathbf{x}) \mid x]$，且

$$\begin{aligned}\mathrm{E}[\mathrm{E}(\mathbf{w}'\mathbf{wc}|\mathbf{c},\mathbf{x})|\mathbf{x}]&=\mathrm{E}[\mathrm{E}(\mathbf{w}'\mathbf{w}|\mathbf{c},\mathbf{x})\mathbf{c}|\mathbf{x}]=\mathrm{E}[\mathrm{E}(\mathbf{w}'\mathbf{w}|\mathbf{x})\mathbf{c}|\mathbf{x}]\\&=\mathrm{E}(\mathbf{w}'\mathbf{w}|\mathbf{x})\mathrm{E}(\mathbf{c}|\mathbf{x})\end{aligned}$$

其中第二个等式由假设（21.125）可得。我们已经证明

$$\mathrm{E}(\mathbf{w}'y|\mathbf{x})=\mathrm{E}(\mathbf{w}'\mathbf{w}|\mathbf{x})\mathrm{E}(c|\mathbf{x})$$

所以，假设 $\mathrm{E}(\mathbf{w}'\mathbf{w} \mid \mathbf{x})$ 的可逆性，

$$\mathrm{E}(\mathbf{c}|\mathbf{x})=[\mathrm{E}(\mathbf{w}'\mathbf{w}|\mathbf{x})]^{-1}\mathrm{E}(\mathbf{w}'y|\mathbf{x})\equiv[\Lambda(\mathbf{x})]^{-1}\mathrm{E}(\mathbf{w}'y|\mathbf{x}) \tag{21.126}$$

因为我们能够收集（$y_i,\mathbf{w}_i,\mathbf{x}_i$）上的一个随机样本，所以我们可以估计所有出现在 $\mathrm{E}(\mathbf{c} \mid \mathbf{x})$ 中的条件矩。

关于估计无条件均值 $\boldsymbol{\mu}_{\mathbf{c}}$，估计 $\Lambda(\mathbf{x})$ 就足够了，因为

$$\mu_{\mathbf{c}}=\mathrm{E}\{[\Lambda(\mathbf{x})]^{-1}\mathrm{E}(\mathbf{w}'y|\mathbf{x})\}=\mathrm{E}\{[\Lambda(\mathbf{x})]^{-1}\mathbf{w}'y\} \tag{21.127}$$

这只是使用了事实 $\mathbf{w}'y=\mathrm{E}(\mathbf{w}'y \mid \mathbf{x})+\mathbf{r}$ 且 $\mathrm{E}(\mathbf{r} \mid \mathbf{x})\equiv\mathbf{0}$。

当 $\mathbf{w}$ 是一个关于不同处理组的相互排斥的、详尽的二值指示向量时，表达式（21.127）采用了一个简单的、可识别的形式。然后 $\mathbf{w}'\mathbf{w}=diag(w_{i1},\cdots,w_{iM})$ 而且因此 $\Lambda(\mathbf{x})$ 是 $M\times M$ 维对角矩阵，且沿着对角线的元素为 $\mathrm{E}(w_m \mid \mathbf{x})=\mathrm{P}(w_m=1 \mid \mathbf{x})$ ——也就是，倾向得分。很容易看到，$\mathrm{E}\{[\Lambda(\mathbf{x})]^{-1}\mathbf{w}'y\}$ 的第 m 个元素只是

$$\mathrm{E}[w_{im}y_i/p_m(\mathbf{x}_i)]$$

这正是我们在上一小节中所推导的用来激发在多重处理情形中的倾向得分加权

的表达式。

更一般地，$\Lambda(\mathbf{x})$ 可能不是一个对角矩阵，尽管如果我们选择 $\mathbf{w}_i$ 来浸透到所有可能的处理场景，那么它就总会是对角矩阵。换句话说，如果我们有 Q 个可能的项目，其中对于项目 q 存在 J_q 个处理层面，那么 $\mathbf{w}_i$ 就有 $\sum_{q=1}^{Q} J_q$ 个元素。（如果某些组合是不可能的，那么它们可以被排除在外。）利用连续的处理，或者在比如说我们令每个项目都有其自己的一套处理效应而且这些不与来自其他项目的处理效应交互作用的场合中，我们一般不得不估计条件协方差连同条件均值（及方差）。假设我们对于每个 $\mathbf{x}$ 有一个 $\Lambda(\mathbf{x})$ 的一致估计量 $\hat{\Lambda}(\mathbf{x})$，则 $\boldsymbol{\mu}_{\mathbf{c}}$ 的一致估计量就有形式

$$\hat{\boldsymbol{\mu}}_{\mathbf{c}} = N^{-1}\sum_{i=1}^{N}[\hat{\Lambda}(\mathbf{x}_i)]^{-1}\mathbf{w}'_i y_i \tag{21.128}$$

在很多情形中将随机斜率与随机截距明确加以分离是有用的，在该情形中，我们可以在总体中写出

$$\mathrm{E}(y|\mathbf{w},\mathbf{c})=\mathrm{E}(\mathbf{y}|\mathbf{w},\mathbf{c},\mathbf{x})=a+\mathbf{wb}$$

其中 $\mathbf{w}$ 现在是 K 个处理变量的一个集合，使得 $\boldsymbol{\Omega}(\mathbf{x})\equiv \mathrm{Var}(\mathbf{w}\mid\mathbf{x})$ 关于 $\mathbf{x}$ 的所有（相关）值是非奇异的。然后，就像可从式（21.127）中推导的那样使用分块逆（也见伍德里奇（Wooldridge，2004））：

$$\mathrm{E}(\mathbf{b}|\mathbf{x})=[\mathrm{Var}(\mathbf{w}|\mathbf{x})]^{-1}\mathrm{Cov}(\mathbf{w},y|\mathbf{x})\equiv[\boldsymbol{\Omega}(\mathbf{x})]^{-1}\mathrm{Cov}(\mathbf{w},y|\mathbf{x})$$

和

$$\boldsymbol{\mu}_{\mathbf{b}}\equiv\mathrm{E}(\mathbf{b})=\mathrm{E}\{[\boldsymbol{\Omega}(\mathbf{x})]^{-1}[\mathbf{w}-\Psi(\mathbf{x})]y\}$$

其中 $\boldsymbol{\psi}(\mathbf{x})\equiv\mathrm{E}(\mathbf{w}\mid\mathbf{x})$ 是条件均值函数的 $1\times K$ 维向量。在此公式中，我们直接可以看到，处理 $\mathbf{w}$ 的条件均值和条件方差—协方差矩阵是估计平均斜率 $\boldsymbol{\mu}_{\mathbf{b}}$ 所需要的。因为我们假设了在 $(\mathbf{w},\mathbf{x})$ 上的一个随机样本，这些矩一般都是可识别的。在实践中，我们可能会使用能对 $\mathbf{w}$ 的元素性质做出解释的参数模型。自然，给定这样的估计量，我们将 $\boldsymbol{\mu}_{\mathbf{b}}$ 估计为一个样本平均值：

$$\hat{\boldsymbol{\mu}}_{\mathbf{b}} = N^{-1}\sum_{i=1}^{N}[\hat{\boldsymbol{\Omega}}(\mathbf{x}_i)]^{-1}[\mathbf{w}_i-\hat{\boldsymbol{\Psi}}(\mathbf{x}_i)]y_i$$

当处理对于一套协变量 $\mathbf{x}$ 是不可忽略的时，我们就需要获得工具变量。线性 IV 估计是相对简单的，只要不可观测异质性是可加的，如在 21.4.1 节中那样。但允许一般的异质性处理效应而没有可忽略性是很难的。控制函数法将依赖于

$$\mathrm{E}(y|\mathbf{w},\mathbf{x},\mathbf{z})=\mathbf{w}\mathrm{E}(\mathbf{c}|\mathbf{w},\mathbf{x},\mathbf{z})$$

其中 $\mathbf{z}$ 为工具变量向量，而当 $\mathbf{w}$ 是一个向量时，后者可能很难获得。伍德里奇（Wooldridge，2008）在假设

$$\mathrm{E}(y|\mathbf{w},\mathbf{c},\mathbf{x},\mathbf{z})=\mathrm{E}(y|\mathbf{w},\mathbf{c}) \tag{21.129}$$

下考虑了校正函数方法（这算不上是一个假设，因为 $\mathbf{c}$ 可以包括很多因素）并且

$$\mathrm{E}(\mathbf{c},\mathbf{x},\mathbf{z})=\mathrm{E}(\mathbf{c}\mid\mathbf{x})=\boldsymbol{\mu}_{\mathbf{c}}+(\mathbf{x}-\boldsymbol{\mu}_{\mathbf{x}})\boldsymbol{\Gamma} \tag{21.130}$$

连同线性假设一起，这是在工具变量 $\mathbf{z}$ 上的一个标准的排除约束。如果我们记 $c_m=\mu_{cm}+(\mathbf{x}-\boldsymbol{\mu}_{\mathbf{x}})\gamma_m+v_m$，那么我们就有

$$y_i=\mu_{c1}w_{i1}+\mu_{c2}w_{i2}+\cdots+\mu_{cM}w_{im}+w_{i1}(\mathbf{x}_i-\boldsymbol{\mu}_{\mathbf{x}})\gamma_1+\cdots+w_{iM}(\mathbf{x}_i-\boldsymbol{\mu}_{\mathbf{x}})\gamma_M$$
$$+w_{i1}v_{i1}+\cdots+w_{iM}v_{iM}$$

校正函数方法现在需要求 $\mathrm{E}(w_{im}u_{im}\mid\mathbf{x}_i,\mathbf{z}_i)$ 并为 $w_{im}v_{im}$ 插入这些，然后使用 $(\mathbf{x}_i,\mathbf{z}_i)$ 的函数来应用工具变量。更具体些，假设 $w_{im}=f_m(\mathbf{x}_i,\mathbf{z}_i,u_{im},\boldsymbol{a}_m)$ 且 $\mathrm{E}(v_{im}\mid u_{im},\mathbf{x}_i,\mathbf{z}_i)=\rho_m u_{im}$。然后，利用在 u_{im} 上的分布假设，我们可以估计 a_m 以及估计 u_{im} 分布中的参数以获得 $\mathrm{E}(w_{im}u_{im}\mid\mathbf{x}_i,\mathbf{z}_i)=h_m(\mathbf{x}_i,\mathbf{z}_i,\boldsymbol{\theta}_m)$，其中 $\boldsymbol{\theta}_m$ 被假定是可识别的，而且 $h_m(\cdot)$ 是已知的。（21.4.2 节考虑了 w_i 是二值的且服从一个 probit 的情形；校正函数是在一个线性指标处计算的标准正态 pdf。）现在我们有估计方程

$$y_i=\mu_{c1}w_{i1}+\mu_{c2}w_{i2}+\cdots+\mu_{cM}w_{im}+w_{i1}(\mathbf{x}_i-\boldsymbol{\mu}_{\mathbf{x}})\gamma_1+\cdots+w_{iM}(\mathbf{x}_i-\boldsymbol{\mu}_{\mathbf{x}})\gamma_M$$
$$+\rho_1 h_1(\mathbf{x}_i,\mathbf{z}_i,\boldsymbol{\theta}_1)+\cdots+\rho_M h_M(\mathbf{x}_i,\mathbf{z}_i,\boldsymbol{\theta}_M)+r_i \tag{21.131}$$
$$\mathrm{E}(r_i\mid\mathbf{x}_i,\mathbf{z}_i)=0$$

在利用样本平均值 $\bar{\mathbf{x}}$ 替代 $\boldsymbol{\mu}_{\mathbf{x}}$、插入 $\hat{\boldsymbol{\theta}}_m$ 并设定工具变量之后，我们就可以通过 IV 来估计方程。对工具变量的自然选择是 $\hat{\mathrm{E}}(w_{im}\mid\mathbf{x}_i,\mathbf{z}_i)$ 和 $\hat{\mathrm{E}}(w_{im}\mid\mathbf{x}_i,\mathbf{z}_i)\cdot(\mathbf{x}_i-\bar{\mathbf{x}})$，其中 $\hat{\mathrm{E}}(w_{im}\mid\mathbf{x}_i,\mathbf{z}_i)$ 可从设定的分布 $\mathrm{D}(w_{im}\mid\mathbf{x}_i,\mathbf{z}_i)$ 中获得。在 w_i 服从一个 probit 的简单二值情形中，我们使用了 probit 的拟合值 $\hat{\Phi}_i$。

检验在处理变量和异质性之间的所有交互作用是否具有零系数，是在 IV 估计后的一个标准异方差性瓦尔德检验 $\mathrm{H}_0: \rho_1=\cdots=\rho_M=0$。如果我们想要允许一些 ρ_m 是非零的，那么所有第二步估计量的方差矩阵需要要么使用增量方法要么使用自助法为 $\boldsymbol{\theta}_m$ 的估计进行调整。注意到 w_{im} 上的系数是估计的反事实均值，那么我们可以使用这些来构建不同的平均处理效应。我们也有对处理效应如何随 $\mathbf{x}$ 而变化（因为我们有 $\hat{\gamma}_m$）的直接估计。

当关于处理指示符的边际模型很容易获得时，校正函数方法就很容易进行应用。例如，如果比如说假设 w_{im} 遵循一个 probit 模型，要比如果假设一批指示符都遵循一个多元 probit 容易得多。该方法也适用于在一些处理具有离散和连续特征的时候，诸如在一个在职培训项目中花费的小时数。如果 w_{im} 遵循一个 Tobit 模型，那么 $h_m(\mathbf{x}_i,\mathbf{z}_i,\boldsymbol{\theta}_m)$ 就很容易解决；参阅伍德里奇（Wooldridge，2008）。

21.6.4 面板数据

使用带一般类型的处理的单个面板数据会因可能需要人们加以考虑的不同

种类的处理效应——静态的和动态的——而变得复杂。在本节中，我们考虑这样的情形：在每个时间段 t，单元 i 是一个处理组或控制组的一部分。因此，w_{it} 是一个二值变量，其中 $w_{it}=1$ 表示在时间 t 的处理。设 $\mathbf{w}_i=(w_{i1},\cdots,w_{iT})$ 表示处理指示符的整个历史。如果我们聚焦于在一个特定时间段中的处理的 ATE，要表述以不可观测异质性为条件的可忽略性假设是相当直截了当的。设 $y_{it}(0)$ 和 $y_{it}(1)$ 分别表示在未处理和处理过的状态下的反事实结果。那么以不可观测异质性 $\mathbf{c}_i$ 及协变量 $\mathbf{x}_i$ 为条件的可忽略性是

$$\mathrm{E}[y_{it}(g)\,|\,\mathbf{w}_i,\mathbf{c}_i,\mathbf{x}_i]=\mathrm{E}[y_{it}(g)\,|\,\mathbf{c}_i,\mathbf{x}_i],\quad g=0,1 \tag{21.132}$$

请注意，这是以（$\mathbf{c}_i$，$\mathbf{x}_i$）为条件的，关于处理指派的一个严格外生性假设。由于 $y_{it}=y_{it}(0)+w_{it}\mathrm{E}[y_{it}(1)-y_{it}(0)]$，其结果是

$$\begin{aligned}\mathrm{E}(y_{it}\,|\,\mathbf{w}_i,\mathbf{c}_i,\mathbf{x}_i)&=\mathrm{E}(y_{it}\,|\,w_{it},\mathbf{c}_i,\mathbf{x}_i)\\&=\mathrm{E}[y_{it}(0)\,|\,\mathbf{c}_i,\mathbf{x}_i]+w_{it}\mathrm{E}[y_{it}(1)-y_{it}(0)\,|\,\mathbf{c}_i,\mathbf{x}_i]\end{aligned} \tag{21.133}$$

如果处理效应 $y_{it}(1)-y_{it}(0)$ 对于每个 t 是常数，比如说 τ_t，以及 $\mathrm{E}[y_{it}(0)\,|\,\mathbf{c}_i,\mathbf{x}_i]$ 是线性的且关于标量异质性是可加的，协变量仅在时间 t 出现，那么

$$\mathrm{E}(y_{it}\,|\,\mathbf{w}_i,\mathbf{c}_i,\mathbf{x}_i)=c_{i0}+\alpha_{0t}+\mathbf{x}_{it}\boldsymbol{\beta}_{0t}+\tau_t w_{it},\quad t=1,\cdots,T$$

这就导向了一个标准的固定效应或一阶差分分析（特别是，如果我们假设 $\boldsymbol{\beta}_{0t}$ 和 τ_t 的时间同质性）。

如果我们允许 $\mathrm{E}[y_{it}(1)-y_{it}(0)\,|\,\mathbf{c}_i,\mathbf{x}_i]$ 取决于异质性和协变量，我们得到了一个 w_{it} 既与 $\mathbf{x}_{it}$ 交互作用又与异质性——比如说 a_i——交互作用的估计方程。所以，如果假设了除在截距项与协变量均值上以外的时间同质性，则估计方程看起来像

$$\mathrm{E}(y_{it}\,|\,\mathbf{w}_i,\mathbf{c}_i,\mathbf{x}_i)=c_{i0}+\alpha_{0t}+\mathbf{x}_{it}\boldsymbol{\beta}_0+a_i w_{it}+w_{it}(\mathbf{x}_{it}-\boldsymbol{\Psi}_t),\quad t=1,\cdots,T \tag{21.134}$$

其中 $\boldsymbol{\Psi}_t=\mathrm{E}(\mathbf{x}_{it})$（这应该被估计中关于每个 t 的样本均值所替代）。平均处理效应为 $\tau=\mathrm{E}(a_i)$。在 11.7 节中我们讨论了如何估计这些模型，而我们也注意到，存在一些条件，如在估计中设 $a_i=\tau$ 且使用通常的 FE 估计量一致估计 τ。

如果我们愿意假定以异质性和协变量为条件的严格外生的处理，那么在一个回归类框架中允许处理存在滞后效应就很简单。在实际操作中，人们只需增添一些处理指示符的滞后项到前面所述的标准模型中。那么，人们可以估计出项目参与效应会持续多长。明确地使用反事实设置是可能的，但符号复杂。例如，假设我们仅对同期效应及滞后一年的效应感兴趣。那么，对于每个 $t\geqslant 2$，我们有反事实结果 $y_{it}(g_{t-1},g_t)$，其中 g_{t-1} 与 g_t 可以是 0 或 1，分别对应同一时间段内或一个更早的时间段的处理。换句话说，在时间 t 对于单元 i 有四个反事实结果：$y_{it}(0,0)$，$y_{it}(1,0)$，$y_{it}(0,1)$，以及 $y_{it}(1,1)$。我们可以将观测到的结果写成

$$y_{it}=(1-w_{i,t-1})(1-w_{it})y_{it}(0,0)+w_{i,t-1}(1-w_{it})y_{it}(1,0)$$

$$+(1-w_{i,t-1})w_{it}y_{it}(0,1)+w_{i,t-1}w_{it}y_{it}(1,1)$$
$$=y_{it}(0,0)+w_{i,t-1}[y_{it}(1,0)-y_{it}(0,0)]+w_{it}[y_{it}(0,1)-y_{it}(0,0)]$$
$$+w_{i,t-1}w_{it}[y_{it}(1,1)-y_{it}(1,0)-y_{it}(0,1)+y_{it}(0,0)]$$

如果我们把假设（21.132）修改为

$$\mathrm{E}[y_{it}(g_{t-1},g_t)|\mathbf{w}_i,\mathbf{c}_i,\mathbf{x}_i]=\mathrm{E}[y_{it}(g_{t-1},g_t)|\mathbf{c}_i,\mathbf{x}_i],\quad g_{t-1},g_t=0,1 \tag{21.135}$$

那么不可观测效应模型自然就产生了。只要 $\mathrm{E}[y_{it}(0,0)\mid\mathbf{c}_i,\mathbf{x}_i]$ 取决于异质性和协变量，带有日期注明为时间 t（而且可能更早的时间段）的协变量的标准可加性模型就出现了，但是添加与异质性及特别是与可观测协变量（同期或滞后的）的交互项也很简单。如果我们把所有均值处理成随着时间推移而不变的常数——$u_{gh}=\mathrm{E}[y_{it}(g,h)]$——那么估计不同的处理效应就是很简单的。例如，$\mu_{11}-\mu_{00}$是来自在哪一个时间段都不参与相对于在两个时间段都参与的平均处理效应。

我们也可以改写一种由奥尔顿吉和马茨金（Altonji and Matzkin，2005）提出的方法；同样可参阅伍德里奇（Wooldridge，2005a）。根据假设（21.135），

$$\mathrm{E}(y_{it}|\mathbf{w}_i,\mathbf{c}_i,\mathbf{x}_i)=\mathrm{E}(y_{it}|w_{i,t-1},w_{it},\mathbf{c}_i,\mathbf{x}_i)$$
$$=(1-w_{i,t-1})(1-w_{it})\mathrm{E}[y_{it}(0,0)|\mathbf{c}_i,\mathbf{x}_i]$$
$$+w_{i,t-1}(1-w_{it})\mathrm{E}[y_{it}(1,0)|\mathbf{c}_i,\mathbf{x}_i]$$
$$+(1-w_{i,t-1})w_{it}\mathrm{E}[y_{it}(0,1)|\mathbf{c}_i,\mathbf{x}_i]$$
$$+w_{i,t-1}w_{it}\mathrm{E}[y_{it}(1,1)|\mathbf{c}_i,\mathbf{x}_i]$$

除非我们作刚才所描述的那种特殊的函数形式假设，否则这个公式不是直接有用的，因为它取决于不可观测异质性，$\mathbf{c}_i$。然而，假设我们假定给定（$\mathbf{w}_i,\mathbf{x}_i$）时 $\mathbf{c}_i$ 的分布取决于处理的历史的一个相对简单的函数，诸如被处理时间段的一部分，$\overline{w}_i$。（存在更复杂的可能性，诸如使用在各类子时间段内的一部分。）从形式上看，如果 $\mathrm{D}(\mathbf{c}_i\mid\mathbf{w}_i,\mathbf{x}_i)=\mathrm{D}(\mathbf{c}_i\mid\overline{w}_i,\mathbf{x}_i)$，那么，通过迭代期望法则和假设（21.135），

$$\mathrm{E}(y_{it}|\mathbf{w}_i,\mathbf{x}_i)=\mathrm{E}(y_{it}|w_{i,t-1},w_{it},\overline{w}_i,\mathbf{x}_i)$$
$$=(1-w_{i,t-1})(1-w_{it})\mathrm{E}[y_{it}(0,0)|\overline{w}_i,\mathbf{x}_i]+w_{i,t-1}(1-$$
$$w_{it})\mathrm{E}[y_{it}(1,0)|\overline{w},\mathbf{x}_i]$$
$$+(1-w_{i,t-1})w_{it}\mathrm{E}[y_{it}(0,1)|\overline{w},\mathbf{x}_i]$$
$$+w_{i,t-1}w_{it}\mathrm{E}[y_{it}(1,1)|\overline{w}_i,\mathbf{x}_i] \tag{21.136}$$

实际上，我们也可以直接导出这个公式，如果我们只是假设在 $t-1$ 和 t 时的处理毫无疑问地以（$\overline{w}$，$\mathbf{x}_i$）为条件，但目前的推导是与含不可观测异质性的方法相联系的。

现在从方程（21.136）可得到的结果是，我们可以通过估计 $\mathrm{E}(y_{it}\mid w_{i,t-1}=g_{t-1},w_{it}=g_t,\overline{w}_i,\mathbf{x}_i)\equiv m_t(g_{t-1},g_t,\overline{w}_i,\mathbf{x}_i)$ 来估计 $\mathrm{E}[y_{it}(g_{t-1},g_t)\mid\overline{w}_i,\mathbf{x}_i]$。也就是说，对于四个处理组组合中的每一个，我们估计 y_{it} 对（$\overline{w}_i,\mathbf{x}_i$）的回归，或使用准极大似然估计。（如果 $\mathbf{x}_i$ 真是一系列随时间而改变的协变量，我们可

能会限制 $\mathbf{x}_i$ 出现的方式，诸如（$\mathbf{x}_{it}, \mathbf{x}_{i,t-1}, \bar{\mathbf{x}}_i$），但此限制的唯一目的是为了节约估计问题的维数。）给定$\hat{m}_t(g_{t-1}, g_t, \overline{w}_i, \mathbf{x}_i)$，我们有

$$\hat{\mathrm{E}}[y_{it}(g_{t-1}, g_t)] = N^{-1}\sum_{i=1}^{N} \hat{m}_t(g_{t-1}, g_t, \overline{w}_i, \mathbf{x}_i) \tag{21.137}$$

也就是，我们求出控制变量（$\overline{w}_i$，$\mathbf{x}_i$）的平均数。这种方法可以用得相当灵活，并可估计能够在四组中的任何一组与其他组做比较的平均处理效应。而且，当然，该方法不要求我们把重点仅放在处理状态的目前以及其一个滞后项上。同样的一般方法适用于历史 $\mathbf{g}^t = (g_1^t, g_2^t, \cdots, g_t^t)$，其中每个 g_r^t 是 0 或 1。

以前的方法假定了处理以异质性为条件的可忽略性，或者是关于整个处理历史的一个充分统计量（诸如时间平均），以及一系列的可观测协变量。可能更为现实的做法是假设以过去的可观测结果、处理指派以及协变量为条件的可忽略性。例如，如果工人被指派到在职培训中，一名管理者会更可能在过去观察到的劳动力市场产出以及过去的指派状态的基础上进行指派。一般性框架可以参阅吉尔和罗宾斯（Gill and Robins，2001），莱希纳和米克尔（Lechner and Miquel，2005），以及阿布林和赫克曼（Abbring and Heckman，2007）。在这里我引入莱希纳（Lechner，2004）的方法并使用一个**动态可忽略性**（dynamic ignorability）假设。其设置是，对于 T 个时间段的一个整体，我们有一个平衡面板。对于每一个 i，我们观测到二值处理指示符的序列，$\{w_{it}: t=1,\cdots,T\}$。设 $1\times t$ 维向量 $\mathbf{g}^t$ 像上一段那样定义：表示经过了时间 t 的处理制度的一系列 0 和 1。我们感兴趣的是反事实结果 $y_{it}(\mathbf{g}^t)$，即根据制度 $\mathbf{g}^t$ 的结果。（顺便说一句，不像在一些面板数据处理效应估计的方法中那样，我们不必把反事实的结果考虑成将来处理的一个函数。因此，我们不需要施加诸如“无预期”之类的约束在反事实结果上；请参阅，例如，阿布林和赫克曼（Abbring and Heckman，2007）。）自然，我们可以将观测结果 y_{it} 写成 $y_{it}(\mathbf{g}^t)$ 关于 $\mathbf{g}^t \in \mathscr{G}$（所有有效处理制度的集合）的一个函数。此外，在每个时间 t 我们观测到一套协变量，$\mathbf{x}_i^t$，这样则 $\mathbf{x}_i^{t-1} \subset \mathbf{x}_i^t$，$t=2$，$\cdots$，$T$。至少，$\mathbf{x}_i^t$ 通常会包括所有过去的观测结果，$\{y_{i,t-1}, \cdots, y_{i1}\}$，但它也可以包括非时变变量，例如，$\mathbf{z}_i$，其在初始期间被收集。在某些情形中，$\mathbf{x}_i^t$ 可以包含日期标为时间 t 的变量，但人们必须确保这些变量本身并不受处理影响。

我们把动态可忽略性假设（对每个 t）表述为

$$\begin{aligned} &\mathrm{D}[w_{ir} \mid y_{it}(\mathbf{g}^t), w_{i,r-1}, \cdots, w_{i1}, \mathbf{x}_i^r] \\ =&\mathrm{D}[w_{ir} \mid w_{i,r-1}, \cdots, w_{i1}, \mathbf{x}_i^r], \quad \mathbf{g}^t \in \mathscr{G}, r \leqslant t \end{aligned} \tag{21.138}$$

当 $r=t$ 时，该条件为

$$\mathrm{D}[w_{it} \mid y_{it}(\mathbf{g}^t), w_{i,t-1}, \cdots, w_{i1}, \mathbf{x}_i^t] = \mathrm{D}[w_{it} \mid w_{i,t-1}, \cdots, w_{i1}, \mathbf{x}_i^t], \quad \mathbf{g}^t \in \mathscr{G}$$

这是说，以过去的指派和结果（包含在 $\mathbf{x}_i^t$ 中）为条件，指派与反事实结果相独立。莱希纳（Lechner，2004）将这一结论称为弱动态条件独立性假设。方程（21.138）要求在 t 之前的时间段，对 t 时的反事实结果的指派的可忽略性成立。

使用一个合适的重叠性假设，其将很快变得很清楚，我们可以证明方程

（21.138）足以识别均值 $E[y_{it}(\mathbf{g}^t)]$，我们可以在不同的 $\mathbf{g}_t$ 之间对这一均值进行比较以获得平均处理效应。为了简化符号，考虑均值 $E[y_{it}(\mathbf{1}^t)]$，其中 $\mathbf{1}^t=(1,1,\cdots,1)$，一个 1 的 t 维向量。这对应于每一个时间段中的处理。定义

$$p_{ir}(\mathbf{x}_i^r)\equiv P(w_{ir}=1\mid w_{i,r-1}=1,\cdots,w_{i1}=\mathbf{1},\mathbf{x}_i^r),\quad r\leqslant t \tag{21.139}$$

（这是为我们正在考虑的特殊处理序列特制的。）利用假设（21.138），这也是以 $y_{it}(\mathbf{1}^t)$ 为条件的概率。现在，我们要证明一种特殊的逆概率加权可以识别 $E[y_{it}(\mathbf{1}^t)]$。（这类似于 19.9.3 节的损耗问题，除了在这里我们假定在每个时间段可观测到相同的单元。因此，尽管存在一个"缺失数据"问题，即我们观测不到 $y_{it}(\mathbf{1}^t)$，但我们假设，在一个给定的时间段 t，对每一个单元我们都观测到过去的产出和其他协变量的整个历史。）为 $\mathbf{g}^t=(1,\cdots,1)$ 选定的加权结果 y_{it} 是

$$\frac{w_{it}w_{i,t-1}\cdots w_{i1}y_{it}}{p_{it}(\mathbf{x}_i^t)\cdots p_{i1}(\mathbf{x}_i^1)}=\frac{w_{it}w_{i,t-1}\cdots w_{i1}y_{it}(\mathbf{1}^t)}{p_{it}(\mathbf{x}_i^t)\cdots p_{i1}(\mathbf{x}_i^1)} \tag{21.140}$$

其中等式成立是因为 $w_{it}w_{i,t-1}\cdots w_{i1}=1$ 意味着 $y_{it}=y_{it}(\mathbf{1}^t)$。因为我们已经除以在方程（21.140）中的倾向得分，当然，我们要同时假设它们是非零的。这就是关于这个特殊的反事实结果的重叠性假设。如果，例如，在每一个时间段接受处理是不可能的，则 $E[y_{it}(\mathbf{1}^t)]$ 一般是无法识别的。从本质上讲，我们必须将注意力限制到与可能的处理序列相对应的反事实结果的平均值上来。

我们现在证明第二项的期望值为 $E[y_{it}(\mathbf{1}^t)]$。我们依次通过迭代期望法则和假设（21.138）来完成这个。首先

$$\begin{aligned}&E\left[\frac{w_{it}w_{i,t-1}\cdots w_{i1}y_{it}(\mathbf{1}^t)}{p_{it}(\mathbf{x}_i^t)\cdots p_{i1}(\mathbf{x}_i^1)}\right]\\&=E\left\{E\left[\frac{w_{it}w_{i,t-1}\cdots w_{i1}y_{it}(\mathbf{1}^t)}{p_{it}(\mathbf{x}_i^t)\cdots p_{i1}(\mathbf{x}_i^1)}\middle| y_{it}(\mathbf{1}^t),w_{i,t-1},\cdots,w_{i1},\mathbf{x}_i^t\right]\right\}\end{aligned}$$

现在，因为 $\mathbf{x}_i^{t-1}\subset\mathbf{x}_i^t$，分母是条件变量的一个函数，且分子的条件期望是

$$\begin{aligned}&E[w_{it}\mid y_{it}(\mathbf{1}^t),w_{i,t-1},\cdots,w_{i1},\mathbf{x}_i^t]w_{ir}w_{i,t-1}\cdots w_{i1}y_{it}(\mathbf{1}^t)\\&=P(w_{it}=1\mid w_{i,t-1},\cdots,w_{i1},\mathbf{x}_i^t)w_{it}w_{i,t-1}\cdots w_{i1}y_{it}(\mathbf{1}^t)\\&=P(w_{it}=1\mid w_{i,t-1}=1,\cdots,w_{i1}=1,\mathbf{x}_i^t)w_{it}w_{i,t-1}\cdots w_{i1}y_{it}(\mathbf{1}^t)\\&\equiv p_{it}(\mathbf{x}_i^t)w_{it}w_{i,t-1}\cdots w_{i1}y_{it}(\mathbf{1}^t)\end{aligned}$$

其中第一个等式从假设（21.138）得出，而第二个等式成立的原因是除非所有 w_{is}，$s=1$，…，$t-1$ 是单位元，否则该项将为 0。因此，我们已经证明，

$$E\left[\frac{w_{it}w_{i,t-1}\cdots w_{i1}y_{it}(\mathbf{1}^t)}{p_{it}(\mathbf{x}_i^t)\cdots p_{i1}(\mathbf{x}_i^1)}\middle| y_{it}(\mathbf{1}^t),w_{i,t-1},\cdots,w_{i1},\mathbf{x}_i^t\right]=\frac{w_{i,t-1}\cdots w_{i1}y_{it}(\mathbf{1}^t)}{p_{i,t-1}(\mathbf{x}_i^{t-1})\cdots p_{i1}(\mathbf{x}_i^1)}$$

这样就有

$$E\left[\frac{w_{it}w_{i,t-1}\cdots w_{i1}y_{it}(\mathbf{1}^t)}{p_{it}(\mathbf{x}_i^t)\cdots p_{i1}(\mathbf{x}_i^1)}\right]=E\left[\frac{w_{i,t-1}\cdots w_{i1}y_{it}(\mathbf{1}^t)}{p_{i,t-1}(\mathbf{x}_i^{t-1})\cdots p_{i1}(\mathbf{x}_i^1)}\right] \tag{21.141}$$

现在，我们可以重复以 $[y_{it}(\mathbf{1}^t), w_{i,t-2}, \cdots, w_{i1}, \mathbf{x}_i^{t-1}]$ 为条件的论证，并对 $r=t-1$ 使用假设（21.138）。如此反复再三，直到我们得到如下期望：

$$\mathrm{E}\left[\frac{w_{i1} y_{it}(\mathbf{1}^t)}{p_{i1}(\mathbf{x}_i^1)}\right]=\mathrm{E}[y_{it}(\mathbf{1}^t)]$$

其中假设（21.138）的最后一个应用和迭代期望法则得到了我们想要的等式。

给定

$$\mathrm{E}\left[\frac{w_{it} w_{i,t-1} \cdots w_{i1} y_{it}}{p_{it}(\mathbf{x}_i^t) \cdots p_{i1}(\mathbf{x}_i^1)}\right]=\mathrm{E}[y_{it}(\mathbf{1}^t)] \tag{21.142}$$

其中所有左边期望中的量要么可观测要么可估计，我们可以一致地估计 $\mathrm{E}[y_{it}(\mathbf{1}^t)]$，利用

$$\hat{\mathrm{E}}[y_{it}(\mathbf{1}^t)] = N^{-1} \sum_{i=1}^{N} \frac{w_{it} w_{i,t-1} \cdots w_{i1} y_{it}}{\hat{p}_{it}(\mathbf{x}_i^t) \cdots \hat{p}_{i1}(\mathbf{x}_i^1)} \tag{21.143}$$

其中 $\hat{p}_{ir}(\mathbf{x}_i^r)$ 是 $\mathrm{P}(w_{ir}=1 \mid w_{i,r-1}=1, \cdots, w_{i1}=1, \mathbf{x}_i^r)$ 的一个估计值。我们可以非常一般地估计这些概率。利用大量数据，我们可以估计 w_{ir} 在子样本上的一个灵活的二值响应模型，同时 $w_{i,r=1}=1$，…，$w_{i1}=1$，以及 $\mathbf{x}_i^r$ 作为协变量。或者，我们可以使用所有的 i 来估计关于 $\mathrm{P}(w_{ir}=1 \mid w_{i,r-1}, \cdots, w_{i1}, \mathbf{x}_i^r)$ 的一个模型，然后再插入 $w_{i,r=1}=1$，…，$w_{i1}=1$。

关于潜在处理 $\mathbf{g}^t$ 的任何序列的方法应该是明确的。我们使用处理指示符以选出合适的子样本，然后再估计 $\mathrm{P}(w_{ir}=g_r^t \mid w_{i,r-1}=g_{r-1}^t, \cdots, w_{i1}=g_1^t, \mathbf{x}_i^r)$，对于 $r=1$，…，t。例如，令 $\mathbf{g}^t=(0,0,\cdots,0)$，我们使用 $(1-w_{it})$ … $(1-w_{i1})$ 选出子样本，然后再用条件概率的积的逆加权。通过估计若干处理类型的组合，我们可以获得政策干预对于当前和未来产出的分布滞后效应。

刚才描述的这两种方法　　以不可观测异质性为条件的可忽略性及动态可忽略性——在不同的假定下一般都是一致的。不过，有时（至少是含蓄地）据称，动态可忽略性的约束较少。要理解这种说法看似真实但并非如此，通过一个简单的例子加以说明是有用的。

假设 $T=2$ 以及在第一个时间段中没有处理，所以 $w_{i1}\equiv 0$。因此，在时间段 1 的观测结果是 y_{i1}，而且也没有必要在它和反事实结果之间进行区分。在时间段 2 的反事实结果是 $y_{i2}(0)$ 和 $y_{i2}(1)$，而观测结果是 $y_{i2}=y_{i2}(0)+w_{i2}[y_{i2}(1)-y_{i2}(0)]$。假设处理效应是常数 τ。如果我们假设以异质性 c_i 为条件的可忽略性，那么我们就可以写出 $y_{i1}=c_i+u_{i1}$，$y_{i2}=c_i+\eta+\tau w_{i2}+u_{i2}$，其中 η 是截距项在两个时间段之间的差异（假定为常数）。这些简单的表达式导向一个简单的差分方程：

$$\Delta y_{i2}+\eta+\tau w_{i2}+\Delta u_{i2} \tag{21.144}$$

其中 $\Delta y_{i2}=y_{i2}-y_{i1}$ 以及我们使用 $w_{i1}=0$ 这一事实。如果我们通过 OLS 估计方程（21.144），那么 OLS 估计就是一阶差分（FD）的估计值：

$$\hat{\tau}_{FD}=\Delta\bar{y}_{treat}-\Delta\bar{y}_{control} \tag{21.145}$$

这就是在处理组与控制组之间跨时间的平均改变上的差分。这个估计是一致的，因为处理是以异质性为条件严格外生的。

在统计文献中，一个常用的替代性做法是添加时间段 1 的产出作为一个控制，就是说，使用

$$\Delta y_{i2} \text{对 } 1, w_{i2}, y_{i1} \tag{21.146}$$

的回归。如果我们添加假设，即冲击 $\{u_{i1}, u_{i2}\}$ 是序列不相关的——特别是，$E(u_{i1}u_{i2} \mid w_{i1}, c_i)=0$——然后添加的 y_{i1} 过度控制并导致不一致性。事实上，可以证明（例如，安格里斯特和皮施克（Angrist and Pischke，2009，第 5.4 节））

$$\text{plim}(\hat{\tau}_{LDV}) = \tau + \pi_1(\sigma_{u_1}^2/\sigma_{r_2}^2) \tag{21.147}$$

其中 $w_{i2}=\pi_0+\pi_1 y_{i1}+r_{i2}$ 是一个线性投影，因此 $\pi_1=\text{Cov}(c_i, w_{i2})/(\sigma_c^2+\sigma_{u_1}^2)$。给定 π_1 的符号，我们可以很容易地确定偏误的符号。例如，如果 w_{i2} 表示在职培训项目并且生产力较低的工人更有可能参加（$\pi_1<0$），那么控制了 y_{i1} 的回归就会低估在职培训的效果。如果生产力较高的工人参与，那么它就会高估在职培训的效果。这个简单的例子阐明了在估计处理效应时一个普遍的经验教训，无论人们使用回归、倾向分数加权，还是使用匹配：控制的协变量越多，产生的偏误越少，这种观点不一定是正确的。这个例子证明，添加的协变量实际上会在没有偏误时引起偏误。

现在，假设处理以 y_{i1} 为条件的可忽略性成立（以及处理效应是常数）。那么，我们可以写出

$$\Delta y_{i2} = \gamma + \tau w_{i2} + \lambda y_{i1} + e_{i2}$$
$$E(e_{i2})=0, \quad \text{Cov}(w_{i2}, e_{i2}) = \text{Cov}(y_{i1}, e_{i2}) = 0$$

现在，当然，控制住 y_{i1} 可一致估计 τ，因为我们假设控制住 y_{i1}（以一种线性方式）导致可忽略的处理。另一方面，FD 估计量遭受了遗漏变量“偏误”之苦：

$$\text{plim}(\hat{\tau}_{FD}) = \tau + \lambda \frac{\text{Cov}(w_{i2}, y_{i1})}{\text{Var}(w_{i2})} \tag{21.148}$$

假设有对均值的回归，这样则 $\lambda<0$。如果时间段 1 被观测到属于低收入的工人更可能参与，这样则 $\text{Cov}(w_{i2}, y_{i1})<0$，那么 $\text{plim}(\hat{\tau}_{FD})>\tau$，这样的话 FD 就高估了该效应。事实上，如果在样本中 w_{i2} 和 y_{i1} 之间的相关性是负的，$\hat{\tau}_{FD}>\hat{\tau}_{LDV}$ 就是一个代数的事实。但是，这并不能让我们确定哪个估计量有着较少的不一致性，因为推导依赖于不同的可忽略性假设。

习 题

21.1 考察均值之差分（difference-in-means）估计量 $\bar{d}=\bar{y}_1-\bar{y}_0$，其中 $\bar{y}_g$

表示满足 $w_i=g$，$g=0$，1 的 y_i的样本平均值。

a. 证明，作为 τ_{att} 的估计量，$\bar{y}_1-\bar{y}_0$ 中的偏误是 $\mathrm{E}(y_0 \mid w=1)-\mathrm{E}(y_0 \mid w=0)$。

b. 设 y_0表示某人在没有在职培训情形中所挣得的工资，而设 $w=1$ 表示在职培训指示符。请解释 $\mathrm{E}(y_0 \mid w=1)<\mathrm{E}(y_0 \mid w=0)$ 的意义。从直观上讲，$\mathrm{E}(\bar{d})<\tau_{att}$ 会有道理吗？

21.2　解释假设 ATE. 1′下，你如何使用倾向得分加权估计 $\tau_{ate,\mathscr{R}}=\mathrm{E}(y_1-y_0 \mid \mathbf{x}\in\mathscr{R})$。

21.3　利用 JTRAIN3. RAW 中的数据来回答这些问题。使用二值变量 *unem78* 作为该情形的响应变量。

a. 从 $unem78_i$ 对 1，$train_i$ 的简单回归中估计 τ_{ate}。在职培训项目对失业有预期的效应吗？

b. 将变量 *age*，*educ*，*black*，*hisp*，*married*，*re74*，*re75*，*unem75* 以及 *unem74* 添加为控制变量。τ_{ate}的估计如何与来自 a 部分的简单回归估计进行比较？（异方差性稳健的）95%的置信区间是什么？

c. 使用和在 b 部分中相同的控制变量，分开估计关于处理组和关于控制组的回归。现在，$\hat{\tau}_{ate}$是什么？它与来自 b 部分中的估计有很大差异吗？$\hat{\tau}_{att}$是什么？

d. 现在使用带有控制变量 *age*，*educ*，*black*，*hisp*，*married*，*re74* 和 *re75* 的回归调整，但仅使用那些在 1974 年或 1975 年处于失业中男子的子样本。再一次使用两个单独的回归函数。$\hat{\tau}_{ate}$和$\hat{\tau}_{att}$是什么？这些与来自 c 部分的估计如何进行比较？

e. 使用 logit 及 b 部分中的解释变量估计倾向得分。可以完美预测多少个结果？对于 IPW 估计来说，这个结果意味着什么？

f. 现在仅使用满足 $avgre\leqslant 15$ 的那些观测值来估计倾向得分。在 IPW 估计中使用$\hat{p}(\mathbf{x}_i)$ 来获得$\hat{\tau}_{ate}$和$\hat{\tau}_{att}$。确保仅使用满足 $avgre\leqslant 15$ 的那些观测值。请将这些与使用满足 $avgre\leqslant 15$ 的那些观测值所做的对应回归调整估计进行比较。

21.4　仔细推导式（21.80）。

21.5　对本问题使用 JTRAIN2. RAW 中的数据。

a. 如同例题 21.2 一样，实施 *train* 对 1，$\mathbf{x}$ 的 probit，其中 $\mathbf{x}$ 包含了源自例题 21.2 的协变量。获得 probit 拟合值，比如说$\hat{\mathbf{\Phi}}_i$。

b. 利用工具 $(1,\hat{\mathbf{\Phi}}_i,\mathbf{x}_i)$，通过 IV 估计方程 $re78_i=\gamma_0+\tau_{train_i}+\mathbf{x}_i\gamma+u_i$。对 τ 的估计值及其标准误加以评论。

c. 用$\hat{\mathbf{\Phi}}_i$ 对 $\mathbf{x}_i$进行回归，得到 R 平方。你如何解释这一结果？

d. 当我们没有附加工具时，关于 *train* 的 probit 模型的非线性会允许我们估计 τ 吗？请解释。

21.6　在程序 21.2 中，请解释为什么通过 IV 估计方程（21.71）比实施 y_i对 1，$\hat{G}_i$，$\mathbf{x}_i$，$\hat{G}_i(\mathbf{x}_i-\bar{\mathbf{x}})$ 的 OLS 回归更好，$i=1$，…，N。

21.7　作为在 21.6.3 节中设置的一个特殊情形，我们可以写出 $y_i=a_i+$

$b_i w_i$，其中 w_i 是一个标量。如果我们定义 $\beta=\mathrm{E}(b_i)$，那么，在假设（21.124）和（21.125）下，

$$\beta=\mathrm{E}\left\{\frac{[w_i-\psi(\mathbf{x}_i)]y_i}{\omega(\mathbf{x}_i)}\right\}$$

其中 $\psi(\mathbf{x}_i)=\mathrm{E}(w_i \mid \mathbf{x}_i)$ 且 $\omega(\mathbf{x}_i)=\mathrm{Var}(w_i \mid \mathbf{x}_i)$。

a. 假设处理变量 w_i 是一个非负计数变量（诸如人们一年内看家庭医生的次数）而且你认为 $\mathrm{E}(w \mid \mathbf{x})=\exp(\gamma_0+\mathbf{x}\gamma)$ 且 $\mathrm{Var}(w \mid \mathbf{x})=\exp(\delta_0+\mathbf{x}\boldsymbol{\delta})$。请提出一个估计均值和方差参数的方法。[提示：对于后者，定义适当的误差，比如说 $r=w-\mathrm{E}(w \mid \mathbf{x})$，并注意到 $\mathrm{E}(r^2 \mid \mathbf{x})=\mathrm{Var}(w \mid \mathbf{x})$。]

b. 给定来自 a 部分的估计量，提出一个 β 的一致 $\sqrt{N}$ 渐近正态估计量。你将如何实施在 β 上的推断？

c. 将来自 a 和 b 部分的方法应用到 JTRAIN2. RAW 中的数据上，将变量 *mostrn*（在职培训中花费的月数）用作 w 且 $y=re78$。在 $\mathbf{x}$ 中使用与例 21.1 相同的变量。

d. 现在假设 w_i 是一个比例（诸如参加讲座的比例），而且你认为 $\mathrm{E}(w \mid \mathbf{x})=\Lambda(\gamma_0+\mathbf{x}\gamma)$ 且 $\mathrm{Var}(w \mid \mathbf{x})=\delta_0+\delta_1\mathrm{E}(w \mid \mathbf{x})+\delta_2[\mathrm{E}(w \mid \mathbf{x})]^2$，其中 $\Lambda(\cdot)$ 是逻辑斯蒂函数。现在，你会怎么估计均值和方差参数？估计的方差可能出现什么样的实际问题？

e. 应用 d 部分的方法到数据集 ATTEND. RAW 上，且有 $w=atndrte$，即参加听课的比例（非百分比）。对于响应使用 $y=stndfnl$，对 $\mathbf{x}$ 的元素使用 *priGPA* 和 *ACT* 的立方，并使用 *frosh* 和 *soph* 二值指示符 β 的估计是什么？它与 *stndfnl* 对 *atndrte* 和给定控制变量的多重回归估计如何比较呢？

21.8　在 21.6.3 节的 IV 设置下，假定 $b=\beta$，因此，我们可以写成

$$y=a+\beta w+e, \mathrm{E}(e|a,\mathbf{x},\mathbf{z})=0$$

对于 a 来说，假定条件（21.129）与条件（21.130）都成立。

a. 假定 w 表示角点解结果，例如，花费在在职培训项目上的小时数。如果 $\mathbf{z}$ 用作 $y=\gamma_0+\beta w+\mathbf{x}\gamma+r$ 中关于 w 的 IV，那么识别条件是什么呢？

b. 如果给定（$\mathbf{x}$，$\mathbf{z}$）时 w 服从一个标准 Tobit 模型，请提出一个使用关于 w 的 Tobit 拟合值的 IV 估计量。

c. 如果 $\mathrm{Var}(e \mid a,\mathbf{x},\mathbf{z})=\sigma_e^2$ 且 $\mathrm{Var}(a \mid \mathbf{x},\mathbf{z})=\sigma_a^2$，那么请证明出自 b 部分的 IV 估计量是渐近有效的。

d. 与使用关于 w 的 Tobit 拟合值的 IV 估计不同的备选方法是什么？你更喜欢哪一种方法？

e. 如果 $b\neq\beta$，但是假设（21.129）与假设（21.130）成立，那么你如何估计 β 呢？

21.9　a. 使用 JTRAIN3. RAW 中的数据，采用与例 21.1 中所描述相同的解释变量，估计关于例 21.1 中倾向得分的 logit 模型。分别绘制关于 $train_i=1$ 及 $trairt_i=0$ 的样本的直方图。关于重叠性假设，你得出了什么结论？

b. 现在使用（$re74+re75$）$/2\leqslant 15$ 的子样本，并重复执行来自 a 部分的练习。该情境如何与完全数据集进行比较？

21.10　在这个问题中，你将要证明人们可以通过包含回归元（只要那些回归元也是独立于指派的）在随机指派假设下提高估计一个不变 ATE 时的有效性。设 w_i 为处理，并假设 w_i 是独立于（$y_{i0}, y_{i1}, \mathbf{x}_i$）的。对于所有 i，假设 $y_{i1}-y_{i0}=\tau$。因此，写出

$$y_i=y_{i0}+\tau w_i\equiv\mu_0+\tau w_i+v_{i0}$$

a. 根据 $\mathrm{Var}(v_{i0})$ 和 $\rho=\mathrm{P}(w_i-1)$ 和 N，推导来自 y_i 对 1，w_i 回归的简单 OLS 估计量 $\tilde{\tau}$ 的渐近方差。

b. 写出 y_{i0} 对（$1, \mathbf{x}_i$）的线性投影为

$$y_{i0}=\alpha_0+\mathbf{x}_i\boldsymbol{\beta}_0+u_{i0}$$
$$\mathrm{E}(u_{i0})=0,\quad \mathrm{E}(\mathbf{x}_i'u_{i0})=\mathbf{0}$$

证明我们可以写出

$$y_i=\alpha_0+\tau w_i+\mathbf{x}_i\boldsymbol{\beta}_0+u_{i0}$$

并解释为什么 w_i 与 $\mathbf{x}_i$ 和 u_{i0} 是不相关的。

c. 使用 b 部分，证明来自 y_i 对 1，w_i，$\mathbf{x}_i$ 回归的 $\hat{\tau}$ 的渐近方差是 $\mathrm{Var}(u_{i0})/[N\rho(1-\rho)]$。

d. 证明如果 $\boldsymbol{\beta}_0\neq\mathbf{0}$，则 $\mathrm{Var}(u_{i0})<\mathrm{Var}(v_{i0})$。并得出结论：如果 $\mathbf{x}_i$ 有助于预测 y_{i0}，那么 $\hat{\tau}$ 的渐近方差严格小于 $\tilde{\tau}$ 的渐近方差。

e. 假设 $\mathrm{E}(y_{i0}\mid\mathbf{x})\neq\alpha_0+\mathbf{x}_i\boldsymbol{\beta}_0$——亦即，线性投影不同于条件均值。在这种情境中，为什么你会使用在随机指派假设下简单的均值之差估计量？（提示：想想小样本性质相对于大样本性质。）

21.11　假设我们允许有全部斜率，还有截距，以及两个反事实结果的一个线性表示中的异质性，

$$y_{i0}=a_{i0}+\mathbf{x}_i\mathbf{b}_{i0}$$
$$y_{i1}=a_{i1}+\mathbf{x}_i\mathbf{b}_{i1}$$

假设向量（$\mathbf{x}_i, \mathbf{z}_i$）是独立于（$a_{i0}, \mathbf{b}_{i0}, a_{i1}, \mathbf{b}_{i1}$）的——如我们将看到的那样，这使得 $\mathbf{z}_i$ 成为在一个控制函数或校正函数背景中的工具变量候选项。

a. 定义 $\alpha_g\equiv\mathrm{E}(a_{ig})$ 且 $\boldsymbol{\beta}_g\equiv\mathrm{E}(\mathbf{b}_{ig})$，$g=0$，1 以及 $\boldsymbol{\psi}\equiv\mathrm{E}(\mathbf{x}_i)$。根据这些总体参数，试求 $\mu_g\equiv\mathrm{E}(y_{ig})$，$g=0$，1。

b. 设 $\tau=\tau_{ate}=\mu_1-\mu_0$ 是 ATE。同样，写出 $a_{ig}=\alpha_g+c_{ig}$ 以及 $\mathbf{b}_{ig}=\boldsymbol{\beta}_g+\mathbf{f}_{ig}$。证明

$$y_i=\mu_0+\tau w_i+(\mathbf{x}_i-\boldsymbol{\psi})\boldsymbol{\beta}_0+w_i(\mathbf{x}_i-\boldsymbol{\psi})\boldsymbol{\delta}+c_{i0}+\mathbf{x}_i\mathbf{f}_{i0}+w_ie_i+w_i\mathbf{x}_i\mathbf{d}_i \tag{21.149}$$

其中 $\boldsymbol{\delta}\equiv\boldsymbol{\beta}_1-\boldsymbol{\beta}_0$，$e_i\equiv c_{i1}-c_{i0}$，以及 $\mathbf{d}_i\equiv\mathbf{f}_{i1}-\mathbf{f}_{i0}$。

c. 假设

$$w_i=1[\theta_0+\mathbf{x}_i\boldsymbol{\theta}_1+\mathbf{z}_i\boldsymbol{\theta}_2+v_i\geqslant 0]\equiv 1[\mathbf{q}_i\boldsymbol{\theta}+v_i\geqslant 0]$$

并假设 $\mathrm{E}(c_{i0}\mid v_i,\mathbf{x}_i,\mathbf{z}_i)=\rho_0 v_i$，$\mathrm{E}(\mathbf{f}_{i0}\mid v_i,\mathbf{x}_i,\mathbf{z}_i)=\boldsymbol{\eta}_0 v_i$，$\mathrm{E}(e_i\mid v_i,\mathbf{x}_i,\mathbf{z}_i)=\xi v_i$ 以及 $\mathrm{E}(\mathbf{d}_i\mid v_i,\mathbf{x}_i,\mathbf{z}_i)=\boldsymbol{\theta}a_i$，试求 $\mathrm{E}(y_i\mid v_i,\mathbf{x}_i,\mathbf{z}_i)$。

d. 假设 v_i 独立于（$\mathbf{x}_i,\mathbf{z}_i$）且有一个标准正态分布，使用 c 部分来求 $\mathrm{E}(y_i\mid w_i,\mathbf{x}_i,\mathbf{z}_i)$。（提示：这应当取决于广义残差 $h(w_i,\mathbf{q}_i\boldsymbol{\theta})=w_i\lambda(\mathbf{q}_i\boldsymbol{\theta})-(1-w_i)\lambda(-\mathbf{q}_i\boldsymbol{\theta})$，其中 $\lambda(\cdot)$ 是逆米尔斯比。）

e. 提出一个估计 τ 的两步控制函数法。这如何不同于在 21.4.2 节中推导的方法？

f. 你将如何从 e 部分获得关于 $\hat{\tau}$ 的一个有效标准误？

g. 你将如何估计 $\tau_{ate}(\mathbf{x})=\mathrm{E}(y_1-y_0\mid\mathbf{x})$？

21.12　考虑与习题 21.11 相同的设置，在相同的假设下，

a. 关于在式（21.149）中的四个不可观测项，哪两个具有一个以（$\mathbf{x}_i,\mathbf{z}_i$）为条件的零均值？

b. 推导关于其他项的校正函数。

c. 提出 τ（以及其他参数）的一个两步校正函数估计量。

d. 你将如何检验是否需要校正函数？请非常精确。

21.13　对鲜明断点回归设计，如果 y_i 是一个分数响应，你会使用哪种局部估计方法？请具体描述模型和估计方法，并提供关于 $\hat{\tau}_c$ 的公式。

21.14　考虑带有一个在每个时间段中的二值处理 w_{it} 的一个处理效应设置。我们感兴趣的是同期 ATE，$\tau_{t,ate}=\mathrm{E}[y_{it}(1)-y_{it}(0)]\equiv\mu_{t1}-\mu_{t0}$。假设关于协变量 $\mathbf{x}_{it}$，有 $y_{it}(g)=a_{itg}+\mathbf{x}_{it}\boldsymbol{\beta}_g$，$g=0$，1，其中 α_{itg} 是随机变量，而 $\boldsymbol{\beta}_g$ 被假设是（为简便起见）跨时间而为常数的。写出 $a_{itg}=a_{tg}+c_{itg}$，其中 $\alpha_{tg}\equiv\mathrm{E}(a_{itg})$。定义 $\boldsymbol{\psi}_t\equiv\mathrm{E}(\mathbf{x}_{it})$。

a. 根据 α_{tg}，$\boldsymbol{\beta}_g$ 和 $\boldsymbol{\psi}_t$，求 u_{t0}，μ_{t1} 和 $\tau_{t,ate}$。

b. 设 $y_{it}=(1-w_{it})y_{it}(0)+w_{it}y_{it}(1)$，且为了符号简便设 $\tau_t=t_{t,ate}$。证明我们可以写出

$$y_{it}=\mu_{t0}+\tau_t w_{it}+(\mathbf{x}_{it}-\boldsymbol{\psi}_t)\boldsymbol{\beta}_0+w_{it}(\mathbf{x}_{it}-\boldsymbol{\psi}_t)\boldsymbol{\delta}+c_{it0}+w_{it}e_{it}\qquad(21.150)$$

其中 $\boldsymbol{\delta}\equiv\boldsymbol{\beta}_1-\boldsymbol{\beta}_0$ 且 $e_{it}\equiv c_{it1}-c_{it0}$。

c. 我们认为在式（21.150）中，w_{it} 与 c_{it0} 和 e_{it} 都相关，可能是因为这些项每个都包含非时变的异质性和与处理相关的特质性不可观测变量。假设我们有一个潜在工具变量的向量 $\mathbf{z}_{it}$。我们允许工具变量与协变量的时间平均值与（c_{it0},e_{it}）相关。特别是，

$$c_{it0}=(\bar{\mathbf{x}}_i-\boldsymbol{\mu}_{\bar{\mathbf{x}}})\boldsymbol{\xi}_1+(\bar{\mathbf{z}}_i-\boldsymbol{\mu}_{\bar{\mathbf{z}}})\boldsymbol{\xi}_2+r_{it0},\mathrm{E}(r_{it0}\mid\mathbf{x}_i,\mathbf{z}_i)=0$$
$$e_{it}=(\bar{\mathbf{x}}_i-\boldsymbol{\mu}_{\bar{\mathbf{x}}})\boldsymbol{\eta}_1+(\bar{\mathbf{z}}_i-\boldsymbol{\mu}_{\bar{\mathbf{z}}})\boldsymbol{\eta}_2+v_{it},\mathrm{E}(v_{it}\mid\mathbf{x}_i,\mathbf{z}_i)=0$$

其中 $\mathbf{x}_i$ 和 $\mathbf{z}_i$ 是协变量和工具变量的整个历史。（去掉 $\bar{\mathbf{x}}_i$ 和 $\bar{\mathbf{z}}_i$ 的总体均值可确保 c_{it0} 和 e_{it} 具有零均值。）重写式（21.150），使得它包含时间平均值。

d. 假设 w_{it} 可表示为

$$w_{it}=1[\theta_0+\mathbf{x}_{it}\boldsymbol{\theta}_1+\mathbf{z}_{it}\boldsymbol{\theta}_2+\bar{\mathbf{x}}_i\boldsymbol{\theta}_3+\bar{\mathbf{z}}_i\boldsymbol{\theta}_4+q_{it}\geqslant 0]$$
$$\mathrm{D}(q_{it}\mid\mathbf{x}_i,\mathbf{z}_i)=\mathrm{Normal}(0,1)$$

此外，假设 $\mathrm{E}(c_{it0}\mid q_{it},\mathbf{x}_i,\mathbf{z}_i)=\alpha_0 q_{it}$ 且 $\mathrm{E}(e_{it}\mid q_{it},\mathbf{x}_i,\mathbf{z}_i)=\rho q_{it}$。试求 $\mathrm{E}(y_{it}\mid w_{it},\mathbf{x}_i,\mathbf{z}_i)$。

e. 使用来自 d 部分的表达式以提出一个估计 τ_t 的两步控制函数法。

21.15 使用 CATHETER. RAW 中的数据来回答这个问题。处理变量是 *rhc*，如果一个患者接受一个右心导管检查，它的值为 1，而如果没有，它的值为 0。响应变量是 *death*，如果患者在 180 天内死亡，它的值为 1。所有患者都被送入重症监护室，所以死亡率是非常高的：将近 65%的患者在前 6 个月内死亡。参阅李奇、拉辛和伍德里奇（Li，Racine，and Wooldridge，2008）。

a. 有多少观测值处于样本中？多大比例的患者可接受 RHC 治疗？

b. 使用均值之差估计 *rhc* 的平均处理效应。治疗能减少死亡概率吗？估计在实际中是巨大而且统计显著的吗？

c. 现在使用回归调整，分别对 *rhc*=0 和 *rhc*=1 估计关于 *death* 的 logit 模型。作为协变量，使用 *sex*，*race*，*income*，*cat*1，*cat*2，*ninsclas* 和 *age*。除年龄变量外，为所有变量都包含关于所有类别的虚拟变量（当然，除了一个基础类以外）。τ_{ate} 的回归调整估计是什么？τ_{att} 的呢？通过使用比如说 1 000 次自助法复制获得标准误。

d. 使用和 c 部分中相同的协变量，为 *rhc* 估计一个 logit 模型。对关于处理和未处理样本的估计倾向得分的均值和取值范围进行比较。在每种情形中都绘制一个直方图，并评论重叠性。

e. 通过倾向得分加权估计 τ_{ate} 和 τ_{att}。再一次使用 1 000 次自助法复制获得标准误。这些估计如何与来自 d 部分的估计进行比较？总体而言，看上去 RHC 减少了死亡概率吗？

21.16 使用 REGDISC. RAW 中的数据来回答这个问题。这些是一个带有强制变量 x 的模糊断点回归设计的模拟数据。间断点处于 $x=5$ 处。

a. 观测值的多大一部分有 $x_i\geqslant 5$？多大比例的单元处于处理组中（亦即，有 $w_i=1$）呢？

b. 分别估计关于 $x_i<5$ 和关于 $x_i\geqslant 5$ 的线性概率模型，并获得拟合线。按同样的方式估计 logit 模型，并取得拟合 logit 函数。将这些函数画在同一张图上。每种情形中在处理概率中估计的跳变是什么？

c. 使用关于 y 和 w 的线性回归，并使用所有数据，计算在式（21.107）中 $c=5$ 时 τ_c 的估计。

d. 现在使用在式（21.108）中描述的 IV 估计，再一次使用所有数据。它与 c 部分中的估计相同吗？它的标准误是什么？

e. 现在使用 IV 方法的一个“局部”版本，将注意力限制在 $x_i>3$ 与 $x_i<7$ 的数据上。将估计的 τ_c 和其标准误与 d 部分的那些进行比较会发生什么？

第 22 章　期限分析

22.1　简　介

在经济学中，一些响应变量是以**期限**（duration）* 形式在起作用，期限是指在某一事件发生以前所流逝的时间。举几个例子，比如失业周数、福利花费月数、监禁以后逮捕以前的天数以及网络公司宣布破产以前的季度数。

最近，关于期限分析的文献非常丰富。在这一章里，我们关注应用研究中最经常使用方法的一些进展。除了对现代期限分析提供一种严谨简介之外，本章为你学习更高等的内容研究做好了准备，比如兰开斯特（Lancaster，1990）的专著，范登伯格（van den Berg，2001），卡梅伦和特里维迪（Cameron and Trivedi，2005）。

期限分析源自通常所谓的**生存分析**（survival analysis），其中所关注的期限是指目标的生存时间。在生存分析中，我们对各种不同的处理或者人口学特征是如何影响生存时间的感兴趣。在社会科学中，我们对下面任何一种情形感兴趣：个体——或者家庭，或者厂商等——从一个初始状态开始，而且要么可以观测到其退出此状态，要么其被截取了。（在 22.3 节与 22.4 节，我们将讨论截取的准确特性。）一些单元进入初始状态的日历日期不必是相同的。（当我们在 22.2.2 节中引入协变量时，我们注意到，虚拟变量对于不同的日历日期是如何被包含在协变量中的，如有必要，允许期限中由开始日期引起的系统性差异。）

传统的期限分析是以设定期限的总体分布开始的，通常以在期限开始时可以观测的一些解释变量（协变量）为条件。例如，对于在特定时间段里成为失业者的人员总体而言，我们可以观测到其教育水平、经历、婚姻状态——所有

* duration，又译为持续性、持续期间、久期。——译者注

这些均是当该人成为失业者时可以测量的——以前工作的工资，以及失业救济金的测量。于是，我们以协变量为条件对失业期限设定分布。任何一种合理的分布均反映了失业期限是非负的事实。一旦完全条件分布得以设定，我们在第 19 章所研究的用于截取回归模型的极大似然法就可以使用。在这种框架下，我们通常对于估计协变量对期望期限的影响感兴趣。

最近，期限分析的研究倾向于关注风险函数。风险函数允许我们以一直生存到区间*的开始时间为条件，去逼近退出短区间内初始状态的概率。在计量经济应用中，风险函数通常是以某些协变量为条件的。政策分析的一个重要特征是，允许风险函数依赖于跨时间变化的协变量。

在 22.2 节，我们定义和讨论风险函数，并且我们解决涉及把协变量引入风险函数中的某一类问题。在 22.3 节我们证明，当所有的协变量都是非时变的时，截取回归模型如何应用到含有单周期流动数据的标准期限模型上。我们还讨论了把不可观测异质性引进到传统期限分析中的最普通方式。给定参数假设，我们能够检验期限依赖——它意味着退出初始状态的概率依赖于处于该状态中的时间长度——以及不可观测异质性的存在。

在 22.4 节，我们研究允许既含有非时变协变量，又含有时变协变量的风险函数的灵活估计方法。我们假定，我们拥有分组数据；这一术语意味着，期限被观测到落入固定区间（经常是周或月份区间）内，而且任何一个时变协变量被假设成在区间上都是常数的。我们关注带有两个状态、总体中每一个都从初始状态开始的，而且带有单周期的情形，其中每一个人要么退出初始状态要么在退出之前被截取。我们还要证明，当协变量是严格外生变量时，异质性是如何可被包括进来的。在 22.5 节，我们涉及了一些附加的问题。

22.2 风险函数

风险函数在现代期限分析中起着十分重要的作用。在本节中，我们讨论风险函数的各种不同特性，既有含有协变量的情形又有不带协变量的情形，而且提供了一些例子。

22.2.1 不带协变量的风险函数

在这一章里，把随机变量与随机变量的特殊结果区分开来常常是方便的。设 $T\geqslant 0$ 表示期限，它在总体中具有某种分布；t 表示 T 的一个特殊值。（像任何计量经济分析一样，对于有关总体的信息有非常清楚的把握，这一点特别重要，我们将在 22.3 节中考虑此专题。）在生存分析中，T 表示目标存活的时间

* interval：区间，也称“时间间隔”。——译者注

长度。在期限分析中，相当多的通行术语源自生存分析。对于我们来说，T 表示个人（或者家庭，或者厂商等等）离开初始状态的时点。例如，如果初始状态是失业，那么 T 就是在个体就业之前的时间，比如说以周数来测量。

T 的累积分布函数（cumulative distribution function，cdf）定义为

$$F(t)=\mathrm{P}(T\leqslant t),t\geqslant 0 \tag{22.1}$$

生存函数（survivor function）定义为 $S(t)\equiv 1-F(t)=\mathrm{P}(T>t)$，而且这是经过时间 t 之后仍然“生存”的概率。在这一节余下的内容中，我们假定 T 是连续的——实际上，它具有可微的 cdf——因为这个假设简化了某些概率表述。在可观测的期限中，离散性可以被看成是抽样方案的一个结果，如同我们在 22.4 节中所讨论的。利用 $f(t)=\frac{\mathrm{d}F}{\mathrm{d}t}(t)$ 来表示 T 的密度。

对于 $h>0$，

$$\mathrm{P}(t\leqslant T<t+h \mid T\geqslant t) \tag{22.2}$$

表示离开区间 $[t,t+h)$ 中初始状态的概率，给定一直到时间 t 之前仍生存。T 的**风险函数**（hazard function）* 定义为

$$\lambda(t)=\lim_{h\downarrow 0}\frac{\mathrm{P}(t\leqslant T<t+h\mid T\geqslant t)}{h} \tag{22.3}$$

对于每一个 t，$\lambda(t)$ 表示每单位时间离开的瞬间发生率。由式（22.3）可得，对于“很小”的 h，有

$$\mathrm{P}(t\leqslant T<t+h \mid T\geqslant t)\approx\lambda(t)h \tag{22.4}$$

因此，风险函数可以用于和用 T 密度的顶点来逼近一个无条件概率非常相同的方式来逼近条件概率。

例 22.1（失业期限） 如果 T 表示失业时间长度，并以周来测量，那么 $\lambda(20)$（近似地）表示在第 20 周与第 21 周之间成为就业者的概率。“成为就业者”一词反映出个体一直到第 20 周都是失业者的事实。也就是说，以一直到第 20 周成为失业者为条件，$\lambda(20)$ 大致表示在第 20 周与第 21 周之间成为就业者的概率。

例 22.2（惯犯期限） 假定 T 表示在早先犯人由于犯罪而被逮捕之前的月数，那么 $\lambda(12)$ 大致表示以第一年没有被逮捕为条件，在第 13 个月份被逮捕的概率。

我们可以根据密度与 cdf 非常简单地表出风险函数。首先，写成

$$\mathrm{P}(t\leqslant T<t+h \mid T\geqslant t)=\mathrm{P}(t\leqslant T<t+h)/\mathrm{P}(T\geqslant t)=\frac{F(t+h)-F(t)}{1-F(t)}$$

当 cdf 是可微的时候，我们对其右边取极限，并除以 h，当 h 从正的方向趋向于

* hazard function：风险函数，又称风险函数。——译者注

0 时：

$$\lambda(t)=\lim_{h\downarrow 0}\frac{F(t+h)-F(t)}{h}\cdot\frac{1}{1-F(t)}=\frac{f(t)}{1-F(t)}=\frac{f(t)}{S(t)} \tag{22.5}$$

由于 $S(t)$ 的导数是 $-f(t)$，我们得到

$$\lambda(t)=-\frac{\mathrm{d}\log S(t)}{\mathrm{d}t} \tag{22.6}$$

而且，一旦利用 $F(0)=0$，我们进行积分，得出

$$F(t)=1-\exp\left[-\int_0^t\lambda(s)\mathrm{d}s\right],\quad t\geqslant 0 \tag{22.7}$$

对等式（22.7）直接微分，得出 T 的密度为

$$f(t)=\lambda(t)\exp\left[-\int_0^t\lambda(s)\mathrm{d}s\right] \tag{22.8}$$

因此，所有概率都可以利用风险函数来计算。例如，对于点 $a_1<a_2$，有

$$\mathrm{P}(T\geqslant a_2\mid T\geqslant a_1)=\frac{1-F(a_2)}{1-F(a_1)}=\exp\left[-\int_{a_1}^{a_2}\lambda(s)\mathrm{d}s\right]$$

以及

$$\mathrm{P}(a_1\leqslant T<a_2\mid T\geqslant a_1)=1-\exp\left[-\int_{a_1}^{a_2}\lambda(s)\mathrm{d}s\right] \tag{22.9}$$

而最后一个表达式对于构造 22.4 节中所需要的对数似然函数是特别有用的。

在许多实证应用中，风险函数形式是人们起初所关注的内容。在最简单的情形中，风险函数是常数：

$$\lambda(t)=\lambda,\text{对于所有 } t\geqslant 0 \tag{22.10}$$

该函数意味着，驱动 T 的过程是无记忆性的（memoryless）：在接下来的区间里退出概率不依赖于在初始状态中所花费的时间长短。由等式（22.7），常数风险蕴涵着

$$F(t)=1-\exp(-\lambda t) \tag{22.11}$$

它是**指数分布**（exponential distribution）的 cdf。反之，如果 T 具有指数分布，那么它就具有常数风险。

当风险函数不是常数的时候，我们称此过程表示出**期限依赖**（duration dependence）。假定 $\lambda(\cdot)$ 是可微的，如果 $\mathrm{d}\lambda(t)/\mathrm{d}t>0$，那么在时间 t 存在**正的期限依赖**（positive duration dependence）；如果对于所有 $t>0$，$\mathrm{d}\lambda(t)/\mathrm{d}t>0$，那么此过程表示出正的期限依赖。对于正的期限依赖来说，某个体处在初始状态的时间越长，其退出初始状态的概率就会增加。如果导数是负的，那么存在**负的期限依赖**（negative duration dependence）。

例 22.3（威布尔分布） 如果 T 具有**威布尔分布**（Weibull distribution），

它的 cdf 是由 $F(t)=1-\exp(-\gamma t^{\alpha})$ 给出的，其中 γ 与 α 均是非负参数。其密度是 $f(t)=\gamma\alpha t^{\alpha-1}\exp(-\gamma t^{\alpha})$。由式（22.5），风险函数是

$$\lambda(t)=f(t)/S(t)=\gamma\alpha t^{\alpha-1} \tag{22.12}$$

当 $\alpha=1$ 时，威布尔分布约简为满足 $\lambda=\gamma$ 的指数分布。如果 $\alpha>1$，风险函数是单调递增的，所以风险函数处处表现出正的期限依赖；对于 $\alpha<1$，风险是单调递减的。倘若我们认为，风险是单调递增的或者是单调递减的，威布尔分布就是捕捉期限依赖的相对简单方法。

我们常常直接对风险进行设定，在此情形中，我们可以使用式（22.7）去确定期限分布。

例 22.4（对数逻辑斯蒂风险函数） **对数逻辑斯蒂风险函数**（log-logistic hazard function）被设定为

$$\lambda(t)=\frac{\gamma\alpha t^{\alpha-1}}{1+\gamma t^{\alpha}} \tag{22.13}$$

其中 γ 与 α 均是正的参数。当 $\alpha=1$ 时，风险是单调递减的，从 $t=0$ 的 γ 到 $t\to\infty$ 的 0；当 $\alpha<1$ 时，风险随着 $t\to\infty$ 单调递减到 0，但是风险在 t 趋近于 0 时是无界的。当 $\alpha>1$ 时，风险在 $t=[(\alpha-1)/\gamma]^{1-\alpha}$ 之前是递增的，之后它递减到 0。

直接积分得到

$$\int_0^t \lambda(s)\mathrm{d}s=\log(1+\gamma t^{\alpha})=-\log[(1+\gamma t^{\alpha})^{-1}]$$

所以，利用等式（22.7）

$$F(t)=1-(1+\gamma t^{\alpha})^{-1}, t\geqslant 0 \tag{22.14}$$

对 t 微分，得出

$$f(t)=\gamma\alpha t^{\alpha-1}(1+\gamma t^{\alpha})^{-2}$$

一旦运用这个密度函数，可以证明，$Y\equiv\log(T)$ 具有密度 $g(y)=\alpha\exp[\alpha(y-\mu)]/\{1+\exp[\alpha(y-\mu)]\}^2$，其中 $\mu=-\alpha^{-1}\log(\gamma)$ 表示 y 的均值。换句话讲，$\log(T)$ 具有均值为 μ 与方差为 $\pi^2/(3\alpha^2)$ 的**逻辑斯蒂分布**（logistic distribution）（“对数逻辑斯蒂”的名字由此而来）。

22.2.2 以非时变协变量为条件的风险函数

在经济学中，我们通常对以协变量集合或者回归元集合为条件的风险函数感兴趣。当这些内容跨时间而不变化时——通常是这样的情形，当给定许多期限数据集合被采集的方式时——那么，我们直接定义以协变量为条件的风险（以及 T 的所有其他特征）。因而，条件风险是

$$\lambda(t;\mathbf{x})=\lim_{h\downarrow 0}\frac{\mathrm{P}(t\leqslant T<t+h\mid T\geqslant t,\mathbf{x})}{h}$$

其中 $\mathbf{x}$ 是解释变量的向量。倘若 cdf 与密度都是以 $\mathbf{x}$ 为条件定义的，则源自前面一小节中的所有公式都会继续成立。例如，如果条件 cdf $F(\cdot \mid \mathbf{x})$ 是可微的，我们有

$$\lambda(t;\mathbf{x})=\frac{f(t|\mathbf{x})}{1-F(t|\mathbf{x})} \tag{22.15}$$

其中 $f(\cdot \mid \mathbf{x})$ 是给定 $\mathbf{x}$ 时 T 的密度。我们经常对 x_j 对于 $\lambda(t;\mathbf{x})$ 的偏效应感兴趣，它对于连续的 x_j 来说定义为偏导数，而对于离散的 x_j 来说则定义为差分。

如果期限是以不同的日历日期开始的——通常是这样的情形——那么我们可以把不同开始日期的指示符包含在协变量中。这些允许我们去控制期限分布中的季节性差异。

含有非时变回归元的一类特别重要的模型是由**比例风险模型**（proportional hazard models）构成的。比例风险可以写成

$$\lambda(t;\mathbf{x})=\kappa(\mathbf{x})\lambda_0(t) \tag{22.16}$$

其中 $\kappa(\cdot)>0$ 表示 $\mathbf{x}$ 的正函数，而 $\lambda_0(t)>0$ 称为**基线风险**（baseline hazard）。基线风险对于总体中的所有单位来说是共同的；个体风险函数以可观测协变量的函数 $\kappa(\mathbf{x})$ 为基础成比例而不同。

通常，$\kappa(\cdot)$ 参数化为 $\kappa(\mathbf{x})=\exp(\mathbf{x}\boldsymbol{\beta})$，其中 $\boldsymbol{\beta}$ 表示参数向量。于是

$$\log\lambda(t;\mathbf{x})=\mathbf{x}\boldsymbol{\beta}+\log\lambda_0(t) \tag{22.17}$$

而且 β_j 测算了风险对 x_j 的半弹性。[如果 x_j 表示基础变量的对数，比如说 $x_j=\log(z_j)$，那么 β_j 表示风险对 z_j 的弹性。]

在不需要对 λ_0 进行估计的情形中，我们偶尔只对协变量平移（shift）风险函数的方式感兴趣。考克斯（Cox，1972）得到了不需要估计 $\lambda_0(\cdot)$ 时 $\boldsymbol{\beta}$ 的偏极大似然估计量。在 22.5 节，我们将简要地讨论考克斯方法。在经济学中，大部分时间我们对基线风险的形状感兴趣。我们在 22.4 节中讨论含有灵活基线风险的比例风险模型的估计。

在威布尔风险函数（22.12）中，如果我们利用 $\exp(\mathbf{x}\boldsymbol{\beta})$ 代替 γ，其中 $\mathbf{x}$ 的第一元素是单位元，那么我们得到满足 $\lambda_0(t)\equiv\alpha t^{\alpha-1}$ 的比例风险模型。然而，如果在式（22.13）中我们用 $\exp(\mathbf{x}\boldsymbol{\beta})$ 代替 γ——它是把协变量引入对数逻辑斯蒂模型中最普遍的方法——那么我们得不到带比例风险形式的风险模型。

例 22.1（续） 如果 T 表示一个失业期限，$\mathbf{x}$ 可以包括教育、劳动市场经验、婚姻状况、种族以及子女数目，所有这些在失业时段开始时都可以测量到。$\mathbf{x}$ 中的政策变量可以反映出支配失业救济金的规则，这些在每一位失业者期限之前是已知的。

例 22.2（续） 为了解释从监狱释放以后在逮捕之前的时间长度，协变量会包括在狱中对工作项目的参与、受教育的年数、婚姻状况、种族、服刑时间以及过去判罪次数。

22.2.3 以时变协变量为条件的风险函数

当我们希望就时变协变量对风险函数的效应建模时，研究风险函数就变得更为复杂。首先，对以仅在一个时间段上的协变量为条件的期限 T 的分布进行设定就没有什么道理。然而，我们还是可以定义适当的条件概率，且该条件概率会导致一个条件风险函数。

设 $\mathbf{x}(t)$ 表示在时间 t 的回归元向量；再一次地，这是描述总体的随机向量。对于 $t \geqslant 0$，设 $\mathbf{X}(t)$，$t \geqslant 0$ 表示协变量一直到时间 t 的路径：$\mathbf{X}(t) \equiv \{\mathbf{x}(s): 0 \leqslant s \leqslant t\}$。按照兰开斯特（Lancaster，1990，第 2 章）的做法，一旦假定下述极限存在，我们通过

$$\lambda[t;\mathbf{X}(t)] = \lim_{h \downarrow 0} \frac{P[t \leqslant T < t+h \mid T \geqslant t, \mathbf{X}(t+h)]}{h} \tag{22.18}$$

定义在时间 t 时的条件风险函数。确保等式（22.18）存在性的假设讨论超出了本书的范围，参阅兰开斯特（Lancaster，1990，第 2 章）。当 T 是连续的时候，同时对于每一个 t，$\mathbf{x}(t+h)$ 是常数的时候，其中对于某一个函数 $\eta(t) > 0$ 时，所有的$h \in [0, \eta(t)]$，这个极限存在的情形是非常普遍的。于是，我们在等式（22.18）中能用 $\mathbf{X}(t)$ 代替 $\mathbf{X}(t+h)$ ［因为对于充分小的 h，$\mathbf{X}(t+h) = \mathbf{X}(t)$］。由于我们在 22.4 节中将要看到的原因，我们必须假定时变协变量在观测区间上（诸如一周或一月）是常数的，不管怎么样，在该情形中定义式（22.18）不会存在什么问题。

就某种目的来说，重要的是要知道，时变协变量是否为**严格外生的**（strictly exogenous）。对式（22.18）所定义的风险来说，兰开斯特（Lancaster，1990，定义 2.1）提供了一种剔除从期限到协变量未来值的反馈的定义。特别地，如果 $\mathbf{X}(t, t+h)$ 表示协变量从时间 t 到 $t+h$ 的路径，那么兰开斯特的严格外生性条件为

$$P[\mathbf{X}(t,t+h) \mid T \geqslant t+h, \mathbf{X}(t)] = \mathrm{P}[\mathbf{X}(t,t+h) \mid \mathbf{X}(t)] \tag{22.19}$$

对于所有 $t \geqslant 0$，$h > 0$。实际上，当条件（22.19）成立时，兰开斯特称 $\{\mathbf{x}(t): t > 0\}$ 是“外生的”。我们偏爱“严格外生的”名字，因为条件（22.19）与本书自始至终我们都会遇到的严格外生性概念紧密相关。另外，重要的是要看到，条件（22.19）与同期内生性是无关的：由定义，协变量都是**序贯外生的**（sequentilly exogenous）（参阅 7.4 节），因为一旦设定 $\lambda[t;\mathbf{X}(t)]$，我们就以当前与过去的协变量为条件。

不管行为人（agent）是否处于初始状态，式（22.19）都可以应用到整个路径定义良好的协变量上。这类协变量被卡布弗莱什和普伦蒂斯（Kalbfleisch and Prentice，1980）称为**外部协变量**（external covariates），它们具有下面的特性：协变量路径与任何一个特殊的行为人是处于初始状态还是离开初始状态相互独立。在对逮捕以前那段时间建模时，这些协变量可能包括那个人居住城

市的人均执法费用或者城市失业率。

其他协变量对于每位行为人不是外部的，但是这些协变量具有在行为人离开初始状态后仍然被定义的路径。例如，婚姻状况在某人逮捕前后是定义良好的，但是它可能与某人是否已被捕相关联。婚姻状况是否满足条件（22.19）是一个实证问题。

条件（22.19）中的严格外生性定义不能应用到下面的时变协变量上，即一旦行为人离开初始状态其路径不能定义的时变协变量。卡布弗莱什和普伦蒂斯（Kalbfleisch and Prentice，1980）把这些协变量称为**内部协变量**（internal covatiates）。兰卅斯特（Lancaster，1990，p. 28）给出了保有工作期限的例子，其中一个时变协变量就是此工作所支付的工资：如果一个人放弃该工作，那么定义该工作的未来工资路径就没什么道理。作为第二个例子，在对前囚犯被捕以前时间建模中，在时间 t 的时变协变量可能是前面月份 $t-1$ 时的工资收入。如果某人被逮捕了且被监禁起来，那么去定义未来劳动收入就几乎没有什么道理。

内部协变量不能满足任何合理的严格外生性假设，这一点是十分明显的。当我们在 22.4 节中讨论含有不可观测异质性与分组期限数据的期限模型的估计时，这一事实将是重要的。实际上，我们将使用稍微不同的严格外生性的概念，其与条件极大似然估计是直接相关的。然而，它的精髓与条件（22.19）的一样。

严格地讲，采用时变协变量时，不存在诸如比例风险模型的东西。然而，在计量经济学中，把如下形式

$$\lambda[t;\mathbf{x}(t)]=\kappa[\mathbf{x}(t)]\lambda_0(t) \tag{22.20}$$

的风险称为**含有时变协变量的比例风险**（proportional hazard with time-varying covariates）已很常见。乘以基线风险的函数通常为 $\kappa[\mathbf{x}(t)]=\exp[\mathbf{x}(t)\boldsymbol{\beta}]$。由于记号上的原因，我们证明，这仅仅依赖于 $\mathbf{x}(t)$ 而不依赖于过去的协变量［它总可以被包含在 $\mathbf{x}(t)$ 中］。在没有严格外生性假设下，我们将在 22.4.2 节中讨论这些模型的估计。在 22.4.3 节，当我们用不可观测异质性乘以式（22.20）时，严格外生性变得非常重要。

对数逻辑斯蒂风险同样容易修改成为具有时变协变量的情形。以参数化形式包括时变协变量的一种方法是

$$\lambda[t;\mathbf{x}(t)]=\exp[\mathbf{x}(t)\boldsymbol{\beta}]\alpha t^{\alpha-1}/\{1+\exp[\mathbf{x}(t)\boldsymbol{\beta}]t^{\alpha}\}$$

在 22.4.2 节，我们将看到如何估计 α 与 $\boldsymbol{\beta}$。

22.3 含有非时变协变量的单个时段数据分析

我们假定关注的总体是在给定时间区间期间，比如说 $[0,b]$，进入初始状态的个体，其中 $b>0$ 表示已知常数。(当然，“个体”可以用关注的任何总体单

元来代替，例如“家庭”或“厂商”。）如同在所有计量经济内容中那样，对基础总体进行明确表述是非常重要的。按照惯例，我们设 0 表示个体可以进入初始状态的最早日历日期，而 b 表示最后可能的日期。例如，我们对 1998 年期间任何时候成为失业者的美国工人总体感兴趣，而且失业期限以年来测量（对于 0.5 而言，它表示半年），那么 $b=1$。如果期限以周来测量，那么 $b=52$；如果期限以天来测量，那么 $b=365$，等等。

在使用这一节的方法时，我们一般忽略了期限经常被分组成离散区间的事实——例如，测量到最近的周或月之中——并把它们处理成连续的分布。如果我们想要显性地认识到所测量期限的离散性，那么我们就把它们处理成分组数据，如同我们在 22.4 节中所做的一样。

我们把注意力限制在**单个时段数据**（single-spell data）上。也就是，我们对每一个体至多使用单个完成的时段。个体一旦离开了初始状态后，如果后来重新进入区间 $[0,b]$ 中的初始状态，那么我们将忽略这种重新进入带来的信息。此外，分析中的协变量是非时变的，这意味着我们在给定时点上收集个体的协变量——通常，在时段的开头——同时我们在时段进程期间不用再收集协变量的数据。时变协变量更一般的研究是在 22.4 节中分组期限的背景下展开的。

我们研究曾阐述的从总体中进行抽样的两种普通类型。最普通又最容易处理的类型是流量抽样。在 22.3.3 节，我们简要地考察**存量抽样**（stock sampling）的各种形式。

22.3.1 流量抽样

利用**流量抽样**（flow sampling），我们对在区间 $[0, b]$ 中某一时点上进入状态的个体进行抽样，并且记录每一位个体处于初始状态的时间长度。我们收集在个体进入初始状态的时间上已知的协变量。例如，假定我们对在 1998 年期间任何时候成为失业者的美国工人总体感兴趣，并且我们随机地从 1998 年期间成为失业者的男性美国工人中进行抽样。在失业时段开始时，我们可能获得最后一份工作的任期、最后一份工作的工资、性别、婚姻状况的信息，还有失业救济金信息。

存在两种通用方法用于收集失业时段流量数据。首先，我们从一个大总体中随机地抽取个体，该大总体是比如说在给定年份，例如 1998 年，美国适宜工作年龄的所有个体。这些人中的一部分将加入劳动力大军，并在 1998 年期间将成为失业人员——也就是，在特定区间进入失业的初始状态——同时成为失业者的这群人是我们在 1998 年期间变为失业者的全体工人的随机样本。另外一个可能的方法是回顾性抽样（retrospective sampling），例如，假定对于给定的一个美国州，我们可以使用 1998 年的失业记录（unemployment records）。于是，我们可以获得在 1998 年期间成为失业者的所有工人的一个随机样本。

流量数据通常受到**右截取**（right censoring）的限制。也就是，在时间的某一个数量之后，我们停止跟踪样本中的个体，而此样本正是我们为分析数据所必须利用的。（右截取是使用流量数据时出现的唯一种类，所以在本节与接下来的小节中我们经常称右截取为“截取”。）对于在初始状态已完成其时段的那些个体而言，我们可观测到其准确的期限。但是，对于那些仍处于初始状态的个体，我们只知道期限延续得与我们正在跟踪的期间一样长。在失业期限的例子中，我们对每一位个体跟踪一个固定的时间长度，比如说两年。如果失业时段是以周来测量的，那么我们在第 104 周具有右截取。可选择的另一种做法是，我们在一个固定的日历日期停止跟踪个体，比如说在 1999 年的最后一周。因为个体在 1998 年期间的任何时候都能够成为失业者，所以对日历日期进行截取会导致截取时间对于不同个体而有所差异。

22.3.2 使用截取流量数据的极大似然估计

对于从总体中随机抽取的 i 而言，设 $a_i \in [0, b]$ 表示个体 i 进入初始状态（“开始时间”）的时间，设 t_i^* 表示处于初始状态的时间长度（期限），并且设 $\mathbf{x}_i$ 表示可观测的协变量向量。我们假定 t_i^* 具有连续条件密度 $f(t \mid \mathbf{x}_i; \boldsymbol{\theta})$，$t \geqslant 0$，其中 $\boldsymbol{\theta}$ 为未知参数向量。

如果没有右截取，我们会观察到关于 $(a_i, t_i^*; \mathbf{x}_i)$ 的一个随机样本，并且对其进行估计就是条件极大似然的标准练习。为了解释右截取，我们假定可观测的期限 t_i 可以由

$$t_i = \min(t_i^*, c_i) \tag{22.21}$$

获得，其中 c_i 表示关于个体 i 的截取时间。在某些情形中，c_i 随着 i 的不同而为一个常数。例如，假定 t_i^* 表示第 i 个人以周来测量的失业期限。如果样本设计规定，我们对每个人至多跟踪两年，在两年以后保持失业的所有人在那个时点被截取，那么 $c=104$。如果我们有一个使我们停止跟踪个体的固定日历日期，那么截取时间由于不同个体而产生差异，因为工人一般会在不同的日历日期上成为失业者。如果 $b=52$ 周，同时我们从研究开始后的两年时间里，对每一位个体进行截取，那么截取时间的取值范围为 52 周到 104 周。

我们假定以协变量为条件的真实期限与开始点 a_i 以及截取时间 c_i 是相互独立的：

$$\mathrm{D}(t_i^* \mid \mathbf{x}_i, a_i, c_i) = \mathrm{D}(t_i^* \mid \mathbf{x}_i) \tag{22.22}$$

其中 $\mathrm{D}(\cdot \mid \cdot)$ 表示条件分布。当 a_i 与 c_i 对于所有 i 都是常数时，假设 (22.22) 显然成立，但是在远远更弱的假定下它亦成立。有时候，当期限以 $\mathbf{x}_i$ 为条件与开始时间相互独立时，且 c_i 对于所有 i 都是常数，在此情形中，假设 (22.22) 成立。如果在期限上存在季节性影响——例如，在夏天开始的失业期限与在该年中其他时间开始的期限相比具有不同的预期长度——那么我们就必须为在 $\mathbf{x}_i$ 中不同的起始日期设置虚拟变量，以确保假设 (22.22) 成立。当固定

日历日期用于截取时，这一方法仍会确保假设（22.22）成立。这意味着 c_i 随着 i 的不同不是常数，对于某种非标准截取方案而言，假设（22.22）也会成立。例如，如果 $\mathbf{x}_i$ 的元素是教育，那么假设（22.22）成立，如果比如说，受教育更多的个体会更迅速地被截取。

在假设（22.22）下，给定 $(\mathbf{x}_i, a_i, c_i)$ 时 t_i^* 的分布不依赖于 (a_i, c_i)。因此，如果期限没有被截取，给定 $(\mathbf{x}_i, a_i, c_i)$ 时 $t_i = t_i^*$ 的密度正是 $f(t \mid \mathbf{x}_i;\boldsymbol{\theta})$。$t_i$ 被截取的概率是

$$\mathrm{P}(t_i^* \geqslant c_i \mid \mathbf{x}_i) = 1 - F(c_i \mid \mathbf{x}_i;\boldsymbol{\theta})$$

其中 $F(t \mid \mathbf{x}_i;\boldsymbol{\theta})$ 是给定 $\mathbf{x}_i$ 时 t_i^* 的条件 cdf。一旦设 d_i 为截取指示符（如果不截取，那么 $d_i=1$，如果截取，那么 $d_i=0$），观测值 i 的条件似然可以写成

$$f(t_i \mid \mathbf{x}_i;\boldsymbol{\theta})^{d_i}[1 - F(t_i \mid \mathbf{x}_i;\boldsymbol{\theta})]^{(1-d_i)} \tag{22.23}$$

重要的是，在分析中开始时间 a_i 不会起作用，区间长度 b 也不会起作用。[事实上，在绝大多数的流量数据处理中，b 与 a_i 甚至没有被引进。然而，重要的是知道，a_i 与流量数据分析不相关的理由是式（22.22）中的条件独立性假设。]与之相反，截取时间 c_i 的确出现在截取观测值的似然中，因为这样使得 $t_i = c_i$。给定 $(t_i, d_i, \mathbf{x}_i)$ 上的数据时，对于容量为 N 的随机样本而言，$\boldsymbol{\theta}$ 的极大似然估计量可通过对

$$\sum_{i=1}^{N} \{d_i \log[f(t_i \mid \mathbf{x}_i;\boldsymbol{\theta})] + (1-d_i)\log[1 - F(t_i \mid \mathbf{x}_i;\boldsymbol{\theta})]\} \tag{22.24}$$

最大化来获得。对于实践中所使用的 $f(\cdot \mid \mathbf{x};\boldsymbol{\theta})$ 的选择而言，条件 MLE 正则性条件（参阅第 13 章）成立，而且 MLE 是 $\sqrt{N}$ 一致的且渐近正态的。[如果不存在截取，那么对于所有 i 有 $d_i=1$ 且表达式（22.24）中第二项直接可以被舍弃。]

因为一旦我们对 f 加以设定，风险函数就可以写成式（22.15）的形式，所以一旦我们获得 MLE 的 $\hat{\boldsymbol{\theta}}$，就可以估计出风险函数。例如，含有协变量的威布尔分布具有条件密度

$$f(t \mid \mathbf{x}_i;\boldsymbol{\theta}) = \exp(\mathbf{x}_i\boldsymbol{\beta})\alpha t^{\alpha-1}\exp[-\exp(\mathbf{x}_i\boldsymbol{\beta})t^{\alpha}] \tag{22.25}$$

其中 $\mathbf{x}_i$ 对于所有 i 都包括单位元作为它的第一个元素。[从用 $\exp(\mathbf{x}_i\boldsymbol{\beta})$ 代替 γ 的例题 22.3 中，我们可以获得这个密度。] 在这种情形下，风险函数正是 $\lambda(t;\mathbf{x}) = \exp(\mathbf{x}\boldsymbol{\beta})\alpha t^{\alpha-1}$。

例 22.5（惯犯期限的威布尔模型） 设 *durat* 表示囚犯从监狱释放以后又被逮捕以前以月来测量的时间长度。虽然期限凑成最近的月份，但我们把 *durat* 处理成具有威布尔分布的连续变量。我们对某些协变量如何影响惯犯的风险函数感兴趣，而且也对一旦我们以协变量为条件，是否存在正的或负的期限依赖感兴趣。变量 *workprg*——表示在监狱中参与工作项目的二值指示符——是我们特别关注的。

取自钟、施密特和威特（Chung，Schmidt，and Witte，1991）RECID. RAM 中的数据是流量数据，因为它是 1977 年 7 月 1 日至 1978 年 6 月 30 日期间从监狱释放出来的囚犯的一个随机样本。此数据是回顾性的，因为它们是通过查看 1984 年 4 月的记录而获得的，1984 年 4 月作为一个普通的截取日期。由于开始时间各不相同，所以截取时间 c_i 在第 70 周到第 81 周之间变动。威布尔估计的结果列在表 22.1 中。

表 22.1　惯犯犯罪的威布尔估计

解释变量	系数（标准误）
workprg	0.091
	(0.091)
priors	0.089
	(0.013)
tserved	0.014
	(0.002)
felon	−0.299
	(0.106)
alcohol	0.447
	(0.106)
drugs	0.281
	(0.098)
black	0.454
	(0.088)
married	−0.152
	(0.109)
educ	−0.023
	(0.019)
age	−0.003 7
	(0.000 5)
constant	−3.402
	(0.301)
$\hat{\alpha}$	0.806
	(0.031)
观测值	1 445
对数似然	−1 633.03

在解释估计值时，我们使用了式（22.17）。对于很小的$\hat{\beta}_j$，我们通过用100乘以系数来获得风险对x_j的半弹性。（在对数形式中没有出现协变量，因此在$\hat{\beta}_j$之间不存在弹性。）例如，如果 *tserved* 增加一个月，那么风险会向上增加1.4%，而且其效应是统计显著的。另外，多受一年教育会减少风险 2.3%左右，但是甚至在10%水平上针对于双侧备择假设来说，其效应是不显著的。

至少如果我们期望在囚犯从监狱释放以后工作项目有正的收益，那么 *workprg* 系数的符号是非预期的。（此结果在统计上不异于0。）其原因是，此项目是无效率的或者存在着进入项目的自选择。

对于大的$\hat{\beta}_j$，我们应该指数化，并且减去1来获得比例变化。例如，在任一时点上，与某个没有酗酒问题的人相比，有酗酒问题的某个人的风险大约要大$100[\exp(0.477)-1]=56.4\%$。

α的估计值是0.806，并且$\hat{\alpha}$的标准误导致了对针对$H_0:\alpha<1$的$H_0:\alpha=1$的强烈拒绝。因此，以协变量为条件，有证据表明存在着负的期限依赖。这意味着，对特殊的前科犯而言，被逮捕的瞬时发生率会随着出狱时间长度而递减。图22.1为估计的累犯的威布尔风险图。

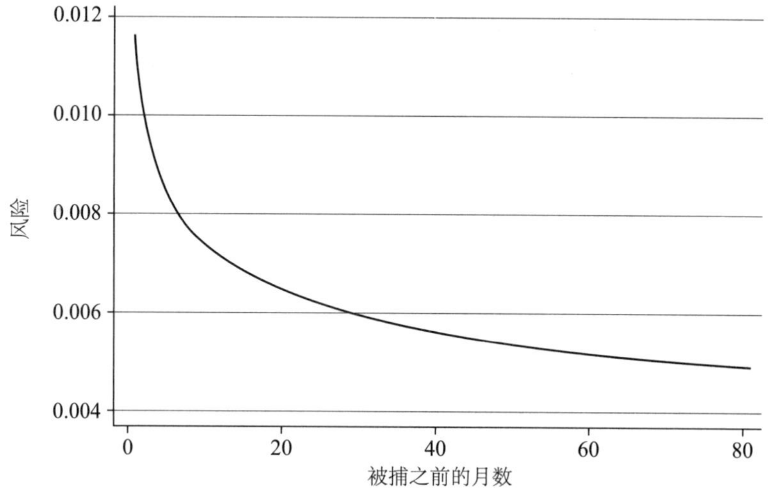

图 22.1　累犯的威布尔风险

当对不带协变量的威布尔模型进行估计时，$\hat{\alpha}=0.770(\text{se}=0.031)$，这表明存在稍微更多的负的期限依赖。这是一个在应用威布尔期限模型中的典型发现：所估计的不带协变量的α倾向于小于带有协变量的估计值。兰开斯特（Lancaster，1990，第10.2节）包含了对基于不可观测异质性理论的讨论。

当起初我们对协变量对于期望期限（而不是对于风险）的效应感兴趣时，我们可以把截取 Tobit 分析应用到期限的对数上。Tobit 分析假定，对于每一个随机抽取的i，给定$\mathbf{x}_i$时$\log(t_i^*)$具有$\text{Normal}(\mathbf{x}_i\boldsymbol{\delta},\sigma^2)$，这意味着给定$\mathbf{x}_i$时$t_i^*$具有对数正态分布。（$\mathbf{x}_i$的第一个元素是1。）以$\mathbf{x}$为条件的对数正态分布的风险函数是$\lambda(t;\mathbf{x})=h[(\log t-\mathbf{x}\boldsymbol{\delta})/\sigma]/\sigma t$，其中$h(z)\equiv\phi(z)/[1-\Phi(z)]$，$\phi(\cdot)$表示标准正态概率密度函数（pdf），而$\Phi(\cdot)$表示标准正态 cdf。对数正态风险

函数不是单调的，并且没有比例风险形式。然而，δ_j 的估计值是容易解释的，因为该模型等价于

$$\log(t_i^*)=\mathbf{x}_i\boldsymbol{\delta}+e_i \tag{22.26}$$

其中 e_i 与 $\mathbf{x}_i$ 是相互独立的，且是正态分布的。因此，δ_j 是协变量对期望期限的半弹性——或弹性，如果协变量是以对数形式出现。

威布尔模型还能够以回归形式表示。当给定 $\mathbf{x}_i$ 时 t_i^* 具有密度（22.25）时，$\exp(\mathbf{x}_i\boldsymbol{\beta})(t_i^*)^\alpha$ 与 $\mathbf{x}_i$ 是相互独立的，且具有单位指数分布。因此，它的自然对数具有**第Ⅰ类极值分布**（type Ⅰ extreme value distribution）；因此，我们可以写成 $\alpha\log(t_i^*)=-\mathbf{x}_i\boldsymbol{\beta}+u_i$，其中 u_i 与 $\mathbf{x}_i$ 是相互独立的，且具有密度 $g(u)=\exp(u)\exp\{\exp(-u)\}$。$u_i$ 的均值不是 0，但是，由于 u_i 与 $\mathbf{x}_i$ 是相互独立的，所以我们能够把 $\log(t_i^*)$ 写成完全如同方程（22.26）那样，其中斜率系数是由 $\delta_j=-\beta_j/\alpha$ 给出的，而截距变得更复杂一些。现在 e_i 不具有正态分布，但是它含有 0 均值且与 $\mathbf{x}_i$ 是相互独立的。截取可以通过极大似然估计得以处理。为了认识估计值对分布假设是否敏感，所估计的系数可以与以前曾描述过的截取 Tobit 估计值加以比较。

在例题 22.5 中，我们可以获得像 $\hat{\delta}_j=-\hat{\beta}_j/\hat{\alpha}$ 一样的 δ_j 的威布尔估计值。（一些计量经济学程序软件包，比如 Stata，给出了 δ_j 的直接估计，并提供了标准误。）例如，$\hat{\delta}_{drugs}=(-0.281)/0.806\approx-0.349$。当使用对数正态模型时，*drug* 上的系数在绝对值上表现得比较小，大致为 -0.298。作为另外一个例子，在威布尔估计中 $\hat{\delta}_{age}=0.0046$，而在对数正态估计中 $\hat{\delta}_{age}=0.0039$。在这两种情形中，估计值具有大于 6 的 t 统计量。对于获得期望期限估计值而言，威布尔模型与对数正态模型给出了相似的结果。就对数似然为 $-1\,597.06$ 而言，对数正态模型拟合数据显然更好。这一结果与钟、施密特和威特（Chung，Schmidt，and Witte，1991）的发现是一致的。

重要的是，对数正态风险与威布尔风险的形状完全不同。对数正态风险，带有在其均值处取值的协变量集，被画在图 22.2 中，首先不断增加直到大约 6 个月时，并自那之后不断减少。这个形状意味着对于一个短的时间段——大约为 6 个月——一名前科犯已被从监狱释放的时间越长，其由于一次新的犯罪而被捕的瞬时概率增加。自那以后，风险在 80 个月时降至大约 0.001。因此，以一名前科犯离开监狱 $6\frac{1}{2}$ 年为条件，在第 81 个月时因为一次新的犯罪而被捕的概率大约是 0.001。威布尔风险意味着从初始就有着大于 0.01 的被捕瞬时概率。在 80 个月时，在第 81 个月期间被捕的概率大约为 0.005，或者比从对数正态模型中获得的那一概率大 5 倍。

有时候，我们通过对以 $\mathbf{x}$ 为条件的风险的参数模型进行设定来开始，然后利用源自 22.2 节中的公式去获得 cdf 与密度。当风险产生一个容易处理的期限分布时，这一方法是最容易的，但是没有理由表明，风险函数必须是比例风险形式。

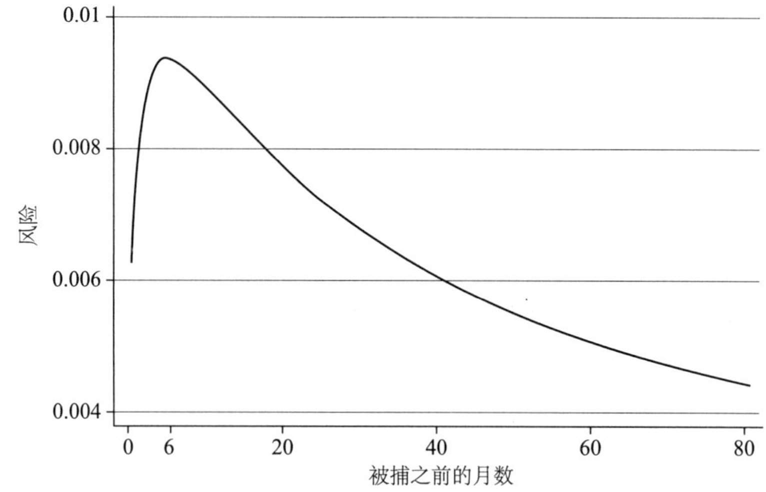

图 22.2　惯犯的对数正态风险

例 22.6（带协变量的对数逻辑斯蒂风险）　带协变量的对数逻辑斯蒂风险是

$$\lambda(t;\mathbf{x})=\exp(\mathbf{x}\boldsymbol{\beta})\alpha t^{\alpha-1}/[1+\exp(\mathbf{x}\boldsymbol{\beta})t^{\alpha}] \tag{22.27}$$

其中 $x_1\equiv1$。由满足 $\gamma=\exp(\mathbf{x}\boldsymbol{\beta})$ 的方程（22.14）知，其 cdf 是

$$F(t|\mathbf{x};\boldsymbol{\theta})=1-[1+\exp(\mathbf{x}\boldsymbol{\beta})t^{\alpha}]^{-1},t\geqslant0 \tag{22.28}$$

给定 $\mathbf{x}_i$ 时 $\log(t_i^*)$ 的分布是均值为 $-\alpha^{-1}\log\{\exp(\mathbf{x}\boldsymbol{\beta})\}=-\alpha^{-1}\mathbf{x}\boldsymbol{\beta}$ 且方差为 $\pi^2/(3\alpha^2)$ 的逻辑斯蒂。因此，$\log(t_i^*)$ 可以写成如同方程（22.26）一样，其中 e_i 具有零均值的逻辑斯蒂分布，且与 $\mathbf{x}_i$ 是相互独立的，而且 $\boldsymbol{\delta}=-\alpha^{-1}\boldsymbol{\beta}$。当不存在截取时，这是协变量对平均期限的效应可以通过 OLS 回归来获得的另外一个例子。当存在截取时，e_i 的分布必须利用表达式（22.24）中的对数似然来加以说明。

22.3.3　存量抽样

含有右截取的流量数据是普遍的，但是其他抽样方案同样可以使用。利用**存量抽样**（stock sampling），我们在给定的时点上从处于初始状态的一些个体中随机地抽样。该总体仍然可以是在一个特定区间 $[0,b]$ 上进入初始状态的个体全体。然而，我们宁可仅获得在时间 b 上处于初始状态的个体的随机样本，而不愿意观测正在流入初始状态的人的随机样本。除了右截取的可能性之外，我们同样面临**左截取**（left censoring）的问题，当某些开始时间或者所有开始时间 a_i 都不是可观测的时候，便会存在左截取的情形。现在，我们假定：（1）我们可以观测到在时间 b 我们所抽样的所有个体的开始时间 a_i；（2）我们可以在时间 b 观测到被抽取的个体后再跟踪他们一段某一长度的时间。同样，我们可以允许右截取的情形。

在失业期限例子中，其中的总体包含了在 1998 年期间某些时点成为失业者的工人，如果我们从在1998年最后一周里仍为失业者的工人中随机抽样，那么便产生存量抽样了。这类抽样会引起一种明显的样本选择问题：我们必须从我们的样本中排除在1998年最后一周之前失业时段结束的任何个体。因为这些时段必定短于一年，所以我们几乎不能假定，缺失观测值是随机缺失的。

由存量抽样所导致的样本选择问题本质上与我们在19.5节所面临的情形一样，那里我们论述了断尾回归模型。因此，我们把这称为**左断尾**（left truncation）问题。基弗（Kiefer，1988）称它为**长度偏误抽样**（length-biased sampling）。

在我们可以观测到 a_i 以及能够观测到自抽样日期 b 以后的某些时段的假设下，左断尾是相当容易处理的。除了用存量抽样代替流量抽样以外，其他假设如同22.3.2节一样。

为了阐明断尾抽样，我们必须修改式（22.23）中的密度来反映总体的一部分会系统地从样本中漏掉的事实。设 $(a_i, c_i, \mathbf{x}_i, t_i)$ 表示出自在 $[0,b]$ 上开始的所有时段的总体的一个随机抽取。我们可观测到这一向量当且仅当此人在时间 b 仍处于初始状态，也就是，当且仅当 $a_i + t_i^* \geq b$ 或 $t_i^* \geq b - a_i$ 时，其中 t_i^* 是真实的期限。但是，在条件独立性假设（22.22）下，

$$\mathrm{P}(t_i^* \geq b - a_i \mid a_i, c_i, \mathbf{x}_i) = 1 - F(b - a_i \mid \mathbf{x}_i; \boldsymbol{\theta}) \qquad (22.29)$$

其中 $F(\cdot \mid \mathbf{x}_i; \boldsymbol{\theta})$ 如前所述为给定 $\mathbf{x}_i$ 时 t_i^* 的cdf。正确的条件密度函数是通过用式（22.23）除以式（22.29）来获得的。在习题22.5中，要求你同样为了允许右截取而修改19.5节中的讨论。对数似然函数能够写成

$$\sum_{i=1}^{N} \{ d_i \log[f(t_i \mid \mathbf{x}_i; \boldsymbol{\theta})] + (1 - d_i) \log[1 - F(t_i \mid \mathbf{x}_i; \boldsymbol{\theta})] - \log[1 - F(b - a_i \mid \mathbf{x}_i; \boldsymbol{\theta})] \} \qquad (22.30)$$

其中再一次，当 $d_i = 0$ 时 $t_i = c_i$。与流量抽样情形不同，在存量抽样中无论是开始日期 a_i 还是抽样区间长度 b 都出现在条件似然函数中。它们的存在表明，对于分析存量数据来说，对区间 $[0,b]$ 进行设定是重要的。[兰开斯特（Lancaster，1990，p.183）在稍微不同的抽样方案下，实质地推导了式（22.30）；也可参阅兰开斯特（Lancaster，1979）。]

式（22.30）具有一个有意思的含义。如果观测值 i 在日历日期 b 是被右截取的——也就是，如果我们没有跟踪在初始数据收集以后的时段——那么截取时间是 $c_i = b - a_i$。由于对于截取观测值来说，$d_i = 0$，所以这种观测值的对数似然是 $\log[1 - F(c_i \mid \mathbf{x}_i; \boldsymbol{\theta})] - \log[1 - F(b - a_i \mid \mathbf{x}_i; \boldsymbol{\theta})] = 0$。换句话讲，至少当我们使用式（22.30）时，在数据收集时间里被右截取的观测值对于估计 $\boldsymbol{\theta}$ 来说没有提供信息。结果，如果所有单位在访谈日期都是被右截取的，那么式（22.30）中的对数似然无法识别 $\boldsymbol{\theta}$：式（22.30）恒等于0。关于为什么式（22.30）在这种情形中会失败的直觉是相当清楚的：我们的数据仅仅是由 $(a_i, \mathbf{x}_i)$ 所构成的，而式（22.30）是以 $(a_i, \mathbf{x}_i)$ 为条件的对数似然。实际上，不存在随机响应变量。

甚至当我们在访谈日期截取所有可观测期限时，我们还是能够估计 $\boldsymbol{\theta}$，只要——至少是在参数背景下——我们设定开始时间的条件分布模型为 $\mathrm{D}(a_i \mid \mathbf{x}_i)$。（这实质上是由尼克尔（Nickell）在1979年分析的问题。）我们仍假定可以观测到 a_i。因此，例如，我们从1998年最后一周失业人员的样本池中随机抽样，并且找出他们的失业时段在什么时候开始（连同协变量）。我们不去跟踪任何超过访谈日期的时段。（顺便提一下，如果我们在1998年最后一周期间抽取失业人员样本，那么我们可能取得一些在1998年以前就开始的时段的观测值。对于我们已经设定的总体而言，这些人员可以被直接放弃。如果我们想要包括先于1998年开始的时段的那些人员，那么我们需要重新定义区间。例如，如果期限是以周来测量的，同时如果我们要考虑在先于1998年底的5年期间开始的期限，那么 $b=260$。）

为了具体起见，我们假定 $\mathrm{D}(a_i \mid \mathbf{x}_i)$ 在 $[0, b]$ 上是连续的，具有密度 $k(\cdot \mid \mathbf{x}_i;\boldsymbol{\eta})$。设 s_i 表示样本选择指示符，如果我们可观测到随机抽取 i，也就是，如果 $t_i^* \geqslant b-a_i$，那么 s_i 为1。$\boldsymbol{\theta}$（与 $\boldsymbol{\eta}$）的估计能够通过把CMLE应用到以 $\mathbf{x}_i$ 以及 $s_i=1$ 为条件的 a_i 密度上求出。[注意到，这是我们可望估计的唯一密度，因为当 $s_i=1$ 时我们的样本仅仅是由观测值 $(a_i, \mathbf{x}_i)$ 所构成的。] 即使 $\boldsymbol{\eta}$ 在函数关系上与 $\boldsymbol{\theta}$ 是没有联系的（一般是这样假设），这个密度为 $\boldsymbol{\theta}$ 提供了信息，因为存在一些开始与结束均在 $[0,b]$ 上的期限；只是我们不能观测到它们。一旦知道开始时间的分布情形，这就为我们提供了有关期限分布的信息。（在流量抽样背景下，当 $\boldsymbol{\eta}$ 在函数关系上与 $\boldsymbol{\theta}$ 没有联系时，给定 $\mathbf{x}_i$ 时 a_i 的密度对于估计 $\boldsymbol{\theta}$ 而言不能提供什么信息；换句话讲，对于 $\boldsymbol{\theta}$ 来说，a_i 是辅助性的。）

在习题22.6中，要求你证明，以观测到 $(a_i, \mathbf{x}_i)$ 为条件的 a_i 密度是

$$p(a \mid \mathbf{x}_i, s_i=1)=k(a \mid \mathbf{x}_i;\boldsymbol{\eta})[1-F(b-a \mid \mathbf{x}_i;\theta)]/\mathrm{P}(s_i=1 \mid \mathbf{x}_i;\boldsymbol{\theta},\boldsymbol{\eta}) \tag{22.31}$$

$0<a<b$，其中

$$\mathrm{P}(s_i=1 \mid \mathbf{x}_i;\boldsymbol{\theta},\boldsymbol{\eta})=\int_0^b [1-F(b-u \mid \mathbf{x}_i;\boldsymbol{\theta})]k(u \mid \mathbf{x}_i;\boldsymbol{\eta})\mathrm{d}u \tag{22.32}$$

[兰开斯特（Lancaster，1990，第8.3.3节）实质上得到了式（22.31）的右边，但是使用了向后递归时间的记号。习题22.6中的论证更为直接，因为它是建立在标准断尾讨论的基础之上。] 一旦我们设定期限的cdf为 F 以及开始时间的密度为 k，我们就能使用条件MLE去估计 $\boldsymbol{\theta}$ 与 $\boldsymbol{\eta}$：观测值 i 的对数似然刚好是在 a_i 处所估计的式（22.31）的对数。如果我们假定 a_i 与 $\mathbf{x}_i$ 是相互独立的，且在 $[0,b]$ 上具有均匀分布，那么估计就得到了某种程度的简化；参阅习题22.6。允许不连续的开始时间密度 $k(\cdot \mid \mathbf{x}_i;\boldsymbol{\eta})$ 不会本质上影响式（22.31）。例如，如果区间 $[0,1]$ 表示一年，那么我们需要在不同的季节允许不同的进入比率。这种方法在我们选取的每一个子区间上对应于一个均匀分布。

现在，我们转到左截取问题上，实际上，当我们不知道任何时段何时开始时，在使用存量抽样时就产生了问题。换句话讲，a_i 是不可观测的，因而两者

都不是真正的期限 t_i^*。然而，我们假定我们能够跟踪在访谈日期之后的时段。如果没有右截取时，这个假设意味着，我们能够观测到从访谈日期到当前时段的时间，比如说 r_i，可以把它写成 $r_i=t_i^*+a_i-b$。当 $t_i^*>b-a_i$ 时，也就是当 $r_i>0$ 时，由于我们仅仅观测到 r_i，所以我们还是具有左截取问题。一般方法与先前问题所采用的方法是相同的：以可观测 r_i 为条件，我们获得了至少可部分地观测到的变量——在本情形中是 r_i——的密度。习题 22.8 要求你详细地完成，并且解释可能的右截取。

我们可以很容易地把存量抽样与流量抽样结合起来。例如，在我们观测到开始时间 a_i 的情形中，假定在时间 $m<b$ 时，我们抽取一个已经处于初始状态的个体存量。除了能跟踪已经处于初始状态个体的时段之外，假定我们还能对在时间 m 与 b 之间流入初始状态的个体进行随机抽样。于是，我们跟踪出现在样本中的所有个体，至少直到右截取为止。对于在 $m(a_i\geqslant m)$ 之后开始的日期来说，不存在截取，所以这些观测值的对数似然正像式（22.24）中的一样。对于 $a_i<m$ 而言，除了用 m 代替 b 之外，对数似然与式（22.30）相同。其他组合形式可以很容易地从前面结果中推导出来。

22.3.4 不可观测异质性

837

获得更一般期限模型的一种方法是把不可观测异质性引入到相当简单的期限模型中。此外，我们有时想要检验以可观测协变量以及不可观测异质性为条件的期限依赖。在相当多的引入不可观测异质性的模型中，所使用的关键性假设是（1）异质性与可观测协变量的开始时间以及截取时间都是独立的；（2）异质性具有一个已知的取决于有限个参数的分布；（3）异质性以可乘的方式进入风险函数。我们将做这些假设。在单个时段流量数据背景下，放松这些假设中的任何一个都很困难。（在对数正态期限分布的特殊情形中，我们可以通过使用含内生解释变量的 Tobit 方法来放松假设 1，参阅 17.5.2 节。）

在某些领域，特别是那些涉及对生存时间建模（如生物统计学）的领域，不可观测异质性是所谓的脆弱性。然后以不可观测的脆弱性为条件的风险，就是在一个给定的脆弱性下，以个人经过时间 t 还存活为条件的瞬间死亡概率。在本章中，我们通常使用术语异质性。通常情况下，明确将异质性引入风险函数的模型，被称为**混合模型**（mixture model）。

在我们研究一般情形之前，涵盖一个由兰开斯特（Lancaster，1979）提出的例子是有用的。对于从总体中随机抽取的 i 而言，以可观测协变量 $\mathbf{x}_i$ 以及不可观测异质性 v_i 为条件的威布尔风险函数是

$$\lambda(t;\mathbf{x}_i,v_i)=v_i\exp(\mathbf{x}_i\boldsymbol{\beta})\alpha t^{\alpha-1} \tag{22.33}$$

其中 $x_{i1}\equiv1$，而且 $v_i>0$。[兰开斯特（Lancaster，1990）把方程（22.33）称为**条件风险**（conditional hazard），因为它以不可观测异质性（或脆弱性）v_i 为条件。从技术上讲，计量经济学中几乎所有的风险都是有条件的，因为我们几

乎总是以可观测协变量为条件的。]注意到，v_i 如何以可乘方式进入方程（22.33）。为识别参数 α 与 $\boldsymbol{\beta}$，我们需要对 v_i 分布标准化；我们利用最常用的做法 $\mathrm{E}(v_i)=1$，这意味着对于给定的向量 $\mathbf{x}$，平均风险是 $\exp(\mathbf{x}\boldsymbol{\beta})\alpha t^{\alpha-1}$。一个有意思的假设是 $\mathrm{H}_0: \alpha=1$，它意味着以 $\mathbf{x}_i$ 与 v_i 为条件不存在期限依赖。

在给定（$\mathbf{x}_i, v_i$）时 t_i^* 的 cdf 是 $F(t \mid \mathbf{x}_i, v_i; \boldsymbol{\theta})$ 的一般情形中，我们可以通过求积分消掉不可观测效应获得给定 $\mathbf{x}_i$ 时 t_i^* 的分布。由于 v_i 与 $\mathbf{x}_i$ 是独立的，给定 $\mathbf{x}_i$ 时 t_i^* 的 cdf 是

$$G(t \mid \mathbf{x}_i; \boldsymbol{\theta}, \boldsymbol{\rho}) = \int_0^{\infty} F(t \mid \mathbf{x}_i, v_i; \boldsymbol{\theta}) h(v; \boldsymbol{\rho}) \mathrm{d}v \tag{22.34}$$

其中为了具体起见，v_i 的密度 $h(\cdot; \boldsymbol{\rho})$ 被假定是连续的且依赖于已知参数 $\boldsymbol{\rho}$。由式（22.34）知，很容易得到给定 $\mathbf{x}_i$ 时 t_i^* 的密度 $g(t \mid \mathbf{x}_i; \boldsymbol{\theta}, \boldsymbol{\rho})$。我们现在可以利用 22.3.2 节与 22.3.3 节的方法。就流量数据而言，对数似然函数如同式（22.24）一样，只是用 $G(t \mid \mathbf{x}_i; \boldsymbol{\theta}, \boldsymbol{\rho})$ 代替 $F(t \mid \mathbf{x}_i; \boldsymbol{\theta})$，并用 $g(t \mid \mathbf{x}_i; \boldsymbol{\theta}, \boldsymbol{\rho})$ 代替 $f(t \mid \mathbf{x}_i; \boldsymbol{\theta})$。我们应该假定 $\mathrm{D}(t_i^* \mid \mathbf{x}_i, v_i, a_i, c_i) = \mathrm{D}(t_i^* \mid \mathbf{x}_i, v_i)$ 且 $\mathrm{D}(v_i \mid \mathbf{x}_i, a_i, c_i) = \mathrm{D}(v_i)$；这些假设确保了关键性条件（22.22）成立。在 22.3.3 节中描述的关于存量抽样的方法也可以应用到已积分的 cdf 与密度上。

如果我们假定**伽玛分布异质性**（gamma-distributed heterogeneity）——也就是 $v_i \sim \mathrm{Gamma}(\delta, \delta)$，因此 $\mathrm{E}(v_i)=1$ 且 $\mathrm{Var}(v_i)=1/\delta$——那么我们能求出对于一大类含有可乘异质性的风险函数给定 $\mathbf{x}_i$ 时 t_i^* 的分布。假定风险函数是 $\lambda(t; \mathbf{x}_i, v_i) = v_i \kappa(t; \mathbf{x}_i)$，其中 $\kappa(t; \mathbf{x}) > 0$（而且不需要拥有比例风险函数形式）。为了简单起见，我们取消 $\kappa(\cdot;\cdot)$ 对未知参数的相依性。由式（22.7），给定（$\mathbf{x}_i$，v_i）时 t_i^* 的 cdf 是

$$F(t \mid \mathbf{x}_i, v_i) = 1 - \exp\left[-v_i \int_0^t \kappa(s; \mathbf{x}_i) \mathrm{d}s\right] \equiv 1 - \exp[-v_i \xi(t; \mathbf{x}_i)] \tag{22.35}$$

其中 $\xi(t; \mathbf{x}_i) \equiv \int_0^t \kappa(s; \mathbf{x}_i) \mathrm{d}s$。我们可以通过使用式（22.34）来获得给定 $\mathbf{x}_i$ 时 t_i^* 的 cdf。v_i 的密度是 $h(v) = \delta^{\delta} v^{\delta-1} \exp(-\delta v)/\Gamma(\delta)$，其中 $\mathrm{Var}(v_i)=1/\delta$ 且 $\Gamma(\cdot)$ 是一个伽玛函数。设给定 t 时 $\xi_i \equiv \xi(t; \mathbf{x}_i)$。于是

$$\begin{aligned}
&\int_0^{\infty} \exp(-\xi_i v) \delta^{\delta} v^{\delta-1} \exp(-\delta v)/\Gamma(\delta) \mathrm{d}v \\
&= [\delta/(\delta+\xi_i)]^{\delta} \int_0^{\infty} (\delta+\xi_i)^{\delta} v^{\delta-1} \exp[-(\delta+\xi_i)v]/\Gamma(\delta) \mathrm{d}v \\
&= [\delta/(\delta+\xi_i)]^{\delta} = (1+\xi_i/\delta)^{-\delta}
\end{aligned}$$

其中由于被积函数是 $\mathrm{Gamma}(\delta, \delta+\xi_i)$，而且积分必是 1，所以第二个等式到最后一个等式都成立。现在，我们利用式（22.34），

$$G(t \mid \mathbf{x}_i) = 1 - [1 + \xi(t; \mathbf{x}_i)/\delta]^{-\delta} \tag{22.36}$$

求式（22.36）对 t 的导数，利用 $\kappa(t; \mathbf{x}_i)$ 是 $\xi(t; \mathbf{x}_i)$ 的导数的事实，就可得出

给定 $\mathbf{x}_i$ 时 t_i^* 的密度为

$$g(t|\mathbf{x}_i)=\kappa(t;\mathbf{x}_i)[1+\xi(t;\mathbf{x}_i)/\delta]^{-\delta-1} \tag{22.37}$$

函数 $\kappa(t;\mathbf{x})$ 依赖于参数 $\boldsymbol{\theta}$，因此 $g(t\mid\mathbf{x})$ 应该是 $g(t\mid\mathbf{x};\boldsymbol{\theta},\delta)$。利用截取数据，可通过使用式（22.24）中的对数似然函数（再一次用 G 代替 F）来对向量 $\boldsymbol{\theta}$ 与 δ 进行估计。

与密度 $g(t\mid\mathbf{x})$ 相关的风险通常被称为**无条件风险**（unconditional hazard），因为它不以不可观测异质性为条件（但是，一如往常，确实以可观测协变量为条件）。把无条件风险考虑成可被非常一般地估计的东西是有用的，因为它涉及以可观测协变量为条件的一个可观测结果的分布。事实上，如果没有截取，无须做出一些参数约束估计也是很容易进行的，而且甚至不用引进不可观测异质性的概念。

当风险函数具有在式（22.33）中的威布尔形式时，$\xi(t;\mathbf{x})=\exp(\mathbf{x}\boldsymbol{\beta})t^{\alpha}$，当它被插入方程（22.36）和（22.37）时，就得出了一个非常容易处理的分析。由此得到的期限分布被称为**伯尔分布**（Burr distribution）。其风险函数——亦即当条件风险是威布尔的且异质性有一个伽玛分布时的无条件风险函数——是 $\exp(\mathbf{x}\boldsymbol{\beta})\alpha t^{\alpha-1}[1+\exp(\mathbf{x}\boldsymbol{\beta})t^{\alpha}/\delta]^{-1}$。通过设 $\eta=1/\delta$ 然后再将风险写成

$$\exp(\mathbf{x}\boldsymbol{\beta})\alpha t^{\alpha-1}/[1+\eta\exp(\mathbf{x}\boldsymbol{\beta})t^{\alpha}]$$

来再参数化伯尔分布是有用的。那么，$\eta=0$——亦即 $\mathrm{Var}(v_i)=0$——导致了威布尔风险，像预计的那样。此外，$\eta=1$（使得 $\mathrm{Var}(v_i)=\mathrm{E}(v_i)$）给出了在式（22.27）中的对数逻辑斯蒂风险。因此，即使我们忽略了我们使用伽玛异质性推导出了伯尔分布，我们也看到，它嵌套两个重要的特殊情形。

如果我们为 $\kappa(t;\mathbf{x})$ 使用一个对数逻辑斯蒂风险——回忆一下，这意味着 $\kappa(t;\mathbf{x})$ 在 t 和 x 中就不是可乘性可分的——并假设有伽马异质性，那么我们把 $\kappa(t;\mathbf{x})=\exp(\mathbf{x}\boldsymbol{\beta})\alpha t^{\alpha-1}[1+\exp(\mathbf{x}\boldsymbol{\beta})t^{\alpha}]^{-1}$ 和 $\xi(t;\mathbf{x})=\log[1+\exp(\mathbf{x}\boldsymbol{\beta})t^{\alpha}]$ 插入式（22.37）中以获得密度（作为参数 $\boldsymbol{\beta}$，α 和 δ 的一个函数）；我们把这些表达式插入式（22.36）中以获得累积分布函数。再一次，带有右截取的极大似然估计是相当简单的。

在介绍一个例子之前，我们应该回忆，当假定异质性与可观测协变量是不相关的时候，为什么我们要以显性方式引入不可观测异质性。当我们检验以可观测协变量与不可观测异质性为条件的期限依赖时，其中不可观测异质性以可乘的方式进入风险，便会出现最强的情形，如同兰开斯特（Lancaster，1990，第 10.2 节）所仔细阐述的那样。一旦忽略威布尔模型中的可乘异质性则会导致渐近低估 α，因此我们可以得出结论：存在以 $\mathbf{x}$ 为条件的负的期限依赖，然而不存在以 $\mathbf{x}$ 和 v 为条件的期限依赖（$\alpha=1$）或甚至不存在正的期限依赖（$\alpha>1$）。

在一般意义上讲，当我们仅观测到每一位行为人一个单周期时，认为我们可以在期限依赖与不可观测的异质性之间加以区分不免有些言过其实。此问题可简单描述为：由于我们只能估计给定 $\mathbf{x}$ 时 T 的分布，所以给定（$\mathbf{x},v$）时我

们不能发现 T 的分布，除非我们做一些额外的假设，兰开斯特（Lancaster，1990，第 10.1 节）利用一个例子阐明了这一点。因此，我们不能判断给定（$\mathbf{x}$，v）时描述了 T 的风险是否表现出期限依赖。但是，当风险具有比例风险形式 $\lambda(t;\mathbf{x},v)=v\kappa(\mathbf{x})\lambda_0(t)$ 时，非常一般地识别出函数 $\kappa(\cdot)$ 以及基线风险 $\lambda_0(\cdot)$（连同 v 的分布一起）是可能的。参阅兰开斯特（Lancaster，1990，第 7.3 节）对埃尔伯斯和里德（Elbers and Ridder，1982）结果的介绍。最近，霍洛维茨（Horowitz，1999）阐述了在相当弱的假设下，如何以非参数形式估计基线风险以及不可观测异质性的分布。

当关注内容集中于可观测协变量如何影响平均期限时，对不可观测异质性以显性方式进行建模显得不够令人信服。把不可观测异质性添加到方程（22.26）中并不会改变均值效应；它仅仅改变了误差分布。如果没有截取，我们可以通过 OLS（而不是 MLE）估计方程（22.26）中的 $\boldsymbol{\beta}$，所以估计量对分布误设是稳健的。当存在截取，为了应用极大似然法，当我们以显性形式引入不可观测异质性时，我们必须知道给定 $\mathbf{x}_i$ 时 t_i^* 的分布，而这依赖于 v_i 的分布。但是再一次地，引入不可观测异质性的做法会难以和直接允许更灵活的期限分布区分开来。

我们现在将带有一个威布尔基线风险和伽玛异质性的一个模型应用到惯犯数据上。带有一个更大异质性 v_i 的个体，自从在每个时间间隔内从监狱中被释放之后，以“幸存”到那一时点为条件，具有一个更高的被捕概率。

在表 22.2 中给出了极大似然估计。请注意 α 的估计 1.708 是如何远高于 1 的。因此，条件风险展现出正的期限依赖：关于一个给定的个体，从监狱中释放之后被捕的瞬时概率随着出狱时间而单调增加。该情形被展示在图 22.3 中。与此相反，在不含异质性的威布尔模型中，我们将 α 估计为 0.806。

表 22.2　带有伽玛异质性的威布尔风险、犯罪惯犯

解释变量	系数（标准误）
workprg	0.007
	(0.204)
priors	0.243
	(0.042)
tserved	0.035
	(0.007)
felon	−0.791
	(0.267)
alcohol	1.174
	(0.281)
drugs	0.285
	(0.223)

续前表

解释变量	系数（标准误）
black	0.772
	(0.204)
married	−0.806
	(0.258)
educ	−0.027
	(0.045)
age	−0.005
	(0.001)
constant	−5.394
	(0.720)
$\hat{\alpha}$	1.708
	(0.162)
δ	5.991
	(1.071)
观测值个数	1 445
对数似然数	−1 584.92

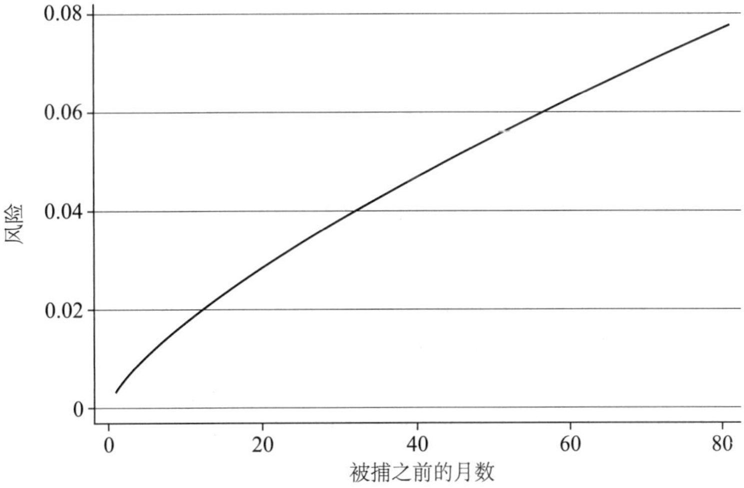

图 22.3　条件威布尔风险

考虑异质性会影响在风险形状上的一个重要改变。协变量的定性影响与表 22.1 相似，尽管一些变量的绝对值——例如，先前被捕次数、重罪虚拟变量以及婚姻状态虚拟变量等——会大幅增加。δ 的估计大约是 6.0，而且它是统计上非常显著的。因此，不含异质性的威布尔模型被强烈拒绝，而带有异质性的威布尔模型得到了支持。

无条件风险——亦即关于通过求积分消掉了异质性的期限分布的风险——被绘制在图 22.4 中。协变量被设定在平均值上。尽管在图 22.4 中风险的峰值大约处于 12 个月而不是 6 个月时，但是它的形状更像是在对数正态分布模型中的形状。条件风险的单调性加上无条件风险的驼峰形状在应用中是很常见的。关于无条件风险的驼峰形状背后的推理就是这样的。（为简便起见，假设没有可观测的协变量，或假设我们是以一套数值为条件的。）最初，所有类型的人都处于风险集内，所以无条件风险的形状——亦即跨整个总体的加总风险——模仿了条件风险的形状。但是在早期，具有高犯罪倾向的男子——亦即带有更高的 v_i——将趋向于被逮捕。那些被捕者在随后的时间段中被从风险集内舍弃。因此，留在风险集内的男子在以后的时间段趋向于有更低的重复犯罪倾向。当被逮捕之前的时间长度增加时，带有更小的 v_i 值的男子被留在风险集内，而这个结果转化为一个下降的无条件风险。

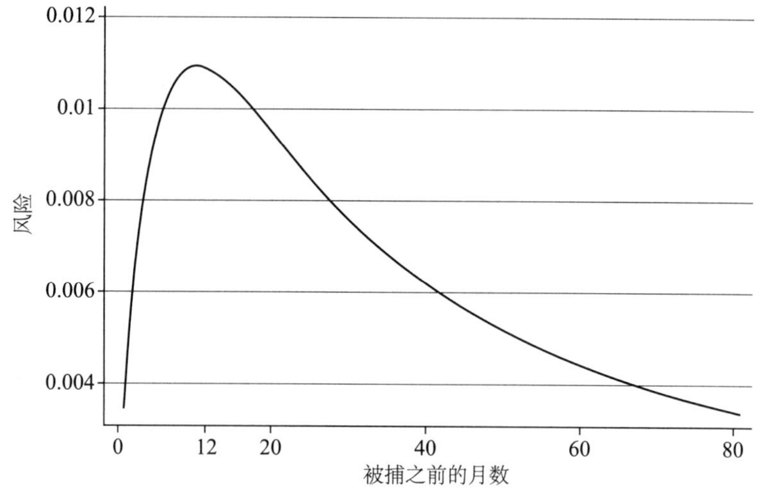

图 22.4　无条件伯尔风险

像在所有假设了（既与可观测协变量又与不可观测异质性）成比例的风险形式的应用程序中那样，我们被留下了一个难题：我们应该同意条件风险——关于任何异质性和 $\mathbf{x}$ 的任何值——具有在图 22.3 中的形状吗？或者条件风险应该更加复杂吗？如前所述，除非我们把可乘结构 $\lambda(t;\mathbf{x}_i,v_i)=v_i\kappa(\mathbf{x}_i)\lambda_0(t)$ 取为给定的，否则将从根本上缺乏识别。如果我们用一般的不可分函数 $\kappa(t;\mathbf{x})$ 去替换 $\kappa(\mathbf{x})\lambda_0(t)$，那么 $\kappa(\cdot;\mathbf{x})$ 的识别关于 $\mathbf{x}$ 的给定值就变得非常困难。此外，以更复杂的方式引入异质性将会驶入惊涛骇浪之中。例如，假设我们设定 $\lambda(t;\mathbf{x}_i,\mathbf{b}_i)=\exp(\mathbf{x}_i\mathbf{b}_i)\lambda_0(t)$，其中 $\mathbf{b}_i$ 是一个 $K\times1$ 维随机向量。（令 $x_{i1}\equiv1$ 包含可乘异质性的通常情形。）即便我们假设 $\mathbf{b}_i$ 是独立于 $\mathbf{x}_i$ 的，我们并不清楚人们是否不用假设关于 $\mathbf{b}_i$ 的一个完全分布就可以识别 $\lambda_0(t)$。即便我们采用了这样一种方法，我们将永远无法在带有不可观测异质性的相对简单模型与不能被写成 $\lambda_0(t)$ 的一个乘数的复杂化风险之间做出区分。

22.4 分组期限数据分析

严格地讲，在社会科学应用中连续分布的期限是很罕见的。即使一个基础期限被正确地看成是连续的，但其测量必是离散形式的。当测量是相当精确的时候，把此期限处理成连续随机变量是合理的。但是，当测量是粗糙的时候——诸如以月份测量或者以周测量时——解释估计中的离散性就很重要。

当仅仅知道每一个期限落入到某一时间区间时，比如一周、一月或者一年，就会产生**分组期限数据**（grouped duration data）。例如，失业期限经常被测量至最近的周。在例题22.2中，一直到下一次逮捕之前的时间是测量到最近的月的。不过即使使用分组数据，我们也通常能够估计出期限分布的参数。

我们这里所采取的分析分组数据的方法用二值结果序列总结出在每一个时间区间留在初始状态或者退出初始状态的信息。（基弗（Kiefer，1988）；哈恩和豪斯曼（Han and Hausman，1990）；迈耶（Meyer，1990）；兰开斯特（Lancaster，1990）；麦考尔（McCall，1994）；须惠芳（Sueyoshi，1995）都采用了这一方法。）事实上，我们拥有一个面板数据集，其中每一个横截面观测值是二值响应与协变量的一个向量。面板数据方法除了允许我们处理分组期限之外，它至少有两个额外的优点。首先，在比例风险设定中，它产生了对灵活风险函数进行估计的一些容易的方法。其次，由于数据的序贯特性，时变协变量很容易得以引入。

我们假定流量抽样，因此，我们不必解决由存量抽样产生的样本选择问题。我们把时间线分割成 $M+1$ 个区间，$[0,a_1)$，$[a_1,a_2)$，…，$[a_{M-1},a_M)$，$[a_M,\infty)$，其中 a_m 是已知常数。例如，我们有 a_1-1，$a_2=2$，$a_3=3$ 等等，但是间隔不相等的区间是允许的。最后一个区间 $[a_M,\infty)$ 是这样选取的，其使得任何一个落入其中的期限都被在 a_M 点处截取：没有哪个可观测持续期间能大过 a_M。对于一个出自总体的随机抽样，设 c_m 表示一个二值指示符，如果期限在区间 m 中被截取，那么它就等于1，否则等于0。注意到，$c_m=1$ 蕴涵着 $c_{m+1}=1$：如果期限在区间 m 被截取，那么它在区间 $m+1$ 也是被截取的。由于延续到最后一个区间的期限都是被截取的，所以 $c_{M+1}\equiv 1$。类似地，y_m 表示一个二值指示符，如果期限在第 m 个区间结束，那么 y_m 等于1，否则等于0。因而，如果 $y_m=1$，那么 $y_{m+1}=1$。如果期限在区间 m（$c_m=1$）是被截取的，那么依照惯例我们令 $y_m\equiv 1$。

正像22.3节中一样，我们允许个体在不同日历日期进入初始状态。为了保持记号简单，当我们假定以协变量为条件，开始时间与期限以及不可观测异质性是独立的时候，我们不以显性方式说明以这些开始时间为条件，因为在流量抽样下开始时间不起作用。如有必要，开始时间虚拟变量可以包括在协变量中。

对于每一个人 i，我们可观测到（y_{i1},c_{i1}），…，（y_{iM},c_{iM}），它是一个平衡

面板数据集。为了避免与我们关于期限的记号相混淆（T 为随机变量，而 t 是 T 上的一个特殊结果），我们使用 m 标示时间区间。任何一个个体的二值指示符串不是无约束的：我们必须观测被一连串 1 所跟随的一连串 0。重要的信息是 y_{im} 初次成为 1 的区间，以及这是由于真正从初始状态退出造成的还是由被截取造成的。

22.4.1 非时变协变量

使用非时变的协变量，来自总体的每一个随机抽取是由 $\{(y_1, c_1), \cdots, (y_M, c_M), \mathbf{x}\}$ 构成的。我们假定参数风险函数被设定成 $\lambda(t;\mathbf{x},\boldsymbol{\theta})$，其中 $\boldsymbol{\theta}$ 表示未知参数的向量，设 T 表示退出初始状况之前的时间。尽管我们不可以完全观测到 T，但是我们要么知道它落入哪一个区间，要么知道它是否在特殊区间上被截取。这种知识足以获得给定（$y_{m-1}, \cdots, y_1$），（$c_m, \cdots, c_1$）以及 $\mathbf{x}$ 时 y_m 取单位值的概率。事实上，由定义，这个概率仅仅依赖于 y_{m-1}，c_m 以及 $\mathbf{x}$，而且它们中仅有两个组合产生不恒等于 0 或 1 的概率。这些概率是

$$\mathrm{P}(y_m=0 \mid y_{m-1}=0, \mathbf{x}, c_m=0) \tag{22.38}$$

$$\mathrm{P}(y_m=1 \mid y_{m-1}=0, \mathbf{x}, c_m=0), m=1, \cdots, M \tag{22.39}$$

（我们定义 $y_0 \equiv 0$，因而这些方程对于所有 $m \geqslant 1$ 均成立。）为了计算这些根据 T 的风险表示的概率，我们假定期限与截取是条件独立的：

$$\text{给定 } \mathbf{x} \text{ 时}, T \text{ 与 } c_1, \cdots, c_M \text{ 是独立的} \tag{22.40}$$

这一假设允许截取依赖于 $\mathbf{x}$，但是排除了在以 $\mathbf{x}$ 为条件之后依赖于不可观测因素的截取情形。条件（22.40）对于固定截取或者完全随机化的截取而言是成立的。（如果截取归因于非随机性的损耗，那么它可能不成立。）在假设（22.40）下，由式（22.9），我们有

$$\begin{aligned}\mathrm{P}(y_m = 1 \mid y_{m-1} = 0, \mathbf{x}, c_m = 0) &= \mathrm{P}(a_{m-1} \leqslant T < a_m \mid T \geqslant a_{m-1}, \mathbf{x}) \\ &= 1 - \exp\left[-\int_{a_{m-1}}^{a_m} \lambda(s;\mathbf{x},\boldsymbol{\theta})\mathrm{d}s\right] \\ &\equiv 1 - \alpha_m(\mathbf{x},\boldsymbol{\theta}) \end{aligned} \tag{22.41}$$

对于 $m=1, 2, \cdots, M$，其中

$$\alpha_m(\mathbf{x},\boldsymbol{\theta}) \equiv \exp\left[-\int_{a_{m-1}}^{a_m} \lambda(s;\mathbf{x},\boldsymbol{\theta})\mathrm{d}s\right] \tag{22.42}$$

因此，

$$\mathrm{P}(y_m=0 \mid y_{m-1}=0, \mathbf{x}, c_m=0) = \alpha_m(\mathbf{x},\boldsymbol{\theta}) \tag{22.43}$$

我们可以使用这些概率来构建似然函数。对于观测值 i 而言，如果未截取退出发生在区间 m_i，那么似然函数是

$$\left[\prod_{h=1}^{m_i-1}\alpha_h(\mathbf{x}_i,\boldsymbol{\theta})\right][1-\alpha_{m_i}(\mathbf{x}_i,\boldsymbol{\theta})] \tag{22.44}$$

第一项表示在前 m_i-1 个区间中留在初始状态的概率，而第二项表示 T 落入区间 m_i 中的（条件）概率。[因为未截取的期限必有 $m_i\leqslant M$，所以表达式（22.44）至多依赖于 $\alpha_1(\mathbf{x}_i,\boldsymbol{\theta})$，…，$\alpha_M(\mathbf{x}_i,\boldsymbol{\theta})$。] 如果期限在区间 m_i 上是被截取的，那么我们仅仅知道退出不会发生在前 m_i-1 个区间上，并且似然函数仅由表达式（22.44）中第一项构成。

如果 d_i 表示截取指示符，当期限 i 是未被截取的时，那么 d_i 等于 1，观测值 i 的对数似然可以写成

$$\sum_{h=1}^{m_i-1}\log[\alpha_h(\mathbf{x}_i,\boldsymbol{\theta})]+d_i\log[1-\alpha_{m_i}(\mathbf{x}_i,\boldsymbol{\theta})] \tag{22.45}$$

关于整个样本的对数似然可以通过对表达式（22.45）求和来获得，对于所有 $i=1$，…，N。在所做假设下，这个对数似然表示了给定 $(c_1,\cdots,c_M)$ 以及 $\mathbf{x}$ 时 $(y_1,\cdots,y_M)$ 的密度，所以可以直接应用在第 13 章中所涉及的条件极大似然理论。估计渐近方差与计算检验统计量的各样方法均是可用的。

为了实施条件 MLE，我们必须设定风险函数。因为其灵活性而颇受欢迎的一种风险函数是**分段常数比例风险**（piecewise-constant proportional hazard），对于 $m=1$，…，M，

$$\lambda(t;\mathbf{x},\boldsymbol{\theta})=\kappa(\mathbf{x},\boldsymbol{\beta})\lambda_m,\qquad a_{m-1}\leqslant t<a_m \tag{22.46}$$

其中 $\kappa(\mathbf{x},\boldsymbol{\beta})>0$ [而且一般地，$\kappa(\mathbf{x},\boldsymbol{\theta})=\exp(\mathbf{x}\boldsymbol{\beta})$]。这种设定允许风险在每一时间区间上是不同的（虽然是常数）。待估参数是 $\boldsymbol{\beta}$ 与 $\boldsymbol{\lambda}$，其中后者是 λ_m 的向量，$m=1$，…，M。（由于 $[a_M,\infty)$ 中的期限在 a_M 点是被截取的，所以我们不能估计区间 $[a_M,\infty)$ 上的风险。）举一个例子，如果我们以周为单位测量失业期限，那么风险在每一周可以是不同的。如果期限是稀疏的，那么我们可以假定每两周或者每三周具有不同的风险比率（此假设设置了对 λ_m 的约束）。利用分段常数风险与 $\kappa(\mathbf{x},\boldsymbol{\beta})=\exp(\mathbf{x}\boldsymbol{\beta})$，对于 $m=1$，…，M，我们有

$$\alpha_m(\mathbf{x},\boldsymbol{\theta})\equiv\exp[-\exp(\mathbf{x}\boldsymbol{\beta})\lambda_m(a_m-a_{m-1})] \tag{22.47}$$

记住，a_m 是已知常数（经常是 $a_m=m$）而不是待估参数。通常，在 $\mathbf{x}$ 不包含截距的情形中，λ_m 是无约束的。

分段常数风险蕴涵着期限分布在端点处是不连续的，然而，在 22.2 节的讨论中，我们假定期限具有一个连续分布。分段连续分布不会导致一些现实问题，而且对数似然完全如同前面设定的一样。或者，正像哈恩和豪斯曼（Han and Hausman，1990）与迈耶（Meyer，1990）所阐述的，我们可以假定 T 具有如同含有连续基线风险的式（22.16）中一样的比例风险 $\lambda_0(\cdot)$。于是，我们就可以估计 $\boldsymbol{\beta}$ 与参数

$$\int_{a_{m-1}}^{a_m}\lambda_0(s)\mathrm{d}s,m=1,2,\cdots,M$$

在实践中，这些方法均是相同的，而且只假定像式（22.46）中一样的分段常数比例风险是最容易的。

一旦λ_m连同$\boldsymbol{\beta}$被估计出来，所估计的风险函数就很容易被绘制成图：在区间$[a_{m-1},a_m)$的中点处画出$\hat{\lambda}_m$，然后把这些中点连起来。

如果不带协变量，λ_m的极大似然估计产生了一个著名的生存函数估计量。与其推导生存函数的MLE，不如从作为条件概率之积的生存函数的表达式中激发出估计量更容易。对于$m=1$，…，M，在时间a_m的生存函数可以写成

$$S(a_m)=\mathrm{P}(T>a_m)=\prod_{r=1}^{m}\mathrm{P}(T>a_r\mid T>a_{r-1}) \tag{22.48}$$

[由于$a_0=0$与$\mathrm{P}(T>0)=1$，所以式（22.48）右边的$r=1$项正是$\mathrm{P}(T>a_1)$。]现在，对于每一个$r=1$，2，…，M，设N_r表示区间r的**风险集**（risk set）中的人数：N_r表示既没有离开初始状态又没有在时间a_{r-1}处被截取的那些人数，其中a_{r-1}是区间r的开始。因此，N_1表示在初始随机样本中的个体数；N_2表示在第一个区间中没有离开初始状态的个体数，扣除在第一个区间被截取的个体数；如此等等。设E_r表示在第r个区间被观测到的退出人数——也就是在区间$[a_{r-1},a_r)$。$\mathrm{P}(T>a_r\mid T>a_{r-1})$的一致估计量是$(N_r-E_r)/N_r$，$r=1$，2，…，$M$。[我们必须使用在假设（22.40）的意义下，截取可以被忽略的事实，因此，仅仅使用未被截取观测值时并不存在样本选择偏误。]由式（22.48）可得，在时间a_m的生存函数的一致估计量是

$$\hat{S}(a_m)=\prod_{r=1}^{m}[(N_r-E_r)/N_r],m=1,2,\cdots,M \tag{22.49}$$

这是生存函数（在点a_1，a_2，…，a_M）的**卡普兰-迈耶估计量**（Kaplan-Meier estimator）。兰开斯特（Lancaster，1990，第8.2节）包括了产生生存函数的卡普兰-迈耶估计量（不带协变量）的λ_m的极大似然估计的证明。如果在时间a_m之前不存在截取期限，那么$\hat{S}(a_m)$正是在时间a_m没有离开初始状态的那些人的份额，显然对于$\mathrm{P}(T>a_m)=S(a_m)$而言，$\hat{S}(a_m)$是一致的。

在一般模型中，我们不需要假定一个在每一个区间里的比例风险设定。例如，我们可假定每一个区间中的对数逻辑斯蒂风险，对于每一个m来说都具有不同的参数。由于在这样的情形中，风险不以可乘的方式依赖于协变量，为了画出风险，我们必须插入$\mathbf{x}$的一些值。须惠芳（Sueyoshi，1995）详细地研究了这类模型。

如果区间$[a_{m-1},a_m)$比数据更粗糙——例如，失业是以周来测量的，但是我们对于所有m选择$[a_{m-1},a_m)$是4周——那么我们可以在每一个区间设定非常数的风险。分段常数风险对应于每一个区间里的指数分布。但是，我们可以设定，比如说，每一个区间里的一个威布尔分布。参阅须惠芳（Sueyoshi，1995）有关内容的详细阐述。

22.4.2 时变协变量

特别是当我们没有假定协变量是严格外生的时候，推导含有时变协变量的

对数似然是更复杂的。然而，我们将证明，如果在每一个时间区间 $[a_{m-1},a_m)$ 上协变量是常数的，并且在区间 m 上 $\mathbf{x}_i$ 被 $\mathbf{x}_{im}$ 所代替，那么对数似然的形式与表达式（22.45）是相同的。

对于总体而言，设 $\mathbf{x}_1$，$\mathbf{x}_2$，…，$\mathbf{x}_M$ 表示在 M 个时间区间上每一个中的协变量的结果，其中我们假定协变量在区间内是常数的。这个假设显然过于简单了，但是我们不能没有它（而且此假设反映出含有时变协变量时，通常是如何构造数据集的）。当协变量是内部的，且当离开初始状态以后不一定被定义时，在一些时间区间上，协变量的定义是不相干的；但是，列出所有 M 个时间段上的协变量是十分有用的。

我们假定以一直到时间 t 的协变量为条件的时间 t 时的风险仅仅依赖于时间 t 的协变量。如果协变量的过去值很重要，那么它们可以被直接包含在时间 t 时的协变量之中。关于截取指示符的条件相依性假设现在可以表述成

$$\mathrm{D}(T|T\geqslant a_{m-1},\mathbf{x}_m,c_m)=\mathrm{D}(T|T\geqslant a_{m-1},\mathbf{x}_m),m=1,\cdots,M \tag{22.50}$$

此假设允许截取决策依赖于时间区间内的协变量（以及一些过去协变量，倘若它们要么被包含在 $\mathbf{x}_m$ 之中，要么给定 $\mathbf{x}_m$ 时不会影响到 T 的分布）。在这个假设下，（没有截取的）退出概率为

$$\begin{aligned}\mathrm{P}(y_m=1\mid y_{m-1}=0,\mathbf{x}_m,c_m=0)&=\mathrm{P}(a_{m-1}\leqslant T<a_m\mid T\geqslant a_{m-1},\mathbf{x}_m)\\&=1-\exp\left[-\int_{a_{m-1}}^{a_m}\lambda(s;\mathbf{x}_m,\boldsymbol{\theta})\mathrm{d}s\right]\\&\equiv 1-\alpha_m(\mathbf{x}_m,\boldsymbol{\theta})\end{aligned} \tag{22.51}$$

我们能够利用式（22.51）与 $\mathrm{P}(y_m=0\mid y_{m-1}=0,\mathbf{x}_m,c_m=0)=\alpha_m(\mathbf{x}_m,\boldsymbol{\theta})$ 去构建关于第 i 人的一个偏对数似然。正如我们在 13.8 节中所讨论的，这仅仅是一个偏似然而已，因为我们不必对给定 $\{(c_1,\mathbf{x}_1),\cdots,(c_M,\mathbf{x}_M)\}$ 时 $(y_1,\cdots,y_M)$ 的联合分布建模。

对于区间 m 上被截取的某一个人来说，期限上的信息包含在 $y_{i1}=0$，…，$y_{i,m-1}=0$ 之中。对于在区间 m 上真正退出的某一个人来说，在 $y_{im}=1$ 中存在着额外的信息。因此，偏对数似然是由表达式（22.45）给出的，但是为了反映时变协变量，$\alpha_h(\mathbf{x}_i,\boldsymbol{\theta})$ 由 $\alpha_h(\mathbf{x}_{ih},\boldsymbol{\theta})$ 所代替，而 $\alpha_{m_i}(\mathbf{x}_i,\boldsymbol{\theta})$ 由 $\alpha_{m_i}(\mathbf{x}_{i,m_i},\boldsymbol{\theta})$ 所代替。

偏对数似然中每一项都表示给定 $(y_{m-1},\cdots,y_1)$、$(\mathbf{x}_m,\cdots,\mathbf{x}_1)$ 以及 $(c_m,\cdots,c_1)$ 时 y_m 的分布。[在此条件分布中的大部分概率要么是 1 要么是 0；只有依赖于 $\boldsymbol{\theta}$ 的那些概率用表达式（22.45）加以展示。] 因此，使用 13.8.3 节的术语，此密度是动态完备的（dynamically complete）。正像 13.8.3 节所证明的，即使我们不需要拥有给定 $(\mathbf{x},\mathbf{c})$ 时 $\mathbf{y}$ 的全部条件分布，通常的极大似然方差矩阵估计量与统计量也都是渐近有效的。如果由于某些原因我们选择不包括过去的协变量，而它们实际上又影响到退出的当前概率（甚至在以当前协变量为条件之后也如此）时，上述结果就会改变。于是，应该使用在 13.8 节中所涉及的稳健统计量形式。在大多数的期限应用中，我们要求动态完备性。

如果协变量是严格外生的，并且如果截取是严格外生的，那么偏似然就变成完全条件似然。准确的严格外生性假设是

$$\mathrm{D}(T\mid T\geqslant a_{m-1},\mathbf{x},\mathbf{c})=\mathrm{D}(T\mid T\geqslant a_{m-1},\mathbf{x}_m),m=1,\cdots,M \tag{22.52}$$

其中 $\mathbf{x}$ 表示跨所有时间段的协变量向量，而 $\mathbf{c}$ 表示截取指示向量。对于此假设来说，存在两个部分。当忽略截取后，假设（22.52）意味着一旦当前协变量得以控制，未来协变量不出现在风险中，过去协变量也不出现在风险中。假设（22.52）的第二个含义是，截取也是严格外生的。

对于时变协变量来说，风险设定为

$$\lambda(t;\mathbf{x}_m,\boldsymbol{\theta})=\kappa(\mathbf{x}_m,\boldsymbol{\beta})\lambda_m,\qquad a_{m-1}\leqslant t<a_m \tag{22.53}$$

$m=1$，2，…，M，这仍是很吸引人的。它蕴涵着协变量在每一个时间区间上具有一个可乘的效应，并且允许基线风险——对总体所有成员都相同的那部分——变得灵活。

迈耶（Meyer，1990）实质上使用了设定（22.53）来估计失业保险对失业时段的效应。麦考尔（McCall，1994）证明，当 $\kappa(\mathbf{x}_m,\boldsymbol{\beta})=\exp(\mathbf{x}_m\boldsymbol{\beta})$ 时如何考虑时变系数。换句话讲，即用 $\boldsymbol{\beta}_m$ 代替 $\boldsymbol{\beta}$，$m=1$，…，M。

22.4.3 不可观测异质性

即使我们拥有时变协变量，我们还可以把不可观测异质性添加到为分组数据设定的风险中。使用时变协变量以及不可观测异质性时，放松严格外生假设是困难的。同样地，对于单个时段数据来说，我们不能允许在不可观测异质性与协变量之间存在一般性的关系。因此，我们假定协变量是以不可观测异质性为条件严格外生的，同时，假定不可观测异质性与协变量是相互独立的。

准确的假设是由式（22.52）给出的，但是其中不可观测异质性 v 出现在两个条件集合中。另外，我们假设 v 与（$\mathbf{x},\mathbf{c}$）是相互独立的（它是在截取是外生的意义下蕴涵的）。

在重要的分段常数基线风险情形中，式（22.53）变为

$$\lambda(t;v,\mathbf{x}_m,\boldsymbol{\theta})=v\kappa(\mathbf{x}_m,\boldsymbol{\beta})\lambda_m,\quad a_{m-1}\leqslant t<a_m \tag{22.54}$$

其中 $v>0$ 是连续分布异质性项。利用与 22.4.1 节以及 22.4.2 节相同的推理，给定（$v_i,\mathbf{x}_i,\mathbf{c}_i$）时（$y_{i1},\cdots,y_{iM}$）的密度是

$$\left[\prod_{h=1}^{m_i-1}\alpha_h(v_i,\mathbf{x}_{ih},\boldsymbol{\theta})\right][1-a_{m_i}(v_i,\mathbf{x}_{i,m_i},\boldsymbol{\theta})]^{d_i} \tag{22.55}$$

其中如果观测值 i 是未被截取的，那么 $d_i=1$。由于表达式（22.55）依赖于不可观测异质性 v_i，所以我们不能直接利用它来一致估计 $\boldsymbol{\theta}$。然而，因为 v_i 与（$\mathbf{x}_i,\mathbf{c}_i$）是相互独立的，使用密度 $g(v;\boldsymbol{\delta})$，我们对表达式（22.55）关于

$g(\cdot;\boldsymbol{\delta})$ 积分来获得给定（$\mathbf{x}_i, \mathbf{c}_i$）时（$y_{i1}, \cdots, y_{iM}$）的密度。此密度依赖于可观测数据——（$m_i, d_i, \mathbf{x}_i$）——以及参数 $\boldsymbol{\theta}$ 与 $\boldsymbol{\delta}$。由这一密度，我们构造出观测值 i 的条件对数似然，就像在含有不可观测异质性的其他非线性模型中那样，我们可以获得条件 MLE——参阅第 15 章到第 19 章。迈耶（Meyer，1990）假定 v_i 的分布是含有单位均值的伽玛分布，而且以闭型获得对数似然函数。麦考尔（McCall，1994）分析了把伽玛作为特殊情形的异质性分布。

如果没有对异质性分布的参数形式进行设定，要一致估计 $\boldsymbol{\beta}$ 与 λ 是可能的；这一方法导致了一种半参数极大似然估计量。赫克曼和辛格（Heckman and Singer，1984）首先证明，如何实施含有威布尔基线风险的这个方法，而迈耶（Meyer，1990）证明了当风险具有形式（22.54）时的一致性。所估计的异质性分布是离散的，而且在实践中仅具有相对很少的几个聚集的点。一致性论证是通过允许聚集点数随着样本量增大而增加来实施的。计算是一个难题，而且半参数极大似然估计的渐近分布还没有被计算出来。

22.5 进一步探讨的问题

本章我们所涉及的方法可以应用到许多内容上。然而，却存在几个被我们忽略的重要专题。

22.5.1 比例风险模型的考克斯偏似然方法

考克斯（Cox，1972）建议了在没有设定基线风险的比例风险模型中，对参数 $\boldsymbol{\beta}$ 进行估计的偏似然方法。考克斯方法的优点是，倘若风险具有形式（22.16），那么协变量的效应就能够非常一般地被估计出来。然而，考克斯方法意指应用于与分组数据相对立的流量数据上。如果我们把考克斯方法应用到分组数据上，那么我们必须面对个体含有相同的可观测期限的实践中很重要的问题。此外，使用时变协变量时，考克斯方法显然要求协变量是严格外生的。对风险函数自身进行的估计，比我们在第 22.4 节中所涉及的分组数据方法更为复杂。参阅雨宫（Amemiya，1985，第 11 章）以及兰开斯特（Lancaster，1990，第 9 章）对考克斯偏似然估计量的处理。

22.5.2 多重时段数据

我们所涵盖的所有方法均假定，每一个样本单元是单个时间段的。换句话讲，每一位个体在初始状态中开始，然后要么被观测到离开此状态，要么被截取了。但是，至少有一些个体可以具有多重时段，尤其是如果我们长时期地跟踪它们。例如，我们可以观测到起初是失业的人成为就业人员，然后过一段时间之后再次成为失业者。如果我们假定驱动失业期限的过程跨时间具有不变性，那么我们为了有助于识别就可以使用多重时段，特别是在含有异质性的模型中，其中异质性与时变协变量是相关的。当多重时段是可观测的时，张伯伦（Chamberlain，1985）与奥诺尔（Honoré，1993b）的著作包括了识别结果。张伯伦考虑了异质性与时变协变量之间的相关性。

当回归元不是严格外生的时，多重时段数据对于估计含有不可观测异质性的模型来说也是十分有用的。哈姆和拉洛迪（Ham and Lalonde，1996）给出了一个例子，其中对一个在职培训项目的参与可以与过去的失业持续期间相关，即使参与资质是被随机指派的，也可以参阅伍德里奇（Wooldridge，2000）了解在含有不可观测异质性模型中，允许有对未来解释变量的反馈的一般框架。

22.5.3 互竞风险模型

另外一个重要的专题是允许多于两个可能状态的情形。**互竞风险模型**（competing risks models）允许个体可选择退出后进入不同出路的可能性。例如，全职工作的人可以选择完全退休，或者兼职工作。哈恩和豪斯曼（Han and Hansman，1990）以及须惠芳（Sueyoshi，1992）的著作包含了估计含有不可观测异质性与不含不可观测异质性的互竞风险模型所需要的一些假设的讨论。可参阅范德伯格（van den Berg，2001）了解更详细的探讨。

习　题

22.1　对此问题使用 RECID. RAW 中的数据。

a. 使用表 22.1 中的协变量，通过截取 Tobit 估计方程（22.26）。验证对数似然值是−1 597.06。

b. 代入 *priors*，*tserved*，*educ* 与 *age* 的均值，并且值 $workprg=0$，$felon=1$，$alcohol=1$，$drugs=1$，$black=0$ 以及 $married=0$，然后绘制对数正态分布的估计的风险。描述你的发现。

c. 仅使用未截取观测值，完成表 22.1 中 log(*durat*) 对协变量的 OLS 回归。用关于 *tserved* 与 *alcohol* 的估计值与出自 a 部分的那些估计值进行比较。你会得出什么结论?

d. 现在使用所有数据计算一个 OLS 回归——也就是将截取观测值处理成就好像它们都是未截取的一样。用关于 *tserved* 与 *alcohol* 的估计值与出自 a 部分和 c 部分的那些估计值进行比较。

22.2　使用 RECID. RAW 中的数据解答下面这些问题：

a. 对威布尔模型，添加变量 *super*（如果从监狱释放出来后被监视，那么 $super=1$）与 *rules*（在监狱中违反规则的次数）。关于这些新变量的系数估计有预期符号吗？它们都是统计显著的吗？

b. 把 *super* 与 *rules* 添加到对数正态模型上，并且回答与 a 部分相同的问题。

c. 在威布尔模型与对数正态模型之间比较 *rules* 变量关于期望期限的估计效应。它们实际上是不同的吗？

22.3　如同在 22.3.2 节中那样，考察流量抽样的情形，但是假定所有期限均是被截取的：$d_i=1$，$i=1$，…，N。

a. 当所有期限都是被截取的时候，写出对数似然函数。

b. 求出 a 部分中威布尔分布的特殊情形。

c. 考察 $\mathbf{x}_i$ 只包括一个常数的威布尔情形，因而 $F[t;\alpha,\beta]=1-\exp[-\exp(\beta)t^{\alpha}]$。证明，对于实数 $\hat{\beta}$ 与 $\hat{\alpha}$ 而言，威布尔对数似然不能被最大化。

d. 由 c 部分，当所有期限均是右截取的时候，你对来自流量数据的可估计期限模型会得出什么结论呢？

e. 如果期限分布是连续的，对于某一个常数 b，有 $c_i>b>0$，且 $\mathrm{P}(t_i^*<t)>0$，对于所有 $t>0$，那么在一个大随机样本里，有可能求出所有被截取的期限吗？

22.4　假定在流量抽样背景下，我们对每个 i 可观测到协变量 $\mathbf{x}_i$、截取时间 c_i 以及二值指示符 d_i（如果观测值是未截取的，那么 $d_i=1$）。我们永远观测不到 t_i^*。

a. 证明条件似然函数具有二值响应形式。二值"响应"是什么呢？

b. 使用威布尔模型，论证下面的论断：当我们仅观测到期限是否为截取的时：如果截取时间 c_i 都是常数的，那么参数 $\boldsymbol{\beta}$ 与 α 是不可识别的。[提示：考察与习题 22.3c 中相同的情形，并且证明对数似然仅仅依赖于常数 $\exp(\beta)c^{\alpha}$，其中 c 表示共同的截取时间。]

c. 使用对数正态模型论证，倘若总体中 c_i 随 i 不同而变化，参数通常是可识别的。[提示：在二值响应模型中，$\log(c_i)$ 的系数是什么呢？]

22.5　在此问题中，你要推导出式（22.30）里的对数似然。假设 $c_i>b-a_i$，对于所有 i，因此，我们在抽样日期 b 之后总是可观测到每一个时段的一部分。在下面的内容中，我们取消参数向量 $\boldsymbol{\theta}$。

a. 对于 $b-a_i<t<c_i$，证明 $\mathrm{P}(t_i^*\leqslant t\mid \mathbf{x}_i,a_i,c_i,s_i=1)=[F(t\mid \mathbf{x}_i)-F(b-a_i\mid \mathbf{x}_i)]/[1-F(b-a_i\mid \mathbf{x}_i)]$。

b. 对于 $b-a_i<t<c_i$，使用 a 部分内容来获得以（$\mathbf{x}_i,a_i,c_i,s_i=1$）为条件 t_i^* 的密度。

c. 证明 $\mathrm{P}(t_i=c_i\mid \mathbf{x}_i,a_i,c_i,s_i=1)=[1-F(c_i\mid \mathbf{x}_i)]/[1-F(b-a_i\mid \mathbf{x}_i)]$。

d. 解释为什么 b 部分与 c 部分都会导致式（22.30）。

22.6　考察存量抽样问题，如同 22.3.3 节中所描述的一样，我们在抽样日期 b 之后不跟踪时段，设 $F(\cdot\mid \mathbf{x}_i)$ 表示给定 $\mathbf{x}_i$ 时 t_i^* 的 cdf，并且 $k(\cdot\mid \mathbf{x}_i)$ 表示给定 $\mathbf{x}_i$ 时 a_i 的连续密度。我们舍弃了大多数推导中参数上的相依性。假定 t_i^* 与 a_i 均是以 $\mathbf{x}_i$ 为条件相互独立的。

a. 设 s_i 表示选择指示符，因而 $s_i=1(t_i^*\geqslant b-a_i)$。对于任意 $0<a<b$，证明

$$P(a_i \leqslant a, s_i = 1 \mid \mathbf{x}_i) = \int_0^a k(u \mid \mathbf{x}_i)[1 - F(b - u \mid \mathbf{x}_i)]\mathrm{d}u$$

b. 推导式（22.32）。{提示：$P(s_i=1 \mid \mathbf{x}_i)=E(s_i \mid \mathbf{x}_i)=E[E(s_i \mid a_i, \mathbf{x}_i) \mid \mathbf{x}_i]$，而且 $E(s_i \mid a_i, \mathbf{x}_i)=P(t_i^* \geqslant b-a_i \mid \mathbf{x}_i)$。}

c. 对于 $0<a<b$，给定 $\mathbf{x}_i$ 与 $s_i=1$ 时 a_i 的 cdf 是什么？现在推导式（22.31）。

d. 取 $b=1$，且假定开始时间分布是 $[0,1]$ 上的均匀分布（与 $\mathbf{x}_i$ 相互独立）。求出这种情形中式（22.31）的密度。

e. 对于 d 部分的设置来说，假定期限 cdf 具有威布尔形式 $1-\exp[-\exp(\mathbf{x}_i\boldsymbol{\beta})t^\alpha]$。观测值 i 的对数似然是什么呢？

22.7 考察我们在 22.3.3 节中所证明的原始存量抽样问题。在那里，我们通过以开始时间 a_i 为条件推导出对数似然（22.30）。这一方法十分方便，因为我们不必设定开始时间的分布。但是，假定我们关于 $k(\cdot \mid \mathbf{x}_i, \boldsymbol{\eta})$ 有一个可接受的模型，即给定 $\mathbf{x}_i$ 时 a_i 的（连续）密度。进而，我们维持假设（22.22）且假定 $D(a_i \mid c_i, \mathbf{x}_i)=D(a_i \mid \mathbf{x}_i)$。

a. 证明，用于解释截取情形的、以 $\mathbf{x}_i$ 为条件的对数似然函数是

$$\sum_{i=1}^{N} \{d_i \log[f(t_i \mid \mathbf{x}_i;\boldsymbol{\theta})] + (1-d_i)\log[1-F(t_i \mid \mathbf{x}_i;\boldsymbol{\theta})] + \log[k(a_i \mid \mathbf{x}_i, \boldsymbol{\eta})] - \log[P(s_i = 1 \mid \mathbf{x}_i;\boldsymbol{\theta},\boldsymbol{\eta})]\} \qquad (22.56)$$

其中 $P(s_i=1 \mid \mathbf{x}_i;\boldsymbol{\theta},\boldsymbol{\eta})$ 是由式（22.32）给出的。

b. 讨论在使用式（22.30）与使用式（22.56）中对数似然之间的权衡问题。

22.8 在存量抽样背景下，我们对开始于 $[0,b]$ 的期限的总体感兴趣，与以往一样，假定我们在日期 b 访谈，但是我们观测不到任何开始时间。（这个假设提出了我们如何知道个体 i 的开始时间处于所设定区间 $[0,b]$ 中的问题。我们假定该区间定义为使得此条件对于所有 i 均是成立的。）设 $r_i^*=a_i+t_i^*-b$，它可以解释成时段结束的日历日期减去访谈日期。即使不存在右截取，我们只有当 $r_i^*>0$ 时才会观测到 r_i^*，在此情形中，r_i^* 正是自访谈日期 b 以来处于时段中的时间。假定 t_i^* 与 a_i 均是以 x_i 为条件相互独立的。

a. 证明，对于 $r>0$，给定 $\mathbf{x}_i$ 时 r_i^* 的密度是

$$h(r \mid \mathbf{x}_i;\boldsymbol{\theta},\boldsymbol{\eta}) \equiv \int_0^b k(u \mid \mathbf{x}_i;\boldsymbol{\eta}) f(r+b-u \mid \mathbf{x}_i;\boldsymbol{\theta})\mathrm{d}u$$

其中如前所述，$k(a_i \mid \mathbf{x}_i;\boldsymbol{\eta})$ 表示给定 $\mathbf{x}_i$ 时 a_i 的密度，而 $f(t \mid \mathbf{x}_i;\boldsymbol{\theta})$ 表示期限密度。

b. 设 $q>0$ 表示在访谈日期之后固定的截取时间，而且定义 $r_i=\min(r_i^*, q)$。求出用 r_i^* 的 cdf 来表示的 $P(r_i=q \mid \mathbf{x}_i)$，比如 $H(r \mid \mathbf{x}_i;\boldsymbol{\theta},\boldsymbol{\eta})$。

c. 使用 a 部分与 b 部分的内容以及式（22.32），证明以观测值 $(r_i, \mathbf{x}_i)$ 为条件的对数似然是

$$d_i\log[h(r_i \mid \mathbf{x}_i;\boldsymbol{\theta},\boldsymbol{\eta})]+(1-d_i)\log[1-\mathrm{H}(r_i \mid \mathbf{x}_i;\boldsymbol{\theta},\boldsymbol{\eta})]$$
$$-\log\left\{\int_0^b[1-F(b-u \mid \mathbf{x}_i;\boldsymbol{\theta})k(u \mid \mathbf{x}_i;\boldsymbol{\eta})\mathrm{d}u]\right\} \quad (22.57)$$

其中如果观测值 i 没有被右截取，那么 $d_i=1$。

d. 当 $b=1$ 且 $k(a \mid \mathbf{x}_i;\boldsymbol{\eta})$ 是 $[0,1]$ 上的均匀密度时，请简化来自 c 部分的对数似然。

22.9　考察含有可乘异质性的威布尔模型，如同式（22.33）中那样，其中 v_i 仅取两个值。考虑一下存在两种类型的人，A 和 B。设 $0<\eta<1$ 为 A 型人的赋值，满足 $\rho=\mathrm{P}(v_i=\eta)$，$0<\rho<1$。

a. 证明，为确保 $E(v_i)=1$，关于 B 型人的 v_i 值必为 $(1-\rho\eta)/(1-\rho)$。

b. 求出仅以 $\mathbf{x}_i$ 为条件时 t_i^* 的 cdf。可称之为 $G(t \mid \mathbf{x}_i;\alpha,\boldsymbol{\beta},\eta,p)$。

c. 求出以 $\mathbf{x}_i$，$g(t \mid \mathbf{x}_i;\alpha,\boldsymbol{\beta},\eta,\rho)$ 为条件的 t_i^* 的密度。如果你有右截取数据时，你将如何估计参数?

22.10　设 $0<a_1<a_2<\cdots<a_{M-1}<a_M$ 表示一组正的、递增的常数集，并且设 T 表示非负的随机变量，满足 $\mathrm{P}(T>0)=1$。

a. 证明，对于任意的 $m=1$，…，M，$\mathrm{P}(T>a_m)=\mathrm{P}(T>a_m \mid T>a_{m-1})\mathrm{P}(T>a_{m-1})$。

b. 使用 a 部分内容推导式（22.48）。

22.11　使用 RECID 中的数据回答下列问题。

a. 使用像在表 22.2 中那样相同的解释变量，估计带有伽玛分布异质性的一个模型以及关于 $\kappa(t;\mathbf{x})$ 的一个对数逻辑斯蒂风险。该模型拟合得比在表 22.2 中报告的威布尔/伽玛混合模型更好还是更差?

b. 画出（带有 $v=1$ 的）条件风险函数并标出在协变量的平均值处的点。其形状如何与威布尔/伽玛模型进行比较?

c. 画出无条件风险函数并评论它的形状。条件风险是如何不同于无条件风险的?

译后记

微观计量经济学（microeconometrics）是介于经济学和统计学之间的一个边缘性、交叉性的学科，是计量经济学的最新前沿研究领域。微观计量经济学是研究大量的经济个体微观数据的经济理论和统计方法，这些个体可以是家庭或企业、个人。微观数据可以是某一时点的横截面数据，也可以是横截面与时间序列数据的结合——面板数据（panel data）。

对微观计量经济学做出原创性贡献的经济学家、2000年诺贝尔经济学奖获得者之一赫克曼教授（James J. Heckman）认为：

> 在过去的半个世纪里，经济学被大量的、新颖的微观经济数据所充实、丰富。这些数据开启了经济学家认识经济生活多样性和异质性的视界。这些数据促进了经济学家更加彻底地对极其众多社会问题的理解，而且对为解决那些问题而设计的社会项目加以评估。
>
> 这些数据对传统的计量经济方法提出了挑战。在微观数据分析中，当对总平均进行检验成为核心内容时，所出现的问题便不再重要了。这些问题与由系统收集到的微观经济数据所引发的政策关注一起产生了现代微观计量经济学。这个领域融合了经济学与统计学，对微观数据给出可解释的总结，利用有关的个体数据对个体理论进行检验，从而建立经济的反事实分析。
>
> 微观计量经济学领域正在日益蓬勃发展。在理解识别模型的根源方面、在放松函数形式和分布假设方面，还有对新颖调查的设计和分析方面都取得了重大进展。对政策进行评估的、更稳健的方法得到了发展，使得对政策分析更有目标性，而且实证上更加严谨。

目前，在计量经济学中，特别是微观计量经济学领域中，伍德里奇的书已经被国内外多所大学的教师指定为研究和学习微观计量经济学以及相关课程的研究生教材。

当代实证计量经济研究日益使用无法由含有固定回归元范式的经典线性模型所涵盖的或者不适宜由经典线性模型所涵盖的一些高等方法。然而，相当多数的计量经济学课本或者将这种方法处理成在某种一般估计方法框架下的直接应用，或者处理成在普遍性较高水平上对普通线性模型的稍微推广的形式。第一种处理方法在形成假设时倾向于过分简化或过分粗略化，而第二种方法则经常使读者面对一系列困惑的假设，没有在具有某种经济背景实践下的一些重要假设和纯技术上的正则条件之间做出明确的区分。不管怎样，面向应用的研究者在决定选用哪一类模型适用于正在研究中的特定现实世界应用方面存在着困难，而且他会被在特定情形中没有遇到的计量经济方案之假设错误地引入歧途。举一个例子来说，在面板数据模型中，假定所有解释变量均与误差项是不相关的，这一做法常常是不现实的。经典线性回归模型的固定回归元范式会自动剔除这类相关性，但是对动态经济行为施加了不现实的约束。另一方面，在固定回归元范式下，如果这个假设以某种有意思的方式得以放松时，一些行为良好的估计方法会失掉其全部优良的性质。

如何在这两种方法之间的鸿沟上架起一种沟通桥梁，一直是计量经济学家在探索的问题。伍德里奇教授写作这本书的目的正是试图在这两种方法之间架起一座沟通之桥。作者在某种统一理论下不是企图涵盖所有内容，而是分别阐述每一章，并且仔细讨论基本假设。对给出行为背景的那些假设加以强调，诸如相关关系、条件期望或者条件分布的假设，这些都涉及基本总体模型与抽样方法。除了书中的第Ⅲ篇中更为技术性的章之外，对技术上正则条件通常轻描淡写，而且不以显性方式加以讨论。

正如书名所表述的那样，伍德里奇的书关注横截面与面板数据的模型。大部分内容采用相应的随机设置，即从某一基本总体中随机抽取样本，这样做会自动剔除经典线性模型中的固定回归元范式。首先，这需要对适当的总体模型进行仔细设定，在某些应用中，这种设定可能是相当精细的。对于书中所考察的绝大部分横截面数据来说，随机抽样范式是适宜的，而对于含有跨时间段相关的横截面中的面板数据来说，也是可以应用的。就某种数据来说，还考察了偏离随机抽样方案的情形，诸如独立的，却不是同分布的观测值或者整群抽样与分层抽样。以显性方式去掉的内容是含有随时间维数增长的面板数据，也就是时间序列分析的观点。

就估计量的性质而论，要关注其渐近性质。之所以大部分内容要这样处理，是因为在所探讨的模型中有限样本性质通常都难以处理。伍德里奇的书所表述的大多数估计量并不具有人们所期望的有限样本性质。通过随机抽样假设大大简化了渐近性质的研究。对于书中所阐述的线性模型来说，对估计量的一致性而言所需要的全部要求就是弱大数定律，而对估计量的渐近性而言则要求中心极限定律。对于书中第Ⅳ篇的非线性模型来说，对 M 估计，尤其是以回归元变量为条件的极大似然估计量，广义矩方法（GMM）以及经典最小距离（CMD）估计量均加以考虑，其基本工具就是标准的中心极限定律与弱大数定律。运用这些工具，对一致性的证明在本质上就可以简化成对误差项与回归元之间相关关系为 0 的讨论，尽管对于渐近正态性来说，在非常一般的设置下，可以发现，渐近协方差矩阵的适当估计量在统计上是可行的。

伍德里奇的书既对传统的又对高等的横截面与面板方法给出了一种综合性、艺术性的阐述。其主要优点是所谓的“自下而上”的计量经济方法，即对基本模型及其假设进行详细的讨论，然后寻找合适的估计与检验，这些都是以估计量的某些一般性的渐近性质为指导的。其次，与传统的计量经济学教科书相比较，其最大的差异是，本书运用随机抽样范式，这点对横截面与含有固定时间水平的面板数据而言是非常自然的，而且会促使读者仔细考虑基本总体模型的假设以及对适合估计量的选择，从而防止读者在背离经典线性模型的固定回归元范式下步入歧途。而且，为应用研究者给出了为什么他要选择所采用方法的坚实背景。

这里要特别感谢中国人民大学出版社马学亮先生富有前瞻性的选题项目和视野，使得计量经济学中最具前沿性、最新流行的国外教材得以引进和翻译，为国内经济学界的广大研究者、教师以及研究生、大学生提供了学习、跟踪、掌握计量经济学最新进展的书籍。

译者作为吉林大学数量经济研究中心的博士后，先后参与了 2004 年教育部重大项目

(05JJD790005)、2005 年国家社会科学基金项目（05BJY100）、2005 年国家自然科学基金项目（70573040）、2005 年国家自然科学基金项目（70572030）以及“吉林大学‘985 工程’项目”经济分析与预测创新基地的研究工作、哈尔滨工业大学 TPM 基地的分组研究项目，作为跟踪和掌握计量经济学最新进展，并且提供研究理论及方法支撑作用的译著在上述研究中充分发挥了积极的作用，收到了良好的成效。

在一年多的艰苦翻译及校译工作中，我曾得到美国波特兰州立大学经济系美籍华人计量经济学家林光平（Kuan-Pin Lin）教授、哈尔滨工业大学严质彬教授、郭梦书博士的热情帮助，还曾得到陈莹老师、尹璐、邱奕奎同学、Zoe Zhang、静晓英女士的大力协助和支持。此外，像华夏、董俊玮、刘晓阳等一些同学为个别章节译稿进行了录入工作，顾晓波、王宝来、黄一义校对了全稿，感谢他们友好的帮助。最后，我还要感谢我的博士后导师吉林大学数量经济研究中心赵振全教授对我从事这一领域研究的支持与教导。

原书作者伍德里奇教授自始至终对翻译工作给予关注和支持，并为译者正确理解原著提供了有益的指导，而且为中文翻译版撰写序言。为此，我也要感谢教授的友好帮助。由于本书是计量经济学研究的最新研究成果，虽然译者竭尽全力地研究与翻译，但译书中的错误与纰漏在所难免，请读者和专家指正，译者的联系方式为 E-mail：zhongyuwang@tom.com（书中的印刷错误，在得到原书作者确认后都一一做了改正）。

王忠玉

2006 年 8 月

第二版译后记

J. M. 伍德里奇教授的《横截面与面板数据的计量经济分析》堪称近年来北美最流行的微观计量经济学高阶教材。这本教材之所以受到众多高校研究生教学的青睐，一个重要原因在于伍德里奇教授能运用其深厚的计量经济学功底和敏锐的科研直觉，博采众长、广泛吸收微观计量经济学发展的最新研究成果，并将这些成果集成在一个逻辑自洽、风格一致的讲义框架中，使得本书既具有相当的深度，又不失一本标准教材的基本面貌。伍德里奇教授作为著名的计量经济学家，对微观计量经济学有一种难得的全景式洞察，本书始终以一种研究、探讨的口吻介绍各种计量经济学理论与技术，很自然地营造出“手把手教实证分析”的研讨氛围，使读者在阅读过程中情不自禁地跟随作者的思路展开深入思考，这种独特的“讲义式”风格显著区别于同类高级教材，因此显得魅力十足，本书译者就是这种亲切写作风格的直接受益者——两位主译在分别求学于西南财经大学、华中科技大学时，高级微观计量经济学课程就是在本书英文第 1 版的引导下入门的。

本书第一版由吉林大学王忠玉老师独立承担翻译，该译本曾造福了国内莘莘学子，盗火之功，在国内众多高水平译著中也不遑多让！然而，正如伍德里奇教授在序言中提到的，本书距离第一版出版已经 10 余年，在此期间微观计量经济学又取得了长足的进展，大量研究成果涌现，伍德里奇教授深感有必要将这些最新研究进展介绍给经济学专业的研究生，于是有了本书的第二版。在这种背景下，本书第一版的中文版已然有些不合时宜，亟待组织第二版的翻译工作。

鉴于第二版吸收了微观计量经济学发展的大量最新研究成果，体系更加庞大、内容更为丰富，相应的翻译任务也更为繁重，本版翻译工作采用团队合作的方式加以实施。三位译者深感向国内读者推介本书的意义重大，唯恐粗糙翻译不符合英文原意而暴殄天物，坚持做了大量艰苦细致的工作。但是，翻译是个苦差事，尤其像本书这样专业的高阶教程之翻译更是不易，具体而言，困难有三：(1) 第二版增加了将近一半的内容，而且第一版的章节结构也被重新布置；(2) 第二版的修订非常细致，伍德里奇教授素以一丝不苟的严谨著称，第二版中某些段落整段粗看上去和第一版好像完全相同，但经仔细核对，中间仍不时出现若干处修改，这就使得第二版翻译必须逐句核对，相当于重译了全书；(3) 第二版中还更正了第一版翻译的一些不准确的地方，其间疑义经多方请教才得以解决，这也相当耗时。正是因为翻译中面临的诸多困难，本书中文版不得不姗姗来迟——英文原著已于 2010 年出版，中文版迟至今日才与国内读者见面——但愿各位亲爱的读者们能体谅我们翻译的艰辛不易，对本书的迟到予以谅解。

本书在翻译中重点参考了林少宫先生、费剑平老师的精彩译著，并有幸得到了美国得克萨斯州农工大学经济系著名计量经济学家甘犁教授、西南财经大学经济学院徐舒教授的宝贵指点。甘、徐两位教授不计得失，悉心指教，让我们的翻译质量得到较大提升。尤其感谢徐舒老师，他专门抽出时间精心校对了本书的术语表，并对书中译者拿捏不准之处做出了准确翻译，翻译质量堪称上乘！在此我们对甘老师和徐老师的辛勤付出表示深深感谢！

在翻译过程中，众多师长、领导、朋友及同事给予了我们宝贵启发和支持，在此衷心感谢西南财经大学刘诗白、王裕国、赵德武、张宗益、刘灿、王朝明、刘方健、程民选、李萍、杨继瑞、樊行健、杨丹、张志勇、高晋康、姜凌、赵磊、孙蓉、黎实、尹志超、聂富强、楚天舒、傅十和、李涵、唐清利、喻开志、邹红等老师；财政部财政科学研究所王世定、李明、徐玉德、赵治纲等老师；美国爱荷华州立大学赵金华老师；广西财经学院金融学院谭建新老师；四川省委党校邵兴全老师；贵州师范学院李美玲老师；云南民族大学赵梦楠老师；江西财经大学封福育老师；中山大学彭方平老师；暨南大学李文星、陈文静等老师；甘肃政法学院牛君老师；武汉大学余道先老师；中国人民银行胡春冬；中国农业银行曹少雄、张欣、柳红、贾学奇、张辉、胡汲光等领导，以及马硕、马彦杰、胡东浩、何剑波、鄂冰、庞琪、伊鸣、杨紫峰、曾维彪、唐亮、毕正刚、白鹏、陈佳、牛青、邹凡、全鑫、张进、郭振宇、刁志勇、张磊、姚晓伟、谢亮、汤发喜、李伟、杨婧、李进、郭作佳、王栋、吴宇人、关键、翁莹、廖铭霞、王雷涛、陆勐睿、邵娜、李暘等同事；中国建设银行崔志刚；交通银行周恩静、王虹；中国兵器集团胡代文等朋友对我们的支持与帮助。尤其要感谢本书策划编辑高晓斐老师，他对我们缓慢的翻译进度给予了最大的宽容与谅解，同时也对翻译本身提出了很多宝贵意见，遇到这样的编辑老师，是我们的幸运！同时也感谢家人对我们翻译工作的大力支持，正是你们的理解和包容，才使得我们的周末和工作八小时外变得更有意义。

当然，稍感遗憾的是，由于本书全文无缘得到甘犁、徐舒两位教授的亲自校对，尽管我们尽了最大努力翻译此书，但按照“信、雅、达”的标准，我们勉力做到了“信”，“达”则有些吃力，“雅”几近于无，错误与纰漏在所难免，敬请读者和专家指正。

胡棋智　胡江华　王忠玉

2015 年 10 月

经济科学译丛

序号	书名	作者	Author	单价	出版年份	ISBN
1	线性与非线性规划(第四版)	戴维·G.卢恩伯格等	David G. Luenberger	79.80	2018	978-7-300-25391-6
2	产业组织理论	让·梯若尔	Jean Tirole	110.00	2018	978-7-300-25170-7
3	经济学精要(第六版)	巴德,帕金	Bade, Parkin	89.00	2018	978-7-300-24749-6
4	空间计量经济学——空间数据的分位数回归	丹尼尔·P.麦克米伦	Daniel P. McMillen	30.00	2018	978-7-300-23949-1
5	高级宏观经济学基础(第二版)	本·J.海德拉	Ben J. Heijdra	88.00	2018	978-7-300-25147-9
6	税收经济学(第二版)	伯纳德·萨拉尼耶	Bernard Salanié	42.00	2018	978-7-300-23866-1
7	国际宏观经济学(第三版)	罗伯特·C.芬斯特拉	Robert C. Feenstra	79.00	2017	978-7-300-25326-8
8	公司治理(第五版)	罗伯特·A.G.蒙克斯	Robert A. G. Monks	69.80	2017	978-7-300-24972-8
9	国际经济学(第15版)	罗伯特·J.凯伯	Robert J. Carbaugh	78.00	2017	978-7-300-24844-8
10	经济理论和方法史(第五版)	小罗伯特·B.埃克伦德等	Robert B. Ekelund. Jr.	88.00	2017	978-7-300-22497-8
11	经济地理学	威廉·P.安德森	William P. Anderson	59.80	2017	978-7-300-24544-7
12	博弈与信息:博弈论概论(第四版)	艾里克·拉斯穆森	Eric Rasmusen	79.80	2017	978-7-300-24546-1
13	MBA宏观经济学	莫里斯·A.戴维斯	Morris A. Davis	38.00	2017	978-7-300-24268-2
14	经济学基础(第十六版)	弗兰克·V.马斯切纳	Frank V. Mastrianna	42.00	2017	978-7-300-22607-1
15	高级微观经济学:选择与竞争性市场	戴维·M.克雷普斯	David M. Kreps	79.80	2017	978-7-300-23674-2
16	博弈论与机制设计	Y.内拉哈里	Y. Narahari	69.80	2017	978-7-300-24209-5
17	宏观经济学精要:理解新闻中的经济学(第三版)	彼得·肯尼迪	Peter Kennedy	45.00	2017	978-7-300-21617-1
18	宏观经济学(第十二版)	鲁迪格·多恩布什等	Rudiger Dornbusch	69.00	2017	978-7-300-23772-5
19	国际金融与开放宏观经济学:理论、历史与政策	亨德里克·范登伯格	Hendrik Van den Berg	68.00	2016	978-7-300-23380-2
20	经济学(微观部分)	达龙·阿西莫格鲁等	Daron Acemoglu	59.00	2016	978-7-300-21786-4
21	经济学(宏观部分)	达龙·阿西莫格鲁等	Daron Acemoglu	45.00	2016	978-7-300-21886-1
22	发展经济学	热若尔·罗兰	Gérard Roland	79.00	2016	978-7-300-23379-6
23	中级微观经济学——直觉思维与数理方法(上下册)	托马斯·J·内契巴	Thomas J. Nechyba	128.00	2016	978-7-300-22363-6
24	环境与自然资源经济学(第十版)	汤姆·蒂坦伯格等	Tom Tietenberg	72.00	2016	978-7-300-22900-3
25	劳动经济学基础(第二版)	托马斯·海克拉克等	Thomas Hyclak	65.00	2016	978-7-300-23146-4
26	货币金融学(第十一版)	弗雷德里克·S·米什金	Frederic S. Mishkin	85.00	2016	978-7-300-23001-6
27	动态优化——经济学和管理学中的变分法和最优控制(第二版)	莫顿·I·凯曼等	Morton I. Kamien	48.00	2016	978-7-300-23167-9
28	用Excel学习中级微观经济学	温贝托·巴雷托	Humberto Barreto	65.00	2016	978-7-300-21628-7
29	宏观经济学(第九版)	N·格里高利·曼昆	N. Gregory Mankiw	72.00	2016	978-7-300-23038-2
30	国际经济学:理论与政策(第十版)	保罗·R·克鲁格曼等	Paul R. Krugman	89.00	2016	978-7-300-22710-8
31	国际金融(第十版)	保罗·R·克鲁格曼等	Paul R. Krugman	55.00	2016	978-7-300-22089-5
32	国际贸易(第十版)	保罗·R·克鲁格曼等	Paul R. Krugman	42.00	2016	978-7-300-22088-8
33	经济学精要(第3版)	斯坦利·L·布鲁伊等	Stanley L. Brue	58.00	2016	978-7-300-22301-8
34	经济分析史(第七版)	英格里德·H·里马	Ingrid H. Rima	72.00	2016	978-7-300-22294-3
35	投资学精要(第九版)	兹维·博迪等	Zvi Bodie	108.00	2016	978-7-300-22236-3
36	环境经济学(第二版)	查尔斯·D·科尔斯塔德	Charles D. Kolstad	68.00	2016	978-7-300-22255-4
37	MWG《微观经济理论》习题解答	原千晶等	Chiaki Hara	75.00	2016	978-7-300-22306-3
38	现代战略分析(第七版)	罗伯特·M·格兰特	Robert M. Grant	68.00	2016	978-7-300-17123-4
39	横截面与面板数据的计量经济分析(第二版)	杰弗里·M·伍德里奇	Jeffrey M. Wooldridge	128.00	2016	978-7-300-21938-7
40	宏观经济学(第十二版)	罗伯特·J·戈登	Robert J. Gordon	75.00	2016	978-7-300-21978-3
41	动态最优化基础	蒋中一	Alpha C. Chiang	42.00	2015	978-7-300-22068-0
42	城市经济学	布伦丹·奥弗莱厄蒂	Brendan O'Flaherty	69.80	2015	978-7-300-22067-3
43	管理经济学:理论、应用与案例(第八版)	布鲁斯·艾伦等	Bruce Allen	79.80	2015	978-7-300-21991-2
44	经济政策:理论与实践	阿格尼丝·贝纳西-奎里等	Agnès Bénassy-Quéré	79.80	2015	978-7-300-21921-9
45	微观经济分析(第三版)	哈尔·R·范里安	Hal R. Varian	68.00	2015	978-7-300-21536-5
46	财政学(第十版)	哈维·S·罗森等	Harvey S. Rosen	68.00	2015	978-7-300-21754-3
47	经济数学(第三版)	迈克尔·霍伊等	Michael Hoy	88.00	2015	978-7-300-21674-4
48	发展经济学(第九版)	A.P.瑟尔沃	A. P. Thirlwall	69.80	2015	978-7-300-21193-0
49	宏观经济学(第五版)	斯蒂芬·D·威廉森	Stephen D. Williamson	69.00	2015	978-7-300-21169-5
50	资源经济学(第三版)	约翰·C·伯格斯特罗姆等	John C. Bergstrom	58.00	2015	978-7-300-20742-1
51	应用中级宏观经济学	凯文·D·胡佛	Kevin D. Hoover	78.00	2015	978-7-300-21000-1
52	计量经济学导论:现代观点(第五版)	杰弗里·M·伍德里奇	Jeffrey M. Wooldridge	99.00	2015	978-7-300-20815-2
53	现代时间序列分析导论(第二版)	约根·沃特斯等	Jürgen Wolters	39.80	2015	978-7-300-20625-7
54	空间计量经济学——从横截面数据到空间面板	J·保罗·埃尔霍斯特	J. Paul Elhorst	32.00	2015	978-7-300-21024-7

经济科学译丛

序号	书名	作者	Author	单价	出版年份	ISBN
55	国际经济学原理	肯尼思·A·赖纳特	Kenneth A. Reinert	58.00	2015	978-7-300-20830-5
56	经济写作(第二版)	迪尔德丽·N·麦克洛斯基	Deirdre N. McCloskey	39.80	2015	978-7-300-20914-2
57	计量经济学方法与应用(第五版)	巴蒂·H·巴尔塔基	Badi H. Baltagi	58.00	2015	978-7-300-20584-7
58	战略经济学(第五版)	戴维·贝赞可等	David Besanko	78.00	2015	978-7-300-20679-0
59	博弈论导论	史蒂文·泰迪里斯	Steven Tadelis	58.00	2015	978-7-300-19993-1
60	社会问题经济学(第二十版)	安塞尔·M·夏普等	Ansel M. Sharp	49.00	2015	978-7-300-20279-2
61	博弈论:矛盾冲突分析	罗杰·B·迈尔森	Roger B. Myerson	58.00	2015	978-7-300-20212-9
62	时间序列分析	詹姆斯·D·汉密尔顿	James D. Hamilton	118.00	2015	978-7-300-20213-6
63	经济问题与政策(第五版)	杰奎琳·默里·布鲁克斯	Jacqueline Murray Brux	58.00	2014	978-7-300-17799-1
64	微观经济理论	安德鲁·马斯-克莱尔等	Andreu Mas-Collel	148.00	2014	978-7-300-19986-3
65	产业组织:理论与实践(第四版)	唐·E·瓦尔德曼等	Don E. Waldman	75.00	2014	978-7-300-19722-7
66	公司金融理论	让·梯若尔	Jean Tirole	128.00	2014	978-7-300-20178-8
67	经济学精要(第三版)	R·格伦·哈伯德等	R. Glenn Hubbard	85.00	2014	978-7-300-19362-5
68	公共部门经济学	理查德·W·特里西	Richard W. Tresch	49.00	2014	978-7-300-18442-5
69	计量经济学原理(第六版)	彼得·肯尼迪	Peter Kennedy	69.80	2014	978-7-300-19342-7
70	统计学:在经济中的应用	玛格丽特·刘易斯	Margaret Lewis	45.00	2014	978-7-300-19082-2
71	产业组织:现代理论与实践(第四版)	林恩·佩波尔等	Lynne Pepall	88.00	2014	978-7-300-19166-9
72	计量经济学导论(第三版)	詹姆斯·H·斯托克等	James H. Stock	69.00	2014	978-7-300-18467-8
73	发展经济学导论(第四版)	秋山裕	秋山裕	39.80	2014	978-7-300-19127-0
74	中级微观经济学(第六版)	杰弗里·M·佩罗夫	Jeffrey M. Perloff	89.00	2014	978-7-300-18441-8
75	平狄克《微观经济学》(第八版)学习指导	乔纳森·汉密尔顿等	Jonathan Hamilton	32.00	2014	978-7-300-18970-3
76	微观经济学(第八版)	罗伯特·S·平狄克等	Robert S. Pindyck	79.00	2013	978-7-300-17133-3
77	微观银行经济学(第二版)	哈维尔·弗雷克斯等	Xavier Freixas	48.00	2014	978-7-300-18940-6
78	施米托夫论出口贸易——国际贸易法律与实务(第11版)	克利夫·M·施米托夫等	Clive M. Schmitthoff	168.00	2014	978-7-300-18425-8
79	微观经济学思维	玛莎·L·奥尔尼	Martha L. Olney	29.80	2013	978-7-300-17280-4
80	宏观经济学思维	玛莎·L·奥尔尼	Martha L. Olney	39.80	2013	978-7-300-17279-8
81	计量经济学原理与实践	达摩达尔·N·古扎拉蒂	Damodar N. Gujarati	49.80	2013	978-7-300-18169-1
82	现代战略分析案例集	罗伯特·M·格兰特	Robert M. Grant	48.00	2013	978-7-300-16038-2
83	高级国际贸易:理论与实证	罗伯特·C·芬斯特拉	Robert C. Feenstra	59.00	2013	978-7-300-17157-9
84	经济学简史——处理沉闷科学的巧妙方法(第二版)	E·雷·坎特伯里	E. Ray Canterbery	58.00	2013	978-7-300-17571-3
85	管理经济学(第四版)	方博亮等	Ivan Png	80.00	2013	978-7-300-17000-8
86	微观经济学原理(第五版)	巴德,帕金	Bade, Parkin	65.00	2013	978-7-300-16930-9
87	宏观经济学原理(第五版)	巴德,帕金	Bade, Parkin	63.00	2013	978-7-300-16929-3
88	环境经济学	彼得·伯克等	Peter Berck	55.00	2013	978-7-300-16538-7
89	高级微观经济理论	杰弗里·杰里	Geoffrey A. Jehle	69.00	2012	978-7-300-16613-1
90	多恩布什《宏观经济学(第十版)》学习指导	鲁迪格·多恩布什等	Rudiger Dornbusch	29.00	2012	978-7-300-16030-6
91	高级宏观经济学导论:增长与经济周期(第二版)	彼得·伯奇·索伦森等	Peter Birch Sørensen	95.00	2012	978-7-300-15871-6
92	宏观经济学:政策与实践	弗雷德里克·S·米什金	Frederic S. Mishkin	69.00	2012	978-7-300-16443-4
93	宏观经济学(第二版)	保罗·克鲁格曼	Paul Krugman	45.00	2012	978-7-300-15029-1
94	微观经济学(第二版)	保罗·克鲁格曼	Paul Krugman	69.80	2012	978-7-300-14835-9
95	克鲁格曼《微观经济学(第二版)》学习手册	伊丽莎白·索耶·凯利	Elizabeth Sawyer Kelly	58.00	2013	978-7-300-17002-2
96	克鲁格曼《宏观经济学(第二版)》学习手册	伊丽莎白·索耶·凯利	Elizabeth Sawyer Kelly	36.00	2013	978-7-300-17024-4
97	微观经济学(第十一版)	埃德温·曼斯费尔德	Edwin Mansfield	88.00	2012	978-7-300-15050-5
98	国际宏观经济学	罗伯特·C·芬斯特拉等	Feenstra, Taylor	64.00	2011	978-7-300-14795-6
99	卫生经济学(第六版)	舍曼·富兰德等	Sherman Folland	79.00	2011	978-7-300-14645-4
100	宏观经济学(第七版)	安德鲁·B·亚伯等	Andrew B. Abel	78.00	2011	978-7-300-14223-4
101	现代劳动经济学:理论与公共政策(第十版)	罗纳德·G·伊兰伯格等	Ronald G. Ehrenberg	69.00	2011	978-7-300-14482-5
102	宏观经济学(第七版)	N·格里高利·曼昆	N. Gregory Mankiw	65.00	2011	978-7-300-14018-6
103	宏观经济学:理论与政策(第九版)	理查德·T·弗罗恩	Richard T. Froyen	55.00	2011	978-7-300-14108-4
104	经济学原理(第四版)	威廉·博伊斯等	William Boyes	59.00	2011	978-7-300-13518-2
105	计量经济学基础(第五版)(上下册)	达摩达尔·N·古扎拉蒂	Damodar N. Gujarati	99.00	2011	978-7-300-13693-6
106	《计量经济学基础》(第五版)学生习题解答手册	达摩达尔·N·古扎拉蒂等	Damodar N. Gujarati	23.00	2012	978-7-300-15080-8

经济科学译丛

序号	书名	作者	Author	单价	出版年份	ISBN
107	计量经济分析(第六版)(上下册)	威廉·H·格林	William H.Greene	128.00	2011	978-7-300-12779-8
108	国际贸易	罗伯特·C·芬斯特拉等	Robert C.Feenstra	49.00	2011	978-7-300-13704-9
109	经济增长(第二版)	戴维·N·韦尔	David N.Weil	63.00	2011	978-7-300-12778-1
110	投资科学	戴维·G·卢恩伯格	David G. Luenberger	58.00	2011	978-7-300-14747-5
111	宏观经济学(第十版)	鲁迪格·多恩布什等	Rudiger Dornbusch	60.00	2010	978-7-300-11528-3
112	金融学(第二版)	兹维·博迪等	Zvi Bodie	59.00	2010	978-7-300-11134-6
113	博弈论	朱·弗登博格等	Drew Fudenberg	68.00	2010	978-7-300-11785-0

金融学译丛

序号	书名	作者	Author	单价	出版年份	ISBN
1	利率互换及其他衍生品	霍华德·科伯	Howard Corb	69.00	2018	978-7-300-25294-0
2	固定收益证券手册(第八版)	弗兰克·J. 法博齐	Frank J. Fabozzi	228.00	2017	978-7-300-24227-9
3	金融市场与金融机构(第8版)	弗雷德里克·S. 米什金等	Frederic S. Mishkin	86.00	2017	978-7-300-24731-1
4	兼并、收购和公司重组(第六版)	帕特里克·A. 高根	Patrick A. Gaughan	79.00	2017	978-7-300-24231-6
5	债券市场:分析与策略(第九版)	弗兰克·J·法博齐	Frank J. Fabozzi	98.00	2016	978-7-300-23495-3
6	财务报表分析(第四版)	马丁·弗里德森	Martin Fridson	46.00	2016	978-7-300-23037-5
7	国际金融学	约瑟夫·P·丹尼尔斯等	Joseph P. Daniels	65.00	2016	978-7-300-23037-1
8	国际金融	阿德里安·巴克利	Adrian Buckley	88.00	2016	978-7-300-22668-2
9	个人理财(第六版)	阿瑟·J·基翁	Arthur J. Keown	85.00	2016	978-7-300-22711-5
10	投资学基础(第三版)	戈登·J·亚历山大等	Gordon J. Alexander	79.00	2015	978-7-300-20274-7
11	金融风险管理(第二版)	彼德·F·克里斯托弗森	Peter F. Christoffersen	46.00	2015	978-7-300-21210-4
12	风险管理与保险管理(第十二版)	乔治·E·瑞达等	George E. Rejda	95.00	2015	978-7-300-21486-3
13	个人理财(第五版)	杰夫·马杜拉	Jeff Madura	69.00	2015	978-7-300-20583-0
14	企业价值评估	罗伯特·A·G·蒙克斯等	Robert A. G. Monks	58.00	2015	978-7-300-20582-3
15	基于Excel的金融学原理(第二版)	西蒙·本尼卡	Simon Benninga	79.00	2014	978-7-300-18899-7
16	金融工程学原理(第二版)	萨利赫·N·内夫特奇	Salih N. Neftci	88.00	2014	978-7-300-19348-9
17	投资学导论(第十版)	赫伯特·B·梅奥	Herbert B. Mayo	69.00	2014	978-7-300-18971-0
18	国际金融市场导论(第六版)	斯蒂芬·瓦尔德斯等	Stephen Valdez	59.80	2014	978-7-300-18896-6
19	金融数学:金融工程引论(第二版)	马雷克·凯宾斯基等	Marck Capinski	42.00	2014	978-7-300-17650-5
20	财务管理(第二版)	雷蒙德·布鲁克斯	Raymond Brooks	69.00	2014	978-7-300-19085-3
21	期货与期权市场导论(第七版)	约翰·C·赫尔	John C. Hull	69.00	2014	978-7-300-18994-2
22	固定收益证券手册(第七版)	弗兰克·J·法博齐	Frank J. Fabozzi	188.00	2014	978-7-300-17001-5
23	国际金融:理论与实务	皮特·塞尔居	Piet Sercu	88.00	2014	978-7-300-18413-5
24	金融市场与金融机构(第7版)	弗雷德里克·S·米什金 斯坦利·G·埃金斯	Frederic S. Mishkin Stanley G. Eakins	79.00	2013	978-7-300-18129-5
25	货币、银行和金融体系	R·格伦·哈伯德等	R.Glenn Hubbard	75.00	2013	978-7-300-17856-1
26	并购创造价值(第二版)	萨德·苏达斯纳	Sudi Sudarsanam	89.00	2013	978-7-300-17473-0
27	个人理财——理财技能培养方法(第三版)	杰克·R·卡普尔等	Jack R. Kapoor	66.00	2013	978-7-300-16687-2
28	国际财务管理	吉尔特·贝克特	Geert Bekaert	95.00	2012	978-7-300-16031-3
29	金融理论与公司政策(第四版)	托马斯·科普兰等	Thomas Copeland	69.00	2012	978-7-300-15822-8
30	应用公司财务(第三版)	阿斯沃思·达摩达兰	Aswath Damodaran	88.00	2012	978-7-300-16034-4
31	资本市场:机构与工具(第四版)	弗兰克·J·法博齐	Frank J.Fabozzi	85.00	2011	978-7-300-13828-2
32	衍生品市场(第二版)	罗伯特·L·麦克唐纳	Robert L. McDonald	98.00	2011	978-7-300-13130-6
33	跨国金融原理(第三版)	迈克尔·H·莫菲特等	Michael H. Moffett	78.00	2011	978-7-300-12781-1
34	统计与金融	戴维·鲁珀特	David Ruppert	48.00	2010	978-7-300-11547-4
35	国际投资(第六版)	布鲁诺·索尔尼克等	Bruno Solnik	62.00	2010	978-7-300-11289-3

图书在版编目（CIP）数据

横截面与面板数据的计量经济分析：第2版/（美）伍德里奇著；胡棋智，胡江华，王忠玉译. 北京：中国人民大学出版社，2016.1
（经济科学译丛）
ISBN 978-7-300-21938-7

Ⅰ.横…　Ⅱ.①伍…②胡…③胡…④王…　Ⅲ.经济统计—统计数据—计量经济分析　Ⅳ.F224.0

中国版本图书馆CIP数据核字（2015）第226149号

经济科学译丛
横截面与面板数据的计量经济分析（第二版）
杰弗里·M·伍德里奇　著
胡棋智　胡江华　王忠玉　译
Hengjiemian yu Mianban Shuju de Jiliangjingji Fenxi

出版发行	中国人民大学出版社		
社　址	北京中关村大街31号	**邮政编码**	100080
电　话	010-62511242（总编室）		010-62511770（质管部）
	010-82501766（邮购部）		010-62514148（门市部）
	010-62515159（发行公司）		010-62515275（盗版举报）
网　址	http://www.crup.com.cn		
经　销	新华书店		
印　刷	涿州市星河印刷有限公司		
规　格	185 mm×260 mm　16开本	**版　次**	2016年1月第1版
印　张	55.75　插页4	**印　次**	2021年4月第4次印刷
字　数	1 164 000	**定　价**	128.00元（上、下册）
